Sentencing Principles, Procedure and Practice 2025

SENTENCING PRINCIPLES, PROCEDURE AND PRACTICE 2025

FIFTH EDITION

LYNDON HARRIS DPhil (OXON.)
Barrister of Gray's Inn

SEBASTIAN WALKER LLM (NOTT.)
Barrister of Gray's Inn

Sweet & Maxwell

Thomson Reuters

First Edition 2020 by Lyndon Harris and Sebastian Walker
Second edition 2021 by Lyndon Harris and Sebastian Walker
Third edition 2022 by Lyndon Harris and Sebastian Walker
Fourth edition 2023 by Lyndon Harris and Sebastian Walker
Fifth edition 2024 by Lyndon Harris and Sebastian Walker

Published in 2024 by Thomson Reuters, trading as Sweet & Maxwell. Thomson Reuters is registered in England & Wales, Company No. 1679046. Registered office and address for service:
5 Canada Square, Canary Wharf, London E14 5AQ.

For further information on our products and services, visit *http://www.sweetandmaxwell.co.uk*

Computerset by Sweet & Maxwell.
Printed and bound by CPI Group (UK) Ltd, Croydon, CR0 4YY.
A CIP catalogue record of this book is available from the British Library.

ISBN (print): 978-0-414-12303-8

ISBN (e-book): 978-0-414-12305-2

ISBN (print and e-book): 978-0-414-12304-5

For orders and enquiries, go to:
http://www.tr.com/uki-legal-contact; Tel: 0345 600 9355.

Crown copyright material is reproduced with the permission of the Controller of HMSO and the King's Printer for Scotland.

All rights reserved. No part of this publication may be reproduced or transmitted in any form or by any means, or stored in any retrieval system of any nature, without prior written permission, except for permitted fair dealing under the Copyright, Designs and Patents Act 1988, or in accordance with the terms of a licence issued by the Copyright Licensing Agency in respect of photocopying and/or reprographic reproduction. Application for permission for other use of copyright material, including permission to reproduce extracts in other published works, should be made to the publishers. Full acknowledgement of author, publisher and source must be given.

Thomson Reuters, the Thomson Reuters Logo and Sweet & Maxwell ® are trademarks of Thomson Reuters.

© 2024 Lyndon Harris and Sebastian Walker

PREFACE TO THE FIFTH EDITION

In spring/summer 2020, in anticipation of the enactment of the Sentencing Act 2020, and during the onset of the Covid-19 pandemic, we set about drafting Sentencing Principles, Procedure and Practice (SPPP). In part this was to provide a new text to accommodate the significant change effected by the Law Commission's Sentencing Code project, resulting in the Sentencing Act 2020, in part it was to provide a text that we thought better reflected the approach taken by the Court of Appeal (Criminal Division), with elements of academic learning sprinkled throughout, where we felt it would have real, practical impact.

We felt that the existing sentencing texts were either overly lengthy in that they reproduced cases which were merely examples of sentences passed, as opposed to establishing points of principle; or offered too little assistance in how cases establishing points of principle should be applied, or could be distinguished. We felt there was a need for a dedicated sentencing text for England and Wales which offered commentary alongside the description of the current law, highlighting issues which may arise or may need to be resolved in practice. While SPPP is informed by our academic backgrounds (and the writings of others), it is written for the busy practitioner/member of the judiciary. It is, and always has been, designed to assist in practice. We're delighted that the text is now in its fifth edition.

The text continues to indicate where previous decisions decided under earlier sentencing regimes, in our opinion, still apply and where they may need modification to reflect changes in the law. The text continues to provide extensive commentary—with references to articles and case commentaries written by us, and others. In particular, we have attempted to provide commentary on difficult areas, where there is little commentary available. We have also, where relevant, included brief summaries of academic research which we consider may be useful to a sentencing court. This includes, for example, empirical research on how effective deterrent sentencing actually is.

We are pleased to note that the Court of Appeal (Criminal Division) has endorsed some of the commentary from earlier editions. It is our view that a continued dialogue between academia, practitioners and the courts benefits the law (whether or not the courts endorse or disagree with the work in question); we are glad to see that Sentencing Principles is having some impact in this regard. Sentencing practice has evolved to focus upon principles which can be applied to any factual scenario, leaving behind the old practice of comparing previous decisions to a particular set of facts and so this dialogue, focussed upon developing sentencing principles, is important. To this end, we continue to include cases in Pt A which identify, discuss or develop principles relating to the substantive or procedural law of sentencing, and in Pt B, cases which expand upon the sentencing guidelines, or, where no specific guideline exists, provide guidance as to the approach to sentencing. This, we hope, assists the practitioner and member of the judiciary to (a) adopt the right approach and (b) avoid the wrath of the higher courts.

We're very grateful to Thomson Reuters for their support, particularly that of Nicola Thurlow and are pleased that the new edition will be available on Westlaw—something we know many readers have been asking about for some time.

PREFACE TO THE FIFTH EDITION

As before, we welcome comments (good and bad!) on the text, and suggestions as to how it could be improved and ask that they be directed to [email address]. It is hoped that this title is of assistance to practitioners, members of the judiciary and academics engaged in the study of sentencing.

Lyndon Harris
6KBW College Hill

Sebastian Walker
The 36 Group
August 2024

FOREWORD TO THE FIFTH EDITION

The sentencing of defendants is one of the most important and difficult aspects of the criminal law. Anything that assists an advocate and a judge to navigate their way through the labyrinth of the current sentencing provisions, the Sentencing Guidelines and the relevant case law is to be welcomed. *Sentencing Principles, Procedure and Practice* does just that and more. It is both comprehensive and comprehensible as well as being incisive. That is why it is an essential purchase for everyone involved in sentencing. Whether I am drafting a Note on Sentence or advising the Law Officers on potentially unduly lenient sentences this book is my first, and often only, port of call.

TOM LITTLE KC
First Senior Treasury Counsel
The Central Criminal Court
September 2024

TABLE OF CONTENTS

Preface to the Fifth Edition v
Foreword to the Fifth Edition vii
Table of Cases xli
Table of Statutes cix
Table of Statutory Instruments cxxxvii

PART A: SENTENCING POWERS AND PROCEDURE

A1. GENERAL PROVISIONS AND PRINCIPLES

AN INTRODUCTION TO SENTENCING IN ENGLAND AND WALES A1-001
    Introduction A1-001
    The Statutory Scheme A1-002
    The Sentencing Guidelines A1-004
    Common Law A1-005
    The Tri-partite Relationship A1-006
SERIOUSNESS AND DETERMINATION OF SENTENCE A1-007
    Introduction A1-007
    Legislation A1-010
    Guidance A1-011
        Sentencing Guidelines A1-011
        Harm and Culpability A1-012
        Sentences Commensurate with the Seriousness of the
            Offence A1-017
PURPOSES OF SENTENCING A1-020
    Introduction A1-020
    Legislation A1-021
    Guidance A1-022
        General Approach A1-022
        Mandatory Sentences A1-023
        Those Convicted When Under Age 18 .... A1-024
        Specific Purposes of Sentencing A1-025
SENTENCING GUIDELINES A1-030
    Introduction A1-030
    Legislation A1-032
    Guidance A1-037
        General A1-037
        Duty to Follow Sentencing Guidelines A1-038
        Applying Sentencing Guidelines A1-043
AGGRAVATING AND MITIGATING FACTORS A1-053
    Introduction A1-053
        Generally A1-053
        Double Counting A1-055
        Burden and Standard of Proof A1-057
    Aggravating Factors A1-059
        Statutory Aggravating Factors A1-059
        Specific Non-Statutory Aggravating Factors A1-093
    Mitigating Factors A1-103
        Mitigating in Private A1-103

Specific Mitigating Factors A1-104
TAKING OFFENCES INTO CONSIDERATION (TICS) A1-128
    Introduction A1-128
    Sentencing Guideline A1-129
    Guidance A1-130
        Matters which Should not be Taken into Consideration A1-130
        Procedure A1-131
        Extent to Which Sentence Should be Increased A1-132
        Subsequent Prosecution for Same Offence A1-134
ASSISTANCE TO THE PROSECUTION A1-135
    Introduction A1-135
    The Statutory Regime A1-136
        Introduction A1-136
        Legislation A1-137
        Guidance A1-140
    The Common Law ("Text") Regime A1-144
        Introduction A1-144
        Procedure A1-145
        The Content of the Text A1-146
        Where no Text is Provided A1-147
        Information Given after Sentence A1-148
        Extent of Reduction A1-149
        Acknowledging the Assistance in Open Court A1-149a
        Assistance Provided in the Absence of Formal Agreement . A1-150
REDUCTION FOR A GUILTY PLEA A1-151
    Introduction A1-151
    Legislation A1-152
    Sentencing Guideline A1-154
        Principles Underpinning the Guideline A1-154
        The Approach A1-155
        Determining the Level of Reduction A1-156
        Applying the Reduction A1-157
        Exceptions A1-161
        Reduction of the Minimum Term in Murder Cases A1-165
    Guidance A1-166
        Determining the Level of Reduction A1-166
        Applying the Reduction A1-180
        The Exceptions A1-183
        Minimum Sentences A1-197
TOTALITY AND CONCURRENT/CONSECUTIVE SENTENCES A1-200
    Introduction A1-200
    Sentencing Guideline A1-201
    General Guidance on Totality A1-202
    Concurrent and Consecutive Sentences A1-205
        Introduction A1-205
        Legislation A1-206
        Guidance A1-207
    Totality where offender is serving or has served previous
        sentences A1-213
        Approach where the offender is serving a previous
            sentence imposed prior to offending A1-213

Sentencing offences committed prior to other offences for
which an offender has been sentenced A1-214
COMMENCEMENT OF SENTENCE A1-216
Legislation A1-216
Debate as to power of Crown Court to order sentence to take
effect at a later date A1-218
THE ROLE OF THE PARTIES A1-219
General Guidance A1-219
General duties of the Prosecution A1-220
Duties to assist the Court A1-220
INTERPRETATION PROVISIONS A1-221
General A1-221
Ancillary and Inchoate Offences A1-222
Mandatory Sentences A1-223
Associated Offences A1-224
Meaning of "Sentence" A1-225

A2. PRE-SENTENCE

ADVANCE INDICATION OF SENTENCE A2-001
Introduction A2-001
Advance Indication of Sentence in the Magistrates' Courts A2-003
Legislation A2-003
Guidance A2-006
Advance Indications of Sentence in the Crown Court A2-008
Procedure Rules A2-008
Practice Directions A2-009
Guidance A2-010
DEFERMENT A2-039
Introduction A2-039
Legislation A2-040
Guidance A2-051
Effect of Deferring Sentence A2-051
Whether to Defer Sentence A2-052
Making the Deferment Order A2-058
Susceptible to reference under the Unduly Lenient
Sentence Scheme A2-064
Dealing with the Defendant at the end of the Deferment
Period A2-065
COMMITTAL A2-066
Introduction A2-066
Legislation A2-067
Practice Directions A2-080
Guidance A2-081
The Six Categories A2-081
General Considerations A2-090
Committal on Breach of Certain Sentences A2-094
Additional Decisions to be Made When Committing for
Sentence A2-096
Powers of Crown Court A2-098
Invalid/Defective Committals A2-103
Appellate Jurisdiction of the Crown Court A2-107

Contents

REMISSION A2-109
    Introduction A2-109
    Legislation A2-110
    Guidance A2-116
        Magistrates' Courts A2-116
        Youth Courts A2-117
        Crown Court A2-118
        Exercising the Discretion A2-119
        Can a Sentence be Committed Again After Remission? A2-121a
ADJOURNMENT A2-122
    Introduction A2-122
    Legislation A2-123
    Guidance A2-126
        General A2-126
        Crown Court A2-127
        Particular Issues A2-128

A3. SENTENCING HEARING

REPORTS A3-001
    Introduction A3-001
    Reports Generally A3-002
        Criminal Procedure Rules A3-002
        Guidance A3-004
    Pre-sentence Reports and Further Information for Sentencing ... A3-006
        Legislation A3-006
        Practice Direction A3-011
        Guidance A3-013
    Medical Reports A3-021
        Legislation A3-021
        Criminal Procedure Rules A3-024
        Guidance A3-026
    Financial Circumstances Orders A3-031
        Legislation A3-031
        Guidance A3-034
IMPACT STATEMENTS A3-036
    Introduction A3-036
    Victim Impact Statements A3-037
        Practice Directions A3-037
        Guidance A3-038
    Community Impact Statements A3-050
        Practice Direction A3-050
        Guidance A3-051
    Business Impact Statements A3-053
        Practice Direction A3-053
        Guidance A3-054
DEROGATORY ASSERTION ORDERS A3-055
    Introduction A3-055
    Legislation A3-056
    Practice Directions A3-066
    Guidance A3-067
        General A3-067

Contents

      Judicial College Guidance A3-068
      Attorney General's Guidance A3-069
SURCHARGE A3-070
  Introduction A3-070
  Legislation A3-072
  Guidance A3-080
      The Different Regimes A3-080
      Which Regime Applies? A3-087
      The Figures A3-088
      Offences Straddling Commencement Dates A3-089
      Offenders Aged Under 18 .... A3-091
      Multiple Offences A3-092
      Exclusions A3-095
      Counsel's Duty A3-096
      Imposing the Surcharge A3-097
      Errors—Amending the Court Record A3-101
CRIMINAL COURTS CHARGE A3-102
SENTENCING AND CONFISCATION: POSTPONEMENT A3-104
  Introduction A3-104
  Legislation A3-105
  Guidance A3-109
      Procedure A3-109
      Failure to Comply with Section 15 .... A3-112
FACTUAL BASIS FOR SENTENCING A3-113
  Introduction A3-113
  General Principles A3-115
      Procedure A3-115
      Burden and Standard A3-116
      Magistrates' Courts A3-117
  Conviction after a Trial A3-118
      Introduction A3-118
      The General Principles A3-119
      Interpreting the Jury's Verdict A3-124
      Other Offences A3-126
      Specimen/Multiple Incident Counts A3-142
      Dangerousness A3-144
      Aggravating Features not Charged A3-145
      Strict Liability Offences A3-147
      Imposing Sentence A3-149
  Conviction on a Guilty Plea A3-151
      Introduction A3-151
      General Guidance A3-152
      The Crown Case A3-153
      Basis of Plea A3-154
      Resolving Any Factual Dispute (Including Newton
          Hearings) A3-169
      Court of Appeal (Criminal Division) A3-186
IMPOSING THE SENTENCE AND SENTENCING REMARKS A3-187
  Introduction A3-187
  Legislation A3-188
  Guidance A3-192
      General A3-192

R. v Chin-Charles; R. v Cullen A3-198
COMPENSATION FOR ASSISTING IN THE APPREHENSION OF AN OFFENDER A3-212
    Introduction A3-212
    Legislation A3-213

A4. PRIMARY DISPOSALS

INTRODUCTION A4-001
THE POWER TO IMPOSE NO SEPARATE PENALTY A4-003
    Introduction A4-003
    Circumstances Where it May be Appropriate A4-004
    No Separate Penalty is an Order of the Court A4-005
BINDING OVER A4-006
    Introduction A4-006
    Procedure A4-007
        Criminal Procedure Rules 2020 (SI 2020/759), r.31.10 ...... A4-007
    Binding Over to Come Up for Judgment A4-008
        Introduction A4-008
        Guidance A4-010
    Binding Over to Keep the Peace or to be of Good Behaviour A4-021
        Introduction A4-021
        Legislation A4-022
        Guidance A4-029
DISCHARGES A4-044
    Introduction A4-044
    Legislation A4-045
        General A4-045
        Restrictions on Availability of Conditional Discharge A4-049
    Guidance A4-052
        Availability A4-052
        Combining with Other Orders A4-055
        Effect of Discharge A4-057
        Breach A4-058
FINES A4-059
    Introduction A4-059
    Legislation A4-061
        Power of the Magistrates' Courts to Fine A4-061
        Power of the Crown Court to Fine A4-066
        Imposition of Fines A4-068
        Enforcement of Fines A4-085
    Sentencing Guidelines A4-089
    Guidance A4-091
        Restrictions on Availability of Fine A4-091
        Determining the Amount of a Fine A4-092
        Payment by Instalments A4-099
        Corporate Offenders A4-100
        Relationship with Other Orders A4-107
COMPENSATION ORDERS A4-111
    Introduction A4-111
    Compensation Orders under the Sentencing Code A4-112
        Legislation A4-112
        Guidance A4-125

Unlawful Profit Orders A4-150
    Legislation A4-150
    Guidance A4-152
RESTITUTION ORDERS A4-153
    Introduction A4-153
    Legislation A4-154
    Guidance A4-160
        Availability A4-160
        Determining whether Goods are Stolen Goods A4-161
        Representations from Third Parties A4-162
        Restitution Should be Ordered where Available A4-163
        Amount of Restitution A4-164
        Restitution Combined with Other Orders A4-165
FORFEITURE AND DEPRIVATION A4-166
    Introduction A4-166
    Deprivation under the Sentencing Code A4-168
        Legislation A4-168
        Guidance A4-177
    Deprivation and Destruction of Dogs A4-188
        Legislation A4-188
        Guidance A4-190
    Deprivation and destruction of Animals A4-196
        Legislation A4-196
        Guidance A4-200
    Forfeiture of Obscene Publications A4-201
        Legislation A4-201
        Guidance A4-202
    Forfeiture of Hate Material A4-203
        Legislation A4-203
        Guidance A4-204
    Forfeiture of Drugs and Related Property A4-205
        Legislation A4-205
        Guidance A4-208
        Further Forfeiture Powers A4-214
DISQUALIFICATION ORDERS A4-216
    Introduction A4-216
    Driving Disqualification A4-217
        Introduction A4-217
        General Guidance A4-218
        Disqualification under the Road Traffic Offenders Act
            1988 ....A4-238
        Disqualification under the Sentencing Code A4-273
    Disqualification for Offences Involving Dogs A4-288
        Summary A4-288
    Disqualification in Relation to Animals A4-289
        Introduction A4-289
        Legislation A4-290
        Guidance A4-293
    Disqualification from Having Custody of a Dog A4-298
        Introduction A4-298
        Legislation A4-299
        Guidance A4-300

Contents

Company Director Disqualification A4-305
    Introduction A4-305
    Legislation A4-306
    Guidance A4-310

Community Orders A4-321
Introduction A4-321
Legislation A4-322
    General Provisions A4-322
    Availability A4-325
    Exercise of Power to Make Community Order A4-327
    Available Requirements A4-329
    Exercise of Power to Impose Requirements A4-331
    Making a Community Order A4-370
    Obligations of Responsible Officer and Offender A4-374
    Review A4-375
    Breach, Revocation or Amendment A4-378
    Transfer to Scotland or Northern Ireland A4-379
    Pilot Schemes A4-380
Sentencing Guideline A4-381
    General A4-381
    Community Order Levels A4-382
    Imposition of Particular Requirements A4-383
    Pre-Sentence Reports A4-384
    Electronic Monitoring A4-385
Guidance A4-386
    Availability A4-386
    Whether a Community Order is Appropriate A4-387
    Length of the Order A4-389
    Available Requirements A4-390
    Duty to Keep in Touch with the Responsible Officer A4-410
    Combined with Other Orders A4-411

Custodial Sentences: General Principles A4-414
What is a Custodial Sentence? A4-414
    Introduction A4-414
    Legislation A4-415
The Custody Threshold A4-416
    Introduction A4-416
    Legislation A4-417
    Guidance A4-418
The Length of a Custodial Sentence A4-423
    The Maximum Sentence Available A4-423
    The Requirement of Parsimony A4-433
Requirement Offender Be Legally Represented A4-438
    Legislation A4-438
    Guidance A4-439
The Assessment of Dangerousness A4-444
    Introduction A4-444
    Legislation A4-445
    Guidance A4-447
Restrictions on Concurrent and Consecutive Sentences A4-463
    Introduction A4-463
    Legislation A4-464

Contents

Guidance A4-466
Declarations about Time to Count as Served A4-470
    Introduction A4-470
    Legislation A4-471
    Guidance A4-479
Power to recommend licence conditions A4-486
    Legislation A4-486
    Guidance A4-487

CUSTODIAL SENTENCES FOR THOSE AGED 18–20 AND 21 AND OVER AT CONVICTION A4-488

    Introduction A4-488
    Detention in a Young Offender Institution (Age 18–20) A4-489
        Introduction A4-489
        Legislation A4-490
        Guidance A4-496
    Imprisonment (Age 21 and Over) A4-498
        Introduction A4-498
        Legislation A4-499
        Guidance A4-501
    Suspended Sentence Orders A4-502
        Introduction A4-502
        Legislation A4-504
        Sentencing Council Guideline A4-526
        Guidance A4-528
    Minimum Sentences A4-551
        Introduction A4-551
        General Approach A4-552
        Minimum Sentences for Certain Firearms Offences A4-555
        Offensive Weapon and Bladed Article Offences A4-574
        Third Class A Drug Trafficking Offence A4-583
        Third Domestic Burglary A4-592
    Special Custodial Sentence for Certain Offenders of Particular
      Concern A4-603
        Introduction A4-603
        Legislation A4-604
        Guidance A4-607
    Extended Sentences A4-616
        Legislation A4-617
        Guidance A4-631
    Serious Terrorism Sentences A4-647
        Legislation A4-648
        Guidance A4-657
    Life Sentences for Offences Other than Murder A4-663
        General Considerations A4-663
        Sentences of Life Imprisonment and Custody for Life at
          Common Law A4-675
        Mandatory Life Sentences for Manslaughter of Emergency
          Worker A4-680
        Life Sentences for a Second Listed Offence (Offences on
          or After 3 December 2012) A4-683
        Life Sentences for a Second Listed Offence (Offences on
          or After 1 October 1997 but before 4 April 2005) A4-693

Contents

Life Sentences for Dangerous Offenders	A4-696
Sentences of Life Imprisonment for Murder	A4-703
Introduction	A4-703
Legislation	A4-705
Practice Directions	A4-713
Guidance	A4-716

A5. SECONDARY ORDERS

INTRODUCTION	A5-001
DRIVING DISQUALIFICATION	A5-002
BEHAVIOUR ORDERS	A5-003
Introduction	A5-003
General Principles Applicable to All Behaviour Orders	A5-004
Introduction	A5-004
Criminal Procedure Rules	A5-005
Guidance	A5-015
Criminal Behaviour Orders	A5-029
Introduction	A5-029
Legislation	A5-030
Home Office Guidance	A5-041
Judicial Guidance	A5-042
Exclusion Orders	A5-068
Introduction	A5-068
Legislation	A5-069
Guidance	A5-071
Football Banning Orders	A5-073
Introduction	A5-073
Legislation	A5-075
Guidance	A5-088
Knife Crime Prevention Orders	A5-116
Introduction	A5-116
Psychoactive Substances Prohibition Order	A5-117
Introduction	A5-117
Legislation	A5-118
Guidance	A5-125
Restraining Orders	A5-131
Introduction	A5-131
Legislation	A5-133
Guidance	A5-139
Serious Crime Prevention Orders	A5-173
Introduction	A5-173
Legislation	A5-174
Guidance	A5-205
Serious Disruption Prevention Orders	A5-225a
Introduction	A5-225a
Legislation	A5-225b
Serious Violence Reduction Orders	A5-226
Introduction	A5-226
Legislation	A5-227
Guidance	A5-235
Sexual Harm Prevention Orders	A5-243

	Introduction	A5-243
	Legislation	A5-245
	Guidance	A5-259
	Travel Restriction Orders	A5-325
	Introduction	A5-325
	Legislation	A5-326
	Guidance	A5-330
	REPARATIVE AND COMPENSATORY ORDERS	A5-337
	Introduction	A5-337
	Slavery and Trafficking Reparation Order	A5-338
	Introduction	A5-338
	Legislation	A5-340
	Guidance	A5-344
	FORFEITURE AND DEPRIVATION	A5-350
	ORDERS RELATING TO ANIMALS	A5-351
	RECOMMENDATIONS FOR DEPORTATION	A5-352
	Introduction	A5-352
	Legislation	A5-353
	Guidance	A5-358
	General	A5-358
	Procedure	A5-365
	Whether to Make a Recommendation	A5-368
	Sentencing Remarks	A5-378

A6. CHILDREN AND YOUNG PERSONS

INTRODUCTION		A6-001
THE ASSESSMENT OF AGE		A6-003
GENERAL PRINCIPLES		A6-004
Purposes of Sentencing		A6-004
Introduction		A6-004
Legislation		A6-005
Sentencing Guideline		A6-007
Guidance		A6-009
General Approach		A6-017
Determining the Seriousness of an Offence		A6-018
Introduction		A6-018
Considering Culpability and Maturity		A6-019
Offenders Who have Crossed Age Thresholds		A6-021
Introduction		A6-021
Legislation		A6-022
Guidance		A6-023
REPORTS		A6-027
Introduction		A6-027
Financial Circumstances Orders		A6-028
PRIMARY DISPOSALS		A6-029
Introduction		A6-029
No Separate Penalty		A6-030
Binding Over		A6-031
Discharges		A6-032
Financial Orders		A6-033
Introduction		A6-033

Contents

- Limits on Fines A6-034
- Compensation Orders A6-036
- Forfeiture/Deprivation A6-038
- Parental Payment Orders A6-039
- Failure to Pay Financial Penalties A6-048
- Referral Orders A6-049
  - Introduction A6-049
  - Legislation A6-050
  - Guidance A6-074
- Youth Rehabilitation Orders A6-088
  - Introduction A6-088
  - Legislation A6-089
  - Sentencing Guideline A6-166
  - Guidance A6-170
- Custody: General Provisions A6-200
- Detention and Training Orders A6-201
  - Introduction A6-201
  - Legislation A6-202
  - Guidance A6-216
- Detention under s.250 of the Sentencing Code A6-225
  - Introduction A6-225
  - Legislation A6-226
  - Guidance A6-232
- Special Sentence of Detention for Terrorist Offenders of Particular Concern A6-239
  - Introduction A6-239
  - Legislation A6-240
  - Guidance A6-242
- Extended Sentences of Detention A6-245
  - Introduction A6-245
  - Legislation A6-246
  - Guidance A6-252
- Sentences of Detention for Life at Common Law A6-255
- Mandatory Sentence of Detention for Life for Manslaughter of Emergency Worker A6-256
  - Legislation A6-256
  - Guidance A6-257
- Detention for Life for Dangerous Offenders A6-258
  - Introduction A6-258
  - Legislation A6-259
  - Guidance A6-262
- Murder: Detention at His Majesty's Pleasure A6-263
  - Introduction A6-263
  - Legislation A6-265
  - Guidance A6-272
- SECONDARY ORDERS A6-275
  - Introduction A6-275
  - Orders to be Imposed on Parents or Guardians A6-276
    - Introduction A6-276
    - Binding Over of Parents or Guardians A6-277
    - Parenting Orders A6-287
- CONSEQUENCES OF CONVICTION A6-308

Introduction	A6-308
Notification Requirements for Sexual Offences	A6-309
Introduction	A6-309
Parental Directions	A6-310
Notification Requirements for Terrorism Offences	A6-313
Barring in Relation to Working with Children and Vulnerable Adults	A6-314
Automatic Liability for Deportation	A6-315
MENTAL HEALTH DISPOSALS	A6-316
POST-SENTENCE	A6-317
Release and Recall	A6-317
Introduction	A6-317
Overview	A6-318
Detention and Training Orders	A6-319
Determinate Sentences	A6-335
Life Sentences	A6-336
Primary Disposals: Breach, Revocation and Amendment	A6-337
Introduction	A6-337
Legislation	A6-338
Re-sentencing	A6-342
Referral Orders	A6-345
Youth Rehabilitation Orders	A6-369
Secondary Disposals: Breach, Revocation and Amendment	A6-403
Binding Over of Parents or Guardians	A6-403
Parenting Orders	A6-405

A7. CONSEQUENCES OF CONVICTION

INTRODUCTION	A7-001
NOTIFICATION (SEXUAL OFFENCES)	A7-002
Introduction	A7-002
Legislation	A7-003
Who the Notification Requirements Apply to	A7-003
Length of Notification Requirements	A7-006
Effect of Notification Requirements	A7-007
Method of Notification	A7-017
Parental Directions	A7-019
Certificates of Conviction	A7-020
Duty to Explain Effect of Notification	A7-021
Offences	A7-022
Review of Indefinite Notification Requirements	A7-023
Guidance	A7-024
Relevance of Notification Requirements to Sentence	A7-024
Who the Notification Requirements Apply to	A7-025
Length of Notification Requirements	A7-031
Duty to Explain Effect of Notification	A7-035
Breach	A7-036
Human Rights Challenges	A7-037
Notification (Terrorism Offences)	A7-039
Legislation	A7-040
Who is Subject to Notification Requirements	A7-040
Length of Notification Requirements	A7-044

Effect of Notification Requirements A7-046
Method of Notification A7-054
Absences Abroad A7-056
Interpretation A7-057
Duty to Explain Effect of Notification A7-057
Breach A7-059
Search Warrants A7-060
Guidance A7-061
Relevance of Notification Requirements to Sentence A7-061
Who is Subject to Notification Requirements A7-062
Length of Notification Requirements A7-063
Duty to Explain Effect of Notification A7-064
Breach A7-065
Human Rights Challenges A7-066
BARRING IN RELATION TO WORKING WITH CHILDREN AND VULNERABLE
ADULTS A7-067
Introduction A7-067
Legislation A7-068
Barring Does not Apply to Offences Committed when
under the Age of 18 ....A7-068
Automatic Inclusion Without Representations A7-069
Automatic Inclusion with Opportunity to make
Representations A7-077
Regulated Activities A7-080
Offences A7-081
Power to Apply for Review A7-085
Duty to tell the Defendant about Barring A7-086
Guidance A7-087
AUTOMATIC LIABILITY FOR DEPORTATION A7-088
Introduction A7-088
Guidance A7-094
EU Citizens A7-094
Relevance to decision as to Sentence A7-095

A8. NON-RECENT OFFENCES

INTRODUCTION A8-001
THE APPLICABLE LAW A8-002
Which Regime Applies? A8-002
The Sentencing Code A8-003
Legislation A8-003
Guidance A8-004
Previous Regimes A8-005
THE APPROACH TO NON-RECENT OFFENCES A8-006
Article 7 of the ECHR and Retrospectivity A8-006
General A8-006
What Constitutes a Heavier Penalty? A8-008
The Penalty Applicable "At the Time of the Offence" A8-010
Where a Defendant Crosses Relevant Age Threshold A8-011
Summary A8-013
Determining the Appropriate Sentence A8-014
General A8-014

Current Sentencing Practice and Sentencing Guidelines A8-015
Offender has Crossed Relevant Age Threshold Since
  Committing the Offence A8-021

A9. Mental Health Disposals

Introduction A9-001
Pre-Sentence, Remand and Interim Orders A9-002
    Reports A9-002
        Introduction A9-002
        Pre-Sentence Reports A9-003
        Medical Reports A9-004
    Remand to Hospital for Treatment A9-012
        Introduction A9-012
        Legislation A9-013
        Guidance A9-014
    Interim Hospital Orders A9-016
        Introduction A9-016
        Legislation A9-017
        Guidance A9-019
    Committal for Restriction Order A9-021
        Introduction A9-021
        Legislation A9-022
        Guidance A9-024
Orders Available on Conviction A9-025
    Generally A9-025
        Available Sentences A9-025
        Approach to be Taken A9-026
        Interpretation Provisions A9-027
    Guardianship Orders A9-029
        Introduction A9-029
        Legislation A9-030
        Guidance A9-033
    Hospital Orders with and without Restriction Orders A9-038
        Introduction A9-038
        Legislation A9-039
        Guidance A9-043
    Hospital and Limitation Directions A9-056
        Introduction A9-056
        Legislation A9-057
        Guidance A9-059
    Transfers from Prison to Hospital by the Secretary of State A9-066
Disposals Available where Unfit to Plead or not Guilty by Reason
of Insanity A9-067
    Introduction A9-067
    Magistrates' Courts A9-068
        Introduction A9-068
        Fitness to Plead A9-069
        Insanity A9-073
        Relevance of Civil Preventative Orders A9-074
    The Crown Court A9-075
        Introduction A9-075

General Provisions A9-076
Pre-Sentence and Interim Orders A9-078
Absolute Discharge A9-082
Supervision Order A9-083
Hospital Order with or without Restriction Order A9-086

A10. POST-SENTENCE

VARIATION OF SENTENCE (THE "SLIP RULE") A10-001
    Introduction A10-001
    Magistrates' Courts A10-002
        Legislation A10-002
        Guidance A10-004
    The Crown Court A10-015
        Legislation A10-015
        Guidance A10-017
ASSISTANCE TO THE PROSECUTION: REVIEW OF SENTENCE A10-036
    Introduction A10-036
    Legislation A10-037
        Powers to Review Sentence A10-037
        Specified Prosecutors A10-039
        Procedure for Review A10-040
        Appeals A10-042
    Guidance A10-043
        Review for Failure to Provide Assistance A10-043
        Review as a Result of New Agreement A10-047
        Exclusion of the Public A10-048
RELEASE AND RECALL A10-049
    Introduction A10-049
    Overview A10-052
    Determinate sentences A10-053
        Introduction A10-053
        Release A10-054
        Licence Conditions A10-070
        Recall and Re-Release A10-074
        Extended Licence and Post-Sentence Supervision A10-077
    Life sentences A10-080
        Introduction A10-080
        Release A10-081
        Licence Conditions A10-085
        Recall and Re-Release A10-086
PRIMARY DISPOSALS: BREACH, REVOCATION AND AMENDMENT A10-088
    Introduction A10-088
    Procedure A10-089
    Re-sentencing A10-093
    Binding over to come up for judgment A10-096
    Binding over to keep the peace or be of good behaviour A10-097
    Conditional discharge A10-098
        Legislation A10-098
        Guidance A10-105
    Disqualification A10-106
        Driving Disqualification A10-106

Contents

Disqualification in Relation to Animals	A10-109
Disqualification from Having Custody of a Dog	A10-113
Company Director Disqualification	A10-117
Community orders	A10-119
Introduction	A10-119
Legislation	A10-123
Guidance	A10-153
Suspended sentence orders	A10-162
Introduction	A10-162
Legislation	A10-165
Guidance	A10-196
SECONDARY DISPOSALS: BREACH, AMENDMENT AND DISCHARGE	A10-204
Introduction	A10-204
Behaviour Orders	A10-205
Procedure: Drafting the Indictment for the Breach Offence	A10-205
Criminal Behaviour Orders	A10-206
Exclusion Orders	A10-213
Football Banning Orders	A10-217
Psychoactive Substances Prohibition Orders	A10-223
Restraining Orders	A10-230
Serious Crime Prevention Orders (SCPOS)	A10-236
Serious Disruption Prevention Orders (SDPO)	10-242a
Serious Violence Reduction Orders (SVRO)	A10-243
Sexual Harm Prevention Orders (SHPOS)	A10-248
Travel Restriction Orders (TROS)	A10-260
Reparative and compensatory orders	A10-266
Slavery and Trafficking Reparation Orders	A10-266

PART B: OFFENCES

B1. DETERMINING THE APPROPRIATE SENTENCE

THE APPROACH TO PART B	B1-001
OFFENCE-SPECIFIC SENTENCING GUIDELINES	B1-003
General	B1-003
Offence Specific Guideline: The Continued Utility of Case Law	B1-008
THE GENERAL GUIDELINE	B1-009
General	B1-009
Step 1	B1-010
Step 2	B1-017
Steps 3 to 9	B1-018
No Offence Specific Guideline: The Continued Utility of Case Law	B1-019

B2. OFFENCES OF VIOLENCE

OFFENCES AGAINST THE PERSON	B2-001
Homicide	B2-001
Introduction	B2-001
Murder	B2-002

[xxv]

Contents

- Manslaughter (Other than Corporate Manslaughter) B2-003
- Corporate Manslaughter B2-036
- Non-fatal Offences Against the Person B2-040
  - Introduction B2-040
  - Attempted Murder B2-041
  - Assault Offences B2-054
  - Causing GBH with Intent/Wounding with Intent B2-070
  - Inflicting GBH/Unlawful Wounding B2-084
  - Assault Occasioning ABH B2-092
  - Strangulation or Suffocation B2-098
  - Assault with Intent to Resist Arrest B2-104
  - Assault on an Emergency Worker B2-110
  - Common Assault B2-116
  - Unlawfully and Maliciously Administering a Noxious Thing with Intent to Injure, Aggrieve or Annoy B2-122
  - Administering Drugs or Using Instruments to Procure Abortion B2-128a
- False Imprisonment, Blackmail, kidnapping and child abduction B2-129
  - Introduction B2-129
  - Maximum Sentence B2-130
  - Availability of Sentencing Orders B2-131
  - Sentencing Guidelines B2-134
  - False Imprisonment/Kidnapping B2-135
  - Blackmail B2-156
  - Child Abduction B2-163
- Modern Slavery B2-171
  - Introduction B2-171
  - Slavery, Servitude and Forced or Compulsory Labour/Human Trafficking (Contrary to ss.1 and 2 of the 2015 Act) B2-172
  - Committing an Offence with the Intention of Committing an Offence under s.2 (Contrary to s.4 of the 2015 Act) ...B2-179
- Threats to Kill B2-183
  - Introduction B2-183
  - Maximum Sentence B2-184
  - Availability of Sentencing Orders B2-185
  - Sentencing Guidelines B2-188
  - Interpretation/Application of Guidelines B2-189
- Cruelty and Neglect Offences B2-190
  - Introduction B2-190
  - Causing or Allowing a Child to Suffer Serious Physical Harm/Die B2-192
  - Cruelty to a Child—Assault and Ill Treatment, Abandonment, Neglect and Failure to Protect B2-199
  - Ill-treatment of Patient by a Care Worker B2-206
  - Court of Appeal guidance B2-206f
  - Commentary B2-206g
  - Failing to Protect Girl from Risk of Genital Mutilation B2-207
  - Assisting a non-UK person to mutilate overseas a girl's genitalia whilst outside the United Kingdom (section 3) B2-210

Contents

Causing or Allowing a Vulnerable Adult to Suffer Serious Physical Harm/Die	B2-211
TERRORISM	B2-217
Introduction	B2-217
Sentencing Guideline	B2-218
General	B2-218
Purposes of Sentencing	B2-219
Preparation of Terrorist Acts	B2-222
Maximum Sentences	B2-222
Availability of Sentencing Orders	B2-223
Sentencing Guideline: General	B2-226
Interpreting/applying the Guideline	B2-229
Explosive Substances (Terrorism Only)	B2-238
Maximum Sentences	B2-238
Availability of Sentencing Orders	B2-239
Sentencing Guideline: General	B2-242
Interpreting/applying the Guideline	B2-243
Encouragement of Terrorism	B2-244
Maximum Sentences	B2-244
Availability of Sentencing Orders	B2-245
Sentencing Guideline	B2-248
Interpreting/applying the Guideline	B2-249
Proscribed Organisations	B2-250
Section 11—Membership	B2-250
Section 12—Support	B2-256
Funding Terrorism	B2-262
Maximum Sentences	B2-262
Availability of Sentencing Orders	B2-263
Sentencing Guideline: General	B2-266
Interpreting/applying the Guideline	B2-268
Failure to disclose information about Acts of Terrorism	B2-270
Maximum Sentences	B2-270
Availability of Sentencing Orders	B2-271
Sentencing Guideline: General	B2-274
Interpreting/applying the Guideline	B2-275
Possession for Terrorist Purposes	B2-276
Maximum Sentences	B2-276
Availability of Sentencing Orders	B2-277
Sentencing Guideline: General	B2-280
Interpreting/Applying the Guideline	B2-281
Collection of Terrorist Material	B2-282
Maximum Sentences	B2-282
Availability of Sentencing Orders	B2-283
Interpreting/applying the Guideline	B2-287
Offences not covered by the Guideline	B2-288
INTIMIDATORY OFFENCES	B2-289
Introduction	B2-289
General	B2-289
Racially or Religiously Aggravated Offences	B2-290
Offences committed in a Domestic Context	B2-291
Interpreting/applying the Guideline	B2-292
Harassment/Stalking Involving Fear of Violence	B2-293

Contents

   Maximum Sentences B2-293
   Availability of Sentencing Orders B2-294
   Sentencing Guideline: General B2-297
   Interpreting/applying the Guideline B2-298
  Harassment/stalking B2-301
   Maximum Sentences B2-301
   Availability of Sentencing Orders B2-302
   Sentencing Guideline: General B2-305
   Interpreting/applying the Guideline B2-306
  Disclosing Private Sexual Images B2-307
   Maximum Sentence B2-307
   Availability of Sentencing Orders B2-308
   Sentencing Guideline: General B2-309
   Interpreting/applying the Guideline B2-310
  Controlling or Coercive Behaviour B2-311
   Maximum Sentence B2-311
   Availability of Sentencing Orders B2-312
   Sentencing Guideline: General B2-313
   Interpreting/Applying the Guideline B2-314
PUBLIC ORDER OFFENCES B2-317
  Introduction B2-317
   Public Order Offences Definitive Guideline 2020 ....B2-318
  Riot B2-320
   Maximum Sentence B2-320
   Availability of Sentencing Orders B2-321
   Sentencing Guideline: General B2-324
   Interpreting/Applying the Guideline B2-325
  Violent Disorder B2-326
   Maximum Sentence B2-326
   Availability of Sentencing Orders B2-327
   Sentencing Guideline: General B2-330
   Interpreting/Applying the Guideline B2-331
  Affray B2-332
   Maximum Sentence B2-332
   Availability of Sentencing Orders B2-333
   Sentencing Guideline: General B2-336
   Interpreting/Applying the Guideline B2-338
  Threatening Behaviour—Fear or Provocation of Violence B2-339
   Maximum Sentence B2-339
   Availability of Sentencing Orders B2-340
   Sentencing Guideline: General B2-343
   Interpreting/Applying the Guideline B2-344
  Intentional Harassment, Alarm or Distress B2-345
   Maximum Sentence B2-345
   Availability of Sentencing Orders B2-346
   Sentencing Guideline: General B2-349
   Interpreting/Applying the Guideline B2-350
WEAPONS AND EXPLOSIVES B2-351
  Introduction B2-351
  Bladed Articles and Offensive Weapons B2-352
   Introduction B2-352

Contents

The Bladed Articles and Offensive Weapons Definitive Guideline	B2-353
Possession	B2-355
Threats	B2-363
Children and Young Persons	B2-371
Firearms and Ammunition	B2-375
Introduction	B2-375
Firearms Offences Definitive Guideline	B2-376
Approach to Sentencing	B2-377
Importation/Exportation/Distribution/Manufacture/Transfer	B2-391
Possession without a Certificate (S.1)	B2-400
Possession of a Shotgun (S.2)	B2-406
Manufacturing a Firearm (s.3)	B2-412
Converting a Firearm (s.4)	B2-413
Possession of Prohibited Weapon (s.5(1) and (1a))	B2-414
Manufacturing or Transferring Prohibited Weapons (s.5(2a))	B2-421
Possession with Intent (ss.16, 16a and 18)	B2-427
Carrying in a Public Place (s.19)	B2-447
Possession by Person Prohibited (s.21)	B2-451
Explosives	B2-455
Introduction	B2-455
Maximum Sentences	B2-456
Availability of Sentencing Orders	B2-457
Sentencing Guideline: General	B2-460
Section 2 (Causing Explosion)	B2-461
Section 3 (Attempt to Cause Explosion with Intent)	B2-465
Section 4 (Making or Possessing Explosive)	B2-469
DANGEROUS DOGS AND ANIMAL WELFARE OFFENCES	B2-474
Introduction	B2-474
Dangerous Dogs	B2-475
Maximum Sentences	B2-475
Availability of Sentencing Orders	B2-476
Dogs Dangerously Out of Control	B2-478
Possession of a Prohibited Dog	B2-481
Breach of Disqualification	B2-483
Animal Welfare Offences	B2-484
Introduction	B2-484
Maximum Sentences	B2-485
Availability of Sentencing Orders	B2-486
Section 4 and 8 Offences	B2-488
Section 5, 6 and 7 Offences	B2-490
Breach of Disqualification (s.36)	B2-491

B3. SEXUAL OFFENCES

GENERAL GUIDANCE	B3-001
Introduction	B3-001
Interpretation/Application of the Sexual Offences Guideline	B3-002
Extreme Violence or Threats of Violence (Harm)	B3-002
Serious Psychological or Physical Harm (Harm)	B3-008

       Victim is particularly vulnerable due to personal
          circumstances (harm) B3-010
       Abduction (Harm) B3-023
       Pregnancy or STI as Consequence of Offence (Harm) B3-025
       Forced/Uninvited Entry into Victim's Home (Harm) B3-026
       Prolonged or Sustained Incident (Harm) B3-028
       Approach to Assessment of Harm Where Sexual Activity
          Does Not Occur B3-030
       Significant Degree of Planning (Culpability) B3-033
       Offender Acts Together with Others to Commit the
          Offence (Culpability) B3-038
       Use of Alcohol/Drugs on Victim to Facilitate the Offence
          (Culpability) B3-041
       Abuse of Trust (Culpability) B3-043
       Previous Violence Against the Victim (Culpability) B3-054
       Significant Disparity in Age (Culpability—Child Sexual
          Offences) B3-057
       Aggravating and Mitigating Factors B3-058
RAPE AND ASSAULT OFFENCES B3-066
   Rape and Assault by Penetration B3-066
       Maximum Sentences B3-066
       Availability of Sentencing Orders B3-067
       Sentencing Guideline: General B3-070
       Approach to Sentence B3-071
       Interpreting/Applying the Guideline B3-073
   Sexual Assault B3-084
       Maximum Sentences B3-084
       Availability of Sentencing Orders B3-085
       Sentencing Guideline: General B3-088
       Interpreting/Applying the Guideline B3-089
   Causing a person to engage in sexual activity without consent .. B3-091
       Maximum Sentences B3-091
       Availability of Sentencing Orders B3-092
       Sentencing Guideline: General B3-095
       Interpreting/Applying the Guideline B3-096
OFFENCES WHERE VICTIM IS AGED UNDER 16 .... B3-097
   Sexual Activity with a child B3-097
       Maximum Sentences B3-097
       Availability of Sentencing Orders B3-098
       Sentencing Guideline: General B3-101
       Interpreting/Applying the Guideline B3-102
   Causing or inciting a child to engage in sexual activity B3-103
       Maximum Sentences B3-103
       Availability of Sentencing Orders B3-104
       Sentencing Guideline: General B3-107
       Interpreting/Applying the Guideline B3-108
   Sexual activity with a child family member/Causing or inciting
   a child family member to engage in sexual activity B3-111
       Maximum Sentences B3-111
       Availability of Sentencing Orders B3-112
       Sentencing Guideline: General B3-115
       Interpreting/Applying the Guideline B3-116

Engaging in sexual activity in the presence of a child/Causing a
child to watch a sexual act B3-117
    Maximum Sentences B3-117
    Availability of Sentencing Orders B3-118
    Sentencing Guideline: General B3-121
    Interpreting/Applying the Guideline B3-122
Arranging or facilitating the commission of a child sex offence . B3-123
    Maximum Sentences B3-123
    Availability of Sentencing Orders B3-124
    Sentencing Guideline: General B3-127
    Interpreting/Applying the Guideline B3-128
Meeting a child following sexual grooming B3-129
    Maximum Sentence B3-129
    Availability of Sentencing Orders B3-130
    Sentencing Guideline: General B3-133
    Interpreting/Applying the Guideline B3-134
Sexual communication with a child B3-137
    Maximum Sentences B3-137
    Availability of Sentencing Orders B3-138
    Sentencing Guideline: General B3-141
    Interpreting/Applying the Guideline B3-142
Abuse of position of trust: sexual activity with a child/Abuse of
position of trust: causing or inciting a child to engage in
sexual activity B3-144
    Maximum Sentences B3-144
    Availability of Sentencing Orders B3-145
    Sentencing Guideline: General B3-148
    Interpreting/Applying the Guideline B3-149
Abuse of position of trust: sexual activity in the presence of a
child/Abuse of position of trust: causing a child to watch a
sexual act B3-150
    Maximum Sentences B3-150
    Availability of Sentencing Orders B3-151
    Entencing Guideline: General B3-154
    Interpreting/Applying the Guideline B3-155
OFFENCES WHERE VICTIM AGED UNDER 13 .... B3-156
Rape/Assault by penetration of a child under 13 .... B3-156
    Maximum Sentences B3-156
    Availability of Sentencing Orders B3-157
    Sentencing Guideline: General B3-160
    Interpretation/application of the Guideline B3-161
    Cases Falling Outside the Guideline Range B3-171
Sexual assault of a child under 13 .... B3-176
    Maximum Sentence B3-176
    Availability of Sentencing Orders B3-177
    Sentencing Guideline: General B3-180
    Interpreting/Applying the Guideline B3-181
    Offences Falling Outside the Guidelines B3-182
Causing or inciting a child under 13 to engage in sexual
activity B3-183
    Maximum Sentence B3-183
    Availability of Sentencing Orders B3-184

Contents

- Sentencing Guideline: General B3-187
- Interpreting/Applying the Guideline B3-188

MENTALLY DISORDERED VICTIMS B3-191
- Offences where a victim has a mental disorder impeding choice B3-191
  - Introduction B3-191
  - Availability of Sentencing Orders B3-192
  - Interpreting/Applying the Guideline B3-195
- Care Worker Offences B3-197
  - Introduction B3-197
  - Maximum Sentences B3-198
  - Availability of Sentencing Orders B3-199
  - Interpreting/Applying the Guideline B3-202

EXPLOITATION OFFENCES B3-203
- Causing, inciting or controlling prostitution for gain B3-203
  - Maximum Sentences B3-203
  - Availability of Sentencing Orders B3-204
  - Sentencing Guideline: General B3-207
  - Interpreting/Applying the Guideline B3-208
- Keeping a brothel used for prostitution B3-211
  - Maximum Sentence B3-211
  - Availability of Sentencing Orders B3-212
  - Sentencing Guideline: General B3-215
  - Interpreting/Applying the Guideline B3-216
- Offences relating to exploitation of children B3-217
  - Maximum Sentences B3-217
  - Availability of Sentencing Orders B3-218
  - Sentencing Guideline: General B3-221
  - Interpreting/Applying the Guideline B3-222

IMAGES B3-223
- Indecent images of children B3-223
  - Maximum Sentences B3-223
  - Availability of Sentencing Orders B3-224
  - Sentencing Guideline: General B3-227
  - Interpreting/Applying the Guideline B3-228
- Extreme pornography B3-237
  - Maximum Sentences B3-237
  - Availability of Sentencing Orders B3-238
  - Sentencing Guideline: General B3-241
  - Use of the Indecent Images Guideline B3-242

OTHER OFFENCES B3-246
- Exposure B3-246
  - Maximum Sentences B3-246
  - Availability of Sentencing Orders B3-247
  - Sentencing Guideline: General B3-250
  - Interpreting/Applying the Guideline B3-251
- Voyeurism B3-252
  - Maximum Sentence B3-252
  - Availability of Sentencing Orders B3-253
  - Sentencing Guideline: General B3-256
  - Interpreting/Applying the Guideline B3-257
- Sex with an adult relative B3-260

Contents

  Maximum Sentences B3-260
  Availability of Sentencing Orders B3-261
  Sentencing Guideline: General B3-264
  Interpreting/Applying the Guideline B3-265
 Administering a substance with intent B3-266
  Maximum Sentence B3-266
  Availability of Sentencing Orders B3-267
  Sentencing Guideline: General B3-270
  Interpreting/Applying the Guideline B3-271
 Committing an offence with intent to commit a sexual offence ..B3-272
  Maximum Sentence B3-272
  Availability of Sentencing Orders B3-273
  Sentencing Guideline: General B3-275
  Approach to Sentence B3-276
 Trespass with intent to commit a sexual offence B3-279
  Maximum Sentence B3-279
  Availability of Sentencing Orders B3-280
  Sentencing Guideline: General B3-283
  Interpreting/Applying the Guideline B3-284

B4. PROPERTY OFFENCES

 DISHONESTY OFFENCES B4-001
  Theft Offences B4-001
   Theft B4-001
   Handling Stolen Goods B4-014
   Going Equipped for Theft or Burglary B4-020
   Abstracting Electricity B4-026
   Making off without Payment B4-030
  Burglary B4-034
   Minimum Sentence B4-034
   Maximum Sentence B4-035
   Availability of Sentencing Orders B4-036
   Sentencing Guideline: General B4-039
   Interpreting/Applying the Guideline B4-043
  Robbery B4-067
   Maximum Sentence B4-067
   Availability of Sentencing Orders B4-068
   Sentencing Guideline: General B4-071
   Interpreting/Applying the Guideline B4-075
  Fraud B4-100
   Maximum Sentence B4-100
   Availability of Sentencing Orders B4-105
   Sentencing Guideline: General B4-110
   Interpreting/Applying the Guideline B4-116
  Articles for Use in Fraud B4-144
   Maximum Sentence B4-144
   Availability of Sentencing Orders B4-145
   Sentencing Guideline: General B4-148
   Interpreting/Applying the Guideline B4-149
  Bribery B4-156
   Maximum Sentence B4-156

Availability of Sentencing Orders	B4-157
Sentencing Guideline: General	B4-160
Interpreting/Applying the Guideline	B4-161
Money Laundering	B4-163
Maximum Sentence	B4-163
Availability of Sentencing Orders	B4-164
Sentencing Guideline: General	B4-167
Concurrent or Consecutive Sentence?	B4-168
Interpreting/Applying the Guideline	B4-169

ARSON AND CRIMINAL DAMAGE B4-177

Arson/Criminal Damage with Intent to Endanger Life or Reckless as to whether Life Endangered	B4-177
Maximum Sentences	B4-177
Availability of Sentencing Orders	B4-178
Sentencing Guideline: General	B4-181
Interpreting/Applying the Guideline	B4-182
Arson	B4-184
Maximum Sentences	B4-184
Availability of Sentencing Orders	B4-185
Sentencing Guideline: General	B4-188
Interpreting/Applying the Guideline	B4-189
Criminal Damage (Other than Arson)	B4-194
Maximum Sentences	B4-194
Availability of Sentencing Orders	B4-195
Sentencing Guideline: General	B4-106
Interpreting/Applying the Guideline	B4-199

COMPUTER MISUSE ACT OFFENCES B4-201

Maximum Sentence	B4-201
Availability of Sentencing Orders	B4-203
Guidance	B4-206
General Guidance	B4-206
Unauthorised Access (s.1 CMA 1990)	B4-210
Unauthorised Access with Criminal Intent (s.2 CMA 1990)	B4-212
Unauthorised Access, Intending or Reckless as to the Impairment of a Computer (s.3 CMA 1990)	B4-213
Unauthorised Access Causing or Creating Risk of Serious Damage (s.3ZA CMA 1990)	B4-214

B5. DRUG OFFENCES

GENERAL GUIDANCE	B5-001
Harm Factors	B5-002
Purity (Harm)	B5-002
Indicative Quantities (Harm)	B5-008
Relevance of Cutting Agent (Harm)	B5-009
Relevance of Cash (Harm)	B5-011
Dry Weight or Wet Weight (Harm)	B5-014
Purchase Online (Harm)	B5-015
Selection of Guideline (Amphetamine)	B5-015a
Drugs not Listed in the Guideline	B5-016
Culpability Factors	B5-026

Contents

Assessment of Roles: General (Culpability) B5-026
Directing or Organising, Buying and Selling on a
  Commercial Scale (Leading Role) B5-030
Expectation of Financial or Other Advantage (Assessment
  of Role) B5-032
Purity (Assessment of Role) B5-037
Conspiracy B5-039
  Roles B5-044
  Aggravating factors B5-046
Encouraging or assisting a drug offence believing it will be
  committed B5-047

IMPORTATION/EXPORTATION OF A CONTROLLED DRUG B5-051
  Minimum Sentence B5-051
  Maximum sentence B5-052
  Availability of Sentencing Orders B5-053
  Sentencing guideline: general B5-056
  Interpreting/Applying the guideline B5-057
    General Guidance B5-057
    Operation on the Most Serious or Commercial Scale B5-058
    Drugs Exported or to be Exported B5-065
    Where the Goods Were not in Fact a Controlled Drug
      (Mitigation) B5-066

SUPPLY OF OR POSSESSION WITH INTENT TO SUPPLY A CONTROLLED DRUG B5-067
  Minimum Sentence B5-067
  Maximum sentence B5-068
  Availability of Sentencing Orders B5-069
  Sentencing guideline: general B5-072
  Interpreting/Applying the Guideline B5-073
    General Guidance B5-073
    "Street Dealing" (Harm Category 3) B5-074
    Cuckooing (Culpability and Aggravation) B5-081
    Deterrence B5-083
    Supply in Vicinity of School Premises or Use of Courier
      under 18 (Mandatory Aggravation) B5-084
    Abuse of Trust (Aggravation) B5-085
    Identity of Person Drugs Supplied to (Aggravation) B5-086
    Death of Person Drugs Supplied to (Aggravation) B5-088
    Supply at Music Festivals (Aggravation) B5-091
    Mistaken belief as to the type of drug (mitigation) B5-092
    Suspending Sentences B5-093

PRODUCTION OF A CONTROLLED DRUG/CULTIVATION OF CANNABIS B5-094
  Minimum Sentence B5-094
  Maximum sentence B5-095
  Availability of Sentencing Orders B5-096
  Sentencing guideline: general B5-099
  Interpreting/Applying the Guideline B5-100
    General Guidance B5-100
    Industrial/Significant Quantities of Cannabis (Harm
      Category 1/2) B5-101
    Number of Cannabis Plants B5-103
    Prospect of Circulation or Supply
      (Culpability/Aggravation) B5-104

Contents

High-THC Skunk (Aggravation)	B5-106
PERMITTING PREMISES TO BE USED FOR CERTAIN PURPOSES IN RELATION TO A CONTROLLED DRUG	B5-107
Minimum Sentence	B5-107
Maximum sentence	B5-108
Availability of Sentencing Orders	B5-109
Sentencing guideline: general	B5-112
Interpreting/Applying the Guideline	B5-113
General Guidance	B5-113
Higher or Lower Culpability	B5-114
POSSESSION OF A CONTROLLED DRUG	B5-116
Minimum Sentence	B5-116
Maximum sentence	B5-117
Availability of Sentencing Orders	B5-118
Sentencing guideline: general	B5-119
Interpreting/Applying the Guideline	B5-120
Quantity of Drug	B5-120
CONVEYANCE OF DRUGS INTO PRISON	B5-123
PRODUCING A PSYCHOACTIVE SUBSTANCE	B5-124
Maximum Sentence	B5-124
Availability of Sentencing Orders	B5-125
Sentencing guideline: general	B5-128
Interpreting/Applying the guideline	B5-129
SUPPLY OF OR POSSESSION WITH INTENT TO SUPPLY A PSYCHOACTIVE SUBSTANCE	B5-130
Maximum Sentence	B5-130
Availability of Sentencing Orders	B5-131
Sentencing guideline: general	B5-134
Interpreting/Applying the guideline	B5-135
Mandatory aggravating factor	B5-136
IMPORTATION OR EXPORTATION OF A PSYCHOACTIVE SUBSTANCE	B5-137
Maximum Sentence	B5-137
Availability of Sentencing Orders	B5-138
Sentencing guideline: general	B5-140
Interpreting/Applying the guideline	B5-141

B6. DRIVING OFFENCES

INTRODUCTION	B6-001
Approach	B6-001
Sentencing Guidelines	B6-002
Generally	B6-002
Interpreting/Applying the Guideline	B6-003
CAUSING DEATH BY DANGEROUS DRIVING	B6-011
Maximum Sentence	B6-011
Availability of Sentencing Orders	B6-012
Sentencing Guideline: General	B6-015
Interpreting/Applying the Guideline	B6-016
Delibrate Decision to Ignore the Rules of the Road (Culpability A)	B6-016
Prolonged Use of Mobile Telephone (Culpability A)	B6-018
CAUSING DEATH BY CARELESS DRIVING	B6-019

Maximum Sentence	B6-019
Availability of Sentencing Orders	B6-020
Sentencing Guidelines	B6-023
Causing Death by Careless Driving (s.2B)	B6-023
Interpreting/applying the guideline	B6-023
Under the Influence Etc (s.3A)	B6-025
CAUSING DEATH BY DRIVING: UNLICENSED, DISQUALIFIED OR UNINSURED	B6-027
Disqualified	B6-027
Maximum Sentence	B6-027
Availability of Sentencing Orders	B6-028
Sentencing Guideline: General	B6-031
Interpreting/Applying the Guideline	B6-032
Unlicensed or Uninsured	B6-033
Maximum Sentence	B6-033
Availability of Sentencing Orders	B6-034
Sentencing Guideline: General	B6-035
Interpreting/Applying the Guideline	B6-036
CAUSING SERIOUS INJURY OFFENCES	B6-037
Introduction	B6-037
Maximum Sentences	B6-038
Availability of Sentencing Orders	B6-039
Sentencing Guideline: General	B6-040
DANGEROUS DRIVING	B6-047
Maximum Sentence	B6-047
Availability of Sentencing Orders	B6-048
Sentencing Guideline: General	B6-048
Interpreting/Applying the Guideline	B6-048
WANTON AND FURIOUS DRIVING	B6-050
Maximum Sentence	B6-050
Availability of Sentencing Orders	B6-051
Sentencing Guidelines	B6-053
Interpreting/Applying the Guidelines	B6-054

B7. REGULATORY OFFENCES

BUSINESS OFFENCES	B7-001
Environmental Offences	B7-001
Introduction	B7-001
Maximum Sentences	B7-002
Consequences of Conviction	B7-003
Sentencing Guideline: General	B7-004
Interpreting/Applying the Guideline	B7-007
Health and Safety Offences	B7-017
Maximum Sentences	B7-017
Consequences of Conviction	B7-018
Sentencing Guideline: General	B7-019
Interpreting/Applying the Guideline	B7-022
Fire Safety Offences	B7-044
Maximum Sentences	B7-044
Consequences of Conviction	B7-045
Guidance	B7-046
Food Safety Offences	B7-049

Contents

Maximum Sentences	B7-049
Consequences of Conviction	B7-050
Sentencing Guideline: General	B7-051
Interpreting/Applying the Guideline	B7-054
Offences Relating to the Operation of Companies	B7-056
Insider Trading	B7-056
Fraudulent Trading	B7-064
Unauthorised Regulated Activity	B7-067
COPYRIGHT AND FORGERY OFFENCES	B7-072
Copyright Offences	B7-072
Maximum Sentences	B7-072
Consequences of Conviction	B7-073
Guidance	B7-074
Trademark Offences	B7-076
Maximum Sentences	B7-076
Consequences of Conviction	B7-077
Sentencing Guidelines: General	B7-078
Interpreting/Applying the Guideline	B7-081
Forgery	B7-082
Maximum Sentences	B7-082
Consequences of Conviction	B7-084
Guidance	B7-085
Counterfeit Currency	B7-092
Maximum Sentences	B7-092
Consequences of Conviction	B7-095
Guidance	B7-096
IMMIGRATION OFFENCES	B7-101
Offences Contrary to the Immigration Act 1971	B7-101
Maximum Sentences	B7-101
Consequences of Conviction	B7-103
Guidance	B7-104
Offences Contrary to the Identity Documents Act 2010	B7-124
Maximum Sentence	B7-124
Consequences of Conviction	B7-125
Guidance	B7-126
Entering the UK Without a Passport	B7-128
Maximum Sentence	B7-128
Consequences of Conviction	B7-129
Guidance	B7-130
Cases not Charged as Immigration Offences	B7-134

B8. OFFENCES AGAINST JUSTICE

PERVERTING THE COURSE OF JUSTICE	B8-001
Maximum Sentence	B8-001
Availability of Sentencing Orders	B8-002
Guidance	B8-003
General Guidance	B8-004
Interference with Witnesses or Police	B8-011
False Allegations	B8-018
False Evidence or Concealment of Evidence	B8-038
False Mitigation	B8-049

[xxxviii]

Contents

Intimidating Witnesses or Jurors	B8-053
Maximum Sentence	B8-053
Availability of Sentencing Orders	B8-054
Guidance	B8-055
General Guidance	B8-056
Preventing A Lawful Burial	B8-057a
Maximum Sentence	B8-057a
Availability of Sentencing Orders	B8-057b
Guidance	B8-057c
Assisting Offenders to Avoid Apprehension or Prosecution	B8-058
Maximum Sentence	B8-058
Availability of Sentencing Orders	B8-059
Guidance	B8-060
General Guidance	B8-060
Examples	B8-062
Perjury	B8-065
Maximum Sentence	B8-065
Availability of Sentencing Orders	B8-066
Guidance	B8-067
Participating in an Organised Crime Group	B8-075
Maximum Sentence	B8-075
Availability of Sentencing Orders	B8-076
Guidance	B8-079
Prisons—Escapes from Custody/Failure to be Recalled	B8-080
Maximum Sentences	B8-080
Availability of Sentencing Orders	B8-083
Guidance	B8-084
Escape from Custody	B8-084
Harbouring an Escaped Prisoner	B8-095
Assisting Escape	B8-096
Remaining at Large	B8-098
Prisons—Prohibited Articles	B8-100
Maximum Sentences	B8-100
Availability of Sentencing Orders	B8-101
Guidance	B8-102
Where Items Fall into Multiple Lists	B8-102
List A Articles—General	B8-103
List A Articles—Bladed Articles	B8-104
List A Articles—Drugs	B8-105
Conveying Mobile Phones/SIMS	B8-115
Possessing Mobile Phones/SIMS	B8-119
Misconduct In Public Office	B8-122
Judicial Guidance	B8-124
Police—relationship with suspect	B8-127
Police-relationship with vulnerable complainants/trainees	B8-129
PROTEST	B8-138
Guidance	B8-139
Commentary	B8-142
Index	1683

TABLE OF CASES

Achour v France (67335/01) [2006] 3 WLUK 783; (2007) 45 E.H.R.R. 2 ECHR (Grand Chamber) A8-006
Adamson v United Kingdom (Admissibility) (42293/98) [1999] 1 WLUK 685; (1999) 28 E.H.R.R. CD209 ECHR A7-037
Alexander v Latter [1972] 7 WLUK 44; [1972] R.T.R. 441; [1972] Crim. L.R. 646 DC ... A4-263, A4-264
Ali v Secretary of State for the Home Department, sub nom. HA (Iraq) v Secretary of State for the Home Department [2016] UKSC 60; [2016] 1 W.L.R. 4799; [2017] 3 All E.R. 20; [2016] 11 WLUK 440; [2017] Imm. A.R. 484; [2017] I.N.L.R. 109; *Times*, December 5, 2016 SC A7-088
Anderton v Anderton [1977] 6 WLUK 7; [1977] R.T.R. 424; [1977] Crim. L.R. 485 DC .. A4-262, A4-263
Arthur v Stringer [1986] 10 WLUK 61; (1987) 84 Cr. App. R. 361; (1986) 8 Cr. App. R. (S.) 329; (1987) 151 J.P. 97; [1987] Crim. L.R. 563; (1987) 151 J.P.N. 91; *Times*, October 11, 1986 QBD A2-129
Attorney General v Forsythe-Wilding [2018] EWCA Crim 1180; [2018] 5 WLUK 433 CA (Crim Div) A4-402
Attorney General's Reference (No.22 of 1992), sub nom. R. v Thomas (Steven Mark) [1994] 1 All E.R. 105; [1992] 11 WLUK 281; (1993) 97 Cr. App. R. 275; (1993) 14 Cr. App. R. (S.) 435; [1993] Crim. L.R. 227 CA (Crim Div) A2-064
Attorney General's Reference (No.32 of 1996), sub nom. R. v Whittaker (Steven Alan) [1996] 7 WLUK 311; [1997] 1 Cr. App. R. (S.) 261; [1996] Crim. L.R. 917; (1996) 93(38) L.S.G. 42; *Times*, July 24, 1996 CA (Crim Div) A4-677
Attorney General's Reference (No.50 of 1997), sub nom. R. v V (David Victor) [1997] 12 WLUK 129; [1998] 2 Cr. App. R. (S.) 155 CA (Crim Div) A7-024, A7-061
Attorney General's Reference (No.45 of 2000), sub nom. R. v West (Stewart Jonathan) [2000] 10 WLUK 104; [2001] 1 Cr. App. R. (S.) 119 CA (Crim Div) B2-149
Attorney General's Reference (No.58 of 2000), sub nom. R. v Wynne (Anthony Vincent) [2000] 11 WLUK 464; [2001] 2 Cr. App. R. (S.) 19 CA (Crim Div) A3-163
Attorney General's Reference (No.81 of 2000), sub nom. R. v Jacobs (Paul) [2000] 11 WLUK 474; [2001] 2 Cr. App. R. (S.) 16 CA (Crim Div) A3-163
Attorney General's Reference (No.66 of 2003), sub nom. Attorney General's Reference (No.64 of 2003), Re; R. v Boujettif (Moussin); joined case(s) R. v Harrison (John) [2003] EWCA Crim 3514; [2003] 11 WLUK 521; [2004] 2 Cr. App. R. (S.) 22; [2004] Crim. L.R. 241; *Times*, December 1, 2003 CA (Crim Div) A4-400, A6-191
Attorney General's Reference (No.82 of 2005), sub nom. R. v Toulson (John) [2005] EWCA Crim 2692; [2005] 10 WLUK 345; [2006] 1 Cr. App. R. (S.) 118 CA (Crim Div) .. A4-401
Attorney General's Reference (No.59 of 2006), sub nom. R. v Doe (Nelson) [2006] EWCA Crim 2096; [2006] 8 WLUK 69 CA (Crim Div) A3-046
Attorney General's Reference (No.134 of 2006), sub nom. R. v Bennett (Adam) [2007] EWCA Crim 309; [2007] 1 WLUK 422; [2007] 2 Cr. App. R. (S.) 54 CA (Crim Div) A4-456
Attorney General's Reference (No.145 of 2006), sub nom. R. v C (Stephen) [2007] EWCA Crim 692; [2007] 3 WLUK 123; *Times*, March 20, 2007 CA (Crim Div) A4-461
Attorney General's Reference (No.1 of 2007), sub nom. R. v Hardy (James Andrew) [2007] EWCA Crim 760; [2007] 3 WLUK 162; [2007] 2 Cr. App. R. (S.) 86; *Times*, April 12, 2007 CA (Crim Div) B8-131
Attorney General's Reference (No.24 of 2008), sub nom. R. v Sanchez (Kelly Elizabeth) [2008] EWCA Crim 2936; [2009] 3 All E.R. 839; [2008] 12 WLUK 173; [2009] 2 Cr. App. R. (S.) 41 CA (Crim Div) A4-753
Attorney General's Reference (No.45 of 2008), sub nom. R. v B [2008] EWCA Crim 2019; [2008] 8 WLUK 202; [2009] 1 Cr. App. R. (S.) 89 CA (Crim Div) A4-569
Attorney General's Reference (No.55 of 2008), sub nom. R. v C; joined case(s) R. v A; R. v CD; R. v D; R. v F; R. v P; R. v PC; R. v R; R. v W [2008] EWCA Crim 2790; [2009] 1 W.L.R. 2158; [2009] 2 All E.R. 867; [2008] 11 WLUK 670; [2009] 2 Cr. App. R. (S.) 22; [2009] Prison L.R. 353; [2009] Crim. L.R. 221; *Times*, December 4, 2008 CA (Crim Div) A4-459, A4-636, A7-024, A7-061
Attorney General's Reference (No.16 of 2009), sub nom. R. v Yates (James) [2009] EWCA Crim 2439; [2009] 10 WLUK 730; [2010] 2 Cr. App. R. (S.) 11; *Times*, November 6,

[xli]

TABLE OF CASES

2009 CA (Crim Div)..B8-059
Attorney General's Reference (No.35 of 2009), sub nom. R. v Binsteed (Michael) [2009]
    EWCA Crim 1375; [2009] 6 WLUK 739; [2010] 1 Cr. App. R. (S.) 61 CA (Crim Div) B8-004
Attorney General's Reference (No.43 of 2009), sub nom. R. v Wilkinson (Grant); joined
    case(s) R. v Ali (Madassar); R. v Bennett (Craig Joseph); R. v Olawaiye (Olaniyi) [2009]
    EWCA Crim 1925; [2009] 10 WLUK 127; [2010] 1 Cr. App. R. (S.) 100; [2010] Crim.
    L.R. 69; (2009) 153(38) S.J.L.B. 28; *Times*, October 9, 2009 CA (Crim Div) A1-027, B2-398
Attorney General's Reference (No.57 of 2009), sub nom. R. v Ralphs (Peter) [2009] EWCA
    Crim 2555; [2009] 12 WLUK 83; [2010] 2 Cr. App. R. (S.) 30; [2010] Crim. L.R. 318
    CA (Crim Div) B2-387, B2-388, B2-389, B2-390, B6-004, B6-044
Attorney General's Reference (No.109 of 2010) [2010] EWCA Crim 2382; [2010] 7
    WLUK 636 CA (Crim Div)..B8-037
Attorney General's Reference (No.23 of 2011), sub nom. R. v Williams (Sanchez) [2011]
    EWCA Crim 1496; [2011] 6 WLUK 74; [2012] 1 Cr. App. R. (S.) 45; [2011] Crim. L.R.
    812; *Times*, July 20, 2011 CA (Crim Div)..................................A4-750, A4-755
Attorney General's Reference (No.73 of 2012), sub nom. R. v Halliwell (Christopher John)
    [2012] EWCA Crim 2924; [2012] 12 WLUK 475; [2013] 2 Cr. App. R. (S.) 38; [2013]
    Crim. L.R. 440 CA (Crim Div) A4-725
Attorney General's Reference (No.82 of 2012), sub nom. R. v Downes (Robert) [2013]
    EWCA Crim 135; [2013] 1 WLUK 473; [2013] 2 Cr. App. R. (S.) 64; [2013] Crim. L.R.
    529 CA (Crim Div) A4-567
Attorney General's Reference (No.27 of 2013), sub nom. R. v Burinskas (Gintas); joined
    case(s) R. v Ahmad (Goran Kamal); R. v C; R. v Donegan (David); R. v Hanson (John);
    R. v Mathews (Michael Richard); R. v P (Anthony); R. v Smith (Paul Simon) [2014]
    EWCA Crim 334; [2014] 1 W.L.R. 4209; [2015] 1 All E.R. 93; [2014] 3 WLUK 66;
    [2014] 2 Cr. App. R. (S.) 45 CA (Crim Div) . A3-208, A4-634, A4-690, A4-701, A4-702, A10-067,
                                                                                B2-137, B2-143, B3-173
Attorney General's Reference (No.37 of 2013), sub nom. R. v Culpeper (Jason) [2013]
    EWCA Crim 1466; [2013] 7 WLUK 1028; [2014] 1 Cr. App. R. (S.) 62 CA (Crim Div) ...A4-562
Attorney General's Reference (No.38 of 2013), sub nom. R. v Hall (James Stuart) [2013]
    EWCA Crim 1450; [2013] 7 WLUK 874; [2014] 1 Cr. App. R. (S.) 61 CA (Crim Div) B3-051
Attorney General's Reference (No.53 of 2013), sub nom. R. v Wilson (Neil) [2013] EWCA
    Crim 2544; [2013] 10 WLUK 238; [2014] 2 Cr. App. R. (S.) 1 CA (Crim Div)..........B3-060
Attorney General's Reference (No.69 of 2013), sub nom. R. v McLoughlin (Ian); R. v
    Newell (Lee William) [2014] EWCA Crim 188; [2014] 1 W.L.R. 3964; [2014] 3 All E.R.
    73; [2014] 2 WLUK 565; [2014] 2 Cr. App. R. (S.) 40; [2014] H.R.L.R. 7; [2014] Crim.
    L.R. 471; (2014) 158(8) S.J.L.B. 37; *Times*, February 24, 2014 CA (Crim Div) ...A4-718, A4-719
Attorney General's Reference (No.28 of 2014), sub nom. R. v Okoh (Anthony) [2014]
    EWCA Crim 1723; [2014] 7 WLUK 1067 CA (Crim Div)................................B7-109
Attorney General's Reference (No.61 of 2014), sub nom. R. v H [2014] EWCA Crim 1933;
    [2014] 9 WLUK 116; [2015] 1 Cr. App. R. (S.) 25 CA (Crim Div) A4-531
Attorney General's Reference (No.85 of 2014), sub nom. R. v Ackland (Karen) [2014]
    EWCA Crim 2088; [2014] 10 WLUK 94; [2015] 1 Cr. App. R. (S.) 14 CA (Crim Div).....A2-024,
                                                                                A2-027, B3-058
Attorney General's Reference (No.94 of 2014), sub nom. R. v Baker (John) [2014] EWCA
    Crim 2752; [2016] 4 W.L.R. 121; [2014] 11 WLUK 43 CA (Crim Div).................B3-031
Attorney General's Reference (No.105 of 2014), sub nom. R. v Harrak (Musa) [2014]
    EWCA Crim 2751; [2014] 12 WLUK 169; [2015] 1 Cr. App. R. (S.) 45 CA (Crim Div) ...B3-161,
                                                                                B3-169
Attorney General's Reference (No.123 of 2014), sub nom. R. v Spence (Philip Alexander)
    [2015] EWCA Crim 111; [2015] 1 WLUK 661; [2015] 1 Cr. App. R. (S.) 67 CA (Crim
    Div) A4-670
Attorney General's Reference (No.126 of 2014), sub nom. Attorney General's Reference
    (Nos 126 and 127 of 2014); R. v Jumale (Omar); R. v Zakaria (Said) [2015] EWCA
    Crim 128; [2015] 1 WLUK 577; [2015] 1 Cr. App. R. (S.) 65; [2015] Crim. L.R. 465 CA
    (Crim Div) A3-129
Attorney General's Reference (No.56 of 2015), sub nom. R. v Hilton (Ryan) [2015] EWCA
    Crim 1442; [2015] 7 WLUK 862; [2016] 1 Cr. App. R. (S.) 9 CA (Crim Div).....B4-182, B4-189
Attorney General's Reference (No.79 of 2015), sub nom. R. v Nguyen (Hong) [2016]
    EWCA Crim 448; [2016] 4 W.L.R. 99; [2016] 3 WLUK 670; [2016] 2 Cr. App. R. (S.)
    18 CA (Crim Div) A10-017, A10-018
Attorney General's Reference (No.113 of 2015), sub nom. R. v Senussi (Ali) [2016] EWCA
    Crim 38; [2016] 2 WLUK 176; [2016] 1 Cr. App. R. (S.) 70 CA (Crim Div)......B3-037, B3-040

TABLE OF CASES

Attorney General's Reference (No.123 of 2015), sub nom. R. v Javed (Umran) [2016] EWCA Crim 28; [2016] 1 WLUK 93; [2016] 1 Cr. App. R. (S.) 64; [2016] Crim. L.R. 444 CA (Crim Div)...B8-050
Attorney General's Reference (No.142 of 2015), sub nom. R. v Brown (Jack Joseph) [2016] EWCA Crim 80; [2016] 1 WLUK 616; [2016] 1 Cr. App. R. (S.) 68 CA (Crim Div) B3-168
Attorney General's Reference (No.33 of 2016), sub nom. R. v Sowe (Rahim Abdul) [2016] EWCA Crim 749; [2016] 4 WLUK 465 CA (Crim Div)..................... A6-255, A6-262
Attorney General's Reference (No.688 of 2019), sub nom. R. v McCann (Joseph); R. v Shah (Manish); R. v Sinaga (Reynard); joined case(s) Attorney General's Reference (No.5 of 2020) [2020] EWCA Crim 1676; [2021] 4 W.L.R. 3; [2020] 12 WLUK 158; [2021] 2 Cr. App. R. (S.) 12; [2021] Crim. L.R. 325 CA (Crim Div) A4-669, A4-718
Attorney General's Reference (Nos 59, 60 and 63 of 1998), sub nom. R. v Goodwin (Frankie); R. v JO'B (A Juvenile); R. v TH (A Juvenile) [1998] 12 WLUK 142; [1999] 2 Cr. App. R. (S.) 128; [1999] Crim. L.R. 341; *Times*, December 28, 1998 CA (Crim Div) ... A6-011
Attorney General's Reference (Nos 6, 7 and 8 of 2000), sub nom. R. v James (Simon); R. v Rees (Jonathan); R. v Warnes (Austin) [2002] EWCA Crim 264; [2002] 1 WLUK 584; [2002] 2 Cr. App. R. (S.) 76 CA (Crim Div) B8-034
Attorney General's Reference (Nos 108 and 109 of 2005), sub nom. R. v Peart (Michael); R. v Swindon (Sean) [2006] EWCA Crim 513; [2006] 2 WLUK 355; [2006] 2 Cr. App. R. (S.) 80; *Times*, February 22, 2006 CA (Crim Div) A4-725
Attorney General's Reference (Nos 14 and 15 of 2006), sub nom. R. v French (Tanya); R. v Webster (Alan) [2006] EWCA Crim 1335; [2007] 1 All E.R. 718; [2006] 6 WLUK 101; [2007] 1 Cr. App. R. (S.) 40; [2006] Crim. L.R. 943; *Times*, June 20, 2006 CA (Crim Div) A1-176
Attorney General's Reference (Nos 118 and 119 of 2006), sub nom. R. v De Oliveira (Werleson); R. v Jesus (Lucas) [2007] EWCA Crim 121; [2007] 1 WLUK 208; (2007) 151 S.J.L.B. 128 CA (Crim Div) A1-190, B7-113
Attorney General's Reference (Nos 60, 62 and 63 of 2009); joined case(s) R. v Appleby (Declan Paul); R. v Bryan (Thomas); R. v Cowles (Ben Kevin); R. v Cowles (Tom Andew); R. v Roberts (Peter Jason) [2009] EWCA Crim 2693; [2009] 12 WLUK 608; [2010] 2 Cr. App. R. (S.) 46; [2010] Crim. L.R. 325; *Times*, December 24, 2009 CA (Crim Div) B2-025, B2-033
Attorney General's Reference (Nos 48 and 49 of 2010), sub nom. R. v Cox (Tyrone); R. v Monk (Lewis) [2010] EWCA Crim 2521; [2010] 10 WLUK 438; [2011] 1 Cr. App. R. (S.) 122; [2011] Crim. L.R. 169 CA (Crim Div) A4-558
Attorney General's Reference (Nos 15, 16 and 17 of 2012), sub nom. R. v Lewis (David); R. v Vriezen (Henrik Willem); R. v Wijtvliet (Everadus) [2012] EWCA Crim 1414; [2012] 6 WLUK 34; [2013] 1 Cr. App. R. (S.) 52; [2012] Crim. L.R. 816 CA (Crim Div) .. B5-002, B5-018, B5-028, B5-057
Attorney General's Reference (Nos 39, 40, 41 and 42 of 2014), sub nom. R. v Oganesyan (Artur); R. v Simon (Alex Mosa); R. v Simon (Sam); R. v Yalcin (Muhammet Melik) [2014] EWCA Crim 1557; [2014] 6 WLUK 796 CA (Crim Div) B2-137, B2-143
Attorney General's Reference (Nos 74, 75, 76, 77 and 78 of 2014), sub nom. R. Spinks (Leigh); R. v Cassidy (Luke); R. v Selwood (Jason); R. v Smith (Danny); R. v Smith (Gary) [2014] EWCA Crim 2535; [2014] 11 WLUK 22; [2015] 1 Cr. App. R. (S.) 30 CA (Crim Div) B2-460, B4-054
Attorney General's Reference (Nos 82 and 90 of 2014), sub nom. R. v Ebanks (Michael); R. v West (Mark) [2014] EWCA Crim 2884; [2014] 11 WLUK 382; [2015] 2 Cr. App. R. (S.) 1 CA (Crim Div) B5-059
Attorney General's Reference (Nos 92 and 93 of 2014), sub nom. R. v Atkins (Nicholas); R. v Gibney (Danny) [2014] EWCA Crim 2713; [2014] 12 WLUK 112; [2015] 1 Cr. App. R. (S.) 44 CA (Crim Div) B2-136, B2-142, B2-147
Attorney General's Reference (Nos 102 and 103 of 2014), sub nom. R. v Champion (James); R. v Perkins (Dane) [2014] EWCA Crim 2922; [2014] 12 WLUK 704; [2015] 1 Cr. App. R. (S.) 55 CA (Crim Div). B2-143, B2-147, B2-154
Attorney General's Reference (Nos 49 and 50 of 2015), sub nom. R. v Bakht (Kenan); R. v Howard (John) [2015] EWCA Crim 1402; [2015] 7 WLUK 291; [2016] 1 Cr. App. R. (S.) 4; [2016] Crim. L.R. 72 CA (Crim Div) B7-118
Attorney General's Reference (Nos 11 and 12 of 2016), sub nom. R. v Banks (Steven); R. v Blades (Selhurst) [2016] EWCA Crim 2312; [2016] 3 WLUK 103 CA (Crim Div). B2-157, B2-160
Attorney General's Reference (Nos 128 to 141 of 2015 and 8 to 10 of 2016), sub nom. R. v Abdin (Joynal); R. v Ducram (Fitzroy); R. v Fedar (Mohammed); R. v Ghalib (Amar); R. v Gul (Rowan); R. v Hussain (Ifran); R. v Hussain (Usman); R. v Mattu (Joga Singh);

[xliii]

Table of Cases

R. v McDermott (Louis Junior); R. v Mentore (Darren); R. v Miah (Mohammed Selu); R. v Mohammed (Janed); R. v Nazran (Sundish Singh); R. v Officer (Clinton); R. v Smith (Jamal Shaka); R. v Stephenson (Nosakhere); R. v Wiggan (Theodore Junior) [2016] EWCA Crim 54; [2016] 4 W.L.R. 83; [2016] 3 WLUK 276; [2016] 2 Cr. App. R. (S.) 12 CA (Crim Div) B2-398
B v Chief Constable of Avon and Somerset [2001] 1 W.L.R. 340; [2001] 1 All E.R. 562; [2000] 4 WLUK 127; [2000] Po. L.R. 98 DC A5-021
B v Leeds Crown Court, sub nom. B v Crown Prosecution Service [2016] EWHC 1230 (Admin); [2016] 2 WLUK 651; (2016) 180 J.P. 282; [2016] Crim. L.R. 782 DC A6-219
B v Parole Board for Scotland [2020] CSOH 69; 2020 S.L.T. 975; [2020] 7 WLUK 65; 2020 G.W.D. 23-297 OH... A5-064, A5-321
Baker v Cole [1971] 1 W.L.R. 1788 (Note); [1971] 3 All E.R. 680 (Note); [1966] 2 WLUK 74; [1972] R.T.R. 43 (Note) DC A4-266
Barker v RSPCA [2018] EWHC 880 (Admin); [2018] P.T.S.R. 1582; [2018] 1 WLUK 330; [2018] 2 Cr. App. R. (S.) 13; *Times*, May 10, 2018 QBD (Admin)....... A4-293, A4-294, A4-295
Barnes v Gevaux [1980] 7 WLUK 146; (1980) 2 Cr. App. R. (S.) 258; [1981] R.T.R. 236 QBD... A4-261
Bedfordshire CC v DPP [1995] 7 WLUK 407; [1996] 1 Cr. App. R. (S.) 322; [1995] Crim. L.R. 962; *Times*, August 14, 1995 DC... A6-045
Blake v Crown Prosecution Service [2017] 1 WLUK 494 DC A4-191
Bobin v DPP [1999] 7 WLUK 104; [1999] R.T.R. 375 QBD A4-263
Bond v Chief Constable of Kent [1983] 1 W.L.R. 40; [1983] 1 All E.R. 456; [1982] 10 WLUK 26; (1983) 76 Cr. App. R. 56; (1982) 4 Cr. App. R. (S.) 314; (1983) 147 J.P. 107; [1983] Crim. L.R. 166; (1983) 80 L.S.G. 29; (1982) 126 S.J. 707 QBD A4-129
Bouferache (Abdel-Hakim) [2015] EWCA Crim 1611; [2015] 9 WLUK 310; [2016] 1 Cr. App. R. (S.) 25 CA (Crim Div) B4-115, B4-149
Brennan v McKay 1997 S.L.T. 603; [1996] 6 WLUK 380 HCJ Appeal A4-268
Brough v St Helens MBC [2013] EWHC 4747 (Admin); [2013] 11 WLUK 833 QBD (Admin) A4-192
Brown v Dyerson [1969] 1 Q.B. 45; [1968] 3 W.L.R. 615; [1968] 3 All E.R. 39; [1968] 6 WLUK 75; (1968) 52 Cr. App. R. 630; (1968) 132 J.P. 495; (1968) 112 S.J. 805 DC A4-261
Bryan (Setting of Minimum Term), Re, sub nom. R. v Bryan (Alsent); R. v Bryan (Leslie) [2006] EWCA Crim 1660; [2006] 6 WLUK 540; [2007] 1 Cr. App. R. (S.) 53; [2006] Crim. L.R. 942 CA (Crim Div) A4-460
C v DPP [2003] EWHC 2780 (Admin); [2003] 11 WLUK 36 DC A6-219
Cantoni v France 15 November 1996 .... A5-288
Chatters v Burke [1986] 1 W.L.R. 1321; [1986] 3 All E.R. 168; [1986] 6 WLUK 148; (1986) 8 Cr. App. R. (S.) 222; (1986) 150 J.P. 581; [1986] R.T.R. 396; (1986) 83 L.S.G. 3161; (1986) 136 N.L.J. 777; (1986) 130 S.J. 666 QBD..................................... A4-263
Chauvy v France (64915/01) [2004] 6 WLUK 661; (2005) 41 E.H.R.R. 29 ECHR A5-288
Chief Constable of Merseyside v Doyle [2019] EWHC 2180 (Admin); [2019] 7 WLUK 662; [2019] A.C.D. 125 DC.. A4-195
Chief Constable of Merseyside v Owens [2012] EWHC 1515 (Admin); [2012] 5 WLUK 973; (2012) 176 J.P. 688 DC.. A4-187
Chief Constable of the Police Service of Scotland v A (M) 2017 S.L.T. (Sh Ct) 192; [2017] 6 WLUK 379; 2017 G.W.D. 21-356 Sh Ct (Lothian) (Edinburgh).............. A5-064, A5-321
Ciemniak v Poland [2019] EWHC 1340 (Admin); [2019] 5 WLUK 435; [2019] A.C.D. 82 QBD (Admin)... A1-119
Coeme v Belgium 22 June 2000 .... A8-008, A8-010
Commissioner of Police of the Metropolis v Thorpe [2015] EWHC 3339 (Admin); [2016] 4 W.L.R. 7; [2015] 11 WLUK 426; [2016] 1 Cr. App. R. (S.) 46; (2016) 180 J.P. 16; [2016] A.C.D. 12 QBD (Admin)....................... A5-100, A5-106, A5-107, A5-113
Connal v Dunn [2014] HCJAC 57; 2014 S.L.T. 786; 2014 S.C.L. 630; 2014 S.C.C.R. 513; [2014] 7 WLUK 205; 2014 G.W.D. 24-450 HCJ A5-293, A5-295
Coombs v Kehoe [1972] 1 W.L.R. 797; [1972] 2 All E.R. 55; [1972] 2 WLUK 23; [1972] R.T.R. 224; [1972] Crim. L.R. 560; (1972) 116 S.J. 486 QBD.................... A4-263
Crown Prosecution Service v P, sub nom. DPP v P [2007] EWHC 946 (Admin); [2008] 1 W.L.R. 1005; [2007] 4 All E.R. 628; [2007] 4 WLUK 504; (2007) 171 J.P. 349; [2008] Crim. L.R. 165; (2007) 171 J.P.N. 659 DC... A9-072
De Munthe v Stewart [1981] 2 WLUK 147; [1982] R.T.R. 27 DC A4-263
Del Rio Prada v Spain (42750/09) [2013] 10 WLUK 637; (2014) 58 E.H.R.R. 37 ECHR .. A5-288, A8-006
Delaroy-Hall v Tadman; joined case(s) Earl v Lloyd; Watson v Last [1969] 2 Q.B. 208;

TABLE OF CASES

[1969] 2 W.L.R. 92; [1969] 1 All E.R. 25; [1968] 12 WLUK 26; (1969) 53 Cr. App. R.
  143; (1969) 133 J.P. 127; (1968) 112 S.J. 987; *Times*, December 7, 1968 QBD........... A4-264
Dennis v Tame [1954] 1 W.L.R. 1338 (Note); [1954] 5 WLUK 9; (1954) 118 J.P. 358; 52
  L.G.R. 329; (1954) 98 S.J. 750 DC A4-055
DPP v Beaumont [2008] EWHC 523 (Admin); [2008] 1 W.L.R. 2186; [2008] 3 WLUK 27;
  [2008] 2 Cr. App. R. (S.) 98; (2008) 172 J.P. 283; [2008] Crim. L.R. 572 DC..... A5-089, A5-094
DPP v Bulmer [2015] EWHC 2323 (Admin); [2015] 1 W.L.R. 5159; [2016] 3 All E.R. 860;
  [2015] 7 WLUK 991; [2016] 1 Cr. App. R. (S.) 12; (2015) 179 J.P. 519; [2015] Crim.
  L.R. 986 DC A5-042, A5-050, A5-052, A5-054, A5-056, A10-212
DPP v Corcoran (Joseph Patrick) [1991] 1 WLUK 809; (1990-91) 12 Cr. App. R. (S.) 652;
  (1991) 155 J.P. 597; [1991] R.T.R. 329; (1991) 155 J.P.N. 268 DC A4-263
DPP v Dziurzynski [2002] EWHC 1380 (Admin); [2002] 6 WLUK 635; (2002) 166 J.P.
  545; [2002] A.C.D. 88; (2002) 166 J.P.N. 689; (2002) 99(35) L.S.G. 36; *Times*, July 8,
  2002 DC A5-143
DPP v Giles [2019] EWHC 2015 (Admin); [2019] 7 WLUK 439; [2020] 1 Cr. App. R. (S.)
  20; [2019] Crim. L.R. 993; [2019] A.C.D. 109 DC..................................... A1-068
DPP v Green [2004] EWHC 1225 (QB); [2004] 5 WLUK 71; *Times*, July 7, 2004 QBD ... A1-070
DPP v Hall [2005] EWHC 2612 (Admin); [2006] 1 W.L.R. 1000; [2006] 3 All E.R. 170;
  [2005] 10 WLUK 81; (2006) 170 J.P. 11; (2006) 170 J.P.N. 12 DC A10-231
DPP v Murray (David John) [2001] EWHC Admin 848; [2001] 10 WLUK 649 QBD
  (Admin) A4-264
DPP v O'Connor; joined case(s) DPP v Allen; DPP v Allett; DPP v Chapman; DPP v
  Connor; R. v Chichester Crown Court Ex p. Moss [1991] 7 WLUK 13; (1992) 95 Cr.
  App. R. 135; (1992) 13 Cr. App. R. (S.) 188; [1992] R.T.R. 66; [1992] C.O.D. 81; *Times*,
  July 11, 1991; *Independent*, August 19, 1991 QBD A4-264
DPP v O'Meara [1988] 2 WLUK 45; (1988) 10 Cr. App. R. (S.) 56; [1989] R.T.R. 24;
  Times, February 5, 1988 QBD A4-264
DPP v Powell [1992] 5 WLUK 95; [1993] R.T.R. 266 DC A4-263
DPP v Scott (Thomas) [1994] 7 WLUK 29; (1995) 16 Cr. App. R. (S.) 292; (1995) 159 J.P.
  261; [1995] R.T.R. 40; (1995) R.L.R. 199; [1995] Crim. L.R. 91; (1995) 159 J.P.N. 179;
  Times, August 15, 1994; *Independent*, August 8, 1994 DC...................... A4-130
DPP v Smith, sub nom. R. v Smith (Jim) [1961] A.C. 290; [1960] 3 W.L.R. 546; [1960] 3
  All E.R. 161; [1960] 7 WLUK 136; (1960) 44 Cr. App. R. 261; (1960) 124 J.P. 473;
  (1960) 104 S.J. 683 HL A4-451
DPP v Speede, sub nom. Crown Prosecution Service v Speede; joined case(s) R. v
  Liverpool Magistrates Court Ex p. Collins; R. v Liverpool Magistrates Court Ex p.
  Santos [1997] 12 WLUK 321; [1998] 2 Cr. App. R. 108 DC A4-024, A4-034
DPP v Stanley [2022] EWHC 3187 (Admin); [2022] 11 WLUK 504; [2023] 1 Cr. App. R.
  (S.) 41; [2023] A.C.D. 25 DC A5-239
DPP v White (Gary Wayne) [1988] 2 WLUK 73; (1988) 10 Cr. App. R. (S.) 66; [1988]
  R.T.R. 267; *Times*, February 26, 1988; *Independent*, February 22, 1988 QBD........... A4-264
Ecer v Turkey (29295/95); joined case(s) Zeyrek v Turkey (29363/95) [2001] 2 WLUK
  771; (2002) 35 E.H.R.R. 26 ECHR A4-431
Faltec Europe Ltd v Health and Safety Executive, sub nom. Health and Safety Executive v
  Faltec Europe Ltd [2019] EWCA Crim 520; [2019] 4 W.L.R. 77; [2019] 3 WLUK 479
  CA (Crim Div) B7-021, B7-023, B7-033
Fay v Fay [1982] A.C. 835; [1982] 3 W.L.R. 206; [1982] 2 All E.R. 922; [1982] 6 WLUK
  217; (1983) 4 F.L.R. 359; (1982) 126 S.J. 481 HL A4-268
Fonteneau v DPP, sub nom. DPP v Fontenau; DPP v Fonteneau [2000] 4 WLUK 486;
  [2001] 1 Cr. App. R. 48; [2001] 1 Cr. App. R. (S.) 15; [2000] Crim. L.R. 611 DC.. A4-411, A6-197
Frimpong (Steven) v Crown Prosecution Service [2015] EWCA Crim 1933; [2015] 12
  WLUK 458; [2016] 1 Cr. App. R. (S.) 59 CA (Crim Div)............................ A3-099
Gillan v DPP, sub nom. R. (on the application of Gillan) v Crown Court at Winchester; R.
  (on the application of Gillan) v DPP [2007] EWHC 380 (Admin); [2007] 1 W.L.R. 2214;
  [2007] 2 WLUK 393; [2007] 2 Cr. App. R. 12; [2007] 2 Cr. App. R. (S.) 75; (2007) 171
  J.P. 330; [2007] Crim. L.R. 486; (2007) 171 J.P.N. 676; *Times*, March 26, 2007 DC....... A2-093
Gordon v Smith [1970] 12 WLUK 14; [1971] R.T.R. 52; (1970) 115 S.J. 62 QBD A4-263
Gough v Chief Constable of Derbyshire, sub nom. Miller v Leeds Magistrates' Court;
  joined case(s) Lilley v DPP; R. (on the application of Miller) v Leeds Magistrates' Court
  [2002] EWCA Civ 351; [2002] Q.B. 1213; [2002] 3 W.L.R. 289; [2002] 2 All E.R. 985;
  [2002] 3 WLUK 563; [2002] 2 C.M.L.R. 11; [2002] Eu. L.R. 359; [2002] H.R.L.R. 29;
  [2002] Po. L.R. 68; [2002] A.C.D. 75; (2002) 99(18) L.S.G. 36; (2002) 152 N.L.J. 552;
  (2002) 146 S.J.L.B. 94; *Times*, April 10, 2002; *Independent*, March 27, 2002; *Daily*

Table of Cases

Telegraph, March 28, 2002 CA (Civ Div) A5-112, A5-113, A5-114
Gross v O'Toole [1982] 7 WLUK 227; (1982) 4 Cr. App. R. (S.) 283; [1983] R.T.R. 376
  DC A3-178
Gutteridge v DPP [1987] 6 WLUK 345; (1987) 9 Cr. App. R. (S.) 279 QBD A2-130
H v DPP [2021] EWHC 147 (Admin); [2021] 1 W.L.R. 2721; [2021] 1 WLUK 352; [2021]
  1 Cr. App. R. 23; [2021] Crim. L.R. 400; [2021] A.C.D. 41 DC A10-004
Haime v Walklett, sub nom. Haime v Walkeett [1983] 5 WLUK 104; (1983) 5 Cr. App. R.
  (S.) 165; (1983) 147 J.P. 570; [1983] R.T.R. 512; [1983] Crim. L.R. 556 DC A4-263
Hashman v United Kingdom (25594/94) [1999] 11 WLUK 793; (2000) 30 E.H.R.R. 241; 8
  B.H.R.C. 104; [2000] Crim. L.R. 185; *Times*, December 1, 1999 ECHR A4-035
Holroyd v Berry [1972] 12 WLUK 52; [1973] R.T.R. 145; [1973] Crim. L.R. 118 DC A4-264
Holt v DPP [1996] 2 WLUK 286; [1996] 2 Cr. App. R. (S.) 314; [1996] Crim. L.R. 524
  QBD A4-131
Hudson v Crown Prosecution Service [2017] EWHC 841 (Admin); [2017] 4 W.L.R. 108;
  [2017] 4 WLUK 528; [2017] 2 Cr. App. R. 21; [2017] 2 Cr. App. R. (S.) 23; (2017) 181
  J.P. 346; [2017] R.V.R. 241; [2017] Crim. L.R. 703; [2017] A.C.D. 79; [2017] 2 P. &
  C.R. DG10; *Times*, June 13, 2017 DC B4-058
Humphreys v Crown Prosecution Service [2019] EWHC 2794 (Admin); [2019] 5 WLUK
  746; [2020] 1 Cr. App. R. (S.) 39 QBD (Admin) A5-053, A5-272, A6-397, A9-073, A9-075,
  A10-155, A10-197
Hutchinson v United Kingdom (57592/08) [2017] 1 WLUK 173; 43 B.H.R.C. 667; *Times*,
  January 27, 2017 ECHR (Grand Chamber) A4-718, A4-719
Hyde v Emery [1984] 5 WLUK 198; (1984) 6 Cr. App. R. (S.) 206 CA (Crim Div) A4-125
Ibbotson v United Kingdom (40146/98) [1998] 10 WLUK 326; [1999] Crim. L.R. 153;
  (1999) 27 E.H.R.R. CD332 Eur Comm HR A7-037
James v Hall [1972] 2 All E.R. 59; [1968] 6 WLUK 51; [1972] R.T.R. 228; [1968] Crim.
  L.R. 507; (1968) 112 S.J. 642 QBD A4-263
Johnson v Finbow [1983] 1 W.L.R. 879; [1983] 3 WLUK 170; (1983) 5 Cr. App. R. (S.) 95;
  (1983) 147 J.P. 563; [1983] R.T.R. 363; [1983] Crim. L.R. 480; (1983) 127 S.J. 411 DC ... A4-269
Jones v Crown Prosecution Service, sub nom. Jones v DPP [2019] EWHC 2826 (Admin);
  [2020] 1 W.L.R. 99; [2019] 10 WLUK 367; [2020] Crim. L.R. 253; [2020] A.C.D. 5 DC .. A2-108
Jones v DPP, sub nom. R. (on the application of Jones) v Bedfordshire and Mid
  Bedfordshire Magistrates' Court [2010] EWHC 523 (Admin); [2011] 1 W.L.R. 833;
  [2010] 3 All E.R. 1057; [2010] 2 WLUK 592; (2010) 174 J.P. 278 QBD (Admin) . A1-070, A1-072
Jones (Setting of Minimum Term), Re, sub nom. R. v Ashman (Joseph Clifford); R. v
  Chandi (Amandeep Singh); R. v Dosanjh (Jaswinder Singh); R. v Hobson (Mark); R. v
  Jones (Neil); R. v Khangura (Sukhjiwan Singh); R. v Multani (Hardeep Singh); joined
  case(s) Ashman (Setting of Minimum Term), Re; Chandi (Setting of Minimum Term),
  Re; Dosanjh (Setting of Minimum Term), Re; Hobson (Setting of Minimum Term), Re;
  Khangura (Setting of Minimum Term), Re; Multani (Setting of Minimum Term), Re
  [2005] EWCA Crim 3115; [2005] 11 WLUK 808; [2006] 2 Cr. App. R. (S.) 19; [2006]
  Crim. L.R. 262 CA (Crim Div) A4-716, A4-717, A4-718, A4-722, A4-730, A4-754
Jorgic v Germany (74613/01) [2007] 7 WLUK 343; (2008) 47 E.H.R.R. 6; 25 B.H.R.C.
  287 ECHR A5-288
Juul v Chief Constable of Dyfed-Powys [2024] EWHC 193 (Admin); [2024] 4 W.L.R. 16;
  [2024] 2 WLUK 86 KBD (Admin) A5-212
K v Germany (61827/09) [2012] 6 WLUK 102; (2013) 56 E.H.R.R. 28 ECHR A8-010
Kafkaris v Cyprus (21906/04) [2008] 2 WLUK 264; (2009) 49 E.H.R.R. 35; 25 B.H.R.C.
  591; [2010] 1 Prison L.R. 1 ECHR (Grand Chamber). . A4-719, A5-288, A8-006, A8-007, A8-008,
  A8-012
Kelleher v DPP [2012] EWHC 2978 (Admin); [2012] 10 WLUK 346; (2012) 176 J.P. 729;
  [2013] A.C.D. 21 QBD (Admin) A4-191
Kinsella v DPP [2002] EWHC 545 (QB); [2002] 3 WLUK 306; *Daily Telegraph*, March
  21, 2002 QBD A4-264
Knight v Baxter [1971] 3 WLUK 114; [1971] R.T.R. 270; (1971) 115 S.J. 350 QBD A4-264
Lenihan v West Yorkshire Metropolitan Police [1981] 2 WLUK 122; (1981) 3 Cr. App. R.
  (S.) 42 DC A6-044, A6-045
Liversidge v Anderson [1942] A.C. 206; [1941] 3 All E.R. 338; [1941] 11 WLUK 1 HL ... A3-134
Lodwick v Brow [1984] 1 WLUK 1170; (1984) 6 Cr. App. R. (S.) 38; [1984] R.T.R. 394
  QBD A4-264
Loughlin's Application for Judicial Review, Re [2017] UKSC 63; [2017] 1 W.L.R. 3963;
  [2018] 1 All E.R. 361; [2018] N.I. 88; [2017] 10 WLUK 396; [2018] 1 Cr. App. R. (S.)
  21; *Times*, October 23, 2017 SC (NI) A10-044, A10-045, A10-046

TABLE OF CASES

Miller v DPP [2004] EWHC 595 (Admin); [2004] 3 WLUK 684; [2005] R.T.R. 3; (2004) 101(17) L.S.G. 30; *Times*, June 7, 2004; *Independent*, May 3, 2004 QBD (Admin) A4-268
Milliner v Thorne [1972] 2 WLUK 58; [1972] R.T.R. 279; [1972] Crim. L.R. 245 DC A4-264
National Probation Service v Blackfriars Crown Court [2019] EWHC 529 (Admin); [2019] 3 WLUK 76; [2019] 2 Cr. App. R. (S.) 24 DC A6-400, A10-159
Natural England v Day, sub nom. R. (on the application of Natural England) v Day; R. v Day (Philip Edward) [2014] EWCA Crim 2683; [2014] 12 WLUK 628; [2015] 1 Cr. App. R. (S.) 53; [2015] Env. L.R. 15 CA (Crim Div) A4-097, A4-099, B7-009
New Look Retailers Ltd v London Fire and Emergency Planning Authority, sub nom. R. v New Look Retailers Ltd [2010] EWCA Crim 1268; [2010] 6 WLUK 280; [2011] 1 Cr. App. R. (S.) 57; [2010] C.T.L.C. 101; [2011] L.L.R. 90 CA (Crim Div) B7-047
O Sang Ng v DPP [2007] EWHC 36 (Admin); [2007] 1 WLUK 589; [2007] R.T.R. 35; *Times*, February 7, 2007 QBD (Admin) A4-263
O'Leary International Ltd v Chief Constable of North Wales [2012] EWHC 1516 (Admin); [2012] 5 WLUK 974; (2012) 176 J.P. 514; [2013] R.T.R. 14 DC A4-181, A4-185, A4-187
Parry v DPP [2004] EWHC 3112 (Admin); [2004] 12 WLUK 619; [2005] A.C.D. 64 DC . A1-070, A1-071
Patterson v Royal Society for the Prevention of Cruelty to Animals (RSPCA), sub nom. R. (on the application of Patterson) v RSPCA [2013] EWHC 4531 (Admin); [2013] 11 WLUK 396; (2014) 178 J.P. 518 QBD (Admin) A4-296
Petrodel Resources Ltd v Prest, sub nom. P Resources Ltd v Prest; Prest v Petrodel Resources Ltd; Prest v Prest [2013] UKSC 34; [2013] 2 A.C. 415; [2013] 3 W.L.R. 1; [2013] 4 All E.R. 673; [2013] 6 WLUK 283; [2013] B.C.C. 571; [2014] 1 B.C.L.C. 30; [2013] 2 F.L.R. 732; [2013] 3 F.C.R. 210; [2013] W.T.L.R. 1249; [2013] Fam. Law 953; (2013) 163(7565) N.L.J. 27; (2013) 157(24) S.J.L.B. 37; *Times*, June 24, 2013 SC........ B7-036
Practice Direction (CA (Crim Div): Criminal Proceedings: General Matters), sub nom. Criminal Practice Directions 2015 [2015] EWCA Crim 1567; [2015] 9 WLUK 541 CA (Crim Div) A4-713
Price v Cheshire East BC [2012] EWHC 2927 (Admin); [2013] 1 W.L.R. 1232; [2012] 10 WLUK 369; (2012) 176 J.P. 697; [2013] C.T.L.C. 99; [2013] A.C.D. 6 QBD (Admin)..... A1-040
Pugsley v Hunter [1973] 1 W.L.R. 578; [1973] 2 All E.R. 10; [1973] 2 WLUK 83; [1973] R.T.R. 284; [1973] Crim. L.R. 247; (1973) 117 S.J. 206 QBD................. A4-261, A4-264
Puhk v Estonia 10 February 2004 .... A4-431
R v Cuthbertson [1980] 6 WLUK 138; (1980) 2 Cr. App. R. (S.) 214 HL A4-177, A4-178
R. v A; joined case(s) R. v B [1998] 4 WLUK 328; [1999] 1 Cr. App. R. (S.) 52; [1998] Crim. L.R. 757; *Times*, May 1, 1998 CA (Crim Div) A1-142, A1-148
R. v A [2010] EWCA Crim 2913; [2010] 11 WLUK 569 CA (Crim Div) B8-039
R. v A [2011] EWCA Crim 2747; [2011] 11 WLUK 22; (2012) 176 J.P. 1 CA (Crim Div) . A4-395, A6-186
R. v A [2015] EWCA Crim 177; [2015] 2 WLUK 633; [2015] 2 Cr. App. R. (S.) 12; [2015] Crim. L.R. 555 CA (Crim Div) A3-142, A3-143
R. v A [2019] EWCA Crim 106; [2019] 4 W.L.R. 45; [2019] 2 WLUK 36; [2019] 2 Cr. App. R. (S.) 11; [2019] Crim. L.R. 453 CA (Crim Div) A4-484
R. v A [2020] EWCA Crim 948; [2020] 1 W.L.R. 5014; [2020] 7 WLUK 322; [2021] 1 Cr. App. R. (S.) 12 CA (Crim Div) A4-615
R. v AA [2018] EWCA Crim 1758; [2018] 4 WLUK 452 CA (Crim Div) B3-005
R. v AAL [2021] EWCA Crim 1685; [2021] 11 WLUK 167 CA (Crim Div) B3-166
R. v AB [2019] EWCA Crim 2480; [2019] 11 WLUK 755; [2020] 1 Cr. App. R. (S.) 67 CA (Crim Div) A5-209, A5-265
R. v AB [2021] EWCA Crim 692; [2021] 5 WLUK 155; [2022] 1 Cr. App. R. (S.) 13; [2021] Crim. L.R. 706 CA (Crim Div) A10-055
R. v AB; joined case(s) R. v CD; R. v EF; R. v GH [2021] EWCA Crim 1959; [2021] 12 WLUK 499; [2022] 2 Cr. App. R. (S.) 17; [2022] Crim. L.R. 516 CA (Crim Div).......... A2-016
R. v AB (Applications for Leave to Appeal Against Conviction), sub nom. AB (Fraud: Conviction Appeals), Re; joined case(s) E. GH; R. v CD; R. v EF [2021] EWCA Crim 2003; [2021] 12 WLUK 500; [2022] 2 Cr. App. R. 10 CA (Crim Div)................. A2-015
R. v Abbas (Shafak) [2017] EWCA Crim 2015; [2017] 11 WLUK 667; [2018] 1 Cr. App. R. (S.) 33 CA (Crim Div).. B2-141, B2-149
R. v Abbasi (Bakhtiar) [2024] EWCA Crim 457; [2024] 4 W.L.R. 45; [2024] 3 WLUK 632; [2024] 2 Cr. App. R. (S.) 24 CA (Crim Div) A4-314, A4-315
R. v Abbott (Scott); joined case(s) R. v Harrison (Craig Karl); R. v Hawker (Graham Michael) [2020] EWCA Crim 516; [2020] 1 W.L.R. 3739; [2020] 3 WLUK 512; [2020]

[xlvii]

TABLE OF CASES

2 Cr. App. R. (S.) 39; [2020] Crim. L.R. 752 CA (Crim Div) . . . A3-089, A3-092, A3-093, A3-097, A3-100

R. v Abdallah (Abdalraouf); joined case(s) Attorney General's Reference (No.323 of 2016); R. v Gray (Stephen); R. v Khan (Junead); R. v Khan (Shazib); R. v Moore (Lorna); R. v Shaukat (Ayman) [2016] EWCA Crim 1868; [2017] 1 W.L.R. 1699; [2017] 2 All E.R. 795; [2016] 12 WLUK 217; [2017] 1 Cr. App. R. (S.) 29; [2017] Crim. L.R. 246 CA (Crim Div) A4-450

R. v Abdeen (Zain) [2018] EWCA Crim 1227; [2018] 2 WLUK 44; [2018] 2 Cr. App. R. (S.) 22; [2018] Crim. L.R. 868 CA (Crim Div) B3-134

R. v Abdi (Liban) [2007] EWCA Crim 1913; [2007] 7 WLUK 902; [2008] 1 Cr. App. R. (S.) 87; [2007] I.N.L.R. 442; [2007] Crim. L.R. 992 CA (Crim Div) A5-358, A5-365

R. v Abdille (Liban) [2009] EWCA Crim 1195; [2009] 5 WLUK 113; [2010] 1 Cr. App. R. (S.) 18 CA (Crim Div) A10-201

R. v Abdulwahab (Mohamaed) [2018] EWCA Crim 1399; [2018] 6 WLUK 70; [2018] 2 Cr. App. R. (S.) 46 CA (Crim Div) B8-004

R. v Abrahams (Robert) [1952] 1 WLUK 288; (1952) 36 Cr. App. R. 147 CCA A4-015

R. v Abukhrais (Nezar) [2020] EWCA Crim 1305; [2020] 9 WLUK 384 CA (Crim Div) . . . A4-227

R. v Abumhere (Ruth) [2011] EWCA Crim 26; [2011] 1 WLUK 90; [2011] 2 Cr. App. R. (S.) 44 CA (Crim Div) B7-113

R. v Acton Crown Court Ex p. Bewley [1988] 3 WLUK 79; (1988) 10 Cr. App. R. (S.) 105; (1988) 152 J.P. 327; (1988) 152 J.P.N. 332 DC A4-008, A4-013

R. v Acton (David Andrew) [2018] EWCA Crim 2410; [2018] 10 WLUK 579 CA (Crim Div) A4-220

R. v AD [2019] EWCA Crim 1339; [2019] 1 W.L.R. 6732; [2019] 7 WLUK 400; [2020] 1 Cr. App. R. (S.) 21; [2020] M.H.L.R. 125 CA (Crim Div) A5-163, A10-209

R. v AD (A Juvenile) [2000] 6 WLUK 338; [2001] 1 Cr. App. R. (S.) 59; [2000] Crim. L.R. 867 CA (Crim Div) A6-217

R. v Adams (Paula Anne-Marie), sub nom. R. v Adams (Paula Anne-Marie) (also known as Carpenter (Paula Anne-Marie)) [2004] EWCA Crim 552; [2004] 2 WLUK 427; [2004] 2 Cr. App. R. (S.) 76 CA (Crim Div) B8-070

R. v Adams (Thomas) [2021] EWCA Crim 1525; [2022] 1 W.L.R. 1736; [2021] 10 WLUK 337; [2022] 2 Cr. App. R. (S.) 3 CA (Crim Div) A5-016, A5-017, A5-144

R. v Adan (Mohamed); joined case(s) R. v Ashman (Michael); R. v Smith (Samir) [2020] EWCA Crim 627; [2020] 2 WLUK 619 CA (Crim Div) B4-077

R. v Aderounmu (Adewale) [2018] EWCA Crim 2281; [2018] 8 WLUK 242 CA (Crim Div) B5-084

R. v Afrisib (Sarkhel) [2016] EWCA Crim 2123; [2016] 11 WLUK 494; [2017] 1 Cr. App. R. (S.) 25 CA (Crim Div) B5-017

R. v Ahearne (Mark Anthony) [2017] EWCA Crim 506; [2017] 4 WLUK 248 CA (Crim Div) A1-039

R. v Ahmed (Abdul Basset) [2023] EWCA Crim 1521; [2024] 1 W.L.R. 1271; [2023] 12 WLUK 577; [2024] 2 Cr. App. R. (S.) 7 CA (Crim Div) B7-112

R. v Ahmed (Anisah Arif) [2021] EWCA Crim 1786; [2021] 11 WLUK 364; [2022] Crim. L.R. 347 CA (Crim Div) B8-032

R. v Ahmed (Jakir) [2017] EWCA Crim 1158; [2017] 5 WLUK 243; [2017] 2 Cr. App. R. (S.) 44 CA (Crim Div) B3-109, B3-189

R. v Ahmed (Kafil) [2012] EWCA Crim 251; [2012] 2 WLUK 65; [2012] 2 Cr. App. R. (S.) 64 CA (Crim Div) A4-737

R. v Ahmed (Nabil) [1984] 12 WLUK 43; (1985) 80 Cr. App. R. 295; (1984) 6 Cr. App. R. (S.) 391; [1985] Crim. L.R. 250 CA (Crim Div) A3-123

R. v Ahmed (Nazir); joined case(s) R. v Hodgkinson (Peter); R. v Priestley (Steven); R. v RW; R. v Stansfield (David) [2023] EWCA Crim 281; [2023] 1 W.L.R. 1858; [2023] 3 WLUK 297; [2023] 2 Cr. App. R. (S.) 32; [2023] Crim. L.R. 481 CA (Crim Div) . A8-017, A8-022, A8-023, A8-024

R. v Ahmed (Saber Mohammed) [2016] EWCA Crim 670; [2016] 6 WLUK 205; [2016] M.H.L.R. 282; [2017] Crim. L.R. 150 CA (Crim Div) A9-061

R. v Ahmed (Shafiq) [2021] EWCA Crim 1224; [2021] 4 WLUK 586 CA (Crim Div) A5-220

R. v Ahmed (Sharmarke); joined case(s) R. v Bahdon (Muridi Abdelkadir); R. v G; R. v R [2019] EWCA Crim 1085; [2019] 4 W.L.R. 150; [2019] 6 WLUK 361; [2020] 1 Cr. App. R. (S.) 55 CA (Crim Div) A1-107, B4-076

R. v Ahmed (Syed); joined case(s) R. v Hussain (Shuel Ali); R. v Rahman (Shaheed) [2010] EWCA Crim 3133; [2010] 12 WLUK 271; [2011] 2 Cr. App. R. (S.) 35 CA (Crim Div) B2-137, B2-143, B2-145, B2-146

Table of Cases

R. v Ahmed (Syed Minhaz) [2023] EWCA Crim 1537; [2023] 10 WLUK 613; [2024] 1 Cr. App. R. (S.) 36; [2024] Crim. L.R. 501 CA (Crim Div) A1-039, A1-039a
R. v Ainsworth (Dale) [2006] EWCA Crim 2311; [2006] 8 WLUK 171; *Times*, September 13, 2006 CA (Crim Div) A4-745
R. v Aitchison (Stephen); joined case(s) R. v Bentley (Francis Michael) [1982] 12 WLUK 174; (1982) 4 Cr. App. R. (S.) 404 CA (Crim Div) A4-099
R. v Ajayi (Richard); joined case(s) R. v Limby (Kai) [2017] EWCA Crim 1011; [2018] 4 W.L.R. 42; [2017] 7 WLUK 295; [2018] 2 Cr. App. R. (S.) 1 CA (Crim Div) B5-080
R. v Akan (Muzeyen) [1973] Q.B. 491; [1972] 3 W.L.R. 866; [1972] 3 All E.R. 285; [1972] 6 WLUK 78; (1972) 56 Cr. App. R. 716; (1972) 116 S.J. 902 CA (Crim Div) A5-372
R. v Akrofi-Daniels (Jeremy) [2022] EWCA Crim 589; [2022] 4 W.L.R. 87; [2022] 4 WLUK 435; [2022] 2 Cr. App. R. (S.) 49 CA (Crim Div) B5-043
R. v Al Mahmood (Abdullah) [2019] EWCA Crim 788; [2019] 2 WLUK 719; [2019] 2 Cr. App. R. (S.) 23 CA (Crim Div) A7-024
R. v Alden (Paul Stuart) [2002] EWCA Crim 421; [2002] 1 WLUK 562; [2002] 2 Cr. App. R. (S.) 74; (2002) 166 J.P. 234; [2002] Crim. L.R. 417; (2002) 166 J.P.N. 294 CA (Crim Div). B4-198
R. v Alexander (Lee) [2022] EWCA Crim 1868; [2022] 9 WLUK 460 CA (Crim Div) B4-126, B4-128
R. v Alexander (Nico Buster) [2021] EWCA Crim 1031; [2021] 6 WLUK 519 CA (Crim Div) A1-107
R. v Alexander (Roger Brian) [2011] EWCA Crim 89; [2011] 1 WLUK 290; [2011] 2 Cr. App. R. (S.) 52 CA (Crim Div) B4-168
R. v Ali [2021] EWCA Crim 1887 . . . . A1-122
R. v Ali (Aamer); joined case(s) R. v Zaman (Naveed) [2017] EWCA Crim 2691; [2017] 10 WLUK 851 CA (Crim Div) A5-219
R. v Ali (Arie) [2023] EWCA Crim 232; [2023] 3 WLUK 64; [2023] 2 Cr. App. R. (S.) 25; [2023] Crim. L.R. 431 CA (Crim Div) A1-126
R. v Ali (Jabber) [2022] EWCA Crim 1884; [2022] 11 WLUK 639; [2023] 1 Cr. App. R. (S.) 52 CA (Crim Div) A1-177
R. v Ali (Joynul); joined case(s) R. v El-Guarbouzi (Hamza) [2017] EWCA Crim 1594; [2017] 10 WLUK 785 CA (Crim Div). B4-086
R. v Ali (Khalid Mohamed) [2019] EWCA Crim 1527; [2020] 1 W.L.R. 402; [2019] 9 WLUK 41; [2020] 1 Cr. App. R. 1; [2020] Crim. L.R. 350 CA (Crim Div) B2-227, B2-242
R. v Ali (Liaquat) [2018] EWCA Crim 2359; [2018] 10 WLUK 50; [2019] 1 Cr. App. R. (S.) 27 CA (Crim Div). A1-096
R. v Ali (Mohammed) [2015] EWCA Crim 888; [2015] 4 WLUK 741 CA (Crim Div) A4-723
R. v Ali (Mohammed Adnan) [2023] EWCA Crim 1464; [2023] 12 WLUK 67; [2024] 1 Cr. App. R. (S.) 48; [2024] Crim. L.R. 269 CA (Crim Div). B8-129
R. v Ali (Muzaffer) [2019] EWCA Crim 856; [2019] 5 WLUK 290; [2019] 2 Cr. App. R. (S.) 43 CA (Crim Div). A4-677, A4-678
R. v Ali (Nasir) [2001] EWCA Crim 2874; [2001] 12 WLUK 111; [2002] 2 Cr. App. R. (S.) 32 CA (Crim Div). B7-103, B7-130
R. v Ali (Subhaan) [2018] EWCA Crim 111; [2018] 4 W.L.R. 131; [2018] 1 WLUK 403; [2018] 1 Cr. App. R. (S.) 53 CA (Crim Div) A1-192
R. v Alkidar (Omar) [2019] EWCA Crim 330; [2019] 2 WLUK 571 CA (Crim Div) A7-095
R. v Allardyce (Bradley John); joined case(s) R. v Porter (Shane); R. v Turner (Wayne Barry) [2005] EWCA Crim 2478; [2005] 8 WLUK 348; [2006] 1 Cr. App. R. (S.) 98 CA (Crim Div) A4-740
R. v Allen (Christopher Lee) [2019] EWCA Crim 1772; [2019] 9 WLUK 460 CA (Crim Div) A4-461
R. v Allon (Ethan) [2023] EWCA Crim 204; [2023] 1 W.L.R. 2101; [2023] 2 WLUK 394; [2023] 2 Cr. App. R. (S.) 23 CA (Crim Div) A7-025
R. v Almilhim (Ehaab Wahab) [2019] EWCA Crim 220; [2019] 2 WLUK 697; [2019] 2 Cr. App. R. (S.) 45 CA (Crim Div) A2-034
R. v Alvis Of Lee (Ki) [2022] EWCA Crim 1227; [2022] 7 WLUK 633; [2023] 1 Cr. App. R. (S.) 16 CA (Crim Div). B2-081
R. v Amersham Juvenile Court Ex p. Wilson, sub nom. R. v Amersham Juvenile Court Ex p. W [1981] Q.B. 969; [1981] 2 W.L.R. 887; [1981] 2 All E.R. 315; [1981] 2 WLUK 150; (1981) 72 Cr. App. R. 365; [1981] Crim. L.R. 420; (1981) 125 S.J. 287 QBD. A6-023
R. v Amey (Steven Keith); joined case(s) R. v James (Michael); R. v Meah (Stephen Fotik) [1983] 1 W.L.R. 345; [1983] 1 All E.R. 865; [1982] 12 WLUK 189; (1983) 76 Cr. App. R. 206; (1982) 4 Cr. App. R. (S.) 410; (1983) 147 J.P. 124; [1983] R.T.R. 192; [1983]

Crim. L.R. 268; (1983) 127 S.J. 85 CA (Crim Div) A4-141, A4-142
R. v Anderson (Amaru) [2024] EWCA Crim 253; [2024] 2 WLUK 602; [2024] 2 Cr. App.
R. (S.) 20 CA (Crim Div)..A4-567
R. v Andrewes (Jon) [2022] UKSC 24; [2022] 1 W.L.R. 3878; [2023] 1 All E.R. 443;
[2022] 8 WLUK 76; [2022] I.C.R. 1404; [2023] I.R.L.R. 61; [2023] Crim. L.R. 84;
Times, October 10, 2017 SC...B4-128
R. v Andrews (Barrie Lee) [2006] EWCA Crim 2228; [2006] 7 WLUK 530; [2007] 1 Cr.
App. R. (S.) 81; [2007] Crim. L.R. 87 CA (Crim Div) A2-094
R. v Andrews (Donald Joseph) [2015] EWCA Crim 883; [2015] 4 WLUK 608; [2015] 2
Cr. App. R. (S.) 40 CA (Crim Div) A4-670
R. v Andronache (George) [2021] EWCA Crim 204; [2021] 2 WLUK 271; [2021] 2 Cr.
App. R. (S.) 33 CA (Crim Div) B6-044
R. v Anekore (Nazaire) [2019] EWCA Crim 1657; [2020] 4 W.L.R. 57; [2019] 7 WLUK
916 CA (Crim Div)..A5-307
R. v Angliss (Steven) [2019] EWCA Crim 1815; [2019] 9 WLUK 473; [2020] 1 Cr. App.
R. (S.) 37 CA (Crim Div)..B2-057
R. v Annan (Brian) [2021] EWCA Crim 676; [2021] 4 WLUK 515 CA (Crim Div) A1-181,
A1-190, A1-191
R. v Annesley (Kevin) [1976] 1 W.L.R. 106; [1976] 1 All E.R. 589; [1975] 11 WLUK 87;
(1976) 62 Cr. App. R. 113; [1976] R.T.R. 150; [1976] Crim. L.R. 201; (1975) 120 S.J.
27; *Times*, November 25, 1975 CA (Crim Div)........................A2-126, A2-127
R. v Ansari (Abdul Gaffoor) [2011] EWCA Crim 1640; [2011] 5 WLUK 574; [2012] 1 Cr.
App. R. (S.) 37 CA (Crim Div) B7-112b
R. v Anton (Emil) [2023] EWCA Crim 1039; [2023] 8 WLUK 348; [2024] 1 Cr. App. R.
(S.) 18 CA (Crim Div) B3-036
R. v Anwar (Ibraheem) [2024] EWCA Crim 744; [2024] 6 WLUK 558; [2024] 2 Cr. App.
R. (S.) 36 CA (Crim Div)...B2-081
R. v Appiah (Aubrey Afrani) [2014] EWCA Crim 472; [2014] 3 WLUK 130 CA (Crim
Div) A4-552
R. v Appleby (Luke George) [2020] EWCA Crim 390; [2020] 3 WLUK 502 CA (Crim
Div) A4-435
R. v Archer (Daniel John) [2007] EWCA Crim 536; [2007] 2 WLUK 340; [2007] 2 Cr.
App. R. (S.) 71; [2007] Crim. L.R. 484 CA (Crim Div) A4-747
R. v Archer (Jeffrey Howard) [2002] EWCA Crim 1996; [2002] 7 WLUK 531; [2003] 1
Cr. App. R. (S.) 86; *Times*, August 2, 2002 CA (Crim Div)....................B8-069
R. v ARD [2017] EWCA Crim 1882; [2017] 10 WLUK 507; [2018] 1 Cr. App. R. (S.) 23;
[2018] Crim. L.R. 345 CA (Crim Div) A4-642, A4-643
R. v Ardani (Benito Giuseppi) [1983] 7 WLUK 231; (1983) 77 Cr. App. R. 302 CA (Crim
Div) A3-194
R. v Aroriode-Francis (Teric) [2021] EWCA Crim 1591; [2021] 9 WLUK 487 CA (Crim
Div) A4-541
R. v Arrowsmith (Philip Wayne), sub nom. R. v Arrowsmith (Phillip Wayne) [2003] EWCA
Crim 701; [2003] 1 WLUK 26; [2003] 2 Cr. App. R. (S.) 46; [2003] L.L.R. 286; [2003]
Crim. L.R. 412 CA (Crim Div) A5-072
R. v AS, sub nom. R. v M (S); R. v S (A); joined case(s) R. v SM [2018] EWCA Crim 318;
[2018] 1 W.L.R. 5344; [2018] 2 WLUK 347; [2018] 2 Cr. App. R. (S.) 6 CA (Crim Div)... A1-111
R. v Asan (Shahib Naeem) [2019] EWCA Crim 896; [2019] 4 WLUK 562 CA (Crim Div) . B2-300
R. v Ashes (Stephen Kenny) [2007] EWCA Crim 1848; [2008] 1 All E.R. 113; [2007] 7
WLUK 690; [2008] 1 Cr. App. R. (S.) 86; [2008] Prison L.R. 44; [2008] Crim. L.R. 68
CA (Crim Div)...A4-669, A4-673
R. v Ashford and Tenterden Magistrates Court Ex p. Wood [1987] 5 WLUK 17; [1988]
R.T.R. 178 DC A4-263
R. v Ashford (Peter); joined case(s) R. v King (Stephen); R. v Rogers (Toby) [2020] EWCA
Crim 673; [2020] 5 WLUK 533; [2020] 2 Cr. App. R. (S.) 56 CA (Crim Div)...........A5-262
R. v Ashton (John); joined case(s) R. v Draz (Omar); R. v O'Reilly (Darren) [2006] EWCA
Crim 794; [2007] 1 W.L.R. 181; [2006] 4 WLUK 111; [2006] 2 Cr. App. R. 15; [2006]
Crim. L.R. 1004; *Times*, April 18, 2006 CA (Crim Div).........................A2-107
R. v Ashton (Robert Vincent) [2015] EWCA Crim 1799; [2015] 10 WLUK 249; [2016] 1
Cr. App. R. (S.) 32 CA (Crim Div)..B3-042
R. v Asif (Mohammed) [2018] EWCA Crim 2297; [2018] 7 WLUK 821; [2019] 1 Cr. App.
R. (S.) 26 CA (Crim Div)..B2-387
R. v Asif (Mohammed) [2021] EWCA Crim 352; [2021] 3 WLUK 217; [2021] 2 Cr. App.
R. (S.) 40; [2021] Crim. L.R. 1091 CA (Crim Div)..............................A4-484

[1]

TABLE OF CASES

R. v Asif (Mohammed) [2022] EWCA Crim 1372; [2022] 10 WLUK 596; [2023] 1 Cr. App. R. (S.) 35 CA (Crim Div) A1-026
R. v Aslam (Aqib) [2016] EWCA Crim 845; [2016] 5 WLUK 330; [2016] 2 Cr. App. R. (S.) 29; [2016] Crim. L.R. 861 CA (Crim Div) A10-157
R. v Assaf (Basil); joined case(s) R. v Hyams (Elliot); R. v Patel (Jaikishen); R. v Roden (James) [2019] EWCA Crim 1057; [2019] 6 WLUK 316; [2020] 1 Cr. App. R. (S.) 3; [2020] Crim. L.R. 177 CA (Crim Div) A1-107, B5-014
R. v Atkinson (Carter Jack) [2022] EWCA Crim 204; [2022] 1 WLUK 449; [2022] 2 Cr. App. R. (S.) 24 CA (Crim Div) A1-101
R. v Atkinson (John Cameron), sub nom. Attorney General's Reference (No.1 of 1990), Re [1990] 5 WLUK 126; (1990-91) 12 Cr. App. R. (S.) 245; [1990] Crim. L.R. 754; *Times*, June 21, 1990 CA (Crim Div) A1-210
R. v Atkinson (William Hall) [1988] 12 WLUK 42; (1988) 10 Cr. App. R. (S.) 470; [1989] Crim. L.R. 457 CA (Crim Div) A4-037
R. v Attwell (Paul Gordon) [2014] EWCA Crim 3023; [2014] 10 WLUK 863 CA (Crim Div) B2-147
R. v Aubrey-Fletcher Ex p. Thompson [1969] 1 W.L.R. 872; [1969] 2 All E.R. 846; [1969] 3 WLUK 100; (1969) 53 Cr. App. R. 380; (1969) 133 J.P. 450; (1969) 113 S.J. 364 DC A4-029
R. v Austen (Styliano Pierre) [1985] 6 WLUK 63; (1985) 1 B.C.C. 99528; (1985) 7 Cr. App. R. (S.) 214; (1985) 82 L.S.G. 2499 CA (Crim Div) A4-310
R. v Austin (Paul Anthony) [2020] EWCA Crim 1269; [2020] 8 WLUK 327; [2021] R.T.R. 21 CA (Crim Div) A4-225
R. v Avbunudje (Tobora) [1998] 12 WLUK 313; [1999] 2 Cr. App. R. (S.) 189; [1999] Crim. L.R. 336 CA (Crim Div) A9-024
R. v Avis (Tony); joined case(s) R. v Goldsmith (Harold Egan); R. v Marquez (Shaun); R. v Thomas (Richard Bartgerald); R. v Torrington (Richard Edward) [1997] 12 WLUK 315; [1998] 1 Cr. App. R. 420; [1998] 2 Cr. App. R. (S.) 178; [1998] Crim. L.R. 428; *Times*, December 19, 1997 CA (Crim Div).................. A4-559, B2-378, B2-382, B2-383, B2-384
R. v AWA [2021] EWCA Crim 1877; [2021] 12 WLUK 148; [2022] 2 Cr. App. R. (S.) 15 CA (Crim Div) B3-015, B3-022
R. v Awan (Osman) [2019] EWCA Crim 1456; [2020] 4 W.L.R. 31; [2019] 8 WLUK 95; [2020] 1 Cr. App. R. (S.) 25 CA (Crim Div) A5-159, A5-161, A5-164, A5-168
R. v Ayensu (Margaret Harper); joined case(s) R. v Ayensu (John Bob) [1982] 6 WLUK 201; (1982) 4 Cr. App. R. (S.) 248; [1982] Crim. L.R. 764 CA (Crim Div) A3-139, A3-141
R. v Ayhan (Murat) [2011] EWCA Crim 3184; [2012] 1 W.L.R. 1775; [2011] 12 WLUK 354; [2012] 1 Cr. App. R. 27; [2012] 2 Cr. App. R. (S.) 37; (2012) 176 J.P. 132; [2012] Crim. L.R. 299; *Times*, January 18, 2012 CA (Crim Div)........................ A2-104
R. v AYO; joined case(s) R. v AVJ; R. v BCJ; R. v BKL; R. v Burgess (Mark Ashley); R. v Elahi (Abdul Hasib) [2022] EWCA Crim 1271; [2022] 4 W.L.R. 95; [2023] 3 All E.R. 340; [2022] 9 WLUK 284; [2023] 1 Cr. App. R. (S.) 24; [2023] Crim. L.R. 95 CA (Crim Div) A4-636, A4-640, A4-641, A4-643
R. v Ayu (James) [1958] 1 W.L.R. 1264; [1958] 3 All E.R. 636; [1958] 11 WLUK 40; (1959) 43 Cr. App. R. 31; (1959) 123 J.P. 76; (1958) 102 S.J. 917 CCA A4-013, A4-039
R. v Azad (Mohammed Haroon); joined case(s) R. v Azad (Hamza Nabi); R. v Azad (Shahnavaz); R. v Sarfraz (Umar); R. v Shah (Mohammed) [2021] EWCA Crim 1846; [2021] 11 WLUK 528; [2022] 2 Cr. App. R. (S.) 10 CA (Crim Div) A4-736
R. v Aziz (Qaiser) [2016] EWCA Crim 1945; [2016] 12 WLUK 163; [2017] 1 Cr. App. R. (S.) 28; [2017] Crim. L.R. 414 CA (Crim Div) B6-046
R. v B [2013] EWCA Crim 291; [2013] 2 WLUK 430; [2013] 2 Cr. App. R. (S.) 69; [2013] Crim. L.R. 614 CA (Crim Div) A1-074
R. v B [2018] EWCA Crim 2733; [2019] 1 W.L.R. 2550; [2018] 12 WLUK 722 CA (Crim Div) A3-204, A4-615
R. v B (A Juvenile) (Sentence: Jurisdiction), sub nom. R. v B (Candi) [1999] 1 W.L.R. 61; [1998] 5 WLUK 73; [1999] 1 Cr. App. R. (S.) 132; [1998] Crim. L.R. 588; (1998) 95(25) L.S.G. 33; (1998) 142 S.J.L.B. 180; *Times*, May 14, 1998; *Independent*, May 21, 1998 CA (Crim Div).. A6-235
R. v B&Q Plc [2005] EWCA Crim 2297; [2005] 9 WLUK 394; (2005) 102(39) L.S.G. 29; *Times*, November 3, 2005 CA (Crim Div).. A4-106
R. v B (Carl) [1993] 3 WLUK 325; (1993) 14 Cr. App. R. (S.) 774 CA (Crim Div) A4-431
R. v B (Dexter) (A Juvenile) [2000] 9 WLUK 262; [2001] 1 Cr. App. R. (S.) 113; [2001] Crim. L.R. 50 CA (Crim Div) A6-217
R. v B (Lee James) (A Juvenile) [2000] 7 WLUK 477; [2001] 1 Cr. App. R. (S.) 89; [2000] Crim. L.R. 870 CA (Crim Div) A6-221

[li]

TABLE OF CASES

R. v Babbs (Richard John) [2007] EWCA Crim 2737; [2007] 10 WLUK 681 CA (Crim Div) A1-071
R. v Backhouse (Paul Andrew); joined case(s) Jackson, Peter; Moreton, Kevin; R. v Holland (Andre) [2010] EWCA Crim 1111; [2010] 4 WLUK 564 CA (Crim Div).... A4-220, A4-221, A4-222
R. v Badawi (Amro) [2021] EWCA Crim 1729; [2021] 10 WLUK 553; [2022] 1 Cr. App. R. (S.) 57 CA (Crim Div)... A1-102, A4-453
R. v Baginski (Tomasz) [2023] EWCA Crim 1106; [2023] 9 WLUK 289 CA (Crim Div) ... B3-053
R. v Bagshawe (Michael Christopher) [2013] EWCA Crim 127; [2013] 1 WLUK 344; [2013] 2 Cr. App. R. (S.) 62; [2013] Crim. L.R. 524 CA (Crim Div) A4-260
R. v Bailey (Jonathon); joined case(s) R. v Truman (Adam) [2021] EWCA Crim 1161; [2021] 7 WLUK 566; [2022] 1 Cr. App. R. (S.) 33 CA (Crim Div) B5-005, B5-007
R. v Bailey (Kristian William) [2019] EWCA Crim 731; [2019] 4 WLUK 212; [2019] 2 Cr. App. R. (S.) 36; [2019] Crim. L.R. 988 CA (Crim Div)........................ B2-027A
R. v Bailey (Simon); joined case(s) R. v Hall (Peter Douglas); R. v McLeish (Marcus Jon); R. v Radford (Jonathan); R. v Succo (Tony James) [2020] EWCA Crim 1719; [2021] 4 W.L.R. 114; [2020] 12 WLUK 339; [2021] 2 Cr. App. R. (S.) 15; [2021] Crim. L.R. 406 CA (Crim Div)... A1-203
R. v Bailey (Wayne); joined case(s) R. v Kirk (Kieran Wesley); R. v Tote (Cassian Ben) [2013] EWCA Crim 1551; [2013] 7 WLUK 822; [2014] 1 Cr. App. R. (S.) 59 CA (Crim Div)... A3-089, A3-095, A3-096, A3-097, A3-101
R. v Baines (George John) [1970] 7 WLUK 134; (1970) 54 Cr. App. R. 481; [1970] R.T.R. 455; [1970] Crim. L.R. 590; (1970) 114 S.J. 669 CA (Crim Div)..................... A4-263
R. v Baker (Robert); joined case(s) R. v Richards (Michael) [2020] EWCA Crim 176; [2020] 2 WLUK 212; [2020] 2 Cr. App. R. (S.) 23 CA (Crim Div) A4-639
R. v Balasubramaniam (Ravindran), sub nom. R. v Balasubramaniam (Ravidran) [2001] EWCA Crim 2680; [2001] 11 WLUK 662; [2002] 2 Cr. App. R. (S.) 17 CA (Crim Div).... B7-090
R. v Baldwin (Kara) [2021] EWCA Crim 417; [2021] 4 W.L.R. 73; [2021] 3 WLUK 398; [2021] 2 Cr. App. R. (S.) 49 CA (Crim Div) A1-098
R. v Baldwin (Wayne) [1989] 3 WLUK 239; (1989) 11 Cr. App. R. (S.) 139; [1989] Crim. L.R. 668 CA (Crim Div) A3-140
R. v Balfour Beatty Rail Infrastructure Services Ltd [2006] EWCA Crim 1586; [2007] Bus. L.R. 77; [2006] 7 WLUK 66; [2007] 1 Cr. App. R. (S.) 65; [2007] I.C.R. 354; (2006) 150 S.J.L.B. 922; *Times*, July 18, 2006 CA (Crim Div)................................ A4-100
R. v Ball (Debra Elizabeth) [1981] 10 WLUK 155; (1981) 3 Cr. App. R. (S.) 283; [1982] Crim. L.R. 131 CA (Crim Div) A4-096
R. v Ball (Ryan Joshua) [2019] EWCA Crim 1260; [2019] 7 WLUK 229; [2019] Crim. L.R. 1075 CA (Crim Div) A1-173
R. v Ballard (Lewis Darrall) [2016] EWCA Crim 1173; [2016] 1 WLUK 112 CA (Crim Div) A10-201
R. v Balta (Vidrel) [2012] EWCA Crim 979; [2012] 4 WLUK 73; [2013] 1 Cr. App. R. (S.) 8 CA (Crim Div)... B7-122
R. v Bangoo [1976] 1 WLUK 511; [1976] Crim. L.R. 746; (1976) 120 S.J. 622 CA (Crim Div) A5-364
R. v Banks-Nash (Billy) [2006] EWCA Crim 1211; [2006] 4 WLUK 427; [2007] 1 Cr. App. R. (S.) 18 CA (Crim Div) B8-088
R. v Bannergee (Lee Michael) [2020] EWCA Crim 909; [2020] 5 WLUK 542; [2020] 2 Cr. App. R. (S.) 55 CA (Crim Div) A1-183
R. v Barber (David Stuart) [2005] EWCA Crim 2217; [2005] 8 WLUK 43; [2006] 1 Cr. App. R. (S.) 90 CA (Crim Div) A4-573
R. v Barker (Jamie John); joined case(s) R. v Herman (Lewis Collier); R. v McNally (Rebecca) [2021] EWCA Crim 1078; [2021] 6 WLUK 555; [2022] 1 Cr. App. R. (S.) 26 CA (Crim Div).. B2-082
R. v Barnett (Graham) [2007] EWCA Crim 1625; [2007] 6 WLUK 650; [2008] 1 Cr. App. R. (S.) 61 CA (Crim Div)... A1-115
R. v Barney (Caleb) [1989] 10 WLUK 15; (1989) 11 Cr. App. R. (S.) 448; (1990) 154 J.P. 102; [1990] Crim. L.R. 209; (1989) 153 J.P.N. 820 CA (Crim Div)....................... A4-148
R. v Barot (Dhiren) [2007] EWCA Crim 1119; [2007] 5 WLUK 381; [2008] 1 Cr. App. R. (S.) 31; [2007] Crim. L.R. 741; *Times*, May 23, 2007 CA (Crim Div) B1-007, B2-069
R. v Barrett (David) [2009] EWCA Crim 2213; [2009] 9 WLUK 72; [2010] 1 Cr. App. R. (S.) 87; [2010] Crim. L.R. 159; *Times*, October 5, 2009 CA (Crim Div) A4-482, A4-541
R. v Barrow (Jamie Edwin) [2024] EWCA Crim 509; [2024] 5 WLUK 152 CA (Crim Div) A4-730

Table of Cases

R. v Bartell (Robert) [2020] EWCA Crim 625; [2020] 4 W.L.R. 79; [2020] 4 WLUK 423;
[2020] 2 Cr. App. R. (S.) 51 CA (Crim Div) A4-559
R. v Basid (Abdul) [1995] 10 WLUK 61; [1996] 1 Cr. App. R. (S.) 421; (1996) 160 J.P. 1;
(1995) 159 J.P.N. 844; (1995) 139 S.J.L.B. 247; *Times*, October 19, 1995; *Independent*,
October 30, 1995 CA (Crim Div). A6-048
R. v Bassaragh (Maya Tiger) [2024] EWCA Crim 20; [2024] 1 WLUK 317; [2024] 2 Cr.
App. R. (S.) 11; [2024] Crim. L.R. 352 CA (Crim Div) A1-120
R. v Batchelor (Albert Edward) [1952] 1 WLUK 290; (1952) 36 Cr. App. R. 64; [1952]
W.N. 244; (1952) 96 S.J. 346 CCA A1-134
R. v Batchelor (Andrew John) [2010] EWCA Crim 1025; [2010] 4 WLUK 452; [2011] 1
Cr. App. R. (S.) 25 CA (Crim Div). A5-211
R. v Batchelor (Lee) [2018] EWCA Crim 2506; [2018] 10 WLUK 526; [2019] 1 Cr. App.
R. (S.) 32 CA (Crim Div). A1-123, B4-182, B4-189
R. v Bate (Jonathan) [2013] EWCA Crim 1327; [2013] 7 WLUK 116; [2014] 1 Cr. App. R.
(S.) 48 CA (Crim Div) A4-571
R. v Bateman (Andrew); joined case(s) R. v Doyle (Stuart) [2012] EWCA Crim 2518;
[2013] 1 W.L.R. 1710; [2012] 11 WLUK 801; [2013] 2 Cr. App. R. (S.) 26; (2013) 177
J.P. 137; [2013] Crim. L.R. 352 CA (Crim Div) A2-095
R. v Bateman (Paul Michael) [2020] EWCA Crim 1333; [2020] 10 WLUK 161; [2021] 1
Cr. App. R. (S.) 54; [2021] Crim. L.R. 501 CA (Crim Div). B3-229, B3-231
R. v Bates (John) [2024] EWCA Crim 684; [2024] 5 WLUK 679; [2024] 2 Cr. App. R. (S.)
28 CA (Crim Div). A10-064a
R. v Baverstock (Stephen Alan) [2013] EWCA Crim 1502; [2013] 8 WLUK 99; [2014] 1
Cr. App. R. (S.) 64 CA (Crim Div). B8-091
R. v BAZ [2022] EWCA Crim 940; [2022] 4 W.L.R. 100; [2022] 6 WLUK 658; [2022]
Crim. L.R. 929 CA (Crim Div) B2-023
R. v BCD [2019] EWCA Crim 62; [2019] 1 WLUK 397 CA (Crim Div) B3-053, B3-056
R. v Beale (Jemma) [2019] EWCA Crim 665; [2019] 3 WLUK 666; [2019] 2 Cr. App. R.
19; [2019] 2 Cr. App. R. (S.) 46 CA (Crim Div) B8-030
R. v Beard (Thomas Howard) [2007] EWCA Crim 3168; [2007] 12 WLUK 367; [2008] 2
Cr. App. R. (S.) 41 CA (Crim Div) A4-560
R. v Beattie-Milligan (Lydia Catherine) [2019] EWCA Crim 2367; [2019] 12 WLUK 583;
[2020] 2 Cr. App. R. (S.) 10 CA (Crim Div). A1-121
R. v Bebbington (John) [1978] 2 WLUK 211; (1978) 67 Cr. App. R. 285 CA (Crim Div) . . . A4-005
R. v Beck (Robert) [2003] EWCA Crim 2198; [2003] 7 WLUK 755 CA (Crim Div) A5-170
R. v Beckett (Vanda) [2020] EWCA Crim 914; [2020] 7 WLUK 502; [2021] 1 Cr. App. R.
(S.) 15; [2021] Crim. L.R. 142 CA (Crim Div). A3-198
R. v Beckford (Daniel) [2018] EWCA Crim 2997; [2018] 12 WLUK 640; [2019] 1 Cr.
App. R. (S.) 53; [2019] Crim. L.R. 552 CA (Crim Div) A1-180, A3-098
R. v Beckford (Kyle) [2014] EWCA Crim 1299; [2014] 1 WLUK 831; [2014] 2 Cr. App.
R. (S.) 34 CA (Crim Div). A4-733
R. v Beckford (Marlon Eugene) [2018] EWCA Crim 3006; [2018] 12 WLUK 659; [2019]
2 Cr. App. R. (S.) 1; [2019] Crim. L.R. 737 CA (Crim Div). A4-005
R. v Beddow (Stephen) [1987] 6 WLUK 62; (1987) 9 Cr. App. R. (S.) 235 CA (Crim Div) . A4-128
R. v Beduh-Yeboah (Michael) [2024] EWCA Crim 335; [2024] 2 WLUK 707; [2024] 2 Cr.
App. R. (S.) 21 CA (Crim Div) A4-223
R. v Beech (Carl) [2020] EWCA Crim 1580; [2020] 11 WLUK 343; [2021] 2 Cr. App. R.
(S.) 1 CA (Crim Div). B8-031
R. v Beech (Dean Colin); joined case(s) R. v Bowman (Darren) (also known as Bowman
(Darren William)); R. v Hadley (Jason Lee); R. v Taylor-Powell (Pedro George) [2016]
EWCA Crim 1746; [2016] 4 W.L.R. 182; [2016] 5 WLUK 48; [2017] R.T.R. 8; [2017]
Crim. L.R. 238 CA (Crim Div). A4-271
R. v Beesley (Ricky Liam), sub nom. R. v Coyle (Anthony); R. v Rehman (Zehwar) [2011]
EWCA Crim 1021; [2011] 4 WLUK 484; [2012] 1 Cr. App. R. (S.) 15; [2011] Crim.
L.R. 668 CA (Crim Div). A4-461, A4-559
R. v Beeton (Elizabeth) [2008] EWCA Crim 1421; [2008] 6 WLUK 144; [2009] 1 Cr. App.
R. (S.) 46 CA (Crim Div). B8-019
R. v Begg (Iain) [2019] EWCA Crim 1578; [2019] 7 WLUK 827; [2020] 1 Cr. App. R. (S.)
30 CA (Crim Div) A5-314, A7-032, A7-063
R. v Begley (George Patrick) [2018] EWCA Crim 336; [2018] 2 WLUK 371 CA (Crim
Div). B3-009
R. v Behdarvani-Aidi (Dariush) [2021] EWCA Crim 582; [2021] 4 WLUK 579; [2022] 1
Cr. App. R. (S.) 1 CA (Crim Div). B3-013

R. v Beirne (John) [2020] EWCA Crim 1433; [2020] 10 WLUK 454 CA (Crim Div) A10-199
R. v Belcher (Scott) [2020] EWCA Crim 1192; [2020] 9 WLUK 378; [2021] 1 Cr. App. R.
  (S.) 40 CA (Crim Div) A2-093
R. v Belifante (Shaun Antonie) [2018] EWCA Crim 1997; [2018] 8 WLUK 346 CA (Crim
  Div) B4-099
R. v Bell (Martin Christopher) [2015] EWCA Crim 1426; [2016] 1 W.L.R. 1; [2016] 3 All
  E.R. 284; [2015] 8 WLUK 299; [2016] 1 Cr. App. R. (S.) 16; [2015] Crim. L.R. 1013
  CA (Crim Div) A4-678
R. v Benabbas (Ahmed) [2005] EWCA Crim 2113; [2005] 8 WLUK 178; [2006] 1 Cr. App.
  R. (S.) 94; [2005] Crim. L.R. 976 CA (Crim Div) A5-374, A5-375, A5-376, A5-377
R. v Bennett [1988] 5 WLUK 268; (1989) 153 J.P. 317; [1988] Crim. L.R. 686; (1989) 153
  J.P.N. 434 CA (Crim Div) B2-398
R. v Bennett (David Joseph) [1968] 1 W.L.R. 988; [1968] 2 All E.R. 753; [1968] 4 WLUK
  15; (1968) 52 Cr. App. R. 514; (1968) 132 J.P. 365; (1968) 112 S.J. 418 CA (Crim Div) ... A3-186
R. v Bennett (Steven) [2021] EWCA Crim 1838; [2021] 11 WLUK 521; [2022] R.T.R. 21
  CA (Crim Div) B6-018
R. v Benson (Jonathan Nicholas) [2016] EWCA Crim 339; [2016] 2 WLUK 600; [2016] 2
  Cr. App. R. (S.) 9 CA (Crim Div) A4-565
R. v Bergin (Peter) [2014] EWCA Crim 1228; [2014] 6 WLUK 64; [2014] 2 Cr. App. R.
  (S.) 71 CA (Crim Div) A3-160
R. v Bernard (Basil Mortimer) [1996] 5 WLUK 410; [1997] 1 Cr. App. R. (S.) 135; (1997)
  33 B.M.L.R. 23; [1996] Crim. L.R. 673; (1996) 140 S.J.L.B. 148; *Times*, July 2, 1996
  CA (Crim Div) A1-110, A1-111
R. v Bertram (Robert Leslie) [2003] EWCA Crim 2026; [2003] 6 WLUK 295; [2004] 1 Cr.
  App. R. (S.) 27 CA (Crim Div) A3-124
R. v Beswick (Darren Anthony) [1995] 8 WLUK 82; [1996] 1 Cr. App. R. 427; [1996] 1 Cr.
  App. R. (S.) 343; (1996) 160 J.P. 33; (1995) 159 J.P.N. 826; *Times*, October 10, 1995;
  Independent, October 23, 1995 CA (Crim Div) A3-161, A3-170
R. v Bewick (Ernest Arthur) [2007] EWCA Crim 3297; [2007] 11 WLUK 793; [2008] 2 Cr.
  App. R. (S.) 31 CA (Crim Div) A4-125
R. v BHR [2023] EWCA Crim 1622; [2023] 11 WLUK 721; [2024] 1 Cr. App. R. (S.) 45
  CA (Crim Div) A1-145
R. v Bibi (Bashir Begum) [1980] 1 W.L.R. 1193; [1980] 7 WLUK 243; (1980) 71 Cr. App.
  R. 360; (1980) 2 Cr. App. R. (S.) 177; [1980] Crim. L.R. 732 CA (Crim Div) A1-125, A1-126
R. v Biffen [1966] 1 WLUK 602; [1966] Crim. L.R. 111 CCA A4-021
R. v Bilinski (Edward) [1987] 8 WLUK 10; (1988) 86 Cr. App. R. 146; (1987) 9 Cr. App.
  R. (S.) 360; [1987] Crim. L.R. 782 CA (Crim Div) A3-184
R. v Billam (Keith) [1986] 1 W.L.R. 349; [1986] 1 All E.R. 985; [1986] 2 WLUK 221;
  (1986) 82 Cr. App. R. 347; (1986) 8 Cr. App. R. (S.) 48; [1986] Crim. L.R. 347 CA
  (Crim Div) B3-061, B3-078
R. v Billington (Jason Leon) [2017] EWCA Crim 618; [2017] 4 W.L.R. 114; [2017] 4
  WLUK 301; [2017] 2 Cr. App. R. (S.) 22; [2017] Crim. L.R. 816 CA (Crim Div) . A3-193, A3-202
R. v Bingham (Dean) [2015] EWCA Crim 1342; [2015] 7 WLUK 110; [2016] 1 Cr. App.
  R. (S.) 3; [2016] Crim. L.R. 70 CA (Crim Div) A5-275
R. v Birch (Beulah) [1989] 5 WLUK 26; (1990) 90 Cr. App. R. 78; (1989) 11 Cr. App. R.
  (S.) 202; [1990] 2 Med. L.R. 77; [1989] Crim. L.R. 757; *Times*, May 4, 1989 CA (Crim
  Div) A9-048, A9-049, A9-051, A9-053
R. v Bird (Mark Leopold) [2013] EWCA Crim 1765; [2013] 9 WLUK 572; [2014] 1 Cr.
  App. R. (S.) 77 CA (Crim Div) B5-091
R. v Birmingham Justices Ex p.Wyatt (Joseph Michael) [1976] 1 W.L.R. 260; [1975] 3 All
  E.R. 897; [1975] 7 WLUK 149; (1975) 61 Cr. App. R. 306; (1975) 119 S.J. 726 QBD A4-441,
  A4-442
R. v Birt (Rebecca) [2010] EWCA Crim 2823; [2010] 11 WLUK 415; [2011] 2 Cr. App. R.
  (S.) 14; [2011] Crim. L.R. 248 CA (Crim Div) A1-192
R. v Bishop (Alan) [1999] 9 WLUK 261; [2000] 1 Cr. App. R. (S.) 432; [2000] Crim. L.R.
  60 CA (Crim Div) A1-180
R. v Black (Cameron) [2022] EWCA Crim 337; [2022] 3 WLUK 431; [2022] 2 Cr. App.
  R. (S.) 39; [2022] Crim. L.R. 999 CA (Crim Div) B5-032, B5-036
R. v Blackadder (Jennifer) [2024] EWCA Crim 318; [2024] 2 WLUK 640; [2024] 2 Cr.
  App. R. (S.) 16 CA (Crim Div) A2-053a
R. v Blackall (Neal) [2005] EWCA Crim 1128; [2005] 4 WLUK 778; [2006] 1 Cr. App. R.
  (S.) 22; [2005] Crim. L.R. 875 CA (Crim Div) A4-567
R. v Blackmore (Francis) [2020] EWCA Crim 1552; [2020] 3 WLUK 744; [2021] 1 Cr.

App. R. (S.) 52; [2021] Crim. L.R. 499 CA (Crim Div) A1-037, B2-360, B2-370
R. v Blackshaw (Jordan Philip); joined case(s) R. v Beswick (David); R. v Carter (Stephen);
R. v Craven (Stephen); R. v Gillespie-Doyle (Michael); R. v Halloway (Hassan); R. v
Koyunco (Hassan); R. v McGrane (Lorraine); R. v Sutcliffe (Perry John); R. v Vanasco
(Enrico) [2011] EWCA Crim 2312; [2012] 1 W.L.R. 1126; [2011] 10 WLUK 465; [2012]
1 Cr. App. R. (S.) 114; [2012] Crim. L.R. 57; (2011) 108(42) L.S.G. 19; *Times*, October
25, 2011 CA (Crim Div) A1-038, A1-051
R. v Blakemore (Luke) [2016] EWCA Crim 1396; [2016] 9 WLUK 195; [2017] 1 Cr. App.
R. (S.) 5 CA (Crim Div)..A4-004
R. v Blaue (Robert Konrad) [1975] 1 W.L.R. 1411; [1975] 3 All E.R. 446; [1975] 7 WLUK
41; (1975) 61 Cr. App. R. 271; [1975] Crim. L.R. 648; (1975) 119 S.J. 589 CA (Crim
Div) A1-014
R. v Blyth (Connor Steven) [2019] EWCA Crim 2107; [2019] 11 WLUK 708; [2020] 1 Cr.
App. R. (S.) 60 CA (Crim Div)....................................A2-055, A2-060, A4-533, A4-534
R. v BN [2021] EWCA Crim 1250; [2021] 7 WLUK 798; [2022] 1 Cr. App. R. (S.) 37 CA
(Crim Div) B3-014
R. v Boakye (Christiana); joined case(s) R. v Alleyne (Rebekah); R. v Jagne (Shireen); R. v
Latchman (Dona Narisa); R. v Nasri (Sbida); R. v Nwude (Ifeoma Kalistar) [2012]
EWCA Crim 838; [2012] 4 WLUK 31; [2013] 1 Cr. App. R. (S.) 2; [2012] Crim. L.R.
626 CA (Crim Div) A1-039, B5-001, B5-007, B5-025
R. v Boardman (Mark) [1987] 2 WLUK 85; (1987) 9 Cr. App. R. (S.) 74; [1987] Crim.
L.R. 430 CA (Crim Div) A4-129
R. v Boateng (Mary) [2011] EWCA Crim 861; [2011] 3 WLUK 319; [2011] 2 Cr. App. R.
(S.) 104; [2011] Crim. L.R. 565 CA (Crim Div) A4-560
R. v Bogart (Jackson Ray) [2020] EWCA Crim 831; [2020] 6 WLUK 494 CA (Crim Div) . A5-001
R. v Boggild (Phillip); joined case(s) R. v Davies (John); R. v Hayes (Stephen); R. v Hughes
(David); R. v McLoughlin (Luke); R. v Petterson (Scott); R. v Quinn (Ryan) [2011]
EWCA Crim 1928; [2012] 1 W.L.R. 1298; [2011] 4 All E.R. 1285; [2011] 7 WLUK 529;
[2011] 5 Costs L.R. 879; [2012] 1 Cr. App. R. (S.) 81; (2012) 176 J.P. 85; [2012] Crim.
L.R. 48; *Times*, September 5, 2011 CA (Crim Div)..........................A5-095, A5-102
R. v Bohannan (Mark Edward) [2010] EWCA Crim 2261; [2010] 9 WLUK 342; [2011] 1
Cr. App. R. (S.) 106 CA (Crim Div)..B8-132
R. v Bola (Gaille) [2019] EWCA Crim 1507; [2019] 7 WLUK 723 CA (Crim Div) B2-016,
B2-021, B2-047
R. v Bold (Kevin) [2019] EWCA Crim 1539; [2019] 7 WLUK 742; [2020] 1 Cr. App. R.
(S.) 15 CA (Crim Div)...A1-167, A1-168
R. v Bondzie (Marco), sub nom. R. v Bondize (Marco) [2016] EWCA Crim 552; [2016] 1
W.L.R. 3004; [2016] 5 WLUK 82; [2016] 2 Cr. App. R. (S.) 28; [2016] Crim. L.R. 591
CA (Crim Div)...A1-096, A1-097, A3-051
R. v Bonellie (Stephen); joined case(s) R. v Hughes (William); R. v Miller (Marcus Marvin)
[2008] EWCA Crim 1417; [2008] 6 WLUK 393; [2009] 1 Cr. App. R. (S.) 55; [2008]
Crim. L.R. 904; *Times*, July 15, 2008 CA (Crim Div)................................A4-726
R. v Boness (Dean); joined case(s) R. v Bebbington (Shaun Anthony) [2005] EWCA Crim
2395; [2005] 10 WLUK 428; [2006] 1 Cr. App. R. (S.) 120; (2005) 169 J.P. 621; [2006]
Crim. L.R. 160; [2006] A.C.D. 5; (2005) 169 J.P.N. 937; *Times*, October 24, 2005 CA
(Crim Div)...A5-042, A5-048, A5-057, A5-064, A5-140
R. v Booker (Gary Andrew) [1982] 2 WLUK 47; (1982) 4 Cr. App. R. (S.) 53; [1982]
Crim. L.R. 378 CA (Crim Div) A3-141
R. v Boots (Ashley Marcus) [2018] EWCA Crim 2215; [2018] 2 WLUK 179; [2019] 1 Cr.
App. R. (S.) 12 CA (Crim Div) A1-179
R. v Bosomworth (Stephen) [1973] 5 WLUK 9; (1973) 57 Cr. App. R. 708; [1973] Crim.
L.R. 456 CA (Crim Div) A6-232
R. v Bostan (Amar) [2018] EWCA Crim 494; [2018] 3 WLUK 154; [2018] 2 Cr. App. R.
(S.) 15 CA (Crim Div) A10-202
R. v Boswell (Brian) [2007] EWCA Crim 1587; [2007] 6 WLUK 599 CA (Crim Div) A4-461
R. v Bouchereau (Pierre Roger) (30/77) EU:C:1977:172; [1978] Q.B. 732; [1978] 2 W.L.R.
250; [1981] 2 All E.R. 924; [1977] E.C.R. 1999; [1977] 10 WLUK 164; (1978) 66 Cr.
App. R. 202; [1977] 2 C.M.L.R. 800; (1978) 122 S.J. 79 ECJ A5-369, A5-371, A5-373
R. v Bouhaddaou (Yousef) [2006] EWCA Crim 3190; [2006] 12 WLUK 35; [2007] 2 Cr.
App. R. (S.) 23; [2007] Crim. L.R. 305; *Times*, December 15, 2006 CA (Crim Div) A4-723,
A4-749
R. v Boular (Rizlaine), sub nom. R. v Boular (Safaa) [2019] EWCA Crim 798; [2019] 4
WLUK 540; [2019] 2 Cr. App. R. (S.) 41 CA (Crim Div) A4-658, B2-218, B2-228, B2-232,

TABLE OF CASES

R. v Bourke (Daniel William) [2017] EWCA Crim 2150; [2017] 12 WLUK 484; [2018] 1 Cr. App. R. (S.) 42 CA (Crim Div) A3-208, A4-634, A4-637, A10-049, B2-234, B2-236
R. v Bowker (Anthony) [2007] EWCA Crim 1608; [2007] 7 WLUK 209; [2008] 1 Cr. App. R. (S.) 72; [2007] Crim. L.R. 904 CA (Crim Div).. A6-024
R. v Bowling (Stephen David) [2008] EWCA Crim 1148; [2008] 4 WLUK 791; [2009] 1 Cr. App. R. (S.) 23; [2008] Crim. L.R. 726 CA (Crim Div) A4-225
R. v Bowman (Simon John) [1996] 7 WLUK 483; [1997] 1 Cr. App. R. (S.) 282 CA (Crim Div)... B8-095
R. v Bowser (Richard) [2022] EWCA Crim 101; [2022] 1 WLUK 396; [2022] 2 Cr. App. R. (S.) 26 CA (Crim Div)... A4-184
R. v Bowskill (Chay), sub nom. Attorney General v Sansome (Rocco); joined case(s) R. v Sansome (Rocco) [2022] EWCA Crim 1358; [2022] 4 W.L.R. 98; [2023] 3 All E.R. 64; [2022] 10 WLUK 197; [2023] 1 Cr. App. R. (S.) 12; [2023] Crim. L.R. 153 CA (Crim Div)... B2-139
R. v Boyer (George Kenneth) [1981] 2 WLUK 12; (1981) 3 Cr. App. R. (S.) 35 CA (Crim Div) A3-124
R. v Bozat (Hikmet); joined case(s) R. v Kovaycin (Cafer); R. v Ozen (Zervet) [1996] 7 WLUK 409; [1997] 1 Cr. App. R. (S.) 270; (1997) 9 Admin. L.R. 125; [1996] Crim. L.R. 840; (1996) 93(37) L.S.G. 26; (1996) 140 S.J.L.B. 201; *Times*, August 15, 1996 CA (Crim Div) A5-378
R. v Bradbourn (Kathryn Ann) [1985] 5 WLUK 250; (1985) 7 Cr. App. R. (S.) 180; [1985] Crim. L.R. 682 CA (Crim Div) A4-419
R. v Bradbury (Myles James) [2015] EWCA Crim 1176; [2015] 6 WLUK 423; [2015] 2 Cr. App. R. (S.) 72; [2015] Crim. L.R. 1005 CA (Crim Div) B3-181
R. v Bradley (Kirk Trevor) [2004] EWCA Crim 1481; [2004] 6 WLUK 115 CA (Crim Div) A4-095
R. v Brain (Michael Roger) [2020] EWCA Crim 457; [2020] 3 WLUK 360; [2020] 2 Cr. App. R. (S.) 34 CA (Crim Div) A5-058, A5-063
R. v Brehmer (Timothy Keith) [2021] EWCA Crim 390; [2021] 4 W.L.R. 45; [2021] 3 WLUK 303; [2021] 2 Cr. App. R. (S.) 48 CA (Crim Div) A1-181, A1-191, B2-017
R. v Brennan (Michael) [2015] EWCA Crim 1449; [2015] 7 WLUK 707; [2016] M.H.L.R. 45 CA (Crim Div) A4-487
R. v Brewster (Alex Edward); joined case(s) R. v Blanchard (Wayne); R. v Ishmael (Mark); R. v RH (A Juvenile); R. v Thorpe (Terence George); R. v Woodhouse (Michael Charles) [1997] 6 WLUK 531; [1998] 1 Cr. App. R. 220; [1998] 1 Cr. App. R. (S.) 181; [1997] Crim. L.R. 690; (1997) 94(27) L.S.G. 22; (1997) 141 S.J.L.B. 161; *Times*, July 4, 1997 CA (Crim Div) B4-057
R. v Bricknell (Nathaniel) [2019] EWCA Crim 1460; [2019] 7 WLUK 701; [2020] 1 Cr. App. R. (S.) 22 CA (Crim Div) A7-036
R. v Bridger (Ricky); joined case(s) R. v Taylor (Simon Mark) [2018] EWCA Crim 1678; [2018] 5 WLUK 386; [2018] 2 Cr. App. R. (S.) 44; [2018] Crim. L.R. 1016 CA (Crim Div) A4-435, B8-110
R. v Bright (Michael John) [2008] EWCA Crim 462; [2008] 3 WLUK 102; [2008] 2 Cr. App. R. (S.) 102; [2008] Lloyd's Rep. F.C. 323; [2008] Crim. L.R. 482 CA (Crim Div).... A4-435
R. v Bristowe (Alan) [2019] EWCA Crim 2005; [2019] 10 WLUK 802; [2020] 1 Cr. App. R. (S.) 58 CA (Crim Div)... A3-112
R. v Broadhurst (John Anthony) [2019] EWCA Crim 2026; [2019] 11 WLUK 634 CA (Crim Div) B2-021
R. v Brockway (Andrew Robert) [2007] EWCA Crim 2997; [2007] 10 WLUK 540; [2008] 2 Cr. App. R. (S.) 4 CA (Crim Div) B8-089
R. v Broderick (Michelle) [1993] 10 WLUK 324; (1994) 15 Cr. App. R. (S.) 476; [1994] Crim. L.R. 139 CA (Crim Div).. A3-174, A3-178, A3-184
R. v Brogan (Mary) [1975] 1 W.L.R. 393; [1975] 1 All E.R. 879; [1975] 2 WLUK 18; (1974) 60 Cr. App. R. 279; [1975] Crim. L.R. 294; (1975) 119 S.J. 186 CA (Crim Div).... A2-097
R. v Brown (Michael) [2013] EWCA Crim 1726; [2013] 10 WLUK 142; [2014] 1 Cr. App. R. (S.) 84 CA (Crim Div).. B5-019, B5-021
R. v Brown (Peter John) (Appeal against Sentence and Confiscation Orders); joined case(s) R. v Aarons (Maurice); R. v Gardner (John Phillip); R. v Macleod (Alastair); R. v Martin (Ellis Anthony) (Appeal against Sentence); R. v Walton (Brian John); R. v Went (Graham John) [2001] EWCA Crim 2761; [2001] 12 WLUK 192; [2002] 2 Cr. App. R. (S.) 34; [2002] Crim. L.R. 228 CA (Crim Div) A3-124
R. v Brown (Robert Anthony) [2018] EWCA Crim 1775; [2018] 4 W.L.R. 152; [2018] 7

WLUK 624; [2019] 1 Cr. App. R. (S.) 10 CA (Crim Div)............... A1-209, B6-003, B6-005
R. v Browne-Morgan (Samuel) [2016] EWCA Crim 1903; [2017] 4 W.L.R. 118; [2016] 12
  WLUK 414; [2017] 1 Cr. App. R. (S.) 33 CA (Crim Div)................................. A5-061
R. v BT [2001] EWCA Crim 2700; [2001] 11 WLUK 27; [2002] 2 Cr. App. R. (S.) 2 CA
  (Crim Div).. A3-143
R. v Buahin (Henrya) [2020] EWCA Crim 1832; [2020] 12 WLUK 554; [2021] 2 Cr. App.
  R. (S.) 11; [2021] Crim. L.R. 799 CA (Crim Div)....................................... A3-138
R. v Buckley (Karl Peter) [1994] 1 WLUK 454; (1994) 15 Cr. App. R. (S.) 695; [1994]
  Crim. L.R. 387 CA (Crim Div).. A4-226
R. v Buddo (Stephen John) [1982] 7 WLUK 123; (1982) 4 Cr. App. R. (S.) 268; [1982]
  Crim. L.R. 837 CA (Crim Div).. A4-210
R. v Bukhari (Daniyal) [2008] EWCA Crim 2915; [2008] 11 WLUK 442; [2009] 2 Cr.
  App. R. (S.) 18; [2009] Lloyd's Rep. F.C. 198; [2009] Crim. L.R. 300 CA (Crim Div)... A10-019
R. v Bullock (Peter John) [1964] 1 Q.B. 481; [1963] 3 W.L.R. 911; [1963] 3 All E.R. 506;
  [1963] 7 WLUK 12; (1963) 47 Cr. App. R. 288; (1964) 128 J.P. 3 CCA.................... A2-107
R. v Bunyan (Peter Mark) [2013] EWCA Crim 1885; [2013] 8 WLUK 202; [2014] 1 Cr.
  App. R. (S.) 65 CA (Crim Div)... B8-133
R. v Bunyan (Samuel Thomas) [2017] EWCA Crim 872; [2017] 5 WLUK 769 CA (Crim
  Div).. B3-013
R. v Bupa Care Homes (BNH) Ltd [2019] EWCA Crim 1691; [2019] 10 WLUK 166;
  [2020] 1 Cr. App. R. (S.) 48 CA (Crim Div).................... A4-105, B7-028, B7-037
R. v Burgess (Jason Scott) [2003] EWCA Crim 3275; [2003] 11 WLUK 259; [2004] 2 Cr.
  App. R. (S.) 17 CA (Crim Div)... B2-143
R. v Burgess (Sean Maurice) [2000] 11 WLUK 59; [2001] 2 Cr. App. R. (S.) 2; *Times*,
  November 28, 2000 CA (Crim Div)... A4-184
R. v Burnham (James George) [2020] 2 WLUK 545; [2020] 2 Cr. App. R. (S.) 20 CA (Crim
  Div).. A4-529
R. v Bush (Anthony) [2017] EWCA Crim 137; [2017] 1 WLUK 103; [2017] 1 Cr. App. R.
  (S.) 49 CA (Crim Div)....................................... A1-044, A1-049, A3-206
R. v Bush (Liam) [2013] EWCA Crim 1164; [2013] 6 WLUK 561; [2014] 1 Cr. App. R.
  (S.) 40 CA (Crim Div)... B5-091
R. v Butler (Alan Stephen) [2021] EWCA Crim 1868; [2021] 11 WLUK 502 CA (Crim
  Div).. B8-128
R. v Butler (Ben) [2023] EWCA Crim 676; [2023] 6 WLUK 242; [2023] 2 Cr. App. R. (S.)
  46; [2024] Crim. L.R. 81 CA (Crim Div).. A4-005
R. v Butt (Mehmood) [2018] EWCA Crim 1617; [2018] 1 W.L.R. 5391; [2018] 7 WLUK
  174; [2019] 1 Cr. App. R. (S.) 4; [2018] L.L.R. 795 CA (Crim Div)..... A4-094, A4-107, A4-547,
                                                                                       B7-046
R. v Butt (Terry); joined case(s) R. v Jenkins (David John) [2023] EWCA Crim 1131;
  [2024] 3 All E.R. 156; [2023] 10 WLUK 49; [2024] 1 Cr. App. R. (S.) 26; [2024] Crim.
  L.R. 73 CA (Crim Div)....................................... A2-103, A2-104, A2-105
R. v Butterworth (John Edward), sub nom. R. v Grant (Richard) [2022] EWCA Crim 1821;
  [2022] 10 WLUK 610; [2023] 1 Cr. App. R. (S.) 46 CA (Crim Div)........................ A1-042
R. v Buttigieg (Nicky Lee) [2015] EWCA Crim 837; [2015] 7 WLUK 943; [2016] 1 Cr.
  App. R. 18 CA (Crim Div).. A3-194
R. v Buxton (Ivan David); joined case(s) R. v Aldridge (James); R. v Byron (Emma); R. v
  Clements (David); R. v Houghton (Trevor); R. v Kassam (Nicholas); R. v Lambert
  (Catherine); R. v Quiggin (Daniel); R. v Short (Joseph); R. v Simon (Emma); R. v Smith
  (Zoe); R. v Vongegerfelt (Agnes) [2010] EWCA Crim 2923; [2011] 1 W.L.R. 857; [2011]
  Bus. L.R. 448; [2010] 12 WLUK 16; [2011] 4 Costs L.R. 541; [2011] 2 Cr. App. R. (S.)
  23; [2011] Crim. L.R. 332; *Times*, February 21, 2011 CA (Crim Div)........ A5-143, A5-163
R. v Byrne (Kevin) [1994] 5 WLUK 195; (1995) 16 Cr. App. R. (S.) 140 CA (Crim Div)... B4-066
R. v Byrne (Patrick Edward) [2019] EWCA Crim 1496; [2019] 7 WLUK 727; [2020] 1 Cr.
  App. R. (S.) 23 CA (Crim Div)... A3-197
R. v Byrne (Paul Andrew) [2002] EWCA Crim 1975; [2002] 6 WLUK 568; [2003] 1 Cr.
  App. R. (S.) 68; [2002] Crim. L.R. 754 CA (Crim Div).................................. A3-149
R. v C (Hugh John) [1997] 10 WLUK 500; [1998] 1 Cr. App. R. (S.) 434; [1998] Crim.
  L.R. 141 CA (Crim Div).. A4-431
R. v C (Matthew) [2024] EWCA Crim 1052; [2024] 7 WLUK 817 CA (Crim Div)........ B3-017b
R. v Cadogan (John Walton) [2010] EWCA Crim 1642; [2010] 6 WLUK 143; [2011] 1 Cr.
  App. R. (S.) 53 CA (Crim Div)... B3-025
R. v Cairns (James Philip); joined case(s) R. v Firfire (Asif); R. v Morris (Nigel Leonard);
  R. v Rafiq (Shahid) [2013] EWCA Crim 467; [2013] 4 WLUK 300; [2013] 2 Cr. App. R.

TABLE OF CASES

(S.) 73; [2013] Crim. L.R. 616 CA (Crim Div) A3-119, A3-120, A3-123, A3-124, A3-174, A3-175, A3-185
R. v Calcutt (Betty); joined case(s) R. v Varty (Jill Rosemary) [1985] 11 WLUK 194; (1985) 7 Cr. App. R. (S.) 385; [1986] Crim. L.R. 266 CA (Crim Div) A4-160, A4-161, A4-163
R. v Caley (David); joined case(s) R. v Bowen (Carl Peter); R. v Didonga (Kembo); R. v Kamwiziku (Placide); R. v McWilliams (Mark); R. v Perry (Lewis Lawrence); R. v Robertson (Daniel Alexander); R. v Sanham (Tony Sydney); R. v Wain (Darren) [2012] EWCA Crim 2821; [2012] 12 WLUK 737; [2013] 2 Cr. App. R. (S.) 47; (2013) 177 J.P. 111; [2013] Crim. L.R. 342 CA (Crim Div) A1-173, A1-183
R. v Calladine [1975] 1 WLUK 411; *Times*, December 3, 1975 CA (Crim Div) . . . B4-183, B4-191
R. v Callaghan (Sarah) [2023] EWCA Crim 98; [2023] 1 WLUK 481 CA (Crim Div) B4-135
R. v Calvo (Daniel Paul); joined case(s) R. v Smith (James Michael) [2017] EWCA Crim 1354; [2017] 5 WLUK 641 CA (Crim Div). B4-079
R. v Camara (Paul) [2022] EWCA Crim 542; [2022] 4 WLUK 386; [2022] 2 Cr. App. R. (S.) 48; [2022] Crim. L.R. 782 CA (Crim Div). A4-632
R. v Campbell (Andrew O'Neill) [2018] EWCA Crim 802; [2018] 2 WLUK 438; [2018] 2 Cr. App. R. (S.) 24 CA (Crim Div) A1-150
R. v Campbell (Jermain) [2017] EWCA Crim 213; [2017] 2 WLUK 367; [2017] 1 Cr. App. R. (S.) 57 CA (Crim Div). B4-173
R. v Canavan (Darren Anthony); joined case(s) R. v Kidd (Philip Richard); R. v Shaw (Dennis) [1998] 1 W.L.R. 604; [1998] 1 All E.R. 42; [1997] 7 WLUK 253; [1998] 1 Cr. App. R. 79; [1998] 1 Cr. App. R. (S.) 243; (1997) 161 J.P. 709; [1997] Crim. L.R. 766; (1997) 161 J.P.N. 838; (1997) 94(35) L.S.G. 33; (1997) 147 N.L.J. 1457; (1997) 141 S.J.L.B. 169; *Times*, July 21, 1997 CA (Crim Div). A3-142, A3-143, A3-144
R. v Carey (Andrew); joined case(s) R. v Taylor (Darren Lee) [2012] EWCA Crim 1592; [2012] 6 WLUK 355 CA (Crim Div). A5-103, A5-211, A5-269
R. v Carmona (Nelson) [2006] EWCA Crim 508; [2006] 1 W.L.R. 2264; [2006] 3 WLUK 355; [2006] 2 Cr. App. R. (S.) 102; [2006] I.N.L.R. 222; [2006] Crim. L.R. 657; *Times*, April 13, 2006 CA (Crim Div) A1-017, A5-366, A5-367, A5-375
R. v Carr (Daron) [2016] EWCA Crim 2259; [2016] 12 WLUK 516 CA (Crim Div) B4-137
R. v Carrington (Marion) [2014] EWCA Crim 325; [2014] 2 WLUK 540; [2014] 2 Cr. App. R. (S.) 41 CA (Crim Div). A4-136
R. v Carroll (Peter) [2014] EWCA Crim 2818; [2014] 12 WLUK 770; [2015] 1 Cr. App. R. (S.) 54 CA (Crim Div). B3-001
R. v Carter (William Peter) [2021] EWCA Crim 667; [2021] 4 WLUK 514; [2022] 1 Cr. App. R. (S.) 2; [2022] Crim. L.R. 64 CA (Crim Div). A1-174
R. v Carver (John) [2020] EWCA Crim 1454; [2020] 10 WLUK 428 CA (Crim Div) A10-199
R. v Cashmere (Clare) [2017] EWCA Crim 1558; [2017] 8 WLUK 211; [2018] 1 Cr. App. R. (S.) 9 CA (Crim Div). B8-102
R. v Cassidy (Anthony Mark) [2010] EWCA Crim 3146; [2010] 12 WLUK 519; [2011] 2 Cr. App. R. (S.) 40 CA (Crim Div) A10-030
R. v Caster (Pauline) [2023] EWCA Crim 931; [2023] 7 WLUK 537; [2024] 1 Cr. App. R. (S.) 5 CA (Crim Div) A4-750
R. v Caswell (Jason Lee) [2019] EWCA Crim 1106; [2019] 7 WLUK 91 CA (Crim Div) . . A3-202
R. v Catchpole (Scott Jamie) [2014] EWCA Crim 1037; [2014] 5 WLUK 167; [2014] 2 Cr. App. R. (S.) 66; [2015] M.H.L.R. 435 CA (Crim Div) A10-017
R. v Catt (Sarah Louise) [2013] EWCA Crim 1187; [2013] 6 WLUK 263; [2014] 1 Cr. App. R. (S.) 35 CA (Crim Div). B2-128c, B2-128e
R. v Cattell (Geoffrey Alan) [1986] 7 WLUK 200; (1986) 8 Cr. App. R. (S.) 268; [1986] Crim. L.R. 823 CA (Crim Div) A4-430
R. v Cavanagh (Mark Philip), sub nom. R. v Kavanagh (Mark Philip) [2021] EWCA Crim 1584; [2021] 10 WLUK 439 CA (Crim Div). B5-040a, B5-063
R. v Cawley (Patrick Joseph) [1993] 4 WLUK 61; (1994) 15 Cr. App. R. (S.) 25 CA (Crim Div) A1-224
R. v Cawthorne (Susan Eileen) [1996] 3 WLUK 474; [1996] 2 Cr. App. R. (S.) 445; [1996] Crim. L.R. 526 CA (Crim Div) A3-124, A3-125
R. v Central Criminal Court Ex p. Boulding [1984] Q.B. 813; [1984] 2 W.L.R. 321; [1984] 1 All E.R. 766; [1983] 12 WLUK 111; (1984) 79 Cr. App. R. 100; (1983) 5 Cr. App. R. (S.) 433; (1984) 148 J.P. 174 QBD A4-037
R. v CH [2020] EWCA Crim 1736; [2020] 12 WLUK 472 CA (Crim Div) B3-163
R. v Chadderton (David Anthony) [1980] 7 WLUK 217; (1980) 2 Cr. App. R. (S.) 272 CA (Crim Div) A3-126
R. v Chalk (Thomas Paul), sub nom. R. v Chaplin (Andrew George); joined case(s) R. v

TABLE OF CASES

Chaplin (Andrew George) [2022] EWCA Crim 433; [2022] 4 W.L.R. 55; [2022] 3
  WLUK 477; [2022] 2 Cr. App. R. 6; [2022] Crim. L.R. 602 CA (Crim Div) A2-103
R. v Chall (Joginder); joined case(s) R. v Allen (Mark William); R. v Deiss-Dias (Gerson);
  R. v Welsby (Oliver); R. v Wilkinson (Nigel Brent) [2019] EWCA Crim 865; [2019] 4
  W.L.R. 102; [2019] 4 All E.R. 497; [2019] 5 WLUK 460; [2019] 2 Cr. App. R. (S.) 44;
  [2019] Crim. L.R. 1073 CA (Crim Div). A3-036, A3-045, A3-146, A3-210, B2-049, B2-052,
    B2-313, B3-009
R. v Chamberlain (Gary Allen) [1992] 1 WLUK 595; (1992) 13 Cr. App. R. (S.) 535 CA
  (Crim Div) A4-429, A10-202
R. v Chamberlin (Jackie) [2017] EWCA Crim 39; [2017] 4 W.L.R. 70; [2017] 1 WLUK
  209; [2017] 1 Cr. App. R. (S.) 46; [2017] Crim. L.R. 416 CA (Crim Div) B4-012
R. v Chambers (Nicholas Frederick) [1981] 11 WLUK 56; (1981) 3 Cr. App. R. (S.) 318;
  [1982] Crim. L.R. 189 CA (Crim Div) A4-134
R. v Chan (Chung Yan) [2010] EWCA Crim 2596; [2010] 8 WLUK 97; [2011] 1 Cr. App.
  R. (S.) 98 CA (Crim Div) B5-113
R. v Chandler (Lloyd) [2015] EWCA Crim 1825; [2015] 9 WLUK 414; [2016] B.C.C. 212;
  [2016] 1 Cr. App. R. (S.) 37 CA (Crim Div) A4-312
R. v Channer (Nicolas) [2021] EWCA Crim 696; [2021] 4 WLUK 516; [2022] 1 Cr. App.
  R. (S.) 3; [2022] Env. L.R. 6 CA (Crim Div).. A4-107
R. v Chaplin (Cheraldo) [2015] EWCA Crim 1491; [2015] 7 WLUK 934; [2016] 1 Cr.
  App. R. (S.) 10; [2016] Crim. L.R. 73 CA (Crim Div) A1-210, A4-554
R. v Chapman (Connor William) [2024] EWCA Crim 190; [2024] 2 WLUK 535; [2024] 2
  Cr. App. R. (S.) 22 CA (Crim Div) A4-716
R. v Chapman (Jamie Lee) [1999] 7 WLUK 457; [2000] 1 Cr. App. R. 77; [2000] 1 Cr.
  App. R. (S.) 377; [1999] Crim. L.R. 852; *Times*, August 2, 1999 CA (Crim Div) A4-677
R. v Chappell (Garth Victor) [1984] 5 WLUK 255; (1985) 80 Cr. App. R. 31; (1984) 6 Cr.
  App. R. (S.) 214; [1984] Crim. L.R. 574; (1984) 128 S.J. 629 CA (Crim Div) A4-126, A4-139
R. v Charalambous (Anne Elizabeth) [1984] 12 WLUK 4; (1984) 6 Cr. App. R. (S.) 389;
  [1985] Crim. L.R. 328 CA (Crim Div) A4-095
R. v Charlton (Claire Victoria) [2021] EWCA Crim 2006; [2021] 12 WLUK 472; [2022] 2
  Cr. App. R. (S.) 18 CA (Crim Div) A1-120
R. v Cheema (Gurmit Singh) [2002] EWCA Crim 325; [2002] 1 WLUK 693; [2002] 2 Cr.
  App. R. (S.) 79 CA (Crim Div) B7-088, B7-090, B7-113
R. v Chelmsford Crown Court Ex p. Birchall [1989] 11 WLUK 62; (1989) 11 Cr. App. R.
  (S.) 510; (1990) 154 J.P. 197; [1990] R.T.R. 80; [1990] Crim. L.R. 352; [1990] C.O.D.
  200; (1990) 154 J.P.N. 74; *Times*, November 10, 1989 DC. A4-098
R. v Cheyne (Marco) [2019] EWCA Crim 182; [2019] 2 WLUK 124; [2019] 2 Cr. App. R.
  (S.) 14 CA (Crim Div) A5-028, A10-219, A10-239, A10-242b, A10-244, A10-251, A10-261
R. v Chin-Charles (Aron Stefan); joined case(s) R. v Cullen (Anthony) [2019] EWCA
  Crim 1140; [2019] 1 W.L.R. 5921; [2019] 7 WLUK 27; [2020] 1 Cr. App. R. (S.) 6;
  [2019] Crim. L.R. 893 CA (Crim Div) A3-198, A3-199, A3-200, A3-201, A3-208, A3-209
R. v Chinegwundoh (Harold) [2015] EWCA Crim 109; [2015] 1 W.L.R. 2818; [2015] 1
  WLUK 304; [2015] 1 Cr. App. R. 26; [2015] 1 Cr. App. R. (S.) 61; [2016] M.H.L.R. 60
  CA (Crim Div) A5-146
R. v Chinery (Andrew John) [2002] EWCA Crim 32; [2002] 1 WLUK 132; [2002] 2 Cr.
  App. R. (S.) 55 CA (Crim Div) B8-055
R. v Chirila (Stefan-Dragos) [2021] EWCA Crim 1982; [2021] 12 WLUK 508; [2022] 2
  Cr. App. R. (S.) 14 CA (Crim Div) A5-275
R. v Chocat (Christiane); joined case(s) R. v Chocat (Benjamin) [2010] 6 WLUK 286;
  [2011] 1 Cr. App. R. (S.) 56 CA (Crim Div) B7-123
R. v Choi (Beak Ken) [2015] EWCA Crim 1089; [2015] 5 WLUK 463; [2015] 2 Cr. App.
  R. (S.) 55 CA (Crim Div) B4-119
R. v Choung (Young Suk) [2019] EWCA Crim 1650; [2019] 6 WLUK 802; [2020] 1 Cr.
  App. R. (S.) 13 CA (Crim Div) A5-248, A5-276, A5-277
R. v Chowdhury (Saleh) [2016] EWCA Crim 1341; [2016] 7 WLUK 793; [2016] 2 Cr.
  App. R. (S.) 41; [2017] Crim. L.R. 68 CA (Crim Div) A4-457, A6-253
R. v Chowdhury (Taher Ahmed) [2011] EWCA Crim 936; [2011] 3 WLUK 780; [2011]
  M.H.L.R. 157 CA (Crim Div) A9-053
R. v Church (Peter Leslie) [1970] 11 WLUK 8; (1971) 55 Cr. App. R. 65; (1970) 114 S.J.
  907 CA (Crim Div) A4-161
R. v Churcher (Gary) [1986] 3 WLUK 130; (1986) 8 Cr. App. R. (S.) 94 CA (Crim Div) ... A4-209
R. v Churchill (Kristian); joined case(s) R. v Ward (Damian) [2017] EWCA Crim 841;

[2017] 6 WLUK 332; [2017] 2 Cr. App. R. (S.) 34; [2017] Crim. L.R. 1003 CA (Crim Div)... B4-118
R. v Clare (Ian Michael) [2013] EWCA Crim 369; [2013] 3 WLUK 62 CA (Crim Div) B5-091
R. v Clark (Luke) [2015] EWCA Crim 2192; [2015] 12 WLUK 163; [2016] 1 Cr. App. R. (S.) 52; [2016] M.H.L.R. 219 CA (Crim Div)... A9-050
R. v Clark (Raymond Dennis) [1996] 2 WLUK 471; [1996] 2 Cr. App. R. 282; [1996] 2 Cr. App. R. (S.) 351; [1996] Crim. L.R. 448; *Times*, April 10, 1996 CA (Crim Div).......... A3-142
R. v Clark (Trevor) [1997] 11 WLUK 500; [1998] 2 Cr. App. R. 137; [1998] 2 Cr. App. R. (S.) 95; [1998] Crim. L.R. 227; (1998) 95(2) L.S.G. 22; (1998) 142 S.J.L.B. 27; *Times*, December 4, 1997 CA (Crim Div)... B7-059
R. v Clarke (David) [2018] EWCA Crim 1845; [2018] 7 WLUK 298; [2019] 1 Cr. App. R. (S.) 15 CA (Crim Div)... A1-185
R. v Clarke (Joseph) [2009] EWCA Crim 1074; [2010] 1 W.L.R. 223; [2009] 4 All E.R. 298; [2009] 6 WLUK 338; [2010] 1 Cr. App. R. (S.) 48; [2010] Crim. L.R. 61; *Times*, July 1, 2009 CA (Crim Div)... A4-055
R. v Clarke (Morgan); joined case(s) R. v Andrews (Declan); R. v Thompson (Anton Craig) [2018] EWCA Crim 185; [2018] 1 WLUK 356; [2018] 1 Cr. App. R. (S.) 52 CA (Crim Div)... A1-107, A4-496, A6-002
R. v Clarke (Ralph); joined case(s) R. v Cooper (Peter) [2017] EWCA Crim 393; [2017] 1 W.L.R. 3851; [2018] 2 All E.R. 333; [2017] 4 WLUK 99; [2017] 2 Cr. App. R. (S.) 18; [2017] Crim. L.R. 572 CA (Crim Div) A1-108, A4-607, A4-612, A4-646
R. v Clarke (Ronald Augustus); joined case(s) R. v McDaid (James Andrew) [2008] UKHL 8; [2008] 1 W.L.R. 338; [2008] 2 All E.R. 665; [2008] 2 WLUK 101; [2008] 2 Cr. App. R. 2; [2008] Crim. L.R. 551; (2008) 105(7) L.S.G. 31; (2008) 152(6) S.J.L.B. 28; *Times*, February 7, 2008 HL.. A2-105
R. v Claydon (Patrick James); joined case(s) R.v Aitken (Tommy) [2015] EWCA Crim 140; [2015] 1 WLUK 702; [2015] 1 Cr. App. R. (S.) 71 CA (Crim Div)................... A1-175
R. v Clayton (Jeremy Paul) [2017] EWCA Crim 49; [2017] 1 WLUK 394 CA (Civ Div) ... A4-316
R. v Cliff (Oliver Lewis) [2004] EWCA Crim 3139; [2004] 11 WLUK 662; [2005] 2 Cr. App. R. (S.) 22; [2005] R.T.R. 11; [2005] Crim. L.R. 250; *Times*, December 1, 2004 CA (Crim Div)... A4-287
R. v Clothier (David Shaun) [2019] EWCA Crim 348; [2019] 3 WLUK 216 CA (Crim Div) B8-098
R. v Cloud (Luke John) [2001] EWCA Crim 510; [2001] 2 WLUK 655; [2001] 2 Cr. App. R. (S.) 97 CA (Crim Div)... A3-124
R. v Clough (Keeley) [2018] EWCA Crim 2175; [2018] 9 WLUK 355 CA (Crim Div) A1-171
R. v Clough (Paul William) [2009] EWCA Crim 1669; [2009] 6 WLUK 534; [2010] 1 Cr. App. R. (S.) 53 CA (Crim Div)... A1-175
R. v Clutterham (Barry Ray) [1982] 1 WLUK 753; (1982) 4 Cr. App. R. (S.) 40 CA (Crim Div)... A3-141
R. v Coates (Gareth) [2022] EWCA Crim 1603; [2022] 12 WLUK 54; [2023] 2 Cr. App. R. (S.) 4 CA (Crim Div)... A4-388
R. v Cobbey (Andrew Stuart) [1992] 5 WLUK 238; (1993) 14 Cr. App. R. (S.) 82 CA (Crim Div)... A4-311
R. v Coburn (Daniel) [2021] EWCA Crim 621; [2021] 4 WLUK 360 CA (Crim Div) A5-308
R. v Coggins (Marcell Lee) [2019] EWCA Crim 644; [2019] 3 WLUK 77 CA (Crim Div) . A5-305
R. v Cole (Frederick) [1965] 2 Q.B. 388; [1965] 3 W.L.R. 263; [1965] 2 All E.R. 29; [1965] 3 WLUK 32; (1965) 49 Cr. App. R. 199; (1965) 129 J.P. 326; (1965) 109 S.J. 269 CCA... A4-005, A4-588, A4-599
R. v Coles (Martyn) [2010] EWCA Crim 320; [2010] 2 WLUK 138 CA (Crim Div) B3-172
R. v Coley (Connor) [2022] EWCA Crim 1400; [2022] 10 WLUK 333; [2023] 1 Cr. App. R. (S.) 25 CA (Crim Div)... A5-164
R. v Collard (Jonathan Richard) [2004] EWCA Crim 1664; [2004] 5 WLUK 446; [2005] 1 Cr. App. R. (S.) 34; [2004] Crim. L.R. 757; (2004) 148 S.J.L.B. 663; *Times*, June 7, 2004 CA (Crim Div)... A5-267
R. v Collins (Darren Lestat); joined case(s) R. v Jaffer (Deniz); R. v Lewis (Jamie) [2022] EWCA Crim 742; [2022] 4 W.L.R. 99; [2022] 4 All E.R. 348; [2022] 5 WLUK 349; [2023] 1 Cr. App. R. (S.) 4 CA (Crim Div) B8-128, B8-134
R. v Collins (Gavin Errol) [2021] EWCA Crim 1074; [2021] 6 WLUK 558; [2022] 1 Cr. App. R. (S.) 23 CA (Crim Div)... A10-049
R. v Collins (Jason Lewis) [2010] EWCA Crim 1342; [2010] 5 WLUK 200; [2011] 1 Cr. App. R. (S.) 35 CA (Crim Div)... A4-226
R. v Collins (Terry) [2018] EWCA Crim 1713; [2018] 7 WLUK 384; [2019] 1 Cr. App. R.

(S.) 7 CA (Crim Div) B4-117
R. v Colville-Scott (Brian James), sub nom. R. v Coleville-Scott (Brian James) [1990] 1
   W.L.R. 958; [1990] 5 WLUK 244; (1990) 91 Cr. App. R. 174; (1990-91) 12 Cr. App. R.
   (S.) 238; (1991) 155 J.P. 1; [1990] Crim. L.R. 755; (1990) 154 J.P.N. 505 CA (Crim Div) .. A4-179
R. v Compassi (Bruno), sub nom. R. v Compass [1987] 6 WLUK 259; (1987) 9 Cr. App. R.
   (S.) 270; [1987] Crim. L.R. 716 CA (Crim Div) A5-369
R. v Connelly (Edward) [2012] EWCA Crim 2049; [2012] 7 WLUK 883 CA (Crim Div) ... A4-184
R. v Connelly (Lisa Jane) [2017] EWCA Crim 1569; [2017] 10 WLUK 247; [2018] 1 Cr.
   App. R. (S.) 19 CA (Crim Div) A1-039
R. v Connolly (John Lawrence) [2012] EWCA Crim 477; [2012] 2 WLUK 573 CA (Crim
   Div) A4-316
R. v Connor (Christian) [2019] EWCA Crim 234; [2019] 4 W.L.R. 76; [2019] 2 WLUK
   355; [2019] 2 Cr. App. R. (S.) 19; [2019] Crim. L.R. 808 CA (Crim Div) A5-304
R. v Considine (Lawrence Philip); joined case(s) R. v Davis (Jay) [2007] EWCA Crim
   1166; [2008] 1 W.L.R. 414; [2007] 3 All E.R. 621; [2007] 6 WLUK 60; [2008] 1 Cr.
   App. R. (S.) 41; [2007] Crim. L.R. 824 CA (Crim Div) A3-144, A3-181, A4-453
R. v Cook (Alfie) [2023] EWCA Crim 452; [2023] 4 W.L.R. 71; [2023] 4 WLUK 232;
   [2023] 2 Cr. App. R. (S.) 34; [2023] Crim. L.R. 543 CA (Crim Div) B2-102
R. v Cook (Jacob) [2018] EWCA Crim 530; [2018] 3 WLUK 330; [2018] 2 Cr. App. R. (S.)
   16 CA (Crim Div)... B3-031
R. v Cooke (David Eric); joined case(s) R. v Street (Paul William) [1983] 2 WLUK 100;
   (1983) 5 Cr. App. R. (S.) 31 CA (Crim Div) B8-067
R. v Cooksley (Robert Charles), sub nom. Attorney General's Reference (No.152 of 2002),
   Re; joined case(s) R. v Cook (Neil Terence); R. v Crump (Richard James); R. v Stride
   (Ian Paul) [2003] EWCA Crim 996; [2003] 3 All E.R. 40; [2003] 4 WLUK 85; [2003] 2
   Cr. App. R. 18; [2004] 1 Cr. App. R. (S.) 1; [2003] R.T.R. 32; (2003) 100(23) L.S.G. 36;
   Times, April 8, 2003; Independent, June 30, 2003 CA (Crim Div) A4-226, A4-227
R. v Cookson (Jacob Paul) [2023] EWCA Crim 10; [2022] 12 WLUK 668; [2023] 2 Cr.
   App. R. (S.) 12 CA (Crim Div) A4-668, A4-756
R. v Cooper (Benjamin Alan) [2010] EWCA Crim 2335; [2010] 9 WLUK 329; [2010]
   M.H.L.R. 240 CA (Crim Div).. A9-052
R. v Cooper (Martin Francis); joined case(s) R. v Darby (Jamie Alan); R. v Ferry (Jonathan
   Paul); R. v Frazier (Stuart Andrew); R. v Higgs (Adam Lee); R. v Hull (Paul James); R.
   v Sly (Tyrone); R. v Straw (James Robert) [2017] EWCA Crim 558; [2017] 3 WLUK
   703; [2017] 2 Cr. App. R. (S.) 14 CA (Crim Div) B5-003
R. v Cooper (Roger Andrew) [2017] EWCA Crim 419; [2017] 4 W.L.R. 165; [2017] 3
   WLUK 184 CA (Crim Div)... A4-723
R. v Cooper (Shaun) [2021] EWCA Crim 1536; [2021] 10 WLUK 325 CA (Crim Div) B4-062
R. v Cooper (Steven); joined case(s) R. v Fletcher (Tejay); R. v Park (David) [2023] EWCA
   Crim 945; [2023] 8 WLUK 13 CA (Crim Div)....................................... B4-168
R. v Copeland [2020] UKSC 8; [2021] A.C. 815; [2020] 2 W.L.R. 681; [2020] 4 All E.R.
   173; [2020] 3 WLUK 128; [2020] 2 Cr. App. R. 4; [2020] Crim. L.R. 645; Times, March
   17, 2020 SC B2-473
R. v Copeland (David James) [2011] EWCA Crim 1711; [2011] 6 WLUK 636 CA (Crim
   Div) A4-758
R. v Copeland (Richard Torn); joined case(s) R. v Froom (Ian); R. v Milburn (Glenn Alan)
   [2015] EWCA Crim 2250; [2015] 12 WLUK 286; [2016] 1 Cr. App. R. (S.) 56 CA (Crim
   Div).. B5-061
R. v Copley (Dean) [2016] EWCA Crim 894; [2016] 5 WLUK 406 CA (Crim Div) A1-116
R. v Copley (George Charles) [1979] 2 WLUK 30; (1979) 1 Cr. App. R. (S.) 55 CA (Crim
   Div) A4-138, A4-148
R. v Corbett (Jonathan Frank) [1992] 6 WLUK 8; (1993) 14 Cr. App. R. (S.) 101; [1992]
   Crim. L.R. 833; Independent, June 8, 1992 CA (Crim Div) A4-126, A4-128
R. v Corbin (Nigel Ian Henry) [1984] 1 WLUK 1075; (1984) 6 Cr. App. R. (S.) 17; [1984]
   Crim. L.R. 302 CA (Crim Div) A4-310
R. v Corran (Ben); joined case(s) R. v C; R. v Heard (Kevin Phillip); R. v Williams
   (Anthony Michael) [2005] EWCA Crim 192; [2005] 2 WLUK 26; [2005] 2 Cr. App. R.
   (S.) 73; [2005] Crim. L.R. 404; Times, March 8, 2005 CA (Crim Div)................. B3-162
R. v Corrie (Lee James) [2020] EWCA Crim 1162; [2020] 7 WLUK 626; [2021] 1 Cr. App.
   R. (S.) 23 CA (Crim Div).. A1-205
R. v Coskun (Burhan) [2019] EWCA Crim 2135; [2019] 9 WLUK 524 CA (Crim Div) B7-126
R. v Costello (Jamie) [2010] EWCA Crim 371; [2011] 1 W.L.R. 638; [2010] 3 All E.R.
   490; [2010] 3 WLUK 40; [2010] 2 Cr. App. R. (S.) 94; [2010] Crim. L.R. 508; (2010)

TABLE OF CASES

107(11) L.S.G. 17; *Times*, May 4, 2010 CA (Crim Div) A4-468
R. v Costin (Anna Judith) [2018] EWCA Crim 1381; [2018] 5 WLUK 448; [2018] 2 Cr.
    App. R. (S.) 42 CA (Crim Div) B8-028
R. v Coughtrey (Anthony) [1997] 2 WLUK 323; [1997] 2 Cr. App. R. (S.) 269; *Times*,
    April 1, 1997 CA (Crim Div) B8-083
R. v Cowan (Orion) [2023] EWCA Crim 1278; [2023] 10 WLUK 382; [2024] 1 Cr. App.
    R. (S.) 28; [2024] Crim. L.R. 120 CA (Crim Div) A4-552, A4-559, A4-581, A4-589, A4-600
R. v Cox (David Frederick) [2013] EWCA Crim 235; [2013] 1 WLUK 694 CA (Crim Div) ......
    .... B5-065
R. v Cox (David Geoffrey) [1993] 1 W.L.R. 188; [1993] 2 All E.R. 19; [1992] 11 WLUK
    433; (1993) 96 Cr. App. R. 452; (1993) 14 Cr. App. R. (S.) 479; (1993) 157 J.P. 114;
    [1993] R.T.R. 185; [1993] Crim. L.R. 152; [1993] C.O.D. 382; (1993) 157 J.P.N. 92 CA
    (Crim Div) A4-419
R. v Cox (Graeme) [2018] EWCA Crim 1852; [2018] 6 WLUK 750 CA (Crim Div) A4-691
R. v Cox (Rodney) [2019] EWCA Crim 71; [2019] 4 W.L.R. 88; [2019] 1 WLUK 453;
    [2019] 2 Cr. App. R. (S.) 6; [2020] R.T.R. 16 CA (Crim Div) A4-481, A10-017, A10-032
R. v Coyle (Barney Thomas) [2020] EWCA Crim 484; [2020] 3 WLUK 495; [2020] 2 Cr.
    App. R. (S.) 36 CA (Crim Div) B2-031
R. v Craig (Steven Paul) [2023] EWCA Crim 893; [2023] 7 WLUK 427; [2024] 1 Cr. App.
    R. (S.) 7 CA (Crim Div) A4-759
R. v Craine (David John) [1981] 6 WLUK 187; (1981) 3 Cr. App. R. (S.) 198; [1981] Crim.
    L.R. 727 CA (Crim Div) A3-139
R. v Crawford (Sam) [2017] EWCA Crim 1891; [2017] 11 WLUK 48; [2018] Crim. L.R.
    271 CA (Crim Div) A1-174
R. v Creathorne (Liam Colin) [2014] EWCA Crim 500; [2014] 3 WLUK 133; [2014] 2 Cr.
    App. R. (S.) 48 CA (Crim Div) A1-188
R. v Crew (Martyn Frederick) [2009] EWCA Crim 2851; [2009] 11 WLUK 556; [2010] 2
    Cr. App. R. (S.) 23 CA (Crim Div) A4-220, A4-222
R. v Crick (Roy) [1981] 10 WLUK 107; (1981) 3 Cr. App. R. (S.) 275; [1982] Crim. L.R.
    129 CA (Crim Div) B7-095
R. v Crimes (Michael John) [2019] EWCA Crim 1108; [2019] 6 WLUK 555; [2019] 2 Cr.
    App. R. (S.) 56 CA (Crim Div) B8-078
R. v Croydon Crown Court Ex p. Bernard [1981] 1 W.L.R. 116; [1980] 3 All E.R. 106;
    [1980] 5 WLUK 36; (1981) 72 Cr. App. R. 29; (1980) 2 Cr. App. R. (S.) 144; (1981) 125
    S.J. 97 DC A2-107
R. v Crutchley (Deborah); joined case(s) R. v Tonks (Trevor Reginald) [1993] 12 WLUK
    175; (1994) 15 Cr. App. R. (S.) 627; [1994] Crim. L.R. 309; *Times*, January 3, 1994 CA
    (Crim Div) A4-127
R. v Cubi (Jetmir) [2022] EWCA Crim 835; [2022] 6 WLUK 490; [2023] 1 Cr. App. R. (S.)
    6 CA (Crim Div) B5-033, B5-036
R. v Cuckson (Neil) [2020] EWCA Crim 1688; [2020] 10 WLUK 562; [2021] 1 Cr. App.
    R. (S.) 59 CA (Crim Div) B8-043
R. v Cuni (Armand); joined case(s) R. v Abazi (Edvin); R. v Byberi (Samir); R. v Cera
    (Yeton); R. v Elezi (Bajram); R. v Gonzalez (Florentino Arbesu) [2018] EWCA Crim
    600; [2018] 3 WLUK 646; [2018] 2 Cr. App. R. (S.) 18 CA (Crim Div) B5-060
R. v Cunnah (Derek John) [1995] 10 WLUK 4; [1996] 1 Cr. App. R. (S.) 393 CA (Crim
    Div) A3-167
R. v Curran (Micheal) [2020] EWCA Crim 1096; [2020] 7 WLUK 600 CA (Crim Div) A1-038
R. v Curtis (Lewis Cash) [2009] EWCA Crim 1225; [2009] 5 WLUK 380; [2010] 1 Cr.
    App. R. (S.) 31 CA (Crim Div) A5-103, A5-105
R. v Curtis (Patrick) [1984] 6 WLUK 125; (1984) 6 Cr. App. R. (S.) 250; [1985] Crim. L.R.
    692 CA (Crim Div) A4-095
R. v Cuthbertson (Brian George); joined case(s) R. v Annable (Martin William); R. v Bott
    (Christine); R. v Fielding (Nigel); R. v Hughes (Alston Frederick); R. v Kemp (Richard);
    R. v Lochhead (William Stewart); R. v McCoy (Keith Thomas); R. v McDonnell (John
    Patrick); R. v Munro (Andrew); R. v Robertson (David John); R. v Solomon (David); R.
    v Spenceley (Russell Stephen); R. v Todd (David Brown); R. v Todd (Henry Barclay)
    [1981] A.C. 470; [1980] 3 W.L.R. 89; [1980] 2 All E.R. 401; [1980] 6 WLUK 128;
    (1980) 71 Cr. App. R. 148; [1980] Crim. L.R. 583; (1980) 124 S.J. 443 HL A4-208, A4-211
R. v Cuthbertson (Lee Anthony) [2020] EWCA Crim 1883; [2020] 12 WLUK 603; [2021]
    2 Cr. App. R. (S.) 14 CA (Crim Div) A3-094
R. v CZ [2018] NICA 53; [2020] N.I. 557; [2018] 12 WLUK 657 CA (NI) A5-064, A5-321
R. v D [2006] EWCA Crim 1139; [2006] 5 WLUK 402; [2006] 2 Cr. App. R. 24; [2006]

[lxii]

Crim. L.R. 923 CA (Crim Div) A4-451
R. v D [2010] EWCA Crim 1485; [2010] 6 WLUK 714; [2011] 1 Cr. App. R. (S.) 69;
   [2010] Crim. L.R. 725 CA (Crim Div) A10-046, A10-047
R. v D [2014] EWCA Crim 2340; [2014] 10 WLUK 896; [2015] 1 Cr. App. R. (S.) 23;
   [2015] Crim. L.R. 227 CA (Crim Div) A10-014, A10-019, A10-020, A10-034
R. v D [2017] EWCA Crim 355; [2017] 1 WLUK 140; [2017] 2 Cr. App. R. (S.) 1 CA
   (Crim Div) A4-568
R. v D, sub nom. R. v JD [2017] EWCA Crim 2509; [2017] 12 WLUK 403; [2018] 1 Cr.
   App. R. (S.) 47 CA (Crim Div) A4-646
R. v D (Sexual Offences Prevention Order) [2005] EWCA Crim 3660; [2006] 1 W.L.R.
   1088; [2006] 2 All E.R. 726; [2005] 12 WLUK 528; [2006] 2 Cr. App. R. (S.) 32; [2006]
   1 F.L.R. 1085; [2006] Crim. L.R. 364; [2006] Fam. Law 273; *Times*, January 3, 2006;
   Independent, December 21, 2005 CA (Crim Div) A5-270
R. v Dagistan (Baris); joined case(s) R. v Dag (Bahar) [2023] EWCA Crim 636; [2023] 5
   WLUK 567; [2023] 2 Cr. App. R. (S.) 44 CA (Crim Div) B4-118, B4-120
R. v Dalby (Christopher John); joined case(s) R. v Berry (James William) [2005] EWCA
   Crim 1292; [2005] 5 WLUK 345; [2006] 1 Cr. App. R. (S.) 38; [2005] Crim. L.R. 731
   CA (Crim Div) A6-222
R. v Dale (Scott) [2022] EWCA Crim 207; [2022] 1 WLUK 446; [2022] 2 Cr. App. R. (S.)
   25; [2022] Crim. L.R. 600 CA (Crim Div) A1-168
R. v Dalton (John Robert) [2021] EWCA Crim 160; [2021] 1 WLUK 442 CA (Crim Div) ... A1-169
R. v Damji (Farah) [2020] EWCA Crim 1774; [2021] 1 W.L.R. 3635; [2020] 12 WLUK
   470; [2021] 1 Cr. App. R. 18; [2021] 2 Cr. App. R. (S.) 17 CA (Crim Div) A10-234
R. v Dance (Bryan) [2013] EWCA Crim 1412; [2013] 7 WLUK 617; [2014] 1 Cr. App. R.
   (S.) 51 CA (Crim Div) B4-064
R. v Dang (Manh Toan); joined case(s) R. v Dang (Hung Tuan); R. v Dang (Nhien Van); R.
   v Dang (Van Quan); R. v Johnson (Freddie Ross); R. v Le (Tuan Van); R. v Ly (Ngoe
   Tien); R. v Tran (Hai Ban); R. v Tu (Thuong) [2014] EWCA Crim 348; [2014] 1 W.L.R.
   3797; [2014] 3 WLUK 165; [2014] 2 Cr. App. R. 3; [2014] 2 Cr. App. R. (S.) 49; [2014]
   Crim. L.R. 675 CA (Crim Div) B5-105
R. v Danga (Harbeer Singh) [1992] Q.B. 476; [1992] 2 W.L.R. 277; [1992] 1 All E.R. 624;
   [1991] 10 WLUK 226; (1992) 94 Cr. App. R. 252; (1992) 13 Cr. App. R. (S.) 408; (1992)
   156 J.P. 382; [1992] Crim. L.R. 219; (1992) 156 J.P.N. 382; *Times*, November 1, 1991
   CA (Crim Div) A6-024
R. v Darling (James William); joined case(s) R. v Punton (Martin David); R. v Weatherston
   (Stuart Robert) [2009] EWCA Crim 1610; [2009] 6 WLUK 836; [2010] 1 Cr. App. R.
   (S.) 63 CA (Crim Div) A1-197
R. v Darren Smith (Amari) [2020] EWCA Crim 1208; [2020] 8 WLUK 281; [2021] 1 Cr.
   App. R. (S.) 37 CA (Crim Div) B2-028
R. v Darrigan (Christopher) [2017] EWCA Crim 169; [2017] 1 WLUK 139; [2017] 1 Cr.
   App. R. (S.) 50; [2017] Crim. L.R. 565 CA (Crim Div) A1-063
R. v David (Owen Huw) [2023] EWCA Crim 1561; [2023] 11 WLUK 674; [2024] 1 Cr.
   App. R. (S.) 44 CA (Crim Div) A5-323a
R. v David (Trefor) [1939] 1 All E.R. 782; [1939] 2 WLUK 41; (1940) 27 Cr. App. R. 50
   CCA A10-096
R. v Davidoff (Lee aka Mandy) [2022] EWCA Crim 1253; [2022] 9 WLUK 317; [2023] 1
   Cr. App. R. (S.) 22 CA (Crim Div) A5-266
R. v Davids (Variel Augustus) [2019] EWCA Crim 553; [2019] 3 WLUK 636; [2019] 2 Cr.
   App. R. (S.) 33 CA (Crim Div) A1-168
R. v Davies (Colin Trevor) [2015] EWCA Crim 930; [2015] 5 WLUK 490; [2015] 2 Cr.
   App. R. (S.) 57 CA (Crim Div) A2-038
R. v Davies (Dylan) [2023] EWCA Crim 1215; [2023] 9 WLUK 360 CA (Crim Div) A6-217
R. v Davies (Gareth Talfryn) [2008] EWCA Crim 1055; [2008] 4 WLUK 525; [2009] 1 Cr.
   App. R. (S.) 15; [2008] Crim. L.R. 733; *Times*, May 19, 2008 CA (Crim Div) A4-736
R. v Davies (Grant David Robert) [2010] EWCA Crim 1923; [2010] 8 WLUK 33; (2010)
   174 J.P. 514 CA (Crim Div) A4-190, A4-192
R. v Davies (Lee John); joined case(s) R. v Ely (Danny) [2003] EWCA Crim 3700; [2003]
   12 WLUK 115; [2004] 2 Cr. App. R. (S.) 29; [2004] Crim. L.R. 677 CA (Crim Div) A1-071
R. v Davies (Robbery) [1965] 1 WLUK 475; [1965] Crim. L.R. 251 CCA A1-151
R. v Davies (Tarian John) [1997] 10 WLUK 109; [1998] 1 Cr. App. R. (S.) 380; [1998]
   Crim. L.R. 75; *Times*, October 22, 1997 CA (Crim Div) A3-126
R. v Davies (Thomas) [2023] EWCA Crim 1617; [2023] 12 WLUK 471; [2024] 2 Cr. App.
   R. (S.) 4 CA (Crim Div) A1-039

TABLE OF CASES

R. v Davis (Lewis Jay) [2020] EWCA Crim 1701; [2020] 12 WLUK 360 CA (Crim Div) .. A2-061
R. v Davis (Reiss Xavier) [2018] EWCA Crim 2982; [2018] 12 WLUK 650 CA (Crim Div) ......
.... A1-123
R. v Davison (Anthony) [2008] EWCA Crim 2795; [2008] 11 WLUK 9; [2009] 2 Cr. App.
  R. (S.) 13; [2009] Crim. L.R. 208; *Times*, December 5, 2008 CA (Crim Div) A7-028
R. v Dawes (Robert Houghton) [2019] EWCA Crim 848; [2019] 5 WLUK 714; [2020] 1
  Cr. App. R. (S.) 1 CA (Crim Div) A4-542, A4-543
R. v Dawson (Carol); joined case(s) R. v Dawson (Scott) [2021] EWCA Crim 683; [2021]
  4 W.L.R. 120; [2021] 3 WLUK 739; [2021] 2 Cr. App. R. (S.) 51 CA (Crim Div)......... A4-722
R. v Dawson (Robert) [2017] EWCA Crim 2244; [2017] 11 WLUK 406 CA (Crim Div) .. A4-559,
.... A4-563
R. v de Brito (Paulo Aguiar) [2013] EWCA Crim 1134; [2013] 6 WLUK 412; [2014] 1 Cr.
  App. R. (S.) 38 CA (Crim Div) A2-087, A10-161
R. v De Jesus (Pedro) [2015] EWCA Crim 1118; [2015] 5 WLUK 96; [2015] 2 Cr. App. R.
  (S.) 44 CA (Crim Div) A4-210
R. v De Oliveira (Fabio) [2005] EWCA Crim 3187; [2005] 11 WLUK 593; [2006] 2 Cr.
  App. R. (S.) 17 CA (Crim Div) B7-090
R. v De Weever (Rawle) [2009] EWCA Crim 803; [2009] 4 WLUK 81; [2010] 1 Cr. App.
  R. (S.) 3 CA (Crim Div) B4-008
R. v Dean (Marlon) [2021] EWCA Crim 1588; [2021] 10 WLUK 449; [2022] 1 Cr. App. R.
  (S.) 51 CA (Crim Div) B2-376, B2-378
R. v Deanus (Jack) [2019] EWCA Crim 2021; [2019] 9 WLUK 17 CA (Crim Div) B2-297,
.... B2-299
R. v Deary (Claire) [1993] 1 WLUK 976; (1993) 14 Cr. App. R. (S.) 648; [1993] Crim.
  L.R. 318 CA (Crim Div) A4-128
R. v Debnath (Anita) [2005] EWCA Crim 3472; [2005] 12 WLUK 64; [2006] 2 Cr. App. R.
  (S.) 25; [2006] Crim. L.R. 451 CA (Crim Div)......... A5-139, A5-140, A5-160, A5-161, A5-171
R. v Defalco (James) [2021] EWCA Crim 725; [2021] 3 WLUK 762; [2021] 2 Cr. App. R.
  (S.) 50; [2021] Crim. L.R. 1093 CA (Crim Div) A1-176
R. v Deghayes (Abubaker) [2023] EWCA Crim 97; [2023] 1 WLUK 477 CA (Crim Div) .. B2-248
R. v Delaney (Debbie) [2020] EWCA Crim 1392; [2020] 9 WLUK 455; [2021] 1 Cr. App.
  R. (S.) 48 CA (Crim Div) B8-111, B8-114
R. v Delaney (Shane Peter) [2010] EWCA Crim 988; [2010] 4 WLUK 224; [2011] 1 Cr.
  App. R. (S.) 16 CA (Crim Div) B4-066
R. v Delucca (Rahuel); joined case(s) R. v Murray (Graham); R. v Stubbings (Christopher)
  [2010] EWCA Crim 710; [2011] 1 W.L.R. 1148; [2010] 4 All E.R. 290; [2010] 3 WLUK
  864; [2011] 1 Cr. App. R. (S.) 7; [2010] Crim. L.R. 584 CA (Crim Div) A4-667
R. v Densham (Neil James) [2014] EWCA Crim 2552; [2014] 11 WLUK 377; [2015] 1 Cr.
  App. R. (S.) 37 CA (Crim Div) A4-552
R. v Derby 92 E.R. 794; (1711) Fort. 140; [1711] 1 WLUK 29 KB A4-128
R. v Descrombre (Karen Jane); joined case(s) R. v Thomas (Richard) [2013] EWCA Crim
  72; [2013] 1 WLUK 102; [2013] 2 Cr. App. R. (S.) 51 CA (Crim Div) B5-027
R. v Devine (Matthew Michael) [2015] EWCA Crim 2447; [2015] 9 WLUK 475 CA (Crim
  Div) A4-691
R. v Devon (Natasha) [2011] EWCA Crim 1073; [2011] 3 WLUK 561 CA (Crim Div) A4-193,
.... A4-302
R. v Dewey (Thomas) [2024] EWCA Crim 409; [2024] 5 WLUK 308 CA (Crim Div) A5-292
R. v Digby (Paul John) [2020] EWCA Crim 1815; [2020] 12 WLUK 536; [2021] Crim.
  L.R. 791 CA (Crim Div) A4-140
R. v Dillon (Paul) [2015] EWCA Crim 3; [2015] 1 WLUK 296; [2015] 1 Cr. App. R. (S.)
  62; [2015] Crim. L.R. 383 CA (Crim Div) A4-732
R. v Dixon (David) [2023] EWCA Crim 280; [2023] 3 WLUK 278; [2023] 2 Cr. App. R.
  (S.) 31; [2023] Crim. L.R. 755 CA (Crim Div)....................................... B2-077, B2-079
R. v Dixon (Kelly Anne) [2022] EWCA Crim 1033; [2022] 6 WLUK 592; [2023] 1 Cr.
  App. R. (S.) 8 CA (Crim Div) B2-081
R. v DJ [2015] EWCA Crim 563; [2015] 3 WLUK 159; [2015] 2 Cr. App. R. (S.) 16;
  [2015] Crim. L.R. 650 CA (Crim Div)... B3-171, B3-175
R. v DL [2020] EWCA Crim 881; [2020] 4 W.L.R. 118; [2020] 7 WLUK 204; [2021] 1 Cr.
  App. R. (S.) 19 CA (Crim Div) A8-016
R. v DM; joined case(s) R. v SC [2019] EWCA Crim 1354; [2019] 7 WLUK 693; [2020] 1
  Cr. App. R. (S.) 17; [2020] Crim. L.R. 259 CA (Crim Div) A1-123
R. v DO, sub nom. R. v O [2014] EWCA Crim 2202; [2014] 10 WLUK 164; [2015] 1 Cr.
  App. R. (S.) 41; [2015] Crim. L.R. 379 CA (Crim Div) B3-043, B3-044, B3-052

TABLE OF CASES

R. v Docherty (Jager Clark); joined case(s) R. v Clare (James) [2014] EWCA Crim 1404; [2014] 6 WLUK 830 CA (Crim Div).. A3-127
R. v Docherty (James) [2020] EWCA Crim 1762; [2020] 11 WLUK 530 CA (Crim Div) ... B4-047
R. v Docherty (Mark); joined case(s) R. v Davis (Simon James) [2011] EWCA Crim 1591; [2011] 6 WLUK 230; [2012] 1 Cr. App. R. (S.) 48 CA (Crim Div)...... A4-218, A4-222, A4-224, A4-236, A4-259
R. v Dogra (Kapil) [2019] EWCA Crim 145; [2019] 1 WLUK 398; [2019] 2 Cr. App. R. (S.) 9 CA (Crim Div).. B3-033, B3-036a
R. v Donnelly (Ian) [2007] EWCA Crim 2548; [2007] 10 WLUK 355 CA (Crim Div) A4-192, A4-301, A4-302
R. v Donovan (Kerry Kysha-Lee), sub nom. R. v Woolcock (Aaron); joined case(s) R. v Woolcock (Aaron) [2019] EWCA Crim 2417; [2019] 12 WLUK 613 CA (Crim Div)...... A3-119
R. v Dorrian (Graham Francis), sub nom. R. v Dorrain (Graham Francis) [2000] 10 WLUK 524; [2001] 1 Cr. App. R. (S.) 135; [2001] Crim. L.R. 56 CA (Crim Div)................. A2-127
R. v Dorton (William John) [1987] 12 WLUK 75; (1987) 9 Cr. App. R. (S.) 514; (1988) 152 J.P. 197; [1988] Crim. L.R. 254 CA (Crim Div)....................................... A4-138
R. v Dosanjh (Sandeep); joined case(s) R. v Chahal (Ranjot); R. v Gill (Navdeep) [2013] EWCA Crim 2366; [2014] 1 W.L.R. 1780; [2013] 12 WLUK 545; [2014] 2 Cr. App. R. (S.) 25 CA (Crim Div).. B4-136
R. v Dougall (Robert) [2010] EWCA Crim 1048; [2010] 5 WLUK 302; [2011] 1 Cr. App. R. (S.) 37; [2010] Lloyd's Rep. F.C. 472; [2010] Crim. L.R. 661; Times, June 1, 2010 CA (Crim Div).. A1-143
R. v Douglas (Angela Jane) [2014] EWCA Crim 2322; [2014] 10 WLUK 756; [2015] 1 Cr. App. R. (S.) 28 CA (Crim Div).. A4-751
R. v Douglas (Anthony) [2023] EWCA Crim 1709; [2023] 12 WLUK 582; [2024] 1 Cr. App. R. (S.) 49 CA (Crim Div).. A1-049a
R. v Dover Youth Court Ex p. K, sub nom. R. v Kent Youth Court Ex p. K [1999] 1 W.L.R. 27; [1998] 4 All E.R. 24; [1998] 6 WLUK 408; [1999] 1 Cr. App. R. (S.) 263; [1999] Crim. L.R. 168; (1998) 95(30) L.S.G. 25; (1998) 142 S.J.L.B. 205; Times, July 22, 1998; Independent, June 29, 1998 DC.. A4-497
R. v Downs (Bradley Edward) [2020] EWCA Crim 1068; [2020] 7 WLUK 569; [2021] 1 Cr. App. R. (S.) 20 CA (Crim Div).. B4-198
R. v Doyle (Ciaran); joined case(s) R. v Wise (Darren); R. v Wise (Ryan) [2012] EWCA Crim 995; [2012] 5 WLUK 465; [2013] 1 Cr. App. R. (S.) 36; (2012) 176 J.P. 337; [2012] Crim. L.R. 636 CA (Crim Div)........ A5-088, A5-095, A5-099, A5-102, A5-103, A5-104
R. v Doyle (Lisa Marie) [2000] 11 WLUK 291 CA (Crim Div) B4-060
R. v DP [2022] EWCA Crim 57; [2022] 1 WLUK 324 CA (Crim Div) B3-018
R. v Driver (Liam) [2023] EWCA Crim 434; [2023] 4 WLUK 410 CA (Crim Div) A4-400
R. v Druce (Barry) [1993] 2 WLUK 255; (1993) 14 Cr. App. R. (S.) 691; [1993] Crim. L.R. 469 CA (Crim Div).. A3-177
R. v DS; joined case(s) R. v Denny (Nathan Christian); R. v KT; R. v ML; R. v MT; R. v NJ; R. v RL [2012] EWCA Crim 1470; [2012] 6 WLUK 413; [2013] 1 Cr. App. R. (S.) 64 CA (Crim Div)... A6-012, B2-137, B2-143
R. v Dudley (Stephen Paul) [2011] EWCA Crim 2805; [2011] 11 WLUK 478; [2012] 2 Cr. App. R. (S.) 15; [2012] Crim. L.R. 230 CA (Crim Div)..................................... A3-179
R. v Duerden (Christopher) [2020] EWCA Crim 1835; [2020] 9 WLUK 506; [2021] 1 Cr. App. R. (S.) 45 CA (Crim Div).. B6-018
R. v Duncan (Christopher) [2006] EWCA Crim 1576; [2006] 5 WLUK 249; [2007] 1 Cr. App. R. (S.) 26 CA (Crim Div).. A4-741
R. v Dunn (Tony) [2012] EWCA Crim 419; [2012] 2 WLUK 601 CA (Crim Div) A10-068
R. v Dunstan (David) [2016] EWCA Crim 2098; [2016] 11 WLUK 346; [2017] 1 Cr. App. R. (S.) 24 CA (Crim Div).. A4-730
R. v Dyer (Richard); joined case(s) R. v Bailey (Pamela Maria); R. v Davis (Reginald); R. v Edwards (Tanya Francene); R. v McKrieth (Richard); R. v Pecco (Nadia); R. v Reid (Mark); R. v Thompson (George Weston) [2013] EWCA Crim 2114; [2013] 11 WLUK 47; [2014] 2 Cr. App. R. (S.) 11 CA (Crim Div)....................................... B5-074
R. v Dzokamshure (Noel) [2008] EWCA Crim 2458; [2008] 10 WLUK 227; [2009] 1 Cr. App. R. (S.) 112 CA (Crim Div)... B2-151
R. v Ealing Justices Ex p. Weafer [1981] 10 WLUK 258; (1982) 74 Cr. App. R. 204; (1981) 3 Cr. App. R. (S.) 296; [1982] Crim. L.R. 182 DC.. A1-103
R. v Ealing Magistrates' Court Ex p. Sahota [1997] 11 WLUK 138; (1998) 162 J.P. 73; [1998] C.O.D. 167; (1998) 162 J.P.N. 105; (1997) 141 S.J.L.B. 251; Times, December 9, 1997 DC.. A10-012

[lxv]

TABLE OF CASES

R. v Eastleigh Magistrates Court Ex p. Sansome, sub nom. R. v Southampton Magistrates Court Ex p. Sansome [1998] 5 WLUK 4; [1999] 1 Cr. App. R. (S.) 112; [1998] Crim. L.R. 595; [1998] C.O.D. 264; *Times*, May 14, 1998 DC..................... A2-091, A2-131
R. v Edgehill (Frank Lloyd) [1963] 1 Q.B. 593; [1963] 2 W.L.R. 170; [1963] 1 All E.R. 181; [1962] 12 WLUK 41; (1963) 47 Cr. App. R. 41; (1962) 106 S.J. 1054 CCA A5-358
R. v Edirin-Etareri (Jamil) [2014] EWCA Crim 1536; [2014] 6 WLUK 797; [2014] 2 Cr. App. R. (S.) 82 CA (Crim Div) B7-098
R. v Edwards (Anthony Glen) [1998] 1 WLUK 108; [1998] 2 Cr. App. R. (S.) 213; [1998] Crim. L.R. 298 CA (Crim Div) A4-311, A4-316
R. v Edwards (Frederick) [2006] EWCA Crim 3362; [2006] 10 WLUK 350; [2007] 1 Cr. App. R. (S.) 106 CA (Crim Div) A4-667
R. v Edwards (Mark) [2023] EWCA Crim 1740; [2023] 11 WLUK 795; [2024] 2 Cr. App. R. (S.) 1 CA (Crim Div).. B5-039
R. v Edwards (Regina); joined case(s) R. v Knapper (Barry John); R. v Langley (Matthew Steven); R. v Payne (Lincoln Ezekle) [2018] EWCA Crim 595; [2018] 4 W.L.R. 64; [2018] 3 WLUK 660; [2018] 2 Cr. App. R. (S.) 17; [2018] M.H.L.R. 105 CA (Crim Div)... A9-026, A9-045, A9-060, A9-061, A9-063
R. v Edwards (Timothy John) [2018] EWCA Crim 109; [2018] 1 WLUK 321 CA (Crim Div) A4-098
R. v Effionayi (Grace), sub nom. R. v Efionayi (Grace); joined case(s) R. v Effionayi (Collins) [1994] 7 WLUK 368; (1995) 16 Cr. App. R. (S.) 380; [1994] Crim. L.R. 870 CA (Crim Div)... A3-124
R. v Egan (Michael Francis) [2022] EWCA Crim 1751; [2022] 12 WLUK 552; [2023] 2 Cr. App. R. (S.) 16; [2023] Crim. L.R. 375 CA (Crim Div) A2-012
R. v Ekwuyasi [1981] 4 WLUK 75; [1981] Crim. L.R. 574 CA (Crim Div) A3-124, A3-125
R. v Elezaj (Bledar); joined case(s) R. v Brahaj (Indrit); R. v Elezaj (Erblin); R. v Sellaj (Viasr) [2022] EWCA Crim 347; [2022] 1 WLUK 492; [2022] 2 Cr. App. R. (S.) 23 CA (Crim Div) B5-101
R. v Ellerton (Mark William) [2022] EWCA Crim 194; [2022] 2 WLUK 450; [2022] M.H.L.R. 363 CA (Crim Div) A10-019
R. v Elliott (Tom David) [2021] EWCA Crim 1358; [2021] 8 WLUK 270 CA (Crim Div) .. A1-176
R. v Ellis (James Andrew) [2024] EWCA Crim 115; [2024] 1 WLUK 575; [2024] 2 Cr. App. R. (S.) 14 CA (Crim Div) A1-100
R. v Ellis (Lee Anthony) [2020] EWCA Crim 992; [2020] 7 WLUK 421 CA (Crim Div) ... B2-059
R. v Ellwood (Emily) [2023] EWCA Crim 1114; [2023] 9 WLUK 333; [2024] 1 Cr. App. R. (S.) 23 CA (Crim Div)... A4-137
R. v Elphicke (Charles) [2021] EWCA Crim 407; [2021] 3 WLUK 322 CA (Crim Div) B3-089
R. v Engen (Patricia) [2004] EWCA Crim 1536; [2004] 6 WLUK 227 CA (Crim Div) A4-095
R. v England (Rosanne) [2010] EWCA Crim 1408; [2010] 5 WLUK 774; [2011] 1 Cr. App. R. (S.) 51 CA (Crim Div).. B8-023
R. v Epton (John Alan) [2009] EWCA Crim 515; [2009] 3 WLUK 47; [2009] 2 Cr. App. R. (S.) 96 CA (Crim Div) B7-069
R. v Escauriaza (Jacabo) [1987] 12 WLUK 275; (1988) 87 Cr. App. R. 344; (1987) 9 Cr. App. R. (S.) 542; [1989] 3 C.M.L.R. 281; [1988] Crim. L.R. 252 CA (Crim Div)......... A5-369
R. v Eubank (Winston) [2001] EWCA Crim 891; [2001] 4 WLUK 3; [2002] 1 Cr. App. R. (S.) 4; [2001] Crim. L.R. 495; *Times*, May 3, 2001 CA (Crim Div)............. A3-137, A3-138
R. v Evans (Cheryl Eleanor) [1999] 5 WLUK 424; [2000] 1 Cr. App. R. (S.) 144; [1999] Crim. L.R. 758; *Times*, June 8, 1999; *Independent*, June 25, 1999 CA (Crim Div) A3-143
R. v Evans (James Colin) [2016] EWCA Crim 31; [2016] 1 WLUK 265 CA (Crim Div) ... A1-066
R. v Evans (Matthew); joined case(s) R. v Jackson (Ricky); R. v Johnstone (John) [2019] EWCA Crim 606; [2019] 4 WLUK 125; [2019] 2 Cr. App. R. (S.) 35; [2019] Crim. L.R. 1071 CA (Crim Div) A4-535, B4-171, B4-173
R. v Evans (Peter) [2005] EWCA Crim 1811; [2005] 7 WLUK 84; [2006] 1 Cr. App. R. (S.) 64; [2005] Crim. L.R. 876 CA (Crim Div) A4-567
R. v Evans (Wayne) [2017] EWCA Crim 139; [2018] 4 W.L.R. 140; [2017] 2 WLUK 366; [2017] 1 Cr. App. R. (S.) 56 CA (Crim Div) B7-073
R. v Ezeh (Clive) [2017] EWCA Crim 1766; [2017] 9 WLUK 381 CA (Crim Div) A1-096
R. v F Howe & Son (Engineers) Ltd [1999] 2 All E.R. 249; [1998] 11 WLUK 105; [1999] 2 Cr. App. R. (S.) 37; (1999) 163 J.P. 359; [1999] I.R.L.R. 434; [1999] Crim. L.R. 238; (1999) 163 J.P.N. 693; (1998) 95(46) L.S.G. 34; *Times*, November 27, 1998; *Independent*, November 13, 1998 CA (Crim Div)....................................... A4-100, A4-104
R. v Fairbairn (Prince Alfred) [1980] 10 WLUK 6; (1980) 2 Cr. App. R. (S.) 315; [1981] Crim. L.R. 190 CA (Crim Div) A4-097

TABLE OF CASES

R. v Fairbrother (Barry James) [2007] EWCA Crim 3280; [2007] 12 WLUK 368; [2008] 2
Cr. App. R. (S.) 43 CA (Crim Div) A10-017
R. v Fairhead (Terry George) [1975] 2 All E.R. 737; [1975] 4 WLUK 7; (1975) 61 Cr. App.
R. 102; [1976] R.T.R. 155; [1975] Crim. L.R. 351 CA (Crim Div) A2-058, A2-059
R. v Fairweather (David) [2015] EWCA Crim 1027; [2015] 5 WLUK 460; [2015] 2 Cr.
App. R. (S.) 56 CA (Crim Div) A4-391
R. v Faithful (Frederick Arthur) [1950] 2 All E.R. 1251; 66 T.L.R. (Pt. 2) 1044; [1950] 11
WLUK 55; (1950) 34 Cr. App. R. 220; (1951) 115 J.P. 20; 49 L.G.R. 141; [1950] W.N.
550; (1951) 95 S.J. 30 CCA.. A2-107
R. v Farrar (Stuart) [2006] EWCA Crim 3261; [2006] 12 WLUK 341; [2007] 2 Cr. App. R.
(S.) 35; [2007] Crim. L.R. 308 CA (Crim Div) A3-144
R. v Faulkner (John Alistair) [1972] 5 WLUK 110; (1972) 56 Cr. App. R. 594; [1972]
Crim. L.R. 577 CA (Crim Div) A3-136
R. v Fernandez (Andrew Nigel) [2014] EWCA Crim 2405; [2014] 11 WLUK 330; [2015] 1
Cr. App. R. (S.) 35 CA (Crim Div) A4-687, A4-691
R. v Ferreira (Lewis) [2021] EWCA Crim 537; [2021] 3 WLUK 646; [2021] 2 Cr. App. R.
(S.) 46 CA (Crim Div) A2-064
R. v Feve (Darren Stanley) [2024] EWCA Crim 286; [2024] 3 WLUK 351 CA (Crim Div) . B8-003
R. v Finch (Derek Malcolm) [1992] 7 WLUK 270; (1993) 14 Cr. App. R. (S.) 226; [1992]
Crim. L.R. 901 CA (Crim Div) A3-120
R. v Firouz (Suhayb) [2023] EWCA Crim 704; [2023] 5 WLUK 533 CA (Crim Div) A1-168
R. v Fisher (Kevin Hugh) [2013] EWCA Crim 2055 CA (Crim Div) B7-097
R. v Fisher (Thomas) [2019] EWCA Crim 1066; [2019] 6 WLUK 332; [2020] M.H.L.R.
103 CA (Crim Div) A9-045, A9-052, A9-064
R. v Fitzgerald (Robert) [2024] EWHC 869 (Admin); [2024] 4 WLUK 241; [2024] A.C.D.
70 DC A4-195
R. v Flack (Michael James) [2008] EWCA Crim 204; [2008] 1 WLUK 425; [2008] 2 Cr.
App. R. (S.) 70 CA (Crim Div) A4-193, A4-301, A4-302
R. v Flack (Perry) [2013] EWCA Crim 115; [2013] 1 WLUK 195; [2013] 2 Cr. App. R. (S.)
56; [2013] Crim. L.R. 521 CA (Crim Div).. B4-059
R. v Fleming (Adam) [2022] EWCA Crim 250; [2022] 3 WLUK 35; [2022] 2 Cr. App. R.
(S.) 40 CA (Crim Div) B2-079
R. v Fleury (Alexis Sebastien) [2013] EWCA Crim 2273; [2013] 11 WLUK 410; [2014] 2
Cr. App. R. (S.) 14 CA (Crim Div) A3-124
R. v Flinton (Darren Martin) [2007] EWCA Crim 2322; [2007] 9 WLUK 46; [2008] 1 Cr.
App. R. (S.) 96 CA (Crim Div) A4-140, A4-143
R. v Folley (David) [2013] EWCA Crim 396; [2013] 3 WLUK 18 CA (Crim Div) A4-732
R. v Foord (Anthony Charles) [2019] EWCA Crim 631; [2019] 3 WLUK 653 CA (Crim
Div) A1-045
R. v Forbes (Stephen John); joined case(s) R. v BD; R. v Clark (John Eric); R. v F (David);
R. v FK (Alan Charles); R. v McCallen (Anthony John); R. v T (Dean); R. v Warren
(Barry James); Rouse (Mark David) [2016] EWCA Crim 1388; [2017] 1 W.L.R. 53;
[2016] 9 WLUK 172; [2016] 2 Cr. App. R. (S.) 44; [2016] Crim. L.R. 946 CA (Crim
Div) A8-015, A8-020, A8-022, B3-045, B3-047, B3-050
R. v Ford (Gerald); joined case(s) R. v Johnson (Patrick Texroy); R. v Vernon (Winston
Hugh); R. v Wright (Worrell Leonard) [1976] 1 WLUK 766; (1976) 62 Cr. App. R. 303;
[1976] Crim. L.R. 391 CA (Crim Div) A6-012
R. v Ford (Lewis) [2018] EWCA Crim 1751; [2018] 7 WLUK 187 CA (Crim Div) A2-105,
A2-129
R. v Ford (Matthew James) [2015] EWCA Crim 561; [2015] 3 WLUK 164; [2015] 2 Cr.
App. R. (S.) 17 CA (Crim Div) B2-156, B2-158, B2-160
R. v Forrest-Jameson (Paul Ashley) [2017] EWCA Crim 93; [2017] 2 WLUK 145; [2018]
1 Cr. App. R. (S.) 1 CA (Crim Div) A4-530
R. v Forsythe (Kenneth Ralph) [1980] 1 WLUK 526; (1980) 2 Cr. App. R. (S.) 15; [1980]
Crim. L.R. 313 CA (Crim Div) A4-107
R. v Fort (Jamie Daniel) [2013] EWCA Crim 2332; [2013] 12 WLUK 452; [2014] 2 Cr.
App. R. (S.) 24; [2014] M.H.L.R. 334 CA (Crim Div) A9-059
R. v Foster (Carla) [2023] EWCA Crim 1196; [2023] 10 WLUK 347; [2024] 1 Cr. App. R.
(S.) 29; [2024] Crim. L.R. 123 CA (Crim Div)....................................... A1-127, B2-128d
R. v Fowler (Alan) [2015] EWCA Crim 1745; [2015] 7 WLUK 770 CA (Crim Div) B3-208,
B3-210
R. v Fox (Mikey) [2021] EWCA Crim 94; [2021] 1 WLUK 369; [2021] 2 Cr. App. R. (S.)
23 CA (Crim Div) A1-171

[lxvii]

TABLE OF CASES

R. v Francis (Malachi Augustus); joined case(s) R. v Lawrence (Calvin Angelo) [2014] EWCA Crim 631; [2014] 3 WLUK 553 CA (Crim Div)........................... A4-644
R. v Frank (Michael) [1991] 11 WLUK 311; (1992) 13 Cr. App. R. (S.) 500; [1992] Crim. L.R. 378 CA (Crim Div) A5-368
R. v Franks (Steven John); joined case(s) R. v Raynor (Craig Colin); R. v Turnbull (Benjamin) [2012] EWCA Crim 1491; [2012] 6 WLUK 429; [2013] 1 Cr. App. R. (S.) 65 CA (Crim Div)... B4-046
R. v Franks (Whitney) [2023] EWCA Crim 319; [2023] 3 WLUK 636; [2023] 2 Cr. App. R. (S.) 29 CA (Crim Div)... B2-053
R. v French (Edward Charles) [1982] 2 WLUK 102; (1982) 75 Cr. App. R. 1; (1982) 4 Cr. App. R. (S.) 57; [1982] Crim. L.R. 380 CA (Crim Div) A3-136
R. v Fulton (Gary Peter); joined case(s) R. v Wood (Daniel) [2017] EWCA Crim 308; [2018] 4 W.L.R. 25; [2017] 3 WLUK 285; [2017] 2 Cr. App. R. (S.) 11 CA (Crim Div).... B4-168
R. v G [2008] UKHL 37; [2009] 1 A.C. 92; [2008] 1 W.L.R. 1379; [2008] 3 All E.R. 1071; [2008] 6 WLUK 427; [2009] 1 Cr. App. R. 8; [2008] H.R.L.R. 36; [2009] U.K.H.R.R. 72; [2008] Crim. L.R. 818; (2008) 152(25) S.J.L.B. 31; *Times*, June 20, 2008 HL B3-169
R. v Gacheru (Austin) [2022] EWCA Crim 1090; [2022] 7 WLUK 660 CA (Crim Div) ... B3-016, B3-022
R. v Gallone (Paulo) [2014] EWCA Crim 1140; [2014] 4 WLUK 270; [2014] 2 Cr. App. R. (S.) 57 CA (Crim Div)... A4-590, A4-601
R. v Gamble (Nathanial) [2019] EWCA Crim 600; [2019] 3 WLUK 643; [2019] 2 Cr. App. R. (S.) 30 CA (Crim Div)... A1-131
R. v Gandy (David) [1989] 12 WLUK 123; (1989) 11 Cr. App. R. (S.) 564; [1990] Crim. L.R. 346 CA (Crim Div) A3-176
R. v Ganyo (Molly); joined case(s) R. v Ganyo (Prize) [2011] EWCA Crim 2491; [2011] 10 WLUK 121; [2012] 1 Cr. App. R. (S.) 108; (2012) 176 J.P. 396 CA (Crim Div)........ A4-145
R. v Gard (Christopher Richard) [2017] EWCA Crim 21; [2017] 1 WLUK 197; [2017] 1 Cr. App. R. (S.) 45 CA (Crim Div)... B6-018
R. v Gargan (Christopher) [2017] EWCA Crim 780; [2017] 7 WLUK 403; [2018] 1 Cr. App. R. (S.) 6 CA (Crim Div) A1-076
R. v Garthwaite (Andrew Paul) [2019] EWCA Crim 2357; [2019] 12 WLUK 502; [2020] R.T.R. 17; [2020] Crim. L.R. 442 CA (Crim Div).. A4-430
R. v Gass (Patrick Lionel) [2015] EWCA Crim 579; [2015] 3 WLUK 203; [2015] 2 Cr. App. R. (S.) 20; [2015] Crim. L.R. 732 CA (Crim Div) A5-313, A5-322
R. v Geddes (Gary William) [1996] 6 WLUK 308; (1996) 160 J.P. 697; [1996] Crim. L.R. 894; (1996) 160 J.P.N. 730; *Times*, July 16, 1996 CA (Crim Div).................... B3-276
R. v George (Lenny Chester) [1984] 1 W.L.R. 1082; [1984] 3 All E.R. 13; [1984] 5 WLUK 121; (1984) 79 Cr. App. R. 26; (1984) 6 Cr. App. R. (S.) 211; [1984] Crim. L.R. 505 CA (Crim Div) A2-056, A2-062, A2-065
R. v George (Martin) [2015] EWCA Crim 1096; [2015] 5 WLUK 523; [2015] 2 Cr. App. R. (S.) 58; [2015] Crim. L.R. 916 CA (Crim Div) A3-100
R. v George (Niah), sub nom. R. v Ingram (Darrius Everett) [2019] EWCA Crim 2177; [2020] 4 W.L.R. 41; [2019] 12 WLUK 98; [2020] 2 Cr. App. R. (S.) 2; [2020] Crim. L.R. 363 CA (Crim Div) A10-010, A10-011, A10-022, A10-025, A10-026, A10-027
R. v George (Owen) [2005] EWCA Crim 2813; [2005] 10 WLUK 339; [2006] 1 Cr. App. R. (S.) 119; [2006] Crim. L.R. 164 CA (Crim Div) A3-100, A3-164, A3-166
R. v George (Steven George) [2018] EWCA Crim 417; [2018] 2 WLUK 374; [2018] 2 Cr. App. R. (S.) 10 CA (Crim Div)... A7-020
R. v Geurtjens (Marcus Luke) [1992] 8 WLUK 93; (1993) 14 Cr. App. R. (S.) 280 CA (Crim Div) A4-128
R. v Ghafoor (Imran Hussain) [2002] EWCA Crim 1857; [2002] 7 WLUK 529; [2003] 1 Cr. App. R. (S.) 84; (2002) 166 J.P. 601; [2002] Crim. L.R. 739; (2002) 166 J.P.N. 744 CA (Crim Div) A6-024, A6-026, A8-011
R. v Ghafoor (Mohammed) [2019] EWCA Crim 1847; [2019] 10 WLUK 765; [2020] 1 Cr. App. R. (S.) 47 CA (Crim Div).. B4-169
R. v Ghalghal (Abrazak) [2016] EWCA Crim 140; [2016] 1 WLUK 511; [2016] 1 Cr. App. R. (S.) 66 CA (Crim Div)... B5-076
R. v Ghandi (Kersi Merwan) [1986] 11 WLUK 62; (1986) 8 Cr. App. R. (S.) 391; [1987] Crim. L.R. 205 CA (Crim Div) A3-178
R. v Gheorghe (Cornel) [2021] EWCA Crim 1168; [2021] 7 WLUK 454; [2022] 1 Cr. App. R. (S.) 32 CA (Crim Div)... B4-009
R. v Gibbs (Stephen Jay) [2022] EWCA Crim 190; [2022] 2 WLUK 449; [2022] 2 Cr. App. R. (S.) 29 CA (Crim Div)... B2-050, B2-052

TABLE OF CASES

R. v Gilbert (Arthur Ernest) [1975] 1 W.L.R. 1012; [1975] 1 All E.R. 742; [1974] 12 WLUK 34; (1974) 60 Cr. App. R. 220; [1975] Crim. L.R. 179; (1974) 119 S.J. 185 CA (Crim Div) A1-218
R. v Gilbert (Damien Darren) [2018] EWCA Crim 1197; [2018] 4 WLUK 555 CA (Crim Div).. B4-097
R. v Gillam (Leslie George), sub nom. R. v Gillan [1980] 7 WLUK 183; (1980) 2 Cr. App. R. (S.) 267; [1981] Crim. L.R. 55 CA (Crim Div)..................................... A2-130
R. v Gilworth (Michael) [2021] EWCA Crim 648; [2021] 4 WLUK 432; [2022] 1 Cr. App. R. (S.) 8; [2022] Crim. L.R. 173 CA (Crim Div)....................................... A1-014
R. v Ginar (Aydin) [2023] EWCA Crim 1121; [2024] 1 W.L.R. 1264; [2024] 2 All E.R. 767; [2023] 9 WLUK 294; [2024] 1 Cr. App. R. (S.) 25 CA (Crim Div)............... B7-112a
R. v Godfrey (Linda Susan) [1993] 3 WLUK 444; (1993) 14 Cr. App. R. (S.) 804; [1993] Crim. L.R. 540 CA (Crim Div).. A1-224
R. v Gomez (Sebastian) [2019] EWCA Crim 1258; [2019] 7 WLUK 217 CA (Crim Div) .. A3-202
R. v Goodman (Ivor Michael) [1993] 2 All E.R. 789; [1992] 6 WLUK 215; [1992] B.C.C. 625; [1994] 1 B.C.L.C. 349; (1993) 97 Cr. App. R. 210; (1993) 14 Cr. App. R. (S.) 147; [1992] Crim. L.R. 676 CA (Crim Div) A4-310
R. v Goodyear (Karl) [2005] EWCA Crim 888; [2005] 1 W.L.R. 2532; [2005] 3 All E.R. 117; [2005] 4 WLUK 444; [2005] 2 Cr. App. R. 20; [2006] 1 Cr. App. R. (S.) 6; [2005] Crim. L.R. 659; *Times*, April 21, 2005 CA (Crim Div) . A2-001, A2-002, A2-006, A2-009, A2-010, A2-011, A2-012, A2-013, A2-014, A2-015, A2-017, A2-018, A2-020, A2-021, A2-022, A2-023, A2-024, A2-025, A2-027, A2-028, A2-029, A2-030, A2-032, A2-033, A2-035, A2-036, A2-037, A2-038, A2-119
R. v Gordon (Alanzo Zion) [2022] EWCA Crim 1610; [2022] 11 WLUK 485; [2023] 1 Cr. App. R. (S.) 51 CA (Crim Div) A1-121
R. v Gordon (Ally) [2020] EWCA Crim 360; [2020] 4 W.L.R. 49; [2020] 3 WLUK 161; [2020] 2 Cr. App. R. (S.) 35 CA (Crim Div).. B2-024, B2-032
R. v Gordon (Cary) [2012] EWCA Crim 772; [2012] 4 WLUK 125; [2013] 1 Cr. App. R. (S.) 9 CA (Crim Div).. A4-270
R. v Gordon (Gavin Stephen); joined case(s) R. v D; R. v McManus (Kevin Peter); R. v Pusey (Lloyd Aaron); R. v Shaukat (Mirza Hamayou); R. v Taylor (Mark William) [2007] EWCA Crim 165; [2007] 1 W.L.R. 2117; [2007] 2 All E.R. 768; [2007] 2 WLUK 191; [2007] 2 Cr. App. R. (S.) 66; [2007] Crim. L.R. 402; (2007) 151 S.J.L.B. 264; *Times*, February 13, 2007 CA (Crim Div)... A10-019
R. v Gore (Alan Robert) [1997] 10 WLUK 370; [1998] 1 Cr. App. R. (S.) 413 CA (Crim Div) A3-124, A3-149
R. v Gore (Stephen) [2010] EWCA Crim 369; [2010] 3 All E.R. 743; [2010] 3 WLUK 8; [2010] 2 Cr. App. R. (S.) 93; [2010] Crim. L.R. 518 CA (Crim Div) A4-688
R. v Gorry (Steven Lee); joined case(s) R. v Coulson (Robert Michael) [2018] EWCA Crim 1867; [2018] 7 WLUK 449; [2019] 1 Cr. App. R. (S.) 8; [2019] R.T.R. 23 CA (Crim Div) A4-285
R. v Gould (Joshua David); joined case(s) R. v Brown (Lewis); R. v Moffat (Anthony Matthew); R. v Mugenzi (Rene) [2021] EWCA Crim 447; [2021] 1 W.L.R. 4812; [2021] 3 WLUK 509; [2021] 2 Cr. App. R. 7; [2021] 2 Cr. App. R. (S.) 52; [2021] Crim. L.R. 575 CA (Crim Div) A2-103, A4-430, A6-075
R. v Gould (Mark) [2024] EWCA Crim 669; [2024] 6 WLUK 239 CA (Crim Div) B4-124
R. v Gower (Daniel), sub nom. R. v Paul (Laura); R. v Watkins (Sean) [2022] EWCA Crim 808; [2022] 6 WLUK 499; [2023] 1 Cr. App. R. (S.) 5 CA (Crim Div) B2-206d
R. v Grady (Sheila) [1990] 3 WLUK 324; (1990-91) 12 Cr. App. R. (S.) 152; [1990] Crim. L.R. 608 CA (Crim Div) A5-071
R. v Graham (Cheryl Angela); joined case(s) R. v Whatley (Albert John) [2004] EWCA Crim 2755; [2004] 10 WLUK 590; [2005] 1 Cr. App. R. (S.) 115; [2005] Crim. L.R. 247 CA (Crim Div) A3-143
R. v Graham (David George) [2020] EWCA Crim 1693; [2020] 12 WLUK 248; [2021] 2 Cr. App. R. (S.) 7 CA (Crim Div).. B8-004, B8-010
R. v Grant (Calvin James) [2023] EWCA Crim 1414; [2023] 11 WLUK 523; [2024] 1 Cr. App. R. (S.) 40; [2024] R.T.R. 28; [2024] Crim. L.R. 188 CA (Crim Div)............ A4-227a
R. v Grantham (Kerney) [2021] EWCA Crim 658; [2021] 4 WLUK 414 CA (Crim Div) ... A1-173
R. v Graves (Kevin Richard) [1993] 3 WLUK 401; (1993) 14 Cr. App. R. (S.) 790 CA (Crim Div) A4-126
R. v Gray (Robert Lee) [2007] EWCA Crim 979; [2007] 2 WLUK 579; [2007] 2 Cr. App. R. (S.) 78 CA (Crim Div).. A1-197
R. v Greaves (Adrian Charles) [2021] EWCA Crim 1114; [2021] 5 WLUK 584; [2022] 1

[lxix]

TABLE OF CASES

Cr. App. R. (S.) 18 CA.. B4-199, B4-200
R. v Greaves (Claude Clifford); joined case(s) R. v Botcher (Henrik); R. v Jenkins (Fraser) [2010] EWCA Crim 709; [2010] 3 WLUK 910; [2011] 1 Cr. App. R. (S.) 8; [2010] Lloyd's Rep. F.C. 423; [2010] Crim. L.R. 650 CA (Crim Div)............ A4-004, B4-173, B4-200
R. v Green (Michael) [2019] EWCA Crim 196; [2019] 4 W.L.R. 37; [2019] 2 WLUK 269; [2019] 2 Cr. App. R. (S.) 16 CA (Crim Div)............................. A1-214, A1-215, A8-019
R. v Green (Shelly) [2017] EWCA Crim 1204; [2017] 7 WLUK 19; [2018] 1 Cr. App. R. (S.) 4 CA (Crim Div)... A1-120
R. v Green (Victoria) [2016] EWCA Crim 1888; [2016] 11 WLUK 487; [2017] 1 Cr. App. R. (S.) 22 CA (Crim Div)... B4-122
R. v Greenwood (Mitchell Verne); joined case(s) R. v Greenwood (William Mitchell) [2005] EWCA Crim 2686; [2005] 8 WLUK 185 CA (Crim Div)................................ A4-431
R. v Greer (Craig); joined case(s) R. v Greer (David John) [2005] EWCA Crim 2185; [2005] 8 WLUK 162; [2006] 1 Cr. App. R. (S.) 93 CA (Crim Div)....................... B2-160
R. v Gregory (Luke) [2020] EWCA Crim 560; [2020] 3 WLUK 576; [2020] 2 Cr. App. R. (S.) 40 CA (Crim Div)... B2-067
R. v Gribbin (Paul) [2014] EWCA Crim 115; [2014] 1 WLUK 488; [2014] 2 Cr. App. R. (S.) 28 CA (Crim Div)... B2-386
R. v Gribby (Brendan Clifford) [2016] EWCA Crim 1847; [2016] 11 WLUK 138; [2017] 1 Cr. App. R. (S.) 18; [2017] Crim. L.R. 411 CA (Crim Div).......................... B3-167
R. v Griffin (Craig) [2008] EWCA Crim 119; [2008] 1 WLUK 239; [2008] 2 Cr. App. R. (S.) 61 CA (Crim Div).. A3-124, A4-461
R. v Griffin (Daniel Cyril) [2019] EWCA Crim 563; [2019] 3 WLUK 633; [2019] 2 Cr. App. R. (S.) 32 CA (Crim Div)... A3-202, A4-220, A4-283
R. v Griffin (Martin); joined case(s) R. v Bennett (Gavin Mark) [2018] EWCA Crim 2538; [2018] 10 WLUK 641; [2019] 1 Cr. App. R. (S.) 37 CA (Crim Div)...................... B4-062
R. v Griffiths (Lee); joined case(s) R. v Griffiths (Thomas); R. v Jackson (Mark); R. v Griffiths (Luke) [2012] EWCA Crim 2822; [2012] 12 WLUK 748; [2013] 2 Cr. App. R. (S.) 48; [2013] Crim. L.R. 436 CA (Crim Div).. A4-731
R. v Griffiths (Meirion) [2020] EWCA Crim 732; [2020] 5 WLUK 473; [2020] 2 Cr. App. R. (S.) 54 CA (Crim Div)... A4-435, A4-483, A8-016
R. v Groome (Brodie Robert) [2022] EWCA Crim 539; [2022] 4 WLUK 426; [2022] 2 Cr. App. R. (S.) 50 CA (Crim Div).. B2-030
R. v GS [2023] EWCA Crim 666; [2023] 5 WLUK 485 CA (Crim Div)................. A8-018
R. v GT [2024] EWCA Crim 961; [2024] 7 WLUK 683 CA (Crim Div)................. B3-070
R. v Guppy (Darius Nicholas); joined case(s) R. v Marsh (Benedict Justin) [1994] 4 WLUK 250; (1995) 16 Cr. App. R. (S.) 25; [1994] Crim. L.R. 614; Times, March 8, 1994 CA (Crim Div)... A1-043, A1-057, A3-116, A3-178, A3-186
R. v Guy (Christopher) [1991] 2 WLUK 246; (1991) 93 Cr. App. R. 108; (1991) 155 J.P. 778; [1991] Crim. L.R. 462; (1991) 155 J.P.N. 268; Times, February 21, 1991; Guardian, February 28, 1991; Daily Telegraph, March 28, 1991 CA (Crim Div).................. A3-136
R. v Gwynn (Richard Mark) [2002] EWCA Crim 2951; [2002] 12 WLUK 554; [2003] 2 Cr. App. R. (S.) 41; [2003] Crim. L.R. 421 CA (Crim Div)....................................... B4-198
R. v H; joined case(s) R. v Dan; R. v F; R. v P; R. v Robertson; R. v S; R. v W; R. v Walker (P) [2011] EWCA Crim 2753; [2012] 1 W.L.R. 1416; [2012] 2 All E.R. 340; [2011] 11 WLUK 707; [2012] 2 Cr. App. R. (S.) 21; [2012] Crim. L.R. 149; Times, December 9, 2011 CA (Crim Div).. A8-015, A8-016, A8-022
R. v H [2012] EWCA Crim 1521; [2012] 6 WLUK 457 CA (Crim Div)................... B3-172
R. v H (Grant) (A Juvenile), sub nom. R. v GE; R. v GR; joined case(s) R. v H (Geoff) [2000] 11 WLUK 902; [2001] 2 Cr. App. R. (S.) 31; (2001) 165 J.P. 190; [2001] Crim. L.R. 236; (2001) 98(4) L.S.G. 49; (2001) 145 S.J.L.B. 22; Times, January 9, 2001 CA (Crim Div).. A6-223, A6-237
R. v Habte (Hani Gebrehiwet) [2020] EWCA Crim 1720; [2020] 7 WLUK 712; [2021] 1 Cr. App. R. (S.) 38 CA (Crim Div).. A4-453
R. v Hackett (Adam Steve) [2017] EWCA Crim 250; [2017] 3 WLUK 234; [2017] 2 Cr. App. R. (S.) 10; [2017] Crim. L.R. 725 CA (Crim Div)......................... B3-040, B3-042
R. v Haddock (Carl Francis) [2018] EWCA Crim 2860; [2018] 11 WLUK 638; [2019] 1 Cr. App. R. (S.) 45 CA (Crim Div).. B4-084, B4-086
R. v Hadjou (George) [1989] 1 WLUK 675; (1989) 11 Cr. App. R. (S.) 29; [1989] Crim. L.R. 390 CA (Crim Div).. B2-155
R. v Hakimzadeh (Farhad) [2009] EWCA Crim 959; [2009] 4 WLUK 498; [2010] 1 Cr. App. R. (S.) 10; [2009] Crim. L.R. 676 CA (Crim Div)....................................... A7-095
R. v Halane (Hassan) [2014] EWCA Crim 477; [2014] 3 WLUK 50; [2014] 2 Cr. App. R.

TABLE OF CASES

(S.) 46 CA (Crim Div) B2-054
R. v Hall (Andrew Mark) [2007] EWCA Crim 195; [2007] 1 WLUK 162; [2007] 2 Cr.
App. R. (S.) 42 CA (Crim Div) B8-013
R. v Hall (Charlotte Irene) [1982] 4 WLUK 163; (1982) 4 Cr. App. R. (S.) 153 CA (Crim
Div).. B8-066
R. v Hall (Clifford) [2013] EWCA Crim 2499; [2013] 12 WLUK 197; [2014] 2 Cr. App. R.
(S.) 20 CA (Crim Div) B5-047
R. v Hall (Daniel Patrick) [2013] EWCA Crim 82; [2013] 2 WLUK 274; [2013] 2 Cr. App.
R. (S.) 68; [2013] Crim. L.R. 426 CA (Crim Div)................... A1-110, A1-111
R. v Hall (Robert); joined case(s) R. v Knight (Ian David); R. v Wynne (Emmet) [2014]
EWCA Crim 2046; [2014] 10 WLUK 143; [2015] 1 Cr. App. R. (S.) 16 CA (Crim Div)... A5-209,
A5-224
R. v Hall (Terence) [1984] 10 WLUK 185; (1984) 6 Cr. App. R. (S.) 321; [1985] Crim.
L.R. 54 CA (Crim Div) A3-174, A3-183
R. v Halloren (Barry Philip) [2004] EWCA Crim 233; [2004] 1 WLUK 494; [2004] 2 Cr.
App. R. (S.) 57; [2004] Crim. L.R. 392; *Times*, February 11, 2004 CA (Crim Div)........ A5-270
R. v Hamer (Robert) [2017] EWCA Crim 192; [2017] 3 WLUK 414; [2017] 2 Cr. App. R.
(S.) 13 CA (Crim Div) A10-256
R. v Hamilton (Kelly Marie) [2016] EWCA Crim 78; [2016] 2 WLUK 288; [2016] 2 Cr.
App. R. (S.) 2; [2016] Crim. L.R. 507 CA (Crim Div) B8-104
R. v Hancox (Dennis) [2010] EWCA Crim 102; [2010] 1 W.L.R. 1434; [2010] 4 All E.R.
537; [2010] 2 WLUK 104; [2010] 2 Cr. App. R. (S.) 74; [2010] Lloyd's Rep. F.C. 307;
[2010] Crim. L.R. 431; *Times*, May 5, 2010 CA (Crim Div).... A5-103, A5-205, A5-209, A5-211,
A5-269
R. v Hanna (Robert) [2023] EWCA Crim 33; [2023] 4 W.L.R. 10; [2022] 12 WLUK 574;
[2023] 2 Cr. App. R. (S.) 13; [2023] Crim. L.R. 615 CA (Crim Div) A5-278
R. v Hanrahan (John); joined case(s) Hanrahan (James John) [2019] NICA 75; [2019] 12
WLUK 531 CA (NI) A5-288
R. v Hanson (Robert Antonio) [2021] EWCA Crim 1008; [2021] 7 WLUK 106; [2022] 1
Cr. App. R. (S.) 28; [2022] Crim. L.R. 417 CA (Crim Div) A4-454, A5-271
R. v Hardy (Stuart Brian) [2020] EWCA Crim 398; [2020] 3 WLUK 238; [2020] 2 Cr.
App. R. (S.) 37; [2020] Crim. L.R. 1097 CA (Crim Div) A1-194
R. v Harper (Eric John); joined case(s) R. v de Haan (Michael Alan) [1968] 2 Q.B. 108;
[1968] 2 W.L.R. 626; [1967] 10 WLUK 14; (1968) 52 Cr. App. R. 21; [1967] Crim. L.R.
714; (1967) 112 S.J. 189 CA (Crim Div)... A1-151
R. v Harrington (Bradley) [2019] EWCA Crim 2123; [2019] 11 WLUK 717 CA (Crim Div) ......
B2-463
R. v Harris (Demi) [2019] EWCA Crim 2008; [2020] 4 W.L.R. 32; [2019] 11 WLUK 235;
[2020] 1 Cr. App. R. (S.) 63 CA (Crim Div) B2-018
R. v Harrison (John) [2017] EWCA Crim 888; [2017] 6 WLUK 515; [2017] 2 Cr. App. R.
(S.) 37 CA (Crim Div) B4-051
R. v Harrison (Raymond) [2006] EWCA Crim 345; [2006] 1 WLUK 347; [2006] 2 Cr.
App. R. (S.) 56 CA (Crim Div) A4-563, A4-564
R. v Harrod (Martin) [2013] EWCA Crim 1750; [2013] 9 WLUK 524; [2014] 1 Cr. App. R.
(S.) 76 CA (Crim Div) B5-087
R. v Harry (Jamie Joseph) [2010] EWCA Crim 673; [2010] 3 WLUK 30; [2010] 2 Cr. App.
R. (S.) 95 CA (Crim Div).. A4-192
R. v Hart (Mark Anthony) [1983] 2 WLUK 59; (1983) 5 Cr. App. R. (S.) 25 CA (Crim Div) ......
A10-030
R. v Hartley (Daniel) [2022] EWCA Crim 1364; [2022] 8 WLUK 262 CA (Crim Div) B5-091
R. v Hartley (John) [2011] EWCA Crim 1299; [2011] 5 WLUK 272; [2012] 1 Cr. App. R.
7; [2012] 1 Cr. App. R. (S.) 28; [2011] Crim. L.R. 726 CA (Crim Div) A3-143
R. v Hartrey (Tracey Bridget) [1992] 12 WLUK 50; (1993) 14 Cr. App. R. (S.) 507; [1993]
Crim. L.R. 230; *Times*, December 18, 1992 CA (Crim Div)............................ A1-219
R. v Harty (Keisha Olivia) [2023] EWCA Crim 163; [2023] 2 WLUK 280; [2023] 2 Cr.
App. R. (S.) 20 CA (Crim Div) B2-081
R. v Harvey (Daniel) [2020] EWCA Crim 354; [2020] 4 W.L.R. 50; [2020] 3 WLUK 150;
[2020] 2 Cr. App. R. 10; [2020] Crim. L.R. 865 CA (Crim Div).................... B4-001
R. v Harvey (David Thomas) [2018] EWCA Crim 755; [2018] 3 WLUK 603; [2019] 1 Cr.
App. R. (S.) 23 CA (Crim Div) B2-460, B2-468, B2-471
R. v Haslam (Ryan) [2024] EWCA Crim 404; [2024] 2 WLUK 710; [2024] 2 Cr. App. R.
(S.) 18; [2024] Crim. L.R. 581 CA (Crim Div)..................... A2-053a, A4-569, A4-590
R. v Hassan (Olawale) [2021] EWCA Crim 412; [2021] 3 WLUK 354; [2021] 2 Cr. App.

R. (S.) 42 CA (Crim Div)... B3-070
R. v Havering BC [2017] EWCA Crim 242; [2017] 3 WLUK 238; [2017] 2 Cr. App. R. (S.)
  9 CA (Crim Div)... B7-025, B7-041
R. v Hawkins (Anthony Raymond) [1985] 10 WLUK 274; (1985) 7 Cr. App. R. (S.) 351;
  [1986] Crim. L.R. 194 CA (Crim Div) A3-174, A3-184
R. v Hawkins (Simon Ian) [2018] EWCA Crim 633; [2018] 2 WLUK 545; [2018] 2 Cr.
  App. R. (S.) 11 CA (Crim Div) B4-092, B4-094
R. v Hawkridge (Joseph) [2023] EWCA Crim 1288; [2024] 4 W.L.R. 11; [2023] 11 WLUK
  35; [2024] 1 Cr. App. R. (S.) 38; [2024] M.H.L.R. 41 CA (Crim Div) A4-550a
R. v Haynes (Rodney) [2003] EWCA Crim 3247; [2003] 11 WLUK 5; [2004] 2 Cr. App. R.
  (S.) 9 CA (Crim Div)... A4-300, A4-302
R. v Haywood (Luke James) [2014] EWCA Crim 2006; [2014] 10 WLUK 991 CA (Crim
  Div).. B2-076
R. v Hazelwood (David Peter) [1984] 2 WLUK 66; (1984) 6 Cr. App. R. (S.) 52; [1984]
  Crim. L.R. 375 CA (Crim Div) A3-140
R. v Healey (James) [2021] EWCA Crim 181; [2021] 1 WLUK 448; [2021] 2 Cr. App. R.
  (S.) 19 CA (Crim Div) B2-061
R. v Healey (Lee Donald) [1990] 6 WLUK 69; (1990-91) 12 Cr. App. R. (S.) 297 CA (Crim
  Div).. B8-068
R. v Healey (Robert); joined case(s) R. v Bolton (Mark); R. v Brearley (Gary); R. v
  McGregor (Alexander); R. v Taylor (Matthew) [2012] EWCA Crim 1005; [2012] 5
  WLUK 264; [2013] 1 Cr. App. R. (S.) 33; [2012] Crim. L.R. 640 CA (Crim Div) . A1-011, A1-045,
  A1-046, B5-026, B5-102, B5-103
R. v Healy (Courtney Morgan) [2022] EWCA Crim 1901; [2022] 9 WLUK 471; [2023] 1
  Cr. App. R. (S.) 45 CA (Crim Div) B5-034
R. v Heaney (Benjamin Michael) [2022] EWCA Crim 1862; [2022] 11 WLUK 658 CA
  (Crim Div) A4-394
R. v Hearn (Charlie William); joined case(s) R. v Jagger (Zachary) [2022] EWCA Crim
  1535; [2022] 11 WLUK 348; [2023] 2 Cr. App. R. (S.) 2 CA (Crim Div) B2-081
R. v Heggarty (Phillip Peter) [2014] EWCA Crim 2531; [2014] 10 WLUK 946; [2015]
  Crim. L.R. 229 CA (Crim Div) A4-758
R. v Height (John); joined case(s) R. v Anderson (Malcolm) [2008] EWCA Crim 2500;
  [2008] 10 WLUK 745; [2009] 1 Cr. App. R. (S.) 117; [2009] Crim. L.R. 122; (2008)
  105(43) L.S.G. 21; *Times*, November 24, 2008 CA (Crim Div) A4-716, A4-718, A4-723
R. v Hemmings (David Christopher) [2007] EWCA Crim 2413; [2007] 10 WLUK 41;
  [2008] 1 Cr. App. R. (S.) 106 CA (Crim Div) A4-388
R. v Hemsworth (Dion Maurice) [2020] EWCA Crim 730; [2020] 3 WLUK 669 CA (Crim
  Div).. B4-074
R. v Hendron (Henry) [2024] EWCA Crim 338; [2024] 3 WLUK 537; [2024] 2 Cr. App. R.
  (S.) 25 CA (Crim Div) B5-049
R. v Heng Pit Ding [2010] EWCA Crim 1979; [2010] 7 WLUK 508; [2011] 1 Cr. App. R.
  (S.) 91; [2010] Crim. L.R. 953 CA (Crim Div) B7-104
R. v Henry (Derek Nicholas) [2013] EWCA Crim 1415; [2013] 7 WLUK 641; [2014] 1 Cr.
  App. R. (S.) 55 CA (Crim Div) A4-441
R. v Herrick (Andrew John) [2022] EWCA Crim 1671; [2022] 12 WLUK 379; [2023] 2 Cr.
  App. R. (S.) 6 CA (Crim Div) A1-211, A10-153
R. v Herrington (Wayne) [2017] EWCA Crim 889; [2018] 4 W.L.R. 35; [2017] 6 WLUK
  500; [2017] 2 Cr. App. R. (S.) 38 CA (Crim Div) A5-158
R. v Hester-Wox (Jack) [2016] EWCA Crim 1397; [2016] 8 WLUK 379; [2016] 2 Cr. App.
  R. (S.) 43; (2017) 181 J.P. 132; [2017] Crim. L.R. 154 CA (Crim Div) A4-429, A10-202
R. v Hewitt (Andre Byron); joined case(s) R. v Mulcare (Jovan) [2020] EWCA Crim 1225;
  [2020] 7 WLUK 655; [2021] 1 Cr. App. R. (S.) 16; [2021] Crim. L.R. 144 CA (Crim
  Div).. A3-173
R. v Hewitt (Richard) [2018] EWCA Crim 2309; [2018] 6 WLUK 703; [2019] 1 Cr. App.
  R. (S.) 34 CA (Crim Div) A5-302
R. v Hewitt (Steven Jon) [2011] EWCA Crim 885; [2011] 3 WLUK 669; [2011] 2 Cr. App.
  R. (S.) 111; [2011] Crim. L.R. 574 CA (Crim Div) A4-542
R. v Hibbert (Christopher Keith) [2015] EWCA Crim 507; [2015] 2 WLUK 879; [2015] 2
  Cr. App. R. (S.) 15 CA (Crim Div) A4-646, A10-068
R. v Hibbs (Elyse Mae) [2022] EWCA Crim 1927; [2022] 11 WLUK 695; [2023] 2 Cr.
  App. R. (S.) 11 CA (Crim Div) B8-125, B8-126
R. v Hickman (Luke Christopher) [2019] EWCA Crim 1463; [2019] 6 WLUK 737; [2020]
  1 Cr. App. R. (S.) 4 CA (Crim Div) B6-015

R. v Higgins (Everet Winston) [2023] EWCA Crim 644; [2023] 5 WLUK 502 CA (Crim Div) A3-045
R. v Highbury Corner Magistrates Court Ex p. Di Matteo, sub nom. R. v Highbury Corner Stipendiary Magistrate Ex p. Di Matteo [1991] 1 W.L.R. 1374; [1992] 1 All E.R. 102; [1990] 12 WLUK 150; (1991) 92 Cr. App. R. 263; (1990-91) 12 Cr. App. R. (S.) 594; (1992) 156 J.P. 61; [1991] R.T.R. 234; [1991] Crim. L.R. 307; (1991) 155 J.P.N. 268; Times, December 18, 1990; Daily Telegraph, January 14, 1991 QBD A4-182, A4-184, A4-210
R. v Hillaman (Sabaoon); joined case(s) R. v Naqshbandi (Masi) [2013] EWCA Crim 1022; [2013] 3 WLUK 24 CA (Crim Div)... B4-130
R. v Hills (Christopher Carl); joined case(s) R. v Davies (Stephen David); R. v Pomfret (Marvin Emeka) [2008] EWCA Crim 1871; [2012] 1 W.L.R. 2121; [2008] 7 WLUK 557; [2009] 1 Cr. App. R. (S.) 75; [2010] 1 Prison L.R. 122; [2009] Crim. L.R. 116; Times, August 7, 2008 CA (Crim Div)... A1-218
R. v Hoare (Jamie Matthew) [2004] EWCA Crim 191; [2004] 1 WLUK 388; [2004] 2 Cr. App. R. (S.) 50; [2004] Crim. L.R. 594 CA (Crim Div) A4-588, A4-599
R. v Hobbs (Martin) [2019] EWCA Crim 2137; [2019] 9 WLUK 523; [2020] 1 Cr. App. R. (S.) 57 CA (Crim Div) A2-013
R. v Hobbs (Stephen Paul); joined case(s) R. v Charge (Warren James); R. v Hobbs (Darren Wayne); R. v Hobbs (John William) [2002] EWCA Crim 387; [2002] 2 WLUK 335; [2002] 2 Cr. App. R. 22; [2002] 2 Cr. App. R. (S.) 93; [2002] Crim. L.R. 414 CA (Crim Div) A4-431, A4-432
R. v Hodder (Christopher) [2017] EWCA Crim 1610; [2017] 5 WLUK 610; [2018] 1 Cr. App. R. (S.) 13 CA (Crim Div) B3-063, B3-065
R. v Hoddinott (Adam Carl); joined case(s) R. v Newman (Carl Jeffery); R. v Waugh (Liam Joseph); R. v Wooley (David John) [2019] EWCA Crim 1462; [2019] 8 WLUK 251; [2020] 1 Cr. App. R. (S.) 26 CA (Crim Div) A1-170
R. v Hodges (James Henry) [1967] 4 WLUK 13; (1967) 51 Cr. App. R. 361; [1967] Crim. L.R. 375 CA (Crim Div) A4-012
R. v Hodgin (Lee) [2020] EWCA Crim 1388; [2020] 4 W.L.R. 147; [2020] 10 WLUK 373; [2021] 1 Cr. App. R. (S.) 50; [2021] Crim. L.R. 123 CA (Crim Div) A1-168
R. v Hodgkins (Beau Anthony) [2016] EWCA Crim 360; [2016] 3 WLUK 502; [2016] 2 Cr. App. R. (S.) 13 CA (Crim Div) B4-023
R. v Hodgon (Freddie Peter) [2013] EWCA Crim 2520; [2013] 12 WLUK 697 CA (Crim Div) B8-071
R. v Hoggard (Barrie) [2013] EWCA Crim 1024; [2013] 6 WLUK 536; [2014] 1 Cr. App. R. (S.) 42; [2013] Crim. L.R. 782 CA (Crim Div) A4-479, A4-481, A4-483
R. v Holland (Elizabeth) [2002] EWCA Crim 1585; [2002] 6 WLUK 285; [2003] 1 Cr. App. R. (S.) 60 CA (Crim Div) A4-302, A10-115
R. v Hollywood (Paul) [1990] 6 WLUK 242; (1990-91) 12 Cr. App. R. (S.) 325; (1990) 154 J.P. 705; [1990] Crim. L.R. 817; (1990) 154 J.P.N. 506; Times, June 28, 1990; Independent, July 9, 1990; Daily Telegraph, August 20, 1990 CA (Crim Div) A4-439
R. v Holman (Oliver David) [2010] EWCA Crim 107; [2010] 1 WLUK 383; [2010] R.T.R. 23 CA (Crim Div) A4-092
R. v Holmes (Danny) [2018] EWCA Crim 131; [2018] 2 WLUK 280 CA (Crim Div) A4-219
R. v Holmes (David Leonard) [1991] 4 WLUK 166; [1991] B.C.C. 394; (1992) 13 Cr. App. R. (S.) 29; [1991] Crim. L.R. 790; Times, April 29, 1991 CA (Crim Div) A4-318
R. v Holt [1962] 1 WLUK 545; [1962] Crim. L.R. 565 CCA A4-263
R. v Hood (Peter) [2012] EWCA Crim 1260; [2012] 5 WLUK 755; [2013] 1 Cr. App. R. (S.) 49; [2012] Crim. L.R. 726 CA (Crim Div)....................................... A4-723
R. v Hooper (Mark) [2002] EWCA Crim 621; [2002] 2 WLUK 763 CA (Crim Div) A1-116
R. v Hopkinson (Jessica Marie) [2013] EWCA Crim 795; [2013] 4 WLUK 607; [2014] 1 Cr. App. R. 3; [2014] Crim. L.R. 310 CA (Crim Div)................................. A3-124
R. v Horsham Justices Ex p. Richards [1985] 1 W.L.R. 986; [1985] 2 All E.R. 1114; [1985] 5 WLUK 120; (1986) 82 Cr. App. R. 254; (1985) 7 Cr. App. R. (S.) 158 QBD A4-125
R. v Horton (Alexander Olun); joined case(s) R. v Alexander (Dennis John) [1985] 8 WLUK 32; (1985) 7 Cr. App. R. (S.) 299; [1986] Crim. L.R. 411 CA (Crim Div)........ A2-131
R. v Hose (Paul Ian) [1994] 11 WLUK 133; (1995) 16 Cr. App. R. (S.) 682; [1995] Crim. L.R. 259 CA (Crim Div) A4-127
R. v Howard (Anthony Frank) [1985] 10 WLUK 73; (1986) 82 Cr. App. R. 262; (1985) 7 Cr. App. R. (S.) 320; [1986] Crim. L.R. 344 CA (Crim Div)................... B7-096, B7-099
R. v Howard (Martin John) [2023] EWCA Crim 1732; [2023] 11 WLUK 792; [2024] 2 Cr. App. R. (S.) 2; [2024] Crim. L.R. 584 CA (Crim Div) A1-056
R. v Howden (Matthew) [2006] EWCA Crim 1691; [2006] 5 WLUK 413; [2007] 1 Cr.

TABLE OF CASES

App. R. (S.) 31 CA (Crim Div) A4-441
R. v Howell (Anthony) [2018] EWCA Crim 328; [2018] 2 WLUK 372 CA (Crim Div) A4-537
R. v Howells (Craig); joined case(s) R. v Ashby (Nicholas Alexander); R. v Glowacki
  (Dariusz); R. v H (David Leslie) (A Juvenile); R. v Jarvis (Martin); R. v M (Stuart James)
  (A Juvenile); R. v R (Kevin Wayne) (A Juvenile); R. v Shanoor (Mohammed) [1999] 1
  W.L.R. 307; [1999] 1 All E.R. 50; [1998] 7 WLUK 614; [1999] 1 Cr. App. R. 98; [1999]
  1 Cr. App. R. (S.) 335; (1998) 162 J.P. 731; [1998] Crim. L.R. 836; (1998) 162 J.P.N.
  761; *Times*, August 21, 1998; *Independent*, October 1, 1998 CA (Crim Div) A4-419
R. v Howlett (Liam) [2010] EWCA Crim 432; [2010] 3 WLUK 54 CA (Crim Div) B4-088
R. v Howlett (Tommy) [2019] EWCA Crim 1224; [2019] 6 WLUK 795; [2020] 1 Cr. App.
  R. (S.) 14 CA (Crim Div) A4-447
R. v Hudson (Christopher Paul) [2011] EWCA Crim 906; [2011] 3 WLUK 776; [2011] 2
  Cr. App. R. (S.) 116; [2011] Crim. L.R. 659 CA (Crim Div) A10-019
R. v Hudson (Liam); joined case(s) R. v White (Ruben) [2018] EWCA Crim 1933; [2018]
  7 WLUK 292; [2019] 1 Cr. App. R. (S.) 5 CA (Crim Div) A1-051
R. v Hughes (David Wyn) [2005] EWCA Crim 2537; [2005] 10 WLUK 57; [2006] 1 Cr.
  App. R. (S.) 107 CA (Crim Div) A5-104
R. v Humble (John Samuel) [2006] EWCA Crim 2775; [2006] 10 WLUK 605; [2007] 1 Cr.
  App. R. (S.) 113 CA (Crim Div) B8-035
R. v Hunt (Benjamin) [2021] EWCA Crim 1541; [2021] 10 WLUK 346; [2022] 1 Cr. App.
  R. (S.) 52 CA (Crim Div) B2-026
R. v Hunt (Tyler) [2024] EWCA Crim 629; [2024] 5 WLUK 581 CA (Crim Div) A6-273a
R. v Hunter (Brian) [1979] 1 WLUK 533; (1979) 1 Cr. App. R. (S.) 7 CA (Crim Div) A4-467
R. v Hunter (Gordon Norman); joined case(s) R. v Douglas (Steven Michael); R. v
  McKenna (Paul Richard); R. v Sewell (Bryan) [2022] EWCA Crim 494; [2022] 4 WLUK
  128 CA (Crim Div) B5-043
R. v Hunting (Adam); joined case(s) R. v Nicholson (Joshua Christopher) [2018] EWCA
  Crim 2080; [2018] 9 WLUK 264; [2019] 1 Cr. App. R. (S.) 20 CA (Crim Div) A3-205
R. v Hurrell (Francis) [2003] EWCA Crim 3470; [2003] 11 WLUK 587; [2004] 2 Cr. App.
  R. (S.) 23 CA (Crim Div) B8-010
R. v Hussain (Ansar Mohammed) [2019] EWCA Crim 2306; [2019] 11 WLUK 627 CA
  (Crim Div) A1-190
R. v Hussain (Fasail) [2021] EWCA Crim 1493; [2021] 10 WLUK 185 CA (Crim Div) A3-150
R. v Hussain (Ivana); joined case(s) R. v O'Leary (Sarah Lucy) [2019] EWCA Crim 1542;
  [2019] 8 WLUK 216; [2020] 1 Cr. App. R. (S.) 32; [2020] Crim. L.R. 467 CA (Crim
  Div) A4-529, A4-531, A4-536
R. v Hussain (Jamil) [2018] EWCA Crim 509; [2018] 3 WLUK 114; [2018] 2 Cr. App. R.
  (S.) 14 CA (Crim Div) B5-004, B5-038
R. v Hussain (Karim); joined case(s) R. v Alexander (Mickelle) [2018] EWCA Crim 2550;
  [2018] 11 WLUK 392 CA (Crim Div) B4-087
R. v Hussain (Mohammed Shahel) [2019] EWCA Crim 362; [2019] 1 WLUK 509; [2019]
  2 Cr. App. R. (S.) 8 CA (Crim Div) A4-561
R. v Hussain (Noor) [1971] 11 WLUK 51; (1972) 56 Cr. App. R. 165; [1972] Crim. L.R. 56
  CA (Crim Div) A5-364
R. v Hussain (Tayyab) [2018] EWCA Crim 780; [2018] 1 WLUK 332; [2018] 2 Cr. App. R.
  (S.) 12; [2018] Crim. L.R. 770 CA (Crim Div) A1-182, A4-535
R. v I [2009] EWCA Crim 2183; [2009] 10 WLUK 133; [2010] 1 Cr. App. R. (S.) 101 CA
  (Crim Div) A6-011
R. v Imran (Mohammed) [2006] EWCA Crim 754; [2006] 3 WLUK 224; [2006] 2 Cr. App.
  R. (S.) 93 CA (Crim Div) A4-717
R. v Inches (Robert Gavin) [2020] EWCA Crim 373; [2020] 3 WLUK 320 CA (Crim Div) ....
  .... A10-250
R. v Inglis (Frances) [2010] EWCA Crim 2637; [2011] 1 W.L.R. 1110; [2010] 11 WLUK
  327; [2011] 2 Cr. App. R. (S.) 13; (2011) 117 B.M.L.R. 65; [2011] Crim. L.R. 243;
  (2010) 154(44) S.J.L.B. 30; *Times*, November 22, 2010 CA (Crim Div) A4-751
R. v Ingram (Charles William); joined case(s) R. v Ingram (Diana Naomi) [2004] EWCA
  Crim 1841; [2004] 5 WLUK 405; (2004) 148 S.J.L.B. 634 CA (Crim Div) A4-093, A4-107,
  .... A4-132
R. v Innospec Ltd [2010] 3 WLUK 784; [2010] Lloyd's Rep. F.C. 462; [2010] Crim. L.R.
  665 Crown Ct (Southwark) B4-161, B4-162
R. v Inwood (Roland Joseph) [1974] 10 WLUK 44; (1974) 60 Cr. App. R. 70 CA (Crim
  Div) A4-138
R. v Iqbal (Haroon) [2022] EWCA Crim 1156; [2022] 7 WLUK 582; [2023] 1 Cr. App. R.

(S.) 15; [2023] Crim. L.R. 254 CA (Crim Div) B1-007
R. v Iqbal (Mubashar Mubasher) [2021] EWCA Crim 1762; [2021] 9 WLUK 513; [2022] 1
  Cr. App. R. (S.) 46 CA (Crim Div). B2-353
R. v Iqbal (Nadira) [2023] EWCA Crim 1583; [2023] 12 WLUK 436 CA (Crim Div) A1-121
R. v Iqbal (Navid) [2024] EWCA Crim 689; [2024] 5 WLUK 682; [2024] 2 Cr. App. R.
  (S.) 29 CA (Crim Div) B3-017b
R. v Irons (Derek) [2020] EWCA Crim 981; [2020] 7 WLUK 579; [2021] 1 Cr. App. R.
  (S.) 22; [2021] Crim. L.R. 240 CA (Crim Div) A5-163
R. v Irving (Westley); joined case(s) R. v Irving (Mark) [2013] EWCA Crim 1932; [2013]
  10 WLUK 664; [2014] 2 Cr. App. R. (S.) 6 CA (Crim Div) A5-096, A5-107, A5-109
R. v Isa (Mustapha Abdi) [2005] EWCA Crim 3330; [2005] 12 WLUK 324; [2006] 2 Cr.
  App. R. (S.) 29; [2006] Crim. L.R. 356 CA (Crim Div) A4-453
R. v Ismail (Yahye) [2019] EWCA Crim 290; [2019] 2 WLUK 524; [2019] Crim. L.R. 617
  CA (Crim Div) A4-005
R. v J, sub nom. R. v MJ [2012] EWCA Crim 132; [2012] 1 W.L.R. 3055; [2012] 2 WLUK
  258; [2012] 2 Cr. App. R. (S.) 73; [2012] Crim. L.R. 390 CA (Crim Div) A4-449
R. v Jackson (Andrew) [2018] EWCA Crim 2388; [2018] 10 WLUK 609 CA (Crim Div) .. A1-220
R. v Jackson (Dennis James); joined case(s) R. v Hart (Stanley) [1970] 1 Q.B. 647; [1969]
  2 W.L.R. 1339; [1969] 2 All E.R. 453; [1969] 3 WLUK 32; (1969) 53 Cr. App. R. 341;
  (1969) 133 J.P. 358; [1970] R.T.R. 165; (1969) 113 S.J. 310 CA (Crim Div)...... A4-262, A4-264
R. v Jackson (John) [2021] EWCA Crim 901; [2021] 4 W.L.R. 93; [2021] 6 WLUK 175;
  [2022] 1 Cr. App. R. (S.) 21 CA (Crim Div)........................... A5-028, A10-231, A10-251
R. v Jackson (Robert Valentine) [2006] EWCA Crim 2380; [2007] 1 W.L.R. 1035; [2006]
  10 WLUK 441; [2007] 1 Cr. App. R. 28; *Times*, November 3, 2006 CMAC A3-147, A3-148
R. v Jacobs (Raymond Stanley) [2005] EWCA Crim 1845; [2005] 7 WLUK 12 CA (Crim
  Div). A4-430
R. v Jacques (William Simon) [2010] EWCA Crim 3233; [2010] 12 WLUK 413; [2011] 2
  Cr. App. R. (S.) 39 CA (Crim Div). B4-010
R. v Jalam (Anthony); joined case(s) R. v Clayton (Adam Richard) [2020] EWCA Crim
  706; [2020] 5 WLUK 496; [2020] 2 Cr. App. R. (S.) 53; [2020] Crim. L.R. 1181 CA
  (Crim Div) B4-049
R. v Jama (Haiba Ahmed) [1968] 4 WLUK 19; (1968) 52 Cr. App. R. 498; [1968] Crim.
  L.R. 397 CA (Crim Div) A3-145
R. v James (Christopher Michael) [2012] EWCA Crim 81; [2012] 1 WLUK 374 CA (Crim
  Div) A5-317
R. v James (Eric) [2021] EWCA Crim 951; [2021] 4 WLUK 565; [2022] 1 Cr. App. R. (S.)
  10 CA (Crim Div). B2-090
R. v Jarata (Exel) [2021] EWCA Crim 1582; [2021] 10 WLUK 457 CA (Crim Div) A10-030
R. v Jarvis (Marcus Lee) [2002] EWCA Crim 885; [2002] 3 WLUK 530; [2002] 2 Cr. App.
  R. (S.) 123 CA (Crim Div). B8-086
R. v Jeffs (Samuel) [2020] EWCA Crim 1393; [2020] 9 WLUK 448; [2021] 1 Cr. App. R.
  (S.) 49 CA (Crim Div) B2-064, B2-066
R. v Jelf (Nathan) [2020] EWCA Crim 631; [2020] 4 WLUK 426; [2020] 2 Cr. App. R. (S.)
  52 CA (Crim Div) A5-096
R. v Jenkins (Nathan) [2015] EWCA Crim 105; [2015] 1 WLUK 656; [2015] 1 Cr. App. R.
  (S.) 70; [2015] R.T.R. 16; [2015] Crim. L.R. 467 CA (Crim Div) A1-208, B6-004, B6-043
R. v Jex (Gareth Owen); joined case(s) R. v Archer (Adam Daniel); R. v Johnson (Shaun
  Christopher) [2021] EWCA Crim 1708; [2022] 1 W.L.R. 4015; [2021] 11 WLUK 267;
  [2022] Crim. L.R. 345 CA (Crim Div). A2-103
R. v Jeyarasa (Sivaguru) [2014] EWCA Crim 2545; [2014] 11 WLUK 421; [2015] 1 Cr.
  App. R. (S.) 39 CA (Crim Div) B7-132
R. v Jhagra (Amrit Singh) [2022] EWCA Crim 1811; [2022] 12 WLUK 583; [2023] 2 Cr.
  App. R. (S.) 15 CA (Crim Div) A4-727
R. v Jhurry (Joysen Siven) [2018] EWCA Crim 2799; [2018] 11 WLUK 609; [2019] 1 Cr.
  App. R. (S.) 40 CA (Crim Div) A1-170
R. v Jilani (Mehboob); joined case(s) R. v Bilal (Muhammad) [2019] EWCA Crim 1605;
  [2019] 9 WLUK 534 CA (Crim Div). B7-133
R. v JJB, sub nom. R. v J-B [2004] EWCA Crim 14; [2004] 1 WLUK 101; [2004] 2 Cr.
  App. R. (S.) 41; [2004] Crim. L.R. 390 CA (Crim Div) A6-044, A6-045
R. v JM [2015] EWCA Crim 1638; [2015] 9 WLUK 208; [2016] 1 Cr. App. R. (S.) 21 CA
  (Crim Div) B3-007, B3-173
R. v John (Ben) [2022] EWCA Crim 54; [2022] 1 W.L.R. 2625; [2022] 1 WLUK 351;
  [2022] 2 Cr. App. R. (S.) 20 CA (Crim Div) A4-611, A6-244

Table of Cases

R. v Johnson (Grant Dennis) [2023] EWCA Crim 1609; [2023] 6 WLUK 683; [2024] 1 Cr. App. R. (S.) 32 CA (Crim Div) A4-632, B4-037
R. v Johnson (Paul Anthony), sub nom. R. v Jones (Andrew); joined case(s) Attorney General's Reference (No.64 of 2006), Re; R. v Gordon (Tyrone Leslie); R. v Hamilton (Gerald Anthony); R. v Lawton (Jamie) [2006] EWCA Crim 2486; [2007] 1 W.L.R. 585; [2007] 1 All E.R. 1237; [2006] 10 WLUK 582; [2007] 1 Cr. App. R. (S.) 112; (2007) 171 J.P. 172; [2007] Crim. L.R. 177; (2007) 171 J.P.N. 410; *Times*, November 2, 2006 CA (Crim Div) A4-460
R. v Johnson (Reece); joined case(s) R. v Taylor (Jordan Peter) [2023] EWCA Crim 570; [2023] 4 WLUK 404 CA (Crim Div) A4-140
R. v Johnson (Steven), sub nom. R. v Tawiah (Darryl) ; R. v Vaciulis (Dorjan) [2022] EWCA Crim 1575; [2022] 11 WLUK 578; [2023] 1 Cr. App. R. (S) 49 CA (Crim Div). . . B5-040b
R. v Johnston (Jodie Martin) [2020] EWCA Crim 746; [2020] 3 WLUK 664 CA (Crim Div) A1-186
R. v Johnstone (William) [2021] EWCA Crim 1683; [2021] 11 WLUK 218; [2022] 2 Cr. App. R. (S.) 7; [2022] M.H.L.R. 326 CA (Crim Div) A1-220, A3-015
R. v Joinal (Mohammed Abedin) [2020] EWCA Crim 707; [2020] 5 WLUK 453 CA (Crim Div)... B3-022
R. v Jones (Anthony William), sub nom. R. v Haywood (John Victor); joined case(s) R. v Hayward (John Victor) (No.2); R. v Purvis (Paul Nigel) [2002] UKHL 5; [2003] 1 A.C. 1; [2002] 2 W.L.R. 524; [2002] 2 All E.R. 113; [2002] 2 WLUK 499; [2002] 2 Cr. App. R. 9; (2002) 166 J.P. 333; [2002] H.R.L.R. 23; (2002) 166 J.P.N. 431; (2002) 99(13) L.S.G. 26; (2002) 146 S.J.L.B. 61; *Times*, February 21, 2002; *Independent*, February 27, 2002 HL A5-018
R. v Jones (Christopher Wyn) [2018] EWCA Crim 1733; [2018] 7 WLUK 109; [2019] 1 Cr. App. R. (S.) 2; [2019] Crim. L.R. 58 CA (Crim Div) A4-451
R. v Jones (Conrad Steven) [2008] EWCA Crim 348; [2008] 2 WLUK 158; [2008] 2 Cr. App. R. (S.) 75 CA (Crim Div) B8-015
R. v Jones (Harry) [2023] EWCA Crim 1443; [2023] 11 WLUK 537; [2024] 1 Cr. App. R. (S.) 42; [2024] Crim. L.R. 408 CA (Crim Div) B2-081
R. v Jones (Kelsey) [2022] EWCA Crim 1066; [2022] 7 WLUK 772; [2023] 2 Cr. App. R. (S.) 1 CA (Crim Div) B3-035
R. v Jones (Kevin Martin) [2020] EWCA Crim 1870; [2020] 12 WLUK 583; [2021] 2 Cr. App. R. (S.) 13 CA (Crim Div) B2-137
R. v Jones (Margaret); joined case(s) Ayliffe v DPP; R. v Milling (Arthur Paul); R. v Olditch (Toby); R. v Pritchard (Philip); R. v Richards (Josh); Swain v DPP [2006] UKHL 16; [2007] 1 A.C. 136; [2006] 2 W.L.R. 772; [2006] 2 All E.R. 741; [2006] 3 WLUK 781; [2006] 2 Cr. App. R. 9; [2007] Crim. L.R. 66; [2006] A.C.D. 52; (2006) 170 J.P.N. 263; (2006) 103(15) L.S.G. 20; (2006) 156 N.L.J. 600; *Times*, March 30, 2006 HL B8-138, B8-139
R. v Jones (Nicholas) [2022] EWCA Crim 1841; [2022] 10 WLUK 614; [2023] 1 Cr. App. R. (S.) 36 CA (Crim Div). A1-172
R. v Jones (Peter Michael) [2021] EWCA Crim 1759; [2021] 9 WLUK 509 CA (Crim Div) A5-224
R. v Jones (Reece Dylan) [2020] EWCA Crim 1139; [2020] 8 WLUK 268; [2021] 1 Cr. App. R. (S.) 36; [2021] Crim. L.R. 323 CA (Crim Div) A3-041
R. v Jones (Rowan) [2017] EWCA Crim 2192; [2017] 9 WLUK 407; [2018] 1 Cr. App. R. (S.) 35 CA (Crim Div)... A4-177, A4-182, A4-186
R. v Jones (Timothy Dale) [2003] EWCA Crim 1631; [2003] 5 WLUK 687; [2004] 1 Cr. App. R. (S.) 23; [2003] Crim. L.R. 732; (2003) 147 S.J.L.B. 660; *Times*, June 4, 2003; *Independent*, June 10, 2003 CA (Crim Div) A2-127
R. v Jordan (Andrew James); joined case(s) R. v Alleyne (Carl Anthony); R. v Redfern (David Christopher) [2004] EWCA Crim 3291; [2004] 12 WLUK 363; [2005] 2 Cr. App. R. (S.) 44; [2005] Crim. L.R. 312 CA (Crim Div) A4-572
R. v Jordon (River), sub nom. R. v Jordan (River) [1997] 11 WLUK 400; [1998] 2 Cr. App. R. (S.) 83; [1998] Crim. L.R. 353 DC A2-094
R. v Joseph (Bol) [2001] EWCA Crim 304; [2001] 2 WLUK 366; [2001] 2 Cr. App. R. (S.) 88 CA (Crim Div)... B1-007
R. v Jowett (Rici) [2022] EWCA Crim 629; [2022] 4 WLUK 359; [2022] 2 Cr. App. R. (S.) 46 CA (Crim Div) A10-205
R. v K [2011] EWCA Crim 1843; [2011] 7 WLUK 728; [2012] 1 Cr. App. R. (S.) 88; (2011) 175 J.P. 378; [2011] Crim. L.R. 890 CA (Crim Div) A5-015, A5-153
R. v Kahar (Mohammed Abdul); joined case(s) R. v Eshati (Abdurraouf); R. v Khan (Sana); R. v Ozcelik (Silhan); R. v Rashid (Yahya); R. v Ziamani (Brustohm) [2016] EWCA

TABLE OF CASES

Crim 568; [2016] 1 W.L.R. 3156; [2017] 2 All E.R. 782; [2016] 5 WLUK 386; [2016] 2
 Cr. App. R. (S.) 32; [2016] Crim. L.R. 670 CA (Crim Div) B2-465, B2-466
R. v Kakakhan (Mohammed) [2020] EWCA Crim 1236; [2020] 6 WLUK 615 CA (Crim
 Div) A10-161
R. v Kalinins (Genadijs) [2019] EWCA Crim 1973; [2019] 6 WLUK 827; [2020] 1 Cr.
 App. R. (S.) 28; [2020] Crim. L.R. 465 CA (Crim Div) B4-151
R. v Kamarra-Jarra (Ismaila) [2024] EWCA Crim 198; [2024] 2 WLUK 554; [2024] 2 Cr.
 App. R. (S.) 19 CA (Crim Div) A6-273, A6-273a
R. v Kasprzak (Marcin) [2013] EWCA Crim 1531; [2013] 5 WLUK 264; [2014] 1 Cr. App.
 R. (S.) 20 CA (Crim Div). B2-469
R. v Kassim (Ghazi Ahmed) [2005] EWCA Crim 1020; [2005] 4 WLUK 293; [2006] 1 Cr.
 App. R. (S.) 4 CA (Crim Div) B8-130
R. v Katira (Tarang) [2020] EWCA Crim 89; [2020] 1 WLUK 388 CA (Crim Div) A1-168,
 B2-313, B2-314, B2-315
R. v Kayani (Talib Hussein); joined case(s) R. v Solliman (Madhat) [2011] EWCA Crim
 2871; [2012] 1 W.L.R. 1927; [2012] 2 All E.R. 641; [2011] 12 WLUK 407; [2012] 1 Cr.
 App. R. 16; [2012] 2 Cr. App. R. (S.) 38; [2012] 1 F.L.R. 824; [2012] 2 F.C.R. 219;
 [2012] Crim. L.R. 232; [2012] Fam. Law 259; Times, January 11, 2012 CA (Crim Div) . . . B2-163,
 B2-166
R. v KC [2019] EWCA Crim 1632; [2019] 4 W.L.R. 147; [2019] 10 WLUK 88; [2020] 1
 Cr. App. R. (S.) 41; [2020] Crim. L.R. 554 CA (Crim Div) B3-017b, B3-022, B3-027, B3-029
R. v Kearney (Kieran Andrew) [2011] EWCA Crim 826; [2011] 3 WLUK 388; [2011] 2 Cr.
 App. R. (S.) 106; [2011] Crim. L.R. 567 CA (Crim Div) A4-181
R. v Keeley (Raymond) [2018] EWCA Crim 2089; [2018] 6 WLUK 710; [2019] 1 Cr. App.
 R. (S.) 13; [2019] Crim. L.R. 172 CA (Crim Div). A4-484
R. v Keles (Koksal) [1988] 2 WLUK 123; (1988) 10 Cr. App. R. (S.) 78; [1988] Crim. L.R.
 388 CA (Crim Div) A3-140
R. v Kelly (Lewis); joined case(s) R. v Donnelly (Miles) [2001] EWCA Crim 170; [2001] 2
 WLUK 154; [2001] 2 Cr. App. R. (S.) 73; [2001] Crim. L.R. 411 CA (Crim Div) A1-076
R. v Kelly (Marlon); joined case(s) R. v Bowers (Ryan Jason); R. v GH; R. v HR; R. v JB;
 R. v SR; R. v Singh (Balraj); R. v TR [2011] EWCA Crim 1462; [2012] 1 W.L.R. 55;
 [2011] 4 All E.R. 687; [2011] 6 WLUK 312; [2012] 1 Cr. App. R. (S.) 56; [2011] Crim.
 L.R. 806; Times, August 10, 2011 CA (Crim Div) A4-732, A4-734
R. v Kelly (Paul Anthony); joined case(s) R. v McGirr (Christopher St John) [2014] EWCA
 Crim 1141; [2014] 5 WLUK 818; [2014] 2 Cr. App. R. (S.) 70 CA (Crim Div) B5-036
R. v Kennedy (Darrel Francis) [2015] EWCA Crim 1156; [2015] 6 WLUK 67; [2015] 2 Cr.
 App. R. (S.) 61 CA (Crim Div) A1-132
R. v Kennedy (Dillan Troy) [2021] EWCA Crim 1921; [2021] 11 WLUK 498 CA (Crim
 Div) A3-153
R. v Kent (Andrew Adrian) [2017] EWCA Crim 868; [2017] 6 WLUK 218 CA (Crim Div) . . . .
 A4-401
R. v Kent (Michael Peter) [1983] 1 W.L.R. 794; [1983] 3 All E.R. 1; [1983] 5 WLUK 130;
 (1983) 77 Cr. App. R. 120; (1983) 5 Cr. App. R. (S.) 171; [1983] R.T.R. 393; [1983]
 Crim. L.R. 553; (1983) 127 S.J. 394 CA (Crim Div). A3-194
R. v Kentsch (Jamie) [2005] EWCA Crim 2851; [2005] 10 WLUK 527; [2006] 1 Cr. App.
 R. (S.) 126 CA (Crim Div). A1-069, A3-127
R. v Kerley (Jody Charles); joined case(s) R. v Daniels (Bradley Roger) [2015] EWCA
 Crim 1193; [2015] 6 WLUK 252; [2015] 2 Cr. App. R. (S.) 69 CA (Crim Div) B5-013
R. v Kerr (Robert Christopher) [1980] 2 WLUK 98; (1980) 2 Cr. App. R. (S.) 54; [1980]
 Crim. L.R. 389 CA (Crim Div) A3-178
R. v Kerrigan (David Joseph); joined case(s) R. v Walker (Nicholas) [2014] EWCA Crim
 2348; [2014] 10 WLUK 808; [2015] 1 Cr. App. R. (S.) 29; (2014) 158(42) S.J.L.B. 37
 CA (Crim Div) A4-484
R. v Kerrigan (Michael Joseph) [1992] 6 WLUK 389; (1993) 14 Cr. App. R. (S.) 179;
 (1992) 156 J.P. 889; [1992] Crim. L.R. 830; (1992) 156 J.P.N. 780; Times, July 30, 1992
 CA (Crim Div) A3-175
R. v Ketteridge (Nicholas) [2014] EWCA Crim 1962; [2014] 9 WLUK 503; [2015] 1 Cr.
 App. R. (S.) 11; [2015] R.T.R. 5 CA (Crim Div). A4-222
R. v KGS [2024] EWCA Crim 85; [2024] 1 WLUK 479; [2024] 2 Cr. App. R. (S.) 9 CA
 (Crim Div) A4-716
R. v Khan (Gulan Ahmed) [2015] EWCA Crim 835; [2015] 4 WLUK 501; [2015] 2 Cr.
 App. R. (S.) 39 CA (Crim Div) A4-389, A6-177
R. v Khan (Imran Mohammed) [2009] EWCA Crim 389; [2009] 3 WLUK 278; [2010] 1

Cr. App. R. (S.) 1; [2009] Crim. L.R. 744 CA (Crim Div)...... A3-121, A3-127, A3-128, A3-131, A3-143, B4-045
R. v Khan (Jennifer); joined case(s) R. v Khan (James); R. v Khan (Sophie Patricia); R. v Khan (Zara Maria) [2016] EWCA Crim 2254; [2016] 12 WLUK 598 CA (Crim Div) B8-072
R. v Khan (Kamran) [2018] EWCA Crim 1472; [2018] 1 W.L.R. 5419; [2018] 6 WLUK 550; [2018] 2 Cr. App. R. (S.) 53; [2018] Crim. L.R. 938 CA (Crim Div) A5-042, A5-046, A5-048, A5-050, A5-054, A5-057, A5-058, A5-061, A5-062, A5-066, A5-209
R. v Khan (Kazim Ali); joined case(s) R. v Khan (Mohammed Arfan); R. v Khan (Umar); R. v R. v Khan (Mohammed Ahsan) [2013] EWCA Crim 800; [2013] 4 WLUK 654; [2014] 1 Cr. App. R. (S.) 10; [2013] Crim. L.R. 704 CA (Crim Div) B4-152, B5-038, B5-073
R. v Khan (Leon) [2021] EWCA Crim 1526; [2023] 4 W.L.R. 30; [2021] 10 WLUK 261; [2022] 1 Cr. App. R. (S.) 59 CA (Crim Div) A5-018
R. v Khan (Mohammed Tahmid), sub nom. R. v Khan (Mohammid Tahmid) [2017] EWCA Crim 440; [2017] 4 WLUK 142; [2017] 2 Cr. App. R. (S.) 19; [2017] Crim. L.R. 813 CA (Crim Div) B4-094, B4-098, B4-099
R. v Khan (Raheel) [2021] EWCA Crim 428; [2021] 2 WLUK 570 CA (Crim Div) A4-726
R. v Khan (Sultan Ashraf); joined case(s) R. v Crawley (Pauline Susan) [1982] 1 W.L.R. 1405; [1982] 3 All E.R. 969; [1982] 8 WLUK 18; (1983) 76 Cr. App. R. 29; (1982) 4 Cr. App. R. (S.) 298; [1982] Crim. L.R. 752; (1982) 126 S.J. 657 CA (Crim Div) A4-177
R. v Khandari 24 April 1979 .... A5-376
R. v Khellaf (Bilal) [2016] EWCA Crim 1297; [2016] 4 WLUK 286; [2017] 1 Cr. App. R. (S.) 1 CA (Crim Div)..................................... A5-147, A5-148, A5-158, A5-161
R. v Kilkenny (Dean) [2023] EWCA Crim 861; [2023] 7 WLUK 550 CA (Crim Div) B2-027
R. v Kimpriktzis (Stelios) [2013] EWCA Crim 734; [2013] 4 WLUK 320; [2014] 1 Cr. App. R. (S.) 6 CA (Crim Div) A5-313
R. v King (Dwayne) [2017] EWCA Crim 128; [2017] 4 W.L.R. 95; [2017] 3 WLUK 113; [2017] 2 Cr. App. R. (S.) 6; [2017] Crim. L.R. 497 CA (Crim Div)...... A3-119, A3-120, A3-124
R. v King (Frederick) [2014] EWCA Crim 971; [2014] 4 WLUK 599; [2014] 2 Cr. App. R. (S.) 61 CA (Crim Div) B4-064
R. v King (Michael Shaun) [1985] 6 WLUK 283; (1986) 82 Cr. App. R. 120; (1985) 7 Cr. App. R. (S.) 227; [1985] Crim. L.R. 748 CA (Crim Div) A1-142
R. v King (Philip) [1992] 3 WLUK 10; (1992) 13 Cr. App. R. (S.) 668; [1993] R.T.R. 245; Independent, April 27, 1992 CA (Crim Div) A4-226
R. v Kirby (Lee) [2005] EWCA Crim 1228; [2005] 5 WLUK 78; [2006] 1 Cr. App. R. (S.) 26; [2005] Crim. L.R. 732 CA (Crim Div) A4-041
R. v Kish (Stephen) [2022] EWCA Crim 1161; [2023] 1 W.L.R. 2407; [2022] 7 WLUK 569; [2023] 1 Cr. App. R. (S.) 23; [2023] Crim. L.R. 317 CA (Crim Div) A5-279
R. v Kishientine (Micheline Bulankay) [2004] EWCA Crim 3352; [2004] 11 WLUK 736; [2005] 2 Cr. App. R. (S.) 28; Times, December 9, 2004 CA (Crim Div).................. B7-119
R. v Kluxen (Patricia); joined case(s) R. v Roastas (German) [2010] EWCA Crim 1081; [2011] 1 W.L.R. 218; [2010] 5 WLUK 345; [2011] 1 Cr. App. R. (S.) 39; [2010] I.N.L.R. 593; [2010] Crim. L.R. 657 CA (Crim Div)... A5-369, A5-370, A5-371, A5-379, A7-094, A7-096
R. v Kneeshaw (Michael Brian) [1975] Q.B. 57; [1974] 2 W.L.R. 432; [1974] 1 All E.R. 896; [1974] 1 WLUK 656; (1974) 58 Cr. App. R. 439; [1974] Crim. L.R. 263; (1974) 118 S.J. 218 CA (Crim Div)... A4-125
R. v Koffi (Sharon) [2019] EWCA Crim 300; [2019] 2 WLUK 466; [2019] 2 Cr. App. R. (S.) 17 CA (Crim Div) A3-205
R. v Kolawole (David Oladotun) [2004] EWCA Crim 3047; [2004] 11 WLUK 307; [2005] 2 Cr. App. R. (S.) 14; [2005] Crim. L.R. 245; (2004) 148 S.J.L.B. 1370; Times, November 16, 2004 CA (Crim Div)........................... B7-089, B7-091, B7-112b, B7-113, B7-126
R. v Koli (Raj), sub nom. R. v Koli (Rak) [2012] EWCA Crim 1869; [2012] 4 WLUK 85; [2013] 1 Cr. App. R. (S.) 6; [2012] Crim. L.R. 903 CA (Crim Div) A10-241
R. v Kolman (Miroslav) [2018] EWCA Crim 2624; [2018] 10 WLUK 594; [2019] 1 Cr. App. R. (S.) 33 CA (Crim Div) A4-726
R. v Kombi (Kevin) [2023] EWCA Crim 784; [2023] 6 WLUK 488; [2023] 2 Cr. App. R. (S.) 49 CA (Crim Div) A10-255
R. v Kovalkov (Daniel) [2023] EWCA Crim 1509; [2023] 12 WLUK 323; [2024] 1 Cr. App. R. (S.) 47 CA (Crim Div) A6-223, A6-237
R. v Kovvali (Bala Subrahmanyam) [2013] EWCA Crim 1056; [2013] 6 WLUK 98; [2014] 1 Cr. App. R. (S.) 33 CA (Crim Div) A1-189
R. v KPR [2018] EWCA Crim 2537; [2018] 10 WLUK 640; [2019] 1 Cr. App. R. (S.) 36; [2019] Crim. L.R. 548 CA (Crim Div) A4-615
R. v Kraus (Willibald) [1982] 3 WLUK 121; (1982) 4 Cr. App. R. (S.) 113; [1982] Crim.

TABLE OF CASES

L.R. 468 CA (Crim Div) A5-369
R. v Kulah (Mustafa Nour) [2007] EWCA Crim 1701; [2008] 1 W.L.R. 2517; [2008] 1 All
  E.R. 16; [2007] 7 WLUK 397; [2008] 1 Cr. App. R. (S.) 85; [2007] Crim. L.R. 907;
  Times, August 6, 2007 CA (Crim Div) A2-017, A2-019, A2-030, A2-031
R. v Kumwenda (William) [2018] EWCA Crim 2856; [2018] 11 WLUK 634; [2019] 1 Cr.
  App. R. (S.) 44 CA (Crim Div) A4-535
R. v Kunakahakudyiwe (Godfrey) [2020] EWCA Crim 1867; [2020] 12 WLUK 576 CA
  (Crim Div) B5-023
R. v L [2012] EWCA Crim 1336; [2012] 6 WLUK 28; [2013] 1 Cr. App. R. (S.) 56 CA
  (Crim Div) A6-217
R. v L [2017] EWCA Crim 43; [2019] 4 W.L.R. 27; [2017] 1 WLUK 517; [2017] 1 Cr.
  App. R. (S.) 51; [2017] Crim. L.R. 567 CA (Crim Div) A8-023
R. v L (Stephen Howard) (A Juvenile) [2000] 12 WLUK 392; [2001] 2 Cr. App. R. (S.) 39
  CA (Crim Div) A6-223, A6-237
R. v Lacko (Jozef); joined case(s) R. v Husar (Jaroslav) [2012] EWCA Crim 730; [2012] 3
  WLUK 937; [2012] 2 Cr. App. R. (S.) 102 CA (Crim Div) B7-114
R. v Lake (Brian Edward) [1986] 3 WLUK 5; (1986) 8 Cr. App. R. (S.) 69 CA (Crim Div) ....
  .... A4-218, A4-259
R. v Lamont [1989] 6 WLUK 351; [1989] Crim. L.R. 813 CA (Crim Div) A4-097
R. v Landen (Kyle) [2021] EWCA Crim 916; [2021] 6 WLUK 247; [2022] 1 Cr. App. R.
  (S.) 19; [2022] M.H.L.R. 273 CA (Crim Div) B2-188
R. v Lang (Stephen Howard); joined case(s) R. v Abdi (Hassan); R. v Armitage (Lewis); R.
  v Carasco (Charles); R. v Collier (Edward); R. v D; R. v Edwards (Kyle Frederick); R. v
  Feihn (Steven); R. v Glave (Heathcliffe); R. v Guidera (Michael); R. v Sheppard (James);
  R. v Smith (Gary); R. v Winters (Keith); R. v Wright (Robert) [2005] EWCA Crim 2864;
  [2006] 1 W.L.R. 2509; [2006] 2 All E.R. 410; [2005] 11 WLUK 71; [2006] 2 Cr. App. R.
  (S.) 3; [2006] Crim. L.R. 174; *Times*, November 10, 2005 CA (Crim Div)....... A4-447, A4-448,
      A4-450, A4-451, A4-452, A4-453, A4-455, A4-456, A4-457, A4-462, A4-638, A6-253
R. v Langley (John) [2014] EWCA Crim 1284; [2014] 6 WLUK 348 CA (Crim Div) A3-137,
                                                                             A3-138
R. v Last (Emma); joined case(s) R. v Crane (Sara); R. v Holbrook (Lee David); R. v Quil-
  lan (Edward Steven); R. v Quillan (James Angus) [2005] EWCA Crim 106; [2005] 1
  WLUK 455; [2005] 2 Cr. App. R. (S.) 64; [2005] Crim. L.R. 407; (2005) 149 S.J.L.B.
  147; *Times*, January 31, 2005 CA (Crim Div) A4-716
R. v Latham (Michael Anthony) [2006] EWCA Crim 213; [2006] 1 WLUK 599; [2006] 2
  Cr. App. R. (S.) 64 CA (Crim Div) A4-741
R. v Laverick (Mark) [2015] EWCA Crim 1059; [2015] 6 WLUK 63; [2015] 2 Cr. App. R.
  (S.) 62 CA (Crim Div) A4-450, B2-069
R. v Lawlor (James); joined case(s) R. v Smith (Craig Anthony) [2012] EWCA Crim 1870;
  [2012] 8 WLUK 32; [2013] 1 Cr. App. R. (S.) 102; [2012] Crim. L.R. 901 CA (Crim
  Div) B4-066
R. v Lawlor (Michael); joined case(s) R. v Byrne (Scott Alan); R. v Cadman (Tony) [2020]
  EWCA Crim 485; [2020] 3 WLUK 533 CA (Crim Div) B5-062
R. v Lawrence (David Newland) [1981] 2 WLUK 153; (1981) 3 Cr. App. R. (S.) 49; [1981]
  Crim. L.R. 421 CA (Crim Div) A3-167
R. v Lawrence (Justin Paul) [1989] 12 WLUK 233; (1989) 11 Cr. App. R. (S.) 580; [1990]
  R.T.R. 45; [1990] Crim. L.R. 276 CA (Crim Div) A1-208
R. v Lawrence (Larne James) [2014] EWCA Crim 2569; [2014] 11 WLUK 632 CA (Crim
  Div) B5-120
R. v Lawrence (Martin Lee) [1983] 6 WLUK 179; (1983) 5 Cr. App. R. (S.) 220; (1983)
  147 J.P. 635 CA (Crim Div) A3-126, A3-127
R. v Lazarus (Tony Jason) [2004] EWCA Crim 2297; [2004] 8 WLUK 210; [2005] 1 Cr.
  App. R. (S.) 98; [2005] Crim. L.R. 64 CA (Crim Div) A3-162
R. v Le (Van Binh); joined case(s) R. v Stark (Rudi) [1998] 10 WLUK 73; [1999] 1 Cr.
  App. R. (S.) 422; [1998] I.N.L.R. 677; [1999] Crim. L.R. 96; *Times*, October 15, 1998
  CA (Crim Div) B7-106, B7-108, B7-109, B7-110, B7-112
R. v Lea (Nicholas) [2021] EWCA Crim 65; [2021] 4 W.L.R. 38; [2021] 1 WLUK 519 CA
  (Crim Div) A5-286
R. v Leadbeater (David Jordan); joined case(s) R. v Bircea (Romulus) [2021] EWCA Crim
  1251; [2021] 7 WLUK 605; [2022] 1 Cr. App. R. (S.) 36 CA (Crim Div) A4-285, A4-286
R. v Lee (David William) [2012] EWCA Crim 2658; [2012] 11 WLUK 269; [2013] 2 Cr.
  App. R. (S.) 18 CA (Crim Div) A4-184
R. v Legris (Piere Jean Alain), sub nom. R. v Legris (Piere Jean Alain) (also known as

[lxxix]

TABLE OF CASES

Baron (Alain)) [2017] EWCA Crim 196; [2017] 2 WLUK 177; [2017] 1 Cr. App. R. (S.)
  55 CA (Crim Div) A4-732, B2-065
R. v Leigh (Nedeme Jamie) [2015] EWCA Crim 1045; [2015] 4 WLUK 675; [2015] 2 Cr.
  App. R. (S.) 42; [2015] Crim. L.R. 910 CA (Crim Div) B5-075, B5-080
R. v Leitch (Daniel Christopher) [2024] EWCA Crim 563; [2024] 5 WLUK 326 CA (Crim
  Div) A10-019, A10-033
R. v Lennox (Tekley Senei) [2020] EWCA Crim 1012; [2020] 7 WLUK 506 CA (Crim
  Div)... B2-076
R. v Lester (Michael Raymond Christopher) [1975] 12 WLUK 103; (1976) 63 Cr. App. R.
  144; [1976] Crim. L.R. 389 CA (Crim Div) A1-068
R. v Levesconte (Darren James) [2011] EWCA Crim 2754; [2011] 11 WLUK 670; [2012]
  2 Cr. App. R. (S.) 19; (2012) 176 J.P. 204; [2012] Crim. L.R. 236 CA (Crim Div) A10-201
R. v Lewis [1975] 1 WLUK 445; *Times*, December 16, 1975 CA (Crim Div) A4-164
R. v Lewis (Daniel William) [2019] EWCA Crim 253; [2019] 1 WLUK 448; [2019] 2 Cr.
  App. R. (S.) 3; [2019] Crim. L.R. 643 CA (Crim Div) A1-029
R. v Lewis (Jermaine Nathaniel); joined case(s) R. v Collins (Wayne Courtney); R. v
  Francis (Nicholas Shaun); R. v Gray (Wesley); R. v Laidley (Tyrone Martell); R. v Laing
  (Beniha); R. v Rehman (Amirul) [2014] EWCA Crim 48; [2014] 1 WLUK 356; [2014] 2
  Cr. App. R. (S.) 27 CA (Crim Div)... B2-433
R. v Lewis (John Michael) [2012] EWCA Crim 1071; [2012] 5 WLUK 14; [2013] 1 Cr.
  App. R. (S.) 23 CA (Crim Div) A1-040, B3-242
R. v Lewis (Justin) [2016] EWCA Crim 1020; [2016] 6 WLUK 161; [2017] 1 Cr. App. R.
  (S.) 2; [2017] Crim. L.R. 147 CA (Crim Div)................................... A5-273, A5-314
R. v Lewis (Michael) [1984] 1 WLUK 1204; (1984) 79 Cr. App. R. 94; (1984) 6 Cr. App.
  R. (S.) 44; (1984) 148 J.P. 329; [1984] Crim. L.R. 303 CA (Crim Div) A2-120
R. v LF, sub nom. R. v Fruen (Lionel Rae); joined case(s) R. v DS [2016] EWCA Crim
  561; [2016] 1 W.L.R. 4432; [2016] 5 WLUK 383; [2016] 2 Cr. App. R. (S.) 30; [2016]
  Crim. L.R. 676; *Times*, June 1, 2016 CA (Crim Div) .. A4-607, A4-608, A4-609, A4-612, A4-614,
                                                                                            A4-644
R. v Lichniak (Daniella Helen), sub nom. R. (on the application of Lichniak) v Secretary of
  State for the Home Department; R. (on the application of Pyrah) v Secretary of State for
  the Home Department; joined case(s) R. v Pyrah (Glyn Edmund) [2002] UKHL 47;
  [2003] 1 A.C. 903; [2002] 3 W.L.R. 1834; [2002] 4 All E.R. 1122; [2002] 11 WLUK
  689; [2003] 1 Cr. App. R. 33; [2003] H.R.L.R. 8; [2003] U.K.H.R.R. 62; 13 B.H.R.C.
  437; [2003] Prison L.R. 55; (2003) 100(5) L.S.G. 29; (2002) 146 S.J.L.B. 272; *Times*,
  November 26, 2002 HL... A10-087
R. v Liddle (Mark) [2001] EWCA Crim 2512; [2001] 11 WLUK 70 CA (Crim Div) A10-231
R. v Lidster [1975] 10 WLUK 87; [1976] R.T.R. 240; [1976] Crim. L.R. 80 CA (Crim Div) ....
                                                                                            A4-179
R. v Limon (Andrew) [2022] EWCA Crim 39; [2022] 4 W.L.R. 37; [2022] 1 WLUK 315;
  [2022] 2 Cr. App. R. (S.) 21; [2022] Crim. L.R. 419 CA (Crim Div) A8-022, A8-023
R. v Lindo (Dwayne Byron) [2015] EWCA Crim 735; [2015] 4 WLUK 212; [2015] 2 Cr.
  App. R. (S.) 31; [2015] Crim. L.R. 834 CA (Crim Div) A4-436
R. v Lindsey (Marc Robert) [2015] EWCA Crim 1083; [2015] 5 WLUK 299 CA (Crim
  Div) A4-744
R. v Linegar (Scott Anthony) [2009] EWCA Crim 648; [2009] 3 WLUK 283 CA (Crim
  Div)... B4-168
R. v Lister (Ben) [2022] EWCA Crim 1560; [2022] 11 WLUK 371; [2023] 1 Cr. App. R.
  (S.) 40 CA (Crim Div) B3-057a, B3-073
R. v Livesey (John), sub nom. R. v Livesley (John) [2012] EWCA Crim 1100; [2012] 5
  WLUK 68; [2013] 1 Cr. App. R. (S.) 27 CA (Crim Div)............................... B8-048
R. v Lloyd (Michael) [2019] EWCA Crim 1192; [2019] 6 WLUK 637 CA (Crim Div) A1-196
R. v Lloyd (Robert) [2001] EWCA Crim 600; [2001] 3 WLUK 383; [2001] 2 Cr. App.
  (S.) 111 CA (Crim Div) B2-470
R. v Lloyd-Jones (Sarah Jane); joined case(s) R. v Titford (Alun Anthony) [2023] EWCA
  Crim 668; [2023] 5 WLUK 487; [2023] 2 Cr. App. R. (S.) 42 CA (Crim Div)............ B2-034
R. v LM [2002] EWCA Crim 3047; [2002] 12 WLUK 56; [2003] 2 Cr. App. R. (S.) 26;
  [2003] Crim. L.R. 205 CA (Crim Div) A6-218
R. v Lomas (Jack Kenneth) [2023] EWCA Crim 1436; [2023] 11 WLUK 500 CA (Crim
  Div)... A10-064a
R. v London Sessions Appeal Committee Ex p. Rogers [1951] 2 K.B. 74; [1951] 1 All E.R.
  343; [1951] 1 T.L.R. 611; [1951] 1 WLUK 327; (1951) 115 J.P. 108; 49 L.G.R. 271;
  (1951) 95 S.J. 61 DC A10-008

R. v Longmate (Matthew) [2024] EWCA Crim 443; [2024] 4 WLUK 490; [2024] 2 Cr.
App. R. (S.) 27 CA (Crim Div) B8-125, B8-127
R. v Longworth (Gary Dean) [2006] UKHL 1; [2006] 1 W.L.R. 313; [2006] 1 All E.R. 887;
[2006] 1 WLUK 498; [2006] 2 Cr. App. R. (S.) 62; [2006] Crim. L.R. 553; (2006) 103(6)
L.S.G. 35; (2006) 150 S.J.L.B. 132; *Times*, February 1, 2006; *Independent*, February 2,
2006 HL... A4-057, A7-004, A7-035, A7-064
R. v Love (Matthew) [2019] EWCA Crim 1945; [2019] 10 WLUK 774 CA (Crim Div) A5-310
R. v Lovell (Luke Anthony) [2018] EWCA Crim 19; [2018] 1 WLUK 207; [2018] 1 Cr.
App. R. (S.) 48; [2018] Crim. L.R. 591 CA (Crim Div) A4-722
R. v Lowndes (David Paul) [2013] EWCA Crim 1747; [2013] 9 WLUK 388; [2014] 1 Cr.
App. R. (S.) 75 CA (Crim Div) A1-099, A4-745a
R. v Lowther (Ryan) [2019] EWCA Crim 2400; [2019] 12 WLUK 603 CA (Crim Div) ... B2-362,
B2-368
R. v LP [2023] EWCA Crim 1077; [2023] 8 WLUK 288 CA (Crim Div) A8-022
R. v Lu Zhu Ai [2005] EWCA Crim 936; [2005] 4 WLUK 314; [2006] 1 Cr. App. R. (S.) 5
CA (Crim Div) B7-122, B7-130, B7-133
R. v Lucas [1975] 7 WLUK 21; [1976] R.T.R. 235; [1976] Crim. L.R. 79 CA (Crim Div) .. A4-179
R. v Lucas (Dean Owen) [2007] EWCA Crim 708; [2007] 2 WLUK 633; [2007] 2 Cr. App.
R. (S.) 81 CA (Crim Div)... A4-569
R. v Luckett (Michael David) [2020] EWCA Crim 565; [2020] 4 WLUK 288; [2020] 2 Cr.
App. R. (S.) 43 CA (Crim Div) B8-126
R. v Lui (Yi) [2021] EWCA Crim 1125; [2021] 6 WLUK 572; [2022] 1 Cr. App. R. (S.) 22
CA (Crim Div)... A5-309
R. v Luke-Smith (Jaydah) [2024] EWCA Crim 424; [2024] 4 WLUK 404 CA (Crim Div) .. B2-420
R. v Lunnon (Henry Joseph) [2004] EWCA Crim 1125; [2004] 5 WLUK 38; [2005] 1 Cr.
App. R. (S.) 24; [2004] Crim. L.R. 678; (2004) 148 S.J.L.B. 570 CA (Crim Div)......... A3-162
R. v Lyttle (Harry) [2015] EWCA Crim 1606; [2015] 9 WLUK 287; [2016] 1 Cr. App. R.
(S.) 24 CA (Crim Div) A4-532
R. v M; joined case(s) R. v Kika (Juress); R. v Saddique (Abdul) [2009] EWCA Crim
2544; [2009] 11 WLUK 329; [2010] 2 Cr. App. R. (S.) 19; [2010] Crim. L.R. 243; *Times*,
January 6, 2010 CA (Crim Div).. A4-739
R. v M (Aaron Shaun) [1998] 1 W.L.R. 363; [1998] 1 All E.R. 874; [1997] 12 WLUK 125;
[1998] 2 Cr. App. R. 57; [1998] 2 Cr. App. R. (S.) 128; [1998] 1 F.L.R. 900; [1998] Fam.
Law 314; *Times*, December 11, 1997 CA (Crim Div) A6-236
R. v M (ME) [2016] EWCA Crim 1290; [2016] 8 WLUK 162 CA (Crim Div) A5-308
R. v M (Young Offender: Time in Custody on Remand), sub nom. R. v M (Discretionary
Life Sentence); joined case(s) R. v L (Young Offender: Time in Custody on Remand)
[1999] 1 W.L.R. 485; [1998] 2 All E.R. 939; [1998] 4 WLUK 104; [1999] 1 Cr. App. R.
(S.) 6; [1998] Crim. L.R. 512; *Times*, April 7, 1998 CA (Crim Div)............. A4-667, A4-671
R. v Mackey (Karen Lesley) [2012] EWCA Crim 2205; [2012] 7 WLUK 980; [2013] 1 Cr.
App. R. (S.) 100 CA (Crim Div) B7-065
R. v Magee (William) [2017] EWCA Crim 972; [2017] 6 WLUK 632; [2017] 2 Cr. App. R.
(S.) 40 CA (Crim Div) B6-005
R. v Maguire (Brian Michael) [1996] 5 WLUK 389; [1997] 1 Cr. App. R. (S.) 130; [1996]
Crim. L.R. 838 CA (Crim Div) B2-397, B5-065
R. v Maguire (Gareth), sub nom. R. v McGuire (Gareth) [2002] EWCA Crim 2689; [2002]
11 WLUK 190; [2003] 2 Cr. App. R. (S.) 10; [2003] Crim. L.R. 126 CA (Crim Div) ... A4-598
R. v Maguire (Terence Robert) [2019] EWCA Crim 1193; [2019] 6 WLUK 656; [2019] 2
Cr. App. R. (S.) 55; [2020] Crim. L.R. 88 CA (Crim Div)....... A5-058, A5-064, A5-065, A5-320,
A5-321
R. v Mahmood (Tehery); joined case(s) R. v Bains (Kulbir Singh); R. v Mahmood (Tariq);
R. v Murray (Paul Che) [2015] EWCA Crim 441; [2015] 3 WLUK 145; [2015] 2 Cr.
App. R. (S.) 18 CA (Crim Div) B2-144, B2-147
R. v Mahmood (Zafran) [2019] EWCA Crim 1532; [2019] 8 WLUK 213 CA (Crim Div) .. B5-010
R. v Major (Tara) [2010] EWCA Crim 3016; [2010] 12 WLUK 15; [2011] 1 Cr. App. R.
25; [2011] 2 Cr. App. R. (S.) 26; [2011] Crim. L.R. 328; *Times*, December 14, 2010 CA
(Crim Div) A5-139, A5-145, A5-150, A5-154, A5-156, A5-157, A5-166, A5-169
R. v Malik (Asad Bashir) [2020] EWCA Crim 957; [2020] 6 WLUK 574; [2021] 1 Cr. App.
R. (S.) 7; [2021] C.T.L.C. 189 CA (Crim Div) A7-095
R. v Malik (Mohammad Yaqub) [2022] EWCA Crim 1494; [2022] 9 WLUK 402; [2023] 1
Cr. App. R. (S.) 19 CA (Crim Div).. B2-024
R. v Malook (Sadakat Ali) [2011] EWCA Crim 254; [2012] 1 W.L.R. 633; [2011] 3 All
E.R. 373; [2011] 2 WLUK 521 CA (Crim Div).................................. A3-186

TABLE OF CASES

R. v Malt (Nigel James) [2022] EWCA Crim 1720; [2022] 12 WLUK 486; [2023] 2 Cr.
App. R. (S.) 9 CA (Crim Div) A4-732
R. v Mamaliga (Ovidiou); joined case(s) R. v Mamaliga (Andrei Catalan) [2018] EWCA
Crim 515; [2018] 3 WLUK 304 CA (Crim Div) B3-003
R. v Manders (Glen Clifford) [2017] EWCA Crim 1474; [2017] 9 WLUK 323; [2018] 1 Cr.
App. R. (S.) 11; [2018] Crim. L.R. 266 CA (Crim Div) A4-561
R. v Mandishona (Tawona) [2019] EWCA Crim 1526; [2019] 8 WLUK 208; [2020] 1 Cr.
App. R. (S.) 33 CA (Crim Div) B5-092
R. v Mane [2022] EWHC 3354 (SCCO); [2022] 12 WLUK 604 Sen Cts Costs Office B2-081
R. v Mangham (Glen Steven) [2012] EWCA Crim 973; [2012] 4 WLUK 132; [2013] 1 Cr.
App. R. (S.) 11 CA (Crim Div) B4-205, B4-208, B4-209, B4-210
R. v Mann (Adrian) [2018] EWCA Crim 1940; [2018] 7 WLUK 143 CA (Crim Div) A1-190
R. v Mann (Andrew) [2000] 2 WLUK 760; (2000) 97(14) L.S.G. 41; (2000) 144 S.J.L.B.
150; *Times*, April 11, 2000 CA (Crim Div) A5-163
R. v Mannan (Sukvinder Singh) [2016] EWCA Crim 1082; [2016] 7 WLUK 143; [2016] 2
Cr. App. R. (S.) 37 CA (Crim Div) B6-004
R. v Manning (Christopher) [2020] EWCA Crim 592; [2020] 4 W.L.R. 77; [2020] 4 WLUK
414; [2020] 2 Cr. App. R. (S.) 46 CA (Crim Div) A1-125, A1-126
R. v Mapstone (Jack) [2019] EWCA Crim 410; [2019] 2 WLUK 648; [2019] 2 Cr. App. R.
(S.) 22 CA (Crim Div) A4-005
R. v Margarson (Liam) [2017] EWCA Crim 241; [2017] 1 WLUK 321 CA (Crim Div) B2-063
R. v Mariano (Melvis) [2019] EWCA Crim 1718; [2019] 10 WLUK 471 CA (Crim Div) .. A6-254
R. v Markham (Stan Lucas), sub nom. R. v Edwards (Kim Rose) [2017] EWCA Crim 739;
[2017] 6 WLUK 148; [2017] 2 Cr. App. R. (S.) 30; [2017] E.M.L.R. 23; [2017] Crim.
L.R. 727; [2017] Crim. L.R. 895 CA (Crim Div) A1-186, A1-187
R. v Marland (Edward James) [2018] EWCA Crim 1770; [2018] 6 WLUK 357; [2018] 2
Cr. App. R. (S.) 51; [2018] Crim. L.R. 935 CA (Crim Div) A1-052, A4-552
R. v Marlow Justices Ex p. O'Sullivan [1984] Q.B. 381; [1984] 2 W.L.R. 107; [1983] 3 All
E.R. 578; [1983] 7 WLUK 325; (1984) 78 Cr. App. R. 13; (1983) 5 Cr. App. R. (S.) 279;
(1984) 148 J.P. 82; (1984) 81 L.S.G. 278; (1983) 127 S.J. 842 DC A6-404, A10-096, A10-097
R. v Marsden (June) [1968] 1 W.L.R. 785; [1968] 2 All E.R. 341; [1968] 3 WLUK 92;
(1968) 52 Cr. App. R. 301; (1968) 132 J.P. 347; (1968) 112 S.J. 331 CA (Crim Div) A9-054
R. v Marsh (Lewis Bernard) [2018] EWCA Crim 648; [2018] 3 WLUK 300 CA (Crim Div) ......
B8-097
R. v Marshall (Jason) [1989] 1 WLUK 693; (1989) 11 Cr. App. R. (S.) 30 CA (Crim Div) .. B2-160
R. v Marshall (Raymond Martin), sub nom. R. v Hussain (Saraj Mahmood); R. v Ramos
(Christopher) [2015] EWCA Crim 1999; [2015] 11 WLUK 205; [2016] 1 Cr. App. R.
(S.) 45; [2016] Crim. L.R. 373 CA (Crim Div) A4-481, A4-483
R. v Martin (Conner) [2013] EWCA Crim 2565; [2013] 12 WLUK 328; [2014] 2 Cr. App.
R. (S.) 21 CA (Crim Div) A2-026
R. v Martin (Lewys Stephen) [2013] EWCA Crim 1420; [2013] 7 WLUK 1024; [2014] 1
Cr. App. R. (S.) 63 CA (Crim Div) B4-206, B4-209
R. v Martin (Lorne Melvin) [2022] EWCA Crim 342; [2022] 3 WLUK 605 CA (Crim Div) ......
A1-176
R. v Martin (Patrick Hugh) [1998] 10 WLUK 518; [1999] 1 Cr. App. R. (S.) 477; [1999]
Crim. L.R. 97; *Times*, November 5, 1998; *Independent*, November 6, 1998 CA (Crim
Div). B1-007
R. v Mascall (Jachin Joshua) [2022] EWCA Crim 483; [2022] 4 WLUK 109; [2022] 2 Cr.
App. R. (S.) 47; [2022] Crim. L.R. 606 CA (Crim Div) B3-163
R. v Mashaollahi (Behrooz), sub nom. R. v Mashaolli [2000] 7 WLUK 685; [2001] 1 Cr.
App. R. 6; [2001] 1 Cr. App. R. (S.) 96; [2000] Crim. L.R. 1029; (2000) 97(37) L.S.G.
39; *Times*, August 4, 2000; *Independent*, October 12, 2000 CA (Crim Div) B5-017
R. v Mason (Shaun Phillip) [2022] EWCA Crim 1830; [2022] 12 WLUK 599; [2023] 2 Cr.
App. R. (S.) 8 CA (Crim Div) A1-177
R. v Massey (James) [2001] EWCA Crim 531; [2001] 2 WLUK 311; [2001] 2 Cr. App. R.
(S.) 80 CA (Crim Div) B4-059
R. v Massivi (Dido); joined case(s) R. v Hodge (Jennifer) [2020] EWCA Crim 34; [2020] 1
WLUK 423 CA (Crim Div) B3-227
R. v Matheson (Albert Edward) [1958] 1 W.L.R. 474; [1958] 2 All E.R. 87; [1958] 4 WLUK
1; (1958) 42 Cr. App. R. 145; (1958) 102 S.J. 309 CCA A3-125
R. v Matthews (Laura) [2022] EWCA Crim 737; [2022] 5 WLUK 569; [2023] 1 Cr. App.
R. (S.) 3 CA (Crim Div). A1-186

TABLE OF CASES

R. v Maund (David William) [1980] 7 WLUK 336; (1980) 2 Cr. App. R. (S.) 289 CA (Crim Div) A4-107
R. v May (Elaine) [2020] EWCA Crim 365; [2020] 3 WLUK 467 CA (Crim Div) A4-270
R. v May (Kim Albert) [1981] 6 WLUK 11; (1981) 3 Cr. App. R. (S.) 165; [1981] Crim. L.R. 729 CA (Crim Div) A10-018
R. v May (Stephen Jameson) [2022] EWCA Crim 622; [2022] 4 WLUK 331; [2022] 2 Cr. App. R. (S.) 51 CA (Crim Div) A1-064
R. v Maya (Didi Roc) [2009] EWCA Crim 2427; [2009] 11 WLUK 107; [2010] 2 Cr. App. R. (S.) 14 CA (Crim Div).. A5-371
R. v Mayers (Aaron); joined case(s) R. v Alieu (Nasir Joe); R. v Baker (Lee George); R. v Danquah (Nana); R. v Issah (Faisal); R. v Jenks (Jake); R. v Kenny (Glen); R. v Miller (Conner); R. v Myers (Darren); R. v Smillie (John) [2018] EWCA Crim 1552; [2018] 7 WLUK 39; [2019] 1 Cr. App. R. (S.) 1 CA (Crim Div)..................... A4-449, B4-081
R. v Maynard-Ellis (Nathan); joined case(s) R. v Leesley (David) [2021] EWCA Crim 317; [2021] 2 WLUK 520; [2021] 2 Cr. App. R. (S.) 38 CA (Crim Div) A4-725
R. v Mayne (Phean) [2021] EWCA Crim 737; [2021] 4 WLUK 499; [2022] 1 Cr. App. R. (S.) 9 CA (Crim Div) A10-255
R. v Mayo (Dale Sean) [2015] EWCA Crim 628; [2015] 3 WLUK 467 CA (Crim Div) A4-598
R. v Mbangi (Sedou Boyenga); joined case(s) R. v Silva (Alvaro) [2013] EWCA Crim 1419; [2013] 7 WLUK 234 CA (Crim Div).. B4-132
R. v Mboma (David) [2024] EWCA Crim 110; [2024] 1 WLUK 493; [2024] 2 Cr. App. R. (S.) 13 CA (Crim Div) B3-017a
R. v McCabe (Adrian) [1988] 3 WLUK 259; (1988) 10 Cr. App. R. (S.) 134; [1988] Crim. L.R. 469 CA (Crim Div) A4-541
R. v McCabe (James Alexander) [2020] EWCA Crim 842; [2020] 4 WLUK 534; [2020] 2 Cr. App. R. (S.) 47 CA (Crim Div) A1-058
R. v McCaffrey (Dean Anthony); joined case(s) R. v McCaffrey (Colin Dean) [2009] EWCA Crim 54; [2009] 1 WLUK 217; [2009] 2 Cr. App. R. (S.) 56 CA (Crim Div) B4-066
R. v McCarren (Robert) [2023] EWCA Crim 1233; [2023] 10 WLUK 325; [2024] 1 Cr. App. R. (S.) 27 CA (Crim Div) A5-015, A5-019, A5-145, A5-153
R. v McClelland (Alexander) [1951] 1 All E.R. 557; [1951] 2 WLUK 13; (1951) 35 Cr. App. R. 22; (1951) 115 J.P. 179; 49 L.G.R. 227 CCA.......................... A4-055, A4-108
R. v McCullam (Ross) [2023] EWCA Crim 349 CA (Crim Div) A4-725
R. v McDermott (Stephen Paul); joined case(s) R. v McDermott (Scott); R. v Williams (Stephen David) [2013] EWCA Crim 607; [2013] 4 WLUK 88; [2014] 1 Cr. App. R. (S.) 1 CA (Crim Div) A5-151
R. v McDonald (John) [2015] EWCA Crim 2119; [2015] 10 WLUK 592; [2016] 1 Cr. App. R. (S.) 48 CA (Crim Div) A5-295, A5-296, A5-301
R. v McFarlane (Jake Liam) [2022] EWCA Crim 1104; [2022] 7 WLUK 478; [2023] 1 Cr. App. R. (S.) 14 CA (Crim Div) B2-029
R. v McGarry (Ian) [2012] EWCA Crim 255; [2012] 1 WLUK 606; [2012] 2 Cr. App. R. (S.) 60 CA (Crim Div) A10-043
R. v McGeechan (Jack) [2019] EWCA Crim 235; [2019] 2 WLUK 376; [2019] 2 Cr. App. R. (S.) 12; [2019] Crim. L.R. 554 CA (Crim Div)....................................... A6-332
R. v McGillivray (Atholl) [2005] EWCA Crim 604; [2005] 1 WLUK 369; [2005] 2 Cr. App. R. (S.) 60; [2005] Crim. L.R. 484 CA (Crim Div) A1-069, A3-127
R. v McGlade (Peter) [1990] 2 WLUK 374; (1990-91) 12 Cr. App. R. (S.) 105; [1990] Crim. L.R. 527; *Times*, March 14, 1990 CA (Crim Div).............................. A3-124
R. v McGrath (Sean David) [1986] 10 WLUK 160; (1986) 8 Cr. App. R. (S.) 372; [1987] Crim. L.R. 143 CA (Crim Div) A3-136
R. v McGrath (Sicarius Anthony Mark) [2017] EWCA Crim 1945; [2017] 11 WLUK 222 CA (Crim Div) A5-218
R. v McHoul (Paul Andrew) [2002] EWCA Crim 1918; [2002] 7 WLUK 79; [2003] 1 Cr. App. R. (S.) 76; [2002] Crim. L.R. 746 CA (Crim Div) A2-091, A2-131
R. v McInerney (William Patrick); joined case(s) R. v Keating (Stephen James) [2002] EWCA Crim 3003; [2003] 1 All E.R. 1089; [2002] 12 WLUK 602; [2003] 1 Cr. App. R. 36; [2003] 2 Cr. App. R. (S.) 39; [2003] Crim. L.R. 209; (2003) 100(6) L.S.G. 25; *Times*, December 20, 2002 CA (Crim Div)....................................... B4-057
R. v McIntyre [1976] 3 WLUK 2; [1976] R.T.R. 330; [1976] Crim. L.R. 639 CA (Crim Div) A4-263
R. v McKellar (Aaron) [2018] EWCA Crim 2208; [2018] 9 WLUK 330; [2019] 1 Cr. App. R. (S.) 21 CA (Crim Div).. B4-078a
R. v McKenning (Zara Louise) [2008] EWCA Crim 2301; [2008] 10 WLUK 140; [2009] 1

[lxxxiii]

Table of Cases

Cr. App. R. (S.) 106 CA (Crim Div)...B8-021
R. v McKenzie (Asonu), sub nom. R. v Nembhard (Rashaun) [2024] EWCA Crim 233;
   [2024] 3 WLUK 546 CA (Crim Div)..A1-177
R. v McLean (Edward) [1988] 1 WLUK 781; (1988) 10 Cr. App. R. (S.) 18 CA (Crim Div) ....
   ....A10-030
R. v McLellan (James); joined case(s) R. v Bingley (Carl) [2017] EWCA Crim 1464;
   [2018] 1 W.L.R. 2969; [2017] 10 WLUK 168; [2018] 1 Cr. App. R. (S.) 18; [2018] Crim.
   L.R. 91 CA (Crim Div).........................A4-674, A5-057, A5-260, A5-283, A10-259
R. v McMahon (Richard); joined case(s) R. v Harvey (David John); R. v Ward (Ross); R. v
   Williams (David) [2010] EWCA Crim 716; [2010] 3 WLUK 617 CA (Crim Div). . B4-079, B4-080
R. v McNee (Michael); joined case(s) R. v G; R. v Russell (John Paul); R. v X [2007]
   EWCA Crim 1529; [2007] 5 WLUK 82; [2008] 1 Cr. App. R. (S.) 24; *Times*, May 31,
   2007 CA (Crim Div) A4-753
R. v Mcnulty (Ashley John) [2017] EWCA Crim 2130; [2017] 12 WLUK 23 CA (Crim
   Div)..A1-171
R. v McPartland (Kieran), sub nom. R. v Grant (Richard) [2019] EWCA Crim 1782; [2019]
   4 W.L.R. 153; [2019] 10 WLUK 408; [2020] 1 Cr. App. R. (S.) 51 CA (Crim Div) B3-011,
   B3-022, B3-038, B4-009
R. v McQuaide (Patrick Joseph) [1974] 12 WLUK 102; (1974) 60 Cr. App. R. 239; [1975]
   Crim. L.R. 246; (1974) 119 S.J. 254 CA (Crim Div)..............................A2-059
R. v McQueen (Steven Patrick) [2021] EWCA Crim 1303; [2021] 8 WLUK 109; [2022] 1
   Cr. App. R. (S.) 41 CA (Crim Div) A1-194
R. v McQuoid (Christopher) [2009] EWCA Crim 1301; [2009] 4 All E.R. 388; [2009] 6
   WLUK 232; [2010] 1 Cr. App. R. (S.) 43; [2009] Lloyd's Rep. F.C. 529; [2009] Crim.
   L.R. 749; *Times*, June 23, 2009 CA (Crim Div).......................................B7-057
R. v McStravick (Dominic) [2018] EWCA Crim 1207; [2018] 3 WLUK 673; [2018] 2 Cr.
   App. R. (S.) 26 CA (Crim Div) A1-212, A4-468
R. v McSweeney (Jordan) [2023] EWCA Crim 1250; [2023] 11 WLUK 33; [2024] 1 Cr.
   App. R. (S.) 39; [2024] Crim. L.R. 127 CA (Crim Div) A4-716, A4-726
R. v Mead (Samuel) [2021] EWCA Crim 132; [2021] 1 WLUK 414 CA (Crim Div) A5-318
R. v Meanley (Taylor) [2022] EWCA Crim 1065; [2022] 4 W.L.R. 85; [2022] 7 WLUK
   549 CA (Crim Div) A6-027
R. v Medway Youth Court Ex p. A (A Juvenile) [1999] 6 WLUK 96; [2000] 1 Cr. App. R.
   (S.) 191; (2000) 164 J.P. 111; [1999] Crim. L.R. 915; (2000) 164 J.P.N. 102; *Times*, June
   30, 1999; *Independent*, July 19, 1999 QBD..A6-219
R. v Meek (Alan) [1995] 3 WLUK 257; (1995) 16 Cr. App. R. (S.) 1003; [1995] Crim. L.R.
   671 CA (Crim Div) A4-667
R. v Mehmet (Mustafa) [2005] EWCA Crim 2074; [2005] 7 WLUK 474; [2006] 1 Cr. App.
   R. (S.) 75; [2005] Crim. L.R. 877 CA (Crim Div)...........................A4-567, A4-571
R. v Mehmet (Tony Bradley) [2019] EWCA Crim 1303; [2019] 6 WLUK 672 CA (Crim
   Div)..A4-536
R. v Menocal (Frances Kathleen), sub nom. Customs and Excise Commissioners v Menocal
   [1980] A.C. 598; [1979] 2 W.L.R. 876; [1979] 2 All E.R. 510; [1979] 5 WLUK 181;
   (1979) 69 Cr. App. R. 148; [1979] Crim. L.R. 651 HL..............................A10-018
R. v Messent (Julian Jeffrey) [2011] EWCA Crim 644; [2011] 3 WLUK 12; [2011] 2 Cr.
   App. R. (S.) 93; [2011] Lloyd's Rep. F.C. 367 CA (Crim Div)...................B4-161
R. v Miah (Aziz); joined case(s) R. v Kumbay (Asif); R. v Miah (Asif); R. v Nanthakumar
   (Kirush); R. v Shivarajah (Vabeesan) [2009] EWCA Crim 2368; [2009] 10 WLUK 567
   CA (Crim Div) A4-749
R. v Michaels (Barry); joined case(s) R. v Skoblo (Max) [1981] 6 WLUK 118; (1981) 3 Cr.
   App. R. (S.) 188; [1981] Crim. L.R. 725 CA (Crim Div) A3-179
R. v Middelkoop (Martin); joined case(s) R. v Telli (David) [1996] 10 WLUK 423; [1997]
   1 Cr. App. R. (S.) 423 CA (Crim Div)..A1-116
R. v Middleton (Ross John) [2019] EWCA Crim 663; [2019] 3 WLUK 805; [2019] 2 Cr.
   App. R. (S.) 28 CA (Crim Div) A4-529
R. v Miles (Gary Dean) [2006] EWCA Crim 256; [2006] 2 WLUK 13; *Times*, April 10,
   2006 CA (Crim Div) A1-132
R. v Millard (Ray) [1993] 10 WLUK 151; (1994) 15 Cr. App. R. (S.) 445; [1994] Crim.
   L.R. 146 CA (Crim Div) A4-315
R. v Miller (Barbara Carol) [2021] EWCA Crim 1955; [2021] 12 WLUK 458; [2022] 2 Cr.
   App. R. (S.) 16; [2022] M.H.L.R. 341 CA (Crim Div)...............................A9-052
R. v Miller (Gary) [2010] EWCA Crim 809; [2010] 3 WLUK 742; [2011] 1 Cr. App. R.
   (S.) 2; [2010] Crim. L.R. 648 CA (Crim Div)................................A4-558, A4-598

Table of Cases

R. v Mills (Paul Raymond) [2003] EWCA Crim 2397; [2003] 7 WLUK 699; [2004] 1 Cr. App. R. (S.) 57; [2003] Crim. L.R. 896 CA (Crim Div) A3-124
R. v Mintchev (Kiril) [2011] EWCA Crim 499; [2011] 2 WLUK 424; [2011] 2 Cr. App. R. (S.) 81; [2011] Crim. L.R. 483 CA (Crim Div) A7-095
R. v Minto (David) [2014] EWCA Crim 297; [2014] 2 WLUK 221; [2014] 2 Cr. App. R. (S.) 36 CA (Crim Div) A4-738
R. v Mir (Nassir Andre) [2024] EWCA Crim 239; [2024] 2 WLUK 593; [2024] Crim. L.R. 411 CA (Crim Div) A2-121a
R. v Mitchell (Jordan) [2020] EWCA Crim 603; [2020] 4 WLUK 513 CA (Crim Div) B4-080
R. v Mizan (Ibrahim) [2020] EWCA Crim 1553; [2020] 2 WLUK 736; [2021] 1 Cr. App. R. (S.) 51 CA (Crim Div) A2-063
R. v Modhwadia (Dipa) [2017] EWCA Crim 501; [2017] 4 WLUK 66; [2017] 2 Cr. App. R. (S.) 15 CA (Crim Div) B8-062
R. v Modus Workspace Ltd [2021] EWCA Crim 1728; [2021] 9 WLUK 507; [2022] 1 Cr. App. R. (S.) 44 CA (Crim Div) B7-040
R. v Moffat (Kevin) [2014] EWCA Crim 332; [2014] 2 WLUK 225; [2014] 2 Cr. App. R. (S.) 37 CMAC A4-563
R. v Mohammed (Adnan Abdushahur) [2021] EWCA Crim 1375; [2021] 9 WLUK 291; [2022] Crim. L.R. 152 CA (Crim Div) A6-003
R. v Mohammed (Kasim) [2016] EWCA Crim 1380; [2016] 6 WLUK 666 CA (Crim Div) A4-222, A4-223
R. v Mohammed (Nassar) [2020] EWCA Crim 1794; [2020] 12 WLUK 506; [2021] 2 Cr. App. R. (S.) 10; [2021] Crim. L.R. 801 CA (Crim Div) B2-061
R. v Mohammed (Raja) [2019] EWCA Crim 2095; [2019] 11 WLUK 480; [2020] 1 Cr. App. R. (S.) 65 CA (Crim Div) A4-669
R. v Mohammed (Shahid) [2020] EWCA Crim 766; [2020] 4 W.L.R. 114; [2020] 6 WLUK 299 CA (Crim Div) A4-759
R. v Monaghan (Andrew Howard) [2020] EWCA Crim 1785; [2020] 10 WLUK 578; [2021] 1 Cr. App. R. (S.) 58; [2021] Crim. L.R. 605 CA (Crim Div) A1-109
R. v Moore (Jenna-Leigh) [2018] EWCA Crim 572; [2018] 3 WLUK 68 CA (Crim Div) A4-544
R. v Moore (Josh) [2017] EWCA Crim 1621; [2017] 10 WLUK 43; [2018] 1 Cr. App. R. (S.) 17; [2018] Crim. L.R. 409 CA (Crim Div) A3-128, A3-129, A3-131, B4-044, B4-046
R. v Moore (Thomas) [2023] EWCA Crim 1685; [2023] 12 WLUK 533 CA (Crim Div) A2-015
R. v Moorhouse (Michael), sub nom. R. v Coates (Harrison Dean) [2019] EWCA Crim 2197; [2019] 11 WLUK 602; [2020] 1 Cr. App. R. (S.) 66 CA (Crim Div) A6-020
R. v Morgan (Daniel John) [2013] EWCA Crim 2148; [2013] 10 WLUK 993; [2014] 2 Cr. App. R. (S.) 10 CA (Crim Div) A4-528
R. v Morley (Anthony Francis) [2009] EWCA Crim 1302; [2009] 6 WLUK 229; [2010] 1 Cr. App. R. (S.) 44; *Times*, July 6, 2009 CA (Crim Div) A4-729
R. v Morris (Elliot Omur), sub nom. R. v Morris (Eliot Omur) [2019] EWCA Crim 1367; [2019] 6 WLUK 693; [2020] 1 Cr. App. R. (S.) 5; [2020] Crim. L.R. 180 CA (Crim Div) .. B5-029, B5-031
R. v Morris (Harold Linden) [2000] 7 WLUK 425; [2001] 1 Cr. App. R. 4; [2001] 1 Cr. App. R. (S.) 87; [2000] Crim. L.R. 1027; *Times*, August 4, 2000; *Independent*, July 18, 2000 CA (Crim Div) B5-007
R. v Morrison (Billy) [2021] EWCA Crim 917; [2021] 6 WLUK 252; [2022] 1 Cr. App. R. (S.) 20 CA (Crim Div) A4-227
R. v Morrison (Jamie Joe) [2000] 4 WLUK 200; [2001] 1 Cr. App. R. (S.) 5; [2000] Crim. L.R. 605 CA (Crim Div) A1-077
R. v Mount (Paul Michael) [2024] EWCA Crim 461; [2024] 3 WLUK 613 CA (Crim Div) . B5-015
R. v Moyse (Curtis Malcolm) [2020] EWCA Crim 1362; [2020] 10 WLUK 343; [2021] 1 Cr. App. R. (S.) 55 CA (Crim Div) A1-187
R. v Mudd (Andrew George) [1988] 1 WLUK 801; (1988) 10 Cr. App. R. (S.) 22; [1988] Crim. L.R. 326 CA (Crim Div) A3-184
R. v Muhammed (Nadeem) [2017] EWCA Crim 1832; [2017] 11 WLUK 219; [2018] 1 Cr. App. R. (S.) 27 CA (Crim Div) B2-464
R. v Munson (Nathan Lee) [2008] EWCA Crim 1258; [2008] 5 WLUK 394; [2009] 1 Cr. App. R. (S.) 39 CA (Crim Div) A4-564
R. v Munteanu (Leonard) [2012] EWCA Crim 2221; [2012] 9 WLUK 173; [2013] 1 Cr. App. R. (S.) 107; [2013] Crim. L.R. 84 CA (Crim Div) B4-149
R. v Murphy (Ben) [2024] EWCA Crim 379; [2024] 4 WLUK 517 CA (Crim Div) B4-078
R. v Mussa (Adam) [2012] EWCA Crim 693; [2012] 3 WLUK 815; [2012] 2 Cr. App. R. (S.) 99 CA (Crim Div) B7-084

TABLE OF CASES

R. v Myers (Jamie Patrick) [2018] EWCA Crim 1974; [2018] 7 WLUK 336; [2019] 1 Cr.
App. R. (S.) 6; [2019] R.T.R. 12 CA (Crim Div)..................................B6-006
R. v Myers (Steven Anthony) [1995] 6 WLUK 48; [1996] 1 Cr. App. R. (S.) 187; *Times*,
June 22, 1995 CA (Crim Div) A3-180
R. v N, sub nom. R. v AXN; R. v ZAR; joined case(s) R. v R [2016] EWCA Crim 590;
[2016] 1 W.L.R. 4006; [2016] 5 WLUK 643; [2016] 2 Cr. App. R. (S.) 33; [2016] Crim.
L.R. 681 CA (Crim Div)........................A1-136, A1-144, A1-145, A1-146, A1-147
R. v Nadeem (Fahran) [2023] EWCA Crim 408; [2023] 3 WLUK 654; [2023] 2 Cr. App. R.
(S.) 30 CA (Crim Div) A4-539
R. v Naeem (Omar) [2018] EWCA Crim 2938; [2018] 11 WLUK 669; [2019] R.T.R. 30
CA (Crim Div) A4-235
R. v Nancarrow (Sean John) [2019] EWCA Crim 470; [2019] 1 WLUK 516; [2019] 2 Cr.
App. R. (S.) 4 CA (Crim Div) A4-559
R. v Nazari (Fazlollah); joined case(s) R. v Adamson (Michael Joseph); R. v Anyanwu
(Ebenezer Chuwuma); R. v Dissanayake (Rohan Shivantha); R. v Fernandez (Joseph)
[1980] 1 W.L.R. 1366; [1980] 3 All E.R. 880; [1980] 3 WLUK 133; (1980) 71 Cr. App.
R. 87; (1980) 2 Cr. App. R. (S.) 84; [1980] Crim. L.R. 447 CA (Crim Div) A5-368, A5-369,
A5-371, A5-374, A5-375
R. v Nazifi (Elida) [2006] EWCA Crim 1743; [2006] 7 WLUK 90; [2007] 1 Cr. App. R.
(S.) 66 CA (Crim Div) B8-017
R. v NC [2016] EWCA Crim 1448; [2016] 9 WLUK 354; [2017] 1 Cr. App. R. (S.) 13;
[2017] Crim. L.R. 334 CA (Crim Div) A5-267, A5-273, A5-307, A5-312
R. v Neal (Frank) [1949] 2 K.B. 590; [1949] 2 All E.R. 438; 65 T.L.R. 557; [1949] 7 WLUK
84; (1949) 33 Cr. App. R. 189; (1949) 113 J.P. 468; 48 L.G.R. 93; (1949) 93 S.J. 589
CCA A1-134
R. v Needham (Lewis); joined case(s) R. v Beeden (Ashley); R. v Moors (Nigel) [2022]
EWCA Crim 545; [2022] 4 WLUK 284; [2022] 2 Cr. App. R. (S.) 44 CA (Crim Div) B2-138,
B2-141
R. v Needham (Paul Maurice); joined case(s) R. v Aitken (Tony); R. v Ali (Shafiq); R. v
Deakin (Lloyd); R. v Khan (Saddiq); R. v Smythe (Lee); R. v Williams (Michael) [2016]
EWCA Crim 455; [2016] 1 W.L.R. 4449; [2016] 4 WLUK 657; [2016] 2 Cr. App. R. (S.)
26; (2016) 180 J.P. 361; [2016] R.T.R. 23; [2016] Crim. L.R. 585 CA (Crim Div). A4-228, A4-231,
A4-232, A4-233, A4-234, A4-235, A4-259
R. v Nelson (Keith) [2020] EWCA Crim 1615; [2020] 12 WLUK 8; [2021] M.H.L.R. 219
CA (Crim Div)..A9-051, A9-063
R. v Nestle UK [2021] EWCA Crim 1681; [2022] 4 W.L.R. 3; [2021] 10 WLUK 617;
[2022] 2 Cr. App. R. (S.) 1 CA (Crim Div) B7-027
R. v Network Rail Infrastructure [2010] EWCA Crim 1225; [2010] 5 WLUK 624; [2011] 1
Cr. App. R. (S.) 44 CA (Crim Div) A4-102
R. v Newman (Shane) [2010] EWCA Crim 1566; [2010] 6 WLUK 610; [2011] 1 Cr. App.
R. (S.) 68; [2010] Crim. L.R. 781 CA (Crim Div) A2-018, A2-035, A2-037
R. v Newton (David) [1974] 2 WLUK 62; [1974] R.T.R. 451; [1974] Crim. L.R. 321 CA
(Crim Div)........ A1-057, A1-068, A1-176, A1-178, A1-179, A1-180, A1-190, A1-191, A4-182,
A4-261, A4-453, A4-553
R. v Newton (John Robert) [2017] EWCA Crim 874; [2017] 7 WLUK 22; [2017] 2 Cr.
App. R. (S.) 41 CA (Crim Div) B3-276
R. v Newton (Robert John) [1982] 12 WLUK 57; (1983) 77 Cr. App. R. 13; (1982) 4 Cr.
App. R. (S.) 388; [1983] Crim. L.R. 198 CA (Crim Div) A2-009, A2-022, A2-026, A2-038,
A2-093, A3-069, A3-116, A3-120, A3-123, A3-137, A3-144, A3-147, A3-152, A3-155, A3-159,
A3-165, A3-166, A3-169, A3-170, A3-172, A3-173, A3-174, A3-175, A3-177, A3-179,
A3-180, A3-182, A3-184, A3-186, A5-095
R. v Nguyen (Hanh Tuyet) [2022] EWCA Crim 1444; [2023] 1 W.L.R. 975; [2022] 11
WLUK 39; [2023] 1 Cr. App. R. (S.) 30; [2023] Crim. L.R. 158 CA (Crim Div)........... A4-439
R. v Nicholson (James Kessack) (No.1) [1947] 2 All E.R. 535; 63 T.L.R. 560; [1947] 10
WLUK 16; (1948) 32 Cr. App. R. 98; (1948) 112 J.P. 1; [1947] W.N. 272 CCA A1-134
R. v Nightingale [1977] 1 WLUK 545; [1977] Crim. L.R. 744 CA (Crim Div) A2-015
R. v Nightingale (Danny Harold) [2013] EWCA Crim 405; [2013] 3 WLUK 314; [2013] 2
Cr. App. R. 7; *Times*, March 26, 2013 CA (Crim Div) A2-015
R. v Nnamani (Sunday Olivia) [2015] EWCA Crim 596; [2015] 3 WLUK 350; [2015] 2 Cr.
App. R. (S.) 23; [2015] Crim. L.R. 737 CA (Crim Div)...........................B5-008
R. v Noble (Peter) [2002] EWCA Crim 1713; [2002] 6 WLUK 420; [2003] 1 Cr. App. R.
(S.) 65; [2003] R.T.R. 6; [2002] Crim. L.R. 676; (2002) 99(32) L.S.G. 33; (2002) 146
S.J.L.B. 176; *Times*, July 11, 2002 CA (Crim Div) A1-208, B6-004, B6-044

TABLE OF CASES

R. v Noel (Donald Djan) [2017] EWCA Crim 782; [2017] 7 WLUK 133; [2018] 1 Cr. App.
R. (S.) 5 CA (Crim Div) B4-096
R. v Nolan (Keiran) [2022] EWCA Crim 726; [2022] 4 WLUK 428; [2022] 2 Cr. App. R.
(S.) 45 CA (Crim Div) A1-185
R. v Noonan (Nicholas) [2010] EWCA Crim 2917; [2009] 12 WLUK 166; [2010] 2 Cr.
App. R. (S.) 35 CA (Crim Div) A3-178
R. v Norris (Richard Lee) [2024] EWCA Crim 68; [2024] 1 WLUK 463; [2024] 2 Cr. App.
R. (S.) 12 CA (Crim Div) A4-745a
R. v Northallerton Magistrates' Court Ex p. Dove [1999] 5 WLUK 393; [2000] 1 Cr. App.
R. (S.) 136; (1999) 163 J.P. 657; [1999] Crim. L.R. 760; [1999] C.O.D. 598; (1999) 163
J.P.N. 894; *Times*, June 17, 1999 QBD A4-094
R. v Norton (Leesa); joined case(s) R. v Claxton (Donna Marica) [1989] 3 WLUK 289;
(1989) 11 Cr. App. R. (S.) 143 CA (Crim Div) A2-131
R. v Norval (Peter Victor) [2015] EWCA Crim 1694; [2015] 4 WLUK 37 CA (Crim Div) .. B3-230
R. v Nottingham Crown Court Ex p. DPP [1995] 7 WLUK 185; [1996] 1 Cr. App. R. (S.)
283; (1996) 160 J.P. 78; [1995] Crim. L.R. 902; (1995) 159 J.P.N. 878; *Times*, October 5,
1995; *Independent*, July 24, 1995 DC A3-133, A3-177
R. v Nottingham Magistrates Court Ex p. Davidson [1999] 5 WLUK 127; [2000] 1 Cr.
App. R. (S.) 167; [2000] Crim. L.R. 118; [1999] C.O.D. 405; *Independent*, June 21,
1999 QBD A2-091, A2-130
R. v NPS London Ltd [2019] EWCA Crim 228; [2019] 2 WLUK 364; [2019] 2 Cr. App. R.
(S.) 18 CA (Crim Div) A4-105, B7-035, B7-038
R. v Nsumbu (Michael) [2017] EWCA Crim 1046; [2017] 7 WLUK 140; [2017] 2 Cr. App.
R. (S.) 51 CA (Crim Div) A1-196
R. v Ntim (Jeremiah) [2019] EWCA Crim 311; [2019] 2 WLUK 540 CA (Crim Div) A1-097
R. v Nurthen (Alexander) [2014] EWCA Crim 83; [2014] 1 WLUK 870 CA (Crim Div) A4-458
R. v O [2018] EWCA Crim 2286; [2018] 10 WLUK 718; [2019] 1 Cr. App. R. (S.) 28;
[2019] Crim. L.R. 353 CA (Crim Div) A6-025
R. v Oakes (David); joined case(s) R. v Restivo (Daniel); R. v Roberts (Michael John); R. v
Simmons (David); R. v Stapleton (Kiaran Mark) [2012] EWCA Crim 2435; [2013] Q.B.
979; [2013] 3 W.L.R. 137; [2013] 2 All E.R. 30; [2012] 11 WLUK 595; [2013] 2 Cr.
App. R. (S.) 22; [2013] H.R.L.R. 9; [2013] Crim. L.R. 252; *Times*, December 11, 2012
CA (Crim Div) A3-127, A4-718
R. v O'Brien (Karl); joined case(s) R. v Harris (Christopher); R. v Llewellyn (Gareth); R. v
Moss (Edgar) [2006] EWCA Crim 1741; [2007] 1 W.L.R. 833; [2006] 4 All E.R. 1012;
[2006] 7 WLUK 422; [2007] 1 Cr. App. R. (S.) 75; [2006] Crim. L.R. 1074; *Times*,
August 30, 2006 CA (Crim Div) A4-667, A4-669, A4-673
R. v O'Bryan (Charles) [2021] EWCA Crim 1472; [2021] 10 WLUK 95; [2022] 1 Cr. App.
R. (S.) 53; [2022] Crim. L.R. 703 CA (Crim Div) B2-076
R. v O'Callaghan (Patrick) [2005] EWCA Crim 317; [2005] 2 WLUK 176; [2005] 2 Cr.
App. R. (S.) 83; [2005] Crim. L.R. 486 CA (Crim Div) A3-127
R. v O'Connor (Jermaine) [2018] EWCA Crim 1417; [2018] 6 WLUK 239; [2018] 2 Cr.
App. R. (S.) 49 CA (Crim Div) A10-027, A10-028
R. v Ogden (Neil); joined case(s) R. v Atkinson (David); R. v Brough (Kevin); R. v Logan
(Gavin); R. v Martin (Glen); R. v Ogden (Stephen); R. v Wilson (Dean) [2016] EWCA
Crim 6; [2017] 1 W.L.R. 1224; [2016] 1 WLUK 480; [2016] 1 Cr. App. R. 29; [2016]
Crim. L.R. 573 CA (Crim Div) B4-171
R. v Ogungbile (Taoreed Babatunde) [2017] EWCA Crim 1826; [2018] 4 W.L.R. 56; [2017]
11 WLUK 508; [2018] 1 Cr. App. R. (S.) 31; [2018] Crim. L.R. 415 CA (Crim Div) B4-059
R. v O'Hare (George William) [2023] EWCA Crim 900; [2023] 6 WLUK 565; [2023] 2 Cr.
App. R. (S.) 48 CA (Crim Div) B4-065
R. v Ohen (Danny) [2023] EWCA Crim 1541; [2023] 12 WLUK 420; [2024] 2 Cr. App. R.
(S.) 5 CA (Crim Div) B2-206e
R. v O'Keefe (Matthew) [2003] EWCA Crim 2629; [2003] 9 WLUK 188; [2004] 1 Cr.
App. R. (S.) 67; [2004] Crim. L.R. 394 CA (Crim Div) A5-098
R. v O'Leary (Michael Patrick) [2015] EWCA Crim 1306; [2015] 7 WLUK 933; [2016] 1
Cr. App. R. (S.) 11 CA (Crim Div) A1-069, A3-127, A3-135
R. v Oliver (Philip) [2011] EWCA Crim 3114; [2011] 12 WLUK 762; [2012] 2 Cr. App. R.
(S.) 45 CA (Crim Div) B3-241, B3-243, B3-244
R. v Oliver (Sam Mark) [2019] EWCA Crim 1391; [2019] 7 WLUK 556; [2020] 1 Cr. App.
R. (S.) 10 CA (Crim Div) B4-016
R. v Olivieira (Milusca Theresita); joined case(s) R. v Cina (Milan); R. v Oramulu
(Kingsley Jozue) [2012] EWCA Crim 2279; [2012] 10 WLUK 531; [2013] 2 Cr. App. R.

Table of Cases

(S.) 4; [2013] Crim. L.R. 162 CA (Crim Div) B7-107, B7-116
R. v Olliver (Richard George); joined case(s) R. v Olliver (Michael Andrew) [1989] 1
    WLUK 634; (1989) 11 Cr. App. R. (S.) 10; (1989) 153 J.P. 369; [1989] Crim. L.R. 387;
    (1989) 153 J.P.N. 390; *Times*, January 20, 1989; *Independent*, January 30, 1989; *Daily
    Telegraph*, January 27, 1989 CA (Crim Div) A4-099, A4-106, A4-145
R. v Olusanya (Olukayode); joined case(s) R. v Sabina (Zunica) [2012] EWCA Crim 900;
    [2012] 5 WLUK 164; [2013] 1 Cr. App. R. (S.) 32 CA (Crim Div) B7-115
R. v Omojudi (Stephen Olaurewaju) [1991] 10 WLUK 63; (1992) 94 Cr. App. R. 224;
    (1992) 13 Cr. App. R. (S.) 346; [1992] Imm. A.R. 104; (1992) 4 Admin. L.R. 399; [1992]
    Crim. L.R. 377; *Times*, October 28, 1991 CA (Crim Div)... A5-368
R. v Oprea (Razvan-Dumitru) [2021] EWCA Crim 1695; [2021] 10 WLUK 506 CA (Crim
    Div). B3-048
R. v O'Prey (John Warren) [1998] 11 WLUK 419; [1999] 2 Cr. App. R. (S.) 83; [1999]
    Crim. L.R. 233 CA (Crim Div) A3-126, A3-127
R. v Opuku (David Swire) [2017] EWCA Crim 1110; [2017] 7 WLUK 18; [2017] 2 Cr.
    App. R. (S.) 49 CA (Crim Div) B4-124a, B4-125
R. v O'Reilly (Jordan) [2023] EWCA Crim 1615; [2023] 12 WLUK 542; [2024] 1 Cr. App.
    R. (S.) 50 CA (Crim Div).. B8-106, B8-120
R. v Oriakhel (Noorzaman) [2019] EWCA Crim 1401; [2019] 7 WLUK 576; [2020] R.T.R.
    9 CA (Crim Div) A4-538
R. v Ormiston (Damian) [2016] EWCA Crim 363; [2016] 2 WLUK 489; [2016] 2 Cr. App.
    R. (S.) 4 CA (Crim Div).. B8-105, B8-117
R. v Ormond (Callum Philip) [2020] EWCA Crim 1923; [2020] 11 WLUK 666 CA (Crim
    Div). B5-082
R. v O'Rourke (Connor Jay) [2021] EWCA Crim 1064; [2021] 4 W.L.R. 125; [2021] 7
    WLUK 156; [2022] 1 Cr. App. R. (S.) 29 CA (Crim Div) A3-199, A3-208, A3-209, A4-454
R. v Orr (Alex) [2017] EWCA Crim 1639; [2017] 9 WLUK 138 CA (Crim Div) A1-150
R. v Oshosanya (Babajide Oriyomi) [2022] EWCA Crim 1794; [2022] 9 WLUK 451;
    [2023] 1 Cr. App. R. (S.) 34 CA (Crim Div) A5-156
R. v Ovieriakhi (Valerie Ekiuwa) [2009] EWCA Crim 452; [2009] 2 WLUK 704; [2009] 2
    Cr. App. R. (S.) 91; [2009] Crim. L.R. 605; *Times*, March 10, 2009 CA (Crim Div) B7-125
R. v Owen (Arthur Anthony) [1990] 11 WLUK 381; (1990-91) 12 Cr. App. R. (S.) 561 CA
    (Crim Div) A4-133
R. v P [2004] EWCA Crim 287; [2004] 2 WLUK 53; [2004] 2 Cr. App. R. (S.) 63; [2004]
    Crim. L.R. 490; *Times*, February 19, 2004 CA (Crim Div).................... A5-018, A5-140
R. v P; joined case(s) R. v Blackburn (Derek Stephen) [2007] EWCA Crim 2290; [2008] 2
    All E.R. 684; [2007] 10 WLUK 553; [2008] 2 Cr. App. R. (S.) 5; [2008] Crim. L.R. 147;
    (2007) 151 S.J.L.B. 1438; *Times*, December 24, 2007 CA (Crim Div) .. A1-140, A1-144, A10-045,
    A10-047, A10-048
R. v P [2009] EWCA Crim 1048; [2009] 5 WLUK 428 CA (Crim Div) B3-172, B3-173
R. v P, sub nom. R. v DP [2013] EWCA Crim 1143; [2013] 1 WLUK 422; [2013] 2 Cr.
    App. R. (S.) 63; [2013] Crim. L.R. 860 CA (Crim Div) A4-678
R. v P [2015] EWCA Crim 753; [2014] 10 WLUK 632; [2015] 2 Cr. App. R. (S.) 28 CA
    (Crim Div) B3-195
R. v P [2016] EWCA Crim 836; [2016] 6 WLUK 145 CA (Crim Div) B3-044, B3-074
R. v P&O Ferries (Irish Sea) Ltd, sub nom. R. v P&O European Ferries (Irish Sea) Ltd
    [2004] EWCA Crim 3236; [2004] 11 WLUK 635; [2005] 2 Cr. App. R. (S.) 21 CA (Crim
    Div). A4-100
R. v Paddon (Jack Michael) [2021] EWCA Crim 1485; [2021] 10 WLUK 144 CA (Crim
    Div) A1-185
R. v Palmer (Craig Edward) [2019] EWCA Crim 2231; [2019] 5 WLUK 750; [2020] 1 Cr.
    App. R. (S.) 54 CA (Crim Div) A10-161
R. v Palmer (Juliette) [1993] 5 WLUK 243; (1994) 15 Cr. App. R. (S.) 123 CA (Crim Div) . A3-184
R. v Palmer (Peter Leslie) [1993] 11 WLUK 268; (1994) 15 Cr. App. R. (S.) 550; [1994]
    Crim. L.R. 228 CA (Crim Div) A4-146
R. v Panayioutou (Andronikus) [1989] 11 WLUK 315; (1989) 11 Cr. App. R. (S.) 535;
    [1990] Crim. L.R. 349 CA (Crim Div) A4-148
R. v Pardue (Graeme John) [2003] EWCA Crim 1562; [2003] 5 WLUK 366; [2004] 1 Cr.
    App. R. (S.) 13; [2003] Crim. L.R. 641 CA (Crim Div) A3-143
R. v Parker (Harry) [1970] 1 W.L.R. 1003; [1970] 2 All E.R. 458; [1970] 4 WLUK 22;
    (1970) 54 Cr. App. R. 339; (1970) 114 S.J. 396 CA (Crim Div)....................... A4-160
R. v Parkin (George) [2020] EWCA Crim 614; [2020] 4 WLUK 467; [2020] 2 Cr. App. R.
    (S.) 44; [2021] R.T.R. 11 CA (Crim Div) A4-220

TABLE OF CASES

R. v Parkins (Cerys Tracey); joined case(s) R. v Blackwell (Georgina); R. v Callum (Natasha); R. v Harrison (Amy) [2011] EWCA Crim 968; [2011] 3 WLUK 969; [2011] 2 Cr. App. R. (S.) 120 CA (Crim Div)..B2-144
R. v Parkinson (Matthew) [2015] EWCA Crim 1448; [2015] 7 WLUK 346; [2016] 1 Cr. App. R. (S.) 6; [2015] Crim. L.R. 991 CA (Crim Div).....................................A4-134
R. v Parnell (Brian Michael) [2004] EWCA Crim 2523; [2005] 1 W.L.R. 853; [2004] 10 WLUK 396; Times, November 8, 2004 CA (Crim Div)..................................A7-029
R. v Parr (William) [2023] EWCA Crim 1605; [2023] 9 WLUK 525; [2024] 1 Cr. App. R. (S.) 33 CA (Crim Div)..A4-636, A4-637
R. v Parry (Benjamin Richards) [2023] EWCA Crim 421; [2023] 4 WLUK 173; [2023] 2 Cr. App. R. (S.) 35 CA (Crim Div)...B2-025
R. v Parsons (Hayden Graeme); joined case(s) R. v Morgan (Stuart James) [2017] EWCA Crim 2163; [2018] 1 W.L.R. 2409; [2017] 12 WLUK 565; [2018] 1 Cr. App. R. (S.) 43 CA (Crim Div).....A5-057, A5-270, A5-291, A5-292, A5-296, A5-297, A5-298, A5-299, A5-302, A5-304
R. v Parsons (Lee) [2019] EWCA Crim 1451; [2020] 4 W.L.R. 30; [2019] 7 WLUK 836; [2020] 1 Cr. App. R. (S.) 8 CA (Crim Div).......................................A1-219, A10-035
R. v Patel (Rupal) [2006] EWCA Crim 2689; [2006] 10 WLUK 650; [2007] 1 Cr. App. R. 12; [2007] I.C.R. 571; [2007] Crim. L.R. 476 CA (Crim Div)..............................A4-057
R. v Patel (Tristan); joined case(s) R. v Blackley (Kyron); R. v Brady (Ryan Michael); R. v DM; R. v Fisher (Frank Allan); R. v Fox (Paul); R. v Ghilani (Sifean); R. v Gidden (Atiyyah Viola); R. v Lawrence (Karl); R. v Ramalho (Ulili); R. v Sweeney (Sean John); R. v Thomas (Levar); R. v Thompson (Jason Nicholas); R. v Warburton (Shane Duke) [2021] EWCA Crim 231; [2021] 1 W.L.R. 2997; [2021] 2 WLUK 384; [2021] 2 Cr. App. R. (S.) 47 CA (Crim Div)..A10-049, A10-051
R. v Patrick (Matthew) [2019] EWCA Crim 2194; [2019] 11 WLUK 600 CA (Crim Div)...A4-538
R. v Payne (William John) [1963] 1 W.L.R. 637; [1963] 1 All E.R. 848; [1963] 1 WLUK 910; (1963) 47 Cr. App. R. 122; (1963) 127 J.P. 230; (1963) 107 S.J. 97 CCA..........A4-003
R. v Peachment (Curtis Thomas) [2021] EWCA Crim 1854; [2021] 11 WLUK 538; [2022] 2 Cr. App. R. (S.) 9 CA (Crim Div)...B2-152
R. v Pearce (John Frederick) [1996] 2 WLUK 322; [1996] 2 Cr. App. R. (S.) 316; [1996] Crim. L.R. 442; (1996) 140 S.J.L.B. 92; Times, February 22, 1996 CA (Crim Div)....A4-211
R. v Pearson (Simon Paul) [2021] EWCA Crim 784; [2021] 5 WLUK 305 CA (Crim Div)..A5-140
R. v Pedley (Dean); joined case(s) R. v Hamadi (Zeeyad); R. v Martin (Lee) [2009] EWCA Crim 840; [2009] 1 W.L.R. 2517; [2009] 5 WLUK 295; [2010] 1 Cr. App. R. (S.) 24; [2010] 1 Prison L.R. 258; [2009] Crim. L.R. 669 CA (Crim Div).........................A4-448
R. v Peers (Mia) [2021] EWCA Crim 1677; [2022] 4 W.L.R. 7; [2021] 10 WLUK 497; [2022] 2 Cr. App. R. (S.) 4; [2022] Crim. L.R. 341 CA (Crim Div).....................A4-560
R. v Pelletier (Paul) [2012] EWCA Crim 1060; [2012] 5 WLUK 354 CA (Crim Div).....A3-194
R. v Pemberton (Thomas) [1982] 10 WLUK 150; (1982) 4 Cr. App. R. (S.) 328; [1983] Crim. L.R. 121 CA (Crim Div)...A4-182
R. v Pepper (Stephen) [2019] EWCA Crim 2088; [2019] 11 WLUK 503; [2020] 1 Cr. App. R. (S.) 64 CA (Crim Div)...B2-466
R. v Pereira-Lee (Cheyenn) [2016] EWCA Crim 1705; [2016] 11 WLUK 135; [2017] 1 Cr. App. R. (S.) 17; [2017] Crim. L.R. 243 CA (Crim Div)....................................A4-388
R. v Perkins (Robert); joined case(s) R. v Hall (Ronnie); R. v Bennett (Billy) [2013] EWCA Crim 323; [2013] 3 WLUK 702; [2013] 2 Cr. App. R. (S.) 72; [2013] Crim. L.R. 533 CA (Crim Div)........A3-038, A3-039, A3-040, A3-042, A3-043, A3-044, A3-046, A3-047, A3-048, A3-049, A10-013, A10-033
R. v Perks (James Benjamin) [2000] 4 WLUK 556; [2001] 1 Cr. App. R. (S.) 19; [2000] Crim. L.R. 606; Times, May 5, 2000 CA (Crim Div)......................................A3-046
R. v Perry (Dean) [2013] EWCA Crim 1598; [2013] 9 WLUK 234 CA (Crim Div).......B8-090
R. v Peters (Benjamin); joined case(s) R. v Campbell (Shantelle Jamie); R. v Palmer (Daniel Roy) [2005] EWCA Crim 605; [2005] 3 WLUK 331; [2005] 2 Cr. App. R. (S.) 101; [2005] Crim. L.R. 492; Times, March 29, 2005 CA (Crim Div)..A4-718, A4-747, A4-749, A4-755
R. v Petherick (Rosie Lee) [2012] EWCA Crim 2214; [2013] 1 W.L.R. 1102; [2012] 10 WLUK 95; [2013] 1 Cr. App. R. (S.) 116; (2013) 177 J.P. 94; [2013] Crim. L.R. 80 CA (Crim Div)..A1-118, A1-119, A1-120, B2-169
R. v Phillips (James) [2018] EWCA Crim 2008; [2018] 8 WLUK 240; [2019] 1 Cr. App. R. (S.) 11; [2019] Crim. L.R. 176 CA (Crim Div)..A4-642
R. v Phipps (Cory) [2021] EWCA Crim 1104; [2021] 7 WLUK 412; [2022] 1 Cr. App. R. (S.) 30; [2022] Crim. L.R. 514 CA (Crim Div)..B5-088
R. v Pidgeon (Stephen Paul), sub nom. R. v Pidgeon (Stephen Paul) (also known as Smith)

[lxxxix]

TABLE OF CASES

[2017] EWCA Crim 538; [2017] 2 WLUK 172; [2017] 2 Cr. App. R. (S.) 43 CA (Crim Div) A1-214
R. v Pile (Tony); joined case(s) R. v Rossiter (James) [2005] EWCA Crim 2936; [2005] 10 WLUK 857; [2006] 1 Cr. App. R. (S.) 131 CA (Crim Div). A4-744
R. v Pinkerton (Jon) [2017] EWCA Crim 38; [2017] 4 W.L.R. 65; [2017] 1 WLUK 440; [2017] 1 Cr. App. R. (S.) 47; [2017] Crim. L.R. 493 CA (Crim Div). B3-231, B3-232, B3-235, B3-239
R. v Pinnell (Paul Leslie); joined case(s) R. v Joyce (Martin Peter Francis) [2010] EWCA Crim 2848; [2012] 1 W.L.R. 17; [2010] 12 WLUK 155; [2011] 2 Cr. App. R. (S.) 30; [2011] Crim. L.R. 253 CA (Crim Div) A4-004, A4-632, A4-645
R. v Pipe (Steven Allan) [2014] EWCA Crim 2570; [2014] 11 WLUK 502; [2015] 1 Cr. App. R. (S.) 42; [2015] Crim. L.R. 304 CA (Crim Div) B3-064, B3-065
R. v Pitt (Karl) [2014] EWCA Crim 522 CA (Crim Div) A4-146
R. v Pitts (Aaron); joined case(s) R. v Booth (Jonathan); R. v Bowden (Peter); R. v Harding (James Benjamin); R. v Knight (Glenn); R. v McComb (William Thomas); R. v McDonald (Mark Anthony); R. v Murphy (George Leon); R. v Rooks (Craig); R. v Waters (Gordon George) [2014] EWCA Crim 1615; [2014] 7 WLUK 1109; [2014] Crim. L.R. 834 CA (Crim Div). B5-020
R. v Places for People Homes [2021] EWCA Crim 410; [2021] 2 WLUK 569; [2021] 2 Cr. App. R. (S.) 37 CA (Crim Div) B7-031
R. v Plaku (Isuf); joined case(s) R. v Bourdon (Simon); R. v Plaku (Eduart); R. v Smith (Benjamin) [2021] EWCA Crim 568; [2021] 4 W.L.R. 82; [2021] 4 WLUK 207; [2022] 1 Cr. App. R. (S.) 7 CA (Crim Div). A1-168, A1-173, A1-181
R. v Pollard (Lee); joined case(s) R. v Patterson (Sharon) [2019] EWCA Crim 1638; [2019] 7 WLUK 821; [2020] 1 Cr. App. R. (S.) 24 CA (Crim Div) A1-025, B8-123
R. v Poole (Matthew Jason) [2014] EWCA Crim 1641; [2015] 1 W.L.R. 522; [2014] 7 WLUK 813; [2015] 1 Cr. App. R. (S.) 2; [2015] M.H.L.R. 84 CA (Crim Div) A3-089, A3-095, A9-059
R. v Porter (Kevin) [2023] EWCA Crim 53; [2023] 1 WLUK 508; [2023] 2 Cr. App. R. (S.) 17 CA (Crim Div) A4-400
R. v Potter (Marcus) [2019] EWCA Crim 461; [2019] 1 WLUK 515; [2019] 2 Cr. App. R. (S.) 5 CA (Crim Div). A10-208, A10-209
R. v Poulton (Sarah Jane); joined case(s) R. v Celaire (Mario Rolando) [2002] EWCA Crim 2487; [2003] 4 All E.R. 869; [2002] 10 WLUK 646; [2003] 1 Cr. App. R. (S.) 116; [2003] Crim. L.R. 124; Times, November 1, 2002 CA (Crim Div). A6-010
R. v Powell (Curtis); joined case(s) R. v Hinkson (Dean) [2008] EWCA Crim 1214; [2008] 5 WLUK 254; [2009] 1 Cr. App. R. (S.) 30 CA (Crim Div) B7-068
R. v Powell (George Dennis); joined case(s) R. v Davies (Layton Allan); R. v Wicks (Simon David) [2020] EWCA Crim 1136; [2020] 7 WLUK 623; [2021] 1 Cr. App. R. (S.) 27 CA (Crim Div) B4-012
R. v Powell (Mark) [1985] 7 WLUK 158; (1985) 7 Cr. App. R. (S.) 247; [1985] Crim. L.R. 802 CA (Crim Div) A10-029
R. v Powell (Samuel Clive) [2017] EWCA Crim 2324; [2017] 12 WLUK 397; [2018] 1 Cr. App. R. (S.) 40; [2018] Crim. L.R. 494 CA (Crim Div) A2-022
R. v Powter (Lewis Martin) [2014] EWCA Crim 2360; [2014] 11 WLUK 30; [2015] 1 Cr. App. R. (S.) 31 CA (Crim Div) B8-092
R. v Prenga (Jetmir) [2017] EWCA Crim 2149; [2018] 4 W.L.R. 59; [2017] 12 WLUK 485; [2018] 1 Cr. App. R. (S.) 41; [2018] Crim. L.R. 497 CA (Crim Div) . A4-483, A4-484, A4-485
R. v Prestbury (Lee) [2017] EWCA Crim 2495; [2017] 11 WLUK 414 CA (Crim Div) B3-076
R. v Preston [1985] 4 WLUK 175; [1986] R.T.R. 136 CA (Crim Div) A4-268
R. v Price (Abraham Andy), sub nom. R. v Hallissey (Thomas Francis); R. v Price (Danny); R. v Price (Rudolph) [2022] EWCA Crim 818; [2022] 5 WLUK 590 CA (Crim Div) B2-081
R. v Price (George) [2018] EWCA Crim 1784; [2018] 6 WLUK 690; [2019] 1 Cr. App. R. (S.) 24; [2019] Crim. L.R. 249 CA (Crim Div) A1-167
R. v Price (Jamie) [2013] EWCA Crim 1283; [2013] 6 WLUK 285; [2014] 1 Cr. App. R. (S.) 36 CA (Crim Div) A4-393
R. v Priestley (Steven) [2022] EWCA Crim 1208; [2022] 9 WLUK 39; [2023] 1 Cr. App. R. (S.) 18 CA (Crim Div). A8-022
R. v Priestly (Ronald William) [1995] 12 WLUK 428; [1996] 2 Cr. App. R. (S.) 144 CA (Crim Div) A4-184
R. v Prime (Geoffrey Arthur) [1983] 4 WLUK 102; (1983) 5 Cr. App. R. (S.) 127 CA (Crim Div) A4-467
R. v Pritchard (Katrina) [2020] EWCA Crim 1877; [2020] 12 WLUK 594; [2021] 2 Cr.

App. R. (S.) 18 CA (Crim Div) B8-112, B8-114
R. v Privett (Steven Mark); joined case(s) R. v Buonaiuto (Marcello); R. v Smisson (Philip Richard); R. v West (Tony John) [2020] EWCA Crim 557; [2020] 4 W.L.R. 111; [2020] 4 WLUK 319; [2020] 2 Cr. App. R. (S.) 45; [2020] Crim. L.R. 1099 CA (Crim Div) B3-031
R. v PS; joined case(s) R. v CF; R. v Dahir (Abdi) [2019] EWCA Crim 2286; [2020] 4 W.L.R. 13; [2019] 12 WLUK 389; [2020] 2 Cr. App. R. (S.) 9; [2020] M.H.L.R. 203 CA (Crim Div)........................... A1-114, A3-004, A4-399, A6-190, A9-002, A9-007
R. v Purchase (Stuart) [2007] EWCA Crim 1740; [2007] 6 WLUK 552; [2008] 1 Cr. App. R. (S.) 58 CA (Crim Div).. B8-087
R. v PZL [2023] EWCA Crim 1076; [2023] 9 WLUK 214; [2024] 1 Cr. App. R. (S.) 19 CA (Crim Div) B3-057
R. v Q; joined case(s) R. v C; R. v W [2012] EWCA Crim 296; [2012] 1 WLUK 293; [2012] 2 Cr. App. R. (S.) 54; [2012] Crim. L.R. 555 CA (Crim Div) A6-233
R. v Qazi (Saraj); joined case(s) R. v Hussain (Majid) [2010] EWCA Crim 2579; [2010] 11 WLUK 140; [2011] 2 Cr. App. R. (S.) 8; [2011] H.R.L.R. 4; [2011] Crim. L.R. 159 CA (Crim Div) A1-110, A1-111
R. v Quinn (Conor) [2021] EWCA Crim 1563; [2021] 10 WLUK 426; [2022] 1 Cr. App. R. (S.) 56 CA (Crim Div) B4-005, B4-007
R. v R [2012] EWCA Crim 709; [2012] 3 WLUK 819 CA (Crim Div) A10-068
R. v R, sub nom. R. v AJR [2013] EWCA Crim 591; [2013] 5 WLUK 5; [2013] 2 Cr. App. R. 12; [2013] 2 F.L.R. 1383; [2013] M.H.L.R. 209; [2013] Fam. Law 961 CA (Crim Div) A5-148, A9-073, A9-075
R. v R [2019] EWCA Crim 2238; [2019] 12 WLUK 177; [2020] 2 Cr. App. R. (S.) 3 CA (Crim Div) A5-170
R. v R, sub nom. R (Rape: Marital Exemption), Re; R. v R (A Husband) [1992] 1 A.C. 599; [1991] 3 W.L.R. 767; [1991] 4 All E.R. 481; [1991] 10 WLUK 315; (1992) 94 Cr. App. R. 216; (1991) 155 J.P. 989; [1992] 1 F.L.R. 217; [1992] Crim. L.R. 207; [1992] Fam. Law 108; (1991) 155 J.P.N. 752; (1991) 141 N.L.J. 1481; (1991) 135 S.J.L.B. 181; Times, October 24, 1991; Independent, October 24, 1991; Guardian, October 30, 1991 HL A8-006
R. v Rahman (Mohammad Lotifur) [2020] EWCA Crim 76; [2020] 1 WLUK 392 CA (Crim Div)... A3-159
R. v Rahman (Shamsur) [2015] EWCA Crim 320; [2015] 2 WLUK 473; [2015] 2 Cr. App. R. (S.) 10 CA (Crim Div) A1-028
R. v Rainford (Denim Denver) [2010] EWCA Crim 3220; [2010] 11 WLUK 431; [2011] 2 Cr. App. R. (S.) 15 CA (Crim Div) A1-192
R. v Rajwansee (Mandeep Singh) [2023] EWCA Crim 1662; [2023] 12 WLUK 595; [2024] 2 Cr. App. R. (S.) 6 CA (Crim Div)....................................... A3-130, A3-141
R. v Rakib (Mohammed) [2011] EWCA Crim 870; [2011] 4 WLUK 38; [2012] 1 Cr. App. R. (S.) 1; [2011] Crim. L.R. 570 CA (Crim Div) A4-388
R. v Ramen (Permal) [1988] 7 WLUK 351; (1988) 10 Cr. App. R. (S.) 334 CA (Crim Div) . A1-116
R. v Rana (Rajeev Paul) [1998] 2 WLUK 95; [1998] 2 Cr. App. R. (S.) 288 CA (Crim Div) A4-180
R. v Ranasinghe (Rohana) [1999] 3 WLUK 31; [1999] 2 Cr. App. R. (S.) 366 CA (Crim Div) A4-183
R. v Rance (Piers) [2012] EWCA Crim 2023; [2012] 10 WLUK 238; [2013] 1 Cr. App. R. (S.) 123; [2013] Lloyd's Rep. F.C. 6; [2013] Crim. L.R. 74; [2013] P.T.S.R. D11 CA (Crim Div) A4-093
R. v Randall (Roy Percy) [1986] 11 WLUK 216; (1986) 8 Cr. App. R. (S.) 433; [1987] Crim. L.R. 254 CA (Crim Div) A4-021, A4-039
R. v Randhawa (Charnjit); joined case(s) Randhawa (Jusvir Kaur) [2008] EWCA Crim 2599; [2008] 10 WLUK 571 CA (Crim Div)...................................... A4-316
R. v Randhawa (Jagprit); joined case(s) R. v Chahal (Bhabdeep Singh); R. v Chahal (Charanjit Singh); R. v Mallourides (Philip); R. v Singh (Jaspal (aka Chahal)) [2012] EWCA Crim 1; [2012] S.T.C. 901; [2012] 1 WLUK 270; [2012] 2 Cr. App. R. (S.) 53; [2012] Lloyd's Rep. F.C. 283; [2012] S.T.I. 140 CA (Crim Div) B4-138
R. v Randhawa (Ravinder) [2022] EWCA Crim 873; [2022] 3 WLUK 727 CA (Crim Div) . B4-168
R. v Rashid (Husnain) [2019] EWCA Crim 797; [2019] 4 WLUK 509 CA (Crim Div) B2-230
R. v Rashid (Sabir) [2022] EWCA Crim 328; [2022] 3 WLUK 400; [2022] 2 Cr. App. R. (S.) 41 CA (Crim Div) A10-202
R. v Rattu (Ajay) [2020] EWCA Crim 757; [2020] 6 WLUK 271; [2021] 1 Cr. App. R. (S.) 2 CA (Crim Div).. B4-134
R. v Rawle (Madelynne) [2022] EWCA Crim 171; [2022] 2 WLUK 481 CA (Crim Div) .. B2-206f

R. v Rawlinson (Shaun) [2018] EWCA Crim 2825; [2019] 1 W.L.R. 2565; [2018] 12
WLUK 283; [2019] 1 Cr. App. R. (S.) 51; [2019] Crim. L.R. 639 CA (Crim Div) . A7-020, A7-030
R. v Raza (Wasim) [2009] EWCA Crim 1413; [2009] 6 WLUK 671; [2010] 1 Cr. App. R.
(S.) 56; [2009] Crim. L.R. 820 CA (Crim Div) A4-554
R. v RB; joined case(s) R. v HG; R. v JS [2020] EWCA Crim 643; [2020] 4 WLUK 543;
[2021] 1 Cr. App. R. (S.) 1; [2021] Crim. L.R. 64 CA (Crim Div) A1-157
R. v Reed (Alistair); joined case(s) R. v Bennett (Mark); R. v CK; R. v Crisp (Lee); R. v
Millen (Matthew); R. v Vasile (George) [2021] EWCA Crim 572; [2021] 1 W.L.R. 5429;
[2022] 1 All E.R. 60; [2021] 4 WLUK 155; [2022] 1 Cr. App. R. (S.) 6; [2022] Crim.
L.R. 66 CA (Crim Div) A1-012, B1-007, B3-031
R. v Reedy (Paul Brian) [2013] EWCA Crim 338; [2013] 2 WLUK 209 CA (Crim Div) . . . B8-025
R. v Reeves (Richard John) [1983] 8 WLUK 42; (1983) 5 Cr. App. R. (S.) 292; [1983]
Crim. L.R. 825 CA (Crim Div) A3-126
R. v Rehman (Zakir); joined case(s) R. v Wood (Gary Dominic) [2005] EWCA Crim 2056;
[2005] 7 WLUK 523; [2006] 1 Cr. App. R. (S.) 77; [2005] Crim. L.R. 878; *Times*,
September 27, 2005 CA (Crim Div) A4-559
R. v Reid (Carina) [2017] EWCA Crim 1523; [2017] 8 WLUK 135; [2018] 1 Cr. App. R.
(S.) 8 CA (Crim Div) A1-168
R. v Reid (Stuart William) [2015] EWCA Crim 597; [2015] 3 WLUK 990 CA (Crim Div) . B8-096
R. v Reid (Yaanan Gabriel Raphael), sub nom. R. v Roberts (Shannon Louise) [2019]
EWCA Crim 2346; [2019] 1 WLUK 633 CA (Crim Div)............................ A1-190
R. v Rendell (Michael Paul) [2019] EWCA Crim 621; [2019] 4 WLUK 227; [2020]
M.H.L.R. 60 CA (Crim Div) A9-043
R. v Rennes (Michael David) [1985] 10 WLUK 165; (1985) 7 Cr. App. R. (S.) 343; [1986]
Crim. L.R. 193 CA (Crim Div) A2-091, A2-130
R. v Rescorl (Rebecca) [2021] EWCA Crim 2005; [2021] 12 WLUK 463 CA (Crim Div) . . A1-119
R. v Reynolds (Jamie); joined case(s) R. v Rosser (Anwar) [2014] EWCA Crim 2205;
[2014] 10 WLUK 927; [2015] 1 Cr. App. R. (S.) 24 CA (Crim Div) A4-718
R. v Reynolds (Michael Edwin); joined case(s) R. v D; R. v Honore (James); R. v L; R. v
Lubwama (Abdul Musisi); R. v S; R. v Thompson (Amelio); R. v Webb (John Paul)
[2007] EWCA Crim 538; [2008] 1 W.L.R. 1075; [2007] 4 All E.R. 369; [2007] 3 WLUK
206; [2007] 2 Cr. App. R. (S.) 87; [2007] Crim. L.R. 493; *Times*, March 21, 2007 CA
(Crim Div) A10-018, A10-028
R. v Reynolds (Naomi Donna) [2016] EWCA Crim 2217; [2016] 12 WLUK 302; [2017] 1
Cr. App. R. (S.) 42 CA (Crim Div)............................. B8-108, B8-112, B8-113
R. v RGX [2023] EWCA Crim 1679; [2023] 12 WLUK 576; [2024] 2 Cr. App. R. (S.) 3
CA (Crim Div) B3-050, B3-050a
R. v RH, sub nom. R. v A; R. v H; joined case(s) R. v LA [2016] EWCA Crim 1754; [2017]
4 W.L.R. 81; [2016] 11 WLUK 754; [2017] 1 Cr. App. R. (S.) 23 CA (Crim Div) . . B2-165, B2-170
R. v Ribeyre (Paul) [1982] 4 WLUK 214; (1982) 4 Cr. App. R. (S.) 165; [1982] Crim. L.R.
538; *Times*, May 5, 1982 CA (Crim Div).. A4-211
R. v Richards (Donross Steven) [2022] EWCA Crim 247; [2022] 2 WLUK 503; [2022] 2
Cr. App. R. (S.) 37 CA (Crim Div) A1-184
R. v Richardson (Dianne) [2013] EWCA Crim 1905; [2013] 10 WLUK 545; [2014] 2 Cr.
App. R. (S.) 5 CA (Crim Div) A5-161, A5-170
R. v Riding (David) [2009] EWCA Crim 892; [2009] 4 WLUK 210; [2010] 1 Cr. App. R.
(S.) 7 CA (Crim Div) B2-460, B2-469, B2-470, B2-472
R. v Riley (Darren) [2019] EWCA Crim 816; [2019] 5 WLUK 152; [2019] 2 Cr. App. R.
(S.) 42 CA (Crim Div) A7-024
R. v Riley (Terence) [1983] 10 WLUK 62; (1984) 78 Cr. App. R. 121; (1983) 5 Cr. App. R.
(S.) 335; [1984] R.T.R. 159; [1984] Crim. L.R. 40; [1984] Crim. L.R. 48; *Times*, October
19, 1983 CA (Crim Div) A4-285
R. v RJ [2021] 1 WLUK 451; [2021] 2 Cr. App. R. (S.) 29 CA (Crim Div) A5-275
R. v RLM; joined case(s) R. v ADW [2011] EWCA Crim 2398; [2011] 9 WLUK 15; [2012]
1 Cr. App. R. (S.) 95 CA (Crim Div) B4-090
R. v Roberts (Chelsea Louise) [2019] EWCA Crim 1931; [2019] 10 WLUK 595; [2020] 1
Cr. App. R. (S.) 53 CA (Crim Div).. B2-159
R. v Roberts (Jamal) [2022] EWCA Crim 1758; [2022] 7 WLUK 733 CA (Crim Div) A4-558
R. v Roberts (Richard); joined case(s) R. v Blevins (Simon); R. v Loizou (Richard) [2018]
EWCA Crim 2739; [2019] 1 W.L.R. 2577; [2018] 12 WLUK 45; [2019] 1 Cr. App. R.
(S.) 48; [2019] Env. L.R. 17 CA (Crim Div) B8-139
R. v Roberts (Terry) [1998] 3 WLUK 599; [1998] 2 Cr. App. R. (S.) 455 CA (Crim Div) . . . B8-085
R. v Roberts (William John) [1987] 6 WLUK 272; (1987) 9 Cr. App. R. (S.) 275; [1987]

Crim. L.R. 712 CA (Crim Div) A4-132
R. v Robinson (Adrian Andrew) [2007] EWCA Crim 3120; [2007] 12 WLUK 7; [2008] 2
  Cr. App. R. (S.) 35 CA (Crim Div).. B8-061
R. v Robinson (Leon) [2020] EWCA Crim 866; [2020] 4 WLUK 531; [2020] 2 Cr. App. R.
  (S.) 48 CA (Crim Div).. A6-223, A6-236, A6-237
R. v Robinson (Samantha) [2020] EWCA Crim 385; [2020] 3 WLUK 18; [2020] 2 Cr. App.
  R. (S.) 28 CA (Crim Div)... B2-362, B2-367
R. v Robinson (Scott Malcolm) [2009] EWCA Crim 2600; [2009] 11 WLUK 399; [2010] 2
  Cr. App. R. (S.) 20 CA (Crim Div) A4-567
R. v Robinson (Wayne) [2015] EWCA Crim 1839; [2015] 8 WLUK 22; [2016] 1 Cr. App.
  R. (S.) 35; [2016] Crim. L.R. 282 CA (Crim Div)....................... A1-046, B2-362
R. v Robinson (William Danny) [2011] EWCA Crim 205; [2011] 2 WLUK 264 CA (Crim
  Div).. B4-061
R. v Robotham (Jeffrey Paul) [2001] EWCA Crim 580; [2001] 1 WLUK 688; [2001] 2 Cr.
  App. R. (S.) 69 CA (Crim Div) A3-165, A3-167
R. v Robson (Kevin) [2006] EWCA Crim 1414; [2007] 1 All E.R. 506; [2006] 6 WLUK
  579; [2007] 1 Cr. App. R. (S.) 54; (2006) 170 J.P. 637; [2006] Crim. L.R. 935; (2007)
  171 J.P.N. 123 CA (Crim Div).. A4-450
R. v Rocha (Reinaldo) [2007] EWCA Crim 1505; [2007] 6 WLUK 202 CA (Crim Div) ... A3-208
R. v Roddis (Julian Andrew) [2021] EWCA Crim 1583; [2021] 10 WLUK 443; [2022] 1
  Cr. App. R. (S.) 58 CA (Crim Div)... B3-257
R. v Rodi (Adrian) [2020] EWCA Crim 330; [2020] 2 WLUK 490; [2020] M.H.L.R. 303
  CA (Crim Div).. B2-023
R. v Rodmell 24 November 1994 .... B4-059
R. v Rodney (Radcliff) [1996] 1 WLUK 229; [1996] 2 Cr. App. R. (S.) 230; [1998] I.N.L.R.
  118; [1996] Crim. L.R. 357 CA (Crim Div) A5-378
R. v Rogers (Georgina); joined case(s) R. (on the application of the Environment Agency)
  v Tapecrown Ltd; R. v Beaman (Paul) [2016] EWCA Crim 801; [2017] 1 W.L.R. 481;
  [2016] 7 WLUK 1; [2016] 2 Cr. App. R. (S.) 36; [2016] Crim. L.R. 787 CA (Crim Div)... A3-186,
                                                                                      A4-553
R. v Rogers (Philip) [2007] UKHL 8; [2007] 2 A.C. 62; [2007] 2 W.L.R. 280; [2007] 2 All
  E.R. 433; [2007] 2 WLUK 684; [2007] 2 Cr. App. R. 7; 23 B.H.R.C. 88; [2007] Crim.
  L.R. 579; (2007) 151 S.J.L.B. 332; Times, March 1, 2007 HL A1-073
R. v Rollco Screw & Rivet Co Ltd [1999] 3 WLUK 508; [1999] 2 Cr. App. R. (S.) 436;
  [1999] I.R.L.R. 439; Times, April 29, 1999 CA (Crim Div) A4-101, A4-106
R. v Rollins (Neil) [2011] EWCA Crim 1825; [2011] 6 WLUK 701; [2012] 1 Cr. App. R.
  (S.) 64; [2011] Crim. L.R. 896 CA (Crim Div) B7-060
R. v Rooney (John Joseph) [2020] EWCA Crim 1132; [2020] 6 WLUK 593; [2021] 1 Cr.
  App. R. (S.) 5; [2021] Crim. L.R. 66 CA (Crim Div) A4-485
R. v Rose (Darren) [2021] EWCA Crim 155; [2021] 2 WLUK 186; [2021] 2 Cr. App. R.
  (S.) 30 CA (Crim Div).. A10-051
R. v Rose (Honey Maria) [2017] EWCA Crim 1168; [2018] Q.B. 328; [2017] 3 W.L.R.
  1461; [2018] 2 All E.R. 430; [2017] 7 WLUK 789; [2017] 2 Cr. App. R. 28; [2017] Med.
  L.R. 465; (2018) 161 B.M.L.R. 17; [2018] Crim. L.R. 76 CA (Crim Div) B2-014
R. v Rosenburg (David) [1998] 7 WLUK 590; [1999] 1 Cr. App. R. (S.) 365; [1999] Crim.
  L.R. 94 CA (Crim Div) A3-143
R. v Ross (Gareth) [2020] EWCA Crim 210; [2020] 2 WLUK 649; [2020] R.T.R. 19 CA
  (Crim Div)... A5-147
R. v Rossi (Derek) [2014] EWCA Crim 2081; [2014] 10 WLUK 78; [2015] 1 Cr. App. R.
  (S.) 15; [2015] Crim. L.R. 294 CA (Crim Div) A4-669
R. v Rouf (Milad) [2022] EWCA Crim 63; [2022] 1 WLUK 384; [2022] 2 Cr. App. R. (S.)
  28 CA (Crim Div).. B2-063
R. v Round (Terence); joined case(s) R. v Dunn (Vincent David) [2009] EWCA Crim
  2667; [2009] 12 WLUK 498; [2010] 2 Cr. App. R. (S.) 45; [2010] Crim. L.R. 329; Times,
  December 22, 2009 CA (Crim Div) A4-437, A4-609, A4-637, A10-049, A10-067
R. v Rowe (Daryll) [2018] EWCA Crim 2688; [2018] 11 WLUK 736; [2019] 1 Cr. App. R.
  (S.) 38 CA (Crim Div).. B2-081
R. v Rowlands (Steven) [2019] EWCA Crim 1464; [2019] 8 WLUK 250; [2020] 1 Cr. App.
  R. (S.) 31; [2020] Crim. L.R. 361 CA (Crim Div)................................... B5-048
R. v Rowlett (Scott Edward) [2020] EWCA Crim 1748; [2021] 4 W.L.R. 30; [2020] 12
  WLUK 342; [2021] 2 Cr. App. R. (S.) 16 CA (Crim Div)........................... A10-250
R. v Royle (Adam); joined case(s) R. v AJC; R. v BCQ [2023] EWCA Crim 1311; [2024] 1

W.L.R. 2853; [2023] 11 WLUK 139; [2024] 1 Cr. App. R. (S.) 41; [2024] Crim. L.R. 191 CA (Crim Div).. A1-136, A1-140, A1-140a, A1-142, A1-145, A1-145a, A1-146, A1-148, A1-149, A1-149a
R. v Rudups (Henrijs) [2011] EWCA Crim 61; [2011] 1 WLUK 94 CA (Crim Div) A4-561, B2-385
R. v Russell (David William) [2017] EWCA Crim 1196; [2017] 7 WLUK 498 CA (Crim Div). B4-079
R. v Russell (Jamie Malcolm) [2023] EWCA Crim 1080; [2023] 8 WLUK 296; [2024] 1 Cr. App. R. (S.) 17 CA (Crim Div). B8-057b
R. v Russell (Patrick Anthony) [2013] EWCA Crim 273; [2013] 2 WLUK 785 CA (Crim Div). B5-119, B5-122
R. v Rutherford (Zacharia) [2021] EWCA Crim 394; [2021] 3 WLUK 342; [2021] 2 Cr. App. R. (S.) 41 CA (Crim Div) A4-184
R. v Rye (James); joined case(s) R. v Rye (Jessie) [2012] EWCA Crim 2797; [2012] 11 WLUK 81; [2013] 2 Cr. App. R. (S.) 11 CA (Crim Div)............................ B4-053
R. v S [2003] EWCA Crim 2893 CA (Crim Div) B7-058
R. v S [2012] EWCA Crim 745; [2012] 3 WLUK 303 CA (Crim Div) B3-172
R. v S [2021] EWCA Crim 960; [2022] 6 WLUK 677; [2023] 1 Cr. App. R. (S.) 33; [2023] Crim. L.R. 428 CA (Crim Div) A2-121
R. v S (Andrew Benjamin) (A Juvenile) [2000] 4 WLUK 593; [2001] 1 Cr. App. R. (S.) 18; (2000) 164 J.P. 681; [2000] Crim. L.R. 613 CA (Crim Div) A6-217
R. v S (Jason Orlando) [1991] 8 WLUK 61; (1992) 13 Cr. App. R. (S.) 306; [1992] Crim. L.R. 219 CA (Crim Div) A4-431
R. v Sachan (Gaurav) [2018] EWCA Crim 2592; [2019] 4 W.L.R. 67; [2018] 11 WLUK 535 CA (Crim Div) A4-109, A4-149
R. v Salih (Amang Wahab); joined case(s) R. v Hamasalih (Awat Wahab) [2020] EWCA Crim 658; [2020] 4 WLUK 483; [2020] 2 Cr. App. R. (S.) 42 CA (Crim Div) B8-101, B8-115, B8-119
R. v Saliuka (Liridon) [2014] EWCA Crim 1907; [2014] 8 WLUK 19 CA (Crim Div) B8-107, B8-116
R. v Salmon (Ishuba) [2002] EWCA Crim 2088; [2002] 7 WLUK 513; [2003] 1 Cr. App. R. (S.) 85 CA (Crim Div). A1-218
R. v Salmon (Thomas) [2022] EWCA Crim 1116; [2022] 7 WLUK 526 CA (Crim Div) ... A9-049
R. v Samuriwo (Michael Tatenda), sub nom. R. v Bromell (Jerome) (aka Henry); R. v Muliswela (Stewart Kudzai) [2016] EWCA Crim 1948; [2016] 12 WLUK 192; [2017] 1 Cr. App. R. (S.) 30 CA (Crim Div). B4-121a, B4-128, B4-141
R. v Sanchez-Canadas (Mariano) [2012] EWCA Crim 2204; [2012] 10 WLUK 63; [2013] 1 Cr. App. R. (S.) 114; [2013] Crim. L.R. 77 CA (Crim Div) B5-079, B5-080
R. v Sanck (Carl) [1990] 3 WLUK 332; (1990-91) 12 Cr. App. R. (S.) 155; [1990] Crim. L.R. 663 CA (Crim Div) A4-055, A4-108
R. v Sandbach Justices Ex p. Williams, sub nom. R. v Sandbach Ex p. Williams [1935] 2 K.B. 192; [1935] 4 WLUK 11; (1935) 99 J.P. 51 KBD. A4-030, A4-036, A4-041
R. v Sandhu (Amandeep) [2017] EWCA Crim 908; [2017] 4 W.L.R. 160; [2017] 6 WLUK 401 CA (Crim Div). B7-045
R. v Sandhu (Major) [1996] 12 WLUK 155; [1998] 1 P.L.R. 17; [1997] J.P.L. 853; [1997] Crim. L.R. 288; [1996] N.P.C. 179; *Times*, January 2, 1997 CA (Crim Div) A3-147
R. v Sang (Leonard Anthony); joined case(s) R. v Mangan (Matthew) [1980] A.C. 402; [1979] 3 W.L.R. 263; [1979] 2 All E.R. 1222; [1979] 7 WLUK 200; (1979) 69 Cr. App. R. 282; [1979] Crim. L.R. 655 HL. A1-115
R. v Sanghera (Harvinder); joined case(s) R. v Atkar (Savdeep Singh); R. v Brown (David); R. v O'Meara (Stephen) [2016] EWCA Crim 94; [2016] 3 WLUK 593; [2016] 2 Cr. App. R. (S.) 15; [2016] Crim. L.R. 943 CA (Crim Div) B5-061, B5-062
R. v Sapiano (Mary), sub nom. R. v Sepiano (Mary) [1968] 7 WLUK 105; (1968) 52 Cr. App. R. 674; [1968] Crim. L.R. 497; (1968) 112 S.J. 799 CA (Crim Div) A4-549
R. v Saunders (Joey) [2022] EWCA Crim 264; [2022] 2 WLUK 475; [2022] 2 Cr. App. R. (S.) 36 CA (Crim Div) B3-019
R. v Saunders (Red); joined case(s) R. v Edwards (Ian Peter); R. v G [2013] EWCA Crim 1027; [2013] 6 WLUK 846; [2014] 1 Cr. App. R. (S.) 45; [2013] Crim. L.R. 930 CA (Crim Div) A4-677, A4-678
R. v Saurini (Federico) [2023] EWCA Crim 1572; [2023] 11 WLUK 724; [2024] 1 Cr. App. R. (S.) 46 CA (Crim Div) A4-732
R. v Savage (Julie) [1983] 6 WLUK 161; (1983) 5 Cr. App. R. (S.) 216; [1983] Crim. L.R. 687 CA (Crim Div) A4-055

TABLE OF CASES

R. v Saville (Peter Davies) [1981] Q.B. 12; [1980] 3 W.L.R. 151; [1980] 1 All E.R. 861; [1980] 1 WLUK 600; (1980) 70 Cr. App. R. 204; (1980) 2 Cr. App. R. (S.) 26; (1980) 124 S.J. 202 CA (Crim Div) A10-019, A10-020
R. v Saw (Rebecca); joined case(s) R. v Kassa (Tadeusz); R. v McPhee (Colin); R. v Smith (Martin); R. v Tete-Djawu (Andrew); R. v Younis (Naveed) [2009] EWCA Crim 1; [2009] 2 All E.R. 1138; [2009] 1 WLUK 196; [2009] 2 Cr. App. R. (S.) 54; [2009] Crim. L.R. 295; *Times*, January 26, 2009 CA (Crim Div) B4-049, B4-057
R. v Sayed (George Mohammed) [2014] EWCA Crim 282; [2014] 2 WLUK 309; [2014] 2 Cr. App. R. (S.) 39 CA (Crim Div) B4-007
R. v Scales (Daniel) [2020] EWCA Crim 159; [2020] 1 WLUK 439 CA (Crim Div) A4-538
R. v Schofield [1964] 1 WLUK 635; [1964] Crim. L.R. 829; (1964) 108 S.J. 802 CCA A3-122, A3-145
R. v Schofield (Charles Haldane) [1978] 1 W.L.R. 979; [1978] 2 All E.R. 705; [1978] 1 WLUK 869; (1978) 67 Cr. App. R. 282; (1978) 122 S.J. 128 CA (Crim Div) A4-129
R. v Scothern (Connor) [2020] EWCA Crim 1540; [2021] 1 W.L.R. 1735; [2020] 11 WLUK 280; [2021] 2 Cr. App. R. (S.) 4 CA (Crim Div) A6-026, A10-049
R. v Scott (Aaron) [2023] EWCA Crim 712; [2023] 5 WLUK 505 CA (Crim Div) A3-194
R. v Scott (Graham) [2022] EWCA Crim 1530; [2022] 11 WLUK 370 CA (Crim Div) A4-129
R. v Scott (Hamish Donald) [1983] 3 WLUK 133; (1983) 5 Cr. App. R. (S.) 90; [1983] Crim. L.R. 568 CA (Crim Div) A1-099
R. v Scott (James) [2023] EWCA Crim 267; [2023] 2 WLUK 609; [2023] 2 Cr. App. R. (S.) 24 CA (Crim Div) B2-031
R. v Scott (Michael Raymond) [2005] EWCA Crim 3313; [2005] 11 WLUK 157; [2006] 2 Cr. App. R. (S.) 5 CA (Crim Div) B7-123
R. v Scott (Stephen Anthony) [1989] 5 WLUK 214; (1989) 11 Cr. App. R. (S.) 249; [1989] Crim. L.R. 920 CA (Crim Div) A5-095
R. v Scurry (Alan) [1991] 12 WLUK 75; (1992) 13 Cr. App. R. (S.) 517 CA (Crim Div) ... A4-267
R. v Scutt (Alexander) [2023] EWCA Crim 862; [2023] 7 WLUK 548; [2024] 1 Cr. App. R. (S.) 6 CA (Crim Div) A4-566
R. v Seed (Trigger Alan); joined case(s) R. v Stark (Phillip) [2007] EWCA Crim 254; [2007] 2 WLUK 295; [2007] 2 Cr. App. R. (S.) 69; [2007] Crim. L.R. 501; (2007) 151 S.J.L.B. 262; *Times*, February 16, 2007 CA (Crim Div) A1-027, A1-125, A1-126
R. v Sellafield Ltd; joined case(s) R. v Network Rail Infrastructure Ltd [2014] EWCA Crim 49; [2014] 1 WLUK 273; [2014] Env. L.R. 19; [2014] L.L.R. 572 CA (Crim Div) . A4-102, A4-104
R. v Senechko (Andrij) [2013] EWCA Crim 2308; [2013] 10 WLUK 790 CA (Crim Div) ... A4-732
R. v Sepulvida-Gomez (Jose) [2019] EWCA Crim 2174; [2020] 4 W.L.R. 11; [2019] 12 WLUK 70 CA (Crim Div) A5-315, B3-012, B3-025
R. v Sertvytis (Virginijus) [2017] EWCA Crim 2246; [2017] 12 WLUK 96 CA (Crim Div) . A4-222
R. v Sesay (Yousif) [2024] EWCA Crim 483; [2024] 5 WLUK 120 CA (Crim Div) A4-668
R. v Severn (Natalie) [2018] EWCA Crim 1441; [2018] 6 WLUK 203; [2018] 2 Cr. App. R. (S.) 48 CA (Crim Div) A1-025, B8-109
R. v Shacklady (Andrew) [1987] 6 WLUK 162; (1987) 9 Cr. App. R. (S.) 258; [1987] Crim. L.R. 713 CA (Crim Div) A10-014, A10-034
R. v Shahadat (Zaydene) [2017] EWCA Crim 822; [2017] 4 W.L.R. 212; [2017] 6 WLUK 555; [2017] 2 Cr. App. R. (S.) 32; [2017] Crim. L.R. 902 CA (Crim Div) B5-077, B5-080
R. v Shallcross (Lewis George) [2017] EWCA Crim 2060; [2017] 11 WLUK 405; [2018] 1 Cr. App. R. (S.) 29 CA (Crim Div) B4-043
R. v Shallow (John Michael) [2011] EWCA Crim 1443; [2011] 5 WLUK 419; [2012] 1 Cr. App. R. (S.) 33 CA (Crim Div) A4-302
R. v Sharif (Mohamed), sub nom. R. v Ssali (Jonathan); R. v Summers (Mathew Richard) [2022] EWCA Crim 215; [2022] 1 WLUK 470; [2022] 2 Cr. App. R. (S.) 22 CA (Crim Div) A4-135
R. v Sharp (Damien) [2020] EWCA Crim 534; [2020] 3 WLUK 548; [2020] 2 Cr. App. R. (S.) 33; [2020] Crim. L.R. 1179 CA (Crim Div) A3-100
R. v Sharp (Ronald Edward); joined case(s) R. v Johnson (Michael Patrick) [1957] 1 Q.B. 552; [1957] 2 W.L.R. 472; [1957] 1 All E.R. 577; [1957] 2 WLUK 57; (1957) 41 Cr. App. R. 86; (1957) 121 J.P. 227; (1957) 101 S.J. 230 CCA A4-021
R. v Shaw (Matthew James) [2021] EWCA Crim 685; [2021] 4 WLUK 517; [2022] 1 Cr. App. R. (S.) 5 CA (Crim Div) A1-060
R. v Shaw (Peter) [2010] EWCA Crim 982; [2010] 4 WLUK 240 CA (Crim Div) A1-112
R. v Shaw (Samuel) [2011] EWCA Crim 167; [2011] 1 WLUK 518; [2011] 2 Cr. App. R. (S.) 65 CA (Crim Div) A4-559, A4-571, A4-572
R. v Sheen (John Henry); joined case(s) R. v Sheen (James) [2011] EWCA Crim 2461;

[xcv]

[2011] 10 WLUK 793; [2012] 2 Cr. App. R. (S.) 3; [2012] Crim. L.R. 142 CA (Crim Div) A4-559, B2-381, B2-383
R. v Sheffield Crown Court Ex p. Clarkson [1986] 11 WLUK 229; (1986) 8 Cr. App. R. (S.) 454 DC A6-045
R. v Sheffield Crown Court Ex p. DPP, sub nom. R v Sheffield Stipendiary Magistrate Ex p. DPP [1994] 2 WLUK 163; (1994) 15 Cr. App. R. (S.) 768; (1994) 158 J.P. 334; (1994) 158 J.P.N. 274; *Times*, March 3, 1994 QBD A2-106
R. v Sheffield Justices Ex p. Foster [1999] 10 WLUK 386; *Times*, November 2, 1999 QBD A10-007
R. v Shepherd (Edward Arthur) [2010] EWCA Crim 46; [2010] 1 WLUK 128; [2010] 2 Cr. App. R. (S.) 54 CA (Crim Div) A1-047
R. v Sheppard (Craig Paul) [2008] EWCA Crim 799; [2008] 2 WLUK 745; [2008] 2 Cr. App. R. (S.) 93; [2008] Crim. L.R. 655 CA (Crim Div) A10-201
R. v Sherif (Abdul); joined case(s) R. v Abdurahman (Ismail); R. v Ali (Muhedin); R. v Ali (Siraj); R. v Fardosa (Abdullahi); R. v Mohamed (Wahbi) [2014] 12 WLUK 559; (2015) 61 E.H.R.R. 9; *Times*, February 2, 2015 ECHR A4-435
R. v Shirley (James); joined case(s) R. v Shirley (Ross) [2022] EWCA Crim 475; [2022] 4 W.L.R. 64; [2022] 4 WLUK 94 CA (Crim Div) A5-207
R. v Shuttleworth (Charlie George) [2019] EWCA Crim 333; [2019] 2 WLUK 577 CA (Crim Div) A4-529
R. v Sidhu (Ryandeep Singh); joined case(s) R. v Kemp-Francis (Declan); R. v Tyrone (Andrew) [2019] EWCA Crim 1034; [2019] 2 WLUK 744; [2019] 2 Cr. App. R. (S.) 34 CA (Crim Div).. A1-025, A1-026, A1-094
R. v Sidlauskas (Ernestas) [2014] EWCA Crim 2338; [2014] 10 WLUK 621; [2015] Crim. L.R. 297 CA (Crim Div)... B5-023
R. v Siliavski (Boyan Yossifov) [1999] 4 WLUK 128; [2000] 1 Cr. App. R. (S.) 23 CA (Crim Div) B7-090
R. v Silvera (Dean) [2013] EWCA Crim 1764; [2013] 10 WLUK 162 CA (Crim Div) A1-023, A1-052, B2-355, B2-363, B2-420, B4-034, B5-051, B5-067, B5-094, B5-107
R. v Silverman (Ernest) [1935] 7 WLUK 29; (1936) 25 Cr. App. R. 101 CCA A1-128
R. v Simmonds (Khloe) [2023] EWCA Crim 1063; [2023] 9 WLUK 207; [2024] 1 Cr. App. R. (S.) 22 CA (Crim Div) A1-127
R. v Simmons (Edward Matthew) [2006] EWCA Crim 1259; [2006] 5 WLUK 338; [2007] 1 Cr. App. R. (S.) 27 CA (Crim Div) A4-748
R. v Simms (Ivan) [1987] 10 WLUK 208; (1987) 9 Cr. App. R. (S.) 417 CA (Crim Div) A4-211
R. v Sims (Darran Michael) [2009] EWCA Crim 1533; [2009] 6 WLUK 828; [2010] 1 Cr. App. R. (S.) 62 CA (Crim Div) B6-016
R. v Singh (Ajit) [1981] 6 WLUK 65; (1981) 3 Cr. App. R. (S.) 180; [1981] Crim. L.R. 724 CA (Crim Div) A3-140
R. v Singh (Daljit) [1998] 10 WLUK 574; [1999] 1 Cr. App. R. (S.) 490; [1999] Crim. L.R. 236; (1998) 95(45) L.S.G. 40; *Times*, November 5, 1998; *Independent*, November 12, 1998 CA (Crim Div)... B7-090, B7-104, B7-130
R. v Singh (Gurvinder) [2021] EWCA Crim 1426; [2021] 9 WLUK 573; [2022] 1 Cr. App. R. (S.) 48 CA (Crim Div)... A4-383, A4-392
R. v Singh (Jaspreet) [2024] EWCA Crim 259; [2024] 2 WLUK 624; [2024] 2 Cr. App. R. (S.) 17 CA (Crim Div) A3-041, A3-043a
R. v Singh (Navdeep) [2013] EWCA Crim 2416; [2013] 10 WLUK 727 CA (Crim Div) .. A4-193, A4-302
R. v Singh (Nilmoni) [2020] EWCA Crim 1366; [2020] 10 WLUK 551 CA (Crim Div) B3-047
R. v SK [2022] EWCA Crim 1421; [2022] 10 WLUK 457; [2023] 1 Cr. App. R. (S.) 26 CA (Crim Div) A6-273
R. v Skelton [1983] 5 WLUK 163; [1983] Crim. L.R. 686 CA (Crim Div) A2-057, A2-058
R. v Slater (Darren) [2005] EWCA Crim 2882; [2005] 10 WLUK 789; [2006] 1 Cr. App. R. (S.) 129 CA (Crim Div) A1-077
R. v Slocombe (Nicholas) [2005] EWCA Crim 2997; [2006] 1 W.L.R. 328; [2006] 1 All E.R. 670; [2005] 11 WLUK 625; [2006] 1 Cr. App. R. 33; *Times*, December 6, 2005 CA (Crim Div) A7-026, A7-033
R. v Smak (Chaymae) [2012] EWCA Crim 1280; [2012] 5 WLUK 684; [2013] 1 Cr. App. R. (S.) 45 CA (Crim Div) B8-115
R. v Smith (Andrew Michael) [2014] EWCA Crim 2606; [2014] 10 WLUK 947 CA (Crim Div) B2-063
R. v Smith (Ashley) [2020] EWCA Crim 933; [2020] 6 WLUK 554; [2021] 1 Cr. App. R. (S.) 4 CA (Crim Div) A1-038

TABLE OF CASES

R. v Smith (Benjamin) [2019] EWCA Crim 1853; [2019] 10 WLUK 650; [2020] 1 Cr. App.
R. (S.) 49 CA (Crim Div)..B8-087
R. v Smith (Beverley) [2018] EWCA Crim 1012; [2018] 4 WLUK 507 CA (Crim Div) A4-544
R. v Smith (Derem) [2021] EWCA Crim 1621; [2021] 10 WLUK 466 CA (Crim Div) B4-193
R. v Smith (Frank) [1925] 1 K.B. 603; [1925] 2 WLUK 29; (1925) 18 Cr. App. R. 170
CCA A10-096
R. v Smith (Grant Christopher) [2015] EWCA Crim 1482; [2015] 7 WLUK 683; [2016] 1
Cr. App. R. (S.) 8 CA (Crim Div)..B2-056, B2-061, B2-079
R. v Smith (Kathryn Helen) [2017] EWCA Crim 1174; [2017] 7 WLUK 756; [2017] 2 Cr.
App. R. (S.) 42 CA (Crim Div) A4-743
R. v Smith (Leanda), sub nom. R. v Smith (Edward Lesley) [2019] EWCA Crim 1469;
[2019] 7 WLUK 683; [2020] 1 Cr. App. R. (S.) 19 CA (Crim Div) B2-154
R. v Smith (Mark John) [2012] EWCA Crim 2566; [2013] 1 W.L.R. 1399; [2013] 2 All
E.R. 804; [2012] 11 WLUK 860; [2013] 2 Cr. App. R. (S.) 28; (2013) 177 J.P. 183;
[2013] M.H.L.R. 201; [2013] Crim. L.R. 250 CA (Crim Div)...........................A5-167
R. v Smith (Nicholas) [2011] UKSC 37; [2011] 1 W.L.R. 1795; [2011] 4 All E.R. 661;
[2011] 7 WLUK 544; [2012] 1 Cr. App. R. (S.) 83; [2011] Crim. L.R. 892; (2011) 155(29)
S.J.L.B. 31; *Times*, July 21, 2011 SC A4-449, A4-459, A4-639
R. v Smith (Patrick) [1988] 7 WLUK 2; (1988) 87 Cr. App. R. 393; (1988) 10 Cr. App. R.
(S.) 271; [1988] Crim. L.R. 769; *Times*, July 2, 1988; *Independent*, July 11, 1988; *Daily
Telegraph*, July 8, 1988 CA (Crim Div)...A3-179
R. v Smith (Shaun); joined case(s) R. v Black (Dean Adrian); R. v Cadder (Scott); R. v
Goode (Linford) [2020] EWCA Crim 994; [2020] 7 WLUK 453 CA (Crim Div) B5-040
R. v Smith (Steven); joined case(s) R. v Clarke (Wayne); R. v Dodd (Jonathan); R. v Hall
(Bryan) [2011] EWCA Crim 1772; [2012] 1 W.L.R. 1316; [2012] 1 All E.R. 451; [2011]
7 WLUK 542; [2012] 1 Cr. App. R. (S.) 82; [2011] Crim. L.R. 967 CA (Crim Div)........A4-674,
A5-057, A5-225n, A5-240, A5-264, A5-267, A5-269, A5-273, A5-274, A5-283, A5-288,
A5-291, A5-292, A5-293, A5-312
R. v Smith (Terry) [2017] EWCA Crim 252; [2017] 1 WLUK 501; [2017] 2 Cr. App. R.
(S.) 2; [2017] Crim. L.R. 641 CA (Crim Div) A4-453
R. v Smythe (Marina); joined case(s) R. v Osbourne (Michael) [2019] EWCA Crim 90;
[2019] 1 WLUK 368; [2019] 2 Cr. App. R. (S.) 7 CA (Crim Div) A1-039
R. v Soare (Traian) [2018] EWCA Crim 465; [2018] 1 WLUK 503; [2018] 2 Cr. App. R.
(S.) 3; [2018] Crim. L.R. 678 CA (Crim Div) B6-005
R. v Sodhi (Manjeet Singh) [1978] 1 WLUK 782; (1978) 66 Cr. App. R. 260; [1978] Crim.
L.R. 565 CA (Crim Div) A10-021
R. v Sodhi (Prabhydal Singh) [2021] EWCA Crim 2011; [2021] 11 WLUK 582; [2022] 2
Cr. App. R. (S.) 11 CA (Crim Div)..B4-123
R. v Sofekun (Ade Tute) [2008] EWCA Crim 2035; [2008] 7 WLUK 723; [2009] 1 Cr.
App. R. (S.) 78 CA (Crim Div) A4-283
R. v Solari (Natalie) [2020] EWCA Crim 231; [2020] 1 WLUK 471; [2020] 2 Cr. App. R.
(S.) 15; [2020] Crim. L.R. 968 CA (Crim Div) A3-137
R. v Solarska (Monika) [2022] EWCA Crim 1732; [2022] 11 WLUK 589; [2023] 1 Cr.
App. R. (S.) 50 CA (Crim Div) B8-008
R. v Solis Jaramillo (Johanna Estefania); joined case(s) R. v Palacios Exposito (Ana Isabel);
R. v Pardo Puertolas (Estefania); R. v Yague Abello (Felix) [2012] EWCA Crim 2101;
[2012] 9 WLUK 266; [2013] 1 Cr. App. R. (S.) 110 CA (Crim Div) B5-058, B5-060
R. v Solomon (Ben Sean) [2022] EWCA Crim 1333; [2022] 9 WLUK 340; [2023] 1 Cr.
App. R. (S.) 21; [2023] Crim. L.R. 376 CA (Crim Div) A2-022
R. v Solomon (Paul); joined case(s) R. v Triumph (Gary Martin) [1984] 3 WLUK 191;
(1984) 6 Cr. App. R. (S.) 120; [1984] Crim. L.R. 433 CA (Crim Div)............A3-124, A3-125
R. v Sothilingham (Janarthan) [2023] EWCA Crim 485; [2024] 1 W.L.R. 871; [2023] 4
WLUK 350 CA (Crim Div)...A4-480
R. v Southern Water Services Ltd [2014] EWCA Crim 120; [2014] 1 WLUK 456; [2014] 2
Cr. App. R. (S.) 29; [2015] Env. L.R. D3 CA (Crim Div)...................B7-009, B7-013, B7-015
R. v Southwark Crown Court Ex p. Commissioner of Police of the Metropolis [1984] 10
WLUK 121; (1984) 6 Cr. App. R. (S.) 304 QBD A2-091
R. v Sowerby (Lee) [2020] EWCA Crim 898; [2020] 7 WLUK 603; [2021] 1 Cr. App. R.
(S.) 14 CA (Crim Div)...A9-052, A9-061
R. v Sparkes (Kevin David) [2011] EWCA Crim 880; [2011] 3 WLUK 453; [2011] 2 Cr.
App. R. (S.) 107; [2011] Crim. L.R. 654 CA (Crim Div) A1-210, A4-554
R. v Spedding (Glen James) [2018] EWCA Crim 1937; [2018] 7 WLUK 110; [2019] 1 Cr.
App. R. (S.) 3 CA (Crim Div) B4-183, B4-191

R. v Spedding (Steffan Anthony) [2001] EWCA Crim 2190; [2001] 10 WLUK 247; [2002]
 1 Cr. App. R. (S.) 119 CA (Crim Div) A3-124
R. v Spence (Clinton Everton); joined case(s) R. v Thomas (Vernon Walter) [1983] 12
 WLUK 19; (1983) 5 Cr. App. R. (S.) 413; [1984] Crim. L.R. 372 CA (Crim Div) . B2-135, B2-137,
    B2-140, B2-141, B2-143, B2-144, B2-145, B2-147, B2-148, B2-150
R. v Spratling (James) [1911] 1 K.B. 77; [1910] 10 WLUK 24; (1910) 5 Cr. App. R. 206
 CCA A4-008
R. v Sproul (Georgina Ann) [2018] EWCA Crim 2034; [2018] 7 WLUK 650 CA (Crim
 Div) A10-199
R. v Spura (Lothan) [1988] 10 WLUK 56; (1988) 10 Cr. App. R. (S.) 376; [1989] Crim.
 L.R. 165 CA (Crim Div) A5-369
R. v Squibb Group Ltd [2019] EWCA Crim 227; [2019] 2 WLUK 350; [2019] I.C.R. D3
 CA (Crim Div) B7-022, B7-023
R. v Stanca (Cosmen Julius), sub nom. R. v Stanca (Julias Cosman) [2003] EWCA Crim
 2093; [2003] 6 WLUK 775; [2004] 1 Cr. App. R. (S.) 43 CA (Crim Div) B7-090
R. v Stanciu (Lonel-Octavian) [2022] EWCA Crim 1117; [2022] 7 WLUK 512; [2023] 1
 Cr. App. R. (S.) 10 CA (Crim Div) A4-730
R. v Stanton (Adrian Mark); joined case(s) R. v Wildman (Lee Paul) [2013] EWCA Crim
 1456; [2013] 7 WLUK 632; [2014] 1 Cr. App. R. (S.) 56 CA (Crim Div) B4-012
R. v Stapylton (Ben) [2012] EWCA Crim 728; [2012] 4 WLUK 266; [2013] 1 Cr. App. R.
 (S.) 12; [2012] Crim. L.R. 631 CA (Crim Div)............................... A4-125, A4-137
R. v Stead (Emma) [2019] EWCA Crim 2351; [2019] 8 WLUK 293; [2020] 1 Cr. App. R.
 (S.) 40 CA (Crim Div) A1-100
R. v Steel (Alan) [2014] EWCA Crim 787; [2014] 3 WLUK 526 CA (Crim Div) A4-316
R. v Stewart (Ian); joined case(s) R. Monaghan (Jordan); R. v Couzens (Wayne); R. v
 Hughes (Thomas Samuel); R. v Tustin (Emma Louise) [2022] EWCA Crim 1063; [2022]
 4 W.L.R. 86; [2023] 3 All E.R. 261; [2022] 7 WLUK 418; [2023] 1 Cr. App. R. (S.) 17;
 [2022] Crim. L.R. 1001 CA (Crim Div) A4-718, A4-720, A4-721
R. v Stickells (Jordan Connor) [2020] EWCA Crim 1212; [2020] 9 WLUK 152 CA (Crim
 Div) A1-194
R. v Sticklen (Daniel John) [2013] EWCA Crim 615; [2013] 3 WLUK 701 CA (Crim Div) . B4-059
R. v Stone (Rodney) [2012] EWCA Crim 186; [2012] 1 WLUK 485 CA (Crim Div) A3-147,
    A3-148
R. v Stonnell (Tracey) [2011] EWCA Crim 221; [2011] 1 WLUK 490 CA (Crim Div) B4-061
R. v Stosiek (Andrew) [1982] 5 WLUK 155; (1982) 4 Cr. App. R. (S.) 205; [1982] Crim.
 L.R. 615 CA (Crim Div) A3-124
R. v Strong (Claire Marylouise) [2014] EWCA Crim 2744; [2014] 12 WLUK 148 CA
 (Crim Div)... B2-206f
R. v Strong (Neil) [2017] EWCA Crim 999; [2017] 1 WLUK 300 CA (Crim Div) A5-217
R. v Sula (Ermal) [2017] EWCA Crim 206; [2017] 1 WLUK 424 CA (Civ Div) B8-060
R. v Sullivan (Melvin Terrence); joined case(s) R. v Elener (Barry); R. v Elener (Derek); R.
 v Gibbs (Martin Godwin) [2004] EWCA Crim 1762; [2004] 7 WLUK 231; [2005] 1 Cr.
 App. R. 3; [2005] 1 Cr. App. R. (S.) 67; [2005] 1 Prison L.R. 210; (2004) 148 S.J.L.B.
 1029; *Times*, July 14, 2004 CA (Crim Div).................................. A4-714, A4-757
R. v Sweeting (Peter Victor) [1987] 10 WLUK 21; (1987) 9 Cr. App. R. (S.) 372; [1988]
 Crim. L.R. 131 CA (Crim Div) A3-183
R. v Swift (Timothy) [2020] EWCA Crim 1291; [2020] 9 WLUK 411; [2021] 1 Cr. App. R.
 (S.) 43 CA (Crim Div) A3-116
R. v Swinbourne (Dean Anthony) [2023] EWCA Crim 906; [2023] 7 WLUK 447 CA (Crim
 Div) A2-052, A2-053a
R. v Sykes (Ryan Phelan) [2015] EWCA Crim 1094; [2015] 6 WLUK 1090 CA (Crim Div) ......
    A3-093
R. v Symes (Patrick) [2021] EWCA Crim 1628; [2021] 10 WLUK 488; [2022] 1 Cr. App.
 R. (S.) 54 CA (Crim Div)... B4-064
R. v Symmons (Derek) [2009] EWCA Crim 1304; [2009] 7 WLUK 104; [2010] 1 Cr. App.
 R. (S.) 68; (2009) 153(27) S.J.L.B. 28 CA (Crim Div) A4-747
R. v Szczerba (Ian Michael) [2002] EWCA Crim 440; [2002] 2 WLUK 133; [2002] 2 Cr.
 App. R. (S.) 86; [2002] Crim. L.R. 429; *Times*, April 10, 2002 CA (Crim Div).... A4-427, A4-669
R. v T [2008] EWCA Crim 2697; [2008] 10 WLUK 663 CA (Crim Div) A6-009, A6-014
R. v T [2021] EWCA Crim 1474; [2021] 10 WLUK 149; [2022] 1 Cr. App. R. (S.) 55 CA
 (Crim Div) A1-142
R. v T (Michael Patrick) [1998] 10 WLUK 33; [1999] 1 Cr. App. R. (S.) 419; [1999] Crim.
 L.R. 95 CA (Crim Div) A3-143

TABLE OF CASES

R. v Tahir (Mustapha) [2013] EWCA Crim 1866; [2013] 10 WLUK 228; [2014] 2 Cr. App.
R. (S.) 2 CA (Crim Div)..B7-085, B7-088
R. v Tailor (Narendra) [2007] EWCA Crim 1564; [2007] 5 WLUK 652; [2008] 1 Cr. App.
R. (S.) 37 CA (Crim Div)..A4-723
R. v Taiwo (Michael Ayorine) [2020] EWCA Crim 902; [2020] 7 WLUK 347; [2021] 1 Cr.
App. R. (S.) 17 CA (Crim Div) B2-031
R. v Talbot (Neil John) [2012] EWCA Crim 2322; [2012] 10 WLUK 673; [2013] 2 Cr.
App. R. (S.) 6; [2013] Crim. L.R. 164 CA (Crim Div) B2-076
R. v Talebi (Javad) [2012] EWCA Crim 3040; [2012] 12 WLUK 779; [2013] 2 Cr. App. R.
(S.) 49 CA (Crim Div)..B5-016
R. v Talman (Samuel James) [2022] EWCA Crim 993; [2022] 5 WLUK 607; [2023] 1 Cr.
App. R. (S.) 2; [2023] R.T.R. 3 CA (Crim Div)............................B2-063, B2-081
R. v Tamang (Sita) [2024] EWCA Crim 62; [2024] 1 WLUK 453; [2024] 2 Cr. App. R. (S.)
8 CA (Crim Div)..B4-121
R. v Tame (Adam) [2019] EWCA Crim 2013; [2019] 11 WLUK 633; [2020] 1 Cr. App. R.
(S.) 62 CA (Crim Div)..A4-400
R. v Tan (Desmond) [2023] EWCA Crim 1104; [2023] 6 WLUK 639; [2024] 1 Cr. App. R.
(S.) 2 CA (Crim Div)..A4-185a
R. v Tata Steel UK Ltd [2017] EWCA Crim 704; [2017] 6 WLUK 81; [2017] 2 Cr. App. R.
(S.) 29 CA (Crim Div)..................................B7-031, B7-032, B7-037, B7-038
R. v Tatomir (Adelin); joined case(s) R. v Velicov (Alin-Sebastian) [2015] EWCA Crim
2167; [2015] 12 WLUK 108; [2016] Crim. L.R. 503 CA (Crim Div)....................B4-153
R. v Taylor [2018] EWCA Crim 461 ....A1-045
R. v Taylor (Don) [1994] 3 WLUK 391; (1994) 15 Cr. App. R. (S.) 893 CA (Crim Div) B8-094
R. v Taylor (Ezra) [2011] EWCA Crim 2236; [2012] 1 W.L.R. 2113; [2012] 1 All E.R. 443;
[2011] 7 WLUK 412; [2012] 1 Cr. App. R. (S.) 75; [2012] Crim. L.R. 52 CA (Crim Div) ..A1-218,
A4-752
R. v Taylor (Lauren Maria) [2020] EWCA Crim 33; [2020] 1 WLUK 434 CA (Crim Div) ...A4-538
R. v Taylor (Morgan Dawson) [2006] EWCA Crim 3132; [2006] 12 WLUK 68; [2007] 2
Cr. App. R. (S.) 24; [2007] Crim. L.R. 491 CA (Crim Div) A3-184
R. v Teklu (Weldegabriel) [2017] EWCA Crim 1477; [2017] 9 WLUK 354; [2018] 1 Cr.
App. R. (S.) 12; [2018] Crim. L.R. 182 CA (Crim Div) B3-010, B3-032
R. v Telford Justices Ex p. Darlington [1987] 11 WLUK 186; (1988) 87 Cr. App. R. 194;
(1988) 152 J.P. 215; [1988] Crim. L.R. 312; (1988) 152 J.P.N. 254 QBD A3-117, A3-152
R. v Terrell (Alexander James) [2007] EWCA Crim 3079; [2008] 2 All E.R. 1065; [2007]
12 WLUK 683; [2008] 2 Cr. App. R. (S.) 49; [2008] Crim. L.R. 320; *Times*, January 14,
2008 CA (Crim Div) A4-451, A4-459, A5-275
R. v Terry (Paul Graham) [2012] EWCA Crim 1411; [2012] 5 WLUK 945; [2013] 1 Cr.
App. R. (S.) 51 CA (Crim Div) A4-632
R. v Thackwray (Andrew) [2003] EWCA Crim 3362; [2003] 11 WLUK 256; *Times*,
November 25, 2003 CA (Crim Div)..A1-060
R. v Thames Magistrates Court Ex p. Ramadan [1998] 10 WLUK 64; [1999] 1 Cr. App. R.
386; (1999) 163 J.P. 428; (2000) 53 B.M.L.R. 49; [1999] Crim. L.R. 498; [1999] C.O.D.
19; (1999) 163 J.P.N. 212; *Independent*, October 12, 1998 DC A10-006
R. v Thames Water Utilities Ltd [2010] EWCA Crim 202; [2010] 3 All E.R. 47; [2010] 2
WLUK 582; [2010] 2 Cr. App. R. (S.) 90; [2010] Env. L.R. 34; (2010) 160 N.L.J. 351;
(2010) 154(8) S.J.L.B. 28; [2010] Bus. L.R. D132 CA (Crim Div) B7-010
R. v Thames Water Utilities Ltd [2015] EWCA Crim 960; [2015] 1 W.L.R. 4411; [2016] 3
All E.R. 919; [2015] 6 WLUK 41; [2015] 2 Cr. App. R. (S.) 63; [2015] Env. L.R. 36;
[2015] Crim. L.R. 739; *Times*, August 21, 2015 CA (Crim Div).........A4-100, B7-007, B7-030
R. v Tharmaratnam (Tharmathasan) [2017] EWCA Crim 887; [2017] 6 WLUK 512; [2017]
2 Cr. App. R. (S.) 36 CA (Crim Div)..A4-530
R. v Thelwall (Kenneth) [2016] EWCA Crim 1755; [2016] 10 WLUK 549; [2016] C.T.L.C.
180; [2017] Crim. L.R. 240 CA (Crim Div) A1-051
R. v Thomas (Christian) [2012] EWCA Crim 1159; [2012] 5 WLUK 428 CA (Crim Div) ...A4-185
R. v Thomas (Christopher Gwyn) [2009] EWCA Crim 904; [2009] 5 WLUK 16; [2010] 1
Cr. App. R. (S.) 14; [2009] Crim. L.R. 746 CA (Crim Div) A4-736
R. v Thomas (Jahmarl) [2004] EWCA Crim 2199; [2004] 8 WLUK 151; [2005] 1 Cr. App.
R. (S.) 96 CA (Crim Div)..A6-233
R. v Thomas (James) [2019] EWCA Crim 1807; [2019] 10 WLUK 778; [2020] 1 Cr. App.
R. (S.) 45; [2020] Crim. L.R. 557 CA (Crim Div)..................................A1-027
R. v Thomas (Remi Ira) [2014] EWCA Crim 1715; [2014] 7 WLUK 816; [2015] 1 Cr. App.
R. (S.) 3 CA (Crim Div)...B2-055

Table of Cases

R. v Thompson (Christopher); joined case(s) R. v Cummings (Tajsham); R. v Fitzgerald (Oscar); R. v Ford (Richard) [2018] EWCA Crim 639; [2018] 1 W.L.R. 4429; [2018] 4 All E.R. 116; [2018] 3 WLUK 645; [2018] 2 Cr. App. R. (S.) 19; [2018] M.H.L.R. 123; [2018] Crim. L.R. 593 CA (Crim Div) A4-609, A4-612, A4-615, A4-645, A4-646

R. v Thompson (Dale) [2015] EWCA Crim 1575; [2015] 9 WLUK 308; [2016] 1 Cr. App. R. (S.) 26 CA (Crim Div) B2-063

R. v Thompson (Edward) [2009] EWCA Crim 3258; [2008] 9 WLUK 329 CA (Crim Div) . A5-303

R. v Thompson (Pierre) [2010] EWCA Crim 2955; [2010] 12 WLUK 38; [2011] 2 Cr. App. R. (S.) 24 CA (Crim Div)... A3-202, A5-151

R. v Thorsby (Adrian Kenneth); joined case(s) R. v Glasson (Davin); R. v Pilkington (Keith Robert); R. v Robinson (Zoe Marie) [2015] EWCA Crim 1; [2015] 1 W.L.R. 2901; [2015] 1 WLUK 345; [2015] 1 Cr. App. R. (S.) 63; *Times*, March 2, 2015 CA (Crim Div) A4-481, A4-483

R. v Timmins (Scott Nathan) [2018] EWCA Crim 2579; [2018] 11 WLUK 611; [2019] 1 Cr. App. R. (S.) 39 CA (Crim Div)... A4-435, B8-119

R. v Timpson (Thomas) [2023] EWCA Crim 453; [2023] 4 WLUK 231 CA (Crim Div) ... A1-121

R. v Tolera (Nathan) [1998] 4 WLUK 130; [1999] 1 Cr. App. R. 29; [1999] 1 Cr. App. R. (S.) 25; [1998] Crim. L.R. 425; *Times*, April 28, 1998 CA (Crim Div) ... A1-043, A3-151, A3-152, A3-153, A3-178

R. v Tombs (Nicholas John) [2019] EWCA Crim 1100; [2019] 6 WLUK 553 CA (Crim Div) A4-270

R. v Tongo (Sadiq) [2014] EWCA Crim 331; [2014] 2 WLUK 315 CA (Crim Div) B5-079

R. v Tonnessen (Brenda Ann) [1998] 2 WLUK 311; [1998] 2 Cr. App. R. (S.) 328; *Times*, March 3, 1998; *Independent*, February 20, 1998 CA (Crim Div) A1-115

R. v Tout (Thomas) [1993] 4 WLUK 91; (1994) 15 Cr. App. R. (S.) 30 CA (Crim Div) ... A10-031

R. v Tovey (Daniel Paul) [1993] 3 WLUK 315; (1993) 14 Cr. App. R. (S.) 766 CA (Crim Div) A3-124

R. v Tovey (David); joined case(s) R. v Smith (Peter John) [2005] EWCA Crim 530; [2005] 3 WLUK 304; [2005] 2 Cr. App. R. (S.) 100; [2005] Crim. L.R. 575; *Times*, April 19, 2005 CA (Crim Div) A3-143

R. v Townsend (Luke Lewis) [2018] EWCA Crim 875; [2018] 4 WLUK 172; [2018] 2 Cr. App. R. (S.) 30; [2018] Crim. L.R. 870 CA (Crim Div) A3-016, A3-020

R. v Trafford Magistrates Court Ex p. Riley (Robertina) [1995] 3 WLUK 235; (1996) 160 J.P. 418; [1995] C.O.D. 373 DC... A4-190

R. v Transco Plc [2006] EWCA Crim 838; [2006] 3 WLUK 736; [2006] 2 Cr. App. R. (S.) 111 CA (Crim Div)... A4-104

R. v Treadwell (Thomas Peter) [2022] EWCA Crim 1513; [2023] 4 W.L.R. 70; [2022] 11 WLUK 235; [2024] 1 Cr. App. R. (S.) 31; [2023] R.T.R. 18 CA (Crim Div) A4-227

R. v Tremayne (Robert) [1932] 5 WLUK 1; (1932) 23 Cr. App. R. 191 CCA A1-132

R. v Tremayne (Tommy Joe) [2018] EWCA Crim 2944; [2018] 12 WLUK 649; [2019] 1 Cr. App. R. (S.) 52 CA (Crim Div)... B4-075

R. v Trendell (Gavin) [2022] EWCA Crim 267; [2022] 4 W.L.R. 38; [2022] 2 WLUK 474 CA (Crim Div) A4-671

R. v Troth (Jack) [1979] 12 WLUK 11; (1980) 71 Cr. App. R. 1; (1979) 1 Cr. App. R. (S.) 341; [1980] R.T.R. 389; [1980] Crim. L.R. 249 CA (Crim Div)................. A4-185, A4-208

R. v Trounce (Aimee) [2022] EWCA Crim 1737; [2022] 11 WLUK 599; [2023] 1 Cr. App. R. (S.) 37 CA (Crim Div) A4-128

R. v Trowland (Morgan); joined case(s) R. v Decker (Marcus) [2023] EWCA Crim 919; [2024] 1 W.L.R. 1164; [2023] 4 All E.R. 766; [2023] 7 WLUK 490; [2024] 1 Cr. App. R. (S.) 13; [2024] Env. L.R. 9; [2023] Crim. L.R. 800 CA (Crim Div) B8-140, B8-142

R. v Tsang (Ritchie) [2016] EWCA Crim 1178; [2016] 7 WLUK 189 CA (Crim Div) A1-045

R. v TTG [2004] EWCA Crim 3086; [2004] 11 WLUK 272 CA (Crim Div) A6-217

R. v Tuplin (Daniel Anthony) [2009] EWCA Crim 1572; [2009] 7 WLUK 771 CA (Crim Div) B4-198

R. v Turnbull (Raymond); joined case(s) R. v Camelo (Joseph Nicholas David); R. v Roberts (Graham Francis); R. v Whitby (Christopher John) [1977] Q.B. 224; [1976] 3 W.L.R. 445; [1976] 3 All E.R. 549; [1976] 7 WLUK 61; (1976) 63 Cr. App. R. 132; [1976] Crim. L.R. 565; (1976) 120 S.J. 486 CA (Crim Div)........................ A3-176

R. v Turner (Frank Richard) [1970] 2 Q.B. 321; [1970] 2 W.L.R. 1093; [1970] 2 All E.R. 281; [1970] 4 WLUK 71; (1970) 54 Cr. App. R. 352; (1970) 114 S.J. 337 CA (Crim Div) .. A2-016

R. v Turner (Richard) [2020] EWCA Crim 160; [2020] 1 WLUK 441 CA (Crim Div) A1-195

R. v Turton (Richard Francis) [2018] EWCA Crim 2091; [2018] 9 WLUK 252 CA (Crim Div) A3-205

TABLE OF CASES

R. v Twisse (Michael James) [2000] 11 WLUK 194; [2001] 2 Cr. App. R. (S.) 9; [2001] Crim. L.R. 151; *Times*, November 30, 2000 CA (Crim Div)... A3-139
R. v Twizell (Michael) [2019] EWCA Crim 356; [2019] 2 WLUK 592 CA (Crim Div) B8-047
R. v Uddin (Faris) [2022] EWCA Crim 751; [2022] 4 WLUK 429; [2022] 2 Cr. App. R. (S.) 52 CA (Crim Div)... A4-580
R. v Ulhaqdad (Rashid) [2017] EWCA Crim 1216; [2018] 4 W.L.R. 65; [2017] 6 WLUK 365; [2017] 2 Cr. App. R. (S.) 46; [2017] Crim. L.R. 1007 CA (Crim Div)....... A4-612, A10-068
R. v Ullah (Noor) [2022] EWCA Crim 777; [2022] 5 WLUK 637 CA (Crim Div) B7-111
R. v Underhill (Gareth Paul) [1979] 7 WLUK 227; (1979) 1 Cr. App. R. (S.) 270 CA (Crim Div) A1-115, A1-116
R. v Underwood (Kevin John); joined case(s) R. v Arobieke (Akinwale); R. v Connors (James); R. v Khan (Mohammed Iftiyaz) [2004] EWCA Crim 2256; [2004] 7 WLUK 1003; [2005] 1 Cr. App. R. 13; [2005] 1 Cr. App. R. (S.) 90; (2004) 148 S.J.L.B. 974; *Times*, September 1, 2004 CA (Crim Div) A3-160, A3-163, A3-173, A3-175, A3-176, A3-178
R. v University College London [2018] EWCA Crim 835; [2018] 3 WLUK 117 CA (Crim Div) A4-102, B7-042
R. v Usaceva (Marina) [2015] EWCA Crim 166; [2016] 4 W.L.R. 66; [2016] 1 All E.R. 741; [2015] 2 WLUK 180; [2015] 2 Cr. App. R. (S.) 7; [2015] R.T.R. 17; [2015] Crim. L.R. 548 CA (Crim Div) A4-237
R. v Usherwood (Wesley) [2018] EWCA Crim 1156; [2018] 5 WLUK 187; [2018] 2 Cr. App. R. (S.) 39 CA (Crim Div) A10-201
R. v Utton (Jacob) [2019] EWCA Crim 1341; [2019] 4 W.L.R. 158; [2019] 7 WLUK 402; [2020] 1 Cr. App. R. (S.) 7 CA (Crim Div) A2-035
R. v Uxbridge Youth Court Ex p. H [1998] 3 WLUK 396; (1998) 162 J.P. 327; *Times*, April 7, 1998 DC.. A6-023
R. v Valleley (Mark) [2022] EWCA Crim 923; [2022] 6 WLUK 649; [2023] 1 Cr. App. R. (S.) 13 CA (Crim Div) B3-049
R. v Van Pelz (Maureen Pearle) [1943] K.B. 157; [1943] 1 All E.R. 36; [1942] 12 WLUK 1; (1944) 29 Cr. App. R. 10 CCA.. A3-145
R. v Varma (Aloke); joined case(s) R. v Brissett (Simone Latoya); R. v Magro (Anthony); R. v Smith (Paul David) [2012] UKSC 42; [2013] 1 A.C. 463; [2012] 3 W.L.R. 776; [2013] 1 All E.R. 129; [2012] 10 WLUK 283; [2013] 2 Costs L.O. 224; [2013] 1 Cr. App. R. 8; [2013] 1 Cr. App. R. (S.) 125; [2013] Lloyd's Rep. F.C. 89; [2013] Crim. L.R. 166; *Times*, October 29, 2012 SC A4-055
R. v Vaughan (Simon Martin) [1990] 1 WLUK 694; (1990-91) 12 Cr. App. R. (S.) 46; [1990] Crim. L.R. 443 CA (Crim Div) A4-129
R. v Veloz-Parra (Santiago) [2012] EWCA Crim 1065; [2012] 5 WLUK 117 CA (Crim Div) A10-157
R. v Venison (Anthony) [1993] 12 WLUK 167; (1994) 15 Cr. App. R. (S.) 624; [1994] Crim. L.R. 298 CA (Crim Div) A3-194
R. v Veysey (Barry Terrence); joined case(s) R. v Beardshaw (Jamie); R. v Munroe (Damien) [2019] EWCA Crim 1332; [2019] 4 W.L.R. 137; [2019] 7 WLUK 382; [2019] 2 Cr. App. R. 29; [2020] 1 Cr. App. R. (S.) 12; [2020] Crim. L.R. 439 CA (Crim Div) B2-124
R. v Villa (Pambu Vincenta) [1992] 4 WLUK 281; (1993) 14 Cr. App. R. (S.) 34; *Times*, May 6, 1992 CA (Crim Div) A5-376
R. v Vinton (Scott) [2022] EWCA Crim 1693; [2022] 11 WLUK 562; [2023] 2 Cr. App. R. (S.) 3 CA (Crim Div).. A2-131, B2-077
R. v Vivian (Paul) [1979] 1 W.L.R. 291; [1979] 1 All E.R. 48; [1978] 8 WLUK 60; (1979) 68 Cr. App. R. 53; [1979] R.T.R. 106; (1978) 130 N.L.J. 1109; (1978) 122 S.J. 680 CA (Crim Div) A4-125
R. v Vowles (Lucinda), sub nom. R. (on the application of Vowles) v Secretary of State for Justice; joined case(s) R. v Barnes (Carl); R. v Coleman (Danielle); R. v Irving (David Stuart); R. v McDougall (Gordon); R. v Odiowei (Justin Obuza) [2015] EWCA Crim 45; [2015] 1 W.L.R. 5131; [2015] 2 WLUK 161; [2015] 2 Cr. App. R. (S.) 6; [2016] M.H.L.R. 66; [2015] Crim. L.R. 542 CA (Civ Div) ... A9-015, A9-020, A9-026, A9-045, A9-063, A9-066
R. v W [2009] EWCA Crim 390; [2009] 2 WLUK 766; [2009] 2 Cr. App. R. (S.) 94 CA (Crim Div) A4-455
R. v W [2016] EWCA Crim 2115; [2016] 11 WLUK 314; [2017] 1 Cr. App. R. (S.) 37 CA (Crim Div) A6-009
R. v W [2018] EWCA Crim 265; [2018] 1 WLUK 485; [2018] 1 Cr. App. R. (S.) 55 CA (Crim Div) B3-046
R. v W (Christopher) [2017] EWCA Crim 1758; [2017] 10 WLUK 313; [2018] 1 Cr. App.

R. (S.) 20 CA (Crim Div)... B4-129
R. v Wade (Daniel James) [2018] EWCA Crim 2429; [2018] 10 WLUK 616; [2019] 1 Cr.
App. R. (S.) 31; [2019] Crim. L.R. 449 CA (Crim Div) B5-085
R. v Wagenaar (Jan); joined case(s) R. v Pronk (Hans) [1996] 6 WLUK 195; [1997] 1 Cr.
App. R. (S.) 178; [1996] Crim. L.R. 839; *Times*, July 10, 1996 CA (Crim Div).... B2-397, B5-065
R. v Wagstaff (David) [2017] EWCA Crim 1601; [2017] 10 WLUK 39; [2018] 1 Cr. App.
R. (S.) 16 CA (Crim Div)... B3-056
R. v Wakil (Salim) [2019] EWCA Crim 1351; [2019] 7 WLUK 557; [2020] 1 Cr. App. R.
(S.) 11 CA (Crim Div) B2-267
R. v Walker (Daniel) [2007] EWCA Crim 2631; [2007] 10 WLUK 590; [2008] 2 Cr. App.
R. (S.) 6 CA (Crim Div).. A4-725
R. v Walker (Dominic Makarachuma) [1998] 4 WLUK 168; [1999] 1 Cr. App. R. (S.) 42
CA (Crim Div) B7-104, B7-130
R. v Waltham Forest Justices Ex p. Barton [1989] 4 WLUK 165; [1990] R.T.R. 49; (1989)
153 J.P.N. 530 DC A3-152
R. v Wang (Bei Bei) [2005] EWCA Crim 293; [2005] 2 WLUK 75; [2005] 2 Cr. App. R.
(S.) 79 CA (Crim Div) B7-129, B7-132
R. v Wani (Harry) [2016] EWCA Crim 1587; [2016] 7 WLUK 778 CA (Crim Div) B2-148
R. v Ward (Michael Grainger); joined case(s) R. v Howarth (Jeremy John) [2001] EWCA
Crim 1648; [2001] 7 WLUK 42; [2002] B.C.C. 953; *Times*, August 10, 2001 CA (Crim
Div) A4-313
R. v Ward (Terry) [2013] EWCA Crim 2667; [2013] 9 WLUK 381; [2014] 1 Cr. App. R.
(S.) 74 CA (Crim Div) A1-195
R. v Warley Magistrates Court Ex p. DPP; joined case(s) R. v Lowestoft Justices Ex p.
DPP; R. v North East Suffolk Magistrates Court Ex p. DPP; R. v Staines Magistrates
Court Ex p. DPP [1999] 1 W.L.R. 216; [1999] 1 All E.R. 251; [1998] 5 WLUK 195;
[1998] 2 Cr. App. R. 307; [1999] 1 Cr. App. R. (S.) 156; (1998) 162 J.P. 559; [1998]
Crim. L.R. 684; (1998) 162 J.P.N. 565; (1998) 95(24) L.S.G. 33; (1998) 148 N.L.J. 835;
(1998) 142 S.J.L.B. 165; *Times*, May 18, 1998 DC...................................... A2-093
R. v Warren (Connor) [2017] EWCA Crim 1086; [2017] 6 WLUK 58; [2017] 2 Cr. App. R.
(S.) 45 CA (Crim Div) B2-066
R. v Warren (Davis Lewis) [2017] EWCA Crim 226; [2017] 4 W.L.R. 71; [2017] 3 WLUK
76; [2017] 2 Cr. App. R. (S.) 5; [2017] Crim. L.R. 569 CA (Crim Div) A10-022, A10-024,
A10-025, A10-027, A10-034, A10-035
R. v Watkins (Ian) [2014] EWCA Crim 1677; [2014] 7 WLUK 1110; [2015] 1 Cr. App.
(S.) 6 CA (Crim Div).. A3-194, B3-170, B3-172, B3-173
R. v Watling (Mark) [2012] EWCA Crim 2894; [2012] 12 WLUK 453; [2013] 2 Cr. App.
R. (S.) 37 CA (Crim Div).. B5-048
R. v Watson (Roshane), sub nom. R. v Donaldson (Leo); R. v Ozbahadir (Gizem) [2023]
EWCA Crim 960; [2023] 8 WLUK 33; [2024] 1 Cr. App. R. 10; [2024] 1 Cr. App. R. (S.)
15; [2023] Crim. L.R. 783 CA (Crim Div) A4-722
R. v Watson (Terry Kevin) [2021] EWCA Crim 1248; [2021] 8 WLUK 110; [2022] 1 Cr.
App. R. (S.) 39 CA (Crim Div) A1-112
R. v Webb (Yvonne Bridget) [2009] EWCA Crim 538; [2009] 3 WLUK 89 CA (Crim Div) ....
A4-192
R. v Webbe (Bernard); joined case(s) R. v D (Andrew) (A Juvenile); R. v M (William
Andrew) (A Juvenile); R. v Moore (Robert John); R. v White (Paul) [2001] EWCA Crim
1217; [2001] 5 WLUK 48; [2002] 1 Cr. App. R. (S.) 22; [2001] Crim. L.R. 668; *Times*,
June 13, 2001 CA (Crim Div) B4-019
R. v Webster (Christopher) [2003] EWCA Crim 3597; [2003] 11 WLUK 584; [2004] 2 Cr.
App. R. (S.) 25; [2004] Crim. L.R. 238 CA (Crim Div) A4-588, A4-599
R. v Weeks (Kevin Paul) [2007] EWCA Crim 3311; [2007] 12 WLUK 410 CA (Crim Div) . A4-487
R. v Wegener (Ben) [2020] EWCA Crim 1654; [2020] 10 WLUK 541 CA (Crim Div) B4-075
R. v Weiner (Neil John) [2011] EWCA Crim 1249; [2011] 4 WLUK 174; [2012] 1 Cr. App.
R. (S.) 6 CA (Crim Div).. B8-033
R. v Wells (Frank) [2024] EWCA Crim 263; [2024] 3 WLUK 528; [2024] 2 Cr. App. R.
(S.) 23 CA (Crim Div) B6-023
R. v Welsh (Christopher Mark) [2014] EWCA Crim 1027; [2014] 5 WLUK 740 CA (Crim
Div).. B5-062
R. v Welsh (Edmund) [2012] EWCA Crim 1331; [2012] 5 WLUK 194; [2013] 1 Cr. App.
R. (S.) 31 CA (Crim Div).. A4-570
R. v Wendt (Paul) [2015] EWCA Crim 2241; [2015] 12 WLUK 222; [2016] 1 Cr. App. R.
(S.) 53 CA (Crim Div) A1-178

R. v West (Linda Sharon) [2007] EWCA Crim 701; [2007] 2 WLUK 653 CA (Crim Div) .. A4-722
R. v West (Scott) [2019] EWCA Crim 497; [2019] 3 WLUK 478; [2019] 2 Cr. App. R. (S.)
  27 CA (Crim Div)... A1-168, A1-193, A1-194
R. v Western Trading Ltd [2020] EWCA Crim 1234; [2020] 9 WLUK 279; [2021] 1 Cr.
  App. R. (S.) 44; [2021] J.P.L. 458 CA (Crim Div) A4-101
R. v Westwood (Thomas) [2020] EWCA Crim 598; [2020] 5 WLUK 22; [2021] M.H.L.R.
  112; [2020] Crim. L.R. 973 CA (Crim Div) A9-052, A9-062, B2-011, B2-023
R. v Wharf (Dax); joined case(s) R. v Doe (Billysam); R. v Williams (Tony) [2015] EWCA
  Crim 2320; [2015] 12 WLUK 16; [2016] 1 Cr. App. R. (S.) 51; [2016] Lloyd's Rep. F.C.
  487 CA (Crim Div).. B4-116, B4-150
R. v Wheaton (David George) [2004] EWCA Crim 2270; [2004] 7 WLUK 728; [2005] 1
  Cr. App. R. (S.) 82; [2005] Crim. L.R. 68 CA (Crim Div) A4-667
R. v Whirlpool UK Appliances Ltd [2017] EWCA Crim 2186; [2018] 1 W.L.R. 1811;
  [2017] 12 WLUK 571; [2018] 1 Cr. App. R. (S.) 44; [2018] I.C.R. 1010 CA (Crim Div)... B7-026,
  B7-029, B7-039
R. v Whitehouse (John) [2019] EWCA Crim 970; [2019] 5 WLUK 558; [2019] 2 Cr. App.
  R. (S.) 48 CA (Crim Div)..B4-061
R. v Whiting (Paul Anthony) [1987] 1 WLUK 970; (1987) 85 Cr. App. R. 78; (1987) 151
  J.P. 568; [1987] Crim. L.R. 473; (1987) 151 J.P.N. 286 CA (Crim Div)................A3-134
R. v Whitlock (Nicholas Anthony) [1991] 6 WLUK 193; (1992) 13 Cr. App. R. (S.) 157;
  [1991] Crim. L.R. 792 CA (Crim Div)...A4-430
R. v Whittaker (David) [2018] EWCA Crim 701; [2018] 1 WLUK 280 CA (Crim Div) ... B5-078,
  B5-080
R. v Whittington (Tyler) [2020] EWCA Crim 1560; [2020] 11 WLUK 301; [2021] 2 Cr.
  App. R. (S.) 5; [2021] Crim. L.R. 703 CA (Crim Div) A1-127
R. v Whittle [1974] 1 WLUK 506; [1974] Crim. L.R. 487 CA (Crim Div) A3-125
R. v Whitty (Thomas) [2022] EWCA Crim 1100; [2022] 4 WLUK 472; [2023] 1 Cr. App.
  R. (S.) 1; [2023] Crim. L.R. 256 CA (Crim Div)...................................... A1-168
R. v Whitwell (Troy) [2018] EWCA Crim 2301; [2018] 10 WLUK 239; [2019] 1 Cr. App.
  R. (S.) 29 CA (Crim Div)... B4-051, B4-053
R. v Whyte (Graham Patrick) [2018] EWCA Crim 2437; [2018] 10 WLUK 613; [2019] 1
  Cr. App. R. (S.) 35; [2019] Crim. L.R. 451 CA (Crim Div) A4-580
R. v Wickins (Thomas George) [1958] 7 WLUK 35; (1958) 42 Cr. App. R. 236 CCA A4-263
R. v Wiggins (Reiss Terrone) [2023] EWCA Crim 1681; [2023] 10 WLUK 665; [2024] 1
  Cr. App. R. (S.) 35 CA (Crim Div)... B6-009a
R. v Wilder (Jamie) [2023] EWCA Crim 1295; [2023] 10 WLUK 399; [2024] 1 Cr. App. R.
  (S.) 37 CA (Crim Div) A4-701
R. v Wilkinson; joined case(s) R. v Fraser [1997] 8 WLUK 43 CA (Crim Div) B2-398
R. v Wilkinson (Jason) [2019] EWCA Crim 258; [2019] 2 WLUK 420; [2019] 2 Cr. App.
  R. (S.) 10 CA (Crim Div).. A4-092, A4-435, B6-049, B6-054
R. v Willey (Darren Paul) [2021] EWCA Crim 1024; [2021] 6 WLUK 535 CA (Crim Div) . A3-198
R. v Williams (Carl) [1982] 1 W.L.R. 1398; [1982] 3 All E.R. 1092; [1982] 6 WLUK 172;
  (1982) 75 Cr. App. R. 378; (1982) 4 Cr. App. R. (S.) 239; [1982] Crim. L.R. 762; (1982)
  126 S.J. 690 CA (Crim Div) A4-010, A4-012, A4-013, A4-019
R. v Williams (Declan Craig); joined case(s) R. v Bailey (Gerwyn); R. v Morris
  (Christopher Lee); R. v Thorne (Jonathan Patrick) [2019] EWCA Crim 279; [2019] 2
  WLUK 417; [2019] 2 Cr. App. R. (S.) 15 CA (Crim Div)............................ B5-044
R. v Williams (Demario); joined case(s) R. v Edusei (Thierry); R. v Glasgow (Paul); R. v
  Nkunku-Liongi (Lawrence Wilson) [2020] EWCA Crim 193; [2020] 2 WLUK 210;
  [2020] Crim. L.R. 637 CA (Crim Div) A6-013
R. v Williams (Luke) [2021] EWCA Crim 1915; [2021] 11 WLUK 522; [2022] 2 Cr. App.
  R. (S.) 5 CA (Crim Div)... A4-485
R. v Williams (Vandross Zion) [2018] EWCA Crim 740; [2018] 3 WLUK 667; [2018] 2 Cr.
  App. R. (S.) 20 CA (Crim Div) B2-079
R. v Williamson (John Michael) [2005] EWCA Crim 2151; [2005] 7 WLUK 898 CA (Crim
  Div) A5-289
R. v Williamson (Kalan Dillon) [2020] EWCA Crim 1085; [2020] 7 WLUK 566; [2021] 1
  Cr. App. R. (S.) 29 CA (Crim Div) A1-195
R. v Williamson (Paul Sinclair) [2017] EWCA Crim 2488; [2017] 11 WLUK 627 CA
  (Crim Div) B4-125, B4-128
R. v Wilson (Collette) [2010] EWCA Crim 991; [2010] 3 WLUK 741; [2011] 1 Cr. App. R.
  (S.) 3 CA (Crim Div) B6-008
R. v Wilson (Gavin Arthur) [2018] EWCA Crim 1352; [2018] 3 WLUK 383; [2018] 2 Cr.

App. R. (S.) 25 CA (Crim Div) A4-742
R. v Wilson (Lejuan) [2018] EWCA Crim 449; [2018] 2 WLUK 349; [2018] 2 Cr. App. R.
  (S.) 7; [2018] Crim. L.R. 680 CA (Crim Div) A1-178, A1-179
R. v Wilson (Linda) [1995] 3 WLUK 244; (1995) 16 Cr. App. R. (S.) 997; [1995] Crim.
  L.R. 510 CA (Crim Div) A4-439, A4-440
R. v Wilson (Nathan); joined case(s) R. v Budziskewski (Krysztzof); R. v Fejzullai (Endrit)
  [2024] EWCA Crim 124; [2024] 2 WLUK 484; [2024] 2 Cr. App. R. (S.) 15 CA (Crim
  Div).. B5-041
R. v Wilson (Simon Tyler) [2009] EWCA Crim 999; [2009] 4 WLUK 500; [2010] 1 Cr.
  App. R. (S.) 11; [2010] 1 Prison L.R. 250; [2009] Crim. L.R. 665 CA (Crim Div) . A4-670, A4-718
R. v Wiseman (Anthony Patrick) [2013] EWCA Crim 2492; [2013] 12 WLUK 410; [2014]
  2 Cr. App. R. (S.) 23 CA (Crim Div) B5-100
R. v Wishart (Michael James) [1979] 10 WLUK 224; (1979) 1 Cr. App. R. (S.) 322; [1980]
  Crim. L.R. 113 CA (Crim Div) A3-121, A3-126, A3-129, A3-130, A3-143
R. v WJ [2023] EWCA Crim 789; [2024] 1 W.L.R. 1935; [2023] 7 WLUK 41; [2024] 2 Cr.
  App. R. (S.) 10 CA (Crim Div) A4-004, A4-614
R. v Wolstenholme (Mark Anthony) [2016] EWCA Crim 638; [2016] 4 WLUK 102; [2016]
  2 Cr. App. R. (S.) 19 CA (Crim Div)....................................... A10-201
R. v Wood (Kayleigh) [2019] EWCA Crim 1633; [2019] 9 WLUK 394; [2020] 1 Cr. App.
  R. (S.) 34 CA (Crim Div)................................... A1-123, B4-191, B5-050
R. v Wood (Stephen Robert) [1991] 7 WLUK 61; (1992) 13 Cr. App. R. (S.) 207; [1991]
  Crim. L.R. 926 CA (Crim Div) A3-123, A3-124, A3-149
R. v Woodford (Anthony Graham) [2013] EWCA Crim 1098; [2013] 6 WLUK 54; [2014]
  1 Cr. App. R. (S.) 32 CA (Crim Div) B4-192, B5-046
R. v Woofe (Andrew Ralph) [2019] EWCA Crim 2249; [2019] 12 WLUK 242; [2020] 2
  Cr. App. R. (S.) 6 CA (Crim Div).... A1-023, A1-052, A4-552, A4-659, B2-355, B2-363, B2-420,
                                      B4-034, B5-051, B5-067, B5-094, B5-107
R. v Woolven (Marc) [2017] EWCA Crim 1450; [2017] 9 WLUK 108 CA (Crim Div) A4-544
R. v Wright (Diane Edith); joined case(s) R. v Stephenson (Aaron) [2022] EWCA Crim
  908; [2022] 5 WLUK 632 CA (Crim Div)..................................... A10-201
R. v Wright (John Daniel) [2019] EWCA Crim 1806; [2019] 10 WLUK 776; [2020] 1 Cr.
  App. R. (S.) 44 CA (Crim Div) B8-045
R. v Wright-Hadley (Stephen) [2022] EWCA Crim 446; [2022] 3 WLUK 740 CA (Crim
  Div) A4-182
R. v WVF [2023] EWCA Crim 65; [2023] 1 WLUK 361; [2023] 2 Cr. App. R. (S.) 18 CA
  (Crim Div) B3-049
R. v X (Sentencing: Confidential Information) [1999] 2 WLUK 5; [1999] 2 Cr. App. R.
  125; [1999] 2 Cr. App. R. (S.) 294; [1999] Crim. L.R. 678; *Times*, February 3, 1999;
  Independent, February 9, 1999 CA (Crim Div)............................. A1-145
R. v Xavier (Sherrine Fiona); joined case(s) R. v Naeem (Yones); R. v Sheikh (Shahab)
  [2014] EWCA Crim 50; [2014] 1 WLUK 162 CA (Crim Div) B4-008
R. v Xhelollari (Jetmir) [2007] EWCA Crim 2052; [2007] 7 WLUK 338; (2007) 151
  S.J.L.B. 1265 CA (Crim Div)... A4-452
R. v Xue (Fa) [2020] EWCA Crim 587; [2020] 4 WLUK 361; [2020] 2 Cr. App. R. (S.) 49
  CA (Crim Div) B2-061, B2-079
R. v Y, sub nom. R. v Coffey (Dan Dooley); R. v Goffey (James) [2023] EWCA Crim 977;
  [2023] 7 WLUK 601 CA (Crim Div).. A2-121
R. v Yates (Kenneth David) [1989] 10 WLUK 17; (1989) 11 Cr. App. R. (S.) 451 CA (Crim
  Div).. B8-071
R. v Yeboah (Emmanuel) [2010] EWCA Crim 2394; [2010] 10 WLUK 245 CA (Crim Div) ....
                                                                            A5-377
R. v York (Margaret Mary) [2018] EWCA Crim 2754; [2019] 4 W.L.R. 13; [2018] 11
  WLUK 597; [2019] 1 Cr. App. R. (S.) 41; [2019] Crim. L.R. 426 CA (Crim Div) . A4-132, A4-136,
                                                                            A4-137, A4-145
R. v Young (Steven Kenneth) [1990] 5 WLUK 219; [1990] B.C.C. 549; (1990-91) 12 Cr.
  App. R. (S.) 262; [1990] Crim. L.R. 818 CA (Crim Div) A4-311, A4-312, A4-316, A4-319
R. v Young (Vincent John) [1990] 5 WLUK 277; (1990-91) 12 Cr. App. R. (S.) 279; [1990]
  Crim. L.R. 752 CA (Crim Div) A3-125
R. v Yuel (Aman), sub nom. R. v Yuel (Aman) (also known as Berhe (Samuel)) [2019]
  EWCA Crim 1693; [2019] 10 WLUK 172; [2020] 1 Cr. App. R. (S.) 42; [2020] M.H.L.R.
  171 CA (Crim Div) A9-059
R. v Yusuf (Samir); joined case(s) R. v McLean (Kurt); R. v Palmer (Devana) [2014]
  EWCA Crim 1586; [2014] 7 WLUK 927; [2015] 1 Cr. App. R. (S.) 4; [2014] Crim. L.R.

841; [2015] Crim. L.R. 162 CA (Crim Div) A3-137, A3-138
R. v ZA [2023] EWCA Crim 596; [2023] 5 WLUK 371; [2023] Crim. L.R. 617 CA (Crim
 Div) A6-017
R. v Zaheer (Javed) [2018] EWCA Crim 1708; [2018] 7 WLUK 148; [2019] 1 Cr. App. R.
 (S.) 14 CA (Crim Div) B3-079
R. v ZBT [2012] EWCA Crim 1727; [2012] 7 WLUK 369; [2013] 1 Cr. App. R. (S.) 85 CA
 (Crim Div) B3-043
R. v Ziad (Muhammed) [2011] EWCA Crim 209; [2011] 2 WLUK 152 CA (Crim Div) A4-226
R. v ZTR [2015] EWCA Crim 1427; [2015] 8 WLUK 277; [2016] 1 Cr. App. R. (S.) 15;
 [2016] Crim. L.R. 143 CA (Crim Div) A1-148
R. (on the application of A) v Governor of Huntercombe Young Offenders Institute; joined
 case(s) R. (on the application of A) v DPP [2006] EWCA 2544 (Admin); [2006] 10
 WLUK 539; (2007) 171 J.P. 65; [2007] Prison L.R. 204; (2007) 171 J.P.N. 345 QBD
 (Admin) A6-321
R. (on the application of Anderson) v Secretary of State for the Home Department, sub
 nom. R. v Secretary of State for the Home Department Ex p. Anderson; R. v Secretary of
 State for the Home Department Ex p. Taylor; joined case(s) R. (on the application of
 Taylor) v Secretary of State for the Home Department [2002] UKHL 46; [2003] 1 A.C.
 837; [2002] 3 W.L.R. 1800; [2002] 4 All E.R. 1089; [2002] 11 WLUK 688; [2003] 1 Cr.
 App. R. 32; [2003] H.R.L.R. 7; [2003] U.K.H.R.R. 112; 13 B.H.R.C. 450; [2003] Prison
 L.R. 36; (2003) 100(3) L.S.G. 31; (2002) 146 S.J.L.B. 272; *Times*, November 26, 2002;
 Independent, November 27, 2002 HL A4-703
R. (on the application of Bitcon) v West Allerdale Magistrates Court [2003] EWHC 2460
 (Admin); [2003] 9 WLUK 47; [2003] M.H.L.R. 399 QBD (Admin) A3-030, A9-010, A9-014,
    A9-019
R. (on the application of Blick) v Doncaster Magistrates' Court [2008] EWHC 2698
 (Admin); [2008] 10 WLUK 131; (2008) 172 J.P. 651 DC A10-012
R. (on the application of Chief Constable of Avon and Somerset) v Bristol Crown Court
 [2022] EWHC 1770 (Admin); [2022] 3 WLUK 766; [2022] A.C.D. 123 QBD (Admin).... A4-193
R. (on the application of Countryside Alliance) v Attorney General; joined case(s) R. (on
 the application of Derwin) v Attorney General; R. (on the application of Friend) v At-
 torney General [2007] UKHL 52; [2008] 1 A.C. 719; [2007] 3 W.L.R. 922; [2008] 2 All
 E.R. 95; [2007] 11 WLUK 720; [2008] Eu. L.R. 359; [2008] H.R.L.R. 10; [2008]
 U.K.H.R.R. 1; (2007) 104(48) L.S.G. 23; (2007) 157 N.L.J. 1730; (2007) 151 S.J.L.B.
 1564; [2007] N.P.C. 127; *Times*, November 29, 2007 HL......................... A5-113
R. (on the application of Denny) v Acton Youth Court [2004] EWHC 948 (Admin); [2004]
 1 W.L.R. 3051; [2004] 2 All E.R. 961; [2004] 4 WLUK 279; [2005] 1 Cr. App. R. (S.) 6;
 (2004) 168 J.P. 388; (2004) 168 J.P.N. 556; (2004) 101(21) L.S.G. 35; *Times*, June 3,
 2004 DC A10-008
R. (on the application of DPP) v South Tyneside Youth Court [2015] EWHC 1455 (Admin);
 [2015] 5 WLUK 492; [2015] 2 Cr. App. R. (S.) 59; [2015] Crim. L.R. 746 DC........... A2-084
R. (on the application of Dragoman) v Camberwell Green Magistrates' Court [2012]
 EWHC 4105 (Admin); [2012] 12 WLUK 682; (2013) 177 J.P. 372; [2013] A.C.D. 61
 DC A4-396, A6-187
R. (on the application of Dunlop) v DPP [2004] EWHC 225 (Admin); [2004] 1 WLUK 392
 QBD (Admin) A10-012
R. (on the application of Ebert) v Wood Green Crown Court [2013] EWHC 917 (Admin);
 [2013] 2 WLUK 778; (2013) 177 J.P. 415; [2013] A.C.D. 82 DC A4-442
R. (on the application of Environment Agency) v Lawrence [2020] EWCA Crim 1465;
 [2021] P.T.S.R. 950; [2020] 11 WLUK 63; [2021] 2 Cr. App. R. (S.) 2; [2021] Env. L.R.
 18; [2021] L.L.R. 48 CA (Crim Div) B7-011, B7-012
R. (on the application of Golding) v Maidstone Crown Court [2019] EWHC 2029 (Admin);
 [2019] 1 W.L.R. 5939; [2019] 7 WLUK 415; [2019] A.C.D. 110 DC A4-193
R. (on the application of Gray) v Aylesbury Crown Court [2013] EWHC 500 (Admin);
 [2014] 1 W.L.R. 818; [2013] 3 All E.R. 346; [2013] 3 WLUK 265; (2013) 177 J.P. 329;
 [2013] C.T.L.C. 157; [2013] A.C.D. 64 QBD (Admin)............................. A4-094
R. (on the application of Harrington) v Bromley Magistrates Court [2007] EWHC 2896
 (Admin); [2007] 11 WLUK 297 QBD (Admin) A2-091, A2-132
R. (on the application of Holme) v Liverpool Magistrates Court, sub nom. Holme v
 Liverpool City Justices [2004] EWHC 3131 (Admin); [2004] 12 WLUK 120; (2005)
 169 J.P. 306; [2005] A.C.D. 37; (2005) 169 J.P.N. 417 DC......................... A10-011
R. (on the application of Housego) v Canterbury Crown Court [2012] EWHC 255 (Admin);
 [2012] 2 WLUK 115 QBD (Admin) A4-194

R. (on the application of Irfan) v Secretary of State for the Home Department [2012] EWCA Civ 1471; [2013] Q.B. 885; [2013] 2 W.L.R. 1340; [2012] 11 WLUK 363; [2013] H.R.L.R. 6; *Times*, January 30, 2013 CA (Civ Div) A7-066
R. (on the application of Jones) v Isleworth Crown Court, sub nom. Jones v Isleworth Crown Court [2005] EWHC 662 (QB); [2005] 3 WLUK 88; [2005] M.H.L.R. 93 QBD. ... A9-049
R. (on the application of K) v Croydon Crown Court, sub nom. K v Croydon Crown Court [2005] EWHC 478 (Admin); [2005] 3 WLUK 191; [2005] 2 Cr. App. R. (S.) 96 DC B7-120
R. (on the application of Khan) v Secretary of State for Justice [2020] EWHC 2084 (Admin); [2020] 1 W.L.R. 3932; [2021] 2 All E.R. 1033; [2020] 7 WLUK 466; [2020] H.R.L.R. 19; [2021] Crim. L.R. 504; [2020] A.C.D. 114 DC A10-061
R. (on the application of Killeen) v Birmingham Crown Court [2018] EWHC 174 (Admin); [2018] 2 WLUK 57 DC A4-193
R. (on the application of M) v Kingston Crown Court; joined case(s) M v Wells Unit West London Mental Health Trust [2014] EWHC 2702 (Admin); [2016] 1 W.L.R. 1685; [2015] 4 All E.R. 1028; [2014] 7 WLUK 695; [2015] 1 Cr. App. R. 3; (2014) 178 J.P. 438; [2015] M.H.L.R. 79; [2015] Crim. L.R. 436; (2014) 158(31) S.J.L.B. 37 DC A3-029, A3-030, A9-010, A9-011
R. (on the application of McCann) v Manchester Crown Court, sub nom. R. (on the application of M (A Child)) v Manchester Crown Court; R. v Manchester Crown Court Ex p. M (A Child); joined case(s) Clingham v Kensington and Chelsea RLBC [2002] UKHL 39; [2003] 1 A.C. 787; [2002] 3 W.L.R. 1313; [2002] 4 All E.R. 593; [2002] 10 WLUK 472; [2003] 1 Cr. App. R. 27; (2002) 166 J.P. 657; [2002] U.K.H.R.R. 1286; 13 B.H.R.C. 482; [2003] H.L.R. 17; [2003] B.L.G.R. 57; [2003] Crim. L.R. 269; (2002) 166 J.P.N. 850; (2002) 146 S.J.L.B. 239; *Times*, October 21, 2002; *Independent*, October 23, 2002 HL A5-021, A5-209, A5-210, A5-265, A5-267
R. (on the application of Minter) v Chief Constable of Hampshire [2013] EWCA Civ 697; [2014] 1 W.L.R. 179; [2013] 5 WLUK 28 CA (Civ Div) A7-032, A7-063
R. (on the application of P (A Juvenile)) v Barking Youth Court [2002] EWHC 734 (Admin); [2002] 4 WLUK 217; [2002] 2 Cr. App. R. 19; (2002) 166 J.P. 641; [2002] M.H.L.R. 304; [2002] Crim. L.R. 657; (2002) 166 J.P.N. 778 DC A9-069
R. (on the application of Pensions Regulator) v Workchain Ltd [2019] EWCA Crim 1422; [2019] 7 WLUK 689 CA (Crim Div)... B4-209
R. (on the application of Prothero) v Secretary of State for the Home Department [2013] EWHC 2830 (Admin); [2014] 1 W.L.R. 1195; [2013] 9 WLUK 408; [2014] A.C.D. 40; (2013) 157(37) S.J.L.B. 37 DC A7-038
R. (on the application of Purnell) v South Western Magistrates' Court [2013] EWHC 64 (Admin); [2013] 1 WLUK 392; (2013) 177 J.P. 201; [2013] A.C.D. 49 QBD (Admin)..... A4-099
R. (on the application of Rathor) v Southampton Magistrates' Court [2018] EWHC 3278 (Admin); [2018] 10 WLUK 592; [2019] Crim. L.R. 431; [2019] A.C.D. 25 QBD (Admin) A10-010
R. (on the application of Richards) v Teesside Magistrates' Court [2015] EWCA Civ 7; [2015] 1 W.L.R. 1695; [2016] 2 All E.R. 950; [2015] 1 WLUK 227; [2015] 1 Cr. App. R. (S.) 60; (2015) 179 J.P. 119; [2015] Crim. L.R. 461 CA (Civ Div)...................... A5-310
R. (on the application of Rowan) v Governor of Berwyn Prison [2023] EWCA Civ 27; [2023] 1 W.L.R. 1356; [2023] 1 WLUK 381 CA (Civ Div) A4-414
R. (on the application of RSPCA) v Guildford Crown Court [2012] EWHC 3392 (Admin); [2012] 11 WLUK 4; (2013) 177 J.P. 154 DC.. A4-293
R. (on the application of Sandhu) v Isleworth Crown Court [2012] EWHC 1658 (Admin); [2012] 5 WLUK 675; (2012) 176 J.P. 537 DC A4-194
R. (on the application of Sim) v Parole Board for England and Wales, sub nom. R. (on the application of Sim) v Secretary of State for the Home Department; Secretary of State for the Home Department v Sim [2003] EWCA Civ 1845; [2004] Q.B. 1288; [2004] 2 W.L.R. 1170; [2003] 12 WLUK 638; [2004] H.R.L.R. 15; [2004] Prison L.R. 44; (2004) 101(5) L.S.G. 29; (2004) 148 S.J.L.B. 60; *Times*, January 2, 2004 CA (Civ Div)........ A10-079, A10-087
R. (on the application of Singh) v Stratford Magistrates' Court [2007] EWHC 1582 (Admin); [2007] 1 W.L.R. 3119; [2007] 4 All E.R. 407; [2007] 7 WLUK 29; [2008] 1 Cr. App. R. 2; (2007) 171 J.P. 557; [2007] A.C.D. 72; (2008) 172 J.P.N. 69; *Times*, August 13, 2007 DC... A9-073
R. (on the application of Smith) v Southwark Crown Court [2000] 12 WLUK 169; [2001] 2 Cr. App. R. (S.) 35 QBD B2-383
R. (on the application of Stott) v Secretary of State for Justice [2018] UKSC 59; [2020] A.C. 51; [2018] 3 W.L.R. 1831; [2019] 2 All E.R. 351; [2018] 11 WLUK 455; [2019] 1

Cr. App. R. (S.) 47; [2019] Crim. L.R. 251; *Times*, January 14, 2019 SC A10-049, A10-050, A10-067, A10-069
R. (on the application of Sturnham) v Parole Board for England and Wales, sub nom. R. (on the application of Faulkner) v Secretary of State for Justice [2013] UKSC 47; [2013] 2 A.C. 254; [2013] 3 W.L.R. 281; [2013] 4 All E.R. 177; [2013] 7 WLUK 96; *Times*, August 1, 2013 SC..A4-449
R. (on the application of Trans Berckx BVBA) v North Avon Magistrates Court [2011] EWHC 2605 (Admin); [2011] 4 WLUK 440 DC A4-182
R. (on the application of Uttley) v Secretary of State for the Home Department [2004] UKHL 38; [2004] 1 W.L.R. 2278; [2004] 4 All E.R. 1; [2004] 7 WLUK 957; [2005] 1 Cr. App. R. 15; [2005] 1 Cr. App. R. (S.) 91; [2004] H.R.L.R. 42; [2004] U.K.H.R.R. 1031; 17 B.H.R.C. 379; [2005] 1 Prison L.R. 234; (2004) 101(35) L.S.G. 33; (2004) 154 N.L.J. 1255; (2004) 148 S.J.L.B. 977; *Times*, August 13, 2004 HL...... A8-008, A8-010, A8-012, A10-049
R. (on the application of W) v Caernarfon Youth Court [2013] EWHC 1466 (Admin); [2013] 3 WLUK 759; (2013) 177 J.P. 534; [2013] A.C.D. 111 QBD (Admin)........... A2-084
R. (on the application of W) v Southampton Youth Court, sub nom. R. (on the application of K) v Wirral Borough Magistrates Court [2002] EWHC 1640 (Admin); [2002] 7 WLUK 575; [2003] 1 Cr. App. R. (S.) 87; (2002) 166 J.P. 569; [2002] Crim. L.R. 750; (2002) 166 J.P.N. 709 DC A6-235
R. (on the application of W) v Thetford Youth Court; joined case(s) R. (on the application of M) v Waltham Forest Youth Court [2002] EWHC 1252 (Admin); [2002] 6 WLUK 453; [2003] 1 Cr. App. R. (S.) 67; (2002) 166 J.P. 453; [2002] Crim. L.R. 681; (2002) 166 J.P.N. 573 DC A6-233, A6-235
R. (on the application of W (A Child)) v Leeds Crown Court [2011] EWHC 2326 (Admin); [2012] 1 W.L.R. 2786; [2011] 7 WLUK 863; [2012] 1 Cr. App. R. 13; (2011) 175 J.P. 467; [2012] Crim. L.R. 160; [2012] A.C.D. 8 DC.................................... A2-109
R. (on the application of White) v Blackfriars Crown Court [2008] EWHC 510 (Admin); [2008] 3 WLUK 29; [2008] 2 Cr. App. R. (S.) 97; (2008) 172 J.P. 321; [2008] Crim. L.R. 575 DC...A5-105
R. (on the application of X) v An NHS Trust; joined case(s) R. (on the application of B) v Nottingham Healthcare NHS Trust [2008] EWCA Civ 1354; [2009] 2 All E.R. 792; [2009] P.T.S.R. 547; [2008] 12 WLUK 76; [2008] M.H.L.R. 376; [2009] A.C.D. 40 CA (Civ Div) A9-054
R. (on the application of X) v Ealing Youth Court [2020] EWHC 800 (Admin); [2020] 1 W.L.R. 3645; [2020] 4 WLUK 555; [2021] 1 Cr. App. R. (S.) 13; [2021] Crim. L.R. 60 DC A6-322
Rennison v Knowler, sub nom. Knowler v Rennison; Knowles v Rennison [1947] K.B. 488; [1947] 1 All E.R. 302; 63 T.L.R. 150; [1947] 1 WLUK 789; (1947) 111 J.P. 171; [1947] L.J.R. 555; 176 L.T. 271; (1947) 91 S.J. 85 KBD A4-264
Revenue and Customs Prosecution Office v Duffy [2008] EWHC 848 (Admin); [2008] 3 WLUK 157; [2008] 2 Cr. App. R. (S.) 103; [2008] Crim. L.R. 734 DC.................. A4-127
Richards v National Probation Service [2007] EWHC 3108 (Admin); [2007] 11 WLUK 765; (2008) 172 J.P. 100; (2008) 172 J.P.N. 293; (2008) 172 J.P.N. 357 DC A4-410, A6-196
Rowlston v Kenny [1982] 2 WLUK 269; (1982) 4 Cr. App. R. (S.) 85 DC A4-126
Royal Society for the Prevention of Cruelty to Animals v Preston Crown Court [2015] EWHC 4875 (Admin); [2014] 5 WLUK 576 QBD (Admin) A4-293
Rummun v Mauritius [2013] UKPC 6; [2013] 1 W.L.R. 598; [2013] 2 WLUK 177 PC (Mau) A1-121
Russell v Crown Prosecution Service [2015] EWHC 2065 (Admin); [2015] 6 WLUK 635 QBD (Admin) A4-191
S (An Infant) v Recorder of Manchester, sub nom. S (An Infant) v Manchester City Recorder [1971] A.C. 481; [1970] 2 W.L.R. 21; [1969] 3 All E.R. 1230; [1969] 10 WLUK 63; (1969) 113 S.J. 872 HL A4-588, A4-599
Scoppola v Italy (10249/03) [2009] 9 WLUK 279; (2010) 51 E.H.R.R. 12 ECHR A8-007
Secretary of State for Business Innovation and Skills v Rahman [2017] EWHC 2468 (Ch); [2017] 10 WLUK 336; [2018] B.C.C. 567 Ch D (Companies Ct) A4-315
Secretary of State for Trade v Markus (Edward Jules), sub nom. R. v Markus (Edward Jules) [1976] A.C. 35; [1975] 2 W.L.R. 708; [1975] 1 All E.R. 958; [1975] 3 WLUK 77; (1975) 61 Cr. App. R. 58; [1975] Crim. L.R. 716; (1975) 119 S.J. 271 HL A4-435
Sevenoaks Stationers (Retail) Ltd, Re [1991] Ch. 164; [1990] 3 W.L.R. 1165; [1991] 3 All E.R. 578; [1990] 7 WLUK 413; [1990] B.C.C. 765; [1991] B.C.L.C. 325; (1990) 134 S.J. 1367 CA (Civ Div) A4-315, A4-316

Table of Cases

Shaw v DPP [2005] EWHC 1215 (QB); [2005] 4 WLUK 173 QBD A10-232
Shields-McKinley v Secretary of State for Justice; joined case(s) R. (on the application of Shields-McKinley) v Secretary of State for Justice and Lord Chancellor [2019] EWCA Civ 1954; [2020] Q.B. 521; [2020] 2 W.L.R. 250; [2019] 11 WLUK 201 CA (Civ Div).... A4-483
Stafford v United Kingdom (46295/99) [2002] 5 WLUK 812; (2002) 35 E.H.R.R. 32; 13 B.H.R.C. 260; [2002] Po. L.R. 181; [2002] Crim. L.R. 828; (2002) 152 N.L.J. 880; *Times*, May 31, 2002 ECHR A4-703
Stamp v United Dominions Trust (Commercial) [1967] 1 Q.B. 418; [1967] 2 W.L.R. 541; [1967] 1 All E.R. 251; [1966] 11 WLUK 74; (1967) 131 J.P. 177; [1967] Crim. L.R. 89; (1966) 110 S.J. 904 DC A4-161, A4-162
SW v United Kingdom (A/355-B), sub nom. SW v United Kingdom (20166/92); joined case(s) CR v United Kingdom [1995] 11 WLUK 336; [1996] 1 F.L.R. 434; (1996) 21 E.H.R.R. 363; [1996] Fam. Law 275; *Times*, December 5, 1995 ECHR A8-006
Taylor v Austin [1969] 1 W.L.R. 264; [1969] 1 All E.R. 544; [1968] 12 WLUK 57; (1969) 133 J.P. 182; (1968) 112 S.J. 1024 DC A4-264
Taylor v DPP [2006] EWHC 1202 (Admin); [2006] 4 WLUK 527; (2006) 170 J.P. 485; (2006) 170 J.P.N. 856; *Times*, June 14, 2006 DC A1-071, A1-072
Taylor v Rajan; joined case(s) Fraser v Barton [1974] Q.B. 424; [1974] 2 W.L.R. 385; [1974] 1 All E.R. 1087; [1974] 1 WLUK 679; (1974) 59 Cr. App. R. 15; (1974) 59 Cr. App. R. 11; [1974] R.T.R. 304; [1974] Crim. L.R. 189; [1974] Crim. L.R. 188; (1974) 118 S.J. 135 QBD... A4-263
Taylor v Saycell [1950] 2 All E.R. 887; 66 T.L.R. (Pt. 2) 842; [1950] 1 WLUK 320; (1950) 114 J.P. 574; [1950] W.N. 479; (1950) 94 S.J. 705 DC A4-055
Taylor v United Kingdom (Admissibility) (48864/99) [2002] 12 WLUK 36; (2003) 36 E.H.R.R. CD104 ECHR... A8-011
Thompson v Commissioner of Police of the Metropolis; joined case(s) Hsu v Commissioner of Police of the Metropolis [1998] Q.B. 498; [1997] 3 W.L.R. 403; [1997] 2 All E.R. 762; [1997] 2 WLUK 341; (1998) 10 Admin. L.R. 363; (1997) 147 N.L.J. 341; *Times*, February 20, 1997; *Independent*, February 28, 1997 CA (Civ Div)................ A5-348
Thornton v Crown Prosecution Service [2010] EWHC 346 (Admin); [2010] 1 WLUK 550; [2010] 2 Cr. App. R. (S.) 65; (2010) 174 J.P. 121; [2010] Crim. L.R. 514; [2010] A.C.D. 66 DC A2-092
Trigger v Northampton Magistrates Court, sub nom. R. (on the application of Trigger) v Northampton Magistrates Court [2011] EWHC 149 (Admin); [2011] 2 WLUK 64; (2011) 175 J.P. 101 DC A10-011
Tyack v Mauritius [2006] UKPC 18; [2006] 3 WLUK 757 PC (Mau) A3-139
Uttley v United Kingdom 29 November 2005 .... A8-008
Veater v Glennon [1981] 1 W.L.R. 567; [1981] 2 All E.R. 304; [1981] 2 WLUK 183; (1981) 72 Cr. App. R. 331; (1981) 3 Cr. App. R. (S.) 52; [1981] Crim. L.R. 563; (1981) 125 S.J. 274 DC A4-011, A4-031, A4-042
Vinter v United Kingdom (66069/09); joined case(s) Bamber v United Kingdom (130/10); Moore v United Kingdom (3896/10) [2013] 7 WLUK 244; (2016) 63 E.H.R.R. 1; 34 B.H.R.C. 605; [2014] Crim. L.R. 81; *Times*, July 11, 2013 ECHR (Grand Chamber) A4-719
Ward v RSPCA [2010] EWHC 347 (Admin); [2010] 1 WLUK 610 DC A4-294
Welch v United Kingdom (A/307-A), sub nom. Welch v United Kingdom (17440/90) [1995] 2 WLUK 151; (1995) 20 E.H.R.R. 247; *Times*, February 15, 1995 ECHR......... A8-007
West Midlands Probation Board v Sutton Coldfield Magistrates Court [2008] EWHC 15 (Admin); [2008] 1 W.L.R. 918; [2008] 3 All E.R. 1193; [2008] 1 WLUK 69; (2008) 172 J.P. 169; (2008) 158 N.L.J. 102 DC............................. A6-397, A10-155, A10-197
West Yorkshire Probation Board v Robinson; joined case(s) West Yorkshire Probation Board v Tinker [2009] EWHC 2517 (Admin); [2009] 7 WLUK 539; (2010) 174 J.P. 13 DC A10-154, A10-196
Whittal v Kirby [1947] K.B. 194; [1946] 2 All E.R. 552; 62 T.L.R. 696; [1946] 11 WLUK 27; (1947) 111 J.P. 1; [1947] L.J.R. 234; 175 L.T. 449; (1946) 90 S.J. 571 KBD .. A4-262, A4-263
Wright v Reading Crown Court [2017] EWHC 2643 (Admin); [2017] 10 WLUK 712; (2018) 182 J.P. 68; [2018] C.T.L.C. 87; [2017] A.C.D. 139 QBD (Admin) A4-296
Zykin v Crown Prosecution Service [2009] EWHC 1469 (Admin); [2009] 5 WLUK 310; (2009) 173 J.P. 361 DC A10-007

TABLE OF STATUTES

1361 Justices of the Peace Act (c.1)
    s.1 .... A4-022
1824 Vagrancy Act (c.83) A2-087, A2-089
1826 Criminal Law Act (c.64)
    s.28 .... **A3-213**
    s.29 .... **A3-214**
1828 Night Poaching Act (c.69)
    s.1 .... A4-288
1831 Game Act (c.32) A4-288
1861 Accessories and Abettors Act (c.94)
    s.8 .... A4-558, A4-598
1861 Offences Against the Person Act (c.100)
    .... A1-085, A4-258, A4-451, A4-627,
    A4-629, A4-656, A4-685, A4-699,
    A5-249, A6-250, A10-064, B2-070,
    B2-071, B2-072, B2-073, B2-076,
    B2-082, B2-084, B2-085, B2-086,
    B2-087, B2-092, B2-093, B2-094,
    B2-095, B2-104, B2-105, B2-106,
    B2-107, B2-122, B2-125, B2-183,
    B2-184, B2-186, B2-187, B3-061
    s.4 . A1-085, A4-627, A4-629, A4-656,
    A4-685, A4-699, A5-249, A6-250,
    A10-064
    s.16 .... A4-627, A5-249, A6-250
    s.18 .... A1-085, A1-183, A3-128,
    A3-169, A4-627, A4-629, A4-656,
    A4-685, A4-699, A5-249, A6-250,
    A10-064, B4-045, B4-077
    s.20 .... A1-183, A3-127, A3-169,
    A4-627, A5-249, A6-250, B4-077
    s.21 .... A4-627, A4-656, A4-699,
    A5-249, A6-250, A7-075, A7-078,
    A10-064
    s.22 .... A4-627, A4-656, A4-699,
    A5-249, A6-250, A10-064
    s.23 .... A1-085, A4-627, A5-249,
    A6-250, A10-063, B8-044
    s.24 . B2-124, B2-125, B2-126, B2-127
    s.27 .... A4-627, A6-250
    s.28 ...... A1-085, A4-627, A4-629,
    A4-656, A4-685, A4-699, A5-249,
    A6-250, A10-064
    s.29 .... A1-085, A4-627, A4-629,
    A4-656, A4-685, A4-699, A5-249,
    A6-250, A10-064
    s.30 . A1-085, A4-627, A5-249, A6-250
    s.31 .... A4-627, A5-249, A6-250
    s.32 .... A4-627, A4-656, A4-699,
    A5-249, A6-250, A10-064
    s.35 .... A4-258, A4-627, A5-249,
    A6-250, B6-050, B6-051, B6-052
    s.37 .... A4-627, A5-249, A6-250
    s.38 .... A4-627, A5-249, A6-250
    s.47 . A4-627, A5-249, A6-250, B2-097
    s.52 .... A7-075, A7-078
    s.53 .... A7-075, A7-078
    s.54 .... A7-075, A7-078
    s.55 .... A7-075, A7-078
    s.58 ..... B2-128a, B2-128c, B2-128d,
    B2-128e
    s.61 .... A7-075, A7-078
    s.62 .... A7-075, A7-078
    s.64 .... A1-085
1876 Customs Consolidation Act (c.36)
    s.42 .... A4-627, A5-248, A6-250,
    A7-004, A7-075, A7-078
1883 Explosive Substances Act (c.3)
    .... A1-085, A4-627, A4-629, A4-656,
    A4-685, A4-699, A5-249, A6-250,
    A10-064, B2-220, B2-238, B2-240,
    B2-241, B2-286, B2-455, B2-458,
    B2-459, B2-460, B2-465, B2-469,
    B2-470
    s.2 . A1-085, A4-627, A4-629, A4-656,
    A4-685, A4-699, A5-249, A6-250,
    A10-064, B2-242, B2-456
    ss.2–3 .... B2-455
    s.3 . A1-085, A4-627, A4-629, A4-656,
    A4-685, A4-699, A5-249, A6-250,
    A10-064, B2-238, B2-242, B2-456,
    B2-460
    s.4 . A1-085, A4-627, A4-629, A4-656,
    A4-685, A4-699, A6-250, A10-064,
    B2-456, B2-473
    s.5 .... A1-085, A4-627, A4-656,
    A10-064, B2-286
1885 Criminal Law Amendment Act (c.69)
    .... A7-078
    Pt I s.2 .... A7-075
    s.3 .... A7-075, A7-078
    s.4 .... A7-070, A7-078
    s.5 .... A7-075, A7-078
    s.6 .... A7-075, A7-078
    s.7 .... A7-075, A7-078
    s.8 .... A7-075, A7-078
    s.11 .... A7-075, A7-078
1897 Police (Property) Act (c.30) A4-186
    s.2 .... A4-174, A4-176
1898 Vagrancy Act (c.39)
    s.1 .... A7-075, A7-078
1908 Punishment of Incest Act, (c.45)
    s.1 .... A7-075, A7-078
    s.2 .... A7-075, A7-078
1908 Children Act, (c.67) A6-001
1911 Perjury Act (c.6)
    s.1 .... B8-065
    s.2 .... B8-065
1929 Infant Life (Preservation) Act (c.34)
    .... A4-627, A4-656, A4-699, A5-249,
    A6-250, A10-064
    s.1 . A4-627, A4-656, A4-699, A5-249,
    A6-250, A10-064

1933 Children and Young Persons Act (c.12)
.... A4-627, A5-249, A6-225, A6-250,
B2-199, B2-201, B2-202, B2-206e
Pt I s.1 ..... A4-627, A5-249, A6-250,
A7-075, A7-078, B2-206e
Pt III s.44 ... A6-004, **A6-006**, A6-010,
A6-012
s.53(1) A4-415
(3) A4-415
Pt VI s.99 .... A6-003
s.107(1) A6-001
1938 Infanticide Act (c.36) .. A4-627, A4-656,
A4-699, A5-249, A6-250, A10-064
s.1 . A4-627, A4-656, A4-699, A5-249,
A6-250, A7-075, A7-078, A10-064
1948 Criminal Justice Act (c.58) A4-111
Pt I s.17(2) A3-187
s.36 .... A10-008
1952 Prison Act (c.52) B5-123, B8-105
s.39 .... B8-080
s.40B B8-100, B8-103, B8-110
s.40C(1) B8-100
(3) B8-100
s.40CA B2-356, B2-361, B8-104
s.40CB B8-100
s.40D B8-100
(1)(b) B8-120
(3A) B8-120
1953 Prevention of Crime Act (c.14)
s.1 .... A4-377, A4-521
(1) B2-356
(4) A5-234
s.1A A4-377, A4-521, B2-355,
B2-363, B2-364
1955 Army Act (c.18) A4-629, A4-685
Pt I A4-629, A4-685
Pt II A4-685
s.70 .... A4-629, A4-685, A5-249,
A7-071, A7-073, A7-076, A7-079
1955 Air Force Act (c.19) A4-629, A4-685
Pt I A4-629
Pt II s.51 .... A3-147
s.70 ..... A4-629, A5-249, A7-071,
A7-073, A7-076, A7-079
1956 Sexual Offences Act (c.69) A4-607,
A4-627, A5-177, A5-248, A6-250,
A7-004
Pt I s.1 ..... A4-607, A5-248, A7-004,
A7-070, A7-075, A7-078, B3-066,
B3-068, B3-069
ss.1–7 .... A4-627, A6-250
s.2 .... A7-075, A7-078
s.3 .... A7-075, A7-078
s.4 .... A7-075, A7-078
s.5 ...... A4-607, A5-248, A7-004,
A7-070, A7-078
s.6 ...... A5-248, A7-004, A7-075,
A7-078
s.7 .... A7-075, A7-078
s.9 .... A7-075, A7-078
ss.9–11 .... A4-627, A6-250
s.10 ..... A5-248, A7-004, A7-075,
A7-078

s.11 .... A7-075, A7-078
s.12 ..... A4-607, A5-248, A7-004,
A7-075, A7-078
s.13 .... A5-248, A7-075, A7-078
s.14 ..... A4-607, A5-248, A7-004,
A7-075, A7-078, A8-010
ss.14–17 .... A4-627, A6-250
s.15 ..... A4-607, A5-248, A7-004,
A7-075, A7-078
s.16 ..... A5-248, A7-004, A7-075,
A7-078
s.17 .... A7-075, A7-078
s.19 .... A7-075, A7-078
ss.19–29 .... A4-627, A6-250
s.20 .... A7-075, A7-078
s.21 .... A7-075, A7-078
s.22 .... A7-075, A7-078
s.23 .... A7-075, A7-078
s.24 .... A7-075, A7-078
s.25 .... A7-075, A7-078
s.26 .... A7-075, A7-078
s.27 .... A7-075, A7-078
s.28 .... A5-248, A7-004, A7-075,
A7-078
s.29 .... A7-075, A7-078
s.30 .... A7-075, A7-078
s.31 .... A7-075, A7-078
s.32 .... A4-627, A6-250
s.33A A4-627, A5-177, A6-250,
B3-211, B3-213, B3-214
1957 Homicide Act (c.11)
Pt I s.2(1) A1-187
1957 Naval Discipline Act (c.53) A4-629,
A4-685
Pt I A4-629, A4-685
s.42 ..... A4-629, A4-685, A5-249,
A7-071, A7-073, A7-076, A7-079
Pt II A4-685
1959 Street Offences Act (c.57)
s.1(2A) A6-368
1959 Obscene Publications Act (c.66)
s.2 .... A4-201
s.3 .... A4-201
1959 Mental Health Act (c.72) A4-627,
A6-250
Pt IX s.128 . A4-627, A6-250, A7-070,
A7-075, A7-078
1960 Indecency with Children Act (c.33)
.... A4-627, A5-248, A6-250, A7-004
s.1 . A4-627, A5-248, A6-250, A7-004,
A7-075, A7-078
1961 Criminal Justice Act (c.39)
Pt II s.22 .... B8-081
1963 London Government Act (c.33)
Pt IX s.76 .... A5-116
1963 Children and Young Persons Act (c.37)
Pt I s.29 .... **A6-022**, A6-023
1964 Obscene Publications Act (c.74)
.... A4-167
s.1(4) A4-201, A4-202
s.3 .... A4-202

1964 Criminal Procedure (Insanity) Act (c.84)
.... A1-003, A5-146, A5-287, A9-069, A9-073, A9-075
s.5 .... **A9-076**, A9-077, A9-082
    (3A) A9-082
    (4) A4-485
   s.5A A9-077
   Sch.1A A9-083
    para.1 .... **A9-084**
   Pt 2 para.2 .... **A9-084**
    (2) A9-085
    para.3 .... **A9-084**
    para.4 .... **A9-084**
    para.5 .... **A9-084**
    para.6 .... **A9-084**
    para.7 .... **A9-084**
    para.8 .... **A9-084**
   Pt 3 para.9 .... **A9-084**, A9-085
    para.10 .... **A9-084**
    para.11 .... **A9-084**
    para.12 .... **A9-084**
    para.13 .... **A9-084**
1965 Murder (Abolition of Death Penalty) Act (c.71) A4-703, A6-263
   s.1 .... **A6-265**
    (1) **A4-705**
1967 Criminal Law Act (c.58) A4-032, A4-033
   Pt I s.3 .... B8-139
   s.4 .... B8-058, B8-059, B8-060, B8-061
1967 Sexual Offences Act (c.60) A4-627, A6-250
   s.4 .. A4-627, A6-250, A7-075, A7-078
   s.5 .. A4-627, A6-250, A7-075, A7-078
1967 Criminal Justice Act (c.80)
   Pt I s.9 ..... A1-095, A3-037, A3-050, A3-053
   s.10 .... A3-156
1968 Criminal Appeal Act (c.19) A10-042, A10-212, A10-216, A10-245, A10-257, A10-265, B2-011
   Pt I s.11(3) .. A3-070, A3-101, A4-530, A4-615, A8-009
   s.23 .... A1-111, A3-186
   s.30 .... A4-157
   Pt II s.33(3) A10-042
   Pt III s.50 .... A1-225, A2-052
1968 Firearms Act (c.27) A4-627, A4-629, A4-656, A4-685, A4-699, A5-177, A5-249, A6-250, A10-064, B2-376, B2-379, B2-382, B2-384, B2-385, B2-387, B2-400, B2-402, B2-403, B2-406, B2-408, B2-409, B2-414, B2-416, B2-417, B2-418, B2-421, B2-424, B2-425, B2-427, B2-429, B2-430, B2-431, B2-434, B2-436, B2-437, B2-438, B2-440, B2-442, B2-443, B2-444, B2-447, B2-451
   Pt I A4-377, A4-521
    s.1(1) A5-177, B2-376
    s.2(1) A5-177, B2-376
    s.3(1) A5-177

    s.4 .... B2-381
    s.5 .... B2-381
    (1) A5-177, B2-376, B2-414, B2-416, B2-417, B2-418
    (a) ... B2-391, B2-420, B4-102, B4-103
    (ab) .. B2-391, B2-420, B4-102, B4-103
    (aba) . B2-391, B2-420, B4-102, B4-103
    (ac) .. B2-391, B2-420, B4-102, B4-103
    (ad) .. B2-391, B2-420, B4-102, B4-103
    (ae) .. B2-391, B2-420, B4-102, B4-103
    (af) .. B2-391, B2-420, B4-102, B4-103
    (ag) B2-420
    (b) A4-561
    (ba) B2-420
    (c) ... B2-391, B2-420, B4-102, B4-103
    (1A) ... A5-177, B2-376, B2-420
    (a) ... A4-561, B2-391, B4-102, B4-103
    (2A) .. A5-177, B2-376, B2-391, B2-423
    s.16 ..... A4-627, A4-629, A4-656, A4-685, A4-699, A5-249, A6-250, A10-064, B2-376, B2-381, B2-433
    s.16A A4-627, A5-249, A6-250, B2-376, B2-381
    s.17(1) A4-627, A4-629, A4-656, A4-685, A4-699, A5-249, A6-250, A10-064, B2-376
    (1)–(2) B2-381
    (2) A4-627, A4-656, A4-699, A5-249, A6-250, A10-064, B2-376
    s.18 ..... A4-627, A4-629, A4-656, A4-685, A4-699, A5-249, A6-250, A10-064, B2-376, B2-446
    (1) B2-381
    s.19 .... B2-376, B2-381
    s.21 .... B2-381
    (4) B2-376
    (5) B2-376
   Pt III s.51A A4-570
    s.52(1) A4-013
   Pt IV s.57 .... A5-177
    (1) A5-177
    (4) A5-177
   Sch.1 .... B2-376
1968 Theft Act (c.60) A4-258, A4-627, A4-629, A4-656, A4-685, A4-699, A5-177, A5-249, A6-250, A10-064, B4-137
   s.1 . A4-627, A5-249, A10-073, B4-001
    (2) A4-627
   s.7 .... A5-177
   s.8 . A4-627, A4-629, A4-656, A4-685, A4-699, A6-250, A10-064, A10-073,

1968 Theft Act—*cont.*
B4-067, B4-069, B4-070
(1) A5-177
s.9 .... A4-627, A4-632, A6-250,
A10-073, B4-035, B4-037, B4-038,
B4-039
(1)(a) A3-128, A3-134, A4-632,
A5-249, A7-075, A7-078,
B4-045
(b) A3-128, A3-129, A3-134,
A4-632, B4-045
(3) B4-059
(a) B4-059
(4) B4-059
s.10 .... A4-627, A4-656, A4-699,
A5-249, A6-250, A10-064, A10-073,
B4-035, B4-037, B4-038, B4-039
s.12 .... A4-258, A4-260, A5-249
s.12A A4-627, A6-250
s.13 .... B4-026
s.17 . B4-101, B4-106, B4-107, B4-111,
B4-113, B4-114
s.18 .... A5-249
s.21 .... A5-177, B2-132, B2-133
s.22 .... B4-014
s.25 .... A4-258, A4-260, B4-020
s.32(1)(a) B4-137
1968 Justices of the Peace Act (c.69)
s.1(7) A4-023, A4-024
1970 Taxes Management Act (c.9) A5-177
Pt X s.106A . A5-177, B4-102, B4-109,
B4-113
1970 Administration of Justice Act (c.31)
Pt V s.41 .... A6-047
1971 Courts Act (c.23) A1-218
1971 Misuse of Drugs Act (c.38) A4-167,
A4-208, A5-177
s.3 .. A5-177, B2-394, B4-102, B4-103
s.4(2) A5-177
(3) A1-090, A5-177, A7-075,
A7-078
s.5(3) A5-177
s.6 .... A5-177
s.8 .... A5-177
s.13 . B5-110, B5-118, B5-126, B5-132,
B5-138A
s.20 .... A5-177
s.27 .... A4-177, A4-186, **A4-205**,
A4-208, A4-209, A4-211, A4-212
(2) A4-211
1971 Criminal Damage Act (c.48) A4-627,
A4-656, A4-699, A5-249, A6-250,
A6-261, A10-064
s.1 . A4-656, A4-699, A5-249, A6-250,
A6-261, A10-064
(1) B4-184, B4-186, B4-187,
B4-194
(2) A4-656, A4-699, A5-249,
A6-250, A6-261, A10-064,
B4-177, B4-179, B4-180
(3) B4-184, B4-186, B4-187

1971 Immigration Act (c.77) . A5-177, A5-360,
A5-364
Pt I s.3 .... **A5-353**
s.6 .... **A5-354**
(2) A5-358, A5-365, A5-366,
A5-368
s.7 .... **A5-355**
(2) A5-364
s.8(2) A5-356
(3) A5-356
(3A) A5-356
Pt III s.24 .... B7-104
s.24A B7-101, B7-104, B7-105,
B7-114, B7-120, B7-121
(1) B7-106
s.24D B7-112a, B7-112b
(1) B7-101
s.25 ..... A5-177, B7-101, B7-107,
B7-108, B7-109, B7-110, B7-112,
B7-112a, B7-113, B7-117, B7-134
(1)(a) B7-107
s.25A A5-177, B7-101
s.25B A5-177, B7-102
Pt IV s.33(2) A5-364
Sch.3 para.2 .... **A5-357**
1972 European Communities Act (c.68)
.... A5-177
Pt I s.2(2) A5-177
1972 Criminal Justice Act (c.71) A4-111,
A4-138
1973 Matrimonial Causes Act (c.18) ... A4-268
1974 Biological Weapons Act (c.6) ... A1-085,
A4-627, A4-656, A10-064
s.1 . A1-085, A4-627, A4-656, A10-064
1974 Health and Safety at Work etc. Act (c.37)
.... B7-047
Pt I s.2 .... B7-028
ss.2–6 .... B7-017
ss.2–7 .... B7-017
s.3(1) B7-043
s.7 .... B7-017
s.8 .... B7-017
s.9 .... B7-017
s.33 .... B7-028
(1)(a) B7-017, B7-043
(b) B7-017
(c) B7-017, B7-026
1974 Rehabilitation of Offenders Act (c.53)
.... A1-063, A4-044, A4-057
s.7(2)(b) A1-063
1975 Salmon and Freshwater Fisheries Act
(c.51) A5-177
Pt I s.1 .... A5-177
1976 Bail Act (c.63)
s.6 .... A2-089
(6) A2-087, A2-089
s.9(3) A2-087, A2-089
1977 Criminal Law Act (c.45) A4-627,
A5-248, A6-250, A7-004
Pt III s.32(1) **A4-067**
Pt IV s.54 .. A4-627, A5-248, A6-250,
A7-004, A7-075, A7-078

1978 Interpretation Act (c.30)
 s.6 .... A5-095
 s.17 .... A4-694
  (2) A1-003
1978 Theft Act (c.31)
 s.3 .... B4-030
1978 Protection of Children Act (c.37)
 .... A4-627, A4-629, A4-685, A5-248,
    A6-250, A7-004
 s.1 . A4-627, A4-629, A4-685, A5-248,
  A6-250, A7-004, A7-075, A7-078,
  B3-223, B3-225, B3-226, B3-227
  (1)(a) A10-060, A10-082
1979 Customs and Excise Management Act (c.2)
 .... A4-627, A5-177, A5-248, A6-250,
  A7-004, B2-395, B5-051, B5-052,
    B5-056
 Pt IV s.50 ... B2-391, B2-393, B2-394,
  B4-102, B4-109, B4-113, B5-065
  (2) A5-177
   (b) B2-395
  (3) A5-177
   (2) B2-394
   (3) B2-394
   (4) B4-102
   (5A) B4-102
   (5AA) B4-102
 Pt V s.68 .... B2-391, B2-393, B2-394
  (2) A5-177
  (2) B2-394
 Pt XI s.149(1) A4-076
 Pt XII s.170 . A4-627, A5-177, A5-248,
  A6-250, A7-004, A7-075, A7-078,
  B2-391, B2-393, B2-394, B4-103,
    B4-109, B4-113
  (4) B4-103
  (4A) B4-103
  (4AA) B4-103
 s.170B B4-103, B4-109
 Sch.1 para.1 .... B4-102, B4-103
  paras 1–2 .... B4-102, B4-103
1980 Licensed Premises (Exclusion of Certain
  Persons) Act (c.32) .. A5-068, A5-071,
    A5-072
 s.1 .... **A5-069**, A5-070
 s.2 .... A5-070, **A10-214**
 s.4 .... A5-070
1980 Magistrates' Courts Act (c.43) .. A1-003,
  A4-429, A10-212, A10-216,
    A10-245, A10-265
 Pt I s.10 .... **A2-123, A3-009**, A3-010
  (3) A2-129
 s.17D A2-085
 s.20 ...... **A2-003**, A2-005, A2-007
 s.20A **A2-004**
  (2) A2-007
 s.22 .... B4-194, B4-106
 s.22A B4-001, B4-013
  (4) B4-001
 s.32 .... **A4-063**
 s.33 .... B4-194
 Pt III s.75 .... **A4-078**
  (3) A4-099

s.75A A4-087
s.76 .... A4-087
 (3) A4-087
s.77 .... **A4-073**
s.79(1) A4-087
 (2) A4-087
s.80 .... **A4-082**, A4-084
s.82 .... **A4-074**
s.84 .... **A4-072**
s.85 .... **A4-086**
 (1) A4-085
s.85A **A4-079**
s.86 .... **A4-080**
Pt VI s.115 .... **A4-025**
 (3) A4-042
s.116 .... A4-026
s.120 .... A4-027
 (3) A4-027
 (4) A4-027, A6-404, A10-097
Pt VII s.132 .... **A4-500**
s.133 .... **A4-426**, A4-430, **A4-464**,
  A4-469, A6-219, A10-161,
    A10-202
s.142 .. A2-105, A10-001, **A10-002**,
  A10-004, A10-006, A10-007,
  A10-008, A10-009, A10-010,
  A10-011, A10-012, A10-013,
    A10-213
 (1A) A10-009
 (4) A10-005
s.148 .... A10-005
Sch.2 .... B4-194
Sch.4 .... A4-087
1980 Imprisonment (Temporary Provisions) Act
 (c.57) A1-126
1980 Highways Act (c.66)
 Pt IX s.137 .... B8-138
1981 Forgery and Counterfeiting Act (c.45)
 .... A5-177, B7-090
 Pt I s.1 .... B7-082
 s.2 .... B7-082
 s.3 .... B7-082, B7-090, B7-091
 s.4 .... B7-083
 s.5 .... B7-089
  (1) B7-083, B7-090, B7-091
  (2) B7-083, B7-091
  (3) B7-083
  (4) B7-083
 Pt II s.14 .... A5-177
  (1) B7-092
  (2) B7-092
 s.15 .... A5-177
  (1) B7-092
  (2) B7-093
 s.16 .... A5-177
  (1) B7-093
  (2) B7-093, B7-099
 s.17 .... A5-177
  (1) B7-094
  (2) B7-094
  (3) B7-094
 s.20 .... B4-102, B4-103

Table of Statutes

1981 Criminal Attempts Act (c.47) B2-041
    Pt I s.1 .... B3-276
1981 Senior Courts Act (c.54) A10-212,
    A10-216, A10-245, A10-265
    Pt II Ch.003 s.45(1) A4-024
    s.46ZA A2-109
    s.48 .... A2-107, A2-108
    (4) A4-442
1981 British Nationality Act (c.61)
    Pt I A5-362
    Pt V s.37 .... A5-364
    Sch.3 .... A5-364
1981 Wildlife and Countryside Act (c.69)
    .... A5-177
    Pt I s.14 .... A5-177
1982 Taking of Hostages Act (c.28) ... A1-085,
    A4-627, A4-656, A4-699, A5-249,
    A6-250, A6-261, A10-064
    s.1 . A1-085, A4-627, A4-656, A4-699,
    A5-249, A6-250, A6-261, A10-064
1982 Aviation Security Act (c.36) A1-085,
    A4-627, A4-656, A4-699, A5-249,
    A6-250, A6-261, A10-064
    Pt I s.1 ..... A1-085, A4-627, A4-656,
    A4-699, A5-249, A6-250, A6-261,
    A10-064
    s.2 ...... A1-085, A4-627, A4-656,
    A4-699, A5-249, A6-250, A6-261,
    A10-064
    s.3 ...... A1-085, A4-627, A4-656,
    A4-699, A5-249, A6-250, A6-261,
    A10-064
    s.4 ...... A1-085, A4-627, A5-249,
    A6-250
    s.6(2) A1-085, A4-627, A4-656,
    A10-064
1982 Criminal Justice Act (c.48)
    Pt I s.8 .... A4-415
1983 Nuclear Material (Offences) Act (c.18)
    ... A1-085, A4-627, A4-656, A10-064
    s.1B A1-085, A4-627, A4-656,
    A10-064
    s.1C A1-085
    s.2 . A1-085, A4-627, A4-656, A10-064
1983 Mental Health Act (c.20) A1-003,
    A1-114, A2-026, A2-057, A3-095,
    A4-627, A5-249, A6-250, A9-001,
    A9-014, A9-015, A9-019, A9-025,
    A9-036, A9-037, A9-062, A9-077,
    A9-085, B2-023
    Pt I s.1 .... **A9-027**
    Pt II s.3 .... A4-550a
    s.8 .... A9-031
    s.12 ...... A3-028, A9-009, A9-028
    s.17 .... A9-046
    (5) A9-035
    s.17A A9-047
    s.17E A9-047
    s.18(4) A9-046
    (5) A9-035
    s.20 .... A9-035, A9-046
    s.23 .... A9-031, A9-046
    Pt III s.35 ... **A3-022**, A3-028, A3-029,

    A3-030, **A9-004**, A9-009, A9-010,
    A9-011, A9-075, **A9-078**, A9-081
    (3) A3-029, A9-010
    (4) A3-030, A9-010, A9-014,
    A9-019
    (8) A3-029, A9-010
    s.36 ..... A9-012, **A9-013**, A9-014,
    A9-015, A9-016, A9-019, A9-020,
    A9-028, A9-075, **A9-079**, A9-081
    (2) A9-014
    (4) A9-014
    s.37 .... A4-091, A4-485, A6-316,
    A9-019, A9-021, A9-025, A9-026,
    A9-028, A9-029, **A9-030**, A9-038,
    A9-039, A9-061, A9-063, **A9-071**,
    A9-086
    (2) A9-024, A9-026
    (a)(ii) A9-033
    (3) A9-069, A9-072, A9-073,
    A10-006
    (8) A4-091, A9-055
    s.38 ..... A9-015, A9-016, **A9-017**,
    A9-019, A9-026, A9-028, A9-075,
    A9-080
    (4) A9-019
    s.39 .... A9-018, **A9-042**
    s.39A **A9-032**
    s.40 ..... A9-031, A9-035, **A9-041**,
    A9-046, A9-047
    (2) A9-031
    s.41 ..... A9-021, A9-025, A9-026,
    A9-038, **A9-040**, A9-056, A9-059,
    A9-061, A9-063, A9-066, A9-072,
    A9-087
    (1) A9-048
    (2) A9-050
    (3)(c) A9-051
    s.42(2) A9-051
    s.43 ..... A2-087, A6-316, A9-020,
    A9-021, **A9-022**, A9-024, A9-038,
    A9-048
    (1) A2-089
    s.44 .... **A9-023**, A9-024
    s.45A A6-316, A9-019, A9-025,
    A9-026, A9-028, A9-056, **A9-057**,
    A9-059, A9-060, A9-061, A9-063,
    A9-064, A9-065, A9-066, A9-088
    (1)(b) A9-059
    (8) A9-019
    s.45B **A9-058**
    s.47 ..... A6-316, A9-025, A9-054,
    A9-060, A9-062, A9-065, A9-066
    s.48 .... A9-015
    s.49 .... A9-066
    s.50 .... A9-064
    (1) A9-060
    (2) A9-060
    (3) A9-060
    s.54(1) A9-028
    (2) A9-028
    (3) A9-028
    Pt V s.72 .... A9-051
    s.73 .... A9-051

1983 Mental Health Act—*cont.*
　s.74 .... A9-061
　Pt IX s.127 . A4-627, A5-249, A6-250,
　　　　　　　　　　　A7-075, A7-078
　Sch.1 Pt I para.1 ..... A9-046, A9-047
　　para.2 .. A9-031, A9-035, A9-046
　　para.6 .... A9-035, A9-046
　　para.8 .... A9-031, A9-046
1984 Road Traffic Regulation Act (c.27)
　.................... A4-258
　Pt II s.16(1) A4-258
　s.17(4) A4-258
　Pt III s.25(5) A4-258
　s.28(3) A4-258
　s.29(3) A4-258
　Pt VI s.89(1) A4-258
1984 Child Abduction Act (c.37) A5-249,
　　　　　　　　　B2-132, B2-164, B2-166
　Pt I s.1 ..... A5-249, A7-075, A7-078,
　　　　　　　　　　　　　　　B2-163
　ss.1–2 .... B2-130, B2-133
　s.2 ...... A5-249, A7-075, A7-078,
　　　　　　　　　　　B2-163, B2-168
　Pt II s.6 .... A7-075, A7-078
1984 Police and Criminal Evidence Act (c.60)
　Pt II s.11 .... A5-222
　Pt VIII s.73 .... A1-065
　s.78 .... A3-157
1985 Prosecution of Offences Act (c.23)
　Pt I s.1(6)–(7) A5-206
　Pt IIA s.21A A3-099
1985 Prohibition of Female Circumcision Act
　(c.38) A4-627, A5-249, A6-250
　s.1 .... A4-627, A5-249, A6-250
1986 Company Directors Disqualification Act
　(c.46) A4-312, A4-313, A4-313a
　s.1 .... **A4-306**, A4-313
　(3) A4-315
　s.1A A4-314, A4-315
　s.2 .... **A4-307**, A4-312, A4-313a,
　　　　　　　　　　　A4-314, A4-315
　s.5 .. **A4-308**, A4-312, A4-314, A4-315
　s.6 .... A4-312, A4-314, A4-315
　s.13 .... A10-117, A10-118
　s.14 .... A10-117
　ss.13–14 .... A4-309, A4-320
1986 Public Order Act (c.64) . A4-167, A4-627,
　　　　　　　　　　A5-139, A5-249, A6-250
　Pt I s.1 ...... A4-627, A5-249, A6-250,
　　　　　　　　　B2-320, B2-322, B2-323
　s.2 ...... A4-627, A5-249, A6-250,
　　　　　　　　　B2-326, B2-328, B2-329
　s.3 ...... A4-627, A5-249, A6-250,
　　　　　　　　　B2-332, B2-334, B2-335
　s.4 ..... A5-077, A5-098, B2-339,
　　　　　　　　　　　B2-341, B2-342
　(1) A5-098
　(a) A5-098
　s.4A B2-345, B2-347, B2-348
　s.5 .... A5-098
　s.8 .... B4-059
　Pt III s.18 .... A4-203
　s.19 .... A4-203

s.21 .... A4-203
s.23 .... A4-203
s.25 .... A4-203, A4-204
Pt IIIA s.29AB A1-074
s.29B A4-203
s.29C A4-203
s.29E A4-203
s.29G A4-203
s.29I A4-203, A4-204
Pt IV s.31 .... B2-347, B2-348
s.35 .... **A5-084**
1987 Criminal Justice Act (c.38)
　Pt I s.1(7) A5-182
　s.12(3) B4-100
1988 Criminal Justice Act (c.33) A4-627,
　　　　　　　A4-656, A4-699, A5-248, A5-249,
　　　　　　　A6-250, A6-261, A7-004, A10-019,
　　　　　　　A10-064, B2-116, B2-117, B2-118,
　　　　　　　　　B2-119, B2-363, B2-364
　Pt IV ss.35–36 .... A2-064
　Pt V s.39 .... B2-121
　s.40 .... B4-198
　(2) B4-198
　Pt XI s.134 . A4-627, A4-656, A4-699,
　　　　　　　　A5-249, A6-250, A6-261,
　　　　　　　　　　　　　A10-064
　s.139 ..... A4-377, A4-521, A5-234
　(1) ... B2-355, B2-356, B2-363
　s.139A ... A4-377, A4-521, B2-355,
　　　　　　　　　　　　　B2-363
　(1) B2-356
　(1)–(2) B2-355
　(2) B2-356
　s.139AA . A4-377, A4-521, B2-355,
　　　　　　　　　　　　　B2-363
　s.141 ..... A4-377, A4-521, A5-177
　s.141A A4-377, A4-521
　s.160 .... A4-627, A5-248, A6-250,
　　　　　　A7-004, A7-075, A7-078, B3-223,
　　　　　　　　　B3-225, B3-226, B3-227
1988 Copyright, Designs and Patents Act (c.48)
　.................... A5-177
　Pt I Ch.VI s.107 .... B7-074
　(1)(a) A5-177, B7-072
　(b) A5-177, B7-072
　(c) B7-072
　(d)(i) B7-072
　(iii) B7-072
　(iv) A5-177, B7-072
　(e) A5-177, B7-072
　(2) B7-072
　(2A) B7-072
　(3) B7-072
　Pt II s.198(1)(a) A5-177
　(b) A5-177
　(d)(iii) A5-177
　Pt VII s.297A A5-177
1988 Road Traffic Act (c.52) . A4-240, A4-258,
　　　　　　A4-259, A4-260, A4-627, A5-249,
　　　　　　　　　　　　　A6-250
　Pt I s.1 .... A4-258, A4-260, A4-627,
　　　　　　　A5-249, A6-250, B6-011, B6-013,
　　　　　　　　　　　　　B6-014

Table of Statutes

1988 Road Traffic Act—*cont.*
  s.1A A4-258, B6-038, B6-046
  s.2 . . . . A4-258, B6-047
  s.2B A4-258, B6-019, B6-021,
                                    B6-022
  s.2C B6-038
  s.3 . . . . A4-258
  s.3ZB A4-258, B6-033, B6-035,
                                      B6-036
  s.3ZC A4-258, A4-260, A4-627,
      A6-250, B6-027, B6-029, B6-030,
                        B6-031, B6-032
  s.3ZD A4-258, A4-260, B6-038
  s.3A A4-245, A4-258, A4-260,
      A4-627, A5-249, A6-250, B6-007,
          B6-019, B6-021, B6-022
    (1)(a) B6-007
      (ba) B6-007
  s.4(1) A4-258, A4-260
    (2) A4-258
  s.5(1)(a) A4-258, A4-260
      (b) A4-258
  s.5A(1)(a) A4-258, A4-260
      (b) A4-258
    (2) A4-258, A4-260
  s.6 . . . . A4-258
  s.7 . . . . A4-258
    (6) A4-260
  s.7A A4-258
    (6) A4-260
  s.12 . . . . A4-258
  s.12A A4-258
  s.20 . . . . B6-037
  s.22 . . . . A4-258
  s.23 . . . . A4-258
  s.35 . . . . A4-258
  s.36 . . . . A4-258
    (3) A4-245
  Pt II s.40A A4-258, A4-260
  s.41A A4-258
  s.41D A4-258
  Pt III s.87(1) A4-258
  s.92(10) A4-258
  s.94(3A) A4-258
  s.94A A4-258
  s.96 . . . . A4-258
  s.103 . . . . A10-106
    (1)(b) A4-258
  Pt VI s.143 . . . . A4-258
  Pt VII s.170(4) A4-258
  s.172 . . . . A4-258
  s.178 . . . . A4-258, A4-260
1988 Road Traffic Offenders Act (c.53)
  . . . . A4-217, A4-225, A4-230, A4-231,
                                      A4-238
  Pt I s.25 . . . . A4-250
  s.26 . . . . . . A2-097, A4-238, **A4-239**
    (2) A2-051
  Pt II s.27 . . . . A4-251
    s.34 . . . . . A4-228, A4-238, **A4-240**,
      A4-254, A4-256, A4-260, A4-270
    ss.34–35 . . . . A4-259
    s.34A **A4-247**

  s.34B A4-248
  s.35 . . . . . A4-238, **A4-241**, A4-254,
      A4-256, A4-265, A4-268, A4-270
    (4) A4-266
  s.35A A4-229, A4-231, A4-232,
                            A4-234, **A4-242**
  ss.35A–35B A4-225, A4-227,
                                      A4-229
  s.35B A4-229, A4-231, A4-232,
                            A4-234, **A4-243**
    (2) A4-232
    (2)–35B(3) A4-232
    (3) A4-232
    (4) A4-232
  s.36 . . . . **A4-244**
    (7) A4-272
  s.37 . . . . **A4-246**
  s.38 . . . . A4-256
  s.39 . . . . A4-252
  s.40 . . . . A4-256
  s.41A A4-248
  s.42 . . . . **A10-107**, A10-108
  s.43 . . . . **A4-253**, A4-256
  s.44 . . . . A4-237, A4-254
  s.46 . . . . **A4-255**
  s.47 . . . . A4-254
  s.48 . . . . **A4-249**
  Sch.2 . . . . A4-217, A4-258
1989 Football Spectators Act (c.37) . . . A5-073,
            A5-074, A5-095, A5-098
  Pt I A5-094
  s.1 . . . . A5-094
    (8) A5-094
  Pt II A5-091, A5-094, A5-098
  s.14 . . . . **A5-075**
    (4) A5-099, A5-113
      (a) A5-100
    (5)–(6) A5-101
    (8) A5-090
  s.14A **A5-076**, A5-104
    (2) A5-103, A5-104, A5-105,
                                    A5-109
    (3) A5-111
    (4) A5-016
    (4A) A5-016
    (5A) A10-222
  s.14C(1) **A5-079**
    (2) **A5-079**
    (3) **A5-079**
  s.14E **A5-080**, A5-099
  s.14F **A5-081**
    (3) A5-109
    (4) A5-109
  s.14G **A5-082**, A5-107, **A10-217**
    (2) A10-219
  s.14H A5-085, **A10-218**
    (1) A10-219
  s.14J A5-086, **A10-220**
  s.20 . . . . A5-087
  Pt III s.23 . . . . **A5-078**
    (1)–(2) A5-089
    (3) A10-222
  s.25 . . . . A5-083

1989 Football Spectators Act—*cont.*
　　Sch.1 . . . . . . A5-090, A5-095, A5-097,
　　　　　　　　　　　　　　　　　A5-098
　　　para.1 . . . . **A5-077**, A5-090, A5-097
　　　　(c) A5-077, A5-098
　　　　(d) A5-098
　　　　(g) A5-095
　　　　(h) A5-095
　　　　(j)–(o) A5-095
　　　　(k) A5-077, A5-098
　　　　(m) A5-098
　　　　(q) A5-077, A5-098
　　　　(q)–(t) A5-095
　　　para.2 . . . . **A5-077**, A5-090
　　　　(a) A5-077
　　　para.3 . . . . **A5-077**, A5-097
　　　para.4 . . . . **A5-077**, A5-094
　　　　(2) A5-094
1990 Criminal Justice (International Co-operation) Act (c.5) A5-177
　　Pt II s.12 . . . . A5-177
　　s.19 . . . . A5-177
1990 Computer Misuse Act (c.18) A5-177,
　　　　　　　　　B4-203, B4-204, B4-209
　　s.1 . A5-177, B4-201, B4-202, B4-205,
　　　　B4-210, B4-211, B4-212, B4-213
　　s.2 . . A5-177, B4-201, B4-205, B4-212
　　　　(1) B4-208
　　s.3 . A5-177, B4-201, B4-202, B4-205,
　　　　　　　　　　　　　　　　　B4-213
　　　　(1) B4-208
　　s.3ZA A5-177, B4-202, B4-205,
　　　　　　　　　　　　　　　　　B4-214
　　s.3A A5-177, B4-202, B4-205
1990 Aviation and Maritime Security Act (c.31)
　　. . . . A1-085, A4-627, A4-656, A4-699,
　　　　A5-249, A6-250, A6-261, A10-064
　　Pt I s.1 . . . . . A1-085, A4-627, A4-656,
　　　　A4-699, A5-249, A6-250, A6-261,
　　　　　　　　　　　　　　　　　A10-064
　　Pt II s.9 . . . . A1-085, A4-627, A4-656,
　　　　A4-699, A5-249, A6-250, A6-261,
　　　　　　　　　　　　　　　　　A10-064
　　s.10 . . . . . A1-085, A4-627, A4-656,
　　　　A4-699, A5-249, A6-250, A6-261,
　　　　　　　　　　　　　　　　　A10-064
　　s.11 . . . . . A1-085, A4-627, A4-656,
　　　　A4-699, A5-249, A6-250, A6-261,
　　　　　　　　　　　　　　　　　A10-064
　　s.12 . . . . . A4-627, A4-656, A4-699,
　　　　　　A5-249, A6-250, A6-261,
　　　　　　　　　　　　　　　　　A10-064
　　s.13 . . . . . A4-627, A4-656, A4-699,
　　　　　　　A5-249, A6-261, A10-064
　　s.14(4) . . . A1-085, A4-627, A4-656,
　　　　　　　　　　　　　　　　　A10-064
1990 Environmental Protection Act (c.43)
　　. . . . . A5-177
　　Pt II s.33 . . . . A5-177, B7-002
1991 Football (Offences) Act (c.19) . . . A5-095

1991 Criminal Justice Act (c.53) A4-416,
　　　　　　　　　　　　　　　　　A5-361
　　Pt I s.1(2) A1-007
　　s.20A **A3-033**, A6-028
　　Pt IV s.82(4)–(5) A4-084
1991 Dangerous Dogs Act (c.65) A1-013,
　　　　A4-167, A4-200, A5-351, B2-474,
　　　　B2-475, B2-484, B2-485, B2-492
　　s.1 . . A4-192, A4-194, A4-298, B2-482
　　　　(3) A4-194
　　s.2 . . . . A4-298
　　s.3 . . A4-194, B2-477, B2-478, B2-480
　　　　(1) A4-298
　　s.4 . **A4-188**, A4-298, **A4-299**, A4-300,
　　　　A5-351, **A10-113**, A10-116, B2-485,
　　　　　　　　　　　　　　　　　B2-490
　　　　(1A)(a) A4-195
　　　　(1B) A4-195
　　　　(2) A4-195
　　　　(4)(a)–(b) A4-195
　　　　(7) A4-304, A10-115
　　ss.4–8 . . . . B2-484, B2-489
　　s.4A **A4-189**, A5-351
　　　　(5) A4-194
　　s.5 . . . . B2-485, B2-490
　　ss.5–7 . . . . B2-490
　　s.6 . . . . B2-485, B2-490
　　s.7 . . . . B2-485, B2-490
　　s.8 . . . . B2-485, B2-490
1992 Social Security Administration Act (c.5)
　　Pt VI s.111A . B4-104, B4-109, B4-114
　　s.112 . . . . B4-104, B4-114
　　　　(1)(a) B4-109
1993 Criminal Justice Act (c.36)
　　Pt V s.52 . . . . B7-056, B7-057
　　　　(1) B7-061
1994 Value Added Tax Act (c.23) A5-177
　　Pt IV s.72 . . . A5-177, B4-102, B4-109,
　　　　　　　　　　　　　　　　　B4-113
1994 Trade Marks Act (c.26) A5-177
　　Pt III s.92 . . . . B7-076
　　　　(1) A5-177
　　　　(2) A5-177
　　　　(3) A5-177
　　s.97 . . . . A4-215
1994 Criminal Justice and Public Order Act (c.33)
　　Pt III s.51 . . . B8-053, B8-054, B8-056
　　Pt V s.68 . . . . B8-138
1995 Prisoners (Return to Custody) Act (c.16)
　　s.1 . . . . B8-081, B8-099
1995 Pensions Act (c.26)
　　Pt I s.91 . . . . A4-135
1995 Criminal Appeal Act (c.35)
　　Sch.3 . . . . A10-005
1995 Civil Evidence Act (c.38)
　　s.1(1) A5-023
1996 Chemical Weapons Act (c.6) A1-085,
　　　　　　　　　　　　　A4-627, A10-052
　　s.2 . . . . A1-085, A4-627
　　s.11 . . . . A1-085, A4-627

1996 Criminal Procedure and Investigations Act (c.25)
    Pt VII s.58(8) A3-069
1996 Education Act (c.56)
    Pt VI Ch.II s.443 .... A6-287, A6-300, A6-306
    s.444 ... A6-287, A6-300, A6-306
1997 Protection from Harassment Act (c.40)
    .... A4-627, A5-132, A5-140, A5-143, A5-148, A5-249, A6-250, A10-205, B2-293, B2-295
    s.2 . A5-139, A5-140, A5-161, A5-249, B2-301, B2-303, B2-304
    s.2A . A5-249, B2-301, B2-303, B2-304
    s.3 .... A5-149
    s.4 . A4-627, A5-139, A5-140, A5-161, A5-249, A6-250, B2-293
    s.4A A4-627, A5-249, A6-250, B2-296
    (1) B2-298
    s.5 .... A5-167, A10-205
    (2) A5-167
    s.5A **A5-137**, A5-146, A5-148, A5-150, A5-151, A5-167
    (1) A5-139, A5-145, A5-156
    s.7 .... **A5-138**
1997 Crime (Sentences) Act (c.43) ... A10-080
    Pt II Ch.II s.27A A6-274
    s.27B A6-274
    (4) A6-274
    s.28 .... **A10-081**
    (1A) A6-318, A10-052
    (5) A6-318, A10-052
    s.28A A10-082
    s.28B A10-082
    s.30 .. A4-719, **A10-083**, A10-084
    s.31 .. A6-318, A10-052, A10-085
    (3) A10-085
    s.32 .... A10-086, A10-087
    s.32ZA A10-086
    s.32ZA B8-081
    s.34 .... A10-080
1997 Sex Offenders Act (c.51) A5-270, A7-002, A7-024, A7-029, A7-061
1998 Crime and Disorder Act (c.37) .. A1-030, A1-076, A4-627, A5-040, A5-249, A5-256, A6-250, A6-287, A6-300, B2-084, B2-085, B2-086, B2-087, B2-092, B2-093, B2-094, B2-095, B2-098, B2-099, B2-100, B2-101, B2-116, B2-117, B2-118, B2-119, B2-295
    Pt I Ch.I s.1C A5-140
    s.4 .... B2-296
    s.8 .... A6-287, A6-300
    (1) A5-281
    (b) A5-040, A5-256
    Pt II s.29 ... A1-069, A1-077, A4-627, A6-250
    (1)(a) A3-127
    ss.29–32 .... A1-069, A3-127
    s.30 .... B4-194
    s.31 ...... B2-295, B2-339, B2-341, B2-342, B2-345
    (1)(a) .. A4-627, A5-249, A6-250
    (b) ... A4-627, A5-249, A6-250
    s.32 .... B2-296, B2-304
    Pt III s.37 ... A6-004, **A6-005**, A6-009, A6-010
    s.51 .... B4-198
    s.51A A6-244
    Pt IV Ch.I s.66ZB **A4-049**
    s.66F **A4-050**
    Sch.3 para.6 .... A4-430
    para.14 .... B4-198
1998 Human Rights Act (c.42)
    s.3 .... A4-202
1999 Immigration and Asylum Act (c.33)
    .... B7-109
2000 Powers of Criminal Courts (Sentencing) Act (c.6) ... A1-002, A2-094, A4-606, A4-694, A6-214, A8-002, A8-005, A10-080
    Pt I s.5(1) A2-093
    s.6 .... A2-087
    s.11 ...... **A3-021**, A9-069, **A9-070**
    Pt IV Ch.IV s.60 .... A6-048
    (1)(b) A4-042
    Pt V Ch.I s.86 .... A4-240
    Ch.II s.90 .... A4-415
    s.91 .... A4-415, A10-053
    s.93 .... A4-415
    s.94 .... A4-415, A4-694
    s.96 .... A10-053
    s.100 .... A4-415
    s.108 .... **A4-077**, A6-048
    Ch.III s.109 ...... A4-689, **A4-693**, A4-694, A4-695, A8-004, B2-206b, B3-068, B3-086, B3-093, B3-099
    Pt VI s.130 .... A5-338
    s.142 .... **A4-083**, A4-084
    Pt VIII s.154 .... A1-217
2000 Financial Services and Markets Act (c.8)
    .... B7-069
    Pt II ss.19–25 .... B7-069
    s.23 .... B7-067, B7-070
    s.25 .... B7-067, B7-069
2000 Terrorism Act (c.11) ... A1-084, A4-606, A4-627, A4-629, A4-655, A4-685, A4-699, A6-241, A6-250, A6-261, A10-062, A10-063, B2-220, B2-250, B2-256, B2-258, B2-259, B2-264, B2-265, B2-268, B2-269, B2-270, B2-272, B2-273, B2-276, B2-278, B2-279, B2-282, B2-284, B2-285
    Pt I s.1 .... **A1-083**
    Pt II s.11 ... A1-084, A4-606, A4-627, A6-241, A6-250, A10-063, B2-252, B2-253
    s.12 ..... A1-084, A4-606, A4-627, A6-241, A6-250, A10-063
    Pt III s.15 ... A1-084, A4-606, A6-241, A10-063
    ss.15–18 .... B2-262

Table of Statutes

2000 Terrorism Act—cont.
   s.16 ..... A1-084, A4-606, A6-241,
                            A10-063
   s.17 ..... A1-084, A4-606, A6-241,
                            A10-063
   s.17A ... A1-084, A4-606, A6-241,
                            A10-063
   s.18 ..... A1-084, A4-606, A6-241,
                            A10-063
   s.19 ..... A1-084, A4-606, A6-241,
                            A10-063
   s.21A A1-084, A4-606, A6-241,
                            A10-063
   Pt IV s.38B . A1-084, A4-606, A6-241,
                       A10-063, B2-275
   s.39 ..... A1-084, A4-606, A6-241,
                            A10-063
   Pt V s.43C A10-072
   Pt VI s.54 .. A1-084, A4-606, A4-627,
      A4-629, A4-655, A4-685, A4-699,
           A6-241, A6-250, A6-261,
                            A10-062
   s.56 ..... A1-084, A4-606, A4-627,
      A4-629, A4-655, A4-685, A4-699,
           A6-241, A6-250, A6-261,
                            A10-062
   s.57 ..... A1-084, A4-606, A4-627,
      A4-629, A4-685, A6-241, A6-250,
                            A10-063
   s.58 ..... A1-084, A4-606, A4-627,
          A6-241, A6-250, A10-063
   s.58A A1-084, A4-627, A6-241,
                 A6-250, A10-063
   s.58B A1-084, A4-606, A4-627,
          A6-241, A6-250, A10-063
   s.59 ..... A1-084, A4-606, A4-627,
      A4-629, A4-655, A4-685, A4-699,
           A6-241, A6-250, A6-261,
                            A10-062
      (2)(c) A4-655, A10-062,
                            A10-063
   s.60 .... A10-062, A10-063
      (2)(c) A10-062
   s.61 .... A10-062
   Pt VIII s.121 .... B4-059
2000 Regulation of Investigatory Powers Act
   (c.23) A1-146, A5-249
   Pt III s.53 .... A5-249
   s.54 .... A5-249
2000 Postal Services Act (c.26) A5-249
   Pt V s.85(3) A5-249
      (4) A5-249
2000 Criminal Justice and Court Services Act
   (c.43) A4-489
   Pt III Ch.II s.62 ... A10-070, A10-072,
                            A10-073
   s.62A A10-085
   s.64 .... A10-070, A10-072
   s.64A A10-070, A10-072
2000 Sexual Offences (Amendment) Act (c.44)
   .... A5-248, A7-004
   s.3 .. A5-248, A7-004, A7-075, A7-078

2001 Criminal Justice and Police Act (c.16)
   .... A5-325
   Pt 1 Ch.3 s.33 .... **A5-326**
      (1) A5-331
      (2)(a) A5-331
         (b) A5-332
         (c) A5-331
      (3) A5-333, A5-334
      (4) A5-335
   s.34 .... **A5-327**, A5-329
      (1) A5-331
   s.35 .... **A10-260**
      (2) A10-261
      (3)–(4) A10-262
   s.36 .... **A10-263**
   s.37 .... **A5-328**, A5-329
2001 International Criminal Court Act (c.17)
   .... A4-627, A4-656, A5-249, A6-250,
                    A10-052, A10-064
   Pt 5 s.51 .... A4-627, A4-656, A5-249,
                    A6-250, A10-064
   s.52 ..... A4-627, A4-656, A5-249,
                    A6-250, A10-064
   s.58 .... A10-064
   s.59 .... A10-064
2001 Anti-terrorism, Crime and Security Act
   (c.24) A1-084, A1-085, A4-606,
      A4-627, A4-629, A4-656, A4-685,
      A4-699, A5-177, A6-241, A6-250,
        A6-261, A10-052, A10-063,
                            A10-064
   Pt 2 s.7 .... A6-261
   Pt 6 s.47 .... A1-085, A4-627, A4-629,
      A4-656, A4-685, A4-699, A6-250,
                            A10-064
   s.50 ..... A4-627, A4-629, A4-656,
      A4-685, A4-699, A6-250, A6-261,
                            A10-064
   Pt 13 s.113 .. A1-084, A4-606, A4-627,
      A4-629, A4-685, A6-241, A6-250,
                            A10-063
   s.114 .... A1-085
   Sch.3 para.7 .... A5-177
2002 Tax Credits Act (c.21) A5-177
   Pt 1 s.35 .... A5-177, B4-104, B4-109,
                             B4-114
2002 Proceeds of Crime Act (c.29) ... A3-104,
      A3-112, A5-177, A10-019, B4-168,
        B4-174, B4-175, B5-051, B5-067,
                    B5-094, B5-107
   Pt 2 s.6 .... A3-109
   s.13 .... **A3-105**
   s.14 .... **A3-106**, A3-109
   s.15 .... **A3-107**, A3-109, A3-111,
                             A3-112
   s.13(2) A4-109, A4-149
      (5) A4-149
      (6) A4-149
   s.15(2) A4-109, A4-149
   s.28 .... A5-345
   s.70 .... A2-089
   Pt 4 s.239 .... B4-168

TABLE OF STATUTES

2002 Proceeds of Crime Act—*cont.*
    Pt 7 s.327 ... A5-177, B4-163, B4-166,
                                    B4-168
        (1) B7-061
        ss.327–329 .... B4-165, B4-167,
                                    B4-174
        s.328 .... A5-177, B4-163, B4-166,
                                    B4-170
        s.329 ..... A5-177, B4-163, B4-166
        Sch.2 .... A4-208
            para.1 .... **A4-206, A4-584**
            para.10 .... **A4-207, A4-585**
2002 Nationality, Immigration and Asylum Act
    (c.41) B7-109
    Pt 7 s.145 .... A7-075, A7-078
2003 Licensing Act (c.17) A5-070
    Pt 3 s.14 .... A5-070
2003 Communications Act (c.21) A5-249
    Pt 2 Ch.1 s.127(1) A5-249
2003 Female Genital Mutilation Act (c.31)
    .... A4-627, A6-250, B2-207
    s.1 .. A4-627, A6-250, A7-075, A7-078
    s.2 .. A4-627, A6-250, A7-075, A7-078
    s.3 .. A4-627, A6-250, A7-075, A7-078
    s.3A B2-210
2003 Courts Act (c.39)
    Pt 2 s.25 .... A2-121a
    Pt 6 s.66 ... A2-103, A2-121, A2-121a,
                              A4-430, A6-075
2003 Sexual Offences Act (c.42) A4-606,
         A4-607, A4-627, A4-629, A4-685,
         A4-699, A5-019, A5-177, A5-243,
         A5-248, A5-249, A5-262, A5-263,
         A6-250, A6-261, A7-002, A7-004,
         A7-024, A7-028, A7-029, A7-032,
           A10-249, A10-250, A10-254,
         A10-258, B3-031, B3-069, B3-093,
         B3-094, B3-103, B3-111, B3-114,
         B3-117, B3-120, B3-123, B3-126,
                B3-129, B3-139
    Pt 1 .... B2-328
    s.1 ...... A4-627, A4-629, A4-685,
        A4-699, A5-248, A6-250, A6-261,
        A7-004, A7-070, A7-075, A7-078,
           B3-001, B3-066, B3-068
    s.2 ...... A4-627, A4-629, A4-685,
        A4-699, A5-248, A6-250, A6-261,
        A7-004, A7-070, A7-075, A7-078,
           B3-066, B3-068, B3-069
    s.3 ...... A4-627, A5-248, A6-250,
        A7-004, A7-075, A7-078, B3-084,
              B3-086, B3-087
    s.4 ...... A4-627, A4-629, A4-685,
        A4-699, A5-248, A6-250, A6-261,
          A7-075, A7-078, B3-091
    ss.4–6 .... A7-004
    s.5 ...... A4-606, A4-607, A4-627,
        A4-629, A4-685, A4-699, A5-248,
        A6-250, A6-261, A7-070, A7-078,
        B3-156, B3-158, B3-159, B3-160,
              B3-162, B3-170
    s.6 ...... A4-606, A4-627, A4-629,
        A4-685, A4-699, A5-248, A6-250,

        A6-261, A7-070, A7-078, B3-156,
           B3-158, B3-159, B3-160
    s.7 ...... A4-627, A4-629, A4-685,
        A5-248, A6-250, A7-004, A7-070,
        A7-078, B3-176, B3-178, B3-179
    s.8 ...... A4-627, A4-629, A4-685,
        A4-699, A5-248, A6-250, A6-261,
        A7-070, A7-078, B3-030, B3-183,
          B3-185, B3-186, B3-189
    ss.8–12 .... A7-004
    s.9 ...... A4-627, A4-629, A4-685,
        A5-248, A6-250, A7-075, A7-078,
        B3-001, B3-031, B3-097, B3-099,
          B3-100, B3-109, B3-189
        (1)(a) B4-038
    ss.9–10 .... B3-189
    s.10 ..... A4-627, A4-629, A4-685,
        A5-248, A6-250, A7-075, A7-078,
        B3-105, B3-106, B3-109, B3-189
    s.11 ..... A4-627, A4-629, A4-685,
        A5-248, A6-250, A7-075, A7-078,
            B3-119, B3-120
    s.12 ..... A4-627, A4-629, A4-685,
        A5-248, A6-250, A7-075, A7-078,
                B3-119
    s.13 ..... A4-627, A5-248, A6-250,
                  A7-004
    s.14 ..... A4-627, A4-629, A4-685,
        A5-177, A5-248, A6-250, A7-004,
        A7-075, A7-078, B3-125, B3-126
    s.15 ..... A4-627, A4-629, A4-685,
        A5-248, A6-250, A7-004, A7-075,
          A7-078, B3-131, B3-132
    s.15A A4-627, A5-248, A6-250,
          A7-004, B3-137, B3-140
    s.16 ..... A4-627, A5-248, A6-250,
        A7-075, A7-078, B3-144, B3-146,
                B3-147
    ss.16–19 .... A5-291, A7-004
    s.17 ..... A4-627, A5-248, A6-250,
        A7-075, A7-078, B3-144, B3-146,
                B3-147
    s.18 ..... A4-627, A5-248, A6-250,
        A7-075, A7-078, B3-150, B3-152,
                B3-153
    s.19 ..... A4-627, A5-248, A6-250,
        A7-075, A7-078, B3-150, B3-152,
                B3-153
    s.20 .... A7-075, A7-078
    s.21 .... A5-291
    s.25 ..... A4-627, A4-629, A4-685,
        A5-248, A5-291, A6-250, A7-004,
        A7-075, A7-078, B3-111, B3-113,
                B3-114
    s.26 ..... A4-627, A4-629, A4-685,
        A5-248, A5-291, A6-250, A7-004,
        A7-075, A7-078, B3-113, B3-114
    s.30 ..... A4-627, A4-629, A4-685,
        A4-699, A5-248, A6-250, A6-261,
        A7-070, A7-075, B3-191, B3-193,
          B3-194, B3-196
    ss.30–37 .... A7-004
    ss.30–41 .... A7-073

TABLE OF STATUTES

2003 Sexual Offences Act—*cont.*
- s.31 ..... A4-627, A4-629, A4-685, A4-699, A5-248, A6-250, A6-261, A7-070, A7-075, B3-191, B3-193, B3-194
- s.32 ..... A4-627, A5-248, A6-250, A7-070, A7-075, B3-191, B3-193, B3-194
- s.33 ..... A4-627, A5-248, A6-250, A7-070, A7-075, B3-191, B3-193, B3-194
- s.34 ..... A4-627, A4-629, A4-685, A4-699, A5-248, A6-250, A6-261, A7-070, A7-075, B3-191, B3-193, B3-194
- s.35 ..... A4-627, A4-629, A4-685, A4-699, A5-248, A6-250, A6-261, A7-070, A7-075, B3-191, B3-193, B3-194
- s.36 ..... A4-627, A5-248, A6-250, A7-070, A7-075, B3-191, B3-193, B3-194
- s.37 ..... A4-627, A5-248, A6-250, A7-070, A7-075, B3-191, B3-193, B3-194
- s.38 ..... A4-627, A5-248, A6-250, A7-070, A7-075, B3-197, B3-198, B3-200, B3-201
- ss.38–41 .... A7-004
- s.39 ..... A4-627, A5-248, A6-250, A7-070, A7-075, B3-197, B3-198, B3-200, B3-201
- s.40 ..... A4-627, A5-248, A6-250, A7-070, A7-075, B3-197, B3-198, B3-200, B3-201
- s.41 ..... A4-627, A5-248, A6-250, A7-070, A7-075, B3-197, B3-198, B3-200, B3-201
- s.47 ..... A4-627, A4-629, A4-685, A4-699, A5-248, A5-249, A6-250, A6-261, A7-004, A7-075, A7-078
- s.48 ..... A4-627, A4-629, A4-685, A4-686, A5-177, A5-248, A6-250, A7-004, A7-075, A7-078, B3-217, B3-219, B3-220
- s.49 ..... A4-627, A4-629, A4-685, A4-686, A5-177, A5-248, A6-250, A7-004, A7-075, A7-078, B3-217, B3-219, B3-220
- s.50 ..... A4-627, A4-629, A4-685, A4-686, A5-177, A5-248, A6-250, A7-004, A7-075, A7-078, B3-217, B3-219, B3-220
- s.51 .... A5-249
- s.52 ..... A4-627, A5-177, A5-249, A6-250, A7-075, A7-078, B3-203, B3-205, B3-206
- s.53 ..... A4-627, A5-177, A5-249, A6-250, A7-075, A7-078, B3-203, B3-205, B3-206, B3-209
- s.57 ..... A4-627, A5-249, A6-250, A7-075, A7-078
- ss.57–59A A5-177
- s.58 ..... A4-627, A5-249, A6-250, A7-075, A7-078
- s.59 ..... A4-627, A5-249, A6-250, A7-075, A7-078
- s.59A A4-627, A5-249, A6-250, A7-075, A7-078
- s.61 ..... A4-627, A5-248, A6-250, A7-004, A7-075, A7-078, B3-266, B3-268, B3-269
- s.62 ..... A4-627, A4-629, A4-685, A4-699, A5-248, A6-250, A6-261, A7-004, A7-075, A7-078, B3-272, B3-274, B3-276, B3-284
- (1) B3-277
- s.63 ..... A4-627, A5-248, A6-250, A7-004, A7-075, A7-078, B3-279, B3-281, B3-282
- s.64 ..... A4-627, A5-248, A6-250, A7-004, B3-260, B3-262, B3-263
- s.65 ..... A4-627, A5-248, A6-250, A7-004, B3-260, B3-262
- s.66 ..... A4-627, A5-248, A6-250, A7-004, A7-075, A7-078, B3-246, B3-248, B3-249
- s.66A A4-627
- s.66B(2) A4-627
- (3) A4-627
- s.67 .... B3-255
- s.67 .... A4-627, A5-248
- s.69 .... A7-004
- s.70 .... A6-250, A7-004
- s.69 .... A4-627, A5-248
- s.70 .... A4-627, A5-248
- s.72 .... A7-075, A7-078
- Pt 2 .... A5-259, A5-269, A5-319, A7-016, A7-025, A7-030
- s.80 .... **A7-003**, A7-004
- (1) A7-025
- s.82 ...... **A7-006**, A7-031, A7-034
- (1) A7-025
- (6) A7-025
- (a) A7-025
- s.83 .... **A7-007**
- (3) A7-015
- (4) A7-015
- (5) A7-015
- (7)(b) A7-015
- s.84 .... **A7-011**
- s.85 .... A7-015
- (1) A7-015
- (5) A7-015
- (6) A7-015
- s.86(2) A7-016
- (a) A7-016
- (b) A7-016
- (c) A7-016
- (2)–(3) A7-016
- (3) A7-016
- s.87 .... **A7-017**
- s.88 .... A7-018
- s.89 .... A6-309, **A6-310**
- s.90 .... **A6-311**
- s.91 .... **A7-022**, A7-036

[cxxi]

2003 Sexual Offences Act—*cont.*
    ss.91A–91F A7-023
    s.92 . . . . A7-020
    s.97 . . . . A9-074
    s.103A A9-074
        (2)(a)(ii) A5-263
            (iii) A5-263
        (b) A5-280
    s.103B(9) A5-263
    s.103C A5-285
        (3) A5-282
    s.103D A5-285
    s.103E A10-249
    s.103H A10-258
    s.103I A4-051, A10-254
        (4) A4-051
    s.128 . . . . A7-018
    s.131 . . . . A7-026, A7-033
    s.132 . . . . A7-025, A7-030
        (1) **A7-025**
        (1)–(3) A7-025
        (2) **A7-025**
        (3) **A7-025**, A7-030
    s.134 . . . . A7-004
    Sch.3 . . . . . . A5-248, A5-262, A5-263,
        A5-267, A7-004, A7-018, A7-020,
        A7-025, A7-026, A7-027, A7-029,
        A7-030, A10-256, B3-069, B3-087,
        B3-094, B3-100, B3-194, B3-249,
                      B3-263, B8-078
        paras 1–35C A4-377, A4-521
        para.93 . . . . A7-029
        para.94 . . . . A5-248, A7-005
        para.94A A5-248, A7-005
    Schs 3–5 . . . . B2-206c
    Sch.5 . . . . . . A5-249, A5-260, A5-262,
        A10-256, B2-008, B2-044, B2-087,
        B2-095, B2-101, B2-107, B2-119,
        B2-133, B2-175, B2-187, B2-195,
        B2-202, B2-214, B2-241, B2-296,
        B2-304, B2-329, B2-335, B2-430,
        B2-437, B2-443, B4-038, B4-070,
                              B8-078
        para.172 . . . . A5-249
        para.172A A5-249
        para.173A A5-249
2003 Criminal Justice Act (c.44) A1-002,
    A3-144, A4-485, A4-694, A4-759,
    A6-214, A6-319, A6-333, A8-002,
    A8-005, A8-009, A10-049, A10-052,
    A10-053, A10-095, B2-466, B2-468
    Pt 8 s.51 . . . . A9-050
    Pt 9 s.74 . . . . A3-198
    Pt 11 Ch.2 s.117 . . . . A3-054
    Pt 12 Ch.1 s.142 . . . . B8-079
        (1) B4-207
    s.143 . . . . A1-007
        (1) B4-207
    s.161A(4)(b) A3-095
    s.174 . . . . A3-187, A3-198
    Ch.5 s.225 . . . . A7-044
    s.226 . . . . A4-415
    s.227 . . . . A10-053
    s.228 . . . . A4-415, A10-053
    s.226A A10-053
    s.226B A4-415, A10-053
    Ch.5A s.236A A10-053
    Ch.6 s.237 . . . . A10-053
        (1) A4-542
    s.240ZA **A4-474**, A4-541,
                        A4-542, A6-221
    s.240A A4-388, **A4-475**
    s.241 . . . . **A4-476**
    s.243 . . . . **A4-478**
    s.243A A10-070
    s.244 . . . . **A10-054**
    s.244ZA A4-229, **A10-055**,
                             A10-064a
        (1) A6-318, A10-052
        (8) A6-318, A10-052
        (3) A10-052
    s.244ZB A6-318, A6-335,
                    A10-052, **A10-056**
    s.244ZC **A10-057**
        (3) A6-318, A10-052
    s.244A A10-052, **A10-058**,
                             A10-065
        (3) A10-052
        (5) A10-052
    s.246 . . . . A10-065, A10-070
    s.246A **A10-059**, A10-069
        (5) A6-318, A10-052
        (7) A6-318, A10-052
        (8) A6-318, A10-052
    s.246B A10-060
    s.246C A10-060
    s.247A A4-229, A6-026,
                    A10-052, **A10-061**
        (2A) A6-318, A10-052
        (4) A6-318, A10-052
        (7) A6-318, A10-052
        (8) A6-318, A10-052
    s.248 . . . . A10-066
    s.248 . . . . A1-111, A1-112
    s.249 . . . . A10-070
    s.250 . . . . A10-070
        (5) A10-070
        (5A)–(5B) A10-070
    s.252 . . . . A10-070
    s.253 . . . . A10-071
    s.254 . . . . A10-070
    ss.254–255 . . . . A10-074
    s.255 . . . . A10-070
    s.255ZA A10-075, B8-082
        (1) B8-098
    ss.255A–256A A10-076
    s.256AA A4-542, A6-333,
                             A10-077
    s.256AB A6-333, A10-077
    s.256AC A4-542, A6-333,
                             A10-077
    s.258 . . . . A4-087
        (4) A4-087
    s.264 . . . A1-205, A4-463, A4-646
    s.265 . . . . A10-052
    s.268 . . . . A10-052

Table of Statutes

2003 Criminal Justice Act—*cont.*
    Ch.8 s.281(4) A10-052
    Ch.9 s.305(2) A6-003
    Sch.8 .... A10-095
    Sch.15 .... A10-052, A10-064a
      Pt 1 para.1 .... A6-318
        para.4 .... A6-318
        para.6 .... A6-318
        para.65 .... A6-318
      Pt 2 .... A6-318, A10-072
    Sch.19ZA A10-068, A10-077
      Pt 1 ... A6-318, A10-052, A10-062,
                                  A10-072
      Pt 2 ... A10-052, A10-063, A10-072
      Pt 3 .... A6-318, A10-052, A10-064
    Sch.19A A6-333, A10-077
    Sch.22 .... A4-758, A8-006
2004 Gender Recognition Act (c.7) A1-075
2004 Gangmasters (Licensing) Act (c.11)
    .... A5-177
    s.12(1) A5-177
      (2) A5-177
2004 Asylum and Immigration (Treatment of Claimants, etc.) Act (c.19) A5-177
    s.2 .. B7-128, B7-130, B7-131, B7-133
    s.4 .... A5-177, A7-075, A7-078
2004 Domestic Violence, Crime and Victims Act (c.28) .. A4-627, A4-629, A4-685, A4-699, A5-249, A6-250, B2-192, B2-194, B2-195, B2-211, B2-213, B2-214
    Pt 1 s.5 ..... A4-627, A4-629, A4-685, A4-699, A5-249, A6-250, A7-075, A7-078, B2-213, B2-215
      (6) B2-215
    Pt 2 ss.17–21 .... A3-142
2005 Mental Capacity Act (c.9)
    Pt 1 s.44 .... A7-075, A7-078
2005 Serious Organised Crime and Police Act (c.15) A1-136
    Pt 2 Ch.2 s.71 ...... A1-138, **A1-139**, **A10-039**
2006 Terrorism Act (c.11) ... A1-084, A4-606, A4-627, A4-629, A4-655, A4-685, A4-699, A6-241, A6-250, A6-261, A10-062, A10-063, B2-220, B2-222, B2-224, B2-225, B2-226, B2-229, B2-231, B2-233, B2-235, B2-242, B2-244, B2-246, B2-247
    Pt 1 s.1 ..... A1-084, A4-606, A4-627, A6-241, A6-250, A10-063, B2-244, B2-247
    s.2 ...... A1-084, A4-606, A4-627, A6-241, A6-250, A10-063
    s.5 ..... A1-084, A4-606, A4-627, A4-629, A4-655, A4-685, A4-699, A6-241, A6-250, A6-261, A10-062, B2-226, B2-231
    s.6 ...... A1-084, A4-606, A4-627, A4-629, A4-655, A4-685, A4-699, A6-241, A6-250, A6-261, A10-062
    s.8 ...... A1-084, A4-606, A4-627, A6-241, A6-250, A10-063
    s.9 ...... A1-084, A4-606, A4-627, A4-629, A4-655, A4-685, A4-699, A6-241, A6-250, A6-261, A10-062
    s.10 .... A1-084, A4-606, A4-627, A4-629, A4-655, A4-685, A4-699, A6-241, A6-250, A6-261, A10-062
    s.11 .... A1-084, A4-606, A4-627, A4-629, A4-655, A4-685, A4-699, A6-241, A6-250, A6-261, A10-062
2006 Identity Cards Act (c.15)
    s.25 .... B7-106, B7-126
2006 Fraud Act (c.35) A5-177
    s.1 . A5-177, B4-100, B4-106, B4-107, B4-111, B4-113, B4-114
    s.6 . A5-177, B4-144, B4-146, B4-147, B4-148
      (1) B4-149
    ss.6–7 .... B4-145
    s.7 . A5-177, B4-144, B4-146, B4-147, B4-148
    s.9 . A5-177, B4-100, B4-106, B4-107, B4-112, B4-135
    s.11 .... A5-177
2006 Violent Crime Reduction Act (c.38)
    Pt 2 s.28 .... A1-088
2006 Animal Welfare Act (c.45) A4-167, A4-200, A4-289, A4-294, A5-351, B2-483, B2-484
    s.9 .... A4-295
    s.13 .... A4-289
    s.32 .... A10-116
    s.33 .... **A4-196**
    ss.33–45 .... A5-351
    s.34 .... A4-289, **A4-290**, A4-292, A4-293, A4-295, A4-297
      (2) A4-293, A4-296
      (5) A4-293
    s.36 .... A10-109
    s.37 .... **A4-197**
    s.38 .... **A4-198**
    s.41 .... **A4-199**
    s.42 . A4-289, **A4-291**, A4-292, A4-297
    s.43 ...... A4-292, **A10-110**, A10-112
2006 Companies Act (c.46) ... B4-119, B4-121
    Pt 29 s.993 .. B4-100, B4-106, B4-107, B4-112, B4-136, B7-064, B7-065
2006 Safeguarding Vulnerable Groups Act (c.47)
    .... A5-312, A5-314, A7-067
    s.7 .... **A7-081**
    s.9 .... **A7-082**
    s.19 .... **A7-083**
    s.60 .... A7-071, A7-076, A7-079
    Sch.3 Pt 1 para.1 .... **A7-069**
      para.2 .... **A7-074**, A7-075
      para.7 .... **A7-072**
      para.8 .... **A7-077**
    Pt 3 para.14 .... A7-087
      para.18 .... A7-085
      para.24(4) A6-314, A7-068

2006 Safeguarding Vulnerable Groups Act—
      cont.
      para.25 ....A7-086, A7-087
      Sch.4 Pt 1 ....A7-080
      Pt 2 ....A7-080
2006 Armed Forces Act (c.52) A4-629,
      A4-685, A10-080
      Pt 1 ....A4-629, A4-685
      s.42 .....A4-629, A4-685, A5-249,
      A7-071, A7-073, A7-076, A7-079
      s.48 ....A4-629, A4-685
      Pt 2 ....A4-685
2007 Mental Health Act (c.12)
      Pt 1 Ch.7 s.40 ....A9-051
2007 Offender Management Act (c.21)
      Pt 3 s.28 ....A10-070
      ss.28–29 ....A10-072
2007 Serious Crime Act (c.27) A5-125,
      A5-230, A5-248, A7-005, B5-047,
      B5-048, B5-049
      Pt 1 s.1(5) A5-175
      s.2(2) A5-175
          (b) A5-206
      s.5 ....**A5-186**, A5-206
          (3) A5-213
          (4) A5-215
          (5) A5-213
          (6) A5-214
      s.6 ....**A5-178**, A5-206
      s.7 ....**A5-179**, A5-180
      s.8 ....**A5-181**, A5-206
      s.8A **A5-183**
      s.9(4) A5-182, A5-210
      s.10 ....**A5-184**
          (1) A5-208
      s.11 ....**A5-187**, A5-222
      s.12 ....**A5-188**
      s.17 ....A10-239
      ss.12–14 ....A5-222
      s.13 ....**A5-189**
      s.18 ....A10-239
      s.14 ....**A5-190**
      s.15 ....**A5-193**, A5-222
      s.20 ....**A10-236**
      s.21 ....**A10-237**
      s.22 ....A10-238
      s.16 ....**A5-192**, A5-223
      s.19 .....A5-103, **A5-174**, A5-175,
      A5-182
          (1) A5-206
          (2) A5-211
          (5) A5-212
          (7) A5-206
      s.20 ....A5-182
      ss.20–22 ....A5-176, A5-202
      s.21 ....A5-182
      s.24 ....**A10-242**
      s.22E A5-182, **A5-203**
      s.24 ....A5-201
      s.25 ....A5-200
      s.30 ....**A5-194**, A5-197
      s.31 ....**A5-195**, A5-197
      s.32 ....**A5-196**, A5-197

      s.33 ....A5-197
      s.34 ....A5-198
      s.36 ....**A5-185**
          (1) A5-209
          (2) A5-209
          (3) A5-016, A5-209
          (b) A5-209
      s.38 ....**A5-191**
      s.39 ....**A5-199**
      s.41 ....A5-204
      s.42 ....A5-175
      Pt 2 ....A1-222, A4-151, A4-558,
          A4-598, A4-606, A4-628, A4-630,
          A4-686, A4-699, A5-077, A5-177,
          A5-248, A5-249, A6-241, A6-251,
          A6-261, A7-005, A10-062, A10-063,
          A10-064
      s.44 ....B4-192, B5-047, B5-048, , ,
      s.45 ....B4-192, B5-048
      s.46 ....B5-048
      s.58(1) B5-048
      s.59 ....A5-177
      s.63(1) A5-077
      Sch.1 .....A5-206, B2-206c, B3-069,
          B3-087, B3-094, B3-100, B8-078
          Pt 1 ....A5-175, A5-177
          para.14 ....A5-177
          (2) A5-177
      Sch.2 ....A5-182
          para.2(1) A5-206
      Sch.6 Pt 1 para.16 ....A5-077
      Sch.13 para.2 ....A5-206
          para.4 ....A10-240
2007 UK Borders Act (c.30) .A5-352, A5-360,
          A5-361, A5-363, A5-369, A5-370,
          A5-379, A6-315
      s.3 ....A5-362
      s.26 ....A4-172
      s.32 ....A5-370, **A7-089**, A7-090
          (5) A5-370
      ss.32–38 ....A7-090
      ss.32–39 ....A7-088
      s.33 ....A5-370, **A7-091**
          (6B) A7-094
      s.38 ....**A7-093**
2008 Criminal Justice and Immigration Act (c.4)
      ....A1-002, A5-248, A6-004, A7-004
      Pt 5 s.63 ....A5-248, A7-004, A7-075,
          A7-078, B3-237, B3-239, B3-240,
          B3-242, B3-245
          (1) B3-243
          (7)(a) B3-237
          (b) B3-237
          (7A)(a) B3-237
      Pt 7 s.98 ....A9-074
      Sch.2 ....A6-344
2008 Counter-Terrorism Act (c.28) ...A1-084,
          A4-606, A5-177, A6-241, A7-039,
          A7-063, A10-063
      Pt 3 s.30 ...A6-318, A10-052, B2-466
      Pt 4 ....A5-177, A7-066
      s.41 .....**A7-040**, B3-069, B3-087,
          B3-094, B3-100, B8-078

2008 Counter-Terrorism Act—*cont.*
    (1) A5-177
    ss.41–43 .... B2-206c
    s.42 .... **A7-041**
    s.43 .... B8-078
    s.44 .... **A7-042**
    s.45 .... A7-043, A7-062
    s.47 .... **A7-046**, A7-056
    (2) A7-051, A7-056
    s.48 .... **A7-049**, A7-056
    (4) A7-051
    (10) A7-051
    s.48A **A7-050**, A7-056
    s.49 .... A7-051, A7-056
    s.50 .... **A7-054**
    s.51 .... A7-055
    s.52(1) A7-052
    (2) A7-052, A7-053
    (a) A7-052
    (b) A7-052
    (c) A7-052
    (d) A7-052
    (3) A7-053
    s.53 .... A7-044
    (4) A7-044
    (6) A7-044
    (7) A7-044, A7-056
    s.54 ..... A1-084, A4-606, A6-241,
        A7-059, A7-065, A10-063
    s.55 .... A7-056
    s.56 .... A7-056
    s.56A A7-060
    s.60 .... **A7-057**
    Sch.2 .... B2-288
    Sch.3A para.1 .... **A7-047**
    para.2 .... **A7-048**
    Sch.7 Pt 7 para.30 .... A5-177
    para.30A A5-177
    para.31 .... A5-177
2009 Coroners and Justice Act (c.25)
    .... A5-248, A7-004
    Pt 2 Ch.2 s.62 .... A7-075, A7-078
    (1) A5-248, A7-004
    Pt 4 Ch.1 s.120 .... A1-030
    (3) A1-201
    s.121 .... **A1-036**, A1-044
    (4) A1-044
    (10) A1-044
    s.125 .... A1-038, A3-137
    Sch.22 Pt 4 para.29 .... A4-229
2010 Equality Act (c.15)
    Pt 2 Ch.1 s.12 .... A1-074
2010 Bribery Act (c.23) A5-177
    s.1 . A5-177, B4-156, B4-158, B4-159,
                           B4-160
    s.2 . A5-177, B4-156, B4-158, B4-159,
                           B4-160
    s.6 . A5-177, B4-156, B4-158, B4-159,
                           B4-160
2010 Identity Documents Act (c.40)
    s.4 .... B7-112b, B7-124, B7-127
    ss.4–6 .... B7-106, B7-126
    s.5 .... B7-124

    s.6 .... B7-124, B7-127
    (1) B7-127
2011 Terrorism Prevention and Investigation Measures Act (c.23) ... A1-084, A4-606,
                 A6-241, A10-063
    s.23 .... A1-084, A6-241, A10-063
2012 Protection of Freedoms Act (c.9)
    .... A7-075
    Pt 5 Ch.4 .... A7-075, A7-078
2012 Legal Aid, Sentencing and Punishment of Offenders Act (c.10) .. A4-065, A4-470
    Pt 3 Ch.1 s.85 .... A4-059, A4-065
    (1) A4-065
2013 Prevention of Social Housing Fraud Act (c.3)
    s.1 .... A4-111
    s.2 .... A4-111
    s.4 .... A4-111, **A4-150**
    s.11(10) A4-151
2014 Offender Rehabilitation Act (c.11)
    .... A4-542, A10-077
2014 Anti-social Behaviour, Crime and Policing Act (c.12) .. A5-029, A5-041, A5-050,
        A5-243, A5-259, A5-267, A10-208,
                         B2-391
    Pt 2 s.27 .... A10-209
    Pt 8 s.111(4)–(6) B2-391
    Pt 9 s.114(5) A5-243
2015 Criminal Justice and Courts Act (c.2)
    .... A4-603
    Pt 1 s.13 .... B2-312
    s.20 .... B2-206, B2-206b, B2-206c,
                          B2-206e
    s.33 .... B2-307
    Pt 3 s.76 .... B2-311, B2-314, B2-315,
                         B2-316
2015 Counter-Terrorism and Security Act (c.6)
    ... A1-084, A4-606, A6-241, A10-063
    Pt 1 Ch.2 s.10 .... A1-084, A4-606,
                 A6-241, A10-063
2015 Serious Crime Act (c.9) . A4-627, A5-177,
        A5-248, A5-249, A6-250, A7-004,
        B2-098, B2-099, B2-100, B2-101,
                         B8-078
    Pt 3 s.45 .... A5-177, B8-075, B8-076,
                     B8-077, B8-079
    Pt 5 s.68 .... A4-686
    s.69 .... A5-248, A7-004
    s.75A A4-627, A5-249, A6-250
2015 Modern Slavery Act (c.30) A4-627,
    A4-629, A4-656, A4-685, A4-699,
    A5-177, A5-249, A5-338, A6-250,
    A6-261, A10-064, B2-171, B2-172,
    B2-174, B2-175, B2-176, B2-179,
                          B2-180
    Pt 1 s.1 ..... A4-627, A4-629, A4-656,
    A4-685, A4-699, A5-177, A5-345,
    A6-250, A6-261, A10-064, B2-176
    s.2 .... A4-627, A4-629, A4-656,
    A4-685, A4-699, A5-177, A5-249,
    A5-345, A6-250, A6-261, A7-075,
    A7-078, A10-064, B2-179, B2-182
    s.3(3) A4-627, A6-250

Table of Statutes

2015 Modern Slavery Act—*cont.*
- s.4 .... A5-345
- s.8 .... A5-338, **A5-340**
    - (1) A5-345
    - (2) A5-345
    - (3) A5-345
    - (4) A5-346
    - (7) A5-346, A5-347
- ss.8–10 .... A5-338
- s.9 .... **A5-341**
    - (1) A5-344
    - (3)–(4) A5-348
    - (4) A10-267, A10-268
    - (5) A5-348
- s.10 .... **A5-342, A10-266**
    - (1) A5-345
    - (3) A10-269
    - (4) A10-267

2016 Psychoactive Substances Act (c.2)
.... A5-177, B5-111, B5-124, B5-125,
B5-127, B5-130, B5-131, B5-133,
B5-136, B5-137, B5-138, B5-139
- s.4 .... A5-120, A5-177
- ss.4–8 .... A5-125
- s.5 . A5-120, A5-177, A7-075, A7-078,
B5-131
- s.7 .... A5-120, A5-177
- s.8 .... A5-120, A5-177
- s.11 .... A5-120
- s.12 .... **A5-118**, A5-128
    - (1) A5-126
- s.17 .... **A5-119**
    - (1) A5-126, A5-128
- s.19 .... **A5-121**
    - (1) A5-127
    - (1)–(2) A5-125
    - (3) A5-127
    - (5) A5-125
- s.22 .... **A5-122**, A5-129
    - (1) A5-128
    - (3) A5-129
    - (4) A5-129
    - (5) A5-129
    - (6) A5-129
- ss.23–25 .... A5-123
- s.26 .... A5-124, **A10-225**
- s.27 .... A5-124, **A10-226**
- s.28 .... **A10-223**, A10-228
- s.29 .... **A10-224**, A10-228
- s.30(5) A10-228, A10-229
- s.31 .... A10-228
    - (7) A10-228, A10-229

2017 Criminal Finances Act (c.22) A5-177
- Pt 3 s.45 .... A5-177
- s.46 .... A5-177

2018 Space Industry Act (c.5) A4-627,
A4-699, A6-250, A6-261, A10-064
- Sch.4 para.1 . A4-627, A4-699, A6-250,
A6-261, A10-064
- para.2 .... A4-627, A4-699, A6-250,
A6-261, A10-064
- para.3 .... A4-627, A4-699, A6-250,
A6-261, A10-064
- para.4 .... A4-627, A4-699, A6-250,
A6-261, A10-064
- para.5 .... A6-250

2018 Sanctions and Anti-Money Laundering Act (c.13) A5-177

2018 Assaults on Emergency Workers (Offences) Act (c.23) . B2-110, B2-112, B2-113

2019 Counter-Terrorism and Border Security Act (c.3) A7-039, A7-066, B2-217

2019 Offensive Weapons Act (c.17) ... A5-116
- Pt 1 s.6 .... A4-377, A4-521
- Pt 2 s.31 .... A5-116

2020 European Union (Withdrawal Agreement) Act (c.1)
- Pt 5 s.39 .... A4-629, A4-686

2020 Terrorist Offenders (Restriction of Early Release) Act (c.3) ... A8-009, A10-049

2020 Sentencing (Pre-consolidation Amendments) Act (c.9) A2-087
- s.1 .... A4-229
- Sch.2 Pt 1 para.12(b) A2-087
- para.51 .... A1-217

2020 Sentencing Act (c.17) ... A1-002, A1-003,
A1-017, A1-093, A1-114, A1-135,
A1-136, A3-103, A4-055, A4-186,
A4-217, A4-230, A4-446, A4-488,
A4-606, A4-629, A4-654, A4-701,
A5-001, A5-040, A5-050, A5-132,
A5-323a, A5-337, A6-214, A6-240,
A6-287, A6-300, A6-301, A6-319,
A6-342, A8-002, A8-004, A8-005,
A8-014, A9-049, A10-080, A10-095,
A10-205, B2-111, B2-308, B2-399,
B2-448, B2-452, B2-476, B2-486,
B8-002
- Pt 1 .... A4-606, **A6-114–A6-119**,
A6-241, **A6-348–A6-359**,
A6-374–A6-375, A10-165–A10-169,
B2-007, B2-043, B2-072, B2-086,
B2-094, B2-106, B2-112, B2-118,
B2-132, B2-174, B2-186, B2-194,
B2-201, B2-213, B2-393, B2-402,
B2-408, B2-416, B2-423, B2-429,
B2-436, B2-442, B4-179, B4-186
- s.2 .... **A8-003**, A8-004, A8-005
    - (2)–(3) A6-344, A10-095
- Pt 2 .... A1-002, **A6-120**,
A6-360–A6-363, A6-376–A6-383,
A10-128–A10-137,
A10-170–A10-186
- Ch.1 s.3 .... **A2-040**, A4-009
- s.4 .... **A2-041**
- s.5 .... **A2-042**
    - (1)(a) A2-059
    - (b) A2-060
    - (c) A2-060
- s.6 .... **A2-043**
    - (3) A5-372
- s.7 .... **A2-044**, A2-060
    - (2) A2-060
- s.8 .... **A2-044–A2-045**
    - (1) A2-060

Table of Statutes

2020 Sentencing Act—*cont.*
   (b) A5-040
 s.9 .... **A2-046**
 s.10 .... **A2-047**
 s.11 .... **A2-048**, A4-606
  (2) A2-065
 s.12 .... **A2-048–A2-049**, A2-065
 s.13 .... **A2-050**
 Ch.2 s.14 . **A2-067**, A2-082, A2-098, A2-107
  (2) A2-099
 ss.14–19 .... A2-087
 ss.14–24 .... A2-066
 s.15 .... **A2-068**, A2-082, A2-098
  (2) A2-099
 s.16 ... **A2-069**, A2-083, A2-084, A2-100
  (2) A2-101
 s.16A . **A2-070**, A2-084, A2-100, A6-244
  (2) A2-101
 s.17 .... **A2-071**, A2-084, A2-100
  (2) A2-101
 s.18 ... **A2-072**, A2-082, A2-085, A2-098, A2-099, A4-736, A4-759, B2-052, B2-076, B2-077, B2-078, B2-079, B2-081, B2-090
 s.19 ... **A2-073**, A2-084, A2-086, A2-100, A2-101
 s.20 ... **A2-074**, A2-087, A2-095, A2-102, A10-161, B2-052, B2-076, B2-090
 s.21 .... **A2-075**, A2-093
  (2) A2-098
  (6) A2-007
 s.22 .... **A2-076**
  (2) A2-100
  (4) A2-101
  (5) A2-101
 s.23 .... **A2-077**
  (2) A2-095
  (3)–(4) A2-095
 s.24 .... **A2-078**, A2-089, B2-102
 Ch.3 s.25 .... **A2-110**
  (2) A2-118
  (3) A2-117
  (4) A2-116
 s.25A **A2-111**, A2-119
  (2) A2-118
 s.26 .... **A2-112**
 s.27 .... **A2-113**
 s.28 .... **A2-114**
 s.29 .... **A2-115**
 Pt 3 .... **A6-121–A6-122**, **A6-384–A6-385**, **A10-138–A10-139**, **A10-187–A10-194**
 Ch.1 s.30 .... **A3-006**, A3-017
  (2) A3-018
  (3) A3-019
  (4) A3-017
 ss.30–31 .... B3-072
 s.31 .... **A3-007**

 s.32 .... A3-005
  (6) A3-005
 s.33 .... **A3-008**
 s.34 .... A3-005
 s.35 .... **A3-031**, A6-028
 s.36 .... **A3-032**, A6-028
 Ch.2 s.38 .... **A3-056**, B2-109
 s.39 .... **A3-057**, A3-069
 s.40 .... **A3-058**
 s.41 .... **A3-059**, A7-043
 Ch.3 s.42 . **A3-072**, A3-094, A3-112, A7-043
  (3) A3-098
  (5) A3-095
 s.43 .... **A3-073**
 Ch.4 ss.44–51 .... A3-103
 s.45(a) A3-095
 Ch.5 s.52 . A2-052, **A3-188**, A3-198, A3-208
  (2) A3-199
  (3) A3-199
 s.53 .... A6-225
 s.54 .... B2-049
 Ch.5 s.52 ...... A1-149a, **A1-153**
  (7) A1-180
 s.55 .... **A4-114**
 Pt 4 .... **A6-123–A6-124**, **A6-386–A6-391**, **A10-140–A10-146**, **A10-195**
 Ch.1 s.57 . A1-008, **A1-021**, A1-022, A1-024, A1-027, A3-013, A6-004, B4-207, B8-079
  (2)(e) A1-028
  (3) A1-023
 Ch.2 s.59 . **A1-032**, A1-038, A1-046, B1-006, B1-008, B3-065
  (1) A1-048
 ss.59–61 .... A1-004
 ss.59–62 .... A1-030
 s.60 .... **A1-033**
  (2) A1-038, A1-048
  (4) A1-038
  (4)–(5) A1-045
 s.61 .... **A1-034**
 s.62 .... **A1-035**
 Ch.3 s.63 . A1-007, **A1-010**, A1-011, A1-012, A1-013, A1-017, A3-013, A3-038, A3-148, A6-004, B2-108, B2-468, B3-025, B4-005, B4-207
 s.64 .... **A1-059**
 s.65 .... **A1-061**, A1-065
 s.66 ... **A1-067**, A1-068, A1-069, A1-071, A1-076, A1-077
  (2)(a) A1-072
  (b) A1-068
  (4)(a) A1-070
  (b) A1-072
  (6) A1-073
  (e) A1-075
 s.67 .... **A1-078**, A1-081, A1-222
  (3) A1-081
 s.68 .... **A1-079**

Table of Statutes

2020 Sentencing Act—*cont.*

s.68A . . . **A1-080**, A1-081, A1-222	
(3) A1-081	
s.69 . . . **A1-082**, A1-086, A4-606, A4-654, A4-656, A6-241, A6-318, A10-052	
s.69A **A1-086a**, A1-086c	
s.70 . . . . **A1-087**	
(2) A4-420	
s.71 . . . . B5-084	
s.71 . . . . **A1-089**	
s.72 . . . . B5-136	
s.72 . . . . **A1-091**	
s.73 . . . **A1-152**, A1-197, A4-572, A4-672	
(3)–(4) A1-197	
(3)–(5) A4-582, A4-591, A4-602	
(5) A1-198, A6-170	
s.74 . . . . A1-136, **A1-137**, A1-138	
(3)(b) A10-045	
(3)–(4) A1-141	
s.75 . . . . A1-138, A1-140	
s.77 . . . . A1-093	
(5) A9-037	
s.78 . . . . A9-037	
Pt 5 . . . . **A6-125–A6-126**, **A6-392–A6-393, A10-147–A10-150**	
s.79 . . . . **A4-045**	
(4) A4-055	
s.80 . . . . A3-088, **A4-046**	
(3) A4-054	
(7) A4-055	
s.81 . . . . A4-047	
s.82 . . . . **A4-048**, A4-057	
(2) A5-372	
Pt 6 . . . . **A6-127–A6-128**, **A6-394–A6-396, A10-151–A10-152**	
Ch.1 s.83 . . . . A3-088, **A6-050**	
s.84 . . . **A6-051**, A6-076, A6-224, A6-238	
(1)(d)(i) A6-081	
(e) A6-082	
s.85 . . . . **A6-052**	
(2) . . . A6-170, A6-171, A6-172	
s.86 . . . . **A6-053**	
(2) A6-078	
s.87 . . . . **A6-054**	
s.88 . . . . **A6-055**	
s.89 . . . . **A6-056**	
(1) A4-091	
(3) . . . A4-091, A6-199, A6-368	
(a) A6-085	
(b)(i) A6-086	
(iii) A6-084	
(iv) A6-082	
(4) . . . A6-083, A6-281, A6-286	
s.90 . . . . **A6-057**, A6-300	
s.91 . . . . A6-058	
s.92 . . . . **A6-059**	
(3) A6-345, A6-364	
s.93 . . . . **A6-060**	
s.94 . . . . A6-061	
s.95 . . . . A6-062	
s.96 . . . . **A6-063**	
s.97 . . . . **A6-066**	
s.98 . . . . **A6-067**	
(3) A6-345, A6-365	
(4) A6-345, A6-365	
s.99 . . . . **A6-068**	
s.100 . . . . **A6-069**	
(3) A6-345, A6-364	
(6) A6-345, A6-365	
(8) A6-345, A6-366	
s.101 . . . . **A6-070**	
(5) A6-345, A6-364	
s.102 . . . . **A6-346**, A6-366	
(2) A6-345, A6-366	
ss.102–103 . . . . A6-071	
s.103 . . . . **A6-347**	
(2) A6-345	
s.105 . . . . **A6-072**	
s.106 . . . . A6-073	
s.107 . . . . A6-073	
s.108 . . . . A6-073	
Ch.2 s.110 . . . . A6-224, A6-238	
(1)(c) A6-198	
Pt 7 . . . . **A6-129–A6-130**	
Ch.1 s.118 . . . . **A4-061**	
ss.118–119 . . . . A4-059	
s.119 . . . . **A4-062**	
s.120 . . . . A4-059, **A4-066**	
s.122 . . . . A4-059, **A4-064**	
s.123 . . . . **A6-034**, A6-035	
s.124 . . . . **A4-068**	
s.125 . . . . **A4-069**	
s.126 . . . . **A4-070**	
s.127 . . . . **A4-071**	
s.128 . . . . **A6-041**	
s.129 . . . . **A4-075**	
s.130 . . . . **A4-081**	
s.132 . . . . A4-085	
(3) A4-076	
Ch.2 s.133 . . . . A4-111, **A4-112**, A4-126, A4-129, A4-139, A5-338, A5-345	
s.134 . . . . **A4-113**	
s.135 . . . . **A4-115**	
s.136 . . . . **A4-116**, A4-130	
(2)(c) A4-130	
(3) A4-130	
(b) A4-130	
s.137 . . . . **A4-117**	
s.138 . . . . **A4-118**	
s.139 . . . . **A6-036**	
s.140 . . . . **A6-042**	
s.141 . . A4-120, A5-343, A10-269	
ss.141–143 . . . . A4-151	
s.142 . . . . A4-119	
(4) A4-119	
s.143 . . . **A4-121**, A4-146, A5-343, A10-269	
s.144 . . A4-122, A5-343, A10-269	
s.145 . . . . **A4-123**	
(2) A4-126	
Ch.3 s.147 . . . . A2-051, **A4-154**,

[cxxviii]

Table of Statutes

2020 Sentencing Act—*cont.*

	A4-160, A4-163
(1)(a)	A4-157
(b)	A4-157
s.148	**A4-155**
(1)(b)	A4-160
s.149	**A4-156**
(2)	A4-161
(7)	A4-164
s.150	A4-157
s.151	**A4-158**
(2)	A4-161
Ch.4 s.152	A4-166, **A4-168**, A4-177, A4-184
s.153	**A4-169**, A4-176, A4-182
(3)–(4)	A4-179
s.154	**A4-170**
s.155	**A4-171**
(1)	A4-182
s.156	A4-172
(2)	A4-186
s.157	**A4-173**, A4-187
(2)	A4-186
(3)(b)	A4-187
s.158	A4-174
s.159	**A4-175**
(2)	A4-186
s.160	**A4-214**, A4-215
Pt 8	**A6-131–A6-132**
Ch.1 s.162	**A4-273**
s.163	A4-220, A4-232, **A4-274**, A4-283, A4-284, A4-286, A4-287
(1)	A4-284
(2)	A4-284
s.164	A4-232, A4-260, **A4-275**, A4-283, A4-285, A4-286
(1)–(2)	A4-285
(2)	A4-285
(3)	A4-285
s.165	**A4-276**
s.166	A4-231, A4-232, A4-234, **A4-277**, A4-278
ss.166–167	A4-225, A4-227, A4-229
s.167	A4-231, A4-232, A4-234, **A4-279**
(2)	A4-232
s.168	A4-280
s.169	**A4-281**
Pt 9	**A6-133–A6-134**
Ch.1 s.173	A3-088, **A6-089**, A6-177
s.174	**A6-090**
s.175	**A6-091**
(1)(d)	A6-091
s.176	**A6-092**
s.177	**A6-093**
(1)	A6-170, A6-171, A6-172
s.178	**A6-094**
(1)	A6-171, A6-172
s.179	A3-019, **A6-095**
(2)	A6-170
s.180	A3-019, **A6-096**, A6-177
(2)	A6-171, A6-172
s.181	**A6-097–A6-099**
(1)–(3)	A6-197
(4)	A6-198
(6)	A6-197
s.182	**A6-100**
s.183	**A6-101**
s.184	**A6-102**
s.185	**A6-103–A6-106**
(2)	A6-182
s.186	A3-019, **A6-107–A6-111**, A6-177, A6-178
s.187	**A6-158**, A6-182
(1)	**A6-158**
(2)	**A6-158–A6-157C**
(a)	**A6-158**
(b)	**A6-158**
s.188	**A6-159**
s.189	**A6-160, A6-161**
s.190	A6-160
ss.191–193	A6-162
s.193	A6-196
s.194	A6-163, A6-369
s.198	A6-182, A6-400
Ch.2 s.200	A3-088, **A4-322**, A4-389
s.201	**A4-323**
s.202	**A4-325**, A4-386
(1)(a)	A4-386
(b)	A4-386
(2)	A1-018
s.203	**A4-326**, A4-412, A4-548
s.204	A3-018, **A4-327**
(2)	A1-008, A4-096, A4-386
s.205	A4-328
s.206	**A4-329**
s.207	**A4-329–A4-330**
(1)–(2)	A4-405
(3)	A4-407
(3A)	A4-403
s.208	A3-018, **A4-331**, A4-389, A4-390
(10)	A4-392
s.209	**A4-370**, A4-391
s.210	**A4-371**
s.211	**A4-372**
s.212	A4-373
ss.213–216	A4-374
s.215	A4-410
s.217	A4-375, A10-119
ss.217A–217C	A4-376
s.217B	A4-376
s.217C	A4-376
s.220	**A4-324**, A4-391, A10-159
Pt 10	**A6-135–A6-136**
Ch.1 s.222	A3-088, A4-415
s.223	**A4-423**
s.224	**A4-424**, A4-430
s.225	**A1-206**, A1-213, **A4-465**, A4-468
s.226	**A4-438**, A4-439
(6)	A4-439, A4-441, A4-442

Table of Statutes

2020 Sentencing Act—*cont.*
    (7)–(8) A4-440
  s.227 . . . . **A4-499**
  s.229 . . . . **A4-425**
  s.230 . . A1-008, A1-018, A3-018,
    A3-019, **A4-417**
  s.231 . . A1-018, A1-027, A3-018,
    A3-019, **A4-433**
  s.232 . . A3-015, **A3-023**, A3-028,
    A9-005, A9-009
  Ch.2 . . . . A4-415
  s.233 . . . A4-415, A4-668, **A6-202**
  s.234 . . . . **A6-203**
    (1)(a) A6-243
  s.235 . . . . **A6-204**
  s.236 . . . . **A6-205**
    (1) A6-220
  s.237 . . . . **A6-206**
    (4) . . . . ,
  s.238 . . . . **A6-207**
  s.241 . . . . **A6-208**, **A6-320**
    (2) A6-318
    (5) A6-322
  s.242 . . . **A6-209**, **A6-323**, A6-333
    (1) A6-318
  s.243 . . . . A6-215
  s.244 . . . . **A6-210**, A6-332
  s.245 . . . . **A6-211**
  s.246 . . . . **A6-212**
  s.247 . . . **A6-213**, A6-318, A6-333
  s.248 . . . . A6-214
  s.249 . . . . A6-029, **A6-226**
    (1) . . A2-083, A2-086, A6-245,
    A6-251
    (a) A2-084
    (b) A2-084
  s.250 . . A2-083, A2-084, A4-004,
    A6-029, A6-197, A6-222,
    A6-223, A6-225, **A6-227**,
    A6-232, , A6-236, A6-237,
    A6-244, A6-245, A6-252,
    A6-255, **A6-260**, A10-053
  s.251 . . . . **A6-228**
  s.252 . . . . **A6-229**
  s.253 . . . . A6-223, **A6-230**, ,
    (3) A6-332
  s.252A . . A2-084, A6-239, **A6-240**,
    A6-242, A6-243, A6-244,
    A7-043, A10-053
    (1)(a) A2-086, A6-244
    (2) A6-243
    (4)(b) A6-318
  s.254 . . . . **A6-246**, A10-053
  s.255 . . . A3-019, A4-444, **A6-247**
  s.256 . . . . **A6-248**
  s.257 . . . . **A6-249**
  s.258 . . A3-019, A4-444, A4-634,
    A6-029, **A6-259**, A6-262,
    A8-004
    (2) A6-245
  s.258A **A6-256**, B2-005
  s.259 . . . . **A6-266**

  Ch.3 s.262 . . . . **A4-490**, **A4-504**,
    A10-053
  s.263 . . . . **A4-491**, **A4-505**
    (2) A4-489
  s.264 . . . A4-502, **A4-506**, A4-580
  s.265 . . . . A10-052, A10-053
  s.265 . . . **A4-604**, A4-612, A4-615
    (1)(c) A4-613
    (2) A4-609
  s.266 . . . . A10-053
  s.267 . . . . A3-018
  s.268(4) A6-318
  s.266 . . . . **A4-617**
  s.268A A10-053
  s.268B A3-018
  s.267 . . . . **A4-618**
  s.268 . . . . **A4-619**
    (4) A10-052
  s.268A A4-616, **A4-648**
  s.268B A4-647, **A4-649**
    (2) A4-659
    (3) A4-658
  s.268C **A4-650**
  s.269 . . . . **A4-492**
  s.270 . . . . **A4-493**, A4-715
  s.271 . . . . **A4-494**
  s.273 . . . . A8-004
  s.274 . . . . A3-018, A8-004
  s.274A B2-005
  s.272 . . A4-415, **A4-675**, A4-676,
    A4-694
  s.273 . . A4-616, A4-634, **A4-683**,
    A4-690, A4-695, A4-702
  s.274 . . A4-444, A4-634, **A4-697**,
    A4-700
  s.274A **A4-680**
  s.275 . . . . A4-415, **A4-706**
  s.276 . . . . A4-714
  Ch.4 s.277 . . . . A4-502, **A4-507**,
    A4-580, A4-611, A4-612
  s.278 . . . . A10-052
  s.278 . . **A4-605**, A4-611, A4-612,
    A4-615, A4-640
    (1)(c) A4-613
    (2) A4-609
  s.280 . . . . A3-018
  s.281(4) A6-318
  s.279 . . . . **A4-621**
  s.282B A3-018
  s.280 . . . . A4-640
  s.281 . . . . **A4-623**
    (4) A10-052
  s.282 . . . . **A4-624**
  s.282A A4-616, **A4-651**
  s.282B A4-647, **A4-652**
    (2) A4-659
    (3) A4-658
  s.284 . . . . A8-004
  s.285 . . . A3-018, A6-262, A8-004
  s.282C **A4-653**
  s.285A B2-005
  s.283 . . A4-616, A4-634, A4-640,

TABLE OF STATUTES

2020 Sentencing Act—cont.
              A4-684, A4-690, A4-695,
              A4-702
  s.285 . . A4-444, A4-634, A4-640,
              A4-690, **A4-698**, A4-700
  s.285A **A4-681**
  Ch.5 s.286 . . . . A3-088, A4-502,
              A4-508
  s.287 . . . . **A4-509**
  s.288 . . . . **A4-510**
  s.289 . . **A4-511**, A4-580, A7-027,
              A7-034
  s.290 . . . . **A4-515**
  s.291 . . . . **A4-515–A4-516**
  s.292 . . . . **A4-517**
    (4) A4-540
  s.293 . . . . **A4-519**
  ss.293–294 . . . . A10-162
  s.293A **A4-520**
  s.294 . . . . **A4-523**
  s.295 . . . . **A4-524**
  s.296 . . . . **A4-512**
  s.297 . . . . **A4-513**
  s.298 . . . . A4-514
  ss.299–302 . . . . A4-522
  s.305 . . . . A4-525
  Ch.6 s.306 . . . . A1-130, **A4-446**,
              A4-616, **A4-626**, A6-245
    (2) A4-451
  s.308 . . A1-114, A4-444, **A4-445**,
              A4-447, A4-452, A4-453,
              A4-620, A4-625, A4-640,
              A4-654
  s.310 . . . . A4-620, A4-625
  Ch.7 s.311 . . . . **A4-555**, A4-558,
              A4-561, A4-572, A4-573,
              A8-004, B2-420
    (2) A1-197
  ss.311–315 . . . . A4-551
  s.312 . . **A4-574**, A4-580, A6-170,
              B2-355, B2-363
  s.313 . . A4-576, A4-581, **A4-583**,
              A4-588, A8-004, B5-051,
              B5-067, B5-094, B5-107
  ss.313–314 . . . . . A1-197, A4-594
  s.314 . . A4-576, A4-581, A4-588,
              A4-592, A4-598, A4-599,
              A8-004, B4-034
  s.315 . . **A4-575**, A4-576, A4-580,
              A6-170, A8-004, B2-355,
              B2-363
  s.316 . . . . A4-576, **A4-593**
  ss.316–318 . . . . A4-586
  s.317 . . . . A4-594
  s.318 . . . . A4-577, **A4-595**
  s.320 . . . **A4-578**, A4-586, **A4-596**
  Ch.8 s.321 . . . . **A4-664**, **A4-707**,
              A4-718, A4-752, **A6-267**
    (2) A4-718
    (3) A4-718
      (a) A4-718
      (b) A4-718
  s.322 . . . . **A4-708**, **A6-268**

    (3) A4-718
  s.323 . . . . **A4-665**
    (1A) A4-667, A4-669
    (1A)–(1C) A4-669
    (1B) A4-667
    (2)(c) A4-671
  s.324 . . . . **A4-666**, **A5-227**
    (D) **A5-231**
  Ch.9 s.325 . . . . **A4-471**, A4-479,
              A4-482, A6-221
  s.326 . . . . **A4-472**
  s.327 . . **A4-473**, A4-483, A6-221
  s.328 . . . . **A4-486**, A4-487
  s.329 . . . . A4-495
  Pt 11 . . . . **A6-137–A6-138**
  Ch.1 s.330 . . . . **A5-030**
  ss.330–342 . . . . A5-029
  s.331 . . . . **A5-031**
    (1)(b) A5-043
    (2) A5-049
      (a) A5-051
      (b) A5-052
    (3) . . . A5-016, A5-043, A5-049
    (4) A5-059
    (5) A5-043, A5-044
  s.332 . . . . **A5-032**, A5-046
    (1) A5-047
    (2) A5-047
    (3) A5-016, A5-043
  s.333 . . . . **A5-033**, A10-207
    (1)–(2) A5-060
  s.334 . . . . **A5-034**
    (3)–(5) A5-043
    (4) A5-055
    (5) A5-055
    (6) A5-055
  s.335 . . . . **A5-035**, A5-043
    (3) A5-043
    (4) A5-043
    (4)–(6) A5-046
  s.336 . . . . A5-036, **A10-206**,
              A10-207, A10-209
    (2) A10-207
    (3) A10-207
    (4) A10-207
  s.337 . . . . **A5-037**, A5-038
  s.338 . . . . A5-038
  s.339 . . A4-051, A5-038, **A10-210**
    (3) A4-051
  s.340 . . . . **A5-039**
  s.341 . . . . A5-040
  s.342 . . . . A5-040
  Ch.1A s.342A(1)(a) A5-238
    (b) A5-237
    (3) A5-239
    (4) A5-239
    (5) A5-240
    (8) A5-236
  s.342B **A5-228**
  s.342D(1) A5-241
    (3) A5-241
    (4) A5-241
  s.342E **A5-229**, A5-230

2020 Sentencing Act—*cont.*

s.342F	A5-230
s.342G	A5-232, **A10-246**, A10-247
s.342H	A5-233, **A10-243**
s.342I	A5-233, A10-245
s.342L	A5-234
Ch.2 s.343	**A5-245**
(2)	A5-286
s.344	**A5-246**
s.345	**A5-247**, A5-262
(1)	A5-262
(2)	A5-248, A5-262
s.346	**A5-250**
s.347	**A5-251**, A5-284
(1)	A5-281, A5-282
(2)	A5-284
(3)	A5-281, A5-282
s.347A	**A5-252**, A5-323a
s.348(1)	A5-284, A5-319
(4)(a)	A5-319
(b)	A5-319
s.349	**A5-254**
s.350	**A10-248**
(6)	A10-251
(8)	A10-250
s.352	A5-260, A7-031
s.354	A4-051, **A10-253**
(5)	A4-051
s.355	**A5-255**
s.357F	**A5-257**
s.358	**A5-258**
Ch.3 s.359	**A5-133**, A5-168
s.360	**A5-134**
(1)	A5-144
(3)	A5-144
s.361	**A10-230**
s.362	**A5-135**
(2)	A5-149
s.363	**A10-233**
s.364	**A5-136**
Ch.4 s.365	**A6-288**, A6-299
s.366	A5-040, A5-256, **A6-289**, A6-300, A6-304, A6-306, A6-407
(3)	A6-304
(3)–(4)	A6-300
(8)	A6-301
(9)	A6-407
s.367	**A6-290**
s.368	**A6-291**, A6-300, A6-306, A6-407
(2)	A6-300
(6)	A6-301
(7)–(8)	A6-407
(9)	A6-407
s.369	**A6-292**, A6-300, A6-306, A6-407
(2)	A6-300
(6)	A6-301
s.370	**A6-293**
s.371	A6-294
s.372	**A6-295**
(2)	A6-305
(3)	A6-303
s.373	A6-296
s.374	**A6-297**, **A6-405**, A6-407
(1)	A6-406
(2)	A6-406
(3)	A6-406
s.375	**A6-298**, **A6-408**
Ch.5 s.376	**A6-278**, A6-279
(1)	A6-280
(2)	A6-282
(3)	A6-282
(4)	A6-283
(6)	A6-286
(7)	A6-285
s.377	A6-279, **A6-403**
(1)–(2)	A6-302
Pt 12	**A6-139–A6-141**
Ch.1 s.380	**A6-039**
s.381	**A6-043**
s.382	**A6-040**
Ch.2 s.384	**A1-216**, A1-218
s.385	A2-127, A10-001, **A10-015**, A10-017, A10-018, A10-021
Ch.4 s.387	A10-036, **A10-037**, A10-042, A10-045, A10-048
(1)(c)	A10-043
(2)	A10-043, A10-044
(6)–(8)	A1-141
ss.387–388	A1-139
ss.387–389	A1-138
s.388	A1-136, A1-142, A10-036, **A10-038**, A10-042, A10-047
(8)–(10)	A1-141
s.389(1)	A10-042
s.390	**A10-040**, A10-048
Ch.6 s.395A	A4-376, A4-377, A4-521
Pt 13	A1-002, **A6-142–A6-144**
s.397	**A1-221**
(2)	A4-386
s.398	A10-042
(2)	A4-558, A4-598, A10-042
(3)	A1-222, A4-628, A4-630, A4-686, A4-699, A6-251, A6-261
(3)–(4)	A4-606, A6-241
s.399	A1-197, **A1-223**, A4-603
s.400	A1-018, **A1-224**, A4-436, A4-613
s.401	**A1-225**, A5-001
s.402	A6-342, **A6-343**, A6-344, A10-093, **A10-094**, A10-095
s.405	A6-003
Pt 14	**A6-145–A6-146**
s.408	A4-629, A4-686
s.413	A8-005
Sch.1	A1-086
para.1	**A6-269**
para.2	**A6-270**
para.3	**A6-270**
para.4	**A6-270**

2020 Sentencing Act—*cont.*
    para.5 .... **A6-270**
    para.6 .... **A6-270**
    para.7 .... **A6-271**
    para.8 .... **A6-271**
    para.9 .... **A6-271**
    para.10 .... **A6-271**
    para.11 .... **A6-271**
  Sch.2 .... A4-047
    para.1 .... **A10-098**
    para.2 .... **A10-099**
    para.3 .... **A10-100**
    para.4 .... **A10-101**
    para.5 .... **A10-102**
      (4) A2-087
    para.6 .... **A10-103**
    para.7 .... **A10-104**
  Sch.3 .... A5-262, A6-064
    para.5 .... A6-064
    para.6 .... A6-065
  Sch.4 .... A6-071
    Pt 1 .... A6-345, A6-368
      para.7 .... A6-364, A6-365
      para.9 .... A6-364
    Pt 2 .... A6-345, A6-368
      para.14(b) A6-368
      para.15 .... A6-281, A6-286
      para.16 .... A6-368
        (2) A6-281
      para.17 .... A6-368
  Sch.5 .... B2-073, B2-323
  Sch.6 .... A6-088, A6-195
    Pt 3 para.10 .... A6-400
    Pt 7 para.19 .... A6-186
    Pt 9 para.23(2) A6-188
    Pt 10 para.25 .... A6-189
    Pt 11 para.27 .... A6-172
    Pt 12 para.29 .... A6-190
    Pt 13 para.32 .... A6-191
    Pt 15 para.37 .... A6-193
    Pt 17 para.44 .... A6-195
      para.45 .... A6-157C
      para.48 .... A6-157C
  Sch.7 .... A6-164, A6-369
    Pt 2 para.6 .... A6-370
      para.7 .... A6-370
      para.11(2) A6-171, A6-172
    Pt 3 para.12 .... A6-371
      para.13 .... A6-371
    Pt 4 para.19 .... A6-400
    Pt 5 paras 21–23 .... A6-372
      para.22(2) A2-089, A2-094,
                              A6-402
        (4) ... A2-089, A2-094, A6-402
      para.23(6) A6-402
  Sch.8 .... A6-165
  Sch.9 .... A4-321, A4-408, A4-518
    Pt 1 para.1 .... **A4-332**, A10-159
      (1)(b) A4-389
    para.2 .... **A4-333**
    para.3 .... **A4-334**
    para.4 .... **A4-335**
    para.5 .... **A4-336**
    para.6 .... **A4-337**
    para.7 .... **A4-338**
    para.8 .... **A4-339**
  Pt 5 para.9 .... **A4-340**
    para.10 .... **A4-341**, A4-395
      (3) A4-395
    para.10A **A4-342**
  Pt 6 para.11 .... **A4-343**
    para.12 .... **A4-344**, A4-396
    para.13 .... **A4-345**
    para.14 .... **A4-346**
    para.15 .... **A4-347**
  Pt 9 para.16 .... **A4-348**
    paras 16–17 .... A4-399
    para.17 .... **A4-349**
    para.18 .... **A4-350**
  Pt 10 para.19 ..... **A4-351**, A4-400
    para.20 .... **A4-352**, A4-400
    para.21 .... **A4-353**
    para.22 .... **A4-354**
    para.22A **A4-355**
    para.22B **A4-356**
  Pt 11 para.23 .... **A4-357**
    paras 23–24 .... A4-404
    para.24 .... **A4-358**
  Pt 12 para.25 ..... **A4-359**, A4-405
    para.26 .... **A4-360**
    para.27 .... **A4-361**
    para.28 .... **A4-362**
  Pt 14 para.29 .... **A4-363**
    para.30 .... **A4-364**
    para.31 .... **A4-365**
    para.32 .... **A4-366**
    para.33 .... **A4-367**, A4-408
    para.34 .... **A4-368**
      (1) A4-408
    para.35 .... **A4-369**
  Sch.10 .... A4-378, A10-119
    para.1 .... **A10-123**
    para.2 .... **A10-124**
    para.3 .... **A10-125**
    para.4 .... **A10-126**
    para.5 .... **A10-127**
  Pt 2 para.6 .... A10-154
    para.7 .... A10-154
    para.10 .... A10-120
    para.11 .... A10-120
  Pt 3 paras 14–15 .... A10-121
  Pt 4 para.18 .... A10-121
    para.19 .... A10-121
    para.20 .... A10-121
    para.21 .... A10-121, A10-159
  Pt 5 paras 22–25 .... A10-122
    para.23(2) A3-100
    para.24 .... A10-161
      (2) A2-087
    para.25 .... A10-161, A10-199
      (2) A3-100
  Sch.11 .... A4-379
  Sch.12 .... A6-215, A6-332, A6-333
    para.1 .... **A6-324**
    para.2 .... **A6-325**
    para.3 .... **A6-326**

2020 Sentencing Act—cont.
  para.4 .... **A6-327**
  para.5 .... **A6-328**
  para.6 .... **A6-329**
  para.7 .... **A6-330**, A6-332
  Sch.13 ..... A1-222, A4-606, A4-607,
    A4-614, A6-241, B2-206b, B3-068,
    B3-086, B3-093, B3-099, B4-109,
    B4-146, B4-158, B4-165, B4-195,
    B4-204, B5-054, B5-070, B5-097,
    B7-018, B7-045, B7-050, B7-057,
    B7-065, B7-068, B7-073, B7-077,
    B7-084, B7-095, B7-103, B7-125,
    B7-129, B8-054, B8-059, B8-066,
        B8-077, B8-083, B8-101
  para.8 .... A4-606, A6-241
  Pt 1 ..... A2-084, A2-086, A6-029,
    A6-239, A6-241, B2-357, B2-365,
    B4-002, B4-015, B4-021, B4-027,
    B4-031, B4-037, B4-069, B4-106,
    B4-108, B6-034, B6-039, B6-048,
        B7-003
  Pt 2 .... A6-242
  Sch.14 ..... A4-616, A4-620, A4-625,
    A6-245, B2-206b, B3-068, B3-086,
        B3-093, B3-099
    Pt 1 .... A4-629
    Pt 2 .... A4-629
    Pt 3 .... A4-629
    paras 18–20 .... A4-629
    Pt 4 para.21 .... A4-630
  Sch.15 ..... A4-620, A4-625, A8-004,
    B2-206b, B3-068, B3-086, B3-093,
        B3-099
    Pt 1 .... A4-685, A4-686
    Pt 2 .... A4-685, A4-686
    Pt 3 .... A4-685, A4-686
    Pt 4 .... A4-686
    paras 20–23 .... A4-686
    Pt 5 para.24 .... A4-686
  Sch.16 .... A10-162
    Pt 2 para.6 .... A10-196
    para.7 .... A10-196
    paras 10–13 .... A10-163
    para.11(1) A2-088, A10-199
      (2) A2-087, A2-095
    para.12(3) A10-199
    para.14 ...... A10-163, A10-198,
        A10-199
  Sch.17A ... A2-082, A4-647, A10-052,
    B2-206b, B3-068, B3-086, B3-093,
        B3-099
    Pt 1 .... A4-654, A4-655
    Pt 2 .... A4-656
  Sch.18 ..... A2-082, A2-084, A4-444,
    A4-451, A4-462, A4-616, A4-628,
    A4-632, A6-245, A6-251, B2-206b,
    B3-068, B3-086, B3-093, B3-099
    Pt 1 .... A4-627, A6-250
    Pt 2 .... A4-627, A6-250
    Pt 3 .... A4-627, A6-250
  Sch.19 ..... A1-130, A4-444, A4-462,
    A4-678, A4-699, A6-029, A6-261,

        A8-004, B2-206b, B3-068, B3-086,
            B3-093, B3-099
  Sch.20 .... A4-558, A4-598
    Pt 1 para.1 .... **A4-556**, **A6-231**,
        A8-004
    para.1A **A4-556**, **A6-231**
    para.2 .. **A4-556**, **A6-231**, A8-004
    para.3 .... **A4-556**, **A6-231**
    para.4 .. **A4-556**, **A6-231**, A8-004
    para.5 .... **A4-556**, **A6-231**
    para.6 .... **A4-556**, **A6-231**
  Sch.21 ..... A4-704, A4-716, A4-717,
    A4-718, A4-722, A4-753, A4-757,
    A6-264, B2-018, B2-047, B2-065
    para.1 .... **A4-709**
    para.2 .... **A4-710**, A8-004, B2-047
      (2) A4-718
    para.3 .... **A4-710**, A8-004, B2-047
      (2) A4-718
      (b) A4-722
    para.4 .... **A4-710**, A4-732, A4-733,
        A4-739, A8-004
    para.5 .... **A4-710**
    para.5A ... **A4-710**, **A6-270**, B2-065
    para.6 .... **A4-710**
    para.7 .... **A4-711**
    para.8 .... **A4-711**
    para.9 .... **A4-711**, A4-736
      (b) A4-741
    para.10 .... **A4-711**, A4-746
    para.11 .... **A4-711**
    para.12 ... **A4-712**, A4-758, A4-759,
        A8-004, A8-006
  Sch.22 .... A4-489, A4-714
    Pt 1 para.3 .... A6-004, A6-012
    Pt 5 para.82 .... A4-629
    para.83 .... A4-686
2020 Immigration and Social Security Co-
    ordination (EU Withdrawal) Act (c.20)
        .... A7-094
2021 Counter-Terrorism and Sentencing Act
    (c.11) A1-086, A4-647, B2-217
    Pt 1 s.22 .... A4-604, A4-605, A6-240,
        A6-248
    Pt 3 s.42 .... A7-040
2022 Police, Crime, Sentencing and Courts Act
    (c.32) A4-229, A4-278, A4-682,
        A5-073, A5-226, A6-257, B8-138
    Pt 2 Ch.4 s.66 .... A4-288
    s.67 .... A4-288
    Pt 3 s.78 .... B8-141
    Pt 7 Ch.1 s.126 .... A4-718
    s.141 .... A4-229, A4-278
    s.144(10) A4-646
    Pt 10 Ch.1 s.166 .... A5-226
    Ch.3 s.172 .... A5-250, A10-248
    s.178 .... A5-310
    Ch.5 s.190(12) A5-077
    s.192(1) A5-076
    Sch.17 Pt 2 para.5 .... A6-091
    para.6 .... A6-106
    para.11 .... A6-132
    para.12 .... A6-157C

Table of Statutes

2022 Police, Crime, Sentencing and Courts Act—*cont.*
    para.13 .... A6-373
    Pt 3 para.16 .... A6-091
    para.17 .... A6-113
    Pt 4 para.19 .... A6-130
2022 Judicial Review and Courts Act (c.35)
    .... A4-428
2023 Public Order Act (c.15) . A5-225a, B8-138
    Pt 2 s.20 .... **A5-225b**
      (1)(a) A5-225m
        (b) A5-225l
      (5) A5-225n
      (9) A5-225k
    s.22 .... **A5-225c**
    s.23 .... **A5-225d**
      (1) A5-225o
      (2) A5-225o
      (3) A5-225o
    s.24 .... A5-225a, **A5-225e**
    s.25 .... **A5-225f**
      (2) A5-225p
      (3) A5-225p
      (4) A5-225p
    s.26 .... **A5-225g**
      (a) A5-225p
    ss.27–29 .... A5-225i
    s.28 .... **10-242a**
    s.32 .... **A5-225h**
2023 National Security Act (c.32)
    Pt 1 s.31 .... **A1-086b**
    s.38 .... A1-086c

TABLE OF STATUTORY INSTRUMENTS

1971 Misuse of Drugs Act 1971 (Commencement No. 1) Order (SI 1971/2120) .. B5-051, B5-052, B5-053, B5-055, B5-056, B5-067, B5-068, B5-071, B5-072, B5-084, B5-094, B5-095, B5-098, B5-099, B5-107, B5-108, B5-109, B5-110, B5-112, B5-114, B5-117, B5-118, B5-119
1972 Immigration (Exemption from Control) Order (SI 1972/1613) A5-356
1991 Dangerous Dogs Act 1991 (Commencement and Appointed Day) Order (SI 1991/1742) B2-475
1994 Channel Tunnel (Security) Order (SI 1994/570) .. A1-085, A4-627, A4-656, A4-699, A5-249, A6-250, A6-261, A10-064
 Pt II A1-085, A4-627, A4-656, A4-699, A5-249, A6-250, A6-261, A10-064
1997 Control of Trade in Endangered Species (Enforcement) Regulations (SI 1997/1372) A5-177
 reg.8 .... A5-177
1997 Police (Property) Regulations (SI 1997/1908) A4-176
 regs 5–8 .... A4-176
1998 Pre-Sentence Report Disclosure (Prescription of Prosecutors) Order (SI 1998/191) A3-005
1998 Protection from Harassment Act 1997 (Commencement No. 3) Order (SI 1998/1902) B2-303
1998 Provision and Use of Work Equipment Regulations (SI 1998/2306) ... B7-026
 Pt II reg.4(2)–(3) B7-026
2001 Limited Liability Partnerships Regulations (SI 2001/1090)
 Pt III reg.4 .... A4-313a
2001 Driving Licences (Disqualification until Test Passed) (Prescribed Offence) Order (SI 2001/4051) A4-245
2002 Travel Restriction Order (Prescribed Removal Powers) Order (SI 2002/313) A5-329
2003 Criminal Justice Act 2003 (Commencement No. 1) Order (SI 2003/3282) B2-033, B2-065
2004 Sexual Offences Act 2003 (Travel Notification Requirements) Regulations (SI 2004/1220) A7-016
 reg.5 .... A7-016
  (1) A7-016
 reg.6 .... A7-016
 reg.7 .... A7-016
 regs 8–9 .... A7-016
 reg.10 .... A7-016

2004 General Food Regulations (SI 2004/3279) B7-049
 reg.4 .... B7-049
2005 Criminal Justice Act 2003 (Commencement No.8 and Transitional and Saving Provisions) Order (SI 2005/950) A4-694
2005 Regulatory Reform (Fire Safety) Order (SI 2005/1541) .. B7-044, B7-046, B7-047
 Pt 2 art.23 .... B7-044
 Pt 4 art.32(1)(a) B7-047
  (a)–(d) B7-044
  (2)(a) B7-044
  (h) B7-044
2005 Criminal Justice Act 2003 (Commencement No.8 and Transitional and Saving Provisions) Order 2005 (Supplementary Provisions) Order (SI 2005/2122) A4-694
2006 Food Hygiene (Wales) Regulations (SI 2006/31) B7-049
 Pt 3 reg.17(1) B7-049
2006 Serious Organised Crime and Police Act 2005 (Appeals under Section 74) Order (SI 2006/2135) A10-042
2007 Criminal Justice Act 2003 (Surcharge) Order (SI 2007/707) A3-081
2007 Criminal Justice Act 2003 (Surcharge)(No 2) Order (SI 2007/1079) A3-081
2007 Community Order (Review by Specified Courts) Order (SI 2007/2162) A4-375
2008 Safeguarding Vulnerable Groups Act 2006 (Barring Procedure) Regulations (SI 2008/474) A7-085
 reg.9 .... A7-085
2008 Consumer Protection from Unfair Trading Regulations (SI 2008/1277) A3-147
2008 UK Borders Act 2007 (Commencement No. 3 and Transitional Provisions) Order (SI 2008/1818) A7-090
 art.2 .... A7-090
2009 Safeguarding Vulnerable Groups Act 2006 (Prescribed Criteria and Miscellaneous Provisions) Regulations (SI 2009/37) A7-070, A7-073, A7-075, A7-078, A7-079, B2-206c, B3-069, B3-087, B3-094, B3-100, B8-078
 Pt 2 reg.3 .... A7-070
 reg.4 .... A7-075
 reg.5 .... A7-073
 reg.6 .... A7-078
 Sch.1 .... A7-071, A7-075
  para.2(a)(i) A7-076
  (g) A7-076
  (h) A7-076
  para.3 .... A7-073

Table of Statutory Instruments

2009 Armed Forces (Civilian Courts Dealing with Service Offences) (Modification of the Criminal Justice Act 2003) Regulations (SI 2009/2042)
   reg.9A A1-059
2009 Counter-Terrorism Act 2008 (Foreign Travel Notification Requirements) Regulations (SI 2009/2493) ... A7-052, A7-053
   reg.3 .... A7-052
   reg.4 .... A7-052, A7-053
   (1) A7-053
   reg.6 .... A7-053
2009 Coroners and Justice Act 2009 (Commencement No. 1 and Transitional Provisions) Order (SI 2009/3253)
   .... B2-049
2011 Act of Sederunt (Rules of the Court of Session Amendment No.8) (Terrorism Prevention and Investigation Measures) (SSI 2011/441) A4-606
2012 Criminal Justice Act 2003 (Surcharge) Order (SI 2012/1696) A3-079, A3-082, A3-095, A3-100
   art.2 .... **A3-074**
   art.3 .... **A3-075**
   art.4 .... **A3-076**, A3-084
   art.5 .... **A3-077**
   art.6 .... **A3-078**
   art.7(2) A3-082
2012 Sexual Offences Act 2003 (Notification Requirements) (England and Wales) Regulations (SI 2012/1876) ... A7-011, A7-015, A7-038
   reg.9 .... A7-015
   reg.12 .... **A7-009**, A7-038
   reg.13 .... **A7-013**
   reg.14 .... **A7-010**
   reg.15 .... **A7-014**
2012 Safeguarding Vulnerable Groups Act 2006 (Miscellaneous Provisions) Regulations (SI 2012/2112) A7-080
   regs 24–27 .... A7-080
2013 Criminal Legal Aid (Determinations by a Court and Choice of Representative) Regulations (SI 2013/614)
   Pt 2 reg.9 .... A4-439
   Pt 3 reg.14 .... A4-439
2013 Food Safety and Hygiene (England) Regulations (SI 2013/2996) ... B7-049
   reg.19(1) B7-049
2014 Criminal Justice Act 2003 (Surcharge) (Amendment) Order (SI 2014/2120)
   .... A3-082
2015 Dangerous Dogs Exemption Schemes (England and Wales) Order (SI 2015/138) A4-194
2015 Criminal Justice (Sentencing) (Licence Conditions) Order (SI 2015/337)
   .... A10-072, A10-073, A10-085
   art.3 .... A10-072
2015 Legal Aid, Sentencing and Punishment of Offenders Act 2012 (Commencement No. 11) Order (SI 2015/504) .. A4-065
   art.2 .... A4-065
2015 Legal Aid, Sentencing and Punishment of Offenders Act 2012 (Fines on Summary Conviction) Regulations (SI 2015/664)
   .... A4-065
   Sch.1 .... A4-065
2015 Coroners and Justice Act 2009 (Commencement No. 17) Order (SI 2015/819) A4-229
   art.2 .... A4-229
2015 Prosecution of Offences Act 1985 (Criminal Courts Charge) (Amendment) Regulations (SI 2015/1970) ... A3-102
2016 Criminal Justice Act 2003 (Surcharge) (Amendment) Order (SI 2016/389)
   .... A3-083
   art.3 .... A3-083
2016 Environmental Permitting (England and Wales) Regulations (SI 2016/1154)
   .... B7-002
   Pt 4 reg.38(1) B7-002
   (2) B7-002
   (3) B7-002
2018 Criminal Justice Act 2003 (Alcohol Abstinence and Monitoring Requirement) (Prescription of Arrangement for Monitoring) Order (SI 2018/210) A4-405
2019 Immigration, Nationality and Asylum (EU Exit) Regulations (SI 2019/745)
   .... A7-094
2019 Criminal Justice Act 2003 (Surcharge) (Amendment) Order (SI 2019/985)
   .... A3-084
   art.3 .... A3-084
2020 Football Spectators (2020 UEFA European Championship Control Period) Order (SI 2020/11) A5-101
2020 Release of Prisoners (Alteration of Relevant Proportion of Sentence) Order (SI 2020/158) A10-055
2020 Criminal Justice Act 2003 (Surcharge) (Amendment) Order (SI 2020/310)
   .... A3-085
   art.3 .... A3-085
2020 Football Spectators (2020 UEFA European Championship Control Period) (Coronavirus) (Revocation) Order (SI 2020/432) A5-101
2020 Criminal Procedure Rules (SI 2020/759)
   .... A1-003, A2-079, A4-023, A4-088, A4-228, A5-015, A5-018, A5-025, A5-153, A6-073, A7-057, A7-086, A10-032, A10-096, A10-108
   Pt 3 r.3.16 .... A2-005, A2-009
   (3)(b) A2-009
   r.3.31 .... **A2-008**, A2-009, A2-013
   Pt 6 r.6.1 .... **A3-060**
   r.6.2 .... **A3-061**
   r.6.3 .... **A3-062**
   r.6.4 .... **A3-063**
   r.6.5 .... **A3-064**

2020 Criminal Procedure Rules—*cont.*
    r.6.7 .... **A3-065**
    Pt 9 r.9.13 .... A2-005
    Pt 10 r.10.2 .... A3-142
    Pt 19 .... A3-026
    Pt 24 r.24.11 . **A2-124**, **A3-002**, **A3-189**
    (3) A1-220
    r.24.16 .... **A3-003**
    Pt 25 r.25.16 .... **A2-125**, **A3-190**
    (3) A1-220
    (7)(b)(iii) A6-017
    Pt 28 r.28.1 .... A1-149a, **A3-191**
    (1)(c) A4-228
    r.28.3 .... A7-064, A7-087
    r.28.4 . **A10-003**, A10-013, A10-014, A10-032, A10-034
    r.28.5 .... **A4-124**
    r.28.6 .. A10-108, A10-111, A10-114
    r.28.7 .... A4-159
    r.28.8 .... **A3-024**, A3-026, **A9-006**, A9-007
    r.28.9 .... **A3-025**
    Pt 30 .... A4-088
    Pt 31 ...... A5-004, A5-015, A5-074, A5-152, A5-264
    r.31.2 .... **A5-006**
    r.31.3 .... **A5-007**, A5-016, A5-017
    r.31.4 .... **A5-008**
    r.31.5 .... **A5-009**
    r.31.6 .... **A5-010**
    r.31.7 .... **A5-011**
    r.31.8 .... **A5-012**
    r.31.9 .... A5-016
    r.31.10 .... **A4-007**, A5-013
    (4) A4-038
    r.31.11 .. A5-013, A10-096, A10-097
    r.31.12 .... **A5-014**
    Pt 32 r.32.2 .... **A6-339**, **A10-090**
    r.32.3 .... **A6-340**, **A10-091**
    r.32.4 .... **A6-341**, **A10-092**
    Pt 33 .... A3-108
2020 Sentencing Act 2020 (Commencement No. 1) Regulations (SI 2020/1236)
    .... A6-274, B2-045, B2-208
2020 Immigration and Social Security Co-ordination (EU Withdrawal) Act 2020 (Consequential, Saving, Transitional and Transitory Provisions) (EU Exit) Regulations (SI 2020/1309) ... A7-094
2021 Compulsory Electronic Monitoring Licence Condition Order (SI 2021/330) A10-073
2021 Offensive Weapons Act 2019 (Commencement No. 2) (England and Wales) Regulations (SI 2021/762)
    .... A5-116
    reg.3(3) A5-116

2021 Compulsory Electronic Monitoring Licence Condition (Amendment) Order (SI 2021/999) A10-073
2022 Sentencing Act 2020 (Surcharge) (Amendment) Regulations (SI 2022/584) A3-070, A3-086
    reg.3 .... A3-086
2022 Football Spectators (Prescription) Order (SI 2022/617) A5-091
    art.3 .... A5-091
    art.4 .... A5-092
    art.5 .... A5-093
    (3) A5-093
2022 Offensive Weapons Act 2019 (Commencement No. 2) (England and Wales) (Amendment) Regulations (SI 2022/828) A5-116
2022 Sentencing Act 2020 (Serious Violence Reduction Orders: Retention and Disposal of Seized Items) Regulations (SI 2022/1071) A5-230
2023 Judicial Review and Courts Act 2022 (Magistrates' Court Sentencing Powers) Regulations (SI 2023/149) A4-428
2023 Sentencing Act 2020 (Magistrates' Court Sentencing Powers) (Amendment) Regulations (SI 2023/298) A4-428
2023 Police, Crime, Sentencing and Courts Act 2022 (Commencement No. 6 and Piloting, Transitional and Saving Provisions) Regulations (SI 2023/387)
    .... A5-226, A5-227, A5-228, A5-229, A5-231, A10-243, A10-246
    Pt 3 reg.6(1)(a) A5-231
2023 Criminal Justice Act 2003 (Home Detention Curfew) Order (SI 2023/390)
    .... A10-065
2023 Sentencing Act 2020 (Special Procedures for Community and Suspended Sentence Orders) Regulations (SI 2023/559) A4-377, A4-521
2023 Police, Crime, Sentencing and Courts Act 2022 (Youth Rehabilitation Order With Intensive Supervision and Surveillance) Piloting Regulations (SI 2023/705)
    .... A6-091, A6-106, A6-113, A6-130, A6-132, A6-157C, A6-373
2024 Football Spectators (2024 UEFA European Championship Control Period) Order (SI 2024/272) A5-101
2024 Sentencing Act 2020 (Special Procedures for Community and Suspended Sentence Orders) Regulations (SI 2024/654) A4-377, A4-521

PART A: SENTENCING POWERS AND PROCEDURE

CHAPTER A1

GENERAL PROVISIONS AND PRINCIPLES

AN INTRODUCTION TO SENTENCING IN ENGLAND AND WALES

Introduction

This chapter sets out the general provisions and principles which provide the basis of sentencing in England and Wales. It does not deal with the particular sentences available to the court (for those, see Chs A4, A5 and A6) or with the approach to sentencing specific offences (see Pt B). A1-001

The law of sentencing in England and Wales has three main sources: legislation, sentencing guidelines and the common law. Of those three sources the statutory regime is the most significant, providing the foundation of sentencing on top of which the sentencing guidelines and the common law operate.

The Statutory Scheme

The statutory regime provides the foundations of sentencing in this jurisdiction and has been subject to frequent amendment, in particular over the past 30 years. Due to the frequency of its amendment, and the use of complex (and often hidden) transitional provisions, the law of sentencing has frequently differed depending on when an offence was committed, when the offender was convicted or even the date on which the offender was first bailed. A1-002

To combat these difficulties, and to address the disparate state of the law on sentencing, the Sentencing Act 2020 repealed and replaced a substantial part of the primary legislation relating to sentencing procedure. Parts 2 to 13 of that Act now make up a Code called the Sentencing Code, which applies to any offence of which the offender is convicted on or after 1 December 2020, regardless of when their offence was committed (or even when they were first bailed). In relation to such offenders there is no longer any need to refer to previous, historic, versions of legislation. To the extent that the date of the commission of the offence is material—such as the application of minimum sentences—the Sentencing Code makes this clear in the relevant provision and there is no need to refer to secondary instruments to ascertain transitional arrangements.

For offences for which the offender was convicted before 1 December 2020, the courts will need to continue to refer to the previous statutory regime, which was principally governed by the Powers of Criminal Courts (Sentencing) Act 2000, the Criminal Justice Act 2003 and the Criminal Justice and Immigration Act 2008. These previous statutory regimes are not reproduced in this work. Reference should be made to *Archbold* 2021, Ch.5A.

The Sentencing Code is a consolidation of the previous legislation and as such A1-003 it does not change the effect of the law except to the extent that it gives effect to specific pre-consolidation amendments made by the Sentencing (Pre-consolidation Amendments) Act 2020. To that extent, decisions relating to the interpretation of the legislation consolidated in the Sentencing Code continue to apply to the Sentencing Code, subject to any relevant pre-consolidation amendments. Where such decisions are relevant they have, therefore, been included in this Part. Similarly, by virtue of s.17(2) of the Interpretation Act 1978 any secondary legislation made under legislation repealed and reinstated by the Sentencing Code will continue to apply to the Sentencing Code.

The Sentencing Code creates a principally retributive regime—reflected in the sentencing guidelines—with sentences largely determined by reference to the seriousness of the offence, rather than the individual characteristics of the offender or other consequentialist aims of punishment (although both still have a role to play in determining the nature or severity of the penalty). It is supplemented by other pieces of primary and secondary legislation, notably the Magistrates' Courts Act 1980, the Mental Health Act 1983, the Criminal Procedure (Insanity) Act 1964 and the Criminal Procedure Rules 2020 (SI 2020/759).

The Sentencing Guidelines

A1-004   Sections 59 to 61 of the Sentencing Code impose on the sentencing court a duty to follow any relevant sentencing guidelines issued by the Sentencing Council for England and Wales (or its predecessor body the Sentencing Guidelines Council) except where it is in the interests of justice not to do so. Sentencing guidelines now exist for most offences, and the Sentencing Council has issued a number of overarching guidelines dealing with specific topics, including an overarching principles guideline for those offences for which there is no offence-specific guideline.

Common Law

A1-005   Both the guidelines and the statutory regime are supplemented by the common law, and this is particularly so in relation to the general provisions and principles underpinning sentencing. Although the advent of definitive sentencing guidelines has largely removed the need to refer to individual sentencing decisions to ascertain the appropriate sentencing level for an offence, the common law still remains a rich source of authority, providing further guidance on how the statutory regime and guidelines are to be applied, and addressing lacunae in both.

The Tri-partite Relationship

A1-006   The sentencing scheme in England and Wales works as a combination of these three institutions, which together provide structure concerning the application of the principles underpinning the sentencing system. Parliament's role is principally to prescribe the core principles which underpin the scheme and to provide the requisite sentencing powers and procedural framework. Parliament is, however, rarely prescriptive as to how those core principles should be applied; instead, it appears that it has recognised that that role falls more appropriately to the Court of Appeal (Criminal Division) and, in more recent times, the Sentencing Council.

Although the Sentencing Council is now the principal provider of guidance on the application of the principle of proportionality, the Court of Appeal (Criminal

Division) remains the primary giver of guidance in relation to the availability of sentences and the application of statutory tests.

Having set down the broad limits of the scheme, generally speaking, Parliament leaves the courts' discretion relatively untouched (merely providing for a maximum sentence and the general sentencing powers). On occasion, however, it has intervened where (it can be inferred) it considers that the courts are not imposing appropriate sentences. Examples include Sch.21 to the Sentencing Code in relation to murder, altering maximum sentences and creating minimum and mandatory sentences. Aside from these relatively rare legislative interventions, Parliament's role is clearly one concerning the prescription of sentencing powers and overarching principles rather than detailed guidance on the practice of sentencing.

Seriousness and Determination of Sentence

Introduction

Parliament has enacted a principally, though not exclusively, retributive scheme in England and Wales. Retributivism, most notably advocated by Andreas von Hirsch, mandates that a sentence addresses "… offenders as moral agents, as having the capacity to assess and to respond to an official evaluation of their conduct".[1] It is founded on the "intuitive" link between desert and punishment to censure transgressive behaviour, achieved by the imposition of a proportionate punishment designed to respect the rule of law values of certainty and predictability while operating as a deterrent.[2]

Although the first overt reference to the governing principle in legislation came in the form of s.1(2) of the Criminal Justice Act 1991 (which made reference to the seriousness of the offence and placed limitations on the court's ability to impose custodial and community sentences by reference to offence seriousness), in reality, this approach had broadly been the approach taken by the courts long before the 1990s and can be traced to at least the 1800s.[3] Section 1(2) was repealed and effectively re-enacted in s.143 of the Criminal Justice Act 2003, which in turn was repealed and re-enacted by the Sentencing Code in s.63. Accordingly, the driving force of the determination of sentence is consideration of the culpability and harm within an offence, those being the two constituent parts of offence seriousness. This is generally referred to as "retributive proportionality". It is a "backwards-looking" concept that focuses on what the offender has done in the past, not on the ability of the offender to change or to make amends in the future.

On von Hirsch's account, there are two components to proportionality: ordinal and cardinal. Ordinal proportionality requires that the sentence imposed is in proportion to the severity of the offence for which it is imposed. Therefore, it is a relative concept that ensures that, to take an extreme example, a murderer is punished more severely than a shop thief. Cardinal proportionality on the other hand is not relative; it sets absolute measures for punishment that are proportional to a

A1-007

---

[1] A. Ashworth and R. Kelly, *Sentencing and Criminal Justice*, 7th edn (Oxford: Hart, 2021), p.77. For more on von Hirsch's conception of retributivism, see A. von Hirsch, *Deserved Criminal Sentences* (Oxford: Hart, 2017).
[2] A. Ashworth and R. Kelly, *Sentencing and Criminal Justice*, 7th edn (Oxford: Hart 2021), p.76.
[3] J.V. Roberts and A. Ashworth, "The Evolution of Sentencing Policy and Practice in England and Wales, 2003–2015" (2016) 45(1) *Crime and Justice* 308.

given offence. For instance, if Parliament doubled all maximum sentences overnight, the scheme might be ordinally proportionate (if more serious offences were dealt with by the imposition of more severe penalties) but it may not be cardinally proportionate (if the level of the penalty is disproportionate for the offence in question).

A1-008 At the outset of this chapter, the scheme in England and Wales was described as being "principally" retributive; that is because although retributivism is the guiding principle, it is not the only principle. Again, there are many forms of retributivism, but for present purposes it serves only to discuss one: limiting retributivism. Notable North American scholar Norval Morris conceived of the concept as imprecise—i.e. it was not possible by applying the theory to discern the precise amount of punishment warranted by a particular offence. A sentence should not be undeserved, but as the concept of a deserved punishment was imprecise, the theory could only inform as to the outer limits of what would be an appropriate punishment. Thus, it was limiting.[4]

Within this broad range of not undeserved sentences—which in this jurisdiction has been described as the permissible range of sentences—sentencers must determine the appropriate sentence. They do so by reference to the principles of sentencing in s.57 of the Sentencing Code (see A1-021). Therefore, as is explained in A1-022, despite the academic criticisms of that provision, inviting inconsistency, the effect on the eventual sentence of the ability to choose which purpose to prioritise is vastly limited by the dominating principle of retributivism, namely that the sentence must be commensurate with the seriousness of the offence. Thus, the purposes of sentencing can only inform where in that proportionate range—or permissible range—the eventual sentence falls. Although the scheme in England and Wales does not explicitly subscribe to this theory, it is clear that this is the theory that underpins the sentencing scheme in this jurisdiction.

This theory is reflected in the statutory provisions relating to the availability of custodial sentences and community orders, which provide that those disposals can only be imposed where the offences are serious enough to justify them (see ss.230 and 204(2) of the Sentencing Code). The focus on proportionality with the seriousness of the offence also underpins the approach taken in offence-specific sentencing guidelines where both Steps 1 and 2 are generally concerned with an assessment of the seriousness of the offending.

A1-009 In practice, the assessment of proportionality, and the determination of the sentence to be imposed, require the assessment of seriousness to be informed by the maximum sentence for the offence and guidance on the application of the principle from the Sentencing Council's guidelines and guidance from the Court of Appeal (Criminal Division).

Legislation

Sentencing Act 2020 s.63

Assessing seriousness

A1-010 63. Where a court is considering the seriousness of any offence, it must consider—

---

[4] N. Morris, *Madness and the criminal law* (Chicago: University of Chicago Press 1982), pp.192, 198, cited in R. S. Frase "Norval Morris's Contributions to Sentencing Structures, Theory, and Practice" (2009) 21(4) *Federal Sentencing Reporter* 254–260, 255.

    (a)   the offender's culpability in committing the offence, and
    (b)   any harm which the offence—
          (i)   caused,
          (ii) was intended to cause, or
          (iii) might foreseeably have caused.

Guidance

Sentencing Guidelines

Where there are definitive sentencing guidelines in force in respect of an offence they will be the starting point when assessing the seriousness of the offence. Where there is no offence-specific guideline the Sentencing Council's *General Guideline: Overarching Principles* (2019) suggests that it will remain useful for sentencers to follow the general structure adopted in that guideline of first making an initial assessment of the seriousness of the offence by considering the culpability of the offender and the harm caused by the offending, in accordance with s.63. Courts will also want to refer to the relevant maximum sentence (and if appropriate minimum sentence) for the offence, sentencing judgments of the Court of Appeal (Criminal Division) for the offence and definitive sentencing guidelines for analogous offences. **A1-011**

When applying sentencing guidelines it should always be borne in mind that they supplement, and do not replace, the general statutory duty to ensure a proportionate sentence that appropriately reflects the seriousness of the offence. The purpose of sentencing guidelines (as is also the case with Court of Appeal (Criminal Division) decisions) is to structure or "guide" the exercise of the sentencer's discretion, assisting them in arriving at a sentence that is in accordance with the statutory duties placed on them. When interpreting phrases in that guideline, or considering the aggravating and mitigating factors listed therein, users should always consider carefully whether on the facts of the individual case, those factors listed do increase or decrease the harm caused, intended or risked by the offence and the culpability of the offender. The factors should not simply be applied blindly.

Similarly, where the court is of the opinion that the sentencing guidelines do not appropriately reflect the seriousness of the specific case (because of its unusual facts rather than because the court disagrees with the ordinary sentencing level; see *R. v Healey*[5] A1-045) they ought to consider whether it is in the interests of justice not to follow the guidelines.

Harm and Culpability

The relationship between harm and culpability

General

Section 63 of the Sentencing Code gives no guidance on the relationship between harm and culpability, and whether more weight should be given to either in assessing the seriousness of the offence. To the extent that there has been academic **A1-012**

---

[5]   [2012] EWCA Crim 1005; [2013] 1 Cr. App. R. (S.) 33.

analysis of this issue no consensus has been reached. Some, like Ashworth[6] and Edwards and Simester,[7] favour models emphasising culpability and intended harm whereas others, like Duff,[8] consider that the focus should principally be on the result of the offence—the harm caused. Unsurprisingly none of the academic work attempts to assign percentage values to the extent to which harm and culpability should influence sentencing and offence seriousness. Perhaps the better approach—and one more aligned with practice—is to infer the relative weight to be given to harm and culpability by reference to the elements of the offence and the offence model. For instance, an inchoate offence places great emphasis on intention (which can align with culpability), and less on the actions (or result of them) of the offender (which may be equated with harm); in these circumstances, it could be argued that the culpability ought to be the driving force of the appropriate sentence (and support for this approach would seem to be found in *R. v Reed*[9] where in the context of inchoate-type sex offences the court placed greater emphasis on harm intended).

Offence-specific sentencing guidelines frequently (although not invariably) treat harm and culpability as having equal weight. Take, for example, the guideline for stalking, where there are three categories for harm (Categories 1 to 3) and three levels of culpability (Categories A to C). The sentencing range for a Category 1C offence (high harm but low culpability) is the same as the sentencing range for a Category 3A (low harm but high culpability). Ordinarily this does not cause significant issues given the latitude given to sentencing judges to move from those initial starting points to ensure a just and proportionate sentence. In hard cases, however, such as attempts, where there is often significant culpability but a relative lack of harm, this approach has tended to cause issues.[10] In particular, Ashworth commented:

> "Harms which are thought serious enough to justify the imposition of the criminal sanction ought to be minimised, and this means enabling enforcement agents to intervene before the harm is caused. So long as the individual concerned has manifested sufficient culpability—and this requirement may be more demanding as the actual conduct required becomes more remote from the harm itself—then there may be a justification for surrounding the substantive offences with inchoate offences. This means not only the traditional trio of conspiracy, attempt, and solicitation, but also offences of possession, threats, and the many supposedly substantive offences which have a large inchoate element. Modern legal systems abound with offences which appear to be substantive but which are in fact defined in an 'inchoate mode', penalising not the actual causing of the harm which the law wishes to prohibit but the doing of an act with intent to cause that harm, or even the doing of acts likely to have a particular result."[11]

It is suggested that the weight to be given to culpability and harm should vary with

---

[6] A. Ashworth, "Taking the Consequences" in S. Shute, J. Gardner and J. Horder (eds), *Action and Value in Criminal Law* (Oxford: OUP, 1993).

[7] J. Edwards and A. Simester, "Crime, Blameworthiness, and Outcomes" (2019) 39(1) *Oxford Journal of Legal Studies*.

[8] R.A. Duff, "Subjectivism, Objectivism and Criminal Attempts" in A.P. Simester and A.T.H. Smith (eds), *Harm and Culpability* (Oxford: OUP, 1996).

[9] [2021] EWCA Crim 572; [2021] 1 W.L.R. 5429.

[10] For criticism of the approach of the sentencing courts to attempts, see S. Walker, "Attempts and the difficult relationship between harm and culpability" (2019) 2 *Sentencing News*.

[11] A. Ashworth, "Criminal Attempts and the Role of Resulting Harm Under the Code of the Common Law" (1988) 19(3) *Rutgers Law Journal* 727.

the offence in question, the purpose of criminalisation and the extent to which the assessment of either is built into the actus reus or mens rea requirements. Courts will, however, generally need to be alive to this issue, and ought to reflect carefully on whether the culpability and harm of the offender have been properly reflected in the overall sentence, or whether too much weight has been given to the relative presence or absence of either.

Harm

Section 63 of the Sentencing Code requires the court not only to assess the harm caused by the offence but also the harm intended by the offender and the harm that might foreseeably have been caused. There has been a tendency for courts to focus principally on the harm caused by the offence rather than the harm intended or foreseeably caused. As a general rule this is perhaps justifiable; harm caused will often be more serious than harm intended or risked and so will ordinarily be the primary driver of seriousness in this respect. However, it is an error to focus exclusively on the harm caused by the offence and courts should give careful consideration in addition to the harm risked or intended, albeit acknowledging the remoteness of those harms in deciding what weight to give to them. **A1-013**

This also provides an example of how the elements of an offence and the assessment of the seriousness offence do not align: while harm can align with the actus reus and culpability with the mens rea, it is clear from s.63 that the assessment of harm (caused, intended or foreseen) includes both elements of actus reus and mens rea. In a result crime, the harm caused may be more central to the determination of sentence, whereas in a conduct crime, the harm intended may arguably be more important.

In considering the harm caused by the offence careful consideration should also be given to the justifications for criminalisation. Drugs offences are not, for example, "victimless crimes"; they just tend to lack a direct victim. A lack of identifiable immediate harm does not mean that such offending does not cause great harm for society as a whole. In this respect it is noted that it is not open to sentencing judges to go behind Parliament's decision to criminalise an offence. That a sentencing judge thinks the criminalisation of certain breeds of dog under the Dangerous Dogs Act 1991 is a mistake does not mean that they are able to conclude that the harms of flouting that law are non-existent in the absence of direct evidence of dangerousness. In all cases there is at least the harm occasioned to the rule of law by the offending, and the risk that the offending presents the more serious types of harm such offences might cause.

It has long been the policy of the law that those who use violence on other people must take their victims as they find them: *R. v Blaue*.[12] The same applies to sentencing such that where a victim has already suffered previous psychological harm, and as a result suffers more substantial harm (partly as a result of the offence and partly as a result of other behaviour) it appears that the pre-existing harm is a factor to be taken into account, but where the offending exacerbates that harm, a judge is entitled to conclude the offender is responsible for the level of symptoms associated with the psychological damage caused: see *R. v Gilworth*.[13] **A1-014**

---

[12] [1975] 1 W.L.R. 1411.
[13] [2021] EWCA Crim 648; [2022] 1 Cr. App. R. (S.) 8.

Culpability

A1-015 The first exposure of most lawyers to the concept of culpability is in the varying mens rea requirements for criminal offences. The mens rea elements of an offence may align neatly with the considerations of culpability. Offences can be committed intentionally, recklessly, negligently or even with an ulterior intent. Where offences can be committed by different methods (like for example the offence of assault by beating, which can be committed intentionally or recklessly) the mens rea of the offender is clearly relevant to the assessment of culpability and is likely to be a primary driver. However, it would be a gross error to end the consideration of culpability there.

First, consideration should always be given to whether a greater level of mens rea is present than that inherent in the offence (albeit being careful not to sentence an offender for offences of which the offender has not been convicted). For example, where the offence is strict liability such as the possession of a firearm did the offender have further criminal motive in possessing the weapon and did they know about any particular risks of it being used in criminal activity? Similarly, the offence of rape is committed where the offender did not have a reasonable belief in consent. An offender is clearly more culpable in relation to such an offence where they positively knew there was no consent than when they had a genuine but not reasonable belief in it, or were reckless to the issue.

Second, sentencing courts should try to avoid thinking of culpability in terms of clearly defined boundaries. The culpability of an offender will generally require a consideration of their entire background, their pattern of thinking, the decisions they have made in the past and their general character. This assessment is inevitably a holistic one and while it is useful in making that assessment to identify individual aggravating and mitigating factors relevant to culpability, there is a need to step back and ensure that the sentence as a whole reflects the overall culpability of the offender.

A1-016 Finally, consideration should be given to whether there is any overlap between harm and culpability. Continuing with the example of assault by beating, an intention to cause harm will be relevant to the assessment of harm and culpability, though sentencers will need to be careful not to fall into the trap of impermissible "double counting"—i.e. using the same factor twice to increase or decrease a sentence for the same reason.

Sentences Commensurate with the Seriousness of the Offence

A1-017 As noted above the sentencing regime in England and Wales, embodied in the Sentencing Code, is built on a principally retributive scheme, with sentences determined by reference to the seriousness of the offence, referred to as the "proportionate sentence" or one which is commensurate with the seriousness of the offence. As proportionality is not a precise principle, it is not possible to identify a single correct sentence for a given offence; rather there will be a range of acceptable sentences ("the permissible range").[14] Within that permissible range the purposes of sentencing (some of which enable consequentialist aims to be promoted, such as rehabilitation or public protection), can alter the nature or severity of the penalty imposed; it is to be remembered, however, that the ultimate

---

[14] For further detail of the theory underpinning this notion, see A1-007.

sentence must remain within the permissible range. A sentence outside the permissible range, imposed in the name of one or other of the purposes of sentencing will be unlawful, because it contravenes s.63 of the Sentencing Code in that the sentence is not commensurate with the seriousness of the offence. It would therefore be liable to be increased or reduced on an appeal or Attorney General's reference (as the case may be). That said, the scheme gives such latitude to sentencers that those who wish to take a lenient approach to a particular case can easily do so where it is justified. It is submitted that in such cases, extra care should be taken when making sentencing remarks to ensure that the justification for the approach taken—and why the sentence remains commensurate with the seriousness of the offence—is clear.

It is perhaps obvious, then, that the assessment of seriousness can never be a precise calculation producing a single, unarguable sentence that is commensurate with the seriousness of the offence. This is evident from the decision in *R. v Carmona*,[15] a decision regarding deportation of foreign criminals, in which the court observed that the sentence imposed by the court is an indication of the seriousness of the offence, but no more than that (and that it was not appropriate to lay down a mathematical test for seriousness or for the making of a recommendation for deportation based on the length of the custodial sentence imposed by the court).

The sentencing regime in relation to primary disposals in the Sentencing Code creates a hierarchy of sentences, proceeding on the fiction that one type of disposal is inevitably more serious than another (although in practice this is not always the case). That hierarchy is as follows:

1) Absolute discharge
2) Conditional discharge
3) Powers to bind over
4) Referral orders (available only for those under age 18)
5) Financial orders (such as fines and compensation)
6) Community penalties (such as community orders and youth rehabilitation orders)
7) Suspended sentence orders
8) Immediate custodial sentences.

Reflective of this hierarchy are the thresholds for the imposition of community orders and custodial sentences. Under s.202(2) of the Sentencing Code the court must not make a community order unless it is of the opinion that the offence, or a combination of the offence and one or more offences associated with it, was serious enough to warrant the making of such an order. Similarly, under s.230 of the Sentencing Code, the court must not pass a custodial sentence unless it is of the opinion that the offence, or a combination of the offence and one or more offences associated with it, was so serious that neither a fine alone nor a community sentence can be justified for the offence.

A1-018

It is noteworthy that both proceed on the basis that the seriousness of an offence should be considered alongside associated offences (defined in s.400 as offences for which the offender is being sentenced at the same time or that the offender has asked be taken into consideration), a principle that it is suggested applies generally and is discussed further in the section on totality below, at A1-200.

Section 231 of the Sentencing Code also provides that any custodial sentence

---

[15] [2006] EWCA Crim 508.

imposed must be for the shortest term (not exceeding the permitted maximum) that in the opinion of the court is commensurate with the seriousness of the offence, or a combination of the offence and one or more offences associated with it. Again, it is submitted that this principle is one of general application in the determination of sentence; the sentence imposed should be the least severe that is commensurate with the seriousness of the offence (having properly considered the various purposes of sentencing).

A1-019 As an example of the fiction on which the hierarchy proceeds, the imposition of a suspended sentence order (which may be imposed without any community requirements) may—in terms of the restriction on liberty imposed—be less severe than a "tough" community order with requirements including a curfew, unpaid work and electronic monitoring.

Purposes of Sentencing

Introduction

A1-020 The statutorily recognised purposes of sentencing set out a mixture of retributivist and consequentialist aims (i.e. some "forward-looking" aims directed at the reduction of crime, some "backwards-looking" aims directed at punishment) of the sentencing process for adults aged 18 or over at conviction. The purposes of sentencing recognise an inherent tension in a scheme that subscribes to a mixed theory; often the aims of punishment and, for example, rehabilitation will be in conflict. As will be seen, however, the statutory scheme attempts to reconcile these by the creation of a theoretical framework with a clear dominant principle: retributivism—i.e. the more serious the offence of conviction, the more severe the penalty imposed in consequence.

Legislation
Sentencing Act 2020 s.57

Purposes of sentencing: adults

A1-021 57.—(1) This section applies where—
  (a) a court is dealing with an offender for an offence, and
  (b) the offender is aged 18 or over when convicted.
 (2) The court must have regard to the following purposes of sentencing—
  (a) the punishment of offenders,
  (b) the reduction of crime (including its reduction by deterrence),
  (c) the reform and rehabilitation of offenders,
  (d) the protection of the public, and
  (e) the making of reparation by offenders to persons affected by their offences.
 (3) Subsection (1) does not apply—
  (a) to an offence in relation to which a mandatory sentence requirement applies (see section 399), or
  (b) in relation to making any of the following under Part 3 of the Mental Health Act 1983—
   (i) a hospital order (with or without a restriction order),
   (ii) an interim hospital order,
   (iii) a hospital direction, or
   (iv) a limitation direction.

Guidance

General Approach

Section 57 of the Sentencing Code does not give priority to any of the five listed purposes of sentencing, leading to what Andrew Ashworth has called the "worst of pick and mix sentencing".[16] Ashworth and Kelly have observed that the fact that individual sentencers are permitted (or even required) to follow their own penal philosophies seems to invite inconsistency.[17] Quoting a study by John Hogarth, Ashworth and Kelly noted that it was "fairly well established" that different penal philosophies of judges were a major cause of disparity. Given the emphasis the sentencing system places on ensuring a consistent approach to sentencing—it is a core aim of the Sentencing Council's definitive guidelines—is s.57 problematic? Does it in fact create inconsistency?

It is submitted that it does not. Owing to the focus of the wider statutory regime and the sentencing guidelines on passing sentences commensurate with the seriousness of the offence (see A1-017), it is submitted that the effect of s.57 is vastly limited. This is because s.57 operates within the broad range of sentences set by reference to the principle of proportionality—i.e. the seriousness of the offence. See A1-007 for a more detailed discussion of this. The effect, however, is that no matter how strong a sentencer's desire to further the rehabilitative prospects of an offender, if the seriousness of their offence is such that a sentence below five years cannot be justified, then five years is the lowest sentence that can lawfully be imposed. The factors in s.57 therefore operate within the assessment of seriousness, very much a secondary factor enabling the court to "fine-tune" its sentence.

A1-022

Mandatory Sentences

Although s.57(3) provides that the section does not apply to an offence in relation to which a mandatory sentence requirement applies, this does not reflect the longstanding practice of the courts. The courts' approach in mandatory sentence cases is first to assess the sentence that they would impose in the absence of the mandatory sentence (by reference to any sentencing guidelines) and then, in the case of a minimum sentence requirement, checking that the sentence imposed exceeds that minimum sentence (and imposing the minimum sentence if it does not), or in the case of a mandatory life sentence continuing to set the minimum term of that life sentence in accordance with normal principles: *R. v Silvera*[18] and *R. v Wooff*.[19] The practical effect of this approach is that the purposes of sentencing apply to mandatory sentence requirements except to the extent that they must be ignored when imposing that mandatory sentence—i.e. the court first considers what the proportionate sentence would be (including by reference to the purposes of sentencing) but in cases in which the minimum sentence requires a sentence to be imposed in excess of the proportionate sentence, the minimum sentence requirement takes priority and considerations of the purposes of sentencing and proportionality fall

A1-023

---

[16] A. Ashworth and R. Kelly, *Sentencing and Criminal Justice*, 7th edn (Oxford: Hart, 2021), p.67.
[17] A. Ashworth and R. Kelly, *Sentencing and Criminal Justice*, 7th edn (Oxford: Hart, 2021), p.67.
[18] [2013] EWCA Crim 1764.
[19] [2019] EWCA Crim 2249.

away. In this respect, however, one further caveat should be added, which is that the purposes of sentencing are often cited in considering whether there are exceptional (or particular) circumstances justifying disapplying the mandatory sentence provision.

Those Convicted When Under Age 18

A1-024 Section 57 of the Sentencing Code applies only to those aged 18 or over at conviction. For the purposes of sentencing applicable to those under age 18 at conviction, see A6-004.

Specific Purposes of Sentencing

Reduction of crime (including deterrence)

A1-025 Sentences may reduce crime by promoting rehabilitation, limiting the opportunity of offenders to re-offend or acting as a deterrent to criminal behaviour. In this respect there is a difference between specific deterrence (sentences imposed to deter the offender themselves from committing further offences) and general deterrence (the imposition of a more severe sentence than is perhaps otherwise justified so as to deter others from committing that kind of offence). Specific deterrence is occasionally referred to in the context of recidivist offenders who have previously failed to change their behaviour but most conversations about "deterrent" sentences in sentencing refer to the concept of general deterrence. Of course, deterrence can only work if (a) individuals realise they are committing offences and (b) there is sufficient knowledge of the levels of punishment for a particular offence. Given the volume of sentencing appeals granted leave before the Court of Appeal (Criminal Division) each year, it is perhaps a step too far to expect the public to understand the application of the principle of proportionality, when the higher courts frequently acknowledge that it is questionable whether a particular sentence was unduly lenient or manifestly excessive.

Empirical evidence has tended to suggest that the general deterrent effect of the imposition of more severe sentences is extremely limited (if it is supported at all).[20] Notwithstanding this, the courts have frequently cited the need for deterrence in sentencing certain types of offences: see, for example, *R. v Sidhu*[21]; *R. v Pollard and Patterson*[22]; and *R. v Severn*.[23] In an article in the *Criminal Law Review*, Ashworth suggested that there were several reasons that stand in the way of the common sense conclusion that deterrent sentencing is effective, namely:

"1) that, because deterrence works through the mind, potential offenders must be aware of the increased penalty;

---

[20] See e.g. A. Von Hirsch, A.E. Bottoms, E. Burney and P.-O. Wikström, *Criminal Deterrence and Sentence Severity: an Analysis of Recent Research* (Oxford: Hart, 1999); Sentencing Advisory Council, *"Sentencing Matters: Does Imprisonment Deter? A Review of the Evidence"* (Melbourne, Sentencing Advisory Council, 2011); and, more recently, A.E. Bottoms, *"The Sentencing Council in 2017: a Report on Research to Advise on how the Sentencing Council can best Exercise its Statutory Functions"* (Cambridge: Institute of Criminology, 2018), para.88.

[21] [2019] EWCA Crim 1034; [2019] 2 Cr. App. R. (S.) 34 (perverting the course of justice).

[22] [2019] EWCA Crim 1638; [2020] 1 Cr. App. R. (S.) 24 (misconduct in public office by a police officer).

[23] [2018] EWCA Crim 1441; [2018] 2 Cr. App. R. (S.) 48 (conveyance of prohibited articles into prisons).

2) that if potential offenders believe the risk of detection and conviction is low, this may undermine the deterrent effect of the penalty;
3) that potential offenders do not always respond rationally to increased penalties and increased risk of conviction even if they are aware of them;
4) that some potential offenders may not regard the legal penalty as the most important consequence."[24]

The courts may not be promoting an entirely empty purpose of sentencing, however. A recent meta-analysis from the US has found that "focussed" deterrent approaches (i.e. an approach pioneered in the US whereby law enforcement targets known offenders and informs them and their families that further offending behaviour will result in prosecution and the prosecution seeking the highest possible penalties) are associated with moderate crime reduction effects; this seems to be generally accepted in the literature.[25] Additionally, a 2020 study by the United States Sentencing Commission consistently found that "incarceration lengths of more than 120 months had a deterrent effect" and that the deterrent effect extended to sentences of over 60 months (though with a reduced effect), but for sentences less than 60 months, no statistically significant deterrent effect was detectable.[26] The Commission stated:

"Each of the research designs estimated that offenders incarcerated for more than 120 months were less likely to recidivate eight years after release. In the two models with the larger sample sizes, offenders incarcerated for more than 120 months were approximately 30 percent less likely to recidivate relative to a comparison group receiving less incarceration.

In the third model, offenders incarcerated for more than 120 months were approximately 45 percent less likely to recidivate relative to a comparison group receiving less incarceration."[27]

There is a consistent body of research which illustrates an inverse relationship between length of custodial sentence and risk of reoffending, i.e. "there were fewer crime free years before the reconviction risk of the offending population was in line with the general population for those who received longer sentences".[28]

In *R. v Sidhu*,[29] the court drew a distinction between increasing a sentence for deterrence, and the aggravating factor of prevalence (see A1-094). The court held that although deterrence and prevalence may overlap, they are not the same; a deterrent sentence might be imposed to suppress prevalent criminality but it may be proper even without prevalence. A sentence reflecting, to some degree, a deterrent element as a warning to others may simply reflect the need to reduce crime. In this respect, it is suggested that the distinction drawn is between general deterrence in

A1-026

---

[24] A. Ashworth, "The common sense and complications of general deterrent sentencing" [2019] Crim. L.R. 564, 577.
[25] A.A. Braga, D. Weisburd and B. Turchan, "Focused Deterrence Strategies and Crime Control: An Updated Systematic Review and Meta-Analysis of the Empirical Evidence" (2018) 17(1) *Criminology & Public Policy* 205.
[26] United States Sentencing Commission, "Length of Incarceration and Recidivism" (Washington: United States Sentencing Commission, 2020).
[27] United States Sentencing Commission, "Length of Incarceration and Recidivism: Key Findings" (Washington: United States Sentencing Commission, 2020), 4.
[28] S.C. N. Uhrig and K. Atherton, "Reoffending Following Custodial Sentences or Community Orders, by Offence Seriousness and Offender Characteristics, 2000–2018" (Ministry of Justice Analytical Series, 2020), §1.3.
[29] [2019] EWCA Crim 1034; [2019] 2 Cr. App. R. (S.) 34.

the abstract, and general deterrence in a localised form. Where the court wishes to impose a deterrent sentence because it is concerned about the particular harms of that kind of offending generally (rather than its prevalence in the local area) it may do so without complying with the particular requirements to aggravate an offence for prevalence.

An element of deterrence can be achieved by the imposition of particular types of sentence, such as immediate custody rather than suspended sentences: *R. v Asif*.[30]

Public protection

A1-027 Public protection is most often referred to when considering whether there is a need for an immediate sentence of imprisonment or whether an offender should be made subject to an extended determinate sentence or a life sentence. However, although prison is certainly the most effective form of short-term public protection it is not the only method of ensuring that restrictions are placed on an offender's liberty to prevent the chance of further offending. Curfew or exclusion requirements as part of a community order or suspended sentence orders may provide sufficient public protection against the risk posed by the offender, as may restrictions imposed as part of an ancillary preventative order such as a sexual harm prevention order or criminal behaviour order. In particular, the combined public protection offered by such disposals may make an immediate sentence of imprisonment unnecessary.

Furthermore, as the court noted in *R. v Nicholson*,[31] the protection of the public is a relevant consideration even in cases which do not fall within the dangerousness regime (and for which extended determinate sentences are not therefore available). While any custodial sentence must be for the shortest term that in the opinion of the court is commensurate with the seriousness of the offences before the court (see s.231 of the Sentencing Code, A4-433) and the judge had therefore to ensure that the overall sentence was just and proportionate, a judge is entitled also to take into account the dangers posed by an offender when sentencing: see, for example, *Attorney General's Reference (No.43 of 2009) (R. v Bennett)*; *R. v Wilkinson*.[32]

In *R. v Thomas*,[32] it was submitted, inter alia, that the judge had inappropriately taken into account public protection as an aim of sentencing when that was already catered for by the judge's decision to impose an extended determinate sentence, the test for which was whether the defendant posed a significant risk of serious harm by the commission of further specified offences. The court held that in contrast to an indeterminate sentence, where a court imposed an extended sentence, the judge was entitled to consider public safety when deciding on the length of the custodial term.

As was argued in [2020] Crim. L.R. 557, although it may appear that there is an element of double counting—as the appellant submitted—where a court has considered risk when determining that the dangerousness test is satisfied, that an extended determinate sentence is necessary and that the term should be increased to reflect the risk posed by the offender, by virtue of (a) s.57 and (b) the different considerations regarding the nature of the sentence and the length of the sentence, it seems perfectly permissible to consider risk in this way if the court concludes that

---

[30] [2022] EWCA Crim 1372; [2023] 1 Cr. App. R. (S.) 35.
[31] [2007] EWCA Crim 254.
[32] [2019] EWCA Crim 1807.

the extended determinate sentence will provide adequate protection for the public (obviating the need for a life sentence) only with an increased custodial term.

Reparation

Reparation is perhaps the least well understood purpose of sentencing, and is certainly the least frequently referred to. To the extent that it is addressed it is often treated as part and parcel of rehabilitation. However, while reparative activities will often have rehabilitative benefit (or at least the potential for such benefit) by helping an offender understand the impact of their actions, thereby reducing culpability, it is submitted that reparation is a purpose distinct from rehabilitation. The principal focus of reparative activity is not improving the offender, but is instead justified by a reduction in the harm caused by the offence. It is therefore mitigating by way of an ex post facto attempt to repair the harm suffered by the victim. It is a response to the harm caused, rather than concerned with the harm the offender might cause in future.[33] Reparation is most likely to be relevant as a purpose of sentencing when considering whether to impose an immediate custodial sentence; in such a case it may be more desirable to impose a suspended sentence or community order instead of an immediate custodial sentence either to allow for direct reparative activity (such as reparative activities with the victim) or to allow the offender to continue to earn money with which to pay a compensation order.

A1-028

A particular difficulty with reparation as a purpose of sentencing is the extent to which the ability to make reparation can properly be treated as a mitigating factor, where the inability to make reparation might well be something outside the offender's control (e.g. because of their limited financial resources). In *R. v Rahman*,[34] the court considered what is now s.57(2)(e) and held that where one offender had entered into a formal agreement with a company to make full reparation in respect of a corporate fraud, and had the ability to do so, that should be reflected by a reduction in the sentence to be imposed, but a reduction was not to be given to a co-defendant who was in no position to make reparation. Commenting on this case,[35] James Richardson QC argued that it was highly doubtful that those who could make reparation should be dealt with more leniently than those who are not in a position to do so, observing that confiscation which aims to remove the proceeds of crime is not normally taken into account in sentence. He posited that the purpose of reparation as a purpose of sentencing was to ensure that judges structured sentences so that reparation could be made where possible. It is submitted that, arguably, there are parallels to be drawn with the line of cases holding that a wealthy defendant should not be able to "buy" their way out of a custodial sentence simply because they have access to funds to pay a fine, whereas an impecunious defendant cannot. In response to that argument it could be countered that reparation reduces the harm caused by the offending, and therefore reduces its seriousness; and that while confiscation orders are not taken into account in sentence, the imposition of compensation (which is direct reparation, in contrast to confiscation where the money received goes to central funds) is.

---

[33] See A. von Hirsch and A. Ashworth, *Proportionate Sentencing: Exploring the Principles* (Oxford: OUP, 2005), p.115.
[34] [2015] EWCA Crim 320; [2015] 2 Cr. App. R. (S.) 10.
[35] J. Richardson QC, "Sentence: New Cases: General Principles: Reparation: R. v Rahman" CLW/15/24/8.

Rehabilitation

A1-029   Rehabilitation, if it is successful, will arguably be the most effective way of achieving public protection and reducing crime. The realistic potential for the offender to be rehabilitated is often cited in arguments as to why a community order or a suspended sentence order should be imposed instead of a custodial sentence—and is referenced in the Sentencing Council's guideline on the imposition of community and custodial sentences as a factor indicating that a suspended sentence order may be appropriate. Similarly, in some guidelines it is suggested that where the defendant is dependent on or has a propensity to misuse drugs and there is sufficient prospect of success, a community order with a drug rehabilitation requirement can be a proper (or even better) alternative to a short or moderate length custodial sentence: see the Sentencing Council's guideline for supply of a controlled drug. These arguments are generally based on the assumption that custodial sentences are not effective in rehabilitating offenders, and rely on the evidence that short custodial sentences in particular may increase, rather than decrease, recidivism.[36]

While the merits of these arguments must be recognised it is suggested that there will generally be a greater need to consider the individual facts of the case and, in particular, the impact an immediate custodial sentence may have on a specific job opportunity or the offender's housing, whether similar rehabilitative programmes will be available in custody and whether there are reasons to consider that the offender will be more successful in engaging in rehabilitative programmes in the community than in custody.

Finally, as observed in *Attorney General's Reference (R. v Lewis)*,[37] the interest in rehabilitation of the offender must be balanced against the public interest in the appropriate punishment of crime, and where serious crimes are committed there will need to be compelling reasons to justify a significant departure from the normal sentence for such an offence.

SENTENCING GUIDELINES

Introduction

A1-030   Historically, courts in England and Wales enjoyed what was close to absolute discretion in sentencing, limited only by the statutory regime applicable to an offence. The higher courts had no power to review sentences until in 1892 the Council of Judges passed a resolution in favour of establishing an appeal court with a power to review sentences. At this time, "consistency took second place to pragmatism in judicial minds",[38] discretion was wide and there was a distrust of generalising principles. However, with the passage of time and the creation of the

---

[36] See Ministry of Justice, The Impact of Short Custodial Sentences, Community Orders and Suspended Sentence Orders on Reoffending (London: Ministry of Justice, 2019), which concluded that the evidence unambiguously shows that short-term custodial sentences are associated with a statistically significant increase in proven re-offending compared with community orders or suspended sentence orders at *https://assets.publishing.service.gov.uk/government/uploads/system/uploads/attachment_data/file/814177/impact-short-custodial-sentences.pdf* [Accessed 16 July 2023].

[37] [2019] EWCA Crim 253; [2019] 2 Cr. App. R. (S.) 3.

[38] P. Handler "Judges and the criminal law in England 1808–1861" in P. Brand and J. Getzler (eds), *Judges and Judging in the History of the Common Law and Civil Law: From Antiquity to Modern Times* (Cambridge: CUP, 2012), p.155.

Court of Criminal Appeal in 1907, and the Court of Appeal (Criminal Division) in 1966, the appellate courts slowly started to develop a series of principles applicable to the sentencing of offences, and in due course began to deal not only with the sentence in front of them but also to give guidance on the sentencing for different varieties of the offence in so-called "guideline judgments".

This practice was given a limited statutory basis in the Crime and Disorder Act 1998 with the creation of a Sentencing Advisory Panel, which advised the Court of Appeal (Criminal Division) on the issuing of sentencing guidelines. Following concern that the Sentencing Advisory Panel's work was being limited by the need to identify an appropriate case before guidance could be given, the Criminal Justice Act 2003 created the Sentencing Guidelines Council, with the power to issue sentencing guidelines themselves after receiving advice from the Sentencing Advisory Panel.

These two statutory bodies were replaced by the Sentencing Council for England and Wales in 2010. Under s.120 of the Coroners and Justice Act 2009 the Sentencing Council is empowered to issue definitive sentencing guidelines on any matter following appropriate consultation. Under ss.59–62 of the Sentencing Code, courts are required to follow those guidelines where applicable unless it is in the interest of justice not to. To the extent that guidelines issued by the Sentencing Guidelines Council or the Court of Appeal (Criminal Division) have not been overtaken by guidelines issued by the Sentencing Council, they continue to have effect.

Sentencing guidelines have since become an integral part of sentencing in this jurisdiction and offence-specific guidelines are almost inevitably the starting point for any court in considering the sentence to be imposed on an offender. There is even now an overarching guideline for those offences for which no offence-specific guideline is available. Nevertheless it should always be remembered that sentencing guidelines should not simply be applied mechanically and slavishly. Consideration should always be given to the broader interests of justice, the statutory regime underpinning the guidelines and any common law authorities which supplement them.

A1-031

Ashworth and Kelly have said that while the most "conspicuous purpose" of sentencing guidelines is to provide ranges and starting points, "… guidelines should also have the function of establishing patterns of reasoning among sentencers".[39]

Legislation

Sentencing Act 2020 ss.59–62

Sentencing guidelines: general duty of court

59.—(1) Every court—
    (a) must, in sentencing an offender, follow any sentencing guidelines which are relevant to the offender's case, and
    (b) must, in exercising any other function relating to the sentencing of offenders, follow any sentencing guidelines which are relevant to the exercise of the function, unless the court is satisfied that it would be contrary to the interests of justice to do so.

A1-032

(2) The duty imposed by subsection (1) is subject to—
    (a) section 125(1) (fine must reflect seriousness of offence);

---

[39] A. Ashworth and R. Kelly, *Sentencing and Criminal Justice*, 7th edn (Oxford: Hart, 2021), p.18.

(b) section 179(2) (restriction on youth rehabilitation order);
(c) section 186(3) and (6) (restrictions on choice of requirements of youth rehabilitation order);
(d) section 204(2) (restriction on community order);
(e) section 208(3) and (6) (restrictions on choice of requirements of community order);
(f) section 230 (threshold for imposing discretionary custodial sentence);
(g) section 231 (custodial sentence must be for shortest term commensurate with seriousness of offence);
(ga) sections 268B and 282B (requirement to impose serious terrorism sentence);
(h) sections 273 and 283 (life sentence for second listed offence for certain dangerous offenders);
(i) section 321 and Schedule 21 (determination of minimum term in relation to mandatory life sentence);
(j) the provisions mentioned in section 399(c) (mandatory minimum sentences).

(3) Nothing in this section or section 60 or 61 is to be taken as restricting any power (whether under the Mental Health Act 1983 or otherwise) which enables a court to deal with an offender suffering from a mental disorder in the manner it considers to be most appropriate in all the circumstances.

Sentencing guidelines: determination of sentence

A1-033   60.—(1) This section applies where—
(a) a court is deciding what sentence to impose on an offender for an offence, and
(b) offence-specific guidelines have been issued in relation to the offence.

(2) The principal guidelines duty includes a duty to impose on the offender, in accordance with the offence-specific guidelines, a sentence which is within the offence range.

(3) Subsection (2) is subject to—
(a) section 73 (reduction in sentences for guilty pleas),
(b) sections 74, 387 and 388 (assistance by offenders: reduction or review of sentence) and any other rule of law by virtue of which an offender may receive a discounted sentence in consequence of assistance given (or offered to be given) by the offender to the prosecutor or investigator of an offence, and
(c) any rule of law as to the totality of sentences.

(4) If the offence-specific guidelines describe different seriousness categories—
(a) the principal guidelines duty also includes a duty to decide which of the categories most resembles the offender's case in order to identify the sentencing starting point in the offence range, but
(b) nothing in this section imposes on the court a separate duty to impose a sentence which is within the category range.

(5) Subsection (4) does not apply if the court is of the opinion that, for the purpose of identifying the sentence within the offence range which is the appropriate starting point, none of the categories sufficiently resembles the offender's case.

(6) Subsections (2) and (4) (except as applied by section 61) are subject to any power a court has to impose an extended sentence.

Sentencing guidelines: extended sentences, serious terrorism sentences and life sentences

Extended sentence: determination of appropriate custodial term

61.—(1) Subsection (2) applies where a court is considering whether to impose an extended sentence for an offence.

(2) In determining the appropriate custodial term for the purposes of section 256(2), 268(2) or 281(2) (extended sentence for certain violent, sexual or terrorism offences), section 60 applies to the court as it applies to a court in determining the sentence for an offence.

Serious terrorism sentence: determination of appropriate custodial term

(2A) Subsection (2B) applies where a court is required to impose a serious terrorism sentence for an offence.

(2B) In determining the appropriate custodial term for the purposes of section 268C(2)(b) or 282C(2)(b) (serious terrorism sentences: appropriate custodial term exceeding 14-year minimum), section 60 applies to the court as it applies to a court in determining the sentence for an offence.

Life sentence for second listed offence: determination of sentence condition

(3) Subsection (4) applies where a court is considering whether to impose a sentence under 273 or 283 (life sentence for second listed offence) for an offence.

(4) In determining, for the purpose of deciding whether the sentence condition in section 273(4) or 283(4) is met, the sentence that it would have passed as mentioned in that condition, section 60 applies to the court as it applies to a court in determining the sentence for an offence.

Notional determinate term for non-fixed life sentence

(5) Subsection (6) applies where a court imposes a non-fixed life sentence for an offence.

(6) Section 60 applies to the court in determining the notional determinate sentence within the meaning of section 323 (minimum term order for non-fixed life sentence).

... (8) In this section 'non-fixed life sentence' means—
   (a) a sentence of imprisonment for life (other than a sentence fixed by law),
   (b) a sentence of detention for life under section 250, or
   (c) a sentence of custody for life under section 272.

A1-034

Sentencing guidelines duties: interpretation

62.—(1) In this Chapter—

  "mental disorder", in relation to a person, has the same meaning as in the Mental Health Act 1983;
  "the principal guidelines duty" means the duty, imposed by section 59(1)(a), of a court, in sentencing an offender, to follow any sentencing guidelines which are relevant to the offender's case;
  "offence-specific guidelines" means any sentencing guidelines issued in relation to a particular offence which are structured in the way described in section 121(2) to (5) of the Coroners and Justice Act 2009 (and "the offence-specific guidelines", in relation to an offence, means, if any such guidelines have been issued in relation to the offence, those guidelines);
  "the sentencing starting point", in relation to the offence range, has the meaning given by section 121(10) of the Coroners and Justice Act 2009.

(2) For the purposes of this Chapter—

A1-035

(a) references to the following are to be read in accordance with section 121 of the Coroners and Justice Act 2009 (sentencing ranges)—
the offence range;
the category range;
the starting point;
the appropriate starting point;
(b) offence-specific guidelines describe different seriousness categories if they describe different categories of case in accordance with subsection (2) of that section.

Coroners and Justice Act 2009 s.121

Sentencing ranges

A1-036   **121.**—(1) When exercising functions under section 120, the Council is to have regard to the desirability of sentencing guidelines which relate to a particular offence being structured in the way described in subsections (2) to (9).

(2) to (3) [*Concerned with the drafting of the guidelines only, not the definitions of phrases.*]

(4) The guidelines should—
   (a) specify the range of sentences ("the offence range") which, in the opinion of the Council, it may be appropriate for a court to impose on an offender convicted of that offence, and
   (b) if the guidelines describe different categories of case in accordance with subsection (2), specify for each category the range of sentences ("the category range") within the offence range which, in the opinion of the Council, it may be appropriate for a court to impose on an offender in a case which falls within the category.

(5) The guidelines should also—
   (a) specify the sentencing starting point in the offence range, or
   (b) if the guidelines describe different categories of case in accordance with subsection (2), specify the sentencing starting point in the offence range for each of those categories.

(6) to (9) [*Concerned with the drafting of the guidelines only, not the definitions of phrases.*]

(10) The sentencing starting point in the offence range—
   (a) for a category of case described in the guidelines in accordance with subsection (2), is the sentence within that range which the Council considers to be the appropriate starting point for cases within that category—
      (i) before taking account of the factors mentioned in subsection (6), and
      (ii) assuming the offender has pleaded not guilty, and
   (b) where the guidelines do not describe categories of case in accordance with subsection (2), is the sentence within that range which the Council considers to be the appropriate starting point for the offence—
      (i) before taking account of the factors mentioned in subsection (6), and
      (ii) assuming the offender has pleaded not guilty.

Guidance

General

In the commentary to *R. v Blackmore (Francis)*,[40] it was suggested by Lyndon Harris that: A1-037

> "[G]uidelines are devices designed to structure judicial discretion, i.e. to point the court in the right direction of the appropriate sentence, guiding the exercise of the discretionary sentencing decision by reference to factors relevant to the particular offence in question. They can never be exhaustive as to the factors that will be relevant, nor can the language be such that the strict rules of statutory interpretation produce a fair result reflective of the intention of the drafters—the Sentencing Council. Quite the reverse, their strength lies in their flexibility and the extent to which courts can use the guidance to inform the sentencing decision. The approach adopted in this case clearly reveals the strength in that flexibility. Thus, it is vital that, rather than a mechanistic and unthinking approach to sentencing guidelines, sentencers and counsel interrogate the reasons behind the way in which a particular guideline was constructed, and why a particular factor is said to be aggravating, or why an offence is placed in a higher category of harm or culpability."

Duty to Follow Sentencing Guidelines

Scope of the duty

Section 59 of the Sentencing Code imposes on the court a duty to follow any relevant sentencing guidelines unless it is in the interests of justice not to. This duty to follow the guidelines (introduced by s.125 of the Coroners and Justice Act 2009) replaces a duty to simply have regard to relevant guidelines, and it is clear that the intention was to promote greater consistency in the application of the guidelines. A1-038

However, as was held in *R. v Blackshaw*,[41] the legislation does not constrain the proper exercise of individual judgement on the specific facts of the case and does not require slavish adherence to them. The oft-quoted aphorism that "sentencing guidelines are guidelines not tramlines" continues to be fully reflected in the present legislative framework. It is in all cases incumbent on the sentencing judge to impose a just sentence.

Under s.60(2) of the Sentencing Code the duty to follow includes a duty to impose on the offender, in accordance with the offence-specific guidelines, a sentence which is within the offence range. It has been argued that the resulting duty is therefore a weak one: provided that the court imposes a sentence anywhere within the offence range of the guideline (i.e. from the top of the highest category to the bottom of the lowest category) it has complied with the duty to follow the guidelines. Against that it could, however, be noted that the word "includes" in s.60(2) is non-exhaustive and that subsection is simply intended to be indicative of what the general duty to follow the guidelines includes. In accordance with s.60(4), sentencing judges should articulate which guideline category they have placed the offence in question into—and why. Aside from being in compliance with the statutory duty, this has the additional benefit that although as a matter of generality, the Court of Appeal (Criminal Division) will pay due deference to the sentencing judge's assessment of the facts, experience shows that the court is far more likely

---

[40] [2020] EWCA Crim 1552; [2021] Crim. L.R. 499.
[41] [2011] EWCA Crim 2312; [2012] 1 Cr. App. R. (S.) 114.

to hold that the judge's conclusions regarding sentence were open to them if the reasons are fully expressed in the sentencing remarks. A better reading of s.60(2), it is suggested, is that the court will need to apply the interests of justice test before imposing a sentence outside the offence range of the guidelines. A judge should only depart from a guideline for good reasons, which should be set out so that the sentence passed can be understood: *R. v Smith (Ashley)*.[42] In *R. v Curran*,[43] the court suggested that where a judge moved beyond a category range identified in a sentencing guideline, their sentencing remarks should explain why that step had been taken.

The commencement of guidelines

A1-039   The duty to follow guidelines applies only to definitive guidelines issued by the Sentencing Council which are expressed to have come into force. Courts should neither follow, nor have regard to, draft sentencing guidelines (*R. v Connelly*[44]) or published definitive guidelines before they come into force (*R. v Ahearne*[45] and *R. v Smythe*[46]).

As held in *R. v Boakye*,[47] sentencing guidelines are of prospective application only, and so there will be no ground of appeal where if the offender had been sentenced under the basis of a definitive guideline which was not in force at the date of sentence the offender would have received a substantially lesser sentence unless the sentence was excessive under the standards applying at the time. It is, however, noted that the factors identified in prospective guidelines may well have significant utility in structuring the approach to sentence for offences without guidelines.

Equally, where a new sentencing guideline has come into force between conviction and sentence (even if sentence has been delayed through no fault of the defendant) it is the new sentencing guideline that will apply (and there can be no appeal on the basis that the earlier guideline would have been more generous): *Attorney General's Reference (R. v Ahmed (Syed Minhaz))*.[48] A failure to have regard to an applicable sentencing guideline will be an error of law and may tend to undermine public confidence in the sentencing process: *Attorney General's Reference (R. v Davies (Thomas))*.[49]

Previous guideline in force at date of adjourned sentencing hearing

A1-039a   In *Attorney General's Reference (R. v Ahmed (Syed Minhaz))*,[52] where the sentencing hearing was delayed (through no fault of the defendant) and where, had the hearing proceeded on the original date, a previous guideline would have applied, but in the event of the adjournment, a revised sentencing guideline applied, it was not permissible to apply the earlier guideline by reference to the delay and

---

[42] [2020] EWCA Crim 933; [2021] 1 Cr. App. R. (S.) 4.
[43] [2020] EWCA Crim 1096.
[44] [2017] EWCA Crim 1569; [2018] 1 Cr. App. R. (S.) 19.
[45] [2017] EWCA Crim 506.
[46] [2019] EWCA Crim 90; [2019] 2 Cr. App. R. (S.) 7.
[47] [2012] EWCA Crim 838; [2013] 1 Cr. App. R. (S.) 2.
[48] [2023] EWCA Crim 1537; [2024] 1 Cr. App. R. (S.) 36.
[49] [2023] EWCA Crim 1617; [2024] 2 Cr. App. R. (S.) 4.

there could be no legitimate expectation of being sentenced under the previous guideline (which may have resulted in a lesser sentence).

Offences for which there is no offence-specific guideline

For offences for which there is no offence-specific guideline, the Sentencing Council has issued a general guideline which aims to help sentencers approach sentence in a structured way by reference to ordinary sentencing principles, and to draw their attention to common aggravating and mitigating factors. In such cases sentencers will wish to have reference to previous decisions of the Court of Appeal (Criminal Division) in so far as they give guidance on the sentencing of such offences, or broadly demonstrate the appropriate level of sentence. Such decisions can be found in Pt B of this work. Sentencers may also wish to make reference to "analogous" guidelines. The use of analogous guidelines has been endorsed by the Court of Appeal in *R. v Lewis*[50] as "in broad terms, legitimate" but the court has the duty to assess each case on its own facts. It is submitted that, in particular, there is a need to carefully consider:

A1-040

1) any difference in the maximum sentence applicable to the offence;
2) any relevant differences in the mens rea or actus reus requirements (see *Price v Cheshire East Borough Council*[51]: it was not appropriate to have regard to the sentencing guidelines for an offence predicated on dishonesty where dishonesty was not an ingredient of the offence in question);
3) and any relevant differences in the harms of the offending or the aim of the criminal provision.

The greater the differences between the offence in question and the average offence conceived by the guideline, the less likely the guideline is to assist in the circumstances. Generally it is submitted that reference to analogous sentencing guidelines may be more useful in helping to determine where on the scale of seriousness an offence sits, by considering the aggravating and mitigating factors listed in the analogous guideline, than by mechanically applying the sentencing levels in a broadly commensurate fashion. Additionally, regard should be had to the general sentencing levels for the particular offence. It is well known that the maximum sentence provides but a general steer as to the assessment of offence seriousness and the application of the principle of proportionality. For instance, there can be no argument that the maximum sentences for attempted murder and perverting the course of justice indicate (or are intended to indicate) that the offences are of comparable severity. For detailed discussion on this point, see Rory Kelly's article "Reforming maximum sentences and respecting ordinal proportionality".[52]

Non-recent offences

For the approach to sentencing guidelines in the case of non-recent offences, see Ch.A8.

A1-041

---

[50] [2012] EWCA Crim 1071; [2013] 1 Cr. App. R. (S.) 23.
[51] [2012] EWHC 2927 (Admin); [2013] 1 W.L.R. 1232, QBD (Collins J).
[52] [2018] Crim. L.R. 450.

Other (non-guideline) Sentencing Council material

A1-042   In *R. v Butterworth (John Edward)*,[53] it was contended that the court (and thus a sentencing court at first instance) was entitled to have regard to Sentencing Council research papers, consultation papers and other publications when applying the sentencing guidelines. As to the general contention that it was permissible to refer to non-guideline material, the court stated:

> "31.   Even if external principles might in principle be considered, neither research indicating that some sentencers found it difficult to apply once aspect of a guideline, nor a decision by the Sentencing Council to revise a guideline in order to increase consistency of approach, provides a reason to suppose that every sentencer applying the relevant aspect of the earlier guideline fell into error. An impugned sentence must be considered on its merits, not on the basis of material suggesting that difficulties may have been encountered in other cases on different facts."

Applying Sentencing Guidelines

Burden and Standard of proof

A1-043   As Andrew Ashworth and Martin Wasik stated in 2020[54]:

> "On matters directly relevant to the offence itself, the prosecution bears the burden of proof to the criminal standard: if the defendant puts forward mitigation that contests the prosecution's version of the commission of the offence, there may or may not be a need for a Newton hearing, but the prosecution bears the burden of disproving the defence's case. Only if the defence puts forward some 'extraneous mitigation', not connected with the facts or circumstances of the offence itself does the defence bear a burden of proof, on the balance of probabilities. Examples of 'extraneous mitigation' might be the effect of a prison sentence on the defendant's family, the defendant's state of health, or the defendant's means to pay a financial penalty."[55]

It is accordingly for the prosecution to prove to the criminal standard, the harm and culpability factors they argue are present in the offending. One possible exception to this is where the offender pleads guilty. In ordinary circumstances, on a plea of guilty, the sentence would be imposed on what is referred to the as the "Crown case": *R. v Tolera (Nathan)*.[56]

Appropriate terminology

A1-044   In *R. v Bush*,[57] the court gave guidance in relation to the terminology to be used with regard to the sentencing guidelines. The court observed that some confusion might have arisen from the use of the term "starting point" and that the judge in the instant case had used the term "starting point" to describe the figure that he had reached having taken the guideline starting point, increased this to reflect aggravating features and decreased this to reflect mitigating features before giving credit for a plea. The court suggested that confusion might be avoided if judges restricted their

---

[53] [2022] EWCA Crim 1821; [2023] 1 Cr. App. R. (S.) 46.
[54] A. Ashworth and M. Wasik, "Issues in Sentencing Procedure" [2020] Crim. L.R. 397–410.
[55] *R. v Guppy and Marsh* (1995) 16 Cr. App. R.(S) 25 at [32]; [1994] Crim. L.R. 614.
[56] [1999] 1 Cr. App. R. 29; [1999] 1 Cr. App. R. (S.) 25 CA.
[57] [2017] EWCA Crim 137; [2017] 1 Cr. App. R. (S.) 49.

use of the term "starting point" to describe the figure provided by the guideline in Step 2. The aggravating factors might then justify an "upward adjustment" in the sentence and the mitigating factors might justify a "downward adjustment" (or a move outside the category range). The figure that resulted at the end of that process (Step 2) was perhaps better described as "the appropriate figure for sentence following a contested trial".

Section 121 of the Coroners and Justice Act 2009 uses defined terms in relation to the application of sentencing guidelines. Accordingly, if one combines that provision with the guidance in *Bush*, the following terminology should be used:

Term	Definition
The offence range	The entire sentencing range available for an offence under a sentencing guideline: s.121(4).
The category range	Where a guideline describes different categories of case, the range of sentences specified for that category: s.121(4).
The sentencing starting point	The starting point specified for a category in the sentencing guidelines before aggravating and mitigating factors are taken into account: s.121(10).
Starting point	The starting point specified for a category in the sentencing guidelines before aggravating and mitigating factors are taken into account: *Bush*.
Upward adjustment	The increase in sentence to account for the aggravating factors at Step 2 in the guideline: *Bush*.
Downward adjustment	The decrease in sentence to account for the mitigating factors at Step 2 in the guideline: *Bush*.
The appropriate figure following a contested trial	The figure reached at the end of Step 2 of the offence-specific guidelines, prior to any credit for pleading guilty: *Bush*.

Sentencing within the offence range

Generally

The effect of ss.60(4)–(5) of the Sentencing Code is that where an offence-specific guideline describes different seriousness categories the court is required to identify the category in which it would place the case unless it considers that none sufficiently resemble the offender's case. This duty does not, however, require the court to impose a sentence within that category range.

The result is that the guideline categories should not be considered as mutually exclusive boxes between which an offence cannot travel: *R. v Healey*[58] (in relation to the drugs guideline but the point is of general application). There are inevitably overlaps between the categories, with the guideline attempting to describe such sliding scales and gradations as occur in real-life offending and, on occasion, the Court

A1-045

---

[58] [2012] EWCA Crim 1005; [2013] 1 Cr. App. R. (S.) 33.

of Appeal (Criminal Division) has recognised that offending straddles two categories (see for example *R. v Foord*[59]; *R. v Taylor*[60]; and *R. v Tsang*).[61]

In cases that do not fit neatly into a category, perhaps because there are factors in the case which would ordinarily indicate higher and lower culpability or harm, it is open to judges to take a sentencing starting point that is at the top or lower end of a category to reflect the mixed nature of the case. Similarly, as is often explicitly acknowledged in the guidelines, it may be permissible to take a starting point above the ordinary starting point in the category range where there are multiple factors placing an offence into a higher category.

A1-046 That being said, the practice of the Court of Appeal (Criminal Division) has generally been that there will need to be good reasons (i.e. the identification of significant aggravating or mitigating factors) to justify going outside the appropriate category range where a case falls firmly within one category. Furthermore, in a number of guidelines the assessment of category at Step 1 of the guideline can have a significant effect on sentence, with considerable differences in sentencing levels sometimes being present between such categories.

Further, as held in *R. v Healey*,[62] the flexibility provided by the guidelines does not extend to allowing a judge to take a different view from the sentencing guideline about where the general level of sentence ought to be (as contrasted with the case having particular facts justifying a difference from the general level of sentence). In essence, judges are not entitled to disregard sentencing guidelines because they have taken a different view of the seriousness of the offence as a matter of generality; it is for the Sentencing Council to make any revisions to sentencing guidelines, not for judges to do so.

Finally, it should always be remembered that guidelines are not be interpreted or applied as if they were statutes: *R. v Robinson*.[63] The rules of interpretation do not apply to sentencing guidelines and it is submitted that the rationale for this difference of approach is manifest—guidelines are devised as a means of structuring judicial discretion, guiding a sentencer towards the appropriate conclusion mandated by the law (s.59 of the Code, in particular) and assisting with the proper application of the law whereas, in contrast, statutes create the rules that must be followed and are the law themselves.

A1-047 In many guidelines the top of the offence range is beneath the maximum sentence available for the offence. This does not prevent the imposition of a sentence above that offence range (see, for example, *R. v Shepherd*[64]) but where the court is minded to impose such a sentence (or to impose a sentence that is less than the bottom of the offence range) it is suggested that they ought to give reasons in their sentencing remarks as to why it is in the interests of justice to impose a sentence outside the offence range.

Disapplying the sentencing guidelines

A1-048 It is always open to the court to find that it is not in the interests of justice to follow the relevant offence-specific sentencing guideline (see s.59(1) of the Sentenc-

---

[59] [2019] EWCA Crim 631.
[60] [2018] EWCA Crim 461.
[61] [2016] EWCA Crim 1178.
[62] [2012] EWCA Crim 1005; [2013] 1 Cr. App. R. (S.) 33.
[63] [2015] EWCA Crim 1839; [2016] 1 Cr. App. R. (S.) 35.
[64] [2010] EWCA Crim 46; [2010] 2 Cr. App. R. (S.) 54.

ing Code). However, given that the stated purpose of the guidelines and the duty to follow them is to ensure consistency of approach this is, however, likely to be justified only where the exceptional facts of the case are wholly significantly different from those envisaged in the guideline (which inevitably is only capable of catering to the majority of cases for an offence).[65] Moreover, in such cases the guideline is still likely to be a useful point of reference; it is suggested that the same approach should be adopted (i.e. Steps 1 and 2) in identifying factors relevant to the assessment of the seriousness of the offence, even if the sentencing levels within it do not properly account for all the relevant facts. In some cases this approach may assist the court in deciding whether a sentence outside the offence range is properly justified and, if it is, sentencers are reminded that part of their duty to follow the sentencing guidelines is to impose a sentence within the offence range (s.60(2)) and accordingly they ought to give reasons in their sentencing remarks as to why it is in the interests of justice to impose a sentence outside the offence range.

Aggravating and mitigating factors in the guideline

The aggravating and mitigating factors listed in Step 2 of an offence-specific guideline are non-exhaustive. It is incumbent on those involved in the sentencing of such cases to consider carefully how such a factor impacts on the harm or culpability of the offence in question, and not simply to parrot such factors. This is illustrated by the case of *R. v Bush*,[66] in which it was held that when assisting the court on the correct categorisation of an offence and the identification of any aggravating factors, it was important for advocates to ensure that there was a proper basis for relying on a particular factor, that this was genuinely relevant to the offending and that this was consistent with their case. The court in that case decried what it called the common practice of a prosecutor relying on the "location of the offence" and the "timing of offence" as aggravating factors without more, which it did not consider a helpful approach.

A1-049

It is also open to (and indeed arguably incumbent on) those involved in the sentencing of such cases to identify further aggravating and mitigating factors where they are present to ensure that the sentence imposed accurately reflects all the circumstances of the offending.

Responding to submissions of counsel

In *R. v Douglas (Anthony)*,[67] the court stated that where a sentencing court is considering placing an offence within a category of the sentencing guidelines above that which was contended for by the prosecution, the court should warn defence counsel of that fact so that defence counsel has the opportunity to specifically address that point.

A1-049a

---

[65] The Crown Court Sentencing Survey for 2014 (now regrettably discontinued), for example, found that for drug offences covered by guidelines and offences of common assault and inflicting grievous bodily harm/unlawful wounding, 98% of sentences fell within the offence range set out in the guideline. The data is available at *https://www.sentencingcouncil.org.uk/wp-content/uploads/CCS S-Annual-2014.pdf* [Accessed 16 July 2023].
[66] [2017] EWCA Crim 137; [2017] 1 Cr. App. R. (S.) 49.
[67] [2023] EWCA Crim 1709; [2024] 1 Cr. App. R. (S.) 49.

Maximum sentence increased since guideline introduced

A1-050 Where Parliament increases the maximum sentence for an offence there is often a period of not insubstantial delay before the Sentencing Council reviews or revises the relevant guideline. In such circumstances a question arises as to how the guidelines should be applied. As Lyndon Harris observed at [2021] Crim. L.R. 607 "is the proper approach of the courts (until the guideline is revised) to double the ranges and starting points? The Court of Appeal frequently states that such a mathematical approach is not appropriate nor accurate in sentencing-it is more instinctive." The difficult issue that arises is whether the increase to the maximum sentence is meant to allow for more severe punishment for only the most serious versions of the offence, or to raise sentence levels across the board; and in either circumstance how much of an increase should be made to the levels in the guidelines.[68]

Role of common law decisions

A1-051 Where a definitive sentencing guideline is in force in respect of an offence the starting point in sentencing such a case will always be that guideline and not previous decisions of the courts. The Court of Appeal (Criminal Division) has as a result frequently decried the citation of previous decisions as unlikely to be of assistance in cases where guidelines apply, most notably in *R. v Thelwall*,[69] in which the then Lord Chief Justice denounced the practice in the strongest terms.

Common law decisions still, however, remain relevant when applying sentencing guidelines so far as they create general principles or provide material assistance in relation to the interpretation of the guidelines, rather than merely examples of their application: *R. v Hudson*; *R. v White*.[70] In this sense the words of another former Lord Chief Justice in *R. v Blackshaw*,[71] that "the relationship between [the Court of Appeal (Criminal Division) and the Sentencing Council] proceeds on the basis of mutual respect and comity" continue to ring true. For such cases see Pt B of this work.

Minimum sentences

A1-052 Where a minimum sentence provision applies to an offence the right approach for the sentencing judge is to start by applying the relevant sentencing guidelines to determine the appropriate sentence without reference to that provision. Only then should the judge consult those provisions to ensure that the sentence complies with the statute: *R. v Silvera*[72]; *R. v Wooff*.[73] One way of testing whether a sentence would be unjust in the particular (or exceptional) circumstances of the case is to ask whether the sentence under the minimum sentence provision is markedly more severe than the sentence that would have been passed under the Sentencing Council guidelines for the offence, although this has to be measured against the deterrent

---

[68] For examples of this issue see R Kelly, "Reforming maximum sentences and respecting ordinal proportionality" [2018] Crim. L.R. 450, 458–460.
[69] [2016] EWCA Crim 1755; [2017] Crim. L.R. 240.
[70] [2018] EWCA Crim 1933; [2019] 1 Cr. App. R. (S.) 5.
[71] [2011] EWCA Crim 2312; [2012] 1 Cr. App. R. (S.) 114 at [15].
[72] [2013] EWCA Crim 1764.
[73] [2019] EWCA Crim 2249; [2020] 2 Cr. App. R. (S.) 6.

element which underlies the minimum sentence: *Attorney General's Reference (R. v. Marland)*[74]; and *R. v Wooff*.[75]

Aggravating and Mitigating Factors

Introduction

Generally

An aggravating factor is a factor that justifies increasing the severity of the sentence that will be imposed. Conversely a mitigating factor is a factor that justifies decreasing the severity of the sentence that will be imposed. Where there are offence-specific guidelines these factors are to be considered after the initial assessment of seriousness (Step 1 in the offence-specific guidelines) and, accordingly, these factors tend to be of secondary importance to the seriousness of the offence. For instance, in considering an assault against the person, the harm caused will be a primary factor driving the determination of seriousness. Additionally, factors such as the use of a weapon, the length of the assault, the number of blows and whether the victim was targeted will similarly be primary considerations. Other factors, such as whether the incident was recorded on a mobile telephone, whether the offence was committed at night, on licence or against a background of domestic violence, while important, are evidently of secondary importance to the factors listed above.

A1-053

Given the focus in the sentencing regime on offence seriousness, aggravating factors are normally those that increase the seriousness of the offence by demonstrating increased harm or culpability. Many mitigating factors are similarly related to offence seriousness, constituting mitigation because they demonstrate that the level of harm or culpability was less than that ordinarily present in the offence. In this respect, however, it is important to note that the absence of an aggravating factor is not equivalent to the presence of a mitigating factor.[76] While an aggravating factor (such as significant planning) may have a related mitigating factor (such as a lack of pre-meditation) this is not inevitably the case. As Ashworth and Kelly note in their analysis of aggravating and mitigating factors, while it may be an aggravating factor if an offence is committed against an elderly victim, it would be absurd to say that it is a mitigating factor where the offence was committed against a middle-aged victim.[77] Some factors are simply neutral or irrelevant to the assessment of seriousness. A further example is provided by the guideline factor "timing of the offence": while it may be an aggravating factor that an offence of sexual assault was committed on a stranger in the dead of night because it reflects the increased vulnerability of the victim in such circumstances, it would not be a mitigating factor to say that the offence was committed in a busy town in the middle of the day (and indeed the presence of others might aggravate the offence).

It is therefore always important to consider how the factor purports to impact on the seriousness of the offence, the extent to which the aggravating or mitigating factor is one that has already been taken into account in the general assessment of the offence's seriousness (particularly in relation to Step 2 of sentencing guidelines) and

---

[74] [2018] EWCA Crim 1770; [2018] 2 Cr. App. R. (S.) 51.
[75] [2019] EWCA Crim 2249; [2020] 2 Cr. App. R. (S.) 6.
[76] For more on this point, see J.V. Roberts, *Aggravating and Mitigating Factors at Sentencing: Towards Greater Consistency of Application* (Cambridge: CUP, 2015), p.165.
[77] A. Ashworth and R. Kelly, *Sentencing and Criminal Justice*, 7th edn (Oxford: Hart, 2021), p.146.

the relative weight to be given to it. All of this must be assessed in the context of the particular offence. As illustrated above, this is true even in relation to those factors listed at Step 2 of the guidelines as illustrative aggravating or mitigating factors. It is suggested that this is a particular issue in relation to written basis of plea, where the defence often seek to include factors which simply reflect the absence of further aggravation (or in some cases the absence of the commission of a further offence). As regards bases of pleas, see A3-154 and following.

A1-054 Aggravating and mitigating factors are not, however, limited to those which bear directly on the seriousness of the offence. The court has discretion to consider broader factors and their relevance to the purposes of sentencing, although it will always need to be borne in mind that offence seriousness is the primary determinant of sentence in England and Wales. Personal mitigation, such as the offender being the primary carer to dependent relatives or being of ill health is the most obvious example of this discretion. Such mitigation is not relevant to the seriousness of the offence—an offender is not less culpable because they are the primary carer for young children—but it is widely accepted that these are factors that ought legitimately to be taken into account in assessing the severity of the sentence that ought to be imposed. In fact, Roberts has argued that at "the core of mitigation" are "factors personal to the offender which are treated as reducing culpability.[78]

The factors listed in the offence-specific guidelines, and indeed in this text, as illustrative aggravating or mitigating factors are not exhaustive and the court should therefore always give careful consideration to all the circumstances of the offence, and their potential to aggravate or mitigate, when deciding on the sentence to be imposed. Counsel may wish to be creative (within reason!) when considering such factors.

A particular issue that tends to arise when considering aggravating or mitigating factors at Step 2 of an offence-specific guideline is determining the weight to be given them in assessing the seriousness of the offence. The sentencing guidelines give little to no guidance on this issue, something which, as Julian Roberts has argued, potentially leaves a wide swath of unregulated discretion, capable of frustrating the guidelines' purpose.[79] However, while it may be true that the guidelines could provide more guidance in this respect, their structure almost invariably means that the adjustment to the sentence made to reflect the presence of any individual factor will likely be less significant than the initial category determination. This reflects the fact that the Step 2 factors are perhaps better characterised as secondary factors; while still important to the determination of sentence, they do not drive the assessment of seriousness to the same degree and therefore have a reduced impact on the eventual sentence. In practice it appears that most cases result in an upward or downward adjustment from the starting point, with the eventual sentence remaining within the selected category range. However, it is to be remembered that the statutory duty only requires a sentence to be imposed that is within the offence range and there is nothing to prevent the court from deciding that an offence falls within, for example, Category 1B but imposing a sentence within Category 1A, by reference to the aggravating factors. It is submitted that

---

[78] J.V. Roberts, *Aggravating and Mitigating Factors at Sentencing: Towards Greater Consistency of Application* (Cambridge: CUP, 2015), p.177.

[79] J.V. Roberts, *Aggravating and Mitigating Factors at Sentencing: Towards Greater Consistency of Application* (Cambridge: CUP, 2015), p.176.

sentencers who do so should be careful to explain why the factors relied on justify a move outside the category range.

Double Counting

A1-055 Sentencers must take care not to increase or decrease a sentence (by reference to aggravating or mitigating factors) more than once by reference to a single feature of a case—a practice referred to as "double counting". The basic rationale for this prohibition is that it would (a) be unprincipled and (b) likely result in a disproportionate sentence (there having been too much or too little weight placed on the particular factor in question). While this may seem self-explanatory there are a small number of particular points worth expanding on.

First, where applying an offence-specific guideline, if a factor has been taken into account at Step 1 in determining the appropriate category, the court should not then treat that factor as a separate aggravating or mitigating factor in determining the sentence to be imposed within that category. For example, if sentencing a sexual assault involving violence, if that violence is relied on to place that offence into Category 1 Harm, at Step 2 the court should not then treat that violence as a further aggravating feature; it has already been accounted for. There are of course limited exceptions to this, principally where there are multiple factors present at Step 1 justifying placing an offence into a higher or lower category, such that the court considers that the sentencing starting point should be higher or lower in the category, and where, on the facts of the case, the extreme nature of the Step 1 factor justifies a further increase or reduction from the starting point.

Secondly, courts should not aggravate or mitigate an offence for a factor that is inherent in the offence; using an extreme example, it would clearly be unacceptable double counting to consider that an offender's intent to permanently deprive another was an aggravating factor making a particular theft more serious than any other theft. An intention to permanently deprive another is present in every offence of theft. However, it does not follow that, when considering an offence that can be committed in multiple ways or applying a guideline that applies to more than one type of offence, it is impermissible to treat one form of an offence, or one type of offence, as more serious than another. By contrast, it is permissible to increase a sentence by reference to extreme violence used in an offence against the person where that violence is above that which is inherent in the offence.

A1-056 Thirdly, where a court is sentencing an offender for multiple offences and has taken into account that offending when setting the sentence for the most serious offence, the court will need to impose concurrent sentences on that other offending. Consideration should, however, always be given to each offence, and whether in fact there were any particular features of the other offending that have not been reflected in the sentence for the most serious offence. For further guidance on sentencing multiple offences and the principle of totality, see A1-200. Additionally, in *R. v Howard (Martin John)*,[80] the court held that in a multiple offence case, it was not (necessarily) to engage in impermissible double counting to treat an aggravating factor which was present across multiple offences as aggravating the seriousness of each offence because after that stage, the court was required to stand back and consider the appropriate overall sentence.

Fourthly, it is suggested that courts should not fall into the error of thinking that

---

[80] [2023] EWCA Crim 1732; [2024] 2 Cr. App. R. (S.) 2.

it would be "double counting" to take a factor into account in determining the seriousness of an offence, and also to consider that factor when deciding on the appropriate reduction for a guilty plea or in deciding whether or not to suspended a sentence.

Finally, it is necessary to be cognisant of how a single factor can be relevant in more than one way. For example, if a sexual offence involves a vulnerable victim, that factor can be relevant to harm (a vulnerable victim is likely to be more severely affected by the offence than a victim who is not vulnerable) and culpability (where that vulnerable victim was deliberately targeted to ensure that the offence was easier to complete). To approach sentence in that way would not be double counting.

Burden and Standard of Proof

A1-057   As Andrew Ashworth and Martin Wasik stated[81]:

"On matters directly relevant to the offence itself, the prosecution bears the burden of proof to the criminal standard: if the defendant puts forward mitigation that contests the prosecution's version of the commission of the offence, there may or may not be a need for a *Newton* hearing, but the prosecution bears the burden of disproving the defence's case. Only if the defence puts forward some 'extraneous mitigation', not connected with the facts or circumstances of the offence itself does the defence bear a burden of proof, on the balance of probabilities. Examples of 'extraneous mitigation' might be the effect of a prison sentence on the defendant's family, the defendant's state of health, or the defendant's means to pay a financial penalty."[82]

A1-058   In *R. v McCabe*,[83] the court criticised the approach of a sentencing judge who had referred in his sentencing remarks to "aggravating features", which "pushed the matter up within the guidelines", without identifying those features. Consequently, the court suggested that it is necessary for a sentencing judge to explicitly state which aggravating factors have been identified. It is submitted that this applies to mitigating features also.

Aggravating Factors

Statutory Aggravating Factors

Offending on bail

Legislation

Sentencing Act 2020 s.64

Offence committed on bail

A1-059   64. In considering the seriousness of an offence committed while the offender was on bail, the court must—
(a) treat the fact that it was committed in those circumstances as an aggravating factor, and
(b) state in open court that the offence is so aggravated.

---

[81] [2020] Crim. L.R. 397.
[82] *R. v Guppy and Marsh* (1995) 16 Cr. App. R. (S.) 25 at 32; [1994] Crim. L.R. 614.
[83] [2020] EWCA Crim 842; [2020] 2 Cr. App. R. (S.) 47.

The Armed Forces (Civilian Courts Dealing with Service Offences) (Modification of the Criminal Justice Act 2003) Regulations 2009 (SI 2009/2042) reg.9A modifies s.64 in its application to a civilian court dealing with an offender for a service offence, so as to provide that, in considering the seriousness of the offence, the court must treat the fact that it was committed while the offender was charged with a service offence and while he was released from service custody (the equivalent of bail) as an aggravating factor.

Guidance

The theory underpinning this statutory provision is that the fact that an offence was committed while subject to bail tends to demonstrate both increased harm (breaches of bail undermine the system generally) and culpability (in that it constituted a breach of court rules and a breach of the trust placed in the offender in respect of their bail). This is so even if the offender is acquitted of the offence for which the offender was on bail: *R. v Thackwray*.[84]

A1-060

It is suggested that if the offence of which the offender is convicted is of a like nature to the offence for which he was on bail, this is more likely to be a seriously aggravating factor.

In *Attorney General's Reference (R. v Shaw)*,[85] the court suggested that there was no reason why offending while awaiting a first appearance following the receipt of a postal requisition should be treated any differently from offending while on bail. It is, however, submitted that whilst awareness of an intended prosecution is certainly capable of being aggravating in that it reflects an increased culpability it does not effect the same harms or reflect the same breach of trust that breach of bail does.

Previous convictions

Legislation

Sentencing Act 2020 s.65

Previous convictions

65.—(1) This section applies where a court is considering the seriousness of an offence ("the current offence") committed by an offender who has one or more relevant previous convictions.

A1-061

(2) The court must treat as an aggravating factor each relevant previous conviction that it considers can reasonably be so treated, having regard in particular to—

(a) the nature of the offence to which the relevant previous conviction relates and its relevance to the current offence, and

(b) the time that has elapsed since the relevant previous conviction.

(3) Where the court treats a relevant previous conviction as an aggravating factor under subsection (2) it must state in open court that the offence is so aggravated.

(4) In subsections (1) to (3) "relevant previous conviction" means—

(a) a previous conviction by a court in the United Kingdom,

...

(c) a previous conviction of a service offence (see subsection (5)).

---

[84] [2003] EWCA Crim 3362.
[85] [2021] EWCA Crim 685; [2022] 1 Cr. App. R. (S.) 5.

(4A) If the proceedings for the current offence were instituted before [31 December 2020 at 11.00 pm] (see section 397(5)), "relevant previous conviction" in subsections (1) to (3) also includes—
  (a) a previous conviction of a relevant offence under the law of a member State by a court in that State, and
  (b) a finding of guilt in respect of a member State service offence (see subsection (6)).
(5) In subsection (4)(c) (previous convictions of service offences)—
  (a) "conviction" includes anything that under section 376(1) and (2) of the Armed Forces Act 2006 is to be treated as a conviction (which relates to summary hearings and the Summary Appeal Court);
  (b) "service offence" means—
    (i) a service offence within the meaning of the Armed Forces Act 2006, or
    (ii) an SDA offence within the meaning of the Armed Forces Act 2006 (Transitional Provisions etc) Order 2009 (S.I. 2009/1059);
  (c) the previous convictions referred to are to be taken to include a previous finding of guilt in—
    (i) proceedings under the Army Act 1955, the Air Force Act 1955 or the Naval Discipline Act 1957 (whether before a court-martial or any other court or person authorised under any of those Acts to award a punishment in respect of any offence); or
    (ii) proceedings before a Standing Civilian Court established under section 6 of the Armed Forces Act 1976.
(6) In subsection (4A)(b) "member State service offence" means an offence which—
  (a) was the subject of proceedings under the service law of a member State other than the United Kingdom, and
  (b) would constitute an offence under the law of any part of the United Kingdom, or a service offence (within the meaning of the Armed Forces Act 2006), if it were done in any part of the United Kingdom, by a member of Her Majesty's forces, at the time of the conviction of the offender for the current offence,
and, for this purpose—

"Her Majesty's forces" has the same meaning as in the Armed Forces Act 2006;
"service law", in relation to a member State other than the United Kingdom, means the law governing all or any of the naval, military or air forces of that State.

(7) For the purposes of this section, an offence is "relevant" if the offence would constitute an offence under the law of any part of the United Kingdom if it were done in that part at the time of the conviction of the offender for the current offence.

Practice directions

A1-062 Part 5.3 of the Criminal Practice Directions 2023 requires the prosecution to provide up to date and accurate information about the defendant's record of previous convictions, cautions and reprimands—usually in the form of a printout of the Police National Computer. If the defence object to the accuracy of the record they should inform the prosecutor immediately.

Guidance

A1-063 What is a previous conviction? A previous conviction for these purposes is an offence of which the offender was convicted prior to the commission of index offence: *R. v Darrigan*.[86] It does not include offences committed after that date but of which the offender has since been convicted, although these may be relevant to an assessment of totality (see A1-200), or to consideration of whether the offence was out of character or a "one-off".

A conviction generally demonstrates increased culpability as the offender has previously been censured by the state for their previous transgression and has failed to correct their behaviour. More recent convictions are therefore generally more demonstrative of increased culpability, as are previous convictions for similar offending.

The Rehabilitation of Offenders Act 1974 introduced the concept of a "spent" conviction. After a specified period of time, a conviction becomes "spent" and therefore its status changes; the rationale is that people shouldn't be defined by transgressions made many years ago and to enable convicted persons to "move on" with their lives, thereby not being adversely affected by a conviction obtained many years ago. Accordingly, under the Act, spent convictions are generally to be ignored. By virtue of s.7(2)(b) of the Act, however, spent convictions are not prevented from being considered as relevant previous convictions, although it is suggested that a spent conviction is likely to be less impactful on the determination of sentence as the heightened culpability it demonstrates reduces with the passage of time, as discussed in the previous paragraph.

Justification An offender who has previously committed a similar offence (and who has been convicted and sentenced for it) can generally be considered to be more culpable than one who has not and the index offence is therefore more serious as a result. Moreover, it can be seen as showing a defiance of the criminal justice system, which therefore demands increased denunciation and retribution.[87] However, it is at least arguable whether a criminal background in and of itself evidences increased culpability or harm.[88] **A1-064**

Previous convictions may also be indicative of the dangerousness of the offender, and of the need for the public to be protected from them or provide evidence of the effectiveness (or otherwise) of a particular method of disposal in relation to the offender. As to the assessment of dangerousness, see A4-444.

An additional factor will be where an offence is also committed on licence, that being conceptually distinct from the mere fact of a previous conviction showing a further breach of trust, albeit care will be needed not to double count: *R. v May*.[89]

Establishing the relevance of previous convictions A key factor in the application of s.65 is the nature of the offence of which the offender was previously convicted, the relevance of it to the current offence and the length of time between that conviction and the commission of the current offence. The weight to be given to that previous conviction will often be informed by the factual matrix of the previous offending. In this respect the sentence imposed for the previous conviction is often significant, providing at the least an indicator of the seriousness of the previ- **A1-065**

---

[86] [2017] EWCA Crim 169; [2017] 1 Cr. App. R. (S.) 50.
[87] J.V. Roberts, *Aggravating and Mitigating Factors at Sentencing: Towards Greater Consistency of Application* (Cambridge: CUP, 2015), p.217.
[88] As to which, see, J.V. Roberts and L. Harris "Reconceptualising the custody threshold in England and Wales" (2017) 28 *Criminal Law Forum* 477, 489–490.
[89] [2022] EWCA Crim 622.

ous offence. It will additionally be useful to establish whether the offender was still subject to a previous sentence when the new offence was committed.

Where a previous conviction is contested, s.73 of the Police and Criminal Evidence Act 1984 provides that previous convictions can be proved by production of a certificate of conviction together with proof that the person named in the certificate is the person whose conviction is to be proved. Where there is a dispute over the factual matrix of the previous conviction the normal approach to establishing the facts of an offence applies (see A3-113).

A1-066 **The extent to which aggravation can be justified for this factor** Where an offender has a significant number of relevant previous convictions it can be treated as an exceptionally serious aggravating factor. In a number of cases the courts have treated previous convictions as an aggravating factor justifying imposing a sentence outside the category range for the offence, or for finding that it is in the interests of justice to impose a sentence outside the offence range. In *R. v Evans*,[90] the court reviewed a number of authorities exploring this issue and held that where a court is confronted with a prolific offender, it is difficult to strike the appropriate balance between what the guidelines indicate for the offences looked at in isolation and a suitable punishment of any consequence to the particular offender; but the sentence must bear some relation to the offences themselves.

In this respect it is noted that even to the extent that it can be said that a previous criminal background evidences increased culpability or increased harm, it is questionable whether it can really be considered to be a significant driver of either such as to merit treatment as such a substantial aggravating factor. Harris and Roberts have argued that previous convictions alone should not be such as to merit a custodial sentence where one would otherwise have not been imposed.[91] Furthermore, Roberts has argued that significant aggravation for this factor may fail to take into account any steps towards de-escalation an offender has taken (ordinarily a slow path) and custodial or punitive sentences may prevent their desistance from crime.[92]

Aggravation related to race, religion, disability or sexual orientation

Legislation

Sentencing Act 2020 s.66

Hostility

A1-067   **66.**—(1) This section applies where a court is considering the seriousness of an offence which is aggravated by—
    (a) racial hostility,
    (b) religious hostility,
    (c) hostility related to disability,
    (d) hostility related to sexual orientation, or
    (e) hostility related to transgender identity.

---

[90] [2016] EWCA Crim 31.
[91] J.V. Roberts and L. Harris "Reconceptualising the custody threshold in England and Wales" (2017) 28 *Criminal Law Forum*.
[92] J.V. Roberts, *Aggravating and Mitigating Factors at Sentencing: Towards Greater Consistency of Application* (Cambridge: CUP, 2015), pp.217–218.

This is subject to subsection (3).
  (2) The court—
    (a) must treat the fact that the offence is aggravated by hostility of any of those types as an aggravating factor, and
    (b) must state in open court that the offence is so aggravated.
  (3) So far as it relates to racial and religious hostility, this section does not apply in relation to an offence under sections 29 to 32 of the Crime and Disorder Act 1998 (racially or religiously aggravated offences).
  (4) For the purposes of this section, an offence is aggravated by hostility of one of the kinds mentioned in subsection (1) if—
    (a) at the time of committing the offence, or immediately before or after doing so, the offender demonstrated towards the victim of the offence hostility based on—
      (i) the victim's membership (or presumed membership) of a racial group,
      (ii) the victim's membership (or presumed membership) of a religious group,
      (iii) a disability (or presumed disability) of the victim,
      (iv) the sexual orientation (or presumed sexual orientation) of the victim, or (as the case may be)
      (v) the victim being (or being presumed to be) transgender, or
    (b) the offence was motivated (wholly or partly) by—
      (i) hostility towards members of a racial group based on their membership of that group,
      (ii) hostility towards members of a religious group based on their membership of that group,
      (iii) hostility towards persons who have a disability or a particular disability,
      (iv) hostility towards persons who are of a particular sexual orientation, or (as the case may be)
      (v) hostility towards persons who are transgender.
  (5) For the purposes of paragraphs (a) and (b) of subsection (4), it is immaterial whether or not the offender's hostility is also based, to any extent, on any other factor not mentioned in that paragraph.
  (6) In this section—
    (a) references to a racial group are to a group of persons defined by reference to race, colour, nationality (including citizenship) or ethnic or national origins;
    (b) references to a religious group are to a group of persons defined by reference to religious belief or lack of religious belief;
    (c) "membership" in relation to a racial or religious group, includes association with members of that group;
    (d) "disability" means any physical or mental impairment;
    (e) references to being transgender include references to being transsexual, or undergoing, proposing to undergo or having undergone a process or part of a process of gender reassignment;
    (f) "presumed" means presumed by the offender.

Guidance

Procedure Evidence tending to show hostility by reference to a protected characteristic will not necessarily be admissible at trial and where, after conviction, the defence disputes the prosecution's contention that such hostility is present it will be ordinarily be necessary to hold a *Newton* hearing to establish that fact. **A1-068**

GENERAL PROVISIONS AND PRINCIPLES

In *DPP v Giles*,[93] in which the lay magistrates had declined to hold a *Newton* hearing as to the issue, the Divisional Court held that it was difficult to conceive of circumstances where aggravation by homophobic abuse would be immaterial and a *Newton* hearing to find the facts would not be required. Certainly, if such circumstances existed, they would be very rare. In any event, even if such a case were to arise, the court may be required to hold a hearing to ascertain whether any circumstances listed in s.66 were present at the time of the offence, so that a statement could be made under s.66(2)(b) in open court.

Even where a *Newton* hearing is not held the sentencing court should not, however, draw an inference that an offence should be aggravated in accordance with s.66 without putting the defendant on notice of their intention and allowing them to challenge the inference: *R. v Lester*.[94]

A1-069 So far as s.66 relates to racial and religious hostility it does not apply in relation to an offence under ss.29–32 of the Crime and Disorder Act 1998 (which provide racially and religiously aggravated forms of certain offences). However, where an offence could have been charged under ss.29–32 of the 1998 Act and was not (the charge being brought under the non-aggravated form of the offence) where evidence suggests such hostility is present s.66 applies: see, *R. v O'Leary*,[95] in which it was held that the sentencing judge had been entitled to treat racial hostility as an aggravating factor where the offender had been convicted of unlawful wounding, and not been charged with racially aggravated unlawful wounding, contrary to s.29 of the 1998 Act. However, where the offender has been acquitted of such an offence, or the indictment has been amended to remove it, it would be inappropriate to sentence on the basis that racial or religious hostility was present: *R. v McGillivray*[96]; *R. v Kentsch*.[97] It is submitted that the decision in *O'Leary* is relatively controversial; there are clearly elements of offending about which it falls to the sentencing judge to make a finding of fact (e.g. how many blows were delivered, was a weapon used, did the offender intend to kill or cause really serious harm), but where there is a specific criminal offence which can resolve a particular issue, it is submitted that it is arguably inappropriate for the prosecution to invite the court (and the court to accede) to find the presence of the hostility in s.66 and to treat it as an aggravating factor. The one exception to this, it is suggested, is where the element of hostility relied on comes out in evidence and was not previously known to the Crown (therefore there can be no criticism of the failure to indict the aggravated form of the offence).

A1-070 **Demonstration of hostility** As held in *Jones v DPP*,[98] whether an offender has demonstrated hostility towards the victim requires no examination of subjective intent or motivation and is simply an objective test.

The requirement that the hostility be based on the victim's protected characteristic is not a requirement to show that that was the motive for the hostility. The question is whether the hostility demonstrated was hostility based on the victim's protected characteristic and the disposition of the offender (such as their intoxica-

---

[93] [2019] EWHC 2015 (Admin); [2020] 1 Cr. App. R. (S.) 20 DC.
[94] (1976) 63 Cr. App. R. 144 CA.
[95] [2015] EWCA Crim 1306; [2016] 1 Cr. App. R. (S.) 11.
[96] [2005] EWCA Crim 604; [2005] 2 Cr. App. R. (S.) 60.
[97] [2005] EWCA Crim 2851; [2006] 1 Cr. App. R. (S.) 126.
[98] [2010] EWHC 523 (Admin); [2011] 1 W.L.R. 833 QBD (Ouseley J).

tion) or any previous grievances between the offender and the victim are irrelevant: *DPP v Green*.[99]

In *Parry v DPP*,[100] it was held that the words "immediately before or after doing so" in what is now s.66(4)(a) of the Sentencing Code must be given their plain and ordinary meaning and so construed their effect is to make the subsection strike at words uttered or acts done in the immediate context of the substantive offence. The court considered that hostility can be demonstrated towards the victim even if the victim is absent, so long as the demonstration of hostility occurs in the immediate context of the offence and that the word "immediately" qualifies both the words "before" and "after". On the facts of the case it was held that where the appellant had said to a police officer, at least 20 minutes after an offence of criminal damage, "those Irish cunts have been stealing my son's trainers … I can say what I like about those IRA bastards in my own home", hostility had not been demonstrated immediately after the offence.

In *R. v Babbs*,[101] considering *Parry v DPP*,[102] the court held that the important point of the provision is that it is directed not so much to words but to the hostility which is demonstrated towards a victim with the relevant racist (or religious) connotation. Where the appellant had described the victim and his companion as "foreign fuckers" during a confrontation, and had then physically assaulted the victim during a second confrontation that occurred between five and 15 minutes later, the words used by the appellant at the initial confrontation were capable of colouring the behaviour of the defendant throughout the subsequent events. That hostility based on race was evinced over a continuing period from the moment that the words were first used to the moment that it exploded into the ultimate violence in question.

A1-071

It is clear therefore that the word "immediately" is to be construed in the context of the offence in question, and whether the events surrounding it can properly be said to have occurred over a continuing period or whether there has been an event which has brought the offence to a definite conclusion. "Immediately" is of course an elastic term the proper meaning of which will vary depending on the circumstances of the offence. It cannot be assessed by way of arbitrary time limits.

It is additionally necessary for the court to be sure that the offender themselves demonstrated the relevant hostility in the commission of the offence. As to this, see *R. v Davies and Ely*,[103] in which the court held that where one unidentified member of a group of men who attacked another had used words of racial abuse at the time of the offence, in the absence of being able to be sure that any individual offender had used the words it was inappropriate to sentence the offenders on the basis that the offence was racially aggravated. It will be noted, however, that where more than one offender in a group demonstrates hostility during an offence that may be evidence from which it can be inferred that the offenders as a group were motivated by hostility.

---

[99] [2004] EWHC 1225 (Admin) DC.
[100] [2004] EWHC 3112 (Admin); [2005] A.C.D. 64 DC.
[101] [2007] EWCA Crim 2737.
[102] [2004] EWHC 3112 (Admin); [2005] A.C.D. 64 DC.
[103] [2003] EWCA Crim 3700; [2004] 2 Cr. App. R. (S.) 29.

Hostility demonstrated towards only one member of a group will be sufficient for a finding of hostility under s.66; there is no need for hostility to be against members or persons in the plural: *Taylor v DPP*.[104]

A1-072 **Motivated by hostility** As held in *Jones v DPP*,[105] in contrast to whether an offender has demonstrated hostility (s.66(2)(a)), whether an offender is motivated by hostility is a subjective examination.

It is sufficient that the offence is motivated only partly by the relevant hostility: s.66(4)(b).

There is no need for hostility to be against members or persons in the plural and hostility towards one member of a group (at least partially by reason of their membership of that group) will suffice: *Taylor v DPP*.[106]

A1-073 **Membership or presumed membership of a racial group** In *R. v Rogers*,[107] it was held that a broad flexible and non-technical interpretation is to be taken to the definition of "racial group" in what is now s.66(6). A "racial group" can be defined by what it is rather than what it is not and "foreigners" were therefore a racial group within the section and using the words "bloody foreigners" and "get back to your own country" were capable of amounting to a demonstration of racial hostility.

A1-074 **Sexual orientation** In *R. v B*,[108] the court held that "sexual orientation" should be construed in accordance with its ordinary dictionary definition and the definitions in s.29AB of the Public Order Act 1986 and s.12 of the Equality Act 2010, which were defined by reference to a person's sexual orientation towards persons of the same sex, the opposite sex or both, and therefore covered only groups of people who were gay, lesbian, bisexual or heterosexual, and did not extend to orientation based on, for example, a preference for particular sex acts or practices. The court accordingly considered that where the offence was motivated by the belief that the victim was a paedophile that was not hostility based on the victim's sexual orientation.

As David Thomas noted in his comment to the decision,[109] the result is that a limited interpretation has been taken to sexual orientation which would seem to also exclude from sexual orientation a preference for bestiality, sadomasochism or necrophilia. Added to that list could also be practices such as cuckolding and other fetishes, and polygamy. A question must also exist as to asexuality, which would arguably seem to fall within the limited definition of sexual orientation on the grounds that it is in essence the opposite of bisexuality—an asexual person is sexually attracted to neither the same sex or the opposite sex—but on which there has as of yet been no reported case.

A1-075 **Transgender** There are no decided cases on the interpretation of transgender under this section. Section 66(6)(e) provides that references to being transgender include references to being transsexual, or undergoing, proposing to undergo or hav-

---

[104] [2006] EWHC 1202 (Admin) DC.
[105] [2010] EWHC 523 (Admin); [2011] 1 W.L.R. 833 QBD (Ouseley J).
[106] [2006] EWHC 1202 (Admin) DC.
[107] [2007] UKHL 8; [2007] 2 A.C. 62.
[108] [2013] EWCA Crim 291; [2013] 2 Cr. App. R. (S.) 69.
[109] D. Thomas, "R. v B: Sentencing—"sexual orientation"—Criminal Justice Act s.146 (Case Comment)" [2013] Crim. L.R. 614–616.

ing undergone a process or part of a process of gender reassignment. It is noteworthy that the section uses the words "include", suggesting this is a non-exhaustive definition. It is suggested that the intent of the definition is not to restrict hostility to only hostility aimed at those who have received a gender recognition certificate under the Gender Recognition Act 2004, but to include the wider dictionary definition of the term. One particular question that may arise in this regard is the extent to which the term covers hostility towards gender-queer individuals and those who practice transvestism. These debates may be more hypothetical than practical on the basis that the provision covers hostility towards a person based on their presumed membership of a group.

Extent of increase in sentence In an early guideline judgment in *R. v Kelly*,[110] the court endorsed a two-stage approach to sentencing racially aggravated offences: first, a consideration of what the sentence should be absent the aggravation; and, secondly, a consideration of whether, and by how much, the sentence should be increased to reflect this. This approach is reflected in the Sentencing Council's guideline for the specific racially and religiously aggravated offences under the Crime and Disorder Act 1998 which observes that: **A1-076**

> "The court should determine the appropriate sentence for the offence without taking account of the element of aggravation and then make an addition to the sentence, considering the level of aggravation involved. It may be appropriate to move outside the identified category range, taking into account the increased statutory maximum."

The view was also expressed in *Kelly* that the sentencer should judge expressly and publicly identify the part of the sentence appropriate to the offence, unaggravated by the racial element, so as to provide transparency in sentencing in terms of the extent of the increase, which would be of benefit to the public and, indeed, to the Court of Appeal (Criminal Division), if subsequently the sentence passed is the subject of challenge. It is noted that this suggestion is far broader than the duty imposed by s.66 itself and suggested that while it is desirable (and required) to say that a sentence has been increased to reflect hostility under s.66 it will not always be possible or wise to spell out exactly the increase that is made for that factor. In this respect it is noteworthy that in *R. v Gargan*,[111] a case concerning racially aggravated harassment, it was held that the approach in *Kelly* of identifying the sentence to be imposed absent the racial aggravation, and then increasing it to reflect it, appeared to be more readily applicable in cases where there was a distinct offence, such as an assault, even without the racial element. Where the hostility is bound up within the seriousness of the offence itself it may not be possible to clearly separate out the extent to which it aggravates the sentence that would otherwise be imposed.

In *Kelly*, the court, having received advice from the Sentencing Advisory Panel, also identified factors that would seriously aggravate the racial element (planning by the offender; the offence being part of a pattern of racist offending by the offender; membership of a group promoting racist activities; and the deliberate setting up of the victim for the purposes of humiliating him or being offensive towards him) and which would identify less seriously aggravating factors (namely if the rac-

---

[110] [2001] EWCA Crim 170; [2001] 2 Cr. App. R. (S.) 73.
[111] [2017] EWCA Crim 780; [2018] 1 Cr. App. R. (S.) 6.

GENERAL PROVISIONS AND PRINCIPLES

A1-077 ist element is limited in scope or duration; or the motivation for the offence is not racial and the element of racial hostility or abuse is minor or incidental). It is suggested that those factors continue to be of general application (with appropriate modification) to the other forms of aggravation under s.66 of the Sentencing Code.

In relation to the appropriate increase for racial hostility, it was held in *R. v Morrison*,[112] that while the sentencing court should certainly take account of the fact that the maximum sentence for racially aggravated wounding or assault occasioning actual bodily harm was two years higher under s.29 of the Crime and Disorder Act 1998 than the maximum sentence where that aggravation was not present, the appropriate amount to add for racial aggravation in other cases would depend on the circumstances of the case, and that two-year period is not to act as a guide as to the maximum that can be added.

In *R. v Slater*,[113] it was observed that where the only reason an offence crossed the custody threshold was the element of hostility under s.66 (here racial aggravation) the uplift to the length of the sentence is likely to be a notional or minimal one. It is suggested that this is because reliance on the hostility as the factor that pushes the offence over the custody threshold is a significant step; additionally to further increase the sentence in a material way would be likely to be considered to be impermissible double counting.

Offences committed against emergency workers and persons providing public services

Legislation

Sentencing Act 2020 ss.67–68A

Assaults on emergency workers

A1-078 67.—(1) This section applies where a court is considering the seriousness of an offence listed in subsection (3).

(2) If the offence was committed against an emergency worker acting in the exercise of functions as such a worker, the court—

    (a) must treat that fact as an aggravating factor, and

    (b) must state in open court that the offence is so aggravated.

(3) The offences referred to in subsection (1) are—

    (a) an offence under any of the following provisions of the Offences against the Person Act 1861—

        (i) section 16 (threats to kill);

        (ii) section 18 (wounding with intent to cause grievous bodily harm);

        (iii) section 20 (malicious wounding);

        (iv) section 23 (administering poison etc);

        (v) section 28 (causing bodily injury by explosives);

        (vi) section 29 (using explosives etc with intent to do grievous bodily harm);

        (vii) section 47 (assault occasioning actual bodily harm);

    (aa) an offence under section 75A of the Serious Crime Act 2015 (strangulation or suffocation);

    (b) an offence under section 3 of the Sexual Offences Act 2003 (sexual assault);

---

[112] [2001] 1 Cr. App. R. (S.) 5 CA.
[113] [2005] EWCA Crim 2882; [2006] 1 Cr. App. R. (S.) 129.

(c) manslaughter;
(d) kidnapping;
(e) an ancillary offence in relation to any of the preceding offences.

(4) For the purposes of subsection (2), the circumstances in which an offence is to be taken as committed against a person acting in the exercise of functions as an emergency worker include circumstances where the offence takes place at a time when the person is not at work but is carrying out functions which, if done in work time, would have been in the exercise of functions as an emergency worker.

(5) In this section, "emergency worker" has the meaning given by section 68.

(6) Nothing in this section prevents a court from treating the fact that an offence was committed against an emergency worker acting in the exercise of functions as such as an aggravating factor in relation to offences not listed in subsection (3).

Emergency workers for the purposes of section 67

68.—(1) In section 67, 'emergency worker' means— A1-079
(a) a constable;
(b) a person (other than a constable) who has the powers of a constable or is otherwise employed for police purposes or is engaged to provide services for police purposes;
(c) a National Crime Agency officer;
(d) a prison officer;
(e) a person (other than a prison officer) employed or engaged to carry out functions in a custodial institution of a corresponding kind to those carried out by a prison officer;
(f) a prisoner custody officer, so far as relating to the exercise of escort functions;
(g) a custody officer, so far as relating to the exercise of escort functions;
(h) a person employed for the purposes of providing, or engaged to provide, fire services or fire and rescue services;
(i) a person employed for the purposes of providing, or engaged to provide, search services or rescue services (or both);
(j) a person employed for the purposes of providing, or engaged to provide—
  (i) NHS health services, or
  (ii) services in the support of the provision of NHS health services,
and whose general activities in doing so involve face to face interaction with individuals receiving the services or with other members of the public.

(2) It is immaterial for the purposes of subsection (1) whether the employment or engagement is paid or unpaid.

(3) In this section—

"custodial institution" means any of the following—
  (a) a prison;
  (b) a young offender institution, secure training centre or secure college;
  (c) a removal centre, a short-term holding facility or pre-departure accommodation, as defined by section 147 of the Immigration and Asylum Act 1999;
  (d) services custody premises, as defined by section 300(7) of the Armed Forces Act 2006;

"custody officer" has the meaning given by section 12(3) of the Criminal Justice and Public Order Act 1994;

"escort functions"—
  (a) in the case of a prisoner custody officer, means the functions specified in section 80(1) of the Criminal Justice Act 1991;

(b) in the case of a custody officer, means the functions specified in paragraph 1 of Schedule 1 to the Criminal Justice and Public Order Act 1994;

"NHS health services" means any kind of health services provided as part of the health service continued under section 1(1) of the National Health Service Act 2006 and under section 1(1) of the National Health Service (Wales) Act 2006;

"prisoner custody officer" has the meaning given by section 89(1) of the Criminal Justice Act 1991.

Assaults on those providing a public service

A1-080   68A.—(1) This section applies where—
(a) a court is considering the seriousness of an offence listed in subsection (3), and
(b) the offence is not aggravated under section 67(2).

(2) If the offence was committed against a person providing a public service, performing a public duty or providing services to the public, the court—
(a) must treat that fact as an aggravating factor, and
(b) must state in open court that the offence is so aggravated.

(3) The offences referred to in subsection (1) are—
(a) an offence of common assault or battery, except where section 1 of the Assaults on Emergency Workers (Offences) Act 2018 applies;
(b) an offence under any of the following provisions of the Offences against the Person Act 1861—
    (i) section 16 (threats to kill);
    (ii) section 18 (wounding with intent to cause grievous bodily harm);
    (iii) section 20 (malicious wounding);
    (iv) section 47 (assault occasioning actual bodily harm);
(c) an inchoate offence in relation to any of the preceding offences.

(4) In this section—
(a) a reference to providing services to the public includes a reference to providing goods or facilities to the public;
(b) a reference to the public includes a reference to a section of the public.

(5) Nothing in this section prevents a court from treating the fact that an offence was committed against a person providing a public service, performing a public duty or providing services to the public as an aggravating factor in relation to offences not listed in subsection (3).

(6) This section has effect in relation to a person who is convicted of the offence on or after [28 July 2022].

Guidance

A1-081   There is no requirement under s.67 or 68A that the person who committed the offence knew that the victim was an emergency worker or was a person providing a public service, and accordingly the justification for this factor must be in the increased harm that such offences are considered to have: they may prevent or deter such workers from fulfilling important public duties and may deter others from taking up such positions. Although it is only mandatory to treat the fact that the victim was an emergency worker as an aggravating factor in relation to the specified offences in ss.67(3) and 68A(3), that does not prevent the court from treating that fact as an aggravating factor in other cases, and consideration should always be given to whether the victim's status as an emergency worker or person providing a public service is an aggravating factor in the context of the offence.

Terrorism offences

Legislation

Sentencing Act 2020 s.69

Terrorist connection

69. This section applies where a court is considering the seriousness of an offence within subsection (4) or (5).   A1-082
   (2) If the offence has a terrorist connection, the court—
      (a) must treat that fact as an aggravating factor, and
      (b) must state in open court that the offence is so aggravated.
   (3) For the purposes of this section, an offence has a terrorist connection if the offence—
      (a) is, or takes place in the course of, an act of terrorism, or
      (b) is committed for the purposes of terrorism.
For this purpose, "terrorism" has the same meaning as in the Terrorism Act 2000 (see section 1 of that Act).
   (4) An offence is within this subsection if it—
      (a) was committed on or after [29 June 2021],
      (b) is punishable on indictment with imprisonment for more than 2 years, and
      (c) is not specified in Schedule A1.
   (5) An offence is within this subsection if it—
      (a) was committed before [29 June 2021], and
      (b) is specified in Schedule 1.
   (6) Where an offence is found to have been committed over a period of 2 or more days, or at some time during a period of 2 or more days, it must be taken for the purposes of subsections (4) and (5) to have been committed on the last of those days.

Terrorism Act 2000 s.1

Terrorism: interpretation

1.—(1) In this Act "terrorism" means the use or threat of action where—   A1-083
      (a) the action falls within subsection (2),
      (b) the use or threat is designed to influence the government or an international governmental organisation or to intimidate the public or a section of the public, and
      (c) the use or threat is made for the purpose of advancing a political, religious, racial or ideological cause.
   (2) Action falls within this subsection if it—
      (a) involves serious violence against a person,
      (b) involves serious damage to property,
      (c) endangers a person's life, other than that of the person committing the action,
      (d) creates a serious risk to the health or safety of the public or a section of the public, or
      (e) is designed seriously to interfere with or seriously to disrupt an electronic system.
   (3) The use or threat of action falling within subsection (2) which involves the use of firearms or explosives is terrorism whether or not subsection (1)(b) is satisfied.
   (4) In this section—
      (a) "action" includes action outside the United Kingdom,

(b) a reference to any person or to property is a reference to any person, or to property, wherever situated,
(c) a reference to the public includes a reference to the public of a country other than the United Kingdom, and
(d) "the government" means the government of the United Kingdom, of a Part of the United Kingdom or of a country other than the United Kingdom.

(5) In this Act a reference to action taken for the purposes of terrorism includes a reference to action taken for the benefit of a proscribed organisation.

Sentencing Act 2020 Sch.A1 Offences where terrorist connection not required to be considered

A1-084

Source	Offence
Terrorism Act 2000	ss.11, 12, 15, 16, 17, 17A, 18, 19, 21A, 38B, 39, 54, 56, 57, 58, 58A, 58B and 59
Anti-Terrorism, Crime and Security Act 2001	s.113
Terrorism Act 2006	ss.1, 2, 5, 6, 8, 9, 10 and 11
Counter-Terrorism Act 2008	s.54
Terrorism Prevention and Investigation Measures Act 2011	s.23
Counter-Terrorism and Security Act 2015	s.10
Inchoate offences	An inchoate offence in relation to an offence specified in this Schedule

Sentencing Act 2020 Sch.1 Offences where terrorist connection to be considered committed before [29 June 2021]

A1-085

Source	Offence
Common law	Murder, manslaughter and kidnapping
Offences against the Person Act 1861	ss.4, 18, 23, 28, 29, 30 and 64
Explosive Substances Act 1883	ss.2, 3, 4 and 5
Biological Weapons Act 1974	s.1
Taking of Hostages Act 1982	s.1
Aviation Security Act 1982	ss.1, 2, 3, 4 and 6(2)
Nuclear Material (Offences) Act 1983	ss.1B, 1C and 2
Aviation and Maritime Security Act 1990	ss.1, 9, 10 and 11; and 14(4) where committed in respect of an offence under s.9 or 11
Channel Tunnel (Security) Order 1994 (SI 1994/570)	An offence under Pt 2
Chemical Weapons Act 1996	ss.2 and 11
Anti-Terrorism, Crime and Security Act 2001	ss.47 and 114

Source	Offence
Inchoate offences	An inchoate offence in relation to an offence specified in this Schedule

Guidance

In relation to offences committed before 29 June 2021, s.69 of the Sentencing Code only requires that the court consider whether an offence has a terrorism connection where that offence is listed in Sch.1 to that Code. However, the reality is that when an offence has a terrorist connection that will ordinarily be a significant aggravating factor whether or not the offence is listed in Sch.1. Accordingly, as the Sentencing Council's guideline on terrorism offences suggests, where a court is considering the seriousness of an offence committed before 29 June 2021 which is not specified in Sch.1 to the Sentencing Code, and it appears that the offence has or may have a terrorist connection, the court should still determine whether that is the case by hearing evidence where necessary. In this respect the transitional arrangements introduced by the Counter-Terrorism and Sentencing Act 2021 not only seem unnecessary but actively unhelpful by creating further complexity.

A1-086

Offences with a foreign power connection

Legislation

Sentencing Act 2020 s.69A

Offences where foreign power condition met

69A.—(1) This section applies where a court is considering the seriousness of an offence that—
    (a) is committed on or after [20 December 2023], and
    (b) is not an offence listed in subsection (2).
(2) Those offences are—
    (a) an offence under the National Security Act 2023 or an inchoate offence (see section 398) in relation to any such offence;
    (b) a relevant electoral offence within the meaning given by section 16 of that Act (foreign interference in elections).
(3) Where the foreign power condition is met in relation to the conduct that constitutes the offence, the court—
    (a) must treat that fact as an aggravating factor, and
    (b) must state in open court that the offence is so aggravated.
(4) Where an offence is found to have been committed over a period of 2 or more days, or at some time during a period of 2 or more days, it must be taken for the purposes of subsection (1) to have been committed on the first of those days.
(5) Section 31 of the National Security Act 2023 (meaning of foreign power condition) applies for the purposes of this section as it applies for the purposes of Part 1 of that Act.

A1-086a

National Security Act 2023 s.31

The foreign power condition

31.—(1) For the purposes of this Part the foreign power condition is met in relation to a person's conduct if—

A1-086b

(a) the conduct in question, or a course of conduct of which it forms part, is carried out for or on behalf of a foreign power, and
(b) the person knows, or having regard to other matters known to them ought reasonably to know, that to be the case.

(2) The conduct in question, or a course of conduct of which it forms part, is in particular to be treated as carried out for or on behalf of a foreign power if—
(a) it is instigated by a foreign power,
(b) it is under the direction or control of a foreign power,
(c) it is carried out with financial or other assistance provided by a foreign power for that purpose, or
(d) it is carried out in collaboration with, or with the agreement of, a foreign power.

(3) Subsections (1)(a) and (2) may be satisfied by a direct or indirect relationship between the conduct, or the course of conduct, and the foreign power (for example, there may be an indirect relationship through one or more companies).

(4) A person's conduct may form part of a course of conduct engaged in by the person alone, or by the person and one or more other persons.

(5) The foreign power condition is also met in relation to a person's conduct if the person intends the conduct in question to benefit a foreign power.

(6) For the purposes of subsection (5) it is not necessary to identify a particular foreign power.

(7) The foreign power condition may be met in relation to the conduct of a person who holds office in or under, or is an employee or other member of staff of, a foreign power, as it may be met in relation to the conduct of any other person.

Guidance

A1-086c By virtue of s.38 of the National Security Act 2023, if it is necessary in the interests of national security, a court may exclude the public from any part of proceedings relating to s.69A of the 2020 Act.

There are no reported cases giving further guidance on this statutory aggravating factor.

Using a minor to mind a weapon

Legislation

Sentencing Act 2020 s.70

Using a minor to mind a weapon
A1-087   70.—(1) This section applies where—
(a) a court is considering the seriousness of an offence under section 28 of the Violent Crime Reduction Act 2006 (using someone to mind a weapon), and
(b) when the offence was committed—
(i) the offender was aged 18 or over, and
(ii) the person used to look after, hide or transport the weapon in question ("the person used") was not.

(2) The court—
(a) must treat the fact that the person used was under the age of 18 when the offence was committed as an aggravating factor, and
(b) must state in open court that the offence is so aggravated.

(3) Subsection (4) applies where the offence is found to have involved the person used's having possession of a weapon, or being able to make it available—

(a) over a period of two or more days, or
(b) at some time during a period of two or more days.
(4) If, on a day during that period, sub-paragraphs (i) and (ii) of subsection (1)(b) were both satisfied, they are to be treated as both being satisfied when the offence was committed.

Guidance

There are no reported cases giving further guidance on this statutory aggravating factor. It is suggested, however, that although this factor is only a mandatory aggravating factor in relation to offences contrary to s.28 of the Violent Crime Reduction Act 2006 the theoretical principles underpinning it—that the use of children and young persons in offending by an adult offender tends to increase the harm (by corrupting those children or exposing them to more direct harm) and culpability of the offence—apply more broadly.

A1-088

Supply of controlled drug near school premises or involving child

Legislation

Sentencing Act 2020 s.71

Supply of controlled drug near school premises or involving child
71.—(1) This section applies where–
    (a) a court is considering the seriousness of an offence under section 4(3) of the Misuse of Drugs Act 1971 (supplying controlled drug etc), and
    (b) the offender was aged 18 or over when the offence was committed.
(2) If condition A or B is met, the court—
    (a) must treat the fact that the condition is met as an aggravating factor, and
    (b) must state in open court that the offence is so aggravated.
(3) Condition A is that the offence was committed on or in the vicinity of school premises at a relevant time.
(4) For the purposes of subsection (3)— "relevant time", in relation to school premises, is—
    (a) any time when the school premises are in use by persons under the age of 18;
    (b) one hour before the start and one hour after the end of any such time;
            "school" has the same meaning as it has in section 4A of the Misuse of Drugs Act 1971;
            "school premises" means land used for the purposes of a school excluding any land occupied solely as a dwelling by a person employed at the school.
(5) Condition B is that in connection with the commission of the offence the offender used a courier who, when the offence was committed, was aged under 18.
(6) For the purposes of subsection (5), a person uses a courier in connection with an offence under section 4(3) of the Misuse of Drugs Act 1971 if the person causes or permits another person ("the courier")—
    (a) to deliver a controlled drug to a third person, or
    (b) to deliver a drug-related consideration to the person or a third person.
(7) For the purposes of subsection (6), a drug-related consideration is a consideration of any description which—
    (a) is obtained in connection with the supply of a controlled drug, or
    (b) is intended to be used in connection with obtaining a controlled drug.

A1-089

(8) In this section, "controlled drug" and "supply" have the same meanings as in the Misuse of Drugs Act 1971.

Guidance

A1-090 There are no reported cases giving further guidance on this statutory aggravating factor. It is suggested, however, that although this factor is only a mandatory aggravating factor in relation to offences contrary to s.4(3) of the Misuse of Drugs Act 1971 the theoretical principles underpinning it—that the use of children and young persons in offending by an adult offender tends to increase the harm (by corrupting those children or exposing them to more direct harm) and culpability of the offence—apply more broadly.

Supply of psychoactive substances near school premises or involving child

Legislation

Sentencing Act 2020 s.72

Supply of psychoactive substance in certain circumstances

A1-091 **72.**—(1) This section applies where—
(a) a court is considering the seriousness of an offence under section 5 of the Psychoactive Substances Act 2016 (supplying psychoactive substance etc), and
(b) the offender was aged 18 or over when the offence was committed.

(2) If condition A, B or C is met the court—
(a) must treat the fact that the condition is met as an aggravating factor, and
(b) must state in open court that the offence is so aggravated.

(3) Condition A is that the offence was committed on or in the vicinity of school premises at a relevant time.

(4) For the purposes of subsection (3)—

"relevant time", in relation to school premises, means—
(a) any time when the school premises are in use by persons under the age of 18;
(b) one hour before the start and one hour after the end of any such time;
"school" has the same meaning as in section 6 of the Psychoactive Substances Act 2016;
"school premises" means land used for the purposes of a school excluding any land occupied solely as a dwelling by a person employed at the school.

(5) Condition B is that, in connection with the offence, the offender used a courier who, when the offence was committed, was aged under 18.

(6) For the purposes of subsection (5), a person uses a courier in connection with an offence under section 5 of the Psychoactive Substances Act 2016 if the person causes or permits another person ("the courier")—
(a) to deliver a substance to a third person, or
(b) to deliver a drug-related consideration to the person or a third person.

(7) For the purposes of subsection (6), a drug-related consideration is a consideration of any description which—
(a) is obtained in connection with the supply of a psychoactive substance, or
(b) is intended to be used in connection with obtaining a psychoactive substance.

(8) Condition C is that the offence was committed in a custodial institution.

(9) For the purposes of subsection (8), "custodial institution" means any of the following—
(a) a prison;

(b) a young offender institution, secure training centre or secure college;
(c) a removal centre, short-term holding facility or pre-departure accommodation (each, as defined in section 147 of the Immigration and Asylum Act 1999);
(d) service custody premises (as defined in section 300(7) of the Armed Forces Act 2006).

(10) In this section "psychoactive substance" has the same meaning as in the Psychoactive Substances Act 2016 (see section 2 of that Act);

Guidance

A1-092 There are no reported cases giving further guidance on these statutory aggravating factors. It is suggested, however, that the general principles underpinning these statutory aggravating factors, that offending is more serious when it puts children or young persons at risk, or exploits them, apply more broadly.

Specific Non-Statutory Aggravating Factors

General

A1-093 As noted in the introduction to this part, the court can take account of any factor it considers to aggravate the seriousness of the offence and should always give careful consideration to all the circumstances of the offence in determining its seriousness. The existence of statutory aggravating factors does not prevent this: s.77 of the Sentencing Code.

This part does not therefore set out all the aggravating factors that could be applicable to an offence but instead seeks to explore some of the more common or complicated aggravating factors. Further consideration of aggravating factors contained in the guidelines for specific offences is contained in the relevant parts of Pt B.

Prevalence

Introduction

A1-094 Frequent reference is made in the sentencing guidelines to the concept of prevalence as an aggravating factor. As is made clear in *R. v Sidhu*,[114] the aggravating factor of prevalence is not the same as increasing the sentence for deterrence. Although deterrence might justify greater sentences for offences that are considered to be prevalent, prevalence is also an aggravating factor in that it increases the seriousness of an offence. The harms caused by a single offender driving carelessly in an area may be relatively minimal, but where a significant number of people do so the harm caused or risked by the offending activity is increased, even if the culpability of the individual offender is not necessarily. Aggravation for prevalence is therefore justified on the grounds that the increased prevalence of the offending in the local area has increased the harm associated with the offending above that commonly found in the offence.

Allowing a judge to increase the sentence imposed for an offence for local prevalence has the potential to contradict the core aims of the sentencing guidelines,

---

[114] [2019] EWCA Crim 1034; [2019] 2 Cr. App. R. (S.) 34.

to increase consistency in sentencing and to move away from a system that was plagued with postcode lotteries. Accordingly, the courts have taken a very restrictive approach to the circumstances in which prevalence can properly be considered an aggravating factor. In all circumstances there will need to be cogent evidence of prevalence which has been properly considered, rather than lip service paid to a general impression of such, and it will need to be carefully considered whether the prevalence properly increases the seriousness of the offence. It is submitted, however, that where an offence is properly aggravated by reference to prevalence, no inconsistency follows; on the contrary, where the sentence imposed is in accordance with sentencing principles, in particular the consideration of offence seriousness, the sentence will be consistent.

Practice direction

A1-095 Paragraphs 9.5.19 to 9.5.23 of the Criminal Practice Directions 2023 provide guidance on the provision of community impact statements. These are statements prepared by the police to make the court aware of particular crime trends in the local area and the impact of those on the local community. Such statements must be made under s.9 of the Criminal Justice Act 1967 or as an expert report, and the maker of such a statement can be cross-examined. The statement should be referred to in the course of the sentencing hearing and/or in the sentencing remarks, and it can be summarised or read out in open court. Opinions expressed in such a statement as to what the sentence should be are not relevant and the court should pay no attention to them.

Critically, para.9.5.23 provides: "Except where inferences can properly be drawn from the nature of or circumstances surrounding the offence, a sentencing court must not make assumptions unsupported by evidence about the effects of offending on the local community".

Guidance

A1-096 The approach to be taken to prevalence is now summarised in the expanded definitions in the Sentencing Council's guidelines, which consolidates the existing case law (principally *R. v Bondzie*[115]). The guideline provides as follows:

1) Sentencing levels in offence-specific guidelines take account of collective social harm. Accordingly offenders should normally be sentenced by straightforward application of the guidelines without aggravation for the fact that their activity contributed to a harmful social effect on a neighbourhood or community.
2) It is not open to a sentencer to increase a sentence for prevalence in ordinary circumstances or in response to a personal view that there is "too much of this sort of thing going on in this area".

Accordingly, a sentencer will be entitled to treat prevalence as an aggravating factor only where:

1) there is evidence provided to the court by a responsible body or by a senior

---

[115] [2016] EWCA Crim 552; [2016] 2 Cr. App. R. (S.) 28 at [10] and [11].

2) the relevant statements or reports have been made available to the Crown and defence in good time so that meaningful representations about that material can be made; and
3) the sentencer is satisfied that the level of harm caused in a particular locality is significantly higher than that caused elsewhere (and thus already inherent in the guideline levels), that the circumstances can properly be described as exceptional and that it is just and proportionate to increase the sentence for such a factor in the particular case being sentenced.

In a number of cases the Court of Appeal (Criminal Division) has decried the generic nature of evidence being provided in support of an argument for prevalence (see *R. v Ali (Liaquat)*[116]). Those sentencing ought to consider carefully whether the evidence provided does properly support a finding of prevalence noting the exceptional nature of such a finding. To the extent that the Court of Appeal (Criminal Division) in *R. v Ezeh*[117] suggested that where certain matters of prevalence were issues of public record there might not be a need for specific evidence (there, the prevalence of young people carrying knives in London), it is suggested that the court erred and that strict compliance with *Bondzie* and the guideline is necessary even where there is no offence-specific guideline.

Additionally, the Court of Appeal (Criminal Division) has observed that it is probably better for a sentencing judge to avoid the use of the term "prevalence" save in those cases where they consider a *Bondzie*-uplift for exceptional local conditions is justified and the judge explains clearly why that is so on the evidence placed before the court: *R. v Ntim*.[118]

A1-097

Domestic abuse

In 2018, the Sentencing Council issued an overarching guideline on domestic abuse, replacing the previous Sentencing Guidelines Council guideline on domestic violence. The shift in language was purposeful, reflecting that domestic abuse can involve psychological, sexual, financial or emotional abuse as well as physical violence. The guideline provides that the domestic context of the offending behaviour makes the offending more serious because it represents a violation of the trust and security that normally exists between people in an intimate or family relationship. It provides a number of aggravating and mitigating factors of particular relevance to offences committed in a domestic context. Those factors are likely to assist a court in assessing the seriousness of offences.

A1-098

In all cases consideration should be given to the extent to which the fact an offence was committed domestically properly constitutes an aggravating factor. As the court observed in *R. v Baldwin*[119] the seriousness of the offence is not to be considered in a vacuum and it is by reference to the listed aggravating factors in the guideline that a judge will assess the enhanced seriousness of the offence.

---

[116] [2018] EWCA Crim 2359; [2019] 1 Cr. App. R. (S.) 27.
[117] [2017] EWCA Crim 1766.
[118] [2019] EWCA Crim 311.
[119] [2021] EWCA Crim 417; [2021] 4 W.L.R. 73.

Imposing aggravated sentence to reflect manner in which defence is conducted

A1-099 In *R. v Lowndes*,[120] it was held, considering other cases, that lies told by an accused, whether in interview or during the trial, are not capable of being a legitimate aggravating factor. Similarly, in *R. v Scott*,[121] it was held that in no circumstances should a sentence of imprisonment be passed simply because of the way in which the defence was presented. This would only be relevant when considering the value of any mitigation (presumably referring to remorse).

The behaviour of a defendant during trial, even where it is reprehensible, is likely only to remove the mitigation available to an offender, but it will not increase the seriousness of the offence. In contrast, the behaviour of an offender immediately after the commission of the offence, in removing evidence or blaming others, may constitute an aggravating factor depending on the circumstances of the offence.

Lack of remorse

A1-100 In *R. v Stead*,[122] it was held that the judge had fallen into error in treating evidence of little remorse as an aggravating factor. A more recent example can be seen in *R. v Ellis (James Andrew)*.[123] The correct approach is that where remorse is present it can appropriately be a mitigating factor, but its absence is never an aggravating factor. As discussed above in the introduction to this part, this is an illustration of how it is a mistake to think of aggravating and mitigating factors as being a zero-sum game, and to think that the absence of a mitigating factor comprises aggravation.

Risk/Dangerousness

A1-101 In *R. v Atkinson*,[124] the court held that the fact that a defendant had "almost" been found to be dangerous could not be an aggravating factor in the determination of the seriousness of the offence. The court's conclusion is plainly correct; the application of the dangerousness provisions (and thus the nature of the custodial sentence) cannot have an impact on the assessment of the seriousness of the offence. The risk an offender poses may well, however, be relevant to public protection as a purpose of sentencing (see A1-027).

Previous acquittal

A1-102 In *R. v Badawi*,[125] the court considered the relevance of a defendant's previous acquittal for a similar offence, noting that where the facts of a previous acquittal are disputed they should not be relied upon unless that can be resolved fairly in front of the court. On the facts of the case the court held that the judge had erred in treating the defendant's previous acquittal for rape as an aggravating factor in the sentencing of an offence of assault by penetration, as that acquittal must have made him acutely aware of the need to secure consent. The issue in the instant case had not been whether he thought consent important but whether or not he reasonably

---

[120] [2013] EWCA Crim 1747; [2014] 1 Cr. App. R. (S.) 75.
[121] (1983) 5 Cr. App. R. (S.) 90.
[122] [2019] EWCA Crim 2351; [2020] 1 Cr. App. R. (S.) 40.
[123] [2024] EWCA Crim 115; [2024] 2 Cr. App. R. (S.) 14.
[124] [2022] EWCA Crim 204.
[125] [2021] EWCA Crim 1729; [2022] 1 Cr. App. R. (S.) 57.

believed it had been given, accordingly the judge ought not to have had regard to the previous acquittal and its circumstances.

Where facts are disputed in an acquittal the court will in practice rarely ever be capable of resolving those facts (particularly so in absence of a disproportionate fact finding exercise) and so it is submitted it will be an unusual case in which the circumstances of a previous acquittal are capable of aggravating an offence. In principle, however, it appears that the court in *Badawi* did not close the door to treating a previous acquittal as an aggravating factor in an appropriate case.

Mitigating Factors

Mitigating in Private

In *R. (Weafer) v Ealing Justices*,[126] the court held that a sentencing court has jurisdiction to remove the public from the court in order to allow matters in mitigation to be advanced in private, but this is an exceptional step which should be avoided if there is any other way of serving the interests of justice. If an application is made for the court to exclude the public, that application should also be made in private and then the court should announce its decision (preferably in open court) before proceeding to deal with the matters in mitigation. Generally, however, it will be more desirable for private matters to be dealt with in writing, although there will be circumstances in which that cannot be done, as, for example, where mitigatory matter is being challenged and it has to be probed by cross-examination.

A1-103

There is no objection to private mitigation being put up to the court in writing without being read aloud, so long as counsel are fully informed and have the opportunity of dealing with it. This is often a desirable method of dealing with mitigation of which the offender is embarrassed (such as details of health conditions with which they suffer and the impact those conditions have on them).

As to the power to deal with the fact that an offender has given assistance to the prosecution in private, see A1-135.

Specific Mitigating Factors

Introduction

Mitigation tends to be focused on personal mitigation—i.e. non-offence-based factors. This may be because it is easier to identify factors which make an offence "worse" than make it "better" (and some support for this may be gained from the sentencing guidelines, which frequently include longer lists of aggravating than mitigating factors). Notwithstanding this focus on the personal element, there are important offence-based mitigating factors. In relation to factors which are (or tend to be) specific to a particular offence, see Pt B of this work. However, the following paragraphs contain common mitigating factors. While it may be convenient to think of the factors in this binary way—personal or offence-based—it is perhaps more useful to consider further delineation. Jacobson and Hough identified six

A1-104

---

[126] (1981) 3 Cr. App. R. (S.) 296 DC.

categories, in an empirical study of sentences imposed in the Crown Court.[127] They identified the following categories:

Category 1: the criminal act
- Low level of impact
- No violence/low level of violence
- Poorly executed/unsophisticated
- Played a minor role in relation to others
- Defendant suffered "rough justice"

Category 2: immediate circumstances of the offence
- Spontaneous offence
- Low level of recklessness/unintentional
- Provocation
- Acted under pressure from others

Category 3: wider circumstances at the time of the offence
- Offended in response to pressing need
- Vulnerability to the influence of others
- Social/intellectual limitations
- Youth/immaturity
- Offence linked to (treatable) psychiatric problems
- Under severe stress at the time of offence

Category 4: response to offence and prosecution
- Remorse/acknowledgement of the offence
- Efforts at reparation
- Co-operation with authorities
- Court process has been stressful/long-running
- Has spent time in custody on remand
- Has been addressing problems since arrest
- Supportive attitude of victims
- Consistency with co-defendants

Category 5: defendant's past
- Good character or limited previous convictions
- Has led a productive/worthwhile life
- Disadvantaged/disrupted background
- Traumatic life events
- General improvement in behaviour

Category 6: defendant's present and future
- Unlikely to re-offend/cause harm
- Can address/is addressing problems (e.g. drug, alcohol problems)
- Psychiatric problems are being/can be treated
- Has family responsibilities
- Has support from family/partner
- Currently in work/training/studying or has prospects of work/training/studies
- Physical illness, disability or old age

Of course, reference should in the first instance be made to the Sentencing Council's General Guideline; however, it is submitted that the above categories may be a use-

---

[127] J. Jacobson and M. Hough, "Personal Mitigation in England and Wales" in J.V. Roberts (ed), *Mitigation and Aggravation at Sentencing* (Cambridge: CUP, 2011), pp.146–167.

ful way in which to consider mitigation and to frame a plea in mitigation. Furthermore, some of these factors may need some further consideration (what is the justification for considering the defendant having led a "worthwhile life" to be mitigation, for example?) and so caution should be exercised before relying on a factor in the list that does not feature in the sentencing guidelines.

Guilty plea

Reductions for a plea of guilty are not reductions for mitigation and are justified on other practical grounds (see A1-154). As the Sentencing Council's guideline makes clear, a guilty plea should be considered by the court independent of the offender's personal mitigation. However, early admissions at interview, co-operation with the investigation and demonstrations of remorse may be capable of constituting personal mitigation. **A1-105**

Remorse

Remorse is a common form of personal mitigation at sentencing. The significance of offenders demonstrating remorse at the sentencing stage is purportedly rooted in the logic of responsive censure: that less censure is required where offenders accept the inappropriate nature of their wrongdoing and express regret in relation to their actions.[128] The relevance of remorse is likely to be influenced by the nature and seriousness of the offence in question, with remorse being a mitigating factor to which less weight can be given the more serious the harm suffered by the offending, and the culpability involved, was. Both the timing of the remorse, and the extent to which there is any corroborative evidence will be significant in determining the weight to be given to it: these factors will almost invariably speak to the genuineness and depth of remorse. Remorse is a difficult mitigating factor to pray in aid following a contested trial at which the offender has denied involvement. **A1-106**

Age

Youth

Youth is probably the most significant of all matters of mitigation. This is for two reasons: (1) the younger the offender the less culpable they are generally considered to be by reason of their reduced maturity; and (2) that the sentencing system in England and Wales in respect of those under age 18 at conviction is more individualistic and focused on the child or young person, than the offence-focused system applicable to those convicted when aged 18 or older. For more details on the approach to the sentencing of children and young persons, see Ch.A6. **A1-107**

Considerations of maturity and youth do not, however, end where an offender becomes 18. As the Lord Chief Justice held in *Attorney General's Reference (R. v Clarke)*,[129] while attaining the age of 18 has legal consequences it does not represent a "cliff edge" for the purposes of sentencing. The scientific evidence shows that young people continue to mature, albeit at different rates, beyond their 18th birthdays; and accordingly the youth and maturity of an offender will be factors that

---

[128] J.V. Roberts and H. Maslen, "Remorse and Sentencing" in J.V. Roberts and A. Ashworth (eds), *Sentencing Guidelines: Exploring the English Model* (Oxford: OUP, 2013), p.134.
[129] [2018] EWCA Crim 185; [2018] 1 Cr. App. R. (S.) 52.

inform any sentencing decision, even if offenders have passed their 18th birthday. Accordingly, even where an offender has passed 18 where there is evidence about their youth and maturity there is a need to reflect on that and make allowances for it when assessing an offender's culpability. In cases relating to offenders who are still particularly near to the age 18, courts have sometimes adopted the approach taken in the Sentencing Council's guideline for children and young persons of making a percentage reduction to the sentence that would be imposed in the case of adults, normally in the region of 10 to 20%: see, for example, *R. v Ahmed (Sharmarke) and others*.[130] Care should be taken in adopting that approach but it is suggested that in all cases the guidance given in that guideline in relation to assessing the maturity of an offender will be helpful. In *Attorney General's Reference (R. v Alexander)*,[131] the court held on the particular facts that the defendant (aged 26 at the time of the hearing and aged 23 and 24 at the date of the offences) was "not a youth, nor indeed a young person who had recently been a youth" and accordingly the Children and Young People Definitive Guideline was not applied.

All cases on the issue are fact-specific, and it should not be assumed that an offender is immature simply because of their age. As the court observed in *R. v Assaf*[132] the force of the proposition that an offender's 18th birthday is not a cliff edge is greater in cases where the criminality involves relatively short-lived episodes, even if the episodes are repeated, than it is in the case of well-planned and sophisticated offences.

Advanced age

A1-108   In *R. v Clarke; R. v Cooper*,[133] the Registrar of Criminal Appeals referred two otherwise unconnected cases to the Court of Appeal (Criminal Division) to allow the court to consider the approach to sentencing offenders of advanced age (in these cases, aged 101 and 96). The court held that it is clear that old age is a material mitigating consideration and will frequently be combined with considerations of ill health. The focus of the court will be on the extent to which a custodial sentence will be more onerous, compared with a younger, fitter offender. Old age and extreme old age are both relevant aspects of that consideration even in the absence of specific health considerations. It is the personal impact on these offenders that makes age mitigation, not their generally reduced culpability. However, while an offender's diminished life expectancy, age, health and the prospect of dying in prison are factors legitimately to be taken into account in passing sentence, they have to be balanced against the gravity of the offending and they should therefore only be taken into account in a limited way in the context of serious offending.

The court considered that it will be important for a court in such cases to have reports which enable the court to engage with and consider such issues. Analysis of the impact will need to be done on a case-by-case basis looking at the individual circumstances of the offender, not simply by looking at general statistical information. The courts should proceed on the basis that appropriate provision can be made in prison for the offender's advanced age and offenders must provide firm evidence to the contrary if the court is to be invited to proceed on a different basis.

A Nuffield Trust report found that in 2017–2018, prisoners aged 50 or over had

---

[130] [2019] EWCA Crim 1085; [2019] 4 W.L.R. 150.
[131] [2021] EWCA Crim 1031.
[132] [2019] EWCA Crim 1057; [2020] 1 Cr. App. R. (S.) 3.
[133] [2017] EWCA Crim 393; [2017] 2 Cr. App. R. (S.) 18.

24% fewer inpatient admissions, 28% fewer outpatient appointments and 34% fewer A&E attendances than persons of the same age who were not in prison. The report concluded that prisoners had poorer access to hospital services than people of the same age in the general population. The report also found that prisoners aged 50 or over also missed more outpatient appointments than the general population of the same age (35% compared with 20%), but missed fewer appointments than the prison population as a whole (35% compared with 40%).[134]

Coercion

In *R. v Monaghan*,[135] the court dealt with an offender for an offence of robbery in circumstances where the court stated that the sentencing judge ought to have recognised the element of coercion present in the case which had a link to the offence. In [2021] Crim. L.R. 605, Lyndon Harris suggested:

A1-109

> "In cases involving coercion in circumstances where the defendant has in some form or another laid themselves open to the threats/pressure/coercion, the general approach appears to be to limit (or otherwise reduce) the mitigating effect of the coercion etc. Such is intuitive. As the diminished responsibility manslaughter guidelines illustrate, for instance, the sentencing court must determine the degree of responsibility retained; however, the extent to which the offender contributed to seriousness of the mental disorder at the time of the offence may increase responsibility.
>
> But one perhaps needs to examine the underlying circumstances with care. For instance, if a defendant had experienced a traumatic life event that had led to the drug taking that had led to the drug debt that had led to the exposure to threats to sell drugs in order to service that debt, there might be a more merciful course to take. In such circumstances, it may be that the "responsibility" for the element of coercion is relatively low. This appeals to one's sense of natural justice and fairness; in the given example, the compulsion to embark upon the path ultimately leading to the drug supply conviction is greater than for a person similarly situated without the traumatic life event. If culpability serves to reflect, in broad terms, responsibility or blameworthiness, then that defendant ought to receive a more lenient sentence than a defendant who had not experienced the same traumatic life event."

Health

Physical health

Generally The leading case in sentencing offenders with medical conditions is *R. v Bernard*,[136] in which the court derived four key principles from the previous cases:

A1-110

1) a medical condition which may at some unidentified future date affect either life expectancy or the prison authorities' ability to treat a prisoner satisfactorily is not a reason to interfere with an otherwise appropriate sentence;
2) the fact that an offender has a reduced life expectancy is not generally a reason which should affect sentence;
3) a serious medical condition, even when it is difficult to treat in prison, will

---

[134] M. Davies, L. Rolewicz, L. Schlepper and F. Fagunwa, *"Locked out? Prisoners use of healthcare"* Nuffield Trust Research Report, 2020, p.42.
[135] [2020] EWCA Crim 1785; [2021] 1 Cr. App. R. (S.) 58.
[136] [1997] 1 Cr. App. R. (S.) 135 CA.

not automatically entitle an offender to a lesser sentence than would otherwise be appropriate; and

4) an offender's serious medical condition may enable a court, as an act of mercy in the exceptional circumstances of a particular case, rather than by virtue of any general principle, to impose a lesser sentence than would otherwise be appropriate.

In *R. v Qazi and Hussain*,[137] the court further supplemented this guidance, holding that when sentencing an offender with a medical condition:

1) a court is entitled to take into account the fact that there are arrangements in place to ensure that prisoners with severe medical conditions in public sector prisons are treated in accordance with their rights under the ECHR, and that there is a duty on the Secretary of State to release a prisoner if that is the only way a breach of their art.3 (prohibition of inhuman or degrading treatment) rights can be remedied;
2) there is, therefore, no need for a court to be concerned in the allocation of an offender to a specific prison or to enquire into the facilities in prison for the treatment of a medical condition—the court can be satisfied that there was a proper system for allocation to a prison where health care could be provided;
3) it is only where the very fact of imprisonment itself might expose the individual to a real risk of an art.3 breach that the court will be called on to enquire into whether sentencing a person to custody will actually involve a breach; it was doubtful whether such circumstances would ever arise, but if they did, the sentencing court, and the CPS, had to be provided with detailed medical evidence with an attached statement of truth by a properly qualified medical expert setting out why imprisonment per se would cause a breach; this should be done well in advance so that the prosecution would have adequate time to make enquiry and to respond; and
4) such cases apart, the defendant's medical condition is relevant solely to the length of the sentence in accordance with the principles established in *Bernard*.[138]

In *Hall*,[139] the court held that independent of the exceptional cases considered in *Qazi and Hussain*, the sentencing court was fully entitled to take account of a medical condition by way of mitigation as a reason for reducing the length of the sentence, either on the ground of the greater impact which imprisonment would have on the appellant, or as a matter of generally expressed mercy in the individual circumstances of the case. However, it would not necessarily do so, and normally would not do so, if the powers of release under the prerogative would provide sufficient response in a case of possible future deterioration, nor would it normally do so if the prisoner represented a danger from which the public needed to be protected.

A1-111 In *R. v AS*,[140] the court considered the decisions in *Bernard*, *Qazi and Hussain* and *Hall*, and noted that:

1) the Secretary of State had the power to release prisoners on compassionate grounds under s.248 of the Criminal Justice Act 2003 and that the ap-

---

[137] [2010] EWCA Crim 2579; [2011] 2 Cr. App. R. (S.) 8.
[138] [1997] 1 Cr. App. R. (S.) 135 CA.
[139] [2013] EWCA Crim 82; [2013] 2 Cr. App. R. (S.) 68.
[140] [2018] EWCA Crim 318; [2018] 1 W.L.R. 5344.

proach to that decision was set out in Prison Service Order 6000 Ch.12. The court observed that while the order made clear that ordinarily such release would not be ordered on the basis of facts of which the sentencing court was aware, this was not a bar to early release where the court was aware that a prisoner's illness was terminal but could not know with precision when it would end the prisoner's life;

2) the court stated that in cases of serious ill health, the Court of Appeal (Criminal Division) may have regard to a significant deterioration in a medical condition that was known at the date of sentencing, but noted that the cases in which it would be appropriate to do so were, however, rare: first, the case had to be one where the appellant could bring him/herself within the *Bernard* principles; and secondly, the medical evidence establishing the deterioration had to be received by the court as fresh evidence pursuant to s.23 of the Criminal Appeal Act 1968.

What was known at the time of sentence There is a distinction in cases of ill-health as mitigation between cases where medical conditions and their effects that were known about at sentencing, and those that were not known about at sentencing. In *R. v Watson*,[141] the court endorsed the decision in *R. v Shaw*,[142] in which the court at [12] stated: A1-112

> "It is true that on occasions this court will have regard to matters arising since the sentence was passed, for example an appellant's good progress in prison. Generally speaking it is likely to do so only where it has already concluded that the sentence passed in the Crown Court was either manifestly excessive or unduly lenient and where it is considering what sentence to impose in its place. We consider that in a situation such as has arisen in this case it will normally be appropriate for this court to leave it to the Secretary of State to decide whether to exercise his powers under section 248 [of the Criminal Justice Act 2003 (the power to release on compassionate grounds)] …"

It is submitted that this places a responsibility on legal representatives to obtain sufficient information; a court is unlikely to be sympathetic to a submission that the information should now be taken into account, but wasn't below, because counsel/solicitors did not seek to obtain the necessary information.

It is clear from the cases that whether a reduction should be made for ill physical health will be intensely fact-specific. It is suggested that in order to justify a reduction, it is necessary to demonstrate the effect the ill health will have on the experience in custody, by reference to evidence specific to the offender, and to establish that that effect is so significant that it is necessary to reduce the custodial term to preserve some parity with sentences for offences of similar gravity. It is evident that the practice of the Court of Appeal (Criminal Division) is that this is a very difficult factor via which to achieve a reduction in sentence as the strong presumption is that the prison service can adapt to the physical health difficulties suffered by a prisoner.

Offenders with mental health conditions and disorders

There is now a definitive guideline on the topic of offenders with mental disorders. Guidance is provided on the types of mental disorders and the ways in A1-113

---

[141] [2021] EWCA Crim 1248.
[142] [2010] EWCA Crim 982.

which evidence of such conditions can be relevant to the sentencing process. Guidance is provided on the process, the assessment of culpability (and the extent to which it is reduced by the mental disorder) and how to determine the appropriate sentence. The guideline therefore addresses the severity of the sentence and the nature of the sentence, and guidance is provided in Annex C as to the various mental health specific disposals and release arrangements. Additionally, Annex A provides guidance on the main classes of mental disorder and their presenting features (not that courts are invited to engage in their own diagnosis of defendants).

A1-114 As to the relevance of mental disorders, in *R. v PS; R. v Dahir; R. v CF*[143] the court noted that they may be relevant to sentencing in a number of ways.

1) First, mental health conditions and disorders which were present at the time of the offence may be relevant to the assessment of the offender's culpability in committing the crime in question. Mental health conditions and disorders may, for example, impair the offender's ability to exercise appropriate judgment, make rational choices or understand the consequences of their actions, or may have caused the offender to behave in a disinhibited way. Where the mental condition has been exacerbated by a failure to take prescribed medication, or by "self-medication" with controlled drugs or alcohol, the sentencer will consider whether the offender's conduct was wilful or arose, for example, from a lack of insight into their condition.

2) Secondly, an offender's mental health at the time of sentence may be relevant to the type and length of sentence imposed and, in particular, to whether a disposal under the Mental Health Act 1983 or a suspended sentence is appropriate. In accordance with the principles applicable in cases of physical ill health, mental health conditions and disorders can only be taken into account in a limited way so far as the impact of custody is concerned. Nevertheless, the court must have regard both to any additional impact of a custodial sentence on the offender because of their mental health, and to any personal mitigation to which their mental health is relevant. Although there is as yet no overarching principles guideline for the sentencing of offenders with mental health conditions or disorders, the mental health of the offender is a factor that sentencers are required to consider at Step 1 or Step 2 of the process set out in offence-specific guidelines.

3) Thirdly, mental health conditions and disorders may be relevant to an assessment of whether the offender is dangerous within the meaning of the Sentencing Code (see s.308).

4) Fourthly, they may need to be taken into account in ensuring that the effect of the court's sentence is clearly understood by the offender and in ensuring that the requirements of a community order or an ancillary order are capable of being fulfilled by the offender.

Accordingly, sentencing an offender who suffers from a mental disorder or learning disability necessarily requires a close focus on the mental health of the individual offender (both at the time of the offence and at the time of sentence), as well as on the facts and circumstances of the specific offence. In some cases, the fact that the offender suffers from a mental health condition or disorder may have little or no effect on the sentencing outcome. In others, it may have a substantial

---

[143] [2019] EWCA Crim 2286; [2020] 4 W.L.R. 13.

impact. Where a custodial sentence is unavoidable, it may cause the sentencer to move substantially down within the appropriate guideline category range, or even into a lower category range, in order to reach a just and proportionate sentence. A sentence or two in explanation of those choices should be included in the remarks. The court must be alive to the possibility of mental health conditions or disorders and it is important, when commissioning pre-sentence, psychiatric or psychological reports, that the issues to which the reports are relevant should be clearly identified. The younger the offender, and the more serious the offence, the more likely it is that the court will need the assistance of expert reports. Where reports obtained post-conviction reveal features of the offender's mental health that are relevant to sentence but that conflict with the case that the offender had advanced at trial, sentencers must remain true to the jury's verdict, but within those confines form their own view as to the proper basis for sentence.

Entrapment

The courts have taken a mixed approach to the extent to which entrapment that does not amount to an abuse of process can properly be taken into account as mitigation. **A1-115**

As a matter of principle it is accepted that entrapment that does not amount to an abuse of process can be taken into account as mitigation. In *R. v Sang*,[144] in a judgment subsequently endorsed by the House of Lords (*R. v Sang*[145]) and the Court of Appeal (Criminal Division) (in *R. v Underhill*,[146]) it was held that if a court is satisfied that a crime has been committed which in truth would not have been committed but for the activities of the informer or police officers concerned, it can, if it thinks right so to do mitigate the penalty accordingly.

As with entrapment in abuse of process applications, this is not limited to entrapment by state actors and instigation by journalists has been recognised as a mitigating factor; see *R. v Tonnessen*[147] and *R. v Barnett*.[148]

In practice, however, entrapment is unlikely to successfully found a ground of mitigation. As the court in *Underhill* observed, there is an important distinction between infiltration and illegitimate instigation. Unless it can be shown that there has been illegitimate instigation the court is unlikely to consider any state or private entrapment as mitigation. Accordingly, in a number of cases the Court of Appeal (Criminal Division) has rejected arguments that entrapment amounted to mitigation, observing in essence that in all cases the "entrapping party" had simply provided an opportunity for the offending and had not actively encouraged or instigated it, or placed pressure on the offender to do so: see *R. v Ramen*[149] (where police officers had sent a bundle of letters including £100, following suspicions the offender—a post office worker—was stealing money from remittances); *R. v Hooper*[150] (supply of drugs to police informers, where it was observed the offender's will was not overborne in any way and he was simply tempted); and *R. v* **A1-116**

---

[144] (1979) 68 Cr. App. R. 240 CA.
[145] [1980] A.C. 402.
[146] (1979) 1 Cr. App. R. (S.) 270.
[147] (1998) 2 Cr. App. R. (S.) 328 CA.
[148] [2007] EWCA Crim 1625; [2008] 1 Cr. App. R. (S.) 61.
[149] (1988) 10 Cr. App. R. (S.) 334.
[150] [2002] EWCA Crim 621.

Copley[151] (attempted child sexual offences where the offender had engaged in conversations online with a fake child set up by a couple).

There appears to be an inverse correlation between the extent of the reduction in sentence for mitigation and the seriousness of the offence. As such, when reductions are made they will seemingly depend on the seriousness of the offence, as well as the extent to which the offender's will was overborne and there was improper instigation: see, for example, *R. v Middelkoop and Telli*[152] (in which it was observed that in the case of international drug trafficking any reduction would be very small).

Assistance given to the prosecution

A1-117　For the relevance of assistance given to the prosecution as a matter of mitigation, see A1-135.

Impact of imprisonment on dependents

A1-118　In *R. v Petherick*,[153] the court made a number of general observations in relation to the sentencing of those with dependents:

1) The sentencing of a defendant inevitably engages not only the defendant's own art.8 right to family life but also that of their family and that includes (but is not limited to) any dependent child or children. The same will apply in some cases to an adult for whom a defendant is a carer, whether there is a marital or parental link or not. Almost by definition, imprisonment interferes with, and often severely, the family life not only of the defendant but of those with whom the defendant normally lives and often of others as well. Even without the potentially heart-rending effects on children or other dependents, if a family is likely to be deprived of its breadwinner, the family home not infrequently has to go, schools may have to be changed. Lives may be turned upside down by crime.
2) The right approach in all art.8 cases is to ask these questions:
   (a) Is there an interference with family life?
   (b) Is it in accordance with law and in pursuit of a legitimate aim within art.8.2?
   (c) Is the interference proportionate given the balance between the various factors?

That approach is as true of sentencing as of any other kind of case in which family life is in question. Of course in sentencing, the first two questions will usually be straightforward. There will almost always be some interference with family life and it will be in accordance with law and due to legitimate aims. It is the third question which may call for careful judgement.

1) Even at common law it has long been recognised that where there are dependent children that is a distinct consideration to which full weight must be given in sentencing. A criminal court accordingly ought to be informed about the domestic circumstances of the defendant and where the family life of others, especially children, will be affected it will take it into

---

[151] [2016] EWCA Crim 894.
[152] (1997) 1 Cr. App. R. (S.) 423.
[153] [2012] EWCA Crim 2214; [2013] 1 Cr. App. R. (S.) 116.

consideration. It will ask whether the sentence contemplated is or is not a proportionate way of balancing such effect with the legitimate aims that sentencing must serve.

2) The legitimate aims of sentencing have to be balanced against the effect that a sentence often inevitably has on the family life of others, including the need of society to punish serious crime, the interest of victims that punishment should constitute just deserts, the needs of society for appropriate deterrence and the requirement that there ought not to be unjustified disparity between different defendants convicted of similar crimes. Just as a sentence may affect the family life of defendants and of their innocent family, so the crime will very often have involved the infringement of other people's family life. It will be especially where the case stands on the cusp of custody that the balance is likely to be a fine one. In that kind of case the interference with the family life of one or more entirely innocent children can sometimes tip the scales and means that a custodial sentence otherwise proportionate may become disproportionate. The likelihood, however, of the interference with family life which is inherent in a sentence of imprisonment being disproportionate is inevitably progressively reduced as the offence is the graver.

3) In a case where custody cannot proportionately be avoided, the effect on children or other family members might afford grounds for mitigating the length of sentence, but it may not do so. If it does, it is quite clear that there can be no standard or normative adjustment or conventional reduction by way of percentage or otherwise. It is a factor which is infinitely variable in nature and must be trusted to the judgement of experienced judges.

Academic research has shown that there are many ways in which children might be affected by the imprisonment of parental figures, and empirical data indicates that children with imprisoned mothers are more likely to suffer negative effects than children with imprisoned fathers.[154] Empirical research by Shona Minson identifies that children can be understood to suffer from three categories of harm as a result of maternal imprisonment, these being "confounding grief" (as a child's day-to-day life is changed and confused); "secondary prisonisation" (as children become used to physical changes to their home, caregiver and education, which are compounded by changes to the mother and child relationship as it becomes constrained by the restrictions resulting from imprisonment) and "secondary stigmatisation" (in which children are stigmatised as a result of their relationship with their mother).[155] Accordingly, the harms experienced by children as a result of maternal imprisonment must necessarily be understood as being wide-ranging and profound. The difficulty in sentencing those with caring responsibilities is balancing that harm against the need for punishment to reflect the seriousness of the offending. It is trite to say that having dependent children cannot be a "get out of jail free" card and practitioners and sentencers are reminded that although this is a factor which ought properly be taken into account, by reference to the decision in

---

[154] S. Minson, "Direct harms and social consequences: An analysis of the impact of maternal imprisonment on dependent children in England and Wales" (2019) 19(5) *Criminology & Criminal Justice* 519, 520.

[155] See S. Minson, "Direct harms and social consequences: An analysis of the impact of maternal imprisonment on dependent children in England and Wales" (2019) 19(5) *Criminology & Criminal Justice* 519 and S. Minson, *Maternal Sentencing and the Rights of the Child* (London: Palgrave, 2019).

Petherick and the Sentencing Council's Imposition of Community and Custodial Sentences Definitive Guideline (2017), there is a statutory obligation on sentencers to impose sentences that are proportionate to the seriousness of the offence(s) and therefore it is submitted that this factor can only have a limited effect in so-called "cusp cases". This factor now features in offence-specific guidelines and thus reference to *Petherick* may be, generally, unnecessary.

A1-119   It is suggested that to the general observations in *Petherick* can be added the following:

1) Whether a reduction is made, or the extent to which a reduction is made, will inevitably be fact-specific, depending most significantly on the scale of the interference with the family life of any dependents and the seriousness of the offence. In this respect it is noted that it is best practice for advocates to provide clear and specific evidence as to the impact on these dependents, and not to rely simply on general observations and evidence (albeit such evidence might usefully assist the specific submissions). In the case of children, their age and ability to care for themselves will always be relevant, with the impact tending to be considered as lesser the older the children get.

2) Courts will often enquire into the extent to which alternative arrangements are available for care, and the impacts that would have on those who would have to take on those caring responsibilities. In this respect it is noteworthy that in many cases reference is made to the offender being the "sole" or "primary" carer for the dependent. While it must be recognised that the impact will be greater on any dependent where an unfamiliar carer has to take on caring responsibilities (even if that carer is available) it has been suggested (in the context of extradition) that where a child or children has been living in a single household with both their parents, and the thrust of the evidence was that they were a united family, to describe one parent as the "primary carer" and the other parent as "not the primary carer" was utterly inappropriate: *Ciemniak v Poland*.[156] Where caring responsibilities are split, advocates should consider carefully how to evidence the scale of the offender's role and the significant impacts their absence may have on the family.

3) Moreover, it is critically important, as underlined by the court in *R. v Rescorl*,[157] that advocates provide, and sentencers are satisfied that they have, clear and sufficient information about the practicability of any care arrangements which it is said will be brought into effect in the event of an immediate custodial sentence. A carer cannot rely on his or her own failure to make proper care arrangements, with the result that children may have to be taken into the care of the local authority, as a reason for not imposing an immediate custodial sentence where such a sentence is necessary. But in deciding the fact-sensitive issue of whether the effects of the sentence on innocent dependants may render a custodial sentence disproportionate, the judge must have the information necessary to reach a fair conclusion.

In summary, therefore, it is submitted that this factor is of limited weight, having regard to the duty to impose a sentence that is commensurate with the seriousness of the offence. Only where the permissible range of sentences that could be imposed

---

[156] [2019] EWHC 1340 (Admin); [2019] A.C.D. 82 QBD (Holman J).
[157] [2021] EWCA Crim 2005.

for a particular offence include either a non-custodial sentence or a suspended sentence order will this factor likely be properly able to be relied on in avoiding sentencing an offender to a sentence of immediate custody.

Pregnancy

Although reference is now frequently made to the decision in *Petherick*, it should not be assumed that caring responsibilities, or even pregnancy, are a "get out of jail free" card. This is illustrated by the case of *R. v Green*,[158] in which the Court of Appeal (Criminal Division) upheld a sentence of immediate imprisonment imposed for theft of £900 from a vulnerable elderly victim in circumstances where the offender was the primary carer for three children aged six, eight and 11, and was pregnant with her fourth child and going to give birth in prison, noting that she would be given a place on the Mother and Baby Unit in the prison where she would be excellently cared for and where the father could be present for the birth, on the grounds that the offence was so serious immediate imprisonment was required. It should, however, be noted that there are only limited Mother and Baby Units (six in summer 2020) in England and Wales,[159] and admission to a unit is not automatic. Even where a mother can be admitted to a Mother and Baby Unit it will often have significant impacts on her other relationships as it may involve moving prisons to a location far from other family and friends.

A1-120

By contrast, in *R. v Charlton*,[160] the court held in circumstances where the defendant was pregnant (when added to other personal mitigation) it was appropriate to disapply the minimum sentence provisions and impose a suspended sentence order.

Further, in *R. v Bassaragh (Maya Tiger)*,[161] the court received evidence regarding the risks concerning pregnancy in custody:

1) all prison pregnancies were categorised as, in general terms, "high risk" pregnancies, by the NHS, the Prison Ombudsman, and the Ministry of Justice. Specifically:
2) the rate of stillbirths in prison was much higher than that in the community;
3) there were increased rates of premature birth, low birth weight, and perinatal mental health difficulties in prison as compared with rates in the community; and
4) one in 10 prison pregnancies result in a birth in the prison or en route to hospital because of limitations in the availability of urgent transport.

The court also received individualised medical evidence in respect of the appellant, and noted that as a Black woman, the risks were elevated as the rates of many adverse pregnancy outcomes were higher for Black women.

Commenting in the *Criminal Law Review*, Lyndon Harris observed that the recitation of the general empirical position regarding heightened risks for those who are pregnant in custody was very useful, but that the judgment illustrated the need to have detailed medical evidence addressing the specific risks to the defendant/appellant, in addition to the generalised evidence.

It is clear that this will be a fact-specific decision, however factors such as pregnancy and caring responsibilities for dependent relatives should make a

---

[158] [2017] EWCA Crim 1204; [2018] 1 Cr. App. R. (S.) 4.
[159] See *https://www.gov.uk/life-in-prison/pregnancy-and-childcare-in-prison* [Accessed 16 July 2023].
[160] [2021] EWCA Crim 2006.
[161] [2024] EWCA Crim 20; [2024] 2 Cr. App. R. (S.) 11.

sentencing court think very carefully about whether (a) the custodial threshold is in fact crossed; and if so (b) whether the sentence could be suspended. No mitigation can justify an unduly lenient sentence and so the task is to articulate why the particular factor is sufficiently powerful to justify the proposed outcome.

Delay

A1-121 Delay (in charge or in the conclusion of proceedings) is capable of causing injustice to both sides: *R. v Beattie-Milligan (Lydia Catherine)*.[162] On one hand, unjustifiable delay imposes an extra strain on a defendant (and their family), and it may be justifiable for a court to take account of this unjustified delay in mitigation. On the other, victims and their families will also have to endure the wait.

When considering delay as a proposed mitigating factor, the following considerations are relevant:

1) The complexity of the case, and the conduct of the administrative and judicial authorities: *Rummun v Mauritius*.[163] It is suggested that the more serious the offence, and the more justified the delay (for example delays necessary because of the complexity of the evidence), the less likely such delay is to constitute a significant mitigating factor. Similarly, whether the cause of the delay is a culpable failure by the investigators, prosecution or court, or the defendant is clearly relevant.

   Where a conviction follows trial, the defendant should not be penalised for having contested his trial, but any delay attributable to their contesting the case would have to be wholly out of the ordinary for any reduction to be given: *R. v Timpson (Thomas)*.[164] Similarly, a defendant who delays a plea is not entitled to credit for that delay, even where that delay is extended by other causes: *R. v Iqbal (Nadira)*.[165]

2) Whether delay has meant more punitive sentencing disposals are now available because of a change of age.

3) The impact of the delay on the defendant. The rationale for a reduction because of delay is that the offender has been punished to a degree simply by having the matter hanging over them for a long period of time: *R. v Gordon (Alanzo Zion)*.[166] As identified in *Gordon* it is therefore necessary to consider whether there has been a notable impact on the defendant, such as anxiety or impacts on employment (and in *Gordon* continued criminality whilst on bail or under investigation suggested it had not).

A1-122 Time spent on recall will not generally require a reduction in sentence for delay: see *R. v Ali*[167] in which there was a delay between pleas in June 2019 and sentence in May 2021 because of the need for a co-defendant's case to conclude. It is suggested that as a matter of principle, time spent on remand as opposed to as a sentenced prisoner whilst awaiting the conclusion of a co-defendants case may be a matter of mitigation given the more onerous regime for such prisoners.

---

[162] [2019] EWCA Crim 2367; [2020] 2 Cr. App. R. (S.) 10.
[163] [2013] UKPC 6; [2013] 1 W.L.R. 598.
[164] [2023] EWCA Crim 453.
[165] [2023] EWCA Crim 1583.
[166] [2022] EWCA Crim 1610; [2023] 1 Cr. App. R. (S.) 51.
[167] [2021] EWCA Crim 1887.

Provocation/duress/self-defence

To the extent that there is significant provocation, duress or self-defence that is insufficient to form a defence to an offence, the courts have often been willing to recognise them as a mitigating factor. All of them reflect a generally reduced level of culpability where genuinely present. Examples are provided by *Attorney General's Reference (R. v Davis)*,[168] in which provocation involving highly offensive racist language was recognised as a strong mitigating factor even in the context of an offence of wounding with intent; *Attorney General's Reference (R. v Batchelor)*,[169] in which the victim's repeated anti-social behaviour was considered to be mitigation in the context of an offence of arson, reckless as to whether life was endangered; and *Attorney General's Reference (R. v Wood)*[170], in which it was accepted that a degree of coercion falling short of duress was part of the substantial mitigation available to the offender in the context of an offence of encouraging or assisting the commission of an offence believing that this would be committed.

A1-123

In *R. v DM; R. v SC*,[171] the court held that the court could not accept the submission that, in sentencing for a murder committed by stabbing where the appellants had brought knives to the scene expecting a violent altercation, mitigation was to be found in the suggestion that knives were carried with a view to self-defence against a young man who was himself expected to be armed. In rejecting the submission regarding self-defence, reliance was placed on the jury's rejection of their defence of self-defence, the court noting there was "no escape from [that] fact". Yet it is suggested that this appears to elide issues of criminal liability and culpability. As was argued in [2020] Crim. L.R. 259, the defence of self defence is established where a person uses such force as is reasonable in the circumstances he or she believes them to be for the purposes of defending themselves or another. Where the defence is not made out, the fact that a person has acted in self-defence but, perhaps, used excessive force, is a factor relevant to culpability when sentencing. Therefore, it is suggested that the jury's rejection of self-defence is not therefore determinative of whether there was excessive self-defence.

A court might consider how carrying a weapon for the purposes of self-defence bears on culpability; here the precise arrangements of the meeting between offenders and victim are highly relevant. Had the meeting been arranged by the victim, and the offenders were told to expect a violent altercation, then there may be scope for the carrying of a weapon for the purposes of self-defence to operate as a mitigating factor. There remains a question as to whether that is an overly simplistic approach to analysing what might be a complex scenario where neither side can be neatly described as either aggressor or unwilling participant to the exclusion of the other.

It is suggested that an action of violence born out of self-defence (not amounting to a defence in law) reduces culpability because it impacts on the motivation for the offending. In the circumstances of this case, where there was a history of antagonism between the parties and a violent altercation expected, the point is of little weight, however; had the offenders been unwilling participants, they could have chosen not to attend the meeting. The point perhaps has greater force where a weapon is carried routinely through fear of an unknown attack, rather than car-

A1-124

---

[168] [2018] EWCA Crim 2982.
[169] [2018] EWCA Crim 2506; [2019] 1 Cr. App. R. (S.) 32.
[170] [2019] EWCA Crim 1633; [2020] 1 Cr. App. R. (S.) 34.
[171] [2019] EWCA Crim 1354; [2020] 1 Cr. App. R. (S.) 17.

ried to a pre-arranged meeting for the purposes of a violent altercation. Perhaps also the matter is easily dealt with by a finding of fact that a weapon was or was not (wholly or partially) carried for the purposes of self-defence. That may guide the court's hand as to how it is to be treated.

It is submitted that the extent to which a sentence should be reduced for these factors is intensely fact-specific and that the Court of Appeal (Criminal Division) will be slow to interfere with the exercise of a first instance judge's discretion. That is particularly so where sentence follows a contested trial in which the issue of duress/self-defence was unsuccessfully pleaded as a defence.

Prison conditions

A1-125   In *R. v Bibi (Bashir Begum)*,[172] Lord Lane CJ emphasised the importance of sentencers examining the circumstances of each case to determine whether an immediate sentence of imprisonment was necessary, and if so, to keep such a sentence as short as possible owing to the fact that "… it is no secret that our prisons at the moment are dangerously overcrowded". A quarter of a century later, in a judgment given by the then Lord Chief Justice, President of the Queen's Bench Division and Vice-President of the Court of Appeal (Criminal Division) in *R. v Seed; R. v Stark*,[173] the Court of Appeal (Criminal Division) reminded the sentencing judges that where there is prison overcrowding, the prison regime that the offender would experience was likely to be more punitive because of the consequences of overcrowding and that opportunities for rehabilitative intervention in prison would be restricted.[174]

The effects of the Covid-19 pandemic saw a resurgence in prison conditions as meaningful mitigation. At the beginning of the pandemic, the court in *Attorney General's Reference (R. v Manning)*[175] (subsequently endorsed by a Sentencing Council note on the Covid-19 emergency) confirmed that the impact of Covid-19 on prison conditions was a factor that could properly be taken into account in deciding whether to suspend a sentence, and the impact of a custodial sentence on an offender (and accordingly its length). Both the court and the subsequent Sentencing Council note stressed that this is an application of ordinary principles relating to the impact of a sentence on an offender. Now the health concerns arising from the pandemic have waned, so too has the reliance upon *Manning*.

A1-126   However, more recently in *R. v Ali (Arie)*,[176] the court noted that:

1) on 30 November 2022 the Minister of State had made a statement in Parliament announcing "Operation Safeguard" in which the Government had

---

[172] [1980] 1 W.L.R. 1193; (1980) 71 Cr. App. R. 360 CA (Crim Div).
[173] [2007] EWCA Crim 254; [2007] 2 Cr. App. R. (S.) 69.
[174] It is hard to compare prison populations in terms of capacity due to the rather deliberately opaque method of reporting prison capacity. However, in March 2009, the "certified normal accommodation" available for use in prisons was 74,871 and the prison population was 82,893. In August 2021, the "certified normal accommodation" available for use in prisons was 79,270 and the prison population was 78,750. The certified normal accommodation is not the same as operational prison capacity due to steps taken to ensure cell sharing, etc, but provides a good indicator of the extent to which the prison system is overcrowded. The certified normal accommodation represents the decent standard of accommodation that the Prison Service aspires to provide all prisoners.
[175] [2020] EWCA Crim 592; [2020] 4 W.L.R. 77.
[176] [2023] EWCA Crim 232; [2023] Crim. L.R. 431.

requested the use of 400 police cells to hold people who were remanded in custody or serving prison sentences in the adult male prisons.[177]

2) on 24 February 2023 the Deputy Prime Minister wrote to the Lord Chief Justice saying:[178]

> "You will appreciate that operating very close to prison capacity will have consequences for the conditions in which prisoners are held. More of them will be in crowded conditions while in custody, have reduced access to rehabilitative programmes, as well as being further away from home (affecting the ability for family visits). Prisoners held in police cells under Operation Safeguard will not have access to the full range of services normally offered in custody, including rehabilitative programmes."

The court held that the principles established in *Manning* ought to continue to be applied, albeit principally to shorter sentences because a significant proportion of such sentences is likely to be served during the time when the prison population is very high. The court considered it would be a matter for government to communicate to the courts when prison conditions had returned to a more normal state.

The effect of prison overcrowding therefore remains relevant mitigation (at least in the case of short custodial sentences, or sentences on the cusp of custody). As noted by Lyndon Harris in *R. v Ali*,[179] this decision—like *Manning, Seed and Stark* and *R. v Bibi*[180]— arguably amounts only to a restatement of the statutory regime, rather than the creation of a new principle. *Ali* is in essence an illustration of the general principle that if there are particular factors that would make custody more onerous than it would ordinarily be this will be a mitigating factor.

When seeking to rely on prison conditions, it is therefore important to emphasise how they would in fact impact an individual offender. This may be the general lack of rehabilitative courses, it may relate to them being placed further from family members than they ordinarily would be, or it may relate to health or personal conditions (such as in *R. v Simmonds (Khloe)*,[181] that the defendant was transgender and prison would therefore be more onerous;[182] or in *R. v Foster (Carla)*,[183] in which the court accepted that overcrowding in the female estate may mean the impact of custody is heavier given there being comparatively few female prisons and women in custody often being held a long distance from their families). Prison conditions are not a trump card preventing the imposition of short custodial sentences where it would not be appropriate to suspend: *R. v Whittington*,[184].

A1-127

R. v Singh [2024] EWCA Crim 815

S, aged 36, with various previous convictions was convicted following trial of three counts of assault by penetration against three separate complainants (one of whom was 16 at the time) involving vaginal penetration by a dildo by deception, and other offences. S was a transgender male with gender dysphoria, a dif-

---

[177] It is not referenced in the judgment, but the power appears to be under the Imprisonment (Temporary Provisions) Act 1980.
[178] [2023] EWCA Crim 232; [2023] Crim. L.R. 431 at [20].
[179] [2023] EWCA Crim 232; [2023] Crim. L.R. 431.
[180] [1980] 1 W.L.R. 1193; (1980) 71 Cr. App. R. 360 CA (Crim Div).
[181] [2023] EWCA Crim 1063; [2024] 1 Cr. App. R. (S.) 22.
[182] As to which see further, Sebastian Walker, CLW/24/10/16.
[183] [2023] EWCA Crim 1196; [2024] 1 Cr. App. R. (S.) 29 and drawing attention to the relevant paragraphs of the Equal Treatment Bench Book.
[184] [2020] EWCA Crim 1560; [2021] 2 Cr. App. R. (S.) 5.

ficult upbringing and recognised mental health concerns including personality disorders.

Held: S's culpability was not reduced by the fact that he had gender dysphoria or personality disorders. There was not sufficient connection between S's impairment or disorder and the offending behaviour. As to the gender dysphoria, it was clear that S would not have been motivated to commit the sexual offences against the complainants had he not had gender dysphoria, but the existence of that diagnosis did not explain or mitigate S's conduct. Although S's gender dysphoria had caused real difficulties for him, the existence of that condition did not mitigate his actions in deceiving the three separate complainants into being penetrated without their consent.

Taking Offences into Consideration (TICS)

Introduction

A1-128   The practice of taking offences into consideration (TICs) is a development of the common law with no statutory foundation. In essence where an offender is before the court to be sentenced for one or more offences of which they have been convicted (either following a trial or by their plea of guilty) they may admit further offences which will be "taken into consideration" by the court when sentencing, allowing the court to impose a longer sentence than would be imposed if dealing only with the offences with which the offender has been formally charged. No formal charges are proffered in such a case. The sentence will be imposed only on the offences of which the offender was actually convicted (although certain statutory provisions refer to sentences imposed in respect of offences taken into consideration) and there will be no conviction for the offences taken into consideration. The result is that the sentence imposed may not exceed the maximum available for the offences the offender has actually been convicted of.

The process is said to have originated as a means of avoiding the situation in which an offender is released from prison only to be immediately arrested and prosecuted for earlier offences.[185] It used to be the case that the courts disapproved of prosecuting offenders on release from custody for earlier offences (see *R. v Silverman*[186]), but this practice has now changed and although it may be undesirable, the principle of totality is able to accommodate this unusual practice. For more detail on the principle of totality, see A1-200.

Sentencing Guideline

A1-129   The Sentencing Council has issued a guideline on taking offences into consideration. The guideline notes that the court always has discretion as to whether to accept an offence as an offence to be taken into consideration (rather than requiring formal charges to be brought) and gives examples of circumstances in which it would be inappropriate to accept offences as offences to be taken into consideration.

Where a court is minded to accept an offence as an offence to be taken into consideration, the guideline provides that the court may only take into considera-

---

[185] D. Thomas, *Principles of Sentencing* (Heineman, 1970), p.316.
[186] [1936] 25 Cr. App. R. 101.

tion an offence it has jurisdiction to try, that a schedule of the offences should be prepared and signed by the defendant and, at the sentence hearing, the court should ask the defendant in open court whether they admit each of the offences on the schedule and whether they wish to have them taken into consideration.

The guideline provides that when considering TICs, the court should:

1) determine the sentencing starting point for the conviction offence, referring to the relevant definitive sentencing guidelines. No regard should be had to the presence of TICs at this stage; and
2) consider whether there are any aggravating or mitigating factors that justify an upward or downward adjustment from the starting point, treating TICs as an aggravating factor.

It observes that where there are a large number of TICs, it may be appropriate to move outside the category range, although this must be considered in the context of the case and subject to the principle of totality. Furthermore, the frank admission of a number of offences may be an indication of a defendant's remorse or determination and/or demonstration of steps taken to address addiction or offending behaviour.

Guidance

Matters which Should not be Taken into Consideration

The Sentencing Council guidance lists the following circumstances as ones in which it would generally be undesirable to take an offence into consideration: **A1-130**

1) where the TIC is likely to attract a greater sentence than the conviction offence;
2) where it is in the public interest that the TIC should be the subject of a separate charge;
3) where the offender would avoid a prohibition, ancillary order or similar consequence which it would have been desirable to impose on conviction. For example:
    a) where the TIC attracts mandatory disqualification or endorsement and the offence(s) for which the defendant is to be sentenced do not;
    b) where the TIC constitutes a breach of an earlier sentence;
    c) where the TIC is a specified offence for the purposes of s.306 of the Sentencing Code, or listed in Schedule 19 to the Code, but the conviction offence is non-specified; or
4) where the TIC is not founded on the same facts or evidence or part of a series of offences of the same or similar character (unless the court is satisfied that it is in the interests of justice to do so).

Procedure

The Sentencing Council's guideline provides that a court should generally only take offences into consideration if the following procedural provisions have been satisfied: **A1-131**

1) the police or prosecuting authorities have prepared a schedule of offences (TIC schedule) that they consider suitable to be taken into consideration. The TIC schedule should set out the nature of each offence, the date of the

offence(s), relevant detail about the offence(s) (including, for example, monetary values of items) and any other brief details that the court should be aware of;
2) a copy of the TIC schedule must be provided to the defendant and their representative (if they have one) before the sentence hearing. The defendant should sign the TIC schedule to provisionally admit the offences;
3) at the sentence hearing, the court should ask the defendant in open court whether they admits each of the offences on the TIC schedule and whether they wish to have them taken into consideration;
4) if there is any doubt about the admission of a particular offence, it should not be accepted as a TIC. Special care should be taken with vulnerable and/or unrepresented defendants;
5) if the defendant is committed to the Crown Court for sentence, this procedure must take place again at the Crown Court even if the defendant has agreed to the schedule in the magistrates' court.

It is essential that the practice should not be followed except with the express and unequivocal assent of the offender: *R. v Gamble (Nathanial)*.[187] Accordingly, defendants should explicitly be asked whether they admit further offences and asked to confirm if they wished the court to take them into account. This need not take long even where there were a significant number of additional offences; a judge could quite properly ask whether, for example, a defendant admitted the 25 dwelling house burglaries set out in the schedule and whether they wished the judge to take those offences into consideration when passing sentence without reading out the particulars of each offence. This is an essential safeguard to ensure that the defendant gives express and unequivocal assent to being sentenced on that basis.

Extent to Which Sentence Should be Increased

A1-132 In *R. v Miles*,[188] it was held that the key issue is that the sentence reflects the defendant's overall criminality. The way in which the court deals with offences to be taken into consideration depends on context. In some cases the offences taken into consideration will end up by adding nothing or nothing very much to the sentence which the court would otherwise impose. On the other hand, offences taken into consideration may aggravate the sentence and lead to a substantial increase in it. For example, the offences may show a pattern of criminal activity which suggests careful planning or deliberate rather than casual involvement in a crime. They may show an offence or offences committed on bail, after an earlier arrest. They may show a return to crime immediately after the offender has been before the court and given a chance that, by committing the crime, he has immediately rejected.

The court observed that the sentencing court is likely to attach weight to the demonstrable fact that the offender has assisted the police, particularly if they are enabled to clear up offences which might not otherwise be brought to justice. They may also serve to demonstrate a genuine determination by the offender to wipe the slate clean, so that when they emerge from whatever sentence is imposed on them, they can put their past completely behind them.

Offences taken into consideration cannot result in a sentence that exceeds the

---

[187] [2019] EWCA Crim 600; [2019] 2 Cr. App. R. (S.) 30.
[188] [2006] EWCA Crim 256.

maximum sentence available for the offences of which the offender was convicted: *R. v Tremayne*.[189] However, in *R. v Kennedy*,[190] the court held that where an offender pleads guilty at the first opportunity to an offence for which the appropriate starting point is the maximum available sentence, but also asks for other offences to be taken into consideration which would, if dealt with separately, have resulted in substantial sentences in their own right, it would be appropriate for the sentencer, having discounted the maximum sentence by the standard one-third allowance for the plea, then to inflate it modestly to reflect the offences being taken into consideration.[191]

It is suggested that in such circumstances it would be better instead not to accept the TICs and to formally charge those offences. A1-133

Subsequent Prosecution for Same Offence

An offence taken into consideration is not a conviction: *R. v Batchelor*.[192] Offences which are the subjects of the TIC procedure are not normally the subject of subsequent proceedings but are capable of being prosecuted where the convictions for the principal offences are later quashed on appeal: *R. v Neal*.[193] Accordingly, an offender would not be entitled to plead autrefois convict in relation to an indictment for the same offences that were TIC'd but where the principal offences were quashed on appeal: *R. v Nicholson*.[194] A1-134

ASSISTANCE TO THE PROSECUTION

Introduction

It has long been accepted that where an offender has entered into an agreement to provide material assistance to the prosecution of others a reduction in sentence may be appropriate to reflect that assistance. Such reductions are largely justified on practical, rather than principled, grounds.[195] To the extent that early admissions to the police etc are evidence of reduced culpability, that should be taken into account as a mitigating factor in the ordinary way. A reduction for assistance to the prosecution is a separate transactional and pragmatic reduction (in a similar way to a reduction for a guilty plea) justified by reference to the public interest in bringing successful proceedings against the offenders to whom the assistance relates: the state is in effect "buying" the information from the offender in a similar way to that which sees police informants rewarded for intelligence provided. The reduction is made after the court has identified what would otherwise be the appropriate A1-135

---

[189] (1932) 23 Cr. App. R. 189.
[190] [2015] EWCA Crim 1156; [2015] 2 Cr. App. R. (S.) 61.
[191] Albeit, note that this decision was made under the old Sentencing Council guideline for guilty pleas which allowed for discounts to be reduced on the basis there was "overwhelming evidence"; the new guideline by contrast operates more rigidly and so the reasoning in *Kennedy* may no longer apply.
[192] (1952) 36 Cr. App. R. 64.
[193] [1949] 2 K.B. 590.
[194] [1947] 2 All. E.R. 535.
[195] Ashworth and Kelly state that the foremost rationale is that such assistance (as with early guilty pleas) reflects on the contribution on the part of the offender to the "smooth and cost effective running of the criminal justice system" and that this conduct "should be regarded as [personal] mitigation". See A. Ashworth and R. Kelly, *Sentencing and Criminal Justice*, 7th edn (Oxford: Hart, 2021), p.171.

sentence, having taken into account all aggravating and mitigating factors (including offences taken into consideration).

There are now two formal regimes under which assistance can be provided and recognised: the statutory regime contained in the Sentencing Code; and the old common law "text" regime.

The Statutory Regime

Introduction

A1-136   The statutory regime for assistance to the prosecution, now contained in the Sentencing Code, was first introduced by the Serious Organised Crime and Police Act 2005 (also known as SOCPA). Under the regime, where an offender pleads guilty, it is possible to obtain a reduction by (a) entering into an agreement to assist the investigation or prosecution of crime prior to sentencing (s.74); and (b) obtain a reduction after sentence has been imposed by virtue of a sentence review (s.388) where the offender enters into a new written agreement to assist the investigation or prosecution of crime after sentence. Only agreements entered into with specified prosecutors are eligible for a reduction under the statutory regime.

For offenders who have entered into less formal agreements or agreements with those who are not specified prosecutors, the common law "text" regime applies. Despite the enactment of the statutory scheme, which ensures that the decision to enter into the agreement with a criminal is specifically and separately considered by an identified prosecutor so as to avoid questions of the kind which might arise from "private" arrangements, far greater use continues to be made of the preserved common law system: see *R. v N*[196] and *R. v Royle (Adam)*.[197]

Legislation
Sentencing Act 2020 ss.74–75

Reduction in sentence for assistance to prosecution

A1-137   **74.**—(1) This section applies where the Crown Court is determining what sentence to pass in respect of an offence on an offender who—
  (a) pleaded guilty to the offence,
  (b) was convicted in the Crown Court or committed to the Crown Court for sentence, and
  (c) pursuant to a written agreement made with a specified prosecutor, has assisted or offered to assist—
    (i) the investigator,
    (ii) or the specified prosecutor or any other prosecutor, in relation to that or any other offence.

(2) The court may take into account the extent and nature of the assistance given or offered.

(3) If the court passes a sentence which is less than it would have passed but for the assistance given or offered, it must state in open court—
  (a) that it has passed a lesser sentence than it would otherwise have passed, and

---

[196] [2016] EWCA Crim 590; [2016] 2 Cr. App. R. (S.) 33.
[197] [2023] EWCA Crim 1311; [2024] 1 W.L.R. 2853.

(b) what the greater sentence would have been.

This is subject to subsection (4).

(4) If the court considers that it would not be in the public interest to disclose that the sentence has been discounted by virtue of this section—
   (a) subsection (3) does not apply,
   (b) the court must give a written statement of the matters specified in subsection (3)(a) and (b) to—
      (i) the prosecutor, and
      (ii) the offender, and
   (c) sections 52(2) and 322(4) (requirement to explain reasons for sentence or other order) do not apply to the extent that the explanation will disclose that a sentence has been discounted by virtue of this section.

(4A) Nothing in section 268C(2) or 282C(2) (minimum appropriate custodial term for serious terrorism sentences) affects the court's power under subsection (2) so far it relates to determining the appropriate custodial term.

(5) Nothing in—
   (a) any of the provisions listed in section 399(b) or (c) (minimum sentences in certain circumstances), or
   (b) section 321 (and Schedule 21) (determination of minimum term in relation to mandatory life sentence), affects the court's power under subsection (2).

Section 75 of the Sentencing Code provides that in s.74 of the Sentencing Code   **A1-138** "specified prosecutor" has the same meaning as in s.71 of the Serious Organised Crime and Police Act 2005, and provides the Attorney General with power to issue guidance on ss.74 and 387–389.

Serious Organised Crime and Police Act 2005 s.71(4)

71.—(4) Each of the following is a specified prosecutor—   **A1-139**
   (a) the Director of Public Prosecutions;
   (c) the Director of the Serious Fraud Office;
   (d) the Director of Public Prosecutions for Northern Ireland;
   (da) the Financial Conduct Authority;
   (daa) the Prudential Regulation Authority;
   (dab) the Bank of England, where the indictable offence or offence triable either way which is being investigated or prosecuted is an offence under the Financial Services and Markets Act 2000;
   (db) the Secretary of State for Business and Trade, acting personally;
   (e) a prosecutor designated for the purposes of this section by a prosecutor mentioned in paragraphs (a) to (db).

As to the power to review a sentence already passed to reflect assistance given or offered to the prosecutor or investigator of an offence under a written agreement, or to reflect the fact that assistance offered was not given, see ss.387–388 of the Sentencing Code (see A10-036).

Guidance

General

A1-140 Although s.75 of the Sentencing Code allows the Attorney General to issue guidance on the statutory regime no such guidance has been issued. The statutory regime has, however, been comprehensively reviewed in *R. v Royle (Adam)*.[198]

That said, the general guidance in *R. v P*,[199] remains of application:

1) The regime is not confined to offenders who provide assistance in relation to crimes in which they were participants or accessories.
2) A discount for a guilty plea is separate from and additional to the appropriate reduction for assistance under the statutory scheme. The discount for assistance should be given first, followed by the discount for the guilty plea. In this type of sentencing decision a mathematical approach is liable to produce an inappropriate answer, and the totality principle was fundamental. In the Court of Appeal, the focus will be on the sentence, which should reflect all relevant circumstances, rather than its mathematical computation.
3) The statutory procedure requires defendants to reveal the whole of their previous criminal activities. This almost inevitably means that pleading guilty to offences which would never otherwise have been attributed to them. For the process to work as intended, sentencing for offences which fell into this category should usually be approached with that reality in mind, and should normally result in concurrent sentences. Totality is, however, critical and there are no circumstances in which a defendant who admits serious crime should escape punishment altogether.

Rationale for the reduction

A1-140a The practice of reducing the sentence which would otherwise have been imposed on an offender to reflect the fact that they had provided information and assistance to the police has a purely pragmatic justification. The public interest in rewarding assistance to the authorities and protecting sources has long been recognised. The rationale applies whether the information relates to an offence for which the informer has been convicted (or does not), and regardless of whether it only follows the informer's apprehension: *R. v Royle (Adam)*.[200]

Procedure

What to say in open court

A1-141 Sections 74(3)–(4), 387(6)–(8), 388(8)–(10) require the court to state in open court what the sentence would have been if the reduction had not been made, or to give that information to the prosecutor and the offender in writing if it would not be in the public interest to disclose in open court that the sentence has been discounted.

---

[198] [2023] EWCA Crim 1311; [2024] 1 W.L.R. 2853.
[199] [2007] EWCA Crim 2290; [2008] 2 Cr. App. R. (S.) 5.
[200] [2023] EWCA Crim 1311; [2024] 1 W.L.R. 2853.

Making the reduction

Extent of reduction

In *R. v King (Michael Shaun)*,[201] the Lord Chief Justice stated the reduction to be made "... will vary, as [counsel] submitted to us, from about one half to two thirds reduction according to the circumstances ...".   **A1-142**

The court in *Royle*, observed that the reduction in *King* was a single reduction which encompassed both the credit for the guilty plea and a discount for the information and assistance provided.[202] Nonetheless, as recognised in *Royle*, the reference to a reduction of between one-half and two-thirds has been repeated in subsequent cases in which a separate reduction for a guilty plea has been made. However, neither that nor any other level of reduction can be regarded as a standard or conventional discount to which an offender will invariably be entitled, or to which they will be entitled unless there is some compelling reason to depart from the norm. The decision as to what reduction is appropriate requires a fact-specific assessment of all relevant circumstances.. The court endorsed the guidance given by Lord Bingham CJ in *R. v A* as follows:

The court in *Royle* identified a number of factors relevant to identifying the appropriate reduction in a particular case:

1) the quality and quantity of the information provided, including whether it related to trivial or to serious offences (the risk to the informer generally being greater when the criminality concerned is more serious);
2) the period of time over which the information was provided;
3) whether it assisted the authorities to bring to justice persons who would not otherwise have been brought to justice, or to prevent or disrupt the commission of serious crime, or to recover property (the value of the assistance being a crucial factor);
4) the degree of assistance which was provided, including whether the informer gave, or was willing to give, evidence confirming the information he had provided;
5) the degree of risk to which the informer has exposed himself and his family by providing the information or assistance;
6) the nature and extent of the crime in which the informer has himself been involved, and the extent to which he has been prepared to admit the full extent of his criminality;
7) whether the informer has relied on the same provision of information and assistance when being sentenced on a previous occasion, or when making an application to the Parole Board (an informer can generally only expect to receive credit once for past information or assistance);
8) whether the informer has been paid for the assistance provided and, if so, how much; but it was important to note that in *R. v T*[203] the court emphasised that a financial reward and a reduction in sentence are complementary means of showing offenders that it was worth their while to disclose the criminal activities of others: a financial reward, unless exceptionally gener-

---

[201] (1985) 7 Cr. App. R. (S.) 227; [1985] Crim. L.R. 748 CA.
[202] Which would in fact suggest a reduction of only about 40% for the information and assistance provided.
[203] [2021] EWCA Crim 1474; [2022] 1 Cr. App. R. (S.) 55.

ous, should therefore play only a small, if any, part in the sentencer's decision; and

9) in the case of assistance under s.388 (or the text regime), the fact that an offender has contested his trial may be one of the factors relevant to the extent of the reduction made.

Suspended sentences

A1-143   There can be no assumption that where assistance is given any sentence capable of being suspended will be: *R. v Dougall*.[204] However, while there is no rule in favour of suspension, where the appropriate sentence after a reduction for assistance given would be capable of being suspended, the argument that the sentence should be suspended (due to the minor reduction that will have been made in comparison to the burdens taken on) is very powerful, and suspension would normally follow.

Although *Dougall* was decided when only sentences of a year or less could be suspended, and is therefore couched in that language, it is submitted that the decision continues to apply today to any sentence capable of suspension.

The Common Law ("Text") Regime

Introduction

A1-144   Despite the existence of a statutory regime, designed to provide safeguards and formality to a process that is inevitably somewhat under-scrutinised, the Court of Appeal (Criminal Division) in *R. v P; R. v Blackburn*[205] approved the continued use of the less formal "text" regime. This reflects a long-established purely pragmatic practice of reducing the sentence which would otherwise have been imposed on an offender to reflect the fact that they had provided information and assistance to the police. The public interest in rewarding assistance to the authorities and protecting sources has long been recognised. While no statistics exist on its usage, in *R. v N*,[206] the court observed that far greater use continues to be made of the preserved common law system than of the statutory scheme.

Procedure

General

A1-145   The Court of Appeal (Criminal Division) gave general guidance in *R. v X*[207] on the procedure to be adopted in cases in which defendants contend that they have provided assistance outside the statutory regime. That guidance was considered in *R. v N*[208] and further considered in *Royle* (and *R. v BHR*[209] in relation to appeals). The general position as regards the procedure is therefore as follows:

1) An offender who wishes to achieve a reduction in sentence by providing

---

[204] [2010] EWCA Crim 1048; [2011] 1 Cr. App. R. (S.) 37.
[205] [2007] EWCA Crim 2290; [2008] 2 Cr. App. R. (S.) 5.
[206] [2016] EWCA Crim 590; [2016] 2 Cr. App. R. (S.) 33.
[207] [1999] 2 Cr. App. R. 125 CA.
[208] [2016] EWCA Crim 590; [2016] 1 W.L.R. 4006.
[209] [2023] EWCA Crim 1622; [2024] 1 Cr. App. R. (S.) 45.

information or assistance to the police must do so before being sentenced in the Crown Court. On an appeal, the function of the Court of Appeal is to review the sentence which was passed in the court below, not to conduct a fresh sentencing process. There was a partial exception to that rule: if a reduction in sentence was made in the Crown Court, and the assistance provided exceeded that which the sentencer expected, the Court of Appeal may review the sentence to reflect the true value of the assistance given, and to be given, by the offender.

2) Except to the extent that the defendant's contention of having given assistance is supported by the police, it will not generally be likely that the sentencing judge will be able to make any adjustment in sentence. A defendant's unsupported assertion to that effect is not normally likely to be a reliable basis for mitigation.

3) It follows from that, that a document (the "text") must be prepared by the police for the information of the judge, detailing the assistance provided. That document will need to be complete and accurate because the judge will have to rely on it, without investigation. However, except in very unusual circumstances, it will not be necessary, nor desirable, for a text to contain the kind of details which would attract a public interest immunity application. If exceptionally they do then the usual rules about such applications will apply.

4) It cannot be assumed that defence advocates will be aware of the text, because an informer may not wish them to know that he has provided information and assistance. It is therefore important that the text should specifically state, if it be the case, that the informer does not wish his legal representatives to know that there is a text, or to know the contents of it, so as to enable judges to make enquiries of advocates without inadvertently disclosing information.

5) The text will always have been seen by a senior lawyer of the prosecuting authority and there is a Crown Prosecution Service protocol (not presently publicly available) in relation to the prosecuting advocate being aware of the contents of the text.

6) If the defendant wishes to disagree with the contents of such a document, it is not appropriate for there to be cross-examination of the police, whether in court or in chambers. However, in an appropriate case, a defendant may wish to ask for an adjournment to allow any opportunity for further consideration to be given to the preparation of the document. Otherwise, if the defendant does not accept what the document says, their remedy is not to rely on it. A judge should ordinarily disregard such a document if asked by the defendant to do so.

7) If the judge does take the document into consideration, they should say only that they have taken into consideration all the information about the defendant, with which they have been provided.

Where an offender wishes to rely on assistance given to the police, that should be made clear at the earliest opportunity. A court should not readily contemplate granting an adjournment, unless the request to the police has been made in a timely manner and the delay has arisen because the police have been unable to provide the information despite every effort on their behalf. A court should not ordinarily grant an adjournment because a request has been made late, because it is the duty of the offender to make a request immediately; failure to do so will result in the court generally proceeding without any adjournment: *R v N*.[210]

Timing of the reduction

A1-145a Any reduction should follow the calculation of the sentence which would otherwise be imposed, and should be made prior to any credit for guilty plea: *Royle*.

The Content of the Text

A1-146 In *R v N*,[211] it was held that the current practice of the police is that a text should contain the following:

1) the offender's status and whether they are a Covert Human Intelligence Source (CHIS) under the Regulation of Investigatory Powers Act 2000;
2) the details of the assistance provided, the information or intelligence provided and whether they are willing to be a witness;
3) the effort to which the offender had gone to obtain the information;
4) any risk to the offender or their family;
5) an assessment of the benefit derived by the police, including any arrests or convictions or any property recovered;
6) any financial reward the offender has already received for the assistance provided; and
7) a statement as to whether the offender will be of future use to the police.

To this list *Royle* noted the need to specifically state, if it be the case, that the informer does not wish his legal representatives to know that there is a text, or to know the contents of it.

Where no Text is Provided

A1-147 In *R v N*,[212] it was held that while the police are under a duty to confirm or deny the assertions of assistance made by the offender prior to sentence, the extent of that duty is a limited one. Although the court will always expect the police to inform the court of the fact that the police have made a decision not to provide a text as a matter of case management, it is sufficient if the police merely state that they will not provide any information to the court in relation to the offender's assertions of assistance. This is so even where there has been engagement with the offender and the police have then decided the information is not of use. They do not have to give reasons for the decision and such a statement can generally be provided by letter and not by text. There may unusually be circumstances where the police would have to reveal in the reply the assertions of the offender that they had provided assistance; in such a case it might therefore be necessary to provide the response in the form of a text. Whether it is provided by letter or text, it must be signed by a senior officer of police (normally a superintendent) or an equivalent senior official in other law enforcement agencies.

---

[210] [2016] EWCA Crim 590; [2016] 2 Cr. App. R. (S.) 33.
[211] [2016] EWCA Crim 590; [2016] 2 Cr. App. R. (S.) 33.
[212] [2016] EWCA Crim 590; [2016] 2 Cr. App. R. (S.) 33.

Information Given after Sentence

A1-148 Where an offender gives information after conviction and sentence, the Court of Appeal (Criminal Division) will not reduce the sentence on this account: *R v A and B*,[213] and *R. v ZTR*.[214] The limited partial exception is where a reduction in sentence is made in the Crown Court, and the assistance provided exceeds that which the sentencer expected, this court may review the sentence to reflect the true value of the assistance given, and to be given, by the offender: *Royle*.

Extent of Reduction

A1-149 The court in *Royle* stated that the principles applicable to deciding the extent of the reduction are broadly speaking the same under the "text" regime as they are under the statutory regime and reference should be made to that section above at A1-142.

Acknowledging the Assistance in Open Court

A1-149a The duty on a sentencer who has reduced a sentence in a case in which the text procedure has been adopted is only the duty under s.52 of the Sentencing Code to explain the reasons for a sentence "in general terms". Rule 28.1 of the Crim PR does not currently apply to such sentences. There is no general obligation for a sentencer to state the precise approach or the precise arithmetic by which the sentence has been reached. In cases involving the text procedure judges will generally pass a reduced (and sometimes, greatly reduced) sentence without stating in open court that the reduction has been made. The judge may choose to provide to the prosecution and defence a written statement of the fact and extent of the reduction but is not required to do so: *Royle*.

Assistance Provided in the Absence of Formal Agreement

A1-150 There have been a small number of cases in which the court has been willing to make reductions in sentence for assistance provided by the offender in the absence of any kind of formal agreement.

In *Attorney General's Reference (R. v Orr)*,[215] where the offender had pleaded guilty to a number of child sex offences committed over the internet, and provided substantial assistance to the Australian police in helping to identify and convict a person who had streamed child sex offences to the offender, the court considered that they had what was in essence a text in the body of the substantial description of the co-operation available and seemingly applied that regime by analogy, giving the offender a 20% reduction in sentence.

In *R. v Campbell*,[216] the court held that in principle, assistance in the investigation and prosecution of very serious crime that fell outside the statutory regime or the text regime should result in credit to the extent that the defendant has given material assistance. The court stated that those observations were confined to cases of very serious crime and that the degree of assistance would be determinative of

---

[213] (1999) 1 Cr. App. R. (S.) 52 CA.
[214] [2015] EWCA Crim 1427; [2016] 1 Cr. App. R. (S.) 15.
[215] [2017] EWCA Crim 1639.
[216] [2018] EWCA Crim 802; [2018] 2 Cr. App. R. (S.) 24.

the existence and extent of a reduction in sentence. On the facts, however, the court held that while evidence given by the appellant and his wife in relation to a robbery and attempted murder at his home address might well have entitled him to a reduction it was in fact only of limited assistance to the prosecution and did not entitle the appellant to credit.

REDUCTION FOR A GUILTY PLEA

Introduction

A1-151   It has long been recognised that an offender who enters a guilty plea should receive a lesser sentence than they would have received if they contested proceedings: see, for example, *R. v Harper*.[217] Initially such reductions were justified largely by reference to the reduced culpability that a plea of guilty was said to evidence by way of the public admission it constitutes, and the remorse it was often accompanied by (see, for example, *R. v Davies*[218]).

A reduction for a guilty plea is, however, no longer considered as part of the general mitigation available to an offender, and now constitutes its own separate reduction which is credited after all aggravating and mitigating factors have been taken into account. To the extent that a guilty plea forms part of the evidence of an offender's remorse, that evidence should be considered in the assessment of the offender's personal mitigation. It is now clear that a reduction for guilty plea is justified on pragmatic grounds by reference to savings provided in terms of court time and public money and how it spares witnesses from the ordeal of giving evidence at trial. Whether an offender is remorseful will not affect the amount of reduction to be given to a guilty plea. The amount of reduction to be given is now assessed by reference to the amount of time and expense it has saved in addition to the avoidance of a criminal trial and the concomitant effect on any witness(es) and victim(s), and is principally dependent on the stage of the proceedings at which the plea was entered.

Legislation

Sentencing Act 2020 s.73

Reduction in sentence for guilty plea

A1-152   **73.**—(1) This section applies where a court is determining what sentence to pass on an offender who has pleaded guilty to an offence in proceedings before that or another court.

(2)   The court must take into account the following matters—
   (a)   the stage in the proceedings for the offence at which the offender indicated the intention to plead guilty, and
   (b)   the circumstances in which the indication was given.

(2A)   If the court imposes a serious terrorism sentence in relation to the offence, nothing in section 268C(2) or, as the case may be, 282C(2) prevents the court, after taking into account any matter referred to in subsection (2), from imposing as

---

[217] [1968] 2 W.L.R. 626.
[218] [1965] Crim. L.R. 251.

the appropriate custodial term a term of any length which is not less than 80 per cent of the term which would otherwise be required.
  (3) If—
    (a) a mandatory sentence requirement applies in relation to the offence (see section 399) by virtue of a provision mentioned in subsection (4), and
    (b) the offender is aged 18 or over when convicted, the mandatory sentence requirement does not prevent the court, after taking into account any matter referred to in subsection (2), from imposing any sentence which is not less than 80 per cent of the sentence which would otherwise be required by that requirement.
  (4) The provisions referred to in subsection (3)(a) are—
    (a) section 312 (minimum sentence for threatening with weapon or bladed article);
    (b) section 313 (minimum of 7 years for third class A drug trafficking offence);
    (c) section 314 (minimum of 3 years for third domestic burglary);
    (d) section 315 (minimum sentence for repeat offence involving weapon or corrosive substance or bladed article).
  (5) If—
    (a) a mandatory sentence requirement applies in relation to the offence by virtue of—
      (i) section 312, or
      (ii) section 315, and
    (b) the offender is aged 16 or 17 when convicted, the mandatory sentence requirement does not prevent the court from imposing any sentence that it considers appropriate after taking into account any matter referred to in subsection (2).

Sentencing Act 2020 s.52(7)

52.—(7) Where as a result of taking into account any matter mentioned in section 73(2) (guilty pleas), the court imposes a punishment on the offender which is less severe than the punishment it would otherwise have imposed, the court must state that fact. — A1-153

Sentencing Guideline

Principles Underpinning the Guideline

Where an offender's first hearing was on or after 1 June 2017, the Sentencing Council's revised guideline on reduction for a guilty plea applies. — A1-154

The guideline states that its key purpose is to encourage those who are going to plead guilty to do so as early as is possible in the court process, noting that early guilty pleas can reduce the impact of crime for victims, save victims and witnesses from having to testify, and save public time and money on investigations and trials. As these benefits are greater the earlier the plea is indicated, the guideline makes a clear distinction between a reduction in the sentence available at the first stage of the proceedings and a reduction in the sentence available at a later stage of the proceedings.

The guideline provides that the guilty plea should be considered by the court to be independent of the offender's personal mitigation.

1) Factors such as admissions at interview, co-operation with the investigation and demonstrations of remorse should not be taken into account in determining the level of reduction. Rather, they should be considered separately and prior to any guilty plea reduction, as potential mitigating factors.
2) The benefits apply regardless of the strength of the evidence against an offender. The strength of the evidence should not be taken into account when determining the level of reduction.
3) The guideline applies only to the punitive elements of the sentence and has no impact on ancillary orders including orders of disqualification from driving.

The Approach

A1-155 The guideline adopts the following five-stage approach:

Stage 1	Determine the appropriate sentence for the offence(s) in accordance with any offence-specific sentencing guideline.
Stage 2	Determine the level of reduction for a guilty plea in accordance with this guideline.
Stage 3	State the amount of that reduction.
Stage 4	Apply the reduction to the appropriate sentence.
Stage 5	Follow any further steps in the offence-specific guideline to determine the final sentence.

Determining the Level of Reduction

A1-156 The guideline provides that the maximum level of reduction in sentence for a guilty plea is one-third. Subject to exceptions, that reduction will only be given where a plea is indicated at the first stage of proceedings, which is the first hearing at which a plea or indication of plea is sought and recorded by a court (which even in the context of indictable only offences will be when the indication is sought in the magistrates' court).

Where a guilty plea is only indicated after the first hearing at which a plea or indication of plea is sought and recorded by the court the maximum reduction is 25%. The reduction should be decreased from one-quarter to a maximum of one-tenth on the first day of trial having regard to the time when the guilty plea is first indicated to the court relative to the progress of the case and the trial date (subject to exceptions). The reduction should normally be decreased further, even to zero, if the guilty plea is entered during the course of the trial.

Applying the Reduction

Procedure: other reductions in sentence

A1-157 Having considered the actual sentence which would be passed on an adult offender, the judge should next consider the appropriate extent of the reduction on grounds of youth, and only thereafter go on to make such further reduction as is appropriate to reflect a guilty plea. To make the decisions in that sequence was consistent with the general approach of the Sentencing Council's guidelines: *R. v RB*.[219]

Imposing a lesser type of sentence

Although the guideline expresses the reduction as a mathematical percentage it may also be recognised by imposing one type of sentence rather than another; for example, by reducing a custodial sentence to a community sentence, or by reducing a community sentence to a fine. Where a court has imposed one sentence rather than another to reflect the guilty plea there should normally be no further reduction on account of the guilty plea. Where, however, the less severe type of sentence is justified by other factors, the appropriate reduction for the plea should be applied in the normal way.

A1-158

Where there is more than one summary offence

Where a court is limited to a maximum custodial term of six months in respect of consecutive summary only offences, and the normal allowance for a guilty plea would still result in that maximum custodial term, the court may make a modest additional reduction to the overall sentence to reflect the benefits derived from the guilty pleas.

A1-159

Retaining jurisdiction in the magistrates' courts

Where applying the guideline reducing the appropriate custodial sentence for an offence to reflect a guilty plea would enable a magistrates' court to retain jurisdiction of an either way offence rather than committing the case for sentence to the Crown Court, the magistrates' court should go on to sentence.

A1-160

Exceptions

Further information, assistance or advice necessary before indicating plea

Exception F.1 in the guideline provides:

A1-161

"Where the sentencing court is satisfied that there were particular circumstances which significantly reduced the defendant's ability to understand what was alleged or otherwise made it unreasonable to expect the defendant to indicate a guilty plea sooner than was done, a reduction of one-third should still be made.

In considering whether this exception applies, sentencers should distinguish between cases in which it is necessary to receive advice and/or have sight of evidence in order to understand whether the defendant is in fact and law guilty of the offence(s) charged, and cases in which a defendant merely delays guilty plea(s) in order to assess the strength of the prosecution evidence and the prospects of conviction or acquittal."

Newton hearings and special reasons hearings

Exception F.2 in the guideline provides:

A1-162

"In circumstances where an offender's version of events is rejected at a Newton hearing or special reasons hearing, the reduction which would have been available at the stage of

---

[219] [2020] EWCA Crim 643; [2021] 1 Cr. App. R. (S.) 1.

proceedings the plea was indicated should normally be halved. Where witnesses are called during such a hearing, it may be appropriate further to decrease the reduction."

Offender convicted of a lesser or different offence

A1-163   Exception F.3 in the guideline provides:

"If an offender is convicted of a lesser or different offence from that originally charged, and has earlier made an unequivocal indication of a guilty plea to this lesser or different offence to the prosecution and the court, the court should give the level of reduction that is appropriate to the stage in the proceedings at which this indication of plea (to the lesser or different offence) was made taking into account any other of these exceptions that apply. In the Crown Court where the offered plea is a permissible alternative on the indictment as charged, the offender will not be treated as having made an unequivocal indication unless the offender has entered that plea."

Minimum sentences

A1-164   Exceptions F.4 and F.5 in the guideline relate to minimum sentence provisions and reflect the statutory position. Reductions in guilty plea for minimum sentences are discussed at A1-197.

Reduction of the Minimum Term in Murder Cases

A1-165   The guideline provides that in relation to murder cases careful consideration has to be given to the extent of any reduction for a guilty plea and to the need to ensure that the minimum term properly reflects the seriousness of the offence. While the general principles continue to apply (as do the exceptions) the process of determining the level of reduction will be different. Where a court determines that there should be a whole life minimum term, there will be no reduction for a guilty plea. Where a court sets a definite minimum term:

1) the court will weigh carefully the overall length of the minimum term taking into account other reductions for which the offender may be eligible so as to avoid a combination leading to an inappropriately short sentence;
2) where it is appropriate to reduce the minimum term having regard to a plea of guilty, the reduction will not exceed one-sixth and will never exceed five years;
3) the maximum reduction of one-sixth or five years (whichever is less) should be given only when a guilty plea has been indicated at the first stage of the proceedings. Lesser reductions should be given for guilty pleas after that point, with a maximum of one-twentieth being given for a guilty plea on the day of trial.

Guidance

Determining the Level of Reduction

The principles underpinning the reduction

A1-166   The Sentencing Council's guideline now makes clear that the reduction is justified on pragmatic grounds and that the level of reduction is to be determined by reference to those justifications. The guideline uses the stage in the case as a proxy indicator of the extent to which the benefits of an early guilty plea have been maximised. While the levels of reduction are capped by the guideline at 25% if indicated after the first stage of the proceedings, or at 10% if indicated on or after the first day of trial, it is suggested that reference to those principles (namely, the extent to which the plea has reduced the impact of the crime, saved victims and witnesses from attending court and giving evidence (those two factors being distinct from one another), and saved money and time on investigations and the trial) should be the principal consideration in determining the exact level of reduction to be given in such a case.

Remorse, assistance and weight of case against the defendant

The Sentencing Council's guideline is clear that matters such as admissions at interview, co-operation with the investigation and demonstrations of remorse should not be taken into account in determining the level of reduction. Rather, they should be considered separately and prior to any guilty plea reduction, as potential mitigating factors. Where offenders have failed to formally indicate a plea at the first available stage they will not therefore be able to rely on such factors in arguing for a greater reduction: see, *R. v Price*[220] and *R. v Bold*.[221]

A1-167

Additionally, the Sentencing Council's guideline makes it clear that the benefits of the credit for plea system apply irrespective of the strength of the evidence, and accordingly a lesser reduction should not be given simply because of the overwhelming evidence against the offender. This was a change from the previous guideline issued by the Sentencing Guidelines Council, which had provided that "Where the prosecution case is overwhelming, it may not be appropriate to give the full reduction that would otherwise be given." The approach adopted by the new guideline is clearly a logical one; whether or not the evidence against an offender can ever truly be said to be "overwhelming" the costs of a trial on all involved are significant and the public interest is served by avoiding them even where in all circumstances the offender was likely to be found guilty.

Determining when a plea was indicated

A large number of the appeals which concern the reduction to be given for a guilty plea involve factual disputes as to when a plea was indicated. The courts have repeatedly emphasised the need for a formal indication of plea to be given, and decried what they have considered to be attempts at plea bargaining. What is required by an indication is an unequivocal plea of guilty: *R. v Plaku*.[222] A plea of guilty on a basis is such an unequivocal plea, even where that basis is to follow; a plea of guilty is an acceptance of guilt of the offence, not the entirety of the prosecution case against the defendant: *R. v Dale*.[223]

A1-168

The following have all been held not to have constituted a sufficient indication of plea for the purposes of the guideline:

1) an email to the appellant's own legal representatives that she was "considering" pleading guilty and emails between the defence and prosecution that

---

[220] [2018] EWCA Crim 1784; [2019] Crim. L.R. 249.
[221] [2019] EWCA Crim 1539; [2020] 1 Cr. App. R. (S.) 15.
[222] [2021] EWCA Crim 568; [2021] 4 W.L.R. 82.
[223] [2022] EWCA Crim 207; [2022] 2 Cr. App. R. (S.) 25.

showed a strategy "of negotiation or intended or contemplated negotiation with the prosecution rather than any confirmation of guilt": *R. v. Reid*[224];

2) where no Better Case Management form had been filled out in the magistrates' court but the Digital Case System revealed a document entitled "Crown Court Details—Trial Case" which noted the following: "Plea of not guilty or none indicated.": *R. v Bold*[225];

3) where a Better Case Management form had the section headed "Pleas (either way) or indicated pleas (indictable only) or alternatives offered" filled in as "No indication", but under a heading "in so far as known, real issues in the case (concise details will be sufficient)" was written "Likely to be guilty pleas on a basis": *R. v Davids*[226];

4) the type of informal discussion, which often takes place between advocates during the currency of criminal proceedings, where nothing is said in open court: *R. v West*.[227]

In *R. v West* it was held that usually for an indication of guilty plea to attract a reduction it will have to have been raised with the judge in open court in the presence of the defendant. Additionally, it is clear from the cases that the indication will have to be unequivocal: *R. v Firouz (Suhayb)*[228]; *R. v Katira (Tarang)*.[229] Even where at the magistrates' court it is not procedurally possible for a defendant to enter a guilty plea, there must be an unequivocal indication of the defendant's intention to plead guilty, an indication only that he is likely to plead guilty will not suffice: *R. v Hodgin*.[230] By contrast, recording on a BCM form that they "will be pleading guilty at PTPH" was a sufficiently unequivocal indication for full credit: *R. v Whitty*.[231]

A1-169   It is submitted that where arguments are being proceeded as to jurisdiction or to stay proceedings, an indication should be made that if those arguments are unsuccessful the trial will not be contested to secure full credit (albeit tactically it may be preferable not to): see *R. v Dalton*[232] where a reduction of 10% was unobjectionable where such arguments were refused prior to trial and the defendant pleaded guilty at the beginning of trial without giving any such prior indication.

Reductions greater than one-third

A1-170   The Sentencing Council's guideline for reduction in sentence for a guilty plea expressly makes it clear that the maximum level of reduction in sentence for a guilty plea is one-third and accordingly submissions seeking a greater discount for an early plea of guilty are unnecessary: *R. v Jhurry*[233]; *R. v Hoddinott, Newman, Woolley and Waugh*.[234] In *Hoddinott*, it was, however, held that if a defendant is entitled to full credit, and the court is persuaded that weight should be given to the fact that he was the first to plead guilty and by doing so encouraged others to plead guilty, that might be treated as a mitigating factor justifying some reduction in the sentence that would

---

[224] [2017] EWCA Crim 1523; [2018] 1 Cr. App. R. (S.) 8.
[225] [2019] EWCA Crim 1539; [2020] 1 Cr. App. R. (S.) 15.
[226] [2019] EWCA Crim 553; [2019] 2 Cr. App. R. (S.) 33.
[227] [2019] EWCA Crim 497; [2019] 2 Cr. App. R. (S.) 27.
[228] [2023] EWCA Crim 704.
[229] [2020] EWCA Crim 89.
[230] [2020] EWCA Crim 1388; [2020] 4 W.L.R. 147.
[231] [2022] EWCA Crim 1100.
[232] [2021] EWCA Crim 160.
[233] [2018] EWCA Crim 2799; [2019] 1 Cr. App. R. (S.) 40.
[234] [2019] EWCA Crim 1462; [2020] 1 Cr. App. R. (S.) 26.

otherwise be appropriate before credit is given for the guilty plea. The court considered that whether such a reduction should be made will be fact-specific and observed that in the instant case the fact that more than one defendant sought to argue that he had "led the way" in pleading guilty showed how little, if any, weight could be given to that factor.

It is suggested, however, that the circumstances in which an early guilty plea will merit consideration as a further specific mitigating factor of any significant effect will be few and far between, no matter how pragmatically attractive. It is simply not clear how ordinarily such a plea would constitute either personal mitigation or evidence mitigation reducing the offender's culpability. Where the first offender in a conspiracy pleads guilty in recognition of the significant evidence against them, or to ensure they get full credit for their plea, it is not obvious how that would constitute evidence of reduced culpability. It is submitted that, to justify a further reduction in mitigation, that offender would need either to demonstrate significant remorse, an element of duress or pressure in taking part in the offending, or provide further assistance in respect of the prosecution of the others involved in the conspiracy.

Plea indicated at the first appearance

In *R. v Clough*,[235] the offender had indicated an intention to enter a guilty plea at her first appearance in the magistrates' court, but had then failed to attend when the matter was first listed in the Crown Court and had to be arrested on warrant. The court considered that she had not in fact indicated a prompt guilty plea and that it would not be right to afford her full credit in the circumstances. However, by contrast in *R. v Fox (Mikey)*,[236] the court held it was wrong in principle to withhold credit in such circumstances.

A1-171

It is suggested that where a plea is indicated at the first appearance, full credit will only in fact be given if that plea is then promptly entered at the next hearing, therefore providing the full savings to the criminal justice system that early pleas provide. If subsequent issues are instead raised or the offender fails to attend and a trial in absence needs to be prepared it would seem that many of those benefits are accordingly lost and it would be incorrect to give the full credit. However, if the plea is promptly entered at the next hearing (rather than merely indicated), it would be inappropriate to reduce the reduction further because of non-attendance at sentence: see *R. v McNulty*[237] where in circumstances where the offender had pleaded guilty at the plea and trial preparation hearing but refused to come out of the cells on the day of the sentencing hearing, the court held that the judge had erred in reducing the credit owed to the offender for his guilty plea.

Whether plea indicated at the magistrates' courts unclear

In *R. v Jones (Nicholas)*,[238] where there was an inconsistency in the paperwork from the magistrates' courts (namely that the sending sheet recorded an indication

A1-172

---

[235] [2018] EWCA Crim 2175.
[236] [2021] EWCA Crim 94; [2021] 2 Cr. App. R. (S.) 23.
[237] [2017] EWCA Crim 2130.
[238] [2022] EWCA Crim 1841; [2023] 1 Cr. App. R. (S.) 36.

of a guilty plea but the BCM form indicated that pleas were likely but could not be indicated), it was appropriate to make a one-third reduction for plea.

When a plea is indicated after the first appearance

A1-173   Where a defendant does not indicate a guilty plea at the first stage of the proceedings but communicates an intention to plead guilty before they next appear in court, they should not, generally, receive a reduction of more than 25%; there may be exceptional circumstances in which a court might be persuaded that an unequivocal guilty plea notified to the prosecution and to the court very shortly after the first court appearance should be treated as tantamount to a plea at the first stage of proceedings and should receive full, or almost full, credit, but such circumstances will be rare: *R. v Plaku*.[239] Moreover, if there has been no indication of plea at the first appearance even if arraignment is postponed that will not preserve full credit; even if the judge allows the preservation of credit the maximum will be 25%.

Although the guidelines are worded in terms of a maximum discount that should be given where a plea is indicated after the first appearance, the courts have generally taken a more generous approach. In *R. v Ball*,[240] it was held that where a clear indication of plea is given at the plea and trial preparation hearing, unless there are other reasons for not giving the reduction, the full discount of 25% available at that stage should be applied. Similarly, in *R. v Grantham*,[241] the court held that where an appellant had originally entered a not guilty plea at the PTPH but at that same hearing changed their plea they should have been given 25% credit observing that defendants often change their pleas and the express purpose of the guideline is to encourage those who are going to plead guilty to do so as early in the court process as possible.

In *R. v Caley*,[242] a case decided in relation to the previous guideline for guilty pleas, it was held that a plea of guilty at a plea and case management hearing (now a plea and trial preparation hearing) will ordinarily not be significantly different from a plea notified shortly after it. It is suggested that this still rings true as a general point, but sentencers are reminded that in all cases consideration should be given to the extent to which the benefits of an early guilty plea are borne out; it may be a reduction of less than 25% is more likely to be justified if significant further investigation has had to be carried out after the plea and trial preparation hearing.

A1-174   In *R. v Crawford*,[243] it was held that the Court of Appeal (Criminal Division) will not in general be disposed to review in detail credit given in the Crown Court for guilty pleas. Provided the level of credit given falls within the appropriate brackets it seems that the approach of the Court of Appeal (Criminal Division) is to treat the decision as to the specific amount as very much a matter of judgment for those sitting below (just as with the determination of sentence generally).

In *R. v Carter*,[244] the court considered the approach to credit where a defendant pleads guilty prior to the start of an adjourned trial but after the original trial date. The court held that once a trial date is fixed by the court which would, if the system

---

[239] [2021] EWCA Crim 568; [2021] 4 W.L.R. 82.
[240] [2019] EWCA Crim 1260; [2019] Crim. L.R. 1075.
[241] [2021] EWCA Crim 658.
[242] [2012] EWCA Crim 2821; [2013] 2 Cr. App. R. (S.) 47.
[243] [2017] EWCA Crim 1891; [2018] Crim.L.R. 271.
[244] [2021] EWCA Crim 667; [2022] 1 Cr. App. R. (S.) 2.

is functioning properly, have been the trial date, a plea entered then or at some later point cannot expect more than about 10% credit.

Promises as to preservation of discount

The Court of Appeal (Criminal Division) will ordinarily give effect to any legitimate expectations of the preservation of the reduction in sentence for pleading guilty, even where that preservation was arguably generous: see, for example, *R. v Clough*[245] and *R. v Claydon*.[246] A1-175

Situations in which no reduction/lesser reduction is to be given

General

Giving a reduction for guilty plea is technically discretionary, both under the statutory provisions and the Sentencing Council's guideline. However, it remains the policy of the Court of Appeal (Criminal Division) (and of the Sentencing Council) to encourage pleas of guilty, and a key purpose of the sentencing guidelines is to attempt to ensure a consistent approach is taken to the topic such that an offender can be confident that ordinarily they will receive the reduction that the guideline indicates is appropriate. As the court observed in *R. v Martin*[247] unlike the previous Sentencing Guidelines Council's guideline, the current Sentencing Council guideline makes no reference to withholding credit for pleading guilty where there has been a late tactical guilty plea. To this it should be noted the Sentencing Council's guideline also removed reference to there being "overwhelming" evidence as justification for limiting the reduction in sentence. It will therefore only be in a few exceptional cases, expressly considered by the guideline, that it will generally be appropriate to entirely withhold a reduction for guilty plea. Where, exceptionally, the court considers it would be in the interests of justice to not follow the guideline for guilty pleas the judge needs to explain why they have reached that conclusion, having first identified the sentence from which a reduction would otherwise fall to be made: *R. v Defalco*.[248] A1-176

These circumstances are where the guilty plea does not produce any of the benefits by reference to which the reduction is justified (it does not lessen the impact of the crime; it does not avoid the need for witnesses and victims to testify; and it does not save time and money on investigations and trials) because it was entered so late in the trial process, or because it was entered on a false basis which required witnesses to be called at a *Newton* hearing for it to be disproved.

Furthermore, it has been held that it is wrong to reduce or remove credit for plea solely because the discount would be disproportionate in the opinion of the judge given the length of the sentence to be imposed (*Attorney General's Reference (Nos 14 and 15 of 2006)*[249]); or because the judge considered the maximum sentence was too low (*R. v Elliott (Tom David)*).[250]

---

[245] [2009] EWCA Crim 1669; [2010] 1 Cr. App. R. (S.) 53.
[246] [2015] EWCA Crim 140; [2015] 1 Cr. App. R. (S.) 71.
[247] [2022] EWCA Crim 342.
[248] [2021] EWCA Crim 725; [2021] 2 Cr. App. R. (S.) 50.
[249] [2006] EWCA Crim 1335; [2007] 1 Cr. App. R. (S.) 40.
[250] [2021] EWCA Crim 1358.

On or after first day of trial

A1-177 In *R. v Ali (Jabber)*,[251] the court considered the credit due where a plea was entered on or after the first day of trial. The court observed that whether the prosecution had opened may or may not be significant when it comes to a judge's assessment of whether there should be a reduction in sentence for a late guilty plea and, if so, by how much. It was said that in most cases, the real watershed moment was likely to be when evidence is first called, although in a case with a lengthy prosecution opening other considerations might apply (including how substantial that evidence is—see *R. v Mason (Shaun Phillip)*[252]). The court observed that a strict and narrow application of the wording of the guideline runs the risk of failing to recognise that even a very late plea has the potential to yield some of the desirable benefits of a guilty plea identified as key principles within the guideline. As identified,[253] relevant factors may include (1) if a jury has been sworn; (2) if witnesses have been required to attend (or if instead the case was listed without witnesses); (3) if the witnesses that have attended are professional witnesses, civilians or complainants; (4) if witnesses have been required to give evidence or been cross-examined (as opposed to merely read); and (5) the anticipated length of the case if the trial proceeded.

Where a case is listed for trial the fact that a trial cannot be effective that day (for whatever reason) will not merit a reduction of more than 10%: *R. v McKenzie (Asonu)*.[254]

Attempts to exculpate self

A1-178 In *R. v Wilson*,[255] it was suggested that a reduction or removal of the amount of credit due might be justified if the defendant had given lying evidence at trial which was relied on by way of a dishonest, pre-sentence attempt to reduce the defendant's own culpability. It is suggested that this will no longer be true under the new Sentencing Council guideline, which makes clear that reduction is justified on pragmatic grounds, and that issues like remorse are to be considered separately. To the extent that evidence given by the defendant in the trial of another is relevant to mitigation it is submitted that it should be taken into account only in the assessment of the offender's remorse as a matter or mitigation, not in considering the amount of credit to be given for a guilty plea.

Similarly, in a number of cases prior to the guideline (see, *R. v Wendt*[256]) it was suggested that matters such as lies told to pre-sentence report writers were capable of reducing the credit otherwise due for a plea. False mitigation is a matter for culpability, not for guilty plea, except to the extent that a *Newton* hearing or similar further investigation is required (see A1-190).

---

[251] [2022] EWCA Crim 1884; [2023] 1 Cr. App. R. (S.) 52.
[252] [2022] EWCA Crim 1830; [2023] 2 Cr. App. R. (S.) 8.
[253] S. Walker, "Sentence: New Cases: General Principles: Guilty Plea: R. v Ali " CLW/23/20/4.
[254] [2024] EWCA Crim 233.
[255] [2018] EWCA Crim 449; [2018] 2 Cr. App. R. (S.) 7.
[256] [2015] EWCA Crim 2241; [2016] 1 Cr. App. R. (S.) 53.

Attempt to exculpate others

To an analogous effect in *R. v Boots*,[257] the court relied in part on the fact that the pleas represented a further attempt to exculpate a co-defendant in holding that a decision not to award credit was justified. It is submitted that the decision in *Boots* is out of step with the approach endorsed in the Sentencing Council's guideline and the decision in *Wilson* above and should not be followed. Where an offender pleads guilty, even if a co-accused remains on trial, the offender has provided significant benefits to the criminal justice system, avoiding the need for evidence to be given against them directly, confirming their own involvement in the offence, and saving time and money in the investigation and prosecution of the case. Unlike where a *Newton* hearing is needed to refute a basis of plea, the co-accused's trial would be necessary (or not) regardless, and so an attempt to exculpate that co-accused in pleading does not seem to provide a good reason to negate credit.

A1-179

Applying the Reduction

Need to state the reduction given

By virtue of s.52(7) of the Sentencing Code the court must state that it has imposed a lesser sentence than it otherwise would have where it gives a reduction for a guilty plea. The Sentencing Council's guideline proceeds on the basis that the amount of the reduction will be stated expressly (see Stage 3), and it is suggested that where a reduction is being used to justify imposing a lesser form of sentence the court should similarly expressly acknowledge that fact.

A1-180

A failure to comply with s.52(7) and the sentencing guideline in that respect will not, however, found a ground of appeal provided it is sufficiently clear that credit was in fact given: see, for example, *R. v Bishop*.[258] Where, however, a sentencing judge has failed to properly identify a starting point within the sentencing guidelines, or a nominal sentence after trial, it is likely that the Court of Appeal (Criminal Division) will be required to assess the sentence again from first principles.

It is clearly best practice to state explicitly the sentence that the court would have imposed after a contested trial, the amount of reduction to be given, and the sentence that the court is imposing having accounted for that reduction. Additionally, in the exceptional case where no reduction is provided, perhaps because of a resulting *Newton* hearing which was not favourable to the offender, it is clear from *R. v Beckford*,[259] that the judge should explain why they have chosen not to give any credit.

Multiple offences

Where a defendant faces more than one charge and does not at the first stage of proceedings give an unequivocal indication of an intention to plead guilty to all the charges, the court in *R. v Plaku*[260] held there were two approaches that may be appropriate: (1) to view the charges separately and give the differing levels of credit

A1-181

---

[257] [2018] EWCA Crim 2215; [2019] 1 Cr. App. R. (S.) 12.
[258] (2000) 1 Cr. App. R. (S.) 432.
[259] [2018] EWCA Crim 2997; [2019] 1 Cr. App. R. (S.) 53.
[260] [2021] EWCA Crim 568; [2021] 4 W.L.R. 82.

which are appropriate in respect of each individually; and (2) to take a view across the charges as a whole and make the same reduction in each case. In *Attorney General's Reference (R. v Brehmer)*[261] and *R. v Annan*,[262] the court seemed to endorse a variation of the second approach, whereby where the offender had pleaded guilty to one offence but not a second and was convicted of that offence (or in the case of *Brehmer* a lesser alternative) at trial, the judge was entitled to treat the trial as analogous to a Newton hearing such as to reduce the amount of credit to be given. It is suggested that situations in which the second approach may be most appropriate will include where concurrent sentences are being imposed such that the credit for guilty plea would otherwise be negated, or the impact of running a case for trial would be nugatory.

Imposing a lesser type of sentence

A1-182   Although the Sentencing Council's guideline makes clear that credit for a guilty plea can be reflected by imposing a lesser sentence than would otherwise have been imposed (i.e. a community order instead of a custodial sentence, or a fine rather than a community sentence), it is not permissible to give credit for a guilty plea solely by suspending a custodial sentence: *R. v Hussain (Tayyab)*.[263]

The Exceptions

Further information, assistance or advice necessary before indicating plea

A1-183   Whether further information, assistance or advice was necessary before a plea could be indicated is inevitably a fact-specific decision which requires careful consideration of all the circumstances. The cases cited in this section are not generally precedent but instead provide an example of when the courts have or have not accepted that this exception was made out, and provide a basis from which more general conclusions can perhaps be reached.

Generally, it is suggested that the Court of Appeal (Criminal Division) has taken a relatively restrictive and robust approach to its interpretation of this exception. The exception is most likely to be found to apply only in a small number of cases, where the offender has made factual admissions of involvement but requires further advice or assistance on a legal issue which makes it inappropriate to enter a plea of guilty, perhaps because material evidence has not yet been served or there are issues with fitness to plead. As the court held in *R. v Caley*,[264] while defendants may require advice from their lawyers on the strength of the evidence, they do not ordinarily require it in order to know whether they are guilty.

An example of this distinction is found in *R. v Bannergee*[265] where the court considered the extent of a guilty plea discount owed to an offender who had pleaded guilty to assault occasioning actual bodily harm after the PTPH where he had faced alternative charges of wounding, contrary to ss.18 and 20 of the Offences Against the Persons Act 1861, and had denied involvement. It had been submitted that although the defendant was clear as to the allegation against him (that he injured

---

[261] [2021] EWCA Crim 390; [2021] 4 W.L.R. 45.
[262] [2021] EWCA Crim 676.
[263] [2018] EWCA Crim 780; [2018] 2 Cr. App. R. (S.) 12.
[264] [2012] EWCA Crim 2821; [2013] 2 Cr. App. R. (S.) 47.
[265] [2020] EWCA Crim 909; [2020] 2 Cr. App. R. (S.) 55.

the victim with a knife), what was unclear was the level of injury and that medical evidence on that issue was not served until later in the life of the case and that the defendant was entitled to withhold his plea of guilty and take advice. The court held that this was to ignore the fact that a lesser alternative offence of assault occasioning actual bodily harm was always available to him and that on the facts it was obvious at least such injury had resulted (there having been bleeding). While he was entitled to withhold his plea, he was then not entitled to argue for a greater discount.

Another example of this distinction is found in R. v Richards (Donross Steven)[266] a case involving evidence from Encrochat devices, where the court held that the defendant's decision to await the outcome of other proceedings attempting to exclude Encrochat evidence, that did not mean the defendant was entitled to a greater amount of credit than that afforded by the sentencing judge in respect of the guilty pleas; the defendant did not need to wait to receive advice on plea.

A1-184

If a plea is being delayed only because of the need for specific legal advice on an issue, it is submitted that an offender should make this unequivocally clear to the court, and help to clarify that if there is a contested trial that trial will be limited to specific issues. In such cases it is suggested that many of the benefits of an early guilty plea will therefore be preserved, including helping to avoid wasted time and cost in the investigation of the offence. The court is still, however, only likely to recognise the exception if the offender can also provide a sufficient explanation as to why this further information or advice is necessary, rather than simply desirable. As *Richards* illustrates, this will generally have to be because counsel cannot advise on the elements of legal liability in the absence of further information/advice, not because they cannot best advise on prospects. In all cases the court will be considering whether the information is necessary for an offender to be properly advised on their legal rights, or whether the delay is due to the offender seeking to avoid justice. An offender should always indicate a guilty plea at the earliest opportunity, and where the delay is said to be because of the need to obtain further evidence or reports, that plea should be indicated very promptly after that assistance is obtained in order to convince the court that the delay was necessary.

Issues with fitness to plead

In R. v Clarke,[267] it was held that the exception did not apply such as to justify giving full credit, where at the magistrates' court the issue of fitness to plead had not been raised, but the issue of intention had; the issue was first raised at the Crown Court where an adjournment was sought for a psychiatric report; and the appellant had answered questions at interview lucidly without the intervention of his solicitor or appropriate adult, and there was accordingly no real basis for concern as to the appellant's fitness at the time of the first hearing.

A1-185

As the judgment makes clear, the full reduction will be granted only where there is in fact a live issue on fitness to plead that genuinely requires medical/expert advice. It will not be enough simply that the issue was raised briefly. The exception applies only where the advice or assistance is necessary (rather than just desirable).

In this respect where there is not a real concern about fitness such that the seeking of a psychiatrist's opinion is simply confirmatory and counsel/solicitors have

---

[266] [2022] EWCA Crim 247; [2022] 2 Cr. App. R. (S.) 37.
[267] [2018] EWCA Crim 1845; [2019] 1 Cr. App. R. (S.) 15.

been able to take instructions and understand the defendant's defence, the exception will not apply (see, *R. v Paddon*[268]). However, it is not the case that the defence are bound to accept a prior report or health assessment of a prosecution witness where there are such legitimate concerns, and it is proper for the defence to make their own assessment and enquiries from an independent forensic psychiatrist: *R. v Nolan (Kieran)*.[269]

A1-186 It is clear from *R. v Johnston*,[270] whether there is such an exception will not depend on the result of the psychiatric report provided there was a proper basis for concern, albeit the position may differ if the court has raised concerns about that basis. However, where the reports do not show issues in relation to fitness to plead credit will not necessarily be preserved until the next hearing if there is a significant delay: see, *R. v Matthews (Laura)*[271] where there was a delay of months following the receipt of reports and the court upheld the judge's discretion as to the extent of credit.

In the exceptional case of *R. v Markham; R. v Edwards*,[272] M had pleaded guilty to two counts of murder and E had pleaded guilty to manslaughter by reason of diminished responsibility but was convicted of two counts of murder. M (aged 14 years and eight months) and E (aged 14 years and 10 months) had planned, attempted (unsuccessfully) and subsequently successfully killed E's mother and sister. A pre-sentence report writer stated that, while M's childhood experiences of bereavement, multiple incidents of domestic violence between his parents and inconsistent care did not afford him a defence, they did operate as significant factors in his development. In relation to E, evidence in support of the partial defence of diminished responsibility was advanced; reference was made to E having suffered domestic violence and a diagnosis of an adjustment disorder was made. The Crown in response instructed a psychologist, who considered that E did not have available to her the partial defence of diminished responsibility; the doctor considered that the continued expressions of pleasure that her mother was dead weighed against the likelihood that E had been suffering from an adjustment disorder. E was subsequently convicted of two counts of murder. On appeal against sentence, M submitted, inter alia, that he received insufficient credit for his guilty plea, which was only on the morning of the trial because psychiatric evidence (and, thus, an informed decision as to the proper plea) was delayed.

The court held that in the usual case, the general rule (of a maximum discount of one-sixth but in any event not longer than five years) should operate without modification, but the instant case revealed features which were far from normal. The critical facts were that, in relation to both victims, M and E admitted killing with murderous intent. The issue with which those advising them had to grapple was whether there was some psychiatric disorder which could mitigate their responsibility, particularly bearing in mind what was known of their social and developmental backgrounds. It would have been professionally improper for that step not to have been taken, irrespective of the wishes of the children involved. Thus, assuming that there was a legitimate basis for any defendant's legal advisers to take the view that psychiatric evidence was necessary to investigate either fitness to plead, insanity or diminished responsibility, in circumstances where there was no issue as to the

---

[268] [2021] EWCA Crim 1485.
[269] [2022] EWCA Crim 726; [2022] 2 Cr. App. R. (S.) 45.
[270] [2020] EWCA Crim 746.
[271] [2022] EWCA Crim 737; [2023] 1 Cr. App. R. (S.) 3.
[272] [2017] EWCA Crim 739; [2017] 2 Cr. App. R. (S.) 30.

commission of the crime with the relevant intent, the first available opportunity might be as soon as that evidence was available. That would require the Crown to be kept informed of the position, so that any preparatory arrangements could be made with an eye to what could be the only possible issues that required to be tried. On that basis, given that the position that M would plead guilty to murder was made clear as soon as the psychiatric evidence ruled out any partial defence based on diminished responsibility, it was difficult to see why credit for timely admissions should be withheld from him.

The position in relation to E was more difficult because, although she admitted the offences of manslaughter (and admitted participation in killing both victims with murderous intent), she did not, in fact, ever admit murder. The reason, however, was entirely based on the supportive expert evidence which her legal advisers obtained. Furthermore, the challenge to that psychiatric evidence by the Crown was not based on a rejection of factual evidence that E provided but, rather, on a disagreement between the psychiatrists as to the appropriate diagnosis and whether, ultimately, an abnormality of mental functioning caused by a recognised medical condition could be established. In the circumstances, E's situation was not "normal", and credit should attach to the admission of killing with murderous intent even if, in the event, there had to be a trial.

A1-187

The court in *Markham* was keen to stress that the analysis should not be taken as indicating that, in every case of murder, pursuing a defence of diminished responsibility should not deprive a defendant of credit as if a guilty plea had been entered at the first available opportunity. In most cases, a defence of diminished responsibility depended on a version of facts which in large part emanated from the defendant; if those facts were rejected by the jury, there should be no question of credit for admitting manslaughter beyond that which was identified in Sch.21— i.e. the existence of a mental disorder which (although not falling within s.2(1) of the Homicide Act 1957), lowered the offender's culpability. The court additionally posited that, depending on the nature of any disorder or disability, adults would be in a different position from children, and more likely to be able to make informed decisions based on an assessment of the evidence. The facts in the instant case were very unusual, and had to be seen as such.

In *R. v Moyse*,[273] the court considered the application of the decision in *Markham* to circumstances where the applicant had delayed a plea of guilty to murder and where, on the service of psychiatric evidence, had eventually pleaded guilty. The court clarified that *Markham* was concerned with the scenario where a defendant had indicated that the only issue for trial was that concerning the psychiatric evidence, which was distinguishable from the position in the instant case.

Where an offender can genuinely not remember an incident

Where offenders can genuinely not remember an incident it is possible that they may be able to require service of the majority of the prosecution case before they can be expected to enter a plea of guilty. Certainly the Court of Appeal (Criminal Division) in *R. v Creathorne*[274] was willing to accept this in respect of an offender who had amnesia following a crash in relation to which he was prosecuted for causing death by careless driving, holding that he was not to be penalised for delaying

A1-188

---

[273] [2020] EWCA Crim 1362; [2021] 1 Cr. App. R. (S.) 55.
[274] [2014] EWCA Crim 500; [2014] 2 Cr. App. R. (S.) 48.

his plea until his legal advisers had seen all the material evidence they needed to advise as to plea. It is suggested that the same reasoning might equally apply to historic offending, particularly in the case of a very prevalent offender (as unattractive as that submission might be).

Requiring expert advice

A1-189   The courts have generally taken a relatively robust approach to whether offenders need expert advice to help them assess whether they were, for example, acting in self-defence or acting negligently. An example is provided by *R. v Kovvali*,[275] a case of gross medical negligence manslaughter, in which the court held that because the defendant was an experienced medical practitioner he would not have required expert evidence to assess whether his treatment was grossly negligent.

Newton hearings and special reasons hearings

A1-190   The principle underpinning this exception is understandable: where a hearing is necessary to contest a basis of plea, many of the benefits of an early guilty plea are lost, and this is particularly the case where witnesses need to be called. As the guideline suggests, whether a reduction is made depends on whether an offender's case is disproven at a *Newton* hearing, as well as whether witnesses are required to attend. Where an offender is only partially successful the question therefore arises as to the extent to which credit for guilty plea should be reduced: it appears from *R. v Mann*[276] and *R. v Reid and Roberts*[277] that this will depend on the extent to which the key contentions in the offender's basis are upheld.

In *R. v Hussain*,[278] where the offender had entered a "fanciful basis of plea" but there had been no need to contest it at a *Newton* hearing because he was being tried on a number of other charges of which the factual basis could be determined, the court held that the sentencing judge had erred in withholding the entirety of what would otherwise have been the appropriate reduction. However, seemingly applying the principles in Exception F.2 of the guideline, the court imposed only half the reduction that the defendant would otherwise have received, observing that what had happened was analogous to a *Newton* hearing, because the court at trial considered facts which were relevant to the sentence on the charge. It is submitted that the appellant may feel rather hard done by as a result of this appeal; the trial on the other matters had to occur in any event. On the other hand, the issue of the basis of plea was resolved adversely to the appellant which would ordinarily attract a reduction in plea credit. Perhaps the key is this: reducing credit where a defendant "loses" a *Newton* hearing is justified by reference to the time and cost expended in having the contested hearing, in addition to requiring any witnesses to give evidence. Accordingly, in circumstances where the resolution of the issue did not incur such time and expense, it is arguable a reduction in credit for the plea was not justifiable.

In relation to the previous guideline for guilty pleas, the court seemingly recognised in *Attorney General's References (Nos 117 and 118 of 2006) (R. v Jesus*

---

[275] [2013] EWCA Crim 1056; [2014] 1 Cr. App. R. (S.) 33.
[276] [2018] EWCA Crim 1940.
[277] [2019] EWCA Crim 2346.
[278] [2019] EWCA Crim 2306.

and De Oliviera)[279] that where a *Newton* hearing is scheduled and prepared for but does not occur because the dispute is resolved prior to the hearing, the trial judge has discretion over whether to withhold any part of the discount. It is submitted that such a discretion ought to exist under the new guideline; where a defendant has contested a basis which has required significant further investigation or preparation before the defendant has abandoned their objections, a number of the benefits of an early guilty plea are lost, just as if a *Newton* is required, and accordingly that should be taken into account.

In *Attorney General's Reference (R. v Brehmer)*,[280] where the offender had pleaded guilty to unlawful act manslaughter and then been tried for, and acquitted of, murder (with the judge having left the partial defence of loss of control to the jury) the court upheld the decision of the trial judge to treat the trial as analogous or akin to a Newton hearing and thereby reduce the amount of credit to be given on the basis that the defendant was guilty of manslaughter by loss of control. Similarly, in *R. v Annan*,[281] the court held that where the defendant pleaded guilty to robbery but was convicted after trial of possession of a bladed article, the rejection of his account on that count by the jury was effectively the same as a judge rejecting his account at a *Newton* hearing and would have justified halving the credit owed for the robbery charge.

A1-191

Offender convicted of a lesser or different offence

An offender will only fall within this exception if the offender has earlier made an unequivocal indication of a guilty plea to the relevant lesser or different offence to the prosecution and the court. Furthermore, in the Crown Court where the offered plea is a permissible alternative on the indictment as charged, the offender will not be treated as having made an unequivocal indication unless the offender has entered that plea.

A1-192

As previously noted, the Court of Appeal (Criminal Division) has taken a robust approach to whether a plea has been unequivocally indicated and reference should be had to the section of this part dealing with whether an indication has been made. The aim of this exception is to provide a guilty plea discount to those who have always accepted their involvement in the offence to some part and therefore limited the issues required to be addressed at trial, rather than to those who have attempted to engage in plea bargaining or negotiation. The Court of Appeal (Criminal Division) has frequently decried attempts to use this exception by those it considers to have engaged in tactical decisions not to plead: see the observations in *R. v Ali (Subhaan)*.[282]

In a number of cases prior to the new guideline it was suggested that where the defendant has offered to plead guilty to a lesser included offence but had not done so that it was a matter for the discretion of the judge whether to give any credit for the earlier offer of a plea (even where the defence at trial was inconsistent with the basis): see, for example, *R. v Birt*[283] and *R. v Rainford*.[284] However, that now appears to be firmly inconsistent with the guideline, which expressly states that where

---

[279] [2007] EWCA Crim 121.
[280] [2021] EWCA Crim 390; [2021] 4 W.L.R. 45.
[281] [2021] EWCA Crim 676.
[282] [2018] EWCA Crim 111; [2018] 1 Cr. App. R. (S.) 53.
[283] [2010] EWCA Crim 2823; [2011] 2 Cr. App. R. (S.) 14.
[284] [2010] EWCA Crim 3220; [2011] 2 Cr. App. R.(S) 15.

an offence is a permissible alternative the offender must have entered the plea to be considered to have made an unequivocal indication.

Where the offence was not on the indictment

A1-193   A particular issue with the wording of the Sentencing Council's guideline is that it applies by reference to the stage of proceedings at which the offender pleads (rather than by reference to whether it was the first reasonable opportunity to plead, as the earlier guideline did). Accordingly, as in *R. v West*,[285] where the offence is only added to the indictment at trial unless an unequivocal indication has been given to plead to that offence previously, the offender will only be entitled to 10% credit. This is so even where the offence is not properly an alternative. The practical effect of this, as James Richardson QC observed, is that where a prosecutor has poorly drafted an indictment, the onus is on the defendant to consider whether it is necessary explicitly to raise that, and pre-emptively to indicate a willingness to plead guilty to a lesser offence, or to take their chances and hope for an acquittal as a result. Although it will be a matter of judgement, it is submitted that it will often be preferable to do the former, and to indicate an unequivocal willingness to plead to any lesser offence to the judge given the prosecution's wide-ranging powers to amend the indictment even at a very late stage.

It is submitted, though, that where the offence was not only not on the indictment but was not properly one that was subsumed within the relevant case, reliance should be placed on Exception F.1 (further information necessary before indicating plea) rather than Exception F.3. If it was in the circumstances not clear that the prosecution alleged that the offender had committed the different offence it cannot have been reasonable for the offender to be expected to have indicated a plea to it. It is suggested that this is so even where the different offence is more serious than the initial charge, given that it essentially amounts to the bringing of entirely new proceedings against the offender.

A1-194   The court in *R. v Stickells*[286] considered the situation where the offender offers a plea that is not a true alternative to an offence charged on the indictment. The court observed that the critical question is when and in what circumstances the defendant first indicates his intention to plead guilty to the offence in question and the mere fact that it has not been charged does not mean that full credit for plea will be preserved until it is.

The court concluded that the fact that the offence to which the offender ultimately pleaded guilty was not a true alternative to the count originally on the indictment was of "some materiality" when considering the timing of the indication to plead guilty. It was, however, plain that the offender could have taken the initiative and offered the plea earlier. Such an approach is illustrated by the case of *R. v Hardy (Stuart Brian)*,[287] in which the defendant unequivocally admitted in a defence statement an offence that was not a statutory alternative but which was then subsequently added to the indictment. The court there, held that a defendant will be entitled to the level of reduction that was appropriate to the stage in the proceedings at which that indication was made, distinguishing *West*.

---

[285] [2019] EWCA Crim 497; [2019] 2 Cr. App. R. (S.) 27.
[286] [2020] EWCA Crim 1212.
[287] [2020] EWCA Crim 398; [2020] 2 Cr. App. R. (S.) 37.

In *R. v McQueen*,[288] the defendant pleaded guilty to violent disorder, having been charged with aggravated burglary. The defendant previously offered a plea to affray but this was not accepted by the prosecution. On the day of trial, the prosecution, having reviewed their case, added a count of violent disorder to the indictment and the defendant pleaded guilty. The judge gave the defendant a 10% reduction but the court held that as the defendant could not have entered a plea to the lesser offence earlier in proceedings, full credit was appropriate. This decision is difficult to reconcile with that in *Stickells*, *Hardy* or *West* because of the lack of detail given in the judgment. It seems the key factor would be whether the defendant had always accepted behaviour amounting to violent disorder, even if they had not specifically offered to enter a plea to such an offence (having instead offered affray). In such circumstances, the defendants could be taken to have accepted guilt for that offence even in the absence of a specific indication, and given the prosecution's choice not to place that offence on the indictment they should properly be entitled to full credit. If, however, unlawful violence was only first accepted when the offer of affray was given in open court, then the court's decision to grant full credit for plea seems highly questionable.

Rejected exceptions

Failure to answer bail

If offenders only plead guilty at a hearing other than the first appearance, because they have failed to answer bail, they cannot expect to receive the same credit as they would have done had they not absconded: *R. v Ward*;[289] *R. v Turner*.[290] **A1-195**

In *R. v Williamson*,[291] where the appellant had failed to appear in relation to a postal requisition for robbery and had to be arrested on a bench warrant the court held that the judge had been entitled to limit credit to 10% even though the appellant had pleaded guilty at the PTPH. On the facts of the case the appellant had "effectively torpedoed [the normal procedural] timetable by his own actions in failing to answer to bail and to surrender". The court considered that there could be no hard and fast rule as to the correct approach in a situation such as this. The court stated at [29] that there would be some cases where it was appropriate to allow significant credit for plea in relation to the substantive offence, and to pass a consecutive sentence for the Bail Act offence; but in other cases a reduction in credit for the plea would be just and proportionate, remembering always that if the absconding was reflected in a reduction in credit for plea there should be no additional penalty for the Bail Act offence, if there was one.

It is suggested that the conclusion that lesser credit is due in such cases is unsurprising given that the purpose of the guideline is to encourage those who are going to plead guilty to do so as early in the court process as possible, and it would clearly be contrary to that purpose to allow offenders to preserve the credit available to them by consciously absconding from proceedings. Any failure to attend results in wasted court time and increased costs, and may cause further distress to victims. It is not clear, however, why the imposition of a consecutive sentence for failure to surrender following such a reduction in credit would be inappropriate.

---

[288] [2021] EWCA Crim 1303; [2022] 1 Cr. App. R. (S.) 41.
[289] [2013] EWCA Crim 2667; [2014] 1 Cr. App. R. (S.) 74.
[290] [2020] EWCA Crim 160.
[291] [2020] EWCA Crim 1085; [2021] 1 Cr. App. R. (S.) 29.

While in such cases the failure to surrender will inevitably be factually linked to the failure to plead guilty, it remains an entirely separate offence from the offence in respect of which the appellant had failed to plead guilty, with separate harms.

Withholding discount to enable imposition of extended determinate sentence

A1-196　In *R. v Nsumbu*,[292] the court held that it was inappropriate to withhold a reduction for guilty plea to ensure that the custodial term was at least four years so as to enable the imposition of an extended determinate sentence.

Absconding

That an offender had evaded justice in Spain for four years while subject to a European Arrest Warrant was not a good reason to decrease the reduction for guilty plea where he had pleaded guilty at his first appearance following arrest: *R. v Lloyd*.[293]

Minimum Sentences

A1-197　Under s.73 of the Sentencing Code, except for the minimum sentences which apply to certain firearms offences under s.311(2) of the Sentencing Code. all minimum sentence provisions permit a reduction to be made for a plea of guilty. However, in the case of offenders aged 18 or over, the resulting sentence must not be less than 80% of the required minimum (ss.73(3)–(4)).

The reduction should be made as normal to the nominal sentence due to be imposed for the offence, with the court then increasing the sentence to be at least 80% of the minimum if it is not already so: *R. v Gray*.[294]

In *R. v Darling*,[295] it was held that the restriction on the extent of the discount for a plea has no application where the judge finds that there are particular circumstances which would make it "unjust" to impose the minimum sentence. That decision was made in relation to ss.313–314 of the Sentencing Code but it is submitted that the same applies to other minimum sentence provisions where the court concludes that the minimum sentence should not be imposed. In this respect it is to be noted that the wording of s.73 is that the limits apply when a "mandatory sentence requirement applies", and under s.399 such a requirement does not apply where the court is of the opinion that there are particular or exceptional circumstances making it unjust to impose that sentence.

A1-198　The table below sets out the extent to which minimum sentences may be reduced to reflect a guilty plea. Further details on the minimum sentence provisions can be found at A4-551.

---

[292] [2017] EWCA Crim 1046; [2017] 2 Cr. App. R. (S.) 51.
[293] [2019] EWCA Crim 1192.
[294] [2007] EWCA Crim 979; [2007] 2 Cr. App. R. (S.) 78.
[295] [2009] EWCA Crim 1610; [2010] 1 Cr. App. R. (S.) 63.

Order	Discount for guilty plea	Minimum sentence with guilty plea reduction
Third drug trafficking offence	Yes: but where the minimum sentence applies, the resultant sentence must not be less than 80% of the required minimum	2,045 days (5 years 7.2 months)
Possession of prohibited firearms	Yes: but where the minimum sentence applies, any reduction for a plea of guilty may not reduce the sentence below the required minimum	Age at conviction: 18+: 1,826 days (5 years)
Minding weapons		16–17: 1,095 days (3 years)
Third domestic burglary offence	Yes: but where the minimum sentence applies, the resultant sentence must not be less than 80% of the required minimum	876 days (2 years 4.8 months)
Article with blade or point in a public place	Yes: but where the defendant was aged 18+ at conviction, the resultant sentence must not be less than 80% of the required minimum	Age at conviction: 18+: 146 days (4.8 months)
Article with blade or point on school premises		16–17: any appropriate sentence[296]
Threatening with article with blade or point or offensive weapon		
Threatening with offensive weapon in public		
Possession of corrosive liquid in a public place[297]		

Murder

The sentencing guideline for guilty pleas takes a notably different approach to murder, limiting reductions to a maximum of five years and to one-sixth of the minimum term imposed. The guideline suggests that this practice is justified by reference to the special characteristic of the offence of murder and the unique statutory provision in Sch.21 of the Sentencing Code of starting points for the minimum term to be served by an offender. As a matter of theory, that Parliament has provided specific starting points for the offence is a more persuasive argument as to why the courts should be reticent to make significant reductions from those terms, than arguments relating to the specific seriousness of the offence of murder. No similar

A1-199

---

[296] The minimum period required by the statute is a four-month Detention and Training Order. However, by virtue of s.73(5) of the Sentencing Code, where a 16- or 17-year-old has pleaded guilty the minimum sentence provisions do not prevent the court from imposing any sentence it considers appropriate.

[297] These offences require a previous conviction for a relevant offence.

maxima for a reduction in guilty plea exists in relation to other serious offences such as terrorism.

Totality and Concurrent/Consecutive Sentences

Introduction

A1-200 Where a court is sentencing an offender for a number of offences, or where the offender is already serving other sentences, the court must have regard to that fact, and must ensure that the sentence imposed is one that is just and proportionate in all the circumstances. In this respect the court must have regard to what is known as the principle of "totality"—referring to the need to consider the total sentence to which an offender is subject, and the total criminality which those sentences represents—and ensure that a disproportionate sentence is not imposed. Totality may pull in two directions: it may require that a sentence is increased from what would have otherwise been imposed to reflect the number of individual offences, or—as is far more common—it may require that a reduction is made to what would otherwise be the cumulative total of the appropriate sentence for each individual offence.

The theory underpinning the concept is that although the proportionate sentence for an individual offence of theft might be a year, and the proportionate sentence for an individual offence of rape might be 10 years, it cannot be said that 10 offences of theft equate in seriousness to an offence of rape.

Generally, the modern approach of the Court of Appeal (Criminal Division) is not to be concerned with the structure of the sentence imposed, but principally whether the total sentence imposed is proportionate in terms of totality. Assessments of totality will often therefore inform whether individual sentences are imposed concurrently or consecutively, as well as whether a reduction will be made to the total sentence or the sentence on an individual count to account for the need to avoid disproportionate punishment.

Sentencing Guideline

A1-201 When the Sentencing Council was established it was placed under a statutory duty by s.120(3) of the Coroners and Justice Act 2009 to publish sentencing guidelines about the application of any rule of law as to the totality of sentences. It fulfilled that duty in 2012 when it published its guideline on totality—revised in 2023. The guideline describes the overriding principle of totality as being that the overall sentence should:

1) reflect all of the offending behaviour with reference to overall harm and culpability, together with the aggravating and mitigating factors relating to the offences and those personal to the offender; and
2) be just and proportionate.

The guideline provides that the general approach to sentence should be as follows.

1) Consider the sentence for each individual offence, referring to the relevant sentencing guidelines.
2) Determine whether the case calls for concurrent or consecutive sentences. When sentencing three or more offences a combination of concurrent and consecutive sentences may be appropriate.

3) Test the overall sentence(s) against the requirement that the total sentence is just and proportionate to the offending as a whole.
4) Consider and explain how the sentence is structured in a way that will be best understood by all concerned.

The guideline lists circumstances in which it would ordinarily be appropriate to impose concurrent sentences or consecutive sentences and provides guidance on how to structure particular combinations of sentences.

General Guidance on Totality

Many of those new to sentencing find totality a frustratingly elusive concept. Although all of sentencing is "an art and not a science", totality is perhaps the most impressionistic part of the sentencing process. It is defined by its inability to be reduced to arithmetical principles, and the guidance given on its application is almost inevitably so generic as to be of only limited use. It is largely still an "I know it when I see it" test in contrast to the rest of sentencing, which over the years has grown to be a more structured practice.

A1-202

While the core theory behind it is clear and understandable, how that should be put into practice is difficult to elucidate and it raises a number of complex practical and theoretical issues.[298] It is at least in part based on the principle of parsimony and mercy and in practice it has become a rather intuitive concept.

As the Sentencing Council's guideline observes, there are a number of ways in which a just and proportionate sentence can be achieved: proportionate reductions can be made to offences ordered to run consecutively; a principal offence can be identified and taken as a lead offence designed to reflect the total criminality of the other counts; in respect of offences which are not serious no separate penalty can be recorded; and sentences can be ordered to run concurrently.

In *R. v Bailey*,[299] the court held, as a matter of generality, that:

A1-203

1) Whether a judge had applied totality was a question of substance and not form and therefore the fact that a judge made a single generalised statement towards the end of their sentencing remarks to the effect that they had considered totality was perfectly adequate.
2) The Totality Guideline made clear that the purpose behind a judge taking totality into account was to ensure that the final sentence was just and proportionate but there is no need for a judge to expressly use the expression "just and proportionate".
3) Totality was designed to ensure that the sentencing exercise was not formulaic. Totality thus assists a judge to arrive at the correct sentence.
4) The Totality Guideline made the obvious point that there was no inflexible rule that sentences should be structured as concurrent or consecutive: "The overriding principle is that the overall sentence must be just and proportionate". It followed that merely imposing consecutive sentences was not, in itself, indicative that totality has not been adequately considered.

---

[298] For an academic text dedicated to the issues, see J. Ryberg, J.V. Roberts and J.W. De Keijser (eds), *Sentencing Multiple Crimes* (Oxford: OUP, 2018). For other commentary, see M. Bagaric and T. Alexander, "Rehabilitating totality in sentencing: from obscurity to principle" (2013) 36(1) *University of New South Wales Law Journal* 139, and A. Manson "Some Thoughts on Multiple Sentences and the Totality Principle: Can We Get It Right?" (2013) 55(4) *Canadian Journal of Criminology and Criminal Justice* 481.
[299] [2020] EWCA Crim 1719; [2021] Crim. L.R. 406.

5) The stages or steps set out in the Guideline were intended to guide how the judge should "consider" the structuring of the sentence to arrive at a just and appropriate end result. The steps set out were not drafting instructions.
6) The Totality Guideline provided a structured approach to the process; the court's observations were not intended to discourage any judge who wishes to provide fuller explanation or reasoning; the essential point was that what mattered was the final sentence and whether it was just and proportionate, not the articulation of the chain of reasoning which led thereto.

A1-204 It is suggested, however, that a number of factors can be identified that will be relevant to any assessment of totality:

1) The extent to which the offences are of the same type (the more similar the offences are to each other, the greater the need for a reduction for totality is likely to be necessary as the degree of censure needed could be said to be less for three kindred offences than for three offences of a different kind; in all cases a consideration of the harms at which each offence is addressed is important to ensure that those harms are appropriately reflected in the sentence imposed).
2) The extent to which the offending was temporally confined (offending committed over a long period, or on a number of distinct occasions, is likely to be more serious than offending committed at a single point in time, or over a short continuing period. This is because, ceteris paribus, culpability will be increased by a longer period of offending as there are greater opportunities for the offender to desist and harm will be increased by the incidence of separate criminal acts in comparison to a "one-off" incident. Similarly, a continuum of offending may be more serious than offending committed only at disparate times where it might be linked to situational or temporary circumstances).
3) The extent to which the offending is causally related (did some of the offending follow from an initial decision to commit an offence—for example offences committed in the evasion of justice—or did the offending represent multiple decisions to engage in criminality?).
4) Whether the offences were committed against a single victim or a number of separate victims and the extent to which this influences the harm caused by the offences (while a number of victims might indicate broader harm, equally each individual victim may have suffered less than the person who has been repeatedly victimised).
5) The extent to which an offender has had formal engagement with the criminal justice system between the commission of offences (have, for example, offences been committed on bail or after previous sentences have been imposed, suggesting an offender has not responded appropriately to censure/has not given due respect to the administration of justice) or previously.
6) Whether there are any prescribed sentencing provisions (such as minimum sentences) whose intent needs to be properly reflected.

It is also suggested that there are a number of practical factors that sentencers should bear in mind when reducing sentences on account of totality. While the public tends to intuitively understand the concept of totality to some degree,[300] that understanding is inevitably relatively limited and so care should be taken when structuring the sentence, and explaining the sentence imposed to ensure that each individual offence is seen to be properly accounted for. Sentencers should take particular care to avoid giving the impression that an offender has got an extra offence in "free" and not to impose a concurrent or consecutive term for an offence that viewed alone could look derisory. Words such as "discount" should be avoided, and courts should, it is suggested, instead refer to the need to step back and ensure a just and proportionate sentence is imposed that reflects the cumulative seriousness of the offending. It is at least in part for this reason that the Court of Appeal (Criminal Division) is principally concerned with whether a total sentence is manifestly excessive or unduly lenient, rather than whether an individual sentence viewed in isolation is appropriate.

Concurrent and Consecutive Sentences

Introduction

In general terms where a sentence is ordered to run concurrently with another sentence it is to be served at the same time as that sentence and where a sentence is ordered to run consecutively to another sentence, it will be served only on the expiry of that sentence. In relation to consecutive custodial terms, due to the release regime for determinate sentences (where an offender tends to serve a proportion of a custodial sentence in custody, and then the remainder on licence in the community), the effect of s.264 of the Criminal Justice Act 2003 is that an offender will serve the custodial periods as an aggregate, before then serving the remaining licence as an aggregate.

A1-205

Aside from reducing or increasing individual sentences to ensure totality, the decision whether to impose a sentence concurrently or consecutively to another sentence is the main mechanism by which the courts can give effect to the principle of totality . Whereas previously, it might be that the decision as regards the structure of sentences imposed in multiple offence cases might have founded a ground of appeal (where that structure did not accord with best practice) it is now clear that the Court of Appeal (Criminal Division) is interested in the total sentence rather than the means by which it was constructed. Recently, the Court of Appeal (Criminal Division) has gone so far as to say where an offender falls to be sentenced for two or more offences, and concurrent sentences are imposed, detailed analysis of the guideline categorisation of each offence and the individual sentences imposed are not as helpful as they would be in different circumstances: *R. v Corrie*.[301]

Legislation

Sentencing Act 2020 s.225

Restriction on consecutive sentences for released prisoners

225.—(1) A court sentencing a person to a relevant custodial term may not order or direct that the term is to commence on the expiry of any current custodial sentence from which the offender has been released under—

A1-206

---

[300] See J.V. Roberts, *Punishing Persistent Offenders: Exploring Community and Offender Perspectives* (Oxford: OUP, 2008), pp.180–182.
[301] [2020] EWCA Crim 1162; [2021] 1 Cr. App. R. (S.) 23.

(a) Chapter 6 of Part 12 of the Criminal Justice Act 2003 (release, licences, supervision and recall), or
(b) Part 2 of the Criminal Justice Act 1991 (early release of prisoners).
(2) In this section "relevant custodial term" means a term of—
(a) detention under Chapter 2 of this Part,
(b) detention in a young offender institution (under this Code), or
(c) imprisonment.
(3) In this section, "current custodial sentence" means a sentence that has not yet expired which is—
(a) a sentence of imprisonment,
(b) a sentence of detention in a young offender institution, or
(c) a sentence of detention imposed under any of the following—
(i) section 250,
(ii) section 254 (including one passed as a result of section 221A of the Armed Forces Act 2006),
(iii) section 226B or 228 of the Criminal Justice Act 2003 (including one passed as a result of section 221A or 222 of the Armed Forces Act 2006),
(iv) section 91 of the Powers of Criminal Courts (Sentencing) Act 2000,
(v) section 53(3) of the Children and Young Persons Act 1933,
(vi) section 209 of the Armed Forces Act 2006, or
(vii) section 71A(4) of the Army Act 1955 or the Air Force Act 1955 or section 43A(4) of the Naval Discipline Act 1957.

Guidance

Whether to impose a concurrent or a consecutive sentence

A1-207 Whether to impose a concurrent or a consecutive sentence will principally be determined by the need to ensure a total sentence that is just and proportionate. However, the case law and the Sentencing Council's guideline identify a number of circumstances in which it will ordinarily be appropriate to impose a concurrent sentence, or where it will ordinarily be appropriate to impose a consecutive sentence. These are, however, broad "rules" only and accordingly may be departed from.

Circumstances in which concurrent sentences will ordinarily be appropriate

A1-208 The Sentencing Council's guideline provides that it will ordinarily be appropriate to impose a concurrent sentence where:
1) the offences arise out of the same incidents or facts; or
2) there is a series of offences of the same or similar kind, especially when committed against the same person.

If concurrent sentences are imposed then the sentence may need to be appropriately increased by the presence of the associated offences (potentially as the Guideline notes to take the sentence for the lead offence outside the category range for a single offence).

The courts have consistently held that concurrent sentences will be appropriate in all but the most exceptional cases where the offences arise out of the same incidents or facts and that consecutive sentences should not be imposed simply to avoid what the court considers to be a maximum sentence that is too low for the offending: see, for example, *R. v Lawrence*;[302] *R. v Noble*[303] and *R. v Jenkins*.[304]

Although in theory exceptional circumstances may justify consecutive sentences exceeding the maximum available for a single offence, the courts have been reticent to find such exceptional circumstances; this is perhaps most stark in the context of death by dangerous driving cases, where despite the urging of the Solicitor General in *Attorney General's Reference (R. v Brown)*,[305] the Court of Appeal (Criminal Division) held that consecutive sentences would be inappropriate where multiple children died as a result of a single incident of dangerous driving. Similar considerations appear to apply to non-recent sexual offences.

A1-209

Circumstances in which consecutive sentences will ordinarily be appropriate

The Sentencing Council's guideline provides that it will ordinarily be appropriate to impose a consecutive sentence where:

A1-210

1) offences arise out of unrelated facts or incidents;
2) offences committed in the same incident are distinct, involving an aggravating element that requires separate recognition.
3) offences are of the same or similar kind but where the overall criminality will not sufficiently be reflected by concurrent sentences; or
4) one or more offence(s) qualifies for a statutory minimum sentence and concurrent sentences would improperly undermine that minimum.

In relation to offences which attract minimum sentences the courts have frequently made reference to the need not to "water down" that provision by reference to totality or to render its effect nugatory: see, for example, *R. v Sparkes*[306] and *R. v Chaplin*.[307]

Cases where there is a particular distinct aggravating factor making a consecutive sentence necessary have previously been held to include cases where there is an interference with the course of justice, such as an offence of attempting to pervert the court of justice, a failure to surrender to bail, or offences committed in prison: see, for example, *Attorney General's Reference (No.1 of 1990) (R. v Atkinson)*.[308]

To the list of cases provided by the Sentencing Council, the courts have historically identified one further type of case, namely those in which the offender was convicted of a further offence committed while subject to a previous court order. However, when re-sentencing or sentencing for a specific breach offence in addition to a new offence there will be a need to avoid double-counting by additionally aggravating the new offence by virtue of that breach: see *R. v Herrick (Andrew John)*.[309]

A1-211

---

[302] (1989) 11 Cr. App. R. (S.) 580 CA.
[303] [2002] EWCA Crim 1713; [2003] 1 Cr. App. R. (S.) 65.
[304] [2015] EWCA Crim 105; [2015] 1 Cr. App. R. (S.) 70.
[305] [2018] EWCA Crim 1775; [2019] 1 Cr. App. R. (S.) 10.
[306] [2011] EWCA Crim 880; [2011] 2 Cr. App. R. (S.) 107.
[307] [2015] EWCA Crim 1491; [2016] 1 Cr. App. R. (S.) 10.
[308] (1990–91) 12 Cr. App. R. (S.) 245 CA.
[309] [2022] EWCA Crim 1671; [2023] 2 Cr.App.R. (S.) 6.

Consecutive sentences: Offender released and recalled

A1-212 There is a statutory bar on the imposition of a consecutive sentence where the offender has been released from custody. In *R. v McStravick*,[310] the court made clear that that prohibition extended to circumstances in which the offender had been released and then recalled; the fact of recall did not alter the position under the Criminal Justice Act and the sentence would be ordered to run concurrently to the earlier sentence.

Totality where offender is serving or has served previous sentences

Approach where the offender is serving a previous sentence imposed prior to offending

A1-213 The Sentencing Council's guideline on totality gives the following specific guidance on the approach to totality where the court is to impose a determinate sentence on an offender who is already serving an existing determinate sentence:

Circumstance	Guidance
Offender serving a determinate sentence (instant offences committed after offences sentenced earlier)	Generally the sentence will be consecutive as it will have arisen out of an unrelated incident. The court must have regard to the totality of the offender's criminality when passing the second sentence, to ensure that the total sentence to be served is just and proportionate. Where a prisoner commits acts of violence in prison custody, any reduction for totality is likely to be minimal.
Offender subject to licence, post sentence supervision or recall	The new sentence should start on the day it is imposed: s.225 of the Sentencing Act 2020 prohibits a sentence of imprisonment running consecutively to a sentence from which a prisoner has been released. If the new offence was committed while subject to licence or post sentence supervision, the sentence for the new offence should take that into account as an aggravating feature. However, the sentence must be commensurate with the new offence and cannot be artificially inflated with a view to ensuring that the offender serves a period in custody additional to any recall period (which will be an unknown quantity in most cases); this is

---

[310] [2018] EWCA Crim 1207; [2018] 2 Cr. App. R. (S.) 26.

Circumstance	Guidance
	so even if the new sentence will in consequence add nothing to the period actually served.
Offender subject to an existing suspended sentence order	Where an offender commits an additional offence during the operational period of a suspended sentence and the court orders the suspended sentence to be activated, the additional sentence will generally be consecutive to the activated suspended sentence, as it will arise out of unrelated facts.

Sentencing offences committed prior to other offences for which an offender has been sentenced

A1-214 The 2023 totality guideline provides new guidance on the sentencing of offences committed prior to other sentenced offences, in effect incorporating the guidance previously given in *R. v Green (Michael)*[311] (and extending it to case where the sentence is still being served). The guideline provides that the court should first reach the appropriate sentence for the instant offences, taking into account totality in respect of the instant offences alone. The court then has a discretion whether to make further allowance to take into account the earlier sentence (whether or not that sentence has been served in full). The court should consider all the circumstances in deciding what, if any, impact the earlier sentence should have on the new sentence. It is not simply a matter of considering the overall sentence as though the previous court had been able to sentence all the offences and then deducting the earlier sentence from that figure.

Where the new offence was committed before the offence for which the offender is serving an existed sentence, it is submitted that the best approach to take is to calculate the term the court would impose if it had dealt with the offences at the same time, make a reduction to reflect the sentence that would have been imposed previously (bearing in mind the factors identified in the guideline) and then impose the remaining amount consecutive to the sentence being served. The danger of instead imposing concurrent sentences is illustrated by *R. v Pigeon*.[312] There is no power to credit the previous sentence in those circumstances, and the court must accordingly make reference to the release regimes to ensure that the proper equivalent sentence is imposed.

A1-215 It is suggested that in accordance with *Green*, where appropriate consideration has been given to this, the Court of Appeal (Criminal Division) will only interfere with the judge's decision where it was irrational.

The suggestion in the guideline that reductions could be removed if the offender could have "cleaned the slate" by admitting the other offences at the earlier sentencing is a concerning one. It is an elementary principle of justice that an offender has a right to put the prosecution to proof, and it is generally accepted that

---

[311] [2019] EWCA Crim 196; [2019] 2 Cr. App. R. (S.) 16.
[312] [2017] EWCA Crim 538; [2017] 2 Cr. App. R. (S.) 43.

sentences should not be aggravated for the exercise of that right, although reductions will be given for early admissions of guilt or remorse. It is unclear therefore why an offender should not be entitled to a reduction for totality simply because they did not admit their offending earlier.

Commencement of Sentence

Legislation

Sentencing Act 2020 s.384

Commencement of sentence

A1-216   384.—(1) A sentence imposed by a court when dealing with an offender takes effect from the beginning of the day on which it is imposed, unless the court otherwise directs.

(2) The power to give a direction under subsection (1) is subject to section 225 (restriction on consecutive sentences for released prisoners).

(3) This section is subject to—
   (a) section 198 (when a youth rehabilitation order is in force);
   (b) sections 237, 253, 257 and 270 (interaction of detention and training order with other sentences);
   (c) section 334 (duration of criminal behaviour order);
   (d) section 385(5) (alteration of Crown Court sentence);
   (e) section 142(5) of the Magistrates' Courts Act 1980 (power of magistrates' court to re-open cases to rectify mistakes etc).

(4) In this section—

"sentence" has the meaning given by section 401, but—
   (a) also includes a recommendation for deportation made when dealing with an offender, and
   (b) does not include an order relating to a requirement to make a payment under regulations under section 23 or 24 of the Legal Aid, Sentencing and Punishment of Offenders Act 2012 (legal aid: payment for services and enforcement);

"imposed" includes made.

A1-217   This section, previously s.154 of the Powers of Criminal Courts (Sentencing) Act 2000, initially applied only to sentences imposed by the Crown Court, but following a recommendation by the Law Commission (effected by para.51 of Sch.2 to the Sentencing (Pre-consolidation Amendments) Act 2020) now applies also to the magistrates' courts on the basis that the same position already applied to the magistrates' courts.[313]

Debate as to power of Crown Court to order sentence to take effect at a later date

A1-218   At least in the Crown Court there is some academic debate about the extent to which the Crown Court's power to order a sentence to take effect at a later date

---

[313] Law Commission, *The Sentencing Code—Volume 1: Report* (2018, Law Com No.382) paras 10.47–10.49.

(generally by imposing a consecutive sentence) stems from its inherent jurisdiction or from s.384 of the Sentencing Code.

In *R. v Gilbert*,[314] the Court of Appeal (Criminal Division), considering its predecessor in s.11(1) of the Courts Act 1971, held that the words "unless the court otherwise directs" in that section were necessary in order to preserve the common law power to the court to impose a sentence, or make an order, taking effect in the future and did not confer any further power. Subsequent amendments have, however, been predicated on the basis that what is now s.384 confers the power to direct that a sentence should take place otherwise than immediately, rather than that stemming from the court's inherent jurisdiction.[315] Further, subsequent decisions of the Court of Appeal (Criminal Division) have appeared to disagree as to whether the power is statutory (as appears to have been held in *R. v Hill*[316] and *R. v Taylor*[317]) or one stemming from the inherent jurisdiction (as appears to have been held in *R. v Salmon*.[318]

While the issue appears to be an academic one it would seem to govern whether the Crown Court has the ability to direct that a sentence should take effect later than the day it was imposed (but not consecutively to another sentence). Recognising the doubt that this may be the case the Law Commission felt unable to restrict s.384 such that the only scenario in which a sentence could be imposed to take effect later than the day it was imposed was where it was imposed consecutively to another sentence from which the offender was not released.[319]

The role of the Parties

General Guidance

Historically, the duties of counsel to the court in the sentencing process were relatively limited. The prosecution's role was confined principally to presenting the facts of the case and challenging any mitigation which the prosecution contended was not supported by those facts. Advocacy which attempted to influence the court as to sentence was strongly decried. Similarly, the duty of the defence was simply to put forward the best mitigation possible, in the context of their professional duties not to mislead the court, and to argue for the sentence they considered appropriate.

A1-219

The role of counsel has, however, changed over the years and now both parties are under duties to ensure that the court does not fall into error in the sentencing process. Accordingly, it is now recognised to be the professional duty of both counsel to inform themselves of the extent of the court's powers of sentence in any case in which they are instructed, to know what options are open to the sentencing judge, and if a mistake is made, to bring that mistake to the judge's attention: *R. v Hartrey*.[320] Similarly, where counsel believe the judge has made an arithmetical error, such as an error in assessing the period of credit for guilty plea or something

---

[314] [1974] 60 Cr. App. R. 220.
[315] For the detail of which see Law Commission, *The Sentencing Code—Volume 1: Consultation Paper* (2017, Law Com Consultation Paper No.232) paras 10.27 and 10.28.
[316] [2008] EWCA Crim 1871; [2009] 1 Cr. App. R. (S.) 75.
[317] [2011] EWCA Crim 2236; [2012] 1 Cr. App. R. (S.) 75.
[318] [2002] EWCA Crim 2088; [2003] 1 Cr. App. R. (S.) 85.
[319] Law Commission, *The Sentencing Code—Volume 1: Report* (2018, Law Com No.382) para.10.51.
[320] (1993) 14 Cr. App. R. (S.) 507 CA.

of that precise mathematical nature, there is a duty to draw that to the judge's attention at the time or during the slip rule period: *R. v Parsons*.[321]

General duties of the Prosecution

Duties to assist the Court

A1-220   Rules 24.11(3) and 25.16(3) of the Criminal Procedure Rules 2020 provide that where an offender is convicted or pleads guilty it is the duty of the prosecution to:

(a) summarise the prosecution case, if the sentencing court has not heard evidence;
(b) identify in writing any offence to be taken into consideration in sentencing;
(c) provide information relevant to sentence, including—
  (i) in the Crown Court, any previous conviction of the defendant, and the circumstances where relevant, and
  (ii) any statement of the effect of the offence on the victim, the victim's family or others;
(d) identify any other matter relevant to sentence, including—
  (i) the legislation applicable,
  (ii) any sentencing guidelines, or guideline cases,
  (iii) aggravating and mitigating features affecting the defendant's culpability and the harm which the offence caused, was intended to cause or might foreseeably have caused, and
  (iv) the effect of any pre-sentence reports, medical reports or financial reports the court may need to take into account; and
(e) if the court so directs, where no single indictment contains every count on which the defendant is to be sentenced provide a substituted indictment for sentencing purposes that contains every such count and indicates—
  (i) the indictment from which each such count derives,
  (ii) the defendant's plea to each such count,
  (iii) if a guilty plea, the date on which that plea was entered, and
  (iv) otherwise, the date on which the defendant was convicted on that count.

In practice the duty for prosecution counsel is not only limited to identifying relevant sentencing guidelines, but also, as the Criminal Procedure Rules implicitly acknowledge, to address the court on the appropriate guideline category for the case. It is incumbent on the prosecution to bring to the attention of the judge any mental health issues relating to the defendant, at the latest when the case was opened for sentencing, and if possible, significantly in advance, and to consider the reports that the prosecution may want to seek as early as possible: *Attorney General's Reference (R. v Johnstone)*.[322]

It is also incumbent on the prosecution to take decisions about charge in good

---

[321] [2019] EWCA Crim 1451; [2020] 1 Cr. App. R. (S.) 8.
[322] [2021] EWCA Crim 1683; [2022] 2 Cr. App. R. (S.) 7. Generally, it is appropriate on a plea of guilty to provide a summary of the prosecution case and the basis for sentence, in addition to addressing the sentencing guidelines (as noted in *Johnstone*), and any authorities which provide guidance on the approach to the guidelines, as well addressing any ancillary orders sought. Sentencing is now often a complex exercise that sentencing courts expect assistance from the Crown as to the sentencing process.

time and to ensure that the defence and judge at a sentencing hearing are made aware of any outstanding matters which might affect the sentence to be passed, so that the sentencing judge may adjourn to deal with the matters together if appropriate: *R. v Jackson*.[323]

Interpretation Provisions

General

Section 397 of the Sentencing Code provides the general interpretation provisions for the Code. In particular it provides: A1-221

> "court" does not include a service court;
> an "imprisonable offence" means an offence that is punishable with imprisonment in a court (even if the offence in question is not so punishable by the court dealing with the offender for it);
> "sentence of imprisonment" does not include a committal—
> (a) in default of payment of any sum of money,
> (b) for want of sufficient distress to satisfy any sum of money, or
> (c) for failure to do or abstain from doing anything required to be done or left undone,
> and references to sentencing an offender to imprisonment are to be read accordingly;

Any reference in the Code to an offence punishable with imprisonment is to be read without regard to any prohibition or restriction imposed by or under any Act on the imprisonment of young offenders.

Ancillary and Inchoate Offences

Section 398 of the Sentencing Code provides that any reference in the Sentencing Code to an offence includes a reference to that offence committed by aiding, abetting, counselling or procuring the commission of that offence. The Code accordingly does not make explicit reference to such offences. Furthermore, subs.(3) of s.398 provides that in the Code, "inchoate offence" in relation to an offence, means— A1-222

1) an attempt to commit the offence,
2) conspiracy to commit the offence,
3) an offence under Pt 2 of the Serious Crime Act 2007 related to the offence, or
4) incitement to commit the offence, but this is subject to subsection (4).

The exception to this in subs.(4) is in relation to s.67 (assaults on emergency workers) and Sch.13 to the Code (special sentence for offenders of particular concern) where the definition of "inchoate offence" does not include (d) of subs.(3). Oddly, there is no exception for s.68A (assaults on those performing public services).

---

[323] [2018] EWCA Crim 2388.

Mandatory Sentences

Sentencing Act 2020 s.399

Mandatory sentences

A1-223 399. For the purposes of this Code, where a court is dealing with an offender for an offence, a mandatory sentence requirement applies in relation to the offence if—
    (a) the offence is one for which the sentence is fixed by law,
    (b) the court is obliged by one of the following provisions to pass a sentence of detention for life, custody for life or imprisonment for life—
        (i) section 258, 258A, 274, 274A, 285 or 285A (life sentence for certain offenders);
        (ii) section 273 or 283 (life sentence for second listed offence), or
    (ba) the court is obliged by section 268B or 282B to impose a serious terrorism sentence,
    (c) a sentence is required by one of the following provisions and the court is not of the opinion mentioned in that provision—
        (i) section 311(2) (minimum sentence for certain offences involving firearms that are prohibited weapons);
        (ii) section 312(2) or (2A) (minimum sentence for offence of threatening with weapon or bladed article);
        (iii) section 313(2) or (2A) (minimum sentence of 7 years for third class A drug trafficking offence);
        (iv) section 314(2) or (2A) (minimum sentence of 3 years for third domestic burglary);
        (v) section 315(2) or (2A) (minimum sentence for repeat offence involving weapon or corrosive substance or bladed article).

This section replaces the practice of having disparate lists of minimum sentence provisions in individual statutory provisions where reference to them was necessary, which carried the risk of consequential amendments being missed.

Associated Offences

Sentencing Act 2020 s.400

Meaning of "associated offence"

A1-224 400. For the purposes of this Code, an offence is associated with another if—
    (a) the offender—
        (i) is convicted of it in the proceedings in which the offender is convicted of the other offence, or
        (ii) (although convicted of it in earlier proceedings) is sentenced for it at the same time as being sentenced for that offence, or
    (b) in the proceedings in which the offender is sentenced for the other offence, the offender—
        (i) admits having committed it, and
        (ii) asks the court to take it into consideration in sentencing for that other offence."

In *R. v Cawley*,[324] it was held that where an offence is committed during the operational period of a suspended sentence order, that offence is not an "associated offence" with the offence for which the suspended sentence was imposed. This is presumably because where a court is dealing with a suspended sentence order it is simply activating an existing sentence and does not appear to have the power to re-sentence.

In this respect it is noteworthy that in *R. v Godfrey*[325] it was held that where a conditional discharge was re-sentenced on the commission of a new offence, the offence for which the conditional discharge was imposed is an "associated offence" with the new offence. It is submitted that this reasoning applies to all cases in which the existing order is re-sentenced, rather than simply amended or activated.

Meaning of "Sentence"

Sentencing Act 2020 s.401

Meaning of "sentence"

401. In this Code, except where otherwise provided, "sentence", in relation to an offence, includes any order made by a court when dealing with the offender in respect of the offence, and "sentencing" is to be construed accordingly.

A1-225

This definition is modelled on the various definitions of sentence that exist in the statute book, the most significant of which is s.50 of the Criminal Appeal Act 1968, which employs a slightly wider definition to catch certain specific types of recommendation that would not otherwise fit into the ordinary definition and to ensure that there is no doubt about the availability of certain appeal mechanisms.

---

[324] (1994) 15 Cr. App. R. (S.) 25 CA.
[325] (1993) 14 Cr. App. R. (S.) 804 CA.

Chapter A2

PRE-SENTENCE

Advance Indication of Sentence

Introduction

The procedure by which defendants may ask the court for an advance indication of sentence before formally entering a guilty plea differs in the magistrates' courts and the Crown Court. Indications of sentence are far more common in the Crown Court, in part owing to the statutory restrictions in place in magistrates' courts.

The magistrates' court procedure applies only at the time of the allocation decision in the magistrates' court and provides the defendant with the opportunity to seek an indication of sentence having been told that the court has determined that the offence is suitable for summary trial.

The Crown Court procedure is colloquially known as a *Goodyear* indication, taking its name from the case in which the Court of Appeal (Criminal Division) provided guidance on the topic: *R. v Goodyear*.[1] The procedure is therefore a common law procedure which has developed over the course of some years. Its purpose is to provide defendants with an indication of the maximum sentence that would be imposed.

Under the *Goodyear* procedure the court may provide an indication of the maximum sentence that it would impose were the defendant to enter a guilty plea at that stage. The process does not in any way take the form of what is known in the US as "plea bargaining"[2] and, unlike in the US, the prosecution has a limited role in the exercise. The defendant may then consider whether they wish to plead guilty on those terms or alternatively continue to trial. There is no negotiation and the indication is, generally, binding on the court. A guilty plea may result in a sentence less than that which was indicated but should not result in a sentence that is in excess of the indication. There are limited circumstances in which a court may

A2-001

A2-002

---

[1] [2005] EWCA Crim 888; [2005] 1 W.L.R. 2532.
[2] American jurist Alan Wertheimer notes that plea bargaining "… is widely and vigorously criticised. It is for example argued that (1) pleas bargaining leads to excessively lenient punishments, thus compromising the retributive, deterrent and incapacitative effects of punishment; (2) plea bargaining leads to unjust punishments which depend more on the defendant's willingness to waive his right to trial than on appropriate sentencing criteria; (3) the leniency of plea bargaining is illusory, as prosecutors overcharge defendants, and then reduce the charge to what would have been appropriate; (4) plea bargaining hides and perpetuates violations of defendants' rights and creates sentence-differentials so great that even innocent defendants plead guilty". See A. Wertheimer, *Coercion* (Oxford: Princeton University Press, 1987), pp.122–123.

Advance Indication of Sentence in the Magistrates' Courts

Legislation

Magistrates' Courts Act 1980 ss.20 and 20A

Procedure where summary trial appears more suitable

A2-003 20.—(1) If the court decides under section 19 above that the offence appears to it more suitable for summary trial, the following provisions of this section shall apply (unless they are excluded by section 23 below).

(2) The court shall explain to the accused in ordinary language—
- (a) that it appears to the court more suitable for him to be tried summarily for the offence;
- (b) that he can either consent to be so tried or, if he wishes, be tried on indictment; and
- (c) that if he is tried summarily and is convicted by the court, he may be committed for sentence to the Crown Court under section 14 or (if applicable) 15 of the Sentencing Code if the court is of such opinion as is mentioned in subsection (1)(b) of the applicable section.

(3) The accused may then request an indication ("an indication of sentence") of whether a custodial sentence or non-custodial sentence would be more likely to be imposed if he were to be tried summarily for the offence and to plead guilty.

(4) If the accused requests an indication of sentence, the court may, but need not, give such an indication.

(5) If the accused requests and the court gives an indication of sentence, the court shall ask the accused whether he wishes, on the basis of the indication, to reconsider the indication of plea which was given, or is taken to have been given, under section 17A or 17B above.

(6) If the accused indicates that he wishes to reconsider the indication under section 17A or 17B above, the court shall ask the accused whether (if the offence were to proceed to trial) he would plead guilty or not guilty.

(7) If the accused indicates that he would plead guilty the court shall proceed as if—
- (a) the proceedings constituted from that time the summary trial of the information; and
- (b) section 9(1) above were complied with and he pleaded guilty under it.

(8) Subsection (9) below applies where—
- (a) the court does not give an indication of sentence (whether because the accused does not request one or because the court does not agree to give one);
- (b) the accused either—
  - (i) does not indicate, in accordance with subsection (5) above, that he wishes; or
  - (ii) indicates, in accordance with subsection (5) above, that he does not wish,

    to reconsider the indication of plea under section 17A or 17B above; or

(c) the accused does not indicate, in accordance with subsection (6) above, that he would plead guilty.

(9) The court shall ask the accused whether he consents to be tried summarily or wishes to be tried on indictment and—
   (a) if he consents to be tried summarily, shall proceed to the summary trial of the information; and
   (b) if he does not so consent, shall proceed in relation to the offence in accordance with section 51(1) of the Crime and Disorder Act 1998.

Procedure where summary trial appears more suitable: supplementary

20A.—(1) Where the case is dealt with in accordance with section 20(7) above, no court (whether a magistrates' court or not) may impose a custodial sentence for the offence unless such a sentence was indicated in the indication of sentence referred to in section 20 above.

(2) Subsection (1) above is subject to sections 15(4), 18(8) and 21(6) of the Sentencing Code.

(3) Except as provided in subsection (1) above—
   (a) an indication of sentence shall not be binding on any court (whether a magistrates' court or not); and
   (b) no sentence may be challenged or be the subject of appeal in any court on the ground that it is not consistent with an indication of sentence.

(4) Subject to section 20(7) above, the following shall not for any purpose be taken to constitute the taking of a plea—
   (a) asking the accused under section 20 above whether (if the offence were to proceed to trial) he would plead guilty or not guilty; or
   (b) an indication by the accused under that section of how he would plead.

(5) Where the court gives an indication of sentence under section 20 above, it shall cause each such indication to be entered in the register.

(6) In this section and in section 20 above, references to a custodial sentence are to a custodial sentence within the meaning given by section 222 of the Sentencing Code, and references to a non-custodial sentence shall be construed accordingly.

Rules 3.16 and 9.13 of the Crim PR provide that at a preparation for trial hearing or a hearing where the court must determine venue in a youth case, the court may explain, in terms the defendant can understand, that they may ask for an indication under s.20 of the 1980 Act, but that the court need not give such an indication. Rule 3.16 provides that in respect of adult defendants where the defendant does ask for such an indication the prosecutor must provide any information relevant to sentence not yet served but which is available there and then, and identify any other matter relevant to sentence, including the legislation applicable, any sentencing guidelines or guideline cases and aggravating and mitigating factors. Although r.9.13 is silent as to this it is suggested that the prosecution should do the same in youth cases.

A2-004

A2-005

Guidance

The *Goodyear* procedure is not available in the magistrates' court. See A2-010.
In the magistrates' courts, the procedure is limited to that which is set out in s.20 of the Magistrates' Courts Act 1980 (the 1980 Act), namely during the allocation procedure in respect of an offence triable either way.

A2-006
A2-007

It is important to note that the effect of s.20A(2) of the 1980 Act, read together with s.21(6) of the Sentencing Code, is that where an offender is found to be a dangerous offender and committed for sentence, the Crown Court will not be bound by any indication given by a magistrates' court.

It is suggested, however, that subject to that exception, a significant benefit of this procedure is that it enables a defendant to ascertain whether the magistrates would commit for sentence in the event of a plea, whether a plea might be sufficient for the magistrates to retain jurisdiction for sentencing and therefore whether the defendant "might as well" have a trial in the Crown Court in any event, as the case will be committed for sentence regardless of a plea or a conviction after a trial.

Advance Indications of Sentence in the Crown Court

Procedure Rules

Criminal Procedure Rules 2020/759 r.3.31

Application for indication of sentence

A2-008 3.31.—(1) This rule applies where a defendant wants the Crown Court to give an indication of the maximum sentence that would be passed if a guilty plea were entered when the indication is sought.

(2) Such a defendant must—
   (a) apply in writing as soon as practicable; and
   (b) serve the application on—
       (i) the court officer, and
       (ii) the prosecutor.

(3) The application must—
   (a) specify—
       (i) the offence or offences to which it would be a guilty plea, and
       (ii) the facts on the basis of which that plea would be entered; and
   (b) include the prosecutor's agreement to, or representations on, that proposed basis of plea.

(4) The prosecutor must—
   (a) provide information relevant to sentence, including—
       (i) any previous conviction of the defendant, and the circumstances where relevant,
       (ii) any statement of the effect of the offence on the victim, the victim's family or others; and
   (b) identify any other matter relevant to sentence, including—
       (i) the legislation applicable,
       (ii) any sentencing guidelines, or guideline cases, and
       (iii) aggravating and mitigating factors.

(5) The hearing of the application—
   (a) may take place in the absence of any other defendant;
   (b) must be attended by—
       (i) the applicant defendant's legal representatives (if any), and
       (ii) the prosecution advocate.

Practice Directions

CRIMINAL PRACTICE DIRECTIONS 2023, 9.4

9.4 Indications of sentence

9.4.1 When providing:
a. a "*Goodyear*" indication" (a sentence indication under CrimPR 3.31) in the Crown Court; or
b. responding to a defendant's request for an indication under CrimPR 3.16(3)(b) in the magistrates' court; the Court must not create or give the appearance of judicial pressure being placed on a defendant so as to promote a guilty plea.

In the Crown Court

9.4.2 An indication may be sought only when: (a) the plea is entered on the full facts of the prosecution case; or (b) a written basis of plea is agreed by the prosecution; or (c) if there is an issue between the prosecution and the defence, this is properly identified and the judge is satisfied that the issue is not material and does not require a *Newton* hearing to resolve.

9.4.3 Any advance indication given should be of the maximum sentence if a guilty plea were to be tendered at that stage of the proceedings only; the judge should not indicate the maximum possible sentence following conviction by a jury after trial.

9.4.4 The judge should only give a *Goodyear* indication if one is requested by the defendant, although the judge can, in an appropriate case, remind the defence advocate of the defendant's entitlement to seek an advance indication of sentence.

9.4.5 The judge has a discretion whether to give a *Goodyear* indication, and whether to give reasons for a refusal. If there is a dispute as to the basis of plea, such indications should not normally be given unless the judge concludes a *Newton* hearing is not required. If there is a basis of plea agreed by the prosecution and defence, it must be reduced into writing and a copy provided to the judge.

9.4.6 The judge should not become involved in negotiations about the acceptance of pleas or any agreed basis of plea, nor should a request be made for an indication of the different sentences that might be imposed if various different pleas were to be offered.

9.4.7 There should be no prosecution opening nor should the judge hear mitigation. However, during the *Goodyear* application the prosecution advocate is expected to assist the court by ensuring that the court has received all of the prosecution evidence, any statement from the victim about the impact of the offence, and any relevant previous convictions. Where appropriate, the prosecution should refer to the relevant statutory powers of the court, relevant sentencing guidelines and authorities, and such other assistance as the court requires.

9.4.8 The prohibition against the Crown indicating its approval of a particular sentence applies in all circumstances when a defendant is being sentenced, includ-

PRE-SENTENCE

ing when the defence seeks a *Goodyear* indication or when joint sentencing submissions are made.

9.4.9 A *Goodyear* indication should be given in open court in the presence of the defendant but any reference to the hearing is not admissible in any subsequent trial, and reporting restrictions should normally be imposed.

In the magistrates' court

9.4.10 In accordance with CrimPR 3.16 the defendant may seek an indication of whether a custodial or non-custodial sentence is more likely in the event of a guilty plea being forthcoming there and then.

9.4.11 If the defendant asks the court for such an indication, the prosecutor must: a. provide any information relevant to sentence not yet served but which is available; and b. identify any other matter relevant to sentence, including the legislation applicable, any sentencing guidelines or guideline cases and aggravating and mitigating factors.

9.4.12 The court is not obliged to give such an indication.

Guidance

Purpose

A2-010   The purpose of the *Goodyear* procedure for advance indications of sentence is to ensure a consistently fair approach to the provision of indications of sentence, ensuring safeguards are in place so as to avoid the impression of undue pressure being placed on the defendant to enter a guilty plea. As the court stated in *R. v Goodyear*,[3] the potential advantages of providing an advance indication as to the maximum sentence that the court would impose include: (1) that the defendant would make a better informed decision as to whether to plead or not; and (2) that experience tends to suggest that this would result in an increased number of early guilty pleas, with a consequent reduction in the number of trials, and the number of cases which are listed for trial and then "crack" at the last minute, usually at considerable inconvenience to those involved in the intended trial, and in particular, victims and witnesses.

Availability

A2-011   The *Goodyear* procedure is available only in the Crown Court. The court in *R. v Goodyear*[4] considered at [78] that at least initially the magistrates' courts should be confined to the statutory procedure, although the court opined that it might be that the *Goodyear* procedure could be extended to the magistrates' court after it had settled into the Crown Court. Despite the embedding of the Goodyear process in the Crown Court this suggestion has not, however, been revisited and accordingly, the position remains that that *Goodyear* procedure is available in the Crown Court only.

---

[3] [2005] EWCA Crim 888; [2005] 1 W.L.R. 2532 at [53].
[4] [2005] EWCA Crim 888; [2005] 1 W.L.R. 2532.

An indication may only be properly given where there is no dispute as to the factual basis for sentence between the defence and prosecution, and, in cases where there is a basis of plea, that basis must be written and signed by the defendant: *Goodyear* at [66] and [67].

Procedure

General

An indication should normally be sought and provided at the plea and trial preparation hearing, but can be made later, including during a trial. The indication should be given at the request of the defence (with the defence advocate having obtained a written authority to do so). There should in ordinary circumstances be no discussion as to the appropriate indication (see the "Roles" section at A2-020). The Court of Appeal (Criminal Division) has, time and time again, emphasised the need to adhere to the proper procedure set out in the Crim PD, Crim PR and *Goodyear*; see, e.g. *Attorney General's Reference (R. v Egan (Michael Francis))*.[5]

A2-012

The indication should be given in open court in the presence of both counsel and the defendant: *Goodyear* at [75].

In *Goodyear*, the court commented at [74] that in factually complicated or difficult cases a defendant might be expected to give seven days' notice in writing to both the court and the prosecution of an intention to seek an indication. Rule 3.31 of the Crim PR simply provides that the application should be made in writing as soon as possible.

It is submitted that for an indication as to sentence to be binding in accordance with *Goodyear*, the formal procedure must be adopted, in accordance with the Crim PR r.3.31 (see A2-007)—namely having submitted a formal written application served on the court and the Crown, responded to by the Crown with the necessary information relevant to sentence, including that pertaining to the defendant, the applicable sentencing regime and any victim personal statement. It is recognised that this is not how the procedure often works in practice; instead, a more informal approach to the time limits tends to be adopted with applications often being made on the day of the listing without prior notice. However, an informal discussion in court with defence counsel as to the possible sentence to be imposed on a guilty plea could not form the basis of an appeal against sentence where the defendant subsequently pleaded guilty and the court imposed a sentence in excess of that loosely indicated in the informal discussion: *R. v Hobbs*.[6]

A2-013

Basis of plea

Any agreed basis should be reduced into writing before an indication is sought. Where there is a dispute about a particular fact which counsel for the defendant believes to be effectively immaterial to the sentencing decision, the difference should be recorded, so that the judge can make up their own mind: *Goodyear* at [66].

A2-014

---

[5] [2022] EWCA Crim 1751; [2023] Crim. L.R. 375.
[6] [2019] EWCA Crim 2137.

Uninvited indication of maximum sentence

A2-015   As a general rule, *Goodyear* indications should not be given unless sought by the defence. The risk of giving an uninvited indication of the maximum sentence the court would impose if the defendant pleaded guilty now, is that the indication may create such an inappropriate pressure on the defendant to plead guilty. Such circumstances were found in *R. v Nightingale (Danny)*,[7] where the court held that:

1) a defendant charged with an offence was personally responsible for entering their plea and, in exercising that responsibility, they had to be free to choose whether to plead guilty or not guilty;
2) that did not mean that a defendant had to be free from the pressure of the circumstances in which they were forced to make their choice—such pressure was inevitable;
3) additionally, it was the duty of defence counsel to give the defendant realistic and forthright advice, in particular about the possible advantages in sentencing terms of tendering a guilty plea;
4) such forensic pressures and advice did not deprive defendants of their freedom to choose whether to plead guilty or not guilty; rather, they helped to inform their choice;
5) however, where imprisonment was inevitable, it is not permissible for a judge, acting on their own initiative, to give an indication that a very long sentence would be the consequence of conviction and a relatively short one would follow a guilty plea;
6) on the particular facts (which involved an indication of sentence that would potentially allow a service member's military career to continue), arising from the uninvited indication given by the judge, the defendant's choice had been narrowed and the conviction would be set aside.

In *R. v AB, CD, EF and GH*,[8] where an unsolicited indication of sentence in chambers (which was far below the proportionate sentence) was considered to have imposed real pressures on the defendant such that in all the circumstances the defendants had been subject to inappropriate pressure to plead guilty which deprived them of their free choice as to whether to plead guilty or not. Similarly, in *R. v Moore (Thomas)*,[9] an uninvited indication that the appellant would be released if he pleaded guilty amounted to improper pressure to plead guilty justifying quashing the pleas. The court appreciated the pressures on judges to resolve cases but noted that there was a fundamental principle at play: the principle that the defendant in any criminal case is entitled to assess his plea by reference only to the advice he is given by his counsel and his own wishes and not by what is said by the judge.

Uninvited indication of nature of sentence irrespective of guilty plea

A2-016   There remains, however, a limited power for the Crown Court to provide an indication of the sentence to be imposed upon a plea of guilty of its own volition.

---

[7] [2013] EWCA Crim 405; [2013] 2 Cr. App. R. 7 CMAC.
[8] [2021] EWCA Crim 2003; [2022] 2 Cr. App. R. 10.
[9] [2023] EWCA Crim 1685.

This power, recognised in *R. v Turner*[10] (and confirmed in *Attorney General's Reference (R. v AB)*),[11] permits the court to indicate that whatever happens, whether the accused pleads guilty or not guilty, the sentence will or will not take a particular form (e.g. a fine, immediate custody or so on).

Sentence by the judge who gave the indication

As a matter of good practice, sentence should be imposed by the judge who gave the indication. The court in *R. v Kulah*,[12] however, recognised that it would not always be possible for a judge who had given a *Goodyear* indication to impose the sentence and that where it was unavoidable that a different judge had to imposed sentence, the sentencing judge should be provided with a transcript of the judge's indication because there was scope for misunderstanding if a *Goodyear* indication was merely related to the sentencing judge by counsel. To a large extent, however, the need for transcripts has been overtaken by the use of sidebar comments on the CCDCS which enable the judge giving the indication to write on the case file—in clear terms—the exact indication given. A2-017

Error in indication

Where the court gives an indication which is acted on by the entering of a guilty plea but later realises that it was in error and wishes to withdraw the indication, the proper course is to offer the defendant the opportunity to vacate the plea of guilty. In *R. v Newman*,[13] the sentencing judge gave a *Goodyear* indication which he subsequently realised was incorrect in the light of material in the pre-sentence report and the sentencing guidelines. He then withdrew the indication, giving the defendant the opportunity to vacate his plea in the light of the changed situation. The defendant did not vacate his plea and the judge imposed a sentence greater than had been indicated in the advance indication of sentence. On appeal against sentence, the court held that the appellant had no legitimate grounds for complaint. Their Lordships commented that revisions to *Goodyear* indications should be the exception, and could only be made in a manner which was fair to the defendant, where the matter could be revised without the defendant sustaining any prejudice other than mere disappointment, but that the public interest in an appropriate sentence had to "trump" any question of disappointment in the rare cases where such a situation might arise. A2-018

Multiple applications

In *R. v Kulah*,[14] the defendant had sought an indication from the first judge which the judge declined to give, but had then successfully obtained a binding indication from a second judge. On appeal, the court was concerned that when an application was made to the second judge, the second judge was not told that an earlier applica- A2-019

---

[10] (1970) 54 Cr. App. R. 72; [1970] 2 Q.B. 321.
[11] [2021] EWCA Crim 1959; [2022] 2 Cr. App. R. (S.) 17..
[12] [2007] EWCA Crim 1701; [2008] 1 W.L.R. 2517.
[13] [2010] EWCA Crim 1566; [2011] 1 Cr. App. R. (S.) 68.
[14] [2007] EWCA Crim 1701; [2008] 1 W.L.R. 2517.

tion had been made and refused and commented that if a practice of forum shopping was developing, it was to be deprecated.

Roles

Defence

A2-020 Generally Subject to the court's power to remind defence counsel of the *Goodyear* process, the process should normally be started by the defendant. Counsel must ensure they have written authority from the defendant to seek such an indication. Prior to obtaining the written authority, counsel should advise the defendant of the following matters:
1) the defendant should not plead guilty unless they are guilty;
2) any indication of sentence remains subject to the entitlement of the Attorney General to refer the sentence to the Court of Appeal (Criminal Division) under the unduly lenient sentence scheme (in cases where that scheme applies);
3) any indication reflects the situation at the time when it is given, and that if a guilty plea is not tendered in the light of that indication the indication ceases to have effect (see A2-033 for more detail on when indications lapse);
4) any indication which may be given relates only to the matters about which an indication is sought and thus, certain steps, like confiscation proceedings, follow automatically, and the judge cannot dispense with them, nor, by giving an indication of sentence, create an expectation that they will be dispensed with: *R. v Goodyear*.[15]

As noted above, it is improper for defence counsel to seek an indication where there remains uncertainty between the prosecution and the defence about an acceptable plea or pleas to the indictment, or any factual basis relating to the plea: *Goodyear* at [66]. Accordingly, the defence will need to have confirmed that prosecution counsel is content with their written basis of plea before approaching the court for an indication.

A2-021 Unrepresented defendants Where defendants are unrepresented, they are entitled to seek a sentence indication of their own initiative: *Goodyear* at [68].

Prosecution

A2-022 Generally The court in *Goodyear* at [70] gave the following guidance in respect of the prosecution's duties.
1) If there is no final agreement about the plea to the indictment, or the basis of plea, and the defence nevertheless proceeds to seek an indication, which the judge appears minded to give, prosecuting counsel should remind the court of the guidance in *Goodyear*, that normally an indication of sentence should not be given until the basis of the plea has been agreed or the judge has concluded that they can properly deal with the case without the need for a *Newton* hearing.

---

[15] [2005] EWCA Crim 888; [2005] 1 W.L.R. 2532 at [63]–[65].

2) If an indication is sought, the prosecution should normally enquire whether the judge is in possession of or has had access to all the evidence relied on by the prosecution, including any victim impact statement from the victim, as well as any information of relevant previous convictions recorded against the defendant.
3) If the process has been properly followed, it should not normally be necessary for counsel for the prosecution, before the judge gives any indication, to do more than, first, draw the judge's attention to any minimum or mandatory statutory sentencing requirements, relevant guideline cases or sentencing guidelines, and secondly, where it applies, to remind the judge that the position of the Attorney General to refer any eventual sentencing decision as unduly lenient is not affected.
4) In any event, counsel should not say anything which may create the impression that the sentence indication has the support or approval of the Crown.

The requirement of neutrality on behalf of the prosecution is particularly important in order to preserve the position of the Attorney General in any subsequent reference; it seems that provided the possibility of such a reference is acknowledged and prosecution counsel does not make any positive concession as to the sentence being imposed being the appropriate one, a reference based on prosecution counsel's mis-categorisation or error as to the guidelines will still be permissible: *Attorney General's Reference (R. v Powell)*.[16] Prosecuting counsel should therefore guard against the giving of any appearance of endorsement or concession expressed or implicit in respect of any indication being given: *Attorney General's Reference (R. v Solomon (Ben Sean))*.[17]

Unrepresented defendants Where the defendant is unrepresented, prosecution counsel should not inform the defendant of the right to seek an indication of sentence. This may be interpreted as constituting improper pressure to plead guilty: *Goodyear* at [68]. It is submitted that although there is sense in this cautious approach, in conjunction with the court's comment that the judge should not "take initiative" and inform an unrepresented defendant of the ability to seek an indication of sentence, the result is that the defendant is deprived of the benefit of this procedure. It is suggested that it would be possible for Judicial College, via the Crown Court Compendium, to draft a form of words that is capable of conveying to an unrepresented defendant the availability of the procedure without placing any pressure on them to plead (beyond that which is inherent in the procedure, whether represented or not).

A2-023

Court

Generally The function of the court is to (a) decide whether to provide an indication and (b) provide an indication if appropriate. The function does not go beyond that and the court should never be invited to give an indication on the basis of what would be, or what would appear to be, a "plea bargain"; furthermore, the court should not be become involved in discussions linking the acceptability to the prosecution of a plea or basis of plea and the sentence which may be imposed. The court in *Goodyear* stated at [67] that the court is not to indicate levels of sentence which may be imposed depending on possible different pleas.

A2-024

---

[16] [2017] EWCA Crim 2324; [2018] 1 Cr. App. R. (S.) 40.
[17] [2022] EWCA Crim 1333; [2023] 1 Cr. App. R. (S.) 21.

It is suggested that the rationale for this—though not articulated fully by the court—is as follows. First, not to deviate from the principle that the task of sentencing is for the court alone. Secondly, that the decision as to the offence to charge or whether to accept a plea of guilty to a lesser offence is for the prosecution alone and that any involvement of the court in that risks compromising the independence of the prosecution. Thirdly, where the court engages in discussions regarding a plea and an indication of sentence, it may create the impression of pressure on the defendant to plead guilty, which would clearly be inappropriate. Furthermore, the court may not be apprised of all the relevant information, which prosecuting counsel ought to be and accordingly any intervention by the court may be based on incomplete information.

The court may remind defence counsel of the ability to ask for an indication of sentence; however, this does not extend to unrecorded conversations in the defendant's absence: *Attorney General's Reference (No.85 of 2014) (R. v A)*[18] (see A2-025). Where a court does remind a defendant of their ability to ask for an indication, they should also be careful not to inadvertently place any pressure on the defendant to seek an indication or to plead guilty.

A2-025 **Unrepresented defendants** Where the defendant is unrepresented, the court should not inform the defendant of the right to seek an indication of sentence. This may be interpreted as constituting improper pressure to plead guilty: *Goodyear* at [68]. See A2-023 for further commentary.

Reasons not to give an indication

A2-026 First, it bears repeating that the court is not bound to give an indication and should feel under no pressure to do so. Indeed, there are several circumstances in which it is submitted that courts should be cautious about whether the giving of an indication would be proper:

1) in advance of a *Newton* hearing: *R. v Martin*[19];
2) where the court has its own misgivings about the basis of plea which would be ventilated by the trial process (or a full opening by the prosecution);
3) where the court has insufficient information regarding the offence(s);
4) where the court would wish to consider further reports or evidence (such as evidence as to mental capacity) before giving an indication;
5) where the court requires submissions as to the appropriate disposal—for instance where there are mental health issues such that a disposal under the Mental Health Act 1983 may be appropriate.

In relation to *Newton* hearings, in *R. v Martin*,[20] the court held that a sentencing judge should not indicate what sentence they would impose given alternative findings in a *Newton* hearing. Furthermore, the court stated that it was difficult to conceive of any circumstances in which a judge ought to give an indication of sentence in advance of a *Newton* hearing, not only because the judge would find it hard to predict what basis the court would be sentencing on, but because it would not be known to what extent the amount of credit for pleading guilty would need to be reduced.

---

[18] [2014] EWCA Crim 2088; [2015] 1 Cr. App. R. (S.) 14.
[19] [2013] EWCA Crim 2565; [2014] 2 Cr. App. R. (S.) 21 at [11].
[20] [2013] EWCA Crim 2565; [2014] 2 Cr. App. R. (S.) 21.

Giving the indication

Open court

The indication should be given in open court in the presence of both counsel and the defendant and recorded on DARTS: *Goodyear* at [75]. This will help in subsequent challenges which are based on the way in which the indication was given and the wording used; unrecorded conversations in judge's chambers can result in misunderstandings. More broadly, the need for open justice and transparency requires that any system of advanced indication of sentence is seen to take place in public, not only to reassure the public that inappropriate pressure is not being put on defendants but also to ensure that no one believes that inappropriate forms of "plea bargaining" is occurring.

A2-027

In *Attorney General's Reference (No.85 of 2014) (R. v A)*,[21] an unrecorded indication of sentence was given by the judge to the prosecution and defence on the morning of trial, such that if the appellant pleaded guilty he was not minded to impose an immediate custodial sentence. It was held on appeal that while a judge could, in an appropriate case, remind defence counsel of his right to seek an indication of sentence, that right did not include resort to an unrecorded conversation in the absence of the defendant and, accordingly, there should have been no discussion in the judge's chambers. Had the judge considered that this was an appropriate case in which a *Goodyear* indication could be given, there was no reason why he should not have said as much in open court, leaving it to defence counsel to consider with the appellant whether to make the appropriate application.

Admissibility at trial

Any reference to an application for an indication is inadmissible at any subsequent trial: *Goodyear* at [76]. Such an application would be prejudicial to the defendant's case, resulting in unfairness, and additionally would undermine the purpose of the *Goodyear* procedure as it would discourage applications.

A2-028

The substance of the indication: severity of sentence

Any advance indication of sentence should normally be confined to the maximum sentence if a plea of guilty were tendered at the stage at which the indication is sought: *Goodyear* at [54]. The court commented that:

A2-029

1) were the process to go further, and the judge to indicate a view of the maximum possible level of sentence following conviction by the jury, as well as its level after a plea of guilty, that would have two disadvantages:
2) first, the judge could not be sufficiently informed of the likely impact of the trial in the sentencing context and it would be unwise for the court to bind itself to any indication of the sentence after a trial in advance of it, in effect on a hypothetical basis. To do so would require covering all eventualities which would in turn require the court to indicate a very substantial possible maximum sentence;

---

[21] [2014] EWCA Crim 2088; [2015] 1 Cr. App. R. (S.) 14.

3) this would lead to a second problem, arising from the comparison between the two alternatives available to the defendant—that is the maximum level after a trial, and the maximum level following an immediate plea;
4) with some defendants, at any rate, the very process of comparing the two alternatives creates pressure to tender a guilty plea: *Goodyear* at [54].

Although there is obvious merit in what the court says in relation to "covering all eventualities", it is submitted that if the court is able to provide an indication of the maximum sentence to be imposed if a plea were entered at the stage at which the indication is sought, then (in conjunction with the *Reduction in Sentence for a Guilty Plea Definitive Guideline* (2017)) the court should (in the absence of other considerations) have formed a view as to the sentence to be imposed after a trial; this is so not least because one logically starts with the assessment of seriousness of an offence with the sentence to be imposed after a trial, and then applies the appropriate discount to reflect the plea. A better justification for this approach may be that *Goodyear* indications are only appropriate where there is a clear basis of plea and agreed facts between the prosecution and defence. This is impossible during trial proceedings where the evidence might materially change between the point where an indication is sought and an offender's eventual conviction. However, if the court is of the view that there is insufficient information as to the circumstances surrounding the offence such that to "cover all eventualities" arising in the trial would require an indication of a "very substantial" maximum sentence, it is submitted that that would be a strong indication that no indication should be given at all, as the court cannot be confident in the basis of plea and cannot therefore make a proper assessment of the seriousness of the offence.

The substance of the indication: dangerousness

A2-030   The *Goodyear* procedure is directed at the severity of sentence and not other aspects of sentencing which are underpinned by more consequentialist principles. In particular, a finding of dangerousness is not simply made on the basis of the offence of conviction (which is, of course, backwards-looking) but is forward-looking and therefore the offence can only provide limited insight into the risk posed by the offender. Accordingly, it is submitted that dangerousness should not feature in the indication. Indications should be restricted only to the severity of the sentence to be imposed—i.e. in proportionality terms, the maximum custodial sentence to be imposed in years and months, as appropriate. To do so avoids complex questions of dangerousness, which inevitably are going to be informed by reports and submissions from counsel and on which a court is unlikely to be able to be sufficiently sure at the point in time at which an indication is sought.

In cases where dangerousness potentially falls to be considered (see A4-444) it might be prudent for the court to state explicitly that no indication is made as to the dangerousness provisions and, where life sentences are possible, that the custodial term is the maximum determinate period that would be imposed, and that the maximum minimum term would be the equivalent.

Support for this proposition comes from the decision in *R. v Kulah*[22] where the court held that it was not necessarily inappropriate to seek or to give a *Goodyear* indication merely because a defendant was charged with a specified offence, but there might be dangers in taking this course: if an indication was improperly given,

---

[22] [2007] EWCA Crim 1701; [2008] 1 W.L.R. 2517.

the sentencing judge might find themselves bound by the dangerous offender provisions to impose a sentence which was qualitatively different from the indication given. In the alternative, they might consider themselves bound by the prior indication to impose a sentence which did not accord with mandatory statutory provisions. It is important to recognise that this decision was decided at a time when the dangerousness provisions were, in part, mandatory and references in the judgment to mandatory sentences should be understood in that context. The court continued to observe that an indication would be sought, naturally, before plea and that at that time, it would often be the case that the sentencing judge would not be in possession of the information necessary to enable them to make the assessment of risk required by the relevant sections. The court further stated that there would be very clear cases where the assessment that the offender was dangerous would be manifest even at that stage, perhaps based on the antecedent history and the nature of the offending before the court, but that the great majority of cases would not be clearcut. The court reiterated that it is a matter for the individual judge as to whether to give an indication in cases to which the dangerousness provisions apply.

Where issues of dangerousness potentially arise it is therefore suggested the following form of words could be used: **A2-031**

> "The seriousness of the offence is such that the greatest determinate term I would impose if a plea of guilty was entered at this stage is 10 years' imprisonment. However, I provide no indication as to the nature that sentence would take. In particular, I am mindful of the fact that the dangerousness provisions apply to this offence and accordingly the sentence of the court may be a determinate sentence, an extended sentence or a life sentence. The court reserves its judgment as to which of those sentences is appropriate but the custodial part of any sentence will be no more than 10 years' in the case of a determinate sentence or an extended sentence, and in the case of a life sentence the minimum term will not be more than five years."

Whatever approach is taken, it is imperative that a court giving an indication as to the severity of the sentence makes it clear that the decision as to the nature of the sentence—i.e. that it may be an extended or life sentence—is being reserved. The court in *Kulah* stated that if a judge decided to give an indication where an assessment of future risk remained to be made, it should be made clear that:

(1) the offence was a specified offence bringing into operation the dangerousness provisions in the Code;
(2) the information and materials necessary to make the assessment of future risk required by those provisions were not available and that the assessment remained to be conducted;
(3) if the defendant was later assessed as dangerous, a life or extended sentence may be imposed;
(4) if the defendant was later assessed as dangerous and a life sentence was imposed, the indication related to the minimum term, not the maximum period to spent in custody;
(5) if the defendant was not later assessed as dangerous, the indication related in the ordinary way to the maximum determinate sentence which would be imposed.

The substance of the indication: ancillary orders

It is also submitted that indications should not extend so far as to indicate whether the court is minded to impose ancillary orders. In particular, whether preventative **A2-032** orders such as sexual harm prevention orders, restraining orders, criminal behaviour orders and serious crime prevention orders will be imposed. First, the *Goodyear* procedure is directed at the severity of sentence and not other aspects of sentencing which are underpinned by more consequentialist principles. Secondly, the determination of these issues requires consideration of the applicable tests for imposition and would require, in many circumstances, further information to be placed before the court than that which will have been made available at the time the indication is sought.

Reporting restrictions

A2-033   When a defendant has sought a *Goodyear* indication, reporting restrictions should normally be imposed in respect of that. See Crim PD 9.4 at A2-009.

Sentencing following the indication

A2-034   In *R. v Almilhim*,[23] it was held that having given an indication (almost inevitably without regard to mitigation) which was acted on, it was not wrong in principle to impose the sentence indicated having then heard the defendant's plea in mitigation. However, it was best practice, in those circumstances, to "spell out" why the personal mitigation advanced made no impact to the indicated sentence.

When does the indication expire?

A2-035   In *R. v Utton*,[24] at the PTPH hearing in respect of two burglary offences and assault by beating, U sought a *Goodyear* indication in respect of all of the offences, which the judge provided.

U pleaded guilty to the assault occasioning actual bodily harm offence but not guilty to the remaining offences and a trial date was set. The following day, U telephoned his solicitors and stated that he wished to plead guilty to the remaining counts. The case was relisted some two weeks later, when the judge told U that the *Goodyear* indication had lapsed. U then pleaded guilty. The judge imposed a sentence in excess of that indicated. The Court of Appeal (Criminal Division) held that it was clear that a reasonable opportunity had elapsed without the appellant having pleaded guilty and, in those circumstances, the indication ceased to have effect. Furthermore, there was no unfairness to the appellant as the judge indicated that the *Goodyear* indication had lapsed before the re-arraignment and before U pleaded guilty. Having reviewed the authorities, the court observed that the following propositions were established:

1) if the court gave a *Goodyear* indication, the defendant had a reasonable opportunity to consider their position in light of the indication. If they did not do so, within that period, the indication ceased to have effect;
2) if the defendant did, within that period, plead guilty then the court would normally be bound to adhere to the indication;
3) that, however, would not be the case in exceptional circumstance such as

---

[23] [2019] EWCA Crim 220; [2019] 2 Cr. App. R. (S.) 45.
[24] [2019] EWCA Crim 1341; [2019] 4 W.L.R. 158.

those that arose in *R. v Newman*[25] (where the court had realised it had plainly been in error in giving the indication);
4) when there were to be additions to or departures from *Goodyear* indications that had been acted on, that should only be done in a way which was fair to the defendant.

The indication is binding

General

The court in *Goodyear* stated that: A2-036
1) once an indication has been given, it is binding and remains binding on the judge who has given it;
2) it also binds any other judge who becomes responsible for the case.

Departing from an indication

In *R. v Newman*,[26] the sentencing judge gave an advance indication of sentence which he subsequently realised was incorrect in the light of material in the pre-sentence report and the sentencing guidelines. He then withdrew the indication, giving the defendant the opportunity to vacate his plea in the light of the changed situation if he wished to do so. The defendant did not vacate his plea and the judge imposed a sentence greater than had been indicated in the advance indication of sentence. On appeal against sentence, the court held that the appellant had no legitimate grounds for complaint. The Attorney General was not bound by a *Goodyear* indication and where judges recognised that they had been plainly in error, and there were no means of correction, the upshot would be the risk of an otherwise unnecessary Attorney General's reference. An indication was not absolutely binding once given and acted on. The public interest in an appropriate sentence had to "trump" any question of disappointment in the rare cases where such a situation might arise; but revisions to *Goodyear* indications should be very much the exception, and could only be made in a manner which was fair to the defendant, where the matter could be revised without the defendant sustaining any prejudice other than mere disappointment. The court held that on the particular facts of the case, the course adopted by the sentencing judge, of offering the appellant the chance to vacate his plea, was one which was entirely fair to the appellant. A2-037

Impermissible to depart from indication

In *R. v Davies*,[27] the appellant, D, appealed against the length of his sentence imposed for an offence of being concerned in the production of a controlled drug of Class B. D submitted a written basis of plea which was not accepted by either the prosecution or the judge; neither suggested that there was a need for a *Newton* hearing, however. The judge gave a *Goodyear* indication and subsequently D changed his plea to guilty. The judge refused an application for the commissioning of a pre-sentence report but agreed to put the matter back for 15 minutes in order to obtain a verbal update from D's offender manager. D was ordered to remain A2-038

---

[25] [2010] EWCA Crim 1566; [2011] 1 Cr. App. R. (S.) 68.
[26] [2010] EWCA Crim 1566; [2011] 1 Cr. App. R. (S.) 68.
[27] [2015] EWCA Crim 930; [2015] 2 Cr. App. R. (S.) 57.

PRE-SENTENCE

outside the courtroom with his counsel but subsequently left the courthouse, causing the judge to issue a warrant for his arrest. One month later, D surrendered himself to custody once more and pleaded guilty to failing to surrender to his bail. The judge imposed a sentence in excess of the indication. On appeal against sentence, D submitted that the judge had erred in not remaining bound by the *Goodyear* indication, which had proposed a maximum sentence of two years' imprisonment for the offence of being concerned in the production of cannabis when, immediately following that indication, he had pleaded guilty. The Court of Appeal (Criminal Division) held that D had pleaded guilty following the *Goodyear* indication from the judge and nothing else had changed. In those circumstances, the judge was bound by the earlier indication and there was no justification in taking a higher starting point.

DEFERMENT

Introduction

A2-039 An order deferring sentence, at its most basic, is merely a decision to delay the imposition of sentence. It differs from an adjournment, however, in a number of ways. The main such difference is that it is a "sentence" that often comes with conditions with which the offender must comply. Compliance with the imposed conditions (or at least, being of good behaviour during the period of deferment) demonstrates a commitment not to re-offend and will (most often) result in a non-custodial sentence (or a suspended custodial sentence). Deferred sentences are most useful in cases which lie on or around the custody threshold and in which the court wishes to "test" the offender's commitment to breaking a pattern of offending behaviour or otherwise make a change in their life which is likely to assist in leading a law-abiding life. The deferment order is therefore one of the rare occasions in which the sentencing court remains involved with the administration of sentence and involved in the supervision of the sentence for a limited period. As the Sentencing Guidelines Council's guideline on *New Sentences: Criminal Justice Act 2003 Definitive Guideline* (2004) observed, deferment will be used "in very limited circumstances".[28]

Legislation

Sentencing Act 2020 ss.3–13

Deferment order

A2-040 **3.**—(1) In this Code "deferment order" means an order deferring passing sentence on an offender in respect of one or more offences until the date specified in the order, to enable a court, in dealing with the offender, to have regard to—

    (a) the offender's conduct after conviction (including, where appropriate, the offender's making reparation for the offence), or

    (b) any change in the offender's circumstances.

(2) A deferment order may impose requirements ("deferment requirements") as to the offender's conduct during the period of deferment.

(3) Deferment requirements may include—

---

[28] *New Sentences: Criminal Justice Act 2003 Definitive Guideline* (2004) para.1.2.6.

(a) requirements as to the residence of the offender during all or part of the period of deferment;
(b) restorative justice requirements.

Availability of deferment order

4.—(1) A deferment order is available to the Crown Court or a magistrates' court in respect of an offence where—   A2-041
    (a) the offender is before the court to be dealt with for the offence, and
    (b) no previous deferment order has been made in respect of the offence.
See also section 11(4) (power of Crown Court to make further deferment order where magistrates' court commits offender for sentence).

(2) But a deferment order is not available to a magistrates' court dealing with an offender in respect of an offence for which section 85(1)(a) (compulsory referral conditions) requires the court to make a referral order.

Making a deferment order

5.—(1) A court may make a deferment order in respect of an offence only if—   A2-042
    (a) the offender consents,
    (b) the offender undertakes to comply with any deferment requirements the court proposes to impose,
    (c) if those requirements include a restorative justice requirement, section 7(2) (consent of participants in restorative justice activity) is satisfied, and
    (d) the court is satisfied, having regard to the nature of the offence and the character and circumstances of the offender, that it would be in the interests of justice to make the order.

(2) The date specified under section 3(1) in the order may not be more than 6 months after the date on which the order is made.

(3) A court which makes a deferment order must forthwith give a copy of the order—
    (a) to the offender,
    (b) if it imposes deferment requirements that include a restorative justice requirement, to every person who would be a participant in the activity concerned (see section 7(1)),
    (c) where an officer of a provider of probation services has been appointed to act as a supervisor, to that provider, and
    (d) where a person has been appointed under section 8(1)(b) to act as a supervisor, to that person.

(4) A court which makes a deferment order may not on the same occasion remand the offender, notwithstanding any enactment.

Effect of deferment order

6.—(1) Where a deferment order has been made in respect of an offence, the court which deals with the offender for the offence may have regard to—   A2-043
    (a) the offender's conduct after conviction, or
    (b) any change in the offender's circumstances.

(2) The matters to which the court may have regard in dealing with the offender include, in particular—
    (a) where appropriate, the making by the offender of reparation for the offence, and

(b) the extent to which the offender has complied with any deferment requirements.

(3) Subsection (4) applies where—
  (a) the court which made a deferment order proposes to deal with the offender on the date specified in the order, or
  (b) the offender does not appear on that date.

(4) The court may—
  (a) issue a summons requiring the offender to appear before the court at the time and place specified in the summons, or
  (b) issue a warrant for the offender's arrest which requires the offender to be brought before the court at the time and place specified in the warrant.

(5) Subsection (6) applies where a magistrates' court makes a deferment order.

(6) In making the order the court is to be regarded as having adjourned the trial under section 10(1) of the Magistrates' Courts Act 1980.

Accordingly, sections 11(1) and 13(1) to (3A) and (5) of that Act (non-appearance of the accused) apply if the offender does not appear on the date specified in the deferment order (but this is without prejudice to subsection (4)).

Restorative justice requirements

A2-044 7.—(1) Any reference in this Chapter to a restorative justice requirement is to a requirement to participate in an activity—
  (a) where the participants consist of, or include, the offender and one or more of the victims,
  (b) which aims to maximise the offender's awareness of the impact of the offending concerned on the victims, and
  (c) which gives an opportunity to a victim or victims to talk about, or by other means express experience of, the offending and its impact.

(2) A restorative justice requirement may not be imposed as a deferment requirement without the consent of every person who would be a participant in the activity.

(3) For the purposes of subsection (2), a supervisor and the offender do not count as proposed participants.

(4) A person running an activity for the purposes of a restorative justice requirement must have regard to any guidance issued from time to time by the Secretary of State with a view to encouraging good practice in connection with such an activity.

(5) In this section "victim" means a victim of, or other person affected by, the offending concerned.

Deferment order: supervisor

Appointment of supervisor

8.—(1) Where a court makes a deferment order that imposes deferment requirements, it may appoint—
  (a) an officer of a provider of probation services, or
  (b) any other person the court thinks appropriate who consents to the appointment, to act as a supervisor in relation to the offender.

Function of supervisor

(2) A supervisor must—

    (a) monitor the offender's compliance with the deferment requirements, and
    (b) provide the court which deals with the offender for any offence in respect of which the order was made with such information as the court may require relating to the offender's compliance with the deferment requirements.

Supervisor appointed under subsection (1)(b): power of magistrates' court to issue summons

(3) Where—
    (a) a deferment order imposes deferment requirements,
    (b) it falls to a magistrates' court to—
        (i) deal with the offender for any offence in respect of which the order was made, or
        (ii) determine under section 9(3)(b) whether the offender has failed to comply with a deferment requirement, and
    (c) a justice of the peace is satisfied that a supervisor appointed under subsection (1)—(b)
        (iii) is likely to be able to give evidence that may assist the court in doing so, and
        (iv) will not voluntarily attend as a witness, the justice may issue a summons directed to that supervisor requiring the supervisor to attend before the court at the time and place appointed in the summons to give evidence.

Failure to comply with deferment requirement

9.—(1) This section applies where—
    (a) a court has made a deferment order that imposes deferment requirements, and
    (b) a supervisor has reported to the court that the offender has failed to comply with one or more of the deferment requirements.
(2) The court may issue—
    (a) a summons requiring the offender to appear before it at the time and place specified in the summons, or
    (b) a warrant for the offender's arrest which requires the offender to be brought before it at the time and place specified in the warrant.
(3) The court may deal with the offender for the offence in respect of which the order was made before the end of the period of deferment if—
    (a) the offender appears or is brought before the court under subsection (2), and
    (b) the court is satisfied that the offender has failed to comply with one or more of the deferment requirements.

For the powers of the court in dealing with the offender under this subsection, see section 11.

Conviction of offence during period of deferment

10.—(1) This section applies where a court has made a deferment order in respect of an offence.

Power of court which made deferment order

(2) The court which made the order ("the original court") may deal with the offender for the offence in respect of which the deferment order was made before the

end of the period of deferment if during that period the offender is convicted in Great Britain of any offence.

For the powers of the original court in dealing with the offender under this subsection, see section 11.

(3) Where the original court proposes to deal with the offender by virtue of subsection (2) before the end of the period of deferment, it may issue—
- (a) a summons requiring the offender to appear before the court at the time and place specified in the summons, or
- (b) a warrant for the arrest of the offender, requiring the offender to be brought before the court at the time and place specified in the warrant.

(4) Subsection (5) applies where during the period of deferment the offender is convicted in England and Wales of any offence ("the later offence").

This is subject to subsection (6).

(5) The court which passes sentence on the offender for the later offence may also deal with the offender for the offence or offences in respect of which the deferment order was made (if this has not already been done).

For the powers of the court in dealing with the offender under this subsection, see section 11.

(6) Subsection (5) does not apply where—
- (a) the deferment order was made by the Crown Court, and
- (b) the court which passes sentence on the offender for the later offence is a magistrates' court.

(7) Subsection (5)—
- (a) is without prejudice to subsection (2), and
- (b) applies whether or not the offender is sentenced for the later offence during the period of deferment.

Powers of court dealing with offender following deferment order

A2-048   11.—(1) Subsection (2) applies where an offender who is subject to a deferment order is being dealt with for any offence in respect of which the order was made—
- (a) by the court which made the order ("the original court")—
  - (i) at the end of the period of deferment, in accordance with the deferment order,
  - (ii) under section 9(3) (failure to comply with deferment requirement), or
  - (iii) under section 10(2) (original court dealing with offender following conviction during period of deferment), or
- (b) by any court under section 10(5) (conviction during period of deferment: convicting court dealing with offender).

(2) The court may deal with the offender for the offence in any way in which the original court could have dealt with the offender for the offence if it had not made a deferment order.

(3) Where a magistrates' court is dealing with the offender, its power under that subsection includes, in particular, the power in section 14 to commit the offender to the Crown Court for sentence.

Power of court which sentences offender for later offence

(4) Where a magistrates' court deals with the offender by committing the offender to the Crown Court under section 14, the power of the Crown Court to deal

with the offender includes the same power to make a deferment order as if the offender had just been convicted of the offence on indictment before it.

Saving for power to bind over and other powers to defer sentence

12. Nothing in this Chapter affects—
    (a) the power of the Crown Court to bind over an offender to come up for judgment when called upon, or
    (b) any other power of a court to defer passing sentence.

A2-049

Deferment orders: interpretation

13.—(1) In this Chapter—

A2-050

"deferment requirement" has the meaning given by section 3(2);

"period of deferment", in relation to a deferment order, means the period from the date on which the deferment order is made until the date specified in the order under section 3(1);

"restorative justice requirement" has the meaning given by section 7;

"supervisor", in relation to a deferment order, means a person appointed under section 8(1).

(2) In relation to a deferment order made by a magistrates' court, any reference in this Chapter to the court which made the order includes a reference to any magistrates' court acting in the same local justice area as that court.

Guidance

Effect of Deferring Sentence

Once sentence has been deferred, the offender may not be sentenced for the offence unless the court exercises its power to vary the order for deferment under the "slip rule", the offender fails to comply with one or more deferment requirements, the offender is convicted of another offence or the deferment period comes to an end.

A2-051

Although the general position is that no other order may be imposed when deferring sentence, the court may make a restitution order (s.147 of the Sentencing Code; see A4-153) and may make an interim disqualification from driving order (s.26(2) of the Road Traffic Offenders Act 1988; see A4-237).

Whether to Defer Sentence

General

The question of whether to defer a sentence is, it is submitted, intensely fact-specific. First instance courts will be very well placed to make this decision and it is likely that an appeal court would be slow to impugn the decision of a sentencing judge to defer sentence. This is subject to the caveat that it would properly be possible to impose a sentence other than an immediate custodial sentence following deferment. It is suggested that the court should articulate its reasons for deferring sentence; in addition to the obvious benefits of comprehension for the defendant, counsel and public, this would both create a record of the court's decision and its reasons (which may be important if any point is taken as regards legitimate expectation on appeal), and forces the court to think about, and state in open court,

A2-052

its reasons for deferring sentence and the basis on which sentence is deferred. A deferment order is a sentence for the purposes of s.50 of the Criminal Appeal Act 1968. It is submitted, therefore, that the duty to explain sentence in s.52 of the Sentencing Code applies equally to a deferment order as it does to a more conventional sentence.

The Sentencing Guidelines Council's *New Sentences Definitive Guideline* provides that sentence should be deferred in a small group of cases at either the custody threshold or the community sentence threshold where the court may be prepared to impose a lesser sentence provided the defendant is prepared to adapt their behaviour in a way clearly specified by the court.[29] That guideline explains that the purpose of deferment is to:

1) test the commitment of the offender not to re-offend;
2) give the offender an opportunity to do something where progress can be shown within a short period;
3) provide the offender with an opportunity to behave or refrain from behaving in a particular way that will be relevant to sentence.

Julian Roberts has suggested that deferral is worth considering "whenever circumstances suggest the offender's lifestyle will improve sufficiently (within a relatively short period) to an extent that would change the court's mind about the appropriate sanction"—particularly where an offender is on the cusp of custody.[30] Examples of such cases may include young adults who are in periods of life transition, offenders working through drug or alcohol treatment programmes, or offenders suffering with acute mental health issues.

Lesser sentence must be a proper and realistic possibility

A2-053   A deferment order is a clear communication to the defendant that their compliance with the order (and any requirements) will result in a lesser sentence than would otherwise be the case. Being mindful of the sorts of cases in which deferment is appropriate, it is clear that in most cases, the lesser sentence will involve a sentence of a different nature—e.g. a suspended rather than immediate custodial sentence, or a community order rather than a custodial sentence. Accordingly, it is vital that the court considers whether the lesser sentence (implicitly or explicitly offered as a potential disposal) is in fact a realistic possibility.

A2-053a   In *R. v Swinbourne (Dean Anthony)*,[31] the court held that given the purpose of deferment a sentence may not be deferred without an indication that a non-custodial sentence will be imposed in the event of compliance with specified conditions. In the fourth edition of this work, it was suggested that if a custodial sentence of two years or less could never be justified for the offence (and the offence could not then be suspended) then a decision to impose a deferral order will always be improper. The court in *Attorney General's Reference (R. v Blackadder (Jennifer)*[32] endorsed those observations. However, in a case where a minimum sentence provision would apply, this will require the court to "grasp the nettle there

---

[29] *New Sentences: Criminal Justice Act 2003 Definitive Guideline* (2004) para.1.2.7. Although that guideline is generally defunct its continued applicability was confirmed in *Swinbourne* [2023] EWCA Crim 906.
[30] J.V. Roberts, "Deferred sentencing: a fresh look at an old concept" [2022] Crim. L.R. 210, 225.
[31] [2023] EWCA Crim 906.
[32] [2024] EWCA Crim 318;[2024] 2 Cr. App. R. (S.) 16.

and then" as to whether exceptional circumstances apply either at the date of deferment or will apply if the defendant meets the conditions of the deferment. For an example of the court concluding, in a minimum sentence case, that a sentencing judge had properly found that due to the defendant's developmental maturity, it would be disproportionate to impose the minimum sentence and thus a deferred sentence was an appropriate order, see Attorney General's Reference (*R. v Haslam (Ryan)*.[33]

Additionally, there is a risk that when a deferment order is imposed the offender will be given a legitimate expectation that a *particular* lesser sentence will follow. It is suggested that the court should always be careful when imposing a deferment order to be clear that even if all of the conditions are complied with there is no guarantee that such a lesser sentence will follow—albeit that compliance will generally have a mitigating effect. Where a legitimate expectation is created the Court of Appeal (Criminal Division) may feel bound to either impose the lesser sentence (notwithstanding the fact it would be disproportionately low) or to make a significant reduction to the proportionate sentence to reflect the offender's legitimate grievance at the lesser sentence not being imposed.

Suspended sentence orders

In the Sentencing Council's *Imposition of Community and Custodial Sentences Definitive Guideline*, one of the factors weighing towards suspension of an otherwise immediate custodial sentence is "realistic prospect of rehabilitation". It is suggested that a deferment order may provide the court an opportunity to ascertain whether there is in fact a commitment on the part of the offender to address any behaviour which the court considers has led to the commission of the offence(s). In this respect, deferral may act as a more effective positive incentive than the threat of breach proceedings in respect of a suspended sentence order. Furthermore, it is submitted that in cases where the offender is the sole or primary carer of a dependent relative, it provides the opportunity for the offender to remain at home in the interim rather than, from a "safety first" perspective, imposing a sentence that cannot be suspended.

A2-054

For balance, however, there are arguments against this course and supportive of the proposition where the question on the court's mind is whether a custodial sentence should be suspended, deferral would generally seem unnecessary. If the court is nervous that an offender will not comply with the requirements then they should simply impose the suspended sentence intended and let the offender either exceed their expectations or fail; they should not string the offender along for a further three-month deferment period, in essence inflating the sentence they would otherwise impose, and then impose a suspended sentence.

Restorative justice

In *R. v Blyth*,[34] sentence was adjourned following the appellant's guilty plea to arson with intent to endanger life to determine the possibility of a restorative justice meeting between him and a victim, with the judge stating that "[if the victim did agree to a restorative meeting, that would be] something which will be of extreme importance to the sentence that the court eventually imposes". The victim declined

A2-055

---

[33] [2024] EWCA Crim 404; [2024] 2 Cr. App. R. (S.) 18.
[34] [2019] EWCA Crim 2107; [2020] 1 Cr. App. R. (S.) 60.

to participate and the judge imposed a sentence of two years' detention in a young offender institution. On appeal against sentence, the appellant submitted that, when sentencing was adjourned to explore the possibility of restorative justice, he had a legitimate expectation that he would receive a suspended sentence if he participated in the process. The court held that nothing said or done at the adjourned sentencing hearing could possibly have given rise to an expectation, let alone a legitimate expectation, that he would be given a suspended sentence if the victim declined to participate in the restorative justice process. The fact that the hearing had been adjourned to enable the victim to be contacted to see if she would consent could not be seen as justifying an assumption that there would be such an outcome.

Difficult cases

A2-056   In *R. v George*,[35] the Court of Appeal (Criminal Division) said that the power to defer sentence should not be used as an easy way out for a court which is unable to make up its mind, or for the purpose of obtaining information which could be provided by an adjournment for a report. The force (particularly of the first point) is manifest: it would simply be to delay the difficult decision to no obvious benefit.

Mental health treatment

A2-057   In *R. v Skelton*,[36] the Court of Appeal (Criminal Division) criticised a Crown Court judge who had deferred sentence for six months on the basis of the defendant's undertaking to reside as a voluntary patient at a hospital for the purposes of mental health treatment. It is submitted that the reason the deferment of sentence for this reason is undesirable is because the provisions under the Mental Health Act 1983 (see Ch.A9) could achieve the same result. It is submitted that when a court is considering whether to defer sentence, there are two (albeit overlapping) considerations: (a) whether a period of deferment would serve a purpose and (b) whether the purpose is consonant with the purpose of a deferment order and whether any other, more specific, measures would serve the same purpose.

Making the Deferment Order

Not an adjournment

A2-058   A deferment order is not an adjournment and should not be used as a means of obtaining further information about the defendant where there are other, more suitable, methods of achieving this aim. In particular, see *R. v Skelton*[37] at A2-057. When deferring sentence, the court should make clear that sentence is being deferred and not adjourned: *R. v Fairhead*.[38]

Consent of defendant

A2-059   As s.5(1)(a) of the Sentencing Code makes clear, a defendant must consent to the deferment of sentence before the deferment order is imposed. It is preferable if the

---

[35] [1984] 1 W.L.R. 1082.
[36] [1983] Crim. L.R. 686.
[37] [1983] Crim. L.R. 686.
[38] (1975) 61 Cr. App. R. 102.

consent is obtained by the court directly from the defendant, although an invitation from counsel to defer sentence may be sufficient: *R. v Fairhead*.[39] In obtaining the consent of the defendant, the court should make clear the purposes of the deferment and the conduct expected of them.

Where a sentence is deferred without the defendant's consent, any term of imprisonment imposed at the end of the period of deferment will be invalid. However, the court will have the power to deal with the defendant on any resulting appeal as if a valid sentence had been imposed: *R. v McQaide*.[40]

Requirements

The court may impose requirements on the defendant as a condition of the deferment order: ss.5(1)(b) and (c) of the Sentencing Code. If those requirements involve restorative justice requirements, the consent of every person who would be a participant in the activity must be obtained: s.7(2). When imposing requirements, the court may appoint a supervisor in relation to those requirements: s.8(1). **A2-060**

As to the suitability of requirements, s.7 deals with restorative justice requirements (see *Blyth* at A2-055). In relation to other requirements, it is submitted that the court should consider the purpose for each requirement proposed. It is important that requirements are not too difficult to comply with and the court inadvertently sets the defendant up to fail. The statute deliberately provides the court with a wide discretion as to the nature of the requirements to be imposed; however, it is submitted that requirements to attend Job Centre interviews and appointments, continue (or begin) substance abuse treatment, attend Alcoholics Anonymous meetings (or similar) or seek to obtain permanent or alternative housing arrangements may be suitable, in addition to requirements such as ceasing to use proscribed drugs, to keep out of a defined geographical area or not to contact a named person.

When imposing requirements, the court should always consider the purpose of making the deferment order, and the extent to which the requirements will be able to inform the court's assessment of the offender's suitability for the lesser disposal the court is considering. It is, however, suggested that requirements will not be limited to those capable of informing that assessment and may also include requirements that are necessary for public protection, for example, where similar requirements could form part of the resulting lesser sentence.

In *Attorney General's Reference (Davis)*,[41] the court held that a formal condition of a deferment order must be specific and precisely defined so that there can be no doubt in the offender's mind what they had to do in order to comply and no doubt when the time for sentence comes whether or not they had succeeded in complying with it. On the particular facts of the case, the requirement imposed (namely to be a dutiful partner) did not meet that requirement. **A2-061**

Pronouncement

Having determined that the case is suitable for a deferment order, having obtained the consent of the defendant and having considered which requirements should be imposed, it is submitted that the court should set out the following matters, in open court: **A2-062**

---

[39] (1975) 61 Cr. App. R. 102.
[40] (1974) 60 Cr. App. R. 239.
[41] [2020] EWCA Crim 1701.

1) the fact that sentence is being deferred and not adjourned;
2) the purpose of a deferment order (i.e. that the ultimate disposal of the case is postponed to allow the court to review the defendant's behaviour and to allow the defendant to have an impact on the ultimate sentence imposed);
3) the effect of a deferment order (i.e. the period of deferment and the fact that the defendant will be required to come back to court and will be sentenced);
4) that the defendant has consented to the deferment order;
5) the period of deferment;
6) the requirements to be attached;
7) the sentence the court would be minded to impose if the defendant did not comply with the requirements;
8) the "lesser" sentence that may be imposed if the deferment order is completed satisfactorily.

Additionally, defendants should be given a written record of the details of the deferment order: *R. v George*.[42] In practice, it would be preferable if the judge then uploaded a copy of the order to the Digital Case System.

Bail

A2-063 Where sentence is deferred the defendant is not bailed and accordingly cannot be convicted of a Bail Act offence, punished for a failure to surrender to bail, or subject to bail conditions: *R. v Mizan*.[43] It is accordingly important that deferment requirements reflect any concerns the court would otherwise address with bail conditions.

Susceptible to reference under the Unduly Lenient Sentence Scheme

A2-064 An order deferring sentence on an offender is a "sentence" for the purposes of Criminal Justice Act 1988 ss.35–36, and the Attorney General may refer to the Court of Appeal (Criminal Division) a case in which sentence has been deferred, on the ground that the sentence is unduly lenient: *Attorney General's Reference (No.22 of 1992)*.[44] Such a referral can occur even where the deferment period has expired although the jurisdiction to do so is to be exercised sparingly in the interests of justice: *Attorney General's Reference (R. v Ferreira)*.[45]

Dealing with the Defendant at the end of the Deferment Period

A2-065 The sentencing court, on the return to court following a deferment order, must:
1) ascertain the purpose of the deferment and any requirement imposed by the deferring court;
2) determine if the defendant has substantially conformed or attempted to conform with the proper expectations of the deferring court;
3) if the defendant has, impose a sentence in line with that indicated by the deferring court;
4) if the defendant has not so complied, give reasons as to the extent to which

---

[42] [1984] 1 W.L.R. 1082.
[43] [2020] EWCA Crim 1553; [2021] 1 Cr. App. R. (S.) 51.
[44] (1993) 14 Cr. App. R. (S.) 435.
[45] [2021] EWCA Crim 537; [2021] 2 Cr. App. R. (S.) 46.

the defendant has not complied and why this was sufficient to deviate from the indicated lesser sentence.

If the court does not set out its reasons in this way, there is a danger, particularly where the sentencing court was differently constituted from the deferring court, that it may appear that the former was disregarding the deferment.[46]

Where the deferment order has included requirements that had punitive effect, the court may need to consider the impact of totality upon sentence when considering the suitable sentence to impose.

Although a deferment period cannot be for more than six months, the effect of ss.11(2), (3) and 12 of the Sentencing Code appears to be that a court may adjourn sentence at the end of that period if necessary (for example because further information is needed as to the extent of compliance with the deferment requirements, or because the hearing itself cannot be accommodated by the court until another date).

COMMITTAL

Introduction

For obvious reasons, there has to be a means of moving cases between the magistrates' courts and the Crown Court. Pre-conviction, that is done by a process called "sending for trial", as to which see *Archbold* §1–22 and the *Sentencing Council's Allocation Definitive Guideline* (2016). Where an offender has been convicted, or has pleaded guilty at the magistrates' court, there are certain circumstances in which the court is able to transfer the case to the Crown Court for the imposition of sentence. There are various reasons why that might be necessary or desirable. There is no need for similar provisions between Crown Courts as the Crown Court is, as a matter of law, a single entity which simply sits in different buildings.

A2-066

The Sentencing Code, in ss.14–24, contains the powers for the magistrates' court to transfer cases to the Crown Court; this is commonly known as a "committal for sentence". The provisions in the Sentencing Code are supplemented by the Criminal Procedure Rules and the Criminal Practice Directions.

Legislation

Sentencing Act 2020 ss.14–24

Committal for sentence on summary trial of offence triable either way: adults and corporations

14.—(1) This section applies where—
  (a) on the summary trial of an offence triable either way a person aged 18 or over is convicted of the offence, and
  (b) the court is of the opinion that—
    (i) the offence, or
    (ii) the combination of the offence and one or more offences associated with it, was so serious that the Crown Court should have the power to deal with the offender in any way it could deal with the offender if the offender had been convicted on indictment.

A2-067

---

[46] This is a combination of the authors' commentary and the decision in *R. v George* [1984] 1 W.L.R. 1082.

[151]

This is subject to the provisions mentioned in subsection (4).

(2) The court may commit the offender in custody or on bail to the Crown Court for sentence in accordance with section 21(2).

(3) For powers of the court, where it commits a person under subsection (2), also to commit in respect of other offences, see section 20.

(4) For offences in relation to which this section does not apply see sections 17D and 33 of the Magistrates' Courts Act 1980 (exclusion in respect of certain offences where value involved is small).

(5) This section applies to a corporation as if—
   (a) the corporation were an individual aged 18 or over, and
   (b) in subsection (2) the words "in custody or on bail" were omitted.

Committal for sentence of dangerous adult offenders

A2-068   15.—(1) This section applies where—
   (a) on the summary trial of a specified offence (see section 306) triable either way a person aged 18 or over is convicted of the offence, and
   (b) the court is of the opinion that an extended sentence of detention in a young offender institution or of imprisonment (see section 266 or 279) would be available in relation to the offence.

(1A) This section also applies where—
   (a) on the summary trial of an offence specified in Schedule 17A triable either way a person is convicted of the offence, and
   (b) the court is of the opinion that the circumstances are such that a serious terrorism sentence (see section 268A or 282A) may be required to be imposed.

(2) The court must commit the offender in custody or on bail to the Crown Court for sentence in accordance with section 21(2).

(3) For powers of the court, where it commits a person under subsection (2), also to commit in respect of other offences, see section 20.

(4) In doing anything under or contemplated by this section, the court is not bound by any indication of sentence given in respect of the offence under section 20 of the Magistrates' Courts Act 1980 (procedure where summary trial appears more suitable).

(5) Nothing the court does under this section may be challenged or be the subject of any appeal in any court on the ground that it is inconsistent with an indication of sentence.

(6) Nothing in this section prevents the court from committing an offender convicted of an offence to the Crown Court for sentence under section 14 or 18 if the provisions of that section are satisfied.

Committal for sentence of young offenders on summary trial of certain serious offences

A2-069   16.—(1) This section applies where—
   (a) on the summary trial of an offence within paragraph (a) or (b) of the table in section 249(1) (offences punishable with imprisonment for 14 years or more and certain sexual offences), a person is convicted of the offence,
   (b) the person is aged under 18 at the time of conviction, and
   (c) the court is of the opinion that—
       (i) the offence, or

  (ii) the combination of the offence and one or more offences associated with it, was such that the Crown Court should have power to deal with the offender by imposing a sentence of detention under section 250.

 (2) The court may commit the offender in custody or on bail to the Crown Court for sentence in accordance with section 22(2).

 (3) For powers of the court, where it commits a person under subsection (2), also to commit in respect of other offences, see section 20.

Committal for sentence of young offenders on summary trial of certain terrorist offences

 16A.—(1) This section applies where-   **A2-070**
 (a) on summary trial of an offence within section 252A(1)(a) (terrorism offences attracting special sentence for offenders of particular concern), a person is convicted of the offence,
 (b) the person is aged under 18 at the time of conviction, and
 (c) the court is of the opinion that—
  (i) the offence, or
  (ii) the combination of the offence and one or more offences associated with it,

was such that the Crown Court should have power to deal with the offender by imposing a sentence of detention under section 252A for a term of more than two years.

 (2) The court may commit the offender in custody or on bail to the Crown Court for sentence in accordance with section 22(2).

 (3) For powers of the court, where it commits a person under subsection (2), also to commit in respect of other offences, see section 20.

Committal for sentence of dangerous young offenders

 17.—(1) This section applies where—   **A2-071**
 (a) on the summary trial of a specified offence (see section 306) a person aged under 18 is convicted of the offence, and
 (b) the court is of the opinion that an extended sentence of detention under section 254 would be available in relation to the offence.

 (2) The court must commit the offender in custody or on bail to the Crown Court for sentence in accordance with section 22(2).

 (3) For powers of the court, where it commits a person under subsection (2), also to commit in respect of other offences, see section 20.

 (4) Nothing in this section prevents the court from committing a person convicted of a specified offence to the Crown Court for sentence under section 16, 16A or 19 if the provisions of that section are satisfied.

Committal for sentence on indication of guilty plea to offence triable either way: adult offenders

 18.—(1) Where a magistrates' court—   **A2-072**
 (a) has convicted an offender aged 18 or over of an offence triable either way following an indication of a guilty plea, and
 (b) has sent the offender to the Crown Court for trial for one or more related offences, it may commit the offender in custody or on bail to the Crown Court to be dealt with in respect of the offence in accordance with section 21(2).

(2) For offences in relation to which subsection (1) does not apply see section 17D of the Magistrates' Courts Act 1980 (cases where value involved is small).

(3) Where a magistrates' court—
- (a) convicts an offender aged 18 or over of an offence triable either way following an indication of a guilty plea, and
- (b) is still to determine to send, or whether to send, the offender to the Crown Court for trial under section 51 or 51A of the Crime and Disorder Act 1998, for one or more related offences, it must adjourn the proceedings relating to the offence until after it has made those determinations.

(4) Where the court—
- (a) commits the offender under subsection (1) to the Crown Court to be dealt with in respect of the offence, and
- (b) in its opinion also has power under section 14(2) or is required under section 15(2) to commit the offender to the Crown Court to be dealt with in respect of the offence, the court may make a statement of that opinion.

(5) For powers of the court, where it commits a person under subsection (1), also to commit in respect of other offences, see section 20.

(6) For the purposes of this section, a magistrates' court convicts a person of an offence triable either way following an indication of a guilty plea if—
- (a) the person appears or is brought before the court on an information charging the person with the offence,
- (b) the person or (where applicable) the person's representative indicates under—
  - (i) section 17A or 17B of the Magistrates' Courts Act 1980 (indication of intention as to plea in case of offence triable either way), or
  - (ii) section 20(7) of that Act (summary trial appears more suitable), that the person would plead guilty if the offence were to proceed to trial, and
- (c) proceeding as if—
  - (i) section 9(1) of that Act were complied with, and
  - (ii) the person pleaded guilty under it, the court convicts the person of the offence.

(7) For the purposes of this section—
- (a) "related offence" means an offence which, in the opinion of the court, is related to the offence, and
- (b) one offence is related to another if, were they both to be prosecuted on indictment, the charges for them could be joined in the same indictment.

(8) In doing anything under or contemplated by this section, the court is not bound by any indication of sentence given in respect of the offence under section 20 of the Magistrates' Courts Act 1980 (procedure where summary trial appears more suitable).

(9) Nothing the court does under this section may be challenged or be the subject of any appeal in any court on the ground that it is inconsistent with an indication of sentence.

Committal for sentence on indication of guilty plea by child with related offences

19.—(1) Where—
  (a) a magistrates' court—
    (i) has convicted a person aged under 18 of an offence following an indication of a guilty plea, and
    (ii) has sent the person to the Crown Court for trial for one or more related offences, and
  (b) the offence falls within paragraph (a) or (b) of the table in section 249(1) (offences punishable with imprisonment for 14 years or more and certain sexual offences) or section 252A(1)(a) (terrorism offences attracting special sentence for offenders of particular concern),
the court may commit the offender in custody or on bail to the Crown Court to be dealt with in respect of the offence in accordance with section 22(2).

(2) Where a magistrates' court—
  (a) convicts a person aged under 18 of an offence mentioned in paragraph (a) or (b) of the table in section 249(1) or within section 252A(1)(a) following an indication of a guilty plea, and
  (b) is still to determine to send, or whether to send, the person to the Crown Court for trial under section 51 or 51A of the Crime and Disorder Act 1998 for one or more related offences,
it must adjourn the proceedings relating to the offence until after it has made those determinations.

(3) Where the court—
  (a) commits the offender under subsection (1) to the Crown Court to be dealt with in respect of the offence, and
  (b) in its opinion, also has power so to commit the offender under section 16(2), 16A(2) or 17(2),
the court may make a statement of that opinion.

(4) For powers of the court, where it commits a person under subsection (1), also to commit in respect of other offences, see section 20.

(5) For the purposes of this section, a magistrates' court convicts a person aged under 18 of an offence following an indication of a guilty plea if—
  (a) the person appears or is brought before the court when aged under 18 on an information charging the person with the offence,
  (b) the person or the person's representative indicates under section 24A or 24B of the Magistrates' Courts Act 1980 (child or young person to indicate intention as to plea in certain cases) that the person would plead guilty if the offence were to proceed to trial, and
  (c) proceeding as if—
    (i) section 9(1) of that Act were complied with, and
    (ii) the person pleaded guilty under it, the court convicts the person of the offence.

(6) For the purposes of this section—
  (a) "related offence" means an offence which, in the opinion of the court, is related to the offence, and
  (b) one offence is related to another if, were they both to be prosecuted on indictment, the charges for them could be joined in the same indictment.

Committal for sentence where offender committed in respect of another offence

A2-074 20.—(1) This section applies where a magistrates' court ("the committing court") commits an offender to the Crown Court under—

(a) sections 14 to 19 (committal for sentence for offences triable either way),

(b) paragraph 5(4) of Schedule 2 (further offence committed by offender given conditional discharge order),

(c) paragraph 24(2) of Schedule 10 (committal to Crown Court where offender convicted of a further offence while community order is in force),

(d) paragraph 11(2) of Schedule 16 (committal to Crown Court where offender commits further offence during operational period of suspended sentence order),

(e) section 43 of the Mental Health Act 1980 (power of magistrates' courts to commit for restriction order),

(f) section 6(6) or 9(3) of the Bail Act 1976 (committal to Crown Court for offences of absconding by person released on bail or agreeing to indemnify sureties in criminal proceedings), or

(g) the Vagrancy Act 1824 (incorrigible rogues),

to be sentenced or otherwise dealt with in respect of an offence ("the relevant offence").

(2) Where—

(a) the relevant offence is an indictable offence, and

(b) the committing court has power to deal with the offender in respect of another offence,

the committing court may also commit the offender to the Crown Court to be dealt with in respect of the other offence in accordance with section 23.

(3) It is immaterial for the purposes of subsection (2) whether the court which convicted the offender of the other offence was the committing court or another court.

(4) Where the relevant offence is a summary offence, the committing court may commit the offender to the Crown Court to be dealt with, in accordance with section 23, in respect of—

(a) any other offence of which the committing court has convicted the offender which is punishable with—

(i) imprisonment, or

(ii) driving disqualification, or

(b) any suspended sentence in respect of which it falls to the committing court to deal with the offender by virtue of paragraph 11(1) of Schedule 16.

(5) For the purposes of subsection (4)(a) an offence is punishable with driving disqualification if the committing court has a power or duty to order the offender to be disqualified under section 34, 35 or 36 of the Road Traffic Offenders Act 1988 (disqualification for certain motoring offences) in respect of it.

(6) A committal to the Crown Court under this section is to be in custody or on bail as the case may require.

COMMITTAL

Power of Crown Court on committal for sentence

Power of Crown Court on committal for sentence of offender under section 14, 15 or 18

21.—(1) This section applies where an offender is committed by a magistrates' court for sentence under—   A2-075

    (a) section 14(2) (committal for sentence on summary trial of offence triable either way),

    (b) section 15(2) (committal for sentence of dangerous adult offenders), or

    (c) section 18(1) (committal for sentence on indication of guilty plea to offence triable either way).

(2) The Crown Court—

    (a) must inquire into the circumstances of the case, and

    (b) may deal with the offender in any way in which it could deal with the offender if the offender had been convicted of the offence on indictment before the court.

This is subject to subsections (4) and (5).

(3) Any duty or power which, apart from this subsection, would fall to be discharged or exercised by the magistrates' court—

    (a) is not to be discharged or exercised by that court, but

    (b) is instead to be discharged or may instead be exercised by the Crown Court.

This does not apply to any duty imposed on a magistrates' court by section 25(1) or (2) of the Road Traffic Offenders Act 1988 (duties relating to information).

(4) Subsection (5) applies where a magistrates' court—

    (a) commits an offender under section 18(1) to be dealt with in respect of an offence ('the offence'), but

    (b) does not make a statement under section 18(4) (statement of power to commit under section 14(2) or 15(2)).

(5) Unless the offender is convicted before the Crown Court of at least one of the offences for which the magistrates' court has sent the offender for trial (see section 18(1)(b))—

    (a) subsection (2)(b) does not apply, and

    (b) the Crown Court may deal with the offender for the offence in any way in which the magistrates' court could have dealt with the offender for it.

(6) Section 20A(1) of the Magistrates' Courts Act 1980 (which relates to the effect of an indication of sentence under section 20 of that Act) does not apply in respect of a specified offence (see section 306)—

    (a) in respect of which the offender is committed under section 15(2) (dangerous adult offenders), or

    (b) in respect of which—

        (i) the offender is committed under section 18(1) (guilty plea to offence triable either way), and

        (ii) the court makes a statement under section 18(4) that, in its opinion, it also has power to commit the offender under section 15(2).

Power of Crown Court on committal for sentence of person under 18 under section 16, 16A, 17 or 19

A2-076   22.—(1) This section applies where an offender is committed by a magistrates' court for sentence under—
    (a) section 16(2) (committal for sentence of young offenders on summary trial of certain serious offences),
    (aa) section 16A(2) (committal for sentence of young offenders on summary trial of certain terrorist offences),
    (b) section 17(2) (committal for sentence of dangerous young offenders), or
    (c) section 19(1) (committal for sentence on indication of guilty plea by child or young person with related offences).
(2) The Crown Court—
    (a) must inquire into the circumstances of the case, and
    (b) may deal with the offender in any way in which it could deal with the offender if the offender had been convicted of the offence on indictment before the court.
This is subject to subsections (4) and (5).
(3) Any duty or power which, apart from this subsection, would fall to be discharged or exercised by the magistrates' court—
    (a) is not to be discharged or exercised by that court, but
    (b) is instead to be discharged or may instead be exercised by the Crown Court.
This does not apply to any duty imposed on a magistrates' court by section 25(1) or (2) of the Road Traffic Offenders Act 1988 (duties relating to information).
(4) Subsection (5) applies where a magistrates' court—
    (a) commits an offender under section 19(1) to be dealt with in respect of an offence ("the offence"), but
    (b) does not make a statement under section 19(3) (statement of power to commit under section 16(2), 16A(2) or 17(2)).
(5) Unless the offender is convicted before the Crown Court of at least one of the offences for which the magistrates' court has sent the offender for trial (see section 19(1)(a))—
    (a) subsection (2)(b) does not apply, and
    (b) the Crown Court may deal with the offender for the offence in any way in which the magistrates' court could have dealt with the offender for it.

Power of Crown Court on committal for sentence under section 20

A2-077   23.—(1) Subsection (2) applies where under section 20(2) or (4)(a) (committal for sentence in certain cases where offender committed in respect of another offence) a magistrates' court commits a person to be dealt with by the Crown Court in respect of an offence.
(2) The Crown Court—
    (a) must inquire into the circumstances of the case, and
    (b) may deal with the offender for the offence in any way in which the magistrates' court could have dealt with the offender (assuming it had convicted the offender of the offence).
(3) Subsection (4) applies where under section 20(4)(b) a magistrates' court commits a person to be dealt with by the Crown Court in respect of a suspended sentence.

(4) The powers under paragraphs 13 and 14 of Schedule 16 (power of court to deal with suspended sentence) are exercisable by the Crown Court.

(5) Subsection (6) applies where under section 20 a magistrates' court commits a person to be dealt with by the Crown Court.

(6) Without prejudice to subsections (1) to (4), any duty or power which, apart from this subsection, would fall to be discharged or exercised by the magistrates' court—
    (a) is not to be discharged or exercised by that court, but
    (b) is instead to be discharged or may instead be exercised by the Crown Court.

This does not apply to any duty imposed on a magistrates' court by section 25(1) or (2) of the Road Traffic Offenders Act 1988 (duties relating to information).

Further powers to commit offender to the Crown Court to be dealt with

24.—(1) For other powers of a magistrates' court to commit an offender to the Crown Court to be dealt with for an offence see—   **A2-078**
    (a) paragraph 22(2) and (4) of Schedule 7 (offender subject to youth rehabilitation order made by Crown Court convicted of further offence by magistrates' court);
    (b) section 70 of the Proceeds of Crime Act 2002 (request by prosecution with a view to consideration of confiscation order under section 6 of that Act);
    (c) section 43(1) of the Mental Health Act 1983 (power of magistrates' courts to commit for restriction order);
    (d) section 6(6) of the Bail Act 1976 (offence of absconding by person released on bail);
    (e) section 9(3) of that Act (offence of agreeing to indemnify sureties in criminal proceedings);
    (f) the Vagrancy Act 1824 (incorrigible rogues).

(2) Nothing in subsection (1) is to be taken to limit any other power of a magistrates' court to commit an offender to the Crown Court.

Under r.28.10 of the Criminal Procedure Rules 2020 (SI 2020/759), where a magistrates' court commits a case for sentence, relevant specified information must be transmitted to the Crown Court where held. In practice, this will tend to occur by the creation of a file on the Crown Court Digital Case System.   **A2-079**

Under rule 28.12(3) of the Criminal Procedure Rules 2020 (SI 2020/759) when dealing with a committal for sentence the prosecutor must identify any offence in respect of which the Crown Court cannot deal with the defendant in a way in which it could have done if the defendant had been convicted in the Crown Court.

Practice Directions

CRIMINAL PRACTICE DIRECTIONS 2023, 9.2

9.2 Pre-Sentence Reports on committal to Crown Court

9.2.1 Where: **A2-080**
    a. a magistrates' court is considering committal for sentence; or
    b. the defendant has indicated an intention to plead guilty in a matter to be sent to the Crown Court,

the magistrates' court should request a pre-sentence report for the Crown Court if:
i. there may be a realistic alternative to a custodial sentence; or
ii. the defendant may satisfy the dangerous offender criteria; or
iii. there is some other appropriate reason for doing so.

9.2.2 The ordering of a pre-sentence report by the magistrates' court does not indicate the likelihood of any sentencing outcome. All options remain open in the Crown Court. The defendant should be reminded of this.

9.2.3 When a magistrates' court sends a case to the Crown Court for trial and the defendant indicates an intention to plead guilty, arrangements should be made to take the defendant's plea as soon as possible.

Guidance

The Six Categories

A2-081   There are six categories of case in which the magistrates' court may exercise its powers to commit an offender to the Crown Court for sentence. This section sets out each category, with the conditions required to be satisfied before the power may be exercised.

Adults convicted after a trial

A2-082   The s.14 power applies to adults aged 18 or over who are convicted after a summary trial of an offence triable either way. Where the court is of the view that the offence or a combination of the offence and any offences associated with it (see A1-224) are so serious that the magistrates' court's sentencing powers are insufficient, the court *may* commit the offender to the Crown Court for sentencing.

The s.15 power applies to adults aged 18 or over who are convicted at summary trial of a specified offence (i.e. one listed in Sch.18 to the Sentencing Code) and the court is of the view that an extended determinate sentence would be available in relation to the offence—i.e. that the other conditions for imposition would be satisfied—or of a serious terrorism offence (one listed in Sch.17A) and the court is of the view that a serious terrorism sentence might be required. Where those conditions are met, the court *must* commit the offender to the Crown Court. If those conditions are not met the court may also commit for sentence under ss.14 and/or 18 if the criteria in those sections are met.

Children and young persons: convicted after a trial

A2-083   The s.16 power applies to children and young persons aged under 18 who are convicted after a summary trial of an offence:

1) listed in paragraphs (a) or (b) of the table in s.249(1) of the Sentencing Code (offences punishable with 14 years' imprisonment or more and certain sexual offences); and
2) the court is of the view that the seriousness of the offence or a combination of the offence and any offences associated with it are so serious that the Crown Court should be able to impose a sentence of detention under s.250 of the Sentencing Code.

3) In those circumstances, the court may commit the offender to the Crown Court for sentencing.

There is no power to commit the provisions in para.(c) of the table in s.249(1) of the Sentencing Code as those offences are triable only on indictment (and cannot be tried in the youth court).

The s.16A power applies to children and young persons aged under 18 who are convicted by a magistrates' or youth court of an offence listed in Pt 1 of Sch.13 to the Sentencing Code where the sentence of detention under s.252A should exceed two years. In such circumstances the court *may* commit the offender to the Crown Court for sentencing. The length of a sentence of detention under s.252A is the combination of both the custodial period specified and the required one year periods licence. The intent of the provision is arguably to require committal where the youth court is considering imposing a sentence under s.252A of over two years but there appears to be no statutory bar to the imposition of longer sentences under s.252A in the Youth Court (given that such sentences are not restricted to conviction on indictment).

A2-084

The s.17 power applies to children and young persons aged under 18 who are convicted at summary trial of a specified offence (i.e. one listed in Sch.18 to the Sentencing Code) when the court is of the view that an extended determinate sentence would be available in relation to the offence—i.e. that the other conditions for imposition would be satisfied. Where those conditions are met, the court *must* commit the offender to the Crown Court. Where those conditions are not met, the court may commit for sentence under ss.16, 16A or 19 if the criteria in those sections are met.

A youth court may commit an offence falling within ss.249(1)(a) or (b) for sentence where it had initially accepted jurisdiction of the offence but subsequently, perhaps during evidence, formed the view that (if convicted) the Crown Court should be able to impose a sentence of detention under s.250: *R. (W) v Caernarfon Youth Court*.[47]

Similarly, a youth court may commit an offence falling within ss.249(1)(a) or (b) where it had initially accepted jurisdiction and subsequently, perhaps during evidence, formed the view that (if convicted) the criteria for an extended determinate sentence would be met: *R. (DPP) v South Tyneside Youth Court and B*.[48]

Adults: guilty plea

The s.18 power applies to adults aged 18 or over who:

A2-085

1) have indicated a guilty plea to an offence triable either way (where the offence is not listed in s.17D of the Magistrates' Courts Act 1980);
2) have been sent to the Crown Court for trial in respect of one or more related offences.

Where those two conditions are satisfied, the court *may* commit the offender to the Crown Court to be dealt with in respect of the offence to which he or she has indicated a guilty plea.

The allocation decision in respect of the offence referred to in (b) above should

---

[47] [2013] EWHC 1466 (Admin); [2013] A.C.D. 111 DC.
[48] [2015] EWHC 1455 (Admin); [2015] 2 Cr. App. R. (S.) 59.

be made before the decision in relation to committal for sentence; where it is not, the court must adjourn proceedings relating to the offence referred to in (a) above, until the allocation decision has been made.

Children and young persons: guilty plea

A2-086   The s.19 power applies to children and young persons who:

1) have indicated a guilty plea to an offence listed in paras.(a) or (b) of the table in s.249(1) (offences punishable with 14 years' imprisonment or more and certain sexual offences) or s.252A(1)(a) of the Sentencing Code (offences listed in Pt 1 of Sch.13);
2) have been sent to the Crown Court for trial in respect of one or more related offences.

Where those two conditions are satisfied, the court *may* commit the offender to the Crown Court to be dealt with in respect of the offence to which he or she has indicated a guilty plea.

The allocation decision in respect of the offence referred to in (b) above should be made before the decision in relation to committal for sentence; where it is not, the court must adjourn proceedings relating to the offence referred to in (a) above, until the allocation decision has been made.

Offender committed to Crown Court in respect of another offence

A2-087   The s.20 power applies where the court has committed an offender to the Crown Court under one of the following enactments:

1) ss.14–19 (committal for sentence for offences triable either way);
2) para.5(4) of Sch.2 (further offence committed by offender given conditional discharge order);
3) para.24(2) of Sch.10 (committal to Crown Court where offender convicted of further offence while community order is in force);
4) para.11(2) of Sch.16 (committal to Crown Court where offender commits further offence during operational period of suspended sentence order);
5) s.43 of the Mental Health Act 1983 (power of magistrates' courts to commit for restriction order);
6) ss.6(6) or 9(3) of the Bail Act 1976 (committal to Crown Court for offences of absconding by person released on bail or agreeing to indemnify sureties in criminal proceedings);
7) the Vagrancy Act 1824 (incorrigible rogues),

to be sentenced or otherwise dealt with in respect of an offence ("the relevant offence").

It should be noted that prior to amendment by the Sentencing (Pre-consolidation Amendments) Act 2020 the power to commit a community order to the Crown Court where the offender was convicted of a further offence was not listed in s.6 of the Powers of Criminal Courts (Sentencing) Act 2000 (now s.20 of the Sentencing Code), meaning that unless the new offence could be committed itself it could not be committed alongside the community order to the Crown Court; see *R. v De*

Brito.[49] The effect of this decision was reversed by Sch.2 para.12(b) of the Sentencing (Pre-consolidation Amendments) Act 2020, which greatly expanded the situations in which a committal under s.20 of the Sentencing Code is available.

Where the relevant offence is an indictable offence and the court has the power to deal with the offender in respect of another offence ("the other offence"), the court *may* commit the offender to the Crown Court to be dealt with in respect of the other offence. That permits the committal of other offences which are non-imprisonable and non-disqualifiable.

A2-088

Where the relevant offence is a summary offence, the court *may* commit the offender to the Crown Court to be dealt with in respect of:

1) any other offence of which the court has convicted the offender which is punishable with:
   (a) imprisonment; or
   (b) driving disqualification; or
2) any suspended sentence in respect of which it falls to the committing court to deal with the offender by virtue of para.11(1) of Sch.16.

This creates a somewhat unusual situation where non-imprisonable and non-disqualifiable offences can appear in the Crown Court for sentence where there is a related indictable offence. On the face of it, the legislation looks as though it makes a distinction between imprisonable and non-imprisonable offences (and disqualifiable and non-disqualifiable offences). However, the distinction is softened by the status of the "relevant offence"; if it is indictable, then any offence may be committed to the Crown Court. If it is a summary offence, then any other offence must be imprisonable or disqualifiable. The rationale remains one of seriousness or complexity, but principally by reference to the relevant offence, not the other offence. The effect of the section is that all periods of imprisonment and disqualification can be considered by a single court, where the magistrates' court commits the relevant offences, helping to ensure that totality is considered.

The circumstances in which the "relevant offence" will be a summary offence will be vanishingly small. It will principally be in relation to cases where the Crown Court has previously imposed a sentence for a summary offence that has now been breached and needs to return to the Crown Court to be dealt with for that breach.

Additional powers to commit for sentence

Section 24 lists other powers that the magistrates' courts have to commit an offender to the Crown Court for sentence:

A2-089

1) paras 22(2) and (4) of Sch.7 (offender subject to youth rehabilitation order made by Crown Court convicted of further offence by magistrates' court);
2) s.70 of the Proceeds of Crime Act 2002 (request by prosecution with a view to consideration of confiscation order under s.6 of that Act);
3) s.43(1) of the Mental Health Act 1983 (power of magistrates' courts to commit for restriction order);
4) s.6(6) of the Bail Act 1976 (offence of absconding by person released on bail);
5) s.9(3) of that Act (offence of agreeing to indemnify sureties in criminal proceedings);

---

[49] [2013] EWCA Crim 1134; [2014] 1 Cr. App. R. (S.) 38.

6) the Vagrancy Act 1824 (incorrigible rogues).

General Considerations

Consideration of appropriate sentence

A2-090 The Sentencing Council's Allocation Definitive Guideline states that courts should refer to any offence specific guideline to arrive at the appropriate sentence taking into account all of the circumstances of the case. This includes personal mitigation such that it is known at the time and any plea of guilty (taking account of the appropriate discount in line with the Reduction in Sentence for a Guilty Plea Definitive Guideline). In borderline cases the court should consider obtaining a pre-sentence report before deciding whether to commit to the Crown Court for sentence.

In particular, the guideline states that:

"Where the offending is so serious that the court is of the opinion that the Crown Court should have the power to deal with the offender, the case should be committed to the Crown Court for sentence even if a community order may be the appropriate sentence (this will allow the Crown Court to deal with any breach of a community order, if that is the sentence passed)."

However, the Sentencing Council's Reduction in Sentence for a Guilty Plea Definitive Guideline provides that where a magistrates' court could retain jurisdiction after giving the appropriate reduction for guilty plea they ought to do so. It is suggested that the guidance in the allocation guideline is preferable as a matter of principle.

Adjourning prior to committal decision

A2-091 Where a magistrates' court does obtain a pre-sentence report to assist in a borderline case, the court does not disable itself from being able to commit for sentence: *Southwark Crown Court Ex p. Commissioner of Police for the Metropolis*.[50] However, the court should be careful not to adjourn for sentence in such a way that creates a legitimate expectation on the part of the offender that the case will be disposed of in a particular way: *R. v Rennes*.[51] Where an offender has been caused to form the view that their case will not be committed for sentence, or that a non-custodial sentence will be imposed (notwithstanding the intentions of the court), and where the court went on to depart from the earlier indication, an appellate court would ordinarily feel obliged to adjust the sentence to bring it into line with that indicated: *Nottingham Magistrates' Court Ex p. Davidson*.[52]

In *R. (Harrington) v Bromley Magistrates' Court*,[53] the court heard an application for judicial review concerning a magistrates' court "going back" on an indication. The district judge ordered a pre-sentence report and indicated that the offender would be sentenced within the magistrates' court's powers unless the view of the writer of the report was that the offender was dangerous; if that were the author's view, the case would be committed for sentence. In the event, the pre-sentence report writer's view was that the offender posed a low risk; however, the district judge concluded that the offender could not have formed a legitimate

---

[50] (1984) 6 Cr. App. R. (S.) 304 DC.
[51] (1985) 7 Cr. App. R. (S.) 343 CA.
[52] [2000] 1 Cr. App. R. (S.) 167 DC.
[53] [2007] EWHC 2896 (Admin) QBD (Mitting J).

expectation that the case would be sentenced in the magistrates' court, because of the nature of the offence and the likely sentence, and committed for sentence. The court held that while it was strictly correct that it was the rationality and lawfulness of the decision to commit that was under review, it would be the lawfulness and rationality of the indication that decides the issue, as it was impossible to conceive of circumstances where a decision to go back on a rationally and lawfully given indication would not itself be unlawful and irrational. In the event, the district judge's decision to commit for sentence was quashed.

As regards the legitimate expectation, it will be necessary for a defendant to show that the statement made by the court amounted to something in the nature of a promise that the defendant would not be committed for sentence: *Southampton Magistrates' Court Ex p. Sansome*.[54] As is the case with the law on legitimate expectation across the criminal law, it will be insufficient to show merely that the defendant formed the view and now has a grievance at the treatment which has differed from their expectation. Similarly, it will be insufficient for a defendant to submit that they have a legitimate expectation arising out of their representative having formed that view and having advised them accordingly: *R. v McHoul*.[55]

A failure to have regard to (or now, to follow) any relevant guidelines or a failure to give reasons for departing from a guideline may mean that any indication given cannot give rise to a legitimate expectation as to the type of sentence to be imposed: *Thornton v CPS*.[56]

A2-092

Newton hearings

Where the decision as to adequacy of sentencing powers depends on the resolution of a *Newton* hearing, the court should conduct such a hearing: *Warley Magistrates' Court Ex p. DPP; R. v Staines Magistrates' Court Ex p. DPP; R. v North East Suffolk Magistrates' Court Ex p. DPP*.[57]

A2-093

In *Gillan v DPP; R. (Gillan) v Crown Court at Winchester*,[58] (subsequently approved in *R. v Belcher*),[59] the court said that it was clear from the express terms of s.5(1) of the Powers of Criminal Courts (Sentencing) Act 2000 (now s.21 of the Sentencing Code) that even where a magistrates' court had held a *Newton* hearing prior to committal, the Crown Court had jurisdiction to hold a further *Newton* hearing if it was in the interests of justice to do so. The court went on to state that whether a further hearing should be held was an exercise of discretion, which would depend on the facts and circumstances of the particular case; but, without laying down any strict or absolute formula, it was to be expected that the discretion would not be exercised in favour of holding a further hearing unless the offender could point to some significant development or matter such as (but not confined to) the discovery of important further evidence.

---

[54] (1999) 1 Cr. App. R. (S.) 112 DC.
[55] [2002] EWCA Crim 1918; [2003] 1 Cr. App. R. (S.) 76.
[56] [2010] EWHC 346 (Admin); [2010] 2 Cr. App. R. (S.) 65 DC.
[57] (1998) 2 Cr. App. R. 307 DC.
[58] [2007] EWHC 380 (Admin); [2007] 2 Cr. App. R. 12 DC.
[59] [2020] EWCA Crim 1192; [2021] 1 Cr. App. R. (S.) 40.

Committal on Breach of Certain Sentences

Breach of community order

A2-094   Where a magistrates' court deals with an offender who is in breach of a community order by re-sentencing the offender the power of the court to deal with the offender does not include the power to commit the offender to the Crown Court for sentence for the offence in respect of which the order was made: *R. v Jordon*;[60] and *R. v Andrews*.[61] Although these cases were decided under the PCC(S)A 2000, it is submitted that they apply to the equivalent provisions in the Sentencing Code. In this respect it is to be noted that there is express provision to commit on the commission of a new offence in relation to youth rehabilitation orders in paras 22(2) and (4) of Sch.7 to the Sentencing Code.

Breach of suspended sentence order

A2-095   Where an offender is committed to the Crown Court by a magistrates' court under para.11(2) of Sch.16 to the Code, to be dealt with in respect of an offence (the "other offence(s)") committed during the operational period of a suspended sentence imposed by the Crown Court, the Crown Court's sentencing powers in relation to other offences in respect of which the offender was committed under s.20 are limited by s.23(2) to those of the magistrates' court.

Section 23(3)–(4) relate only to where a person is committed to the Crown Court under s.20 to be dealt with for an associated offence in respect of which a suspended sentence had previously been imposed by a magistrates' court.

A magistrates' court committing an offender to the Crown Court to be dealt with in respect of a suspended sentence previously imposed by that court (during the currency of which a further offence has been committed) should consider carefully which of their statutory powers they should exercise in relation to any other offences that are before them; and they should also ensure that their decision is clearly expressed at the time of making the order and correctly recorded: *R. v Bateman; R. v Doyle*.[62]

Additional Decisions to be Made When Committing for Sentence

Pre-sentence report for the eventual sentencing

A2-096   One decision that the court may have to consider when committing an offender for sentence is whether to obtain a pre-sentence report. There are mixed views on this topic; while some consider that it assists the Crown Court to have the report ready for the first hearing in the Crown Court, others consider it is a decision for the Crown Court judge to take. It is submitted that while there is merit in attempting to avoid any unnecessary delay in the Crown Court, the better course is for the magistrates' court to leave the decision as to whether a pre-sentence report is required to the sentencing judge in the Crown Court. This has the benefit of avoiding the production of reports in cases where the Crown Court judge does not require one, thereby saving resources, and additionally allowing the Crown Court judge to

---

[60] (1998) 2 Cr. App. R. (S.) 83 DC and CA.
[61] [2006] EWCA Crim 2228; [2007] 1 Cr. App. R. (S.) 81 DC and CA.
[62] [2012] EWCA Crim 2518; [2013] 2 Cr. App. R. (S.) 26.

direct the report writer to address any particular issues which they may require assistance with; issues which may not be known to the magistrates' court at the time of committal. This is of course subject to the qualification that if a report will assist the magistrates' court in their decision as regards committal for sentence, a report should be obtained. It is necessary to note, however, that 9.2.1 of the Crim PD provides:

9.2.1 Where:
   a. a magistrates' court is considering committal for sentence; or
   b. the defendant has indicated an intention to plead guilty in a matter to be sent to the Crown Court, the magistrates' court should request a pre-sentence report for the Crown Court if:
     i. there may be a realistic alternative to a custodial sentence; or
     ii. the defendant may satisfy the dangerous offender criteria; or
     iii. there is some other appropriate reason for doing so.

Ancillary orders

When committing for sentence, the magistrates' court should make no other order (e.g. for compensation). The entirety of the sentencing powers are to be exercised by the Crown Court: *R. v Brogan*.[63] It is submitted that the rationale for this is that any ancillary order is capable of bearing on the overall disposal of the case—in particular orders which are not of themselves punitive but clearly have a punitive effect. One exception is the power to make an interim disqualification order where the offender has been convicted of an endorsable offence: s.26 of the Road Traffic Offenders Act 1988.

A2-097

Powers of Crown Court

Adults: Crown Court powers

Where the court commits an offender to the Crown Court for sentence under ss.14, 15 or 18, the Crown Court has the power to sentence the offender as if he or she had been convicted before the Crown Court on indictment: s.21(2).

A2-098

Adults: magistrates' court powers

However, where the court committed the offender under s.18 but omitted to make a statement that the court could also have committed under ss.14(2) or 15(2), unless the offender is convicted before the Crown Court of one of the offences for which the magistrates' court sent the offender for trial, the sentencing powers are those of the magistrates' court.

A2-099

Children and young offenders: Crown Court powers

Where the court commits an offender aged under 18 to the Crown Court for sentence under ss.16, 16A, 17 or 19, the Crown Court has the power to sentence the offender as if they had been convicted before the Crown Court on indictment: s.22(2).

A2-100

---

[63] (1974) 60 Cr. App. R. 279 CA.

Children and young offenders: Magistrates' courts powers

A2-101   However, where the court committed the offender under s.19 but omitted to make a statement that the court could also have committed under ss.16(2), 16A(2) or 17(2), unless the offender is convicted before the Crown Court of one of the offences for which the magistrates' court sent the offender for trial, the sentencing powers are those of the magistrates' court: s.22(4) and (5).

Related offences: magistrates' court powers

A2-102   Where the court commits an offender to the Crown Court for sentence under s.20, it may deal with the offender as the magistrates' court could have done had it convicted the offender of the offence(s).

Invalid/Defective Committals

General

A2-103   There is authority, now of some considerable age, to the effect that where the committal to the Crown Court is clearly invalid, the Crown Court should not impose sentence; however, the position was materially altered by s.66 of the Courts Act 2003, under which a Crown Court judge (among other judicial office holders) may exercise the powers of a district judge magistrates' court. Accordingly, the Crown Court may rectify the position using s.66, if that is necessary. The question of the power that was exercised by the magistrates' court is a question of fact: *R. v Butt (Terry)*.[64] This is the first issue which should be addressed where the Crown Court is faced with an apparent error in the committal process. In *Butt*, the court emphasised that the court extract or sending sheet is, of course, not conclusive as to the power actually exercised.

Extensive guidance has been given on the exercise of the power in s.66 of the Courts Act 2003. See, in particular, *R. v Gould*,[65] *R. v Jex*[66] and *R. v Chalk*.[67] See also the *Crown Court Compendium* Pt II S13 (Appendix III). In brief outline, the Crown Court does not have the power to quash a defective committal (because the case will never have in fact left the magistrates' courts); it does however have the power to vacate a guilty plea, exercise the powers of a District Judge (Magistrates' Courts) and permit the Crown to lay a new information, take pleas and (where appropriate) commit for sentence and proceed to hear the committal for sentence as a judge of the Crown Court. The guidance provides, however, that the Crown Court should be reticent to adopt such a procedure given that the Crown Court will often have little experience of procedure in the magistrates' courts. The prosecution must always be in a position to provide the court with procedural assistance in such a case if that is how they wish to ask the court to proceed. It is only in cases where it is quite clear that the case should be dealt with by the Crown Court, or where the exercise which is being contemplated is only designed to "tie up loose ends" and

---

[64] [2023] EWCA Crim 1131; [2024] 1 Cr. App. R. (S.) 26.
[65] [2021] EWCA Crim 447; [2021] 1 W.L.R. 4812.
[66] [2021] EWCA Crim 1708; [2022] Crim. L.R. 345.
[67] [2022] EWCA Crim 433; [2022] 4 W.L.R. 55.

avoid hearings in the magistrates' courts which are clearly unnecessary, that the s.66 power should be used.

Invalid committal: court had jurisdiction to commit

A memorandum of conviction that purported to have committed the offender under a statutory power unavailable to the magistrates' court does not affect the validity of the committal provided that the magistrates' court had the necessary jurisdiction to make a committal: *R. v Ayhan*;[68] *R. v Butt*.[69] Accordingly, where the magistrates' court had wrongly specified the committal power but there was power to commit the committal will be deemed to have occurred under the correct power. **A2-104**

Invalid committal: court had no jurisdiction to commit

Where the court forms the view that an identified defect is so fundamental that nothing has happened which gives jurisdiction to the Crown Court, the court may correct the error in the original order via s.142 of the MCA 1980; accordingly, there is no need to make recourse to the quashing power of the Divisional Court: *R. v Butt (Terry)*.[70] **A2-105**

As to the question of the jurisdiction of the youth court, where the mode of trial decision is the relevant point in time, see *R. v Ford*.[71] There is a distinction to be drawn between a procedural failing and acting without jurisdiction (see *R. v Clarke and McDaid*[72]) and in *Ford*, the proceedings which followed the invalid committal were without jurisdiction and therefore there was no valid sentence against which an appeal could be mounted. The court had to reconstitute itself as a Divisional Court to quash the sentence.

Valid committal: challenging the committal

The Crown Court dealing with a committal for sentence has no power to "go behind" the order of a magistrates' court, if it is on its face a valid order; if the order is to be challenged, it can only properly be challenged in the Divisional Court: *Sheffield Crown Court Ex p. DPP*.[73] **A2-106**

Appellate Jurisdiction of the Crown Court

Where the Crown Court deals with an offender who has been committed for sentence, in the case of a represented defendant, the court may assume that there is to be no appeal against conviction. In the case of an unrepresented defendant, the court should ascertain whether the defendant is appealing against the conviction on which the committal is based. It will then be necessary to adjourn until the appeal has been determined. Although the authority on which this proposition is based (*R. v Faithful*[74]) was decided in relation to a previous regime at a time very different **A2-107**

---

[68] [2011] EWCA Crim 3184; [2012] 1 Cr. App. R. 27.
[69] [2023] EWCA Crim 1131; [2024] 1 Cr. App. R. (S.) 26.
[70] [2023] EWCA Crim 1131; [2024] 1 Cr. App. R. (S.) 26.
[71] [2018] EWCA Crim 1751.
[72] [2008] UKHL 8; [2008] 2 Cr. App. R. 2.
[73] (1994) 15 Cr. App. R. (S.) 768 DC.
[74] (1950) 34 Cr. App. R. 220 CCA.

from the present, it is submitted that this is the effect of the authority as applied to the modern legislation. Courts may wish to carefully word their enquiry to unrepresented defendants, treading a delicate line between not encouraging an unnecessary or unmeritorious appeal while still conforming to the spirit of the decision in *Faithful*.

In circumstances where the Crown Court has already dealt with the committal and imposed sentence, the Crown Court (differently constituted) is not prevented from hearing an appeal against the conviction: *Croydon Crown Court Ex p. Bernard*.[75] It is submitted that there would be nothing to prevent the same judge who dealt with the committal for sentence subsequently hearing the appeal against conviction; however, as the appeal takes the form of a rehearing (and therefore the evidence may differ from the original trial and therefore the basis on which the case was opened at the committal for sentence) it may be better practice for a different judge to deal with the appeal.

The Crown Court on hearing an appeal against a conviction or sentence passed by a magistrates' court may not in the purported exercise of its power under s.48 of the Senior Courts Act 1981 commit the appellant for sentence to itself under s.14, in order to obtain enlarged powers of sentence: *R. v Bullock*,[76] decided under a previous regime. The decision in *Bullock* was distinguished in *R. v Ashton*[77] on the basis that the circumstances in that case (a prosecution requiring consent which was properly given but all parties proceeded on the basis that it was not and therefore the Crown Court judge sat as a district judge (magistrates' court) to determine the mode of trial again, the defendant pleaded guilty and the judge committed the offender for sentence to himself for sentencing) involved no lawful reason, or reason based on fairness, why the approach adopted was impermissible.

A2-108 In *Jones v CPS*,[78] it was held that on an appeal against conviction from the magistrates' courts under s.48 of the Senior Courts Act 1981, the Crown Court may vary the sentence imposed even where the sentencing part of the decision has been carried out by the Crown Court on a committal for sentence.

REMISSION

Introduction

A2-109 Where a child or young person is found guilty at the Crown Court of an offence other than murder), the court may transfer that person to the youth court to be sentenced. Similarly, where an adult offender pleads guilty in the Crown Court, or has been committed there for sentence, the Crown Court may transfer that person to the magistrates' court to be sentenced. In the case of children and young persons, the youth court is often the most suitable place for a child or young person to be dealt with, for many reasons-not least that the forum is less formalised and less imposing, and those working in the youth courts are more familiar with dealing with children and young persons and the different challenges they present.

The power or duty (as the case may be) to remit to a youth or magistrates' court is therefore a mechanism to ensure that the offender is dealt with in the most ap-

---

[75] [1981] 1 W.L.R. 116 DC.
[76] (1963) 47 Cr. App. R. 288 CCA.
[77] [2006] EWCA Crim 794; [2007] 1 W.L.R. 181.
[78] [2019] EWHC 2826 (Admin) DC.

propriate forum. However, it is not a power to remit for trial: *R. (W (a minor)) v Leeds Crown Court*[79] (such a power now being contained in s.46ZA of the Senior Courts Act 1981).

The Sentencing Council's Children and Young People Definitive Guideline (2017) provides that when considering whether remittal is undesirable in respect of a child or young person the court should balance the need for expertise in the sentencing of children and young people with the benefits of the sentence being imposed by the court which determined guilt. Particular attention should be given to children and young people who are appearing before the Crown Court only because they have been charged with an adult offender.

Legislation

Sentencing Act 2020 ss.25–29

Power and duty to remit offenders aged under 18 to youth courts for sentence

25.—(1) This section applies where a person aged under 18 is convicted by or before a court ("the convicting court") of an offence other than homicide.

(2) If the convicting court is the Crown Court, it must remit the offender to a youth court acting for the place where the sending court sat, unless satisfied that it would be undesirable to do so.

The "sending court" is the magistrates' court which sent the offender to the Crown Court for trial.

(2A) If—
    (a) the convicting court is a magistrates' court, and
    (b) that court commits the offender to the Crown Court for sentence,
the Crown Court may remit the offender to a youth court acting for the place where the convicting court sat.

(3) If the convicting court is a youth court, it may remit the offender to another youth court.

(4) If the convicting court is a magistrates' court other than a youth court—
    (a) it may remit the offender to a youth court, and
    (b) must do so unless subsection (5) applies.

(5) This subsection applies where the convicting court—
    (a) would be required by section 85(1)(a) to make a referral order if it did not remit the offender to a youth court, or
    (b) is of the opinion that the case is one which can properly be dealt with by means of—
        (i) an order for absolute discharge or an order for conditional discharge,
        (ii) a fine, or
        (iii) an order (under section 376) requiring the offender's parent or guardian to enter into a recognisance to take proper care of, and exercise proper control over, the offender,
    with or without any other order that the court has power to make when making an order for absolute discharge or an order for conditional discharge.

A2-110

---

[79] [2011] EWHC 2326 (Admin); [2012] 1 Cr. App. R. 13.

PRE-SENTENCE

(6) For the purposes of subsection (5)(b)(iii)—
    (a) "care" and "control" are to be read in accordance with section 376(3) (binding over of parent or guardian), and
    (b) section 404 (certain references to parent or guardian to be read as references to local authority) does not apply.

(7) Any remission of an offender under subsection (3) or (4) must be to a youth court acting for—
    (a) the same place as the remitting court, or
    (b) the place where the offender habitually resides.

(8) Where an offender is remitted to a youth court under this section, that court may deal with the offender in any way in which it could deal with the offender if it had convicted the offender of the offence.

(9) A court which remits an offender to a youth court under this section must provide to the designated officer for the youth court a certificate which—
    (a) sets out the nature of the offence, and
    (b) states—
        (i) that the offender has been convicted of the offence, and
        (ii) that the offender has been remitted for the purpose of being dealt with under subsection (8).

(10) A document which purports—
    (a) to be a copy of an order made by a court under this section, and
    (b) to be certified as a true copy by the designated officer for the court, is to be evidence of the order.

Power to remit adult offenders to magistrates' courts for sentence

A2-111   **25A.**—(1) This section applies where a person aged 18 or over, or a person who is not an individual—
    (a) has been convicted of an offence by a magistrates' court and committed to the Crown Court for sentence, or
    (b) has been convicted of an offence (other than an offence triable only on indictment) by the Crown Court following a plea of guilty.

(2) The Crown Court may remit the offender to a magistrates' court for sentence.

(3) In deciding whether to exercise the power in subsection (2), the Crown Court must—
    (a) take into account any other offence before the Crown Court that appears to the court to be related to that offence (whether the same, or a different, person is accused or has been convicted of the other offence), and
    (b) have regard to any allocation guidelines (or revised allocation guidelines) issued as definitive guidelines under section 122 of the Coroners and Justice Act 2009.

(4) There is no right of appeal against an order under subsection (2).

Remission by Crown Court to youth court or other magistrates' court: custody or bail, and appeals

A2-112   **26.**—(1) This section applies where the Crown Court remits an offender to a youth court under section 25 or a magistrates' court under section 25A.

(2) The Crown Court may, subject to section 25 of the Criminal Justice and Public Order Act 1994 (restrictions on granting bail), give such directions as appear to be necessary—
  (a) with respect to the custody of the offender, or
  (b) for the offender's release on bail,
until the offender can appear or be brought before the youth court or magistrates' court.
(3) The offender—
  (a) has no right of appeal against the order of remission, but
  (b) has the same right of appeal against an order of the youth court or magistrates' court as if convicted by that court.

Power of youth court to remit offender who attains age of 18 to magistrates' court other than youth court for sentence

27.—(1) Subsection (2) applies where a person who appears or is brought before a youth court charged with an offence subsequently reaches the age of 18.

(2) The youth court may, at any time after conviction and before sentence, remit the offender for sentence to a magistrates' court other than a youth court ('the adult court').

(3) Where an offender is remitted under subsection (2), the adult court may deal with the offender in any way in which it could deal with the offender if it had convicted the offender of the offence.

(4) Where an offender is remitted under subsection (2), section 25(4) (duty of adult magistrates' court to remit young offenders to youth court for sentence) does not apply to the adult court.

Power of magistrates' court to remit case to another magistrates' court for sentence

28.—(1) Subsection (2) applies where—
  (a) a person aged 18 or over has been convicted by a magistrates' court ("the convicting court") of a relevant offence ("the present offence"),
  (b) it appears to the convicting court that some other magistrates' court ("the other court") has convicted the offender of another relevant offence in respect of which the other court has not—
    (i) passed sentence on the offender,
    (ii) committed the offender to the Crown Court for sentence, nor
    (iii) dealt with the offender in any other way, and
  (c) the other court consents to the offender's being remitted to it under this section.

(2) The convicting court may remit the offender to the other court to be dealt with in respect of the present offence by the other court instead of by the convicting court.

(3) In subsection (1), "relevant offence", in relation to the convicting court or the other court, means an offence which is punishable by that court with—
  (a) imprisonment, or
  (b) driving disqualification.
For this purpose, an offence is punishable by a court with driving disqualification if the court has a power or duty to order the offender to be disqualified under section 34, 35 or 36 of the Road Traffic Offenders Act 1988 (disqualification for certain

motoring offences) in respect of it.

(4) Where the convicting court remits the offender to the other court under this section the other court may deal with the offender in any way in which it could deal with the offender if it had convicted the offender of the present offence.

This is subject to subsection (7).

(5) The power conferred on the other court by subsection (4) includes, where applicable, the power to remit the offender under this section to another magistrates' court in respect of the present offence.

(6) Where the convicting court has remitted the offender under this section, the other court may remit the offender back to the convicting court; and where it does so subsections (4) and (5) (so far as applicable) apply with the necessary modifications.

(7) Nothing in this section prevents the convicting court from making a restitution order (see section 147) by virtue of the offender's conviction of the present offence.

(8) In this section "conviction" includes a finding under section 11(1) of the Powers of Criminal Courts (Sentencing) Act 2000 (remand for medical examination) that the person in question did the act or made the omission charged, and "convicted" is to be read accordingly.

Remission by magistrates' court: adjournment, remand and appeal

A2-115

29.—(1) This section applies where a magistrates' court ("the remitting court") remits an offender under section 25, 27 or 28 to another magistrates' court ("the other court") to be dealt with in respect of an offence.

(2) The remitting court must adjourn proceedings in relation to the offence

(3) Any remand enactment has effect, in relation to the remitting court's power or duty to remand the offender on that adjournment, as if any reference to the court to or before which the person remanded is to be brought or appear after remand were a reference to the other court.

(4) In this section, "remand enactment" means section 128 of the Magistrates' Courts Act 1980 (remand in custody or on bail) or any other enactment, whenever passed or made, relating to remand or the granting of bail in criminal proceedings; and for this purpose—

(a) "enactment" includes an enactment contained in any order, regulation or other instrument having effect by virtue of an Act, and

(b) "bail in criminal proceedings" has the same meaning as in the Bail Act 1976.

(5) The offender has no right of appeal against the order of remission.

This does not affect any right of appeal against an order made in respect of the offence by the other court.

Guidance

Magistrates' Courts

A2-116

Where a child or young person is found guilty before a magistrates' court which is not a youth court, the magistrates' court *must* remit the offender to a youth court *unless* it proposes to deal with the offender by means of a discharge, a fine or an order binding over their parents or guardians to take proper care and exercise proper control, or where the mandatory referral conditions for a referral order apply: s.25(4) of the Sentencing Code.

Youth Courts

A2-117 Where a child or young person is found guilty before a youth court, that court *may* remit the offender to another youth court: s.25(3) of the Sentencing Code.

Crown Court

A2-118 Where a child or young person is found guilty before the Crown Court of an offence other than homicide, the Crown Court *must* remit the offender to the youth court, *unless* it is satisfied that it would be undesirable to do so: s.25(2) of the Sentencing Code.

Where an adult offender pleads guilty before the Crown Court of an either-way offence (or committed for sentence from the magistrates' court), the Crown Court *may* remit the offender to a magistrates' court: s.25A(2) of the Sentencing Code. This power is not exercisable where an offender is found guilty after trial in the Crown Court.

Exercising the Discretion

Adult offenders

A2-119 As there is no power under s.25A of the Sentencing Code to remit an adult offender convicted after trial, there will be no question of retaining jurisdiction in order that the offender is sentenced by the trial judge. It is suggested that ordinarily, remission will only be appropriate where there is a need for an adjournment regardless (such as to obtain pre-sentence reports) and the sentence that will be imposed will clearly be within the magistrates' courts' powers. If remission to an adult magistrates' court has an advantage it will ordinarily be in (a) saving Crown Court resource; and (b) potentially allowing sentence to be dealt with more rapidly. Where the Crown Court is in a position to deal with sentence upon plea the benefits of remission seem limited. One additional factor that will be of relevance is where an offender pleads guilty after a *Goodyear* indication has been given by a judge. In such circumstances the benefit of that judge imposing sentence may well point towards the Crown Court retaining jurisdiction.

In any case in which the court is considering exercising the power to remit an adult offender, it is suggested that the court should invite submissions from the parties. The court may well want to consider the likely availability of legal aid in such cases and the potential impact on the continuity of counsel. Although there is no right of appeal against such an order it does not seem it would be desirable to exercise the power administratively in the absence of counsel.

Children or young persons

A2-120 In *R. v Lewis*,[80] the court observed that the concept of the juvenile court as the only proper forum in which juveniles could be dealt with was now out of place. The court stated that in deciding whether to remit a juvenile to the youth court, the Crown Court had to consider whether it would be undesirable to remit the case to the juvenile court. Reasons why it might be undesirable might include:

1) that the judge who presided over the trial might be better informed as to the facts and circumstances;
2) that there was a risk of unacceptable disparity if co-defendants were sentenced in different courts on different occasions;
3) that remission might lead to delay, duplication of proceedings and fruitless expense;
4) the provisions for appeal, which were that appeal against conviction would have be to the Court of Appeal (Criminal Division) and against sentence to the Crown Court.

It might be desirable to remit a juvenile where a report has to be obtained and the judge would be unable to sit when the report would be available, but this situation should be avoided where possible by the committing justices giving directions for the preparation of reports before trial.

A2-121 In *R. v S*,[81] the court held that a judge sentencing a youth (for whom a referral order would have been mandatory if they appeared in the Youth Court) had erred in refusing to remit the case to the magistrates' courts or exercise the power in s.66 of the Courts Act 2003 to impose a referral order. Although the court recognised that the judge was not bound to remit the youth, it commented that the mandatory nature of the referral order (had the youth been in the youth court) must act as a powerful consideration when a Crown Court judge is determining whether to exercise the power to remit and/or to sit as a DJ(MC) themselves.

However, in *R. v Y*[82] the court stated that the decision in *S* did not lay down an inflexible rule that a judge of the Crown Court had to exercise the powers of a DJ(MC) for the purposes of imposing a referral order if the compulsory referral conditions would apply in the youth court. Provided the court is aware of the power in s.66, the guidance in *S* and the Crown Court Compendium, it may be appropriate not to exercise the power in s.66 or to remit the case to the youth court.

The question is one of desirability; in effect, it is a balancing exercise. While the youth court will be the most appropriate forum, other considerations may point towards the Crown Court being the correct forum in which to impose sentence. In cases where a referral order is available (or would otherwise be mandatory) the court will not have heard a trial in respect of the youth; and the proper application of the youth sentencing legislation would not, it is submitted, constitute an unjust disparity with any co-defendant.

---

[80] (1984) 6 Cr. App. R. (S.) 44 CA.
[81] [2021] EWCA Crim 960; [2023] 1 Cr. App. R. (S.) 33.
[82] [2023] EWCA Crim 977.

Can a Sentence be Committed Again After Remission?

A court upon remission may deal with the offender in any way in which it could have on conviction. In *R. v Mir (Nassir Andre)*,[83] where the Crown Court had remitted the case under s.25A on the basis that the Crown Court would have been limited to magistrate's court powers, the court did not interfere with a Crown Court judge's subsequent decision to sit under s.66 of the 2003 Act and to commit the case back to the Crown Court under powers that would give the Crown Court their full sentencing powers. Implicitly then the power to deal with an offender in any way in which the court could have on conviction will include a power to commit a case back up to the remitting court for sentence. As a matter of practice however, it is suggested that it will only be appropriate to do so where the previous committal gave lesser sentencing powers to the court above, or there has been a material change of circumstances since the upper court's decision to remit that merits that court reconsidering the case.

A2-121a

ADJOURNMENT

Introduction

There is a wide power for courts to adjourn for an almost infinite number of reasons. Typically, in relation to sentence, this will be to allow for the production of reports to assist with the sentencing exercise, to allow for counsel to prepare submissions in relation to sentence, or to allow a number of matters to be dealt with at the same time.

A2-122

The source of the power depends on whether the court is the magistrates' court or the Crown Court and may be exercised in isolation or in conjunction with another power—for instance, to order the preparation of a pre-sentence report.

Legislation

Magistrates' Courts Act 1980 s.10

Adjournment of trial

10.—(1) A magistrates' court may at any time, whether before or after beginning to try an information, adjourn the trial, and may do so, notwithstanding anything in this Act, when composed of a single justice.

A2-123

(2) The court may when adjourning either fix the time and place at which the trial is to be resumed, or, unless it remands the accused, leave the time and place to be determined later by the court; but the trial shall not be resumed at that time and place unless the court is satisfied that the parties have had adequate notice thereof.

(3) A magistrates' court may, for the purpose of enabling inquiries to be made or of determining the most suitable method of dealing with the case, exercise its power to adjourn after convicting the accused and before sentencing him or otherwise dealing with him; but, if it does so, the adjournment shall not be for more than 4 weeks at a time unless the court remands the accused in custody and, where it so remands him, the adjournment shall not be for more than 3 weeks at a time.

---

[83] [2024] EWCA Crim 239; [2024] Crim. L.R. 411.

(3A) A youth court shall not be required to adjourn any proceedings for an offence at any stage by reason only of the fact—
- (a) that the court commits the accused for trial for another offence; or
- (b) that the accused is charged with another offence.

(4) On adjourning the trial of an information the court may remand the accused and, where the accused has attained the age of 18 years, shall do so if the offence is triable either way and—
- (a) on the occasion on which the accused first appeared, or was brought, before the court to answer to the information he was in custody or, having been released on bail, surrendered to the custody of the court; or
- (b) the accused has been remanded at any time in the course of proceedings on the information;

and, where the court remands the accused, the time fixed for the resumption of the trial shall be that at which he is required to appear or be brought before the court in pursuance of the remand or would be required to be brought before the court but for section 128(3A) below.

Criminal Procedure Rules 2020/759 rr.24.11(1), (8) to (10) and 25.16(1), (7) to (8)

Procedure if the [magistrates'] court convicts

A2-124   24.11.—(1) This rule applies if the court convicts the defendant.
...

(8) If the court requires more information, it may exercise its power to adjourn the hearing for not more than—
- (a) 3 weeks at a time, if the defendant will be in custody; or
- (b) 4 weeks at a time.

(9) When the court has taken into account all the evidence, information and any report available, the court must—
- (a) subject to paragraph 10, as a general rule, pass sentence there and then;
- (b) when passing sentence, explain the reasons for deciding on that sentence, unless neither the defendant nor any member of the public, including any reporter, is present;
- (c) when passing sentence, explain to the defendant its effect, the consequences of failing to comply with any order or pay any fine, and any power that the court has to vary or review the sentence, unless—
    - (i) the defendant is absent, or
    - (ii) the defendant's ill-health or disorderly conduct makes such an explanation impracticable;
- (d) give any such explanation in terms the defendant, if present, can understand (with help, if necessary); and
- (e) consider exercising any power it has to make a costs or other order.

(10) Despite the general rule—
- (a) the court must adjourn the hearing if—
    - (i) the case started with a summons, requisition or single justice procedure notice,
    - (ii) the defendant is absent, and
    - (iii) the court considers passing a custodial sentence (where it can do so), or imposing a disqualification (unless it has already adjourned the hearing to give the defendant an opportunity to attend);

ADJOURNMENT

    (b)   the court may defer sentence for up to 6 months;
    (c)   the court may, and in some cases must, commit the defendant to the Crown Court for sentence;
    (d)   if the prosecutor asks the court to commit the defendant to the Crown Court in respect of an offence so that a confiscation order can be considered—
        (i)   the court must commit the defendant for that purpose, and
        (ii)   sub-paragraph (e) applies; and
    (e)   where this sub-paragraph applies—
        (i)   the court may commit the defendant to the Crown Court to be dealt with there for any other offence of which the defendant has been convicted and with which the magistrates' court otherwise could deal, and
        (ii)   if it does so, the court must state whether it would have committed the defendant to the Crown Court for sentence anyway under section 14, 16 or 16A of the Sentencing Act 2020.

Procedure if the [Crown Court] convicts

25.16.—(1) This rule applies where the court convicts the defendant.   **A2-125**

…

(7) When the court has taken into account all the evidence, information and any report available, the court must—
    (a)   as a general rule, pass sentence at the earliest opportunity;
    (b)   when passing sentence—
        (i)   explain the reasons,
        (ii)   explain to the defendant its effect, the consequences of failing to comply with any order or pay any fine, and any power that the court has to vary or review the sentence, unless the defendant is absent or the defendant's ill-health or disorderly conduct makes such an explanation impracticable, and
        (iii)   give any such explanation in terms the defendant, if present, can understand (with help, if necessary); and
    (c)   deal with confiscation, costs and any behaviour order.

(8) The general rule is subject to the court's power to defer sentence for up to six months.

Guidance

General

Although it is generally desirable to deal with all matters on the same occasion, it may sometimes be desirable to deal with the substantive sentence on one occasion and ancillary matters on another: see for example *R. v Annesley*.[84]   **A2-126**

Crown Court

The power in the Crown Court is part of the court's inherent jurisdiction. It may postpone the imposition of sentence entirely or in part.   **A2-127**

---

[84] (1976) 62 Cr. App. R. 113 CA.

The postponement of sentence may be for more than the 56 days referred to in s.385 of the Sentencing Code: *R. v Annesley*.[85] If the court proposes to postpone passing part of the sentence, it must state expressly at the time that it is doing so; otherwise the normal statutory time limit for variation of sentence under s.385 applies: *R. v Dorrian*[86] and *R. v Jones*.[87]

As to the power to impose preventative orders long after sentence, see A5-017.

As to the power to adjourn after rescinding a sentence under s.385 but before re-sentencing, see A10-018.

Particular Issues

Adjourning for reports

A2-128   In relation to adjournments for reports generally, see A3-002.

Adjourning until defendant attains particular age

A2-129   It is impermissible to use the power to adjourn to delay proceedings to allow the defendant to attain a particular age such that different sentencing powers would be available: *Arthur v Stringer*.[88] This decision was decided in the context of the Magistrates' Courts Act 1980 s.10(3) power to adjourn following conviction; however, it is submitted that it applies equally to the Crown Court.

There are two issues to consider here. First, that the availability of some sentencing powers are governed by the defendant's age at a particular point in time (usually conviction). Accordingly, the passage of time can alter the court's powers. For instance, see the case of *Ford* at A2-105. Secondly, that although the court's powers may have changed because the defendant has crossed a relevant age threshold, the starting point for sentence in the case of an offender aged under 18 at the commission of the offence will be the sentence that would have been imposed at the date of the commission of the offence: see A6-021.

Legitimate expectation

General

A2-130   When adjourning for sentence, courts should be very careful not to inadvertently create an expectation that the case will be disposed of in a particular way: *R. v Rennes*.[89] Where an offender has been caused to form the view that a non-custodial sentence will be imposed (notwithstanding the intentions of the court), and where the court went on to depart from the earlier indication, an appellate court would ordinarily feel obliged to adjust the sentence to bring it into line with that indicated: *Nottingham Magistrates' Court Ex p. Davidson*.[90]

When a judge purposely postpones sentence so that an alternative to prison can be examined and that alternative is found to be a satisfactory one in all respects, the

---

[85] (1976) 62 Cr. App. R. 113 CA.
[86] [2001] 1 Cr. App. R. (S.) 135 CA.
[87] [2003] EWCA Crim 1631; [2004] 1 Cr. App. R. (S.) 23.
[88] (1987) 84 Cr. App. R. 361 DC.
[89] (1985) 7 Cr. App. R. (S.) 343 CA.
[90] [2000] 1 Cr. App. R. (S.) 167 DC.

court ought to adopt the alternative as, otherwise, a feeling of injustice would be aroused: *R. v Gillam*.[91] This applies to the magistrates' courts (*Rennes*, above) and the Crown Court acting in its appellate jurisdiction (*Gutteridge v DPP*[92]).

Test to apply

The concept of legitimate expectation has no application if the circumstances in which the case was adjourned were such that nobody present in court could have had an expectation that there would be a non-custodial penalty even if the reports were favourable: *R. v Horton and Alexander*.[93] The question is whether the circumstances created an expectation of a non-custodial penalty which it would be unjust to disappoint: *R. v Norton and Claxton*.[94]

A2-131

To succeed in relation to a submission on appeal regarding the creation of a legitimate expectation, it will be necessary for a defendant to show that the statement made by the court amounted to something in the nature of a promise that the defendant would not be committed for sentence: *Southampton Magistrates' Court Ex p. Sansome*.[95] It will ordinarily be insufficient to show merely that the defendant formed the view and now has a grievance at treatment which has differed from their expectation. Similarly, it will be insufficient for a defendant to submit that they have a legitimate expectation arising out of their representative having formed that view and having advised them accordingly: *R. v McHoul*.[96] An observation that a specific type of sentence "probably" would not be imposed was sufficiently qualified that there could be no legitimate expectation: *R. v Vinton (Scott)*.[97]

"Impossible" to conceive of court departing from rational indication

In *R. (Harrington) v Bromley Magistrates' Court*,[98] the court heard an application for judicial review concerning a magistrates' court "going back" on an indication. The district judge ordered a pre-sentence report and indicated that the offender would be sentenced within the magistrates' court's powers unless the view of the writer of the report was that the offender was dangerous; if that were the author's view, the case would be committed for sentence at the Crown Court. In the event, the pre-sentence report writer's view was that the offender posed a low risk; however, the district judge concluded that the offender could not have formed a legitimate expectation that the case would be sentenced in the magistrates' court, because of the nature of the offence and the likely sentence, and committed for sentence. The court held that while it was strictly correct that it was the rationality and lawfulness of the decision to commit that was under review, it would be the lawfulness and rationality of the indication that decides the issue, as it was impossible to conceive of circumstances where a decision to go back on a rationally and lawfully given indication would not itself be unlawful and irrational. In the event, the district judge's decision to commit for sentence was quashed.

A2-132

---

[91] (1980) 2 Cr. App. R. (S.) 267 CA.
[92] (1987) 9 Cr. App. R. (S.) 279 DC.
[93] (1985) 7 Cr. App. R. (S.) 299 CA.
[94] (1989) 11 Cr. App. R. (S.) 143 CA.
[95] (1999) 1 Cr. App. R. (S.) 112 DC.
[96] [2002] EWCA Crim 1918; [2003] 1 Cr. App. R. (S.) 76.
[97] [2022] EWCA Crim 1693; [2023] 2 Cr. App. R. (S.) 3.
[98] [2007] EWHC 2896 (Admin).

Corporate defendants: financial information

A2-133 Where financial information is provided late when sentencing a corporate defendant it may be desirable for sentence to be adjourned, if necessary at the defendant's expense, to avoid the risk of the court taking what it is told at face value and imposing an inadequate penalty.

Victim personal statements

A2-134 Court hearings should not be adjourned solely to allow the victim to attend court to read their victim personal statement: Crim PD 9.5.7.

CHAPTER A3

SENTENCING HEARING

REPORTS

Introduction

There are various reports which may assist a sentencing court in deciding on the most appropriate disposal for the case. Such reports will help to ensure that the court has all relevant information so as to make the most informed decision that it can about the sentence(s) to be imposed. Reports may provide further information on the impact a proposed sentence may have on an individual's life, or that of their family and friends, as well as informing the court's assessment of the harm and culpability present in the offending. Cases in which further information may inform those decisions are often those in which the impact of a "wrong" decision will be felt hardest. For instance, a person who suffers from a mental disorder is likely to be severely adversely impacted by the imposition of a sentence that is not, or cannot, be tailored to meet their needs. A3-001

The various powers to obtain reports and further information can be grouped thus:

1) pre-sentence reports;
2) medical reports;
3) financial circumstances orders.

Reports Generally

Criminal Procedure Rules

Criminal Procedure Rules 2020/759 rr.24.11(1), (2) and (8), 25.16(1), (2) and (6)

Procedure if the [magistrates'] court convicts

24.11.—(1) This rule applies if the [magistrates'] court convicts the defendant. A3-002
(2) The court—
  (a) may exercise its power to require—
    (i) a statement of the defendant's assets and other financial circumstances,
    (ii) a pre-sentence report; and
  (b) may (and in some circumstances must) remit the defendant to a youth court for sentence where—
    (i) the defendant is under 18, and
    (ii) the convicting court is not itself a youth court.

[183]

(8) If the court requires more information, it may exercise its power to adjourn the hearing for not more than—
    (a) 3 weeks at a time, if the defendant will be in custody; or
    (b) 4 weeks at a time.

Procedure if the [Crown Court] convicts

A3-003   25.16.—(1) This rule applies where the [Crown Court] convicts the defendant.
(2) The court may exercise its power—
    (a) if the defendant is an individual—
        (i) to require a pre-sentence report,
        (ii) to commission a medical report,
        (iii) to require a statement of the defendant's assets and other financial circumstances;
    (b) if the defendant is a corporation, to require such information as the court directs about the defendant's corporate structure and financial resources;
    (c) to adjourn sentence pending—
        (i) receipt of any such report, statement or information,
        (ii) the verdict in a related case.
...
(6) Before passing sentence—
    (a) the court must give the defendant an opportunity to make representations and introduce evidence relevant to sentence;
    (b) where the defendant is under 18, the court may give the defendant's parents, guardian or other supporting adult, if present, such an opportunity as well; and
    (c) if the court requires more information, it may exercise its power to adjourn the hearing.

Guidance

Ordering reports

A3-004   When deciding whether to order a report a court will first need to consider the extent to which such a report could provide assistance. This requires a court to consider, in broad terms, what the proportionate sentence would be (on the information then known) and whether there are any "gaps" in the court's knowledge or any issues that have arisen which that court thinks ought to be explored.

Where a report is ordered, it is submitted that a sentencer should identify the issues on which the report should assist with the sentencing exercise. This has the following benefits:

1) First, the report produced will be more targeted to the issues in the sentencing exercise; no doubt practitioners and sentencers have been in court when reports are directed at non-custodial sentencing options when it was clear to most that the case crossed the custody threshold and that a non-custodial sentence was unrealistic. If a court identifies the issues it requires assistance with, the report produced should be more focused and more effective, addressing the actual issues to be ventilated at the eventual sentencing hearing, and helping to ensure the court has the information it needs.

2) Secondly, a more targeted report saves unnecessary work and waste of resources.
3) Thirdly, it will assist counsel in framing their submissions and should produce a more efficient sentencing hearing.
4) Finally, it forces the court (if the constitution ordering the report is the same as imposing the eventual sentence) to think about the sentence(s) to be imposed prior to the hearing.

This approach is supported by the comments the court made in *R. v PS; R. v Dahir; R. v CF*.[1] In particular, at [19], the court stated:

> "The court will be assisted by a pre-sentence report and by appropriate psychiatric or psychological reports. It is important, when such reports are commissioned, that the issues to which they are relevant should be clearly identified. For example, a report directed to the issue of dangerousness may provide only limited assistance on the issue of culpability; and vice versa. It follows that, as with all matters of case preparation, early identification of the real issues is important."

Disclosure of reports

Sections 32 and 34 of the Sentencing Code provide that copies of any report must be given to the offender, or their legal representative; to any parent or guardian of theirs who is present at court if they are under 18; and to the prosecutor. If, however, it appears to the court that disclosure to the offender or to their parent or guardian of any information contained in the report would be likely to create a risk of significant harm to the offender, a complete copy need not be given; and, if the prosecutor is not of a prescribed description, a copy need not be given to them, if the court considers it would be inappropriate to do so. The prosecutor may not disclose or use information from a report other than for the purpose of determining whether representations as to matters contained in the report need to be made to the court, or of making representations to the court (s.32.6). In relation to an offender under 18 for whom a local authority has parental responsibility, and who is in their care, or is provided with accommodation by them in the exercise of any social services functions, references to the child's parents or guardian are to be taken as references to the local authority.

By virtue of the Pre-sentence Report Disclosure (Prescription of Prosecutors) Order 1998[2] prosecutors of a prescribed description (those prosecutors to whom copies must be given) are: a Crown prosecutor, any other person acting on behalf of the Crown Prosecution Service, or a person acting on behalf of the Commissioners for Customs and Revenue, the Secretary of State for Social Security or the Director of the Serious Fraud Office.

Pre-sentence Reports and Further Information for Sentencing

Legislation

Powers and requirements to obtain pre-sentence reports

Sentencing Act 2020 ss.30, 31 and 33

---

[1] [2019] EWCA Crim 2286; [2020] 4 W.L.R. 13.
[2] Pre-sentence Report Disclosure (Prescription of Prosecutors) Order 1998 (SI 1998/191).

Pre-sentence report requirements

A3-006   **30.**—(1) This section applies where, by virtue of any provision of this Code, the pre-sentence report requirements apply to a court in relation to forming an opinion.

(2) If the offender is aged 18 or over, the court must obtain and consider a pre-sentence report before forming the opinion unless, in the circumstances of the case, it considers that it is unnecessary to obtain a pre-sentence report.

(3) If the offender is aged under 18, the court must obtain and consider a pre-sentence report before forming the opinion unless—

   (a) there exists a previous pre-sentence report obtained in respect of the offender, and
   (b) the court considers—
      (i) in the circumstances of the case, and
      (ii) having had regard to the information contained in that report or, if there is more than one, the most recent report, that it is unnecessary to obtain a pre-sentence report.

(4) Where a court does not obtain and consider a pre-sentence report before forming an opinion in relation to which the pre-sentence report requirements apply, no custodial sentence or community sentence is invalidated by the fact that it did not do so.

Meaning of "pre-sentence report" etc

"Pre-sentence report"

A3-007   **31.**—(1) In this Code "pre-sentence report" means a report which—

   (a) is made or submitted by an appropriate officer with a view to assisting the court in determining the most suitable method of dealing with an offender, and
   (b) contains information as to such matters, presented in such manner, as may be prescribed by rules made by the Secretary of State.

(2) In subsection (1), "an appropriate officer" means—

   (a) where the offender is aged 18 or over, an officer of a provider of probation services;
   (b) where the offender is aged under 18—
      (i) an officer of a provider of probation services,
      (ii) a social worker of a local authority, or
      (iii) a member of a youth offending team.

(3) Rules under subsection (1)(b) are subject to the negative resolution procedure.

"Obtaining" a pre-sentence report

(4) Where by any provision of this Code, the court is required to obtain a pre-sentence report, it may accept a pre-sentence report given orally in open court.

But this is subject to—

   (a) any rules made under subsection (1)(b), and
   (b) subsection (5).

(5) A pre-sentence report must be in writing if it—

   (a) relates to an offender aged under 18, and
   (b) is required to be obtained and considered before the court forms an opinion mentioned in—
      (i) section 230(2) (seriousness threshold for discretionary custodial sentence),
      (ii) section 231(2) (determining term of custodial sentence),
      (iii) section 255(1)(c) (determining risk of harm to public for purpose of extended sentence), or
      (iv) section 258(1)(c) (determining risk of harm to public for purpose of required life sentence).

Appeals: requirements relating to pre-sentence reports

33 —(1) Any court, on an appeal against a custodial sentence or a community sentence, must—   A3-008
  (a) subject to subsection (2) or (3), obtain a pre-sentence report if none was obtained by the court below, and
  (b) consider any such report obtained by it or by the court below.

(2) If the offender is aged 18 or over, the court need not obtain a pre-sentence report if it considers—
  (a) that the court below was justified in not obtaining a pre-sentence report, or
  (b) that, in the circumstances of the case at the time it is before the court, it is unnecessary to obtain a pre-sentence report.

(3) If the offender is aged under 18, the court need not obtain a pre-sentence report if—
  (a) there exists a previous pre-sentence report obtained in respect of the offender, and
  (b) the court considers, having had regard to the information contained in that report or, if there is more than one, the most recent report—
    (i) that the court below was justified in not obtaining a presentence report, or
    (ii) that, in the circumstances of the case at the time it is before the court, it is unnecessary to obtain a pre-sentence report.

Powers to adjourn for trial

Magistrates' Courts Act 1980 s.10

Adjournment of trial

10.—(1) A magistrates' court may at any time, whether before or after beginning to try an information, adjourn the trial, and may do so, notwithstanding anything in this Act, when composed of a single justice.   A3-009

(2) The court may when adjourning either fix the time and place at which the trial is to be resumed, or, unless it remands the accused, leave the time and place to be determined later by the court; but the trial shall not be resumed at that time and place unless the court is satisfied that the parties have had adequate notice thereof.

(3) A magistrates' court may, for the purpose of enabling inquiries to be made or of determining the most suitable method of dealing with the case, exercise its power to adjourn after convicting the accused and before sentencing him or otherwise dealing with him; but, if it does so, the adjournment shall not be for more than 4 weeks at a time unless the court remands the accused in custody and, where it so remands him, the adjournment shall not be for more than 3 weeks at a time.

(3A) A youth court shall not be required to adjourn any proceedings for an offence at any stage by reason only of the fact—
  (a) that the court commits the accused for trial for another offence; or
  (b) that the accused is charged with another offence.

(4) On adjourning the trial of an information the court may remand the accused and, where the accused has attained the age of 18 years, shall do so if the offence is triable either way and—
  (a) on the occasion on which the accused first appeared, or was brought, before the court to answer to the information he was in custody or, having been released on bail, surrendered to the custody of the court; or
  (b) the accused has been remanded at any time in the course of proceedings on the information; and,

where the court remands the accused, the time fixed for the resumption of the trial shall be that at which he is required to appear or be brought before the court in pursuance of the remand or would be required to be brought before the court but for section 128(3A) below.

A3-010 There is no similar provision to s.10 of the Magistrates' Courts Act 1980 for the Crown Court because unlike the magistrates' court the Crown Court's powers to adjourn and remand prior to sentencing stem from its inherent jurisdiction.

Practice Direction

CRIMINAL PRACTICE DIRECTIONS 2023, 9.1 AND 9.2

9.1 Guilty plea in the magistrates' courts

A3-011 9.1 Where a defendant enters or indicates a guilty plea in a magistrates' court, the court should consider whether a pre-sentence report is necessary. If so, a "stand down" report is preferable.

9.2 Pre-Sentence Reports on committal to Crown Court

A3-012 9.2.1 Where:
    a. a magistrates' court is considering committal for sentence; or
    b. the defendant has indicated an intention to plead guilty in a matter to be sent to the Crown Court, the magistrates' court should request a pre-sentence report for the Crown Court if:
        i. there may be a realistic alternative to a custodial sentence; or
        ii. the defendant may satisfy the dangerous offender criteria; or
        iii. there is some other appropriate reason for doing so.

9.2.2 The ordering of a pre-sentence report by the magistrates' court does not indicate the likelihood of any sentencing outcome. All options remain open in the Crown Court. The defendant should be reminded of this.

9.2.3 When a magistrates' court sends a case to the Crown Court for trial and the defendant indicates an intention to plead guilty, arrangements should be made to take the defendant's plea as soon as possible.

Guidance

General

A3-013 This category can be further subdivided into pre-sentence reports and the perhaps less formal "further information" for sentencing.

A pre-sentence report provides the sentencing court with additional information about the offender and the offence. In particular, this can involve the report writer assessing the existence and extent of the offender's remorse, their understanding of the harm caused by the offence(s), the motivation for the offending and any background or context to the circumstances that led to their conviction. Typically, these matters will be relevant to both the assessment of seriousness in accordance with s.63 of the Code, and the wider purposes of sentencing contained in s.57 of the Code. In particular, the consequentialist purposes (the reduction of crime, including by deterrence, reform and rehabilitation and protection of the public) are likely to be informed by information wider than the circumstances of the offence and the offender's immediate involvement in it. It will additionally provide assistance with any assessment of proportionality—e.g. whether a custodial sentence is required or whether a behaviour order is necessary and proportionate to the risk posed.

Since 12 April 2018, the National Probation Service has trained probation officers *not* to recommend suspended sentence orders in pre-sentence reports. This was approved on 3 April 2018 by the President of the Queen's Bench Division (then, Sir Brian Leveson) and the Vice President of the Court of Appeal (Criminal Division) (then, Lady Justice Hallett). Accordingly, reports will be directed towards the suitability of community requirements (which are the same for community orders and suspended sentence orders) and not the issue of suspension. While this appropriately recognises that the decision as to suspension is for the court and not the pre-sentence report writer, it risks an otherwise useful and sensible report appearing to be unrealistic, where the case clearly crosses the custody threshold but the report recommends a community order with requirements. Sentencers can make use of such reports as the recommendations in relation to the community requirements clearly apply to a suspended sentence order, if the court considers that to be an appropriate disposal. In cases where the court has, prior to ordering a pre-sentence report, formed the view that the case clearly crosses the custody threshold, it may be beneficial for this to be communicated to the report writer at the time of the request (see A3-003 above).

The rather vague category of "further information for sentencing" encompasses cases in which the court requires further information on a particular issue in less formal circumstances than a report. It may for example consist of the provision of medical information not in the form of a medical report (if, for instance, the defendant suffers from a medical condition that bears on how much more severe a custodial sentence may be than for a healthy defendant), information regarding the defendant's personal circumstances (such as housing, employment or educational arrangements), details of any voluntary therapy that the defendant is undertaking which may be linked to the offending or perhaps even character references. Although these will typically not take the form of a report, they may be provided in the form of a formal letter (e.g. from a doctor, therapist or housing manager). In other cases, the information may simply be communicated to the court by the defence advocate. A3-014

Mental health

Courts may receive information in relation to the mental health of an offender in the form of a pre-sentence report: s.232 of the Sentencing Code. Such information does not need to come in form of a formal medical report; however, courts will be appropriately cautious of assessments regarding mental health conditions conducted by those whose expertise lies in the general production of pre-sentence reports rather than forensic psychiatry, for example. The prosecution must bring to the judge's attention any mental health issues relating to the defendant at the latest when the case was opened for sentencing, and if possible, significantly in advance to enable the consideration of obtaining appropriate reports, and to reduce the risk A3-015 of adjourned hearings: *Attorney General's Reference (R. v Johnstone).*[3] It is submitted that this applies equally to defence advocates who when seeking such reports may wish to address the court prior to the case being fully opened.

Purpose of pre-sentence report

A3-016   In *R. v Townsend*,[4] the court considered the purpose of a pre-sentence report and, in particular, the division of responsibility between counsel, their instructing solicitor and the probation service. The court observed at [14]:

> "It is important to remember that it is the role of the litigator and the advocate to put together the mitigation by gathering all the information that the defendant can provide about his or her relevant background, their involvement in the offence, matters that will mitigate the offence and anything else they consider will assist the judge in the sentencing exercise. It is not the role of the Probation Service to do that work. Statements of what a defendant says about his background carry no more weight because they are in a pre-sentence report than if they are put forward by an advocate. The role of the Probation Service is to offer a realistic alternative to custody to deal with issues of dangerousness or to deal with something specific within their area of expertise."

When to obtain a pre-sentence report

A3-017   Section 30 of the Sentencing Code creates a duty to obtain a pre-sentence report. Where a court does not obtain and consider a pre-sentence report before forming an opinion in relation to which the pre-sentence report requirements apply, no custodial sentence or community sentence is invalidated by the fact that it did not do so: s.30(4) of the Code.

Aged 18 or over

A3-018   For those aged 18 or over, the court *must* obtain and consider a pre-sentence in the following circumstances:

1) making a community order: s.204;
2) imposing particular requirements as a part of a community order: s.208;
3) considering whether the "custody threshold" has been crossed: s.230;
4) determining the length of a discretionary custodial sentence: s.231;
5) applying the "dangerousness" test for the purposes of an extended determinate sentence (aged 18–20): s.267;
6) applying the "dangerousness" test for the purposes of a serious terrorism sentence (aged 18–20): s.268B;
7) applying the "dangerousness" test for the purposes of a life sentence (aged 18–20): s.274;
8) applying the "dangerousness" test for the purposes of an extended determinate sentence (aged 21 or over): s.280;
9) applying the "dangerousness" test for the purposes of a serious terrorism sentence (aged 21 or over): s.282B;
10) applying the 'dangerousness' test for the purposes of a life sentence (aged 21 or over): s.285.

---

[3]   [2021] EWCA Crim 1683; [2022] 2 Cr. App. R. (S.) 7.
[4]   [2018] EWCA Crim 875; [2018] 2 Cr. App. R. (S.) 30.

The duty does not apply if the court considers that it is unnecessary to obtain a pre-sentence report: s.30(2) of the Code.

Aged under 18

If the offender is aged under 18, the court *must* obtain and consider a pre-sentence report in the following circumstances:

1) making a youth rehabilitation order: s.179;
2) making a youth rehabilitation order with intensive supervision and surveillance: s.180;
3) imposing certain requirements as a part of a youth rehabilitation order: s.186;
4) considering whether the "custody threshold" has been crossed: s.230;
5) determining the length of a discretionary custodial sentence: s.231;
6) applying the "dangerousness" test for the purposes of an extended determinate sentence: s.255;
7) applying the "dangerousness" test for the purposes of a sentence of detention for life: s.258.

The duty does not apply if (a) there is a previous pre-sentence report obtained in respect of the offender and (b) the court considers, having regard to the circumstances of the case and the information contained in the previous report, that it is unnecessary to obtain a pre-sentence report: s.30(3) of the Code.

Common law guidance

In *R. v Townsend*,[5] at [12], the court drew attention to guidance on when to obtain a pre-sentence report issued by the Senior Presiding Judge in the *Better Case Management Handbook* (BCM Handbook; 2018). That guidance has now been superseded by the Revised BCM Handbook (2023) which provides, in particular, that:

> "Unless there is already in existence a recent PSR (not normally more than 6 months old) which is adequate to the new case, the Magistrates' Court will generally order a PSR when committing for sentence where:
>
> - The defendant is of previous good character, or young (under 18, or under 21 and of previous good character or with no previous prison sentence), or otherwise vulnerable, OR
> - The defendant has caring responsibilities, OR
> - The sentence that might be appropriate in the Crown Court, before credit for plea, is likely to be 3 years or less such that the Crown Court will need to consider a suspended or community sentence, OR
> - The defendant has committed a sexual offence (including indecent images) or domestic violence offence OR
> - The sentencing court will have to consider whether there is a significant risk to

---

[5] [2018] EWCA Crim 875; [2018] 2 Cr. App. R. (S.) 30.

members of the public of serious harm occasioned by the commission by the offender of further specified offences (dangerousness)."⁶"

The handbook notes the importance of liaison with the court and probation where a guilty plea is anticipated, particularly where a pre-sentence report can be prepared prior to that plea being entered therefore requiring only one hearing to resolve the case.

Medical Reports

Legislation

Powers of Criminal Courts (Sentencing) Act 2000 s.11

Remand by magistrates' court for medical examination

A3-021   11.—(1) If, on the trial by a magistrates' court of an offence punishable on summary conviction with imprisonment, the court—
(a) is satisfied that the accused did the act or made the omission charged, but
(b) is of the opinion that an inquiry ought to be made into his physical or mental condition before the method of dealing with him is determined,
the court shall adjourn the case to enable a medical examination and report to be made, and shall remand him.

(2) An adjournment under subsection (1) above shall not be for more than three weeks at a time where the court remands the accused in custody, nor for more than four weeks at a time where it remands him on bail.

(3) Where on an adjournment under subsection (1) above the accused is remanded on bail, the court shall impose conditions under paragraph (d) of section 3(6) of the Bail Act 1976 and the requirements imposed as conditions under that paragraph shall be or shall include requirements that the accused—
(a) undergo medical examination by a registered medical practitioner or, where the inquiry is into his mental condition and the court so directs, two such practitioners; and
(b) for that purpose attend such an institution or place, or on such practitioner, as the court directs and, where the inquiry is into his mental condition, comply with any other directions which may be given to him for that purpose by any person specified by the court or by a person of any class so specified.

Mental Health Act 1983 s.35

Remand to hospital for report on accused's mental condition

A3-022   35.—(1) Subject to the provisions of this section, the Crown Court or a magistrates' court may remand an accused person to a hospital specified by the court for a report on his mental condition.

(2) For the purposes of this section an accused person is—

---

⁶ Judiciary of England and Wales, Better Case Management Revival Handbook (January 2023), para.10.2.

(a) in relation to the Crown Court, any person who is awaiting trial before the court for an offence punishable with imprisonment or who has been arraigned before the court for such an offence and has not yet been sentenced or otherwise dealt with for the offence on which he has been arraigned;

(b) in relation to a magistrates' court, any person who has been convicted by the court of an offence punishable on summary conviction with imprisonment and any person charged with such an offence if the court is satisfied that he did the act or made the omission charged or he has consented to the exercise by the court of the powers conferred by this section.

(3) Subject to subsection (4) below, the powers conferred by this section may be exercised if—

(a) the court is satisfied, on the written or oral evidence of a registered medical practitioner, that there is reason to suspect that the accused person is suffering from mental disorder; and

(b) the court is of the opinion that it would be impracticable for a report on his mental condition to be made if he were remanded on bail;

but those powers shall not be exercised by the Crown Court in respect of a person who has been convicted before the court if the sentence for the offence of which he has been convicted is fixed by law.

(4) The court shall not remand an accused person to a hospital under this section unless satisfied, on the written or oral evidence of the approved clinician who would be responsible for making the report or of some other person representing the managers of the hospital, that arrangements have been made for his admission to that hospital and for his admission to it within the period of seven days beginning with the date of the remand; and if the court is so satisfied it may, pending his admission, give directions for his conveyance to and detention in a place of safety.

(5) Where a court has remanded an accused person under this section it may further remand him if it appears to the court, on the written or oral evidence of the approved clinician responsible for making the report, that a further remand is necessary for completing the assessment of the accused person's mental condition.

(6) The power of further remanding an accused person under this section may be exercised by the court without his being brought before the court if he is represented by an authorised person who is given an opportunity of being heard.

(7) An accused person shall not be remanded or further remanded under this section for more than 28 days at a time or for more than 12 weeks in all; and the court may at any time terminate the remand if it appears to the court that it is appropriate to do so.

(8) An accused person remanded to hospital under this section shall be entitled to obtain at his own expense an independent report on his mental condition from a registered medical practitioner or approved clinician chosen by him and to apply to the court on the basis of it for his remand to be terminated under subsection (7) above.

(9) Where an accused person is remanded under this section—

(a) a constable or any other person directed to do so by the court shall convey the accused person to the hospital specified by the court within the period mentioned in subsection (4) above; and

(b) the managers of the hospital shall admit him within that period and thereafter detain him in accordance with the provisions of this section.

(10) If an accused person absconds from a hospital to which he has been remanded under this section, or while being conveyed to or from that hospital, he may be arrested without warrant by any constable and shall, after being arrested, be brought as soon as practicable before the court that remanded him; and the court may thereupon terminate the remand and deal with him in any way in which it could have dealt with him if he had not been remanded under this section.

Sentencing Act 2020 s.232

Additional requirements in case of offender suffering from mental disorder

A3-023 232.—(1) This section applies where—
 (a) the offender is or appears to be suffering from a mental disorder, and
 (b) the court passes a custodial sentence other than one fixed by law ("the sentence").

(2) Before passing the sentence, the court must obtain and consider a medical report unless, in the circumstances of the case, it considers that it is unnecessary to obtain a medical report.

(3) Before passing the sentence, the court must consider—
 (a) any information before it which relates to the offender's mental condition (whether given in a medical report, a pre-sentence report or otherwise), and
 (b) the likely effect of such a sentence on that condition and on any treatment which may be available for it.

(4) If the court did not obtain a medical report where required to do so by this section, the sentence is not invalidated by the fact that it did not do so.

(5) Any court, on an appeal against the sentence, must—
 (a) obtain a medical report if none was obtained by the court below, and
 (b) consider any such report obtained by it or by that court.

(6) In this section—

"medical report" means a report as to an offender's mental condition made or submitted orally or in writing by a registered medical practitioner who is approved for the purposes of section 12 of the Mental Health Act 1983—
 (a) by the Secretary of State, or
 (b) by another person by virtue of section 12ZA or 12ZB of that Act, as having special experience in the diagnosis or treatment of mental disorder;

"mental disorder" has the same meaning as in the Mental Health Act 1983.

(7) Nothing in this section is to be taken to limit—
 (a) the pre-sentence report requirements (see section 30), or
 (b) any requirement for a court to take into account all information that is available to it about the circumstances of any offence, including any aggravating or mitigating factors.

Criminal Procedure Rules

Criminal Procedure Rules 2020/759 rr.28.8–28.9

Directions for commissioning medical reports for sentencing purposes

28.8.—(1) This rule applies where for sentencing purposes the court requires— A3-024
    (a) a medical examination of the defendant and a report; or
    (b) information about the arrangements that could be made for the defendant where the court is considering—
        (i) a hospital order, or
        (ii) a guardianship order.

(2) The court must—
    (a) identify each issue in respect of which the court requires expert medical opinion and the legislation applicable;
    (b) specify the nature of the expertise likely to be required for giving such opinion;
    (c) identify each party or participant by whom a commission for such opinion must be prepared, who may be—
        (i) a party (or party's representative) acting on that party's own behalf,
        (ii) a party (or party's representative) acting on behalf of the court, or
        (iii) the court officer acting on behalf of the court;
    (d) where there are available to the court arrangements with the National Health Service under which an assessment of a defendant's mental health may be prepared, give such directions as are needed under those arrangements for obtaining the expert report or reports required;
    (e) where no such arrangements are available to the court, or they will not be used, give directions for the commissioning of an expert report or expert reports, including—
        (i) such directions as can be made about supplying the expert or experts with the defendant's medical records,
        (ii) directions about the other information, about the defendant and about the offence or offences alleged to have been committed by the defendant, which is to be supplied to each expert, and
        (iii) directions about the arrangements that will apply for the payment of each expert;
    (f) set a timetable providing for—
        (i) the date by which a commission is to be delivered to each expert,
        (ii) the date by which any failure to accept a commission is to be reported to the court,
        (iii) the date or dates by which progress in the preparation of a report or reports is to be reviewed by the court officer, and
        (iv) the date by which each report commissioned is to be received by the court; and
    (g) identify the person (each person, if more than one) to whom a copy of a report is to be supplied, and by whom.

(3) A commission addressed to an expert must—
    (a) identify each issue in respect of which the court requires expert medical opinion and the legislation applicable;
    (b) include—
        (i) the information required by the court to be supplied to the expert,

(ii) details of the timetable set by the court, and
(iii) details of the arrangements that will apply for the payment of the expert;
(c) identify the person (each person, if more than one) to whom a copy of the expert's report is to be supplied; and
(d) request confirmation that the expert from whom the opinion is sought—
(i) accepts the commission, and
(ii) will adhere to the timetable.

Information to be supplied on committal to custody or admission to hospital or guardianship

A3-025   28.9.—(1) This rule applies where the court—
(a) orders the defendant's committal to custody on withholding bail or on sentencing;
(b) orders the defendant's detention and treatment in hospital; or
(c) makes a guardianship order.

(2) Where paragraph (1)(a) applies, unless the court otherwise directs the court officer must, as soon as practicable, serve on or make available to the custodian any psychiatric, psychological or other medical report about the defendant received by the court for the purposes of the case.

(3) Where paragraph (1)(b) or (c) applies, unless the court otherwise directs the court officer must, as soon as practicable, serve on or make available to (as applicable) the hospital or the guardian—
(a) a record of the court's order;
(b) such information as the court has received that appears likely to assist in treating or otherwise dealing with the defendant, including information about—
(i) the defendant's mental condition,
(ii) the defendant's other circumstances, and
(iii) the circumstances of the offence.

Guidance

General

A3-026   Usually, reference to medical reports in advance of sentencing refers to reports on the mental state of the offender. Psychiatric and/or psychological reports may provide assistance as to the defendant's culpability at the time of the offence and their current mental state viz the impact that custody will have on them (on this as a mitigating factor, see A1-113). Perhaps less frequent are reports as to physical health. These can assist in relation to the impact that a particular sentence type (typically custody) could have on an offender.

Where the court is not commissioning the medical report themselves under r.28.8, but is aware the parties will seek one, it is suggested that sentencers should identify the particular issues or concerns in relation to which they feel a medical report would assist with the sentencing exercise, so as to ensure that any report is effective as possible.

It is submitted that while they do not strictly apply, those responsible for producing medical reports should have reference to Pt 19 of the Criminal Procedure Rules on Expert Evidence; and in particular should always identify clearly their relevant expertise, and the extent to which they have interacted with the offender and been able to assess them in person, in addition to the scope of their instructions.

In some cases psychiatric reports prepared for the consideration of issues at trial—such as fitness to plead or the partial defence of loss of self-control—will sufficiently address the offender's mental health for the purposes of sentence, but in others the inherent focus of those reports will be such that further information is required.   A3-027

Offender in custody

Where the offender is already remanded in custody, it is submitted that s.35 of the Mental Health Act 1983 will not be the appropriate provision by which to obtain a medical report. Instead, s.232 of the Code should be used to obtain a medical report regarding the offender's mental health. A medical report pursuant to s.232 must be prepared by what is colloquially known as a "s.12 doctor"—that is, one approved for the purposes of s.12 of the Mental Health Act 1983.   A3-028

Whether or not remand is required

Remand under s.35 of the Mental Health Act 1983 is available only on receipt of evidence from a registered medical practitioner that provides a reason to suspect the defendant is suffering from a mental disorder, and where the court is of the opinion that it would be impracticable for a report on the offender's mental condition to be made if they were remanded on bail: s.35(3). Although it may be exercised prior to conviction, it is a power that allows a court to remand an offender post-conviction for the purposes of obtaining a medical report. Remand under that section will therefore be rare; in many cases reports from medical practitioners will suffice in giving the court the necessary information on the relevance of the offender's mental disorder, and if they do not further enquiries can be made on bail or while the offender is remanded in prison. There may, however, be cases in which it will only be possible to clarify the issue of diagnosis, or the impact of any mental disorder or potential treatment, by means of a period of assessment in hospital and in such cases remand under s.35 will clearly be appropriate.   A3-029

Where there are a number of reports already obtained, the existence of the power in s.35(8) of the 1983 Act—whereby an individual can obtain their own report and thereby achieve release—indicates strongly that the task of a judge, where reports already exist, is to undertake a careful analysis of those reports and reach a conclusion as to whether anything more useful about the diagnosis was to be obtained by remand: *R. (M) v Kingston Crown Court*.[7]

The effect of s.35(4) of the 1983 Act is that the court must be satisfied that arrangements have been made for the defendant's admission to the hospital within a period of seven days. Non-compliance with s.35(4) renders a remand ultra vires and it will be impossible for s.35(4) to be satisfied if there remains an ongoing question as to how any stay will be funded (even if experts are confident funding will be found): *R. (Bitcon) v West Allerdale Magistrates' Court*.[8]   A3-030

The purpose of a remand under s.35 of the 1983 Act is to allow an examination of a defendant's mental condition at the time of the assessment. Accordingly, a

---

[7] [2014] EWHC 2702 (Admin); [2015] 1 Cr. App. R. 3 DC.
[8] [2003] EWHC 2460 (Admin); [2003] M.H.L.R. 399 QBD (Collins J).

remand under s.35 cannot be used to obtain evidence about the offender's mental state or intent at the time of the offence (and for the purposes of sentence to inform an assessment of culpability): *R. (M) v Kingston Crown Court*.[9]

Financial Circumstances Orders

Legislation

Sentencing Act 2020 ss.35–36

Powers to order statement as to offender's financial circumstances

A3-031   **35.**—(1) In this Code, "financial circumstances order", in relation to an individual, means an order requiring the individual to give the court, before the end of the period specified in the order, such a statement of the individual's assets and other financial circumstances as the court may require.

(2) Where an individual has been convicted of an offence, the court may, before sentencing the individual, make a financial circumstances order with respect to the individual.

(3) Where a magistrates' court has been notified in accordance with section 12(4) of the Magistrates' Courts Act 1980 that an individual desires to plead guilty without appearing before the court, the court may make a financial circumstances order with respect to the individual.

(4) Where—
    (a) an individual aged under 18 has been convicted of an offence, and
    (b) the court is considering whether to make an order under section 380 in respect of the individual's parent or guardian (power to order parent or guardian to pay fine, costs, compensation or surcharge), the court may make a financial circumstances order with respect to the parent or (as the case may be) guardian.

Financial circumstances order: offences

A3-032   **36.**—(1) It is an offence for an individual to fail without reasonable excuse to comply with a financial circumstances order.

(2) An individual who is guilty of an offence under subsection (1) is liable on summary conviction to a fine not exceeding level 3 on the standard scale.

(3) It is an offence for an individual, in furnishing any statement in pursuance of a financial circumstances order—
    (a) to make a statement which the individual knows to be false in a material particular,
    (b) recklessly to furnish a statement which is false in a material particular, or
    (c) knowingly to fail to disclose any material fact.

(4) An individual who is guilty of an offence under subsection (3) is liable on summary conviction to a fine not exceeding level 4 on the standard scale.

(5) Proceedings for an offence under subsection (3) may be commenced at any time which is both—
    (a) within 2 years from the date of the offence, and
    (b) within 6 months from its first discovery by the prosecutor.

---

[9]   [2014] EWHC 2702 (Admin); [2015] 1 Cr. App. R. 3 DC.

This subsection has effect despite anything in section 127(1) of the Magistrates' Courts Act 1980 (limitation of time).

Criminal Justice Act 1991 s.20A

False statements as to financial circumstances

20A.—(1) A person who is charged with an offence who, in furnishing a statement of financial circumstances (whether a statement of assets, of other financial circumstances or of both) in response to an official request—   **A3-033**
    (a) makes a statement which he knows to be false in a material particular;
    (b) recklessly furnishes a statement which is false in a material particular; or
    (c) knowingly fails to disclose any material fact, shall be liable on summary conviction to imprisonment for a term not exceeding three months or a fine not exceeding level 4 on the standard scale or both.

(1A) A person who is charged with an offence who fails to furnish a statement of financial circumstances (whether a statement of assets, of other financial circumstances or of both) requested by an official request shall be liable on summary conviction to a fine not exceeding level 2 on the standard scale.

(2) For the purposes of this section an official request is a request which—
    (a) is made by the designated officer for the magistrates' court or the appropriate officer of the Crown Court, as the case may be; and
    (b) is expressed to be made for informing the court, in the event of his being convicted, of his financial circumstances for the purpose of determining the amount of any fine the court may impose and how it should be paid.

(3) Proceedings in respect of an offence under this section may, notwithstanding anything in section 127(1) of the 1980 Act (limitation of time), be commenced at any time within two years from the date of the commission of the offence or within six months from its first discovery by the prosecutor, whichever period expires the earlier.

Guidance

Financial circumstances orders can be a useful tool when a court is faced with an offender (whether corporate or otherwise) whose finances are unclear to the court but the court is minded to impose a financial penalty. The order requires the offender to provide a statement to the court of their assets and other financial circumstances as the court may require.   **A3-034**

In many cases where the imposition of a financial penalty is being considered, a financial circumstances order will not be necessary. Provided the amount of the penalty is not significant the court will often be able to proceed simply on the basis of information provided by the defence to the court at the sentencing hearing. However, where a significant financial penalty is to be imposed, where the court is dealing with an offender who is either of limited or significant means, or where dealing with an offender whose means are not easily assessed, a financial circumstances order may be necessary to do justice to the case.

When imposing a financial circumstances order the court must consider, prior to imposition, the precise information that is required. In many cases, this will extend to: employment status; salary or other regular earnings; living expenses; savings; investments; and properties and other assets owned.

A3-035   When making the order, the court should explain to the offender what the order is, its purpose, what is required of the offender and the consequences of not complying with the order. As to the consequences, it is submitted that there are two key points that ought to be communicated to the offender. First, that failure to comply is a criminal offence with a maximum sentence of a Level 4 fine (£2,500). Secondly, and perhaps more likely to motivate offenders to comply with the order, is that in the absence of a financial statement in accordance with the order, the court will be left to draw its own conclusions as to the financial circumstances of the offender and, in accordance with the usual practice, the level of financial penalty (and other financial ancillary orders) will be determined by reference to that.

IMPACT STATEMENTS

Introduction

A3-036   Impact statements can assist sentencing courts in their assessment of the seriousness of an offence; while sentencing guidelines may use particular factors as approximate measures of harm and culpability, a statement from someone directly or indirectly affected by an offence can provide the court with more specific information as to the way in which the offence has caused harm.[10] Moreover, where an impact statement is made some time after the offence it can provide the sentencing court with more accurate information as to the longer-term effects of the offending; removing the need for the sentencing court to make an educated guess at what the impact will be.

There can also be a positive effect on victims of crime who provide or contribute to impact statements as a form of catharsis; by vocalising the effects of a criminal offence in a forum in which the offender will be forced to listen, data indicates that many victims can experience greater satisfaction with the criminal justice process, generally,[11] as well as sentencing outcomes specifically.[12] Additionally, it can serve a communicative function in the name of censure, as the offender is publicly confronted not only with what the state (through the words of the sentencing judge) says about the offender and the offence, but a direct address from the victim to the offender. This can have a "therapeutic" benefit for victims and encourage offender reform.[13]

This section concerns all types of impact statement and sets out the various

---

[10] Although they will not be required to make a finding that harm was "serious": *R. v Chall* [2019] EWCA Crim 865; [2019] 2 Cr. App. R. (S.) 42.

[11] See, e.g. A. Ashworth, "Victims' views and the public interest" [2014] Crim. L.R. 775; C. Hoyle, "Empowerment through Emotion: The Use and Abuse of Victim Impact Evidence" in E. Erez (ed), *Therapeutic Jurisprudence and Victim Participation in Justice: International Perspectives* (United States: Carolina Academic Press, 2011); J. Doak and L. Taylor, "Hearing the voices of victims and offenders: the role of emotions in criminal sentencing" (2013) 64(1) *Northern Ireland Legal Quarterly* 25–46.

[12] See, e.g. J.V. Roberts and M. Manikis, "*Victim Personal Statements: A Review of Empirical Research: A Report for the Commissioner for Victims and Witnesses in England and Wales*" (London: Ministry of Justice, 2011) at https://www.justice.gov.uk/downloads/news/press-releases/victims-com/vps-research.pdf [Accessed 16 July 2023]; and J. Doak and L. Taylor, "Hearing the voices of victims and offenders: the role of emotions in criminal sentencing" (2013) 64(1) *Northern Ireland Legal Quarterly* 25–46.

[13] See, e.g. J. Doak and L. Taylor, "Hearing the voices of victims and offenders: the role of emotions in criminal sentencing" (2013) 64(1) *Northern Ireland Legal Quarterly* 25–46; and Victims Commissioner, "*The Silenced Victim: A Review of the Victim Personal Statement*" (London: Ministry of

requirements for their use during a sentencing hearing. In particular, there has been a shift in recent years to a position where victims will commonly read their statement out in court at the sentencing hearing. As with any evidence, there are rules which govern the receipt of this evidence and the use to which it may be put.

Victim Impact Statements

Practice Directions

CRIMINAL PRACTICE DIRECTIONS 2023, 9.5.1 TO 9.5.8

Victim personal statements

9.5.1 Victims of crime are invited to make a Victim Personal Statement (VPS). The court will take the statement into account when determining sentence. In some circumstances, it may be appropriate for relatives of a victim to make a VPS, for example where the victim has died as a result of the relevant criminal conduct.

A3-037

9.5.2 The decision about whether or not to make a VPS is entirely a matter for the victim; no pressure should be brought to bear, and no conclusion should be drawn if no statement is made. A VPS, or a further VPS, may be made at any time prior to the disposal of the case. A VPS after disposal is an exceptional step, should be confined to presenting up to date factual material, such as medical information, and should be used sparingly, most usually in the event of an appeal.

9.5.3 Evidence of the effects of an offence on the victim contained in the VPS or other statement, must be:
a.   in a witness statement made under s.9 Criminal Justice Act 1967 or an expert's report; and
b.   served in good time upon the defendant's solicitor or the defendant, if they are not represented.

9.5.4 Except where inferences can properly be drawn from the nature of or circumstances surrounding the offence, a sentencing court must not make assumptions unsupported by evidence about the effects of an offence on the victim.

9.5.5 The maker of a VPS may be cross-examined on its content.

9.5.6 At the discretion of the court, the VPS may also be read aloud or played in open court, in whole or in part, or it may be summarised. If the VPS is to be read aloud, the court should also determine who should do so. In making these decisions, the court should take account of the victim's preferences, and follow them unless there is good reason not to do so; examples include the inadmissibility of the content or the potentially harmful consequences for the victim or others.

9.5.7 Court hearings should not be adjourned solely to allow the victim to attend

---

Justice, 2015) at *https://s3-eu-west-2.amazonaws.com/jotwpublic-prod-storage-1cxo1dnrmkg14/uploads/sites/6/2021/12/VC-Silenced-Victim-Personal-Statement-Review-2015.pdf* [Accessed 16 July 2023].

court to read the VPS. A VPS that is read aloud or played in open court in whole or in part ceases to be a confidential document. The VPS should be referred to in the course of the hearing.

9.5.8 The opinions of the victim or the victim's relatives as to what the sentence should be are not relevant, unlike the consequences of the offence on them, and should therefore not be included in the statement. If opinions as to sentence are included in the statement, then it is inappropriate for them to be referred to, and the court should have no regard to them.

Guidance

Purpose

A3-038   The purpose of a victim impact statement is to allow victims a more structured opportunity to explain how they have been affected by the offence of which they were a victim. The procedure provides a practical way of ensuring that the sentencing court will consider, in accordance with s.63 of the Sentencing Code, "any harm which the offence caused", reflecting on the evidence of the victim about the specific and personal impact of the offence or offences, or in cases of homicide, the impact on the family of the deceased. The statements might incidentally identify a need for additional or specific support or protection for the victims of crime, to be considered at the end of the sentencing process: *R. v Perkins*.[14]

It is important to understand that the process does not create or constitute an opportunity for the victim of crime to suggest or discuss the type or level of sentence to be imposed: *R. v Perkins*.[15] Statements which include the expression of such views should be appropriately edited, if to be read by counsel for the Crown. It is suggested that a conversation with the victim prior to the production of such a statement regarding its purpose, stating explicitly what is, and is not, permitted will assist with this, and will help to ensure that victims do not have unrealistic expectations as to the role of their statement.

Obtaining the statement

The decision is for the victim

A3-039   The decision whether to make a statement must be made by the victim, personally. Victims must be provided with information which makes it clear that they are entitled to make a statement and it is imperative that no pressure, either way, should be brought to bear on their decision. In particular, the perception should not be allowed to emerge that if they choose not to do so, the court might misunderstand or minimise the harm caused by the crime: *R. v Perkins*.[16]

The absence of a victim personal statement (VPS) is likely to make the court's assessment of the harm caused slightly more difficult, particularly in relation to psychiatric or psychological harm (physical harm being easier to independently evidence). However, in line with the observations in *Perkins*, it is clearly vital that no pressure is placed on the victim to make such a statement. Similarly, the absence

---

[14] [2013] EWCA Crim 323; [2013] 2 Cr. App. R. (S.) 72.
[15] [2013] EWCA Crim 323; [2013] 2 Cr. App. R. (S.) 72.
[16] [2013] EWCA Crim 323; [2013] 2 Cr. App. R. (S.) 72.

of a VPS should not be taken to indicate the absence of harm. It is submitted that it is permissible for a close family member to make a statement speaking to any noticeable changes in, for example, personality, intimacy or other features which may indicate such harm, in the absence of such a statement from the victim themselves (and it is noted that such statements are relatively common in relation to child victims).

Format of the statement

A VPS constitutes evidence and must be treated as evidence. It must be in a formal witness statement, signed and dated with the statement of truth. It must be served on the offender's legal advisers in time for the offender's instructions to be taken and for any objection to the use of the statement or part of it if necessary to be prepared. As the statement is a formal witness statement, it might give rise to disclosure obligations, and might be used, after conviction, to deploy an argument that the credibility of the victim was open to question: *R. v Perkins*.[17]

A3-040

Service of the statement

In *R. v Jones (Reece)*,[18] the court commented that evidence from victims' statements is important and can have an integral part to play in and a significant impact on the sentencing exercise; the court stated that accordingly, VPS should not be left "as an afterthought, hastily uploaded to the DCS just before, or in some cases during, the sentencing hearing. They must be in the proper form, contain up-to-date information, and be served in good time on the defence." In *R. v Singh (Jaspreet)*,[19] the VPS was not signed until three days before the sentencing hearing and was not served until the day before the hearing. The court stated that that was "too late" and that its lateness deprived the defendant's lawyers of a practical opportunity to object to the content of the statement in a meaningful way and deprived them of a realistic opportunity to consider whether further disclosure was necessary to protect the defendant's interests.

A3-041

Contents of the statement

Victim's views of the appropriate disposal

In *R. v Perkins*,[20] the court commented that "if the victim was obsessed with vengeance, the punishment could not be made longer by the court than would otherwise be appropriate; otherwise cases with identical features would be dealt with in widely different ways, leading to improper and unfair disparity". It is obvious that the views of the victim should not materially impact on the disposal of any case.

A3-042

In the Sentencing Council's Overarching Principles—Domestic Abuse Definitive Guideline (2018), the Council states at [10]–[12] (emphasis in original):

"**10.** A sentence imposed for an offence committed within a domestic context should be determined by the seriousness of the offence, not by *any* expressed wishes of the victim.

---

[17] [2013] EWCA Crim 323; [2013] 2 Cr. App. R. (S.) 72.
[18] [2020] EWCA Crim 1139; [2021] 1 Cr. App. R. (S.) 36.
[19] [2024] EWCA Crim 259; [2024] 2 Cr. App. R. (S.) 17.
[20] [2013] EWCA Crim 323; [2013] 2 Cr. App. R. (S.) 72.

There are a number of reasons why it may be particularly important that this principle is observed within this context:
- The court is sentencing on behalf of the wider public
- No victim is responsible for the sentence imposed
- There is a risk that a plea for mercy made by a victim will be induced by threats made by, or by a fear of, the offender
- The risk of such threats will be increased if it is generally believed that the severity of the sentence may be affected by the wishes of the victim.

11. Provocation is no mitigation to an offence within a domestic context, except in rare circumstances.

12. The offender or the victim may ask the court to consider the interests of any children by imposing a less severe sentence. The court should consider not only the effect on the children if the relationship is disrupted but also the likely effect of any further incidents of domestic abuse. The court should take great care with such requests, as the sentence should primarily be determined by the seriousness of the offence."

It is submitted that this issue needs to be approached with care. While the victim's views may reveal the extent of harm caused, there is an obvious risk that (particularly in a domestic abuse context) a victim who encourages a merciful approach to sentencing has been encouraged by the offender, or cannot fully appreciate the abusive and manipulative relationship that they are a part of. That said, it is submitted that in an appropriate case, the court could consider the views of the victim as to the appropriate sentence where the impact is more widely felt than on the victim themselves; the risk of the victim being compelled into expressing particular views by the offender or their relatives or friends may be limited. Additionally, a victim's views as to the impact on, for example, dependent relatives might be something that it is particularly important for a court to take into account. This would be in line with the Domestic Abuse guideline, above. Caution should, of course, be exercised.

Matters to address

A3-043   It is important to understand that the process does not create or constitute an opportunity for the victim of crime to suggest or discuss the type or level of sentence to be imposed: *R. v Perkins*.[21] The statement should address matters within the victim's (or family member's) knowledge such as the effect on them and their relatives. In non-homicide cases, this will typically involve the victim explaining any mental or physical consequences of the offence(s) and how they have impacted their life. Additionally, any collateral impact on a family member or partner would be an appropriate issue to address in a VPS. Statements are most effective where they detail and make reference to quantifiable impacts rather than generic statements of harm or loss; often the question for the court will be whether the harm suffered is particularly serious in the context of the offence and this requires evidence from which an objective assessment of that harm can be made. That is not to say that the victim's personal experience of the offence is not important; quite the reverse is true, but the exercise is one involving an objective assessment based on the subjective experience of the victim.

---

[21] [2013] EWCA Crim 323; [2013] 2 Cr. App. R. (S.) 72.

Assertions not previously in served evidence

In *R. v Singh (Jaspreet)*,[22] the VPS (served the day before the sentencing hearing) contained assertions which had not been a feature of the served evidence hitherto, and which the judge treated as aggravating factors. The court stated that where a VPS introduced new allegations, it would go beyond the purpose of informing the court as to the effect of the offending upon the victim and a judge would be wrong to rely on those parts of the VPS as aggravating factors.

A3-043a

Use of the statement in court

Presentation

Responsibility for presenting the VPS remains on the prosecution; where the statement is to be read, it will be read by prosecution counsel. Where evidence is to be given orally, it will be led by prosecution counsel and cross-examination may follow: *R. v Perkins*.[23] It is submitted, however, that cross-examination of a victim providing a VPS is extremely rare as the contents are almost exclusively matters which (by their nature) the defence are not able to challenge. Furthermore, it is suggested that as a matter of tactics it is almost inevitably a mistake to challenge the veracity of a victim's evidence as to the impact on them of the offending, rather than to challenge in mitigation the weight to be given that assessment by reference to the harms often found in offending of that type.

A3-044

In *Perkins*, the court commented that in the overwhelming majority of cases, after a statement had been prepared, it is to be put before the sentencing court in the usual way, and then summarised, or sometimes in whole or in part read aloud in open court by the prosecuting advocate. The judge should then have read the statement themselves, and might sometimes choose not only to indicate that it had been taken into account, but quote any relevant passages in court. In the selection of any passages for quotation or summary, the advocate and the judge must be very sensitive to the position of the victim and, on occasion, the need to respect the victim's privacy. These comments were followed by a statement to the effect that it was very rare for a victim to read their own VPS out in court. Since the decision in *Perkins*, matters have advanced and it is now far more common for victims to read these statements in court, particularly family impact statements in homicide cases. Indeed, it is suggested that often it would be inappropriate for a court to prevent a victim from reading their (properly edited) statement to the court if they so wished.

Application to sentencing guidelines

In *R. v Chall*,[24] the court considered the use of VPSs in the context of sentencing guidelines for the purposes of categorising offences and, in particular, the assessment of harm inherent in that exercise. The court held that:

A3-045

1) expert evidence was not an essential precondition of a finding that a victim had suffered severe psychological harm;
2) a judge might assess that such harm had been suffered on the basis of

---

[22] [2024] EWCA Crim 259; [2024] 2 Cr. App. R. (S.) 17.
[23] [2013] EWCA Crim 323; [2013] 2 Cr. App. R. (S.) 72.
[24] [2019] EWCA Crim 865; [2019] 4 W.L.R. 102.

evidence from the victim, including evidence contained in a VPS, and might rely on his or her observation of the victim while giving evidence;
3) whether or not a VPS provided evidence that was sufficient for a finding of severe psychological harm depended on the circumstances of the particular case and the contents of the VPS.

To require expert evidence in all cases where the existence and severity of psychological harm is an issue bearing on the determination of sentence would be time-consuming, costly and perhaps in some cases fruitless. Those are not necessarily strong arguments against requiring such evidence, however; considerations of fairness must of course prevail. It is therefore necessary to consider the nature of the exercise a sentencing judge undertakes when considering whether psychological harm has been caused by an offence. It is submitted that it is, at its core, no different from the task faced by a sentencing judge in determining other facts which are not discernible from the jury's verdict. For instance, were there three or four blows in a violent attack; at what point was the intention to commit the offence formed prior to the event, or spontaneously; was the defendant in a position of trust or not? What appears to differentiate the existence of psychological harm from such factors is the fact that it appears to be a factor to which an expert could speak. Should that preclude a judge from making such a finding in the absence of expert evidence?

Expert evidence is required, for instance, as to whether a defendant was suffering from an abnormality of mind in relation to the offence of manslaughter by reason of diminished responsibility. Perhaps the key differential is that it is thought proper that there is a higher threshold to meet when imposing criminal liability and a lower threshold for the determination of sentence. One might well argue about that. However, perhaps the more powerful reason is simply this: the decision to be made is a factual one in which sentencing judges are vastly experienced; there is clear and strict guidance from the Court of Appeal (Criminal Division) as to the way in which the decision is to be made; and it is one subject to review if the sentencing judge is thought to have arrived at a decision which is not sustainable on the particular facts. No doubt expert evidence will assist in some cases, but the terms used in the guidelines are ordinary terms which sentencing judges are capable of interpreting and applying (juries are trusted with similar terms, it would be rather odd not to trust judges, would it not?) When a complainant describes the level of pain which a particular injury caused, expert evidence is not required as to the veracity of the claim; why should we necessarily do so for a complainant describing the mental anguish, anxiety or depression which has resulted from an offence? It is submitted that the court's conclusion is manifestly correct. However, courts should not be encouraged by this decision to find "severe psychological harm" in cases where previously they would not have done so; this case does not alter the threshold.

Recently in *R. v Higgins (Everet Winston)*,[25] the court held that "it is wrong in principle to suggest that, in order to conclude that a victim has suffered severe psychological harm, a judge must be furnished with an independent report that finds the necessary severity and which demonstrates the required causation".

---

[25] [2023] EWCA Crim 644 at [39].

Appeals

Purpose

In *R. v Perkins*,[26] the court stated that in the Court of Appeal (Criminal Division) the purpose of the statement was unchanged; it kept the court informed about the continuing impact and further developments relevant to the impact of the offence but could not be used for the purposes of arguing that the sentence was excessive or lenient.[27]

A3-046

Statement not relied on at Crown Court

It will seldom be appropriate for a statement to be introduced at an appeal against sentence if it was not before the sentencing court, although there would be occasions when an update to the statement was appropriate: *R. v Perkins (Robert)*.[28] If so, the formalities had to continue to be observed (see above).

A3-047

Views of victim

Just as the sentencing decision could not be influenced by the views of the victim about the level and range of sentence, the views of the victim could not provide a basis for the Court of Appeal to conclude that the appeal was or was not well founded. If, applying ordinary principles, the sentence appeared to the Court of Appeal to be excessive or wrong in principle, it must be reduced, irrespective of the views of the victim: *R. v Perkins*.[29]

A3-048

Presentation of the VPS

It will be extremely rare for someone who has been the victim of an offence or their family to be asked to speak or give evidence to the Court of Appeal (Criminal Division); that was an inevitable consequence of the jurisdiction exercised in the Court of Appeal (Criminal Division), which did not constitute a rehearing. Nevertheless, there might be a small handful of cases where the court decided that it would allow the victim to read or give evidence along the lines of a properly drafted and served witness statement following a very serious crime: *R. v Perkins*.[30] It is difficult to imagine the type of case that would fall into that category; however, the court was no doubt wise not to shut the door on that possibility.

A3-049

Community Impact Statements

Practice Direction

Paragraphs 9.5.19 to 9.5.23 of the Criminal Practice Directions 2023 provide guidance on the provision of community impact statements. These are statements

A3-050

---

[26] [2013] EWCA Crim 323; [2013] 2 Cr. App. R. (S.) 72.
[27] In relation to this point, the court referred to two earlier Court of Appeal (Criminal Division) decisions: *R. v Perks* [2001] 1 Cr. App. R. (S.) 19 and *Attorney General's Reference (No.59 of 2006)* [2006] EWCA Crim 2096.
[28] [2013] EWCA Crim 323; [2013] 2 Cr. App. R. (S.) 72.
[29] [2013] EWCA Crim 323; [2013] 2 Cr. App. R. (S.) 72.
[30] [2013] EWCA Crim 323; [2013] 2 Cr. App. R. (S.) 72.

prepared by the police to make the court aware of particular crime trends in the local area and the impact of those on the local community. Such statements must be made under s.9 of the Criminal Justice Act 1967 or as an expert report, and the maker of such a statement can be cross-examined. The statement should be referred to in the course of the sentencing hearing and/or in the sentencing remarks, and it can be summarised or read out in open court. Opinions expressed in such a statement as to what the sentence should be are not relevant and the court should pay no attention to them.

Critically, para.9.5.23 provides "Except where inferences can properly be drawn from the nature of or circumstances surrounding the offence, a sentencing court must not make assumptions unsupported by evidence about the effects of offending on the local community".

Guidance

A3-051 Reference should generally be made to the VPS section, above, as the principles largely apply without modification.

Community impact statements will be prepared by the police to make the court aware of particular issues arising in a locality, or of a recent rise in the prevalence of a particular type of offending which may not be (a) appreciated by the court; or (b) a trend recognised locally or nationally.

Their use is manifest; where a particular offence is or is becoming more prevalent in a particular area, the court may wish to consider the guidance given in *R. v Bondzie*[31] as regards prevalence as an aggravating factor: see A1-094.

A3-052 It is submitted that statements should contain recitation of any concerns expressed by residents and others from the area in question, in addition to the specific experience of individuals. Furthermore, such statements should contain quantifiable details regarding crime trends where available (although reference to figures is not necessary, it may be of interest to the court and provide a more solid basis for drawing a particular conclusion) and may contain the personal experiences of the officer providing the statement. Particular care should be taken to identify any impacts that could be said to go beyond that which might be expected as a result of the type of offending in question. Caution should be exercised as regards the weight to be given to any opinions given by an officer; however, notwithstanding that, it would appear to be perfectly permissible for the court to receive this evidence.

Business Impact Statements

Practice Direction

CRIMINAL PRACTICE DIRECTIONS 2023, 9.5.11 TO 9.5.18

Impact statements for businesses

A3-053 9.5.11 If a victim, or one of those others affected by a crime, is a business, enterprise or other body (including a charity or public body, for example a school

---

[31] [2016] EWCA Crim 552; [2016] 1 W.L.R. 3004.

or hospital), a nominated representative may make an Impact Statement for Business (ISB). The ISB gives a formal opportunity for the court to be informed how a crime has affected a business or other body. The court will take the statement into account when determining sentence

9.5.12 An ISB, or an updated ISB, may be made at any time prior to the disposal of the case. It will rarely be appropriate for an ISB to be made after disposal of the case but before an appeal.

9.5.13 A person making an ISB on behalf of such a business or body ('the nominated representative') must be authorised to do so on its behalf, either by nature of their position, as for example a director or owner or a senior official, or by having been suitably authorised by the owner or Board of Directors or governing body. The nominated representative must also be in a position to give admissible evidence about the impact of the crime on the business or body.

9.5.14 The ISB must be made in proper form, that is:
a. as a witness statement made under s.9 Criminal Justice Act 1967 or an expert's report; and
b. served in good time upon the defendant's solicitor or the defendant, if they are not represented.

9.5.15 The maker of an ISB can be cross-examined on its content.

9.5.16 The ISB and any evidence in support should be taken into account by the court, prior to passing sentence. The ISB should be referred to in the course of the hearing. Subject to the court's discretion, the contents of the statement may be summarised or read in open court. The views of the business or body should be taken into account in reaching a decision.

9.5.17 Opinions expressed as to what the sentence should be are not relevant. If opinions as to sentence are included in the statement, the court should have no regard to them and make no reference to them.

9.5.18 Except where inferences can properly be drawn from the nature of or circumstances surrounding the offence, a sentencing court must not make assumptions unsupported by evidence about the effects of an offence on a business or other body.

Guidance

Reference should generally be made to the VPS section, above, as the principles largely apply without modification.

Business impact statements are to be produced by a person nominated by the business in question. It is of course sensible that that person is in a position that provides them with the ability to speak to the issues encountered by the business as a result of the offence(s). The statement will typically speak to the financial consequences of the offending, though there is no reason why it should be limited to that. It would seem to be perfectly permissible for the statement to speak to personal issues experienced by staff which are known on a first-hand basis by the maker of the statement, or via reference to business documents as defined by s.117

of the CJA 2003 (hearsay provisions). It should be made clear to the person who provides the statement that they may need to attend court to be cross-examined on its content.

Derogatory Assertion Orders

Introduction

A3-055   A derogatory assertion order provides the court with the power to restrict the publication of certain things said in mitigation at a sentencing hearing. It applies to things the court has substantial grounds for believing are false. The order clearly engages the principle of open justice and there will therefore be a need to carefully scrutinise any application made by the prosecution on behalf of an individual for the restriction of publication of part of the sentencing hearing. Breach of the order is backed by a criminal penalty.

Legislation

Sentencing Act 2020 ss.38–41

Derogatory assertion order and restriction on reporting of assertions

A3-056   **38.**—(1) While a derogatory assertion order or interim derogatory assertion order has effect in relation to an assertion, the assertion must not—
   (a) be published in Great Britain in a written publication available to the public, or
   (b) be included in a relevant programme for reception in Great Britain.

(2) In this Chapter—

"derogatory assertion order" means an order made under subsection (3) of section 39 in relation to an assertion to which that section applies;
"interim derogatory assertion order" means an order made under subsection (4) of section 39 in relation to an assertion to which that section applies.

Order in respect of certain assertions

A3-057   **39.**—(1) This section applies to an assertion that forms part of a speech in mitigation made by or on behalf of an offender before—
   (a) a court determining what sentence should be passed on the offender in respect of an offence, or
   (b) a magistrates' court determining whether the offender should be committed to the Crown Court for sentence.

(2) This section also applies to an assertion that forms part of a submission relating to a sentence which is made by or on behalf of the offender before—
   (a) a court hearing an appeal against or reviewing the sentence, or
   (b) a court determining whether to grant leave to appeal against the sentence.

(3) The court may make a derogatory assertion order in relation to an assertion to which this section applies where there are substantial grounds for believing—
   (a) that the assertion is derogatory to a person's character (for instance, because it suggests that the person's conduct is or has been criminal, immoral or improper), and

(b) that the assertion is false or that the facts asserted are irrelevant to the sentence.

(4) Where it appears to the court that there is a real possibility that a derogatory assertion order will be made in relation to an assertion, the court may make an interim derogatory assertion order in relation to it (see subsection (8)).

(5) No derogatory assertion order or interim derogatory assertion order may be made in relation to an assertion which it appears to the court was previously made—
(a) at the trial at which the offender was convicted of the offence, or
(b) during any other proceedings relating to the offence.

(6) Section 38(1) has effect where a court makes a derogatory assertion order or an interim derogatory assertion order.

(7) A derogatory assertion order—
(a) may be made after the court has made the relevant determination, but only if it is made as soon as is reasonably practicable after the determination has been made;
(b) subject to subsection (10), ceases to have effect at the end of the period of 12 months beginning with the day on which it is made;
(c) may be made whether or not an interim derogatory assertion order has been made with regard to the case concerned.

(8) An interim derogatory assertion order—
(a) may be made at any time before the court makes the relevant determination, and
(b) subject to subsection (10), ceases to have effect when the court makes the relevant determination.

(9) For the purposes of subsections (7) and (8) "relevant determination' means the determination of—
(a) the sentence (where this section applies by virtue of subsection (1)(a));
(b) whether the offender should be committed to the Crown Court for sentence (where this section applies by virtue of subsection (1)(b));
(c) what the sentence should be (where this section applies by virtue of subsection (2)(a));
(d) whether to grant leave to appeal (where this section applies by virtue of subsection (2)(b)).

(10) A derogatory assertion order or interim derogatory assertion order may be revoked at any time by the court which made it.

Reporting of assertions: offences

40.—(1) If an assertion is published or included in a relevant programme in contravention of section 38, each of the following persons is guilty of an offence—
(a) in the case of publication in a newspaper or periodical, any proprietor, any editor and any publisher of the newspaper or periodical;
(b) in the case of publication in any other form, the person publishing the assertion;
(c) in the case of an assertion included in a relevant programme, any body corporate engaged in providing the service in which the programme is included and any person having functions in relation to the programme corresponding to those of an editor of a newspaper.

(2) A person guilty of an offence under this section is liable on summary conviction to—

(a) in England and Wales, a fine;
(b) in Scotland, a fine of an amount not exceeding level 5 on the standard scale.

(3) Where a person is charged with an offence under this section it is a defence to prove that at the time of the alleged offence the person—

(a) was not aware, and neither suspected nor had reason to suspect, that a derogatory assertion order or interim derogatory assertion order had effect at that time, or
(b) was not aware, and neither suspected nor had reason to suspect, that the publication or programme in question was of, or (as the case may be) included, the assertion in question.

(4) Where an offence under this section committed by a body corporate is proved to have been committed with the consent or connivance of, or to be attributable to any neglect on the part of—

(a) a director, manager, secretary or other similar officer of the body corporate, or
(b) a person purporting to act in any such capacity,

that person as well as the body corporate is guilty of the offence and liable to be proceeded against and punished accordingly.

(5) In relation to a body corporate whose affairs are managed by its members, "director" in subsection (4) means a member of the body corporate.

Reporting of assertions: supplementary

A3-059   41.—(1) In sections 38 and 40—

"relevant programme" means a programme included in a programme service, within the meaning of the Broadcasting Act 1990;
"written publication" includes a film, a soundtrack and any other record in permanent form but does not include an indictment or other document prepared for use in particular legal proceedings.

(2) For the purposes of sections 38 and 40 an assertion is published or included in a programme if the material published or included—

(a) names the person about whom the assertion is made or, without naming the person, contains enough to make it likely that members of the public will identify that person as the person about whom it is made, and
(b) reproduces the actual wording of the matter asserted or contains its substance.

(3) Nothing in section 38 or 39 affects any prohibition or restriction imposed by virtue of any other enactment on a publication or on matter included in a programme.

Criminal Procedure Rules 2020/759 rr.6.1–6.5, 6.7

A3-060   6.1.—(1) By virtue of r.6.1 of the Crim Procedure Rules, Pt 6 applies when considering whether to impose a derogatory assertion order.

Exercise of court's powers to which this Part applies

A3-061   6.2.—(1) When exercising a power to which this Part applies, as well as furthering the overriding objective, in accordance with rule 1.3, the court must have regard to the importance of—

(a) dealing with criminal cases in public; and

(b) allowing a public hearing to be reported to the public.
(2) The court may determine an application or appeal under this Part—
    (a) at a hearing, in public or in private; or
    (b) without a hearing.
(3) But the court must not exercise a power to which this Part applies unless each party and any other person directly affected—
    (a) is present; or
    (b) has had an opportunity—
        (i) to attend, or
        (ii) to make representations.

By virtue of r.6.3, the court may shorten or extend time limits (even after expiry, albeit there will need to be an explanation by the applicant), waive the requirement for written applications or representations, and dispense with requirements of notice and service.

A3-062

Reporting and access restrictions

6.4.—(1) This rule applies where the court can—
    (a) impose a restriction on—
        (i) reporting what takes place at a public hearing, or
        (ii) public access to what otherwise would be a public hearing;
    (b) withhold information from the public during a public hearing.
(2) Unless other legislation otherwise provides, the court may do so—
    (a) on application by a party; or
    (b) on its own initiative.
(3) A party who wants the court to do so must—
    (a) apply as soon as reasonably practicable;
    (b) notify—
        (i) each other party, and
        (ii) such other person (if any) as the court directs;
    (c) specify the proposed terms of the order, and for how long it should last;
    (d) explain—
        (i) what power the court has to make the order, and
        (ii) why an order in the terms proposed is necessary;
(e) and
    (f) *[applicable to reporting directions under ss.45A and 46 of the Youth Justice and Criminal Evidence Act 1999].*

A3-063

Rule 6.5 provides that a court can vary or remove a derogatory assertion order on an application by a person directly affected or on its own initiative; but any application for a variation or removal must be made as soon as reasonably practicable, on notice, and with reasons.

A3-064

Rule 6.7 requires any representations in response to an application to be served on all parties and the court as soon as reasonably practicable, and to ask for a hearing if one is considered needed.

A3-065

Practice Directions

Part 2 of the Criminal Practice Directions 2023 provides guidance on the importance of open justice. The general principle is that the administration of justice must be done in public, the public and the media have a right to attend all court hearings, and the media is able to report those proceedings fully and

A3-066

contemporaneously. CPD 2.6.17 provides that "Where the Criminal Procedure Rules allow for a determination without a hearing, the court should consider delivering the decision in writing, without a public hearing".

Guidance

General

A3-067　The order may be made by either the magistrates' courts or the Crown Court and may be made by the former when committing for sentence as well as during the sentencing hearing proper. Typically, orders will be made in respect of assertions that trespass on the character of an individual (perhaps a victim or witness) which the court has found (or the jury have found) not to be true (and would otherwise be of a defamatory nature or likely to cause distress).

It is submitted that in considering whether an order should be made, any press present should be given the opportunity make any representations; it is expected, however, given the test to be applied is one concerning the falsity of the assertion, there are likely to be few material representations that members of the press could make.

Judicial College Guidance

A3-068　*Reporting Restrictions in the Criminal Courts* (Revised July 2023), produced by Judicial College, observes at para.4.8 that:

Home Office Circular 24/3/1997 suggests that the media or other third parties can make applications, perhaps by written submission, for orders to be revoked. The rest of the material in that paragraph largely repeats the statutory test and so is not reproduced herein.

Attorney General's Guidance

A3-069　The Attorney General has issued guidance on the role of prosecution counsel at a sentencing hearing: *The acceptance of pleas and the prosecutor's role in the sentencing exercise* (revised 2009). In particular, in relation to derogatory assertions, the guidance provides at section E:

E:　Pleas in mitigation

E1.　The prosecution advocate must challenge any assertion by the defence in mitigation which is derogatory to a person's character, (for instance, because it suggests that his or her conduct is or has been criminal, immoral or improper) and which is either false or irrelevant to proper sentencing considerations. If the defence advocate persists in that assertion, the prosecution advocate should invite the court to consider holding a *Newton* hearing to determine the issue.

E2.　The defence advocate must not submit in mitigation anything that is derogatory to a person's character without giving advance notice in writing so as to afford the prosecution advocate the opportunity to consider their position under paragraph E1. When the prosecution advocate is so notified they must take all reasonable steps to establish whether the assertions are true. Reasonable steps will include seeking the views of the victim. This will involve seeking the views of the victim's family if the victim is deceased, and the victim's parents or legal guardian where the victim is a child. Reasonable steps may also include seeking the views of the police or other law enforcement authority, as appropriate.

An assertion which is derogatory to a person's character will rarely amount to mitigation unless it has a causal connection to the circumstances of the offence or is otherwise relevant to proper sentencing considerations.

E3. Where notice has not been given in accordance with para.E2, the prosecution advocate must not acquiesce in permitting mitigation which is derogatory to a person's character. In such circumstances, the prosecution advocate should draw the attention of the court to the failure to give advance notice and seek time, and if necessary, an adjournment to investigate the assertion in the same way as if proper notice had been given. Where, in the opinion of the prosecution advocate, there are substantial grounds for believing that such an assertion is false or irrelevant to sentence, he or she should inform the court of their opinion and invite the court to consider making an order under s.58(8) of the Criminal Procedure and Investigations Act 1996 [Now s.39 of the Sentencing Code], preventing publication of the assertion.

E4. Where the prosecution advocate considers that the assertion is, if true, relevant to sentence, or the court has so indicated, he or she should seek time, and if necessary an adjournment, to establish whether the assertion is true. If the matter cannot be resolved to the satisfaction of the parties, the prosecution advocate should invite the court to consider holding a *Newton* hearing to determine the issue.

SURCHARGE

Introduction

The statutory surcharge regime is a mandatory order of the court which requires the payment of a (relatively) small sum to contribute to victims' services and witness care. The order is mandatory in nature but if a court omits to impose it, no liability to pay the sum follows. Furthermore, as s.11(3) of the Criminal Appeal Act 1968 prohibits (in effect) the court from increasing a sentence on an appeal by a defendant, this cannot be rectified save during the "slip rule" period, on an Attorney General's reference or at an appeal against sentence where the total sentence is reduced such that the imposition of the surcharge would not constitute more severe treatment. Suffice it to say that the intricacy and complexity of the surcharge legislation has generated litigation in the higher courts (and takes time in the lower courts) that is disproportionate to its importance, both in principled terms and in the financial contribution it makes to the services in whose name it was enacted.

A3-070

The sum payable is indexed to the seriousness of the offence of conviction via the proxy of the sentence or other disposal imposed. The more severe the sentence, the higher the sum. The Ministry of Justice states that the surcharge contributes to the Ministry of Justice's Victim and Witness Budget, which grant funds to nationally commissioned support and to Police and Crime Commissioners who commission local support services for victims in their communities.[32] In 2015–2016, most of the funds raised went to Police and Crime Commissioners to deliver services at a local level.[33] Interestingly, the House of Lords Secondary Legislation Scrutiny

---

[32] See *https://assets.publishing.service.gov.uk/government/uploads/system/uploads/attachment_data/file/811469/victim-surcharge-circular-june-2019.pdf* [Accessed 16 July 2023].

[33] See *https://publications.parliament.uk/pa/ld201516/ldselect/ldsecleg/126/126.pdf* [Accessed 16 July 2023].

Committee has raised concerns as to the paucity of evidence as to how money generated by the surcharge had been used and how successful collection has been.[34]

The amounts recovered under the surcharge scheme are relatively modest, but have grown over the years, no doubt as a result of the increase in sums imposed. The table below sets out the sums broken down by financial year:[35]

Financial Year	Surcharge collected	Surcharge contribution to the Victim and Witness Budget
2016/17	£31 millon	£27 millon
2017/18	£35 millon	£31 millon
2018/19	£34 millon	£31 millon
2019/20	£40 millon	£40 millon
2020/21	£35 millon	£35 millon

A3-071 Income from the surcharge contributes to the Ministry of Justice's Victim and Witness Budget, which grants funds to Police and Crime Commissioners who commission local support services for victims in their communities. It also funds nationally commissioned support such as 94 Rape Support centres across England and Wales, the Court Based Witness Service and the National Homicide Service.[36]

The Ministry of Justice estimated that the 2020 increase in surcharge amounts would raise an additional £2 million per year.[37]

Legislation

Sentencing Act 2020 ss.42–43

Court's duty to order payment of surcharge

A3-072 **42.**—(1) A court when dealing with an offender for one or more offences committed on or after 1 April 2007 must also order the offender to pay a surcharge.

This is subject to subsections (2) to (4).

(2) Subsection (1)—
   (a) does not apply in such cases as may be prescribed by regulations made by the Secretary of State, and
   (b) is subject to section 15 of the Proceeds of Crime Act 2002 (effect on duty in subsection (1) when proceedings on confiscation order are postponed).

(3) Where a court dealing with an offender considers—

---

[34] House of Lords, *Secondary Legislation Scrutiny Committee*, 31st Report of Session 2015–2016, HL Paper 126.
[35] Explanatory Memorandum to the Sentencing Act 2020 (Surcharge) (Amendment) Regulations 2022 (SI 2022/584) at *https://www.legislation.gov.uk/uksi/2022/584/pdfs/uksiem_20220584_en.pdf* [Accessed 16 July 2023].
[36] Ministry of Justice, Circular No.2020/02 at *https://assets.publishing.service.gov.uk/government/uploads/system/uploads/attachment_data/file/876619/victim-surcharge-circular-april-2020.pdf* [Accessed 16 July 2023].
[37] Ministry of Justice, *"Criminals made to pay more to fund victim support"* Press Release, 18 March 2020 at *https://www.gov.uk/government/news/criminals-made-to-pay-more-to-fund-victim-support* [Accessed 16 July 2023].

(a) that it would be appropriate to make one or more of—
  (i) a compensation order,
  (ii) an unlawful profit order, and
  (iii) a slavery and trafficking reparation order, but
(b) that the offender has insufficient means to pay both the surcharge and appropriate amounts under such of those orders as it would be appropriate to make,

the court must reduce the surcharge accordingly (if necessary to nil).

But see section 13(4) of the Proceeds of Crime Act 2002 (court not to take confiscation order into account.)

(4) Where an offender aged under 18 is convicted of an offence and, but for this subsection, a court would order the offender to pay a surcharge—
(a) section 380 (orders for payment by parent or guardian) applies to the surcharge, and
(b) for the purposes of any order under that section in respect of the surcharge, subsection (3)(b) of this section is to be read as if the reference to the offender's means were to the means of the offender's parent or guardian.

(5) For the purposes of this section a court does not "deal with" a person if it—
(a) discharges the person absolutely, or
(b) makes an order under the Mental Health Act 1983 in respect of the person.

(6) In this section—

"slavery and trafficking reparation order" means an order under section 8 of the Modern Slavery Act 2015;
"unlawful profit order" means an unlawful profit order under section 4 of the Prevention of Social Housing Fraud Act 2013.

(7) Regulations under subsection (2) are subject to the negative resolution procedure.

Amount of surcharge

43.—(1) The surcharge payable under section 42 is such amount as the Secretary of State may specify by regulations. **A3-073**

(2) Regulations under this section may provide for the amount to depend on—
(a) the offence or offences committed;
(b) how the offender is otherwise dealt with (including, where the offender is fined, the amount of the fine);
(c) the age of the offender.

(3) Regulations under this section are subject to the negative resolution procedure.

Criminal Justice Act 2003 (Surcharge) Order 2012 (SI 2012/1696) arts 2–6

Cases in which the duty to order payment of the surcharge does not apply

2. Section 42(1) of the Sentencing Code (court's duty to order payment of surcharge) does not apply in cases in which a court deals with a person for one or more offences and does not impose any disposal described in the Schedule. **A3-074**

Amount of surcharge: offences committed by an individual aged under 18

3.—(1) Where a court deals with an individual for one or more offences by way of a single disposal described in column 1 of table 1, and every one of those of- **A3-075**

SENTENCING HEARING

fences was committed when that individual was aged under 18, the surcharge payable under section 42 of the Sentencing Code is the amount specified in the corresponding entry in column 2 of that table.

(2) Where a court deals with an individual for one or more offences by way of more than one disposal described in column 1 of table 1, and every one of those offences was committed when that individual was aged under 18, the surcharge payable under section 42 of the Sentencing Code is—
    (a) where the amount in column 2 of that table corresponding to each of those disposals is the same, that amount;
    (b) where the amount in column 2 of that table corresponding to each of those disposals is not the same, the highest such amount.

Amount of surcharge: offences committed by an individual aged 18 or over

A3-076   **4.**—(1) Where a court deals with an individual for one or more offences by way of a single disposal described in column 1 of table 2, and every one of those offences was committed when that individual was aged 18 or over, the surcharge payable under section 42 of the Sentencing Code is the amount specified in the corresponding entry in column 2 of that table.

(2) Where a court deals with an individual for one or more offences by way of more than one disposal described in column 1 of table 2, and every one of those offences was committed when that individual was aged 18 or over, the surcharge payable under section 42 of the Sentencing Code is—
    (a) where the amount in column 2 of that table corresponding to each of those disposals is the same, that amount;
    (b) where the amount in column 2 of that table corresponding to each of those disposals is not the same, the highest such amount.

Amount of surcharge: other cases involving offences committed by an individual

A3-077   **5.**—(1) Where a court deals with an individual for more than one offence by way of a single disposal described in column 1 of table 1, and the condition in paragraph (3) is satisfied in relation to those offences, the surcharge payable under section 42 of the Sentencing Code is the amount specified in the corresponding entry in column 2 of that table.

(2) Where a court deals with an individual for more than one offence by way of more than one disposal described in column 1 of table 1, and the condition in paragraph (3) is satisfied in relation to those offences, the surcharge payable under section 42 of the Sentencing Code is—
    (a) where the amount in column 2 of that table corresponding to each of those disposals is the same, that amount;
    (b) where the amount in column 2 of that table corresponding to each of those disposals is not the same, the highest such amount.

(3) The condition in this paragraph is satisfied in relation to the offences for which a court is dealing with an individual if at least one of those offences was committed when the individual was under 18 and at least one of those offences was committed when the individual was aged 18 or over.

Amount of surcharge: offences committed by a person who is not an individual

A3-078   **6.**—(1) Where a court deals with a person who is not an individual for one or more offences by way of a single disposal described in column 1 of table 3, the

[218]

surcharge payable under section 42 of the Sentencing Code is the amount in column 2 of that table corresponding to that disposal.

(2) Where a court deals with a person who is not an individual for one or more offences by way of more than one disposal described in column 1 of table 3, the surcharge payable under section 42 of the Sentencing Code is the highest amount in column 2 of that table corresponding to each of those disposals.

The schedule to SI 2012/1696 provides for the various amounts payable under the surcharge and is reproduced, alongside the effect of the various amendments and their commencement and transitional regimes, at A3-088.   **A3-079**

Guidance

The Different Regimes

The surcharge regime has been amended numerous times, each time with saving and transitional provisions, thereby creating the problem that the Sentencing Code has sought to solve: overlapping regimes that despite being repealed still apply to cases still working their way through the system. Accordingly, the use of the approved form of words (see A3-097) is more important than ever, as an attempt to identify the correct sum to be paid, while to be applauded, may result in additional work in the form of an appeal against sentence to the Court of Appeal (Criminal Division).   **A3-080**

2007–2012

From 2007 to 2012, there was a single regime operating in relation to cases in which the court imposed a fine. In all cases, the surcharge was in the sum of £15.[38] The 2007 SI revoked an earlier SI, which had provided for a similar regime but had excluded cases in which the court imposed only a compensation order. That was revoked prior to it coming into force and replaced with the SI described earlier in this paragraph.[39]   **A3-081**

2012–2016

From 2012 to 2016, there was effectively another regime in place. The 2012 SI replaced the 2007 SI and extended the scheme to almost all cases, with different amounts payable dependent on the disposal imposed and the category of the offender (under 18, 18 or over and corporate).[40] The 2007 order remained (and remains to this day) applicable to cases in which the offence (or at least one of the offences) was committed before 1 October 2012.[41] From 2012 to 2014, the schedule to the SI specifying the disposals contained the words "imposed by the Crown Court" in relation to custodial sentences featuring in the table. The effect was that the surcharge applied only to custodial sentences imposed in the Crown Court. In 2014, this restriction was removed such that the surcharge applied to all cases (where the disposal featured in the schedule) and where the offence was commit-   **A3-082**

---

[38] SI 2007/1079.
[39] SI 2007/707.
[40] SI 2012/1696.
[41] SI 2012/1696 art.7(2).

ted on or after 1 October 2012.[42] The amendment applied to offences committed on or after the date the SI came into force, 1 September 2014.

2016–2019

A3-083   In 2016, the schedule was substituted, the effect of which was to increase the amounts.[43] The amended applied to offences committed on or after the commencement of the SI, 8 April 2016.[44]

2019–2020

A3-084   In 2019, the figures in the schedule were once more amended to increase the amounts.[45] The amended applied to offences committed on or after the commencement of the SI, 28 June 2019.[46] Additionally, art.4 of the 2012 SI was amended to clarify that art.4 also applies in respect of an offence or offences committed when a person was aged 18.

2020–2022

A3-085   In 2020, the figures in the schedule were once more amended to increase the amounts.[47] The amended applied to offences committed on or after the commencement of the SI, 14 April 2020.[48]

2022–present

A3-086   In 2022, the figures in the schedule were once more amended to increase the amounts, most notably to alter the approach to the imposition of a surcharge when a fine is imposed to increase the percentage of the fine that would be imposed (and to increase the maximum surcharge).[49] The amendments applied to offences committed on or after the commencement of the SI, 16 June 2022.[50]

Which Regime Applies?

A3-087   As a result of the transitional provisions, the relevant date is the date of the commission of the offence or offences. Where all offences fall within a particular iteration of the regime, that version of the schedule will apply. For instance, where the defendant is convicted of three offences on 1 January 2021, each of which was committed on or after 28 June 2019 but before 14 April 2020, the 2019–2020 regime will apply.

However, in a multiple offence case, where two or more offences fall within different regimes, it is the earlier regime that applies; the transitional provisions disapply the amendments made by the SIs where one or more offences was committed

---

[42] SI 2014/2120.
[43] SI 2016/389.
[44] SI 2016/389 art.3.
[45] SI 2019/985.
[46] SI 2019/985 art.3.
[47] SI 2020/310.
[48] SI 2020/310 art.3.
[49] SI 2022/584.
[50] SI 2022/584 reg.3.

before the commencement of the SI and therefore it is only where all offences post-date the commencement of a particular that that regime applies.

The Figures

The below tables do not feature in the legislation but represent the combined effect of the 2012–2020 regimes. The 2014 extension to include magistrates' courts is not reflected in the table and reference should be made to A3-089 in relation to cases in which a custodial sentence is imposed where one or more offences occurred prior to 1 September 2014.

A3-088

Table 1 applies to those aged under 18 at the date of the commission of the offence(s) and cases where the court deals with an offender for two or more offences and the offender was aged under 18 at the commission of at least one of those offences and aged 18 or over at the commission of at least one of those offences; Table 2 applies to those aged 18 or over at the date of the commission of the offence(s); Table 3 applies to offences committed by a person who is not an individual.

Table 1: Those aged under 18

	Offence committed 1 October 2012 to 7 April 2016	Offence committed 8 April 2016 to 27 June 2019	Offence committed 28 June 2019 to 13 April 2020	Offence committed 14 April 2020 to 15 June 2022	Offence committed on or after 16 June 2022
An order for conditional discharge, as defined in s. 80 of the Sentencing Act 2020	£10	£15	£16	£17	£20
A fine	£15	£20	£21	£22	£26
A youth rehabilitation order as defined in s.173 of the Sentencing Act 2020	£15	£20	£21	£22	£26
A referral order as defined in s.83 of the Sentencing Act 2020	£15	£20	£21	£22	£26
A community order as defined in s.200 of the Sentencing Act 2020	£15	£20	£21	£22	£26

	Offence committed 1 October 2012 to 7 April 2016	Offence committed 8 April 2016 to 27 June 2019	Offence committed 28 June 2019 to 13 April 2020	Offence committed 14 April 2020 to 15 June 2022	Offence committed on or after 16 June 2022
A custodial sentence as defined in s.222 of the Sentencing Act 2020	£20	£30	£32	£34	£41

Table 2: Those aged 18 or over

	Offence committed 1 October 2012 to 7 April 2016	Offence committed 8 April 2016 to 27 June 2019	Offence committed 28 June 2019 to 13 April 2020	Offence committed 14 April 2020 to 15 June 2022	Offence committed on or after 16 June 2022
An order for conditional discharge, as defined in s.80 of the Sentencing Act 2020	£15	£20	£21	£22	£26
A fine	10% of the value of the fine, rounded up or down to the nearest pound, which must be no less than £20 and no more than £120	10% of the value of the fine, rounded up or down to the nearest pound, which must be no less than £30 and no more than £170	10% of the value of the fine, rounded up or down to the nearest pound, which must be no less than £32 and no more than £181	10% of the value of the fine, rounded up or down to the nearest pound, which must be no less than £34 and no more than £190	40% of the value of the fine, rounded up or down to the nearest pound, subject to a maximum of £2,000
A community order as defined in s.200 of the Sentencing Act 2020	£60	£85	£90	£95	£114
A suspended sentence of imprisonment, as defined in s. 286 of the Sentencing Act 2020, where the sentence of impris-	£80	£115	£122	£128	£154

	Offence committed 1 October 2012 to 7 April 2016	Offence committed 8 April 2016 to 27 June 2019	Offence committed 28 June 2019 to 13 April 2020	Offence committed 14 April 2020 to 15 June 2022	Offence committed on or after 16 June 2022
onment or detention in a young offender institution is for a period of up to and including six months					
A suspended sentence of imprisonment, as defined in s.286 of the Sentencing Act 2020 where the sentence of imprisonment or detention in a young offender institution is for a determinate period of more than six months	£100	£140	£149	£156	£187
A sentence of imprisonment or detention in a young offender institution for a determinate period of up to and including six months	£80	£115	£122	£128	£154
A sentence of imprisonment or detention in a young offender institution for a determinate period of more than 6 months and up to and including 24 months	£100	£140	£149	£156	£187

	Offence committed 1 October 2012 to 7 April 2016	Offence committed 8 April 2016 to 27 June 2019	Offence committed 28 June 2019 to 13 April 2020	Offence committed 14 April 2020 to 15 June 2022	Offence committed on or after 16 June 2022
A sentence of imprisonment or detention in a young offender institution for a determinate period exceeding 24 months	£120	£170	£181	£190	£228
A sentence of imprisonment or custody for life	£120	£170	£181	£190	£228

Table 3: Offences committed by those who are not individuals

	Offence committed 1 October 2012 to 7 April 2016	Offence committed 8 April 2016 to 27 June 2019	Offence committed 28 June 2019 to 13 April 2020	Offence committed 14 April 2020 to 15 June 2022	Offence committed on or after 16 June 2022
An order for conditional discharge under s.80 of the Sentencing Act 2020	£15	£20	£21	£22	£26
A fine	10% of the value of the fine, rounded up or down to the nearest pound, which must be no less than £20 and no more than £120	10% of the value of the fine, rounded up or down to the nearest pound, which must be no less than £30 and no more than £170	10% of the value of the fine, rounded up or down to the nearest pound, which must be no less than £32 and no more than £181	10% of the value of the fine, rounded up or down to the nearest pound, which must be no less than £34 and no more than £190	40% of the value of the fine, rounded up or down to the nearest pound, subject to a maximum of £2,000

Offences Straddling Commencement Dates

In *R. v Bailey; R. v Kirk; R. v Tote*,[51] it was held that where it was alleged that an offence was committed between dates that straddled a relevant date specified in a commencement provision, although the amount of judicial time to be taken on this issue should reflect its relative importance the court should take a view on the evidence so that the appropriate order can be made and in the absence of a clear answer, lengthy analysis was unnecessary and the issue should be resolved in favour of the offender.

In *R. v Poole*,[52] the court adopted the approach in advocated above to an allegation of conspiracy that spanned 1 October 2012. Taking the least punitive disposal (as recommended in *Bailey*), it was held that the appropriate course was to proceed on the basis that at least part of the offence had taken place before that date.

In *R. v Abbott, Hawker and Harrison*[53] it was held that where the sentencing court is dealing with the activation of a suspended sentence, or breach of a community order, the further sentence does not attract another surcharge, and the surcharge must be calculated by reference to the sentence(s) imposed for the new offence(s) only. However, the court as the court is dealing with the offender in respect of the original offences as well as the new offence constituting the breach, where those offences straddle one or more surcharge regimes the position will be as follows:

1) where the court deals with an offender for breach of a community order by making the order more onerous or by the imposition of a financial penalty and imposes a new sentence for the offence constituting the breach, the original offence (for which the community order was imposed) is relevant only for the purposes of determining which surcharge regime applies;
2) where the court activates a suspended sentence order in whole or in part and imposes a new sentence for the new offence constituting the breach, the original offence for which the suspended sentence order was imposed is only relevant for determining which surcharge regime applies;
3) where the court does not deal with an offender for a breach of a community order (or other court order), and simply allows that order to continue, this would not constitute "dealing" with the offence and so the date of that offence will not matter.

The approach appears to have created a rather inconsistent, and unnecessary, interpretation of references to "dealing with an offence" in the statutory provisions. It is submitted that the broad purpose of the transitional provisions is to ensure that an offender is not subject to a surcharge that is greater than that available at the time of the commission of the offence (i.e. in compliance with art.7 of the ECHR). As there is no such risk where the surcharge is not imposed for that offence (as it will not be when dealing with an offender on breach) it is curious that the court felt the need to hold that there is still a need to ascertain when an offence that was being dealt with on breach was committed. In doing so, the court seems to have simply created unnecessary complication.

---

[51] [2013] EWCA Crim 1551; [2014] 1 Cr. App. R. (S.) 59.
[52] [2014] EWCA Crim 1641; [2015] 1 W.L.R. 522.
[53] [2020] EWCA Crim 516; [2020] 1 W.L.R. 3739.

Offenders Aged Under 18

A3-091 If any offence for which the court is dealing with an offender was committed when the offender was under 18, the relevant table for assessing the surcharge is Table 1.

Multiple Offences

More than one sentence of the same type

A3-092 In *R. v Abbott, Hawker and Harrison*,[54] the issue arose as to how the surcharge was to be calculated where an offender is sentenced for more than one offence and received more than one sentence of the same type: is the surcharge calculated by reference to the disposal that attracts the highest amount, or by the cumulative total? The court held that in a case involving a fine and a period of imprisonment, the surcharge was the higher of the amount corresponding to the aggregate fine and the amount corresponding to the aggregate period of imprisonment.

More than one sentence of different types

A3-093 In *R. v Abbott, Hawker and Harrison*,[55] the court also considered how the surcharge was to be calculated where an offender is sentenced for more than one offence and received more than one sentence of different types: is the surcharge calculated by reference to the disposal that attracts the highest amount, or by the cumulative total attracted by all disposals? Following the earlier decision in *R. v Phelan-Sykes*,[56] the surcharge would be the cumulative total—e.g. where three offences each attracted a fine of £100 and a fourth offence attracted a fine of £300, the surcharge would be 10% of the total (here £600), rather than 10% of £300 (that being the highest individual fine). The same would be the case for consecutive sentences of imprisonment.

Some offences dealt with in the magistrates' courts and some at the Crown Court

A3-094 If an offender was convicted in a magistrates' court of a number of offences and was sentenced by the magistrates for some of those offences but committed to the Crown Court for sentence for another, s.42 of the Sentencing Code requires both the magistrates' court and the Crown Court to order him to pay a surcharge: *R. v Cuthbertson*.[57]

Exclusions

A3-095 The schedule to the SI lists various disposals and it is the imposition of such that determines whether the surcharge applies. There are certain omissions of note:

1) a case in which an absolute discharge is imposed does not attract the surcharge (see s.42(5) of the Code);

---

[54] [2020] EWCA Crim 516; [2020] 1 W.L.R. 3739.
[55] [2020] EWCA Crim 516; [2020] 1 W.L.R. 3739.
[56] [2015] EWCA Crim 1094.
[57] [2020] EWCA Crim 1883; [2021] 2 Cr. App. R. (S.) 14.

2) a case in which an order under the Mental Health Act 1983 is imposed does not attract the surcharge (see s.42(5) of the Code);
3) offences taken into consideration are not "dealt with" in the sense expressed in the 2012 SI, and should be ignored when considering the surcharge (*R. v Bailey; R. v Kirk; R. v Tote*[58]).

In relation to the Mental Health Act 1983, the giving of a "direction" under s.45A of the Act—i.e. to impose a hybrid order (see A9-056)—was not an "order" for the purposes of s.42(5) (formerly s.161A(4)(b) of the CJA 2003) and therefore the surcharge would apply to such cases on the basis that the order was one of imprisonment with a s.45A direction: *R. v Poole*.[59]

Counsel's Duty

Counsel should remember the instruction of the court in *R. v Bailey; R. v Kirk; R. v Tote*,[60] to the effect that it will be the duty of the advocates to ensure that the sum identified is correct, and this should be done on the day that sentence is imposed. The amount should be confirmed with the clerk of the court but, in the absence of agreement, the matter should be referred to the court for a judicial determination.   **A3-096**

Imposing the Surcharge

Pronouncement

The court in *R. v Bailey; R. v Kirk; R. v Tote*[61] encouraged sentencers to use the following language when dealing with the surcharge: **A3-097**

"The surcharge provisions apply to this case and the order can be drawn up accordingly."

This was echoed in *R. v Abbott, Hawker and Harrison*.[62] This formulation of wording has the advantage of not specifying the amount that applies or the particular iteration that applies. Accordingly, the order could therefore be drafted at a time when, perhaps, the pressures of the court day had relaxed and the order may be more likely to be correct.

Relationship with compensation

Although the statutory surcharge is often colloquially referred to as the "victim surcharge", it is not open to the court to order that the surcharge be applied by way of compensation to the victim: *R. v Beckford*.[63] Where the court wishes to achieve this effect, it should make a compensation order and then reduce the amount of surcharge to be paid (under s.42(3)) to enable payment of the compensation order (if necessary reducing the surcharge to nil).   **A3-098**

The policy regarding compensation orders and the statutory surcharge appears

---

[58] [2013] EWCA Crim 1551; [2014] 1 Cr. App. R. (S.) 59.
[59] [2014] EWCA Crim 1641; [2015] 1 W.L.R. 522.
[60] [2013] EWCA Crim 1551; [2014] 1 Cr. App. R. (S.) 59.
[61] [2013] EWCA Crim 1551; [2014] 1 Cr. App. R. (S.) 59.
[62] [2020] EWCA Crim 516; [2020] 1 W.L.R. 3739.
[63] [2018] EWCA Crim 2997; [2019] 1 Cr. App. R. (S.) 53.

to be relatively simple. Where an offender has insufficient means to pay both the surcharge and a compensation order, the compensation order takes precedence and the surcharge must be reduced, if necessary to nil. Section 42(3) gives rise to three scenarios:

1) the offender has sufficient means to pay both orders in full;
2) the offender has limited means and cannot pay both orders in full;
3) the offender has no means to pay either order.

In the first scenario, there is no issue. The offender pays both in full. In the second scenario, the court must consider the offender's means in setting the compensation order. Where the means extend beyond the appropriate level of compensation, but do not extend to both that sum and the surcharge sum, the surcharge must be reduced (s.42(3)). Where the means meet the compensation order figure but do not extend beyond it, it will be the surcharge that must be reduced, if necessary to nil (s.42(3)), with consideration only being given to whether the compensation order must be reduced where the surcharge is nil and the offender's means do not meet the proposed compensation figure. In the third case, no compensation order may be made and so s.42(3) does not apply, and therefore the surcharge must be made in the full amount. As was argued in [2019] Crim. L.R. 592, the illogicality of this is manifest. The legislation permits a reduction of the surcharge, if necessary to nil, where the offender has limited means, but does not where the offender has no means.

Imprisonment in default

A3-099　It is not open to a court, when sentencing a defendant to a term of imprisonment, to order the defendant to pay a surcharge and, on the same occasion, to impose a period of imprisonment for non-payment of the surcharge: *Frimpong v CPS (Secretary of State for Justice intervening)*.[64] While the court was actually concerned with the criminal courts charge under s.21A of the Prosecution of Offences Act 1985, it was clear that the court took the same view in relation to the surcharge.

Sentencing following the breach of an order

A3-100　In *R. v Abbott, Hawker and Harrison*,[65] the court considered the appropriate method of calculating the surcharge where the court had activated a suspended sentence order, or had taken action on breach of a community or other order, and at the same time imposed sentence in respect of new offences. The court adopted the approach advocated in in *R. v George*,[66] namely that the duty to impose a surcharge was discharged when the court first sentenced the offender; the statute contained no duty or power to order an offender to pay a second surcharge and, accordingly, the provision was not engaged for a second time when the court "deals with" an offender on a second or subsequent occasion; it followed that when the court made an order activating a suspended sentence order, or took action on breach of a community or other order, and at the same time sentenced an offender for new offences, the surcharge should be calculated only by reference to the new offences.

---

[64] [2015] EWCA Crim 1933; [2016] 1 Cr. App. R. (S.) 59.
[65] [2020] EWCA Crim 516; [2020] 1 W.L.R. 3739.
[66] [2015] EWCA Crim 1096; [2015] 2 Cr. App. R. (S.) 58.

To similar effect, in *R. v Sharp*,[67] the court held that where a fine was imposed on breach of a suspended sentence order that would not attract a further surcharge, just as it would not if the community requirements were varied or the sentence activated.

There is no provision for imposing a surcharge on a failure to comply with the requirements of a community order or for breaching a suspended sentence order and therefore the court is unquestionably correct as regards there being no second imposition of a surcharge in either of those circumstances. As was noted in [2015] Crim. L.R. 916 (a commentary to the decision in *George*), the surcharge does not apply on an Attorney General's reference where a defendant is re-sentenced, nor does it apply to an appeal against sentence, and accordingly there is ancillary support for the court's conclusion on this point. As was suggested in that commentary, "[A] second surcharge would only be imposed in a breach hearing where the breach is by virtue of a further offence, and therefore there is a new sentence being imposed. In such a circumstance, the new order would pertain to the new offence." No reference was made to this commentary in *Abbott*.

What of the original surcharge order, then? This is where the decision in *Abbott* departs from the conclusion in the commentary in the *Criminal Law Review*. In that commentary it was argued that although the surcharge arises during a sentencing hearing, liability for it stems from a conviction. The fact that the level of surcharge is determined by the level or type of sentence imposed suggests that it is loosely based on the seriousness of the offence (a proposition supported by the explanatory memorandum to SI 2012/1696). If, then, the surcharge is based on offence seriousness, a re-sentencing should result in the amendment of the original order, should it not? The position of breach by the commission of a new offence is different for a community order and a suspended sentence order, of course. Under the former, there can be a re-sentencing exercise; however, under the latter, there cannot. Where the court re-sentences the offender for a breach of a community order, the court must rescind the community order (see paras 23(2) and 25(2) of Sch.10 to the Sentencing Code). Therefore, surely, the surcharge order falls away; when the court re-sentences the offender, the surcharge order ought to follow, determined by the new disposal imposed. In the case of a suspended sentence order, there is no rescission and re-sentencing; the period is activated but the sentence remains a suspended sentence order and therefore no amendment to the surcharge can or should occur. It is submitted that the same rationale applies in relation to a sentence rescinded or varied under the slip rule.

Errors—Amending the Court Record

If an error has been made in the record as regards the surcharge amount, or the fact that it applies or does not apply, it should be possible for the record to be corrected well within the slip rule period; if it is not, and an appeal becomes necessary, the prosecution should be notified and an attempt made to agree the position; the application for leave to appeal should then set out both the facts and the agreement; if the position is agreed, the matter will then be remitted by the Registrar of Criminal Appeals directly to the Crown Court for the error to be corrected; there will be no need for a representation order and the offender should be informed that as no purpose would be served by attendance, the court will assume that the defendant does not intend to exercise their right to attend unless informed to the contrary

A3-101

---

[67] [2020] EWCA Crim 534; [2020] 2 Cr. App. R. (S.) 33.

within 28 days; this approach will only apply where the mistake has been to the detriment of the offender, as s.11(3) of the Criminal Appeal Act 1968 will prevent the court from imposing or increasing a surcharge that is less than the order mandates, unless it reduces some other element of the sentence: *R. v Bailey; R. v Kirk; R. v Tote*.[68]

CRIMINAL COURTS CHARGE

A3-102   The criminal courts charge is in theory a mandatory financial penalty to be imposed by courts on sentencing offenders in certain circumstances. The charge was introduced in 2015 and required offenders convicted (after a trial or by their plea of guilty) to pay sums ranging from £150 (magistrates' courts, guilty plea to a summary offence) to £1,200 (Crown Court, conviction of either way or indictable only offence).

In December 2015, the government effectively repealed the charge, following media coverage in which it was said that the charge placed improper pressure on offenders to plead guilty, particularly in cases where offenders had low or no disposal income. Michael Gove, then Secretary of State for Justice, was reported as saying "while the intention behind the policy was honourable in reality that intent has fallen short".[69]

The charge was not in fact repealed, but rather a statutory instrument was used to omit the schedule containing the sums required to be imposed.[70] Accordingly, the legislation remains in force and still technically imposes a duty on a sentencing court to impose the charge, however, it requires the charge to be imposed in a zero sum.

A3-103   For this reason, when the Law Commission was instructing parliamentary counsel in the drafting of the Sentencing Code, it was determined that as the law remained in force (albeit in an ineffective way), the legislation needed to be consolidated into the Sentencing Code to ensure the Code was a true and accurate consolidation. For these reasons, ss.44–51 of the Code contain provision in relation to the criminal courts charge. In theory there still remains a duty to impose the charge in a zero amount. In practice this is not done and it is submitted that reference to it in sentencing remarks is not only unnecessary but confusing for those involved.

However, it is worth noting that due to the way in which the duty to impose the charge was removed, it is possible for the Secretary of State to reintroduce the charge by way of a statutory instrument. If this happens then the provisions relating to the criminal courts charge will continue to apply as before.

SENTENCING AND CONFISCATION: POSTPONEMENT

Introduction

A3-104   Confiscation is not dealt with in this work and reference should be made to specialist texts. However, this brief section deals with the interaction between confiscation proceedings and the sentencing process. The overlaps are obvious, not

---

[68] [2013] EWCA Crim 1551; [2014] 1 Cr. App. R. (S.) 59.
[69] "Criminal courts charge to be scrapped by government" *BBC News*, 3 December 2015 at https://www.bbc.co.uk/news/uk-politics-34993428 [Accessed 16 July 2023].
[70] SI 2015/1970.

least because both can involve financial orders or orders depriving an offender of their property and both occur following a conviction or guilty plea.

It will be important to be cognisant of the relevant statutory provisions governing the procedure in cases where the Crown wishes—or may wish—to pursue confiscation proceedings under the Proceeds of Crime Act 2002. In such cases, there are steps which the court must take, in particular, limiting the court's powers at sentencing.

Legislation

Proceeds of Crime Act 2002 ss.13–15

Effect of order on court's other powers

13.—(1) If the court makes a confiscation order it must proceed as mentioned in subsections (2) and (4) in respect of the offence or offences concerned.   **A3-105**

(2) The court must take account of the confiscation order before—
  (a) it imposes a fine on the defendant, or
  (b) it makes an order falling within subsection (3).

(3) These orders fall within this subsection—
  (a) an order involving payment by the defendant, other than an order under section 46 of the Sentencing Code (criminal courts charge) or a priority order;
  (b) an order under section 27 of the Misuse of Drugs Act 1971 (c. 38) (forfeiture orders);
  (c) an order under Chapter 4 of Part 7 of the Sentencing Code (deprivation orders);
  (d) an order under section 23 or 23A of the Terrorism Act 2000 (c. 11) (forfeiture orders).

(3A) In this section "priority order" means any of the following—
  (a) a compensation order under Chapter 2 of Part 7 of the Sentencing Code;
  (b) an order requiring payment of a surcharge under section 42 of the Sentencing Code;
  (c) an unlawful profit order under section 4 of the Prevention of Social Housing Fraud Act 2013;
  (d) a slavery and trafficking reparation order under section 8 of the Modern Slavery Act 2015.

(4) Subject to subsection (2), the court must leave the confiscation order out of account in deciding the appropriate sentence for the defendant.

(5) Subsection (6) applies if—
  (a) the Crown Court makes both a confiscation order and one or more priority orders against the same person in the same proceedings, and
  (b) the court believes the person will not have sufficient means to satisfy all those orders in full.

(6) In such a case the court must direct that so much of the amount payable under the priority order (or orders) as it specifies is to be paid out of any sums recovered under the confiscation order; and the amount it specifies must be the amount it believes will not be recoverable because of the insufficiency of the person's means.

Postponement

A3-106   **14.**—(1) The court may—
  (a) proceed under section 6 before it sentences the defendant for the offence (or any of the offences) concerned, or
  (b) postpone proceedings under section 6 for a specified period.

(2) A period of postponement may be extended.

(3) A period of postponement (including one as extended) must not end after the permitted period ends.

(4) But subsection (3) does not apply if there are exceptional circumstances.

(5) The permitted period is the period of two years starting with the date of conviction.

(6) But if—
  (a) the defendant appeals against his conviction for the offence (or any of the offences) concerned, and
  (b) the period of three months (starting with the day when the appeal is determined or otherwise disposed of) ends after the period found under subsection (5),
the permitted period is that period of three months.

(7) A postponement or extension may be made—
  (a) on application by the defendant;
  (b) on application by the prosecutor;
  (c) by the court of its own motion.

(8) If—
  (a) proceedings are postponed for a period, and
  (b) an application to extend the period is made before it ends,
the application may be granted even after the period ends.

(9) The date of conviction is—
  (a) the date on which the defendant was convicted of the offence concerned, or
  (b) if there are two or more offences and the convictions were on different dates, the date of the latest.

(10) References to appealing include references to applying under section 111 of the Magistrates' Courts Act 1980 (c. 43) (statement of case).

(11) A confiscation order must not be quashed only on the ground that there was a defect or omission in the procedure connected with the application for or the granting of a postponement.

(12) But subsection (11) does not apply if before it made the confiscation order the court—
  (a) imposed a fine on the defendant;
  (b) made an order falling within section 13(3);
  (c) made an order under Chapter 2 of Part 7 of the Sentencing Code (compensation orders);
  (ca) made an order under section 42 of the Sentencing Code (orders requiring payment of surcharge);
  (d) made an order under section 4 of the Prevention of Social Housing Fraud Act 2013 (unlawful profit orders).

Effect of postponement

A3-107   **15.**—(1) If the court postpones proceedings under section 6 it may proceed to sentence the defendant for the offence (or any of the offences) concerned.

(2) In sentencing the defendant for the offence (or any of the offences) concerned in the postponement period the court must not—
    (a) impose a fine on him,
    (b) make an order falling within section 13(3),
    (c) make an order for the payment of compensation under Chapter 2 of Part 7 of the Sentencing Code,
    (ca) make an order for the payment of a surcharge under section 42 of the Sentencing Code, or
    (d) make an unlawful profit order under section 4 of the Prevention of Social Housing Fraud Act 2013.

(3) If the court sentences the defendant for the offence (or any of the offences) concerned in the postponement period, after that period ends it may vary the sentence by—
    (a) imposing a fine on him,
    (b) making an order falling within section 13(3),
    (c) making an order for the payment of compensation under Chapter 2 of Part 7 of the Sentencing Code,
    (ca) making an order for the payment of a surcharge under section 42 of the Sentencing Code, or
    (d) making an unlawful profit order under section 4 of the Prevention of Social Housing Fraud Act 2013.

(4) But the court may proceed under subsection (3) only within the period of 28 days which starts with the last day of the postponement period.

(5) For the purposes of—
    (a) section 18(2) of the Criminal Appeal Act 1968 (c. 19) (time limit for notice of appeal or of application for leave to appeal), and
    (b) paragraph 1 of Schedule 3 to the Criminal Justice Act 1988 (c. 33) (time limit for notice of application for leave to refer a case under section 36 of that Act),
the sentence must be regarded as imposed or made on the day on which it is varied under subsection (3).

(6) If the court proceeds to sentence the defendant under subsection (1), section 6 has effect as if the defendant's particular criminal conduct included conduct which constitutes offences which the court has taken into consideration in deciding his sentence for the offence or offences concerned.

(7) The postponement period is the period for which proceedings under section 6 are postponed.

Part 33 of the Criminal Procedure Rules contains provisions in relation to confiscation. As confiscation is not dealt with in this text, save to the extent to which it interacts with sentencing, those provisions are not repeated here. **A3-108**

Guidance

Procedure

General

The court has two options: (1) proceed under s.6 of the Proceeds of Crime Act 2002 and conduct the confiscation proceedings prior to sentencing; or (2) postpone **A3-109** the confiscation proceedings under s.14 and proceed to sentence the defendant first. If the court does postpone the confiscation proceedings to enable the imposition of sentence, it must not (by virtue of s.15 of the Proceeds of Crime Act 2002) impose certain financial or forfeiture orders.

Postpone sentence

A3-110   In some cases, the sensible approach will be to postpone the sentencing hearing to enable the conclusion of confiscation proceedings. It is suggested that where there is likely to be only a short delay by reason of the simplicity of the confiscation proceedings, this may be the preferred option, but in practice this is likely to be exceptionally rare.

Postpone confiscation

A3-111   In most cases, by virtue of the likely passage of time between the start of the confiscation proceedings (immediately after conviction) and their conclusion, the preferred option will be to impose sentence (which is likely to involve a custodial sentence) subject to the prohibition on the imposition of certain ancillary orders contained in s.15, then conduct the confiscation proceedings and, on their conclusion, return to make any of the orders listed in s.15. It will, in those circumstances, be necessary to state in open court and in terms that the defendant can understand that the sentencing exercise is being conducted in two parts, and that on the imposition of the substantive sentence, the court has not concluded its sentencing exercise.

Failure to Comply with Section 15

A3-112   In *R. v Bristowe*,[71] the applicant, B, sought leave to appeal against sentence in relation to (in addition to the term of imprisonment imposed on him) the imposition of the statutory surcharge when the Crown intended to pursue confiscation proceedings. B had been sentenced to six years six months' imprisonment and ordered to pay a statutory surcharge of £120. During the sentencing hearing, the Crown indicated it wished to pursue confiscation proceedings under the Proceeds of Crime Act 2002. On appeal against sentence, B submitted that the surcharge ought not have been imposed. The court held that what is now s.42 of the Code and s.15 of the Proceeds of Crime Act 2002 were seemingly contradictory provisions in that while a statutory surcharge "must be" imposed when dealing with a person for all offences such an order "must not be" imposed if confiscation proceedings are to take place which have been postponed by the sentencing judge. The proper interpretation was that if confiscation proceedings are to take place, which have been postponed by the sentencing judge, the statutory surcharge should not be imposed until after the decision has been made on the application for confiscation.

The court went on to consider the situation where a court had erred in imposing the surcharge where confiscation proceedings had been postponed, considering previous decisions on a similar point relation to a compensation order. It was established that non-compliance with s.15 was not intended to invalidate such orders. Therefore, if such an order was made during the postponement period or at the time when sentence was imposed, the surcharge would not be quashed unless,

---

[71] [2019] EWCA Crim 2005; [2020] 1 Cr. App. R. (S.) 58.

exceptionally, the final outcome of the case meant that the circumstances and justice of the case made it necessary. Finally, the court observed that, save very exceptionally, it would be possible to take into account a premature order for a statutory surcharge when deciding whether it was to be paid out of the confiscation order or otherwise by receiving an appropriate undertaking from the Crown. There should be very few cases indeed in which an early order operates to the disadvantage of the offender.

Factual Basis for Sentencing

Introduction

Determining the factual basis on which the offender will be sentenced is arguably the most important task asked of a sentencer. Given the emphasis that the sentencing system in this jurisdiction places on imposing a sentence commensurate with the seriousness of the offence, there is inevitably a need to establish the facts of the offending to enable a proper assessment of the harm and culpability present where such is not clear from the conviction or plea of guilty. Findings of fact as to the circumstances of the offending may have a significant impact on the sentence to be imposed.

A3-113

It is imperative that both the sentencing court and the parties to the proceedings are clear as to the factual basis on which the court is sentencing. This is not simply because as a matter of practice ambiguity leads to unnecessary appeals, but because where defendants, victims and the public cannot be sure of the factual circumstances which underpin the conviction and why the particular sentence was imposed, proceedings will lack transparency, clarity and legitimacy, and confidence in the system itself can be harmed.

The plea of guilty (either on an acceptance of the prosecution's case in its entirety, or subject to a basis of plea limiting the defendant's acceptance of the prosecution's case) or the verdict of the jury will determine the majority of the factual basis for sentence. However, there are a number of circumstances in which the court will have to determine elements of the factual basis where the indictment, the prosecution's case or the basis of plea is silent as to a particular element of the incident in question which the court considers material to the sentencing exercise, or where it does not necessarily follow from the jury's verdict that they have found a particular factor to be proven. An obvious example may be whether or not the defendant used a weapon when assaulting the victim, or how many blows were delivered in the assault.

In such circumstances, it falls to the court to determine the outstanding issue(s), acting as the tribunal (in the Crown Court, this is without the assistance of a jury). The procedure to be adopted is a product of the common law and continues to develop. This section sets out the procedure to be adopted following a trial and on a guilty plea, considering the principles underlying the decisions of the court.

A3-114

General Principles

Procedure

It is important to remember that the determination of the factual basis for sentencing and the application of the sentencing guidelines or other principles to assist with the determination of offence seriousness are two distinct exercises and should be

A3-115

[235]

conducted separately and consecutively, not concurrently. Where, for example, the court is required to consider whether an offence has caused significant psychological harm, or whether there was significant planning, the court should first establish all the facts of which it can be sure about the offending, before then stepping back and considering all of the evidence and determining whether those factors are present on the facts available. In relation to offences for which there is a specific sentencing guideline, it is submitted that this should be approached in a clearly delineated two-stage process:

1) determine the factual basis for sentence (in accordance with the Court of Appeal (Criminal Division) guidance set out in this chapter);
2) apply the sentencing guidelines to those facts.

This respects the different approach that each task involves: the former involves a factual finding to the criminal standard, whereas the latter is an exercise in judicial judgement. It is further submitted that to conflate the two tasks risks overly focusing on the factors identified in the sentencing guidelines and may lead to too great emphasis being placed on particular elements of the evidence.

Burden and Standard

A3-116   As Andrew Ashworth and Martin Wasik stated in [2020] Crim. L.R. 397:

"On matters directly relevant to the offence itself, the prosecution bears the burden of proof to the criminal standard: if the defendant puts forward mitigation that contests the prosecution's version of the commission of the offence, there may or may not be a need for a *Newton* hearing, but the prosecution bears the burden of disproving the defence's case. Only if the defence puts forward some 'extraneous mitigation', not connected with the facts or circumstances of the offence itself does the defence bear a burden of proof, on the balance of probabilities. Examples of 'extraneous mitigation' might be the effect of a prison sentence on the defendant's family, the defendant's state of health, or the defendant's means to pay a financial penalty.[72]"

It follows, then, that the court must apply that burden and standard of proof; the court may not engage in impermissible speculation and make findings of fact not supported by evidence: see *R. v Swift*.[73]

Magistrates' Courts

A3-117   The procedure for determining factual disputes is the same in the magistrates' court as in the Crown Court: *R. v Telford Justices Ex p. Darlington*.[74]

Conviction after a Trial

Introduction

A3-118   As a general rule, judges are not permitted to ask questions of juries regarding their findings of fact constituting their verdict. Accordingly, there are circumstances in which the judge will be required to determine some of the facts of the offence for the purposes of sentencing.

---

[72] *R. v Guppy and Marsh* (1995) 16 Cr. App. R. (S.) 25 at 32; [1994] Crim. L.R. 614.
[73] [2020] EWCA Crim 1291; [2021] 1 Cr. App. R. (S.) 43.
[74] (1988) 87 Cr. App. R. 194.

There are different procedures to be adopted depending on the particular circumstances. The variables which determine which procedure to adopt include whether the dispute as to the factual basis is going to be material to the outcome of the sentencing exercise and whether the account contended by the defendant is credible.

The General Principles

Standard of proof

Where the sentencing judge makes findings of fact following a conviction after a trial, the relevant standard to apply is the criminal standard: the judge must be satisfied so that they are sure as to any finding.[75] This principle is well established and referred to, unchallenged, in numerous decisions of the Court of Appeal (Criminal Division). See as recent examples, *R. v Cairns*[76]; *R. v King*[77]; and *R. v Donovan; R. v Woolcock*.[78]

A3-119

Interpreting the jury's verdict

The general rule for determining the factual basis following a conviction after a trial is as follows:

A3-120

1) where, as a result of two or more positive cases advanced at trial, there was evidence to support the two possible versions of events consistent with the verdict(s) of the jury, sentence must be passed on the basis that is most favourable to the defendant;
2) if more than one view of the facts is consistent with the jury's verdict(s), the sentencer, applying the criminal standard, might, in the light of the evidence, form their own view and impose sentence on that basis;
3) if the judge had properly directed themselves, the Court of Appeal (Criminal Division) will not interfere with a finding of fact unless the court concludes that no properly directed jury could have reached that conclusion: *R. v King*.[79]

It is permissible to hold a *Newton* hearing (as to which see A3-172) following a trial, but it is submitted that this should be rare following the decision in *King*. An example can be found in the case of *R. v Finch*.[80] In *R. v Cairns*,[81] it was commented that a *Newton* hearing might be appropriate in circumstances where an issue not relevant to guilt but relevant to sentence had not been canvassed in the trial, and it is suggested that it is only in these circumstances that such a hearing might be appropriate.

---

[75] Judicial College, *Crown Court Compendium* (2021), 5.
[76] [2013] EWCA Crim 467; [2013] 2 Cr. App. R. (S.) 73.
[77] [2017] EWCA Crim 128; [2017] 4 W.L.R. 95.
[78] [2019] EWCA Crim 2417.
[79] [2017] EWCA Crim 128; [2017] 4 W.L.R. 95.
[80] (1993) 14 Cr. App. R. (S.) 226.
[81] [2013] EWCA Crim 467; [2013] 2 Cr. App. R. (S.) 73.

Sentencing on the basis of factors which constitute a criminal offence

A3-121 The basic principle in this area is that the offender must not be sentenced for offences of which they have not been convicted: *R. v Wishart*.[82] However, this has been eroded over time and the position is now that where, during the trial, evidence is presented which establishes (in the judge's view) a fact to the criminal standard which (on its own or in conjunction with the jury's verdict), if charged would have been capable of constituting an additional, more serious, criminal offence, the judge may sentence the defendant on the basis that it has been established: see for example, *R. v Khan (Imran Mohammed)*.[83] There are exceptions to this, however, and this is not an area without controversy. See A3-126 and following for more discussion on this general rule and the exceptions.

Sentencing on the basis of factors which do not constitute a criminal offence

A3-122 Where during the trial process evidence is presented which establishes (in the judge's view) a fact to the criminal standard which does not constitute an additional, more serious, criminal offence, the judge may sentence the defendant on the basis that that fact has been established: see, for example, *R. v Schofield*.[84]

Challenging factual findings

A3-123 Following well-established principles, the Court of Appeal (Criminal Division) will not interfere with a finding of fact made either following a trial (see e.g. *R. v Wood*[85]) or a *Newton* hearing (see e.g. *R. v Ahmed*[86]) provided that the judge properly directed themselves. An exception to that general rule is where the court is satisfied that no reasonable finder of fact could have reached the conclusion arrived at by the judge: *R. v Cairns*.[87]

Interpreting the Jury's Verdict

A3-124 As noted earlier, in *R. v King*[88] the court gave guidance on the approach a sentencing judge should take when faced with sentencing an offender following a conviction after a trial. In imposing sentence, the judge made a number of factual findings. On appeal against sentence, K submitted that:

1) where, as a result of two or more positive cases advanced at trial, there was evidence to support the two possible versions of events consistent with the verdict(s) of the jury, sentence had to be passed on the basis that was most favourable to the defendant (see *R. v Stosiek*,[89] *R. v Tovey*[90] and *R. v Fleury*;[91]
2) if more than one view of the facts was consistent with the jury's verdict(s), the sentencer, applying the criminal standard, might, in the light of the

---

[82] (1979) 1 Cr. App. R. (S.) 322 CA.
[83] [2009] EWCA Crim 389; [2010] 1 Cr. App. R. (S.) 1.
[84] [1964] Crim. L.R. 829.
[85] (1992) 13 Cr. App. R. (S.) 207.
[86] (1984) 6 Cr. App. R. (S.) 391.
[87] [2013] EWCA Crim 467; [2013] 2 Cr. App. R. (S.) 73.
[88] [2017] EWCA Crim 128; [2017] 4 W.L.R. 95.
[89] (1982) 4 Cr. App. R. (S.) 205.
[90] (1993) 14 Cr. App. R. (S.) 766.
[91] [2013] EWCA Crim 2273; [2014] 2 Cr. App. R. (S.) 14.

evidence, form their own view and impose sentence on that basis (see e.g. *R. v Boyer*[92]);
3) if the judge had properly directed themselves, the Court of Appeal (Criminal Division) would not interfere with a finding of fact unless the court concluded that no properly directed jury could have reached that conclusion (see e.g. *R. v Wood*[93] and *R. v Gore*[94]).

The court dismissed the appeal, holding that:

1) the correct approach by a judge, after a trial, to the determination of the factual basis on which to pass sentence was clear:
2) if there was only one possible interpretation of a jury's verdict(s), the judge had to sentence on that basis;
3) when there was more than one possible interpretation, the judge had to make up their own mind, to the criminal standard, as to the factual basis on which to pass sentence;
4) if there was more than one possible interpretation, and the judge was not sure of any of them, (in accordance with basic fairness) they were obliged to pass sentence on the basis of the interpretation (whether in whole or in relevant part) most favourable to the defendant;
5) there was abundant authority, in addition to *Boyer* and *R. v Griffin*,[95] to support such an approach;[96]
6) it was equally clear that, to any extent that the *Stosiek* line of authority,[97] even as limited by *Fleury*,[98] had in the past been treated as being a freestanding principle, that was no longer the case. Instead, the *Stosiek* line had clearly been subsumed within the correct approach identified above. As explained by Fulford J in *R. v Bertram*:[99]

"Where, for instance, one or more plausible alternatives are left to the jury, as the foundation of their verdict 'in those circumstances, the court has to be extremely astute to give the benefit of any doubt to a defendant about the basis on which a jury convicted' per Watkins LJ in *Stosiek* ...

Put otherwise, where a jury's verdict is consistent with more than one version of the facts, it is for the judge, carefully applying the criminal standard of proof, to determine which version is correct. Accordingly, when the basis of the jury's verdict is not clear, where there is uncertainty as to what the jury concluded, the judge is under a positive duty to decide the factual basis for the sentence (see *Cloud* ...). When discharging that duty, where there is genuine confusion or

---

[92] (1981) 3 Cr. App. R. (S.) 35).
[93] (1992) 13 Cr. App. R. (S.) 207.
[94] [1998] 1 Cr. App. R. (S.) 413.
[95] [2008] EWCA Crim 119; [2008] 2 Cr. App. R. (S.) 61.
[96] Reference was also made to *R. v Ekwuyasi* [1981] Crim. L.R. 574; *R. v Solomon and Triumph* (1984) 6 Cr. App. R. (S.) 120; *R. v McGlade* (1990–1991) 12 Cr. App. R.(S) 105; *R. v Cawthorne* (1996) 2 Cr. App. R. (S.) 445; [2001] EWCA Crim 510; *R. v Cloud* [2001] 2 Cr. App. R(S.) 97; *R. v Martin* [2001] EWCA Crim 2761; [2002] 2 Cr. App. R. (S.) 34; *R. v Spedding* [2001] EWCA Crim 2190; [2002] 1 Cr. App. R. (S.) 119 (509); *R. v Bertram* [2003] EWCA Crim 2026; [2004] 1 Cr. App. R. (S.) 27; and *R. v Mills* [2003] EWCA Crim 2397; [2004] 1 Cr. App. R. (S.) 57 in this context.
[97] In essence, that where the defendant has been convicted by the jury, and the verdict of the jury is consistent with more than one version of the facts, the court should give the defendant the benefit of any doubt there might be over the basis of the verdict.
[98] Effectively limiting this to where there had been two positive cases advanced at trial.
[99] [2003] EWCA Crim 2026; [2004] 1 Cr. App. R. (S.) 27 at [20] and [21].

obscurity, such as to make it impossible for a judge to make a positive finding to the criminal standard, then the sentence should be on the basis most favourable to the defendant (see *Tovey* ...) ..."

7) the decision in *R. v Effionayi*[100] did not provide any support for a contrary view, although it was sometimes suggested to do so;
8) it was a matter for the judge's discretion as to whether or not the instant case was one of the rare ones in which, as part of the summing-up, it was necessary to pose a question (or questions) to the jury that might make clear the factual basis of any verdict. An example would be found in *R. v Hopkinson*.[101] In this particular case, the judge having chosen not to do so, it was obvious that the judge was fully aware that it fell to him to decide the factual basis on which to impose sentence.

In *R. v Cairns*,[102] it was suggested that after conviction following a trial, the judge was bound to honour the verdict of the jury, but, provided they did so, the judge was entitled to form their own view of the facts in the light of the evidence; this extended, it was suggested, to an issue only going to sentence on which the jury expressed an opinion. Reliance was placed on the decision in *R. v Mills*.[103] It is, however, noted that with the exception of circumstances such as occurred in *Mills*, where the jury, post-sentence, expressed the view that they had convicted on a different factual basis, it is difficult to conceive of a circumstance in which a jury, properly directed, has expressed its opinion on a matter only going to sentence.

Questioning the jury

A3-125   It is generally undesirable to ask a jury to explain an otherwise unambiguous verdict because inviting them to refine their decision could only lead to confusion: *R. v Solomon and Triumph*.[104] Relying on *R. v Matheson*,[105] *R. v Ekwuyasi*[106] and *R. v Whittle*,[107] the court in *R. v Cawthorne*[108] stated that the only instance in which it might be said to be common practice to go behind the general verdict and to enquire from the jury the basis on which they had reached it was in a case of manslaughter where the offence had been left to them on alternative grounds. It is a matter of discretion as to whether the judge asks a jury to indicate the basis of their verdict and judges should be mindful of the "grave dangers" of doing so. It is suggested that where it is proposed to ask a jury to indicate the basis of its verdict, the question(s) should be left with the jury during retirement.

The jury are not bound to answer any such questions, and if they did the judge could reach their own view of the facts, as in *Cawthorne*.

Where an issue is critical to sentence but does not constitute a distinction in the

---

[100] (1995) 16 Cr. App. R(S.) 380.
[101] [2013] EWCA Crim 795; [2014] 1 Cr. App. R. 3.
[102] [2013] EWCA Crim 467; [2013] 2 Cr. App. R. (S.) 73.
[103] [2003] EWCA Crim 2397; [2004] 1 Cr. App. R. (S.) 57.
[104] (1984) 6 Cr. App. R. (S.) 120 CA.
[105] (1958) 42 Cr. App. R. 145 CA.
[106] [1981] Crim. L.R. 574.
[107] [1974] Crim. L.R. 487.
[108] (1996) 2 Cr. App. R. (S.) 445 CA.

substantive law, it is not permissible to add a count to the indictment as a means of obtaining the jury's view on the point: *R. v Young*.[109]

Other Offences

Other offences: disclosed by evidence in trial

General

The current law As has been noted, the basic principle is that the offender must not be sentenced for offences of which they have not been convicted, either following a trial or by a plea of guilty (or where the offender has asked for an offence to be taken into consideration; seeA1-128): *R. v Wishart*.[110]   A3-126

Therefore, an issue presents itself where, during the course of the trial, evidence received discloses the fact that the defendant has committed another offence as a part of the offence of which they have been convicted. How does the court apply the rule in *Wishart*? In *Wishart*, the defendant, W, was charged with an offence of handling stolen goods, namely 23 cases of cod roes. A co-defendant, X, was similarly charged with handling stolen goods (the cod roes) and also charged with an additional offence of theft of frozen cod fillets. During evidence, X stated that W had provided him with the cod fillets (which had been discovered by the police in X's property). The sentencing judge sentenced W on the basis that he was involved in handling both the cod roes and the cod fillets. On appeal against sentence, the court held that, where evidence had been given by a co-defendant in the course of a joint trial which suggested that the offender may have been guilty of other offences than those with which he was charged, that evidence could not be taken into account in sentencing the offender for the offences of which he had been convicted.

In *R. v Davies*,[111] the Court of Appeal (Criminal Division) held that it was wrong in principle to sentence a man convicted of buggery of a girl under the age of 16 on the basis that she had not consented, because it was inappropriate for the appellant to be sentenced for rape when he had not been convicted of rape and the question of consent was not decided by the jury. The court observed that it was not permissible for an offender convicted of a lesser offence to be sentenced as if they had been convicted of a more serious one.

In *R. v Khan (Imran Mohammed)*,[112] however, the Court of Appeal (Criminal Division) held that where evidence is given of conduct of the defendant that was relevant as tending to rebut a defence advanced on his or her behalf, and where the conduct had been the subject of specific scrutiny at trial, the judge may, provided they were satisfied that it had been established to the criminal standard, take the fact into account when imposing sentence, notwithstanding that it might have formed the subject of a separate count, unless reliance on that conduct would be inconsistent with the verdict. The sentencing judge had treated a verbal threat to kill someone as an aggravating factor following a conviction for perverting the course of justice,   A3-127

---

[109] (1990–1991) 12 Cr. App. R. (S.) 279.
[110] (1979) 1 Cr. App. R. (S.) 322 CA. See also *R. v Chadderton* (1980) 2 Cr. App. R. (S.) 272 CA; *R. v Lawrence* (1983) 5 Cr. App. R. (S.) 220 CA; *R. v Reeves* (1983) 5 Cr. App. R. (S.) 292, CA; and *R. v O'Prey* (1999) 2 Cr. App. R. (S.) 83 CA.
[111] (1998) 1 Cr. App. R. (S.) 380 CA.
[112] [2009] EWCA Crim 389; [2010] 1 Cr. App. R. (S.) 1.

notwithstanding the fact that no separate offence was charged in this respect; the court on appeal held that this was permissible.

The court in *R. v Oakes*[113] held that the entitlement of a judge to make findings that offences have been committed other than those charged in the indictment (e.g. overt acts committed in the course of a conspiracy) did not extend to reaching a non-jury verdict about allegations put before the jury by way of similar fact evidence, unless, perhaps, the jury must have been satisfied that they were proved, or the defendant has been convicted of them in the past.

In *R. v O'Leary*,[114] the appellant, O, appealed against a total sentence of eight years' imprisonment following guilty pleas to one count of assault with intent to rob and two counts of unlawful wounding, contrary to s.20 of the Offences against the Person Act 1861. The incident occurred in a convenience store in London where O had brandished a knife, causing the shop worker injuries. O then entered a second convenience store and on approaching the shop worker said he wanted to "kill a Muslim". O then caused the shop worker injuries before fleeing. When sentencing, the judge made reference to the racial element to the attack. On appeal against sentence, O submitted that, inter alia, in the absence of a conviction for a racially aggravated unlawful wounding, contrary to s.29(1)(a) of the Crime and Disorder Act 1998, the judge was not entitled to treat racial motivation as a factor that increased the seriousness of the unlawful wounding offence. The court held that the statute required the court to consider the issue of racial aggravation in cases other than those charged under ss.29–32 of the Crime and Disorder Act 1998 (racially aggravated assaults etc) and where an offence was so aggravated, the court was required to treat that as an aggravating factor. Having reviewed the authorities[115] the court concluded that O had not been acquitted of the racially aggravated form of the offence, nor had the indictment been amended to remove such an offence prior to sending the jury out to deliberate. Reliance was placed on the fact that O had the opportunity during the trial to challenge the evidence relating to the alleged racial aggravation. In those circumstances, a similarity was drawn with *Khan*, above. The court observed that its decision was not to be taken as supporting the view that the prosecution are thereby relieved of the duty to consider the indictment with care; in the majority of cases where the evidence supports an offence falling within one of those sections, it should be pleaded as such.

A3-128   *Khan* was also applied in *R. v Moore*.[116] The defendant had been charged (and convicted) of an offence contrary to s.9(1)(b) of the Theft Act 1968 (entry to a building as a trespasser, stealing/committing GBH or criminal damage once therein) but had been sentenced on the basis that he had formed the relevant intention *prior* to entering the building (which would constitute an offence under s.9(1)(a)). The defendant had been involved in a relationship with V1 for a number of months in 2015. Some six months after the relationship ended, M drove 14 miles from his house to her home address in the early hours of the morning. He gained access by kicking in a door of the property, which broke the lock. Once inside, he found V2, V1's new partner, in bed. He attacked V2 violently, punching him numerous times,

---

[113] [2012] EWCA Crim 2435; [2013] 2 Cr. App. R. (S.) 22.
[114] [2015] EWCA Crim 1306; [2016] 1 Cr. App. R. (S.) 11.
[115] Reference was made to *R. v Lawrence* (1983) 5 Cr. App. R. (S.) 220; *R. v O'Prey* (1999) 2 Cr. App. R. (S.) 83; *R. v O'Callaghan* [2005] EWCA Crim 317; [2005] 2 Cr. App. R. (S.) 83 *R. v McGillivray* [2005] EWCA Crim 604; [2005] 2 Cr. App. R. (S.) 60; *R. v Kentsch* [2005] EWCA Crim 2851; [2006] 1 Cr. App. R. (S.) 126; and *R. v Docherty* [2014] EWCA Crim 1404.
[116] [2017] EWCA Crim 1621; [2018] 1 Cr. App. R. (S.) 17.

causing him to suffer a broken nose and a fractured left cheekbone, which required treatment in hospital. Blood was sprayed around the room, including over a baby's cot, although the cot was vacant at the time. On appeal against sentence, the court stated that the question was whether the form of the indictment inhibited the sentencing judge from relying on a pre-existing intention to commit grievous bodily harm in circumstances where the offender was not charged with the first limb of the offence or a separate offence of causing GBH with intent contrary to s.18 of the Offences against the Person Act 1861. The court concluded that the answer to that question was plainly "no", relying on what the court in *Khan* had stated, in particular at [12], namely:

"... where the conduct is relevant to a criminal charge being considered by a jury, and where such conduct has been the subject of specific scrutiny in a trial, then unless reliance on that conduct is inconsistent with the verdict, a judge should be able to take that conduct into account on sentence, provided he is satisfied that it has been established to his satisfaction to the criminal standard".

On the basis of *Khan* and *Moore*, it seems that it is permissible to take into account facts establishing another criminal offence provided that (a) they have been the subject of scrutiny during the trial and (b) to do so is not inconsistent with the verdict of the jury.

Commentary: The decision in *R. v Moore*[117] to take into account M's intention prior to entering the address is, at the very least, questionable. The court stated that the question was whether the indictment prohibited the court from taking into account the particular fact in question and whether it was inconsistent with the verdict of the jury. It is submitted that this is to frame the question in the wrong way; rather than asking what does the indictment and the jury's verdict prohibit, it is suggested that the proper question is to ask what does the indictment and the jury's verdict permit. This may seem like pure semantics at first, but it is submitted that there is both a substantive and a procedural difference in framing the question in this way: it places the emphasis on the conviction offence, rather than inviting a comparison with other offences and seeking to determine whether they are incompatible with the conviction offence. In doing so, it is submitted that the approach is more restrictive (limited to the elements of the conviction offence) and in accordance with the basic principle in *Wishart*.

A3-129

Furthermore, the approach taken in *Moore* appears to ignore the earlier authority. It is incontrovertible that the jury's verdict was clear: M was guilty of an offence of burglary under s.9(1)(b)—intention being formed once inside the building. The court could have proceeded to sentence on that unequivocal basis. Had the Crown wished to give the court the opportunity to sentence on the basis that M formed the intention prior to entering the building, it was perfectly open to them to include an alternative count on the indictment and thereby require the jury to make a finding in relation to that issue, or to indict the s.9(1)(b) offence only. How persuasive is this point? It is (at least superficially) attractive to say that the Crown could have chosen to indict a number of additional offences but chose not to, and therefore the court is prohibited from sentencing on the basis of any additional offence disclosed during the course of proceedings. This has the benefit of (a) requiring a verdict from the jury on the point, in accordance with the defendant's entitlement to a trial by jury; (b) unequivocally presenting the defendant with the opportunity to challenge

---

[117] [2017] EWCA Crim 1621; [2018] 1 Cr. App. R. (S.) 17.

the elements of the offences; and (c) ensuring that the offences charged properly reflect the extent of the criminality—i.e. fair labelling. These three points bring added legitimacy to the sentencing exercise, as the defendant (and public) can be satisfied that the sentence imposed is in accordance with the verdict of the jury and that the defendant was clear in the need to challenge each element of the offence.[118] Additionally, it is of course possible for the Crown to institute proceedings against the defendant for the additional offence at the conclusion of the trial and obtain transcripts of the relevant evidence. To allow the court to sentence on the basis that offences that were not indicted have been committed could lead to absurdity, an absurdity the courts are clearly wary of. To take a stark example, imagine that D has been charged with, and convicted of, manslaughter on the basis of lack of intent to kill or cause really serious harm. It would clearly be impermissible, when sentencing, for the judge to determine that the evidence presented at trial established to the criminal standard that D had intended to cause the victim really serious harm. That would evidently be inconsistent with the prosecution's case and would in effect treat the defendant as having been convicted of murder.

A "halfway house" was mooted in [2018] Crim. L.R. 409. There, it was suggested that the relevance of the facts not forming the basis of a conviction should be limited to informing the background to the offences for which the offender falls to be sentenced and not be permitted to aggravate the sentence in anyway. In many cases this will be unlikely to make a material difference; however, it may serve to remove the availability of points of mitigation which would otherwise be open to an offender, such as in *Moore*, that the offence was opportunistic. This appears to have been the approach taken in *Attorney General's Reference (Nos 126 and 127 of 2014) (R. v Jumale)*,[119] where the court took account of an incident of child abuse at a flat (not forming a count on the indictment) in the sentencing for offences of trafficking for exploitation, rape and sexual activity with a child in which a child was taken to a hotel and raped by numerous men.

A3-130 On the other hand, it is probably too inflexible a rule to prohibit a sentencing court from aggravating a sentence by reference to *any* fact established in evidence that could have been charged as a separate criminal offence. To do so would require in some cases overloading indictments with many offences which in comparison to the principal offence are of relatively low seriousness and therefore will make but a minor impact on the eventual sentence. Certainly, it could be considered to be at odds with the approach taken by the Code for Crown Prosecutors, which requires prosecutors to select charges which reflect the seriousness and extent of the offending but which also enable the case to be presented in a clear and simple way. Additionally, if the central pillar of the argument against is that the Crown could have charged the additional offence but didn't, circumstances in which it was not known to the Crown until the evidence was presented at trial must fall outside the prohibition, and on that basis an inflexible rule is too restrictive. So there is an argument that a court should be permitted to sentence on such a basis where the offence could have been charged, but was not. Furthermore, it might be said that there is protection in the form of a limitation on the sentence that can be imposed on the

---

[118] It is not beyond comprehension that in *Moore*, the defendant might have accepted presence at the address but have denied having attempted to cause GBH once entering, providing no evidence to rebut the suggestion that he formed the requisite intention prior to entering the property as he was of the understanding that was not one of the particulars of the offence charged and therefore called for no answer by him.

[119] [2015] EWCA Crim 128; [2015] 1 Cr. App. R. (S.) 65.

defendant, namely that it is limited to the maximum sentence of the conviction offence (and not the more serious offence). While this may avert the art.7 issue (no punishment without law) and render the sentence lawful in the sense that the sentence is within the court's sentencing powers for that particular offence, it does not justify why the defendant should have imposed on them a sentence which is appropriate for an offence of which they were not convicted.

So, how to find a principled yet pragmatic compromise? It is submitted that the arguments in favour of the prohibition (i.e. a stricter application of *Wishart* etc) are more compelling than the pragmatic reasons against it, and that this leads to a more restrictive compromise. It is submitted that it is possible to identify categories of offence which should always form the basis of a separate offence on the indictment or alternatively not be taken into account when sentencing. These are suggested as:

1) where the offence is of equal or greater seriousness than the indictment offence;
2) where the offence exposes the offender to a minimum sentence or a consequence of conviction, such as deportation, notification or barring

Additionally, it is submitted that it is permissible to use the facts established in the trial which constitute a separate offence not charged as "background". In this respect it is suggested that there is a substantive difference between sentencing an offender for an offence of which they have not been convicted, and sentencing an offender by reference to the evidence of their involvement in the criminal offence. A court is not required to turn a blind eye to evidence suggesting that a defendant has been engaged in similar offending before and therefore sentence on the basis it is a one-off offence if that is not the evidential background.[120] Otherwise, it is submitted that such facts may not aggravate the seriousness of an offence and may not result in an increase in sentence.

Category (1) has the appeal of having congruity with the approach taken with offences taken into consideration; in that case, the defendant requests that they are taken into consideration (akin to a guilty plea) and is justified on similar grounds. Category (2) is justified on the basis that where the offence in question carries with it additional consequences that would not follow from the court merely treating the defendant as having committed that offence, it would be improper for the defendant to escape liability for those offences and the Crown should consider whether it wishes to pursue separate proceedings in relation to those offences.

It is submitted that this is a more principled approach than that taken in *Khan* and *Moore*, but one which recognises the need for flexibility. It would permit, for example, sentencing an offender on the basis of the use of a weapon in a serious assault; and perverting the course of justice by disposing of clothing worn in a domestic burglary. It would not permit sentencing an offender charged with assault occasioning actual bodily harm on the basis that the offence was racially motivated—the situation that occurred in *Moore*—or where it was established that an assault was in fact sexually motivated and the defendant did not reasonably believe the victim consented.

---

[120] See, further, the commentary to *R. v Rajwansee (Mandeep Singh)* [2023] EWCA Crim 1662; [2024] 2 Cr. App. R. (S.) 6 at CLW/24/23/13.

Particular offences

A3-132 Returning to the current law (rather than commentary on it) the following paragraphs set out the position as regards certain offences, explaining where it is and is not permissible to take account of facts establishing the commission of another offence.

A3-133 Assaults In *Nottingham Crown Court Ex p. DPP*[121] it was held that where a defendant has been convicted of common assault, the sentencing court could consider the injuries resulting from the assault when determining the sentence and the fact that the defendant could have been charged with assault occasioning actual bodily harm did not preclude this course.

A3-134 Burglary In *R. v Whiting*,[122] it was said that a charge under the Theft Act 1968 s.9(1)(b) included by implication an allegation under s.9(1)(a). John Smith criticised the decision in [1987] Crim. L.R. 473, opining that "The Humpty Dumpty rule of construction, scorned by Lord Atkin in *Liversidge v Anderson* [1942] A.C. 206 at 245, lives on" and describing how if an intelligent child (like Alice) were asked the question considered by the court, she would come to the opposite conclusion.

A3-135 Racially/religiously aggravated offences As to the case of *R. v O'Leary*,[123] see A3-127.

A3-136 Robbery The general position as regards armed robbery is that where it is alleged that a firearm is used in an offence of robbery (or any other offence) that should be included on the indictment. The court in *R. v Guy*,[124] stated at 111:

> "There are both practical reasons and sentencing policy reasons for including a firearms count. The practical reasons are definitively to establish the use, or carrying, or possession of firearms either by plea or by verdict of the jury. These reasons the Court spelt out in *French* (1982) 75 Cr. App. R. 1. The policy reasons are to deter criminals from using or carrying or possessing firearms by the knowledge that such use or display or possession may be expected to attract a consecutive sentence, see *Faulkner* (1972) 56 Cr. App. R. 594, specifically approved in *French and McGrath* (1986) 8 Cr. App. R. (S.) 372. These principles are well established and require no further explanation."

The decision was approved by Professor Sir John Smith in his commentary at [1991] Crim. L.R. 462, in which he described the separate count as "necessary".

However, more recent case law has cast doubt on this approach. See A3-137 for more general comment on the inclusion of separate counts alleging use etc of firearms.

A3-137 Offences involving firearms In *R. v Eubank*,[125] the court held that where in a case of robbery it is the prosecution case that the offender was in possession of a firearm or imitation firearm, an appropriate count should be included in the indictment, so that the issue can be determined by a jury; and that in the absence of such a count, the sentencing judge should not determine that the offender was in possession of a

---

[121] (1996) 1 Cr. App. R. (S.) 283 DC.
[122] (1987) 85 Cr. App. R. 78 CA.
[123] [2015] EWCA Crim 1306; [2016] 1 Cr. App. R. (S.) 11.
[124] (1991) 93 Cr. App. R. 108 CA.
[125] [2001] EWCA Crim 891; [2002] 1 Cr. App. R. (S.) 4.

firearm or imitation firearm in a *Newton* hearing. This was adopted in the later case of *R. v Yusuf*,[126] in which the court held that where the appellant had pleaded guilty to conspiracy to rob and a not guilty verdict had been entered on the direction of the judge in relation to a count of murder where his co-defendants had been convicted of murder carried out with a firearm used during the course of a robbery, it was not permissible for the judge to sentence the appellant on the basis that he had knowledge of the firearm for the purposes of the robbery. If the Crown wished to pursue an allegation of such prior knowledge, it should have applied to add a count specifying that particular allegation. *Eubank* was recently endorsed by the court in *R. v Solari*.[127]

However, as Rudi Fortson QC noted in [2014] Crim. L.R. 841, the court in *Yusuf* did not consider the decision in *R. v Langley*,[128] in which L had been convicted of conspiracy to commit robbery on the basis that he was involved in six robberies. During the hearing of his application for leave to appeal his sentence, L contended that it was wrong in principle for the judge to sentence the appellant on the basis that he had knowledge of, or involvement with, an imitation firearm in circumstances where there was no firearm count on the indictment. Decisions to the effect that where knowledge or possession of a firearm is alleged, that should be included on the indictment were considered by the court; however, the court remarked that all of the cases relied on were decided before the current Sentencing Council's Definitive Guideline on Robbery, stating at [18]:

> "The guideline makes it clear that in assessing the overall seriousness of the robbery one of the factors to be taken into account is the use of or presence of a weapon, even if not used."

The court added (at [19]) that:

> "Since the coming into effect of section 125 of the Coroners and Justice Act 2009, the duty of the sentencing judge is to follow guidelines unless it would be contrary to the interests of justice to do so. It follows that as part of the sentencing exercise now the judge is obliged, when sentencing for a conspiracy to rob, to have regard to whether a weapon was present and used or threatened to be used in terms of determining the level of seriousness of the offence in the resultant sentence."

Ultimately, as Fortson noted, the court did not hold that those cases were no longer to be followed, but held that the sentence ultimately imposed was appropriate, observing that it may be appropriate for the Sentencing Council to consider the interrelationship of the earlier authorities "and the significance of them in relation to the formerly accepted principle that where a firearm is involved it should be charged as a separate count".

A3-138

As Fortson suggested, although the guideline identifies the factors that are to be taken into account by the sentencer, it is not definitive on how they are to be established or proved; accordingly, where it is alleged that a firearm was involved in the commission of an offence, the authorities referred to above ought to prevail. The conflict between *Eubank/Yusuf*, and *Langley* was recognised in *R. v Buahin*,[129] however the court did not seek to resolve the issue; instead the court merely noted

---

[126] [2014] EWCA Crim 1586; [2015] 1 Cr. App. R. (S.) 4.
[127] [2020] EWCA Crim 231; [2020] 2 Cr. App. R. (S.) 15.
[128] [2014] EWCA Crim 1284.
[129] [2020] EWCA Crim 1832; [2021] 2 Cr.App.R. (S.) 11.

that since *Eubank*, the practice of the court had somewhat changed in terms of judicial determination of factual issues following jury trials. In [2021] Crim. L.R. 799, Lyndon Harris suggested that the position should be resolved in favour of *Eubank* and *Yusuf* and that it was unclear how the composition of the sentencing guidelines (which involves an application of the factual basis for sentence to the factors listed in the sentencing guidelines) can be construed as having altered (by implication only) the process for determining the factual basis for sentence in certain cases.

Other offences: not disclosed by evidence presented as part of the Crown's case

A3-139 The same principles apply to the more unusual situation where there is evidence of other offences committed by the defendant which do not form part of the Crown's case: *R. v Craine*.[130] The circumstances that arose in *Craine* were that C was indicted jointly with a co-defendant, X. X asked for offences to be taken into consideration, having admitted that those additional offences were committed jointly with C. The court held that it was not permissible for the judge to impose sentence on C on the basis that he was guilty of the additional offences unless he also had asked for them to be taken into consideration, which he had not.

This does not require a court "to blind itself to the obvious", however. In *R. v Twisse*,[131] the offender had been charged in a single count concerning drug supply. In interview he admitted that he had been supplying drugs for nine months, but at trial had claimed that the incident was an isolated transaction. The court held that the claim made at trial could be rejected where the evidence established that this was not the case, and, accordingly, the offender should be given the appropriate sentence for a single offence, but without the credit he would receive if it really were an isolated incident. The decision in *Twisse* was approved in *Tyack v Mauritius*.[132] To similar effect in the context of a guilty plea rather than a trial, see *R. v Ayensu and Ayensu*[133] (importation of cannabis).

It will be noted that the approach contended for at A3-129 to A3-131 is congruent with that taken by the court in *Twisse* and approved in *Tyack* in relation to facts disclosed by the evidence in the course of a trial.

Other offences: in respect of which defendant was acquitted

A3-140 In line with the general principles discussed at A3-126, it is impermissible to sentence a defendant on the basis that they have committed an offence in respect of which they were acquitted. This extends to both absolute acquittals and where the defendant has been convicted of a lesser offence. In *Singh (Ajit)*,[134] the appellant was convicted of unlawful wounding on an indictment charging him with causing grievous bodily harm with intent. The prosecution's case was that he had attacked another man with a knife and stabbed him in the face several times. He was convicted of unlawful wounding but the judge had appeared to sentence him on the basis that he had deliberately attacked the man with the knife. The court held that the judge had a difficult problem in finding a logical basis in passing sentence and

---

[130] (1981) 3 Cr. App. R. (S.) 198.
[131] [2001] 2 Cr. App. R. (S.) 9 CA.
[132] [2006] UKPC 18.
[133] (1982) 4 Cr. App. R. (S.) 248 CA.
[134] (1981) 3 Cr. App. R. (S.) 180 CA.

at the same time giving effect to the jury's verdict. However, the judge had sentenced the appellant on the basis of facts which would have established the more serious offence, and the sentence would be reduced. There are numerous other examples of the application of this principle, including *R. v Hazelwood*,[135] *R. v Keles*[136] and *R. v Baldwin*.[137]

Other offences: not proceeded with

Similarly, in line with the general principles discussed at A3-126, it is impermissible to sentence a defendant on the basis that they have committed an offence in respect of which they have entered a not guilty plea and the Crown has chosen not to proceed in respect of that offence. Although some of the cases illustrating this point arise from guilty pleas to other offences, the general principle applies to cases where the conviction eventuates from a trial. Examples of such cases are *R. v Booker*[138] (arson with intent to endanger life and reckless arson); *R. v Clutterham*[139] (ABH and possession of a knife); and *R. v Ayensu and Ayensu*[140] (importation of cannabis).

A3-141

In *R. v Rajwansee (Mandeep Singh)*,[141] the defendant pleaded guilty to money laundering. The served evidence included pieces of paper which indicated that the defendant was not merely transferring sums of money but also holding large amounts (which were outside of the indictment). It was submitted that reliance on those pieces of paper would amount to a determination he had committed other offences with which he was not charged. The Recorder concluded that relying upon that material was permissible because he would not be sentenced on the basis of the figures in those documents and that their relevance was that it effectively negated the submissions as to the defendant's lesser role. The court endorsed the Recorder's approach, holding that to do otherwise would have been to ignore that the defendant had an ongoing readiness to transfer criminal property to others.

Specimen/Multiple Incident Counts

A specimen count charging a distinct identifiable offence as an example of one of numerous offences which could be charged may be used when the Crown considers it necessary to keep the trial manageable (having regard to the indictment and the resultant complexity and length of jury directions). Alternatively, the Crown may use a specimen count alleging a single offence committed within a defined period during which the defendant is alleged to have engaged in a course of similar conduct.[142]

A3-142

A multiple-incident count (see Crim PR r.10.2) is a count on an indictment where more than one incident of the commission of the offence is included. Multiple-incident counts may be used where those incidents taken together amount to a

---

[135] (1984) 6 Cr. App. R. (S.) 52 CA.
[136] (1988) 10 Cr. App. R. (S.) 78 CA.
[137] (1989) 11 Cr. App. R. (S.) 139 CA.
[138] (1982) 4 Cr. App. R. (S.) 53 CA.
[139] (1982) 4 Cr. App. R. (S.) 40 CA.
[140] (1982) 4 Cr. App. R. (S.) 248 CA.
[141] [2023] EWCA Crim 1662; [2024] 2 Cr. App. R. (S.) 6.
[142] Judicial College, *Crown Court Compendium* (2021), 6-2.

course of conduct having regard to the time, place or purpose of commission.[143] The purpose underpinning multiple counts was explained in *R. v A*[144]):

"... is to enable the prosecution to reflect the defendant's alleged criminality when the offences are so similar and numerous that it is inappropriate to indict each occasion, or a large number of different occasions, in separate charges. This provision allows the prosecution to reflect the offending in these circumstances in a single count rather than a number of specimen counts."

Again, in accordance with the general principles espoused at A3-126, it is not permissible to sentence a defendant in respect of conduct that has not formed, expressly or by necessary implication, part of the indictment: *R. v Canavan; Kidd; Shaw*,[145] approving of the decision in *R. v Clark*.[146] Accordingly, where a defendant is convicted of a specimen count, sentence must proceed on the basis of the criminality alleged in that count and not of unindicted or unadmitted offending. This is of course subject to the ability to have a "split" trial, with the jury trying the specimen counts and the judge trying the additional counts separately; see s.17–21 of the Domestic Violence, Crime and Victims Act 2004.

A3-143   *Canavan* has been followed in numerous cases.[147] Of note is the decision in *R. v Hartley (Practice Note)*,[148] where the court observed that although the approach in *Canavan* presented difficulties for courts and prosecutors, the issue could normally be dealt with by framing an indictment which did not contain an enormous number of counts but did contain sufficient offending to enable the judge to pass sentence on a basis which sufficiently represented what really happened. The court also noted that an exception may be where the defendant has explicitly assented to counts on the indictment being treated as representative of a longer course of conduct.

In relation to multiple incident counts, the court in *R. v A*[149] considered the situation where A was charged with three multiple incident counts. A was married to the victim, V. They lived with A's parents and had one child. Their marriage deteriorated over time and A acted violently towards V. V informed A that she no longer wished to engage in sexual activity with him. Subsequently, V alleged that A and A's father raped and sexually assaulted her repeatedly over a period of months. The judge directed the jury that they had to be sure that the incidents complained of had happened more than once if they were to convict. A was duly convicted and sentenced accordingly. On appeal against sentence, the court held that when the prosecution failed to specify a sufficient minimum number of occasions within the multiple incident count or counts, they were not making proper use of the multiple-count indictment procedure. Having made reference to *Canavan*, the court stated that the judge had sentenced A in breach of the requirement that an of-

---

[143] *Crown Court Compendium* (Judicial College, 2021), 6-2.
[144] [2015] EWCA Crim 177; [2015] 2 Cr. App. R. (S.) 12 (at [47]).
[145] [1998] 1 W.L.R. 604.
[146] (1996) 2 Cr. App. R. 282.
[147] *Canavan* was followed and applied in *R. v T* (1999) 1 Cr. App. R. (S.) 419 CA (rape and indecent assault of a child); *R. v Rosenburg* (1999) 1 Cr. App. R. (S.) 365 CA; *R. v Evans* (2000) 1 Cr. App. R. (S.) 144 CA (fraud); *R. v BT* [2001] EWCA Crim 2700; [2002] 2 Cr. App. R. (S.) 2 (indecent assault); *R. v Pardue* [2003] EWCA Crim 1562; [2004] 1 Cr. App. R. (S.) 13 (indecent photographs); *R. v Graham; Whatley* [2004] EWCA Crim 2755; [2005] 1 Cr. App. R. (S.) 115 (benefit fraud); and *R. v Tovey; Smith* [2005] EWCA Crim 530; [2005] 2 Cr. App. R. (S.) 100 (Tovey: firearms, explosive substances and racially aggravated criminal damage offences; Smith: indecent assault of a child).
[148] [2011] EWCA Crim 1299; [2012] 1 Cr. App. R. 7.
[149] [2015] EWCA Crim 177; [2015] 2 Cr. App. R. (S.) 12.

fender should not be sentenced for crimes of which they had not been convicted and accordingly, the only fair approach was to sentence A on the basis that he had committed two offences of rape and two offences of sexual assault by penetration.

The position therefore appears to be that the defendant is to be sentenced in accordance with the jury's verdict. There appears to be some tension between *A* and the approach taken in *Khan* (in which reliance was placed on whether the approach contended for was inconsistent with the jury's verdict). In *A*, the reason for the decision was that the jury had been directed that they must be sure that the incident occurred more than once—i.e. at least twice. Applying *Khan*, it would seem that the verdict of the jury did not preclude the court from sentencing on the basis that it had happened three, five or 10 times. So the decision in *A* appears to be more consistent with the earlier authorities and, more specifically, *Canavan*. It is submitted that this is to be welcomed and that any derogation from the decision in *Canavan* represents inappropriate and unprincipled inroads into important safeguards. As suggested at A3-130, the older authorities such as *Wishart* are to be preferred.

Dangerousness

In *R. v Considine; R. v Davis*[150] the court considered the application of the principle in *Canavan* to the determination of dangerousness. Considine had been convicted of two counts of making a threat to kill and one count of possessing a bladed article. During evidence in *Considine*'s case, there were allegations of repeated domestic violence made against Considine, none of which had resulted in criminal convictions. When sentencing, the judge concluded that the complainant (who had given the relevant evidence) was a truthful witness and that Considine was potentially a very dangerous man.

A3-144

Reference was made to the decision in *R. v Farrar*[151] (in which a similar situation had arisen relating to an earlier incident and the judge had heard evidence on the issue prior to determining whether it had occurred for the purposes of sentencing). The court in *Farrar* decided that there was nothing in the dangerousness regime (then under the Criminal Justice Act 2003) that overrode the principle in *Canavan*. The court in *Considine*, having considered the decision in *Farrar*, had reservations as to whether the principle in *Canavan* applied to the dangerousness regime. The court commented that what *Canavan* prohibited was the introduction of a hybrid arrangement into the criminal justice system involving the possibility of an effective conviction for a serious criminal offence after trial by judge alone in the course of a sentencing decision. The court was concerned that the legislation was not construed so as to allow the defendant to be deprived of their right to trial by jury or in some other way be fixed with the consequence of guilt of a criminal offence without due process. A *Newton* hearing was not an acceptable form of trial and in any event it was a precondition of a *Newton* hearing that guilt of the offence was admitted by the defendant. Accordingly, it was inappropriate to embark on a *Newton* hearing to decide whether the defendant had committed a discrete, but similar offence solely to the purpose of assessment. Finally, the court had deliberately declined to lay down any "hard and fast rules" about how the sentencing court should approach the resolution of disputed facts when making the

---

[150] [2007] EWCA Crim 1166; [2008] 1 W.L.R. 414.
[151] [2006] EWCA Crim 3261; [2007] 2 Cr. App. R. (S.) 35.

assessment. It observed that there would be very few cases in which a fair analysis of all information in the papers prepared by the prosecution, events at the trial, the judicial assessment of the defender's character and personality, the material in mitigation, the contents of the pre-sentence report and any psychiatric or psychological assessment prepared on behalf of the defendant, should not provide the judge with sufficient information on which to form the necessary judgment in relation to dangerousness.

Aggravating Features not Charged

Generally

A3-145   In relation to aggravating features which, in conjunction with the verdict of the jury would constitute an additional criminal offence of equal or greater seriousness, reference should be made to A3-126 onwards.

Following a trial, there will frequently be occasions where the judge has to determine a particular issue—e.g. how many blows were delivered in an assault, how long the incident constituting a rape lasted or, perhaps more obviously, what the role of the offender was in an incident with more than one participant. In these circumstances, where it does not contravene the principles discussed earlier in this chapter (namely that a defendant may not be sentenced on the basis of their having committed criminal offences of which they have not been convicted or pleaded guilty to and that any finding is not inconsistent with the jury's verdict), it will be permissible for the judge to make a finding of fact for the purposes of sentencing: *R v Schofield*[152]; *R. v Jama*.[153] This can also involve asking the prosecution to clarify an aspect of its case: *R. v Van Pelz*.[154] As to aggravating factors generally, see A1-053.

Harm suffered by victims

A3-146   In addition to what is said above in relation to it being for the judge to determine to the criminal standard the presence of aggravating features not forming (in isolation or in conjunction with the jury's verdict) another criminal offence, there is an additional consideration in relation to harm suffered as a result of the offence. This arises more commonly in offences for which there is an offence-specific guideline as it features as a listed factor (typically at Step 1) in the guideline. There are therefore often submissions made by both prosecution and defence in relation to the appropriate categorisation of the offence with reference to the harm caused.

In *R. v Chall*,[155] the court held that:

1) expert evidence was not an essential precondition of a finding that a victim had suffered severe psychological harm;
2) a judge might assess that such harm had been suffered on the basis of evidence from the victim, including evidence contained in a victim personal statement, and might rely on his or her observation of the victim while giving evidence;

---

[152] [1964] Crim. L.R. 829.
[153] (1968) 52 Cr. App. R. 498.
[154] [1943] K.B. 157.
[155] [2019] EWCA Crim 865; [2019] 4 W.L.R. 102.

3) whether or not a victim personal statement provided evidence that was sufficient for a finding of severe psychological harm depended on the circumstances of the particular case and the contents of the statement.

Strict Liability Offences

In *R. v Sandhu*,[156] (an appeal against conviction where the Crown had led evidence of the defendant's state of mind when charged with a strict liability offence) the court observed that to adduce evidence which went beyond proof of those elements was not an optional extra—it was to adduce inadmissible evidence and to adduce inadmissible evidence which was prejudicial to the interests of the accused was objectionable. It is submitted, however, that while this approach may be correct in relation to questions of evidence, it will rarely be the case on the prosecution of a strict liability offence where there is such a neat divide between the evidence relating to the elements of the offence (i.e. actus reus) and evidence of the defendant's mental state at the time viz intention. Accordingly, it will in most cases be possible that the court can make a finding in relation to the defendant's mental state from the evidence legitimately led at trial.

A3-147

In *R. v Jackson*,[157] the appellant, a serving member of the Royal Air Force, flew a Jaguar aircraft at a height of between 50 and 100ft and collided with a floodlight tower causing substantial damage to both the aircraft and the tower. He was charged with the offence of unlawful low flying, contrary to s.51 of the Air Force Act 1955 and regulations made pursuant to the Act. The court held that the offence was effectively one of strict liability. In relation to sentence, the court observed that the Judge Advocate had commented that it was necessary to avoid manifestly unjust results. The court stated, per curiam, that when sentencing in such circumstances, either by use of a *Newton* hearing or by some other means it was important for the court to determine the level of culpability to the criminal standard of proof. It is submitted that a *Newton* hearing is unlikely in such circumstances as that requires a guilty plea and it would be expected that a guilty plea would be accompanied by a basis of plea specifying, inter alia, the degree of intention or knowledge.

A different approach was taken in *R. v Stone (Rodney) and Moore*.[158] The appellants had been convicted of strict liability offences under the Consumer Protection from Unfair Trading Regulations 2008 and, where the sentencing judge had sentenced the offenders on the basis that they acted dishonestly, the court held on appeal that it was not open for the judge to do so, as the offence required proof of neglect, but not of dishonesty.

There is clearly a conflict between the decisions in *Stone (Rodney)* and *Jackson*. It is suggested that *Jackson* represents the better view as the approach in *Stone (Rodney)* would appear to be contrary to the court's duty under s.63 of the Sentencing Code to assess seriousness by reference to the culpability and harm involved in the offence. To proceed on the basis that a strict liability offence involves no culpability is, with respect, manifestly false. The error is to elide the elements of an offence (typically actus reus and mens rea) with the elements of the seriousness of an offence (harm and culpability). It is a matter of common sense that strict liability offences can be committed without direct intention, or committed intention-

A3-148

---

[156] [1997] Crim. L.R. 288 CA.
[157] [2006] EWCA Crim 2380; [2007] 1 W.L.R. 1035 CMAC.
[158] [2012] EWCA Crim 186.

ally, and surely the ability to delineate between the two at sentence is a significant safeguard in justifying the criminalisation of strict liability conduct. *Ceteris paribus*, the latter is surely more serious than the former, because the offender is more culpable. As to the overlap of these elements, and the mistake in proceeding on the basis that there is a neat congruity between mens rea and culpability on the one hand and actus reus and harm on the other, see A1-013 and following.

Imposing Sentence

Explaining factual basis for sentence

A3-149   Having determined the factual basis as necessary, the judge should provide an explanation of the reasons for reaching the conclusion arrived at, but it is not necessary to review the whole of the evidence: *R. v Byrne*.[159]

As a general rule, the Court of Appeal (Criminal Division) will not interfere with a finding of fact made by the judge where the judge has properly directed themselves, unless the court considers that no reasonable jury could have reached the judge's conclusion: *R. v Wood*[160]; *R. v Gore*.[161]

Expressing the custodial sentence in days/weeks/months/years

A3-150   Save for very short sentences which are to be expressed in days, sentences should be expressed in years and months and weeks: *R. v Hussain*.[162] To this, we would add one caveat, namely the sentences imposed under the minimum sentence provisions (particularly for third-strike burglary and Class A drug trafficking) which, when subject to a guilty plea reduction, tend to be expressed in days so as to ensure the figure is precise and in accordance with the legislation requiring that the sentence be no less than 80% of the specified minimum.

Conviction on a Guilty Plea

Introduction

A3-151   The process by which a court may determine elements of the factual basis following a guilty plea is different from that following a trial. The distinction between the two has not been fully explored by the courts (though there is a discussion in *R. v Tolera*[163]), though it is clear that the courts regard there to be some inherent fundamental difference between a conviction following a trial and a conviction following a guilty plea. It is suggested that this can be found in the fact that following a trial, the Crown has presented its case and the evidence has been tested through the adversarial trial process; by contrast, on a guilty plea, no evidence has been heard and tested. Accordingly, in the former, it is not generally permissible to hear further evidence—the Crown's case is complete and there should be sufficient information for the court to make a judgement as to whether a particular event occurred—whereas in the latter, the court is entitled to hear some evidence

---

[159] [2002] EWCA Crim 1975; [2003] 1 Cr. App. R. (S.) 68.
[160] (1992) 13 Cr. App. R. (S.) 207 CA.
[161] (1998) 1 Cr. App. R. (S.) 413 CA.
[162] [2021] EWCA Crim 1493.
[163] (1999) 1 Cr. App. R. (S.) 25 CA.

to resolve any factual disagreement between the parties. That rationale appears to be principled and logical; however, it is not strictly correct to say that no further evidence is heard when sentencing following a trial. In both cases—following a trial and on a plea of guilty—further evidence can be heard in the form of a victim personal statement (see A3-037) and, on occasion, other documentary evidence which may support the defendant's plea in mitigation (e.g. references, evidence of employment offers etc).

An additional, important, distinction is that while a jury's verdict only has the effect of deciding whether the offender is guilty as a matter of law (and not necessarily of deciding whether all other parts of the Crown's case have been proven), the courts have interpreted a guilty plea as acceptance by the offender of all parts of the Crown's case in the absence of a specific basis of plea disagreeing with facts as presented by the Crown. The court will therefore only be invited to make findings of fact on a plea of guilty where the defendant has pleaded guilty on a limited basis—i.e. they accept part, but not all, of the Crown's case and have sought to limit their liability in some way. To take a simple example where on the Crown's case, an ABH involved the defendant kicking the victim with a shod foot, followed by three punches, the defendant may plead guilty to the offence but on the basis that the incident involved two punches only. If the Crown does not accept that basis of plea, the court will then need to determine the factual dispute, as it will make a material difference to sentence. As will be seen later in this section, the way in which this is resolved is by a voir dire. As with all findings of fact adverse to the defendant, the relevant standard is the criminal standard.

The overarching rule (which applies to both convictions and guilty pleas, but is perhaps more relevant to guilty pleas) is that factual disputes which are not material to sentence or will not impact on the determination of sentence do not need to be resolved.

General Guidance

In *R. v Tolera*,[164] Lord Bingham CJ, summarised the approach to be taken to determining the factual basis of an offence where the defendant pleads guilty:

A3-152

1) sentence will be imposed on the basis of the facts disclosed in the witness statements of the prosecution and the facts opened on behalf of the prosecution, which together could be called the "Crown case", unless the plea is the subject of a written statement of the basis of the plea which the Crown accepted;
2) the Crown should consider such a written basis carefully, taking account of the position of any other relevant defendant and with a reasonable measure of scepticism. If the defendant wishes to ask the court to pass sentence on any other basis than that disclosed in the Crown case, it is necessary for the defendant to make that quite clear;
3) if the Crown does not accept the defence account, and if the discrepancy between the two accounts is such as to have a potentially significant effect on the level of sentence, then consideration must be given to the holding of a *Newton* hearing to resolve the issue (see A3-172);
4) descriptions of offences in pre-sentence reports (as provided by defendants) often, in the experience of the court, differ from the Crown's case, usu-

---

[164] (1999) 1 Cr. App. R. (S.) 25.

ally by glossing over, omitting or misdescribing the more incriminating features of the offence. If the defendant wanted to rely on such an account by asking the court to treat it as the basis of sentence, it was necessary that the defendant should expressly draw the relevant paragraphs to the attention of the court and ask that it be treated as the basis of sentence;

5) the issue could then be resolved if necessary by calling evidence;
6) if the defendant, having pleaded guilty, advanced an account of the offence which the prosecution did not, or felt it could not, challenge, but which the court felt unable to accept, the court should make it clear that it did not accept the defence account and why;
7) if it was necessary to call evidence to resolve the matter, that would ordinarily involve calling the defendant and the prosecutor should ask appropriate questions to test the defendant's evidence, adopting for this purpose the role of an amicus, exploring matters which the court wished to be explored.

The procedure for determining factual disputes is the same in the magistrates' court as in the Crown Court: *R. v Telford Justices Ex p. Darlington*.[165] The *Newton* hearing procedure is perfectly appropriate in the magistrates' courts: *R. v Waltham Forest Justices Ex p. Barton*.[166]

The Crown Case

A3-153   In ordinary circumstances, on a plea of guilty, the sentence would be imposed on what is referred to the as the "Crown case": *R. v Tolera*.[167] This refers to the facts disclosed in the witness statements of the prosecution and the facts opened on behalf of the prosecution. However, where a plea of guilty was offered on a limited basis—i.e. an acceptance of some but not the entirety of the Crown case—the procedure is different.

The prosecution must identify the factual basis on which the judge is invited to sentence but they are not obliged to adduce evidence in support of that assertion except where the defence challenges the factual basis: *R. v Kennedy*.[168] In practice this is often reflected in committal for sentence cases where not all of the witness statements have been uploaded to the Digital Case System and the Crown is required to rely on the MG5 provided by the police for the facts of the offending. Where challenged by the defence an adjournment to obtain evidence in a suitable format or a Newton hearing may be required. Disputes between defence and the Crown should be identified at an early opportunity to avoid unnecessary adjournments.

---

[165] (1988) 87 Cr. App. R. 194.
[166] [1990] R.T.R. 49.
[167] (1999) 1 Cr. App. R. 29 CA.
[168] [2021] EWCA Crim 1921.

Basis of Plea

Practice direction

Criminal Practice Direction 2023, 9.3

Pleas of guilty in the Crown Court

Where a guilty plea is offered to less than the whole indictment and the prosecution is minded to accept pleas tendered to some counts or to lesser alternative counts

9.3.1 If the judge is invited to approve a prosecutor's proposal to accept a plea to a lesser charge, or to only some of the charges, the judge's decision must be followed. If not invited to approve such a proposed course, it is open to the judge to indicate disagreement and invite the advocate to reconsider the matter and take instructions.

A3-154

9.3.2 If the judge is of the opinion that the course proposed by the advocate may lead to injustice, the proceedings may be adjourned to allow for the following steps:
  a. The prosecution advocate must discuss the judge's observations with the Chief Crown Prosecutor or the senior prosecutor of the relevant prosecuting authority as appropriate, in an attempt to resolve the issue.
  b. Where the issue remains unresolved, the Director of Public Prosecutions or the Director of the relevant prosecuting authority should be consulted.
  c. In extreme circumstances the judge may decline to proceed with the case until the prosecuting authority has consulted with the Attorney General.

Where a guilty plea is offered on a limited basis

9.3.3 The following steps apply:
  a. A basis of plea that is proposed by a defendant must be in writing and uploaded to the Digital Case System. The prosecution response must also be uploaded.
  b. If the prosecution accepts the defendant's basis of plea, it must ensure that it is factually accurate and enables the judge to sentence appropriately.
  c. An "agreed basis of plea" is always subject to the approval of the court, which will consider whether it appropriately reflects the evidence, whether it is fair and whether it is in the interests of justice.
  d. The document recording an ?agreed' basis must be signed by advocates for both sides, and made available to the judge prior to the case being opened.
  e. An agreed basis of plea that has been reached between the parties should not contain matters which are in dispute and any aspects upon which there is not agreement should be clearly identified.
  f. In resolving any disputed factual matters, the prosecution must consider its primary duty to the court and the interests of justice. If there are material factual disputes which could reasonably affect sentence then the prosecution must inform the court of this and not acquiesce or agree to any document containing material factual disputes.
  g. In some instances, the prosecution may consider that it lacks the evidence positively to dispute the defendant's account, for example, where the defendant asserts a matter outside the knowledge of the prosecution. This does not mean those assertions should be agreed. In such a case, the prosecution should test the defendant's evidence.
  h. The court must invite the parties to make representations about whether the dispute is material to sentence; and if the court decides that it is a material dispute, the court must invite such further representations or evidence as it may require and resolve the dispute.

A3-155

i. A judge is entitled to insist that any evidence relevant to the facts in dispute (or upon which the judge requires further evidence for whatever reason) should be called.
j. Where the disputed issue arises from facts which are within the exclusive knowledge of the defendant and the defendant is willing to give evidence in support of their case, the defence advocate should be prepared to call the defendant. If the defendant is not willing to testify, the judge may, subject to any explanation given, draw such inferences as appear appropriate.
k. The decision whether or not a *Newton* hearing is required is one for the judge. Evidence in a *Newton* hearing is called by the parties in the usual way and the criminal burden and standard of proof applies. The prosecutor should not leave the questioning to the judge, but should assist the court by exploring the issues which the court requires to be explored. The rules of evidence should be followed, and judges should direct themselves appropriately.
l. A judge is obliged to hold a Newton hearing unless sure that the basis of plea is manifestly false or the defendant declines to engage in the Newton hearing, whether by giving evidence or otherwise.
m. A basis of plea should not normally set out matters of mitigation. If there are mitigating factors that require resolution prior to sentence, the process does not amount to a Newton hearing. In so far as facts fall to be established the defence will have to discharge the civil burden to do so. Whether matters of mitigation need to be resolved is for the judge to determine.

Pleas of guilty in cases involving serious or complex fraud—basis of plea agreed by the prosecution and defence accompanied by joint submissions as to sentence

A3-156   9.3.4   In this part:
a. "a plea agreement" means a written basis of plea agreed between the prosecution and defendant(s), supported by admissible documentary evidence or admissions under s.10 Criminal Justice Act 1967;
b. "a sentencing submission" means sentencing submissions made jointly by the prosecution and defence as to the applicable sentencing range in the relevant sentencing guideline and any appropriate sentencing authorities relating to the plea agreement;
c. "serious or complex fraud" includes, but is not limited to, allegations of fraud where two or more of the following are present:
  i. the amount obtained or intended to be obtained exceeds £500,000;
  ii. there is a significant international dimension;
  iii. the case requires specialist knowledge of financial, commercial, fiscal or regulatory matters such as the operation of markets, banking systems, trusts or tax regimes;
  iv. the case involves allegations of fraudulent activity against numerous victims;
  v. the case involves an allegation of substantial and significant fraud on a public body;
  vi. the case is likely to be of widespread public concern;
  vii. the alleged misconduct endangered the economic well-being of the United Kingdom, for example by undermining confidence in financial markets

Procedure

9.3.5 The procedure regarding agreed bases of plea outlined above, applies equally to the acceptance of pleas under this procedure. However, because the parties will have been discussing the plea agreement and the charges from a much earlier stage, it is vital that the judge is fully informed of all relevant background to the discussions, charges and the eventual basis of plea.

9.3.6 Where the defendant has not yet appeared before the Crown Court, the prosecutor must serve on the court and the parties and, where appropriate, upload to the DCS full details of the plea agreement and sentencing submission(s) at least seven days in advance of the defendant's first appearance. Where the defendant has already appeared before the Crown Court, the prosecutor must notify the court as soon as is reasonably practicable that a plea agreement and sentencing submissions are to be submitted in accordance with the Attorney General's Plea Discussion Guidelines. The court should set a date for the matter to be heard, and the prosecutor must send to the Court and/or upload to DCS full details of the plea agreement and sentencing submission(s) as soon as practicable, or in accordance with the directions of the court.

9.3.7 The details of the plea agreement must be sufficient to allow the judge to understand the facts of the case and the history of the plea discussions, to assess whether the plea agreement is fair and in the interests of justice, and to decide the appropriate sentence. The information required will include:
a. the plea agreement;
b. the sentencing submission(s);
c. all of the material provided by the prosecution to the defendant in the course of the plea discussions;
d. relevant material provided by the defendant, for example documents relating to personal mitigation; and
e. the minutes of any meetings between the parties and any correspondence generated in the plea discussions.

The parties should be prepared to provide additional material at the request of the court.

9.3.8 To ensure that its consideration of the plea agreement and sentencing submissions does not cause any unnecessary further delay the court should at all times have regard to:
a. the length of time that has elapsed since the date of the occurrence of the events giving rise to the plea discussions;
b. the time taken to interview the defendant;
c. the date of charge and the prospective trial date (if the matter were to proceed to trial).

Status of plea agreement and joint sentencing submissions

9.3.9 Where a plea agreement and joint sentencing submissions are made the judge retains the absolute discretion to refuse to accept the plea agreement and to sentence otherwise than in accordance with the sentencing submissions made under the Attorney General's Plea Discussion Guidelines.

9.3.10 Sentencing submissions should draw the court's attention to any applicable range in any relevant guideline, and to any ancillary orders that may be applicable. Sentencing submissions should not include a specific sentence or agreed range other than the ranges set out in sentencing guidelines or authorities.

9.3.11 Prior to pleading guilty in accordance with the plea agreement, the defendant(s) may apply to the court for an indication of the likely maximum sentence under the procedure set out below (a "Goodyear indication").

9.3.12 If the defendant does not plead guilty in accordance with the plea agreement, or if a defendant who has pleaded guilty in accordance with a plea agreement, successfully applies to withdraw the plea, the signed plea agreement may be treated as confession evidence, and may be used against the defendant at a later stage in those or any other proceedings. Any credit for a timely guilty plea may be lost. The court may exercise its discretion under s.78 Police and Criminal Evidence Act 1984 (PACE 1984) to exclude any such evidence.

9.3.13 Where a defendant has failed to plead guilty in accordance with a plea agreement, the case is unlikely to be ready for trial immediately. The prosecution may have been commenced earlier than it otherwise would have been, in reliance upon the defendant's agreement to plead guilty. This is likely to be a relevant consideration for the court in deciding whether or not to grant an application to adjourn or stay the proceedings to allow the matter to be prepared for trial in accordance with the protocol, Control and Management of Heavy Fraud and other Complex Criminal Cases or as required.

What is a basis of plea?

A3-158   A basis of plea is a written document proffered on behalf of the defendant accepting guilt in respect of the offence charged but excluding certain specified aspects of the Crown's case.

Contents and format of basis of plea

A3-159   On a number of occasions the Court of Appeal (Criminal Division) has emphasised the need for any basis of plea to comply properly with the requirements in the Criminal Procedure Rules and Practice Directions: see *Attorney General's Reference (R. v Rahman)*,[169] where the court held that a failure to comply with the rules/practice directions without more despatched the argument that a document was a de facto acceptable basis of plea. In particular, it is critical that a basis of plea, be clearly headed as such, be reduced to writing, and be signed by advocates for both sides.

Experience shows that a basis of plea frequently contains matters which are matters relevant to mitigation, rather than the Crown's case. As a general rule, each entry in a basis of plea should address an aspect of the Crown's case. Paragraph 9.33 of CPD 2023 (A3-155) does make limited allowance for the inclusion of mitigation—in circumstances where it is convenient and sensible for the document outlining a basis to deal with facts closely aligned to the circumstances of the offending which amount to mitigation and which may need to be resolved prior to sentence. However, in the authors' experience it is common for bases of plea to include matters which are relevant solely as matters of personal mitigation, or which simply contend that the offender has not committed further offences (which have not been alleged) and such an approach should be resisted. Where matters of mitigation are improperly included in a basis of plea, it may lead to the basis not being accepted or, alternatively, a *Newton* hearing where the Crown isn't able to speak to the matter in issue and the court requires it to be tested by the receipt of evidence.

Basis of plea: whether prosecution should accept

General

A3-160   For the role of the prosecution at the sentencing hearing generally, see A1-219 to A1-220.

The correct approach of the prosecution to bases of plea is set out in the Attorney General's guidelines on the acceptance of pleas and the prosecutor's role in the sentencing exercise. This includes, in particular:

---

[169] [2020] EWCA Crim 76.

1) a basis of plea must not be agreed on a misleading or untrue set of facts and must take proper account of the victim's interests;
2) in multi-handed cases, the bases of plea for each defendant must be factually consistent with each other;
3) if a defendant seeks to mitigate in reliance on assertions of fact outside the prosecution's knowledge, the judge should be invited not to accept this version unless given on oath and tested in cross-examination;
4) both sides must ensure that the judge is aware of any discrepancy between the basis of plea and the prosecution case that could potentially have a significant effect on sentence;
5) even where the basis of plea is agreed, the judge is not bound by such agreement, but if the judge is minded not to accept it in a case where that may affect sentence, they should say so.

In *R. v Bergin*,[170] the court stated that the importance of the prosecution considering whether a proposed basis of plea was realistic, and could properly form a basis for sentence, could not be over-emphasised. It is therefore submitted that considerations of the sentencing powers of the judge—including any mandatory sentences and consequences of conviction—in consequence of the proposed basis of plea should be carefully considered. Additionally, it is important that the Crown advocate should not be taken by surprise, and if it was suddenly faced with a proposed basis of plea of guilty where important facts were disputed, it should if necessary take time for proper reflection and consultation to consider its position and the interests of justice: *R. v Underwood*.[171]

In so far as the prosecution's acceptance of the basis of plea might hamper the process of ascertaining the truth, it must be considered as being conditional on the approval of the sentencer; without that approval, the defence cannot hold the prosecution to it: *R. v Beswick*.[172]

A3-161

Confiscation proceedings

In *R. v Lazarus*,[173] the court observed that as a matter of good practice, when responding to a basis of plea in a case where confiscation proceedings might follow, the prosecution ought to consider whether it intends to pursue confiscation proceedings and, if so, whether the acceptance of the basis of plea would impact the confiscation proceedings. What was unacceptable was for the concession to be made for part of the sentencing process, without qualification, but for reliance be placed on the assumptions when it came to the confiscation hearing: *R. v Lunnon (Henry Joseph)*.[174]

A3-162

In *Lunnon*, the Crown had made a concession at the sentencing hearing in relation to the defendant not being involved in drug trafficking prior to the instant offence. The defendant was sentenced on that basis. When it came to the confiscation proceedings, the judge proceeded on the basis of prior involvement in drug trafficking for the purposes of making the statutory assumptions. On appeal, the court held that there was a risk of injustice where the confiscation proceedings proceeded on a basis inconsistent with the basis of plea. The court observed that circumstances

---

[170] [2014] EWCA Crim 1228; [2014] 2 Cr. App. R. (S.) 71.
[171] [2004] EWCA Crim 2256; [2005] 1 Cr. App. R. (S.) 90.
[172] (1996) 1 Cr. App. R. (S.) 343 CA.
[173] [2004] EWCA Crim 2297; [2005] 1 Cr. App. R. (S.) 98.
[174] [2004] EWCA Crim 1125; [2005] 1 Cr. App. R. (S.) 24.

could be envisaged in which the Crown had discovered prior to the conclusion of a confiscation hearing that a concession had been wrongly made, in the light of further information. In such circumstances, the appropriate course would be for the Crown to notify the defendant that the concession had been withdrawn, and that they would have the choice of proving on the balance of probability the relevant fact or of inviting the court to be satisfied that there would be a serious risk of injustice if the proceedings were to proceed on the basis contended by the Crown.

In commentary to the case at [2004] Crim. L.R. 678, David Thomas argued that there was "... no reason why a defendant should not be sentenced to one basis of fact, and then subjected to a confiscation order on a much wider basis of fact." This was argued on the grounds that while sentence can proceed only on the basis of the offence(s) proved to the criminal standard, confiscation hearings are subject to the civil standard, hearsay rules are different and there are different inferences which may be drawn from a refusal to provide evidence. Thomas further noted that it was difficult to see what objection could be taken to circumstances where the Crown had indicated that the concession was made only for the purposes of the sentencing hearing. Accordingly, it is submitted that this is a permissible approach for the Crown to take (and in many cases will be the preferable course). Put simply, the acceptance of a basis of plea that limits the length of time for which an offender was involved with an offence is merely an acceptance that it cannot be proven to the criminal standard. That does not carry with it an implicit agreement by the prosecution that the offender has never benefited from further offending before or that the same cannot be demonstrated to the civil standard.

Basis of plea: whether the court should accept

General

A3-163   The court is not bound to accept the version of facts agreed by the parties: *R. v Underwood*.[175] The court's considerations in some way mirror those of the Crown: it is a relevant consideration for the court that the basis of plea reflects the served evidence and does not unduly restrict the sentencing options of the judge: *Attorney General's Reference (No.81 of 2000) (R. v Jacobs)*[176]; *Attorney General's Reference (No.58 of 2000) (R. v Wynne)*.[177]

Whether basis seems artificial

A3-164   In *R. v George*,[178] it was observed that the Court of Appeal (Criminal Division) had on many occasions emphasised how undesirable it was for pleas to be accepted on an artificial basis and noted that if the judge on reading the papers came to the view that the basis of plea appeared to be artificial, he or she was bound to say so, whatever view the prosecution or the defence might have, as it was in the public interest that an offender was properly sentenced for what they had done.

---

[175] [2004] EWCA Crim 2256; [2005] 1 Cr. App. R. (S.) 90.
[176] [2001] 2 Cr. App. R. (S.) 16 CA.
[177] [2001] 2 Cr. App. R. (S.) 19 CA.
[178] [2005] EWCA Crim 2813; [2006] 1 Cr. App. R. (S.) 119.

Adjourning without court accepting basis

In *R. v Robotham*,[179] the appellant pleaded guilty to two counts of possession of a class A drug, Ecstasy, with intent to supply and one of possession of amphetamine. The appellant pleaded guilty on the basis of a written basis of plea to the effect that he did not accept that he was a commercial dealer, that he was acting as a custodian of drugs found at his home and that the drugs which were found in his possession at a club were drugs which he had been given to hold for a brief period by another person. The appellant did not admit that he had taken drugs into the club himself and claimed that he had no intention to supply them commercially. The basis of plea was signed by prosecuting counsel, who told the recorder that he was not in a position to rebut the basis on which the pleas had been put forward. The recorder before whom the defendant pleaded did not express any view of the basis on which the pleas had been entered, and adjourned the case for reports. The matter came back before a different judge who was not prepared to impose sentence on the written basis of the pleas without further enquiry. The matter was accordingly adjourned and came before a third judge who also indicated that he would not sentence on the basis of the written basis of plea. A *Newton* hearing was held, was resolved adversely to the defendant and sentence was imposed on that basis. On appeal against sentence, the appellant submitted that he had a legitimate expectation that the court had accepted the basis of plea. The court, on appeal, held that the basis of the pleas was fanciful and that the problems had arisen due to prosecuting counsel's less than satisfactory approach to the matter. The basis should have been rejected by the Crown. The first judge had said nothing which could properly found any legitimate expectation on the part of the appellant that the court had accepted the basis of the pleas as the appropriate basis for sentence. There was no obligation on the judge to give some warning that the basis of pleas was not necessarily accepted.

A3-165

Notwithstanding the rather robust nature of this decision, it is submitted that, should a similar situation arise in future, best practice is for the court to make perfectly clear that it has made no decision as to the acceptability of the basis of plea. Moreover, while there may be in the Court of Appeal (Criminal Division)'s view no obligation to warn the defendant, the circumstances in *Robotham* indicate that some warning may have avoided confusion and some (perhaps understandable) expectation that the basis had been accepted.

The court's comments prior to acceptance/rejection of basis

In *R. v George*,[180] the appellant had proffered a basis of plea which was accepted by the prosecution but subsequently not accepted by the sentencing judge in circumstances where the judge had made comments regarding the basis of plea to the effect that it was clear that the basis was untrue. Additionally, an application for the judge to recuse themselves was made and refused. On being sentenced on the Crown's case, on appeal it was submitted that there was an appearance of bias and that the judge erred in not recusing himself. The court held that when the judge directed that a *Newton* hearing be held, he was doing so because he had formed the provisional view that what was being advanced by the defence did not or might not represent what really happened. In this case the written evidence and the appel-

A3-166

---

[179] [2001] EWCA Crim 580; [2001] 2 Cr. App. R. (S.) 69.
[180] [2005] EWCA Crim 2813; [2006] 1 Cr. App. R. (S.) 119.

lant's assertions were materially different. On their face the appellant's assertions appeared unlikely. In making the comments he did, albeit possibly in robust terms, the judge was saying no more than on the face of the papers the appellant's account appeared unlikely. Thereafter, the finding of fact was conducted with scrupulous fairness. Commenting on the decision at [2006] Crim. L.R. 164, David Thomas said:

> "There is obviously a fine line between a permissible but robust indication of a provisional view on a factual question which has yet to be determined, and a comment which may be found later to have given rise to an impression of a possibility of bias. The moral for sentencers seems to be to exercise restraint in making comments on the credibility of defence accounts of the facts of an offence until all the evidence has been heard and all confiscation hearings concluded."

It is respectfully submitted that, in line with what Thomas said, any such "robust" comments should be reserved for when it is clear that no *Newton* hearing will be held (for whatever reason). It is submitted, however, that in cases where there may be confiscation proceedings following, sentencers should not feel restricted in what they can say by way of comment on the factual basis. The confiscation proceedings are different proceedings in which there is a different approach and findings are made to a different standard.

Basis of plea: accepted

Sentence must follow on the basis of plea

A3-167   In accordance with the general principles set out at A3-121, it is not permissible to sentence on the basis that an offender has committed an offence in respect of which they have been acquitted or with which the prosecution has not proceeded further. An example can be seen in the case of *R. v Lawrence*,[181] in which the defendant had been charged with possession with intent to supply and cultivation of cannabis. The defendant pleaded guilty to the cultivation count but not guilty to the supply count (accepted by the prosecution). The judge, when sentencing in respect of the cultivation count, stated that he struggled to "get out of [his] mind" the strong suspicion that the defendant had been growing cannabis so as to sell it to others. The court criticised the judge for this approach and the sentence was varied.

Similarly, where a defendant pleads guilty to an offence on a basis accepted by both the court and the prosecution, sentence must follow on that basis and deviation from it adverse to the defendant will found a ground of appeal.

Where a plea of guilty is accepted on a particular basis, but a subsequent pre-sentence report discloses information suggesting that the true facts were more serious than disclosed in the basis of plea, the contents of the report should be canvassed, so that the basis on which the sentencer is to proceed is clear: *R. v Cunnah*.[182] Although it may seem undesirable for the court not to accept a basis of plea and then order a pre-sentence report (potentially leading to a misunderstanding over the basis for sentence; see *Robotham* at A3-165), this illustrates that in some circumstances it will be beneficial to do so. A key consideration will be

---

[181] (1981) 3 Cr. App. R. (S.) 49; [1981] Crim. L.R. 421.
[182] (1996) 1 Cr. App. R. (S.) 393 CA.

whether the court feels it has sufficient information regarding the case from viewing the served evidence to make a decision regarding the acceptability of the plea.

Basis of plea: not accepted

See "Resolving any factual dispute" at A3-169.　　　　　　　　　　　　　　A3-168

Resolving Any Factual Dispute (Including Newton Hearings)

Procedure: the three options

Where there is a sharp divergence on a question of fact which is relevant to　A3-169
sentence, there are three ways in which a court can approach the problem to determine the matter:

1) obtain an answer from a jury—e.g. whether the conviction should be under s.18 or s.20 of the Offences against the Person Act 1861, where the jury's verdict will determine the matter;
2) the judge may hear evidence on one side or the other and come to a conclusion, acting as the fact finder on the issue (a "*Newton* hearing")
3) the judge may decline to hear evidence, and come to a conclusion on the basis of submissions of counsel; however, where this course is adopted and where there is a substantial conflict between the two sides, the version of the defendant must be accepted so far as possible: *R. v Newton*.[183]

General principles

In *R. v Beswick*,[184] the court identified five general principles applicable to　A3-170
Newton hearings:

1) first, it is axiomatic that whenever a court has to sentence an offender it should seek to do so on a basis which is true. It follows that the prosecution should not lend itself to any agreement whereby a case was presented to a sentencing judge to be dealt with on an unreal and untrue set of facts concerning the offence;
2) secondly, where this had happened, the judge was entitled to direct the trial of an issue (a *Newton* hearing) so that they might determine consistently with the offence to which the plea had been tendered the true factual basis on which he had to sentence;
3) thirdly, if the judge directed the trial of an issue in these circumstances, that did not create a ground on which the defendant should be allowed to vacate their plea of guilty when it was clear that unreal though the agreed facts might be, they did admit their guilt of the offence to which they had pleaded guilty;
4) fourthly, if the sentencer did decide that there should be a trial of an issue, he or she was entitled to expect prosecuting counsel to assist the court by presenting the prosecution evidence and testing the evidence called by the defence. In so far as the agreement might hamper the process of ascertaining the truth, it must be considered as being conditional on the approval of

---

[183] (1982) 4 Cr. App. R. (S.) 388 CA.
[184] (1996) 1 Cr. App. R. (S.) 343 CA.

the sentencer; without that approval, the defence cannot hold the prosecution to it. It would offend and obstruct the doing of justice if the prosecution were to be bound by it so as to hamper the judge in his task of ascertaining the truth;

5) fifth, before the court embarked on the trial of an issue, it might be appropriate for the judge to be invited to consider whether there were any of the matters agreed on which did not offend the first of the principles set out above. It was also important that the issues to be tried should be clearly identified and agreement should be reached on which of the prosecution witnesses statements bore on those issues and whether those witnesses were to be called or their statements read.

Option 1: obtaining the answer from the jury

A3-171 The first course of action, obtaining the answer from the jury, is not dealt with in this section as any issue that remained would be one following a trial. As to factual issues following a trial, see A3-118 onwards.

Option 2: hearing evidence—Newton hearings

Introduction

A3-172 A *Newton* hearing is a fact-finding hearing where the judge acts as the tribunal of fact and of law; the hearing takes its name from a case in the 1980s in which the Court of Appeal (Criminal Division) considered the proper resolution of factual discrepancies between the defence and prosecution where the defendant had proffered a guilty plea: *R. v Newton*.[185]

General principles

A3-173 In *R. v Underwood*,[186] the court held that the *Newton* hearing process is designed to achieve a sentence appropriate to reflect the justice of the case where there was a plea of guilty, but some important fact or facts relating to the offence which the defendant was admitting, of potential significance to the sentencing decision, were in dispute. Their Lordships commented that the essential principle was that the sentencing judge must do justice and so far as possible offenders should be sentenced on a basis which accurately reflected the facts of the individual case. A *Newton* hearing, capable of making a material difference in relation to sentence, is not restricted in its impact to whether or not a different "category" is going to be selected; the material impact can be to alter the sentence within the category range: *R. v Hewitt*.[187] In [2021] Crim. L.R. 144, it was suggested that this was clearly correct for two principle reasons: There are two primary reasons why a change of guideline category does not follow from the decision to hold a *Newton* hearing. First, the argument perhaps assumes that the sentence falls at the bottom of the category range. If, however, the court had determined, following a consideration of aggravating and mitigating factors, that the sentence falls at the middle or top of the category range, a "material" change in sentence might result in a movement

---

[185] (1982) 4 Cr. App. R. (S.) 388.
[186] [2004] EWCA Crim 2256; [2005] 1 Cr. App. R. (S.) 90.
[187] [2020] EWCA Crim 1225; [2021] 1 Cr. App. R. (S.) 16.

to the lower end of the category range. Secondly, as a matter of general principle, it cannot be the case that "material" can equate to a change in guideline category, as not only do offences have different maximum sentences (and thus category ranges are different) but also, within guidelines, category ranges are not uniform in the scope of their range.

When is a Newton hearing unnecessary?

Since *Newton*, the Court of Appeal (Criminal Division) has refined the guidance on the approach to factual disputes on a plea of guilty. In particular, the court restated the relevant principles in *R. v Cairns*.[188] The court stated that, without seeking to be exhaustive, there was no obligation to hold a *Newton* hearing where: **A3-174**

1) if the difference between the two versions of the facts was immaterial to sentence, in which event the defendant's version must be adopted (e.g.in *R. v Hall*[189]);
2) where the defence version could be described as false or wholly implausible (for example in *R. v Hawkins*[190]);
3) where the matters put forward by the defendant did not contradict the prosecution case but constituted extraneous mitigation where the court was not bound to accept the truth of the matters put forward whether or not they were challenged by the prosecution (for example in *R. v Broderick*[191]).

Procedure

In *R. v Cairns*,[192] the court stated that a *Newton* hearing did not need to be a lengthy affair and that in some cases it might take only a few minutes. **A3-175**

In *R. v Underwood*,[193] the court considered the proper procedure to be adopted, stating that:

1) unless it were impractical, for some exceptional reason, the hearing should proceed immediately;
2) the judge must then make up their mind about the facts in dispute and might reject evidence called by the prosecution and might reject assertions advanced by the defendant or their witnesses, even if the Crown did not offer positive contradictory evidence;
3) the judge must direct themselves in accordance with ordinary principles in relation to the burden and standard of proof;[194]
4) having reached conclusions, the judge should explain them in a judgment.

Additionally, it is submitted that the court should direct themselves in accordance with any other applicable directions. An example may be found in relation to **A3-176**

---

[188] [2013] EWCA Crim 467; [2013] 2 Cr. App. R. (S.) 73.
[189] (1984) 6 Cr. App. R. (S.) 321.
[190] (1985) 7 Cr. App. R. (S.) 351.
[191] (1994) 15 Cr. App. R. (S.) 476 CA.
[192] [2013] EWCA Crim 467; [2013] 2 Cr. App. R. (S.) 73.
[193] [2004] EWCA Crim 2256; [2005] 1 Cr. App. R. (S.) 90.
[194] In giving the judgment, the judge should state that they have directed themselves in accordance with the usual direction regarding burden and standard of proof: *R. v Kerrigan* (1993) 14 Cr. App. R. (S.) 179 CA.

identification cases where the court in *R. v Gandy*[195] said that the sentencer should approach the matter as if they were a jury and direct themselves in accordance with the guidelines in *R. v Turnbull*.[196]

A judge may not make findings of fact and sentence on a basis which was inconsistent with the pleas to counts which had already been accepted and approved by the court: *R. v Underwood*.[197] The court commented that particular care was needed in relation to a multi-count indictment and indictments involving a number of defendants, and circumstances in which the Crown accepted and the court approved a guilty plea to a reduced charge; where there were a number of defendants to a joint enterprise, the judge should bear in mind the relative seriousness of the joint enterprise on which the defendants were involved. Additionally, the court stated that the judge should take care not to regard a written basis of plea offered by one defendant as evidence justifying an adverse conclusion against another defendant.

Prosecution case

A3-177 In *R. v Druce*,[198] the court stated that the prosecution must not put forward a version of the facts in the course of a *Newton* hearing which would be consistent with a more serious offence than the offence to which the offender has pleaded guilty. In so far as the decision in *R. v Nottingham Crown Court Ex p. DPP*,[199] implies that the prosecution may allege facts in a *Newton* hearing which show that the defendant is guilty of a more serious offence than the offence of which he has been convicted, it is submitted that it is inconsistent with authority and principle and should be regarded as per incuriam.

Evidence

A3-178 **General** Where appropriate, the Crown and defence should call evidence. This is particularly so where the matters are exclusively within the knowledge of the defendant. If the defendant was not willing to give evidence, then subject to any explanation which might be put forward, the judge might draw such inferences as they thought fit from the fact: *R. v Underwood*.[200]

The following propositions are established from the case law:

1) the defendant may seek to establish the mitigation through counsel or by calling evidence. The decision whether to call evidence is the responsibility of the defendant and there is no entitlement to an indication from the court that the mitigation is not accepted (*Gross v O'Toole*[201]); but such an indication is desirable (*R. v Tolera*[202]);
2) the prosecution is not bound to challenge the matter put forward by the

---

[195] (1989) 11 Cr. App. R. (S.) 564 CA.
[196] [1977] Q.B. 224.
[197] [2004] EWCA Crim 2256; [2005] 1 Cr. App. R. (S.) 90.
[198] (1993) 14 Cr. App. R. (S.) 691 CA.
[199] (1996) 1 Cr. App. R. (S.) 283 DC.
[200] [2004] EWCA Crim 2256; [2005] 1 Cr. App. R. (S.) 90.
[201] (1982) 4 Cr. App. R. (S.) 283 DC.
[202] (1999) 1 Cr. App. R. 29 CA.

defendant, by cross-examination or otherwise (*R. v Kerr*[203]), but may do so (*R. v Ghandi*;[204] *Tolera*);

3) where the prosecution not only disputes the defence assertions, but identifies the evidence on which it would rely to challenge them, it will be for the defendant to adduce evidence in support of their assertions: *R. v Noonan*.[205]

4) the court is not bound to accept the truth of the matters put forward by the defendant, whether or not they are challenged by the prosecution (*R. v Kerr*[206]);

5) in relation to extraneous matters of mitigation raised by the defendant, a civil burden of proof rests on the defendant, although in the general run of cases the court would accept the accuracy of counsel's statement: *R. v Guppy; R. v Marsh*.[207]

Evidence of co-defendant When sentencing a defendant who has pleaded guilty, the court may consider evidence given during the trial of a co-defendant who pleaded not guilty. The court must, however, bear in mind that self-serving statements are likely to be untrue, and that the evidence given during the trial was not tested by cross-examination on behalf of the defendant who pleaded guilty. Additionally, in those circumstances, the defendant should be given the opportunity to give evidence of their own version of the facts: *R. v Smith (Patrick)*.[208] The court in *Smith (Patrick)* considered earlier authority (which was contradictory). David Thomas astutely noted, at [1988] Crim. L.R. 769, that the effect of the decision was: **A3-179**

"... that if the other witnesses happen to be co-defendants who have pleaded not guilty, the defendant retains the right to give his version of the facts to the court, on oath and subject to cross-examination by the prosecution, but loses the right to cross-examine those whose version of the relevant matters is opposed to his own."

The court in *Smith (Patrick)* dismissed the approach contended for in *R. v Michaels and Skoblo*,[209] which would have required the court to hold a *Newton* hearing after the conclusion of the trial, without a jury, in which the evidence given at the trial would be heard again by the judge, with the addition of cross-examination by the defendant who has pleaded guilty. Thomas described this as "tedious" but noted that but it would preserve the defendant's right to cross-examine their accusers. *Smith (Patrick)* was considered in *R. v Dudley*,[210] with the court relying on it in allowing the appellant's appeal against sentence.

It is submitted that there are potentially art.6 issues in relation to the approach taken in *Smith (Patrick)* and that the better course would be to hear evidence, providing the defendant with the opportunity to cross-examine evidence called on behalf of the prosecution. Without providing such an opportunity, the defendant faces the possibility of pleading guilty on a limited basis that is then rejected by reference to evidence that they have neither seen given live nor had the opportunity to challenge in proceedings in which they are a party. Whether this will

---

[203] (1980) 2 Cr. App. R. (S.) 54 CA.
[204] (1986) 8 Cr. App. R. (S.) 391 CA.
[205] [2010] EWCA Crim 2917; [2010] 2 Cr. App. R. (S.) 35.
[206] (1980) 2 Cr. App. R. (S.) 54 CA; *R. v Broderick* (1994) 15 Cr. App. R. (S.) 476 CA.
[207] (1995) 16 Cr. App. R. (S.) 25 CA.
[208] (1988) 87 Cr. App. R. 393 CA.
[209] (1981) 3 Cr. App. R. (S.) 188 CA.
[210] [2011] EWCA Crim 2805; [2012] 2 Cr. App. R. (S.) 15 CA.

in fact amount to a breach of art.6 will likely depend on the weight the sentencing judge gives to this evidence, it essentially being akin to hearsay for the purposes of the sentencing hearing. However, as a matter of principle it is clearly undesirable that any sentencing judge give significant weight to evidence which the defendant has had no opportunity to challenge.

Judge's involvement

A3-180   At a *Newton* hearing, the judge should not ask questions of the defendant until counsel have completed their examination: *R. v Myers*.[211]

Dangerousness

A3-181   See A3-144 in relation to the guidance given in *Considine; Davis*.

Guilty plea

A3-182   For the section dealing with the interaction between guilty pleas and *Newton* hearings, see A1-190.

Option 3: not hearing evidence

Where factual dispute is immaterial to sentence

A3-183   If the sentencer does not hear evidence, sentence should specifically be imposed on the defendant's version: *R. v Hall*[212]; *R. v Sweeting*.[213]

Defendant's account is manifestly false or wholly implausible

A3-184   As noted in [1986] Crim. L.R. 194, one issue not dealt with by *Newton* was where the case advanced by the defendant is manifestly false or incapable of belief and where the court declines to hear evidence. In fact, it was stated in *Newton* that if the sentencer declined to hear evidence to determine the factual basis for sentence, they were bound, in the event of a substantial conflict, to accept the version of the defendant "so far as possible". The decision in *R. v Hawkins*[214] explained that qualification more fully, namely that the judge is not bound to accept the defendant's account, even though no evidence has been heard, if it is "manifestly false" or "incredible"; in subsequent cases, that has also been extended (if an extension it is) to accounts which are "wholly implausible": see e.g. *R. v Mudd*[215]; *R. v Bilinski*[216]; *R. v Palmer*[217]; and *R. v Broderick*.[218]

A judge may form such a view of the defence basis of plea where, for example, they had presided over a trial of co-defendants, but they should only do so after hearing full submissions and giving a reasoned decision so that the basis on which

---

[211] (1996) 1 Cr. App. R. (S.) 187.
[212] (1984) 6 Cr. App. R. (S.) 321 CA.
[213] (1987) 9 Cr. App. R. (S.) 372 CA.
[214] (1985) 7 Cr. App. R. (S.) 351 CA.
[215] (1988) 10 Cr. App. R. (S.) 22 CA.
[216] (1987) 9 Cr. App. R. (S.) 360 CA.
[217] (1994) 15 Cr. App. R. (S.) 123 CA.
[218] (1994) 15 Cr. App. R. (S.) 476 CA.

subsequent mitigation would take place was entirely clear to all concerned: *R. v Taylor*.[219]

Extraneous mitigation

Where the account advanced by the defendant does not amount to a contradiction of the prosecution case, but rather to extraneous mitigation explaining the background of the offence or other circumstances which may lessen the seriousness of the offence, there is no requirement to hear evidence: *R. v Cairns*.[220] Such matters are likely to be outside the knowledge of the prosecution. The defendant may seek to establish the mitigation through counsel or by calling evidence.

A3-185

Court of Appeal (Criminal Division)

The Court of Appeal (Criminal Division) may hold a Newton hearing: *R. v Guppy and Marsh*.[221] Although the court will often be unwilling to hold such a hearing, by reason of its function as a court of review rather than as a sentencing court (and as a result its reluctance to re-open findings of fact made by the Crown Court), such a course is open to the court. The evidential burden lies with the appellant, to the civil standard: see *R. v Rogers*.[222] In *Rogers*, the court was invited to conduct a *Newton* hearing but declined to do so. In the limited circumstances in which it might be appropriate for a *Newton* hearing to take place in the Court of Appeal (Criminal Division), s.23 of the Criminal Appeal Act 1968 (fresh evidence) applies: *R. v Bennett*.[223] and *R. v Malook*.[224] It is suggested that those circumstances will extend only to those where (in the view of the court) there was a clear need for a *Newton* hearing at the time of sentence, one was not held, the potential ramifications for the sentence are significant and the public interest is in holding such a hearing, rather than giving the benefit of the doubt to the offender, or concluding that if the defendant wished to benefit from a basis of plea it should have properly been entered in the Crown Court.

A3-186

IMPOSING THE SENTENCE AND SENTENCING REMARKS

Introduction

The imposition of sentence—and the explanation of why the sentence has been imposed and what its effect is—is of crucial importance to the process. Not only does it serve an important communicative effect by the public communication of the state's disapproval of the offender's conduct, but it provides the public with a clear explanation of what the offender has been convicted of and a justification of the sentence imposed in response to that offending. Additionally, it is important that this explanation of the court's sentence is clear to enable the lawyers and potentially an appeal court (should an appeal eventuate) to examine the sentencing exercise and determine whether there are any arguable grounds of appeal.

A3-187

---

[219] [2006] EWCA Crim 3132; [2007] 2 Cr. App. R. (S.) 24.
[220] [2013] EWCA Crim 467; [2013] 2 Cr. App. R. (S.) 73.
[221] (1995) 16 Cr. App. R.(S) 25 at 32; [1994] Crim. L.R. 614.
[222] [2016] EWCA Crim 801; [2017] 1 W.L.R. 481.
[223] [1968] 1 W.L.R. 988.
[224] [2011] EWCA Crim 254; [2012] 1 W.L.R. 633.

It is no exaggeration to state that in the latter half of the 20th century, judicial attitudes to sentencing remarks changed dramatically. It was once acceptable (and, indeed, commonplace) for the court on a conviction to state merely "The sentence of the court is [X] years. Take him down"—indeed there was no duty on the court to give reasons for the sentence imposed (save for in cases where the court sentenced a person aged under 21 to custody, and certain other cases).[225] However, the combination of the proliferation of complex sentencing legislation and a renewed focus on transparency saw sentencing remarks grow in length and detail and a statutory duty to explain the effect of the sentence in open court.[226] In 2019, however, and seemingly in anticipation of legislation permitting the transmission of sentencing remarks in Crown Courts on television, the Court of Appeal (Criminal Division) handed down a judgment encouraging courts to limit the length of their sentencing remarks. As will be seen, there is an inherent tension between this decision and the many and varied obligations on a sentencing court when imposing sentence.

Legislation

Sentencing Act 2020 s.52

Duty to give reasons for and to explain effect of sentence

A3-188   52.—(1) A court passing sentence on an offender has the duties in subsections (2) and (3).

(2) The court must state in open court, in ordinary language and in general terms, the court's reasons for deciding on the sentence.

(3) The court must explain to the offender in ordinary language—
  (a) the effect of the sentence,
  (b) the effects of non-compliance with any order that the offender is required to comply with and that forms part of the sentence,
  (c) any power of the court to vary or review any order that forms part of the sentence, and
  (d) the effects of failure to pay a fine, if the sentence consists of or includes a fine.

(4) Criminal Procedure Rules may—
  (a) prescribe cases in which either duty does not apply, and
  (b) make provision about how an explanation under subsection (3) is to be given.

(5) Subsections (6) to (9) are particular duties of the court in complying with the duty in subsection (2).

Sentencing guidelines

(6) The court must identify any sentencing guidelines relevant to the offender's case and—
  (a) explain how the court discharged any duty imposed on it by section 59 or 60 (duty to follow guidelines unless satisfied it would be contrary to the interests of justice to do so);
  (b) where the court was satisfied it would be contrary to the interests of justice to follow the guidelines, state why.

---

[225] Criminal Justice Act 1948 s.17(2).
[226] Criminal Justice Act 2003 s.174.

(7) Where as a result of taking into account any matter mentioned in section 73(2) (guilty pleas), the court imposes a punishment on the offender which is less severe than the punishment it would otherwise have imposed, the court must state that fact.
Offender aged under 18
(8) If the court imposes a youth rehabilitation order with supervision and surveillance, or a youth rehabilitation order with fostering, it must state why it is of the opinion mentioned in each of—
    (a) section 179(2), and
    (b) paragraph (a) and, if applicable, paragraph (b) of section 180(2).
(9) If—
    (a) the offender is aged under 18, and
    (b) the court imposes a sentence that may only be imposed in the offender's case if the court is of the opinion mentioned in section 230(2) (discretionary custodial sentence),
the court must state why it is of that opinion.

Criminal Procedure Rules 2020/759, rr.24.11(9), 25.16(7) and 28.1

Procedure if the [magistrates'] court convicts

24.11.—(9) When the court has taken into account all the evidence, information and any report available, the court must—   **A3-189**
    (a) as a general rule, pass sentence there and then;
    (b) when passing sentence, explain the reasons for deciding on that sentence, unless neither the defendant nor any member of the public, including any reporter, is present;
    (c) when passing sentence, explain to the defendant its effect, the consequences of failing to comply with any order or pay any fine, and any power that the court has to vary or review the sentence, unless—
        (i) the defendant is absent, or
        (ii) the defendant's ill-health or disorderly conduct makes such an explanation impracticable;
    (d) give any such explanation in terms the defendant, if present, can understand (with help, if necessary); and
    (e) consider exercising any power it has to make a costs or other order.

Procedure if the [Crown Court] convicts

25.16.—(7) When the court has taken into account all the evidence, information and any report available, the court must—   **A3-190**
    (a) subject to paragraph 10, as a general rule, pass sentence at the earliest opportunity;
    (b) when passing sentence—
        (i) explain the reasons,
        (ii) explain to the defendant its effect, the consequences of failing to comply with any order or pay any fine, and any power that the court has to vary or review the sentence, unless the defendant is absent or the defendant's ill-health or disorderly conduct makes such an explanation impracticable, and
        (iii) give any such explanation in terms the defendant, if present, can understand (with help, if necessary); and
    (c) deal with confiscation, costs and any behaviour order.

Reasons for not following usual sentencing requirements

A3-191   28.1.—(1) This rule applies where the court decides—
    (a) not to follow a relevant sentencing guideline;
    (b) not to make, where it could—
        (i) a reparation order (unless it passes a custodial or community sentence),
        (ii) a compensation order,
        (iii) a slavery and trafficking reparation order, or
        (iv) a travel restriction order;
    (c) not to order, where it could—
        (i) that a suspended sentence of imprisonment is to take effect,
        (ii) the endorsement of the defendant's driving record, or
        (iii) the defendant's disqualification from driving, for the usual minimum period or at all;
    (d) to pass a lesser sentence than it otherwise would have passed because the defendant has assisted, or has agreed to assist, an investigator or prosecutor in relation to an offence.

(2) The court must explain why it has so decided, when it explains the sentence that it has passed.

(3) Where paragraph (1)(d) applies, the court must arrange for such an explanation to be given to the defendant and to the prosecutor in writing, if the court thinks that it would not be in the public interest to explain in public.

Guidance

General

Introduction

A3-192   It is recognised that there are many reasons why sentencing remarks should be as concise as possible, not least for the sake of the defendant who may have sat through many days of evidence—with the attendant stresses of criminal proceedings—and simply wants to know the sentence to be imposed on them. Brevity will also make sentencing remarks more digestible and intelligible for those who are not legally trained; the same is true for those who have experience of criminal proceedings and therefore are more comfortable with the concepts, terminology and procedure (though it should be recognised that there are many occasions where concision results in information becoming more unintelligible). The exercise is—almost inevitably—a balancing exercise. That said, there are numerous points which it is submitted ought to be considered when constructing sentencing remarks.

Sentencing remarks must be in open court

A3-193   It is "crucial" that sentencing is conducted in open court. In *R. v Billington*,[227] the judge sentenced the appellant and stated that he would provide him and his representatives with written reasons for his decision at a later date. Three days later,

---
[227] [2017] EWCA Crim 618; [2017] 2 Cr. App. R. (S.) 22.

the judge provided detailed written reasons. On appeal against sentence, the court observed that although the judge was to be commended for reducing his remarks to writing and for the care that had he adopted in their preparation, it was crucial that the articulation of the reasoning for sentence took place orally and in public to ensure that the public at large, which included the press who might cover a sentencing exercise, were made fully aware of the reasons for the sentence passed. The court further stated that transparency in the working of the justice system was integral to the maintenance of public confidence in that system; additionally, it would enable a defendant to know exactly why a particular sentence had been imposed. For similar reasons, the court said that this enabled the defendant's representatives to consider grounds of appeal and enabled the Crown to consider whether they should oppose an appeal and, if so, on what basis and even whether they would wish to challenge a sentence as unduly lenient. The procedure adopted by the court in this case was a serious failure of good practice. The sentence, however, remained lawful.

Discrepancy between sentencing remarks and court record

The general rule is that where there is a discrepancy between the court record and the judge's sentencing remarks, it is the sentencing remarks that prevail as that is the sentence of the court and the record is merely an administrative record of the court's sentence: *R. v Kent (Michael Peter)*.[228] *Kent* has been applied subsequently, both in relation to appeals against conviction and sentence.[229] This will work in both directions (in favour of, and adverse to, the defendant). **A3-194**

In *R. v Scott (Aaron)*,[230] the court considered a sentence where there was a lack of clarity in the sentencing remarks and on one interpretation, the sentence imposed was much shorter than was recorded on the court record. On appeal, the court concluded that the judge had said "just enough" for the Court to consider that the sentence imposed was four years (as recorded on the record) and not shorter (as might have been interpreted). The court stated that it was not a case which required the resolution of the issue in the defendant's favour (such as *R. v Venison (Anthony)*[231] where there was an ambiguity as to the nature of the sentence imposed, which the court held could only be resolved in the defendant's favour).

The question will therefore be what is the sentence as pronounced? If that is clear, that will (generally) resolve the issue. If it is not clear, the question will be whether the discrepancy gives rise to a need to resolve the situation in the defendant's favour (which generally will be the case).

Multiple audiences

There are numerous audiences to whom sentencing remarks (or parts thereof) are, or ought to be, directed. It is submitted that the following groups have an interest in the proper recitation of sentencing remarks: **A3-195**

1) the defendant;

---

[228] [1983] 1 W.L.R. 794; (1983) 77 Cr. App. R. 120 Ca (Crim Div).
[229] See, e.g. *R. v Ardani (Benito Giuseppi)* (1983) 77 Cr.App.R. 302; *R. v Watkins (Ian)* [2014] EWCA Crim 1677; [2015] 1 Cr.App.R. (S.) 6; *R. v Pelletier (Paul)* [2012] EWCA Crim 1060 and *R. v Buttigieg (Nicky Lee)* [2015] EWCA Crim 837; [2016] 1 Cr.App.R. 18.
[230] [2023] EWCA Crim 712.
[231] (1994) 15 Cr. App. R. (S.) 624; [1994] Crim. L.R. 298 CA (Crim Div).

2) the victim(s);
3) the public and the press;
4) the representatives of the defendant(s) and the Crown;
5) the Attorney General's Office;
6) the Court of Appeal (Criminal Division);
7) defendants and representatives in any other, related, cases;
8) the Parole Board (where applicable).

Checklist

A3-196   It is submitted that sentencing remarks ought to address the following matters:

1) the facts underlying the conviction;
2) key submissions made by the Crown and the defence;
3) statement of the sentence including any ancillary orders;
4) effect of the sentence (including release provisions where sentence is one of immediate custody);
5) any statutory provisions relevant to the imposition of the sentence(s);
6) any statutory tests which must be satisfied prior to the imposition of the particular sentence and the reasons why that test is satisfied in the particular case;
7) any key decisions relied on;
8) any sentencing guidelines applicable to the offences;
9) the presence of a guilty plea and any reduction for it.

Need for appropriate language

A3-197   The sentencing of an offender is a public expression of the state's disapproval of criminal behaviour. It serves, among other things, to censure the offender's behaviour. Descriptive language and specific reference to facts are frequently important to underline to both the offender and the wider public the seriousness of the offender's offending and why the sentence is being imposed on them. However, the imposition of sentence is also the formal judgment and order of a court. Sentencing remarks should always be of an appropriately formal nature.

In *R. v Byrne*,[232] it was held that while strong, clear language is often appropriate in sentencing remarks, the word "devilish" is often an unhelpful way to describe an offender. It suggests that the sentencer may have lost the sense of proportion that is essential to undertaking the task of sentencing properly. Language of that kind crosses the line of what is appropriate and ought not to be used.

It is suggested that *Byrne* provides an illustration of the distinction (sometimes a very fine distinction) between appropriately expressing disapproval of an action and straying into the arena itself with the offender. The sentencing judge should always ensure that they stand apart from both the prosecution and the defence: an impartial and independent figure. Language which is inappropriately emotionally charged or contains inappropriate moral judgement detracts from the perception of impartiality and, as a result, may detract from the effectiveness of the public censure that sentence is meant to represent.

---

[232] [2019] EWCA Crim 1496; [2020] 1 Cr. App. R. (S.) 23.

R. v Chin-Charles; R. v Cullen

The decision

The court in *R. v Chin-Charles; R. v Cullen*[233] heard two otherwise unconnected applications for leave to appeal against sentence, providing the court with the opportunity to consider the length, nature and structure of sentencing remarks, in addition to the individual merits of the two applications. In the case of *Chin-Charles*, the sentencing remarks for one defendant in a factually and legally simple drugs and causing grievous bodily harm with intent case ran to 17 pages of transcript;[234] in the case of *Cullen*, who was sentenced with 19 co-accused in a complex drugs and weapons conspiracy, the remarks extended to more than 76 pages. The court held that:

1) the statute dictated the nature, and to some extent the content, of sentencing remarks. Section 52 of the Sentencing Code (formerly s.174 of the Criminal Justice Act 2003), as amended, set out the parameters, which included stating the reason for deciding on the sentence, the effect of the sentence, the effects of non-compliance, any power to review the sentence, the effects of failing to pay any fine that formed part of the sentence, the effect of a guilty plea and the sentence that would have been imposed were it not for the guilty plea;
2) ancillary duties might include explicitly deducting any time that arose from the offender having been subject to a qualifying curfew and tag; and both considering a compensation order and providing reasons if one was not made;
3) the key to the nature of sentencing remarks was the use of the terms "in ordinary language" and "in general terms". The offender was the first audience because they had to understand what sentence had been passed, why it had been passed, what it meant and what might happen in the event of non-compliance. If the offender understood, so too would those with an interest in the case, especially the victim of any offence and witnesses, the public and press;
4) there had been a tendency in recent years, understandable but unnecessary, to craft sentencing remarks with the eye to the Court of Appeal (Criminal Division) rather than the primary audience identified by parliament. This had led to longer and longer remarks. That should be avoided. The pre-sentence report, Crown's opening, any sentencing note and a record of the mitigation should not be exhaustively rehearsed in sentencing remarks and, if mentioned, should only be mentioned briefly;
5) the task of the Court of Appeal (Criminal Division) was not to review the reasons of the sentencing judge as the Administrative Court would a public law decision. Its task was to determine whether the sentence imposed was manifestly excessive or wrong in principle;
6) turning to specific components of sentencing remarks:
7) on occasion authority was cited by the parties. Save in exceptional circumstances sentencing remarks need not refer to it;

---

[233] [2019] EWCA Crim 1140; [2020] 1 Cr. App. R. (S.) 6.
[234] These are contained at Annex A to the judgment.

8) the sentence had to be "located" in the guidelines. In general, the court need only identify the category in which a count sat by reference to harm and culpability, the consequent starting point and range, the fact that adjustments had been made to reflect aggravating and mitigating factors, where appropriate credit for plea was given (and amount of credit) and the conclusion. It might be necessary briefly to set out what prompted the court to settle on culpability and harm, but only where the conclusion was not obvious or was in issue, and also to explain why the court moved from the starting point;
9) findings of fact should be announced without, in most cases, supporting narrative;
10) if in play, a finding of dangerousness contrary to statute had to be recorded. Supporting facts should be set out only when essential to an understanding of the finding, not as a matter of course;
11) victim personal statements might merit brief reference.

The court then dealt with the two individual applications. At Appendix B to the judgment, the court produced alternative sentencing remarks in the case of *Chin-Charles*, extending to a little over two pages, compared with the 17 pages of sentencing remarks delivered by the sentencing judge. In *R. v Willey*,[235] the court stated:

> "It is unrealistic to expect a judge to make overt reference to all matters canvassed at a sentencing hearing when delivering sentencing remarks. In any event the function of this Court is not to dissect the sentencing remarks to determine their adequacy or validity, it is to consider whether the sentence passed was manifestly excessive."

It may be that there is some judicial concern regarding the decision in *Chin-Charles; Cullen*. The court in *R. v Beckett*[236] criticised a sentencing judge's very brief sentencing remarks, observing at [14] and [15]:

> "14. ... There is nothing wrong with sentencing remarks being brief and to the point. That after all was the message emphasised by this court in *R. v Chin-Charles* [2019] 1 WLR 5921. However, Section 174 of the Criminal Justice Act 2003 [now s.52 of the Sentencing Code] requires a court to state the reasons for deciding on a sentence and to explain how the court has discharged its duty in relation to sentencing guidelines.
> 15. The judge in this case failed to do either. Had he done so, he would not, indeed he could not, have fallen into error. This case is an object lesson on the need to balance brevity in sentencing remarks with the requirement to set out, at least in outline, the reasons for the sentence and how that sentence fits within the guideline."

A3-199   Furthermore, in *Attorney General's Reference (R. v O'Rourke)*,[237] the court spoke of a necessity to address in sentencing remarks the reasons for the court's determination on the question of dangerousness and, having reviewed the statutory duty under s.52(2) and (3) of the Sentencing Code, and the decision in *Chin-Charles*, concluded that to consider a judge bound to provide reasons as to their

---

[235] [2021] EWCA Crim 1024.
[236] [2020] EWCA Crim 914; [2021] 1 Cr. App. R. (S.) 15.
[237] [2021] EWCA Crim 1064; [2022] 1 Cr. App. R. (S.) 29.

determination of the issue of dangerousness (whichever way that was resolved) was not in conflict with *Chin-Charles*.

Commentary

General

The following commentary comes principally from [2019] Crim. L.R. 893 and is designed to assist with the interpretation of the decision in *Chin-Charles; Cullen*. There can be no doubt that producing sentencing remarks is a challenging task, not least when there is pressure on the court's time and a multitude of factors to address. It is for this reason that the judgment may be regarded as constituting unnecessary criticism of the two judges unfortunate enough to have their sentences and sentencing remarks reviewed by this constitution of the court. In particular, in *Cullen*'s case, 76 pages of sentencing remarks in a 19-defendant case equates to four pages per defendant, which in an inevitably complex drugs and weapons conspiracy, already seems to be a model of brevity.

A3-200

The effect of the decision

It is submitted that the effect of the decision in *Chin-Charles; Cullen* can be distilled as follows:

A3-201

1) *should* be framed "in ordinary language" and "in general terms";
2) *should* bear in mind that the offender is the first audience because they have to understand what sentence has been passed, why it has been passed, what it means and what might happen in the event of non-compliance; this will also enable the victim, witnesses, public and the press to understand;
3) *should*, in cases to which guidelines apply, identify the category in which a count sits by reference to harm and culpability, the consequent starting point and range, the fact that adjustments have been made to reflect aggravating and mitigating factors, where appropriate credit for plea (and amount of credit), and the conclusion (it may be necessary briefly to set out what prompts the court to settle on culpability and harm, but only where the conclusion was not obvious or was in issue, and also to explain why the court moved from the starting point);
4) *should not* be crafted with an eye to scrutiny by the Court of Appeal;
5) *should not* exhaustively rehearse the pre-sentence report, the Crown's opening or any sentencing note, and the mitigation should not be exhaustively rehearsed in sentencing remarks; on the contrary, if mentioned, they should be mentioned only briefly;
6) *should not*—save in exceptional circumstances—cite authority;
7) *should not*, in most cases, include a narrative which provides the foundations for the court's factual findings for sentence;
8) *should not* in relation to a finding of dangerousness—save where essential to the understanding of the decision—include supporting facts;
9) *should not* make more than a brief reference to a VPS.

Length and content

A3-202 General The court has frequently praised sentencing judges for their "careful and comprehensive" (e.g. *R. v Griffin*[238]) and "clear and detailed" (e.g. *R. v Caswell*[239]) sentencing remarks. Conversely, the court has been critical of brief and vague remarks where the sentence (and its computation) were "unexplained" (*R. v Gomez*[240]). In *R. v Billington*,[241] the court described the articulation of the reasoning for sentence as "crucial".

The issue of length and content of sentencing remarks is, of course, one of balance, and it is right to be deferential to the vast criminal experience of the constitution of the court. It is submitted, however, that this decision goes too far in its encouragement of brevity and concision. Sentencing is the culmination of the criminal proceedings and marks the very important communicative exercise in which the state explains to the defendant, the public and the complainant the result of the criminal trial and its consequences, and conveys its view of the seriousness of the offending and censures the defendant for their transgression(s). Taken at face value, it is submitted that the court's guidance does not allow for this burden to be discharged.

In particular, the court's assertion that sentencing remarks are not a judgment seems very questionable. What is a sentence if not the judgment of the court?[242] Sentencing is the formal conclusion of proceedings and marks the offender's criminality. It is a formal decision made by a judge that has significant effects on the life and liberty of the offender. Clearly, such decisions should be properly reasoned and the reasons for that decision comprehensible. Similarly, where the court is required to determine whether a statutory test is satisfied when imposing sentence, there is clearly a need to give reasons for any such decision. While in some cases it will be sufficient to merely state that a particular statutory test is satisfied or that a particular factor was present (the basis for that either being unchallenged or uncontroversial) in many cases courts should go further and state why they have arrived at a particular conclusion. For instance, the court should state which facts are relied on in forming a particular view, or which facts of the event in question lead to the conclusion that a particular factor is or is not present.

A3-203 Facts underlying the conviction It is necessary that there is a clear statement—on the court record—of the facts underlying the conviction. This is so for numerous reasons. First, the defendant has a right to hear the basis on which they are being sentenced. Additionally, the public and the press have a right to be told what behaviour has led to the imposition of the particular sentence; after all the process is conducted for the benefit of the public. Furthermore, the lawyers and any appeal court require a clear and unambiguous statement of the factual circumstances; without this, it would be very difficult to properly assess the propriety of the sentence imposed and, in accordance with general principles of fairness, any

---

[238] [2019] EWCA Crim 563; [2019] 2 Cr. App. R. (S.) 32.
[239] [2019] EWCA Crim 1106.
[240] [2019] EWCA Crim 1258.
[241] [2017] EWCA Crim 618; [2017] 4 W.L.R. 114; [2017] Crim. L.R. 816.
[242] In *R. v Thompson* [2010] EWCA Crim 2955; [2011] 2 Cr. App. R. (S.) 24 (a case concerning a restraining order made on acquittal), the court when referring to the judge's finding of fact which formed the basis of the imposition of the order as "… what are called 'sentencing remarks' but are better described as her 'judgment'".

ambiguity would be resolved in the defendant's favour. Finally, clear and detailed explanations of facts underlying convictions can assist with public understanding. This is particularly important in high-profile cases where there tends to be an element of misreporting or deliberate misinformation passed around social media and on the internet.

As to the detail to be included, it is of course a matter of judgement for the individual judge; some will tend to be lengthier, some will tend to be shorter; some cases will inevitably require lengthy sentencing remarks and others will require little more than a paragraph setting out the facts. It is uncontroversial to say that the defendant (and the public too) have a right to know what sentence was imposed; it is submitted that it is equally important that they know why it was imposed as a failure to do so can damage confidence in the courts by virtue of a perceived lack of legitimacy.

It is submitted that the approach to determining whether facts should be included in the sentencing remarks is to consider whether:

1) any party made submissions at the sentencing hearing about that factor, issue or event;
2) the factor is referenced in the sentencing guidelines that apply to the offence(s);
3) the court has placed significant weight on the factor in determining any aspect of the sentence;
4) the narrative of the event(s) underlying the conviction would be incomplete or misleading without reference to a particular factor.

Language

The court was absolutely correct to state that the language used should be accessible and not overly technical, legal or complex. It is submitted, however, that certain parts of sentencing remarks are necessarily framed in technical, legal or complex language. Sentencing law is recognised as complex (*R. v B*[243]). In consequence, there will be parts of sentencing remarks that are less accessible to a general audience, as they are principally directed at lawyers who might consider whether the sentence is wrong in law, wrong in principle or manifestly excessive. That is not to detract from the thrust of the court's point here; sentencing remarks should be in accessible language where possible and that is a consideration which sentencing judges should have at the forefront of their mind. It is not appropriate to place the burden onto counsel to explain matters to the defendant as a means of excusing the court from its statutory duty and to the extent that a practice has crept into the criminal courts of the judge stating that counsel would explain the effect of the sentence in more detail, that should be resisted.

A3-204

Moreover, the example remarks provided at Appendix A in the judgment read more like a headnote to a sentencing case than sentencing remarks. It is suggested that descriptive language and specific reference to facts are frequently important to underline to the offender and members of the public, in a way that the offender understands, the seriousness of their offending and why the sentence is being imposed on them. Sentencing should not be like receiving a diagnosis from a doctor or a repair report from a car mechanic; it is a public expression of the State's disapproval of an individual's transgressive behaviour. This is something a sentencing court would be remiss to forget.

---

[243] [2018] EWCA Crim 2733; [2019] 1 W.L.R. 2550 at [63] per Sir Brian Leveson PQBD.

In relation to the appropriate language to describe steps taken when applying sentencing guidelines, see A1-044. For a further discussion of the language to be used in sentencing remarks, see A3-197.

Audience

A3-205　The decision in this case appears to suggest that the Court of Appeal (Criminal Division) is not one of the various audiences to which sentencing remarks are directed (or at least, the sentencing judge should not compose the remarks as if it were). It is submitted that this is in error. Despite what the court said at [8] ("The task of the Court of Appeal was not to review the reasons of the sentencing judge as the Administrative Court would a public law decision.") the court *is* a court of review.[244] If that is correct, then surely sentencers must provide sufficient information for the court to consider the sentence imposed and why it was imposed, what was considered or not considered, and the process undertaken. Without this, the Court of Appeal (Criminal Division) is in the unenviable position of having to construct ex post facto the judge's reasoning; in all likelihood, the court will not be able to do so and therefore be forced to resolve any issue in the defendant's favour or to decide the issue afresh. This is to risk altering the nature of the court's exercise on appeal, focusing ever more on the outcome that the court would have imposed rather than asking whether the sentence imposed was within the permissible range of sentences open to the judge. To adopt the former course is undesirable for all involved and, in particular, it creates more work for the Court of Appeal (and risks turning it into a de facto sentencing court, not a court of review). It is submitted that a better interpretation of this element of the court's decision is that the sentencing remarks should not be constructed to stave off criticism from the Court of Appeal (Criminal Division), providing excessive and premature defence of any potential grounds of appeal, rather than focusing on including the necessary information to explain that decision.

Sentencing guidelines

A3-206　The court was clearly correct to state that a sentencing court needs to address the steps in the guidelines and state the category and starting point; not only is that step required by the legislation implementing the sentencing guidelines regime, but it is vital, if the defendant is able to understand why a particular sentence has been imposed. The court suggested that it is sufficient to merely state that an upward or downward adjustment has been made to reflect aggravation or mitigation is. It is submitted that this is insufficient and contrary to what is required by *R. v Bush*.[245] At a minimum, it is submitted that the court must state the aggravating and mitigating factors it has found to be present, not least because the factual basis for sentence must be clear and the defendant is entitled to know whether and to what extent mitigation advanced on their behalf was accepted. It is notable that the remarks in Appendix B to the judgment go further than the court's judgment suggested was necessary and do state the aggravating factors present.

---

[244] If this uncontroversial statement required support, it can be found in the words of the court itself: see, e.g. *R. v Koffi* [2019] EWCA Crim 300; [2019] 2 Cr. App. R. (S.) 17 (William Davis J and HH Judge Goldstone QC); *R. v Hunting* [2018] EWCA Crim 2080; [2019] 1 Cr. App. R. (S.) 20 (Lewis and William Davis JJ) and *R. v Turton* [2018] EWCA Crim 2091 (Rafferty LJ and Lewis and William Davis JJ).

[245] [2017] EWCA Crim 137; [2017] 1 Cr. App. R. (S.) 49.

Perhaps of equal importance is that, at present, many (if not most) appeals against sentence are put on the basis of an incorrect application of sentencing guidelines (typically, that the judge wrongly categorised the offence). It therefore seems illogical to encourage an approach that reduces the level of detail in sentencing remarks as to sentencing judge's categorisation of the offence. As to the court's statement that sentencing judges should not briefly set out what prompted the court's conclusions on culpability and harm where the conclusion is obvious, the question is "obvious to whom?" What may be obvious to some members of the Court of Appeal may not be obvious to other colleagues, counsel, the public, press or the defendant.

Citation of authority

The Court of Appeal (Criminal Division) provides a great deal of guidance on sentencing (both substantive guidance and guidance as to procedure). It would seem remiss of a sentencing judge not to mention this guidance where relevant and set out, where necessary, any elements of that guidance. It is well recognised that sentencing law can be complex. In such circumstances, the citation of leading cases on, for example, the approach to dangerousness, the approach to extended driving disqualifications, the interpretation of a term in a guideline or a guideline case (where there is no Council guideline) seems necessary. It is therefore submitted that this element of the decision goes too far in search of brevity; on the contrary, sentencers should, it is submitted, cite the decisions on which they have relied in reaching their conclusions as to the sentence to be imposed and address any material conflicts between the case law they consider necessary. While there is clearly no need to mention cases cited by counsel that are simply illustrative as to the appropriate sentence, where a judge is required to consider or distinguish a case, they should explain the conclusions they have reached. Why would the court want to encourage a practice which left counsel and the Court of Appeal (Criminal Division) guessing as to whether the judge was aware of/or correctly applied a particular authority?

A3-207

Dangerousness

As to dangerousness, the current law requires that sentencing remarks should explain the reasons which have led the court to its conclusion. The court in *R. v Rocha*[246] stated that the Court of Appeal (Criminal Division) would not normally interfere with the conclusions reached by a sentencer who has accurately identified the relevant principles and applied their mind to the relevant facts. By following the guidance in this judgment, the dicta in *Rocha* would not be complied with. This element of Appendix B seems wholly unsatisfactory, and there are countless examples of the Court of Appeal (Criminal Division) criticising sentencing judges for not clearly stating why they found a defendant to be dangerous. In particular, there is authority as to the interaction between the dangerousness regime and other elements of sentencing procedure. The decision of a previous Lord Chief Justice in *Attorney General's Reference (No.27 of 2013) (R. v Burinskas)*[247] provided crucial guidance on the regime, and it is a common feature of such cases that this will be (briefly) noted and followed. Without it, there is more work for counsel and the

A3-208

---

[246] [2007] EWCA Crim 1505.
[247] [2014] EWCA Crim 334; [2014] 2 Cr. App. R. (S.) 45.

Court of Appeal (Criminal Division) in ascertaining whether the correct approach was adopted. It also leads to the unsatisfactory position where the Court of Appeal (Criminal Division) states that it is "clear" that a judge had a particular authority or principle in mind when the sentencing remarks barely disclose that on their face. Surely it is preferable to include a few lines more in the sentencing remarks to make this clear? It may be argued that the legitimacy of the exercise to a degree depends on the extent to which the defendant and public understand and feel that the process was fair and transparent.

The guidance that the basis for the finding of dangerousness would not usually need to be articulated appears to be unsatisfactory. The consequences for a defendant are stark and a defendant is entitled to know precisely (a) why they have been found to fall within the dangerousness scheme; and (b) why the life or extended sentence was deemed necessary. It would also run contrary to decisions such as *R. v Bourke*[248] in which (in the context of a finding of dangerousness and the imposition of an extended sentence) the court commented that it would have been helpful had the judge explained why he rejected a determinate sentence.

As to dangerousness, the law continues to require that sentencing remarks should explain the reasons which have led the court to its conclusion. The court in *R. v Rocha*[249] stated that the Court of Appeal (Criminal Division) would not normally interfere with the conclusions reached by a sentencer who has accurately identified the relevant principles and applied their mind to the relevant facts. A recent example is the decision in *R. v Bourke*[250] in which (in the context of a finding of dangerousness and the imposition of an extended sentence) the court commented that it would have been helpful had the judge explained why he rejected a determinate sentence. However, the guidance given in *Chin-Charles* seemed to suggest that remarks identifying the relevant principles and facts were no longer necessary. The court in *Attorney General's Reference (R. v O'Rourke)*,[251] however, emphasised that there remains an onus on a sentencing judge to explain their reasoning as to the determination of dangerousness, holding that the necessity for a sentencing judge to give reasons when determining an offender's dangerousness (whichever way that issue is resolved) is not in conflict with *Chin-Charles*. The court noted that this was necessary to discharge the duty under s.52 of the Sentencing Code and that such reasons could be provided succinctly while still providing the requisite information. In doing so, the court sought to limit the decision in *Chin-Charles* to discouraging unnecessarily lengthy, narrative quasi-judgments.

A3-209 It is submitted that given the consequences for a defendant of a finding of dangerousness are stark, that sentencing remarks should have sufficient detail such that both a defendant and the public is entitled to know precisely (a) the factors which the court has considered in arriving at its decision, and (b) why a sentence under the dangerousness regime was (or was not) deemed necessary. In this respect it is suggested that the example given by Appendix B of *Chin-Charles* (and endorsed in *O'Rourke*) which simply referred to a pre-sentence report setting out the high risk the offender posed, and an assertion that the defendant easily resorted to weapons and violence to resolve conflict, is insufficient to explain to the public the position.

---

[248] [2017] EWCA Crim 2150; [2018] 1 Cr. App. R. (S.) 42.
[249] [2007] EWCA Crim 1505.
[250] [2017] EWCA Crim 2150; [2018] 1 Cr. App. R. (S.) 42.
[251] [2021] EWCA Crim 1064; [2022] 1 Cr. App. R. (S.) 29.

Victim personal statements

The Criminal Practice Directions 2023 provide that victim personal and impact statements should be referred to within sentencing remarks.

A3-210

As to the extent to which reference is made, it is again a matter of judgement and the nature of the case will influence that decision. The decision in *R. v Chall*[252] stated that it was not necessary for a court to have expert evidence as to any psychological harm caused by an offence for the purposes of a guideline. However, is it not important for the sentencer to state on what basis this was found to be present? If so, that requires a recitation of part of the victim personal statement and an explanation as to why it meets the requirements set out in *Chall*.

Conclusion

The commentary contained in this section should not be misunderstood as an argument in favour of lengthy sentencing remarks akin to a judgment of one of the senior courts. It is curious, however, that the Court of Appeal (Criminal Division) seemed to suggest that a judge's sentencing remarks are not a "judgment"—it is submitted that sentencing remarks are clearly a judgment and to treat them as otherwise would be wrong.

A3-211

It is submitted that this decision should not be seen to encourage a practice where the sentence is announced and the basis for it is barely elucidated to those present. This risks both diminishing the importance of the exercise and leaving the Court of Appeal (Criminal Division) in the unenviable position of conducting sentencing exercises afresh (and with much more material to read prior to a hearing). Sentencing remarks should be comprehensive and concise, but not brief.

COMPENSATION FOR ASSISTING IN THE APPREHENSION OF AN OFFENDER

Introduction

There is a little-used power—dating back to the early 1800s—whereby a sentencing court could order the payment to a person or persons who had contributed in the apprehension of the offender a sum of money as was deemed "reasonable and sufficient" compensation for their "expenses, exertions or loss of time" as a result of their involvement in the offender's apprehension.

A3-212

The power has fallen out of use and it is not known when the last recorded usage was. It is likely that such sum would now be paid out of central funds, if ordered. Although it is likely to be relevant in a very small number of cases, one might think that given the cuts to police and other prosecution agency funding and the rise of citizen journalists and the so-called "paedophile hunters" in particular, some of whom spend a not-inconsiderable period of time on the apprehension of offenders, this power may be a suitable method of recompense. For balance, a court may wish to consider the extent to which such behaviour ought to be seen to be "rewarded" (noting, however, that the payment is not a reward as such).

---

[252] [2019] EWCA Crim 865; [2019] 4 W.L.R. 102.

Legislation

Criminal Law Act 1826 ss.28–29

Courts may order compensation to those who have been active in the apprehension of certain offenders

A3-213 28. Where any person shall appear to the Crown Court, to have been active in or towards the apprehension of any person charged with an indictable offence, the Crown Court is hereby authorised and empowered, in any of the cases aforesaid, to order the high sheriff of the county in which the offence shall have been committed to pay to the person or persons who shall appear to the court to have been active in or towards the apprehension of any person charged with that offence such sum or sums of money as to the court shall seem reasonable and sufficient to compensate such person or persons for his, her, or their expenses, exertions, and loss of time in or towards such apprehension.

Such orders to be paid by the sheriff, who may obtain immediate repayment on application to the Treasury

A3-214 29. Every order for payment to any person in respect of such apprehension as aforesaid shall be forthwith made out and delivered by the proper officer of the court unto such person; and the high sheriff of the county for the time being is hereby authorised and required, on sight of such order, forthwith to pay to such person, or to any one duly authorized on his or her behalf, the money in such order mentioned; and every such high sheriff may immediately apply for repayment of the same to the Treasury, who, on inspecting such order, together with the acquittance of the person entitled to receive the money thereon, shall forthwith order repayment to the high sheriff of the money so by him paid, without any fee or reward whatsoever.

Chapter A4

PRIMARY DISPOSALS

Introduction

The sentence imposed on a person may comprise a number of different orders: for a single offence, an offender might receive a sentence of imprisonment, a sexual harm prevention order, a compensation order and a surcharge order, as well as being subject to notification requirements and the Disclosure and Barring Service barring regime as a result of that conviction and sentence. However, many of these sentencing orders are only available where another type of sentence has been imposed.

This chapter deals with the imposition of what have been termed "primary disposals". The term is used to describe orders available on conviction which are capable, on their own, of disposing of an offence—i.e. they do not require, as a condition of their imposition, any other order to be imposed. The court must in every case impose at least one order from this category, notwithstanding that it may often impose more than one. The term "secondary disposals" has been used to describe orders available on conviction which may only be imposed in addition to a "primary disposal"; they cannot, by themselves, form the sentence imposed for an offence.

The terms are considered to provide a useful structural device which helps to clarify the relationship between the various orders available to the court on conviction.

Some of the statutory provisions use a form of words to the effect that the order may be imposed "instead of, or in addition to dealing with the offender in any other way". The effect is that the order may be imposed on its own, or in conjunction with another primary order; in those circumstances it is clearly a primary order. Some of the statutory provisions are silent as to whether another sentencing order must be imposed in conjunction with it, using a simpler form of words to the effect that on a conviction for a relevant offence, the court "may" impose the order for disqualification or destruction as the case may be. It is submitted that in the absence of an overt restriction on the imposition of the order, the position is clearly that the order is available as a primary order, in the same way that the legislation creating the power to impose a community order is silent as to the need to impose the order with another sentencing order.

This chapter is organised by reference to the severity of the order, proceeding from the least severe to the most severe (and employing the useful fiction, largely adopted by the Court of Appeal (Criminal Division), that different types of sentence do not overlap in terms of severity). It is concerned with the primary disposals available for all offenders or those aged 18 or over at conviction. For those primary disposals available only for those under the age of 18 at conviction, see Ch.A6.

A4-001

A4-002

The Power to Impose No Separate Penalty

Introduction

A4-003 Where a court is sentencing an offender for a number of offences, it is open to the court to impose "no separate penalty" on the least serious of the offences. This power appears to stem from the common law and like a number of longstanding common law powers has never been definitively considered or explained, being shaped by practice over many years. Although it is sometimes referred to as a dubious practice, it is clear that it is one that has been in use even prior to the Court of Appeal (Criminal Division) (see, for example *R. v Payne*[1]) and which that court has on frequent occasions endorsed as the appropriate course of action where there is a need to ensure that a total sentence is not disproportionate.

Circumstances Where it May be Appropriate

A4-004 The Sentencing Council's guideline on totality provides that it may be appropriate to impose "no separate penalty" in respect of an offence where a court is sentencing an offender for multiple offences of differing levels of seriousness, and the offence is of such very low seriousness in that wider context (for example, technical breaches or minor driving offences not involving mandatory disqualification). Where the custodial term of either an extended determinate sentence or of detention under s.250 of the Sentencing Code is inflated to reflect offences for which that form of custodial sentence is not available, the Court of Appeal (Criminal Division) has endorsed a practice of imposing no separate penalty on those lesser offences: see *R. v Joyce and Pinnell*.[2] It is clear, though, that a court may not impose no separate penalty where it is required to pass a specified sentence, such as a mandatory minimum term, or to take a specific step in breach of a sentence (see *R. v Blakemore*,[3] which held that the court may not impose no separate penalty when dealing with the breach of a suspended sentence order).

A sentence of no separate penalty is only appropriate where the additional criminality of an offence has already been fully and adequately reflected in the sentences imposed for the other offence or offences: *R. v WJ*[4] (for an example of which, see *R. v Greaves*[5]). This, it is suggested, is most likely to be the case where the offence is of such a low level of seriousness that any additional punishment would be inappropriate in light of the need to take into account totality. It is suggested that most of the cases in which it will tend to be an appropriate disposal will be cases where the court is imposing imprisonment but is dealing with non-imprisonable offences for which it is not appropriate to discharge or fine the offender (because the offence should remain on the offender's record but further punishment would not assist). Where the offence is imprisonable it is suggested that ordinarily it will be desirable to impose a short concurrent sentence rather than to impose no separate penalty, so that the offence can properly be marked. In this respect attention is drawn to the factual matrix of *WJ* where the court decried the imposition of no separate penalty for serious sexual offences which plainly crossed

---

[1] (1963) 47 Cr. App. R. 122.
[2] [2010] EWCA Crim 2848; [2011] 2 Cr. App. R.(S.) 30.
[3] [2016] EWCA Crim 1396; [2017] 1 Cr. App. R.(S.) 5.
[4] [2023] EWCA Crim 789; [2024] 1 W.L.R. 1935.
[5] [2010] EWCA Crim 709; [2011] 1 Cr. App. R.(S.) 8.

the custody threshold and would have required sentences for offenders of particular concern.

In this regard judges are reminded of the communicative value of the sentences they impose, and the need to ensure that the public are not misled into thinking that an offender has "got off scot-free" for an offence. Additionally, courts will be mindful in cases involving multiple victims not to impose no separate penalty in relation to certain offences such that it risks creating the impression to some victims that their offence did not receive a meaningful sentence. While there may be no substantive difference in the effect of the sentence for the defendant, the structure of the sentence can have an impact on public confidence and the experience of victims.

No Separate Penalty is an Order of the Court

A decision to formally impose "no separate penalty" in respect of an offence represents the court's sentence for that offence: *R. v Ismail*[6] and *R. v Mapstone*.[7] As the court held in *Ismail* it is, therefore, incorrect for a court to direct that no separate penalty be imposed for a lesser offence which is simply an alternative to a more serious offence for which the offender is convicted and sentenced. Accordingly, the lesser offence should be ordered to lie on file in the usual way. This was most recently re-stated in *R. v Butler (Ben)*.[8]

A4-005

It should be noted that in *R. v Beckford*,[9] the court proceeded on the basis that "no separate penalty" was appropriate in such cases. In doing so, the court relied on *Cole* and *R. v Bebbington*[10] (which held that where a defendant pleads guilty to the less serious of two alternative counts, and is then convicted of the more serious count, his plea of guilty should remain recorded on the lesser count, but he should be sentenced only on the more serious one). It is suggested that the court in *Beckford* misunderstood the effect of the decisions in *Cole* and *Bebbington*. It was observed that in the latter case, the Court stated that the plea of guilty should be recorded but that it was wrong for the judge to impose a concurrent sentence. The court then said that "no separate sentence" would be imposed in respect of the lesser offence. In 2019,[11] Lyndon Harris argued that "no separate sentence" is not the same as the imposition of "no separate penalty", which is a formal disposal, and that the court in *Beckford* had fallen into error in conflating the two.

In any event, the court in *Butler* (a non-counsel application) endorsed the view expressed in *Archbold* 2023 §5A-196c and implicitly the decisions in *Ismail* and *Mapstone*. Relying upon *Cole*, the court in *Butler* stated at [9]:

"This is because in *R. v Cole* [1965] 2 Q.B. 388, it was held that a guilty plea does not amount to a conviction unless and until a sentence is passed, and when a defendant pleads guilty to the lesser offence and the more serious alternative proceeds to trial, the correct practice is to record the guilty plea. If the defendant is acquitted of the more serious offence, he can then be sentenced on the count to which he had pleaded guilty, which ranks as a conviction from then on; but if convicted of the more serious offence, he will be

---

[6] [2019] EWCA Crim 290; [2019] Crim. L.R. 617.
[7] [2019] EWCA Crim 410; [2019] 2 Cr. App. R.(S.) 22.
[8] [2023] EWCA Crim 676.
[9] [2018] EWCA Crim 3006; [2019] 2 Cr. App. R.(S.) 1.
[10] (1978) 67 Cr. App. R. 285.
[11] L. Harris, "Sentencing: R. v Beckford (Marlon Eugene) (Case Comment)" [2019] Crim. L.R. 737–740.

sentenced on that matter and the court should consider that the alternative offence should lie on the file. That practice avoids a defendant being convicted of two alternative offences for the same criminal conduct."

Binding Over

Introduction

A4-006   There are a number of powers to bind over an offender, most notably "to keep the peace" and to "come up for judgment". These powers are not only exercisable on conviction. They can be exercised by the courts at any point in criminal proceedings and in respect of any "individuals who are before the court", not simply those who have been convicted of an offence. They are not therefore, exclusively, sentences. However, they remain one of the ways in which a sentencing court can dispose of a case.

The origins of the power to bind over are, in the words of the Law Commission, "lost to history".[12] Certainly, the power stems from the common law and historic practice in an age when justice was administered locally and in a relatively ad hoc manner. It has its origins in a time in which there was no formalised probation service, and few community-based orders available. It is at least questionable whether the powers, at least so far as they can be exercised on conviction, are still appropriate in the modern day. However, despite recommendations by the Law Commission in 1994 that the powers to bind over to keep the peace and be of good behaviour be abolished without replacement because they were no longer defensible in light of modern views on proper practice and procedure,[13] there remain a number of powers to bind over: principally the power to bind over to come up for judgment and the power to bind over to keep the peace. This section deals with those powers so far as they apply to offenders who have been convicted.

Procedure

Criminal Procedure Rules 2020 (SI 2020/759), r.31.10

Bind over: exercise of court's powers

A4-007   **31.10.**—(1) Where the court can impose a bind over—
  (a) the court must decide, in this sequence—
    (i) whether or not to do so and if so in what terms, and then
    (ii) the amount of the recognisance to require; and
  (b) the court may exercise its powers—
    (i) on application or on the court's own initiative, and
    (ii) at a hearing in public, as a general rule, or, in exceptional circumstances, in private.
(2) Before imposing a bind over the court must—
  (a) take into account, as well as any representations under rule 31.2 (Behaviour orders and bind overs: general rules)—
    (i) any evidence introduced, and
    (ii) any admission made; and

---

[12] Law Commission, *Binding Over* (1994), Law Com No.222, para.2.1.
[13] See Law Commission, *Binding Over* (1994), Law Com No.222.

(b) satisfy itself so that it is sure that the criteria for the bind over are met.

(3) Before deciding the amount of any recognisance to require the court must take into account, as well as any representations under rule 31.2, such information as is readily available about the financial circumstances of the person to be bound over.

(4) As a general rule the court must not impose a bind over for more than 12 months.

(5) If the court decides to impose a bind over—
    (a) the court must explain, in terms the person to be bound over can understand (with help if necessary)—
        (i) the effect of the court's decision,
        (ii) the consequences of refusing to enter into a recognisance,
        (iii) the consequences of breaching the bind over, and
        (iv) the possibility of appeal; and
    (b) the court must announce its decision and reasons at a hearing in public.

(6) A bind over must be in writing and must—
    (a) describe in ordinary language the conduct from which the person to be bound over must refrain;
    (b) specify the amount of the recognisance;
    (c) specify the duration of the bind over; and
    (d) identify any surety who is not the person to be bound over.

(7) If the Crown Court requires the person to be bound over to come up for judgment, the bind over also must specify—
    (a) any date on which, and place and time at which, that person must attend court; or
    (b) the means by which that person will be given notice of such a date, place and time.

(8) The court officer must serve the bind over as soon as practicable—
    (a) in every case, on the person bound by it; and
    (b) as applicable, on each party or other party.

Binding Over to Come Up for Judgment

Introduction

The power to bind a person over to come up for judgment stems from the common law: *R. v Spratling*.[14] It is a power available only to the Crown Court, as a result of its inherent jurisdiction: *R. (Bewley) v Acton Crown Court*.[15] It is very rarely used but it is an alternative to sentence and requires the offender to agree to enter into a recognisance to come up for judgment if called on, but meanwhile to be of good behaviour. Provided the terms of the recognisance are not breached an offender may not be sentenced.

A4-008

Although the power is in some respects analogous to the power to defer sentence under s.3 of the Sentencing Code (see A2-038), it is not time limited and can serve as the only punishment imposed for an offence if the conditions imposed as part of it are not broken.

A4-009

---

[14] [1911] 1 K.B. 77.
[15] (1988) 10 Cr. App. R.(S.) 105.

Guidance

Exercising the power

Requirement of consent

A4-010 An offender may only be bound to come up for judgment if they consent to be bound, and consent to the conditions imposed as part of that bind-over. The offender consents to be bound. That consent was given under threat of imprisonment will not invalidate the consent: *R. v Williams*.[16]

The recognisance

A4-011 A recognisance lies at the heart of all powers to bind over; the essence of a bind-over is that the person bound over acknowledges their indebtedness to the Crown, and thereby becomes bound in the sum fixed by the court: *Veator v Glennon*.[17] It is up to the court whether surety[18] is also provided, whether by the offender or by another on their behalf.

The requirement to set a specified period

A4-012 A person must be bound over to come up for judgment for a specified period.[19] There appears to be no limit on this period—see *R. v Williams*[20] (five years) and *R. v Hodges*[21] (10 years)—but the Criminal Procedure Rules now envisage as a general rule it will not be more than 12 months.

Conditions that may be included

A4-013 The power to bind over an offender to come up for judgment may include conditions. Seemingly the power to impose conditions is unlimited; s.52(1) of the Firearms Act 1968 contemplates that a condition may be that the person shall not possess, use or carry a firearm. However, it is suggested that now any conditions would be subject to a proportionality assessment, as well as a need to ensure compliance with an offender's art.8 rights.

In particular, these conditions may include a requirement that the offender leave the jurisdiction for a specified number of years (and to reside in a specified country (historically, typically Ireland) for a number of years): *R. v Ayu*[22]; *R. (Bewley) v Acton Crown Court*.[23] However, in *R. v Williams*[24] it was held that such conditions should be used sparingly, and save in exceptional circumstances should be used only to ensure that the offender goes to a country of which they are a citizen or in which they are habitually resident, or where there are very special circumstances in which

---

[16] (1982) 4 Cr. App. R.(S.) 239.
[17] (1981) 3 Cr. App. R.(S.) 52.
[18] A surety is money promised to be paid, rather than money paid into court in advance, which is referred to as a security.
[19] See Law Commission, *Binding Over: The issues* (1987) Law Com Working Paper No.103, paras 8.1–8.2.
[20] (1982) 4 Cr. App. R.(S.) 239.
[21] (1967) 51 Cr. App. R. 361.
[22] (1959) 43 Cr. App. R. 31.
[23] (1988) 10 Cr. App. R.(S.) 105.
[24] (1982) 4 Cr. App. R.(S.) 239.

the receiving country is prepared to take him for their own wellbeing. As to deportation, see A5-352 (recommendations for deportation) and A7-088 (liability to automatic deportation).

Wording

For an example form of words that may be used when binding a person over to come up for judgment, see S3–10 of the Judicial College's Crown Court Compendium.

A4-014

When its exercise may be appropriate

The circumstances in which it will now be appropriate to bind someone over to come up for judgment are, it is submitted, extremely rare. First, in contrast to a conditional discharge, where an offender has served the entire period of the order without breaching its conditions the offender's conviction remains on their record: *R. v Abrahams*.[25] While the order allows for conditions to be imposed (in contrast to a conditional discharge), it does not provide any mechanism by which to enforce them. Unlike a community order, there is no supervision by probation, and breach is unlikely to be effectively enforced.

A4-015

In this respect it must be remembered that the power to bind over to come up for judgment has its origins in a time when justice was enforced regionally by the community, and by courts that travelled in sessions, and in circumstances where there were largely no other powers to impose preventative conditions. In an age where there is a formalised probation service and a vast array of ancillary preventative orders, it is suggested that where a court is minded to bind over an offender to come up for judgment the order will almost always be more effective if a community order with accompanying preventative orders/requirements is instead imposed.

A4-016

It is submitted that the main (and rather exceptional) circumstance in which it would be preferable to bind a person over to come up for judgment is where the court would otherwise be imposing a community order (or perhaps a suspended sentence order) but the offender has indicated they wish to return to their home country. In such circumstances binding a person over to come up for judgment allows the enforcement of that expressed wish, and allows the court to re-sentence if the person returns within a specified period. It is, however, suggested that where an immediate sentence of imprisonment would be required for the offence that such a sentence should be imposed, the seriousness of the offence requiring that, and a recommendation for deportation made where available; the court should not bind the offender to come up for judgment.

A4-017

The other circumstance in which such a sentence might be imposed (although there would be significant questions as to proportionality) is where an offence is finable only, and a community order is not therefore available.

A4-018

---

[25] (1952) 36 Cr. App. R. 147.

Appeals

A4-019 An order binding over an offender to come up for judgment on conditions is a "sentence" for the purpose of s.50 of the Criminal Appeal Act 1968 and can therefore be appealed against: *R. v Williams*.[26]

Breach

A4-020 For the ability of the court to re-sentence an offender who has been bound over to come up for judgment on proof of breach, see A10-096.

Binding Over to Keep the Peace or to be of Good Behaviour

Introduction

A4-021 The power to bind over a person to keep the peace or to be of good behaviour, is a power to ask a person to enter into a recognisance[27] (with or without sureties) that they will keep the peace or be of good behaviour for a specified period. No further conditions can be imposed: *R. v Randall*.[28] The power is exercisable in relation to anyone before the court, and there is no need for a conviction: see, for example, *R. v Sharp*[29]; *R. v Biffen*.[30] However, it can also be exercised as a power of sentence, although the situations in which it will be appropriate to do so are now rare.

Legislation

General power

A4-022 Section 1 of the Justices of the Peace Act 1361 confers on justices of the peace the power to bind a person over to keep the peace or be of good behaviour.

A4-023 Section 1(7) of the Justices of the Peace Act 1968 provides any court of record having a criminal jurisdiction the power to bind over to keep the peace, and power to bind over to be of good behaviour, a person who or whose case is before the court, by requiring them to enter into their own recognisances or to find sureties or both, and committing them to prison if they do not comply. Rule 31.11(1) of the Crim PR 2020 provides that committal to custody must be a last resort.

A4-024 By virtue of s.45(1) of the Senior Courts Act 1981, the Crown Court is a superior court of record and may therefore exercise the power under s.1(7) of the 1968 Act to bind over to keep the peace: *R. (Collins) v Liverpool Justices*.[31]

Procedure

Magistrates' Courts Act 1980 s.115

---

[26] (1982) 4 Cr. App. R.(S.) 239.
[27] The definition of a recognisance is the subject of some legal debate but essentially it is the acceptance of an obligation to do something (e.g. attend court or keep the peace) or an obligation to pay a sum of money to the Crown if some other person has not done something (e.g. to pay if the person bound over does not attend court or keep the peace).
[28] (1986) 8 Cr. App. R.(S.) 433.
[29] (1957) 41 Cr. App. R. 86.
[30] [1966] Crim. L.R. 111.
[31] (1998) 2 Cr. App. R. 108.

Binding over to keep the peace or be of good behaviour

115.—(1) The power of a magistrates' court on the complaint of any person to adjudge any other person to enter into a recognizance, with or without sureties, to keep the peace or to be of good behaviour towards the complainant shall be exercised by order on complaint. **A4-025**

(2) Where a complaint is made under this section, the power of the court to remand the defendant under subsection (5) of section 55 above shall not be subject to the restrictions imposed by subsection (6) of that section.

(3) If any person ordered by a magistrates' court under subsection (1) above to enter into a recognisance, with or without sureties, to keep the peace or to be of good behaviour fails to comply with the order, the court may commit him to custody for a period not exceeding 6 months or until he sooner complies with the order.

Breach

Section 116 of the Magistrates' Courts Act 1980 provides the magistrates' court with power to issue a warrant of arrest or summons where it is alleged that a person bound by a surety to a recognisance to keep the peace or to be of good behaviour has breached that recognisance. A warrant shall not be issued unless the complaint is in writing and substantiated on oath. On breach the magistrates' courts must either (a) adjudge the recognisance to be forfeited or (b) order the person to enter into a new recognisance, with or without sureties, to keep the peace or to be of good behaviour. **A4-026**

Forfeiture is governed by s.120 of the Magistrates' Courts Act 1980, which allows for the court to order only partial forfeiture of the sum adjudged to be owed (s.120(3)). The sum is enforced as if it were a fine: s.120(4). **A4-027**

Young offenders

For powers to bind over the parents of young offenders, see A6-277. **A4-028**

Guidance

Availability

Need for risk of future breach

There must be at least a risk of a breach of the peace in the future before a person may be bound over to keep the peace: *R. v Aubrey-Fletcher*.[32] **A4-029**

An order to bind someone over to be of good behaviour, however, simply requires the court to find a risk that a person will continue to behave unlawfully: *R. (Williams) v Sandbach Justices*.[33] In cases where an offender has been convicted a dispute as to the latter is likely to be rare, but if there are sufficiently exceptional circumstances surrounding the offending it is suggested that a bind over would be inappropriate. Where a bind-over is being imposed it is suggested that the court should explain why it has found the necessary risk to be present. **A4-030**

---

[32] (1969) 53 Cr. App. R. 380.
[33] [1935] 2 K.B. 192.

Need for consent

A4-031 The essence of a binding over is that the person bound over acknowledges their indebtedness to the Crown, and thereby becomes bound in the sum fixed by the court; there is therefore a requirement that the person consents to be bound over: *Veator v Glennon*.[34]

Historic debate about whether it may be the sole disposal

A4-032 Historically, there seems to have been some debate about whether the power to bind someone over to keep the peace could be the sole disposal in a case where a person has been convicted: see, for a discussion of the debate, the Law Commission paper *Binding Over: The issues*.[35] The argument for this was based on the repeal of s.7(4) of the Criminal Law Act 1967 which, due to a number of specific statutory references to the power to bind a person over and to fine them, provided: "(4) Notwithstanding anything in any enactment whereby power is conferred on a court, on a person's conviction of an offence, to bind him over to keep the peace or be of good behaviour, that power may be exercised without sentencing the person convicted to a fine or to imprisonment."

A4-033 This view does not, however, appear to have been accepted since. It seems best interpreted as a quirk of statutory history; s.7(4) was only ever required because of a certain form of wording in specific statutes which referred to powers to bind over. Such references are now incredibly rare and where powers to bind over are exercised they are exercised by reference to the specific powers in the Justices of the Peace Acts (or arguably the common law) and in neither such Act is the power restricted to cases where the offender is also punished in another way.

Whether there is a power at common law

A4-034 A matter of academic interest remains whether there is a power at common law to bind a person over to keep the peace. Such a power seems unnecessary given the statutory powers in the Justices of the Peace Acts; in *DPP v Speede*,[36] the then Lord Chief Justice, Lord Bingham of Cornhill, considered that its existence "must be doubtful", but no authoritative decision has been taken either way.

Terms of a bind-over

Sufficiently particular terms

A4-035 Historically, where a person was bound over to keep the peace or to be of good behaviour, the terms of the recognisance were to that general level, with many orders being an order to both keep the peace and be of good behaviour. However, following the decision in *Hashman and Harrup v United Kingdom*[37] where it was held that a requirement "to be of good behaviour" was too imprecise to allow the appellants to understand their obligations under the order, offering as it does little guidance to the person bound over as to the type of conduct which would amount

---

[34] (1981) 3 Cr. App. R.(S.) 52.
[35] [1987] Law Com Working Paper No.103, para.2.20.
[36] (1998) 2 Cr. App. R. 108.
[37] [2000] 30 E.H.R.R. 241.

to a breach of the order, there is now a requirement to identify the specific conduct or activity from which that person must refrain.

Setting the sum for the recognisance

There is no guidance on the amount that should be set as part of a recognisance. It is, however, suggested that the amount will need to be proportionate to both the risk the offender poses in respect of a breach of the peace, and their means, such as to act as an effective deterrent given the limited powers available on breach (A10-097). **A4-036**

The amount of recognisance may exceed the maximum fine available for the offence: *R. (Williams) v Sandbach Justices*.[38]

Where the court proposes to bind a person over in a substantial sum, enquiries should be made into the person's means and circumstances, and the offender should be allowed to make representations: *Central Criminal Court Ex. p. Boulding*[39]; *R. v Atkinson*.[40] It is suggested that this will be best practice whatever the sum. **A4-037**

The period of recognisance

A person must be bound over for a specified period and r.31.10(4) of the Crim PR now envisages this will not generally be for more than 12 months. **A4-038**

No conditions may be imposed

In contrast to binding a person over to come up for judgment, there are no powers to impose conditions when binding a person over to keep the peace: *R. v Ayu*[41]; *R. v Randall*.[42] **A4-039**

Wording

For an example form of words that may be used when binding a person over to keep the peace or be of good behaviour, see S3–10 of the Judicial College Crown Court Compendium. **A4-040**

Where a bind-over may be appropriate

Generally, it is suggested that the power to bind over to keep the peace has become a historic power that should not be exercised. Wherever a community order is available (which is where the offence is imprisonable and the offender is aged 18 or over at the date of conviction) that would seem preferable given the ability to impose conditions and to re-sentence the offender on breach, and where it is not an offender should probably be conditionally discharged if the court is concerned that there is a risk of further offending but does not consider punishment is necessary. Where there is a specific form of behaviour the court is concerned with, a preventative order should be imposed where available. **A4-041**

---

[38] [1935] 2 K.B. 192.
[39] (1984) 79 Cr. App. R. 100 DC.
[40] (1988) 10 Cr. App. R.(S.) 470.
[41] (1959) 43 Cr. App. R. 31.
[42] (1986) 8 Cr. App. R.(S.) 433.

In *R. (Williams) v Sandbach Justices*,[43] a recognisance was imposed in a sum that exceeded the statutory maximum for an offence (which was a fine). On appeal, it was submitted that where the statutory penalty proves inadequate or ineffective to prevent the repetition of the offence, the power to require a recognisance for good behaviour provided an ancillary remedy. The order was upheld. It is possible therefore that there may be cases where the court wishes to impose a greater financial penalty than the maximum available (although these will be rare given that the limit has been lifted in the magistrates' court) and seeks to achieve this by binding the person over. However, in doing so the risk the court runs is that the person will remain of good behaviour, and no punishment will in fact be imposed. One option may be to fine an offender and to bind over a person requiring a substantial recognisance although it must be questionable whether that would be consistent with art.7 of the European Convention on Human Rights; it certainly would seem to fly in the face of Parliament's intent in setting a maximum financial penalty. Additionally, when one considers the line of authority emanating from the post-conviction ASBO to the effect that imposing an ASBO (breach of which carried a maximum sentence of five years' imprisonment) was impermissible where the underlying objective of imposing the order was to give the court greater sentencing powers in the event of similar future offending, this practice seems entirely inappropriate (see e.g. *R. v Kirby*[44]).

Where a person refuses to consent

A4-042 Section 115(3) of the Magistrates' Courts Act 1980 provides the magistrates' courts with a power to commit a person to custody where they refuse to enter into a recognisance. There is, however, no power to order the detention of an offender under the age of 18 who refuses to be bound over—*Veater v Glennon*[45]—although such an offender may be ordered to attend at an attendance centre under s.60(1)(b) of the Powers of Criminal Courts (Sentencing) Act 2000.

There does not seem to be any such alternative in the Crown Court. Some have suggested that there may be an ability to treat a refusal as a contempt of court, but it should be noted that in *Veater v Glennon*,[46] penalties for contempt were strongly distinguished from this situation, albeit there the court was concerned with an order by a magistrates' court (and there was therefore no inherent jurisdiction).

Breach

A4-043 For the power of a court to order the forfeiture of a recognisance on breach of a bind-over to keep the peace or be of good behaviour, see A10-097. There is no power to re-sentence an offender on breach.

DISCHARGES

Introduction

A4-044 Where the court considers that it is inexpedient to inflict punishment, having regard to the circumstances, it is open to the court to discharge the offender, either

---

[43] [1935] 2 K.B. 192.
[44] [2005] EWCA Crim 1228; [2006] 1 Cr. App. R.(S.) 26.
[45] (1981) 3 Cr. App. R.(S.) 52.
[46] (1981) 3 Cr. App. R.(S.) 52.

absolutely or conditionally. Where an offender has been discharged in relation to an offence, with limited exceptions, they will be treated as if they have not been convicted of that offence. By virtue of the Rehabilitation of Offenders Act 1974 the conviction will be treated as spent; the offender will not be required to disclose it and they will be considered to be of good character for the purpose of future proceedings.

Legislation

General

Sentencing Act 2020 ss.79–80

Order for Absolute Discharge

79.—(1) In this Code "order for absolute discharge" means an order discharging an offender absolutely in respect of an offence.   A4-045
Availability

(2) An order for absolute discharge is available to a court dealing with an offender for an offence where—
    (a) the offender is convicted by or before the court, and
    (b) the offence is not one in relation to which a mandatory sentence requirement applies (see section 399).

Exercise of power to make order for absolute discharge

(3) Where it is available, the court may make an order for absolute discharge if it is of the opinion that it is inexpedient to inflict punishment, having regard to the circumstances, including—
    (a) the nature of the offence, and
    (b) the character of the offender.

Effect on other orders

(4) Nothing in this section is to be taken to prevent a court, on discharging an offender absolutely in respect of an offence, from—
    (a) imposing any disqualification on the offender,
    (b) making any of the following orders in respect of the offence—
        (i) a compensation order (see section 133);
        (ii) an order under section 152 (deprivation orders);
        (iii) a restitution order (see section 147);
        (iv) an unlawful profit order under section 4 of the Prevention of Social Housing Fraud Act 2013,
    (c) making an order under section 46 (criminal courts charge), or
    (d) making an order for costs against the offender.

Order for conditional discharge

80.—(1) In this Code "order for conditional discharge" means an order discharging an offender for an offence subject to the condition that the offender commits no offence during the period specified in the order (referred to in this Code as "the period of conditional discharge").   A4-046
Availability

(2) An order for conditional discharge is available to a court dealing with an offender for an offence where—
    (a) the offender is convicted by or before the court, and

(b) the offence is not one in relation to which a mandatory sentence requirement applies (see section 399).

(3) But see the following for circumstances where an order for conditional discharge is not available—
  (a) section 66ZB(6) of the Crime and Disorder Act 1998 (effect of youth cautions);
  (b) section 66F of that Act (youth conditional cautions);
  (c) section 103I(4) of the Sexual Offences Act 2003 (breach of sexual harm prevention order and interim sexual harm prevention order etc);
  (d) section 339(3) (breach of criminal behaviour order);
  (da) section 342G(4) (offences relating to a serious violence reduction order);
  (e) section 354(5) (breach of sexual harm prevention order).

Exercise of power to make order for conditional discharge

(4) Where it is available, the court may make an order for conditional discharge if it is of the opinion that it is inexpedient to inflict punishment, having regard to the circumstances, including—
  (a) the nature of the offence, and
  (b) the character of the offender.

(5) The period of conditional discharge specified in an order for conditional discharge must be a period of not more than 3 years beginning with the day on which the order is made.

(6) On making an order for conditional discharge, the court may, if it thinks it expedient for the purpose of the offender's reformation, allow any person who consents to do so to give security for the good behaviour of the offender.

Effect on other orders

(7) Nothing in this section prevents a court, on making an order for conditional discharge in respect of an offence, from—
  (a) imposing any disqualification on the offender,
  (b) making any of the following orders in respect of the offence—
    (i) a compensation order (see section 133),
    (ii) an order under section 152 (deprivation orders), or
    (iii) a restitution order (see section 147), or
    (iv) an unlawful profit order under section 4 of the Prevention of Social Housing Fraud Act 2013,
  (c) making an order under section 46 (criminal courts charge), or
  (d) making an order for costs against the offender.

A4-047 Section 81 of the Sentencing Code gives effect to Sch.2 to the Code, which is concerned with the re-sentencing of conditional discharges on the commission of a new offence; see A10-098.

Sentencing Act 2020 s.82

Effect of discharge

A4-048 82.—(1) This section applies where—
  (a) an order for absolute discharge, or
  (b) an order for conditional discharge,
is made in respect of an offence.

(2) The conviction of that offence is to be deemed not to be a conviction for any purpose other than the purposes of—

(a) the proceedings in which the order is made, and
(b) in the case of an order for conditional discharge, any subsequent proceedings which may be taken against the offender under Schedule 2.

This is subject to subsection (3).

(3) In the case of an order for conditional discharge, if the offender is sentenced (under Schedule 2) for the offence—
(a) the order ceases to have effect, and
(b) if the offender was aged 18 or over when convicted of the offence, subsection (2) ceases to apply to the conviction.

(4) Without prejudice to subsections (2) and (3), the offender's conviction is in any event to be disregarded for the purposes of any enactment or instrument which—
(a) imposes any disqualification or disability upon convicted persons, or
(b) authorises or requires the imposition of any such disqualification or disability.

(5) Subsections (2) to (4) do not affect—
(a) any right of the offender to rely on the conviction in bar of any subsequent proceedings for the same offence, or
(b) the restoration of any property in consequence of the conviction.

(6) In subsection (4)—

'enactment' includes an enactment contained in a local Act;
'instrument' means an instrument having effect by virtue of an Act.

(7) Subsection (2) has effect subject to the following (which concern rights of appeal)—
(a) section 50(1A) of the Criminal Appeal Act 1968, and
(b) section 108(1A) of the Magistrates' Courts Act 1980.

Nothing in this subsection affects any other enactment that excludes the effect of subsection (2) or (4) for particular purposes.

Restrictions on Availability of Conditional Discharge

Previous youth cautions

Crime and Disorder Act 1998 ss.66ZB(5)–(6) and 66F

Effect of youth cautions

66ZB.—(5) Subsection (6) applies if— A4-049
(a) a person who has received two or more youth cautions is convicted of an offence committed within two years beginning with the date of the last of those cautions, or
(b) a person who has received a youth conditional caution followed by a youth caution is convicted of an offence committed within two years beginning with the date of the youth caution.

(6) The court by or before which the person is convicted—
(a) must not make an order under section 80 of the Sentencing Code (conditional discharge) in respect of the offence unless it is of the opinion that there are exceptional circumstances relating to the offence or the person that justify it doing so, and
(b) where it does so, must state in open court that it is of that opinion and its reasons for that opinion.

Restriction on sentencing powers where youth conditional caution given

A4-050 66F. Where a person who has been given a youth conditional caution is convicted of an offence committed within two years of the giving of the caution, the court by or before which the person is so convicted—
  (a) may not make an order under section 80 of the Sentencing Code (conditional discharge) in respect of the offence unless it is of the opinion that there are exceptional circumstances relating to the offence or the offender which justify its doing so; and
  (b) where it does make such an order, must state in open court that it is of that opinion and why it is.

Imposition of other orders

A4-051 A conditional discharge may not be imposed for:
  1) an offence contrary to s.103I of the Sexual Offences Act 2003 (breach of sexual harm prevention order (SHPO) etc: s.103I(4) of the 2003 Act;
  2) an offence contrary to s.339 of the Sentencing Code (breach of a criminal behaviour order (CBO)): s.339(3) of the Code;
  3) an offence contrary to s.354 of the Sentencing Code (breach of a SHPO): s.354(5) of the Code.

Guidance

Availability

Whether to impose

A4-052 The defining feature of an absolute or conditional discharge is that it is imposed only where it is "inexpedient to inflict punishment". Accordingly, the court will need to give particular consideration to the seriousness of the offence and the circumstances in which the offender finds themselves when before the court. It is likely to be a relatively rare case in which a discharge is appropriate, although there is no requirement that the offence be exceptional before a discharge is available. Discharges will most often be appropriate where the court wishes to encourage rehabilitation and considers that the nature of the court proceedings has been punishment enough (perhaps because of their impact on the offender or delay). In some circumstances the court may wish to impose a discharge where it disagrees with the prosecution's assessment of the public interest in bringing the proceedings.

A4-053 The decision between imposing an absolute discharge and a conditional discharge will inevitably be informed by both the seriousness of the offence and the court's assessment of the risk of the offender re-offending. The more borderline the decision that punishment is not expedient, the more likely it is that the court may wish to reserve its position in the case of re-offending and impose a conditional discharge. Similarly, there may be cases where the court considers that the offender is more likely to be successfully rehabilitated where the Sword of Damocles hangs over them in the form of the period of conditional discharge, not where they are absolutely discharged of the criminality.

Restrictions on imposition of a conditional discharge

A4-054 Section 80(3) of the Sentencing Code provides a signpost to the circumstances in which a conditional discharge is not available. Principally these are cases where previous cautions or preventative orders have been imposed and breached. Although as a matter of law the cases to which those restrictions apply are limited, it is suggested that the general theory underpinning them (that a conditional discharge is likely to be inappropriate in the case of a recidivist offender of whom the court has previously had reason to have concern in relation to) is of more general application.

Combining with Other Orders

The list of orders which can be made alongside an absolute discharge in s.79(4) of the Sentencing Code, or alongside a conditional discharge in s.80(7), is not absolute. A confiscation order is, for example, available alongside an absolute or conditional discharge: *R v Varma*.[47] In *Varma*, holding *R. v Clarke*[48] (where the Court of Appeal (Criminal Division) had held no punitive orders could be included alongside a discharge that were not listed in ss.79(4) or 80(7)) to be wrongly decided, the Supreme Court held that whether such orders could be imposed would depend on the construction of the individual acts, and in particular that there was an important distinction between the correct approach where the Court has a power to impose a penalty together with an absolute or conditional discharge and the correct approach where the Court has a duty to do so on the true construction of the statute.

A4-055

However, in *R. v Sanck*,[49] it was held (relying on *R. v McClelland*[50]) that it was wrong to impose a fine and a conditional discharge for the same offence, as a discharge may only be imposed where the court thinks punishment is inexpedient, and a fine is a punishment. Historically though under the CPD 2015, J.20, the Crim PD contemplated the ability to require a security from a person being conditionally discharged, which it seems must still be a power available to a court despite the repeal of that practice direction.

As David Thomas observed in his commentary to *R. v Magro*,[51] the provisions relating to absolute and conditional discharges do not in fact limit other orders which can be imposed alongside such a discharge; they simply provide that a discharge may only be imposed where punishment is inexpedient. To that it can be added that the provisions are modelled as "avoidance of doubt" provisions, seemingly implemented as a result of historic attempts to avoid the imposition of matters like disqualification where discharges have been imposed (as to which see, *Taylor v Saycell*[52] and *Dennis v Tame*[53]), and to allow for the imposition of deprivation orders (which had previously not been allowed in conjunction with discharges on the ground they were punishment: see *R. v Savage*[54]). The modern approach to deprivation orders appears to recognise that they can have a dual purpose of prevention of crime and punishment. See A4-182 for more detail.

It is suggested that the effect of the provision is that any order which is not a punishment can be imposed alongside an absolute or conditional discharge. The issue that will arise most frequently is whether an order or sentence is a punishment

A4-056

---

[47] [2012] UKSC 42; [2013] 1 A.C. 463; [2013] 1 Cr. App. R.(S.) 125.
[48] [2009] EWCA Crim 1074; [2010] 1 Cr. App. R.(S.) 48.
[49] (1990–1991) 12 Cr. App. R.(S.) 155 CA.
[50] (1951) 35 Cr. App. R. 22.
[51] [2010] EWCA Crim 1575 at [2010] Crim. L.R. 787.
[52] [1950] 2 All E.R. 887.
[53] [1954] 1 W.L.R. 1338.
[54] (1983) 5 Cr. App. R.(S.) 216.

or is simply preventative; almost all preventative orders involve some sort of deprivation of liberty which could properly be considered punitive even if that is not their aim. Broadly it is suggested that provided the primary purpose of the order is not punitive then it will be appropriate in theory to impose it alongside a discharge; given that the only restriction on discharges is that it must be inexpedient to inflict punishment. This interpretation is supported by the Judicial College Crown Court Compendium at S6-2 which lists a number of preventative orders as available alongside a conditional discharge.

However, in practice it is submitted that where the court has concerns such that it is minded to impose a preventative order, it may also wish to give careful consideration to whether a discharge is appropriate for the offence in the circumstances.

Finally, it should be noted that these restrictions only apply in relation to the offence of which the offender is discharged. Where an offender has been convicted of a number of offences, there is nothing to stop the court from imposing a sentence of imprisonment in respect of one offence and an absolute discharge in respect of another. It is suggested that it would only be an exceptional case in which that is likely to be appropriate.

Effect of Discharge

A4-057   Unless the effect of s.82 of the Sentencing Code has been specifically excluded, say by reference to a person who has been absolutely or conditionally discharged, a person who is the subject of a discharge will not attract any of the normal consequences of conviction, as their conviction will be a conviction only for the purposes of the proceedings in which the discharge was made: *R. v Longworth*.[55] One example of a circumstance in which the effect of this provision has been specifically excluded are notification requirements for sex offenders; see A7-004.

By virtue of s.82, where a person has been discharged they may truthfully state in job applications (even those to which the Rehabilitation of Offenders Act 1974 does not apply) that they have never been convicted: *R. v Patel*.[56] The court in that case rejected a technical distinction put forward between whether a person had been convicted or whether a person had a conviction, seemingly holding that the effect of s.82 is that a person has neither been convicted nor had a conviction for other purposes. Obiter, the court suggested that it is perfectly open to such employers to ask a question such as "Have you ever been found guilty of a criminal offence?" or indeed "Have you ever committed a criminal offence?" or, if necessary, "Have you ever appeared in court and been sentenced, including an absolute or conditional discharge, for an offence?" and that s.82 would not permit a person to legitimately withhold details of their offending in such circumstances. As David Ormerod in his comment to the case in 2007,[57] observed, although in certain sensitive professions it will be desirable to know the full extent of an offender's convictions (even where there has been a discharge), there is a risk such a technical approach might threaten the protection that the discharges aim to provide. It is suggested that given that the purpose of a discharge is to expunge the conviction from a person's record (because punishment is inexpedient and the offender should be fully rehabilitated), that a fine

---

[55] [2006] UKHL 1; [2006] 1 W.L.R. 313; [2006] 2 Cr. App. R.(S.) 62.
[56] [2006] EWCA Crim 2689; [2007] 1 Cr. App. R. 12.
[57] D. Ormerod, "Conditional Discharge: False Representation (Case Comment)" [2007] Crim. L.R. 476–477.

technical approach, which allowed questions such as have you ever been found guilty or have you ever committed a criminal offence, to be asked, would be inappropriate and run counter to the clear policy aims of the legislation.

Breach

Where an offender is convicted of another offence committed during the period of conditional discharge they may be re-sentenced; see A10-098.

A4-058

FINES

Introduction

The fine is the most common form of sentence imposed by the criminal courts and in relation to a great many offences a fine is the most severe penalty available for adult offenders. The maximum fine available for a summary offence is ordinarily set by reference to the standard scale for fines, set out in s.122 of the Sentencing Code, which provides for five levels of fine. For offences committed on or after 12 March 2015, subject to limited exceptions, reference to a level 5 fine is to be read as reference to an unlimited fine (s.85 of the Legal Aid, Sentencing and Punishment of Offenders Act 2012). In relation to indictable offences, the Crown Court has the power to impose an unlimited fine on any offender convicted on indictment, subject to specific statutory restrictions (s.120 of the Sentencing Code), and the magistrates' courts may impose a fine wherever the maximum sentence is one of imprisonment or a fine (ss.118–119 of the Sentencing Code). In respect of corporate offenders, because of the impossibility of imprisoning purely legal persons, it is likely that a fine is the only truly punitive sentence available.

A4-059

A fine, in contrast to other orders relating to finances and property, is a purely retributive sentence. Money owed from fines is paid to the state, not to the victims of the crime committed. The purpose of a fine is not to compensate a victim, to prevent the offender from using their financial resource to commit a further offence or even to deprive an offender of the profits they have made from crime (although this may be the effect). The purpose of a fine is to appropriately punish the offender for the offence (or offences) for which the offender is being sentenced. Fines are therefore principally set by reference to the seriousness of the offence committed. They are imposed where the seriousness of the offence does not justify a community sentence or imprisonment, or where those penalties are not available because of the low maximum sentence of the offence.

However, while the legal fiction that subject to relatively exceptional circumstances the retributive effect of imprisonment is the same in relation to one person as it is in relation to another may be roughly tenable, the same clearly cannot be said for a fine of a specific amount. Fines are therefore set by reference not only to the seriousness of the offence, but also to the offender's financial circumstances; the intent being that the retributive effect of a fine should be set by reference to the seriousness of the offence, and the amount of that fine then set by reference to the offender's financial circumstances so as to achieve that intended level of punishment. Where this creates particular issues are where an offender does not properly have the means to pay a fine, or where the offender's means are such that any fine is in effect nugatory.

Although fines become payable instantaneously by default, the court may allow them to be paid over a defined period of time in instalments. Where an offender

A4-060

defaults on a fine there are a number of enforcement mechanisms open to the magistrates' courts, including, as a last resort, committal to prison.

Legislation

Power of the Magistrates' Courts to Fine

Sentencing Act 2020 ss.118–119

Availability of fine: Magistrates' Court

A4-061 118.—(1) A fine is available to a magistrates' court dealing with an offender for an offence if under the relevant offence provision a person who is convicted of that offence is liable to a fine.

(2) If under the relevant offence provision the offender is liable to—
   (a) a fine of a specified amount,
   (b) a fine of not more than a specified amount,
the amount of the fine—
   (i) must not be more than that amount, but
   (ii) may be less than that amount (unless an Act passed after 31 December 1879 expressly provides to the contrary).

(3) This is subject to—
   (a) section 121 (availability: fines not to be combined with certain other orders);
   (b) section 123 (limit on fines imposed by magistrates' courts in respect of young offenders).

(4) In this section "relevant offence provision", in relation to an offence, means—
   (a) the enactment creating the offence or specifying the penalty to which a person convicted of the offence is liable, or
   (b) that provision read in accordance with—
      (i) section 85 of the Legal Aid, Sentencing and Punishment of Offenders Act 2012 (removal of limit on certain fines on conviction by magistrates' court) and regulations under that section;
      (ii) section 86 of that Act (power to increase certain other fines on conviction by magistrates' court) and regulations under that section;
      (iii) section 32 of the Magistrates' Courts Act 1980 (penalties on summary conviction for offences triable either way);
      (iv) section 119 (power of magistrates' court to fine where only imprisonment etc specified);
      (v) section 122 (standard scale of fines),
and, for this purpose, "enactment" includes an enactment contained in a local Act or in any order, regulation or other instrument having effect by virtue of an Act.

Power of magistrates' court to fine where only imprisonment etc specified

A4-062 119.—(1) This section applies where under an enactment a magistrates' court has power to sentence an offender to imprisonment or other detention but not to a fine. It is immaterial whether the enactment was passed or made before or after the commencement of this Act.

(2) The magistrates' court may impose a fine instead of sentencing the offender to imprisonment or other detention.

(3) In the case of an offence which—
  (a) is triable either way, and
  (b) was committed before 12 March 2015,

a fine imposed under subsection (2) may not exceed the prescribed sum (within the meaning of section 32 of the Magistrates' Courts Act 1980).

(4) In the case of a fine imposed under subsection (2) for a summary offence—
  (a) the amount of the fine may not exceed level 3 on the standard scale, and
  (b) the default term must not be longer than the term of imprisonment or detention to which the offender is liable on conviction of the offence.

For this purpose "default term" means the term of imprisonment or detention under section 108 of the Powers of Criminal Courts (Sentencing) Act 2000 to which the offender would be subject in default of payment of the fine.

(5) In this section "enactment" includes an enactment contained in a local Act or in any order, regulation or other instrument having effect by virtue of an Act.

Magistrates' Courts Act 1980 s.32

Penalties on summary conviction for offences triable either way

32.—(1) On summary conviction of any of the offences triable either way listed in Schedule 1 to this Act a person shall be liable to imprisonment for a term not exceeding the general limit in a magistrates' court or to a fine not exceeding the prescribed sum or both, except that—
  (a) a magistrates' court shall not have power to impose imprisonment for an offence so listed if the Crown Court would not have that power in the case of an adult convicted of it on indictment

(2) For any offence triable either way which is not listed in Schedule 1 to this Act, being an offence under a relevant enactment, the maximum fine which may be imposed on summary conviction shall by virtue of this subsection be the prescribed sum unless the offence is one for which by virtue of an enactment other than this subsection a larger fine may be imposed on summary conviction.

(3) Where, by virtue of any relevant enactment, a person summarily convicted of an offence triable either way would, apart from this section, be liable to a maximum fine of one amount in the case of a first conviction and of a different amount in the case of a second or subsequent conviction, subsection (2) above shall apply irrespective of whether the conviction is a first, second or subsequent one.

(4) Subsection (2) above shall not affect so much of any enactment as (in whatever words) makes a person liable on summary conviction to a fine not exceeding a specified amount for each day on which a continuing offence is continued after conviction or the occurrence of any other specified event.

(5) Subsection (2) above shall not apply on summary conviction of any of the following offences:—
  (a) offences under section 5(2) of the Misuse of Drugs Act 1971 (having possession of a controlled drug) where the controlled drug in relation to which the offence was committed was a Class B or Class C drug;
  (b) offences under the following provisions of that Act, where the controlled drug in relation to which the offence was committed was a Class C drug, namely—

A4-063

- (i) section 4(2) (production, or being concerned in the production, of a controlled drug);
- (ii) section 4(3) (supplying or offering a controlled drug or being concerned in the doing of either activity by another);
- (iii) section 5(3) (having possession of a controlled drug with intent to supply it to another);
- (iv) section 8 (being the occupier, or concerned in the management, of premises and permitting or suffering certain activities to take place there);
- (v) section 12(6) (contravention of direction prohibiting practitioner etc. from possessing, supplying etc. controlled drugs); or
- (vi) section 13(3) (contravention of direction prohibiting practitioner etc. from prescribing, supplying etc. controlled drugs).

(6) Where, as regards any offence triable either way, there is under any enactment (however framed or worded) a power by subordinate instrument to restrict the amount of the fine which on summary conviction can be imposed in respect of that offence—
- (a) subsection (2) above shall not affect that power or override any restriction imposed in the exercise of that power; and
- (b) the amount to which that fine may be restricted in the exercise of that power shall be any amount less than the maximum fine which could be imposed on summary conviction in respect of the offence apart from any restriction so imposed.

(8) In subsection (5) above "controlled drug", "Class B drug" and "Class C drug" have the same meaning as in the Misuse of Drugs Act 1971.

(9) In this section—

"fine" includes a pecuniary penalty but does not include a pecuniary forfeiture or pecuniary compensation;

"the prescribed sum" means £5,000 or such sum as is for the time being substituted in this definition by an order in force under section 143(1) below;

"relevant enactment" means an enactment contained in the Criminal Law Act 1977 or in any Act passed before, or in the same Session as, that Act.

(10) Section 85 of the Legal Aid, Sentencing and Punishment of Offenders Act 2012 (removal of limit on certain fines on conviction by magistrates' court) makes provision that affects the application of this section.

Sentencing Act 2020 s.122

The standard scale of fines for summary offences

122.—(1) The standard scale of fines for summary offences, which is known as *"the standard scale"*, as it has effect for Code offences, is as follows—

Level on the scale	Amount of fine		
	Offence committed 11 April 1983 to 30 April 1984	Offence committed 1 May 1984 to 30 September 1992	Offence committed on or after 1 October 1992
1	£25	£50	£200
2	£50	£100	£500

Level on the scale	Amount of fine		
	Offence committed 11 April 1983 to 30 April 1984	Offence committed 1 May 1984 to 30 September 1992	Offence committed on or after 1 October 1992
3	£200	£400	£1000
4	£500	£1000	£2500
5	£1000	£2000	£5000

(2) In relation to a Code offence, a relevant reference to a particular level on the standard scale is to be read as referring to that level on the scale set out in the column of the table in subsection (1) that applies to offences committed on the date on which the offence was committed.

(3) In relation to—
  (a) a relevant reference in an enactment or instrument passed or made before 12 March 2015 to level 5 on the standard scale, and
  (b) an offence committed on or after that date,
subsection (2) is subject to section 85 of the Legal Aid, Sentencing and Punishment of Offenders Act 2012 (removal of limit on certain fines on conviction by magistrates' court).

(4) A reference to a level on the standard scale in an enactment or instrument made under an enactment (whenever passed or made) is a *"relevant reference"* to that level if—
  (a) the enactment or instrument provides that a person convicted of a summary offence is liable on conviction to a fine or maximum fine by reference to that level, or
  (b) it is a reference in an enactment which confers power by subordinate instrument to make a person liable on conviction of a summary offence (whether or not created by the instrument) to a fine or maximum fine by reference to that level.

In this section, *"Code offence"* is an offence of which the offender is convicted after the Code comes into force.

Section 85(1) of the Legal Aid, Sentencing and Punishment of Offenders Act 2012 provides that where, on 12 March 2015 (Legal Aid, Sentencing and Punishment of Offenders Act 2012 (Commencement No.11) Order 2015[58] art.2), an offence would be punishable on summary conviction by a fine or maximum fine of £5,000 or more (however expressed), the offence is punishable on summary conviction on or after that day by a fine of any amount unless it is subject to regulations disapplying that provision. For regulations made under that section see the Legal Aid, Sentencing and Punishment of Offenders Act 2012 (Fines on Summary Conviction) Regulations 2015,[59] Sch.1, which lists offences to which s.85(1) does not apply. It should be noted therefore that the effect of s.85 of the 2012 Act is not to remove the concept of a level 5 fine but to provide that a level 5 fine is to be read

A4-065

---

[58] Legal Aid, Sentencing and Punishment of Offenders Act 2012 (Commencement No.11) Order 2015 (SI 2015/504).
[59] Legal Aid, Sentencing and Punishment of Offenders Act 2012 (Fines on Summary Conviction) Regulations 2015 (SI 2015/664).

as an unlimited fine in the case of an offence committed on or after 12 March 2015 except where the regulations provide otherwise.

Power of the Crown Court to Fine

Sentencing Act 2020 s.120

General power of Crown Court to fine offender convicted on indictment

A4-066　120.—(1) A fine is available to the Crown Court where it is dealing with an offender who is convicted on indictment for an offence—
  (a) instead of, or
  (b) in addition to,
dealing with the offender in any other way which is available to the court.
  (2) Subsection (1)—
    (a) does not apply where the offence is one in relation to which a mandatory sentence requirement applies by virtue of any of the following provisions of section 399—
      (i) paragraph (a) (life sentence for murder etc),
      (ii) paragraph (b) (other mandatory life sentences),
      (iia) paragraph (ba) (serious terrorism sentences), or
      (iii) paragraph (c)(iv) (minimum sentence for third domestic burglary offence),
    (b) is subject to any other enactment requiring the offender to be dealt with in a particular way, and
    (c) does not apply if the court is precluded from sentencing the offender by its exercise of some other power.
  (3) Nothing in subsection (1) affects the maximum amount of a fine to which a person is liable for an offence committed before 1 December 2020.

Criminal Law Act 1977 s.32(1)

Other provisions as to maximum fines.

A4-067　32.—(1) Where a person convicted on indictment of any offence (whether triable only on indictment or either way) would, apart from this subsection, be liable to a fine not exceeding a specified amount, he shall by virtue of this subsection be liable to a fine of any amount.

Imposition of Fines

Fixing amount of fine

Sentencing Act 2020 ss.124–127

Fixing of fine: duty of court to inquire into individual offender's circumstances

A4-068　124.—(1) Before fixing the amount of any fine to be imposed on an offender who is an individual, a court must inquire into the offender's financial circumstances.
  (2) For the power to make a financial circumstances order, see section 35.
  (3) For modifications of this section where the court also makes an order under section 380 (power to order parent or guardian to pay fine, costs, compensation or surcharge), see section 128.

Exercise of court's powers to impose fine and fix amount

125.—(1) The amount of any fine fixed by a court must be such as, in the opinion of the court, reflects the seriousness of the offence.

(2) In fixing the amount of any fine to be imposed on an offender (whether an individual or other person), a court must take into account the circumstances of the case including, in particular, the financial circumstances of the offender so far as they are known, or appear, to the court.

(3) Subsection (2) applies whether taking into account the financial circumstances of the offender has the effect of increasing or reducing the amount of the fine.

(4) In applying subsection (2), a court must not reduce the amount of a fine on account of any surcharge it orders the offender to pay under section 42, except to the extent that the offender has insufficient means to pay both.

(5) For modifications of this section where the court also makes an order under section 380 (power to order parent or guardian to pay fine, costs, compensation or surcharge), see section 128.

(6) For the effect of proceedings in relation to confiscation orders on the court's powers to impose or fix the amount of a fine, see the following provisions of the Proceeds of Crime Act 2002—

    (a) section 13(4) (where confiscation order has been made);
    (b) section 15 (where proceedings on a confiscation order have been postponed).

Power to determine financial circumstances where offender is absent or fails to provide information

126.—(1) This section applies where an offender—

    (a) has been convicted in the offender's absence—
        (i) in pursuance of section 11 or 12 of the Magistrates' Courts Act 1980 (non-appearance of accused), or
        (ii) in proceedings conducted in accordance with section 16A of that Act (trial by single justice on the papers), or
    (b) has failed—
        (i) to provide a statement of the offender's financial circumstances in response to a request which is an official request for the purposes of section 20A of the Criminal Justice Act 1991 (offence of making false statement as to financial circumstances),
        (ii) to comply with an order under section 35(2) (statement as to offender's financial circumstances), or
        (iii) otherwise to co-operate with the court in its inquiry into the offender's financial circumstances.

(2) If the court considers that it has insufficient information to make a proper determination of the financial circumstances of the offender for the purposes of section 125, it may make such determination as it considers appropriate.

Remission of fines following determination under section 126

127.—(1) This section applies where a court has, in fixing the amount of a fine, determined the offender's financial circumstances under section 126 (offender absent or failing to provide information).

(2) If on subsequently inquiring into the offender's financial circumstances the court is satisfied that, had it had the results of that inquiry when sentencing the offender, it—

    (a) would have fixed a smaller amount, or
    (b) would not have fined the offender,

it may remit the whole or part of the fine.

(3) Where under this section the court remits the whole or part of a fine after a term of imprisonment, or detention under section 108 of the Powers of Criminal Courts (Sentencing) Act 2000, has been fixed under—

(a) section 129, or
(b) section 82(5) of the Magistrates' Courts Act 1980 (magistrates' powers in relation to default),

it must reduce the term by the corresponding proportion.

(4) In calculating any reduction required by subsection (3), any fraction of a day is to be ignored.

(5) Subsection (6) applies where—
(a) under this section the court remits the whole or part of a fine,
(b) the offender was ordered under section 42 to pay a surcharge, and
(c) the amount of the surcharge was set by reference to the amount of the fine.

(6) The court must—
(a) determine how much the surcharge would have been if the fine had not included the amount remitted, and
(b) remit the balance of the surcharge.

Magistrates' Courts Act 1980 s.84

Power to require statement of assets and other financial circumstances.

A4-072   84.—(1) A magistrates' court may, either before or on inquiring into a person's means under section 82 above, and a justice of the peace acting in the same local justice area as that court may before any such inquiry, order him to furnish to the court within a period specified in the order such a statement of his assets and other financial circumstances as the court may require.

(2) A person who fails to comply with an order under subsection (1) above shall be liable on summary conviction to a fine not exceeding level 3 on the standard scale.

(3) If a person in furnishing any statement in pursuance of an order under subsection (1) above makes a statement which he knows to be false in a material particular or recklessly furnishes a statement which is false in a material particular, or knowingly fails to disclose any material fact, he shall be liable on summary conviction to imprisonment for a term not exceeding 4 months or a fine not exceeding level 3 on the standard scale or both.

(4) Proceedings in respect of an offence under subsection (3) above may, notwithstanding anything in section 127(1) below, be commenced at any time within 2 years from the date of the commission of the offence or within 6 months from its first discovery by the prosecutor, whichever period expires the earlier.

Terms in default

Magistrates' Courts Act 1980 ss.77, 82

Postponement of issue of warrant.

A4-073   77.—(1) Where a magistrates' court has power to issue a warrant of control under this Part of this Act, it may, if it thinks it expedient to do so, postpone the issue of the warrant until such time and on such conditions, if any, as the court thinks just.

(2) Where a magistrates' court has power to issue a warrant of commitment under this Part of this Act, it may, if it thinks it expedient to do so, fix a term of imprisonment or detention under section 108 of the Powers of Criminal Courts (Sentencing) Act 2000 (detention of persons aged 18 to 20 for default) and postpone the issue of the warrant until such time and on such conditions, if any, as the court thinks just.

(3) A magistrates' court shall have power at any time to do either or both of the following—
(a) to direct that the issue of the warrant of commitment shall be postponed until a time different from that to which it was previously postponed;
(b) to vary any of the conditions on which its issue is postponed,

but only if it thinks it just to do so having regard to a change of circumstances since the relevant time.

(4) In this section "the relevant time" means —
(a) where neither of the powers conferred by subsection (3) above has been exercised previously, the date when the issue of the warrant was postponed under subsection (2) above; and
(b) in any other case, the date of the exercise or latest exercise of either or both of the powers.

(5) Without prejudice to the generality of subsection (3) above, if on an application by a person in respect of whom issue of a warrant has been postponed it appears to a justice of the peace acting in the local justice area in which the warrant has been or would have been issued that since the relevant time there has been a change of circumstances which would make it just for the court to exercise one or other or both of the powers conferred by that subsection, he shall refer the application to the court.

(6) Where such an application is referred to the court–
(a) the court shall fix a time and place for the application to be heard; and
(b) the designated officer for the court shall give the applicant notice of that time and place.

(7) Where such a notice has been given but the applicant does not appear at the time and place specified in the notice, the court may proceed with the consideration of the application in his absence.

(8) If a warrant of commitment in respect of the sum adjudged to be paid has been issued before the hearing of the application, the court shall have power to order that the warrant shall cease to have effect and, if the applicant has been arrested in pursuance of it, to order that he shall be released, but it shall only make an order under this subsection if it is satisfied that the change of circumstances on which the applicant relies was not put before the court when it was determining whether to issue the warrant.

Restriction on power to impose imprisonment for default

82.—(1) A magistrates' court shall not on the occasion of convicting an offender of an offence issue a warrant of commitment for a default in paying any sum adjudged to be paid by the conviction unless— **A4-074**
(a) in the case of an offence punishable with imprisonment, he appears to the court to have sufficient means to pay the sum forthwith;
(b) it appears to the court that he is unlikely to remain long enough at a place of abode in the United Kingdom to enable payment of the sum to be enforced by other methods; or
(c) on the occasion of that conviction the court sentences him to immediate imprisonment, youth custody or detention in a young offender institute for that or another offence or he is already serving a sentence of custody for life, or a term of imprisonment, youth custody, detention under section 9 of the Criminal Justice Act 1982 or detention in a young offender institute.

(1A) A magistrates' court may not issue a warrant of commitment in reliance on subsection (1)(c) for a default in paying—
(a) a charge ordered to be paid under section 46 of the Sentencing Code (criminal courts charge), or
(b) a surcharge ordered to be paid under section 42 of that Act.

(2) A magistrates' court shall not in advance of the issue of a warrant of commitment fix a term of imprisonment which is to be served by an offender in the event of a default in paying a sum adjudged to be paid by a conviction, except where it has power to issue a warrant of commitment forthwith, but postpones issuing the warrant under section 77(2) above.

(3) Where on the occasion of the offender's conviction a magistrates' court does not issue a warrant of commitment for a default in paying any such sum as aforesaid or fix a

term of imprisonment under the said section 77(2) which is to be served by him in the event of any such default, it shall not thereafter issue a warrant of commitment for any such default or for want of sufficient goods to satisfy such a sum unless—

    (a) he is already serving a sentence of custody for life, or a term of imprisonment, youth custody, detention under section 9 of the Criminal Justice Act 1982 or detention in a young offender institute; or

    (b) the court has since the conviction inquired into his means in his presence on at least one occasion.

(4) Where a magistrates' court is required by subsection (3) above to inquire into a person's means, the court may not on the occasion of the inquiry or at any time thereafter issue a warrant of commitment for a default in paying any such sum unless—

    (a) in the case of an offence punishable with imprisonment, the offender appears to the court to have sufficient means to pay the sum forthwith; or

    (b) the court—

        (i) is satisfied that the default is due to the offender's wilful refusal or culpable neglect; and

        (ii) has considered or tried all other methods of enforcing payment of the sum and it appears to the court that they are inappropriate or unsuccessful.

(4A) The methods of enforcing payment mentioned in subsection (4)(b)(ii) above are—

    (a) a warrant of control under section 76 above;

    (b) an application to the High Court or county court for enforcement under section 87 below;

    (c) an order under section 88 below;

    (d) an attachment of earnings order; and

    (e) if the offender is under the age of 25, an order under section 17 of the Criminal Justice Act 1982 (attendance centre orders).

(4B) The cases in which the offender's default may be regarded for the purposes of subsection (4)(b)(i) as being attributable to his wilful refusal or culpable neglect include any case in which–

    (a) he has refused, otherwise than on reasonable grounds, to consent to a work order proposed to be made under Schedule 6 to the Courts Act 2003 (discharge of fines by unpaid work), or

    (b) he has without reasonable excuse failed to comply with such an order.

(5) to (5F) [relate solely to the enforcement of fines already imposed.]

(6) Where a magistrates' court issues a warrant of commitment on the ground that one of the conditions mentioned in subsection (1) or (4) above is satisfied, it shall state that fact, specifying the ground, in the warrant.

Sentencing Act 2020 s.129

Fine imposed on offender by Crown Court: duty to make term in default order

129.—(1) This section applies when the Crown Court imposes a fine on an offender who is aged 18 or over when convicted of the offence. But it does not apply in relation to a fine imposed by the Crown Court on appeal against a decision of a magistrates' court.

(2) Subsections (3) to (5) also apply in relation to a fine imposed on such an offender—

    (a) by the criminal division of the Court of Appeal, or

    (b) by the Supreme Court on appeal from that division.

(3) The court must make an order (a "term in default order") fixing a term—

    (a) of imprisonment, or

(b) of detention under section 108 of the Powers of Criminal Courts (Sentencing) Act 2000,

which the offender is to undergo if any sum which the offender is liable to pay is not duly paid or recovered.

(4) Column 3 of the following Table sets out the maximum term of imprisonment or detention under section 108 of the Powers of Criminal Courts (Sentencing) Act 2000 which may be fixed by a term in default order in relation to a sum that is—

(a) more than the corresponding entry (if any) in column 1, but
(b) not more than the corresponding entry (if any) in column 2.

Amount of sum		Maximum term
More than	Not more than	
	£200	7 days
£200	£500	14 days
£500	£1,000	28 days
£1,000	£2,500	45 days
£2,500	£5,000	3 months
£5,000	£10,000	6 months
£10,000	£20,000	12 months
£20,000	£50,000	18 months
£50,000	£100,000	2 years
£100,000	£250,000	3 years
£250,000	£1,000,000	5 years
£1,000,000		10 years

(5) The offender may not be committed to prison, or detained, by virtue of a term in default order on the same occasion as the fine is imposed unless—

(a) the offence to which the fine relates is punishable with imprisonment and the offender appears to the court to have sufficient means to pay the sum forthwith,
(b) it appears to the court that the offender is unlikely to remain long enough at a place of abode in the United Kingdom to enable payment of the sum to be enforced by other methods,
(c) on that occasion the court sentences the offender to immediate imprisonment, custody for life or detention in a young offender institution for that or another offence, or
(d) the offender is already serving a sentence of custody for life or a term—
   (i) of imprisonment,
   (ii) of detention in a young offender institution, or
   (iii) of detention under section 108 of the Powers of Criminal Courts (Sentencing) Act 2000 (detention in default).

(6) Where any person liable for the payment of a fine to which this section applies is sentenced by the court to, or is serving or otherwise liable to serve, a term ("the current term")—

(a) of imprisonment,
(b) of detention in a young offender institution, or
(c) of detention under section 108 of the Powers of Criminal Courts (Sentencing) Act 2000 (detention in default),

the court may order that any term of imprisonment or detention fixed by a term in default order is not to begin to run until after the end of the current term.

(7) Nothing in any enactment which authorises the Crown Court to deal with an offender in any way in which a magistrates' court might have dealt, or could deal, with the offender restricts the powers conferred by this section. This is subject to subsection (8).

(8) Where—
- (a) the Crown Court imposes a fine in exercise of powers to deal with an offender in any way in which a magistrates' court might have dealt, or could deal, with the offender, and
- (b) section 149(1) of the Customs and Excise Management Act 1979 (maximum periods of imprisonment in default of payment of certain fines) specifies a period that would have applied to the fine had it been imposed by a magistrates' court,

the term imposed by the Crown Court under subsection (3) in relation to the fine must not exceed that period.

(9) For the purposes of any reference in this section, however expressed, to the term of imprisonment or other detention—
- (a) to which a person has been sentenced, or
- (b) which, or part of which, the person has served,

consecutive terms and terms which are wholly or partly concurrent are treated as a single term, unless the context otherwise requires.

(10) Any reference in this section, however expressed, to a previous sentence is to be read as a reference to a previous sentence passed by a court in Great Britain.

A4-076 Section 149(1) of the Customs and Excise Management Act 1979 provides that where in any proceedings for an offence under the customs and excise Acts, a magistrates' court in England or Wales imposes imprisonment for an offence under those Acts as well as imposing a financial penalty if that person is imprisoned in default for non-payment of the penalty the total term of imprisonment (the period imposed and the term in default) cannot exceed 15 months. This does not, however, apply to the activation of terms in default fixed for fines imposed by the Crown Court by virtue of s.132(3) of the Sentencing Code.

Powers of Criminal Courts (Sentencing) Act 2000 s.108

Detention of persons aged at least 18 but under 21 for default or contempt

A4-077 108.—(1) In any case where, but for section 227(2) of the Sentencing Code, a court would have power—
- (a) to commit a person aged at least 18 but under 21 to prison for default in payment of a fine or any other sum of money, or
- (b) to make an order fixing a term of imprisonment in the event of such a default by such a person, or
- (c) to commit such a person to prison for contempt of court or any kindred offence,

the court shall have power, subject to subsection (3) below, to commit him to be detained under this section or, as the case may be, to make an order fixing a term of detention under this section in the event of default, for a term not exceeding the term of imprisonment.

[(2) *relates to enforcement powers under section 23 of the Attachment of Earnings Act 1971.*]

(3) No court shall commit a person to be detained under this section unless it is of the opinion that no other method of dealing with him is appropriate; and in forming any such opinion, the court—
- (a) shall take into account all such information about the circumstances of the default or contempt (including any aggravating or mitigating factors) as is available to it; and

(b) may take into account any information about that person which is before it.

(4) Where a magistrates' court commits a person to be detained under this section, it shall—
- (a) state in open court the reason for its opinion that no other method of dealing with him is appropriate; and
- (b) cause that reason to be specified in the warrant of commitment and to be entered in the register.

(5) Subject to section 22(2)(b) of the Prison Act 1952 (removal to hospital etc.), a person in respect of whom an order has been made under this section is to be detained—
- (a) in a remand centre,
- (b) in a young offender institution, or
- (c) in any place in which a person aged 21 or over could be imprisoned or detained for default in payment of a fine or any other sum of money,

as the Secretary of State may from time to time direct.

Power to allow for time for payment

Magistrates' Courts Act 1980 ss.75, 85A and 86

Power to dispense with immediate payment

75.—(1) A magistrates' court by whose conviction or order a sum is adjudged to be paid may, instead of requiring immediate payment, allow time for payment, or order payment by instalments. **A4-078**

(2) Where a magistrates' court has allowed time for payment, the court may, on application by or on behalf of the person liable to make the payment, allow further time or order payment by instalments.

(3) Where a court has ordered payment by instalments and default is made in the payment of any one instalment, proceedings may be taken as if the default had been made in the payment of all the instalments then unpaid.

Variation of instalments of sum adjudged to be paid by conviction

85A. Where under section 75 above a magistrates' court orders that a sum adjudged to be paid by a conviction shall be paid by instalments, the court, on an application made by the person liable to pay that sum, shall have power to vary that order by varying the number of instalments payable, the amount of any instalment payable, and the date on which any instalment becomes payable. **A4-079**

Power of magistrates' court to fix day for appearance of offender at means inquiry etc

86.—(1) A magistrates' court which has exercised in relation to a sum adjudged to be paid by a conviction either of the powers conferred by section 75(1) above shall have power, either then or later, to fix a day on which, if the relevant condition is satisfied, the offender must appear in person before the court for either or both of the following purposes, namely— **A4-080**
- (a) to enable an inquiry into his means to be made under section 82 above;
- (b) to enable a hearing required by subsection (5) of the said section 82 to be held.

(1A) Where the power which the court has exercised is the power to allow time for payment of a sum ("the adjudged sum"), the relevant condition is satisfied if any part of that sum remains unpaid on the day fixed by the court.

(1B) Where the power which the court has exercised is the power to order payment by instalments, the relevant condition is satisfied if an instalment which has fallen due remains unpaid on the day fixed by the court.

(2) Except as provided in subsection (3) below, the power to fix a day under this section shall be exercisable only in the presence of the offender.

(3) Where a day has been fixed under this section, the court may fix a later day in substitution for the day previously fixed, and may do so—

(a) when composed of a single justice; and
(b) whether the offender is present or not.

(4) Subject to subsection (5) below, if on the day fixed under this section—

(a) the relevant condition is satisfied; and
(b) the offender fails to appear in person before the court,

the court may issue a warrant to arrest him and bring him before the court; and subsection (3) of section 83 above shall apply in relation to a warrant issued under this section.

(5) Where under subsection (3) above a later day has in the absence of the offender been fixed in substitution for a day previously fixed under this section, the court shall not issue a warrant under this section unless it is proved to the satisfaction of the court, on oath or in such other manner as may be prescribed, that notice in writing of the substituted day was served on the offender not less than what appears to the court to be a reasonable time before that day.

Sentencing Act 2020 s.130

Fine imposed by Crown Court: power to allow time for payment or payment by instalments

A4-081

130. When the Crown Court imposes a fine on an offender, it may make an order—
(a) allowing time for the payment of the fine, or
(b) directing payment of the fine by instalments of the amounts and on the dates specified in the order.

Power to search

Magistrates' Courts Act 1980 s.80

Application of money found on defaulter to satisfy sum adjudged

A4-082

80.—(1) Where a magistrates' court has adjudged a person to pay a sum by a conviction, the court may order him to be searched.

(2) Any money found on the arrest of a person adjudged to pay such a sum as aforesaid, or on a search as aforesaid, or on his being taken to a prison or other place of detention in default of payment of such a sum or for want of sufficient goods to satisfy such a sum, may, unless the court otherwise directs, be applied towards payment of the said sum; and the balance, if any, shall be returned to him.

(3) A magistrates' court shall not allow the application as aforesaid of any money found on a person if it is satisfied that the money does not belong to him or that the loss of the money would be more injurious to his family than would be his detention.

Powers of Criminal Courts (Sentencing) Act 2000 s.142

Power of Crown Court to order search of persons before it

A4-083

142.—(1) Where—
(za) the Crown Court orders a person to pay a surcharge under section 42 of the Sentencing Code,
(a) the Crown Court imposes a fine on a person or forfeits his recognizance,
(b) the Crown Court makes against a person any such order as is mentioned in paragraph 3, 4 or 9 of Schedule 9 to the Administration of Justice Act 1970 (orders for the payment of costs),

(ba) the Crown Court makes an order against a person under section 46 of the Sentencing Code (criminal courts charge),
(c) the Crown Court makes an order under Chapter 2 of Part 7 of the Sentencing Code (compensation orders) against a person,
(ca) the Crown Court makes an unlawful profit order under section 4 of the Prevention of Social Housing Fraud Act 2013 against a person,
(d) the Crown Court makes against a person an order under section 380(1) of the Sentencing Code (order for parent or guardian to pay fine, costs, compensation or surcharge), or
(e) on the determination of an appeal brought by a person under section 108 of the Magistrates' Courts Act 1980 a sum is payable by him, whether by virtue of an order of the Crown Court or by virtue of a conviction or order of the magistrates' court against whose decision the appeal was brought,

then, if that person is before it, the Crown Court may order him to be searched.

(2) Any money found on a person in a search under this section may be applied, unless the court otherwise directs, towards payment of the fine or other sum payable by him; and the balance, if any, shall be returned to him.

A prisoner custody officer acting in pursuance of prisoner escort arrangements must give effect to a search under s.80 of the Magistrates' Courts Act 1980 or s.142 of the Powers of Criminal Courts (Sentencing) Act 2000 and can use reasonable force where necessary to do so: ss.82(4)–(5) of the Criminal Justice Act 1991. **A4-084**

Enforcement of Fines

Section 132 of the Sentencing Code provides that fines imposed by the Crown Court are to be enforced by the magistrates' court as if they had been imposed by the magistrates' court. By virtue of subs.(5) of that section, a magistrates' court may not, however, remit the whole or any part of a fine imposed under s.85(1) of the Magistrates' Courts Act 1980 without the consent of the Crown Court. **A4-085**

Magistrates' Courts Act 1980 s.85

Power to remit fine

85.—(1) Where a fine has been imposed on conviction of an offender by a magistrates' court, the court may at any time remit the whole or any part of the fine, but only if it thinks it just to do so having regard to a change of circumstances which has occurred— **A4-086**
  (a) where the court is considering whether to issue a warrant of commitment after the issue of such a warrant in respect of the fine has been postponed under subsection (2) of section 77 above, since the relevant time as defined in subsection (4) of that section; and
  (b) in any other case, since the date of the conviction.

(2) Where the court remits the whole or part of the fine after a term of imprisonment has been fixed, it shall also reduce the term by an amount which bears the same proportion to the whole term as the amount remitted bears to the whole or, as the case may be, shall remit the whole term.

(2A) Where the court remits the whole or part of the fine after an order has been made under section 35(2)(a) or (b) of the Crime (Sentences) Act 1997, it shall also reduce the total number of hours or days to which the order relates by a number which bears the same proportion as the amount remitted bears to the whole sum or, as the case may be, shall revoke the order.

PRIMARY DISPOSALS

(2B) Where the court remits the whole or part of the fine after a work order has been made under Schedule 6 to the Courts Act 2003 (discharge of fines by unpaid work), it shall also reduce the number of hours specified in the order by a number which bears the same proportion as the amount remitted bears to the whole sum or, as the case may be, shall revoke the order.

(3) In calculating any reduction required by subsection (2), (2A) or (2B) above any fraction of a day or hour shall be left out of account.

(3A) Where—
   (a) the court remits the whole or part of the fine, and
   (b) the offender was ordered under section 42 of the Sentencing Code to pay a surcharge the amount of which was set by reference to the amount of the fine,

the court shall determine how much the surcharge would have been if the fine had not included the amount remitted, and remit the balance of the surcharge.

(4) Notwithstanding the definition of "fine" in section 150(1) below, references in this section to a fine do not include any other sum adjudged to be paid on conviction, whether as a pecuniary penalty, forfeiture, compensation or otherwise.

A4-087 Under s.75A of the Magistrates' Courts Act 1980 a person liable to pay a fine that is due is also liable to pay amounts in respect of costs of doing things for the purpose of collecting that fine (i.e. for the costs of bailiffs etc).

Under s.76 of the Magistrates' Courts Act 1980 where default is made in paying a sum adjudged to be paid by a conviction or order of a magistrates' court, the court may issue a warrant of control for the purpose of recovering the sum or issue a warrant committing the defaulter to prison. Where the term in default has not been set by the Crown Court the committal for default cannot exceed the period applicable to the case under Sch.4 to this Act: s.76(3).

Any committal in default will cease to have effect where the sum owed (including the costs and charges) is paid: s.79(1) of the Magistrates' Courts Act 1980. Similarly, where part payment is paid the period of committal will be reduced proportionally (leaving out any fractions of a day): s.79(2) of the Magistrates' Courts Act 1980. By virtue of s.258 of the Criminal Justice Act 2003 a person who has been committed to prison in default of a sum adjudged to be paid by conviction will be released unconditionally after serving one-half of the term for which they have been committed. Additionally, under s.258(4) of the Criminal Justice Act 2003 the Secretary of State may at any time release unconditionally such a person if he is satisfied that exceptional circumstances exist which justify the person's release on compassionate grounds.

A4-088 Part 30 of the Criminal Procedure Rules 2020[60] makes provision as to the procedure for the enforcement of fines, including as to the procedure to apply to reduce a fine.

Sentencing Guidelines

A4-089 Where the Sentencing Council's guidelines indicate that a fine is an appropriate sentence the guidelines make reference to "fine bands" A–F; this is a graduated scale calculated by reference to a proportion of the offender's relevant weekly income. These "fine bands" are not a statutory device but simply a method of ensuring that a fine is proportionate to the seriousness of the offence and the offender's financial circumstances.

---

[60] Criminal Procedure Rules 2020 (SI 2020/759).

The seriousness of the offence determines the choice of fine band and the position of the offence within the range for that band. The guideline suggests that fine bands D–F may be used even where the community or custody threshold have been passed as alternatives to those sentences.

An offender's "relevant weekly income" changes depending on their income. Where an offender is in receipt of income from employment or is self-employed and that income is more than £120 per week after deduction of tax and national insurance (or equivalent where the offender is self-employed), the offender's actual income is the relevant weekly income. Where an offender's only source of income is state benefit (including where there is relatively low additional income as permitted by the benefit regulations) or the offender is in receipt of income from employment or is self-employed but the amount of income after deduction of tax and national insurance is £120 per week or less the relevant weekly income is deemed to be £120. The justification for this is the difficulty with assessing such offenders' financial circumstances and the impact any fines will have on them; the sum of £120 is used as a proxy figure, being approximately halfway between the base rate for jobseeker's allowance and the net weekly income of an adult earning the minimum wage for 30 hours per week.

Where there is no information on which a determination of the offender's financial circumstances can be made, the guideline suggests that the court should proceed on the basis of an assumed relevant weekly income of £440. This is derived from national median pre-tax earnings; a gross figure is used as, in the absence of financial information from the offender, it is not possible to calculate appropriate deductions.

A4-090

Guidance

Restrictions on Availability of Fine

Where a court imposes a referral order for an offence, a fine is not available in respect of the offence or any connected offence: s.89(1) and (3) of the Sentencing Code.

A4-091

Where a court imposes a hospital or guardianship order under s.37 of the Mental Health Act 1983, the court may not impose a fine for that offence: s.37(8) of the 1983 Act.

Determining the Amount of a Fine

General

Any fine imposed by the court must be proportionate to the seriousness of the offence and the offender's financial circumstances. An assessment of the seriousness of the offence should be made in accordance with normal principles (see A1-007) and the Sentencing Council's guideline provides recommended fine bands which provide a useful method of ensuring that a fine is proportionate to both offence seriousness and an offender's financial circumstances (see A4-089).

Where the maximum penalty is a fine of a definite amount, that amount should

A4-092

be reserved for the worst type of cases: *R. v Holman*.[61] However, it is suggested that where this maximum penalty is relatively low, the dicta in *R v Wilkinson*[62] that in such cases there is a comparatively broad band of conduct that represents the most serious offending within the ambit of that offence and which therefore justifies a sentence at or near the statutory maximum, applies.

Assessment of means

A4-093 As to the court's power to make a financial circumstances order requiring an offender to provide details as to their means, see A3-031.

A court in imposing a fine should have regard to the financial circumstances of the offender as a whole, including any mortgage or other debts, but it is not the court's job "to set about an inquisitorial function and dig out all the information that exists about the appellant's means": *R. v Ingram*.[63] It is for the court to reach its own view as to the offender's financial circumstances on the evidence provided, and it is open to the court to conclude that it is not being given an honest picture of the funds and assets available to the offender; there is no requirement to call the offender to give evidence in such circumstances, although they may wish to: *R. v Rance*.[64]

The magistrates' courts sentencing guidelines provide that:

> "Where an offender has savings these will not normally be relevant to the assessment of the amount of a fine although they may influence the decision on time to pay. However, where an offender has little or no income but has substantial savings, the court may consider it appropriate to adjust the amount of the fine to reflect this."

A4-094 It is, however, hard to reconcile this with the general duty to take into account all of an offender's financial circumstances. It is suggested that wherever there are significant savings or assets this will be a relevant consideration at sentence, just as a consideration of the offender's debts and liabilities is a relevant consideration. Such an approach seems to be supported by the case of *R. v Butt*,[65] where the Lord Chief Justice held that the resources of an offender include both their income and capital, and that income, evidenced by tax returns, when looking at the means of those in business, and especially family businesses, may not tell the whole story; the wealth of an offender may be reflected in substantial capital rather than high income. Similarly, it has long been the practice of the courts to impose significant costs orders in respect of an offender's assets: see *R. v Northallerton Magistrates' Court*[66] and *R. (Gray) v Aylesbury Crown Court*.[67]

However, it is suggested that generally considerable savings will not increase a fine to the same extent a considerable income may, as savings or assets may be more difficult to access, and savings and assets are a finite resource in the absence of further income, and so a fine that requires the offender to divest savings and assets may have a more punitive effect than one that requires a proportion of their income.

---

[61] [2010] EWCA Crim 107; [2010] R.T.R. 23.
[62] [2019] EWCA Crim 258; [2019] 2 Cr. App. R.(S.) 10.
[63] [2004] EWCA Crim 1841.
[64] [2012] EWCA Crim 2023; [2013] 1 Cr. App. R.(S.) 123.
[65] [2018] EWCA Crim 1617; [2019] 1 Cr. App. R.(S.) 4.
[66] [2000] 1 Cr. App. R.(S.) 136.
[67] [2013] EWHC 500 (Admin); [2014] 1 W.L.R. 818.

Where an offender is of limited means

In *R. v Curtis*,[68] it was held to be wrong in principle to impose a fine on an offender who has no means to pay it, on the assumption that some other person will pay the fine on their behalf. It is important that fines are not so high that a person really cannot pay them from their own money, and it is inappropriate to consider the financial resources of a partner and to assume they will pay; each person's financial circumstances should be considered separately: *R. v Charalambous*[69]; *R. v Ingram*.[70] It is suggested that this is not only because if those others do not pay the offender may be liable to committal to imprisonment for default, but also because if the fine is simply paid by another the fine is likely to constitute ineffective punishment for the offender. The exception to this is where a child or young offender is convicted of an offence and an order may be made against a parent or guardian; see A6-039.

However, in *R. v Engen*,[71] it was held that where a spouse is before the court who is not the principal earner in a household, it is obviously material for the judge to have some evidence as to the extent of the income or money in the joint assets of the family which will be available in order to meet their liabilities. As there may be sums of money which are available in the joint income to meet not just their liabilities but matters meeting their personal needs, by way of clothing and so forth, the enquiry is a broad one. These matters are not to be so approached in a rigid, formal manner. According to the evidence and what it shows is available, some flexibility in order to meet the liabilities of the family is likely to be present so that money will be made available for their use in discharging their responsibilities.

In relation to partners at least it is suggested that the distinction here is whether the couple's resources are truly joint, or whether they retain a degree of separation. If the couple's resources are joint resources then they do belong to the offender and it will be appropriate to assess the amount of fine to be paid by reference to them although recognition will be needed of the fact that the resources are shared between two people. If the couple have distinct financial arrangements then it would be inappropriate to consider the financial resources of the other party as that would be expecting another to pay for the fine imposed on the offender.

A4-095

Where an offender has no means with which to pay an appropriate fine it is not permissible to impose imprisonment as an alternative unless the offence itself crosses the custody threshold: *R. v Ball*.[72] It is suggested that the same applies to community orders, such orders not being available unless the court considers the offence serious enough to warrant it (s.204(2) of the Sentencing Code). Where this is the case the court should consider the imposition of a small fine, to be paid over a longer period of time, with a short period in default. The court may also consider that punishment is inexpedient and impose a conditional discharge.

A4-096

---

[68] (1984) 6 Cr. App. R.(S.) 250.
[69] (1984) 6 Cr. App. R.(S.) 389.
[70] [2004] EWCA Crim 1481.
[71] [2004] EWCA Crim 1536.
[72] (1981) 3 Cr. App. R.(S.) 283.

Where an offender is of considerable means

A4-097 Where an offender is of considerable means the Sentencing Council's guidelines suggest that a fine based on a proportion of relevant weekly income may be disproportionately high when compared with the seriousness of the offence. In such cases, the court should adjust the fine to an appropriate level. The difficulty in such cases is ensuring a proportionate relationship with the seriousness of the offence while also trying to impose a sufficiently significant penalty on the offender.

The principle that a fine should reflect the seriousness of the offence must mean that a sense of proportion must be maintained even in the case of an unusually affluent offender: *R. v Fairbairn*.[73] There will come a point where what is substantial and proportionate having regard to the means of the offender before the court becomes disproportionate in relation to the seriousness of the offence: *R. v Lamont*.[74] This was a particular issue with unit fines prior to their abolition;[75] just because an offender is a millionaire does not mean it is proportionate to fine them tens or hundreds of thousands of pounds for speeding.

In relation to offenders of enormous wealth the Court of Appeal (Criminal Division) has applied the principles relating to corporate offenders (A4-100) by analogy; see *R. (Natural England) v Day*[76] where the offender's wealth was £300 million.

Sentencing for multiple offences

A4-098 Totality applies to the imposition of fines for multiple offences as it does to the imposition of custodial sentences (see A1-200). However, unlike sentences of imprisonment there is no power to order fines to run concurrently: *R. v Edwards*.[77] Accordingly, the court should not simply add up the individual fines it would impose an offender but should impose a total fine that reflects the overall seriousness of the offence: *R. (Birchall) v Chelmsford Crown Court*.[78] In such circumstances, sentencers should give careful consideration to how to structure the total fine, potentially imposing no separate penalty on some of the less serious counts.

Payment by Instalments

A4-099 Although there is no statutory limit on the period over which a fine may be paid in instalments the courts have repeatedly held that a large fine payable over a long period by small instalments is not desirable: *R. (Purnell) v South Western Magistrates' Courts*.[79]

The position is that fines become payable instantly, and certainly in the case of extremely wealthy offenders it has been held that fines should be paid either immediately or in a period to be measured in single figure days unless cogent evidence is provided that more time is required: *R. (Natural England) v Day*.[80] However, in

---

[73] (1980) 2 Cr. App. R.(S.) 315.
[74] [2013] EWCA Crim 215.
[75] See A. Ashworth and R. Kelly, *Sentencing and Criminal Justice*, 7th edn (Oxford: Hart, 2021), p.256.
[76] [2014] EWCA Crim 2683; [2015] 1 Cr. App. R.(S.) 53.
[77] [2018] EWCA Crim 109.
[78] (1989) 11 Cr. App. R.(S.) 510.
[79] [2013] EWHC 64 (Admin); [2013] A.C.D. 49 DC.
[80] [2014] EWCA Crim 2683; [2015] 1 Cr. App. R.(S.) 53.

R. v Olliver and Olliver,[81] it was held that there is nothing wrong in principle in the period of payment being longer, indeed much longer than one year, provided it is not an undue burden and so too severe a punishment having regard to the nature of the offence and the nature of the offender; certainly a two-year period will seldom be too long, and in an appropriate case three years will be unassailable, again of course depending on the nature of the offender and the nature of the offence.

In *R. v Aitchison and Bentley*,[82] it was held that where a fine is to be paid by instalments, a term of imprisonment should be fixed in default of the whole fine, and not of each separate instalment; default on any instalment will allow proceedings to be taken against the offender under s.75(3) of the Magistrates' Courts Act 1980, but if the term is fixed in relation to each individual instalment it will not reduce by part payment.

Corporate Offenders

Determining the amount of a fine

Generally

Just as with individual offenders, any fine should reflect not only the gravity of the offence but also the means of the corporation: *R. v F. Howe and Son (Engineers) Ltd*.[83] In ensuring that a fine is proportionate to the means of a company it has been suggested, in the context of health and safety offences involving death, that the fine must be large enough to be a penalty not only to those who manage the company but also to its shareholders: *R. v F. Howe and Son (Engineers) Ltd*[84]; *R v P&O Irish Sea Ltd*[85]; *R v Thames Water Utilities Ltd*.[86] While it must be acknowledged that the force of this proposition will depend on the seriousness of the offence in question, it is suggested that the principle underpinning it, that the courts should consider the impact on a company and its shareholders when determining the amount of a fine, is of application generally. A fine should reflect both the degree of fault and its consequences so as to raise appropriate concern on the part of shareholders as to what had occurred: *R. v Balfour Beatty Rail Infrastructure Services Ltd*.[87]

A4-100

Prosecution of company and directors

Particular issues arise where directors of a company and the body corporate are prosecuted for an offence. In *R. v Rollco Screw and Rivet Co Ltd*,[88] it was made clear that while there is a need to avoid imposing double punishment, even in relation to small companies, fines should be imposed which make quite clear that there is a personal responsibility on directors and that they cannot simply displace their responsibilities to the corporation of which they are directors. In *R. v Western Trad-*

A4-101

---

[81] (1989) 11 Cr. App. R.(S.) 10.
[82] (1982) 4 Cr. App. R.(S.) 404.
[83] [1999] 2 Cr. App. R.(S.) 37.
[84] [1999] 2 Cr. App. R.(S.) 37.
[85] [2004] EWCA Crim 3236; [2005] 2 Cr. App. R.(S.) 21.
[86] [2015] EWCA Crim 960; [2015] 2 Cr. App. R.(S.) 63.
[87] [2006] EWCA Crim 1586; [2007] 1 Cr. App. R.(S.) 65.
[88] [1999] 2 Cr. App. R.(S.) 436.

ing Ltd,[89] the court considered there were three possible approaches when sentencing both a small company and a director of said company:

1) to form a view as to the appropriate total penalty before deciding how to apportion it between the defendants;
2) where the direct financial benefit sought to be obtained or cost sought to be avoided is that of the company, to take that factor into account in the case of the company, and then consider what penalty should be imposed on the director as having been the controlling mind of the company causing it to commit the offence and seeking thereby to achieve the financial benefit or avoid the cost for the company; and
(3) to sentence each defendant separately as if he, she or it stood alone; but this would in cases of actual financial benefit infringe the principle set out in *Rollco* that the court must avoid imposing double punishment.

Companies that provide public benefits

A4-102 Where the company's profits are invested for the public benefit and a fine might result in costs having to be paid by public funds or in a reduction in the investment, that is a factor which a court must take into account when setting the level of fine: see, for example, *R. v Network Rail*[90] and *R. v Sellafield Ltd and Network Rail Infrastructure Ltd*.[91] In determining the weight to give that fact it appears from *R. v University College London*,[92] that consideration will be given to the extent to which commercial benefit is derived, and the extent to which the organisation truly does provide services to the public and the extent to which it operates as a commercial enterprise. It is suggested that while a private school may, for example, have charitable status and provide benefit to the public that the state might otherwise need to provide, the weight to be given to that mitigation when imposing a fine would not be the same as, say, a homeless shelter providing homes to those sleeping on the street.

Offence committed for gain

A4-103 Where an offence is committed for commercial purposes the Sentencing Council's guideline provides that a fine based on the standard approach may not reflect the level of financial gain achieved or sought through the offending. Accordingly: (a) where the offender has generated income or avoided expenditure to a level that can be calculated or estimated, the court may wish to consider that amount when determining the financial penalty; and (b) where it is not possible to calculate or estimate that amount, the court may wish to draw on information from the enforcing authorities about the general costs of operating within the law.

Assessment of means

A4-104 As to the court's power to make a financial circumstances order, see A3-031.

If a defendant company wishes to make any submission to the court about its ability to pay a fine, it should supply copies of its accounts and any other financial

---

[89] [2020] EWCA Crim 1234; [2021] 1 Cr. App. R. (S.) 44.
[90] [2010] EWCA Crim 1225; [2011] Cr. App. R.(S.) 44.
[91] [2014] EWCA Crim 49.
[92] [2018] EWCA Crim 835.

information on which it intends to rely in good time before the hearing both to the court and to the prosecution. Where accounts or other financial information are deliberately not supplied the court will be entitled to conclude that the company was in a position to pay any financial penalty it was minded to impose. Where the relevant information is provided late, it might be desirable for sentence to be adjourned, if necessary at the defendant's expense, so as to avoid the risk of the court taking what it was told at face value and imposing an inadequate penalty: *R. v F. Howe and Son (Engineers) Ltd*.[93] It is not necessary for the court to have detailed particulars of the financial position of a company where those acting for the company make it plain it to the court that the means of the company are very substantial: *R. v Transco Plc*.[94]

When assessing the financial circumstances of very large companies there will be a need to examine with great care and in some detail the structure of the company, its turnover and profitability as well as the remuneration of the directors: *R. v Sellafield Ltd and Network Rail Infrastructure Ltd*.[95] It is suggested that this is equally true in relation to smaller companies, although the structure of such organisations is likely to be significantly less complex.

In line with ordinary principles of company law, the mere fact that one company may be the wholly owned subsidiary of a larger parent (with larger financial resources) does not mean that the resources of the parent can be treated as available to, or as part of the turnover of, the subsidiary company: *R. v Bupa Care Homes Ltd*.[96]

A4-105

There are circumstances, however, in which it is permissible to lift the corporate veil, and in such circumstances it would be legitimate to treat a corporate defendant as part of a larger organisation for the purpose of sentencing in this context: *R. v NPS London Ltd*.[97] An example of a case might be one where a subsidiary had been used to carry out work with the deliberate intention of avoiding or reducing liability for non-compliance with health and safety obligations. The mere fact, however, that the offender is a wholly owned subsidiary of a larger corporation or that a parent company or other "linked" organisation is in practice likely to make funds available to enable the offender to pay a fine is not a reason to depart from established principles of company law or to treat the turnover of the linked organisation as if it were the offending organisation's turnover for this purpose. Similarly, in *R. v Bupa Care Homes Ltd*,[98] it was held that the fact that the appellant company had conceded in its basis of plea that the parent's resources could be taken into account was not sufficient to displace the corporate veil.

Payment by instalments

In *R. v B&Q Plc*,[99] the court held that, in the case of a large company, a fine should, as a matter of course, be paid either immediately or in a period to be measured in single figure days unless cogent evidence was provided that more time was required; such a requirement would bring home to the offender the seriousness of the offending and the impact of the penalty.

A4-106

---

[93] [1999] 2 Cr. App. R.(S.) 37.
[94] [2006] EWCA Crim 838; [2006] 2 Cr. App. R.(S.) 111.
[95] [2014] EWCA Crim 49.
[96] [2019] EWCA Crim 1691; [2020] 1 Cr. App. R.(S.) 48.
[97] [2019] EWCA Crim 228; [2019] 2 Cr. App. R.(S.) 18.
[98] [2019] EWCA Crim 1691; [2020] 1 Cr. App. R.(S.) 48.
[99] [2005] EWCA Crim 2297.

In the case of smaller companies the concerns raised in *R. v Olliver and Olliver*[100] about not imposing an undue burden where imposing a fine to be paid off over a long period of time do not apply in the same way; there is not the same sense of anxiety as is liable to afflict an individual, and it appears to be acceptable on proper facts and in appropriate circumstances for a fine to be payable by a company over a substantially longer period than might be appropriate in the case of an individual: *R. v Rollco Screw and Rivet Co. Ltd.*[101]

Relationship with Other Orders

Custodial sentences

A4-107 There is nothing stopping a court from imposing imprisonment and a fine for an offence on the same occasion. However, when doing so there is a particular need to consider totality. A fine should of course not be imposed alongside imprisonment where a person has no means to pay that fine, given that their earning potential will be limited and it would therefore result in a term in default: *R. v Maund*.[102] In *R. v Forsythe*,[103] the court held that where the offender had been sentenced to a substantial period of imprisonment, fines were not appropriate where they had made no substantial financial benefit from the offences apart from the sum forfeited and would be required to sell assets they had lawfully obtained to pay it off.

In the first edition of this work it was suggested that these cases were in essence simply applications of the principle of totality, and the need to consider that any fine is likely to be significantly more punitive in relation to an offender who is made to serve an immediate sentence of imprisonment as they will almost inevitably have lost their income stream. This analysis was approved in *R. v Channer*.[104]

Similarly, where a suspended sentence of imprisonment is imposed, special care should be taken to set fines within the offender's means to pay within a reasonable period of time. The reason is that otherwise the offender might end up serving two sentences of imprisonment for the same offence: *R. v Ingram*.[105] A combination of a fine and a suspended or community sentence may, however, be particularly apt when the offending was related to a defendant's business or employment, when dealing with offenders with substantial means or when the sentence allowed an offender to continue in well-remunerated work: *R. v Butt*.[106]

Conditional discharges

A4-108 In *R. v Sanck*,[107] it was held (relying on *R. v McClelland*[108]) that it was wrong to impose a fine and a discharge for the same offence, as a discharge may only be imposed where the court thinks punishment is inexpedient, and a fine is a punishment.

---

[100] (1989) 11 Cr. App. R.(S.) 10.
[101] [1999] 2 Cr. App. R.(S.) 436.
[102] (1980) 2 Cr. App. R.(S.) 289.
[103] (1980) 2 Cr. App. R.(S.) 15.
[104] [2021] EWCA Crim 696; [2022] 1 Cr. App. R.(S.) 3.
[105] [2004] EWCA Crim 1841.
[106] [2018] EWCA Crim 1617; [2019] 1 Cr. App. R.(S.) 4.
[107] (1990–1991) 12 Cr. App. R.(S.) 155 CA.
[108] (1951) 35 Cr. App. R. 22.

Confiscation

A4-109 Where a court imposes a confiscation order the effect of that order must be taken into account before any fine is imposed: s.13(2) of the Proceeds of Crime Act 2002. Where the court postpones confiscation no fine should be imposed until the end of the postponement period: s.15(2) of the Proceeds of Crime Act 2002. However, non-compliance with s.15(2) will not render a fine imposed a nullity: *R. v Sachan*.[109] As to confiscation and the issue of postponement, see A3-104.

Other sentences

A4-110 There are no other restrictions on imposing fines alongside other sentences, although in all cases there will be a need to consider totality and the effect of any other orders on the offender's financial circumstances.

COMPENSATION ORDERS

Introduction

A4-111 In contrast to fines, the purpose of a compensation order is to provide direct compensation to victims of an offence. The order is therefore principally a reparative disposal rather than a punitive one, although where the offender has not financially benefited from an offence they may find it to have some punitive effect. Compensation orders have been available in the criminal courts since at least the Criminal Justice Act 1948 but only became available for all offences with the enactment of the Criminal Justice Act 1972. The purpose of the power to order compensation is to avoid the need for separate civil proceedings, causing further delay and cost, to be initiated by a victim where they have suffered loss as a result of an offence. Compensation is for a monetary sum representing the value of that loss, and in contrast to confiscation its aim is generally not to remove any gain the offender has made from the offending, but instead to restore the victim to the position they were in before the offending (so far as possible).

Compensation, a form of direct reparation, is not the principal aim of the sentencing system in England and Wales. The criminal courts are not well equipped to deal with complicated questions of causation and quantum and so compensation orders are limited only to simple cases. Furthermore, although compensation orders may be imposed instead of any other sentence, they are most likely to be imposed alongside other punitive orders, except where punishment is otherwise inexpedient or where the offender would not have the means to pay both compensation and a fine.

In recent years, Parliament has also enacted a small number of other compensatory orders, available only in respect of specific offences, and designed to provide compensation that goes beyond that available under s.133 of the Code. Of these, unlawful profit orders under s.4 of the Prevention of Social Housing Fraud Act 2013 are available as a primary disposal and may be imposed instead of (or in addition to) any other sentence imposed for the offence. Unlawful profit orders are available only where the offender has been convicted of an offence under ss.1 or 2 of that Act (or an associated offence) and require the offender to pay the landlord an

---

[109] [2018] EWCA Crim 2592; [2019] 4 W.L.R. 67.

amount representing the profit made by the offender as a result of the conduct constituting the offence. In contrast to compensation orders under the Code, however, the intent is not to restore lost income to the landlord but to ensure that any unlawful profit is removed from the offender and provided to the landlord who owns the property (presumably in order to help them continue to provide social housing).

Compensation Orders under the Sentencing Code

Legislation

Availability and duty to consider

Sentencing Act 2020 ss.133–134

Compensation order

A4-112
133. In this Code "compensation order" means an order under this Chapter made in respect of an offender for an offence that requires the offender—
    (a) to pay compensation for any personal injury, loss or damage resulting from—
        (i) the offence, or
        (ii) any other offence which is taken into consideration by the court in determining the sentence for the offence, or
    (b) to make payments for—
        (i) funeral expenses, or
        (ii) bereavement,
    in respect of a death resulting from any such offence.

Compensation order: availability

A4-113
134.—(1) A compensation order is available to a court by or before which an offender is convicted of an offence. This is subject to section 136 (road accidents).
(2) Where a compensation order is available, the court may make such an order whether or not it also deals with the offender for the offence in any other way.

Sentencing Act 2020 s.55

Duty to give reasons where compensation order not made

A4-114
55. Where—
    (a) a court is dealing with an offender for an offence, and
    (b) a compensation order is available,
the court must give reasons if it does not make a compensation order.

Making a compensation order

Sentencing Act 2020 ss.135–138 and 142

Making a compensation order

A4-115
135.—(1) A compensation order must specify the amount to be paid under it.
(2) That amount must be the amount that the court considers appropriate, having regard to any evidence and any representations that are made by or on behalf of the offender or the prosecution. But see also sections 136 to 139.
(3) In determining—
    (a) whether to make a compensation order against an offender, or

(b) the amount to be paid under such an order,

the court must have regard to the offender's means, so far as they appear or are known to the court.

(4) Where the court considers—
　(a) that it would be appropriate both to impose a fine and to make a compensation order, but
　(b) that the offender has insufficient means to pay both an appropriate fine and appropriate compensation,

the court must give preference to compensation (though it may impose a fine as well).

(5) For modifications of this section where the court also makes an order under section 380 (power to order parent or guardian to pay fine, costs, compensation or surcharge), see section 140.

(6) For the effect of proceedings in relation to confiscation orders on the court's powers in relation to compensation orders, see the following provisions of the Proceeds of Crime Act 2002—
　(a) section 13(4) (where confiscation order has been made);
　(b) section 15 (where proceedings on a confiscation order have been postponed).

Road accidents

136.—(1) A compensation order may not be made in respect of funeral expenses or bereavement in respect of a death due to a road accident. **A4-116**

(2) A compensation order may be made in respect of injury, loss or damage due to a road accident only if it is in respect of—
　(a) loss suffered by a person's dependants in consequence of the person's death,
　(b) damage which is treated by section 137 as resulting from an offence under the Theft Act 1968 or Fraud Act 2006, or
　(c) uninsured harm.

(3) In subsection (2), "uninsured harm" means injury, loss or damage as respects which—
　(a) the offender was uninsured in relation to the use of the vehicle in question, and
　(b) compensation is not payable under any arrangements to which the Secretary of State is a party.

An offender is not uninsured in relation to the use of a vehicle for this purpose if that use of it is exempted from insurance by section 144 of the Road Traffic Act 1988.

(4) Where a compensation order is made in respect of injury, loss or damage due to a road accident, the amount to be paid may include an amount representing all or part of any loss of, or reduction in, preferential rates of insurance attributable to the accident.

(5) In this Chapter, "road accident" means an accident arising out of the presence of a motor vehicle on a road.

Damage to property and clean-up costs resulting from certain offences

137.—(1) Subsection (2) applies in the case of an offence under the Theft Act 1968 or Fraud Act 2006, where the property in question is recovered. **A4-117**

(2) Any damage to the property occurring while it was out of the owner's possession is to be treated for the purposes of section 133 as having resulted from the offence. This applies regardless of how the damage was caused and who caused it.

(3) Section 29 of the Ancient Monuments and Archaeological Areas Act 1979 makes provision about the person in whose favour a compensation order relating to certain offences involving damage to monuments is to be made.

(4) Section 33B of the Environmental Protection Act 1990 (clean-up costs) provides for certain costs connected with certain offences relating to waste to be loss or damage resulting from those offences for the purposes of section 133.

Funeral expenses and bereavement: cases other than road accidents

A4-118 138.—(1) A compensation order in respect of funeral expenses may be made for the benefit of anyone who incurred the expenses.

(2) A compensation order in respect of bereavement may be made only for the benefit of a person for whose benefit a claim for damages for bereavement could be made under section 1A of the Fatal Accidents Act 1976.

(3) The amount to be paid in respect of bereavement under a compensation order must not exceed the amount for the time being specified in section 1A(3) of that Act.

(4) This section is subject to section 136(1) (compensation order not available in respect of bereavement or funeral expenses in respect of a death due to a road accident).

A4-119 Section 142 of the Sentencing Code provides that where the magistrates' court is dealing with an offence (or offences) committed before 11 December 2013 the compensation cannot exceed the maximum amount applicable in the magistrates' court at the time of the commission of the offence (which is reproduced in s.142(4)). That section does not apply to the Crown Court.

Suspension, Review, Civil proceedings

Sentencing Act 2020 ss.141 and 143–145

A4-120 Section 141 of the Sentencing Code provides that a person in whose favour a compensation order is made is not entitled to receive the amount due to the person until there is no further possibility of the order being varied or set aside on appeal (disregarding any power to grant leave to appeal out of time). Furthermore, where an order is varied or set aside on appeal, liability under the order ceases (as it does if the offender's conviction is overturned).

Review of compensation orders

A4-121 143.—(1) This section applies where—
    (a) a compensation order has been made,
    (b) there is no further possibility of the compensation order being varied or set aside on appeal (disregarding any power to grant leave to appeal out of time), and
    (c) the person against whom it was made has not paid into court the whole of the amount required to be paid under the order.

(2) The appropriate court may, on the application of the person against whom the order was made—
    (a) discharge the order, or
    (b) reduce the amount which remains to be paid.

This is subject to subsection (3).

(3) The appropriate court may exercise that power only—
    (a) if it appears to the court that the injury, loss or damage in respect of which the compensation order was made has been held in civil proceedings to be less than it was taken to be for the purposes of the order,
    (b) if, in the case of a compensation order in respect of the loss of any property, it appears to the court that the property has been recovered by the person in whose favour the order was made, or
    (c) if—
        (i) it appears to the court that the means of the person against whom the order was made are insufficient or have been reduced (see subsections (5) and (6)), and

(ii) where the compensation order was made by the Crown Court, the appropriate court has obtained the consent of the Crown Court.
(4) Subsections (5) to (7) apply for the purposes of subsection (3)(c).
(5) The person's means are "insufficient" if they are not sufficient to satisfy in full—
   (a) the compensation order, and
   (b) every order of any of the following kinds made against the person in the same proceedings—
       (i) a confiscation order under Part 6 of the Criminal Justice Act 1988 or Part 2 of the Proceeds of Crime Act 2002;
       (ii) an unlawful profit order under section 4 of the Prevention of Social Housing Fraud Act 2013;
       (iii) a slavery and trafficking reparation order under section 8 of the Modern Slavery Act 2015.
(6) The person's means "have been reduced" if they—
   (a) have unexpectedly been substantially reduced since the compensation order was made, and
   (b) seem unlikely to increase for a considerable period.
(7) If the compensation order was made on appeal it is to be treated—
   (a) if made on an appeal from a magistrates' court, as if made by that magistrates' court;
   (b) if made on an appeal—
       (i) from the Crown Court, or
       (ii) from the Court of Appeal,
       as if made by the Crown Court.

Section 144 of the Sentencing Code provides that where a compensation order has been made the amount of damages in any subsequent related civil proceedings is to be assessed without reference to it but the claimant may recover only an amount equal to the aggregate of any amount by which the damages assessed exceed the compensation, and a sum equal to any portion of the compensation which the person fails to recover (i.e. any recovered compensation is to be deducted from the damages due). **A4-122**

Compensation orders: interpretation
145.—(1) In this Chapter— **A4-123**
   "appropriate court", in relation to a compensation order, means the magistrates' court which, by virtue of section 41(1) of the Administration of Justice Act 1970, for the time being has functions in relation to collection and enforcement of the order;
   "road accident" has the meaning given by section 136.
(2) For the purposes of this Chapter a compensation order is made in respect of an offence if it relates to personal injury, loss, damage or death resulting from that offence. For this purpose "offence" includes an offence taken into consideration by a court when sentencing an offender for an offence of which the offender has been convicted.

Criminal Procedure Rules r.28.5

Application to vary or discharge a compensation etc order
28.5.—(1) This rule applies where on application by the defendant a magistrates' court can vary or discharge— **A4-124**
   (a) a compensation order; or
   (b) a slavery and trafficking reparation order.

(2) A defendant who wants the court to exercise that power must—
   (a) apply in writing as soon as practicable after becoming aware of the grounds for doing so;
   (b) serve the application on the magistrates' court officer;
   (c) where the order was made in the Crown Court, serve a copy of the application on the Crown Court officer; and
   (d) in the application, specify the order that the defendant wants the court to vary or discharge and explain (as applicable)—
      (i) what civil court finding shows that the injury, loss or damage was less than it had appeared to be when the order was made,
      (ii) in what circumstances the person for whose benefit the order was made has recovered the property for the loss of which it was made,
      (iii) why a confiscation order, unlawful profit order or slavery and trafficking reparation order makes the defendant now unable to pay compensation or reparation in full, or
      (iv) in what circumstances the defendant's means have been reduced substantially and unexpectedly, and why they seem unlikely to increase for a considerable period.
(3) The court officer must serve a copy of the application on the person for whose benefit the order was made.
(4) The court must not vary or discharge the order unless—
   (a) the defendant, and the person for whose benefit it was made, each has had an opportunity to make representations at a hearing (whether or not either in fact attends); and
   (b) where the order was made in the Crown Court, the Crown Court has notified its consent.

Guidance

Compensation is for simple cases

A4-125   Compensation is available in respect of any offence. However, the Court of Appeal (Criminal Division) has repeatedly said that compensation orders are intended for clear and simple cases and in a great majority of cases the appropriate court to deal with compensation will be the civil courts: see, for example, *R. v Kneeshaw*[110]; *Hyde v Emery*[111]; *R. v Bewick*.[112] This is because the criminal courts are not well equipped to pass judgment on complex issues of causation and quantum in relation to damages to be awarded in what is at heart a civil law exercise; among other things, they may only receive submissions from the prosecution and defence, and third or non-parties (including victims) are expressly excluded from proceedings: *R. v Bewick*.[113] The sentencing court should therefore not embark on a detailed enquiry as to the extent of any injury or loss or damage: *R. v Stapylton*.[114] Where there are real issues as to loss, compensation orders should not be made: *R.*

---

[110] (1974) 58 Cr. App. R. 439.
[111] (1984) 6 Cr. App. R.(S.) 206.
[112] [2007] EWCA Crim 3297; [2008] 2 Cr. App. R.(S.) 3.
[113] [2007] EWCA Crim 3297; [2008] 2 Cr. App. R.(S.) 31.
[114] [2012] EWCA Crim 728; [2013] 1 Cr. App. R.(S.) 12.

(Richards) v Horsham Justices.[115] Generally, this means compensation will only be ordered where the amount of loss is agreed or proved: *R. v Vivian*.[116]

Availability

Generally

Compensation under s.133 of the Sentencing Code is only available for personal injury, loss or damage that results from the offence or an offence taken into consideration (see s.145(2)). Where the injury is said to result from an offence of which the offender has been acquitted compensation will not be available: *R. v Graves*.[117]

The test is not whether a particular loss results solely from the offence charged, but whether it can be said fairly to have resulted from the offence: *Rowlston v Kenny*.[118] It is not necessary for the injury, loss or damage to be inflicted intentionally: *R. v Corbett*.[119] Given that whenever there is a proper dispute as to causation it will be inappropriate for a criminal court to impose compensation this issue is likely to be important only where the court is assessing whether a compensation order is available as a matter of law in respect of a loss.

Furthermore, there is no requirement that the offender would be civilly liable to the victim for a compensation order to be available: *R. v Chappell*.[120]

A4-126

Specimen or continuing offences

Where an offender is indicted on a number of specimen charges which are representative of a larger number of offences, unless the other offences are added to the indictment or admitted by the offender as offences taken into consideration, the compensation order must be limited to the loss or damage resulting from the specimen charges; as compensation is limited to loss from the offence or offences taken into consideration: *R. v Crutchley and Tonks*[121]; *R. v Hose*.[122] If this is likely to be an issue it is submitted that consideration should be given to a multiple incident count or charges of conspiracy (if available).

Where the offence is a continuing one, the loss can be said to result from a single count even when particularised in relation to a particular date: see *Revenue and Customs Prosecutions Office v Duffy*.[123] In all cases, the critical question is whether on the facts of the particular case the loss results from the offence or from other behaviour in respect of which the offender has not been convicted.

A4-127

---

[115] (1985) 7 Cr. App. R.(S.) 158.
[116] (1979) 68 Cr. App. R. 53.
[117] (1993) 14 Cr. App. R.(S.) 790.
[118] (1982) 4 Cr. App. R.(S.) 85.
[119] (1993) 14 Cr. App. R.(S.) 101.
[120] (1984) 6 Cr. App. R.(S.) 214.
[121] (1994) 15 Cr. App. R.(S.) 627.
[122] (1995) 16 Cr. App. R.(S.) 682.
[123] [2008] EWHC 848 (Admin); [2008] 2 Cr. App. R.(S.) 103.

Cases involving multiple offenders

A4-128 Where cases have involved multiple offenders who have contributed to varying degrees the approach of the court has generally been to simply hold that all have contributed to the loss and to apportion matters equally. In *R. v Trounce (Aimee)*,[124] the court considered a compensation order that had been imposed on T following a conviction for theft in circumstances where the offence had been committed by T and two others who had not been apprehended. The sentencing judge had imposed an order in the full amount (rather than apportioning the loss between the three perpetrators). On appeal, the court did not consider that, as a matter of principle, the judge should have reduced the loss figure because only two of the participants in the theft were before the court (reliance being placed upon *R. v Beddow (Stephen)*[125]) however, the order was reduced on the basis of insufficient means.

However, more complex considerations arise where the offender has not directly contributed to the loss (i.e. by directly causing the harm). The issue, though, seems to simply be a factually complex variation on the question of whether the offender made some contribution to the loss or injury: where the offence was committed on a joint enterprise basis the parties will all be equally responsible for the extent of the offending (see, for example, *R. v Beddow*[126] and *R. v Geurtjens*[127]). However, where the offender has been acquitted of the offence said to have caused the harm (where an offender is convicted of a lesser offence) careful consideration should be given to whether that decision of the jury is a finding on causation of harm: *R. v Corbett*[128]), or where their basis of plea clearly excludes them from causing that harm it will be inappropriate to sentence them on the basis they had: see *R. v Deary*.[129] Similarly, where the offending goes outside the intended joint enterprise basis such that the offender is not criminally liable for the offence causing the injury or loss, they will not be liable for compensation: *R. v Derby*.[130]

Personal injury, loss or damage

A4-129 A loss can be said to result from the theft of goods if they are never returned, if they are returned damaged or if the victim has lost the use of the goods and the value of that loss can be estimated, and possibly in some other cases (such as where there are costs involved with retrieving the stolen item) but where the goods are returned undamaged the value of those goods is not recoverable as a loss: *R. v Boardman*.[131] It is submitted that there may be circumstances which are an exception to this, such as where the loss of the use of the items for the relevant period has a quantifiable value. Certainly, it is clear from *R. v Scott (Graham)*[132] that where the victim purchases replacements before the items are recovered, it is permissible to compensate them for that expenditure. The judgment does not deal with the fact

---

[124] [2022] EWCA Crim 1737; [2023] 1 Cr. App. R. (S.) 37.
[125] (1987) 9 Cr. App. R.(S.) 235 CA (Crim Div).
[126] (1987) 9 Cr. App. R.(S.) 235.
[127] (1993) 14 Cr. App. R.(S.) 280.
[128] (1993) 14 Cr. App. R.(S.) 101.
[129] (1993) 14 Cr. App. R.(S.) 648.
[130] [1990–1991] 12 Cr. App. R.(S.) 502.
[131] (1987) 9 Cr. App. R.(S.) 74.
[132] [2022] EWCA Crim 1530.

that the victim then has two of the item (or equivalent) and thus, there has, in essence, been a double recovery.

The word "loss" in s.133 of the Sentencing Code should be given its ordinary meaning and should not be limited or restricted to any particular kind of loss. In the case of financial loss, the question is what loss the victim has, in fact, suffered. Provided the loss results from the offences and is not otherwise too remote in law, the court may, in its discretion, make a compensation order up to that amount. Thus, in a simple case of theft of bank notes, the victim's loss would not necessarily be limited to the loss of the money itself but would, or at any rate might, include the loss of the use of the money between the date of the theft and the date when the compensation order was made: *R. v Schofield*.[133] Accordingly, the court held that where the loss of use of money was sufficiently large, an amount of interest could be included to reflect that loss, provided that the amount could be calculated without complication.

Mental distress and anxiety are personal injury or damage for the purpose of s.133 of the Sentencing Code, and compensation is therefore available in respect of such distress or anxiety: *Bond v Chief Constable of Kent*.[134] There must, however, be evidence of such distress, either express or in some other form from which it can properly be inferred, before an award of compensation can be made in respect of it: *R. v Vaughan*.[135] It is submitted that a victim personal statement could provide a sufficient basis for such a finding.

Road traffic collisions

Section 136 of the Sentencing Code significantly limits the availability of compensation in respect of road traffic collisions. The policy lying behind this is that compensation for loss in these cases is generally covered by insurance and Motor Insurers' Bureau arrangements rather than by individuals. Accordingly, there is an exception in ss.136(2)(c) and (3) for cases where the harm is uninsured and compensation is not payable under any arrangements to which the Secretary of State is a party (i.e. under the Motor Insurers' Bureau arrangements: *DPP v Scott (Thomas)*[136]). Compensation is "payable" under s.136(3)(b) where the victim will have a right to payment under the Motor Insurers' Bureau arrangements at some future time, not only where the victim has a civil judgment which can be enforced: *DPP v Scott (Thomas)*.[137] Careful reference will therefore need to be made to the terms of the Motor Insurers' Bureau arrangements and the extent to which any relevant loss is not payable.

A4-130

Death of victim

Compensation is not a personal right and accordingly even where the victim who has suffered personal injury, loss or damage has subsequently died that does not mean compensation will necessarily be inappropriate: *Holt v DPP*.[138]

A4-131

---

[133] (1978) 67 Cr. App. R. 282.
[134] (1982) 4 Cr. App. R.(S.) 314.
[135] (1990–1991) 12 Cr. App. R.(S.) 46.
[136] (1995) 16 Cr. App. R.(S.) 292.
[137] (1995) 16 Cr. App. R.(S.) 292.
[138] (1996) 2 Cr. App. R.(S.) 314.

Assessing the offender's means

Generally

A4-132   Where a compensation order is being considered, an offender must give the court details of their means, and the judge must enquire about, and make clear findings about, those means: *R. v York*.[139] The court in imposing any financial order should have regard to the financial circumstances of the offender as a whole, including any mortgage or other debts, but it is not the court's job "to set about an inquisitorial function and dig out all the information that exists about the appellant's means": *R. v Ingram*.[140]

It is the duty of defence counsel to ensure that the information put before the court as to an offender's means is not just as accurate as may be but that it has been investigated so that defence counsel are satisfied that the information is in fact accurate: *R. v Roberts*.[141]

As to the availability of financial circumstances orders, see A3-031.

Offenders who have dispossessed themselves of funds

A4-133   Where there is evidence of substantial means, but the offender appears to have deliberately dispossessed themselves of money in an attempt to evade a compensation order, the judge is not required to act as though blinkered from the realities of life, and it is open for them to find they have assets such as to pay a compensation order: *R. v Owen*.[142] It is submitted that a court should proceed carefully, however; a court would need to have a firm basis for making such a finding, which may be lacking in the sort of relatively straightforward case in which a compensation order is likely to be appropriate.

Where assets may need to be sold

A4-134   There is no objection to requiring an offender to sell assets to pay for a compensation order; however, where it is proposed that a compensation order be made on the basis that the offender will pay the compensation out of the proceeds of the sale of an asset, the court must be able to properly value that asset or compensation should not be ordered: *R. v Chambers*.[143] It is submitted, however, that the court will be mindful of the likely additional punitive aspect of such an order.

A compensation order may even be imposed where the effect would be to force the sale of the family or matrimonial home; it is, however, a consideration that will need to be taken into account when determining the order, the importance of which will vary on the facts of the case: *R. v Parkinson*.[144] In this respect, it is suggested that significant factors will be the amount of equity likely to be left, the extent to which an offender could re-mortgage and the ease with which the offender could purchase another home in a similar area; if an offender has dependents then the impact on them of having to move schools, for example, could be a significant fac-

---

[139] [2018] EWCA Crim 2754; [2019] 1 Cr. App. R.(S.) 41.
[140] [2004] EWCA Crim 1841.
[141] (1987) 9 Cr. App. R.(S.) 275.
[142] (1990–1991) 12 Cr. App. R.(S.) 561.
[143] (1981) 3 Cr. App. R.(S.) 318.
[144] [2015] EWCA Crim 1448; [2016] 1 Cr. App. R.(S.) 6.

tor in reducing the amount of the compensation order to be paid, in addition to the more general effect of forcing the sale of their family home.

Occupational pension schemes

By virtue of s.91 of the Pensions Act 1995, a right to a future pension under an occupational scheme is inalienable, and no order of the court could be made the effect of which is that the person is restrained from receiving the pension. Accordingly, where a judge had imposed a compensation order on the basis that the only assets was his right to a future pension under an occupational pension scheme he had erred and the order was quashed on the basis of lack of means: *Sharif*.[145]

A4-135

Relevance of third party means

The Court of Appeal (Criminal Division) has been clear that a court should not impose a compensation order on an offender without means on the assumption that the order will be paid by somebody else—for example, a relative: *R. v York*.[146] However, where an offender cannot make an immediate offer of payment in respect of a compensation order from their own funds but could obtain such funds through borrowing from a third party, provided there is sufficient material on which to conclude that there are sound prospects that the offender will be able to repay such loans, a compensation order will not be wrong in principle: *R. v Carrington*.[147] It is suggested that this route will only be permissible where there is clear evidence as to the availability of such a loan from an identifiable third party and of the fact it is a loan and not a gift.

A4-136

Setting the amount of compensation

Amount must be realistic

A compensation order should not be made unless there is a realistic chance of compliance within the period of time set by the court: *R. v Stapylton*[148]; *R. v York*.[149] Accordingly, there is a need to weigh the offender's financial circumstances against the loss suffered by the victim.

In *R. v Ellwood (Emily)*,[150] the court (referring to *York*) considered a compensation order of £12,261 payable at a rate of £25 per month (imposed alongside a suspended sentence order). The defendant had debts of £20,000–£30,000 and appealed against that order. The court stated that a repayment period of two to three years, while at the top of the range, could be regarded as reasonable and having regard to the installments that could be paid by the defendant, the order would be reduced to £900 payable at £25 per month. In times where it is easy to enter into lending agreements for a variety of goods, payday loans and mortgage and credit card debt lasting years, one might think it is a surprise that a compensation order has a de facto upper limit of 36 months. The confiscation regime does not operate

A4-137

---

[145] [2022] EWCA Crim 215.
[146] [2018] EWCA Crim 2754; [2019] 1 Cr. App. R.(S.) 41.
[147] [2014] EWCA Crim 325; [2014] 2 Cr. App. R.(S.) 41.
[148] [2012] EWCA Crim 728; [2013] 1 Cr. App. R.(S.) 12.
[149] [2018] EWCA Crim 2754; [2019] 1 Cr. App. R.(S.) 41.
[150] [2023] EWCA Crim 1114; [2024] 1 Cr. App. R. (S.) 23.

in this way and it is unclear why a manageable monthly payment over an extended period of time would be disproportionate or disruptive to a defendant's life; it is surely the installment sum, rather than the total, which is a material consideration. Further, there seems no reason in principle why this could not be subject to a review, to vary the sum upwards or downwards.

Compensation is not a punishment

A4-138   Ever since the expansion of the power to order compensation in the Criminal Justice Act 1972 the Court of Appeal (Criminal Division) has been clear that compensation is reparative and is not a punishment: see, for example, *R. v Inwood*[151] and *R. v Dorton*.[152] In particular, an offender should not be allowed, by offering to pay compensation, to buy themselves out of a prison sentence, or to buy a shorter sentence than would otherwise be appropriate: *R. v Copley*.[153] In general, therefore, limited consideration should be given to the punitive aspect of any compensation order in any consideration of totality. The principle relevance of other sentences will be the extent to which they impact on an offender's ability to pay compensation.

Compensation is discretionary

A4-139   The court has discretion under s.133 over whether to impose an order, and will take into account factors such as the offender's means and the moral desirability or otherwise of making them pay, the possibility that the making of an order would drive them into the commission of other offences and other factors which would have no relevance at all in the context of civil litigation; a compensation order may properly be withheld in whole or in part where the civil court would have no alternative but to make an order in full: *R. v Chappell*.[154]

It is submitted that because compensation is not punitive, the decision to impose a compensation order will not be driven principally by reference to the seriousness of the offence, but by more protean factors such as considerations of rehabilitation and reparation. However, it is clear that a significant factor will be the extent of the personal injury, loss or damage, and it is submitted that in line with *Chappell* courts should consider carefully the culpability of the offender in causing that harm. Where the harm was incidental or accidental it may be that a compensation order is not appropriate, although in those circumstances sentencers should remember that in civil courts compensation would follow regardless, and so accordingly this is a factor that is likely to tip the scale only where there are other good reasons (such as a lack of resource) for not imposing compensation.

Compensation for physical and mental injury

A4-140   Although there is no requirement that an offender be civilly liable to a person to whom compensation should be paid in *R. v Flinton*[155] it was held that plainly the amount of compensation should not exceed the sum which would be awarded by a

---

[151] (1974) 60 Cr. App. R. 70.
[152] (1987) 9 Cr. App. R.(S.) 514.
[153] (1979) 1 Cr. App. R.(S.) 55.
[154] (1984) 6 Cr. App. R.(S.) 214.
[155] [2007] EWCA Crim 2322; [2008] 1 Cr. App. R.(S.) 96.

court in civil proceedings and the Sentencing Council's guidelines for magistrates' court offences make reference to the amount of compensation payable under the Criminal Injuries Compensation Scheme in respect of claims of personal injury.

In the first edition of this work, we suggested that reference to the amount of quantum awarded under that scheme or in the civil courts for analogous injury may assist counsel in determining the amount of loss; this was despite the fact that judges will not ordinarily need to refer to this guidance as compensation will not be appropriate if the issue is significantly contested. The court in *R. v Digby*[156] seemed to endorse such an approach when considering the issue of compensation, observing that more assistance was derived from the Judicial College Guidelines for the Assessment of General Damages in Personal Injury Cases (15th edn) than from the citation of previous decisions of the court. The court in *R. v Johnson (Reece)*[157] similarly decreased the amount of compensation payable by reference to the figures in the magistrates' court guideline.

Multiple victims

A4-141 Where there are multiple victims of offending compensation orders should be made individually in respect of each victim to be compensated.

Where the offender's means are insufficient to compensate all victims, the court must choose between scaling down all the orders on a pro rata basis, which might lead to some of the individuals being compensated to a wholly inadequate degree, or departing from the normal approach of a pro rata apportionment to select individual claimants. A global compensation order should not be made and separate orders instead identified. In *R. v Amey, James and Meah*,[158] the court held that as a general rule apportionment, and not selection, should be adopted, but in the instant case where those to be compensated were eight individuals and a bank said that the individuals should be compensated to the detriment of the bank, noting that this did not prevent the bank from seeking recovery in civil proceedings.

Multiple offenders

A4-142 In *R. v Amey, James and Meah*,[159] the court held that where more than one offender is responsible for injury, loss or damage to a victim, the general rule is that the amount should be awarded in equal proportions. Distinction should only be made where it can be shown that one of the offenders was more responsible than the other or where the ability or inability to pay is markedly different.

Victim contributed to the offence

A4-143 The unlawful conduct of the victim of an assault, contributed to the commission of the assault by way of provocation, meant that the court was entitled to make a reduction in the amount of compensation to be awarded: *R. v Flinton*.[160] It is submitted that more generally, where the extent of the personal injury, loss or dam-

---

[156] [2020] EWCA Crim 1815.
[157] [2023] EWCA Crim 570.
[158] (1982) 4 Cr. App. R.(S.) 410.
[159] (1982) 4 Cr. App. R.(S.) 410.
[160] [2007] EWCA Crim 2322; [2008] 1 Cr. App. R.(S.) 96.

age suffered is partially attributable to the negligence of the victim, in line with the approach in the civil courts, that ought also to warrant a reduction in the amount of order imposed. The court will no doubt be cautious in the way in which it expresses this element of its sentencing remarks. It would be regrettable if the "message" communicated to the victim and the public was that the court held the victim partially responsible for the offence.

Views of the victim

A4-144   As the Sentencing Council's guideline for magistrates' courts explains, it may be that financial compensation from the offender may cause distress to the victim. Their views should be obtained through sensitive discussion with the victim by the police or witness care unit, when it can be explained that the offender's ability to pay will ultimately determine whether, and how much, compensation is ordered and whether the compensation will be paid in one lump sum or by instalments. If the victim does not want compensation, this should be made known to the court and respected.

Payment by instalments

A4-145   In *R. v Ganyo (Molly) and Ganyo (Prize)*,[161] it was said that there is no "bright line" rule imposing an outer limit for the period of payment of a compensation order; a court making a compensation order must simply ask whether the period is appropriate and whether the compensation order would be oppressive or an undue burden, given the offender's means. On the facts of the case an order which would take over eight years to discharge was upheld.

It is, however, submitted that such long periods will be rare and that generally reference should be made to the leading case of *R. v Olliver and Olliver*,[162] in which it is suggested that the upper end of the normal period will be two to three years. It is, however, to be noted that the general dicta in relation to fines cases to the effect that the period should not be so long as to be an unjust punishment does not apply equally to compensation orders; where the alternative is likely to be a civil compensatory order regardless, and where the order is not imposed for the purposes of punishment.

In *R. v York*,[163] considering these cases, it was said that while long periods were upheld in *Ganyo*, in general, excessively long repayment periods should be avoided and a repayment period of two or three years in an exceptional case would not be open to criticism. In *York*, it was also held that it is wrong to fix an amount of compensation without regard to the instalments in which the sum was to be paid in favour of leaving those questions for the magistrates to sort out. A compensation order should only be made if the court is satisfied that the offender has or will have the means to pay that order within a reasonable time.

---

[161] [2011] EWCA Crim 2491; [2012] 1 Cr. App. R.(S.) 108.
[162] (1989) 11 Cr. App. R.(S.) 10.
[163] [2018] EWCA Crim 2754; [2019] 1 Cr. App. R.(S.) 41.

Review of compensation orders

A4-146 Where there is a material change in financial circumstances after an order is made, the appropriate course is to apply to the magistrates' courts under s.143, rather than to appeal to the Court of Appeal (Criminal Division), whose task is to assess whether the imposition of the order on the facts available to the judge was wrong in principle or manifestly excessive: *R. v Palmer*[164]; *R. v Pitt*.[165]

Combined with other orders

Generally

A4-147 Although a compensation order may be imposed alone, it is submitted that the circumstances in which that will be appropriate are relatively limited. Where the court thinks punishment is inexpedient because of the circumstances of the offence, a discharge should be imposed in addition. In other cases the appropriate punitive disposal, reflecting the seriousness of the offence, should be imposed. The cases in which compensation will be imposed alone would appear to be limited to cases where the court would have imposed a fine for the offence, but the offender does not have the resources to pay both a fine and compensation and so the court wishes to prioritise the compensation owed to the victim.

Combining compensation orders with custodial sentences

A4-148 An offender should not be allowed, by offering to pay compensation, to buy themselves out of a prison sentence, or to buy a shorter sentence than would otherwise be appropriate: *R. v Copley*[166] An offer to pay compensation prior to sentence may be evidence of remorse and reparation, but compensation orders are otherwise wholly independent of the exercise in assessing the appropriate punitive sentence to be imposed: *R. v Barney*.[167]

Where the court is minded to impose a compensation order alongside custody it will need to have careful consideration of the offender's assets and should not impose an order if the financial burden it would impose is too significant, particularly where it might result in the encouragement of further crime: *R. v Panayioutou*.[168]

Confiscation

A4-149 Where a court imposes a confiscation order the effect of that order must be taken into account before any compensation order is imposed: s.13(2) of the Proceeds of Crime Act 2002. Where there are insufficient means to pay both confiscation and compensation, then money recovered out of the confiscation order can be paid as compensation: s.13(5) and (6). Where the court postpones confiscation no compensation order should be imposed until the end of the postponement period: s.15(2) of the Proceeds of Crime Act 2002. However, non-compliance with s.15(2)

---

[164] (1994) 15 Cr. App. R.(S.) 550.
[165] [2014] EWCA Crim 522.
[166] (1979) 1 Cr. App. R.(S.) 55.
[167] (1989) 11 Cr. App. R.(S.) 448.
[168] (1989) 11 Cr. App. R.(S.) 535.

will not render a compensation order imposed a nullity: *R. v Sachan*.[169] As to confiscation and the issue of postponement, see A3-104.

Unlawful Profit Orders

Legislation

Prevention of Social Housing Fraud Act 2013 s.4

Unlawful profit orders: criminal proceedings

A4-150   4.—(1) This section applies if a person ("the offender") is convicted of—
(a) an offence under section 1 or 2, or
(b) an associated offence in relation to an offence under section 1 or 2.
(2) The court by or before which the offender is convicted—
(a) must, on application or otherwise, decide whether to make an unlawful profit order, and
(b) may, if it considers it appropriate to do so, make such an order, instead of or in addition to dealing with the offender in any other way.
(3) An "unlawful profit order" is an order requiring the offender to pay the landlord an amount representing the profit made by the offender as a result of the conduct constituting the offence.
(4) If the court decides not to make an unlawful profit order, it must give reasons for that decision on passing sentence on the offender.
(5) The amount payable under an unlawful profit order must be such amount as the court considers appropriate, having regard to any evidence and to any representations that are made by or on behalf of the offender or the prosecutor, but subject to subsections (6) and (7).
(6) The maximum amount payable under an unlawful profit order is calculated as follows—
Step 1
Determine the total amount the offender received as a result of the conduct constituting the offence (or the best estimate of that amount).
Step 2
Deduct from the amount determined under step 1 the total amount, if any, paid by the offender as rent to the landlord (including service charges) over the period during which the offence was committed.
(7) Where an unlawful profit order has been made against the offender under section 5, an order under this section may only provide for the landlord to recover an amount equal to the aggregate of the following—
(a) any amount by which the amount of the offender's profit found under this section exceeds the amount payable under the order made under section 5, and
(b) a sum equal to any portion of the amount payable under the order made under section 5 that the landlord fails to recover,
and the landlord may not enforce the order under this section, so far as it relates to a sum mentioned in paragraph (b), without the leave of the court.
(8) Subsection (9) applies where the court considers—

---

[169] [2018] EWCA Crim 2592; [2019] 4 W.L.R. 67.

(a) that, as well as being appropriate to make an unlawful profit order, it would be appropriate to impose a fine, and
(b) that the offender has insufficient means to pay both—
    (i) an appropriate sum under an unlawful profit order, and
    (ii) an appropriate sum under a fine.

(9) The court must give preference to making an unlawful profit order (though it may impose a fine as well).

(10) If the amount required to be paid by a person under an unlawful profit order is not paid when it is required to be paid, that person must pay interest on the amount for the period for which it remains unpaid.

(11) The rate of interest is the same rate as that for the time being specified in section 17 of the Judgments Act 1838 (interest on civil judgment debts).

(12) Sections 141 to 143 of the Sentencing Code (supplementary provisions about compensation orders) apply to unlawful profit orders as if—
(a) references to a compensation order were to an unlawful profit order (subject to paragraph (d)),
(b) references to the compensation to be paid under a compensation order were to the amount to be paid under an unlawful profit order,
(c) section 143(3)(a) and (b) were omitted, and
(d) the reference in section 143(5)(b)(ii) to an unlawful profit order under section 4 were to a compensation order under Chapter 2 of Part 7 of the Sentencing Code.

(13) In this section "the landlord" means the landlord under the tenancy in respect of which the offence was committed.

As to ss.141–143 of the Sentencing Code (which relate to the suspension of entitlement while appeals are pending, limits on non-recent offences and the review of orders), see A4-120 and A4-121. **A4-151**

By virtue of s.11(10) of the Prevention of Social Housing Fraud Act 2013 an "associated offence", in relation to an offence, means:

1) an offence of aiding, abetting, counselling or procuring the commission of that offence,
2) an offence of attempting or conspiring to commit that offence, or
3) an offence under Pt 2 of the Serious Crime Act 2007 (encouraging or assisting crime) in relation to that offence.

Guidance

There are no reported cases in relation to unlawful profit orders but it is suggested that generally the same approach should be taken to them as to compensation orders: see A4-125 onwards. In particular, the court should make clear findings as to loss and the offender's means, and should not allow the imposition of an unlawful profit order to affect any custodial sentence imposed. Furthermore, although unlawful profit orders are available as primary orders—i.e. they can, alone, dispose of a case—it is suggested that the cases in which that is appropriate will be very rare, being limited to cases where the court would have imposed a fine for the offence and where the offender does not have the means to pay both the fine and the unlawful profit order. **A4-152**

It is suggested that, given the statutory requirement to provide reasons when an unlawful profit order is not made, and that there is a dedicated order for this narrow class of case, there will be a strong presumption in favour of making an unlawful profit order to the extent that it is possible. Similarly, given that an unlawful profit order is limited by the amount of profit the offender has made (rather than the loss the victim has suffered), and therefore the offender will inevitably have made a gain in the course of the offending, that the offender no longer has those means is unlikely to be as significant a factor as it would be in the imposition of a compensation order.

Restitution Orders

Introduction

A4-153   Restitution orders allow the courts to restore stolen goods, or their approximate value, to their owners and to compensate those who the stolen goods have been sold to or used as collateral for. Like compensation orders, they are a reparative disposal rather than a punitive one, and simultaneously remove profit from the offender and restore the victims of the offending to the position they were in before the offending. Restitution can take differing forms, either involving the direct return of the stolen goods, the return of items which are the proceeds of the disposal or realisation of all or part of the stolen goods, or by the payment of sums with money seized from the offender.

Given the need for either the goods themselves to be recovered, for there to be clear evidence that other goods are the proceeds of the disposal or realisation of the stolen goods, or for the money seized from the offender on arrest to be sufficient to provide restitution, restitution orders are relatively rare. Where restitution is not available, compensation can, however, ensure that a victim's loss is at least monetarily compensated.

A restitution order may be imposed as the only disposal in a case; however, it is submitted that that is likely to be a rare occurrence. A particularly unusual feature of restitution orders is that restitution orders can be made against a person who is not the offender; for example, the person to whom the offender sold the stolen property. Where this is the case it would clearly not be appropriate for that to be the only disposal imposed for an offence.

Legislation

Sentencing Act 2020 ss.147–151

Restitution order where goods stolen or obtained by blackmail or fraud

A4-154   147.—(1)   In this Code, "restitution order" means an order made in an offender's case with respect to particular goods (referred to in this section as "the stolen goods") that—
  (a) requires anyone who has possession or control of the stolen goods ('the holder') to restore them to any other person entitled to recover them from the holder,
  (b) requires any other goods representing the stolen goods to be transferred or delivered to any person entitled to recover those other goods from the offender,
  (c) requires payment of a sum out of any removed money to any person who would be entitled to recover the stolen goods from the offender if they were in the offender's possession, or

(d) requires payment of a sum out of any removed money to—
  (i) any person to whom the offender has sold the stolen goods, or
  (ii) any person from whom the offender has borrowed money on the security of the stolen goods.

(2) For the purposes of subsection (1)—
  (a) goods represent the stolen goods if they are the proceeds of disposal or realisation of all or part of the stolen goods, or of other goods which represent the stolen goods;
  (b) "removed money" means money of the offender which was taken out of the offender's possession when the offender was apprehended.

Restitution order: availability

148.—(1) A restitution order with respect to particular goods is available to a court in an offender's case where—   A4-155
  (a) the goods have been stolen, and
  (b) either—
    (i) the offender is convicted by or before the court of an offence with reference to the theft of the goods, whether or not the stealing was the gist of it (an "offence related to the theft"), or
    (ii) the court takes an offence related to the theft into consideration in determining sentence for any other offence of which the offender is convicted by or before the court.

(2) A restitution order under section 147(1)(b) is available only on the application of the person in whose favour it is to be made.

(3) A restitution order with respect to any goods under section 147(1)(d) is available only if the court has made a restitution order under section 147(1)(a) with respect to the goods.

(4) Making a deferment order, or otherwise deferring sentence, does not preclude a court from making a restitution order.

Making a restitution order

149.—(1) This section applies where a restitution order is available to a court in an offender's case.   A4-156

(2) The court may make a restitution order only if in the opinion of the court the relevant facts sufficiently appear from any of the following—
  (a) evidence given at the trial;
  (b) any written statements or admissions which were made for use, and would have been admissible, as evidence at the trial;
  (c) any documents served on the offender in pursuance of regulations made under paragraph 1 of Schedule 3 to the Crime and Disorder Act 1998 (procedure where persons sent for trial);
  (d) admissions made by or on behalf of any person in connection with any proposed exercise of the powers to make a restitution order.

(3) If the court makes restitution orders under paragraphs (b) and (c) of section 147(1) in respect of the theft of the same goods, they must not result in the person in whose favour they are made recovering more than the value of those goods.

(4) A restitution order under section 147(1)(c) may not require payment of more than the value of the stolen goods.

(5) Subsections (6) and (7) apply in relation to making to a restitution order under section 147(1)(d) in relation to any goods.

(6) The court may make the restitution order only if satisfied that—
   (a) the purchaser was acting in good faith when purchasing the goods, or
   (b) the lender was acting in good faith when lending money on the security of the goods.

(7) The restitution order may not require payment of more than—
   (a) the amount which the purchaser paid for the purchase, or
   (b) the amount owed to the lender in respect of the loan.

A4-157   Section 150 of the Sentencing Code provides that restitution orders cease to have effect where an offender successfully appeals against their conviction (or convictions) and that where a restitution order is made by a magistrates' court unless under subs.(6) they direct otherwise the order will not have effect until there is no further possibility of the order being varied or set aside on appeal (disregarding any power to grant leave to appeal out of time). A direction may only be made under subs.(6) where the restitution order is made under s.147(1)(a) or (b), and the court is of the opinion that the title to the goods to be restored or, as the case may be, delivered or transferred under the order is not in dispute. Section 30 of the Criminal Appeal Act 1968 similarly provides that unless the Crown Court directs otherwise a restitution order made by the Crown Court will not have effect until there is no further possibility of the order being varied or set aside on appeal (disregarding any power to grant leave to appeal out of time). There is, however, no limit on the circumstances in which the Crown Court can direct otherwise under s.30 of the 1968 Act.

Restitution orders: interpretation and application

A4-158   **151.**—(1) In this Chapter, references to stealing are to be read in accordance with—
   (a) section 1(1) of the Theft Act 1968 (read with the provisions of that Act relating to the construction of section 1(1)), and
   (b) subsections (2) and (3).

(See also section 119(2) of the Consumer Credit Act 1974, which treats unreasonable refusal to deliver pawn as stealing for the purposes of this Chapter.)

(2) In this Chapter, references to goods which have been stolen include references to goods which have been obtained—
   (a) by blackmail, or
   (b) by fraud (within the meaning of the Fraud Act 2006);
and references to "stealing" and "theft" are to be read accordingly.

(3) In determining for the purposes of this Chapter whether goods have been stolen, it is immaterial whether the stealing occurred—
   (a) before or after the Theft Act 1968, or the Fraud Act 2006, came into force, or
   (b) in England and Wales or elsewhere,
provided that the stealing (if not an offence under either of those Acts) amounted to an offence where and when the goods were stolen.

(4) In this Chapter, "goods", except so far as the context otherwise requires, includes money and every other description of property (within the meaning of the Theft Act 1968) except land, and includes things severed from the land by stealing.

(5) A restitution order may be made in respect of money owed by the Crown.

A4-159   By virtue of r.28.7 of the Criminal Procedure Rules 2020, applications for a restitution order should be made in writing as soon as practicable (prior to any verdict) and identify the goods and why the applicant is entitled to them. A restitution order can only be made after the applicant and each party has an opportunity to make representations at a hearing (whether or not they attend).

Guidance

Availability

A restitution order can only be made in respect of stolen goods the theft of which the offender has been convicted of; it cannot be made in respect of goods that have been stolen generally: s.148(1)(b) of the Sentencing Code; *R. v Parker*[170]; *R. v Calcutt and Varty*.[171]

In *R. v Calcutt and Varty*,[172] it was held that a restitution order should only be made where it is clear that the money or goods in question fall within what is now s.147 of the Sentencing Code; where there is doubt this is the case the court should not make an order since injustice can be caused, particularly to third parties who have no rights to intervene in the criminal proceedings. The criminal courts are not the appropriate forum in which to satisfactorily ventilate complex issues as to the ownership of such money or goods.

A4-160

Determining whether Goods are Stolen Goods

Stolen goods include goods which have been obtained by blackmail or fraud by virtue of s.151(2) of the Sentencing Code.

The evidence which can be considered in relation to a restitution order is restricted by s.149(2) of the Sentencing Code and there is no further power to receive evidence when considering whether to make a restitution order: *R. v Church*.[173]

Where the offender disputes that the items concerned represent the stolen goods, the court should not make a restitution order without allowing the defendant to give evidence; and where one of two defendants has pleaded not guilty, the court can have regard to evidence given at the trial of the defendant who has pleaded not guilty, in determining whether to make a restitution order against the party who has pleaded guilty: *R. v Calcutt and Varty*.[174] As David Thomas noted in his commentary to this case,[175] this seems to conflict with the guidance that a court should not embark on complex investigations in such cases; it may be that where the offender disputes the origins of property the better course is for the court to leave the applicant to his civil remedy instead. Guidance appears to be provided by *Stamp v United Dominions Trust (Commercial) Ltd*,[176] which suggests that the issue will be the extent and complexity of the dispute. It is submitted that where there are complex issues of law or evidence or the goods are of substantial value further enquiry will not be desirable, but where it is a simple factual issue such as the courts

A4-161

---

[170] (1970) 54 Cr. App. R. 339.
[171] (1985) 7 Cr. App. R.(S.) 385.
[172] (1985) 7 Cr. App. R.(S.) 385.
[173] (1971) 55 Cr. App. R. 65.
[174] (1985) 7 Cr. App. R.(S.) 385.
[175] D. Thomas, "Restitution Order—Facts Necessary to Support Restitution Order (Case Comment)" [1986] Crim. L.R. 266–269.
[176] [1967] 2 W.L.R. 541.

Representations from Third Parties

A4-162 The court is entitled to adjourn to hear representations from third parties before making a restitution order (normally the party who now possesses the stolen goods, from whom the goods will be taken if restitution is ordered): *Stamp v United Dominions Trust (Commercial) Ltd*.[177] In this respect, it is submitted that the courts should be cognisant that there is no right of appeal for third parties who may be the subject of restitution orders.

Restitution Should be Ordered where Available

A4-163 Where the evidence is clear that the money or goods fall within s.147 of the Sentencing Code, it is important that the court should make proper use of the power to order restitution since this can frequently avoid unnecessary expense and delay in the victim receiving the return of their property: *R. v Calcutt and Varty*.[178] However, the decision to make an order is, of course, discretionary.

Amount of Restitution

A4-164 Where restitution is comprised of the payment of money to a person the amount cannot exceed that which the purchaser paid for the purchase or the amount owed to the lender in respect of the loan: s.149(7) of the Sentencing Code. There is, however, nothing stopping the court from ordering restitution in a sum which exceeds the amount of money the offender received as a result of the offence: *R. v Lewis*.[179] It is suggested that the policy behind this is clear: a victim is entitled to the restitution of the value of their property, even if the offender themselves sold it for less than it is worth; the purpose of these orders is to restore the victim to the position they would be in otherwise, not simply to remove the profit of an offence.

Restitution Combined with Other Orders

A4-165 Restitution can be combined with another other sentence of the court. Given that the property which can be ordered for restitution is money seized or goods recovered, there will be only a limited need to make an assessment of the offender's means when deciding whether to impose restitution, and the imposition of restitution and imprisonment together is unlikely to cause any particular issue. As with compensation orders it is submitted that although restitution orders are available alone it is suggested that the cases in which that is appropriate will be limited to cases where the court would have imposed a fine for the offence but the offender has no other means to pay that fine.

---

[177] [1967] 2 W.L.R. 541.
[178] (1985) 7 Cr. App. R.(S.) 385.
[179] *Unreported, 31 January 1975 CA.*

Forfeiture and Deprivation

Introduction

The criminal courts have broad powers to order that an offender must forfeit or be deprived of certain property on conviction. These powers are generally limited to the forfeiture or deprivation of property in the offender's possession at the time of arrest, or that was used in the commission of the offence itself. The purposes of these powers differ: some provide for the forfeiture of criminal items such as drugs or firearms, providing for public protection and helping to prevent further offending by the removal of them from public circulation; some allow for the forfeiture of the proceeds of the crime such as illegally poached salmon or deer, aiming to ensure that offenders do not profit from their offending; and others allow for the forfeiture of items used in the offending, either to prevent further offending or to punish the offender for the inappropriate use of property. Property is forfeited to the state, either to be destroyed or otherwise disposed of, or sold for the state's benefit.

A4-166

Powers of forfeiture therefore pursue rather different purposes from powers to fine or order restitution. Where the property is not unlawful to possess, per se, or the direct profits of illegal behaviour, careful consideration will need to be given to the punitive effect of any order of forfeiture.

Section 152 of the Sentencing Code provides the general power to order that an offender be deprived of property. Under that section an offender may be deprived of any property which has been seized from them, or was in their possession or under their control at the time of their apprehension or summons where either (a) the property was used for the purpose of committing, or facilitating the commission of, any offence, or intended by the offender to be used for that purpose or (b) the offence consisted of unlawful possession of the property. Despite the existence of this general power to deprive there are, however, a large number of additional statutory powers to order the forfeiture or deprivation of specific goods. The procedure and scope of these further powers varies widely; some are exercisable only on application, some are mandatory in certain circumstances, some explicitly require an opportunity for the offender to be heard and others do not. The exercise of these further powers is generally limited to specific types of property or specific offences.

It would be impossible to deal with all these powers suitably in this work, and so this section only deals with the following forfeiture powers, those being powers which either are mandatory in their application or apply to a number of offences:

A4-167

1) deprivation and destruction under the Dangerous Dogs Act 1991;
2) deprivation and destruction under the Animal Welfare Act 2006;
3) forfeiture of obscene publications under the Obscene Publications Act 1964;
4) forfeiture of hate material under the Public Order Act 1986;
5) forfeiture of drugs under the Misuse of Drugs Act 1971.

At A4-212 a number of other forfeiture powers are signposted and it is suggested that the guidance applicable to the general power to order deprivation will, in many cases, be relevant in deciding whether to exercise forfeiture powers under those provisions.

Deprivation under the Sentencing Code

Legislation

Deprivation Orders

Sentencing Act 2020 ss.152–159

Deprivation order

A4-168　　152. In this Code "deprivation order" means an order under this Chapter which—
　　(a) is made in respect of an offender for an offence, and
　　(b) deprives the offender of any rights in the property to which it relates.

Deprivation order: availability

A4-169　　153.—(1) A deprivation order relating to any property to which subsection (2) applies is available to the court by or before which an offender is convicted of an offence.
　　(2) This subsection applies to property which—
　　　　(a) has been lawfully seized from the offender, or
　　　　(b) was in the offender's possession or under the offender's control when—
　　　　　　(i) the offender was apprehended for the offence, or
　　　　　　(ii) a summons in respect of it was issued,
　　if subsection (3) or (5) applies.
　　(3) This subsection applies if the court is satisfied that the property—
　　　　(a) has been used for the purpose of committing, or facilitating the commission of, any offence, or
　　　　(b) was intended by the offender to be used for that purpose.
　　(4) For the purposes of subsection (3), facilitating the commission of an offence includes taking any steps after it has been committed for the purpose of—
　　　　(a) disposing of any property to which the offence relates, or
　　　　(b) avoiding apprehension or detection.
　　(5) This subsection applies if—
　　　　(a) the offence mentioned in subsection (1), or
　　　　(b) an offence which is taken into consideration by the court in determining the offender's sentence,
　　consists of unlawful possession of the property.
　　(6) Subsection (1) is subject to—
　　　　(a) any restriction on forfeiture in any enactment contained in an Act passed on or after 29 July 1988,
　　　　(b) section 33C(8) of the Environmental Protection Act 1990 (subsection (1) not to apply where section 33C of that Act provides for forfeiture of vehicles in connection with offence under that section), and
　　　　(c) paragraph 7 of Schedule 5 to the Wireless Telegraphy Act 2006 (subsection (1) not to apply where person convicted of offence under Part 2, 3 or 5 of that Act).

Vehicle to be treated as used for purpose of certain offences

A4-170　　154.—(1) This section applies where a person commits an offence listed in subsection (2) by—
　　　　(a) driving, attempting to drive, or being in charge of, a vehicle,
　　　　(b) failing to comply with a requirement made under section 7 or 7A of the Road Traffic Act 1988 (failure to provide specimen for analysis or laboratory test or to give permission for such a test) in the course of an investigation into whether

the offender had committed an offence while driving, attempting to drive, or being in charge of, a vehicle, or
- (c) failing, as the driver of a vehicle, to comply with subsection (2) or (3) of section 170 of the Road Traffic Act 1988 (duty to stop and give information or report accident).

(2) Those offences are—
- (a) an offence under the Road Traffic Act 1988 which is punishable with imprisonment;
- (b) an offence of manslaughter;
- (c) an offence under section 35 of the Offences Against the Person Act 1861 (wanton and furious driving).

(3) The vehicle is to be regarded for the purposes of section 153 (and section 157(3)(b)) as used for the purpose of committing the offence (including where it is committed by aiding, abetting, counselling or procuring).

Exercise of power to make deprivation order

155.—(1) In considering whether to make a deprivation order in respect of any property, a court must have regard to—   **A4-171**
- (a) the value of the property, and
- (b) the likely financial and other effects on the offender of making the order (taken together with any other order that the court contemplates making).

(2) Where a deprivation order is available for an offence, the court may make such an order whether or not it deals with the offender in any other way for the offence.

(3) For the effect of proceedings relating to confiscation orders on the court's powers under this section, see the following provisions of the Proceeds of Crime Act 2002—
- (a) section 13(2) (where confiscation order is made);
- (b) section 15 (where proceedings in relation to confiscation orders are postponed).

Section 156 provides that property subject to a deprivation order is to be taken into the possession of the police, unless the court considers that the offence related to immigration or asylum (or was committed for a purpose in connection with immigration or asylum), in which case it may order that the property be taken into the possession of the Secretary of State (and disposed of in accordance with s.26 of the UK Borders Act 2007).   **A4-172**

Property to which a deprivation order applies: orders by magistrates' court

157.—(1) This section applies where property to which a deprivation order relates is in the possession of the police by virtue of section 156(4).   **A4-173**

(2) A magistrates' court may, on the application of a police officer or a claimant of the property—
- (a) order the delivery of the property to the person appearing to the court to be its owner, or
- (b) if its owner cannot be ascertained, make any other order about the property.

This is subject to subsection (3).

(3) If the application is made by a claimant of the property, the court may make an order under subsection (2) only if—
- (a) the application is made before the end of the period of 6 months beginning with the day on which the deprivation order is made, and
- (b) the claimant satisfies the court—
  - (i) that the claimant did not consent to the offender's possession of the property, or
  - (ii) if the deprivation order was made by virtue of section 153(3) (property used for purposes of offence), that the claimant did not know, and had

no reason to suspect, that the property was likely to be used for a purpose mentioned in section 153(3).

(4) Any right of a person to take legal proceedings against a person in possession of property by virtue of an order under subsection (2)—

(a) ceases at the end of the 6 month period mentioned in subsection (3)(a), but

(b) is not otherwise affected by the order.

A4-174   Section 158 of the Sentencing Code provides that regulations under s.2 of the Police (Property) Act 1897 (disposal of unclaimed property in possession of the police) may make certain provision about the disposal of property in the possession of the police as a result of a deprivation order.

Application of proceeds of property subject to deprivation order

A4-175   159.—(1) This section applies where a court makes a deprivation order in respect of any property and—

(a) the offence was one which resulted in a person suffering personal injury, loss or damage, or

(b) any such offence is taken into consideration by the court in determining sentence.

(2) The court may also make an order that any proceeds which—

(a) arise out of the disposal of the property, and

(b) do not exceed a sum specified by the court,

are to be paid to the person.

(3) The court may make an order under this section only if it is satisfied that, but for the inadequacy of the offender's means, it would have made a compensation order under which the offender would have been required to pay compensation of an amount not less than the amount specified under subsection (2)(b).

(4) An order under this section has no effect—

(a) before the end of the 6 month period mentioned in section 157(3)(a), or

(b) if a successful application under—

(i) section 157, or

(ii) section 1(1) of the Police (Property) Act 1897,

has been made.

Deprived property

A4-176   Regulations 5–8 of the Police (Property) Regulations 1997[180]—made under s.2 of the Police (Property) Act 1897 (disposal of unclaimed property in possession of the police)—provide for the disposal of property which is in the possession of the police by virtue of s.153 of the Sentencing Code and in respect of which no successful application by a claimant has been made within six months of the making of the order. They allow the police to sell such property and the proceeds to be paid into the Police Property Act Fund. Property may also be destroyed and not sold in certain circumstances.

---

[180] Police (Property) Regulations 1997 (SI 1997/1908).

Guidance

Whether property can be subject to deprivation

Types of property subject to deprivation

A4-177 A deprivation order is not available in respect of real property, such as a house: *R. v Khan*.[181] There is, however, the power to order forfeiture of cash: see, for example, *R. v Jones*.[182] In this respect, it is suggested that Lord Diplock's interpretation of the extent of the forfeiture power in s.27 of the Misuse of Drugs Act 1971 in *R. v Cuthbertson*,[183] that only tangible property may be forfeited, applies equally to deprivation under s.152 of the Sentencing Code.

Property held abroad

A4-178 There is no jurisdiction to make orders in respect of property situated abroad: *R. v Cuthbertson*.[184]

Property used or intended to be used in the commission of an offence

A4-179 There will, in some cases, be a need to consider carefully whether the property was used, or was intended to be used, in the commission of an offence (within the meaning in s.153(3)–(4) of the Sentencing Code). This issue is illustrated by the case of *R. v Lucas*,[185] where it was held on the facts that although the car had been used to take the offender, his co-accused and the victim to the place where the offence of indecent assault was committed, there was no evidence it had been used in the commission of the offence, or that he had driven there intending to commit the offence; in essence it simply formed the background to the offending. A comparison can be drawn in this respect with *R. v Lidster*,[186] where it was held that a deprivation order could be made in respect of a car that had been used to transport stolen goods on conviction for handling stolen goods. It is submitted that the property must be used in an element of an offence; the distinction between *Lucas* and *Lidster* being that in the former, travelling to the location does not form an element of the offence of indecent assault, but the act of handling of stolen goods was continuing while the property was being transported.

It should, though, be remembered that the offence which the property was used or intended to be used in does not need to be the offence the offender was convicted of: *R. v Colville-Scott*.[187] Furthermore, as is evident from the statutory wording, where the property has in fact been used in the commission of a criminal offence, it does not need to have been used by the offender (in contrast to cases where there is an intent which must have been the offender's intent). As David Thomas noted

---

[181] (1982) 4 Cr. App. R.(S.) 298.
[182] [2017] EWCA Crim 2192; [2018] 1 Cr. App. R.(S.) 35.
[183] (1980) 2 Cr. App. R.(S.) 214.
[184] (1980) 2 Cr. App. R.(S.) 214.
[185] [1976] R.T.R. 235.
[186] [1976] R.T.R. 240.
[187] (1990–1991) 12 Cr. App. R.(S.) 238.

in his commentary to this case,[188] accordingly money paid to the offender by another person as their reward for participating in an offence, whether the payment is made before or after the commission of the offence, so long (in the latter case) as it is paid in satisfaction of a prior promise, will be money used by another to facilitate the commission of an offence by the offender. In such cases, of course, the court will need to be satisfied that an offence was committed or intended and that the property was used or to be used in it.

Whether property in possession of the offender

A4-180 Whether an offender has possession of property at the time of seizure is a question as to a right of possession; see *R. v Rana*,[189] where a motor car was in the offender's possession despite being driven by his brother with his permission at the time.

The offender must have an interest in the property

A4-181 A deprivation order will only deprive the offender of their rights in the property, and will not deprive third parties of their rights: *R. v Kearney*[190]; *O'Leary Internal Ltd v Chief Constable of North Wales*.[191] Accordingly, the offender must have an interest in the property for a deprivation order to be made in respect of it.

Need for proper investigation

A4-182 It is not enough to state baldly that the property is property that can be subject to deprivation; there should be a full and proper investigation and evidence on which a finding that the property is property for which a deprivation order is available under s.153 of the Sentencing Code can be justified: *R. v Pemberton*.[192] There is a duty on counsel to ensure a proper approach is taken to this issue: *R. v Jones*.[193]

The effect of s.155(1) of the Sentencing Code is that there needs to be evidence before the court either as to the value of the property to be forfeited or its financial effect on the offender, before the court may make a forfeiture order: *R. (Trans Berckx BVBA) v North Avon Magistrates Court*.[194] As David Thomas suggested in his commentary to *R. v Highbury Corner Stipendiary Magistrate*,[195] it may be that if the property is of low value and relatively easily valued by a lay person the sentencer will be entitled to proceed on the basis of their own valuation, based on a view of the object in question, but anything like a car or other vehicle will seemingly require a proper and far more detailed valuation. Certainly, it is not commonplace in the courts to receive valuation evidence in respect of items of relatively limited value like knives, hard drives or phones.

It is for the prosecution to satisfy the court to the criminal standard that an order

---

[188] D. Thomas, "Deprivation of Rights in Property—Money Paid to Offender as Reward for Participation in Offence (Case Comment)" [1990] Crim. L.R. 755–756.
[189] [1998] 2 Cr. App. R.(S.) 288.
[190] [2011] EWCA Crim 826; [2011] 2 Cr. App. R.(S.) 106.
[191] [2012] EWHC 1516 (Admin); [2013] R.T.R. 13 DC.
[192] (1982) 4 Cr. App. R.(S.) 328.
[193] [2017] EWCA Crim 2192; [2018] 1 Cr. App. R.(S.) 35.
[194] [2011] EWHC 2605 (Admin) DC.
[195] (1990–1991) 12 Cr. App. R.(S.) 594. D. Thomas, [1991] Crim. L.R. 317.

is available, and where appropriate this may take the form of a *Newton* hearing: *R. v Wright-Hadley*.[196]

It is always desirable that a judge should make an express finding as to the basis **A4-183**
which a deprivation order is to be made, although if the circumstances are sufficiently clear the judge's failure to do so will not necessarily invalidate the order: *R. v Ranasinghe*.[197]

Whether deprivation is appropriate

Deprivation is a part of the penalty for an offence

A deprivation order under s.152 of the Sentencing Code should be considered as **A4-184**
part of the total penalty imposed for the offence: if the effect of the order, taken together with any other sentences or orders made, is to create an excessive criminal penalty, the deprivation order should not be made: *R. v Highbury Corner Stipendiary Magistrate*;[198] *R. v Priestley*;[199] *R. v Rutherford*.[200] The court must ask itself whether, in respect of a particular offence, forfeiture of property, in conjunction with the other sentences or orders that the court proposes to make, inflicts too great a burden on the defendant and if that defendant has to be sentenced for more than one offence, the court must look at the total effect of the penalties imposed and measure that against the totality of his offending. There is therefore a need for any deprivation order to be proportionate to the seriousness of the offence; deprivation should not be ordered in respect of an item of significant value where the offending is not serious enough to justify it. This may mean that deprivation is justified even where it will have a serious impact on the offender and their family: see *R. v Lee*,[201] where a deprivation order was upheld in respect of a van used in a kidnapping and beating even where the offender was on benefits and it would make finding work harder. It will also mean that whether deprivation is proportionate is dependant not just on the value of the item, but also the seriousness of the offence itself and the broader purposes of punishment: see *R. v Bowser*[202] where a deprivation order in respect of a motorcar worth £23,000 was upheld given the circumstances, including that it was a highly powerful vehicle used at high speeds whilst under the influence of drink and drugs.

Where sentencing multiple offenders it is necessary to ensure that unacceptable disparity of sentencing is not produced by the making of such an order, although this will require careful consideration on the facts given that deprivation may be justified on the basis of differing levels of culpability, such as an offender providing a vehicle for use: *R. v Burgess*.[203]

However, while the offence seriousness will be the most significant determining factor in relation to whether deprivation is justified, the court will want to consider the broader purposes of sentencing, in particular the risk of further offending if deprivation is not ordered. If there is such a risk it is clear from cases such

---

[196] [2022] EWCA Crim 446.
[197] [1999] 2 Cr. App. R.(S.) 366.
[198] (1990–1991) 12 Cr. App. R.(S.) 594.
[199] [1996] 2 Cr. App. R.(S.) 144.
[200] [2021] EWCA Crim 394; [2021] 2 Cr. App. R.(S.) 41.
[201] [2012] EWCA Crim 2658; [2013] 2 Cr. App. R.(S.) 18.
[202] [2022] EWCA Crim 101.
[203] [2001] 2 Cr. App. R.(S.) 2.

as *R. v Connelly*,[204] that the extent of that risk will be a relevant factor. Furthermore, it is suggested that where the goods themselves are unlawful to possess (such as drugs and firearms) the punitive impact of any deprivation should be given limited (if any) weight even if the financial loss resulting is significant.

Deprivation should be ordered only in simple cases

A4-185 Deprivation orders should only be made in cases which are simple and uncomplicated: *R. v Troth*[205]; *R. v Thomas*.[206] Third parties have no right to appear in these proceedings or to appeal against deprivation orders: *O'Leary Internal Ltd v Chief Constable of North Wales*.[207] As with compensation orders, where there are complicated questions to address deprivation should be left to the civil courts.

A4-185a One potential issue that arises with deprivation relates to electronic devices which hold lawful material of value to the defendant (often sentimental). In *R. v Tan (Desmond)*,[208] the court rejected a submission that a deprivation order in respect of a digital device on which indecent images were found should relate only to the unlawful material (that giving rise to conceptual difficulties and requiring the public to bear the cost of complying with the order). However, the court approved a submission that the deprivation order provide a period of time during which relevant lawful material could be extracted from the device to be returned to the defendant (in the instant case by the instruction of an independent expert). In the commentary to that case at CLW/23/45/13 it was suggested the following factors will need to be considered when any such request is made for time to remove lawful data:

"(1) the extent of the lawful data;
(2) the value (economically or sentimentally) of the lawful data;
(3) the ease of separating the lawful from the unlawful material (perhaps easier in the instant case relating to child abuse images than in a drugs or fraud case, where a concern will be giving the offender access again to material that allows them to continue a criminal enterprise);
(4) whether the defence can identify precisely the data sought;
(5) whether the defence are able to pay for an independent expert to identify the data;
(6) whether the police gained full access to the device, or if access is now obtained or granted there could be a need for further investigation; and
(7) the resource implication imposed on the police."[209]

Directions as to the use of deprived property

A4-186 There are powers under ss.156(2), 157(2) and 159(2) to make certain orders as to how property subject to a deprivation order is to be used or to whom it will be provided. In particular, s.159(2) provides a power to order that the proceeds of any property are paid to the victim in lieu of compensation (because compensation is not available due to the limits on the offender's proceeds). It is suggested that in such cases consideration should be given to the general guidance as to whether

---

[204] [2012] EWCA Crim 2049.
[205] (1979) 1 Cr. App. R.(S.) 341.
[206] [2012] EWCA Crim 1159.
[207] [2012] EWHC 1516 (Admin); [2013] R.T.R. 13 DC.
[208] [2023] EWCA Crim 1104; [2024] 1 Cr. App. R. (S.) 2.
[209] CLW/23/45/13.

compensation is appropriate, and the amount of compensation that should be given, detailed in A4-125 and following.

In *R. v Jones*,[210] the Court of Appeal (Criminal Division) noted that a practice had arisen in the Crown Court to make deprivation orders in drug supply cases with a direction that the money be paid to a relevant organisation tasked with combating drug crime or the rehabilitation of offenders for drugs offences. As the court there acknowledged, such an approach is certainly laudable. It is questionable, however, whether this is a power the courts in fact have. It is certainly not a statutory power.

Guidance issued by the Senior Presiding Judge (10 June 2015) recognised the ability of the courts to direct that money forfeited under s.27 of the Misuse of Drugs Act 1971 (see A4-203), and stated that the organisation must be a charity registered with the Charity Commission, the judge must have no substantive connection with the charity and the charity must have indicated its willingness to receive such monies. However, it is submitted that deprivation under the Sentencing Code requires the property to be dealt with under the Police (Property) Act 1897 and therefore the court has no power to make such an order in connection with deprivation.

Return of property to third parties

In *O'Leary Internal Ltd v Chief Constable of North Wales*,[211] it was held that s.157(3)(b) of the Sentencing Code must be read as if it included "or (iii) deprivation would be disproportionate"; it would not be proportionate for a court to have no power to consider the value of the property, the degree of culpability of the owner and the financial effect on the owner of the deprivation of his goods.

A4-187

In *Chief Constable of Merseyside Police v Owens*,[212] it was held that the court may refuse to grant relief and refuse to order the return of property under s.157 if on the facts it could be established that the return of property would indirectly encourage or assist a person in their criminal act.

Deprivation and Destruction of Dogs

Legislation

Dangerous Dogs Act 1991 ss.4 and s.4A

Destruction and disqualification orders.

4.—(1) Where a person is convicted of an offence under section 1 or 3(1) above or of an offence under an order made under section 2 above the court—

    (a) may order the destruction of any dog in respect of which the offence was committed and, subject to subsection (1A) below, shall do so in the case of an offence under section 1 or an aggravated offence under section 3(1) above; and

    (b) may order the offender to be disqualified, for such period as the court thinks fit, for having custody of a dog.

A4-188

(1A) Nothing in subsection (1)(a) above shall require the court to order the destruction of a dog if the court is satisfied—

---

[210] [2017] EWCA Crim 2192; [2018] 1 Cr. App. R.(S.) 35.
[211] [2012] EWHC 1516 (Admin); [2013] R.T.R. 13 DC.
[212] [2012] EWHC 1515 (Admin) DC.

(a) that the dog would not constitute a danger to public safety; and
(b) where the dog was born before 30th November 1991 and is subject to the prohibition in section 1(3) above, that there is a good reason why the dog has not been exempted from that prohibition.

(1B) For the purposes of subsection (1A)(a), when deciding whether a dog would constitute a danger to public safety, the court—
  (a) must consider—
    (i) the temperament of the dog and its past behaviour, and
    (ii) whether the owner of the dog, or the person for the time being in charge of it, is a fit and proper person to be in charge of the dog, and
  (b) may consider any other relevant circumstances.

(2) Where a court makes an order under subsection (1)(a) above for the destruction of a dog owned by a person other than the offender, the owner may appeal to the Crown Court against the order.

(3) A dog shall not be destroyed pursuant to an order under subsection (1)(a) above—
  (a) until the end of the period for giving notice of appeal against the conviction or, against the order; and
  (b) if notice of appeal is given within that period, until the appeal is determined or withdrawn,
unless the offender and, in a case to which subsection (2) above applies, the owner of the dog give notice to the court that made the order that there is to be no appeal.

(4) Where a court makes an order under subsection (1)(a) above it may—
  (a) appoint a person to undertake the destruction of the dog and require any person having custody of it to deliver it up for that purpose; and
  (b) order the offender to pay such sum as the court may determine to be the reasonable expenses of destroying the dog and of keeping it pending its destruction.

(5) Any sum ordered to be paid under subsection (4)(b) above shall be treated for the purposes of enforcement as if it were a fine imposed on conviction.

[(6) and (7) *Relate to disqualification only.*]

(8) Any person who—
  (a) has custody of a dog in contravention of an order under subsection (1)(b) above; or
  (b) fails to comply with a requirement imposed on him under subsection (4)(a) above,
is guilty of an offence and liable on summary conviction to a fine not exceeding level 5 on the standard scale.

[(9) *Modifications for the purposes of Scotland*]

Contingent destruction orders

4A.—(1) Where—
  (a) a person is convicted of an offence under section 1 above or an aggravated offence under section 3(1) above;
  (b) the court does not order the destruction of the dog under section 4(1)(a) above; and
  (c) in the case of an offence under section 1 above, the dog is subject to the prohibition in section 1(3) above.
the court shall order that, unless the dog is exempted from that prohibition within

the requisite period, the dog shall be destroyed.

(2) Where an order is made under subsection (1) above in respect of a dog, and the dog is not exempted from the prohibition in section 1(3) above within the requisite period, the court may extend that period.

(3) Subject to subsection (2) above, the requisite period for the purposes of such an order is the period of two months beginning with the date of the order.

(4) Where a person is convicted of an offence under section 3(1) above, the court may order that, unless the owner of the dog keeps it under proper control, the dog shall be destroyed.

(5) An order under subsection (4) above—
   (a) may specify the measures to be taken for keeping the dog under proper control, whether by muzzling, keeping on a lead, excluding it from specified places or otherwise; and
   (b) if it appears to the court that the dog is a male and would be less dangerous if neutered, may require it to be neutered.

(6) Subsections (2) to (4) of section 4 above shall apply in relation to an order under subsection (1) or (4) above as they apply in relation to an order under subsection (1)(a) of that section.

Guidance

Procedure and evidence

In any case where a destruction order is proposed, the owner of the dog must be given an opportunity to be heard, even where such an order is mandatory: *R. v Trafford Magistrates' Court*.[213]

In the case of mandatory destruction, the burden of proof is on the offender, seeking to displace the assumption of destruction, to prove to the civil standard that the dog would not constitute a danger to public safety: *R. v Davies*.[214]

A4-190

Whether a dog would constitute a danger to public safety

The test

In the case of discretionary destruction, the court will only make a destruction order if, on the material, the court takes the view that a destruction order is necessary because of the danger the dog poses to public safety: *Kelleher v DPP*.[215] Whether a dog is a danger to "public safety" is not restricted to the danger posed by the dog in a public place; the intention of the test is to protect "members of the public" and so the risk by the dog to others in private places will be relevant: *Blake v CPS*.[216]

Whether a dog is a danger to public safety seems to require consideration not only of whether the dog is a danger to other humans, but also whether the dog is a danger to other dogs: see *Russell v CPS*.[217]

A4-191

---

[213] (1996) 160 J.P. 418 DC.
[214] [2010] EWCA Crim 1923.
[215] [2012] EWHC 2978 (Admin); [2013] A.C.D. 21.
[216] [2017] EWHC (Admin) 1608 DC.
[217] [2015] EWHC 2065 (Admin) QBD (Collins J).

Relevant considerations

A4-192 The assessment is an assessment of the future risk of the dog. As held in *R. v Harry*,[218] this requires a consideration of the risk evidenced by the offending behaviour as well as the risk of similar behaviour in the future. It may be that the risk evidenced by the offending behaviour is so significant that destruction is inevitable.

Circumstances relevant to whether the dog would constitute a danger to public safety include the condition of the dog and the circumstances in which it lives: *R. v Donnelly*.[219] Although this may be regarded as particularly unfair on the dog in question, this requires the court to consider the owner's behaviour too (and who the current owner or person for the time being in charge is). It is clear from *R. v Webb*[220] that the court may take into account agreements relating to the future housing, care and control of the dogs when considering whether the dog would pose the necessary danger. Such conditions could include restrictions on the current owner's right to see the dogs or restrictions on who could take the dogs out in public. Expert reports as to the cause of the dog's actions may be relevant; consideration will also need to be given to lay evidence relating to such matters as the dog's character, demeanour and general past behaviour: *R. v Davies*.[221]

In relation to dogs falling under s.1 of the Dangerous Dogs Act 1991 the court has to consider whether the dog retains the dangerous characteristics which are assumed to exist by being a s.1 dog: *Brough v St Helens MBC*.[222]

Contingent destruction orders

Making a contingent order

A4-193 A contingent destruction order (CDO) (sometimes referred to as a suspended destruction order) provides that destruction will occur only if certain conditions are not complied with.

Where a CDO is available the court should always consider it before imposing immediate destruction and, in deciding what order to make, the court must consider all the relevant circumstances (including the dog's history of aggressive behaviour and the owner's history of controlling the dog concerned): *R. v Flack*.[223] The question is whether a CDO would be sufficient to reduce the risk that the dog poses to the public to an acceptable level: *R. (Killeen) v Birmingham Crown Court*.[224] Where a CDO is proposed, and particular conditions are put forward, a court which rejects those conditions must explain why they would not address the danger posed by the dog; this must be a properly reasoned exercise, setting out why the proposal is inadequate or insufficient: *R. v Singh (Navdeep)*.[225]

It is not open to the court to impose a CDO which places on a Chief Constable of police a requirement to rehouse a dog (in the absence of them expressing willingness to take ownership and charge of the dog): *R. (on the application of Chief*

---

[218] [2010] EWCA Crim 673; [2010] 2 Cr. App. R.(S.) 95.
[219] [2007] EWCA Crim 2548.
[220] [2009] EWCA Crim 538.
[221] [2010] EWCA Crim 1923.
[222] [2013] EWHC 4747 (Admin) DC.
[223] [2008] EWCA Crim 204; [2008] 2 Cr. App. R.(S.) 70.
[224] [2018] EWHC 174 (Admin) DC.
[225] [2013] EWCA Crim 2416.

Constable of Avon and Somerset) v Bristol Crown Court.[226] If, however, a change of ownership is mandated by an order (or agreed to), then it seems it may be possible to impose a contingent destruction order allowing a kennel and rehousing centre to rehouse them (albeit such orders will need to be carefully drafted) (see for a slightly old example, *R. v Devon (Natasha)*[227]).

While in the criminal courts the approach is therefore to consider whether contingent destruction should be imposed instead of immediate destruction, in the civil courts (where slightly different statutory provisions apply) a significantly different approach has been taken: in *R. (Golding) v Crown Court at Maidstone*,[228] it was held that contingent destruction will only be available in respect of mandatory destruction where the court has held (without consideration to the possibility of contingent destruction) that the dog does not constitute a danger to public safety. The difference between the approaches, as the court in *Golding* observed, is significant and remains an issue requiring resolution. At present, however, *Flack* remains a binding authority on criminal courts.

In *R. (Housego) v Canterbury Crown Court*,[229] the court held that "otherwise" in s.4A(5) of the 1991 Act provides the court with an open-ended power to suspend a destruction order subject to specific conditions. It is, however, suggested that in all cases the conditions will need to be those concerned with the risk posed by the dog.

A4-194

However, in *R. (Sandhu) v Isleworth Crown Court*,[230] the court seemed to distinguish between cases where the dog in question fell under s.1 (dogs that are of a breed which are considered dangerous per se and therefore unlawful) and those where the dog fell under s.3 (dogs which have been dangerously out of control), holding that as regards s.1 dogs, which were inherently dangerous, the court was restricted to imposing the conditions specifically listed in s.4A(5) as the Scheme of Exemption applied. It is suggested that it is hard to see how this reflects the statutory wording, and is certainly something that needs to be subject to further review.

For the detail of the exemption scheme applicable to dogs that would otherwise fall under section 1(3) and who are made subject to a contingent destruction order, see the Dangerous Dogs Exemption Schemes (England and Wales) Order 2015.[231]

Breach of a contingent order

In Chief Constable of Merseyside Police v Doyle,[232] the court held that:

A4-195

1) if there is an alleged non-compliance with the condition of a CDO that the dog be kept under proper control, the matter may be brought back before the magistrates by complaint;
2) on hearing such a complaint it will be for the magistrates to determine, if there is an issue about it, and to the civil standard of proof, whether there has been non-compliance with the condition that the dog should be kept under proper control;
3) if there has been non-compliance it will be for the magistrates to decide in

---

[226] [2022] EWHC 1770 (Admin); [2022] A.C.D. 123.
[227] [2011] EWCA Crim 1073.
[228] [2019] EWHC 2029 (Admin); [2019] 1 W.L.R. 5939 DC.
[229] [2012] EWHC 255 (Admin) DC.
[230] [2012] EWHC 1658 (Admin) DC.
[231] Dangerous Dogs Exemption Schemes (England and Wales) Order 2015 (SI 2015/138).
[232] [2019] EWHC 2180 (Admin) DC.

all the circumstances existing at the time of the hearing whether the contingent destruction order should be implemented by the making of any necessary orders under s.4(4)(a)–(b) of the 1991 Act or whether it should be varied, suspended or revoked;

4) it is to be borne in mind that the CDO might have been made some time, indeed possibly several years, before the alleged non-compliance. What will be required is for the magistrates to consider whether it should be implemented in the light of the circumstances at the time when such implementation is sought. This is likely to involve consideration of the facts relating to the non-compliance, including the reasons for, and the duration and the nature of, any failure of proper control. It is also likely to involve consideration of the facts as specified in s.4(1A)(a) and thus 4(1B) of the 1991 Act in the circumstances as they exist at that time. These circumstances may be significantly different from those which existed at the time of the making of the original contingent destruction order, which might have been made some time before the non-compliance with the condition of proper control and at a time when the age and physical condition of the dog were significantly different;

5) however, in cases in which there has been a failure of proper control, at least if it is more than trivial, accidental or momentary, and if there has not been any material change of circumstances since the time of the making of the contingent destruction order, then the ordinary position will be that the contingent destruction order should be implemented and the dog destroyed;

6) there is a right of appeal provided for by s.4(2) of the 1991 Act in relation to an order actually implementing the destruction of the dog, just as there was in relation to the original imposition of the contingent destruction order.

The guidance in *Doyle* was considered further in *R. v Fitzgerald (Robert)*,[233] which concluded that even in cases of breach if a further, different, CDO is proposed, a properly reasoned explanation must be given as to which it would not address the danger posed by the dog.

Deprivation and destruction of Animals

Legislation

Animal Welfare Act 2006 ss.33, 37–38 and 41

Deprivation

A4-196 33.—(1) If the person convicted of an offence under any of sections 4, 5, 6(1) and (2), 7, 8 and 9 is the owner of an animal in relation to which the offence was committed, the court by or before which he is convicted may, instead of or in addition to dealing with him in any other way, make an order depriving him of ownership of the animal and for its disposal.

(2) Where the owner of an animal is convicted of an offence under section 34(9) because ownership of the animal is in breach of a disqualification under section 34(2), the court by or before which he is convicted may, instead of or in addi-

---

[233] [2024] EWHC 869 (Admin); [2024] A.C.D. 70.

tion to dealing with him in any other way, make an order depriving him of ownership of the animal and for its disposal.

(3) Where the animal in respect of which an order under subsection (1) or (2) is made has any dependent offspring, the order may include provision depriving the person to whom it relates of ownership of the offspring and for its disposal.

(4) Where a court makes an order under subsection (1) or (2), it may—
- (a) appoint a person to carry out, or arrange for the carrying out of, the order;
- (b) require any person who has possession of an animal to which the order applies to deliver it up to enable the order to be carried out;
- (c) give directions with respect to the carrying out of the order;
- (d) confer additional powers (including power to enter premises where an animal to which the order applies is being kept) for the purpose of, or in connection with, the carrying out of the order;
- (e) order the offender to reimburse the expenses of carrying out the order.

(5) Directions under subsection (4)(c) may—
- (a) specify the manner in which an animal is to be disposed of, or
- (b) delegate the decision about the manner in which an animal is to be disposed of to a person appointed under subsection (4)(a).

(6) Where a court decides not to make an order under subsection (1) or (2) in relation to an offender, it shall—
- (a) give its reasons for the decision in open court, and
- (b) if it is a magistrates' court, cause them to be entered in the register of its proceedings.

(7) Subsection (6) does not apply where the court makes an order under section 34(1) in relation to the offender.

(8) In subsection (1), the reference to an animal in relation to which an offence was committed includes, in the case of an offence under section 8, an animal which took part in an animal fight in relation to which the offence was committed.

(9) In this section, references to disposing of an animal include destroying it.

Destruction in the interests of the animal

37.—(1) The court by or before which a person is convicted of an offence under any of sections 4, 5, 6(1) and (2), 7, 8(1) and (2) and 9 may order the destruction of an animal in relation to which the offence was committed if it is satisfied, on the basis of evidence given by a veterinary surgeon, that it is appropriate to do so in the interests of the animal.

(2) A court may not make an order under subsection (1) unless—
- (a) it has given the owner of the animal an opportunity to be heard, or
- (b) it is satisfied that it is not reasonably practicable to communicate with the owner.

(3) Where a court makes an order under subsection (1), it may—
- (a) appoint a person to carry out, or arrange for the carrying out of, the order;
- (b) require a person who has possession of the animal to deliver it up to enable the order to be carried out;
- (c) give directions with respect to the carrying out of the order (including directions about how the animal is to be dealt with until it is destroyed);
- (d) confer additional powers (including power to enter premises where the animal is being kept) for the purpose of, or in connection with, the carrying out of the order;

(e) order the offender or another person to reimburse the expenses of carrying out the order.

(4) Where a court makes an order under subsection (1), each of the offender and, if different, the owner of the animal may—
   (a) in the case of an order made by a magistrates' court, appeal against the order to the Crown Court;
   (b) in the case of an order made by the Crown Court, appeal against the order to the Court of Appeal.

(5) Subsection (4) does not apply if the court by which the order is made directs that it is appropriate in the interests of the animal that the carrying out of the order should not be delayed.

(6) In subsection (1), the reference to an animal in relation to which an offence was committed includes, in the case of an offence under section 8(1) or (2), an animal which took part in an animal fight in relation to which the offence was committed.

Destruction of animals involved in fighting offences

A4-198   38.—(1) The court by or before which a person is convicted of an offence under section 8(1) or (2) may order the destruction of an animal in relation to which the offence was committed on grounds other than the interests of the animal.

(2) A court may not make an order under subsection (1) unless—
   (a) it has given the owner of the animal an opportunity to be heard, or
   (b) it is satisfied that it is not reasonably practicable to communicate with the owner.

(3) Where a court makes an order under subsection (1), it may—
   (a) appoint a person to carry out, or arrange for the carrying out of, the order;
   (b) require a person who has possession of the animal to deliver it up to enable the order to be carried out;
   (c) give directions with respect to the carrying out of the order (including directions about how the animal is to be dealt with until it is destroyed);
   (d) confer additional powers (including power to enter premises where the animal is being kept) for the purpose of, or in connection with, the carrying out of the order;
   (e) order the offender or another person to reimburse the expenses of carrying out the order.

(4) Where a court makes an order under subsection (1) in relation to an animal which is owned by a person other than the offender, that person may—
   (a) in the case of an order made by a magistrates' court, appeal against the order to the Crown Court;
   (b) in the case of an order made by the Crown Court, appeal against the order to the Court of Appeal.

(5) In subsection (1), the reference to an animal in relation to which the offence was committed includes an animal which took part in an animal fight in relation to which the offence was committed.

Orders under s.33, 35, 37, 38 or 40: pending appeals

A4-199   41.—(1) Nothing may be done under an order under section 33, 35, 37 or 38 with respect to an animal or an order under section 40 unless—
   (a) the period for giving notice of appeal against the order has expired,

(b) the period for giving notice of appeal against the conviction on which the order was made has expired, and
(c) if the order or conviction is the subject of an appeal, the appeal has been determined or withdrawn.

(2) Subsection (1) does not apply to an order under section 37(1) if the order is the subject of a direction under subsection (5) of that section.

(3) Where the effect of an order is suspended under subsection (1) —
(a) no requirement imposed or directions given in connection with the order shall have effect, but
(b) the court may give directions about how any animal to which the order applies is to be dealt with during the suspension.

(4) Directions under subsection (3)(b) may, in particular—
(a) authorise the animal to be taken into possession;
(b) authorise the removal of the animal to a place of safety;
(c) authorise the animal to be cared for either on the premises where it was being kept when it was taken into possession or at some other place;
(d) appoint a person to carry out, or arrange for the carrying out, of the directions;
(e) require any person who has possession of the animal to deliver it up for the purposes of the directions;
(f) confer additional powers (including power to enter premises where the animal is being kept) for the purpose of, or in connection with, the carrying out of the directions;
(g) provide for the recovery of any expenses in relation to removal or care of the animal which are incurred in carrying out the directions.

(5) Any expenses a person is directed to pay under subsection (4)(g) shall be recoverable summarily as a civil debt.

(6) Where the effect of an order under section 33 is suspended under subsection (1) the person to whom the order relates may not sell or part with any animal to which the order applies.

(7) Failure to comply with subsection (6) is an offence.

Guidance

There are no reported cases on the exercise of the powers to order deprivation and destruction under the Animal Welfare Act 2006. It is suggested that reference should be had to the general guidance on the imposition of deprivation under the Sentencing Code (see A4-182) and the guidance on the destruction of dogs under the Dangerous Dogs Act 1991 (see A4-188).

A4-200

Forfeiture of Obscene Publications

Legislation

Obscene Publications Act 1964 s.1(4)

Section 1(4) of the Obscene Publications Act 1964 makes it mandatory to order the forfeiture of items seized under s.3 of the Obscene Publications Act 1959 where an offender has been convicted of an offence under s.2 of having them for publica-

A4-201

[367]

tion for gain. Such orders shall not take effect until the expiry of the ordinary time for appeal (or the conclusion of any appeal if begun).

Guidance

A4-202   There is no discretion under s.1(4) of the 1964 Act not to order forfeiture of any articles seized under s.3. Accordingly, where a computer is seized forfeiture will be required, but there will still be a need to ensure that the total sentence imposed is proportionate to the seriousness of the offence, which may require modification of any other punitive order the court proposes to impose.

In an exceptional case it is arguable that s.3 of the Human Rights Act 1998, read with art.1 of Protocol 1 to the ECHR (right to property), would require the court to read s.1(4) such that only the hard drive of the computer was forfeited. This situation may in particular arise where the loss of the computer has significant negative effects for the offender, and where the number or seriousness of the obscene articles possessed was very low. See also A4-185a as to the potential for granting time to allow legitimate material to be removed from the device.

Forfeiture of Hate Material

Legislation

A4-203   Section 25 of the Public Order Act 1986 provides that where a person is convicted of an offence under s.18 of that Act relating to the display of written material, or an offence under ss.19, 21 or 23, the court must order the forfeiture of any written material or recording produced to the court and shown to its satisfaction to be written material or a recording to which the offence relates. The forfeiture will not take effect until the expiry of any pending appeal or the ordinary time to appeal.

Section 29I of the Public Order Act 1986 provides that where a person is convicted of an offence under s.29B of that Act relating to the display of written material, or an offence under ss.29C, 29E or 29G, the court must order the forfeiture of any written material or recording produced to the court and shown to its satisfaction to be written material or a recording to which the offence relates. The forfeiture will not take effect until the expiry of any pending appeal or the ordinary time to appeal.

Guidance

Availability

A4-204   The duty (and power) to order forfeiture under ss.25 and 29I of the Public Order Act 1986 relates to written or recorded material only. Accordingly, where an electronic device containing such recorded material is seized, forfeiture should be limited only to that necessary to ensure that the recorded material is removed from the device.

There is no discretion regarding the order of forfeiture in relation to the relevant written or recorded material; it is mandatory. In all cases where forfeiture is required there will still be a need to ensure that the total sentence imposed is proportionate to the seriousness of the offence, although the limited level of forfeiture that can be imposed under these sections is likely to mean that the level of punishment will not be significantly altered by forfeiture.

Forfeiture of Drugs and Related Property

Legislation

Misuse of Drugs Act 1971 s.27

Forfeiture

A4-205

27.—(1) Subject to subsection (2) below, the court by or before which a person is convicted of an offence under this Act or an offence falling within subsection (3) below [*or certain Scottish and Northern Irish offences* may order anything shown to the satisfaction of the court to relate to the offence, to be forfeited and either destroyed or dealt with in such other manner as the court may order.

(2) The court shall not order anything to be forfeited under this section, where a person claiming to be the owner of or otherwise interested in it applies to be heard by the court, unless an opportunity has been given to him to show cause why the order should not be made.

(3) An offence falls within this subsection if it is an offence which is specified in—
   (a) paragraph 1 of Schedule 2 to the Proceeds of Crime Act 2002 (drug trafficking offences), or
   (b) so far as it relates to that paragraph, paragraph 10 of that Schedule.

Proceeds of Crime Act 2002 Sch.2 paras 1 and 10

Drug trafficking

A4-206

1.—(1) An offence under any of the following provisions of the Misuse of Drugs Act 1971—
   (a) section 4(2) or (3) (unlawful production or supply of controlled drugs);
   (b) section 5(3) (possession of controlled drug with intent to supply);
   (c) section 8 (permitting certain activities relating to controlled drugs);
   (d) section 20 (assisting in or inducing the commission outside the UK of an offence punishable under a corresponding law).

(2) An offence under any of the following provisions of the Customs and Excise Management Act 1979 if it is committed in connection with a prohibition or restriction on importation or exportation which has effect by virtue of section 3 of the Misuse of Drugs Act 1971—
   (a) section 50(2) or (3) (improper importation of goods);
   (b) section 68(2) (exploration of prohibited or restricted goods);
   (c) section 170 (fraudulent evasion).

(3) An offence under either of the following provisions of the Criminal Justice (International Co-operation) Act 1990—
   (a) section 12 (manufacture or supply of a substance for the time being specified in Schedule 2 to that Act);
   (b) section 19 (using a ship for illicit traffic in controlled drugs).

Inchoate offences

A4-207

10.—(1) An offence of attempting, conspiring or inciting the commission of an offence specified in this Schedule.

(1A) An offence under section 44 of the Serious Crime Act 2007 of doing an act capable of encouraging or assisting the commission of an offence specified in this Schedule.

(2) An offence of aiding, abetting, counselling or procuring the commission of such an offence.

Guidance

Availability

A4-208 The power under s.27 of the Misuse of Drugs Act 1971 (the 1971 Act) is available only in respect of offences expressly listed within that section; where there is no reference to inchoate offences (such as conspiracy or attempt), no power of forfeiture is available under that section: *R. v Cuthbertson; R. v Todd; R. v McCoy*.[234] The offences are those under the 1971 Act or a "drug trafficking offence" as defined by Sch.2 to the Proceeds of Crime Act 2002.

Orders should not be made except in simple uncomplicated cases: *R. v Troth*.[235]

Scope of the order

A4-209 The court may order the forfeiture of drugs or any property shown to the satisfaction of the court to relate to the offence: s.27 of the 1971 Act. The defendant is entitled to give evidence to establish that property is not related to the offence: *R. v Churcher*.[236] The order may be used to forfeit items such as presses, scales, grinders and other items used in the possession and supply of drugs, as well as cash.

Purposes of the order

A4-210 Deprivation under this section can serve a dual function of punishment and the removal from circulation of items used to commit an offence: *Highbury Corner Magistrates' Court Ex p. Di Matteo*.[237] A deprivation order is to be considered as part of the overall penalty: *R. v Buddo*.[238] Accordingly, it may be necessary to reduce other punitive elements of the sentence where a deprivation order is imposed to ensure the punishment is not disproportionate: *R. v De Jesus*.[239]

Property

A4-211 The item to be forfeited must be tangible property (which includes cash) which relates to the relevant offence; accordingly, the court must be satisfied that the property stems from (or was otherwise related to) the particular offending (that it relates to other offending is insufficient): *R. v Cuthbertson; R. v Todd; R. v McCoy*[240] and *R. v Simms*.[241] Forfeiture under s.27 is not available in respect of a house: *R. v Pearce*.[242] An order for forfeiture may not be made on the basis that the property is the proceeds of offences of which the defendant has not been convicted, or on the basis that the property is intended to be used to facilitate the commission of future offences: *R. v Ribeyre*.[243]

Where a third party claims to be the owner of the property in question, or

---

[234] (1980) 71 Cr. App. R. 148.
[235] (1979) 1 Cr. App. R.(S.) 341.
[236] (1986) 8 Cr. App. R.(S.) 94.
[237] [1991] 1 W.L.R. 1374.
[238] (1982) 4 Cr. App. R.(S.) 268.
[239] [2015] EWCA Crim 1118; [2015] 2 Cr. App. R.(S.) 44.
[240] (1980) 71 Cr. App. R. 148.
[241] (1987) 9 Cr. App. R.(S.) 417.
[242] (1996) 2 Cr. App. R.(S.) 316.
[243] (1982) 4 Cr. App. R.(S.) 165.

otherwise have an interest in it, they must be given the opportunity to show why the forfeiture order should not be made: s.27(2) of the 1971 Act.

Property forfeited under the 1971 Act

Guidance issued by the Senior Presiding Judge (10 June 2015) recognised the ability of the courts to direct that money forfeited under the Misuse of Drugs Act 1971 s.27 power, and stated that the organisation must be a charity registered with the Charity Commission, the judge must have no substantive connection with the charity and the charity must have indicated its willingness to receive such monies. **A4-212**

Further guidance

For guidance on the imposition of forfeiture orders under this section, see A4-182, which provides guidance on forfeiture under the Sentencing Code but applies equally to forfeiture under this section. **A4-213**

Further Forfeiture Powers

Sentencing Act 2020 s.160

Orders for forfeiture etc under other Acts

160.—(1) For circumstances in which the court may be required to order forfeiture of certain material, see— **A4-214**

Function of making order	Description of order
section 4A(1) of the Dangerous Dogs Act 1991	certain offences under that Act: contingent order for destruction of dog
sections 25 or 29I of the Public Order Act 1986	forfeiture of written material or recordings to which certain offences under Part 3 or 3A of that Act apply (racial or religious hatred or hatred on grounds of sexual orientation)
section 1(4) of the Obscene Publications Act 1964	forfeiture of articles seized under section 3 of the Obscene Publications Act 1959 where person convicted under section 2 of that Act.

(2) For provision about other forfeiture orders and deprivation orders etc that are available to courts dealing with offenders for particular offences, see—

Power to make order	Description of order
section 18 of the Cultural Property (Armed Conflicts) Act 2017	offence under section 17 of that Act: forfeiture of unlawfully exported property
section 11 of the Modern Slavery Act 2015	forfeiture of vehicle, ship or aircraft on conviction of offence under section 2 of that Act (human trafficking)
sections 7 and 11A of the Terrorism Act 2006	forfeiture of certain things in offender's possession for purposes of offence under—

Power to make order	Description of order
	(a) section 6 of that Act (training for terrorism), or (b) section 9 or 10 of that Act (misuse of or threats connected with radioactive device or material)
sections 33, 35, 37, 38 and 40 of the Animal Welfare Act 2006	deprivation and destruction of animals and equipment on conviction of certain offences under that Act
section 23 of the Terrorism Act 2000	forfeiture of money and property on conviction of certain offences under that Act (terrorist property offences)
section 23A of the Terrorism Act 2000	forfeiture of money and property on conviction of— (a) certain offences under that Act or the Terrorism Act 2006, or (b) offences which have a terrorist connection
section 120A of the Terrorism Act 2000	supplementary power to forfeit items on conviction of certain offences under that Act (weapons training and possessing things and collecting information for the purposes of terrorism)
section 6 of the Knives Act 1997	offences under sections 1 and 2 of that Act: forfeiture of knives and publications
sections 4 and 4A(4) of the Dangerous Dogs Act 1991	order for destruction of dog, or contingent destruction order, on conviction of certain offences under that Act
section 33C of the Environmental Protection Act 1990	deprivation of rights in vehicle used for certain offences under— (a) section 33 of that Act, or (b) the Environmental Permitting Regulations consisting of the disposal or deposit of waste
section 6 of the Crossbows Act 1987	offence under that Act: forfeiture or disposal of crossbow or any part
section 7 of the Forgery and Counterfeiting Act 1981	order for forfeiture of objects relating to offences under Part 1 of that Act (forgery and kindred offences)
section 24(3) of the Forgery and Counterfeiting Act 1981	forfeiture of anything related to an offence under section 19 of that Act (reproducing British currency notes or making imitation British coins)
section 42(3) of the Health and Safety at Work etc Act 1974	offence under relevant statutory provisions (within the meaning of that Act): forfeiture of explosive article or substance
section 25C of the Immigration Act 1971	forfeiture of ship, vehicle or aircraft connected with offence under section 25, 25A or 25B of that Act (assisting unlawful immigration to member State or entry to the UK in certain circumstances)
section 27 of the Misuse of Drugs Act 1971	forfeiture order in case of certain offences under— (a) that Act, or

Power to make order	Description of order
	(b) certain provisions of the Proceeds of Crime Act 2002
section 52 of the Firearms Act 1968	forfeiture and disposal of firearm in certain cases including— (a) offences under that Act, (b) offence for which custodial sentence is imposed, (c) certain offences under the Violent Crime Reduction Act 2006, and (d) other circumstances where conditions are imposed on offender with respect to firearms
section 3 of the Children and Young Persons (Harmful Publications) Act 1955	forfeiture of copies of work to which the Act applies and other articles on conviction under section 2 of that Act
section 1(2) of the Prevention of Crime Act 1953	offence under section 1(1) of that Act (carrying offensive weapon without reasonable excuse or lawful authority)
section 3 of the Incitement to Disaffection Act 1934	power to order destruction etc of documents connected with offence under that Act.

(3) Nothing in this section is to be taken to affect—
    (a) the power of a court to make an order under this Chapter;
    (b) any function of a court of making an order mentioned in the table in subsection (1) or (2); or
    (c) any other power or duty of a court to make an order for the forfeiture or destruction of any material.

As explained by the Law Commission in its report on the Sentencing Code, the table in s.160 is not exhaustive but attempts to summarise all forfeiture powers available on conviction. It does not include powers of forfeiture only available on civil application (such as s.97 of the Trade Marks Act 1994).[244] **A4-215**

DISQUALIFICATION ORDERS

Introduction

Disqualification orders prohibit the offender from engaging in certain activities. **A4-216** Principally disqualification orders relate to disqualification from driving, but orders are also available to disqualify offenders from acting as company directors, or from owning or keeping certain animals.

Disqualification broadly serves two purposes, acting both as a punishment for the offender (by restricting their autonomy) and as protection for the public (by preventing an offender from engaging in behaviour for which they have been deemed unsuitable). Disqualification orders are, in all but exceptional cases, time-limited.

---

[244] Law Commission, *The Sentencing Code—Volume 1: Report* (November 2018) Law Com No.382 paras 8.51–8.56.

As they restrict a person's autonomy, albeit in a regulated sphere, there is a need for disqualification to be proportionate to the offence, and generally for there to be a risk relating to the offender's participation in the activity such that disqualification is merited.

Disqualification tends to be conceived of as an ancillary or secondary sentencing disposal and is frequently imposed alongside other more punitive orders such as imprisonment. However, all forms of disqualification imposable on conviction are able to be imposed without the imposition of any other penalty. This includes driving disqualification; disqualification in relation to animals; disqualification in relation to dogs; and company director disqualification.

Driving Disqualification

Introduction

A4-217   Powers to order disqualification from driving are available under the Road Traffic Offenders Act 1988 and the Sentencing Code. The Road Traffic Offenders Act 1988 imposes a duty on the courts to order disqualification for certain road traffic offences listed in Sch.2 to that Act, and in certain cases involving repeat road traffic offences, and allows for discretionary disqualification orders for certain listed road traffic offences. The Sentencing Code provides a more general power to order driving disqualification in respect of any offence committed on or after 1 January 1998 and in respect of certain offences where the vehicle was used in the commission of the crime. Driving disqualification orders last for a period specified by the court and may include requirements that an offender pass an extended retest before being allowed to drive again.

General Guidance

Duty to warn counsel

A4-218   Where the court is considering imposing a driving disqualification order the judge should indicate that to counsel and invite submissions, so that counsel can draw the attention of the court to relevant considerations which might make that course inappropriate: *R. v Lake*[245] and *R. v Docherty and Davis*.[246]

Effect of disqualification

A4-219   Driving disqualification orders take effect immediately; there is no power to impose consecutive orders or to postpone them: *R. v Holmes*.[247] Accordingly, the Sentencing Council's guidelines suggest it is generally desirable for the court to impose a single disqualification order that reflects all of the offending (and the offender's future risk).

---

[245] (1986) 8 Cr. App. R.(S.) 69.
[246] [2011] EWCA Crim 1591; [2012] 1 Cr. App. R.(S.) 48.
[247] [2018] EWCA Crim 131.

Length of disqualification

Purpose of disqualification

Traditionally it was considered that the main purpose of disqualification is forward-looking and preventative rather than backward-looking and punitive: *R. v Crew*.[248] This was recently re-stated in *R. v Parkin*,[249] where the court said "the primary purpose of disqualification from driving is to prevent a repetition of the danger which led to the offence." However, although driving disqualification has a public protection purpose it can also constitute a punishment and deterrent: *R. v Backhouse*.[250] In all circumstances it must be recognised that disqualification is an important element of the overall punishment for the offence and that its punitive effect is part of its function: *R. v Acton*.[251] Accordingly, it would be a mistake to consider that disqualification is imposed solely for public protection, and this will be particularly so in relation to disqualification under s.163 of the Sentencing Code, where there is no requirement that the offences were connected with a motor vehicle, and under which disqualification may be imposed for purely punitive purposes: *R. v Griffin*.[252] However, to contrary effect, the court in *R. v Parkin*[253] stated "... disqualification is not intended as a further punishment." Perhaps the way to reconcile that comment in *Parkin* with the decisions in *Griffin*, *Acton* and *Backhouse* (which it is to be noted represent the accepted position) is to read *Parkin* as referring to the primary purpose of disqualification, but recognising that it can have a punitive effect and therefore it should be factored into the assessment of the overall sentence imposed.

A4-220

Relevant considerations

Need to determine the aim Disqualification should not be for a period which is longer than necessary: *R. v Backhouse*.[254] In considering whether a proposed disqualification order is necessary and proportionate it is suggested that consideration must first be given to the purposes of disqualification the sentencer intends to engage: whether the purpose is public protection, punishment or both.

A4-221

Imposing disqualification for preventative reasons When disqualification is imposed for preventative reasons, it is suggested that the length of any disqualification order will principally be determined by reference to the future risk posed by the offender's driving. Although this is an assessment of the future risk posed by the offender, it will often be helpful to consider the offender's culpability in relation to any previous driving in assessing the risk posed by the offender (as well as the risk of harm posed by it): see, *R. v Crew*.[255] It will also be desirable to have reference to the offender's previous driving record and, as the court held in *R. v Crew*,[256] a previous unblemished driving record is clearly an important factor. Considera-

A4-222

---

[248] [2009] EWCA Crim 2851; [2010] 2 Cr. App. R.(S.) 23.
[249] [2020] EWCA Crim 614; [2020] 2 Cr. App. R. (S.) 44.
[250] [2010] EWCA Crim 1111.
[251] [2018] EWCA Crim 2410.
[252] [2019] EWCA Crim 563; [2019] 2 Cr. App. R.(S.) 32.
[253] [2020] EWCA Crim 614; [2020] 2 Cr. App. R. (S.) 44.
[254] [2010] EWCA Crim 1111.
[255] [2009] EWCA Crim 2851; [2010] 2 Cr. App. R.(S.) 23.
[256] [2009] EWCA Crim 2851; [2010] 2 Cr. App. R.(S.) 23.

tion of the risk posed by the offender is not limited to cases where the conviction is itself for dangerous or careless driving: *R. v Ketteridge*.[257]

Sentencers will need to strike a balance between the need to ensure public safety, and the punitive effects of driving disqualification on an offender, in particular in relation to employment or employment prospects: *R. v Backhouse*[258]; *R. v Mohammed*.[259] This applies even in relation to offenders who have shown little enthusiasm for employment prior to the offending: *R. v Docherty and Davis*.[260] In all cases, careful consideration will need to be given to the facts of the case itself, as illustrated by *R. v Sertvytis*,[261] where it was held that the effect on employment or employment prospects of a driving disqualification order imposed on a professional heavy goods driver based in Germany was in reality minimal, because while the disqualification would prevent him from driving and earning his living in the UK, it would not apply to driving in mainland Europe.

Moreover, it should be remembered that the punitive effects of disqualification are not solely employment-related; disqualification can, for example, restrict the offender's ability to provide care or support for dependents, or to engage in a meaningful private and family life. Additionally, in relation to offenders who live in areas poorly connected by transportation links it could make it far harder for them to access basic amenities, such as food and healthcare, which may be disproportionate and counter-productive.

A4-223 There will, however, be cases where the risk is such that it clearly outweighs the punitive impacts on the offender: see *R. v Mohammed*,[262] where the court held the offender should not be on the road for many years and the public should not take the risk of his maturing process. The court came to a similar conclusion in *R. v Beduh-Yeboah (Michael)*,[263] whereby the court upheld a disqualification of 20 years.

A4-224 **Imposing disqualification for punitive reasons** Where disqualification is being imposed for punitive reasons, there will be a need to take into account totality and to ask whether the entire sentence is proportionate to the seriousness of the offence: *R. v Docherty and Davis*.[264] This will, as with preventative orders, require consideration of the punitive impacts of the sentence, and whether those punitive impacts (such as the impacts on employment or the offender's personal life) are proportionate with the seriousness of the offence.

A4-225 **Relationship with custodial sentences** In a large number of older cases it was held that disqualification should be broadly commensurate with the length of any custodial sentence imposed: see, for example, *R. v Bowling*.[265] However, since the introduction of statutory provisions dealing with the extension of disqualification periods for custodial sentences in 2015 (see ss.35A–35B of the Road Traffic Offenders Act 1988 and ss.166–167 of the Sentencing Code), it is clear that the period of disqualification should be calculated (initially) without reference to the length of the custodial sentence imposed. The relevance of these cases would now seem

---

[257] [2014] EWCA Crim 1962; [2015] 1 Cr. App. R.(S.) 11.
[258] [2010] EWCA Crim 1111.
[259] [2016] EWCA Crim 1380.
[260] [2011] EWCA Crim 1591; [2012] 1 Cr. App. R.(S.) 48.
[261] [2017] EWCA Crim 2246.
[262] [2016] EWCA Crim 1380.
[263] [2024] EWCA Crim 335.
[264] [2011] EWCA Crim 1591; [2012] 1 Cr. App. R.(S.) 48.
[265] [2008] EWCA Crim 1148; [2009] 1 Cr. App. R.(S.) 23.

to be limited to the identification of reasons why long periods of disqualification after release would not be desirable; see A4-224.

The key issue now when imposing custodial sentences alongside driving disqualification will be ensuring that totality has properly been accounted for, and that the sentence imposed is commensurate with the seriousness of the offending. The length of the disqualification, as a forward-looking exercise in so far as the protection of the public was concerned, is not, however, dependent upon the bracket in the guideline into which the judge places the offence: *R. v Austin*.[266]

For guidance on the applications of ss.35A–35B of the Road Traffic Offenders Act 1988 and ss.166–167 of the Sentencing Code, see A4-227.

Bans for substantial periods

There is no limit on the maximum length of a driving disqualification order and, in very rare cases, even orders of disqualification for life have been upheld: see *R. v Buckley*.[267] In *R. v King*,[268] it was, however, held that in the absence of psychiatric evidence that an offender will indefinitely be a danger to the public if allowed to drive, or evidence of many previous convictions indicating that an offender will indefinitely be a danger to the public if they are allowed to drive, it is inappropriate to impose a disqualification from driving for the rest of the offender's life. It seems orders of driving disqualification for life will therefore be justifiable only exceptionally, particularly noting the need for disqualification not to be for a period that is longer than necessary. It is submitted that there are two categories of case to which this might apply: (1) the older offender who, through the effects of age or other illness, will not be able to correct their behaviour such that it is safe for them to drive on the public highway; and (2) cases of repeated bad driving where an offender appears unwilling to change their behaviour.

A4-226

In this regard, the courts have frequently discouraged long periods of disqualification because they may well be counter-productive and therefore not in the public interest: see *R. v Collins*.[269] A ban for a substantial period after release can be counter-productive, particularly if it is imposed on an offender who is "obsessed" with cars or who requires a driving licence to earn his or her living because it may tempt the offender to drive while disqualified or inhibit the offender from obtaining employment which may permit the offender to live a more law-abiding life: *R. v Cooksley*[270] and *R. v Ziad*.[271] Given the punitive impacts on an offender, it is suggested that courts should consider carefully in all cases whether substantial periods of disqualification are justifiable or proportionate, particularly when imposing other punitive sentences.

---

[266] [2020] EWCA Crim 1269; [2021] R.T.R. 21.
[267] (1994) 15 Cr. App. R.(S.) 695.
[268] (1992) 13 Cr. App. R.(S.) 668.
[269] [2010] EWCA Crim 1342; [2011] 1 Cr. App. R.(S.) 35.
[270] [2003] EWCA Crim 996; [2004] 1 Cr. App. R.(S.) 1.
[271] [2011] EWCA Crim 209.

Specific guidance as to length

A4-227 Where mandatory minimum periods of disqualification apply those periods are not "starting points"—they are simply minimums: *R. v Morrison*.[272] There are no Sentencing Council guidelines on what would constitute an "ordinary" length of driving disqualification. Reference can be made to previous cases but such cases are fact-specific and will provide only an illustration of a term of driving disqualification that was held to be (or not to be) manifestly excessive on the facts. Particular care must be taken in relying on previous cases as illustrations of the appropriate length of a disqualification order where other punitive sentences are also imposed, and where a custodial sentence was imposed prior to 13 April 2015 (and accordingly the extension provisions in ss.35A–35B of the Road Traffic Offenders Act 1988 and ss.166–167 of the Sentencing Code did not apply).

In *R. v Cooksley*,[273] the Court of Appeal (Criminal Division), having received advice from the Sentencing Advisory Panel, endorsed the following guidance:

> "Shorter bans of two years or so will be appropriate where the offender had a good driving record before the offence and where the offence resulted from a momentary error of judgment. Longer bans, between three and five years, will be appropriate where, having regard to the circumstances of the offence and the offender's record, it is clear that the offender tends to disregard the rules of the road, or to drive carelessly or inappropriately. Bans between five and ten years may be used where the offence itself, and the offender's record, show that he represents a real and continuing danger to other road users."

First, it is clear that these figures were designed only for preventative disqualification orders, not punitive ones. Secondly, it is submitted that given the further guidance in this case in relation to the sentencing of driving offences has been overtaken by the guideline issued by the Sentencing Guidelines Council, great care should be taken before relying on this guidance and the figures contained therein. However, it is suggested that this guidance continues to be of use in identifying three broad bands of risk and helping a court to assess whether the length of disqualification is broadly commensurate to that. The proposed levels of disqualification contained in the guidance do though continue to be cited with approval by the court: see, *R. v Abukhrais*.[274]

There is no general rule that a period of disqualification of more than 12 months with an extended test is merited only in cases in which the court is satisfied that the offender poses and will continue to pose a "significant" risk to members of the public would not be accepted. Risk is always a factor to consider, but it must also not be forgotten that there is also a punitive element to any disqualification order and the appropriate length of disqualification period will thus always depend on the individual facts of each case. There is little to be gained by cross-referencing with the outcome on the facts of other cases: *R. v Treadwell (Thomas Peter)*.[275]

Time spent on remand

A4-227a As driving disqualification takes effect from the day it is imposed, a particular issue that can arise is taking into account time on remand. As held in *R. v Grant*

---

[272] [2021] EWCA Crim 917; [2022] 1 Cr. App. R. (S.) 20.
[273] [2003] EWCA Crim 996; [2004] 1 Cr. App. R.(S.) 1.
[274] [2020] EWCA Crim 1305.
[275] [2022] EWCA Crim 1513; [2023] 4 W.L.R. 70.

(Calvin James),[276] it is open to the court to avoid the injustice arising from a period of remand by reducing a discretionary disqualification period, but there can be no question of a minimum period being reduced to take account of time spent on remand. This will be unnecessary if interim disqualification is imposed as identified in Needham at [38] and will require the period of remand to otherwise render disqualification disproportionate. The court in Grant confirmed that it is open to the court to take a "broad brush" approach to the question of any appropriate adjustment.

Giving reasons

The court should give brief reasons for any discretionary disqualification: *R. v Needham*.[277] Similarly, under r.28.1(c) of the Criminal Procedure Rules 2020[278] where driving disqualification is available and the court does not order the defendant's disqualification from driving for the usual minimum period (see s.34 of the Road Traffic Offenders Act 1988 discussed below), or at all, the court must give reasons for that decision. **A4-228**

Disqualification combined with custodial orders

General approach

Sections 35A and 35B of the Road Traffic Offenders Act 1988 and ss.166–167 of the Sentencing Code both provide for the extension of driving disqualification orders under their respective Acts when an offender is also subject to a custodial sentence. The two provisions operate in the exact same manner, except that ss.35A–35B of the 1988 Act do not apply in relation to offences committed wholly or partly before 13 April 2015: para.29 of Sch.22 to the Coroners and Justice Act 2009 and Coroners and Justice Act 2009 (Commencement No.17) Order 2015 art.2.[279] This restriction does not apply to ss.166–167 of the Sentencing Code by virtue of the effect of s.1 of the Sentencing (Pre-consolidation Amendments) Act 2020. Amendments were made by the Police, Crime, Sentencing and Courts Act 2022 to the length of the extension periods in respect of certain cases to which ss.244ZA and 247A of the Criminal Justice Act 2003 applied; by virtue of s.141 of the 2022 Act the effect of these amendments were—unusually—applied retrospectively to existing driving disqualification extensions. **A4-229**

Language Some of the language has caused confusion when courts and practitioners have sought to apply these provisions. There are three key concepts of which it is necessary to be aware: **A4-230**

1) "discretionary period": that is the period of discretionary disqualification under the 1988 Act or the Sentencing Code;
2) "extension period": that is the period required to be added to the discretionary period to account for the period to be spent in custody as a result of the custodial sentence(s) imposed;
3) "uplift" is the manual increase in order to account for a situation where you

---

[276] [2023] EWCA Crim 1414; [2024] 1 Cr. App. R. (S.) 40.
[277] [2016] EWCA Crim 455; [2016] 2 Cr. App. R.(S.) 26.
[278] Criminal Procedure Rules 2020 (SI 2020/759).
[279] Coroners and Justice Act 2009 (Commencement No.17) Order 2015 (SI 2015/819).

disqualify for one offence but impose custody on another, where that sentence is longer than or consecutive with the sentence imposed on the first offence.

The operation of these provisions is often missed or incorrectly applied, and should be given careful consideration by the sentencing court. Additionally, it is submitted that at a sentencing hearing where these provisions are applicable, a court would be wise to ask for counsel's assistance (or at least their agreement) as to the proper application of the provisions once the discretionary period has been imposed.

A4-231 **Policy** Guidance on their operation was provided in *R. v Needham*.[280] The purpose of the legislation is to prevent offenders who have been disqualified from driving and had a custodial sentence imposed at the same time serving all or part of their disqualification while in custody. Parliament's clear intention is that periods of disqualification should be served by an offender while they are at liberty in the community.

The appropriate extension period for the purposes of s.35A of the 1988 Act or s.166 of the Sentencing Code is determined by reference to the type of sentence imposed. The reference to "half the custodial term imposed" is to be read as referring only to the custodial term imposed for those motoring-related matters that attracted both a sentence of custody and a disqualification, rather than to the global custodial term (i.e. the total term imposed for the motoring-related matter(s) and any non-motoring-related matter(s)).

Section 35B of the 1988 Act and s.167 of the Sentencing Code cater for the cases where the court proposes to impose a custodial sentence for another offence; or at the time of sentencing for the offence, a previously imposed custodial sentence has not expired. Accordingly, a number of situations might arise:

1) where the court is dealing only with offences attracting both a custodial sentence and disqualification, only s.35A of the 1988 Act or s.166 of the Sentencing Code applies;
2) where an order of disqualification is made and no custodial sentence is imposed for that offence but at the same time a custodial sentence is imposed for another offence, or the offender is already serving a previously imposed custodial sentence, s.35B of the 1988 Act or s.167 of the Sentencing Code applies and s.35A of the 1988 Act or s.166 of the Sentencing Code does not;
3) where the court proposes to impose disqualification and a custodial sentence for one offence, and either: (i) to impose a custodial sentence for another offence; or (ii) the offender is already serving another previously imposed custodial sentence, both ss.35A and 35B of the 1988 Act or ss.166 and 167 of the Sentencing Code (as the case may be) apply.

Checklist

A4-232 The court in *R. v Needham*,[281] provided the following checklist to applying the provisions:

---

[280] [2016] EWCA Crim 455; [2016] 2 Cr. App. R.(S.) 26.
[281] [2016] EWCA Crim 455; [2016] 2 Cr. App. R.(S.) 26.

Step 1—does the court intend to impose a "discretionary" disqualification under ss.35A and 35B of the Road Traffic Offenders Act 1988 or ss.163 or 164 of the Sentencing Code for any offence?	Yes—go to Step 2.
Step 2—does the court intend to impose a custodial term for that same offence?	Yes—s.35A of the 1988 Act or s.166 of the Sentencing Code applies and the court must impose an extension period.
Go to Step 3.	No—neither s.35A of the 1988 Act or s.166 of the Sentencing Code applies at all. Go on to consider s.35B of the 1988 Act or s.167 of the Sentencing Code. Go to Step 4.
Step 3—does the court intend to impose a custodial term for another offence (which is longer or consecutive) or is the defendant already serving a custodial sentence?	Yes—then consider what increase ("uplift") in the period of "discretionary disqualification" is required to comply with s.35B(2)–(3) of the 1988 Act or s.167(2) of the Sentencing Code. In accordance with s35B(4) of the 1988 Act and s.167(2) of the Sentencing Code ignore any custodial term imposed for an offence involving disqualification under s.35A of the 1988 Act or s.166 of the Sentencing Code. *Discretionary period + extension period + uplift = total period of disqualification.*
	No—no need to consider s.167 at all. *Discretionary period + extension period = total period of disqualification.*
Step 4—does the court intend to impose a custodial term for another offence or is the defendant already serving a custodial sentence?	Yes—then consider what increase ("uplift") in the period of "discretionary disqualification" is required to comply with s.35B(2) and (3) of the 1988 Act or s.167(2) of the Sentencing Code. *Discretionary period + uplift = total period of disqualification.*

Effect of time spent on remand

In R. v Needham,[282] it was held that if the time spent on remand would lead to a disproportionate result in terms of the period of disqualification, then the court has power in fixing the discretionary element to adjust that period to take account of time spent on remand. This would not be a precise arithmetical calculation and a broad brush approach should be taken. The scope for such adjustment would only arise: (a) if there had been no interim disqualification; (b) if the period of remand was of such a nature that the term of disqualification would otherwise be

A4-233

---

[282] [2016] EWCA Crim 455; [2016] 2 Cr. App. R.(S.) 26.

disproportionate; and (c) if it would not reduce the discretionary term below the obligatory statutory minimum period of disqualification.

Need to give reasons

A4-234   When sentencing under s.35A of the 1988 Act or s.166 of the Sentencing Code the judge should state the total period of disqualification but break that period down into the discretionary and extension periods as well as giving brief reasons for the length of the discretionary disqualification. When sentencing under s.35B of the 1988 Act or s.167 of the Sentencing Code, the court should state the total period of disqualification imposed but then explain how the legislative steer of this section has been taken into account by indicating what the period of disqualification would have been but for s.35B or s.167 and then indicating the period added by way of upward adjustment for the purposes of s.35B or s.167. Again, brief reasons should be given for the imposition of both these elements: *R. v Needham*.[283]

Where dealing with multiple offences

A4-235   In *R. v Naem*,[284] it was held that where more than one offence before the court carries obligatory disqualification, it is necessary in almost every case for the court to perform a separate *Needham* exercise in respect of each such offence to ensure avoidance of error. A separate *Needham* exercise will less often be necessary where the court is dealing with offences which carry only discretionary disqualification.

Disqualification combined with non-custodial orders

Generally

A4-236   When imposing driving disqualification as well as other non-custodial sentences care must still be taken to ensure that the total sentence is proportionate and commensurate to the seriousness of the offence in accordance with *R. v Docherty and Davis*.[285]

Penalty points

A4-237   By virtue of s.44 of the Road Traffic Offenders Act 1988, where an offender is disqualified from driving there is no power or obligation to endorse the offender's driving licence with any penalty points: *R. v Usaceva*.[286]

Disqualification under the Road Traffic Offenders Act 1988

Introduction

A4-238   The Road Traffic Offenders Act 1988 provides that for certain specified offences relating to motor vehicles driving disqualification is either obligatory or discretionary under s.34 of that Act. Where disqualification is obligatory under s.34 it must be ordered for not less than a specified minimum period unless the court for

---

[283] [2016] EWCA Crim 455; [2016] 2 Cr. App. R.(S.) 26.
[284] [2018] EWCA Crim 2938; [2019] R.T.R. 30.
[285] [2011] EWCA Crim 1591; [2012] 1 Cr. App. R.(S.) 48.
[286] [2015] EWCA Crim 166; [2015] 2 Cr. App. R.(S.) 7.

special reasons thinks fit to order the offender to be disqualified for a shorter period or not to order disqualification.

Offenders may also be subject to obligatory disqualification under s.35 of that Act where their offending results in their having 12 or more penalty points on their licence. Disqualification under this section is known as the "totting-up procedure" and where s.35 applies the court must order the offender to be disqualified for not less than the minimum specified period unless the court is satisfied, having regard to all the circumstances, that there are grounds for mitigating the normal consequences of the conviction and thinks fit to order the offender to be disqualified for a shorter period or not to order disqualification.

Under s.26 of the Act there is also an additional power to order interim disqualification prior to the sentencing of the offender.

Legislation

Powers to disqualify

Road Traffic Offenders Act 1988 ss.26, 34, 35, 35A, 35B, 36 and 37

Interim disqualification.
26.—(1) Where a magistrates' court—
  (a) commits an offender to the Crown Court under section 20 of the Sentencing Code or any enactment mentioned in subsection (1) of that section, or
  (b) remits an offender to another magistrates' court under section 28 of that Code,
to be dealt with for an offence involving obligatory or discretionary disqualification, it may order him to be disqualified until he has been dealt with in respect of the offence.
  (2) Where a court in England and Wales—
  (a) defers passing sentence on an offender under Chapter 1 of Part 2 of that Act in respect of an offence involving obligatory or discretionary disqualification, or
  (b) adjourns after convicting an offender of such an offence but before dealing with him for the offence,
it may order the offender to be disqualified until he has been dealt with in respect of the offence.
  [(3) *relates to Scotland only.*]
  (4) Subject to subsection (5) below, an order under this section shall cease to have effect at the end of the period of six months beginning with the day on which it is made, if it has not ceased to have effect before that time.
  [(5) *relates to Scotland only.*]
  (6) Where a court orders a person to be disqualified under this section ("the first order"), no court shall make a further order under this section in respect of the same offence or any offence in respect of which an order could have been made under this section at the time the first order was made.
  (7) Where a court makes an order under this section in respect of any person it must—
  (a) require him to produce to the court any licence held by him, and
  (b) retain the licence until it deals with him or (as the case may be) cause it to be sent to the proper officer of the court which is to deal with him.
  (7A) In subsection (7) above "proper officer" means—
  (a) in relation to a magistrates' court in England and Wales, the designated officer for the court, and
  (b) in relation to any other court, the clerk of the court.
  (8) If the holder of the licence has not caused it to be delivered, or has not posted it, in accordance with section 7 of this Act and does not produce the licence as required under

A4-239

subsection (7) above, then he is guilty of an offence.

(9) Subsection (8) above does not apply to a person who—
(a) satisfies the court that he has applied for a new licence and has not received it, or
(b) surrenders to the court a current receipt for his licence issued under section 56 of this Act, and produces the licence to the court immediately on its return.

(10) Where a court makes an order under this section in respect of any person, sections 44(1), 47(2), 91ZA(7) and 91A(5) of this Act shall not apply in relation to the order, but—
(a) the court must send notice of the order to the Secretary of State, and
(b) if the court which deals with the offender determines not to order him to be disqualified under section 34 or 35 of this Act, it must send notice of the determination to the Secretary of State.

(11) A notice sent by a court to the Secretary of State in pursuance of subsection (10) above must be sent in such manner and to such address and contain such particulars as the Secretary of State may determine.

(12) Where on any occasion a court deals with an offender—
(a) for an offence in respect of which an order was made under this section, or
(b) for two or more offences in respect of any of which such an order was made,
any period of disqualification which is on that occasion imposed under section 34 or 35 of this Act shall be treated as reduced by any period during which he was disqualified by reason only of an order made under this section in respect of any of those offences.

(13) Any reference in this or any other Act (including any Act passed after this Act) to the length of a period of disqualification shall, unless the context otherwise requires, be construed as a reference to its length before any reduction under this section.

Disqualification for certain offences.

A4-240

34.—(1) Where a person is convicted of an offence involving obligatory disqualification, the court must order him to be disqualified for such period not less than twelve months as the court thinks fit unless the court for special reasons thinks fit to order him to be disqualified for a shorter period or not to order him to be disqualified.

(1A) Where a person is convicted of an offence under section 12A of the Theft Act 1968 (aggravated vehicle-taking), the fact that he did not drive the vehicle in question at any particular time or at all shall not be regarded as a special reason for the purposes of subsection (1) above.

(2) Where a person is convicted of an offence involving discretionary disqualification, and either—
(a) the penalty points to be taken into account on that occasion number fewer than twelve, or
(b) the offence is not one involving obligatory endorsement,
the court may order him to be disqualified for such period as the court thinks fit.

(3) Where a person convicted of an offence under any of the following provisions of the Road Traffic Act 1988, that is—
(aa) section 3A (causing death by careless driving when under the influence of drink or drugs),
(a) section 4(1) (driving or attempting to drive while unfit),
(b) section 5(1)(a) (driving or attempting to drive with excess alcohol),
(ba) section 5A(1)(a) and (2) (driving or attempting to drive with concentration of specified controlled drug above specified limit),
(c) section 7(6) (failing to provide a specimen) where that is an offence involving obligatory disqualification,
(d) section 7A(6) (failing to allow a specimen to be subjected to laboratory test) where that is an offence involving obligatory disqualification;

has within the ten years immediately preceding the commission of the offence ("the new offence") been convicted of any such offence, subsection (1) above shall apply in relation to him as if the reference to twelve months were a reference to the period specified in subsection (3A).

(3A) The period is—
    (a) six years, where—
        (i) an offence of which the person was convicted within the ten years mentioned in subsection (3) falls within paragraph (aa) of that subsection, and
        (ii) the new offence also falls within that paragraph;
    (b) in any other case (but subject to subsection (4ZA)), three years.

(4) Subject to subsection (3) above and subsection (4ZA) below, subsection (1) above shall apply as if the reference to twelve months were a reference to two years—
    (a) in relation to a person convicted of—
        (i) manslaughter, or in Scotland culpable homicide, or
        (iia) an offence under section 1A of the Road Traffic Act 1988 that Act (causing serious injury by dangerous driving), or
        (iib) an offence under section 3ZC of that Act (causing death by driving: disqualified drivers), or
        (iic) an offence under section 3ZD of that Act (causing serious injury by driving: disqualified drivers), and
    (b) in relation to a person on whom more than one disqualification for a fixed period of 56 days or more has been imposed within the three years immediately preceding the commission of the offence.

(4ZA) Subsection (1) shall apply as if the reference to twelve months were a reference to five years in relation to a person convicted of—
    (a) an offence under section 1 of the Road Traffic Act 1988 (causing death by dangerous driving), or
    (b) an offence under section 3A of that Act (causing death by careless driving when under the influence of drink or drugs), but this is subject to subsection (3) in cases within paragraph (a) of subsection (3A).

(4A) For the purposes of subsection (4)(b) above there shall be disregarded any disqualification imposed under section 26 of this Act or section 147 of the Powers of Criminal Courts (Sentencing) Act 2000 or section 164 of the Sentencing Code or section 223A or 436A of the Criminal Procedure (Scotland) Act 1975 (offences committed by using vehicles) and any disqualification imposed in respect of an offence of stealing a motor vehicle, an offence under section 12 or 25 of the Theft Act 1968, an offence under section 178 of the Road Traffic Act 1988, or an attempt to commit such an offence.

(4AA) For the purposes of subsection (4)(b), a disqualification is to be disregarded if the period of disqualification would have been less than 56 days but for an extension period added pursuant to—
    (a) section 35A or 35C,
    (b) section 248D of the Criminal Procedure (Scotland) Act 1995, or
    (c) section 147A of the Powers of Criminal Courts (Sentencing) Act 2000 or section 166 of the Sentencing Code.

(4B) Where a person convicted of an offence under section 40A of the Road Traffic Act 1988 (using vehicle in dangerous condition etc) has within the three years immediately preceding the commission of the offence been convicted of any such offence, subsection (1) above shall apply in relation to him as if the reference to twelve months were a reference to six months.

(5) The preceding provisions of this section shall apply in relation to a conviction of an offence committed by aiding, abetting, counselling or procuring, or inciting to the com-

mission of, an offence involving obligatory disqualification as if the offence were an offence involving discretionary disqualification.

[(5A) *relates to Scotland only.*]

(6) This section is subject to section 48 of this Act.

[This section is printed as amended by s.86 of the PCSCA 2022. Those amendments have effect only for offences committed on or after 28 June 2022. For offences committed before that date the disqualification period under subs.(3) for offences contrary to s.3A of the 1988 Act is three years; and the disqualification period under subs.(4) for offences contrary to ss.1 and 3A is two years.]

Disqualification for repeated offences.

A4-241
35.—(1) Where—
- (a) a person is convicted of an offence to which this subsection applies, and
- (b) the penalty points to be taken into account on that occasion number twelve or more,

the court must order him to be disqualified for not less than the minimum period unless the court is satisfied, having regard to all the circumstances, that there are grounds for mitigating the normal consequences of the conviction and thinks fit to order him to be disqualified for a shorter period or not to order him to be disqualified.

(1A) Subsection (1) above applies to—
- (a) an offence involving discretionary disqualification and obligatory endorsement, and
- (b) an offence involving obligatory disqualification in respect of which no order is made under section 34 of this Act.

(2) The minimum period referred to in subsection (1) above is—
- (a) six months if no previous disqualification imposed on the offender is to be taken into account, and
- (b) one year if one, and two years if more than one, such disqualification is to be taken into account;

and a previous disqualification imposed on an offender, subject to subsection (2A), is to be taken into account if it was for a fixed period of 56 days or more and was imposed within the three years immediately preceding the commission of the latest offence in respect of which penalty points are taken into account under section 29 of this Act.

(2A) A previous disqualification imposed on an offender for a fixed period is not to be taken into account for the purposes of subsection (2) if that period would have been less than 56 days but for an extension period added pursuant to—
- (a) section 35A or 35C,
- (b) section 248D of the Criminal Procedure (Scotland) Act 1995, or
- (c) section 147A of the Powers of Criminal Courts (Sentencing) Act 2000 or section 166 of the Sentencing Code.

(3) Where an offender is convicted on the same occasion of more than one offence to which subsection (1) above applies—
- (a) not more than one disqualification shall be imposed on him under subsection (1) above,
- (b) in determining the period of the disqualification the court must take into account all the offences, and
- (c) for the purposes of any appeal any disqualification imposed under subsection (1) above shall be treated as an order made on the conviction of each of the offences.

(4) No account is to be taken under subsection (1) above of any of the following circumstances—
- (a) any circumstances that are alleged to make the offence or any of the offences not a serious one,
- (b) hardship, other than exceptional hardship, or

(c) any circumstances which, within the three years immediately preceding the conviction, have been taken into account under that subsection in ordering the offender to be disqualified for a shorter period or not ordering him to be disqualified.

(5) References in this section to disqualification do not include a disqualification imposed under section 26 of this Act or section 147 of the Powers of Criminal Courts (Sentencing) Act 2000 or section 164 of the Sentencing Code or section 223A or 436A of the Criminal Procedure (Scotland) Act 1975 (offences committed by using vehicles) or a disqualification imposed in respect of an offence of stealing a motor vehicle, an offence under section 12 or 25 of the Theft Act 1968, an offence under section 178 of the Road Traffic Act 1988, or an attempt to commit such an offence.

(5A) The preceding provisions of this section shall apply in relation to a conviction of an offence committed by aiding, abetting, counselling, procuring, or inciting to the commission of, an offence involving obligatory disqualification as if the offence were an offence involving discretionary disqualification.

[(6) *relates to Scotland only.*]

(7) This section is subject to section 48 of this Act.

Extension of disqualification where custodial sentence also imposed

35A.—(1) This section applies where a person is convicted in England and Wales of an offence for which the court—

(a) imposes a custodial sentence, and

(b) orders the person to be disqualified under section 34 or 35.

(2) The order under section 34 or 35 must provide for the person to be disqualified for the appropriate extension period, in addition to the discretionary disqualification period.

(3) The discretionary disqualification period is the period for which, in the absence of this section, the court would have disqualified the person under section 34 or 35.

(4) The appropriate extension period is—

(a) where an order under section 321(2) of the Sentencing Code (life sentence: minimum term order) is made in relation to the custodial sentence, a period equal to the part of the sentence specified in that order;

(b) in the case of a detention and training order within the meaning given by section 233 of that Code (offenders under 18: detention and training orders), a period equal to half the term of that order;

(e) where section 266 or 279 of that Code (extended sentence for certain violent, sexual or terrorism offences: persons 18 or over) applies in relation to the custodial sentence, but the sentence is not within section 247A(2A) of the Criminal Justice Act 2003 (sentences for terrorist offenders in respect of which no early release possible), a period equal to two-thirds of the term imposed pursuant to section 266(a) or 279(a) of that Code;

(f) where section 254 of that Code (extended sentence for certain violent, sexual or terrorism offences: persons under 18) applies in relation to the custodial sentence, but the sentence is not within section 247A(2A) of the Criminal Justice Act 2003, a period equal to two-thirds of the term imposed pursuant to section 254(a) of that Code;

(fza) in a case that would fall within paragraph (e) or (f) but for the fact that the custodial sentence falls within section 247A(2A) of the Criminal Justice Act 2003, a period equal to the term imposed under section 266(a) or 279(a) or (as the case may be) section 254(a) of the Sentencing Code;

(fa) in the case of a sentence under section 252A, 265 or 278 of that Code (special custodial sentence for certain offenders of particular concern), a period equal to two-thirds of the term imposed pursuant to section 252A(4)(a), 265(2)(a) or 278(2)(a) of that Code;

(fb) in the case of a sentence under section 268A or 282A of that Code (serious terrorism sentences), a period equal to the term imposed by the court pursuant to section 268C(2) or 282C(2) of that Code;

(fc) in the case of a sentence in respect of which section 244ZA of the Criminal Justice Act 2003 applies to the offender, a period equal to two-thirds of the sentence;

(fd) in any other case where section 247A of the Criminal Justice Act 2003 applies to the offender in respect of the custodial sentence, a period equal to two-thirds of the sentence;

(h) in any other case, a period equal to half the custodial sentence imposed.

(5) If a period determined under subsection (4) includes a fraction of a day, that period is to be rounded up to the nearest number of whole days.

(7) This section does not apply where—

(a) the custodial sentence was a suspended sentence, or

(b) the court has made a whole-life order under section 321(3) of the Sentencing Code in relation to the custodial sentence.

[[(8), (9) *and (10) relate to the power of the Secretary of State to provide that the proportion specified in subs.(4)(h) is to be read as a different proportion where an order under s.267 of the Criminal Justice Act 2003 modifies the proportion of a custodial sentence required to be served.*]]

(11) In this section—

"amending order" means an order under section 267 of the Criminal Justice Act 2003 (alteration by order of relevant proportion of sentence);

"custodial sentence" has the meaning given by section 222 of the Sentencing Code;

"suspended sentence" has the meaning given by section 286 of the Sentencing Code."

Effect of custodial sentence in other cases

A4-243 **35B.**—(1) This section applies where a person is convicted in England and Wales of an offence for which a court proposes to order the person to be disqualified under section 34 or 35 and—

(a) the court proposes to impose on the person a custodial sentence (other than a suspended sentence) for another offence, or

(b) at the time of sentencing for the offence, a custodial sentence imposed on the person on an earlier occasion has not expired.

(2) In determining the period for which the person is to be disqualified under section 34 or 35, the court must have regard to the consideration in subsection (3) if and to the extent that it is appropriate to do so.

(3) The consideration is the diminished effect of disqualification as a distinct punishment if the person who is disqualified is also detained in pursuance of a custodial sentence.

(4) If the court proposes to order the person to be disqualified under section 34 or 35 and to impose a custodial sentence for the same offence, the court may not in relation to that disqualification take that custodial sentence into account for the purposes of subsection (2).

(5) In this section "custodial sentence" and "suspended sentence" have the same meaning as in section 35A.

Disqualification until test is passed.

A4-244 **36.**—(1) Where this subsection applies to a person the court must order him to be disqualified until he passes the appropriate driving test.

(2) Subsection (1) above applies to a person who is disqualified under section 34 of this Act on conviction of—

(a) manslaughter, or in Scotland culpable homicide, by the driver of a motor vehicle,
(b) an offence under section 1 of the Road Traffic Act 1988 (causing death by dangerous driving),
(c) an offence under section 1A of that Act (causing serious injury by dangerous driving),
(d) an offence under section 2 of that Act (dangerous driving),
(e) an offence under section 3ZC of that Act (causing death by driving: disqualified drivers), or
(f) an offence under section 3ZD of that Act (causing serious injury by driving: disqualified drivers).

(3) Subsection (1) above also applies—
(a) to a person who is disqualified under section 34 or 35 of this Act in such circumstances or for such period as the Secretary of State may by order prescribe, or
(b) to such other persons convicted of such offences involving obligatory endorsement as may be so prescribed.

(4) Where a person to whom subsection (1) above does not apply is convicted of an offence involving obligatory endorsement, the court may order him to be disqualified until he passes the appropriate driving test (whether or not he has previously passed any test).

(5) In this section—

"appropriate driving test'" means —
(a) an extended driving test, where a person is convicted of an offence involving obligatory disqualification or is disqualified under section 35 of this Act,
(b) a test of competence to drive, other than an extended driving test, in any other case,

"extended driving test" means a test of competence to drive prescribed for the purposes of this section, and

"test of competence to drive" means a test prescribed by virtue of section 89(3) of the Road Traffic Act 1988.

(6) In determining whether to make an order under subsection (4) above, the court shall have regard to the safety of road users.

(7) Where a person is disqualified until he passes the extended driving test—
(a) any earlier order under this section shall cease to have effect, and
(b) a court shall not make a further order under this section while he is so disqualified.

(8) Subject to subsection (9) below, a disqualification by virtue of an order under this section shall be deemed to have expired on production to the Secretary of State of evidence, in such form as may be prescribed by regulations under section 105 of the Road Traffic Act 1988, that the person disqualified has passed the test in question since the order was made.

(9) A disqualification shall be deemed to have expired only in relation to vehicles of such classes as may be prescribed in relation to the test passed by regulations under that section.

(10A) Where a person's driving record is endorsed with particulars of a disqualification under this section, it shall also be endorsed with the particulars of any test of competence to drive that he has passed since the order of disqualification was made.

(11) For the purposes of an order under this section, a person shall be treated as having passed a test of competence to drive other than an extended driving test if he passes a corresponding test conducted—
(a) under the law of Northern Ireland, the Isle of Man, any of the Channel Islands, an EEA State, Gibraltar or a designated country or territory, or

(b) for the purposes of obtaining a British Forces licence (as defined by section 88(8) of the Road Traffic Act 1988);

and accordingly subsections (8) to (10) above shall apply in relation to such a test as they apply in relation to a test prescribed by virtue of section 89(3) of that Act.

(11A) For the purposes of subsection (11) above, "designated country or territory" means a country or territory designated by order under section 108(2) of the Road Traffic Act 1988 but a test conducted under the law of such a country or territory shall not be regarded as a corresponding test unless a person passing such a test would be entitled to an exchangeable licence as defined in section 108(1) of that Act.

(12) This section is subject to section 48 of this Act.

[(13) and (14) provide limits on the power to make regulations under subs.(3).]

A4-245 By virtue of the Driving Licences (Disqualification until Test Passed) (Prescribed Offence) Order 2001[287] an offence under s.3A of the Road Traffic Act 1988 (causing death by careless driving when under the influence of drink or drugs) which is committed on or after 31 January 2002 is prescribed for the purposes of s.36(3).

Effect of order of disqualification.

A4-246 37.—(1) Where the holder of a licence is disqualified by an order of a court, the licence shall be treated as being revoked with effect from the beginning of the period of disqualification.

(1A) Where—
(a) the disqualification is for a fixed period shorter than 56 days (disregarding any extension period) in respect of an offence involving obligatory endorsement, or
(b) the order is made under section 26 of this Act,

subsection (1) above shall not prevent the licence from again having effect at the end of the period of disqualification (including any extension period).

(1B) In subsection (1A) "extension period" means an extension period added pursuant to—
(a) section 35A or 35C,
(b) section 248D of the Criminal Procedure (Scotland) Act 1995, or
(c) section 147A of the Powers of Criminal Courts (Sentencing) Act 2000 or section 166 of the Sentencing Code.

(2) Where the holder of the licence appeals against the order and the disqualification is suspended under section 39 of this Act, the period of disqualification shall be treated for the purpose of subsection (1) above as beginning on the day on which the disqualification ceases to be suspended.

(3) Notwithstanding anything in Part III of the Road Traffic Act 1988, a person disqualified by an order of a court under section 36 of this Act is (unless he is also disqualified otherwise than by virtue of such an order) entitled to obtain and to hold a provisional licence and to drive a motor vehicle in accordance with the conditions subject to which the provisional licence is granted.

(4) Notwithstanding anything in Part III of the Road Traffic Act 1988, a person who holds a Community licence which authorises that person to drive motor vehicles of a particular class, but who is disqualified by an order of a court under section 36 of this Act, is (unless the person is also disqualified otherwise than by virtue of such an order) entitled to drive a motor vehicle of that class in accordance with the same conditions as if the person were authorised to drive a motor vehicle of that class by a provisional licence.

---

[287] Driving Licences (Disqualification until Test Passed) (Prescribed Offence) Order 2001 (SI 2001/4051).

Participation in approved courses

Road Traffic Offenders Act 1988 ss.34A–34B and 41A

Reduced disqualification for attendance on courses

34A.—(1) This section applies where–
  (a) a person is convicted of a relevant drink offence or a specified offence by or before a court, and
  (b) the court makes an order under section 34 of this Act disqualifying him for a period of not less than twelve months (disregarding any extension period added pursuant to section 35A or 35C).

(2) In this section "relevant drink offence" means–
  (a) an offence under paragraph (a) of subsection (1) of section 3A of the Road Traffic Act 1988 (causing death by careless driving when unfit to drive through drink) committed when unfit to drive through drink,
  (b) an offence under paragraph (b) of that subsection (causing death by careless driving with excess alcohol),
  (c) an offence under paragraph (c) of that subsection (failing to provide a specimen) where the specimen is required in connection with drink or consumption of alcohol,
  (d) an offence under section 4 of that Act (driving or being in charge when under influence of drink) committed by reason of unfitness through drink,
  (e) an offence under section 5(1) of that Act (driving or being in charge with excess alcohol),
  (f) an offence under section 7(6) of that Act (failing to provide a specimen) committed in the course of an investigation into an offence within any of the preceding paragraphs, or
  (g) an offence under section 7A(6) of that Act (failing to allow a specimen to be subjected to a laboratory test) in the course of an investigation into an offence within any of the preceding paragraphs.

(3) In this section "specified offence" means–
  (a) an offence under section 3 of the Road Traffic Act 1988 (careless, and inconsiderate, driving),
  (b) an offence under section 36 of that Act (failing to comply with traffic signs),
  (c) an offence under section 17(4) of the Road Traffic Regulation Act 1984 (use of special road contrary to scheme or regulations), or
  (d) an offence under section 89(1) of that Act (exceeding speed limit).

(3A) "The reduced period" is the period of disqualification imposed under section 34 of this Act (disregarding any extension period added pursuant to section 35A or 35C) as reduced by an order under this section.

[(4) *relates to the power of the Secretary of State to make regulations amending subs.(3).*]

(5) Where this section applies, the court may make an order that the period of disqualification imposed under section 34 of this Act ("the unreduced period") shall be reduced if, by the relevant date, the offender satisfactorily completes an approved course specified in the order but including any extension period added pursuant to section 35A or 35C.

(6) In subsection (5) above—

  "an approved course" means a course approved by the appropriate national authority for the purposes of this section in relation to the description of offence of which the offender is convicted, and "the relevant date" means such date, at least two months before the last day of the period of disqualification as reduced by the order, as is specified in the order.

(7) The reduction made in a period of disqualification by an order under this section is a period specified in the order of—
   (a) not less than three months, and
   (b) not more than one quarter of the unreduced period,
(and, accordingly, where the unreduced period is twelve months, the reduced period is nine months).

(8) A court shall not make an order under this section in the case of an offender convicted of a specified offence if—
   (a) the offender has, during the period of three years ending with the date on which the offence was committed, committed a specified offence and successfully completed an approved course pursuant to an order made under this section or section 30A of this Act on conviction of that offence, or
   (b) the specified offence was committed during his probationary period.

(9) A court shall not make an order under this section in the case of an offender unless—
   (a) the court is satisfied that a place on the course specified in the order will be available for the offender,
   (b) the offender appears to the court to be of or over the age of 17,
   (c) the court has informed the offender (orally or in writing and in ordinary language) of the effect of the order and of the amount of the fees which he is required to pay for the course and when he must pay them, and
   (d) the offender has agreed that the order should be made.

A4-248 Section 34B of the Road Traffic Offenders Act 1988 provides that an offender is taken as having completed a course satisfactorily only when a proper officer of the court receives a certificate stating such, and that if the certificate is received before the end of the unreduced period but after the end of the period which would be the reduced period, the reduced period is to be taken to end with the day on which the certificate is received.

Section 41A of the Road Traffic Offenders Act 1988 provides that the court may suspend disqualification pending the determination of an application under s.34B (and when the court does so must send notice of the suspension to the Secretary of State).

Certain offences

Road Traffic Offenders Act 1988 s.48

Exemption from disqualification and endorsement for certain construction and use offences

A4-249 48.—(1) Where a person is convicted of an offence under section 40A of the Road Traffic Act 1988 (using vehicle in dangerous condition etc) the court must not—
   (a) order him to be disqualified, or
   (b) order any particulars or penalty points to be endorsed on his driving record,
if he proves that he did not know, and had no reasonable cause to suspect, that the use of the vehicle involved a danger of injury to any person.

(2) Where a person is convicted of an offence under section 41A of the Road Traffic Act 1988 (breach of requirement as to brakes, steering-gear or tyres) the court must not—
   (a) order him to be disqualified, or

(b) order any particulars or penalty points to be endorsed on his driving record, if he proves that he did not know, and had no reasonable cause to suspect, that the facts of the case were such that the offence would be committed.

Procedural provisions

Road Traffic Offenders Act 1988 ss.25 and 27

Section 25 of the Road Traffic Offenders Act 1988 requires a court to order a person to provide their date of birth or sex to the court in writing if either are not known by the court upon conviction of an offence involving obligatory or discretionary disqualification. It is an offence to fail to comply with such an order. **A4-250**

Section 27 of the Road Traffic Offenders Act 1988 allows a court to require a licence to be produced upon the court proposing to make (or making) a disqualification order. It is an offence not to comply with such an order (subject to certain exceptions relating to receipts for licences). **A4-251**

Road Traffic Offenders Act 1988 ss.39, 43 and 47 Section 39 of the Road Traffic Offenders Act 1988 provides that where a court makes a disqualification order it may, if it thinks fit, suspend that order pending an appeal (and where it does so must notify the Secretary of State). **A4-252**

Rule for determining end of period of disqualification

43. In determining the expiration of the period for which a person is disqualified by an order of a court made in consequence of a conviction, any time after the conviction during which the disqualification was suspended or he was not disqualified shall be disregarded. **A4-253**

Section 47 of the Road Traffic Offenders Act 1988 provides that where a court exercises its power under ss.34, 35 or 44 of this Act not to order any disqualification or endorsement or to order disqualification for a shorter period than would otherwise be required, it must state the grounds for doing so in open court; and where a person's driving record is endorsed, the court may, and where the court orders a person to be disqualified for a period of 56 days or more (disregarding any extension period) it must, send any licence of the person that is produced to the court, to the Secretary of State. **A4-254**

Combination with other penalties

Road Traffic Offenders Act 1988 s.46

Combination of disqualification and endorsement with probation orders and orders for discharge

46.—(1) Notwithstanding anything in section 82(4) of the Sentencing Code (conviction of offender discharged to be disregarded for the purposes of enactments relating to disqualification), a court in England and Wales which on convicting a person of an offence involving obligatory or discretionary disqualification makes— **A4-255**

(b) an order discharging him absolutely or conditionally,

may on that occasion also exercise any power conferred, and must also discharge any duty imposed, on the court by sections 34, 35, 36, 44 or 44A of this Act.

(2) A conviction—

(a) in respect of which a court in England and Wales has ordered a person to be disqualified, or
(b) of which particulars have been endorsed on his driving record,

is to be taken into account, notwithstanding anything in section 82(2) of the Sentencing Code (conviction of offender discharged to be disregarded for the purpose of subsequent proceedings), in determining his liability to punishment or disqualification for any offence involving obligatory or discretionary disqualification committed subsequently.

(3) *[Scotland.]*

Post-sentence

A4-256   Section 38 of the Road Traffic Offenders Act 1988 provides that a person disqualified by an order of a magistrates' court under ss.34 or 35 may appeal against the order in the same manner as against a conviction. Section 40 of that Act provides that the Crown Court, Divisional Court or Court of Appeal may suspend a disqualification pending the resolution of an appeal, judicial review or case stated (against the conviction or sentence).

As to the power to apply for removal of disqualification, see s.43 of the 1988 Act at A10-110.

Guidance

General guidance

A4-257   As to general guidance applicable to all powers to order driving disqualification, see A4-216 onwards.

Availability

A4-258   The following offences are listed in Sch.2 to the Road Traffic Offenders Act 1988 as offences for which disqualification is obligatory:

Source		Further conditions
Road Traffic Act 1988	ss.1, 1A, 2, 2B, 3ZB, 3ZC, 3ZD, 3A, 4(1), 5(1)(a), 5A(1)(a) and (2) and 12	None.
	s.7	Where the specimen was required to ascertain ability to drive or proportion of alcohol or proportion of a specified controlled drug at the time offender was driving or attempting to drive.
	s.7A	Where the test would be for ascertaining ability to drive or proportion of alcohol or proportion of a specified controlled drug at the time offender was driving or attempting to drive.
	s.40A	If committed within three years of a previous conviction of the offender under s.40A.

Source		Further conditions
Common law	Manslaughter	If committed by the driver of a motor vehicle.
Theft Act 1968	s.12A	None.

The following offences are listed in Sch.2 to the Road Traffic Offenders Act 1988 as offences for which disqualification is discretionary:

Source		Further conditions
Road Traffic Regulation Act 1984	s.16(1)	If committed in respect of a speed restriction.
	s.17(4)	If committed in respect of a motor vehicle otherwise than by unlawfully stopping or allowing the vehicle to remain at rest on a part of a special road on which vehicles are in certain circumstances permitted to remain at rest.
	ss.25(5), 28(3) and 29(3)	If committed in respect of a motor vehicle.
	s.89(1)	None
Road Traffic Act 1988	ss.3, 4(2), 5(1)(b), 5A(1)(b) and (2), 6, 23, 41A, 41D, 92(10), 94(3A), 94A, 96, 103(1)(b), 143, 170(4) and 178	None
	s.7	Any case other than cases where the specimen was required to ascertain ability to drive or proportion of alcohol or proportion of a specified controlled drug at the time offender was driving or attempting to drive.
	s.7A	Any case other than cases where the test would be for ascertaining ability to drive or proportion of alcohol or proportion of a specified controlled drug at the time offender was driving or attempting to drive.
	s.22	If committed in respect of a motor vehicle.
	s.35	If committed in respect of a motor vehicle by failure to comply with a direction of a constable or traffic officer.

Source		Further conditions
	s.36	If committed in respect of a motor vehicle by failure to comply with an indication given by a sign specified for the purposes of this paragraph in regulations under s.36 of the Road Traffic Act 1988.
	s.40A	Provided the offence was not committed within three years of a previous conviction of the offender under s.40A.
	s.87(1)	Where the offender's driving would not have been in accordance with any licence that could have been granted to him.
	s.172	If committed otherwise than by virtue of subs.(5) or (11).
Offences against the Person Act 1861	s.35	None.
Various	Stealing or attempting to steal a motor vehicle	None.
Theft Act 1968	s.12 (or an attempted offence contrary to s.12)	Where the offence or attempt to commit the offence is in respect of a motor vehicle.
	s.25	Where committed with reference to the theft or taking of motor vehicles.

Interim disqualification

A4-259   It should be noted that by virtue of s.26(4), in this jurisdiction no interim disqualification can be longer than six months. Section 26(5) applies only to Scotland.

In cases of disqualification under ss.34–35 of the Road Traffic Offenders Act 1988, where the offender has previously been subject to interim disqualification, any period of disqualification will be automatically reduced for the period of interim disqualification: s.26(12) of the 1988 Act.

If the committing court is minded to impose interim disqualification it is suggested that it should invite representations from counsel as to its appropriateness, in line with the approach to disqualification generally endorsed in *R. v Lake*[288] and *R. v Docherty and Davis*.[289] Given that the committing court may not be in receipt of the level of information available to the sentencing court, and that it is desirable

---

[288] (1986) 8 Cr. App. R.(S.) 69.
[289] [2011] EWCA Crim 1591; [2012] 1 Cr. App. R.(S.) 48.

not to pre-judge the sentencing of an offender, it is suggested that interim disqualification orders should only be made in cases where there is a clear and evident risk posed by the offender, such that the public protection requires it, or that driving disqualification will be the inevitable result of sentencing.

In *R. v Needham*,[290] it was held that it may be inappropriate for an order of interim disqualification to be made in relation to an offender remanded in custody and courts should be hesitant to do so; it would appear to run counter to the will of Parliament for disqualification to be served while the offender is at liberty in the community and would introduce unnecessary complications. As the period of interim disqualification is automatically credited against the disqualification period, the effect would be to cause a reduction in consequence of a period during which the offender could not drive in any event.

Obligatory disqualification (s.34 Road Traffic Offenders Act 1988)

Minimum terms Section 34 provides that the minimum period of obligatory disqualification varies depending on the offence committed, and special attention should be paid to that section. The minimum disqualification period is not, however, to be considered the standard or normal period: *R. v Bagshawe*.[291] As normal, the disqualification period should be that proportionate to the seriousness of the offence and the risk posed by the offender.

A4-260

The specified minimum period is as follows:

Source	Minimum period
Offences contrary to ss.3A, 4(1), 5(1)(a), 5A(1)(a) and (2), 7(6) (where it involves obligatory disqualification) or 7A(6) (where it involves obligatory disqualification) of the Road Traffic Act 1988 where within the 10 years preceding the commission of the offence the offender had been convicted of any such offence.	Three years
Offences contrary to ss.1, 3ZC, 3ZD or 3A of the Road Traffic Act 1988	Two years
Where in the three years preceding the commission of the offence the offender had been disqualified more than once for a period of 56 days or more (ignoring an extension period, interim disqualification, disqualification under s.164 of the Sentencing Code or disqualification for offences of stealing a motor vehicle, offences under ss.12 or 25 of the Theft Act 1968 or under s.178 of the Road Traffic Act 1988 (or an attempt to commit any such offence))	Two years
An offence under s.40A of the Road Traffic Act 1988 where within the three years preceding the commission of the offence the offender had been convicted of an offence under s.40A	Six months
Any other case	12 months

Special reasons

---

[290] [2016] EWCA Crim 455; [2016] 2 Cr. App. R.(S.) 26.
[291] [2013] EWCA Crim 127; [2013] 2 Cr. App. R.(S.) 62.

A4-261 *Procedure* When special reasons are alleged, evidence should be called to substantiate them unless they are admitted by the prosecution: *Brown v Dyerson*.[292] The onus is on the offender to prove the facts on which they rely for special reasons to the balance of probabilities and sufficient notice of intention to call evidence should be given to the prosecution: *Pugsley v Hunter*.[293]

Once the court has settled the facts on which the offender relies, the court must ask itself two questions: first, whether as a matter of law the facts relied on amount to special reasons; and secondly, even if they do, whether it is right in all the circumstances of this case to exercise the discretion not to disqualify: *R. v Newton*.[294] Establishing a special reason is not the end of the matter.

The court should invite submissions from counsel on both sides as to whether there are special reasons, and whether disqualification is appropriate: *Barnes v Gevaux*.[295]

A4-262 **Test for special reasons** In *Whittal v Kirby*,[296] it was held that special reasons are to be construed in a limited way and are the antithesis of general. That an offender is of good character or earns his living by driving is not itself sufficient. A special reason is one which is special to the facts of the particular case—that is, special to the facts which constitute the offence. It is, in other words, a mitigating or extenuating circumstance, not amounting in law to a defence to the charge, yet directly connected with the commission of the offence, and one which the court ought properly to take into consideration when imposing punishment. A circumstance peculiar to the offender as distinguished from the offence is not a "special reason" within the exception.

Because a special reason must be particular to the offence, whether circumstances are capable of constituting special reasons will inevitably depend on what offence has been committed; something may be capable of being a special reason for one offence but not another: *R. v Jackson; R. v Hart*.[297] An illustration is provided by *Anderton v Anderton*,[298] where it was held that while an emergency might provide a special reason for driving over the limit, it would not for not providing a sample.

A4-263 **Facts which may found special reasons** The following have all been held to be capable of constituting special reasons.

1) *Overwhelming considerations of public benefit* might amount to a special reason: *Whittal v Kirby*.[299] However, this was said in consideration of national emergency such as war, and the courts have taken a relatively restrictive approach to it; see *Gordon v Smith*,[300] where the court held the offender's pending duty to drive Army vehicles in Northern Ireland would not constitute special reasons.

2) In relation to excess alcohol or drug cases, that *only a very short distance was driven and intended to be driven* (literally a few yards—10 or 15 yards,

---

[292] (1968) 52 Cr. App. R. 630.
[293] [1973] 1 W.L.R. 578.
[294] [1974] R.T.R. 451.
[295] (1980) 2 Cr. App. R.(S.) 258.
[296] [1947] K.B. 194.
[297] [1969] 2 W.L.R. 1339.
[298] [1977] R.T.R. 424.
[299] [1947] K.B. 194.
[300] [1971] R.T.R. 52.

something of that kind and in circumstances in which the manoeuvre is really unlikely to bring them into contact with other road users at all and thus unlikely to produce a source of danger): *James v Hall*[301]; *Coombs v Kehoe*[302]; and *Haime v Walklett*.[303] This requires consideration of first how far the vehicle was in fact driven; secondly, in what manner it was driven; thirdly, what the state of the vehicle was; fourthly, whether it was the intention of the driver to drive any further; fifthly, the prevailing conditions with regard to the road and the traffic; sixthly, whether there was any possibility of danger by contact with other road users; and finally, what the reason was for the vehicle being driven at all: *Chatters v Burke*.[304] There is no special requirement of an unintended turn of events, although the foreseeability of moving the vehicle will be a consideration: *DPP v Corcoran*.[305]

3) In *R. v Baines*,[306] it was suggested that driving in cases where *an unforeseen emergency* has arisen and the offender had tried other alternatives such as emergency services but had failed may constitute special reasons. There must be clear and compelling circumstances in such cases not to impose disqualification, considering all the circumstances, including the nature and degree of the crisis or emergency, whether there were alternative methods of transport or dealing with the crisis or emergency, the manner of the offender's driving, and if the vehicle was used after the crisis or emergency: *Taylor v Rajan*.[307] The question should be considered objectively, remembering it is whether there are special reasons not to impose disqualification, rather than whether it was reasonable to drive, and if the alcohol content exceeds 100mg per 100ml of blood; this discretion should rarely, if ever, be exercised in favour of the driver. Furthermore, as identified in *Anderton v Anderton*,[308] consideration will need to be given to whether it amounted to a special reason in the context of the specific offence (there, it being held that while an emergency might provide a special reason for driving over the limit, it would not for not providing a sample).

4) Where the offender is *misled by a third party as to the amount of alcohol he has consumed*, such as a laced drink or other circumstance where the offender had been given an alcoholic drink in error: *Alexander v Latter*.[309] Similarly, where the offender is not notified of the effect of medication combined with alcohol: *R. v Holt*.[310]

5) In a case concerning breath alcohol in excess of the specified limit, that the *presence of elevated mouth alcohol was caused by eructation (burping)* rather than the amount of alcohol consumed: *NG v DPP*.[311]

6) Where the offender's decision not to give a sample was consequent on errone-

---

[301] [1972] 2 All E.R. 59.
[302] [1972] 1 W.L.R. 797.
[303] (1983) 5 Cr. App. R.(S.) 165.
[304] (1986) 8 Cr. App. R.(S.) 222.
[305] (1991) 12 Cr. App. R.(S.) 652.
[306] (1970) 54 Cr. App. R. 481.
[307] [1974] 2 W.L.R. 385.
[308] [1977] R.T.R. 424.
[309] [1972] R.T.R. 441.
[310] [1962] Crim. L.R. 565.
[311] [2007] EWHC 36 (Admin); [2007] R.T.R. 35.

ous information being given to them by the police as to the impact of that decision (that it would not always result in disqualification): *Bobin v DPP*.[312]

7) Where the offender's driving was limited to that which a *police officer had told them to engage in* (or they had genuinely believed the officer had told them to engage in): *R. v McIntyre*[313] and *De Munthe v Stewart*.[314]

8) That the offender had not in fact been driving or attempting to drive when they failed to provide a specimen: R. v Ashford and Tenterden Magistrates' Court.[315]

9) Where the offender suffers from a *medical condition* which unknown to the offender makes the effect of intoxication more serious: *R. v Wickins*.[316]

10) Where the offender had *genuinely believed that the vehicle was not a motor vehicle* and was a child's toy and therefore did not need insurance or a learner plate: *DPP v Powell*.[317]

Facts which may not found special reasons

A4-264   The following have all been held not to be capable of constituting special reasons.

1) *Personal hardship* affecting the offender: *Holroyd v Berry*.[318]

2) That the offender is *only just over the excess limit* of alcohol or drugs: *Delaroy-Hall v Tadman*.[319]

3) That the excess alcohol had *not affected the offender's ability to drive*: *Taylor v Austin*.[320]

4) That the *offender's metabolism* retained blood alcohol longer than usual: *R. v Jackson*[321] and *Kinsella v DPP*.[322]

5) That *no other road user was put at risk*: *Milliner v Thorne*.[323]

6) That the offender had *not realised the strength of the alcohol they* had drunk (and the offender had not been misled by a third party): *Alexander v Latter*.[324] In that case, special reasons were found where the offender drank three bottles of extra strong lager with the publican not telling him they were double the normal strength. When an offender was drinking anyway, medical evidence might be required to assess whether the "laced drink" was the reason for going over the limit: *Pugsley v Hunter*.[325] As well as the need to consider expert evidence in such cases, there may also be a need to consider whether the offender should regardless have appreciated that they were not in a condition in which they should have driven: *DPP v O'Connor*.[326]

7) The *loss of a specimen* provided for the purpose of a laboratory test, occur-

---

[312] [1999] R.T.R. 375.
[313] [1976] R.T.R. 330.
[314] [1982] R.T.R. 27.
[315] [1988] R.T.R. 178.
[316] (1958) 42 Cr. App. R. 236.
[317] [1993] R.T.R. 266.
[318] [1973] R.T.R. 145.
[319] (1969) 53 Cr. App. R. 143.
[320] [1969] 1 W.L.R. 264.
[321] [1970] 1 Q.B. 647.
[322] [2002] EWHC 545 (QB).
[323] [1972] R.T.R. 279.
[324] [1972] R.T.R. 441.
[325] [1973] 1 W.L.R. 578.
[326] (1992) 13 Cr. App. R.(S.) 188.

DISQUALIFICATION ORDERS

ring as it must after the offence, cannot be treated as a special reason: *Lodwick v Brow*.[327]

8) That the offender *believed they were under the limit* because they had previously tested under it: *DPP v White*.[328]
9) That the offender *did not appreciate he was still over the limit* the next morning: *DPP v O'Meara*.[329]
10) That *the offender was ignorant of the law* cannot as a matter of law amount to special reasons as it is not a mitigating or extenuating circumstance directly connected with the commission of the offence: *DPP v Murray*.[330]
11) That the offender had *not eaten much food*: *Knight v Baxter*.[331]
12) That the offender *thought they were covered by insurance* in circumstances where they had not familiarised themselves with their policy or taken advice and could not therefore have a reasonable ground to believe so: *Knowler v Rennison*.[332]

Disqualification for repeated offences (s.35 of the Road Traffic Offender Act 1988)

Relationship with discretionary disqualification The Sentencing Council's guideline for magistrates' courts suggests that where an offender may be liable to discretionary disqualification and disqualification under s.35, disqualification under s.35 should be considered first. This would appear to be preferable for two reasons: first, so that such offenders are subject to the relevant minimum terms of disqualification and, secondly, so that such offenders have the opportunity to have their penalty points reset moving forward. A4-265

Grounds for mitigating Grounds for mitigating the normal consequences are not limited to grounds that would be considered "special reasons" and may include mitigating circumstances personal to the offender: *Baker v Cole*.[333] A4-266

However, it is suggested that given that Parliament has mandated minimum disqualification periods for such offences, and has specifically limited the mitigating circumstances that can be taken into account by virtue of s.35(4), there will need to be particular (or exceptional) mitigating circumstances justifying not imposing that minimum period of disqualification.

Previous disqualification imposed on the offender Previous disqualification imposed means imposed by a court after conviction; an offender has not previously been disqualified simply because by virtue of age they could not have a driving licence: *R. v Scurry*.[334] A4-267

---

[327] (1984) 6 Cr. App. R.(S.) 38.
[328] (1988) 10 Cr. App. R.(S.) 66.
[329] (1988) 10 Cr. App. R.(S.) 56.
[330] [2001] EWHC Admin 848.
[331] [1971] R.T.R. 270.
[332] [1947] K.B. 488.
[333] [1971] 1 W.L.R. 1788.
[334] (1992) 13 Cr. App. R.(S.) 517.

A4-268 Exceptional hardship While the court may not take account of hardship other than exceptional hardship, the court can have in mind the offender's rehabilitation: *R. v Preston*.[335]

In *Fay v Fay*,[336] the House of Lords provided guidance as to "exceptional hardship" in the context of the Matrimonial Causes Act 1973, holding the concept was deliberately imprecise, must be shown to be something out of the ordinary and required evidence of the extent of the applicant's suffering, in particular of the circumstances relied on as constituting the exceptional character of the hardship suffered. Although decided in a different statutory context the principles established are clearly applicable to s.35 of the Road Traffic Offender Act 1988; and have been cited in relation to the application of that section: see *Miller v DPP*.[337]

Similarly, in *Brennan v McKay*,[338] the Scottish High Court of Justiciary interpreted s.35 as requiring an assessment of fact and degree; and found that exceptional hardship would not automatically result where an offender lost employment and there would also be a need for there to be other circumstances associated with loss of employment which might involve reflected hardship of a serious kind on the offender's business, family or long-term prospects. Although not a binding authority in this jurisdiction, it is suggested that the court's findings in this case are clearly correct and of general application.

A4-269 Whether offences are committed on the same occasion A common sense approach should be taken to deciding whether offences are committed on the same occasion; the question is not simply whether they were committed at the same moment in time, and consideration must be given to whether they arose out of the same incident and how similar they are in nature: *Johnson v Finbow*.[339] On the facts of that case, it was held that an offence of failing to stop after an accident and give particulars to a person having reasonable grounds for so requiring, and failing to report an accident to the police within 24 hours where committed in relation to the same accident were offences committed on the same occasion.

Power to order disqualification until test passed (s.36 of the Road Traffic Offender Act 1988)

A4-270 Generally The power to require an offender to pass a test before they can drive again is a discretionary additional power exercisable when disqualifying an offender under ss.34 or 35 of the Road Traffic Offender Act 1988. As the Sentencing Council's guideline makes clear in relation to magistrates' courts, the discretion to order a retest is likely to be exercised where there is evidence of inexperience, incompetence or infirmity, or the disqualification period is lengthy.

In *R. v Gordon*,[340] the essential consideration for a court in deciding whether to order a retest in cases where it is not mandatory, as is the case here, is the safety of other road users. The ordering of an extended retest is not an additional punishment. It is a measure available to the court to ensure competence as and when a defendant resumes driving.

---

[335] [1986] R.T.R. 136.
[336] [1982] A.C. 835.
[337] [2004] EWHC 595 (Admin); [2005] R.T.R. 3.
[338] 1997 S.L.T. 603.
[339] (1983) 5 Cr. App. R.(S.) 95.
[340] [2012] EWCA Crim 772; [2013] 1 Cr. App. R.(S.) 9.

When considering whether to order an extended test it may then be useful to ask whether there is reason to believe that an extended driving test could make the offender a better or safer driver, a test seemingly adopted in *R. v Tombs*[341] and *R. v May*.[342]

There is no principle that it is always inappropriate to require someone who is simply a passenger to be subject to an extended test; the question in all cases is whether it is necessary for public protection, which will require a consideration of the facts of the case: *R. v Beech*.[343]

A4-271

No power to order further extended retest Where an offender is disqualified and is required to pass an extended retest before disqualification is listed, s.36(7) of the 1988 Act provides that a court shall not make a further order under that section while the offender is so disqualified.

A4-272

Disqualification under the Sentencing Code

Legislation

Sentencing Act 2020 ss.162–169

Driving disqualification order

162. In this Code "driving disqualification order" means an order made under this Chapter in respect of an offender that the offender is disqualified, for the period specified in the order, for holding or obtaining a driving licence.

A4-273

Driving disqualification: availability for any offence

163.—(1) A driving disqualification order is available to the court by or before which an offender is convicted of an offence if—

    (a) the offence was committed on or after 1 January 1998, and

    (b) the court has been notified by the Secretary of State that the power to make such orders is exercisable by the court (and the notice has not been withdrawn).

(2) Where a driving disqualification order is available by virtue of this section, the court may make a driving disqualification order whether or not it also deals with the offender for the offence in any other way.

A4-274

Driving disqualification order: availability where vehicle used for purposes of crime

164.—(1) A driving disqualification order is available also where—

    (a) an offender is convicted on indictment of an offence,

    (b) the offence is punishable on indictment with imprisonment for a term of 2 years or more, and

    (c) the Crown Court is satisfied that a motor vehicle was used (by the offender or by anyone else) for the purpose of committing, or facilitating the commission of, the offence.

(2) For the purposes of subsection (1), facilitating the commission of an offence includes taking any steps after it has been committed for the purpose of—

    (a) disposing of any property to which the offence relates, or

    (b) avoiding apprehension or detection.

A4-275

---

[341] [2019] EWCA Crim 1100.
[342] [2020] EWCA Crim 365.
[343] [2016] EWCA Crim 1746; [2016] 4 W.L.R. 182.

(3) A driving disqualification order is available to the court by or before which an offender is convicted of an offence also where—
    (a) the offence is—
        (i) common assault, or
        (ii) any other offence involving an assault (including an offence under Part 2 of the Serious Crime Act 2007 (encouraging or assisting) related to, or incitement to commit, an offence),
    (b) the offence was committed on or after 1 July 1992, and
    (c) the court is satisfied that the assault was committed by driving a motor vehicle.

Disqualification period

A4-276   **165.** Where a court makes a driving disqualification order in respect of an offender for an offence, the disqualification period must be such period as the court considers appropriate.

But this is subject to sections 166 and 167.

Extension of disqualification where custodial sentence also imposed

A4-277   **166.**—(1) This section applies where a court—
    (a) imposes a custodial sentence on an offender for an offence, and
    (b) makes a driving disqualification order in respect of the offender for the same offence.
(2) But this section does not apply where the custodial sentence is—
    (a) a suspended sentence, or
    (b) a life sentence in relation to which the court makes a whole life order under section 321(3).
(3) The disqualification period must be—
    (a) the discretionary disqualification period, and
    (b) the appropriate extension period.
(4) The discretionary disqualification period is the period which the court would, in the absence of this section, have specified in the driving disqualification order.
(5) The appropriate extension period for a sentence specified in column 2 is equal to the period calculated in accordance with column 3—

	Sentence	Length of appropriate extension period
1	a detention and training order under section 233 (offenders under 18: detention and training orders)	half the term of the detention and training order
1A	a sentence of detention under section 252A (special sentence of detention for terrorist offenders of particular concern)	two-thirds of the term imposed pursuant to section 252A(5) (the appropriate custodial term)
2	an extended sentence of detention under section 254 (persons under 18)	two-thirds of the term imposed pursuant to section 254(a) (the appropriate custodial term)
3	a sentence under section 265 (special custodial sentence for certain offenders of particular concern: adults aged 18 to 20)	two-thirds of the term imposed pursuant to section 265(2)(a) (the appropriate custodial term)
4	an extended sentence of detention in a young offender institution	two-thirds of the term imposed pursuant to section 266(a) (the appropriate custodial term)
4A	a serious terrorism sentence of detention in	the term imposed pursuant to sec-

	Sentence	Length of appropriate extension period
	a young offender institution	tion 268C(2) (the appropriate custodial term)
5	a sentence under section 278 (special custodial sentence for certain offenders of particular concern: adults aged 21 and over)	two-thirds of the term imposed pursuant to section 278(2)(a) (the appropriate custodial term)
6	an extended sentence of imprisonment	two-thirds of the term imposed pursuant to section 279(a) (the appropriate custodial term)
6A	a serious terrorism sentence of imprisonment	the term imposed pursuant to section 282C(2) (the appropriate custodial term)
6B	a custodial sentence in respect of which section 244ZA of the Criminal Justice Act 2003 applies to the offender	two-thirds of the sentence
6C	a custodial sentence not within any of the preceding entries in respect of which section 247A of the Criminal Justice Act 2003 applies to the offender	two-thirds of the sentence
7	a life sentence in relation to which a minimum term order is made under section 321(2)	the term specified in the minimum term order
8	any other case	half the custodial sentence imposed.

(6) Any period determined under subsection (5) which includes a fraction of a day must be rounded up to the nearest number of whole days.

[(7) to (9) *relate to the power of the Secretary of State to provide that the proportion specified in para.8 of subs.(5) is to be read as a different proportion where an order under s.267 of the Criminal Justice Act 2003 modifies the proportion of a custodial sentence required to be served.*]

Amendments were made by the Police, Crime, Sentencing and Courts Act 2022 to the length of the extension periods under s.166 of the Sentencing Code; by virtue of s.141 of the 2022 Act the effect of these amendments were—unusually—applied retrospectively to existing driving disqualification extensions.

A4-278

Effect of custodial sentence in other cases

167.—(1) This section applies where a court makes a driving disqualification order in respect of an offender for an offence, and—
    (a) it imposes a custodial sentence (other than a suspended sentence) on the offender for another offence, or
    (b) a custodial sentence previously imposed on the offender has not expired.

(2) In determining the disqualification period, the court must, so far as it is appropriate to do so, have regard to the diminished effect of disqualification as a distinct punishment if the person who is disqualified is also detained in pursuance of a custodial sentence. But the court may not take into account for this purpose any custodial sentence that it imposes on the offender for the offence.

(3) In this section, "custodial sentence" includes a pre-Code custodial sentence (see section 222(4)).

A4-279

A4-280 Section 168 of the Sentencing Code provides that on making a driving disqualification order under the Code the court must require the offender to produce any driving licence held (including a Northern Ireland or Community licence).

Driving disqualification orders: interpretation

A4-281 **169.** In this Chapter—

"disqualification period", in relation to a driving disqualification order made in respect of an offender, means the period specified in the order as the period for which the offender is disqualified for holding or obtaining a driving licence;
"driving licence" means a licence to drive a motor vehicle granted under Part 3 of the Road Traffic Act 1988.

Guidance

General guidance

A4-282 As to general guidance applicable to all powers to order driving disqualification, see A4-216 onwards.

Choosing between driving disqualification under ss.163 or 164

A4-283 **Generally** In almost all cases it will be preferable to disqualify an offender from driving under s.163 rather than s.164. The difference between the two powers is limited solely to the availability of disqualification; there is no difference in effect between them. As held in *R. v Sofekun*,[344] driving disqualification under s.163 is available in respect of any offence whether or not the offence relates to, or is connected in any way to, driving. In contrast, the courts have taken a particularly restrictive interpretation of the availability of driving disqualification under s.164. Accordingly, where a court is imposing discretionary disqualification, unless the offence was committed before 1 January 1998 (and disqualification under s.163 is therefore not available) it is suggested that in all cases disqualification should be expressed as being imposed under s.163: allowing the court to avoid the potentially difficult question of whether the test for disqualification under s.164 is met. If that course is adopted, however, the court should bear in mind that the Court of Appeal (Criminal Division) has said that comments as to the preventative purpose of disqualification are probably not apposite for the general disqualification power owing to the absence of a nexus between the use of a vehicle and the offence in question: *R. v Griffin*.[345]

General power

A4-284 The general power under s.163 of the Sentencing Code is available for any offence, in the magistrates' courts or the Crown Court where the offence was committed on or after 1 January 1998: s.163(1). It may be imposed in addition to, or instead of, any other sentence; there is no requirement that the offence is connected to the use of a motor vehicle: s.163(2).

---

[344] [2008] EWCA Crim 2035; [2009] 1 Cr. App. R.(S.) 78.
[345] [2019] EWCA Crim 563.

Disqualification for use for the purposes of the offence

The power under s.164 is available where an offender is: A4-285

1) convicted in the Crown Court for an offence punishable on indictment by two years' imprisonment or more and the court is satisfied that a motor vehicle was used (by the offender or by anyone else) for the purpose of committing, or facilitating the commission of, the offence: ss.164(1)–(2); or
2) convicted of an offence of assault or of another offence involving an assault, where the offence was committed on or after 1 July 1992 and the court is satisfied that the assault was committed by driving a motor vehicle: s.164(3).

In relation to (a), "facilitating the commission of an offence" includes taking any steps after it has been committed for the purpose of disposing of any property to which the offence relates, or avoiding apprehension or detection: s.164(2). This inevitably requires a careful consideration of the factual matrix of the offence.

Where an offender has been convicted of conspiracy to steal, burgle or to rob, the mere fact that they used a vehicle in the course of some overt act relied upon as evidence of the conspiracy will not in itself necessarily suffice to give a court power to disqualify under s.164: *R. v Riley*[346] and *R. v Leadbeater*.[347] However, where the use of the vehicle comes within the definition of "facilitating the commission of the offence" in s.164, the power to disqualify is not limited to "a getaway driver", in the dramatic sense of that term, but included use of a vehicle simply to remove the offender from the scene of crime so as to make it less likely that they would be detected or apprehended, or to remove goods stolen in the crime: *Leadbeater*. The Court stated that the decision to the reverse in *R. v Gorry*[348] was per incuriam.

Thus, as with deprivation (which has a materially different test: the property may A4-286
be intended for use rather than the requirement that it be used), whether the use of the vehicle was part of the commission of the offence, or simply formed part of the factual background is likely to be determinative. In many cases of conspiracy, reliance on the wider s.163 power would avoid the problems which might arise if s.164 is used: *R. v Leadbeater*.[349]

Where driving disqualification is appropriate

Disqualification provides an additional power of punishment to the sentencing A4-287
court, and although the power to disqualify is broadly available under s.163, it should not be imposed arbitrarily; there must be a sufficient reason for the disqualification: *R. v Cliff*.[350] As David Thomas noted,[351] disqualification does not need to be preventative, and there may be cases (perhaps in relation to affluent offenders) where it will be a more effective punishment than other disposals.

---

[346] (1983) 5 Cr. App. R.(S.) 335.
[347] [2021] EWCA Crim 1251; [2022] 1 Cr. App. R. (S.) 36.
[348] [2018] EWCA Crim 1867; [2019] 1 Cr. App. R.(S.) 8.
[349] [2021] EWCA Crim 1251; [2022] 1 Cr. App. R. (S.) 36.
[350] [2004] EWCA Crim 3139; [2005] 2 Cr. App. R.(S.) 22.
[351] D. Thomas, "Sentencing: Disqualification from Driving—Powers of Criminal Courts (Sentencing) Act 2000 s.146 (Case Comment)" [2005] Crim. L.R. 250–252.

PRIMARY DISPOSALS

Disqualification for Offences Involving Dogs

Summary

A4-288   Where an offender is convicted of offences under s.1 of the Night Poaching Act 1828 or ss.30, 63 or 64 of the Game Act 1831, the offence is committed on or after 28 June 2022, and a dog was used in or was present at the commission of the offence, the court may make a disqualification order under s.66 of the Police Crime, Sentencing and Courts Act 2022. Such disqualification may disqualify the offender from owning dogs, keeping dogs or both and may be indefinite for a specified period. Breach of an order is a fineable summary offence. Related orders for seizure and disposal of the dog may also be made under s.67 but such orders may not provide for destruction or disposal for the purposes of vivisection. Due to the rarity of these offences these sections have not been reproduced in this work.

Disqualification in Relation to Animals

Introduction

A4-289   Where an offender is convicted of certain offences under the Animal Welfare Act 2006, the court has power to make disqualification orders under ss.34 and 42 of that Act. The effect of such disqualification orders varies. Disqualification under s.34 places general restrictions on an offender's ability to be involved in the keeping or owning of animals; it may be for any period specified by the court but must be for the terms listed in one or more of subss.(2)–(4). Disqualification under s.42 prohibits an offender from engaging in activities which require a licence under s.13 of that Act (being activities specified in regulations). Disqualification under that section may be for any period specified by the court and may be in relation to licensed activities generally or in relation to specified licenced activities.

Legislation

Animal Welfare Act 2006, s.34 and s.42

Disqualification

A4-290   **34.**—(1) If a person is convicted of an offence to which this section applies, the court by or before which he is convicted may, instead of or in addition to dealing with him in any other way, make an order disqualifying him under any one or more of subsections (2) to (4) for such period as it thinks fit.

(2)   Disqualification under this subsection disqualifies a person–
   (a)   from owning animals,
   (b)   from keeping animals,
   (c)   from participating in the keeping of animals, and
   (d)   from being party to an arrangement under which he is entitled to control or influence the way in which animals are kept.

(3)   Disqualification under this subsection disqualifies a person from dealing in animals.

(4)   Disqualification under this subsection disqualifies a person–
   (a)   from transporting animals, and
   (b)   from arranging for the transport of animals.

(5) Disqualification under subsection (2), (3) or (4) may be imposed in relation to animals generally, or in relation to animals of one or more kinds.

(6) The court by which an order under subsection (1) is made may specify a period during which the offender may not make an application under section 43(1) for termination of the order.

(7) The court by which an order under subsection (1) is made may–
   (a) suspend the operation of the order pending an appeal, or
   (b) where it appears to the court that the offender owns or keeps an animal to which the order applies, suspend the operation of the order, and of any order made under section 35 in connection with the disqualification, for such period as it thinks necessary for enabling alternative arrangements to be made in respect of the animal.

(8) Where a court decides not to make an order under subsection (1) in relation to an offender, it shall–
   (a) give its reasons for the decision in open court, and
   (b) if it is a magistrates' court, cause them to be entered in the register of its proceedings.

(9) A person who breaches a disqualification imposed by an order under subsection (1) commits an offence.

(10) This section applies to an offence under any of sections 4, 5, 6(1) and (2), 7, 8, 9 and 13(6) and subsection (9).

Orders with respect to licences

42.—(1) If a person is convicted of an offence under any of sections 4, 5, 6(1) and (2), 7 to 9, 11 and 13(6), the court by or before which he is convicted may, instead of or in addition to dealing with him in any other way–
   (a) make an order cancelling any licence held by him;
   (b) make an order disqualifying him, for such period as it thinks fit, from holding a licence.

A4-291

(2) Disqualification under subsection (1)(b) may be imposed in relation to licences generally or in relation to licences of one or more kinds.

(3) The court by which an order under subsection (1)(b) is made may specify a period during which the offender may not make an application under section 43(1) for termination of the order.

(4) The court by which an order under subsection (1) is made may suspend the operation of the order pending an appeal.

For s.43 of the Animal Welfare Act 2006, which is concerned with the termination of disqualification under ss.34 or 42, see A10-110.

A4-292

Guidance

Disqualification under s.34 of the Animal Welfare Act 2006

Type of disqualification

Disqualification under s.34 must be for one or more of the types listed in subss.(2)–(4). Where disqualification is ordered under s.34(2), the effect is that each of the acts specified in (a)–(d) will be forbidden for the relevant period; there is no discretion given to the judge in this respect: *R. (RSPCA) v Guildford Crown*

A4-293

Court.³⁵² It was in that case suggested that a different reading might have to be adopted if there were ECHR issues, such as art.8 issues arising as a result of the disqualification. It is submitted that if ECHR issues do arise it would be preferable simply not to impose disqualification under that subsection, rather than attempting to reach a different reading of the subsection.

In *Barker and Williamson v RSPCA*,³⁵³ the court observed that by virtue of s.34(5) the form of any of that type of disqualification could additionally take three forms:

1) an "all animals" order—that is to say, a prohibition against owning, keeping etc any animals at all;
2) an order covering some kind of animals but not others (i.e. a prohibition against owning, keeping etc particular kinds of animals by reference to their inclusion within terms of the order);
3) an exclusory order—that is to say, an order prohibiting the ownership etc of all animals except those of certain kinds.

The court noted that under s.34(5) there is no power to prohibit or allow the ownership of individual animals (i.e. a specific animal, such as a specific pet owned by the offender) and the prohibition must be framed by reference either to all animals or to kinds of animals, by reference to their genus of species.

Similarly, there is no power to prohibit or allow ownership only up until a specified number of animals: *RSPCA v Preston Crown Court*.³⁵⁴

Whether disqualification is appropriate

A4-294   In *R. (Ward) v RSPCA*,³⁵⁵ it was held that an order of disqualification is no doubt in part a punishment; the 2006 Act was intended to promote the welfare of animals and part of the mechanism of protection is the order of disqualification following convictions for offences under the Act.

In *Barker and Williamson v RSPCA*,³⁵⁶ when considering whether a disqualification order was oppressive, the court had reference to the other punishments imposed for the offence, seemingly noting that the seriousness of the offence will not be the only factor; observing that such orders are also preventative and that a long period of disqualification would not be capable of being imposed instead of a 12-week custodial sentence unless it was also necessary to protect the animals to which it applied and in the public interest.

It is submitted that while disqualification certainly has punitive effects, which means it will need to be considered when assessing whether the total sentence is proportionate to the offending, it is principally a preventative disposal. The key factor in considering whether disqualification is proportionate will be the risk posed to animals and the type of animals at risk. However, it is suggested that the courts should also consider the following factors: (1) the seriousness of the offence (and whether the total punishment is proportionate); (2) the extent to which disqualification will interfere with the offender's liberty and able to run a business (although

---

³⁵² [2012] EWHC 3392 (Admin) DC.
³⁵³ [2018] EWHC 880 (Admin); [2018] 2 Cr. App. R.(S.) 13 DC.
³⁵⁴ [2015] EWHC 4875 (Admin) DC.
³⁵⁵ [2010] EWHC 347 (Admin) DC.
³⁵⁶ [2018] EWHC 880 (Admin); [2018] 2 Cr. App. R.(S.) 13 DC.

this will not be a decisive factor: *R. (Ward) v RSPCA*[357]; and (3) the extent to which a less restrictive order would achieve the principal purpose of protection.

Furthermore, it is suggested that while the period of the order should clearly be influenced by the extent of the risk, any period specified before which termination cannot be sought should principally be assessed by reference to the need for appropriate punishment. Courts should be wary before specifying a long period before which termination can be sought, given the potential for the relative punitiveness of disqualification to change over time with the offender's circumstances.

In *Barker and Williamson v RSPCA*,[358] the court held that in most, if not all, cases where the offender has been convicted of an offence contrary to s.9 of the Animal Welfare Act 2006 (failure to meet an animal's needs) disqualification of one of the three types available under s.34 will be appropriate.

A4-295

Effect of disqualification

Disqualification under s.34(2) does not prohibit an offender from being able to control or influence the way in which animals are kept; it only prohibits them from being entitled to do so. There is no restriction on an offender interacting with animals; only from being party to an arrangement under which they are entitled to control or influence the way in which animals are kept: *R. (Patterson and Patterson) v RSPCA*.[359] Accordingly, in *Patterson* the offender had not been in breach of the disqualification where he lived in a house with a number of animals because his wife had had sole responsibility for them. The question on the facts will be whether any interaction constituted a keeping or a custody or an assumption of responsibility for the animal within the meaning of the section.

In *Wright v Reading Crown Court*,[360] it was held that a prohibition preventing an offender from participating in the keeping of animals (under s.34(2)) is not confined to shared physical possession; it would include knowingly having joint control of the animal wherever it might be kept.

A4-296

Disqualification under s.42 of the Animal Welfare Act 2006

There are no reported cases specifically considering s.42 of the Animal Welfare Act 2006 (disqualification in relation to licences). It is, however, suggested that the principles identified in relation to whether it would be appropriate to order disqualification under s.34 of the 2006 Act (see A4-291) apply equally to disqualification under s.42.

A4-297

Disqualification from Having Custody of a Dog

Introduction

Section 4 of the Dangerous Dogs Act 1991 confers on the court power to disqualify an offender from keeping dogs where the offender has been convicted of an offence under s.1 or 3(1) of that Act or an offence under an order made under s.2 of that Act. Disqualification is for a specified period, and under subs.(6) an of-

A4-298

---

[357] [2010] EWHC 347 (Admin) DC.
[358] [2018] EWHC 880 (Admin); [2018] 2 Cr. App. R.(S.) 13 DC.
[359] [2013] EWHC 4531 (Admin) QBD (Baker J).
[360] [2017] EWHC 2643 (Admin); [2017] A.C.D. 139 QBD (Goose J).

fender may apply to a magistrates' court for the order to be varied or revoked after a year.

Legislation

Dangerous Dogs Act 1991 s.4

Destruction and disqualification orders

A4-299   4.—(1) Where a person is convicted of an offence under section 1 or 3(1) above or of an offence under an order made under section 2 above the court—
    (a) may order the destruction of any dog in respect of which the offence was committed and, subject to subsection (1A) below, shall do so in the case of an offence under section 1 or an aggravated offence under section 3(1) above; and
    (b) may order the offender to be disqualified, for such period as the court thinks fit, for having custody of a dog.
[*(1A) to (5)   Relate to destruction only.*]
  (6) Any person who is disqualified for having custody of a dog by virtue of an order under subsection (1)(b) above may, at any time after the end of the period of one year beginning with the date of the order, apply to the court that made it (or a magistrates' court acting in the same local justice area as that court) for a direction terminating the disqualification.
  (7) On an application under subsection (6) above the court may—
    (a) having regard to the applicant's character, his conduct since the disqualification was imposed and any other circumstances of the case, grant or refuse the application; and
    (b) order the applicant to pay all or any part of the costs of the application;
and where an application in respect of an order is refused no further application in respect of that order shall be entertained if made before the end of the period of one year beginning with the date of the refusal.
  (8) Any person who—
    (a) has custody of a dog in contravention of an order under subsection (1)(b) above; or
    (b) fails to comply with a requirement imposed on him under subsection (4)(a) above,
is guilty of an offence and liable on summary conviction to a fine not exceeding level 5 on the standard scale.
[*(9)   relates to Scotland only.*]

Guidance

Scope of power

A4-300   The power under s.4 is one to prohibit the offender from keeping any dogs for the specified period; there is no statutory power to disqualify a person from having custody of more than one dog, nor is there any statutory power to make a qualified disqualification order or to specify conditions which must be met if the offender is to be permitted to retain one or more dogs: *R. v Haynes*.[361]

Whether to order disqualification

The proper test appears to be whether a person is a fit and proper person to look after a dog at the time of the sentencing hearing—although this wording does not appear as a statutory consideration for disqualification, it is embraced as the relevant test in the Sentencing Council's guideline for dangerous dog offences.

A4-301

In deciding whether to impose disqualification the court must consider all the relevant circumstances: *R. v Flack*.[362] In *R. v Donnelly*,[363] the court cautioned against reference to principles underpinning driving disqualification but did note that they would have regard to the principles that disqualification should not be unnecessarily long and not impede the pursuit of lawful activities.

It is submitted therefore that consideration should always be given to whether lesser steps such as the imposition of the conditions which would be attached to a certificate of exemption would be sufficient to address the public safety concerns posed by the offender. In every case there will need to be a balancing act between the danger posed by the offender and the restrictions imposed on what would otherwise be lawful behaviour.

It is submitted that relevant factors will include:

A4-302

1) the dog's history of aggressive behaviour (*R. v Flack*[364]); if the dog was known to be aggressive then an offender who has not taken appropriate steps in response would seem to pose a greater public danger than one who was not aware;
2) the owner's history of controlling the dog (*R. v Flack*[365]); if this was behaviour which was out of the normal and there is a long record of good behaviour that may be factor indicating that the risk is not such as to merit disqualification;
3) any relevant previous convictions, cautions or penalty notices and any relevant previous breaches of court orders (Sentencing Council's guideline); these will clearly increase the culpability of the dog owner and tend to show an increased risk but it is also clear that good character will not inevitably make disqualification inappropriate (see *R. v Shallow*,[366] where an offender of good character had failed to have an adequate muzzle in place despite having concerns about the dog's temperament);
4) the nature and suitability of the premises that the dog is to be kept at by the person (see *R. v Devon*[367]—a ninth-floor bedsit not being appropriate on the facts of the case);
5) how serious the failure that constituted the offence was, and the harm risked or caused by it (*R. v Donnelly*[368]);

---

[361] [2003] EWCA Crim 3247; [2004] 2 Cr. App. R.(S.) 9.
[362] [2008] EWCA Crim 204; [2008] 2 Cr. App. R.(S.) 70.
[363] [2007] EWCA Crim 2548.
[364] [2008] EWCA Crim 204; [2008] 2 Cr. App. R.(S.) 70.
[365] [2008] EWCA Crim 204; [2008] 2 Cr. App. R.(S.) 70.
[366] [2011] EWCA Crim 1443; [2012] 1 Cr. App. R.(S.) 33.
[367] [2011] EWCA Crim 1073.
[368] [2007] EWCA Crim 2548.

6) the concerns of the victim where the victim is likely to come back into contact with the offender (*R. v Holland*[369]);
7) where the police have released the dog pending the court's decision whether the person has breached conditions imposed by the police (Sentencing Council's guideline);
8) any voluntary undertaking offered by the offender as to the offender's future conduct (*R. v Haynes*[370]).

It is suggested that where disqualification is imposed the court should give reasons for concluding why the person is not a fit and proper person (a failure to do so being a material reason for overturning the judge's decision in *R. v Singh*[371]).

Length of disqualification

A4-303   There is no guidance available as to the appropriate length of disqualification, which will inevitably require a fact-specific assessment of the degree of risk posed by the offender. However, in the author's experience disqualification in the region of five years is not exceptional, and disqualification for 10 years was upheld. In all cases it should be borne in mind that the offender can apply for variation or revocation of the disqualification but that where this is so the onus is placed on the offender to prove they are safe.

Revocation and breach

A4-304   As to the sentencing of offences of breaching disqualification under this section, see B2-475. As to guidance on the revocation of disqualification under s.4(7), see A10-113.

Company Director Disqualification

Introduction

A4-305   Company director disqualification orders are available to a criminal court where an offender is convicted of certain offences linked to companies. Disqualification is for a period specified by the court and the regime operates in parallel to the civil regime for company director disqualification, which allows disqualification for those who have been found to be unfit to be a company director or have committed certain misconducts in connection to companies. Although referred to as "company director disqualification", its effect is much broader and also prohibits a disqualified person from being a receiver of a company's property or in any way, whether directly or indirectly, being concerned or taking part in the promotion, formation or management of a company unless (in each case) the person has the leave of the court, and from acting as an insolvency practitioner. It therefore places substantial restrictions on a person's capacity to be involved in a senior role in a business.

---

[369] [2002] EWCA Crim 1585; [2003] 1 Cr. App. R.(S.) 60.
[370] [2003] EWCA Crim 3247; [2004] 2 Cr. App. R.(S.) 9.
[371] [2013] EWCA Crim 2416.

Legislation

Company Directors Disqualification Act 1986 ss.1–2 and 5

Disqualification orders: general

1.—(1) In the circumstances specified below in this Act a court may, and under sections 6, 8ZF and 9A shall, make against a person a disqualification order, that is to say an order that for a period specified in the order—
- (a) he shall not be a director of a company, act as receiver of a company's property or in any way, whether directly or indirectly, be concerned or take part in the promotion, formation or management of a company unless (in each case) he has the leave of the court, and
- (b) he shall not act as an insolvency practitioner.

(2) In each section of this Act which gives to a court power or, as the case may be, imposes on it the duty to make a disqualification order there is specified the maximum (and, in sections 6, 8ZA and 8ZF the minimum) period of disqualification which may or (as the case may be) must be imposed by means of the order and, unless the court otherwise orders, the period of disqualification so imposed shall begin at the end of the period of 21 days beginning with the date of the order.

(3) Where a disqualification order is made against a person who is already subject to such an order or to a disqualification undertaking, the periods specified in those orders or, as the case may be, in the order and the undertaking shall run concurrently.

(4) A disqualification order may be made on grounds which are or include matters other than criminal convictions, notwithstanding that the person in respect of whom it is to be made may be criminally liable in respect of those matters.

Disqualification on conviction of indictable offence.

2.—(1) The court may make a disqualification order against a person where he is convicted of an indictable offence (whether on indictment or summarily) in connection with the promotion, formation, management, liquidation or striking off of a company with the receivership of a company's property or with his being an administrative receiver of a company.

(1A) In subsection (1), "company" includes overseas company.

(2) "The court" for this purpose means—
- (a) any court having jurisdiction to wind up the company in relation to which the offence was committed, or
- (aa) in relation to an overseas company not falling within paragraph (a), the High Court or, in Scotland, the Court of Session, or
- (b) the court by or before which the person is convicted of the offence, or
- (c) in the case of a summary conviction in England and Wales, any other magistrates' court acting in the same local justice area;

and for the purposes of this section the definition of "indictable offence" in Schedule to the Interpretation Act 1978 applies for Scotland as it does for England and Wales.

(3) The maximum period of disqualification under this section is—
- (a) where the disqualification order is made by a court of summary jurisdiction, 5 years, and
- (b) in any other case, 15 years.

Disqualification on summary conviction.

A4-308 **5.**—(1) An offence counting for the purposes of this section is one of which a person is convicted (either on indictment or summarily) in consequence of a contravention of, or failure to comply with, any provision of the companies legislation requiring a return, account or other document to be filed with, delivered or sent, or notice of any matter to be given, to the registrar of companies (whether the contravention or failure is on the person's own part or on the part of any company).

(2) Where a person is convicted of a summary offence counting for those purposes, the court by which he is convicted (or, in England and Wales, any other magistrates' court acting in the same local justice area) may make a disqualification order against him if the circumstances specified in the next subsection are present.

(3) Those circumstances are that, during the 5 years ending with the date of the conviction, the person has had made against him, or has been convicted of, in total not less than 3 default orders and offences counting for the purposes of this section; and those offences may include that of which he is convicted as mentioned in subsection (2) and any other offence of which he is convicted on the same occasion.

(4) For the purposes of this section—
  (a) the definition of "summary offence" in Schedule 1 to the Interpretation Act 1978 applies for Scotland as for England and Wales, and
  (b) "default order" means the same as in section 3(3)(b).

(4A) In this section "the companies legislation" means the Companies Acts and Parts 1 to 7 of the Insolvency Act 1986 (company insolvency and winding up).

(4B) In this section "company" includes overseas company.

(5) The maximum period of disqualification under this section is 5 years.

A4-309 As to the offence of breaching a company director disqualification order, see ss.13–14 of the 1986 Act at A10-117.

Guidance

Availability of disqualification

Whether act is "in connection with the management of a company"

A4-310 There is no requirement that the offence be related to the management of a company's internal affairs; the legislative words are "in connection with the management of a company" not "in respect of the management of a company" and therefore the statute covers both internal and external affairs: *R. v Corbin*[372] and *R. v Austen*.[373] There is no requirement that the offence consist of breaking a law relating to the management of a company; the correct test is whether the offence has some relevant factual connection with the management of a company (which is perhaps wider than whether the offence was committed in the course of managing the company): *R. v Goodman*.[374]

---

[372] (1984) 6 Cr. App. R.(S.) 17.
[373] (1985) 7 Cr. App. R.(S.) 214.
[374] (1993) 14 Cr. App. R.(S.) 147.

Purpose of disqualification

The purpose of company director disqualification is preventative, to protect the public from the activities of persons who whether for reasons of dishonesty, naivete or incompetence, use or abuse corporate vehicles or their role and status as a company director to the detriment of the public: *R. v Cobbey*[375] and *R. v Edwards*.[376] However, it is clear from *R. v Young*[377] that disqualification can be a punishment and, at least on the facts there, the order seemed to be imposed as one.

A4-311

Whether disqualification is appropriate

There is no requirement that a person be found to be dishonest or had engaged in fraudulent misconduct, or that they are unfit to act as a company director for disqualification to be appropriate under ss.2 or 5 of the 1986 Act, unlike in relation to civil disqualification under s.6 where different tests apply: *R. v Young*.[378]

A4-312

In *R. v Chandler*,[379] the court, however, did apply guidance given in relation to s.6 of the 1988 Act, finding that there was a need for the judge to identify the reason as to why the offender was unfit to be a company director and that the regulatory offences of which he was convicted (the fraudulent charges being discontinued) did not provide a sufficient evidential basis. The court held that if the sentencer was going to pursue a director's disqualification, the sentencer needed to ensure that the offender had proper notice of the allegations of misconduct, within the meaning of the 1986 Act, that they were having to face and that they had an opportunity to make informed submissions about them.

It is suggested that to the extent the two decisions conflict, the approach adopted in *Young* is to be preferred in relation to criminal cases. There is no requirement under ss.2 or 5 to find that a person is "unfit to be a company director" nor is there a requirement for particular allegations of misconduct to be put to the offender. However, clearly disqualification will only be appropriate where it is in the public interest, and this will require some evidence on the basis of which it can be concluded that disqualification is necessary to protect the public from the activity of the offender as a company director. This may be for reasons of dishonesty but also for naivete or incompetence, or the simple improper use of corporate vehicles for the commission of other offending.

Scope of disqualification

General

There is no jurisdiction to limit a disqualification order made under the 1986 Act to the holding of the directorships in a public company; a disqualification order made under s.1 must apply to the holding of directorships in any company, and to all the categories which are identified in s.1: *R. v Ward*.[380]

A4-313

---

[375] (1993) 14 Cr. App. R.(S.) 82.
[376] [1998] 2 Cr. App. R.(S.) 213.
[377] (1990–1991) 12 Cr. App. R.(S.) 262.
[378] (1990–1991) 12 Cr. App. R.(S.) 262.
[379] [2015] EWCA Crim 1825; [2016] 1 Cr. App. R.(S.) 37.
[380] [2001] EWCA Crim 1648; [2002] B.C.C. 953.

Limited Liability Partnerships

A4-313a By virtue of reg.4 of the Limited Liability Partnerships Regulations 2001,[382] the 1986 Act applies also to limited liability partnerships such that "references to a director of a company or to an officer of a company shall include references to a member of a limited liability partnership" and "references to a company shall include references to a limited liability partnership". The effect of this is presumably that company direction disqualification under the 1986 Act prohibits a person from being a member of an LLP; and, in addition, that conduct in connection with a limited liability partnership can lead to disqualification under s.2 where such disqualification would be available in relation to an offence in connection with a company.

Length of disqualification

Minimum and maximum periods

A4-314 The maximum period of disqualification available under s.2 of the 1986 Act is 15 years, and under s.5 is five years. It should be noted that in both cases there is no minimum period of disqualification, in contrast to disqualification under s.6 for which there is a minimum period of disqualification of two years, and that should be borne in mind when considering authorities in relation to s.6.

That an offender was previously subject to a disqualification undertaking under s.1A does not alter the maximum period available in respect of disqualification: *R. v Abbasi (Bakhtiar)*.[381]

Guideline cases

A4-315 In *Re Sevenoaks Stationers (Retail) Ltd*,[382] the Court of Appeal (Civil Division) identified the following three brackets of case in relation to disqualifications under s.6 of the 1986 Act.

1) The top bracket of disqualification for periods over 10 years should be reserved for particularly serious cases. These may include cases where a director who has already had one period of disqualification imposed on them falls to be disqualified yet again.
2) The middle bracket of disqualification for from six to 10 years should apply for serious cases which do not merit the top bracket.
3) The minimum bracket of two to five years' disqualification should be applied where, though disqualification is mandatory, the case is, relatively, not very serious.

In relation to disqualification under s.2 of the 1986 Act, the criminal courts have consistently applied these brackets since *R. v Millard*.[383] The approach has also been endorsed by the Chancery Division of the High Court in *Secretary of State for Business, Innovation and Skills v Rahman*,[384] who considered there should be no difference in approach in relation to the length of disqualifications under ss.2 or 6 of the

---

[381] [2024] EWCA Crim 457; [2024] 4 W.L.R. 45.
[382] [1990] 3 W.L.R. 1165.
[383] (1994) 15 Cr. App. R.(S.) 445.
[384] [2017] EWHC 2468 (Ch); [2018] B.C.C. 567.

1986 Act. To that, however, it should be observed that disqualification is never mandatory under s.2, and that there is no minimum period of two years' disqualification. More broadly, it is suggested that there are likely to be considerations which are not relevant to disqualification under s.6 but which may be to disqualification under s.2 due to the criminal context.

The guidance is clearly not apposite in relation to disqualification under s.5, for which the maximum is five years.

In *R. v Abbasi (Bakhtiar)*,[385] the appellant had entered into a s.1A CDDA undertaking, whereby he undertook not to serve as a company director for 12 years, taking effect in August 2020. When being sentenced in the criminal proceedings, the judge imposed a 15-year disqualification which by virtue of s.1(3) would run concurrently. Thus, the total period for which the appellant would be prevented from being a company director, etc. was 18 years, beyond the statutory maximum for disqualification. The court held that this was not ultra vires, as there was no provision that required the combined effect to be limited to 15 years and that on the facts, the subject matter of the undertaking and of the court order were not the same; rather, although there was a degree of overlap, there were substantial differences between the bases for the imposition of each.

Relevant factors

Other authorities as to length are necessarily fact-specific and there is a limit to the guidance they can provide beyond the brackets established in *Re Sevenoaks Stationers (Retail) Ltd*.[386] Given the purpose of disqualification, it is clear that the principle factor that will be relevant in determining the length of disqualification is the extent to which the ability of the offender to act as a company director (and in other equivalent roles) poses a risk to the public. However, the following factors can be identified as relevant to that assessment and to the length of any disqualification order:

A4-316

1) the relative culpability of the offender and their involvement, although it is clear that negligence or incompetence will suffice for disqualification (*R. v Conolly*[387]);
2) the duration of the offending: a brief mistake being less serious than significantly planned long-term offending (*R. v Steel*[388]);
3) the role of the company in the offending and the extent to which it was misused;
4) whether the offender had been dishonest throughout or had traded for a considerable period legitimately (*R. v Steel*[389]);
5) the impact on lawful business and others (*R. v Young*[390]); it is suggested that a balance will need to be struck between punishing those who are involved in lawful business and ensuring that further unlawful business cannot be carried out by the offender; the capacity of others to take over will be relevant and the impact on others will necessarily be a limited consideration;

---

[385] [2024] EWCA Crim 457; [2024] 4 W.L.R. 45.
[386] [1990] 3 W.L.R. 1165.
[387] [2012] EWCA Crim 477.
[388] [2014] EWCA Crim 787.
[389] [2014] EWCA Crim 787.
[390] (1990–1991) 12 Cr. App. R.(S.) 262.

6) the amount of money involved or risked (*R. v Steel*[391]);
7) the previous character of the offender (*R. v Steel*[392]);
8) whether there had been a prompt admission of guilt or remorse (*R. v Steel*[393]);
9) the seriousness of the offending and the gravity of the criminality (*R. v Randhawa and Randhawa*[394]);
10) whether there is evidence of remorse or a changed mindset (*R. v Randhawa and Randhawa*[395]); however, it will need to be borne in mind that only limited weight can be given to a statement that an offender does not want to be a director again and that there is a risk that the views of the offender will change (*R. v Edwards*[396]).

A plea of guilty will not reduce any length of company director disqualification: *R. v Clayton*.[397] It is suggested that the rationale for this is that as a primarily preventative measure, a guilty plea has no relevance to the issue, save perhaps to the extent that it might indicate an awareness of the inappropriateness of the offending behaviour. It is submitted, however, that as it is now generally accepted that a guilty plea is divorced from expressions of remorse (which may be relevant to considerations of future risk), a guilty plea is unlikely to be considered to be a matter to take into account when considering the length of an order.

Combined with other orders

Generally

A4-317   It is clear that although the intent of any company director disqualification order may not be punitive it may have punitive effects, at the least on the offender's ability to earn money. It is suggested that the individual impact on the offender must be assessed by reference to all the circumstances and that where it does have a punitive effect there will be a need to consider whether in combination with the other punitive orders imposed it has a disproportionate impact on the offender compared to the seriousness of the offence. However, in all circumstances it is self-evident that the risk to the public posed by the offender will be the principal factor in determining the length of the order.

Financial orders

A4-318   When imposing a financial order there will be a need to consider the extent to which the disqualification order would deprive the offender of the means to earn money with which to pay that order: *R. v Holmes*.[398]

---

[391] [2014] EWCA Crim 787.
[392] [2014] EWCA Crim 787.
[393] [2014] EWCA Crim 787.
[394] [2008] EWCA Crim 2599.
[395] [2008] EWCA Crim 2599.
[396] [1998] 2 Cr. App. R.(S.) 213.
[397] [2017] EWCA Crim 49.
[398] (1992) 13 Cr. App. R.(S.) 29.

Discharges

In *R. v Young*,[399] the court quashed a company director disqualification imposed alongside a conditional discharge on the grounds that it was inappropriate given that a conditional discharge could only be imposed where the court thought punishment was inexpedient. That case is, however, unusual, in that the purpose of disqualification seemed to be expressed as punishment. It is suggested that that fact needs to be borne in mind when considering its application, and that where such an order is imposed for purely preventative reasons it may be imposed alongside a discharge.

A4-319

Breach of disqualification

As to the offence of acting in contravention of a disqualification order, see ss.13–14 of the Company Directors Disqualification Act 1986 (A10-117).

A4-320

COMMUNITY ORDERS

Introduction

Where an offender aged 18 or over is convicted of an imprisonable offence, a community order may be imposed where the offence is serious enough to warrant it. A community order may last for up to three years (or longer in the case of unpaid work requirements that have not been completed) and must subject the offender to one or more "community requirements"—those listed in Sch.9 to the Sentencing Code. The requirements imposed must be those most suitable for the offender and any restrictions on liberty must be commensurate with the seriousness of the offence, but unless the court also imposes a fine or there are exceptional circumstances making it unjust to do so, at least one community requirement must be imposed for the purposes of punishment.

A4-321

There are two principal differences between a community order and preventative orders that may be imposed as a secondary disposal: first, that an offender serving a community order is under the active supervision of a responsible officer with whom the offender is required to keep in touch as a requirement of the order; secondly, that community orders may be imposed for punitive reasons as well as preventative or rehabilitative ones. While any requirements or restrictions on liberty must be suitable for the offender and commensurate with the seriousness of the offence, there is no requirement that they reduce the risk posed by the offender or actively promote rehabilitation (although they often will).

Legislation

General Provisions

Sentencing Act 2020 ss.200–201 and 220

Community order

200.—(1) In this Code "community order" means an order imposing one or more community order requirements.

A4-322

---

[399] (1990–1991) 12 Cr. App. R.(S.) 262.

(2) The community order requirements are listed in column 1 of the community order requirements table (see section 201).

(3) Provision about each requirement is made by the Part of Schedule 9 mentioned in the corresponding entry in column 2 of that table.

Community order requirements table

A4-323　　201. The community order requirements table referred to in sections 200, 206 and 208 is—

Requirement	Part of Schedule 9 relating to requirement	Restrictions on availability
unpaid work requirement	Part 1	
rehabilitation activity requirement	Part 2	
programme requirement	Part 3	
prohibited activity requirement	Part 4	
curfew requirement	Part 5	
exclusion requirement	Part 6	
residence requirement	Part 7	
foreign travel prohibition requirement	Part 8	
mental health treatment requirement	Part 9	
drug rehabilitation requirement	Part 10	
drug testing requirement	Part 10A	section 207(3A)
alcohol treatment requirement	Part 11	
alcohol abstinence and monitoring requirement	Part 12	section 207(1) or (2)
attendance centre requirement	Part 13	section 207(3)
electronic compliance monitoring requirement	Part 14	section 207(4)
electronic whereabouts monitoring requirement	Part 14	

When a community order ceases to be in force

A4-324　　220.—(1) A community order ceases to be in force—
　　　(a) at the end of the end date (see section 209), or
　　　(b) if later, when the offender has completed any unpaid work requirement imposed by the order.

(2) But a community order ceases to be in force when it is revoked.

(3) An unpaid work requirement is completed when the offender has worked under it for the number of hours specified in the order.

Availability

Sentencing Act 2020 ss.202–203

Community order: availability

202.—(1) A community order is available to a court by or before which an offender is convicted of an offence if—
    (a) the offender is aged 18 or over when convicted, and
    (b) the offence is punishable with imprisonment by that court.
(2) Subsection (1) is subject to—
    (a) subsection (3),
    (b) section 203 (restriction on making both community order and suspended sentence order), and
    (c) section 37(8) of the Mental Health Act 1983 (community order not to be made in combination with hospital order or guardianship order in respect of same offence).
(3) A community order is not available in respect of an offence in relation to which a mandatory sentence requirement applies (see section 399). But this is subject to section 74 and Chapter 4 of Part 12 (reduction of sentence for assistance to prosecution).

A4-325

Restriction on making both community order and suspended sentence order

203. A court may not make a community order in respect of an offence if it makes a suspended sentence order in respect of—
    (a) the offence,
    (b) any other offence of which the offender is convicted by or before it, or
    (c) any other offence for which it deals with the offender.

A4-326

Exercise of Power to Make Community Order

Sentencing Act 2020 ss.204–205

Exercise of power to impose community order: general considerations

204.—(1) This section applies where a community order is available.
(2) The court must not make a community order unless it is of the opinion that—
    (a) the offence, or
    (b) the combination of the offence and one or more offences associated with it,
was serious enough to warrant the making of such an order.
(3) In forming its opinion for the purposes of subsection (2), the court must take into account all the information that is available to it about the circumstances of the offence, or of it and the associated offence or offences, including any aggravating or mitigating factors.
(4) The pre-sentence report requirements (see section 30) apply to the court in relation to forming that opinion.
(5) The fact that, by virtue of subsection (2), the court may make a community order does not require it to do so.

A4-327

Section 205 provides that the court may take account of time spent on remand

A4-328

when considering any restrictions on an offender's liberty to be imposed by a community order.

Available Requirements

Sentencing Act 2020 ss.206–207

Community order: available requirements

A4-329   **206.**—(1) A court may not make a community order which imposes a community order requirement that is not an available requirement.

(2) A community order requirement is an available requirement unless a provision mentioned in column 3 of the entry for that requirement in the community order requirements table (see section 201) provides otherwise.

Community order: availability of particular requirements

   207.— Alcohol abstinence and monitoring requirement

A4-330   (1) An alcohol abstinence and monitoring requirement is not an available requirement unless regulations are in force under paragraph 25(7)(c) of Schedule 9 (prescribed arrangements for monitoring).

(2) An alcohol abstinence and monitoring requirement imposing a requirement within paragraph 25(1)(a)(ii) of Schedule 9 (alcohol level to be kept below specified level) is not an available requirement unless regulations are in force under 25(7)(b) of that Schedule (prescribed alcohol level).

Attendance centre requirement

(3) An attendance centre requirement is not an available requirement unless—

     (a) the offender was convicted of the offence before [28 June 2022], and

     (b) the offender was aged under 25 when convicted of the offence.

Drug testing requirement

(3A) A drug testing requirement is not an available requirement if the offender was convicted of the offence before [28 June 2022].

Electronic compliance monitoring requirement

(4) An electronic compliance monitoring requirement is not an available requirement in relation to a community order unless the community order imposes at least one other available requirement, other than—

     (a) an alcohol abstinence and monitoring requirement;

     (b) an electronic whereabouts monitoring requirement.

Exercise of Power to Impose Requirements

Sentencing Act 2020 s.208

Community order: exercise of power to impose particular requirements

A4-331   **208.**—(1) This section applies where a court makes a community order in respect of an offence.

Restrictions and obligations relating to imposing particular requirements

(2) The power to impose a particular community order requirement is subject to the provisions of the Part of Schedule 9 relating to requirements of that kind (see column 2 of the table in section 201).

Suitability of requirements

(3) The particular community order requirement or community order requirements imposed by the order must, in the opinion of the court, be the most suitable for the offender. This is subject to subsection (10).

(4) The pre-sentence report requirements (see section 30) apply to the court in relation to forming any opinion on whether a particular requirement or combination of requirements is suitable for the offender.

(5) In forming its opinion for the purposes of subsection (3) on which requirement or combination of requirements is most suitable for the offender, the court may take into account any information about the offender which is before it.

Considerations of seriousness and punishment etc

(6) The restrictions on liberty imposed by the order must be such as are in the opinion of the court commensurate with the seriousness of—
    (a) the offence, or
    (b) the combination of the offence and one or more offences associated with it.

This is subject to subsection (10).

(7) In forming its opinion for the purposes of subsection (6), the court must take into account all the information that is available to it about the circumstances of the offence, or of it and the associated offence or offences, including any aggravating or mitigating factors.

(8) The pre-sentence report requirements (see section 30) apply to the court in relation to forming that opinion.

(9) The fact that, by virtue of subsection (6), particular restrictions on liberty may be imposed by a community order does not require the court to impose those restrictions.

(10) The order must include at least one community order requirement imposed for the purpose of punishment.

(11) Subsection (10) does not apply where—
    (a) the court also imposes a fine, or
    (b) there are exceptional circumstances relating to the offence or to the offender which—
        (i) would make it unjust in all the circumstances for the court to impose a requirement for the purpose of punishment in the particular case, and
        (ii) would make it unjust in all the circumstances for the court to impose a fine for the offence concerned.

Compatibility with other matters

(12) If the order imposes two or more different community order requirements, the court must, before making the order, consider whether, in the circumstances of the case, the requirements are compatible with each other.

(13) The court must ensure, so far as practicable, that any community order requirement imposed by the order is such as to avoid—
    (a) any conflict with the offender's religious beliefs,
    (b) any conflict with the requirements of any other court order to which the offender may be subject, and
    (c) any interference with the times, if any, at which the offender normally—
        (i) works, or
        (ii) attends any educational establishment,
    and satisfies any additional restrictions that the Secretary of State may

specify in regulations.

(14) Regulations under subsection (13) are subject to the negative resolution procedure.

Sentencing Act 2020 Sch.9

Unpaid work requirement

Requirement and obligation of offender

A4-332   **1.**—(1) In this Code "unpaid work requirement", in relation to a relevant order, means a requirement that the offender must perform unpaid work in accordance with the instructions of the responsible officer as to—
    (a) the work to be performed, and
    (b) the times, during a period of 12 months, at which the offender is to perform it.
(2) Paragraph (1)(b) is subject to—
    (a) paragraph 21 of Schedule 10 (community order: power to extend unpaid work requirement);
    (b) paragraph 27 of Schedule 16 (suspended sentence order: extension of unpaid work requirement).

Number of hours of unpaid work to be specified in order

A4-333   **2.**—(1) The number of hours which a person may be required to work under an unpaid work requirement—
    (a) must be specified in the relevant order, and
    (b) must, in aggregate, be—
        (i) not less than 40, and
        (ii) not more than 300.
(2) Sub-paragraph (1)(b)(i) is subject to paragraph 13(4) of Schedule 10 (breach of community order: power to impose unpaid work requirement).
(3) Sub-paragraph (4) applies where the court—
    (a) makes relevant orders in respect of two or more offences of which the offender is convicted on the same occasion, and
    (b) includes unpaid work requirements in each of them.
(4) The court may direct that the hours of work specified in any of those requirements is to be—
    (a) concurrent with, or
    (b) additional to,
those specified in any other of those orders. But the total number of hours which are not concurrent must not exceed the maximum number (see sub-paragraph (1)(b)(ii)).

Restriction on imposing unpaid work requirement

A4-334   **3.**—(1) A court may not include an unpaid work requirement in a relevant order unless it is satisfied—
    (a) that the offender is a suitable person to perform work under such a requirement, and
    (b) that provision for the offender to work under such a requirement can be made under the arrangements for persons to perform work under such a requirement which exist in the offender's home local justice area.
(2) In making a decision under sub-paragraph (1)(a), the court must (if it thinks necessary) hear an officer of a provider of probation services.

Rehabilitation activity requirement

Requirement

A4-335   **4.**—(1) In this Code "rehabilitation activity requirement", in relation to a relevant order, means a requirement that, during the relevant period, the offender must comply with any instructions given by the responsible officer to do either or both of the following—
    (a) attend appointments;
    (b) participate in activities.
(2) The maximum number of days on which the offender may be instructed to participate in activities must be specified in the relevant order.
(3) In this paragraph "the relevant period" means—
    (a) in relation to a community order, the period for which the community order remains in force, and

(b) in relation to a suspended sentence order, the supervision period.

Instructions given by responsible officer
5.—(1) Any instructions given by the responsible officer pursuant to the rehabilitation activity requirement must be given with a view to promoting the offender's rehabilitation.

(2) Sub-paragraph (1) does not prevent the responsible officer giving instructions with a view to other purposes in addition to rehabilitation.

(3) The responsible officer may instruct the offender to attend appointments with the responsible officer or with someone else.

(4) The responsible officer, when instructing the offender to participate in activities, may require the offender—
    (a) to participate in specified activities and, while doing so, comply with instructions given by the person in charge of the activities, or
    (b) to go to a specified place and, while there, comply with any instructions given by the person in charge of the place.

(5) The references in sub-paragraph (4)(a) and (b) to instructions given by a person include instructions given by anyone acting under the person's authority.

(6) The activities that a responsible officer may instruct the offender to participate in include—
    (a) activities forming an accredited programme (see paragraph 6(2));
    (b) activities whose purpose is reparative, such as restorative justice activities.

(7) For the purposes of sub-paragraph (6)(b) an activity is a restorative justice activity if—
    (a) the participants consist of, or include, the offender and any victim or victims,
    (b) the aim of the activity is to maximise the offender's awareness of the impact of the offending concerned on the victims, and
    (c) the activity gives a victim or victims an opportunity to talk about, or by other means express experience of, the offending and its impact.

(8) In sub-paragraph (7) "victim" means a victim of, or other person affected by, the offending concerned.

(9) Where compliance with an instruction would require the co-operation of a person other than the offender, the responsible officer may give the instruction only if that person agrees.

A4-336

Programme requirement

Programme Requirement
6.—(1) In this Code "programme requirement", in relation to a relevant order, means a requirement that the offender must—
    (a) in accordance with instructions given by the responsible officer participate in an accredited programme at a particular place, and
    (b) while at that place, comply with instructions given by, or under the authority of, the person in charge of the programme.

(2) In this Code "accredited programme" means a programme that is for the time being accredited by the Secretary of State for the purposes of this paragraph.

(3) Any programme that immediately before 1 May 2008 was accredited for the purposes of section 202 of the Criminal Justice Act 2003 is treated as accredited by the Secretary of State for the purposes of this paragraph.

(4) In this paragraph "programme" means a systematic set of activities.

(5) Where a relevant order includes a programme requirement—
    (a) the order must specify the number of days on which the offender is to be required to participate in an accredited programme under the requirement;
    (b) it is for the responsible officer to specify—
        (i) the accredited programme in which the offender is to participate, and
        (ii) the place at which the offender is to do so.

A4-337

Prohibited activity requirement

Requirement
7.—(1) In this Code "prohibited activity requirement", in relation to a relevant order, means a requirement that the offender must refrain from participating in activities—
    (a) on one or more particular days, or
    (b) for a particular period.

(2) Where the court makes a relevant order imposing a prohibited activity requirement, the following must be specified in the order—

A4-338

(a) the activities from which the offender must refrain;
(b) the day or days on which, or the period for which, the offender must refrain from those activities.

(3) A prohibited activity requirement may, in particular, include a requirement that the offender does not possess, use or carry a firearm within the meaning of the Firearms Act 1968.

Restriction on imposing prohibited activity requirement

A4-339   8.   A court may not include a prohibited activity requirement in a relevant order unless it has consulted an officer of a provider of probation services.

Curfew requirement

Requirement

A4-340   9.—(1) In this Code "curfew requirement", in relation to a relevant order, means a requirement that the offender must remain, for particular periods ("curfew periods"), at a particular place.

(2) A relevant order which imposes a curfew requirement must specify—
   (a) the curfew periods, and
   (b) the place at which the offender must remain for each curfew period.

(3) Different places or different curfew periods may be specified for different days.

(4) The curfew periods specified must amount to—
   (a) not less than 2 hours in any day,
   (b) not more than the relevant number of hours in any day, and
   (c) not more than 112 hours in any period of 7 days beginning with the day of the week on which the requirement first takes effect.

(4A) In sub-paragraph (4) "the relevant number of hours" means—
   (a) in relation to a relevant order in respect of an offence of which the offender was convicted before [28 June 2022], 16 hours, and
   (b) in relation to a relevant order in respect of an offence of which the offender was convicted on or after that day, 20 hours.

(5) The specified curfew periods must fall within the relevant period beginning with the day on which the requirement first takes effect.

(6) In sub-paragraph (5) "the relevant period" means—
   (a) in relation to a relevant order in respect of an offence of which the offender was convicted before the day on which section 150 of the Police, Crime, Sentencing and Courts Act 2022 came into force, the period of 12 months, and
   (b) in relation to a relevant order in respect of an offence of which the offender was convicted on or after that day, the period of 2 years.

Requirements where court imposes curfew requirement

A4-341   10.—(1) Before making a relevant order imposing a curfew requirement, the court must obtain and consider information about each place proposed to be specified in the order.

(2) That information must include information as to the attitude of persons likely to be affected by the offender's enforced presence there.

(3) Where the court makes a relevant order imposing a curfew requirement it must also impose an electronic compliance monitoring requirement (see paragraph 29) for securing compliance with it, unless—
   (a) it is prevented from doing so by—
      (i) paragraph 33 (consent of person whose co-operation is required), or
      (ii) paragraph 34(1) (arrangements in relevant area), or
   (b) in the particular circumstances of the case, it considers it inappropriate to do so.

Power of responsible officer to vary curfew requirement

A4-342   10A.—(1) This paragraph applies where—
   (a) a relevant order is in force,
   (b) the order is in respect of an offence of which the offender was convicted on or after [28 June 2022] came into force,
   (c) the order includes a curfew requirement imposed under paragraph 9, and
   (d) the responsible officer considers that the variation condition is met.

(2) The variation condition is met if, having regard to a change in the offender's circumstances since the relevant order was made, it is appropriate to—
   (a) vary the start time of any of the curfew periods;
   (b) vary the relevant place in relation to any of those periods.

(3) The responsible officer may, with the consent of the offender, give the offender notice (a "variation notice") specifying—
    (a) the new start time of such of the curfew periods as are specified in the notice;
    (b) the new relevant place for such of the curfew periods as are so specified.

(4) The effect of a variation notice is to vary the relevant order as specified in the notice, with effect from the date so specified.

(5) A variation notice may specify different variations of the start time, or of the relevant place, for different days.

(6) Before giving a variation notice containing provision pursuant to sub-paragraph (3)(b), the responsible officer must obtain and consider information about each place proposed to be specified in the notice.

(7) That information must include information as to the attitude of persons likely to be affected by the offender's enforced presence there.

(8) A variation notice must not—
    (a) vary the length of any of the offender's curfew periods;
    (b) in a case where the relevant order includes a residence requirement under paragraph 13, vary the relevant place in a way that is inconsistent with that requirement;
    (c) make any variation prohibited by sub-paragraph (9).

(9) A variation is prohibited by this sub-paragraph if—
    (a) the relevant order concerned includes an electronic compliance monitoring requirement imposed under paragraph 10(3) (a "monitoring requirement"), and
    (b) the responsible officer considers that, if the court had made the relevant order imposing the curfew requirement as varied by the variation, the court—
        (i) would not have imposed the monitoring requirement, or
        (ii) would have imposed a different monitoring requirement.

(10) The responsible officer must give the appropriate court—
    (a) a copy of a variation notice given under this paragraph, and
    (b) evidence of the offender's consent to the notice.

(11) In this paragraph—
    (a) "appropriate court"—
        (i) in relation to a community order, has the same meaning as in Schedule 10 (see paragraph 1 of that Schedule);
        (ii) in relation to a suspended sentence order, has the same meaning as in Schedule 16 (see paragraph 1 of that Schedule);
    (b) "curfew periods", in relation to a relevant order, means the periods specified in the order under paragraph 9(2)(a);
    (c) "relevant place", in relation to a curfew period, means the place specified under paragraph 9(2)(b) at which the offender is required to remain for that period;
    (d) "start time", in relation to a curfew period, means the time at which the period is required to start pursuant to the relevant order.

Exclusion requirement

Requirement

11.—(1) In this Code "exclusion requirement", in relation to a relevant order, means a provision prohibiting the offender from entering a particular place (the "prohibited place") for a particular period (the "exclusion period").

(2) A relevant order which imposes an exclusion requirement must specify—
    (a) the prohibited place, and
    (b) the exclusion period.

(3) A relevant order may specify—
    (a) more than one prohibited place;
    (b) more than one exclusion period;
    (c) different prohibited places for different exclusion periods or different days.

(4) If the relevant order is a community order—
    (a) the exclusion period must not be more than 2 years beginning with the day on which the requirement first takes effect;
    (b) if the order specifies more than one exclusion period, each of the exclusion periods must fall within that 2 year period.

(5) A prohibited place may be an area.

Requirement where court imposes exclusion requirement

A4-344　　12. Where the court makes a relevant order imposing an exclusion requirement it must also impose an electronic compliance monitoring requirement (see paragraph 29) for securing compliance with it unless—
 (a) it is prevented from doing so by—
  (i) paragraph 33 (consent of person whose co-operation is required), or
  (ii) paragraph 34(1) (arrangements in relevant area), or
 (b) in the particular circumstances of the case, it considers it inappropriate to do so.

Residence requirement

Requirement

A4-345　　13.—(1) In this Code "residence requirement", in relation to a relevant order, means a requirement that, for a particular period ("the required period"), the offender must reside—
 (a) at a particular place ("the required place"), or
 (b) if the order so permits, at the required place or, with the prior approval of the responsible officer, at some other place.
 (2) A relevant order imposing a residence requirement—
 (a) must specify—
  (i) the required place, and
  (ii) the required period, and
 (b) if the offender is to be permitted to reside at some other place with the prior approval of the responsible officer, that fact.
 (3) A hostel or other institution may not be specified as the required place, except on the recommendation of an officer of a provider of probation services.

Requirement where court imposes residence requirement

A4-346　　14. Before making a relevant order containing a residence requirement, the court must consider the home surroundings of the offender.

Foreign travel prohibition requirement

Foreign Travel Prohibition Requirement

A4-347　　15.—(1) In this Code "foreign travel prohibition requirement", in relation to a relevant order, means a requirement prohibiting the offender from travelling, on a particular day or days, or for a particular period, to a particular country or territory (or particular countries or territories) outside the British Islands.
 (2) A relevant order which imposes a foreign travel prohibition requirement must specify—
 (a) the day or days, or the period, for which the prohibition operates, and
 (b) the area in relation to which the prohibition is to operate.
 (3) A day specified under sub-paragraph (2)(a) must fall within the period of 12 months beginning with the day on which the requirement takes effect.
 (4) A period specified under that sub-paragraph may not exceed 12 months beginning with the day on which the requirement takes effect.
 (5) The area specified under sub-paragraph (2)(b) may be—
 (a) a particular country or territory outside the British Islands specified or described in the order,
 (b) all countries and territories outside the British Islands other than a country or territory specified or described in the order, or
 (c) all countries and territories outside the British Islands.

Mental health treatment requirement

Requirement

A4-348　　16.—(1) In this Code "mental health treatment requirement", in relation to a relevant order, means a requirement that the offender must submit, during a particular period or particular periods, to relevant mental health treatment, which may be—
 (a) in-patient treatment,
 (b) institution-based out-patient treatment, or
 (c) practitioner-based treatment.
 (2) For this purpose—

"mental health treatment", in relation to an offender, means treatment which is—

  (a) by or under the direction of a registered medical practitioner or registered psychologist, and
  (b) with a view to improvement of the offender's mental condition;
"in-patient treatment" means treatment as a resident patient in—
  (a) a care home,
  (b) an independent hospital, or
  (c) a hospital within the meaning of the Mental Health Act 1983,
but not in hospital premises where high security psychiatric services are provided;
"institution-based out-patient treatment" means treatment as a nonresident patient at a particular institution or place;
"practitioner-based treatment" means treatment by or under the direction of a particular registered medical practitioner or registered psychologist (or both).

 (3) A relevant order which imposes a mental health treatment requirement must specify—
  (a) the period or periods during which the offender is required to submit to mental health treatment, and
  (b) for each of those periods—
   (i) if the mental health treatment is to be in-patient treatment, the care home or hospital at which it is to be provided;
   (ii) if it is to be institution-based out-patient treatment, the institution or place at which it is to be provided;
   (iii) if it is to be practitioner-based treatment, the registered medical practitioner or registered psychologist (or both) by whom or under whose direction it is to be provided;
but may not otherwise specify the nature of the treatment.

 (4) Different treatment may be specified for different periods.
 (5) In this paragraph—

"care home" means—
  (a) a care home in England within the meaning of the Care Standards Act 2000;
  (b) a place in Wales at which a care home service within the meaning of Part 1 of the Regulation and Inspection of Social Care (Wales) Act 2016 is provided;
"high security psychiatric services" has the same meaning as in the Mental Health Act 1983;
"independent hospital"—
  (a) in relation to England, means a hospital as defined by section 275 of the National Health Service Act 2006 that is not a health service hospital as defined by that section;
  (b) in relation to Wales, has the same meaning as in the Care Standards Act 2000;
"registered psychologist" means a person registered in the part of the register maintained under the Health Professions Order 2001 (SI 2002/254) which relates to practitioner psychologists.

 (6) While an offender is under treatment which is in-patient treatment in pursuance of a mental health treatment requirement of a relevant order, the responsible officer is to carry out the supervision of the offender only to the extent necessary for the purpose of revocation or amendment of the order.

Restrictions on imposing mental health treatment requirement

 17.—(1) A court may not include a mental health treatment requirement in a relevant order unless the following conditions are met—
  (a) the need for treatment condition,
  (b) the arrangements condition, and
  (c) the consent condition.

 (2) The need for treatment condition is that the court is satisfied that the mental condition of the offender—
  (a) requires treatment,
  (b) may be susceptible to treatment, and
  (c) does not warrant the making of a hospital order or guardianship order within the meaning of the Mental Health Act 1983.

 (3) The arrangements condition is that the court is satisfied that arrangements—
  (a) have been made, or
  (b) can be made,
for the treatment intended to be specified in the order. Those arrangements include arrangements for the reception of the offender, where the offender is to be required to submit to in-patient treatment (see paragraph 16(2)).

 (4) The consent condition is that the offender has expressed willingness to comply with the requirement.

A4-349

Alternative arrangements for mental health treatment made by practitioner

A4-350   18.—(1)   This paragraph applies where—
   (a)   an offender is being treated in pursuance of a mental health treatment requirement, and
   (b)   the treatment practitioner considers that part of the treatment can be better or more conveniently given in or at an institution or place—
      (i)   which is not specified in the relevant order, and
      (ii)   where the treatment will be given by or under the direction of a registered medical practitioner or registered psychologist.

(2)   The treatment practitioner may make arrangements ("alternative arrangements") for the offender to be treated accordingly.

(3)   Alternative arrangements may be made only if the offender has expressed willingness for the treatment to be given under those arrangements.

(4)   Alternative arrangements may provide for the offender to receive part of the treatment as a resident patient in an institution or place which could not have been specified for that purpose in the relevant order.

(5)   Where alternative arrangements are made—
   (a)   the treatment for which the alternative arrangements provide is to be deemed to be treatment to which the offender must submit in pursuance of the mental health treatment requirement, and
   (b)   the treatment practitioner must give a notice in writing to the offender's responsible officer, specifying the institution or place where that treatment is to be carried out.

(6)   In this paragraph—

"registered psychologist" means a person registered in the part of the register maintained under the Health Professions Order 2001 (S.I. 2002/254) which relates to practitioner psychologists;

"treatment practitioner" means the medical practitioner or registered psychologist by or under whose direction the offender is being treated in pursuance of the mental health treatment requirement.

Drug rehabilitation requirement

Requirement

A4-351   19.—(1)   In this Code "drug rehabilitation requirement", in relation to a relevant order, means a requirement that during a period specified in the order ("the treatment and testing period") the offender—
   (a)   must submit to drug rehabilitation treatment, which may be resident treatment or non-resident treatment, and
   (b)   for the purpose of ascertaining whether there is any drug in the offender's body during that period, must provide samples in accordance with directions given by—
      (i)   the responsible officer, or
      (ii)   the treatment director.

(2)   In this paragraph—

"drug rehabilitation treatment", in relation to an offender, means treatment which is—
   (a)   by or under the direction of a person who has the necessary qualifications or experience, and
   (b)   with a view to the reduction or elimination of the offender's dependency on or propensity to misuse drugs;

"resident treatment" means treatment as a resident in an institution or place;

"non-resident treatment" means treatment as a non-resident at an institution or place;

"the treatment director" means the person by or under whose direction the treatment is to be provided.

(3)   Sub-paragraphs (4) to (7) apply to a relevant order which imposes a drug rehabilitation requirement.

(4)   The order may specify separate periods which together comprise the drug treatment and testing period.

(5)   The order must specify, for each treatment period—
   (a)   the treatment director;
   (b)   if the treatment is to be resident treatment, the institution or place where it is to be provided;
   (c)   if it is to be non-resident treatment—

(i) the institution or place where it is to be provided, and
(ii) the intervals at which it is to be provided;
but must not otherwise specify the nature of the treatment.

(6) In sub-paragraph (5), "treatment period" means—
  (a) if the order specifies separate periods under sub-paragraph (4), any of those periods;
  (b) otherwise, the drug treatment and testing period.

(7) The order—
  (a) must provide that if, by virtue of sub-paragraph (1)(b), the offender provides samples to a person other than the responsible officer, the results of tests carried out on the samples are to be communicated to the responsible officer;
  (b) may make further provision about the provision of samples by virtue of sub-paragraph (1)(b) (which may include provision that directions, or directions of particular kinds, are to be given only by the responsible officer or only by the treatment director).

(8) The power for the responsible officer or treatment director to give directions by virtue of sub-paragraph (1)(b) about the provision of samples—
  (a) is a power to give directions as to—
    (i) the type of samples to be provided, and
    (ii) the times at which, or circumstances in which, they are to be provided,
  (b) is subject to any provision made by the order, and
  (c) is to be exercised in accordance with guidance issued by the Secretary of State.

(9) The Secretary of State may revise any guidance issued under sub-paragraph (8)(c).

(10) In this paragraph and paragraph 20 "drug" means a controlled drug as defined by section 2 of the Misuse of Drugs Act 1971.

Restriction on imposing drug rehabilitation requirement

20.—(1) A court may not impose a drug rehabilitation requirement unless the following conditions are met—   **A4-352**
  (a) the need for treatment condition,
  (b) the arrangements condition,
  (c) the suitability condition, and
  (d) the consent condition.

(2) The need for treatment condition is that the court is satisfied—
  (a) that the offender—
    (i) is dependent on drugs, or
    (ii) has a propensity to misuse drugs, and
  (b) that the offender's dependency or propensity—
    (i) requires treatment, and
    (ii) may be susceptible to treatment.

(3) The arrangements condition is that the court is satisfied that arrangements—
  (a) have been made, or
  (b) can be made,
for the treatment intended to be specified in the order. Those arrangements include arrangements for the reception of the offender, where the offender is to be required to submit to resident treatment (within the meaning given in paragraph 19(2)).

(4) The suitability condition is that the requirement has been recommended to the court as being suitable for the offender by an officer of a provider of probation services.

(5) The consent condition is that the offender expresses willingness to comply with the requirement.

Drug rehabilitation requirement: provision for review by court

21.—(1) A relevant order imposing a drug rehabilitation requirement—   **A4-353**
  (a) must include provision for review if the treatment and testing period is more than 12 months, and
  (b) may do so in any other case.

(2) For this purpose, "provision for review" means provision—
  (a) for the requirement to be reviewed periodically at intervals of not less than one month,
  (b) for each review of the requirement to be made at a hearing held for the purpose by the responsible court (a "review hearing"),
  (c) requiring the offender to attend each review hearing,
  (d) requiring a written report on the offender's progress under the requirement to be made by an officer of a provider of probation services to the responsible court before each review hearing, and

(e) requiring each such report to include—
  (i) the test results communicated to the responsible officer under paragraph 19(7) or otherwise, and
  (ii) the views of the treatment provider as to the treatment and testing of the offender.

(3) Paragraphs (b) and (c) of sub-paragraph (2) are subject to paragraph 22(6) (hearing not necessary for review).

(4) In this paragraph, the responsible court, in relation to a relevant order imposing a drug rehabilitation requirement, means—
  (a) if a court is specified as the responsible court under sub-paragraph (5), that court;
  (b) otherwise, the court which made the order.

(5) Where—
  (a) a magistrates' court makes a relevant order imposing a drug rehabilitation requirement, and
  (b) the area for which the court acts is not the offender's home local justice area,
the court may specify in the order a magistrates' court which acts in the offender's home local justice area as the responsible court.

(6) For the purposes of sub-paragraph (4)(b), a relevant order imposing a drug rehabilitation requirement which is made on an appeal—
  (a) from the Crown Court, or
  (b) from the Court of Appeal,
is to be treated as having been made by the Crown Court.

(7) Nothing in this paragraph or paragraph 22 applies in relation to—
  (a) a community order that qualifies for special procedures for the purposes of section 217A, or
  (b) a suspended sentence order that qualifies for special procedures for the purposes of section 293A.

Periodic review of drug rehabilitation requirement

A4-354   22.—(1) This paragraph applies in relation to a relevant order which imposes a drug rehabilitation requirement that is subject to review.

(2) At a review hearing the court may, after considering the officer's report referred to in paragraph 21(2)(d) ("*the review officer's report*"), amend the relevant order, so far as it relates to the drug rehabilitation requirement.

(3) The court—
  (a) may not amend the drug rehabilitation requirement unless the offender expresses willingness to comply with the requirement as amended, and
  (b) except with the consent of the offender, may not amend any requirement or provision of the order while an appeal against the order is pending.

(4) If the offender fails to express willingness to comply with the drug rehabilitation requirement as proposed to be amended by the court, the court may—
  (a) revoke the community order, or the suspended sentence order and the suspended sentence to which it relates, and
  (b) re-sentence the offender.

(5) In dealing with the offender under sub-paragraph (4)(b), the court—
  (a) must take into account the extent to which the offender has complied with the requirements of the order, and
  (b) may impose a custodial sentence even if it is not of the opinion mentioned in section 230(2) (general restrictions on imposing discretionary custodial sentences).

(6) Where at a review hearing the court—
  (a) has considered the review officer's report, and
  (b) is of the opinion that the offender's progress under the requirement is satisfactory,
the court may amend the order so that it provides for each subsequent review to be made by the court without a hearing.

(7) Where at a review without a hearing the court—
  (a) has considered the review officer's report, and
  (b) is of the opinion that the offender's progress under the requirement is no longer satisfactory,
the court may require the offender to attend a hearing of the court at a specified time and place.

(8) At that hearing the court, after considering that report, may—
  (a) exercise the powers conferred by this paragraph as if the hearing were a review hearing, and

(b) amend the order so that it provides for each subsequent review to be made at a review hearing.

(9) In this paragraph—

"responsible court" has the same meaning as in paragraph 21;
"review hearing" has the meaning given by paragraph 21(2)(b).

(10) In relation to a review without a hearing, a reference in this paragraph to the court is to be read—

(a) in the case of the Crown Court, as a reference to a judge of the court;
(b) in the case of a magistrates' court, as a reference to a justice of the peace.

(11) If an officer of a provider of probation services is of the opinion that the order should be amended so as to provide for each subsequent review to be made—

(a) without a hearing instead of at a review hearing, or
(b) at a review hearing instead of without a hearing,

the officer must apply under paragraph 18 of Schedule 10 (amendment of requirements of community order) or paragraph 25 of Schedule 16 (amendment of community requirements of suspended sentence order) to the responsible court for the order to be amended.

Drug testing requirement

Requirement

22A.—(1) In this Code, "drug testing requirement", in relation to a relevant order, means a requirement that during a period specified in the order, the offender must, for the purpose of ascertaining whether there is any drug or psychoactive substance in the offender's body during that period, provide samples in accordance with directions given by the responsible officer.

A4-355

(2) The order—

(a) must provide that if the offender provides samples to a person other than the responsible officer, the results of the tests carried out on the samples are to be communicated to the responsible officer;
(b) may make provision about the provision of samples by virtue of sub-paragraph (1).

(3) The power of the responsible officer to give directions by virtue of sub-paragraph (1) about the provision of samples—

(a) is a power to give directions as to—
  (i) the type of samples to be provided, and
  (ii) the times at which, or circumstances in which, they are to be provided,
(b) is subject to any provision made by the order, and
(c) is to be exercised in accordance with guidance issued by the Secretary of State.

(4) The Secretary of State may revise any guidance issued under sub-paragraph (3)(c).

(5) In this paragraph and paragraph 22B—

"drug" means a controlled drug as defined by section 2 of the Misuse of Drugs Act 1971;
"psychoactive substance" has the meaning given by section 2(1) of the Psychoactive Substances Act 2016.

Restrictions on imposing drug testing requirement

22B.—(1) A court may not impose a drug testing requirement unless the following conditions are met—

A4-356

(a) the misuse condition, and
(b) the availability of arrangements condition.

(2) The misuse condition is that the court is satisfied that the offender's misuse of a drug or psychoactive substance—

(a) caused or contributed to the offence to which the order relates or an associated offence, or
(b) is likely to cause or contribute to the commission of further offences by the offender.

(3) The availability of arrangements condition is that the court has been notified by the Secretary of State that arrangements for implementing drug testing requirements are available in the offender's home local justice area (and the notice has not been withdrawn).

Alcohol treatment requirement

Requirement

23.—(1) In this Code "alcohol treatment requirement", in relation to a relevant order, means a requirement that during a period specified in the order the offender must submit to alcohol dependency treatment, which may be—

A4-357

(a) resident treatment,
(b) institution-based treatment, or
(c) practitioner-based treatment.

(2) In this paragraph—

"alcohol dependency treatment", in relation to an offender, means treatment which is—
    (a) by or under the direction of a person who has the necessary qualifications or experience ("the treatment director"), and
    (b) with a view to reducing or eliminating the offender's dependency on alcohol;
"resident treatment" means treatment as a resident in an institution or place;
"institution-based treatment" means treatment as a non-resident at an institution or place;
"practitioner-based treatment" means treatment by or under the direction of the treatment director.

(3) Sub-paragraphs (4) and (5) apply to a relevant order which imposes an alcohol treatment requirement.

(4) The order may specify separate periods comprising the period specified under sub-paragraph (1).

(5) For each treatment period, the order must specify—
    (a) the treatment director;
    (b) whether the alcohol dependency treatment is to be resident treatment, institution-based treatment or practitioner-based treatment;
    (c) if it is to be resident treatment, the institution or place where it is to be provided;
    (d) if it is to be institution-based treatment—
        (i) the institution or place where it is to be provided, and
        (ii) the intervals at which it is to be provided;
but must not otherwise specify the nature of the treatment.

(6) In sub-paragraph (5), "treatment period" means—
    (a) if the order specifies separate periods under sub-paragraph (4), any of those periods;
    (b) otherwise, the period specified under sub-paragraph (1).

Restrictions on imposing alcohol treatment requirement

A4-358   24.—(1) A court may not impose an alcohol treatment requirement unless the following conditions are satisfied—
    (a) the need for treatment condition,
    (b) the arrangements condition, and
    (c) the consent condition.

(2) The need for treatment condition is that the court is satisfied—
    (a) that the offender is dependent on alcohol, and
    (b) that the offender's dependency—
        (i) requires treatment, and
        (ii) may be susceptible to treatment.

(3) The arrangements condition is that the court is satisfied that arrangements—
    (a) have been made, or
    (b) can be made,
for the treatment intended to be specified in the order. Those arrangements include arrangements for the reception of the offender, where the offender is to be required to submit to treatment as a resident.

(4) The consent condition is that the offender expresses willingness to comply with the requirement.

Alcohol abstinence and monitoring requirement

Requirement

A4-359   25.—(1) In this Code "alcohol abstinence and monitoring requirement", in relation to a relevant order, means a requirement that, during a particular period ("the abstinence and monitoring period"), the offender—
    (a) must—
        (i) abstain from consuming alcohol, or
        (ii) not consume alcohol so that at any time during the abstinence and monitoring period there is more than a particular level of alcohol in the offender's body, and
    (b) must submit to monitoring in accordance with particular arrangements for the purpose of ascertaining whether the offender is complying with provision under paragraph (a).
Paragraph (a) is subject to sub-paragraph (3).

(2) A relevant order that includes an alcohol abstinence and monitoring requirement must specify—

(a) the abstinence and monitoring period;
(b) if the order imposes a requirement falling within sub-paragraph (1)(a)(ii), the level of alcohol;
(c) the arrangements for monitoring.

(3) A relevant order that includes an alcohol abstinence and monitoring requirement may specify exceptions from any requirement imposed under sub-paragraph (1)(a); if it does so the requirement has effect subject to those exceptions.

(4) The abstinence and monitoring period must be—
(a) if a minimum period is prescribed under sub-paragraph (7)(a), not less than that minimum period, and
(b) not more than 120 days.

(5) The level of alcohol specified under sub-paragraph (2)(b) must be the level prescribed under sub-paragraph (7)(b).

(6) The arrangements for monitoring specified under sub-paragraph (2)(c) must be consistent with those prescribed by regulations under sub-paragraph (7)(c).

(7) The Secretary of State may by regulations prescribe—
(a) a minimum period as the abstinence and monitoring period;
(b) a level of alcohol for the purposes of sub-paragraph (1)(a)(ii);
(c) arrangements for monitoring for the purposes of sub-paragraph (1)(b).

[(8) to (10) deal with the detail of what regulations under sub-para. (7) may prescribe and the parliamentary procedure.]

(11) In this paragraph and paragraph 26, "alcohol" includes anything containing alcohol.

Restriction on imposing alcohol abstinence and monitoring requirement

26.—(1) A relevant order may not include both—
(a) an alcohol treatment requirement, and
(b) an alcohol abstinence and monitoring requirement.

A4-360

(2) A court may not include an alcohol abstinence and monitoring requirement in a relevant order unless the following conditions are met—
(a) the relevance of alcohol condition,
(b) the non-dependency condition, and
(c) the availability of arrangements condition.

(3) The relevance of alcohol condition is that—
(a) the offender's consumption of alcohol is an element of the offence for which the order is to be imposed or of an associated offence, or
(b) the court is satisfied that the offender's consumption of alcohol was a factor that contributed to the commission of that offence or to an associated offence.

(4) The non-dependency condition is that the court is satisfied that the offender is not dependent on alcohol.

(5) The availability of arrangements condition is that the court has been notified by the Secretary of State that arrangements for monitoring of the kind to be specified in the relevant order are available in the offender's home local justice area (and the notice has not been withdrawn).

Attendance centre requirement: offenders convicted before [*28 June 2022*]

Requirement: provisions applicable generally

27.—(1) In this Code "attendance centre requirement", in relation to a relevant order, means a requirement that the offender must attend at an attendance centre for a particular number of hours.

A4-361

(2) A relevant order which imposes an attendance centre requirement must specify the aggregate number of hours for which the offender may be required to attend at an attendance centre

(3) That number must be—
(a) not less than 12, and
(b) not more than 36.

(4) The attendance centre at which the offender is required to attend is to be notified to the offender by the responsible officer from time to time.

(5) When choosing an attendance centre the responsible officer must consider—
(a) the accessibility of the attendance centre to the offender, having regard to the means of access available to the offender and any other circumstances, and
(b) the description of persons for whom it is available.

(6) The first time at which the offender is required to attend at the attendance centre is a time notified to the offender by the responsible officer.

(7) The subsequent hours are to be fixed by the officer in charge of the centre, having regard to the offender's circumstances.

(8) The offender may not be required under this paragraph to attend at an attendance centre—
   (a) more than once on any day, or
   (b) for more than 3 hours at a time.

(9) A requirement under this paragraph to attend at an attendance centre for any period on any occasion operates as a requirement, for that period, to engage in occupation, or receive instruction, whether at the centre or elsewhere—
   (a) under the supervision of the officer in charge of the centre, and
   (b) in accordance with instructions given by, or under the authority of, that officer.

Restriction on imposing attendance centre requirement

A4-362 28. A court may not impose an attendance centre requirement in a relevant order unless the court—
   (a) has been notified by the Secretary of State that an attendance centre is available for persons of the offender's description (and the notice has not been withdrawn), and
   (b) is satisfied that an attendance centre which is available for persons of the offender's description is reasonably accessible to the offender, having regard to the means of access available to the offender and any other circumstances.

Electronic monitoring

Electronic compliance monitoring requirement

A4-363 29.—(1) In this Code "electronic compliance monitoring requirement", in relation to a relevant order, means a requirement for securing the electronic monitoring of the offender's compliance with other requirements imposed by the order during a period ("the monitoring period")—
   (a) specified in the order, or
   (b) determined by the responsible officer in accordance with the relevant order.

(2) Sub-paragraph (3) applies where the responsible officer is to determine the monitoring period in accordance with the relevant order.

(3) Before it begins, the responsible officer must notify the following people of when the monitoring period is to begin—
   (a) the offender,
   (b) the person responsible for the monitoring, and
   (c) any person falling within paragraph 33(b).

(4) An electronic compliance monitoring requirement may not be imposed for securing the electronic monitoring of the offender's compliance with an alcohol abstinence and monitoring requirement.

(5) But that does not prevent an order which imposes an alcohol abstinence and monitoring requirement from including an electronic compliance monitoring requirement for securing the electronic monitoring of the offender's compliance with any other requirement.

Electronic whereabouts monitoring requirement

A4-364 30. In this Code "electronic whereabouts monitoring requirement", in relation to a relevant order, means a requirement to submit to electronic monitoring of the offender's whereabouts (otherwise than for the purpose of monitoring the offender's compliance with any other requirement included in the order) during a period specified in the order.

Electronic monitoring: person responsible for monitoring

A4-365 31.—(1) A relevant order which includes an electronic monitoring requirement must include provision for making a person responsible for the monitoring.

(2) The person who is made responsible for the monitoring must be of a description specified in regulations made by the Secretary of State.

Electronic monitoring: general

A4-366 32.— Where a relevant order imposes an electronic monitoring requirement, the offender must (in particular)—
   (a) submit, as required from time to time by the responsible officer or the person responsible for the monitoring, to—
      (i) being fitted with, or installation of, any necessary apparatus, and
      (ii) inspection or repair of any apparatus fitted or installed for the purposes of the monitoring,
   (b) not interfere with, or with the working of, any apparatus fitted or installed for the purposes of the monitoring, and

(c) take any steps required by the responsible officer, or the person responsible for the monitoring, for the purpose of keeping in working order any apparatus fitted or installed for the purposes of the monitoring.

Restriction on imposing electronic monitoring: general

33.— Where—   **A4-367**
    (a) it is proposed to include in a relevant order an electronic monitoring requirement, but
    (b) there is a person (other than the offender) without whose cooperation it will not be practicable to secure the monitoring,
the requirement may not be included in the order without that person's consent.

Restriction on imposing an electronic compliance monitoring requirement

34.—(1) A court may not include an electronic compliance monitoring requirement in a relevant order in respect of an offender unless—   **A4-368**
    (a) the court has been notified by the Secretary of State that electronic monitoring arrangements are available in the relevant area (see sub-paragraphs (2) to (4)) (and the notice has not been withdrawn), and
    (b) the court is satisfied that the necessary provision can be made under those arrangements.

(2) In the case of a relevant order containing—
    (a) a curfew requirement, or
    (b) an exclusion requirement,
the relevant area is the area in which the place proposed to be specified in the order is situated. For this purpose "place", in relation to an exclusion requirement, has the same meaning as in paragraph 11.

(3) In the case of a relevant order containing an attendance centre requirement, the relevant area is an area in which there is an attendance centre which is available for persons of the offender's description and which the court is satisfied is reasonably accessible to the offender.

(4) In the case of any other relevant order, the relevant area is the local justice area proposed to be specified in the order.

Restriction on imposing electronic whereabouts monitoring requirement

35.— A court may not include an electronic whereabouts monitoring requirement in a relevant order in respect of an offender unless—   **A4-369**
    (a) the court has been notified by the Secretary of State that electronic monitoring arrangements are available in the local justice area proposed to be specified in the order (and the notice has not been withdrawn),
    (b) the court is satisfied that—
        (i) the offender can be fitted with any necessary apparatus under the arrangements currently available, and
        (ii) any other necessary provision can be made under those arrangements, and
    (c) the court is satisfied that arrangements are generally operational throughout England and Wales (even if not always operational everywhere there) under which the offender's whereabouts can be electronically monitored.

Making a Community Order

Sentencing Act 2020 ss.209–212

Community order to specify end date etc

209.—(1) A community order must specify a date (the "end date") by which all the requirements in it must have been complied with.   **A4-370**

(2) The end date must not be more than 3 years after the date of the order.

(3) If a community order imposes two or more different community order requirements—
    (a) the order may also specify, for each of the requirements, a date by which the requirement must have been complied with;
    (b) if it does so, the last of those dates must be the same as the end date.

(4) Section 220 sets out the effect of the end date.

Community order to specify offender's home local justice area

A4-371   210.—(1)   A community order must specify which local justice area is the offender's home local justice area.

(2)   The area specified must be the local justice area in which the offender resides or will reside.

Power for Crown Court to direct magistrates' court supervision

A4-372   211.—(1)   Where the Crown Court makes a community order, it may include a direction that the order is to be subject to magistrates' court supervision.

For the effect of such a direction see Schedule 10 (breach, revocation or amendment of community order).

(2)   Subsection (1) does not apply to a community order that qualifies for special procedures for the purposes of section 217A.

A4-373   Section 212 of the Sentencing Code provides that where a court makes a community order, copies of the order must be provided to the offender, the responsible officer and other listed persons who will have a role in the execution of the order.

Obligations of Responsible Officer and Offender

A4-374   Sections 213 to 216 of the Sentencing Code provide for the obligations of the responsible officer and of the offender when subject to a community order. For the purposes of a sentencing court these include:

1) obligations for the offender to keep in touch with their responsible officer in accordance with instructions given by that officer (which is enforceable as though it were a community requirement) and to obtain permission from that officer or the court prior to any change of residence;
2) obligations for the responsible officer to ensure that any instruction given avoids, so far as is possible, conflict with religious beliefs, court orders and any educational or work commitments and to promote the offender's compliance with the requirements imposed as part of the order.

Review

A4-375   Section 217 of the Sentencing Code provides for the Secretary of State to make regulations providing for the court review of community orders. There has only been a single order made under that section the Community Order (Review by Specified Courts) Order 2007,[400] which confers powers on specified magistrates' courts to make community orders containing provisions for periodic review by the court that makes the order or by another specified court, and to amend a community order so as to contain such a provision. The specified magistrates' courts are a magistrates' court sitting at:

1) Birmingham Magistrates' Court, Victoria Law Courts, Corporation Street, Birmingham, B4 6QA;
2) Bradford Magistrates' Court, The Tyrls, Bradford, BD1 1JL;
3) City of Salford Magistrates' Court, Bexley Square, Salford, M3 6DJ;

---

[400] Community Order (Review by Specified Courts) Order 2007 (SI 2007/2162).

4) Enfield Magistrates' Court, The Court House, Lordship Lane, Tottenham, London, N17 6RT;
5) Haringey Magistrates' Court, Highgate Court House, Bishops Road, Archway Road, Highgate, London N6 4HS;
6) Kingston-upon-Hull Magistrates' Court, The Law Courts, Market Place, Kingston-upon-Hull, HU1 2AD;
7) Leicester Magistrates' Court, 15 Pocklingtons Walk, Leicester, LE1 6BT;
8) Merthyr Tydfil Magistrates' Court, Law Courts, Merthyr Tydfil, CF47 8BU;
9) North Liverpool Community Justice Centre, Boundary Street, Liverpool, L5 2QD;
10) Nottingham Magistrates' Court, Carrington Street, Nottingham, NG2 1EE;
11) Plymouth Magistrates' Court, St. Andrews Street, Plymouth, PL1 2DP;
12) South Western Magistrates' Court, 176a Lavender Hill, Battersea, London, SW11 1JU;
13) Stratford Magistrates' Court, The Court House, 389–397 High Street, Stratford, London, E15 4SB;
14) Teesside Magistrates' Court, Teesside Law Courts, Victoria Square, Middlesbrough, TS1 2AS.

The order also provides that a Crown Court sitting at North Liverpool Community Justice Centre, Boundary Street, Liverpool, L5 2QD may be a specified court.

Under art.4 of that Order, there are various restrictions on the exercise of powers on review. In particular the court—

1) may not amend the order so as to impose a requirement of a different kind unless the offender expresses willingness to comply with that requirement;
2) may not amend the order so as to make a requirement more onerous unless the offender expresses willingness to comply with the requirement as amended;
3) may not amend a mental health treatment requirement or an alcohol treatment requirement unless the offender expresses willingness to comply with the requirement as amended.

Similarly, ss.217A to 217C of the Sentencing Code allow for community orders that qualify for special procedures (under regulations to be made under s.395A of the 2020 Act) to make provision for periodic review. Any community order that provides for periodic review must specify the intervals for review and review will occur at a hearing attended by the offender, with the court which made the order receiving a probation progress report prior to each review. By virtue of s.217B, the court will be able to amend community requirements or provisions relating to them on review, but will not be able to impose requirements of a different kind unless the offender expresses willingness to comply, or amend the order whilst it is subject to an appeal unless the offender consents. If the court is of the view there has been a breach of a community requirement it can adjourn for the court to deal with the case upon breach. Review hearings do not need to take place where the court is satisfied on the basis of the progress report the community order is satisfactory: s.217C. **A4-376**

The first set of regulations made under s.395A of the 2020 Act were the Sentencing Act 2020 (Special Procedures for Community and Suspended Sentence Orders) Regulations 2023 (SI 2023/559) which provide that the following four conditions must be met for an order to qualify for special procedures: **A4-377**

1) the proposed order is made within the period of 18 months beginning with 26 June 2023;
2) the court making the order is—
   (a) Birmingham Magistrates' Court,
   (b) the Crown Court sitting at Liverpool, or
   (c) the Crown Court sitting at Teesside Combined Court Centre.
3) the person who is to be subject to the order is—
   (a) aged 18 or over at the date of conviction of the offence to which the order relates,
   (b) where the order is made by Birmingham Magistrates' Court, a female person, and
   (c) not a person subject to notification requirements at the date of conviction of the offence to which the order relates.
4) none of the offences to which the proposed order relates is—
   (a) an offence under s.1 or 1A of the Prevention of Crime Act 1953 (unless in the case of a s.1 offence the person has never previously been convicted of an offence in (a) to (d) nor before the date of the conviction of the offence to which it relates convicted of another offence in (a)),
   (b) an offence under Part 1 of the Firearms Act 1968,
   (c) an offence under s.139, 139A, 139AA, 141 or 141A of the Criminal Justice Act 1988 (unless in the case of a s.139 offence the person has never previously been convicted of an offence in (a) to (d) nor before the date of the conviction of the offence to which it relates convicted of another offence in (a)),
   (d) an offence under s.6 of the Offensive Weapons Act 2019, or
   (e) an offence listed in paragraphs 1 to 35C of Schedule 3 to the Sexual Offences Act 2003.

From 14 June 2024 the pilot was extended by the Sentencing Act 2020 (Special Procedures for Community and Suspended Sentence Orders) Regulations 2024 (SI 2024/654) to cases where the following conditions are met:

1) the proposed order is made within the period of 18 months beginning with 14 June 2024;
2) the court making the order is the Crown Court sitting at Bristol;
3) the person who is to be subject to the order is—
   (a) aged 18 or over at the date of conviction of the offence to which the order relates;
   (b) not a person subject to notification requirements at the date of conviction of the offence to which the order relates.
4) [*Identical to* (4) *in respect of SI 2023/559, see above*]

Breach, Revocation or Amendment

A4-378 For Sch.10 to the Sentencing Code, which deals with the breach, revocation or amendment of community orders, see A10-123.

Transfer to Scotland or Northern Ireland

A4-379 Schedule 11 to the Sentencing Code, which deals with the transfer of community orders to Scotland and Northern Ireland, is not set out in this work.

Pilot Schemes

A4-380 There are currently no pilot schemes in operation (with the limited exception of the special review procedures, see A4-377); the previously piloted requirements (alcohol abstinence monitoring requirement and GPS tag "whereabouts monitoring" requirement) were brought into force nationally after a successful period of testing in limited local justice areas.

Sentencing Guideline

General

A4-381 The Sentencing Council has issued a definitive guideline dealing with the imposition of a community order: Imposition of Community and Custodial Sentences (2017). The guideline provides that community orders may fulfil any or all of the purposes of sentencing, and in particular can be retributive, rehabilitative and reparative. It is also clear that they can serve public protection functions.

Sentencers must consider all available disposals at the time of sentence; even where the threshold for a community sentence has been passed, a fine or discharge may be an appropriate penalty. In particular, the guideline considers that a Band D fine may be an appropriate alternative to a community order.

Sentencers must also give careful consideration to the seriousness of the offences, and should not necessarily escalate from one community order range to the next on each sentencing occasion. The decision as to the appropriate range of community order should be based on the seriousness of the new offence(s) (which will take into account any previous convictions).

Community Order Levels

A4-382 The Sentencing Council's guidelines refer to three sentencing levels within the community order band based on offence seriousness (low, medium and high). The guideline provides the following non-exhaustive examples of requirements that might be appropriate in each:

Low	Medium	High
Offences only just cross community order threshold, where the seriousness of the offence or the nature of the offender's record means that a discharge or fine is inappropriate. In general, only one requirement will be appropriate and	Offences that obviously fall within the community order band.	Offences only just fall below the custody threshold or the custody threshold is crossed but a community order is more appropriate in the circumstances. More intensive sentences which combine two or more

Low	Medium	High
the length may be curtailed if additional requirements are necessary.		requirements may be appropriate.
Suitable requirements might include: • Any appropriate rehabilitative requirement(s) • 40–80 hours of unpaid work • Curfew requirement within the lowest range (e.g. up to 16 hours per day for a few weeks) • Exclusion requirement, for a few months • Prohibited activity requirement • Attendance centre requirement (where available)	Suitable requirements might include: • Any appropriate rehabilitative requirement(s) • Greater number of hours of unpaid work (for example 80–150 hours) • Curfew requirement within the middle range (e.g. up to 16 hours for 2–3 months) • Exclusion requirement lasting in the region of 6 months • Prohibited activity requirement	Suitable requirements might include: • Any appropriate rehabilitative requirement(s) • 150–300 hours of unpaid work • Curfew requirement: e.g. up to 16 hours per day for 4–12 months • Exclusion requirement lasting in the region of 12 months
* If order does not contain a punitive requirement, suggested fine levels are indicated below:		
BAND A FINE	BAND B FINE	BAND C FINE

Imposition of Particular Requirements

A4-383 At least one requirement must be imposed for the purpose of punishment and/or a fine imposed in addition to the community order unless there are exceptional circumstances which relate to the offence or the offender that would make it unjust in all the circumstances to do so. It is a matter for the court to decide which requirements amount to a punishment in each case in relation to the duty to impose at least one punitive requirement. However, the condition is that the requirement imposed has a punitive *purpose*, not merely having a limited punitive *effect* (i.e in that it inevitably involves restrictions on an offender's liberty). As held in *Attorney General's Reference (R. v Singh)*[401] the imposition of a rehabilitation activity requirement alone will not suffice given its purposes. This reasoning would undoubtedly apply equally to other requirements that have no punitive purpose.

Where two or more requirements are included, they must be compatible with one another and must not be excessive. Any requirement must not conflict with an offender's religious beliefs or with the requirements of any other order to which they may be subject. Interference with an offender's attendance at work or educational establishment should also be avoided.

The particular requirements imposed must be suitable for the individual offender and will be influenced by a range of factors, including:

1)   the stated purpose(s) of the sentence;

---

[401] [2021] EWCA Crim 1426; [2022] 1 Cr. App. R. (S.) 48.

2) the risk of re-offending;
3) the ability of the offender to comply and
4) the availability of the requirements in the local area.

Pre-Sentence Reports

Whenever the court reaches the provisional view that a community order may be appropriate, it should request a pre-sentence report (whether written or verbal) unless the court is of the opinion that a report is unnecessary in all the circumstances of the case.

It may be helpful to indicate to the National Probation Service the court's preliminary opinion as to which of the three sentencing ranges is relevant and the purpose(s) of sentencing that the package of requirements is expected to fulfil. Ideally a pre-sentence report should be completed on the same day to avoid adjourning the case. If an adjournment cannot be avoided, the information should be provided to the National Probation Service in written form and a copy retained on the court file for the benefit of the sentencing court. However, the court must make clear to the offender that all sentencing options remain open including, in appropriate cases, committal for sentence to the Crown Court.

A4-384

Electronic Monitoring

Electronic monitoring should be used with the primary purpose of promoting and monitoring compliance with other requirements, in circumstances where the punishment of the offender and/or the need to safeguard the public and prevent re-offending are the most important concerns.

A4-385

Guidance

Availability

A community order is available only where:
1) the offender is aged 18 or over at conviction (s.202(1)(a) of the Sentencing Code); it does not matter when the offence was committed;
2) the offence is punishable with imprisonment or detention in a young offender institution by that court (ss.202(1)(b) and 397(2) of the Sentencing Code);
3) the offence (or offences) are serious enough to warrant the making of such an order (s.204(2) of the Sentencing Code).

A4-386

Given that the relative severity of a community order may, in some cases, be quite low, the requirement in s.202(4) will in most cases not be a high one to reach. The more important issue will be whether a community order is appropriate, and whether the requirements imposed as part of that order are commensurate with the seriousness of the offence.

Whether a Community Order is Appropriate

Generally

A4-387   It is suggested that where a community order is available, and the seriousness of the offence is such that one may be warranted, the principal factors that will be relevant in determining whether to impose a community order will be:

1) the purposes of sentencing the court is seeking to prioritise;
2) the impact any requirement may have in relation to those purposes, and the relative impact any other order may have.

There can be no hard rule, for example, that a community order will always be more punitive than a fine (and there is no requirement that a fine would not be appropriate for the seriousness of the offence). Similarly, although a wide range of rehabilitative programmes are available under a community order, there may be cases where offending is out of character and a fine which is paid immediately is more effective as a rehabilitative tool, allowing the offender to progress their life and put the offending behind them more quickly. There may also be cases where the offender's health conditions mean that although a community order with punitive requirements would be desirable, they cannot engage in unpaid work and a curfew would not in practice impose sufficient punishment.

In all cases therefore careful consideration needs to be given to why a community order might be desirable, the impact that the proposed order would have on the offender and the benefits and disadvantages of any other potential sentence. Ordinarily this will need careful consideration of the circumstances of the offence and the offender, and of the requirements that would be imposed on the offender.

Where significant time has been spent on remand or on qualifying or non-qualifying curfew

A4-388   In *R. v Rakib*,[402] disapproving *R. v Hemmings*,[403] it was held that a community order is not inappropriate as a matter of principle where an offender has already served on remand what is in practice the maximum sentence of imprisonment which the law could have imposed, even if the order imposes substantial restrictions. The value of such an order in terms of the rehabilitation of the offender or the protection of the public might still make such an order an appropriate sentence. That might be particularly so where there were great potential benefits for the offender themselves and for the public if the offender obtained the support, training or courses that might form part of a community order. The court is required to weigh any period spent on remand with the various elements of the potential community order being considered, including both punitive and rehabilitative elements of such an order, and have regard not only to the punishment of the offender but also their rehabilitation and the protection of the public. The decision in *Rakib* was applied, with approval, in *R. v Pereira-Lee*[404] to periods of bail on qualifying curfew.

Generally, therefore, the sentencing court will retain a great deal of discretion when determining the extent to which a significant period of time on remand in custody or bail on qualifying curfew will be credited when imposing a community

---

[402] [2011] EWCA Crim 870; [2012] 1 Cr. App. R.(S.) 1.
[403] [2007] EWCA Crim 2413; [2008] 1 Cr. App. R.(S.) 106.
[404] [2016] EWCA Crim 1705; [2017] 1 Cr. App. R.(S.) 17.

order. In *R. v Coates (Gareth)*,[405] the court held that when the offender has been remanded in custody for a period equal to, or in excess of, the time that he would have served under the term of imprisonment warranted for their offence, there will be exceptional circumstances justifying not imposing a punitive requirement unless the relevant requirement or requirements would assist the offender's rehabilitation or the protection of the public.

It is submitted, however, that where the offender has actually spent the equivalent of the maximum sentence of imprisonment on remand, such that if the offender were to be re-sentenced on breach to a custodial sentence that sentence would be deemed served instantly, it will be a rare case in which a community order is an appropriate sentence. In such a case, as James Richardson QC noted in his commentary to *Rakib*,[406] there is at least an argument that the imposition of a community order breaches at least the spirit, if not the letter, of the law that lays down the maximum penalty for the offence. Furthermore, where the maximum penalty that can be imposed on an offender would be served instantly (because of s.240A of the Criminal Justice Act 2003), there would seem to be little if any incentive to comply with such an order. In 2017,[407] it was, however, observed that it could be argued that the offender will still remain subject to a licence period (and in some cases post-sentence supervision) as well as other consequences of conviction such as notification.

It is also to be noted that the approach to dealing with significant periods of remand in custody is very different in relation to suspended sentence orders (see A4-541). It may be that in a case where the court is minded to impose a suspended sentence because they want to ensure effective rehabilitation or public protection by imposing relevant community requirements, but the offender has spent a significant time on remand, the preferable approach will instead be to impose a community order even though the custodial threshold has been passed.

Length of the Order

A4-389

It is clear from *R. v Khan*,[408] and s.200 of the Sentencing Code that, unlike suspended sentence orders, a community order cannot run for longer than the requirements it contains; accordingly, a community order containing an unpaid work requirement only cannot for example be imposed for longer than 12 months (that being the maximum period within which unpaid work must be completed under para.1(1)(b) of Sch.9 to the Sentencing Code).

The length of an order will therefore be determined principally by the period for which the court considers it desirable that the requirements should continue for. By virtue of s.208 of the Sentencing Code, this will depend on what is most suitable for the offender (is it desirable, for example, that the requirements all be completed quickly, or does the risk of the offender, or their working patterns, make it desirable that the requirements be completed over a long period of time?), and what is commensurate with the seriousness of the offence. A longer order will not always be more punitive than a shorter one.

---

[405] [2022] EWCA Crim 1603; [2023] 2 Cr. App. R. (S.) 4.
[406] J. Richardson QC, "New Cases: Sentence: Particular Sentences or Orders: Community Sentence: R. v Rakib" CLW/11/18/6.
[407] L. Harris, "Sentencing: R. v Pereira-Lee (Cheyenn) (Case Comment)" [2017] Crim. L.R. 243–246.
[408] [2015] EWCA Crim 835; [2015] 2 Cr. App. R.(S.) 39.

Available Requirements

Generally

A4-390 By virtue of s.208, the court must impose the community requirements that are most suitable for the offender, and that are commensurate with the seriousness of the offence. The court must ensure that any community requirement imposed by the order is such as to avoid any conflict with the offender's religious beliefs, any conflict with the requirements of any other court order to which the offender may be subject and any interference with the times, if any, at which the offender normally works or attends any educational establishment.

Additionally, the order must include at least one community order requirement imposed for the purpose of punishment, unless the court also imposes a fine, or there are exceptional circumstances relating to the offence or to the offender which would make either a punitive requirement, or a fine, unjust. The Sentencing Council's guideline provides that it is a matter for the court to decide which requirements amount to a punishment in each case in relation to the duty to impose at least one punitive requirement. It should be emphasised, however, that the duty is to impose a requirement "for the purposes of punishment", not simply a requirement that has a punitive effect, although this presumably does not require it be imposed *solely* for the purposes of punishment

Specific requirements

Unpaid work requirement

A4-391 An unpaid work requirement is typically considered to be a punitive community order requirement, the work not generally being designed to give the offender further skills. For some offenders, however, it could be argued that the structure provided by such a requirement, particularly where carried out over a period of time, can be of rehabilitative benefit. Given that unpaid work is to be carried out in an offender's home local justice area it may also have broader reparative benefits.

When imposing an unpaid work requirement the court can be satisfied that the responsible officer will take care to avoid any conflict with the offender's work, schooling or religious beliefs, as well as any other court orders, when determining when unpaid work is to be carried out. However, where there are likely to be significant restrictions on an offender's ability to carry out unpaid work requirements for those reasons these should be raised with the sentencing court, who will need to give consideration to whether the completion of the number of hours specified is feasible and reasonable within the 12 month period for which an unpaid work requirement runs. It may be that for offenders in employment or with caring responsibilities, for example, the impact of an hour of unpaid work is more punitive than for others. There is, however, no requirement for the offender to consent to the unpaid work requirement or that they indicate a willingness to carry out unpaid work: *R. v Fairweather*.[409]

---

[409] [2015] EWCA Crim 1027; [2015] 2 Cr. App. R.(S.) 56.

Where an order contains an unpaid work requirement it does not end until the unpaid work requirement is completed, although the court is still under a duty to specify an end date: ss.209 and 220 of the Sentencing Code.

Rehabilitation activity requirement

A rehabilitation activity requirement requires an offender to attend appointments or participate in activities at the instruction of the responsible officer. In contrast to their predecessor, activity requirements (now repealed), the activities carried out are not specified by the court and are instead determined by the responsible officer on the grounds that they are better placed to assess the offender's progress and needs. The court's role is simply to determine the maximum number of days in relation to which the offender may be required to comply with such instructions. The court will, however, still want to enquire into the type of activities that could be carried out as part of such a requirement, and may want to raise this issue in any request for a pre-sentence report, when deciding if such a requirement is appropriate. The court must therefore consider whether it is content to hand over responsibility for determining the activity to the probation service. The principal purpose of such a requirement is rehabilitative but the activities involved can include reparative activity. The imposition of a rehabilitation activity requirement only will not comply with the requirement in s.208(10) of the Sentencing Code to impose a requirement for the purpose of punishment, given the purposes of such a requirement: *Attorney General's Reference (R. v Singh)*.[410]

A4-392

Programme requirement

A programme requirement requires an offender to participate in an accredited programme for a number of days specified by the court. Accredited programmes are accredited by the Correctional Services Accredited Panel as being effective in reducing the likelihood of re-offending. They include generalist programmes such as programmes aimed at improving offenders' thinking skills, as well as more specific programmes such as programmes on building better relationships, designed for those who commit offences in intimate relationships.

A4-393

The programme the offender is required to participate in is not specified by the court and is instead determined by the responsible officer on the grounds that they are better placed to assess the offender's progress and needs. The court's role is simply to determine the maximum number of days in relation to which the offender may be required to attend such programmes, and to specify that a programme must be completed. In this respect the court cannot leave it to the probation service to decide whether a programme must be completed; the probation service is simply in charge of deciding which programme is completed: *R. v Price*.[411] The court will, however, still want to enquire into the programmes that could be carried out as part of such a requirement, and may want to raise this issue in any request for a pre-sentence report, when deciding if such a requirement is appropriate. In particular, it is suggested that the court will require information as to the period of time required for any particular programme to be effectively run, and the advantages of any proposed programmes.

---

[410] [2021] EWCA Crim 1426; [2022] 1 Cr. App. R. (S.) 48.
[411] [2013] EWCA Crim 1283; [2014] 1 Cr. App. R.(S.) 36.

Prohibited activity requirement

A4-394 A prohibited activity requirement prevents an offender from engaging in specified activities on specified days or during a specified period. As the court must have consulted an officer of a provider of probation services before imposing a prohibited activity requirement, it is suggested that the court specify any prohibited activities it is considering imposing when ordering a pre-sentence report, while being careful not to give rise to a legitimate expectation that such a requirement will be imposed. In *R. v Heaney (Benjamin Michael)*,[412] it was suggested that the absence of consultation with probation will be a jurisdictional failure and render any requirement of no effect.

There are no limits on the activities which may be prohibited as part of an order, although the restrictions must be appropriate for the offender and commensurate with the seriousness of the offence. Such prohibitions may therefore be justified by reference to punitive considerations or public protection considerations. The court must take care to define the prohibited activity in sufficiently certain terms, and to ensure that the prohibitions do not have a disproportionate effect on the offender. It is suggested that in all cases the court should not only consult an officer of a provider of probation services in relation to any proposed prohibited activity but also the offender themselves.

Commonly such requirements will restrict the offender from engaging in activities which give rise to offending opportunities. It should, however, be remembered that the matter that is to be prohibited is an activity, and where the intention is to exclude a person from a place, an exclusion requirement is more appropriate. Furthermore, where a prohibited activity requirement is imposed for public protection reasons, consideration should be given as to whether a similar term could be imposed as part of a preventative order (which may allow for the term to be imposed for longer than the three-year maximum period for a community order).

Curfew requirement

A4-395 A curfew requirement requires an offender to remain at a specified placed during the curfew periods specified. Different places or different curfew periods may be specified for different days. As para.10 of Sch.9 makes clear, the court will need to consider the impact of any curfew on others with whom the offender is forced to stay. This may make a curfew requirement inappropriate where there is a history of domestic abuse in the household. Curfew requirements normally require an offender to be in their normal place of residence in the evening or early morning, although are capable of being far more sophisticated. They may be imposed for preventative or punitive reasons but clearly will always have a significant punitive effect given the restriction on liberty they entail. The particular place or places at which the offender is required to stay should be defined in appropriately certain and definite terms. Particular care is also likely to be necessary to avoid any conflict with the offender's work, schooling or religious beliefs, as well as any other court orders.

The maximum period of a curfew is not restricted because the offender was previously subject to a curfew period under another order (in the instant case a deferred sentence): *R. v SA*.[413]

---

[412] [2022] EWCA Crim 1862.
[413] [2011] EWCA Crim 2747.

The court must impose an electronic monitoring requirement where it imposes a curfew requirement unless a person whose co-operation is required does not consent or the court considers it inappropriate to do so: para.10(3) of Sch.9 to the Sentencing Code.

Exclusion requirement

An exclusion requirement is the functional opposite of a curfew requirement preventing an offender from entering a specified place during the period specified. An offender may be excluded from more than one place and there may be different prohibited places for different exclusion periods or different days. The restriction on an offender's liberty imposed by an exclusion requirement is necessarily less than that imposed by a curfew order, given that it only prevents an offender from going to a specified place rather than remaining in a specified place. However, exclusion orders can still constitute a significant restriction on an offender's liberty, particularly where they have impacts on an offender's work, schooling or religious beliefs. As with curfew requirements, exclusion requirements can be imposed for preventative or punitive reasons, but are more commonly imposed to exclude an offender from places in which there is a high risk of offending behaviour, or to prevent the offender from having contact with victims. **A4-396**

An exclusion requirement may not exclude someone who was already in the UK from entering the UK (or in effect require them to leave the UK): *R. (Dragoman) v Camberwell Green Magistrates' Court*.[414] It is submitted that consideration should be given to the offender's usual routes to work or school etc when considering exclusion requirements that may impede necessary travel.

The court must impose an electronic monitoring requirement where it imposes an exclusion requirement unless a person whose co-operation is required does not consent or the court considers it inappropriate to do so: para.12 of Sch.9 to the Sentencing Code.

Residence requirement

A residence requirement requires an offender to reside at a particular place for the duration of the requirement. In contrast to curfew orders there is no power to specify multiple places, so where an offender does not have a single fixed abode this requirement will ordinarily be inappropriate. The requirement may also permit an offender to reside at another place with the permission of a responsible officer. Particular considerations that will be relevant when deciding whether to impose a residence requirement will include the extent to which others (such as partners or family members) have a part in deciding whether the offender may reside in a specified place, and whether any history of domestic violence raises concerns about requiring an offender to reside in a specified place. Residence requirements will ordinarily be imposed to promote compliance with an order and a regular routine, and it is suggested that it would ordinarily be inappropriate to impose such a requirement for punitive reasons. **A4-397**

Foreign travel prohibition requirement

A foreign travel prohibition requirement prevents an offender from travelling, on a particular day or days, or for a particular period, to a particular country or terri- **A4-398**

---

[414] [2012] EWHC 4105 (Admin); [2013] A.C.D. 61.

tory (or particular countries or territories) outside the British Islands. Most commonly such orders are absolute; the risk with prohibiting only a particular country or territory is that the offender will be able to evade apprehension of any breach by travelling through a third country or territory. Where they are particular, they are normally justified by reference to a particular risk of offending or absconding in relation to a particular country or territory. They may be justified by reference to punitive or preventative justifications.

Mental health treatment requirement

A4-399 Mental health treatment requirements require an offender to submit, during a particular period or particular periods, to relevant mental health treatment, at a relevant place or under the supervision of a relevant person. It is the offender's mental health at the time of sentence that is relevant (*R. v PS*[415]), and there is no requirement that the offender was suffering from a mental health disorder at the time of the offence if it would now be appropriate. Almost inevitably mental health treatment requirements will be imposed for rehabilitative or public protection reasons, and while they may involve significant restrictions on liberty these are restrictions to which the offender will have consented. The court will need to appropriately identify the types of treatment to be imposed prior to imposition to comply appropriately with paras 16–17 of Sch.9. Where the offender has particularly severe mental health issues, the court should consider the disposals in Ch.A9.

Drug rehabilitation requirement

A4-400 **Generally** A drug rehabilitation requirement requires an offender to engage in drug rehabilitation treatment (which may be resident treatment or non-resident treatment) and to provide samples on direction for the purposes of drug testing. There is no requirement that the offender's drug problem is linked to their offending although almost invariably when such requirements are imposed the offender's drug use is at least a partial cause for the offending. Almost inevitably drug rehabilitation requirements will be imposed for rehabilitative or public protection reasons, and while they may involve significant restrictions on liberty these are restrictions to which the offender will have consented. The court will need to appropriately identify the types of treatment to be imposed prior to imposition to comply appropriately with paras 19 and 20 of Sch.9.

In *Attorney General's Reference No.64 of 2003*,[416] in relation to drug treatment testing orders (a predecessor to this requirement) the court identified the following relevant factors (which it is submitted continue to apply):

1) the desirability of reducing drug addiction whenever it is possible sensibly to do so;
2) that the offence is committed by an offender under the influence of drugs is not in itself enough to justify such a requirement;
3) there will need to be clear evidence that a defendant is determined to free themselves from drugs;
4) a drug rehabilitation requirement is likely to have a better prospect of suc-

---

[415] [2019] EWCA Crim 2286; [2020] 4 W.L.R. 13.
[416] [2003] EWCA Crim 3514; [2004] 2 Cr. App. R.(S.) 22.

cess early rather than late in a criminal career, though there will be exceptional cases in which an order may be justified for an older defendant.

A particular issue that tends to arise in relation to drug rehabilitation requirements is the extent to which a community order with such a requirement can be justified for offending that would normally require a custodial sentence. The Sentencing Council's guideline for sentencing offences of possession with intent to supply, for example, provides that where the defendant is dependent on or has a propensity to misuse drugs and there is sufficient prospect of success, a community order with a drug rehabilitation requirement can be a proper alternative to a short or moderate length custodial sentence. In *Attorney General's Reference (R. v Tame)*,[417] it was held that a sentence of three years and four months' imprisonment would, however, have been too long to come within the category of "a short or moderate length custodial sentence". Given that a suspended sentence order is available with community requirements for sentences of two years or less, it is submitted that the intent of the reference in the Sentencing Council's guideline must be to enable a community order to be imposed where a suspended sentence order would not normally be available. This view appears to be endorsed by the court in *Attorney General's Reference (R. v Driver (Liam))*[418] (concerning a sentence that would otherwise have been three years' imprisonment) with the court additionally observing the longer the custodial sentence would be, the stronger the prospect of rehabilitation will need to be in order to justify the imposition of a community order, instead of an immediate custodial sentence. However, in the context of sexual offences, the court in *Attorney General's Reference (R. v Porter (Kevin))*,[419] held that the reference in the guideline to the proper availability of a community order is not a licence to arrive at a custodial term that is otherwise inappropriate.

It is submitted that such an approach is not necessarily restricted to cases in which the Sentencing Council's guideline expressly sanctions such an approach, although often in such cases it will be necessary for the court to conclude that it is in the interests of justice not to follow the guidelines. Such an approach will inevitably be rare but where there is a clear public interest in pursuing such a path, it is submitted the courts should not shy away from doing so. In this regard it is noted that in *Attorney General's Reference (No. 82 of 2005) (R. v Toulson)*,[420] the court held that while it is generally true that such an approach would be inappropriate in cases of serious offending where significant violence or threat of violence was used, there is no general principle saying that such sentences are never appropriate in those types of case. Clearly relevant factors will be the seriousness of the offending, the need for punishment and the length of any custodial sentence the court would otherwise be minded to impose. There does not appear to be any upper limit, although it will be harder to justify this approach the more serious the offending. In *R. v Kent*,[421] the Court of Appeal (Criminal Division) heard in detail about, and did not disavow, a scheme adopted in St Alban's Crown Court where after a period of bail, deferment and the offender entering a number of offences taken into consideration an order with a drug rehabilitation requirement is entered into on the proviso that the offender will be re-sentenced to a period of five to six years if breached.

A4-401

---

[417] [2019] EWCA Crim 2013; [2020] 1 Cr. App. R.(S.) 62.
[418] [2023] EWCA Crim 434.
[419] [2023] EWCA Crim 53; [2023] 2 Cr. App. R. (S.) 17.
[420] [2005] EWCA Crim 2692; [2006] 1 Cr. App. R.(S.) 118.
[421] [2017] EWCA Crim 868.

A4-402 Review Where provision for review is included in a drug rehabilitation requirement, they are to be held every month and require the attendance of the offender and the creation of written reports on their progress. Where the requirement is not for longer than 12 months, and such review is not therefore mandatory, careful consideration should be given to whether such review is proportionate.

Reviews may be conducted by the court that made the order or, where specified, a magistrates' court in the offender's home local justice area. It appears that in some Crown Court's a single judge deals with all drug rehabilitation requirement reviews: see *Attorney General's Reference (R. v Forsythe-Wildling)*.[422] Certainly, it would seem desirable for the same judge to deal with all of the reviews of an offender where possible.

Drug testing requirement

A4-403 Drug testing requirements are available only in respect of offenders convicted on or after 28 June 2022: s.207(3A) of the Sentencing Code. These requirements will generally be imposed for rehabilitative or public protection reasons. Interestingly, unlike drug rehabilitation requirements there is no need for the offender to consent to the imposition of a drug testing requirement. However, in contrast to such requirements the court must be satisfied that the offender's misuse of drugs or psychoactive substances caused or contributed to their offending or is likely to cause or contribute to their further offending. It is suggested that when courts are considering the imposition of a drug testing requirement that they will need to bear in mind:

1) an offender does not breach this order by using drugs but instead by failing to provide samples when required (albeit the possession of drugs is itself illegal);
2) the court has no control over how regularly drug testing occurs, which is a matter for the responsible officer;
3) the (limited) value of regular drug testing if the offender is not motivated to address their drug issues given the costs involved;
4) whether regular drug testing is likely to lead to negative relationships with the offender's responsible officer; and
5) that drug testing requirements may be misunderstood such that offenders attempt to quit drugs suddenly which can have negative health effects.

Alcohol treatment requirement

A4-404 Alcohol treatment requirements require an offender to submit, during a particular period or particular periods, to relevant alcohol treatment, at a relevant place or under the supervision of a relevant person. Almost inevitably alcohol treatment requirements will be imposed for rehabilitative or public protection reasons, and while they may involve significant restrictions on liberty these are restrictions to which the offender will have consented. The court will need to appropriately identify the types of treatment to be imposed prior to imposition to comply appropriately with paras 23–24 of Sch.9. There is no requirement in the legislation that the offender's alcohol problem is linked to their offending, although almost

---

[422] [2018] EWCA Crim 1180.

invariably when such requirements are imposed the offender's alcohol use is at least a partial cause for the offending.

Alcohol abstinence and monitoring requirement

Availability By virtue of ss.207(1)–(2) of the Sentencing Code, alcohol abstinence and monitoring requirements are only available to the extent that regulations under para.25 of Sch.9 are in force. At present there are only regulations under para.25(7)(c) in force, the Criminal Justice Act 2003 (Alcohol Abstinence and Monitoring Requirement) (Prescription of Arrangement for Monitoring) Order 2018,[423] which make arrangements for monitoring. There are as of 30 September 2020, no regulations in force setting a prescribed alcohol level. **A4-405**

Imposition Alcohol abstinence and monitoring requirements require offenders to abstain from consuming alcohol, or from consuming alcohol so that at any time during the abstinence and monitoring period there is more than a particular level of alcohol in the offender's body, and to submit to monitoring for the purpose of ascertaining whether they have breached the requirement. The monitoring is performed by a transdermal tag fitted to the offender's leg. Almost inevitably alcohol abstinence and monitoring requirements will be imposed for rehabilitative or public protection reasons. In contrast to alcohol treatment requirements, alcohol abstinence and monitoring requirements do require that the offender's alcohol use has a connection to the offence: the offender's consumption of alcohol must be an element of the offence for which the order is to be imposed or of an associated offence, or the offender's consumption of alcohol must have been a factor that contributed to the commission of that offence or to an associated offence. Similarly, the offender must not be dependent on alcohol (given that in such circumstances any abstinence should be carefully overseen by professionals). **A4-406**

Attendance centre requirement—available only for offenders convicted before 28 June 2022

By virtue of s.207(3) of the Sentencing Code attendance centre requirements are now available only in respect of offenders convicted before 28 June 2022. An attendance centre requirement requires an offender to attend at an attendance centre for a particular number of hours. The court is required only to specify the aggregate hours in the requirement. The particular times at which the offender is required to attend and the attendance centre the offender is required to attend are to be specified by the responsible officer. The court must, however, ensure that an attendance centre is reasonably accessible to the offender. The purpose of an attendance centre is principally rehabilitative, although inevitably any requirement to attend imposes a restriction on an offender's liberty. **A4-407**

Electronic compliance monitoring requirement

Electronic compliance monitoring requirements may only be imposed to ensure compliance with other community requirements. Such a requirement must be imposed when imposing a curfew or an exclusion requirement unless prevented **A4-408**

---

[423] Criminal Justice Act 2003 (Alcohol Abstinence and Monitoring Requirement) (Prescription of Arrangement for Monitoring) Order 2018 (SI 2018/210).

from doing so by paras 33 (need for consent of person whose co-operation is required) or 34(1) (arrangements in relevant area) of Sch.9 to the Sentencing Code, or where in the particular circumstances of the case, the court considers it inappropriate to do so. The Sentencing Council's guideline provides that electronic monitoring should be used with the primary purpose of promoting and monitoring compliance with other requirements, in circumstances where the punishment of the offender and/or the need to safeguard the public and prevent re-offending are the most important concerns. It is suggested that the relative cost to the public purse of electronic monitoring should always be borne in mind when considering whether electronic monitoring is commensurate with the seriousness of the offence and the desirability for effective enforcement.

Electronic whereabouts monitoring requirement

A4-409   An electronic whereabouts monitoring requirement requires an offender to submit to electronic monitoring of their whereabouts (otherwise than for the purpose of monitoring the offender's compliance with any other requirement included in the order) during a period specified in the order. To the extent that there appears to be a justification for this requirement it must be public protection in the abstract: that an offender who is subject to a general electronic whereabouts monitoring requirement is less likely to commit crime, or at the least such offenders will be easier to apprehend. The requirement in and of itself is unlikely to have a significant punitive effect, although there is of course inevitably an interference with an offender's private life.

Duty to Keep in Touch with the Responsible Officer

A4-410   Section 215 of the Sentencing Code provides that an offender must keep in touch with the responsible officer in accordance with such instructions as they may from time to time be given by that officer, and that this obligation is enforceable as if it were a requirement imposed by the order. In *Richards v National Probation Service*,[424] it was held that as a result a responsible officer, when setting conditions, is entitled to require an offender to inform them in advance if the offender knows that they cannot keep an appointment and why, and to require that information to be in writing and to be supported by third-party evidence. However, it is not permissible to impose an independent requirement to provide evidence after an apparent breach, as that could not be viewed as a requirement to stay in touch; standing on its own, it is merely an obligation to provide evidence, and so it is not within the range of conditions that may be set.

Combined with Other Orders

Combined with custodial sentences

Immediate custody

A4-411   While there is nothing in statute to prevent a community order being imposed on an offender who is still serving a custodial sentence, such an order should only be

---

[424] [2007] EWHC 3108 (Admin) DC.

imposed where the delay before the community penalty can take effect is so short as to be in practice minimal: *Fontenau v DPP*.[425] Otherwise it will be impossible to comply with the order and the order will serve no practical purpose, whether for a punitive or rehabilitative purpose.

Suspended sentence orders

Under s.203 of the Sentencing Code, a community order cannot be imposed at the same time as imposing a suspended sentence order. Although there is no statutory limit on imposing a community order on a person subject to a suspended sentence order, in practice it would seem desirable not to do so; particularly as normally it would be expected that the suspended sentence order would be activated. **A4-412**

Combined with non-custodial orders

There are no other restrictions on imposing a community order alongside a non-custodial order; it could even be argued that they could be imposed alongside a discharge if no punitive requirement was imposed. However, in all circumstances careful consideration will need to be given to the interaction between the community order and any other requirements or prohibitions to which the offender is subject under another court order. **A4-413**

CUSTODIAL SENTENCES: GENERAL PRINCIPLES

What is a Custodial Sentence?

Introduction

Although much of the public discourse around custodial sentences is framed solely in terms of prisons and imprisonment, there are in fact a large number of variants of custodial sentences available to sentencing courts. The exact form and structure of these custodial sentences vary, as does their availability, with some variations only being available for offenders of a certain age, for offenders convicted of certain offences or for offenders who have certain previous convictions. While all custodial sentences are served in part in a custodial institution (in the case of suspended sentences, where activated), offenders rarely serve the entirety of their custodial sentence in detention. For many years now, immediate custodial sentences have included a period of early release that is accompanied by licence periods— i.e. a period of release from custody during which the state retains contact with the offender pursuant to the custodial sentence and exposes the offender to liability to be "recalled" to custody where certain conditions are met. It is a misconception, however, that early release is a reward for good behaviour; on the contrary (save for additional time added to a sentence following a prison adjudication or a consecutive sentence for another offence), early release is automatic for a number of custodial sentences. **A4-414**

A significant factor determining the availability of types of custodial sentence is an offender's age. Broadly speaking, the law differentiates between those aged

---

[425] [2001] 1 Cr. App. R.(S.) 15 DC.

under 18 at conviction, those aged 18–20 at conviction and those aged 21 and over at conviction, with different custodial sentencing orders available for each age category.

This section is concerned with the general principles applicable to all forms of custodial sentences. For the section dealing with the imposition of custodial sentences on those aged under 18 at conviction, see A6-200 onwards. For the section dealing with the imposition of custodial sentences on those aged 18–20 at conviction or those aged 21 or over at conviction, see A4-488.

In *R. (on the application of Rowan) v Governor of HMP Berwyn*,[426] the court confirmed that the absence of a warrant of imprisonment did not render the sentence imposed unlawful.

Legislation

A4-415 Custodial sentence is defined in s.222 of the Sentencing Code as meaning:
- a detention and training order under s.233;
- a sentence of detention under Ch.2 of Pt 10 of the Code;
- a sentence of detention in a young offender institution;
- a sentence of custody for life under ss.272 or 275;
- a sentence of imprisonment (not including committals for contempt).

References to pre-Code custodial sentences refer to:

1) a detention and training order imposed under s.100 of the Powers of Criminal Courts (Sentencing) Act 2000;
2) a sentence of detention imposed under any of the following (sentences of detention for children)—
   — ss.90 or 91 of the Powers of Criminal Courts (Sentencing) Act 2000;
   — s.53(1) or (3) of the Children and Young Persons Act 1933;
   — ss.226B or 228 of the Criminal Justice Act 2003;
3) a sentence of detention for public protection imposed under s.226 of the Criminal Justice Act 2003;
4) a sentence of custody for life under—
   (a) ss.93 or 94 of the Powers of Criminal Courts (Sentencing) Act 2000;
   (b) s.8 of the Criminal Justice Act 1982.

The Custody Threshold

Introduction

A4-416 The custody threshold was first introduced into legislation by the Criminal Justice Act 1991 as a general restriction on the imposition of custodial sentences. Prior to that, similar restrictions had existed in relation to young offenders, however. The custody threshold provides that a custodial sentence may only be imposed where the offence, or the combination of the offence and one or more offences associated with it, is so serious that neither a fine alone nor a community sentence can be justified for the offence. The threshold operates to ensure that custodial sentences

---

[426] *R. (on the application of Rowan) v Governor of HMP Berwyn* [2023] EWCA Civ 27; [2023] 1 W.L.R. 1356.

are a sentence of last resort and are recognised as the most serious disposal available to a sentencing court.

Legislation

Sentencing Act 2020 s.230

Threshold for imposing discretionary custodial sentence

230.—(1) Subsection (2) applies where a person is convicted of an offence which is punishable with a custodial sentence. This is subject to subsection (3).

(2) The court must not pass a custodial sentence unless it is of the opinion that—
 (a) the offence, or
 (b) the combination of the offence and one or more offences associated with it,
was so serious that neither a fine alone nor a community sentence can be justified for the offence.

Threshold generally not applicable where mandatory sentence requirement applies

(3) This section does not apply if the offence is one in relation to which a mandatory sentence requirement applies (see section 399), except as provided in sections 273(4) and 283(4) (pre-condition for life sentence for second listed offence).

Exceptions to subsection (2) relating to community sentences

(4) Nothing in subsection (2) prevents the court from passing a custodial sentence on the offender if the offender fails to express willingness to comply with a requirement—
 (a) which the court proposes to include in a community order, but
 (b) which may be included only if the offender expresses willingness to comply with it.

(5) Subsection (2) is also subject to—
 (a) paragraph 11(3) of Schedule 7 (power to impose custodial sentence in case involving wilful and persistent breach of youth rehabilitation order with intensive supervision and surveillance);
 (b) paragraph 22(5)(b) of Schedule 9 (power to deal with offender who does not express willingness to comply with amended drug rehabilitation requirement);
 (c) paragraph 10(9) of Schedule 10 (power of magistrates' court to impose custodial sentence following wilful and persistent breach of community order);
 (d) paragraph 11(6) of that Schedule (corresponding power of Crown Court);
 (e) paragraph 18(9)(b) of that Schedule (power to deal with offender who does not express willingness to comply with amended treatment requirement).

Procedure for forming opinion

(6) In forming its opinion for the purposes of subsection (2), the court must take into account all the information that is available to it about the circumstances of the offence, or of it and the associated or offence or offences, including any aggravating or mitigating factors.

A4-417

(7) The pre-sentence report requirements (see section 30) apply to the court in relation to forming that opinion.
(8) See also—
   (a) section 77(2) (effect of mitigation: community sentence not precluded even if threshold for custodial sentence met);
   (b) section 232 (additional requirements for offender suffering from mental disorder).

Guidance

The test

A4-418 Although the intent of the custody threshold is clear, it is a relatively amorphous concept in its application, which Parliament, the courts and the Sentencing Council have all been unable or unwilling to adequately define.

The abandonment of the "right-thinking members of the public" test

A4-419 When the Court of Appeal (Criminal Division) came to give guidance on the threshold in *R. v Cox*,[427] it initially adopted a test first suggested in *Bradbourn*[428] in relation to a similar threshold that had applied to young offenders: that the custody threshold is crossed for the kind of offence which would make right-thinking members of the public knowing all the facts feel justice had not been done by the passing of any sentence other than a custodial one. However, following stringent criticism, including by Ashworth and Von Hirsch—in their amusing entitled article "Recognising elephants"[429]—the test was abandoned in *R. v Howells*,[430] where the Lord Chief Justice described the test as "unhelpful" given the fact that the judiciary had no means of ascertaining the public's view and, as a consequence, supplanted their views for that of the "right-thinking member of the public".

However, when the court in *R. v Howells*,[431] abandoned the "right-thinking member of the public" test it declined the opportunity to give further guidance on the exercise of the custody threshold, claiming it would be "dangerous and wrong" to lay down prescriptive rules governing the exercise of that judgement, at least in part because any guidance would inevitably be subject to exceptions and qualifications. No constitution of the Court of Appeal (Criminal Division) has since picked up that mantle and the approach remains rather vague and unhelpful.

The Sentencing Council's guideline on the imposition of custodial and community penalties, for example, merely comments that it is the clear intention of the threshold test to reserve prison as a punishment for the most serious offences. To that general observation the guideline only adds that crossing the custodial threshold does not automatically result in a custodial sentence; and that custody should not be imposed where to do so would impact on dependents to an extent which would render the sentence disproportionate. That is of limited utility; the fact that a

---

[427] (1993) 14 Cr. App. R.(S.) 479.
[428] (1985) 7 Cr. App. R.(S.) 180.
[429] A. Ashworth and A. Von Hirsch, "Recognising elephants: the problem of the custody threshold" [1997] Crim. L.R. 187.
[430] [1999] 1 W.L.R. 307 CA.
[431] [1999] 1 W.L.R. 307 CA.

measure is a last resort indicates that there is a threshold, but gives no information as to where that threshold lies.

In that respect the guideline helpfully emphasises one rather confused aspect of the custody threshold; that even where the threshold is met because of the seriousness of the offence, other matters such as personal mitigation may merit the imposition of a non-custodial sentence (see s.70(2) of the Sentencing Code). The threshold is therefore perhaps best described, to borrow a phrase from Nicola Padfield's criticism of the test, as a "custody zone".[432] While the wording of the statutory test implies a bright line, it is clear that there are cases where there the threshold is passed but a choice still remains as to the imposition of the appropriate sentence in the case: as explored at A1-007, while offence seriousness is the principal determiner of sentence, the other purposes of sentencing may govern the choice of sentence in the appropriate band—this is reflective of the concept of a permissible range of sentences referred to earlier in this work.

A4-420

Sentencers therefore clearly retain a wide discretion when deciding whether the custody threshold is met, and indeed whether to impose a custodial sentence as a result.

It is suggested that, in practice, some substantial further guidance tends to be provided by any offence-specific guidelines available for an offence, and the Sentencing Council's guideline on the imposition of community sentences. While it would be a mistake to interpret the sentencing guidelines as discharging the court's duty to consider the custody threshold for itself, the guidelines will inevitably assist in determining whether an offence is one where the question of whether the custody threshold is passed is truly a live one.

Similarly, it is suggested that it is useful to consider the example "high-level" community orders given in the Sentencing Council's guideline, and the significant restrictions on liberty they are capable of imposing, carefully, when assessing whether the seriousness of the offence is truly such that only a custodial sentence will suffice. There is, however, clearly a value judgement implicit in this, as evidenced by the practice of courts imposing very short custodial sentences; and it is impossible to compare in objective terms the impacts of the restrictions on liberty possible by virtue of a community order and those inherent in any sentence of imprisonment (and the resulting impacts on an offender). As Ashworth has noted, in practice, the decision to impose custody rather than a community order often appears to be justified by reference to deterrent rationales or an expressive or denunciatory rationale.[433]

A4-421

A particular issue that the Sentencing Council has been keen to address is that suspended sentence orders should not simply be seen as a more severe form of community order. As the Sentencing Council observed in its initial consultation on the guideline on the imposition of community and custodial sentences, the number of suspended sentence orders rose substantially from 2005 to 2015, accompanied by a substantial decline in the number of community orders being imposed.[434] Evidence indicated that a potential reason for this was that suspended sentences were being imposed as a more severe form of community order where the offending had not

---

[432] See N. Padfield, "Time to bury the custody 'threshold'?" [2011] Crim. L.R. 593.
[433] A. Ashworth, "Unavoidable prison sentences?" [2013] Crim. L.R. 621.
[434] From less than 4,000 suspended sentence orders in 2005 to over 52,000 in 2015, and almost 203,000 community orders in 2005 to fewer than 108,000 in 2015: Sentencing Council, "Consultation on draft guideline for Imposition of Community & Custodial sentences" (2016) at https://www.sentencingcouncil.org.uk/wp-content/uploads/Imposition-final-consultation-paper_.pdf [Accessed 19 July 2023].

crossed the custody threshold. The new guideline clarifies that this is not permissible, and a consideration of whether the offence has crossed the custody threshold should be made without reference to the possibility of suspending that sentence.

Criticisms and reform proposals

A4-422   As will be clear from the preceding paragraphs, the custody threshold has frequently been criticised for being insufficiently clear, or insufficiently effective. While almost all academic critiques of the threshold agree with the aim underpinning the threshold—that custody should be a last resort—they tend to argue that it has failed to effectively achieve that aim.[435]

Padfield has argued that the threshold should be reconceptualised as a zone, in which custody may or may not be an appropriate final disposal, a proposal which seems to be little more than a re-badging of the current approach.[436] Ashworth has suggested that the custody threshold be tightened by requiring a court that passes any prison sentence under two years to give reasons why the offender cannot be dealt with by a community sentence and/or a fine,[437] although this is arguably a duty that already falls on the court.[438]

Harris and Roberts have suggested that previous convictions should not, by themselves, be capable of pushing a sentence past the custody threshold (albeit they may otherwise increase the length or severity of a sentence).[439] They also argue that a guilty plea should not be capable of bringing an offence that goes past the threshold, below it, given that it is justified on purely transactional grounds. None of these reforms have, however, been taken up, and the position remains vague, and perhaps unprincipled.

The Length of a Custodial Sentence

The Maximum Sentence Available

Legislation

Sentencing Act 2020 ss.223–224 and 229

Two-year limit on imprisonment for statutory offence if no maximum specified

A4-423   223.— Where—
  (a) a person is convicted on indictment of an offence under any enactment which is punishable with imprisonment, and
  (b) no enactment—
      (i) limits the sentence to a specified term, or
      (ii) expresses it to extend to imprisonment for life,

---

[435] See A. Ashworth and A. Von Hirsch, "Recognising elephants: the problem of the custody threshold" [1997] Crim. L.R. 187; N. Padfield, "Time to bury the custody 'threshold'?" [2011] Crim. L.R. 593; L. Harris and J. V. Roberts, "Reconceptualising the custody threshold in England and Wales" [2017] *Criminal Law Forum* 477.
[436] N. Padfield, "Time to bury the custody 'threshold'?" [2011] Crim. L.R. 593.
[437] A. Ashworth, "Unavoidable prison sentences?" [2013] Crim. L.R. 621.
[438] L. Harris and J. V. Roberts, "Reconceptualising the custody threshold in England and Wales" [2017] *Criminal Law Forum* 477.
[439] L. Harris and J.V. Roberts, "Reconceptualising the custody threshold in England and Wales" [2017] *Criminal Law Forum* 477, 494.

the person is liable to imprisonment for not more than 2 years.

General limit on magistrates' court's power to impose imprisonment or detention in a young offender institution

224.—(1) A magistrates' court does not have power to impose—
(a) imprisonment, or
(b) detention in a young offender institution,
for more than for a term exceeding the applicable limit in respect of any one offence.
(1A) The applicable limit is—
(a) 6 months in the case of a summary offence, or
(b) 6 months in the case of an offence triable either way.
(2) Unless expressly excluded, subsection (1) applies even if the offence in question is one for which a person would otherwise be liable on summary conviction to imprisonment or detention in a young offender institution for more than 6 months.
(3) Nothing in subsection (1) affects section 133 of the Magistrates' Courts Act 1980 (consecutive terms of imprisonment).
(4) Subsection (1) does not limit any power of a magistrates' court to impose a term of imprisonment for—
(a) non-payment of a fine, or
(b) want of sufficient goods to satisfy a fine.
(5) In subsection (4)—
(a) "fine"—
(i) includes a pecuniary penalty, but
(ii) does not include a pecuniary forfeiture or pecuniary compensation.
(b) the reference to want of sufficient goods to satisfy a fine is a reference to circumstances where—
(i) there is power to use the procedure in Schedule 12 to the Tribunals, Courts and Enforcement Act 2007 to recover the fine from a person, but
(ii) it appears, after an attempt has been made to exercise the power, that the person's goods are insufficient to pay the amount outstanding (as defined by paragraph 50(3) of that Schedule).
(6) In this section "impose imprisonment" means—
(a) pass a sentence of imprisonment, or
(b) fix a term of imprisonment for—
(i) failure to pay any sum of money,
(ii) want of sufficient distress to satisfy any sum of money (see section 397(3)), or
(iii) failure to do or abstain from doing anything required to be done or left undone.
(7) Section 132 of the Magistrates' Courts Act 1980 (5 day minimum term) provides for the minimum term of imprisonment that a magistrates' court may impose."

A4-424

Power of magistrates' court to imprison for less than specified term

229.—(1) Where a magistrates' court has power to sentence an offender to imprisonment for a period specified by an enactment (whether passed or made before or after this Act), the court may sentence the offender to imprisonment for less than that period.
(2) This is subject to—
(a) section 132 of the Magistrates' Courts Act 1980 (5 day minimum term);
(b) express provision to the contrary in an Act passed after 31 December 1879.
(3) In this section "enactment" includes an enactment contained in a local Act or in any order, regulation or other instrument having effect by virtue of an Act.

A4-425

Magistrates' Courts Act 1980 s.133

Consecutive terms of imprisonment

A4-426
133.—(1) Subject to section 225 of the Sentencing Code, a magistrates' court imposing imprisonment or youth custody on any person may order that the term of imprisonment or youth custody shall commence on the expiration of any other term of imprisonment or youth custody imposed by that or any other court; but where a magistrates' court imposes two or more terms of imprisonment or youth custody to run consecutively the aggregate of such terms shall not, subject to the provisions of this section, exceed the longest term that could be imposed in respect of any one of the offences for which a term of imprisonment is being imposed.

(2) If two or more of the terms imposed by the court are imposed in respect of an offence triable either way which was tried summarily otherwise than in pursuance of section 22(2) above, the aggregate of the terms so imposed and any other terms imposed by the court may exceed the longest term otherwise permitted by subsection (1) (if less than 12 months) but shall not, subject to the following provisions of this section, exceed 12 months.

(2A) In relation to the imposition of terms of detention in a young offender institution subsection (2) above shall have effect as if the reference to an offence triable either way were a reference to such an offence or an offence triable only on indictment.

(3) The limitations imposed by the preceding subsections shall not operate to reduce the aggregate of the terms that the court may impose in respect of any offences below the term which the court has power to impose in respect of any one of those offences.

(4) Where a person has been sentenced by a magistrates' court to imprisonment and a fine for the same offence, a period of imprisonment imposed for non-payment of the fine, or for want of sufficient goods to satisfy the fine, shall not be subject to the limitations imposed by the preceding subsections.

(5) For the purposes of this section a term of imprisonment shall be deemed to be imposed in respect of an offence if it is imposed as a sentence or in default of payment of a sum adjudged to be paid by the conviction or for want of sufficient goods to satisfy such a sum.

Guidance

Generally

A4-427
The maximum length of a custodial sentence available to the court is normally determined by the offence-creating provision, though there are exceptions to this. Where the offence is a common law offence for which no maximum sentence has been provided for by statute, the maximum sentence available is one of life imprisonment: *R. v Szczerba*.[440]

Magistrates' courts' powers

A4-428 **Maximum for an either-way offence** Between 2 May 2022 and 30 March 2023, the maximum custodial sentence that a magistrates' courts could impose for a single either-way offence was 12 months. That change was reversed for offenders convicted on or after 30 March 2023 by the Sentencing Act 2020 (Magistrates' Court Sentencing Powers) (Amendment) Regulations 2023[441] and the maximum the

---

[440] [2002] EWCA Crim 440; [2002] 2 Cr. App. R.(S.) 86.
[441] Sentencing Act 2020 (Magistrates' Court Sentencing Powers) (Amendment) Regulations 2023 (SI 2023/298).

magistrates' courts can now impose for a single summary or either-way offence is six months. However, by virtue of para.14A of Sch.23 to the Judicial Review and Courts Act 2020, the Secretary of State may, at will, pass regulations to increase the maximum sentence available in the magistrates' court for a single either-way offence back to 12 months. Accordingly, a large number of statutory offences have been amended to refer to "the general limit in a magistrates' court" (see the Judicial Review and Courts Act 2022 (Magistrates' Court Sentencing Powers) Regulations 2023[442]). In July 2024, that general limit is six months for either a summary or an either-way offence.

Suspended sentences   The activation of a suspended sentence is not an imposition of a custodial sentence for the purposes of s.133 of the Magistrates' Courts Act 1980: *R. v Chamberlain*[443]; *R. v Hester-Wox*.[444]   **A4-429**

Application to the Crown Court when exercising magistrates' court powers   Where the Crown Court is exercising magistrates' courts' powers, either on committal for sentence, re-sentencing or when sentencing summary only offences under para.6 of Sch.3 to the Crime and Disorder Act 1998, the Crown Court must observe all the limitations which would apply in the magistrates' court in passing sentence for the summary offences, including the limitations in s.224 of the Sentencing Code and s.133 of the Magistrates' Courts Act 1980: see *R. v Cattell*,[445] *R. v Whitlock*[446] and *R. v Jacobs*.[447]   **A4-430**

However, in *R. v Garthwaite*,[448] it was suggested, obiter, that where a judge of the Crown Court imposes sentences of imprisonment for summary offences that had been committed for sentence and also sits as a district judge under s.66 of the Courts Act 2003 to sentence other summary offences, the total for all the summary offences will not be limited to an aggregate of six months. Presumably this would be because in such circumstances the sentences of imprisonment would technically be imposed by two separate courts, such that a six-month aggregate limit applied to the sentences imposed by the Crown Court and a separate six-month aggregate limit applied to the sentences imposed by the judge exercising the powers of a district judge (magistrates' courts) under s.66 of the Courts Act 2003 which are sentences imposed by a magistrates' court (see for analysis of the s.66 power the decision in *R. v Gould*).[449]

Effect of change in maximum sentence

Where there has been a change in the maximum sentence available for an offence, whether that change applies to the offence in question will depend on the effect of the transitional provisions in question and how the indictment for the offence was framed. In order to ensure compliance with art.7 of the European   **A4-431**

---

[442] Judicial Review and Courts Act 2022 (Magistrates' Court Sentencing Powers) Regulations 2023 (SI 2023/149).
[443] (1992) 13 Cr. App. R.(S.) 535 CA.
[444] [2016] EWCA Crim 1397; [2016] 2 Cr. App. R.(S.) 43.
[445] (1986) 8 Cr. App. R.(S.) 268 CA.
[446] (1992) 13 Cr. App. R.(S.) 157 CA.
[447] [2005] EWCA Crim 1845.
[448] [2019] EWCA Crim 2357; [2020] R.T.R. 17.
[449] [2021] EWCA Crim 447; [2021] 1 W.L.R. 4812.

Convention on Human Rights any increase to the maximum sentence will invariably apply only to offences committed on or after the commencement date of the provision concerned. The issue tends to arise therefore only in the context of multiple offences which were committed over a period of time, or ongoing or continuous offences.

Where the offence is charged as having been committed on an unspecified date between certain specified dates, and the maximum sentence has been increased within the relevant period, the court is bound by the lower maximum sentence: *R. v S*.[450] However, in *R. v B*,[451] it was held that where the defendant was indicted on a single specimen charge, and the offence was alleged to have been committed between dates one of which was before an increase in the relevant maximum penalty and one after, but the case was conducted on the basis that all the incidents occurred after the increase, the increased maximum penalty was available to the court. It is submitted that the conclusion in B is at the very least a questionable one, given that it is hard to see how it can be the Crown's case that all of the offences occurred after the date on which the maximum penalty was increased if the period specified on the indictment included a date before that period. The exception would seem to be cases like *R. v Cairns*,[452] where the defendant admits that that is the situation. Generally, however, such issues should be avoided by framing the indictment in multiple counts, with one count dealing with offending prior to the change in the maximum sentence, and the other dealing with offending after: a practice endorsed in *R. v Cairns*.[453]

Where the offence charged is a continuing one, it is suggested the issue might be approached slightly differently; because in that case the offence is being committed every day of the indictment period—i.e. once the conspiracy is formed, the offence is complete and the elements of the offence continue to be present on every day in which the conspirators do not withdraw.

However, in relation to conspiracy charges in *R. v Hobbs*,[454] the Court of Appeal (Criminal Division) rejected an argument that, where there was evidence that a conspiracy had continued to be carried out after a change in a maximum sentence, the newly increased sentence should apply. The court held that a conspiracy was complete when the agreement was made and that the extent of sentencing powers should not depend on potentially complex questions of fact as to when conspirators performed acts implementing the conspiracy.

In *R. v Greenwood*,[455] the Court of Appeal (Criminal Division) rejected a challenge to the approach in *Hobbs* which was based on an argument that in *Ecer and Zeyrek v Turkey*,[456] the European Court of Human Rights had implied that, in the case of a continuing offence the maximum penalty for which was increased during the continuation of the offence, there would be no violation of the principle against retroactivity if sentence were passed by reference to the increased maximum, provided, first, that the charge alleges the continuation of the offence to a date after the date of increase and, secondly, that the court was satisfied that the

---

[450] (1992) 13 Cr. App. R.(S.) 306 CA.
[451] (1993) 14 Cr. App. R.(S.) 774.
[452] [1998] 1 Cr. App. R.(S.) 434 CA.
[453] [1998] 1 Cr. App. R.(S.) 434 CA.
[454] [2002] 2 Cr. App. R.(S.) 93.
[455] [2005] EWCA Crim 2686.
[456] [2002] 35 E.H.R.R. 26.

criminal activity did in fact continue after the date of increase. In rejecting the argument, the court in *Greenwood* observed that *Hobbs* remained binding authority, that *Ecer and Zeyrek* had not been directly concerned with the issue and argued that *Puhk v Estonia*[457] provided that in such cases there would be a conflict with art.7.

It should, however, be noted that *Puhk v Estonia* was not in fact concerned with changes in maximum penalties but the creation of a new criminal offence, and held that an indictment which alleged a continuing offence was committed prior to the date of that offence becoming law breached art.7. The matter, it is suggested, will be different where the behaviour complained of was always criminal.

While the court's approach to deciding whether the new maximum sentence applied in *Hobbs* was a reasonable one, it is contended that it is not necessarily of wider application. It is submitted that given that a continuing offence is committed on every day on which it continues, where a continuing offence is committed over a period in which a maximum sentence increased, that new higher maximum sentence should apply to the offending. There should not be a need to separately indict the behaviour before and after the change of maximum sentence—especially where that could lead to confusion as to the behaviour alleged. The penalty imposed will not have exceeded the maximum available for the offence at the date of commission, as the offence will have been committed anew every day in the indictment period after the increase to the maximum sentence. There will be no breach of art.7 in such cases.

A4-432

The Requirement of Parsimony

Legislation

Sentencing Act 2020 s.231

Length of discretionary custodial sentences: general provision
231.—(1) Subsection (2) applies where a court passes a custodial sentence in respect of an offence. This is subject to subsections (3) to (6).

(2) The custodial sentence must be for the shortest term (not exceeding the permitted maximum) that in the opinion of the court is commensurate with the seriousness of—
    (a) the offence, or
    (b) the combination of the offence and one or more offences associated with it.
Application of subsection (2) to certain sentences
(3) Subsection (2) does not apply where the sentence is—
    (a) fixed by law, or
    (b) a required life sentence,
except as provided in sections 273(4) and 283(4) (pre-condition for life sentence for second listed offence).
(4) In subsection (3), "required life sentence" means a sentence of—
    (a) detention for life under section 250,
    (b) custody for life under section 272, or
    (c) imprisonment for life,
required under a provision mentioned in section 399(b) (mandatory sentences).
(5) Subsection (2) is subject to the provisions mentioned in section 399(c) (minimum sentences).

A4-433

---

[457] [2004] App. No.55103/00.

(6) Subsection (2) does not apply where the custodial sentence is an extended sentence, except as provided in sections 256(2), 268(2) and 281(2) (determination of appropriate custodial term).

(6A) Subsection (2) does not apply where the custodial sentence is a serious terrorism sentence, except as provided in sections 268C(2)(b) and 282C(2)(b) (determination of appropriate custodial period where longer than the 14-year minimum).

Procedure for forming opinion

(7) In forming its opinion for the purposes of subsection (2), the court must take into account all the information that is available to it about the circumstances of the offence, or of it and the associated offence or offences, including any aggravating or mitigating factors.

(8) The pre-sentence report requirements (see section 30) apply to the court in relation to forming that opinion, except where the sentence is an extended sentence.

(9) See section 232 for additional requirements in the case of an offender suffering from a mental disorder.

Guidance

General

A4-434 For general guidance on assessing the seriousness of an offence, see A1-007 onwards. The particular issue that arises in determining the appropriate length of a custodial sentence will be determining the length of sentence that is proportionate to that seriousness. Consideration will inevitably need to be given to any offence-specific sentencing guidelines, any relevant decisions of the Court of Appeal (Criminal Division), the elements of the offence and the aggravating and mitigating factors present, and the maximum sentence.

Maximum sentences

A4-435 The maximum sentence for the offence should be reserved for cases which within the statutory context, can fairly be regarded as crimes of the utmost gravity but there is no requirement that they be the worst possible case which can realistically be conceived: *R. v Bright*[458]; *R. v Bridger*.[459] The question is not whether there are cases worse than the instant case, but whether the case comes within the broad band of the worst type of cases that come before the court: *R. v Appleby*.[460] Where there is substantial mitigation it will therefore rarely be appropriate to impose the maximum sentence—see *R. v Markus*[461]—although it is suggested where the seriousness of the offending itself is sufficiently serious it may be permissible. Certainly, that an offender is of good character will not be of itself sufficient, see *R. v Bridger*.[462]

It is not open to a judge to impose the maximum sentence for the offence simply because they conclude it is inappropriately low: *R. v Sherif*.[463] However, the Court of Appeal (Criminal Division) has recognised that where the maximum sentence for the offence is low there will be a comparatively broad band of conduct that represents the most serious offending within the ambit of that offence and which

---

[458] [2008] EWCA Crim 462; [2008] 2 Cr. App. R.(S.) 102.
[459] [2018] EWCA Crim 1678; [2018] 2 Cr. App. R.(S.) 44.
[460] [2020] EWCA Crim 390.
[461] [1974] 3 W.L.R. 645.
[462] [2018] EWCA Crim 1678; [2018] 2 Cr. App. R.(S.) 44.
[463] [2008] EWCA Crim 2653; [2009] 2 Cr. App. R.(S.) 33.

therefore justifies a sentence at or near the statutory maximum: see *R. v Timmins*[464] and *R. v Wilkinson*.[465] Where there is a high maximum sentence (such as with some common law offences), the maximum sentence may be of little use in identifying the proportionate sentence for the offence.

In *R. v Griffiths*[466] (a case involving a non-recent sexual offence for which the maximum sentence was two years and now considerably out of step with societal standards regarding the seriousness of such offences), the court imposed the maximum sentence of two years, observing that the ordinary principle is that the maximum penalty for any offence should be reserved for the most serious offending of its kind and the maximum penalty is rare where there is mitigation. However, the court continued to observe that the principles in relation to the sentencing of non-recent offences may mean that the maximum sentence is merited whether or not a particular offence can be said to be in the most serious category of its kind and whether or not there are mitigating features.

Relevance of non-imprisonable offences

In *R. v Lindo*,[467] it was held that where an offender is being dealt with for imprisonable, and for non-imprisonable offences, it is wrong in principle to inflate the sentence for the imprisonable offence to reflect the overall criminality (i.e. including the non-imprisonable offences); and this is so even where there is a factual link between the offences. However, as James Richardson QC argued in his commentary to the case in *Criminal Law Week*,[468] no reference was made to what is now s.400 of the Sentencing Code, which permits a court to take into account associated offences when making an assessment of seriousness. As Richardson observed, "if a sentence can be inflated to reflect offences taken into consideration (for which no separate penalty of any kind can be imposed), then there seems to be no particular reason why a court should not take account of associated non-imprisonable offences (in the absence of any express bar on doing so)."

A4-436

Relevance of release arrangements

No consideration should be given to the provisions relating to early release when determining the length of the appropriate custodial sentence: *R. v Round*; *R. v Dunn*.[469]

A4-437

---

[464] [2018] EWCA Crim 2579; [2019] 1 Cr. App. R.(S.) 39.
[465] [2019] EWCA Crim 258; [2019] 2 Cr. App. R.(S.) 10.
[466] [2020] EWCA Crim 732; [2020] 2 Cr. App. R.(S.) 54.
[467] [2015] EWCA Crim 735; [2015] 2 Cr. App. R.(S.) 31.
[468] J. Richardson QC, "New Cases: Sentence: Particular Sentences or Orders: Imprisonment (Totality/Relevance of Non-Imprisonable Offence): R. v Lindon" CLW/15/32/24.
[469] [2009] EWCA Crim 2667; [2010] 2 Cr. App. R.(S.) 45.

PRIMARY DISPOSALS

Requirement Offender Be Legally Represented

Legislation

Sentencing Act 2020 s.226

Custodial sentence: restrictions in certain cases where offender not legally represented

A4-438   226.—(1) This section applies where—
  (a) a magistrates' court is dealing with an offender on summary conviction, or
  (b) the Crown Court is dealing with an offender—
    (i) on committal for sentence, or
    (ii) on conviction on indictment.

Offenders aged under 21
  (2) The court may not—
    (a) make a detention and training order,
    (b) pass a sentence of detention under section 250 (or 254), under section 252A or under section 259 (offenders under 18),
    (c) pass a sentence of detention in a young offender institution, or
    (d) pass a sentence of custody for life (see sections 272 and 275),
      unless the offender is legally represented in that court, or has failed, or is ineligible on financial grounds, to benefit from relevant representation (see subsections (7) and (8)).

Offenders aged 21 or over
  (3) The court may not pass a sentence of imprisonment unless—
    (a) the offender—
      (i) is legally represented in that court, or
      (ii) has failed, or is ineligible on financial grounds, to benefit from relevant representation (see subsections (7) and (8)), or
    (b) the offender has previously been sentenced to imprisonment by a court in any part of the United Kingdom.

  (4) For the purposes of subsection (3) a previous sentence of imprisonment which has been suspended and which has not taken effect under—
    (a) paragraph 8 of Schedule 16,
    (b) paragraph 8 of Schedule 12 to the Criminal Justice Act 2003,
    (c) section 119 of the Powers of Criminal Courts (Sentencing) Act 2000, or
    (d) section 19 of the Treatment of Offenders Act (Northern Ireland) 1968,
is to be disregarded.

  (5) For those purposes, "sentence of imprisonment" does not include a committal for contempt of court or any kindred offence (and "sentenced to imprisonment" is to be read accordingly).

When a person is legally represented
  (6) For the purposes of this section an offender is legally represented in a court if the offender has the assistance of counsel or a solicitor to represent him or her in the proceedings in that court at some time after being found guilty and before being sentenced.

Relevant representation: failure or ineligibility to benefit

[470]

(7) For the purposes of subsections (2) and (3), "relevant representation", in relation to proceedings in a court, means representation under Part 1 of the Legal Aid, Sentencing and Punishment of Offenders Act 2012 (legal aid) for the purposes of the proceedings.

(8) For those purposes an offender has failed, or is ineligible on financial grounds, to benefit from relevant representation if—
- (a) the offender has refused or failed to apply for relevant representation, having—
    - (i) been informed of the right to apply for it, and
    - (ii) had the opportunity to do so,
- (b) the offender's application for relevant representation was refused on financial grounds, or
- (c) relevant representation was made available to the offender but withdrawn—
    - (i) because of the offender's conduct, or
    - (ii) on financial grounds.

Relevant representation is refused or withdrawn on financial grounds if it appears that the offender's financial resources are such that the offender is not eligible for such representation.

Guidance

Generally

The clear purpose of s.226 of the Sentencing Code is to ensure that those who have not been to prison before should (generally) not be sent to prison without counsel having had an opportunity to make legal representations to the court. It is clear from *R. v Hollywood*[470] that where the offender is represented when they plead guilty but not subsequently at any time before sentence, they will not have been represented at "some time after being found guilty and before being sentenced" as required by what is now s.226(6).

It is clear from the decisions in *R. v Wilson*[471] and *R. v Nguyen (Hanh Tuyet)*,[472] that whilst at a technical level it may be possible to suggest that s.226(6) will have been complied with if at some time after conviction the appellant receives advice from their lawyers, albeit that they rejected that advice, and dismissed them, such an approach to the legislation would not give effect to the intent of Parliament. As held in *Nguyen* a person who has been granted legal aid is entitled to be represented by solicitors and counsel whom he or she has selected and who are willing to act unless and until the legal aid order is withdrawn. This was so whether counsel was ill on the day of the hearing, had been delayed by a rail strike, or as on the facts of *Nguyen* was engaging in action about pay and working conditions. As David Thomas argued in commentary to *Wilson*,[473] it is difficult to see how advice given out of court between conviction and sentence can satisfy the requirement that the defendant "has the assistance of counsel or a solicitor to represent him in the

A4-439

---

[470] (1990–1991) 12 Cr. App. R.(S.) 325 CA.
[471] (1995) 16 Cr. App. R.(S.) 997 CA.
[472] [2022] EWCA Crim 1444; [2023] 1 W.L.R. 975.
[473] D. Thomas, "Sentence—Legal Representation for Purposed of Sentence—Defendant Dismissing Counsel (Case Comment)" [1995] Crim. L.R. 510.

proceedings in that court". Given the purpose behind the legislation, those words should surely require that an offender have representation before the court, not simply that they have representation advising them in the proceedings.

It is suggested that where a legal aid order is in place but the defendant has ceased his relationship with his solicitors and counsel, that the court will need to consider whether to withdraw the legal aid order under reg.9 of the Criminal Legal Aid (Determinations by a Court and Choice of Representative) Regulations 2013 (SI 2013/614) or to transfer it under reg.14.

Failure or ineligibility to benefit

A4-440   In *R. v Wilson*,[474] it was held that where a defendant in whose favour a legal aid order had been made had dismissed her counsel and solicitor before being sentenced she did not fall under s.226(7)–(8) of the Sentencing Code.

Failure to comply

A4-441   A failure to comply with s.226(6) of the Sentencing Code renders the sentence imposed unlawful: *R. v Birmingham Justices*.[475] The Court of Appeal (Criminal Division) can, however, remedy this: *R. v Howden*[476] and *R. v Henry*.[477]

Appeals to the Crown Court

A4-442   If the offender was not represented in the magistrates' court such that that court could not impose a custodial sentence by virtue of s.226(6) of the Sentencing Code, then even if the offender is represented in the Crown Court on appeal against sentence, that court cannot impose a custodial sentence as in such circumstances under s.48(4) of the Senior Courts Act 1981, such a sentence was not available to the court: *R. v Birmingham Justices*.[478] In *R. (Ebert) v Wood Green Crown Court*,[479] it was respectfully suggested that that decision might require re-consideration, and that where the offender was represented for the purposes of s.226(6) in the Crown Court, the court should apply that section as if the offender had been before the court on committal for sentence or following conviction on indictment.

Cases that fall outside the section

A4-443   It is submitted that in all cases the court should be reticent to sentence an offender to a custodial sentence in the absence of representation, whether the offender had been sentenced to custody before or not, provided that the offender has not purposefully declined representation. Given both the significant restrictions on an offender's liberty that result from a custodial sentence, and that a custodial sentence should be a sentence of last resort, there would seem to be few cases in which it would not be appropriate to order a further adjournment to await the attendance of counsel.

---

[474] (1995) 16 Cr. App. R.(S.) 997 CA.
[475] (1975) 61 Cr. App. R. 306 DC.
[476] [2006] EWCA Crim 1691; [2007] 1 Cr. App. R.(S.) 31.
[477] [2013] EWCA Crim 1415; [2014] 1 Cr. App. R.(S.) 55.
[478] (1975) 61 Cr. App. R. 306 DC.
[479] [2013] EWHC 917 (Admin); [2013] A.C.D. 82 DC.

The Assessment of Dangerousness

Introduction

Whenever a court is minded to impose a custodial sentence on an offender for an offence listed in Schs 18 or 19 to the Sentencing Code, the court must consider whether the "dangerousness test" is satisfied: whether there is a significant risk to members of the public of serious harm occasioned by the commission by the offender of further specified offences (offences listed in Schedule 18). Where this test is satisfied the court will need to consider whether it should impose an ordinary determinate sentence, an extended determinate sentence under ss.255, 267 or 280 of the Sentencing Code or a life sentence under ss.258, 274 or 285 of the Sentencing Code. The consideration of dangerousness within the meaning of s.308 of the Sentencing Code should only be made once the court has determined that a custodial sentence is appropriate and arrived at a notional custodial term. However, it is important to recognise that whether an offender is dangerous, and what the appropriate sentence for a dangerous offender is, are two discrete questions which are best dealt with separately. This section deals only with the assessment of dangerousness. As to the decision to impose an extended determinate sentence or a life sentence, see the sections dealing with those orders.

A4-444

Legislation

Sentencing Act 2020 s.308

The assessment of dangerousness

308.—(1) This section applies where it falls to a court to assess under any of the following provisions (which apply where an offender has committed a specified offence, however described) whether there is a significant risk to members of the public of serious harm occasioned by the commission by the offender of further specified offences—

A4-445

    (a)   section 255, 267 or 280 (extended sentence for certain violent, sexual or terrorism offences);
    (aa)   section 268B or 282B (serious terrorism sentence);
    (b)   section 258, 274 or 285 (required life sentence for Schedule 19 offence).

(2) In making that assessment, the court—

    (a)   must take into account all the information that is available to it about the nature and circumstances of the offence,
    (b)   may take into account all the information that is available to it about the nature and circumstances of any other offences of which the offender has been convicted by a court anywhere in the world,
    (c)   may take into account any information which is before it about any pattern of behaviour of which any of the offences mentioned in paragraph (a) or (b) forms part, and
    (d)   may take into account any information about the offender which is before it.

(3) The reference in subsection (2)(b) to a conviction by a court includes a reference to—

    (a)   a conviction of an offence in—

(i) any proceedings under the Army Act 1955, the Air Force Act 1955 or the Naval Discipline Act 1957 (whether before a court-martial or any other court or person authorised under any of those Acts to award a punishment in respect of any offence), or

(ii) any proceedings before a Standing Civilian Court;

(and "conviction" here includes the recording of a finding that a charge in respect of the offence has been proved), and

(b) a conviction of—

(i) a service offence within the meaning of the Armed Forces Act 2006, or

(ii) an SDA offence within the meaning of the Armed Forces Act 2006 (Transitional Provisions etc) Order 2009 (S.I. 2009/1059),

(and "conviction" here includes anything that under section 376(1) and (2) of the Armed Forces Act 2006 is to be treated as a conviction).

Sentencing Act 2020 s.306

Extended sentences: meaning of "specified offence" etc

A4-446   306.—(1) An offence is a "specified offence" for the purposes of this Code if it is—

(a) a specified violent offence,

(b) a specified sexual offence, or

(c) a specified terrorism offence.

(2) In this Part—

"serious harm" means death or serious personal injury, whether physical or psychological;

"serious terrorism offence" means an offence that—

(a) is specified in Part 1 of Schedule 17A, or

(b) is specified in Part 2 of that Schedule and has been determined to have a terrorist connection under section 69;

"specified violent offence" means an offence specified in Part 1 of Schedule 18;

"specified sexual offence" means an offence specified in Part 2 of that Schedule;

"specified terrorism offence" means an offence specified in Part 3 of that Schedule.

For offences specified in Schedule 18, see A4-627.

Guidance

The dangerousness test

Generally

A4-447   Only where an offender is found to be dangerous will a sentence within the "dangerousness regime" be imposed. Whether an offender is dangerous for the purposes of the dangerousness test in s.308 of the Sentencing Code is a matter of judicial discretion which will rarely be overturned by an appellate court: *R. v*

Howlett.[480] There is no burden or standard of proof and it is a matter for the sentencing judge's judgement: *R. v Lang*.[481]

"Significant risk"

What is a significant risk In *R. v Lang*,[482] it was held that the requirement for significant risk was held to be "... a higher threshold than mere possibility of occurrence" and could "be taken to mean (as in the *Oxford Dictionary*) 'noteworthy, of considerable amount or importance'". The guidance provided in *Lang* should not, however, be viewed as a substitution of the words used in the statute, but merely as a helpful indication of what kind of risk is in issue: *R. v Pedley*.[483]

In *R. v Pedley*,[484] it was held that it was wholly unhelpful to attempt to redefine "significant risk" in terms of numerical probability, whether as "more probable than not" or by any other percentage of likelihood. No attempt should be made by sentencers to attach an arithmetical value to the qualitative assessment which the statute required of them. This would be inconsistent with the degree of flexibility inherent in the word "significant".

A4-448

When is the risk to be assessed? In *R. v Smith (Nicholas)*,[485] it was held that the assessment of dangerousness is to be made by reference to the risk posed by the offender at the date of sentencing (and not some uncertain time in the future such as their release); and further the risk posed by the offender had to be assessed on the premise that the offender was at large at the date of the sentencing hearing. Their Lordships considered that requiring judges to make a predictive assessment of the risk an offender would pose when released from their sentence would place "an unrealistic burden on the sentencing judge".

The approach in *Smith* was strongly doubted by the Supreme Court in *R. (Sturnham) v Parole Board (No.2)*[486] and subject to stringent criticism by James Richardson QC in *Criminal Law Week*,[487] who argued that it "flies in the face of the practice of judges and the approach of the Court of Appeal …".

However, in *R. v MJ*,[488] the Court of Appeal (Criminal Division) concluded that there was nothing said by the Supreme Court in *Smith* that was out of kilter with the previous practice of the Court of Appeal. In particular, it was held that nothing said in *Smith* suggests or implies that when making the assessment of future risk at the date when sentence is passed the judge should not or may not take account of every piece of relevant evidence or material which may bear on the predictive decision. The approach adopted by the court in *MJ* (which in *R. v Mayers*[489] was held to have addressed the criticisms made in *Sturnham*) seems to adopt a hybrid approach, emphasising that the assessment of risk must be made at the time of

A4-449

---

[480] [2019] EWCA Crim 1224; [2020] 1 Cr. App. R.(S.) 14.
[481] [2005] EWCA Crim 2864; [2006] 2 Cr. App. R.(S.) 3.
[482] [2005] EWCA Crim 2864; [2006] 2 Cr. App. R.(S.) 3.
[483] [2009] EWCA Crim 840; [2010] 1 Cr. App. R.(S.) 24.
[484] [2009] EWCA Crim 840; [2010] 1 Cr. App. R.(S.) 24.
[485] [2011] UKSC 37; [2012] 1 Cr. App. R.(S.) 83.
[486] [2013] UKSC 47; [2013] 2 A.C. 254.
[487] J. Richardson QC, "New Cases: Sentence: Particular sentences or orders: Life sentences, sentences for public protection, extended sentences for dangerous offenders (Criminal Justice Act 2003, Pt 12, Chap. 5 (ss.224 et seq.) (Archbold, 2011, §§ 5-292 et seq.)): R. v. Smith (Nicholas)" CLW/11/28/16.
[488] [2012] EWCA Crim 132; [2012] 2 Cr. App. R.(S.) 73.
[489] [2018] EWCA Crim 1552; [2019] 1 Cr. App. R.(S.) 1.

sentence but that the scope of that assessment is not limited to the time of sentencing only. It is submitted that the better approach, and one more consistent with the legislation, is to assess dangerousness by reference to the risk posed by the offender as at the imposition of sentence only, and to consider the potential for future change to that risk only in relation to deciding what type of sentence to impose.[490]

"To members of the public"

A4-450 The requirement that the significant risk be to members of the public has been interpreted broadly. In *R. v Lang*,[491] it was held that there was no reason to construe the phrase as excluding any particular group and, in some cases, particular members of the public (such as prison officers, care home workers, the cohabitee of a violent offender or the children of the cohabitee of a sex offender) may be at more risk than members of the public generally. In *Attorney General's Reference (No.323 of 2016) (R. v Abdallah)*,[492] it was held that the words "members of the public" include the public in other countries, although the risk of harm to such persons will only be relevant where the further specified offences are justiciable in England and Wales.

In *R. v Robson*,[493] the court doubted "whether it would be right to say that an offender represents a significant risk that women would be caused serious harm if only a relatively small proportion of women would be susceptible to severe psychological injury as a result of what the offender might do." However, in *R. v Laverick*,[494] the court held that even a significant risk to a single individual could satisfy the requirement for a risk to members of the public; there is no need to show that the public in general (as opposed to a single individual or a small group of identifiable individuals) are at risk. Accordingly, a significant risk to potential future partners was sufficient to satisfy the dangerousness test.

Provided therefore there is a significant risk to some identifiable person or persons or to an identifiable class of persons, or to members of the public generally, the requirement for there to be a significant risk to members of the public would appear to be satisfied. This chimes with the suggestion in *R. v Lang*[495] that "members of the public" is to be interpreted more broadly than "others", because "others" would exclude the offender themselves.

Of serious harm occasioned by the commission of further specified offences

A4-451 The risk of serious harm must be occasioned by the commission of further specified offences—i.e. those specified in Sch.18 to the Sentencing Code—and the risk of harm by other means is irrelevant for this purpose.

"Serious harm" is defined by s.306(2) as death or serious personal injury, whether physical or psychological. This statutory definition is wider than the criminal law is traditionally used in relation to "serious" harm and is less than grievous bodily harm (for the purposes of the Offences against the Person Act 1861) which requires

---

[490] For further expansion on this argument, see L. Harris and S. Walker, "Difficulties with dangerousness: the timing of the assessment of risk—Part 1" [2018] Crim. L.R. 695.
[491] [2005] EWCA Crim 2864; [2006] 2 Cr. App. R.(S.) 3.
[492] [2016] EWCA Crim 1868; [2017] 1 Cr. App. R.(S.) 29.
[493] [2006] EWCA Crim 1414; [2007] 1 Cr. App. R.(S.) 54.
[494] [2015] EWCA Crim 1059; [2015] 2 Cr. App. R.(S.) 62.
[495] [2005] EWCA Crim 2864; [2006] 2 Cr. App. R.(S.) 3.

really serious physical or psychiatric harm (*DPP v Smith*[496]) and for which merely psychological harm will not suffice (*R. v Dhaliwal*[497]).

Previously the legislation referred also to "serious" offences; offences listed in what is now Sch.18 which carried a maximum sentence of 10 years' imprisonment or more. In *R. v Lang*,[498] it was held that it should not be assumed that there is a significant risk of serious harm merely because the foreseen specified offence was "serious" within that meaning (i.e. carried a maximum sentence of 10 years or more). It is submitted that this clearly remains true. The question for a sentencing court is not just what type of offence there is a significant risk of, but whether the harm caused is likely to be serious as a result of that offence. As the court observed in *R. v Lang*[499] repetitive violent or sexual offending at a relatively low level will not suffice to evidence a significant risk of serious harm which will inevitably require some evidence of a risk of escalation in offending. While offences such as manslaughter will invariably result in serious harm, it is possible to conceive of other offences, such as arson, where the harm that results is not necessarily sufficiently serious. The courts have, for example, consistently held that where the relevant risk is of the possession of indecent photographs of children there will not normally be the necessary risk of serious harm, as the risk of harm to children from such offending is too remote: see, *R. v Terrell*[500] and *R. v Jones (Christopher Wyn)*.[501] There will, of course, be indecent images cases where there is a risk of contact offences and therefore where the harm criterion will be made out.[502]

Relevant factors

Generally

Under s.308 of the Sentencing Code the court may take into account any information before it when considering whether the dangerousness test is met. As held in *R. v Lang*,[503] in assessing the risk of further offences being committed, the sentencer should take into account the nature and circumstances of the current offence; the offender's history of offending, including not just the kind of offence but its circumstances and the sentence passed, details of which the prosecution must have available, and, whether the offending demonstrated any pattern; social and economic factors in relation to the offender including accommodation, employability, education, associates, relationships and drug or alcohol abuse; and the offender's thinking, attitude towards offending and supervision and emotional state. Information in relation to these matters will often come from antecedents and pre-sentence probation and medical reports.

A4-452

However, while the information the court may consider is broad it is clear that there is a need for any findings to be based on evidence, rather than speculation or

---

[496] [1961] A.C. 290.
[497] [2006] EWCA Crim 1139; [2006] 2 Cr. App. R. 24.
[498] [2005] EWCA Crim 2864; [2006] 2 Cr. App. R.(S.) 3.
[499] [2005] EWCA Crim 2864; [2006] 2 Cr. App. R.(S.) 3.
[500] [2007] EWCA Crim 3079; [2008] 2 Cr. App. R.(S.) 49.
[501] [2018] EWCA Crim 1733; [2019] 1 Cr. App. R.(S.) 2.
[502] For further related discussion see A.A. Gillespie, "Revisiting Terrell: Dangerousness and Indecent Photographs of Children" [2022] Crim. L.R. 5, in which it is argued, inter alia, that *Terrell* is misunderstood, as well as wrong to consider that the psychological harm inherent in secondary victimisation is too remote.
[503] [2005] EWCA Crim 2864; [2006] 2 Cr. App. R.(S.) 3.

mere apprehension of some risk of future harm: *R. v Xhelollari*.[504] It is suggested that where the court does make a finding of dangerousness the evidence on which it relies to do so should be identified, briefly, in the sentencing remarks. As to the content of sentencing remarks, see A3-208.

Previous bad character

A4-453 Clearly any previous convictions will be a significant factor in determining both the level of risk the offender poses and the level of harm likely to result from that risk. That an offender is of good character will not, however, prevent a finding of dangerousness in an appropriate case; see, for example, *Attorney General's Reference (R. v Smith (Terry))*[505] in which the court seemingly concluded that the offender's inability or unwillingness to provide a motive for an offence that was "out of the blue" pointed towards a finding of dangerousness—and criticism of that decision by Lyndon Harris and Rory Kelly.[506]

A similar conclusion was arrived at in *Attorney General's Reference (R. v Habte)*[507] in which the court considered the inability to understand the motivation for committing the offence was a notable factor in the assessment of dangerousness.

Similarly, the court is not limited to considering only previous convictions. Section 308 of the Sentencing Code allows the assessment to be based on "information" and is not limited only to formal "evidence"; accordingly, relevant information bearing on the assessment of dangerousness might take the form of material adverse to the offender which is not substantiated or proved by criminal convictions: see *R. v Considine; R. v Davis*.[508] This therefore could in theory include previous acquittals. In *R. v Badawi*,[509] the sentencing judge found the defendant to be dangerous, placing reliance on the similarity between the conviction offence and the circumstances of an offence of which the defendant was acquitted. Applying *Considine*, in which the court stated it was necessary to be able to resolve the factual dispute fairly to the defendant, the court in *Badawi* noted that to rely upon the facts of the acquittal assumed the complainant's evidence in that case was correct and that there was no possibility for the defendant to fairly challenge that in these proceedings. However, it is not permissible to embark on a *Newton* hearing to decide whether the defendant had committed a discrete but similar offence solely for the purpose of this assessment. As to the factual basis for sentencing, see A3-113.

In all cases it should be remembered that the assessment is of the risk posed by the offender, and so it does not follow from the absence of actual harm caused by the offender to date, that the risk that the offender will cause serious harm in the future is negligible: *R. v Lang*.[510] However, given that the requirement is one of *significant* risk, where there is only evidence of low-level offending, and no evidence of a significant risk of escalation, that offending background might point

---

[504] [2007] EWCA Crim 2052.
[505] [2017] EWCA Crim 252; [2017] 2 Cr. App. R.(S.) 2.
[506] L. Harris and R. Kelly, "A Dangerous Presumption for Risk-Based Sentencing?" (2018) L.Q.R. 134(Jul) 353–359.
[507] [2020] EWCA Crim 1720; [2021] 1 Cr. App. R.(S.) 38.
[508] [2007] EWCA Crim 1166; [2008] 1 Cr. App. R.(S.) 41.
[509] [2021] EWCA Crim 1729.
[510] [2005] EWCA Crim 2864; [2006] 2 Cr. App. R.(S.) 3.

to the necessary risk not being present: see, for example, *R. v Isa*.[511] Furthermore, the risk being assessed is the risk posed by the offender at the date of sentence, not by the offender at some previous point in time, and so the older the offence, and the more it can be shown not to be part of a wider pattern of behaviour, the less likely it will be capable of being relied on to evidence a finding of dangerousness. By contrast, a history of escalating previous convictions is likely to point in the opposite direction.

No explanation for the offending

The background to the instant offence, and any element of provocation, planning or opportunities to de-escalate will all clearly be relevant to the assessment of dangerousness. Cases may arise where there is little or no explanation for why an offence was committed. In *R. v Hanson*[512] the court stated that "a sentencing judge is entitled, if not obliged, to take a cautious approach to risk when dealing with a person who has committed serious sexual offences for which there is no satisfactory explanation". In *Attorney General's Reference (R. v O'Rourke)*,[513] the court accepted the submission that said line of reasoning was not limited to serious sexual cases and could extend also to arson. It is submitted that it applies equally to violent, sexual and terrorism offences alike. Although the consequences of sentences imposed under the dangerousness regime can be severe for a defendant such that a "safety first" approach may not be legitimate, it is respectfully submitted that in circumstances where there is no explanation for such offending, that is a factor to which the court should give careful consideration, before concluding a defendant is not "dangerous".

A4-454

Pre-sentence or medical reports

Pre-sentence or medical reports are by their nature carried out by those who are professionals in assessing the risk posed by the offender, and identifying how that risk can be mitigated or managed. They should clearly be given some not insubstantial weight in assessing whether the dangerousness test is met. However, the report writers will not necessarily have seen as much of the offender as the judge will have, particularly where there has been a long trial, and are unlikely to be as well acquainted with the relevant legal test and considerations.

A4-455

While a sentence will therefore be guided by the assessment of risk in such reports, it will not be bound by them, although a sentencer who contemplates differing from the assessment in such a report should give both counsel the opportunity of addressing the point: *R. v Lang*.[514] Similarly, if the court is minded to reject the conclusions in such a report, where it has commissioned that report, it should ordinarily set out its reasons "in some detail": *R. v JW*.[515] It is suggested that even where the court has not commissioned the report it should explain the reasons why it is disagreeing with any expert reports on these issues.

---

[511] [2005] EWCA Crim 3330; [2006] 2 Cr. App. R.(S.) 29.
[512] [2021] EWCA Crim 1008; [2022] 1 Cr. App. R. (S.) 28.
[513] [2021] EWCA Crim 1064; [2022] 1 Cr. App. R. (S.) 29.
[514] [2005] EWCA Crim 2864; [2006] 2 Cr. App. R.(S.) 3.
[515] [2009] EWCA Crim 390; [2009] 2 Cr. App. R.(S.) 94.

Personal characteristics of the offender

A4-456 Generally The court should be mindful that while certain factors might serve to mitigate an offender's culpability (such as vulnerability or suggestibility) the same factors may also serve to produce or reinforce the conclusion that the offender is dangerous; the court should be alert to risks of aberrant moments in the future, and their consequences: *R. v Lang*.[516] That the offender has taken steps to address their behaviour might be evidence of a changed approach but often unless there has been some significant time between the offence and sentence there will be insufficient evidence to show a true change in risk, and the court should not speculate that any programmes or changes will be made successfully: *Attorney General's Reference No.134 of 2006 (R. v Bennett)*.[517]

A4-457 Youth In *R. v Lang*,[518] it was said that in relation to young offenders, it is necessary to bear in mind that, within a shorter time than adults, they may change and develop (which might, together with their level of maturity, be highly pertinent when assessing what their future conduct may be and whether it may give rise to a significant risk of serious harm). Similarly, in *R. v Chowdhury*,[519] it was held that sentencers should be careful when reaching a finding of dangerousness in relation to young people, especially when there is no pattern of offending; young people are more likely to act impulsively, more likely to be responsive to any sentence imposed and more likely to effect change, especially when any sentence is likely to be long.

It is, however, submitted that the relevance of a potential for change is generally limited only to the decision as to what the appropriate sentence is, not whether the offender is dangerous at present. It must, though, be correct that evidence as to an increased maturity between the offence and the sentence, or a recognition that the offending behaviour was wrong will be highly relevant to dangerousness. Similarly, it might well be said that "out of character" offending in the case of a youth is unlikely to carry with it the same implications as to future risk as it might for a mature adult; youths often experiment and that a youth has done so once doesn't necessarily mean that there will be a significant risk they will do so in a similar way again.

Offender required to take medication

A4-458 In *R. v Nurthen*,[520] the court considered an appeal against a finding of dangerousness where the applicant suffered from a mental disorder in circumstances where there was psychiatric evidence that he would satisfy the dangerousness test if he did not take his medication. The court refused leave, observing that while the applicant was taking his medication and abstaining from alcohol while in prison, it did not follow he would continue to do so on release without the discipline of the prison regime, albeit with the supervision of the probation service during the licence period.

---

[516] [2005] EWCA Crim 2864; [2006] 2 Cr. App. R.(S.) 3.
[517] [2007] EWCA Crim 309; [2007] 2 Cr. App. R.(S.) 54.
[518] [2005] EWCA Crim 2864; [2006] 2 Cr. App. R.(S.) 3.
[519] [2016] EWCA Crim 1341; [2016] 2 Cr. App. R.(S.) 41.
[520] [2014] EWCA Crim 83.

Relevance of other disposals

In *R. v Terrell*,[521] it was held that if apt and effective restrictions imposed via alternative orders could address the risk the offender posed then the offender may not satisfy the dangerousness criteria. It is submitted that that decision is *per incuriam* and inconsistent with *R. v Smith (Nicholas)*,[522] in which it was held that the assessment of risk is to be made as if the offender was at large. A better reading of that decision, and an approach adopted in *Attorney General's Reference (No.55 of 2008)*,[523] is that the ability to impose alternative restrictions on an offender is relevant only to the choice of appropriate sentence, not whether the offender is dangerous.

A4-459

Procedure

Antecedents

It is incumbent on the prosecution to make sure that the judge is furnished with the fullest possible material in relation to previous offences in such cases: *R. v Bryan and Bryan*.[524] However, in *R. v Johnson*,[525] it was held that where this is not practical there is no reason that this will make an adjournment obligatory; in any case, counsel for the defendant should be in a position to explain the circumstances on the basis of their instructions. If the Crown was not in a position to challenge those instructions, a court might proceed on the information it had. In some situations, the sentence imposed by the court dealing with the earlier specified offences might enable the sentencer to draw inferences about its seriousness or otherwise.

A4-460

Pre-sentence reports

Although there will clearly be cases where the risk posed by the offender is evident, in most cases it will be necessary to obtain assistance from the probation service in the form of a pre-sentence report before finding an offender dangerous: *Attorney General's Reference (No.145 of 2006)*.[526] The decision to make a finding on the issue of dangerousness without a pre-sentence report is one which requires careful justification: *R. v Allen*.[527]

The use of actuarial assessment tools in pre-sentence reports on dangerousness has been approved by the Court of Appeal (Criminal Division) on a number of occasions, even though the court has been reticent to say that significant risk can be quantified: see *R. v Boswell*,[528] *R. v Griffin*[529] and *R. v Beesley and Coyle; R. v Rehman*.[530]

A4-461

---

[521] [2007] EWCA Crim 3079; [2008] 2 Cr. App. R.(S.) 49.
[522] [2011] UKSC 37; [2012] 1 Cr. App. R.(S.) 83.
[523] [2008] EWCA Crim 2790; [2009] 2 Cr. App. R.(S.) 22.
[524] [2006] EWCA Crim 1660; [2007] 1 Cr. App. R.(S.) 53.
[525] [2006] EWCA Crim 2486; [2007] 1 Cr. App. R.(S.) 112.
[526] [2007] EWCA Crim 692.
[527] [2019] EWCA Crim 1772.
[528] [2007] EWCA Crim 1587.
[529] [2008] EWCA Crim 119; [2008] 2 Cr. App. R.(S.) 61.
[530] [2011] EWCA Crim 1021; [2012] 1 Cr. App. R.(S.) 15.

Duty to give reasons

A4-462   Where sentencing an offender for an offence listed in Schs 18 or 19 to the Sentencing Code, sentencers should usually give reasons (briefly identifying the information which they have taken into account) for all their conclusions, particularly as to whether there is or is not a significant risk of further offences or serious harm: *R. v Lang*.[531]

Restrictions on Concurrent and Consecutive Sentences

Introduction

A4-463   Custodial sentences can be imposed either concurrently (i.e. to be served at the same time) or consecutively (i.e. to be served on the expiry of the other sentence). In relation to consecutive custodial terms, due to the release regime for determinate sentences (where an offender tends to serve a proportion of a custodial sentence in custody, and then the remainder on licence in the community), the effect of s.264 of the Criminal Justice Act 2003 is that an offender will serve the custodial periods as an aggregate, before then serving the remaining licence as an aggregate. The choice between concurrent and consecutive sentences is critical to ensuring that the total sentence is appropriately commensurate with the seriousness of the offending.

Legislation

Magistrates' Courts Act 1980 s.133

Consecutive terms of imprisonment

A4-464   **133.**—(1) Subject to section 225 of the Sentencing Code, a magistrates' court imposing imprisonment or youth custody on any person may order that the term of imprisonment or youth custody shall commence on the expiration of any other term of imprisonment or youth custody imposed by that or any other court; but where a magistrates' court imposes two or more terms of imprisonment or youth custody to run consecutively the aggregate of such terms shall not, subject to the provisions of this section, exceed 6 months.

(2) If two or more of the terms imposed by the court are imposed in respect of an offence triable either way which was tried summarily otherwise than in pursuance of section 22(2) above, the aggregate of the terms so imposed and any other terms imposed by the court may exceed 6 months but shall not, subject to the following provisions of this section, exceed 12 months.

(2A) In relation to the imposition of terms of detention in a young offender institution subsection (2) above shall have effect as if the reference to an offence triable either way were a reference to such an offence or an offence triable only on indictment.

(3) The limitations imposed by the preceding subsections shall not operate to reduce the aggregate of the terms that the court may impose in respect of any offences below the term which the court has power to impose in respect of any one of those offences.

(4) Where a person has been sentenced by a magistrates' court to imprison-

---

[531] [2005] EWCA Crim 2864; [2006] 2 Cr. App. R.(S.) 3.

ment and a fine for the same offence, a period of imprisonment imposed for non-payment of the fine, or for want of sufficient goods to satisfy the fine, shall not be subject to the limitations imposed by the preceding subsections.

(5) For the purposes of this section a term of imprisonment shall be deemed to be imposed in respect of an offence if it is imposed as a sentence or in default of payment of a sum adjudged to be paid by the conviction or for want of sufficient goods to satisfy such a sum.

Sentencing Act 2020 s.225

Restriction on consecutive sentences for released prisoners

225.—(1) A court sentencing a person to a relevant custodial term may not order or direct that the term is to commence on the expiry of any current custodial sentence from which the offender has been released under—   **A4-465**

    (a) Chapter 6 of Part 12 of the Criminal Justice Act 2003 (release, licences, supervision and recall), or

    (b) Part 2 of the Criminal Justice Act 1991 (early release of prisoners).

(2) In this section "relevant custodial term" means a term of—

    (a) detention under Chapter 2 of this Part,

    (b) detention in a young offender institution (under this Code), or

    (c) imprisonment.

(3) In this section, "current custodial sentence" means a sentence that has not yet expired which is—

    (a) a sentence of imprisonment,

    (b) a sentence of detention in a young offender institution, or

    (c) a sentence of detention imposed under any of the following—

        (i) section 250,

        (ia) section 252A,

        (ii) section 254 (including one passed as a result of section 221A of the Armed Forces Act 2006),

        (iii) section 226B or 228 of the Criminal Justice Act 2003 (including one passed as a result of section 221A or 222 of the Armed Forces Act 2006),

        (iv) section 91 of the Powers of Criminal Courts (Sentencing) Act 2000,

        (v) section 53(3) of the Children and Young Persons Act 1933,

        (vi) section 209 of the Armed Forces Act 2006, or

        (vii) section 71A(4) of the Army Act 1955 or the Air Force Act 1955 or section 43A(4) of the Naval Discipline Act 1957.

Guidance

Generally

For general guidance as to the imposition of concurrent or consecutive sentences, and the application of the principle of totality, see A1-200.   **A4-466**

Consecutive maximum terms

Although considerations of totality will need to be borne carefully in mind, it is not necessarily wrong in principle to impose consecutive maximum sentences,   **A4-467** provided that each individual offence is of the most serious kind that can reasonably be contemplated: see, for example, *R. v Hunter*[532] and *R. v Prime*.[533] However, it will clearly be an exceptionally rare case in which this is appropriate.

Where offender has been released from custody

A4-468   Section 225 of the Sentencing Act 2020 prohibits the imposition of a sentence consecutive to a sentence currently being served where the offender had been released on licence but subsequently recalled: *R. v McStravick*.[534]

Furthermore, where at the time of sentence an offender is serving a previous sentence from which they have been released on licence, and s.225 of the Sentencing Act 2020 prevents the imposition of a consecutive sentence, it is not open to the judge to artificially inflate the second sentence in order to ensure that the offender does receive some additional punishment for the new offence: *R. v Costello*.[535]

Limits on magistrates' court powers

A4-469   As to the application of the limits in s.133 of the 1980 Act to suspended sentences orders, or to the Crown Court, see A4-429 and A4-430.

Declarations about Time to Count as Served

Introduction

A4-470   Since the enactment of the Legal Aid, Sentencing and Punishment of Offenders Act 2012, credit for time on remand has been given administratively by the Prison Service in respect of determinate sentences; there is no requirement for a sentencing judge to explicitly give such credit and they should sentence without reference to such time when imposing a custodial sentence. However, sentencing courts are still required to make explicit orders giving credit for time spent on qualifying curfew or on remand awaiting extradition. Furthermore, the courts retain a general common law discretion to give credit for other, non-qualifying, periods of remand or bail.

Legislation

Declarations about time served

Sentencing Act 2020 ss.325–327

Time on bail under certain conditions: declaration by court

A4-471   **325.**—(1) This section applies where—
  (a) a court passes a determinate sentence on an offender in respect of an offence (see subsection (5)),
  (b) the offender was remanded on bail by a court in course of or in connection with proceedings for the offence, or any related offence, and

---

[532] (1979) 1 Cr. App. R.(S.) 7 CA.
[533] (1983) 5 Cr. App. R.(S.) 127 CA.
[534] [2018] EWCA Crim 1207; [2018] 2 Cr. App. R.(S.) 26.
[535] [2010] EWCA Crim. 371; [2010] 2 Cr. App. R.(S.) 94.

(c) the offender's bail was subject to a qualifying curfew condition and an electronic monitoring condition ("the relevant conditions").

(2) The court must specify the credit period for the purposes of section 240A of the Criminal Justice Act 2003 (time remanded on bail to count towards time served) in relation to the sentence.

(3) The credit period is calculated by taking the following steps.

Step 1
Add—
(a) the day on which the offender's bail was first subject to the relevant conditions (and for this purpose a condition is not prevented from being a relevant condition by the fact that it does not apply for the whole of the day in question), and
(b) the number of other days on which the offender's bail was subject to those conditions (but exclude the last of those days if the offender spends the last part of it in custody).

Step 2
Deduct the number of days on which the offender, whilst on bail subject to the relevant conditions, was also—
(a) subject to any requirement imposed for the purpose of securing the electronic monitoring of the offender's compliance with a curfew requirement, or
(b) on temporary release under rules made under section 47 of the Prison Act 1952.

Step 3
From the remainder, deduct the number of days during that remainder on which the offender has broken either or both of the relevant conditions.

Step 4
Divide the result by 2.

Step 5
If necessary, round up to the nearest whole number.

(4) Where the court makes a declaration under subsection (2) it must state in open court—
(a) the number of days on which the offender was subject to the relevant conditions, and
(b) the number of days (if any) which it deducted under each of steps 2 and 3.

(5) For the purposes of subsection (1)(a) a court passes a determinate sentence if it—
(a) sentences the offender to imprisonment for a term, or
(b) passes a determinate sentence of detention in a young offender institution, or
(c) passes a determinate sentence of detention under section 250, 252A or 254 (offenders aged under 18), or
(d) makes a detention and training order.

(6) For those purposes, a suspended sentence—
(a) is to be treated as a determinate sentence when it is activated under paragraph 13(1)(a) or (b) of Schedule 16, and
(b) is to be treated as being imposed by the order under which it is activated.

(7) Section 240ZA of the Criminal Justice Act 2003 makes provision about time remanded in custody which is to count as time served.

Section 325: interpretation

326.—(1) For the purposes of section 325, 'sentence of imprisonment' does not include a committal—
(a) in default of payment of any sum of money, other than one adjudged to be paid on a conviction,

(b) for want of sufficient distress to satisfy any sum of money, or
(c) for failure to do or abstain from doing anything required to be done or left undone,

and references to sentencing an offender to imprisonment are to be read accordingly. This definition has effect in place of the definition of "sentence of imprisonment" in section 397 for those purposes.

(2) For the purposes of section 325(1), another offence is "related" to the offence in respect of which the sentence is passed (the "sentenced offence") if—
(a) the offender was charged with that other offence, and
(b) the charge for that other offence was founded on the same facts or evidence as the sentenced offence.

(3) In section 325—

"curfew requirement" means a requirement (however described) to remain at one or more specified places for a specified number of hours in any given day, which—
(a) is imposed by a court or the Secretary of State, and
(b) arises as a result of a conviction;

"electronic monitoring condition" means any electronic monitoring requirements imposed under section 3(6ZAA) of the Bail Act 1976 for the purpose of securing the electronic monitoring of a person's compliance with a qualifying curfew condition;

"qualifying curfew condition" means a condition of bail which requires the person granted bail to remain at one or more specified places for a total of not less than 9 hours in any given day.

Period in custody awaiting extradition: declaration by court

A4-473
327.—(1) This section applies where a court imposes a fixed-term sentence on a person who—
(a) was tried for the offence in respect of which the sentence was imposed, or received the sentence—
(i) after having been extradited to the United Kingdom, and
(ii) without having first been restored or had an opportunity of leaving the United Kingdom, and
(b) was for any period kept in custody while awaiting extradition to the United Kingdom as mentioned in paragraph (a).

(2) In this section "fixed term sentence" means—
(a) a sentence of imprisonment for a determinate term,
(b) a determinate sentence of detention in a young offender institution,
(c) a determinate sentence of detention under section 250, 252A or 254, or
(d) a detention and training order.

(3) The court must specify in open court the number of days for which the prisoner was kept in custody while awaiting extradition.

Crediting of time

Criminal Justice Act 2003 ss.240ZA–243

Time remanded in custody to count as time served: terms of imprisonment or detention and detention and training orders

A4-474
240ZA.—(1) This section applies where—
(a) an offender is serving a term of imprisonment in respect of an offence, and
(b) the offender has been remanded in custody (within the meaning given by section 242) in connection with the offence or a related offence.

(1A) This section also applies where—
  (a) a court, on or after [28 June 2022] makes a detention and training order in respect of an offender for an offence, and
  (b) the offender concerned has been remanded in custody in connection with the offence or a related offence.

(1B) In this section any reference to a "sentence", in relation to an offender, is to—
  (a) a term of imprisonment being served by the offender as mentioned in subsection (1)(a), or
  (b) a detention and training order made in respect of the offender as mentioned in subsection (1A)(a).

(2) It is immaterial for the purposes of subsection (1)(b) or (1A)(b) whether, for all or part of the period during which the offender was remanded in custody, the offender was also remanded in custody in connection with other offences (but see subsection (5)).

(3) The number of days for which the offender was remanded in custody in connection with the offence or a related offence is to count as time served by the offender as part of the sentence. But this is subject to subsections (4) to (6).

(4) If, on any day on which the offender was remanded in custody, the offender was also detained in connection with any other matter, that day is not to count as time served.

(5) A day counts as time served—
  (a) in relation to only one sentence, and
  (b) only once in relation to that sentence.

(6) A day is not to count as time served as part of any automatic release period served by the offender (see section 255B(1)).

(6A) Where a court has made a declaration under section 327 of the Sentencing Code in relation to the offender in respect of the offence, this section applies to days specified under subsection (3) of that section as if they were days for which the offender was remanded in custody in connection with the offence or a related offence.

(7) For the purposes of this section a suspended sentence—
  (a) is to be treated as a sentence of imprisonment when it takes effect under paragraph 13(1)(a) or (b) of Schedule 16 to the Sentencing Code, and
  (b) is to be treated as being imposed by the order under which it takes effect.

(8) In this section "related offence" means an offence, other than the offence for which the sentence is imposed ("offence A"), with which the offender was charged and the charge for which was founded on the same facts or evidence as offence A.

(8A) Subsection (9) applies in relation to an offender who is sentenced to two or more consecutive sentences or sentences which are wholly or partly concurrent if—
  (a) the sentences were imposed on the same occasion, or
  (b) where they were imposed on different occasions, the offender has not been released during the period beginning with the first and ending with the last of those occasions.

(9) For the purposes of subsections (3) and (5), the sentences are to be treated as a single sentence.

(10) The reference in subsection (4) to detention in connection with any other matter does not include remand in custody in connection with another offence but includes—
  (a) detention pursuant to any custodial sentence;
  (b) committal in default of payment of any sum of money;
  (c) committal for want of sufficient distress to satisfy any sum of money;
  (d) committal for failure to do or abstain from doing anything required to be done or left undone.

(11) This section applies to a determinate sentence of detention under section 91 or 96 of the PCC(S)A 2000, under section 250, 252A, 254, 262, 265, 266 or 268A of the Sentencing Code or under or section 226A, 226B, 227, 228 or 236A of this Act as it applies to an equivalent sentence of imprisonment.

Time remanded on bail to count towards time served: terms of imprisonment or detention and detention and training orders

A4-475   240A—(1) Subsection (2) applies where—

 (a) a court sentences an offender to imprisonment for a term in respect of an offence of which the offender was convicted before 1 December 2020,

 (b) the offender was remanded on bail by a court in course of or in connection with proceedings for the offence, or any related offence, after the coming into force of section 21 of the Criminal Justice and Immigration Act 2008, and

 (c) the offender's bail was subject to a qualifying curfew condition and an electronic monitoring condition ("the relevant conditions").

(2) Subject to subsections (3A) and (3B), the court must direct that the credit period is to count as time served by the offender as part of the sentence.

(3ZAA) Subsection (3ZB) also applies where—

 (a) a court, on or after [28 June 2022], makes a detention and training order in respect of an offender for an offence, and

 (b) the court has made a declaration under section 325 of the Sentencing Code specifying a credit period in relation to the order.

(3ZAB) In this section any reference to a "sentence", in relation to an offender, is to—

 (a) a term of imprisonment being served by the offender as mentioned in subsection (3ZA)(a), or

 (b) a detention and training order made in respect of the offender as mentioned in subsection (3ZAA)(a).

(3ZA) Subsection (3ZB) applies where—

 (a) an offender is serving a term of imprisonment in respect of an offence, and

 (b) the court has made a declaration under section 325 of the Sentencing Code specifying a credit period in relation to the sentence.

(3ZB) Subject to subsections (3A) and (3B), the credit period is to count as time served by the offender as part of the sentence.

(3A) A day of the credit period counts as time served—

 (a) in relation to only one sentence, and

 (b) only once in relation to that sentence.

(3B) A day of the credit period is not to count as time served as part of any automatic release period served by the offender (see section 255B(1)).

(11) Subsections (7) to (9) and (11) of section 240ZA apply for the purposes of this section as they apply for the purposes of that section but as if—

 (a) in subsection (7)—

  (i) the reference to a suspended sentence is to be read as including a reference to a sentence to which an order under section 118(1) of the PCC(S)A 2000 relates;

  (ii) in paragraph (a) after "Schedule 12" there were inserted "or section 119(1)(a) or (b) of the PCC(S)A 2000"; and

 (b) in subsection (9) the references to subsections (3) and (5) of section 240ZA are to be read as a reference to subsections (2) and (3ZB) of this section.

(12) In this section—

"curfew requirement" means a requirement (however described) to remain at one or more specified places for a specified number of hours in any given day, provided that the requirement is imposed by a court or the Secretary of State and arises as a result of a conviction;

"electronic monitoring condition" means any electronic monitoring requirements imposed under section 3(6ZAA) of the Bail Act 1976 for the purpose of securing the electronic monitoring of a person's compliance with a qualifying curfew condition;

"qualifying curfew condition" means a condition of bail which requires the person granted bail to remain at one or more specified places for a total of not less than 9 hours in any given day.

Effect of section 240ZA or direction under section 240A or under section 325 of the Sentencing Code on release on licence

241.—(1) In determining for the purposes of this Chapter whether a person to whom section 240ZA applies or a direction under section 240A or under section 325 of the Sentencing Code relates—

(a) has served, or would (but for his release) have served, a particular proportion of his sentence, or

(b) has served a particular period,

the number of days specified in section 240ZA or in the direction under section 240A or under section 325 of the Sentencing Code are to be treated as having been served by him as part of that sentence or period.

(1A) In subsection (1) the reference to section 240ZA includes section 246 of the Armed Forces Act 2006.

Interpretation of sections 240ZA, 240A and 241

s.242—(1) For the purposes of sections 240ZA, 240A and 241, the definition of 'sentence of imprisonment' in section 305 applies as if for the words from the beginning of the definition to the end of paragraph (a) there were substituted—

"sentence of imprisonment" does not include a committal—

(a) in default of payment of any sum of money, other than one adjudged to be paid on a conviction,';

and references in those sections to sentencing an offender to imprisonment, and to an offender's sentence, are to be read accordingly.

(2) References in sections 240ZA and 241 to an offender's being remanded in custody are references to his being—

(a) remanded in or committed to custody by order of a court,

(b) remanded to youth detention accommodation under section 91(4) of the Legal Aid, Sentencing and Punishment of Offenders Act 2012, or

(c) remanded, admitted or removed to hospital under section 35, 36, 38 or 48 of the Mental Health Act 1983.

(3) In sections 240ZA and 240A, "detention and training order" has the meaning given by section 233 of the Sentencing Code.

Persons extradited to the United Kingdom

243.—(1) A fixed-term prisoner is an extradited prisoner for the purposes of this section if—

(a) he was tried for the offence in respect of which his sentence was imposed or he received that sentence—

(i) after having been extradited to the United Kingdom, and

(ii) without having first been restored or had an opportunity of leaving the United Kingdom, and

(b) he was for any period kept in custody while awaiting his extradition to the United Kingdom as mentioned in paragraph (a).

(2) In the case of an extradited prisoner, the court must specify in open court the number of days for which the prisoner was kept in custody while awaiting extradition.

(2A) Section 240ZA applies to days specified under subsection (2) as if they were days for which the prisoner was remanded in custody in connection with the offence or a related offence.

Guidance

Time on qualifying curfew

Procedure

A4-479 If s.325 of the Sentencing Code applies there is no discretion to refuse to give a direction, or to direct that less time should be credited: *R. v Hoggard*.[536]

Due to the difficulties in identifying correctly the number of relevant days the court in *R. v Hoggard*[537] held that:

1) every court which imposes a curfew and tagging condition must use the court service form entitled "Record of Electronic Monitoring of Curfew Bail" (or its up-to-date equivalent), which is required to follow the defendant from court to court; when a defendant is sent or committed to the Crown Court the form must go with the papers to the Crown Court; if the defendant has never been subject to curfew and tagging the magistrates are required to say so, or to send a copy of their bail conditions; if, on receipt of a case involving a defendant on bail, there is no such form and the question of their status is not clear, then the Crown Court must ask the magistrates for clarification and get hold of the form if it exist;

2) solicitors and counsel must ask the defendant whether they have been subject to curfew and tagging; if they have, must find out, from the court record, for which periods; and the Crown Prosecution Service must have a system for ensuring that such information is available;

3) the strict rules of evidence do not apply to determining the number of days spent on qualifying curfew; hearsay evidence is admissible and the focus should be on a procedure which is both flexible and fair. If there is a dispute under, in particular, Step 2 or Step 3, then the prosecution must prove to the criminal standard that the days sought to be deducted from the number of days identified under Step 1 are caught by the relevant step; however, if the court is of the opinion that the resolution of the dispute, or part of it, would be likely to involve disproportionate use of time and expense then (without more) the dispute, or the relevant part of it, should be resolved in the defendant's favour and no deduction made from the number of days identified under Step 1; the court is only likely to be of such an opinion if the number of days involved is relatively modest;

4) where giving a direction the court should use the following words:

"The defendant will receive full credit for half the time spent under curfew if the curfew qualified under the provisions of s.325. On the information before me the total period is ... days (subject to the deduction of ... days that I have directed under Step(s) 2 and/or 3 making a total of ... days), but if this period is mistaken,

---

[536] [2013] EWCA Crim 1024; [2014] 1 Cr. App. R.(S.) 42.
[537] [2013] EWCA Crim 1024; [2014] 1 Cr. App. R.(S.) 42.

this court will order an amendment of the record for the correct period to be recorded"

Defective tag

In *R. v Sothilingham (Janarthan)*,[538] the court considered the question of whether a defendant was entitled to days spent on a qualifying curfew where the tag fitted was defective and did not monitor his compliance with the curfew. The court held that the defendant was entitled to credit for half of the days he was subject to the relevant conditions and while there was provision for a deduction to be made in respect of any days on which he broke the conditions, there was no other provision which would apply to deduct days, including not provision for the deduction of days on which the monitoring provision was not effective. Therefore, on the face of it, the defendant was subject to the relevant conditions and there was no evidence that he had broken the conditions. It had not been suggested that the failure to tell his lawyers of the defective equipment was a breach.

A4-480

Correcting errors

Where an error as to the number of days to be specified is identified after sentence the number of days can be corrected administratively and on the papers where the figure is agreed; however, good practice is to pronounce the agreed period of qualifying time to be deducted from sentence in open court; and such a pronouncement could be made by a judge other than the original sentencing judge if that judge was not available for that very limited purpose, provided, of course, that the original sentencing judge had approved the matter: *R. v Cox*.[539]

A4-481

If the formula suggested in *R. v Hoggard*[540] is used then the Crown Court will retain the ability to correct the court record even after the 56-day period in which a sentence may be slip ruled: *R. v Marshall*.[541]

Where the *Hoggard* direction is not used an application for an extension of time should be made to the Court of Appeal (Criminal Division) where an error has been noticed. In *R. v Marshall*[542] and *R. v Thorsby*,[543] the Court of Appeal (Criminal Division) gave guidance as to such applications:

1) extensions of time will normally be granted where responsibility for the error and for any delay in seeking leave to appeal lay with the court and the legal representatives and not with the defendant; however, when a defendant, with knowledge of the error, fails to act with due diligence, the position is likely to be different; and where the passage of time has obscured the entitlement, the court may refuse relief; applications should be supported by either the defendant's agreement with the prosecution as to the appropriate number of days, or the relevant documentation to support their case (which will include the number of days alleged to have counted, it being for the defendant not the Criminal Appeal Office to identify this) and material identifying the nature and extent of any dispute;

---

[538] [2023] EWCA Crim 485; [2024] 1 W.L.R. 871.
[539] [2019] EWCA Crim 71; [2019] 2 Cr. App. R.(S.) 6.
[540] [2013] EWCA Crim 1024; [2014] 1 Cr. App. R.(S.) 42.
[541] [2015] EWCA Crim 1999; [2016] 1 Cr. App. R.(S.) 45.
[542] [2015] EWCA Crim 1999; [2016] 1 Cr. App. R.(S.) 45.
[543] [2015] EWCA Crim 1; [2015] 1 Cr. App. R.(S.) 63.

2) applicants or their lawyers will be expected to provide a witness statement explaining when and how they became aware of the error;
3) if these requirements have not been complied with, the Criminal Appeal Office will not progress applications on behalf of represented applicants; and, in the case of serious misconduct, the court will consider reporting practitioners to their professional body and/or making a costs order.

Cases falling outside of the section

A4-482   Where an offender falls outside the ambit of s.325 of the Sentencing Code, solely by virtue of not having been electronically tagged while on bail, there is no obligation to give credit for that time, although a discretion still exists (see A4-484): *R. v Barrett*.[544]

Time on remand awaiting extradition

A4-483   Time awaiting extradition is only eligible for credit under s.327 where the extradition was in respect of the offence of which the offender was convicted: *R. v Prenga*.[545]

Time spent on remand awaiting extradition must be specified in open court in compliance with s.327 of the Sentencing Code to be credited by the Prison Service: *R. (Shields-McKinley) v Secretary of State for Justice and Lord Chancellor*[546] and *R. v Griffiths*.[547] If there has been an error or omission then the offender should seek to have the sentence varied under the slip rule if possible, and if outside the relevant time limit should apply to the Court of Appeal (Criminal Division) for an extension of time to make an application for leave to appeal against sentence (in accordance with *R. v Marshall*[548] and *R. v Thorsby*[549]; see A4-481).

It is submitted that, where it is known that an offender has spent time on remand awaiting extradition, the formula suggested in *R. v Hoggard*[550] should be used with modifications such that the court should give the direction as follows:

> "The defendant will receive full credit for the time spent on remand awaiting extradition in [jurisdiction] under s.327 of the Sentencing Code. On the information before me the total period is [X] days, but if this period is mistaken, this court will order an amendment of the record for the correct period to be recorded."

It is suggested that if such a formula is followed then, applying *R. v Marshall*,[551] the Crown Court will retain the ability to correct the court record even after the 56-day period in which a sentence may be slip ruled.

Common law

A4-484   The statutory provisions for the crediting of time on remand, bail or other previous restrictions of liberty are not exhaustive, and the courts retain the discretion to

---

[544] [2009] EWCA Crim 2213; [2010] 1 Cr. App. R.(S.) 87.
[545] [2017] EWCA Crim 2149; [2018] 1 Cr. App. R.(S.) 41.
[546] [2019] EWCA Civ 1954; [2020] 2 W.L.R. 250.
[547] [2020] EWCA Crim 732.
[548] [2015] EWCA Crim 1999; [2016] 1 Cr. App. R.(S.) 45.
[549] [2015] EWCA Crim 1; [2015] 1 Cr. App. R.(S.) 63.
[550] [2013] EWCA Crim 1024; [2014] 1 Cr. App. R.(S.) 42.
[551] [2015] EWCA Crim 1999; [2016] 1 Cr. App. R.(S.) 45.

do justice on the particular facts of a case—for example in the case of excessive delay—and may therefore reduce an otherwise appropriate sentence accordingly: *R. v Kerrigan*.[552] However, the statutory scheme is meant to be comprehensive and accordingly, this is an exceptional jurisdiction; the cases where the statutory regime does not ensure justice will be rare: *R. v Prenga*.[553]

Inevitably decisions as to whether restrictions on liberty should be "credited" in this manner are fact-specific. However, in *R. v Prenga*,[554] it was held that time spent on remand or qualifying curfew in relation to a separate charge of which the defendant is not convicted (perhaps because there are parallel or overlapping sets of proceedings) was by no means exceptional such that credit would normally be given. In *R. v Asif*[555] the court held that the fact that an individual has served a sentence of imprisonment in respect of a conviction which was subsequently quashed—including on the facts where the defendant had been serving the sentence whilst on "technical bail" for the instant offences—did not, as a matter of principle, justify a subsequent sentencing court (whether at first instance or on appeal) making a reduction in an otherwise appropriate term of custody for the later offences. Similarly, in *R. v Keeley*,[556] it was held that time awaiting deportation in another country will not necessarily be credited, although it should be noted that in that case the offender was being deported because it had been discussed that he had breached prohibitory orders in this country and fled to the country in which he was detained.

By contrast, in *R. v A*,[557] it was held that where an offender is remanded to local authority accommodation on qualifying curfew (a remand which is not automatically credited against a custodial sentence or eligible to be credited as bail) the requisite proportion of such time ought to be credited when the offender has been subject to a qualifying curfew. The court considered that there may be cases in which the interests of justice require that the length of the remand combined with the restrictive nature of the conditions ought to be reflected (beyond any credit for qualifying curfew) in the calculation of sentence, although such occasions are likely to be rare.

Furthermore, in *R. v Williams*,[558] the court considered it appropriate to make a reduction to a custodial sentence to reflect the entirety of the period of time the defendant had spent on remand in respect of an offence of which he was acquitted and which was not a related offence (and thus would not be automatically credited against his sentence for the conviction offence). It should, however, be noted that the court's comments in *Prenga* as to the "exceptional jurisdiction" was not cited in the judgment. It may also be relevant that on the facts it seemed at least arguable that time should have been credited automatically on the basis that they were related offences, having been very closely linked in factual circumstances and seemingly tried at same the time.

A4-485

The court in *R. v Rooney*[559] considered the situation where an offender had been found to be unfit to plead and, having been found to have done the act charged, had been made the subject of a hospital order with a restriction order; and where that

---

[552] [2014] EWCA Crim 2348; [2015] 1 Cr. App. R.(S.) 29.
[553] [2017] EWCA Crim 2149; [2018] 1 Cr. App. R.(S.) 41.
[554] [2017] EWCA Crim 2149; [2018] 1 Cr. App. R.(S.) 41.
[555] [2021] EWCA Crim 352.
[556] [2018] EWCA Crim 2089; [2019] 1 Cr. App. R.(S.) 13.
[557] [2019] EWCA Crim 106; [2019] 2 Cr. App. R.(S.) 11.
[558] [2021] EWCA Crim 1915; [2022] 2 Cr. App. R. (S.) 5.
[559] [2020] EWCA Crim 1132; [2021] 1 Cr. App. R.(S.) 5.

offender, in accordance with s.5(4) of the Criminal Procedure (Insanity) Act 1964, was considered subsequently (during the currency of the restriction order) to be fit to be tried and in the event was convicted and sentenced to a term of immediate custody. The Court of Appeal (Criminal Division) observed that statutory regime for deductions to custodial sentences for "time served" made no provision for any reduction, an omission that must have been deliberate. A hospital order under s.37 of the Mental Health Act 1983, with or without a restriction order, was not punitive in nature; and that making a comparison between time served with time in hospital under a s.37 order was not to compare like with like. The court concluded that there could be "no hard and fast rule" that credit would be given to any or all of any period of a hospital order; it would be a matter for the discretion of the sentencing judge based on all of the material before that court; and in many ways the situation was analogous to the position with those offenders who spent time overseas awaiting extradition. It is suggested that where a defendant is seeking time spent on curfews or onerous bail conditions to be credited they should attempt to explain why these restrictions are akin to time spent on qualifying curfew and why the interests of justice therefore require some credit. Where credit is given there will be no precise methods of working out the time to be credited as under the statutory provisions; instead it is up to the judge to ensure a fair and reasonable reduction. The court suggested a number of factors of relevance. In commentary to that case,[560] the following was suggested:

(a) (period over which treatment was provided) clearly goes to the degree of punitiveness, and thus would seem to be a legitimate consideration;

(b) (approach of the offender to their treatment etc.) seems illegitimate; a defendant is not denied time on remand (or a portion thereof) because of their failure to be a "model" prisoner, or even because of bad behaviour; the rationale underlying the 2003 Act provisions is surely to reflect the fact of incarceration;

(c) (mitigation and rehabilitation) relates to the seriousness of the offence(s) and thus, again, seems to be illegitimate; this is an exercise in crediting any restrictions on liberty imposed in connection with the offence;

(d) (the particular regime the offender was subject to) goes to the punitiveness of the restrictions on liberty and thus seems to be a proper consideration;

(e) (nature and circumstances of the offences); and

(f) (the length of the sentence) both seem to be connected with the offence and thus divorced from the considerations applicable to the 2003 Act.

If (b), (c), (e) and (f) are to be relied upon, a court in future may wish to articulate their relevance to sentencing principles and thus why they are legitimate considerations. Additionally, this decision appears to indicate a slight shift in emphasis from the 2003 Act being intended to provide a comprehensive scheme and thus the discretion is an exceptional jurisdiction, to the present case in which the discretion seems to be broader.

---

[560] L. Harris, "Sentencing: R. v Rooney (John Joseph) (Case Comment)" [2021] Crim. L.R. 66–68.

Power to recommend licence conditions

Legislation

Sentencing Act 2020 s.328

Power of court to recommend licence conditions for adults sentenced to term of 12 months or more

328.—(1) This section applies where a court sentences an offender to— A4-486
    (a) a term of imprisonment, or
    (b) a term of detention in a young offender institution,
of 12 months or more in respect of any offence.

(2) The court may, when passing sentence, recommend to the Secretary of State particular conditions which in its view should be included in any licence granted to the offender under Chapter 6 of Part 12 of the Criminal Justice Act 2003 on the offender's release from prison or detention.

(3) A recommendation under subsection (2) is not to be treated for any purpose as part of the sentence passed on the offender.

Guidance

The power to recommend licence conditions under s.328 of the Sentencing Code is now rarely used. It is a limited power, only requiring the Secretary of State consider the court's recommendation, and normally one whose exercise seems unnecessary. If there are clear and obvious risks posed by the offender the sentencing court ought normally be able to trust the probation service to identify those risks and deal with them appropriately. Furthermore, where sentences are substantial the court will often be in a poor position to identify the offender's needs and risks, both of which may have changed substantially by their release from custody. A4-487

Where the sentencing court does want to make recommendations, it should do so in sufficiently general terms, recognising the limited value of being over-prescriptive. Ordinarily it seems that this power is only exercised where the court feels that an offender would benefit from a particular type of rehabilitative programme, or is likely to need more supervision than others (perhaps for mental health reasons)—see for examples *R. v Weeks*[561] and *R. v Brennan*.[562] In essence, the power therefore seems most useful as a way of prompting the Secretary of State to commit resources to the cases of the most needy offenders.

Custodial Sentences for those Aged 18–20 and 21 and Over at Conviction

Introduction

The law provides for different forms of custodial sentence for those aged 18–20 at conviction, and those aged 21 or over at conviction. In respect of those aged 18–20 custodial sentences are sentences of detention in a young offender institution or sentences of custody for life. For those aged 21 or over at conviction custodial sentences are sentences of imprisonment or sentences of life imprisonment. A4-488

---

[561] [2007] EWCA Crim 3311.
[562] [2015] EWCA Crim 1449.

Prior to the Sentencing Code much of the law was structured to differentiate only between those under 18 and those 18 or older; the Law Commission considered that this was leading to error and took the decision to separate a number of provisions so that there were specific provisions dealing with those 18–20 and provisions dealing with sentences for those aged 21 or over.[563] In all cases, it will be critical to ensure that the correct form of sentence is imposed (detention in a young offender institution or imprisonment) and to appreciate the reduced maturity of offenders aged 18–20 when sentencing.

This chapter, however, deals with sentences available for those aged 18–20 and those aged 21 and over together where it seems sensible to do so—i.e. in relation to extended sentences the variant of the sentence available for those aged 18–20 and for those aged 21 and over are dealt with together, as is the guidance applicable to both. This has been done because of the significant overlaps in the statutory material and the guidance issued by the Court of Appeal (Criminal Division) in considering these sentences. This was considered the best way to display the material without significant repetition.

Detention in a Young Offender Institution (Age 18–20)

Introduction

A4-489   By virtue of s.227 of the Sentencing Code, there is no power to order an offender who is under 21 at conviction to serve a sentence of imprisonment. Accordingly, for offenders aged 18–20 at conviction, sentences of detention in a young offender institution are to be imposed. Despite the difference in nomenclature there are very limited differences in practice between a sentence of detention in a young offender institution and a sentence of imprisonment. The principal difference is that by virtue of s.263(2) of the Sentencing Code any such sentence must be for at least 21 days—presumably because otherwise the disruptive and punitive effects of custody cannot be justified for offenders of this age. Additionally, offenders are often kept in a young offender institution, at least until they turn 22. However, at present most such offenders are held in institutions that are dually designated as both young offender institutions and prisons.

Legislation has existed to abolish detention in a young offender institution and to allow sentences of imprisonment to be imposed on anyone aged 18 or over since the Criminal Justice and Court Services Act 2000 (now contained in Sch.22 to the Sentencing Code), but successive governments have shown no intent to commence those repeals. Such abolition would, at present, seem to run contrary to the developing policy of both the judiciary and government that young adults are a cohort with distinct needs relating to their maturity. If anything, it ought to be extended to those aged up to 25.

---

[563] See Law Commission, *The Sentencing Code—Volume 1: Consultation Paper* (2017) Law Com Consultation Paper No.232, paras 9.3–9.4.

Legislation

General

Sentencing Act 2020 ss.262–263

Detention in a young offender institution for offender at least 18 but under 21

262.—(1) A sentence of detention in a young offender institution is available to a court dealing with an offender for an offence where—   **A4-490**
- (a) the offender is aged at least 18 but under 21 when convicted,
- (b) the offence is punishable by that court with imprisonment in the case of a person aged 21 or over, and
- (c) the court is not required to pass a sentence of—
  - (i) detention during Her Majesty's pleasure (see section 259), or
  - (ii) custody for life (see sections 272 and 275).

(2) Where—
- (a) a sentence of detention in a young offender institution is available, and
- (b) the court is not required to impose such a sentence,

the power of the court to impose such a sentence is subject (in particular) to section 230 (threshold for imposing discretionary custodial sentence).

(3) For circumstances in which a court is required to impose a sentence of detention in a young offender institution see the provisions mentioned in—
- (a) section 399(ba) (serious terrorism sentences);
- (b) section 399(c) (mandatory minimum sentences).

Term of detention in a young offender institution

263.—(1) The maximum term of detention in a young offender institution that a court may impose for an offence is the same as the maximum term of imprisonment that it may impose for the offence in the case of a person aged 21 or over.   **A4-491**

(2) The minimum term of a sentence of detention in a young offender institution is 21 days.

(3) Section 231 (length of discretionary custodial sentences: general provision), in particular, applies in determining the term of a sentence of detention in a young offender institution.

(4) For further provision about the term of a sentence of detention in a young offender institution, see—
- (a) section 265 (special sentence for certain offenders of particular concern);
- (b) section 268 (extended sentence);
- (c) section 268B (serious terrorism sentence).

Imposition of concurrent/consecutive sentences

Sentencing Act 2020 ss.269–271

Detention in a young offender institution: consecutive sentences

269.—(1) Where—   **A4-492**
- (a) an offender is convicted of more than one offence for which a sentence of detention in a young offender institution is available, or
- (b) an offender who is serving a sentence of detention in a young offender institution is convicted of one or more further offences for which a sentence of detention in a young offender institution is available,

the court has the same power to pass consecutive sentences of detention in a young offender institution as if they were sentences of imprisonment.

(2) Where an offender who—
  (a) is serving a sentence of detention in a young offender institution, and
  (b) is aged 21 or over,

is convicted of one or more further offences for which the offender is liable to imprisonment, the court has the power to pass one or more sentences of imprisonment to run consecutively upon the sentence of detention in a young offender institution. This is subject to section 225 (restriction on consecutive sentences for released prisoners).

Sentence of detention in a young offender institution where offender subject to detention and training order

A4-493

270.—(1) This section applies where the court imposes a sentence of detention in a young offender institution in the case of an offender who is subject to a relevant detention and training order.

(2) If the offender has not at any time been released for supervision under the detention and training order, the court may order that the sentence of detention in a young offender institution is to take effect at the time when the offender would otherwise be released under the relevant detention and training order (see section 248(5)).

(3) Otherwise, the sentence of detention in a young offender institution takes effect at the beginning of the day on which it is passed.

(4) In this section "relevant detention and training order" means—
  (a) a detention and training order under section 233,
  (b) an order under section 211 of the Armed Forces Act 2006 (corresponding order under that Act), or
  (c) an order under section 100 of the Powers of Criminal Courts (Sentencing) Act 2000 (detention and training order: offender convicted before the commencement of this Act).

Detention in a young offender institution: place of detention

A4-494

271.—(1) An offender sentenced to detention in a young offender institution is to be detained in a young offender institution unless a direction under subsection (2) is in force in relation to the offender. This is subject to section 22(2)(b) of the Prison Act 1952 (removal to hospital etc).

(2) The Secretary of State may from time to time direct that an offender sentenced to detention in a young offender institution is to be detained in a prison instead of a young offender institution.

Power of Secretary of State to convert into imprisonment

A4-495

Section 329 of the Sentencing Code confers on the Secretary of State a power to direct that an offender sentenced to detention is to be treated as if sentenced to imprisonment where the offender has reached the age of 21, or has reached the age of 18 and been reported by the independent monitoring board of the institution in which the offender is detained as exercising a bad influence on the other inmates of the institution or behaving in a disruptive manner to the detriment of those inmates.

Guidance

General

A4-496

For general guidance on the imposition of custodial sentences, see A4-414 onwards.

Whenever sentencing an offender aged 18–20, the court should carefully assess and consider the offender's age and maturity, and the observations of the Lord Chief Justice in *Attorney General's Reference (R. v Clarke)*,[564] to the effect that while attaining the age of 18 has legal consequences it does not represent a "cliff edge" for the purposes of sentencing. The scientific evidence shows that young people continue to mature, albeit at different rates, beyond their 18th birthdays and, accordingly, the youth and maturity of an offender will be factors that inform any sentencing decision, even if an offender has passed their 18th birthday. As to youth and maturity as a mitigating factor generally, see A1-107. Reference should be made to the Sentencing Council's Children and Young Persons Definitive Guideline (2017).

Minimum term

Where imposing sentences of detention in a young offender institution, each sentence must be for at least 21 days, and it is not sufficient that the total term exceeds that number: *R. v Kent Youth Court*.[565] If a court is minded to impose short terms of detention in a young offender institution on multiple counts it is therefore suggested that they impose concurrent terms each of at least 21 days rather than using consecutive terms to add up to that limit.

Imprisonment (Age 21 and Over)

Introduction

The power to sentence an offender to imprisonment is one that stems from the common law, although there are a number of statutory restrictions on its use and the maximum period for which an offender can be imprisoned. Those sentenced to imprisonment are required to spend a portion of their sentence in custody, and—ordinarily—a portion of their sentence on licence in the community, subject to conditions and the potential for recall to prison. For the provisions relating to the release and recall of offenders sentenced to imprisonment, see A10-049.

Legislation

Sentencing Act 2020 s.227

Restriction on imposing imprisonment on persons under 21

227.— Sentence of imprisonment

(1) No court may pass a sentence of imprisonment on an offender for an offence if the offender is aged under 21 when convicted of the offence.
Committal to prison

(2) No court may commit a person who is aged under 21 to prison for any reason, except as provided by subsection (3).

(3) Subsection (2) does not prevent the committal to prison of a person aged under 21 who is—
    (a) remanded in custody,
    (b) committed in custody for sentence, or

---

[564] [2018] EWCA Crim 185; [2018] 1 Cr. App. R.(S.) 52.
[565] [1999] 1 Cr. App. R.(S.) 263.

(c) sent in custody for trial under section 51 or 51A of the Crime and Disorder Act 1998.

Magistrates' Courts Act 1980 s.132

Minimum term.

A4-500   132.   A magistrates' court shall not impose imprisonment for less than 5 days.

Guidance

A4-501   For general guidance on the imposition of custodial sentences, see A4-414 onwards.

Suspended Sentence Orders

Introduction

A4-502   This section deals with the suspended sentence order under s.286 of the Sentencing Code. A suspended sentence order is an order which provides that an offender will not be required to serve the custodial sentence imposed unless, during the operational period of the order, the offender is convicted of a further offence, or breaches the community requirements imposed as part of the order: s.286. The order may impose community requirements specified in Sch.9 to the Sentencing Code (for the purposes of punishment or crime reduction).

A suspended sentence order is available only for those aged 18 or older at conviction: ss.264 and 277 of the Sentencing Code. It can only be imposed where the court would otherwise have imposed an immediate custodial sentence.

Any sentence of imprisonment of at least 14 days and not more than two years, or sentence of detention in a young offender institution of at least 21 days and not more than two years, may be suspended. A suspended sentence order must be for an operational period of at least six months but cannot be imposed for more than two years.

A4-503   The Sentencing Council has issued a definitive guideline concerning when it is appropriate to suspend a custodial sentence: *Imposition of Community and Custodial Sentences* (2017). This provides guidance as to the factors which are most commonly relevant to the decision of whether to impose a suspended sentence order.

The result is that the court must ask itself the following questions when considering whether to impose a suspended sentence order.

1) Is the offence, or the combination of the offence and one or more offences associated with it, so serious that neither a fine alone nor a community sentence can be justified for the offence?

2) If yes, is the sentence the court would impose, after considering all the relevant circumstances and giving credit for guilty plea, a sentence of imprisonment of at least 14 days and not more than two years, or a sentence of detention in a young offender institution of at least 21 days and not more than two years?

3) If yes, is it appropriate to suspend that sentence, considering the factors

listed in Sentencing Council's guideline on *Imposition of Community and Custodial Sentences* (2017)?

4) If yes, are the community requirements the court is minded to impose commensurate with the seriousness of the offence, considering that the court is also imposing a custodial sentence? A court wishing to impose onerous or intensive requirements should reconsider whether a community sentence might be more appropriate.

The law relating to the amendment and breach of an existing suspended sentence order is dealt with at A10-162. Breach of an order is not punishable by a further conviction but there is an assumption that the suspended sentence order will be activated in part or in full as a result of a proven breach.

Legislation

Availability of suspended sentence order

Sentencing Act 2020 ss.262–264 and 277

Detention in a young offender institution for offender at least 18 but under 21

262.—(1) A sentence of detention in a young offender institution is available to a court dealing with an offender for an offence where—
    (a) the offender is aged at least 18 but under 21 when convicted,
    (b) the offence is punishable by that court with imprisonment in the case of a person aged 21 or over, and
    (c) the court is not required to pass a sentence of—
        (i) detention during Her Majesty's pleasure (see section 259), or
        (ii) custody for life (see sections 272 and 275).

(2) Where—
    (a) a sentence of detention in a young offender institution is available, and
    (b) the court is not required to impose such a sentence,
the power of the court to impose such a sentence is subject (in particular) to section 230 (threshold for imposing discretionary custodial sentence).

(3) For circumstances in which a court is required to impose a sentence of detention in a young offender institution see the provisions mentioned in section 399(c) (mandatory minimum sentences).

A4-504

Term of detention in a young offender institution

263.—(1) The maximum term of detention in a young offender institution that a court may impose for an offence is the same as the maximum term of imprisonment that it may impose for the offence in the case of a person aged 21 or over.

(2) The minimum term of a sentence of detention in a young offender institution is 21 days.

(3) Section 231 (length of discretionary custodial sentences: general provision), in particular, applies in determining the term of a sentence of detention in a young offender institution.

(4) For further provision about the term of a sentence of detention in a young offender institution, see—
    (a) section 265 (special sentence for certain offenders of particular concern);
    (b) section 268 (extended sentence).

A4-505

Suspended sentence order for offender under 21: availability

A4-506 264.—(1) This section applies where, in dealing with an offender for an offence, the court imposes a sentence of detention in a young offender institution.

(2) A suspended sentence order (see section 286) is available in relation to that sentence if the term of the sentence of detention in a young offender institution is not more than 2 years.

(3) But a suspended sentence order is not available in relation to that sentence if—

    (a) the sentence of detention in a young offender institution is one of two or more sentences imposed on the same occasion which are to be served consecutively, and

    (b) the terms of those sentences are in aggregate more than 2 years.

(4) For provision about suspended sentences see Chapter 5.

Suspended sentence order for person aged 21 or over: availability

A4-507 277.—(1) This section applies where, in dealing with an offender for an offence, a court passes a sentence of imprisonment.

(2) A suspended sentence order (see section 286) is available in relation to that sentence if the term of the sentence of imprisonment is—

    (a) at least 14 days, but

    (b) not more than 2 years.

(3) But a suspended sentence order is not available in relation to that sentence if—

    (a) the sentence of imprisonment is one of two or more sentences imposed on the same occasion which are to be served consecutively, and

    (b) the terms of those sentences are in aggregate more than 2 years.

(4) For provision about suspended sentences see Chapter 5.

What is a suspended sentence order

Sentencing Act 2020 ss.286–289

Suspended sentence order

A4-508 286.—(1) A suspended sentence order is an order providing that a sentence of imprisonment or detention in a young offender institution in respect of an offence is not to take effect unless—

    (a) an activation event occurs, and

    (b) a court having power to do so subsequently orders under paragraph 13 of Schedule 16 that the sentence is to take effect.

(2) A suspended sentence order may also specify one or more available community requirements with which the offender must comply during the supervision period.

(3) An activation event occurs if the offender—

    (a) commits another offence in the United Kingdom during the operational period (whether or not punishable with imprisonment), or

    (b) during the supervision period, contravenes any community requirement imposed by the order.

(4) The community requirements are listed in column 1 of the community requirements table (see section 287).

(5) Provision about each requirement is made by the provisions of Schedule 9 mentioned in the corresponding entry in column 2 of that table.

(6) In this Code—

"suspended sentence order" has the meaning given by subsection (1);
"suspended sentence" means a sentence to which a suspended sentence order relates.

(7) In this Code, references to a community requirement of, or imposed by, a

suspended sentence order are to a requirement specified in the order under subsection (2).

Suspended sentence order: community requirements table

287. The community requirements table referred to in sections 286, 290 and 292 is— A4-509

Requirement	Part of Schedule 9 relating to requirement	Restrictions on availability
unpaid work requirement	Part 1	
rehabilitation activity requirement	Part 2	
programme requirement	Part 3	
prohibited activity requirement	Part 4	
curfew requirement	Part 5	
exclusion requirement	Part 6	
residence requirement	Part 7	
foreign travel prohibition requirement	Part 8	
mental health treatment requirement	Part 9	
drug rehabilitation requirement	Part 10	
drug testing requirement	Part 10A	section 291(3A)
alcohol treatment requirement	Part 11	
alcohol abstinence and monitoring requirement	Part 12	section 291(1) or (2)
attendance centre requirement	Part 13	section 291(3)
electronic compliance monitoring requirement	Part 14	section 291(4)
electronic whereabouts monitoring requirement	Part 14	

Operational period and supervision period

288.—(1) A suspended sentence order must specify the operational period (see section 286(3)(a)). A4-510

(2) The operational period must be a period, beginning with the day on which the order is made, of—

(a) at least 6 months, and

(b) not more than 2 years.

(3) If a suspended sentence order imposes any community requirement or requirements, the order must specify the supervision period (see section 286(2)).

(4) The supervision period specified must be a period, beginning with the day on which the order is made, of—

(a) at least 6 months, and

(b) not more than—

(i) 2 years, or

(ii) if less, the operational period.

(5) But if the suspended sentence order imposes an unpaid work requirement, the supervision period—

(a) continues until the offender has worked under the order for the number of hours specified in the order under paragraph 2(1) of Schedule 9, but

(b) does not continue beyond the end of the operational period.

Suspended sentence to be treated generally as sentence of imprisonment etc

A4-511   289.—(1) A suspended sentence which has not taken effect under paragraph 13 of Schedule 16 is to be treated as—
    (a) a sentence of imprisonment, or
    (b) as the case may be, a sentence of detention in a young offender institution,
for the purposes of all enactments and instruments made under enactments.
  (2) Subsection (1) is subject to any provision to the contrary contained in—
    (a) the Criminal Justice Act 1967,
    (b) any enactment passed or instrument made under any enactment after 31 December 1967.

Making a suspended sentence order with community requirements

Order to specify offender's home local justice area

A4-512   296.—(1) A suspended sentence order which imposes any community requirement must specify the area which is the offender's home local justice area.
  (2) That area must be the local justice area in which the offender resides or will reside.

Power to direct magistrates' court supervision of order

A4-513   297.—(1) Where the Crown Court makes a suspended sentence order which imposes any community requirement, it may make a direction that the order is to be subject to magistrates' court supervision.

For the effect of such a direction see Parts 2 and 3 of Schedule 16 (breach or amendment of a community requirement of a suspended sentence order).

  (2) Subsection (1) does not apply to a suspended sentence order that qualifies for special procedures for the purposes of section 293A.

A4-514   Section 298 of the Sentencing Code provides that where a court makes a suspended sentence order copies of the order must be provided to the offender, the responsible officer and other listed persons who will have a role in the execution of the order.

The community requirements

Sentencing Act 2020 ss.290–292

Suspended sentence order: available community requirements

A4-515   290.—(1) A suspended sentence order may not impose a community requirement that is not an available requirement.

  (2) A community requirement is an available requirement in relation to a suspended sentence order unless a provision mentioned in column 3 of the entry for that requirement in the table in section 287 provides otherwise.

Suspended sentence order: availability of particular requirements

   291.— Alcohol abstinence and monitoring requirement

A4-516   (1) An alcohol abstinence and monitoring requirement is not an available requirement unless regulations are in force under paragraph 25(7)(c) of Schedule 9 (prescribed arrangements for monitoring).

  (2) An alcohol abstinence and monitoring requirement imposing a requirement within paragraph 25(1)(a)(ii) of Schedule 9 (alcohol level to be kept below specified level) is not an available requirement unless regulations are in force under paragraph 25(7)(b) of that Schedule (prescribed alcohol level).

Attendance centre requirement

(3) An attendance centre requirement is not an available requirement unless—
  (a) the offender was convicted of the offence before [28 June 2022] and
  (b) the offender was aged under 25 when convicted of the offence.

Drug testing requirement

(3A) A drug testing requirement is not an available requirement if the offender was convicted of the offence before [28 June 2022].

Electronic compliance monitoring requirement

(4) An electronic compliance monitoring requirement is not an available requirement in relation to a suspended sentence order unless the suspended sentence order imposes at least one other available requirement, other than—
  (a) an alcohol abstinence and monitoring requirement;
  (b) an electronic whereabouts monitoring requirement.

Exercise of power to impose community requirements

Suspended sentence order: exercise of power to impose requirements

292.—(1) This section applies where a court makes a suspended sentence order which imposes community requirements.

(2) The power to impose a particular community requirement is subject to the provisions of the Part of Schedule 9 relating to requirements of that kind (see column 2 of the table in section 287).

(3) If the suspended sentence order imposes two or more different community requirements, the court must, before making the order, consider whether, in the circumstances of the case, the requirements are compatible with each other.

(4) The court must also ensure, so far as practicable, that any community requirement imposed by a suspended sentence order is such as to avoid—
  (a) any conflict with the offender's religious beliefs,
  (b) any conflict with any other court order to which the offender may be subject, and
  (c) any interference with the times, if any, at which the offender normally—
    (i) works, or
    (ii) attends any educational establishment,
  and satisfies any additional restrictions that the Secretary of State may specify in regulations.

(5) Regulations under subsection (4) are subject to the negative resolution procedure.

A4-517

Sentencing Act 2020 Sch.9

For Sch.9 to the Sentencing Code which provides the details of the community requirements available as part of a suspended sentence order or a community order, see A4-329.

A4-518

Power to provide for review

Sentencing Act 2020 ss.293 and 293A

Power to provide for review of suspended sentence order

293.—(1) A suspended sentence order which imposes one or more community requirements may make provision for the order to be reviewed periodically ("provision for review").

This is subject to subsection (3).

(2) Where an order contains provision for review, it must—

A4-519

(a) specify the intervals at which the order is to be reviewed,
(b) provide for each review to be made, subject to section 295, at a hearing held for the purpose by the responsible court (a 'review hearing'),
(c) require the offender to attend each review hearing, and
(d) provide for a report by an officer of a provider of probation services on the offender's progress in complying with the community requirements of the order (a "progress report") to be made to the responsible court before each review.

(3) If the suspended sentence order—
(a) imposes a drug rehabilitation requirement, and
(b) contains provision for review under this section,

the provision for review must not include provision relating to that requirement (but see paragraph 22 of Schedule 9 for separate provision about review of such a requirement).

(4) In this section "the responsible court" in relation to a suspended sentence order means—
(a) if a court is specified in the order in accordance with subsection (5), that court;
(b) otherwise, the court by which the order is made.

(5) Where—
(a) a suspended sentence order is made by a magistrates' court, and
(b) the offender's home local justice area is not the area in which the court acts,

the order may specify that the responsible court is to be a magistrates' court which acts in the offender's home local justice area.

(6) A suspended sentence order made on an appeal from—
(a) the Crown Court, or
(b) the Court of Appeal,

is to be taken for the purposes of subsection (4)(b) to have been made by the Crown Court.

(7) Nothing in this section applies in relation to suspended sentence orders which qualify for special procedures for the purposes of section 293A.

Review of suspended sentence order qualifying for special procedures

A4-520   293A.—(1) A suspended sentence order that-
(a) imposes one or more community requirements, and
(b) qualifies for special procedures for the purposes of this section,

may make provision for the order to be reviewed periodically ("provision for review").

(2) Where a suspended sentence order contains provision for review under this section, it must—
(a) specify the intervals at which the order is to be reviewed,
(b) provide for each review to be made, subject to section 294, at a hearing held for the purpose by the responsible court (a "review hearing"),
(c) require the offender to attend each review hearing, and
(d) provide for a report by an officer of a provider of probation services on the offender's progress in complying with the community requirements of the order (a "progress report") to be made to the responsible court before each review.

(3) In this section "the responsible court", in relation to a suspended sentence order, means the court by which the order is made.

(4) For more about suspended sentence orders that qualify for special procedures, see section 395A.

A4-521   The first regulations made under s.395A of the 2020 Act were the Sentencing Act 2020 (Special Procedures for Community and Suspended Sentence Orders) Regulations 2023 (SI 2023/559) which provide that the following four conditions must be met for an order to qualify for special procedures:

(1) the proposed order is made within the period of 18 months beginning with 26 June 2023;
(2) the court making the order is—
    (a) Birmingham Magistrates' Court,
    (b) the Crown Court sitting at Liverpool, or
    (c) the Crown Court sitting at Teesside Combined Court Centre.
(3) the person who is to be subject to the order is—
    (1) aged 18 or over at the date of conviction of the offence to which the order relates,
    (b) where the order is made by Birmingham Magistrates' Court, a female person, and
    (c) not a person subject to notification requirements at the date of conviction of the offence to which the order relates.
(4) none of the offences to which the proposed order relates is—
    (a) an offence under s.1 or 1A of the Prevention of Crime Act 1953 (unless in the case of a s.1 offence the person has never previously been convicted of an offence in (a) to (d) nor before the date of the conviction of the offence to which it relates convicted of another offence in (a)),
    (b) an offence under Part 1 of the Firearms Act 1968,
    (c) an offence under s.139,139A, 139AA, 141 or 141A of the Criminal Justice Act 1988 (unless in the case of a s.139 offence the person has never previously been convicted of an offence in (a) to (d) nor before the date of the conviction of the offence to which it relates convicted of another offence in (a)),
    (d) an offence under s.6 of the Offensive Weapons Act 2019, or
    (e) an offence listed in paragraphs 1 to 35C of Schedule 3 to the Sexual Offences Act 2003.

From 14 June 2024 the pilot was extended by the Sentencing Act 2020 (Special Procedures for Community and Suspended Sentence Orders) Regulations 2024 (SI 2024/654) to cases where the following conditions are met:

1) the proposed order is made within the period of 18 months beginning with 14 June 2024;
2) the court making the order is the Crown Court sitting at Bristol;
3) the person who is to be subject to the order is—
    (a) aged 18 or over at the date of conviction of the offence to which the order relates;
    (b) not a person subject to notification requirements at the date of conviction of the offence to which the order relates.
4) [*Identical to (4) in respect of SI 2023/559.*]

Obligations of the offender and the responsible officer

Sections 299–302 of the Sentencing Code provide for the obligations of the responsible officer and of the offender when subject to a suspended sentence order with community requirements. For the purposes of a sentencing court these include:

1) obligations for the offender to keep in touch with their responsible officer in accordance with instructions given by that officer (which is enforceable

A4-522

as though it were a community requirement) and to obtain permission from that officer or the court prior to any change of residence;
2) obligations for the responsible officer to ensure that any instruction given avoids, so far as is possible, conflict with religious beliefs, court orders and any educational or work commitments and to promote the offender's compliance with the requirements imposed as part of the order.

Reviews of suspended sentence orders

Sentencing Act 2020 s.294

Review hearings: power to amend community requirements etc
294.—(1) This section applies where a review hearing is held on a review of a suspended sentence order by virtue of section 293 or 293A.
 (2) The court may, after considering the progress report, amend—
  (a) the community requirements of the suspended sentence order, or
  (b) any provision of the order which relates to those requirements.
 (3) But the court—
  (a) may not amend the community requirements of the order so as to impose a requirement of a different kind unless the offender expresses willingness to comply with that requirement,
  (b) may not amend—
   (i) a mental health treatment requirement,
   (ii) a drug rehabilitation requirement, or
   (iii) an alcohol treatment requirement,
   unless the offender expresses willingness to comply with the requirement as amended,
  (c) may amend the supervision period only if the period as amended complies with section 288(4),
  (d) may not amend the operational period, and
  (e) except with the consent of the offender, may not amend the order while an appeal against the order is pending.
 (4) For the purposes of subsection (3)(a)—
  (a) a community requirement of a kind within any entry in the table in section 287 is of the same kind as any other community requirement within that entry, and
  (b) an electronic compliance monitoring requirement is a requirement of the same kind as any requirement within that table to which it relates.
 (5) If the court is of the opinion that the offender has without reasonable excuse breached a community requirement of the order, the court may adjourn the hearing so that it can deal with the case forthwith under paragraph 13 of Schedule 16 (powers of court to deal with offender on breach of requirement or subsequent conviction).
 (5A) For some powers available where the court is of the opinion referred to in subsection (5) but does not deal with the case forthwith, see paragraph 9A of Schedule 16.
 (6) In this section—
"review hearing", and
"progress report",
have the meanings given by section 293(2) (or, as the case may be, section 293A(2)).

Suspended sentence order: alteration of periodic review arrangements
295.—(1) Subsections (2) and (3) apply where the court—
  (a) considers the progress report relating to a review under section 293 or 293A (the "current review"), and

(b) forms the opinion that the offender's progress in complying with the community requirements of the order is satisfactory.
(2) If the court forms that opinion before a review hearing is held at the current review—
    (a) it may order that no review hearing is to be held at the current review, and
    (b) it may amend the suspended sentence order so as to provide for each subsequent review to be held without a review hearing.
(3) If a review hearing is held at the current review, the court may at the hearing amend the suspended sentence order so as to provide for each subsequent review to be held without a review hearing.
(4) If at a review held without a review hearing the court—
    (a) considers the progress report, and
    (b) forms the opinion that the offender's progress under the order is no longer satisfactory,
it may require the offender to attend a hearing of the court at a specified time and place.
(5) At a review hearing the court may amend the suspended sentence order so as to vary the intervals specified under section 293(2)(a) or 293A(2)(a).
(6) The functions of a court under this section that are exercisable in relation to a review without a hearing are to be exercised—
    (a) in the case of the Crown Court, by a judge of the court, and
    (b) in the case of a magistrates' court, by a justice of the peace.
(7) In this section—
"review hearing", and
"progress report",
have the meanings given by section 293(2) (or, as the case may be, section 293A(2)).

Interpretative provisions

Section 305 of the Sentencing Code contains interpretative provision for this Chapter, providing, inter alia, that suspended sentences are not available for committals for contempt.

A4-525

Sentencing Council Guideline

The Sentencing Council has issued a definitive guideline dealing with the imposition of a suspended sentence order: *Imposition Community and Custodial Sentences* (2017). The guideline deals with the imposition of custodial sentences, providing a step-by-step process in accordance with the legislation, ensuring so far as possible that users address the custody threshold and the principle of parsimony (i.e. that the custodial sentence should be for the shortest period commensurate with the seriousness of the offence) and does so in the correct order before considering the issue of suspension.

A4-526

In particular, the guideline highlights the following factors as relevant to the decision regarding suspension.

Factors indicating that it would not be appropriate to suspend a custodial sentence	Factors indicating that it may be appropriate to suspend a custodial sentence
Offender presents a risk/danger to the public	Realistic prospect of rehabilitation

Factors indicating that it would not be appropriate to suspend a custodial sentence	Factors indicating that it may be appropriate to suspend a custodial sentence
Appropriate punishment can only be achieved by immediate custody	Strong personal mitigation
History of poor compliance with court orders	Immediate custody will result in significant harmful impact on others

The guideline reiterates that a suspended sentence order must not be imposed as a more severe form of community order, addressing the misuse of suspended sentences. As the Sentencing Council observed in its initial consultation on the guideline, the number of suspended sentence orders rose substantially from 2005 to 2015, accompanied by a substantial decline in the number of community orders being imposed. Evidence indicated that a potential reason for this was that suspended sentences were being imposed as a more severe form of community order where the offending had not crossed the custody threshold. The guideline attempts to clarify that that is not permissible.[566]

A4-527   The guideline notes:

"The imposition of a custodial sentence is both punishment and a deterrent. To ensure that the overall terms of the suspended sentence are commensurate with offence seriousness, care must be taken to ensure requirements imposed are not excessive. A court wishing to impose onerous or intensive requirements should reconsider whether a community sentence might be more appropriate."

Guidance

The process to follow

A4-528   Both the decision to impose a custodial sentence and the determination as to its length must be taken before the issue of suspension is considered: *R. v Morgan*.[567]

It is submitted that the two stages are entirely separate and should not impact one another; factors taken into account in assessing the seriousness of the offence for the purposes of the determination of the appropriate sentence may appropriately be considered at the second stage. For example, it is proper to consider that an offender is the sole or primary carer of a dependent relative when determining whether the custody threshold has been passed and, if so, what length of sentence is appropriate, and then to consider whether the imposition of an immediate custodial sentence (rather than a suspended sentence order) would result in a significant harmful impact on another, namely that dependent relative. Similarly, that the court has been lenient by imposing a sentence towards the bottom of the permissible range of sentences that are commensurate with the seriousness of the offence(s) should not be considered when determining whether to suspend that sentence.

---

[566] Sentencing Council, *Consultation on draft guideline for Imposition of Community & Custodial sentences* (January 2016), pp.4, 14.
[567] [2013] EWCA Crim 2148; [2014] 2 Cr. App. R.(S.) 10.

Whether to impose a suspended sentence order

The sentencing guideline

The first step when considering whether to suspend a custodial sentence is consideration of the Sentencing Council's definitive guideline (see A4-526). The court must engage in a balancing exercise in order to determine whether it is appropriate to suspend the (otherwise immediate) sentence. This is not simply an exercise in counting the number of factors "for" and "against" suspension; rather, it is an exercise in assimilating all the information, and ascribing weight to particular factors in order to reach an appropriate decision.

A4-529

In performing the balancing exercise, a single factor on one side of the equation can 'outweigh' multiple factors on the other: see, *R. v Middleton*[568] where the need for an immediate custodial sentence for appropriate punishment outweighed the multiple factors that weighed in favour of suspension. Similarly, in *R. v Burnham*[569] it was held that deciding whether a sentence should be suspended is not a mathematical exercise counting the number of factors in favour of suspension against those in favour of imposing an immediate sentence

The court in *R. v Hussain*[570] rejected the submission that the decision in *R. v Shuttleworth*[571] created a presumption of suspension where all the factors in favour of suspension listed in the guideline were present, holding that the decision was always fact-specific and that in relation to the balancing exercise to be performed, even if a judge took the view that appropriate punishment would only be achievable by immediate custody, they still had a discretion to suspend if there were sufficient factors against such a course.

Approach of the Court of Appeal (Criminal Division)

Decisions as to suspension are highly fact-specific and a great deal of deference is paid by the Court of Appeal (Criminal Division) to the assessment of the sentencing judge. The Court of Appeal (Criminal Division) will intervene only where the decision as to whether to suspend a sentence is plainly wrong in principle: *R. v Forrest-Jameson*[572] and *R. v Tharmaratnam*.[573] This is notwithstanding the fact that s.11(3) of the Criminal Appeal Act 1968 gives the court the power to intervene where it is of the opinion that the offender should have been "sentenced differently".

A4-530

In addition to the factors listed in the guidelines, the court has identified factors which may be of relevance. The following are some recent examples from the Court of Appeal (Criminal Division); as decisions in this area are fact-specific, these are merely to illustrate the approach taken by the court and are not in any way authorities. Practitioners may wish to use these examples to inform the way they frame their own submissions based on the particular facts of their case.

---

[568] [2019] EWCA Crim 663; [2019] 2 Cr. App. R.(S.) 28.
[569] [2020] 2 Cr. App. R.(S.) 20.
[570] [2019] EWCA Crim 1542; [2020] 1 Cr. App. R.(S.) 32.
[571] [2019] EWCA Crim 333.
[572] [2017] EWCA Crim 93; [2018] 1 Cr. App. R.(S.) 1.
[573] [2017] EWCA Crim 887; [2017] 2 Cr. App. R.(S.) 36.

A4-531 Immediate custody would interrupt ongoing treatment In *Attorney General's Reference (No.61 of 2014) (R. v H)*,[574] the court declined to increase the sentence imposed on the offender, holding that the effect of maintaining the judge's sentence would be to enable the sex-offender treatment programme currently in play to continue and be completed and to bring that programme to an end by substituting an immediate term of custody would not only frustrate such work as had been done but could actually exacerbate the situation. Accordingly, it is submitted that where there is—prior to sentence—an ongoing treatment programme (particularly where there is evidence that the treatment is resulting in a change in behaviour), the interruption of that treatment by the imposition of an immediate custodial sentence may be a legitimate factor to consider in the suspension decision.

Medical treatment perhaps falls into a different category, given the approach taken by the Court of Appeal (Criminal Division) to offenders with health difficulties (see A1-110); most recently the court in *R. v Hussain*[575] summarised the position to the effect that a serious medical condition, even when difficult to treat in prison, would not automatically entitle an offender to a lesser sentence than would otherwise be appropriate but might enable a court, as an act of mercy, to impose such a sentence. The default position appears to be that the Prison Service will be assumed to be able to facilitate medical care in prison; therefore where this is not possible, counsel would be well advised to obtain evidence to support such a submission.

A4-532 Encouraging defendant to break criminal ties In *R. v Lyttle*,[576] the offender had been involved in a joint enterprise supplying cocaine. He performed a limited role, in circumstances where his Asperger's Syndrome had made him naive and vulnerable. The sentencing judge imposed a sentence of two years and four months' imprisonment. On appeal against sentence, the court reduced that sentence to one of two years' imprisonment suspended for two years (with requirements), holding that it was appropriate to take a wholly exceptional course and impose a suspended sentence order designed to help the offender sever his links with his criminal associates.

A4-533 Mental health In *R. v PS*,[577] the Court of Appeal (Criminal Division) gave guidance in respect of sentencing offenders suffering from mental health conditions or disorders at the time of the offence or at the time of sentence. In particular, at [9] they gave the following guidance relevant to considering whether to impose a suspended sentence:

> "... Where a custodial sentence is necessary, mental health conditions and disorders may be relevant to the length of sentence and to the decision whether it can properly be suspended. In these respects, it is the offender's mental health at the time of sentence, rather than at the time of the crime, which must be considered. In accordance with the principles applicable in cases of physical ill-health, mental health conditions and disorders can only be taken into account in a limited way so far as the impact of custody is concerned. None the less, the court must have regard both to any additional impact of a custodial sentence on the offender because of his mental health, and to any personal mitigation to which his mental health is relevant."

---

[574] [2014] EWCA Crim 1933; [2015] 1 Cr. App. R.(S.) 25.
[575] [2019] EWCA Crim 1542; [2020] 1 Cr. App. R.(S.) 32.
[576] [2015] EWCA Crim 1606; [2016] 1 Cr. App. R.(S.) 24.
[577] [2019] EWCA Crim 2107; [2020] 4 W.L.R. 13.

Legitimate expectation In *R. v Blyth*,[578] the sentencing judge had adjourned A4-534
sentence to see whether there could be either a restorative or rehabilitative meeting between the offender and the victim, observing it would be dependent on her continuing desire and strength to deal with that, and that it would be of extreme importance to the sentence that the court eventually imposed. Having imposed an immediate custodial sentence, on appeal against sentence, the Court of Appeal (Criminal Division) held that the judge had not given rise to a legitimate expectation that the appellant would be given a suspended sentence in the event that the victim declined to participate in the process of restorative justice and that nothing was said to that effect. The fact that the sentence was adjourned to enable the victim to be contacted to see if she would consent to participating could not possibly be seen as justifying an assumption that a suspended sentence would then be imposed if she declined.

Guilty plea That there has been no plea of guilty is not a good reason for failing A4-535
to consider whether the sentence should have been suspended: *R. v Kumwenda*.[579]

It seems, however, from decisions such as that in *R. v Evans*,[580] that a plea of guilty may be relevant in assessing whether there is remorse and whether there is a realistic prospect of rehabilitation. It is submitted that whether there has been a plea of guilty is, however, unlikely to be a determinative factor in any decision whether to suspend.

It is wrong in principle to purport to give credit for a guilty plea by reducing an immediate custodial sentence to a suspended sentence order: *R. v Hussain (Tayaab)*.[581]

Particular offences

Decision to suspend is fact-specific In *R. v Mehmet*,[582] it was held that the citation of authority in respect of suspended sentences did not assist, that in each case A4-536
suspension had been based on outstanding features of the facts, and that as none of the cases cited to the court established new or free-standing principle the proper starting points for consideration should be the Sentencing Council's Definitive Guideline on Imposition of Community and Custodial Sentences and the facts of the case at hand. This reflects the decision in *R. v Hussain*,[583] where it was held that in all cases decisions to suspend, or not, are always fact-specific and that even where all the guideline factors indicating suspension would be appropriate are present there is no presumption in favour of suspension.

However, in relation to certain offences the Court of Appeal (Criminal Division) appears to have accepted that ordinarily, immediate custody will be imposed. It is, however, suggested that said authorities do not lay down inflexible rules, and are instead simply cases where ordinarily an application of the Sentencing Council's guideline will lead to the conclusion that appropriate punishment can only be achieved by immediate custody; in all such cases there will be a requirement to

---

[578] [2019] EWCA Crim 2107; [2020] 1 Cr. App. R.(S.) 60.
[579] [2018] EWCA Crim 2856; [2019] 1 Cr. App. R.(S.) 44.
[580] [2019] EWCA Crim 606; [2019] 2 Cr. App. R.(S.) 35.
[581] [2018] EWCA Crim 780; [2018] 2 Cr. App. R.(S.) 12.
[582] [2019] EWCA Crim 1303.
[583] [2019] EWCA Crim 1542; [2020] 1 Cr. App. R.(S.) 32.

properly consider all the circumstances of the case and whether the sentence is capable of suspension.

A4-537 *Perverting the course of justice*   In *Attorney General's Reference (R. v Howell)*,[584] the court observed that on frequent occasions the court had noted that, as a matter of principle, offending involving perverting the course of justice will ordinarily, and in the absence of exceptional reasons, require an immediate custodial sentence. It was stated that perverting the course of justice is so serious that it is "almost always" necessary to impose an immediate custodial sentence, unless there are exceptional circumstances.

A4-538 *Causing death by driving*   In *R. v Scales*,[585] the court held that suspended sentences of imprisonment will be rare because the whole purpose of the recent increase in the periods of imprisonment for those guilty of causing death by dangerous driving was to make plain society's abhorrence of dangerous drivers who kill. The increased terms are intended to act as something of a deterrent. Immediate imprisonment will be the norm, because the harm caused is so grave. It would therefore be very much the exception and far from the norm that in any case of causing death by dangerous driving the term of imprisonment (identified by reference to the Sentencing Guidelines) could be suspended.

To similar effect, in *R. v Oriakhel*,[586] in relation to causing serious injury by dangerous driving, the court noted at [17] "the need to send a clear, deterrent message to drivers who are prepared to let their rage compel them to react to cyclists and mount a pavement in pursuit that in such circumstances immediate custody will follow".

In such cases it is still necessary to consider whether on the facts of the case there are exceptional circumstances justifying suspension, and the Court has upheld suspended sentences for such offences. See, for example, *Attorney General's Reference (R. v Taylor)*[587] and *Attorney General's Reference (R. v Patrick)*.[588]

The length of the operational period of the order

A4-539   There is little guidance on how the courts should approach determining the length of the operational period. The statutory provisions provide that the order must be no shorter than six months and no longer than 24 months. The Sentencing Council's guideline states:

> "The time for which a sentence is suspended should reflect the length of the sentence; up to 12 months might normally be appropriate for a suspended sentence of up to 6 months."

This is suggestive of an inherent link between the length of the custodial term and the length of the operational period; presumably this link is based on the principle of proportionality—i.e. that the more serious the offence the more severe the sentence ought to be, and that the longer the custodial term and the operational period, the more onerous the order is. That said, there appears to be nothing to prevent a court from adopting an alternative course for good reason. In a previous

---

[584] [2018] EWCA Crim 328.
[585] [2020] EWCA Crim 159.
[586] [2019] EWCA Crim 1401; [2020] R.T.R. 9.
[587] [2020] EWCA Crim 33.
[588] [2019] EWCA Crim 2194.

edition of this work, we suggested that in such circumstances, the court may wish to articulate, fully, its reasons for departing from the approach suggested in the guideline. This was seemingly endorsed in *R. v Nadeem (Farhan)*[589] where the court held that whilst the guideline is not an inviolable rule it is general guidance to be followed, and in circumstances where the judge did not give any reasons for departing from it the operational period for a 21 week suspended sentence would be reduced from 24 months to 12 months.

Community requirements

Little guidance has been provided by either the Sentencing Council or the Court of Appeal (Criminal Division) on the imposition of community requirements as part of a suspended sentence order. **A4-540**

To the extent that the community requirements imposed as part of a suspended sentence order are an issue on appeal, it is ordinarily because the requirements were not in fact available, because they inappropriately interfere with the offender's work, family life or private life more broadly, or that circumstances have since made them inappropriate.

The Sentencing Council's guideline on imposition does provide that imposition of a custodial sentence is itself both punishment and a deterrent and that there is therefore a need to ensure that the terms of the suspended sentence (including its requirements) are commensurate with the seriousness of the offence. The guideline notes that a court wishing to impose onerous or intensive requirements should reconsider whether a community sentence might be more appropriate.

When proposing to impose a suspended sentence order the court must then consider whether the custodial sentence in conjunction with the requirements proposed to be imposed is commensurate with the seriousness of the offence. It should be noted that in order to avoid an excessive sentence it may be justified to impose less punitive requirements than the court would impose if it was imposing a community order. In that respect, it is submitted that it is of assistance to have reference to the guidance of the Sentencing Council and the Court of Appeal (Criminal Division) on the imposition of community requirements as part of a community order (see A4-382 onwards).

Section 292(4) of the Sentencing Code imposes a duty on the court to ensure, so far as practicable, that any community requirement imposed by a suspended sentence order avoids any conflict with the offender's religious beliefs, any conflict with any other court order to which the offender may be subject and any interference with the times at which the offender normally works or attends any educational establishment. It is submitted that this duty, and more broadly the need to ensure that any community requirements are realistic and not oppressive, is of particular importance in the context of suspended sentence orders as, unlike community orders, there is a strong presumption in favour of the activation of a custodial term on breach, and in all circumstances some punitive action must be taken.

Time spent on remand in custody

Time spent in custody on remand for the purposes of the administrative exercise of crediting that time against a custodial sentence (s.240ZA of the Criminal Justice **A4-541**

---

[589] [2023] EWCA Crim 408; [2023] 2 Cr. App. R. (S.) 30.

Act 2003) is deducted from a suspended sentence order at the point at which that custodial sentence is served, if it is activated, and not at the point of imposition of the suspended sentence order: the court cannot make a manual reduction in sentence to reflect the effect of s.240ZA. There is also no power to order that time served prior to the imposition of a suspended sentence will not count towards the sentence if activated: *R. v Aroriode-Francis*.[590]

In *R. v McCabe*,[591] the appellant had spent approximately four months on remand. He was sentenced to three months' imprisonment suspended for two years. The appellant submitted that as he had served the equivalent of a sentence of six months' imprisonment, the sentence imposed would have been correct only if the trial judge had been of the view that a sentence of nine months in total was justified for the offences. The Court of Appeal (Criminal Division) held that as the trial judge appeared to have considered that a custodial sentence of three months was appropriate he was bound to pass an immediate sentence of three months' imprisonment, which would result in the appellant's immediate release. To hold otherwise would mean that the appellant would have served the equivalent of a six-month sentence, and have hanging over him for a period of two years a further period of three months' imprisonment should the appellant breach the order.

The general view is accordingly that where the offender has spent a period of time on remand equal to (or in excess of) the equivalent custodial sentence that would be imposed as proportionate to the seriousness of the offence(s), the court should ordinarily not impose a suspended sentence order (see *R. v Barrett*[592] for a more recent statement of this proposition).

A4-542 This general view was challenged by the prosecution in *R. v Dawes*[593] on the grounds that the introduction of post-sentence supervision by the Offender Rehabilitation Act 2014 for sentences of less than two years' imprisonment meant it (and in particular the decision in *R. v Hewitt*[594] that a sentencing judge should not seek to impose a suspended sentence more severe in its custodial impact than the maximum appropriate sentence of immediate custody or one which will be of no practical effect and for which there is therefore no incentive to comply) was no longer good law. The Court of Appeal (Criminal Division) rejected this argument, holding that it had all the hallmarks of an artificial and retrospective attempt to save the suspended sentence. The court considered that the introduction of post-sentence supervision did not address the principal objection to imposing a suspended sentence order in such cases: that there was no justification for in effect punishing an offender twice, by them having served a period in remand equivalent to more than the appropriate custodial sentence and then subsequently being subject to a suspended sentence order. Furthermore, the court observed that if there was no prospect of the suspended sentence being activated, this begged the question as to whether the post-sentence supervision order would ever take effect.

It is submitted that the court's reasoning in rejecting this argument could have been expanded on. First, it seems clear that post-sentence supervision would apply in these circumstances. Under s.256AA of the Criminal Justice Act 2003, post-sentence supervision applies where the offender has served a "fixed-term sentence" which was for a term of more than one day but less than two years. Section 237(1)

---

[590] [2021] EWCA Crim 1591.
[591] (1988) 10 Cr. App. R.(S.) 134.
[592] [2009] EWCA Crim 2213; [2010] 1 Cr. App. R.(S.) 87.
[593] [2019] EWCA Crim 848; [2020] 1 Cr. App. R.(S.) 1.
[594] [2011] EWCA Crim 885; [2011] 2 Cr. App. R.(S.) 111.

of that Act provides that a "fixed-term sentence" includes a sentence of imprisonment for a determinate term or a sentence of detention in a young offender institution for a determinate term—which any suspended sentence must be—and s.240ZA credits time on remand by providing that such time is to count as "time served". Accordingly, where an offender is released from a suspended sentence by virtue of s.240ZA, they have "served" that term and post-sentence supervision must apply.

Secondly, in such circumstances any potential double punishment must be confined to the prospect of being subject to post-sentence supervision. The activation of a custodial term that an offender would have automatically credited cannot be considered punishment, but being subject to post-sentence supervision requirements, breach of which could result in short periods of committal the offender would actually be required to serve (Criminal Justice Act 2003, s.256AC). The issue, however, is that it is difficult to see how that could be considered unacceptable punishment given that that would also have been the case if the offender had been sentenced to an immediate sentence of imprisonment.

It is to be acknowledged though that whether post-sentence supervision would have been an effective deterrent to breach of the suspended sentence is debatable and, certainly, it represented more limited potential punishment than would have been available on breach of a community order. Furthermore, the preceding discussion proceeds on a broad definition of "punishment" encompassing here, necessarily, provisions targeted at the reduction of crime through supervision and support.

The question is, then, what is the alternative course? The answer, it is suggested, depends on the circumstances. There may be circumstances where a community order is the appropriate disposal, perhaps where the time spent on remand is not equal or in excess of the equivalent custodial sentence that is commensurate with the seriousness of the offence, or where there is a need to ensure effective rehabilitation or public protection by imposing relevant community requirements but the offender has served time on remand equivalent to the appropriate custodial sentence. In this respect, it should be noted that unlike a suspended sentence an offender serving a community order can be re-sentenced for the original offence, on breach, to a custodial term of any length up to the maximum for the original offence (and therefore, unless the offender has served more than that on remand, can be subject to further punishment). However, unless there are special reasons for imposing a community order where the time spent on remand is equal to or in excess of the equivalent commensurate custodial sentence, it is suggested that an immediate custodial sentence should ordinarily be imposed to bring about an end to the sentence as to do otherwise would be to impose a disproportionate total penalty on the offender (see the court's comments on the particular facts in *R. v Dawes*[595]).

One issue which appears to be problematic is that by artificially amending the sentence to reflect the time spent on remand, the offender's criminal record will show a sentence which is less severe than was merited by the offending. Courts routinely consider antecedent records and infer from the sentences imposed the severity of the offending behaviour. On balance, it is right that the fairness to the defendant should triumph and courts should be cautious as to the weight that can be placed on such information (absent the particulars of the conviction).

---

[595] [2019] EWCA Crim 848; [2020] 1 Cr. App. R.(S.) 1.

Sentencing remarks

A4-544 When a court is imposing a custodial sentence that is capable of being suspended, it is submitted that the court should give reasons for concluding that only an immediate custodial sentence will suffice, or provide reasons as to why the sentence is being suspended. It is submitted that this is particularly important where the issue of suspension has been raised at the sentencing hearing, as illustrated by *R. v Smith*[596] where the court observed that it was unfortunate that the judge, having raised the possibility that the mitigation justified suspending the sentence, did not indicate in his sentencing remarks why he considered it essential that any sentence of custody should be immediate.

In this respect, the court ought to explicitly refer to or address, even briefly, the sentencing guideline and the factors contained therein, at the sentencing hearing and in the sentencing remarks. A failure to have clear regard to the sentencing guideline is frequently cited by the Court of Appeal (Criminal Division) as evidence of a failure of approach when substituting a suspended sentence for an immediate sentence: see, for example, *R. v Woolven*[597] and *R. v Moore*.[598]

It is therefore respectfully suggested that when imposing a suspended sentence order, the court should address the following matters:

1) the custody threshold (including why a non-custodial sentence cannot be imposed);
2) the length of the term of custody (and whether it is a term of imprisonment or detention in a young offender institution);
3) the Sentencing Council's Imposition of Community and Custodial Sentences Definitive Guideline (2017) (including the balancing of the various factors relevant to suspension);
4) the imposition of community requirements (including why none are imposed, or why particular requirements are imposed, as the case may be);
5) an explanation of the effect of a suspended sentence order.

A4-545 Further reference should be made to the Judicial College Crown Court Compendium—Pt II.

Combining suspended sentence orders with other sentencing orders

General

A4-546 In the absence of a statutory provision, Sentencing Council guideline or decision of the Court of Appeal (Criminal Division) to the contrary, the general position must be that a suspended sentence order may be imposed with any other disposal. In all circumstances, however, courts should consider whether the combination of the two orders runs contrary to the spirit of the two enactments being considered and whether there are any practical reasons why the two orders being considered should not be imposed.

---

[596] [2018] EWCA Crim 1012.
[597] [2017] EWCA Crim 1450.
[598] [2018] EWCA Crim 572.

Suspended sentence orders and fines

In *R. v Butt*,[599] the court observed that a combination of a fine and a suspended sentence order (or community order) was particularly apt when the offending was related to a defendant's business or employment, when dealing with offenders with substantial means or when the sentence allowed an offender to continue in well-remunerated work; and that for many, a substantial fine, coupled with a suspended sentence or community sentence, would be an appropriate punishment. **A4-547**

Suspended sentence orders and community orders

Section 203 of the Sentencing Act 2020 prohibits a court from imposing a community order and a suspended sentence order on the same occasion. Although there is no statutory limit on imposing a suspended sentence order on a person subject to a community order, in practice it would seem desirable not to do so, and to re-sentence the community order where possible. **A4-548**

Suspended sentence orders and immediate custodial sentences

For obvious reasons, there are difficulties in imposing suspended and immediate custodial sentences to run wholly or partly concurrently. For an old case illustrating the point, see *R. v Sapiano*.[600] **A4-549**

Suspended sentence orders and behaviour orders

There is no prohibition on imposing a behaviour order in conjunction with a suspended sentence order. On the contrary, it may be that the imposition of a behaviour order is necessary in order to enable the court to impose a suspended sentence order if the protection of the public is a concern. **A4-550**

Suspended sentence orders and detention in a hospital

In *R. v Hawkridge (Joseph)*,[607] H had been detained under s.3 of the Mental Health Act 1983 at the time of sentence and a report concluded that he was fit to plead, and that the risks associated with his illness would be significantly mitigated by his current detention in hospital, but there were concerns about his engagement once he is discharged into the community as there was a historic pattern of discontinuing treatment and disengaging. The court concluded that the imposition of a suspended sentence created a real risk of conflicting regimes which was maximised by imposing a suspended sentence rather than a conditional discharge because, if H were to reoffend, the default position would be that he would (or should) be arrested and that his suspended sentence would be activated. That was an unacceptable outcome given that he was detained under s.3. A suspended sentence may have been desirable if H came to be discharged, however, in circumstances where the prospect of being discharged was uncertain, that was not appropriate. A conditional discharge also carried a risk of conflicting regimes **A4-550a**

---

[599] [2018] EWCA Crim 1617; [2018] 1 W.L.R. 5391.
[600] (1968) 52 Cr. App. R. 674.

although it may have been less acute. The appropriate sentence in the circumstances had been a hospital order.

Minimum Sentences

Introduction

A4-551 Sections 311–315 of the Sentencing Code require the court to pass a minimum custodial sentence where certain conditions are met. These provisions are known as the "minimum sentence" provisions.

General Approach

Summary

A4-552 Minimum sentences do not require the imposition of a specific custodial sentence, nor do they prevent the court from imposing other sentences alongside a custodial sentence. However, where they apply the court is required to pass a custodial sentence of at least a specified length, unless the court is of the opinion that there are "particular" or "exceptional" (depending on the statutory provision) circumstances relating to the offence, the previous offence (where applicable) or the offender which would make it unjust, or not justified to impose the minimum sentence.

In *R. v Cowan (Orion)*[601] (a case concerning possession of an offensive weapon), the court held that the guidance in the sentencing guidelines as to what amounts to an exceptional circumstance for the purposes of disapplying the minimum sentence provisions superseded the previous authorities on that topic. Each offence subject to a minimum sentence provision has an offence-specific guideline which contains guidance on the application of the minimum sentence.

Notwithstanding the guidance in *Cowan*, the decision in *R. v Wooff*,[602] in which the court provided a summary of the general approach to be taken to the minimum sentence provisions, remains of assistance:

1) the court should start by applying the relevant sentencing guidelines (or considering the relevant sentencing authorities) to determine the appropriate sentence without reference to the minimum sentence provisions, assessing the seriousness of the offence in the normal way. Only then should the judge consult the minimum sentence provisions to ensure that the sentence complies with the statute, increasing the notional custodial sentence they have arrived at if necessary;

2) the question of whether particular circumstances would make it unjust to impose the minimum sentence is inherently fact-sensitive. For that reason the authorities suggest that in cases where the burden lies on the defendant to persuade the court that particular circumstances would make it unjust to apply the minimum sentence provisions, a pre-sentence report should usually be obtained: *R. v Densham*[603]; *Attorney General's Reference (R. v*

---

[601] [2023] EWCA Crim 1278; [2024] 1 Cr. App. R. (S.) 28.
[602] [2019] EWCA Crim 2249; [2020] 2 Cr. App. R.(S.) 6.
[603] [2014] EWCA Crim 2552; [2015] 1 Cr. App. R.(S.) 37.

Marland).[604] The failure to obtain a report is not, however, of itself a fatal flaw in the sentencing exercise;

3) one way of testing whether a sentence would be unjust in the particular circumstances of the case is to ask whether the sentence under the minimum sentence provision is markedly more severe than the sentence that would have been passed, applying the Sentencing Council guidelines for the offence. This, however, has to be measured against the deterrent element which underlies these provisions;

4) the court must loyally apply the law that Parliament has enacted. It must not circumvent or dilute the effect of the statute by taking too liberal an approach to the notion of what is "unjust" as, for instance, by treating perfectly normal circumstances as "particular circumstances" or "exceptional circumstances" in order to circumvent the operation of those provisions.

Where an offender is sentenced for two or more offences each of which fall within one of the minimum sentence provisions, each offence attracts the minimum sentence: *R. v Appiah*.[605]

Factual disputes

In *R. v Rogers*,[606] it was held (in relation to firearms minimum sentences, but it is submitted in terms that are of general application) that where, following a guilty plea, there are disputed issues of fact in relation to whether there are "particular circumstances" or "exceptional circumstances" making it unjust to impose the minimum sentence, the procedure should follow that of a *Newton* hearing (see A3-172). When a defendant wishes to rely on exceptional circumstances, these should be set out on their behalf in writing and signed by the defendant's advocate. The prosecution should then state whether they are agreed or not. If they are not agreed, then the defendant can then decide whether to seek a hearing, with the consequence that if the defendant is disbelieved the guilty plea credit owed will be reduced. If the circumstances are agreed by the prosecution, but the judge does not approve that agreement, then the defendant must decide whether they want a contested hearing. If a hearing takes place, then the judge must determine the matters to the criminal standard of proof and the burden is on the Crown to disprove the defendant's account of the circumstances. If the Crown fails to do so, the judge must proceed on the basis the defendant's version is correct. It does not, of course, follow that the judge, even if they accept the defendant's version of events, will find that it amounts to "particular circumstances" or "exceptional circumstances". The hurdle for the defendant, in that respect, remains a high one.

A4-553

Totality

Totality continues to apply where the minimum sentence provisions apply, but when sentencing for an offence to which a minimum applies and for another offence to which no minimum sentence applies, it is important that any reduction on grounds of totality does not undermine the will of Parliament by substantially reducing an otherwise appropriate consecutive sentence for another offence so as to

A4-554

---

[604] [2018] EWCA Crim 1770; [2018] 2 Cr. App. R.(S.) 51.
[605] [2014] EWCA Crim 472.
[606] [2016] EWCA Crim 801; [2016] 2 Cr. App. R.(S.) 36.

render nugatory the effect of the mandatory minimum sentence: *R. v Raza*,[607] *R. v Sparkes*[608] and *R. v Chaplin*.[609]

Minimum Sentences for Certain Firearms Offences

Legislation

Sentencing Act 2020 s.311

Minimum sentence for certain offences involving firearms that are prohibited weapons

A4-555

311.—(1) This section applies where—
   (a) a person is convicted of an offence listed in Schedule 20 (certain offences involving firearms that are prohibited weapons), and
   (b) the offender was aged 16 or over when the offence was committed.

(2) The court must impose an appropriate custodial sentence for a term of at least the required minimum term unless the court is of the opinion that there are exceptional circumstances which—
   (a) relate to the offence or to the offender, and
   (b) justify not doing so.

(3) In this section "appropriate custodial sentence" means—
   (a) in the case of a person who is aged under 18 when convicted, a sentence of detention under section 250 or, in a case to which section 252A applies, under that section;
   (b) in the case of a person who is aged 18 or over but under 21 when convicted, a sentence of detention in a young offender institution (and, includes, if the offence is an offence for which a person aged 21 or over would be liable to imprisonment for life, a sentence of custody for life);
   (c) in the case of a person who is aged 21 or over when convicted, a sentence of imprisonment.

(4) In this section "the required minimum term" means—
   (a) in the case of an offender who was aged under 18 when the offence was committed, 3 years;
   (b) in the case of an offender who was aged 18 or over when the offence was committed, 5 years.

But this is subject to subsection (5).

(5) In the case of an offence within paragraph 5 of Schedule 20, "the required minimum term" means-
   (a) in the case of an offender who was aged under 18 when convicted, 3 years;
   (b) in the case of an offender who was aged 18 or over when convicted, 5 years.

Sentencing Act 2020 Sch.20

DETENTION UNDER SECTION 250 AND MINIMUM SENTENCES: FIREARMS OFFENCES

A4-556

1. An offence under section 5(1)(a), (ab), (aba), (ac), (ad), (ae), (af) or (c) of the Firearms Act 1968 (offence of having in possession, purchasing or acquiring, weapon or ammunition) committed on or after 22 January 2004.

1A. An offence under section 5(1)(ag) or (ba) of the Firearms Act 1968 committed on or after 6 April 2022.

---

[607] [2009] EWCA Crim 1413; [2010] 1 Cr. App. R.(S.) 56.
[608] [2011] EWCA Crim 880; [2011] 2 Cr. App. R.(S.) 107.
[609] [2015] EWCA Crim 1491; [2016] 1 Cr. App. R.(S.) 10.

2. An offence under section 5(1A)(a) of the Firearms Act 1968 (offence of having in possession, purchasing or acquiring firearm disguised as another object) committed on or after 22 January 2004.

3. An offence under section 5(2A) of the Firearms Act 1968 (manufacture, sale or transfer of firearm or ammunition, or possession etc for sale or transfer)—
   (a) committed in respect of a relevant firearm or relevant ammunition, or
   (b) committed on or after 6 April 2022 in respect of a firearm specified in section 5(1)(ag) or (ba) of the Firearms Act 1968.

4.—(1) An offence under any of the provisions of the Firearms Act 1968 listed in sub-paragraph (2)—
   (a) committed on or after 6 April 2007 in respect of a relevant firearm or relevant ammunition, or
   (b) committed on or after 6 April 2022 in respect of a firearm specified in section 5(1)(ag) or (ba) of the Firearms Act 1968.

(2) Those provisions are—
   section 16 (possession of firearm or ammunition with intent to injure);
   section 16A (possession of firearm with intent to cause fear or violence);
   section 17 (use of firearm to resist arrest);
   section 18 (carrying firearm with criminal intent);
   section 19 (carrying a firearm in a public place);
   section 20(1) (trespassing in a building with firearm).

5. An offence under section 28 of the Violent Crime Reduction Act 2006 (using someone to mind a weapon), where—
   (a) the dangerous weapon in respect of which the offence was committed was a relevant firearm, or
   (b) the offence was committed on or after 6 April 2022 in respect of a dangerous weapon which was a firearm specified in section 5(1)(ag) or (ba) of the Firearms Act 1968.

6. In this Schedule—
   "relevant firearm" means a firearm specified in any of the following provisions of section 5 of the Firearms Act 1968 (weapons subject to general prohibition)—
      (a) subsection (1)(a), (ab), (aba), (ac), (ad), (ae) or (af);
      (b) subsection (1A)(a);
   "relevant ammunition" means ammunition specified in subsection (1)(c) of that section.
For this purpose, "firearm" and "ammunition" have the same meanings as in the Firearms Act 1968.

Guidance

General approach

As to the general approach to the minimum sentence provisions, see A4-552. For guidance on the sentencing of firearms offences generally, see B2-375.

A4-557

From the framework and drafting of the guideline, it is clear that, at step two, the application of Table 1 or 2 in the firearms guideline is determined by the nature of the offence itself and that consideration of the existence or otherwise of exceptional circumstances does not arise before step three.

Applicability

In *R. v Roberts (Jamal)*,[610] the appellant sought to appeal the imposition of a sentence under s.311 of the Sentencing Act 2020 on the basis that whilst the prosecution had produced a sentencing note asserting a firearm was a prohibited weapon, they had not particularised it as such in the indictment. The court held that if the prosecution had intended to assert that this was a prohibited weapon, this

A4-558

---

[610] [2022] EWCA Crim 1758.

should have been particularised in the indictment itself. It is noted that this accords with the approach to dwelling burglary offences endorsed in *R. v Miller (Gary)*.[611]

Section 311 of the Sentencing Act 2020 does not apply to offences of conspiracy or attempt, although in such cases a sentence of at least five years after trial is likely to follow: *Attorney General's References (Nos 48 and 49 of 2010)*.[612] It is suggested that applying the reasoning in this case the minimum sentence will also not apply to other inchoate offences such as those under Pt 2 of the Serious Crime Act 2007. However, by virtue of s.398(2) of the Sentencing Code and s.8 of the Accessories and Abettors Act 1861, it will apply to those guilty of offences listed in Sch.20 to the Code as a secondary party.

Exceptional circumstances

A4-559 **General guidance** In *R. v Cowan (Orion)*[613] (a case concerning possession of an offensive weapon), the court held that the guidance in the sentencing guidelines as to what amounts to an exceptional circumstance for the purposes of disapplying the minimum sentence provisions superseded the previous authorities on that topic. Each offence subject to a minimum sentence provision has an offence-specific guideline which contains guidance on the application of the minimum sentence.

Notwithstanding the decision in *Cowan*, the decision in *R. v Nancarrow*,[614] where the court summarised the principles as to when exceptional circumstances would be present may still assist in understanding the way in which the guideline is to be applied:

1) the purpose of the mandatory minimum term is to act as a deterrent: *R. v Rehman*; *R. v Wood*;[615]
2) circumstances are exceptional if to impose five years' imprisonment would amount to an arbitrary and disproportionate sentence: *Rehman*;
3) it is important that the courts do not undermine the intention of Parliament by accepting too readily that the circumstances of a particular offence or offender are exceptional. To justify the disapplication of the five-year minimum, the circumstances of the case have to be truly exceptional: *R. v Dawson*;[616]
4) it is necessary to look at all the circumstances of the case together, taking a holistic approach. It is not appropriate to look at each circumstance separately and conclude that, taken alone, it does not constitute an exceptional circumstance. There can be cases where no single factor by itself will amount to exceptional circumstances, but the collective impact of all the relevant circumstances makes the case exceptional: *Rehman*;
5) the court should always have regard, among other things, to the four questions set out in *R. v Avis*[617]—namely:
    (a) what sort of weapon was involved?
    (b) what use, if any, was made of it?

---

[611] [2010] EWCA Crim 809; [2011] 1 Cr. App. R.(S.) 2.
[612] [2010] EWCA Crim 2521; [2011] 1 Cr. App. R.(S.) 122.
[613] [2023] EWCA Crim 1278; [2024] 1 Cr. App. R. (S.) 28.
[614] [2019] EWCA Crim 470; [2019] 2 Cr. App. R.(S.) 4.
[615] [2005] EWCA Crim 2056; [2006] 1 Cr. App. R.(S.) 77.
[616] [2017] EWCA Crim 2244.
[617] [1998] 2 Cr. App. R.(S.) 178.

      (c)   with what intention did the defendant possess it?
      (d)   what is the defendant's record?
6) the reference in the section to the circumstances of the offender is important. It is relevant that an offender is unfit to serve a five-year sentence or that such a sentence may have a significantly adverse effect on their health: *Rehman* and *R. v Shaw*[618];
7) each case is fact-specific and the application of the principles dependent on the particular circumstances of each individual case. Limited assistance is to be gained from referring the court to decisions in cases involving facts that are not materially identical;
8) unless the judge is clearly wrong in identifying exceptional circumstances where they do not exist or clearly wrong in not identifying exceptional circumstances where they do exist, the Court of Appeal (Criminal Division) will not readily interfere: *Rehman*.

To that summary it is suggested that the court should also consider the two additional questions identified in *R. v Sheen*:[619] (1) Was the firearm discharged, and who and how many were exposed to danger by its use? and (2) Was any injury or damage caused by the discharge of the firearm, and if so how serious was it?

The court has declined to attempt to define what would make a case "exceptional". In *Attorney General's Reference (R. v Bartell)*,[620] the court observed that the difficulty with an exceptionality test is that it does not provide any clear standard from which the exceptional case will differ. The court there did not, however, consider that questioning whether the case was either ordinary or wholly remarkable was not a helpful way of looking at the test to be applied. Ultimately the test will be whether the imposition of the minimum sentence would lead to a sentence that is arbitrary or disproportionate, bearing in mind the strong deterrent purpose of the provision.

It is clear from the authorities that cases where exceptional circumstances have been found previously should not generally be cited as precedent in mitigation; all cases are decided on their individual facts and the mere presence of a factor which led to exceptional circumstances in one case will not necessarily lead to exceptional circumstances being found in another. However, consideration of other cases remains useful either because they provide examples or where a factor alone has not been found to merit a finding of exceptional circumstances, because they provide guidance as to the consideration of exceptional circumstances, or because they provide an example of where the boundary for exceptional circumstances may exist.

Offence-based factors

Ignorance of nature of the weapon   It is clear that in certain cases ignorance of the nature of the weapon will be a factor that may contribute to a finding of exceptional circumstances, although the court will be required to consider the extent to which that ignorance was genuinely reasonable (particularly where the offender has links   **A4-560**

---

[618] [2011] EWCA Crim 167; [2011] 2 Cr. App. R.(S.) 65.
[619] [2011] EWCA Crim 2461; [2012] 2 Cr. App. R.(S.) 3.
[620] [2020] EWCA Crim 625; [2020] 4 W.L.R. 79.

to criminality): see, for example, *R. v Beard*[621] (where the offender had unlawful possession of ammunition which he reasonably did not know was live ammunition rather than blanks and had no weapons for using it) and *R. v Boateng*[622] (genuinely unaware that a bag left at her house by friend contained a firearm).

This line of case law, was, however, doubted obiter in *R. v Peers*[623] as having been decided per incuriam on the basis that it was troubling that a defendant could argue that the circumstances were exceptional because, although she suspected she was being asked to do something criminal, she deliberately decided not to find out what was in the bag, and that it appeared potentially illogical to say that deliberate ignorance of an item could amount to exceptional circumstances where threats generally will not.

With respect this seems correct, particularly given that if deliberate ignorance can be prayed in aid, the deterrent effect of the minimum sentence may well be negated and the Crown may be put into a particular difficult position of having to prove knowledge of the nature of the item itself.

A4-561 *Ignorance of illegality/disguised firearms* Generally those who are in possession of firearms or ammunition are under a duty to familiarise themselves with the law: *R. v Rudup*.[624] However, there are examples where the courts have found exceptional circumstances partly on these grounds. Nowadays the issue comes up most frequently in the context of disguised "firearms"—often stun guns—which only fall within the minimum sentence under s.311 of the Sentencing Code by virtue of being disguised. Following a spate of such cases the CPS guidance as to charging was updated such that where a stun gun is disguised prosecutors should always charge s.5(1)(b) of the Firearms Act 1968 in relation to such firearms (rather than s.5(1A)(a), which attracts the minimum sentence) unless there any significant aggravating features (i.e. use or intended use of the stun gun, or the commission or alleged commission at the same time or recently of other relevant offences). However, where offences are charged under s.5(1A)(a) the following principles seem to be established:

1) whether exceptional circumstances exist is a fact-sensitive question that depends entirely on the factual matrix and context in which the disguised weapon is kept by the offender and the use to which it is intended to be put; the fact that the firearm is a stun gun that is disguised is not, on its own, enough to establish exceptional circumstances: *R. v Manders*[625];
2) a significant question is the extent to which it has been used, is liable to be used and the intended use if any;
3) whether the offender is on notice of the nature of the item, such that it is clear it is dangerous, is likely to be a significant factor, see *R. v Hussain*[626] (where exceptional circumstances were found in a brief possession case where he believed it to be a novelty or joke item not a taser). It is submitted that where the offender is aware of the level of harm the disguised firearm can produce they will have been in effect put on notice of a need to consider the legality of possession.

---

[621] [2007] EWCA Crim 3168; [2008] 2 Cr. App. R.(S.) 41.
[622] [2011] EWCA Crim 861; [2011] 2 Cr. App. R.(S.) 104.
[623] [2021] EWCA Crim 1677; [2022] 2 Cr. App. R. (S.) 4.
[624] [2011] EWCA Crim 61.
[625] [2017] EWCA Crim 1474; [2018] 1 Cr. App. R.(S.) 11.
[626] [2019] EWCA Crim 362; [2019] 2 Cr. App. R.(S.) 8.

Keeping weapons for others The use by criminals of individuals apparently unconnected to them to store firearms is a common feature of firearms offending. As held in *Attorney General's Reference (No.37 of 2013) (R. v Culpeper)*,[627] the courts should assume that citizens, even if subjected to threats, will not store firearms and will, if necessary, turn to the authorities for protection rather than resorting to self-help in the expectation that the minimum term would not be imposed.

A4-562

Short period of possession That possession of the gun was fleeting is a factor which has been recognised as being capable, at least in combination with other factors, of amounting to or contributing to exceptional circumstances: see *R. v Moffat*.[628] Possession merely with an intention to dispose of the firearm may also be capable of amounting to or contributing to exceptional circumstances: see *R. v Harrison*.[629] It is submitted that fleeting possession or possession with intent to dispose of a firearm will only be capable of supporting a finding of exceptional circumstances where it is also evidence of greatly reduced culpability and harm; where possession is brief and with an intent to dispose but to do so to get rid of evidence, such as in *R. v Dawson*,[630] it would be very surprising if exceptional circumstances were to be found. Similarly, careful attention should be paid to the outcome of that possession; for example, whether the possession contributed to greater harm by allowing the firearm to continue in criminal circulation, or whether although the disposal of the firearm was well meaning it was unsafe and led to the potential for great harm. As held in *R. v Harrison*,[631] a court should consider the way in which offenders initially came into possession of a weapon, how long they had had it, what they did with it and what they intended to do with it. There may be circumstances in which a person who unwillingly and unexpectedly found themselves with a prohibited weapon foisted on them may feel impelled to dispose of it so that it could never again be used, rather than involve themselves in the upheaval and disturbance of a police inquiry; but anyone who chose such a course had to be prepared to justify themselves, should their involvement with the weapon come to light.

A4-563

Intention to dispose of weapon In *R. v Harrison*,[632] the appellant was found in possession of a firearm that had belonged to the boyfriend of his niece and had been left at the appellant's house and he had been taking it to a lake to dispose of it at the request of his niece. Finding exceptional circumstances present, the court stated that while it would have been better if he had gone straight to the police the reaction of the owner of the gun when he found out what the appellant had done makes it understandable why the appellant may well have felt reluctant so to do. The court observed that while someone who unwillingly and unexpectedly finds themselves with a prohibited firearm foisted on them may feel impelled to dispose of it so that it can never be used again, rather than involving themselves in the upheaval and disturbance of a police inquiry, anyone who chooses that course must be prepared to justify themselves should their involvement with the weapon come to light.

A4-564

---

[627] [2013] EWCA Crim 1466; [2014] 1 Cr. App. R.(S.) 62.
[628] [2014] EWCA Crim 332; [2014] 2 Cr. App. R.(S.) 37.
[629] [2006] EWCA Crim 345; [2006] 2 Cr. App. R.(S.) 56.
[630] [2017] EWCA Crim 2244.
[631] [2006] EWCA Crim 345; [2006] 2 Cr. App. R.(S.) 56.
[632] [2006] EWCA Crim 345; [2006] 2 Cr. App. R.(S.) 56.

In *R. v Munson*,[633] the defendant had pleaded guilty to possessing a prohibited weapon. He had taken a friend's dog for a walk and during the walk discovered a bag which contained a sawn-off shotgun and 13 cartridges; he did not contact the police but took the gun and the ammunition back to his friend's home, where the defendant and his friend agreed that he would take the firearm to the police station. In the event, the firearm was left by the defendant in a camper van located in another friend's garage and the firearm was subsequently discovered by police officers lying unconcealed on top of a plastic bag; it was found to be in working order although in poor condition. On appeal, the court distinguished the case of *Harrison* on the basis that the defendant in this case was not en route to dispose of the firearm and, in consequence, there were no exceptional circumstances.

A4-565 *Possession of weapon for sentimental reasons* In *R. v Benson*,[634] the court approved the trial judge's finding of exceptional circumstances where the defendant had been in possession of his father's British Enfield revolver from World War II and 50 rounds of ammunition (in their original box) since his father's death in 1997 and had kept it locked in a gun safe (alongside legally owned shotguns) for sentimental reasons. It is suggested that the clear lack of use the weapon alongside its safe storage were important factors in this decision.

A4-566 *Offence not committed in context of crime* In *R. v Scutt*[635] the court observed that the fact the offender "[was] not a hardened criminal and his offending [was] not curated criminality" and "…was not leading a life replete with criminality, he was not associated with local villains or hovering on the edge of criminal activity." But rather "refurbished firearms for use in historical exhibitions and charitable events" was "potent mitigation" which reduced the seriousness of the offence; but that the term "exceptional circumstances" does not merely mean the offender has potent mitigation.

Offender-based factors

A4-567 *Physical or mental illness* There are circumstances in which a physical or mental illness can be an exceptional circumstance such that the minimum sentence may be disapplied. In *R. v Blackall*,[636] the defendant had possessed a firearm for his own protection. The court held that that was not a factor capable of amounting to exceptional circumstances. However, the defendant was paraplegic, with no feeling or sensation from his chest downwards, as a result of being shot a decade earlier. The court found that this factor did amount to exceptional circumstances such that the minimum sentence could be disapplied on the basis that, as a result, he suffered from many physical disabilities which would make a sentence of imprisonment far more onerous than for a person without those difficulties. In *R. v Anderson (Amaru)*,[637] the defendant had been convicted of a third Class A drug trafficking offence and suffered from systemic lupus erythematosus secondary chronic kidney disease. The judge concluded that the illnesses would not be taken into account when considering the exceptional circumstances test, the court held that that was a "material misdirection" not to consider the medical position.

---

[633] [2008] EWCA Crim 1258; [2009] 1 Cr. App. R.(S.) 39.
[634] [2016] EWCA Crim 339; [2016] 2 Cr. App. R.(S.) 9.
[635] [2023] EWCA Crim 862.
[636] [2005] EWCA Crim 1128; [2006] 1 Cr. App. R.(S.) 22.
[637] [2024] EWCA Crim 253.

In relation to psychological conditions, however, the courts have been less compassionate. In *R. v Evans*[638] the defendant suffered from obsessive compulsive disorder which, it was said, meant that he felt compelled to store the weapons and ammunition forming the basis of his conviction. The court held that this was not a factor amounting to exceptional circumstances because "The appellant knew what he was doing and knew that what he was doing was wrong. He retained the prohibited weapon with that knowledge." The emphasis on knowledge—which in this circumstance may be equated with culpability—appears attractive at first, as it is intuitive that the more serious an offence, the more difficult it will be to establish exceptional circumstances. However, it is suggested that the court's approach in this case appears to have ignored the substance of the submission: if the defendant felt compelled to, in effect, commit the offence by virtue of his mental disorder, then he would have done so with knowledge of the facts of what he was doing. Such an analysis doesn't seem to engage with the point: what is the effect of the offender having felt compelled to commit the offence? If the circumstances were different, and the offence had been committed by virtue of threats falling short of duress, would the result have been the same? Similarly, in *R. v Mehmet*,[639] the court held that a period of depression coinciding with the commission of the offence was not capable on its own of amounting to exceptional circumstances (although cumulatively the factors present in that case did amount to exceptional circumstances).

In *R. v Robinson*[640] the defendant had possessed a firearm, having developed the desire to commit suicide. Having subsequently decided against committing suicide, he retained the firearm, storing it insecurely in a wardrobe. The court held that this did not amount to exceptional circumstances. Similarly, in *Attorney General's Reference No.82 of 2012 (R. v Robert Downes)*,[641] a case in which the defendant had a history of mental illness, self-harm and suicide attempts, the court observed:

"We have given particular care to the health aspect in this case. But in our judgment it is not of an order potentially to take this case into the realms of exceptionality. The appellant was able, we note, to maintain employment during the period that he has suffered from depression and the treatment provided to him was conventional. His depressive problems and his risk of self-harm are regrettably factors far from unusual in those who face custodial sentences and who have to be managed within the prison estate. They are conditions well within the ordinary competence of the prison authorities to address and to manage. There is nothing in the materials which we have seen in relation to the health of this offender which in our judgment would make this an unusual case."

In *R. v D*,[642] the defendant had pleaded guilty to possession of a prohibited firearm and possession of ammunition without a firearms certificate, in circumstances where he had originally obtained the weapon in order to commit suicide and had fired a shot into his lower back in an attempt to alleviate the severe back pain from which he suffered. The sentencing judge and the Court of Appeal (Criminal Division) found that exceptional circumstances existed.

A4-568

---

[638] [2005] EWCA Crim 1811; [2006] 1 Cr. App. R.(S.) 64.
[639] [2005] EWCA Crim 2074; [2006] 1 Cr. App. R.(S.) 75.
[640] [2009] EWCA Crim 2600; [2010] 2 Cr. App. R.(S.) 20.
[641] [2013] EWCA Crim 135; [2013] 2 Cr. App. R.(S.) 64.
[642] [2017] EWCA Crim 355; [2017] 2 Cr. App. R.(S.) 1.

A4-569 *Youth* In *R. v Lucas*,[643] the court stated that the fact that the defendant was 16 at the time of the offence was not an exceptional circumstance, because Parliament had imposed a lower mandatory sentence for persons of that age. To similar effect, see *Attorney General's Reference No.45 of 2008 (Amar Brahimi)*.[644] It is submitted that this is clearly the correct decision for a 16-year-old in the absence of evidence of a lower than average cognitive function; however, the situation might be different for a younger child or someone who had the cognitive function of a younger child.[645]

A4-570 *Absence of dangerousness* In *R. v Welsh*,[646] the appellant had pleaded guilty to three counts of possessing a prohibited weapon in the form of a firearm with a barrel less than 30cm in length, two counts of purchasing or acquiring prohibited ammunition and five other counts of possession of a firearm or ammunition without a valid firearms certificate; he also asked for a number of other offences, including 13 offences of possessing a firearm with a barrel less than 30cm in length, to be taken into consideration. The appellant was a collector and had amassed the items over a number of years. The sentencing judge imposed the minimum sentence and on appeal against sentence, it was submitted that the judge erred in not finding that exceptional circumstances existed, by reference to the absence of a finding of dangerousness. The court observed that the submission was in effect that this was a collection maintained by a harmless and responsible enthusiast for purely artistic reasons, but concluded that the submission could not be accepted. The court stated at [20]:

> "the rationale of the regime under the 1968 Act s.51A lies in the inherent danger of the unlawful possession of certain firearms and their availability, and the need for deterrence, rather than the dangerousness of the offender."

A4-571 *Cumulative offender-based factors* The court has been willing to find that exceptional circumstances exist by reference to cumulative factors that would on their own not justify such a finding. Examples include *R. v Mehmet*,[647] *R. v Shaw*[648] and *R. v Bate*.[649] It is submitted that this will be an intensely fact-specific decision and that the weight of the individual factors will need to be significant before the court will be willing to find that cumulatively they amount to exceptional circumstances.

Guilty plea

A4-572 Unlike other minimum sentence provisions there is no power to impose a sentence less than the minimum under s.311 of the Sentencing Code where there has been a guilty plea; the absence of a reference to s.311 in s.73 of the Sentencing Code is "plain and unambiguous" and does not allow for a reduction of the required minimum term on account of a guilty plea: *R v Jordan; R. v Alleyne; R. v*

---

[643] [2007] EWCA Crim 708; [2007] 2 Cr. App. R.(S.) 81.
[644] [2008] EWCA Crim 2019; [2009] 1 Cr. App. R.(S.) 89.
[645] See, by way of comparison, *Attorney General's Reference (R. v Haslam (Ryan)* [2024] EWCA Crim 404; [2024] 2 Cr. App. R. (S.) 18.
[646] [2012] EWCA Crim 1331; [2013] 1 Cr. App. R.(S.) 31.
[647] [2005] EWCA Crim 2074; [2006] 1 Cr. App. R.(S.) 75.
[648] [2011] EWCA Crim 167; [2011] 2 Cr. App. R.(S.) 65.
[649] [2013] EWCA Crim. 1327; [2014] 1 Cr. App. R.(S.) 48.

Redfern.[650] Accordingly, a guilty plea remains relevant to the first stage of the sentencing exercise—namely determining the appropriate sentence before consideration of the minimum sentence; however, where the appropriate sentence is less than the minimum, the guilty plea will be of no effect. Conversely, where the appropriate sentence is in excess of the minimum, it may reduce the sentence only to the level of the minimum, not below it.

It seems, however, that whether or not an offender has pleaded guilty will remain relevant in determining whether there are exceptional circumstances making it unjust to apply the minimum sentence: see, for example, *R. v Shaw*.[651]

ECHR compliance

Due to the "escape clause" in s.311 of the Sentencing Code allowing the minimum sentence to be disapplied where exceptional circumstances require it, it is not arguable that minimum sentence is not compliant with the European Convention on Human Rights: *R. v Barber*.[652]

A4-573

Offensive Weapon and Bladed Article Offences

Legislation

Sentencing Act 2020 ss.312, 315, 316, 318 and 320

Minimum sentence for offences of threatening with weapon or bladed article

312.—(1) This section applies where a person aged 16 or over is convicted of an offence under—

    (a) section 1A of the Prevention of Crime Act 1953 (offence of threatening with offensive weapon in public), or

    (b) section 139AA of the Criminal Justice Act 1988 (offence of threatening with article with blade or point or offensive weapon).

(2) If the offence was committed before [28 June 2022], the court must impose an appropriate custodial sentence unless the court is of the opinion that there are particular circumstances which—

    (a) relate to the offence or to the offender, and

    (b) would make it unjust to do so in all the circumstances.

(2A) If the offence was committed on or after [28 June 2022], the court must impose an appropriate custodial sentence unless the court is of the opinion that there are exceptional circumstances which—

    (a) relate to the offence or to the offender, and

    (b) justify not doing so.

(3) In this section "appropriate custodial sentence" means—

    (a) in the case of a person who is aged 16 or over but under 18 when convicted, a detention and training order of at least 4 months;

    (b) in the case of a person who is aged 18 or over but under 21 when convicted, a sentence of detention in a young offender institution for a term of at least 6 months;

    (c) in the case of a person who is aged 21 or over when convicted, a sentence of imprisonment for a term of at least 6 months.

A4-574

---

[650] [2004] EWCA Crim 3291; [2005] 2 Cr. App. R.(S.) 44.
[651] [2011] EWCA Crim 167; [2011] 2 Cr. App. R.(S.) 65.
[652] [2005] EWCA Crim 2217; [2006] 1 Cr. App. R.(S.) 90.

(4) This section is subject to section 252A.

Minimum sentence for repeat offence involving weapon or bladed article or corrosive substance

315.—(1) This section applies where—
  (a) an offender is convicted of an offence (the "*index offence*") under—
    (i) section 1(1) of the Prevention of Crime Act 1953 (carrying offensive weapon without lawful authority or reasonable excuse),
    (ii) section 139(1) of the Criminal Justice Act 1988 (having article with blade or point in public place), or
    (iii) section 139A(1) or (2) of that Act (having article with blade or point or offensive weapon on education premises),
    (iv) section 6(1) of the Offensive Weapons Act 2019 (offence of having a corrosive substance in a public place),
  (b) the offence was committed on or after the relevant date, and
  (c) when the offence was committed, the offender—
    (i) was aged at least 16, and
    (ii) had at least one relevant conviction.

(1A) In subsection (1)(b), "the relevant date" means—
  (a) in relation to an offence under section 6(1) of the Offensive Weapons Act 2019, 6 April 2022;
  (b) in any other case, 17 July 2015.

(2) If the index offence was committed before [28 June 2022], the court must impose an appropriate custodial sentence unless the court is of the opinion that there are particular circumstances which—
  (a) relate to the offence, to the previous offence or to the offender, and
  (b) would make it unjust to do so in all the circumstances.

(2A) If the index offence was committed on or after [28 June 2022], the court must impose an appropriate custodial sentence unless the court is of the opinion that there are exceptional circumstances which—
  (a) relate to the offence, to the previous offence or to the offender, and
  (b) justify not doing so.

(3) In subsections (2) and (2A) "appropriate custodial sentence" means—
  (a) in the case of a person aged under 18 when convicted of the index offence, a detention and training order of at least 4 months;
  (b) in the case of a person aged 18 or over but under 21 when convicted of the index offence, a sentence of detention in a young offender institution for a term of at least 6 months;
  (c) in the case of a person aged 21 or over when convicted of the index offence, a sentence of imprisonment for a term of at least 6 months.

(4) In this section, "relevant conviction" means—
  (a) a conviction of a relevant offence,
  (b) a conviction in another part of the United Kingdom or another member State of a civilian offence which would have constituted a relevant offence if committed in England and Wales at the time of the conviction (whenever the offence was in fact committed),
  (c) a conviction of an offence under section 42 of the Armed Forces Act 2006 in respect of which the corresponding offence under the law of England and Wales (within the meaning of that section) is a relevant offence,
  (d) a conviction of an offence under section 70 of the Army Act 1955, section 70 of the Air Force Act 1955 or section 42 of the Naval Discipline Act 1957 in respect of which the corresponding civil offence (within the meaning of the Act in question) is a relevant offence, or

(e) a conviction of a member State service offence which would have constituted a relevant offence if committed in England and Wales at the time of conviction (whenever the offence was in fact committed).
(5) In this section, "relevant offence" means an offence under—
(a) section 1 or 1A of the Prevention of Crime Act 1953 (offences involving offensive weapons), or
(b) section 139, 139A or 139AA of the Criminal Justice Act 1988 (offences involving article with blade or point or offensive weapon).
(6) This section is subject to section 252A.

A4-576 Section 316 makes provision for appeals where convictions are later set aside, providing that a notice of appeal against sentence may be given within 28 days of the date the conviction is set aside where a sentence has been imposed under s.313, 314 or 315, and a previous conviction was set aside where the sentence would not have been imposed under one of those sections but for the existence of the now set aside conviction.

A4-577 Section 318 makes provision for the interaction of the minimum sentence regime with service law.

Minimum sentences: supplementary

Determination of day when offence committed

A4-578 320. Where an offence is found to have been committed—
(a) over a period of 2 or more days, or
(b) at some time during a period of 2 or more days,
it is to be taken for the purposes of sections 311, 312, 313, 314 and 315 to have been committed on the last of those days.

Guidance

General approach

A4-579 As to the general approach to the minimum sentence provisions, see A4-552. For guidance as to the sentencing of offensive weapon and bladed article offences, see B2-352.

Suspending the minimum sentence

A4-580 Drawing upon the commentary in [2019] Crim. L.R. 451,[653] the court in *Attorney General's Reference (R. v Uddin)*[654] held that it is lawful to suspend a minimum sentence. However the Court stated that such a course would rarely be appropriate, as in the majority of cases suspension would undermine the punitive and deterrent effect of the minimum sentencing provisions intended by Parliament. In so ruling, the Court held that the decision in *R. v Whyte*[655] (that there was no power to suspend a minimum sentence) was decided per incuriam.

---

[653] L. Harris, "Sentencing: R. v Whyte (Graham Patrick) (Case Comment)" [2019] Crim. L.R. 451–453.
[654] [2022] EWCA Crim 751.
[655] [2018] EWCA Crim 2437; [2019] 1 Cr. App. R.(S.) 35.

Briefly, in [2019] Crim. L.R. 451 and CLW/19/16/13,[656] and the second edition of this work we submitted that *Whyte* must be incorrect, on the basis that:

1) ss.312 and 315 of the Sentencing Code do not distinguish between immediate and suspended imprisonment;
2) under s.289 of the Sentencing Code, a suspended sentence which has not taken effect is a sentence of imprisonment for the purposes of all enactments (and there is no position to the contrary in s.312 or 315);
3) the provisions which originally created ss.312 and 315 of the Sentencing Code made a number of consequential amendments, including amendments making clear a community order could not be imposed in such circumstances, but no amendments to the equivalent of s.289 (suspended sentences);
4) under s.264 and 277, it is possible to suspend any sentence of imprisonment of more than 14 days (21 in the case of an offender aged 18–20 at conviction) and not more than two years and any sentence of detention in a young offender institution of at least 21 days and not more than two years.

Exceptional/Particular circumstances

A4-581 The Sentencing Council's guideline for offensive weapon and bladed articles offences provides that where the court is considering a statutory minimum sentence as a result of a second or further relevant offence, consideration should be given to the seriousness of the previous offence(s) and the period of time that has elapsed between offending. Where the seriousness of the combined offences is such that it falls far below the custody threshold, or where there has been a significant period of time between the offences, the court may consider it unjust to impose the statutory minimum sentence.

The statutory test for disapplying the minimum sentence is the same as that in relation to minimum sentences under ss.313 and 314 of the Sentencing Code and it is suggested reference should therefore be made to the guidance in relation to those sections: see A4-587 and A4-600. For offences committed on or after 28 June 2022, the test is one of "exceptional" as opposed to "particular" circumstances; it appears Parliament's intention is to raise the threshold which must be met before the minimum sentence may be disapplied but it remains to be seen to what extent the case law relating to firearms will be applied here and whether this will significantly reduce the number of cases that fall within the exception.

In *R. v Cowan (Orion)*[657] (a case concerning possession of an offensive weapon), the court held that the guidance in the sentencing guidelines as to what amounts to an exceptional circumstance for the purposes of disapplying the minimum sentence provisions superseded the previous authorities on that topic.

Guilty plea

A4-582 By virtue of ss.73(3)–(5) of the Sentencing Code, in the case of offenders aged 18 or over, a guilty plea can reduce the sentence to be imposed past the minimum sentence provided the sentence imposed is at least 80% of the minimum sentence

---

[656] L. Harris, "Sentencing: R. v Whyte (Graham Patrick) (Case Comment)" [2019] Crim. L.R. 451–453 and "Sentence: New Cases: Particular Offences: Bladed Articles: R. v Whyte", CLW/19/16/13.
[657] [2023] EWCA Crim 1278; [2024] 1 Cr. App. R. (S.) 28.

(146 days). In the case of offenders aged under 18 at conviction there is no such restriction and any sentence can be imposed, including a non-custodial sentence.

Third Class A Drug Trafficking Offence

Legislation

Sentencing Act 2020 s.313

Minimum sentence of 7 years for third class A drug trafficking offence

313.—(1) This section applies where—
  (a) a person is convicted of a class A drug trafficking offence ("the index offence") committed on or after 1 October 1997,
  (b) when the index offence was committed, the offender—
    (i) was aged 18 or over, and
    (ii) had 2 other relevant drug convictions, and
  (c) one of the offences to which those other relevant drug convictions related was committed after the offender had been convicted of the other.

(2) If the index offence was committed before [28 June 2022], the court must impose an appropriate custodial sentence for a term of at least 7 years except where the court is of the opinion that there are particular circumstances which—
  (a) relate to any of the offences or to the offender, and
  (b) would make it unjust to do so in all the circumstances.

(2A) If the index offence was committed on or after [28 June 2022], the court must impose an appropriate custodial sentence for a term of at least 7 years unless the court is of the opinion that there are exceptional circumstances which—
  (a) relate to any of the offences or to the offender, and
  (b) justify not doing so.

(3) For the purposes of subsection (1) "relevant drug conviction" means—
  (a) a conviction in any part of the United Kingdom of a class A drug trafficking offence,
    ...
  (c) a conviction of an offence under section 42 of the Armed Forces Act 2006 in respect of which the corresponding offence under the law of England and Wales (within the meaning of that section) is a class A drug trafficking offence, or
  (d) a conviction of an offence under section 70 of the Army Act 1955, section 70 of the Air Force Act 1955 or section 42 of the Naval Discipline Act 1957 in respect of which the corresponding civil offence (within the meaning of the Act in question) is a class A drug trafficking offence.

(3A) If the proceedings for the index offence were instituted before [11pm on 31 December 2020], for the purposes of subsection (1) "relevant drug conviction" also includes—
  (a) a conviction in a member State of an offence committed on or after 16 August 2010 which would, if committed in the United Kingdom at the time of the conviction, have constituted a class A drug trafficking offence, and
  (b) a conviction of a member State service offence committed on or after 16 August 2010 which would have constituted a class A drug offence if committed in England and Wales at the time of conviction.

(4) Where—
  (a) a person is charged with a class A drug trafficking offence (which, apart from this subsection, would be triable either way), and

(b) the circumstances are such that, if convicted of the offence, the person could be sentenced for it under subsection (2) or (2A),
the offence is to be triable only on indictment.

(5) In this section "class A drug trafficking offence" means a drug trafficking offence committed in respect of a class A drug; and for this purpose—

"class A drug" has the same meaning as in the Misuse of Drugs Act 1971;
"drug trafficking offence" means an offence which is specified in—
    (a) paragraph 1 of Schedule 2 to the Proceeds of Crime Act 2002 (drug trafficking offences), or
    (b) so far as it relates to that paragraph, paragraph 10 of that Schedule.

(6) In this section "an appropriate custodial sentence" means—
    (a) in relation to an offender who is aged 21 or over when convicted of the index offence, a sentence of imprisonment;
    (b) in relation to an offender who is aged under 21 when convicted of the index offence, a sentence of detention in a young offender institution (and includes, if the index offence is an offence for which a person aged 21 or over would be liable to imprisonment for life, a sentence of custody for life).

Proceeds of Crime Act 2002 Sch.2 paras 1 and 10

Drug trafficking

A4-584

1.—(1) An offence under any of the following provisions of the Misuse of Drugs Act 1971 (c. 38)—
    (a) section 4(2) or (3) (unlawful production or supply of controlled drugs);
    (b) section 5(3) (possession of controlled drug with intent to supply);
    (c) section 8 (permitting certain activities relating to controlled drugs);
    (d) section 20 (assisting in or inducing the commission outside the UK of an offence punishable under a corresponding law).

(2) An offence under any of the following provisions of the Customs and Excise Management Act 1979 (c. 2) if it is committed in connection with a prohibition or restriction on importation or exportation which has effect by virtue of section 3 of the Misuse of Drugs Act 1971—
    (a) section 50(2) or (3) (improper importation of goods);
    (b) section 68(2) (exploration of prohibited or restricted goods);
    (c) section 170 (fraudulent evasion).

(3) An offence under either of the following provisions of the Criminal Justice (International Co-operation) Act 1990 (c. 5)—
    (a) section 12 (manufacture or supply of a substance for the time being specified in Schedule 2 to that Act);
    (b) section 19 (using a ship for illicit traffic in controlled drugs).

Inchoate offences

A4-585

10.—(1) An offence of attempting, conspiring or inciting the commission of an offence specified in this Schedule.

(1A) An offence under section 44 of the Serious Crime Act 2007 of doing an act capable of encouraging or assisting the commission of an offence specified in this Schedule.

(2) An offence of aiding, abetting, counselling or procuring the commission of such an offence.

A4-586

As to ss.316–318 and 320 of the Sentencing Code, which provide for the effect of appeals where previous convictions are set aside; the availability of certificates of conviction; the glossing of references to previous convictions to include offences under service law; and the determination of the day on which the offence was committed, see A4-593 onwards.

Guidance

General approach

As to the general approach to the minimum sentence provisions, see A4-552. For guidance as to the sentencing of drug offences, see Ch.B5.

A4-587

Timing of previous offences

Applying *R. v Hoare*,[658] which was decided in relation to s.314 of the Sentencing Code, but must apply to s.313 as the legislative provisions are the same in this respect, each offence must be committed after the offender has been convicted of the previous offence, as follows: (1) the commission of a first offence; (2) the conviction for the first offence; (3) the commission of a second offence; (4) the conviction for the second offence; (5) the commission of the third offence; and (6) the conviction for the third offence.

A4-588

Applying *R. v Webster*,[659] where an offender has indicated an intention to plead guilty to an offence and been committed for sentence, and then committed another Class A drug trafficking offence prior to sentence, they have been convicted of the offence for the purposes of s.313 of the Sentencing Code. It is, however, questionable whether this conclusion is consistent with *S. (an Infant) v Manchester City Recorder*[660] and *R. v Cole*,[661] in which it was held that a guilty plea does not amount to a conviction unless and until sentence is passed.

Unlike s.314 of the Sentencing Code there is, however, no requirement under s.313 that any of the previous offences were committed on or after 1 October 1997.

"Exceptional/Particular circumstances"

In *R. v Cowan (Orion)*[662] (a case concerning possession of an offensive weapon), the court held that the guidance in the sentencing guidelines as to what amounts to an exceptional circumstance for the purposes of disapplying the minimum sentence provisions superseded the previous authorities on that topic. It is submitted that that applies equally to the other minimum sentence provisions. As such, cases where exceptional circumstances have been found previously should not generally be cited as precedent in mitigation; all cases are decided on their individual facts and the mere presence of a factor which led to particular circumstances in one case will not necessarily lead to particular circumstances being found in another.

A4-589

In all cases the particular background to the offending, the timing of the offences and the periods between them, and the seriousness of each individual offence will be relevant in whether there are exceptional circumstances making the minimum sentence unjust.

The age of the previous convictions is a relevant factor although the antiquity of the previous offences, and their relevant lack of seriousness will not necessarily make the imposition of the minimum sentence unjust: *R. v Gallone*.[663]

A4-590

---

[658] [2004] EWCA Crim 191; [2004] 2 Cr. App. R.(S.) 50.
[659] [2003] EWCA Crim 3597; [2004] 2 Cr. App. R.(S.) 25.
[660] [1971] A.C. 481 HL.
[661] [1965] 3 W.L.R. 263.
[662] [2023] EWCA Crim 1278; [2024] 1 Cr. App. R. (S.) 28.
[663] [2014] EWCA Crim 1140; [2014] 2 Cr. App. R.(S.) 57.

The statutory regime is aimed at offenders who are 18 or over (albeit the first two convictions can have occurred when under the age of 18). In the very rare circumstance in which the sentencing judge had found that H (18 years and nine months) was in fact operating as a child (by reason of his immaturity, education and developmental difficulties), the court concluded it was appropriate to find the minimum sentence would be disproportionate: *Attorney General's Reference (R. v Haslam (Ryan))*.[664]

Given that the purpose of the minimum sentence is to punish and deter recidivist offenders, it is suggested that a significant factor will be the extent to which there is a break in the chain of offending, and whether there are any clear factors indicating that the offender's offending is de-escalating, that the new offence is exceptional and out of character, or that there are real reasons to believe that the offender should be given a sentence that will allow them to effectively rehabilitate.

Guilty plea

A4-591   By virtue of s.73(3)–(5) of the Sentencing Code, in the case of offenders aged 18 or over, a guilty plea can reduce the sentence to be imposed past the minimum sentence provided the sentence imposed is at least 80% of the minimum sentence (2,045 days).

Third Domestic Burglary

Legislation

Sentencing Act 2020 ss.314, 316–318 and 320

Minimum sentence of 3 years for third domestic burglary

A4-592   314.—(1) This section applies where—
 (a) a person is convicted of a domestic burglary ('the index offence') committed on or after 1 December 1999,
 (b) when the index offence was committed—
  (i) the offender was aged 18 or over, and
  (ii) had 2 other relevant domestic burglary convictions, and
 (c) one of the burglaries to which those other relevant domestic burglary convictions relate was committed after the person had been convicted of the other.
 (2) If the index offence was committed before [28 June 2022], the court must impose an appropriate custodial sentence for a term of at least 3 years except where the court is of the opinion that there are particular circumstances which—
  (a) relate to any of the offences or to the offender, and
  (b) would make it unjust to do so in all the circumstances.
 (2A) If the index offence was committed on or after [28 June 2022], the court must impose an appropriate custodial sentence for a term of at least 3 years unless the court is of the opinion that there are exceptional circumstances which—
  (a) relate to any of the offences or to the offender, and
  (b) justify not doing so.
 (3) For the purposes of subsection (1), "relevant domestic burglary conviction" means—

---

[664] [2024] EWCA Crim 404; [2024] 2 Cr. App. R. (S.) 18.

(a) a conviction in England and Wales of a domestic burglary committed on or after 1 December 1999, or
(b) a conviction in another part of the United Kingdom of an offence committed on or after 16 August 2010 which would have constituted an offence of domestic burglary, if committed in England and Wales at the time of the conviction,
(c) a conviction of an offence under section 42 of the Armed Forces Act 2006 in respect of which the corresponding offence under the law of England and Wales (within the meaning of that section) is an offence of domestic burglary, or
(d) a conviction of an offence under section 70 of the Army Act 1955, section 70 of the Air Force Act 1955 or section 42 of the Naval Discipline Act 1957 committed on or after 1 December 1999 in respect of which the corresponding civil offence (within the meaning of the Act in question) is an offence of domestic burglary.

(3A) If the proceedings for the index offence were instituted before IP completion day [11pm on 31 December 2020] for the purposes of subsection (1) "relevant domestic burglary conviction" also includes—
(a) a conviction in a member State of an offence committed on or after 16 August 2010 which would have constituted an offence of domestic burglary, if committed in England and Wales at the time of the conviction, and
(b) a conviction of a member State service offence committed on or after 16 August 2010 which would have constituted an offence of domestic burglary if committed in England and Wales at the time of conviction.

(4) Where—
(a) a person is charged with a domestic burglary which, apart from this subsection, would be triable either way, and
(b) the circumstances are such that, if convicted of the burglary, the person could be sentenced for it under subsection (2) or (2A),
the burglary is to be triable only on indictment.

(5) In this section "domestic burglary" means a burglary committed in respect of a building or part of a building which is a dwelling.

(6) In this section "an appropriate custodial sentence" means—
(a) in relation to a person who is aged 21 or over when convicted of the index offence, a sentence of imprisonment;
(b) in relation to a person who is aged under 21 when convicted of the index offence, a sentence of detention in a young offender institution.

Appeals where previous convictions set aside
316.—(1) This section applies where— A4-593
(a) a sentence has been imposed on an offender under subsection (2) or (2A) of any of the following sections—
(i) section 313,
(ii) section 314, or
(iii) section 315,
(b) a previous conviction of the offender is subsequently set aside on appeal, and
(c) without the previous conviction the section would not have applied.

(2) Notice of appeal against the sentence may be given at any time within 28 days from the day on which the previous conviction was set aside (despite anything in section 18 of the Criminal Appeal Act 1968).

Section 317 of the Sentencing Code provides that a certificate from a court that A4-594 a person has been convicted of a Class A drug trafficking offence or a domestic

PRIMARY DISPOSALS

burglary (or a qualifying equivalent) is evidence of such a conviction for the purposes of ss.313–314.

Offences under service law

A4-595 318.—(1) In sections 313 to 315 and this section—

"civilian offence" means an offence other than—
  (a) an offence under section 42 of the Armed Forces Act 2006,
  (b) an offence under section 70 of the Army Act 1995, section 70 of the Air Force Act 1955 or section 42 of the Naval Discipline Act 1957, or
  (c) a member State service offence;

"conviction" includes—
  (a) in relation to an offence under section 42 of the Armed Forces Act 2006, anything which by virtue of section 376(1) and (2) of that Act is to be treated as a conviction, and
  (b) in relation to an offence under section 42 of the Naval Discipline Act 1957 and a member State service offence, a finding of guilt in respect of the person;

"member State service offence" means an offence which was the subject of proceedings under the law of a member State other than the United Kingdom governing all or any of the naval, military or air forces of that State.

(2) For the purposes of section 313(3)(c) and (e) (class A drug trafficking which is an offence under section 42 of Armed Forces Act 2006 and corresponding member State service offences), where the offence was committed in a way described in paragraph 10 of Schedule 2 to the Proceeds of Crime Act 2002 (attempting, conspiring, encouraging, assisting, aiding, abetting, etc) in relation to an act that, if done in England and Wales, would have constituted another offence listed in paragraph 1 of that Schedule, it must be assumed that that act was done (or would have been done) in England and Wales.

(3) For the purposes of—
  (a) section 314(3)(c) and (e) (domestic burglary convictions under section 42 of Armed Forces Act 2006 or corresponding member State service offences), and
  (b) section 315(4)(c) and (d) (relevant weapons offences under that section or corresponding offences under previous legislation relating to the armed forces),

where the offence was committed by aiding, abetting, counselling or procuring, it must be assumed that the act aided, abetted, counselled or procured was done in England and Wales.

Determination of day when offence committed

A4-596 320.— Where an offence is found to have been committed—
  (a) over a period of 2 or more days, or
  (b) at some time during a period of 2 or more days,
it is to be taken for the purposes of sections 311, 312, 313, 314 and 315 to have been committed on the last of those days.

Guidance

General approach

A4-597 As to the general approach to the minimum sentence provisions, see A4-552. For guidance as to the sentencing of burglary offences, see B4-034 onwards.

Relevant offences

For s.314, the indictment must specify that the offence was committed in relation to a dwelling: *R. v Miller*.[665] **A4-598**

Attempted burglary is not "burglary" for the purposes of s.314: *R. v Maguire*.[666] Similarly, the minimum sentence does not apply to other inchoate offences such as conspiracy: *R. v Mayo*.[667] By analogy, inchoate offences under Pt 2 of the Serious Crime Act 2007 would fall into the same category. But for the narrow compass of the legislation, the fact that the minimum sentence would have applied will no doubt be a strong steer to sentencing courts as to the appropriate level of sentence in such cases. However, by virtue of s.398(2) of the Sentencing Code and s.8 of the Accessories and Abettors Act 1861, it will apply to those guilty of offences listed in Sch.20 to the Code as a secondary party.

Timing of previous offences

In *R. v Hoare*,[668] it was held that for the minimum sentence to apply under s.314 of the Sentencing Code each offence must be committed after the offender has been convicted of the previous offence, as follows: (1) the commission of a first offence; (2) the conviction for the first offence; (3) the commission of a second offence; (4) the conviction for the second offence; (5) the commission of the third offence; and (6) the conviction for the third offence. **A4-599**

Where an offender has indicated an intention to plead guilty to an offence and been committed for sentence, and then committed another burglary offence prior to sentence, they have been convicted of the offence for the purposes of s.314 of the Sentencing Code: *R. v Webster*.[669] It is, however, questionable whether this conclusion is consistent with *S. (An Infant) v Manchester City Recorder*[670] and *R. v Cole*,[671] in which it was held that a guilty plea does not amount to a conviction unless and until sentence is passed.

Under s.314 of the Sentencing Code all of the previous convictions for domestic burglary must relate to offences committed on or after 1 December 1999.

Exceptional/Particular circumstances

In *R. v Cowan (Orion)*[672] (a case concerning possession of an offensive weapon), the court held that the guidance in the sentencing guidelines as to what amounts to an exceptional circumstance for the purposes of disapplying the minimum sentence provisions superseded the previous authorities on that topic. It is submitted that that applies equally to the other minimum sentence provisions. As such, cases where exceptional/particular circumstances have been found previously should not generally be cited as precedent in mitigation; all cases are decided on their individual facts and the mere presence of a factor which lead to exceptional/particular **A4-600**

---

[665] [2010] EWCA Crim 809; [2011] 1 Cr. App. R.(S.) 2.
[666] [2002] EWCA Crim 2689; [2003] 2 Cr. App. R.(S.) 10.
[667] [2015] EWCA Crim 628.
[668] [2004] EWCA Crim 191; [2004] 2 Cr. App. R.(S.) 50.
[669] [2003] EWCA Crim 3597; [2004] 2 Cr. App. R.(S.) 25.
[670] [1971] A.C. 481 HL.
[671] [1965] 3 W.L.R. 263.
[672] [2023] EWCA Crim 1278; [2024] 1 Cr. App. R. (S.) 28.

circumstances in one case will not necessarily lead to particular circumstances being found in another.

In all cases the particular background to the offending, the timing of the offences and the periods between them, and the seriousness of each individual offences will be relevant in whether there are particular circumstances making the minimum sentence unjust.

A4-601 The age of the previous convictions is a relevant factor, although the antiquity of the previous offences and their relative lack of seriousness will not necessarily make the imposition of the minimum sentence unjust: *R. v Gallone*.[673]

Given that the purpose of the minimum sentence is to punish and deter recidivist offenders, it is suggested that a significant factor will be the extent to which there is a break in the chain of offending, and whether there are any clear factors indicating that the offender's offending is de-escalating, that the new offence is exceptional and out of character, or that there are real reasons to believe that the offender should be given a sentence that will allow them to effectively rehabilitate.

Guilty plea

A4-602 By virtue of ss.73(3)–(5) of the Sentencing Code, in the case of offenders aged 18 or over, a guilty plea can reduce the sentence to be imposed past the minimum sentence provided the sentence imposed is at least 80% of the minimum sentence (876 days).

Special Custodial Sentence for Certain Offenders of Particular Concern

Introduction

A4-603 The special custodial sentence for certain offences of particular concern (known more frequently as an SOPC) was introduced by the Criminal Justice and Courts Act 2015. The intent of the provision was to ensure that whenever those who committed certain listed offences received a custodial sentence they would not be subject to automatic release at the halfway point of their sentence, and would instead be released only at the discretion of the Parole Board, and that in all cases they would serve at least one year on licence on release from custody. It is therefore like a "light" version of the extended sentence, though without the requirement for a finding of dangerousness.

The sentence occupies an unusual position between mandatory and discretionary sentence; it is not a mandatory sentence requirement as understood by s.399 of the Sentencing Code because in any case it is open to the court to instead impose a non-custodial sentence; but, where the court does impose a custodial sentence for an offence to which the SOPC applies, it must impose at least an SOPC (or instead an extended determinate sentence or a life sentence), there is no power in any circumstance to impose an ordinary determinate sentence. This is so even where the court concludes that the risk posed by the offender is low and that further licence would provide no advantage.

---

[673] [2014] EWCA Crim 1140; [2014] 2 Cr. App. R.(S.) 57.

Legislation

Sentencing Act 2020 ss.265 and 278

Required special sentence for certain offenders of particular concern
265.—(1) This section applies where a court imposes a sentence of detention in a young offender institution for an offence where—
    (a) the offence is listed in Schedule 13,
    (b) the offender—
        (ii) is aged at least 18 but under 21 when convicted of the offence, and
    (c) the court does not impose any of the following for the offence (or for an offence associated with it)—
        (i) an extended sentence under section 266,
        (ia) a serious terrorism sentence under section 268A, or
        (ii) a sentence of custody for life under section 272.
(1A) But this section does not apply if—
    (a) the offender was aged under 18 when the offence was committed, and
    (b) the offence—
        (i) was committed before the day on which section 22 of the Counter-Terrorism and Sentencing Act 2021 came into force, or
        (ii) is listed in Part 2 of Schedule 13 (sexual offences).
(2) The term of the sentence must be equal to the aggregate of—
    (a) the appropriate custodial term, and
    (b) a further period of 1 year for which the offender is to be subject to a licence,
and must not exceed the maximum term of imprisonment with which the offence is punishable in the case of a person aged 21 or over.
(3) For the purposes of subsection (2), the "*appropriate custodial term*" is the term that, in the opinion of the court, ensures that the sentence is appropriate."
(4) Where an offence is found to have been committed over a period of 2 or more days, or at some time during a period of 2 or more days, it must be taken for the purposes of subsection (1A) to have been committed on the last of those days.

[Section 22 of the 2021 Act came into force on 30 April 2021.]

Required special custodial sentence for certain offenders of particular concern
278.—(1) This section applies where the court imposes a sentence of imprisonment for an offence where—
    (a) the offence is listed in Schedule 13,
    (b) the person—
        (ii) is aged 21 or over when convicted of the offence, and
    (c) the court does not impose any of the following for the offence (or for an offence associated with it)—
        (i) an extended sentence under section 279,
        (ia) a serious terrorism sentence under section 282A, or
        (ii) a sentence of imprisonment for life.
(1A) But this section does not apply if—
    (a) the offender was aged under 18 when the offence was committed, and
    (b) the offence—
        (i) was committed before the day on which section 22 of the Counter-Terrorism and Sentencing Act 2021 came into force, or

(ii) is listed in Part 2 of Schedule 13 (sexual offences).
(2) The term of the sentence must be equal to the aggregate of—
(a) the appropriate custodial term, and
(b) a further period of 1 year for which the offender is to be subject to a licence,

and must not exceed the maximum term of imprisonment with which the offence is punishable.

(3) For the purposes of subsection (2), the "appropriate custodial term" is the term that, in the opinion of the court, ensures that the sentence is appropriate.

(4) Where an offence is found to have been committed over a period of 2 or more days, or at some time during a period of 2 or more days, it must be taken for the purposes of subsection (1A) to have been committed on the last of those days.

[Section 22 of the 2021 Act came into force on 30 April 2021.]

A4-606 In relation to offenders convicted on or after 30 April 2021, Sch.13 to the 2020 Act lists the following offences:

Part 1

Source	Offence
Terrorism Act 2000	ss.11, 12, 15, 16, 17, 17A, 18, 19, 21A, 38B, 39, 54, 56, 57, 58, 58A, 58B, 59
Anti-Terrorism, Crime and Security Act 2001	s.113
Terrorism Act 2006	ss.1, 2, 5, 6, 8, 9, 10 and 11
Counter-Terrorism Act 2008	s.54
Terrorism Prevention and Investigation Measures 2011	s.23
Counter-Terrorism and Security Act 2015	s.10
Inchoate offences	An inchoate offence in relation to such an offence
Abolished offences	An abolished offence in relation to an offence specified committed on the day on which the offender is or was convicted, would have constituted a listed offence in this Part and was abolished prior to the relevant date (as to which see below)
Offences with a terrorist connection	An offence, other than one for which the sentence is fixed by law as life imprisonment, which is determined to have a terrorist connection under s.69 of the Sentencing Code

[544]

Part 2

Source	Offence
Source	Offence
Sexual Offences Act 2003	ss.5 or 6
Inchoate offences	An inchoate offence in relation to such an offence
Abolished offences	An abolished offence in relation to an offence specified in this Schedule. An abolished offence is one which if committed on the day on which the offender is or was convicted, would have constituted a listed offence in this Part and was abolished prior to 13 April 2015

Paragraph 8 of Sch.13 provides that in respect of Pt 1 offences, the relevant date for abolished offences is 13 April 2015, except in relation to: ss.11, 12, 58, 58A, 58B of the 2000 Act and ss.1, 2 or 8 of the 2006 Act for which it is 12 April 2019; or ss.15, 16, 17, 17A, 18, 19, 21A, 38B, 39 of the 2000 Act, and offences under the 2008, 2011 and 2015 Act for which it is 30 April 2021.

For the purpose of Sch.13, an inchoate offence in relation to an offence means (a) an attempt to commit the offence, (b) conspiracy to commit the offence or (c) an offence under Pt 2 of the Serious Crime Act 2007 related to the offence: ss.398(3)–(4).

For Sch.13 as it applies to offenders convicted before 30 April 2021, see the first edition of this work.

Guidance

Offences to which the sentence applies

Schedule 13 to the Sentencing Code governs whether the SOPC sentence is available. Offences listed within the schedule attract the sentence where certain conditions are met. The schedule also includes a provision which brings within it offences that were repealed or abolished certain dates. Therefore, when sentencing repealed or abolished offences it is necessary to consider whether that offence if committed on the day on which the offender was convicted would have been an offence listed in Sch.13. As noted in *R. v LF*,[674] this is a matter commonly missed by sentencing courts. It is most likely to apply in relation to offences contrary to the Sexual Offences Act 1956 which would now constitute listed offences under the Sexual Offences Act 2003: the most common offences under the 1956 Act are likely to be indecent assault on a woman (s.14) and indecent assault on a man (s.15) but there are a number of other offences under that Act, including rape (s.1), sexual intercourse with a girl under 13 (s.5) and buggery (s.12), that might nowadays be charged as offences contrary to ss.5 or 6 of the 2003 Act.

Although it is desirable if the indictment specifies whether the relevant threshold ages of the victim or defendant are met, and whether relevant penetration oc-

A4-607

---

[674] [2016] EWCA Crim 561; [2016] 2 Cr. App. R.(S.) 30.

curred, the failure of an indictment to specify such matters does not prevent an offence from falling within Sch.13 if the sentencer is satisfied on the evidence that the age and penetration criteria have in fact been met: *R. v LF*.[675] Where, however, a judge cannot be sure that such criteria are met, the judge should not impose such a sentence: see, for example, *R. v Clarke*.[676]

Imposition of an SOPC

Language

A4-608 The court will pronounce the sentence, as a single sentence of X years, comprising a Y-year custodial term plus a further one-year period of licence: *R. v LF*.[677] For example, a sentence of seven years, comprising a six-year custodial term plus a further one-year period of licence.

Determination of custodial term

A4-609 The approach to fixing the appropriate custodial term in these cases is governed in the usual way by application of the relevant sentencing guideline and consideration of the seriousness of the offence: *R. v LF*.[678] The appropriate custodial term should be the shortest time that is commensurate with the seriousness of the offence: *R. v Thompson*.[679] No consideration should be given to the difference in release provisions, as per *R. v Round; R. v Dunn*.[680]

However, where the court would be imposing the maximum sentence for an offence (or a custodial sentence which is within a year of the maximum sentence) it will be required to reduce that sentence so that the custodial term and the one-year extended licence period do not exceed the maximum sentence available for the offence: ss.265(2) and 278(2) of the Sentencing Code and *R. v LF*.[681] As noted in *LF*, there is, however, nothing stopping the court from imposing consecutive sentences (where they are available) in such a scenario.

Maximum sentence

A4-610 The total sentence—i.e. the custodial term and the licence period of one year taken together—may not exceed the permitted maximum sentence for the offence. This may have a significant effect in relation to offences with low maximum sentences such as the now abolished offence of indecent assault by requiring that the custodial term be reduced such as to allow for a licence period of one year to be imposed.

Suspension of such a sentence

A4-611 For the purposes of s.277 of the Sentencing Act 2020, the special custodial sentence for offenders of particular concern comprised the aggregate of the

---

[675] [2016] EWCA Crim 561; [2016] 2 Cr. App. R.(S.) 30.
[676] [2017] EWCA Crim 393; [2017] 2 Cr. App. R.(S.) 18.
[677] [2016] EWCA Crim 561; [2016] 2 Cr. App. R.(S.) 30.
[678] [2016] EWCA Crim 561; [2016] 2 Cr. App. R.(S.) 30.
[679] [2018] EWCA Crim 639; [2018] 2 Cr. App. R.(S.) 19.
[680] [2009] EWCA Crim 2667; [2010] 2 Cr. App. R.(S.) 45.
[681] [2016] EWCA Crim 561; [2016] 2 Cr. App. R.(S.) 30.

custodial term and the additional licence period. Thus a suspended sentence under s.278 will only be lawful if the appropriate custodial term does not exceed 12 months. That fact, coupled with the practical complications arising from implementation of such an order, means that it will only be in exceptional circumstances that a suspended sentence order will be appropriate in a case in which s.278 requires a special custodial sentence: *Attorney General's Reference (R. v John)*.[682] For a discussion of some of the potential practical issues with such a course see Sebastian Walker's comment in *Criminal Law Week*.[683] As argued there, it will in practice almost always be preferable to impose a community order in such a case given that supervision can last for longer (three years as opposed to two), and if breached a SOPC can be imposed with a custodial period that is longer than a year.

Consecutive sentences

A sentence under ss.265 or 278 of the Sentencing Code is indivisible and all of it must be imposed concurrently or consecutively. Accordingly, where imposing consecutive sentences under ss.265 or 278 of the Sentencing Code the periods of one-year licence will also run consecutively. The consequence for judges is that they will need to give careful consideration to the structuring of their sentences as decisions as to whether to make sentences concurrent or consecutive will impact the length of the further licence period: *R. v LF*.[684] See also *R. v Thompson; R. v Cummings; R. v Fitzgerald; R. v Ford*.[685]

A4-612

Where imposing an SOPC and a determinate sentence, the determinate sentence should be imposed first, and the SOPC ordered to run consecutively: *R. v Clarke*.[686] This is at least in theory because the offender's release date from a sentence under s.277 requires a decision to be made by the Parole Board so cannot be known at the time of sentence. However, in *R. v Ulhaqdad*,[687] it was established that the order in which such sentences are imposed creates no practical difficulty for the Prison Service in relation to the calculation of sentences and release dates. Despite that finding the courts have not modified their guidance but sentencers should be reassured that where a determinate term is imposed consecutively to an SOPC, there appear to be no practical issues.

Where imposing an extended sentence, a serious terrorism sentence or life sentence

Where a court is sentencing an offender for multiple counts the imposition of an extended sentence, a serious terrorism sentence or a life sentence on one or more counts precludes the imposition of a special custodial sentence for any other counts being sentenced at the same time: ss.265(1)(c), 278(1)(c) and 400 of the Sentencing Code.

A4-613

---

[682] [2022] EWCA Crim 54; [2022] 1 W.L.R. 2625.
[683] "Sentence: New Cases: Particular Sentences or Orders: Special Custodial Sentence for Certain Offenders of Particular Concern: Att-Gen's Reference (R. v John (Ben))" CLW/22/06/7.
[684] [2016] EWCA Crim 561; [2016] 2 Cr. App. R.(S.) 30.
[685] [2018] EWCA Crim 639; [2018] 2 Cr. App. R.(S.) 19.
[686] [2017] EWCA Crim 393; [2017] 2 Cr. App. R.(S.) 18.
[687] [2017] EWCA Crim 1216; [2017] 2 Cr. App. R.(S.) 46.

Alternatives to SOPC

A4-614 A non-custodial sentence may be imposed for a Sch.13 offence: *R. v LF*.[688] There is no requirement in such a case to impose a SOPC if the court is not imposing a custodial sentence (albeit such a case will undoubtedly be fairly rare given the limited offences that attract such a sentence, and the court has decried a practice of imposing "no separate penalty" for serious sexual offences that cross the custody threshold instead of imposing concurrent sentences[689]). As to the availability of suspended sentences, see A4-611.

Correction of error

A4-615 Where there has been a failure to impose a sentence under ss.265 or 278 of the Sentencing Code, that error should be corrected under the slip rule wherever possible. The Court of Appeal (Criminal Division)'s power to correct such errors is constrained by s.11(3) of the Criminal Appeal Act 1968, which requires that the court not impose on an appeal a sentence that is more severe than that which was imposed by the court below. It is clear from *R. v Thompson; R. v Cummings; R. v Fitzgerald; R. v Ford*[690] that s.11(3) of the 1968 Act is not complied with simply where the custodial period of the sentence is reduced by a year on appeal; s.11(3) of the 1968 Act requires a more detailed consideration of the impact of the sentence to be imposed in substitution for the original sentence, which had to involve considerations of entitlement to automatic release, parole eligibility and licence.

Initially it seemed that the only situation in which such a sentence could be imposed was where it would not result in the offender being potentially subject to custody or licence/supervision for longer than on their previous custodial sentence (as to which, see the commentary in *Archbold Review*[691]) but the courts have since employed a less mathematical approach. The Court of Appeal (Criminal Division) has stated that "the date on which release becomes unconditional will be of particular importance when assessing comparative severity" (see *Thompson* at [41]). But as illustrated by cases such as *R. v KPR*,[692] and *R. v B*[693] and *R. v A*[694] where SOPC's were substituted for determinate sentences on appeal, and the offender was potentially liable to longer in custody as a result, it will not be a decisive factor. The Court of Appeal (Criminal Division) has instead preferred to take a more holistic assessment. As a result, where a sentence under ss.265 or 278 has not been imposed but ought to have been, and the offender is unlikely to satisfy the test for Parole Board release, it may be that it is preferable not to appeal against sentence.

Extended Sentences

A4-616 An extended sentence of detention in a young offender institution or of imprisonment is comprised of a custodial sentence (the length of which is set in accordance with ordinary proportionality principles) and a further period for which the of-

---

[688] [2016] EWCA Crim 561; [2016] 2 Cr. App. R.(S.) 30.
[689] See *R. v WJ* [2023] EWCA Crim 789; [2024] 1 W.L.R. 1935.
[690] [2018] EWCA Crim 639; [2018] 2 Cr. App. R.(S.) 19.
[691] S. Walker, "Thompson: Sentencing on Appeal (Case Comment)" [2018] 7 *Archbold Review* 4–7.
[692] [2018] EWCA Crim 2537; [2019] 1 Cr. App. R.(S.) 36.
[693] [2018] EWCA Crim 2733; [2019] 1 W.L.R. 2550.
[694] [2020] EWCA Crim 948; [2020] 1 W.L.R. 5014.

fender will be subject to licence on the expiry of the custodial sentence (the "extension period"). The purpose of an extended sentence is to provide increased public protection in the case of offenders who pose a significant risk of serious harm to the public. They provide this protection in two ways: first, by ensuring that an offender is subject to further supervision (and to licence conditions) after the expiry of their ordinary custodial sentence, allowing proportionate restrictions to be put on their liberty and allowing for them to be recalled to prison if those conditions are breached; secondly, by ensuring that offenders are subject to Parole Board supervision, such that they will not be released until the expiry of their custodial sentence unless the Parole Board is satisfied that it is no longer necessary for the protection of the public that the offender should be confined.

An extended sentence of detention in a young offender institution or imprisonment is available where:

1) an offender is convicted of an offence listed in Sch.18 (a "specified offence"—see s.306 of the Sentencing Code);
2) the court considers that there is a significant risk to members of the public of serious harm occasioned by the commission by the offender of further specified offences;
3) the court is not required to impose a life sentence under ss.273 or 283 (two-strikes life sentence for listed offences) or 274 or 285
4) ("dangerousness" life sentence), nor a serious terrorism sentence under ss.268A or 282A; and
5) if the court were to impose an extended sentence, the term it would specify as the appropriate custodial term would be at least four years; or
6) at the date of the commission of the offence, the offender had a conviction for an offence listed in Sch.14 to the Sentencing Code.

This section deals only with the imposition of extended sentences (and whether to impose one); for guidance as to whether the offender is "dangerous" (i.e. whether there is a significant risk to members of the public of serious harm occasioned by the commission by the offender of further specified offences), see A4-444.

Legislation

Extended sentences of detention in a young offender institution

Sentencing Act 2020 ss.266–268

Extended sentence of detention in a young offender institution for certain violent, sexual or terrorism offences

266.— An extended sentence of detention in a young offender institution is a sentence of detention in a young offender institution the term of which is equal to the aggregate of—

    (a) the appropriate custodial term (see section 268), and
    (b) a further period (the 'extension period') for which the offender is to be subject to a licence.

A4-617

Extended sentence of detention in a young offender institution: availability

267.—(1) An extended sentence of detention in a young offender institution is available in respect of an offence where—

    (a) the offence is a specified offence (see section 306(1)),

A4-618

(b) the offender is aged at least 18 but under 21 when convicted of the offence,
(c) the court is of the opinion that there is a significant risk to members of the public of serious harm occasioned by the commission by the offender of further specified offences (see section 308),
(d) the court is not required by section 273, 274 or 274A to impose a sentence of custody for life,
(da) the court is not required by section 268B to impose a serious terrorism sentence for the offence or for an offence associated with it, and
(e) the earlier offence condition or the 4 year term condition is met.

(2) The pre-sentence report requirements (see section 30) apply to the court in relation to forming the opinion mentioned in subsection (1)(c).

(3) The earlier offence condition is that, when the offence was committed, the offender had been convicted of an offence listed in Part 1, 2 or 3 of Schedule 14.

(3A) But if the proceedings for the offence were instituted before [11 pm on 31 December 2020], the earlier offence condition is that, when the offence was committed, the offender had been convicted of an offence listed in Part 1, 2, 3 or 3A of Schedule 14.

(4) The 4 year term condition is that, if the court were to impose an extended sentence, the term that it would specify as the appropriate custodial term (see section 268) would be at least 4 years.

Term of extended sentence of detention in a young offender institution

A4-619 268.—(1) This section applies where a court dealing with an offender for an offence imposes, or is considering whether to impose, an extended sentence of detention in a young offender institution under section 266.

(2) The appropriate custodial term is the term of detention in a young offender institution that would be imposed in respect of the offence in compliance with section 231(2) (length of discretionary custodial sentences: general provision) if the court did not impose an extended sentence.

(3) The extension period must be a period of such length as the court considers necessary for the purpose of protecting members of the public from serious harm occasioned by the commission by the offender of further specified offences. This is subject to subsections (4) and (5).

(4) The extension period must—
 (a) be at least 1 year, and
 (b) not exceed—
  (i) 5 years in the case of a specified violent offence (unless sub-paragraph (iii) applies), or
  (ii) 8 years in the case of a specified sexual offence or a specified terrorism offence (unless sub-paragraph (iii) applies),
  (iii) 10 years in the case of a serious terrorism offence for which the sentence is imposed on or after [29 June 2021].

See section 306(2) for the meanings of "specified violent offence", "specified sexual offence", "specified terrorism offence" and "serious terrorism offence".

(5) The term of the extended sentence must not exceed the maximum term of imprisonment with which the offence is punishable in the case of a person aged 21 or over.

A4-620 Section 310 of the Sentencing Code provides that a certificate from a court that a person has been convicted of an offence listed in Schs.14 or 15 is evidence of such a conviction.

For s.308 of the Sentencing Code, which is concerned with the assessment of dangerousness, and related guidance, see A4-445.

Extended sentences of imprisonment

Sentencing Act 2020 ss.279–282

Extended sentence of imprisonment for certain violent, sexual or terrorism offences: persons 21 or over

279. An extended sentence of imprisonment is a sentence of imprisonment the term of which is equal to the aggregate of— A4-621
    (a) the appropriate custodial term (see section 281), and
    (b) a further period (the "extension period") for which the offender is to be subject to a licence.

Extended sentence of imprisonment: availability

280.—(1) An extended sentence of imprisonment is available in respect of an offence where— A4-622
    (a) the offence is a specified offence (see section 306(1)),
    (b) the offender is aged 21 or over when convicted of the offence,
    (c) the court is of the opinion that there is a significant risk to members of the public of serious harm occasioned by the commission by the offender of further specified offences (see section 308),
    (d) the court is not required by section 283, 285 or 285A to impose a sentence of imprisonment for life,
    (da) the court is not required by section 282B to impose a serious terrorism sentence for the offence or for an offence associated with it, and
    (e) the earlier offence condition or the 4 year term condition is met.

(2) The pre-sentence report requirements (see section 30) apply to the court in relation to forming the opinion mentioned in subsection (1)(c).

(3) The earlier offence condition is that, when the offence was committed, the offender had been convicted of an offence listed in Part 1, 2 or 3 of Schedule 14.

(3A) But if the proceedings for the offence were instituted before [11 pm on 31 December 2020] the earlier offence condition is that, when the offence was committed, the offender had been convicted of an offence listed in Part 1, 2, 3 or 3A of Schedule 14.

(4) The 4 year term condition is that, if the court were to impose an extended sentence of imprisonment, the term that it would specify as the appropriate custodial term (see section 281) would be at least 4 years.

Term of extended sentence of imprisonment

281.—(1) This section applies where the court dealing with an offender for an offence imposes, or is considering whether to impose, an extended sentence of imprisonment under section 279. A4-623

(2) The appropriate custodial term is the term of imprisonment that would be imposed in respect of the offence in compliance with section 231(2) (length of discretionary custodial sentences: general provision) if the court did not impose an extended sentence of imprisonment.

(3) The extension period must be a period of such length as the court considers necessary for the purpose of protecting members of the public from serious harm occasioned by the commission by the offender of further specified offences. This is subject to subsections (4) and (5).

(4) The extension period must—
    (a) be at least 1 year, and
    (b) not exceed—
        (i) 5 years in the case of a specified violent offence (unless sub-paragraph (iii) applies), or

(ii) 8 years in the case of a specified sexual offence or a specified terrorism offence (unless sub-paragraph (iii) applies)
(iii) 10 years in the case of a serious terrorism offence for which the sentence is imposed on or after [29 June 2021].

See section 306(2) for the meanings of *"specified violent offence"*, *"specified sexual offence"*, *"specified terrorism offence"* and *"serious terrorism offence"*.

(5) The term of the extended sentence of imprisonment must not exceed the maximum term of imprisonment with which the offence is punishable.

Extended sentences for offences committed before 4 April 2005

A4-624 282.— In section 280(1)(a) and section 281(4)(b), references to a specified offence, a specified violent offence, a specified sexual offence and a specified terrorism offence include an offence that—
(a) was abolished before 4 April 2005, and
(b) would have constituted such an offence if committed on the day on which the offender is convicted of the offence.

A4-625 Section 310 of the Sentencing Code provides that a certificate from a court that a person has been convicted of an offence listed in Schs.14 or 15 is evidence of such a conviction.

For s.308 of the Sentencing Code, which is concerned with the assessment of dangerousness, see A4-445.

Specified offences

Sentencing Act 2020 s.306

Extended sentences: meaning of "specified offence" etc

A4-626 306.—(1) An offence is a "specified offence" for the purposes of this Code if it is—
(a) a specified violent offence,
(b) a specified sexual offence, or
(c) a specified terrorism offence.
(2) In this Part—

"serious harm" means death or serious personal injury, whether physical or psychological;
"serious terrorism offence" means an offence that—
(a) is specified in Part 1 of Schedule 17A, or
(b) is specified in Part 2 of that Schedule and has been determined to have a terrorist connection under section 69;
"specified violent offence" means an offence specified in Part 1 of Schedule 18;
"specified sexual offence" means an offence specified in Part 2 of that Schedule;
"specified terrorism offence" means an offence specified in Part 3 of that Schedule.

Sentencing Act 2020 Sch.18

A4-627 Specified violent offences are listed in Pt 1 of Sch.18. The following offences are specified violent offences:

Source	Offence
Common Law	Manslaughter; Kidnapping; False Imprisonment

Source	Offence
Offences against the Person Act 1861	Sections 4, 16, 18, 20, 21, 22, 23, 27, 28, 29, 30, 31, 32, 35, 37, 38 or 47
Explosive Substances Act 1883	Sections 2, 3 or 4; or section 5 where convicted on or after 29 June 2021
Infant Life (Preservation) Act 1929	Section 1
Children and Young Persons Act 1933	Section 1
Infanticide Act 1938	Section 1
Firearms Act 1968	Sections 16, 16A, 17(1), 17(2) or 18
Theft Act 1968	Sections 8, 9 (if committed with intent to inflict grievous bodily harm on a person, or to do unlawful damage to a building or anything in it), 10 or 12A (if it involves an accident which caused the death of any person)
Criminal Damage Act 1971	Section 1 (if committed by arson) or 1(2) (other than an offence of arson)
Biological Weapons Act 1974	Section 1 where convicted on or after 29 June 2021
Taking of Hostages Act 1982	Section 1
Aviation Security Act 1982	Sections 1, 2, 3 or 4; or section 6(2) where convicted on or after 29 June 2021
Nuclear Material (Offences) Act 1983	Where convicted on or after 29 June 2021, section 1B or 2
Mental Health Act 1983	Section 127
Prohibition of Female Circumcision Act 1985	Section 1
Public Order Act 1986	Sections 1, 2 or 3
Criminal Justice Act 1988	Section 134
Road Traffic Act 1988	Sections 1, 3ZC or 3A
Aviation and Maritime Security Act 1990	Sections 1, 9, 10, 11, 12, or 13; or section 14(4) where convicted on or after 29 June 2021
Channel Tunnel (Security) Order 1994 (SI 1994/570)	Part 2
Chemical Weapons Act 1996	Where convicted on or after 29 June 2021, section 2 or 11
Protection from Harassment Act 1997	Sections 4 or 4A
Crime and Disorder Act 1998	Sections 29, 31(1)(a) or 31(1)(b)
International Criminal Court Act 2001	Sections 51 or 52, other than one involving murder

Source	Offence
Anti-terrorism, Crime and Security Act 2001	Sections 47 or 50
Female Genital Mutilation Act 2003	Sections 1, 2 or 3
Domestic Violence, Crime and Victims Act 2004	Section 5
Modern Slavery Act 2015	Sections 1 or 2
Serious Crime Act 2015	Section 75A
Space Industry Act 2018	Paragraph 1, 2, 3 or 4 of Schedule 4
Inchoate offences	An inchoate offence relating to an offence specified in this Part or to murder

Specified sexual offences are listed in Pt 2 of Sch.18. The following offences are specified sexual offences:

Source	Offence
Sexual Offences Act 1956	Sections 1 to 7, 9 to 11, 14 to 17, 19 to 29, 32, or 33A
Mental Health Act 1959	Section 128
Indecency with Children Act 1960	Section 1
Sexual Offences Act 1967	Sections 4 or 5
Theft Act 1968	Section 9 (where the offence takes the form of burglary with intent to commit rape)
Criminal Law Act 1977	Section 54
Protection of Children Act 1978	Section 1
Customs and Excise Management Act 1979	Section 170 (where the offence is in relation to goods prohibited to be imported under section 42 of the Customs Consolidation Act 1876)
Criminal Justice Act 1988	Section 160
Sexual Offences Act 2003	Sections 1, 2, 3, 4, 5, 6, 7, 8, 9, 10, 11, 12, 13, 14, 15, 15A, 16, 17, 18, 19, 25, 26, 30, 31, 32, 33, 34, 35, 36, 37, 38, 39, 40, 41, 47, 48, 49, 50, 52, 53, 57, 58, 59, 59A, 61, 62, 63, 64, 65, 66, 66A, 66B(2) and (3), 67, 69 or 70
Modern Slavery Act 2015	Section 2 (where the offence was committed with a view to exploitation that consists of or includes behaviour within MSA 2015, s.3(3))

Source	Offence
Inchoate Offences	An inchoate offence committed in relation to an offence specified in this Part.

Specified terrorism offences are listed in Pt 3 of Sch.18. The following offences are specified terrorism offences:

Source	Offence
Terrorism Act 2000	Sections 11, 12, 54, 56, 57, 58, 58A, 58B or 59.
Anti-terrorism, Crime and Security Act 2001	Section 113.
Terrorism Act 2006	Sections 1, 2, 5, 6, 8, 9, 10 or 11.
Inchoate offences	An inchoate offence committed in relation to an offence specified in this Part.

For the purpose of Sch.18, an inchoate offence in relation to an offence means (a) an attempt to commit the offence; (b) conspiracy to commit the offence; (c) an offence under Pt 2 of the Serious Crime Act 2007 related to the offence; or (d) incitement to commit the offence: s.398(3) of the Sentencing Code.

A4-628

Sentencing Act 2020 Sch.14

Part 1 of Sch.14 to the Sentencing Code specifies the following offences to the extent that they are offences under the law of England and Wales:

A4-629

Source	Offence
Common law	Manslaughter
Offences against the Person Act 1861	Sections 4, 18, 28 or 29
Explosive Substances Act 1883	Sections 2, 3 or 4
Firearms Act 1968	Sections 16, 17(1) or 18
Theft Act 1968	Section 8 (where, at some time during the commission of the offence, the offender had in his or her possession a firearm or an imitation firearm within the meaning of the Firearms Act 1968)
Protection of Children Act 1978	Section 1
Terrorism Act 2000	Sections 54, 56, 57 or 59
Anti-terrorism, Crime and Security Act 2001	Sections 47, 50 or 113
Sexual Offences Act 2003	Sections 1 or 2; 4, if the offender is liable to imprisonment for life on conviction on indictment; 5, 6, 7, 8, 9, 10, 11, 12, 14, 15; 25 or 26, if the offender is aged 18 or over at the time of the offence; 30, 31, 34 or 35, if the offender is liable to imprisonment for life on conviction on indictment; 47, if committed against a person aged under 16; 48, 49, 50; or 62, if the offender is li-

Source	Offence
	able to imprisonment for life on conviction on indictment
Domestic Violence, Crime and Victims Act 2004	Section 5
Terrorism Act 2006	Sections 5, 6, 9, 10 or 11
Modern Slavery Act 2015	Sections 1 or 2
Murder	Murder
Inchoate Offences	An inchoate offence in relation to an offence specified in this Part of this Schedule
Abolished Offences	Any offence that— (a) was abolished (with or without savings) before 3 December 2012, and (b) would, if committed on the day on which the offender is convicted of the offence referred to in section 267(1)(a) or 280(1)(a) (as appropriate), have constituted an offence specified in any of the preceding paragraphs in this Part of this Schedule

Part 2 of Sch.14 lists the following offences under service law:

Source	Offence
Army Act 1955	Section 70, where the corresponding civil offence is an offence specified in Part 1
Air Force Act 1955	Section 70, where the corresponding civil offence is an offence specified in Part 1
Naval Discipline Act 1957	Section 42, where the corresponding civil offence is an offence specified in Part 1
Armed Forces Act 2006	Section 42 of the AFA 2006 as respects which the corresponding offence under the law of England and Wales (within the meaning given by section 42) is an offence specified in Part 1: section 48 of the Armed Forces Act 2006 (attempts, conspiracy etc) applies for this purpose as if the reference in subsection (3)(b) of that section to any of the following provisions of that Act were a reference to this paragraph

Part 3 (paras 18 to 20) relates to offences under the law of Scotland, Northern Ireland or a Member State other than the UK: a civilian offence for which a person was convicted in any of those jurisdictions and which, if committed in England and Wales at the time of conviction, would have constituted an offence specified in Pt 1; and a Member State service offence which, if committed in England and Wales at the time of the conviction, would have constituted an offence specified in Pt 1. A "civilian offence" is an offence other than one described in Pt 2 or a member state service offence; and a "member State service offence" is an offence which was the subject of proceedings under the law of a member state, other than the UK, governing all or any of the naval, military or air forces of that state. With effect from "IP completion day" (as defined by s.39 of the European Union (Withdrawal Agreement) Act 2020: 31 December 2020 at 11.00 pm at the date of publication), Pt 3 of Sch.14 is amended by the Sentencing Act 2020, s.408 and Sch.22, para.82 so that convictions in Member States other than the UK or convictions for member state service offences are removed from the list of offences in that Part.

Part 4 (para.21) provides that in the schedule "imprisonment for life" includes "custody for life".

An inchoate offence in this Schedule means (a) an attempt to commit the offence; (b) conspiracy to commit the offence; (c) an offence under Pt 2 of the Serious Crime Act 2007 related to the offence; or (d) incitement to commit the offence: s.398(3).

A4-630

Guidance

Assessment of dangerousness

An extended sentence is only available where the offender has been assessed as dangerous. For guidance on the assessment of dangerousness, see A4-444. This section is concerned instead with the decision as to whether to impose an extended sentence, following a finding of dangerousness, and the imposition of extended sentences.

A4-631

Whether an extended sentence is available

When determining whether the four-year term condition is met the court should determine the seriousness of the offence in the ordinary way, by reference to sentencing guidelines where applicable: *R. v Terry*.[695] While there is no power to artificially inflate the sentence for a single offence so that it satisfies the four-year term condition, when sentencing multiple offences if a four-year custodial term results from aggregating the shortest terms commensurate with the seriousness of each offence, then that four-year term can be imposed in relation to the specified offence (and concurrent sentences passed on the others) to reflect the overall offending: *R. v Joyce; R. v Pinnell*[696]; *R. v Camara*.[697] The four-year term condition will not, however, be met where the total sentence of imprisonment to be imposed exceeds four years, but the sentence for the specified offence is not four years or greater: *R. v Joyce; R. v Pinnell*.[698] See [2022] Crim. L.R. 782[699] for further commentary as to why *Pinnell* and *Camara* are correct.

A4-632

In *R. v Johnson (Grant Dennis)*,[700] the court held that an offence of burglary contrary to s.9(1)(b) of the Theft Act 1968 (where the offender had inflicted or attempted to inflict grievous bodily harm on another) was not a specified offence for the purposes of the extended determinate sentence regime. Schedule 18 provided that an offence contrary to s.9 of the Theft Act 1968 was specified "…where the offence is burglary with intent to —

(i) inflict grievous bodily harm on a person, or
(ii) do unlawful damage to a building or anything in it".

That was a reference only to an offence contrary to s.9(1)(a) (entry to the build-

---

[695] [2012] EWCA Crim 1411; [2013] 1 Cr. App. R.(S.) 51.
[696] [2010] EWCA Crim 2848; [2011] 2 Cr. App. R.(S.) 30.
[697] [2022] EWCA Crim 542.
[698] [2010] EWCA Crim 2848; [2011] 2 Cr. App. R.(S.) 30.
[699] L. Harris, "Sentencing: R. v Camara (Case Comment)" [2022] Crim. L.R. 782–786.
[700] [2023] EWCA Crim 1609; [2024] 1 Cr. App. R. (S.) 32.

ing with one of the stated intentions). Accordingly, an offence contrary to s.9(1)(b) (entry to the building and subsequent to that, one of the stated acts was committed) is not a specified offence and an extended sentence may not be imposed for such an offence.

Whether to impose an extended sentence

An extended sentence does not necessarily follow from a finding of dangerousness

A4-633   Although when first enacted an extended sentence was mandatory where the court was imposing a custodial sentence and found that the dangerousness test was satisfied, the effect of the statutory regime as amended is that whether an offender is dangerous, and whether an extended sentence is appropriate, are two separate questions and it does not follow that a finding of dangerousness leads to an extended sentence.

The process

A4-634   As held in *Attorney General's Reference (No.27 of 2013) (R. v Burinskas)*[701] where an offender is found to be dangerous the court must consider:

1) whether the seriousness of the offence, and offences associated with it, justifies a life sentence;
2) if a life sentence was justified, then a life sentence should be passed in accordance with s.258 (offenders under age 18), s.274 (offenders aged 18–20) or s.285 (offenders aged 21 or over) and, if s.273 or 283 (two-strikes life sentence for listed offences) also applies, the judge should record that fact in open court;
3) if a life sentence is not justified, then the sentencing judge should consider whether s.273 or s.283 applies and, if it does, then, subject to the terms of s.273 or s.283, a life sentence must be imposed;
4) if s.273 or s.283 do not apply, an extended sentence should be considered and, before passing an extended sentence, a determinate sentence should be considered.

It is submitted that where the court decides to impose an extended sentence rather than a determinate sentence it will be desirable for the judge to explain (even briefly) why a determinate sentence was considered to be unsuitable: see *R. v Bourke*.[702]

Relevant considerations

A4-635   The statutory scheme provides very little guidance on how the court should decide whether to impose an extended sentence; it simply provides discretion to do so and provides that any extension period must be for at least a year and must be for such length as the court considers necessary for the purpose of protecting members of the public from serious harm occasioned by the commission by the offender of further specified offences. Much of the guidance below accordingly draws

---

[701] [2014] EWCA Crim 334; [2014] 2 Cr. App. R.(S.) 45.
[702] [2017] EWCA Crim 2150; [2018] 1 Cr. App. R.(S.) 42.

on our analysis of the case law and suggestions developed in [2018] Crim. L.R. 782.[703]

The clear focus of the scheme is whether the risk posed by the offender is such that an extended sentence is necessary or proportionate.

Exercising the discretion to impose an alternative sentence Sentencers should consider carefully the extent to which the risk posed by the offender will be suitably addressed by the determinate sentence they would otherwise impose; or by that determinate sentence and other preventative orders. The question here is what future arrangements are needed to deal with the offender's risk as it presents itself to the sentencing court at the date of sentencing.

A4-636

In this respect it is noted that in contrast to assessing dangerousness this therefore requires an assessment of the alternative and cumulative methods by which an offender's risk can be managed, and in particular whether preventative measures would adequately address the risk the offender would pose at the end of their custodial term, and whether an extended period of licence would be necessary in the context of such measures: *Attorney General's Reference (No.55 of 2008)*.[704] When assessing whether such preventative orders will provide sufficient protection it is suggested that sentencers bear in mind that licence conditions will be more easily tailored to the risk the offender poses on their release, being imposed at the point of release rather than many years earlier, and are easier to alter than preventative orders, which will generally require returning to court.

In *R. v AYO*,[705] the court stated that when considering whether to impose an extended determinate sentence, that an offender's young age (and consequent prospect of maturation), or old age and/or ill health (and consequent reduction in the opportunities for offending), may therefore be considerations which lead a sentencer to conclude that there is no significant risk to members of the public of serious harm occasioned by the commission by the offender of further specified offences. If the assessment is that there is such a risk, the fact that a long custodial sentence will inevitably have to be imposed may lead the sentencer to conclude that the public will sufficiently be protected by that sentence and that an extended sentence is not necessary or appropriate. The prospect of maturation may be particularly important where a young sexual offender has been exposed to corrupting influences during his childhood, and has a good prospect of rehabilitation whilst in custody.

In *Attorney General's Reference (R. v Parr (William))*,[706] the court clarified some of the guidance provided in *AYO*, observing that it was critical not to interpret the decision in *AYO* restrictively, in the sense of suggesting that if an offender was not old, ill, or particularly young, or if the custodial term was not of such length as to render academic the need for additional protection, then an extended sentence would be necessary. The court must make a fact specific decision on the facts of the case as to the additional protections of an extended determinate sentence are necessary to protect the public from serious harm committed by the defendant. Reference to other fact-specific decisions will be "generally unhelpful".

Parole Board release Although no consideration should be given to the differ-

A4-637

---

[703] L. Harris and S. Walker, "Difficulties with Dangerousness: Determining the Appropriate Sentence: Part 2" [2018] Crim. L.R. 782–807.
[704] [2008] EWCA Crim 2790; [2009] 2 Cr. App. R.(S.) 22.
[705] [2022] EWCA Crim 1271; [2022] 4 W.L.R. 95.
[706] [2023] EWCA Crim 1605; [2024] 1 Cr. App. R. (S.) 33.

ence in release provisions when assessing the appropriate length of a custodial term (see *R. v Round; R. v Dunn*[707]) in *R. v Bourke*[708] it was held that when a court is considering whether to impose an extended sentence or a determinate sentence, the differences in the release regimes need to be taken into account. The need to insert into the process a Parole Board safety valve may, for instance, be considered by a judge to represent an important safeguard.

In *Attorney General's Reference (R. v Parr (William))*,[709] the court rejected the submission that an extended sentence could, in effect, be used as a device to encourage participation in the formal processes of rehabilitation, given release after the two-thirds stage of the custodial term would be determined by the Parole Board.

A4-638 **Evidence of a likely future reduction in risk** While it is clear from authorities such as *R. v Lang*,[710] that evidence of a likely future reduction in risk is a factor that may lead the court to determine that an extended sentence is inappropriate, it is submitted that it will only be in rare cases where such evidence alone is sufficiently reliable to allow the court to determine that an extended sentence is unnecessary. Evidence of an offender taking steps to progress their rehabilitation or to break habits that have led to offending, is not necessarily evidence that they will be successful in doing so. It will ultimately be for the courts to decide in the individual case the extent to which reliance can be placed on these factors but in many cases it is suggested that the decisive factor in deciding whether an extended sentence is necessary will remain the alternative and cumulative methods of addressing the risk, and factors relevant to likely changes in risk will not be given significant weight.

A4-639 **Existing sentences** In [2018] Crim. L.R. 782,[711] it was suggested that where an offender was already subject to an indeterminate sentence (such as a life sentence or a sentence of imprisonment for public protection), an extended sentence would not be available. This was suggested because in such a case the offender would already be subject to Parole Board release and life licence, and accordingly any extended licence period would be redundant and could not be said to be necessary for the protection of the public. Here it is to be recognised that the extended sentence provides public protection by virtue of: (a) a longer period in custody; (b) Parole Board release; and (c) a longer period of licence on release. Where those elements are dealt with by the existing indeterminate sentence, there is a strong argument that an extended sentence for the new offence(s) cannot be justified on preventative or public protection grounds and therefore the sentence should not be imposed.

However, the Court of Appeal (Criminal Division) does not appear to have taken this approach and in *R. v Baker; R. v Richards*[712] it held that it is neither necessarily unlawful nor wrong in principle for an indeterminate sentence to be imposed on an offender who is already serving an earlier indeterminate sentence. Although the court was convened to deal with this issue specifically it is respectfully suggested

---

[707] [2009] EWCA Crim 2667; [2010] 2 Cr. App. R.(S.) 45.
[708] [2017] EWCA Crim 2150; [2018] 1 Cr. App. R.(S.) 42.
[709] [2023] EWCA Crim 1605; [2024] 1 Cr. App. R. (S.) 33.
[710] [2005] EWCA Crim 2864; [2006] 2 Cr. App. R.(S.) 3.
[711] L. Harris and S. Walker, "Difficulties with Dangerousness: Determining the Appropriate Sentence: Part 2" [2018] Crim. L.R. 782–807.
[712] [2020] EWCA Crim 176.

that the court's reasons were generally insufficient, relying heavily on the decision of the Supreme Court in *R. v Smith (Nicholas)*,[713] in which it was held that the assessment of dangerousness is to be made by reference to the risk posed by the offender on the premise that the offender was at large at the date of the sentencing hearing. The Court of Appeal (Criminal Division) did not, however, seem to appreciate that *Smith* was concerned with sentences of imprisonment for public protection which involved a different statutory test. The better argument in support of the conclusion in *Baker* is that no matter how slim, any existing life sentence or indeterminate sentence may subsequently be quashed on appeal, and accordingly the sentencing judge should sentence without reference to them, in order to ensure that where this is so the public are appropriately protected.

Imposition of an extended sentence

Approach

In *R. v AYO*,[714] the court gave guidance on how to approach the imposition of extended determinate sentences. The court stated that in cases with (sexual) offending which is plainly so serious that nothing less than a long custodial sentence could be justified the court will first need to consider whether it is required to impose a life sentence pursuant to s.283 of the 2020 Act (life sentence for second listed offence). Such a sentence may be required by s.283 even if the offender is not assessed as dangerous. Where s.283 does not apply, the court will need to make its assessment of dangerousness in accordance with s.308.

A4-640

The approach should then be as follows:

1) if the offender is not assessed as dangerous—
    (a) if the offence concerned is punishable with life imprisonment, the court has the power to impose a discretionary life sentence. However, such a sentence will be appropriate only in exceptional circumstances;
    (b) if s.278 applies, the court is required to pass a special custodial sentence in accordance with that section; and
    (c) if s.278 does not apply, the court will impose a standard custodial sentence;
2) if the offender is assessed as dangerous—
    (a) if the criteria in s.285 are satisfied, and the court considers that the seriousness of the offending justifies a life sentence, then a sentence of life imprisonment is required;
    (b) if a life sentence is not required, but the criteria in s.280 are satisfied, the court may pass an extended sentence of imprisonment;
    (c) if the court does not pass an extended sentence, but s.278 applies, the court is required to pass a special custodial sentence in accordance with that section; and

---

[713] [2011] UKSC 37; [2012] 1 Cr. App. R.(S.) 83.
[714] [2022] EWCA Crim 1271; [2022] 4 W.L.R. 95.

(d) if s.278 does not apply, the court will impose a standard determinate custodial sentence

Long extended determinate sentences

A4-641 In *R. v AYO*,[715] the court gave guidance on how to approach the imposition of long extended determinate sentences. The court stated:

1) If the assessment is that there is significant risk to members of the public of serious harm occasioned by the commission by the offender of further specified offences. The fact that a long custodial sentence will inevitably have to be imposed may lead the sentencer to conclude that the public will sufficiently be protected by that sentence and that an extended sentence is not necessary or appropriate. The prospect of maturation may be particularly important where a young sexual offender has been exposed to corrupting influences during his childhood, and has a good prospect of rehabilitation whilst in custody.

2) In deciding whether to impose an extended sentence or a standard determinate sentence, the court may take into account the early release and licence provisions in relation to the two forms of sentence. In general, the court is not concerned with such provisions, and they must be left out of account in determining the appropriate length of the custodial term and in deciding on the structure of concurrent or consecutive sentences. However, where the court has found an offender to be dangerous, and is considering what form of sentence is necessary to protect the public, it may be relevant to consider the practical effect of the different types of sentence.

Determining the length of the extended licence period

A4-642 The extension period must be a period of such length as the court considers necessary for the purpose of protecting members of the public from serious harm occasioned by the commission by the offender of further specified offences. It is clear therefore that the principal factor determining the length of the extended licence period is the degree of risk posed by the offender. In *R. v ARD*,[716] the court held that the length of any extension period is therefore to be determined by the time that the sentencing judge considers further supervision in addition to that which follows on from a custodial sentence ordinarily is necessary to reduce the future danger posed by the defendant. The length of the extension period is not to be determined by the age of the defendant or a lack of previous convictions, save in so far as they are indicators as to the degree of harm the defendant will pose in the future and for how long the defendant will pose that harm. This approach was echoed in *R. v Phillips*,[717] where the court held that the purpose of an extended licence period was protective, and that in contrast to a determinate sentence it was not therefore tied to the seriousness of the offending. As with all sentences, it should not be longer than necessary for the protection of the public and should be just and proportionate, and not such as to "crush" the defendant.

It is submitted that the starting point in the determination of the appropriate

---

[715] [2022] EWCA Crim 1271; [2022] 4 W.L.R. 95.
[716] [2017] EWCA Crim 1882; [2018] 1 Cr. App. R.(S.) 23.
[717] [2018] EWCA Crim 2008; [2019] 1 Cr. App. R.(S.) 11.

length of any extended licence period is the nature and extent of the risk posed by the offender; and the extent to which that risk can be suitably (or better) catered for by alternative sentencing options. The higher the risk of the offender causing serious harm occasioned by further specified offences, and the greater the harm likely to be caused, the more likely it will be that a longer period of extended licence may be justified. Factors relevant to future risk or the punitive effects of licence such as youth or that an offender has begun to show insight into their risk or a particular suitability for rehabilitative programmes may in some circumstances justify a reduction in the length of the proposed extended licence period, indicating that a longer period will be necessary.

It is, however, worth noting that this assessment is particularly complicated by the fact that a prisoner serving an extended sentence may not be released till the end of their custodial term, and their extended licence period may become the only period of licence they serve. It is suggested therefore that, in the absence of clear evidence that the offender's risk is likely to change, any extended licence period should be set on the worst-case assumption that the offender will only be released at the end of their custodial term. Where it is known a minimum period of licence will be required for certain supervision or rehabilitative programmes the extended licence period should not ordinarily be less than that period.

In *R. v AYO*,[718] the court gave guidance on how to approach the imposition of long extended determinate sentences, stating that where an extended sentence is imposed for sexual offending, it should not be assumed that a long custodial term necessarily requires an extended licence period high in the range of up to eight years. The court emphasised that the length of the extended licence period must not exceed that which the court considers necessary for the purpose of protecting members of the public from serious harm occasioned by the commission by the offender of further specified offences. A relevant consideration is that a prisoner serving an extended sentence who is released on licence but then recalled from licence will not be considered for automatic further release. Accordingly, a fact-specific assessment of the appropriate extension period must therefore be made in each case and relevant factors are likely to include the number and nature of the offences for which the offender is being sentenced, and his age, antecedents, personal circumstances and physical and mental health. The court will also want to consider what can realistically be done within the extension period to secure the offender's rehabilitation and prevent reoffending. The court commented that a pre-sentence report may provide valuable assistance in this regard.

A4-643

Like the assessment of dangerousness, the length of any extended licence period is a matter of judicial discretion and accordingly the Court of Appeal (Criminal Division) will not interfere with that judgement unless the judge erred in deciding what factors they should take into account when performing the task or the judge reached a wholly unreasonable conclusion as to the necessary term: *R. v ARD*.[719]

Consecutive sentences

Cannot run partially concurrently and partially consecutively Extended sentences are indivisible and accordingly it is not permissible to make the sentences partly concurrent and partly consecutive (such that the custodial portions run

A4-644

---

[718] [2022] EWCA Crim 1271; [2022] 4 W.L.R. 95.
[719] [2017] EWCA Crim 1882; [2018] 1 Cr. App. R.(S.) 23.

consecutively and the extended licence periods concurrently or vice versa): *R. v Francis*[720]; *R. v LF*.[721]

A4-645 **Consecutive extended sentences** There is no objection to imposing an extended sentence consecutive to another sentence, or to imposing consecutive extended sentences, although it has been suggested that it should be done only where there is a particular reason for doing so: see, for example, *R. v Joyce; R. v Pinnell*.[722] It should always be remembered that the extension periods in the case of consecutive extended sentences will themselves be consecutive and accordingly considerations of totality and whether the resulting extended licence period is necessary will need to be carefully addressed.

It is open to a court, in appropriate (albeit exceptional) circumstances to impose consecutive extended sentences where the total extended licence period is in excess of the maximum licence period available for a single offence. That approach might not be pursued, however, where it would create the equivalent of a life licence or one that was otherwise oppressive in its nature: *R. v Thompson*.[723]

A4-646 **Extended sentences combined with determinate sentences** Where imposing an extended sentence and a determinate sentence the determinate sentence should be imposed first, and the extended sentence ordered to run consecutively: *R. v Clarke*.[724] This was at least in theory because the offender's release date from a sentence under an extended sentence required a decision to be made by the Parole Board so could not be known at the time of sentence. However, it is suggested that following the amendment of s.264 of the Criminal Justice Act 2003 by s.144(10) of the Police, Crime, Sentencing and Courts Act 2022 there is no such issue and structuring a sentence in that way is unnecessary.

Where extended sentences are imposed consecutively to other sentences it will be helpful if the judge explains what the effect of the sentence imposed is, and when the offender will become eligible for release: *R. v Hibbert*.[725] While considerations will need to be made for totality, as with any other sentence, the court should not reduce any extended sentence in light of the release arrangements: *Attorney General's Reference (R. v D)*.[726]

Serious Terrorism Sentences

A4-647 Serious terrorism sentences (inserted into the Sentencing Code by the Counter-Terrorism and Sentencing Act 2021) are comprised of a custodial sentence (from which there is no early release) and an extended licence period of seven to 25 years. The length of the custodial sentence is set in accordance with ordinary proportionality principles, subject to a minimum term of 14 years where the offender is convicted after trial (which can be reduced to 11 years and 73 days where there has been a guilty plea). The purpose of the sentence appears three-fold: protection of the public, punishment and deterrence.

---

[720] [2014] EWCA Crim 631.
[721] [2016] EWCA Crim 561; [2016] 2 Cr. App. R.(S.) 30.
[722] [2010] EWCA Crim 2848; [2011] 2 Cr. App. R.(S.) 30.
[723] [2018] EWCA Crim 639; [2018] 2 Cr. App. R.(S.) 19.
[724] [2017] EWCA Crim 393; [2017] 2 Cr. App. R.(S.) 18.
[725] [2015] EWCA Crim 507; [2015] 2 Cr. App. R.(S.) 15.
[726] [2017] EWCA Crim 2509; [2018] 1 Cr. App. R.(S.) 47.

Unless there are exceptional circumstances, a serious terrorism sentence must be imposed where the court is sentencing an offender in respect of an offence listed in Sch.17A to the Sentencing Code:

1) committed on or after 29 June 2021;
2) the offender was aged 18 or over when the offence was committed;
3) the court considers there is a significant risk to members of the public of serious harm occasioned by the commission by the offender of further serious terrorism offences or other specified offences;
4) the court does not impose a life sentence; and
5) the risk of multiple deaths condition is met (see ss.268B and 282B).

This section deals only with the imposition of serious terrorism sentences (and whether to impose one); for guidance as to whether the offender is "dangerous" (i.e. whether there is a significant risk to members of the public of serious harm occasioned by the commission by the offender of specified offences), see A4-444.

Legislation

Serious terrorism sentences for those aged 18 to 20

Sentencing Act 2020 ss.268A–268C

Serious terrorism sentence of detention in a young offender institution

268A. A serious terrorism sentence of detention in a young offender institution is a sentence of detention in a young offender institution the term of which is equal to the aggregate of—

    (a) the appropriate custodial term (see section 268C), and

    (b) a further period (the "extension period") for which the offender is to be subject to a licence.

A4-648

Serious terrorism sentence of detention in a young offender institution: circumstances in which required

268B.—(1) Subsection (2) applies where a court is dealing with an offender for a serious terrorism offence (see section 306(2)) where—

    (a) the offence was committed on or after [29 June 2021],

    (b) the offender was aged 18 or over when the offence was committed,

    (c) the offender is aged under 21 when convicted of the offence,

    (d) the court is of the opinion that there is a significant risk to members of the public of serious harm occasioned by the commission by the offender of further serious terrorism offences or other specified offences (see section 308),

    (e) the court does not impose a sentence of custody for life, and

    (f) the risk of multiple deaths condition is met.

(2) The court must impose a serious terrorism sentence of detention in a young offender institution under section 268A unless the court is of the opinion that there are exceptional circumstances which—

    (a) relate to the offence or to the offender, and

    (b) justify not doing so.

(3) The risk of multiple deaths condition is that the court is of the opinion that—

    (a) either—

        (i) the serious terrorism offence, or

        (ii) the combination of the offence and one or more offences associated with it,

A4-649

was very likely to result in or contribute to (whether directly or indirectly) the deaths of at least two people as a result of an act of terrorism (within the meaning of section 1 of the Terrorism Act 2000), and

(b) the offender was, or ought to have been, aware of that likelihood.

(4) It is irrelevant for the purposes of determining whether the risk of multiple deaths condition is met whether or not any death actually occurred.

(5) Where an offence is found to have been committed over a period of 2 or more days, or at some time during a period of 2 or more days, it must be taken for the purposes of subsection (1) to have been committed on the last of those days.

(6) The pre-sentence report requirements (see section 30) apply to the court in relation to forming the opinion mentioned in subsection (1)(d).

Term of serious terrorism sentence of detention in a young offender institution

A4-650 268C.—(1) This section applies where the court dealing with an offender is required by section 268B to impose a serious terrorism sentence of detention in a young offender institution under section 268A.

(2) The appropriate custodial term is—
  (a) 14 years, or
  (b) if longer, the term of detention in a young offender institution that would be imposed in respect of the offence in compliance with section 231(2) (length of discretionary custodial sentences) if the court did not impose a serious terrorism sentence (or an extended sentence or a sentence under section 265).

(3) The extension period must be a period of such length as the court considers necessary for the purpose of protecting members of the public from serious harm occasioned by the commission by the offender of further serious terrorism offences or other specified offences.

This is subject to subsection (4).

(4) The extension period must—
  (a) be at least 7 years, and
  (b) not exceed 25 years.

Serious terrorism sentences for those aged 21+

Sentencing Act 2020 ss.282A–282C

Serious terrorism sentence of imprisonment: persons 21 or over

A4-651 282A. A serious terrorism sentence of imprisonment is a sentence of imprisonment the term of which is equal to the aggregate of—
  (a) the appropriate custodial term (see section 282C), and
  (b) a further period (the "extension period") for which the offender is to be subject to a licence.

Serious terrorism sentence of imprisonment: circumstances in which required

A4-652 282B.—(1) Subsection (2) applies where a court is dealing with an offender for a serious terrorism offence (see section 306(2)) where—
  (a) the offence was committed on or after [29 June 2021],
  (b) the offender was aged 18 or over when the offence was committed,
  (c) the offender is aged 21 or over when convicted of the offence,
  (d) the court is of the opinion that there is a significant risk to members of the public of serious harm occasioned by the commission by the offender of further serious terrorism offences or other specified offences (see section 308),
  (e) the court does not impose a sentence of imprisonment for life, and
  (f) the risk of multiple deaths condition is met.

(2) The court must impose a serious terrorism sentence of imprisonment under section 282A unless the court is of the opinion that there are exceptional circumstances which—
(a) relate to the offence or to the offender, and
(b) justify not doing so.
(3) The risk of multiple deaths condition is that the court is of the opinion that—
(a) either—
(i) the serious terrorism offence, or
(ii) the combination of the offence and one or more offences associated with it,
was very likely to result in or contribute to (whether directly or indirectly) the deaths of at least two people as a result of an act of terrorism (within the meaning of section 1 of the Terrorism Act 2000), and
(b) the offender was, or ought to have been, aware of that likelihood.
(4) It is irrelevant for the purposes of determining whether the risk of multiple deaths condition is met whether or not any death actually occurred.
(5) Where an offence is found to have been committed over a period of 2 or more days, or at some time during a period of 2 or more days, it must be taken for the purposes of subsection (1) to have been committed on the last of those days.
(6) The pre-sentence report requirements (see section 30) apply to the court in relation to forming the opinion mentioned in subsection (1)(d).

Term of serious terrorism sentence of imprisonment

282C.—(1) This section applies where the court dealing with an offender is required by section 282B to impose a serious terrorism sentence of imprisonment under section 282A.

A4-653

(2) The appropriate custodial term is—
(a) 14 years, or
(b) if longer, the term of imprisonment that would be imposed in respect of the offence in compliance with section 231(2) (length of discretionary custodial sentences) if the court did not impose a serious terrorism sentence of imprisonment (or an extended sentence or a sentence under section 278).
(3) The extension period must be a period of such length as the court considers necessary for the purpose of protecting members of the public from serious harm occasioned by the commission by the offender of further serious terrorism offences or other specified offences.
This is subject to subsection (4).
(4) The extension period must—
(a) be at least 7 years, and
(b) not exceed 25 years.

Serious terrorism offences

Section 308 of the Sentencing Act 2020 provides that "serious terrorism offence" means an offence that—

A4-654

(a) is specified in Part 1 of Schedule 17A, or
(b) is specified in Part 2 of that Schedule and has been determined to have a terrorist connection under section 69.

Sentencing Act 2020 Sch.17A

A4-655 Pt 1 of Sch.17A to the Sentencing Act 2020 lists the following offences:

Source	Offence
Terrorism Act 2000	Sections 54, 56 and 59 (other than offence under s.59(2)(c))
Terrorism Act 2006	Sections 5, 6, 9, 10 or 11
Inchoate offences	An inchoate offence in relation to an offence specified in this Part

A4-656 Pt 2 of Sch.17A to the Sentencing Act 2020 lists the following offences where a determination of a terrorist connection has been made under s.69 of the 2020 Act:

Source	Offence
Common law	Manslaughter, Kidnapping, False imprisonment
Offences against the Person Act 1861	Sections 4, 18, 21, 22, 28, 29 or 32
Explosive Substances Act 1883	Sections 2, 3, 4 or 5
Infant Life (Preservation) Act 1929	Section 1
Infanticide Act 1938	Section 1
Firearms Act 1968	Sections 16, 17(1) or (2), or 18
Theft Act 1968	Sections 8 or 10
Criminal Damage Act 1971	Section 1 (if arson) or 1(2) (other than arson)
Biological Weapons Act 1974	Section 1
Taking of Hostages Act 1982	Section 1
Aviation Security Act 1982	Sections 1, 2, 3 or 6(2)
Nuclear Material (Offences) Act 1983	Sections 1B or 2
Criminal Justice Act 1988	Section 134
Aviation and Maritime Security Act 1990	Sections 1, 9, 10, 11, 12, 13 or 14(4)
Channel Tunnel (Security) Order 1994 (SI 1994/570)	Offences under Pt 2
International Criminal Court Act 2001	Sections 51 or 52 other than one involving murder
Anti-Terrorism, Crime and Security Act 2001	Sections 47 or 50
Modern Slavery Act 2015	Sections 1 or 2
Inchoate offences	An inchoate offence relating to an offence specified in this Part or to murder

Guidance

Assessment of dangerousness

A serious terrorism sentence is only available where the offender has been assessed as posing a significant risk of serious harm to members of the public by the commission of further serious terrorism offences or further specified offences. This is, save for the inclusion of "serious terrorism offence", identical to the "dangerousness" test in the Sentencing Code. For guidance on the assessment of dangerousness, see A4-444.

A4-657

Whether a serious terrorism sentence is available

In relation to the risk of multiple deaths condition (ss.268B(3) and 282B(3)) it should be noted that it is the offence or offences for which the offender is being sentenced that must satisfy that condition; the fact that an offender poses such a risk in the future does not mean that the conviction offences did. It is suggested that when considering whether those offences were "very likely" to result in or contribute to the deaths of at least two people as a result of an act of terrorism, the court must consider the objective likelihood of that result occurring. This condition will require an assessment, among other things, of the plan's viability (as in relation to the risk of harm in the terrorism guideline—see *R. v Boular*[727]). Where the police or Security Services have intervened before or during the commission of the potential act of terrorism that will not necessarily mean the condition is not satisfied, but where they have been monitoring or involved from an early stage that may suggest the risk of multiple deaths was low. It was possible for Parliament to create a broader requirement, for example, by imposing the condition that multiple deaths were very likely if the offence were carried out; the legislation makes clear that the requirement is not so broad and the absence of such a caveat suggests, it is submitted, that the viability of the plan may be directly relevant to this condition. Given the high threshold created by the risks of multiple deaths condition there would appear to be a need for positive evidence of the condition being satisfied. Where evidence has not been heard on this point at trial it is suggested that the court will need to consider such evidence. Furthermore, it is submitted that generic evidence as to the risks of providing or sharing certain material or encouraging individuals without a link to a specific plan will not, in the absence of more, suffice.

A4-658

Whether to impose a serious terrorism sentence

Serious terrorism sentences are mandatory where the conditions for imposition are met, unless there are exceptional circumstances justifying not imposing such a sentence (ss.268B(2) and 282B(2)). It is suggested that the guidance given in *R. v Wooff*[728] in relation to the imposition of minimum sentences generally will be of assistance, as to which see A4-552. Parliament is taken to have been aware of the identical language used in relation to certain minimum sentences and thus intended that the Court of Appeal (Criminal Division) guidance was to be generally applicable.

The nature of a serious terrorism sentence is of course slightly different from an

A4-659

---

[727] [2019] EWCA Crim 798; [2019] 2 Cr. App. R.(S.) 41.
[728] [2019] EWCA Crim 2249; [2020] 2 Cr. App. R.(S.) 6.

ordinary minimum sentence and it is suggested consideration will need to be given to the proportionality of both the minimum custodial term of 14 years (prior to credit for guilty plea) and the minimum extension period of seven years (albeit with the usual caveats as to deterrence, public protection and Parliamentary intent as per *Wooff*).

It is suggested that given the requirement for the risks of multiple deaths condition and the dangerousness test to be met, it will be rare that the exceptional circumstances threshold is met other than in cases where the culpability of the offender is significantly limited. Submissions on the imposition of such a sentence are more likely to be successful where they challenge whether those requirements are met, rather than attempting to plead exceptional circumstances.

Imposition of a serious terrorism sentence

Custodial term

A4-660 The minimum custodial term under a serious terrorism sentence is 14 years after trial. That minimum term can be reduced by virtue of a guilty plea provided the resultant custodial term is not less than 11 years and 73 days (i.e. 80% of 14 years). As with extended sentences, (subject to the minimum term) the custodial term should be set in accordance with ordinary proportionality principles.

Determining the length of the extended licence period

A4-661 It is suggested that the approach to determining the length of the extended licence period as part of a serious terrorism sentence is the same as in relation to extended sentences, and reference should therefore be made to the guidance at A4-642.

Consecutive sentences

A4-662 It is submitted that as with extended sentences, serious terrorism sentences are indivisible and accordingly the guidance in relation to consecutive extended sentences at A4-644 and following applies equally to serious terrorism sentences.

Life Sentences for Offences Other than Murder

General Considerations

Introduction

A4-663 Life sentences are the most serious sentences that can be imposed by a sentencing court in England and Wales. They are sentences of last resort and are justified by reference to both the need to protect the public and the seriousness of the offences being sentenced. Despite their name those subject to sentences of life imprisonment are not invariably imprisoned for life. With the exception of those specifically sentenced to life with a whole-life order, a sentence of life imprisonment or custody for life is served in two stages. The first stage is imprisonment, which will last for at the least the minimum term to which the offender is sentenced. After the offender has served their minimum term they become eligible to apply to enter the second stage, release on licence into the community. This release is not automatic, and will only be ordered if the Parole Board is satisfied that their imprisonment is no longer necessary for the protection of the public. If the Parole Board is not so satisfied they may remain imprisoned for life. Even if the offender is released for the rest of their life, they will continue to be supervised by probation services, subjected to certain licence conditions restricting their autonomy and liable to be recalled to prison.

There are four types of life sentence available for offences other than murder:

1) "common law" life sentences (see A4-675);
2) mandatory life sentences for the manslaughter of an emergency worker (see A4-680);
3) life sentences for a second listed offence (see A4-683);
4) life sentences for dangerous offenders (see A4-696).

This section is concerned with the general principles applicable to all of those forms of life sentence; in particular, setting the minimum term and imposing life sentences alongside other orders.

Setting the minimum term

Legislation

Sentencing Act 2020 ss.321, 323 and 324

Life sentence: minimum term order or whole-life order

321.—(1) Where a court passes a life sentence, it must make an order under this section.

(2) The order must be a minimum term order unless the court is required to make a whole life order under subsection (3).

(3) The order must be a whole life order if—
    (a) the case is within subsection (3A) or (3B), and
    (b) the court is of the opinion that, because of the seriousness of—
        (i) the offence, or
        (ii) the combination of the offence and one or more offences associated with it,
it should not make a minimum term order.

(3A) A case is within this subsection if the offender was aged 21 or over when the offence was committed.

(3B) A case is within this subsection if—
    (a) the offence was committed on or after [28 June 2022], and
    (b) the offender was aged 18 or over but under 21 when the offence was committed.

(3C) In a case within subsection (3B), the court may arrive at the opinion set out in subsection (3)(b) only if it considers that the seriousness of the offence, or combination of offences, is exceptionally high even by the standard of offences which would normally result in a whole life order in a case within subsection (3A).

(4) A minimum term order is an order that the early release provisions (see section 324) are to apply to the offender as soon as the offender has served the part of the sentence which is specified in the order in accordance with section 322 or 323 ('the minimum term').

(5) A whole life order is an order that the early release provisions are not to apply to the offender.

A4-664

PRIMARY DISPOSALS

Minimum term order: other life sentences

A4-665   323.—(1) This section applies where a court—
(a) passes a life sentence in circumstances in which the sentence is not fixed by law, and
(b) makes a minimum term order.
(1A) The starting point, in determining the minimum term, is the relevant portion of the notional determinate sentence.
(1B) The "notional determinate sentence", in relation to a life sentence, is the custodial sentence that the court would have imposed if the court had not imposed the life sentence.
(1C) The "relevant portion" of the notional determinate sentence is—
(a) where that sentence is within section 247A(2A) of the Criminal Justice Act 2003 (terrorist prisoners not entitled to early release), the term that the court would have determined as the appropriate custodial term (within the meaning given by subsection (8) of that section);
(b) where that sentence is a sentence under section 252A, 254, 265, 266, 278 or 279 (and is not within paragraph (a)), two-thirds of the term that the court would have determined as the appropriate custodial term under that section;
(c) where that sentence is any other custodial sentence, two-thirds of the term of the sentence.

(2) The minimum term must be the starting point adjusted as the court considers appropriate, taking into account—
(a) the seriousness of—
(i) the offence, or
(ii) the combination of the offence and one or more offences associated with it, and
(c) the effect that the following would have if the court had sentenced the offender to a term of imprisonment—
(i) section 240ZA of the Criminal Justice Act 2003 (crediting periods of remand in custody);
(ii) section 240A of that Act (crediting periods of remand on bail subject to certain restrictions);
including the effect of any declaration which the court would have made under section 325 or 327 (specifying periods of remand on bail subject to certain restrictions or in custody pending extradition).

(3) Subsection (2) is subject to the requirement that the minimum term in a serious terrorism case must be at least 14 years.

This is subject to subsections (5) and (6).

(4) A "serious terrorism case" is a case where, but for the fact that the court passes a life sentence, the court would be required by section 268B(2) or 282B(2) to impose a serious terrorism sentence (assuming for this purpose that the court is not of the opinion mentioned in section 268B(2) or 282B(2)).

(5) The minimum term may be less than 14 years if the court is of the opinion that there are exceptional circumstances which—
(a) relate to the offence or to the offender, and
(b) justify a lesser period.

(6) The minimum term may be less than 14 years if the court considers it appropriate, taking into account—
(a) the matters mentioned in subsection (2)(c), and
(b) the effect that the following would, if the court had sentenced the offender under section 268B(2) or 282B(2), have had in relation to the appropriate custodial term for that sentence—
(i) section 73 (reductions for guilty pleas), and

(ii) section 74 (reductions for assistance to the prosecution).

Life sentences: interpretation

324. In this Chapter— A4-666
"the early release provisions" means section 28(5) to (8) of the Crime (Sentences) Act 1997;
"life sentence" means—
(a) a sentence of imprisonment for life,
(b) a sentence of detention for life or during Her Majesty's pleasure (see sections 250 and 259), or
(c) a sentence of custody for life (see sections 272 and 275);
"minimum term order" and "minimum term" have the meanings given by section 321(4);
"whole life order" has the meaning given by section 321(5)."

Guidance

General approach The starting point for setting the minimum term is for the A4-667 court to identify the sentence they would impose—by reference to normal principles—if they were imposing a determinate sentence, so as to come up with a notional determinate sentence: s.323(1A) and (1B) of the Sentencing Code and *R. v Marklew and Lambert*.[729] However, in arriving at the determinate term, the court should not consider the need to protect the public from danger posed by the offender because public protection will be provided by the life sentence itself and the requirement for Parole Board approval before release, although deterrence will remain relevant: *R. v Wheaton*.[730] As illustrated by Wheaton, one particular issue that will arise as a result is that where sentencing guidelines (or guideline authorities) factor in public protection in suggesting sentencing starting points, a reduction may, accordingly, be necessary.

Where sentencing for multiple offences the court is entitled, as ordinary, to determine the notional determinate sentence by reference to the totality of the offending with which the court was dealing, and it does not matter if some of the offences being taken into account are not ones for which a life sentence would be available: *R. v O'Brien*[731]; *R. v Edwards (Frederick)*[732]; and *R. v Delucca; R. v Murray; R. v Stubbings*.[733]

When determining the notional determinate sentence the court should take into account any plea of guilty as it would ordinarily (*R. v Meek*[734]) and should apply the ordinary Sentencing Council guideline for reductions for guilty plea. The special limits on reductions in guilty plea for offences of murder apply only to life sentences imposed for that offence, and not to life sentences generally.

Effect of release provisions and time served

Since 28 June 2022, s.233(1C) provides the method of taking into effect the A4-668 relevant release provisions for an equivalent determinate sentence, replacing the

---

[729] [1999] 1 Cr. App. R.(S.) 6 CA.
[730] [2004] EWCA Crim 2270; [2005] 1 Cr. App. R.(S.) 82.
[731] [2006] EWCA Crim 1741; [2007] 1 Cr. App. R.(S.) 75.
[732] [2006] EWCA Crim 3362; [2007] 1 Cr. App. R.(S.) 106.
[733] [2010] EWCA Crim 710; [2011] 1 Cr. App. R.(S.) 7.
[734] (1995) 16 Cr. App. R.(S.) 1003.

previous common law approach. There is no longer any need for the court to further consider determinate release provisions.

In the case of life sentences, the court must also credit time on remand explicitly (rather than it occurring automatically). In *R. v Sesay (Yousif)*[735] (reversing *R. v Cookson (Jacob Paul)*[736] on this point), the court held that for practical reasons (and to ensure a clear expression of sentence), the court must make the deduction manually and specify the resulting minimum term to be served in years and days (as opposed to simply specifying the minimum term and the number of days by which it should be reduced). The judge must also announce in court the number of remand and/or curfew days that have been counted in order to reach the minimum term (so that any error can be identified in due course). To assist the court any sentencing note must include all relevant information in respect of periods on remand.

However, if an error in the calculation of the number of days comes to light, the case will need to be listed under the slip rule. The minimum term cannot simply be administratively corrected as it is part of the sentence of the court: *R. v Cookson*.[737] Where the number of days has been overstated the court will need to consider whether it is in the interest of justice to adjust the minimum term upwards, and the court must consider the need for written submissions or argument in chambers or court. Any change in sentence must be announced in open court. If the period for the slip rule has expired then an appeal will need to be made to the Court of Appeal. It follows that where a court has deducted time spent on remand/a qualifying curfew/in custody awaiting extradition, and has declared the number of days for the purposes of that calculation, it cannot be administratively (like it can with qualifying curfew or extradition days when imposing a determinate sentence: *R. v Sesay*).[738]

Exceptional reasons for increasing the proportion of the notional determinate term

A4-669   Once a notional determinate term has been arrived at, the ordinary approach is to set the minimum term at the relevant portion of the notional determinate sentence unless there are exceptional grounds for taking a greater proportion: *R. v Szczerba*[739] and s.323(1A) which provides this will be "the starting point". If there are such exceptional grounds, and the judge does specify a higher proportion than the relevant portion of the determinate sentence, it is submitted the judge should always give the reasons for doing so in open court as occurred under the common law system (see *R. v Szczerba*).[740]

For an example of a case where a higher proportion of the notional determinate sentence was taken, see *R. v Rossi*[741] where the offender had been released on two separate occasions from life sentences imposed on two separate occasions for very serious offences, and had gone on to commit further very serious offences within about 16 months of his last release. The approach in Rossi was criticised by Lyndon

---

[735] [2024] EWCA Crim 483.
[736] [2023] EWCA Crim 10; [2023] 2 Cr. App. R. (S.) 12.
[737] [2023] EWCA Crim 10; [2023] 2 Cr. App. R. (S.) 12.
[738] [2024] EWCA Crim 483.
[739] [2002] EWCA Crim 440; [2002] 2 Cr. App. R.(S.) 86.
[740] [2002] EWCA Crim 440; [2002] 2 Cr. App. R.(S.) 86.
[741] [2014] EWCA Crim 2081; [2015] 1 Cr. App. R.(S.) 15.

Harris in [2015] Crim. L.R. 294,[742] where it was argued that to the extent it suggested that exceptional circumstances could be satisfied merely by the existence of R's previous convictions this involved impermissible double counting; using that as an aggravating factor in determining the notional determinate term and then using it to determine that the minimum term ought to be greater than one-half of that notional determinate term.

In *Attorney General's Reference (McCann; Sinaga)*[743] the court held that when account was taken of the early release provisions (then under the common law as opposed to under s.323(1A) to (1C)), the court might reflect the culpability of the offender both in the length of the notional determinate sentence and in the way the minimum term was calculated, for instance in order to capture the exceptional seriousness of the offence or offences and that to do so would not involve double counting but instead provided a staged approach which enabled the court to impose appropriate punishment. A defendant's serious antecedents, or the extent and seriousness of the offence or offences for which they were to be sentenced, might be relevant, first, to the length of the determinate term and, secondly, to whether there were persuasive circumstances which justified a departure from the usual approach. The court disagreed with the commentary in the *Criminal Law Review* at [2015] Crim. L.R. 294[744] that the approach adopted in *Rossi* (which was endorsed in McCann) engaged in double counting. The court held that such an approach would conflict with the authorities such as and artificially limit the category of exceptional circumstances which in *Szczerba* was expressly left open.

In [2021] Crim. L.R. 409,[745] Lyndon Harris queried the absence of a clear rationale underpinning that conclusion, but, whatever the merits of that analysis, based on the authorities as they currently stand, there are (at least) four exceptions which are capable of founding exceptional circumstances justifying increasing the minimum term from the default approach of two-thirds (or one half as it was then), namely:

1) where the offence was committed in custody;
2) where the offence was committed on licence;
3) where the offender has particularly serious antecedents;
4) where the offences are so serious that the proper requirements of punishment require a proportion greater than the default.

Where imposing a life sentence on an offender who is already serving another prison sentence a third step should be taken when imposing the life sentence to run concurrently. As held in *R. v Ashes*[746] when imposing an indeterminate sentence on an offender serving a determinate sentence the indeterminate sentence should be concurrent and the minimum term should, subject to considerations as to totality, be calculated by taking the period remaining to be served in custody under the determinate sentence and then adding the relevant portion of the notional determinate sentence for the fresh offence. Where the offender's release from the

---

[742] L. Harris, "R. v Rossi (Derek): Sentencing—Robbery—Life Imprisonment (Case Comment)" [2015] Crim. L.R. 294–297.
[743] [2020] EWCA Crim 1676; [2021] 4 W.L.R. 3.
[744] L. Harris, "R. v Rossi (Derek): Sentencing—Robbery—Life Imprisonment (Case Comment)" [2015] Crim. L.R. 294–297.
[745] L. Harris, "Sentencing: R. v Shaikh (Safiyyah); R. v Abdullah (Fatah) (Case Comment)" [2021] Crim. L.R. 409–415.
[746] [2007] EWCA Crim 1848; [2008] 1 Cr. App. R.(S.) 86.

existing sentence is subject to Parole Board supervision, the period remaining in custody should be calculated by reference to when they come eligible for release, rather than when the entirety of the custodial sentence concludes: *R. v Mohammed (Raja)*.[747]

As explained in *R. v O'Brien*,[748] this practice has come from the historic view that the imposition of a life sentence consecutive to another life sentence would have no practical result and that common sense suggests that a sentence of life imprisonment starts immediately on its imposition. However, as argued in *Criminal Law Week*,[749] this practice is no longer necessary, and can give rise to significant issues; not only leading to a lack of transparency as to the actual sentence being imposed and the seriousness of the offending, but also potentially frustrating any future changes in release regimes (especially where the intent is to ensure offenders remain in custody for longer). Accordingly, it is submitted that consecutive terms should be imposed rather than inflated concurrent terms.

A4-670 **Whole-life orders** A whole-life order is an order of last resort for a case of extreme gravity: *R. v Wilson*.[750] It will only be justified where the seriousness of the offending is so exceptionally high that just punishment requires the offender to be kept in prison for the rest of their life, and cannot be justified on public protection grounds; it will only be exceptionally serious offences for which such an order is justified and while there is no rule that cases not involving homicide will never justify a whole-life order the practice of the court to date has been against the imposition of such a sentence in a non-homicide case: *R. v Andrews*.[751] While there have been examples of non-murder cases where judges at first instance have imposed whole-life orders, none of these cases has survived an appeal to the Court of Appeal (Criminal Division). While there is therefore a recognition that there may be cases in which it is appropriate, (see for example *Attorney General's Reference (No.123 of 2014) (R. v Spence)*[752] at present there are no examples of such cases.

A4-671 **Accounting for time on remand** There is no duty to give credit for time on remand, although under s.323(2)(c) of the Sentencing Code the court must take into account that the normal position for determinate sentences is that they will be credited. The authorities make clear that although there is a discretion that absent any compelling reason the same reduction should be given as the offender would automatically receive in respect of a determinate sentence: *R. v Marklew and Lambert*[753]; *R. v Trendell*.[754]

A4-672 **Cases where serious terrorism sentences would be required** For guidance as to when serious terrorism sentences are required and determining whether there are exceptional circumstances justifying not imposing a minimum term of 14 years, see A4-647. The effect of s.73 of the Sentencing Act 2020 is that the minimum term

---

[747] [2019] EWCA Crim 2095; [2020] 1 Cr. App. R.(S.) 65.
[748] [2006] EWCA Crim 1741; [2007] 1 Cr. App. R.(S.) 75.
[749] S. Walker, "New Cases: Sentence: Particular sentences or orders: life imprisonment (automatic)" CLW/20/19/16.
[750] [2009] EWCA Crim 999; [2010] 1 Cr. App. R.(S.) 11.
[751] [2015] EWCA Crim 883; [2015] 2 Cr. App. R.(S.) 40.
[752] [2015] EWCA Crim 111; [2015] 1 Cr. App. R.(S.) 67.
[753] [1999] 1 Cr. App. R.(S.) 6 CA.
[754] [2022] EWCA Crim 267; [2022] 4 W.L.R. 38.

can be reduced to 11 years and 73 days (80% of 14 years) where there has been a guilty plea.

The interaction between life sentences and other orders

Other custodial sentences

In *R. v Ashes*,[755] it was held that when imposing an indeterminate sentence on an offender serving a determinate sentence the indeterminate sentence should be concurrent. This is now endorsed in the Sentencing Council's guideline on totality. As explained in *R. v O'Brien*,[756] this practice has come from the historic view that the imposition of a life sentence consecutive to another life sentence would have no practical result and that common sense suggests that a sentence of life imprisonment starts immediately on its imposition. There is, however, no bar on imposing consecutive sentences of life imprisonment. As to the calculation of minimum terms when imposing concurrent sentences on offenders already serving such sentences and for the suggestion that consecutive terms are preferable, see A4-669.

A4-673

Preventative orders

There are no statutory restrictions on imposing life sentences alongside preventative orders; however, in *R. v Smith*[757] it was held that it would usually be inappropriate to impose a sexual offences prevention order (now repealed) with an indeterminate sentence, although there may be some very unusual cases which make it appropriate, because ordinarily the life sentence will itself address the risk of the offender as posed at release and will allow for prompt recall on breach; and there is a risk that the terms of a sexual offences prevention order would tie the hands of the offender managers in an undesirable manner. This guidance was endorsed in relation to sexual harm prevention orders in *R. v McLellan*.[758] It is suggested that it applies to all preventative orders capable of being imposed indefinitely.

A4-674

Sentences of Life Imprisonment and Custody for Life at Common Law

Legislation

Sentencing Act 2020 s.272

Offences other than murder

272.—(1) This section applies where a person aged at least 18 but under 21 is convicted of an offence for which the sentence is not fixed by law.

(2) The court must sentence the offender to custody for life if—
    (a) the offence is punishable in the case of a person aged 21 or over with imprisonment for life, and the court considers that a sentence for life would be appropriate, or
    (b) the court is required by section 273, 274 or 274A to impose a sentence of custody for life.

(3) Sections 230 (threshold for imposing discretionary custodial sentence) and 231 (length of discretionary custodial sentences: general provision), in particular, apply for the

A4-675

---

[755] [2007] EWCA Crim 1848; [2008] 1 Cr. App. R.(S.) 86.
[756] [2006] EWCA Crim 1741; [2007] 1 Cr. App. R.(S.) 75.
[757] [2011] EWCA Crim 1772; [2012] 1 Cr. App. R.(S.) 82.
[758] [2017] EWCA Crim 1464; [2018] 1 Cr. App. R.(S.) 18.

purposes of subsection (2)(a).

A4-676 There is no equivalent provision to s.272 of the Sentencing Code for sentences of life imprisonment as such sentences stem from the common law/the existence of individual statutory provisions providing for a maximum sentence of life imprisonment.

Availability

A4-677 Despite the introduction of a number of statutory mandatory life sentences, whenever the maximum sentence for an offence is one of life imprisonment a life sentence at common law remains available to the court: *R. v Saunders; R. v G; R. v Edwards*.[759] However, in reality, the occasions when this type of life sentence is likely to be imposed will be rare.

There is a two-stage test for the imposition of a discretionary "common law" life sentence, established in *Attorney General's Reference (No.32 of 1996) (R. v Whittaker)*[760] and *R. v Chapman*[761] and endorsed in *R. v Ali*:[762]

1) the offender must have been convicted of a very serious offence (that is sufficiently grave to warrant a substantive sentence);
2) there must be good grounds for believing that the offender may remain a serious danger to the public for a period which cannot be reliably estimated at the date of sentence.

As held in *R. v Chapman*,[763] there is clearly an inter-relationship between the gravity of the offence before the court, the likelihood of further offending and the gravity of further offending should such occur. The more likely it is that an offender will offend again, and the more grave such offending is likely to be if it does occur, the less emphasis the court may lay on the gravity of the original offence. However, that does not lessen the first requirement of the test, that the offence must be such as to call for severe sentence.

Examples

A4-678 Examples of cases in which life sentences have been upheld by the Court of Appeal (Criminal Division) are necessarily fact-specific. However, sentences have been upheld in respect of offences listed in Schedule 19 which were committed before 4 April 2005 (see *R. v DP*[764] (child sex offences) and *R. v Bell*[765] (manslaughter by diminished responsibility)).

Life sentences will also be justifiable in respect of offences not listed in Sch.19 to the Sentencing Code which involved a significant risk of serious harm to the public; in *R. v Saunders; R. v G; R. v Edwards*[766] the court contemplated an obvious example as being an offender who commits repeated offences of very serious

---

[759] [2013] EWCA Crim 1027; [2014] 1 Cr. App. R.(S.) 45.
[760] [1997] 1 Cr. App. R.(S.) 261.
[761] [2000] 1 Cr. App. R.(S.) 377.
[762] [2019] EWCA Crim 856; [2019] 2 Cr. App. R.(S.) 43.
[763] [2000] 1 Cr. App. R.(S.) 377.
[764] [2013] EWCA Crim 1143; [2013] 2 Cr. App. R.(S.) 63.
[765] [2015] EWCA Crim 1426; [2016] 1 Cr. App. R.(S.) 16.
[766] [2013] EWCA Crim 1027; [2014] 1 Cr. App. R.(S.) 45.

drug supplying that justifies the imposition of a life sentence; and in *R. v Ali*[767] a life sentence was upheld in respect of an offender who had had a leading role in a large conspiracy to import firearms on two separate occasions.

Imposition of a life sentence

For guidance as to the setting of the minimum term when imposing a life sentence, see A4-667. As to the interaction between life sentences and other orders, see A4-673.

A4-679

Mandatory Life Sentences for Manslaughter of Emergency Worker

Legislation

Sentencing Act 2020 s.274A

Required sentence of custody for life for manslaughter of emergency worker

274A.—(1) This section applies where—
    (a)   a person aged 18 or over but under 21 is convicted of a relevant offence,
    (b)   the offence was committed—
        (i)   when the person was aged 16 or over, and
        (ii)   on or after the relevant commencement date, and
    (c)   the offence was committed against an emergency worker acting in the exercise of functions as such a worker.

A4-680

(2) The court must impose a sentence of custody for life under section 272 unless the court is of the opinion that there are exceptional circumstances which—
    (a)   relate to the offence or the offender, and
    (b)   justify not doing so.

(3) For the purposes of subsection (1)(c) the circumstances in which an offence is to be taken as committed against a person acting in the exercise of functions as an emergency worker include circumstances where the offence takes place at a time when the person is not at work but is carrying out functions which, if done in work time, would have been in the exercise of functions as an emergency worker.

(4) In this section "relevant offence" means the offence of manslaughter, but does not include—
    (a)   manslaughter by gross negligence, or
    (b)   manslaughter mentioned in section 2(3) or 4(1) of the Homicide Act 1957 or section 54(7) of the Coroners and Justice Act 2009 (partial defences to murder).

(5) In this section—

"emergency worker" has the meaning given by section 68;
"relevant commencement date" means [28 June 2022].

(6) An offence the sentence for which is imposed under this section is not to be regarded as an offence the sentence for which is fixed by law.

(7) Where an offence is found to have been committed over a period of 2 or more days, or at some time during a period of 2 or more days, it must be taken for the purposes of subsection (1)(b) to have been committed on the last of those days.

---

[767] [2019] EWCA Crim 856; [2019] 2 Cr. App. R.(S.) 43.

Sentencing Act 2020 s.285A
Required life sentence for manslaughter of emergency worker

A4-681   285A.—(1) This section applies where—
   (a) a person aged 21 or over is convicted of a relevant offence,
   (b) the offence was committed—
      (i) when the person was aged 16 or over, and
      (ii) on or after the relevant commencement date, and
   (c) the offence was committed against an emergency worker acting in the exercise of functions as such a worker.

(2) The court must impose a sentence of imprisonment for life unless the court is of the opinion that there are exceptional circumstances which—
   (a) relate to the offence or the offender, and
   (b) justify not doing so.

(3) For the purposes of subsection (1)(c) the circumstances in which an offence is to be taken as committed against a person acting in the exercise of functions as an emergency worker include circumstances where the offence takes place at a time when the person is not at work but is carrying out functions which, if done in work time, would have been in the exercise of functions as an emergency worker.

(4) In this section "relevant offence" means the offence of manslaughter, but does not include—
   (a) manslaughter by gross negligence, or
   (b) manslaughter mentioned in section 2(3) or 4(1) of the Homicide Act 1957 or section 54(7) of the Coroners and Justice Act 2009 (partial defences to murder).

(5) In this section—

"emergency worker" has the meaning given by section 68;
"relevant commencement date" means [28 June 2022].

(6) An offence the sentence for which is imposed under this section is not to be regarded as an offence the sentence for which is fixed by law.

(7) Where an offence is found to have been committed over a period of 2 or more days, or at some time during a period of 2 or more days, it must be taken for the purposes of subsection (1)(b) to have been committed on the last of those days.

Guidance
General

A4-682   There is currently no guidance from the Court of Appeal (Criminal Division) on this required life sentence. Reference to the section on minimum sentences may assist when considering what amounts to exceptional circumstances.

Courts should be mindful that whilst there is a need for exceptional circumstances before a determinate sentence can be imposed, there remains significant discretion in relation to the minimum term. In this respect the suggestion in the Explanatory Notes to the Police, Crime, Sentencing and Courts Act 2022 that this mandatory sentence ensures the punishment properly reflects the severity of the offence and the harm caused seems at the least highly questionable.

Life Sentences for a Second Listed Offence (Offences on or After 3 December 2012)

Legislation
Sentencing Act 2020 ss.273 and 283
Custody for life for second listed offence

A4-683   273.—(1) Subsection (3) applies where—

(a) a court is dealing with an offender for an offence ("the index offence") that is listed in Part 1 of Schedule 15,
(b) the index offence was committed on or after the relevant date,
(c) the offender is aged 18 or over but under 21 when convicted of the index offence, and
(d) the sentence condition and the previous offence condition are met.

(2) In subsection (1)(b), "relevant date", in relation to an offence, means the date specified for that offence in Part 1 of Schedule 15.

(3) The court must impose a sentence of custody for life under section 272 unless the court is of the opinion that there are particular circumstances which—
  (a) relate to—
    (i) the index offence,
    (ii) the previous offence referred to in subsection (5), or
    (iii) the offender, and
  (b) would make it unjust to do so in all the circumstances.

(4) The sentence condition is that, but for this section, the court would impose a sentence of detention in a young offender institution for 10 years or more, disregarding any extension period that it would impose under section 266. Sections 230(2) and 231(2) apply for this purpose.

(5) The previous offence condition is that—
  (a) when the index offence was committed, the offender had been convicted of an offence ("the previous offence") listed in Schedule 15, and
  (b) a relevant life sentence or a relevant sentence of detention for a determinate period was imposed on the offender for the previous offence.

(6) For the purposes of subsection (5), Schedule 15 is to be read as if Part 1 did not include any offence for which the date specified in that Part is after the date on which the index offence was committed.

(7) A life sentence is relevant for the purposes of subsection (5)(b) if—
  (a) the offender was not eligible for release during the first 5 years of the sentence, or
  (b) the offender would not have been eligible for release during that period but for the reduction of the period of ineligibility to take account of a relevant pre-sentence period.

(8) An extended sentence imposed under the Criminal Justice Act 2003 or this Code (including one imposed as a result of the Armed Forces Act 2006) is relevant for the purposes of subsection (5)(b) if the appropriate custodial term imposed was 10 years or more.

(9) Any other extended sentence is relevant for the purposes of subsection (5)(b) if the custodial term imposed was 10 years or more.

(10) Any other sentence of detention for a determinate period is relevant for the purposes of subsection (5)(b) if it was for a period of 10 years or more.

(11) An extended sentence or other sentence of detention is also relevant if it would have been relevant under subsection (9) or (10) but for the reduction of the sentence, or any part of the sentence, to take account of a relevant pre-sentence period.

(12) For the purposes of subsections (5) to (11)—

"extended sentence" means—
  (a) a sentence imposed under section 254 or 266 (including one imposed as a result of section 219A or 221A of the Armed Forces Act 2006), or

(b) a sentence imposed under section 226A, 226B, 227 or 228 of the Criminal Justice Act 2003 (including one imposed as a result of section 219A, 220, 221A or 222 of the Armed Forces Act 2006),

or an equivalent sentence imposed under the law of Scotland or Northern Ireland;

"life sentence" means—
- (a) a sentence of detention for life under—
  - (i) section 250,
  - (ii) section 91 of the Powers of Criminal Courts (Sentencing) Act 2000, or
  - (iii) section 209 of the Armed Forces Act 2006,
- (b) a sentence of detention during Her Majesty's pleasure under—
  - (i) section 259,
  - (ii) section 90 of the Powers of Criminal Courts (Sentencing) Act 2000, or
  - (iii) section 218 of the Armed Forces Act 2006, or
- (c) a sentence of custody for life under—
  - (i) section 272 or 275 (including one passed as a result of section 210A, 217, 218A or 219 of the Armed Forces Act 2006), or
  - (ii) section 93 or 94 of the Powers of Criminal Courts (Sentencing) Act 2000 (including one passed as a result of paragraph 6 or 7 of the Armed Forces Act 2006 (Transitional Provisions etc) Order 2009 (S.I. 2009/1059),

or an equivalent sentence imposed under the law of Scotland or Northern Ireland;

"relevant pre-sentence period", in relation to the previous offence referred to in subsection (5), means any period which the offender spent in custody or on bail before the sentence for that offence was imposed;

"sentence of detention" includes any sentence of a period in custody (however expressed).

(12A) [*references to an equivalent sentence in subs.(12) include equivalent Member State sentences where proceedings were instituted before 11 pm on 31 December 2020.*]

(13) An offence the sentence for which is imposed under this section is not to be regarded as an offence the sentence for which is fixed by law.

(14) Where an offence is found to have been committed over a period of 2 or more days, or at some time during a period of 2 or more days, it must be taken for the purposes of subsections (1)(b), (5)(a) and (6) to have been committed on the last of those days.

Life sentence for second listed offence

283.—(1) Subsection (3) applies where—
- (a) a court is dealing with an offender for an offence ("the index offence") that is listed in Part 1 of Schedule 15,
- (b) the index offence was committed on or after the relevant date,
- (c) the offender is aged 21 or over when convicted of the index offence, and
- (d) the sentence condition and the previous offence condition are met.

(2) In subsection (1)(b), "relevant date", in relation to an offence, means the date specified for that offence in Part 1 of Schedule 15.

(3) The court must impose a sentence of imprisonment for life unless the court is of the opinion that there are particular circumstances which—
- (a) relate to—
  - (i) the index offence,
  - (ii) the previous offence referred to in subsection (5), or
  - (iii) the offender, and
- (b) would make it unjust to do so in all the circumstances.

(4) The sentence condition is that, but for this section, the court would impose a sentence of imprisonment for 10 years or more, disregarding any extension period it would

impose under section 279. Sections 230(2) and 231(2) apply for this purpose.

(5) The previous offence condition is that—
   (a) when the index offence was committed, the offender had been convicted of an offence ("the previous offence") listed in Schedule 15, and
   (b) a relevant life sentence or a relevant sentence of imprisonment or detention for a determinate period was imposed on the offender for the previous offence.

(6) For the purposes of subsection (5), Schedule 15 is to be read as if Part 1 did not include any offence for which the date specified in that Part is after the date on which the index offence was committed.

(7) A life sentence is relevant for the purposes of subsection (5)(b) if—
   (a) the offender was not eligible for release during the first 5 years of the sentence, or
   (b) the offender would not have been eligible for release during that period but for the reduction of the period of ineligibility to take account of a relevant pre-sentence period.

(8) An extended sentence imposed under the Criminal Justice Act 2003 or this Code (including one imposed as a result of the Armed Forces Act 2006) is relevant for the purposes of subsection (5)(b) if the appropriate custodial term imposed was 10 years or more.

(9) Any other extended sentence is relevant for the purposes of subsection (5)(b) if the custodial term imposed was 10 years or more.

(10) Any other sentence of imprisonment or detention for a determinate period is relevant for the purposes of subsection (5)(b) if it was for a period of 10 years or more.

(11) An extended sentence or other sentence of imprisonment or detention is also relevant if it would have been relevant under subsection (9) or (10) but for the reduction of the sentence, or any part of the sentence, to take account of a relevant pre-sentence period.

(12) For the purposes of subsections (5) to (11)—

"extended sentence" means—
   (a) a sentence under section 254, 266 or 279 (including one imposed as a result of section 219A or 221A of the Armed Forces Act 2006),
   (b) a sentence under section 226A, 226B, 227 or 228 of the Criminal Justice Act 2003 (including one imposed as a result of section 219A, 220, 221A or 222 of the Armed Forces Act 2006), or
   (c) a sentence under—
      (i) section 85 of the Powers of Criminal Courts (Sentencing) Act 2000, or
      (ii) section 58 of the Crime and Disorder Act 1998,
or an equivalent sentence imposed under the law of Scotland or Northern Ireland;
"life sentence" means—
   (a) a sentence of imprisonment for life;
   (b) a sentence of detention for life under—
      (i) section 250,
      (ii) section 91 of the Powers of Criminal Courts (Sentencing) Act 2000;
      (iii) section 53(3) of the Children and Young Persons Act 1933;
      (iv) section 209 of the Armed Forces Act 2006;
      (v) section 71A(4) of the Army Act 1955 or Air Force Act 1955 or section 43A(4) of the Naval Discipline Act 1957;
   (c) a sentence of detention during Her Majesty's pleasure under—
      (i) section 259,
      (ii) section 90 of the Powers of Criminal Courts (Sentencing) Act 2000,
      (iii) section 53(1) of the Children and Young Persons Act 1933,

(iv) section 218 of the Armed Forces Act 2006, or
(v) section 71A(3) of the Army Act 1955 or Air Force Act 1955 or section 43A(3) of the Naval Discipline Act 1957;
(d) a sentence of custody for life under—
(i) section 272 or 275 (including one passed as a result of section 210A, 217, 218A or 219 of the Armed Forces Act 2006),
(ii) section 93 or 94 of the Powers of Criminal Courts (Sentencing) Act 2000 (including one passed as a result of paragraph 6 or 7 of Schedule 2 to the Armed Forces Act 2006 (Transitional Provisions etc) Order 2009 (S.I. 2009/1059)),
(iii) section 8 of the Criminal Justice Act 1982, or
(iv) section 71A(1A) or (1B) of the Army Act 1955 or Air Force Act 1955 or section 43(1A) or (1B) of the Naval Discipline Act 1957;
(e) a sentence of imprisonment or detention in a young offender institution for public protection under section 225 of the Criminal Justice Act 2003 (including one passed as a result of section 219 of the Armed Forces Act 2006);
(f) a sentence of detention for public protection under section 226 of the Criminal Justice Act 2003 (including one passed as a result of section 221 of the Armed Forces Act 2006);

or an equivalent sentence imposed under the law of Scotland or Northern Ireland;

"relevant pre-sentence period", in relation to the previous offence referred to in subsection (5), means any period which the offender spent in custody or on bail before the sentence for that offence was imposed;

"sentence of imprisonment or detention" includes any sentence of a period in custody (however expressed).

(12A) [*references to an equivalent sentence in subs.(12) include equivalent Member State sentences where proceedings were instituted before 11 pm on 31 December 2020.*]

(13) An offence the sentence for which is imposed under this section is not to be regarded as an offence the sentence for which is fixed by law.

(14) Where an offence is found to have been committed over a period of 2 or more days, or at some time during a period of 2 or more days, it must be taken for the purposes of subsections (1)(b), (5)(a) and (6) to have been committed on the last of those days.

Sentencing Act 2020 Sch.15

A4-685   The following offences are specified in Pt 1 of Sch.15 to the Sentencing Code:

Source	Offence	Specified date
Common law	Manslaughter	3 December 2012
Offences Against the Person Act 1861	Section 4 or 18	3 December 2012
	Section 28 or 29	13 April 2015
Explosive Substances Act 1883	Section 2, 3 or 4	13 April 2015
Firearms Act 1968	Section 16, 17(1) or 18	3 December 2012
Theft Act 1968	Section 8 (where, at some time during the commission of the offence, the offender had in his or her possession a firearm or an imitation firearm within	3 December 2012

Source	Offence	Specified date
	the meaning of the Firearms Act 1968)	
Protection of Children Act 1978	Section 1	3 December 2012
Terrorism Act 2000	Section 54	13 April 2015
	Section 56 or 57	3 December 2012
	Section 59 if the offender is liable on conviction on indictment to imprisonment for life	3 December 2012
Anti-terrorism, Crime and Security Act 2001	Section 47, 50 or 113	3 December 2012
Sexual Offences Act 2003	Section 1, 2, 5, 6, 7, 8, 9, 10, 11, 12, 14, 15, 48, 49 or 50	3 December 2012
	If the offender is liable on conviction on indictment to imprisonment for life: section 4, 30, 31, 34, 35 or 62	3 December 2012
	If the offender is aged 18 or over at the time of the offence: section 25 or 26	3 December 2012
	Section 47 where committed against a person aged under 16	3 December 2012
Domestic Violence, Crime and Victims Act 2004	Section 5	3 December 2012
Terrorism Act 2006	Section 5, 9, 10 or 11	3 December 2012
	Section 6	13 April 2015
Modern Slavery Act 2015	Section 1 or 2	31 July 2015
Inchoate offences	An inchoate offence relating to an offence specified in this Part	The date specified for the relevant offence
	An inchoate offence in relation to murder	3 December 2012

The following offences are listed in Pt 2 of Sch.15:

1) Murder,
2) Any offence that—
    (a) was abolished (with or without savings) before 3 December 2012, and
    (b) would, if committed when the index offence was committed, have constituted an offence specified in Pt 1 of Sch.15.

Pt 3 of Sch.15 lists offences relating to service law:

PRIMARY DISPOSALS

Source	Offence
Army Act 1955	Section 70, where the corresponding civil offence is an offence specified in Part 1 or 2
Air Force Act 1955	Section 70, where the corresponding civil offence is an offence specified in Part 1 or 2
Naval Discipline Act 1957	Section 42, where the corresponding civil offence is an offence specified in Part 1 or 2
Armed Forces Act 2006	Section 42 of the AFA 2006 as respects which the corresponding offence under the law of England and Wales (within the meaning given by section 42) is an offence specified in Part 1 or 2: section 48 of the Armed Forces Act 2006 (attempts, conspiracy etc) applies for this purpose as if the reference in subsection (3)(b) of that section to any of the following provisions of that Act were a reference to this paragraph.

A4-686 Part 4 (paras 20 to 23) lists offences under the law of Scotland, Northern Ireland or a Member State other than the UK: a civilian offence for which a person was convicted in any of those jurisdictions and which, if committed in England and Wales at the time of conviction, would have constituted an offence specified in Part 1 or 2; and a Member State service offence committed on or after 13 April 2015, which, if committed in England and Wales at the time of the conviction, would have constituted an offence specified in Part 1 or 2. A "civilian offence" is an offence other than one described in Part 3 or a member state service offence; and a "member State service offence" is an offence which was the subject of proceedings under the law of a member state, other than the UK, governing all or any of the naval, military or air forces of that state. With effect from "IP completion day" (as defined by s.39 of the European Union (Withdrawal Agreement) Act 2020: 31 December 2020 at 11.00 pm at the date of publication), Pt 4 of Sch.15 is amended by the Sentencing Act 2020 s.408 and Sch.22 para.83 so that convictions in member states other than the UK or convictions for member state service offences are removed from the list of offences in that Part.

Part 5 (para.24) provides, among other things, that in the references in Pt 1 of this Schedule to offences under ss.48, 49 and 50 of the Sexual Offences Act 2003 include references to offences under those sections as they had effect before the amendments made by s.68 of the Serious Crime Act 2015 (child sexual exploitation) came into force.

For the purpose of this Schedule, an inchoate offence in relation to an offence means (a) an attempt to commit the offence; (b) conspiracy to commit the offence; (c) an offence under Pt 2 of the Serious Crime Act 2007 related to the offence; or (d) incitement to commit the offence: s.398(3) of the Sentencing Code.

Guidance

Availability

A4-687 **The "sentence condition"** It is permissible to aggregate the seriousness of the offence and offences associated with it when considering the sentence which would otherwise be imposed for the purposes of the sentence condition: *R. v Fernandez*.[768] The nominal sentence should be assessed in the normal manner, with credit given for guilty plea.

The "offence condition" A robbery may not be treated as a robbery committed by a person in possession of a firearm or imitation firearm unless it is established or admitted that the offender was party to a robbery which to their knowledge involved the possession of a firearm or imitation firearm: *R. v Gore*.[769] **A4-688**

Historic offences For cases in which a sentence of life imprisonment must be imposed for an offence which is a second offence, and was committed on or after 1 October 1997 but before 4 April 2005, see s.109 of the Powers of Criminal Courts (Sentencing) Act 2000 at A4-693. **A4-689**

Procedure

Where a life sentence under the dangerousness provisions (s.274 or 285 of the Sentencing Code) is also available, the court should first consider whether to impose a life sentence under those sections. If they do, the court must also consider whether the conditions in s.273 or 283 are met, and if so state that fact in open court. If they are not, the court should then turn to consider s.273 or 283 and if the conditions are met must impose a life sentence: *Attorney General's Reference (No.27 of 2013) (R. v Burinskas)*.[770] **A4-690**

For guidance as to the setting of the minimum term when imposing a life sentence, see A4-667. As to the interaction between life sentences and other orders, see A4-673.

Whether there are "particular circumstances" that would make it unjust

In *R. v Devine*,[771] the court rejected the suggestion that the test is the same as requiring "exceptional circumstances". Cases where particular circumstances have been found previously should not generally be cited as precedent in mitigation; all cases are decided on their individual facts and the mere presence of a factor which led to particular circumstances in one case will not necessarily lead to particular circumstances being found in another. However, consideration of other cases remains useful either because they provide examples or where a factor alone has not been found to merit a finding of particular circumstances, because they provide guidance as to the consideration of particular circumstances, or because they provide an example of where the boundary for particular circumstances may exist. **A4-691**

That an offence would not normally carry life imprisonment is not necessarily a factor that will make it unjust to impose the mandatory life sentence (see, for example, *R. v Cox*[772]). Similarly, that the previous offence is particularly old will not necessarily make the imposition of the minimum sentence unjust (see, for example, *R. v Fernandez*[773] where the previous conviction was obtained in 1995).

---

[768] [2014] EWCA Crim 2405; [2015] 1 Cr. App. R.(S.) 35.
[769] [2010] EWCA Crim 369; [2010] 2 Cr. App. R.(S.) 93.
[770] [2014] EWCA Crim 334; [2014] 2 Cr. App. R.(S.) 45.
[771] [2015] EWCA Crim 2447.
[772] [2018] EWCA Crim 1852.
[773] [2014] EWCA Crim 2405; [2015] 1 Cr. App. R.(S.) 35.

In all cases the particular background to the offending, the timing of the offences and the periods between them, and the seriousness of each individual offences will be relevant in whether there are particular circumstances making the life sentence unjust.

A4-692   Given that the purpose of the minimum sentence is to punish and deter recidivist offenders, it is suggested that a significant factor will be the extent to which there is a break in the chain of offending, and whether there are any clear factors indicating that the offender's offending is de-escalating, that the new offence is exceptional and out of character or that there are real reasons to believe that the offender should be given a sentence that will allow them to effectively rehabilitate. Furthermore, it is suggested that given the purpose of a life sentence is to provide appropriate protection to the public, the extent to which the sentences are evidence of a significant risk to the public will be relevant (although in practice it is hard to imagine a case where a sentence of 10 years or more is being imposed for an offence that didn't involve serious harm to others).

Life Sentences for a Second Listed Offence (Offences on or After 1 October 1997 but before 4 April 2005)

Legislation

Powers of Criminal Courts (Sentencing) Act 2000 s.109

Life sentence for second serious offence.

A4-693   **109.**—(1) This section applies where—
(a) a person is convicted of a serious offence committed after 30th September 1997; and
(b) at the time when that offence was committed, he was 18 or over and had been convicted in any part of the United Kingdom of another serious offence.
(2) The court shall impose a life sentence, that is to say—
(a) where the offender is 21 or over when convicted of the offence mentioned in subsection (1)(a) above, a sentence of imprisonment for life,
(b) where he is under 21 at that time, a sentence of custody for life under section 94 above,
unless the court is of the opinion that there are exceptional circumstances relating to either of the offences or to the offender which justify its not doing so.
(3) Where the court does not impose a life sentence, it shall state in open court that it is of that opinion and what the exceptional circumstances are.
(4) An offence the sentence for which is imposed under subsection (2) above shall not be regarded as an offence the sentence for which is fixed by law.
(5) An offence committed in England and Wales is a serious offence for the purposes of this section if it is any of the following, namely—
(a) an attempt to commit murder, a conspiracy to commit murder or an incitement to murder;
(b) an offence under section 4 of the Offences Against the Person Act 1861 (soliciting murder);
(c) manslaughter;
(d) an offence under section 18 of the Offences Against the Person Act 1861 (wounding, or causing grievous bodily harm, with intent);
(e) rape or an attempt to commit rape;
(f) an offence under section 5 of the Sexual Offences Act 1956 (intercourse with a girl under 13);

(fa) an offence under section 1 or 2 of the Sexual Offences Act 2003 (in this section, "the 2003 Act") (rape, assault by penetration);
(fb) an offence under section 4 of the 2003 Act (causing a person to engage in sexual activity without consent), where the activity caused involved penetration within subsection (4)(a) to (d) of that section;
(fc) an offence under section 5 or 6 of the 2003 Act (rape of a child under 13, assault of a child under 13 by penetration);
(fd) an offence under section 8 of the 2003 Act (causing or inciting a child under 13 to engage in sexual activity), where an activity involving penetration within subsection (3)(a) to (d) of that section was caused;
(fe) an offence under section 30 of the 2003 Act (sexual activity with a person with a mental disorder impeding choice), where the touching involved penetration within subsection (3)(a) to (d) of that section;
(ff) an offence under section 31 of the 2003 Act (causing or inciting a person, with a mental disorder impeding choice, to engage in sexual activity), where an activity involving penetration within subsection (3)(a) to (d) of that section was caused;
(fg) an attempt to commit an offence within any of paragraphs (fa) to (ff);
(g) an offence under section 16 (possession of a firearm with intent to injure), section 17 (use of a firearm to resist arrest) or section 18 (carrying a firearm with criminal intent) of the Firearms Act 1968; and
(h) robbery where, at some time during the commission of the offence, the offender had in his possession a firearm or imitation firearm within the meaning of that Act.
(6) [Scottish offences.]
(7) [Northern Ireland offences.]

The sentence under s.109 of the Powers of Criminal Courts (Sentencing) Act 2000 was repealed by s.303(d)(iv) of the Criminal Justice Act 2003 as well as Sch.37 to that Act. The repeals are not, however, of effect for offences committed before 4 April 2005: paras 5(2)(aa) and (c)(xii) of Sch.2 to Criminal Justice Act 2003 (Commencement No.8 and Transitional and Saving Provision) Order 2005.[774] Accordingly, this sentence continues to apply to offences committed on or after 1 October 1997 and before 4 April 2005.

A reference to a sentence of custody for life under s.94 of the 2000 Act should now be read as reference to a sentence of custody for life under s.272 of the Sentencing Code by virtue of s.17 of the Interpretation Act 1978.

A4-694

Guidance

It is suggested that reference should be made to the guidance in relation to the modern iteration of this sentence under ss.273 and 283 of the Sentencing Code in relation to whether there are exceptional circumstances that would make a life sentence unjust; see A4-691. It should be noted, however, that unlike sentences under those sections, the life sentence under s.109 of the 2000 Act does not have a "sentence condition" and accordingly it may be that where the seriousness of the offence is very low, the exceptional circumstances condition will be more easily satisfied.

A4-695

---

[774] Criminal Justice Act 2003 (Commencement No.8 and Transitional and Saving Provision) Order 2005 (SI 2005/950).

For general guidance as to the appropriate length of the minimum term, see A4-667.

Life Sentences for Dangerous Offenders

Introduction

A4-696   This section concerns the sentences of custody for life and life imprisonment under the dangerousness regime. This section deals only with the imposition of life sentences (and whether to impose one); for guidance as to whether the offender is "dangerous" (i.e. whether there is a significant risk to members of the public of serious harm occasioned by the commission by the offender of further specified offences), see A4-444.

Legislation

Sentencing Act 2020 ss.274 and 285

Required sentence of custody for life for offence carrying life sentence

A4-697   274.—(1) This section applies where a court is dealing with an offender for an offence where—
  (a) the offender is aged 18 or over but under 21 when convicted of the offence,
  (b) the offence is a Schedule 19 offence (see section 307), and
  (c) the court is of the opinion that there is a significant risk to members of the public of serious harm occasioned by the commission by the offender of further specified offences (see sections 306(1) and 308).

(2) The pre-sentence report requirements (see section 30) apply to the court in relation to forming the opinion mentioned in subsection (1)(c).

(3) If the court considers that the seriousness of—
  (a) the offence, or
  (b) the offence and one or more offences associated with it,
is such as to justify the imposition of a sentence of custody for life, the court must impose a sentence of custody for life under section 272.

(4) An offence the sentence for which is imposed under this section is not to be regarded as an offence the sentence for which is fixed by law.

Required life sentence for offence carrying life sentence

A4-698   285.—(1) This section applies where a court is dealing with an offender for an offence where—
  (a) the offender is aged 21 or over at the time of conviction,
  (b) the offence is a Schedule 19 offence (see section 307),
  (c) the offence was committed on or after 4 April 2005, and
  (d) the court is of the opinion that there is a significant risk to members of the public of serious harm occasioned by the commission by the offender of further specified offences (see sections 306(1) and 308).

(2) The pre-sentence report requirements (see section 30) apply to the court in relation to forming the opinion mentioned in subsection (1)(d).

(3) If the court considers that the seriousness of—
  (a) the offence, or
  (b) the offence and one or more offences associated with it,
is such as to justify the imposition of a sentence of imprisonment for life, the court must impose a sentence of imprisonment for life.

(4) An offence the sentence for which is imposed under this section is not to be regarded as an offence the sentence for which is fixed by law.

Sentencing Act 2020 Sch.19

The following offences are listed in Sch.19 to the Sentencing Code:

A4-699

Source	Offence
Common Law	Manslaughter; Kidnapping; False Imprisonment
Offences against the Person Act 1861	Sections 4, 18, 21, 22, 28, 29 or 32
Explosive Substances Act 1883	Sections 2 or 3
	Section 4 where committed on or after 13 April 2015
Infant Life (Preservation) Act 1929	Section 1
Infanticide Act 1938	Section 1
Firearms Act 1968	Sections 16, 17(1), 17(2) or 18
Theft Act 1968	Sections 8 or 10
Criminal Damage Act 1971	Section 1 (if committed by arson) or 1(2) (other than an offence of arson)
Taking of Hostages Act 1982	Section 1
Aviation Security Act 1982	Sections 1, 2 or 3
Criminal Justice Act 1988	Section 134
Aviation and Maritime Security Act 1990	Sections 1, 9, 10, 11, 12 or 13
Channel Tunnel (Security) Order 1994 (SI 1994/570)	Part 2
Terrorism Act 2000	Section 54 if the offence was committed on or after 13 April 2015
	Section 56 if the offence was committed on or after 12 January 2010
	Section 59 if the offence was committed on or after 12 January 2010 and the offender is liable on conviction on indictment to imprisonment for life
Anti-terrorism, Crime and Security Act 2001	Sections 47 or 50 where committed on or after 12 January 2010
Sexual Offences Act 2003	Sections 1, 2, 5 or 6
	Where the offender is liable on conviction on indictment to imprisonment for life: sections 4, 8, 30, 31, 34, 35, 47 or 62
Domestic Violence, Crime and Victims Act 2004	Where the unlawful act to which the offence relates was an act that occurred, or so much of an act as occurred, on or after 28 June 2022; and the offender is liable on

Source	Offence
	conviction on indictment to imprisonment for life: section 5
Terrorism Act 2006	Where the offence was committed on or after 12 January 2010: sections 5, 9, 10 or 11
	Where the offence was committed on or after 13 April 2015: section 6
Modern Slavery Act 2015	Sections 1 or 2
Space Industry Act 2018	Paragraphs 1, 2, 3 or 4 of Schedule 4
Inchoate offences	An inchoate offence relating to an offence specified in this Schedule
Offences relating to murder	Attempt to commit murder or conspiracy to commit murder
	An offence committed on or after 13 April 2015 under Part 2 of the Serious Crime Act 2007 related to murder

For the purpose of this Schedule, an inchoate offence in relation to an offence means (a) an attempt to commit the offence; (b) conspiracy to commit the offence; (c) an offence under Pt 2 of the Serious Crime Act 2007 related to the offence; or (d) incitement to commit the offence: s.398(3) of the Sentencing Code.

Guidance

Assessment of dangerousness

A4-700   A life sentence under ss.274 or 285 is available only where the offender has been assessed as dangerous. For guidance on the assessment of dangerousness, see A4-444. This section is concerned instead with the decision as to whether to impose a life sentence, following a finding of dangerousness, and the imposition of life sentences.

Whether the offence is serious enough to warrant a life sentence

A4-701   In *Attorney General's Reference (No.27 of 2013) (R. v Burinskas)*[775] it was held that it should always be remembered that a life sentence is a last resort, and that when considering whether the seriousness of the offence, or of the offence and one or more offences associated with it, was such as to justify a life sentence the court must consider:

1) the seriousness of the offence itself, on its own or with other offences associated with it, which was always a matter for the judgment of the court;
2) the defendant's previous convictions;
3) the level of danger to the public posed by the defendant and whether there was a reliable estimate of the length of time they would remain a danger;
4) the available alternative sentences.

---

[775] [2014] EWCA Crim 334; [2014] 2 Cr. App. R.(S.) 45.

As to the alternative sentences available for the offending, reference should first be made to the extended sentences section at A4-616. In *R. v Wilder (Jamie)*,[776] the court commented that the sentence of life imprisonment pursuant to the "dangerousness" provisions of the Sentencing Act 2020 was not strictly a discretionary life sentence, given that it was mandatory where the specified circumstances were present in the opinion of the sentencing court.

Interaction with life sentences for a second listed offence

Where a life sentence is potentially available under the dangerousness provisions and also under ss.273 or 283 of the Sentencing Code, the court should first consider whether to impose a life sentence under the dangerousness provisions. If they do, the court must also consider whether the conditions in s.273 or 283 are met, and if so state that fact in open court. If they do not, the court should then turn to consider s.273 or 283: *Attorney General's Reference (No.27 of 2013) (R. v Burinskas).*[777]

A4-702

Sentences of Life Imprisonment for Murder

Introduction

The mandatory life sentence has been the sole punishment for murder since the abolition of the death penalty by the Murder (Abolition of Death Penalty) Act 1965. It is a sentence "fixed by law" and must be imposed without exception.

A4-703

Just as with another life sentence those subject to the mandatory life sentence for murder are not invariably imprisoned for life. With the exception of those specifically sentenced to life imprisonment with a whole-life order, a sentence of life imprisonment is served in two stages. The first stage is imprisonment, which will last for at the least the minimum term to which the offender is sentenced. After the offender has served their minimum term they become eligible to apply to enter the second stage, release on licence into the community. This release is not automatic, and will only be ordered if the Parole Board is satisfied that their imprisonment is no longer necessary for the protection of the public. If the Parole Board is not so satisfied they may remain imprisoned for life. Even if the offender is released for the rest of their life, they will continue to be supervised by probation services, subjected to certain licence conditions restricting their autonomy and liable to be recalled to prison.

Historically the setting of the minimum term (or tariff period as it was known) was determined by the Home Secretary after taking advice from the judiciary (including the Lord Chief Justice). However, in *R. (Anderson and Taylor) v Secretary of State for the Home Department*[778] the House of Lords, following the reasoning of the Grand Chamber in *Stafford v United Kingdom*,[779] declared this practice incompatible with the right to a fair trial guaranteed by art.6 of the ECHR. As a result, the minimum term is now fixed by the trial judge in open court, with the executive's role limited to the possibility of referral by the Attorney General to the Court to Appeal for review.

---

[776] [2023] EWCA Crim 1295; [2024] 1 Cr. App. R. (S.) 37.
[777] [2014] EWCA Crim 334; [2014] 2 Cr. App. R.(S.) 45.
[778] [2002] UKHL 46; [2002] 3 W.L.R. 1800.
[779] [2002] 35 E.H.R.R. 32.

A4-704 However, when determining whether to impose a whole-life order or a specified minimum term the sentencing court must have regard to Sch.21 to the Sentencing Code, which sets out the starting points appropriate for different types of murder (and functions effectively as a sentencing guideline for the offence of murder).

In contrast to other types of custodial sentence, the form which the mandatory life sentence for murder takes depends in part on the age of the offender at the date of the commission of the offence. If the offender was under age 18 at the commission of the murder, reference should be had to A6-263.

Legislation

The mandatory life sentence

Murder (Abolition of Death Penalty) Act 1965 s.1(1)

Abolition of death penalty for murder.

A4-705 **1.**—(1) No person shall suffer death for murder, and a person convicted of murder shall be sentenced to imprisonment for life.

Sentencing Act 2020 s.275

Duty to impose custody for life for offence of murder

A4-706 275.—(1) Where a person aged under 21 is convicted of—
  (a) murder, or
  (b) any other offence the sentence for which is fixed by law as life imprisonment,
the court must sentence the offender to custody for life.

(2) Subsection (1) does not apply where the offender is liable to be detained under section 259 (detention at Her Majesty's pleasure for offender under 18).

Setting the minimum term

Sentencing Act 2020 ss.321–22

Life sentence: minimum term order or whole-life order

A4-707 321.—(1) Where a court passes a life sentence, it must make an order under this section.

(2) The order must be a minimum term order unless the court is required to make a whole life order under subsection (3).

(3) The order must be a whole life order if-
  (a) the case is within subsection (3A) or (3B), and
  (b) the court is of the opinion that, because of the seriousness of—
    (i) the offence, or
    (ii) the combination of the offence and one or more offences associated with it,
  it should not make a minimum term order.

(3A) A case is within this subsection if the offender was aged 21 or over when the offence was committed.

(3B) A case is within this subsection if—
  (a) the offence was committed on or after [28 June 2022], and
  (b) the offender was aged 18 or over but under 21 when the offence was committed.

(3C) In a case within subsection (3B), the court may arrive at the opinion set out in subsection (3)(b) only if it considers that the seriousness of the offence, or combination of offences, is exceptionally high even by the standard of offences which would normally result in a whole life order in a case within subsection (3A).

(4) A minimum term order is an order that the early release provisions (see section 324) are to apply to the offender as soon as the offender has served the part of the sentence which is specified in the order in accordance with section 322 or 323 ("the minimum term").

(5) A whole life order is an order that the early release provisions are not to apply to the offender.

Mandatory life sentences: further provision

322.—(1) This section applies where a court passes a life sentence for an offence the sentence for which is fixed by law.

Minimum term

(2) If the court makes a minimum term order, the minimum term must be such part of the offender's sentence as the court considers appropriate taking into account—
  (a) the seriousness of—
    (i) the offence, or
    (ii) the combination of the offence and any one or more offences associated with it, and
  (b) the effect that the following would have if the court had sentenced the offender to a term of imprisonment—
    (i) section 240ZA of the Criminal Justice Act 2003 (crediting periods of remand in custody);
    (ii) and 240A of that Act (crediting periods on bail subject to certain restrictions);
  including the effect of any declaration that the court would have made under section 325 or 327 (specifying periods of remand on bail subject to certain restrictions or in custody pending extradition).

Determination of seriousness

(3) In considering the seriousness of the offence, or of the combination of the offence and one or more offences associated with it, under—
  (a) section 321(3) or (3C) (determining whether to make a whole life order), or
  (b) subsection (2) (determining the minimum term),
the court must have regard to—
  (i) the general principles set out in Schedule 21, and
  (ii) any sentencing guidelines relating to offences in general which are relevant to the case and are not incompatible with the provisions of Schedule 21.

Duty to give reasons for minimum term order or whole life order

(4) Where the court makes a minimum term order or a whole life order, in complying with the duty under section 52(2) to state its reasons for deciding on the order made, the court must in particular—
  (a) state which of the starting points in Schedule 21 it has chosen and its reasons for doing so, and
  (b) state its reasons for any departure from that starting point.

A4-708

Schedule 21

Sentencing Act 2020 Sch.21

DETERMINATION OF MINIMUM TERM IN RELATION TO MANDATORY LIFE SENTENCE FOR MURDER ETC

Interpretation

A4-709
1. In this Schedule—

"child" means a person aged under 18;
"mandatory life sentence" means a mandatory life sentence passed in circumstances where the sentence is fixed by law.

Starting Points

A4-710
2—(1) If—
    (a) the court considers that the seriousness of the offence (or the combination of the offence and one or more offences associated with it) is exceptionally high, and
    (b) the offender was aged 21 or over when the offence was committed,
the appropriate starting point is a whole life order.
  (2) Cases that would normally fall within sub-paragraph (1)(a) include—
    (a) the murder of two or more persons, where each murder involves any of the following—
      (i) a substantial degree of premeditation or planning,
      (ii) the abduction of the victim, or
      (iii) sexual or sadistic conduct,
    (b) the murder of a child if involving the abduction of the child or sexual or sadistic motivation,
    (ba) the murder of a child involving a substantial degree of premeditation or planning, where the offence was committed on or after [28 June 2022],
    (c) the murder of a police officer or prison officer in the course of his or her duty, where the offence was committed on or after 13 April 2015,
    (d) a murder done for the purpose of advancing a political, religious, racial or ideological cause, or
    (e) a murder by an offender previously convicted of murder.

3—(1) If—
    (a) the case does not fall within paragraph 2(1) but the court considers that the seriousness of the offence (or the combination of the offence and one or more offences associated with it) is particularly high, and
    (b) the offender was aged 18 or over when the offence was committed,
the appropriate starting point, in determining the minimum term, is 30 years.
  (2) Cases that (if not falling within paragraph 2(1)) would normally fall within sub-paragraph (1)(a) include—
    (a) in the case of an offence committed before 13 April 2015, the murder of a police officer or prison officer in the course of his or her duty,
    (b) a murder involving the use of a firearm or explosive,
    (c) a murder done for gain (such as a murder done in the course or furtherance of robbery or burglary, done for payment or done in the expectation of gain as a result of the death),
    (d) a murder intended to obstruct or interfere with the course of justice,
    (e) a murder involving sexual or sadistic conduct,
    (f) the murder of two or more persons,
    (g) a murder that is aggravated by racial or religious hostility or by hostility related to sexual orientation,
    (h) a murder that is aggravated by hostility related to disability or transgender identity, where the offence was committed on or after 3 December 2012 (or over a period, or at some time during a period, ending on or after that date),
    (i) a murder falling within paragraph 2(2) committed by an offender who was aged under 21 when the offence was committed.
  (3) An offence is aggravated in any of the ways mentioned in sub-paragraph (2)(g) or (h) if section 66 requires the court to treat the fact that it is so aggravated as an aggravating factor.

4—(1) If—
  (a) the case does not fall within paragraph 2(1) or 3(1),
  (b) the offence falls within sub-paragraph (2),
  (c) the offender was aged 18 or over when the offence was committed, and
  (d) the offence was committed on or after 2 March 2010,
the offence is normally to be regarded as sufficiently serious for the appropriate starting point, in determining the minimum term, to be 25 years.
  (2) The offence falls within this sub-paragraph if the offender took a knife or other weapon to the scene intending to—
  (a) commit any offence, or
  (b) have it available to use as a weapon,
and used that knife or other weapon in committing the murder.

5— If the offender was aged 18 or over when the offence was committed and the case does not fall within paragraph 2(1), 3(1) or 4(1), the appropriate starting point, in determining the minimum term, is 15 years.

5A—(1) This paragraph applies if—
  (a) the offender was aged under 18 when the offence was committed, and
  (b) the offender was convicted of the offence on or after [28 June 2022].
  (2) The appropriate starting point, in determining the minimum term, is the period given in the entry in column 2, 3 or 4 of the following table that corresponds to—
  (a) the age of the offender when the offence was committed, as set out in column 1, and
  (b) the provision of this Schedule that would have supplied the appropriate starting point had the offender been aged 18 when the offence was committed, as set out in the headings to columns 2, 3 and 4.

1	2	3	4
Age of offender when offence committed	Starting point supplied by paragraph 3(1) had offender been 18	Starting point supplied by paragraph 4(1) had offender been 18	Starting point supplied by paragraph 5 had offender been 18
17	27 years	23 years	14 years
15 or 16	20 years	17 years	10 years
14 or under	15 years	13 years	8 years

6—(1) This paragraph applies if—
  (a) the offender was aged under 18 when the offence was committed, and
  (b) the offender was convicted of the offence before [28 June 2022].
  (2) The appropriate starting point, in determining the minimum term, is 12 years.

Aggravating and Mitigating Factors

7. Having chosen a starting point, the court should take into account any aggravating or mitigating factors, to the extent that it has not allowed for them in its choice of starting point.

8. Detailed consideration of aggravating or mitigating factors may result in a minimum term of any length (whatever the starting point), or in the making of a whole life order.

9. Aggravating factors (additional to those mentioned in paragraph 2(2), 3(2) and 4(2)) that may be relevant to the offence of murder include—
  (a) a significant degree of planning or premeditation,
  (b) the fact that the victim was particularly vulnerable because of age or disability,
  (ba) where the offence was committed on or after [29 February 2024], the fact that the offender had repeatedly or continuously engaged in behaviour towards the victim that was controlling or coercive and, at the time of the behaviour, the offender and the victim were personally connected within the meaning of s.76(6)–(7) of the Serious Crime Act 2015,
  (c) mental or physical suffering inflicted on the victim before death,
  (d) the abuse of a position of trust,
  (e) the use of duress or threats against another person to facilitate the commission of the offence,
  (f) the fact that victim was providing a public service or performing a public duty, and

(fa) where the offence was committed on or after [29 February 2024], the use of sustained and excessive violence towards the victim, and
(g) concealment, destruction or dismemberment of the body.

10. Mitigating factors that may be relevant to the offence of murder include—
(a) an intention to cause serious bodily harm rather than to kill,
(b) lack of premeditation,
(c) the fact that the offender suffered from any mental disorder or mental disability which (although not falling within section 2(1) of the Homicide Act 1957) lowered the offender's degree of culpability,
(ca) where the offence was committed on or after [29 February 2024], the fact that the victim had repeatedly or continuously engaged in behaviour towards the offender that was controlling or coercive and, at the time of the behaviour, the victim and the offender were personally connected within the meaning of s.76(6)–(7) of the Serious Crime Act 2015,
(d) the fact that the offender was provoked (for example, by prolonged stress) but, in the case of a murder committed before 4 October 2010, in a way not amounting to a defence of provocation,
(e) the fact that the offender acted to any extent in self-defence or, in the case of a murder committed on or after 4 October 2010, in fear of violence,
(f) a belief by the offender that the murder was an act of mercy, and
(g) the age of the offender.

11. Nothing in this Schedule restricts the application of—
(a) section 65 (previous convictions),
(b) section 64 (bail), or
(c) section 73 (guilty plea),
or of section 238(1)(b) or (c) or 239 of the Armed Forces Act 2006.

Offences Committed Before 18 December 2003

A4-712 12.—(1) This paragraph applies where the offence was committed before 18 December 2003.
(2) If the court makes a minimum term order, the minimum term must, in the opinion of the court, be no be greater than the period which, under the practice followed by the Secretary of State before December 2002, the Secretary of State would have been likely to notify to the offender as the minimum period which, in the view of the Secretary of State should be served before the prisoner's release on licence.
(3) The court may not make a whole life order unless it is of the opinion that, under the practice followed by the Secretary of State before December 2002, the Secretary of State would have been likely to notify the prisoner that the Secretary of State did not intend that the prisoner should ever be released on licence.

Practice Directions

A4-713 The Criminal Practice Directions 2015 were repealed and replaced by the Criminal Practice Directions 2023 on 29 May 2023. The 2023 Practice Directions do not reproduce the material that previously constituted "*CPD 2015 VII Sentencing N*". That Practice Direction no longer therefore has legal force. However, it is suggested that it remains a useful summary of the position in relation to minimum terms for mandatory life sentences prior to 18 December 2003 and therefore has been reproduced in this work.

CPD 2015 VII Sentencing N: Transitional Arrangements for Sentences where the Offence was Committed Before 18 December 2003

A4-714 **N.1** Where the court is passing a sentence of mandatory life imprisonment for an offence committed before 18 December 2003, the court should take a fourth step in determining the minimum term in accordance with section 276 and Schedule 22 of the Act.

N.2 The purpose of those provisions is to ensure that the sentence does not breach the principle of non-retroactivity, by ensuring that a lower minimum term would not have been imposed for the offence when it was committed. Before setting the minimum term, the court must check whether the proposed term is greater than that which the Secretary of State would probably have notified under the practice followed by the Secretary of State before December 2002.

N.3 The decision in *Sullivan, Gibbs, Elener and Elener* [2004] EWCA Crim 1762; [2005] 1 Cr. App. R. 3; [2005] 1 Cr. App. R.(S.) 67 gives detailed guidance as to the correct approach to this practice and judges passing mandatory life sentences where the murder was committed prior to 18 December 2003 are well advised to read that judgment before proceeding.

N.4 The practical result of that judgment is that in sentences where the murder was committed before 31 May 2002, the best guide to what would have been the practice of the Secretary of State is the letter sent to judges by Lord Bingham CJ on 10th February 1997, the relevant parts of which are set out below.

N.5 The practice of Lord Bingham, as set out in his letter of 10 February 1997, was to take 14 years as the period actually to be served for the 'average', 'normal' or 'unexceptional' murder. Examples of factors he outlined as capable, in appropriate cases, of mitigating the normal penalty were:

(1) Youth;
(2) Age (where relevant to physical capacity on release or the likelihood of the defendant dying in prison);
(3) [Intellectual disability or mental disorder];
(4) Provocation (in a non-technical sense), or an excessive response to a personal threat;
(5) The absence of an intention to kill;
(6) Spontaneity and lack of premeditation (beyond that necessary to constitute the offence: e.g. a sudden response to family pressure or to prolonged and eventually insupportable stress);
(7) Mercy killing;
(8) A plea of guilty, or hard evidence of remorse or contrition.

N.6 Lord Bingham then listed the following factors as likely to call for a sentence more severe than the norm:

(1) Evidence of planned, professional, revenge or contract killing;
(2) The killing of a child or a very old or otherwise vulnerable victim;
(3) Evidence of sadism, gratuitous violence, or sexual maltreatment, humiliation or degradation before the killing;
(4) Killing for gain (in the course of burglary, robbery, blackmail, insurance fraud, etc.);
(5) Multiple killings;
(6) The killing of a witness, or potential witness, to defeat the ends of justice;
(7) The killing of those doing their public duty (policemen, prison officers, postmasters, firemen, judges, etc.);
(8) Terrorist or politically motivated killings;
(9) The use of firearms or other dangerous weapons, whether carried for defensive or offensive reasons;
(10) A substantial record of serious violence;
(11) Macabre attempts to dismember or conceal the body.

N.7 Lord Bingham further stated that the fact that a defendant was under the influence of drink or drugs at the time of the killing is so common he would be inclined to treat it as neutral. But in the not unfamiliar case in which a couple, inflamed by drink, indulge in a violent quarrel in which one dies, often against a background of longstanding drunken violence, then he would tend to recommend a term somewhat below the norm.

N.8 Lord Bingham went on to say that given the intent necessary for proof of murder, the consequences of taking life and the understandable reaction of relatives to the deceased, a substantial term will almost always be called for, save perhaps in a truly venial case of mercy killing. While a recommendation of a punitive term longer than, say, 30 years will be very rare indeed, there should not be any upper limit. Some crimes will certainly call for terms very well in excess of the norm.

N.9 For the purposes of sentences where the murder was committed after 31 May 2002 and before 18 December 2003, the judge should apply the Practice Statement handed down on 31 May 2002 reproduced at paragraphs N.10 to N.20 below.

N.10 This Statement replaces the previous single normal tariff of 14 years by substituting a higher and a normal starting point of respectively 16 (comparable to 32 years) and 12 years (comparable to 24 years). These starting points have then to be increased or reduced because of aggravating or mitigating factors such as those referred to below. It is emphasised that they are no more than starting points.

CPD 2015 VII Sentencing P: Procedure for Announcing the Minimum Term in Open Court

A4-715 **P.1** Having gone through the three or four steps outlined above, the court is then under a duty, under section 270 of the Act, to state in open court, in ordinary language, its reasons for deciding on the minimum term or for passing a whole life order.

P.2 In order to comply with this duty, the court should state clearly the minimum term it has determined. In doing so, it should state which of the starting points it has chosen and its reasons for doing so. Where the court has departed from that starting point due to mitigating or aggravating features, it must state the reasons for that departure and any aggravating or mitigating features which have led to that departure. At that point, the court should also declare how much, if any, time is being deducted for time spent in custody and/or on bail subject to a qualifying curfew condition. The court must then explain that the minimum term is the minimum amount of time the prisoner will spend in prison, from the date of sentence, before the Parole Board can order early release. If it remains necessary for the protection of the public, the prisoner will continue to be detained after that date. The court should also state that where the prisoner has served the minimum term and the Parole Board has decided to direct release, the prisoner will remain on licence for the rest of his life and may be recalled to prison at any time.

P.3 Where the offender was 21 or over when he committed the offence and the court considers that the seriousness of the offence is so exceptionally high that a 'whole life order' is appropriate, the court should state clearly its reasons for reaching this conclusion. It should also explain that the early release provisions will not apply.

Guidance

General approach

A4-716 The guidance given by Sch.21 is provided to assist the judge to determine the appropriate sentence; the judge must have regard to the guidance, but each case will depend critically on its particular facts. The starting points provided do not operate to remove the judge's discretion. They merely indicate the matters to which the judge must have regard when exercising their discretion: *R. v Last*.[780] If the judge

---

[780] [2005] EWCA Crim 106; [2005] 2 Cr. App. R.(S.) 64.

concludes that it is appropriate to follow a course that does not appear to reflect the guidance, the judge should explain the reason for this: *R. v Jones*.[781]

The first step in applying Sch.21 is to identify the relevant starting point by reference to the seriousness of the offence and the examples indicated within each paragraph. The examples given in the paragraphs are not exhaustive and should not be construed technically and the focus should always be on the seriousness of the offence: *R. v Last*[782] and *R. v Height and Anderson*[783]—although in practice the courts do seem to have taken a relatively restrictive and technical interpretation to them, presumably to avoid the mass inflation of minimum terms. The starting points provide a very broad framework for the sentencing exercise and they are so far apart that it will often be impossible to divorce the choice of starting point from the application of aggravating and mitigating factors: *R. v Jones*.[784]

Once the appropriate starting point under Sch.21 is identified, careful consideration should be given to (a) whether there should be an increase or decrease from that starting point; and (b) the aggravating and mitigating factors present. As to whether there is to be a movement (up or down) from the Sch.21 starting point, it will not be impermissible double counting to increase a starting point because there are two factors indicating that starting point ought to apply; it being clear that one such factor is normally sufficient to attract the relevant starting point and accordingly upward adjustment is permissible (and potentially must have been intended): *Attorney General's Reference (R. v KGS)*.[785] In some cases, there can be very substantial increases above the 30-year minimum term to reflect either multiple factors applicable to a particular starting point, or other offences, see for example *R. v Chapman (Connor William)*[786] and *R. v McSweeney (Jordan)*.[787] After such a consideration, adjustment will be necessary to reflect any aggravating and mitigating factors. That may result in a minimum term of any length (whatever the starting point) and the starting points must not be used mechanistically. Full regard must be had to the features of the individual case so that the sentence truly reflects the seriousness of the particular offence. As with any sentencing exercise where an aggravating or mitigating factor has been taken into account in determining the starting point for the offence it should not then be taken into account again: *R. v Jones*.[788]

The focus in identifying the appropriate minimum term is the seriousness of the offence (to be assessed in the normal manner; see A1-007) and the protection of the public is not a relevant factor in fixing the minimum term: *R. v Jones*.[789]

A4-717

Once the appropriate minimum term has been arrived at, provided it is not a whole life term, the court should then apply the appropriate credit for guilty plea (see A4-755).

When sentencing the offender the court must state in open court, in ordinary language, the reasons for the order made and, in particular, the court must state which of the starting points in Sch.21 the court has chosen and its reason for do-

---

[781] [2005] EWCA Crim 3115; [2006] 2 Cr. App. R.(S.) 19.
[782] [2005] EWCA Crim 106; [2005] 2 Cr. App. R.(S.) 64.
[783] [2008] EWCA Crim 2500; [2009] 1 Cr. App. R.(S.) 117.
[784] [2005] EWCA Crim 3115; [2006] 2 Cr. App. R.(S.) 19.
[785] [2024] EWCA Crim 85; [2024] 2 Cr. App. R. (S.) 9.
[786] [2024] EWCA Crim 190.
[787] [2023] EWCA Crim 1250; [2024] 1 Cr. App. R. (S.) 39.
[788] [2005] EWCA Crim 3115; [2006] 2 Cr. App. R.(S.) 19.
[789] [2005] EWCA Crim 3115; [2006] 2 Cr. App. R.(S.) 19.

ing so, and must also state its reasons for any departure from that starting point: *R. v Imran*.[790]

Identifying the appropriate starting point

Whole-life orders

A4-718 General In *Attorney General's Reference (R. v Stewart, Couzens, Tustin and Hughes)*,[791] the court identified the principles that could be derived from the statutory provisions and the authorities, including *R. v Peters*;[792] *R. v Jones*;[793] *R. v Height*;[794] *R. v Wilson*;[795] *R. v Oakes*;[796] *R. v McLoughlin*;[797] *R. v Reynolds*;[798] *Hutchinson v UK*;[799] and *R. v McCann*:[800]

1) For offences committed before 28 June 2022, a whole life order ("WLO") may only be considered where a sentence of life imprisonment was imposed on an offender who was over the age of 21 (Sentencing Act 2020, s.321(3)(a)). Section 126 of the Police, Crime and Sentencing Act 2022 extended the availability of a whole life order to offenders aged 18, 19 and 20 from that date.

2) A WLO may only be imposed if the court considered that the seriousness of the offence(s) was such that it should not make a minimum term order (s.321(3)(b)):

> "A whole life order should be imposed where the seriousness of the offending is so exceptionally high that just punishment requires the offender to be kept in prison for the rest of his or her life. Often, perhaps usually, where such an order is called for the case will not be on the borderline. The facts of the case, considered as a whole, will leave the judge in no doubt that the offender must be kept in prison for the rest of his or her life. Indeed, if the judge is in doubt this may well be an indication that a finite minimum term which leaves open the possibility that the offender may be released for the final years of his or her life is the appropriate disposal. To be imprisoned for a finite period of thirty years or more is a very severe penalty. If the case includes one or more of the factors set out in [the schedule] it is likely to be a case that calls for a whole life order, but the judge must consider all the material facts before concluding that a very lengthy finite term will not be a sufficiently severe penalty." *Jones* at [10].

3) It is "a sentence of last resort for cases of the most extreme gravity" which is "reserved for the few exceptionally serious cases" where "the judge is satisfied that the element of just punishment requires the imposition of a whole life order"—*Wilson* at [14], *Reynolds* at [5(iv)]. In a borderline case,

---

[790] [2006] EWCA Crim 754; [2006] Cr. App. R.(S.) 93.
[791] [2022] EWCA Crim 1063; [2023] 1 Cr. App. R. (S.) 17.
[792] [2005] EWCA Crim 605.
[793] [2005] EWCA Crim 3115; [2006] 2 Cr.App.R. (S.) 19.
[794] [2008] EWCA Crim 2500; [2009] 1 Cr.App.R. (S.) 117.
[795] [2009] EWCA Crim 999; [2010] 1 Cr.App.R. (S.) 11.
[796] [2012] EWCA Crim 2435; [2013] Q.B. 979.
[797] [2014] EWCA Crim 188; [2014] 1 W.L.R. 3964.
[798] [2014] EWCA Crim 2205; [2015] 1 Cr.App.R. (S.) 24.
[799] 43 B.H.R.C. 667.
[800] [2020] EWCA Crim 1676; [2021] 4 W.L.R. 3.

if the judge is in any doubt as to whether this standard is reached, a minimum term order is likely to be the appropriate disposal—*Jones* at [10], *Reynolds* at [5(ii)].

4) The statutory scheme "does not shut the door" on the possibility of a whole life order where a discretionary sentence of life imprisonment is imposed for a crime other than murder, but such a case would be "wholly exceptional"—*McCann* at [89]. All bar one of those currently serving whole life orders were convicted of murder and, in most cases, more than one offence of murder.

5) In assessing whether the seriousness of the offence(s) warrants a whole life order, the court must have regard to the general principles set out in Sch.21 (s.322(3)). Each case will depend critically on its particular facts. The sentencing judge must undertake a careful analysis of all the relevant facts as "justice cannot be done by rote"—*Peters* at [5], *Reynolds* at [5(i)], *Jones* at [6]. Schedule 21 must be applied in a flexible, not rigid, way to achieve a just result—*Height* at [29]. Because each case depends on its own facts, comparison with other cases is unlikely to be helpful. It is the application of the principles to a careful assessment of the relevant facts of the case that is important.

6) The court must first identify the appropriate starting point. Where the seriousness of the offence(s) is exceptionally high, then the starting point is a WLO. Where the seriousness of the offence(s) is "particularly high" the starting point is a minimum term of 30 years. Otherwise, the starting point will be 15 or 25 years depending on the circumstances.

7) Cases of murder involve taking human life where the offender intended to kill or cause really serious harm. All murders are necessarily extremely serious crimes. For that reason, they attract the mandatory life sentence. The requirement for the seriousness to be "exceptionally high" before a whole life order is made arises in that context. The case must be exceptionally serious, even in the context of murder. The period that an offender is required to serve, in the case of a minimum term before the parole board can consider release, encompasses every type of murder from true mercy killings at one end of the spectrum to the most evil at the other.

8) The period that a murderer must serve does not reflect the value the life taken away and does not attempt to do so.

9) Paragraphs 2 (2) and 3 (2) of Sch.21 list the types of case where the seriousness is "normally" to be regarded as "exceptionally high" or "particularly high". These are not exhaustive lists. The legislation does not exclude the possibility that other cases might reach the indicted level of seriousness, though such cases are "probably rare"—*Height* at [28]. The same applies in reverse: a case that nominally comes within the ambit of paragraphs 2(2) or 3(2) may not reach that level of seriousness because of the particular facts—*Height* at [28]. The conclusion in *Height* was that it will be rare for a case that does not come directly within the scope of paragraph 2(2) to be regarded as being exceptionally serious.

10) Having determined the appropriate starting point, the court must consider the aggravating and mitigating factors. These may result in a departure from the starting point. If the starting point is a whole life order, then the balance of mitigating factors and aggravating factors might result in the imposition of a minimum term order. That balance is not struck by listing aggravat-

ing and mitigating factors and then considering which list is the longer. Both aggravating and mitigating factors may vary in potency. The statutory factors which indicate that a whole life order should be considered would themselves normally be aggravating factors. Care must be taken not to double count. Conversely, if the starting point is a minimum term order, then the balance of aggravating factors and mitigating factors might result in the imposition of a whole life order.

11) A plea of guilty is relevant when determining whether the seriousness of a case is exceptionally high and requires a whole life order —*Jones* at [15], *Reynolds* at [5(iii)].

12) If the test in s.321(3) is satisfied, then a whole life order must be imposed. Otherwise, a sentence of life imprisonment must be subject to a minimum term order (s.321(2)).

13) A whole life order means that the statutory early release provisions do not apply. It does not preclude the possibility of release by the Home Secretary on compassionate grounds. A decision whether to release on compassionate grounds may be challenged in judicial review proceedings. The Grand Chamber of the European Court of Human Rights has confirmed (in agreement with this court's decision in *McLoughlin*) that "the whole life sentence … [is] in keeping with Article 3 of the Convention"—*Hutchinson* at [72].

14) The assessment of seriousness is for the sentencing judge. On an appeal, or a reference by the Law Officers, this court will not substitute its own assessment for that of the sentencing judge. On an appeal against the imposition of a whole life order or a reference by the Attorney or Solicitor General this court will interfere only if the sentence was manifestly excessive or unduly lenient, as the case may be: *Peters* at [9].

It should be noted that the starting point for a whole-life order applies only where the offender was aged 21 or over when the offence was committed; this is despite amendments to s.321 of the Sentencing Code which provides that whole life orders may be made in respect of offenders who were 18 or over at the time of the offence where the offence was committed on or after 28 June 2022.

A4-719 ECHR Both the domestic courts and the European Court of Human Rights have grappled, rather unconvincingly, with the issue of whether whole-life sentences are irreducible so as to constitute a breach of art.3 of the European Convention on Human Rights. The Grand Chamber in *Vinter v United Kingdom*[801] concluded at [119] that the issue was whether the law provided for "a review which allows the domestic authorities to consider whether any changes in the life prisoner were so significant, and such progress towards rehabilitation has been made in the course of the sentence, as to mean that continued detention can no longer be justified on legitimate penological grounds" and at [127] that in relation to s.30 of the Crime (Sentences) Act 1997 which gave the Secretary of State a discretionary power to, at any time, release a life prisoner on licence if he is satisfied that exceptional circumstances exist which justify the prisoner's release on compassionate grounds, "compassionate release of this kind was not what was meant by a "prospect of release" in the Grand Chamber decision of *Kafkaris v Cyprus*.[802] The court

---

[801] (66069/09) [2016] 63 E.H.R.R. 1.
[802] (21906/04) [2009] 49 E.H.R.R. 35.

concluded, therefore, that a whole-life sentence must include the possibility of release and of review for it to be compliant with art.3 of the Convention.

This decision was considered by the Court of Appeal (Criminal Division) in *Attorney General's Reference (No.69 of 2013) (R. v Newell); R. v McLoughlin*,[803] in which the Lord Chief Justice held that a WLO was not incompatible with art.3 of the European Convention on Human Rights as, under s.30 of the Crime (Sentences) Act 1997, the Secretary of State had the power to review such an order and release a prisoner where exceptional circumstances justifying compassionate release had been demonstrated. The court suggested that the Grand Chamber had misunderstood the law in England and Wales and the extent to which the Secretary of State had a discretion to release WLO prisoners (see in particular [30]–[36] of the judgment). Jonathan Bild has described the decision of the Court of Appeal (Criminal Division) as demonstrating that the Court are content with an "ill-defined release process which is shrouded in far greater uncertainty than the ECtHR might have envisaged".[804] Bild suggested that the issue, at least in part, stems from the Grand Chamber's decision and the focus on a WLO reaching a stage where the detention is no longer justifiable on legitimate penological grounds. He concluded:

> "It would be more helpful to articulate that the issue is not one of a sentence ceasing to serve any legitimate penological purpose but rather that sentencing necessarily entails multiple competing legitimate penological purposes and that one (rehabilitation) can eventually over-ride the others (retribution, deterrence and incapacitation). If a Secretary of State can decline to release a reformed whole-life-sentence prisoner on the grounds that their continuing detention serves the legitimate penological purposes of retribution and deterrence, it would appear that successfully challenging this decision by way of judicial review may be rather difficult."[805]

Despite Bild's concerns about the decision of the Court of Appeal (Criminal Division) in *Attorney General's Reference (No.69 of 2013) (R. v Newell); R. v McLoughlin*[806] the conclusions of the court were subsequently accepted by the Grand Chamber in *Hutchinson v United Kingdom*.[807]

Murder of two or more persons (para.(2)(a)) The wording of para.2(2)(a) is clear in providing that when an offender murders two persons and any of the three criteria identified is involved in both murders a whole life order would be the normal starting point. The language of the subsection is that "each murder" must involve one of the three criteria. That cannot be interpreted as suggesting that a murder of three or more people would not be covered by the subsection if only two of the murders fell within the criteria, but not the third murder or more: *Attorney General's Reference (R. v Stewart, Couzens, Tustin and Hughes)*.[808] Furthermore, para.2(2)(a) applies only where the court is sentencing for two or more murders, not where the court is sentencing for one murder but the offender has previously been sentenced for another murder offence.

A4-720

Murder by an offender previously convicted of murder To fall within

A4-721

---

[803] [2014] EWCA Crim 188; [2014] 1 W.L.R. 3964.
[804] J. Bild, "The whole-life sentence in England and Wales" (2015) 74(1) C.L.J. 1–4.
[805] J. Bild, "The whole-life sentence in England and Wales" (2015) 74(1) C.L.J. 1–4, 4.
[806] [2014] EWCA Crim 188; [2014] 1 W.L.R. 3964.
[807] (57592/08) 43 B.H.R.C. 667.
[808] [2022] EWCA Crim 1063; [2023] 1 Cr. App. R. (S.) 17.

para.(2)(2)(e) the person must have been convicted of murder before he committed the murder for which he is to be sentenced: *Attorney General's Reference (R. v Stewart, Couzens, Tustin and Hughes)*.[809]

The 30-year starting point

A4-722 **Firearms** In *R. v Jones*[810] it was held that where a firearm was carried for the purpose of being used as an offensive weapon, it was hard to envisage a reason for not following the guidance in Sch.21 and adopting 30 years as a starting point. In *R. v West*[811] the court held, recognising that each case depended on its own facts, that the use of a firearm or explosive is more likely to result in a 30-year starting point for those who use firearms in the context of organised crime and, often, depending on the facts, those who with premeditation go out with a loaded firearm and use it to kill.

In *R. v Dawson*[812] it was conceded by the Crown that the reference to firearms in para.3(2)(b) of Sch.21 is meant to relate to "deadly firearms"; on the facts of the case the court held that the use of a powerful .22 air rifle capable of using heavy pellets for pest control, which was legally held without any licence and not a deadly weapon, to wound the victim before killing him therefore attracted the 25-year starting point rather than the 30-year one.

The 30-year starting point for murders involving the use of a firearm does not apply only to those who actually pulled the trigger, and is capable of applying to secondary parties in such a murder: *R. v Lovell*.[813] This is in part, because of the distinction between paras 3 and 4, in that para.3 concerns a murder involving a firearm (as opposed to requiring the weapon be brought to the scene by the offender); and so is capable of applying even if the offender in question has not possessed the firearm: *R. v Watson (Roshane)*.[814]

Lovell, however, seems to leave open the question as to whether a murder which simply involved threatening with a firearm or explosive, and not its discharge, would constitute the use of a firearm. In such a case it is easy to see why the harms of the offending are lessened—the discharge of a firearm or explosive putting many more at risk—but significant culpability would still seem to be present in using an illegal and highly dangerous weapon in that manner.

A4-723 **Murder done for gain** In *R. v Bouhaddou*,[815] the court held that if murder is committed to facilitate escape from a burglary whose object is gain, then it can properly be said to be committed "for gain".

It is clear from *R. v Tailor*[816] (murder of a partner where the offender had another lover but also stood to benefit from the house and life insurance) that where the murder was committed in part for financial gain the 30-year starting point may apply, although a reduction should be made from the starting point if gain was not the primary motive for the offence (i.e. a case of mixed motives). This is reinforced by

---

[809] [2022] EWCA Crim 1063; [2023] 1 Cr. App. R. (S.) 17.
[810] [2005] EWCA Crim 3115; [2006] 2 Cr. App. R.(S.) 19.
[811] [2007] EWCA Crim 701.
[812] [2021] EWCA Crim 683; [2021] 2 Cr. App. R. (S.) 51.
[813] [2018] EWCA Crim 19; [2018] 1 Cr. App. R.(S.) 48.
[814] [2023] EWCA Crim 960; [2024] 1 Cr. App. R. 10.
[815] [2006] EWCA Crim 3190; [2007] 2 Cr. App. R.(S.) 23.
[816] [2007] EWCA Crim 1564; [2008] 1 Cr. App. R.(S.) 37.

the decision in *R. v Hood*,[817] where it was held that the gain contemplated in the paragraph is clearly principally a monetary one or one of equivalent kind. Having an ulterior motive for killing is not the same in every case as killing for gain, and on the facts a murder committed in order to allow the murderer to start a new life with his partner was not a murder for gain. By contrast, in *R. v Cooper and Cooper*,[818] where one of the defendants was employed by a company that had a policy that prohibited personal relationships among employees (contravention of which could result in termination), in circumstances where: (a) he had entered into a sexual relationship with the victim, V; (b) he was also in a sexual relationship with another employee of the company, W, whom he directly line-managed; (c) he lived with his long-term partner, X; and (d) he and his brother had killed V, the Court of Appeal (Criminal Division) held that it was "clear" that the offence was one done for gain, the gain being the value of his employment and pension rights.

Additionally, where the murder was committed by someone being paid by the offender to kill (i.e. a contract killer), the 30-year starting point should apply to both the killer and the offender who paid the killer: *R. v Height and Anderson*[819] and *R. v Ali*.[820]

There is clearly a risk that this paragraph of the Schedule may be interpreted too loosely and the Court of Appeal (Criminal Division) will no doubt "police" the continued expansion of this aspect of the Schedule appropriately.

A4-724

Murder involving sexual or sadistic conduct The reference to murder "involving sexual conduct" is intended to cover circumstances where the acts which resulted in the death of the victim were sexual in nature or accompanied by sexual activity that increased the ordeal of the victim or the depravity of the murder, or both: *R. v Walker*.[821] Simply that there was a limited sexual component to the offending (such as it taking place after a sexual assault) will not necessarily make the 30-year starting point appropriate: *Attorney General's Reference No.73 of 2012 (R. v Halliwell)*.[822] The focus is on whether there was sexual or sadistic "conduct" and requires consideration of all the activities that occur; a sexual or sadistic motivation in and of itself will not necessarily suffice to bring a case within this paragraph (albeit motivation may have an important part to play in the evaluation): *Attorney General's Reference (R. v Maynard-Ellis)*.[823]

A4-725

In the 2023 edition of this work it was submitted that it is likely that whether the 30-year starting point is appropriate will depend on the nature and extent of the sexual activity, and the extent to which it simply formed the background to the murder being committed, or was a part of the murder itself. This was endorsed in *Attorney General's Reference (R. v McCullam (Ross))*.[824]

A finding of sadistic conduct does not require a sexual component: *Attorney General's References Nos 108 and 109 of 2005 (R. v Swindon and Peart)*.[825]

Simply that the offender has derived pleasure from the murder will not be by

A4-726

---

[817] [2012] EWCA Crim 1260; [2013] 1 Cr. App. R.(S.) 49.
[818] [2017] EWCA Crim 419; [2017] 4 W.L.R. 165.
[819] [2008] EWCA Crim 2500; [2009] 1 Cr. App. R.(S.) 117.
[820] [2015] EWCA Crim 888.
[821] [2007] EWCA Crim 2631; [2008] 2 Cr. App. R.(S.) 6.
[822] [2012] EWCA Crim 2924; [2013] 2 Cr. App. R.(S.) 38.
[823] [2021] EWCA Crim 317.
[824] [2023] EWCA Crim 349.
[825] [2006] EWCA Crim 513; [2006] 2 Cr. App. R.(S.) 80.

itself enough to merit a finding of sadistic conduct, which requires a significantly greater degree of awareness of pleasure in the infliction of pain, suffering or humiliation than that many offenders derive from the attack: *R. v Bonellie*.[826] The pleasure which is required, reaching a sufficient degree to constitute sadism, is the pleasure in the infliction of pain, suffering or humiliation, not pleasure in causing death for its own sake, and the derivation of such pleasure does not have to be a motivator for causing death: *R. v Khan*.[827] That a beating was particularly lengthy will not normally suffice, although it could be a factor: see, *R. v Kolman*.[828]

In *R. v McSweeney (Jordan)*,[829] the court noted that the appellant's planning and premeditation in relation to the sexual assault which preceded the murder was a "striking" feature and one which the sentencing judge was entitled to regard as a material and significant aggravating feature. The proper sentence was a minimum term of 38 years (before a reduction for the plea).

A4-727 **Murder of more than one person** The starting point under para.3(2)(f) provides a minimum term that reflects the fact that more than one person has been murdered, whatever the circumstances of the murders. It follows that it does not necessarily give sufficient weight both to the fact that more than one person has been murdered and where a knife is used, the seriousness of carrying a knife in public with the intention to use it as a weapon, and using it to murder: *Attorney General's Reference (R. v Jhagra (Amrit Singh))*.[830] In such a case, the carrying and use of a knife would be a significant aggravating feature.

It is suggested that there will be a particular need in such cases to consider the aggravating features of each murder and whether an enhanced starting point would have been attracted for each.

A4-728 **Cases which may also attract the 30-year starting point** In a number of other cases, the Court of Appeal (Criminal Division) has upheld starting points of 30 years or more (or held that they will not apply). These cases are invariably only examples and do not create rules or presumptions but can provide a useful illustration of where the 30-year starting point may be appropriate.

A4-729 **Cannibalism** In *R. v Morley*,[831] the court held that desecration of a corpse by cannibalism would be a feature which would normally fall, and in the instant case certainly did fall, to be identified as a profoundly significant feature of seriousness which would justify bringing the case into the particularly high level of seriousness, assuming that all other aspects of the case were equal.

A4-730 **Arson** In *R. v Stanciu (Lonel-Octavian)*,[832] the court held that *R. v Jones*,[833] (where the court observed that to deliberately kill or cause really serious injury by fire is likely to involve agony for the victim and the possibility of permanent injury or disfigurement) was authority for the principle that where the murder of a person is committed by using petrol or another accelerant to set fire to that person's home the

---

[826] [2008] EWCA Crim 1417; [2009] 1 Cr. App. R.(S.) 55.
[827] [2021] EWCA Crim 428.
[828] [2018] EWCA Crim 2624; [2019] 2 Cr. App. R.(S.) 33.
[829] [2023] EWCA Crim 1250; [2024] 1 Cr. App. R. (S.) 39.
[830] [2022] EWCA Crim 1811; [2023] 2 Cr. App. R. (S.) 15.
[831] [2009] EWCA Crim 1302; [2010] 1 Cr. App. R.(S.) 44.
[832] [2022] EWCA Crim 1117; [2023] 1 Cr. App. R. (S.) 10.
[833] [2005] EWCA Crim 3115; [2006] 2 Cr. App. R.(S.) 19.

court may find the 30 year starting point applies. The court observed, however, the need to avoid double counting and that that starting point would reflect the premeditation and planning involving in acquiring and using an accelerant and the particular vulnerability of the risk of being trapped inside a burning building. It noted that if more than one person is injured that can be reflected by an upwards movement from the starting point.

However, in *R. v Dunstan*,[834] a case involving a drunk (and not premeditated) attack, during which the offender poured white spirit on the deceased and set it alight, causing burns on 15% of her body, the court distinguished the cases relating to the deliberate setting of fire to a person's home, holding that the judge had erred in finding that the 30-year starting point applied. In *R. v Barrow (Jamie Edwin)*,[835] the defendant had poured petrol through his neighbour's letter box and set it alight, resulting in the death of the occupants (two young children and their parent). The sentencing judge adopted a 30-year starting point and the court held that the judge was entitled to go "well above" the 30-year figure (on the facts, holding that 38 years was the appropriate minimum term). It is submitted that whilst relevant factors may include the degree of planning and the greater risks (to both the victim and others) arising from a burning building that pouring accelerant on a person and deliberately setting light to them will constitute a significant aggravating factor even if it is not considered to merit the 30 year starting point.

Murder committed to ensure continued operation of criminal conspiracy In *R. v Griffiths*,[836] the court held that the judge was entitled to conclude the case was analogous to those in the 30-year starting points where the murder was of a member of a criminal gang who were pursuing large scale drug dealing, and designed to protect that criminal enterprise, to enforce criminal discipline and involved sustained torture. The court was at pains to point out they were not holding that all murders committed in the course of criminal enterprises would be of "particularly high" seriousness—it would depend on the scale of the enterprise and the circumstances of the killing, and it was clear that some would not be at all suitable for a 30-year starting point. However, it is clear that where there is a large-scale criminal conspiracy murders committed by those high ranking in that conspiracy to ensure its ongoing success may attract the 30-year starting point.

A4-731

The 25-year starting point

Whether the knife or weapon was taken to the scene The 25-year starting point applies only where the offender took a knife or other weapon to the scene intending to commit any offence, or have it available to use as a weapon and used that weapon in the offence; a particular issue that has arisen in the case law is therefore when an offender can be considered to have taken the weapon to the scene. The court in *R. v Dillon*[837] summarised the authorities on whether the weapon was taken to the scene as follows at [32]:

A4-732

1) a knife taken from a kitchen to another part of the same flat or house, includ-

---

[834] [2016] EWCA Crim 2098; [2017] 1 Cr. App. R.(S.) 24 (and predating *R. v Stanciu (Lonel-Octavian)* [2022] EWCA Crim 1117; [2023] 1 Cr. App. R. (S.) 10).
[835] [2024] EWCA Crim 509.
[836] [2012] EWCA Crim 2822; [2013] 2 Cr. App. R.(S.) 48.
[837] [2015] EWCA Crim 3; [2015] 1 Cr. App. R.(S.) 62.

ing a balcony (*R. v Senechko*[838]) would not normally be regarded as having been taken to the scene, even if a door had been forced open (*R. v Kelly; R. v Bowers; R. v Singh*[839]);

2) conversely, if a knife was taken out of the house or flat and into the street (*Bowers*), into another part of the premises (*Singh*) or on to a landing outside a flat (*R. v Folley*[840]), it would normally be regarded as having been taken to the scene;

3) a starting point, however, was not the same thing as a finishing point. The judgment in *Kelly* emphasised the importance, in cases of similar culpability, of avoiding major differences in sentences that were based on fine distinctions. As was observed by way of example in *Kelly*, to make a distinction of 10 years in the minimum term between the case of a man who killed his partner with a knife taken from the kitchen of their home and a man who killed his partner with a knife that he had bought on the way home would not represent justice in anyone's assessment. If a case was only just within para.4 of Sch.21, because a knife had been taken from a kitchen and used to inflict a fatal wound within a short distance outside the door of the flat or house, that principle could well lead to a minimum term of less than 25 years (*Bowers, Singh*) ([32]).

In *R. v Legris*,[841] where the offender had left the weapon at the pre-prepared scene the judge had not expressly applied the 25-year starting point, although he had imposed a 25-year minimum term. The court observed that it was clearly a closely analogous case and that the judge would have been entitled to treat this as a case with such a starting point, or as justifying a 25-year minimum term by analogy. It is submitted that such a case clearly attracts the 25-year starting point and there is no need to simply apply it by analogy; that the offender had taken the weapon to the scene and then left does not negate the fact that he took the weapon to the scene with the relevant intent, and then later used it in the murder, satisfying the statutory test.

In *Attorney General's Reference (R. v Malt (Nigel James)*,[842] it was observed that the weapon must be used in committing the murder (on the facts the crowbar having been brandished in the build-up but the murder being committed by the use of a car). This may well create difficult factual questions where the weapon is used to intimidate and frighten the deceased (or even to attack them) but is not, in fact, the killing implement. There will be a need in each case to consider the extent to which the weapon allowed the defendant to effect the murder or to which it was simply part of the background.

In many cases, where the offence does not attract the 25-year starting point, but includes many features of such a case, the result will often be the same, whichever starting point is adopted. In *R. v Saurini (Federico)*,[843] the appellant had gone from the garden of his property to the kitchen, retrieved a knife and returned to the garden and stabbed the victim. While the judge had chosen the 25-year starting point, on appeal, the court determined that the 15- year starting point was appropriate,

---

[838] [2013] EWCA Crim 2308).
[839] [2011] EWCA Crim 1462; [2012] 1 Cr. App. R.(S.) 56.
[840] [2013] EWCA Crim 396.
[841] [2017] EWCA Crim 196; [2017] 1 Cr. App. R.(S.) 55.
[842] [2022] EWCA Crim 1720; [2023] 2 Cr. App. R. (S.) 9.
[843] [2023] EWCA Crim 1572; [2024] 1 Cr. App. R. (S.) 46.

however the use of the knife required a significant uplift from 15 years with the net effect being that the judge's reduction from 25 years arrived at the same point.

Starting point does not only apply to knives Despite the specific reference to knives and the scourge they cause, the starting point applies wherever a weapon is brought to the scene with the relevant intent and used. In *R. v Beckford*,[844] it was held that where the offender had started using his vehicle to hunt down the victim and then rammed him with it, the judge would have been entitled to conclude para.4 of Sch.21 applied. This will, of course, require the car to be taken to the scene for the requisite purpose, which it is submitted is likely to be rare.

A4-733

Cases involving multiple offenders In cases involving multiple offenders the sentencing judge will need to be satisfied not only that the other offenders were aware that the knife was being taken to the scene but also that they shared the required intention (that is an intent that the knife be available to use as a weapon or be used to commit an offence): *R. v Kelly*.[845]

A4-734

The 15-year starting point The 15-year starting point by default applies to all other murders (except those committed under the age of 18). In such a case, however, the court is not necessarily restricted by the starting point and sentences well in excess of 15 years will still be possible where there are significant aggravating factors.

A4-735

Aggravating factors

Generally

The aggravating factors listed in para.9 of Sch.21 to the Sentencing Code are of course not exhaustive, and in all cases careful consideration should be given to all the factors which could be said to demonstrate increased harm or culpability. In this respect, it is suggested that it would be an error to consider that the harm caused by a murder is inevitably the same as in all cases death results; there will be a range of harm depending on the nature of the murder and factors such as the method of the killing, the period of time between injury and death, and the nature and number of injuries inflicted ante-mortem as well as any harm suffered by others as part of the offending.

A4-736

As with all offending the criminal standard of proof applies to determining whether further aggravating factors are present: *R. v Davies*.[846] There is, however, no need for the further aggravating factors to have been the subject of a separate charge or conviction (where they might have been capable of such): *R. v Thomas*.[847]

Where there has been a separate charge for offences committed at the same time as the murder (for, example, a further s.18 offence), it must be borne in mind that that additional offence did not happen in a vacuum; the aggravation to the murder will not be measured by simply halving the appropriate sentence for that offence

---

[844] [2014] EWCA Crim 1299; [2014] 2 Cr. App. R.(S.) 34.
[845] [2011] EWCA Crim 1462; [2012] 1 Cr. App. R.(S.) 56.
[846] [2008] EWCA Crim 1055; [2009] 1 Cr. App. R.(S.) 15.
[847] [2009] EWCA Crim 904; [2010] 1 Cr. App. R.(S.) 14.

if the murder was not committed and adding it to the minimum term: *Attorney General's Reference (R. v Azad)*.[848]

Concealment of a body

A4-737   In *R. v Ahmed*,[849] the court held that concealment of the body is one of the most serious of the aggravating factors listed. The disposal of the deceased's body will have caused and will continue to cause very great pain and distress to the deceased's family. This conclusion is perhaps only reinforced by recent campaigns to implement "Helen's law" requiring those convicted of murder to identify where the body has been buried before they are released.[850]

Significant degree of planning or premeditation

A4-738   Premeditation in relation to other offending which forms the background of the murder is clearly capable of constituting an aggravating factor, even where there had been no premeditation or planning of the murder that had followed on from that behaviour as to which see: *R. v Minto*.[851]

The use of a knife or other weapon

A4-739   As discussed at A4-732, even where the use of a knife or other weapon does not mean that the offence falls within para.4 of Sch.21, that remains a significant aggravating factor. See, for example, *R. v M; R. v AM; R. v Kika*,[852] where it was said that the use of a knife will always be an aggravating factor, and that anyone who goes into a public place armed with a knife or any other weapon which they then use to kill or cause injury must expect condign punishment.

Murder committed in a group

A4-740   That a murder was committed by a group is capable of being an aggravating factor: *R. v Allardyce, Turner and Porter*.[853] This is either because the harm occasioned was greater, or because the culpability of the offender can be greater (because they had a leading role in the creation of the group). It is suggested that where the offender only had a limited role in offending as part of a group, or where they were involved by virtue of coercion, intimidation or exploitation this may be capable of constituting a mitigating factor.

Vulnerability of the deceased

A4-741   There is no need for particular medical evidence when assessing the vulnerability of the deceased and, similarly, it is not necessary to prove to the criminal standard what degree of physical suffering the deceased might have suffered: *R. v*

---

[848] [2021] EWCA Crim 1846; [2022] 2 Cr. App. R. (S.) 10.
[849] [2012] EWCA Crim 251; [2012] 2 Cr. App. R.(S.) 64.
[850] See the factsheet published by the government alongside the introduction of the Prisoners (Disclosure of Information about Victims) Bill: *https://assets.publishing.service.gov.uk/government/uploads/system/uploads/attachment_data/file/880206/pdiv-factsheet.pdf* [Accessed 19 July 2023].
[851] [2014] EWCA Crim 297; [2014] 2 Cr. App. R.(S.) 36.
[852] [2009] EWCA Crim 2544; [2010] 2 Cr. App. R.(S.) 19.
[853] [2005] EWCA Crim 2478; [2006] 1 Cr. App. R.(S.) 98.

Latham.[854] Such matters are to be assessed by the sentencing judge in the round, by comparison with the degree of suffering normally present in a murder.

The court is not limited by virtue of para.9(b) of Sch.21 to considering only vulnerability resulting from age or death; vulnerability may also be present due to other circumstances, such as being trapped alone in the offender's flat: see *R. v Duncan*.[855]

Domestic abuse

A history of domestic violence is a distinct aggravating circumstance and where it culminates in the victim's murder it is not necessary that it should be the subject of a separate charge and conviction: *R. v Wilson*.[856] In this respect it is suggested that reference should be made to the Sentencing Council's guideline on domestic abuse, which emphasises that the fact that an offence took place in a domestic context makes it more serious and provides guidance on the relevance of domestic abuse as an aggravating factor.   A4-742

The killing of children by their parents

In *R. v Smith*,[857] the court held that in murders by a parent of a child, while both the vulnerability of the victim and the breach of trust involved will be aggravating factors, as these two aggravating factors derive from the relationship, the court must be careful not to double count. Similarly where the murder is not an isolated incident and the defendant is convicted of other offences, care must be taken to reflect the other offences and the conduct that shows that the killing was not an isolated event. Regrettably, but perhaps unsurprisingly, such cases often have features such as existed in the present case of violence over a period, inadequate parenting, a lack of family support and difficult relationships.   A4-743

It is suggested that the court in *Smith* erred to the extent that it considered that aggravating the sentence for the vulnerability of the victim and the breach of trust could constitute double counting. The increased vulnerability of the victim is a factor that increases the harm involved in the offence, whereas the breach of trust is a factor indicating greater culpability. Similarly, that the murderer has also been convicted of other offences is an aggravating factor and at most all that can be said is that the effect of that factor must be tempered slightly by considerations of totality.

It is understandable that the court was reticent to find that the 30-year starting point will apply to all murders of a child by their parent—particularly given that many cases may involve substantial mental health issues or difficult relationships. However, it is suggested that Smith should not be interpreted as holding that in all cases those factors will not be capable of resulting in a finding that the 30-year starting point is engaged, particularly where there is a significant history of domestic abuse committed against the child victim.

---

[854] [2006] EWCA Crim 213; [2006] 2 Cr. App. R.(S.) 64.
[855] [2006] EWCA Crim 1576; [2007] 1 Cr. App. R.(S.) 26.
[856] [2018] EWCA Crim 1352; [2018] 2 Cr. App. R.(S.) 25.
[857] [2017] EWCA Crim 1174; [2017] 2 Cr. App. R.(S.) 42.

Murder committed in presence of others

A4-744 That a murder is committed in public, such as to cause public concern, may amount to an aggravating factor: *R. v Pile and Rossiter*.[858] Similarly, that the murder had occurred in the presence of the 12-year-old daughter of the victim was held to be a grave aggravating feature in *R. v Lindsey*.[859] Clearly where murders are committed in the presence of others the harms can be significantly increased, either by way of direct traumatic impact on those who observed the murder, or by causing increased public anxiety about such offending.

Intention to kill

A4-745 An intention to kill is assumed in the starting points and is not an aggravating factor, but the ferocity of the attack may properly be considered to be: *R. v Ainsworth*.[860] As to a lack of intention to kill being a mitigating factor, see A4-749.

A4-745a **Lying about another's involvement** Lying about another's involvement in the offence (i.e. casting blame upon them) may be treated as an aggravating factor. In *R. v Lowndes (David Paul)*,[861] it was held that lying about another's involvement during the trial should not have been treated by the sentencing judge as an aggravating factor when passing sentence (although it could be relevant when considering the value of a mitigating factor).

It is relevant to note that the Sentencing Council's *General guideline: overarching approach* provides:

> "Where the investigation has been hindered and/or other(s) have suffered as a result of being wrongly blamed by the offender, this will make the offence more serious.
>
> This factor will not be engaged where an offender has simply exercised his or her right not to assist the investigation or accept responsibility for the offending.[862]"

The second paragraph reflected the decision in *Lowndes*. It is thus open to a sentencing judge to treat lies casting blame on others as an aggravating factor: *R. v Norris (Richard Lee)*.[863] However it is suggested that in such circumstances, there will need to be evidence on which the court can make findings as to the detrimental effect on the investigation.

Mitigating factors

A4-746 The mitigating factors listed in para.10 of Sch.21 to the Sentencing Code are of course not exhaustive, and in all cases careful consideration should be given to all the factors which could be said to demonstrate lesser harm or culpability. In this respect it is suggested that it would be an error to consider that the harm caused by a murder is inevitably the same as in all cases death results; there will be a range of harm depending on the nature of the murder and factors such as the method of

---

[858] [2005] EWCA Crim 2936; [2006] 1 Cr. App. R.(S.) 131.
[859] [2015] EWCA Crim 1083.
[860] [2006] EWCA Crim 2311.
[861] [2013] EWCA Crim 1747; [2014] 1 Cr. App. R. (S.) 75.
[862] Sentencing Council, *General guideline: overarching approach* (2019).
[863] [2024] EWCA Crim 68; [2024] 2 Cr. App. R. (S.) 12.

the killing, the period of time between injury and death, and the nature and number of injuries inflicted ante-mortem as well as any harm suffered by others as part of the offending.

Age and maturity

Considerations of age and maturity remain relevant beyond an offender's 18th or 21st birthday. Although the passage of an 18th or 21st birthday represents a significant moment in the life of each individual, it does not necessarily tell us very much about the individual's true level of maturity, insight and understanding. These levels are not postponed until nor suddenly accelerated by an 18th or 21st birthday. Therefore, although the normal starting point is governed by the defendant's age, when assessing his culpability, the sentencing judge should reflect on and make allowances, as appropriate upwards or downwards, for the level of the offender's maturity: *R. v Peters*.[864]

A4-747

Old age is also capable of constituting a mitigating factor where it has an impact on the risk of dying in prison: *R. v Archer*.[865] However, given the seriousness of an offence of murder old age clearly cannot be determinative of the minimum term; it is but one factor to be borne in mind as part of the sentencing process: *R. v Symmons*.[866]

Good character and genuine remorse

As with all cases, good character and genuine remorse are capable of being mitigating factors: *R. v Simmons*.[867] It is questionable, however, how much weight can be given to those factors given the serious harms involved in offences of murder.

A4-748

Lack of intention to kill

The weight to be given to a lack of intention to kill will invariably depend on the level of risk the offender engaged in; as contemplated by *R. v Peters*,[868] where death was a possible or likely consequence of the offender's premeditated conduct, such as torture as part of blackmail, the amount of mitigation to be given to a lack of intention to kill is likely to be minimal, if any. Similarly, in excessive self-defence cases, cases will vary from those where the offender faced with serious and direct violence who nevertheless went too far in self-defence, to the defendant faced with a very minor threat, whose response in killing his assailant was grotesquely disproportionate.

A4-749

Ordinarily, however, this appears to be a significant mitigating factor. As the then Lord Chief Justice observed in *R. v Bouhaddou*[869]: there is a significant difference in the culpability of a criminal who sets out to kill, if necessary, to achieve his ends and one who uses violence, with fatal results, when unexpectedly apprehended in

---

[864] [2005] EWCA Crim 605; [2005] 2 Cr. App. R.(S.) 101.
[865] [2007] EWCA Crim 536; [2007] 2 Cr. App. R.(S.) 71.
[866] [2009] EWCA Crim 1304; [2010] 1 Cr. App. R.(S.) 68.
[867] [2006] EWCA Crim 1259; [2007] 1 Cr. App. R.(S.) 27.
[868] [2005] EWCA Crim 605; [2005] 2 Cr. App. R.(S.) 101.
[869] [2006] EWCA Crim 3190; [2007] 2 Cr. App. R.(S.) 23.

the course of his crime. Similarly, in *R. v Miah and Nanthakumar*,[870] the court opined that there will be cases, particularly cases of individual single attacks and especially those committed on the spur of the moment, where the difference between an intent to kill and the intent to cause grievous bodily harm may call for a very significant difference in sentence.

Provocation or loss of control

A4-750   Even if not amounting to a defence to murder, provocation or loss of control may provide relevant mitigation to murder (such as loss of control resulting from sexual infidelity): *Attorney General's Reference (No.23 of 2011)*.[871] The court will no doubt be cautious not to suggest an element of responsibility on the part of the victim for the offence, however; additionally, it will be necessary to be mindful of the fact that the policy underpinning the statutory partial defence of loss of self-control in relation to sexual infidelity. In connection with other mitigating factors such as long-standing mental difficulties and a history of domestic violence, it appears significant weight can be given to this factor (see, for example, *Attorney General's Reference (R. v Caster (Pauline))*[872] where the court declined to increase a minimum term of seven years).

Mercy killing

A4-751   That the offence was premeditated, that the victim was particularly vulnerable and that there was an abuse of trust, factors which would normally aggravate the offence of murder, should not be taken to aggravate a murder committed by an individual who genuinely believes that their actions in bringing about the death constitute an act of mercy. If it were otherwise this express feature of mitigation would be deprived of any or any significant practical effect: *R. v Inglis*.[873] In such a case, however, because this feature of mitigation is based exclusively on the offender's subjective belief about their motivation, the sentencing court must do its best to examine their motivation as a whole.

In *R. v Douglas*[874] it was held that where the belief that the killing was a mercy killing was induced by drink, that significantly reduced the mitigating effect of the belief.

Consecutive sentences for other offences

A4-752   The Court of Appeal has said that where an offender has been sentenced to a mandatory life sentence for murder and is subsequently dealt with for other offences, the Court may impose the sentence for the non-murder offences consecutively to the mandatory life sentence: *R. v Taylor (Ezra)*.[875] However, s.321 of the Sentencing Act 2020 requires a court, when imposing a minimum term for an offence of murder, to increase the minimum term to reflect any other offences for which the defendant is also being sentenced.

---

[870] [2009] EWCA Crim 2368.
[871] [2011] EWCA Crim 1496; [2012] 1 Cr. App. R.(S.) 45.
[872] [2023] EWCA Crim 931; [2024] 1 Cr. App. R. (S.) 5.
[873] [2010] EWCA Crim 2637; [2011] 2 Cr. App. R.(S.) 13.
[874] [2014] EWCA Crim 2322; [2015] 1 Cr. App. R.(S.) 28.
[875] [2011] EWCA Crim 2236; [2012] 1 W.L.R. 2113.

Secondary parties and inchoate offences

The mandatory life sentence for murder and Sch.21 to the Sentencing Code apply to the sentencing of those convicted of murder as a secondary party, as they apply to those convicted of murder as a principal: *Attorney General's Reference (No.24 of 2008) (R. v Sanchez).*[876]

Neither the mandatory life sentence nor Sch.21 to the Sentencing Code apply to those convicted of inchoate offences of murder (including attempts or conspiracy). However, in a case of conspiracy, where the substantive offence was completed it may be legitimate for the sentencer to have regard to the starting points in Sch.21, when determining the appropriate sentence: see *R. v McNee, Gunn and Russell.*[877]

A4-753

Guilty plea

Whole-life order

The Sentencing Council guideline on reductions for guilty pleas provides that where the court is imposing a whole-life sentence, no reduction should be made for a guilty plea. However, in *R. v Jones*,[878] it was suggested (prior to the guideline) that whether or not an offender has pleaded guilty will be a relevant consideration in deciding whether it is appropriate to impose a whole-life order.

A4-754

Minimum terms

The Sentencing Council guideline on reduction for guilty plea provides that the court will weigh carefully the overall length of the minimum term taking into account other reductions for which the offender may be eligible so as to avoid a combination leading to an inappropriately short sentence; where it is appropriate to reduce the minimum term having regard to a plea of guilty, the reduction will not exceed one-sixth and will never exceed five years; and the maximum reduction of one-sixth or five years (whichever is less) should only be given when a guilty plea has been indicated at the first stage of the proceedings. Lesser reductions should be given for guilty pleas after that point, with a maximum of one-twentieth being given for a guilty plea on the day of trial.

A4-755

Exceptions F1 and F2, discussed at A1-161 and A1-162, both apply to murder. In particular, F1 may apply where further evidence is needed as to the availability of partial defences such as loss of control or diminished responsibility. In such a case, however, as observed in *R. v Peters*,[879] for the offender to be entitled to full credit the offender will normally need to have accepted responsibility for the fatal injuries, or contributing to them, or at the least being responsible for the injuries which the prosecution witnesses say caused death (even if they contest that was the cause of death). Furthermore, once the relevant evidence and legal advice has been obtained, an indication of plea should be entered promptly. Normally a plea to the

---

[876] [2008] EWCA Crim 2936; [2009] 2 Cr. App. R.(S.) 41.
[877] [2007] EWCA Crim 1529; [2008] 1 Cr. App. R.(S.) 24.
[878] [2005] EWCA Crim 3115; [2006] 2 Cr. App. R.(S.) 19.
[879] [2005] EWCA Crim 605; [2005] 2 Cr. App. R.(S.) 101.

lesser offence should be entered, even if it is not yet accepted by the prosecution: see *Attorney General's Reference (No.23 of 2011)*.[880]

Time spent on remand

A4-756 In the case of life sentences, the court must also credit time on remand explicitly (rather than it occurring automatically). In *R. v Cookson (Jacob Paul)*,[881] the court noted that it was a matter for the sentencing judge whether they specify the minimum term and the number of days by which that would be reduced, or to make the deduction manually and specify the resulting minimum term to be served.

However, whichever approach was adopted, if an error in the calculation of the number of days comes to light, the case will need to be listed under the slip rule. The minimum term cannot simply be administratively corrected as it is part of the sentence of the court. Where the number of days has been overstated the court will need to consider whether it is in the interest of justice to adjust the minimum term upwards, and the court must consider the need for written submissions or argument in chambers or court. Any change in sentence must be announced in open court.

Offences committed prior to 18 December 2003

A4-757 Where the offence was committed prior to 18 December 2003, the court should apply Sch.21 as normal, determining the sentencing starting point by reference to it, and coming to a notional minimum term before guilty plea, before then checking whether the sentence exceeds that which the Secretary of State would have imposed. If it does, the sentence that should be imposed is that which the Secretary of State would have. This will, in practice, inevitably be the case given the significant increase in the average minimum term that Sch.21 has brought about.

The difficulty in such cases is identifying what the Secretary of State's practice would have been. In *R. v Sullivan*,[882] the best guides to the Secretary of State's practice were said to be the Practice Directions published by Lord Woolf CJ and his predecessor Lord Bingham CJ. The first of these was a letter from Lord Bingham CJ sent on 10 February 1997 to the judges who had to make recommendations as to minimum terms, which provided that practice was to take 14 years as the period actually to be served for the "average", "normal" or "unexceptional" murder, and that a recommendation of a punitive term longer than, say, 30 years would be very rare indeed. To this best of the authors' knowledge, there is nowhere this letter is publicly accessible but it is quoted from at length in *Sullivan* and seems to be reproduced in Criminal Practice Direction 2015: Sentencing N—Transitional arrangements for sentences where the offence was committed before 18 December 2003. The second was a practice direction issued by Lord Woolf CJ in 2000: *Practice Statement—Life Sentence for Murder*,[883] which re-affirmed the 14 year period.

A third practice direction was issued by the Practice Statement (Sup Ct: Crime: Life Sentences) (but in a letter to the judiciary of 16 December 2003, Lord Woolf CJ confirmed that the Secretary of State in fact never made any recommendations in accordance with it.

---

[880] [2011] EWCA Crim 1496; [2012] 1 Cr. App. R.(S.) 45.
[881] [2023] EWCA Crim 10; [2023] 2 Cr. App. R. (S.) 12.
[882] [2004] EWCA Crim 1762; [2005] 1 Cr. App. R.(S.) 67.
[883] Lord Woolf CJ, 27 July 2000; [2000] 1 W.L.R. 1655.

In practice, therefore, sentencers should principally make reference to the (now repealed) Criminal Practice Direction 2015: Sentencing N—Transitional arrangements for sentences where the offence was committed before 18 December 2003 before then considering whether there are any analogous cases from which a sense of the Secretary of State's practice can be gleaned.

A4-758

The National Archives contain a list of 1,287 cases[884] in which the minimum term was set under Sch.22 to the Criminal Justice Act 2003 (now reproduced so far as relevant in para.12 of Sch.21 to the Sentencing Code) up to 4 February 2011. That list includes a small number of non-murder cases and a few cases where the links are broken or the cases are duplicate. However, it remains a very useful resource.

There appear to be only 22 cases in which a minimum term of 30 years or greater was recommended by the trial judge, the Lord Chief Justice or set by the Secretary of State and rarely, if ever, were minimum terms of over 20 years imposed. However, it should be noted that in recent cases the Court of Appeal (Criminal Division) appears to be more willing to impose greater minimum terms: see, for example, *R. v Copeland*[885] (50-year minimum term upheld) and *R. v Heggarty*[886] (whole-life term upheld). In *Heggarty*, it was noted in [2015] Crim. L.R. 229 that this was the only case in which a whole-life order had been imposed for a murder of a single victim in a "transitional" case—i.e. a murder committed before 18 December 2003.

An interesting observation made in *Attorney General's Reference (R. v Mohammed (Shahid))*[887] was that prior to December 2003 the Secretary of State (and the trial judge) had discretion to take into account periods of remand awaiting extradition and that the exercise under para.12 of Sch.21 to the Sentencing Code of ensuring the term is not greater than that specified by the Secretary of State is that specified by the Secretary of State accounting for any time in remand etc. If therefore the judge concludes that the Secretary of State would not have credited the time on remand, the notional term set by the Secretary of State does not need to be reduced to account for it.

A4-759

In *R. v Craig*[888] the defendant assaulted the victim in 1998 and was convicted of a s.18. In 2019, the victim died and at the murder trial, the jury concluded that the injuries caused in 1998 made a significant contribution to the victim's death. The judge concluded that an essential element of the offence of murder was the death of the victim and thus the date of the offence was after the commencement of the 2003 Act, and thus this was not a transitional case. The court, on appeal against sentence, held that the judge had been correct in that assessment.

---

[884] See *https://webarchive.nationalarchives.gov.uk/ukgwa/20100803095817/http://www.hmcourts-service.gov.uk/cms/144.htm* [Accessed 19 July 2023].
[885] [2011] EWCA Crim 1711.
[886] [2014] EWCA Crim 2531; [2015] Crim. L.R. 229.
[887] [2020] EWCA Crim 766; [2020] 4 W.L.R. 114.
[888] [2023] EWCA Crim 893; [2024] 1 Cr. App. R. (S.) 7.

CHAPTER A5

SECONDARY ORDERS

Introduction

Section 401 of the Sentencing Code defines sentencing as any order made by a court when dealing with an offender for an offence and, thus, a sentence may comprise one or more orders. The concept of "primary" and "secondary" orders was introduced by the Sentencing Code, although the Code does not use these terms (instead referring to "disposals" and "further powers relating to sentencing"). The Code originates from the Law Commission's Sentencing Code project (Law Comm No.382) and, as the Law Commission explained at para.2.47 onwards, it is a structural device which recognises that there are some sentencing orders which may stand alone and dispose of a case on their own ("primary orders"—e.g. imprisonment, a fine, compensation orders) and some which may only be imposed alongside another disposal, a primary order ("secondary orders"—e.g. criminal behaviour order, football banning order, restraining order). The Law Commission's intention was that this would assist with the avoidance of errors and clearly illustrate the scheme that Parliament had created.[1] Although there is no explicit duty to impose a primary order in the Code, in practice that is the effect of the law.

A5-001

Largely, there is a congruence between this two-tier system and the principles underpinning the scheme: the primary orders are predominantly concerned with punitiveness—i.e. punishment—and the secondary orders (though perhaps involving an element of punishment) are principally concerned with one of the other purposes of sentencing, typically public protection and the reduction of crime. This section deals with those disposals which are "secondary orders", and which may only be imposed where the court has also imposed a primary order listed in Ch.A4.

The label "secondary orders" should not be misunderstood to denote some degree of secondary importance. On the contrary, secondary orders often serve extremely important preventive and crime reduction purposes. In *R. v Bogart*,[2] the court observed at [13]:

"that ancillary orders are a vital part of the court's sentencing role. They may involve difficult issues about the interpretation or application of statutory powers. They require just as much care and attention as the severity of any custodial sentence or other punishment upon which the parties may otherwise be focusing."

---

[1] Law Comm No.382 para.3.95.
[2] [2020] EWCA Crim 831.

Driving Disqualification

A5-002 Although an order for the disqualification from driving is often imposed in addition to another disposal such as a fine or a term of imprisonment, it is in fact a primary order—i.e. it is capable of being imposed on its own. Therefore, the various powers of driving disqualification are dealt with in Ch.A4, at A4-215 onwards.

Behaviour Orders

Introduction

A5-003 This section concerns what are frequently referred to as "behaviour orders" or "preventative orders": orders that place restrictions on the behaviour of the offender as a means of preventing (further) harm. To take a simple example, a person who is convicted of repeated shop-thefts from a particular shopping centre might have imposed on them an order which prohibits their presence at the shopping centre, or a person convicted of harassing a former partner might have imposed on them an order which prohibits them from contacting that person in any way, directly or indirectly.

The orders in this section are arranged alphabetically by their statutory name. For ease of reference, below is a list of the orders and their paragraph numbers:

- criminal behaviour orders at A5-029
- exclusion orders at A5-068
- football banning orders at A5-073
- knife crime prevention orders at A5-116
- psychoactive substances prohibition orders at A5-117
- restraining orders at A5-131
- serious crime prevention orders at A5-173
- serious disruption prevention orders at A5-225a
- serious violence reduction orders at A5-226
- sexual harm prevention orders at A5-243
- travel restriction orders at A5-325.

As a general rule, behaviour orders do not constitute punishment and therefore do not warrant a reduction in the severity of other aspects of the sentence (i.e. the length of a sentence of imprisonment or whether the custodial threshold is met). However, the imposition of a preventative order may have an impact on the necessity of, for instance, a sentence of imprisonment imposed with an element of public protection in mind. A preventative order should therefore be considered as a part of the whole sentencing package and not just seen as an "add-on", dealt with in isolation or as an afterthought. Furthermore, while their purpose is clearly preventative—forward-looking—it is inevitable that these orders have a punitive effect, restricting movement, behaviours, associations and so on.

General Principles Applicable to All Behaviour Orders

Introduction

A5-004 Although there are some key differences among the various behaviour orders—such as the tests for imposition—there are also common principles running through the jurisprudence. This section outlines those key principles and, crucially, details

Pt 31 of the Criminal Procedure Rules, which applies to applications for behaviour orders. In general, there is a commonality in terms of procedural requirements, evidence and the principles of proportionality as regards the risk posed and the necessity of the incursion into an individual's daily life. This brief section engages with such commonalities; however, reference should always be made to the sections dealing with the individual orders.

Criminal Procedure Rules

Criminal Procedure Rules 2020/759 Pt 31

Rule 31.1 provides that this Part applies to the making, varying, renewing, discharging or revoking of behaviour orders.

Behaviour orders and bind overs: general rules

31.2.—(1) The court must not make a behaviour order or impose a bind over unless the person to whom it is directed has had an opportunity—
  (a) to consider—
    (i) what order is proposed and why, and
    (ii) the evidence in support; and
  (b) to make representations at a hearing (whether or not that person in fact attends).
(2) That restriction does not apply to making—
  (a) an interim behaviour order, but unless other legislation otherwise provides such an order has no effect unless the person to whom it is directed—
    (i) is present when it is made, or
    (ii) is handed a document recording the order not more than 5 business days after it is made; or
  (b) a domestic abuse protection order, but in that event the court must give the defendant an opportunity to make representations—
    (i) as soon as is just and convenient, and
    (ii) at a hearing of which notice has been given to all parties.
(3) Where the court decides not to make, where it could—
  (a) a football banning order; or
  (b) a parenting order, after a person under 16 is convicted of an offence, the court must announce, at a hearing in public, the reasons for its decision.

Application for behaviour order and notice of terms of proposed order: special

31.3.—(1) This rule applies where—
  (a) a prosecutor wants the court to make one of the following orders if the defendant is convicted—
    (i) an anti-social behaviour order (but this rule does not apply to an application for an interim anti-social behaviour order),
    (ii) a serious crime prevention order,
    (iii) a criminal behaviour order,
    (iv) a prohibition order,
    (v) a knife crime prevention order,
    (vi) a serious violence reduction order , or
    (vii) a serious disruption prevention order;

  (b) a prosecutor proposes, on the prosecutor's initiative or at the court's request, a sexual harm prevention order if the defendant is convicted;
  (c) a prosecutor proposes a restraining order or domestic abuse protection order whether the defendant is convicted or acquitted; or
  (d) a prosecutor proposes a football banning order with additional requirements if the defendant is convicted.

(2) Where paragraph (1)(a) applies (order on application), the prosecutor must serve a notice of intention to apply for such an order on—
  (a) the court officer;
  (b) the defendant against whom the prosecutor wants the court to make the order; and
  (c) any person on whom the order would be likely to have a significant adverse effect, as soon as practicable (without waiting for the verdict).

(3) A notice under paragraph (2) must—
  (a) summarise the relevant facts;
  (b) identify the evidence on which the prosecutor relies in support;
  (c) attach any written statement that the prosecutor has not already served; and
  (d) specify the order that the prosecutor wants the court to make.

(4) A defendant served with a notice under paragraph (2) must—
  (a) serve notice of any evidence on which the defendant relies on—
    (i) the court officer, and
    (ii) the prosecutor,
  as soon as practicable (without waiting for the verdict); and
  (b) in the notice, identify that evidence and attach any written statement that has not already been served.

(5) Where paragraph (1)(b) applies (sexual harm prevention order proposed), the prosecutor must—
  (a) serve a draft order on the court officer and on the defendant not less than 2 business days before the hearing at which the order may be made; and
  (b) in the draft order specify those prohibitions or requirements which the prosecutor proposes as necessary for the purpose of—
    (i) protecting the public or any particular members of the public from sexual harm from the defendant, or
    (ii) protecting children or vulnerable adults generally, or any particular children or vulnerable adults, from sexual harm from the defendant outside the United Kingdom.

(6) Where paragraph (1)(c) applies (restraining order or domestic abuse protection order proposed), the prosecutor must—
  (a) serve a draft order on the court officer and on the defendant as soon as practicable (without waiting for the verdict);
  (b) in a draft restraining order specify—
    (i) those prohibitions which, if the defendant is convicted, the prosecutor proposes for the purpose of protecting a person from conduct which amounts to harassment or will cause fear of violence, or
    (ii) those prohibitions which, if the defendant is acquitted, the prosecutor proposes as necessary to protect a person from harassment by the defendant; and

(c) in a draft domestic abuse protection order, specify those requirements (including any prohibitions or restrictions) which the prosecutor proposes as necessary to protect the person for whose protection the order is made from domestic abuse or the risk of domestic abuse, including different kinds of abusive behaviour.

(7) Where paragraph (1)(d) applies (football banning order with additional requirements), the prosecutor must serve a draft order on the court officer and on the defendant not less than 2 business days before the hearing at which the order may be made.

(8) Where the prosecutor wants the court to make an anti-social behaviour order, a prohibition order, a criminal behaviour order or a domestic abuse protection order, the rules about special measures directions in Part 18 (Measures to assist a witness or defendant to give evidence) apply, but—
    (a) the prosecutor must apply when serving a notice under paragraph (2); and
    (b) the time limits in rule 18.4(a) do not apply.

Evidence to assist the court: special rules
31.4.—(1) This rule applies where the court can make on its own initiative—   **A5-008**
    (a) a football banning order;
    (b) a restraining order;
    (c) an anti-social behaviour order; or
    (d) a domestic abuse protection order.

(2) A party who wants the court to take account of evidence not already introduced must—
    (a) serve notice on—
        (i) the court officer, and
        (ii) every other party,
    as soon as practicable (without waiting for the verdict); and
    (b) in the notice, identify that evidence; and
    (c) attach any written statement containing such evidence.

Application to vary, renew, discharge or revoke behaviour order
31.5.—(1) The court may vary, renew, discharge or revoke a behaviour order   **A5-009**
if—
    (a) the legislation under which it is made allows the court to do so; and
    (b) one of the following applies—
        (i) the prosecutor,
        (ii) the person to whom the order is directed,
        (iii) any other person protected or affected by the order,
        (iv) the relevant authority or responsible officer,
        (v) the relevant Chief Officer of Police,
        (vi) the Director of Public Prosecutions, or
        (vii) the Director of the Serious Fraud Office.

(2) A person applying under this rule must—
    (a) apply as soon as practicable after becoming aware of the grounds for doing so, explaining—
        (i) why the order should be varied, renewed, discharged or revoked, as the case may be, by reference to the legislation under which it was made, and

(ii) what, if any, material circumstances have changed since the court made the order or last determined an application to vary, renew, discharge or revoke it;
    (b) where the application is a second or subsequent application by the applicant in respect of the same order—
        (i) give details of each previous application, and
        (ii) if the applicant wants the court to decide the application at a hearing, explain why;
    (c) in every case, serve the application on—
        (i) the court officer, and
        (ii) the prosecutor (unless the prosecutor is the person applying under this rule);
    (d) unless the order was or a domestic abuse protection order, serve the application on, as appropriate—
        (i) the person to whom the order was directed, and
        (ii) any other person protected or affected by the order; and
    (e) serve the application on any other person if the court so directs.
(3) A party who wants the court to take account of any particular evidence before making its decision must, as soon as practicable—
    (a) in every case, serve notice on—
        (i) the court officer, and
        (ii) the prosecutor (unless the prosecutor is the party serving the notice);
    (b) unless the order was or a domestic abuse protection order , serve the notice on, as appropriate—
        (i) the person to whom the order was directed, and
        (ii) any other person protected or affected by the order;
    (c) serve the notice on any other person if the court so directs; and
    (d) in that notice identify the evidence and attach any written statement that has not already been served.
(4) The court may decide an application under this rule—
    (a) at a hearing, in public or in private; or
    (b) without a hearing, if—
        (i) the legislation under which the order was made so allows, or
        (ii) the court considers the application to be an abuse of the court's process.
(5) But the court must not—
    (a) dismiss an application under this rule unless the applicant has had an opportunity to make representations ; or
    (b) allow an application under this rule unless everyone required to be served, by this rule or by the court, has had at least 10 business days in which to make representations, including representations about whether there should be a hearing.
(6) The court officer must—
    (a) if the order was or a domestic abuse protection order , serve the application under this rule on—
        (i) as appropriate, the person to whom the order was directed and any other person protected or affected by the order, and
        (ii) the relevant Chief Officer of Police;
    (b) serve the application on any other person if the court so directs;

(c) serve any notice of evidence received by the court officer under paragraph (3) on—
  (i) each person, if any, on whom the court officer serves the application under this rule, and
  (ii) any other person if the court so directs; and
(d) give notice of any hearing to—
  (i) the applicant, and
  (ii) any person required to be served, by this rule or by the court.

Notice of hearsay evidence

31.6.—(1) A party who wants to introduce hearsay evidence must— **A5-010**
(a) serve notice on—
  (i) the court officer, and
  (ii) every other party directly affected; and
(b) in that notice—
  (i) explain that it is a notice of hearsay evidence,
  (ii) identify that evidence,
  (iii) identify the person who made the statement which is hearsay, or explain why if that person is not identified, and
  (iv) explain why that person will not be called to give oral evidence.

(2) A party may serve one notice under this rule in respect of more than one notice and more than one witness.

Cross-examination of maker of hearsay statement

31.7.—(1) This rule applies where a party wants the court's permission to cross-examine a person who made a statement which another party wants to introduce as hearsay. **A5-011**

(2) The party who wants to cross-examine that person must—
(a) apply in writing, with reasons, not more than 5 business days after service of the notice of hearsay evidence; and
(b) serve the application on—
  (i) the court officer,
  (ii) the party who served the hearsay evidence notice, and
  (iii) every party on whom the hearsay evidence notice was served.

(3) The court may decide an application under this rule with or without a hearing.

(4) But the court must not—
(a) dismiss an application under this rule unless the applicant has had an opportunity to make representations at a hearing (whether or not the applicant in fact attends); or
(b) allow an application under this rule unless everyone served with the application has had at least 5 business days in which to make representations, including representations about whether there should be a hearing.

Credibility and consistency of maker of hearsay statement

31.8.—(1) This rule applies where a party wants to challenge the credibility or consistency of a person who made a statement which another party wants to introduce as hearsay. **A5-012**

(2) The party who wants to challenge the credibility or consistency of that person must—

(a) serve notice of intention to do so on—
  (i) the court officer, and
  (ii) the party who served the notice of hearsay evidence
  not more than 5 business days after service of that hearsay evidence notice; and
(b) in the notice, identify any statement or other material on which that party relies.
(3) The party who served the hearsay notice—
(a) may call that person to give oral evidence instead; and
(b) if so, must serve notice of intention to do so on—
  (i) the court officer, and
  (ii) every party on whom the hearsay notice was served
  not more than 5 business days after service of the notice under paragraph (2).

A5-013   Rule 31.9 of the Criminal Procedure Rules provides that when a requirement for supervision or monitoring is imposed it is the duty of the court officer to inform the person responsible (including of any subsequent variations, etc.), and to inform the defendant of the supervisor's identity and the means by which they are to be contacted.
For rr.31.10 and 31.11 of the 2020 Rules which deal with the exercise of bind over powers and the refusal or breach of bind overs respectively, see A4-007 and A10-096 and A10-097.

Court's power to vary requirements under this Part

A5-014   31.12.   Unless other legislation otherwise provides, the court may—
(a) shorten a time limit or extend it (even after it has expired);
(b) allow a notice or application to be given in a different form, or presented orally; and
(c) dispense with a requirement for service (even after service was required).

Guidance

Procedure

Compliance with the Criminal Procedure Rules

A5-015   Applications for final (as opposed to interim) behaviour orders should follow the procedure set out in the Crim PR Pt 31. It may be appropriate for a court to adjourn the sentencing exercise to another date to enable adequate preparation for the hearing. This may include the preparation of additional evidence on which either party may wish to rely in relation to the application. In cases where the legislation permits, it may be that the court will wish to proceed to sentence but adjourn consideration of the behaviour order. The Court of Appeal (Criminal Division) has stated on many occasions that applications should be on notice and not "sprung" on defendants (where the legislation permits a court to make an order of its own volition, the court should warn defence counsel of this intention and invite submissions). Drafts of orders should be prepared by counsel in advance of the hearing and submitted to the court and the defence to enable proper consideration of the terms of an order. Consideration should include aspects which are not necessarily within the knowledge of the court or prosecution, such as whether a suggested prohibition conflicts with the offender's work, educational or religious commitments.

In *R. v K*,[3] the court underlined the importance of adhering to the procedural steps identified in the Crim PR. Their Lordships observed that the "serious nature of such an order is underpinned by the provisions ... of the Criminal Procedure Rules" which identified the steps which have to be taken in order to ensure that any person to whom any such order is directed is given a proper opportunity to understand what is proposed and why and to make representations at a hearing. Setting out the process, the court stated that the judge, on their own initiative, having indicated that they were considering making a restraining order, should have considered adjourning the hearing in order for the following procedural requirements to be met:

1) the prosecution and/or the appellant in compliance with the Crim PR should have served notice in writing on the court officer and every other party identifying any evidence it wished the court to take account of, attaching to the notice any written statement that had not already been served;
2) if any party sought to introduce hearsay evidence, it had to do so in compliance with the Crim PR by serving a notice in writing;
3) any party seeking the court's permission to cross-examine the maker of a hearsay statement had to comply with the procedural provisions of the Crim PR.

Finally, the court stated that the judge was obliged to bear in mind the fundamental principle underlying the Rules, namely that any person faced with the possible imposition of a restraining order should be given proper notice of what was sought and the evidential basis for the application and, in addition, be allowed a proper opportunity to address the evidence and make informed representations as to the appropriateness of such an order. Given the similarities between restraining orders and other behaviour orders, it is submitted that this guidance applies to all behaviour orders.

In *R. v McCarren (Robert)*,[4] a restraining order imposed on acquittal was quashed in circumstances where there was no objection to the imposition of the order at the time, but subsequently a challenge to the finding of necessity. The court stated that the question of consent should and could only properly arise after notice of an intention to make an application which identified the evidence upon which the prosecution contends that a restraining order is necessary, in compliance with the Criminal Procedure Rules, had been served; and that an expression of consent before then could only be a consent in principle and did not obviate the need for the evidence upon which the Crown intends to rely to be identified. The court further stated that the procedural requirements were essential protection for defendants, designed and intended to prevent the unjustified imposition of restraining orders, however pragmatically attractive that course might appear to be at the time.

The facts of *McCarren* are somewhat unusual in that the application was not fully opened and the judge did not make any express findings as to the necessity, proportionality or factual basis of the order. This was clearly regrettable but it could easily be asked why, given the prosecution evidence and the draft order had been

---

[3] [2011] EWCA Crim 1843; [2012] 1 Cr. App. R. (S.) 88.
[4] [2023] EWCA Crim 1233; [2024] 1 Cr. App. R. (S.) 27.

served consent was not sufficiently informed.[5] An interesting postscript is that the prosecution in the case gave oral evidence as to a conversation they had had with the complainant that day; the court observing that this ought to have required a hearsay notice and clear and transparent disclosure. In practice this occurs commonly but as a matter of law should not.

Time limits

A5-016 Rules 31.3 of the Criminal Procedure Rules requires that applications for behaviour orders are ordinarily made "as soon as practicable", preferably before verdict is arrived at, in order to allow parties to be aware of the proposed orders. Rule 31.9 provides the court with power to extend any time limits unless legislation otherwise provides.

A number of the statutory schemes for behaviour orders provide an explicit statutory power to adjourn proceedings for orders even after sentencing (criminal behaviour orders (Sentencing Code ss.331(3) and 332(3)); football banning orders (Football Spectators Act 1989 s.14A(4) and (4A); and serious crime prevention orders (Serious Crime Act 2007 s.36(3)). Most (such as those for restraining orders or sexual harm prevention orders) are silent on the matter.

In the context of serious crime prevention orders (which have an explicit statutory power to adjourn proceedings even after sentencing), the court in *R. v Adams*[6] held that, purposefully construed, the power to make a serious crime prevention order did not provide explicitly or implicitly any temporal restriction on when an application for an order may be made, and that Parliament could readily have done so. Accordingly, the court held there was no jurisdictional bar to the imposition of such an order even where the application was made only after the Crown Court had completed "dealing with" the appellant in relation to sentence and confiscation.

A5-017 In *Adams*, the court did, however, note that such a late application was in breach of r.31.3 of the Crim PR, going on to consider the interests of justice generally and, most particularly, whether there is a real possibility that the appellant suffered prejudice on account of the procedural failure (concluding on the facts he had not).

The court's reasoning in *Adams* in relation to the temporal jurisdiction to apply for a behaviour order would seem to apply equally to almost all other behaviour order provisions. If a court is faced with an application for a behaviour order made after sentencing has otherwise concluded it will have to grapple with this issue, and also consider whether the interests of justice and risk of prejudice is such that the court should decline to extend any time limit or impose an order. As is explored in more detail by Sebastian Walker,[7] the court may wish to consider: (a) whether the order is also available on civil application, such that there is more limited prejudice in a late application; (b) when the person was put on notice of the possibility of/intention to seek an order, even if an application was made later; and (c) whether the "slip rule" period has expired (albeit in *Adams* there was a delay of three years and 30 days from sentence to the formal application). The applicant may also find

---

[5] As to which see the commentary in S. Walker, "New cases: Miscellaneous: restraining order on acquittal" CLW/24/10/19.
[6] [2021] EWCA Crim 1525; [2022] 1 W.L.R. 1736.
[7] S. Walker, "New Cases: Miscellaneous: Serious Crime Prevention Order: R. v Adams" *CLW/21/40/12*.

it much harder to satisfy any conditions of necessity where an order is applied for a considerable period of time after sentencing.

Proceeding in absence

The proceedings must be procedurally fair; in line with the Crim PR, additional evidence (separate from the Crown's case at trial) must be served on the defence and the proceedings must be conducted in the presence of the defendant, unless they have voluntarily absented themselves.[8] Reference to the decision in *R. v Jones*[9] may assist in this regard.

A5-018

As a general principle, the Court should proceed very cautiously when considering proceeding in the absence of a defendant. The absence of a defendant will prevent them from hearing the evidence; appropriately challenging it or presenting competing evidence; or providing instructions/making submissions on whether the test for an order is met, and the relevant terms/period. Depriving a defendant of such safeguards may well render the order procedurally unfair and require it to be quashed: see, for example, *R. v Khan*.[10]

Burden and standard of proof

Burden of proof

The burden of proof will generally be on the applicant—the prosecution—to establish any facts that the particular order in question requires to be established before an order may be imposed. Notably, however, the facts that need to be established (typically that certain behaviour has been perpetrated by the defendant) are likely to be established by the conviction which has given rise to the application for the behaviour order. The position is of course different in true civil proceedings, where an application is made on complaint—i.e. otherwise than on a conviction.[11] As this text is concerned with sentencing only, non-conviction orders are not explored further. The position is therefore that the burden to establish any facts will fall on the prosecution; although the facts of the conviction itself will often be the most substantial evidence relied on, the prosecution may wish to draw on wider evidence in relation to future risks. The burden will remain on the prosecution and evidence will need to be served in advance of the hearing. As to unopposed orders, see *McCarren* at A5-015.

A5-019

Standard of proof

General This issue can be divided into two categories: (1) the backwards-looking elements; and (2) the forward-looking elements. The approach to each is distinct.

A5-020

Backwards-looking elements As a general rule, although behaviour orders are civil in nature (or at least quasi-civil), the standard of proof is essentially the criminal standard—i.e. beyond reasonable doubt. This was established by the House

A5-021

---

[8] See *R. v P* [2004] EWCA Crim 287; [2004] 2 Cr. App. R. (S.) 63.
[9] [2002] UKHL 5.
[10] [2021] EWCA Crim 1526; [2022] 1 Cr. App. R. (S.) 59.
[11] Although it is right to note that some orders "on complaint" require a previous conviction—e.g. the sexual harm prevention order under the Sexual Offences Act 2003.

of Lords in the *R. (McCann) v Manchester Crown Court*.[12] In fact, their Lordships held that the standard was the civil standard, but that because of the "seriousness of matters involved" (i.e. the nature of the order and the consequences of breaching the order), the standard was the heightened civil standard, which, relying in part on the earlier decision in *B v Chief Constable of Avon and Somerset Constabulary*,[13] was practically indistinguishable from the criminal standard.

A5-022 **Forward-looking elements** The elements of the test that are forward-looking (and in particular the requirements for imposing prohibitions and requirements) do not require the application of a standard of proof, but rather an evaluative exercise requiring the judgement of the court. The court must simply decide whether the threshold is met. For instance, where the legislation requires the court to make a finding that particular behaviour has occurred before an order may be made, it will be the criminal standard that is to be applied unless explicitly stated. However, where the court is required to consider whether an order is "necessary" to prevent specified behaviour, or would "help to prevent" specified behaviour, there is no application of a standard of proof and the court merely makes a decision based on the evidence before it.

A5-023 **Evidence** The rules of evidence are less restrictive in civil proceedings than in pure criminal proceedings (for instance, hearsay evidence is generally admissible under s.1(1) of the Civil Evidence Act 1995). The basis of an application may contain evidence beyond that which underlies the conviction that has given rise to the application for the behaviour order. In practice, the principal evidence is that which founded the basis of the conviction; however, it is often supplemented by reports (pre-sentence, psychological and psychiatric reports), details of the offender's previous convictions and, on occasion, other evidence which was not part of the Crown's case.

A court is entitled to hear such evidence as it deems appropriate, whether that is live, read or documentary evidence. It may be appropriate to consider, in general, the approach taken to the assessment of dangerousness (see A4-444) as an analogous exercise in appraising risk, and responding to it appropriately and the extent to which evidence (or the absence of it) may form part of the basis for a finding of dangerousness.

Courts will no doubt be mindful of the need to treat hearsay evidence provided in relation to an application for a behaviour order with caution; it may in fact be appropriate for a judge to state that they have directed themselves in accordance with the standard directions applicable to hearsay evidence admitted in a criminal trial. Reference to the Judicial College Crown Court Compendium may be appropriate; see § 14–1 onwards.

A5-024 **Key points** The following paragraphs are general points deriving from the case law on various behaviour orders; reference should be made to the sections dealing with the specific order which is being considered by the court in a particular case.

Draft orders

A5-025 Orders should be drafted by counsel and provided to the court and the defence at least two clear business days before the hearing: in line with the requirement in

---

[12] [2002] UKHL 39; [2003] 1 A.C. 787.
[13] [2001] 1 W.L.R. 340.

r.31.2(5) of the Crim PR in relation to sexual harm prevention orders. This is best practice to enable both the court and counsel to properly scrutinise the order.

Drafting

Orders should be drafted in language which is clear, concise and capable of being both understood and enforced. Both parties and the court should be mindful of inadvertent breach and draft a provision which avoids this. For instance, an order prohibiting an individual from entering particular postcodes will need to be scrutinised to ensure that it does not result in the individual being "land-locked" or needing to take a disproportionately long detour from their home address to avoid breaching the order. Orders must be precise and allow a breach to be readily identified and capable of being proved. Where, for instance, an order prevents an offender from entering a particular geographical region it may be desirable to specify that region by reference to a map. Additionally, the individual must be capable of complying with the order.

A5-026

Scope of orders

Orders, generally, should impose restrictions on the individual's daily life only to the extent necessary to meet the stated aim of the order. This includes both the length of the order and the extent of its prohibitions or requirements. This consideration will require a consideration of the proportionality of the proposed order against (a) the facts of the conviction giving rise to the application and (b) the nature and extent of the risk identified. The fact that an individual may subsequently apply for a variation of an order is not a legitimate reason to impose a prohibition that may be disproportionate, and it is not a reason to take a "light touch" approach to the exercise of scrutinising the order. It will be necessary to refer to the specific provisions in question as some orders, for example, do not have a necessity requirement specified in the legislation.

A5-027

Variation of orders

It is clear from *R. v Cheyne*[14] (which related to sexual harm prevention orders), that a variation must have some basis, rather than be, in effect, an illegitimate attempt to appeal. In the first edition of this work it was therefore submitted that variations should only be made either where there was a material error in fact or law at the original sentencing exercise, or where there has since been a material change in circumstances. In relation to variations sought by a person who did not have a statutory right to make submissions to the court (i.e. a person other than the prosecution or a defendant), the court in *R. v Jackson*[15] rejected this proposition concluding that a requirement to demonstrate a change of circumstances would unduly fetter such person's ability to seek variation and that instead the court should consider afresh the necessity for and proportionality of the varied order sought. However, it is suggested that where the application for variation is made by the Crown or defendant, such a change or circumstances or error will still be required.

A5-028

---

[14] [2019] EWCA Crim 182; [2019] 2 Cr. App. R. (S.) 14.
[15] [2021] EWCA Crim 901; [2022] 1 Cr. App. R. (S.) 21.

Criminal Behaviour Orders

Introduction

A5-029 The criminal behaviour order (CBO) regime was introduced by the Anti-social Behaviour, Crime and Policing Act 2014 in October 2014 and replaced the criminal anti-social behaviour order (ASBO) contained in the Crime and Disorder Act 1998. As detailed in the White Paper preceding the 2014 Act, *Putting Victims First: More Effective Responses to Anti-Social Behaviour*, there had been a growing concern that the use of ASBOs was dropping and that they were perceived to be ineffective. In particular, it was felt that ASBOs were unnecessarily hindered by not being able to impose positive requirements on offenders. The new CBO regime was introduced in order to more effectively tackle the causes of criminal behaviour.

The powers to impose a CBO in the 2014 Act were repealed and re-enacted as a part of the Law Commission's Sentencing Code and now appear in ss.330–342 of the Code.

A CBO is available on a conviction for any offence and may contain prohibitions and/or requirements specified by the court, individual to the offender and the offence. In the case of adults, the order must be for at least two years and may be indefinite. Where the offender is under age 18, the order must be for at least one year and cannot exceed three years. Breach of the order is a criminal offence punishable by up to five years' imprisonment.

Legislation

Sentencing Act 2020 ss.330–342

Criminal behaviour order

A5-030 **330.** In this Code "criminal behaviour order" means an order which, for the purpose of preventing an offender from engaging in behaviour that is likely to cause harassment, alarm or distress to any person—
(a) prohibits the offender from doing anything described in the order;
(b) requires the offender to do anything described in the order.

Power to make criminal behaviour order

A5-031 **331.**—(1) This section applies where—
(a) a person is convicted of an offence, and
(b) the prosecution makes an application to the court for a criminal behaviour order to be made against the offender.

(2) The court may make a criminal behaviour order against the offender if it—
(a) is satisfied that the offender has engaged in behaviour that caused or was likely to cause harassment, alarm or distress to any person, and
(b) considers that making the order will help in preventing the offender from engaging in such behaviour.

(3) But the court may make a criminal behaviour order only if it—
(a) does so in addition to dealing with the offender for the offence, and
(b) does not make an order for absolute discharge under section 79 in respect of the offence.

(4) Prohibitions and requirements in a criminal behaviour order must, so far as practicable, be such as to avoid—

(a) any interference with the times, if any, at which the offender normally works or attends school or any other educational establishment;
(b) any conflict with the requirements of any other court order to which the offender may be subject.

(5) The prosecution must find out the views of the local youth offending team before applying for a criminal behaviour order to be made if the offender will be under the age of 18 when the application is made.

(6) In this section "local youth offending team" means the youth offending team in whose area it appears to the prosecution that the offender resides.

Proceedings on an application for an order

332.—(1) For the purpose of deciding whether to make a criminal behaviour order the court may consider evidence led by the prosecution and evidence led by the offender.   A5-032

(2) It does not matter whether the evidence would have been admissible in the proceedings in which the offender was convicted.

(3) The court may adjourn any proceedings on an application for a criminal behaviour order even after sentencing the offender.

(4) If the offender does not appear for any adjourned proceedings the court may—
(a) further adjourn the proceedings,
(b) issue a warrant for the offender's arrest, or
(c) hear the proceedings in the offender's absence.

(5) The court may not act under paragraph (b) of subsection (4) unless it is satisfied that the offender has had adequate notice of the time and place of the adjourned proceedings.

(6) The court may not act under paragraph (c) of subsection (4) unless it is satisfied that the offender—
(a) has had adequate notice of the time and place of the adjourned proceedings, and
(b) has been informed that if the offender does not appear for those proceedings the court may hear the proceedings in the offender's absence.

(7) Subsection (8) applies in relation to proceedings in which a criminal behaviour order is made against an offender who is under the age of 18.

(8) In so far as the proceedings relate to the making of the order—
(a) section 49 of the Children and Young Persons Act 1933 (restrictions on reports of proceedings in which children and young persons are concerned) does not apply in respect of the offender;
(b) section 39 of that Act (power to prohibit publication of certain matters) does so apply.

Requirements included in orders

333.—(1) A criminal behaviour order that includes a requirement must specify the person who is to be responsible for supervising compliance with the requirement. The person may be an individual or an organisation.   A5-033

(2) Before including a requirement, the court must receive evidence about its suitability and enforceability from—
(a) the individual to be specified under subsection (1), if an individual is to be specified;

　　　　(b) an individual representing the organisation to be specified under subsection (1), if an organisation is to be specified.
　(3) Before including two or more requirements, the court must consider their compatibility with each other.
　(4) A person specified under subsection (1) must—
　　(a) make any necessary arrangements in connection with the requirements for which the person has responsibility (the "*relevant requirements*");
　　(b) promote the offender's compliance with the relevant requirements;
　　(c) if the person considers that the offender—
　　　(i) has complied with all the relevant requirements, or
　　　(ii) has failed to comply with a relevant requirement,
　　　inform the prosecution and the appropriate chief officer of police.
　(5) In subsection (4)(c) "the appropriate chief officer of police" means the chief officer of police for the police area in which it appears to the person specified under subsection (1) that the offender resides.
　(6) An offender subject to a requirement in a criminal behaviour order must—
　　(a) keep in touch with the person specified under subsection (1) in relation to that requirement, in accordance with any instructions given by that person from time to time;
　　(b) notify the person of any change of address.
These obligations have effect as requirements of the order.

Duration of order etc

A5-034　**334.**—(1) A criminal behaviour order takes effect on the day it is made, subject to subsection (2).
　(2) If on the day a criminal behaviour order ("*the new order*") is made the offender is subject to another criminal behaviour order ("*the previous order*"), the new order may be made so as to take effect on the day on which the previous order ceases to have effect.
　(3) A criminal behaviour order must specify the period ("*the order period*") for which it has effect.
　(4) In the case of a criminal behaviour order made before the offender has reached the age of 18, the order period must be a fixed period of—
　　(a) not less than 1 year, and
　　(b) not more than 3 years.
　(5) In the case of a criminal behaviour order made after the offender has reached the age of 18, the order period must be—
　　(a) a fixed period of not less than 2 years, or
　　(b) an indefinite period (so that the order has effect until further order).
　(6) A criminal behaviour order may specify periods for which particular prohibitions or requirements have effect.

Interim order

A5-035　**335.**—(1) This section applies where a court adjourns the hearing of an application for a criminal behaviour order.
　(2) The court may make a criminal behaviour order that lasts until the final hearing of the application or until further order ('*an interim order*') if the court thinks it just to do so.
　(3) Section 331(1)(b), (3) and (5) and section 334(3) to (5) do not apply in relation to the making of an interim order.

(4) Subject to that, the court has the same powers whether or not the criminal behaviour order is an interim order.

For s.336 of the Sentencing Code, which deals with the variation or discharge of criminal behaviour orders, see A10-206.

Review of orders: offenders aged under 18
337.—(1) If—
    (a) an offender subject to a criminal behaviour order will be under the age of 18 at the end of a review period (see subsection (2)),
    (b) the term of the order runs until the end of that period or beyond, and
    (c) the order is not discharged before the end of that period,
a review of the operation of the order must be carried out before the end of that period.
  (2) The "review periods" are—
    (a) the period of 12 months beginning with—
      (i) the day on which the criminal behaviour order takes effect, or
      (ii) if during that period the order is varied under section 336, the day on which it is varied (or most recently varied, if the order is varied more than once);
    (b) a period of 12 months beginning with—
      (i) the day after the end of the previous review period, or
      (ii) if during that period of 12 months the order is varied under section 336, the day on which it is varied (or most recently varied, if the order is varied more than once).

Section 338 of the Sentencing Code provides that a review under s.337 is to be carried out by the chief officer of police for the area in which the offender resides or appears to be residing, in the co-operation with the local council. Others may also be invited to participate by the chief officer of police.

For s.339 of the Sentencing Code, which makes it an offence to breach a criminal behaviour order, see A10-210.

Special measures for witnesses
340.—(1) Chapter 1 of Part 2 of the Youth Justice and Criminal Evidence Act 1999 (special measures directions in the case of vulnerable and intimidated witnesses) applies to criminal behaviour order proceedings as it applies to criminal proceedings, but with—
    (a) the omission of the provisions of that Act mentioned in subsection (2) (which make provision appropriate only in the context of criminal proceedings), and
    (b) any other necessary modifications.
  (2) The provisions are—
    (a) section 17(4) to (7);
    (b) section 21(4C)(e);
    (c) section 22A;
    (d) section 27(10);
    (e) section 32.
  (3) Rules of court made under or for the purposes of Chapter 1 of Part 2 of that Act apply to criminal behaviour order proceedings—
    (a) to the extent provided by rules of court, and
    (b) subject to any modifications provided by rules of court.
  (4) Section 47 of that Act (restrictions on reporting special measures directions etc) applies with any necessary modifications—
    (a) to a direction under section 19 of that Act as applied by this section;

(b) to a direction discharging or varying such a direction.
Sections 49 and 51 of that Act (offences) apply accordingly.

(5) In this section "criminal behaviour order proceedings" means proceedings in a magistrates' court or the Crown Court so far as relating to the issue whether to make a criminal behaviour order.

A5-040 Section 341 confers on the Secretary of State the power to issue guidance to chief officers of police and local councils in the exercise of their functions under the Act.

Section 342 provides a signpost to the power to make a parenting order under s.8(1)(b) of the Crime and Disorder Act 1998 where a court makes a criminal behaviour order against an offender aged under 18. The effect of the order is the same as a parenting order under the Sentencing Code because the provisions of the Code mirror those in the Crime and Disorder Act 1998 (although the tests for imposition are slightly different—the provision in s.8(1)(b) focuses on whether a parenting order would be desirable in preventing any repetition of the kind of behaviour which led to the CBO being made). Additionally, in cases where a CBO is made on conviction, the power to impose a parenting order under s.366 of the Sentencing Code will also be available. For these reasons, the provisions of the 1998 Act are not repeated here. The principles and guidance derived from the Court of Appeal (Criminal Division) case law are, it is submitted, equally applicable to orders under either enactment.

Home Office Guidance

A5-041 The Home Office provided updated guidance in August 2019 on the powers contained in the 2014 Act.[16] The guidance is principally intended to assist the police and local councils. Of course, courts and practitioners will have due regard to its status as guidance where there are apparent distinctions in the scope of the legislation and the purported legislative intent expressed in the guidance.

The guidance provides that criminal behaviour orders are intended for tackling the most serious and persistent offenders where their behaviour has brought them before a criminal court. It notes that agencies must make proportionate and reasonable judgements before applying for a CBO, and conditions of an order should not be designed to stop reasonable, trivial or benign behaviour that has not caused, or is unlikely to cause, harassment, alarm or distress to victims or communities.

Judicial Guidance

Relevance of the ASBO regime

A5-042 In *DPP v Bulmer*,[17] the court stated that although the guidance given in decisions of the Divisional Court and those of the Court of Appeal (Criminal Division) concerning ASBOs was of relevance when considering whether to order a CBO, the principles derived from the authorities on ASBOs required modification to reflect (a) the fact that the requirement of "necessity" was no longer part of the

---

[16] Home Office, *Anti-social Behaviour, Crime and Policing Act 2014: Anti-social behaviour powers Statutory guidance for frontline professionals*, August 2019.
[17] [2015] EWHC 2323 (Admin); [2016] 1 Cr. App. R. (S.) 12.

statutory scheme; and (b) that under the new scheme, it was possible to impose positive requirements.

The court in *R. v Khan (Kamran)*[18] endorsed, in particular, the need to continue to bear in mind the guidance given by the court in *R. v Boness*[19] (see A5-056) in relation to ASBOs.

Prior to the final hearing

Interim order

Under s.332(3), the court may adjourn any proceedings on an application for a CBO even after sentencing the offender. Where the court exercises that power, under s.335 it may make a CBO that lasts until the final hearing of the application or until further order if the court thinks it just to do so. This is known as an interim order.

A5-043

In relation to an interim order, under s.335(3), the following requirements do not apply:

1) that the prosecution make an application for an order (as required by s.331(1)(b));
2) that the court deals with the offender for an offence (i.e. imposes a primary order that is not an absolute discharge) (as required by s.331(3));
3) that in the case of a person aged under 18, the youth offending team be consulted (as required by s.331(5));
4) that the order specify the period for which it has effect and is subject to minimum and maximum periods (as required by ss.334(3)–(5)).

Otherwise, the court has the same powers when making an interim order as when making a "full" order: s.335(4).

Seek views of youth offending team if offender aged under 18

The prosecution must find out the views of the local youth offending team before applying for a CBO to be made if the offender will be under the age of 18 when the application is made: s.331(5).

A5-044

The hearing

Procedure

The order is only available where the prosecution makes an application for a CBO and the order cannot be made on the court's own volition. Due to the nature of the evidence likely to be necessary in many cases, this may require engagement, via the police, with residents, business owners or other professionals. The hearing may proceed on the basis of submissions alone, or with either party calling evidence in support of or against the application.

A5-045

---

[18] [2018] EWCA Crim 1472; [2018] 1 W.L.R. 5419.
[19] [2005] EWCA Crim 2395; [2006] 1 Cr. App. R. (S.) 120 at [19]–[23].

Adjournments

A5-046   The court may adjourn any proceedings on an application for a CBO even after sentencing the offender. The power is contained in s.332 and enables the court to receive further information, make an interim order or adjourn for another reason. Where the offender does not appear for adjourned proceedings there is power in s.335(4)–(6) to adjourn, seek a warrant for the offender's arrest or hear the proceedings in the offender's absence (where conditions are met).

Any adjournment should only be as long as is necessary to gather the requisite information. As observed in *R. v Khan (Kamran)*[20] a delay of several months after sentencing (save in the most exceptional circumstances) will be wholly unacceptable.

Evidence

A5-047   When determining whether to make a CBO the court may consider evidence led by the prosecution and evidence led by the offender: s.332(1). That evidence does not need to have been admissible in the proceedings in which the offender was convicted: s.332(2). For this reason, it is common that police officers will give evidence containing hearsay statements—e.g. relating to anonymous statements made by residents or business owners.

Findings of fact

A5-048   Any findings of fact made by the court in relation to the imposition of the order ought to be recorded and pronounced in open court: *R. v Boness*[21]; *R. v Khan (Kamran)*.[22] This has the obvious benefit of being of assistance to any court hearing an appeal or application to vary or discharge the order, as well as meeting necessary principles of open justice and fairness to the defendant, who must be told the basis on which such an order is imposed.

Whether to make an order

Test to apply

A5-049   **General**   The test to apply when considering whether to grant an application for a CBO is that the court:

1) is satisfied that the offender has engaged in behaviour that caused or was likely to cause harassment, alarm or distress to any person;
2) considers that making the order will help in preventing the offender from engaging in such behaviour: s.331(2).

The court must also impose a primary order other than an absolute discharge when imposing a CBO: s.331(3).

The statute unhelpfully elides the issues of whether *an* order would help to prevent the offender from engaging in the relevant behaviour, and whether *the draft order* proposed is a proportionate means of achieving that aim. Accordingly, it is

---

[20] [2018] EWCA Crim 1472; [2018] 1 W.L.R. 5419.
[21] [2005] EWCA Crim 2395; [2006] 1 Cr. App. R. (S.) 120.
[22] [2018] EWCA Crim 1472; [2018] 1 W.L.R. 5419.

submitted that there is a staged process for the consideration of whether to impose an order:

1) is the court satisfied that the individual engaged in behaviour that caused or was likely to cause harassment, alarm or distress to any person and there is a risk of further behaviour?
2) would the draft order help reduce the risk of such behaviour occurring in the future?
3) is the draft order proportionate in all the circumstances?

As is noted at A5-041, the Home Office guidance states that the CBO power was intended to tackle the most serious and persistent offenders. There is an obvious tension between that statement and the literal reading of the legislation, which on any view imposes a low threshold before an order may be imposed. It is noteworthy that Parliament's intention must have been to make it easier for a prosecuting authority to obtain an order as the CBO regime does not retain the "necessity" element of the test that was a central pillar of the predecessor ASBO regime. The court in *DPP v Bulmer*[23] noted that the removal of the requirement that the order be "necessary" (in favour of the term "help in preventing") was designed to reduce the hurdle required before an order could be made, although the lowering of the hurdle did not change the nature of the exercise: it remains one of judgement and evaluation, and, accordingly, the decisions concerning ASBOs on that issue remain relevant. It would therefore appear from the statutory language that a CBO may be imposed in a high number of cases.

A5-050

However, in *DPP v Bulmer*,[24] the court held that while the change of statutory language lowered the threshold, a court hearing an application for a CBO should still proceed with a proper degree of caution and circumspection when determining whether the statutory conditions are satisfied. As was noted,[25] it appears that notwithstanding the view of the Home Office lawyers as to the purpose of the power, and notwithstanding the very low threshold evident from the drafting of the 2014 Act, now re-enacted in the Sentencing Code, the higher courts have therefore stepped in to play a significant role in operating as a brake on the use of such orders. In *R. v Khan (Kamran)*,[26] the court further held that it was not Parliament's intention that CBOs should become a mere matter of "box-ticking".

First condition The first condition (that in s.331(2)(a)) concerns the factual basis for making the order. The court must be satisfied to the criminal standard that the offender has engaged in the relevant behaviour. Often the criminal conviction will provide the basis for this finding. However, where the anti-social behaviour referred to is different from the behaviour that underpinned the conviction, the court will need to be separately satisfied to the criminal standard that the relevant behaviour has occurred.

A5-051

Second condition In contrast to the first condition, s.331(2)(b) makes no reference to the burden or standard of proof. It is concerned with whether, once the first condition is satisfied, the court "considers" that making the order would "help in preventing" anti-social behaviour that caused or was likely to cause harassment,

A5-052

---

[23] [2015] EWHC 2323 (Admin); [2016] 1 Cr. App. R. (S.) 12.
[24] [2015] EWHC 2323 (Admin); [2016] 1 Cr. App. R. (S.) 12.
[25] L. Harris, "Sentencing: R. v Khan (Kamran) (Case Comment)" [2018] Crim. L.R. 938.
[26] [2018] EWCA Crim 1472; [2018] 1 W.L.R. 5419.

alarm or distress to any person. This is an evaluative exercise and one to which a far lower threshold applies. The court in *DPP v Bulmer*,[27] observed that had Parliament wished the criminal standard to apply, it could have used the appropriate language and that the exercise was one of "judgement and evaluation". Accordingly, there is no burden of proof on the prosecution.

The court in *DPP v Bulmer*,[28] also noted that the legislation does not require that the order be made where the test is met (cf. "may" vs "must") and that the matter was not one of "pure discretion"; however, unless the court hearing an appeal concluded that the judge had plainly erred in some way, either in their assessment of the facts or in applying the wrong test, or by leaving out of account matters which they were required to take into account, it should not interfere with the first instance court's conclusion.

In relation to whether an order would "help", the court in *DPP v Bulmer*[29] stated that where an offender's problem—be that disease, alcoholism or drug addiction—meant that they were totally unresponsive to an order, and where it was not possible for the underlying cause of the behaviour to be tackled by a positive requirement, the second condition would not be met. However, the court continued to observe that the fact that a person had not responded to orders and other disposals in the past was not, of itself, a reason for deciding not to make an order.

A5-053 In *Humphreys v CPS*,[30] the Divisional Court held that:

1) when deciding whether making the proposed CBO would help in preventing the offender from engaging in relevant behaviour, a finding of fact that the offender was incapable of understanding or complying with the terms of the order, so that the only effect of the order would be to criminalise behaviour over which they had no control, would indicate that the order would not be helpful and would not satisfy the second condition;

2) the question was whether on the facts of the case the second statutory condition is satisfied—i.e. could it be said that making the order would help in preventing the offender from engaging in such behaviour, even though it was anticipated that they might engage in it on one or more occasions, because they were at that time incapable of complying with it?

3) if the conclusion was that on the facts making an order would be helpful, despite the complexities of the factual findings, protection for the offender might, in such circumstances, be provided by the fact that the "breaching behaviour" would be an offence if it was done "without reasonable excuse". If a person did or failed to do something in breach of a CBO, because they were incapable of complying, the proper conclusion should be that their incapacity was a reasonable excuse.

---

[27] [2015] EWHC 2323 (Admin); [2016] 1 Cr. App. R. (S.) 12.
[28] [2015] EWHC 2323 (Admin); [2016] 1 Cr. App. R. (S.) 12.
[29] [2015] EWHC 2323 (Admin); [2016] 1 Cr. App. R. (S.) 12.
[30] [2019] EWHC 2794 (Admin); [2020] 1 Cr. App. R. (S.) 39.

Making the order

General

The order must be tailored to the specific circumstances of the defendant: *DPP v Bulmer*[31]; *R. v Khan (Kamran)*.[32] A5-054

Length

Where the offender is under age 18, the order must be for at least one year and cannot exceed three years: s.334(4). In the case of adults, the order must be for at least two years and may be indefinite: s.334(5). A5-055

The order may specify periods for which particular prohibitions or requirements have effect: s.334(6) of the Sentencing Code.

Order may include prohibitions and/or requirements

The order may contain requirements and prohibitions, requirements but no prohibitions, or prohibitions but no requirements: *DPP v Bulmer*.[33] Additionally, it is clear from the legislation that an order may also contain only a single prohibition or requirement where appropriate. A5-056

Wording of the order

As with any order of a criminal court that had the characteristics of an injunction, it is essential that the guidance given by the court in *R. v Boness*[34] at [19]–[23] (the guideline case on ASBOs) to the effect that the terms of the order must be precise and capable of being understood by the offender; the order must be explained to the offender; the exact terms of the order must be pronounced in open court; and the written order must accurately reflect the order as pronounced is borne in mind: *R. v Khan (Kamran)*.[35] Furthermore, the court stated that because an order had to be precise and capable of being understood by the offender, a sentencer should ask themselves before making an order "are the terms of this order clear so that the offender will know precisely what it is that he is prohibited from doing?". Any order must be realistic and practical and should be enforceable in the sense that it should allow a breach to be readily identified and capable of being proved: *R. v Boness*.[36] A5-057

As was suggested in [2018] Crim. L.R. 938, the sexual harm prevention order (and its predecessor) has perhaps taken over the mantle from the ASBO/CBO in terms of the development of the case law in relation to the difficult task of drafting

---

[31] [2015] EWHC 2323 (Admin); [2016] 1 Cr. App. R. (S.) 12.
[32] [2018] EWCA Crim 1472; [2018] 1 W.L.R. 5419.
[33] [2015] EWHC 2323 (Admin); [2016] 1 Cr. App. R. (S.) 12.
[34] [2005] EWCA Crim 2395; [2006] 1 Cr. App. R. (S.) 120.
[35] [2018] EWCA Crim 1472; [2018] 1 W.L.R. 5419.
[36] [2005] EWCA Crim 2395; [2006] 1 Cr. App. R. (S.) 120.

such orders (see e.g. *R. v Smith (Steven)*,[37] *R. v Parsons*[38] and *R. v McLellan*[39]). Reference to the general principles of clarity of language in those cases may assist.

It is submitted that the focus ought to be on simple language phrased, if possible, in short sentences.

Determining prohibitions/requirements

A5-058 **General**   Prohibitions and requirements should be:

1) reasonable and proportionate;
2) realistic and practical;
3) in terms that make it easy to determine and prosecute a breach: *R. v Khan (Kamran)*.[40]

In *R. v Maguire*,[41] it was held that an obligation imposed under a CBO that cannot be sufficiently clearly understood and monitored should not be imposed, even where the court has concerns that it considers needs to be addressed.

In *R. v Brain*,[42] it was held that as a matter of principle, prohibitions should not be imposed in relation to conduct which would constitute a criminal offence on its own merits.

In *R. v Tofagsazan*,[43] the court held that a prohibition (in the particular case, limiting the number of electronic communication devices and online accounts) which enabled proportionate and effective monitoring, thus acting as a deterrent, would satisfy the condition for imposition, namely that it would help in preventing the offender from engaging in further similar activity.

A5-059 **Conflicts with work, education etc**   There is a statutory requirement that all prohibitions and requirements included in a criminal behaviour order must, so far as practicable, be such as to avoid:

1) any interference with the times, if any, at which the offender normally works or attends school or any other educational establishment;
2) any conflict with the requirements of any other court order to which the offender may be subject: s.331(4).

It will be necessary for defence counsel to assist the court with this aspect of the hearing, having sought specific instructions on the offender's commitments. It is submitted that, in particular, any period of religious observance should also be considered in this context.

A5-060 **Requirements**   An order that includes a requirement must specify a person (that is an individual or an organisation) who is to be responsible for supervising compliance with the requirement. Before including a requirement, the court must receive evidence about its suitability and enforceability from the person specified in the order who is responsible for enforcing its compliance: ss.333(1)–(2).

---

[37] [2011] EWCA Crim 1772; [2012] 1 W.L.R. 1316; [2011] Crim. L.R. 967.
[38] [2017] EWCA Crim 2163; [2018] 1 W.L.R. 2409.
[39] [2017] EWCA Crim 1464; [2018] 1 W.L.R. 2969; [2018] Crim. L.R. 91.
[40] [2018] EWCA Crim 1472; [2018] 1 W.L.R. 5419.
[41] [2019] EWCA Crim 1193; [2019] 2 Cr. App. R. (S.) 55.
[42] [2020] EWCA Crim 457; [2020] 2 Cr. App. R. (S.) 34.
[43] [2020] EWCA Crim 982; [2021] 1 Cr. App. R. (S.) 24.

Exclusion zones Exclusion zones should be clearly delineated (generally with the use of clearly marked maps), although in *R. v Khan (Kamran)*,[44] the court did not consider that there was a problem of definition in an order extending to Greater Manchester. It is submitted that notwithstanding the fact-specific decision, the provision of a clearly marked map assists with any future prosecution of breaches of the order as it is likely to reduce the merit in any "reasonable excuse" argument viz. not knowing that a particular location was within the prohibited area. Prohibitions need not be related to the geographical area in which the behaviour giving rise to the order was conducted: *R. v Browne-Morgan*.[45] However, it is suggested that they will clearly need to be related to the risk the offender poses and designed to prevent such behaviour.   A5-061

Association/contact provisions Individuals whom the defendant was prohibited from contacting or associating with should be clearly identified and in the case of a foreign national, consideration should be given to the need for the order to be translated: *R. v Khan (Kamran)*.[46]   A5-062

Restrictions on social media/dating sites In *R. v Brain*,[47] the court upheld a prohibition on the use of internet dating sites in respect of an offender who had used such services to form relationships with his victims and then obtain money from them by deception. The court did, however, vary a blanket prohibition on the use of social networking sites, due to concern it would impact the offender's employment prospects, substituting the following prohibition: "Access or use any internet based dating or social networking sites, the latter save for employment-related purposes."   A5-063

Relationships with others The courts have rarely considered the propriety of prohibitions and requirements in relation to intimate relationships. In *R. v Maguire*,[48] the court held that a requirement providing that "The defendant must inform the local police station of the name of any new partner within 14 days of commencing an intimate relationship", did not comply with the guidance in *R. v Boness*.[49] The terms of the order were not sufficiently clear. The court asked: what was meant by "relationship"?; when was one "formed" in order to trigger an obligation on the part of M to inform the local police of the name of the female in question?; how was a clause expressed in this way to be policed? The clause was considered to be "hopelessly vague" and was replaced with the following: A5-064

"[M] must:
(1) inform the local police of any address at which he resides, whether temporarily or permanently, such as any residential premises, including his home or the home of another, or any temporary or semi-permanent structure, including but not limited to any tent, caravan, mobile home or boat within 14 days of him moving to the address or structure.
(2) inform the local police of the name and address of any female (excluding family members) with whom he resides for a period of 14 days or more (consecutive or otherwise)."

---

[44] [2018] EWCA Crim 1472; [2018] 1 W.L.R. 5419.
[45] [2016] EWCA Crim 1903; [2017] 1 Cr. App. R. (S.) 33.
[46] [2018] EWCA Crim 1472; [2018] 1 W.L.R. 5419.
[47] [2020] EWCA Crim 457; [2020] 2 Cr. App. R. (S.) 34.
[48] [2019] EWCA Crim 1193; [2019] 2 Cr. App. R. (S.) 55.
[49] [2005] EWCA Crim 2395; [2006] 1 Cr. App. R. (S.) 120.

There are three cases in which similar conditions have been imposed: (1) in Northern Ireland, *R. v CZ*,[50] a sexual offences prevention order included a prohibition from, "[entering] any relationship, casual or intimate, without prior disclosure to the designated risk manager"; (2) in Scotland, in *Chief Constable of the Police Service of Scotland v A(M)*,[51] the defendant was prohibited from entering into a relationship without disclosing it to his offender manager; and (3) in Scotland, *In the Petition of AB*,[52] the defendant was required to inform his offender manager of any "friendships, associations, or intimate or domestic relationships" that he entered into. In the first two cases the point regarding the clarity of the prohibition/requirement was not argued. In the third, the court held that the condition was not void for certainty at common law (on the ground that a provision should only be struck down on the ground of uncertainty in the rare case where it can be given no sensible and practicable meaning in the particular circumstances of the case), concluding that such terms were ordinary English terms, and could be understood. The court observed that the offender manager had explained that he should report to her on anyone with whom he was likely to have a coffee which in the court's opinion neatly encapsulated the notion of an emerging association or friendship.

The decision in *AB* is therefore in direct conflict with *Maguire*, although the test for the court to consider in both was slightly different. It is suggested that the approach in *Maguire* is to be preferred given that breach of such a restriction is a criminal offence (albeit subject to a "reasonable excuse" defence) and it is in the interests of both the offender and the public generally for the prohibition to be as clear and precise as possible.

A5-065 However, it is suggested that there are alternative means of achieving (largely) the same result. The clear intent of the decision in *Maguire* was to aim to distil the subjective concept of relationship into objective circumstances which would seem to give rise to a particular risk of behaviour that is likely to cause harassment, alarm or distress. The same can be achieved in a different manner, perhaps (for example) by requiring an offender to notify the police when they reside at an address other than their own for a cumulative total of X days in the course of a specified period. Such a formulation would use the number of days offenders spend away from their registered address as a proxy for determining whether they have formed a relationship with a new partner. When doing so, consideration should be given not only to ensuring that the terms are sufficiently legally clear, but also to determining whether the police would be able to gather sufficient evidence to prosecute any breach; requirements to inform the police of incidents of sexual touching may for this reason be undesirable.

Explaining the order to the offender

A5-066 The order must be explained to the offender; the exact terms of the order must be pronounced in open court and the written order must accurately reflect the order as pronounced: *R. v Khan (Kamran)*.[53]

---

[50] [2018] NICA 53.
[51] [2017] S.L.T. (Sh Ct) 192; 2017 G.W.D. 21-356.
[52] [2020] CSOH 69.
[53] [2018] EWCA Crim 1472; [2018] 1 W.L.R. 5419.

Post-sentence For matters concerning the offender's obligations under the order, variation, breach, discharge and appeals, see A10-206.

Exclusion Orders

Introduction

The Licensed Premises (Exclusion of Certain Persons) Act 1980 (the 1980 Act) provides a power to exclude from specified licensed premises those convicted of offences committed on licensed premises where they have used or threatened violence. It has rather fallen out of favour, perhaps as a result of the broader ability to impose restrictions on movement as a part of a community order or alternatively as part of a criminal behaviour order (formerly the ASBO) and the relatively low maximum penalty for breach. However, the power remains and may be of use in a narrow class of case.

Legislation

Licensed Premises (Exclusion of Certain Persons) Act 1980 ss.1, 2 and 4

Exclusion orders

1.—(1) Where a court by or before which a person is convicted of an offence committed on licensed premises is satisfied that in committing that offence he resorted to violence or offered or threatened to resort to violence, the court may, subject to subsection (2) below, make an order (in this Act referred to as an "exclusion order") prohibiting him from entering those premises or any other specified premises, without the express consent of the licensee of the premises or his servant or agent.

(2) An exclusion order may be made either—
   (a) in addition to any sentence which is imposed in respect of the offence of which the person is convicted; or
   (b) where the offence was committed in England and Wales, notwithstanding the provisions of sections 79, 80 and 82 of the Sentencing Code (cases in which absolute and conditional discharges may be made, and their effect), in addition to an order discharging him absolutely or conditionally;
   (c) [*relates to Scotland only*];
but not otherwise.

(3) An exclusion order shall have effect for such period, not less than three months or more than two years, as is specified in the order, unless it is terminated under section 2(2) below.

For s.2 of the 1980 Act, which makes it a summary offence punishable with one months' imprisonment and/or a level 4 fine not to comply with an order under s.1, see A10-214.

Section 4 of the 1980 Act provides that licensed premises means premises in respect of which there is in force a premises licence under the Licensing Act 2003 authorising the supply of alcohol (within the meaning of s.14 of that Act) for consumption on the premises. Furthermore, it provides that specified premises may

A5-067

A5-068

A5-069

A5-070

be specified by name and address in the order, and that a copy of the order is to be sent to the licensee of the premises to which the order relates.

Guidance

Whether to make an order

A5-071   In *R. v Grady*,[54] the court held that orders under the 1980 Act were designed for and justified in cases of those who might shortly be described as making a nuisance of themselves in public houses and as therefore qualifying to be debarred from going in to the annoyance of other customers and possible danger to the licensee. Where the appellant, a woman aged 31 with no previous convictions, had become involved in an altercation with members of the party and the landlady, and had was pushed or punched the landlady, causing her to fall to the floor and suffer some bruises and tenderness to her back, an order was not appropriate and would be quashed. This was a woman of mature years, as well as of previous good character, and she had no record of misbehaviour in public houses.

Breadth of restriction

A5-072   There are very few reported decisions on the power in the 1980 Act. In *R. v Arrowsmith*,[55] the appellant appealed against an exclusion order which excluded him from 165 specified licensed premises for a period of 18 months. The appellant appealed against the exclusion order on the basis of its breadth and that as a result, the order would be wholly unenforceable and a waste of the court's time as licensees of premises distant from the appellant's residence would not recognise him as a person excluded from their premises.

The court observed that there were, at that time, only two reported decisions which were "of limited assistance". In the court's view, there could be no doubt that the judge was justified in considering an exclusion order. The only question was whether, in specifying some 165 premises in the metropolitan area in which the appellant lived, the order was wrong in principle or in some way manifestly excessive. The court concluded that it was hard to see what could be wrong in principle in specifying a large number of public houses in an area, when, in these days of ready mobility, the appellant might go to drink and make a nuisance of himself but for the order. It was equally hard to see why the exclusion order as made should be regarded as excessive. It was not a case in which the evidence showed the appellant to be selective in the public houses in which he was at risk of causing trouble. In determining the width of the area the court had settled on the metropolitan area of the Borough in which the appellant lived and normally drank. It thereby restricted but not wholly obviated his capacity to make trouble if he decided to go drinking much further afield. In the circumstances of this case, the court considered that this was a logical approach and the best that can be hoped for with this type of order.

However, the court observed that courts should not regard the decision as an invitation to draft exclusion orders of this sort as widely as possible regardless of the need as appears to them on a case-by-case basis. Each case must be concerned with the circumstances before it.

---

[54] (1990-1991) 12 Cr. App. R. (S.) 152.
[55] [2003] EWCA Crim 701; [2003] 2 Cr. App. R. (S.) 46.

Football Banning Orders

Introduction

The Football Spectators Act 1989 (the 1989 Act) created the football banning order, which enables a court on a conviction for a relevant offence (defined in the Act) to prohibit an offender from attending certain football matches—i.e. football matches of a particular description (it does not permit the court to prohibit attendance at matches involving a specific team or teams). Orders usually involve the surrender of passports in relation to matches played outside England and Wales.

A5-073

The football banning order is usually used in response to what may be colloquially referred to as "hooliganism", born of rivalry between competing teams. Having risen in prevalence in the 1970s and 1980s, instances of widespread public violence have continued to be a feature of professional football matches in England and Wales, encouraged no doubt by glorification by television shows and feature films. The power, therefore, remains relevant and one which can be a significant disruption to those who have a penchant for engaging in serious violent altercations with those who happen to come from a different area or city and happen to support a different team.

Following amendments made by the Police, Crime, Sentencing and Courts Act 2022, the court must impose a banning order in respect of certain offences unless it would be unjust in all the circumstances to do so.

The order is a behaviour order to which Pt 31 of the Crim PR applies. Its purpose, as noted in the introduction to this chapter, is preventative, though as it imposes a restriction on movement, it also has a punitive effect (though perhaps less so than some of the other behaviour orders). The order may be for between six and 10 years where a custodial sentence is also imposed and between three and five years where a non-custodial sentence is imposed and in this way the extent of the restriction is indexed to the seriousness of the offence, using the severity of the sentence imposed as a proxy for seriousness.

A5-074

This section deals with orders made on a conviction; however, the 1989 Act also makes provision for orders to be imposed on complaint.

Legislation

Availability of football banning orders

Football Spectators Act 1989 s.14 and s.14A

Main definitions

14.—(1) This section applies for the purposes of this Part.

A5-075

(2) "Regulated football match" means an association football match (whether in the United Kingdom or elsewhere) which is a prescribed match or a match of a prescribed description.

(2A) "Regulated football organisation" means an organisation (whether in the United Kingdom or elsewhere) which—

    (a)   relates to association football, and

    (b)   is a prescribed organisation or an organisation of a prescribed description.

(3) "External tournament" means a football competition which includes regulated football matches outside the United Kingdom.

(4) "Banning order" means an order made by the court under this Part which–

(a) in relation to regulated football matches in the United Kingdom, prohibits the person who is subject to the order from entering any premises for the purpose of attending such matches, and

(b) in relation to regulated football matches outside the United Kingdom, requires that person to report at a police station in accordance with this Part.

(5) "Control period", in relation to a regulated football match outside the United Kingdom, means the period–

(a) beginning five days before the day of the match, and

(b) ending when the match is finished or cancelled.

(6) "Control period", in relation to an external tournament, means any period described in an order made by the Secretary of State—

(a) beginning five days before the day of the first football match outside the United Kingdom which is included in the tournament, and

(b) ending when the last football match outside the United Kingdom which is included in the tournament is finished or cancelled,

but, for the purposes of paragraph (a), any football match included in the qualifying or pre-qualifying stages of the tournament is to be left out of account.

(7) References to football matches are to football matches played or intended to be played.

(8) "Relevant offence" means an offence to which Schedule 1 to this Act applies.

(9) to (11) [*These subsections provide the Secretary of State power to amend the offences listed in Schedule 1 by regulations.*]

Banning orders made on conviction of an offence.

14A.—(1) This section applies where a person (the "offender") is convicted of a relevant offence.

[(2) The court must make a banning order in respect of the offender unless the court considers that there are particular circumstances relating to the offence or to the offender which would make it unjust in all the circumstances to do so.

(3) Where the court does not make a banning order it must state in open court the reasons for not doing so.]

(2) *If the court is satisfied that there are reasonable grounds to believe that making a banning order would help to prevent violence or disorder at or in connection with any regulated football matches, it must make such an order in respect of the offender.*

(3) *If the court is not so satisfied, it must in open court state that fact and give its reasons.*

(3A) For the purpose of deciding whether to make an order under this section the court may consider evidence led by the prosecution and the defence.

(3B) It is immaterial whether evidence led in pursuance of subsection (3A) would have been admissible in the proceedings in which the offender was convicted.

(4) A banning order may only be made under this section–

(a) in addition to a sentence imposed in respect of the relevant offence, or

(b) in addition to an order discharging him conditionally.

(4A) The court may adjourn any proceedings in relation to an order under this section even after sentencing the offender.

(4B) If the offender does not appear for any adjourned proceedings, the court may further adjourn the proceedings or may issue a warrant for his arrest.

(4BA) If the court adjourns or further adjourns any proceedings under subsection (4A) or (4B), the court may remand the offender.

(4BB) A person who, by virtue of subsection (4BA), is remanded on bail may be required by the conditions of his bail–

(a) not to leave England and Wales before his appearance before the court, and

(b) if the control period relates to a regulated football match outside the United Kingdom or to an external tournament which includes such matches, to surrender his passport to a police constable, if he has not already done so.

(4C) The court may not issue a warrant under subsection (4B) above for the offender's arrest unless it is satisfied that he has had adequate notice of the time and place of the adjourned proceedings.

(5) A banning order may be made as mentioned in subsection (4)(b) above in spite of anything in section 79, 80 and 82 of the Sentencing Code (which relate to orders discharging a person absolutely or conditionally and their effect).

(5A) The prosecution has a right of appeal against a failure by the court to make a banning order under this section–
(a) where the failure is by a magistrates' court, to the Crown Court; and
(b) where it is by the Crown Court, to the Court of Appeal.

(5B) An appeal under subsection (5A)(b) may be brought only if the Court of Appeal gives permission or the judge who decided not to make an order grants a certificate that his decision is fit for appeal.

(5C) An order made on appeal under this section (other than one directing that an application be re-heard by the court from which the appeal was brought) is to be treated for the purposes of this Part as if it were an order of the court from which the appeal was brought.

(6) In this section, "the court" in relation to an offender means–
(a) the court by or before which he is convicted of the relevant offence, or
(b) if he is committed to the Crown Court to be dealt with for that offence, the Crown Court.

[This section is printed as amended, inter alia, by the PCSCA 2022 s.192(1). The version of subss.(2) and (3) in square brackets applies only to offences committed on or after 29 June 2022. The version in italics applies to all offences committed before that date.]

Football Spectators Act 1989 Sch.1

Offences

1. This Schedule applies to the following offences:

    (a) any offence under section 14J(1), 19(6), 20(10) or 21C(2) of this Act or section 68(1) or (5) of the Police, Public Order and Criminal Justice (Scotland) Act 2006 by virtue of section 106 of the Policing and Crime Act 2009,

    (b) any offence under section 2 or 2A of the Sporting Events (Control of Alcohol etc.) Act 1985 (alcohol, containers and fireworks) committed by the accused at any football match to which this Schedule applies or while entering or trying to enter the ground,

    (c) any offence under section 4, 4A or 5 of the Public Order Act 1986 (fear or provocation of violence, or harassment, alarm or distress) or any provision of Part 3 or 3A of that Act (hatred by reference to race etc.) committed during a period relevant to a football match to which this Schedule applies at any premises while the accused was at, or was entering or leaving or trying to enter or leave, the premises,

    (d) any offence involving the use or threat of violence by the accused towards another person committed during a period relevant to a football match to which this Schedule applies at any premises while the accused was at, or was entering or leaving or trying to enter or leave, the premises,

    (e) any offence involving the use or threat of violence towards property committed during a period relevant to a football match to which this Schedule applies at any premises while the accused was at, or was entering or leaving or trying to enter or leave, the premises,

    (f) any offence involving the use, carrying or possession of an offensive weapon or a firearm committed during a period relevant to a football match to which this Schedule applies at any premises while the accused was at, or was entering or leaving or trying to enter or leave, the premises,

    (g) any offence under section 12 of the Licensing Act 1872 (persons found drunk in public places, etc.) of being found drunk in a highway or other public place committed while the accused was on a journey to or from a football match to which this Schedule applies being an offence as respects which the court makes a declaration that the offence related to football matches,

(h) any offence under section 91(1) of the Criminal Justice Act 1967 (disorderly behaviour while drunk in a public place) committed in a highway or other public place while the accused was on a journey to or from a football match to which this Schedule applies being an offence as respects which the court makes a declaration that the offence related to football matches,

(j) any offence under section 1 of the Sporting Events (Control of Alcohol etc.) Act 1985 (alcohol on coaches or trains to or from sporting events) committed while the accused was on a journey to or from a football match to which this Schedule applies being an offence as respects which the court makes a declaration that the offence related to football matches,

(k) any offence under section 4, 4A or 5 of the Public Order Act 1986 (fear or provocation of violence, or harassment, alarm or distress) or any provision of Part 3 or 3A of that Act (hatred by reference to race etc.) committed while the accused was on a journey to or from a football match to which this Schedule applies being an offence as respects which the court makes a declaration that the offence related to football matches,

(l) any offence under section 4, 5 or 5A of the Road Traffic Act 1988 (driving etc. when under the influence of drink or drugs or with an alcohol concentration above the prescribed limit or with a concentration of a specified controlled drug above the specified limit) committed while the accused was on a journey to or from a football match to which this Schedule applies being an offence as respects which the court makes a declaration that the offence related to football matches,

(m) any offence involving the use or threat of violence by the accused towards another person committed while one or each of them was on a journey to or from a football match to which this Schedule applies being an offence as respects which the court makes a declaration that the offence related to football matches,

(n) any offence involving the use or threat of violence towards property committed while the accused was on a journey to or from a football match to which this Schedule applies being an offence as respects which the court makes a declaration that the offence related to football matches,

(o) any offence involving the use, carrying or possession of an offensive weapon or a firearm committed while the accused was on a journey to or from a football match to which this Schedule applies being an offence as respects which the court makes a declaration that the offence related to football matches,

(p) any offence under the Football (Offences) Act 1991,

(q) any offence under section 4, 4A or 5 of the Public Order Act 1986 (fear or provocation of violence, harassment, alarm or distress) or any provision of Part 3 or 3A of that Act (hatred by reference to race etc.)—
  (i) which does not fall within paragraph (c) or (k) above,
  (ii) which was committed during a period relevant to a football match to which this Schedule applies, and
  (iii) as respects which the court makes a declaration that the offence related to that match or to that match and any other football match which took place during that period,

(r) any offence involving the use or threat of violence by the accused towards another person—
  (i) which does not fall within paragraph (d) or (m) above,
  (ii) which was committed during a period relevant to a football match to which this Schedule applies, and
  (iii) as respects which the court makes a declaration that the offence related to that match or to that match and any other football match which took place during that period,

(s) any offence involving the use or threat of violence towards property—
  (i) which does not fall within paragraph (e) or (n) above,
  (ii) which was committed during a period relevant to a football match to which this Schedule applies, and

(iii) as respects which the court makes a declaration that the offence related to that match or to that match and any other football match which took place during that period,
(t) any offence involving the use, carrying or possession of an offensive weapon or a firearm—
   (i) which does not fall within paragraph (f) or (o) above,
   (ii) which was committed during a period relevant to a football match to which this Schedule applies, and
   (iii) as respects which the court makes a declaration that the offence related to that match or to that match and any other football match which took place during that period,
(u) any offence under section 166 of the Criminal Justice and Public Order Act 1994 (sale of tickets by unauthorised persons) which relates to tickets for a football match.
(v) any offence under any provision of Part 3 or 3A of the Public Order Act 1986 (hatred by reference to race etc)—
   (i) which does not fall within paragraph (c) or (k), and
   (ii) as respects which the court makes a declaration that the offence related to a football match, to a football organisation or to a person whom the accused knew or believed to have a prescribed connection with a football organisation,
(w) any offence under section 31 of the Crime and Disorder Act 1998 (racially or religiously aggravated public order offences) as respects which the court makes a declaration that the offence related to a football match, to a football organization or to a person whom the accused knew or believed to have a prescribed connection with a football organisation,
(x) any offence under section 1 of the Malicious Communications Act 1988 (offence of sending letter, distress or anxiety)—
   (i) which does not fall within paragraph (d), (e), (m), (n), (r) or (s),
   (ii) as respects which the court has stated that the offence is aggravated by hostility of any of the types mentioned in section 66(1) of the Sentencing Code (racial hostility etc), and
   (iii) as respects which the court makes a declaration that the offence related to a football match, to a football organisation or to a person whom the accused knew or believed to have a prescribed connection with a football organisation,
(y) any offence under section 127(1) of the Communications Act 2003 (improper use of public telecommunications network)—
   (i) which does not fall within paragraph (d), (e), (m), (n), (r) or (s),
   (ii) as respects which the court has stated that the offence is aggravated by hostility of any of the types mentioned in section 66(1) of the Sentencing Code (racial hostility etc), and
   (iii) as respects which the court makes a declaration that the offence related to a football match, to a football organisation or to a person whom the accused knew or believed to have a prescribed connection with a football organisation,
(z) any offence under section 4(3) or 5 of the Misuse of Drugs Act 1971 (supply or possession etc. of controlled substances) committed by the accused in relation to a Class A drug, as defined in section 2(1)(b) of that Act, at any football match to which this Schedule applies or while entering or trying to enter the ground.
(z) any offence under section 179 (false communications) or 181 (threatening communications) of the Online Safety Act 2023—
   (i) which does not fall within paragraph (d), (e), (m), (n), (r) or (s),
   (ii) as respects which the court has stated that the offence is aggravated by hostility of any of the types mentioned in section 66(1) of the Sentencing Code (racial hostility etc), and
   (iii) as respects which the court makes a declaration that the offence related to a football match, to a football organisation or to a person whom the accused knew or believed to have a prescribed connection with a football organisation.

[This paragraph is printed as amended. The two paragraph (z)'s are a result of legislative mistake that has been reproduced, and not a printing error. To give effect to the legislation the intent must be that both are in force, as opposed to only the latter.]

2. Any reference to an offence in paragraph 1 above includes—
   (a) a reference to any attempt, conspiracy or incitement to commit that offence, and
   (b) a reference to aiding and abetting, counselling or procuring the commission of that offence.

3. For the purposes of paragraphs 1(g) to (o) above—
   (a) a person may be regarded as having been on a journey to or from a football match to which this Schedule applies whether or not he attended or intended to attend the match, and
   (b) a person's journey includes breaks (including overnight breaks).

4.—(1) In this Schedule, "football match" means a match which is a regulated football match for the purposes of Part II of this Act.

(1A) In this Schedule "football organisation" means an organisation which is a regulated football organisation for the purposes of Part 2 of this Act.

(2) For the purposes of this Schedule each of the following periods is "relevant to" a football match to which this Schedule applies—
   (a) in the case of a match which takes place on the day on which it is advertised to take place, the period—
      (i) beginning 24 hours before whichever is the earlier of the start of the match and the time at which it was advertised to start; and
      (ii) ending 24 hours after it ends;
   (b) in the case of a match which does not take place on the day on which it was advertised to take place, the period—
      (i) beginning 24 hours before the time at which it was advertised to start on that day; and
      (ii) ending 24 hours after that time.

(3) The provision that may be made by an order made by the Secretary of State for the purposes of this Schedule includes provision that a person has a prescribed connection with a football organisation where—
   (a) the person has had a connection of a prescribed kind with a football organisation in the past, or
   (b) the person will or may have a connection of a prescribed kind with a football organisation in the future.

The reference to the common law offence of incitement in para.2(a) of this Schedule has effect as a reference to the offences under Pt 2 of the Serious Crime Act 2007: 2007 Act, s.63(1), and Sch.6 para.16.

The reference to offences contrary to s.4 of the Public Order Act 1986 in para.1(c), (k) and (q) and the entries in para.(1)(v) to (y) apply only in relation to offences committed on or after 29 June 2022: PCSCA 2022 s.190(12).

Football Spectators Act 1989 s.23

Further provision about, and appeals against, declarations of relevance

23.—(1) Subject to subsection (2) below, a court may not make a declaration of relevance as respects any offence unless it is satisfied that the prosecutor gave notice to the defendant, at least five days before the first day of the trial, that it was proposed to show that the offence related to football matches, to a particular football match or to particular football matches (as the case may be).

(2) A court may, in any particular case, make a declaration of relevance notwithstanding that notice to the defendant as required by subsection (1) above has not been given if he consents to waive the giving of full notice or the court is satisfied that the interests of justice do not require more notice to be given.

(3) A person convicted of an offence as respects which the court makes a declaration of relevance may appeal against the making of the declaration of relevance as if the declaration were included in any sentence passed on him for the offence, and accordingly—

[(a) to (c) make consequential amendments to the Criminal Appeal Act 1968 and the Magistrates' Courts Act 1980.]

(4) A banning order made upon a person's conviction of a relevant offence shall be quashed if the making of a declaration of relevance as respects that offence is reversed on appeal.

(5) In this section "declaration of relevance" means a declaration by a court for the purposes of Schedule 1 to this Act that an offence related to football matches, or that it related to one or more particular football matches.

Football Spectators Act 1989 s.14C(1)–(3)

Banning orders: supplementary

14C.—(1) In this Part, "violence" means violence against persons or property and includes threatening violence and doing anything which endangers the life of any person.

(2) In this Part, "disorder" includes–
   (a) stirring up hatred against a group of persons defined by reference to colour, race, nationality (including citizenship) or ethnic or national origins, or against an individual as a member of such a group,
   (b) using threatening, abusive or insulting words or behaviour or disorderly behaviour,
   (c) displaying any writing or other thing which is threatening, abusive or insulting.

(3) In this Part, "*violence*" and "*disorder*" are not limited to violence or disorder in connection with football.

A5-079

Making a football banning order

Football Spectators Act 1989 ss.14E, 14F and 14G

Banning orders: general

14E.—(1) On making a banning order, a court must in ordinary language explain its effect to the person subject to the order.

(2) A banning order must require the person subject to the order to report initially at a police station specified in the order within the period of five days beginning with the day on which the order is made.

(2A) A banning order must require the person subject to the order to give notification of the events mentioned in subsection (2B) to the enforcing authority.

(2B) The events are–
   (a) a change of any of his names;
   (b) the first use by him after the making of the order of a name for himself that was not disclosed by him at the time of the making of the order;
   (c) a change of his home address;
   (d) his acquisition of a temporary address;
   (e) a change of his temporary address or his ceasing to have one;
   (f) his becoming aware of the loss of his passport;
   (g) receipt by him of a new passport;
   (h) an appeal made by him in relation to the order;
   (i) an application made by him under section 14H(2) for termination of the order;
   (j) an appeal made by him under section 23(3) against the making of a declaration of relevance in respect of an offence of which he has been convicted.

A5-080

(2C) A notification required by a banning order by virtue of subsection (2A) must be given before the end of the period of seven days beginning with the day on which the event in question occurs and—
    (a) in the case of a change of a name or address or the acquisition of a temporary address, must specify the new name or address;
    (b) in the case of a first use of a previously undisclosed name, must specify that name; and
    (c) in the case of a receipt of a new passport, must give details of that passport.
  (3) A banning order must impose a requirement as to the surrender in accordance with this Part, in connection with regulated football matches outside the United Kingdom, of the passport of the person subject to the order.
  (4) [*Repealed.*]
  (5) In the case of a person detained in legal custody–
    (a) the requirement under this section to report at a police station, and
    (b) any requirement imposed under section 19 below,
is suspended until his release from custody.
  (6) If—
    (a) he is released from custody more than five days before the expiry of the period for which the order has effect, and
    (b) he was precluded by his being in custody from reporting initially,
the order is to have effect as if it required him to report initially at the police station specified in the order within the period of five days beginning with the date of his release.
  (7) [*Repealed.*]
  (8) In this section–
    "declaration of relevance" has the same meaning as in section 23;
    "home address", in relation to any person, means the address of his sole or main residence;
    "loss" includes theft or destruction;
    "new" includes replacement;
    "temporary address", in relation to any person, means the address (other than his home address) of a place at which he intends to reside, or has resided, for a period of at least four weeks."

Period of banning orders

A5-081   14F.—(1) Subject to the following provisions of this Part, a banning order has effect for a period beginning with the day on which the order is made.
  (2) The period must not be longer than the maximum or shorter than the minimum.
  (3) Where the order is made under section 14A above in addition to a sentence of imprisonment taking immediate effect, the maximum is ten years and the minimum is six years; and in this subsection "imprisonment" includes any form of detention.
  (4) In any other case where the order is made under section 14A above, the maximum is five years and the minimum is three years.
  (5) [Maximum for orders on complaint.]

Additional requirements of orders

A5-082   14G.—(1) A banning order may, if the court making the order thinks fit, impose additional requirements on the person subject to the order in relation to any regulated football matches.
  (2) The court by which a banning order was made may, on an application made by–
    (a) the person subject to the order, or
    (b) the person who applied for the order or who was the prosecutor in relation to the order,
vary the order so as to impose, replace or omit any such requirements.

(3) In the case of a banning order made by a magistrates' court, the reference in subsection (2) above to the court by which it was made includes a reference to any magistrates' court acting in the same local justice area as that court.

Section 25 of the 1989 Act provides for the service of documents under the Act, providing that they may be served by personal delivery, leaving them at a person's home address or post, and that documents served are deemed to be received unless the person subject to the order proves otherwise.   **A5-083**

Public Order Act 1986 s.35

Photographs
35.—(1) The court by which a banning order is made may make an order which—   **A5-084**
  (a) requires a constable to take a photograph of the person to whom the banning order relates or to cause such a photograph to be taken, and
  (b) requires that person to go to a specified police station not later than 7 clear days after the day on which the order under this section is made, and at a specified time of day or between specified times of day, in order to have his photograph taken.

(2) In subsection (1) "specified" means specified in the order made under this section and "banning order" has the same meaning as in Part II of the Football Spectators Act 1989.

(3) No order may be made under this section unless an application to make it is made to the court by or on behalf of the person who is the prosecutor in respect of the offence leading to the banning order or (in the case of a banning order made under section 14B of the Football Spectators Act 1989) the complainant.

(4) If the person to whom the banning order relates fails to comply with an order under this section a constable may arrest him without warrant in order that his photograph may be taken.

Termination of orders

For the power under s.14H of the Football Spectators Act 1989 to apply for the termination of the order once two-thirds of the specified period has passed, see A10-218.   **A5-085**

Offences

For s.14J of the 1989 Act, which makes it a summary offence punishable with six months' imprisonment and/or a fine to fail to comply with a football banning order, see A10-220.   **A5-086**

Applications for exemption

Section 20 of the 1989 Act enables a person subject to a banning order to make an application for an exemption to the order. Exemptions will be granted where it is shown there are special circumstances which justify the exemption and, because of those circumstances, the applicant would not attend a match or matches.   **A5-087**

Guidance

Purpose

A5-088 The court in *R. v Doyle*[56] held that there could be no doubt that strong provisions of the kind enacted were necessary to achieve some control of football hooliganism and violence and that one problem was the way in which violent behaviour was fuelled by numbers, which could lead people to think that violence and threats were acceptable. Where a football banning order was justified it brought extensive controls over the defendant, which would also support the intelligence and co-ordination work undertaken by police forces to combat football violence. The order, therefore, is principally preventative.

Availability

Procedure

A5-089 The court may not make a declaration of relevance unless the prosecutor gave notice to the defendant five days before the first day of the trial that it was proposed to show that the offence related to football matches, unless the offender consents to waive the requirement or the court is satisfied that the interests of justice do not require more notice to be given: ss.23(1)–(2) of the 1989 Act. However, the failure to make a declaration of relevance does not render a football banning order invalid: *DPP v Beaumont*.[57]

Relevant offence

A5-090 A relevant offence is an offence listed within para.1 of Sch.1 to the Act: s.14(8). The drafting of the schedule leaves something to be desired. Schedule 1 lists multiple categories of offences alongside requirements that the offence was committed while entering or trying to enter the ground, while at the ground, while leaving the ground, while on a journey to or from a regulated football match and/or where the court makes a "declaration that the offence related to football matches". Due to the complicated drafting, it is suggested that careful reference should be made to the Schedule itself (see A5-077) to ensure that no errors are made.

Any reference to an offence listed in para.1 of the Schedule includes a reference to any attempt, conspiracy or incitement to commit that offence, and a reference to aiding and abetting, counselling or procuring the commission of that offence: 1989 Act Sch.1 para.2.

The Schedule relies on definitions of "regulated football match", "regulated football organisation", "a period relevant to" such a match, a "prescribed connection with a football organisation" and the concept of a "declaration of relevance". The following paragraphs provide assistance as to the meanings of those terms.

---

[56] [2012] EWCA Crim 995; [2013] 1 Cr. App. R. (S.) 36.
[57] [2008] EWHC 523 (Admin); [2008] 2 Cr. App. R. (S.) 98.

Regulated football matches

The Football Spectators (Prescription) Order 2022 (SI 2022/617)[58] is the principal statutory instrument describing regulated football matches in England and Wales for the purposes of Pt II of the 1989 Act.

In England and Wales, a regulated match is any association football match played in the Football Association Challenge Cup (other than in a preliminary or qualifying round) or in which one or both of the participating teams represents:

1) a club which is for the time being a member (whether a full or associate member) of the Football League, the Football Association Premier League, the Football Association Women's Super League, the Football Association Women's Championship, the Football Conference, the Cymru Premier League or the Scottish Professional Football League;
2) a club whose home ground is situated outside England and Wales;
3) a country: SI 2022/617 art.3.

Outside England and Wales, a regulated match is one involving—

1) a national team representing England or Wales,
2) a team representing a Football League, Football Association Premier League, Football Association Women's Super League, Football Association Women's Championship, Football Conference, Cymru Premier League or Scottish Professional Football League club,
3) a country or territory whose football association is a member of FIFA, the match is part of a competition or tournament organised by, or under the authority of, FIFA or UEFA, and the competition or tournament is one in which the England or Wales national team is eligible to participate or has participated, or
4) a club which is a member of, or affiliated to, a national football association which is a member of FIFA, and where the match is part of a competition or tournament organised by, or under the authority of, FIFA or UEFA, and the competition or tournament is one in which a club referred to in (b) (above) is eligible to participate or has participated: SI 2022/617 art.3.

A5-091

Regulated football organisation

The Football Spectators (Prescription) Order 2022 art.4 prescribes the following organisations as regulated football organisations: the Football Association Ltd; the Football Association Premier League Ltd; the Football League Ltd; the Football Conference Ltd; the Football Association of Wales Ltd; a club which is a member of the Football League, the Football Association Premier League, the Football Association Women's Super League, the Football Association Women's Championship, the Football Conference, or the Cymru Premier League; and a national team appointed by the Football Association to represent England or appointed by the Football Association of Wales to represent Wales.

A5-092

---

[58] Football Spectators (Prescription) Order 2022 (SI 2022/617).

Prescribed connection

A5-093 A person has a prescribed connection with a football organisation where the person is, or at any time in the six months before the date of the offence been, a player, manager, coach, physiotherapist or other member of the matchday pitchside staff of a relevant team, a referee, assistant referee, video assistant referee, assistant video referee, reserve official, fourth official, or other match official, who officiates a regulated football match involving a relevant team, or an officer of a club which is a regulated football organisation; or the person is, or at any time in the 14 days before the date of the offence been, a journalist or other broadcast staff covering a regulated football match involving a relevant team or otherwise reporting or commentating on a relevant team or player of such team: Football Spectators (Prescription) Order 2022 art.5.

For the purposes of that article:

1) "manager" means the official responsible for selecting a relevant team;
2) "officer" means—
   (a) in relation to a club which is a body corporate, a director, manager, secretary or other similar officer of the club, or a person purporting to act in any such capacity, or
   (b) in relation to a club which is an unincorporated association other than a partnership, a person who is concerned in the management or control of the club or purports to act in the capacity of a person so concerned.
3) "player" means any person who plays or is eligible to play for, or is subject to any suspension from playing for, a relevant team;
4) "relevant team" means—
   (a) a team representing a club which is a regulated football organisation, or
   (b) a national team which is a regulated football organisation (art.5(3)).

Period "relevant to" a regulated football match

A5-094 Paragraph 4 of Sch.1 to the 1989 Act provides that for the purposes of the Schedule, periods "relevant to" a football match are:

1) in the case of a match which takes place on the day on which it is advertised to take place, the period beginning 24 hours before whichever is the earlier of the start of the match and the time at which it was advertised to start and ending 24 hours after it ends;
2) in the case of a match which does not take place on the day on which it was advertised to take place, the period beginning 24 hours before the time at which it was advertised to start on that day and ending 24 hours after that time.

Whether an offence was committed during a period "relevant to" a football match is to be determined by reference to para.4(2) of Sch.1 (as described above) and not by reference to the definition of that term in s.1(8), which applies only for the purposes of Pt I: *DPP v Beaumont*.[59] Confusingly, s.1(8) refers to a period two hours before etc and not 24 hours before the start of the game. However, s.1 applies only

---

[59] [2008] EWHC 523 (Admin); [2008] 1 W.L.R. 2186 DC.

to Pt I of the Act and the provisions relating to football banning orders are contained in Pt II of the Act.

Declaration of relevance

The purpose of a declaration of relevance has been the subject of some judicial speculation. In *R. v Boggild*,[60] the court speculated as to whether its utility lay in alerting the defendant and their counsel of the consideration of a football banning order. As is noted above, some of the offences listed in Sch.1 are only relevant offences for the purposes of the regime where the offence is committed on a journey to or from a regulated football match and the court declares that the offence related to football matches. The purpose, it is submitted, is to ensure there is a nexus between the behaviour underlying the conviction and the purpose of the order, namely to prevent football-related violence. For those offences which include this requirement (Sch.1 paras 1(g), (h), (j)–(o), (q)–(t)) the requirement makes the link between the offence and the football match; in respect of the other offences in the schedule, the link is made by the requirement that the offence was committed while at, entering or leaving the premises, is an offence under the Football (Offences) Act 1991, is an offence under the Football Spectators Act 1989 or is an offence which relates to tickets for a football match.

A5-095

There are four things it is necessary to note in relation to declarations of relevance. First, that applying *R. v Scott*[61] (a case concerning disqualification), it is good practice where a court proposes to make a "declaration of relevance" in respect of which no notice has been given by the prosecution, for the court to warn the offender or their counsel of its intentions, and invite submissions on the matter, before making the declaration. In circumstances where the offender has been given notice that the prosecution intend to show that "the offence related to football matches", the offender should be asked whether the prosecution's contention is agreed. If it is, and the court similarly agrees, the court should make the "declaration of relevance". If, however, the offender disputes this allegation, it appears to be necessary for the court to conduct a hearing, analogous to a *Newton* hearing, to determine the matter (as to which see A3-172).

Secondly, whether an offence is one that "related to football matches" is a factual question about the particular offence, and not one relating to the legal character of the offence: *R. v Doyle*.[62] The court in *Doyle* offered further guidance on this point, stating that the mere fact that the defendant was on a journey to or from a match was not enough; it must be shown that the offence related to football matches. The court observed that the Act offered no definition of when this condition would be met and accordingly this assessment was left to the judgement of the judge on the particular facts. The court declined to attempt to define when the condition would be met, but opined that it was not difficult to say that a pitched battle between opposing fans leaving the ground was related, or that if a defendant, on their own some 20 miles away from the ground en route home met a rival for a woman's affection and hit him, that was not an offence related to football matches. The court stated, obiter, that it would not by itself be enough to make an offence "related to football matches" that it would not have occurred "but for" the fact that the defendant was en route to or from a match. Finally, while the reference in the statute is to matches

---

[60] [2011] EWCA Crim 1928; [2012] 1 W.L.R. 1298.
[61] (1989) 11 Cr. App. R. (S.) 249 CA.
[62] [2012] EWCA Crim 995; [2013] 1 Cr. App. R. (S.) 36.

A5-096 in the plural, it is evident that the offence relating to one match is sufficient (this being the effect of s.6 of the Interpretation Act 1978).

A5-096　Thirdly, that an offence may relate to a particular football match despite the fact that the offender had not attended the match and was not a supporter of either club. For example, if a group of supporters of one club were to ambush supporters of another club while on their way to or from a match with a third club, that might well be sufficient to justify a declaration that the offending related to the match between the second and third clubs or "to football matches" generally: *R. v Irving (Westley) and Irving (Mark)*.[63] In *R. v Jelf*,[64] the court held that the court must find that the offence related to the particular football match to which the relevant period applies (not simply to football matches in general). Accordingly, it will be necessary to identify with precision the football match the conduct is said to relate to.

On a journey to or from a regulated football match

A5-097　For the purposes of the offences listed in para.1 to Sch.1 of the 1989 Act, which require the court to have found that the offender was on a journey to or from a regulated football match, para.3 to Sch.1 provides that a person may be regarded as having been on a journey to or from a football match to which Sch.1 applies whether or not they attended or intended to attend the match, and a person's journey includes breaks (including overnight breaks).

Particular offences

Public Order Act 1986 s.4

A5-098　In *R. v O'Keefe*,[65] the appellant appealed against a football banning order imposed following a guilty plea to using threatening behaviour, contrary to s.4 of the Public Order Act 1986, in an incident in a public house between two rival football groups. The court observed that the Sch.1 referred to the Public Order Act 1986 s.5 expressly, but did not expressly refer to s.4 but held that any offence of threatening behaviour contrary to s.4(1)(a) of the Public Order Act 1986, which was committed during a period relevant to a football match, was a relevant offence for the purposes of the Football Spectators Act 1989 Pt II. Paragraphs 1(d) and (m) of Sch.1 of the Football Spectators Act 1989 used the phrase "any offence involving the use or threat of violence by the accused towards another person." That phrase encompassed each of the categories of offence contrary to s.4(1)(a) of the Public Order Act 1986. Section 5 of the Act created a lesser offence carrying a lower penalty than s.4. Offences contrary to s.5 might well cause fear, but they were less likely to generate any violent disturbance. Offences committed contrary under s.5 were expressly caught by paras 1(c), (k) and (q) of Sch.1. The court stated that it would be absurd if offences contrary to s.5 were "relevant offences" for the purposes of the Football Spectators Act 1989, but the more serious offences contrary to s.4, which involved a likelihood of violence, were not. It was clear that Parliament intended that any offence contrary to s.4(1) would fall within the general paragraphs of Sch.1 and accordingly the banning order was lawful.

---

[63] [2013] EWCA Crim 1932; [2014] 2 Cr. App. R. (S.) 6.
[64] [2020] EWCA Crim 631; [2020] 2 Cr. App. R. (S.) 52.
[65] [2003] EWCA Crim 2629; [2004] 1 Cr. App. R. (S.) 67.

Effect of the order

Impact on offender

Section 14(4) provides that a banning order prohibits a person from entering any premises for the purpose of attending regulated football matches in the UK and, in relation to regulated football matches outside the UK, requires that person to report at a police station.

A5-099

The order requires the person subject to the order to report within five days to a police station and provide police with all the names they used and any address where they lived for four weeks together with their passport details. The enforcing authority is empowered to direct the subject of the order as to how they would comply with the order, to report to the police station and to surrender their passport. The authority might prohibit the defendant from travelling out of the UK when certain football matches were being played abroad: *R. v Doyle*.[66] For the full details of the notification requirements under a banning order, see s.14E at A5-080.

Not limited to matches between particular teams

The natural reading of s.14(4)(a) is that a football banning order prevented the subject from attending any regulated football match and there was no power to make a "limiting order" between particular teams; that interpretation is confirmed by the *Oxford English Dictionary*, which states that, after a negative, the use of the word "any" emphasised that the negative applied to all things within the description qualified by the word "any"; thus, a sentence which said "You will not attend any football match" meant what it said: *Commissioner of Police of the Metropolis v Thorpe*.[67]

A5-100

Control periods

Additionally, the Act employs the concept of a "control period" as defined by ss.14(5)–(6) of the Act. In relation to external tournaments there have been a number of statutory instruments describing the "control period" relating to major football tournaments: see, for instance the Football Spectators (2020 UEFA European Championship Control Period) Order 2020[68] in relation to the UEFA European Championship 2020 (quickly revoked on the postponement of the tournament by the Football Spectators (2020 UEFA European Championship Control Period) (Coronavirus) (Revocation) Order 2020)[69] and the Football Spectators (2024 UEFA European Championship Control Period) Order 2024.[70]

A5-101

---

[66] [2012] EWCA Crim 995; [2013] 1 Cr. App. R. (S.) 36.
[67] [2015] EWHC 3339 (Admin); [2016] 4 W.L.R. 7.
[68] Football Spectators (2020 UEFA European Championship Control Period) Order 2020 (SI 2020/11).
[69] Football Spectators (2020 UEFA European Championship Control Period) (Coronavirus) (Revocation) Order 2020 (SI 2020/432).
[70] Football Spectators (2024 UEFA European Championship Control Period) Order 2024 (SI 2024/272).

Making the order

Test to apply

A5-102 Order not automatic The test of reasonable grounds to believe that a banning order would help to prevent violence or disorder at regulated matches does not set a high hurdle, but it is clear that it is not automatically satisfied just because the instant offence was football-related: *R. v Doyle*[71]; *R. v Boggild*.[72]

A5-103 Threshold Where the court is "satisfied that there are reasonable grounds to believe that making a banning order would help to prevent violence or disorder at or in connection with any regulated football matches" it must make an order; there is no discretion: s.14A(2) of the 1989 Act.

The more the offence was linked to football grievances or the group culture of a set of fans linked by their support for a team, the more likely it will be that a banning order would help prevent violence or disorder and the more there is a history of football-related offending, the greater will be the likelihood that the condition would be met. However, it is possible for the condition to be met by the commission of a single offence: *R. v Doyle*.[73] To similar effect, the court in *R. v Curtis*[74] observed that an individual's participation in disorder as part of a large group of individuals was highly distressing and threatening to others and that such behaviour could warrant the making of a banning order, even if the behaviour was an isolated first incident in the case of the defendant.

It is noteworthy that "reasonable grounds to believe" is a low threshold; it is the same language as used by the Serious Crime Act 2007 s.19 in relation to the imposition of a serious crime prevention order, and by way of example, the Court of Appeal (Criminal Division) has held that (in the context of the SCPO) this means "... a real, or significant, risk (not a bare possibility)": *R. v Hancox and Duffy*.[75] Applying that decision, the court in *R. v Carey*[76] stated that "A risk that is 'not particularly high' is still a real risk".

A5-104 Requirement for repetition etc In *R. v Hughes*,[77] the court held that it was necessary to remember that an order made under s.14A of the 1989 Act followed a conviction for a relevant offence and therefore the underlying behaviour had already been established to the criminal standard; furthermore, the court stated that it was clear that Parliament expected in a normal case that the conviction itself would be sufficient to meet the test in s.14A(2); and finally, the court observed that there was clearly no requirement for either repetition or propensity. However, in *R. v Doyle*,[78] it was observed that while the condition could be met by a single conviction, it was important to remember that the legislation clearly contemplated that there must be a risk of repetition of violence or disorder at a match. It is submitted that the two cases are not in conflict; rather that *Hughes* was making observations in relation to

---

[71] [2012] EWCA Crim 995; [2013] 1 Cr. App. R. (S.) 36.
[72] [2011] EWCA Crim 1928; [2012] 1 Cr. App. R. (S.) 81.
[73] [2012] EWCA Crim 995; [2013] 1 Cr. App. R. (S.) 36.
[74] [2009] EWCA Crim 1225; [2010] 1 Cr. App. R. (S.) 31.
[75] [2010] EWCA Crim 102; [2010] 1 W.L.R. 1434.
[76] [2012] EWCA Crim 1592.
[77] [2005] EWCA Crim 2537; [2006] 1 Cr. App. R. (S.) 107.
[78] [2012] EWCA Crim 995; [2013] 1 Cr. App. R. (S.) 36.

past behaviour and *Doyle* was concerned with the application of the test, which is forward-looking.

Deterrence

As to the relevance of the wider purposes of sentencing, it is clear that the order is forward-looking in so far as the assessment of risk is concerned. It is therefore concerned with public protection, but the courts have extended this to other consequentialist considerations. The court in *R. (White) v Blackfriars Crown Court*,[79] held that the test in s.14A(2) "plainly permitted" a court to take into account and to give great weight to deterrence. The court commented at [19]:

A5-105

> "There are clear benefits in it being widely known that a person who assaults an official at a football match is liable to be made the subject of a football banning order even if the incident was, for that person, an isolated one."

To similar effect, the court in *R. v Curtis*[80] observed that although the offender's behaviour was "out of character", banning orders were intended as a deterrent to others who might be minded to cause trouble at football matches. The court held that an individual's participation in disorder as part of a large group of individuals was highly distressing and threatening to others and that such behaviour could warrant the making of a banning order, even if the behaviour was an isolated first incident in the case of the defendant. In this regard it is noteworthy that the test in s.14A(2) does not require that the further violence or disorder prevented would stem from the offender the order was imposed on.

Order limited to specific teams

It is not permissible to make an order limited to specific football teams: *Commissioner of Police of the Metropolis v Thorpe*.[81]

A5-106

Imposing additional requirements

Under s.14G, the court may impose additional requirements if it "thinks fit". This is clearly a low threshold and it is suggested it is little more than an "appropriateness" test. To this, the Court of Appeal (Criminal Division) has added that requirements must be considered individually, tailored to the particular offender and not made as a "rubber-stamping" exercise and proportionate: *R. v Irving (Westley) and Irving (Mark)*.[82] As noted by Rory Kelly and HH Judge Martin Picton in their article on the SHPO and necessity,[83] it is questionable if a proportionality test involves a necessity test. It is suggested it does not and to approach the s.14G test in that way would be to interpret the section in a way that is not intended. It is submitted that the requirement must be appropriate and proportionate to the facts underlying the conviction and the risk perceived by the court, but need not be strictly necessary—there being no such statutory requirement. The requirements must, though, relate to regulated football matches.

A5-107

---

[79] [2008] EWHC 510 (Admin); [2008] 2 Cr. App. R. (S.) 97 DC.
[80] [2009] EWCA Crim 1225; [2010] 1 Cr. App. R. (S.) 31.
[81] [2015] EWHC 3339 (Admin); [2016] 4 W.L.R. 7.
[82] [2013] EWCA Crim 1932; [2014] 2 Cr. App. R. (S.) 6.
[83] R. Kelly and HH Judge M. Picton, "Sexual Harm Prevention Orders and Necessity" [2020] Crim. L.R. 411–428.

It is suggested that any additional requirements should be ones which will aid in the statutory purpose of a football banning order, namely to prevent violence or disorder at or in connection with any regulated football matches. Such further requirements might include additional requirements to notify the police before travelling, or a requirement that the offender be in a particular place such as their home address whenever the team they support is playing a regulated football match (or for a number of hours around that time). James and Pearson record that standard conditions now often include "preventing the individual from attending any regulated matches, not just those of the team supported, and potentially including youth and women's games; excluding them from at least a one-mile zone around their home team's stadium for up to 24 hours either side of a regulated match; excluding them for the same time period from a similar zone around the main railway station and/or town centre; and requiring them to surrender their passport for control periods of up to days before their club or national team plays abroad."[84] As James and Pearson argue, however, there is a need to ensure that conditions are properly tailored to the offender and the risk they pose and such broad conditions should not be imposed where they are not warranted on the evidence available.

In relation to the relevance of art.8 of the European Convention, see the decision in *Commissioner of Police of the Metropolis v Thorpe*[85] at A5-113.

A5-108 The case law in relation to sexual harm prevention orders (see A5-267) might be of assistance in relation to proportionality and the need for particular prohibitions.

Length of the order

A5-109 Where an immediate custodial sentence is imposed the minimum period of a football banning order is six years, and the maximum 10 years: s.14F(3) of the 1989 Act. In any other case the minimum period of an order is three years, and the maximum five years: s.14F(4).

Given that under s.14A(2) of the 1989 Act the court must make an order if it is "satisfied that there are reasonable grounds to believe that making a banning order would help to prevent violence or disorder at or in connection with any regulated football matches", the minimum period will be unlikely to be relevant in determining whether to make an order. However, when determining the length of the order it is suggested that, in line with the decision in *R. v Irving (Westley) and Irving (Mark)*,[86] any additional requirements must be proportionate and the length of the order should be such as is proportionate to the risk posed by the individual offender.

Sentencing remarks

Making an order

A5-110 The general duty to explain the reasons for imposing a particular sentence and the effect of it apply to making a football banning order. It is submitted that the court should, as a matter of best practice, set out any findings of fact it has made in relation to the making of the football banning order (such as whether the offender was

---

[84] M. James and G. Pearson, "30 years of hurt: the evolution of civil preventive orders, hybrid law, and the emergence of the super-football banning order" (2018) Public Law 44, 55.
[85] [2015] EWHC 3339 (Admin); [2016] 4 W.L.R. 7.
[86] [2013] EWCA Crim 1932; [2014] 2 Cr. App. R. (S.) 6.

on a journey to or from the match) and should address the reasons for finding that the test is satisfied.

Must explain why if not making an order

Section 14A(3) requires that where an order is available and the court considers that the test for making one is not met, the court must explain its reasons for not imposing an order. **A5-111**

Human rights

ECHR art.7

A banning order does not constitute a "penalty" for the purposes of art.7: *Gough v Chief Constable of Derbyshire Constabulary*.[87] For an argument that this conclusion should be revisited, see Mark James and Geoff Pearson, "30 years of hurt: the evolution of civil preventive orders, hybrid law, and the emergence of the super-football banning order".[88] **A5-112**

ECHR art.8

The court in *Gough v Chief Constable of Derbyshire Constabulary*[89] held that a football banning order could engage art.8 of the Convention. However, in *Commissioner of Police of the Metropolis v Thorpe*,[90] Edis J held that this had to be understood as relating to the power to impose additional requirements in addition to the mandated terms of such an order defined by s.14(4) (see A5-075) and did not mean that an order simply in those mandatory terms was capable of engaging art.8 where the offender was merely a spectator. Edis J observed that if it did mean that, it would have to be reconsidered in the light of *R. (Countryside Alliance) v Attorney General*[91] (in which the court held that the protection afforded by art.8 was confined to the private sphere of a person's existence and did not extend to engagement in sporting activities that, by their very nature, were conducted in public with social aspects involving the wider community) and accordingly there was, therefore, no particular "human right" protected by the Convention to attend football matches as a paying spectator and art.8 was not engaged but that in any event, if any rights were engaged, they were qualified rights. **A5-113**

Freedom of movement

In *Gough v Chief Constable of Derbyshire Constabulary*,[92] it was held that preventing football hooligans from taking part in violence and disorder in foreign countries was an imperative reason in the public interest which was capable of justifying restrictions on the freedom of movement, but that such restrictions should be based on the individual consideration of particular individuals. This decision is **A5-114**

---

[87] [2001] EWHC Admin 554; [2002] Q.B. 459 DC.
[88] [2018] *Public Law* 44.
[89] [2002] EWCA Civ 351; [2002] Q.B. 1213.
[90] [2015] EWHC 3339 (Admin); [2016] 4 W.L.R. 7.
[91] [2007] UKHL 52; [2008] 1 A.C. 719.
[92] [2002] EWCA Civ 351; [2002] Q.B. 1213.

not further discussed in this work given the UK's withdrawal from the EU. For full discussion, see the 2024 edition of this work.

Post-sentence

Post-sentence

A5-115   For guidance on appeals, termination and variation, and the breach of a football banning order, see A10-205.

Knife Crime Prevention Orders

Introduction

A5-116   Knife crime prevention orders (KCPO) were introduced by the Offensive Weapons Act 2019; their enactment being somewhat controversial.[93] They have currently only been subject to a limited pilot, and were in force in the metropolitan police district[94] from 5 July 2021 until 31 March 2023: Offensive Weapons Act 2019 (Commencement No. 2) (England and Wales) Regulations 2021[95] (as amended by Offensive Weapons Act 2019 (Commencement No.2) (England and Wales) (Amendment) Regulations 2022[96]). By virtue of reg.3(3) any KCPO's in force under that pilot cease to have effect at the end of 31 September 2023. The provisions relating to KCPO's are therefore not presently reproduced in this work. By virtue of s.31 of the 2019 Act that pilot must be reported on before these orders can be commenced more broadly.

Psychoactive Substances Prohibition Order

Introduction

A5-117   The psychoactive substances prohibition order (PSPO) is a rarely used preventative order which enables a court on conviction (or on complaint) to prohibit particular activity related to psychoactive substances. Typically, this will be supplying, producing, importing and exporting such substances but can also extend to further restrictions on an individual's business. Breach of the order is a criminal offence punishable by imprisonment up to 12 months in length.

---

[93] See D. Lawler, "New Legislation: Statute: Offensive Weapons Act 2019" CLW/19/20/19.
[94] As defined in the London Government Act 1963 s.76, namely Greater London, excluding the City of London, the Inner Temple and the Middle Temple.
[95] Offensive Weapons Act 2019 (Commencement No.2) (England and Wales) Regulations 2021 (SI 2021/762).
[96] Offensive Weapons Act 2019 (Commencement No.2) (England and Wales) (Amendment) Regulations 2022 (SI 2022/828).

Legislation

What is a prohibition order?

Psychoactive Substances Act 2016 s.12 and s.17

Meaning of "prohibited activity"
12.—(1) In this Act "prohibited activity" means any of the following activities—   **A5-118**
  (a) producing a psychoactive substance that is likely to be consumed by individuals for its psychoactive effects;
  (b) supplying such a substance;
  (c) offering to supply such a substance;
  (d) importing such a substance;
  (e) exporting such a substance;
  (f) assisting or encouraging the carrying on of a prohibited activity listed in any of paragraphs (a) to (e).

(2) The carrying on by a person of an activity listed in any of paragraphs (a) to (e) of subsection (1) is not the carrying on of a prohibited activity if the carrying on of the activity by that person would not be an offence under this Act by virtue of section 11.

Meaning of "prohibition order"
17.—(1) In this Act a "prohibition order" means an order prohibiting the person   **A5-119**
against whom it is made from carrying on any prohibited activity or a prohibited activity of a description specified in the order.
  (2) A prohibition order may be made—
    (a) on application (see section 18), or
    (b) following conviction of an offence under any of sections 4 to 8 or a related offence (see section 19).
  (3) For the meaning of "prohibited activity", see section 12.

Sections 4, 5, 7 and 8 of the Act create the offences of producing, supplying pos-   **A5-120**
sessing with intent to supply and importation of a psychoactive substance. Section 11 provides for exemptions to the offences.

Availability on conviction

Psychoactive Substances Act 2016 s.19

Prohibition orders following conviction
19.—(1) Where a court is dealing with a person who has been convicted of a relevant   **A5-121**
offence, the court may make a prohibition order under this section if the court considers it necessary and proportionate for the purpose of preventing the person from carrying on any prohibited activity.
  (2) A prohibition order may not be made under this section except—
    (a) in addition to a sentence imposed in respect of the offence concerned, or
    (b) in addition to an order discharging the person conditionally or, in Scotland, discharging the person absolutely.
  (3) If a court makes a prohibition order under this section, any prohibition notice that has previously been given to the person against whom the order is made is to be treated as having been withdrawn.
  (4) A prohibition order under this section made against an individual who is under the age of 18 at the time the order is made—
    (a) must specify the period for which it has effect, and

(b) may not have effect for more than 3 years.
(5) In this section "relevant offence" means—
   (a) an offence under any of sections 4 to 8;
   (b) an offence of attempting or conspiring to commit an offence under any of sections 4 to 8;
   (c) an offence under Part 2 of the Serious Crime Act 2007 in relation to an offence under any of sections 4 to 8;
   (d) an offence of inciting a person to commit an offence under any of sections 4 to 8;
   (e) an offence of aiding, abetting, counselling or procuring the commission of an offence under any of sections 4 to 8.

Making a prohibition order

Psychoactive Substances Act 2016 s.22

Provision that may be made by prohibition orders and premises orders

A5-122   22.—(1) A court making a prohibition order or a premises order, or a court varying such an order under or by virtue of any of sections 28 to 31, may by the order impose any prohibitions, restrictions or requirements that the court considers appropriate (in addition to the prohibition referred to in section 17(1) or the requirement referred to in section 20(2) (as the case may be)).

(2) Subsections (3) to (6) contain examples of the type of provision that may be made under subsection (1), but they do not limit the type of provision that may be so made.

(3) The prohibitions, restrictions or requirements that may be imposed on a person by a prohibition order or a premises order include prohibitions or restrictions on, or requirements in relation to, the person's business dealings (including the conduct of the person's business over the internet).

(4) The requirements that may be imposed on a person by a prohibition order include a requirement to hand over for disposal an item belonging to the person that the court is satisfied—
   (a) is a psychoactive substance, or
   (b) has been, or is likely to be, used in the carrying on of a prohibited activity.

(5) An item that is handed over in compliance with a requirement imposed by virtue of subsection (4) may not be disposed of—
   (a) before the end of the period within which an appeal may be made against the imposition of the requirement (ignoring any power to appeal out of time), or
   (b) if such an appeal is made, before it is determined or otherwise dealt with.

(6) The prohibitions that may be imposed on a person by a prohibition order or a premises order include a prohibition prohibiting access to premises owned, occupied, leased, controlled or operated by the person for a specified period (an "access prohibition").

(7) The period specified under subsection (6) may not exceed 3 months (but see subsections (3) to (5) of section 28).

(8) An access prohibition may prohibit access—
   (a) by all persons, or by all persons except those specified, or by all persons except those of a specified description;
   (b) at all times, or at all times except those specified;
   (c) in all circumstances, or in all circumstances except those specified.

(9) An access prohibition may—
   (a) be made in respect of the whole or any part of the premises;
   (b) include provision about access to a part of the building or structure of which the premises form part.

(10) In this section "specified" means specified in the prohibition order or the premises order (as the case may be).

(11) Subsection (6) of section 14 (when a person "owns" premises) applies for the purposes of subsection (6) of this section as it applies for the purposes of that section.

Access prohibitions

Sections 23–25 of the Psychoactive Substances Act 2016 concern access prohibitions. An access prohibition, as the name suggests, limits access to specified premises for a period of time; such a prohibition may last only up to six months.   **A5-123**

Offences

For s.26 of the Psychoactive Substances Act 2016, which makes it an either-way offence punishable with up to two years' imprisonment on indictment to breach a prohibition order, see A10-213.   **A5-124**

For s.27 of the 2016 Act, which makes it a summary offence punishable with up to six months' imprisonment and/or a fine to fail to comply with an access prohibition under such an order, see A10-214.

Guidance

Availability

There are two conditions that must be met for an order to be available: (1) the defendant has been convicted of a relevant offence; and (2) the court has also imposed a sentence in respect of the relevant offence, or has imposed a conditional discharge: ss.19(1)–(2) of the 2016 Act.   **A5-125**

A "relevant offence" means:

1) an offence under any of ss.4–8 of the 2016 Act;
2) an offence of attempting or conspiring to commit an offence under any of ss.4–8;
3) an offence under Pt II of the Serious Crime Act 2007 in relation to an offence under any of ss.4–8;
4) an offence of inciting a person to commit an offence under any of ss.4–8;
5) an offence of aiding, abetting, counselling or procuring the commission of an offence under any of ss.4–8: s.19(5).

Effect of order

An order prohibits the defendant from carrying on any prohibited activity or a prohibited activity of a description specified in the order: s.17(1). Prohibited activity is defined by s.12(1) of the 2016 Act.   **A5-126**

Test to apply

The court may impose an order if it considers it necessary and proportionate for the purpose of preventing the person from carrying on any prohibited activity: s.19(1) of the 2016 Act. Note that where a court makes a prohibition order, any prohibition notice in respect of the defendant is to be treated as having been withdrawn: s.19(3).   **A5-127**

Contents of order

May include prohibitions and requirements

A5-128 The order may make prohibitions, restrictions or requirements which it considers appropriate: s.22(1) of the 2016 Act. These prohibitions, restrictions or requirements must of course be necessary and proportionate for the purpose of preventing the person from carrying on any prohibited activity. The test is effectively the same as for the sexual harm prevention order (see A5-267 onwards) and reference should be made to that section for additional guidance on the application of the test.

All orders must include either a prohibition on carrying out any prohibited activity or a prohibition on carrying out prohibited activities of a description specified in the order: ss.17(1) and 22(1) of the 2016 Act. Prohibited activities are defined in s.12 (see A5-118).

Sample prohibitions

A5-129 Unusually, s.22 of the 2016 Act contains example prohibitions and restrictions:

1) prohibitions or restrictions on, or requirements in relation to, the person's business dealings (including the conduct of the person's business over the internet);
2) a requirement to hand over for disposal an item belonging to the person that the court is satisfied:
3) is a psychoactive substance; or
4) has been, or is likely to be, used in the carrying on of a prohibited activity;[97]
5) a prohibition on access to premises owned, occupied, leased, controlled or operated by the person for a specified period not exceeding three months (an "access prohibition"): s.22(3), (4) and (6) of the 2016 Act.

These prohibitions and restrictions are clearly not meant to be exhaustive and the courts should always carefully apply their mind to whether they are appropriate and necessary.

Post-sentencing

A5-130 For guidance on the power to appeal against an order, to apply for variation or discharge and for the offences of breaching an order or an access condition, see A10-223.

Restraining Orders

Introduction

A5-131 The restraining order is one of the more commonly used preventive order designed to protect named individuals (or a named class of individuals) from certain behaviour; it stands in contrast to orders such as the criminal behaviour order (CBO)

---

[97] By virtue of s.22(5), items handed over in compliance with a requirement may not be disposed of: (a) before the end of the period within which an appeal may be made against the imposition of the requirement (ignoring any power to appeal out of time); or (b) if such an appeal is made, before it is determined or otherwise dealt with.

or sexual harm prevention order, which provide more general protection to a far wider class of persons.

The order is available (a) where an offender has been convicted of any offence; and (b) on acquittal of any offence. The order may prohibit the offender from doing anything for the purpose of protecting the victim of the offence, or any other person mentioned in the order, from further conduct which amounts to harassment or will cause a fear of violence. Unlike the CBO, it may not include positive requirements (though there is clear evidence that the courts tolerate some creative wordplay in this regard). Orders may be imposed for a specified period or until further order.

The order is typically—though not exclusively—used in cases involving partners or former partners where the relationship has broken down or where there has been domestic abuse. The order therefore forms part of the courts' (civil and criminal) arsenal in tackling domestic abuse, stalking and harassment; other orders available in civil courts are the domestic violence protection order, the stalking protection order and non-molestation order.

The post-conviction power is contained within the Sentencing Code whereas the power to make an order following an acquittal remains in the Protection from Harassment Act 1997. Both orders are dealt with in this text.

Legislation

Sentencing Act 2020 ss.359, 360, 362 and 364

Restraining order

359.—(1) In this Code "restraining order" means an order made under section 360 against a person which prohibits the person from doing anything described in the order.

(2) A restraining order may have effect—
   (a) for a period specified in the order, or
   (b) until further order.

Restraining order: availability

360.—(1) This section applies where a court is dealing with an offender for an offence.

(2) The court may make a restraining order under this section against the offender for the purpose of protecting the victim or victims of the offence, or any other person mentioned in the order, from conduct which—
   (a) amounts to harassment, or
   (b) will cause a fear of violence.

(3) But the court may make a restraining order under this section only if it does so in addition to dealing with the offender for the offence.

Evidence in proceedings relating to restraining orders

362.—(1) This section applies to—
   (a) proceedings under section 360 for the making of a restraining order;
   (b) proceedings under section 361 or 363(6) for the variation or discharge of a restraining order.

(2) In any such proceedings, both the prosecution and the defence may lead, as further evidence, any evidence that would be admissible in proceedings for an

injunction under section 3 of the Protection from Harassment Act 1997 (civil remedy).

Restraining orders: meaning of "conduct" and "harassment"

A5-136   364.   For the purposes of this Chapter—
"conduct" includes speech;
"harassment", in relation to a person, includes—
  (a) alarming the person, or
  (b) causing the person distress.

Protection from Harassment Act 1997 s.5A and s.7

Restraining orders on acquittal

A5-137   5A.—(1) A court before which a person ("the defendant") is acquitted of an offence may, if it considers it necessary to do so to protect a person from harassment by the defendant, make an order prohibiting the defendant from doing anything described in the order.

(2) The order may have effect for a specified period or until further order.

(2A) In proceedings under this section both the prosecution and the defence may lead, as further evidence, any evidence that would be admissible in proceedings for an injunction under section 3.

(2B) The prosecutor, the defendant or any other person mentioned in the order may apply to the court that made the order for it to be varied or discharged by a further order.

(2C) Any person mentioned in the order is entitled to be heard on the hearing of an application under subsection (2B).

(2D) It is an offence for the defendant, without reasonable excuse, to do anything that the defendant is prohibited from doing by an order under this section.

(2E) A person guilty of an offence under this section is liable—
  (a) on conviction on indictment, to imprisonment for a term not exceeding five years, or a fine, or both, or
  (b) on summary conviction, to imprisonment for a term not exceeding six months, or a fine, or both.

(2F) A court dealing with a person for an offence under this section may vary or discharge the order in question by a further order.

(3) Where the Court of Appeal allow an appeal against conviction they may remit the case to the Crown Court to consider whether to proceed under this section.

(4) Where–
  (a) the Crown Court allows an appeal against conviction, or
  (b) a case is remitted to the Crown Court under subsection (3),
the reference in subsection (1) to a court before which a person is acquitted of an offence is to be read as referring to that court.

(5) A person made subject to an order under this section has the same right of appeal against the order as if–
  (a) he had been convicted of the offence in question before the court which made the order, and
  (b) the order had been made under section 5.

Interpretation of this group of sections

7.—(1) This section applies for the interpretation of sections 1 to 5A.   A5-138

(2) References to harassing a person include alarming the person or causing the person distress.

(3) A "course of conduct" must involve—
  (a) in the case of conduct in relation to a single person (see section 1(1)), conduct on at least two occasions in relation to that person, or
  (b) in the case of conduct in relation to two or more persons (see section 1(1A)), conduct on at least one occasion in relation to each of those persons.

(3A) A person's conduct on any occasion shall be taken, if aided, abetted, counselled or procured by another–
  (a) to be conduct on that occasion of the other (as well as conduct of the person whose conduct it is); and
  (b) to be conduct in relation to which the other's knowledge and purpose, and what he ought to have known, are the same as they were in relation to what was contemplated or reasonably foreseeable at the time of the aiding, abetting, counselling or procuring.

(4) "Conduct" includes speech.

(5) References to a person, in the context of the harassment of a person, are references to a person who is an individual.

Guidance

General

Purpose

The court in *R. v Debnath*[98] stated that "The purpose of a restraining order is to prohibit particular conduct with a view to protecting the victim or victims of the offence and preventing further offences under s.2 or 4 of the Act". It is submitted that, by reference to the statutory test for imposing the order in relation to the purpose of "preventing further offences", the order has a wider purpose, including to prevent behaviour which constitutes offences under the Public Order Act 1986 (fear of violence etc).   A5-139

In relation to the power to make an order on acquittal, the court in *R. v Major*[99] stated that s.5A(1) of the 1997 Act was inserted to deal with those cases where there was clear evidence that the victim needs protection but there was insufficient evidence to convict of the particular charges before the court. The victim need not have been blameless and the court's added powers avoid the need for alternative proceedings to protect the victim, which bring with them added costs and delay.

General principles

The court in *R. v Debnath*,[100] stated that the following principles apply to restraining orders made on conviction: A5-140

---

[98] [2005] EWCA Crim 3472; [2006] 2 Cr. App. R. (S.) 25.
[99] [2010] EWCA Crim 3016; [2011] 1 Cr. App. R. 25.
[100] [2005] EWCA Crim 3472; [2006] 2 Cr. App. R. (S.) 25.

1) the purpose of a restraining order is to prohibit particular conduct with a view to protecting the victim or victims of the offence and preventing further offences under ss.2 or 4 of the 1997 Act;
2) a restraining order must be drafted in clear and precise terms so there is no doubt as to what the defendant is prohibited from doing;
3) orders should be framed in practical terms (for example it may be preferable to frame a restriction order by reference to specific roads or a specific address). If necessary a map should be prepared;
4) in considering the terms and extent of a restraining order the court should have regard to considerations of proportionality;
5) the power of the court to vary or discharge the order in question by a further order is an important safeguard to defendants. The Court of Appeal Criminal Division is unlikely to interfere with the terms of a restraining order, if an application to the court which imposed the restraining order to vary or discharge was in the circumstances the appropriate course.

As David Thomas suggested[101]:

"The general principles suggested as applicable to restraining orders made under the Protection from Harassment Act 1997 resemble those suggested for anti-social behaviour orders under the Crime and Disorder Act 1998, s.1C, in cases such as *P* [2004] 2 Cr.App.R. (S.) 63 at 343; and *Boness and Bebbington* [2006] Crim. L.R. 160."

In *R. v Pearson*,[102] the court added to the general principles that the period of the order must be clearly identified (having observed that an order which had purported to run from the appellant's release from custody had the prospect for uncertainty as it was unclear from when it would begin).

A5-141 To this may be added the principles relating to SHPOs (see A5-288) and CBOs (see A5-058 onwards), in particular. There is clearly a body of growing jurisprudence in relation to the imposition of behaviour orders generally, and more specifically the drafting of prohibitions.

Domestic Abuse Guideline

A5-142 Reference should, in an appropriate case, be made to the Sentencing Council's Overarching Principles: Domestic Abuse Definitive Guideline (2018). As noted above, many cases involving consideration of a restraining order will involve domestic abuse. In particular, however, sentencers and counsel should be aware of the following passages at paras 18 and 20:

"18. Orders can be made on the initiative of the court; the views of the victim should be sought, but their consent is not required.
...
20. If the parties are to continue or resume a relationship, courts may consider a prohibition within the restraining order not to molest the victim (as opposed to a prohibition on contacting the victim).'"

---

[101] D. Thomas, [2006] Crim. L.R. 45.
[102] [2021] EWCA Crim 784.

Availability

Orders in respect of companies

In *R. v Buxton*,[103] the court held that, having considered *DPP v Dziurzynski*[104] (where it was held that the 1997 Act in its original form was aimed at the protection of individuals and therefore corporate persons could not be the victims of harassment) under the amended version of the legislation, a restraining order on conviction could be made in respect of a company, although the sort of case in which such an order was appropriate would be rare. Although, on the facts the order was not upheld the court observed that in future cases where a railway or mine was maliciously obstructed a restraining order may be appropriate to protect the company or employees from a real fear of actual harassment or violence.

A5-143

Post-conviction

The order may only be made where the court deals with an offender for an offence—i.e. it imposes a sentence: ss.360(1) and (3) of the Sentencing Code. However, in the context of Serious Crime Prevention Orders (which have a specific power to adjourn the making of the order) see *R. v Adams*[105] in which the Court held that, purposefully construed, the power to make a serious crime prevention order did not provide explicitly or implicitly any temporal restriction on when an application for an order may be made, and that Parliament could readily have done so. Accordingly, the court held there was no jurisdictional bar to the imposition of such an order even where the application was made only after the Crown Court had completed "dealing with" the appellant in relation to sentence and confiscation. See A5-016-A5017 for more detail.

A5-144

On acquittal

In *R. v Major*,[106] the court rejected the contention that an order following an acquittal may only be made on uncontested facts or used only rarely; the court stated that to accede to such a submission would be to ignore the will of Parliament that, provided there was a need to protect a victim, a restraining order should be made. Section 5A(1) of the 1997 Act was inserted to deal with those cases where there was clear evidence that the victim needs protection but there was insufficient evidence to convict of the particular charges before the court. The victim need not have been blameless and the court's added powers avoid the need for alternative proceedings to protect the victim, added costs and delay. As to the need to adhere to the Criminal Procedure Rules, and the potential issues with defence consent to orders, see *McCarren* at A5-015.

A5-145

SHPOs following special plea of insanity/finding of unfitness

A finding following a hearing under the Criminal Procedure (Insanity) Act 1964 that a person had done the acts charged against him is not an "acquittal" and

A5-146

---

[103] [2010] EWCA Crim 2923; [2011] 1 W.L.R. 857.
[104] [2002] EWHC 1380 (Admin); (2002) 166 J.P. 545.
[105] [2021] EWCA Crim 1525; [2022] 1 W.L.R. 1736.
[106] [2010] EWCA Crim 3016; [2011] 1 Cr. App. R. 25.

therefore does not provide the court with the power to make a restraining order under s.5A of the Protection from Harassment Act 1997: *R. v Chinegwundoh*.[107]

Test to apply

Post-conviction

A5-147   The legislation provides that a restraining order may, for the purposes of protecting the victim(s) of the offence, or any other person mentioned in the order, from conduct which amounts to harassment, or will cause a fear of violence, prohibit the defendant from doing anything described in the order. The test therefore is somewhat amorphous; the court may prohibit the defendant from doing anything described in the order for the purposes specified. However, while there is no statutory reference to a requirement of necessity or proportionality it is clear from *R. v Khellaf*[108] that any such requirements must be necessary and proportionate for the specified purposes.

As held in *R. v Ross (Gareth)*,[109] an order cannot be necessary unless it is at least likely that an offender will conduct themselves in such a way that amounts to harassment or cause a fear of violence. There has to be an evidential basis for such a conclusion. On the facts of that case where the offender had hit the victim (who he did not know) in a driving accident, while a chance encounter might cause the victim serious distress that would not (on the facts) amount to an act of harassment or cause a fear of violence and accordingly the order was not necessary.

On acquittal

A5-148   The test for making an order following an acquittal differs from the post-conviction power. The 1997 Act permits a court to impose an order only where it considers it "necessary" to do so to protect a person from harassment by the defendant: s.5A of the 1997 Act. Applying *R. v Khellaf*,[110] however, the tests are in practice the same and accordingly cases decided in relation to either apply to both.

A special verdict of not guilty by reason of insanity is an acquittal for these purposes: *R. v R(AJ)*.[111]

Evidence

Post-conviction

A5-149   The prosecution and the defence may lead, as further evidence, any evidence that would be admissible in proceedings for an injunction under s.3 of the Protection from Harassment Act 1997 (civil remedy): s.362(2) of the Sentencing Code.

---

[107] [2015] EWCA Crim 109; [2015] 1 W.L.R. 2818.
[108] [2016] EWCA Crim 1297; [2017] 1 Cr. App. R. (S.) 1.
[109] [2020] EWCA Crim 210; [2020] R.T.R. 19.
[110] [2016] EWCA Crim 1297; [2017] 1 Cr. App. R. (S.) 1.
[111] [2013] EWCA Crim 591; [2013] 2 Cr. App. R. 12.

On acquittal

General In *R. v Major*,[112] the court observed that the Act was silent as to the standard of proof which must be satisfied before an order may be made, but the order is a civil order and so the ordinary civil standard of proof applies. Applying that standard a court may well conclude that whereas the conduct alleged has not been proved to the required criminal standard, it has been proved on the balance of probabilities and such a conclusion would not contradict the verdict of a jury or implicitly suggest that the defendant was in fact guilty.

The court observed that s.5A addressed a future risk with the evidential basis for that assessment being the defendant's conduct. The evidence would usually be the evidence given at trial, but it could be further evidence and that the evidence did not have to establish on the balance of probabilities that there has been harassment; on the contrary, it was sufficient if the evidence established conduct which falls short of harassment but which may, if repeated, amount to harassment, so as to make an order necessary.

A5-150

Evidence presented at trial When considering whether to make an order, the court may consider evidence presented at trial so long as it is not in conflict with the jury's verdict: *R. v Thompson*.[113] In *Thompson*, the jury had acquitted the defendant of all offences; however, the judge directed herself that the questions were "... is it necessary and if it is necessary, is it an order that will protect the person in the future from harassment by the defendant?" Having concluded that the answer was "yes" to both questions, an order was made. On appeal against sentence, the court concluded that the judge did not "go behind" the verdict of the jury but, instead, had examined the evidence that was before the jury and on the basis of that evidence reached the conclusion that the order was necessary. That was a finding she was entitled to make and the order was justified.

In *R. v McDermott, McDermott and Williams*,[114] the defendants had been at the scene of an assault. The defendants were acquitted of assault but given five-year restraining orders under s.5A of the 1997 Act. On appeal against the orders, the Court of Appeal (Criminal Division) had before it victim personal statements from the victim alleging serious continuing intimidation of him and his partner and children. The court noted that the fresh allegations were untested but that the position was not whether the court accepted them but rather whether there was any basis to suggest that the orders should be quashed. The court further noted that if the matters set out in the statements were to be established in civil proceedings then it would seem very likely that in respect of anyone whose conduct was impugned, whether or not they had previously succeeded in an appeal in relation to a restraining order, there would be a proper basis for an appropriate civil order dealing with their future conduct.

It is submitted that, although the factual circumstances in this case make for slightly difficult reading, the essence of the decision is that the court may, in appropriate circumstances, take into account untested evidence. There are two points to note in this regard. First, that the court is perfectly capable of attaching such weight as is appropriate to evidence that is untested, as it does (and as juries do with hearsay evidence for example), particularly if the individual has given evidence at

A5-151

---

[112] [2010] EWCA Crim 3016; [2011] 1 Cr. App. R. 25.
[113] [2010] EWCA Crim 2955; [2011] 2 Cr. App. R. (S.) 24.
[114] [2013] EWCA Crim. 607; [2014] 1 Cr. App. R. (S.) 1.

trial. Secondly, that victim personal statements are witness statements which contain the usual statement of truth. Taken together, it is submitted that there will certainly be situations where the court can be confident about the basis for an order based on untested evidence (although the court should give the defendant a chance to make submissions as to the weight that can be given to that evidence and to challenge its veracity or relevance as well as its admissibility as hearsay).

Procedure

Conviction

A5-152 See the general guidance on the imposition of behaviour orders and the requirements under Pt 31 of the Crim PR, at A5-004.

On acquittal

A5-153 **Prior to making the order**   In *R. v K*,[115] the court underlined the importance of adhering to the procedural steps identified in the Crim PR, observing that the "serious nature of such an order is underpinned by the provisions … of the Criminal Procedure Rules", which identified the steps which have to be taken in order to ensure that any person to whom any such order is directed is given a proper opportunity to understand what is proposed and why and to make representations at a hearing. Setting out the process, the court stated that the judge, on his own initiative, having indicated that he was considering making a restraining order should have considered adjourning the hearing in order for the following procedural requirements to be met:

1) the prosecution and/or the appellant in compliance with the Crim PR should have served notice in writing on the court officer and every other party identifying any evidence they wished the court to take account of, attaching to the notice any written statement which had not already been served;
2) if any party sought to introduce hearsay evidence, it had to do so in compliance with the Crim PR by serving a notice in writing;
3) any party seeking the court's permission to cross-examine the maker of a hearsay statement had to comply with the procedural provisions of the Rules.

Finally, the court stated that the judge was obliged to bear in mind the fundamental principle underlying the Rules, namely that any person faced with the possible imposition of a restraining order should be given proper notice of what was sought, the evidential basis for the application and, in addition, be allowed a proper opportunity to address the evidence and make informed representations as to the appropriateness of such an order.

As to the need to adhere to the Criminal Procedure Rules, and the potential issues with defence consent to orders, see *McCarren* at A5-015.

A5-154 **Factual basis for imposing the order**   In *R. v Major*,[116] the court considered whether a judge was required to identify the factual basis for imposing a restraining order on acquittal, concluding that they were; the court stated that such proceed-

---

[115] [2011] EWCA Crim 1843; [2012] 1 Cr. App. R. (S.) 88.
[116] [2010] EWCA Crim 3016; [2011] 1 Cr. App. R. 25.

ings were no different from any other proceedings leading to sentence where the factual basis had to be established and the sentencing judge had to exercise a judgment on the facts. Finally, the court cautioned that it could not be overlooked that in the absence of a conviction it may not be possible to determine the factual basis for the order.

Whether to make an order

Post-conviction

A5-155 The decision whether to make an order following a conviction is one of judgement; in most cases, this decision will be informed substantially if not entirely by the facts underlying the offence(s) of conviction. The legislation gives the court wide discretion to make an order. The requirement of necessity and proportionality, however, means that the court must consider that such an order must be needed to assist in protecting an individual or individuals from conduct which amounts to harassment, or will cause a fear of violence. This will require an assessment of the likelihood of such behaviour occurring in the future.

On acquittal

A5-156 In *R. v Major*,[117] the court stated that the fact that a jury was not sure that the conduct alleged amounted to harassment was not necessarily a ground for concluding that there is no risk of harassment in the future. The section is silent as to the standard of proof which must be satisfied before an order may be made, but the order is a civil order and so the ordinary civil standard of proof applies. Applying that standard, a court may well conclude that whereas the conduct alleged has not been proved to the required criminal standard, it has been proved on the balance of probabilities and such a conclusion would not contradict the verdict of a jury or implicitly suggest that the defendant was in fact guilty. This was approved in *R. v Oshosanya (Babajide Oriyomi)*[118] (without reference to *Major*) where the court observed that s.5A(1) did not require proof that the substantive offence had occurred; rather, it required that the court considered it necessary to make an order "to protect a person from harassment by the defendant".

Defendant has complied with bail conditions

A5-157 A defendant's compliance with bail conditions which prohibited contact with the victim, while a consideration, is not necessarily a ground for not making an order. The court in *R. v Major*,[119] stated (in the context of an acquittal) that a court may conclude that compliance with the bail conditions was explained by the defendant's concerns that they may be remanded in custody and that without such a sanction the victim would be at risk. It is of course equally open to a court to conclude that the offender has changed their ways and no longer presents a risk—e.g. where, since the offending period, the offender has "moved past" the fractious relationship.

---

[117] [2010] EWCA Crim 3016; [2011] 1 Cr. App. R. 25.
[118] [2022] EWCA Crim 1794; [2023] 1 Cr. App. R. (S.) 34.
[119] [2010] EWCA Crim 3016; [2011] 1 Cr. App. R. 25.

Victim/complainant does not support the prosecution/making of an order

A5-158 There are limitations to the extent to which the views of the victim or complainant can be accommodated, so far as the making of an order is concerned. As noted at A5-142, the consent of the victim or complainant is not a precondition for making an order; however, the intention to resume or continue a relationship may be a relevant consideration for the court when considering the prohibitions.

In *R. v Khellaf*,[120] the court reviewed the authorities and held that the position was as follows:

1) the court should take into account the views of the person to be protected by such an order on whether an order should be made;
2) it could not be said that there would never be a case where it would be inappropriate to make a restraining order, even though the subject of the order did not seek one, but the views of the victim would clearly be relevant;
3) nor could it be said that a court must have direct evidence of the views of the victim. That might prove impossible;
4) the court might be able to draw a proper inference as to those views, or may conclude that a restraining order should be made whatever the views of the victim, although clearly, if a victim did not want an order to be made because they wanted to have contact with the defendant, that might make such an order impractical;
5) in normal circumstances, the views of the victim should be obtained and it was the responsibility of the prosecution to ensure that the necessary enquiries were made.

As an example of the difficult balancing exercise this can require, see the case of *R. v Herrington*[121] in which the victim, V, had lived with H for a number of years and with whom she had a child and who had committed numerous assaults against her despite a non-molestation order and a previous suspended sentence order for similar conduct. The judge imposed a restraining order preventing H from contacting V directly or indirectly for three years. On appeal against sentence, the court noted that the criminal courts were not a jurisdiction which could be used to prevent an adult from deciding who she wanted to live with. The court stated that although any person considering the case would consider that V was at serious risk of violence from H, she had the right to live with him if she so decided, but that it was to be hoped that she was genuinely aware of the risk she was running. The court concluded that ultimately she was an adult and free to take those decisions for herself and that the law did not permit the criminal court to act to protect victims of domestic violence against the consequences of decisions of this kind which they freely made. V had unambiguously told the court that she wanted the order revoked. The court further observed that the child may require the protection of the court but concluded that the appropriate forum for the necessary protective steps for the safety of the child was the family court. The order was quashed.

A5-159 It is submitted that in relation to whether the order should remain to protect the complainant or victim, there is a difficult balance to strike between not setting the defendant up to fail (based on the commitment to resume the relationship and thereby breach the order) or breaching their art.8 rights to private life, and perform-

---

[120] [2016] EWCA Crim 1297; [2017] 1 Cr. App. R. (S.) 1.
[121] [2017] EWCA Crim 889; [2018] 4 W.L.R. 35.

ing the court's important duty of protecting individuals. This will be an intensely fact-specific decision and the court will exercise its good judgement based on all the circumstances. However, to the extent that one might seek to find any general observations, the following are offered:

1) there is a power in the communication of the reasoning for imposing a restraining order, both to the defendant and to the victim that should not be overlooked; a prior intention to resume a relationship may not be a final decision and the impact of the court's decision to make an order and to explain its reasons may be impactful;
2) care should be exercised when providing an explanation of an order in an attempt to communicate the risk being "run" by a victim who wishes to resume a relationship; in particular, it is suggested that it is inappropriate to suggest (as a means of trying to ensure compliance with the order from the victim's side) that the victim may "get the defendant into trouble" unless they encourage compliance with the order and end the relationship;
3) the fact that a couple seek to continue or resume a relationship should not be thought of as a 'trump card' rendering an application for a restraining order bound to fail; the court has a duty to impose an order if the test is met and it considers it appropriate to do so; the risk of setting the defendant up to fail is mitigated by the public interest test when considering whether to prosecute and, in the event of a conviction, could be taken into account at sentencing in an appropriate case;
4) the nature of human relationships is that behaviour in such a relationship may change significantly over time; in cases where the issue is one of significant domestic physical violence it may be unlikely that the court considers the offender will have been remorseful and changed their mind such that an order is not necessary; however, in cases of harassment following the breakdown of a relationship it may be that there is reason to believe the relationship will settle down relatively rapidly (particularly where there seems to be a genuine intent to return to a previously non-problematic relationship)—see the observations in *R. v Awan (Osman)*;[122]
5) where the order would require an offender and dependents to move house there will be a need for significant risk to justify that intrusion into their art.8 rights; consideration in this respect should be given not only to the art.8 rights of the offender but also to those of the victim and of any dependents.

Contents of the order

It is submitted that SHPOs and CBOs (including the previous ASBO regime) have the most developed jurisprudence in relation to the drafting of prohibitions for preventive orders. The principles in *Debnath* provide the framework, but reference to those sections at A5-288 and A5-054 may further assist.

A5-160

Post-conviction and on acquittal

Drafting prohibitions As noted above, the court in *R. v Debnath*[123] stated that the following principles apply to restraining orders made on conviction:

A5-161

---

[122] [2019] EWCA Crim 1456; [2020] 4 W.L.R. 31.
[123] [2005] EWCA Crim 3472; [2006] 2 Cr. App. R. (S.) 25.

1) the purpose of a restraining order is to prohibit particular conduct with a view to protecting the victim or victims of the offence and preventing further offences under s.2 or 4 of the Act;
2) a restraining order must be drafted in clear and precise terms so there is no doubt as to what the defendant is prohibited from doing;
3) orders should be framed in practical terms (for example it may be preferable to frame a restriction order by reference to specific roads or a specific address). If necessary a map should be prepared;
4) in considering the terms and extent of a restraining order the court should have regard to considerations of proportionality;
5) the power of the court to vary or discharge the order in question by a further order is an important safeguard to defendants. The Court of Appeal (Criminal Division) is unlikely to interfere with the terms of a restraining order, if an application to the court which imposed the restraining order to vary or discharge was in the circumstances the appropriate course.

In relation to any prohibition, the test is whether the prohibition pursues a particular aim, whether that aim is legitimate and whether the proposed restriction was necessary and proportionate: *R. v Richardson*.[124] See A5-170 for more details on this case.

Particular care should be taken when children are involved to ensure that the order does not make it impossible for contact to take place between a parent and child if that was otherwise inappropriate: *R. v Khellaf*.[125] In this respect it should be noted that there will be a need to make careful and proper enquiries with the victim to ascertain what will be workable: see, for example, *R. v Awan (Osman)*[126] where an order was made which only allowed contact between the offender and the victim through their lawyers, in circumstances where there were no ongoing civil proceedings and neither had instructed lawyers.

A5-162 Additionally, it is submitted that orders should not contain prohibitions which are likely to lead to an inadvertent breach, to inappropriate incursions of liberty or interference with work, education or religious observance.

A5-163 Person(s) to be protected In *R. v Mann*,[127] it was held that a post-conviction order must identify the person intended to be protected. However, in *R. v Buxton*,[128] it was held that an order could specify a group of persons so long as they were clearly defined.

In *R. v AD*[129] it was held that an order that identified, as the group of people to be protected, "any child under 16" was too wide to be lawful. In *R. v Irons*,[130] the court emphasised that the requirement that an order specifies the person(s) to be protected by the order applies to each of the prohibitions contained in the order; in that case, the court quashed several prohibitions because they did not comply with that requirement and were too general in nature.

A5-164 Typical prohibitions Typical prohibitions include:

---

[124] [2013] EWCA Crim 1905; [2014] 2 Cr. App. R. (S.) 5.
[125] [2016] EWCA Crim 1297; [2017] 1 Cr. App. R. (S.) 1.
[126] [2019] EWCA Crim 1456; [2020] 4 W.L.R. 31.
[127] [2000] 97(14) L.S.G. 41 CA.
[128] [2010] EWCA Crim 2923; [2011] 1 W.L.R. 857.
[129] [2019] EWCA Crim 1339; [2020] 1 Cr. App. R. (S.) 21.
[130] [2020] EWCA Crim 981; [2021] 1 Cr. App. R. (S.) 22.

1) contacting (directly or indirectly) [named individual(s)], except in relation to child care through [named services or individuals];
2) contacting (directly or indirectly) [named organisations], with regard to [named individuals]
3) coming within [distance] of [address];
4) being within [specified area] (potentially subject to exceptions for specific purposes such as visiting a family member and giving the police [a specified number of days or hours] advance notice);
5) taking steps to seek to identify the whereabouts of [named individual(s)];
6) posting about [named individuals] on social media.

For prohibitions prohibiting an individual from being in a particular location, a map with a clearly marked exclusion zone is preferable. Where it is a particular address that is the subject of the exclusion, this will not normally be necessary. In *R. v Awan (Osman)*,[131] it was held that it was not appropriate to make an order in terms that did not specify the specific address (i.e. preventing the offender from attending the victim's address) because such an order would carry the risk that if there was a change of address not notified to the offender he might unwittingly act in breach of it. However, as argued in *Criminal Law Week*,[132] there would seem to be clear potential advantages in adopting adaptive wording by avoiding the need for future variation and preventing the need to notify the subject of the restraining order of the victim's new address, which may, on the facts, give rise to a greater risk of breach. Breach of a restraining order is only an offence where it is "without reasonable excuse" and the risk of a completely inadvertent breach resulting in criminal liability is therefore negligible at most.

In *R. v Coley (Connor)*,[133] the court considered the imposition of an indefinite order prohibiting the defendant from entering a specified town. The court commented that it was very unusual for a court to prohibit someone from entering a town in any circumstance for the rest of his life and that it was no answer to say that, should the defendant have need to enter the town in the future, they could apply to the Crown Court to have the terms of the restraining order amended to allow them to do so. Instead, the court emphasised, a sentencing court must look at the time of sentence as to whether there was a need for the prohibition to meet the aims of the legislation, and that although geographical prohibitions usually related to specific streets or addresses, a prohibition on entering a wider geographically area might properly be contained in an order if there were particular circumstances in a case which justified it.

Furthermore, in cases where the individuals have children together, it may be necessary to add caveats to the restriction on contact to the effect that contact may continue in relation to child care through the family court, solicitors, social services or specified individuals: see, for example, *R. v Awan (Osman)*[134] where an order which only allowed contact between the offender and the victim through their lawyers, in circumstances where there were no ongoing civil proceedings and

---

[131] [2019] EWCA Crim 1456; [2020] 4 W.L.R. 31.
[132] "Sentence: New Cases: Particular Sentences or Orders: Restraining Order: R. v Awan (Osman)" CLW/20/07/9.
[133] [2022] EWCA Crim 1400; [2023] 1 Cr. App. R. (S.) 25.
[134] [2019] EWCA Crim 1456; [2020] 4 W.L.R. 31.

neither had instructed lawyers, was quashed and replaced with an order allowing contact through specified members of their extended family.

On acquittal

A5-165 **Drafting prohibitions** The general principles relating to clarity, necessity and proportionality as in A5-161 onwards in relation to post-conviction orders apply to orders made on an acquittal.

A5-166 **Nexus with evidence at trial** A restraining order on acquittal may prohibit the defendant doing acts that were not the subject matter of the charge in respect of which they were acquitted and the parties may adduce further evidence relevant to the court's determination as to whether it was necessary to make such an order: *R. v Major*.[135]

A5-167 **Must name individual(s) to be protected** The order must name the person(s) to be protected by the order: *R. v Smith (Mark)*.[136] The court stated that the post-conviction power provided that a court might make a restraining order for the purpose of protecting the victim or victims of the offence, or any other person mentioned in the order, from conduct which amounted to harassment or would cause a fear of violence, whereas s.5A provided that if a person was acquitted of an offence, the court might make a restraining order if it considered it necessary to do so to protect a person from harassment by the defendant. Section 5A incorporated most of the provisions of the post-conviction power (which had previously been contained within s.5 of the 1997 Act), but not what was s.5(2), for the obvious reason that there had not been an offence and therefore that language could not apply. However, it could not be rationally supposed that an order under s.5A need not identify the person, or possibly the group of persons, whom the order was intended to protect.

A5-168 **Length of the order** The order may be made for a specified period or until further order; there is no minimum or maximum period specified by the Act: s.359 of the Sentencing Code. In *R. v Awan*,[137] the court underlined that orders may only be made where it was necessary to protect the specified individual(s) and that the terms of the order should be proportionate to the harm that the order is to protect against. It is submitted that the length of an order is a term of an order and therefore the decision as to its length is a balancing exercise between the level of infringement and the harm that the order is designed to prevent and the extent of the risk of that harm eventuating at the hands of the defendant.

A5-169 **Sentencing remarks** It is submitted that sentencers should clearly and fully set out the factual basis for making the order (whether in an acquittal or a conviction case) and provide full reasons for the conclusion that an order should be made, its contents and length. In *R. v Major*,[138] the court stated that the statutory require-

---

[135] [2010] EWCA Crim 3016; [2011] 1 Cr. App. R. 25.
[136] [2012] EWCA Crim 2566; [2013] 1 W.L.R. 1399.
[137] [2019] EWCA Crim 1456; [2020] 4 W.L.R. 31.
[138] [2010] EWCA Crim 3016; [2011] 1 Cr. App. R. 25.

ments to explain the sentence imposed and its effect extended to restraining orders on acquittal.

Human rights

Article 8

A5-170 In *R. v Richardson*,[139] the offender was convicted of a number of offences relating to a campaign of harassment. The court, on conviction, imposed a restraining order the effect of which was to prohibit the appellant from returning to her home address, or visiting the home of her elderly mother, as both addresses were within the exclusion zone. The victim and her family had moved out of the area because of the appellant's harassment, but wished to move back. On appeal against sentence, it was submitted that the order breached the appellant's art.8 rights. The court observed that in *R. v Beck*[140] it had been held that when considering a restraining order that required an offender to move home the court "had to balance the respective interests in their homes of the appellant, who was the guilty offender, and the complainant, whose life was being spoiled." On the facts of the case, the court concluded that the balance lay in favour of the complainant and upheld the order, observing the appellant's mother was still free to visit her.

In *R. v R*,[141] the court considered the art.8 rights of the appellant, who had been prohibited from entering a town near his home address in which his mother lived (as well as the person whom the order was designed to protect). The court, finding that the order did not breach art.8, held that the appellant's art.8 rights had to be balanced with those of the complainant and other woman who might be the subject of abuse from the appellant and affected children, which include the right to conduct their lives free from the risk of violence from the appellant. The court observed that in any case involving such a restriction the court must consider: (i) the purpose for which the order is being sought; (ii) its necessity; and (iii) its reasonableness in relation to the risk arising.

Article 10

A5-171 The court in *R. v Debnath*[142] considered art.10 of the ECHR in the context of restraining orders. Article 10(1) is qualified by art.10(2), which allows for formalities, conditions, restrictions or penalties prescribed by law and necessary in a democratic society for the proscribed purposes, which include public safety, the prevention of disorder or crime and the protection of the rights of others. The court held that as a restraining order will always be prescribed by law; and by necessity if properly imposed will always be to further a legitimate aim—the prevention of crime; the question of whether there is an interference with art.10 is whether the interference is necessary in a democratic society. This will be a question of proportionality and necessity and adds little to the general test except that courts must remember the importance of freedom of expression generally when making their assessment of necessity.

---

[139] [2013] EWCA Crim 1905; [2014] 2 Cr. App. R. (S.) 5.
[140] [2003] EWCA Crim 2198.
[141] [2019] EWCA Crim 2238; [2020] 2 Cr. App. R. (S.) 3.
[142] [2005] EWCA Crim 3472; [2006] 2 Cr. App. R. (S.) 25.

Post sentencing

A5-172   For guidance on variation, discharge, breach and appeals, see A10-230.

Serious Crime Prevention Orders

Introduction

A5-173   The serious crime prevention order (SCPO) is another civil preventative order that is available to the civil courts on application (in this case, the High Court) and the criminal courts on a conviction. The order is commonly used in cases involving financial or organised crime. The aim of the order is prevention and, perhaps more than other behaviour orders, there is a focus on disruption of criminal behaviour. Orders can be made against individuals or bodies corporate and can prohibit individuals from specified activity and can impose reporting requirements relating to financial activity.

In the Crown Court, the order is available where the court is dealing with an offender convicted of a "serious offence" and has reasonable grounds to believe that the order would protect the public by preventing, restricting or disrupting involvement by the person in serious crime in England and Wales. The order may include prohibitions and requirements as the court considers appropriate. Breach of an order is a criminal offence punishable by five years' imprisonment.

The NCA publishes a list of all "ancillary orders" currently in force. The table is available on the NCA website[143] and contains details such as the individual's name, their date of birth, the postcode region of their associated address, the length of the order and the nature of the restrictions. It is understood that there have been very, very few applications to the High Court for SCPOs and, as such, the overwhelming majority are made following Crown Court proceedings.

Legislation

Availability of a serious crime prevention order on conviction

Serious Crime Act 2007 s.19

Orders by Crown Court on conviction

A5-174   19.—(1) Subsection (2) applies where the Crown Court in England and Wales is dealing with a person who—
   (a) has been convicted by or before a magistrates' court of having committed a serious offence in England and Wales and has been committed to the Crown Court to be dealt with; or
   (b) has been convicted by or before the Crown Court of having committed a serious offence in England and Wales.

(2) The Crown Court may, in addition to dealing with the person in relation to the offence, make an order if it has reasonable grounds to believe that the order would protect the public by preventing, restricting or disrupting involvement by the person in serious crime in England and Wales.

---

[143] See *https://www.nationalcrimeagency.gov.uk/what-we-do/how-we-work/investigating-and-disrupting-the-highest-risk-serious-and-organised-criminals/lifetime-management-of-serious-and-organised-criminals* [Accessed 18 July 2023].

(2A) A court that makes an order by virtue of subsection (2) in the case of a person who is already the subject of a serious crime prevention order in England and Wales must discharge the existing order.

(3), (4), (4A) [*Northern Ireland.*]

(5) An order under this section may contain—
   (a) such prohibitions, restrictions or requirements; and
   (b) such other terms;

as the court considers appropriate for the purpose of protecting the public by preventing, restricting or disrupting involvement by the person concerned in serious crime in England and Wales or (as the case may be) Northern Ireland.

(6) The powers of the court in respect of an order under this section are subject to sections 6 to 15 (safeguards).

(7) An order must not be made under this section except—
   (a) in addition to a sentence imposed in respect of the offence concerned; or
   (b) in addition to an order discharging the person conditionally.

(8) An order under this section is also called a serious crime prevention order.

An order under s.19 of the Serious Crime Act 2007 is known as a serious crime prevention order by virtue of s.1(5) of the 2007 Act. **A5-175**

By virtue of s.2(2) of the 2007 Act a "a serious offence in England and Wales" means an offence under the law of England and Wales which, at the time when the court is considering the matter in question:

> is specified, or falls within a description specified, in Pt 1 of Sch.1 to the 2007 Act; or
>
> is one which, in the particular circumstances of the case, the court considers to be sufficiently serious to be treated for the purposes of the application or matter as if it were so specified.

By virtue of s.42 of the 2007 Act, references to "the public" include a section of the public or a particular member of the public.

For the powers to vary an order on conviction or on breach, see ss.20–22 of the 2007 Act at A10-236 to A10-238. **A5-176**

Serious Crime Act 2007 Sch.1

Part 1 of Sch.1 to the 2007 Act lists the following serious offences in England and Wales: **A5-177**

Paragraph	Origin	Offence
Drug trafficking		
1	Misuse of Drugs Act 1971	Sections 4(2) or (3), 5(3), 6, 8 or 20.
	Customs and Excise Management Act 1979	An offence, if it is committed in connection with a prohibition or restriction on importation or exportation which has effect by virtue of section 3 of the Misuse of Drugs Act 1971 under sections 50(2) or (3), 68(2) or 170.

Paragraph	Origin	Offence
	Criminal Justice (International Co-operation) Act 1990	Sections 12 or 19.
Psychoactive Substances offences		
1ZA	Psychoactive Substances Act 2016	Sections 4, 5, 7 or 8.
Slavery etc.		
1A	Modern Slavery Act 2015	Section 1.
People Trafficking		
2	Immigration Act 1971	Sections 25, 25A or 25B.
	Sexual Offences Act 2003	Sections 57 to 59A.
	Asylum and Immigration (Treatment of Claimants, etc.) Act 2004	Section 4.
	Modern Slavery Act 2015	Section 2.
Terrorism		
2A	Counter-Terrorism Act 2008	An offence for the time being listed in section 41(1) (offences to which Part 4 of that Act applies: terrorism offences).
Firearms offences		
3	Firearms Act 1968	Sections 1(1), 2(1), 3(1) or 5(1), (1A) or (2A).
	Customs and Excise Management Act 1979	Sections 68(2) or 170 if committed in connection with a firearm or ammunition ("firearm" and "ammunition" have the same meanings as in section 57 of the Firearms Act 1968).
Prostitution and child sex		
4	Sexual Offences Act 1956	Section 33A.
	Sexual Offences Act 2003	Sections 14, 48, 49, 50, 52 or 53.

Paragraph	Origin	Offence
Armed robbery etc.		
5	Theft Act 1968	Section 8(1) where the use or threat of force involves a firearm, an imitation firearm or an offensive weapon.
	Common law	An offence at common law of an assault with intent to rob where the assault involves a firearm, imitation firearm or an offensive weapon.
		firearm has the meaning given by section 57(1) of the Firearms Act 1968; imitation firearm has the meaning given by section 57(4) of that Act; offensive weapon means any weapon to which section 141 of the Criminal Justice Act 1988 (offensive weapons) applies.
Money laundering		
6	Proceeds of Crime Act 2002	Sections 327, 328 or 329.
Fraud		
7	Theft Act 1968	Section 17.
	Fraud Act 2006	Sections 1, 6, 7, 9 or 11.
		An offence at common law of conspiracy to defraud.
Offences relating to public revenue etc.		
8	Customs and Excise Management Act 1979	Section 170 so far as not falling within paragraph 1 or 3 above.
	Value Added Tax Act 1994	Section 72.
	Taxes Management Act 1970	Section 106A.
	Tax Credits Act 2002	Section 35.
	Common law	An offence at common law of cheating in relation to the public revenue
	Criminal Finances Act 2017	Sections 45 or 46.
Bribery		
9	Bribery Act 2010	Section 1, 2 or 6.
Counterfeiting		
10	Forgery and Counterfeiting Act 1981	Sections 14, 15, 16 or 17.

Paragraph	Origin	Offence
Blackmail		
11	Theft Act 1968	Section 21.
	Gangmasters (Licensing) Act 2004	Section 12(1) or (2).
Computer misuse		
11A	Computer Misuse Act 1990	Sections 1, 2, 3, 3ZA or 3A.
Intellectual property		
12	Copyright, Designs and Patents Act 1988	Sections 107(1)(a), (b), (d)(iv) or (e), 198(1)(a), (b) or (d)(iii), or 297A.
	Trade Marks Act 1994	Section 92(1), (2) or (3).
Environment		
13	Salmon and Freshwater Fisheries Act 1975	Section 1.
	Wildlife and Countryside Act 1981	Section 14.
	Environmental Protection Act 1990	Section 33.
	Control of Trade in Endangered Species (Enforcement) Regulations 1997 (S.I. 1997/1372)	Regulation 8.
Organised crime		
13A	Serious Crime Act 2015	Section 45.
Sanctions legislation		
13B	European Communities Act 1972	An offence under an instrument made under section 2(2) for the purpose of implementing, or otherwise in relation to, EU obligations created or arising by or under an EU financial sanctions Regulation.
		An offence under an Act or under subordinate legislation where the offence was created for the purpose of implementing a UN financial sanctions Resolution.
	Anti-terrorism, Crime and Security Act 2001	Sch.3 para.7.
	Counter-Terrorism Act 2008	An offence under Sch.7 para. 30 or 30A where the offence relates to a

Paragraph	Origin	Offence
		requirement of the kind mentioned in para.13 of that Schedule.
	Counter-Terrorism Act 2008	Sch.7 para.31
	Sanctions and Anti-Money Laundering Act 2018	An offence under regulations made under section 1.
Inchoate offences		
14		An offence of attempting or conspiring the commission of an offence specified or described in this Part of this Schedule.
		An offence under Part 2 of this Act (encouraging or assisting) where the offence (or one of the offences) which the person in question intends or believes would be committed is an offence specified or described in this Part of this Schedule.
		An offence of aiding, abetting, counselling or procuring the commission of an offence specified or described in this Part of this Schedule.
		The references in paragraph 14 to offences specified or described in this Part of this Schedule do not include the offence at common law of conspiracy to defraud.
Earlier offences		
15		This Part of this Schedule (apart from paragraph 14(2)) has effect, in its application to conduct before the passing of this Act, as if the offences specified or described in this Part included any corresponding offences under the law in force at the time of the conduct.
		Paragraph 14(2) has effect, in its application to conduct before the passing of this Act or before the coming into force of section 59 of this Act, as if the offence specified or described in that provision were an offence of inciting the commission of an offence

Paragraph	Origin	Offence
		specified or described in this Part of this Schedule.
Scope of offences		
16		Where this Part of this Schedule refers to offences which are offences under the law of England and Wales and another country, the reference is to be read as limited to the offences so far as they are offences under the law of England and Wales.

Serious Crime Act 2007 s.6 and s.7

Any individual must be 18 or over

A5-178   6.   An individual under the age of 18 may not be the subject of a serious crime prevention order.

Other exceptions

A5-179   7.—(1)   A person may not be made the subject of a serious crime prevention order in England and Wales if the person falls within a description specified by order of the Secretary of State.
   (1A)   [*Scotland.*]
   (2)   [*Northern Ireland.*]

A5-180   As at 30 September 2021, no order had been made under s.7 of the 2007 Act specifying further persons who cannot be made subject of a serious crime prevention order.

Making the order

Serious Crime Act 2007 s.8

Limited class of applicants for making of orders

A5-181   8.—(1)   A serious crime prevention order may be made only on an application by—
   (a)   in the case of an order in England and Wales—
      (i)   the Director of Public Prosecutions; …
      (iii)   the Director of the Serious Fraud Office; or
      (iv)   subject to subsection (2), a chief officer of police;
   (aa)   [*Scotland.*]
   (b)   [*Northern Ireland.*]
   (2)   A chief officer of police may make an application for a serious crime prevention order only if—
   (a)   it is an application for an order under section 1 that is terrorism-related (see section 8A);
   (b)   the chief officer has consulted-
      (i)   the Director of Public Prosecutions, in the case of an order in England and Wales;
      (ii)   [*Scotland.*]

(iii) [*Northern Ireland.*]; and
(c) [*Scotland.*]
(3) In this section "chief officer of police"—
(a) in relation to England and Wales, means the chief officer of police of a police force in England and Wales;
(b) [*Scotland.*]
(c) [*Northern Ireland.*]

By virtue of Sch.2 to the 2007 Act, the Director of Public Prosecutions may delegate the exercise of his functions under the Act to any Crown Prosecutor and the Director of the Serious Fraud Office may delegate the exercise of his functions to any member of the Serious Fraud Office designated under s.1(7) of the Criminal Justice Act 1987. The powers of both in relation to the Act are exercisable under the superintendence of the Attorney General. For further information on this delegation see A5-206.

A5-182

By virtue of s.9(4) of the Serious Crime Act 2007, the Crown Court must, on an application by a person, give the person an opportunity to make representations in proceedings before it arising by virtue of ss.19, 20, 21 or 22E if it considers that the making or variation of the serious crime prevention order concerned (or a decision not to vary it) would be likely to have a significant adverse effect on that person.

Serious Crime Act 2007 s.8A

8A.—(1) For the purposes of this Part, a serious crime prevention order is "terrorism-related" if the trigger offence is within subsection (3).

A5-183

(2) The "trigger offence", in relation to a serious crime prevention order, is the serious offence referred to in section 2(1) or (4), 2A(1) or (4) or (as the case may be) 3(1) or (4) pursuant to which the court is satisfied that the person who is the subject of the order has been involved in serious crime.

(3) A trigger offence is within this subsection if—
(a) it falls within section 2(2)(a) or (5)(b)(i) by virtue of paragraph 2A of Schedule 1;
(b) it falls within section 2A(2)(a) or (5)(b)(i) by virtue of paragraph 16BA of Schedule 1;
(c) if falls within section 3(2)(a) or (5)(b)(i) by virtue of paragraph 18A of Schedule 1; or
(d) in the case of any other trigger offence (whether or not specified, or within a description specified, in Schedule 1), it appears to the court that the offence—
(i) is, or takes place in the course of, an act of terrorism; or
(ii) is committed for the purposes of terrorism.

(4) Subsection (5) applies where—
(a) the court is considering whether a trigger offence is within subsection (3)(d);
(b) the court has, for the purposes of this Part, decided that a person has committed the trigger offence (see section 4(1)); and
(c) at the time at which the person was sentenced for the trigger offence, the offence was of a kind capable of being determined to have a terrorist connection.

(5) The court—
(a) must decide that the trigger offence is within subsection (3)(d) if the offence was determined to have a terrorist connection; and
(b) must not otherwise decide that the trigger offence is within subsection (3)(d).

(6) For the purposes of this section, an offence was determined to have a terrorist connection if—
(a) it was determined to have a terrorist connection under—

SECONDARY ORDERS

(i) section 69 of the Sentencing Code (in the case of an offender sentenced in England and Wales or for a service offence); or

(ii) section 30 or 32 of the Counter-Terrorism Act 2008 (in the case of an offender sentenced in Northern Ireland, or an offender sentenced in England and Wales, or for a service offence, before the Sentencing Code applied); or

(b) it has been proved to have been aggravated by reason of having a terrorist connection under section 31 of that Act (in the case of an offender sentenced in Scotland);

(and the reference in subsection (4)(c) to an offence being capable of being determined to have such a connection is to be read accordingly).

(7) In this section "terrorism" has the same meaning as in the Terrorism Act 2000 (see section 1 of that Act).

Serious Crime Act 2007 s.10

Notice requirements in relation to orders

A5-184   10.—(1) The subject of a serious crime prevention order is bound by it or a variation of it only if—

(a) he is represented (whether in person or otherwise) at the proceedings at which the order or (as the case may be) variation is made; or

(b) a notice setting out the terms of the order or (as the case may be) variation has been served on him.

(2) The notice may be served on him by—

(a) delivering it to him in person; or

(b) sending it by recorded delivery to him at his last-known address (whether residential or otherwise).

(3) For the purposes of delivering such a notice to him in person, a constable or a person authorised for the purpose by the relevant applicant authority may (if necessary by force)—

(a) enter any premises where he has reasonable grounds for believing the person to be; and

(b) search those premises for him.

(4) In this Part "the relevant applicant authority" means—

(a) in relation to a serious crime prevention order in England and Wales—

(i) where the order was applied for by the Director of Public Prosecutions, the Director of Public Prosecutions; ...

(iii) where the order was applied for by the Director of the Serious Fraud Office, the Director of the Serious Fraud Office; and

(iv) where the order was applied for by the chief officer of police of a police force in England and Wales, the chief officer of police of any such police force;

(aa) [*Scotland.*]

(b) [*Northern Ireland.*]

Serious Crime Act 2007 s.36

Proceedings in the Crown Court

A5-185   36.—(1) Proceedings before the Crown Court arising by virtue of section 19, 20, 21 or 22E are civil proceedings.

(2) One consequence of this is that the standard of proof to be applied by the court in such proceedings is the civil standard of proof.

(3) Two other consequences of this are that the court—

(a) is not restricted to considering evidence that would have been admissible in the criminal proceedings in which the person concerned was convicted; and
(b) may adjourn any proceedings in relation to a serious crime prevention order even after sentencing the person concerned.

(4) The Crown Court, when exercising its jurisdiction in England and Wales under this Part, is a criminal court for the purposes of Part 7 of the Courts Act 2003 (procedure rules and practice directions).

(5) A serious crime prevention order may be made as mentioned in section 19(7)(b) in spite of anything in sections 79, 80 and 82 of the Sentencing Code or (as the case may be) Articles 4 and 6 of the Criminal Justice (Northern Ireland) Order 1996 (SI 1996/3160 (N.I. 24)) (which relate to orders discharging a person absolutely or conditionally and their effect).

(6) A variation of a serious crime prevention order may be made as mentioned in section 20(6)(b) or 21(6)(b) in spite of anything in sections 79, 80 and 82 of the Sentencing Code or (as the case may be) Articles 4 and 6 of the Order of 1996.

Terms that may be included in the order

Serious Crime Act 2007 ss.5 and 11–14

Type of provision that may be made by orders

5.—(1) This section contains examples of the type of provision that may be made by a serious crime prevention order but it does not limit the type of provision that may be made by such an order.

A5-186

(2) Examples of prohibitions, restrictions or requirements that may be imposed by serious crime prevention orders in England and Wales, Scotland or Northern Ireland include prohibitions, restrictions or requirements in relation to places other than England and Wales, Scotland or (as the case may be) Northern Ireland.

(3) Examples of prohibitions, restrictions or requirements that may be imposed on individuals (including partners in a partnership) by serious crime prevention orders include prohibitions or restrictions on, or requirements in relation to—
(a) an individual's financial, property or business dealings or holdings;
(b) an individual's working arrangements;
(c) the means by which an individual communicates or associates with others, or the persons with whom he communicates or associates;
(d) the premises to which an individual has access;
(e) the use of any premises or item by an individual;
(f) an individual's travel (whether within the United Kingdom, between the United Kingdom and other places or otherwise).

(4) Examples of prohibitions, restrictions or requirements that may be imposed on bodies corporate, partnerships and unincorporated associations by serious crime prevention orders include prohibitions or restrictions on, or requirements in relation to—
(a) financial, property or business dealings or holdings of such persons;
(b) the types of agreements to which such persons may be a party;
(c) the provision of goods or services by such persons;
(d) the premises to which such persons have access;
(e) the use of any premises or item by such persons;
(f) the employment of staff by such persons.

(5) Examples of requirements that may be imposed on any persons by serious crime prevention orders include—
(a) a requirement on a person to answer questions, or provide information, specified or described in an order—
(i) at a time, within a period or at a frequency;

           (ii)   at a place;
           (iii) in a form and manner; and
           (iv) to a law enforcement officer or description of law enforcement officer;
      notified to the person by a law enforcement officer specified or described in the order;
  (b) a requirement on a person to produce documents specified or described in an order—
           (i)   at a time, within a period or at a frequency;
           (ii) at a place;
           (iii) in a manner; and
           (iv) to a law enforcement officer or description of law enforcement officer;
  (b) notified to the person by a law enforcement officer specified or described in the order.

(6) The prohibitions, restrictions or requirements that may be imposed on individuals by serious crime prevention orders include prohibitions, restrictions or requirements in relation to an individual's private dwelling (including, for example, prohibitions or restrictions on, or requirements in relation to, where an individual may reside).

(7) In this Part—

"document" means anything in which information of any description is recorded (whether or not in legible form);
"a law enforcement officer" means—
  (a) a constable;
  (b) National Crime Agency officer who is for the time being designated under section 9 or 10 of the Crime and Courts Act 2013;
  (c) an officer of Revenue and Customs; or
  (d) a member of the Serious Fraud Office; and
"premises" includes any land, vehicle, vessel, aircraft or hovercraft.

(8) Any reference in this Part to the production of documents is, in the case of a document which contains information recorded otherwise than in legible form, a reference to the production of a copy of the information in legible form.

Information safeguards

Restrictions on oral answers

A5-187   **11.** A serious crime prevention order may not require a person to answer questions, or provide information, orally.

Restrictions for legal professional privilege

A5-188   **12.**(1) A serious crime prevention order in England and Wales or Northern Ireland may not require a person—
  (a) to answer any privileged question;
  (b) to provide any privileged information; or
  (c) to produce any privileged document.

(2) A "privileged question" is a question which the person would be entitled to refuse to answer on grounds of legal professional privilege in proceedings in the High Court.

(3) "Privileged information" is information which the person would be entitled to refuse to provide on grounds of legal professional privilege in such proceedings.

(4) A "privileged document" is a document which the person would be entitled to refuse to produce on grounds of legal professional privilege in such proceedings.

(4A) [*Scotland.*]

(5) But subsections (1) and (4A) do not prevent an order from requiring a lawyer to

provide the name and address of a client of his.

Restrictions on excluded material and banking information

13.—(1) A serious crime prevention order may not require a person to produce—
    (a)   in the case of an order in England and Wales, any excluded material as defined by section 11 of the Police and Criminal Evidence Act 1984;
    (aa) [*Scotland*];
    (b)   [*Northern Ireland*].

(2) A serious crime prevention order may not require a person to disclose any information or produce any document in respect of which he owes an obligation of confidence by virtue of carrying on a banking business unless condition A or B is met.

(3) Condition A is that the person to whom the obligation of confidence is owed consents to the disclosure or production.

(4) Condition B is that the order contains a requirement—
    (a)   to disclose information, or produce documents, of this kind; or
    (b)   to disclose specified information which is of this kind or to produce specified documents which are of this kind.

A5-189

Restrictions relating to other enactments

14.—(1) A serious crime prevention order may not require a person—
    (a)   to answer any question;
    (b)   to provide any information; or
    (c)   to produce any document;
if the disclosure concerned is prohibited under any other enactment.

(2) In this section—

"enactment" includes an Act of the Scottish Parliament, Northern Ireland legislation and an enactment comprised in subordinate legislation, and includes an enactment whenever passed or made; and

"subordinate legislation" has the same meaning as in the Interpretation Act 1978 and also includes an instrument made under—
    (a)   an Act of the Scottish Parliament; or
    (b)   Northern Ireland legislation.

A5-190

Serious Crime Act 2007 s.38

Disclosure of information in accordance with orders

38.—(1) A person who complies with a requirement imposed by a serious crime prevention order to answer questions, provide information or produce documents does not breach—
    (a)   any obligation of confidence; or
    (b)   any other restriction on making the disclosure concerned (however imposed).

(2) But see sections 11 to 14 (which limit the requirements that may be imposed by serious crime prevention orders in connection with answering questions, providing information or producing documents).

A5-191

Duration of order

Serious Crime Act 2007 s.16

Duration of orders

16.—(1) A serious crime prevention order must specify when it is to come into force and when it is to cease to be in force.

A5-192

(2) An order is not to be in force for more than 5 years beginning with the coming into force of the order.

(3) An order can specify different times for the coming into force, or ceasing to be in force, of different provisions of the order.

(4) Where it specifies different times in accordance with subsection (3), the order—

(a) must specify when each provision is to come into force and cease to be in force; and

(b) is not to be in force for more than 5 years beginning with the coming into force of the first provision of the order to come into force.

(5) The fact that an order, or any provision of an order, ceases to be in force does not prevent the court from making a new order to the same or similar effect.

(6) A new order may be made in anticipation of an earlier order or provision ceasing to be in force.

(7) Subsections (2) and (4)(b) have effect subject to section 22E.

Restrictions on use of material obtained as part of order

Serious Crime Act 2007 s.15

Restrictions on use of information obtained

A5-193
15.—(1) A statement made by a person in response to a requirement imposed by a serious crime prevention order may not be used in evidence against him in any criminal proceedings unless condition A or B is met.

(2) Condition A is that the criminal proceedings relate to an offence under section 25.

(3) Condition B is that—

(a) the criminal proceedings relate to another offence;

(b) the person who made the statement gives evidence in the criminal proceedings;

(c) in the course of that evidence, the person makes a statement which is inconsistent with the statement made in response to the requirement imposed by the order; and

(d) in the criminal proceedings evidence relating to the statement made in response to the requirement imposed by the order is adduced, or a question about it is asked, by the person or on his behalf.

Orders in relation to legal persons

Serious Crime Act 2007 ss.30–34

Bodies corporate including limited liability partnerships

A5-194
30.—(1) For the purposes of section 10 in its application to a serious crime prevention order against a body corporate or to the variation of such an order—

(a) a notice setting out the terms of the order or variation—

(i) is delivered to the body corporate in person if it is delivered to an officer of the body corporate in person; and

(ii) is sent by recorded delivery to the body corporate at its last known address if it is so sent to an officer of the body corporate at the address of the registered office of that body or at the address of its principal office in the United Kingdom; and

(b) the power conferred by subsection (3) of that section is a power to enter any premises where the person exercising the power has reasonable grounds for believing an officer of the body corporate to be and to search those premises for the officer.

(2) If an offence under section 25 committed by a body corporate is proved to have been committed with the consent or connivance of—

(a) an officer of the body corporate; or

(b) a person who was purporting to act in any such capacity;

he (as well as the body corporate) is guilty of the offence and liable to be proceeded against and punished accordingly.

(3) Nothing in this section prevents a serious crime prevention order from being made against an officer or employee of a body corporate or against any other person associated with a body corporate.

(4) In this section—

"body corporate" includes a limited liability partnership;

"director", in relation to a body corporate whose affairs are managed by its members, means a member of the body corporate; and

"officer of a body corporate" means any director, manager, secretary or other similar officer of the body corporate.

Other partnerships

31.—(1) A serious crime prevention order against a partnership must be made in the name of the partnership (and not in that of any of the partners).

(2) An order made in the name of the partnership continues to have effect despite a change of partners provided that at least one of the persons who was a partner before the change remains a partner after it.

(3) For the purposes of this Part, a partnership is involved in serious crime in England and Wales, Scotland, Northern Ireland or elsewhere if the partnership, or any of the partners, is so involved; and involvement in serious crime in England and Wales, Scotland or Northern Ireland is to be read accordingly.

(4) For the purposes of section 10 in its application to a serious crime prevention order against a partnership or to the variation of such an order—

(a) a notice setting out the terms of the order or variation—

(i) is delivered to the partnership in person if it is delivered to any of the partners in person or to a senior officer of the partnership in person; and

(ii) is sent by recorded delivery to the partnership at its last-known address if it is so sent to any of the partners or to a senior officer of the partnership at the address of the principal office of the partnership in the United Kingdom; and

(b) the power conferred by subsection (3) of that section is a power to enter any premises where the person exercising the power has reasonable grounds for believing a partner or senior officer of the partnership to be and to search those premises for the partner or senior officer.

(5) Proceedings for an offence under section 25 alleged to have been committed by a partnership must be brought in the name of the partnership (and not in that of any of the partners).

(6) For the purposes of such proceedings—

(a) rules of court relating to the service of documents have effect as if the partnership were a body corporate; and

(b) the following provisions apply as they apply in relation to a body corporate—

(i) section 33 of the Criminal Justice Act 1925 and Schedule 3 to the Magistrates' Courts Act 1980;

(iii) [*Northern Ireland*].

(7) A fine imposed on the partnership on its conviction for an offence under section 25 is to be paid out of the partnership assets.

A5-195

(8) If an offence under section 25 committed by a partnership is proved to have been committed with the consent or connivance of a partner or a senior officer of the partnership, he (as well as the partnership) is guilty of the offence and liable to be proceeded against and punished accordingly.

(9) For the purposes of subsection (8)—
  (a) references to a partner or to a senior officer of a partnership include references to any person purporting to act in such a capacity; and
  (b) subsection (5) is not to be read as prejudicing any liability of a partner under subsection (8).

(10) Nothing in this section prevents a serious crime prevention order from being made against—
  (a) a particular partner; or
  (b) a senior officer or employee of a partnership or any other person associated with a partnership.

(11) In this section—

"senior officer of a partnership" means any person who has the control or management of the business carried on by the partnership at the principal place where it is carried on; and

"partnership" does not include a limited liability partnership.

Unincorporated associations

32.—(1) A serious crime prevention order against an unincorporated association must be made in the name of the association (and not in that of any of its members).

(2) An order made in the name of the association continues to have effect despite a change in the membership of the association provided that at least one of the persons who was a member of the association before the change remains a member after it.

(3) For the purposes of section 10 in its application to a serious crime prevention order against an unincorporated association or to the variation of such an order—
  (a) a notice setting out the terms of the order or variation—
    (i) is delivered to the association in person if it is delivered to an officer of the association in person; and
    (ii) is sent by recorded delivery to the association at its last-known address if it is so sent to an officer of the association at the address of the principal office of the association in the United Kingdom; and
  (b) the power conferred by subsection (3) of that section is a power to enter any premises where the person exercising the power has reasonable grounds for believing an officer of the association to be and to search those premises for the officer.

(4) Proceedings for an offence under section 25 alleged to have been committed by an unincorporated association must be brought in the name of the association (and not in that of any of its members).

(5) For the purposes of such proceedings—
  (a) rules of court relating to the service of documents have effect as if the association were a body corporate; and
  (b) the following provisions apply as they apply in relation to a body corporate—
    (i) section 33 of the Criminal Justice Act 1925 and Schedule 3 to the Magistrates' Courts Act 1980;
    (iii) [*Northern Ireland*].

(6) A fine imposed on the association on its conviction for an offence under section 25 is to be paid out of the funds of the association.

(7) If an offence under section 25 committed by an unincorporated association is proved to have been committed with the consent or connivance of an officer of the as-

sociation, he (as well as the association) is guilty of the offence and liable to be proceeded against and punished accordingly.

(8) For the purposes of subsection (7)—
    (a) references to an officer of an unincorporated association include references to any person purporting to act in such a capacity; and
    (b) subsection (4) is not to be read as prejudicing any liability of an officer of an unincorporated association under subsection (7).

(9) Nothing in this section prevents a serious crime prevention order from being made against—
    (a) a member, officer or employee of an unincorporated association; or
    (b) any other person associated with an unincorporated association.

(10) In this section—

"officer of an unincorporated association" means any officer of an unincorporated association or any member of its governing body; and
"unincorporated association" means any body of persons unincorporate but does not include a partnership.

Section 33 provides that ss.30, 31 or 32 may be modified by the Secretary of State in relation to legal bodies outside the United Kingdom. As of 30 September 2024 there have been no such modifications. **A5-197**

Section 34 makes provision limiting the terms of an SCPO in respect of service providers in an EEA state providing information society services. **A5-198**

Serious Crime Act 2007 s.39

Compliance with orders: authorised monitors
39.—(1) A serious crime prevention order against a body corporate, partnership or unincorporated association may authorise a law enforcement agency to enter into arrangements with— **A5-199**
    (a) a specified person; or
    (b) any person who falls within a specified description of persons;
to perform specified monitoring services or monitoring services of a specified description.

(2) A person with whom the agency has entered into arrangements in accordance with such an authorisation is known for the purposes of this section as an authorised monitor.

(3) A serious crime prevention order which provides for an authorised monitor may, for the purpose of enabling the performance of monitoring services, impose requirements of the type mentioned in section 5(5) as if the references in paragraph (a)(iv) and (b)(iv) of that provision to a law enforcement officer included references to an authorised monitor.

(4) A serious crime prevention order which provides for an authorised monitor may require any body corporate, partnership or unincorporated association which is the subject of the order to pay to the law enforcement agency concerned some or all of the costs incurred by the agency under the arrangements with the authorised monitor.

(5) Any such order—
    (a) must specify the period, or periods, within which payments are to be made;
    (b) may require the making of payments on account;
    (c) may include other terms about the calculation or payment of costs.

(6) The tests for making or varying a serious crime prevention order in sections 1(1)(b), s(2)(b) and (3), 17(1) and (2), 19(2), (4) and (5), 20(2) and (4) and 21(2) and (4) do not operate in relation to an order so far as the order contains terms of the kind envisaged by subsections (4) and (5) above (or by subsection (1) above for the purposes of those subsections).

(7) But a court must not include in a serious crime prevention order (whether initially or on a variation) terms of the kind envisaged by subsection (4) or (5) unless it considers that it is appropriate to do so having regard to all the circumstances including, in particular—
   (a) the means of the body corporate, partnership or unincorporated association concerned;
   (b) the expected size of the costs; and
   (c) the effect of the terms on the ability of any body corporate, partnership or unincorporated association which is carrying on business to continue to do so.

(8) A law enforcement agency must inform the subject of a serious crime prevention order which provides for an authorised monitor of the name of, and an address for, any person with whom the agency has entered into arrangements in accordance with the authorisation in the order.

(9) Nothing in this section affects the ability of law enforcement agencies to enter into arrangements otherwise than in accordance with an authorisation under this section.

(10) In this section—

"law enforcement agency" means—
   (za) the chief constable of a police force maintained under section 2 of the Police Act 1996;
   (zb) the Commissioner of Police of the Metropolis;
   (zc) the Common Council of the City of London in its capacity as police authority;
   (zd) the chief constable of the Police Service of Scotland;
   (a) the Northern Ireland Policing Board;
   (b) the National Crime Agency;
   (c) the Commissioners for Her Majesty's Revenue and Customs; or
   (d) the Director of the Serious Fraud Office;

"monitoring services" means—
   (a) analysing some or all information received in accordance with a serious crime prevention order;
   (b) reporting to a law enforcement officer as to whether, on the basis of the information and any other information analysed for this purpose, the subject of the order appears to be complying with the order or any part of it; and
   (c) any related services; and

"specified", in relation to a serious crime prevention order, means specified in the order."

Offence of failing to comply

A5-200 As to the offence of failing to comply with a serious crime prevention order, see s.25 of the 2007 Act: A10-240.

Appeals

A5-201 As to the power to appeal to the Court of Appeal in relation to a decision of the Crown Court in relation to a serious crime prevention order, see s.24 of the 2007 Act: A10-242.

Variation of orders

A5-202 As to the courts' powers to vary an order, see ss.20–22 of the 2007 Acts: A10-236 to A10-238.

Interim extension of orders

Serious Crime Act 2007 s.22E

Extension of orders pending outcome of criminal proceedings

22E.—(1) This section applies where a person subject to a serious crime prevention order is charged with—
  (a) a serious offence, or
  (b) an offence under section 25 of failing to comply with the serious crime prevention order.

(2) The relevant applicant authority may make an application under this section to—
  (a) the Crown Court in England and Wales, in the case of a serious crime prevention order in England and Wales;
  (b) [*Scotland*];
  (c) [*Northern Ireland*].

(3) On an application under this section, the court or sheriff may vary the serious crime prevention order so that it continues in effect until one of the events listed in subsection (4) occurs (if the order would otherwise cease to have effect before then).

(4) The events are—
  (a) following the person's conviction of the offence mentioned in subsection (1)—
    (i) the order is varied under section 20 or 21, or under section 22B or 22C, by reference to the offence,
    (ii) a new serious crime prevention order is made under section 19 or 21, or under section 22A or 22C, by reference to the offence, or
    (iii) the court or sheriff deals with the person for the offence without varying the order or making a new one;
  (b) the person is acquitted of the offence;
  (c) the charge is withdrawn;
  (d) in the case of a serious crime prevention order in England and Wales or Northern Ireland—
    (i) proceedings in respect of the charge are discontinued, or
    (ii) an order is made for the charge to lie on the file;
  (e) [*Scotland*].

(5) An order may be made under this section only if—
  (a) the serious crime prevention order is still in force, and
  (b) the court or sheriff has reasonable grounds for believing that the order would protect the public by preventing, restricting or disrupting involvement by the person in serious crime.

(6) In subsection (5)(b) "serious crime" means—
  (a) serious crime in England and Wales, in the case of a serious crime prevention order in England and Wales;
  (b) [*Scotland*];
  (c) [*Northern Ireland*].

Powers of law enforcement to retain documents

Section 41 of the 2007 Act confers on law enforcement officers powers to retain copies of, and extracts of, documents produced in pursuance of a serious crime prevention order.

A5-203

A5-204

Guidance

Purpose

A5-205 These orders are preventive orders, designed, according to the statute, "to prevent, restrict or disrupt" defendants in the commission of serious crime: *R. v Hancox and Duffy*.[144]

Availability

A5-206 There are several conditions which must be satisfied before an SCPO can be imposed on conviction:

1) the offender is aged 18 or over and was convicted of an offence (either before the Crown Court or by the magistrates' court and committed for sentence): ss.6 and 19(1) of the 2007 Act;
2) the offence was committed on or after 6 April 2008 or where the offence was committed before that date, the conviction and sentence occur after that date;[145]
3) the offence is a "serious offence"—i.e. one specified in Sch.1 to the 2007 Act or the court determines that it is "sufficiently serious" to be treated as though it were a "serious offence": s.2(2)(b) of the 2007 Act;
4) the court must have imposed a sentence or a discharge (conditional or absolute): s.19(7) of the 2007 Act.

The order may only be made on an application by the DPP, the Director of Revenue and Customs prosecutions or the Director of the SFO: s.8. For this purpose, the general delegation in ss.1(6)–(7) Prosecution of Offences Act 1985 under which all Crown Prosecutors may exercise any powers conferred on the DPP does not apply; instead there is a specific power in Sch.2 para.2(1) enabling particular delegation to individual Crown Prosecutors. There are similar provisions relating to delegation by the Directors of the RCPO and SFO. The Minister of State for the Home Office gave an assurance in Parliament[146] that only express delegation would be permitted and then only to those with suitable training and expertise. Currently under CPS guidance, the delegation in relation to Crown Court applications is limited to Chief Crown Prosecutors and Heads of HQ divisions.

An order may be made against an individual, a body corporate, a partnership or an unincorporated association: s.5 of the 2007 Act.

A5-207 An order must specify clearly the name and address of the prosecutor and also the name of the prosecuting authority by which the application is brought; the court must be precisely informed of the identity of the prosecuting authority or any application and indeed any consequent order will be void: *R. v Shirley*.[147]

---

[144] [2010] EWCA Crim 102; [2010] 1 W.L.R. 1434.
[145] Note that an order is not available where the offence and the conviction occurred before that date but the sentence occurred after it: 2007 Act Sch.13 para.2.
[146] HL Deb vol.690 (14 March 2007).
[147] [2022] EWCA Crim 475; [2022] 4 W.L.R. 64.

Conditions to be satisfied before an order is binding

An order is only binding on an individual if (a) they were present or represented at the hearing at which it was made or (b) a notice setting out its terms has been served on them: s.10(1) of the 2007 Act.

A5-208

Procedure and evidence

The following points are of importance as to the nature of the proceedings and the procedure to be adopted:

A5-209

1) proceedings for an order are civil proceedings (s.36(1) of the 2007 Act);
2) the standard of proof is the civil standard (s.36(2));
3) the court is not limited to evidence which would have been admissible on a criminal prosecution (s.36(3));
4) the central issue on an application for such an order, that is whether there are reasonable grounds to believe that the order would protect the public by preventing, restricting or disrupting involvement by the person in serious crime in England and Wales, is not one of disputed fact but of judgement and assessment of future risk: *R. v Hall*.[148] Additionally, the court may adjourn any proceedings in relation to an SCPO even after sentencing the person concerned: s.36(3)(b)). It is submitted that the court should be clear that that is the course it is adopting so as to avoid any argument on the resumed hearing that it is functus officio. Furthermore, adjournment should only be as long as is necessary to gather the requisite information, as observed in *R. v Khan (Kamran)*[149] in relation to CBOs, a delay of several months after sentencing (save in the most exceptional circumstances) will be wholly unacceptable.

In *R. v Hancox and Duffy*,[150] the leading case on SCPOs, the court heard no argument on whether the House of Lords decision in *R. (McCann) v Manchester Crown Court*[151] applied to require, on pragmatic grounds, the application of what was effectively the criminal standard in SCPO proceedings. Consequently, court gave no view on the matter, save to note that the CPS guidance at the time assumed that it would. The court stated at [4] that:

> "In the context of Crown Court applications this question is not likely to be crucial, since the conviction for a serious crime offence will be a fact incapable of dispute and the remaining issue, whether there are reasonable grounds for believing that an order would protect the public by preventing, restricting or disrupting involvement in serious crime, is a matter not of disputed fact but of judgment and assessment of future risk."

Clearly the court's comments are apposite for the majority of cases; but to expect them to apply to all cases is to mistakenly elide substantive criminal law with sentencing. One can think of numerous examples where a court would need to make a finding about whether a particular event occurred, to determine the extent of knowledge of a defendant, or determine the defendant's involvement in a particular offence (depending on the offence charged and its constituent elements). In the

---

[148] [2014] EWCA Crim 2046; [2015] 1 Cr. App. R. (S.) 16.
[149] [2018] EWCA Crim 1472; [2018] 1 W.L.R. 5419.
[150] [2010] EWCA Crim 102; [2010] 1 W.L.R. 1434.
[151] [2002] UKHL 39; [2003] 1 A.C. 787.

context of sexual harm prevention orders an example is provided by the facts of *R. v AB*,[152] where the offender had pleaded guilty to the kidnap of the child but in circumstances where it was disputed whether that offence was committed with a sexual intent (a factor clearly relevant to whether the offender posed the necessary sexual risk for the making of such an order). It is therefore submitted that there will be occasions where the courts will have to grapple with this issue regarding the standard of proof and whether *McCann* applies.

A5-210   It is submitted that, quite clearly, it does apply. There is obvious benefit to a consistent approach across the piste in respect of this issue and behaviour orders. Furthermore, the development of principles relating to the factual basis for sentencing—involving the application of the criminal standard of proof with all else being resolved in the defendant's favour—is clear and principled. While it is usually, if not almost exclusively, raised in cases concerning the primary disposal (e.g. imprisonment, a community order or a fine), there is no reason why it should not extend to secondary orders too. Such orders have different principal purposes; behaviour order, though preventative, may have significant punitive effects and impose long-standing and wide-ranging restrictions on an individual's life. There is a strong case to say that the basis for making such an order (and any sentencing order, for that matter) ought to be to the criminal standard. The House thought so in *McCann*; it is difficult to see why—without a clear policy steer from Parliament, sentencing orders should not all be the same.

If the court considers that the making of an SCPO would be likely to have a significant adverse effect on a person and where that person applies to make representations, the court must give that person an opportunity to be heard: s.9(4) of the 2007 Act.

Test to apply

A5-211   The court may make an order where it has reasonable grounds to believe that the order would protect the public by preventing, restricting or disrupting involvement by the person in serious crime in England and Wales: s.19(2) of the 2007 Act.

It is clear that "reasonable grounds to believe" is a low threshold; the Court of Appeal (Criminal Division) has held that this means "… a real, or significant, risk (not a bare possibility)": *R. v Hancox and Duffy*.[153] In *R. v Carey*,[154] the court applied the decision in *Hancox*, stating that "A risk that is 'not particularly high' is still a real risk".

The court in *R. v Batchelor*[155] held that an SCPO was not restricted to cases involving violent or sexual crimes and that there was nothing in the Act that prohibited a court from imposing an order on a single offender who is operating alone. It is submitted that in relation to the latter point, the fact that the individual is operating alone will of course be relevant to the determination of whether the test is met and whether it is appropriate to impose an order.

---

[152] [2019] EWCA Crim 2480; [2020] 1 Cr. App. R. (S.) 67.
[153] [2010] EWCA Crim 102; [2010] 1 W.L.R. 1434.
[154] [2012] EWCA Crim 1592.
[155] [2010] EWCA Crim 1025; [2011] 1 Cr. App. R. (S.) 25.

Contents of the order

General

A5-212 The order may contain such prohibitions, restrictions or requirements as the court considers appropriate for protecting the public by preventing, restricting or disrupting involvement by the person concerned in serious crime: s.19(5) of the 2007 Act. In *Juul v Chief Constable of Dfyed-Powys*,[156] Farbey J at [68], obiter, opined that "…given the international reach and cross-border nature of much serious crime, it may be regarded as surprising that Parliament would not have intended the statutory scheme to extend to conduct abroad… it is contrary to public policy that an offender may avoid the operation of an SCPO by leaving the jurisdiction".

Individuals

A5-213 Section 5(3) of the 2007 Act provides non-exhaustive examples of the types of prohibitions, restrictions or requirements that may be imposed on individuals, including prohibitions, restrictions or requirements relating to:
1) an individual's financial, property or business dealings or holdings;
2) an individual's working arrangements;
3) the means by which an individual communicates or associates with others, or the persons with whom they communicate or associate;
4) the premises to which an individual has access;
5) the use of any premises or item by an individual;
6) an individual's travel (whether within the UK, between the UK and other places or otherwise).

Additionally, orders will frequently limit the number of mobile telephones a defendant is permitted to have and use, with the additional requirement that that device be registered be the police. The utility of this restriction may be waning, however, with the ability to communicate through secure and encrypted digital platforms becoming easier and the fact is it has become more difficult to trace internet-enabled devices.

Section 5(5) of the 2007 Act provides non-exhaustive examples of requirements that may be imposed on any persons including requirements to answer questions or provide information or documents at specified times or places.

A5-214 The prohibitions, restrictions or requirements that may be imposed on individuals include prohibitions, restrictions or requirements in relation to an individual's private dwelling (including, for example, prohibitions or restrictions on, or requirements in relation to, where an individual may reside): s.5(6) of the 2007 Act. It is clear, however, that a consideration of the individual's art.8 rights, in particular, would need be considered in relation to such a prohibition, restriction or requirement. Such consideration will extend to their family and any dependent relatives where, for instance, there is a restriction placed on where the individual may reside. Requirements and prohibitions must be proportionate and necessary.

---

[156] [2024] EWHC 193 (Admin); [2024] 4 W.L.R. 16.

Bodies corporate etc

A5-215 Section 5(4) provides non-exhaustive examples of the types of prohibitions, restrictions or requirements that may be imposed on bodies corporate, partnerships and unincorporated associations, including prohibitions, restrictions or requirements relating to:

1) financial, property or business dealings or holdings of such persons;
2) the types of agreements to which such persons may be a party;
3) the provision of goods or services by such persons;
4) the premises to which such persons have access;
5) the use of any premises or item by such persons;
6) the employment of staff by such persons.

Examples

A5-216 In relation to the drafting of prohibitions etc, reference should also be made to the CPS Legal Guidance, SCPO Precedent Library (March 2018),[157] which sets out various sample prohibitions and requirements covering a wide range of topics.

Drugs case

A5-217 In *R. v Strong*,[158] the court upheld the following conditions of an SCPO imposed following convictions for drugs offences involving using sulphuric acid to convert significant quantities of liquid amphetamine into pure amphetamine sulphate:

1) a limitation on the number of communications devices the appellant could possess;
2) a requirement to inform the NCA of all communications devices they obtained;
3) a requirement to inform the NCA of any motor vehicles, they owned, possessed, used or controlled;
4) a prohibition on possession of cash in excess of £3,000;
5) a prohibition on possessing or dealing in chemicals.

Encrypted devices

A5-218 In *R. v McGrath*,[159] the court considered the terms of an SCPO which contained numerous conditions in relation to the use of telephones and computers. On appeal, the court upheld a number of the terms but amended those that prohibited the use of encrypted devices; as amended, the prohibitions restricted the use of encrypted devices that were encrypted by the actions of the offender, rather than simply prohibiting the use of devices that were or became encrypted, recognising that many devices or applications were automatically encrypted.

It is submitted that reference should be made to cases considering the issue of restrictions on the possession and use of electronic devices in the context of SHPOs

---

[157] See *https://www.cps.gov.uk/sites/default/files/documents/legal_guidance/SCPO-precedent-library.pdf* [Accessed 18 July 2023].
[158] [2017] EWCA Crim 999.
[159] [2017] EWCA Crim 1945.

Restrictions on internet access

A5-219 In *R. v Ali*,[160] the court considered the terms of an SCPO imposed following convictions for a number of money laundering offences committed by selling stolen electronic items online to members of the public. The SCPO contained numerous conditions in relation to the use of the internet. On appeal, the court upheld the SCPO in the terms imposed. In particular, the court observed that on the facts a restriction and prohibition on using overseas ISP addresses and accounts was proportionate to the risk posed by the offenders given the difficulties in the authorities tracing overseas ISP accounts, and it being ISP account tracing that was used to apprehend the offender in the instant case.

Use of telephones

A5-220 In *R. v Ahmed*,[161] the court considered an SCPO imposed on an offender following his conviction for money laundering which he had facilitated by using his money transfer business. The court upheld a term which prohibited the offender from allowing any other person to use his mobile phone or to access it by remote connection unless he had given notice in writing to the National Crime Agency seven days in advance (save for his wife and daughters in relation to certain numbers, which were required to be notified within seven days thereafter), given the widespread use of mobile phones in the facilitation of serious organised crime, and the ease with which those involved can seek to attribute the use of phones to others.

Financial reporting

A5-221 Previously, there was a power to make a separate order in relation to financial reporting. That was repealed in 2015 and, as a consequence, a court should attach financial reporting requirements as part of the SCPO where they are appropriate.

Prohibitions, restrictions and requirements that may not be included in the order

A5-222 There are certain limitations that the statutory provisions place on the order:
1) the order may not require the defendant to give oral information, although it may require the defendant to give written information: s.11 of the 2007 Act;
2) the order may not require the defendant to give privileged information nor to divulge material which would be "excluded material" within s.11 of the Police and Criminal Evidence Act 1984 nor to reveal matter of which disclosure is prohibited by another statute: ss.12–14 of the 2007 Act;
3) a statement made by a defendant under the compulsion of such an order cannot be used against them in criminal proceedings except for proceedings

---

[160] [2017] EWCA Crim 2691.
[161] [2021] EWCA Crim 1224.

relating to breach of the order, or by way of cross-examination on an inconsistent statement made in evidence: s.15 of the 2007 Act.

Length

Maximum length

A5-223 The order must:

1) specify when it begins (which may be on release);
2) be for a defined period;
3) not exceed five years: s.16 of the 2007 Act.

Relationship with licence

A5-224 In *R. v Hall*,[162] the court held that licence conditions and SCPOs served different purposes, and the simple fact that the terms of an SCPO could be capable of being licence conditions (and that any licence would be longer than the SCPO) did not mean it would be wrong to make an SCPO.

To this it can be added that the potential for the conditions of a SCPO to conflict with licence conditions, or the offender's work arrangements on release, can ordinarily be addressed by the possibility of an application for variation if such circumstances arise. Relevant portions of an SCPO can be expressed to come into force when a person is released from prison, or even, it appears from *R. v Jones*,[163] when a person is first subject to temporary licence.

Post-sentencing

A5-225 For guidance on variation, breach and appeals, see A10-236.

Serious Disruption Prevention Orders

Introduction

A5-225a Serious disruption prevention orders (SDPO) were introduced by the Public Order Act 2023, and bought into force on 5 April 2024. The conviction variant may be imposed only on persons 18 or over at conviction, and only in respect of offences committed on or after 5 April 2024. The orders are only available in respect of those who have repeated protest-related offences or protest-related breaches of injunctions. Any SDPO must impose notification requirements on the offender (see s.24) and any other requirements must have a specified person responsible for supervising compliance. An SDPO must last for at least one week and for no longer than two years. Breach is a summary-only offence with a maximum sentence of six months' imprisonment.

---

[162] [2014] EWCA Crim 2046; [2015] 1 Cr. App. R. (S.) 16.
[163] [2021] EWCA Crim 1759.

Legislation

Availability

Public Order Act 2023 s.20

Serious disruption prevention order made on conviction

20.—(1) This section applies where—
- (a) a person aged 18 or over ("P") is convicted of an offence ("the current offence") which was committed on or after [5 April 2024], and
- (b) the prosecution applies for a serious disruption prevention order to be made in respect of P.

(2) The court dealing with P in respect of the current offence may make a serious disruption prevention order in respect of P if—
- (a) the court is satisfied on the balance of probabilities that the current offence is a protest-related offence (see section 32 (interpretation)),
- (b) the condition in subsection (3) is met, and
- (c) the court considers it necessary to make the order for a purpose mentioned in subsection (5).

(3) The condition in this subsection is that the court is satisfied on the balance of probabilities that—
- (a) within the relevant period, P has—
  - (i) committed another protest-related offence for which P was convicted, or
  - (ii) committed a protest-related breach of an injunction (see section 32 (interpretation)) for which P was found in contempt of court,
- (b) the current offence and P's conduct mentioned in paragraph (a)—
  - (i) relate to different protests, or
  - (ii) took place on different days, and
- (c) P's conduct mentioned in paragraph (a) has not been taken into account when making any previous serious disruption prevention order in respect of P.

(4) In subsection (3) "the relevant period" means the period of 5 years ending with the day on which P is convicted of the current offence; but P's conduct may be taken into account for the purposes of this section only if it took place—
- (a) on or after [5 April 2024], and
- (b) when P was aged 16 or over.

(5) The purposes are—
- (a) to prevent P from committing a protest-related offence or a protest-related breach of an injunction;
- (b) to prevent P from carrying out activities related to a protest that result in, or are likely to result in, serious disruption to two or more individuals, or to an organisation, in England and Wales;
- (c) to prevent P from causing or contributing to—
  - (i) the commission by any other person of a protest-related offence or a protest-related breach of an injunction, or
  - (ii) the carrying out by any other person of activities related to a protest that result in, or are likely to result in, serious disruption to two or more individuals, or to an organisation, in England and Wales;
- (d) to protect two or more individuals, or an organisation, in England and Wales from the risk of serious disruption arising from—
  - (i) a protest-related offence,
  - (ii) a protest-related breach of an injunction, or

(iii) activities related to a protest.

(6) A serious disruption prevention order under this section is an order which, for a purpose mentioned in subsection (5)—
(a) requires P to do anything described in the order;
(b) prohibits P from doing anything described in the order.

(7) The court may make a serious disruption prevention order in respect of P only if it is made in addition to—
(a) a sentence imposed in respect of the current offence, or
(b) an order discharging P conditionally.

(8) For the purpose of deciding whether to make a serious disruption prevention order the court may consider evidence led by the prosecution or P.

(9) It does not matter whether the evidence would have been admissible in the proceedings for the current offence.

(10) The court may adjourn any proceedings on an application for a serious disruption prevention order even after sentencing P.

(11) If P does not appear for any adjourned proceedings the court may—
(a) further adjourn the proceedings,
(b) issue a warrant for P's arrest, or
(c) hear the proceedings in P's absence.

(12) The court may not act under subsection (11)(b) unless it is satisfied that P has had adequate notice of the time and place of the adjourned proceedings.

(13) The court may not act under subsection (11)(c) unless it is satisfied that P—
(a) has had adequate notice of the time and place of the adjourned proceedings, and
(b) has been informed that if P does not appear for those proceedings the court may hear the proceedings in P's absence.

(14) On making a serious disruption prevention order the court must in ordinary language explain to P the effects of the order.

(15) Where an offence is found to have been committed over a period of 2 or more days, or at some time during a period of 2 or more days, it must be taken for the purposes of this section to have been committed on the last of those days.

Effect

Public Order Act 2023 s.22–24

Provisions of serious disruption prevention order

A5-225c
22.—(1) The only requirements and prohibitions that may be imposed on a person by a serious disruption prevention order are those which the court making the order thinks are necessary for a purpose mentioned in section 20(5) or 21(4) (as the case may be).

(2) The requirements imposed on a person ("P") by a serious disruption prevention order may, in particular, have the effect of requiring P—
(a) to present themselves to a particular person at a particular place at, or between, particular times on particular days;
(b) to remain at a particular place for particular periods.

(3) Sections 23 and 24 make further provision about the inclusion of requirements (including notification requirements) in a serious disruption prevention order.

(4) The prohibitions imposed on a person ("P") by a serious disruption prevention order may, in particular, have the effect of prohibiting P from—
(a) being in or entering a particular place or area;
(b) being in or entering a particular place or area between particular times on particular days;

(c) being in or entering a particular place or area between particular times on any day;
(d) being with particular persons;
(e) participating in particular activities;
(f) having particular articles with them;
(g) using the internet to facilitate or encourage persons to—
   (i) commit a protest-related offence or a protest-related breach of an injunction, or
   (ii) carry out activities related to a protest that result in, or are likely to result in, serious disruption to two or more individuals, or to an organisation, in England and Wales.

(5) References in this section to a particular place or area or particular persons, activities or articles include a place, area, persons, activities or articles of a particular description.

(6) A serious disruption prevention order which imposes prohibitions on a person may include exceptions from those prohibitions.

(7) Nothing in this section affects the generality of sections 20(6) and 21(5).

(8) The requirements or prohibitions which are imposed on a person by a serious disruption prevention order must, so far as practicable, be such as to avoid—
(a) any conflict with the person's religious beliefs, and
(b) any interference with the times, if any, at which the person normally works or attends any educational establishment.

Requirements in serious disruption prevention order

23.—(1) A serious disruption prevention order which imposes on a person ("P") a requirement, other than a notification requirement under section 24, must specify a person who is to be responsible for supervising compliance with the requirement. A5-225d

(2) That person may be an individual or an organisation.

(3) Before including such a requirement, the court must receive evidence about its suitability and enforceability from—
(a) the individual to be specified under subsection (1), if an individual is to be specified;
(b) an individual representing the organisation to be specified under subsection (1), if an organisation is to be specified.

(4) Before including two or more such requirements, the court must consider their compatibility with each other.

(5) It is the duty of a person specified under subsection (1)—
(a) to make any necessary arrangements in connection with the requirements for which the person has responsibility (the "relevant requirements");
(b) to promote P's compliance with the relevant requirements;
(c) if the person considers that P—
   (i) has complied with all of the relevant requirements, or
   (ii) has failed to comply with a relevant requirement,
to inform the appropriate chief officer of police.

(6) In subsection (5)(c) "the appropriate chief officer of police" means—
(a) the chief officer of police for the police area in which it appears to the person specified under subsection (1) that P lives, or
(b) if it appears to that person that P lives in more than one police area, whichever of the chief officers of police of those areas the person thinks it is most appropriate to inform.

(7) Where P is subject to a requirement in a serious disruption prevention order, other than a notification requirement under section 24, P must—

(a) keep in touch with the person specified under subsection (1) in relation to that requirement, in accordance with any instructions given by that person from time to time, and

(b) notify that person of any change of P's home address.

(8) The obligations mentioned in subsection (7) have effect as if they were requirements imposed on P by the order.

Notification requirements in serious disruption prevention order

24.—(1) A serious disruption prevention order made in respect of a person ("P") must impose on P the notification requirements in subsections (2) and (4).

(2) P must be required to notify the information in subsection (3) to the police within the period of 3 days beginning with the day on which the order takes effect.

(3) That information is—

(a) P's name on the day that the notification is given and, where P uses one or more other names on that day, each of those names,

(b) P's home address on that day, and

(c) the address of any other premises at which, on that day, P regularly resides or stays.

(4) P must be required to notify the information in subsection (5) to the police within the period of 3 days beginning with the day on which P—

(a) uses a name which has not been previously notified to the police in accordance with the order,

(b) changes their home address, or

(c) decides to live for a period of one month or more at any premises the address of which has not been previously notified to the police in accordance with the order.

(5) That information is—

(a) in a case within subsection (4)(a), the name which has not previously been notified,

(b) in a case within subsection (4)(b), the new home address, and

(c) in a case within subsection (4)(c), the address of the premises at which P has decided to live.

(6) A serious disruption prevention order must provide that P gives a notification of the kind mentioned in subsection (2) or (4) by—

(a) attending at a police station in a police area in which P lives, and

(b) giving an oral notification to a police officer, or to any person authorised for the purpose by the officer in charge of the station.

Duration

Public Order Act 2023 s.25

Duration of serious disruption prevention order

25.—(1) A serious disruption prevention order takes effect on the day it is made, subject to subsections (3) and (4).

(2) A serious disruption prevention order must specify the period for which it has effect, which must be a fixed period of not less than 1 week and not more than 2 years.

(3) Subsection (4) applies in relation to a serious disruption prevention order made in respect of a person ("P") if—

(a) P has been remanded in or committed to custody by an order of a court,

(b) a custodial sentence has been imposed on P or P is serving or otherwise subject to such a sentence, or

(c) P is on licence for part of the term of a custodial sentence.

(4) The order may provide that it does not take effect until—
    (a) P is released from custody,
    (b) P ceases to be subject to a custodial sentence, or
    (c) P ceases to be on licence.
(5) A serious disruption prevention order may specify periods for which particular requirements or prohibitions have effect.
(6) Where a court makes a serious disruption prevention order in respect of a person and the person is already subject to such an order, the earlier order ceases to have effect.
(7) In this section "custodial sentence"—
    (a) has the same meaning as in the Sentencing Code, and
    (b) includes a "pre-Code custodial sentence" within the meaning of the Sentencing Code (see section 222 of the Code).

Detail

Public Order Act 2023 ss.26 and 32

Other information to be included in serious disruption prevention order

26.— A serious disruption prevention order made in respect of a person must specify—   **A5-225g**
    (a) the reasons for making the order, and
    (b) the penalties which may be imposed on the person for breaching the order.

Interpretation of Part

32.— In this Part—   **A5-225h**
    "home address", in relation to a person ("P"), means—
        (a) the address of P's sole or main residence, or
        (b) if P has no such residence, the address or location of a place where P can regularly be found and, if there is more than one such place, such one of those places as P may select;
    "injunction" means an injunction granted by the High Court, the county court or a youth court;
    "protest-related breach", in relation to an injunction, means a breach which is directly related to a protest;
    "protest-related offence" means an offence which is directly related to a protest.

Offences, variation, renewal, discharge and appeal

For ss.27 to 29 of the Public Order Act 2023 (which make it a summary-only offence to breach an SDPO (punishable with up to six month's imprisonment) and provide for the variation, renewal or discharge of SDPOs and appeals against such orders), see A10-242a.   **A5-225i**

Secretary of State's Guidance

The Secretary of State has issued guidance (approved by both Houses) for the police in relation to their powers under an SDPO. Of interest to practitioners are the assertions that "it is intended that only the most prolific offenders are given an SDPO. This is to ensure that the number of people with an SDPO is small enough for all police forces in England and Wales to be able to readily identify them and   **A5-225j** enforce the orders."¹⁶⁴ It is envisioned that the responsible person for an SDPO will be a person or persons identified by a relevant chief officer as being responsible for them in that force.

Procedure

A5-225k   The hearing may proceed on the basis of submissions alone, or with either party calling evidence in support of or against the application. Any such evidence does not need to have been admissible in the proceedings in which the defendant was convicted (s.20(9)) and hearsay evidence will, therefore, be admissible. It will still be for the court to determine whether it can be satisfied that the test for imposition is met on the basis of hearsay evidence, and whether it would want to hear from the witness in person.

Availability of an order

Need for an application

A5-225l   The court may only make an SDPO where the prosecution apply for such an order; it is not available on the court's own volition: s.20(1)(b).

Transitional provisions

A5-225m   The court may only make an SDPO where the offence is *committed* on or after 5 April 2024: s.20(1)(a). Further, the requisite other protest-related offence or breach must also have *occurred* on or after 5 April 2024.

Necessity

A5-225n   The court must also consider the order is necessary for any of the reasons listed in s.20(5). It is suggested that this will require an assessment of the risk posed by the offender and the proportionality of the order proposed. It is submitted that consideration of the approach to necessity in the context of SOPOs (and now SHPOs) endorsed in *R. v Smith (Steven)*,¹⁶⁵ as to which see A5-267, will assist.

Requirements

A5-225o   Whenever a requirement (as opposed to a prohibition) is included in an SDPO the court must receive evidence about its suitability and enforceability from the person who is to be responsible for supervising compliance (and must specify that such a person is so responsible): s.23(1), (2) and (3).

Making the order

A5-225p   Where a serious violence reduction order (SVRO) is imposed it must be for at least one week, and not more than two years: s.25(2). The order will take effect on the day on which it is made, unless the defendant is serving a custodial sentence or one is to be imposed, in which case the court may order that the SVRO not take

---

¹⁶⁴ Home Office, Serious Disruption Prevention Orders: Statutory Guidance (April 2024).
¹⁶⁵ [2011] EWCA Crim 1772; [2012] 1 W.L.R. 1316.

effect until either the defendant is released, ceases to be subject to the sentence, or ceases to be on licence: s.25(3) and (4).

When considering whether to exercise that power it is submitted that the court must consider carefully whether the test for necessity will still be met at the point at which the order will begin.

The requirement to give the reasons for imposing an SDPO goes further than most orders in that the reasons will need to be recorded in the SDPO itself: s.26(a).

Post-sentence

As to the variation, renewal, discharge, breach and appeal of SDPOs, see A10-242a.

A5-225q

Serious Violence Reduction Orders

Introduction

Serious violence reduction orders (SVRO) were introduced by the Police, Crime, Sentencing and Courts Act 2022. They are currently only in force in a limited pilot area: namely in relation to the police areas of Merseyside, Thames Valley, Sussex and West Midlands from 19 April 2023 until 18 April 2025: Police, Crime, Sentencing and Courts Act 2022 (Commencement No.6 and Piloting, Transitional and Saving Provisions) Regulations 2023.[166] They may be imposed only on persons 18 or over at conviction, and only in respect of offences committed on or after 19 April 2023. By virtue of s.166 of the 2022 Act, SVRO's can only be commenced for all of England and Wales once the Secretary of State has reported on the effect of the pilot.

A5-226

SVROs are only available on prosecution application and require the court to be satisfied to the civil standard that bladed articles or offensive weapons were present or involved in the offence. An SVRO in effect operates similarly to notification requirements—requiring the offender to notify the police of changes to names and address—but also allows police officers to exercise additional search powers in relation to the offender in order to ascertain whether they have a bladed article or an offensive weapon with them in a public place. The order must last for at least six months and for no longer than two years. Breach is an indictable offence with a maximum sentence of two years' imprisonment.

Legislation

Availability

Sentencing Act 2020 s.324A

Power to make serious violence reduction order

342A.—(1) This section applies where—
    (a) a person aged 18 or over ("the offender") is convicted of an offence which was committed on or after [*19 April 2023*], and
    (b) the prosecution makes an application to the court for a serious violence reduction order to be made in respect of the offender.

A5-227

---

[166] Police, Crime, Sentencing and Courts Act 2022 (Commencement No.6 and Piloting, Transitional and Saving Provisions) Regulations 2023 (SI 2023/387).

(2) Subject to subsection (6), the court may make a serious violence reduction order in respect of the offender if—
  (a) the condition in subsection (3) or (4) is met, and
  (b) the condition in subsection (5) is met.
(3) The condition in this subsection is that the court is satisfied on the balance of probabilities that—
  (a) a bladed article or offensive weapon was used by the offender in the commission of the offence, or
  (b) the offender had a bladed article or offensive weapon with them when the offence was committed.
(4) The condition in this subsection is that the court is satisfied on the balance of probabilities that—
  (a) a bladed article or offensive weapon was used by another person in the commission of the offence and the offender knew or ought to have known that this would be the case, or
  (b) another person who committed the offence had a bladed article or offensive weapon with them when the offence was committed and the offender knew or ought to have known that this would be the case.
(5) The condition in this subsection is that the court considers it necessary to make a serious violence reduction order in respect of the offender to—
  (a) protect the public in England and Wales from the risk of harm involving a bladed article or offensive weapon,
  (b) protect any particular members of the public in England and Wales (including the offender) from such risk, or
  (c) prevent the offender from committing an offence involving a bladed article or offensive weapon.
(6) The court may make a serious violence reduction order in respect of the offender only if it—
  (a) does so in addition to dealing with the offender for the offence, and
  (b) does not make an order for absolute discharge under section 79 in respect of the offence.
(7) For the purpose of deciding whether to make a serious violence reduction order the court may consider evidence led by the prosecution and evidence led by the offender.
(8) It does not matter whether the evidence would have been admissible in the proceedings in which the offender was convicted.
(9) The court may adjourn any proceedings on an application for a serious violence reduction order even after sentencing the offender.
(10) If the offender does not appear for any adjourned proceedings the court may—
  (a) further adjourn the proceedings,
  (b) issue a warrant for the offender's arrest, or
  (c) hear the proceedings in the offender's absence.
(11) The court may not act under subsection (10)(b) unless it is satisfied that the offender has had adequate notice of the time and place of the adjourned proceedings.
(12) The court may not act under subsection (10)(c) unless it is satisfied that the offender—
  (a) has had adequate notice of the time and place of the adjourned proceedings, and
  (b) has been informed that if the offender does not appear for those proceedings the court may hear the proceedings in the offender's absence.
(13) On making a serious violence reduction order the court must in ordinary language explain to the offender—
  (a) the effects of the order, and

(b) the powers that a constable has in respect of the offender under section 342E while the order is in effect.

(14) [*Definition of "the first appointed day" which is 19 April 2023.*]

(15) In subsection (4) the references to the offence include references to any offence arising out of the same facts as the offence.

[This section is currently in force only in relation to the police areas of Merseyside, Thames Valley, Sussex and West Midlands from 19 April 2023 until 18 April 2025: Police, Crime, Sentencing and Courts Act 2022 (Commencement No.6 and Piloting, Transitional and Saving Provisions) Regulations 2023.[167]]

Effect

Sentencing Act 2020 ss.324B and 342E

Meaning of "serious violence reduction order"

342B.—(1) In this Chapter, "serious violence reduction order" means an order made in respect of an offender that imposes on the offender—

(a) the requirements specified in subsections (2) and (4), and

(b) the requirements and prohibitions, if any, specified in regulations made by the Secretary of State for the purposes of this section.

(2) The offender must be required to notify the information in subsection (3) to the police within the period of 3 days beginning with the day on which the order takes effect.

(3) That information is—

(a) the offender's name on the day that the notification is given and, where the offender uses one or more other names on that day, each of those names,

(b) the offender's home address on that day, and

(c) the address of any other premises at which, on that day, the offender regularly resides or stays.

(4) The offender must be required to notify the information mentioned in subsection (5) to the police within the period of 3 days beginning with the day on which the offender—

(a) uses a name which has not been previously notified to the police in accordance with the order,

(b) changes their home address, or

(c) decides to live for a period of one month or more at any premises the address of which has not been previously notified to the police in accordance with the order.

(5) That information is—

(a) in a case within subsection (4)(a), the name which has not previously been notified,

(b) in a case within subsection (4)(b), the new home address, and

(c) in a case within subsection (4)(c), the address of the premises at which the offender has decided to live.

(6) A serious violence reduction order must provide that the offender gives a notification of the kind mentioned in subsection (2) or (4) by—

(a) attending at a police station in a police area in which the offender lives, and

(b) giving an oral notification to a police officer, or to any person authorised for the purpose by the officer in charge of the station.

(7) and (8) [Procedural requirements for regulations by the Secretary of State.]

(9) In this section, "home address", in relation to the offender, means—

A5-228

---

[167] Police, Crime, Sentencing and Courts Act 2022 (Commencement No.6 and Piloting, Transitional and Saving Provisions) Regulations 2023 (SI 2023/387).

(a) the address of the offender's sole or main residence, or
(b) if the offender has no such residence, the address or location of a place where the offender can regularly be found and, if there is more than one such place, such one of those places as the offender may select.

[This section is currently in force only in relation to the police areas of Merseyside, Thames Valley, Sussex and West Midlands from 19 April 2023 until 18 April 2025: SI 2023/387 Police, Crime, Sentencing and Courts Act 2022 (Commencement No.6 and Piloting, Transitional and Saving Provisions) Regulations 2023.[168] There are currently no regulations made by the Secretary of State under this section.]

Serious violence reduction orders: powers of constables

A5-229   342E.—(1) This section applies where a serious violence reduction order is in effect.
(2) A constable may search the offender for the purpose of ascertaining whether the offender has a bladed article or an offensive weapon with them.
(3) A constable may detain the offender for the purpose of carrying out the search.
(4) A constable may seize anything that the constable finds in the course of the search if the constable reasonably suspects it to be a bladed article or an offensive weapon.
(5) The powers in this section may be exercised only while the offender is in a public place.
(6) A constable may use reasonable force, if necessary, for the purpose of exercising a power conferred by this section.
(7) The powers conferred on a constable by this section are additional to powers which the constable has at common law or by virtue of any other enactment and does not affect those powers.

[This section is currently in force only in relation to the police areas of Merseyside, Thames Valley, Sussex and West Midlands from 19 April 2023 until 18 April 2025: Police, Crime, Sentencing and Courts Act 2022 (Commencement No.6 and Piloting, Transitional and Saving Provisions) Regulations 2023.[169]]

A5-230   Section 342F provides that things seized by a constable under s.342E be retained in accordance with regulations made by the Secretary of State. The relevant regulations are the Sentencing Act 2020 (Serious Violence Reduction Orders: Retention and Disposal of Seized Items) Regulations 2022.[170]

Section 342J provides the Secretary of State with the power to issue guidance as to the exercise of police powers under these orders. The Secretary of State has laid such draft guidance in the house.

Annex G of PACE Code A also governs such searches.

Duration

Sentencing Act 2020 s.324D

Duration of serious violence reduction orders

A5-231   342D.—(1) A serious violence reduction order takes effect on the day it is made, subject to subsections (3) and (4).

---

[168] Police, Crime, Sentencing and Courts Act 2022 (Commencement No.6 and Piloting, Transitional and Saving Provisions) Regulations 2023 (SI 2023/387).
[169] Police, Crime, Sentencing and Courts Act 2022 (Commencement No.6 and Piloting, Transitional and Saving Provisions) Regulations 2023 (SI 2023/387).
[170] Sentencing Act 2020 (Serious Violence Reduction Orders: Retention and Disposal of Seized Items) Regulations 2022 (SI 2022/1071).

(2) A serious violence reduction order must specify the period for which it has effect, which must be a fixed period of not less than 6 months and not more than 2 years.
(3) Subsection (4) applies in relation to a serious violence reduction order if—
(a) the offender has been remanded in or committed to custody by an order of a court, or
(b) a custodial sentence has been imposed on the offender or the offender is serving or otherwise subject to a such a sentence.
(4) The order may provide that it does not take effect until the offender is released from custody or ceases to be subject to a custodial sentence.
(5) Where a court makes a serious violence reduction order and the offender is already subject to such an order, the earlier order ceases to have effect.

[This section is currently in force only in relation to the police areas of Merseyside, Thames Valley, Sussex and West Midlands from 19 April 2023 until 18 April 2025: Police, Crime, Sentencing and Courts Act 2022 (Commencement No.6 and Piloting, Transitional and Saving Provisions) Regulations 2023.[171] By virtue of these Regulations, reg.6(1)(a) any orders made during the pilot will cease to have effect by 18 October 2025, if they would otherwise have effect for a longer period.]

Breach

Section 342G creates a series of either-way offences. punishable with up to two years' imprisonment relating to breaching an SVRO (including telling a constable you are not subject to one, or intentionally obstructing a constable in the exercise of their search power), as to which, see A10-246.

A5-232

Variation and appeal

For ss.342H and 342I of the Sentencing Code (which provide for variation, renewal or discharge of SVROs and appeals against such orders), see A10-243.

A5-233

Interpretation

Section 342L relates to the interpretation of provisions in this chapter, in particular:

A5-234

"bladed article" means an article to which s.139 of the Criminal Justice Act 1988 applies;
"offensive weapon" has the same meaning as in s.1(4) of the Prevention of Crime Act 1953;
"public place" means—
(a) any place to which the public or any section of the public has access, on payment or otherwise, as of right or by virtue of express or implied permission, or
(b) any other place to which people have ready access but which is not a dwelling.

---

[171] Police, Crime, Sentencing and Courts Act 2022 (Commencement No.6 and Piloting, Transitional and Saving Provisions) Regulations 2023 (SI 2023/387).

Guidance

Secretary of State's Guidance

A5-235   The Secretary of State has issued guidance (approved by both Houses) for the police in relation to their powers under an SVRO. Of interest to practitioners are the assertions therein that the police see stop and search as a vital tool to crack down on the carrying of weapons, and the indication that SVRO's are seen as a proactive tool to increase detection of such weapons and to deter offenders from carrying them. The guidance emphasises the need for the police and prosecution to work with local multi agency partnerships (and that reports from such agencies may be valuable evidence).

Procedure

A5-236   The hearing may proceed on the basis of submissions alone, or with either party calling evidence in support of or against the application. Any such evidence does not need to have been admissible in the proceedings in which the defendant was convicted (s.342A(8)) and hearsay evidence will, therefore, be admissible. It will still be for the court to determine whether it can be satisfied that the test for imposition is met on the basis of hearsay evidence, and whether it would want to hear from the witness in person. Relevant evidence may include reports from local offender management teams and other relevant agencies (such as social services, or community safety partnerships).

Availability of an order

Need for an application

A5-237   The court may only make an SVRO where the prosecution apply for such an order; it is not available on the court's own volition: s.342A(1)(b).

Transitional provisions

A5-238   The court may only make an SVRO where the offence is *committed* on or after 19 April 2023: s.342A(1)(a).

Involvement of bladed articles or offensive weapons

A5-239   The court must be satisfied to the civil standard only (the balance of probabilities) that one of the conditions in s.342A(3) or (4) is met. By analogy with the decision in *DPP v Stanley*,[172] this will self-evidently be the case where the defendant is convicted of an offence of possessing a bladed article or offensive weapon.

It is important to emphasise that despite the civil standard of proof, all of the conditions in subs.(3) or (4) relate only to the offences of which the offender has been convicted. If, for example, a defendant is charged with two offences of robbery—Robbery A (involving a knife) and B (which does not)—but is acquitted of the offence where the weapon was present (or suspected to be present), then the

---

[172] [2022] EWHC 3187 (Admin); [2023] 1 Cr. App. R. (S.) 41.

condition will not be met. However, where the offender is convicted of an offence where a bladed article or offensive was said to be involved, but is acquitted of (or not charged with) the accompanying possession of the bladed article or offensive weapon that will not necessarily prevent the necessary finding on the balance of probabilities.

Necessity

The court must also consider the order is necessary for any of the reasons listed in s.342A(5). It is suggested that this will require an assessment of the risk posed by the offender and the proportionality of the order proposed. It is submitted that consideration of the approach to necessity in the context of SOPOs (and now SHPOs) endorsed in *R. v Smith (Steven)*,[173] as to which see A5-267, will assist.   A5-240

Making the order

Where an SVRO is imposed it must be for at least six months, and not more than two years: s.342D(1). The order will take effect on the day on which it is made, unless the defendant is serving a custodial sentence or one is to be imposed, in which case the court may order that the SVRO not take effect until either the defendant is released, ceases to be subject to the sentence, or ceases to be on licence: s.342D(3) and (4).   A5-241

When considering whether to exercise that power it is submitted that the court must consider carefully whether the test for necessity will still be met at the point at which the order will begin. For instance, young offenders may mature rapidly and this power should be exercised with this in mind.

Post-sentence

As to the variation, renewal, discharge, breach and appeal of SVROs, see A10-243.   A5-242

Sexual Harm Prevention Orders

Introduction

The sexual harm prevention order (SHPO) is one of the more commonly used behaviour orders and is available for a variety of sexual and non-sexual offences. The order was enacted by the Anti-social Behaviour, Crime and Policing Act 2014 and replaced the previous regime, the sexual offences prevention order (SOPO), which had been enacted as a part of the major reform undertaken by the Sexual Offences Act 2003. The SHPO largely mirrors the SOPO regime but there are some key differences: (1) the new SHPO regime has a lower threshold for imposing an order; (2) the SHPO regime, unlike its predecessor, can include prohibitions which have effect for differing periods of time; (3) an SHPO may be made for the purposes of protecting individuals outside the UK; and (4) an SHPO may include requirements. The effect of transitional provisions introduced by the 2014 Act is that   A5-243

---

[173] [2011] EWCA Crim 1772; [2012] 1 W.L.R. 1316; [2012] 1 Cr. App. R. (S.) 82.

a SOPO may now not be imposed, and any SOPO still in existence, as of 8 March 2020, is converted into an SHPO imposed under the Sexual Offences Act 2003.[174]

The order is available on conviction (the relevant provisions for which are now found principally in the Sentencing Code) and on application (for which reference should be made to the Sexual Offences Act 2003), though the latter is not dealt with in this work. The legislation operates a list-based scheme—i.e. the order is available on conviction for one or more offences listed in a schedule. One might wonder, in circumstances where an order may be made only where a court considers it "necessary", why there needs to be a list at all but a list-based scheme arguably provides a safeguard to ensure that orders are imposed only in cases where they are truly required.

The order must be made for a specified period (of at least five years) or for an indefinite period and interacts with the notification regime under the Sexual Offences Act 2003 to protect the public where it is deemed necessary. Together with the law on restraining orders and CBOs (and formerly, ASBOs), the SHPO has thus far provided the most fertile ground for guidance on the approach to imposing behaviour orders and there is great utility in courts considering the principles espoused in the cases in this section when considering any preventative order.

A5-244 There is a developed and developing body of case law on the approach to drafting prohibitions and requirements and this is an area in which the Court of Appeal (Criminal Division) is providing significant value in terms of the guidance it hands down. Technological advancements continue to challenge the courts when it comes to the task of drafting a clear, concise, proportionate and effective term which does not risk inadvertent breach and which will not become redundant in the short term owing to new tech. As with many of the preventive orders, breach is a criminal offence punishable by up to five years' imprisonment.

In light of the foregoing, cases decided under the SOPO regime are still of use, though some may need to be read with the change from the SOPO regime to the SHPO regime in mind. Where a case is decided under the SOPO regime and requires amending to account for the change in the test for imposition, that is indicated in the text. Otherwise, the guidance given in the SOPO cases may be applied to the current regime without amendment.

Legislation

What is a sexual harm prevention order and when is it available?

Sentencing Act 2020 ss.343–345

Sexual harm prevention order
A5-245 343.—(1) In this Code a "sexual harm prevention order" means an order made under this Chapter in respect of an offender.
(1A) A sexual harm prevention order may—
  (a) prohibit the offender from doing anything described in the order;
  (b) require the offender to do anything described in the order.
(2) The only prohibitions or requirements that may be included in a sexual harm prevention order are those necessary for the purpose of—

---

[174] Anti-social Behaviour, Crime and Policing Act 2014 s.114(5).

(a) protecting the public or any particular members of the public from sexual harm from the offender, or
(b) protecting children or vulnerable adults generally, or any particular children or vulnerable adults, from sexual harm from the offender outside the United Kingdom.

(3) The prohibitions or requirements which are imposed on the offender by a sexual harm prevention order must, so far as practicable, be such as to avoid—
(a) any conflict with the offender's religious beliefs,
(b) any interference with the times, if any, at which the offender normally works or attends any educational establishment, and
(c) any conflict with any other court order or injunction to which the offender may be subject (but see section 349).

Meaning of "sexual harm"

344.—(1) In this Chapter, "sexual harm" from a person means physical or psychological harm caused— **A5-246**
(a) by the person committing one or more offences listed in Schedule 3 to the Sexual Offences Act 2003 (sexual offences for the purposes of Part 2 of that Act), or
(b) (in the context of harm outside the United Kingdom) by the person doing, outside the United Kingdom, anything which would constitute an offence listed in that Schedule if done in any part of the United Kingdom.

(2) Where an offence listed in that Schedule is listed subject to a condition that relates—
(a) to the way in which the offender is dealt with in respect of an offence so listed, or
(b) to the age of any person,

that condition is to be disregarded in determining for the purposes of subsection (1) whether the offence is listed in that Schedule.

Sexual harm prevention order: availability on conviction

345.—(1) Where a person is convicted of an offence listed in Schedule 3 or 5 to the **A5-247** Sexual Offences Act 2003 (sexual offences, and other offences, for the purposes of Part 2 of that Act), the court dealing with the offender in respect of the offence may make a sexual harm prevention order.

(2) Where an offence listed in Schedule 3 to that Act is listed subject to a condition that relates—
(a) to the way in which the offender is dealt with in respect of an offence so listed, or
(b) to the age of any person,

that condition is to be disregarded in determining for the purposes of subsection (1) whether the offence is listed in that Schedule.

Sexual Offences Act 2003 Sch.3 (as applied for SHPOs)

The table below reproduces Sch.3 to the Sexual Offences Act 2003 as amended. **A5-248** A number of offences are listed subject to certain conditions—this table reproduces the effect of s.345(2) of the Sentencing Code and accordingly *omits* any conditions relating to the way in which the offender is dealt with in respect of the offence, or to the age of any person. Offences relevant only to Scotland, Northern Ireland or the Armed Forces have not been reproduced.

Enactment	Offence
Sexual Offences Act 1956	ss.1, 5, 6, 10, 12, 13, 14, 15, 16 or 28
Indecency with Children Act 1960	s.1
Criminal Law Act 1977	s.54
Protection of Children Act 1978	s.1[175]
Customs and Excise Management Act 1979	s.170 (penalty for fraudulent evasion of duty etc.) in relation to goods prohibited to be imported under s.42 of the Customs Consolidation Act 1876 (indecent or obscene articles)[176]
Criminal Justice Act 1988	s.160[177]
Sexual Offences (Amendment) Act 2000	s.3
Sexual Offences Act 2003	ss.1, 2, 3, 4, 5, 6, 7, 8, 9, 10, 11, 12, 13, 14, 15, 15A, 16, 17, 18, 19, 25, 26, 30, 31, 32, 33, 34, 35, 36, 37, 38, 39, 40, 41, 47, 48, 49, 50, 61, 62, 63, 64, 65, 66, 67, 69 or 70
Criminal Justice and Immigration Act 2008	s.63
Coroners and Justice Act 2009	s.62(1)
Serious Crime Act 2015	s.69

Paragraphs 94 and 94A of Sch.3 provide that any reference to any offence in the Schedule also includes reference to:

1) an attempt, conspiracy or incitement to commit that offence;
2) aiding, abetting, counselling or procuring the commission of that offence;
3) an offence under Pt 2 of the Serious Crime Act 2007 in relation to which a

---

[175] Arguably the effect of the modifications effected by virtue of s.345(2) result in an SHPO only being available for this offence where the conviction, finding or caution occurred before 1 May 2004, but this is clearly not the intended effect and in multiple cases, SHPOs have been imposed for indecent images; see, e.g. *R. v Choung* [2019] EWCA Crim 1650; [2020] 1 Cr. App. R. (S.) 13.

[176] Arguably the effect of the modifications effected by virtue of s.345(2) result in an SHPO only being available for this offence where the conviction, finding or caution occurred before 1 May 2004, but this is clearly not the intended effect and in multiple cases, SHPOs have been imposed for indecent images; see, e.g. *R. v Choung* [2019] EWCA Crim 1650; [2020] 1 Cr. App. R. (S.) 13.

[177] Arguably the effect of the modifications effected by virtue of s.345(2) result in an SHPO only being available for this offence where the conviction, finding or caution occurred before 1 May 2004, but this is clearly not the intended effect and in multiple cases, SHPOs have been imposed for indecent images; see, e.g. *R. v Choung* [2019] EWCA Crim 1650; [2020] 1 Cr. App. R. (S.) 13.

listed offence is the offence (or one of the offences) which the person intended or believed would be committed.

Sexual Offences Act 2003 Sch.5

The table below reproduces Sch.5 to the Sexual Offences Act 2003 as amended. **A5-249**
Offences relevant only to Scotland or Northern Ireland have not been reproduced.

Enactment	Offences
Common law offences	Murder, manslaughter, kidnapping, false imprisonment or outraging public decency
Offences against the Person Act 1861	ss.4, 16, 18, 20, 21, 22, 23, 28, 29, 30, 31, 32, 35, 37, 38 or 47
Explosive Substances Act 1883	ss.2 or 3
Infant Life (Preservation) Act 1929	s.1
Children and Young Persons Act 1933	s.1
Infanticide Act 1938	s.1
Firearms Act 1968	ss.16, 16A, 17(1), 17(2) or 18
Theft Act 1968	ss.1, 8, 9(1)(a) or 10
	s.12 where the offence involved an accident which caused the death of any person.
Criminal Damage Act 1971	Arson under s.1
	s.1(2)
Taking of Hostages Act 1982	s.1
Aviation Security Act 1982	ss.1, 2, 3 or 4
Mental Health Act 1983	s.127
Child Abduction Act 1984	ss.1 or 2
Prohibition of Female Circumcision Act 1985	s.1
Public Order Act 1986	ss.1, 2 or 3
Criminal Justice Act 1988	s.134
Road Traffic Act 1988	ss.1 or 3A
Aviation and Maritime Security Act 1990	ss.1, 9, 10, 11, 12 or 13
Protection from Harassment Act 1997	ss.2, 2A, 4 or 4A
Crime and Disorder Act 1998	ss.29 or 31(1)(a) or (b)

[729]

Enactment	Offences
Channel Tunnel (Security) Order 1994 (SI 1994/570)	An offence under Part II
Regulation of Investigatory Powers 2000	ss.53 or 54
Postal Services Act 2000	s.85(3) or (4)
International Criminal Court Act 2001	An offence under ss.51 or 52, other than one involving murder
Communications Act 2003	s.127(1)
Sexual Offences Act 2003	s.47 where the victim or (as the case may be) other party was 16 or over at the time of the offence.
	ss.51, 52, 53, 57, 58, 59 or 59A
Domestic Violence, Crime and Victims Act 2004	s.5
Modern Slavery Act 2015	s.2
Serious Crime Act 2015	s.75A

Paragraphs 172 and 172A of Sch.5 provide that an offence under s.70 of the Army Act 1955, s. 70 of the Air Force Act 1955, s.42 of the Naval Discipline Act 1957 or s.42 of the Armed Forces Act 2006 for which the corresponding offence is an offence listed in the Schedule is itself a listed offence.

Paragraph 173A provides that any reference to any offence in the Schedule also includes reference to:

1) an attempt, conspiracy or incitement to commit that offence;
2) aiding, abetting, counselling or procuring the commission of that offence;
3) an offence under Pt 2 of the Serious Crime Act 2007 in relation to which a listed offence is the offence (or one of the offences) which the person intended or believed would be committed.

Making a sexual harm prevention order

Sentencing Act 2020 ss.346–349

Exercise of power to make sexual harm prevention order

346.—(1) Where a sexual harm prevention order is available to a court, the court may make such an order only if satisfied that it is necessary to do so for the purpose of—
  (a) protecting the public or any particular members of the public from sexual harm from the offender, or
  (b) protecting children or vulnerable adults generally, or any particular children or vulnerable adults, from sexual harm from the offender outside the United Kingdom.

(2) If a list has been published under section 172 of the Police, Crime, Sentencing and Courts Act 2022 (list of countries where children are at a high risk of sexual abuse or sexual exploitation) and has not been withdrawn, the court must have regard to the list

in considering—
- (a) whether a sexual harm prevention order is necessary for the purpose of protecting children generally, or any particular children, from sexual harm from the offender outside the United Kingdom, and
- (b) in particular, whether a prohibition on foreign travel (see section 348) is necessary for that purpose.

A list of countries has been published under s.172 of the Police, Crime, Sentencing and Courts Act 2022.[178]

Sexual harm prevention orders: matters to be specified

347.—(1) A sexual harm prevention order must specify—   A5-251
- (a) the prohibitions and requirements included in the order, and
- (b) for each prohibition or requirement, the period for which it is to have effect (the "specified period").

See section 348 for further matters to be included in the case of a prohibition on travelling to any country outside the United Kingdom.

(2) The specified period must be—
- (a) a fixed period of not less than 5 years, or
- (b) an indefinite period (so that the prohibition or requirement has effect until further order).

This is subject to section 348(1) (prohibition on foreign travel).

(3) A sexual harm prevention order—
- (a) may specify fixed periods for some of its prohibitions or requirements and an indefinite period for others;
- (b) may specify different periods for different prohibitions or requirements.

Sexual harm prevention orders: requirements included in order etc.

347A.—(1) A sexual harm prevention order that imposes a requirement to do   A5-252
something on an offender must specify a person who is to be responsible for supervising compliance with the requirement.

The person may be an individual or an organisation.

(2) Before including such a requirement in a sexual harm prevention order, the court must receive evidence about its suitability and enforceability from—
- (a) the individual to be specified under subsection (1), if an individual is to be specified;
- (b) an individual representing the organisation to be specified under subsection (1), if an organisation is to be specified.

(3) Subsections (1) and (2) do not apply in relation to electronic monitoring requirements (see instead section 348A(5) and (6)).

(4) It is the duty of a person specified under subsection (1)—
- (a) to make any necessary arrangements in connection with the requirements for which the person has responsibility ("the relevant requirements");
- (b) to promote the offender's compliance with the relevant requirements;
- (c) if the person considers that—
  - (i) the offender has complied with all the relevant requirements, or
  - (ii) the offender has failed to comply with a relevant requirement,

to inform the appropriate chief officer of police.

---

[178] See the gov.uk website at *https://www.gov.uk/government/publications/list-of-countries-under-section-172-of-the-pcsc-act-2022/list-of-countries-under-section-172-of-the-police-crime-sentencing-and-courts-act-2022* [Accessed 18 July 2023].

(5) In subsection (4)(c) the "appropriate chief officer of police means—
   (a) the chief officer of police for the police area in which it appears to the person specified under subsection (1) that the offender lives, or
   (b) if it appears to that person that the offender lives in more than one police area, whichever of the chief officers of police of those areas the person thinks it is most appropriate to inform.
(6) An offender subject to a requirement imposed by a sexual harm prevention order must—
   (a) keep in touch with the person specified under subsection (1) in relation to that requirement, in accordance with any instructions given by that person from time to time, and
   (b) notify that person of any change of the offender's home address.
These obligations have effect as requirements of the order.
(7) In this section "home address", in relation to an offender, means—
   (a) the address of the offender's sole or main residence in the United Kingdom, or
   (b) where the offender has no such residence, the address or location of a place in the United Kingdom where the offender can regularly be found and, if there is more than one such place, such one of those places as the offender may select.

Sexual harm prevention orders: prohibitions on foreign travel

A5-253   s.348—(1) A prohibition on foreign travel contained in a sexual harm prevention order must be for a fixed period of not more than 5 years.
(2) Subsection (1) does not prevent a prohibition on foreign travel from being extended for a further period (of no more than 5 years each time) under section 350.
(3) A "prohibition on foreign travel" means—
   (a) a prohibition on travelling to any country outside the United Kingdom named or described in the order,
   (b) a prohibition on travelling to any country outside the United Kingdom other than a country named or described in the order, or
   (c) a prohibition on travelling to any country outside the United Kingdom.
(4) A sexual harm prevention order that contains a prohibition within subsection (3)(c)—
   (a) must require the offender to surrender all of the offender's passports at a police station, and
   (b) must specify—
      (i) the police station at which the passports are to be surrendered, and
      (ii) the period within which they must be surrendered (if not surrendered on or before the date when the prohibition takes effect).
(5) Any passports surrendered must be returned as soon as reasonably practicable after the offender ceases to be subject to a sexual harm prevention order containing a prohibition within subsection (3)(c) (unless the offender is subject to an equivalent prohibition under another order).
(6) Subsection (5) does not apply in relation to—
   (a) a passport issued by or on behalf of the authorities of a country outside the United Kingdom if the passport has been returned to those authorities;
   (b) a passport issued by or on behalf of an international organisation if the passport has been returned to that organisation.
(7) In this section "passport" means—
   (a) a United Kingdom passport within the meaning of the Immigration Act 1971;
   (b) a passport issued by or on behalf of the authorities of a country outside the United Kingdom, or by or on behalf of an international organisation;

(c) a document that can be used (in some or all circumstances) instead of a passport.

Making of sexual harm prevention order: effect on other orders

349.—(1) Where a court makes a sexual harm prevention order in relation to an offender who is already subject to— **A5-254**
    (a) a sexual harm prevention order, or
    (b) an order under section 103A of the Sexual Offences Act 2003 (sexual harm prevention orders under that Act),
the earlier order ceases to have effect.

(2) Where a court makes a sexual harm prevention order in relation to an offender who is already subject to—
    (a) a sexual offences prevention order under section 104 of the Sexual Offences Act 2003,
    (b) a foreign travel order under section 114 of that Act,
    (c) a sexual harm prevention order made under section 11 or 12 of the Abusive Behaviour and Sexual Harm (Scotland) Act 2016 (asp 22),
the earlier order ceases to have effect (whichever part of the United Kingdom it was made in) unless the court orders otherwise.

Sentencing Act 2020 ss.355

Parenting order where sexual harm prevention order made in case of offender aged under 18

355. See section 8(1)(b) of the Crime and Disorder Act 1998 for powers of a court to make a parenting order under that Act in a case where it makes a sexual harm prevention order in respect of an offender aged under 18. **A5-255**

The effect of the order is the same as a parenting order under the Sentencing Code as the provisions of the Code mirror those in the Crime and Disorder Act 1998 (although the tests for imposition are slightly different—the provision in s.8(1)(b) focuses on whether a parenting order would be desirable in preventing any repetition of the kind of behaviour which led to the SHPO being made). Additionally, in cases where an SHPO is made on conviction the power to impose a parenting order under s.366 of the Sentencing Code will also be available. For these reasons, the provisions of the 1998 Act are not repeated here. The principles and guidance derived from the Court of Appeal (Criminal Division) case law are, it is submitted, equally applicable to orders under either enactment. **A5-256**

Supplementary

Sentencing Act 2020 ss.357–358

Disapplication of time limit for complaints

357. Section 127 of the Magistrates' Courts Act 1980 (time limits) does not apply to a complaint under any provision of this Chapter. **A5-257**

Sexual harm prevention orders: interpretation

358. In this Chapter— **A5-258**
    "child" means a person under 18;
    "the public" means the public in the United Kingdom;

"sexual harm" has the meaning given by section 344;
"vulnerable adult" means a person aged 18 or over whose ability to protect himself or herself from physical or psychological harm is significantly impaired through physical or mental disability or illness, through old age or otherwise.

Guidance

General

Purpose

A5-259 Home Office Guidance on Pt II of the Sexual Offences Act 2003 states at pp.36–37:

"Sexual Harm Prevention Orders (SHPOs) and interim SHPOs are intended to protect the public from offenders convicted of a sexual or violent offence who pose a risk of sexual harm to the public by placing restrictions on their behaviour. The SHPO and interim SHPO also require the offender to notify their details to the police (as set out in Part 2 of the 2003 Act) for the duration of the order.

...

Given that the fundamental purpose of an SHPO is to protect the public from sexual harm, a key factor to be considered is the risk presented by the defendant. Risk in this context should include reference to:

1) the likelihood of the offender committing a sexual offence
2) the imminence of that offending, and
3) the potential harm which may result from it."

The Explanatory Notes to the Anti-social Behaviour, Crime and Policing Act 2014, which repealed the SOPO and enacted the SHPO, state at para.265:

"This will be a civil preventative order designed to protect the public from sexual harm. The order will be available in England and Wales and replaces the [SOPO] and the FTO (in England and Wales)."

Effect of an order

A5-260 Aside from the obvious, and serious, consequences of imposing restrictions on an individual's liberty and exposing them to prosecution for a breach of an order, there are other consequences of an SHPO. In particular, an SHPO of longer duration than the statutory notification requirements (see A7-002) has the effect of extending the operation of those notification requirements. An indefinite SHPO would therefore result in indefinite notification requirements: s.352 of the Sentencing Code. Furthermore, where the offender is not subject to notification requirements (perhaps because they were convicted of a Sch.5 offence), the effect of the SHPO is also to subject them to notification requirements for the duration of the order: s.352.

In *R. v McLellan; R. v Bingley*,[179] the court stated that first instance courts and practitioners should be aware of the extension provision to avoid inadvertent exten-

---

[179] [2017] EWCA Crim 1464; [2018] 1 W.L.R. 2969.

sion of notification requirements by virtue of the imposition of an SHPO for a period longer than the mandatory notification requirements.

In commentary to that case,[180] it was suggested that to the extent the court in that case can be taken to be discouraging orders which have the effect of extending notification requirements, that is not a factor which should be given substantial weight. The extension, like the notification requirements, is an automatic consequence of the imposition of an SHPO for a period longer than the notification requirements. Of course (as the court reiterated), SHPOs should be imposed for a period no longer than is necessary. Therefore, if that period results in an extension, so be it as that is what Parliament intended. Perhaps the better reading of the court's observations is that courts and practitioners ought to be aware of the extension provision so as not to misinform the defendant of the period of time for which they will be subject to notification requirements.

A counter argument to that is that the period of time for which an SHPO runs must be both necessary and proportionate. Consideration of whether a longer order is necessary and proportionate will inevitably require a consideration also of the restrictions on liberty imposed by making an offender subject to notification requirements for longer than they otherwise would have been. It is therefore important to be aware of when the notification requirements would otherwise apply to an offender, and there will be a need to consider carefully whether the additional requirements of notification, in combination with the proposed terms of the order, are necessary and proportionate for a period past that. **A5-261**

Availability

On conviction

An SHPO is available under the Sentencing Code only where the court deals with a defendant who has been convicted of an offence listed in Schs 3 or 5 to the Sexual Offences Act 2003: s.345(1) of the Sentencing Code. **A5-262**

Where offences are listed in Sch.3 to the 2003 Act subject to conditions relating to the way in which the offender is dealt with in respect of an offence so listed, or to the age of the victim or the defendant at the date of the commission of the offence, those conditions do not apply when determining whether an SHPO is available: s.345(2) of the Sentencing Code. Sch.3 as reproduced at A5-248 gives effect to that modification and omits such conditions.

Where an offender was convicted of a breach of a SHPO while subject to a suspended sentence order made in respect of an offence listed in Sch.3 or Sch.5 to the Sexual Offences Act 2003, and therefore fell to be dealt with for breach of the suspended sentence order, the Crown Court could not make an SHPO unless the offender was also being dealt with for a new offence listed in Sch.3 or Sch.5 to the Sexual Offences Act 2003 Act. Where an offender was convicted of an offence committed during the operational period of a suspended sentence, the court was required to deal with him in one of four ways specified in paras 11 or 12 of Schedule 16 to the Sentencing Code, as in doing so, the court was not dealing with the offender in the manner required by what is now s.345 of the Sentencing Code; instead it was

---

[180] L. Harris, "Sentencing: R. v McLellan (James); R. v Bingley (Carl) (Case Comment)" [2018] Crim. L.R. 91.

imposing on the defendant the consequences of their reoffending during the operational period of the suspended sentence: *R. v Ashford*.[181]

SHPOs following special plea of insanity/finding of unfitness

A5-263   An SHPO is available under the Sexual Offences Act 2003 in a criminal court only where the court deals with a defendant who has been found not guilty by reason of insanity or has been found to have done the act charged: s.103A(2)(a)(ii) and (iii) of the Sexual Offences Act 2003.

Some of the offences listed in Sch.3 to the Sexual Offences Act 2003 have conditions attached to them either relating to the way in which the offender is dealt with in respect of an offence so listed, or to the age of the victim or the defendant at the date of the commission of the offence. These conditions do not apply for the determination of whether an SHPO is available; it is sufficient that that the offence is listed in the schedule: s.103B(9) of the Sexual Offences Act 2003. Again, Sch.3 as reproduced at A5-248 gives effect to that modification.

Procedure and evidence

Procedure

A5-264   Reference should be made to Pt 31 of the Crim PR (see A5-005), which itself makes specific reference to SHPOs. Of particular note is the need to have a draft order provided by the prosecution and drafted by counsel or an instructing solicitor prior to the sentencing hearing. This will need to be at least two clear business days in advance of the hearing. This is necessary to give all parties and the court the time to properly consider the wording of the order and the necessity of the prohibitions proposed. The court in *R. v Smith*[182] stated at [26]:

> "... it is essential that there is a written draft, properly considered in advance of the sentencing hearing. The normal requirement should be that it is served on the court and the defendant before the sentencing hearing—we suggest not less than two clear days before but in any event not at the hearing. This will usually be possible because sentencing in such cases only occasionally follows immediately on conviction. Because the draft is likely to require amendment before it is issued by the court staff, it is sensible for it to be available in electronic as well as paper form. If a judge finds that insufficient time for consideration has been given, he has ample power to put the issue back to another hearing, but this is wasteful and the occasion for it ought to be avoided by prior service of the draft."

Evidence

A5-265   As with other behaviour orders, the nature of the proceedings is civil and applying *R. (McCann) v Manchester Crown Court*[183] (see A5-021), the standard of proof is the criminal standard. This, however, will not be an issue in most cases because the evidence in relation to the making of an order will be provided by the conviction and the evidence underpinning it. Additionally, evidence in the form of a pre-

---

[181] [2020] EWCA Crim 673; [2020] 2 Cr. App. R. (S.) 56.
[182] [2011] EWCA Crim 1772; [2012] 1 Cr. App. R. (S.) 82.
[183] [2002] UKHL 39; [2003] 1 A.C. 787.

sentence report or medical report may assist. It may be necessary for the court to make a particular finding (so as to establish the necessity etc of the order) as to a particular element of the offence, or the individual's behaviour, though this should be rare—an example is provided by *R. v AB*,[184] where there had been a need to be satisfied of a sexual element to the offending in relation to an offence of kidnap.

Test to apply

On conviction

The statutory test Where the order is available the court may impose an SHPO where it is satisfied that it is necessary to do so for the purpose of— A5-266

1) protecting the public or any particular members of the public from sexual harm from the offender; or
2) protecting children or vulnerable adults generally, or any particular children or vulnerable adults, from sexual harm from the offender outside the UK: s.346 of the Sentencing Code.

Whereas in relation to the SOPO regime, the test for imposition was to protect from "serious sexual harm", the test in the current SHPO regime is to protect from "sexual harm" simpliciter. It is clear that Parliament's intention is therefore to ensure that orders are available in a greater number of cases under the present regime than under the former. In practice, however, it is unlikely that this has had a significant impact; experience shows there were very few cases in which it was argued that there was a risk of *some* sexual harm but not *serious* sexual harm.

It is obvious that—in line with a wealth of case law concerning a variety of behaviour orders dating back at least to the ASBO—an order which contains prohibitions simply mimicking pre-existing offences will not meet the statutory test: *R. v Davidoff (Lee aka Mandy)*.[185]

Necessity and the risk of sexual harm

The current approach As to the assessment of "necessity", the exercise is one of "evaluation". Their Lordships in *R. (McCann) v Manchester Crown Court*[186] held that the exercise, as one of a forward-looking nature, is not one that lends itself to the application of the criminal standard. In 2020, Rory Kelly and HH Judge Martin Picton note,[187] however, that the decision in *R. v Smith (Steven)*[188] (a decision in the context of the SOPO regime but still relevant to the SHPO regime) provided a more structured approach to this exercise. A5-267

In *R. v Smith (Steven)*,[189] Hughes LJ (VP Court of Appeal (Criminal Division)), drawing on the earlier decision in *R. v Collard*,[190] endorsed three questions to be considered when making a SOPO. Those questions were modified in *Attorney*

---

[184] [2019] EWCA Crim 2480; [2020] 1 Cr. App. R. (S.) 67.
[185] [2022] EWCA Crim 1253; [2023] 1 Cr. App. R. (S.) 22.
[186] [2002] UKHL 39; [2003] 1 A.C. 787.
[187] R. Kelly and HH Judge M. Picton, "Sexual Harm Prevention Orders and Necessity" [2020] Crim. L.R. 411–428.
[188] [2011] EWCA Crim 1772; [2012] 1 W.L.R. 1316.
[189] [2011] EWCA Crim 1772; [2012] 1 W.L.R. 1316.
[190] [2004] EWCA Crim 1664; [2005] 1 Cr. App. R. (S.) 34.

General's Reference (R. v NC)[191] as a result of the change in the threshold by the removal of the word "serious" from the test effected by the 2014 Act. The three questions in *Smith* as modified are:

1) is the making of an order necessary to protect the public from sexual harm through the commission of offences listed in Sch.3 to the Sexual Offences Act 2003?
2) if some order is necessary, are the terms imposed nevertheless oppressive?
3) overall, are the terms proportionate?

A5-268 There is comparatively little consideration of the assessment of the risk posed by the defendant evident in the case law; this may be because the Court of Appeal (Criminal Division) has treated this as part of the "necessity" test at Step 1. Notwithstanding this, there are some key points about the need for the court to be satisfied of the presence of a risk that courts would do well to note.

A5-269 First, the court in *R. v Smith (Steven)*[192] at [7] stated that the risk must be a real risk and not a remote risk.

Secondly, Home Office guidance on Pt II of the Sexual Offences Act 2003 states that risk is said to be a key factor in deciding whether to impose a sexual harm prevention order, stating that:

"Risk in this context should include reference to:

1) the likelihood of the offender committing a sexual offence
2) the imminence of that offending, and
3) the potential harm which may result from it." [193]

Thirdly, the court has on several occasions considered the risk that needs to be present before an order may be imposed. In *R. v Carey*,[194] it was held that "A risk that is 'not particularly high' is still a real risk", such that the order (in that case, a serious crime prevention order) could be imposed. In *R. v Hancox and Duffy*,[195] (another decision on the serious crime prevention order) the court distinguished between a bare possibility and a real risk. It is therefore clear that some risk posed by the defendant is essential to satisfying the necessity test. To the extent that *Carey* and *Hancox* are in conflict, it is suggested that *Hancox* is to be preferred, on the basis that this is more in keeping with the purpose of the regime and the intrusive nature of preventive orders.

A5-270 In *R. v Halloren*,[196] (a decision under the Sex Offenders Act 1997 regime) the court held that "necessary" imports a higher threshold than merely "desirable". This was applied to the SOPO regime in *R. v D*[197] and it is submitted that it applies with equal force to the SHPO regime. A careful eye will therefore need to be given to the level of risk an offender poses when determining the necessity of the order.

---

[191] [2016] EWCA Crim 1448; [2017] 1 Cr .App. R. (S.) 13.
[192] [2011] EWCA Crim 1772; [2012] 1 W.L.R. 1316.
[193] Home Office, Guidance on Part 2 of the Sexual Offences Act 2003, September 2018, 37 at *https://www.gov.uk/government/publications/guidance-on-part-2-of-the-sexual-offences-act-2003* [Accessed 18 July 2023].
[194] [2012] EWCA Crim 1592.
[195] [2010] EWCA Crim 102; [2010] 1 W.L.R. 1434.
[196] [2004] EWCA Crim 233; [2004] 2 Cr. App. R. (S.) 57.
[197] [2005] EWCA Crim 3660; [2006] 1 W.L.R. 1088.

It is submitted that the position is thus. The risk is to be considered by reference to the likelihood of offending, the harm likely to result from that offending and the imminence of that offending; the risk must a "real" risk, but it does not need to be a particularly high risk; and it must be more than merely "desirable" or "helpful" to make an order (and thus, there is a distinction between the test for the SHPO and the CBO.

The court in *R. v Parsons*[198] reviewed the authorities and endorsed the following propositions:

1) no SHPO should be made unless it is necessary to protect the public from sexual harm; if an order is necessary, then the prohibitions imposed must be effective; if not, the statutory purpose would not be achieved;
2) any SHPO prohibitions imposed must be clear, realistic and readily capable of simple compliance and enforcement;
3) none of the prohibitions should be oppressive and, overall, the terms must be proportionate;
4) an order must be tailored to the facts; there is no "one size that fits all" order.

In *R. v Hanson*,[199] the court observed that, SHPOs are, by their nature, concerned with risk, the eventuation of which is necessarily unpredictable. It is therefore appropriate for a court to be cautious approach to risk when dealing with a person who has committed serious sexual offences for which there is no satisfactory explanation; seemingly endorsing a "safety first" approach. As explored in commentary to that case,[200] there are obvious dangers with such an approach, but it is clearly justifiable as the absence of an explanation suggests unpredictability or unexplained triggers or causes for the offending and where the court cannot be clear as to the circumstances which give rise to the likelihood of the commission of further offences, then an SHPO is more likely to be justified (albeit terms will still need to be tailored to the defendant).

A5-271

In relation to effectiveness, courts should bear in mind that individuals who suffer from mental disorders or who have low IQ or other developmental or educational difficulties may not comprehend the prohibitions contained in an order. As such, there is a question regarding whether in those circumstances an order may be imposed if it fails the "effectiveness" test that the Court of Appeal (Criminal Division) has read into the legislation. Can an ineffective order be necessary? If not, then the Court of Appeal (Criminal Division) has clarified the effect of the legislation, such that "necessity" includes a sub-requirement of effectiveness; if an ineffective order can be necessary, then the Court has imposed an additional effectiveness requirement. There is, of course, a difference between someone who, because of their mental disorder, is likely to breach a prohibition and someone who because of their mental disorder cannot comprehend the effect of a prohibition. This issue has recently been considered in the context of CBOs in *Humphreys v CPS*[201]: see A5-053.

A5-272

---

[198] [2017] EWCA Crim 2163; [2018] 1 W.L.R. 2409.
[199] [2021] EWCA Crim 1008.
[200] L. Harris, "Sentencing: R. v Hanson (Case Comment)" [2022] Crim. L.R. 417–418.
[201] [2019] EWHC 2794 (Admin); [2020] 1 Cr. App. R. (S.) 39.

A5-273 *A potential modified approach* Kelly and Picton[202] have identified two issues with the decision in *R. v Smith (Steven)*[203] (and therefore the modified questions in *NC*). They suggested that:

> "First, though the statutory necessity requirement is focused on preventing future sexual harm, there is no part of the Smith formulation that explicitly focuses on identifying the risk posed by the defendant. Secondly, there appears to be an overlap in the work done by the different parts of the formulation."

They suggested that the approach in *Smith* appears to elide the issues of whether an order is necessary and the consideration of the terms of the order that might be imposed. The Court of Appeal (Criminal Division) has repeatedly stated that a "safety first" approach to the imposition of such orders is impermissible: *R. v Lewis*.[204] There must therefore be some basis for the evaluation that an order is necessary; as Kelly and Picton note, there must be a real risk. It is submitted that this is an important step that should not be overlooked or simply paid lip-service.

Kelly and Picton further note that there is some confusion as to the considerations of necessity, oppressiveness and proportionality, not least because part of the test for necessity itself refers to necessity. So, building on the approach in *Smith*, and addressing the concerns identified above, they propose a modified approach which is more detailed than that in *Smith*:

> "(1) Does the defendant pose a risk of sexual harm to the public or particular members of the public?
> (2) If so, will the proposed SHPO provide an effective response to the risk the defendant poses?
> (3) If so, are the prohibitions in the proposed SHPO oppressive?
> (4) If not, are the proposed prohibitions proportionate to the risk of harm the defendant poses? In answering this question, the judge should bear in mind both the type of harm risked and the likelihood of the harm occurring without an order.
> (5) If so, has the proposed order been drafted in a manner which is clear and realistic?"

A5-274 At first blush, this looks like a deviation from the current approach; however, it is submitted that it is merely to draw out from the legislation and the authorities what is already there; the consideration of the risk, the principles of necessity, proportionality and the focus on the drafting are all contained within the current legislation and decisions of the Court of Appeal (Criminal Division). Its strength, as Kelly and Picton suggest, is as follows:

> "This proposed formulation avoids the potential for a court that finds the first *Smith* question satisfied from then finding the latter parts satisfied too readily in consequence. It imposes a more rigorous logic to every step of the process that has to be undertaken before the imposition of a behaviour order that will in all cases have significant consequences for the recipient."

It is submitted that the first question could contain an additional consideration: what risk is posed? This would inform the severity of the restrictions imposed by the order. For instance, if the risk posed is one of contact offences, the nature of the order and its prohibitions will be different from one for a risk involving indirect

---

[202] R. Kelly and HH Judge M. Picton, "Sexual Harm Prevention Orders and Necessity" [2020] Crim. L.R. 411.
[203] [2011] EWCA Crim 1772; [2012] 1 W.L.R. 1316.
[204] [2016] EWCA Crim 1020; [2017] 1 Cr. App. R.(S) 2.

contact via the internet. Similarly, if there is a significant risk of such offending, rather than merely some real risk, more significant prohibitions will be justifiable. It is suggested that a focus on the extent of the risk posed, and its nature, will inform the following steps of the Kelly/Picton formula. In any event, it is submitted that their five-step approach is a significant advancement in the methodology while remaining faithful to the current law. Note, however, that step (5) concerns the drafting of the order rather than the imposition of the order and its prohibitions. As to the approach to drafting, see A5-288.

Particular cases

Indecent images of children In *R. v Terrell*,[205] the court stated that a sentencing court may be satisfied that the statutory test for imposing a SOPO was met in a case concerning the possession and distribution of images. The court observed that perpetuating a market or distribution network for indecent images encouraged others to commission, take or create indecent images of a level which might be capable of causing serious harm to children. The court also noted that the indirect and uncertain harm arising from the contribution to the harm of any downloading of indecent images may have did not necessarily fall outside the scope of the legislation. It is clear from numerous cases that this remains the position for SHPOs; however, there will naturally be a separate question of the extent of the prohibitions imposed and whether an SHPO is necessary; to this end in *R. v Bingham*[206] the court observed that not every case of distribution would warrant the making of an SHPO and, similarly, distribution to a 17-year-old would not necessarily demonstrate a risk to children of a younger age. In contrast, see *R. v RJ*[207] where the court upheld an SHPO with prohibitions relating to contact with children under the age of 18 in circumstances where the defendant had persuaded a 17-year-old to send him indecent images of herself. An order should not be made simply on the basis of the nature of the images shared or viewed but focussing on the risk posed by the offender (see *R. v Chirila*[208] where it was accepted the appellant's distribution had not been sexually motivated but the WhatsApp group he belonged to had an unhealthy interest in shocking material).

A5-275

While it is not denied that the possession of indecent images contributes to the market for such images, and may result in further harm and abuse, it has been queried in Criminal Law Week[209] whether simple possession (particularly on a small and local scale) poses such a risk of sexual harm that a sexual harm prevention order will be proportionate. It must be asked whether it can really be said that there is a sufficient causal link between the downloading of such images and the creation of harm, such as to say that the harm is occasioned by the offender in such a case, or to say that the harm will be avoided by imposing a sexual harm prevention order. Where offending is on a small scale it is arguably questionable whether such offending gives rise to an appreciable risk that the offender would be personally responsible for the causing of further harm in the creation of these images and that significant restrictions on their ability to use the internet can therefore be justified.

---

[205] [2007] EWCA Crim 3079; [2008] 2 Cr. App. R. (S.) 49.
[206] [2015] EWCA Crim 1342; [2016] 1 Cr. App. R. (S.) 3.
[207] [2021] 2 Cr. App. R. (S.) 29.
[208] [2021] EWCA Crim 1982.
[209] "Sentence: New Cases: Particular Sentences or Orders: Sexual Harm Prevention Order: R. v Choung" CLW/20/08/16.

There is, perhaps, also scope for an argument against an order in such circumstances based on oppressiveness. Something that has been missing from the consideration of this issue is empirical evidence as to the causation of harm by such offending, an issue it is suggested would merit some consideration. The point here is not to deny that such harm may exist, but to emphasise that before a coercive and stigmatising order is imposed, it must be sufficiently evidenced.

A5-276 *Hentai images only*   The court in *R. v Choung*[210] held that where Hentai (drawn or computer generated animated sexual images) were the only images which an individual had possessed or was likely to possess in the future, there would be no risk of sexual harm to anyone and therefore no need for a sexual harm prevention order.

A5-277 *Extreme pornography*   In *R. v Choung*,[211] the court held that an SHPO was necessary where the offender had possessed Hentai images and extreme pornography of images depicting bestiality, noting that women who are photographed engaging in acts such as bestiality for the purposes of pornography are likely to be vulnerable and the harm to which they are subjected is sexual harm of a similar kind to that suffered by children who are the subjects of pornographic photographs or videos.

A5-278 *Cases involving DBS*   In *R. v Hanna (Robert)*,[212] H had a sexual relationship with a 16-year-old pupil at the school at where he taught. An SHPO was imposed, until further order, prohibiting unsupervised contact or communication (direct or indirect) with any female under the age of 16 other than (a) such as was inadvertent and not reasonably avoidable in the course of everyday life; or (b) with the consent of the child's parent or guardian with knowledge of his conviction. The court, on appeal, held that the combination of other measures (barring, notification and the removal of his authorisation to teach) rendered the order unnecessary. It should be noted that in H's case, the position in relation to barring and authorisation to teach was already established. If these matters are still pending at sentence then it is possible the court may still consider an SHPO necessary due to the risk that barring (etc) does not occur.

A5-279 *Offences involving animals*   In *R. v Kish (Stephen)*,[213] K pleaded guilty to possession of extreme pornography (involving animals). An SHPO was imposed including prohibitions on residing, entering or remaining in a property where an animal was present. On appeal, the court held that the SHPO regime did not extend to protecting animals and that the Crown's submission that owners of animals would be occasioned harm by knowledge that their pets had been the victim of a sexual offence could not be accepted. As noted in commentary to this case,[214] the court's conclusion regarding the owners of pets appears to amount to a conclusion that the harm is insufficiently proximate to the offence. That will inevitably be a fact-specific decision. In any event, the conclusion regarding the scope of the SHPO regime is unimpeachable. There are no such restrictions on imposing a CBO,

---

[210] [2019] EWCA Crim 1650; [2020] 1 Cr. App. R. (S.) 13.
[211] [2019] EWCA Crim 1650; [2020] 1 Cr. App. R. (S.) 13.
[212] [2023] EWCA Crim 33; [2023] 2 Cr. App. R. (S.) 13.
[213] [2022] EWCA Crim 1161; [2023] 1 Cr. App. R. (S.) 23.
[214] L. Harris, "Sentencing: R. v Kish (Case Comment)" [2023] Crim. L.R. 317–320.

however. It may be that courts wish to consider imposing such orders in similar future cases.

SHPOs following special plea of insanity/finding of unfitness

Where the order is available, the court may impose an SHPO where it is satisfied that it is necessary to make a sexual harm prevention order, for the purpose of—   A5-280

1) protecting the public or any particular members of the public from sexual harm from the defendant; or
2) protecting children or vulnerable adults generally, or any particular children or vulnerable adults, from sexual harm from the defendant outside the UK: s.103A(2)(b) of the Sexual Offences Act 2003.

As to the principles emanating from the case law in relation to the application of the test, see A5-266.

Contents of the order

On conviction

By virtue of s.347(1) and (3) of the Sentencing Code: the order must specify the   A5-281
prohibitions to which the individual is subject and the period of time for which each of the prohibitions is to have effect; an order may specify different periods for different prohibitions and may contain a mixture of prohibitions imposed for fixed and indefinite periods. Where the court has imposed an order on an individual under the age of 18, s.8(1) of the Crime and Disorder Act 1998 enables the court to make a parenting order. See A6-287 for more detail.

SHPOs following special plea of insanity/finding of unfitness

An SHPO may specify that some of its prohibitions have effect until further order   A5-282
and some for a fixed period and may specify different periods for different prohibitions: s.103C(3) of the Sexual Offences Act 2003. The effect of this provision is the same as s.347(1) and (3) of the Sentencing Code and the order is required to specify the relevant prohibitions and the time for which each will have effect.

Length of the order

General

The order must be imposed for no longer than necessary: *R. v McLellan; R. v*   A5-283
Bingley.[215] There is a statutory test of necessity for imposing a prohibition or requirement. If the period for which a term would be imposed is not necessary, then it is submitted that it fails the statutory test for imposition and would be unlawful. To the extent that that point needed clarification, the court in *McLellan* provided that.

There is no requirement of principle that the duration of an SHPO should not exceed the duration of the applicable notification requirements. As explained in *R.*

---

[215] [2017] EWCA Crim 1464; [2018] 1 Cr. App. R. (S.) 18.

v Smith (Steven),[216] this all depended on the circumstances: *R. v McLellan; R. v Bingley*.[217]

The court in *R. v McLellan; R. v Bingley*[218] stated that indefinite SHPOs should not be made without careful consideration or as a "default option"; that a court should justify the need for making an indefinite SHPO (although there would clearly be cases where that justification would be obvious); and that courts should be alert to the fact that the effect of an SHPO of longer duration than the notification requirements had the effect of extending the operation of those notification requirements and notification requirements had practical consequences for those subject to them and inadvertent extension is to be avoided. For further discussion of this issue, see A5-260.

On conviction

A5-284 A prohibition or requirement must be imposed for a fixed period of not less than five years, or an indefinite period (so that the prohibition has effect until further order): s.347(2) of the Sentencing Code. A prohibition on foreign travel, however, must be for a fixed period of not more than five years: s.348(1) of the Sentencing Code. As an order cannot be imposed without at least one prohibition or requirement, the effect of these sections is to make the minimum period of an order five years and permit the court to impose an order of indefinite duration. However, not only must the SHPO itself be imposed for a period of at least five years but by virtue of s.347 of the Sentencing Code each prohibition or requirement (with the exception of foreign travel prohibitions) must be imposed for at least such a period.

SHPOs following special plea of insanity/finding of unfitness

A5-285 The position in relation to SHPOs imposed following a special plea of insanity/finding of unfitness is governed by ss.103C and 103D of the Sexual Offences Act 2003 and mirrors the provisions in relation to conviction in this regard.

Prohibitions/Requirements

Test to apply

A5-286 **On conviction** Section 343(2) of the Sentencing Code imposes a test which must be satisfied before the court can impose a prohibition or requirement as part of an SHPO. Any term must be necessary for the purpose of—

1) protecting the public or any particular members of the public from sexual harm from the offender; or
2) protecting children or vulnerable adults generally, or any particular children or vulnerable adults, from sexual harm from the offender outside the UK,
3) may be included in an order.

There is no requirement for evidence to demonstrate the need for a prohibition or requirement provided there is sufficient "material" (which will include assertions of fact by the prosecution coupled with a guilty plea, or admissions or submis-

---

[216] [2011] EWCA Crim 1772; [2012] 1 W.L.R. 1316 at [17].
[217] [2017] EWCA Crim 1464; [2018] 1 Cr. App. R. (S.) 18.
[218] [2017] EWCA Crim 1464; [2018] 1 Cr. App. R. (S.) 18.

sions made by the defence) to conclude it is necessary; furthermore, there is no need for a court to explain the basis on which the statutory criteria is satisfied: *R. v Lea*.[219]

SHPOs following special plea of insanity/finding of unfitness

Section 103C(4) of the Sexual Offences Act 2003 imposes the same restrictions on prohibitions or requirements included in an SHPO. Drafting prohibitions

A5-287 This section is not divided into post-conviction and Criminal Procedure (Insanity) Act 1964 cases as the guidance applies to both.

A5-288 **General principles** In addition to the statutory requirement that a prohibition or requirement must be necessary for the purpose of protecting others from sexual harm, it is well established that terms contained in behaviour orders should be:

1) necessary;
2) unoppressive;
3) proportionate;
4) clear;
5) concise;
6) capable of being understood by the individual;
7) realistic;
8) capable of simple compliance and enforcement;
9) effective;
10) worded such as to avoid inadvertent breach.

As suggested by Lyndon Harris in the *Criminal Law Review*,[220] although *R. v Smith (Steven)*[221] remains the leading authority on the imposition of SHPOs, it does not provide much assistance as regards the imposition of prohibitions or requirements. Accordingly, reference may be made to subsequent decisions of the Court of Appeal (Criminal Division) in which particular prohibitions or requirements have been considered. The following paragraphs set out the broad categories of prohibition or requirement, identifying any Court of Appeal (Criminal Division) decision in which guidance was given as to the drafting of prohibitions. Additionally, draft terms are suggested, in an attempt to provide an example of wording which accords with the general principles developed by the Court of Appeal (Criminal Division).

In relation to the requirement that the order be "clear" there is a wider issue than merely its effectiveness; as breach of an order is a criminal offence, there is an argument that an order the terms of which are not "clear" would fail the key tenets of clarity and certainty and foreseeability enshrined within art.7 of the European Convention on Human Rights such that a prosecution for the offence of breaching the order would be contrary to the Convention and thus impermissible. This was recently recognised by the Northern Irish Court of Appeal in *R. v Hanrahan*[222] in the context of the violent offences prevention order which is available in that jurisdiction. The ECtHR's guide on art.7 of the Convention states at paras 27 and 28:

"27. An individual must know from the wording of the relevant provision and, if need

---

[219] [2021] EWCA Crim 65; [2021] 4 W.L.R. 38.
[220] L. Harris, "Sentencing: R. v NC (Case Comment)" [2017] Crim. L.R. 334–337.
[221] [2011] EWCA Crim 1772; [2012] 1 W.L.R. 1316.
[222] [2019] NICA 75.

be, with the assistance of the courts' interpretation of it and after taking appropriate legal advice, what acts and/or omissions will make him criminally liable and what penalty will be imposed for the act committed and/or omission (*Cantoni v. France*, § 29; *Kafkaris v. Cyprus* [GC], § 140; *Del Rio Prada v. Spain* Del Río Prada v. Spain [GC], § 79). The concept of 'appropriate advice' refers to the possibility of taking legal advice (*Chauvy v. France* (dec.); *Jorgic v. Germany*, § 113).

28. It follows that in principle, there can only be a 'penalty' within the meaning of Article 7 if an element of personal liability has been established in respect of the perpetrator of the offence. There is a clear correlation between the degree of foreseeability of a criminal-law provision and the personal liability of the offender."

A5-289 While, therefore, there is a degree of flexibility it is important that sentencers should approach the drafting of terms as part of an SHPO with precision; noting that they are in essence drafting bespoke criminal offences.

It follows from the above general principles that prohibitions or requirements should be no more intrusive into an individual's life than is necessary to protect the public. The court in *R. v Williamson*[223] stated at [24]:

"... care should be taken, if it is possible, not to interfere with the life of the defendant once, in the case of a custodial sentence, he regains his liberty more than is necessary. In particular, if at all possible, it should be tailored so as to enable him to work and to continue his life reasonably normally."

This should clearly extend to any educational commitments and religious observance that the offender participates in.

A5-290 The ability to impose positive requirements as part of an SHPO was introduced on 29 November 2022. However, even before then the Court of Appeal (Criminal Division) had shown a willingness to impose prohibitions qualified by a mandatory requirement (see earlier editions of this work).

A5-291 *Age* In *R. v Parsons*,[224] the court recognised the difference between the SOPO and SHPO regimes as regards the definition of "child" and stated that there was no objection in principle to a prohibition to protect those under the age of 18 as this was a matter plainly contemplated by the legislation. However, the court observed that the facts of an individual case might point towards confining prohibitions to children under 16. In *R. v Smith (Steven)*,[225] the court stated at [21]:

"The majority of offences relating to children are committed only when the child is under the age of 16. The exceptions are offences committed under ss.16–19 Sexual Offences Act 2003 against those in respect of whom the defendant stands in a position of trust, as defined in s.21, together with family offences under ss.25 and 26. If the risk is genuinely of these latter offences, prohibitions on contact with children under 18 may be justified. Otherwise, if contact with children needs to be restricted, it should relate to those under 16, not under 18."

The court in *R. v Parsons*[226] endorsed those observations.

Computers etc

---

[223] [2005] EWCA Crim 2151.
[224] [2017] EWCA Crim 2163; [2018] 1 Cr. App. R. (S.) 43.
[225] [2011] EWCA Crim 1772; [2012] 1 W.L.R. 1316.
[226] [2017] EWCA Crim 2163; [2018] 1 Cr. App. R. (S.) 43.

General The decision in *R. v Parsons*[227] is now the leading case on prohibitions involving computers and devices capable of connecting to the internet. The court noted that the guidance in *R. v Smith (Steven)*[228] required amendment given the passage of time since that decision and the advancements in technology that had occurred.[229] Courts should be mindful of the increasing number of devices which have access to the internet: televisions, fridge/freezers, thermostats, motor cars and audio speakers to name just a few. Additionally, the extent to which the internet has become part of modern life has caused the courts to recognise that a blanket ban on internet use is a significant step and may hinder the way in which an individual can live their life, let alone search for employment, arrange domestic and international travel, arrange their finances, access news, read books, listen to music and so on. Accordingly, computer prohibitions tend to be qualified as a means of mitigating risk, rather than removing it entirely.

A5-292

In *Parsons*, having considered expert evidence and heard argument as to the practical difficulties of drafting such orders restricting computer and internet usage, the court imposed an order in the following form of words:

"The Defendant is prohibited from:
(1) using any computer or device capable of accessing the internet unless:
   (a) he has notified the police VISOR team within 3 days of the acquisition of any such device;
   (b) it has the capacity to retain and display the history of internet use, and he does not delete such history;
   (c) he makes the device immediately available on request for inspection by a Police officer, or police staff employee, and he allows such person to install risk management monitoring software if they so choose.

   This prohibition shall not apply to a computer at his place of work, Job Centre Plus, Public Library, educational establishment or other such place, provided that in relation to his place of work, within 3 days of him commencing use of such a computer, he notifies the police VISOR team of this use.
(2) Interfering with or bypassing the normal running of any such computer monitoring software.
(3) Using or activating any function of any software which prevents a computer or device from retaining and/or displaying the history of internet use, for example using 'incognito' mode or private browsing.
(4) Using any 'cloud' or similar remote storage media capable of storing digital images (other than that which is intrinsic to the operation of the device) unless, within 3 days of the creation of an account for such storage, he notifies the police of that activity, and provides access to such storage on request for inspection by a police officer or police staff employee.
(5) Possessing any device capable of storing digital images (moving or still) unless he provides access to such storage on request for inspection by a police officer or police staff employee.
(6) Installing any encryption or wiping software on any device other than that which is intrinsic to the operation of the device."

---

[227] [2017] EWCA Crim 2163; [2018] 1 Cr. App. R. (S.) 43.
[228] [2011] EWCA Crim 1772; [2012] 1 W.L.R. 1316.
[229] It has since been suggested obiter that Parsons itself may require updating given advancements in technology; see *R. v Dewey (Thomas)* [2024] EWCA Crim 409, where the court concluded the time may now be approaching where the precise wording of proportionate and realistic restrictions needs to be addressed once more, with appropriate contemporary expert evidence.

The following paragraphs contain a discussion of the various categories of prohibition and commentary thereon.

A5-293 *Internet usage: general* For offences involving internet usage, whether that is downloading indecent images, or contacting children via the internet and inciting sexual activity, there are obvious benefits from restricting or otherwise prohibiting the use of the internet. In the same way that a person who drives dangerously may be disqualified from driving, by removing the means by which the offence is committed, the risk of harm may be reduced or extinguished. That said, banning an individual from driving is very different from banning an individual from using the internet. The court in *R. v Smith (Steven)*[230] recognised that previously, terms imposing what were referred to as "blanket" internet bans were not uncommon but that in (then) recent years, such terms had been quashed as disproportionate. The court emphasised that there was no "one-size-fits-all" approach, but, notwithstanding that, set out some guidance for courts when considering imposing restrictions on internet usage. At [20] the court stated:

"i) A blanket prohibition on computer use or internet access is impermissible. It is disproportionate because it restricts the defendant in the use of what is nowadays an essential part of everyday living for a large proportion of the public, as well as a requirement of much employment. Before the creation of the internet, if a defendant kept books of pictures of child pornography it would not have occurred to anyone to ban him from possession of all printed material. The internet is a modern equivalent.

ii) Although the Hemsley formulation restricting internet use to job search, study, work, lawful recreation and purchases has its attractions, it seems to us on analysis to suffer from the same flaw, albeit less obviously. Even today, the legitimate use of the internet extends beyond these spheres of activity. Such a provision in a SOPO would, it seems, prevent a defendant from looking up the weather forecast, from planning a journey by accessing a map, from reading the news, from sending the electricity board his meter reading, from conducting his banking across the web unless paying charges for his account, and indeed from sending or receiving Email via the web, at least unless a strained meaning is given to "lawful recreation". The difficulties of defining the limits of that last expression seem to us another reason for avoiding this formulation. More, the speed of expansion of applications of the internet is such that it is simply impossible to predict what developments there will be within the foreseeable lifespan of a great many SOPOs, which would unexpectedly and unnecessarily, and therefore wrongly, be found to be prohibited.

iii) Some courts have been attracted to a prohibition upon the possession of any computer or other device giving access to the internet without notification to the local police. It may be that this might occasionally be the only way of preventing offending, but the vast increase in the number and type of such devices makes it onerous both for defendants and the police. Its effect is, inter alia, to require the defendant to tell the police when he buys a new mobile telephone, or a play station for his children. It seems to us that in most cases the police will need to work on the basis that most defendants, like most people generally, will have some devices with internet access, and that a requirement that they be notified of it adds little of any value.

iv) There are fewer difficulties about a prohibition on internet access without filtering software, but there is a clear risk that there may be uncertainty about exactly what is required and the policing of such a provision seems likely to be attended by some difficulty.

---

[230] [2011] EWCA Crim 1772; [2012] 1 W.L.R. 1316.

v) Of the formulations thus far devised and reported, the one which seems to us most likely to be effective is the one requiring the preservation of readable internet history coupled with submission to inspection on request. There is no need for the SOPO to invest the police with powers of forcible entry into private premises beyond the statutory ones which they already have. It is sufficient to prohibit use of the internet without submitting to inspection on request. If the defendant were to deny the officers sight of his computer, either in his home or by surrendering it to them, he would be in breach. One suitable form of such an order appears in Smith below.

vi) Where the risk is not simply of downloading pornography but consists of or includes the use of chatlines or similar networks to groom young people for sexual purposes, it may well be appropriate to include a prohibition on communicating via the internet with any young person known or believed to be under the age of 16, coupled no doubt with a provision such as we mention in (v). In some such cases, it may be necessary to prohibit altogether the use of social networking sites or other forms of chatline or chatroom."

Accordingly, the court recognised the importance of the internet in everyday life and the need to interfere with the individual's life to the least extent necessary to provide the requisite protection to the public.

The Crown had submitted that there may be cases in which a "blanket" prohibition would be appropriate. The court stated that although it was "unwilling to say that a blanket ban on internet access and use can never be justified", the court made it clear that it could not envisage that such a prohibition would be appropriate "in anything other than the most exceptional cases" and that "in all other cases, a blanket ban would be unrealistic, oppressive and disproportionate—cutting off the offender from too much of everyday, legitimate living". The suggestion that there may be cases in which "blanket" prohibitions are permissible was also considered in the context of the Scottish SOPO regime in *Connal v Dunn*[231] where at [21], the court stated:

"The court agrees with the general proposition that a 'blanket' prohibition on a person from accessing the internet is, at least normally, 'impermissible', although it does not entirely accept that this ought to be phrased in quite such absolute terms. It is at least possible to envisage an individual with such dangerous traits as might require such a restriction especially where, as here, the person has repeatedly breached conditions of access."

Cases of "blanket" prohibitions are likely to be restricted to cases where the risk posed by the offender is not only severe, but lesser prohibitions have also proven to be (or will clearly be) unworkable in terms of enforcement. The court should come to the view that a lesser intervention will not adequately address the particularly serious risk posed before imposing a blanket prohibition and should give reasons for reaching that conclusion.

A5-294

Browsing history etc As noted above, the general position is that a "blanket" prohibition on using the internet or possessing or owning devices capable of connecting to the internet will be disproportionate. Accordingly, restrictions on internet usage activity tend to take the form of a requirement to retain browsing history and to make devices available to the police on request. The rationale for the restriction is clearly a reduction of the risk of engaging in online activity involving, for example, the viewing or exchange of indecent images or activity involving com-

A5-295

[231] [2014] S.L.T. 786.

munication with children. There is, again, an element of deterrence when coupled with a requirement that devices are made available to the police for inspection. There are concerns, however, about the ability of the police to enforce or monitor compliance with such conditions (see A5-293).

The court in *Connal v Dunn*[232] (in which the court considered various prohibitions imposed under the SOPO regime applicable in Scotland) recognised the importance of such restrictions, but sounded a word of warning around the effectiveness of such a prohibition. At [21], the court stated:

> "... there must be considerable reservation about the adequacy of a term which allows unlimited internet access provided only that the person uses a device which has the capacity to retain and display a browsing history and that he is prohibited from deleting that history. Such a term could, it is suspected, be circumvented relatively easily by the use of appropriate software."

To some extent, this is addressed by terms that require the device(s) to be made available for inspection. In *R. v McDonald*,[233] the appellant appealed against the terms of the SHPO imposed on him following convictions for eight indecent images offences. One term of the order prohibited him from:

> "2. Using any device capable of accessing the internet unless:
>   a. It has the capacity to retain and display the history of the internet use.
>   b. The device is made available on request for inspection by a Police Officer or member of Police Support Staff.
> 3. Deleting such history."[234]

A5-296   The court concluded that the prohibition was necessary and proportionate as, without such an invasive prohibition, offenders could set up email accounts for the purposes of contacting children and exchanging indecent images, with such activity going undetected. Another technological advancement that courts should be mindful of is the use of "private browsing" functions, which do not store browsing history. On the terms of the order in *McDonald*, if the defendant had used a browser with private browsing mode enabled, he would not be in breach of the order as the device is capable of retaining and displaying the browsing history and he has not deleted that history. The court in *R. v Parsons*[235] was alive to this issue and approved the following form of words:

> "The defendant is prohibited from:
> Using or activating any function of any software which prevents a computer or device from retaining and/or displaying the history of internet use, for example using 'incognito' mode or private browsing.
> Installing any encryption or wiping software on any device other than that which is intrinsic to the operation of the device."

As to the ability of the police to monitor compliance (and the impact that has on

---

[232] [2014] S.L.T. 786.
[233] [2015] EWCA Crim 2119; [2016] 1 Cr. App. R. (S.) 48.
[234] The judgment in fact records para.3 as a qualification to para.2 (the prohibition on using an internet-enabled device); however, that would, of course, permit the defendant to use such a device to delete such history. It is suggested that instead the prohibition was on deleting the history referred to at para.2(a); accordingly, that is how the suggested form of words has been drafted.
[235] [2017] EWCA Crim 2163; [2018] 1 W.L.R. 2409.

the effectiveness of the order), see A5-293. As to more sophisticated risk management software, see A5-299.

Cloud storage In *R. v Parsons*,[236] the court considered prohibitions on the use of cloud storage. After argument, the court concluded that as cloud storage was "practically ubiquitous" in the devices available to consumers today an approach which prohibited the use of any such a facility would be too blunt an approach. The court stated that instead, the "vice" was the deliberate installation of a remote storage facility, specifically installed by an individual without notice to the police and which would not be apparent from the device being used—and not intrinsic to the operation of any such device. The court approved the following form of words: **A5-297**

"The defendant is prohibited from:

(4) Using any 'cloud' or similar remote storage media capable of storing digital images (other than that which is intrinsic to the operation of the device) unless, within 3 days of the creation of an account for such storage, he notifies the police of that activity, and provides access to such storage on request for inspection by a police officer or police staff employee.
(5) Possessing any device capable of storing digital images (moving or still) unless he provides access to such storage on request for inspection by a police officer or police staff employee."

Encryption In *R. v Parsons*,[237] the court had received expert evidence in respect of various aspects of risk management in information systems. The expert defined "encryption" as "the process of encoding data or information so that it should only be able to be read or accessed by an authorised party who has access to the 'key' to the data". The court observed that as with cloud storage, such a prohibition had to be drafted so as to be neither a blunt instrument nor a trap for the unwary and must be aimed at the installation of encryption or wiping software on any device other than that which is intrinsic to its operation. The court approved the following form of words: **A5-298**

"The defendant is prohibited from:
Installing any encryption or wiping software on any device other than that which is intrinsic to the operation of the device."

Risk monitoring software In *R. v Parsons*,[238] the court had received expert evidence in respect of various aspects of risk management in information systems including the use of what was termed "risk management software". The expert in that case had defined that as "… software which monitors the use of a computing device (including but not limited to: PCs, smart phones and tablets) for prohibited behaviours such as: **A5-299**

(a) the installation of restricted software;
(b) access to prohibited resources (whether stored locally on the device or on the web);
(c) attempts to change the device's software settings or hardware configuration."

---

[236] [2017] EWCA Crim 2163; [2018] 1 W.L.R. 2409.
[237] [2017] EWCA Crim 2163; [2018] 1 W.L.R. 2409.
[238] [2017] EWCA Crim 2163; [2018] 1 W.L.R. 2409.

The court adopted that definition and added that the software may simply record that the prohibited action took place or it may block the activity altogether. It was accepted that such software was most widely used within businesses to mitigate the risks posed by employee misconduct but could also be used at home, with a view (for example) to preventing children from accessing inappropriate and pornographic content.

The court accepted the expert evidence to the effect that installing such software generally required either that the device was under the administrative control of a corporate network or that physical and administrative access was provided to the device in question. Additionally, there was an administrative burden in ensuring that the software remained up to date as developers periodically release updated versions of the software. The court noted the administrative burden and expressed concerns about the imposition of a prohibition that assumed a police force would wish to install such software or which made the use of a device contingent on approval by the police force of software installed on it; observing such prohibitions could unintentionally become a ban on usage of the device.

A5-300 The court suggested instead that requirements should be framed in terms of a duty to notify the police when an offender acquired a computer or device capable of accessing the internet combined with a duty not to delete (or interfere with) the history on the device and to make it immediately available on request. Accordingly, the following order was substituted on appeal and is proposed as a preferred form of words:

> "The Defendant is prohibited from:
> [restriction on use of computer, unless he makes the device immediately available on request for inspection by a Police officer, or police staff employee, and he allows such person to install risk management monitoring software if they so choose.]
> Interfering with or bypassing the normal running of any such computer monitoring software."

A5-301 *Making devices available for inspection* As has already been noted, prohibitions in relation to internet use, ownership and possession of devices capable of connecting to the internet are now frequently coupled with a qualification that the device(s) must be made available for inspection on request by the police. An example of such a term can be seen in the case of R. v McDonald[239] where the appellant appealed against the terms of the SHPO imposed on him following convictions for eight indecent images offences. One term of the order prohibited him from:

> "Using any device capable of accessing the internet unless:
> a. It has the capacity to retain and display the history of the internet use.
> b. The device is made available on request for inspection by a Police Officer or member of Police Support Staff.
> c. Deleting such history." [240]

The court concluded that the prohibition was necessary and proportionate as, without such an invasive prohibition, offenders could set up email accounts for the

---

[239] [2015] EWCA Crim 2119; [2016] 1 Cr. App. R. (S.) 48.
[240] The judgment in fact records para.3 as a qualification to para.2 (the prohibition on using an internet-enabled device); however, that would, of course, permit the defendant to use such a device to delete such history. It is suggested that instead the prohibition was on deleting the history referred to at para.2(a); accordingly, that is how the suggested form of words has been drafted.

purposes of contacting children and exchanging indecent images, with such an activity going undetected. See A5-296 for commentary on the need for prohibitions regarding internet history to cater for software with "private browsing" functions which have the capability of storing history, but when activated, do not store browsing history. As to the ability of the police to monitor compliance (and the impact that has on the effectiveness of the order), see A5-293.

Monitoring compliance   In *R. v Hewitt*,[241] the defendant, H, had communicated over the internet with two persons whom he believed to be young female children; they were, in fact, police officers. He also communicated with a 14-year-old child. During the conversations, H instructed them to perform various sexual acts and he also attempted to arrange to meet one of the "children". An SHPO was imposed which included the following prohibitions: **A5-302**

1) not to own, possess or use any computer (including, but not restricted to, any PC, laptop or tablet) other than use of a public computer in a library;
2) not to delete, alter or manipulate the internet search history from any device used by H;
3) not to use any software that did not record internet history for examination on the device using it;
4) not to use any software that was intended to conceal the user's identity, including the internet protocol address;
5) not to subscribe to, or utilise, any "cloud" or similar remote storage media;
6) not to own, possess or use any mobile phone capable of accessing the internet;
7) not to use any email address, or username, for any online accounts that might be used for communications with members of the public, or any phone number, unless, within three days of first use, this was registered with a supervising police officer or accredited police staff;
8) not to own or possess any device capable of storing digital images unless this was made available on request for inspection by a police officer or accredited police staff;
9) not to have any contact with a child, knowing or believing that they were under 16 years of age, unless previously agreed by children's social care in the area in which the child resided, save for inadvertent contact;
10) not to communicate with any person who was, or was believed to be, under 16 years of age by phone, electronic communication network, system or application;
11) not to refuse entry to any police officer or accredited police staff deployed to monitor the order to H's home or temporary address or to refuse access to any police officer/staff to any computer or electronic equipment in H's possession or to which he had access.

On appeal against sentence, the order was challenged on various grounds. Relying on the decision in *Parsons*, the court held that the blanket ban on internet usage was draconian and notwithstanding that H's offending was "repugnant", it did not justify such a ban. Moreover, the court held that:

1) the police did not have the time or resources effectively to monitor H's use

---

[241] [2018] EWCA Crim 2309; [2019] 1 Cr. App. R. (S.) 34.

of any computer or hand-held device, to install monitoring software or to oversee and check on its use even if it were installed;

2) the use of cloud storage was ubiquitous as it was built in to most operating systems;

3) any device used by H, including those in public libraries, would utilise the cloud and fall foul of prohibition (5) in the order.

Accordingly, terms (1), (5) and (6) were unworkable, not capable of enforcement and amounted to a "blanket ban'; as such, they were oppressive and disproportionate and had to be quashed.

A5-303   In *R. v Thompson*,[242] the court considered a prohibition that the offender not refuse access to his place of abode to relevant persons employed by the police to interrogate or examine computer equipment and associate programmes etc at any time between 8am and 8pm. The court observed that said prohibition amounted to the grant of a continuing search warrant which could be executed repeatedly and without the need to demonstrate any further justification. It considered that was truly a draconian measure and that on the facts there was no good reason to confer on the police any wider powers of search than are vested in them under the generally applicable law.

The court, however, did emphasise that it was not saying that such a measure could never been justified. There may well be cases of dangerous and recusant offenders where such a term would be appropriate. However, the court observed, obiter, that it would expect the application in such cases to be supported by appropriate evidence.

It is submitted that where such an order is considered, as well as a proper evidential foundation, there must be appropriate restrictions on its use, including pre-conditions such as reasonable grounds to suspect a breach of the order is occurring, or approval by a senior officer.

A5-304   *Use of particular websites/applications/services*   There is an obvious temptation to include within an SHPO a prohibition on using particular websites. For instance, if an individual uses Kik, Facebook, WhatsApp or Instagram to contact children for the purposes of inciting sexual activity, an obvious potential prohibition would be to prohibit the use of those sites as a means of limiting the ability of the individual to commit offences. It is likely that, in line with the decision in *Parsons*, which recognised the extent to which the internet had become part of everyday life, a restriction on the use of instant messaging applications would be likely to be held to be unnecessary and disproportionate as it would also prohibit the individual from using the service lawfully. Furthermore, in identifying particular websites or services there is a risk of driving an offender further underground by encouraging the use of more niche services that fall outside the exceptions. It is suggested that it will instead be preferable to achieve the aim of such prohibitions by drafting a contact prohibition. To this end, considering what behaviour is sought to be restricted, and why, may provide the court with a better, more targeted prohibition. The behaviour it is necessary to prohibit is the contact or communication with children (or vulnerable adults), or others who engage in sexual harm to those groups, rather than the use of instant messaging services generally.

---

[242] [2009] EWCA Crim 3258.

In *R. v Connor*,[243] the court considered an SHPO which, inter alia, contained the following prohibitions:

> "... Not to access social websites and engage in any form of communication with person who is/are or appear to be under 18 years of age:
>
> (a) not procure any individual for the purpose of inciting them to perform any sexual activity on line;
> (b) not to record or download any imagery that could be considered to be pornographic or obscene in nature; and
> (c) not to possess/be in possession of any device including capable of storing digital images unless it is made available on request for inspection by a police officer ..."

The court considered the prohibition to be "unhappily worded" and noted that it appeared to prevent the offender from accessing all social media. Additionally, the court noted that (1) the term "social website" was unhelpful and imprecise; and (2) the offender had understood the prohibition to mean that he was not to engage in communication with any person who appeared to be under the age of 18. As the original prohibition was said to be intended to prevent downloading of unlawful images, it was replaced with a prohibition concerning the use of "private browsing" software.

Similarly, in some cases, courts have restricted the use of internet dating services. In *R. v Coggins*,[244] an SHPO had been imposed restricting the use of certain websites. On appeal, the court modified the terms of an SHPO to include the following prohibition:

A5-305

> "The defendant is prohibited from:
> [Using or becoming] a member of any internet dating site without notifying his offender manager within three days of such use or membership and giving full details, including the name of any such website and his username and/or password."

While prohibitions on the use of internet dating sites will inevitably involve art.8 considerations, they are far more likely to be manageable in scope. Unlike social media sites more broadly they are unlikely to be necessary for work or educational purposes, and a restriction on their use will not have widespread effects on an offender's ability to engage in normal recreational activity (such as a prohibition on encrypted software might).

Contact with children: General

In cases involving offending against children, it is commonplace to see restrictions on contact with children. The purpose of such a prohibition is to limit the opportunity that an individual may have to commit an offence, thereby protecting children from the risk of sexual harm.

A5-306

In relation to effectiveness, oppressiveness and the avoidance of inadvertent breaches, such prohibitions must permit, so far as is possible, the individual subject to the order to be able to go about their daily life. The order is not a punishment (though it does impose restrictions on liberty etc) but is designed to protect only

---

[243] [2019] EWCA Crim 234; [2019] 4 W.L.R. 76.
[244] [2019] EWCA Crim 644.

where it is necessary to do so and to the extent it is necessary to do so. Accordingly, the courts have held that such prohibitions must allow for certain contact where it is unavoidable. It is important to note that the SHPO regime defines "child" as a person under the age of 18, and a court ought to consider whether such a restriction is necessary, or whether a restriction on contact with children under the age of 16 is more appropriate. Furthermore, the barring regime (which is an automatic consequence of conviction for certain offences; see A7-067) may overlap with some contact prohibitions; for more detail on the relevance of the barring regime, see A5-312.

A5-307   The following additional points merit consideration:

1) whether there is a need to include reference to or explain to the individual that such a prohibition includes contact via electronic means, such as via an instant messaging service and communication via the internet (albeit being careful not to limit it to electronic communication only)[245];
2) in cases where the individual has a child, or has caring responsibilities, it will be necessary to consider an exception to cater for this, while still providing adequate protection to the child and their friends;
3) it may be appropriate to restrict contact to a particular gender, if there is sufficient evidence to show that the individual poses a risk only to boys or girls and not both. However, this clearly gives rise to confusion in cases where a child experiences gender dysphoria or where the individual may claim that a particular child appeared to them, for example, to be male when their order only prohibits them from contacting female children.

Accordingly, the following prohibitions are suggested as appropriate forms of words:

"the defendant is prohibited from:
Having contact (direct or indirect) with children under the age of [16/18] other than such as is inadvertent and not reasonably avoidable in the course of lawful daily life.
Being in the presence of a [male/female] child under the age of [16] years other than such as is inadvertent and not reasonably avoidable in the course of lawful daily life.
Allowing any child under the age of [16] years to enter and / or remain at [his/her] place of dwelling being the address at which the defendant resides.
Residing at an address, not being the address at which [he/she] usually resides where there is present a [male/female] child under the age of [16] years.
Having any unsupervised contact of any kind with any [male/female] under the age of [16/18] other than (i) such as is inadvertent and which cannot reasonably be avoided in the course of lawful daily life; or (ii) with the consent of the child's parents or guardian who has knowledge of the conviction and the terms of this order."

Where an individual has children, it may be necessary to exclude them from the order or to permit contact with them in particular circumstances. In *R. v NC*,[246] the court considered contact prohibitions in a case where the defendant had a daughter. The court held that the prohibitions as originally drafted would include the appellant's younger daughter and accordingly the following provision would be inserted after the prohibitions in question so as to allow him to see his daughter but while

---

[245] Consider *R. v Anekore* [2019] EWCA Crim 1657; [2020] 4 W.L.R. 57 (a non-molestation order case) where the court commented that "sending" meant sending in a written or electronic communication and not shouting abuse.
[246] [2016] EWCA Crim 1448; [2017] 1 Cr. App. R. (S.) 13.

there was some control over his conduct in relation to her retained:

"Providing social services have provided and maintain their specific agreement, prohibitions [X to Y] do not apply to [the defendant's] daughter [name of child]."

An alternative form of words is:

A5-308

"other than [son/daughter's name] in the presence of their [mother/father/guardian/a representative of Social Services] and with the express written permission of a representative of Social Services for [area in which the individual resides]"

"other than with the express written permission of a representative of Social Services for [area in which the individual resides]"

In *R. v MEM*,[247] the defendant was prohibited from "living in the same household as any child under the age of 16 unless with the express approval of Social Services for the area". The defendant had a child aged (at the time of the appeal) 15 years and six months. The effect of the prohibition was therefore to cause the defendant to leave his home for a period of approximately six months until his daughter attained the age of 16. The court held that this was oppressive and disproportionate, and would also have a disproportionate effect on his daughter's life and would therefore contravene art.8 of the European Convention. The order was varied so as to exclude his daughter from the prohibition.

In *R. v Coburn*,[248] (a restraining order case) where there was a Family Court order providing for contact the court observed the need for express reference to that order, approving a proviso that the prohibitions on contact will be "save as to contact pursuant to the order of the Family Court dated [X] or in relation to proposed or issued Family Court proceedings".

It is possible to combine the above conditions with a requirement for the individual to notify others of their convictions. This would therefore permit some of the above behaviour where, for example, the child's parent or guardian is aware of the conviction. As to this, see A5-322. Furthermore, it will be necessary to consider whether a term allowing contact where the child's parent or guardian gives their consent would in some cases prevent the offender from seeing their children if, for example, the relationship between the offender and the other parent or guardian was acrimonious. It is submitted that in such cases providing for the alternative consent of social services for the relevant area caters for this issue.

Contact with children: Gender

In *R. v Lui*,[249] an SHPO was imposed prohibiting the offender from entering/ remaining/residing in any premises where there is present any child under the age of 18 years old unless certain conditions were met. On appeal, the defendant submitted that his offences were committed against male children and thus the order (as it applied to children of male and female gender) was too broad. The Crown submitted that although it accepted that the offences involved young boys, not girls, the offences were committed whilst tutoring and the defendant's continued tutoring of girls would pose a risk because he could not be trusted to be frank with parents

A5-309

---

[247] [2016] EWCA Crim 1290.
[248] [2021] EWCA Crim 621.
[249] [2021] EWCA Crim 1125; [2022] 1 Cr. App. R. (S.) 22.

about the nature of his offences, and girls had brothers, such that a parent not informed or only partly informed of the facts might well ask for their sons as well as daughters to be tutored. The Crown also drew an analogy with qualified schoolteachers who would be prevented from teaching children of any gender if convicted of these offences by the Disclosure and Barring Service. The court varied the prohibition such that it applied only to "any male child under the age of 18 years old", observing there was no warrant for concluding that he posed any risk to young girls and that such a term would sufficiently negate the risk in relation to sons of families in which the defendant might tutor. The court considered the approach which the DBS would take could not properly inform the decision in relation to an SHPO.

Electronic tag to monitor location etc

A5-310 The courts have previously upheld requirements (then in the context of prohibitions) for offenders to wear location monitoring devices (see *R. (Richards) v Teesside Magistrates' Court*[250]). The "tag" in *Richards* was a location monitoring device, such as those commonly seen in bail conditions or community order requirements; such tags are imposed to monitor compliance with, usually, a curfew or residence condition. There is now, of course, a power to impose bail conditions and community requirements which mandate the wearing of a GPS "whereabouts monitoring" device. Whether the Court of Appeal (Criminal Division) would uphold such a condition as a part of an SHPO remains to be seen. This is particularly so given that s.178 of the Police, Crime, Sentencing and Courts Act 2022 would explicitly introduce the power to introduce electronic monitoring requirements as a part of an SHPO. In the absence of the commencement of that provision, it would seem questionable to impose such a requirement, given the Parliamentary intent presently appears to be that such requirements should not yet be available (and when they are commenced should only be available where the Secretary of State gives the necessary notification). More practically, prior to the commencement of that provision it appears it would be unlikely that electronic monitoring agencies would support such a requirement.

Moreover, even if such a power was available, the court must consider that given that any requirement must last for at least five years it may well be that such a significant requirement is not justifiable as necessary or proportionate (see, for an example of a case in which the same conclusion was reached, *R. v Love (Matthew)*[251]).

The GPS tag—if permissible— would, of course, have clear benefits in terms of monitoring compliance with other prohibitions or monitoring the individual's location.

Any requirement should only be imposed in consultation with a monitoring body, and the wording tailored to the tag in question. The following are suggested as potential generic examples only:

> "The defendant is required to:
> Wear a fully functioning and charged Location Monitoring Device issued to you by the Police [at all times/when leaving and/or being away from your registered address].

---

[250] [2015] EWCA Civ 7; [2015] 1 W.L.R. 1695.
[251] [2019] EWCA Crim 1945.

Make the Location Monitoring Device and associated equipment available on request for inspection by a Police Officer.
The defendant is prohibited from:
Tampering, damaging and/or removing the Location Monitoring Device without the prior permission of the Public Protection Unit (or the equivalent department) of the Police Force area in which you reside."

As it can frequently take a number of days for the private company responsible for installing and monitoring such devices to attend an individual's address to fit the tag, it may be necessary to add a caveat to the order so as to avoid effectively confining the individual to their address for a number of days until the company can arrange an appointment to attach the tag. **A5-311**

Employment/voluntary activities

In some circumstances, it may be necessary to restrict the ability of an individual to engage in certain employment. The rationale should be obvious; to remove or at least reduce the risk of the individual coming into contact with the defined group the order is seeking to protect so as to limit the opportunity to commit a contact offence. The purpose is effectively incapacitation. **A5-312**

In this regard, it is necessary to have regard to the consequences that flow from a conviction for a sexual offence, namely notification and barring (see A7-002 and A7-067). In all cases where an SHPO is imposed, an offender will be subject to notification requirements but they will not always be subject to the barring regime. The court in *Smith* stated that where an offender was subject to the barring regime it was necessary for the Crown to justify why a further prohibition on employment was necessary. It is therefore important that the details of the barring regime are fully appreciated by counsel and the court.

In *R. v NC*,[252] the court considered an SHPO which prohibited the defendant from "Undertaking any activity, whether paid, voluntary or recreational, which by its nature is likely to bring him into supervisory contact with a child or young person under the age of 16 years." On appeal against the SHPO, the court accepted a submission that the prohibition added nothing to the barring regime to which the defendant was subject by virtue of his conviction, and therefore the prohibition ought to be quashed. In 2017,[253] it was submitted that the court's conclusion was not correct; an activity is only a regulated activity under the Act where (save a narrow exception) it is carried out frequently by the same person or on more than three days in a 30-day period (see the Safeguarding Vulnerable Groups Act 2006 Sch.4 paras 2 and 10). While the general rule is that SHPO prohibitions should not overlap with the SVGA 2006 regime, the prohibition in *NC* had the effect of amplifying the safeguarding regime. Whether that is appropriate will clearly be a fact-specific decision; however, it is submitted the courts should proceed with caution when considering prohibitions which overlap with the barring regime.

In *R. v Kimpriktzis*,[254] the appellant appealed against the terms of an amended sexual offences prevention which prohibited the appellant from undertaking any work likely to bring him into contact with boys under the age of 17, save with the written permission of the chief constable for the area in which he resided. The court **A5-313**

---

[252] [2016] EWCA Crim 1448; [2017] 1 Cr. App. R. (S.) 13.
[253] L. Harris, "Sentencing: R. v NC (Case Comment)" [2017] Crim. L.R. 334–337.
[254] [2013] EWCA Crim 734; [2014] 1 Cr. App. R. (S.) 6.

held that the prohibition would prevent him from obtaining almost any employment without police consent and that it was difficult to think of any job for which he was qualified that he could properly do, other than one carried out entirely within his own home. The court concluded that it would be undesirable to condemn the appellant to spend the rest of his life on benefits and the prohibition was quashed. This decision must of course be seen in the context of the employment history and skills of the offender in the particular case. It is certainly possible to conceive of quite a large number of jobs that do not regularly bring a person into contact with boys under the age of 17.

In *R. v Gass*,[255] the defendant was prohibited from:

"seeking or undertaking employment including voluntary work, whether for payment or otherwise which is likely at some time to allow him unsupervised access to a child under the age of 16 years (where that contact is more than transient and a child or a young person's parents or guardian is absent)"

On appeal against sentence, it was submitted that the prohibition was too wide and likely to be breached inadvertently. The court held that the prohibition was too wide and had the additional problem of using the word "transient" which was "somewhat elastic". The court quashed the employment prohibition and a more appropriate contact prohibition was inserted into the order in the following terms:

"having any unsupervised contact of any kind with any female under 16 other than (i) such as is inadvertent and which cannot reasonably be avoided in the course of lawful daily life"; or ... (ii) with the consent of the child's parents or guardian who has knowledge of his conviction and the terms of this order".

A5-314   In *R. v Lewis*,[256] the defendant had pleaded guilty to possession of indecent images and extreme pornography. The defendant had been acting as an assistant rugby coach, which involved him being in contact with young children. An SHPO was imposed with a condition, inter alia, prohibiting him from "(i) carrying out the role of a coach in any sporting environment with persons under the age of 18 years". On appeal against the order, the court quashed the prohibition on the basis that the barring regime provided sufficient protection. However, as the Crown had submitted, an activity was not a regulated activity and therefore did not come within the terms of the Act if it was not done for more than two days in any period of 30 days. The court rejected the submission that the defendant's activity may not be "caught" by the barring regime if it was not performed with sufficient frequency on the basis that while that was correct, in order to be a rugby coach, it would be necessary to be available with some frequency to coach the relevant children and this would typically be once per week.

In 2017,[257] it was suggested that while the Court of Appeal (Criminal Division) has in the past been critical of first instance judges including SHPO requirements which merely replicated protections guaranteed by the notification or barring regimes, the decision in *Lewis* risked going too far the other way. The court noted that "typically" such coaching as that performed by the defendant would occur once a week, yet it is clearly possible (unlikely though it might be) that a sports coach previously engaged in once-weekly coaching who was now subject to the 2006 Act

---

[255] [2015] EWCA Crim 579; [2015] 2 Cr. App. R. (S.) 20.
[256] [2016] EWCA Crim 1020; [2017] 1 Cr. App. R. (S.) 2.
[257] L. Harris, "Sentencing: R. v Lewis (Justin) (Legislative Comment)" [2017] Crim. L.R. 147–150.

regime could limit their involvement to twice monthly so as not to fall foul of the barring provisions. It was submitted in the *Criminal Law Review* that in such circumstances, a contact prohibition in the terms made by the sentencing judge appeared appropriate and did not overlap with the 2006 Act.

In *R. v Begg*,[258] the court quashed a prohibition from "working paid or unpaid anywhere where there could be a child under 18 years of age on the premises" on the grounds that it was "too vague and prohibitive and too wide". It was replaced with a contact prohibition.[259] It is noteworthy, therefore that the more commonly seen contact prohibition may be a less onerous and therefore more proportionate means of achieving substantially the same level of protection. Orders should clearly interfere with an individual's life only to the extent necessary.

In *R. v Sepulvida-Gomez*,[260] the defendant (who had made unwanted sexual advances to a music student in his tutelage and sexually assaulted a band-mate's girlfriend) was prohibited from taking any employment, freelance or otherwise, or occupation which involved him being alone in a room with any female, without providing 24 hours' notice to his offender management team, unless in the course of normal life. The court quashed the prohibition on the basis that there was no basis for finding that it was necessary, commenting in the judgment that it was an onerous prohibition and was liable to future applications to have it varied or removed (if it were not going to be removed from the order on appeal). **A5-315**

The court must therefore consider (a) any overlap with the barring scheme; (b) what additional level protection might be afforded by an SHPO prohibition; and (c) whether such protection is proportionate and sufficiently clear (among other considerations such as the oppressive nature of the prohibitions).

If such a prohibition is necessary and the same or similar protection cannot be provided by a contact prohibition, a suggested form of words is as follows:

"The defendant is prohibited from:
   Engaging in work, whether paid or voluntary, which is likely to bring [them] into unsupervised contact with [children/boys/girls] under the age of [16/18]
   Engaging in work, whether paid or voluntary, which is likely to result in [them] being alone with [females/males] of any age"

In the case of other prohibitions, it may also be appropriate to make an exemption for work related activities. For example, where the offender is prohibited from entering a defined area it may be that an exemption can be made where they are travelling to or from work. **A5-316**

Exclusion from defined area

In certain cases, it may be appropriate to prohibit an individual from entering a defined area. This may take the form of an exclusion requirement similar to that seen in community orders, restraining orders or bail conditions, where the risk posed is assessed as being to a specific group who are identifiably located at a particular location or area. It is submitted that this is likely to be rare, however. Alternatively, **A5-317**

---

[258] [2019] EWCA Crim 1578; [2020] 1 Cr. App. R. (S.) 30.
[259] The replacement prohibition was to the effect that the defendant was prohibited from having any contact or communication of any kind with any child under the age of 16 other than such as was inadvertent and not reasonably avoidable in the course of lawful daily life or save with the informed consent of the parents or guardians of the child with knowledge of his convictions.
[260] [2019] EWCA Crim 2174; [2020] 4 W.L.R. 11.

it may take the form of an exclusion from a category of premises, such as schools, leisure centres or youth clubs. In such cases, it is likely to be necessary to specify, by reference to a distance, an area around such locations which the individual is not permitted to enter.

The rationale for such a prohibition would be that by keeping the individual away from places where children attend and where they may be temporarily unattended, there is a reduced risk of sexual offending. This is likely to be particularly appropriate where there has been an element of targeting such locations in the individual's past behaviour and where there has been contact offending or there is a clear risk of non-contact offending progressing to contact offending. In cases of indirect offending, such as via the internet, there will need to be careful consideration as regards the proper basis for concluding that such a risk exists. The Court of Appeal (Criminal Division) have quashed such prohibitions in images cases,[261] but there appears to be an increased willingness in recent years to impose orders with contact prohibitions in such cases where there is a basis for finding some risk of progression to contact offences. Therefore, it is submitted that courts should carefully consider whether there is a proper basis on which it can be said there is a risk of contact offences.

There is clearly a risk of (a) inadvertent breach; and (b) an oppressive order and so the defined areas need careful scrutiny. As such, a suggested form of words is as follows:

"[the defendant is prohibited from]:
Entering an area within 50 metres of any school, nursery or area designed for the use of enjoyment of persons under the age of 16 years unless:

a. The defendant is traveling on a road, railway, subway or waterway.
b. Is in transit in or on a mechanically propelled vehicle or a bicycle; and
c. Remains within the excluded area for no longer than is reasonably necessary to reach the destination."

A5-318 This prohibition could of course be amended to add reference to particular premises, such as leisure centres or sports centres as necessary. It should be borne in mind that breach of a SHPO is only an offence without reasonable excuse, and therefore where it would not have been possible or reasonable for the offender to have known that they had entered within 50 metres of such an area it would not be an offence to have breached that condition.

As a recent example, in *R. v Mead*[262] the court upheld a sexual harm prevention order which provided that the defendant was not to be on private land or in any garden without prior arrangement with the occupier or owner of the relevant premises. The interesting element of this otherwise entirely unremarkable non-counsel application is that the prohibition—not remarked upon by the court and not the subject of the appeal—effectively criminalises trespass.

Foreign travel

A5-319 Orders may include prohibitions on foreign travel but these may be no longer than five years: s.348(1) of the Sentencing Code. The effect of such a prohibition is to require the individual to surrender all passports to a police station: s.348(4)(a).

---

[261] See, e.g. *R. v James* [2012] EWCA Crim 81.
[262] [2021] EWCA Crim 132.

The order must specify this and must specify which police station at which the passports are to be surrendered and the period of time for which they are to be surrendered: s. 348(4)(b).

Home Office guidance on Pt II of the Sexual Offences Act 2003 states at p.54:

> "It is important to note that the activity abroad which would constitute causing harm to the child or vulnerable adult does not have to be illegal in the foreign country where it is intended to take place. For example, an SHPO or SRO can prevent an offender from travelling to a foreign country to engage in sexual activity with a child aged 14 even if sexual activity with a child aged 14 is not an offence in the country concerned."[263]

Intimate relationships

More recently, prohibitions relating to intimate relationships have emerged in SHPOs; in particular, requirements to notify the police or an offender manager that the individual has entered into a relationship or to notify the new partner of the individual's conviction(s). In relation to notifying the police or offender manager, the rationale for such requirements is no doubt to ensure that they are aware of an intimate relationship and that there is some additional level of protection provided by this. It may be that that is based on the deterrent effect of the individual knowing that the police will know about an intimate relationship and the prospect of the police arriving at the address to perform a "spot check" may reduce the risk of sexual harm committed by the individual on the new partner. In reality, the effectiveness is likely to be diminished because the obvious question of how the requirement is to be "policed" has no answer. Compliance with the order is, however, likely to at least enable the offender manager or the police to effectively assess the level of risk posed by the relationship; for example, by enquiring into whether the new partner has children etc.

A5-320

The Court of Appeal (Criminal Division) considered such a condition in *R. v Maguire*[264] in the context of the CBO regime[265] where a CBO was imposed containing the following condition: "The defendant must inform the local police station of the name of any new partner within 14 days of commencing an intimate relationship." The court held that the condition did not comply with the relevant Court of Appeal (Criminal Division) guidance: the clause was "hopelessly vague". The court asked: What was meant by "relationship"?; When was one "formed" in order to trigger an obligation on the part of M to inform the local police of the name of the female in question?; and How was a clause expressed in this way to be policed? The court replaced the condition with one requiring the offender to inform the police of the name and address of any female (excluding family members) with whom he resides for a period of 14 days or more (consecutive or otherwise).

As was submitted in commentary to this case,[266] even if the definitional difficulties of such requirements can be overcome, how is a requirement to notify relationships to be policed? . It is suggested that as *Maguire* illustrates there are alternative means of achieving (largely) the same result, such as the condition substituted

A5-321

---

[263] Home Office, Guidance on Part 2 of the Sexual Offences Act 2003, September 2018, 54 at https://www.gov.uk/government/publications/guidance-on-part-2-of-the-sexual-offences-act-2003 [Accessed 18 July 2023].
[264] [2019] EWCA Crim 1193; [2019] 2 Cr. App. R. (S.) 55.
[265] Note that CBOs may contain requirements, however.
[266] L. Harris, "Sentencing: R. v Maguire (Terence Robert) (Case Comment)" [2020] Crim. L.R. 88.

in that case to require an offender to notify the police when he resides at an address other than his own for a cumulative total of X days in the course of a specified period. The advantage of such a formula is that it uses an objectively verifiable circumstance as a proxy for a particular risk of behaviour, rather than relying on a subjective term such as whether a person has entered a "relationship". Although *Maguire* is a case concerning violent (not sexual) offences, UK courts have considered such a prohibition/requirement in at least three sexual offences cases: (1) in Northern Ireland, *R. v CZ*,[267] which included a prohibition "Not to enter any relationship, casual or intimate, without prior disclosure to the designated risk manager"; (2) in Scotland, *Chief Constable of the Police Service of Scotland v A(M)*,[268] where the defendant was prohibited from entering into a relationship without disclosing it to his offender manager; and (3) in Scotland, *In the Petition of AB*,[269] the defendant was required to inform his offender manager of any "friendships, associations, or intimate or domestic relationships" that he entered into. In the first two cases the point regarding the clarity of the prohibition/requirement was not argued. In the third, the court held that the condition was not void for certainty at common law (on the ground that a provision should only be struck down on the ground of uncertainty in the rare case where it can be given no sensible and practicable meaning in the particular circumstances of the case), concluding that such terms were ordinary English terms, and could be understood. The court observed that the offender manager had explained that he should report to her on anyone with whom he was likely to have a coffee which in the court's opinion neatly encapsulated the notion of an emerging association or friendship.

The decision in *AB* is therefore in direct conflict with *Maguire*, although the test for the court to consider in both was slightly different. It is suggested that the approach in *Maguire* is to be preferred given that breach of such a restriction is a criminal offence (albeit subject to a "reasonable excuse" defence) and it is in the interests of both the offender and the public generally for the prohibition to be as clear and precise as possible.

Notifying others of conviction

A5-322   A commonly imposed provision is that the individual may not have contact with or be in the presence of e.g. children without having notified the child's parent or guardian of their conviction.

In *R. v Gass*,[270] the court quashed an employment prohibition and a more appropriate contact prohibition was inserted into the order in the following terms:

> "having any unsupervised contact of any kind with any female under 16 other than (i) such as is inadvertent and which cannot reasonably be avoided in the course of lawful daily life"; or that (ii) "with the consent of the child's parents or guardian who has knowledge of his conviction and the terms of this order".

In commentary to the case,[271] it was acknowledged that requiring individuals subject

---

[267] [2018] NICA 53.
[268] [2017] S.L.T. (Sh Ct) 192; 2017 G.W.D. 21–356.
[269] [2020] CSOH 69.
[270] [2015] EWCA Crim 579; [2015] 2 Cr. App. R. (S.) 20.
[271] L. Harris, "R. v Gass (Patrick Lionel): Sentencing—Sexual Offences Prevention Order (Case Comment)" [2015] Crim. L.R. 732.

to SHPOs to disclose details of the orders imposed on them narrows the scope of the minimisation of the seriousness of their offences and affords greater protection to those at risk. However, it was suggested that the case law on the wording of such requirements leaves something to be desired. Much of the case law concerning preventative orders such as the ASBO and SOPO has stressed the need for their terms to be clear, precise and capable of being understood. The substituted term prohibits the individual from having unsupervised contact with females under the age of 16 *unless the child's parent/guardian has knowledge of his conviction and the terms of the order*. However, what exactly does "knowledge of" mean? Would it be sufficient to say "I have a conviction"? Or "I have a conviction for a sexual offence"? Or "I have a conviction for a sexual offence involving a child victim"? At the other end of the scale, would it be permissible to require the individual to carry around a court-approved summary of the offences and the order?

It will clearly be for the Court of Appeal (Criminal Division) to determine the issue, but it is submitted that such a prohibition should make clear that the individual is to inform the person(s) specified of the following details:

A5-323

1) the title of the offence;
2) whether the victim was an adult or a child;
3) if the victim was a child, the age of the child;
4) the terms of the SHPO, including its length.

By specifying the information the order requires the individual to give to the person(s) specified, rather than relying on a description, the drafting removes the risk of inadvertent or wilful confusion as to the precise information to be conveyed.

Finally, it is to be noted that such prohibitions occasionally involve conditions not only to inform professional bodies, such as social services or the police, but to obtain their consent. Such conditions can impose significant burdens on the social services and police, who may, understandably, not prioritise consenting to any such information. As with the imposition of monitoring software as part of requirements (see A5-293), such requirements may place unnecessary burdens on such services (particularly where they are not already involved) and might result in an offender being in breach of an order simply because the professional body has not prioritised evaluating the risk involved and deciding whether to grant consent.

Polygraph

In *R. v David (Owen Huw)*,[272] the court considered the following conditions:

A5-323a

"To comply with any instruction given by your offender manager/police requiring you to attend polygraph/ integrity screening.

To participate in polygraph/integrity screening examinations as instructed and comply with any instruction given to you during a polygraph/integrity screening session by the person conducting the assessment."[273]

The court removed those conditions of the order, stating:

1) In response to submissions that the conditions breached arts 6 and 8 of the ECHR, in the context of a properly drawn order where a positive requirement including polygraph testing, was necessary and proportionate, there

---

[272] [2023] EWCA Crim 1561; [2024] 1 Cr. App. R. (S.) 44.
[273] *R. v David (Owen Huw)* [2023] EWCA Crim 1561; [2024] 1 Cr. App. R. (S.) 44 at [10].

could be no merit in the point. Article 6 was not engaged until either the criminal or civil rights of an individual were being determined, and that was not the consequence of such a positive requirement, which was being used as a safeguarding tool. Equally, in the context of any prohibition imposed in accordance with the provisions of the Sentencing Act 2020, any interference would be in accordance with law and justified as permitted by art.8.

2) On the facts, the conditions were too wide and did not comply with s.347A (regarding the need to specify an individual who was responsible for supervising compliance). The condition purported to require the defendant to comply for the rest of his life and, crucially, the order did not define the remit of any topics to be considered during that testing, as it should have.

Post-sentencing

A5-324 As to the variation, discharge, breach and appeal of SHPOs, see A10-248.

Travel Restriction Orders

Introduction

A5-325 A travel restriction order (TRO) may be imposed following conviction for a drug trafficking offence and operates—as the name suggests—to restrict the offender's movements on their release from custody. The order is incapacitating in nature—i.e. it is designed to prevent (or at least disrupt) drug trafficking by restricting behaviour that is commonly associated with it, namely foreign travel. The Criminal Justice and Police Act 2001 enables Crown Courts on conviction for a relevant offence to Crown Courts to impose TROs and to confiscate the passports of British nationals for the period of the TRO.

The NCA keeps a register of TROs currently in force.[274]

Legislation

Criminal Justice and Police Act 2001 ss.33, 34 and 37

Power to make travel restriction orders

A5-326 33.—(1) This section applies where—
(a) a person ("*the offender*") has been convicted by any court of a post-commencement drug trafficking offence;
(b) the court has determined that it would be appropriate to impose a sentence of imprisonment for that offence; and
(c) the term of imprisonment which the court considers appropriate is a term of four years or more.
(2) It shall be the duty of the court, on sentencing the offender—
(a) to consider whether it would be appropriate for the sentence for the offence to include the making of a travel restriction order in relation to the offender;

---

[274] National Crime Agency, "*Ancillary Orders*" at https://www.nationalcrimeagency.gov.uk/what-we-do/how-we-work/investigating-and-disrupting-the-highest-risk-serious-and-organised-criminals/lifetime-management-of-serious-and-organised-criminals [Accessed 18 July 2023].

(b) if the court determines that it is so appropriate, to make such travel restriction order in relation to the offender as the court thinks suitable in all the circumstances (including any other convictions of the offender for post-commencement drug trafficking offences in respect of which the court is also passing sentence); and
(c) if the court determines that it is not so appropriate, to state its reasons for not making a travel restriction order.

(3) A travel restriction order is an order that prohibits the offender from leaving the United Kingdom at any time in the period which—
(a) begins with the offender's release from custody; and
(b) continues after that time for such period of not less than two years as may be specified in the order.

(4) A travel restriction order may contain a direction to the offender to deliver up, or cause to be delivered up, to the court any UK passport held by him; and where such a direction is given, the court shall send any passport delivered up in pursuance of the direction to the Secretary of State at such address as the Secretary of State may determine.

(5) Where the offender's passport is held by the Secretary of State by reason of the making of any direction contained in a travel restriction order, the Secretary of State (without prejudice to any other power or duty of his to retain the passport)–
(a) may retain it for so long as the prohibition imposed by the order applies to the offender, and is not for the time being suspended; and
(b) shall not return the passport after the prohibition has ceased to apply, or when it is suspended, except where the passport has not expired and an application for its return is made to him by the offender.

(6) In this section "*post-commencement*"—
(a) except in relation to an offence that is a drug trafficking offence by virtue of an order under section 34(1)(c), means committed after the coming into force of this section; and
(b) in relation to an offence that is a drug trafficking offence by virtue of such an order, means committed after the coming into force of that order.

(7) References in this section to the offender's release from custody are references to his first release from custody after the imposition of the travel restriction order which is neither—
(a) a release on bail; nor
(b) a temporary release for a fixed period.

(8) In this section "UK passport" means a United Kingdom passport within the meaning of the Immigration Act 1971 (see section 33(1)).

Meaning of "drug trafficking offence"

34.—(1) In section 33 "drug trafficking offence" means any of the following offences (including one committed by aiding, abetting, counselling or procuring)—
(a) an offence under section 4(2) or (3) of the Misuse of Drugs Act 1971 (c. 38) (production and supply of controlled drugs);
(b) an offence under section 20 of that Act (assisting in or inducing commission outside United Kingdom of an offence punishable under a corresponding law);
(c) any such other offence under that Act as may be designated by order made by the Secretary of State;

A5-327

(d) an offence under—
  (i) section 50(2) or (3) of the Customs and Excise Management Act 1979 (improper importation),
  (ii) section 68(2) of that Act (exportation), or
  (iii) section 170 of that Act (fraudulent evasion),
  in connection with a prohibition or restriction on importation or exportation having effect by virtue of section 3 of the Misuse of Drugs Act 1971;
(e) an offence under section 1 of the Criminal Law Act 1977 or Article 9 of the Criminal Attempts and Conspiracy (Northern Ireland) Order 1983 (S.I. 1983/1120 (N.I. 13)), or in Scotland at common law, of conspiracy to commit any of the offences in paragraphs (a) to (d) above;
(f) an offence under section 1 of the Criminal Attempts Act 1981 or Article 3 of the Criminal Attempts and Conspiracy (Northern Ireland) Order 1983, or in Scotland at common law, of attempting to commit any of those offences; and
(g) an offence under section 19 of the Misuse of Drugs Act 1971 or at common law of inciting another person to commit any of those offences.

(2) and (3) [Parliamentary procedure and scope of orders under subs.(1)(c).]

Saving for powers to remove a person from the United Kingdom

A5-328 37.—(1) A travel restriction order made in relation to any person shall not prevent the exercise in relation to that person of any prescribed removal power.

(2) A travel restriction order made in relation to any person shall remain in force, notwithstanding the exercise of any prescribed removal power in relation to that person, except in so far as either—
(a) the Secretary of State by order otherwise provides; or
(b) the travel restriction order is suspended or revoked under section 35.

(3) No person shall be guilty of an offence under section 36 in respect of any act or omission required of him by an obligation imposed in the exercise of a prescribed removal power.

(4) In this section "a prescribed removal power" means any such power conferred by or under any enactment as—
(a) consists in a power to order or direct the removal of a person from the United Kingdom; and
(b) is designated for the purposes of this section by an order made by the Secretary of State.

(5) and (6) [Parliamentary procedure and scope of powers under subss.(2)(a) and (4)(a).]

(7) References in this section to a person's removal from the United Kingdom include references to his deportation, extradition, repatriation, delivery up or other transfer to a place outside the United Kingdom.

A5-329 No statutory instruments had been made under s.34 at 28 September 2024.
The Travel Restriction Order (Prescribed Removal Powers) Order 2002[275] has

---

[275] Travel Restriction Order (Prescribed Removal Powers) Order 2002 (SI 2002/313).

been made under s.37 and prescribes a number of specific removal powers as prescribed removal powers for the purpose of the Act.

Guidance

Purpose

The NCA states that: A5-330

"The aim of the order is to reduce re-offending through restricting the movements of convicted drug traffickers. UK passport holders (including those with dual nationality) may be required to surrender their passports to the court."[276]

HM Passport Office guidance (which is now withdrawn but has not been replaced) states:

"The power to make a Travel Restriction order (TRO) is a discretionary power intended to apply to serious cases of drug trafficking ... The TRO is intended to prevent convicted drug traffickers from travelling outside the UK for as long as the orders are in force.

The Courts will provide details of those subject to a TRO to be entered on to the passport Stop File and regional Fraud Intelligence Unit (FIU) teams will deal with any passport applications received."[277]

Availability

The order is available where a court: A5-331

1) convicts an offender of a "drug trafficking offence" committed on or after 1 April 2002;
2) determines that it would be appropriate to impose a sentence of imprisonment of four years or more: s.33(1) of the 2001 Act.

"Drug trafficking offence" is defined by s.34(1) of the 2001 Act (see A5-327).

Where an order is available, the court must consider whether it would be appropriate to make a travel restriction order in relation to the offender: s.33(2)(a) of the 2001 Act. Where the court determines that it is not appropriate to make an order, it must state its reasons for doing so in open court: s.33(2)(c).

Making the order

Test to apply

The statute doesn't provide for a test as such; rather it imposes a duty on the court A5-332
to consider making an order. Where the court determines that it is appropriate to do so, the court must make such a TRO as it thinks suitable in all the circumstances: s.33(2)(b) of the 2001 Act. A relatively significant discretion is therefore afforded

---

[276] National Crime Agency, "Lifetime management of serious and organised criminals" at *https://www.nationalcrimeagency.gov.uk/what-we-do/how-we-work/investigating-and-disrupting-the-highest-risk-serious-and-organised-criminals/lifetime-management-of-serious-and-organised-criminals* [Accessed 18 July 2023].

[277] HM Passport Office, "Passport Policy—Travel Restriction Orders" at *https://assets.publishing.service.gov.uk/government/uploads/system/uploads/attachment_data/file/118547/travel-restriction-orders.pdf* [Accessed 18 July 2023].

to the court. Where a court does impose an order it is submitted that it should provide its reasons for determining that an order is appropriate and clearly state the factual basis on which the order is made.

Contents of the order

A5-333 **Effect of the order**   A TRO has the effect of prohibiting the offender from leaving the UK at any time in the specified period: s.33(3) of the 2001 Act.

A5-334 **Length of the order**   The specified period begins with the offender's release from custody and continues after that time for such period as is specified (provided that period is not less than two years): s.33(3) of the 2001 Act. The NCA's current register of TROs (see A5-299) indicates that orders are often made for periods of five or 10 years.

A5-335 **Surrender of passport**   A TRO may contain a direction to the offender to surrender to the court any UK passport held by them: s.33(4) of the 2001 Act. Where an order contains such a requirement, the court shall send the passport(s) to the Secretary of State at such address as the Secretary of State may determine: s.33(4).

A5-336 **Post-sentencing**   See A10-260 for breach, revocation, suspension and appeals.

REPARATIVE AND COMPENSATORY ORDERS

Introduction

A5-337   There are a number of sentencing orders that are principally, if not exclusively, concerned with reparation and compensation. While they are commonly imposed in conjunction with another disposal (perhaps a fine, community order or a term of imprisonment), the Sentencing Act 2020 allows them to be imposed on their own. For this reason, they are dealt with in the chapter concerning primary orders, A4. See A4-112 for compensation orders and A4-152 for restitution orders.

The principal exception is a slavery and trafficking reparation order (which is a secondary order) and is dealt with in the following paragraphs.

Slavery and Trafficking Reparation Order

Introduction

A5-338   Sections 8–10 of the Modern Slavery Act 2015 enable a court, on conviction for a slavery or trafficking offence, to order the defendant to provide reparation to the victim(s) where the court has also imposed a confiscation order. The creation of a specific power is said to be a direct response to the lack of compensation orders made in human trafficking and slavery cases in recent years.[278] Section 8 of the Act therefore supplements the power to impose a compensation order under s.133 of the Sentencing Code. The order is subject to the general principles applicable to compensatory and reparative orders concerning the defendant's means to pay such an order and the interaction between compensation and confiscation orders.

Whether the s.8 power has its desired effect—to increase the number of orders

---

[278] Modern Slavery Act 2015, Explanatory Notes, para.48.

compensating victims—remains to be seen. It is likely that sentencing courts were already aware of the general power to order compensation in s.133 of the Sentencing Code (formerly s.130 of the Powers of Criminal Courts (Sentencing) Act 2000) and the reason orders were not being made was because the defendants lacked the means to pay. Early data on the use of the order may suggest this is the case: between the commencement of the Act in 2015 and December 2017, no orders were made.[279] In fact, an independent review of the power noted that there "is a relatively narrow set of circumstances which allow a Reparation Order to be made". Furthermore, the report noted that there was a low level of awareness of the power, and among those who were aware of the power, confusion in relation to its relationship with compensation orders.[280]

[THE NEXT PARAGRAPH IS A5-340]

Legislation

Modern Slavery Act 2015 ss.8–10

Power to make slavery and trafficking reparation orders

8.—(1) The court may make a slavery and trafficking reparation order against a person if—   A5-340
    (a) the person has been convicted of an offence under section 1, 2 or 4, and
    (b) a confiscation order is made against the person in respect of the offence.

(2) The court may also make a slavery and trafficking reparation order against a person if—
    (a) by virtue of section 28 of the Proceeds of Crime Act 2002 (defendants who abscond during proceedings) a confiscation order has been made against a person in respect of an offence under section 1, 2 or 4, and
    (b) the person is later convicted of the offence.

(3) The court may make a slavery and trafficking reparation order against the person in addition to dealing with the person in any other way (subject to section 10(1)).

(4) In a case within subsection (1) the court may make a slavery and trafficking reparation order against the person even if the person has been sentenced for the offence before the confiscation order is made.

(5) In determining whether to make a slavery and trafficking reparation order against the person the court must have regard to the person's means.

(6) If the court considers that—
    (a) it would be appropriate both to impose a fine and to make a slavery and trafficking reparation order, but
    (b) the person has insufficient means to pay both an appropriate fine and appropriate compensation under such an order,

---

[279] "Independent Review of the Modern Slavery Act 2015: fourth interim report" para.3.1.2 at https://www.gov.uk/government/publications/modern-slavery-act-review-2015-fourth-interim-report [Accessed 18 July 2023].

[280] "Independent Review of the Modern Slavery Act 2015: fourth interim report" para.3.1.3 at https://www.gov.uk/government/publications/modern-slavery-act-review-2015-fourth-interim-report [Accessed 18 July 2023].

the court must give preference to compensation (although it may impose a fine as well).

(7) In any case in which the court has power to make a slavery and trafficking reparation order it must—
    (a) consider whether to make such an order (whether or not an application for such an order is made), and
    (b) if it does not make an order, give reasons.

(8) In this section—
    (a) "the court" means—
        (i) the Crown Court, or
        (ii) any magistrates' court that has power to make a confiscation order by virtue of an order under section 97 of the Serious Organised Crime and Police Act 2005 (confiscation orders by magistrates' courts);
    (b) "confiscation order" means a confiscation order under section 6 of the Proceeds of Crime Act 2002;
    (c) a confiscation order is made in respect of an offence if the offence is the offence (or one of the offences) concerned for the purposes of Part 2 of that Act.

Effect of slavery and trafficking reparation orders

A5-341   9.—(1) A slavery and trafficking reparation order is an order requiring the person against whom it is made to pay compensation to the victim of a relevant offence for any harm resulting from that offence.

(2) "Relevant offence" means—
    (a) the offence under section 1, 2 or 4 of which the person is convicted;
    (b) any other offence under section 1, 2 or 4 which is taken into consideration in determining the person's sentence.

(3) The amount of the compensation is to be such amount as the court considers appropriate having regard to any evidence and to any representations made by or on behalf of the person or the prosecutor, but subject to subsection (4).

(4) The amount of the compensation payable under the slavery and trafficking reparation order (or if more than one order is made in the same proceedings, the total amount of the compensation payable under those orders) must not exceed the amount the person is required to pay under the confiscation order.

(5) In determining the amount to be paid by the person under a slavery and trafficking reparation order the court must have regard to the person's means.

(6) In subsection (4) the confiscation order means the confiscation order within section 8(1)(b) or (2)(a) (as the case may be).

Slavery and trafficking reparation orders: supplementary provision

A5-342   10.—(1) A slavery and trafficking reparation order and a compensation order under Chapter 2 of Part 7 of the Sentencing Code may not both be made in respect of the same offence.

(2) Where the court makes a slavery and trafficking reparation order as mentioned in section 8(4), for the purposes of the following provisions the person's sentence is to be regarded as imposed or made on the day on which the order is made—
    (a) section 18(2) of the Criminal Appeal Act 1968 (time limit for notice of appeal or application for leave to appeal);

[772]

(b) paragraph 1 of Schedule 3 to the Criminal Justice Act 1988 (time limit for notice of application for leave to refer a case under section 36 of that Act).

(3) Sections 141, 143 and 144 of the Sentencing Code (appeals, review etc of compensation orders) apply to slavery and trafficking reparation orders as if—
    (a) references to a compensation order were references to a slavery and trafficking reparation order;
    (b) references to the court of trial were references to the court (within the meaning of section 8 above);
    (c) references to injury, loss or damage were references to harm;
    (d) the reference in section 143(5)(b)(iii) to a slavery and trafficking reparation order under section 8 above were to a compensation order under Chapter 2 of Part 7 of the Sentencing Code.

(4) If under section 21 or 22 of the Proceeds of Crime Act 2002 the court varies a confiscation order so as to increase the amount required to be paid under that order, it may also vary any slavery and trafficking reparation order made by virtue of the confiscation order so as to increase the amount required to be paid under the slavery and trafficking reparation order.

(5) If under section 23 or 29 of that Act the court varies a confiscation order so as to reduce the amount required to be paid under that order, it may also—
    (a) vary any relevant slavery and trafficking reparation order so as to reduce the amount which remains to be paid under that order;
    (b) discharge any relevant slavery and trafficking reparation order.

(6) If under section 24 or 25A of that Act the court discharges a confiscation order, it may also discharge any relevant slavery and trafficking reparation order.

(7) For the purposes of subsections (5) and (6) a slavery and trafficking reparation order is relevant if it is made by virtue of the confiscation order and some or all of the amount required to be paid under it has not been paid.

(8) If on an appeal under section 31 of the Proceeds of Crime Act 2002 the Court of Appeal—
    (a) quashes a confiscation order, it must also quash any slavery and trafficking reparation order made by virtue of the confiscation order;
    (b) varies a confiscation order, it may also vary any slavery and trafficking reparation order made by virtue of the confiscation order;
    (c) makes a confiscation order, it may make any slavery and trafficking reparation order that could have been made under section 8 above by virtue of the confiscation order.

(9) If on an appeal under section 33 of that Act the Supreme Court—
    (a) quashes a confiscation order, it must also quash any slavery and trafficking reparation order made by virtue of the confiscation order;
    (b) varies a confiscation order, it may also vary any slavery and trafficking reparation order made by virtue of the confiscation order.

(10) For the purposes of this section—
    (a) a slavery and trafficking reparation order made under section 8(1) is made by virtue of the confiscation order within section 8(1)(b);
    (b) a slavery and trafficking reparation order made under section 8(2) is made by virtue of the confiscation order within section 8(2)(a).

For ss.141, 143 and 144 of the Sentencing Code, which deal with the suspension of orders pending appeals (and the result of annulled convictions), the review of orders and the effect of orders on civil proceedings, see A4-120 and A4-121.

Guidance

Purpose

A5-344 A slavery and trafficking reparation order is an order requiring the person against whom it is made to pay compensation to the victim of a relevant offence for any harm resulting from that offence: s.9(1) of the 2015 Act.

Availability

A5-345 A reparation order is available where:

1) a person has been convicted of an offence under ss.1, 2 or 4 of the Modern Slavery Act 2015 and a confiscation order is made against the person in respect of the offence; or
2) a confiscation order is made against a person by virtue of s.28 of the Proceeds of Crime Act 2002 (defendants who abscond during proceedings) and the person is later convicted of an offence under ss.1, 2 or 4 of the 2015 Act: s.8(1) and (2).

A reparation order may be made in addition to dealing with the person in any other way in respect of an offence under ss.1, 2 or 4 of the 2015 Act: s.8(3) of the 2015 Act.

A reparation order is not available where the court imposes a compensation order under s.133 of the Sentencing Code for the same offence: s.10(1) of the 2015 Act.

Procedure

A5-346 The Act appears to envisage the court imposing an order at a sentencing hearing, when it would normally impose a compensation order. However, it is clear from s.8(4) of the 2015 Act that an order can only be imposed after the imposition of a confiscation order (subsequent to the rest of the sentencing exercise).

In any case in which the court has power to make an order the court must:

1) consider whether to make such an order (whether or not an application for such an order is made);
2) if it does not make an order, give reasons for not doing so: s. 8(7) of the 2015 Act.

It is submitted that in line with general principles of clarity and transparency, a court imposing an order would be wise to give its reasons in compliance with the general statutory duty to explain the sentence imposed.

Making the order

Test

A5-347 There is no statutory test for imposing an order; the Act merely provides the circumstances in which the order is available. It is therefore submitted the test is one of "appropriateness". As the purpose of the order is clearly compensatory, it is obvious that the court must regard there to have been a "loss". Circumstances will vary, but it doesn't take much of an imagination to envisage the different types of loss suffered by being the victim of a slavery or trafficking offence. In addition to the personal suffering, there will be a loss of income as victims are often paid minimal sums, if at all. It is submitted that where there is an identifiable victim, an order is likely to be appropriate and this is clearly the intent of the duty to explain why an order is not to be made where it is available in s.8(7) of the 2015 Act.

Determining the amount

The amount of the compensation is to be such as the court considers appropriate having regard to any evidence and to any representations made by or on behalf of the person or the prosecutor, but must not exceed the amount the person is required to pay under the confiscation order: ss.9(3)–(4) of the 2015 Act. **A5-348**

In determining the amount to be paid by the person under a slavery and trafficking reparation order the court must have regard to the person's means: s.9(5) of the 2105 Act. Reference should be made to the general principles and guidance provided by the Court of Appeal (Criminal Division) in relation to compensation orders; see A4-125.

A particular difficulty in this respect is likely to be trying to quantify the harm suffered by the victim as a result of the offence. Even in cases where the victim's wages have been confiscated by the offender the restoration of those wages alone will undoubtedly be insufficient to make reparation in respect of the significant harms suffered by the victim in many cases. It is suggested that in appropriate cases reference should perhaps be made to the cases for unlawful imprisonment (the leading case of which is *Thompson v Commissioner of Police of the Metropolis*[281]).

Post sentencing

For appeals, reviews, variation and discharge of orders, see A10-266 onwards. **A5-349**

Forfeiture and Deprivation

There are many sentencing orders that enable a court on a conviction to deprive an offender of their property. While they are commonly imposed in conjunction with another disposal (perhaps a fine, community order or a term of imprisonment), the orders are capable of being imposed without another disposal—i.e. it is a primary order. See A4-165 onwards for details of the court's powers. **A5-350**

Orders Relating to Animals

There are various powers to make orders for destruction of animals or disqualifying an individual from having custody of, or owning, an animal. These powers are principally contained within the Animal Welfare Act 2006 ss.33–45 and the Dangerous Dogs Act 1991 ss.4 and 4A. It is submitted that all of these orders are primary orders—i.e. they may be imposed in isolation, without the need for another disposal (such as a fine or imprisonment). Commonly, of course, sentencing courts will impose these orders alongside a more conventional form of punishment. **A5-351**

See A4-186 for orders under the Dangerous Dogs Act 1991 and A4-194 for

---

[281] [1997] 3 W.L.R. 403.

orders under the Animal Welfare Act 2006.

RECOMMENDATIONS FOR DEPORTATION

Introduction

A5-352 In addition to imposing a primary disposal on an offender, the court has the power to recommend the deportation of a foreign national when certain conditions are satisfied. While this discretionary power has largely been overtaken by the "automatic deportation" regime enacted as a part of the UK Borders Act 2007 (see A7-088), the power to recommend deportation remains a tool in the court's arsenal, albeit one that it is now very rarely used.

The general policy underlying the power is the removal of foreign criminals whose presence in the UK is not conducive to the public good—that is to say, it is undesirable for them to remain in the country by virtue of the risk they pose informed by the offence of which they have been convicted, among other things. Although a court can recommend deportation when it is sentencing a foreign national, the decision to deport always rests with the Home Office regardless of whether there is a court recommendation.

Legislation

Immigration Act 1971 ss. 3(6), (6A), (8) and (10), 6–7 and 8(2)–(3A)

General provisions for regulation and control.

A5-353 **3.**—(6) Without prejudice to the operation of subsection (5) above, a person who is not a British citizen shall also be liable to deportation from the United Kingdom if, after he has attained the age of seventeen, he is convicted of an offence for which he is punishable with imprisonment and on his conviction is recommended for deportation by a court empowered by this Act to do so.

...

(6A) A court may not recommend under subsection (6) that a relevant person be deported if the offence for which the person was convicted consisted of or included conduct that took place before [11pm on 31 December 2020].

...

(8) When any question arises under this Act whether or not a person is a British citizen, or is entitled to any exemption under this Act, it shall lie on the person asserting it to prove that he is.

...

(10) For the purposes of this section, a person is a "relevant person"—
  (a) if the person is in the United Kingdom (whether or not they have entered within the meaning of section 11(1)) having arrived with entry clearance granted by virtue of relevant entry clearance immigration rules,
  (b) if the person has leave to enter or remain in the United Kingdom granted by virtue of residence scheme immigration rules;
  (ba) if the person is in the United Kingdom (whether or not they have entered within the meaning of section 11(1)) having arrived with entry clearance granted by virtue of Article 23 of the Swiss citizens' rights agreement,
  (c) if the person may be granted leave to enter or remain in the United

Kingdom as a person who has a right to enter the United Kingdom by virtue of—
   (i) Article 32(1)(b) of the EU withdrawal agreement,
   (ii) Article 31(1)(b) of the EEA EFTA separation agreement, or
   (iii) Article 26a(1)(b) of the Swiss citizens' rights agreement,
   whether or not the person has been granted such leave, or
(d) if the person may enter the United Kingdom by virtue of regulations made under section 8 of the European Union (Withdrawal Agreement) Act 2020 (frontier workers), whether or not the person has entered by virtue of those regulations.

Recommendations by court for deportation.

6.—(1) Where under section 3(6) above a person convicted of an offence is liable to deportation on the recommendation of a court, he may be recommended for deportation by any court having power to sentence him for the offence unless the court commits him to be sentenced or further dealt with for that offence by another court:

[*Scotland.*]

(2) A court shall not recommend a person for deportation unless he has been given not less than seven days' notice in writing stating that a person is not liable to deportation if he is a British citizen, describing the persons who are British citizens and stating (so far as material) the effect of section 3(8) above and section 7 below; but the powers of adjournment conferred by section 10(3) of the Magistrates' Courts Act 1980, section 179 or 380 of the Criminal Procedure (Scotland) Act 1975 or any corresponding enactment for the time being in force in Northern Ireland shall include power to adjourn, after convicting an offender, for the purpose of enabling a notice to be given to him under this subsection or, if a notice was so given to him less than seven days previously, for the purpose of enabling the necessary seven days to elapse.

(3) For purposes of section 3(6) above—
   (a) a person shall be deemed to have attained the age of seventeen at the time of his conviction if, on consideration of any available evidence, he appears to have done so to the court making or considering a recommendation for deportation; and
   (b) the question whether an offence is one for which a person is punishable with imprisonment shall be determined without regard to any enactment restricting the imprisonment of young offenders or persons who have not previously been sentenced to imprisonment;

and for purposes of deportation a person who on being charged with an offence is found to have committed it shall, notwithstanding any enactment to the contrary and notwithstanding that the court does not proceed to conviction, be regarded as a person convicted of the offence, and references to conviction shall be construed accordingly.

(4) Notwithstanding any rule of practice restricting the matters which ought to be taken into account in dealing with an offender who is sentenced to imprisonment, a recommendation for deportation may be made in respect of an offender who is sentenced to imprisonment for life.

(5) Where a court recommends or purports to recommend a person for deportation, the validity of the recommendation shall not be called in question except on an appeal against the recommendation or against the conviction on which it is made; but—

(a) the recommendation shall be treated as a sentence for the purpose of any enactment providing an appeal against sentence

(6) A deportation order shall not be made on the recommendation of a court so long as an appeal or further appeal is pending against the recommendation or against the conviction on which it was made; and for this purpose an appeal or further appeal shall be treated as pending (where one is competent but has not been brought) until the expiration of the time for bringing that appeal or, in Scotland, until the expiration of twenty-eight days from the date of the recommendation.

(7) [*Scotland.*]

Exemption from deportation for certain existing residents.

A5-355 7.—(1) Notwithstanding anything in section 3(5) or (6) above but subject to the provisions of this section, a Commonwealth citizen or citizen of the Republic of Ireland who was such a citizen at the coming into force of this Act and was then ordinarily resident in the United Kingdom—

(b) shall not be liable to deportation under section 3(5) if at the time of the Secretary of State's decision he had for the last five years been ordinarily resident in the United Kingdom and Islands;

(c) shall not on conviction of an offence be recommended for deportation under section 3(6) if at the time of the conviction he had for the last five years been ordinarily resident in the United Kingdom and Islands.

(2) A person who has at any time become ordinarily resident in the United Kingdom or in any of the Islands shall not be treated for the purposes of this section as having ceased to be so by reason only of his having remained there in breach of the immigration laws.

(3) The "last five years" before the material time under subsection (1)(b) or (c) above is to be taken as a period amounting in total to five years exclusive of any time during which the person claiming exemption under this section was undergoing imprisonment or detention by virtue of a sentence passed for an offence on a conviction in the United Kingdom and Islands, and the period for which he was imprisoned or detained by virtue of the sentence amounted to six months or more.

(4) For purposes of subsection (3) above—

(a) "sentence" includes any order made on conviction of an offence; and

(b) two or more sentences for consecutive (or partly consecutive) terms shall be treated as a single sentence; and

(c) a person shall be deemed to be detained by virtue of a sentence—

(i) at any time when he is liable to imprisonment or detention by virtue of the sentence, but is unlawfully at large; and

(ii) (unless the sentence is passed after the material time) during any period of custody by which under any relevant enactment the term to be served under the sentence is reduced.

In paragraph (c)(ii) above relative enactment means [section 240, 240ZA or 240A of the Criminal Justice Act 2003] (or, before that section operated, section 17(2) of the Criminal Justice Administration Act 1962) and any similar enactment which is for the time being or has (before or after the passing of this Act) been in force in any part of the United Kingdom and Islands.

(5) Nothing in this section shall be taken to exclude the operation of section 3(8) above in relation to an exemption under this section.

Section 8(3) and (3A) of the 1971 Act disapply the Act in relation to members of a mission (and their families) and to those who are immune from jurisdiction as a diplomatic agent. Section 8(2) allows the Secretary of State to exempt by order classes of person (as to which see the Immigration (Exemption from Control) Order 1972 (SI 1972/1613)).

Immigration Act 1971 Sch.3 para.2(1), (1A), (4ZA)–(7)

SCHEDULE 3

SUPPLEMENTARY PROVISIONS AS TO DEPORTATION

Detention or Control Pending Deportation

2.—(1) Where a recommendation for deportation made by a court is in force in respect of any person, and that person is not detained in pursuance of the sentence or order of any court, he shall be detained pending the making of a deportation order in pursuance of the recommendation, unless—

(a) the court by which the recommendation is made grants bail to the person, or
(b) the person is released on immigration bail under Schedule 10 to the Immigration Act 2016.

(1A) Where—

(a) a recommendation for deportation made by a court on conviction of a person is in force in respect of him; and
(b) he appeals against his conviction or against that recommendation,

the powers that the court determining the appeal may exercise include power to release the person on bail without setting aside the recommendation.

...

(4ZA) The detention under sub-paragraph (1), (2) or (3) of a person to whom section 60 (limitation on detention of pregnant women) of the Immigration Act 2016 applies is subject to that section.

(5) The provisions of Schedule 10 to the Immigration Act 2016 that apply in relation to the grant of immigration bail by the First-tier Tribunal apply in relation to the grant of bail by the court under sub-paragraph (1) or (1A).

(6) If the court grants bail to a person under sub-paragraph (1) or (1A), Schedule 10 to the Immigration Act 2016 applies in relation to that person as if the person had been granted immigration bail by the First-tier Tribunal under that Schedule.

(7) A reference in any provision of, or made under, an enactment other than this paragraph to immigration bail granted, or a condition imposed, under Schedule 10 to the Immigration Act 2016 includes bail granted by the court under sub-paragraph (1) or (1A) or (as the case may be) a condition imposed by the court on the grant of such bail.

Guidance

General

Purpose

A recommendation for deportation is not part of the punishment for an offence. A court should first sentence the defendant according to the merits of the case and then consider the recommendation for deportation separately: *R. v Edgehill*.[282] More recently, in *R. v Abdi*,[283] the Court of Appeal (Criminal Division) stated that the broad purpose of the deportation provisions of the Act was to enable the removal from the United Kingdom of those who had no right to be in the UK and whose deportation would be for the public good. It is submitted that this statement pertains to the wider purposes of the Act rather than merely the recommendation for deportation provisions (in particular the reference to those who have no "right" to be in the UK).

---

[282] [1963] 1 Q.B. 593.
[283] [2007] EWCA Crim 1913; [2008] 1 Cr. App. R. (S.) 87.

It follows that this is a preventative measure, concerned with the future conduct of the offender, rather than a measure which punishes the offender for effectively abusing the hospitality of the UK by permitting their entry to the jurisdiction and allowing their continued presence. While the recommendation is not part of the punishment, that it may have a punitive effect is manifest if it leads to removal from the country. However, it is submitted that this should not be considered in relation to any potential mitigation of punishment, in line with the decision in *Edgehill*, not least because the deportation is not an order of the court and the decision as to whether to deport remains with the Secretary of State and contains its own safeguards. Accordingly, if a reduction were to be made, it would be made on a purely speculative basis.

As David Thomas argued,[284] the court in *R. v Abdi*[285] gave convincing reasons why in 2007, s.6(2) of the Immigration Act 1971 may be considered redundant and could be repealed without loss. Notwithstanding that, the power remains.

Effect

A5-359 As the name suggests, the court has the power to recommend deportation—it does not have the power to order it and the impact of a recommendation is therefore limited. Home Office Guidance[286] states, in relation to the court's power to recommend deportation:

> "This is a recommendation only. If the individual would not otherwise fall to be considered for deportation, it would not generally be appropriate to pursue deportation."

The general policy uses a combination of offence type and offence seriousness (by reference to sentence length—that being a rough proxy for offence seriousness) to assess the desirability of an individual remaining in the UK. In particular, the guidance notes that the Secretary of State has discretion to consider whether an offence has caused serious harm and that such an offence may result in a sentence of less than 12 months but still might merit deportation. Accordingly, the court should consider the issue of desirability by reference to the offence type and seriousness, including in particular the harm risked or intended by the offender, not just the harm caused.

Where a decision to deport is taken by the Secretary of State, there is a right of appeal to the First Tier Tribunal (Immigration and Asylum Chamber).

Relationship with automatic deportation regime

A5-360 At the beginning of this section it was noted that the power to recommend the deportation of an offender had been affected by the UK Borders Act 2007, which contains an automatic deportation regime for certain offenders. The provisions contained in the Immigration Act 1971 relating to the power to make a recommendation for deportation are neither amended nor repealed by that Act. However, in consequence of the enactment of the UK Borders Act 2007, the scope for making a recommendation has been severely curtailed. The breadth of the provisions

---

[284] D. Thomas. "Sentencing: Recommendation for Deportation—Immigration Act 1971 s.61—Failure to Service Notice Required by s.6(2)—Effect of Failure" [2007] Crim. L.R. 992–994.

[285] [2007] EWCA Crim 1913; [2008] 1 Cr. App. R. (S.) 87.

[286] Home Office, *Immigration Directorate Instructions: Deporting non-EEA foreign nationals*, April 2015, para.3.3.3.

constituting the "automatic deportation" regime have meant there are few cases where that regime does not apply and a recommendation for deportation would be appropriate.

It is submitted that a court considering whether to make a recommendation for deportation should first consider whether the automatic deportation regime applies (see A7-088) as this will inform the exercise of discretion as to whether a recommendation should be made.

Who is eligible?

By virtue of s.3(6), a recommendation for deportation (and subsequently, an order by the Secretary of State for deportation) may be made where: **A5-361**

1) any person who is not a British citizen;
2) is convicted of a criminal offence punishable by imprisonment;
3) the person was aged 17 or over at the date of the conviction.

Paragraph (c) is interesting because the relevant age for automatic liability to deportation is 18 in the UK Borders Act 2007. Therefore, those aged 17 are in an unusual position where they can be made the subject of a recommendation but are not automatically liable to deportation under the 2007 Act. This would seem to be out of line with the law on children and young persons, which since the Criminal Justice Act of 1991 has generally adopted the age of 18 for legal adulthood and, consequently, it is suggested that recommendations for deportation of 17 year olds should be particularly rare.

Definitions

British citizen

For the definition of "British citizen" (for the purposes of s.3), see the British Nationality Act 1981 Pt I.   **A5-362**

Persons deemed to have attained the age of 17

A person is deemed to have attained the age of 17 if they appear to have done so to the court (s.6(3)(a)); this is in line with the general position in relation to a court determining the age of an offender.   **A5-363**

"Commonwealth citizen"

For the definition of a Commonwealth citizen, see the British Nationality Act 1981 s.37 and Sch.3. The Immigration Act 1971 came into force on 1 January 1973. A period of continuous residence is not broken for the purpose of this section by an ordinary holiday abroad, but a period of 20 months' absence was held in *R. v Hussain*,[287] to break the period of residence.   **A5-364**

By virtue of s.33(2) of the 1971 Act a person cannot be ordinarily resident in the UK if their presence in the country is in breach of the immigration laws, except as provided by the Act. Section 7(2) does not apply to a person whose presence in the UK was unlawful from the beginning; it is intended to apply to a person who has

---

[287] (1972) 56 Cr. App. R. 165 CA.

entered the UK lawfully but remained after the expiry of the period for which they were allowed to enter: *R. v Bangoo*.[288]

Procedure

Notice requirement

A5-365   Section 6(2) of the Act prohibits the making of a recommendation unless the offender has been given seven days' notice. As has been the practice of the courts for some time, while adherence to procedural requirements is strongly desirable, procedural non-compliance will not automatically invalidate court orders and a consideration of any substantive injustice and the reasons for the non-compliance will be needed. In *R. v Abdi*,[289] the Court of Appeal (Criminal Division) held that where a defendant who had been recommended for deportation had not been given notice as required by the Act, the court should not impute to Parliament an intention that this would necessarily render a recommendation for deportation invalid.

As David Thomas noted at [2007] Crim. L.R. 992,[290] the procedure required by s.6(2) "could not be simpler—all that is required is that a printed notice should be served on the defendant. The section sets out clearly what should be done if the defendant arrives at the point of sentence and no notice has been served. There is a clear indication that the case should be adjourned so that the proper notice can be served."

Judge must warn counsel

A5-366   In *R. v Carmona*,[291] the court stated that it was necessary for the court to warn defence counsel that a recommendation for deportation was being considered in order to allow the advocate time to prepare submissions in relation to that issue and to collect any material that it may be desirable to place before the court. Provided that notice is served on the defendant in accordance with s.6(2) of the 1971 Act this should ordinarily be a relatively simple matter.

Recommendation does not justify a reduction in sentence

A5-367   A recommendation for deportation is not part of the punishment imposed on the offender; from that it follows that the making of a recommendation for deportation does not justify a reduction in the sentence otherwise appropriate: *R. v Carmona*.[292]

Whether to Make a Recommendation

General approach

A5-368   A recommendation for deportation should not be made as if by an afterthought; there should be a full enquiry into all the circumstances and counsel should be

---

[288] [1976] Crim. L.R. 746 CA.
[289] [2007] EWCA Crim 1913; [2008] 1 Cr. App. R. (S.) 87.
[290] D. Thomas, "Sentencing: Recommendation for Deportation—Immigration Act 1971 s.61—Failure to Service Notice Required by s.6(2)—Effect of Failure" [2007] Crim. L.R. 992–994.
[291] [2006] EWCA Crim 508; [2006] 1 W.L.R. 2264.
[292] [2006] EWCA Crim 508; [2006] 1 W.L.R. 2264.

invited to address the court specifically on the possibility of a recommendation being made: *R. v Nazari*[293]; *R. v Omojudi*[294]; *R. v Frank*.[295] This is further supported by the requirement that seven days' notice be given (see s.6(2)). This puts the offender on notice such that they can prepare submissions as to whether the conditions are satisfied. It is submitted that, deliberately, the power is not a consequence of conviction but a discretionary power which, as all exercises of discretion, requires a consideration of all the circumstances. It follows, therefore, that there should be a proper examination of the circumstances and representations made by the defendant. To the extent that prosecuting counsel are involved in this element of the sentencing hearing, it is submitted that the role to be adopted would be akin to an amicus.

Test to apply

General

In *R. v Bouchereau*,[296] the European Court of Justice held that (in the context of citizens of the EU made subject to a recommendation for deportation) the court had to consider whether the offender's conduct constituted "a genuine and sufficiently serious threat to the requirements of public policy affecting one of the fundamental interests of society". This had been applied in later cases such as *R. v Kraus*,[297] *R. v Compassi*,[298] *R. v Escauriaza*[299] and *R. v Spura*.[300]

In the later case of *R. v Nazari*[301] the court gave guidance as to the making of a recommendation for deportation (in a case in which none of the defendants were members of the EU). The court commented at 95 that:

> "... the Court must consider ... whether the accused's continued presence in the United Kingdom is to its detriment. This country has no use for criminals of other nationalities, particularly if they have committed serious crimes or have long criminal records. That is self-evident. The more serious the crime and the longer the record the more obvious it is that there should be an order recommending deportation."

The court in *R. v Kluxen*,[302] considered the power to make a recommendation for deportation in light of the UK Borders Act 2007 and held, having reviewed the authorities, that:

1) the test to be applied when deciding whether to make a recommendation had been expressed differently in different cases:
2) the *Nazari* test: the court must consider whether the "continued presence of the offender in the United Kingdom was to its detriment";
3) the *Bouchereau* test: the court must consider whether the offender's conduct constituted "a genuine and sufficiently serious threat to the requirements of public policy affecting one of the fundamental interest of society";

---

[293] (1980) 71 Cr. App. R. 87 CA.
[294] (1992) 13 Cr. App. R. (S.) 346 CA.
[295] (1992) 13 Cr. App. R. (S.) 500 CA.
[296] (1978) 66 Cr. App. R. 202.
[297] (1982) 4 Cr. App. R. (S.) 113.
[298] (1987) 9 Cr. App. R. (S.) 270.
[299] (1987) 9 Cr. App. R. (S.) 542.
[300] (1988) 10 Cr. App. R. (S.) 376.
[301] (1980) 71 Cr. App. R. 87.
[302] [2010] EWCA Crim 1081; [2011] 1 W.L.R. 218.

4) the *Bouchereau* test was based on a European Directive which had since been replaced, but, having considered the terms of the new Directive, Directive 2004/38, that Directive was clearly intended substantially to restate the terms of the old Directive. The *Bouchereau* test had survived the replacement of the Directive;
5) comparing the two tests, there was a consistent line of authority to the effect that the two tests were substantially the same, and that a court considering recommending an offender's deportation should apply substantially the same test whether the offender was or was not a citizen of the EU.

"Foreign criminal"—custodial sentence of 12 months or more

A5-370 The UK Borders Act 2007 s.32 provides that a foreign criminal—i.e. a person convicted of a criminal offence who receives a sentence of 12 months or more—is automatically liable to deportation as a result of their conviction and sentence. The court in *R. v Kluxen*[303] considered the power to make a recommendation for deportation in light of the UK Borders Act 2007. The court held that since the 2007 Act came into force it was no longer appropriate for a court to recommend the deportation of a "foreign criminal" as defined in s.32 of the Act, as no useful purpose would be served by doing so. This was because the Secretary of State was obliged by s.32(5) to make a deportation order unless one or more of the exceptions specified in s.33 applied, and it was for the Secretary of State to decide whether any of those exceptions did apply. Section 32 of the 2007 Act did not expressly prevent the court from recommending deportation of a "foreign criminal" but it did expressly remove any need for the court to do so.

Not a "Foreign criminal"—non-custodial sentence / custodial sentence of under 12

A5-371 **General** The court should apply the test as set out in *Nazari* and *Bouchereau*.[304] Both set a high bar that must be cleared before a recommendation for deportation can be made and it will rarely be that either test would be satisfied in the case of an offender, none of whose offences merited a custodial sentence of 12 months or more. This is so whether or not the offender is an EU citizen: *R. v Kluxen*.[305]

However, there will be circumstances in which a recommendation may be appropriate. The court in *Kluxen* suggested that an offender who repeatedly committed minor offences could conceivably satisfy the test (e.g. *R. v Maya*[306]), as could a person who committed a single offence involving the possession or use of false identity documents, for which they received a custodial sentence of less than 12 months. Such cases would be rare but it is necessary to remember that even if a court made no recommendation for the offender's deportation, the Secretary of State might nevertheless deport the offender if it were thought that this would be conducive to the public good. To that guidance in *Kluxen*, it is suggested that an offender whose offence is a low-seriousness (such that they do not receive a sentence

---

[303] [2010] EWCA Crim 1081; [2011] 1 W.L.R. 218.
[304] The *Nazari* test: the court must consider whether the "continued presence of the offender in the United Kingdom was to its detriment". The *Bouchereau* test: the court must consider whether the offender's conduct constituted "a genuine and sufficiently serious threat to the requirements of public policy affecting one of the fundamental interest of society".
[305] [2010] EWCA Crim 1081; [2011] 1 W.L.R. 218.
[306] [2009] EWCA Crim 2427; [2010] 2 Cr. App. R. (S.) 14.

of 12 months or more) but who presents a risk to the safety of others may satisfy the tests.

Offender sentenced to discharge The final paragraph of s.6(3) is a reference to s.82(2) of the Sentencing Code: the effect of the provision is to allow a recommendation for deportation to be made in conjunction with a discharge. This was considered in *R. v Akan*[307] in which the court confirmed that it was open to a court to make a recommendation for deportation in respect of an offender granted a conditional discharge. **A5-372**

It is suggested, however, that it is highly unlikely that such an offender will satisfy the criterion of "potential detriment" and therefore a recommendation is likely to be inappropriate. However, due to the test for imposing a conditional discharge (whether it is "inexpedient to inflict punishment") and the focus of a recommendation for deportation on the future desirability of the offender remaining in the jurisdiction involving different considerations, there will be some cases where this is an appropriate course of action.

Approach to previous convictions In *R. v Bouchereau*,[308] the European Court of Justice held that art.3(2) of Directive 64/221 (previous convictions do not per se constitute grounds for the imposition of the restrictions on free movement authorised by art.48 of the EEC Treaty on grounds of public policy and public security) had to be interpreted to mean that previous convictions were relevant only in so far as the circumstances which gave rise to them were evidence of personal conduct constituting a present threat to the requirements of public policy. **A5-373**

Submissions relating to the country to which the offender would be returned The criminal courts are not concerned with the political systems in operation in other countries and the courts will generally have no knowledge of such matters. Furthermore, it would be wholly undesirable if any court expressed its views on regimes prevailing in other countries. It was for the Secretary of State to decide whether returning an offender to their country of origin would have unduly harsh consequences. Thereafter, an appeal to the First Tier Tribunal (Immigration and Asylum Chamber) can consider the situation in the home country as regards the propriety of deportation order: *R. v Nazari*[309] and *R. v Benabbas*.[310] **A5-374**

Submissions relating to the effect on third parties It is proper for the court to consider the effect of a recommendation for deportation on others not before the court. Courts have no wish to break up families or impose hardships on those who have not committed offences: *R. v Nazari*[311] and *R. v Benabbas*.[312] **A5-375**

In the later case of *R. v Carmona*,[313] however, the court considered a recommendation for deportation made in the case of a Portuguese national convicted of six offences of handling stolen goods and eight offences of forgery, all of which arose out of the large-scale theft of cheques from a Royal Mail sorting office. The offender was settled in the UK with his partner and two children. When sentenc-

---

[307] [1973] 1 Q.B. 491; (1972) 56 Cr. App. R. 716 CA.
[308] [1978] Q.B. 732.
[309] (1980) 71 Cr. App. R. 87.
[310] [2005] EWCA Crim 2113; [2006] 1 Cr. App. R. (S.) 94.
[311] (1980) 71 Cr. App. R. 87.
[312] [2005] EWCA Crim 2113; [2006] 1 Cr. App. R. (S.) 94.
[313] [2006] EWCA Crim 508; [2006] 1 W.L.R. 2264.

ing the offender the judge took 39 other offences of forgery into consideration. On appeal against sentence, it was submitted that the judge had failed to consider the likely effect of the recommendation on the offender's family or correctly to balance it against the possibility that he might re-offend. The court held that a recommendation for deportation would not of itself infringe rights under art.8 of the Convention, since such rights were only infringed if there were an unjustified interference with them. Furthermore, the court held that art.8 rights might be affected by the decision of the Secretary of State to deport an individual, but not by what was only a recommendation and, accordingly, where the offences justified a recommendation for deportation there was now no need for the sentencing court to consider the impact of the recommendation on the offender's family or to consider the offender's rights under the Convention, including those under arts 2, 3 or 8 and, moreover, it would be undesirable for the sentencing court to undertake an assessment of such rights for which it was not qualified or equipped, and which would in any event be undertaken by the Home Secretary or by the Asylum and Immigration Tribunal on appeal if and when a deportation order were made.

Accordingly, the impact on third parties should not be considered and the court should consider only whether the offences committed and other material before it justified the conclusion that the offender's continued presence in the UK was contrary to the public interest.

A5-376 **Submissions relating to the immigration status of the offender** In *R. v Khandari*,[314] the court observed that the question whether to recommend deportation should be decided "quite independently of the status of the particular offender before the court in relation to his position under the Immigration Act." This decision would be congruent with the earlier passages in relation to the political status of the home country and the effect on third parties.

It was suggested in *R. v Villa and Villa*[315] that the fact that the offender has been granted refugee status does not prevent the court from making a recommendation for deportation. Although a question for the Secretary of State and ultimately the First Tier Tribunal, it is difficult to see how a conviction could properly alter a decision on refugee status.

The position since the turn of the century has become more nuanced, however. In *R. v Benabbas*,[316] the court stated that there was a distinction to be drawn between an individual who had entered the UK by fraudulent means and an individual who was in the UK unlawfully and had been convicted of an offence (where that offence was unconnected with their status and the circumstances in which they had entered the country). The court observed that the public interest in preventing the fraudulent use of passports to gain entry or support residence was of considerable importance and deserved protection and that where the essential gravamen of the offence for which the offender was being sentenced was itself an abuse of the immigration laws, the issue of detriment when applying the relevant test was intimately bound up with the protection of public order afforded by confidence in a system of passports. Accordingly, the court concluded that the approach identified in *Khandari* was inappropriate to the offence of entering without a passport, although it might, for entirely different reasons, nevertheless be appropriate where

---

[314] *unreported 24 April 1979 CA.*
[315] (1993) 14 Cr. App. R. (S.) 34 CA.
[316] [2005] EWCA Crim 2113; [2006] 1 Cr. App. R. (S.) 94.

the defendant had immediately claimed asylum on entry (because the asylum claim would be assessed by the Secretary of State, who was best left to consider it without any possible complication arising from a recommendation for deportation).

The suggestion is that, ceteris paribus, the person entering the UK unlawfully by the use of a fraudulent passport was more likely to be subject to a recommendation than someone who had not used such means. There is a clear element of deterrence in the court's reasoning and while that might be theoretically justifiable (on the basis of that being a consequentialist consideration rather than a retributivist consideration) it might be thought that it is rather harsh to make a recommendation in order to "send a message" to others, particularly where the empirical evidence in relation to the effectiveness of deterrence is particularly weak. David Thomas noted at [2005] Crim. L.R. 976,[317] in relation to *Benabbas*:

> "The concept of 'potential detriment' in the context of immigration-related offences seems to be expanded beyond the idea of the commission of future offences by the offender, who may be unlikely to need to commit further similar offences again. There seems to be a recognition of the need to send out the right message, and to avoid undermining public confidence in social institutions, whether marriage or the passport system. Subject to consideration of personal and family mitigation, the court appears to accept that in this context a deterrent approach is justified, and that the danger of an offender appearing to achieve the object of his fraudulent behaviour, whatever form it takes, amounts to sufficient potential detriment to the country to justify the making of a recommendation.
>
> The court in *Benabbas* recognises a broad distinction reflected in the earlier cases between the commission of immigration-related offences, and the commission of offences unrelated to immigration by persons who are not lawfully in the country. In the second class of case, the illegality of the offender's presence in the country does not in itself justify a recommendation, but it may be taken into account as a background factor when the sentencing court performs the balancing exercise required by Nazari."

In *R. v Yeboah*,[318] the judge reviewed the defendant's immigration history and status and concluded that it was likely that he would be removed from the UK, irrespective of any decision made by the judge. The court, on appeal against the recommendation, stated that whether a foreign national was to be deported was a matter for the Secretary of State, subject to an appeal and that speculation as to their likely decision was an irrelevant consideration when judges are passing sentence in criminal cases.

Sentencing Remarks

Need to give reasons if making recommendation

In *R. v Bozat*,[319] the court stated that it was "imperative" for judges to explain their reasons for making a recommendation for deportation, in fairness to the defendant, and to assist the Secretary of State who would have to make the ultimate decision whether the defendant would be deported. However, the court stated that the failure to do so was not fatal to the recommendation and where the Court of Appeal (Criminal Division) considered that a recommendation was appropriate, the court could provide its own reasons for making the recommendation. The court dif-

---

[317] D. Thomas, "Sentencing: Recommendation for Deportation—Using False Imprisonment" [2005] Crim. L.R. 976–979.
[318] [2010] EWCA Crim 2394.
[319] [1997] 1 Cr. App. R. (S.) 270.

fered from the conclusion in *R. v Rodney*,[320] appearing to suggest that the recommendation should be quashed where no reasons were given. It is submitted that while it will always be good practice to explain the reasons for making a recommendation, whether a failure to do so will lead to the quashing of a recommendation is likely to depend on the merits of that decision; if there are obvious reasons for making the recommendation it is unlikely that a failure to explain those will be fatal.

Not making a recommendation

A5-379   It is not necessary for the court to explain during its sentencing remarks that it is not recommending the deportation of a foreign criminal because the 2007 Act applied, although a court might do so if it wished: *R. v Kluxen*.[321]

---

[320] [1996] 2 Cr. App. R. (S.) 230 CA.
[321] [2010] EWCA Crim 1081; [2011] 1 W.L.R. 218.

CHAPTER A6

CHILDREN AND YOUNG PERSONS

INTRODUCTION

The criminal justice system adopts a significantly different approach to dealing **A6-001**
with offending by children and young persons from that in relation to adults—and
has since at least 1908, when juvenile courts (now youth courts) were established
by the Children Act 1908. Over the last century, the system for sentencing children
and young persons has evolved dramatically.[1]

However, as Morgan and Newburn have noted, the separation between the
regime for adults and the regime for children and young persons remains porous.[2]
The approach to sentencing is in a number of material respects the same; the
burdens and standards of proof, do not, for example, change, nor does the approach to determining issues of factual basis, or the relevance of principles such as
totality. Similarly, many disposals are available for children and young persons as
they are for adults, or are available with only minor modifications. Accordingly, this
chapter deals only with the material differences in approach, and the differences in
the sentencing disposals available. Reference will still need to be made to the rest
of this text when considering the sentencing of children and young persons.

References to children and young persons in the legislation stem from the
terminology used in s.107(1) of the Children and Young Persons Act 1933, in which
"child" means a person under 14 and "young person" means a person aged 14–17.
The terminology is arguably now slightly dated, not least because little if anything
turns on whether an offender is a "child" or a "young person" for the purposes of
available sentencing orders. The Law Commission has recommended that the
government consider whether the word "child" or an analogous phrase should be
used when referring to persons convicted under the age of 18 in future legislation.[3]
The government response provided that where possible, future Ministry of Justice
legislation should refer to persons under the age of 18 as "children".[4]

It is, in this respect, notable that the legislation adopts a "bright line" approach, **A6-002**

---

[1] For a good (albeit now slightly dated) summary of the history of which, see R. Morgan and T. Newburn, "Youth Crime and Justice: Rediscovering Devolution, Discretion and Diversion?" in M. Maguire, R. Morgan and R. Reiner (eds), *The Oxford Handbook of Criminology*, 5th edn (Oxford: OUP, 2012), pp.505–514.
[2] R. Morgan and T. Newburn, "Youth Crime and Justice: Rediscovering Devolution, Discretion and Diversion?" in M. Maguire, R. Morgan and R. Reiner (eds), *The Oxford Handbook of Criminology*, 5th edn (Oxford: OUP, 2012), p.505.
[3] See Law Commission, *Sentencing Code: Report* (2018) Law Com No.382 paras 7.28–7.38.
[4] Letter from Robert Buckland QC to Penney Lewis: Sentencing code: government's final response (27 April 2020) at *https://www.gov.uk/government/publications/government-response-to-law-commission-report-on-the-sentencing-code* [Accessed 17 July 2023].

with different laws applying depending on the age of the offender at conviction and whether they were convicted when under 18 (and therefore are to be dealt with as a child or young person) or whether they are convicted when 18 or over. The inherent potential for unfairness that such an approach creates, particularly where offences were committed when under 18 and there have been delays out of the offender's control, has, however, been mitigated by the courts. As the Lord Chief Justice observed in *Attorney General's Reference (R. v Clarke)*[5] "young people continue to mature, albeit at different rates, for some time beyond their 18th birthdays". The principles discussed below, applicable to those who commit offences when under 18, may therefore have wider relevance to other young offenders, even where they are convicted after attaining the age of 18.

This chapter concerns that which is specific to children and young persons only; therefore, where a provision, case or practice direction is of general application, irrespective of the age of the offender, it will be found in the appropriate section of this work, and not in this chapter. Cross references have been provided within this chapter, to assist.

THE ASSESSMENT OF AGE

A6-003   Where there is a dispute as to a person's age, this will normally be capable of resolution by reference to records (including Police National Computer or health service records). Where, however, there is a substantive dispute as to a person's age (most commonly occurring in the case of offenders of foreign birth) then for the purposes of sentencing statute generally provides that a person is deemed to be whatever age that person appears to the court on the basis of any available evidence.[6]

Section 99 of the Children and Young Persons Act 1933 provides that where it appears to the court a person is a child or young person the court shall make due inquiry as to the age of that person, and for that purpose shall take such evidence as may be forthcoming at the hearing of the case. An order or judgment of the court shall not be invalidated by any subsequent proof that the age of that person has not been correctly stated to the court.

In *R. v Mohammed*,[7] the court summarised the procedure and principles applicable to criminal courts performing age assessments for the purposes of the sentencing hearing:

1) The law and procedure relating to age assessments was found in the Children and Young Persons Act 1933 s.99 and the Sentencing Act 2020 s.405.
2) The assessment in borderline cases was a difficult but not complex matter and did not require anything approaching a trial.
3) The determination can be made informally (and even on the papers in appropriate cases), provided that safeguards of minimum standards on inquiry and fairness were adhered to. Except in clear cases, the court may not determine age solely on the basis of appearance of the applicant.
4) Where there was real doubt as to the claimed age, the proper course was to give directions for an age assessment to be conducted.
5) Generally, the court had to consider the general background of the defendant (to include family circumstances and history and educational background, and their

---

[5] [2018] EWCA Crim 185; [2018] 1 Cr. App. R. (S.) 52.
[6] See, e.g. Sentencing Code s.405 and Criminal Justice Act 2003 s.305(2).
[7] [2021] EWCA Crim 1375.

movements over the previous few years). Additionally, ethnic and cultural information may be important. It was for the parties to carry out the appropriate investigations and provide the necessary information. A defendant's manners and abilities may be relevant as may a lack of documentation.

6) If there was reason to doubt the defendant's statement as to their age, the court would have to test and assess their credibility. There is no assumption the court will agree with the parties' position.

General Principles

Purposes of Sentencing

Introduction

The purposes of sentencing listed in s.57 of the Sentencing Code (see A1-020) apply only to offenders aged 18 or over at conviction. While specific purposes of sentencing for those aged under 18 have been on the statute book since the enactment of the Criminal Justice and Immigration Act 2008, such provisions have never been commenced (for the prospective amendments, see para.3 of Sch.22 to the Sentencing Code). A significant question, as of yet unsatisfactorily answered by the courts, is the extent to which the purposes listed in s.57 of the Sentencing Code may be relevant to the sentence.

It is clear, however, that regardless of the relevance of those provisions the approach of the courts to the sentencing of children and young persons, and the purpose of that exercise, is driven by the principal aim of the youth justice system under s.37 of the Crime and Disorder Act 1998 to prevent re-offending and their duty under s.44 of the Children and Young Persons Act 1933 to give due regard to the welfare of those under 18.

It is necessary to recognise that the sentence imposed must be in accordance with s.63 of the Sentencing Code (see A1-010)—i.e. proportionate to the seriousness of the offence; however, this assessment will be significantly informed by the particular considerations that apply to children and young persons, such as the purposes of sentencing which are notably different from those which apply to adult offenders.

A6-004

Legislation

Crime and Disorder Act 1998 s.37

Aim of the youth justice system.

37.—(1) It shall be the principal aim of the youth justice system to prevent offending by children and young persons.

(2) In addition to any other duty to which they are subject, it shall be the duty of all persons and bodies carrying out functions in relation to the youth justice system to have regard to that aim.

A6-005

Children and Young Persons Act 1933 s.44

General considerations

44.—(1) Every court in dealing with a child or young person who is brought before it, either as an offender or otherwise, shall have regard to the welfare of the

A6-006

child or young person and shall in a proper case take steps for removing him from undesirable surroundings, and for securing that proper provision is made for his education and training.

Sentencing Guideline

Generally

A6-007 The Sentencing Council has issued a definitive overarching guideline on the sentencing of children and young persons, which applies to all offenders who are sentenced on or after 1 June 2017. The guideline provides a detailed explanation as to the approach to be adopted to sentencing children and young persons and reference should be made to it directly.

In brief, the guideline provides that while the seriousness of the offence will be the starting point, the approach to sentencing should be individualistic and focused on the child or young person, as opposed to offence focused. For a child or young person, the sentence should focus on rehabilitation where possible. A court should also consider the effect the sentence is likely to have on the child or young person (both positive and negative) as well as any underlying factors contributing to the offending behaviour.

The guideline considers that it is important to avoid "criminalising" children and young people unnecessarily and restorative justice disposals may be of particular value for children and young people as they can encourage them to take responsibility for their actions and understand the impact their offence may have had on others. Children and young persons should, if possible, be given the opportunity to learn from their mistakes without undue penalisation or stigma, especially as a court sanction might have a significant effect on the prospects and opportunities of the child or young person and hinder their re-integration into society.

Welfare of children and young persons

A6-008 The guideline provides that in having regard to the welfare of the child or young person, a court should ensure that it is alert to:

1) any mental health problems or learning difficulties/disabilities;
2) any experiences of brain injury or traumatic life experience (including exposure to drug and alcohol abuse) and the developmental impact this may have had;
3) any speech and language difficulties and the effect this may have on the ability of the child or young person (or any accompanying adult) to communicate with the court, to understand the sanction imposed or to fulfil the obligations resulting from that sanction;
4) the vulnerability of children and young people to self-harm, particularly within a custodial environment;
5) the effect on children and young people of experiences of loss and neglect and/or abuse.

The guideline notes the need to consider the background of children and young people and the influence of home, family and peer factors. It observes that looked-after children or young persons are over-represented in the justice system and that the court should also bear in mind the additional complex vulnerabilities that are likely to be present in the background of such children and young persons.

Similarly, it notes that evidence suggests that black and minority ethnic children and young people are over-represented in the youth justice system and that the particular factors that arise in such cases need to be taken into account, including, in particular, the experience of such children and young people in terms of discrimination and negative experiences of authority.

Guidance

Preventing re-offending

It would be a mistake to conclude that the effect of s.37 of the Crime and Disorder Act 1998 is to make rehabilitation the primary purpose of sentencing in relation to children and young persons. The prevention of re-offending is a broader concept than the rehabilitation of the offender and will also include considerations of appropriate punishment, public protection and even individual deterrence. As observed in *R. v T*,[8] "it is often necessary to resort to incarceration to prevent re-offending". As observed in *Attorney General's Reference (R. v W)*,[9] it does not follow from placing the welfare of the child at the heart of sentencing that custody is never in the interests of the child. A young offender may well need the structure, the stability and the help on offer within a custodial setting. They may be better off away from negative influences, including in the offender's own home.

A6-009

Welfare of children and young persons

Unlike in family law, the welfare of the child and their best interests are not the primary considerations in sentencing children and young persons, although by virtue of s.44 of the Children and Young Persons Act 1933 they are significant factors to which the court must have regard. The effect of s.37 of the Crime and Disorder Act 1998 is that the primary purpose is to prevent re-offending and therefore to the extent that the need for appropriate punishment will have negative impacts on the welfare of a child or young person, their welfare must give way.

A6-010

However, it is suggested that the need to have regard to the welfare of a child or young person, in combination with the particular vulnerability which such offenders have, will often mean that there is a greater need to consider the individual impact of any sentencing proposal, and to gather as much information as possible about the child or young person before sentencing. In particular, as held in *R. v Celaire and Poulton*,[10] it will almost invariably be appropriate to obtain a pre-sentence report before proceeding to sentence.

Other purposes of sentencing

Punishment

In *R. v Islam*,[11] it was held that the paramount need in sentencing is to maintain confidence in the criminal justice system, by the public at large, and in particular by victims; sentences which do not reflect the gravity of the offence undermine that

A6-011

---

[8] [2008] EWCA Crim 2697.
[9] [2016] EWCA Crim 2115; [2017] 1 Cr. App. R. (S.) 37.
[10] [2002] EWCA Crim 2487; [2003] 1 Cr. App. R. (S.) 116.
[11] [2009] EWCA Crim 2183; [2010] 1 Cr. App. R. (S.) 101.

confidence, even in the context of children and young persons. That principle was explained by Lord Bingham CJ in *Attorney General's Reference Nos 59, 60 and 63 of 1998 (R. v Goodwin)*[12] in the context of sentencing young offenders for violent offences as follows:

> "When an offender, however young, deliberately inflicts serious injury on another there is a legitimate public expectation that such offender will be severely punished to bring home to him the gravity of the offence and to warn others of the risk of behaving in the same way. If such punishment does not follow, public confidence in the administration of the criminal law is weakened and the temptation arises to give offenders extra-judicially the punishment which the formal processes of law have not given. When we speak of the public we do not forget the victim, the party who has actually suffered the injury, and those close to him. If punishment of the offender does little to heal the victim's wounds, there can be little doubt that inadequate punishment adds insult to injury. There will be cases therefore, and it is hoped that they will be few where the offences are so serious, that despite the age of the offender, a lengthy sentence must be passed, lest a grave offence, with devastating consequences is inadequately reflected in the punishment."

It is for this reason that the Sentencing Council's guideline provides that the seriousness of the offence will always be the starting point even if the approach to sentencing should have a greater focus on the offender, rather than the offence.

Deterrence

A6-012   The proposed purposes of sentencing for children and young persons contained in para.3 of Sch.22 to the Sentencing Code, if commenced would not list deterrence. This has led to a number of suggestions that deterrence should not have a role in the sentencing of children and young persons. If para.3 of Sch.22 is commenced that argument may require proper consideration; however, until it is there is nothing preventing deterrence being a relevant consideration.

In *R. v Smickele*,[13] Hughes LJ (then the Vice President of the Court of Appeal (Criminal Division)) held that it was not the law that deterrence could play no part in the sentencing of young offenders. It was certainly true that considerations of welfare, individual treatment and careful attention to the level of maturity might sometimes make high levels of deterrent sentencing less appropriate, but part of the sentencing process was necessarily about sending a message not only to the defendants in court but to others like them. Young offenders just like older offenders are capable of understanding the message that very serious planned crime would be met by serious punishment.

The decision in *Smickele* builds on a long history of cases suggesting deterrent sentencing can be justified in the case of young offenders: see, for example, *R. v Ford*,[14] where the Court of Appeal (Criminal Division) confirmed that s.44 of the Children and Young Persons Act 1933 does not prevent the court from passing on a child or young person a sentence of general deterrence in a proper case.

A6-013   In *R. v Williams*,[15] it was submitted that deterrence considerations should not be taken into account when sentencing an offender under the age of 18 for murder because:

---

[12] [1999] 2 Cr. App. R. (S.) 128 CA.
[13] [2012] EWCA Crim 1470; [2013] 1 Cr. App. R. (S.) 64.
[14] (1976) 62 Cr. App. R. 303 CA.
[15] [2020] EWCA Crim 193; [2020] Crim. L.R. 637.

1) there was strong scientific evidence that children have cognitive developmental deficits in relation to the type of consequential reasoning necessary for deterrence to be effective;
2) there is no consistent evidence that increasing sentence length effectively deters other children from committing like offences;
3) increasing a child's sentence is without purpose, can be harmful and may be arbitrary and unlawful;
4) deterrence as a legitimate factor in the sentencing of children is not mandated by statute.

The court in *Williams* declined to determine that issue, noting that it was a complex matter, and considering that it should await determination in a case or series of cases where the issues arise directly. It is, however, submitted that the submissions in *Williams* are inconsistent with the general application of the law on deterrence and the principle purpose of sentencing in preventing re-offending by children and young persons. While it can certainly be argued that the efficacy of deterrent sentencing is relatively minimal (see A1-024), and potentially lessened in the case of children and young persons, it must be accepted that as a matter of principle, specific and general deterrence can result in reduced re-offending by children and young persons. An argument that deterrence serves no purpose or is illegitimate in relation to children and young persons is fundamentally difficult to accept.

It is suggested that a more realistic way of framing the argument in *Williams* would be as follows. Given the need to avoid criminalisation, the greater desire to focus on the individual and their welfare and rehabilitation and the reduced developmental capacity of children and young persons, general deterrence should be given far less weight when sentencing children and young persons than when sentencing adults. This seems to be the approach endorsed by the Sentencing Council's guideline on sentencing children and young persons, which provides that while deterrence can be a factor in sentencing children and young people, it should be restricted to serious offences and can, and often will, be outweighed by considerations of the child or young person's welfare.

Public protection

As observed in *R. v T*,[16] "it is often necessary to resort to incarceration to prevent re-offending". The need to ensure public protection will therefore remain a relevant purpose of sentencing when dealing with children and young persons, although public protection will always need to be balanced against the need to have regard to the child's welfare and to avoid unnecessary criminal stigmatisation. It may be that courts will wish to consider less intrusive means of public protection in the case of children and young persons than in relation to adults.

A6-014

Reparation

A number of the sentencing disposals available to a court sentencing a child or young person are specifically concerned with reparation. Reparation is presumably to be given greater weight in respect of such offenders where there is evidence of a lack of maturity or an understanding of the impacts of their offending. As the Sentencing Council's guideline explains, children and young people are likely to

A6-015

---

[16] [2008] EWCA Crim 2697.

benefit from being given an opportunity to address their behaviour and may be receptive to changing their conduct. Reparative disposals can encourage them to take responsibility for their actions and understand the impact their offence may have had on others. Children and young persons should, if possible, be given the opportunity to learn from their mistakes without undue penalisation or stigma. Reparative sentencing disposals therefore provide an opportunity for offending to be properly addressed with lesser involvement from the formal criminal justice system.

Rehabilitation

A6-016   Ultimately the only truly effective way of stopping re-offending by children and young persons is their effective rehabilitation. As the Sentencing Council's guideline explains, for a child or young person the sentence should focus on rehabilitation where possible. While, as with adults, there will be a need to balance rehabilitation against the need for appropriate punishment and public protection, there should always be a particular emphasis on rehabilitation in the case of sentencing children and young persons.

General Approach

A6-017   In *R. v ZA*,[17] the court gave extensive guidance as to the proper approach to sentencing youths. The court provided a checklist of necessary considerations, emphasising that an entirely different approach to sentence was required than that which courts routinely applied to adult offenders:

(1) Court listing should ensure that there is sufficient time for the judge, even if that judge heard the trial and knows the case well, to read and consider all reports and to prepare sentencing remarks in age-appropriate language.

(2) Consideration should be given to listing separately, and as a priority, the sentence of any child(ren) or young person(s) jointly convicted with adult co-defendants.

(3) The courtroom should be set up and arranged to ensure that the child or young person to be sentenced is treated appropriately, namely as a vulnerable defendant entitled to proper support. So far as possible the judge should be seated on a level with the child or young person, and the latter should be able to sit near to counsel, with parental or other support seated next to them (see further below).

(4) Counsel must expect to submit full sentencing notes identifying all relevant Sentencing Council Guidelines, in particular any youth-specific guideline(s), addressing material considerations in an individualistic way for each defendant separately (if more than one young defendant is to be sentenced). Where an individualistic approach is mandated, as it is for a child or young person, a note which addresses all defendants compendiously risks missing important distinctions. These notes should be uploaded well in advance of the sentencing hearing.

(5) The contents of the pre-sentence report and any medical/psychiatric/psychological reports will be key. Courts should consider these reports bearing in mind the general principles at s.1 of the overarching youth guideline,

---

[17] [2023] EWCA Crim 596; [2023] 2 Cr. App. R. (S.) 45.

together with any youth-specific offence guideline, carefully working through each.

(6) In general, it will not be helpful to go straight to para.6.46 of the overarching youth guideline without having first directed the court to general principles canvassed earlier in that guideline, as well as to any youth-specific guideline. The stepped approach in the overarching youth guideline and any youth-specific offence guideline should be followed. Working through the guideline(s) in this way will enable the court to arrive at the most appropriate sentence for the particular child or young person, bearing in mind their individual circumstances together with the dual aims of youth sentencing.

(7) If the court considers that the offence(s) is(are) so serious as to pass the custody threshold, the court must consider whether a YRO with ISS can be imposed instead. If it cannot, then the court must explain why.

Courtroom set-up and use of age-appropriate language

The court additionally gave guidance on the way in which the hearing should be conducted. The court in ZA sat unrobed, and the child appeared on by video link with his key worker beside him and the court used his first name throughout. This was a consideration for all courts sentencing children. Reference should be made to s.6.4 of the Criminal Practice Directions, which made provision for court familiarisation, ground rules hearings, court dress, where young people are to be located in the courtroom, and how sentencing hearings are to be managed.

The court drew attention to further guidance, drawing on expert sources of good practice, which was to be found in the *Children and Young People in the Crown Court Bench Book*, published by the Judicial College.[18]

Additionally, the importance of r.25.16(7)(b)(iii) of the Criminal Procedure Rules was highlighted. That rule required judges to explain their sentence in a way that the defendant can understand. The court stated that when sentencing a child or young person this meant taking care to explain the sentence, and the reasons for it to them, in a way and using words that they can easily grasp. Remarks which properly speak to the child or young person before the court require time to get right but experience shows that it can make a real difference. The court referred to Appendix II to the Crown Court Compendium which included a glossary of terms used in adult courts, with corresponding suggestions for age-appropriate alternatives.

Determining the Seriousness of an Offence

Introduction

The approach to the determination of the seriousness of the offence in relation to sentencing children and young persons is the same as in relation to the sentencing of adults (see A1-007). The seriousness of the offence, as with the sentence for adults, will remain the starting point for sentencing but under the Sentencing Council's guideline the approach to sentencing should be individualistic and focused on the child or young person, as opposed to offence-focused. The serious-

A6-018

---

[18] *Children and Young People in the Crown Court Bench Book* (Judicial College, 2022).

ness of the offence is therefore less of a determining factor than it would be in the case of adults.

Considering Culpability and Maturity

Generally

A6-019   The most significant factor that will affect the assessment of seriousness in relation to sentencing children and young persons is the need for a particularly careful consideration of their culpability and maturity. As the Sentencing Council's guideline observes, children and young people are not fully developed and they have not attained full maturity; this can impact on their decision making and risk taking behaviour. It is important to consider the extent to which the child or young person has been acting impulsively and whether their conduct has been affected by inexperience, emotional volatility or negative influences. They may not fully appreciate the effect their actions can have on other people and may not be capable of fully understanding the distress and pain they cause to the victims of their crimes. Children and young people are also likely to be susceptible to peer pressure and other external influences and changes taking place during adolescence can lead to experimentation, resulting in criminal behaviour. When considering a child or young person's age their emotional and developmental age is of at least equal importance to their chronological age (if not greater).

The court will wish to consider the extent to which the offence was planned, the role of the child or young person (if the offence was committed as part of a group), the level of force that was used in the commission of the offence and the awareness that the child or young person had of their actions and their possible consequences.

There is an expectation that in general a child or young person will be dealt with less severely than an adult offender. In part, this is because children and young people are unlikely to have the same experience and capacity as an adult to understand the effect of their actions on other people or to appreciate the pain and distress caused and because a child or young person may be less able to resist temptation, especially where peer pressure is exerted. Children and young people are inherently more vulnerable than adults due to their age and the court will need to consider any mental health problems and/or learning disabilities they may have, as well as their emotional and developmental age. Any external factors that may have affected the child or young person's behaviour should be taken into account.

As the Sentencing Council's guideline makes clear, maturity and age are not to be conflated and while chronological age may have a significant impact on sentence, the developmental and emotional age of the child or young person should always be considered and it is of at least equal importance with their chronological age. As noted above, it is important to consider whether the child or young person has the necessary maturity to appreciate fully the consequences of their conduct, the extent to which the child or young person has been acting on an impulsive basis and whether their conduct has been affected by inexperience, emotional volatility or negative influences. The practice of the courts and the approach of Parliament and the Sentencing Council is to use chronological age as a proxy for maturity because it is convenient, easy to apply and provides a rough guide to the complex question of the culpability of children. Where there is additional evidence as to the developmental maturity of the child in question, however, that should be given greater weight than the chronological age of the child, which may be misleading and lead to an inappropriate sentence.

The weight to be given to immaturity and reduced culpability

The significant question that arises is the weight that can be given to this reduced culpability. As discussed at A1-012, the relationship between harm and culpability is a complicated one, and in the context of sentencing children and young persons the issue is further complicated by the different approach to sentencing, and the greater focus on the individual than offence seriousness. However, it is clear from the Sentencing Council's guideline that this reduced culpability can lead to a significant reduction in sentence. The guideline provides (at para.6.46) that where the court is considering the adult sentencing guideline for an offence and is minded to impose a custodial sentence, the court may feel it appropriate to apply a sentence broadly within the region of half to two-thirds of the adult sentence for those aged 15–17 and allow a greater reduction for those aged under 15. While the guideline provides that this is only a rough guide and must not be applied mechanistically, in *R. v Moorhouse*,[19] the court held that while it is open to a judge to pass a sentence on a 15-year-old or 16-year-old defendant in excess of two-thirds of what would have been the appropriate sentence for an adult if the judge finds that the defendant's emotional and developmental age and maturity justify it, in such cases the Court of Appeal (Criminal Division) will normally expect to see an explanation in the remarks of the sentencing judge of why a reduction of one-third or more is not being made.

A6-020

It should not, however, be thought that such a blanket reduction will necessarily be sufficient to reflect the reduced culpability of the offender, or to cater for their youth, immaturity and individual needs. Careful consideration should in all cases be given to the specific circumstances of the offence and the offender in assessing both the seriousness of the offence and the appropriate sentence which follows.

Offenders Who have Crossed Age Thresholds

Introduction

A significant issue that arises in the sentencing of children and young persons is the focus of the statutory provisions on the age at which such offenders are convicted of the offence, rather than the age at which the offence was committed. Delays in bringing proceedings or complex trials can often mean that an offender will have a significant birthday between the commission of the offence and sentence, and that by virtue of that birthday will be potentially subject to a much more serious punishment. The courts have, however, taken steps to mitigate the effects of this.

A6-021

Legislation

Children and Young Persons Act 1963 s.29

Provisions as to persons between the ages of 17 and 18

29.—(1) Where proceedings in respect of a young person are begun for an offence and he attains the age of eighteen before the conclusion of the proceedings,

A6-022

---

[19] [2019] EWCA Crim 2197; [2020] 1 Cr. App. R. (S.) 66.

the court may deal with the case and make any order which it could have made if he had not attained that age.

Guidance

Limited application of s.29 of the 1963 Act

A6-023 Section 29 of the 1963 Act is of limited application; it applies only where an offender has turned 18 during the course of proceedings, and not where any other significant age threshold has been passed. Where it does apply, however, it is unique in that it allows the court to treat the offender as if convicted at age 17, and therefore to impose youth-specific sentences.

A particular issue that may arise in the application of s.29 is when proceedings are said to have begun in relation to children and young persons. In *R. (Howard) v Uxbridge Youth Court*,[20] the court held, relying on *R. (Wilson) v Amersham Juvenile Court*,[21] that proceedings had only begun once the child or young person had made their first appearance before the court, not simply when the summons was issued. This decision was subject to stringent criticism,[22] principally for its impact on youth court jurisdiction (an issue since overtaken by other legislation), but also on the ground that the court should have considered that proceedings should also be taken to have begun on an occasion when the defendant fails to appear before the court.

Other cases in which a significant age threshold is crossed

A6-024 The determinative age when deciding what sentencing disposals are available is the age of the offender at conviction, and not the age at the time of the commission of the offence (except where statute explicitly provides otherwise): *R. v Danga*[23] and *R. v Ghafoor*.[24] This is so even where the crossing of an age threshold allows for the imposition of a much more severe sentence, on the grounds that it was always legally clear that the penal regime to which the offender would be exposed as a result of the normal operation of the existing law would be that applicable to their age at the time of the conviction: *R. v Bowker*.[25]

To counteract the harsh effects of the statutory regime, the court in *R. v Ghafoor*,[26] held that where an offender has crossed a significant age threshold between the commission of the offence and the date of conviction, the starting point for consideration of the appropriate sentence is the sentence that the offender would have been likely to receive if they had been sentenced at the date of the commission of the offence. This guidance has since been affirmed in *R. v Bowker*,[27] and developed in the Sentencing Council's guideline, which provides that when any significant age threshold is passed it will rarely be appropriate that a more severe sentence than the maximum that the court could have imposed at the time the offence was committed should be imposed.

---

[20] (1998) 162 J.P. 327 DC.
[21] [1981] Q.B. 969 DC.
[22] "New Cases: Evidence and Procedure: Mode of Trial of Juveniles: R. v Uxbridge Youth Court Ex p. Howard" CLW/98/23/7.
[23] (1992) 13 Cr. App. R. (S.) 408.
[24] [2002] EWCA Crim 1857; [2003] 1 Cr. App. R. (S.) 84.
[25] [2007] EWCA Crim 1608; [2008] 1 Cr. App. R. (S.) 72.
[26] [2002] EWCA Crim 1857; [2003] 1 Cr. App. R. (S.) 84.
[27] [2007] EWCA Crim 1608; [2008] 1 Cr. App. R. (S.) 72.

Where the offender has attained the age of 18 this will, in particular, require consideration of the statutory purposes of sentencing for adults. In his commentary to *Bowker*,[28] David Thomas suggested that the significance of the sentence the offender would have received at the time of the commission of the offence will presumably vary in accordance with the age of the offender at the time when the offence was committed, the length of the delay between the commission of the offence and the conviction, and the reasons for any unusual delay in the proceedings. Similarly, in *Ghafoor*, the court considered that a period of delay which revealed that the offender was significantly dangerous might be a circumstance in which a sentence other than that applicable at the commission of the offence might be appropriate.

In this respect it is noteworthy that a particularly significant factor seems to be the passage of time, and that in cases involving non-recent offences the courts have adopted a very different approach to considerations of youth (see A8-025). The question seems to be whether the offender is still young enough such that the purposes of youth sentencing continue to apply. It is clear from *Attorney General's Reference (R. v O)*[29] that the passage of time from age 15 to 19 is not such that the approach for non-recent offences should apply.

A6-025

Considering release provisions in cases of young offenders crossing relevant age threshold

In *R. v Scothern*,[30] the offender, who was aged 15 to 16 at the time of the offence and 19 at sentence, was sentenced to 18 months' detention in a young offender institution for an offence to which s.247A of the Criminal Justice Act 2003 applied (see A10-061). The effect of s.247A was that he would only become eligible for release from the sentence imposed upon him when he had served two-thirds of the sentence and entitled to release when the whole custodial period had been served. If he had been convicted at the time of the offence the maximum penalty available would have been a detention and training order; the maximum custodial element of a detention and training order is half the specified term and release would have been automatic at the half-way point. The court held that to give proper effect to *Ghafoor*, a sentence of nine months' detention in a young offenders' institution would be substituted. As argued,[31] the effect of this decision seems to be that, when applying *Ghafoor*, if the maximum available prior to the change in age was a detention and training order, and release under the new sentence would not be automatic at the half-way point of the proposed custodial sentence, allowance should be made for the fact that the maximum period of custody available under a DTO is half its term. This new exception to the rule that considerations of release should be left out of sentencing likely applies only where the maximum sentence previously available was a detention and training order (on the basis that the periods of detention and supervision are legislatively distinct). It would be a surprisingly broad exception to the rules about considering release if it applied also where the

A6-026

---

[28] D. Thomas, "Sentencing: Offender Attaining Age of Eighteen Between Commission of Offence and Conviction (Case Comment)" [2007] Crim. L.R. 904–906.
[29] [2018] EWCA Crim 2286; [2019] 1 Cr. App. R. (S.) 28.
[30] [2020] EWCA Crim 1540; [2021] 1 W.L.R. 1735.
[31] "Sentence: New Cases: General principles: Early release (young offenders): R. v Scothern" CLW/ 21/12/7.

Reports

Introduction

A6-027　For guidance as to pre-sentence report requirements and medical reports, see A3-001. The guidance in that part deals with offenders of all ages. The same principles generally apply to each, although in the case of those under 18 the court will need to bear carefully in mind the offender's welfare and the interests in preventing re-offending when determining the issues the reports must address, and the contents of those reports when received. In cases involving young persons charged with very serious crimes, it is strongly advisable to obtain a pre-sentence report if none exists (even where there is no statutory requirement such as offences of murder): *R. v Meanley (Taylor)*.[32]

Financial Circumstances Orders

A6-028　While financial circumstances orders are available in respect of children and young persons under s.35 of the Sentencing Code (see A3-031 and the accompanying guidance) they are rarely made for two reasons: (1) very few children and young people have appreciable financial assets such as to merit particular enquiry; and (2) most financial orders imposed on children and young persons are accompanied by parental payment orders, which require the offender's parent or guardian to pay the financial order (see A6-039 and following).

Where the court is considering making a parental payment order, there is, however, power to require the parent or guardian of the offender to comply with a financial circumstances order (see A6-040).

The same guidance applies to financial circumstances orders made in respect of a parent or guardian as it does in respect of an offender. It should, however, be noted that while it is an offence for a parent or guardian to fail to comply with such an order under s.36 of the Sentencing Code, the offence under s.20A of the Criminal Justice Act 1991 has no application in relation to parents or guardians as they have not been charged with an offence.

Primary Disposals

Introduction

A6-029　This section deals only with the primary disposals that may be imposed on children and young persons. For disposals available when sentencing those convicted when aged 18 or over, see Ch.A4. A number of sentencing disposals available for adults apply to children and young persons as they apply to adults, and where this is the case this part cross-refers to the relevant section in A4, flagging any particular differences. However, the following sentencing disposals are available only in respect of children and young persons:

---

[32] [2022] EWCA Crim 1065; [2022] 4 W.L.R. 85.

Order	Available for what age at conviction	Notes
Referral order	10–17	Where an offender pleads guilty to an imprisonable offence, having never been convicted previously, a referral order is compulsory unless the court is minded to impose a custodial sentence, a hospital order or a discharge. However, referral orders are not available to a Crown Court sitting as a first instance court
Youth rehabilitation order	10–17	Offence or offences must be serious enough to warrant making the order
Youth rehabilitation order with intensive supervision and surveillance or fostering	10–15: available if a "persistent offender"	Custody threshold must be met
	17–18: available	
Detention and training order	10–12: not available	May only be imposed for particular terms
	12–14: available if a "persistent offender"	
	15–17: available	
Detention under s.250 (determinate)	10–17	The criteria in s.249 must be satisfied.
Special sentence of detention for terrorist offenders of particular concern	10–17	Convicted of offence in Pt 1 of Sch.13.
Extended determinate sentence of detention	10–17	Dangerousness criteria must be satisfied; the offence must be one for which detention under s.250 is available (see s.249); and the custodial term must be at least 4 years
Required sentence of detention for life (s.258)	10–17	Convicted of Sch.19 offence; dangerousness criteria must be satisfied; and offence must be serious enough to require life
Detention at HM Pleasure (murder)	10–17	Note that provided the offender was age 10–17 at the time of the murder, the sentence to impose will always be detention at HM pleasure, no matter the age at conviction

No Separate Penalty

A6-030 The availability and exercise of the power to impose no separate penalty is the same in respect of children and young persons as it is in respect of adults; see A4-003 to A4-005.

Binding Over

A6-031 The availability and exercise of powers to bind over are the same in respect of children and young persons as they are in respect of adults; see A4-006 to A4-043.

Discharges

A6-032 The availability and exercise of powers to discharge are the same in respect of children and young persons as they are in respect of adults; see A4-044 to A4-058.

Financial Orders

Introduction

A6-033 Generally, the provisions in relation to financial orders apply to children and young persons as they apply to adults, with the following exceptions:

1) a number of provisions create limits on the amount of financial penalty that can be imposed on those convicted under the age of 18;
2) parental payment orders are available in respect of most financial penalties and mandatory in a large number of cases—these orders require the offender's parent or guardians to pay the financial order imposed;
3) there are limited powers available to the courts in relation to failures to pay financial penalties by children and young persons.

Limits on Fines

Legislation

Sentencing Act 2020 s.123

Limit on fines imposed by magistrates' courts in respect of young offenders

A6-034 **123.**—(1) This section applies where an offender—
  (a) was convicted by a magistrates' court,
  (b) was under 18 when convicted, and
  (c) is before that court to be sentenced.
(2) The court may not impose a fine of more than—
  (a) £250, if the offender was under 14 when convicted, or
  (b) £1,000, if the offender was 14 or over when convicted.

Guidance

A6-035 While the limits in s.123 of the Sentencing Code do not apply to the Crown Court, it is hard to conceive of a case in which it would be appropriate to impose a greater fine on a child or young person given the limited resources such offenders generally have. In particular, as the Sentencing Council's guideline observes, it should be remembered that even where children and young persons do have financial resources these are often required for travel to work or education or for the purchase of food.

Compensation Orders

Legislation

Sentencing Act 2020 s.139

Limit on compensation payable under compensation order of magistrates' court in case of young offender

139.—(1) This section applies where— A6-036
(a) a magistrates' court is dealing with an offender for one or more offences (each, a "main offence") of which the offender was convicted when aged under 18, and
(b) the court makes a compensation order in respect of—
 (i) a main offence, or
 (ii) any offence taken into consideration by the court in determining sentence for a main offence (a "TIC offence").
(2) The compensation in respect of a main offence must not exceed £5,000.
(3) The total compensation in respect of main offences and TIC offences must not exceed £5,000 multiplied by the number of main offences.
(4) This section is subject to section 33B(5) of the Environmental Protection Act 1990 (clean-up costs relating to certain offences relating to waste).

Guidance

For general guidance on assessing the amount of compensation, see A4-125. It A6-037 is observed that the impact of any financial order such as compensation may be particularly severe in relation to children and young persons, although compensation may be an appropriate method of emphasising the harm suffered by victims and ensuring that the offender takes direct responsibility for that.

Forfeiture/Deprivation

There are no specific statutory limits on forfeiture and deprivation in respect of A6-038 children and young persons—and generally no power to order that parents forfeit their own goods. The significant issue in relation to such forfeiture will generally be assessing the extent to which the offender actually owns the relevant property, and whether the impact forfeiture will have is proportionate to the seriousness of the offence.

Parental Payment Orders

Legislation

Generally

Sentencing Act 2020 s.380 and s.382

Order for parent or guardian to pay fine, costs, compensation or surcharge
380.—(1) Where any enactment provides that this section applies to an amount A6-039

which, but for that enactment, the court would order the offender to pay, the court—
    (a)   must, or
    (b)   if the offender is aged 16 or over, may,
order that the amount is to be paid by the parent or guardian instead of by the offender himself or herself.

    (2)   Subsection (1) does not apply if the court is satisfied that—
    (a)   the parent or guardian cannot be found, or
    (b)   it would be unreasonable to make an order for payment, having regard to the circumstances of the case.

    (3)   No order may be made under subsection (1) without giving the parent or guardian an opportunity of being heard.

    (4)   But an order under subsection (1) may be made against a parent or guardian who, having been required to attend, has failed to do so.

    (5)   A parent or guardian may appeal to the Crown Court against an order under subsection (1) made by a magistrates' court.

    (6)   A parent or guardian may appeal to the Court of Appeal against an order under subsection (1) made by the Crown Court, as if the parent or guardian had been convicted on indictment and the order were a sentence passed on the parent's or guardian's conviction.

Power to determine financial circumstances of offender's parent or guardian

A6-040   382.—(1)   For the purposes of any order under section 380, where—
    (a)   the parent or guardian of an offender aged under 18—
        (i)   has failed to comply with a financial circumstances order imposed by virtue of section 35(4), or
        (ii) has otherwise failed to co-operate with the court in its inquiry into the parent's or guardian's financial circumstances, and
    (b)   the court considers that it has insufficient information to make a proper determination of the parent's or guardian's financial circumstances,
the court may make such determination as it thinks fit.

    (2)   Subsections (3) to (5) apply where a court has—
    (a)   made an order under section 380 in respect of a parent or guardian of an offender to pay the amount of a fine, and
    (b)   in fixing the amount of the fine, determined the financial circumstances of the parent or guardian under subsection (1).

    (3)   If on subsequently inquiring into the financial circumstances of the parent or guardian the court is satisfied that, had it had the results of that inquiry when sentencing the offender, it—
    (a)   would have fixed a smaller amount, or
    (b)   would not have fined the offender,
it may remit the whole or part of the fine.

    (4)   Where under subsection (3) the court remits the whole or part of the fine after a term of—
    (a)   imprisonment, or
    (b)   detention under section 108 of the Powers of Criminal Courts (Sentencing) Act 2000,
has been fixed under section 82(5) of the Magistrates' Courts Act 1980 (magistrates' powers in relation to default) in respect of the amount ordered to be paid under section 380, the court must reduce the term by the corresponding proportion.

    (5)   In calculating any reduction required by subsection (4), any fraction of a day is to be ignored.

Availability

Sentencing Act 2020 ss.128, 140 and 381

Fine imposed on offender aged under 18: payment by parent or guardian

128.—(1) This section applies where a court—
    (a) is dealing with an offender for an offence,
    (b) the offender is aged under 18 when convicted, and
    (c) but for this subsection, the court would impose a fine on the offender in respect of the offence.

(2) Section 380 (order for payment by parent or guardian) applies to the fine.

(3) Subsections (4) to (6) apply for the purposes of any order made under section 380 against the offender's parent or guardian.

(4) The following provisions are to be read as if any reference to the financial circumstances of the offender were a reference to the financial circumstances of the offender's parent or guardian—
    (a) section 124 (duty of court to inquire into individual offender's financial circumstances);
    (b) subsections (2) and (3) of section 125 (fixing of fine: exercise of court's powers).

This is subject to subsection (7).

(5) Section 126 (power to determine financial circumstances where offender is absent or fails to provide information) does not apply (but see section 382).

(6) The reference to the offender's means in section 125(4) (insufficient means to pay fine and surcharge) is to be read as a reference to the means of the offender's parent or guardian.

(7) For the purposes of any order under section 380 made against a local authority, section 124 does not apply.

Compensation order: order for payment by parent or guardian

140.—(1) This section applies where—
    (a) a court makes or is proposing to make a compensation order in respect of an offence, and
    (b) the offender is aged under 18 when convicted.

(2) Section 380 (order for payment by parent or guardian) applies to the amount to be paid under any such compensation order.

(3) Subsection (4) applies for the purposes of any order made under section 380 against the offender's parent or guardian.

(4) The references in subsections (3) and (4) of section 135 (taking account of offender's means in determining amount of compensation) to the offender's means are to be read as references to the means of the offender's parent or guardian. This is subject to subsection (5).

(5) For the purposes of any order made under section 380 against a local authority, section 135(3) does not apply.

Costs awarded against offender under 18: payment by parent or guardian

381. Where—
    (a) but for this section, a court would impose costs in respect of an offence on an offender, and
    (b) the offender was aged under 18 when convicted of the offence,

section 380 applies to the amount of the costs awarded.

Guidance

Procedure

A6-044   Before making a parental payment order the court should give the parent (or guardian or local authority) the opportunity to make representations as to whether an order would be appropriate, and to provide information about their financial circumstances: *R. v JJB*.[33]

The consideration of the means of the parental figure may require the making of a financial circumstances order against them (see A3-031). Such information may also be given orally or gleaned from pre-sentence reports.

Whether to make a parental payment order will depend on the extent to which the parent bore partial responsibility for the offending (see A6-045). However, where the parental figure disputes evidence given in a pre-sentence report as to this, reliance should not be placed on that report for this purpose (or otherwise parents would be incentivised not to be honest and open with such writers): *Lenihan v West Yorkshire Metropolitan Police*.[34]

Whether an order is unreasonable

A6-045   The purpose of parental payment orders is that parents should be required to take some responsibility for their children's activities; but that is not to say that they are absolutely liable for everything which their children do: *Lenihan v West Yorkshire Metropolitan Police*.[35]

Unless the court is satisfied that the parent has been conducive to the commission of the offence by neglecting to exercise due care or control of the child or young person, or otherwise failed in their parental obligations in a causative manner, it would be unfair to make a parental payment order: *Lenihan v West Yorkshire Metropolitan Police*[36] and *R. v JJB*.[37] Where a parental figure has done what they can to stop the child or young person from engaging in crime a parental payment order should not be made: *R. v Sheffield Crown Court*.[38] This applies equally to local authorities: see *Bedfordshire CC v DPP*.[39]

There will therefore be a need to consider the extent to which the parental figure could have prevented the offending, the notice they had of it and whether they were generally exercising proper control of the child.

As David Thomas observed,[40] the need to find a causative element of fault (and the sentencing system being very poorly set up to do so) may cause significant difficulties, particularly in relation to compensation order cases where compensation will not be ordered except in straightforward cases. This is especially likely to be so in relation to local authorities, where particular enquiry may be necessary.

---

[33] [2004] EWCA Crim 14; [2004] 2 Cr. App. R. (S.) 41.
[34] (1981) 3 Cr. App. R. (S.) 42 CA.
[35] (1981) 3 Cr. App. R. (S.) 42 CA.
[36] (1981) 3 Cr. App. R. (S.) 42 CA.
[37] [2004] EWCA Crim 14; [2004] 2 Cr. App. R. (S.) 41.
[38] (1986) 8 Cr. App. R. (S.) 454 CA.
[39] (1996) 1 Cr. App. R. (S.) 322.
[40] D. Thomas, "Sentence—Compensation Order—Young Offender in Local Authority Care (Case Comment)" [1995] Crim. L.R. 962–964.

Primary Disposals

Determining the appropriate amount

A6-046 It is suggested that while the appropriate amount will largely be determined by the seriousness of the offence, and the means of the parental figure (in accordance with normal principles), the extent to which the parental figure can properly be said to be causatively responsible for the offending will also be a relevant factor in determining the amount to be paid.

Enforcement

A6-047 Because the financial order is not imposed on the parent or guardian there is no power for the Crown Court to fix a term to be served by the parent or guardian in default of payment. The order against the parent or guardian is enforced by the magistrates' courts in accordance with s.41 of the Administration of Justice Act 1970, as if it were a fine imposed following a summary conviction (and committal is therefore available on non-payment).

Failure to Pay Financial Penalties

A6-048 There is no power to commit a child or young person to custody for failure to pay a financial penalty on conviction. This is due to imprisonment not being available in respect of offenders aged under 21, and the power in s.108 of the Powers of Criminal Courts (Sentencing) Act 2000 to commit defaulters to detention being limited to offenders convicted when aged 18–20 (see *R. v Basid*[41]). The only available alternative is an attendance centre order under s.60 of the 2000 Act. There is therefore no power to fix a term in default in respect of fines for those convicted when under age 18.

An attendance centre order must be for a period of 12 hours unless: (a) the offender is under the age of 14 and the court is satisfied such a period would be excessive (in which case it can be for a shorter period); or (b) the court concludes that 12 hours are inadequate (in which case it may be for a greater period but may not exceed 24 hours). These limits do not apply to consecutive attendance centre orders. The court must specify the first time the offender is required to attend under the order, and the other periods will be determined by the responsible officer. An attendance centre order shall not be made unless the court is satisfied that the attendance centre specified is reasonably accessible to the person concerned, having regard to their age, the means of access available to them and any other circumstances. Where the amount defaulted on is paid, the number of hours will be reduced proportionately (to zero if the entire sum owed is paid).

Referral Orders

Introduction

A6-049 Referral orders are a disposal only available when sentencing children and young persons, and, at first instance, only available to a youth court or a magistrates' court. They are only available where the offender pleaded guilty to the offence or a con-

---

[41] (1996) 1 Cr. App. R. (S.) 421.

nected offence. They are aimed at offenders with few antecedents and involve the referral of the offender to a youth panel, with whom the offender will enter into a contract of agreed behaviour. As the Sentencing Council's guideline explains, referral orders are the main sentence for delivering restorative justice and all panel members are trained Restorative Conference Facilitators; as such they can be an effective sentence in encouraging children and young people to take responsibility for their actions and understanding the effect their offence may have had on their victim.

Legislation

Making a referral order

Sentencing Act 2020 ss.83–90

Referral order

A6-050

83.—(1) In this Code "referral order" means an order—
 (a) which requires an offender to attend each of the meetings of a youth offender panel established for the offender by a youth offending team, and
 (b) by virtue of which the offender is required to comply, for a particular period, with a programme of behaviour to be agreed between the offender and the panel in accordance with this Part (which takes effect as a youth offender contract).

(2) For the court's power to order other persons to attend meetings of the panel, see section 90.

(3) For provision about—
 (a) the youth offender panel, see section 91;
 (b) the youth offender contract, see section 96.

(4) For the purposes of this Code, references to an offender being referred to a youth offender panel are to a referral order being made in respect of the offender.

Referral order: availability

A6-051

84.—(1) A referral order is available to a court dealing with an offender for an offence where—
 (a) the court is a youth court or other magistrates' court,
 (b) the offender is aged under 18 when convicted,
 (c) neither the offence nor any connected offence is an offence the sentence for which is fixed by law,
 (d) the court is not proposing to—
  (i) impose a custodial sentence, or
  (ii) make a hospital order (within the meaning of the Mental Health Act 1983),
 in respect of the offence or any connected offence,
 (e) the court is not proposing to make—
  (i) an order for absolute discharge, or
  (ii) an order for conditional discharge,
 in respect of the offence, and
 (f) the offender pleaded guilty to the offence or to any connected offence.

(2) But a referral order is not available unless the court has been notified by the Secretary of State that arrangements for the implementation of referral orders are available in the area in which it appears to the court that the offender resides or will reside (and the notice has not been withdrawn).

Duty and power to make referral order
85.—(1) Where a referral order is available—
  (a) the court must make a referral order if the compulsory referral conditions are met;
  (b) otherwise, the court may make a referral order.
(2) The compulsory referral conditions are met where—
  (a) the offence is an imprisonable offence,
  (b) the offender pleaded guilty to the offence and to any connected offence, and
  (c) the offender has never been—
    (i) convicted by or before a court in the United Kingdom of any offence other than the offence and any connected offence.
(2A) But the compulsory referral conditions are not met if—
  (a) the proceedings for the offence were instituted before [11pm on 31 December 2020] and,
  (b) the offender has previously been convicted by or before a court in a member State of any offence.
(3) For the effect of making a referral order on the court's other sentencing powers, see section 89.

Making of referral order: general
86.—(1) A referral order must specify—
  (a) the youth offending team which is to establish a youth offender panel for the offender, and
  (b) the period for which any youth offender contract which takes effect by virtue of the order is to have effect.
(2) That period must be—
  (a) not less than 3 months, and
  (b) not more than 12 months.
(3) The youth offending team specified in the order must be the team which has the function of implementing referral orders in the area in which it appears to the court that the offender resides or will reside.
(4) On making a referral order the court must explain to the offender in ordinary language—
  (a) the effect of the order, and
  (b) the consequences which may follow—
    (i) if no youth offender contract takes effect between the offender and the panel, or
    (ii) if the offender breaches a youth offender contract.
Nothing in this subsection affects the court's duty under section 52 (duty to give reasons for and explain effect of sentence).

Referral order consecutive to earlier referral order
87.—(1) Where—
  (a) a court makes a referral order ("the later order"), and
  (b) the offender is subject to an earlier referral order,
the court may direct that any youth offender contract under the later order is not to take effect until the earlier order is revoked or discharged.
(2) For this purpose, the reference to an earlier referral order includes an order made under section 16 of the Powers of Criminal Courts (Sentencing) Act 2000 (referral orders).

Making of referral order: connected offences
88.—(1) This section applies where a court makes referral orders in respect of two or more connected offences.

A6-052

A6-053

A6-054

A6-055

(2) The referral orders have the effect of referring the offender to a single youth offender panel.

(3) Accordingly, provision made by the orders under section 83(1)(a) and section 86(1)(a) (which relates to the youth offending team and a youth offender panel) must be the same for each referral order.

(4) The court may direct that the period specified under section 86(1)(b) in any of the referral orders is to run—

(a) concurrently with, or

(b) in addition to,

the period specified in another of the referral orders.

(5) But a direction under subsection (4) must not result in a total period of more than 12 months.

(6) For the purposes of this Chapter, each of the orders mentioned in subsection (1) is associated with each other of those orders.

Making of referral order: effect on court's other sentencing powers

A6-056

89.—(1) This section applies where a court makes a referral order in respect of an offence.

(2) In dealing with the offender for any connected offence, the court must—

(a) sentence the offender by making a referral order, or

(b) make an order for absolute discharge.

(3) In dealing with the offender in respect of the offence or any connected offence, the court may not—

(a) order the offender to pay a fine,

(b) make any of the following orders—

(i) a youth rehabilitation order;

(ii) an order under section 1(2A) of the Street Offences Act 1959;

(iii) a reparation order;

(iv) an order for conditional discharge.

(4) The court may not make—

(a) an order binding the offender over to keep the peace or to be of good behaviour, or

(b) an order under section 376 (binding over of parent or guardian),

in connection with the offence or any connected offence.

(5) Nothing in section 85 or subsection (2) affects any power or duty of a magistrates' court under—

(a) section 25 (power and duty to remit young offenders to youth courts for sentence),

(b) section 10(3) of the Magistrates' Courts Act 1980 (adjournment for inquiries), or

(c) section 35, 38, 43 or 44 of the Mental Health Act 1983 (remand for reports, interim hospital orders and committal to Crown Court for restriction order).

(6) Nothing in this section affects any power of a court, where it revokes a referral order, to re-sentence an offender for the offence in respect of which the order was made.

Order requiring parents etc to attend meetings

A6-057

90.—(1) This section applies where a court makes a referral order.

(2) The court—

(a) may make an order requiring—

(i) the appropriate person, or

(ii) if there are two or more appropriate persons, one or more of them,

to attend the meetings of the youth offender panel, and

(b) must do so if the offender is aged under 16 when the referral order is made.

(3) If the offender is—
  (a) a looked-after child, and
  (b) aged under 16 when the referral order is made,
the person or persons required under subsection (2) to attend those meetings must include at least one representative of the responsible authority.

(4) But an order under subsection (2) must not require a person to attend those meetings—
  (a) if the court is satisfied that it would be unreasonable to do so, or
  (b) to an extent which the court is satisfied would be unreasonable.

(5) For the purposes of this section, each of the following is an appropriate person in relation to an offender—
  (a) if the offender is a looked-after child—
    (i) a representative of the responsible authority, and
    (ii) each person who is a parent or guardian of the offender with whom the offender is allowed to live;
  (b) otherwise, each person who is a parent or guardian of the offender.

(6) In this section—
  "looked-after child" means a child who is (within the meaning of the Children Act 1989 or the Social Services and Well-being (Wales) Act 2014 (anaw 4)) looked after by a local authority, and
  "responsible authority", in relation to a looked-after child, means the authority by which the child is looked after.

(7) The court must forthwith send a copy of an order under subsection (2)—
  (a) to each person required by the order to attend meetings of the panel, and
  (b) to any responsible authority whose representative is required by the order to attend meetings of the panel,
unless the person was present, or the authority was represented, in court when the order was made.

Youth offender panels

Sentencing Act 2020 ss.91–94

Section 91 of the Sentencing Code provides that where a referral order is imposed the duty is on the specified youth offending team to establish a youth offender panel for the offender (and that that panel must act in accordance with certain guidance and be comprised of certain persons including at least one member of the youth offending team and two persons not from that team).

A6-058

Attendance at panel meetings: offender and parent or guardian

92.—(1) This section applies to each meeting of the youth offender panel established for the offender.

A6-059

(2) The specified youth offending team must notify—
  (a) the offender, and
  (b) any person to whom an order under section 90 (requirement to attend meetings of the panel) applies,
of the time and place at which the person is required to attend the meeting.

(3) If the offender fails to attend any part of the meeting the panel may—
  (a) adjourn the meeting to such time and place as the panel may specify (in which case subsection (2) applies to the adjourned meeting), or
  (b) end the meeting and refer the offender back to court.

Failure of parent or guardian to comply with order under section 90

A6-060 93.—(1) If—
   (a) a parent or guardian of an offender fails to comply with an order under section 90 (orders requiring parents etc to attend meetings), and
   (b) the offender is aged under 18 at the time of the failure,

the youth offender panel may refer the parent or guardian to a youth court acting in the local justice area in which it appears to the panel that the offender resides or will reside.

   (2) To make the referral, the panel must send a report to the youth court explaining why the parent or guardian is being referred to it.

   (3) A youth court which receives a report under subsection (2) must cause the parent or guardian to appear before it.

   (4) For that purpose, a justice acting in the local justice area in which the court acts may—
   (a) issue a summons requiring the parent to appear before that youth court at the place and time specified in it, or
   (b) if the report is substantiated on oath, issue a warrant for the parent's arrest which requires the parent to be brought before that court.

   (5) For the youth court's power to make a parenting order where the panel refers the parent or guardian under this section, see section 368 (parenting order where parent or guardian fails to attend meeting of panel).

   (6) Making a parenting order under that section does not affect the order under section 90.

   (7) Accordingly, section 63(1) to (4) of the Magistrates' Court Act 1980 (power to deal with person for breach of order etc) applies in relation to an order under section 90 (in addition to this section and section 368).

Attendance at panel meetings: other persons

A6-061 94.—(1) At a meeting of a youth offender panel, the offender may be accompanied by one person aged 18 or over chosen by the offender with the agreement of the panel.

   (2) It need not be the same person who accompanies the offender to every meeting.

   (3) The panel may allow any of the following to attend a meeting—
   (a) a victim;
   (b) any person who appears to the panel to be someone capable of having a good influence on the offender.

   (4) If the panel allows a victim to attend a meeting of the panel, it may allow the victim to be accompanied to the meeting by one person chosen by the victim with the agreement of the panel.

   (5) For the purposes of subsections (3) and (4) "victim" means any person who appears to the panel to be a victim of, or otherwise affected by, the offence or any of the offences in respect of which the offender was referred to the panel.

Youth offender contracts

Sentencing Act 2020 ss.95–96

A6-062 Section 95 of the Sentencing Code places a duty on the youth offending team to arrange the first meeting of the youth offender panel (and any adjourned meetings).

Agreement of youth offender contract with offender

A6-063 96.—(1) This section applies to—
   (a) the first meeting of a youth offender panel established for an offender, and
   (b) any further meeting of the panel held under section 98(2)(b) (resuming consideration).

(2) At the meeting the panel must seek to reach agreement with the offender on a programme of behaviour whose aim (or principal aim) is to prevent re-offending by the offender.

(3) Schedule 3 makes provision about the programme.

(4) Where a programme is agreed between the offender and the panel, the panel must produce a written record of the programme forthwith—
- (a) in language capable of being readily understood by, or explained to, the offender,
- (b) for signature by the offender, and
- (c) for signature by a member of the panel on behalf of the panel.

(5) Once the record has been signed by the offender and on behalf of the panel—
- (a) the terms of the programme, as set out in the record, take effect as the terms of a "youth offender contract" between the offender and the panel, and
- (b) the panel must provide a copy of the record to the offender.

Schedule 3 to the Sentencing Code gives examples of the type of provisions that may be included in a youth offender contract as well as providing a limited number of restrictions on them. In particular Sch.3 provides that the contract may include requirements to: **A6-064**

1) make financial or other reparation to any victim;
2) attend mediation sessions with any victim;
3) carry out unpaid work or service in or for the community;
4) be at home at times specified in or determined under the programme;
5) attend a school or other educational establishment or a place of work;
6) participate in activities specified in the programme, including, in particular, activities;
   - (a) designed to address the offending behaviour,
   - (b) offering education or training, or
   - (c) assisting with the rehabilitation of persons dependent on, or having a propensity to misuse, alcohol or drugs;
7) meet persons specified in the programme at times and places specified in or determined under the programme;
8) stay away from places specified in the programme;
9) stay away from persons specified in the programme.

This list is not exhaustive and a programme may also include, among other things, provision for the offender's compliance with the programme to be supervised and recorded.

However, by virtue of para.5 of Sch.3 the programme may not provide for—

1) electronic monitoring of the offender's whereabouts; or
2) any physical restriction to be imposed on the offender's movements.

Furthermore, no term which provides for anything to be done to or with any victim may be included in the programme without the victim's consent: para.6 of Sch.3. **A6-065**

Sentencing Act 2020 ss.97–101

Duration of compliance period

97.—(1) This section applies where a youth offender contract has taken effect between an offender and a youth offender panel. **A6-066**

(2) The compliance period begins with the day on which the youth offender contract takes effect.
(3) The length of the compliance period is—
  (a) if the contract relates to a single referral order, the period specified in the order under section 86(1)(b);
  (b) if the contract relates to two or more referral orders, the total period resulting from any direction of the court under section 88(4).
(4) Subsection (3) is subject to—
  (a) any order under paragraph 9, 12 or 15 of Schedule 4 extending the length of the compliance period, and
  (b) subsection (5).
(5) The compliance period expires on revocation of the referral order, or each of the referral orders, to which the youth offender contract relates.

Failure to agree youth offender contract

A6-067   **98.**—(1) This section applies to—
  (a) the first meeting of a youth offender panel established for an offender, and
  (b) any further meeting of the panel held under subsection (2)(b).
(2) The panel may—
  (a) end the meeting without having reached agreement with the offender on an appropriate programme of behaviour, and
  (b) resume consideration of the offender's case at a further meeting of the panel.
(3) But if, at the meeting, it appears to the panel that there is no prospect of reaching an agreement with the offender on an appropriate programme of behaviour within a reasonable period after the making of the referral order (or orders), the panel—
  (a) may not consider the case at a further meeting under subsection (2)(b), and
  (b) must instead refer the offender back to court.
(4) If, at the meeting, the panel and the offender reach agreement on an appropriate programme of behaviour, but—
  (a) the offender does not sign the record produced under section 96(4)(b), and
  (b) the offender's failure to do so appears to the panel to be unreasonable,
the panel must end the meeting and refer the offender back to court.
(5) In this section, "appropriate programme of behaviour" means a programme of behaviour of the kind mentioned in section 96(2).

Arranging progress meetings

A6-068   **99.**—(1) This section applies where a youth offender contract has taken effect.
(2) The specified youth offending team must arrange a meeting of the youth offender panel at any time during the compliance period ("a progress meeting") if the panel requests it to do so under this section.
(3) The panel may request the specified youth offending team to arrange a progress meeting if it appears to the panel to be expedient to review—
  (a) the offender's progress in implementing the programme of behaviour contained in the youth offender contract, or
  (b) any other matter arising in connection with the contract.
(4) The panel must request the specified youth offending team to arrange a progress meeting if subsection (5) or (6) applies.
(5) This subsection applies where the offender has notified the panel that the offender wishes—
  (a) the youth offender contract to be varied, or
  (b) to be referred back to court with a view to the referral order (or orders) being revoked on account of a significant change in the offender's circumstances

(such as being taken to live abroad) which makes compliance with the contract impractical.

(6) This subsection applies where it appears to the panel that the offender is in breach of the contract.

Progress meetings: conduct

100.—(1) This section applies to any meeting of a youth offender panel arranged under section 99.

A6-069

(2) At the meeting, the youth offender panel must do such of the following as it considers appropriate in the circumstances—
  (a) review the offender's progress or any other matter referred to in section 99(3);
  (b) discuss with the offender any breach of the youth offender contract which it appears to the panel that the offender has committed;
  (c) consider any variation in the youth offender contract—
    (i) sought by the offender, or
    (ii) which appears to the panel expedient in the light of any such review or discussion;
  (d) consider any request by the offender under section 99(5)(b) to be referred back to court.

(3) Where the youth offender panel has discussed with the offender any breach of the contract which it appears to the panel that the offender has committed, the panel may—
  (a) agree with the offender that the offender is to continue to be required to comply with the contract (either in its original form or with any agreed variation of it) without being referred back to court, or
  (b) end the meeting and refer the offender back to court.

(4) Where the panel and the offender agree a variation in the contract, the panel must produce a written record of the variation forthwith—
  (a) in language capable of being readily understood by, or explained to, the offender,
  (b) for signature by the offender, and
  (c) for signature by a member of the panel on behalf of the panel.

(5) Once the record has been signed by the offender and on behalf of the panel—
  (a) the variation in the contract takes effect, and
  (b) the panel must provide a copy of the record to the offender.

(6) If at the meeting—
  (a) the panel and the offender agree a variation in the contract,
  (b) the offender does not sign the record produced under subsection (4), and
  (c) the offender's failure to do so appears to the panel to be unreasonable,
the panel may end the meeting and refer the offender back to court.

(7) Schedule 3 (programme of behaviour) applies to what the contract, as varied under this section, may provide as it applies to a programme of behaviour agreed under section 96.

(8) Where the offender has requested under section 99(5)(b) to be referred back to court and the panel—
  (a) has discussed the request with the offender, and
  (b) is satisfied that there is (or is soon to be) a change in circumstances of the kind mentioned in that provision,
it may end the meeting and refer the offender back to court.

Final meeting

101.—(1) This section applies where—
  (a) a youth offender contract has taken effect between a youth offender panel and an offender, and

A6-070

(b) the compliance period is due to expire.

(2) The specified youth offending team must arrange a meeting of the panel ("the final meeting") to be held before the end of the compliance period.

(3) At the final meeting the panel must—
  (a) review the extent of the offender's compliance to date with the youth offender contract,
  (b) decide whether or not the offender's compliance with the contract justifies the conclusion that the offender will have satisfactorily completed the contract by the end of the compliance period, and
  (c) give the offender written confirmation of its decision.

(4) A decision that the conclusion mentioned in subsection (3)(b) is justified—
  (a) has the effect of discharging the referral order (or orders) as from the end of the compliance period, and
  (b) can be made in the offender's absence.

(5) If the panel decides that that conclusion is not justified, it must refer the offender back to court.

(6) Nothing in section 92(3) permits the final meeting to be adjourned (or re-adjourned) to a time after the end of the compliance period.

Referrals back to court

A6-071 For further powers to refer an offender back to court, see ss.102–103 of the Sentencing Code (A6-347 and A6-348). For provision relating to the referral of offenders subject to a referral order back to court, or what is to happen when an offender is convicted of further offences while subject to a referral order, see Sch.4 to the Code (A6-349).

Supplementary provisions

Sentencing Act 2020 ss.105–108

Youth offender panel: change of residence

A6-072 **105.**—(1) This section applies where the court which made a referral order is satisfied that—
  (a) the offender has changed, or proposes to change, residence (to the "new residence"), and
  (b) the youth offending team for the time being specified in the order ("the current team") does not have the function of implementing referral orders in the area of the offender's new residence ("the new area").

(2) The court may amend the order so that it specifies instead the youth offending team which has the function of implementing referral orders in the new area ("the new team").

(3) Where the court does so, this Chapter (and, in particular, section 91(2) (duty to establish youth offender panel) applies to the new team accordingly. This is subject to subsection (4).

(4) If a youth offender contract has already taken effect under the referral order between the offender and the youth offender panel established by the current team—
  (a) section 95 does not apply to the new team, and
  (b) the contract has effect after the amendment as a youth offender contract between—
    (i) the offender, and
    (ii) the youth offender panel established by the new team.

Under s.106 of the Sentencing Code the specified youth offending team are **A6-073**
required to make the arrangements required by the youth offender panel (including as to accommodation and staff) and to ensure the offender is properly supervised and their compliance the subject of proper records.

Section 107 of the Sentencing Code provides that Criminal Procedure Rules may make such provision as appears to the Criminal Procedure Rule Committee to be necessary or expedient for the purposes of referral orders. As of summer 2021, the Criminal Procedure Rule Committee has seen no such need and there are no specific procedure rules for referral orders.

Section 108 of the Sentencing Code provides interpretative provisions which, inter alia, clarify that references to parents or guardians in these provisions do not include references to local authorities with parental responsibility.

Guidance

Generally

The Ministry of Justice and Youth Justice Board issued guidance on referral **A6-074**
orders in October 2018.[42] The guidance largely just explains the statutory scheme but of interest to practitioners will be the emphasis it places on the role of the victim in the process, and the examples provided of the agreed activities that can form part of a youth offender contract—in particular the potential for an "intensive referral order", which may even include agreed curfews for offences that are on the cusp of requiring custody.

Availability

Referral orders are only available where the offender pleads guilty to the of- **A6-075**
fence or another offence for which the offender is being sentenced, and the offender is being sentenced in the youth court or another magistrates' court.

The Crown Court can impose a referral order when exercising magistrates' courts' powers on appeal, when re-sentencing on breach of an order made by a magistrates' court, or when a judge of the Crown Court is exercising the power under s.66 of the Courts Act 2003 to sit as a district judge (magistrates' court).

The availability of referral orders under s.66 of the 2003 Act was previously the subject of conflicting case law. However, following the decision in *R. v Gould*[43] where the court reviewed the extent of the power under s.66 it now appears to be clear that—as was stated in the first edition of this work—provided the case has been properly remitted to the magistrates' court (and it therefore has jurisdiction), referral orders may be imposed by a Crown Court judge sitting as a district judge (magistrates' court) under s.66. It will, however, be necessary for the court to be clear as to the power it is exercising and its reason for proceeding in that manner. Moreover, although there is power for a Crown Court judge to so sit, as the court in *Gould* observed, when doing so the court is subject to the same procedural requirements as a magistrates' court. It may, therefore, be preferable to remit the matter properly.

---

[42] The guidance is at *https://assets.publishing.service.gov.uk/government/uploads/system/uploads/att achment_data/file/746365/referral-order-guidance-9-october-2018.pdf* [Accessed July 2023].
[43] [2021] EWCA Crim 447; [2021] 2 Cr. App. R. (S.) 52.

Whether to impose an order

A6-076   Where the compulsory referral conditions are met and a referral order is available (see ss.84 and 85 of the Sentencing Code) a referral order must be imposed and the only discretion available to the court is the determination of the length of the order.

Where a referral order is discretionary, consideration will normally need to be given to whether a referral order is an appropriate substitute for a youth rehabilitation order or a financial order. As the Sentencing Council's guideline explains, it should be remembered that referral orders are not community orders and in general terms may be regarded as orders which fall between community disposals and fines. However, bearing in mind that the principal aim of the youth justice system is to prevent children and young people from offending, second or subsequent referral orders should be considered in those cases where:

1) the offence is not serious enough for a youth rehabilitation order but the child or young person does appear to require some intervention; or
2) the offence is serious enough for a youth rehabilitation order but it is felt that a referral order would be the best way to prevent further offending (as an example, this may be because the child or young person has responded well in the past to such an order and the offence now before the court is dissimilar to that for which a referral order was previously imposed).

In line with the guidance issued by the Ministry of Justice and the Youth Justice Board, where a discretionary referral order is being considered, the court ought to identify this to the youth offending team and ensure that the availability and suitability of such an order is addressed in the pre-sentence report.

A6-077   It is suggested that the following are significant factors that will inform whether a youth rehabilitation order or a referral order is appropriate:

1) the extent to which the offending appears to be a "phase" which is best addressed in the community—a referral order is noticeably less formal than a youth rehabilitation order and is likely to carry with it less criminal stigmatisation;
2) the extent to which the court wishes to impose any restrictions on the offender's liberty—when imposing a referral order the court is restricted only to setting the length of the order; the contract is to be agreed between the offender and the referral order panel;
3) the extent to which the court wishes to retain control over the specific rehabilitative requirements of an order—this being possible to a greater extent under a youth rehabilitation order;
4) the extent to which the offender and the victim may benefit from directly reparative exercises as can be included in a referral order.

Length of orders

A6-078   A referral order must be for at least three months and not more than 12 months: s.86(2) of the Sentencing Code. The Sentencing Council's guideline provides that the length of the order is to be determined by the seriousness of the offence and suggests the following periods:

Offence seriousness	Suggested length of referral order
Low	3–5 months
Medium	5–7 months
High	7–9 months
Very high	10–12 months

The guideline provides no guidance on what indicates very high or low offence seriousness but it can be inferred from the conditions on the availability of a referral order that an offence of "very high" seriousness will be one on the cusp of custody, and an offence of "low" seriousness will be one where either a discharge or a small financial order would otherwise be imposed.

While offence seriousness will be a significant influence on the length of the order, given the focus of the sentencing guidelines on ensuring sentences cater for the need of the individual and promote rehabilitation, it is suggested that the court's assessment as to the extent of the need for intervention will also be a significant factor. In this respect it is noteworthy that the guideline provides that where the youth offending team proposes requirements the length of which do not correspond to the table, if the court feels they will best achieve the aims of the youth justice system then a longer referral order may be imposed.

Parental attendance

It is suggested that the following factors will be relevant when deciding whether to require a parent or guardian, or a representative from the local authority, to attend the offender's referral order meetings: **A6-079**

1) the ability of the parental figures to attend these meetings around their work and education commitments, and the significance of any impact on their ability to do so;
2) the extent to which the presence of the parental figures will aid the offender's rehabilitation, in helping to ensure attendance and encouraging positive engagement with the panel; or the extent to which the evidence suggests that the presence of the parental figures will be disruptive to the offender's rehabilitation—whether because of the attitude of the parental figure or the likely response of the offender to their parent's presence.

Youth offender contracts

Although it is the practice of youth offending teams—in accordance with guidance issued by the Ministry of Justice and the Youth Justice Board—to give example contracts in a pre-sentence report, the court has no power over the youth offender contract when imposing a referral order. The youth offender contract is to be agreed between the offender and the youth offender panel. **A6-080**

However, a practice has arisen in relation to cases on the cusp of custody: a Youth Offender Panel is convened prior to sentence (sometimes referred to as a "pseudo-panel" or "pre-panel") where the child or young person is asked to attend before a panel and agree an intensive contract. If that contract is placed before the sentencing youth court, the court can then decide whether it is sufficient to move below custody. In such cases the court will, however, have no ability to modify the proposed contract and no ability to require that the terms of that contract are only varied having first returned to court.

Combined with other orders

Custodial sentences

A6-081   A referral order is not available to a court when a custodial sentence is being imposed for any offence being sentenced: s.84(1)(d)(i) of the Sentencing Code.

Non-custodial orders

A6-082   **Discharges**   While a referral order cannot be imposed as well as a discharge for an individual offence, and a conditional discharge cannot be imposed if a referral order is being imposed for any other offence being sentenced, there is nothing preventing the court from imposing a referral order in respect of one offence and an absolute discharge in respect of another on the same occasion: ss.84(1)(e) and 89(3)(b)(iv) of the Sentencing Code.

A6-083   **Binding over**   A court may not bind over an offender to keep the peace or be of good behaviour, or make an order binding over a parent or guardian, when a referral order is being imposed for any offence being sentenced: s.89(4) of the Sentencing Code.

A6-084   **Reparation orders**   A reparation order is not available to a court when a referral order is being imposed for any offence being sentenced: s.89(3)(b)(iii) of the Sentencing Code.

A6-085   **Financial orders**   A fine is not available to a court when a referral order is being imposed for any offence being sentenced: s.89(3)(a) of the Sentencing Code. There is, however, no limit on the imposition of forfeiture or deprivation orders, or the imposition of compensation alongside a referral order, although in all cases the court will need to ensure that the total order is commensurate with the seriousness of the offence.

A6-086   **Youth rehabilitation orders**   A youth rehabilitation order is not available to a court when a referral order is being imposed for any offence being sentenced: s.89(3)(b)(i) of the Sentencing Code.

Referrals back to court and further offences

A6-087   As to the situations in which an offender may be referred back to court and dealing with an offender subject to a referral order when they have committed a further offence, see A6-346 to A6-369.

Youth Rehabilitation Orders

Introduction

A6-088   A youth rehabilitation order may be imposed whenever an offender has been convicted while under the age of 18 and the offence is serious enough to warrant it. In contrast to community orders for adult offenders, there is no requirement that the offence be punishable with imprisonment, except where the court is minded to impose a youth rehabilitation order with intensive supervision and surveillance, or a youth rehabilitation order with fostering. A youth rehabilitation order may last for up to three years and must subject the offender to one or more "youth rehabilitation requirements"—requirements of a type listed in Sch.6 to the Sentencing Code. The requirements imposed must be those most suitable for the offender and any restrictions on liberty must be commensurate with the seriousness of the offence. Unlike with community orders there is no requirement to impose a youth rehabilitation requirement for the purposes of punishment.

There are two principal differences between a youth rehabilitation order and preventative orders that may be imposed as a secondary disposal: first, that an offender serving a youth rehabilitation order is under the active supervision of a responsible officer with whom the offender is required to keep in touch as a requirement of the order; second, that youth rehabilitation orders may be imposed for punitive reasons as well as preventative or rehabilitative ones. While any requirements or restrictions on liberty must be suitable for the offender and commensurate with the seriousness of the offence there is no requirement that they reduce the risk posed by the offender or actively promote rehabilitation (although given that the focus of sentencing children and young persons is on preventing re-offending it will rarely be appropriate for this to be the case).

Legislation

General provisions

Sentencing Act 2020 ss.173–176

Youth rehabilitation order

173.—(1) In this Code, "youth rehabilitation order" means an order imposing one or more youth rehabilitation requirements. A6-089

(2) The youth rehabilitation requirements are listed in column 1 of the youth rehabilitation requirements table (see section 174).

(3) Provision about each requirement is made by the Part of Schedule 6 mentioned in the corresponding entry in column 2 of that table.

Youth rehabilitation requirements table

174. The youth rehabilitation requirements table referred to in sections 173, 184 and 186 is— A6-090

Requirement	Part of Schedule 6 relating to requirement	Restrictions on availability
activity requirement	Part 1	
extended activity requirement	Part 1	section 185(1)
supervision requirement	Part 2	
unpaid work requirement	Part 3	section 185(2)
programme requirement	Part 4	
attendance centre requirement	Part 5	
prohibited activity requirement	Part 6	
curfew requirement	Part 7	

Requirement	Part of Schedule 6 relating to requirement	Restrictions on availability
exclusion requirement	Part 8	
residence requirement	Part 9	
local authority residence requirement	Part 10	
fostering requirement	Part 11	section 175(2)(b), section 185(3)
mental health treatment requirement	Part 12	
drug treatment requirement	Part 13	
drug testing requirement	Part 14	
intoxicating substance treatment requirement	Part 15	
education requirement	Part 16	
electronic monitoring requirement	Part 17	section 185(4)

Youth rehabilitation order with intensive supervision and surveillance

A6-091   175.—(1) In this Code "youth rehabilitation order with intensive supervision and surveillance" means a youth rehabilitation order which imposes—
- (a) an extended activity requirement (see paragraph 2 of Schedule 6),
- (b) a supervision requirement, and
- (c) a curfew requirement (and, accordingly, if so required by paragraph 19(3) of Schedule 6, an electronic compliance monitoring requirement).
- (d) in relation to an order made on or after [3 July 2023], an electronic whereabouts monitoring requirement, unless paragraph 48 of Schedule 6 prevents such a requirement from being imposed.

(2) A youth rehabilitation order with intensive supervision and surveillance—
- (a) may impose other youth rehabilitation requirements, but
- (b) may not impose a fostering requirement.

[This section is printed as amended by the PCSCA 2022 Sch.17 paras 5 and 16 (which is piloted by SI 2023/705 for specified local authority areas in London, the North-East, West Midlands and Wales from 3 July 2023 to 3 January 2025). Where the pilot is not in force an electronic compliance monitoring requirement is simply an electronic monitoring requirement and para.(1)(d) is omitted.]

Youth rehabilitation order with fostering

A6-092   176.—(1) In this Code "youth rehabilitation order with fostering" means a youth rehabilitation order which imposes—
- (a) a fostering requirement (see Part 11 of Schedule 6), and
- (b) a supervision requirement.

(2) A youth rehabilitation order with fostering may also impose other requirements. But this is subject to section 175(2) (fostering requirement not available with intensive supervision and surveillance).

Availability

Sentencing Act 2020 ss.177–178

Youth rehabilitation order: availability

177.—(1) A youth rehabilitation order is available to a court by or before which an offender is convicted of an offence if the offender is aged under 18 at the time of the conviction.

(2) Subsection (1) is subject to—
    (a) subsection (3), and
    (b) section 37(8) of the Mental Health Act 1983 (youth rehabilitation order not to be made in combination with hospital order or guardianship order in respect of same offence).

(3) A youth rehabilitation order is not available if a mandatory sentence requirement applies in relation to the offence (see section 399)—
    (a) because the sentence is fixed by law, or
    (b) by virtue of—
        (i) section 258 or 258A (required sentence of detention for life), or
        (ii) section 311 (minimum sentence for certain offences involving firearms that are prohibited weapons).

But this is subject to section 74 and Chapter 4 of Part 12 (reduction of sentence for assistance to prosecution).

A6-093

Youth rehabilitation order with intensive supervision and surveillance or fostering: availability

178.—(1) A youth rehabilitation order which is—
    (a) a youth rehabilitation order with intensive supervision and surveillance, or
    (b) a youth rehabilitation order with fostering,
is available only in respect of an imprisonable offence.

(2) This is subject to paragraph 11(2) of Schedule 7 (powers of court in case of wilful and persistent failure to comply with youth rehabilitation order).

A6-094

Exercise of power to make youth rehabilitation order

Sentencing Act 2020 ss.179–183

Exercise of power to make youth rehabilitation order: general considerations

179.—(1) This section applies where a court is dealing with an offender for an offence and a youth rehabilitation order is available.

(2) The court must not make a youth rehabilitation order unless it is of the opinion that—
    (a) the offence, or
    (b) the combination of the offence and one or more offences associated with it,
was serious enough to warrant the making of such an order.

(3) In forming its opinion for the purposes of subsection (2), the court must take into account all the information that is available to it about the circumstances of the offence, or of it and any associated offence or offences, including any aggravating or mitigating factors.

(4) The pre-sentence report requirements (see section 30) apply to the court in relation to forming that opinion.

(5) The fact that, by virtue of subsection (2), the court may make a youth rehabilitation order does not require it to do so.

(6) Before making a youth rehabilitation order, the court must obtain and consider information about—
    (a) the offender's family circumstances, and
    (b) the likely effect of a youth rehabilitation order on those circumstances.

A6-095

Making youth rehabilitation order with intensive supervision and surveillance or fostering

A6-096
180.—(1) This section applies where either of the following orders is available to a court dealing with an offender for an offence—
 (a) a youth rehabilitation order with intensive supervision and surveillance;
 (b) a youth rehabilitation order with fostering.
 (2) The court must not make an order of either of those kinds unless it is of the opinion—
 (a) that the offence, or the combination of the offence and one or more offences associated with it, was so serious that, if such an order were not available, a custodial sentence—
  (i) would be appropriate, or
  (ii) where the offender is aged under 12 when convicted, would be appropriate if the offender were aged 12, and
 (b) if the offender is aged under 15 when convicted, that the offender is a persistent offender.
 (3) In forming its opinion for the purposes of subsection (2), the court must take into account all the information that is available to it about the circumstances of the offence, or of it and the associated offence or offences, including any aggravating or mitigating factors.
 (4) The pre-sentence report requirements (see section 30) apply to the court in relation to forming that opinion.

Making youth rehabilitation order where offender subject to other order

Offender subject to detention and training order

A6-097
181.—(1) Where a court makes a youth rehabilitation order in respect of an offender who is subject to a detention and training order, the court may order that the youth rehabilitation order is to take effect—
 (a) when the period of supervision in respect of the detention and training order begins in accordance with section 242 (the period of supervision), or
 (b) on the expiry of the detention and training order.
 (2) For the purposes of subsection (1)—
 (a) the references to a detention and training order include an order made under section 211 of the Armed Forces Act 2006 (detention and training orders made by service courts), and
 (b) the reference to section 242 includes that provision as applied by section 213 of that Act.
 (3) For those purposes the references in subsections (1) and (2) to a detention and training order include an order under section 100 of the Powers of Criminal Courts (Sentencing) Act 2000 (and references to section 242 include references to section 103 of that Act).

Offender subject to youth rehabilitation order or reparation order

A6-098
 (4) A court must not make a youth rehabilitation order in respect of an offender when—
 (a) another youth rehabilitation order, or
 (b) a reparation order,
is in force in respect of the offender, unless when it makes the order it revokes the earlier order.
 (5) For the purposes of subsection (4)—
 (a) the reference in paragraph (a) to another youth rehabilitation order includes an order under section 1 of the Criminal Justice and Immigration Act 2008, and
 (b) the reference in paragraph (b) to a reparation order includes an order under section 73 of the Powers of Criminal Courts (Sentencing) Act 2000.

Court dealing with offender for offences including one of which the offender is convicted when aged 18

(6) A court may not make a youth rehabilitation order in respect of an offence if it makes a suspended sentence order for any other offence for which it deals with the offender.

A6-099

Youth rehabilitation order: effect of remand in custody

182.—(1) In determining the restrictions on liberty to be imposed by a youth rehabilitation order in respect of an offence, the court may have regard to any period for which the offender has been remanded in custody in connection with—

A6-100

    (a) the offence, or

    (b) any other offence the charge for which was founded on the same facts or evidence.

(2) For this purpose a person is remanded in custody if—

    (a) remanded in or committed to custody by order of a court,

    (b) remanded to youth detention accommodation under section 91(4) of the Legal Aid, Sentencing and Punishment of Offenders Act 2012 (remands of children otherwise than on bail), or

    (c) remanded, admitted or removed to hospital under section 35, 36, 38 or 48 of the Mental Health Act 1983.

Concurrent and consecutive orders

183.—(1) This section applies where a court is dealing with an offender for two or more offences.

A6-101

(2) If the court makes an order of any of the following kinds in respect of one of the offences—

    (a) a youth rehabilitation order with intensive supervision and surveillance,

    (b) a youth rehabilitation order with fostering, or

    (c) any other youth rehabilitation order,

it may not make a youth rehabilitation order of another of those kinds in respect of the other offence, or any of the other offences.

(3) If the court makes—

    (a) two or more youth rehabilitation orders with intensive supervision and surveillance, or

    (b) two or more youth rehabilitation orders with fostering,

those orders must take effect at the same time (in accordance with section 198).

(4) Subsections (5) to (7) apply where the court includes requirements of the same kind in two or more youth rehabilitation orders.

(5) The court must direct, for each kind of requirement—

    (a) whether the requirements are to be concurrent or consecutive, or

    (b) if more than two requirements of that kind are imposed, which are to be concurrent and which consecutive.

(6) But the court may not direct that two or more fostering requirements are to be consecutive.

(7) Where the court directs that two or more requirements of the same kind are to be consecutive, the numbers of hours, days or months specified in relation to each of them—

    (a) are to be aggregated, but

    (b) in aggregate, must not exceed the maximum number which may be specified in relation to any one of them.

(8) For the purposes of subsections (4) to (7), requirements are of the same kind if they fall within the same Part of Schedule 6.

Available requirements

Sentencing Act 2020 ss.184–185

Youth rehabilitation order: available requirements

A6-102
184.—(1) Any youth rehabilitation requirement imposed by a youth rehabilitation order must be a requirement that is available to the court which makes the order.

(2) A youth rehabilitation requirement is available unless a provision mentioned in column 3 of the entry for that requirement in the youth rehabilitation requirements table (see section 174) provides otherwise.

Youth rehabilitation order: availability of particular requirements

Extended activity requirement

A6-103
185.—(1) An extended activity requirement is not available for a youth rehabilitation order other than a youth rehabilitation order with intensive supervision and surveillance.

Unpaid work requirement

A6-104
(2) An unpaid work requirement is not available for a youth rehabilitation order in respect of an offence unless the offender is aged 16 or 17 when convicted of the offence.

Fostering requirement

A6-105
(3) A fostering requirement is not available for a youth rehabilitation order other than a youth rehabilitation order with fostering.

Electronic monitoring requirements

A6-106
(4) An electronic compliance monitoring requirement is not available for a youth rehabilitation order unless the order imposes at least one other youth rehabilitation requirement.

[This section is printed as amended by the PCSCA 2022 Sch.17 para.6 (which is piloted by SI 2023/705 for specified local authority areas in London, the North-East, West Midlands and Wales from 3 July 2023 to 3 January 2025). Where the pilot is not in force an electronic compliance monitoring requirement is simply an electronic monitoring requirement.]

Exercise of power to impose youth rehabilitation requirements

Sentencing Act 2020 s.186

Youth rehabilitation order: exercise of power to impose particular requirements

A6-107
186.—(1) This section applies where a court makes a youth rehabilitation order in respect of an offence.

Restrictions and obligations relating to imposing particular requirements

A6-108
(2) The power to impose a particular youth rehabilitation requirement is subject to the provisions of the Part of Schedule 6 relating to requirements of that kind (see column 2 of the table in section 174).

Suitability

A6-109
(3) The particular youth rehabilitation requirement or combination of youth rehabilitation requirements imposed by the order must, in the opinion of the court, be the most suitable for the offender. In the case of a youth rehabilitation order with intensive supervision and surveillance, this is subject to section 175 (by virtue of which the order must impose certain requirements).

(4) The pre-sentence report requirements (see section 30) apply to the court in relation to forming any opinion on whether a particular youth rehabilitation requirement or combination of youth rehabilitation requirements is suitable for the offender.

(5) In forming its opinion for the purposes of subsection (3) on which requirement or combination of requirements is the most suitable for the offender, the court may take into account any information about the offender which is before it.

Restrictions on liberty to be commensurate with seriousness

(6) The restrictions on liberty imposed by the order must be such as are in the opinion of the court commensurate with the seriousness of—

(a) the offence, or

(b) the combination of the offence and one or more offences associated with it.

In the case of a youth rehabilitation order with intensive supervision and surveillance, this is subject to section 175 (by virtue of which the order must impose certain requirements).

(7) In forming its opinion for the purposes of subsection (6), the court must take into account all the information that is available to it about the circumstances of the offence, or of it and the associated offence or offences, including any aggravating or mitigating factors.

(8) The pre-sentence report requirements (see section 30) apply to the court in relation to forming that opinion.

(9) The fact that, by virtue of subsection (6), particular restrictions on liberty may be imposed by a youth rehabilitation order does not require the court to impose those restrictions.

Compatibility with other requirements and other matters

(10) If the order imposes two or more requirements, the court must, before making the order, consider whether, in the circumstances of the case, the requirements are compatible with each other. This is subject to sections 175 and 176 and paragraphs 19(3) and 21 of Schedule 6 (certain types of youth rehabilitation order to contain certain requirements).

(11) The court must ensure, as far as practicable, that any requirement imposed by the order is such as to avoid—

(a) any conflict with the offender's religious beliefs,

(b) any interference with the times, if any, at which the offender normally works or attends school or any other educational establishment, and

(c) any conflict with the requirements of any other court order to which the offender may be subject,

and satisfies any additional restrictions that the Secretary of State may specify in regulations.

(12) Regulations under subsection (11) are subject to the negative resolution procedure.

Sentencing Act 2020 Sch.6

YOUTH REHABILITATION ORDERS: REQUIREMENTS

PART 1

ACTIVITY REQUIREMENT

Activity Requirement: Types of Requirement

1.—(1) In this Code "activity requirement", in relation to a youth rehabilitation order, is a requirement consisting of one or more of the following—

(a) a specified place obligation (see paragraph 3),

(b) a specified activities obligation (see paragraph 4),

(c) a specified residential exercise obligation (see paragraph 5),

(d) an obligation under paragraph 6 to engage in activities as instructed by the responsible officer.

(2) A youth rehabilitation order that imposes an activity requirement may specify—

(a) obligations of more than one of those kinds, or

(b) more than one obligation of any of those kinds.

(3) The aggregate number of days specified in a youth rehabilitation order under paragraphs 3, 4, 5 and 6 must not exceed 90 unless the activity requirement is an extended activity requirement (see paragraph 2).

Extended Activity Requirement

A6-113
2.—(1) An extended activity requirement is an activity requirement for which the aggregate number of days specified in the youth rehabilitation order under paragraphs 3, 4, 5 and 6 is greater than 90.

(2) Where a youth rehabilitation order imposes an extended activity requirement, the aggregate number of days specified in the order under those paragraphs must not exceed the relevant number.

(2A) In sub-paragraph (2) "the relevant number" means—
  (a) in relation to a youth rehabilitation order in respect of an offence of which the offender was convicted before [3 July 2023], 180 days, and
  (b) in relation to a youth rehabilitation order in respect of an offence of which the offender was convicted on or after that day, 365 days.

(3) For restrictions on making a youth rehabilitation order with intensive supervision and surveillance (and, accordingly, on imposing an extended activity requirement), see section 180 (as well as sections 175 and 178 (requirements and availability relating to youth rehabilitation orders with intensive supervision and surveillance)).

[This paragraph is printed as amended by the PCSCA 2022 Sch.17 para.17 (which is piloted by SI 2023/705 for specified local authority areas in London, the North-East, West Midlands and Wales from 3 July 2023 to 3 January 2025). Where the pilot is not in force the maximum number of days for which an extended activity requirement can run is 180 days.]

Activity Requirement: specified place obligation

A6-114
3.—(1) For each specified place obligation that it imposes, a youth rehabilitation order must specify—
  (a) a number of days,
  (b) a place or places, and
  (c) for each place specified, the description of person to whom the offender is required to present himself or herself.

(2) The obligation requires the offender, in accordance with instructions of the responsible officer, on the specified number of days—
  (a) to present himself or herself at a specified place to a person of the specified description, and
  (b) while there, to participate in activities and comply with instructions given by, or under the authority of, the person in charge of the place.

Activity requirement: specified activities obligation

A6-115
4.—(1) For each specified activities obligation that it imposes, a youth rehabilitation order must specify—
  (a) a number of days, and
  (b) an activity or activities.

(2) The obligation requires the offender, in accordance with instructions of the responsible officer, on the specified number of days—
  (a) to participate in a specified activity, and
  (b) to comply with instructions given by, or under the authority of, the person in charge of the activity.

(3) An activity specified under this paragraph may be one whose purpose is reparation, such as an activity involving contact between an offender and persons affected by the offending concerned.

Activity requirement: specified residential exercise obligation

A6-116
5.—(1) For each specified residential exercise obligation that it imposes, a youth rehabilitation order must specify—
  (a) a number of days, and
  (b) a place or activity.

(2) The obligation requires the offender, in accordance with the instructions of the responsible officer—
  (a) if a place is specified under sub-paragraph (1)(b)—

(i) to present himself or herself at that place to a person of a description specified in the instructions,
(ii) to reside there for a period consisting of the specified number of days, and
(iii) during that period, to comply with instructions given by, or under the authority of, the person in charge of that place;
(b) if an activity is specified under sub-paragraph (1)(b)—
(i) to participate in that activity for a period consisting of the specified number of days, and
(ii) during that period, to comply with instructions given by or under the authority of, the person in charge of the activity.

Activity requirement: obligation to engage in activities as instructed by responsible officer
6.—(1) A youth rehabilitation order that imposes an obligation under this paragraph—   **A6-117**
   (a) must specify a number of days, and
   (b) may permit the responsible officer to give instructions in accordance with this paragraph requiring the offender to participate in a residential exercise.
(2) The obligation requires the offender to engage in activities in accordance with instructions of the responsible officer on that number of days.
(3) For each of those days, instructions of the responsible officer must require the offender—
   (a) to present himself or herself to a person or persons of a description specified in the instructions at a place so specified, or
   (b) to participate in an activity specified in the instructions.
(4) On each of those days, or while participating in any such activity, the offender is required to comply with instructions given by, or under the authority of, the person in charge of the place or the activity.
(5) An activity specified in instructions under this paragraph may be one whose purpose is reparation, such as one involving contact between an offender and persons affected by the offending concerned.
(6) Sub-paragraphs (7) to (9) apply where under sub-paragraph (1)(b) the youth rehabilitation order permits the responsible officer to give instructions requiring the offender to participate in a residential exercise.
(7) Instructions given by the responsible officer may require the offender to participate in a residential exercise for the period specified in the instructions, and for that purpose—
   (a) to present himself or herself to a person of a description specified in the instructions at a place so specified at the beginning of that period and to reside there for that period, or
   (b) to participate for that period in an activity specified in the instructions.
(8) But instructions requiring the offender to participate in a residential exercise—
   (a) may not require the offender to participate in such an exercise for a period of more than 7 days;
   (b) may not be given except with the consent of a parent or guardian of the offender.
(9) Where the responsible officer gives instructions requiring the offender to participate in a residential exercise, the offender is required to comply with instructions given by, or under the authority of, the person in charge of the place or activity specified in the responsible officer's instructions.

Activity requirement: general provisions
7. Instructions given by, or under the authority of, a person in charge of any place under any of   **A6-118**
the following provisions—
   (a) paragraph 3(2)(b) (specified place obligation),
   (b) paragraph 5(2)(a)(iii) (residential exercise obligation),
   (c) paragraph 6(4) (obligation at place specified by responsible officer), or
   (d) paragraph 6(9) (residential exercise at place specified by responsible officer),
may require the offender to engage in activities otherwise than at that place.

Restrictions on imposing an activity requirement
8. A court may not include an activity requirement in a youth rehabilitation order unless—   **A6-119**
   (a) the court has consulted—
      (i) a member of a youth offending team, or
      (ii) an officer of a provider of probation services,
   and is satisfied that it is feasible to secure compliance with the requirement,

(b) the court is satisfied that provision can be made for the offender to participate in the activities that it proposes to specify in the order under the arrangements for persons to participate in such activities which exist in the local justice area in which the offender resides or is to reside, and
(c) if compliance with the requirement would require the co-operation of a person other than the offender and the responsible officer, that other person consents to its inclusion.

PART 2

SUPERVISION REQUIREMENT

A6-120   9. In this Code "supervision requirement", in relation to a youth rehabilitation order, means a requirement that, while the order is in force, the offender must attend appointments with—
(a) the responsible officer, or
(b) another person determined by the responsible officer, at times and places determined by the responsible officer.

PART 3

UNPAID WORK REQUIREMENT

Requirement

A6-121   10.—(1) In this Code "unpaid work requirement", in relation to a youth rehabilitation order, means a requirement that the offender must perform unpaid work in accordance with the instructions of the responsible officer as to—
(a) the work to be performed, and
(b) the times, during a period of 12 months, at which the offender is to perform it.
(2) The order must specify the number of hours which the offender may be required to work under the requirement.
(3) That number must be in aggregate—
(a) not less than 40, and
(b) not more than 240.
(4) Sub-paragraphs (1)(b) and (3) are subject to paragraphs 10(7) and 19 of Schedule 7 (which make provision for different limits where an unpaid work requirement is imposed or amended in further proceedings).

Restriction on imposing an unpaid work requirement

A6-122   11.—(1) A court may not impose an unpaid work requirement in respect of an offender unless it is satisfied—
(a) that the offender is a suitable person to perform work under an unpaid work requirement, and
(b) that provision for the offender to work under such a requirement can be made under the arrangements for persons to perform work under such a requirement which exist in the local justice area in which the offender resides or is to reside.
(2) In making a decision under sub-paragraph (1)(a) the court must (if it considers it necessary) hear—
(a) a member of a youth offending team, or
(b) an officer of a provider of probation services.

PART 4

PROGRAMME REQUIREMENT

Programme requirement

A6-123   12.—(1) In this Code "programme requirement", in relation to a youth rehabilitation order, means a requirement for the offender to participate in a particular systematic set of activities (a "programme"), which may have a residential component.
(2) A youth rehabilitation order which imposes a programme requirement must specify—
(a) the programme,
(b) the place or places at which the offender is required to participate in it,
(c) the number of days on which the offender is required to participate in it, and
(d) if the programme has a residential component—
(i) the place where the offender is required to reside for the purposes of the residential component, and

(ii) the period for which the offender is required to reside there.

(3) For the purposes of this paragraph, a programme has "*a residential component*" if it is necessary to reside at a particular place for a particular period in order to participate in the programme.

(4) A programme requirement operates to require the offender, as instructed by the responsible officer—

(a) to participate in the programme on the number of days specified in the order at a place specified in the order, and
(b) while there, to comply with instructions given by, or under the authority of, the person in charge of the programme.

Restrictions on imposing a programme requirement

13.—(1) A court may not include a programme requirement in a youth rehabilitation order unless—

(a) the programme which the court proposes to specify has been recommended to the court by—
  (i) a member of a youth offending team, or
  (ii) an officer of a provider of probation services,
as being suitable for the offender, and
(b) the court is satisfied that the programme is available at the place or places it proposes to specify.

For this purpose "programme" has the same meaning as in paragraph 12.

(2) A court may not include a programme requirement in a youth rehabilitation order if compliance with the requirement would require the co-operation of a person other than the offender and the offender's responsible officer, unless that other person consents to its inclusion.

PART 5

ATTENDANCE CENTRE REQUIREMENT

Attendance centre requirement

14.—(1) In this Code "attendance centre requirement", in relation to a youth rehabilitation order, means a requirement that the offender must attend at a particular attendance centre for a particular number of hours.

(2) A youth rehabilitation order which imposes an attendance centre requirement must specify—

(a) the attendance centre, and
(b) the aggregate number of hours for which the offender may be required to attend at the attendance centre.

(3) That number of hours must be—

(a) if the offender is aged 16 or over at the time of conviction—
  (i) not less than 12, and
  (ii) not more than 36;
(b) if the offender is aged 14 or 15 at the time of conviction—
  (i) not less than 12, and
  (ii) not more than 24;
(c) if the offender is aged under 14 at the time of conviction, not more than 12.

(4) The first time at which the offender is required to attend at the attendance centre is a time notified to the offender by the responsible officer.

(5) The subsequent hours are to be fixed by the officer in charge of the centre—

(a) in accordance with arrangements made by the responsible officer, and
(b) having regard to the offender's circumstances.

(6) An offender may not be required under this paragraph to attend at an attendance centre—

(a) more than once on any day, or
(b) for more than 3 hours at a time.

(7) A requirement under this paragraph to attend at an attendance centre for any period on any occasion operates as a requirement, during that period, to engage in occupation, or receive instruction, whether at the centre or elsewhere—

(a) under the supervision of the officer in charge of the centre, and
(b) in accordance with instructions given by, or under the authority of, that officer.

Restriction on imposing attendance centre requirement

A6-126 15. A court may not include an attendance centre requirement in a youth rehabilitation order unless—
  (a) the court has been notified by the Secretary of State that an attendance centre is available for persons of the offender's description and that provision can be made for the offender there (and the notice has not been withdrawn), and
  (b) the court is satisfied that the attendance centre which it proposes to specify in the order is reasonably accessible to the offender, having regard to the means of access available to the offender and any other circumstances.

PART 6

PROHIBITED ACTIVITY REQUIREMENT

Requirement

A6-127 16.—(1) In this Code "prohibited activity requirement", in relation to a youth rehabilitation order, means a requirement that the offender must refrain from particular activities—
  (a) on one or more particular days, or
  (b) for a particular period.
(2) Where the court makes a youth rehabilitation order imposing a prohibited activity requirement, the order must specify—
  (a) the activities from which the offender must refrain;
  (b) the day or days on which, or the period for which, the offender must refrain from those activities.
(3) A prohibited activity requirement may, in particular, include a requirement that the offender does not possess, use or carry a firearm within the meaning of the Firearms Act 1968.

Restriction on imposing prohibited activity requirement

A6-128 17. A court may not include a prohibited activity requirement in a youth rehabilitation order unless it has consulted—
  (a) a member of a youth offending team, or
  (b) an officer of a provider of probation services.

PART 7

CURFEW REQUIREMENT

Curfew requirement

A6-129 18.—(1) In this Code "curfew requirement", in relation to a youth rehabilitation order, means a requirement that the offender must remain, for particular periods ("*curfew periods*"), at a particular place.
(2) A youth rehabilitation order which imposes a curfew requirement must specify—
  (a) the curfew periods, and
  (b) the place at which the offender must remain for each curfew period.
(3) Different places or different curfew periods may be specified for different days.
(4) The curfew periods must amount to—
  (a) not less than 2 hours in any day,
  (b) not more than the relevant number of hours in any day, and
  (c) not more than 112 hours in any period of 7 days beginning with the day of the week on which the requirement first takes effect.
(4A) In sub-paragraph (4)(b), "the relevant number of hours"—
  (a) in relation to a youth rehabilitation order in respect of an offence of which the offender was convicted before [28 June 2022] means 16 hours, and
  (b) in relation to a youth rehabilitation order in respect of an offence of which the offender was convicted on or after that day, means 20 hours.
(5) The specified curfew periods must fall within the period of 12 months beginning with the day on which the requirement first takes effect.

Requirements where court imposes curfew requirement

A6-130 19.—(1) Before making a youth rehabilitation order imposing a curfew requirement, the court must obtain and consider information about each place proposed to be specified under paragraph 18(2)(b).

(2) That information must include information as to the attitude of persons likely to be affected by the offender's enforced presence there.

(3) Where the court makes a youth rehabilitation order which imposes a curfew requirement it must also impose an electronic compliance monitoring requirement (see Part 17 of this Schedule) unless—

    (a)   it is prevented from doing so by paragraph 44, or

    (b)   in the particular circumstances of the case, it considers it inappropriate to do so.

[This paragraph is printed as amended by the PCSCA 2022 Sch.17 para.19 (which is piloted by SI 2023/705 for specified local authority areas in London, the North-East, West Midlands and Wales from 3 July 2023 to 3 January 2025). Where the pilot is not in force an electronic compliance monitoring requirement is simply an electronic monitoring requirement.]

Part 8

Exclusion Requirement

Requirement

20.—(1) In this Code "exclusion requirement", in relation to a youth rehabilitation order, means a provision prohibiting the offender from entering a particular place (the "prohibited place") for a particular period (the "exclusion period").   **A6-131**

(2) A youth rehabilitation order which imposes an exclusion requirement must specify—

    (a)   the prohibited place, and

    (b)   the exclusion period.

(3) The exclusion period must not be more than 3 months.

(4) A youth rehabilitation order may specify—

    (a)   more than one prohibited place;

    (b)   more than one exclusion period;

    (c)   different prohibited places for different exclusion periods or different days.

(5) A prohibited place may be an area.

Requirement for electronic monitoring where court imposes exclusion requirement

21. Where the court makes a youth rehabilitation order which imposes an exclusion requirement it must also impose an electronic compliance monitoring requirement (see Part 17 of this Schedule) unless—   **A6-132**

    (a)   it is prevented from doing so by paragraph 44, or

    (b)   in the particular circumstances of the case, it considers it inappropriate to do so.

[This paragraph is printed as amended by the PCSCA 2022 Sch.17 para.11 (which is piloted by SI 2023/705 for specified local authority areas in London, the North-East, West Midlands and Wales from 3 July 2023 to 3 January 2025). Where the pilot is not in force an electronic compliance monitoring requirement is simply an electronic monitoring requirement.]

Part 9

Residence Requirement

Requirement

22.—(1) In this Code "residence requirement", in relation to a youth rehabilitation order, means a requirement that, for a particular period ("the required period"), the offender must—   **A6-133**

    (a)   reside with a particular individual, or

    (b)   reside—

        (i)   at a particular place ("*the required place*"), or

        (ii)   if the order so permits, at the required place or, with the prior approval of the responsible officer, at some other place.

(2) A youth rehabilitation order which imposes a residence requirement within sub-paragraph (1)(a) must specify—

    (a)   the required period, and

    (b)   the individual with whom the offender is required to reside.

(3) A youth rehabilitation order which imposes a residence requirement within sub-paragraph (1)(b) (a "place of residence requirement") must specify—

    (a)   the required period,

(b) the required place, and
(c) if the offender is to be permitted to reside at some other place with the prior approval of the responsible officer, that fact.

Imposing a residence requirement: restrictions and requirements

A6-134 23.—(1) A youth rehabilitation order which imposes a residence requirement within paragraph 22(1)(a) may not specify, as the individual with whom the offender is required to reside, an individual who has not consented to the requirement.

(2) A court may not include a place of residence requirement in a youth rehabilitation order unless the offender is aged 16 or over at the time of conviction.

(3) Before making a youth rehabilitation order containing a place of residence requirement, the court must consider the home surroundings of the offender.

(4) A hostel or other institution may not be specified as the required place, except on the recommendation of—
   (a) a member of a youth offending team,
   (b) an officer of a provider of probation services, or
   (c) a social worker of a local authority.

(5) In this paragraph, "place of residence requirement" and "the required place" have the same meanings as in paragraph 22.

PART 10

LOCAL AUTHORITY RESIDENCE REQUIREMENT

Requirement

A6-135 24.—(1) In this Code "local authority residence requirement", in relation to a youth rehabilitation order, means a requirement that, for a particular period ("*the required period*"), the offender must reside in accommodation provided by or on behalf of a particular local authority.

(2) A youth rehabilitation order which imposes a local authority residence requirement may also stipulate that the offender is not to reside with a particular person.

(3) A youth rehabilitation order which imposes a local authority residence requirement must specify—
   (a) the required period,
   (b) the local authority which is to receive the offender, and
   (c) any person with whom the offender is not to reside by virtue of sub-paragraph (2).

(4) The required period must—
   (a) not be longer than 6 months, and
   (b) end before the offender reaches the age of 18.

(5) The authority specified must be the local authority in whose area the offender resides or is to reside.

Restrictions on imposing local authority residence requirement

A6-136 25. A court may not include a local authority residence requirement in a youth rehabilitation order made in respect of an offence unless the requirements in A to C are met.

A   The court is satisfied that—
   (a) the behaviour which constituted the offence was due to a significant extent to the circumstances in which the offender was living, and
   (b) imposing that requirement would assist in the offender's rehabilitation.

B   The court has consulted—
   (a) a parent or guardian of the offender (unless it is impracticable to do so), and
   (b) the local authority which is to receive the offender.

C   The offender was legally represented in court when the court was considering whether to impose the local authority residence requirement, but this does not apply if—
   (a) representation was made available to the offender for the purposes of the proceedings under Part 1 of the Legal Aid, Sentencing and Punishment of Offenders Act 2012 but was withdrawn because of the offender's conduct, or
   (b) the offender has been informed of the right to apply for such representation for the purposes of the proceedings and has had the opportunity to do so, but nevertheless refused or failed to apply.

For this purpose "the proceedings" means—
   the whole proceedings, or
   the part of the proceedings relating to the imposition of the local authority residence requirement.

PRIMARY DISPOSALS

PART 11

FOSTERING REQUIREMENT

Requirement

26.—(1) In this Code "fostering requirement", in relation to a youth rehabilitation order, means a requirement that, for a particular period ("*the fostering period*"), the offender must reside with a local authority foster parent.

A6-137

(2) A youth rehabilitation order which imposes a fostering requirement must specify—
   (a)   the fostering period, and
   (b)   the local authority which is to place the offender with a local authority foster parent under—
       (i)   section 22C of the Children Act 1989, or
       (ii)   section 81 of the Social Services and Well-being (Wales) Act 2014.

(3) The fostering period—
   (a)   must end no later than the end of the period of 12 months beginning with the day on which the requirement takes effect, and
   (b)   must end before the offender reaches the age of 18.

This is subject to paragraphs 10(9) and (10) and 17(5) and (6) of Schedule 7 (substitute fostering requirement).

(4) The authority specified must be the local authority in whose area the offender resides or is to reside.

(5) Sub-paragraph (6) applies if during the fostering period the responsible officer notifies the offender—
   (a)   that no suitable local authority foster parent is available, and
   (b)   that the responsible officer has applied, or proposes to apply, under Part 3 or 4 of Schedule 7 for the youth rehabilitation order to be amended or revoked.

(6) The fostering requirement has effect, until the application is determined, as a requirement for the offender to reside in accommodation provided by or on behalf of a local authority.

(7) This paragraph does not affect the power of a local authority to place with a local authority foster parent an offender in respect of whom a local authority residence requirement is imposed.

Restrictions on imposing fostering requirement

27. A court may not make a youth rehabilitation order which imposes a fostering requirement unless the requirements in A to D are met.

A6-138

A   The court is satisfied that—
   (a)   the behaviour which constituted the offence was due to a significant extent to the circumstances in which the offender was living, and
   (b)   imposing that requirement would assist in the offender's rehabilitation.

B   The court has been notified by the Secretary of State that arrangements for implementing such a requirement are available in the area of the local authority which is to place the offender with a local authority foster parent (and the notice has not been withdrawn).

C   The court has consulted—
   (a)   the offender's parents or guardians (unless it is impracticable to do so), and
   (b)   the local authority which is to place the offender with a local authority foster parent.

D   The offender was legally represented in court when the court was considering whether to impose the fostering requirement, but this does not apply if—
   (a)   representation was made available to the offender for the purposes of the proceedings under Part 1 of the Legal Aid, Sentencing and Punishment of Offenders Act 2012 but was withdrawn because of the offender's conduct, or
   (b)   the offender has been informed of the right to apply for such representation for the purposes of the proceedings and has had the opportunity to do so, but nevertheless refused or failed to apply.

For this purpose "the proceedings" means—
   the whole proceedings, or
   the part of the proceedings relating to the imposition of the fostering requirement.

PART 12

MENTAL HEALTH TREATMENT REQUIREMENT

Mental health treatment requirement

A6-139   28.—(1) In this Code "mental health treatment requirement", in relation to a youth rehabilitation order, means a requirement that the offender must submit, during a particular period or particular periods, to mental health treatment, which may be—
   (a) in-patient treatment,
   (b) institution-based out-patient treatment, or
   (c) practitioner-based treatment.
(2) For this purpose—

"mental health treatment", in relation to an offender, means treatment which is—
   (a) by or under the direction of a registered medical practitioner or registered psychologist, and
   (b) with a view to improvement of the offender's mental condition;
"in-patient treatment" means treatment as a resident patient in—
   (a) a care home,
   (b) an independent hospital, or
   (c) a hospital within the meaning of the Mental Health Act 1983,
but not in hospital premises where high security psychiatric services are provided;
"institution-based out-patient treatment" means treatment as a non-resident patient at a particular institution or place;
"practitioner-based treatment" means treatment by or under the direction of a particular registered medical practitioner or registered psychologist (or both).

(3) A youth rehabilitation order which imposes a mental health treatment requirement must specify—
   (a) the period or periods during which the offender is required to submit to mental health treatment, and
   (b) for each such period—
      (i) if the mental health treatment is to be in-patient treatment, the care home or hospital where it is to be provided;
      (ii) if it is to be institution-based out-patient treatment, the institution or place where it is to be provided;
      (iii) if it is to be practitioner-based treatment, the registered medical practitioner or registered psychologist (or both) by whom or under whose direction it is to be provided;
but may not otherwise specify the nature of the treatment.

(4) In this paragraph—

"care home" means—
   (a) a care home in England within the meaning of the Care Standards Act 2000, or
   (b) a place in Wales at which a care home service (within the meaning of Part 1 of the Regulation and Inspection of Social Care (Wales) Act 2016) is provided;
"high security psychiatric services" has the same meaning as in the Mental Health Act 1983;
"independent hospital"—
   (a) in relation to England, means a hospital as defined by section 275 of the National Health Service Act 2006 that is not a health service hospital as defined by that section;
   (b) in relation to Wales, has the same meaning as in the Care Standards Act 2000;
"registered psychologist" means a person for the time being registered in the part of the register maintained under the Health Professions Order 2001 (S.I. 2002/254) which relates to practitioner psychologists.

(5) While the offender is under treatment which is in-patient treatment in pursuance of a mental health treatment requirement of a youth rehabilitation order, the responsible officer is to carry out the supervision of the offender only to the extent necessary for the purpose of the revocation or amendment of the order.

Restrictions on imposing mental health treatment requirement

A6-140   29.—(1) A court may not include a mental health treatment requirement in a youth rehabilitation order unless the following conditions are met—

PRIMARY DISPOSALS

    (a)   the need for treatment condition,
    (b)   the arrangements condition, and
    (c)   the consent condition.
    (2)   The need for treatment condition is that the court is satisfied that the mental condition of the offender—
    (a)   requires treatment,
    (b)   may be susceptible to treatment, and
    (c)   does not warrant the making of a hospital order or guardianship order within the meaning of the Mental Health Act 1983.
    (3)   The arrangements condition is that the court is satisfied that arrangements—
    (a)   have been made, or
    (b)   can be made,

for the treatment intended to be specified in the order. Those arrangements include arrangements for the reception of the offender, if that treatment is, or includes, in-patient treatment (see paragraph 28(2)).

    (4)   The consent condition is that the offender has expressed willingness to comply with the requirement.

Alternative arrangements for mental health treatment

    30.—(1) Where—
    (a)   an offender is being treated in pursuance of a mental health treatment requirement, and
    (b)   the treatment practitioner is of the opinion that part of the treatment can be better or more conveniently given in an institution or at a place—
        (i)   which is not specified in the youth rehabilitation order, and
        (ii)   where the treatment of the offender will be given by or under the direction of a registered medical practitioner or registered psychologist,

the treatment practitioner may make arrangements ("alternative arrangements") for the offender to be treated accordingly.

A6-141

    (2)   Alternative arrangements may be made only if the offender has expressed willingness for the treatment to be given under those arrangements.

    (3)   Alternative arrangements may provide for the offender to receive part of the treatment as a resident patient in an institution or place which could not have been specified for that purpose in the youth rehabilitation order.

    (4)   Where alternative arrangements are made—
    (a)   the treatment for which the alternative arrangements provide is to be deemed to be treatment to which the offender is required to submit in pursuance of the mental health treatment requirement, and
    (b)   the treatment practitioner must give a notice in writing to the offender's responsible officer, specifying the institution or place where that treatment is to be carried out.

    (5)   In this paragraph—

    "registered psychologist" means a person for the time being registered in the part of the register maintained under the Health Professions Order 2001 (S.I. 2002/254) which relates to practitioner psychologists;

    "treatment practitioner" means the medical practitioner or registered psychologist by or under whose direction the offender is being treated in pursuance of the mental health treatment requirement.

PART 13

DRUG TREATMENT REQUIREMENT

Requirement

    31.—(1) In this Code "drug treatment requirement", in relation to a youth rehabilitation order, means a requirement that the offender must submit, during a period or periods (each, a "*treatment period*"), to drug rehabilitation treatment. Such treatment may be resident treatment or non-resident treatment.

A6-142

    (2)   In this paragraph—

    "drug rehabilitation treatment", in relation to an offender, means treatment which is—
        (a)   by or under the direction of a person having the necessary qualifications or experience, and

(b) with a view to the reduction or elimination of the offender's dependency on, or propensity to misuse, drugs;

"resident treatment" means treatment as a resident in a particular institution or place;

"non-resident treatment" means treatment as a non-resident at a particular institution or place;

"the treatment director" means the person by or under whose direction the treatment is to be provided.

(3) A youth rehabilitation order which imposes a drug treatment requirement must specify—
   (a) the treatment period or treatment periods, and
   (b) for each treatment period—
      (i) the treatment director;
      (ii) if the treatment is to be resident treatment, the institution or place where it is to be provided;
      (iii) if it is to be non-resident treatment, the institution or place where, and the intervals at which, it is to be provided;

but must not otherwise specify the nature of the treatment.

Restrictions on imposing drug treatment requirement

A6-143

32.—(1) A court may not include a drug treatment requirement in a youth rehabilitation order unless the following conditions are met—
   (a) the need for treatment condition,
   (b) the availability condition,
   (c) the arrangements condition,
   (d) the suitability condition, and
   (e) the consent condition.

(2) The need for treatment condition is that the court is satisfied—
   (a) that the offender—
      (i) is dependent on drugs, or
      (ii) has a propensity to misuse drugs, and
   (b) that the offender's dependency or propensity—
      (i) requires treatment, and
      (ii) may be susceptible to treatment.

(3) The availability condition is that the court has been notified by the Secretary of State that arrangements for implementing drug treatment requirements are in force in the local justice area in which the offender resides or is to reside (and the notice has not been withdrawn).

(4) The arrangements condition is that the court is satisfied that arrangements—
   (a) have been made, or
   (b) can be made,

for the treatment intended to be specified in the order. Those arrangements include arrangements for the reception of the offender if that treatment is, or includes, resident treatment (within the meaning given in paragraph 31(2)).

(5) The suitability condition is that the requirement has been recommended to the court as suitable for the offender by—
   (a) a member of a youth offending team, or
   (b) an officer of a provider of probation services.

(6) The consent condition is that the offender has expressed willingness to comply with the requirement.

Meaning of "drug"

A6-144

33. In this Part of this Schedule, "drug" means a controlled drug as defined by section 2 of the Misuse of Drugs Act 1971.

PART 14

DRUG TESTING REQUIREMENT

Requirement

A6-145

34.—(1) In this Code "drug testing requirement", in relation to a youth rehabilitation order, means a requirement that, during any treatment period, the offender must, for the purpose of ascertaining whether there is any drug in the offender's body during that period, provide samples in accordance with instructions given by—

(a) the responsible officer, or
(b) the treatment director.
(2) A youth rehabilitation order which imposes a drug testing requirement—
(a) must specify, for each month, the minimum number of occasions when samples are to be provided, and
(b) may specify—
(i) when and in what circumstances the responsible officer or treatment director may require the offender to provide samples, and
(ii) the kinds of sample which may be required.
(3) A youth rehabilitation order which imposes a drug testing requirement must provide for the results of tests on samples provided by the offender in pursuance of the requirement to be communicated to the responsible officer, if they are not carried out by the responsible officer.
(4) In this paragraph—
(a) "drug" has the meaning given by paragraph 33;
(b) "treatment director" and "treatment period" have the same meanings as in paragraph 31.

Restrictions on imposing drug testing requirement

35.—(1) A youth rehabilitation order may impose a drug testing requirement only if it also imposes a drug treatment requirement.   A6-146
(2) A court may not include a drug testing requirement in a youth rehabilitation order unless the following are satisfied—
(a) the availability condition, and
(b) the consent condition.
(3) The availability condition is that the court has been notified by the Secretary of State that arrangements for implementing drug testing requirements are in force in the local justice area in which the offender resides or is to reside (and the notice has not been withdrawn).
(4) The consent condition is that the offender has expressed willingness to comply with the requirement.

Part 15

Intoxicating Substance Treatment Requirement

Requirement

36.—(1) In this Code "intoxicating substance treatment requirement", in relation to a youth   A6-147
rehabilitation order, means a requirement that the offender must submit, during a period or periods (each, a "treatment period") to substance abuse treatment. Such treatment may be resident treatment or non-resident treatment.
(2) In this paragraph—
"substance abuse treatment" means treatment which is—
(a) by or under the direction of a person having the necessary qualifications or experience, and
(b) with a view to the reduction or elimination of the offender's dependency on or propensity to misuse intoxicating substances;
"resident treatment" means treatment as a resident in a particular institution or place;
"non-resident treatment" means treatment as a non-resident at a particular institution or place;
"the treatment director" means the person by or under whose direction the treatment is to be provided.
(3) A youth rehabilitation order which imposes an intoxicating substance treatment requirement must specify—
(a) the treatment period or treatment periods, and
(b) for each treatment period—
(i) the treatment director;
(ii) if the treatment is to be resident treatment, the institution or place where it is to be provided;
(iii) if it is to be non-resident treatment, the institution or place where, and the intervals at which, it is to be provided;
but must not otherwise specify the nature of the treatment.

Restrictions on imposing intoxicating substance treatment requirement

A6-148   37.—(1) A court may not include an intoxicating substance treatment requirement in a youth rehabilitation order unless the following conditions are met—
(a) the need for treatment condition,
(b) the arrangements condition,
(c) the suitability condition, and
(d) the consent condition.

(2) The need for treatment condition is that the court is satisfied—
(a) that the offender—
(i) is dependent on intoxicating substances, or
(ii) has a propensity to misuse intoxicating substances, and
(b) that the offender's dependency or propensity—
(i) requires treatment, and
(ii) may be susceptible to treatment.

(3) The arrangements condition is that the court is satisfied that arrangements—
(a) have been made, or
(b) can be made,

for the treatment intended to be specified in the order. Those arrangements include arrangements for the reception of the offender if that treatment is, or includes, resident treatment (within the meaning given in paragraph 36(2)).

(4) The suitability condition is that the requirement has been recommended to the court as suitable for the offender by—
(a) a member of a youth offending team, or
(b) an officer of a provider of probation services.

(5) The consent condition is that the offender has expressed willingness to comply with the requirement.

Meaning of "intoxicating substance"

A6-149   38. In this Part of this Schedule "intoxicating substance" means—
(a) alcohol, or
(b) any other substance or product which—
(i) can be used for the purpose of causing intoxication (whether through inhaling it or its fumes or otherwise), and
(ii) is not a controlled drug as defined by section 2 of the Misuse of Drugs Act 1971.

PART 16

EDUCATION REQUIREMENT

Requirement

A6-150   39.—(1) In this Code "education requirement", in relation to a youth rehabilitation order, means a requirement that the offender must comply, during a particular period or particular periods, with arrangements for the offender's education—
(a) made for the time being by the offender's parent or guardian, and
(b) approved by a relevant authority.

(2) A youth rehabilitation order which imposes an education requirement must specify—
(a) the relevant authority for the purposes of the requirement, and
(b) the period or periods during which the offender must comply with the education arrangements.

(3) The authority specified as the relevant authority must be the local authority (within the meaning of the Education Act 1996) for the area in which the offender resides or is to reside.

(4) Any period specified must end by the relevant time.

(4A) In sub-paragraph (4) "the relevant time" in relation to a youth rehabilitation order made in respect of—
(a) an offence of which the offender was convicted before [28 June 2022], or
(b) an offender who, when the order was made, was not resident in England within the meaning of Part 1 of the Education and Skills Act 2008 (duty to participate in education or training after compulsory school age),

means the time the offender ceases to be of compulsory school age.

(4B) In sub-paragraph (4) "the relevant time" in relation to a youth rehabilitation order made in respect of—
    (a) an offence of which the offender was convicted on or after [28 June 2022] and
    (b) an offender who, when the order was made, was resident in England within the meaning of Part 1 of the Education and Skills Act 2008 (duty to participate in education or training after compulsory school age),
means the time at which the offender ceases to be a person to whom that Part applies or, if later, ceases to be of compulsory school age.
    (5) In this paragraph, "parent" has the same meaning as in the Education Act 1996.

Restriction on imposing education requirement
    40. A court may not include an education requirement in a youth rehabilitation order unless—   **A6-151**
    (a) it has consulted the authority which is to be specified as the relevant authority (within the meaning of paragraph 39), and
    (b) it is satisfied—
        (i) that, in the view of that authority, arrangements exist for the offender to receive efficient full-time education suitable to the offender's age, ability, aptitude and special educational needs (if any), and
        (ii) that, having regard to the circumstances of the case, it is necessary to include the education requirement in order to secure the good conduct of the offender or to prevent the commission of further offences.

[This part is printed subject to piloting, see A6-157B.]

PART 17

ELECTRONIC MONITORING

Requirement
    41. In this Code "electronic compliance monitoring requirement", in relation to a youth   **A6-152**
rehabilitation order, means a requirement for securing the electronic monitoring of the offender's compliance with other requirements imposed by the order during a particular period ("*the monitoring period*").

Person responsible for electronic monitoring: electronic compliance monitoring requirement
    42.—(1) A youth rehabilitation order which imposes an electronic compliance monitoring   **A6-153**
requirement must include provision for making a person responsible for the monitoring.
    (2) The person who is made responsible for the monitoring must be of a description specified in regulations made by the Secretary of State.

Monitoring period: electronic compliance monitoring requirement
    43.—(1) A youth rehabilitation order which imposes an electronic compliance monitoring   **A6-154**
requirement must—
    (a) specify the monitoring period, or
    (b) provide for the responsible officer to determine the monitoring period in accordance with the order.
    (2) Sub-paragraph (3) applies where the responsible officer is to determine the monitoring period in accordance with the order.
    (3) Before it begins, the responsible officer must notify the following people of when the monitoring period is to begin—
    (a) the offender,
    (b) the person responsible for the monitoring, and
    (c) any person (other than the offender) without whose co-operation it will not be practicable to secure the monitoring.

Electrical compliance monitoring requirement: general
    43A. Where a youth rehabilitation order made on or after [28 June 2022] imposes an electronic   **A6-155**
compliance monitoring requirement, the offender must (in particular)—
    (a) submit, as required from time to time by the responsible officer or the person responsible for the monitoring, to—
        (i) being fitted with, or installation of, any necessary apparatus, and

(ii) inspection or repair of any apparatus fitted or installed for the purposes of the monitoring,
(b) not interfere with, or with the working of, any apparatus fitted or installed for the purposes of the monitoring, and
(c) take any steps required by the responsible officer, or the person responsible for the monitoring, for the purpose of keeping in working order any apparatus fitted or installed for the purposes of the monitoring.

Restrictions on imposing electronic compliance monitoring requirement

A6-156   44.—(1) Where—
(a) it is proposed to include an electronic compliance monitoring requirement in a youth rehabilitation order, but
(b) there is a person (other than the offender) without whose cooperation it will not be practicable to secure the monitoring,
the requirement may not be included in the order without that person's consent.
(2) A court may not include an electronic compliance imonitoring requirement in a youth rehabilitation order unless—
(a) the court has been notified by the Secretary of State that arrangements for electronic monitoring of offenders are available—
(i) in the local justice area proposed to be specified in the order as the offender's home local justice area, and
(ii) for each requirement mentioned in the table in sub-paragraph (3) which the court proposes to include in the order, in the area in which the relevant place specified in the table for that requirement is situated,
(and the notice has not been withdrawn in relation to any of those areas), and
(b) the court is satisfied that the necessary provision can be made under the arrangements currently available.
(3) That table is—

Proposed requirement of youth rehabilitation order	Relevant place
Curfew requirement	The place which the court proposes to specify in the order for the purposes of that requirement.
Exclusion requirement	The prohibited place (within the meaning of paragraph 20) which the court proposes to specify in the order.
Attendance centre requirement	The attendance centre which the court proposes to specify in the order.

Electronic whereabouts monitoring requirement

A6-157   45. In this Code "electronic whereabouts monitoring requirement", in relation to a youth rehabilitation order, means a requirement to submit to electronic monitoring of the offender's whereabouts (otherwise than for the purpose of monitoring the offender's compliance with any other requirement included in the order) during a period specified in the order.

Person responsible for electronic monitoring: electronic whereabouts monitoring order

A6-157A   46.—(1) A youth rehabilitation order which imposes an electronic whereabouts monitoring requirement must include provision for making a person responsible for the monitoring.
(2) The person who is made responsible for the monitoring must be of a description specified in regulations made by the Secretary of State.

Electronic whereabouts monitoring requirement: general

A6-157B   47. Where a youth rehabilitation order imposes an electronic whereabouts monitoring requirement, the offender must (in particular)—
(a) submit, as required from time to time by the responsible officer or the person responsible for the monitoring, to—
(i) being fitted with, or installation of, any necessary apparatus, and
(ii) inspection or repair of any apparatus fitted or installed for the purposes of the monitoring,
(b) not interfere with, or with the working of, any apparatus fitted or installed for the purposes of the monitoring, and

(c) take any steps required by the responsible officer, or the person responsible for the monitoring, for the purpose of keeping in working order any apparatus fitted or installed for the purposes of the monitoring.

Restrictions on imposing electronic whereabouts monitoring requirement

48.—(1) Where—   A6-157C
- (a) it is proposed to include an electronic whereabouts monitoring requirement in a youth rehabilitation order, but
- (b) there is a person (other than the offender) without whose co-operation it will not be practicable to secure the monitoring,

the requirement may not be included in the order without that person's consent.

(2) A court may not include an electronic whereabouts monitoring requirement in a youth rehabilitation order in respect of an offender unless—
- (a) the court has been notified by the Secretary of State that electronic monitoring arrangements are available in the local justice area proposed to be specified in the order (and the notice has not been withdrawn),
- (b) the court is satisfied that—
  - (i) the offender can be fitted with any necessary apparatus under the arrangements currently available, and
  - (ii) any other necessary provision can be made under those arrangements, and
- (c) the court is satisfied that arrangements are generally operational throughout England and Wales (even if not always operational everywhere there) under which the offender's whereabouts can be electronically monitored.

[This Part is printed as amended by the PCSCA 2022 Sch.17 para.12 for specified local authority areas in London, the North-East, West Midlands and Wales (see SI 2023/705) with effect from 3 July 2023 until 3 January 2025. For areas not the subject of the pilot electronic whereabouts monitoring requirements (and therefore paras 45–48) are not in force. The material relating to electronic compliance monitoring requirements is the same in non-pilot areas except they are simply termed electronic monitoring requirements.]

Making a youth rehabilitation order

Sentencing Act 2020 ss.187–190

Youth rehabilitation order to specify end date

187.—(1) A youth rehabilitation order must specify a date (the "end date") by which   A6-158
all the requirements in it must have been complied with.

(2) The end date must be—
- (a) not more than 3 years, and
- (b) in the case of a youth rehabilitation order with intensive supervision and surveillance, not less than 6 months,

after the date on which the order takes effect.

(3) If a youth rehabilitation order imposes two or more different youth rehabilitation requirements—
- (a) the order may also specify, for each of the requirements, a date by which the requirement must have been complied with;
- (b) if it does so, the last of those dates must be the same as the end date.

Youth rehabilitation order to specify offender's home local justice area

188.—(1) A youth rehabilitation order must specify which local justice area is the offender's home local justice area.   A6-159

(2) The area specified must be the local justice area in which the offender resides or will reside.

Power for Crown Court to direct magistrates' court supervision

A6-160 189.—(1) This section applies where the Crown Court makes a youth rehabilitation order otherwise than on appeal from a magistrates' court.

(2) The Crown Court may include a direction that the order is to be subject to magistrates' court supervision. For the effect of such a direction see Schedule 7 (breach, revocation or amendment of youth rehabilitation order).

Section 190 of the Sentencing Code provides that where a court makes a youth rehabilitation order copies of the order must be provided to the offender (and, if the offender is under 14, their parent or guardian), a member of the youth offending team and other listed persons who will have a role in the execution of the order.

When a youth rehabilitation order is in force

Sentencing Act 2020 s.198

When a youth rehabilitation order is in force

A6-161 198.—(1) A youth rehabilitation order takes effect at the beginning of the day on which it is made.

(2) But a court making a youth rehabilitation order may order that it is to take effect instead on a later date (and see, in particular, section 181(1)).

(3) A youth rehabilitation order is in force for the period—
  (a) beginning when it takes effect, and
  (b) ending—
    (i) with the end date, or
    (ii) if later, when the offender has completed any unpaid work requirement imposed by the order.

(4) But a youth rehabilitation order ceases to be in force when it is revoked.

(5) An unpaid work requirement is completed when the offender has worked under it for the number of hours specified in the order.

Obligations of responsible officer and offender

A6-162 Sections 191–193 of the Sentencing Code provide for the obligations of the responsible officer and of the offender when subject to a youth rehabilitation order. For the purposes of a sentencing court these include:

1) obligations for the offender to keep in touch with their responsible officer in accordance with instructions given by that officer (which is enforceable as though it were a youth rehabilitation requirement) and to notify that officer prior to any change of residence;

2) obligations for the responsible officer to ensure any instruction given avoids, so far as is possible, conflict with religious beliefs, court orders and any educational or work commitments and to promote the offender's compliance with the requirements imposed as part of the order.

Review

A6-163 Section 194 provides the Secretary of State with the power to make regulations enabling or requiring a court making a youth rehabilitation order to provide for the order to be reviewed periodically by that or another court, to enable a court to amend a youth rehabilitation order so as to include or remove a provision for review by a court, and make provision as to the timing and conduct of reviews and as to the powers of the court on a review. As of summer 2020, the Secretary of State has made no such regulations.

Breach, revocation or amendment of order

For Sch.7 to the Sentencing Code, which makes provision about failures to comply with the requirements of youth rehabilitation orders, and the revocation and amendment of youth rehabilitation orders, see A6-374. A6-164

Transfer of order to Northern Ireland

Schedule 8 to the Sentencing Code, which provides for the transfer of youth rehabilitation orders to Northern Ireland, is not reproduced in this work. A6-165

Sentencing Guideline

General

The Sentencing Council's guideline provides general guidance on the imposition of youth rehabilitation orders. The guideline emphasises that the requirements included within the order (and the subsequent restriction on liberty) and the length of the order must be proportionate to the seriousness of the offence and suitable for the child or young person. The court should take care to ensure that the requirements imposed are not so onerous as to make breach of the order likely. A6-166

Youth rehabilitation order levels

The Sentencing Council's guideline provides the following three sentencing levels within the youth rehabilitation order band based on the risk of re-offending and harm posed by the offender: A6-167

	Child or young person profile	Requirements of order
Standard	Low likelihood of re-offending *and* low risk of serious harm	Primarily seek to repair harm caused through, for example: • reparation; • unpaid work; • supervision; • attendance centre.
Enhanced	Medium likelihood of re-offending *or* medium risk of serious harm	Seek to repair harm caused and to enable help or change through, for example: • supervision; • reparation; • requirement to address behaviour—e.g. drug treatment, offending behaviour programme, education programme; and/or • a combination of the above.

	Child or young person profile	Requirements of order
Intensive	High likelihood of re-offending or very high risk of serious harm	Seek to ensure the control of and enable help or change for the child or young person through, for example: • supervision; • reparation; • requirement to address behaviour; • requirement to monitor or restrict movement— e.g. prohibited activity, curfew, exclusion or electronic monitoring; and/or • a combination of the above.

The guideline therefore requires a consideration of both the seriousness of the offence and the risk of re-offending and causing serious harm. The requirements must be proportionate to the seriousness of the offence, and therefore if there is a high risk of re-offending or of causing serious harm but the offence that was committed is of relatively low seriousness then the appropriate requirements are likely to be primarily rehabilitative or for the protection of the public; likewise if there is a low risk of re-offending or of causing serious harm but the offence was of relatively high seriousness then the appropriate requirements are likely to be primarily punitive. Unlike the sentencing guideline for community orders, the guideline provides no guidance as to specific combinations of youth rehabilitation requirements that might be commensurate with the seriousness of the offence.

Youth rehabilitation orders with intensive supervision and surveillance

A6-168   The Sentencing Council's guideline on sentencing children and young persons provides that when imposing a youth rehabilitation order with intensive supervision and surveillance further requirements may also be imposed but the court must ensure that the requirements are proportionate with the seriousness of the offence and not so onerous as to make the likelihood of breach almost inevitable.

Youth rehabilitation orders with fostering

A6-169   The Sentencing Council's guideline notes that youth rehabilitation orders with fostering are likely to engage art.8 (right to private and family life) considerations, both in respect of the offender and the offender's family. The guideline considers that it is unlikely that the statutory criteria for the imposition of such an order will be met in many cases; and where they are care should be taken to ensure that there is a well-developed plan for the care and support of the child or young person throughout the period of the order and following conclusion of the order. The court will need to be provided with sufficient information, including proposals for education and training during the order and plans for the child or young person on completion of the order.

Guidance

Availability

Generally

A youth rehabilitation order is available for an offence where: A6-170

1) the offender was convicted while under the age of 18 (s.177(1) of the Sentencing Code);
2) the compulsory referral conditions do not apply (see s.85(2) of the Sentencing Code);
3) the offence (or offences) is serious enough to warrant the making of such an order (s.179(2) of the Sentencing Code).

In contrast to community orders, there is no requirement that the offence be imprisonable (with the exception of youth rehabilitation orders with intensive supervision and surveillance or with fostering). Furthermore, where an offender pleads guilty a youth rehabilitation order may be imposed even where a minimum sentence under ss.312 or 315 of the Sentencing Code applies, by virtue of s.73(5) of the Code.

The requirement that the offence be serious enough to warrant a youth rehabilitation order is likely to be a relatively low bar given that the relative severity of a youth rehabilitation order may be quite low. The more important issue will be whether a youth rehabilitation order is appropriate and, in particular, whether the requirements imposed as part of that order are commensurate with the seriousness of the offence.

Youth rehabilitation order with intensive supervision and surveillance

A youth rehabilitation order with intensive supervision and surveillance is available for an offence where: A6-171

1) the offender was convicted while under the age of 18 (s.177(1) of the Sentencing Code);
2) the compulsory referral conditions do not apply (see s.85(2) of the Sentencing Code);
3) the offence is imprisonable (s.178(1) of the Sentencing Code) or there have been persistent failures to comply with a youth rehabilitation order (see para.11(2) of Sch.7 to the Sentencing Code);
4) the offence is so serious that a custodial sentence would otherwise be appropriate if available (s.180(2) of the Sentencing Code);
5) if the offender was under the age of 15 at conviction, they are a persistent offender (s.180(2) of the Sentencing Code).

Youth rehabilitation order with fostering

A youth rehabilitation order with fostering is available for an offence where: A6-172

1) the offender was convicted while under the age of 18 (s.177(1) of the Sentencing Code);
2) the compulsory referral conditions do not apply (see s.85(2) of the Sentencing Code);

3) the offence is imprisonable (s.178(1) of the Sentencing Code) or there have been persistent failures to comply with a youth rehabilitation order (see para.11(2) of Sch.7 to the Sentencing Code);
4) the offence is so serious that a custodial sentence would otherwise be appropriate if available (s.180(2) of the Sentencing Code);
5) the conditions in para.27 of Sch.6 to the Sentencing Code are met (including that the court is satisfied that the behaviour which constituted the offence was due to a significant extent to the circumstances in which the offender was living, and imposing a fostering requirement would assist in the offender's rehabilitation);
6) if the offender was under the age of 15 at conviction, they are a persistent offender (s.180(2) of the Sentencing Code).

Whether a youth rehabilitation order is appropriate

Generally

A6-173   Ordinarily whether a youth rehabilitation order is appropriate will involve consideration of whether custody or discretionary referral should be imposed instead. It is suggested that relevant factors will include:

1) the extent to which the court wishes to retain control over the activities the offender will be required to engage in;
2) whether the court wishes to impose monitorable restrictions on the offender's liberty;
3) whether the offender would benefit from more structured supervision under a youth rehabilitation order, or less formal supervision under a referral order—bearing in mind the desire to avoid criminal stigmatisation and the offender's previous engagement with the courts.

Given that the principal purpose of the youth justice system is to prevent re-offending the court will need to ensure that any youth rehabilitation order is both commensurate with the seriousness of the offence and the best disposal available that is commensurate for preventing further re-offending. Inevitably this will require careful consideration of the circumstances of the offence and the offender, and of the requirements that would be imposed on the offender. It may involve the imposition of requirements for the purposes of punishment and public protection, as well as for rehabilitation or reparation.

Youth rehabilitation order with intensive supervision and surveillance

A6-174   The clear intent of a youth rehabilitation order with intensive supervision and surveillance is to provide the sentencing court with an option to avoid a custodial sentence where otherwise one would need to be imposed. Where an offence has crossed the custody threshold such a sentence should always therefore be considered carefully, and in particular consideration should be given to whether further requirements could be added to such an order to ensure that the sentence is proportionate to the seriousness of the offence and provides appropriate public protection. Custodial sentences are a sentence of last resort and should not be imposed if the evidence suggests that the offence could be better addressed by a youth rehabilitation order with intensive supervision and surveillance. However, it should not always be assumed that such an order will be better at preventing re-offending than immediate custody, and careful consideration should be given to the individual circumstances of the case.

Youth rehabilitation order with fostering

As with a youth rehabilitation order with intensive supervision and surveillance, a youth rehabilitation order with a fostering requirement is an alternative to a custodial sentence. When such a sentence is being considered it is suggested that very careful consideration will need to be given to the art.8 rights of the offender and the offender's family, as well as the impact any fostering may have on the offender's ongoing relationship with their family (and the potential for that relationship to improve and be a positive influence). The court will need to carefully scrutinise the proposed fostering plan and the evidence that suggests fostering will aid the offender's rehabilitation.   **A6-175**

Where significant time has been spent on remand or qualifying curfew

It will be rare in a case where a youth rehabilitation order is being considered that the offender will have spent significant time on remand in custody, although they may have been remanded to local authority accommodation on a curfew. Where this is the case reference should be had to the case law in relation to community orders, and the accompanying commentary at A4-388, which it is suggested applies to youth rehabilitation orders as it applies to community orders.   **A6-176**

Length of order

Applying the reasoning from *R. v Khan*[44] by reference, and considering ss.173 and 180 of the Sentencing Code, a youth rehabilitation order cannot run for longer than the requirements it purports to enforce (such an order existing only to enforce those requirements). Accordingly, the length of any youth rehabilitation order will be determined principally by reference to the requirements the order imposes. By virtue of s.186 of the Sentencing Code, this will depend on what is most suitable for the offender (is it desirable, for example, that the requirements all be completed quickly, or does the risk of the offender, or their education patterns, make it desirable that the requirements be completed over a long period of time), and what is commensurate with the seriousness of the offence. Ceteris paribus, a longer order will not always be more punitive than a shorter one.   **A6-177**

Available requirements

Generally

By virtue of s.186, the court must impose the community requirements that are most suitable for the offender, and that are commensurate with the seriousness of the offence. The court must ensure that any community requirement imposed is such as to avoid any conflict with the offender's religious beliefs, any conflict with the requirements of any other court order to which the offender may be subject, and any interference with the times, if any, at which the offender normally works or attends any educational establishment.   **A6-178**

---

[44] [2015] EWCA Crim 835; [2015] 2 Cr. App. R. (S.) 39.

Guidance issued by the Youth Justice Board on the use of community interventions provides explanations and examples of certain requirements that may be used as part of a youth rehabilitation order.[45]

Specific requirements

A6-179 **Activity requirement** Activity requirements can take many forms and provide the court with the discretion as to whether to defer the decision as to the specific activities to be performed to the responsible officer (by way of a specified place obligation) or to specify the activities themselves. The requirement can be completed in a short intense period (often in the form of a residential course) or over a longer period of time (allowing the offender to engage in the activity alongside their other work or education commitments). Guidance issued by the Youth Justice Board suggests that activity requirements are normally used to require the child to engage in reparative activity, but may also be used for other locally available activities provided by youth services or voluntary sector agencies. It is suggested that this may, in an appropriate case, include activities that include a punitive aspect such as work helping the local community and the requirement can therefore be analogous to an unpaid work requirement. However, even where activity requirements are being impose for punitive purposes care should be taken to ensure that the activity is one that may assist in the offender's rehabilitation, and will not involve unnecessary criminal stigmatisation.

A6-180 **Extended activity requirement** An extended activity requirement is only available when imposing a youth rehabilitation order with intensive supervision and surveillance.

A6-181 **Supervision requirement** A supervision requirement requires the offender to attend appointments with their responsible officer (or another person determined by that officer). The intent of the provision is to provide a young offender with close support and contact with their responsible officer, to aid the monitoring of compliance or to address the attitudes, behaviours and thinking which have contributed to offending behaviour. There is no power as part of the requirement to require the offender to participate in activities beyond attending the appointments themselves. Where the offender is required to attend appointments with another person, that is normally a person with specific skills that are considered to be useful in helping the offender desist from crime. The frequency of such appointments is determined by the responsible officer and not the courts and can therefore have varying levels of punitive effect depending on the officer's demands. The guidance issued by the Youth Justice Board suggests the following in relation to frequency:

Intervention level	Minimum contacts each month in first three months of order	Minimum contacts each month in remainder of order
Low level of need to support desistance	2	1
Medium level of need to support desistance	4	2

---

[45] See *https://www.gov.uk/government/publications/how-to-use-community-interventions/how-to-use-community-interventions-section-6-case-management-guidance* [Accessed 17 July 2023].

Intervention level	Minimum contacts each month in first three months of order	Minimum contacts each month in remainder of order
High level of need to support desistance	8	4

Unpaid work requirement An unpaid work requirement is typically considered to be a punitive community order requirement, the work not generally being designed to give the offender further skills or to encourage them to take direct responsibility for their offending. The requirement's role as punishment becomes particularly stark in light of the ability of the court to impose specified activity requirements in appropriate cases, which may involve similar work (and therefore serve a similar purpose) but which are generally designed to be reparative and to help the offender understand the impact of their crime on the victim or their community.

A6-182

Unpaid work requirements are only available in respect of offenders aged 16 or 17 at conviction: s.185(2) of the Sentencing Code.

When imposing an unpaid work requirement the court can be satisfied that the responsible officer will take care to avoid any conflict with the offender's work, schooling or religious beliefs, as well as any other court orders, when determining when unpaid work is to be carried out. However, where there are likely to be significant restrictions on an offender's ability to carry out unpaid work requirements for those reasons these should be raised with the sentencing court, who will need to give consideration to whether the completion of the number of hours specified is feasible and reasonable within the 12-month period for which an unpaid work requirement runs. It may be that for offenders in full-time education or with caring responsibilities, for example, the impact of an hour of unpaid work is more punitive than for others.

Where an order contains an unpaid work requirement it does not end until the unpaid work requirement is completed, although the court is still under a duty to specify an end date: ss. 187 and 198 of the Sentencing Code.

Programme requirement A programme requirement requires an offender to participate in an accredited programme for a specified number of days. Unlike in relation to community orders, when imposing a programme requirement as part of a youth rehabilitation order the court must specify the programme the offender must complete. Programmes can involve group or individual work and are generally aimed at helping the offender address behaviour that leads to their involvement in crime, or to understand the impact of their offending. While such requirements are clearly intended to have a rehabilitative effect, there will inevitably be some punitive effect in light of the restrictions on an offender's liberty that compliance with them entails.

A6-183

Attendance centre requirement An attendance centre requirement requires an offender to attend at an attendance centre for a particular number of hours. The court is required only to specify the aggregate hours in the requirement. The particular times at which the offender is required to attend, and the attendance centre the offender is required to attend are to be specified by the responsible officer. The court must, however, ensure that an attendance centre is reasonably accessible to the

A6-184

offender. The purpose of an attendance centre is principally rehabilitative, although inevitably any requirement to attend imposes a restriction on an offender's liberty.

A6-185 **Prohibited activity requirement** A prohibited activity requirement prevents an offender from engaging in specified activities on specified days or during a specified period. As the court must have consulted an officer of a provider of probation services or a youth offending team before imposing a prohibited activity requirement, it is suggested that the court specify any prohibited activities it is considering imposing when ordering a pre-sentence report, while being careful not to give rise to a legitimate expectation that such a requirement will be imposed.

There are no limits on the activities which may be prohibited as part of an order, although the court must always ensure that the restrictions are appropriate for the offender and commensurate with the seriousness of the offence. Such prohibitions may therefore be justified by reference to punitive considerations or public protection considerations. The court must take care to define the prohibited activity in sufficiently certain terms, and to ensure that the prohibitions do not have a disproportionate effect on the offender. It is suggested that in all cases the court should not only consult an officer of a provider of probation services or a youth offending team in relation to any proposed prohibited activity but also the offender themselves.

Commonly prohibited activity requirements will restrict the offender from engaging in activities which give rise to offending opportunities. In all circumstances it should be remembered that the matter that is to be prohibited is an activity, and where the intention is to exclude a person from a place, an exclusion requirement is more appropriate. Furthermore, where a prohibited activity requirement is imposed for public protection reasons, consideration should be given as to whether a similar term could be imposed as part of a preventative order (which may allow for the term to be imposed for longer than the three-year maximum period for a youth rehabilitation order).

A6-186 **Curfew requirement** A curfew requirement requires an offender to remain at a specified placed during the curfew periods specified. Different places or different curfew periods may be specified for different days. As para.19 of Sch.6 makes clear, the court will need to consider the impact of any curfew on others with whom the offender is forced to stay. This may make a curfew requirement inappropriate where there is a history of domestic abuse in the household, or where the court considers that the offender's relationship with other members of the household is a contributing factor to their offending. Curfew requirements normally require an offender to be in their normal place of residence in the evening or early morning, although they are capable of being far more sophisticated. They may be imposed for preventative or punitive reasons but clearly will always have a significant punitive effect given the restriction on liberty they entail. The particular place or places at which the offender is required to stay should be defined in appropriately certain and definite terms. Particular care is also likely to be necessary to avoid any conflict with the offender's work, schooling or religious beliefs, as well as any other court orders.

It is submitted that the reasoning in *R. v SA*,[46] where it was held in relation to community orders that the maximum period of a curfew is not restricted because the offender was previously subject to a curfew period under another order (in the instant case a deferred sentence), applies equally to youth rehabilitation orders.

---

[46] [2011] EWCA Crim 2747.

Exclusion requirement An exclusion requirement is the functional opposite of a curfew requirement, preventing an offender from entering a specified place during the period specified. An offender may be excluded from more than one place and there may be different prohibited places for different exclusion periods or different days. The restriction on an offender's liberty imposed by an exclusion requirement is necessarily less than that imposed by a curfew order, given that it only prevents an offender from going to a specified place rather than remaining in a specified place. However, exclusion orders can still constitute a significant restriction on an offender's liberty, particularly where they have impacts on an offender's work, schooling or religious beliefs. As with curfew requirements, exclusion requirements can be imposed for preventative or punitive reasons, but are more commonly imposed to exclude an offender from places in which there is a high risk of offending behaviour, or to prevent the offender from having contact with victims. **A6-187**

It is submitted that *R. (Dragoman) v Camberwell Green Magistrates' Court*,[47] which held that an exclusion requirement as part of a community order may not exclude someone who was already in the UK from entering the UK (or in effect require them to leave the UK), applies equally to youth rehabilitation orders.

Residence requirement A residence requirement requires an offender to reside at a particular place or with a particular individual for the duration of the requirement. There is no power to specify multiple places so where an offender lives at different locations (perhaps with separated parents) careful consideration should be given to whether such an order is appropriate (although it may be that the intent of the order is to separate the offender from living with one of their parents). Where the requirement is to live at a particular place the requirement may also permit an offender to reside at another place with the permission of a responsible officer. **A6-188**

A residence requirement is only available where the offender is aged 16 or over: para.23(2) of Sch.6 to the Sentencing Code.

Particular considerations that will be relevant when deciding whether to impose a residence requirement will include the extent to which others (such as parents or partners) have a part in deciding whether the offender may reside in a specified place, whether any history of domestic violence raises concerns about requiring an offender to reside in a specified place, and whether the offender's living conditions are in part a cause of their offending at present. Residence requirements will ordinarily be imposed to promote compliance with an order and a regular routine, to remove the offender from circumstances which are a causal factor in their offending behaviour or to ensure that the offender is more closely supervised by another. It is suggested that it would ordinarily be inappropriate to impose such a requirement for punitive reasons.

Local authority residence requirement A local authority residence requirement is a requirement that the offender reside in accommodation provided by or on behalf of the local authority. It may also provide that the offender is not to reside with a particular person. In contrast to ordinary residence requirements, the court must find that the behaviour which constituted the offence was due to a significant extent to the circumstances in which the offender was living, and that imposing the requirement will assist the offender's rehabilitation before imposing a local authority residence requirement: para.25 of Sch.6 to the Sentencing Code. **A6-189**

---

[47] [2012] EWHC 4105 (Admin); [2013] A.C.D. 61.

Local authority residence requirements will generally be imposed to provide an offender with stable housing, or to ensure that the offender does not continue to reside with a person who is seen to be a negative influence on their rehabilitation (and to have significantly contributed to that offending). Where the requirement is that the offender does not reside with others careful consideration should be given to the art.8 rights of the offender and that other person. Similarly, consideration should be given to the impact that the enforced residence will have on the offender's relationship with any parental figures, particularly where it is likely that the offender will reside with that figure after the expiry of that order, and how the offender's social needs are to be met during the requirement. Consideration should be given to the need to ensure that requirements are not oppressive such as to hinder the offender's rehabilitation.

A6-190 **Mental health treatment requirements** Mental health treatment requirements require an offender to submit, during a particular period or particular periods, to relevant mental health treatment, at a relevant place or under the supervision of a relevant person. It is the offender's mental health at the time of sentence that is relevant (see *R. v PS*[48]), and there is no requirement that the offender was suffering from a mental health disorder at the time of the offence if it would now be appropriate. Almost inevitably mental health treatment requirements will be imposed for rehabilitative or public protection reasons, and while they may involve significant restrictions on liberty these are restrictions to which the offender will have consented. The court will need to appropriately identify the types of treatment to be imposed prior to imposition to comply appropriately with para.29 of Sch.6. Where the offender has particularly severe mental health issues, the court should consider the disposals listed in Ch.A9.

A6-191 **Drug treatment requirement** A drug treatment requirement requires an offender to engage in drug rehabilitation treatment, which may be resident treatment or non-resident treatment. There is no requirement in the legislation that the offender's drug problem is linked to their offending, although almost invariably when such requirements are imposed the offender's drug use is at least a partial cause for the offending, or poses a risk in relation to future offending. Almost inevitably drug rehabilitation requirements will be imposed for rehabilitative or public protection reasons, and while they may involve significant restrictions on liberty these are restrictions to which the offender will have consented. The court will need to appropriately identify the types of treatment to be imposed prior to imposition to comply appropriately with para.32 of Sch.6.

In *Attorney General's Reference No.64 of 2003*,[49] in relation to drug treatment testing orders (a predecessor to this requirement) the court identified the following relevant factors (which it is submitted continue to apply):

1) the desirability of reducing drug addiction whenever it is possible sensibly to do so;
2) that the offence is committed by an offender under the influence of drugs is not in itself enough to justify such a requirement;
3) there will need to be clear evidence that a defendant is determined to free themselves from drugs (due to the costs of such requirements);

---

[48] [2019] EWCA Crim 2286; [2020] 4 W.L.R. 13.
[49] [2003] EWCA Crim 3514; [2004] 2 Cr. App. R. (S.) 22.

4) a drug rehabilitation requirement is likely to have a better prospect of success early rather than late in a criminal career, though there will be exceptional cases in which an order may be justified for an older defendant.

Drug testing requirement A drug testing requirement can only be imposed where the offender is also made subject to a drug treatment requirement. The requirement requires the offender to provide samples in accordance with instructions for the purpose of ascertaining whether there is any drug in the offender's body during the drug treatment period. A drug testing requirement cannot therefore run for longer than a drug treatment requirement.

A6-192

Intoxicating substance treatment requirement Intoxicating substance treatment requirements require an offender to submit, during a particular period or particular periods, to relevant substance abuse treatment, at a relevant place or under the supervision of a relevant person. Intoxicating substances include alcohol and any other substance or product which can be used for intoxication but is not a controlled drug (which will include, but is no limited to, psychoactive substances). Almost inevitably intoxicating substance treatment requirements will be imposed for rehabilitative or public protection reasons, and while they may involve significant restrictions on liberty these are restrictions to which the offender will have consented. The court will need to appropriately identify the types of treatment to be imposed prior to imposition to comply appropriately with para.37 of Sch.6. There is no requirement in the legislation that the offender's substance abuse problem is linked to their offending although almost invariably when such requirements are imposed the offender's substance use is at least a partial cause for the offending, or a factor that increases the risk of their further offending.

A6-193

Education requirement An education requirement requires an offender to comply with arrangements for their education made by their parents or guardian and approved by the local authority. The court's role in such orders is limited to being sure that suitable arrangements exist for education and being satisfied that such a requirement is necessary to secure the good conduct of the offender or to prevent the commission of further offences. This requirement of necessity arguably creates a very high bar for the imposition of this requirement.

A6-194

The court does not have the power to specify the educational requirements with which the offender must comply, which is for the parent or guardian and the local authority to agree. However, it is suggested that before imposing such a requirement the court should request that a draft agreement be prepared between the parent or guardian and the local authority for the court's consideration.

The Youth Justice Board's guidance suggests that education requirements should only be used where school attendance has been a factor in the offence and will have a direct impact on desistance. It is, however, suggested that this places a further unnecessary limit on the statutory test, and that provided the court considers that an education requirement will help prevent re-offending in the future (including by ensuring routine and more job opportunities) there is no requirement that issues with school attendance be a factor in the offending. It will, however, generally not be necessary to impose an education requirement where the evidence suggests that there is no issue with the offender's regular attendance at education.

Electronic monitoring requirements Electronic monitoring requirements may only be imposed to ensure compliance with other youth rehabilitation require-

A6-195

ments; there is no equivalent to electronic whereabouts monitoring requirements for children and young persons. Such a requirement must be imposed when imposing a curfew or an exclusion requirement unless prevented from doing so by para.44 (need for consent of person whose co-operation is required and arrangements in relevant area) of Sch.6 to the Sentencing Code, or where in the particular circumstances of the case, the court considers it inappropriate to do so. The Sentencing Council's guideline for community orders provides that electronic monitoring should be used with the primary purpose of promoting and monitoring compliance with other requirements, in circumstances where the punishment of the offender and/or the need to safeguard the public and prevent re-offending are the most important concerns. It is suggested that the same considerations apply to youth rehabilitation orders. In particular, it is suggested that the relative cost to the public purse of electronic monitoring should always be borne in mind when considering whether electronic monitoring is commensurate with the seriousness of the offence and the desirability for effective enforcement.

Duty to keep in touch with the responsible officer

A6-196   Section 193 of the Sentencing Code provides that an offender must keep in touch with the responsible officer in accordance with such instructions as they may from time to time be given by that officer, and that this obligation is enforceable as if it were a requirement imposed by the order. In *Richards v National Probation Service*,[50] considering an identical provision in relation to community orders, it was held that as a result a responsible officer, when setting conditions, is entitled to require an offender to inform them in advance if they know that they cannot keep an appointment and why, and to require that information to be in writing and to be supported by third party evidence. However, it is not permissible to impose an independent requirement to provide evidence after an apparent breach, as that could not be viewed as a requirement to stay in touch; standing on its own, it is merely an obligation to provide evidence, and so it is not within the range of conditions that may be set.

Combined with other orders

Custodial sentences

A6-197   Sections 181(1)–(3) of the Sentencing Code provide that where an offender is serving a detention and training order a youth rehabilitation order can be imposed to run from the point where the supervision portion of that sentence begins or where that sentence ends. It is suggested that where there is a significant period of time left before that point a court should consider carefully whether a youth rehabilitation order is appropriate, and whether it would be desirable to adjourn sentence until closer to that point given the capacity for the needs of a young offender to change dramatically.

There are no statutory provisions relating to the imposition of a youth rehabilitation order on an offender serving detention under s.250 of the Sentencing Code. However, it is suggested that the lack of explicit provision does not prevent the imposition of such an order, although it prevents the order being made to run consecutively. Accordingly, any such order must be imposed concurrently, and so

---

[50] [2007] EWHC 3108 (Admin) DC.

by analogy with *Fontenau v DPP*,[51] such an order should only be imposed where the delay before the order can take effect is so short as to be in practice minimal. Otherwise it would be impossible to comply with the order and the order would serve no practical purpose, whether punitive or rehabilitative.

Where an offender is being sentenced for offences for which some of the convictions were obtained when the offender was under age 18 and some when the offender was over age 18, if a suspended sentence order is imposed then a youth rehabilitation order cannot be imposed on the same occasion: s.181(6) of the Sentencing Code. This is presumably to avoid clashes between the requirements imposed as part of such an order and it is similarly suggested that wherever an offender is subject to a suspended sentence a youth rehabilitation order should not be imposed.

Non-custodial sentences

Reparation orders Where a reparation order is already in force it must be revoked before a youth rehabilitation order can be made: s.181(4) of the Sentencing Code. A reparation order cannot be imposed as well as a youth rehabilitation order: s.110(1)(c) of the Sentencing Code. **A6-198**

Referral order Where a court imposes a youth rehabilitation order it cannot on the same occasion impose a referral order for any existing offence: s.89(3) of the Sentencing Code. **A6-199**

Custody: General Provisions

For the general principles applicable to custody, including the need for the custody threshold to be satisfied before a custodial sentence can be imposed; the requirement for parsimony; the requirement the offender be legally represented; the assessment of dangerousness; concurrent and consecutive sentences; the crediting of time on qualifying curfew or awaiting extradition; and the power to make recommendations as to licence conditions, see A4-414 onwards. The guidance there applies to the sentencing of children and young persons as it applies to adults. **A6-200**

Detention and Training Orders

Introduction

Detention and training orders are the main custodial sentencing option available in relation to children and young persons, and the only custodial sentence that may be imposed by the youth court or another magistrates' court. Detention and training orders can only be imposed for specific periods: four, six, eight, 10, 12, 18 or 24 months. The youth court and the magistrates' courts can both impose detention and training orders for up to 24 months despite the restrictions on their ability to impose sentences of imprisonment for longer than six months. Detention and training orders contain two distinct parts: a period of detention and training served in a custodial institution followed by a period of supervision in the community. There is no power to suspend such an order. **A6-201**

---

[51] [2001] 1 Cr. App. R. (S.) 15 DC.

Legislation

Making a detention and training order

Sentencing Act 2020 ss.233–238

Detention and training order

A6-202　　233.　A detention and training order in respect of an offender is an order that the offender is subject, for the term specified in the order, to a period of detention and training followed by a period of supervision.

Detention and training order: availability

A6-203　　234.—(1)　A detention and training order is available where a court is dealing with an offender for an offence if—
　　(a)　the offender is aged under 18, but at least 12, when convicted,
　　(b)　the offence is an imprisonable offence, and
　　(c)　the court is not required to pass—
　　　　(i)　a sentence of detention under section 250 (see section 249(2)),
　　　　(ia)　a sentence of detention under section 252A, or
　　　　(ii)　a sentence of detention during Her Majesty's pleasure under section 259.

(2)　For circumstances in which the court is required to impose a detention and training order, see—
　　(a)　section 312 (minimum sentence for offences of threatening with weapon or bladed article);
　　(b)　section 315 (minimum sentence for repeat offence involving weapon or bladed article or corrosive substance).

Exercise of power to make a detention and training order

A6-204　　235.—(1)　This section applies where a detention and training order is available.

(2)　The court may not make a detention and training order if it imposes—
　　(a)　a sentence of detention under section 250, or
　　(b)　an extended sentence of detention under section 254,
in respect of the offence.

(3)　If the offender is aged under 15 when convicted the court may not make a detention and training order unless it is of the opinion that the offender is a persistent offender.

(4)　The court's power to make a detention and training order is subject to (in particular) section 230 (threshold for imposing discretionary custodial sentence).

Term of detention and training order

A6-205　　236.—(1)　The term of a detention and training order made in respect of an offence (whether by a magistrates' court or otherwise) must be at least 4 months but must not exceed 24 months. This is subject to subsection (2).

(2)　The term of a detention and training order in respect of an offence may not exceed—
　　(a)　in the case of a summary offence, the maximum sentence of imprisonment that could be imposed (in the case of an offender aged 21 or over) for the offence;
　　(b)　in the case of any other offence, the maximum term of imprisonment that the Crown Court could impose (in the case of an offender aged 21 or over) for the offence.

(3)　Section 231 (length of discretionary custodial sentences: general provision), in particular, applies in determining the term of a detention and training order.

(4)　A detention and training order takes effect at the beginning of the day on which

Making of order where offender subject to other order or sentence of detention
237.—(1) This section applies where a court makes a detention and training order.

(2) The court may order that the term of the detention and training order is to take effect on the expiry of any other detention and training order which it imposes on the same occasion. This is subject to section 238(1).

(3) If the offender—
  (a) is subject to another relevant detention and training order ("the existing order"), and
  (b) has not at any time been released for supervision under the existing order,
the court may order that the detention and training order is to take effect on the expiry of the existing order. This is subject to section 238(1).

(4) If the offender—
  (a) is subject to a relevant sentence of detention (see section 248), and
  (b) has not at any time been released under Chapter 6 of Part 12 of the Criminal Justice Act 2003 (release on licence of fixed-term prisoners),
the court may order that the detention and training order is to take effect at the time when the offender would otherwise be released under that Chapter.

(5) [*Repealed.*]

(6) If the offender is subject to a further period of detention imposed—
  (a) under paragraph 3(2)(a) of Schedule 12 (breach of supervision requirement of existing detention and training order),
  (b) under section 104(3)(a) of the Powers of Criminal Courts (Sentencing) Act 2000, or
  (c) under either of those provisions by virtue section 213 of the Armed Forces Act 2006,
the court may order that the detention and training order is to take effect at the end of the further period of detention.

A6-206

Offender subject to more than one order: maximum overall term
238.—(1) A court may not make a detention and training order as a result of which the offender would be subject to relevant detention and training orders for a term exceeding 24 months.

(2) Where—
  (a) a court makes a detention and training order, and
  (b) the term of the relevant detention and training orders to which the offender would otherwise be subject exceeds 24 months,
the excess is to be treated as remitted.

(3) Where—
  (a) a court makes a detention and training order, and
  (b) as a result the offender is subject to two or more relevant detention and training orders,
the terms of those orders are to be treated for the purposes of sections 241 to 243 and 247 and Schedule 12 as a single term.

(4) See section 248 for the meaning of "*relevant detention and training order*".

A6-207

Effect of a detention and training order

Sentencing Act 2020 ss.241–242 and 244–247

The period of detention and training
241.—(1) An offender must serve the period of detention and training under a detention and training order in such youth detention accommodation as may be determined by the Secretary of State.

A6-208

Release at half-way point
   (2) Subject to subsections (3) to (5), the period of detention and training under a detention and training order is half of the term of the order.

Early release on compassionate grounds
   (3) The Secretary of State may release the offender at any time if satisfied that exceptional circumstances exist which justify the offender's release on compassionate grounds.

Release before half-way point
   (4) The Secretary of State may release the offender—
      (a) in the case of an order for a term of—
         (i) 8 months or more, but
         (ii) less than 18 months,
         at any time during the period of 1 month ending with the half-way point of the term of the order, and
      (b) in the case of an order for a term of 18 months or more, at any time during the period of 2 months ending with that point.

Release after half-way point
   (5) If a youth court so orders on an application made by the Secretary of State for the purpose, the Secretary of State must release the offender—
      (a) in the case of an order for a term of—
         (i) 8 months or more, but
         (ii) less than 18 months,
         1 month after the half-way point of the term of the order, and
      (b) in the case of an order for a term of 18 months or more, 1 month or 2 months after that point.

Consecutive detention and training order and sentence of detention
   (5A) Where the offender is also subject to a sentence of any of the following kinds that is to take effect, by virtue of an order to which subsection (7) applies, when the offender would otherwise be released for supervision—
      (a) a sentence of detention under section 250 or 252A,
      (b) a sentence of detention under section 209 or 224A of the Armed Forces Act 2006, or
      (c) an extended sentence of detention under section 254 (including one passed as a result of section 221A of the Armed Forces Act 2006),
subsection (4) is to be read as if, instead of conferring a power to release the offender, it conferred a power to determine that the Secretary of State would, but for the sentence concerned, have released the offender.

   (6) Where—
      (a) the court makes an order under subsection (5), and
      (b) the offender is also subject to a sentence of any of the following kinds that is to take effect, by virtue of an order to which subsection (7) applies, when the offender would otherwise be released for supervision—
         (i) a sentence of detention under section 250,
         (ia) a sentence of detention under section 252A,
         (ii) a sentence of detention under section 209 of the Armed Forces Act 2006, or
         (iii) an extended sentence of detention under section 254 (including one passed as a result of section 221A of the Armed Forces Act 2006),
the order under subsection (5) must be expressed as an order that the period of detention and training attributable to the detention and training order is to end at the time determined under that subsection.

(7) This subsection applies to orders under the following provisions (which provide for sentences of detention to take effect when an offender is released for supervision under a detention and training order)—
   (a) section 253(2) (offender under 18: sentence of detention to take effect on release for supervision under detention and training order),
   (b) section 257(2) (offender under 18: extended sentence of detention), or
   (c) any corresponding provision relating to an order under section 209 of, or made as a result of section 221A of, the Armed Forces Act 2006.

Detention to be legal custody
(8) An offender detained under a detention and training order is deemed to be in legal custody.

The period of supervision
242.—(1) The period of supervision of an offender who is subject to a detention and training order—   **A6-209**
   (a) begins when the offender is released for supervision (whether at the half-way point of the term of the order or otherwise), and
   (b) ends when the term of the order ends.
(2) During the period of supervision, the offender—
   (a) is to be under the supervision of—
      (i) an officer of a provider of probation services, or
      (ii) a member of a youth offending team, and
   (b) may be required to comply with particular requirements.
(3) Any such requirements, and the category of person to supervise the offender, are to be determined from time to time by the Secretary of State.
(4) The offender must be notified by the Secretary of State of—
   (a) the category of person responsible for the offender's supervision, and
   (b) any requirements with which the offender must comply.
(5) A notice under subsection (4) must be given to the offender—
   (a) before the period of supervision begins, and
   (b) before any change in the matters mentioned in that subsection.
(6) Where the supervision is to be provided by an officer of a provider of probation services, the officer must be an officer acting in the local justice area within which the offender resides for the time being.
(7) Where the supervision is to be provided by a member of a youth offending team, the member must be a member of a youth offending team established by the local authority in whose area the offender resides for the time being.

Offender subject concurrently to detention and training order and sentence of detention in a young offender institution
244.—(1) This section applies where an offender is subject concurrently—   **A6-210**
   (a) to a relevant detention and training order (see section 248), and
   (b) to a sentence of detention in a young offender institution,
at least one of which is imposed in respect of an offence of which the offender was convicted on or after 1 December 2020.
(2) The offender is to be treated for the purposes of the following provisions as if subject only to the sentence of detention in a young offender institution—
   (a) sections 241 to 243 and Schedule 12 (periods of detention and training and supervision, breach of supervision requirements and further offences);
   (b) section 271 (detention in a young offender institution: place of detention);

(c) with the exception of sections 240ZA and 240A, Chapter 6 of Part 12 of the Criminal Justice Act 2003 (release, licences, supervision and recall).

This is subject to subsection (3).

(3) Nothing in subsection (2) requires the offender to be released in respect of either the order or the sentence unless and until the offender is required to be released in respect of each of them.

(4) In subsection (1), "sentence of detention in a young offender institution" includes any sentence of detention in a young offender institution, whether imposed under this Code or otherwise.

(5) Subsection (2) has effect in relation to an order or sentence imposed in respect of an offence of which the offender was convicted before 1 December 2020 as if the provisions referred to in paragraphs (a) to (c) included the provisions referred to in section 106(4) of the Powers of Criminal Courts (Sentencing) Act 2000 (interaction of detention and training orders with sentences of detention in a young offender institution).

Offender subject concurrently to detention and training order and other sentence of detention

A6-211

245.—(1) This section applies where an offender is subject concurrently to—
  (a) a relevant detention and training order, and
  (b) a relevant sentence of detention,

at least one of which is imposed in respect of an offence of which the offender was convicted on or after 1 December 2020. (See section 248 for the meaning of "relevant detention and training order" and "relevant sentence of detention".)

(2) The offender is to be treated as if subject only to the relevant sentence of detention for the purposes of the following provisions—
  (a) sections 241 to 243 and Schedule 12 (periods of detention and training and supervision, breach of supervision requirements and further offences);
  (b) section 260 and section 261 (place of detention);
  (c) with the exception of sections 240ZA and 240A, Chapter 6 of Part 12 of the Criminal Justice Act 2003 (release and supervision following release);
  (d) section 210 of the Armed Forces Act 2006 (place of detention etc);
  (e) section 214 of the Armed Forces Act 2006 (offences committed during a detention and training order under that Act).

This is subject to subsection (3).

(3) Nothing in subsection (2) requires the offender to be released in respect of either the order or the sentence unless and until the offender is required to be released in respect of each of them.

(4) Subsection (2) has effect in relation to a relevant detention and training order or relevant sentence of detention that is imposed in respect of an offence of which the offender was convicted before 1 December 2020 as if the provisions referred to in paragraphs (a) to (e) included the provisions referred to in section 106A(8) of the Powers of Criminal Courts (Sentencing) Act 2000.

Effect of detention and training order made where offender has reached 18

A6-212

246.—(1) This section applies where—
  (a) a court has power, by virtue of any enactment, to deal with a person for an offence in any way in which—
    (i) a court could have dealt with the person on a previous occasion, or
    (ii) a court could deal with the person if the person were the same age as when convicted,
  (b) in exercise of the power, the court makes a detention and training order for any term, and
  (c) the person has reached the age of 18.

(2) The person is to be treated as if sentenced to detention in a young offender institution for the same term.

Further supervision after end of term of detention and training order
247.—(1) This section applies where a detention and training order is made in respect of an offender if—
    (a) the offender is aged 18 or over at the half-way point of the term of the order,
    (b) the term of the order is less than 24 months, and
    (c) the order was imposed in respect of an offence committed on or after 1 February 2015.
(2) The following provisions of the Criminal Justice Act 2003 (which relate to supervision after end of sentence) apply as they apply in cases described in section 256AA(1) of that Act—
    (a) sections 256AA(2) to (11), 256AB and 256AC,
    (b) sections 256D and 256E, and
    (c) Schedule 19A,
but with the following modifications.
(3) "The supervision period", in relation to the offender, is the period which—
    (a) begins on the expiry of the term of the detention and training order, and
    (b) ends on the expiry of the period of 12 months beginning immediately after the half-way point of the term of the order.
(4) "The supervisor", in relation to the offender, must be—
    (a) an officer of a provider of probation services, or
    (b) a member of a youth offending team established by the local authority in whose area the offender resides for the time being.
(5) The power in section 256AB(4) of the Criminal Justice Act 2003 (power of Secretary of State to amend requirements that may be imposed) includes power—
    (a) to make provision about the supervision requirements that may be imposed under section 256AA of that Act as applied by this section, and
    (b) to amend any provision of the Powers of Criminal Courts (Sentencing) Act 2000 or any provision of this Code derived from that Act.
(6) Subsection (7) applies where the term of the detention and training order is determined by section 238(3) (offender subject to two or more detention and training orders).
(7) The offender is subject to supervision under section 256AA of the Criminal Justice Act 2003 (as applied by this section) if that section (as applied) so requires in respect of one or more of the detention and training orders.
(8) For the purposes of subsection (1), where an offence is found to have been committed—
    (a) over a period of 2 or more days, or
    (b) at some time during a period of 2 or more days,
it is taken to have been committed on the last of those days.

Interpretation

Section 248 of the Sentencing Code provides, inter alia, that the phrases "relevant detention and training order" and "relevant detention" include sentences imposed under legislation prior to the Sentencing Code (i.e. sentences under the Powers of Criminal Courts (Sentencing) Act 2000 or Criminal Justice Act 2003).

Breach and further offences

A6-215 For s.243 of, and Sch.12 to, the Sentencing Code, which are concerned with breach of supervision requirements imposed under a detention and training order etc, and offences committed during the term of a detention and training order, see A6-324 onwards.

Guidance

Availability

Must merit four-month term

A6-216 The shortest term that can be imposed for a detention and training order is four months—presumably to ensure that there is always sufficient time in custody for offenders to engage in a proper programme in detention and training. As a result, the custodial threshold is arguably higher than it would be in relation to adults, for whom shorter terms of custody can be imposed.

Offenders over the age of 12 but under the age of 15

A6-217 Persistent offenders Detention and training orders are only available where the offender is age 12 or over at conviction. For a detention and training order to be available in respect of an offender under the age of 15, the court must be satisfied the offender is a persistent offender. There is no statutory definition of persistent offender and the courts have similarly declined to provide one, holding in *R. v B*,[52] that whether any given offender had achieved the necessary degree of persistence was a matter of discretion for the court. It is an ordinary term of the English language and falls to be applied in its clearly understood meaning: *R. v TTG*.[53] The courts and the Sentencing Council's guideline on sentencing children and young persons have, however provided some guidance.

In particular, normally before there is a finding that a child or young person is a persistent offender it would be expected that the child or young person would have had previous contact with authority as a result of criminal behaviour. This includes previous findings of guilt as well as admissions of guilt such as restorative justice disposals and conditional cautions: Sentencing Council guideline and *R. v AD*.[54] There is, however, no requirement that the offender must have committed a "string of offences" either of the same or similar character, or that there has been a history of failure to comply with previous orders of the court: *R. v B*.[55] When a child or young person is being sentenced in a single appearance for a series of separate, comparable offences committed over a short space of time, the court could justifiably consider the child or young person to be a persistent offender, despite the fact that there may be no previous findings of guilt: Sentencing Council guideline (and

---

[52] [2001] 1 Cr. App. R. (S.) 113 CA.
[53] [2004] EWCA Crim 3086.
[54] [2001] 1 Cr. App. R. (S.) 59 CA.
[55] [2001] 1 Cr. App. R. (S.) 113 CA.

see, for an extreme example, *R. v AS*[56] where the offences were committed over 24 hours).

Relevant factors would seem to include:

1) the number of offences or reprimands and the period of time over which they occurred (a single previous offence cannot be persistent[57]), including any lapses in offending: Sentencing Council guideline;
2) whether the child or young person has had prior opportunity to address their offending behaviour: Sentencing Council guideline;
3) any evidence of a reduction in the level of offending, bearing in mind that children and young people may be unlikely to desist from committing crime in a clear-cut manner: Sentencing Council guideline;
4) the similarity between the previous offending and whether it is demonstrative of persistent offending or whether the offending is too dissimilar and insufficiently serious: *R. v L*[58]; in this respect it is observed that criminal offending can be a phase in relation to children and young persons and low-level experimentation should not necessarily be equated with persistence.

Offences committed when under the age of 15 Where an offender crosses a significant age threshold between the commission of the offence and sentence the court must have regard to the sentence that would have been imposed at the time of the offence (see A6-021). Where the offender was under 15 this will include consideration of whether the offender was a "persistent offender" for the purposes of determining whether a detention and training order would have been imposed: *R. v LM*.[59] Where the offender was under 12 when the offence was committed a detention and training order would not have been available. **A6-218**

Youth courts and other magistrates' courts

The restrictions on the imposition of sentences of imprisonment or detention in a young offender institution by magistrates' courts do not apply to sentences of detention and training orders, and accordingly a youth court or magistrates' court can impose a detention and training order of up to 24 months: *R. v Medway Youth Court*.[60] **A6-219**

As recognised by the Lord Chief Justice in *C v DPP*,[61] this could lead to a situation in which an offender under the age of 18 is liable to a longer total sentence of custody in respect of a series of similar offences than if they were over the age of 18—such as where consecutive sentences could be imposed for summary offences of greater than six months' custody.

In *B v Leeds Crown* Court,[62] it was held that the observations in *C v DPP* were obiter and regardless, the approach to sentencing children and young persons had advanced. Accordingly the imposition of a sentence on a youth which was greater

---

[56] [2001] 1 Cr. App. R. (S.) 18 CA.
[57] Nor can multiple offences committed on a single evening, see *R. v Davies (Dylan)* [2023] EWCA Crim 1215.
[58] [2012] EWCA Crim 1336; [2013] 1 Cr. App. R. (S.) 56.
[59] [2002] EWCA Crim 3047; [2003] 2 Cr. App. R. (S.) 26.
[60] [2000] 1 Cr. App. R. (S.) 191 DC.
[61] [2001] EWHC 453 (Admin); [2002] 1 Cr. App. R. (S.) 45 DC.
[62] [2016] EWHC 1230 (Admin); [2016] Crim. L.R. 782 DC.

than that they could have received as an adult (because of the effect of s.133 of the Magistrates' Courts Act 1980) was unlawful.

While the legislation does not require this result, it is suggested that as a matter of principle it must be correct; it should not be permissible for a young offender to receive a greater sentence than would be available for an adult (although the limits for an adult are rather arbitrary).

Length of terms

Generally

A6-220   Prior to 28 June 2022, detention and training orders were required to be for a term of four, six, eight, 10, 12, 18 or 24 months. Section 236(1) now permits any term of an order provided the order is for at least four months and does not exceed 24 months. Accordingly the approach to setting the length of the order should be in line with ordinary principles, with any sentence being for the shortest period commensurate with the seriousness of the offence.

Time on remand

A6-221   Prior to 28 June 2022, the court was required to credit time on remand by virtue of adjusting the period of the detention and training order manually (see *R. v L*).[63] However, such time on remand is now automatically credited by virtue of s.240ZA of the Criminal Justice Act 2003. As with any determinate sentence, the court must declare the time spent on bail with qualifying curfew or in custody awaiting extradition under ss.325 and 327 of the Sentencing Code as to which see Ch.A4.

Guilty plea

A6-222   Where the maximum sentence for an offence is a 24-month detention and training order some reduction must be given from that sentence for a guilty plea: *R. v Dalby and Berry*.[64] Of course this will not apply where a guilty plea has operated to bring the sentence down from, for example, three years' detention under s.250 the Sentencing Code to 24 months such that the guilty plea has made a detention and training order imposable for the offence.

Combined with other orders

Custodial sentences

A6-223   It is clear from ss.237 and 253 of the Sentencing Code that the decisions in *R. v Hayward and Hayward*[65] and *R. v Lang*[66] no longer apply to the extent they imply a sentence of detention cannot be imposed consecutively with a detention and training order. However, it is suggested that generally it would be preferable, where pos-

---

[63] [2001] 1 Cr. App. R. (S.) 89 CA.
[64] [2005] EWCA Crim 1292; [2006] 1 Cr. App. R. (S.) 38.
[65] [2001] 2 Cr. App. R. (S.) 31 CA.
[66] [2001] 2 Cr. App. R. (S.) 39 CA.

sible, to impose a single sentence of detention under s.250 that is commensurate with all the offending, rather than imposing a mixed custodial disposal.[67]

Doing so runs the risk of breaching *R. v Kovalkov (Daniel)*,[68] where the court held s.237(4) of the Sentencing Act 2020 only permits a court to impose a detention and training order to run consecutively to an order for detention under s.250 that is already being served, and does not permit the court to impose a detention and training order consecutively to a sentence of detention on the same occasion.

Non-custodial sentences

Neither a referral order nor a reparation order is available where the court is imposing a custodial sentence: ss.84 and 110 of the Sentencing Code.   A6-224

Detention under s.250 of the Sentencing Code

Introduction

Sentences of detention under s.250 of the Sentencing Code allow an offender under the age of 18 to be sentenced to any custodial term that would be available in respect of an adult offender. The sentence has its origins as far back as the Children and Young Persons Act 1933, where detention under s.53 of that Act was available only for certain "grave crimes". The offences for which detention under s.250 is available have been the subject of frequent amendment over the years but detention is currently available for any offence punishable in the case of an adult with 14 years' imprisonment or more, or certain listed offences. They are more severe than detention and training orders and accordingly should generally only be imposed where the appropriate custodial term exceeds two years. Sentences of detention are in a sense analogous to sentences of imprisonment and may in due course involve the offender serving a portion of their sentence in an adult prison. Unlike detention and training orders there is no requirement that a child under the age of 15 be a persistent offender before a sentence of detention can be imposed.   A6-225

Legislation

Sentencing Act 2020 ss.249–253

Sentence of detention under section 250: availability

249.—(1) A sentence of detention under section 250 is available where a person aged under 18 is convicted on indictment of an offence listed in the following table (but the court is not required to pass a sentence of detention under section 252A)—   A6-226

Offences punishable with imprisonment for at least 14 years
  (a) an offence which—
    (i)   is not an offence for which the sentence is fixed by law, and
    (ii) is punishable in the case of a person aged 21 or over with imprisonment for 14 years or more;

---

[67] As endorsed in *R. v Robinson (Leon)* [2020] EWCA Crim 866; [2020] 2 Cr. App. R. (S.) 48 (where no separate penalty was imposed on the counts that would have otherwise received detention and training orders).
[68] [2023] EWCA Crim 1509; [2024] 1 Cr. App. R. (S.) 47.

Sexual offences
- (b) an offence under any of the following provisions of the Sexual Offences Act 2003—
  - (i) section 3 (sexual assault);
  - (ii) section 13 (child sex offences committed by children or young persons);
  - (iii) section 25 (sexual activity with a child family member);
  - (iv) section 26 (inciting a child family member to engage in sexual activity);

Offences related to firearms
- (c) an offence (other than one within paragraph (a)) which—
  - (i) is listed in Schedule 20 (firearms offences to which minimum sentence applies), and
  - (ii) was committed when the offender was aged 16 or over.

(2) For circumstances in which a court is required to impose a sentence of detention under section 250, see—
- (a) sections 258 and 258A (required sentence of detention for life);
- (b) section 311 (minimum sentence for certain offences involving firearms that are prohibited weapons).

(3) Where an offence is found to have been committed—
- (a) over a period of 2 or more days, or
- (b) at some time during a period of 2 or more days,

it is to be taken for the purposes paragraph (c)(ii) of the table in subsection (1). to have been committed on the last of those days.

Sentence of detention: offender convicted of certain serious offences

A6-227   **250.** A sentence of detention under this section is a sentence requiring the offender to be detained for the period specified in the sentence.

Exercise of power to impose sentence of detention under section 250

A6-228   **251.**—(1) Subsection (2) applies where a sentence of detention under section 250 is available by virtue of section 249(1).

(2) The court may impose such a sentence if it is of the opinion that neither a youth rehabilitation order nor a detention and training order is suitable.

(3) This is subject to (in particular) section 230 (threshold for imposing discretionary custodial sentence) and section 231 (length of discretionary custodial sentences: general provision).

Maximum sentence

A6-229   **252.**—(1) This section applies where the court imposes a sentence of detention under section 250 by virtue of—
- (a) section 251, or
- (b) section 311 (minimum sentence for certain offences involving firearms that are prohibited weapons).

(2) The period of detention specified in the sentence must not exceed—
- (a) the maximum term of imprisonment with which the offence is punishable in the case of a person aged 21 or over, or
- (b) life, if the offence is punishable with imprisonment for life in the case of a person aged 21 or over.

Sentence of detention passed on offender subject to detention and training order

253.—(1) This section applies where a court imposes a sentence of detention under section 250 or 252A in the case of an offender who is subject to a relevant detention and training order.

(2) If the offender has not at any time been released for supervision under the relevant detention and training order, the court may order that the sentence of detention is to take effect at the time when the offender would otherwise be released for supervision under the relevant detention and training order (see section 248(5)).

(3) Otherwise, the sentence of detention takes effect at the beginning of the day on which it is passed.

(4) In this section "relevant detention and training order" means—
    (a) a detention and training order under section 233,
    (b) an order under section 211 of the Armed Forces Act 2006 (corresponding order under that Act), or
    (c) an order under section 100 of the Powers of Criminal Courts (Sentencing) Act 2000 (detention and training order: offender convicted before the commencement of this Act).

A6-230

Sentencing Act 2020 Sch.20

Detention Under Section 250 and Minimum Sentences: Firearms Offences

1— An offence under section 5(1)(a), (ab), (aba), (ac), (ad), (ae), (af) or (c) of the Firearms Act 1968 (offence of having in possession, purchasing or acquiring, weapon or ammunition) committed on or after 22 January 2004.

1A— An offence under section 5(1)(ag) or (ba) of the Firearms Act 1968 committed on or after 6 April 2022.

2— An offence under section 5(1A)(a) of the Firearms Act 1968 (offence of having in possession, purchasing or acquiring firearm disguised as another object) committed on or after 22 January 2004.

3— An offence under section 5(2A) of the Firearms Act 1968 (manufacture, sale or transfer of firearm or ammunition, or possession etc for sale or transfer)—
    (a) committed in respect of a relevant firearm or relevant ammunition, or
    (b) committed on or after 6 April 2022 in respect of a firearm specified in section 5(1)(ag) or (ba) of the Firearms Act 1968.

4—(1) An offence under any of the provisions of the Firearms Act 1968 listed in sub-paragraph (2)—
    (a) committed on or after 6 April 2007 in respect of a relevant firearm or relevant ammunition, or
    (b) committed on or after 6 April 2022 in respect of a firearm specified in section 5(1)(ag) or (ba) of the Firearms Act 1968.

(2) Those provisions are—
section 16 (possession of firearm or ammunition with intent to injure);
section 16A (possession of firearm with intent to cause fear or violence);
section 17 (use of firearm to resist arrest);
section 18 (carrying firearm with criminal intent);
section 19 (carrying a firearm in a public place);
section 20(1) (trespassing in a building with firearm).

5. An offence under section 28 of the Violent Crime Reduction Act 2006 (using someone to mind a weapon), where—
    (a) the dangerous weapon in respect of which the offence was committed was a relevant firearm, or
    (b) the offence was committed on or after 6 April 2022 in respect of a dangerous weapon which was a firearm specified in section 5(1)(ag) or (ba) of the Firearms Act 1968.

6. In this Schedule—

"relevant firearm" means a firearm specified in any of the following provisions of section 5 of the Firearms Act 1968 (weapons subject to general prohibition)—

A6-231

(a) subsection (1)(a), (ab), (aba), (ac), (ad), (ae) or (af);
(b) subsection (1A)(a);

"relevant ammunition" means ammunition specified in subsection (1)(c) of that section. For this purpose, "firearm" and "ammunition" have the same meanings as in the Firearms Act 1968.

Guidance

Availability

Common law offences

A6-232   Sentences under what is now s.250 are available where the offence is a common law offence for which the maximum sentence is at large; such offences being functionally treated as if the maximum sentence was life imprisonment and therefore sentences of 14 years or more being available: *R. v Bosomworth*.[69]

Offenders under the age of 15

A6-233   A DTO is not available for an offender under 12 or for an offender aged 12–14 who is not a persistent offender.

In *R. (on the application of W) v Thetford Youth Court*,[70] it was suggested that the fact that a DTO was not available, alone, would not justify the imposition of a sentence of what is now s.250 detention of less than two years. However, this conclusion has now been strongly rejected by the Court of Appeal (Criminal Division) in *R. v Thomas (Jahmarl)*[71] and *R. v Q*.[72] Accordingly, where the custody threshold is passed and a sentence of less than two years' detention would be commensurate with the seriousness of the offence, that sentence may be imposed where a detention and training order is not available.

Length of the term of detention

Generally

A6-234   For general guidance on the length of the appropriate term, see the sections dealing with seriousness of the offence (A1-007 generally and A6-018 specifically in relation to children and young persons), the general principles applicable to custodial sentences (A4-414 onwards) and the purposes of youth sentencing (A6-004).

Interaction with detention and training orders

A6-235   It is clear that where a detention and training order is available, sentences of detention of less than two years (the maximum term of a detention and training order) should not be imposed in the absence of exceptional circumstances: *R. (W) v Thetford Youth Court*; *R. (M) v Waltham Forest Youth Court*[73] and *R. (W) v*

---

[69] (1973) 57 Cr. App. R. 708 CA.
[70] [2002] EWHC 1252 (Admin); [2003] 1 Cr. App. R. (S.) 67.
[71] [2004] EWCA Crim 2199; [2005] 1 Cr. App. R. (S.) 96.
[72] [2012] EWCA Crim 296; [2012] 2 Cr. App. R. (S.) 54.
[73] [2002] EWHC 1252; [2003] 1 Cr. App. R. (S.) 67 DC.

Southampton Youth Court; R. (K) v Wirral Borough Magistrates' Court.[74] In part, as explained in R. v B (A Juvenile) (Sentence Jurisdiction),[75] this would seem to be because of the different restrictions on where such orders may be served (with detention and training orders being required to be served in youth detention accommodation) but it is suggested it also gives effect to the general intent behind detention and training orders, which includes a requirement that they be for specified terms such as to aid the offender's rehabilitation. As to where a DTO is not available, see A6-233.

Multiple offences: Section 250 detention available for some only

In *R. v Robinson*,[76] the court considered the approach to sentencing where some offences attract a sentence of detention under what is now s.250 and some do not. The court held that, relying upon the earlier decision of *R. v M (Aaron Shaun)*[77] the proper approach was to impose a term of detention commensurate with the seriousness of all of the offences under s.250 only on those offences for which that sentence is available, and the court should order no separate penalty on those which do not.

A6-236

Combined with other orders

Custodial sentences

It is clear from s.253 of the Sentencing Code that the decisions in *R. v H (Grant) (A Juvenile)*[78] and *R. v L (Stephen Howard) (A Juvenile)*[79] no longer apply, to the extent they imply a sentence of detention cannot be imposed consecutively with a detention and training order on the same occasion. However, it is suggested that generally it would be preferable, where possible, to impose a single sentence of detention under s.250 that is commensurate with all the offending, rather than imposing a mixed custodial disposal.[80]

A6-237

Doing so runs the risk of breaching *R. v Kovalkov (Daniel)*,[81] where the court held s.237(4) of the Sentencing Act 2020 only permits a court to impose a detention and training order to run consecutively to an order for detention under s.250 that is already being served, and does not permit the court to impose a detention and training order consecutively to a sentence of detention on the same occasion. Whilst that decision did not deal explicitly with s.253 (which allows for the imposition of detention consecutive to a detention and training order), it is submitted the same reasoning applies.

---

[74] [2002] EWHC 1640 (Admin); [2003] 1 Cr. App. R. (S.) 87 DC.
[75] [1999] 1 Cr. App. R. (S.) 132.
[76] [2020] EWCA Crim 866; [2020] 2 Cr. App. R. (S.) 48.
[77] [1998] 2 Cr. App. R. (S.) 128.
[78] [2001] 2 Cr. App. R. (S.) 31; [2001] Crim. L.R. 236 CA.
[79] [2001] 2 Cr. App. R. (S.) 39 CA.
[80] As endorsed in *R. v Robinson (Leon)* [2020] EWCA Crim 866; [2020] 2 Cr. App. R. (S.) 48 (where no separate penalty was imposed on the counts that would have otherwise received detention and training orders).
[81] [2023] EWCA Crim 1509; [2024] 1 Cr. App. R. (S.) 47.

Non-custodial sentences

A6-238 Neither a referral order nor a reparation order is available where the court is imposing a custodial sentence: ss.84 and 110 of the Sentencing Code.

Special Sentence of Detention for Terrorist Offenders of Particular Concern

Introduction

A6-239 A special sentence of detention for terrorist offenders of particular concern under s.252A of the 2020 Act comprises a custodial sentence (the length of which is set in accordance with ordinary proportionality principles) and a further fixed period of one year's licence. The sentence occupies an unusual position between mandatory and discretionary sentence; it is not a mandatory sentence requirement because in any case it is open to the court to instead impose a non-custodial sentence; however, where the court is minded to impose a custodial sentence for an offence to which s.252A applies, it must impose a sentence under s.252A. The effect of the release regime for such a sentence is that offenders will be required to serve the whole of their custodial term before they are eligible for release.

The sentence functions in a similar manner to adult sentences for offenders of particular concern. It should, however, be noted that it applies only to terrorism offences listed in Pt 1 of Sch.13 to the Sentencing Code, and is available where otherwise no custodial sentence may be available for an offender under 18 (because of their age).

Legislation

Sentencing Act 2020 s.252A

Required special sentence of detention for terrorist offenders of particular concern

A6-240   **252A.**—(1) Subsections (3) to (5) apply where—
  (a) a person aged under 18 is convicted of an offence listed in Part 1 of Schedule 13 (offences involving or connected with terrorism),
  (b) the offence was committed on or after the day on which section 22 of the Counter-Terrorism and Sentencing Act 2021 came into force,
  (c) the court does not impose either of the following for the offence (or for an offence associated with it)—
    (i) a sentence of detention for life under section 250, or
    (ii) an extended sentence of detention under section 254, and
  (d) the court would, apart from this section, impose a custodial sentence (see, in particular, section 230(2)).

(2) In determining for the purposes of subsection (1)(d) whether it would impose a custodial sentence, the court must disregard any restriction on its power to impose such a sentence by reference to the age of the offender.

(3) The court must impose a sentence of detention under this section.

(4) The term of the sentence must be equal to the aggregate of—
  (a) the appropriate custodial term, and
  (b) a further period of 1 year for which the offender is to be subject to a

licence, and must not exceed the maximum term of imprisonment with which the offence is punishable in the case of a person aged 21 or over.

(5) For the purposes of subsection (4), the "appropriate custodial term" is the term that, in the opinion of the court, ensures that the sentence is appropriate.

(6) Where an offence is found to have been committed over a period of 2 or more days, or at some time during a period of 2 or more days, it must be taken for the purposes of subsection (1) to have been committed on the last of those days.

[Section 252A was inserted into the Sentencing Code by section 22 of the 2021 Act which was commenced on 30 April 2021.]

Sentencing Act 2020 Sch.13 Pt.1

Pt 1 of Sch.13 to the 2020 Act lists the following offences:

A6-241

Source	Offence
Terrorism Act 2000	ss.11, 12, 15, 16, 17, 17A, 18, 19, 21A, 38B, 39, 54, 56, 57, 58, 58A, 58B, 59
Anti-Terrorism, Crime and Security Act 2001	s.113
Terrorism Act 2006	ss.1, 2, 5, 6, 8, 9, 10 and 11
Counter-Terrorism Act 2008	s.54
Terrorism Prevention and Investigation Measures 2011	s.23
Counter-Terrorism and Security Act 2015	s.10
Inchoate offences	An inchoate offence in relation to such an offence
Abolished offences	An abolished offence in relation to an offence specified committed on the day on which the offender is or was convicted, would have constituted a listed offence in this Part and was abolished prior to the relevant date (as to which see below).
Offences with a terrorist connection	An offence, other than one for which the sentence is fixed by law as life imprisonment, which is determined to have a terrorist connection under s.69 of the Sentencing Code

Paragraph 8 of Sch.13 provides that in respect of Pt 1 offences, the relevant date for abolished offences is 13 April 2015, except in relation to: ss.11, 12, 58, 58A, 58B of the 2000 Act and ss.1, 2 or 8 of the 2006 Act for which it is 12 April 2019; or ss.15, 16, 17, 17A, 18, 19, 21A, 38B, 39 of the 2000 Act, and offences under the 2008, 2011 and 2015 Act for which it is 30 April 2021.

For the purpose of Sch.13, an inchoate offence in relation to an offence means (a) an attempt to commit the offence, (b) conspiracy to commit the offence or (c) an offence under Pt 2 of the Serious Crime Act 2007 related to the offence: ss.398(3)–(4).

Guidance

General guidance

A6-242 For general guidance on the imposition of sentences for offenders of particular concern, see A4-603 to A4-615. It is suggested that the guidance there applies equally to this variant of the sentence available for children and young persons except that the sentence under s.252A is not available in respect of offences listed in Pt 2 of Sch.13.

Specific guidance in relation to children and young persons

A6-243 A sentence under s.252A is required where the court would otherwise impose a custodial sentence. By virtue of subs.(2) when determining whether the court would otherwise impose a custodial sentence, restrictions on the imposition of such sentences that arise from the age of the offender are to be disregarded. The result is that this sentence will be available (and required) where otherwise the maximum sentence for a child or young person would be a detention and training order (or indeed a detention and training order would not be available because of the child's youth). By way of example, where a detention and training order would not be available by virtue of s.234(1)(a) because the offender was age 10 or 11, the effect of s.252A(2) would mean that where the offence was imprisonable for an adult and the court considered a custodial sentence was merited, such a sentence would be available under s.252A.

A6-244 It is arguable that a youth court may impose a sentence under s.252A of any duration. Whilst s.16A of the Sentencing Code provides a power to commit where the Crown Court should be able to impose a sentence of detention under s.252A of two years or more (i.e. a custodial term of a year or more[82]) the power to commit is a discretionary one. There is therefore no statutory restriction on the imposition of sentences of more than two years under s.252A in the youth court (by contrast with sentences of detention under s.250 and the requirement for conviction on indictment). However, by contrast s.51A of the Crime and Disorder Act 1998 provides that where the offence is such as is mentioned in s.252A(1)(a) of the Sentencing Code and the court considers that if he is found guilty of the offence it ought to be possible to sentence him under that section to a term of detention of more than two years the youth court must send the child forthwith to the Crown Court for trial. A counter-argument is therefore that the cumulative statutory steer makes clear that such cases should be committed to the Crown Court for sentence given their seriousness and likely complexity (even if there is not formally a legislative bar on the issue).

Extended Sentences of Detention

Introduction

A6-245 An extended sentence of detention comprises a custodial sentence (the length of which is set in accordance with ordinary proportionality principles) and a further period for which the offender will be subject to licence on the expiry of the custodial

---

[82] Such a sentence being indivisible: *R. v John* [2022] EWCA Crim 54; [2022] 1 W.L.R. 2625.

sentence (the "extension period"). The purpose of an extended sentence of detention is to provide increased public protection in the case of offenders who pose a significant risk of serious harm to the public. They provide this protection in two ways: first, by ensuring that an offender is subject to further supervision (and to licence conditions) after the expiry of their ordinary custodial sentence, allowing proportionate restrictions to be put on their liberty and allowing for them to be recalled to prison if those conditions are breached; second, by ensuring that offenders are subject to Parole Board supervision, such that they will not be released until the expiry of their custodial sentence unless the Parole Board is satisfied that it is no longer necessary for the protection of the public that the offender should be confined.

An extended sentence of detention is available where:

1) an offender is convicted of an offence listed in Sch.18 (a "specified offence"—see s.306 of the Sentencing Code);
2) the offence is also listed in the table in s.249(1) (sentences for which a sentence of detention under s.250 is available) (A6-226);
3) the offender is under the age of 18 when convicted;
4) the court considers that there is a significant risk to members of the public of serious harm occasioned by the commission by the offender of further specified offences;
5) the court is not required to impose a life sentence by virtue of s.258(2) ("dangerousness" life sentence);
6) if the court were to impose an extended sentence, the term it would specify as the appropriate custodial term would be at least four years.

Unlike extended sentences of imprisonment or detention in a young offender institution, extended sentences of detention are never available where the appropriate custodial term is less than four years, even if the offender had a previous conviction for a Sch.14 offence.

Legislation

Sentencing Act 2020 ss.254–257

Extended sentence for certain violent, sexual or terrorism offences

254. An extended sentence of detention under this section is a sentence of detention the term of which is equal to the aggregate of— **A6-246**
    (a) the appropriate custodial term (see section 256), and
    (b) a further period (the "extension period") for which the offender is to be subject to a licence.

Extended sentence of detention: availability

255.—(1) An extended sentence of detention under section 254 is available **A6-247** where a court is dealing with an offender for an offence if—
    (a) the offence—
        (i) is a specified offence (see section 306(1)), and
        (ii) is one for which a sentence of detention is available under section 250 or 252A (see the table in section 249(1) and section 252A(1)(a) and (b)),
    (b) the offender is aged under 18 when convicted,

(c) the court is of the opinion that there is a significant risk to members of the public of serious harm occasioned by the commission by the offender of further specified offences (see section 308),
(d) the court is not required by section 258(2) or 258A(2) to impose a sentence of detention for life under section 250, and
(e) if the court were to impose an extended sentence, the term that it would specify as the appropriate custodial term (see section 256) would be at least 4 years.

(2) The pre-sentence report requirements (see section 30) apply to the court in relation to forming the opinion referred to in subsection (1)(c).

Term of extended sentence of detention under section 254

A6-248 256.—(1) This section applies where a court is determining—
(a) the appropriate custodial term, and
(b) the extension period,
of an extended sentence of detention under section 254 to be imposed on an offender in respect of an offence.

(2) The appropriate custodial term is the term of detention that would be imposed in respect of the offence in compliance with section 231(2) (length of discretionary custodial sentences: general provision) if the court did not impose an extended sentence.

(3) The extension period must be a period of such length as the court considers necessary for the purpose of protecting members of the public from serious harm occasioned by the commission by the offender of further specified offences. This is subject to subsections (4) and (5).

(4) The extension period must—
(a) be at least 1 year, and
(b) not exceed—
   (i) 5 years in the case of a specified violent offence (unless sub-paragraph (iii) applies), or
   (ii) 8 years in the case of a specified sexual offence or a specified terrorism offence (unless sub-paragraph (iii) applies),
   (iii) 10 years in the case of a serious terrorism offence for which the sentence is imposed on or after the day on which section 16 of the Counter-Terrorism and Sentencing Act 2021 comes into force.

See section 306(2) for the meanings of *"specified violent offence"*, *"specified sexual offence"*, *"specified terrorism offence"* and *"serious terrorism offence"*.

(5) The term of the extended sentence of detention under section 254 must not exceed the maximum term of imprisonment with which the offence is punishable in the case of a person aged 21 or over.

[Section 16 of the 2021 Act came into force on 29 June 2021.]

Extended sentence under section 254 where offender subject to detention and training order

A6-249 257.—(1) This section applies where the court imposes an extended sentence of detention under section 254 in the case of an offender who is subject to a relevant detention and training order.

(2) If the offender has not at any time been released for supervision under the

relevant detention and training order, the court may order that the extended sentence of detention is to take effect at the time when the offender would otherwise be released for supervision under the relevant detention and training order (see section 248(5)).

(3) Otherwise, the extended sentence of detention takes effect at the beginning of the day on which it is passed.

(4) In this section "relevant detention and training order" means—
    (a) a detention and training order under section 233,
    (b) an order under section 211 of the Armed Forces Act 2006 (corresponding order under that Act), or
    (c) an order under section 100 of the Powers of Criminal Courts (Sentencing) Act 2000 (detention and training order: offender convicted before the commencement of this Act).

Sentencing Act 2020 Sch.18

Specified violent offences are listed in Pt 1 of Sch.18. The following offences are specified violent offences:

A6-250

Source	Offence
Common Law	Manslaughter; Kidnapping; False Imprisonment
Offences against the Person Act 1861	Section 4, 16, 18, 20, 21, 22, 23, 27, 28, 29, 30, 31, 32, 35, 37, 38 or 47
Explosive Substances Act 1883	Sections 2, 3 or 4
Infant Life (Preservation) Act 1929	Section 1
Children and Young Persons Act 1933	Section 1
Infanticide Act 1938	Section 1
Firearms Act 1968	Section 16, 16A, 17(1), 17(2) or 18
Theft Act 1968	Section 8, 9 (if committed with intent to inflict grievous bodily harm on a person, or to do unlawful damage to a building or anything in it), 10 or 12A (if it involves an accident which caused the death of any person)
Criminal Damage Act 1971	Section 1 (if committed by arson) or 1(2) (other than an offence of arson)
Taking of Hostages Act 1982	Section 1
Aviation Security Act 1982	Section 1, 2, 3 or 4
Mental Health Act 1983	Section 127
Prohibition of Female Circumcision Act 1985	Section 1
Public Order Act 1986	Section 1, 2 or 3
Criminal Justice Act 1988	Section 134
Road Traffic Act 1988	Section 1, 3ZC or 3A

Source	Offence
Aviation and Maritime Security Act 1990	Section 1, 9, 10, 11, 12, or 13
Channel Tunnel (Security) Order 1994 (SI 1994/570)	Part 2
Protection from Harassment Act 1997	Section 4 or 4A
Crime and Disorder Act 1998	Section 29, 31(1)(a) or 31(1)(b)
International Criminal Court Act 2001	Section 51 or 52, other than one involving murder
Anti-Terrorism, Crime and Security Act 2001	Section 47 or 50
Female Genital Mutilation Act 2003	Section 1, 2 or 3
Domestic Violence, Crime and Victims Act 2004	Section 5
Modern Slavery Act 2015	Section 1 or 2
Serious Crime Act 2015	Section 75A
Space Industry Act 2018	Paragraph 1, 2, 3, 4 or 5 of Schedule 4
Inchoate offences	An inchoate offence relating to an offence specified in this Part or to murder

Specified sexual offences are listed in Pt 2 of Sch.18. The following offences are specified sexual offences:

Source	Offence
Sexual Offences Act 1956	Sections 1 to 7, 9 to 11, 14 to 17, 19 to 29, 32 or 33A
Mental Health Act 1959	Section 128
Indecency with Children Act 1960	Section 1
Sexual Offences Act 1967	Section 4 or 5
Theft Act 1968	Section 9 (where the offence takes the form of burglary with intent to commit rape)
Criminal Law Act 1977	Section 54
Protection of Children Act 1978	Section 1
Customs and Excise Management Act 1979	Section 170 (where the offence is in relation to goods prohibited to be imported under section 42 of the Customs Consolidation Act 1876)

Source	Offence
Criminal Justice Act 1988	Section 160
Sexual Offences Act 2003	Sections 1, 2, 3, 4, 5, 6, 7, 8, 9, 10, 11, 12, 13, 14, 15, 15A, 16, 17, 18, 19, 25, 26, 30, 31, 32, 33, 34, 35, 36, 37, 38, 39, 40, 41, 47, 48, 49, 50, 52, 53, 57, 58, 59, 59A, 61, 62, 63, 64, 65, 66, 67, 69 or 70
Modern Slavery Act 2015	Section 2 (where the offence was committed with a view to exploitation that consists of or includes behaviour within MSA 2015, s.3(3))
Inchoate Offences	An inchoate offence committed in relation to an offence specified in this Part.

Specified terrorism offences are listed in Pt 3 of Sch.18. The following offences are specified terrorism offences:

Source	Offence
Terrorism Act 2000	Section 11, 12, 54, 56, 57, 58, 58A, 58B or 59.
Anti-terrorism, Crime and Security Act 2001	Section 113.
Terrorism Act 2006	Section 1, 2, 5, 6, 8, 9, 10 or 11.
Inchoate offences	An inchoate offence committed in relation to an offence specified in this Part.

For the purpose of Sch.18, an inchoate offence in relation to an offence means (a) an attempt to commit the offence, (b) conspiracy to commit the offence, (c) an offence under Pt 2 of the Serious Crime Act 2007 related to the offence or (d) incitement to commit the offence: s.398(3) of the Sentencing Code.

As to s.249(1) of the Sentencing Code, see A6-226.

A6-251

Guidance

General

For general guidance on the imposition of extended sentences, see A4-631 to A4-646; although it should be borne in mind that extended sentences of detention are only available where a sentence of detention under s.250 of at least four years is being imposed.

A6-252

Specific guidance in relation to children and young persons

A particular issue that will arise in the context of children and young persons is the extent to which an ordinary sentence of detention is likely to be sufficient to address the risk they pose, and the length of any extended licence period that will be necessary to address that risk.

The Court of Appeal (Criminal Division) has repeatedly emphasised that young offenders may change and develop within a much shorter period of time than adults, and are more likely to be responsive to any sentence imposed and to effect change,

A6-253

especially when any sentence is likely to be long: see, for example, *R. v Lang*[83] and *R. v Chowdhury*.[84] It is suggested that the weight that can be given to this factor will vary, and that generally a consideration of the offender's age and maturity will mostly inform the level of risk posed by the offender and the extent to which it can be suggested that they will successfully reform. In all cases it should be borne in mind that there will be no power to make absolutely confident predictions as to this.

Moreover, it is suggested that a particular factor relevant when deciding whether an extended sentence is necessary or proportionate will be the extent to which the sentence would otherwise "crush" the offender or discourage their effective rehabilitation. A lengthy sentence may seem far more substantial to a young offender who has only experienced 15 years of life than it might to an adult of 30. Furthermore, the significant effects on a young offender's development of spending particularly lengthy periods of time in custody will be a relevant factor when considering if the safeguards provided by an extended sentence are necessary in light of the offender's risk.

A6-254   In *R. v Mariano*,[85] it was observed that any judge sentencing an offender under the age of 18 to an extended sentence should specifically address the age of the offender and their apparent maturity and explain why the offender nonetheless can be considered dangerous and why an extended sentence is required rather than a lengthy determinate sentence.

Sentences of Detention for Life at Common Law

A6-255   Discretionary sentences of detention for life are available under s.250 of the Sentencing Code (see A6-227). For guidance as to the imposition of discretionary life sentences, see A4-663 to A4-674. The guidance there applies to offenders under the age of 18 as it applies to offenders aged 21 and over. However, it should be remembered that sentences of detention for life will be particularly rare in the case of young offenders, given they are sentences of last resort and designed for those whose offending is so serious, and the risk they pose so substantial, that they must be held in custody for life until they are deemed not to pose that requisite risk. Not only is a life sentence a sentence of last resort, but particular reflection is required before imposing a life sentence on a young offender: *Attorney General's Reference (No.33 of 2016)*.[86] It is suggested that when sentencing children and young persons it is highly unlikely that those conditions will be met given the reduced culpability that is often present due to a lack of age and maturity, and because young offenders may change and develop within a much shorter period of time than adults and are more likely to be responsive to any sentence imposed and to effect change, especially when any sentence is likely to be long. A long determinate term should always be very carefully considered before a life sentence is imposed.

---

[83] [2005] EWCA Crim 2864; [2006] 2 Cr. App. R. (S.) 3.
[84] [2016] EWCA Crim 1341; [2016] 2 Cr. App. R. (S.) 41.
[85] [2019] EWCA Crim 1718.
[86] [2016] EWCA Crim 749.

PRIMARY DISPOSALS

Mandatory Sentence of Detention for Life for Manslaughter of Emergency Worker

Legislation

Sentencing Act 2020 s.258A

Required sentence of detention for life for manslaughter of emergency worker

258A.—(1) This section applies where—
    (a) a person aged under 18 is convicted of a relevant offence,
    (b) the offence was committed—
        (i) when the person was aged 16 or over, and
        (ii) on or after the relevant commencement date, and
    (c) the offence was committed against an emergency worker acting in the exercise of functions as such a worker.

(2) The court must impose a sentence of detention for life under section 250 unless the court is of the opinion that there are exceptional circumstances which—
    (a) relate to the offence or the offender, and
    (b) justify not doing so.

(3) For the purposes of subsection (1)(c) the circumstances in which an offence is to be taken as committed against a person acting in the exercise of functions as an emergency worker include circumstances where the offence takes place at a time when the person is not at work but is carrying out functions which, if done in work time, would have been in the exercise of functions as an emergency worker.

(4) In this section "relevant offence" means the offence of manslaughter, but does not include—
    (a) manslaughter by gross negligence, or
    (b) manslaughter mentioned in section 2(3) or 4(1) of the Homicide Act 1957 or section 54(7) of the Coroners and Justice Act 2009 (partial defences to murder).

(5) In this section—

"emergency worker" has the meaning given by section 68;
"relevant commencement date" means [28 June 2022].

(6) An offence the sentence for which is imposed under this section is not to be regarded as an offence the sentence for which is fixed by law.

(7) Where an offence is found to have been committed over a period of 2 or more days, or at some time during a period of 2 or more days, it must be taken for the purposes of subsection (1)(b) to have been committed on the last of those days.

Guidance

There is currently no guidance from the Court of Appeal (Criminal Division) on this required life sentence. Reference to the section on minimum sentences may assist when considering what amounts to exceptional circumstances.

Courts should be mindful that whilst there is a need for exceptional circumstances before a determinate sentence can be imposed there remains significant discretion in relation to the minimum term. In this respect the suggestion in the Explanatory Notes to the Police, Crime, Sentencing and Courts Act 2022 that this mandatory sentence ensures the punishment properly reflects the severity of the offence and the harm caused seems at the least highly questionable.

Detention for Life for Dangerous Offenders

Introduction

A6-258   This section concerns the required sentence of detention for life under the dangerousness regime for those aged under 18 at the date of conviction. This section deals only with the imposition of life sentences (and whether to impose one); for guidance as to whether the offender is "dangerous" (i.e. whether there is a significant risk to members of the public of serious harm occasioned by the commission by the offender of further specified offences), see A4-444.

Legislation

Sentencing Act 2020 s.258 and s.250

Required sentence of detention for life for offence carrying life sentence

A6-259   258.—(1) This section applies where—
    (a) a person aged under 18 is convicted of a Schedule 19 offence (see section 307),
    (b) the court considers that the seriousness of—
        (i) the offence, or
        (ii) the offence and one or more offences associated with it,
    is such as to justify the imposition of a sentence of detention for life, and
    (c) the court is of the opinion that there is a significant risk to members of the public of serious harm occasioned by the commission by the offender of further specified offences (see sections 306(1) and 308).

(2) The court must impose a sentence of detention for life under section 250.

(3) The pre-sentence report requirements (see section 30) apply to the court in relation to forming the opinion mentioned in subsection (1)(c).

(4) An offence the sentence for which is imposed under this section is not to be regarded as an offence the sentence for which is fixed by law.

Sentence of detention: offender convicted of certain serious offences

A6-260   250.   A sentence of detention under this section is a sentence requiring the offender to be detained for the period specified in the sentence.

Sentencing Act 2020 Sch.19

A6-261   The following offences are listed in Sch.19 to the Sentencing Code:

Source	Offence
Criminal Damage Act 1971	Section 1 (if committed by arson) or 1(2) (other than an offence of arson)
Taking of Hostages Act 1982	Section 1

Source	Offence
Aviation Security Act 1982	Sections 1, 2 or 3
Criminal Justice Act 1988	Section 134
Aviation and Maritime Security Act 1990	Sections 1, 9, 10, 11, 12 or 13
Channel Tunnel (Security) Order 1994 (SI 1994/570)	Part 2
Terrorism Act 2000	Section 54 if the offence was committed on or after 13 April 2015 Section 56 if the offence was committed on or after 12 January 2010 Section 59 if the offence was committed on or after 12 January 2010 and the offender is liable on conviction on indictment to imprisonment for life
Anti-terrorism, Crime and Security Act 2001	Sections 47 or 50 where committed on or after 12 January 2010
Sexual Offences Act 2003	Sections 1, 2, 5 or 6 Where the offender is liable on conviction on indictment to imprisonment for life: sections 4, 8, 30, 31, 34, 35, 47 or 62
Terrorism Act 2006	Where the offence was committed on or after 12 January 2010: section 5, 9, 10 or 11 Where the offence was committed on or after 13 April 2015: section 6
Modern Slavery Act 2015	Sections 1 or 2
Space Industry Act 2018	Paragraph 1, 2, 3 or 4 of Schedule 4
Inchoate offences	An inchoate offence relating to an offence specified in this Schedule
Offences relating to murder	Attempt to commit murder or conspiracy to commit murder An offence committed on or after 13 April 2015 under Part 2 of the Serious Crime Act 2007 related to murder

For the purpose of this Schedule, an inchoate offence in relation to an offence means (a) an attempt to commit the offence; (b) conspiracy to commit the offence; (c) an offence under Pt 2 of the Serious Crime Act 2007 related to the offence; or (d) incitement to commit the offence: s.398(3) of the Sentencing Code.

Guidance

For guidance as to the imposition of sentences under s.258 of the Sentencing Code, see A4-701 to A4-702. The guidance there applies to sentences under s.258

A6-262

for offenders under aged 18 as it applies to sentences under s.285 for offenders aged 21 and over. However, it should always be remembered that sentences of detention for life will be particularly rare in the case of young offenders, given they are sentences of last resort and designed for those whose offending is so serious, and the risk they pose so substantial, that they must be held in custody for life until they are deemed not to pose that requisite risk. Not only is a life sentence a sentence of last resort for anyone, but particular reflection is required before imposing a life sentence on a young offender: *Attorney General's Reference (No.33 of 2016)*.[87] It is suggested that when sentencing children and young persons it is highly unlikely that those conditions will be met given the reduced culpability that is often present due to a lack of age and maturity, and because young offenders may change and develop within a much shorter period of time than adults, and are more likely to be responsive to any sentence imposed and to effect change, especially when any sentence is likely to be long. A long determinate term should always be very carefully considered before a life sentence is imposed.

Murder: Detention at His Majesty's Pleasure

Introduction

A6-263　　The mandatory life sentence has been the sole punishment for murder since the abolition of the death penalty by the Murder (Abolition of Death Penalty) Act 1965. It is a sentence "fixed by law" and must be imposed without exception.

　　Those subject to the mandatory life sentence for murder are not invariably imprisoned for life. With the exception of those specifically sentenced to life imprisonment with a whole-life order, a sentence of life imprisonment is served in two stages. The first stage is imprisonment, which will last for at the least the minimum term to which the offender is sentenced. After the offender has served their minimum term they become eligible to apply to enter the second stage, release on licence into the community. This release is not automatic, but will only be directed if the Parole Board is satisfied that their imprisonment is no longer necessary for the protection of the public. If the Parole Board is not so satisfied, the offender may remain imprisoned for life. Even if the offender is released for the rest of their life, they will continue to be supervised, subjected to certain licence conditions restricting their autonomy and liable to be recalled to custody.

A6-264　　When determining whether to impose a whole life order or a specified minimum term the sentencing court must have regard to Sch.21 to the Sentencing Code, which sets out the starting points appropriate for different types of murder (and functions effectively as a sentencing guideline for the offence of murder).

　　In contrast to other types of custodial sentence, the form which the mandatory life sentence for murder takes depends on the age of the offender at the date of the commission of the offence. If the offender was under age 18 at the commission of the murder, the sentence to be imposed will always be a sentence of detention at Her Majesty's pleasure.

---

[87] [2016] EWCA Crim 749.

Legislation

The mandatory life sentence

Murder (Abolition of Death Penalty) Act 1965 s.1(1)

Abolition of death penalty for murder
1.—(1) No person shall suffer death for murder, and a person convicted of murder shall be sentenced to imprisonment for life.

A6-265

Sentencing Act 2020 s.259

Offenders who commit murder etc when under 18: duty to detain at Her Majesty's pleasure
259.—(1) This section applies where—
  (a) a court is dealing with a person convicted of—
    (i) murder, or
    (ii) any other offence the sentence for which is fixed by law as life imprisonment, and
  (b) the person appears to the court to have been aged under 18 at the time the offence was committed.
(2) The court must sentence the offender to be detained during Her Majesty's pleasure.
(3) Subsection (2) applies notwithstanding anything in this or any other Act.

A6-266

Setting the minimum term

Sentencing Act 2020 ss.321–322

Life sentence: minimum term order or whole life order
321.—(1) Where a court passes a life sentence, it must make an order under this section.
(2) The order must be a minimum term order unless the court is required to make a whole life order under subsection (3).
(3) and (3A) [*Provide that whole life orders are only available where the offender was aged 18 or over at the time of the commission of the offence.*]
(4) A minimum term order is an order that the early release provisions (see section 324) are to apply to the offender as soon as the offender has served the part of the sentence which is specified in the order in accordance with section 322 or 323 ("the minimum term").
(5) A whole life order is an order that the early release provisions are not to apply to the offender.

A6-267

Mandatory life sentences: further provision
322.—(1) This section applies where a court passes a life sentence for an offence the sentence for which is fixed by law.
Minimum term
(2) If the court makes a minimum term order, the minimum term must be such part of the offender's sentence as the court considers appropriate taking into account—
  (a) the seriousness of—
    (i) the offence, or
    (ii) the combination of the offence and any one or more offences associated with it, and

A6-268

(b) the effect that the following would have if the court had sentenced the offender to a term of imprisonment—
  (i) section 240ZA of the Criminal Justice Act 2003 (crediting periods of remand in custody);
  (ii) and 240A of that Act (crediting periods on bail subject to certain restrictions);
including the effect of any declaration that the court would have made under section 325 or 327 (specifying periods of remand on bail subject to certain restrictions or in custody pending extradition).

Determination of seriousness

(3) In considering the seriousness of the offence, or of the combination of the offence and one or more offences associated with it, under—
  (a) section 321(3) or (3C) (determining whether to make a whole life order), or
  (b) subsection (2) (determining the minimum term),
the court must have regard to—
  (i) the general principles set out in Schedule 21, and
  (ii) any sentencing guidelines relating to offences in general which are relevant to the case and are not incompatible with the provisions of Schedule 21.

Duty to give reasons for minimum term order or whole life order

(4) Where the court makes a minimum term order or a whole life order, in complying with the duty under section 52(2) to state its reasons for deciding on the order made, the court must in particular—
  (a) state which of the starting points in Schedule 21 it has chosen and its reasons for doing so, and
  (b) state its reasons for any departure from that starting point.

Schedule 21

Sentencing Act 2020 Sch.21

Interpretation

A6-269   1. In this Schedule—
"child" means a person under 18 years;
"mandatory life sentence" means a life sentence passed in circumstances where the sentence is fixed by law;

Starting points

A6-270   2—(1) If—
  (a) the court considers that the seriousness of the offence (or the combination of the offence and one or more offences associated with it) is exceptionally high, and
  (b) the offender was aged 21 or over when the offence was committed,
the appropriate starting point is a whole life order.

(2) Cases that would normally fall within sub-paragraph (1)(a) include—
  (a) the murder of two or more persons, where each murder involves any of the following—
    (i) a substantial degree of premeditation or planning,
    (ii) the abduction of the victim, or
    (iii) sexual or sadistic conduct,
  (b) the murder of a child if involving the abduction of the child or sexual or sadistic motivation,
  (ba) the murder of a child involving a substantial degree of premeditation or planning, where the offence was committed on or after [28 June 2022],
  (c) the murder of a police officer or prison officer in the course of his or her duty, where the offence was committed on or after 13 April 2015,

(d) a murder done for the purpose of advancing a political, religious, racial or ideological cause, or

(e) a murder by an offender previously convicted of murder.

3—(1) If—

(a) the case does not fall within paragraph 2(1) but the court considers that the seriousness of the offence (or the combination of the offence and one or more offences associated with it) is particularly high, and

(b) the offender was aged 18 or over when the offence was committed,

the appropriate starting point, in determining the minimum term, is 30 years.

(2) Cases that (if not falling within paragraph 2(1)) would normally fall within sub-paragraph (1)(a) include—

(a) in the case of an offence committed before 13 April 2015, the murder of a police officer or prison officer in the course of his or her duty,

(b) a murder involving the use of a firearm or explosive,

(c) a murder done for gain (such as a murder done in the course or furtherance of robbery or burglary, done for payment or done in the expectation of gain as a result of the death),

(d) a murder intended to obstruct or interfere with the course of justice,

(e) a murder involving sexual or sadistic conduct,

(f) the murder of two or more persons,

(g) a murder that is aggravated by racial or religious hostility or by hostility related to sexual orientation,

(h) a murder that is aggravated by hostility related to disability or transgender identity, where the offence was committed on or after 3 December 2012 (or over a period, or at some time during a period, ending on or after that date),

(i) a murder falling within paragraph 2(2) committed by an offender who was aged under 21 when the offence was committed.

(3) An offence is aggravated in any of the ways mentioned in sub-paragraph (2)(g) or (h) if section 66 requires the court to treat the fact that it is so aggravated as an aggravating factor.

4—(1) If—

(a) the case does not fall within paragraph 2(1) or 3(1),

(b) the offence falls within sub-paragraph (2),

(c) the offender was aged 18 or over when the offence was committed, and

(d) the offence was committed on or after 2 March 2010,

the offence is normally to be regarded as sufficiently serious for the appropriate starting point, in determining the minimum term, to be 25 years.

(2) The offence falls within this sub-paragraph if the offender took a knife or other weapon to the scene intending to—

(a) commit any offence, or

(b) have it available to use as a weapon,

and used that knife or other weapon in committing the murder.

5. If the offender was aged 18 or over when the offence was committed and the case does not fall within paragraph 2(1), 3(1) or 4(1), the appropriate starting point, in determining the minimum term, is 15 years.

5A.—(1) This paragraph applies if—

(a) the offender was aged under 18 when the offence was committed, and

(b) the offender was convicted of the offence on or after [28 June 2022].

(2) The appropriate starting point, in determining the minimum term, is the period given in the entry in column 2, 3 or 4 of the following table that corresponds to—

(a) the age of the offender when the offence was committed, as set out in column 1, and

(b) the provision of this Schedule that would have supplied the appropriate starting point had the offender been aged 18 when the offence was committed, as set out in the headings to columns 2, 3 and 4.

1	2	3	4
Age of offender when offence committed	Starting point supplied by paragraph 3(1) had offender been 18	Starting point supplied by paragraph 4(1) had offender been 18	Starting point supplied by paragraph 5 had offender been 18
17	27 years	23 years	14 years
15 or 16	20 years	17 years	10 years
14 or under	15 years	13 years	8 years

6.—(1) This paragraph applies if—
    (a) the offender was aged under 18 when the offence was committed, and
    (b) the offender was convicted of the offence before [28 June 2022].
(2) The appropriate starting point, in determining the minimum term, is 12 years.

Aggravating and mitigating factors

7. Having chosen a starting point, the court should take into account any aggravating or mitigating factors, to the extent that it has not allowed for them in its choice of starting point.

8. Detailed consideration of aggravating or mitigating factors may result in a minimum term of any length (whatever the starting point), or in the making of a whole life order.

9. Aggravating factors (additional to those mentioned in paragraph 2(2), 3(2) and 4(2)) that may be relevant to the offence of murder include—
    (a) a significant degree of planning or premeditation,
    (b) the fact that the victim was particularly vulnerable because of age or disability,
    (ba) where the offence was committed on or after [29 February 2024], the fact that the offender had repeatedly or continuously engaged in behaviour towards the victim that was controlling or coercive and, at the time of the behaviour, the offender and the victim were personally connected within the meaning of section 76(6) to (7) of the Serious Crime Act 2015,
    (c) mental or physical suffering inflicted on the victim before death,
    (d) the abuse of a position of trust,
    (e) the use of duress or threats against another person to facilitate the commission of the offence,
    (f) the fact that the victim was providing a public service or performing a public duty,
    (fa) where the offence was committed on or after [29 February 2024], the use of sustained and excessive violence towards the victim, and
    (g) concealment, destruction or dismemberment of the body.

10. Mitigating factors that may be relevant to the offence of murder include—
    (a) an intention to cause serious bodily harm rather than to kill,
    (b) lack of premeditation,
    (c) the fact that the offender suffered from any mental disorder or mental disability which (although not falling within section 2(1) of the Homicide Act 1957), lowered his degree of culpability,
    (ca) where the offence was committed on or after [29 February 2024], the fact that the victim had repeatedly or continuously engaged in behaviour towards the offender that was controlling or coercive and, at the time of the behaviour, the victim and the offender were personally connected within the meaning of section 76(6) to (7) of the Serious Crime Act 2015,
    (d) the fact that the offender was provoked (for example, by prolonged stress) but, in the case of a murder committed before 4 October 2010, in a way not amounting to a defence of provocation,
    (e) the fact that the offender acted to any extent in self-defence or, in the case of a murder committed on or after 4 October 2010, in fear of violence,
    (f) a belief by the offender that the murder was an act of mercy, and
    (g) the age of the offender.

11. Nothing in this Schedule restricts the application of—
    (a) section 65 (previous convictions),
    (b) section 64 (bail), or

(c) section 73 (guilty plea)
or of section 238(1)(b) or (c) or 239 of the Armed Forces Act 2006.

Guidance

Generally

For general guidance as to the process to following when setting the minimum term, the starting points applicable to adult offenders, and the consideration of aggravating and mitigating factors, see A4-716 onwards.

A6-272

Starting points

Maturity of the offender

The explanatory notes to the legislation inserting para. 5A state that "The scale [in para.5A] takes into consideration the age of the child and the seriousness of the murder. The older the child and the more serious the murder, the higher the starting point." In *R. v Kamarra-Jarra (Ismaila)*,[88] the court noted that chronological age was not necessarily an accurate indication of a young person's maturity and thus, the Children and Young Persons Guideline should be considered. As the court put it, "Age governs the normal starting point for a minimum term, but not the assessment of culpability by reference to maturity".[89]

A6-273

Although the same starting point applies to those aged 15 or 16, very different considerations may apply to someone who has just passed their 15th birthday as opposed to someone approaching their 17th : *Attorney General's Reference (R. v SK)*.[90] Adjustments must, therefore, still be made for maturity and the guideline on sentencing children and young persons still applies.

There therefore remains a need to consider the age and maturity of the offender, including their developmental and emotional age; the starting point should not be applied mechanistically without regard to those important considerations, particularly where offenders are immature for their age, have limited understanding of the impact of their actions or are more prone to rash action.

Disparities in age between defendants

In *R. v Kamarra-Jarra (Ismaila)*,[91] the court reviewed the approach to sentencing where two or more offenders fall to be sentenced in respect of the same murder, some of whom are just over 18 and some of whom are just under 18, endorsing earlier authorities to the effect that it would be neither just nor rational for significantly divergent terms to be imposed on grounds of age alone, but rather the proper approach is to move from each starting point to a position where any disparity is no more than a fair reflection of the age difference.

A6-273a

Where both (or multiple) offenders were under the age of 18 at the date of the offence, it might be that an older offender took the leading role in the offence and demonstrated a level of maturity at or beyond his chronological age, whereas the

---

[88] [2024] EWCA Crim 198; [2024] 2 Cr. App. R. (S.) 19.
[89] *R. v Kamarra-Jarra (Ismaila)* [2024] EWCA Crim 198; [2024] 2 Cr. App. R. (S.) 19 at [33].
[90] [2022] EWCA Crim 1421; [2023] 1 Cr. App. R. (S.) 26.
[91] [2024] EWCA Crim 198; [2024] 2 Cr. App. R. (S.) 19.

younger offender played a subsidiary part in the offence and lacked maturity; in those circumstances it may be that little adjustment would be needed to the starting points in para.5A. Alternatively, where the younger offender showed maturity and played an active role in the murder, with the lesser role being played by an immature older offender, the position will be different: *R. v Hunt (Tyler)*.[92]

Ability to apply for review of minimum term

A6-274   Where an offender is sentenced to detention during Her Majesty's pleasure whilst under 18 at sentence[93] they may apply under s.27A of the Crime (Sentences) Act 1997 to the Secretary of State for a minimum term review after serving half of the minimum term. Such an application will almost invariably be available only once[94] and so careful consideration may need to be given to when the application is made. Unless the application is frivolous or vexatious it must be referred to the High Court who under s.27B of the 1997 Act may make a reduction order. In exercising their discretion the High Court will take into account, in particular, any evidence that the relevant young offender's rehabilitation has been exceptional, and whether their continued detention is likely to give rise to a serious risk to their welfare or continued rehabilitation which cannot be eliminated or mitigated to a significant degree: s.27B(4). There is in theory no limit to the extent of a reduction order although it would appear unlikely that significant reductions would be routine.

SECONDARY ORDERS

Introduction

A6-275   The concept of "primary" and "secondary" orders was introduced by the Sentencing Code and although the Code does not use these terms (instead, referring to "disposals" and "further powers relating to sentencing"), it is a structural device which recognises that there are some sentencing orders which may stand alone ("primary orders"—e.g. imprisonment, a fine, compensation orders) and some which may only be imposed alongside a primary order ("secondary orders"—e.g. criminal behaviour order, football banning order, restraining order). For more details on this, see A5-001.

Accordingly, this section concerns the secondary orders that may be imposed on children and young offenders on a finding of guilt. As this chapter, concerns legislation and guidance that is exclusively available to courts dealing with children and young offenders, there are a number of cross references to other parts of this work, to legislation and guidance which is applicable to both adults and children and young persons.

There are, in fact, no secondary orders that are available to be imposed on children and young persons exclusively. See Ch.A5 for those secondary orders which are generally available. There are, however, two orders which may be

---

[92] [2024] EWCA Crim 629.
[93] As opposed to at conviction or the commission of the offence—a factor that may lead to a desire to be sentenced more promptly for those approaching their 18th birthday.
[94] In theory, under s.27A(4), a second application is available if two years have passed since the first application and the offender is still under 18 when the further application is made but given the lengths of minimum terms now imposed for murder it is almost impossible to conceive of these conditions being met.

imposed on the parent or guardian of a child or young person in consequence of a finding of guilt in addition to a primary order.

Orders to be Imposed on Parents or Guardians

Introduction

The sentencing scheme allows criminal courts to impose certain orders on the parent(s) or guardian(s) of a child or young person convicted of an offence. While one may consider there to be an element of unfairness in imposing a court order in consequence of a conviction on a person who has not been convicted of a criminal offence, the rationale, it is suggested, is preventative: by requiring the adult who has parental responsibility to take certain steps or refrain from doing certain things in connection with the offender, it is hoped that the offender will refrain from offending. Additionally, the nexus between the adult and the offender—by virtue of parental responsibility—justifies the imposition of an order. An analogy, though perhaps not entirely apposite, might be the ability of a court to impose an order on the owner of a dog—for instance to protect others. In both situations, there is a legal responsibility on the part of the adult to take certain steps in relation to the child/animal in their charge.

A6-276

Binding Over of Parents or Guardians

Introduction

Where an offender aged under 18 is convicted of an offence, when sentencing the offender, the court may impose a bind-over on the parent or guardian of the offender for the purposes of preventing further offences committed by the offender. The order is therefore a secondary order.

A6-277

Legislation

Sentencing Act 2020 s.376

Binding over of parent or guardian

376.—(1) This section applies where—
    (a) a person aged under 18 is convicted of an offence, and
    (b) a court is sentencing the offender for the offence.
(2) The court has the following powers—
    (a) the court may, with the consent of the offender's parent or guardian, order the parent or guardian to enter into a recognizance to take proper care of the offender and exercise proper control over the offender, and
    (b) if—
        (i) the parent or guardian refuses consent, and
        (ii) the court considers the refusal unreasonable,
    the court may order the parent or guardian to pay a fine not exceeding £1,000.
(3) For the purposes of this section—
    (a) taking "*care*" of a person includes giving the person protection and guidance, and
    (b) "control" includes discipline.
(4) If the offender is aged under 16 when sentenced, the court must—

A6-278

(a) exercise its powers under subsection (2), if satisfied, having regard to the circumstances of the case, that doing so would be desirable in the interests of preventing the offender from committing further offences, or

(b) state in open court that it is not so satisfied, and why not.

(5) Subsections (2) and (4) are subject to—section 37(8) of the Mental Health Act 1983 (order under this section not to be made where hospital or guardianship order is made) and to

(a) section 89(4)(b), and

(b) paragraph 16(2) of Schedule 4,

(restrictions on the powers of a court making or extending a referral order).

(6) If the court makes a youth rehabilitation order, a recognizance under this section may include a provision that the offender's parent or guardian ensure that the offender complies with the requirements of that order.

(7) The period of a recognizance under this section—

(a) may not be more [than] 3 years, and

(b) must end before the offender reaches the age of 18.

(8) A recognizance under this section may not be for an amount of more than £1,000.

(9) In fixing the amount of a recognizance under this section, the court must take into account, in particular, the means of the parent or guardian so far as they appear or are known to the court (whether doing so has the effect of increasing or reducing the amount).

(10) Section 120 of the Magistrates' Courts Act 1980 (forfeiture of recognizances) applies in relation to a recognizance under this section as it applies in relation to a recognizance to keep the peace.

(11) A fine imposed under subsection (2)(b) is deemed, for the purposes of any enactment, to be a sum adjudged to be paid by a conviction.

(12) Section 404 (certain references to parent or guardian to be read as references to local authority) does not apply to this section.

A6-279 For s.377 of the Sentencing Code, which deals with appeals, variation and revocation of a bind-over under s.376, see A6-404.

Guidance

Availability

A6-280 The court may impose a bind-over on a parent or guardian where:

1) the offender, is aged under 18 at conviction;
2) the court is sentencing the offender for the offence: s.376(1) of the Sentencing Code.

A6-281 However, where the court has imposed a referral order on the offender or has extended the period for compliance with a referral order under para.15 of Sch.4 to the Sentencing Code, no bind-over order is available: s.89(4) and para.16(2) of Sch.4 to the Sentencing Code.

Contents of the order

A6-282 Where those two conditions are satisfied, the court may:

1) order the parent or guardian to enter into a recognisance to take proper care of the offender and exercise proper control over the offender, and
2) if—
   (a) the parent or guardian refuses consent, and

(b) the court considers the refusal unreasonable,

the court may order the parent or guardian to pay a fine not exceeding £1,000: s.376(2) of the Sentencing Code.

By virtue of s.376(3), taking "care" of a person includes giving the person protection and guidance, and "control" includes discipline.

The court is given a wide discretion as to the circumstances in which a refusal to consent to being bound over would be "unreasonable" and it is submitted that a court on an appeal against such an order would only interfere with such a determination where no reasonable court could have arrived at the same conclusion.

Test

The test for imposing an order is whether the court considers, having regard to the circumstances of the case, that doing so would be desirable in the interests of preventing the offender from committing further offences: s.376(4) of the Sentencing Code. It is suggested that this will require consideration of the extent to which the parent or guardian is in fact able to exercise control over the offender and whether any failure in parental responsibility has led to the offending (and therefore whether any bind over is in fact likely to avoid further offending). **A6-283**

Where the test is satisfied, the court must bind over a parent or guardian if the offender is aged under 16 when sentenced: s.376(4) of the Sentencing Code. Where the court concludes that the test is not satisfied, and the offender is aged under 16, it must give reasons for that conclusion in open court.

Making the order

Amount of recognisance

Reference might be made to the guidance in relation to the consideration of means in the sections concerning fines (see A4-104) and compensation orders (see A4-132) when determining the amount of recognisance. **A6-284**

Length

A period of recognisance may not be for more than three years and in any event may not extend beyond the offender's 18th birthday: s.376(7). Although there is no statutory requirement to this effect, it is submitted that the length of the order must be proportionate to the circumstances of the case, taking into account the age and behaviour of the offender, the impact on the parent or guardian, the risk of further offending posed by the offender and the severity of their offence. **A6-285**

Combined with other orders

Where the court makes a youth rehabilitation order, a recognisance may include a provision that the offender's parent or guardian ensure that the offender complies with the requirements of that order: s.376(6) of the Sentencing Code. No such provision exists in relation to a referral order as a bind-over is not available where the court has imposed a referral order on the offender, by virtue of s.89(4) of the Sentencing Code, or has extended the period for compliance with a referral order **A6-286**

Parenting Orders

Introduction

A6-287 Parenting orders are available in various situations, not limited to criminal courts on conviction. The Sentencing Code repealed and re-enacted those powers which were exercisable on conviction. The result is that all powers exercisable on conviction are now contained in the Sentencing Code and the remaining powers remain in s.8 of the Crime and Disorder Act 1998. Under the Sentencing Code, there are two situations in which a parenting order is available: (1) where the child or young person is convicted of an offence; (2) where the parent or guardian is convicted of an offence under ss.443 or 444 of the Education Act 1996. The power in the Crime and Disorder Act 1998 applies where the court makes a criminal behaviour order or a sexual harm prevention order. Although the tests are slightly different as regards the behaviour the order is designed to prevent, the substance of the orders is the same. Accordingly, the 1998 Act powers are not dealt with in detail in this chapter; it is submitted that the principles and guidance derived from the Court of Appeal (Criminal Division) case law are equally applicable to orders under either enactment.

The principal aim of a parenting order is to prevent the young person from committing further criminal offences and to provide support to the parent or guardian. The order aims to ensure parents are accountable for their children's offending and aims to give them the necessary support. Requirements can include requirements to attend counselling or guidance sessions as well as requirements to ensure that their child is at school each day or home by a certain time.

Legislation

What is a parenting order?

Sentencing Act 2020 s.365

Parenting order

A6-288 365.—(1) A parenting order under this Chapter is an order which requires the person in respect of whom it is made ("the parent")—

(a) to comply, for a period of not more than 12 months, with requirements specified in the order, and

(b) to attend, for a concurrent period of not more than 3 months, such counselling or guidance programme as may be specified in directions given by the responsible officer (see section 372).

(2) But a parenting order need not include a requirement under subsection (1)(b) if a parenting order (whether under this Chapter or any other enactment) has been made in respect of the parent on any previous occasion.

(3) If the parenting order provides this in accordance with section 366(7), 368(5) or 369(5), a counselling or guidance programme specified under (1)(b) may be or include a residential course.

Parenting orders where offender under 18 convicted of an offence

Sentencing Act 2020 ss.366–368

Parenting order where offender is under 18

A6-289 366.—(1) A parenting order under this section is available to a court by or before which an offender aged under 18 is convicted of an offence. This is subject to section 370.

(2) Subsections (3) and (4) apply where a parenting order under this section is available.

(3) If the offender is aged under 16 at the time of conviction, the court must—
   (a) make a parenting order under this section in respect of a parent or guardian of the offender if it is satisfied that the order would be desirable in the interests of preventing the commission of any further offence by the offender, or
   (b) state in open court that it is not so satisfied, and why not.

But this does not apply if the court makes a referral order in respect of the offender.

(4) If the offender is aged 16 or 17 at the time of conviction, the court may make a parenting order under this section in respect of a parent or guardian of the offender if it is satisfied that the order would be desirable in the interests of preventing the commission of any further offence by the offender.

(5) Subsections (6) and (7) apply where a court makes a parenting order under this section in respect of a parent or guardian of an offender.

(6) The requirements that the court may specify in the order under section 365(1)(a) are requirements that it considers desirable in the interests of preventing the commission of any further offence by the offender.

(7) If the order contains a requirement under section 365(1)(b) and the court is satisfied that—
   (a) the attendance of the parent or guardian at a residential course is likely to be more effective than that person's attendance at a non-residential course in preventing the commission of any further offence by the offender, and
   (b) any interference with family life which is likely to result from the parent's or guardian's attendance at a residential course is proportionate in all the circumstances,

the court may provide in the order that a counselling or guidance programme which the parent or guardian is required to attend by virtue of the requirement may be or include a residential course.

(8) Before making a parenting order under this section in respect of a parent or guardian of an offender aged under 16, the court must obtain and consider information about—
   (a) the offender's family circumstances, and
   (b) the likely effect of the order on those circumstances.

(9) Where a parenting order is made under this section, the person in respect of whom it is made has the same right of appeal against it as if—
   (a) that person had committed the offence mentioned in subsection (1), and
   (b) the order were a sentence passed on that person for the offence.

Report where court proposes both parenting order and referral order

367.—(1) This section applies if a court proposes to make both—
   (a) a referral order in respect of an offender, and
   (b) a parenting order under section 366 (parenting order on conviction of a person aged under 18) in respect of a parent or guardian of the offender.

(2) Before making the parenting order the court must obtain and consider a report by an appropriate officer—
   (a) indicating the requirements which that officer proposes should be included in the parenting order;
   (b) indicating the reasons why the officer considers that those requirements would be desirable in the interests of preventing the commission of any further offence by the offender;

(c) if the offender is aged under 16, containing the information required by section 366(8).

(3) In subsection (2) "an appropriate officer" means—
(a) an officer of a provider of probation services,
(b) a social worker of a local authority, or
(c) a member of a youth offending team.

Parenting order where parent or guardian of offender fails to attend meetings of youth offender panel

368.—(1) A parenting order under this section is available to a youth court where—
(a) an offender has been referred to a youth offender panel (see section 83), and
(b) a parent or guardian of the offender is referred by the panel to the youth court under section 93 in respect of a failure to comply with an order under section 90 (order requiring attendance at meetings of panel).

This is subject to section 370.

(2) Where a parenting order under this section is available, the youth court may make such an order if it is satisfied that—
(a) the parent or guardian has failed without reasonable excuse to comply with the order under section 90, and
(b) the parenting order would be desirable in the interests of preventing the commission of any further offence by the offender.

(3) Subsections (4) and (5) apply where the court makes a parenting order in respect of a parent or guardian of an offender.

(4) The requirements that the court may specify under section 365(1)(a) in an order under this section are requirements that it considers desirable in the interests of preventing the commission of any further offence by the offender.

(5) If the order contains a requirement under section 365(1)(b) and the court is satisfied that—
(a) the attendance of the parent or guardian at a residential course is likely to be more effective than that person's attendance at a non-residential course in preventing the commission of any further offence by the offender, and
(b) any interference with family life which is likely to result from the parent's or guardian's attendance at a residential course is proportionate in all the circumstances,

the court may provide in the order that a counselling or guidance programme which the parent or guardian is required to attend by virtue of the requirement may be or include a residential course.

(6) Before making a parenting order under this section where the offender is aged under 16, the court must obtain and consider information about—
(a) the offender's family circumstances, and
(b) the likely effect of the order on those circumstances.

(7) Where a parenting order is made under this section, the person in respect of whom it is made may appeal against it to the Crown Court.

(8) On an appeal under subsection (7) the Crown Court—
(a) may make such orders as may be necessary to give effect to its determination of the appeal, and
(b) may also make such incidental or consequential orders as appear to it to be just.

(9) An order of the Crown Court made on an appeal under subsection (7) is to be treated for the purposes of section 374 as having been made by the youth court.

Parenting Orders for offences under Education Act 1996

Sentencing Act 2020 s.369

Parenting order in respect of certain offences under Education Act 1996

369.—(1) A parenting order under this section is available to the court by or before

which an offender is convicted of an offence under—
- (a) section 443 of the Education Act 1996 (failure to comply with school attendance order), or
- (b) section 444 of that Act (failure to secure regular attendance at school of registered pupil).

This is subject to section 370.

(2) Where a parenting order under this section is available, the court may make such an order in respect of the offender if satisfied that the order would be desirable in the interests of preventing the commission of any further offence under section 443 or 444 of the Education Act 1996.

(3) Subsections (4) and (5) apply where a court makes a parenting order under this section.

(4) The requirements that the court may specify under section 365(1)(a) are requirements that it considers desirable in the interests of preventing the commission of any further offence under section 443 or 444 of the Education Act 1996.

(5) If the order contains a requirement under section 365(1)(b) and the court is satisfied that—
- (a) the attendance of that offender at a residential course is likely to be more effective than the offender's attendance at a non-residential course in preventing the commission of any further offence under section 443 or 444 of the Education Act 1996, and
- (b) any interference with family life which is likely to result from that person's attendance at a residential course is proportionate in all the circumstances,

the court may provide in the order that a counselling or guidance programme which the offender is required to attend by virtue of the requirement may be or include a residential course.

(6) Before making a parenting order under this section in a case where the offence related to a person aged under 16, the court must obtain and consider information about—
- (a) that person's family circumstances, and
- (b) the likely effect of the order on those circumstances.

Parenting Orders: General Provisions

Sentencing Act 2020 ss.370–375

Parenting order: availability

370.— A court may not make a parenting order under this Chapter in respect of a person unless it has been notified by the Secretary of State that arrangements for implementing such orders are available in the area in which it appears to the court that the person resides or will reside (and the notice has not been withdrawn). **A6-293**

The effect of s.371 of the Sentencing Code is that parenting orders are not available in respect of local authorities with parental responsibility. **A6-294**

Making a parenting order

372.—(1) This section applies where a court makes a parenting order under this Chapter in respect of a person ("the parent"). **A6-295**

(2) Requirements specified in a parenting order under this Chapter must, as far as practicable, be such as to avoid—
- (a) any conflict with the parent's religious beliefs, and

(b) any interference with the times, if any, at which the parent normally works or attends an educational establishment.

(3) Before making a parenting order, a court must explain to the parent in ordinary language—
 (a) the effect of the order and of the requirements proposed to be included in it;
 (b) the consequences which may follow (under section 375) if the parent fails to comply with those requirements, and
 (c) that the court has power (under section 374) to review the order on the application either of the parent or of the responsible officer.

(4) The parenting order must specify the responsible officer.

(5) The responsible officer must be—
 (a) an officer of a provider of probation services acting in the local justice area in which it appears to the court that the parent resides or will reside,
 (b) a social worker of the local authority in whose area it appears to the court that the parent resides or will reside,
 (c) a person nominated by—
  (i) a person appointed as director of children's services under section 18 of the Children Act 2004, or
  (ii) a person appointed as chief education officer under section 532 of the Education Act 1996, or
 (d) a member of a youth offending team established by the local authority in whose area it appears to the court that the parent resides or will reside.

(6) For the purposes of this Chapter the Inner Temple and the Middle Temple form part of the City of London.

A6-296 Section 373 of the Sentencing Code provides that directions given by a responsible officer under a parenting order must, as far as practicable, avoid conflict with the parent's religious beliefs or interference with the times at which the parent normally works or attends an educational establishment.

Discharge and variation of parenting order

A6-297 **374.**—(1) This section applies where—
 (a) a parenting order made under this Chapter is in force, and
 (b) an application is made under this section by—
  (i) the responsible officer, or
  (ii) the person in respect of whom it is made
 to the court which made the order.

(2) The court may make an order—
 (a) discharging the parenting order, or
 (b) varying the parenting order—
  (i) by cancelling any provision included in it, or
  (ii) by inserting in it (either in addition to or in substitution for any of its provisions) any provision that the court could include, if it were now making the order.

(3) Where an application under this section for the discharge of a parenting order is dismissed, no-one may make a further application under this section for its discharge except with the consent of the court which made the order.

Offence of failure to comply with a requirement of a parenting order

A6-298 **375.**—(1) It is an offence for a person in respect of whom a parenting order made under this Chapter is in force to fail to comply with any requirement—
 (a) included in the order, or

(b) specified in directions given by the responsible officer.

(2) A person guilty of an offence under this section is liable on summary conviction to a fine not exceeding level 3 on the standard scale.

Guidance

What is a parenting order?

A parenting order requires the parent or guardian in respect of whom it is made to comply, for a period of not more than 12 months, with requirements specified in the order, and to attend, for a concurrent period of not more than three months, such counselling or guidance programme as may be specified in directions given by the responsible officer. The order may include residential requirements: s.365 of the Sentencing Code. A parenting order does not result in a criminal record.

A6-299

Imposition of orders

Generally

Availability There are three types of parenting order available under the Sentencing Code: orders available where:

A6-300

1) a person under the age of 18 is convicted of an offence—see s.366;
2) the parent or guardian of offender fails to attend the meetings of a youth offender panel they are required to attend under s.90—see s.368;
3) a parent or guardian is convicted of an offence under ss.443 or 444 of the Education Act 1996—see s.369.

It should be noted that the test for the imposition of each varies slightly (and this is why each order has its own section). Orders are available:

1) under s.366 where the court is satisfied that the order would be desirable in the interests of preventing the commission of any further offence by the offender—ss.366(3)–(4);
2) under s.368 where the court is satisfied that the parent or guardian has failed without reasonable excuse to comply with an order under s.90 of the Sentencing Code (see A6-311), and the parenting order would be desirable in the interests of preventing the commission of any further offence by the offender—s.368(2);
3) under s.369 where the court is satisfied that the order would be desirable in the interests of preventing the commission of any further offence under ss.443 or 444 of the Education Act 1996—s.369(2).

Additionally, the court may make an order under s.8 of the Crime and Disorder Act 1998 where it has also imposed a criminal behaviour order or sexual harm prevention order. The test for imposing orders under the 1998 Act is whether the parenting order will help in preventing the behaviour which led to the making of the criminal behaviour order or the sexual harm prevention order, as the case may be. It is therefore important that the court clearly identifies under which power any parenting order is being made and why the statutory test is satisfied. It is noted in this respect that the requirement of desirability seems to give the court a relatively wide discretion by setting a low threshold for the imposition of an order.

A6-301 *Requirement to consider family circumstances*   In all cases before making a parenting order under the Sentencing Code the court must obtain information about the offender's family circumstances, and the likely effect of an order on those circumstances: see ss.366(8), 368(6) and 369(6). If there are (or have been) family court proceedings, or prior or ongoing involvement with a youth offending team ("YOT"), information should be sought from the local authority or YOT in order to provide the fullest amount of information on which a decision may be made. It is to be remembered, however, that the court is not a family court.

A6-302 *Imposition of referral order on conviction and parenting order*   Where the court considers making a referral order in respect of the child or young person and a parenting order (by virtue of the conviction of the child or young person), the court must obtain and consider a report by an appropriate officer. The report must indicate the requirements which that officer proposes should be included in the parenting order and indicate the reasons why the officer considers that those requirements would be desirable in the interests of preventing the commission of any further offence by the offender: ss.377(1)–(2) of the Sentencing Code.

A6-303 *Requirement to explain effect of parenting order*   The requirement in s.372(3) of the Sentencing Code to explain to the parent certain effects of the order largely replicates the general statutory duty to explain to an offender the effect of a sentence.

A6-304 **Orders on conviction of a person under the age of 18**   Where the test for the imposition of a parenting order under s.366 is met (order where person under the age of 18 is convicted of an offence) the court must impose an order if the offender is aged under 16, and may impose an order where the offender is aged 16 or 17.

Where the offender is aged under 16 at conviction the court must give reasons in open court if it concludes that the statutory test is not met: s.366(3) of the Sentencing Code.

When considering whether to make an order in a case concerning a 16- or 17-year-old, it is submitted that it will be necessary to consider the degree of independence that the offender has from their parent or guardian. If, for example, the offender does not reside at the parent's address, or is soon to move out from the property, it is likely that the degree of control and responsibility the parent in fact has over the offender is such that the order would not assist in preventing re-offending. In those circumstances, the court may wish to consider other secondary orders to impose on the offender to provide a degree of oversight in the future.

Contents of the order

A6-305 **Generally**   Requirements specified in a parenting order must, as far as practicable, be such as to avoid any conflict with the parent's religious beliefs, and any interference with the times, if any, at which the parent normally works or attends an educational establishment: s.372(2) of the Sentencing Code. Additionally, it is submitted that as a general principle, such orders should interfere with an individual's life to the least extent necessary to achieve the stated aim.

A6-306 **Requirements**   All variants of the order may include requirements and require the parent or guardian to attend a counselling or guidance programme. As with the tests for the imposition of the order, the tests for the imposition of requirements vary depending on the type of the order:

1) in relation to orders under s.366 the requirements must be desirable in the interests of preventing the commission of any further offence by the offender (or in the case of residential counselling or guidance more effective for that purpose than a non-residential programme);
2) in relation to orders under s.368 the requirements must be desirable in the interests of preventing the commission of any further offence by the offender (or in the case of residential counselling or guidance more effective for that purpose than a non-residential programme);
3) in relation to orders under s.369 the requirements must be desirable in the interests of preventing the commission of any further offence under ss.443 or 444 of the Education Act 1996 by the offender (or in the case of residential counselling or guidance more effective for that purpose than a non-residential programme).

When considering whether to impose a residential counselling or guidance requirement the court must also consider whether any interference with family life which is likely to result from the parent's or guardian's attendance at a residential course is proportionate in all the circumstances. This will likely involve consideration of any other dependents in the care of the parent or guardian, in addition to the effect on the offender. In particular, if any other dependents are of an age where they require supervision by the parent or guardian, consideration will need to be given to any alternative provision for the period of residence envisaged.

Post-sentencing

For material dealing with variations, discharges and appeals, see A6-406. **A6-307**

CONSEQUENCES OF CONVICTION

Introduction

This section concerns the automatic consequences of conviction—i.e. the effect **A6-308** of provisions which apply automatically on conviction and sentence for certain types of offences. None of these provisions require an order to be made, and judges should not impose a sentence that is not commensurate with the seriousness of the offence to either avoid or attract them. However, sentencing judges should explain their effects where applicable, particularly where they impose positive requirements or prohibitions on the offender, breach of which is a criminal offence. Advocates will also want to consider the effect of these provisions when advising defendants on the impact of a conviction, or the imposition of a particular type or length of sentence; and when structuring their plea in mitigation or addressing whether certain preventative orders are necessary.

Notification Requirements for Sexual Offences

Introduction

For detailed guidance on the effect of notification requirements for sex offend- **A6-309** ers, see A7-003 onwards. This section deals only with the specific duty on courts sentencing children and young persons to consider making a parental direction under s.89 of the Sexual Offences Act 2003, ensuring that the offender's parent is subject to the notification requirements rather than the offender (and to require that the offender attends with them). The notification requirements otherwise apply as normal, and those involved in the sentencing of children and young persons should have reference to that section in discharging their duty to explain the effect of the requirements when sentencing.

Parental Directions

Legislation

Sexual Offences Act 2003 ss.89–90

Young offenders: parental directions

A6-310   89.—(1) Where a person within the first column of the following Table ("the young offender") is under 18 (or, in Scotland, 16) when he is before the court referred to in the second column of the Table opposite the description that applies to him, that court may direct that subsection (2) applies in respect of an individual ("the parent") having parental responsibility for (or, in Scotland, parental responsibilities in relation to) the young offender.

TABLE

Description of person	Court which may make the direction
A relevant offender within sections 80(1)(a) to (c) or 81(1)(a) to (c)	The court which deals with the offender in respect of the offence or finding
A relevant offender within section 129(1)(a) to (c)	The court which deals with the offender in respect of the offence or finding
A person who is the subject of a notification order, interim notification order, sexual harm prevention order, interim sexual harm prevention order, sexual offences prevention order or interim sexual offences prevention order, or an order under Chapter 2 of Part 11 of the Sentencing Code (sexual harm prevention orders on conviction)	The court which makes the order
A relevant offender who is the defendant to an application under subsection (4) (or, in Scotland, the subject of an application under subsection (5))	The court which hears the application

    (2) Where this subsection applies—
        (a) the obligations that would (apart from this subsection) be imposed by or under sections 83 to 86 on the young offender are to be treated instead as obligations on the parent, and
        (b) the parent must ensure that the young offender attends at the police station with him, when a notification is being given.
    (3) A direction under subsection (1) takes immediate effect and applies–

(a) until the young offender attains the age of 18 (or, where a court in Scotland gives the direction, 16); or
(b) for such shorter period as the court may, at the time the direction is given, direct.

(4) A chief officer of police may, by complaint to any magistrates' court whose commission area includes any part of his police area, apply for a direction under subsection (1) in respect of a relevant offender ("the defendant")–
(a) who resides in his police area, or who the chief officer believes is in or is intending to come to his police area, and
(b) who the chief officer believes is under 18.

(5) [*Scotland only.*]

Parental directions: variations, renewals and discharges

90.—(1) A person within subsection (2) may apply to the appropriate court for an order varying, renewing or discharging a direction under section 89(1).

(2) The persons are—
(a) the young offender;
(b) the parent;
(c) the chief officer of police for the area in which the young offender resides;
(d) a chief officer of police who believes that the young offender is in, or is intending to come to, his police area;
(e) [*Scotland only;*]
(f) where the direction was made on an application under section 89(4), the chief officer of police who made the application;
(g) where the direction was made on an application under section 89(5), the chief constable who made the application.

(3) An application under subsection (1) may be made—
(a) where the appropriate court is the Crown Court (or in Scotland a criminal court), in accordance with rules of court;
(b) in any other case, by complaint (or, in Scotland, by summary application).

(4) On the application the court, after hearing the person making the application and (if they wish to be heard) the other persons mentioned in subsection (2), may make any order, varying, renewing or discharging the direction, that the court considers appropriate.

(5) In this section, the "appropriate court" means–
(a) where the Court of Appeal made the order, the Crown Court;
(b) in any other case, the court that made the direction under section 89(1).

A6-311

Guidance

There are no decided cases in relation to parental directions but it is suggested that significant factors will include:

A6-312

1) the offender's ability to attend the police station to give the requisite notification by themselves;
2) the risk posed by the offender;
3) the ability of the parental figure to discharge the notification requirements— and the extent to which they properly have control over the child (albeit a complete lack of control may constitute a reasonable excuse).

It should be noted that the effect of a parental direction is to subject the parent of the offender to relatively significant restrictions on liberty and to a potential criminal offence. However, the purpose of the requirements is public protection and it is therefore suggested that in contrast to parental payment orders there should not be a requirement that the parent has been at fault in relation to the commission of the offence; the notification requirements are not a penalty.

Notification Requirements for Terrorism Offences

A6-313 For detailed guidance on the effect of notification requirements for terrorist offenders, see A7-039. The guidance there applies to children and young persons as it applies to adults.

Barring in Relation to Working with Children and Vulnerable Adults

A6-314 By virtue of para.24(4) of Sch.3 to the Safeguarding Vulnerable Groups Act 2006, any offence committed when under the age of 18 is to be disregarded when determining whether the conditions for inclusion on the barred lists are met. Accordingly, automatic barring does not apply to offences committed under the age of 18, even if the offender is convicted when 18 or over.

Automatic Liability for Deportation

A6-315 By virtue of s.33(3) of the UK Borders Act 2007 automatic liability for deportation (see A7-091) does not arise in relation to offenders convicted when under the age of 18.

Mental Health Disposals

A6-316 For guidance on the sentencing of offenders who have significant mental health issues or disorders at the time of sentence and the specific disposals available only for such offenders, see Ch.A9. There are the following notable restrictions on the availability of orders discussed in that section in relation to children and young persons:

1) a committal from the magistrates' courts to the Crown Court under s.43 of the Mental Health Act 1983 is only available in respect of offenders aged 14 or over;
2) guardianship orders under s.37 of the Mental Health Act 1983 are available only in respect of offenders aged 16 or over;
3) orders under s.45A of the Mental Health Act 1983 (or transfer directions under s.47 of that Act) are not available in respect of offenders under the age of 21.

Post-sentence

Release and Recall

Introduction

A6-317 With limited exceptions offenders subject to custodial sentences do not generally serve the entirety of their custodial terms in prison. Offenders will normally become eligible for, or entitled to, release on licence after serving a certain proportion of their custodial sentence. They will remain on licence until the expiry of the sentence (and any additional licence period). While on licence offenders will be subject to state supervision and must comply with the conditions specified in their licence. Where they do not comply with those conditions they may be "recalled" to custody.

This part deals with the particular differences in the release regimes for those convicted when under 18 or under 18 at release. For the release and recall of offenders aged 18 or over at conviction, see A10-049 onwards, to which frequent reference is made in this part.

Overview

The table below provides an overview of the release regime for offenders sentenced on or after 22 October 2024. References to the point in time where an offender becomes eligible for release refer to the earliest point at which an offender may be released from a sentence where the Parole Board directs their release. Entitlement to release refers to the point in time at which by law, the offender must be released from custody for the first time. References to an offender being a terrorist prisoner are references to those serving sentences for an offence listed in Pt 1 or 2 of Sch.19ZA to the Criminal Justice Act 2003, a corresponding service offence, or any offence determined to have a terrorist connection pursuant to s.30 of the Counter-Terrorism Act 2008 or s.69 of the Sentencing Code. References to offences listed in Pt 1 or 3 of Sch.19ZA are references to offences listed in Pt 1 of Sch.19ZA to the 2003 Act; or offences listed in Pt 3 of Sch.19ZA where the court has determined the offence has a terrorist connection; and corresponding service offences. Reference to a referral under s.244ZB of the Criminal Justice Act 2003 is reference to the Secretary of State's power under s.244ZB of the Criminal Justice Act 2003 (see A10-056) to refer offenders who would be 18 or over at release to the Parole Board for consideration of release where there are reasonable grounds to believe they would pose a significant risk to members of the public of serious harm by the commission of murder or a specified offence.

A6-318

The table does not deal with the possibility of release on home detention curfew for short custodial sentences, nor does it deal with the possibility of an extended stay of detention for detention and training orders (the latter being exceptional and discussed at A6-323).

Type of sentence	Eligibility for release	Entitlement to release	Licence	Extended licence/post-sentence supervision
Detention and training orders	None.	One-half of the order: s.241(2) of the Code.	Any period remaining between release and the expiry of the order: s.242(1) of the Code.	If order is less than 2 years and offender is aged 18 or over at the halfway point subject to post- sentence supervision for 12 months: s.247 of the Code.
Sentence of detention that is less than four years, unless: (a) the offender	None	40% of the custodial term: s.244(3)(a) of the CJA 2003 (as	Any period remaining between first release and the expiry of the	If sentence is less than two years, subject to post-sentence supervi-

Type of sentence	Eligibility for release	Entitlement to release	Licence	Extended licence/post-sentence supervision
(b) is a terrorist prisoner the offence is listed in the Sch. to SI 2024/844.		amended by SI 2024/844). Unless referred to Parole Board under s.244ZB, in which case only eligible for release at this point and entitled to release at end of term: 244ZC(3) of the CJA 2003.	custodial term: s.249 of the CJA 2003.	sion for 12 months: s.256AA(4) of the CJA 2003.
Sentence of detention that is four years or more but less than seven years, where the offender is not a terrorist prisoner, and the offence is not listed in: (a) Part 1 of Sch. 15, or (b) the Sch. to SI 2024/844.	None.	40% of the custodial term: s.244(3)(a) of the CJA 2003 (as amended by SI 2024/844). Unless referred to Parole Board under s.244ZB, in which case only eligible for release at this point and entitled to release at end of term: 244ZC(3) of the CJA 2003.	Any period remaining between first release and the expiry of the custodial term: s.249 of the CJA 2003.	None.
Sentence of detention that is seven years or more, where the offender is not a terrorist prisoner, and the offence is not listed in: (a) Part 1 of Sch. 15, (b) Part 2 of Sch.15 with a maximum sentence of life imprisonment, or (c) the Sch. to SI 2024/844.	None.	40% of the custodial term: s.244(3)(a) of the CJA 2003 (as amended by SI 2024/844). Unless referred to Parole Board under s.244ZB, in which case only eligible for release at this point and entitled to release at end of term: 244ZC(3) of the CJA 2003.	Any period remaining between first release and the expiry of the custodial term: s.249 of the CJA 2003.	None.
Sentence of imprisonment or detention in a young offender institution that is seven years or more, and the offence is listed in: (a) Part 1 of Sch.15 to the CJA 2003, or (b) the Sch to SI 2024/844	None.	50% of the custodial term: s.244(3)(a) of the CJA 2003 (as amended by SI 2024/844). Unless referred to Parole Board under s.244ZB, in which case only eligible for release at this point and entitled to release at end of	Any period remaining between first release and the expiry of the custodial term: s.249 of the CJA 2003.	None.

Type of sentence	Eligibility for release	Entitlement to release	Licence	Extended licence/post-sentence supervision
But is not listed in (a) paras 1, 4, 6 or 65 of Part 1 of Sch.15 (or para.64 so as far as it relates to paras 1,4 or 6), or (b) Part 2 of Sch.15 with a maximum sentence of life imprisonment		term: 244ZC(3) of the CJA 2003.		
Sentence of detention that is 7 years or more where, (a) the offence is listed in paras 1, 4, 6 or 65 of Part 1 of Sch.15 (or para.64 so as far as it relates to paras 1,4 or 6), or (b) the offence is listed in Part 2 of Sch.15 with a maximum sentence of life imprisonment, and the offender is not a terrorist prisoner	None.	Two-thirds of the custodial term: s.244ZA(1) and (8) of the CJA 2003. Unless referred to Parole Board under s.244ZB, in which case only eligible for release at this point and entitled to release at end of term: 244ZC(3) of the CJA 2003.	Any period remaining between first release and the expiry of the custodial term: s.244ZA(1) of the CJA 2003	None.
Sentence of detention of any length where the offender is a terrorist prisoner	Two-thirds of the custodial term: s.247A(4) and (8) of the CJA 2003.	Expiry of the custodial term.	Any period remaining between first release and the expiry of the custodial term: s.247A(4) of the CJA 2003.	None.
Special sentence of detention for terrorist offenders of particular concern	Two-thirds of the custodial term: s.246A(5) and (8).	Expiry of the custodial term: s.246A(7) of the CJA 2003.	Any period remaining between first release and the expiry of the custodial term: s.246A(5) of the CJA 2003.	A period of 12 months after the expiry of the custodial term: s.252A(4)(b) of the Sentencing Code.
Extended sentence of detention where the offender is not a terrorist prisoner	Two-thirds of the custodial term: s.246A(5) and (8).	Expiry of the custodial term: s.246A(7) of the CJA 2003.	Any period remaining between first release and the expiry of the custodial term: s.246A(5) of the CJA 2003.	A period specified by the court of up to 5 or 8 years but not less than 1 year: s.268(4) or 281(4) of the Sentencing Code.
Extended sentence of detention where the offender is a terrorist prisoner but the of-	Two-thirds of the custodial term: s.247A(4) and	Expiry of the custodial term: s.247A(7) of the CJA 2003.	Any period remaining between first release and the expiry of the	A period specified by the court of up to 5 or 8 years but not less than 1

Type of sentence	Eligibility for release	Entitlement to release	Licence	Extended licence/post-sentence supervision
fence is not listed in Pt 1 or 3 of Sch.19ZA	(8) of the CJA 2003.		custodial term: s.247A(4) of the CJA 2003.	year: s.268(4) or 281(4) of the Sentencing Code.
Extended sentence of detention where offender is a terrorist prisoner and the offence is listed in Pt 1 or 3 of Sch.19ZA	None.	Expiry of the custodial term: s.247A(2A) and (7) of the CJA 2003.	None.	A period specified by the court of up to 5 or 8 years but not less than 1 year: s.268(4) or 281(4) of the Sentencing Code.
Detention for life or detention during HM's pleasure	Expiry of the minimum term: s.28(1A) and (5) of the C(S)A 1997.	None.	On release, for life: s.31 of the C(S)A 1997.	None.

Detention and Training Orders

Introduction

A6-319   The provisions for release, recall and post-sentence supervision in relation to detention and training orders are governed largely by the Sentencing Code and modified provisions of the Criminal Justice Act 2003. They differ significantly from the provisions in relation to other determinate sentences.

Release

Legislation

Sentencing Act 2020 s.241

A6-320   **241.**—(1) An offender must serve the period of detention and training under a detention and training order in such youth detention accommodation as may be determined by the Secretary of State.
Release at half-way point
   (2) Subject to subsections (3) to (5), the period of detention and training under a detention and training order is half of the term of the order.
Early release on compassionate grounds
   (3) The Secretary of State may release the offender at any time if satisfied that exceptional circumstances exist which justify the offender's release on compassionate grounds.
Release before half-way point
   (4) The Secretary of State may release the offender—
      (a) in the case of an order for a term of—
         (i) 8 months or more, but
         (ii) less than 18 months,
      at any time during the period of 1 month ending with the half-way point of the term of the order, and
      (b) in the case of an order for a term of 18 months or more, at any time during the period of 2 months ending with that point.

Release after half-way point

(5) If a youth court so orders on an application made by the Secretary of State for the purpose, the Secretary of State must release the offender—
- (a) in the case of an order for a term of—
  - (i) 8 months or more, but
  - (ii) less than 18 months,
  1 month after the half-way point of the term of the order, and
- (b) in the case of an order for a term of 18 months or more, 1 month or 2 months after that point.

Consecutive detention and training order and sentence of detention

(5A) Where the offender is also subject to a sentence of any of the following kinds that is to take effect, by virtue of an order to which subsection (7) applies, when the offender would otherwise be released for supervision-
- (a) a sentence of detention under section 250 or 252A,
- (b) a sentence of detention under section 209 or 224A of the Armed Forces Act 2006, or
- (c) an extended sentence of detention under section 254 (including one passed as a result of section 221A of the Armed Forces Act 2006),

subsection (4) is to be read as if, instead of conferring a power to release the offender, it conferred a power to determine that the Secretary of State would, but for the sentence concerned, have released the offender.

(6) Where—
- (a) the court makes an order under subsection (5), and
- (b) the offender is also subject to a sentence of any of the following kinds that is to take effect, by virtue of an order to which subsection (7) applies, when the offender would otherwise be released for supervision—
  - (i) a sentence of detention under section 250,
  - (ii) a sentence of detention under section 209 of the Armed Forces Act 2006, or
  - (iii) an extended sentence of detention under section 254 (including one passed as a result of section 221A of the Armed Forces Act 2006),
  the order under subsection (5) must be expressed as an order that the period of detention and training attributable to the detention and training order is to end at the time determined under that subsection.

(7) This subsection applies to orders under the following provisions (which provide for sentences of detention to take effect when an offender is released for supervision under a detention and training order)—
- (a) section 253(2) (offender under 18: sentence of detention to take effect on release for supervision under detention and training order),
- (b) section 257(2) (offender under 18: extended sentence of detention), or
- (c) any corresponding provision relating to an order under section 209 of, or made as a result of section 221A of, the Armed Forces Act 2006.

Detention to be legal custody

(8) An offender detained under a detention and training order is deemed to be in legal custody.

Guidance

Compassionate release Even where there are exceptional circumstances which could justify the offender's release on compassionate grounds there is no duty to release an offender; there may be good reasons not do so, such as the risk the offender poses if at liberty, or their conduct as a detainee: *R. (A) v Governor of*

A6-321

Huntercombe Young Offenders' Institute.⁹⁵ As was held in that case, an offender turning 18 in custody, or that their family had travelled to the young offender institute for their release, which had not happened, could not constitute exceptional circumstances; neither could a mistake as to the effect of the sentence. However, there are compassionate grounds whenever there is pain, suffering, distress or misfortune, or so serious or terminal illness or something of that severity is not necessarily required. In the instant case Stanley Burton J would have granted release if he had been the Secretary of State on the grounds that the repeated indications of immediate release, or that it would be forthcoming if the judges so recommended constituted exceptional circumstances justifying it.

A6-322 **Power to release after halfway point** Section 241(5) confers an unfettered discretion on the power of the youth court as to whether to order late release by one or two months, where an application is made by the Secretary of State for that purpose. There is no requirement that the offender had demonstrated exceptionally poor progress or bad behaviour while in custody (and guidance to that effect did not fetter the youth court): *R. (X) v Ealing Youth Court*.⁹⁶ On the facts of the case, the court concluded it was reasonable to delay release in relation to an offender convicted of a terrorist offence where the material showed both an increased risk to the public and a realistic prospect that the risk would be reduced by further rehabilitative work that could most effectively be carried out in custody. The court observed that the youth court is not confined to receiving formal evidence that would be admissible in a criminal trial, and must have in mind the consequences of an order: a further period in custody for the offender in circumstances where they had hoped, if not expected, to be released at the mid-point of their custodial term; and a commensurate reduction in the period for which they will be supervised in the community.

As observed in the commentary to the case,⁹⁷ although any extension will result in a commensurate reduction in the period for which the offender will be supervised in the community, given that any extension is limited to one or two months that is unlikely to be a significant consideration; unlike with adult offenders, there will be no circumstances in which the offender is subject to no community supervision before the end of their sentence.

Supervision

Legislation

Sentencing Act 2020 s.242

The period of supervision

A6-323   242.—(1) The period of supervision of an offender who is subject to a detention and training order—
      (a) begins when the offender is released for supervision (whether at the half-way point of the term of the order or otherwise), and
      (b) ends when the term of the order ends.

---

⁹⁵ [2006] EWHC 2544 (Admin) QBD (Stanley Burnton J).
⁹⁶ [2020] EWHC 800 (Admin) DC; [2020] 1 W.L.R. 3645.
⁹⁷ "New Cases: Sentence: Detention and training Order: *R. (X) v Ealing Youth Court*" CLW/20/16/2.

(2) During the period of supervision, the offender—
   (a) is to be under the supervision of—
      (i) an officer of a provider of probation services, or
      (ii) a member of a youth offending team, and
   (b) may be required to comply with particular requirements.

(3) Any such requirements, and the category of person to supervise the offender, are to be determined from time to time by the Secretary of State.

(4) The offender must be notified by the Secretary of State of—
   (a) the category of person responsible for the offender's supervision, and
   (b) any requirements with which the offender must comply.

(5) A notice under subsection (4) must be given to the offender—
   (a) before the period of supervision begins, and
   (b) before any change in the matters mentioned in that subsection.

(6) Where the supervision is to be provided by an officer of a provider of probation services, the officer must be an officer acting in the local justice area within which the offender resides for the time being.

(7) Where the supervision is to be provided by a member of a youth offending team, the member must be a member of a youth offending team established by the local authority in whose area the offender resides for the time being.

Sentencing Act 2020 Sch.12

DETENTION AND TRAINING ORDER: BREACH OF SUPERVISION REQUIREMENTS AND FURTHER OFFENCES

Interpretation

1. In this Schedule—

A6-324

"breach", in relation to a supervision requirement, means a failure to comply with it, and related expressions are to be read accordingly;

"supervision requirement" means a requirement with which an offender must comply under—
   (a) section 242(4)(b), or
   (b) paragraph 4(4)(b);

"further detention order" means an order under paragraph 3(2)(a);

"further supervision order" means an order under paragraph 3(2)(b).

Breach of Supervision Requirement: Issue of Summons or Warrant by Justice of the Peace

2.—(1) Sub-paragraph (2) applies where—

A6-325

   (a) a detention and training order, or a further supervision order, is in force in respect of an offender, and
   (b) it appears on information to a justice of the peace that the offender has breached any of the supervision requirements imposed under the order.

(2) The justice—
   (a) may issue a summons requiring the offender to appear at the place and time specified in the summons, or
   (b) if the information is in writing and on oath, may issue a warrant for the offender's arrest.

(3) Any summons or warrant issued under this paragraph must direct the offender to appear or be brought—
   (a) before a youth court acting for the local justice area in which the offender resides, or
   (b) if it is not known where the offender resides, before a youth court acting for same local justice area as the justice who issued the summons or warrant.

Power of Youth Court to Deal with Offender for Breach of Supervision Requirement

3.—(1) Sub-paragraph (2) applies if it is proved to the satisfaction of the youth court before which an offender appears or is brought under paragraph 2 that the offender has breached a supervision requirement imposed under a relevant order.

A6-326

(2) The court may—
   (a) order the offender to be detained for such period, not exceeding the maximum period found under sub-paragraph (3), as the court may specify,

(b) order the offender to be subject to such period of supervision, not exceeding the maximum period found under sub-paragraph (3), as the court may specify, or

(c) impose on the offender a fine not exceeding level 3 on the standard scale.

(3) The maximum period referred to in sub-paragraph (2)(a) and (b) is the shorter of—

(a) 3 months, and

(b) the period between—

(i) the date of the offender's breach, and

(ii) the last day of the term of the relevant order.

(4) For the purposes of sub-paragraph (3) a breach that is found to have occurred—

(a) over 2 or more days, or

(b) at some time during a period of 2 or more days,

is to be taken to have occurred on the first of those days.

(5) A court may make an order under sub-paragraph (2) before or after the end of the term of the relevant order.

(6) A period of detention or supervision ordered under sub-paragraph (2)—

(a) begins with the day on which the order is made, and

(b) may overlap to any extent with the period of supervision under the relevant order.

This is subject to paragraph 5(1) (further detention order made where offender detained under other detention and training order).

(7) An offender detained under a further detention order is deemed to be in legal custody.

(8) Detention under a further detention order is—

(a) if the offender has reached the age of 21, to be in prison,

(b) otherwise, to be in such youth detention accommodation as the Secretary of State may determine.

(9) Where—

(a) the offender is aged under 18, and

(b) but for this sub-paragraph, the court would impose a fine on the offender under sub-paragraph (2)(c),

section 380 (order for payment by parent or guardian) applies to the fine.

(10) A fine imposed under sub-paragraph (2)(c) is deemed, for the purposes of any enactment, to be a sum adjudged to be paid by a conviction.

(11) An offender may appeal to the Crown Court against any order made under sub-paragraph (2).

(12) In this paragraph—

(a) "relevant order" means—

(i) a detention and training order, or

(ii) a further supervision order;

(b) any reference to the term of a relevant order is—

(i) in the case of a detention and training order, to the term of the order, and

(ii) in the case of a further supervision order, to the period of supervision imposed by the order.

Supervision Where Order Made Under Paragraph 3(2)(b)

A6-327   4.—(1) This paragraph applies where an offender is subject to a period of supervision by virtue of a further supervision order.

(2) During that period of supervision, the offender—

(a) is to be under the supervision of—

(i) an officer of a provider of probation services, or

(ii) a member of a youth offending team, and

(b) may be required to comply with particular requirements.

(3) Any such requirements, and the category of person to supervise the offender, are to be determined from time to time by the Secretary of State.

(4) The offender must be notified by the Secretary of State of—

(a) the category of person responsible for the offender's supervision, and

(b) any requirements with which the offender must comply.

(5) A notice under sub-paragraph (4) must be given to the offender—

(a) as soon as reasonably practicable after the further supervision order is made, and

(b) before any change in the matters mentioned in that sub-paragraph.

(6) Where the supervision is to be provided by an officer of a provider of probation services, that officer must be an officer acting in the local justice area within which the offender resides for the time being.

(7) Where the supervision is to be provided by a member of a youth offending team, the member must be a member of a youth offending team established by the local authority in whose area the offender resides for the time being.

Interaction of Further Detention Order with Other Detention and Training Orders

5.—(1) Where—

    (a)   a court makes a further detention order for a failure to comply with a supervision requirement under a detention and training order, and

    (b)   the offender—

        (i)   is also subject to a different detention and training order which is a relevant detention and training order (see section 248(3)), and

        (ii)   has not at any time been released for supervision under that other order,

the court may order that the further detention order is to take effect at the time when the offender would otherwise be released for supervision under the relevant detention and training order mentioned in paragraph (b).

A6-328

(2) Subject to sub-paragraph (3), where at any time an offender is subject concurrently to—

    (a)   a relevant detention and training order (see section 248(3)), and

    (b)   a further detention order,

the offender is to be treated for the purposes of sections 241 to 243 and this Schedule as if subject only to the detention and training order.

(3) Nothing in sub-paragraph (2) requires the offender to be released in respect of either the relevant detention and training order or the further detention order unless and until the offender is required to be released in respect of each of them.

Interaction of Further Detention Order with Other Custodial Sentences

6.—(1) The Secretary of State may by regulations make provision about the interaction between a further detention order and a custodial sentence where—

A6-329

    (a)   an offender who is subject to a further detention order becomes subject to a custodial sentence, or

    (b)   an offender who is subject to a custodial sentence becomes subject to a further detention order.

(2) The provision that may be made by regulations under this paragraph includes—

    (a)   provision as to the time at which the further detention order or the custodial sentence is to take effect;

    (b)   provision for the offender to be treated, for the purposes of the enactments specified in the regulations, as subject only to the further detention order or the custodial sentence;

    (c)   provision about the effect of enactments relating to the person's release from detention or imprisonment in a case where that release is not to take effect immediately by virtue of provision in the regulations.

(3) In this paragraph—

"custodial sentence" includes—

    (a)   a custodial sentence within the meaning of the Armed Forces Act 2006 (see section 374 of that Act), and

    (b)   a pre-Code custodial sentence (see section 222(4));

"further detention order" includes an order made under section 104(3)(a) of the Powers of Criminal Courts (Sentencing) Act 2000.

(4) Regulations under this paragraph are subject to the negative resolution procedure.

Offence After Release for Supervision or During Further Supervision Period

7.—(1) This paragraph applies where an offender commits an imprisonable offence ("the new offence")—

A6-330

    (a)   after having been released for supervision under a detention and training order but before the date on which the term of the order ends, or

    (b)   during a period of supervision under a further supervision order.

(2) The court which deals with the offender for the new offence may order the offender to be detained for all or part of the period mentioned in sub-paragraph (3).

(3) That period is the period which—

    (a)   begins with the date of the order under sub-paragraph (2), and

(b) is equal in length to the period between—
  (i) the date on which the new offence was committed, and
  (ii) the date on which the term of the detention and training order, or the period of supervision, mentioned in subsection (1) ends.

(4) A court may make an order under sub-paragraph (2) whether or not it passes any other sentence on the offender.

(5) Detention under sub-paragraph (2) is to be in such youth detention accommodation as the Secretary of State may determine.

(6) The period for which an offender is ordered under sub-paragraph (2) to be detained—
  (a) must, as the court may direct—
    (i) be served before and be followed by, or
    (ii) be served concurrently with,
    any sentence imposed for the new offence, and
  (b) in either case, is to be disregarded in determining the appropriate length of that sentence.

(7) Where the new offence is found to have been committed—
  (a) over a period of 2 or more days, or
  (b) at some time during a period of 2 or more days,
it is be taken for the purposes of this paragraph to have been committed on the last of those days.

(8) A person detained under an order under sub-paragraph (2) is deemed to be in legal custody.

Guidance

A6-331 **Notices of supervision** Unlike licence for adults, there are no specific conditions that must be imposed as part of a notice of supervision, or limits on the further conditions that may be included. Guidance issued by the Youth Justice Board reveals, however, that ordinarily the standard conditions included in an adult offender's licence will also be included in a notice of supervision.[98]

A6-332 **Breach of supervision requirements** The Sentencing Council guideline on sentencing children and young persons simply summarises the effect of Sch.12 to the Sentencing Code and provides no guidance as to how to determine the appropriate penalty. It is suggested that in line with the general approach to dealing with breach offences the significant questions will be: (1) the extent to which the offender has complied with the supervision requirements; (2) the harms risked or caused by the breach; and (3) where a new offence has been committed the fact/nature/seriousness of that offence. This seems to be supported by *R. v McGeechan*,[99] where the court referred specifically to the offender's compliance with the supervision period of a detention and training order, and the similarity of the offending to the original offence, as factors relevant when considering the length of any further detention. In all cases it is submitted that reference should be made to the overarching principles in the Sentencing Council's guideline for sentencing children and young persons.

A period of detention under para.7 of Sch.12 to the Sentencing Code is not part of the detention and training order but a discrete form of detention. Under para.7(6)(a) a period of detention under that paragraph may be ordered to be served before and be followed by, or be served concurrently with, any sentence imposed for the new offence. However, as held in *R. v McGeechan*,[100] because s.244 of the Sentencing Code requires a sentence of detention in a young offender institution to

---

[98] See https://www.gov.uk/government/publications/licence-conditions-policy-framework [Accessed 17 July 2021].
[99] [2019] EWCA Crim 235; [2019] 2 Cr. App. R. (S.) 12.
[100] [2019] EWCA Crim 235; [2019] 2 Cr. App. R. (S.) 12.

be imposed with immediate effect where an offender has been released following the completion of the detention and training period of a detention and training order and is still serving the supervision period of the order when sentenced there is no power to order detention under para.7(6)(a) to be served before a period of detention in a young offender institution for a new offence. As observed,[101] the reasoning of this decision must also apply to sentences of detention, due to the effect of s.253(3) of the Code. Furthermore, as further detention under para.7 of Sch.12 can be imposed where the detention and training order to which the breach relates has ended, if the original detention and training order is not still extant, then a sentence of detention in a young offender institution can be ordered to run consecutively to an order under that paragraph. The restriction in s.244 applies only where the offender is still "subject to a detention and training order".

Post-sentence supervision

Section 247 of the Sentencing Code applies the provisions for post-sentence supervision in the Criminal Justice Act 2003 with modifications. The effect is that where the offender is aged 18 or over at the half-way point of the term of the order, the term of the order is less than 24 months, and the order was imposed in respect of an offence committed on or after 1 February 2015 the offender is subject to state supervision under s.242 of the Code for 12 months. The effect of s.256AA of the Criminal Justice Act 2003 as modified is that an offender to whom it applies will serve any period of supervision they are required to serve under s.242 of the Sentencing Code and will then be subject to further supervision under s.256AA of the 2003 Act such that the total period of the various forms of supervision is equal to 12 months. To provide an example, if an offender was sentenced to an 18-month detention and training order, they would be released after serving nine months, serve nine months on supervision under s.242 of the Code (and subject to action under Sch.12 for breach or commission of a new offence) and then a further three months on post-sentence supervision under s.256AA: such that the total period of supervision is always 12 months.

A6-333

Post-sentence supervision is materially different from supervision under s.242 of the Sentencing Code. Under s.256AB of the 2003 Act post-sentence supervision may include only the following requirements:

1) a requirement to be of good behaviour and not to behave in a way which undermines the purpose of the supervision period;
2) a requirement not to commit any offence;
3) a requirement to keep in touch with the supervisor in accordance with instructions given by the supervisor;
4) a requirement to receive visits from the supervisor in accordance with instructions given by the supervisor;
5) a requirement to reside permanently at an address approved by the supervisor and to obtain the prior permission of the supervisor for any stay of one or more nights at a different address;
6) a requirement not to undertake work, or a particular type of work, unless it is approved by the supervisor and to notify the supervisor in advance of any proposal to undertake work or a particular type of work;

---

[101] "New Cases: Evidence and Procedure: Identification: R. v LT" CLW/19/16/8.

7) a requirement not to travel outside the British Islands, except with the prior permission of the supervisor or in order to comply with a legal obligation (whether or not arising under the law of any part of the British Islands);
8) a requirement to participate in activities in accordance with any instructions given by the supervisor;
9) a drug testing requirement;
10) a drug appointment requirement.

Furthermore, there are more restricted penalties on breach. Under s.256AC of the 2003 Act where it is proven that the person has failed without reasonable excuse to comply with a supervision requirement the court may:

1) order the person to be committed to custody for a period not exceeding 14 days;
2) order the person to pay a fine not exceeding level 3 on the standard scale; or
3) impose a "supervision default order" under Sch.19A of the 2003 Act including—
   (a) an unpaid work requirement; or
   (b) a curfew requirement.

A6-334 The Sentencing Council has issued a guideline on the breach of post-sentence supervision or supervision default orders to which reference should be made; penalties are assessed largely by reference to the degree of compliance the offender has maintained with the order.

Determinate Sentences

A6-335 For guidance on the release and recall of offenders serving determinate sentences of detention, see A10-053 to A10-079. The guidance there applies to offenders serving sentences of detention as it applies to sentences of imprisonment or detention in a young offender institution. There are, however, two particular things to bear in mind. First, that the Secretary of States powers to refer high risk offenders to the Parole Board in place of automatic release under sections 244ZB of the Criminal Justice Act 2003 applies only to offenders aged 18 or over at release (see A10-056). Secondly, post-sentence supervision (A10-077) applies only in relation to offenders aged 18 or over at release.

Life Sentences

A6-336 For guidance on the release and recall of offenders serving life sentences, see A10-080. The guidance there applies to sentences of detention during HM's pleasure or sentences of detention for life as it applies to other life sentences.

For reference to the power to seek a review of the minimum term where sentenced to detention during HM's pleasure, see also, A6-274.

Primary Disposals: Breach, Revocation and Amendment

Introduction

A6-337 This part deals with the variation or amendment of primary disposals already imposed, as well as proceedings in respect of breaches of such sentences. It is concerned only with the primary disposals available only for those under the age of 18 at conviction. For those primary disposals available for all offenders or those aged 18 or over at conviction, see A10-088 onwards.

Legislation

Criminal Procedure Rules 2020 Pt 32

BREACH, REVOCATION AND AMENDMENT OF COMMUNITY AND OTHER ORDERS

When this Part applies

32.1. This Part applies where—   A6-338
  (a) the person responsible for a defendant's compliance with an order to which applies—
    (i) Schedule 3, 5, 7 or 8 to the Powers of Criminal Courts (Sentencing) Act 20001,
    (ii) Schedule 8 or 12 to the Criminal Justice Act 20032,
    (iii) Schedule 2 to the Criminal Justice and Immigration Act 20083, or
    (iv) the Schedule to the Street Offences Act 19594
  wants the court to deal with that defendant for failure to comply;
  (b) one of the following wants the court to exercise any power it has to revoke or amend such an order—
    (i) the responsible officer or supervisor,
    (ii) the defendant, or
    (iii) where the legislation allows, a person affected by the order; or
  (c) the court considers exercising on its own initiative any power it has to revoke or amend such an order.

Application by responsible officer or supervisor

32.2.—(1) This rule applies where—   A6-339
  (a) the responsible officer or supervisor wants the court to—
    (i) deal with a defendant for failure to comply with an order to which this Part applies, or
    (ii) revoke or amend such an order; or
  (b) the court considers exercising on its own initiative any power it has to—
    (i) revoke or amend such an order, and
    (ii) summon the defendant to attend for that purpose.

(2) Rules 7.2 to 7.4, which deal, among other things, with starting a prosecution in a magistrates' court, apply—
  (a) as if—
    (i) a reference in those rules to an allegation of an offence included a reference to an allegation of failure to comply with an order to which this Part applies, and
    (ii) a reference to the prosecutor included a reference to the responsible officer or supervisor; and
  (b) with the necessary consequential modifications.

Application by defendant or person affected

A6-340   **32.3.**—(1) This rule applies where—
(a) the defendant wants the court to exercise any power it has to revoke or amend an order to which this Part applies; or
(b) where the legislation allows, a person affected by such an order wants the court to exercise any such power.

(2) That defendant, or person affected, must—
(a) apply in writing, explaining why the order should be revoked or amended; and
(b) serve the application on—
(i) the court officer,
(ii) the responsible officer or supervisor, and
(iii) as appropriate, the defendant or the person affected

Procedure on application by responsible officer or supervisor

A6-341   **32.4.**—(1) Except for rules 24.8 (Written guilty plea: special rules) and 24.9 (Single justice procedure: special rules), the rules in Part 24, which deal with the procedure at a trial in a magistrates' court, apply—
(a) as if—
(i) a reference in those rules to an allegation of an offence included a reference to an allegation of failure to comply with an order to which this Part applies,
(ii) a reference to the court's verdict included a reference to the court's decision to revoke or amend such an order, or to exercise any other power it has to deal with the defendant, and
(iii) a reference to the court's sentence included a reference to the exercise of any such power; and
(b) with the necessary consequential modifications.

(2) The court officer must serve on each party any order revoking or amending an order to which this Part applies.

Re-sentencing

A6-342   Re-sentencing in the Sentencing Code is a defined phrase under s.402 of the Sentencing Act 2020.

Sentencing Act 2020 s.402

Powers to re-sentence

A6-343   **402.**—(1) Where under this Code a court has power to re-sentence an offender for an offence, the court may deal with the offender in any way in which it could deal with the offender—
(a) if the offender had just been convicted by or before it of the offence, and
(b) in a case where the offender was aged under 18 when in fact convicted of the offence, as if the offender were the same age as when in fact convicted.

(2) But where under this Code the Crown Court has power to re-sentence an offender for an offence and subsection (3) applies, the power of the Crown Court is power to deal with the offender in any way in which a magistrates' court could deal with the offender for the offence if—
(a) the offender had just been convicted by the magistrates' court of the offence, and

(b) in a case where the offender was aged under 18 when in fact convicted of the offence, the offender were the same age as when in fact convicted.
(3) This subsection applies where—
  (a) the Crown Court's power to re-sentence the offender for the offence is exercisable—
    (i) where the Crown Court revokes another order previously made in respect of the offence, or
    (ii) where an order for conditional discharge has previously been made in respect of the offence, by virtue of a further offence committed during the period of conditional discharge, and
  (b) the previous order was made—
    (i) by a magistrates' court, or
    (ii) by the Crown Court in circumstances where its powers to deal with the offender for the offence were those (however expressed) which would have been exercisable by a magistrates' court on convicting the offender of the offence.

Section 402 has the following effects: A6-344

1) where a court re-sentences an offender for an offence it will need to apply the version of the legislation that applies at the time of the re-sentencing hearing, not that which applied at the imposition of the original sentence;
2) where the Crown Court re-sentences an offender who was originally sentenced by a court limited to magistrates' courts' sentencing powers those limits still apply to the re-sentencing court;
3) where the offender was originally convicted when aged under 18, the court must re-sentence the offender as if they were still the age at which they were convicted—and so the limits on the sentences available to an offender convicted at that age continue to apply.

Furthermore, by virtue of ss.2(2)–(3) of the Sentencing Code, where a court is re-sentencing an offender for an offence committed before 1 October 2020, the Sentencing Code does not apply, and reference should be made to the legislation under which the offender was originally sentenced. Where, for example, the offender was subject to a youth rehabilitation order under Sch.2 to the Criminal Justice and Immigration Act 2008, reference should be had to Sch.2 to that Act when dealing with alleged breaches.

Referral Orders

Introduction

There are an exceptionally large number of powers for an offender subject to a   A6-345
referral order to be referred back to the court. Pt 1 of Sch.4 to the Sentencing Code makes provision about such referrals. The powers to refer an offender back include:

1) where the offender fails to attend panel meetings (s.92(3) of the Sentencing Code);
2) where there is no prospect of reaching an agreement with the offender on an appropriate programme of behaviour within a reasonable period after the making of the referral order (s.98(3) of the Sentencing Code);
3) where there is an unreasonable failure to sign the agreement (s.98(4) of the Sentencing Code);

4) where the offender has appeared to breach the contract (s.100(3) of the Sentencing Code);
5) where there is an unreasonable failure to sign a record of variation (s.100(6) of the Sentencing Code);
6) where, on the offender's request, the court is satisfied that a significant change in the offender's circumstances (such as being taken to live abroad) will make compliance with the contract impractical (s.100(8) of the Sentencing Code);
7) where the offender has not satisfactorily completed the contract by the end of the compliance period (s.101(5) of the Sentencing Code);
8) for the revocation of the order, or its revocation and re-sentencing, where the panel considers it to be in the interests of justice to do so (s.102(2) of the Sentencing Code);
9) where the compliance period of a youth offender contract is less than 12 months for an extension up to three months (s.103(2) of the Sentencing Code).

Part 2 of Sch.4 concerns the powers of the court when an offender is convicted of a further offence while subject to a referral order. It provides the magistrates' court with the power to extend the compliance period of up to 12 months (para.15) and any court with the power to revoke the order or to revoke and re-sentence the order (para.17).

Legislation

Sentencing Act 2020 ss.102–103

Revocation of referral order where offender making good progress etc

A6-346
102.—(1) This section applies where—
   (a) a youth offender contract has taken effect between a youth offender panel and an offender, and
   (b) it appears to the panel to be in the interests of justice for the referral order (or each of the referral orders) to be revoked.
(2) The panel may refer the offender back to court, requesting the appropriate court—
   (a) to revoke the order (or each of the orders) under sub-paragraph (2) of paragraph 7 of Schedule 4, or
   (b) to—
      (i) revoke the order (or each of the orders) under that sub-paragraph, and
      (ii) re-sentence the offender under sub-paragraph (4) of that paragraph for the offence in respect of which the revoked order was made.
(3) In deciding whether to refer the offender back to court under this section, the panel must have regard to circumstances which have arisen since the youth offender contract took effect, which may include the offender's making good progress under the contract.
(4) Where—
   (a) the panel refers the offender back to court under this section, and
   (b) the appropriate court decides not to revoke the order (or orders) under paragraph 7(2) of Schedule 4 in consequence of that referral,
the panel may not refer the offender back to court again under this section during the 3 month period beginning with the date of the court's decision, except with the consent of the appropriate court.

POST-SENTENCE

Extension of compliance period

103.—(1) This section applies where—

(a) a youth offender contract has taken effect,

(b) the compliance period is less than 12 months,

(c) the compliance period has not ended, and

(d) having regard to circumstances which have arisen since the contract took effect, it appears to the youth offender panel to be in the interests of justice for the length of the compliance period to be extended.

(2) The panel may refer the offender back to court requesting the appropriate court to extend the length of the compliance period.

(3) The requested period of extension must not be more than 3 months.

A6-347

Sentencing Act 2020 Sch.4

REFERRAL ORDER: FURTHER COURT PROCEEDINGS

PART 1

REFERRAL BACK TO COURT FOR FURTHER PROCEEDINGS

Introductory

1. This Part of this Schedule applies where a youth offender panel refers an offender back to court under Chapter 1 of Part 6 (referral orders).

A6-348

Mode of referral back to court

2. To make the referral, the panel must send a report to the appropriate court explaining why the offender is being referred back to court.

A6-359

Bringing the offender before the court

3.—(1) Where the appropriate court receives a report under paragraph 2, the court must cause the offender to appear before it.

A6-350

(2) For that purpose, a justice acting in the same local justice area as the appropriate court may—

(a) issue a summons requiring the offender to appear before the appropriate court at the place and time specified in the summons, or

(b) if the report is substantiated on oath, issue a warrant for the offender's arrest which requires the offender to be brought before the appropriate court.

Detention and remand of arrested offender

4.—(1) This paragraph applies where an offender—

A6-351

(a) is arrested under a warrant issued under paragraph 3(2), and

(b) cannot immediately be brought before the appropriate court.

(2) The person in whose custody the offender is—

(a) may arrange for the offender to be detained in a place of safety for a period of not more than 72 hours from the time of the arrest, and

(b) must, within that period, bring the offender before a youth court (or, if the offender is aged 18 or over, a magistrates' court other than a youth court).

(3) A person detained in accordance with arrangements under sub-paragraph (2)(a) is deemed to be lawfully detained.

5.—(1) This paragraph applies where the court before which the offender is brought under paragraph 4(2) ("the alternative court") is not the appropriate court.

(2) The alternative court may—

(a) direct that the offender is to be released immediately, or

(b) remand the offender.

(3) Section 128 of the Magistrates' Court Act 1980 (remand in custody or on bail) applies as if the court referred to in subsections (1)(a), (3), (4)(a) and (5) were the appropriate court.

(4) If the offender is aged under 18, any power conferred by that section to remand the offender in custody includes a power to remand the offender to accommodation provided by or on behalf of a local authority.

(5) If a court remands the offender to accommodation provided by or on behalf of a local authority, it must designate, as the authority which is to receive the offender, the local authority for the area in which it appears to the court that the offender resides or will reside.

Powers of court on referral back

A6-352

6. Paragraphs 7 to 10 apply where the offender was referred back to court under—
   (a) section 92(3) (offender's failure to attend panel meeting);
   (b) section 98(3) (no prospect of agreement on youth offender contract);
   (c) section 98(4) (unreasonable failure to sign record of agreement);
   (d) section 100(3) (breach of contract);
   (e) section 100(6) (unreasonable failure to sign record of variation);
   (f) section 100(8) (change of circumstances);
   (g) section 101(5) (final meeting: order not discharged);
   (h) section 102(2) (panel requesting revocation of order).

Power of court where it upholds panel's decision

A6-353

7.—(1) Sub-paragraph (2) applies where the appropriate court is satisfied, for any decision of the youth offender panel which resulted in the referral back to court, that—
   (a) so far as the decision relied on any finding of fact by the youth offender panel, the panel was entitled to make that finding in the circumstances, and
   (b) so far as the decision involved any exercise of discretion by the youth offender panel, the panel reasonably exercised that discretion in the circumstances.

(2) The court may revoke the referral order (or each of the referral orders).

(3) Revocation of an order under sub-paragraph (2) has the effect of revoking any related order under paragraph 9(2), 12 or 15 (extension of compliance period).

(4) Where an order is revoked under sub-paragraph (2) or by virtue of sub-paragraph (3), the appropriate court may re-sentence the offender for the offence in respect of which the revoked order was made (but assuming that a referral order is not available).

(5) In re-sentencing the offender under sub-paragraph (4), the appropriate court must take into account—
   (a) the circumstances of the offender's referral back to the court, and
   (b) where a youth offender contract has taken effect between the offender and the panel, the extent of the offender's compliance with the contract.

(6) A power under sub-paragraph (2) or (4)—
   (a) may not be exercised unless the offender is present before the appropriate court, and
   (b) is not affected by the expiry of the compliance period (whether before or after the offender was referred back to court), in a case where a youth offender contract has taken effect.

Appeal

A6-354

8. An offender re-sentenced under paragraph 7(4) for an offence may appeal to the Crown Court against the sentence.

Power of court to impose fine or extend period for which contract has effect

A6-355

9.(1) This paragraph applies where—
   (a) the reference back to court was made under—
      (i) section 92(3) (offender's failure to attend panel meeting),
      (ii) section 100(3) (breach of contract), or
      (iii) section 101(5) (final meeting: order not discharged),
   (b) the offender is before the appropriate court,
   (c) the appropriate court is satisfied that the offender has failed without reasonable excuse to comply with a youth offender contract which has taken effect between the offender and a youth offender panel, and
   (d) the appropriate court does not revoke the order under paragraph 7.

(2) The appropriate court may make an order extending the length of the compliance period, but—
   (a) not to more than 12 months, and
   (b) not if the compliance period has already expired.

(3) The court may order the offender to pay a fine of an amount not exceeding £2,500.

(4) Expiry of the compliance period (whether before or after the offender was referred back to court) does not affect the power to impose a fine under sub-paragraph (3).

(5) A fine imposed under sub-paragraph (3) is to be treated, for the purposes of any enactment, as being a sum adjudged to be paid by a conviction.

POST-SENTENCE

Consequences of court not revoking referral order or orders

10.—(1) This paragraph applies where, having considered the matters in sub-paragraph (1) of paragraph 7, the appropriate court does not revoke the referral order (or orders) to which the offender is subject.

A6-356

(2) The offender remains subject to the referral order (or orders) in all respects as if the referral back to court had not occurred (subject to any order under paragraph 9(2) (extension of compliance period)).

(3) But if—
   (a) a youth offender contract has taken effect in pursuance of the referral order (or orders),
   (b) the compliance period has expired, and
   (c) the referral order (or each of the referral orders) has not been revoked,
      the court must make an order declaring that the referral order (or each of the referral orders) is discharged.

(4) An order under sub-paragraph (3) has the effect of discharging any related order under paragraph 9(2), 12 or 15 (extension of compliance period).

Exception where court satisfied as to completion of contract

11.—(1) This paragraph applies where—

A6-357

   (a) the reference back to court was made under section 101(5) (final meeting: order not discharged), and
   (b) the court decides (contrary to the decision of the panel) that the offender's compliance with the youth offender contract has, or will by the end of the compliance period have, been such as to justify the conclusion that the offender has, or will have, satisfactorily completed the youth offender contract.

(2) The court must make an order declaring that the referral order (or each of the referral orders) is discharged.

(3) An order under sub-paragraph (2) has the effect of discharging any related order under paragraph 9(2), 12 or 15 (extension of compliance period).

Referral back for extension of compliance period

12.—(1) This paragraph applies where—

A6-358

   (a) the reference back to court was made under section 103(2) (request for extension of compliance period),
   (b) the youth offender contract has taken effect and the compliance period has not expired, and
   (c) the offender is present before the appropriate court.

(2) If it appears to the appropriate court that it would be in the interests of justice to do so, having regard to circumstances which have arisen since the contract took effect, it may make an order extending the length of the compliance period but—
   (a) not by more than 3 months, and
   (b) not to more than 12 months.

(3) When deciding whether to make an order under sub-paragraph (2), the court must take into account the extent of the offender's compliance with the contract.

Power to adjourn hearing and remand offender

13.—(1) This paragraph applies where a youth court or other magistrates' court holds a hearing in proceedings under this Part of this Schedule.

A6-359

(2) The court may adjourn the hearing.

(3) Where the court adjourns the hearing under sub-paragraph (2), it may—
   (a) direct that the offender be released immediately, or
   (b) remand the offender.

(4) Where the court remands the offender under sub-paragraph (3)—
   (a) it must fix the time and place at which the hearing is to be resumed, and
   (b) the remand must require the offender to be brought before the court at that time and place.

(5) Where the court adjourns the hearing under sub-paragraph (2), but does not remand the offender—
   (a) it may fix the time and place at which the hearing is to be resumed, but
   (b) if it does not do so, it must not resume the hearing unless it is satisfied that the following persons have had adequate notice of the time and place for the resumed hearing—
      (i) the offender,

(ii) if the offender is aged under 14, a parent or guardian of the offender, and

(iii) a member of the specified youth offending team.

(6) The powers of a magistrates' court under this paragraph may be exercised by a single justice of the peace, notwithstanding anything in the Magistrates' Courts Act 1980.

(7) This paragraph—

(a) applies to any hearing in proceedings under this Part of this Schedule in place of section 10 of the Magistrates' Courts Act 1980 (adjournment of trial) where that section would otherwise apply, but

(b) is not to be taken to affect the application of that section to hearings of any other description.

PART 2

FURTHER CONVICTIONS DURING REFERRAL

Introductory

A6-360   14. This Part of this Schedule applies where—

(a) a referral order has been made in respect of an offender and has not been discharged or revoked,

(b) the offender is aged under 18, and

(c) a court is dealing with the offender for an offence ("the new offence").

Power of magistrates' court to deal with further offence by extending compliance period

A6-361   15.—(1) This paragraph applies if the court dealing with the offender for the new offence is a youth court or other magistrates' court.

(2) An order under this paragraph is available in respect of the new offence if neither the new offence nor any offence connected with it is one the sentence for which is fixed by law.

(3) The court may sentence the offender for the new offence by making an order extending the length of the compliance period, but not to more than 12 months.

Supplementary

A6-362   16.—(1) This paragraph applies where a court makes an order under paragraph 15 in respect of the new offence.

(2) The court must not deal with the offender for the new offence, or any offence connected with it, by making an order of the kind mentioned in section 89(3) (orders not available where court makes referral order).

(3) In respect of any offence connected with the new offence, the court must make—

(a) an order under paragraph 15, or

(b) an order for absolute discharge.

Further convictions: power of any court to revoke referral orders

A6-363   17.—(1) This paragraph applies where, in dealing with the offender for the new offence, the court makes an order other than—

(a) an order under paragraph 15, or

(b) an order for absolute discharge or an order for conditional discharge.

(2) If it appears to the court to be in the interests of justice to do so, the court—

(a) may revoke the referral order (or any one or more of the referral orders), and

(b) if it revokes a referral order, may re-sentence the offender for the offence in respect of which the revoked order was made (but assuming that a referral order is not available).

(3) Revocation of a referral order under sub-paragraph (2) has the effect of revoking any related order under paragraph 9(2), 12 or 15 (extension of compliance period).

(4) When re-sentencing the offender under sub-paragraph (2)(b), if a youth offender contract has taken effect between the offender and the panel, the court must take into account the extent of the offender's compliance with the contract.

(5) For the purposes of this paragraph it does not matter whether the new offence was committed before or after the offender was referred to the panel.

Guidance

Referrals for breach

Where an offender has been referred under ss.92(3), 100(3) or 101(5) and the court upholds the panel's decision it may revoke and re-sentence the offence under para.7 of Sch.4 or under para.9 of Sch.4 extend the compliance period (but not to more than 12 months and not if it is no longer in force) or impose a fine of up to £2,500.

A6-364

The Sentencing Council has provided no guidance on the approach to such breaches. It is suggested, however, that the principal factor will be the extent to which the offender has complied with the requirements of the order. In assessing the level of compliance with the order the court should consider:

1) the overall attitude and engagement with the order as well as the proportion of elements completed;
2) the impact of any completed or partially completed requirements on the offender's behaviour;
3) the proximity of breach to imposition of order;
4) evidence of circumstances or offender characteristics, such as disability, mental health issues or learning difficulties which have impeded offender's compliance with the order.

Referrals for failure to reach agreement

Where an offender has been referred to the court under ss.98(3), (4) or 100(6) for a failure to reach an agreement or to sign the record of such an agreement or a variation of it the court has discretion as to whether to revoke the order, or to revoke and re-sentence under para.7 of Sch.4 to the Sentencing Code. While there is discretion to take any action even where the court has concluded the panel was correct to refer the offender it is to be noted that in such a case it would seem undesirable not to revoke the order unless the offender has expressed a clear willingness to re-engage with the order. Where the court is not satisfied that the behaviour of the offender will change, or considers it would be in the interests of justice to impose another disposal it is suggested that re-sentencing will almost always be appropriate and that revocation without re-sentencing should be reserved for cases under s.100(6) where the order had been substantially complied with prior to the refusal to agree a variation.

A6-365

Referral for revocation

In relation to referrals for revocation (with or without re-sentencing) under ss.100(8) and 102(2) of the Sentencing Code it is suggested that there will need to be clear evidence of a material change of circumstances in light of which revocation is desirable or appropriate. The function of such applications is not to provide an alternative route of appeal against a referral order. Furthermore, it is noted that while s.102 of the Code is entitled "Revocation of referral order where offender making good progress etc", it should be noted that referral under s.102 is not limited to cases of good progress and may be exercised wherever it appears to the panel to be in the interests of justice to do so, having regard to any circumstances which have changed since the imposition of the order.

A6-366

Referrals for extension

A6-367 The Sentencing Council has provided no guidance on the approach to requests for an extension of the compliance period. It is, however, suggested that ordinarily it will be desirable for there to be clear and specific evidence as to the purpose of any extension (i.e. for an offender to engage in certain rehabilitative activities, or to provide more supervision in light of the particular risk posed by the offender) and that any extension will ordinarily only be justified by reference to the time needed for that purpose.

Commission of new offence

A6-368 It should be noted that in contrast to the powers available under Pt 1 of Sch.4 to the Sentencing Code, the powers in Pt 2 of that Sch. to deal with the commission of a new offence while an offender is subject to a referral order are limited to cases where the offender is still under the age of 18: para.14(b) of Sch.4 to the Sentencing Code.

It is suggested that the most significant factor in determining the action to be taken on breach will be the facts/nature of the new offence (and in particular its seriousness) and the sentence to be imposed for that offence. Where the court makes an order listed under s.89(3) of the Sentencing Code (a fine; a youth rehabilitation order; an order under s.1(2A) of the Street Offences Act 1959; a reparation order; or an order for conditional discharge) under para.16 of Sch.4 an extension order will not be available. Similarly, in the Crown Court the only powers exercisable will be to revoke the order or to revoke and re-sentence under para.17 of Sch.4 (although there is no duty to do either).

Youth Rehabilitation Orders

Introduction

A6-369 The provisions relating to the breach, revocation and amendment of youth rehabilitation orders are contained in Sch.7 to the Sentencing Code. In summary, the court has power to deal with an order following breach proceedings, on application or where the offender is convicted of a further offence while subject to the order. For provision dealing with the review of orders, see s.194 of the Sentencing Code at A6-163.

Breach

A6-370 Where it is proven that an offender has breached a youth rehabilitation requirement without reasonable excuse, under paras 6 or 7 of Sch.7, the court may: (a) impose a fine not exceeding £2,500; (b) amend the terms of the youth rehabilitation order so as to impose more onerous requirements; (c) re-sentence the offender for the offence in respect of which the order was made; (d) if dealing with a Crown Court order in the magistrates' court, commit the order to the Crown Court; or (e) take no action.

Revocation on application

A6-371 The offender or the responsible officer may apply for the revocation (with or without re-sentencing) of the youth rehabilitation order under paras 12 and 13 of

Sch.7. The same parties may also apply for the order to be amended so as to alter the requirements or specify new addresses (para.15); to extend the order (para.18); or to extend an unpaid work requirement (para.19).

Revocation on conviction for new offence

Under paras 21–23 of Sch.7 where an offender is convicted of an offence while subject to a youth rehabilitation order, the court may revoke the youth rehabilitation order, revoke and re-sentence or, if in the magistrates' court, commit the offender to the Crown Court. It is also open for the court to take no action in respect of the existing order.

A6-372

Legislation

Sentencing Act 2020 Sch.7

BREACH, REVOCATION OR AMENDMENT OF YOUTH REHABILITATION ORDER

PART 1

PRELIMINARY

Interpretation

1.—(1) In this Schedule, a reference (however expressed) to an offender's breach of a requirement of a youth rehabilitation order is a reference to any failure of the offender to comply—
    (a) with a requirement imposed by the order, or
    (b) if the order imposes an attendance centre requirement, with rules made under section 394(1)(d) or (e) (attendance centre rules).
(2) For the purposes of this Schedule—
    (a) a requirement falling within any Part of Schedule 6 is of the same kind as any other requirement falling within that Part, and
    (b) an electronic compliance monitoring requirement is a requirement of the same kind as any other youth rehabilitation requirement to which it relates.

A6-373

[This paragraph is printed as amended by the PCSCA 2022 Sch.17 para.13 (which is piloted by SI 2023/705 for specified local authority areas in London, the North-East, West Midlands and Wales from 3 July 2023 to 3 January 2025). Where the pilot is not in force an electronic compliance monitoring requirement is simply an electronic monitoring requirement.]

Youth rehabilitation order subject to magistrates' court supervision

2. For the purposes of this Schedule—
    (a) "Crown Court youth rehabilitation order" means a youth rehabilitation order which—
        (i) was made by the Crown Court, and
        (ii) does not include a direction under section 189 (power for Crown Court to direct magistrates' court supervision);
    (b) a youth rehabilitation order is "subject to magistrates' court supervision" if it—
        (i) was made by a magistrates' court, or
        (ii) was made by the Crown Court and includes a direction under that section.

A6-374

Orders made on appeal

3. [*Provides that for the purposes of this Schedule an order made on appeal is to be taken to have been made by the original sentencing court.*]

A6-375

PART 2

BREACH OF REQUIREMENT ORDER

Duty to give warning or lay information relating to breach of order

4.—(1) This paragraph applies where the responsible officer is of the opinion that the offender has without reasonable excuse breached a requirement of a youth rehabilitation order.
(2) Sub-paragraph (3) applies if—

A6-376

    (a)   the breach occurred during a warned period relating to an earlier breach of the order, and
    (b)   during that warned period the offender had been given a further warning in relation to the order.

(3) The responsible officer must cause an information to be laid before a justice of the peace in respect of that breach unless of the opinion that there are exceptional circumstances which justify not doing so.

(4) If sub-paragraph (3) does not apply, the responsible officer must either—
    (a)   give the offender a warning under this paragraph, or
    (b)   cause an information to be laid before a justice of the peace in respect of that breach.

(5) A warning under this paragraph must—
    (a)   describe the circumstances of the breach,
    (b)   state that the breach is unacceptable, and
    (c)   inform the offender that the offender will be liable to be brought before a court if the offender breaches a requirement of the order again—
        (i)   more than once during the warned period, or
        (ii) if the warning is given during the warned period relating to an earlier breach of the order, during that warned period.

(6) For the purposes of this paragraph, "warned period", in relation to a breach of a requirement of the youth rehabilitation order, means the period of 12 months beginning with the date on which a warning is given under this paragraph in relation to the breach.

(7) As soon as practicable after giving a warning under this paragraph, the responsible officer must record that fact.

Issue of summons or warrant by justice of the peace

A6-377

5.—(1) This paragraph applies where—
    (a)   a youth rehabilitation order is in force, and
    (b)   it appears on information to a justice of the peace that the offender has breached a requirement of the order.

(2) The justice may—
    (a)   issue a summons requiring the offender to appear at the place and time specified in it, or
    (b)   if the information is in writing and on oath, issue a warrant for the offender's arrest.

(3) A summons or warrant issued under this paragraph must direct the offender to appear or be brought—
    (a)   in the case of a Crown Court youth rehabilitation order, before the Crown Court, and
    (b)   in any other case, before the appropriate court.

(4) In sub-paragraph (3), "appropriate court" means—
    (a)   if the offender is aged under 18, a youth court acting in the relevant local justice area, and
    (b)   if the offender is aged 18 or over, a magistrates' court (other than a youth court) acting in that local justice area.

(5) In sub-paragraph (4), "relevant local justice area" means—
    (a)   the local justice area in which the offender resides, or
    (b)   if it is not known where the offender resides, the offender's home local justice area.

(6) Sub-paragraphs (7) and (8) apply where—
    (a)   a summons is issued under this paragraph, and
    (b)   the offender does not appear in answer to it.

(7) If the summons required the offender to appear before the Crown Court, the Crown Court may—
    (a)   if the summons was issued by a justice of the peace, issue a further summons requiring the offender to appear at the place and time specified in it, or
    (b)   in any case, issue a warrant for the arrest of the offender.

(8) If the summons required the offender to appear before a magistrates' court, the magistrates' court may issue a warrant for the arrest of the offender.

Powers of Magistrates' Court

A6-378

6.—(1) This paragraph applies where—
    (a)   an offender appears or is brought before a youth court or other magistrates' court under paragraph 5, and

(b) it is proved to the satisfaction of the court that the offender has breached a requirement of the youth rehabilitation order without reasonable excuse,

and must be read with paragraphs 8 to 11.

(2) The court may deal with the case under sub-paragraph (5).

(3) If the youth rehabilitation order was made by the Crown Court, the court may instead—
    (a) commit the offender to custody, or
    (b) release the offender on bail,

until the offender can be brought or appear before the Crown Court.

(4) Where a court deals with the offender's case under sub-paragraph (3) it must send to the Crown Court—
    (a) a certificate signed by a justice of the peace certifying that the offender has breached the youth rehabilitation order in the respect specified in the certificate, and
    (b) such other particulars of the case as may be desirable;

and a certificate purporting to be so signed is admissible as evidence of the failure before the Crown Court.

(5) Where the court deals with the case under this sub-paragraph, it may deal with the offender in respect of the breach in any one of the following ways—
    (a) by ordering the offender to pay a fine of an amount not exceeding £2,500;
    (b) by amending the terms of the youth rehabilitation order to add or substitute any requirement which it could include in a youth rehabilitation order if, applying the relevant assumptions, it were now making such an order in respect of the relevant offence;
    (c) by re-sentencing the offender for the relevant offence.

(6) In this paragraph—

"relevant offence" means the offence in respect of which the youth rehabilitation order was made, and

The "relevant assumptions" are that—
    (a) the court has just convicted the offender of the relevant offence, and
    (b) the offender is the same age as when in fact convicted of that offence.

(7) Sub-paragraph (5)(b) is subject to paragraph 10.

(8) In dealing with the offender under sub-paragraph (5), the court must take into account the extent to which the offender has complied with the requirements of the youth rehabilitation order.

(9) Where the court—
    (a) deals with the offender under sub-paragraph (5)(b), and
    (b) does not act in the offender's home local justice area,

it may exercise the power in paragraph 15 (amendment by reason of change of residence) as if it were the appropriate court for the purposes of that paragraph.

(10) Where the court deals with the offender under sub-paragraph (5)(c), it must revoke the youth rehabilitation order if it is still in force.

(11) An offender may appeal to the Crown Court against a sentence imposed under sub-paragraph (5)(c).

Powers of Crown Court

7.—(1) This paragraph applies where—
    (a) an offender appears or is brought before the Crown Court under paragraph 5 or by virtue of paragraph 6(3), and
    (b) it is proved to the satisfaction of that court that the offender has breached a requirement of the youth rehabilitation order without reasonable excuse,

and must be read with paragraphs 8 to 11.

(2) The Crown Court may deal with the offender in respect of that breach in any one of the following ways—
    (a) by ordering the offender to pay a fine of an amount not exceeding £2,500;
    (b) by amending the terms of the youth rehabilitation order to add or substitute any requirement which it could include in a youth rehabilitation order if, applying the relevant assumptions, it were now making such an order in respect of the relevant offence;
    (c) by re-sentencing the offender for the offence in respect of the relevant offence.

(3) In this paragraph—

"relevant offence" means the offence in respect of which the youth rehabilitation order was made, and

the "relevant assumptions" are that—

(a) the offender has just been convicted of the relevant offence by or before the court dealing with the offender, and

(b) the offender is the same age as when in fact convicted of that offence.

(4) Sub-paragraph (2)(b) is subject to paragraph 10.

(5) In dealing with the offender under sub-paragraph (2), the Crown Court must take into account the extent to which the offender has complied with the requirements of the youth rehabilitation order.

(6) Where the Crown Court deals with an offender under sub-paragraph (2)(c), it must revoke the youth rehabilitation order if it is still in force.

(7) In proceedings before the Crown Court under this paragraph any question whether the offender has breached a requirement of the youth rehabilitation order is to be determined by the court and not by the verdict of a jury.

Restriction of powers in paragraphs 6 and 7 where treatment required

A6-380

8.—(1) Sub-paragraph (2) applies where the offender—

(a) is required by a treatment requirement of the youth rehabilitation order to submit to treatment, and

(b) has refused to undergo any surgical, electrical or other treatment.

(2) The offender is not to be treated for the purposes of paragraph 6 or 7 as having breached the requirement on the ground only of that refusal if, in the opinion of the court, the refusal was reasonable having regard to all the circumstances.

(3) In this paragraph, "treatment requirement" means—

(a) a mental health treatment requirement,

(b) a drug treatment requirement, or

(c) an intoxicating substance treatment requirement.

Fines imposed under paragraphs 6 and 7

A6-381

9.—(1) A fine imposed under paragraph 6(5)(a) or 7(2)(a) is to be treated, for the purposes of any enactment, as being a sum adjudged to be paid by a conviction.

(2) Where—

(a) a court is dealing with an offender for breach of a requirement of a youth rehabilitation order,

(b) the offender is aged under 18, and

(c) but for this sub-paragraph, the court would impose a fine under paragraph 6(5)(a) or 7(2)(a),

section 380 (order for payment by parent or guardian) applies to the fine.

Powers in paragraphs 6 and 7 to impose other requirements: further provisions

A6-382

10.—(1) This paragraph applies where—

(a) the magistrates' court deals with the offender under paragraph 6(5)(b), or

(b) the Crown Court deals with the offender under paragraph 7(2)(b).

(2) Paragraphs 6(5)(b) and 7(2)(b) have effect subject to any provision that applies to the court in making a youth rehabilitation order as if the court were imposing the requirements on making the order. That is subject to the following provisions of this paragraph and to paragraph 11.

(3) Subject to sub-paragraph (4), any requirement imposed under paragraph 6(5)(b) or 7(2)(b) must be capable of being complied with before the end date.

(4) In dealing with an offender under paragraph 6(5)(b) or 7(2)(b) the court may substitute a later date for the end date.

(5) A date substituted under sub-paragraph (4)—

(a) must not be more than 6 months after the existing end date;

(b) subject to that, may be more than 3 years after the date on which the order took effect.

(6) Once the power in sub-paragraph (4) has been exercised in relation to the order, it may not be exercised again in relation to it by any court.

(7) Where—

(a) in dealing with the offender under paragraph 6(5)(b) or 7(2)(b), the court imposes an unpaid work requirement, and

(b) the youth rehabilitation order does not already contain an unpaid work requirement,

the number of hours for which the offender may be required to work under the requirement (see paragraph 10(3) of Schedule 6) must not, in aggregate, be less than 20.

(8) The court may not under paragraph 6(5)(b) or 7(2)(b) impose—

(a) an extended activity requirement, or

(b) a fostering requirement,
if the order does not already impose such a requirement.

(9) Sub-paragraph (10) applies where—
  (a) the order includes a fostering requirement (the "original requirement"), and
  (b) under paragraph 6(5)(b) or 7(2)(b) the court proposes to substitute a new fostering requirement ("the substitute requirement") for the original requirement.

(10) The fostering period (see paragraph 26(3) of Schedule 6) for the substitute requirement must end—
  (a) within 18 months beginning with the day on which the original requirement first took effect, and
  (b) before the offender reaches the age of 18.

Powers in paragraphs 6 and 7 to re-sentence: further provisions relating to intensive supervision and surveillance

the court is dealing with the offender under paragraph 6(5)(c) or 7(2)(c) for an offence, and
  (b) the offender has wilfully and persistently failed to comply with the youth rehabilitation order.

(2) The court may impose a youth rehabilitation order with intensive supervision and surveillance even if—
  (a) the offence is not an imprisonable offence, or
  (b) the court is not of the opinion mentioned in section 180(2)(a) (custodial sentence otherwise appropriate).

(3) If—
  (a) the order is a youth rehabilitation order with intensive supervision and surveillance, and
  (b) the offence is an imprisonable offence,
the court may impose a custodial sentence even if it is not of the opinion mentioned in section 230(2) (threshold for imposing discretionary custodial sentence).

(4) If—
  (a) the order is a youth rehabilitation order with intensive supervision and surveillance which was imposed by virtue of sub-paragraph (2), and
  (b) the offence is not an offence punishable with imprisonment,
the court's powers under paragraph 6(5)(c) or 7(2)(c) to deal with the offender for the offence include power to make a detention and training order for a term not exceeding 4 months.

PART 3

REVOCATION OF ORDER WITH OR WITHOUT RE-SENTENCING

Youth rehabilitation order subject to magistrates' court supervision

12.—(1) This paragraph applies where—
  (a) a youth rehabilitation order subject to magistrates' court supervision is in force in respect of an offender,
  (b) the offender or the responsible officer makes an application to the appropriate court under this sub-paragraph.

(2) In this paragraph, "the appropriate court" means—
  (a) if the offender is aged under 18 when the application under sub-paragraph (1) is made, a youth court acting in the offender's home local justice area, and
  (b) if the offender is aged 18 or over at that time, a magistrates' court (other than a youth court) acting in that local justice area.

(3) No application may be made under sub-paragraph (1) while an appeal against the youth rehabilitation order is pending.

(4) Unless the application was made by the offender, the appropriate court—
  (a) must, before exercising its powers under sub-paragraph (5)(b), summon the offender to appear before it, and
  (b) if the offender does not appear in answer to the summons, may issue a warrant for the offender's arrest.

(5) If it appears to the appropriate court to be in the interests of justice to do so, having regard to circumstances which have arisen since the youth rehabilitation order was made, the appropriate court may—
  (a) revoke the order, or

(b) both—
        (i) revoke the order, and
        (ii) re-sentence the offender for the offence in respect of which the order was made.
    (6) The circumstances in which a youth rehabilitation order may be revoked under sub-paragraph (5) include the offender's—
        (a) making good progress, or
        (b) responding satisfactorily to supervision or treatment (as the case requires).
    (7) If the court deals with the offender under sub-paragraph (5)(b), it must take into account the extent to which the offender has complied with the requirements of the youth rehabilitation order.
    (8) A person sentenced under sub-paragraph (5)(b) for an offence may appeal to the Crown Court against the sentence.
    (9) If the application is dismissed, no-one may make a further application under sub-paragraph (1) during the 3 month period beginning with the date of the dismissal, except with the consent of the appropriate court.

Crown Court youth rehabilitation order

13.—(1) This paragraph applies where a Crown Court youth rehabilitation order is in force and—
        (a) the offender, or
        (b) the responsible officer,
makes an application to the Crown Court under this sub-paragraph.
    (2) No application may be made under sub-paragraph (1) while an appeal against the youth rehabilitation order is pending.
    (3) Unless the application was made by the offender, the Crown Court—
        (a) must, before exercising its powers under sub-paragraph (4)(b), summon the offender to appear before the court, and
        (b) if the offender does not appear in answer to the summons, may issue a warrant for the offender's arrest.
    (4) If it appears to the Crown Court to be in the interests of justice to do so, having regard to circumstances which have arisen since the youth rehabilitation order was made, the Crown Court may—
        (a) revoke the order, or
        (b) both—
            (i) revoke the order, and
            (ii) re-sentence the offender for the offence in respect of which the order was made.
    (5) The circumstances in which a youth rehabilitation order may be revoked under sub-paragraph (4) include the offender's—
        (a) making good progress, or
        (b) responding satisfactorily to supervision or treatment (as the case requires).
    (6) If the Crown Court deals with the offender under sub-paragraph (4)(b), it must take into account the extent to which the offender has complied with the requirements of the youth rehabilitation order.
    (7) If the application is dismissed, no-one may make a further application under sub-paragraph (1) during the 3 month period beginning with the date of the dismissal, except with the consent of the Crown Court.

PART 4

AMENDMENT OF ORDER

Appropriate Court

14. In this Part of this Schedule, "the appropriate court", in relation to an application relating to a youth rehabilitation order, means—
        (a) if the order is subject to magistrates' court supervision—
            (i) if the offender is aged under 18 when the application is made, a youth court acting in the offender's home local justice area, and
            (ii) if the offender is aged 18 or over at that time, a magistrates' court (other than a youth court) acting in that local justice area;
        (b) if the order is a Crown Court youth rehabilitation order, the Crown Court.

POST-SENTENCE

Amendment by Appropriate Court

15.—(1) This paragraph applies where—
    (a) a youth rehabilitation order is in force, and
    (b) an application for the amendment of the order is made to the appropriate court by—
        (i) the offender, or
        (ii) the responsible officer.

(2) If the appropriate court is satisfied that the offender proposes to reside, or is residing, in a local justice area (a "new local justice area") other than the offender's home local justice area for the time being specified in the order, the court—
    (a) must, if the responsible officer made the application under sub-paragraph (1)(b), or
    (b) may, in any other case,
amend the youth rehabilitation order to specify the new local justice area as the offender's home local justice area. This is subject to paragraph 16.

(3) The appropriate court may by order amend the youth rehabilitation order—
    (a) by cancelling any of the youth rehabilitation requirements of the order, or
    (b) by replacing any of those requirements with a youth rehabilitation requirement of the same kind which it could include in a youth rehabilitation order if, applying the relevant assumptions, it were now making such an order in respect of the relevant offence.

This is subject to paragraph 17.

(4) In this paragraph—

"relevant offence" means the offence in respect of which the youth rehabilitation order was made, and

The "relevant assumptions" are that—
    (a) the offender has just been convicted by or before the appropriate court of the relevant offence, and
    (b) the offender is the same age as when in fact convicted of that offence.

Exercise of powers under paragraph 15(2): further provision

16.—(1) This paragraph applies where—
    (a) an application has been made under paragraph 15(1)(b) in respect of a youth rehabilitation order, and
    (b) the court proposes to exercise its powers under paragraph 15(2) to specify a new local justice area in the order.

(2) Sub-paragraphs (3) and (4) apply if the youth rehabilitation order contains one or more requirements which, in the opinion of the court, cannot be complied with unless the offender continues to reside in the area then specified as the offender's home local justice area (each, a "specific area requirement").

(3) The court may not amend the order under paragraph 15(2) to specify a new local justice area unless it also exercises the power in paragraph 15(3) (by cancelling or substituting each specific area requirement) so that the order can be complied with if the offender resides in the new local justice area.

(4) If the application was made by the responsible officer, the court must exercise the power in paragraph 15(3) in that way unless it considers it inappropriate to do so.

(5) Sub-paragraph (6) applies if the youth rehabilitation order imposes a programme requirement.

(6) The court may not amend the order under paragraph 15(2) unless it is satisfied that a programme which—
    (a) corresponds as nearly as practicable to the programme specified in the order for the purposes of the programme requirement, and
    (b) is suitable for the offender,
is available in the new local justice area.

Exercise of powers under paragraph 15(3)(b): further provision

17.—(1) Before exercising its powers under paragraph 15(3)(b) (replacing requirements of a youth rehabilitation order), the court must summon the offender to appear before it, unless—
    (a) the application under paragraph 15(1)(b) was made by the offender, or
    (b) the court would exercise the powers only to—
        (i) replace any requirement of the youth rehabilitation order with one of a shorter duration, or

(ii) substitute a new local justice area or place for one specified in the order.

(2) If the offender fails to appear in answer to a summons under sub-paragraph (1) the court may issue a warrant for the offender's arrest.

(3) Any requirement imposed under paragraph 15(3)(b) must be capable of being complied with before the end date. This is subject to paragraph 18.

(4) Any provision that applies to a court where it imposes a requirement on making a youth rehabilitation order applies also to the court where it imposes such a requirement under paragraph 15(3)(b). That is subject to the following provisions of this paragraph and paragraphs 18 and 19.

(5) Sub-paragraph (6) applies where—
 (a) the order includes a fostering requirement (the "original requirement"), and
 (b) under paragraph 15(3)(b) the court proposes to substitute a new fostering requirement ("the substitute requirement") for the original requirement.

(6) The fostering period (see paragraph 26(3) of Schedule 6) for the substitute requirement must end—
 (a) within 18 months beginning with the day on which the original requirement first took effect, and
 (b) before the offender reaches the age of 18.

(7) The court may not under paragraph 15(3)(b) impose—
 (a) a mental health treatment requirement,
 (b) a drug treatment requirement, or
 (c) a drug testing requirement,
unless the offender has expressed willingness to comply with the requirement.

(8) If the offender fails to express willingness to comply with a mental health treatment requirement, a drug treatment requirement or a drug testing requirement which the court proposes to impose under paragraph 15(3)(b), the court may—
 (a) revoke the youth rehabilitation order, and
 (b) re-sentence the offender for the offence in respect of which the order was made.

(9) If the court deals with the offender under sub-paragraph (8)(b), it must take into account the extent to which the offender has complied with the requirements of the order.

Extension of Order

A6-390

18.—(1) The appropriate court may, on the application of—
 (a) the offender, or
 (b) the responsible officer,
amend a youth rehabilitation order by substituting a later date for the end date.

(2) Unless the application was made by the offender, the court—
 (a) must, before exercising its powers under this paragraph, summon the offender to appear before the court, and
 (b) if the offender fails to appear in answer to the summons, may issue a warrant for the offender's arrest.

(3) A date substituted under sub-paragraph (1)—
 (a) must not be more than 6 months after the existing end date;
 (b) subject to that, may be more than 3 years after the date on which the order took effect.

(4) Once the power in sub-paragraph (1) has been exercised in relation to the order, it may not be exercised again in relation to it by any court.

Extension of unpaid work requirement

A6-391

19.—(1) This paragraph applies where a youth rehabilitation order imposing an unpaid work requirement is in force in respect of an offender.

(2) The appropriate court may, on the application of—
 (a) the offender, or
 (b) the responsible officer,
extend the period of 12 months specified in paragraph 10(1)(b) of Schedule 6, if it appears to the appropriate court to be in the interests of justice to do so having regard to circumstances which have arisen since the order was made.

(3) Unless the application was made by the offender, the court—
 (a) must, before exercising its powers under this paragraph, summon the offender to appear before the court, and
 (b) if the offender fails to appear in answer to the summons, may issue a warrant for the offender's arrest.

POST-SENTENCE

PART 5

CONVICTION OF FURTHER OFFENCE

Power of Magistrates' Court Following Subsequent Conviction

20. Paragraphs 21 and 22 apply where—
    (a) a youth rehabilitation order ("*the existing youth rehabilitation order*") is in force in respect of an offender, and
    (b) the offender is convicted of an offence (the "*further offence*") by a youth court or other magistrates' court ("*the convicting court*").

21.—(1) This paragraph applies if—
    (a) the existing youth rehabilitation order is subject to magistrates' court supervision, and
    (b) the convicting court is dealing with the offender for the further offence.
(2) If it appears to the convicting court to be in the interests of justice to do so, having regard to circumstances which have arisen since the youth rehabilitation order was made, the convicting court may—
    (a) revoke the youth rehabilitation order, or
    (b) both—
        (i) revoke the youth rehabilitation order, and
        (ii) re-sentence the offender for the offence in respect of which the order was made.
(3) Unless the offender is before it, the convicting court may not deal with the offender under sub-paragraph (2)(b) unless it has summoned the offender to appear before it.
(4) If the offender fails to appear in answer to a summons under sub-paragraph (3) the court may issue a warrant for the offender's arrest.
(5) If the convicting court deals with the offender under sub-paragraph (2)(b), it must take into account the extent to which the offender has complied with the requirements of the order.
(6) A person sentenced under sub-paragraph (2)(b) for an offence may appeal to the Crown Court against the sentence.

22.—(1) Sub-paragraph (2) applies if—
    (a) the existing youth rehabilitation order was made by the Crown Court but is subject to magistrates' court supervision, and
    (b) the convicting court would, but for this paragraph, deal with the offender for the further offence.
(2) The convicting court may, instead of proceeding under paragraph 21—
    (a) commit the offender to custody, or
    (b) release the offender on bail,
until the offender can be brought before the Crown Court.
(3) Sub-paragraph (4) applies if the youth rehabilitation order is a Crown Court youth rehabilitation order.
(4) The convicting court may—
    (a) commit the offender to custody, or
    (b) release the offender on bail,
until the offender can be brought or appear before the Crown Court.
(5) Where the convicting court deals with an offender's case under sub-paragraph (2) or (4), it must send to the Crown Court such particulars of the case as may be desirable.
(6) Unless the offender is before it, the convicting court may not deal with the offender under this paragraph unless it has summoned the offender to appear before it.
(7) If the offender fails to appear in answer to a summons under sub-paragraph (6) the court may issue a warrant for the offender's arrest.

Power of Crown Court Following Subsequent Conviction

23.—(1) This paragraph applies where a youth rehabilitation order is in force in respect of an offender, and the offender—
    (a) is convicted by the Crown Court of an offence, or
    (b) is brought or appears before the Crown Court—
        (i) by virtue of paragraph 22(2) or (4), or
        (ii) having been committed by a magistrates' court to the Crown Court for sentence.

A6-392

A6-393

(2) If it appears to the Crown Court that it would be in the interests of justice to do so, having regard to circumstances which have arisen since the youth rehabilitation order was made, the Crown Court may—
    (a) revoke the order, or
    (b) both—
        (i) revoke the order, and
        (ii) re-sentence the offender for the offence in respect of which the order was made.

(3) Unless the offender is before it, the Crown Court may not deal with the offender under sub-paragraph (2)(b) unless it has summoned the offender to appear before it.

(4) If the offender fails to appear in answer to a summons under sub-paragraph (3) the Crown Court may issue a warrant for the offender's arrest.

(5) If the Crown Court deals with the offender under sub-paragraph (2)(b), it must take into account the extent to which the offender has complied with the requirements of the order.

(6) If the offender is brought or appears before the Crown Court by virtue of paragraph 22(2) or (4), the Crown Court may deal with the offender for the further offence in any way which the convicting court could have dealt with the offender for that offence.

(7) In sub-paragraph (6), "further offence" and "the convicting court" have the meanings given by paragraph 20.

PART 6

SUPPLEMENTARY

Warrants

24.—(1) Sub-paragraph (2) applies where an offender—
    (a) is arrested under a warrant issued by virtue of this Schedule, and
    (b) cannot be brought immediately before the court before which the warrant directs the offender to be brought ("the relevant court").

(2) The person in whose custody the offender is—
    (a) may arrange for the offender to be detained in a place of safety for a period of not more than 72 hours from the time of the arrest, and
    (b) must, within that period, bring the offender before a youth court or, if the offender is aged 18 or over, a magistrates' court other than a youth court.

(3) In the case of a warrant issued by the Crown Court, section 81(5) of the Senior Courts Act 1981 (duty to bring person before magistrates' court) does not apply.

(4) A person detained in accordance with arrangements under sub-paragraph (2)(a) is deemed to be lawfully detained.

25.—(1) This paragraph applies where the court before which the offender is brought under paragraph 24(2) ("the alternative court") is not the relevant court.

(2) If the relevant court is a magistrates' court—
    (a) the alternative court may—
        (i) direct that the offender be released forthwith, or
        (ii) remand the offender, and
    (b) section 128 of the Magistrates' Courts Act 1980 (remand in custody or on bail) applies as if the court referred to in subsections (1)(a), (3), (4)(a) and (5) were the relevant court.

(3) If the relevant court is the Crown Court, section 43A of the Magistrates' Courts Act 1980 (functions of magistrates' court where a person in custody is brought before it with a view to appearance before the Crown Court) applies as if, in subsection (1)—
    (a) the words "issued by the Crown Court" were omitted, and
    (b) the reference to section 81(5) of the Senior Courts Act 1981 were a reference to paragraph 24(2)(b).

(4) If the offender is aged under 18, any power conferred by section 43A or 128 of the Magistrates' Courts Act 1980 to remand the offender in custody is to be taken to be a power to remand the offender to accommodation provided by or on behalf of a local authority.

(5) If the court remands the offender to accommodation provided by or on behalf of a local authority, it must designate, as the authority which is to receive the offender, the local authority for the area in which it appears to the court that the offender resides.

(6) In this paragraph "relevant court" has the same meaning as in paragraph 24.

Adjournment of Proceedings

26.—(1) This paragraph applies to any hearing relating to an offender held by a youth court or other magistrates' court in any proceedings under this Schedule.

(2) The court may adjourn the hearing.

(3) Where the court adjourns the hearing under sub-paragraph (2), it may—

(a) direct that the offender be released forthwith, or

(b) remand the offender.

(4) Where the court remands the offender under sub-paragraph (3)—

(a) it must fix the time and place at which the hearing is to be resumed, and

(b) the remand must require the offender to be brought before the court at that time and place.

(5) Where the court adjourns the hearing under sub-paragraph (2) but does not remand the offender—

(a) it may fix the time and place at which the hearing is to be resumed, but

(b) if it does not do so, must not resume the hearing unless it is satisfied that the following persons have had adequate notice of the time and place of the resumed hearing—

(i) the offender,

(ii) if the offender is aged under 14, a parent or guardian of the offender, and

(iii) the responsible officer.

(6) The powers of a magistrates' court under this paragraph may be exercised by a single justice of the peace, notwithstanding anything in the Magistrates' Courts Act 1980.

(7) This paragraph—

(a) applies to any hearing in any proceedings under this Schedule in place of section 10 of the Magistrates' Courts Act 1980 (adjournment of trial) where that section would otherwise apply, but

(b) is not to be taken to affect the application of that section to hearings of any other description.

Provision of Copies of Orders etc

27. [*Provides that where a court revokes or amends a youth rehabilitation order copies of the revoking or amending order must be provided to the offender (and, if the offender is under 14, their parent or guardian), a member of the youth offending team and other listed persons who have a role in the execution of the order.*]

Guidance

Breach

Whether there is a reasonable excuse for failing to comply Whether an offender has a reasonable excuse for a failure to comply with youth rehabilitation requirements will inevitably be fact-specific and require careful consideration of the facts, and the intent and penal nature of the order. However, it is suggested that in accordance with *West Midlands Probation Board v Sadler*[102] (decided in relation to community orders) the mere fact the order or the conviction on which it is founded is subject to a pending appeal cannot amount to a "reasonable excuse".

It is suggested that in accordance with the decision in *Humphreys v CPS*[103] in relation to criminal behaviour orders, if an offender does something or fails to do something in breach of a youth rehabilitation order because they are incapable of complying (whether by reason of their mental health or otherwise), the proper conclusion should be that the incapacity is a "reasonable excuse".

---

[102] [2008] EWHC 15 (Admin); [2008] 1 W.L.R. 918 DC.
[103] [2019] EWHC 2794 (Admin); [2020] 1 Cr. App. R. (S.) 39.

A6-398 Choice of penalty The Sentencing Council's guideline on sentencing children and young persons provides only very limited guidance on the exercise of the court's powers on breach. It provides that the primary objective when sentencing for breach of a youth rehabilitation order is to ensure that the child or young person completes the requirements imposed by the court. It states that where the failure arises primarily from non-compliance with reporting or other similar obligations and a sanction is necessary, the most appropriate response is likely to be the inclusion of (or increase in) a primarily punitive requirement such as the curfew requirement, unpaid work, the exclusion requirement and the prohibited activity requirement or the imposition of a fine. However, it considers that continuing failure to comply with the order is likely to lead to revocation of the order and re-sentencing for the original offence.

The approach taken by the guideline seems to broadly mirror that for community orders, which is focused principally on the extent of the compliance with the requirement, and which measured reference to may assist the court but with a greater focus on continuing the order wherever it seems possible. It is suggested that when assessing the level of compliance, it may be useful to focus on the harm resulting or risked from the breach and the culpability of the offender as part of the breach. There is a clear distinction, for example, between an offender who has failed to keep an appointment with their probation officer and an offender who has removed an electronic tag and breached an exclusion requirement to return to an ex-partner's home. Furthermore, in assessing the level of compliance with the order the court should consider:

1) the overall attitude and engagement with the order as well as the proportion of elements completed;
2) the impact of any completed or partially completed requirements on the offender's behaviour;
3) the proximity of breach to imposition of order;
4) evidence of circumstances or offender characteristics, such as disability, mental health issues or learning difficulties which have impeded offender's compliance with the order.

There are additional powers available to the court where the offender has "wilfully and persistently" failed to comply and the court proposes to re-sentence the offender. The guideline provides that a child or young person will almost certainly be considered to have "wilfully and persistently" breached an order where there have been three breaches that have demonstrated a lack of willingness to comply with the order that have resulted in an appearance before court. It is suggested that this guidance is not, however, intended to be exhaustive but does indicate that a significant factor in assessing whether breaches have been wilful and persistent will be the extent to which the offender has responded to previous interventions (and been given the opportunity to do so).

Amendment on application

A6-399 General approach It is suggested that where an offender or their responsible officer applies for amendment of an order they will need to provide evidence of a material change of circumstances in light of which an amendment is desirable or appropriate. The function of such applications is not to provide an alternative route of appeal against a youth rehabilitation order.

Unpaid work requirements It is submitted that the decision in *NPS v Blackfriars Crown Court*[104] in relation to community orders applies equally to youth rehabilitation orders. The court must have power under para.19 of Sch.7 to the Sentencing Code to extend the period during which the work must be performed whenever unpaid work remains to be done, irrespective of whether the 12-month period specified in para.10 of Sch.6 has ended or the end date specified in the order has passed. This is because the effect of s.198 of the Sentencing Code is that a youth rehabilitation order imposes an unpaid work requirement unless and until the offender has completed the number of hours of work specified in the order or the order is revoked.

A6-400

New conviction

General approach Where an offender is convicted of a new offence the court may (a) leave the order; (b) revoke the order; or (c) revoke and re-sentence. It is suggested that in accordance with the Sentencing Council's guideline on totality in relation to community orders, ordinarily the appropriate course of action will be to revoke the order and re-sentence alongside sentencing for the new offence. When determining the appropriate penalty for the offence being re-sentenced the court must take into account the extent to which the offender complied with the requirements of the previous order.

A6-401

It is suggested a significant factor will be whether the new offence was committed during the currency of the youth rehabilitation order or previously. Where it was committed while subject to the order, that will be an aggravating factor for the new offence and is likely to be less mitigation available to the offender for the offence for which the youth rehabilitation order was imposed, as any remorse is now tainted by the evidence of the breach.

As stated by the Sentencing Council's guideline on totality, the sentencing court should consider the overall seriousness of the offending behaviour taking into account the additional offence and the original offence. The combination of associated offences may be sufficiently serious to justify a custodial sentence.

Extent of power

Unlike with community orders, the powers under paras 22(2) and (4) of Sch.7 to the Sentencing Code to commit the youth rehabilitation order to the Crown Court provide the Crown Court with the power to deal with the new offence as well as the order: para.23(6) of Sch.7 to the Sentencing Code.

A6-402

Secondary Disposals: Breach, Revocation and Amendment

Binding Over of Parents or Guardians

Appeals, variations and discharges

Legislation

Sentencing Act 2020 s.377

Binding over of parent or guardian: appeals, variations and revocations

377.—(1) A parent or guardian may appeal to the Crown Court against an order under

A6-403

---

[104] [2019] EWHC 529 (Admin); [2019] 2 Cr. App. R. (S.) 24 DC.

section 376 made by a magistrates' court.

(2) A parent or guardian may appeal to the Court of Appeal against an order under section 376 made by the Crown Court as if—
 (a) the parent or guardian had been convicted on indictment, and
 (b) the order were a sentence passed on the conviction of the parent or guardian.

(3) A court may vary or discharge an order made by it under section 376 if, on the application of the parent or guardian, it appears to the court, having regard to any change in the circumstances since the order was made, to be in the interests of justice to do so.

Breach

A6-404 Where a person who has been bound over breaks the terms of their recognisance the court has the power to forfeit the recognisance by ordering its payment, and the appropriate standard of proof is the civil standard: *R. v Marlow Justices*[105] (decided in relation to binding over to be of good behaviour but applicable to the binding over of parents). It does not have power to re-sentence the offender. Under s.120(4) of the Magistrates' Courts Act 1980 the adjudication as to the forfeiture of the recognisance is to be treated as if it were a conviction of an offence not punishable by imprisonment for the purposes of enforcement. Committal in default is therefore available in due course.

Parenting Orders

Variation/discharge

Legislation

Sentencing Act 2020 s.374

Discharge and variation of parenting order

A6-405 374.—(1) This section applies where—
 (a) a parenting order made under this Chapter is in force, and
 (b) an application is made under this section by—
  (i) the responsible officer, or
  (ii) the person in respect of whom it is made
 to the court which made the order.

(2) The court may make an order—
 (a) discharging the parenting order, or
 (b) varying the parenting order—
  (i) by cancelling any provision included in it, or
  (ii) by inserting in it (either in addition to or in substitution for any of its provisions) any provision that the court could include, if it were now making the order.

(3) Where an application under this section for the discharge of a parenting order is dismissed, no-one may make a further application under this section for its discharge except with the consent of the court which made the order.

---

[105] (1983) 5 Cr. App. R. (S.) 279.

Guidance

The responsible officer or the person in respect of whom the order is made may apply to the court which made the order for its variation or discharge: ss.374(1) and (2) of the Sentencing Code.

On such an application, the court may discharge the order, or vary the order by cancelling any provision included in it, or by inserting in it (either in addition to or in substitution for any of its provisions) any provision that the court could include if it were making the order at the variation/discharge hearing: s.374(2) of the Sentencing Code. It is submitted that an application for a variation will be inappropriate in the absence of evidence of a change of circumstances. Variation hearings are not a route to a "back door" appeal.

Where an application under this section for the discharge of a parenting order is dismissed, no-one may make a further application under this section for its discharge except with the consent of the court which made the order: s.374(3) of the Sentencing Code.

Appeals

Where a parenting order is made under ss.366 (order where offender is under 18) they may appeal against that order as if it were a sentence passed on them for an offence: s.366(9). Where the parenting order is made under s.368 (parent or guardian failed to attend youth offender panel meeting) the parent or guardian may appeal to the Crown Court: 368(7)—(8). Any order made by the Crown Court is to be treated for the purposes of s.374 (discharge and variation) as having been made by the youth court: s.368(9). Where an order is imposed under s.369 (commission of Education Act offences) it is a sentence passed on an offender on conviction and the normal appeal provisions therefore apply.

Breach

Legislation

Sentencing Act 2020 s.375

Offence of failure to comply with a requirement of a parenting order

375.—(1) It is an offence for a person in respect of whom a parenting order made under this Chapter is in force to fail to comply with any requirement—
    (a) included in the order, or
    (b) specified in directions given by the responsible officer.
(2) A person guilty of an offence under this section is liable on summary conviction to a fine not exceeding level 3 on the standard scale.

Guidance

There is no offence-specific guideline for breach of a parenting order. The Sentencing Council's Breach Offences: Definitive Guideline (2018) states that for the orders listed in the "Other breach offences" section of the guideline, the criminal behaviour order (CBO) guideline should be followed. It is submitted that the CBO guideline may be of assistance when dealing with breaches of parenting orders, provided the court is mindful of the differences in the nature and purposes of the two orders. Details of the CBO guideline can be found at A10-211.

Chapter A7

CONSEQUENCES OF CONVICTION

Introduction

This chapter concerns the automatic consequences of conviction—i.e. the effect of provisions which apply automatically on conviction and sentence for certain types of offences. None of these provisions require an order to be made, and judges should not impose a sentence that is not commensurate with the seriousness of the offence to either avoid or attract them. However, sentencing judges should explain their effects where applicable, particularly where they impose positive requirements or prohibitions on the offender, breach of which is a criminal offence. Advocates will also want to consider the effect of these provisions when advising defendants on the impact of a conviction, or the imposition of a particular type or length of sentence; and when structuring their plea in mitigation or addressing whether certain preventative orders are necessary.

A7-001

Notification (Sexual Offences)

Introduction

Certain offenders convicted of sexual offences have been required to register with the police since the commencement of the Sex Offenders Act 1997. Notification was initially limited only to a requirement that offenders notify the police of any change of address and was introduced following a Home Office consultation on the supervision of sex offenders in June 1996. Notification serves a public protection function, helping to ensure that the police have accurate information about convicted offenders in order to effectively monitor them and assess the risk they pose, as well as to place certain limitations on their ability to commit further offences.

The notification requirements are now contained in the Sexual Offences Act 2003 and regulations made under it. Notification under the Act applies to certain listed offences and is an automatic consequence of conviction and sentence requiring no order of the court. There is no discretion for the court in their application.

The duties and prohibitions imposed on offenders subject to notification requirements are now much broader than the initial duty to notify the police of any change of address. Among other things, notification requirements now require offenders to notify the police of any intended travel outside the UK, any household at which a child resides or stays at which the offenders resides, or stays for at least 12 hours, and their bank details and debit and credit card information.

A7-002

Legislation

Who the Notification Requirements Apply to

Sexual Offences Act 2003 s.80

Persons becoming subject to notification requirements

A7-003   80.—(1) A person is subject to the notification requirements of this Part for the period set out in section 82 ("the notification period") if—
- (a) he is convicted of an offence listed in Schedule 3;
- (b) he is found not guilty of such an offence by reason of insanity;
- (c) he is found to be under a disability and to have done the act charged against him in respect of such an offence; or
- (d) in England and Wales or Northern Ireland, he is cautioned in respect of such an offence.

(2) A person for the time being subject to the notification requirements of this Part is referred to in this Part as a "relevant offender".

A7-004   By virtue of s.134 of the Sexual Offences Act 2003, an offender who has been conditionally discharged has still been convicted for the purposes of the notification requirements; however, an offender who has been absolutely discharged will not have been, applying the reasoning in *R. v Longworth*.[1]

Schedule 3 to the Sexual Offences Act 2003 lists the sexual offences to which s.80 of that Act applies. The table below reproduces Sch.3 as amended. A number of offences are listed subject to certain conditions. Offences relevant only to Scotland, Northern Ireland or the Armed Forces have not been reproduced.

Offence	Further conditions
Sexual Offences Act 1956	
s.1 (rape)	
s.5 (intercourse with a girl under 13)	
s.6 (intercourse with girl under 16)	The offender was 20 or over.
s.10 (incest)	The victim or (as the case may be) other party was under 18.
ss.12 or 13 (buggery, indecency between men)	The offender was 20 or over, and the victim or (as the case may be) other party was under 18.
ss.14 or 15 (indecent assault on a woman, indecent assault on a man)	The victim or (as the case may be) other party was under 18, or the offender, in respect of the offence or finding, is or has been— (a) sentenced to imprisonment for a term of at least 30 months; or (b) admitted to a hospital subject to a restriction order.

---

[1] [2006] UKHL 1; [2006] 2 Cr. App. R. (S.) 62.

Offence	Further conditions
s.16 (assault with intent to commit buggery)	The victim or (as the case may be) other party was under 18.
s.28 (causing or encouraging the prostitution of, intercourse with or indecent assault on girl under 16)	
Indecency with Children Act 1960	
s.1 (indecent conduct towards young child)	
Criminal Law Act 1977	
s.54 (inciting girl under 16 to have incestuous sexual intercourse)	
Protection of Children Act 1978	
s.1 (indecent photographs of children)	The indecent photographs or pseudo-photographs showed persons under 16 and: (a) the conviction, finding or caution occurred before 1 May 2004, or (b) the offender was 18 or over or sentenced in respect of the offence to imprisonment for a term of at least 12 months.
Customs and Excise Management Act 1979	
s.170 (penalty for fraudulent evasion of duty etc.) in relation to goods prohibited to be imported under s.42 of the Customs Consolidation Act 1876 (indecent or obscene articles)	The prohibited goods included indecent photographs of persons under 16 and: (a) the conviction, finding or caution occurred before 1 May 2004, or (b) the offender was 18 or over or sentenced in respect of the offence to imprisonment for a term of at least 12 months.
Criminal Justice Act 1988	
s.160 (possession of indecent photograph of a child)	The indecent photographs or pseudo-photographs showed persons under 16 and: (a) the conviction, finding or caution occurred before 1 May 2004, or (b) the offender was 18 or over or sentenced in respect of the offence to imprisonment for a term of at least 12 months.
Sexual Offences (Amendment) Act 2000	
s.3 (abuse of position of trust)	The offender was 20 or over.
Sexual Offences Act 2003	
ss.1 or 2 (rape, assault by penetration)	

Offence	Further conditions
s.3 (sexual assault)	If the offender was under 18, he is or has been sentenced, in respect of the offence, to imprisonment for a term of at least 12 months. If the offender was 18 or over, the victim was under 18, or the offender, in respect of the offence or finding, is or has been— (a) sentenced to a term of imprisonment; (b) detained in a hospital; or (c) made the subject of a community sentence of at least 12 months.
ss.4 to 6 (causing sexual activity without consent, rape of a child under 13, assault of a child under 13 by penetration)	
s.7 (sexual assault of a child under 13)	The offender was aged 18 or over, or is or has been sentenced in respect of the offence to imprisonment for a term of at least 12 months.
ss.8 to 12 (causing or inciting a child under 13 to engage in sexual activity, child sex offences committed by adults)	
s.13 (child sex offences committed by children or young persons)	The offender is or has been sentenced, in respect of the offence, to imprisonment for a term of at least 12 months.
s.14 (arranging or facilitating the commission of a child sex offence)	The offender was aged 18 or over, or is or has been sentenced in respect of the offence to imprisonment for a term of at least 12 months.
ss.15 or 15A (meeting a child following sexual grooming etc, sexual communication with a child)	
ss. 16 to 19 (abuse of a position of trust)	The offender, in respect of the offence, is or has been— (a) sentenced to a term of imprisonment, (b) detained in a hospital, or (c) made the subject of a community sentence of at least 12 months.
ss.25 or 26 (familial child sex offences)	The offender was aged 18 or over, or is or has been sentenced in respect of the offence to imprisonment for a term of at least 12 months.
ss.30 to 37 (offences against persons with a mental disorder impeding choice, inducements etc. to persons with mental disorder)	

Offence	Further conditions
ss.38 to 41 (care workers for persons with mental disorder)	If the offender was under 18, he is or has been sentenced, in respect of the offence, to imprisonment for a term of at least 12 months. If the offender was 18 or over, the victim was under 18, or the offender, in respect of the offence or finding, is or has been— (a) sentenced to a term of imprisonment; (b) detained in a hospital; or (c) made the subject of a community sentence of at least 12 months.
s.47 (paying for sexual services of a child)	The victim or (as the case may be) other party was under 16 and the offender was age 18 or over, or is or has been sentenced, in respect of the offence, to imprisonment for a term of at least 12 months.
ss.48, 49 and 50 (child prostitution or pornography offences)	The offender was aged 18 or over, he is or has been sentenced, in respect of the offence, to imprisonment for a term of at least 12 months.
s.61 (administering a substance with intent)	
ss.62 or 63 (committing an offence or trespassing, with intent to commit a sexual offence)	If the offender was under 18, he is or has been sentenced, in respect of the offence, to imprisonment for a term of at least 12 months. If the offender was 18 or over, the victim was under 18, or the offender, in respect of the offence or finding, is or has been— (a) sentenced to a term of imprisonment, (b) detained in a hospital, or (c) made the subject of a community sentence of at least 12 months.
ss.64 or 65 (sex with an adult relative)	If the offender was under 18, he is or has been sentenced, in respect of the offence, to imprisonment for a term of at least 12 months. If the offender was aged 18 or over, he is or has been— (a) sentenced to a term of imprisonment, or (b) detained in a hospital.
ss.66 or 67 (exposure, voyeurism)	If the offender was under 18, he is or has been sentenced, in respect of the offence, to imprisonment for a term of at least 12 months. If the offender was 18 or over, the victim was under 18, or the offender, in respect of the offence or finding, is or has been— (a) sentenced to a term of imprisonment; (b) detained in a hospital; or (c) made the subject of a community sentence of at least 12 months.

Offence	Further conditions
ss.69 or 70 (intercourse with an animal, sexual penetration of a corpse)	If the offender was under 18, he is or has been sentenced, in respect of the offence, to imprisonment for a term of at least 12 months. If the offender was 18 or over, the victim was under 18, or the offender, in respect of the offence or finding, is or has been— (a) sentenced to a term of imprisonment; or (b) detained in a hospital.
Criminal Justice and Immigration Act 2008	
s.63 (possession of extreme pornographic images)	The offender was 18 or over and is sentenced in respect of the offence to imprisonment for a term of at least 2 years.
Coroners and Justice Act 2009	
s.62(1) (possession of prohibited images of children)	The offender was 18 or over and is sentenced in respect of the offence to imprisonment for a term of at least 2 years.
Serious Crime Act 2015	
s.69 (possession of paedophile manual)	The offender was 18 or over, or is sentenced in respect of the offence to imprisonment for a term of at least 12 months.

A7-005   Paragraphs 94 and 94A of Sch.3 provide that any reference to any offence in the Schedule also includes reference to:

1) an attempt, conspiracy or incitement to commit that offence;
2) aiding, abetting, counselling or procuring the commission of that offence;
3) an offence under Pt 2 of the Serious Crime Act 2007 in relation to which a listed offence is the offence (or one of the offences) which the person intended or believed would be committed.

Any reference to a person's age in the Schedule is a reference to their age at the time of the offence, with the exception of indecent photographs, where it is a reference to the person's age when the photograph was taken: para.95 of Sch.3.

Length of Notification Requirements

Sexual Offences Act 2003 s.82

The notification period

A7-006   **82.**—(1) The notification period for a person within section 80(1) or 81(1) is the period in the second column of the following Table opposite the description that applies to him.

TABLE	
Description of relevant offender	**Notification period**
A person who, in respect of the offence, is or has been sentenced to imprisonment for life, to imprisonment for	An indefinite period beginning with the rel-

[950]

TABLE	
Description of relevant offender	**Notification period**
public protection under section 225 of the Criminal Justice Act 2003, to an indeterminate custodial sentence under Article 13(4)(a) of the Criminal Justice (Northern Ireland) Order 2008 or to imprisonment for a term of 30 months or more	evant date
A person who, in respect of the offence, has been made the subject of an order under section 210F(1) of the Criminal Procedure (Scotland) Act 1995 (order for lifelong restriction)	An indefinite period beginning with that date
A person who, in respect of the offence or finding, is or has been admitted to a hospital subject to a restriction order	An indefinite period beginning with that date
A person who, in respect of the offence, is or has been sentenced to imprisonment for a term of more than 6 months but less than 30 months	10 years beginning with that date
A person who, in respect of the offence, is or has been sentenced to imprisonment for a term of 6 months or less	7 years beginning with that date
A person who, in respect of the offence or finding, is or has been admitted to a hospital without being subject to a restriction order	7 years beginning with that date
A person within section 80(1)(d)	2 years beginning with that date
A person in whose case an order for conditional discharge or, in Scotland, a community payback order imposing an offender supervision requirement, is made in respect of the offence	The period of conditional discharge or, in Scotland, the specified period for the offender supervision requirement
A person of any other description	5 years beginning with the relevant date

(2) Where a person is under 18 on the relevant date, subsection (1) has effect as if for any reference to a period of 10 years, 7 years, 5 years or 2 years there were substituted a reference to one-half of that period.

(3) Subsection (4) applies where a relevant offender within section 80(1)(a) or 81(1)(a) is or has been sentenced, in respect of two or more offences listed in Schedule 3—
    (a) to consecutive terms of imprisonment; or
    (b) to terms of imprisonment which are partly concurrent.

(4) Where this subsection applies, subsection (1) has effect as if the relevant offender were or had been sentenced, in respect of each of the offences, to a term of imprisonment which—
    (a) in the case of consecutive terms, is equal to the aggregate of those terms;

(b) in the case of partly concurrent terms (X and Y, which overlap for a period Z), is equal to X plus Y minus Z.

(5) Where a relevant offender the subject of a finding within section 80(1)(c) or 81(1)(c) is subsequently tried for the offence, the notification period relating to the finding ends at the conclusion of the trial.

(6) In this Part, "relevant date" means—
(a) in the case of a person within section 80(1)(a) or 81(1)(a), the date of the conviction;
(b) in the case of a person within section 80(1)(b) or (c) or 81(1)(b) or (c), the date of the finding;
(c) in the case of a person within section 80(1)(d) or 81(1)(d), the date of the caution;
(d) in the case of a person within section 81(7), the date which, for the purposes of Part 1 of the Sex Offenders Act 1997 (c. 51), was the relevant date in relation to that person.

(7) Schedule 3A (which provides for the review and discharge of indefinite notification requirements) has effect.

Effect of Notification Requirements

Sexual Offences Act 2003 s.83

Notification requirements: initial notification

A7-007   83.—(1) A relevant offender must, within the period of 3 days beginning with the relevant date (or, if later, the commencement of this Part), notify to the police the information set out in subsection (5).

(2) Subsection (1) does not apply to a relevant offender in respect of a conviction, finding or caution within section 80(1) if—
(a) immediately before the conviction, finding or caution, he was subject to the notification requirements of this Part as a result of another conviction, finding or caution or an order of a court ("the earlier event"),
(b) at that time, he had made a notification under subsection (1) in respect of the earlier event, and
(c) throughout the period referred to in subsection (1), he remains subject to the notification requirements as a result of the earlier event.

(3) Subsection (1) does not apply to a relevant offender in respect of a conviction, finding or caution within section 81(1) or an order within section 81(7) if the offender complied with section 2(1) of the Sex Offenders Act 1997 in respect of the conviction, finding, caution or order.

(4) Where a notification order is made in respect of a conviction, finding or caution, subsection (1) does not apply to the relevant offender in respect of the conviction, finding or caution if—
(a) immediately before the order was made, he was subject to the notification requirements of this Part as a result of another conviction, finding or caution or an order of a court ("the earlier event"),
(b) at that time, he had made a notification under subsection (1) in respect of the earlier event, and
(c) throughout the period referred to in subsection (1), he remains subject to the notification requirements as a result of the earlier event.

(5) The information is—

(a) the relevant offender's date of birth;
(b) his national insurance number;
(c) his name on the relevant date and, where he used one or more other names on that date, each of those names;
(d) his home address on the relevant date;
(e) his name on the date on which notification is given and, where he uses one or more other names on that date, each of those names;
(f) his home address on the date on which notification is given;
(g) the address of any other premises in the United Kingdom at which, at the time the notification is given, he regularly resides or stays;
(h) any prescribed information.

(5A) In subsection (5)(h) "prescribed" means prescribed by regulations made by the Secretary of State.

(6) When determining the period for the purpose of subsection (1), there is to be disregarded any time when the relevant offender is—
(a) remanded in or committed to custody by an order of a court or kept in service custody;
(b) serving a sentence of imprisonment or a term of service detention;
(c) detained in a hospital; or
(d) outside the United Kingdom.

(7) In this Part, "home address" means, in relation to any person—
(a) the address of his sole or main residence in the United Kingdom, or
(b) where he has no such residence, the address or location of a place in the United Kingdom where he can regularly be found and, if there is more than one such place, such one of those places as the person may select.

Sexual Offences Act 2003 (Notification Requirements) (England and Wales) Regulations 2012 regs 10, 12 and 14

Notification to be given by relevant offender residing or staying at a relevant household

10.—(1) The information set out in paragraph (2) is prescribed for the purposes of section 83(5)(h) of the 2003 Act in a case where a relevant offender (R) resides, or stays for a period of at least 12 hours, at a relevant household.   A7-008

(2) The information which R must notify is—
(a) the date on which R begins to reside or stay at a relevant household,
(b) the address of the relevant household, and
(c) where R holds such information, the period or periods for which R intends to reside or stay at the relevant household.

Notification of information about bank accounts and credit cards

12.—(1) The information set out in paragraphs (2) to (7) is prescribed for the purposes of section 83(5)(h) of the 2003 Act in a case where a relevant offender (R) holds—   A7-009

(a) an account with a banking institution in R's name, or in R's name and the name of another person, and in relation to each such account, the information specified in paragraph (2);
(b) an account with a banking institution in the name of an unincorporated business which is run by R, or run by R and another person, and in relation to each such account, the information specified in paragraph (3);

(c) a debit card in relation to any account of which notification is given in accordance with sub-paragraph (a) or (b), and in relation to each such debit card, the information specified in paragraph (4);
(d) an account with a credit card provider in R's name, or in R's name and the name of another person, and in relation to each such account, the information specified in paragraph (5);
(e) an account with a credit card provider in the name of an unincorporated business which is run by R, or run by R and another person, and in relation to each such account, the information specified in paragraph (6); or
(f) a credit card in relation to any account of which notification is given in accordance with sub-paragraph (d) or (e), and in relation to each such credit card, the information specified in paragraph (7).

(2) The information specified for the purposes of paragraph (1)(a) is—
(a) the name of each banking institution with which R holds an account;
(b) the address of the office at which each account is held and, if that office is outside the United Kingdom, the address of the principal office in the United Kingdom (if any) of the banking institution;
(c) the number of each account; and
(d) the sort code in relation to each account.

(3) The information specified for the purposes of paragraph (1)(b) is—
(a) the information specified in paragraph (2); and
(b) the name of the business in whose name the account is held.

(4) The information specified for the purposes of paragraph (1)(c) is—
(a) the card number in relation to each debit card;
(b) the validation date of each debit card;
(c) the expiry date of each debit card; and
(d) the name of the business (if any) in whose name the card is held.

(5) The information specified for the purposes of paragraph (1)(d) is—
(a) the name of each credit card provider with which R holds an account;
(b) the address of the office at which each account is held and, if that office is outside the United Kingdom, the address of the principal office in the United Kingdom (if any) of the credit card provider; and
(c) the number of each account.

(6) The information specified for the purposes of paragraph (1)(e) is—
(a) the information specified in paragraph (5); and
(b) the name of the business in whose name the card is held.

(7) The information specified for the purposes of paragraph (1)(f) is—
(a) the card number in relation to each credit card;
(b) the validation date of each credit card;
(c) the expiry date of each credit card; and
(d) the name of the business (if any) in whose name the card is held.

Notification of information about passport or other form of identification

A7-010   14.—(1) The information set out in paragraph (2) is prescribed for the purposes of section 83(5)(h) of the 2003 Act in a case where a relevant offender (R) holds any passport, other identity document or (in a case where R does not hold any passport or other identity document) any other document in which R's full name appears.

(2) The information which R must notify is—

(a) where R holds any passport, and in relation to each passport R holds—
　　(i) the passport number, and
　　(ii) R's full name as it appears in the passport;
(b) where R does not hold a passport, in relation to any other identity document R holds—
　　(i) the description of the identity document,
　　(ii) the issue number (if any) of the identity document, and
　　(iii) R's full name as it appears in the identity document;
(c) where R does not hold a passport or other identity document, in relation to another document R holds—
　　(i) the description of the document (including the name of any issuing authority),
　　(ii) the issue number (if any) of the document; and
　　(iii) R's full name as it appears in the document.

Sexual Offences Act 2003 s.84

Notification requirements: changes (England, Wales and Northern Ireland)

84.—(1) A relevant offender must, within the period of 3 days beginning with—   **A7-011**

(a) his using a name which has not been notified to the police under section 83(1), this subsection, or section 2 of the Sex Offenders Act 1997,
(b) any change of his home address,
(c) his having resided or stayed, for a qualifying period, at any premises in the United Kingdom the address of which has not been notified to the police under section 83(1), this subsection, or section 2 of the Sex Offenders Act 1997,
(ca) any prescribed change of circumstances, or
(d) his release from custody pursuant to an order of a court or from imprisonment, service detention or detention in a hospital,

notify to the police that name, the new home address, the address of those premises, the prescribed details or (as the case may be) the fact that he has been released, and (in addition) the information set out in section 83(5).

(2) A notification under subsection (1) may be given before the name is used, the change of home address or the prescribed change of circumstances occurs or the qualifying period ends, but in that case the relevant offender must also specify the date when the event is expected to occur.

(3) If a notification is given in accordance with subsection (2) and the event to which it relates occurs more than 2 days before the date specified, the notification does not affect the duty imposed by subsection (1).

(4) If a notification is given in accordance with subsection (2) and the event to which it relates has not occurred by the end of the period of 3 days beginning with the date specified—

(a) the notification does not affect the duty imposed by subsection (1), and
(b) the relevant offender must, within the period of 6 days beginning with the date specified, notify to the police the fact that the event did not occur within the period of 3 days beginning with the date specified.

(5) Section 83(6) applies to the determination of the period of 3 days mentioned in subsection (1) and the period of 6 days mentioned in subsection (4)(b), as it applies to the determination of the period mentioned in section 83(1).

(5A) In this section—

(a) "prescribed change of circumstances" means any change—
   (i) occurring in relation to any matter in respect of which information is required to be notified by virtue of section 83(5)(h), and
   (ii) of a description prescribed by regulations made by the Secretary of State;
(b) "the prescribed details", in relation to a prescribed change of circumstances, means such details of the change as may be so prescribed.

(6) In this section, "qualifying period" means—
(a) a period of 7 days, or
(b) two or more periods, in any period of 12 months, which taken together amount to 7 days.

Sexual Offences Act 2003 (Notification Requirements) (England and Wales) Regulations 2012 regs 11, 13 and 15

Notification to be given by relevant offender residing or staying at a relevant household

A7-012 11.—[2](1) The changes in circumstances set out in paragraph (2) are prescribed for the purposes of section 84(1)(ca) of the 2003 Act.
(2) The changes of circumstance are where the relevant offender (R)—
(a) resides, or stays for a period of at least 12 hours, at a relevant household in relation to which there has been no notification under section 83(1);
(b) ceases to reside or stay at a relevant household in relation to which there has been a notification under section 83(1).

(3) A notification given under section 84(1) of the 2003 Act must disclose the date from which R resides or stays, or the date on which R ceases to reside or stay, at a relevant household.

Notification of information about bank accounts and credit cards

A7-013 13.—(1) The changes in circumstances set out in paragraph (2) are prescribed for the purposes of section 84(1)(ca) of the 2003 Act.
(2) The changes of circumstance are where—
(a) an account which a relevant offender (R) holds with a banking institution, as specified in regulation 12(1)(a) or (b), has been—
   (i) opened, or
   (ii) closed;
(b) a debit card R holds in relation to any account specified in regulation 12(1)(a) or (b)—
   (i) has been obtained by R, or
   (ii) is no longer held by R;
(c) an account R holds with a credit card provider, as specified in regulation 12(1)(d) or (e), has been—
   (i) opened, or
   (ii) closed;
(d) a credit card R holds in relation to any account specified in regulation 12(1)(d) or (e)—

---

[2] Sexual Offences Act 2003 (Notification Requirements) (England and Wales) Regulations 2012 (SI 2012/1876).

(i) has been obtained by R, or
(ii) is no longer held by R;
(e) any information previously notified by R under regulation 12(1) has—
(i) altered, or
(ii) become inaccurate or incomplete.

(3) A notification given under section 84(1) of the 2003 Act must include the information specified in regulation 12(2) to (7) in relation to that account, or debit or credit card.

Notification of information about passport or other form of identification
15—(1) The changes in circumstances set out in paragraph (2) are prescribed for the purposes of section 84(1)(ca) of the 2003 Act.   **A7-014**

(2) The changes of circumstance are where the relevant offender—
(a) obtains a passport, other identity document or other document in relation to which there has been no notification under section 83(1); and
(b) ceases to hold a passport, other identity document or other document in relation to which there has been a notification under section 83(1).

Sexual Offences Act 2003 s.85

Section 85 of the Sexual Offences Act 2003 provides that an offender must provide the information set out in s.83(5) of the Act to the police every year except where: **A7-015**

1) the year would end while the offender was:
2) remanded in or committed to custody by an order of a court or kept in service custody;
3) serving a sentence of imprisonment or a term of service detention;
4) detained in a hospital; or
5) outside the UK,
6) in which case the offender must notify the police of the information within three days of the offender's release or return to the UK: s.83(3) and (4); or
7) where the last notified address of the offender was an address at which the offender habitually stays under s.83(7)(b) (because the offender has no permanent home address), in which case the offender must notify the police of the information in s.83(5) every seven days: s.85(1), (5), (6) and Sexual Offences Act 2003 (Notification Requirements) (England and Wales) Regulations 2012[3] reg.9.

Sexual Offences Act 2003 s.86

By virtue of s.86(1) and the Sexual Offences Act 2003 (Travel Notification Requirements) Regulations 2004[4] reg.5(1), an offender subject to notification requirements must give a notification under s.86(2) before they leave the UK, and give a notification under s.86(3) when they subsequently return.   **A7-016**

A notification under s.86(2) must disclose—
1) the date on which the offender will leave the UK (s.86(2)(a));

---

[3] Sexual Offences Act 2003 (Notification Requirements) (England and Wales) Regulations 2012 (SI 2012/1876).
[4] Sexual Offences Act 2003 (Travel Notification Requirements) Regulations 2004 (SI 2004/1220).

2) the country (or, if there is more than one, the first country) to which they will travel and their point of arrival (determined in accordance with the regulations) in that country (s.86(2)(b);
3) where the offender holds such information—
4) where they intend to travel to more than one country outside the UK; their intended point of arrival in each such additional country;
5) the dates on which they intend to stay in any country to which they intend to travel;
6) details of their accommodation arrangements in any country to which they intend to travel;
7) the identity of any carrier or carriers they intend to use for the purposes of their departure from and return to the UK, and of travelling to any other point of arrival;
8) in a case in which they intend to return to the UK on a particular date, that date;
9) in a case in which they intend to return to the UK at a particular point of arrival, that point of arrival (s.86(2)(c) and SI 2004/1220, reg.6).

Notification under s.86(2) must be given seven days before departure, unless:

1) the offender has a reasonable excuse for not doing so, in which case it must be given as soon as reasonably practicable and at least 24 hours before departure; or
2) the offender did not know the information more than seven days before the intended departure, in which case it must be given at least 12 hours before that date: Sexual Offences Act 2003 (Travel Notification Requirements) Regulations 2004 reg.5.[5]

Where the information given by an offender under s.86(2) changes prior to departure the offender must give a further notification not less than 24 hours before departure, unless the offender has a reasonable excuse for not being able to do so, in which case notification must be given not less than 12 hours before departure: Sexual Offences Act 2003 (Travel Notification Requirements) Regulations 2004 reg.7.

Within three days of return the offender must notify under s.86(3) the date of their return to the UK and the point of arrival, unless the offender has previously notified that information under s.86(2) and has returned on that previously notified date and at that previously notified point of return: Sexual Offences Act 2003 (Travel Notification Requirements) Regulations 2004 regs 8–9.

Sexual Offences Act 2003 (Travel Notification Requirements) Regulations 2004 reg.10 gives the detail of how to give a notification under ss.86(2)–(3), providing that the information must be given at a police station (but not necessarily the offender's local police station) to a police officer or authorised person and that the offender must also inform the person of (a) their name and other names they are using, (b) their home address and (c) their date of birth, as currently notified under Pt 2 of the Act and, if giving a subsequent notification, of the police station at which they gave the first notification under s.86(2).

---

[5] Sexual Offences Act 2003 (Travel Notification Requirements) Regulations 2004 (SI 2004/1220).

Notification (Sexual Offences)

Method of Notification

Sexual Offences Act 2003 s.87

Method of notification and related matters

87.—(1) A person gives a notification under section 83(1), 84(1) or 85(1) by—   **A7-017**
    (a) attending at the police station in the person's local police area that is for the time being specified in a document published for that local police area under this section or, if there is more than one such police station, at any one of them, and
    (b) giving an oral notification to any police officer, or to any person authorised for the purpose by the officer in charge of the station.

(2) A person giving a notification under section 84(1)—
    (a) in relation to a prospective change of home address, or
    (b) in relation to premises referred to in subsection (1)(c) of that section,
may give the notification at a police station that would fall within subsection (1) above if the change in home address had already occurred or (as the case may be) if the address of those premises were his home address.

(2A) and (2B) [*Requirements for chief officers of police for each police area to publish (and keep under review, including with revisions) a document containing the name and address of police stations in that area at which notification may be given.*]

(3) Any notification under this section must be acknowledged; and an acknowledgment under this subsection must be in writing, and in such form as the Secretary of State may direct.

(4) Where a notification is given under section 83(1), 84(1) or 85(1), the relevant offender must, if requested to do so by the police officer or person referred to in subsection (1)(b), allow the officer or person to—
    (a) take his fingerprints,
    (b) photograph any part of him, or
    (c) do both these things.

(5) The power in subsection (4) is exercisable for the purpose of verifying the identity of the relevant offender.

A person's local police area is either the police area in which their home ad-   **A7-018**
dress is situated, in the absence of a home address, the police area in which the home address last notified is situated, and if neither of those apply, where the court who last dealt with the person for an offence listed in Sch.3 or under s.128 of the Sexual Offences Act 2003 or for a notification order, interim notification order, sexual harm prevention order, interim sexual harm prevention order, sex offender order, interim sex offender order or sexual offences prevention order or interim sexual offences prevention order is situated: see s.88 of the Sexual Offences Act 2003.

Parental Directions

As to the power, in relation to offenders convicted under the age of 18, to order   **A7-019**
that the offender's parent is subject to the notification requirements rather than the offender (and to ensure that the offender attends with them), see A6-309.

Certificates of Conviction

A7-020　Under s.92 of the Sexual Offences Act 2003 a certificate that a person has been convicted of an offence listed in Sch.3 (or found not guilty by reason of insanity of such an offence or unfit to plead but to have done the act charged against him in respect of such an offence) issued by a court where they have stated that fact in open court is evidence of such a conviction. Similarly, under that section an officer can issue a certificate after giving a caution in relation to such an offence and such a certificate will be evidence of the facts certified.

A certificate of conviction under s.92 of the 2003 Act does not automatically mean that the notification requirements apply; its purpose is only to provide evidence in breach proceedings that at the time of alleged breach the person concerned was subject to reporting requirements: *R. v Rawlinson*.[6] Where a certificate has been wrongly issued the proper route of challenge is judicial review, see, *R. v George*.[7]

Duty to Explain Effect of Notification

Criminal Procedure Rules 2020/759 r.28.3

Notification Requirements

A7-021　28.3.—(1)　This rule applies where, on a conviction, sentence or order, legislation requires the defendant—
　　(a)　to notify information to the police; or
　　(b)　to be included in a barred list.
　(2)　The court must tell the defendant that such requirements apply, and under what legislation.

Offences

Sexual Offences Act 2003 s.91

Offences relating to notification

A7-022　91.—(1)　A person commits an offence if he—
　　(a)　fails, without reasonable excuse, to comply with section 83(1), 84(1), 84(4)(b), 85(1), 87(4), 89(2)(b) or 96ZB(3)(b) or any requirement imposed by regulations made under section 86(1); or
　　(b)　notifies to the police, in purported compliance with section 83(1), 84(1) or 85(1) or any requirement imposed by regulations made under section 86(1), any information which he knows to be false.
　(2)　A person guilty of an offence under this section is liable—
　　(a)　on summary conviction, to imprisonment for a term not exceeding 6 months or a fine not exceeding the statutory maximum or both;
　　(b)　on conviction on indictment, to imprisonment for a term not exceeding 5 years.
　(3)　A person commits an offence under paragraph (a) of subsection (1) on the day on which he first fails, without reasonable excuse, to comply with section 83(1),

---

[6]　[2018] EWCA Crim 2825; [2019] 1 Cr. App. R. (S.) 51.
[7]　[2018] EWCA Crim 417; [2018] 2 Cr. App. R. (S.) 10.

84(1) or 85(1) or a requirement imposed by regulations made under section 86(1), and continues to commit it throughout any period during which the failure continues; but a person must not be prosecuted under subsection (1) more than once in respect of the same failure.

(4) Proceedings for an offence under this section may be commenced in any court having jurisdiction in any place where the person charged with the offence resides or is found.

Review of Indefinite Notification Requirements

Sections 91A–91F of the Sexual Offences Act 2003 (not set out in this work) provide a mechanism by which an offender subject to indefinite notification requirements may apply to a relevant chief officer of police for a determination that the offender is no longer subject to the indefinite notification requirements. **A7-023**

Guidance

Relevance of Notification Requirements to Sentence

When sentencing it is not open to a judge to impose a lesser sentence than otherwise would have been appropriate because of the need to register under notification provisions; the effect of the provisions is to be ignored when determining what sentence is commensurate with the seriousness of the offence: *Attorney General's Reference (No.50 of 1997)*[8] (decided in relation to the 1997 Act but applied to the 2003 Act; see, for example, *Attorney General's Reference (R. v Riley)*[9]). **A7-024**

The effect of notification requirements can, however, be taken into account in determining whether further public protection is necessary, such as if a sexual harm prevention order or an extended sentence should be imposed, or how long such a sentence should be: see, for example, *R. v Al Mahmood*[10] and *Attorney General's Reference No.55 of 2008 (C)*.[11]

Who the Notification Requirements Apply to

Interpreting Sch.3

As noted above, the notification regime applies to offenders who have been convicted of an offence listed in Sch.3 to the 2003 Act. A number of the offences listed in Sch.3 contain conditions, limiting the application of the Sch. (see A7-004). The conditions apply either to the circumstances of the offence ("offence conditions") or the nature or severity of the sentence imposed ("sentence condition"). For the purposes of the notification regime, offences listed within the Sch. are therefore to be construed as offences listed in Sch.3 only where any offence and/or sentence conditions are satisfied. There are therefore four categories of offence for the purposes of the notification regime: **A7-025**

1) those with a sentence condition only;

---

[8] [1998] 2 Cr. App. R. (S.) 155 CA.
[9] [2019] EWCA Crim 816; [2019] 2 Cr. App. R. (S.) 42.
[10] [2019] EWCA Crim 788; [2019] 2 Cr. App. R. (S.) 23.
[11] [2008] EWCA Crim 2790; [2009] 2 Cr. App. R. (S.) 22.

2) those with an offence condition only;
3) those with both a sentence condition and an offence condition;
4) those with neither a sentence condition nor an offence condition.

In the Criminal Law Review,[12] Lyndon Harris observed that this has the potential to cause confusion. Notification requirements apply from the "relevant date". By virtue of s.82(6)(a), the "relevant date" for the purposes of Pt 2 of the Act is the date of conviction. Therefore, notification applies from the date of conviction. However, how does that apply in the case of each of the four categories of offence described above? Where there is a sentence condition only, whether the sentence condition is satisfied will only be known at the date of sentence. How does that interact with s.82(6)(a) and the default position that notification begins at conviction? Section 132(1)–(3) resolves the issue:

> "(1) This section applies to an offence which in Schedule 3 is listed subject to a condition relating to the way in which the defendant is dealt with in respect of the offence or (where a relevant finding has been made in respect of him) in respect of the finding (a 'sentencing condition').
>
> (2) Where an offence is listed if either a sentencing condition or a condition of another description is met, this section applies only to the offence as listed subject to the sentencing condition.
>
> (3) For the purposes of this Part (including in particular section 82(6))—
>   (a) a person is to be regarded as convicted of an offence to which this section applies, or
>   (b) (as the case may be) a relevant finding in relation to such an offence is to be regarded as made,
> at the time when the sentencing condition is met."

Where there is an offence condition only, whether the offence condition is satisfied will be clear at the point of conviction. Where it is satisfied, liability attaches at the point of conviction; such is obvious from ss.80(1) and 82(1) and (6). Where the offence condition is not satisfied, no liability attaches. Where there is no sentence condition and no offence condition, liability attaches at the point of conviction; such is obvious from ss.80(1) and 82(1) and (6).

However, where there is a sentencing condition, s.132 operates to move the "relevant date" to the date of sentence. Additionally, as an absolute discharge does not attract notification requirements, for an offence with no sentence condition, the notification requirements would appear to apply from the date of conviction to the point at which an absolute discharge is imposed.

The application of the Schedule was considered in *R. v Allon (Ethan)*,[13] in particular the point in time at which the reference to the age of the offender was to be applied. The court held that it was "… clear that the words 'an offence … if … the offender was 18 or over' refer to the age of the offender at the time when he committed the offence". The court commented that those words were to be contrasted with the sentence condition in the Schedule, which used the language "is sentenced". If the position were otherwise, the purpose of the sentence/offence conditions (to limit the adverse consequences of a conviction for some young offenders) would be defeated.

---

[12] L. Harris, "Sentencing: R. v Rawlinson (Case Comment)" [2019] Crim L.R. 639.
[13] [2023] EWCA Crim 204; [2023] 1 W.L.R. 2101.

Detention and training orders

By virtue of s.131 of the Sexual Offences Act 2003, only the period of detention which a person is liable to serve under a detention and training order (and not the whole term which includes the detention and training and supervision) counts as a sentence of imprisonment for determining whether the conditions in Sch.3 apply: *R. v Slocombe.*[14]   **A7-026**

Suspended sentences

By virtue of s.289 of the Sentencing Code a suspended sentence is to be treated as a sentence of imprisonment for the purposes of Sch.3 to the Sexual Offences Act 2003.   **A7-027**

Community orders

An offender who is subject to an unpaid work requirement as part of a community order is subject to a community order of at least 12 months due to the effect of para.1(1) of Sch.9 to the Sentencing Code: *R. v Davison.*[15] The length of a community order is the period from the date it was imposed until the end date specified in the order, and a community order does not become shorter by being completed in a shorter period.   **A7-028**

Common law incitement

In *R. v Parnell*,[16] it was held in relation to the Sex Offenders Act 1997 that an attempt to incite a listed offence was not a listed offence. The same reasoning would presumably apply to the Sexual Offences Act 2003, which employs the same wording: para.93 of Sch.3 providing that reference to a listed offence includes an attempt, conspiracy or incitement to commit that offence. This is, however, less likely to be an issue now that offences of inciting a child to engage in sexual activity are listed in Sch.3—and so by virtue of para.93, an offence of attempting to incite a child to engage in sexual activity will be a listed offence—and the common law offence of incitement has been abolished.   **A7-029**

Re-sentencing

Section 132(3) of the Sexual Offences Act 2003 provides that, for the purposes of Pt 2 of the 2003 Act (which deals with the notification requirements), a person is to be regarded as convicted of an offence to which s.132 applies "at the time when the sentencing condition is met"; where therefore an offender is convicted of an offence listed in Sch.3 to the 2003 Act but the sentence condition is not met until re-sentencing the notification requirements apply only from re-sentencing: *R. v Rawlinson.*[17]   **A7-030**

---

[14] [2005] EWCA Crim 2997; [2006] 1 W.L.R. 328.
[15] [2008] EWCA Crim 2795; [2009] 2 Cr. App. R. (S.) 13.
[16] [2004] EWCA Crim 2523; [2005] 1 W.L.R. 853.
[17] [2018] EWCA Crim 2825; [2019] 1 Cr. App. R. (S.) 51.

Length of Notification Requirements

Sexual harm prevention orders

A7-031 The effect of s.352 of the Sentencing Code is that where an offender is subject to a sexual harm prevention order they will remain subject to the notification requirements until that order expires, even if the notification requirements would otherwise have ceased to have effect under s.82 of the Sexual Offences Act 2003.

Extended sentences

A7-032 The entirety of an extended sentence, custodial term and extended licence together, constitutes its length for the purposes of the notification regime due to the wording of ss.254, 266 and 279, which provides that an extended sentence is a sentence of imprisonment (or detention in a young offender institution or detention) which is equal to the aggregate of the appropriate custodial term and the extension period: *R. (Minter) v Chief Constable of Hampshire Constabulary*[18] and *R. v Begg*.[19]

Detention and training orders

A7-033 By virtue of s.131 of the Sexual Offences Act 2003, only the period of detention which a person is liable to serve under a detention and training order (and not the whole term which includes the detention and training and supervision) counts as a sentence of imprisonment for determining the length of the notification requirements: *R. v Slocombe*.[20]

Suspended sentences

A7-034 By virtue of s.289 of the Sentencing Code a suspended sentence is to be treated as a sentence of imprisonment for the purposes of s.82 to the Sexual Offences Act 2003.

Duty to Explain Effect of Notification

A7-035 While there is a duty to explain the effect of the notification requirements, the court should take care not to give the impression that it is making the notification requirements part of the sentence or making a further order: *R. v Longworth*.[21]

Breach

A7-036 The Sentencing Council has issued a guideline for breach of notification requirements contrary to s.91 of the Sexual Offences Act 2003. The guideline has an offence range of a fine to four years' custody. There are three categories of culpability to be assessed by reference to the intent and motivation of the offender. Category

---

[18] [2013] EWCA Civ 697; [2014] 1 W.L.R. 179.
[19] [2019] EWCA Crim 1578; [2020] 1 Cr. App. R. (S.) 30.
[20] [2005] EWCA Crim 2997; [2006] 1 W.L.R. 328.
[21] [2006] UKHL 1; [2006] 2 Cr. App. R. (S.) 62.

A includes determined attempts to avoid detection or a long period of non-compliance. Category B is a deliberate failure to comply with requirement. Category C is a minor breach or a breach just short of reasonable excuse. There are three categories of harm assessed by harm caused or risked. Category 1 is a breach which causes or risks very serious harm or distress. Category 3 is a breach which causes or risks little or no harm or distress. Category 2 is for cases in between.

In *R. v Bricknell*,[22] it was held that a period of six months of non-compliance was a long period of non-compliance, such as to place the offence into culpability A (although it is not suggested this establishes a threshold). Furthermore, the court considered that where offences involve non-compliance over much longer periods, the sentence may make an upward adjustment from the guideline starting point to reflect the particular length of the period of non-compliance.

As the guideline indicates that there is a particular need to consider the intention and motivation of the offender. Ceteris paribus an offender is more culpable where they attempted to evade a notification requirement in order to engage in other offending or to engage in activity that carries a sexual risk, rather than because they were too lazy to attend the police station.

Human Rights Challenges

Retrospectivity

Notification requirements, as preventative requirements, have repeatedly been held not to be a "penalty" for the purposes of art.7 of the ECHR, despite their effects on an offender's liberty: see, *Ibbotson v United Kingdom*[23] and *Adamson v United Kingdom*.[24]   A7-037

Private life

In *R. (Prothero) v Secretary of State for the Home Department*,[25] the requirement to provide details of bank and credit card accounts to the police under reg.12 of the Sexual Offences Act 2003 (Notification Requirements) (England and Wales) Regulations 2012[26] was a necessary and proportionate interference with the right to private life guaranteed by art.8 of the ECHR.   A7-038

Notification (Terrorism Offences)

Introduction

Notification requirements for certain terrorist offenders were introduced by the Counter-Terrorism Act 2008. As with sex offenders, notification serves a public protection function, helping to ensure that the police have accurate information about convicted offenders in order to effectively monitor them and assess the risk   A7-039

---

[22] [2019] EWCA Crim 1460; [2020] 1 Cr. App. R. (S.) 22.
[23] [1999] 27 E.H.R.R. CD332.
[24] [1999] 28 E.H.R.R. CD209.
[25] [2013] EWHC 2830 (Admin); [2014] 1 W.L.R. 1195 DC.
[26] Sexual Offences Act 2003 (Notification Requirements) (England and Wales) Regulations 2012 (SI 2012/1876).

they pose, as well as to place certain limitations on their ability to commit further offences.

Notification under the Counter-Terrorism Act 2008 applies to certain listed offences and is an automatic consequence of conviction and sentence requiring no order of the court. There is no power for the court to disapply the notification requirements or to declare they apply.

Since the enactment of the Counter-Terrorism and Border Security Act 2019 the notification requirements have been made significantly more onerous, and now include requirements to provide to the police specified financial information and identification documents as well as telephone numbers and email addresses and information about any motor vehicles they have a right to use.

Legislation

Who is Subject to Notification Requirements

Counter-Terrorism Act 2008 ss.41–42 and 44–45

Offences to which this Part applies: terrorism offences

A7-040 41.—(1) This Part applies to—
   (a) an offence under any of the following provisions of the Terrorism Act 2000 (c. 11)—
       section 11 or 12 (offences relating to proscribed organisations),
       sections 15 to 18 (offences relating to terrorist property),
       section 38B (failure to disclose information about acts of terrorism),
       section 54 (weapons training),
       sections 56 to 61 (directing terrorism, possessing things and collecting information for the purposes of terrorism, eliciting information about members of armed forces etc, entering or remaining in a designated area and inciting terrorism outside the United Kingdom);
   (b) an offence in respect of which there is jurisdiction by virtue of any of sections 62 to 63D of that Act (extra-territorial jurisdiction in respect of certain offences committed outside the United Kingdom for the purposes of terrorism etc);
   (c) an offence under section 113 of the Anti-terrorism, Crime and Security Act 2001 (c.24) (use of noxious substances or things);
   (d) an offence under any of the following provisions of Part 1 of the Terrorism Act 2006 (c.11)—
       sections 1 and 2 (encouragement of terrorism),
       sections 5, 6 and 8 (preparation and training for terrorism),
       sections 9, 10 and 11 (offences relating to radioactive devices and material and nuclear facilities);
   (e) an offence in respect of which there is jurisdiction by virtue of section 17 of that Act (extra-territorial jurisdiction in respect of certain offences committed outside the United Kingdom for the purposes of terrorism etc);
   (f) an offence under section 23 of the Terrorism Prevention and Investigation Measures Act 2011 (breach of notice imposing terrorism prevention and investigation measures) dealt with on or after the day on which

section 42 of the Counter-Terrorism and Sentencing Act 2021 comes into force;

(g) an offence under section 10(1) or (3) of the Counter-Terrorism and Security Act 2015 (breach of temporary exclusion order or related obligation) dealt with on or after that day.

(2) This Part also applies to any ancillary offence in relation to an offence listed in subsection (1).

(3) to (7) [*Power of Secretary of State to amend the list by order.*]

[Section 42 of the 2021 Act came into force on 29 June 2021.]

Offences to which this Part applies: offences having a terrorist connection

42.—(1) This Part applies to— A7-041
(a) an offence as to which a court has determined under section 30 (sentences for offences with a terrorist connection: England and Wales and Northern Ireland) that the offence has a terrorist connection, and
(b) an offence in relation to which section 31 applies (sentences for offences with terrorist connection: Scotland).

(2) A person to whom the notification requirements apply by virtue of such a determination as is mentioned in subsection (1)(a) may appeal against it to the same court, and subject to the same conditions, as an appeal against sentence.

(3) If the determination is set aside on appeal, the notification requirements are treated as never having applied to that person in respect of the offence.

Persons to whom the notification requirements apply

44. The notification requirements apply to a person who— A7-042
(a) is aged 16 or over at the time of being dealt with for an offence to which this Part applies, and
(b) is made subject in respect of the offence to a sentence or order within section 45 (sentences or orders triggering notification requirements).

Section 45 of the Counter-Terrorism Act 2008 provides that the notification requirements apply to a person in England and Wales when: A7-043

1) the person is convicted of an offence to which the Pt applies (by virtue of ss.41 or 42) and receives:
2) a life sentence;
3) a sentence of imprisonment or detention in a young offender institution for public protection;
4) a sentence of detention for public protection;
5) a special sentence for terrorist offenders of particular concern aged under 18 (under s.252A of the Sentencing Code); or
6) a fixed term determinate custodial sentence for 12 months or more (including a detention and training order for 12 months or more); or
7) has been—
8) convicted of an offence to which the Pt applies (by virtue of ss.41 or 42) carrying a maximum term of imprisonment of 12 months or more (ignoring the limits on imposing imprisonment on young offenders);
9) found not guilty by reason of insanity of such an offence; or

10) found to be under a disability and to have done the act charged against them in respect of such an offence,
11) and made subject in respect of the offence to a hospital order.

Length of Notification Requirements

A7-044 Section 53 of the Counter-Terrorism Act 2008 provides the period for which notification requirements apply:

Length	Condition
30 years	Where the person is aged 18 or over at the time of conviction for the offence, and receives in respect of the offence a sentence of:
	1) imprisonment or custody for life;
	2) imprisonment or detention in a young offender institution for a term of 10 years or more;
	3) imprisonment or detention in a young offender institution for public protection under section 225 of the Criminal Justice Act 2003;
	4) detention during Her Majesty's pleasure.
15 years	Where the person is aged 18 or over at the time of conviction for the offence, and receives in respect of the offence a sentence of imprisonment or detention in a young offender institution for a term of five years or more but less than 10 years.
10 years	In any other case.

For the purposes of determining the length of the notification requirements, it is the aggregate sentence of imprisonment (or detention in a young offender institution) to which the offender is subject which is relevant: s.53(6) of the Counter-Terrorism Act 2008.

The notification period begins with the day on which the person is dealt with for the offence: s.53(4) of the Counter-Terrorism Act 2008. However, periods of time on which the offender is:

1) remanded in or committed to custody by an order of a court;
2) serving a sentence of imprisonment or detention;
3) detained in a hospital; or
4) detained under the Immigration Acts;
5) are to be disregarded when determining whether the period has expired: s.53(7) of the 2008 Act.

A7-045 The effect of all this is that if an offender is serving two consecutive sentences of three years' imprisonment the notification period will be 15 years, and time spent while serving that sentence of imprisonment will not count towards the length of that notification period.

Effect of Notification Requirements

Counter-Terrorism Act 2008, s.47

Initial notification

47.—(1) A person to whom the notification requirements apply must notify the following information to the police within the period of three days beginning with the day on which the person is dealt with in respect of the offence in question. A7-046

(2) The information required is—
- (a) date of birth;
- (b) national insurance number;
- (c) name on the date on which the person was dealt with in respect of the offence (where the person used one or more other names on that date, each of those names);
- (d) home address on that date;
- (da) all contact details on that date;
- (e) name on the date on which notification is made (where the person uses one or more other names on that date, each of those names);
- (f) home address on the date on which notification is made;
- (fa) all contact details on the date on which notification is made;
- (g) address of any other premises in the United Kingdom at which, at the time the notification is made, the person regularly resides or stays;
- (ga) identifying information of any motor vehicle of which the person is the registered keeper, or which the person has a right to use (whether routinely or on specific occasions or for specific purposes), on the date on which notification is made;
- (gb) the financial information specified in paragraph 1 of Schedule 3A;
- (gc) the information about identification documents specified in paragraph 2 of Schedule 3A;
- (h) any prescribed information.

(3) In subsection (2) "prescribed" means prescribed by regulations made by the Secretary of State. Such regulations are subject to affirmative resolution procedure.

(4) In determining the period within which notification is to be made under this section, there shall be disregarded any time when the person is—
- (a) remanded in or committed to custody by an order of a court,
- (b) serving a sentence of imprisonment or detention,
- (c) detained in a hospital, or
- (d) detained under the Immigration Acts.

(5) This section does not apply to a person who—
- (a) is subject to the notification requirements in respect of another offence (and does not cease to be so subject before the end of the period within which notification is to be made), and
- (b) has complied with this section in respect of that offence.

(6) [*Transitional provision for cases where offenders absconded or on licence from custodial sentence when 2008 Act introduced.*]

Counter-Terrorism Act 2008 Sch.3A

Financial Information

1.—(1) The financial information referred to in section 47(2)(gb) that a person to whom the notification requirements apply must provide is— A7-047

(a) the information specified in sub-paragraph (2) in respect of each account that the person holds with a financial institution on the date on which the notification is made, and
(b) if the person runs a business through a company—
　(i) the information specified in sub-paragraph (2) in respect of each account that the company holds with a financial institution on the date on which the notification is made, and
　(ii) the name of the company concerned.
(2) The information required to be given in respect of each account is—
　(a) the name of the financial institution with which the account is held;
　(b) the address of the office at which the account is held and, if the office is outside the United Kingdom, the address of the principal office of the financial institution (if any) in the United Kingdom;
　(c) the number of the account;
　(d) the sort code, if any, in relation to the account;
　(e) the card number of each payment card relating to the account;
　(f) the start date (if any) and expiry date in relation to each such card.
(3) For the purposes of this paragraph—
　(a) "company" includes any body corporate, partnership or unincorporated association;
　(b) "financial institution" means a person who, in the course of a business, provides financial services consisting of the provision of current or savings accounts or payment card facilities;
　(c) "payment card" means a credit card, a charge card, a prepaid card and a debit card;
　(d) the cases in which a person "holds" an account include those where the person is entitled to operate the account;
　(e) it does not matter if an account is held solely or jointly with one or more other persons;
　(f) a person "runs" a business if the person (whether solely or jointly with one or more other persons) exercises, or is entitled to exercise, control or management of the business.

Information About Identification Documents

A7-048　2.— The information about identification documents referred to in section 47(2)(gc) that a person to whom the notification requirements apply must provide is—
(a) where the person holds one or more passports on the date on which notification is made, for each passport that the person holds—
　(i) the number of the passport;
　(ii) the person's full name as it appears in the passport;
　(iii) where the passport was issued by or on behalf of the authorities of a country, the name of the country;
　(iv) where the passport was issued by or on behalf of an international organisation, the name of the organisation;
(b) where the person does not hold a passport, but does hold one or more other identity documents (within the meaning of section 7 of the Identity Documents Act 2010) on the date on which notification is made, for each identity document that the person holds—
　(i) a description of the identity document;
　(ii) the issue number (if any) of the identity document;
　(iii) the person's full name as it appears in the identity document;
　(iv) where the identity document was issued by or on behalf of the authorities of a country, the name of the country;
　(v) where the identity document was issued by or on behalf of an international organisation, the name of the organisation.

Counter-Terrorism Act 2008 ss.48, 48A and 49

Notification of changes: general

A7-049　48.—(1) A person to whom the notification requirements apply who uses a name that has not previously been notified to the police must notify the police of that name.

(2) If there is a change of the home address of a person to whom the notification requirements apply, the person must notify the police of the new home address.

(3) A person to whom the notification requirements apply who resides or stays

at premises in the United Kingdom the address of which has previously not been notified to the police—
    (a)   for a period of 7 days, or
    (b)   for two or more periods, in any period of 12 months, that taken together amount to 7 days,
must notify the police of the address of those premises.

    (4)   A person to whom the notification requirements apply who is released—
    (a)   from custody pursuant to an order of a court,
    (b)   from imprisonment or detention pursuant to a sentence of a court,
    (c)   from detention in a hospital, or
    (d)   from detention under the Immigration Acts,
must notify the police of that fact. This does not apply if the person is at the same time required to notify the police under section 47 (initial notification).

    (4A)   If there is a change in the contact details of a person to whom the notification requirements apply, the person must notify the police of the new contact details.

    (4B)   If a person to whom the notification requirements apply ceases to use contact details which the person has previously notified under this Part, the person must notify the police of that fact.

    (4C)   If a person to whom the notification requirements apply becomes the registered keeper of, or acquires a right to use, a motor vehicle the identifying information of which has not previously been notified to the police, the person must notify the police of the identifying information of that motor vehicle.

    (4D)   If there is a change in the identifying information of a motor vehicle previously notified under this Part, the person must notify the police—
    (a)   that there has been a change, and
    (b)   of the new identifying information of the motor vehicle.

    (4E)   If a person to whom the notification requirements apply ceases to be the registered keeper of a motor vehicle the identifying information of which the person has notified, or ceases to have the right to use such a motor vehicle, the person must notify the police that the person is no longer the registered keeper of the motor vehicle or no longer has the right to use it.

    (5)   A person who is required to notify information within section 47(2)(h) (prescribed information) must notify the police of the prescribed details of any prescribed changes in that information.

    (6)   In subsection (5) "prescribed" means prescribed by regulations made by the Secretary of State. Such regulations are subject to affirmative resolution procedure.

    (7)   Notification under this section must be made—
    (a)   in a case to which subsection (4C) applies, before the earlier of the following—
        (i)   the end of the period of three days beginning with the day on which the person becomes the registered keeper of the motor vehicle or acquires a right to use it, or
        (ii)   the first occasion on which the person uses the motor vehicle by virtue of being its registered keeper or having a right to use it,
    (b)   in a case to which subsection (4D) applies, before the earlier of the following—
        (i)   the end of the period of three days beginning with the day on which the identifying information changes, or
        (ii)   the first occasion on which the person uses the motor vehicle after the identifying information has changed,

(c) in any other case, before the end of the period of three days beginning with the day on which the event in question occurs (and, where subsection (3) applies, that is the day with which the period referred to in paragraph (a) or (b) (as the case may be) of subsection (3) ends).

(8) In determining the period within which notification is to be made under this section, there shall be disregarded any time when the person is—
    (a) remanded in or committed to custody by an order of a court,
    (b) serving a sentence of imprisonment or detention,
    (c) detained in a hospital, or
    (d) detained under the Immigration Acts.

(9) References in this section to previous notification are to previous notification by the person under section 47 (initial notification), this section, section 48A (notification of changes: financial information and information about identification documents), section 49 (periodic re-notification) or section 56 (notification on return after absence from UK).

(10) Notification under this section must be accompanied by re-notification of the other information mentioned in section 47(2).

Notification of changes: financial information and information about identification documents

A7-050   **48A.**—(1) If there is a change in any of the financial information (see paragraph 1 of Schedule 3A), or information about identification documents (see paragraph 2 of that Schedule), in relation to a person to whom the notification requirements apply, the person must notify the police of the change.

(2) For the purposes of subsection (1) there is a change in the financial information if—
    (a) an account previously notified in accordance with this Part is closed;
    (b) a payment card previously notified in accordance with this Part is no longer held by the person notified as holding it;
    (c) an account is opened, or a payment card is obtained, which would have been required to be notified in accordance with section 47(2)(gb) if the account or card had been held at the time when notification was made under section 47(1);
    (d) any other financial information previously notified in accordance with this Part is altered or becomes inaccurate.

(3) For the purposes of subsection (1) there is a change in the information about identification documents if—
    (a) the person ceases to hold a passport or other document previously notified in accordance with this Part;
    (b) the person obtains a passport or other document which would have been required to be notified in accordance with section 47(2)(gc) if it had been held at the time when notification was made under section 47(1).

(4) Where a change required to be notified under subsection (1) relates to opening a new account or obtaining a new payment card as mentioned in subsection (2)(c), the person must in notifying the change include all the information (so far as relevant) specified in paragraph 1(2) of Schedule 3A in respect of the new account or card.

(5) Where a change required to be notified under subsection (1) relates to the holding of a new passport or other document as mentioned in subsection (3)(b), the

person must in notifying the change include all the information (so far as relevant) specified in paragraph 2 of Schedule 3A in relation to the new passport or other document.

(6) Notification under this section must be made before the end of the period of three days beginning with the day on which the event in question occurs.

(7) In determining the period within which notification is to be made under this section, any time when the person is—
 (a) remanded in or committed to custody by any order of a court,
 (b) serving a sentence of imprisonment or detention,
 (c) detained in a hospital, or
 (d) detained under the Immigration Acts,
is to be ignored.

(8) Notification under this section must be accompanied by re-notification of the other information mentioned in section 47(2).

Section 49 provides that a person must re-notify the police of the information mentioned in s.47(2) every year from the last time they gave notification, except where: A7-051

1) the person has no sole or main residence in the UK in which case re-notification must occur every week; or
2) the person would be required to notify while—
3) remanded in or committed to custody by an order of a court;
4) serving a sentence of imprisonment or detention;
5) detained in a hospital; or
6) detained under the Immigration Acts,
7) in which case s.48(4) and (10) (duty to notify of release and to re-notify other information) apply when the person is released.

Counter-Terrorism Act 2008, s.52

By virtue of s.52(1) and the Counter-Terrorism Act 2008 (Foreign Travel Notification Requirements) Regulations 2009[27] reg.3, an offender subject to notification requirements must give a notification under s.52(2) before they leave the UK, and give a notification under s.52(3) when they subsequently return.   A7-052

A notification under s.52(2) must disclose—

1) the date on which the person intends to leave the UK (s.52(2)(a));
2) the country (or, if there is more than one, the first country) to which the person will travel (s.52(2)(b));
3) the person's point of arrival (determined in accordance with the regulations) in that country (s.52(2)(c));
4) so much of the following information as the person holds—
5) where the person intends to travel to more than one country outside the UK, the person's point of arrival in each such country (other than the point of arrival specified in section 52(2)(c));
6) the name of the carrier the person intends to use to leave the UK and to return to the UK;

---

[27] Counter-Terrorism Act 2008 (Foreign Travel Notification Requirements) Regulations 2009 (SI 2009/2493).

7) the name of any carrier the person intends to use to travel between countries while outside the UK;
8) the address or other place at which the person intends to stay for their first night outside the UK;
9) where the person intends to return to the UK on a particular date, that date;
10) where the person intends to return to the UK at a particular point of arrival, that point of arrival (s.52(2)(d) and SI 2009/2493, reg.3).

Notification under s.52(2) must be given seven days before departure, unless:

1) the offender has a reasonable excuse for not doing so, in which case it must be given as soon as reasonably practicable and at least 24 hours before departure; or
2) the offender did not know the information more than seven days before the intended departure, in which case it must be given at least 12 hours before that date: SI 2009/2943, reg.4.

A7-053 Where the information given by an offender under s.52(2) changes prior to departure, the offender must give a further notification not less than 12 hours before departure, unless the offender has a reasonable excuse for not being able to do so, in which case notification must be given as soon as practicable before departure: SI 2009/2943, reg.4.

Within three days of return the offender must notify under s.52(3) the date of their return to the UK and the point of arrival, unless the offender has previously notified that information under s.52(2) and has returned on that previously notified date and at that previously notified point of return: Counter-Terrorism Act 2008 (Foreign Travel Notification Requirements) Regulations 2009 reg.5.

Counter-Terrorism Act 2008 (Foreign Travel Notification Requirements) Regulations 2009 reg.6 gives the detail of how to give a notification under ss.52(2)–(3), providing that the information must be given at a police station (but not necessarily the offender's local police station) to a police officer or authorised person and that the offender must also inform the person of their (a) name; (b) home address; and (c) date of birth and, if giving a subsequent notification, of the police station at which they gave the first notification under reg.4(1).

Method of Notification

Counter-Terrorism Act 2008 ss.50–51

Method of notification and related matters

A7-054 50.—(1) This section applies to notification under—
   (a) section 47 (initial notification),
   (b) section 48 (notification of change: general),
   (ba) section 48A (notification of changes: financial information and information about identification documents),
   (c) section 49 (periodic re-notification), or
   (d) section 56 (notification on return after absence from UK).
(2) Notification must be made by the person—
   (a) attending at a police station in the person's local police area, and
   (b) making an oral notification to a police officer or to a person authorised for the purpose by the officer in charge of the station.
(3) A person making a notification under section 48 (notification of change) in

relation to premises referred to in subsection (3) of that section may make the notification at a police station that would fall within subsection (2)(a) above if the address of those premises were the person's home address.

(4) The notification must be acknowledged.

(5) The acknowledgement must be in writing, and in such form as the Secretary of State may direct.

(6) The person making the notification must, if requested to do so by the police officer or person to whom the notification is made, allow the officer or person to—
  (a) take the person's fingerprints,
  (b) photograph any part of the person, or
  (c) do both these things,
for the purpose of verifying the person's identity.

(7) In the application of this section to Scotland, references to a police officer are to be read as references to a constable.

By virtue of s.51 of the Counter-Terrorism Act 2008 a "local police area" means—   **A7-055**

(1) the police area in which the person's home address is situated;
(2) in the absence of a home address, the police area in which the home address last notified is situated;
(3) in the absence of a home address and of any such notification, the police area in which the court of trial was situated.

Absences Abroad

Counter-Terrorism Act 2008, ss.55–56

Section 55 of the 2008 Act provides that the initial obligation to notify under s.47 applies where a person is absent from the UK (except where they are removed from the UK), but there is no requirement to notify changes under ss.48, 48A and 49 while absented from the UK. Time spent abroad does not count towards the period of notification and is to be disregarded under s.53(7) as if it were time on remand etc.   **A7-056**

Section 56 provides that where a person would have been required to notify under the Act then on their return from abroad they must notify or (as the case may be) re-notify the police of the information mentioned in section 47(2) within the period of three days beginning with the day of return. However, in determining the period within which notification is to be made under this section, there shall be disregarded any time when the person is—

1) remanded in or committed to custody by an order of a court;
2) serving a sentence of imprisonment or detention;
3) etained in a hospital; or
4) detained under the Immigration Acts.

CONSEQUENCES OF CONVICTION

Interpretation

Counter-Terrorism Act 2008 s.60

Minor definitions for Part 4

A7-057   60.— In this Part—
"contact details" means—
(a) telephone numbers (if any), and
(b) email addresses (if any);
"country" includes a territory;
"detained in a hospital" means detained in a hospital under—
(a) Part 3 of the Mental Health Act 1983 (c. 20),
(b) Part 6 of the Criminal Procedure (Scotland) Act 1995 (c. 46) or the Mental Health (Care and Treatment) (Scotland) Act 2003 (asp 13), or
(c) Part 3 of the Mental Health (Northern Ireland) Order (S.I. 1986/ 595 (N.I. 4));
"home address" means, in relation to a person—
(a) the address of the person's sole or main residence in the United Kingdom, or
(b) where the person has no such residence, the address or location of a place in the United Kingdom where the person can regularly be found and, if there is more than one such place, such one of those places as the person may select;
"hospital order" means—
(a) a hospital order within the meaning of the Mental Health Act 1983,
(b) an order under Part 6 of the Criminal Procedure (Scotland) Act 1995, or
(c) a hospital order within the meaning of the Mental Health (Northern Ireland) Order 1986 (S.I. 1986/595 (N.I. 4));
"identifying information", in relation to a motor vehicle, means—
(a) the registration number of the vehicle,
(b) the make, model and colour of the vehicle, and
(c) the location where the vehicle is normally kept when not in use;
"motor vehicle" means a mechanically propelled vehicle intended or adapted for use on roads;
"passport" means—
(a) a United Kingdom passport within the meaning of the Immigration Act 1971 (c. 77), or
(b) a passport issued by or on behalf of the authorities of a country outside the United Kingdom or by or on behalf of an international organisation, and includes any document that can be used (in some or all circumstances) instead of a passport;
"payment card" means a credit card, a charge card, a prepaid card or a debit card;
"photograph" includes any process by means of which an image may be produced;

"registered keeper", in relation to a motor vehicle, means the person in whose name the vehicle is registered under the Vehicle Excise and Registration Act 1994;

"release" from imprisonment or detention includes release on licence but not temporary release.

Duty to Explain Effect of Notification

Criminal Procedure Rules 2020 r.28.3

Notification Requirements

28.3.—[28](1) This rule applies where, on a conviction, sentence or order, legislation requires the defendant—   **A7-058**

   (a) to notify information to the police; or
   (b) to be included in a barred list.

(2) The court must tell the defendant that such requirements apply, and under what legislation

Breach

Counter-Terrorism Act 2008 s.54

54.—(1) A person commits an offence who—   **A7-059**
   (a) fails without reasonable excuse to comply with—
      section 47 (initial notification),
      section 48 (notification of changes: general),
      section 48A (notification of changes: financial information and information about identification documents),
      section 49 (periodic re-notification),
      section 50(6) (taking of fingerprints or photographs),
      any regulations made under section 52(1) (travel outside United Kingdom), or
      section 56 (notification on return after absence from UK); or
   (b) notifies to the police in purported compliance with—
      section 47 (initial notification),
      section 48 (notification of changes: general),
      section 48A (notification of changes: financial information and information about identification documents),
      section 49 (periodic re-notification),
      any regulations made under section 52(1) (travel outside United Kingdom), or
      section 56 (notification on return after absence from UK),
      any information that the person knows to be false.

(2) A person guilty of an offence under this section is liable—
   (a) on summary conviction, to imprisonment for a term not exceeding 12 months or a fine not exceeding the statutory maximum or both;
   (b) on conviction on indictment, to imprisonment for a term not exceeding 5 years or a fine or both.

(2A) In the application of this section in England and Wales, the reference in

---

[28] Criminal Procedure Rules 2020 (SI 2020/759).

subsection (2)(a) to 12 months is to be read as a reference to the general limit in a magistrates' court (or to 6 months in relation to an offence committed before 2 May 2022).

(3) [*Northern Ireland*].

(4) A person—
- (a) commits an offence under subsection (1)(a) above on the day on which the person first fails without reasonable excuse to comply with—
  - section 47 (initial notification),
  - section 48 (notification of changes: general),
  - section 48A (notification of changes: financial information and information about identification documents),
  - section 49 (periodic re-notification),
  - any regulations made under section 52(1) (travel outside United Kingdom), or
  - section 56 (notification on return after absence from UK), and
- (b) continues to commit it throughout any period during which the failure continues.

But a person must not be prosecuted under subsection (1) more than once in respect of the same failure.

(5) Proceedings for an offence under this section may be commenced in any court having jurisdiction in any place where the person charged with the offence resides or is found.

Search Warrants

A7-060 Where a person is subject to the terrorism notification requirements, the police may apply to the magistrates' courts under s.56A of the Counter-Terrorism Act 2008 for a search warrant to enter and search premises for the purpose of assessing the risks posed by the person to whom the warrant relates.

Guidance

Relevance of Notification Requirements to Sentence

A7-061 When sentencing it is not open to a judge to impose a lesser sentence than otherwise would have been appropriate because of the need to register under notification provisions; the effect of the provisions is to be ignored when determining what sentence is commensurate with the seriousness of the offence: *Attorney General's Reference (No.50 of 1997)*[29] (decided in relation to the Sex Offenders Act 1997 but which logically must apply also to terrorism notification).

The effect of notification requirements can, however, be taken into account in determining whether or not further public protection is necessary, such as if a preventative order or an extended sentence should be imposed, or how long such a sentence should be: see, for example, *Attorney General's Reference No.55 of 2008 (C)*.[30]

---

[29] [1998] 2 Cr. App. R. (S.) 155 CA.
[30] [2008] EWCA Crim 2790; [2009] 2 Cr. App. R. (S.) 22.

Who is Subject to Notification Requirements

Detention and training orders

Unlike sex offender notification, the effect of the statutory wording in s.45 of the 2008 Act is that the whole term of the detention and training order is relevant in determining whether the notification requirements apply (not only the detention and training portion).

A7-062

Length of Notification Requirements

Extended sentences

Although decided in relation to notification requirements for sexual offenders, the conclusions in *R. (Minter) v Chief Constable of Hampshire Constabulary*[31] and *R. v Begg*[32] must apply equally to terrorism notification requirements due to the statutory wording. Therefore the entirety of an extended sentence, custodial term and extended licence together constitutes its length for the purposes of the notification regime due to the wording of ss.254, 266 and 279, which provides that an extended sentence is a sentence of imprisonment (or detention in a young offender institution or detention) which is equal to the aggregate of the appropriate custodial term and the extension period.

A7-063

Duty to Explain Effect of Notification

There is a duty to explain the effect of the notification requirements when sentencing under r.28.3 of the Criminal Procedure Rules. However, while there is a duty to explain the effect of the notification requirements, it is submitted that as with notification requirements for sexual offenders (see *R. v Longworth*[33]) the court should take care not to give the impression that it is making the notification requirements part of the sentence or making a further order.

A7-064

Breach

There is no Sentencing Council guideline or decision of the Court of Appeal (Criminal Division) providing guidance as to the sentencing of offences contrary to s.54 of the Counter-Terrorism Act 2008. It is, however, suggested that reference will usefully be had to the guidelines for sexual offence notification requirements (although it is likely that the sentences will be higher due to the serious harms risked).

A7-065

---

[31] [2013] EWCA Civ 697; [2014] 1 W.L.R. 179.
[32] [2019] EWCA Crim 1578; [2020] 1 Cr. App. R. (S.) 30.
[33] [2006] UKHL 1; [2006] 2 Cr. App. R. (S.) 62.

Human Rights Challenges

Right to private life

A7-066   In *R. (Irfan) v Secretary of State for the Home Department*,[34] the Court of Appeal (Civil Division) rejected an argument that the notification requirements were a disproportionate interference with an offender's rights under art.8 of the ECHR and that Pt 4 of the 2008 Act was incompatible with art.8 for lack of any right of review. The court observed that terrorism offences fell into a special category which called for a precautionary approach and which merited giving significant weight to Parliament's assessment of the risk posed by such offenders. The regime was not disproportionate given the relatively moderate intrusion into the private lives of convicted terrorists generally set against the legitimate aim of preventing the grave disorder and crime inherent in terrorism.

However, as Jonathan Hall QC, the independent reviewer of terrorism legislation, has noted in para.7.56 of his Report into Terrorism Acts in 2018: "As the burden of notification for qualifying terrorist offenders increases, the lack of a review mechanism appears unfair and counterproductive, because it offers no means of tapering obligations to aid reintegration and reward good behaviour." Hall has therefore recommended that consideration be given to establishing a means to review terrorist notification requirements, and it may be that in light of the significant increases to the effect of the regime given effect by the Counter-Terrorism and Border Security Act 2019 this is an area ripe for litigation.

BARRING IN RELATION TO WORKING WITH CHILDREN AND VULNERABLE ADULTS

Introduction

A7-067   Following recommendations made by the Birchard Inquiry into the murder of two young girls committed by Ian Huntley (the Soham murders), the Safeguarding Vulnerable Groups Act 2006 created a new barring scheme for people who work with children and vulnerable adults. The purpose of the scheme is to minimise the risk of harm posed to children and vulnerable adults by those that might seek to harm them through their work. The scheme creates two lists: one for those who are barred from engaging in regulated activity with children and one for those who are barred from engaging in regulated activity with vulnerable adults. Barring can either follow as an automatic consequence of a conviction or caution for a listed offence or on a discretionary civil application. This work deals only with the consequences of sentencing and therefore only with automatic barring. Inclusion on the barring list for relevant orders is a consequence of an offender's conviction, and does not depend on any order of the court. However, as with other consequences of conviction, the court should ensure that they explains the effect of barring to the offender.

There are two types of automatic inclusion; automatic inclusion with no opportunity to make representations, and automatic inclusion subject to an opportunity to make representations to the Disclosure and Barring Service (DBS) as to why inclusion should not follow. Barring does not apply in relation to any offence committed by a person when under the age of 18.

---

[34]   [2012] EWCA Civ 1471; [2013] 2 W.L.R. 1340.

Legislation

Barring Does not Apply to Offences Committed when under the Age of 18

By virtue of para.24(4) of Sch.3 to the Safeguarding Vulnerable Groups Act 2006, any offence committed when under the age of 18 is to be disregarded when determining whether the conditions for inclusion on the barred lists are met. Accordingly, automatic barring does not apply to offences committed under the age of 18; even if the offender is convicted when 18 or over.

A7-068

Automatic Inclusion Without Representations

Children's list

Safeguarding Vulnerable Groups Act 2006 Sch.3 para.1

1.—(1) This paragraph applies to a person if any of the criteria prescribed for the purposes of this paragraph is satisfied in relation to the person.

(2) If DBS is satisfied that this paragraph applies to a person, it must include the person in the children's barred list.

A7-069

By virtue of reg.3 of the Safeguarding Vulnerable Groups Act 2006 (Prescribed Criteria and Miscellaneous Provisions) Regulations 2009[35] and para.1 of the Sch. to those regulations, the following offences under the law of England and Wales are prescribed as offences which attract automatic inclusion on the children's list:

A7-070

Offence	Condition
s.4 of the Criminal Law Amendment Act 1885	No further condition
s.1 of the Sexual Offences Act 1956	Where the offence was committed against a child
s.5 of the Sexual Offences Act 1956	No further condition
s.128 of the Mental Health Act 1959	Where the offence was committed against a child
ss.1 or 2 of the Sexual Offences Act 2003	Where the offence was committed against a child
s.5, 6, 7 or 8 of the Sexual Offences Act 2003	No further condition
s.30 of the Sexual Offences Act 2003	Where the offence was committed against a child
s.31 of the Sexual Offences Act 2003	Where the person caused or incited to engage in sexual activity was a child
s.32 of the Sexual Offences Act 2003	Where the person who was present or in a place from which the person committing the offence could be seen was a child

---

[35] Safeguarding Vulnerable Groups Act 2006 (Prescribed Criteria and Miscellaneous Provisions) Regulations 2009 (SI 2009/37).

Offence	Condition
s.33 of the Sexual Offences Act 2003	Where the person caused to watch the sexual activity in question was a child
s.34 of the Sexual Offences Act 2003	Where the offence was committed against a child
s.35 of the Sexual Offences Act 2003	Where the person induced, threatened or deceived was a child
s.36 of the Sexual Offences Act 2003	Where the person who agreed to be present or in a place from which the person committing the offence could be observed was a child
s.37 of the Sexual Offences Act 2003	Where the person induced, threatened or deceived was a child
s.38 of the Sexual Offences Act 2003	Where the offence was committed against a child
s.39 of the Sexual Offences Act 2003	Where the person caused or incited to engage in sexual activity was a child
s.40 of the Sexual Offences Act 2003	Where the person who was present or in a place from which the person committing the offence could be seen was a child
s.41 of the Sexual Offences Act 2003	Where the person caused to watch the sexual activity was a child

A7-071   Any offence under s.70 of the Army Act 1955, s.70 of the Air Force Act 1955, s.42 of the Naval Discipline Act 1957 or s.42 of the Armed Forces Act 2006 corresponding to a listed offence (and which also meets the condition requirements) also attracts automatic inclusion on the children's list: para.1(e), (f) and (g) of the Sch. to Safeguarding Vulnerable Groups Act 2006 (Prescribed Criteria and Miscellaneous Provisions) Regulations 2009.

"Child" in this context appears to refer to a person under the age of 18 as per s.60 of the Safeguarding Vulnerable Groups Act 2006 (and the references to children under 16 in some of the lists of offences that attract automatic inclusion).

Vulnerable adult list

Safeguarding Vulnerable Groups Act 2006 Sch.3 para.7

Automatic Inclusion

A7-072   7.—(1) This paragraph applies to a person if any of the criteria prescribed for the purposes of this paragraph is satisfied in relation to the person.

(2) If DBS is satisfied that this paragraph applies to a person, it must include the person in the adults' barred list.

A7-073   By virtue of reg.5 of the Safeguarding Vulnerable Groups Act 2006 (Prescribed Criteria and Miscellaneous Provisions) Regulations 2009[36] and para.3 of the Sch. to those regulations offences contrary to ss.30–41 of the Sexual Offences Act 2003 (and corresponding offences under s.70 of the Army Act 1955, s.70 of the Air Force Act 1955, s.42 of the Naval Discipline Act 1957 or s.42 of the Armed Forces Act

---

[36] Safeguarding Vulnerable Groups Act 2006 (Prescribed Criteria and Miscellaneous Provisions) Regulations 2009 (SI 2009/37).

2006) are prescribed as offence which attract automatic inclusion on the vulnerable adult list.

Child list

Safeguarding Vulnerable Groups Act 2006 Sch.3 para.2
Inclusion Subject to Consideration of Representations

2.—(1) This paragraph applies to a person if any of the criteria prescribed for the purposes of this paragraph is satisfied in relation to the person. **A7-074**
    (2) Sub-paragraph (4) applies if it appears to DBS that—
        (a) this paragraph applies to a person, and
        (b) the person is or has been, or might in future be, engaged in regulated activity relating to children.
    (4) DBS must give the person the opportunity to make representations as to why the person should not be included in the children's barred list.
    (5) Sub-paragraph (6) applies if—
        (a) the person does not make representations before the end of any time prescribed for the purpose, or
        (b) the duty in sub-paragraph (4) does not apply by virtue of paragraph 16(2).
    (6) If DBS —
        (a) is satisfied that this paragraph applies to the person, and
        (b) has reason to believe that the person is or has been, or might in future be, engaged in regulated activity relating to children,
it must include the person in the list.
    (7) Sub-paragraph (8) applies if the person makes representations before the end of any time prescribed for the purpose.
    (8) If DBS—
        (a) is satisfied that this paragraph applies to the person,
        (b) has reason to believe that the person is or has been, or might in future be, engaged in regulated activity relating to children, and
        (c) is satisfied that it is appropriate to include the person in the children's barred list,
it must include the person in the list.

By virtue of reg.4 of the Safeguarding Vulnerable Groups Act 2006 (Prescribed Criteria and Miscellaneous Provisions) Regulations 2009[37] and para.2 of the Schedule to those regulations the following offences under the law of England and Wales are prescribed as offences which attract automatic inclusion on the children's list subject to the opportunity to make representations: **A7-075**

Offence	Condition
Murder	No further condition
Kidnapping	No further condition
Infanticide	No further condition
ss.21, 52, 53, 54 or 55 of the Offences Against the Person Act 1861	No further condition
ss.61 or 62 of the Offences Against the Person Act 1861	Where the person with whom the offence was committed was under the age of 16 or did not consent to the act

---

[37] Safeguarding Vulnerable Groups Act 2006 (Prescribed Criteria and Miscellaneous Provisions) Regulations 2009 (SI 2009/37).

Offence	Condition
ss.2, 3, 5, 6, 7 or 8 of the Criminal Law Amendment Act 1885	No further condition
s.11 of the Criminal Law Amendment Act 1885	Where the person with whom the offence was committed was under the age of 16 or did not consent to the act and the conviction or caution is not a disregarded conviction or caution within the meaning of Ch.4 of Pt 5 of the Protection of Freedoms Act 2012 (convictions or cautions ordered to be disregarded following application to Secretary of State)
s.1 of the Vagrancy Act 1898	No further condition
ss.1 or 2 of the Punishment of Incest Act 1908	Where the offence was committed against a child
s.1 of the Children and Young Persons Act 1933	No further condition
s.1 of the Infanticide Act 1938	No further condition
s.1 of the Sexual Offences Act 1956	Where the offence was committed against a child
ss.2, 3, 4, 6, 7 or 9 of the Sexual Offences Act 1956	No further condition
ss.10 or 11 of the Sexual Offences Act 1956	Where the offence was committed against a child
ss.12 or 13 of the Sexual Offences Act 1956	Where the person with whom the offence was committed was under the age of 16 or did not consent to the act and the conviction or caution is not a disregarded conviction or caution within the meaning of Ch.4 of Pt 5 of the Protection of Freedoms Act 2012 (convictions or cautions ordered to be disregarded following application to Secretary of State)
ss.14, 15, 16, 17, 19, 20, 21, 22, 23, 24, 25, 26, 27, 28, 29, 30 or 31 of the Sexual Offences Act 1956	No further condition
s.128 of the Mental Health Act 1959	No further condition
s.1 of the Indecency with Children Act 1960	No further condition
ss.4 or 5 of the Sexual Offences Act 1967	No further condition

Offence	Condition
s.9(1)(a) of the Theft Act 1968	Where the offence was committed with intent to commit rape before 1 May 2004
s.4(3) of the Misuse of Drugs Act 1971	Where the person to whom controlled drugs were supplied or offered to be supplied was a child
s.54 of the Criminal Law Act 1977	No further condition
s.1 of the Protection of Children Act 1978	No further condition
s.170 of the Customs and Excise Management Act 1979	Where the relevant goods were goods which were prohibited to be imported or brought into the United Kingdom, pursuant to s.42 of the Customs Consolidation Act 1876
s.127 of the Mental Health Act 1983	No further condition
ss.1, 2 or 6 of the Child Abduction Act 1984	No further condition
s.160 of the Criminal Justice Act 1988	No further condition
s.3 of the Sexual Offences (Amendment) Act 2000	No further condition
s.145 of the Nationality, Immigration and Asylum Act 2002	No further condition
ss.1, 2 or 3 of the Female Genital Mutilation Act 2003	Where the offence was committed against a child
s.1 or 2 of the Sexual Offences Act 2003	Where the offence was committed against an adult
ss.3, 4, 9, 10, 11, 12, 14, 15, 16, 17, 18, 19, 20, 25 or 26 of the Sexual Offences Act 2003	No further condition
s.30 of the Sexual Offences Act 2003	Where the offence was committed against an adult
s.31 of the Sexual Offences Act 2003	Where the person caused or incited to engage in sexual activity was an adult
s.32 of the Sexual Offences Act 2003	Where the person who was present or in a place from which the person committing the offence could be seen was an adult
s.33 of the Sexual Offences Act 2003	Where the person caused to watch the sexual activity in question was an adult
s.34 of the Sexual Offences Act 2003	Where the offence was committed against an adult

Offence	Condition
s.35 of the Sexual Offences Act 2003	Where the person induced, threatened or deceived was an adult
s.36 of the Sexual Offences Act 2003	Where the person who agreed to be present or in a place from which the person committing the offence could be observed was an adult
s.37 of the Sexual Offences Act 2003	Where the person induced, threatened or deceived was an adult
s.38 of the Sexual Offences Act 2003	Where the offence was committed against an adult
s.39 of the Sexual Offences Act 2003	Where the person caused or incited to engage in sexual activity was an adult
s.40 of the Sexual Offences Act 2003	Where the person who was present or in a place from which the person committing the offence could be seen was an adult
s.41 of the Sexual Offences Act 2003	Where the person caused to watch the sexual activity in question was an adult
ss.47, 48, 49, 50, 52, 53, 57, 58, 59, 59A or 61 of the Sexual Offences Act 2003	No further condition
ss.62 or 63 of the Sexual Offences Act 2003	Where the relevant sexual offence was one specified in the Schedule to SI 2009/37 (which contains the relevant lists for automatic inclusion) and was intended to be committed in relevant circumstances, if any, specified in Schedule in relation to that offence
ss.66 or 67 of the Sexual Offences Act 2003	Where the offence was committed against a child under the age of 16
s.72 of the Sexual Offences Act 2003	Where the offence committed corresponds to an offence listed in this table
s.4 of the Asylum and Immigration (Treatment of Claimants, etc.) Act 2004	No further condition
s.5 of the Domestic Violence, Crime and Victims Act 2004	No further condition
s.44 of the Mental Capacity Act 2005	No further condition
s.63 of the Criminal Justice and Immigration Act 2008	No further condition
s.62 of the Coroners and Justice Act 2009	No further condition

Offence	Condition
s.2 of the Modern Slavery Act 2015	No further condition
s.5 of the Psychoactive Substances Act 2016	Where the person to whom the psychoactive substance was supplied or offered to be supplied was a child

Any offence under s.70 of the Army Act 1955, s.70 of the Air Force Act 1955, s.42 of the Naval Discipline Act 1957 or s.42 of the Armed Forces Act 2006 corresponding to a listed offence (and which also meets the condition requirements), with the exception of murder, kidnapping and infanticide, also attracts automatic inclusion on the children's list subject to the opportunity to make representations: para.2(g), (h) and (i) of the Sch. to Safeguarding Vulnerable Groups Act 2006 (Prescribed Criteria and Miscellaneous Provisions) Regulations 2009.

A7-076

"Child" in this context appears to refer to a person under the age of 18 as per s.60 of the Safeguarding Vulnerable Groups Act 2006 (and the references to children under 16 in some of the lists of offences that attract automatic inclusion). Similarly, "adult" refers to a person who has attained the age of 18: s.60 of the 2006 Act.

Automatic Inclusion with Opportunity to make Representations

Vulnerable adults list

Safeguarding Vulnerable Groups Act 2006 Sch.3 para.8

Inclusion Subject to Consideration of Representations

8.—(1) This paragraph applies to a person if any of the criteria prescribed for the purposes of this paragraph is satisfied in relation to the person.

A7-077

(2) Sub-paragraph (4) applies if it appears to DBS that—
   (a) this paragraph applies to a person, and
   (b) the person is or has been, or might in future be, engaged in regulated activity relating to vulnerable adults.

(4) DBS must give the person the opportunity to make representations as to why the person should not be included in the adults' barred list.

(5) Sub-paragraph (6) applies if—
   (a) the person does not make representations before the end of any time prescribed for the purpose, or
   (b) the duty in sub-paragraph (4) does not apply by virtue of paragraph 16(2).

(6) If DBS —
   (a) is satisfied that this paragraph applies to the person, and
   (b) has reason to believe that the person is or has been, or might in future be, engaged in regulated activity relating to vulnerable adults,
it must include the person in the list.

(7) Sub-paragraph (8) applies if the person makes representations before the end of any time prescribed for the purpose.

(8) If DBS—
   (a) is satisfied that this paragraph applies to the person,
   (b) has reason to believe that the person is or has been, or might in future be, engaged in regulated activity relating to vulnerable adults, and
   (c) is satisfied that it is appropriate to include the person in the adults' barred list,
it must include the person in the list.

By virtue of reg.6 of the Safeguarding Vulnerable Groups Act 2006 (Prescribed

A7-078

Criteria and Miscellaneous Provisions) Regulations 2009[38] and para.4 of the Sch. to those regulations the following offences under the law of England and Wales are prescribed as offences which attract automatic inclusion on the vulnerable adults list subject to the opportunity to make representations:

Offence	Condition
Murder	No further condition
Kidnapping	No further condition
Infanticide	No further condition
ss.21, 52, 53, 54 or 55 of the Offences Against the Person Act 1861	No further condition
s.61 of the Offences Against the Person Act 1861	Where the person with whom the offence was committed was under the age of 16 or did not consent to the act
s.62 of the Offences Against the Person Act 1861	No further condition
ss.2, 3, 4, 5, 6, 7 or 8 of the Criminal Law Amendment Act 1885	No further condition
s.11 of the Criminal Law Amendment Act 1885	Where the person with whom the offence was committed was under the age of 16 or did not consent to the act and the conviction or caution is not a disregarded conviction or caution within the meaning of Ch.4 of Pt 5 of the Protection of Freedoms Act 2012 (convictions or cautions ordered to be disregarded following application to Secretary of State)
s.1 of the Vagrancy Act 1898	No further condition
ss.1 or 2 of the Punishment of Incest Act 1908	Where the offence was committed against a child or the other party to the offence did not consent to the act
s.1 of the Children and Young Persons Act 1933	No further condition
s.1 of the Infanticide Act 1938	No further condition
ss.1, 2, 3, 4, 5, 6, 7 or 9 of the Sexual Offences Act 1956	No further condition
ss.10 or 11 of the Sexual Offences Act 1956	Where the offence was committed against a child or the other party to the offence did not consent to the act

---

[38] Safeguarding Vulnerable Groups Act 2006 (Prescribed Criteria and Miscellaneous Provisions) Regulations 2009 (SI 2009/37).

Offence	Condition
ss.12 or 13 of the Sexual Offences Act 1956	Where the person with whom the offence was committed was under the age of 16 or did not consent to the act and the conviction or caution is not a disregarded conviction or caution within the meaning of Ch.4 of Pt 5 of the Protection of Freedoms Act 2012 (convictions or cautions ordered to be disregarded following application to Secretary of State)
ss.14, 15, 16, 17, 19, 20, 21, 22, 23, 24, 25, 26, 27, 28, 29, 30 or 31 of the Sexual Offences Act 1956	No further condition
s.128 of the Mental Health Act 1959	No further condition
s.1 of the Indecency with Children Act 1960	No further condition
ss.4 or 5 of the Sexual Offences Act 1967	No further condition
s.9(1)(a) of the Theft Act 1968	Where the offence was committed with intent to commit rape before 1 May 2004
s.4(3) of the Misuse of Drugs Act 1971	Where the person to whom controlled drugs were supplied or offered to be supplied was a child
s.54 of the Criminal Law Act 1977	No further condition
s.1 of the Protection of Children Act 1978	No further condition
s.170 of the Customs and Excise Management Act 1979	Where the relevant goods were goods which were prohibited to be imported or brought into the United Kingdom, pursuant to s.42 of the Customs Consolidation Act 1876
s.127 of the Mental Health Act 1983	No further condition
ss.1, 2 or 6 of the Child Abduction Act 1984	No further condition
s.160 of the Criminal Justice Act 1988	No further condition
s.3 of the Sexual Offences (Amendment) Act 2000	No further condition
s.145 of the Nationality, Immigration and Asylum Act 2002	No further condition
ss.1, 2 or 3 of the Female Genital Mutilation Act 2003	Where the offence was committed against a child

Offence	Condition
ss.1, 2, 3, 4, 5, 6, 7, 8, 9, 10, 11, 12, 14, 15, 16, 17, 18, 19, 20, 25, 26, 47, 48, 49, 50, 52, 53, 57, 58, 59, 59A, 61, 62 or 63 of the Sexual Offences Act 2003	No further condition
ss.66 or 67 of the Sexual Offences Act 2003	Where the offence was committed against a child under the age of 16
s.72 of the Sexual Offences Act 2003	Where the offence committed corresponds to an offence listed in this table
s.4 of the Asylum and Immigration (Treatment of Claimants, etc.) Act 2004	No further condition
s.5 of the Domestic Violence, Crime and Victims Act 2004	No further condition
s.44 of the Mental Capacity Act 2005	No further condition
s.63 of the Criminal Justice and Immigration Act 2008	No further condition
s.62 of the Coroners and Justice Act 2009	No further condition
s.2 of the Modern Slavery Act 2015	No further condition
s.5 of the Psychoactive Substances Act 2016	Where the person to whom the psychoactive substance was supplied or offered to be supplied was a child

A7-079 Any offence under s.70 of the Army Act 1955, s.70 of the Air Force Act 1955, s.42 of the Naval Discipline Act 1957 or s.42 of the Armed Forces Act 2006 corresponding to a listed offence (and which also meets the condition requirements), with the exception of murder, kidnapping and infanticide, also attracts automatic inclusion on the vulnerable adults list subject to the opportunity to make representations: para.4(g), (h) and (i) of the Sch. to Safeguarding Vulnerable Groups Act 2006 (Prescribed Criteria and Miscellaneous Provisions) Regulations 2009.

"Child" in this context appears to refer to a person under the age of 18 as per s.60 of the Safeguarding Vulnerable Groups Act 2006 (and the references to children under 16 in some of the lists of offences that attract automatic inclusion).

Regulated Activities

A7-080 Regulated activities for the children's list are listed in Pt 1 of Sch.4 to the 2006 Act. They include, among other things, the teaching, training or instruction of children, caring for or supervising children and providing physical, emotional or educational wellbeing advice or guidance to children (with exceptions for where such work is incidental) and working in children's homes, children's educational institutions and institutions where children are detained.

Regulated activities for the vulnerable adults list are listed in Pt 2 of Sch.4 to the 2006 Act and regs 24–27 of the Safeguarding Vulnerable Groups Act 2006 (Miscellaneous Provisions) Regulations 2012.[39] In relation to the vulnerable adults list, among other things, they include provision to an adult of health care by, or under the direction or supervision of, a health care professional, providing relevant personal care, providing social work as a social worker and assisting adults who need assistance by reason of age, illness or disability.

Offences

Legislation

Safeguarding Vulnerable Groups Act 2006 ss.7, 9 and 19

Barred person not to engage in regulated activity

7.—(1) An individual commits an offence if he—   A7-081
  (a) seeks to engage in regulated activity from which he is barred;
  (b) offers to engage in regulated activity from which he is barred;
  (c) engages in regulated activity from which he is barred.
(2) A person guilty of an offence under subsection (1) is liable—
  (a) on conviction on indictment, to imprisonment for a term not exceeding five years, or to a fine, or to both;
  (b) on summary conviction, to imprisonment for a term not exceeding the general limit in a magistrates' court, or to a fine not exceeding the statutory maximum, or to both.
(3) It is a defence for a person charged with an offence under subsection (1) to prove that he did not know, and could not reasonably be expected to know, that he was barred from that activity.
(4) It is a defence for a person charged with an offence under subsection (1) to prove—
  (a) that he reasonably thought that it was necessary for him to engage in the activity for the purpose of preventing harm to a child or vulnerable adult (as the case may be),
  (b) that he reasonably thought that there was no other person who could engage in the activity for that purpose, and
  (c) that he engaged in the activity for no longer than was necessary for that purpose.
(5) For the purposes of this section, Schedule 4 is modified as follows—
  (a) in paragraph 1, sub-paragraphs (1)(b) and (2)(a) must be disregarded.
(6) In relation to an offence committed before 2 May 2022, the reference in subsection (2)(b) to the general limit in a magistrates' court must be taken to be a reference to six months.

Use of barred person for regulated activity

9.—(1) A person commits an offence if—   A7-082
  (a) he permits an individual (B) to engage in regulated activity from which B is barred,

---

[39] Safeguarding Vulnerable Groups Act 2006 (Miscellaneous Provisions) Regulations 2012 (SI 2012/2112).

(b) he knows or has reason to believe that B is barred from that activity, and
(c) B engages in the activity.
(2) A personnel supplier commits an offence if—
(a) he supplies an individual (B) to another (P),
(b) he knows or has reason to believe that P will make arrangements for B to engage in regulated activity from which B is barred, and
(c) he knows or has reason to believe that B is barred from that activity.
(3) A person guilty of an offence under this section is liable—
(a) on conviction on indictment, to imprisonment for a term not exceeding five years, or to a fine, or to both;
(b) on summary conviction, to imprisonment for a term not exceeding the general limit in a magistrates' court, or to a fine not exceeding the statutory maximum, or to both.
(4) It is a defence for a person charged with an offence under this section to prove—
(a) that he reasonably thought that it was necessary for the barred person to engage in the activity for the purpose of preventing harm to a child or vulnerable adult (as the case may be),
(b) that he reasonably thought that there was no other person who could engage in the activity for that purpose, and
(c) that the barred person engaged in the activity for no longer than was necessary for that purpose.
(5) For the purposes of this section, Schedule 4 is modified as follows—
(a) in paragraph 1, sub-paragraphs (1)(b) and (2)(a) must be disregarded.
(6) In relation to an offence committed before 2 May 2022, the reference in subsection (3)(b) to the general limit in a magistrates' court must be taken to be a reference to six months.

Offences: other persons

A7-083   19.—(2) A person commits an offence if, in the course of acting or appearing to act on behalf of a personnel supplier—
(a) he supplies an individual (B) to another (P),
(b) he knows or has reason to believe that P will make arrangements for B to engage in regulated activity from which B is barred, and
(c) he knows or has reason to believe that B is barred from the activity.
(5) A person guilty of an offence under subsection (2) is liable—
(a) on conviction on indictment, to imprisonment for a term not exceeding five years, or to a fine, or to both;
(b) on summary conviction, to imprisonment for a term not exceeding the general limit in a magistrates' court, or to a fine not exceeding the statutory maximum, or to both.
(8) For the purpose of subsection (2)(b), Schedule 4 is modified as follows—
(a) in paragraph 1, sub-paragraphs (1)(b) and (2)(a) must be disregarded.
(10) In relation to an offence committed before 2 May 2022, the reference in subsection (5)(b) to the general limit in a magistrates' court must be taken to be a reference to six months.

Guidance

A7-084   There are no reported cases providing guidance on the sentencing of these offences. However, it may be that the guideline for breach of notification requirements (the maximum sentence for which is also five years' imprisonment and which is also concerned with sexual risk) will be of assistance. Careful consideration will need to be given to the extent to which there was harm risked by the behaviour or whether the breach was more technical in nature, as well as the intent behind the breach.

Power to Apply for Review

Under para.18 of Sch.3 to the Safeguarding Vulnerable Groups Act 2006 a person who is included in a barred list may apply to the DBS for a review of their inclusion after a prescribed minimum period has passed. In respect of an offender who is aged 18–24 when barred, and was not previously included on the list, the minimum period is five years: reg.9 of the Safeguarding Vulnerable Groups Act 2006 (Barring Procedure) Regulations 2008.[40] In respect of an offender who was aged 25 or over when barred, and who was not previously included on the list, the minimum period is 10 years: reg.9 of the Safeguarding Vulnerable Groups Act 2006 (Barring Procedure) Regulations 2008. For offenders who have previously been included on the lists or subject to forms of disqualification reference should be made to the Safeguarding Vulnerable Groups Act 2006 (Barring Procedure) Regulations 2008.

A7-085

Duty to tell the Defendant about Barring

By virtue of para.25 of Sch.3 to the Safeguarding Vulnerable Groups Act 2006, the court by or before which a person is convicted of an offence which attracts automatic inclusion on a list, or automatic inclusion subject to representations, must inform the person at the time they are convicted or the order is made that the DBS will or (as the case may be) may include them in the barred list concerned. This duty is expanded further by r.28.3 of the Criminal Procedure Rules 2020,[41] which requires a court to tell the defendant where they will be included in a barred list and under what legislation.

A7-086

Guidance

While para.25 of Sch.3 of the Safeguarding Vulnerable Groups Act 2006 and r.28.3 of the Crim PR only require the court to explain to the offender that they will be included on the barred list and the legislation which applies, there is a duty on the DBS to write to the offender to inform the offender of their inclusion on the list under para.14 of Sch.3 to the 2006 Act and it is their practice to include further information explaining the effect of barring at this stage. In a case where the offender has previously been involved in activities from which they may or will be barred, and where an immediate custodial sentence is not being imposed, it may be desirable to provide a further explanation of the effect of barring at sentence.

A7-087

AUTOMATIC LIABILITY FOR DEPORTATION

Introduction

Sections 32–39 of the UK Borders Act 2007 provide that subject to certain exceptions an offender who is not a British citizen and who is sentenced to an immedi-

A7-088

---

[40] Safeguarding Vulnerable Groups Act 2006 (Barring Procedure) Regulations 2008 (SI 2008/474).
[41] Criminal Procedure Rules 2020 (SI 2020/759).

ate custodial sentence of at least 12 months in respect of a single offence is automatically liable to deportation at the direction of the Secretary of State. Offenders are not subject to automatic liability for detention in relation to suspended sentences; sentences which only in aggregate amount to more than 12 months' imprisonment; or where the offender was under the age of 18 at conviction. As the Supreme Court observed in *Ali v Secretary of State for the Home Department*[42] these provisions were enacted in response to significant Parliamentary and public concern about failures to deport large numbers of foreign citizens who had committed serious offences in the UK.

Deportation is organised administratively by the Home Secretary following release and requires no order of the court. Similarly, the court should not consider its effects when imposing a sentence; particularly as there are other mechanisms available to an offender to challenge their deportation.

Legislation

UK Borders Act 2007 s.32

Automatic deportation

A7-089 32.—(1) In this section "foreign criminal" means a person—
   (a) who is not a British citizen [or an Irish citizen],
   (b) who is convicted in the United Kingdom of an offence, and
   (c) to whom Condition 1 or 2 applies.
(2) Condition 1 is that the person is sentenced to a period of imprisonment of at least 12 months.
(3) Condition 2 is that—
   (a) the offence is specified by order of the Secretary of State under section 72(4)(a) of the Nationality, Immigration and Asylum Act 2002 (serious criminal), and
   (b) the person is sentenced to a period of imprisonment.
(4) For the purpose of section 3(5)(a) of the Immigration Act 1971, the deportation of a foreign criminal is conducive to the public good.
(5) The Secretary of State must make a deportation order in respect of a foreign criminal (subject to section 33).
(6) The Secretary of State may not revoke a deportation order made in accordance with subsection (5) unless—
   (a) he thinks that an exception under section 33 applies,
   (b) the application for revocation is made while the foreign criminal is outside the United Kingdom, or
   (c) section 34(4) applies.
(7) Subsection (5) does not create a private right of action in respect of consequences of non-compliance by the Secretary of State.

A7-090 Although s.32 of the 2007 Act lists two conditions, ss.32–38 are, as of 5 November 2020, it is only in force in respect of a person to whom Condition 1 applies: art. 2 of the UK Borders Act 2007 (Commencement No.3 and Transitional Provisions) Order 2008.[43] That an offender satisfies Condition 2 will not therefore lead to automatic liability for deportation.

---

[42] [2016] UKSC 60; [2016] 1 W.L.R. 4799.
[43] UK Borders Act 2007 (Commencement No.3 and Transitional Provisions) Order 2008 (SI 2008/1818).

UK Borders Act 2007 ss.33 and 38

Exceptions

33.—(1) Section 32(4) and (5)—
- (a) do not apply where an exception in this section applies (subject to subsection (7) below), and
- (b) are subject to sections 7 and 8 of the Immigration Act 1971 (Commonwealth citizens, Irish citizens, crew and other exemptions).

(2) Exception 1 is where removal of the foreign criminal in pursuance of the deportation order would breach—
- (a) a person's Convention rights, or
- (b) the United Kingdom's obligations under the Refugee Convention.

(3) Exception 2 is where the Secretary of State thinks that the foreign criminal was under the age of 18 on the date of conviction.

(5) Exception 4 is where the foreign criminal—
- (a) is the subject of a certificate under section 2 or 70 of the Extradition Act 2003 (c. 41),
- (b) is in custody pursuant to arrest under section 5 of that Act,
- (c) is the subject of a provisional warrant under section 73 of that Act,
- (ca) is the subject of a certificate under section 74B of that Act,
- (d) is the subject of an authority to proceed under section 7 of the Extradition Act 1989 (c. 33) or an order under paragraph 4(2) of Schedule 1 to that Act, or
- (e) is the subject of a provisional warrant under section 8 of that Act or of a warrant under paragraph 5(1)(b) of Schedule 1 to that Act.

(6) Exception 5 is where any of the following has effect in respect of the foreign criminal—
- (a) a hospital order or guardianship order under section 37 of the Mental Health Act 1983 (c. 20),
- (b) a hospital direction under section 45A of that Act,
- (c) a transfer direction under section 47 of that Act,
- (d) a compulsion order under section 57A of the Criminal Procedure (Scotland) Act 1995 (c. 46),
- (e) a guardianship order under section 58 of that Act,
- (f) a hospital direction under section 59A of that Act,
- (g) a transfer for treatment direction under section 136 of the Mental Health (Care and Treatment) (Scotland) Act 2003 (asp 13), or
- (h) an order or direction under a provision which corresponds to a provision specified in paragraphs (a) to (g) and which has effect in relation to Northern Ireland.

(6A) Exception 6 is where the Secretary of State thinks that the application of section 32(4) and (5) would contravene the United Kingdom's obligations under the Council of Europe Convention on Action against Trafficking in Human Beings (done at Warsaw on 16th May 2005).

(6B) Exception 7 is where—
- (a) the foreign criminal is a relevant person, and
- (b) the offence for which the foreign criminal was convicted as mentioned in section 32(1)(b) consisted of or included conduct that took place before IP completion day.

(6C) For the purposes of subsection (6B), a foreign criminal is a "relevant person"—
- (a) if the foreign criminal is in the United Kingdom (whether or not they have entered within the meaning of section 11(1) of the Immigration Act 1971) having arrived with entry clearance granted by virtue of relevant entry clearance immigration rules,

(b) if the foreign criminal has leave to enter or remain in the United Kingdom granted by virtue of residence scheme immigration rules,

(ba) if the person is in the United Kingdom (whether or not they have entered within the meaning of section 11(1) of the Immigration Act 1971) having arrived with entry clearance granted by virtue of Article 23 of the Swiss citizens' rights agreement,

(c) if the foreign criminal may be granted leave to enter or remain in the United Kingdom as a person who has a right to enter the United Kingdom by virtue of—

(i) Article 32(1)(b) of the EU withdrawal agreement,
(ii) Article 31(1)(b) of the EEA EFTA separation agreement, or
(iii) Article 26a(1)(b) of the Swiss citizens' rights agreement,

whether or not the foreign criminal has been granted such leave, or

(d) if the foreign criminal may enter the United Kingdom by virtue of regulations made under section 8 of the European Union (Withdrawal Agreement) Act 2020 (frontier workers), whether or not the foreign criminal has entered by virtue of those regulations.

(6D) In this section—

"EEA EFTA separation agreement" and "Swiss citizens' rights agreement" have the same meanings as in the European Union (Withdrawal Agreement) Act 2020 (see section 39(1) of that Act);

"relevant entry clearance immigration rules" and "residence scheme immigration rules" have the meanings given by section 17 of the European Union (Withdrawal Agreement) Act 2020.

(7) The application of an exception—

(a) does not prevent the making of a deportation order;
(b) results in it being assumed neither that deportation of the person concerned is conducive to the public good nor that it is not conducive to the public good;

but section 32(4) applies despite the application of Exception 1 or 4.

A7-092 "IP completion day" was 11pm on 31 December 2020.

Interpretation

A7-093 **38.**—(1) In section 32(2) the reference to a person who is sentenced to a period of imprisonment of at least 12 months—

(a) does not include a reference to a person who receives a suspended sentence (unless a court subsequently orders that the sentence or any part of it (of whatever length) is to take effect),
(b) does not include a reference to a person who is sentenced to a period of imprisonment of at least 12 months only by virtue of being sentenced to consecutive sentences amounting in aggregate to more than 12 months,
(c) includes a reference to a person who is sentenced to detention, or ordered or directed to be detained, in an institution other than a prison (including, in particular, a hospital or an institution for young offenders) for at least 12 months, and
(d) includes a reference to a person who is sentenced to imprisonment or detention, or ordered or directed to be detained, for an indeterminate period (provided that it may last for 12 months).

(2) In section 32(3)(b) the reference to a person who is sentenced to a period of imprisonment—

(a) does not include a reference to a person who receives a suspended sentence (unless a court subsequently orders that the sentence or any part of it is to take effect), and

(b) includes a reference to a person who is sentenced to detention, or ordered or directed to be detained, in an institution other than a prison (including, in particular, a hospital or an institution for young offenders).

(3) For the purposes of section 32 a person subject to an order under section 5 of the Criminal Procedure (Insanity) Act 1964 (c. 84) (insanity, &c.) has not been convicted of an offence.

(4) In sections 32 and 33—
 (a) "British citizen" has the same meaning as in section 3(5) of the Immigration Act 1971 (c. 77) (and section 3(8) (burden of proof) shall apply),
 (b) "Convention rights" has the same meaning as in the Human Rights Act 1998 (c. 42),
 (c) "deportation order" means an order under section 5, and by virtue of section 3(5), of the Immigration Act 1971, and
 (d) "the Refugee Convention" means the Convention relating to the Status of Refugees done at Geneva on 28th July 1951 and its Protocol.

Guidance

EU Citizens

Prior to the UK's withdrawal from the EU it was the Secretary of State's policy that no EU citizen be deported unless the term of imprisonment imposed was two years or more: *R. v Kluxen*.[44] The effects of the amendments introduced by Immigration, Nationality and Asylum (EU Exit) Regulations 2019[45] and the Immigration and Social Security Co-ordination (EU Withdrawal) Act 2020 (Consequential, Saving, Transitional and Transitory Provisions) (EU Exit) Regulations 2020[46]—and the general tenor of the Immigration And Social Security Co-ordination (EU Withdrawal) Act 2020—would seem to reverse that policy for offences committed after the end of the implementation period. The exception is in relation to Irish citizens, whom are exempt from the definition of foreign citizen; and, in respect of acts committed before 11pm on 31 December 2020, persons protected by the Withdrawal Agreement (see s.33(6B)).

A7-094

Relevance to decision as to Sentence

Length of appropriate sentence

It is wrong as a matter of principle to reduce an otherwise appropriate sentence so as to avoid liability to automatic deportation thereby subverting Parliament's intent: *R. v Mintchev*[47] and *R. v Alkidar*.[48]

However, in *R. v Hakimzadeh*[49] (as subsequently explained in *Mintchev*) it was held to be permissible to structure the appropriate sentence such as to avoid the automatic deportation provisions (by imposing shorter consecutive sentences rather

A7-095

---

[44] [2010] EWCA Crim 1081; [2011] 1 Cr. App. R. (S.) 39.
[45] Immigration, Nationality and Asylum (EU Exit) Regulations 2019 (SI 2019/745).
[46] Immigration and Social Security Co-ordination (EU Withdrawal) Act 2020 (Consequential, Saving, Transitional and Transitory Provisions) (EU Exit) Regulations 2020 (SI 2020/1309).
[47] [2011] EWCA Crim 499; [2011] 2 Cr. App. R. (S.) 81.
[48] [2019] EWCA Crim 330.
[49] [2009] EWCA Crim 959; [2010] 1 Cr. App. R. (S.) 10.

than one total concurrent term exceeding 12 months' imprisonment). As a matter of principle it is difficult to see how this is acceptable, but as a matter of practice it would be something that would be near impossible for the appellate courts to police.

In *R. v Malik*,[50] the defendant had been sentenced to 14 months' imprisonment; he therefore became liable to automatic deportation. On appeal against sentence, it was submitted that the effect of the sentence was disproportionate, particularly in regard to the defendant's family and should be reduced. The Court concluded that the argument was not open to the defendant as a matter of principle, commenting that what mattered in a sentencing exercise was what the appropriate term of imprisonment was. In the circumstances, the judge's conclusion that 14 months was unimpeachable and in those circumstances it was not for the sentencing judge—and certainly not for the Court of Appeal (Criminal Division)—effectively to retro-fit or re-engineer the appropriate sentence by reference to the potential immigration consequence of the sentence. It is suggested that in doing so the court adopted a more principled approach in line with *Mintchev* than that espoused in *Hakimzadeh*.

Recommendation for deportation

A7-096   As to guidance as to the power to make a recommendation for deportation, see A5-352. As detailed there, it will be rare that a case that does not qualify for automatic deportation should be subject to a judicial recommendation: *R v Kluxen*.[51]

---

[50] [2020] EWCA Crim 957; [2021] 1 Cr. App. R. (S.) 7.
[51] [2010] EWCA Crim 1081; [2011] 1 Cr. App. R. (S.) 39.

CHAPTER A8

NON-RECENT OFFENCES

INTRODUCTION

Usually, offences are committed, investigated, prosecuted and sentenced within a reasonable period of time. Even with the backlog of cases in the magistrates' courts and the Crown Court, there can often be no more than a period of 18 months to 36 months between the date of the offence and the date of the sentencing hearing. In some instances, however, a prosecution is only commenced many years after the commission of the offence or offences. In addition to the obvious evidential issues that this presents, this results in a number of particular issues when it comes to sentencing such offences. For instance, since the commission of the offence and sentence there may have been the introduction of a number of different sentencing regimes, changes to maximum penalties, the introduction of sentencing guidelines and, perhaps most significantly, the defendant having crossed a relevant age threshold. This section provides guidance on the way that courts should proceed in determining: (a) which procedural legislation applies; (b) any restrictions on the maximum sentence; (c) whether, and if so, how, the sentencing guidelines apply; (d) the correct approach to the situation where the defendant has crossed a relevant age threshold between the date of the offence and the date of conviction and sentence; and (e) how to approach the assessment of seriousness and the factor of the passage of time since the offence was committed. **A8-001**

THE APPLICABLE LAW

Which Regime Applies?

The first point to note is that the Law Commission's Sentencing Code has drastically simplified the court's task; the Sentencing Code applies to all convictions on or after 1 December 2020, whenever the offence was committed. Accordingly, where the conviction occurs on or after that date, the Sentencing Code regime will apply; conversely, where the conviction occurred before that date, a previous regime will apply and the position is slightly more complicated. **A8-002**

The key issue to consider is therefore the date of the conviction:

1) where it is on or after 1 December 2020, reference should be made to the Sentencing Code;
2) where it is before that date, reference should be made to the Criminal Justice Act 2003 and the Powers of Criminal Courts (Sentencing) Act 2000, as

repealed but partially saved. Details of this regime are set out at length in *Archbold* 2020 Ch.5A.

The Sentencing Code

Legislation

Sentencing Act 2020 s.2

Application of Code

A8-003   **2.**—(1) The Sentencing Code does not apply where a person is convicted of an offence before 1 December 2020.

(2) Accordingly, any provision that corresponds to a provision of the Sentencing Code continues on and after that date to have effect as regards dealing with a person—
   (a) for an offence of which the person was convicted before that date, and
   (b) in relation to a sentence passed for an offence of which the person was convicted before that date.

(3) Where on or after that date a court is dealing with a person in relation to an offence of which the person was convicted before that date and is required to treat the person as just convicted of the offence, the requirement does not mean that subsection (2) no longer applies.

Guidance

A8-004   The effect of s.2 of the Sentencing Act 2020 is that the Sentencing Code applies to all offenders convicted on or after 1 December 2020. For offences for which the conviction occurred before that date, reference must be made to previous preserved regimes, even where re-sentencing.

Once it has been determined that the Sentencing Code is the applicable regime, it is still necessary to consider the date of the offence in a very small number of cases. Although the Sentencing Code has simplified the transition from one regime to another, its "clean sweep" policy was not applied in certain circumstances where to do so would expose the offender to a heavier penalty than that which applied at the date of the offence, so as to ensure compliance with art.7: e.g. mandatory sentences that did not exist at the time. Practitioners must therefore be aware that the date of the offence will remain relevant in relation to the application of a small number of provisions in the Sentencing Code. Helpfully, the Sentencing Code makes clear on the face of the relevant section where the date of the offence is relevant and how that affects the application of the provision; there is no need to make reference to transitional provisions in separate statutory instruments to ascertain the effect of the law.

It is not necessary here to go into detail about all of the relevant dates; reference to the provision of the Sentencing Code (and the relevant section of this work) will make clear if there are any relevant dates and what they are. There are, however, three significant situations in which it is necessary to have careful reference to the date of the offence:

1) *Offences of murder*:
   (a) where the murder was committed before 18 December 2003 by virtue of para.12 of Sch.21 to the Sentencing Code the court may not impose

a minimum term that is greater than that the Secretary of State would have been likely to impose under their practice prior to December 2002;
(b) where the murder was committed before 2 March 2021, the starting point in para.4 of Sch.21 (taken a knife to the scene with requisite intent) does not apply;
(c) where the murder was committed before 3 December 2012, that the murder that is aggravated by hostility related to disability or transgender identity does not result in a presumption of the application of the starting point in para.3 of Sch.21;
(d) where the murder was committed before 13 April 2015, the murder of a police officer or prison officer in the course of their duty will normally fall within para.3 of Sch.21 rather than para.2 of that Sch.

2) *Life sentences*:
(a) where the offence was committed on or after 1 October 1997 but before 4 April 2005, reference should be made to s.109 of the Powers of Criminal Courts (Sentencing) Act 2000 in order to assess whether the required life sentence for a listed second serious offence applies;
(b) where the offence was committed before 4 April 2005, the required life sentence under s.285 of the Sentencing Code will not apply to the offence;
(c) where the offence was committed on or after 4 April 2005, and the court is considering whether the required life sentence under ss.258, 274 or 285 of the Sentencing Code applies, careful reference should be had to Schedule 19 which in relation to certain offences requires the offence to be committed on or after a certain date;
(d) where considering whether a life sentence for a second listed offence applies under ss.273 or 284 of the Sentencing Code careful reference should be had to Sch.15, which requires the offence to be committed on or after a certain date. No offence committed before 3 December 2012 will attract a life sentence under those provisions.

3) *Minimum sentences*:
(a) where the offence was committed before 1 October 1997, the minimum sentence for a third Class A drug trafficking offence in s.313 of the Sentencing Code does not apply. Further, a conviction in another member state is not a relevant conviction if committed before 16 August 2010;
(b) where the offence was committed before 1 December 1999, the minimum sentence for a third domestic burglary offence in s.314 of the Sentencing Code does not apply. Further, an offence is not a relevant conviction if committed before 1 December 1999, and a conviction in another member state is not a relevant conviction if committed before 16 August 2010;
(c) where the offence is one listed in paras 1 or 2 of Sch.20 that would normally attract the minimum sentence under s.311 of the Sentencing Code for a firearms offence, it will not do so where committed before 22 January 2004. Similarly, an offence listed in para.4 of Sch.20 will not attract that minimum sentence if committed before 6 April 2007;
(d) where the offence was committed before 17 July 2015, the minimum

sentence for a repeat weapon or bladed article offence under s.315 of the Sentencing Code does not apply.

Previous Regimes

A8-005 Where an offender is convicted of an offence prior to 1 December 2020, the Sentencing Code will not apply. Additionally, by virtue of ss.2 and 413 of the Code, the repeals made by the Sentencing Code do not have effect in relation to offenders who are convicted prior to 1 December 2020. Accordingly, those now repealed regimes are preserved for those offences and in such a case reference will need to be made to previous regimes. Principally, this will be the Criminal Justice Act 2003 and the Powers of Criminal Courts (Sentencing) Act 2000. It is suggested that reference is made to the 2021 edition of *Archbold* at §5A–1138 onwards, which contained the law as it applied immediately before the Sentencing Code was brought into force.

Again, there are some key dates which it is helpful to note. The list of dates at A8-004 applies to the law immediately prior to the commencement of the Sentencing Code (and reference may be made to the table of origins published alongside the Sentencing Code to ascertain which provision of the old law was consolidated into the relevant section of the Sentencing Code). However, there are also additional transitional provisions which the "clean sweep" removed but which still apply when applying the preserved regimes.

In particular, it should be noted that where the offence was committed before 4 April 2005, community orders and suspended sentence orders are not available under the Criminal Justice Act 2003. Reference should instead be made to the powers in the Power of Criminal Courts (Sentencing) Act 2000 to impose community rehabilitation orders, community punishment orders, community rehabilitation and punishment orders, drug treatment and drug testing orders and suspended sentence orders. It should be borne in mind that suspended sentence orders under the 2000 Act cannot contain community requirements, and that there must be exceptional circumstances before such a sentence can be imposed. Furthermore, if the offence was committed prior to 1 October 1997 additional transitional requirements listed in the 2000 Act, Sch.11, para.4 require the consent of the offender to certain requirements and orders and disapply certain provisions.

THE APPROACH TO NON-RECENT OFFENCES

Article 7 of the ECHR and Retrospectivity

General

A8-006 Article 7(1) embodies the general principle of legal certainty: "that only the law can define a crime and prescribe a penalty".[1] It requires not just that the penalty imposed is not more severe than the law at the time of the offence permitted, but also that the law was sufficiently precise to enable an individual to discern, to a degree reasonable in the circumstances, the scope and nature of the penalty to which

---

[1] *Achour v France* [2007] 45 E.H.R.R. 2 at [41].

they would be liable.[2] The European Court of Human Rights has held that this entails that the law must be both accessible and foreseeable, so that an individual may be able to understand the potential consequences of their actions.[3]

As we noted in our article in the Criminal Law Review, at [2017] Crim. L.R. 78,[4] the requirement of foreseeability does not mean that the law needs to be absolutely certain and clear: the court has recognised that there will always be a need for the law to be elucidated on and adapted as time passes.[5] Article 7 does not prohibit the gradual clarification of the law through decisions of the courts, or retrospective statutory changes to the law, provided that such developments are reasonably foreseeable in the circumstances.[6] It is clear from the Grand Chamber's decision in *Del Rio Prada v Spain*[7] that art.7 does not even prohibit, in principle, the application of case law developed long after the offence was committed, provided that it was reasonably foreseeable under the law applicable at the time.[8] The ECtHR has been consistent in this robust interpretation of the general principles and limits established by art.7(1).

As we suggested in our article, in relation to new legislation, the scope of art.7 appears to be well understood; indeed, domestic legislation often adopts a defensive approach to the issue, enacting legislation well within the bounds of art.7 and even prospectively applying laws which would not (on current Strasbourg jurisprudence) attract criticism from the Strasbourg court. Perhaps the most notable example of this is Sch.22 to the Criminal Justice Act 2003 (now para.12 of Sch.21 to the Sentencing Code to the extent it is still in force), which created two regimes for the sentencing of murder depending on the date of the commission of the offence, notwithstanding that the maximum sentence had not been altered.

So while the ambit of art.7(1) is prima facie clear and simple—an offender cannot receive a more severe sentence than the law provided for at the time of the offence—it was suggested in the *Criminal Law Review* that this apparent simplicity can be deceiving. The first thing to note is that for art.7(1) to be engaged, it is necessary that there has been a change in circumstances between the commission of the offence and the imposition of sentence. This is typically where there have been changes to maximum sentences and transitions from one regime to another (introducing or repealing a particular type of sentence).

A8-007

The Strasbourg Court has considered numerous issues in relation to the applica-

---

[2] *Kafkaris v Cyprus* [2009] 49 E.H.R.R. 35 at [151].
[3] *SW v United Kingdom* [1996] 21 E.H.R.R. 363 at [44]–[49]. The decision in *SW* has been widely criticised with regards to its application of principle to the facts but has continually been followed by the ECtHR; see, e.g. *Del Rio Prada v Spain* [2014] 58 E.H.R.R. 37 at [111]–[115].
[4] L. Harris, "Old Law and Young Offenders: Sentencing and the Limits of Article 7" [2017] Crim. L.R. 78.
[5] *SW v United Kingdom* [1996] 21 E.H.R.R. 363 at [45]–[49].
[6] In *SW v United Kingdom* [1996] 21 E.H.R.R. 36,3 the court held that the removal of the marital rape exemption by the House of Lords in *R. v R* [1992] 1 A.C. 599; [1992] 94 Cr. App. R. 216 did not violate art.7(1) as it was in the circumstances a reasonably foreseeable development. Similarly, in *Achour v France* [2007] 45 E.H.R.R. 2, the court held that the retrospective application of new recidivist premiums—i.e. liability to a more severe penalty for a new offence as a result of previous convictions—that came into force after the commission of the first offence did not violate art.7(1) as if the offender had taken appropriate legal advice he could have foreseen the possible repercussions of his actions.
[7] [2014] 58 E.H.R.R. 37.
[8] *Del Rio Prada* [2014] 58 E.H.R.R. 37 at [111]–[115].

tion of art.7(1) and the issues are diverse.[9] For present purposes, however, only two questions arise:

1) what constitutes a heavier penalty?
2) what was the penalty applicable at the time of the offence?

What Constitutes a Heavier Penalty?

A8-008 The decision in *Coeme v Belgium*[10] held that where a penalty imposed after trial was higher than that which would have been received at the time of the offence but which was within the maximum available at that time, there was no art.7 violation. Article 7 requires that the court must confirm that:

> "at the time when an accused person performed the act which led to his being prosecuted and convicted there was in force a legal provision which made that act punishable, and that the punishment imposed did not exceed the limits fixed by that provision."[11]

This approach was adopted by the House of Lords in *R. (Uttley) v Secretary of State for the Home Department*[12] and upheld by the European Court of Human Rights in declaring an application inadmissible.[13] In *Uttley*, retrospective changes to release provisions applicable to a custodial sentence were challenged by an offender who submitted that such treatment constituted a breach of art.7(1). Lord Phillips stated that:

> "... Art. 7(1) will only be infringed if a sentence is imposed on a defendant which constitutes a heavier penalty than that which could have been imposed on the defendant under the law in force at the time that his offence was committed."[14]

In *Uttley*, Baroness Hale and Lord Rodger raised the possibility of an art.7(1) breach where the fundamental quality or character of the penalty had changed.[15] Although not citing the decision of the ECtHR in *Coeme v Belgium*, the approach adopted by their Lordships endorsed the view that where the sentence actually imposed did not breach the maximum permitted at the time of the offence, there would be no art.7(1) breach. The same robust approach was adopted by the ECtHR in *Kafkaris v Cyprus*.[16]

A8-009 The line of authority—both domestic and European—is therefore abundantly clear; where the penalty imposed does not breach the limits of the penalty permitted by law *at the time of the commission of the offence*, there will be no art.7(1) breach on the grounds of the imposition of a heavier penalty. It can then be seen that domestic legislation, such as prospective only commencement of, for example, changes to community orders under the Criminal Justice Act 2003 (which were only

---

[9] Such as what constitutes a penalty (in *Welch v United Kingdom* [1995] 20 E.H.R.R. 247), whether art.7(1) recognises the principle of lex mitior (in *Scoppola v Italy* [2010] 51 E.H.R.R. 12 at [323]) and the distinction between a penalty and the execution of a penalty (in *Kafkaris v Cyprus* [2009] 49 E.H.R.R. 35).
[10] *Coeme v Belgium* (32492/96, 32547/96, 32548/96, 33209/96 and 33210/96) unreported 22 June 2000.
[11] *Coeme* (32492/96, 32547/96, 32548/96, 33209/96 and 33210/96) unreported 22 June 2000 at [145].
[12] [2004] UKHL 38; [2004] 1 W.L.R. 2278; [2005] 1 Cr. App. R. 15, p.207.
[13] *Uttley v United Kingdom* (36946/03) unreported 29 November 2005.
[14] *Uttley v United Kingdom* (36946/03) unreported 29 November 2005 at [21].
[15] *Uttley v United Kingdom* (36946/03) unreported 29 November 2005 at [43] and [46].
[16] [2009] 49 E.H.R.R. 35.

available for imprisonable offences) was not necessary on the status of the domestic and European approach to art.7(1).

Notwithstanding this, there are elements which are capable of challenge. The courts have adopted a narrow definition of the term "heavier penalty", excluding changes to release provisions such that could result in a significant increase in time spent in custody before first release. A recent example of this is the Terrorist Offenders (Restriction of Early Release) Act 2020, the effect of which was to retrospectively alter the release provisions for offenders currently serving custodial sentences for terrorism offences, to delay their release from the halfway point to the two-thirds point of their sentence. The Independent Reviewer of Terrorism Legislation, Jonathan Hall QC, observed that existing case law was supportive of this aspect of the legislation, but appeared to acknowledge that there was a question surrounding whether the legislation would in fact be found to comply with art.7.[17] The approach adopted in this respect is in stark contrast to the case law on the meaning of "severe" in s.11(3) of the Criminal Appeal Act 1968, which prohibits the Court of Appeal (Criminal Division) from imposing, on an appeal against sentence, a sentence the effect of which is to treat the appellant more severely than they were dealt with in the court below. It should be noted, however, that the test in art.7 is much narrower than that found in s.11(3) of the 1968 Act.

The Penalty Applicable "At the Time of the Offence"

The second issue surrounds the concept of the penalty that is applicable at the time of the offence. This has received comparatively little attention by the courts. In [2017] Crim. L.R. 78,[18] we suggested, however, that the courts have appeared to regard this as a comparatively simple exercise. In *Uttley*, Lord Rodger at [39] (and echoed by Baroness Hale at [45]) interpreted the word "applicable" "... as referring to the penalties which the law authorised a court to impose at the time of the offences." In doing so he relied on *Coeme v Belgium*, which as discussed above implicitly interpreted "applicable" as referring to the limits of punishment fixed by the legal provision that made the act punishable.[19] This perceived simplicity—both of the concept and the process by which it is applied in practice—is, for the most part, accurate; in most cases, a brief consideration of the penalty-setting legislation will reveal what the maximum sentence is (or was). It will then be possible to determine, by a consideration of the applicable commencement order(s) and transitional and saving provisions when the penalty-setting provision was in force, the class of offender to whom it applied, and any relevant amendments. It is therefore normally readily ascertainable whether a penalty imposed today was in excess of the penalty permitted at some point in the past. For example, the offence of indecent assault of a female contrary to s.14 of the Sexual Offences Act 1956 originally carried a penalty of up to two years' imprisonment. This was extended in 1961 to five years when the victim was aged under 13 and the victim's age was stated on the indictment. From 1985, this was further extended to 10 years in all

---

[17] J. Hall QC, "*Note on Emergency Legislation (Release of Terrorist Offenders)*", Independent Reviewer of Terrorism Legislation (19 February 2020) at *https://terrorismlegislationreviewer.independent.gov.uk/wp-content/uploads/2020/02/200219-re-Emergency-Bill.pdf* [Accessed 17 July 2023].

[18] L. Harris, "Old Law and Young Offenders: Sentencing and the Limits of Article 7" [2017] Crim. L.R. 78.

[19] *Coeme v Belgium* (32492/96, 32547/96, 32548/96, 33209/96 and 33210/96) unreported 22 June 2000 at [145].

cases. Although this exercise requires some careful consideration, it is possible to clearly ascertain the penalty applicable at any given point in time. We suggested, at [2017] Crim. L.R. 78,[20] that the position is not always so clear, however. In *K v Germany*,[21] the Strasbourg court was concerned with the retrospective imposition of preventative detention, which, while technically within the maximum sentence permitted by the applicable penalty-setting provision, was not available at the time of the commission of the offence. The court found that there was a breach of art.7, as the form of retrospective preventative detention was not available at the time of the offence. Furthermore, where a defendant has crossed a relevant age threshold since the commission of the offence, caution is needed.

Where a Defendant Crosses Relevant Age Threshold

A8-011 As we identified at [2017] Crim. L.R. 78, a particularly complex scenario in which art.7(1) complaints have arisen concerns cases in which the "change" in penalty is not one that arises by virtue of a change of law but by virtue of the offender crossing a relevant age threshold. The issue was dealt with, albeit very briefly, by the Strasbourg court in a decision as to admissibility in the case of *Taylor v United Kingdom*.[22] Taylor had committed various violent offences when aged 14. Owing to various delays Taylor was only convicted a year later, by which point he had attained the age of 15. Taylor was convicted and sentenced to 18 months' detention in a young offender institution when aged 15. At the time of the offence, a 14-year-old could not receive any form of custodial sentence for the offences he was convicted of. Taylor therefore challenged his sentence on the grounds that it breached art.7(1) as the imposition of a heavier penalty than that which was applicable at the time of the offence. The court rejected the application in its entirety, stating that there was no appearance of a breach of art.7(1), on the basis that there was never any guarantee that proceedings would be concluded before Taylor turned 15, that statute defined the sentencing powers of the courts with respect to young offenders convicted of such offences and that domestic case law had long made clear that the age of the offender for the determination of the sentence was their age at conviction, not their age at the date of the offence. The court therefore held that:

> "[the provisions were not] uncertain or unpredictable as to the manner of their application to young accused persons who move from one age bracket to another in the course of criminal proceedings."

In *R. v Ghafoor*,[23] the defendant had committed an offence of riot, aged 17. He pleaded guilty aged 18 and was sentenced to four years six months' detention in a young offender institution. This was on the basis that the maximum sentence for an adult (aged 18+) at conviction was 10 years whereas the maximum sentence for a 17-year-old at conviction was a detention and training order of 24 months. On appeal against sentence, the defendant submitted that the sentence constituted a breach of the art.7(1) prohibition on the imposition of a heavier penalty than that which applied at the time of the offence. For this purpose, it was submitted that "applicable" in art.7(1) was to be read as "applicable to the offence and the offender".

---

[20] L. Harris, "Old Law and Young Offenders: Sentencing and the Limits of Article 7" [2017] Crim. L.R. 78, 83.
[21] [2013] 56 E.H.R.R. 28.
[22] [2003] 36 E.H.R.R. CD104.
[23] [2002] EWCA Crim 1857; [2003] 1 Cr. App. R.(S.) 84.

The Crown disagreed with that interpretation. The court held that the sentence did not involve any violation of art.7(1), noting that:

1) the law did not change between the date of the offence and the date of conviction;
2) it was at all material times clear and predictable;
3) it permitted a change in the sentencing scheme when an offender was convicted after their 18th birthday.

The court, however, declined to consider the impact of art.7(1) and whether it required a modification of domestic law, and noted that the guidance given in the decisions of the court produced substantially the same result as the result which, it was submitted by the appellant, was required by art.7(1).

In the context of domestic sentencing law pertaining to youths, David Thomas suggested that any other interpretation to art.7(1) than that consistently adopted by the courts would lead to extraordinary complications, noting that the clarity and certainty of the law was what underpinned art.7(1).[24] Emmerson, Ashworth and Macdonald described the decision in Taylor as further support for the construction of art.7 adopted by *Uttley* and *Kafkaris*.[25] The position is, we suggested, unchanged by decisions in the intervening period since the publication of their work in 2012.

As is evident, it will be vitally important to ascertain the precise sentencing powers of the court at the time of the offence. To do so, particularly in a case which is many, many years old, will be complex and difficult. In this regard, it is suggested readers refer to the tables in *Current Sentencing Practice* at Ch.A8, which detail the available custodial sentences for those aged 10–17 from 1954 until the present day.

Summary

In [2017] Crim. L.R. 601,[26] we summarised the position as regards art.7 and the application to non-recent offences in the following way:

1) art.7 is concerned only with the legality of sentences, and ensuring that no sentence is imposed in excess of the maximum sentence which was applicable at the time of the offence;
2) in this regard, the clear interpretation of art.7 is that is considers not what the maximum sentence was for the offender (of a given age) had they been prosecuted, convicted and sentenced at the time of the offence, but rather the maximum sentence available under the law at the time of the offence if the offender was convicted and sentenced irrespective of age;
3) under domestic sentencing law if the statutory maximum for the offence in the case of an adult was/is a period of imprisonment, then the imposition of any custodial sentence that is not greater than the statutory maximum will not breach art.7 (irrespective of the limitations placed on the sentencing powers of the court by virtue of the offender's age at the time of the offence);
4) art.7 has an extremely limited role to play in sentencing exercises involv-

---

[24] D. Thomas, "Sentencing: Offender Attaining Age of 18 Between Date of Offence and Date of Conviction" [2002] Crim. L.R. 739.
[25] B. Emmerson, A. Ashworth and A. Macdonald (eds), *Human Rights and Criminal Justice*, 3rd edn (London: Sweet and Maxwell, 2012), paras 20–95.
[26] L. Harris, "Sentencing Historic Offences Committed by Youths: Can the Court of Appeal go Further?" [2017] Crim. L.R. 601–612.

ing historic offences or proceedings in which the offender has crossed a relevant age threshold between offending and conviction;
5) as a result of the limited role art.7 has to play, the concept of common law fairness has a crucial role in the determination of the appropriate sentence in such cases.

Determining the Appropriate Sentence

General

A8-014 As noted in the previous section, the question of whether a sentence is lawful (in this context, compliant with art.7) and whether a sentence is appropriate are two distinct questions. For instance, it might be lawful to impose a life sentence for a robbery, but that does not mean it is appropriate to impose a life sentence for every case of robbery—in fact, quite the reverse. In all cases, however, the first step will be establishing what the law provided for at the time of the offence, in particular:

1) the maximum penalty at the time of the offence (noting whether this has increased or decreased since);
2) whether a custodial sentence was available at the time of the offence:
3) for the offender if they had been convicted and sentenced at that time; or
4) for the offender if they had been convicted and sentenced at some point in the future.

So, having determined what is and is not lawful for the purposes of sentencing an offender convicted of an offence committed many years ago, the court will need to determine how to approach the sentencing exercise. In particular, this involves a question of whether there should be any deviation from the approach adopted in relation to recent offences—i.e. those committed, prosecuted and sentenced in a timely manner. This section sets out the approach as determined by the Court of Appeal (Criminal Division) and offers some critical thoughts as to how this might be improved in a more principled way. This section applies to cases to which the Sentencing Code applies, and those which involve a conviction predating the Sentencing Code.

Current Sentencing Practice and Sentencing Guidelines

The current law

The approach to offences committed as adults

A8-015 The Court of Appeal (Criminal Division) in *R. v H*[27] set out a number of principles to be followed in non-recent cases. The following are those relevant to the application of sentencing guidelines:

1) sentence would be imposed at the date of the sentencing hearing, on the basis of the legislative provisions then current, and by measured reference to any current Definitive Sentencing Guidelines relevant to the situation revealed by the established facts;
2) although sentence must be limited to the maximum sentence at the date

---

[27] [2011] EWCA Crim 2753; [2012] 1 W.L.R. 1416.

when the offence was committed, it was wholly unrealistic to attempt an assessment of sentence by seeking to identify what the actual sentence for the individual offence and particular offender was likely to have been if the offence had come to light at or shortly after the date it was committed;

3) if the maximum sentence for the offence had been reduced since the date of the commission of the offence, the more severe attitude to the offence previously, even if it could be established, should not apply.

That guidance has since been endorsed by the Sentencing Council in Annex B of its Definitive Guideline on Sexual Offences, and by the five-judge court in *R. v Forbes*.[28] The court in *Forbes* summarised the approach to be taken at [13]:

"The court is, as has been stated, not concerned to ascertain what sentence would have been passed if the case had been tried shortly after the offence had been committed; it is only concerned to ascertain the statutory maximum."

The court stated that this was subject to a limited exception (see A8-021) but that, generally, the approach to the sentencing guidelines was as stated in *H*, namely, to make "measured reference" to the applicable guideline. At [9], the court stated:

A8-016

"The phrase 'have regard to' (which was intended to have the same meaning as 'by measured reference to') was intended to make it clear that the judge should not simply apply the relevant guideline applicable at the date of sentence, subject to any lower statutory maximum sentence applicable at the date the offence was committed, but use the guideline in a measured and reflective manner to arrive at the appropriate sentence."

In *R. v DL*,[29] the court held that the term "measured reference" did not prescribe a mathematical approach, but rather to cause the sentencing judge to reflect the previous, lower, maximum sentence as part of the composition of the sentence based on current sentencing guidelines; and that the court had to achieve a proper calibration and thereby some reduction to reflect the statutory maximum sentence available at the date of offending.

In relation to offences which have what might be regarded as inappropriately low maximum sentences, and the approach to sentencing in such circumstances, see *R. v Griffiths*[30] at A4-435.

Commentary

At [2017] Crim. L.R. 78,[31] we suggested that the approach adopted by the court in the case of adults leads (or at least can lead) to an unfairness arising from an unprincipled approach to sentencing. The sentencing court is left with wide discretion with the inevitable result being a disparate interpretation of the term "measured reference" and no clear guidance on how to determine whether a reduction ought to be made and the extent of it.[32] This echoed similar concerns raised by Lyndon Harris in [2016] Crim. L.R. 946, where it was said that:

A8-017

---

[28] [2016] EWCA Crim 1388; [2017] 1 W.L.R. 53.
[29] [2020] EWCA Crim 881; [2020] 4 W.L.R. 118.
[30] [2020] EWCA Crim 732; [2020] 2 Cr. App. R.(S.) 54.
[31] L. Harris, "Old Law and Young Offenders: Sentencing and the Limits of Article 7" [2017] Crim. L.R. 78.
[32] L. Harris and D. Bunting, "Has the approach to sentencing historic offences changed?" [2015] Arch. Rev. 5.

"... the meaning of making 'measured reference' to the current guideline remains a mystery. We know that it is inappropriate simply to apply the guideline, yet the precise methodology remains unclear. Is it simply the case—perhaps as with the issue of totality—that it is not capable of further articulation? This forces reliance upon the intuition of the sentencer; this, as is well known, can result in disparity and a divergence of approach. To the extent that a precise methodology is capable of articulation, that would clearly be welcomed."[33]

Furthermore, at [2017] Crim. L.R. 567,[34] it was suggested that "measured reference" (which the court in Forbes had stated meant the same as "have regard to"—the duty that was applicable to sentencing guidelines produced by the Sentencing Guidelines Council, before it was replaced by the stronger duty to "follow" guidelines in 2010) was indistinguishable from the later duty to "follow" and, accordingly, this guidance was of limited utility. Further guidance is necessary as the present situation leaves the sentencer with very wide discretion, but with limited assistance from the Court of Appeal (Criminal Division) and the Sentencing Council.

The wide discretion has been narrowed in the case of offences committed as youths by the helpful guidance in *Ahmed*. That is to be welcomed, given the undesirable amount of judicial discretion the former approach created. It is important to recall that the court is required by Parliament to impose a sentence which is commensurate with the seriousness of the offence. That in itself creates difficulties given the various approaches which could be adopted to the assessment of harm and culpability. Thus, as set out above, (having addressed the position as regards art.7) as stated in 2023 in *Criminal Law Review*, [2023] Crim. L.R. 483:[35]

"The initial question concerns the seriousness of the offence, the harm and culpability involved in the offence. That's a question anchored to the time of the offence (and hence the passage in the guideline and found in the case law is principled and correct). And so to the question of the passage of time—what effect does it have? It might reveal that the incident is a one off (which can be advanced as personal mitigation), or the reverse, it was not (the loss of such mitigation). The passage of time can of course inform the assessment of harm (a sentencing court generally makes an estimation based on evidence of the harm that will eventuate in the future, or the extent to which the harm will subside). A court sentencing for a non-recent offence has the benefit of being able to ascertain that position with some degree of certainty. The other obvious relevance is the absence of a guilty plea (or until the complaint was made). Again, this would appear to be the absence of mitigation."

A8-018 The passage of time between offence and sentence is relevant, of course. However, it is suggested that it does not fundamentally alter the nature and purpose of the exercise. The passage of time might make available (or remove) factors of personal mitigation, and might inform the assessment of harm. However, ultimately, it does nothing to the assessment of seriousness. That said, the passage of time is capable of being relevant in a number of respects:

1) changing societal attitudes;
2) the assessment of harm;

---

[33] L. Harris, "Sentencing: R. v Forbes (Stephen John) (Case Comment)" [2016] Crim. L.R. 946–949.
[34] L. Harris, "Sentencing: R. v L (Case Comment)" [2017] Crim. L.R 567.
[35] [2023] Crim. L.R. 483, 484–485.

3) the assessment of culpability;
4) reduced impact of criminal sanction;
5) post-offence behaviour.

It is quite clear from the approach of the courts in England and Wales that changing societal attitudes is not a factor that operates in the favour of the defendant.[36] The problem with such arguments is that the behaviour was criminal at the time of its commission and the penalty imposed does not exceed the maximum available at the time. Clearly, the harm occasioned by the offending does not change with societal attitudes—in fact it tends to be that our understanding of the harms has improved. Any argument that a sentence must be reduced on the basis of previous societal attitudes is therefore one rooted in an argument of reduced culpability, or one rooted in an argument of legitimate expectation. Dealing first with reduced culpability, can it really be said that there is reduced culpability because something was (allegedly) seen to be more acceptable at a point in time in the past? One might suggest that citizens regulate their behaviour by virtue of the law and the societal standards prevalent at the time (see, e.g. homophobic references in television and film still prevalent in the 2010s) and thus, the changing societal attitudes should factor into the sentencing decision. However, to the extent this is a legitimate factor to consider when assessing culpability it is hard to see why it should be one that has a significant effect compared with other factors (such as the targeting and grooming of vulnerable persons) given that the behaviour was always criminalised. In the absence of evidence of particular group pressure (such as the commission of a group offence where the offender played a limited role), it is suggested that this factor must be one to which limited weight if any can properly be given. Turning to the argument based on legitimate expectation, while this may be superficially attractive it is suggested that for the same reasons it is not persuasive. Additionally, it can be argued that the offender has benefited from not having been apprehended for a number of years, and accordingly any loss of legitimate expectation does not give rise to any particular unfairness.

The relevance of the passage of time to the assessment of harm will vary. Often in the context of non-recent offences an assessment of harm is in some ways easier than in relation to other offences, as the court has evidence of the long-term impacts and harms of the offending on the victim. A factor that may, however, have increased the harm resulting from the offence is that the victim knew that the offender had remained at large over the years, and had not been appropriately punished. It may, for example, have caused the victim significant distress to believe that the perpetrator may return and offend against them again, or offend against another victim. This would seem to need to be a factor to be borne in mind when sentencing, although this will perhaps be a more powerful factor where a complaint was made in a timely manner, though of course it is to be recognised that there are many reasons that victims do not make contemporaneous complaints.

As discussed above, a factor that may be relevant to the assessment of culpability will be changing societal attitudes since the offence. A further factor that has

---

[36] See, e.g. *Attorney General's Reference (R. v GS)* [2023] EWCA Crim 666 in which the Court stated that the current approach to sentencing non-recent offences "… requires the sentence to give effect to modern attitudes for the purposes of assessing the harm to the victim and the culpability of the offender, and to the sentence lengths which the guidelines reflect for those factors". Almost inevitably, that operates to increase the severity of the sentence as compared with the assessment of harm and culpability at the date of the commission of the offence.

been suggested to be relevant is the offender's continued failure to turn themselves in; an example of this is perhaps seen in the decision of *R. v Green*.[37] It is, of course, necessary to recognise that there can be no punishment for the offender not having marched into a police station shortly after committing the offence to confess; among other things there is a clear and obvious tension with the burden of proof and the privilege from self-incrimination. It is an elementary principle of justice that an offender has a right to put the prosecution to proof, and while there may be a feeling that the individual has somehow "got away with it" for a period of time and should be punished for that, it would clearly be inappropriate to treat the offender's decision not to plead guilty at the time of the offence as a factor increasingly culpability. Instead this factor is likely to be relevant to sentence only to the extent that there is likely to be less mitigation available to the offender by way of remorse and early admissions.

In a non-historic case, the impact of the criminal sanction is felt immediately: a criminal record, loss of liberty and potential stigma (depending on the offence type). Importantly, though, the effect of that is felt, potentially, for the remainder of the defendant's life. In non-recent cases, that impact is delayed. The delayed impact of imprisonment is perhaps minor, in comparison to an individual who has been able to continue in their employment, or go on to have a successful career without being hindered by a criminal record that in other circumstances would have been present and would have, for instance, ended their career as a teacher, or limited their career prospects. In some cases, offenders will have been able to earn more money, have more successful careers and achieve things that they wouldn't otherwise have been able to. Additionally, there is the social stigma of a conviction that would have stayed with them for the remainder of their life, say, 50 years; where an offender is only convicted many years after the offence that period will be reduced—sometimes, drastically. It is, therefore, potentially arguable that the severity of the sentence imposed could be increased to account for the reduced impact of the punishment by virtue of the offence being prosecuted and sentenced many years after its commission. On the other hand, however, the passage of time may lead to claims that the defendant has "more to lose", and furthermore, the passage of time will ordinarily have resulted in an increase in the length of sentence appropriate. It could be argued the result is that it would be inappropriate to increase the sentence further on that basis.

A8-020   Finally, there is the post-offence behaviour of the defendant. In non-recent offences, the court is in the position of knowing what the defendant has done in their life post-offence. Cases in which there has been no further offending may tend towards a modest reduction in sentence to reflect the fact that the offence was a "one-off"; conversely, repeat offences post-offence will operate to remove this element of mitigation, but not operate to aggravate the seriousness of the offence. Where the defendant has led a life displaying good character—say, engaging in charity work, or work providing some other public benefit—this too may operate to mitigate the sentence. Generally, however, as held in *R. v Forbes*[38] and in Annex B of the Sentencing Council's guideline for sexual offences, the effect of this factor will be limited and the more serious the offence the less weight can be given to it; additionally, what is of material significance is proper evidence of positive

---

[37] [2019] EWCA Crim 196. See S. Walker, "New Cases: Sentence: Totality: R. v Green" CLW/19/10/4.
[38] [2016] EWCA Crim 1388; [2017] 1 W.L.R. 53; [2016] 2 Cr. App. R.(S.) 44.

good character or exemplary conduct, rather than simply not having committed further offences.

As to international approaches to non-recent offences, two examples reveal that the approach adopted in England and Wales is far from accepted as the superior approach. For instance, Minnesota in the US and Australia generally approach such exercises by applying historic, rather than contemporary, sentencing levels.[39]

Offender has Crossed Relevant Age Threshold Since Committing the Offence

General

Having determined the powers that are available to the court, having regard to art.7 of the ECHR, it falls to consider how to apply them. This issue is most acute when the offender has crossed a relevant age threshold since the commission of the offence. This applies to all offences, not just non-recent offences, but it is perhaps most pronounced in the context of an offence committed when under the age of 18, prosecuted, convicted and sentenced when over the age of 18 (often many years older than 18).

A8-021

There are two particular issues that present themselves in such cases:

1) the relevance of any limit on the imposition of a custodial sentence on an offender of the offender's age at the time of the offence;
2) the extent to which the sentencing principles applicable to sentencing children and young persons continue to apply.

Current law

The current position for the sentencing of non-recent offences committed when the offender was a child differs and was comprehensively reviewed by a special court in *R. v Ahmed (Nazir)*.[40]

A8-022

In submissions, the parties had identified a tension in the authorities, namely *Limon* and *Priestley* on the one hand, and *H* and *Forbes* on the other.

The court stated those who were under the age of 18 when they offend had long been treated by Parliament, and by the courts, differently from those who are adults and that that was because of a recognition that, in general, children were less culpable, and less morally responsible, for their acts than adults. Accordingly, a different approach to sentencing was required and children were not to be treated as if they were just cut-down versions of adult offenders. There was no reason why the distinction in levels of culpability should be lost merely because there has been a lapse of time which means that the offender was an adult when sentenced for offences committed as a child.

The court set out the proper approach as follows:

(1) Whatever may be the offender's age at the time of conviction and sentence, the Children and Young Persons guideline was relevant and must be followed unless the court was satisfied that it would be contrary to the interests of justice to do so.

---

[39] "Sentencing Historic Offences" Centre for Criminology Blog, 10 May 2017, University of Oxford at *https://www.law.ox.ac.uk/centres-institutes/centre-criminology/blog/2017/05/sentencing-historic-offences* [Accessed 18 October 2022].

[40] [2023] EWCA Crim 281; [2023] 1 W.L.R. 1858.

(2) The court must have regard to (though is not necessarily restricted by) the maximum sentence which was available in the case of the offender at or shortly after the time of their offending.
(3) The court must take as its starting point the sentence which it considered was likely to have been imposed if the child offender had been sentenced shortly after the offence.
(4) If, in all the circumstances of the case, the child offender could not in law have been sentenced (at the time of their offending) to any form of custody, then no custodial sentence may be imposed.
(5) Where some form of custody was available, the court was not necessarily bound by the maximum applicable to the child offender. The court should, however, only exceed that maximum where there was good reason to do so. In this regard, the mere fact that the offender has now attained adulthood was not in itself a good reason. It was very difficult to think of circumstances in which a good reason could properly be found.
(6) The starting point taken in accordance with (iii) above would not necessarily be the endpoint. Subsequent events may enable the court to be sure that the culpability of the child offender was higher, or lower, than would likely have been apparent at the time of the offending ([32]).

The court, having considered the argument as to the practical difficulty of identifying the sentence that would have been imposed on a child at the time, gave further guidance in relation to identifying such a sentence, which it is suggested can be summarised as follows:

(1) Identify the maximum sentence available at the time of the offence for adults.
(2) Identify the types and length of custodial sentences that would have been available in the offender's case, and the conditions for their imposition (the court endorsing the table of historically available sentences in Ch.A8 of Current Sentencing Practice).
(3) Identify if there was any sentencing guideline (published by the Sentencing Guidelines Council or Sentencing Council) in force at the time (or, although not mentioned by the court, any guideline judgment of the type pre-dating such guidelines).
(4) If there were differing custodial sentences available, identify the type and length that would have been likely to have been imposed if the child had been sentenced shortly after the offending (the maximum for which may provide significant assistance as to the likely length of the sentence).
(5) Consider the likely custodial sentence that would be imposed for the offence now (the court observing that it is very unlikely that the sentence imposed at the time would have been more severe than that which would be imposed on a child for comparable offending now; and that in multiple offence cases, the chronology and circumstances of the offending may enable the sentencer to focus on the likely sentence at the time for the offending as a whole).
(6) Consider the effect of totality (and that if an offence is committed as an older child or adult then that commonly will be the most serious aspect of the criminality and could be taken as the lead offence with concurrent sentences imposed for the earlier).

Nothing in *Ahmed* affected the approach set out in *H* and *Forbes* in relation to the sentencing of adult offenders for crimes committed after they had attained the age of 18.

In cases where the offender turns an increased age during the indictment period, materially affecting the available sentence (i.e. 14 to 15), it appears from the decision in *R. v LP*[41] that provided the court can be factually sure (to the criminal standard) that the offending occurred at some time after the change of age, they can be treated as of that increased age when determining the maximum sentence available.

Commentary

The decision of the special court in *Ahmed* (which in effect endorsed the approach set out in *R. v Limon (Andrew)*[42]) represents a welcome reversal of the decision in *R. v L*[43] which had previously been the subject of stringent criticism both by James Richardson QC[44] and the authors of this text in 2017[45] and the first and second editions of this work. The approach endorsed helps to retain some greater sense of proportionality with the sentence originally available. While there are clear arguments in both directions, it is suggested that the power of the factor of youth—that the offence was committed when the offender was a child—must outweigh (in all but the most exceptional case) the arguably increased harm and culpability present by the passage of time. As noted by Lyndon Harris and Vincent Scully,[46] that reduced culpability is not affected by any delay in prosecution.

A8-023

Many may feel the new approach is, however, a daunting challenge. There are inevitably significant complexities that will be faced in attempting to determine what the "going rate" was for such offences when the offence was committed many years ago, beyond the professional memory of the sentencing judge and at a time when little was written and recorded about the "going rate" (particularly for youths).

A8-024

However, as was observed by Sebastian Walker: "The task is not to identify the exact sentence a court at the time of the offence would have imposed. To do so would be impossible, just as it is impossible to identify with precision the sentence a court will impose for an offence committed today. The approach to sentencing in this jurisdiction is that there is a range of acceptable sentences that are commensurate with the seriousness of the offence, and the sentencing court has a discretion as to the imposition of a sentence within that range."[47] The task is simply to identify the range of likely sentences.

In practice, this may well involve attempts to track down early copies of Current Sentencing Practice or trawls through the early annals of the Criminal Appeal

---

[41] [2023] EWCA Crim 1077.
[42] [2022] EWCA Crim 39; [2022] 2 Cr.App.R.(S.) 21.
[43] [2017] EWCA Crim 43; [2017] 1 Cr.App.R.(S.) 51.
[44] J. Richardson QC, "New Cases: Sentence: Particular Offences: Sexual Offences: (historic cases): R. v L" CLW/17/20/15.
[45] L. Harris and S. Walker, "Sentencing Historic Offences Committed by Youths: Can the Court of Appeal go Further?" [2017] Crim. L.R. 601–612.
[46] L. Harris and V. Scully, "Sentencing: R. v Limon (Case Comment)" [2022] Crim. L.R. 419.
[47] S. Walker, "Sentence: New Cases: Particular Offences: Sexual Offences (historic cases): R v Ahmed; R. v Stansfield; R. v Priestley; R. v RW; R. v Hodgkinson" CLW/23/12/5.

Reports (Sentencing) but it is likely that the most significant factor will be the legislative framework available for the youth at the time.[48]

It is important also not to lose sight of the wood for the trees; the key matter is how the child themselves would have been sentenced at the time. If any specific evidence can be gathered as to the emotional and developmental age and maturity of the offender at the time of the offence this will be invaluable given the need for specificity in the sentencing of children.

As the court in *Ahmed* noted, a good spot check may well be the type of sentence that the court would impose if it were sentencing the offender at the age at which they committed the offence. While that sentence will not be decisive—it being no longer possible or necessarily appropriate—it should be a persuasive factor. Where a non-custodial sentence would have been imposed that should be particularly persuasive.

---

[48] As to which see L. Harris and V. Scully, "Sentencing: R. v Limon (Case Comment)" [2022] Crim. L.R. 419.

CHAPTER A9

MENTAL HEALTH DISPOSALS

INTRODUCTION

This chapter is concerned with the sentencing of offenders who have significant mental health issues or disorders at the time of sentence and the specific disposals available only for such offenders. It is divided into three parts: (1) pre-sentence; (2) disposals available for offenders on conviction; and (3) disposals available where the defendant has been found unfit to plead but to have done the act or omission alleged, or found to be not guilty by reason of insanity.

A9-001

These disposals are not the only options available for sentencing offenders with mental health issues or disorders. It is a sad fact that many of those who come into contact with the criminal justice system suffer from some form of mental health issue or disorder. For many, the disposals listed in Chs A4 or A6 will be an appropriate disposal. Indeed, some of those disposals have specific capacity to deal with mental health issues such as mental health requirements as part of a community order or suspended sentence order. Mental health as a mitigating factor is also considered more generally at A1-113.

However, the issues created by offenders with significant mental health issues or disorders are many and complex and merit specific and separate consideration in this work. Mental health issues or disorders exist on a spectrum and their relevance to sentence will vary significantly depending on the circumstances of the case. Offenders with mental health issues or disorders often have particular needs and the impacts of their condition on their culpability and the appropriate disposal may require careful and specialist analysis to properly understand. Those with mental health conditions may not present to a sentencing court as that court may expect and expert evidence may be necessary in their sentencing. Similarly, the sentencing disposals available are complex and their relative merits are not always clear. Caution is therefore necessary in all cases in which mental health is a live issue. In particular, where the offender may suffer from a mental disorder within the meaning used by the Mental Health Act 1983, the court should seek assistance from counsel, with appropriate expert reports, to determine the most appropriate course. In some severe cases, the disposal will be designed to address the mental health condition suffered by the offender instead of punishing the offender in a manner that is proportionate to the seriousness of the offence.

Pre-Sentence, Remand and Interim Orders

Reports

Introduction

A9-002 The presence of a mental health condition or disorder will not always be readily apparent and so all those involved in sentencing, particularly an offender's representatives, judges and those drafting pre-sentence reports, should always be alive to the possibility of such conditions and investigate them where evidence suggests they may be present. As per the Sentencing Council's guideline for sentencing children and young persons, this is particularly true where a serious offence has been committed by a young offender.

Where there is evidence suggesting an offender has a mental health issue or disorder the court will be assisted by a pre-sentence report and by appropriate psychiatric or psychological reports: *R. v PS; R. v Dahir; R. v CF*.[1] It is important, though, that the court adequately identifies the issues on which it requires further assistance when commissioning such reports. The court will therefore need to give careful consideration, even at a very early stage, to the issues to which the offender's mental health are likely to be relevant; particular issues may include the culpability of the offender, the risk of harm they pose and their treatment needs.

Pre-Sentence Reports

A9-003 For general guidance on pre-sentence reports, see A3-001. As noted in that section, although pre-sentence reports are likely to assist in the sentencing of offenders with mental health disorders it is to be noted that pre-sentence report writers are rarely experts in mental health disorders.

Medical Reports

Legislation

Mental Health Act 1983 s.35

Remand to hospital for report on accused's mental condition

A9-004 **35.**—(1) Subject to the provisions of this section, the Crown Court or a magistrates' court may remand an accused person to a hospital specified by the court for a report on his mental condition.

(2) For the purposes of this section an accused person is—

(a) in relation to the Crown Court, any person who is awaiting trial before the court for an offence punishable with imprisonment or who has been arraigned before the court for such an offence and has not yet been sentenced or otherwise dealt with for the offence on which he has been arraigned;

(b) in relation to a magistrates' court, any person who has been convicted by the court of an offence punishable on summary conviction with imprisonment and any person charged with such an offence if the court is satisfied that he did the act or made the omission charged or he has consented to the exercise by the court of the powers conferred by this section.

---

[1] [2019] EWCA Crim 2286; [2020] 4 W.L.R. 13.

(3) Subject to subsection (4) below, the powers conferred by this section may be exercised if—
  (a) the court is satisfied, on the written or oral evidence of a registered medical practitioner, that there is reason to suspect that the accused person is suffering from mental disorder; and
  (b) the court is of the opinion that it would be impracticable for a report on his mental condition to be made if he were remanded on bail;
but those powers shall not be exercised by the Crown Court in respect of a person who has been convicted before the court if the sentence for the offence of which he has been convicted is fixed by law.

(4) The court shall not remand an accused person to a hospital under this section unless satisfied, on the written or oral evidence of the [approved clinician] who would be responsible for making the report or of some other person representing the managers of the hospital, that arrangements have been made for his admission to that hospital and for his admission to it within the period of seven days beginning with the date of the remand; and if the court is so satisfied it may, pending his admission, give directions for his conveyance to and detention in a place of safety.

(5) Where a court has remanded an accused person under this section it may further remand him if it appears to the court, on the written or oral evidence of the approved clinician responsible for making the report, that a further remand is necessary for completing the assessment of the accused person's mental condition.

(6) The power of further remanding an accused person under this section may be exercised by the court without his being brought before the court if he is represented by an authorised person who is given an opportunity of being heard.

(7) An accused person shall not be remanded or further remanded under this section for more than 28 days at a time or for more than 12 weeks in all; and the court may at any time terminate the remand if it appears to the court that it is appropriate to do so.

(8) An accused person remanded to hospital under this section shall be entitled to obtain at his own expense an independent report on his mental condition from a registered medical practitioner or approved clinician chosen by him and to apply to the court on the basis of it for his remand to be terminated under subsection (7) above.

(9) Where an accused person is remanded under this section—
  (a) a constable or any other person directed to do so by the court shall convey the accused person to the hospital specified by the court within the period mentioned in subsection (4) above; and
  (b) the managers of the hospital shall admit him within that period and thereafter detain him in accordance with the provisions of this section.

(10) If an accused person absconds from a hospital to which he has been remanded under this section, or while being conveyed to or from that hospital, he may be arrested without warrant by any constable and shall, after being arrested, be brought as soon as practicable before the court that remanded him; and the court may thereupon terminate the remand and deal with him in any way in which it could have dealt with him if he had not been remanded under this section.

Sentencing Act 2020 s.232

Additional requirements in case of offender suffering from mental disorder

232.—(1) This section applies where—
  (a) the offender is or appears to be suffering from a mental disorder, and
  (b) the court passes a custodial sentence other than one fixed by law ("the sentence").

(2) Before passing the sentence, the court must obtain and consider a medical report unless, in the circumstances of the case, it considers that it is unnecessary to obtain a medical report.

A9-005

(3) Before passing the sentence, the court must consider—
 (a) any information before it which relates to the offender's mental condition (whether given in a medical report, a pre-sentence report or otherwise), and
 (b) the likely effect of such a sentence on that condition and on any treatment which may be available for it.
(4) If the court did not obtain a medical report where required to do so by this section, the sentence is not invalidated by the fact that it did not do so.
(5) Any court, on an appeal against the sentence, must—
 (a) obtain a medical report if none was obtained by the court below, and
 (b) consider any such report obtained by it or by that court.
(6) In this section—

"medical report" means a report as to an offender's mental condition made or submitted orally or in writing by a registered medical practitioner who is approved for the purposes of section 12 of the Mental Health Act 1983—
 (a) by the Secretary of State, or
 (b) by another person by virtue of section 12ZA or 12ZB of that Act, as having special experience in the diagnosis or treatment of mental disorder;

"mental disorder" has the same meaning as in the Mental Health Act 1983.
(7) Nothing in this section is to be taken to limit—
 (a) the pre-sentence report requirements (see section 30), or
 (b) any requirement for a court to take into account all information that is available to it about the circumstances of any offence, including any aggravating or mitigating factors.

Criminal Procedure Rules 2020/759 r.28.8

Directions for commissioning medical reports for sentencing purposes

A9-006

28.8.—(1) This rule applies where for sentencing purposes the court requires—
 (a) a medical examination of the defendant and a report; or
 (b) information about the arrangements that could be made for the defendant where the court is considering—
  (i) a hospital order, or
  (ii) a guardianship order.
(2) The court must—
 (a) identify each issue in respect of which the court requires expert medical opinion and the legislation applicable;
 (b) specify the nature of the expertise likely to be required for giving such opinion;
 (c) identify each party or participant by whom a commission for such opinion must be prepared, who may be—
  (i) a party (or party's representative) acting on that party's own behalf,
  (ii) a party (or party's representative) acting on behalf of the court, or
  (iii) the court officer acting on behalf of the court;
 (d) where there are available to the court arrangements with the National Health Service under which an assessment of a defendant's mental health may be prepared, give such directions as are needed under those arrangements for obtaining the expert report or reports required;
 (e) where no such arrangements are available to the court, or they will not be used, give directions for the commissioning of an expert report or expert reports, including—
  (i) such directions as can be made about supplying the expert or experts with the defendant's medical records,

Pre-Sentence, Remand and Interim Orders

　　　　(ii) directions about the other information, about the defendant and about the offence or offences alleged to have been committed by the defendant, which is to be supplied to each expert, and
　　　　(iii) directions about the arrangements that will apply for the payment of each expert;
　　(f) set a timetable providing for—
　　　　(i) the date by which a commission is to be delivered to each expert,
　　　　(ii) the date by which any failure to accept a commission is to be reported to the court,
　　　　(iii) the date or dates by which progress in the preparation of a report or reports is to be reviewed by the court officer, and
　　　　(iv) the date by which each report commissioned is to be received by the court; and
　　(g) identify the person (each person, if more than one) to whom a copy of a report is to be supplied, and by whom.
(3) A commission addressed to an expert must—
　　(a) identify each issue in respect of which the court requires expert medical opinion and the legislation applicable;
　　(b) include—
　　　　(i) the information required by the court to be supplied to the expert,
　　　　(ii) details of the timetable set by the court, and
　　　　(iii) details of the arrangements that will apply for the payment of the expert;
　　(c) identify the person (each person, if more than one) to whom a copy of the expert's report is to be supplied; and
　　(d) request confirmation that the expert from whom the opinion is sought—
　　　　(i) accepts the commission, and
　　　　(ii) will adhere to the timetable

Guidance

General

Psychiatric and/or psychological reports may provide assistance as to the defendant's culpability at the time of the offence and their current mental state viz the impact that custody will have on them.

A9-007

Even where the court is not commissioning the medical report itself under r.28.8, but is aware the parties will seek one, sentencers should identify the particular issues or concerns in relation to which they feel a medical report would assist with the sentencing exercise, so as to ensure that any report is as effective as possible. As emphasised in *R. v PS; R. v Dahir; R. v CF*[2] it is important to identify the real issues in these cases as early as possible.

It is submitted that while they do not strictly apply, those responsible for producing medical reports should have reference to Pt 19 of the Criminal Procedure Rules on Expert Evidence; and in particular should always identify clearly their relevant expertise, and the extent to which they have interacted with the offender and been able to assess them in person, in addition to the scope of their instructions.

In some cases, psychiatric reports prepared for the consideration of issues at trial—such as fitness to plead or the partial defence of loss of self-control—will suf-

A9-008

---

[2] [2019] EWCA Crim 2286; [2020] 4 W.L.R. 13.

ficiently address the offender's mental health for the purposes of sentence, but in others the inherent focus of those reports will be such that further information is required.

When considering medical reports, as with any other expert report, it is important to identify, and bear in mind, the limits of the forensic psychiatrist's expertise and the information on which they have relied in making their assessment.

Offender in custody

A9-009   Where the offender is already remanded in custody, it is submitted that s.35 will not be the appropriate provision by which to obtain a medical report. Instead, s.232 of the Code should be used to obtain a medical report regarding the offender's mental health. A medical report pursuant to s.232 must be prepared by what is colloquially known as a "s.12 doctor", that is one approved for the purposes of s.12 of the Mental Health Act 1983.

Whether remand is required

A9-010   Remand under s.35 of the Mental Health Act 1983 is only available on receipt of evidence from a registered medical practitioner that provides a reason to suspect the defendant is suffering from a mental disorder, and where the court is of the opinion that it would be impracticable for a report on the offender's mental condition to be made if they were remanded on bail: s.35(3). Although it may be exercised prior to conviction, it is a power that allows a court to remand an offender post-conviction for the purposes of obtaining a medical report. Remand under that section will therefore be rare; in many cases reports from medical practitioners will suffice in giving the court the necessary information as to the relevance of the offender's mental disorder, and if they do not further enquiries can be made on bail or while the offender is remanded in prison. There may, however, be cases where it will only be possible to clarify the issue of diagnosis, or the impact of any mental disorder or potential treatment, by means of a period of assessment in hospital and in such cases remand under s.35 will clearly be appropriate.

Where, though there are a number of reports already obtained, the existence of the power in s.35(8) of the 1983 Act, whereby an individual can obtain their own report and thereby achieve release, indicates strongly that the task of a judge, where reports already exist, is to undertake a careful analysis of those reports and reach a conclusion as to whether anything more useful about the diagnosis was to be obtained by remand: *R. (M) v Kingston Crown Court*.[3]

The effect of s.35(4) of the 1983 Act is that the court must be satisfied that arrangements have been made for the defendant's admission to the hospital within a period of seven days. Non-compliance with s.35(4) renders a remand ultra vires and it will be impossible for s.35(4) to be satisfied if there remains an ongoing question as to how any stay will be funded (even if experts are confident funding will be found): *R. (Bitcon) v West Allerdale Magistrates' Court*.[4]

A9-011   The purpose of a remand under s.35 of the 1983 Act is to allow an examination of a defendant's mental condition at the time of the assessment. Accordingly, a remand under s.35 cannot be used to obtain evidence about the offender's mental

---

[3] [2014] EWHC 2702 (Admin); [2015] 1 Cr. App. R. 3 DC.
[4] [2003] EWHC 2460 (Admin); [2003] M.H.L.R. 399 QBD (Collins J).

state or intent at the time of the offence (and for the purposes of sentence to inform an assessment of culpability): *R. (M) v Kingston Crown Court*.[5]

Remand to Hospital for Treatment

Introduction

There may be cases where the need for a person to receive treatment for a mental health disorder is such that they ought to be remanded to hospital for that treatment, rather than being remanded to prison and any issues treated there or bailed with conditions that they comply with directions from medical practitioners. In the Crown Court, s.36 of the Mental Health Act 1983 provides the court with such a power. Remand under that section can only be ordered after conviction where the offender has been remanded for an imprisonable offence, and the court is satisfied on the evidence of two registered medical practitioners that the offender is suffering from a mental disorder such that detention in a hospital for medical treatment is appropriate and available. Remand to hospital is a temporary measure; any detention for longer than 28 days will require a renewal by the court, any renewal may not be for more than 28 days and an offender cannot be subject to a remand under s.36 for longer than 12 weeks in total.

A9-012

Legislation

Mental Health Act 1983 s.36

Remand of accused person to hospital for treatment.

36.—(1) Subject to the provisions of this section, the Crown Court may, instead of remanding an accused person in custody, remand him to a hospital specified by the court if satisfied, on the written or oral evidence of two registered medical practitioners, that
    (a)   he is suffering from mental disorder of a nature or degree which makes it appropriate for him to be detained in a hospital for medical treatment; and
    (b)   appropriate medical treatment is available for him.

A9-013

(2) For the purposes of this section an accused person is any person who is in custody awaiting trial before the Crown Court for an offence punishable with imprisonment (other than an offence the sentence for which is fixed by law) or who at any time before sentence is in custody in the course of a trial before that court for such an offence.

(3) The court shall not remand an accused person under this section to a hospital unless it is satisfied, on the written or oral evidence of the approved clinician who would have overall responsibility for his case or of some other person representing the managers of the hospital, that arrangements have been made for his admission to that hospital and for his admission to it within the period of seven days beginning with the date of the remand; and if the court is so satisfied it may, pending his admission, give directions for his conveyance to and detention in a place of safety.

---

[5] [2014] EWHC 2702 (Admin); [2015] 1 Cr. App. R. 3 DC.

(4) Where a court has remanded an accused person under this section it may further remand him if it appears to the court, on the written or oral evidence of the responsible clinician, that a further remand is warranted.

(5) The power of further remanding an accused person under this section may be exercised by the court without his being brought before the court if he is represented by an authorised person who is given an opportunity of being heard.

(6) An accused person shall not be remanded or further remanded under this section for more than 28 days at a time or for more than 12 weeks in all; and the court may at any time terminate the remand if it appears to the court that it is appropriate to do so.

(7) An accused person remanded to hospital under this section shall be entitled to obtain at his own expense an independent report on his mental condition from a registered medical practitioner or approved clinician chosen by him and to apply to the court on the basis of it for his remand to be terminated under subsection (6) above.

(8) Subsections (9) and (10) of section 35 above shall have effect in relation to a remand under this section as they have effect in relation to a remand under that section.

Guidance

Availability

A9-014 The power under s.36 of the 1983 Act is available only in the Crown Court. While the independent review of the Mental Health Act 1983 has recommended expanding this power to the magistrates' court[6] and the Government has indicated they wish to align the powers of the magistrates' court with the Crown Court in this regard,[7] no legislation has yet been introduced.

Furthermore, in respect of persons who have already been convicted, the power may only be exercised where the person has already been remanded to prison during the course of a trial before the Crown Court for an imprisonable offence: s.36(2) of the 1983 Act. The power is not therefore exercisable on committal for sentence from the magistrates' court, nor is it exercisable in relation to a person who was on bail during the course of their trial.

The decision in *R. (Bitcon) v West Allerdale Magistrates' Court*,[8] in relation to s.35(4) of the 1983 Act, must apply equally to the requirement under s.36(4), to the effect that non-compliance with s.36(4) renders a remand ultra vires and it will be impossible for s.36(4) to be satisfied if there remains an ongoing question as to how any stay will be funded (even if experts are confident funding will be found).

---

[6] *Modernising the Mental Health Act: increasing choice, reducing compulsion—Final report of the Independent Review of the Mental Health Act 1983* (December 2018) p.204 at *https://www.gov.uk/government/publications/modernising-the-mental-health-act-final-report-from-the-independent-review* [Accessed 17 July 2023].

[7] *Reforming the Mental Health Act 1983* (24 August 2021) at *https://www.gov.uk/government/consultations/reforming-the-mental-health-act/reforming-the-mental-health-act* [Accessed 17 July 2023].

[8] [2003] EWHC 2460 (Admin); [2003] M.H.L.R. 399 QBD (Collins J).

When to exercise

The purpose of a remand to hospital for treatment will be to ensure that the offender is receiving effective treatment in circumstances where the court is not ready for sentence. As the court noted in *R. v Vowles*,[9] secure hospital bed usage is under particular pressure, and accordingly where there is sufficient evidence to progress to sentence, the court should instead do so. In the absence of evidence to the contrary, it appears those pressures remain.

A9-015

However, it is suggested that where the conditions for remand to hospital are satisfied under s.36 of the 1983 Act unless the court proceeds to sentence, or makes an interim hospital order, it should be a very rare case in which such remand is not ordered. Ordinarily it should only be where the court is satisfied that regardless the offender can receive the care necessary in the community while on bail, or where there are such exceptional public protection needs that remand to prison is the only way of dealing appropriately with that risk where a remand to hospital should not be made in those circumstances. It is submitted that where the conditions under s.36 are met judges should not simply assume that similar treatment in prison will be possible and that the Secretary of State will transfer the remanded person to hospital under s.48 of the Mental Health Act 1983. The 2018 independent review of Mental Health Act 1983 raised significant concerns that too many people who should have been diverted to hospital were instead ending up in prison where they did not receive the care they need.[10] There is a general public interest in ensuring that offenders get the treatment they require and provided that arrangements are available to achieve that they should be taken advantage of.

Where an interim hospital order is also available to the court under s.38 of the 1983 Act there will be a need to consider which is preferable. This will be limited only to cases where the offender has been previously remanded in the course of a trial for an imprisonable offence in the Crown Court. As a pure matter of practice if both are available it would generally seem preferable to make an interim hospital order as such an order can be made for a longer period of time without renewal and thus avoid unnecessary further court hearings.

Interim Hospital Orders

Introduction

Where an offender has been convicted of an imprisonable offence, and the court considers that a hospital order may be an appropriate sentence in the offender's case, an interim hospital order may be available under s.38 of the Mental Health Act 1983. As with remands under s.36 of the 1983 Act, the court must be satisfied on the evidence of two registered medical practitioners that the offender is suffering from a mental disorder, and that an appropriate place in hospital is available for the offender. Interim hospital orders, like remands under s.36, are temporary; they may not last for longer than 12 weeks without a renewal, any renewal may not be for

A9-016

---

[9] [2015] EWCA Crim 45; [2015] 2 Cr. App. R. (S.) 6.
[10] *Modernising the Mental Health Act: increasing choice, reducing compulsion—Final report of the Independent Review of the Mental Health Act 1983*(December 2018) p.198 *https://www.gov.uk/government/publications/modernising-the-mental-health-act-final-report-from-the-independent-review* [Accessed 17 July 2023].

more than 28 days and an offender cannot be subject to an interim order under s.38 for longer than 12 months in total.

Legislation

Mental Health Act 1983 s.38

Interim hospital orders.

A9-017   38.—(1) Where a person is convicted before the Crown Court of an offence punishable with imprisonment (other than an offence the sentence for which is fixed by law) or is convicted by a magistrates' court of an offence punishable on summary conviction with imprisonment and the court before or by which he is convicted is satisfied, on the written or oral evidence of two registered medical practitioners—
  (a) that the offender is suffering from mental disorder; and
  (b) that there is reason to suppose that the mental disorder from which the offender is suffering is such that it may be appropriate for a hospital order to be made in his case,
the court may, before making a hospital order or dealing with him in some other way, make an order (in this Act referred to as "an interim hospital order") authorising his admission to such hospital as may be specified in the order and his detention there in accordance with this section.

(2) In the case of an offender who is subject to an interim hospital order the court may make a hospital order without his being brought before the court if he is represented by an authorised person who is given an opportunity of being heard.

(3) At least one of the registered medical practitioners whose evidence is taken into account under subsection (1) above shall be employed at the hospital which is to be specified in the order.

(4) An interim hospital order shall not be made for the admission of an offender to a hospital unless the court is satisfied, on the written or oral evidence of the approved clinician who would have overall responsibility for his case or of some other person representing the managers of the hospital, that arrangements have been made for his admission to that hospital and for his admission to it within the period of 28 days beginning with the date of the order; and if the court is so satisfied the court may, pending his admission, give directions for his conveyance to and detention in a place of safety.

(5) An interim hospital order—
  (a) shall be in force for such period, not exceeding 12 weeks, as the court may specify when making the order; but
  (b) may be renewed for further periods of not more than 28 days at a time if it appears to the court, on the written or oral evidence of the responsible clinician, that the continuation of the order is warranted;
but no such order shall continue in force for more than twelve months in all and the court shall terminate the order if it makes a hospital order in respect of the offender or decides after considering the written or oral evidence of the responsible clinician to deal with the offender in some other way.

(6) The power of renewing an interim hospital order may be exercised without the offender being brought before the court if he is represented by counsel or a solicitor and his counsel or solicitor is given an opportunity of being heard.

(7) If an offender absconds from a hospital in which he is detained in pursuance of an interim hospital order, or while being conveyed to or from such a hospital, he may be arrested without warrant by a constable and shall, after being arrested, be brought as soon as practicable before the court that made the order; and the court may thereupon terminate the order and deal with him in any way in which it could have dealt with him if no such order had been made.

As to the power under s.39 of the Mental Health Act 1983 to request further information about available hospitals when considering making an interim hospital order, see A9-042.

A9-018

Guidance

Availability

The power under s.38 of the 1983 Act is available in both the Crown Court and the magistrates' courts (in contrast to remands under s.36, which are available only in the Crown Court). Furthermore, in contrast to remands under s.36 there is no requirement for the offender to have been remanded during trial for an interim order to be made under the 1983 Act.

A9-019

The court must be satisfied that a hospital order under s.37 of the 1983 Act, or a hospital and limitation direction under s.45A of that Act (by virtue of a glossing provision contained in s.45A(8)), may be an appropriate disposal in the offender's case before such an order can be made. For guidance on the imposition of hospital orders under s.37, see A9-038. For guidance on the imposition of hospital and limitation directions under s.45A, see A9-056.

The decision in *R. (Bitcon) v West Allerdale Magistrates' Court*,[11] in relation to s.35(4) of the 1983 Act, must apply equally to the requirement under s.38(4), to the effect that non-compliance with s.38(4) renders a remand ultra vires and it will be impossible for s.38(4) to be satisfied if there remains an ongoing question as to how any stay will be funded (even if experts are confident funding will be found).

When is an interim order appropriate?

The purpose of an interim hospital order will be to enable the court to have more information about his response to treatment. As the court noted in *R. v Vowles*,[12] secure hospital bed usage is under particular pressure, and accordingly where there is evidence suggesting an interim hospital order may be appropriate the judge should pause long and hard before making such an order. The court observed that there is no closure for a victim of crime until the final order is made, there are significant costs in bringing a case back to court and an acute pressure on the availability of secure beds. *Vowles* is therefore a strong indicator from the Court of Appeal (Criminal Division) that as ordinarily where an interim order is available there will also be sufficient evidence to progress to sentence, the court should instead proceed to sentence rather than making an interim order.

A9-020

Where an interim order is available and remand to a hospital for treatment is also available under s.36 there will be a need to consider which is preferable. This will

---

[11] [2003] EWHC 2460 (Admin); [2003] M.H.L.R. 399 QBD (Collins J).
[12] [2015] EWCA Crim 45; [2015] 2 Cr. App. R. (S.) 6.

be limited only to cases where the offender has been previously remanded in the course of a trial for an imprisonable offence in the Crown Court. As a pure matter of practice if both are available it would generally seem preferable to make an interim hospital order as such an order can be made for a longer period of time without renewal and thus avoid unnecessary further court hearings.

Where an offender is committed to the Crown Court for consideration of a hospital order with a restriction order under s.43 of the 1983 Act it is suggested that an interim hospital order should not be made (see A9-024).

Committal for Restriction Order

Introduction

A9-021   There is no power in the magistrates' courts to impose a hospital order under s.37 of the Mental Health Act 1983 with a restriction order under s.41 of that Act. Where a magistrates' court would impose such an order if available, and the offender is aged 14 or over and was convicted of an imprisonable offence, they may commit the offender to the Crown Court under s.43 of the 1983 Act for such an order to be considered.

Legislation

Mental Health Act 1983 s.43 and s.44

Power of magistrates' courts to commit for restriction order

A9-022   43.—(1) If in the case of a person of or over the age of 14 years who is convicted by a magistrates' court of an offence punishable on summary conviction with imprisonment—

    (a) the conditions which under section 37(1) above are required to be satisfied for the making of a hospital order are satisfied in respect of the offender; but

    (b) it appears to the court, having regard to the nature of the offence, the antecedents of the offender and the risk of his committing further offences if set at large, that if a hospital order is made a restriction order should also be made,

the court may, instead of making a hospital order or dealing with him in any other manner, commit him in custody to the Crown Court to be dealt with in respect of the offence.

(2) Where an offender is committed to the Crown Court under this section, the Crown Court shall inquire into the circumstances of the case and may—

    (a) if that court would have power so to do under the foregoing provisions of this Part of this Act upon the conviction of the offender before that court of such an offence as is described in section 37(1) above, make a hospital order in his case, with or without a restriction order;

    (b) if the court does not make such an order, deal with the offender in any other manner in which the magistrates' court might have dealt with him.

(3) The Crown Court shall have the same power to make orders under sections 35, 36 and 38 above in the case of a person committed to the court under this section as the Crown Court has under those sections in the case of an accused person

within the meaning of section 35 or 36 above or of a person convicted before that court as mentioned in section 38 above.

(4) The powers of a magistrates' court under section 14, 16 or 16A of the Sentencing Code (which enable such a court to commit an offender to the Crown Court where the court is of the opinion, or it appears to the court, as mentioned in the section in question) shall also be exercisable by a magistrates' court where it is of that opinion (or it so appears to it) unless a hospital order is made in the offender's case with a restriction order.

(5) The power of the Crown Court to make a hospital order, with or without a restriction order, in the case of a person convicted before that court of an offence may, in the same circumstances and subject to the same conditions, be exercised by such a court in the case of a person committed to the court under section 5 of the Vagrancy Act 1824 (which provides for the committal to the Crown Court of persons who are incorrigible rogues within the meaning of that section).

Committal to hospital under s.43

44.—(1) Where an offender is committed under section 43(1) above and the magistrates' court by which he is committed is satisfied on written or oral evidence that arrangements have been made for the admission of the offender to a hospital in the event of an order being made under this section, the court may, instead of committing him in custody, by order direct him to be admitted to that hospital, specifying it, and to be detained there until the case is disposed of by the Crown Court, and may give such directions as it thinks fit for his production from the hospital to attend the Crown Court by which his case is to be dealt with.

(2) The evidence required by subsection (1) above shall be given by the approved clinician who would have overall responsibility for the offender's case or by some other person representing the managers of the hospital in question.

(3) The power to give directions under section 37(4) above, section 37(5) above and section 40(1) above shall apply in relation to an order under this section as they apply in relation to a hospital order, but as if references to the period of 28 days mentioned in section 40(1) above were omitted; and subject as aforesaid an order under this section shall, until the offender's case is disposed of by the Crown Court, have the same effect as a hospital order together with a restriction order.

A9-023

Guidance

A committal under s.43 of the 1983 Act is only available in respect of an offender aged 14 or over who has been convicted of an imprisonable offence. The court must also be satisfied that all the requirements for the imposition of a hospital order in s.37(2) of the 1983 Act are met, and that it would be appropriate to make a restriction order if possible. For guidance on the imposition of hospital orders and restrictions orders, see A9-038.

In *R. v Avbunudje*,[13] the court held that where an offender has been convicted of a summary offence in the Crown Court such that the Crown Court is limited to magistrates' court powers the Crown Court may still commit the offender under s.43

A9-024

---

13 [1999] 2 Cr. App. R. (S.) 189 CA.

of the 1983 Act. As noted in the commentary to the case,[14] this conclusion seems questionable in light of the general case law providing that a power to deal with an offender does not include a power to commit them at least where it is a power exercisable on breach. Moreover, as the power under s.43 is exercisable only where the offender is convicted by a magistrates' court it is highly questionable whether it can be exercised on a conviction in the Crown Court. While the result achieved by the judgment seems desirable it is suggested that unfortunately it is not consistent with the statutory language.

It is suggested that where an offender is committed under s.43 of the 1983 Act the court should, if a hospital is available, commit the offender to hospital under s.44 of the 1983 Act rather than make an interim hospital order. The effect of a committal under s.44 seems to be that there are no time limits on the offender's detention in hospital until the offender is dealt with in the Crown Court and this course of action would therefore prevent the need for further hearings at the magistrates' courts to renew any detention.

Orders Available on Conviction

Generally

Available Sentences

A9-025 There are four specific primary disposals available for offenders with mental health disorders under the Mental Health Act 1983. These are:

1) a guardianship order under s.37 of the 1983 Act;
2) a hospital order under s.37 of the 1983 Act;
3) a hospital order with a restriction order under ss.37 and 41 of the 1983 Act;
4) a hospital direction and a limitation direction under s.45A of the 1983 Act in conjunction with a custodial sentence.

It should be emphasised that these disposals are not, however, the only disposals available for offenders with mental health issues. The court will need to continue to consider the suitability of disposals listed in Chapters A4, A5 and A6. In particular, consideration is likely to be given to community sentences with mental health treatment requirements, or custodial sentences. In this respect it should be noted that the Secretary of State has the power under s.47 of the Mental Health Act 1983 to transfer an offender from prison to a hospital where their mental disorder makes it appropriate. The choice between a mental health disposal under the 1983 Act or a sentence of imprisonment is therefore not the one and only opportunity for the offender to receive treatment in hospital.

Approach to be Taken

A9-026 The Court of Appeal (Criminal Division) in *R. v Vowles*[15] and *R. v Edwards*[16] considered the approach to take when considering psychiatric evidence placed

---

[14] "Sentencing—Offender 'Dealt with' by Crown Court for Summary Offence (Case Comment)" [1999] Crim. L.R. 336–338.
[15] [2015] EWCA Crim 45; [2015] 2 Cr. App. R. (S.) 6.
[16] [2018] EWCA Crim 595; [2018] 2 Cr. App. R. (S.) 17.

before a sentencing court. The following points are a summary of the combined effect of that guidance:

1) the judge should consider whether a hospital order may be an appropriate disposal—and should not feel circumscribed by psychiatric opinion;
2) if it may, the judge should first consider all of the sentencing options available, including whether the mental disorder can appropriately be dealt with by a hospital and limitation direction under s.45A of the 1983 Act. This is because a disposal under s.45A includes a penal element (whereas an order under s.37 or under s.37 and 41 does not) and the court must have "sound reasons" for departing from the usual course of imposing a sentence with a penal element;
3) in deciding on the appropriate disposal the court must consider: (a) the extent to which the offender needs treatment for the mental disorder from which he or she suffers; (b) the extent to which the offending is attributable to the mental disorder, or whether the offender's responsibility was "diminished" but not wholly extinguished; (c) the extent to which punishment is required; and (d) the need for public protection and the differing rules governing release;
4) to decide whether a penal element to the sentence is necessary the judge should assess (as best they can) the offender's culpability and the harm caused by the offence. The fact that an offender would not have committed the offence but for their mental illness does not necessarily relieve them of all responsibility for their actions. A failure to take prescribed medication is not necessarily a culpable omission; it may be attributable in whole or in part to the offender's mental illness;
5) if a s.45A order would be an appropriate disposal, and the offender is over 21 at conviction, then a s.45A order should be imposed;
6) if a s.45A order would not be appropriate, the court must then consider, before going further, whether, the conditions in s.37(2) are satisfied such that a hospital order is the most suitable method of disposal. It is essential that a judge gives detailed consideration to all the circumstances including the nature of the offence and the character and antecedents of the offender, and to the other available methods of dealing with the offender. If the judge decides to impose a hospital order under ss.37/41, they must explain why a penal element is not appropriate;
7) if the court, after considering all the circumstances, considers that a hospital order is the most suitable method, then it will generally be desirable to make such an order without consideration of an interim order under s.38 unless there is very clear evidence that such an order is necessary.

It is suggested that from the case law in this area it can be surmised that the most important factors tend to be the need (or otherwise) for a penal element, weighed against the need for public protection. In relation to public protection the courts have been at pains to point out, particularly in *R. v Edwards*,[17] that the sentence that will provide the most appropriate or rigorous public protection will vary depending on the circumstances of the case. The mechanisms by which each sentence provides public protection are discussed below in the relevant parts. In relation to whether a penal element is required, the approach taken by the Sentencing Council's

---

[17] [2018] EWCA Crim 595; [2018] 2 Cr. App. R. (S.) 17.

Manslaughter Offence Definitive Guideline (2018) may be instructive. In the Diminished Responsibility guideline, the Council place great weight on the degree of responsibility retained—in essence, an assessment of the culpability of the offender and the degree to which this is reduced by the mental disorder. This clearly focuses on the offence (and the mental condition at the time) rather than the mental condition of the offender at the time of sentencing, though the latter will of course be important, particularly when considering the effect of a sentence of imprisonment on the offender.

In all cases it should be remembered that the other disposals listed in Chs A4 and A6 remain available and may in fact be the most appropriate disposal in the case.

Interpretation Provisions

Mental Disorder

Mental Health Act 1983 s.1

Application of Act: "mental disorder"

A9-027   1.—(1) The provisions of this Act shall have effect with respect to the reception, care and treatment of mentally disordered patients, the management of their property and other related matters.

(2)   In this Act—

"mental disorder" means any disorder or disability of the mind; and "mentally disordered" shall be construed accordingly; and other expressions shall have the meanings assigned to them in section 145 below.

(2A)   But a person with learning disability shall not be considered by reason of that disability to be–

(a)   suffering from mental disorder for the purposes of the provisions mentioned in subsection (2B) below; or

(b)   requiring treatment in hospital for mental disorder for the purposes of sections 17E and 50 to 53 below,

unless that disability is associated with abnormally aggressive or seriously irresponsible conduct on his part.

(2B)   The provisions are–

(a)   sections 3, 7, 17A, 20 and 20A below;

(b)   sections 35 to 38, 45A, 47, 48 and 51 below; and

(c)   section 72(1)(b) and (c) and (4) below.

(3)   Dependence on alcohol or drugs is not considered to be a disorder or disability of the mind for the purposes of subsection (2) above.

(4)   In subsection (2A) above, "learning disability" means a state of arrested or incomplete development of the mind which includes significant impairment of intelligence and social functioning.

Requirements as to medical evidence

A9-028   By virtue of s.54(1) of the Mental Health Act 1983 at least one of the registered medical practitioners whose evidence is taken into account in relation to orders under ss.36 (remand to hospital), 37 (hospital orders), 38 (interim hospital orders) and 45A (hospital and limitation directions) must be an approved practitioner under s.12 of the 1983 Act. Section 54(2) of the 1983 Act provides that a signed report which is evidence for these purposes may be evidence without proof of the signature or qualifications. Any report must be disclosed to a person's legal representative if they are represented and if they are not to the person themselves, or to their parent or guardian (if the person is under 18 and the parent or guardian is present in court): s.54(3). Where the report relates only to arrangements for their admission to a hospital, that person may require the signatory of the report to be called to give oral evidence, and evidence to rebut the evidence contained in the report may be called by or on behalf of that person.

Guardianship Orders

Introduction

Under s.37 of the Mental Health Act 1983 where an offender has been convicted of an imprisonable offence, and the court is satisfied on the evidence of two registered medical practitioners that the offender is suffering from a mental disorder, the court may: A9-029

1) place them under the guardianship of a local social services authority or of such other person approved by a local social services authority as may be so specified (known as a "guardianship order"); or
2) authorise their admission to and detention in such hospital as may be specified in the order (known as a "hospital order"; see A9-038).

Guardianship orders have no penal element and are broadly speaking designed for offenders whose mental health had a significant role in the commission of their offence and is continuing to affect them significantly at sentence. Before a guardianship order can be made the court must be satisfied that the authority or person is willing to receive the offender into guardianship.

Legislation

Availability

Mental Health Act 1983 s.37

Powers of courts to order hospital admission or guardianship.

37.—(1) Where a person is convicted before the Crown Court of an offence punishable with imprisonment other than an offence the sentence for which is fixed by law, or is convicted by a magistrates' court of an offence punishable on summary conviction with imprisonment, and the conditions mentioned in subsection (2) below are satisfied, the court may by order authorise his admission to and detention in such hospital as may be specified in the order or, as the case may be, place him under the guardianship of a local social services authority or of such other person approved by a local social services authority as may be so specified. A9-030

(1A) and (1B) [*Relate to hospital orders only*].

(2) The conditions referred to in subsection (1) above are that—
    (a) the court is satisfied, on the written or oral evidence of two registered medical practitioners, that the offender is suffering from mental disorder and that either—
        (i) the mental disorder from which the offender is suffering is of a nature or degree which makes it appropriate for him to be detained in a hospital for medical treatment and appropriate medical treatment is available for him; or

(ii) in the case of an offender who has attained the age of 16 years, the mental disorder is of a nature or degree which warrants his reception into guardianship under this Act; and

(b) the court is of the opinion, having regard to all the circumstances including the nature of the offence and the character and antecedents of the offender, and to the other available methods of dealing with him, that the most suitable method of disposing of the case is by means of an order under this section.

(3) Where a person is charged before a magistrates' court with any act or omission as an offence and the court would have power, on convicting him of that offence, to make an order under subsection (1) above in his case, then, if the court is satisfied that the accused did the act or made the omission charged, the court may, if it thinks fit, make such an order without convicting him.

(4) and (5) [*Relate to hospital orders only.*]

(6) An order placing an offender under the guardianship of a local social services authority or of any other person (in this Act referred to as "a guardianship order") shall not be made under this section unless the court is satisfied that that authority or person is willing to receive the offender into guardianship.

(8) Where an order is made under this section, the court shall not—

(a) pass sentence of imprisonment or impose a fine or make a community order (within the meaning given by section 200 of the Sentencing Code or a youth rehabilitation order (within the meaning given by section 173 of that Code)) in respect of the offence,

(b) if the order under this section is a hospital order, make a referral order (within the meaning given by section 83 of that Code) in respect of the offence, or

(c) make in respect of the offender an order under section 376 of that Code (binding over of parent or guardian),

but the court may make any other order which it has power to make apart from this section; and for the purposes of this subsection "sentence of imprisonment" includes any sentence or order for detention

Effect

A9-031 By virtue of ss.8 and 40(2) of the Mental Health Act 1983, a guardianship order confers on the authority or person named in the order as guardian, to the exclusion of any other person—

1) the power to require the patient to reside at a place specified by the authority or person named as guardian;
2) the power to require the patient to attend at places and times so specified for the purpose of medical treatment, occupation, education or training;
3) the power to require access to the patient to be given, at any place where the patient is residing, to any registered medical practitioner, approved mental health professional or other person so specified.

Under s.23 of the 1983 Act, as applied with modifications by the 1983 Act, s.40 and Sch.1, paras 2 and 8, an offender subject to a guardianship order may only be discharged by the responsible clinician or by the responsible local social services authority.

Ability to request further information

Mental Health Act 1983 s.39A

Information to facilitate guardianship orders.

A9-032 39A. Where a court is minded to make a guardianship order in respect of any of

fender, it may request the local social services authority for the area in which the offender resides or last resided, or any other local social services authority that appears to the court to be appropriate—
   (a) to inform the court whether it or any other person approved by it is willing to receive the offender into guardianship; and
   (b) if so, to give such information as it reasonably can about how it or the other person could be expected to exercise in relation to the offender the powers conferred by section 40(2) below;
and that authority shall comply with any such request.

Guidance

Availability

Unlike hospital orders, guardianship orders are only available in respect of an offender who has attained the age of 16: s.37(2)(a)(ii) of the 1983 Act. The legislation provides no maximum age for a guardianship order, although it is likely that the older the offender, the less likely it will be that a social authority will be willing to accept responsibility for them.   A9-033

Furthermore, unlike hospital orders there is no exception allowing the imposition of a guardianship order where a minimum or mandatory sentence requirement applies and so presumably such orders are not available in such a case.

Purpose

It is suggested that, as with hospital orders, guardianship orders include no penal element and their purpose is purely to provide effective treatment, rehabilitation and public protection.   A9-034

Length of guardianship order

By virtue of s.20 of the Mental Health Act 1983 (applied with modifications to guardianship orders by the 1983 Act s.40 and Sch.1 paras 2 and 6), a guardianship order will last for six months unless renewed by the responsible clinician, which cannot happen unless certain conditions, which resemble those that must be satisfied for the order to be made, are fulfilled. If the authority expires without being renewed, the guardianship order ceases.   A9-035

Furthermore, the individual may be discharged at any time by the hospital managers or the "responsible medical officer". In addition to these regular modes of discharge, a patient who absconds or is absent without leave and is not retaken within 28 days is automatically discharged at the end of that period (s.18(5) of the 1983 Act) and if they are allowed continuous leave of absence for more than six months, they cannot be recalled (s.17(5) of the 1983 Act).

Whether to impose an order

Guardianship orders under the Mental Health Act 1983 are now exceptionally rare. In England, in the year ending 31 March 2021 only one to two guardianship orders were imposed on conviction (the exact number not being reported) and by   A9-036 the end of that year only 25 offenders were serving guardianship orders imposed on conviction.[18] It is likely that it is for this reason there are no reported decisions providing guidance on their imposition.

It is suggested that guardianship orders will only be an appropriate disposal where the court would otherwise be minded to impose a hospital order or a community penalty with a mental health treatment requirement; or where the offender's mental health condition is not treatable.

Like a hospital order a guardianship order involves no penal element, and therefore where a sentence with such an element is required a guardianship order is unlikely to be appropriate; as to which see generally the guidance at A9-026. It is clear that a guardianship order will provide less public protection and involve less treatment than a hospital order. It will therefore only be an appropriate alternative where the court considers there is no need for a penal element to the sentence, that treatment and public protection are to be prioritised, but that the extent of the offender's mental health issues is such that it would be preferable to achieve that through supervision by a local authority than by the use of a secure hospital unit. In this respect it is observed that spaces in such units are a precious resource.

A9-037 A guardianship order may also be an appropriate alternative in a case where the court would be minded to impose a community penalty with a mental health treatment requirement but the offender will not express willingness to comply with such a requirement. It should be noted that by virtue of ss.77(5) and 78 of the Sentencing Code, the fact that a community order would normally be an appropriate penalty does not prevent the court from imposing an order under the 1983 Act. In such a case a guardianship order may provide equivalent public protection and ensure treatment. There is, however, no power to impose punitive requirements as part of a guardianship order and so there are likely to be many cases where a community order will remain the preferable disposal.

Finally, a guardianship order may be an appropriate disposal where the offender's mental health conditions are not treatable, and therefore a hospital order is not available, but the court would otherwise have been minded to impose such an order.

Hospital Orders with and without Restriction Orders

Introduction

A9-038 Under s.37 of the Mental Health Act 1983, where an offender has been convicted of an imprisonable offence, and the court is satisfied on the evidence of two registered medical practitioners that the offender is suffering from a mental disorder, the court may:

1) authorise their admission to and detention in such hospital as may be specified in the order (known as a "hospital order"); or
2) place them under the guardianship of a local social services authority or of such other person approved by a local social services authority as may be so specified (known as a "guardianship order"; see A9-029).

---

[18] *Guardianship under the Mental Health Act 1983, England, 2018–19, 2019–20 & 2020–21: Report* (21 October 2021) at *https://digital.nhs.uk/data-and-information/publications/statistical/guardianship-under-the-mental-health-act-1983/1983-2018-19-2019-20--2020-21* [Accessed 17 July 2023].

Hospital orders have no penal element and are broadly speaking designed for offenders whose mental health had a significant role in the commission of their offence and is continuing to affect them significantly at sentence. The court must be satisfied that there are arrangements in place to admit the offender to hospital promptly before a hospital order may be made.

In an appropriate case a hospital order may be accompanied by a restriction order under s.41 of the Mental Health Act 1983. The effect of a restriction order is to ensure that the ability of the offender to be discharged or absent is transferred from the responsible clinician and the hospital to the Secretary of State and the First Tier Tribunal (Mental Health). Restriction orders may only be made in the Crown Court but where the magistrates' court would otherwise be minded to impose a hospital order with a restriction order they may commit the offender to the Crown Court for the Crown Court to consider making such an order under s.43 of the 1983 Act (see A9-022).

Legislation

Availability

Hospital order

Mental Health Act 1983 s.37

Powers of courts to order hospital admission or guardianship.

37.—(1) Where a person is convicted before the Crown Court of an offence punishable with imprisonment other than an offence the sentence for which is fixed by law, or is convicted by a magistrates' court of an offence punishable on summary conviction with imprisonment, and the conditions mentioned in subsection (2) below are satisfied, the court may by order authorise his admission to and detention in such hospital as may be specified in the order or, as the case may be, place him under the guardianship of a local social services authority or of such other person approved by a local social services authority as may be so specified.

A9-039

(1A) In the case of an offence the sentence for which would otherwise fall to be imposed under section 258, 258A, 268A, 273, 274, 274A, 282A, 283, 285 or 285A of the Sentencing Code or under Chapter 7 of Part 10 of that Code, nothing in those provisions shall prevent a court from making an order under subsection (1) above for the admission of the offender to a hospital.

(1B) For the purposes of subsection (1A) above—
- (a) a sentence falls to be imposed under section 258 of the Sentencing Code if the court is obliged by that section to pass a sentence of detention for life under section 250 of that Code;
- (aa) a sentence falls to be imposed under section 268A or 282A of that Code if it is required by section 268B(2) or 282B(2) of that Code and the court is not of the opinion there mentioned;
- (b) a sentence falls to be imposed under section 283 or 285 of that Code if the court is obliged by that section to pass a sentence of imprisonment for life;
- (c) a sentence falls to be imposed under section 273 or 274 of that Code if the court is obliged by that section to pass a sentence of custody for life;
- (d) a sentence falls to be imposed under Chapter 7 of Part 10 of that Act if it is required by section 311(2), 312(2A), 313(2A), 314(2A) or 315(2A) of that Code and the court is not of the opinion there mentioned.

(2) The conditions referred to in subsection (1) above are that—
- (a) the court is satisfied, on the written or oral evidence of two registered medical practitioners, that the offender is suffering from mental disorder and that

either—

    (i) the mental disorder from which the offender is suffering is of a nature or degree which makes it appropriate for him to be detained in a hospital for medical treatment and appropriate medical treatment is available for him; or

    (ii) in the case of an offender who has attained the age of 16 years, the mental disorder is of a nature or degree which warrants his reception into guardianship under this Act; and

  (b) the court is of the opinion, having regard to all the circumstances including the nature of the offence and the character and antecedents of the offender, and to the other available methods of dealing with him, that the most suitable method of disposing of the case is by means of an order under this section.

(3) Where a person is charged before a magistrates' court with any act or omission as an offence and the court would have power, on convicting him of that offence, to make an order under subsection (1) above in his case, then, if the court is satisfied that the accused did the act or made the omission charged, the court may, if it thinks fit, make such an order without convicting him.

(4) An order for the admission of an offender to a hospital (in this Act referred to as "a hospital order") shall not be made under this section unless the court is satisfied on the written or oral evidence of the approved clinician who would have overall responsibility for his case or of some other person representing the managers of the hospital that arrangements have been made for his admission to that hospital, and for his admission to it within the period of 28 days beginning with the date of the making of such an order; and the court may, pending his admission within that period, give such directions as it thinks fit for his conveyance to and detention in a place of safety.

(5) If within the said period of 28 days it appears to the Secretary of State that by reason of an emergency or other special circumstances it is not practicable for the patient to be received into the hospital specified in the order, he may give directions for the admission of the patient to such other hospital as appears to be appropriate instead of the hospital so specified; and where such directions are given—

  (a) the Secretary of State shall cause the person having the custody of the patient to be informed, and

  (b) the hospital order shall have effect as if the hospital specified in the directions were substituted for the hospital specified in the order.

(6) [*Relate to guardianship orders only.*]

(8) Where an order is made under this section, the court shall not—

  (a) pass sentence of imprisonment or impose a fine or make a community order (within the meaning given by section 200 of the Sentencing Code or a youth rehabilitation order (within the meaning given by section 173 of that Code)) in respect of the offence,

  (b) if the order under this section is a hospital order, make a referral order (within the meaning given by section 83 of that Code) in respect of the offence, or

  (c) make in respect of the offender an order under section 376 of that Code (binding over of parent or guardian),

but the court may make any other order which it has power to make apart from this section; and for the purposes of this subsection "sentence of imprisonment" includes any sentence or order for detention

Restriction order

Mental Health Act 1983 s.41

Power of higher courts to restrict discharge from hospital

41.—(1) Where a hospital order is made in respect of an offender by the Crown

Court, and it appears to the court, having regard to the nature of the offence, the antecedents of the offender and the risk of his committing further offences if set at large, that it is necessary for the protection of the public from serious harm so to do, the court may, subject to the provisions of this section, further order that the offender shall be subject to the special restrictions set out in this section; and an order under this section shall be known as "a restriction order".

(2) A restriction order shall not be made in the case of any person unless at least one of the registered medical practitioners whose evidence is taken into account by the court under section 37(2)(a) above has given evidence orally before the court.

(3) The special restrictions applicable to a patient in respect of whom a restriction order is in force are as follows—

(a) none of the provisions of Part II of this Act relating to the duration, renewal and expiration of authority for the detention of patients shall apply, and the patient shall continue to be liable to be detained by virtue of the relevant hospital order until he is duly discharged under the said Part II or absolutely discharged under section 42, 73, 74 or 75 below;

(aa) none of the provisions of Part II of this Act relating to community treatment orders and community patients shall apply;

(b) no application shall be made to the appropriate tribunal in respect of a patient under section 66 or 69(1) below;

(c) the following powers shall be exercisable only with the consent of the Secretary of State, namely—

(i) power to grant leave of absence to the patient under section 17 above;

(ii) power to transfer the patient in pursuance of regulations under section 19 above or in pursuance of subsection (3) of that section; and

(iii) power to order the discharge of the patient under section 23 above;

and if leave of absence is granted under the said section 17 power to recall the patient under that section shall vest in the Secretary of State as well as the responsible clinician; and

(d) the power of the Secretary of State to recall the patient under the said section 17 and power to take the patient into custody and return him under section 18 above may be exercised at any time;

and in relation to any such patient section 40(4) above shall have effect as if it referred to Part II of Schedule 1 to this Act instead of Part I of that Schedule.

(4) A hospital order shall not cease to have effect under section 40(5) above if a restriction order in respect of the patient is in force at the material time.

(5) Where a restriction order in respect of a patient ceases to have effect while the relevant hospital order continues in force, the provisions of section 40 above and Part I of Schedule 1 to this Act shall apply to the patient as if he had been admitted to the hospital in pursuance of a hospital order (without a restriction order) made on the date on which the restriction order ceased to have effect.

(6) While a person is subject to a restriction order the responsible clinician shall at such intervals (not exceeding one year) as the Secretary of State may direct examine and report to the Secretary of State on that person; and every report shall contain such particulars as the Secretary of State may require.

Effect

Mental Health Act 1983 s.40

Effect of hospital orders, guardianship orders and interim hospital orders.

40.—(1) A hospital order shall be sufficient authority—

(a) for a constable, an approved mental health professional or any other person directed to do so by the court to convey the patient to the hospital specified in the order within a period of 28 days; and
(b) for the managers of the hospital to admit him at any time within that period and thereafter detain him in accordance with the provisions of this Act.

(2) [*Guardianship orders.*]

(3) Where an interim hospital order is made in respect of an offender—
(a) a constable or any other person directed to do so by the court shall convey the offender to the hospital specified in the order within the period mentioned in section 38(4) above; and
(b) the managers of the hospital shall admit him within that period and thereafter detain him in accordance with the provisions of section 38 above.

(4) A patient who is admitted to a hospital in pursuance of a hospital order, or placed under guardianship by a guardianship order, shall, subject to the provisions of this subsection, be treated for the purposes of the provisions of this Act mentioned in Part I of Schedule 1 to this Act as if he had been so admitted or placed on the date of the order in pursuance of an application for admission for treatment or a guardianship application, as the case may be, duly made under Part II of this Act, but subject to any modifications of those provisions specified in that Part of that Schedule.

(5) Where a patient is admitted to a hospital in pursuance of a hospital order, or placed under guardianship by a guardianship order, any previous application, hospital order or guardianship order by virtue of which he was liable to be detained in a hospital or subject to guardianship shall cease to have effect; but if the first-mentioned order, or the conviction on which it was made, is quashed on appeal, this subsection shall not apply and section 22 above shall have effect as if during any period for which the patient was liable to be detained or subject to guardianship under the order, he had been detained in custody as mentioned in that section.

(6) Where—
(a) a patient admitted to a hospital in pursuance of a hospital order is absent without leave;
(b) a warrant to arrest him has been issued under section 72 of the Criminal Justice Act 1967; and
(c) he is held pursuant to the warrant in any country or territory other than the United Kingdom, any of the Channel Islands and the Isle of Man,

he shall be treated as having been taken into custody under section 18 above on first being so held.

Ability to request further information

Mental Health Act 1983 s.39

Information as to hospitals

A9-042
39.—(1) Where a court is minded to make a hospital order or interim hospital order in respect of any person it may request—
(a) the integrated care board or Local Health Board for the area in which that person resides or last resided; or
(b) the NHS England or the National Assembly for Wales or any other integrated care board or Local Health Board that appears to the court to be appropriate,

to furnish the court with such information as that integrated care board or Local Health Board or NHS England or the National Assembly for Wales have or can reasonably obtain with respect to the hospital or hospitals (if any) in their area or elsewhere at which arrangements could be made for the admission of that person in pursuance of the order, and that integrated care board or Local Health Board or NHS England or the National Assembly for Wales shall comply with any such request.

(1ZA) A request under this section to NHS England may relate only to services or facilities the provision of which NHS England arranges.

(1A) In relation to a person who has not attained the age of 18 years, subsection (1) above shall have effect as if the reference to the making of a hospital order included a reference to a remand under section 35 or 36 above or the making of an order under section 44 below.

(1B) Where the person concerned has not attained the age of 18 years, the information which may be requested under subsection (1) above includes, in particular, information about the availability of accommodation or facilities designed so as to be specially suitable for patients who have not attained the age of 18 years.

Guidance

Hospital orders

Purpose

Hospital orders include no penal element: *R. v Rendell*.[19] Their purpose is purely to provide effective treatment, rehabilitation and public protection.

A9-043

Whether to impose an order

For the general guidance on the approach to be taken to considering whether to impose a hospital order, see A9-026. This section provides more detailed guidance as to the relative merits of a hospital order, and provides a summary of an explanation of the effects of such an order.

A9-044

Penal element It is clear from the decisions in *R. v Vowles*[20] and *R. v Edwards*[21] (see A9-026) that a significant factor in whether to impose a hospital order will be the extent to which there is a need for a punitive element in the sentence. In making that assessment the court will need to consider carefully all the circumstances of the offence and offender and should apply any relevant sentencing guidelines in assessing the harm and culpability involved in the offence.

A9-045

The courts have declined to give any particular guidance on the type of case where there is no need for a penal element, although in *R. v Fisher*,[22] the court held that while in a particular case the punitive element of a sentence is or may be important, even if a fixed period in detention were considered appropriate for a particular crime by way of punishment, where that period is clearly going to be less than the treatment period that would result in the risk posed by the offender being reduced to an acceptable level to allow any form of discharge from hospital, then punishment as a discrete purpose of sentence of imprisonment loses its force; because, whichever route is taken, the offender will spend the appropriate custodial period in the same hospital and generally in the same circumstances.

---

[19] [2019] EWCA Crim 621.
[20] [2015] EWCA Crim 45; [2015] 2 Cr. App. R. (S.) 6.
[21] [2018] EWCA Crim 595; [2018] 2 Cr. App. R. (S.) 17.
[22] [2019] EWCA Crim 1066.

A9-046 **Public protection** The public protection provided by a hospital order without a restriction order is principally that while the offender is subject to a hospital order they will be detained in a secure hospital unit.

By virtue of s.20 of the Mental Health Act 1983 (applied with modifications to hospital orders by the 1983 Act s.40 and Sch.1 paras 2 and 6) a hospital order will last for six months unless renewed by the responsible clinician, which cannot happen unless certain conditions, which resemble those that must be satisfied for the order to be made, are fulfilled. If the authority expires without being renewed, the hospital order ceases and the offender will be free to leave. Furthermore, by virtue s.23 of the Mental Health Act 1983 (applied with modifications to hospital orders by the 1983 Act s.40 and Sch.1 paras 2 and 8) a hospital order may be discharged at any time by the hospital managers or the responsible clinician.

In addition to these regular modes of discharge, a patient who absconds or is absent without leave and is not retaken within six months may not be returned to detention in hospital: s.18(4) of the 1983 Act (as applied by the 1983 Act s.40 and Sch.1 para.2). Additionally, under s.17 of the 1983 Act (as applied by the 1983 Act s.40 and Sch.1 para.1) the responsible clinician may grant the offender leaves of absence from hospital subject to such conditions as the responsible clinician considers appropriate.

A9-047 Where an offender is discharged from hospital, they may additionally be made subject to a community treatment order under s.17A of the 1983 Act (as applied by the 1983 Act s.40 and Sch.1 para.1), which may specify conditions necessary for ensuring that the patient receives medical treatment, preventing risk of harm to the patient's health or safety and protecting other persons. Recall to hospital is available under s.17E of the 1983 Act where such a condition is breached, or the responsible clinician concludes the patient requires medical treatment in hospital for their mental disorder and there would be a risk of harm to the health or safety of the patient or to other persons if the patient were not recalled to hospital for that purpose.

The public protection provided by a hospital order without restrictions is therefore only that which responsible medical professionals consider necessary in order to ensure the offender's effective treatment. For the significantly enhanced public protection offered by a hospital order with restrictions, see A9-051.

Restriction orders

Availability

A9-048 Restriction orders are available only in the Crown Court: s.41(1) of the 1983 Act. In respect of offenders convicted in the magistrates' courts, committal under s.43 of the 1983 Act for the purposes of making a hospital order with a restriction order is available only in respect of offenders aged 14 or over at conviction. Where, however, an offender under that age is committed to the Crown Court for sentence under another provision and the Crown Court considers a hospital order and restriction order an appropriate disposal there appears to be nothing preventing the imposition of such an order.

A restriction order has no existence independent of the hospital order to which it relates; it is not a separate means of disposal: *R. v Birch*.[23] Accordingly, such an order can only be imposed where the court is has imposed a hospital order.

Whether the imposition of a restriction order is necessary for the protection of the public from serious harm is a matter of judgement for the court. In *R. v Birch*,[24] it was held that there is no requirement that any of the medical practitioners from which the court hears regards the offender as a danger to the public.

A9-049

Serious harm is not to be read as meaning only "death or serious personal injury" (as it is in the dangerousness provisions in the Sentencing Code: *R. v Salmon (Thomas)*.[25] As held in *Birch*, serious harm is not limited to personal injury. Nor need it relate to the public in general, and it will suffice if a category of persons, or even a single person, are at risk of serious harm; although the category of person so protected may not include the offender themselves. There is no requirement of a significant or serious risk of serious harm occurring, and a low risk of serious harm may suffice; the question is the gravity of the harm, not the degree of probability of it occurring. That said, one might wonder how the necessity test might be satisfied with a low risk of serious harm.

This is an assessment of the expected future behaviour of the offender, rather than one made solely by reference to the seriousness of their current offence. Accordingly, as held in *R. (Jones) v Isleworth Crown Court*,[26] the court is not limited only to considering the harm that has resulted from previous offending and must consider the risk in the future.

It is observed in this respect that the assessment is one very similar to the assessment of dangerousness for the purposes of the Sentencing Code, except that there is no need for there to be a significant risk of such harm, and serious harm for this purpose is not confined to serious harm occasioned by the commission of further specified offences.

Under s.41(2) of the 1983 Act at least one of the medical practitioners must have given evidence orally before the court before an order can be made. In *R. v Clark*,[27] it was held that such evidence cannot be heard over telephone, even with consent, but that such evidence could be heard by live link where available under s.51 of the Criminal Justice Act 2003 (observing this will not be the case where the offender has stood trial in the Crown Court).

A9-050

Effect

A restriction order places significant restrictions on an offender's release and the ability for them to be temporarily absent from the hospital. The responsibility for discharge is transferred from the responsible clinician and the hospital to the Secretary of State and the First Tier Tribunal (Mental Health). As observed in *R. v Birch*,[28] a patient who has been subject to a restriction order is likely to be detained for much longer in hospital than one who is not, and will have fewer opportunities for leave of absence.

A9-051

---

[23] (1989) 11 Cr. App. R. (S.) 202 CA.
[24] (1989) 11 Cr. App. R. (S.) 202 CA.
[25] [2022] EWCA Crim 1116.
[26] [2005] EWHC 662 (Admin) DC.
[27] [2015] EWCA Crim 2192; [2016] 1 Cr. App. R. (S.) 52.
[28] (1989) 11 Cr. App. R. (S.) 202 CA.

The key feature of a restriction order is the further oversight provided by the Secretary of State or the Tribunal. Offenders may not be granted leave from hospital, moved to another facility or discharged by their hospital manager or responsible clinician without the consent of the Secretary of State: s.41(3)(c) of the 1983 Act. Expert evidence heard in *R. v Nelson*[29] suggested that there are monthly reports to the Secretary of State for Justice on those detained under restriction orders.

Although previously restriction orders could be made for a limited period, since amendment by s.40 of the Mental Health Act 2007 such orders must now be indefinite. The offender may only be discharged from hospital by the Secretary of State or the First Tier Tribunal (Mental Health). By virtue of s.72 of the 1983 Act the First Tier Tribunal must discharge an offender from hospital where they are not satisfied: (1) that the offender is suffering from a mental disorder of a nature or degree which makes it appropriate for them to be liable to be detained in a hospital for medical treatment; (2) that it is necessary for the health or safety of the patient or for the protection of other persons that the offender should receive such treatment; or (3) that appropriate medical treatment is available for the offender. Where an offender is discharged by the Tribunal that discharge will be conditional and allow for the offender's recall to hospital unless the Tribunal is satisfied that it is not appropriate for the patient to remain liable to be recalled to hospital for further treatment: s.73 of the 1983 Act. The Secretary of State may discharge an offender absolutely or conditionally at their discretion: s.42(2) of the 1983 Act. There is, however, no power to provide for a community treatment order.

A9-052 A restriction order therefore provides far more public protection than a hospital order alone, by providing more significant oversight. As observed in *R. v Cooper*,[30] a conditional discharge can provide a comprehensive and social psychiatric support package and include reporting requirements. Conditions can include requirements to maintain appropriate medication, which cannot be a condition on release of licence; and release can occur more gradually than from a prison sentence where there is a stark choice between release or continuing detention: *R. v Miller*.[31] However, recall is only available where the offender's medical conditions relapse or there is a failure to comply with that support package. There is no ability to recall an offender for further crime generally or because they seem likely to pose a serious risk of harm for reasons other than their mental health; this course therefore results in the "control" over the offender being transferred from the criminal justice system to the medical profession. Evidence heard in *R. v Fisher*,[32] though, suggests that recalls in relation to hospital and restriction orders can be much quicker than a recall to prison because they can be effectively made by a simple telephone call by the responsible clinician. In *R. v Westwood*,[33] the court heard evidence alleging that such warrants could be obtained in minutes. Furthermore, in *R. v Sowerby*,[34] evidence given by medical experts explained that where a person is discharged from a hospital order with restriction order, the clinicians in the community would have to produce a quarterly report for the Ministry of Justice (a

---

[29] [2020] EWCA Crim 1615.
[30] [2010] EWCA Crim 2335.
[31] [2021] EWCA Crim 1955; [2022] 2 Cr. App. R. (S.) 16.
[32] [2019] EWCA Crim 1066.
[33] [2020] EWCA Crim 598; [2020] Crim. L.R. 793.
[34] [2020] EWCA Crim 898; [2021] 1 Cr. App. R. (S.) 14.

method of supervision it was suggested that could provide more public protection than probation supervision).

Whether to impose an order

A restriction order may only be imposed where it is considered necessary for public protection; the sentencer should not impose a restriction order simply to mark the gravity of the offence, nor as a means of punishment: *R. v Birch*.[35]

A9-053

It is clear from the decision in *R. v Chowdhury*,[36] in which the court accepted certain undertakings when quashing a restriction order, that the court will need to consider the extent of the risk posed by the offender and the alternative methods of providing public protection alongside a hospital order—such as the imposition of preventative orders. Consideration will also need to be given to the public protection provided by an ordinary hospital order, and the relative advantages and disadvantages of a restriction order in ensuring public protection and in aiding the offender's recovery. Furthermore, consideration must be given, as with any hospital order, to whether there is a penal element in required in the sentence.

Making the order

It is suggested that where a court is imposing a hospital order with or without a restriction order the court should give reasons for doing so, and explain why it considers the conditions for doing so are made out. In the case of a hospital order with a restriction order this will include explaining the basis on which the court is satisfied there is the necessary risk of serious harm, and why that risk requires a restriction order to be made (i.e. why the public protection offered by an ordinary hospital order does not suffice). In practice, it may often also require explaining why a sentence with a penal element was not required.

A9-054

Where a hospital order is imposed with a restriction order, the court may specify a specific hospital unit at which the offender is to be detained: s.47 of the 1983 Act. It is not necessary that the offender be admitted to a hospital in the part of the country where they normally reside: *R. v Marsden*.[37] It is likely that in practice the concern will be finding a hospital that is suitable.

A hospital order ceases to have effect if the subject of the order is not admitted to the hospital named in the order within a period of 28 days from the date of the making of the order and it will accordingly be helpful for the order to specify when that 28-day period expires and that the court should be noted if within 21 days it does not appear that it will be possible for the offender to be admitted to hospital: *R. (DB) v Nottinghamshire Healthcare NHS Trust; R. (X) v An NHS Trust*.[38] If it is not possible to admit the offender, the court should then as a matter of urgency list the matter under the slip rule and consider whether to adjourn sentencing to a later date; the court will also need to consider whether a remand is necessary in those circumstances.

---

[35] (1989) 11 Cr. App. R. (S.) 202 CA.
[36] [2011] EWCA Crim 936.
[37] (1968) 52 Cr. App. R. 301 CA.
[38] [2008] EWCA Civ 1354; [2009] 2 All E.R. 792.

Combined with other orders

A9-055 By virtue of s.37(8), where a hospital order is imposed the court may not sentence the offender to imprisonment, a fine, a referral order, a community order or a youth rehabilitation order in respect of the offence. It is, however, suggested that all other orders, such as compensation orders or sexual harm prevention orders remain available to the court.

Hospital and Limitation Directions

Introduction

A9-056 Where the Crown Court is sentencing an offender for whom a hospital order would be appropriate and available but decides to impose a custodial sentence due to the seriousness of the offence, the court may, under s.45A of the Mental Health Act 1983 order that the custodial sentence is accompanied by a hospital direction and a limitation direction. A hospital direction provides that instead of being removed to and detained in a prison, the offender is removed to and detained in such hospital as may be specified in the direction. A limitation direction ensures that the offender is subject to the special restrictions applicable under a restriction direction made by virtue of s.41 of the 1983 Act (see A9-051).

Legislation

Mental Health Act 1983 ss.45A and s.45B

Power of higher courts to direct hospital admission.

A9-057 45A.—(1) This section applies where, in the case of a person convicted before the Crown Court of an offence the sentence for which is not fixed by law—
 (a) the conditions mentioned in subsection (2) below are fulfilled; and
 (b) the court considers making a hospital order in respect of him before deciding to impose a sentence of imprisonment ("the relevant sentence") in respect of the offence.

(2) The conditions referred to in subsection (1) above are that the court is satisfied, on the written or oral evidence of two registered medical practitioners—
 (a) that the offender is suffering from mental disorder;
 (b) that the mental disorder from which the offender is suffering is of a nature or degree which makes it appropriate for him to be detained in a hospital for medical treatment; and
 (c) that appropriate medical treatment is available for him.

(3) The court may give both of the following directions, namely—
 (a) a direction that, instead of being removed to and detained in a prison, the offender be removed to and detained in such hospital as may be specified in the direction (in this Act referred to as a "hospital direction"); and
 (b) a direction that the offender be subject to the special restrictions set out in section 41 above (in this Act referred to as a "limitation direction").

(4) A hospital direction and a limitation direction shall not be given in relation to an offender unless at least one of the medical practitioners whose evidence

is taken into account by the court under subsection (2) above has given evidence orally before the court.

(5) A hospital direction and a limitation direction shall not be given in relation to an offender unless the court is satisfied on the written or oral evidence of the approved clinician who would have overall responsibility for his case, or of some other person representing the managers of the hospital that arrangements have been made—
    (a) for his admission to that hospital; and
    (b) for his admission to it within the period of 28 days beginning with the day of the giving of such directions;
and the court may, pending his admission within that period, give such directions as it thinks fit for his conveyance to and detention in a place of safety.

(6) If within the said period of 28 days it appears to the Secretary of State that by reason of an emergency or other special circumstances it is not practicable for the patient to be received into the hospital specified in the hospital direction, he may give instructions for the admission of the patient to such other hospital as appears to be appropriate instead of the hospital so specified.

(7) Where such instructions are given—
    (a) the Secretary of State shall cause the person having the custody of the patient to be informed, and
    (b) the hospital direction shall have effect as if the hospital specified in the instructions were substituted for the hospital specified in the hospital direction.

(8) Section 38(1) and (5) and section 39 above shall have effect as if any reference to the making of a hospital order included a reference to the giving of a hospital direction and a limitation direction.

(9) A hospital direction and a limitation direction given in relation to an offender shall have effect not only as regards the relevant sentence but also (so far as applicable) as regards any other sentence of imprisonment imposed on the same or a previous occasion.

Effect of hospital and limitation directions.

45B.—(1) A hospital direction and a limitation direction shall be sufficient authority—
    (a) for a constable or any other person directed to do so by the court to convey the patient to the hospital specified in the hospital direction within a period of 28 days; and
    (b) for the managers of the hospital to admit him at any time within that period and thereafter detain him in accordance with the provisions of this Act.

(2) With respect to any person—
    (a) a hospital direction shall have effect as a transfer direction; and
    (b) a limitation direction shall have effect as a restriction direction.

(3) While a person is subject to a hospital direction and a limitation direction the responsible clinician shall at such intervals (not exceeding one year) as the Secretary of State may direct examine and report to the Secretary of State on that person; and every report shall contain such particulars as the Secretary of State may require.

A9-058

Guidance

Availability

A9-059 Orders under s.45A are only available where imposed in conjunction with a sentence of imprisonment. A sentence of imprisonment does not include a sentence of detention or detention in a young offender institution and accordingly a hospital and limitation direction is only available in respect of an offender who is aged 21 or over at conviction: The reference to "a sentence of imprisonment" in s.45A(1)(b) does not include a custodial sentence imposed on a person under 21 at conviction: *R. v Fort*.[39] It does, however, include life sentences, extended sentences and sentences for offenders of particular concern for those aged over 21 when convicted: see, for example, *Attorney General's Reference (R. v Yuel)*.[40] Of course in relation to extended sentences there will be a need to consider whether the dangerousness of the offence is such that an extended sentence is still necessary when a s.45A order is also being imposed.

There is no requirement that the conditions for a restriction order under s.41 of the 1983 Act would be met before a hospital and limitation direction under s.45A can be imposed: *R. v Poole*.[41]

Where an order is made under s.45A both a hospital direction and a limitation direction must be made; there is no power to only make one: *R. v Poole*.[42]

Effect

A9-060 The effect of a hospital and limitation direction under s.45A is to transfer an offender from prison to hospital and to subject them to what is in essence a hospital and restriction order. The differences between the two regimes are the length of the orders and the circumstances in which an offender is discharged.

Where an offender is still serving the custodial part of their sentence and is discharged from hospital under a s.45A order because they no longer require treatment or because no effective treatment can be given, they are not discharged into the community but are instead remitted to prison: s.50(1) of the 1983 Act. The s.45A order then ceases to have effect and the offender is serving a sentence of imprisonment; if the offender's mental health becomes a problem while in prison again the Secretary of State will instead need to transfer the offender to prison under s.47 of the 1983 Act.

Furthermore, where an offender is still receiving treatment at the time when they would become entitled to automatic release from their custodial sentence, the limitation direction will expire: s.50(2) and (3) of the 1983 Act. As explained in *R. v Edwards*,[43] the effect of this is that they will become subject to an ordinary hospital order, so that the point at which they are discharged from hospital is a matter for the clinicians, with no input from the Secretary of State.

A9-061 The extent to which a s.45A order provides public protection therefore tends to depend significantly on the type of custodial sentence it is combined with, its length

---

[39] [2013] EWCA Crim 2332; [2014] 2 Cr. App. R. (S.) 24.
[40] [2019] EWCA Crim 1693; [2020] 1 Cr. App. R. (S.) 42.
[41] [2014] EWCA Crim 1641; [2015] 1 Cr. App. R. (S.) 2.
[42] [2014] EWCA Crim 1641; [2015] 1 Cr. App. R. (S.) 2.
[43] [2018] EWCA Crim 595; [2018] 2 Cr. App. R. (S.) 17.

and whether that sentence provides for Parole Board release. If it does involve Parole Board release, then its effect is that release will ordinarily be governed by the Parole Board and not the First Tier Tribunal as the former are required to take a much broader view of the risks to the public than the Tribunal, which is are concerned principally with the mental health of the offender.

It is possible for the Secretary of State to release an offender serving a life sentence or other sentence ordinarily subject to Parole Board release on the recommendation of the First Tier Tribunal under s.74; and to subject them to the conditional release package that is common as part of a hospital order. However, as explained in *R. v Edwards*,[44] the understandable practice of the Secretary of State is to refer such cases to the Parole Board.

Where an offender is released by the Parole Board they will be subject to licence conditions in the ordinary manner, and unlike under a ss.37/41 order may be recalled where there is a risk of further offending: *R. v Sowerby*.[45] A s.45A order therefore may provide more effective public protection when the risks posed by the offender are not limited only to their mental disorders. However, as observed by the court in *R. v Ahmed*,[46] probation officers do not have the clinical experience to recognise early stage deterioration of mental health and so may provide less public protection in respect of a mental health relapse. While the offender may continue to receive medical treatment in the community it is unlikely to have the same level of scrutiny, supervision and support as part of a discharge from a hospital order, even if such a requirement is included as a condition of their licence. In *R. v Edwards*,[47] the court summarised a letter from the National Probation Service explaining the availability of such support and trying to rebut that suggestion. The letter explained that probation have in place Multi Agency Public Protection Arrangements (MAPPA) means that for every released prisoner who is eligible, all the relevant agencies are involved in planning their risk management. This includes mental health specialists, the police, probation officers, social care experts and those who provide specialist mental health accommodation with 24-hour staffing. Mental health practitioners have a duty to co-operate with MAPPA and share information about patients that is relevant to the statutory purposes of assessing and managing risk, even where the patient does not consent. Licence conditions can require offenders to comply fully with any treatment and offenders may be recalled where they do not consent. Unless, however, an offender is subject to a life sentence alongside the s.45A order this period of licence will in due course expire—even if the offender is still considered to pose a risk.

Where such an offender is recalled they will, however, be recalled to prison in the first instance. If the recall was related to their mental health such that hospital treatment is necessary the Secretary of State may transfer the offender to hospital under s.47 of the 1983 Act but there may be delays in finding a suitable place. Furthermore, as explained by experts in *R. v Westwood*[48] while in prison the prison mental health team will not be able to compel the offender to accept treatment and if there is a significant deterioration the offender will need to be considered for

A9-062

---

[44] [2018] EWCA Crim 595; [2018] 2 Cr. App. R. (S.) 17.
[45] [2020] EWCA Crim 898; [2021] 1 Cr. App. R. (S.) 14.
[46] [2016] EWCA Crim 670; [2017] Crim. L.R. 150.
[47] [2018] EWCA Crim 595; [2018] 2 Cr. App. R. (S.) 17.
[48] [2020] EWCA Crim 598.

inpatient hospital care voluntarily or a formal assessment under the 1983 Act will be required to seek detention under that Act.

Whether to impose an order

A9-063   It is clear from the decisions in *R. v Vowles*[49] and *R. v Edwards*[50] (discussed at A9-026 and to which courts should have reference to when deciding on the appropriate sentence) that significant factors in the decision as to whether to impose a s.45A order will be whether there is a need for a penal element to the sentence and whether that order will provide appropriate public protection (particularly in comparison with a ss.37/41 order). In this regard it is suggested that reference should be made to the paragraphs in this chapter explaining the effect and merit of each. This is likely to involve a careful consideration of (a) the seriousness of the offence and the extent to which the offender retained responsibility; and (b) the extent to which the risk posed by the offender stems solely from their mental health consideration. As Andrew Ashworth and Ronnie Mackay suggested,[51] a crucial issue will be whether successful medical treatment is expected to reduce the risk to the public.

In *R. v Nelson*,[52] the court observed that s.45A orders were particularly appropriate in two situations: the first was where, notwithstanding the existence of the mental disorder, a penal element to the sentence was appropriate; and the second was where the offender had a mental disorder but there were real doubts that he would comply with any treatment requirements in hospital, meaning that the hospital would be looking after an offender (who might be dangerous) who was not being treated.

In their commentary to *Vowles*,[53] Andrew Ashworth and Ronnie Mackay argued that the guidance given there to consider a s.45A order in precedence of a hospital order ignored the statutory wording of s.45A (which requires the court to have decided to impose a custodial sentence) and fails to insist that hospital and limitation directions should be received for offenders who pose a serious risk to the public and merit punishment as a result of a high degree of culpability. As a matter of principle their arguments have merit; a custodial sentence is a sentence of last resort and so the question should be whether a custodial sentence is strictly required—it should not be the assumption. However, in practice the cases in which these orders are imposed almost all involve serious offending for which normally a custodial sentence would be inevitable, and so it is understandable that the courts in *Vowles* and *Edwards* wished to remind sentencing judges of the need not to lose sight of the need for a penal element in a sentence.

A9-064   As held in *R. v Fisher*,[54] while in a particular case the punitive element of a sentence is, or may be, important, even if a fixed period in detention were

---

[49] [2015] EWCA Crim 45; [2015] 2 Cr. App. R. (S.) 6.
[50] [2018] EWCA Crim 595; [2018] 2 Cr. App. R. (S.) 17.
[51] A. Ashworth and R. Mackay, "R. v Vowles (Lucinda); R. v Barnes (Carl); R. v Coleman (Danielle); R. v Odiowei (Justin Obuza); R. v Irving (David Stuart); R. v McDougall (Gordon): Sentencing—Guidance where an Element of Mental Disorder Exists" [2015] Crim. L.R. 542–548.
[52] [2020] EWCA Crim 1615.
[53] A. Ashworth and R. Mackay, "R. v Vowles (Lucinda); R. v Barnes (Carl); R. v Coleman (Danielle); R. v Odiowei (Justin Obuza); R. v Irving (David Stuart); R. v McDougall (Gordon): Sentencing—Guidance where an Element of Mental Disorder Exists" [2015] Crim. L.R. 542–548.
[54] [2019] EWCA Crim 1066.

considered appropriate for a particular crime by way of punishment, where that period is clearly going to be less than the treatment period that will result in the risk posed by the offender being reduced to an acceptable level to allow any form of discharge from hospital, then punishment as a discrete purpose of sentence of imprisonment loses its force; because, whichever route is taken, the offender will spend the appropriate custodial period in the same hospital and generally in the same circumstances. Furthermore, where past offending is related to the offender's mental condition, it may be unnecessary and disproportionate that the offender faces the risk of being recalled to prison if they commit another, perhaps minor, offence unrelated to that mental condition.

When considering the public protection provided by a s.45A order the court should bear in mind carefully the effect of s.50 of the 1983 Act in relation to determinate sentences, which is that the s.45A order will cease to have effect when the offender becomes entitled to release and the offender will then be subject to what is in practice a hospital order without a restriction order.

Making the order

It is suggested that where a court is imposing a s.45A order the court should give reasons for doing so and explain why it considers the conditions for doing so are made out. In practice it may often also require explaining why a hospital order with a restriction order was not an appropriate alternative. **A9-065**

Where a s.45A order is made the court may specify a specific hospital unit at which the offender is to be detained: s.47 of the 1983 Act.

Transfers from Prison to Hospital by the Secretary of State

Under s.47 of the Mental Health Act 1983, where an offender is serving a sentence of imprisonment and is suffering from a mental disorder of a nature or degree which makes it appropriate for them to be detained in a hospital for medical treatment; and that appropriate medical treatment is available, the Secretary of State may transfer the offender from prison to hospital. By virtue of s.49 of the 1983 Act they may also make an order to the effect that the restriction directions provided in s.41 of that Act apply while the offender is detained in hospital. The effect of a ss.47/49 order is therefore broadly equivalent to the making of a s.45A order. **A9-066**

In *R. v Vowles*,[55] it was suggested that when considering whether to impose a hospital order and a restriction order the court should also consider whether the powers under s.47 for transferring the offender to hospital from prison for treatment would, taking into account all the other circumstances, be an appropriate disposal.

This conclusion was subject to stringent criticism both by Ashworth and Mackay[56] and James Richardson QC[57] on the grounds that any decision to transfer an offender is entirely at the discretion of the Secretary of State and is not a disposal

---

[55] [2015] EWCA Crim 45; [2015] 2 Cr. App. R. (S.) 6.
[56] A. Ashworth and R. Mackay, "R. v Vowles (Lucinda); R. v Barnes (Carl); R. v Coleman (Danielle); R. v Odiowei (Justin Obuza); R. v Irving (David Stuart); R. v McDougall (Gordon): Sentencing—Guidance where an Element of Mental Disorder Exists" [2015] Crim. L.R. 542–548.
[57] J. Richardson QC, "Sentence: New Cases: Particular Sentences or Orders: Hospital Order: R. v Vowles" CLW/15/11/20.

available to the sentencing court itself. It is submitted that the criticisms in those commentaries are correct and that the sentencing court should never impose imprisonment without a s.45A order where they are considering a hospital order unless they are not satisfied that the conditions for the making of a s.45A order are met (i.e. the offender's mental disorder at the time of sentence is not of such a nature or degree that it is necessary to detain them in a hospital).

Disposals Available where Unfit to Plead or not Guilty by Reason of Insanity

Introduction

A9-067   Where an accused is found unfit to plead, but the court is satisfied that they did the act or omission alleged, or where an accused is found not guilty by reason of insanity there are a number of specific disposals available to a court. The powers available to the court in such a case differ significantly depending on whether the offender is in the magistrates' court or the Crown Court and this chapter accordingly deals with each separately.

Magistrates' Courts

Introduction

A9-068   The procedure for dealing with offenders who are unfit to plead, or who seek to rely on the defence of insanity in the magistrates' court differs significantly from the relatively advanced procedures available in the Crown Court. The disposals available are exceptionally limited and have been the subject of detailed recommendations for expansion and modernisation by the Law Commission in their report on *Unfitness to Plead* (2016) Law Com No.364, by Justice, in their report on *Mental Health and Fair Trial* (November 2017)[58] and by the *Independent Review of the Mental Health Act 1983* (December 2018).[59] Unfortunately the government has not yet taken forward any of these recommendations albeit they have published a White Paper (2021) stating they will consider these reforms.[60]

Fitness to Plead

Introduction

A9-069   Although the Criminal Procedure (Insanity) Act 1964 provides the procedure applicable to an accused who is not fit to plead while standing trial on indictment, the procedure in that Act does not apply to an accused in the magistrates' courts. Where an accused is considered to be unfit to plead but to have done the act or omission of which they were accused, s.11 of the Powers of Criminal Courts (Sentencing)

---

[58] See *https://files.justice.org.uk/wp-content/uploads/2017/11/06170615/JUSTICE-Mental-Health-and-Fair-Trial-Report-2.pdf* [Accessed 17 July 2023].
[59] See *https://www.gov.uk/government/publications/modernising-the-mental-health-act-final-report-from-the-independent-review* [Accessed 17 July 2023].
[60] *Reforming the Mental Health Act 1983* (24 August 2021) at *https://www.gov.uk/government/consultations/reforming-the-mental-health-act/reforming-the-mental-health-act* [Accessed 17 July 2023].

Act 2000 and s.37(3) of the Mental Health Act 1983 provide a complete statutory framework for the determination by a magistrates' court of how to dispose of the case: *R. (P) v Barking Youth Court*.[61]

Legislation

Powers of Criminal Courts (Sentencing) Act 2000 s.11

Remand by magistrates' court for medical examination.

11.—(1) If, on the trial by a magistrates' court of an offence punishable on summary conviction with imprisonment, the court—   **A9-070**

(a) is satisfied that the accused did the act or made the omission charged, but

(b) is of the opinion that an inquiry ought to be made into his physical or mental condition before the method of dealing with him is determined,

the court shall adjourn the case to enable a medical examination and report to be made, and shall remand him.

(2) An adjournment under subsection (1) above shall not be for more than three weeks at a time where the court remands the accused in custody, nor for more than four weeks at a time where it remands him on bail.

(3) Where on an adjournment under subsection (1) above the accused is remanded on bail, the court shall impose conditions under paragraph (d) of section 3(6) of the Bail Act 1976 and the requirements imposed as conditions under that paragraph shall be or shall include requirements that the accused—

(a) undergo medical examination by a registered medical practitioner or, where the inquiry is into his mental condition and the court so directs, two such practitioners; and

(b) for that purpose attend such an institution or place, or on such practitioner, as the court directs and, where the inquiry is into his mental condition, comply with any other directions which may be given to him for that purpose by any person specified by the court or by a person of any class so specified.

Mental Health Act 1983 s.37

Powers of courts to order hospital admission or guardianship.

37.—(1) Where a person is convicted before the Crown Court of an offence punishable with imprisonment other than an offence the sentence for which is fixed by law, or is convicted by a magistrates' court of an offence punishable on summary conviction with imprisonment, and the conditions mentioned in subsection (2) below are satisfied, the court may by order authorise his admission to and detention in such hospital as may be specified in the order or, as the case may be, place him under the guardianship of a local social services authority or of such other person approved by a local social services authority as may be so specified.   **A9-071**

(1A) to (2) [*Conditions for orders on conviction.*]

(3) Where a person is charged before a magistrates' court with any act or omission as an offence and the court would have power, on convicting him of that offence, to make an order under subsection (1) above in his case, then, if the court is satisfied that the accused did the act or made the omission charged, the court may, if it thinks fit, make such an order without convicting him.

(4) An order for the admission of an offender to a hospital (in this Act referred to as "a hospital order") shall not be made under this section unless the court is satisfied on the written or oral evidence of the approved clinician who would have overall responsibil-

---

[61] [2002] EWHC Admin 734; [2002] 2 Cr. App. R. 19.

ity for his case or of some other person representing the managers of the hospital that arrangements have been made for his admission to that hospital, and for his admission to it within the period of 28 days beginning with the date of the making of such an order; and the court may, pending his admission within that period, give such directions as it thinks fit for his conveyance to and detention in a place of safety.

(5) If within the said period of 28 days it appears to the Secretary of State that by reason of an emergency or other special circumstances it is not practicable for the patient to be received into the hospital specified in the order, he may give directions for the admission of the patient to such other hospital as appears to be appropriate instead of the hospital so specified; and where such directions are given—

(a) the Secretary of State shall cause the person having the custody of the patient to be informed, and

(b) the hospital order shall have effect as if the hospital specified in the directions were substituted for the hospital specified in the order.

(6) An order placing an offender under the guardianship of a local social services authority or of any other person (in this Act referred to as "a guardianship order") shall not be made under this section unless the court is satisfied that that authority or person is willing to receive the offender into guardianship.

(8) [*Restrictions on other sentences in relation to orders on conviction.*]

Guidance

A9-072   The effect of these provisions is that where an accused has been found to have done the act or omission alleged only a hospital order or a guardianship order is available for a magistrates' court. For guidance on the effect and availability of each, see A9-038 and A9-029, respectively.

There is no power in such a case to impose a restriction order under s.41. In any case where an order under s.37(3) of the 1983 Act is not available (e.g. for non-imprisonable offences or where the accused is not suffering from a treatable mental disorder) the magistrates' court must either proceed to try the offence or stay the case as an abuse in accordance with *DPP v P*.[62]

Insanity

A9-073   Although a defence of insanity is available in the magistrates' courts at common law, the procedure for a special verdict of not guilty by reason of insanity is not; accordingly, where an offender relies successfully on a defence of insanity in the magistrates' courts they are treated for all intents and purposes as if they have been completely acquitted: *R. (Singh) v Stratford Magistrates' Courts*.[63] The special disposals made available by the Criminal Procedure (Insanity) Act 1964 are not available in such a case. However, where the accused is still suffering from a mental disorder such that fitness to plead is raised, and the magistrates' court is satisfied that the accused did the act or omission alleged they may then impose a hospital order under s.37(3) of the Mental Health Act 1983.

Moreover, a restraining order may be imposed on acquittal (*R. v R(AJ)*[64]), albeit careful consideration will need to be given whether such an order will be effective

---

[62] [2007] EWHC 946 (Admin); [2008] 1 W.L.R. 1005.
[63] [2007] EWHC 1582 (Admin); [2007] 1 W.L.R. 3119.
[64] [2013] EWCA Crim 591; [2013] 2 Cr. App. R. 12.

if the defendant is unable to understand its terms. In *Humphreys v CPS*,[65] (in the context of criminal behaviour orders), the court observed that if the offender was incapable of understanding or complying with the terms of the order, so that the only effect of the order would be to criminalise behaviour over which they had no control, that would indicate that the order would not be helpful.

Relevance of Civil Preventative Orders

Given the particular limitations on disposals available in the magistrates' court the court and those prosecuting will want to bear in mind the various powers to make civil preventative orders on application or by the court's own volition. This may include, in particular, sexual harm prevention order under s.103A of the Sexual Offences Act 2003, a notification order under s.97 of that Act or a violent offender order under s.98 of the Criminal Justice and Immigration Act 2008.

A9-074

The Crown Court

Introduction

The disposals available to the Crown Court where an accused has been found unfit to plead but to have done the act or omission alleged, or the jury has returned a special verdict of not guilty by reason of insanity are the same and are governed by the Criminal Procedure (Insanity) Act 1964. That Act provides that in such a case the court must either impose:

A9-075

1) a hospital order (with or without a restriction order);
2) a supervision order; or
3) an order for the accused's absolute discharge.

There is no discretion available for the court not to make any order but the court may remand the accused to hospital for further information or for treatments under ss.35 or 36 of the Mental Health Act 1983 and may also make an interim hospital order under s.38 of that Act. The court and those prosecuting may also wish to consider the potential for civil preventative orders (although the jurisdiction of the Crown Court to impose such orders is limited and this will often require separate proceedings).

Moreover, an acquittal by virtue of a special verdict of not guilty by reason of insanity is an acquittal, and accordingly any secondary orders available on acquittal can be imposed: *R. v R(AJ)*.[66] Careful consideration will, however, need to be given whether such an order will be effective if the defendant is unable to understand its terms. In *Humphreys v CPS*,[67] (in the context of criminal behaviour orders), the court observed that if the offender was incapable of understanding or complying with the terms of the order, so that the only effect of the order would be to criminalise behaviour over which they had no control, that would indicate that the order would not be helpful.

---

[65] [2019] EWHC 2794 (Admin); [2020] 1 Cr. App. R. (S.) 39.
[66] [2013] EWCA Crim 591; [2013] 2 Cr. App. R. 12.
[67] [2019] EWHC 2794 (Admin); [2020] 1 Cr. App. R. (S.) 39.

General Provisions

Criminal Procedure (Insanity) Act 1964 ss.5, 5A

Powers to deal with persons not guilty by reason of insanity or unfit to plead etc

A9-076   5.—(1) This section applies where–
  (a) a special verdict is returned that the accused is not guilty by reason of insanity; or
  (b) findings have been made that the accused is under a disability and that he did the act or made the omission charged against him.
 (2) The court shall make in respect of the accused–
  (a) a hospital order (with or without a restriction order);
  (b) a supervision order; or
  (c) an order for his absolute discharge.
 (3) Where–
  (a) the offence to which the special verdict or the findings relate is an offence the sentence for which is fixed by law, and
  (b) the court have power to make a hospital order,
the court shall make a hospital order with a restriction order (whether or not they would have power to make a restriction order apart from this subsection).
 (3A) Where the court have power under subsection (2)(c) to make an order for the absolute discharge of the accused, they may do so where they think, having regard to the circumstances, including the nature of the offence charged and the character of the accused, that such an order would be most suitable in all the circumstances of the case
 (4) In this section–

> "hospital order" has the meaning given in section 37 of the Mental Health Act 1983;
> "restriction order" has the meaning given to it by section 41 of that Act;
> "supervision order" has the meaning given in Part 1 of Schedule 1A to this Act.

A9-077   Section 5A of the Criminal Procedure (Insanity) Act 1964 provides that when making a hospital order under s.5 of the 1964 Act specified provisions in the 1983 Act apply with a number of non-textual amendments. For the readers' ease these provisions have been reproduced below with the effect of the modifications made by s.5A in italics.

Pre-Sentence and Interim Orders

Mental Health Act 1983 ss.35, 36 and 38 (as modified by CP(I)A 1964 s.5A)

Remand to hospital for report on accused's mental condition.

A9-078   35.—(1) Subject to the provisions of this section, the Crown Court or a magistrates' court may remand an accused person (including a person to whom s.5A of the CP(I)A 1964 applies)to a hospital specified by the court for a report on his mental condition.
 (2) For the purposes of this section an accused person (including a person to whom s.5A of the CP(I)A 1964 applies)is—
  (a) in relation to the Crown Court, any person who is awaiting trial before the court for an offence punishable with imprisonment or who has been arraigned before the court for such an offence and has not yet been sentenced or otherwise dealt with for the offence on which he has been arraigned;
  (b) in relation to a magistrates' court, any person who has been convicted by the court of an offence punishable on summary conviction with imprisonment and

any person charged with such an offence if the court is satisfied that he did the act or made the omission charged or he has consented to the exercise by the court of the powers conferred by this section.

(3) Subject to subsection (4) below, the powers conferred by this section may be exercised if—
- (a) the court is satisfied, on the written or oral evidence of a registered medical practitioner, that there is reason to suspect that the accused person is suffering from mental disorder; and
- (b) the court is of the opinion that it would be impracticable for a report on his mental condition to be made if he were remanded on bail ...

(4) The court shall not remand an accused person to a hospital under this section unless satisfied, on the written or oral evidence of the approved clinician who would be responsible for making the report or of some other person representing the managers of the hospital, that arrangements have been made for his admission to that hospital and for his admission to it within the period of seven days beginning with the date of the remand; and if the court is so satisfied it may, pending his admission, give directions for his conveyance to and detention in a place of safety.

(5) Where a court has remanded an accused person *(including a person to whom s.5A of the CP(I)A 1964 applies)* under this section it may further remand him if it appears to the court, on the written or oral evidence of the approved clinician responsible for making the report, that a further remand is necessary for completing the assessment of the accused person's mental condition.

(6) The power of further remanding an accused person under this section may be exercised by the court without his being brought before the court if he is represented by an authorised person who is given an opportunity of being heard.

(7) An accused person *(including a person to whom s.5A of the CP(I)A 1964 applies)* shall not be remanded or further remanded under this section for more than 28 days at a time or for more than 12 weeks in all; and the court may at any time terminate the remand if it appears to the court that it is appropriate to do so.

(8) An accused person *(including a person to whom s.5A of the CP(I)A 1964 applies)* remanded to hospital under this section shall be entitled to obtain at his own expense an independent report on his mental condition from a registered medical practitioner or approved clinician chosen by him and to apply to the court on the basis of it for his remand to be terminated under subsection (7) above.

(9) Where an accused person *(including a person to whom s.5A of the CP(I)A 1964 applies)* is remanded under this section—
- (a) a constable or any other person directed to do so by the court shall convey the accused person to the hospital specified by the court within the period mentioned in subsection (4) above; and
- (b) the managers of the hospital shall admit him within that period and thereafter detain him in accordance with the provisions of this section.

(10) If an accused person *(including a person to whom s.5A of the CP(I)A 1964 applies)* absconds from a hospital to which he has been remanded under this section, or while being conveyed to or from that hospital, he may be arrested without warrant by any constable and shall, after being arrested, be brought as soon as practicable before the court that remanded him; and the court may thereupon terminate the remand and deal with him in any way in which it could have dealt with him if he had not been remanded under this section.

Remand of accused person to hospital for treatment

36.—(1) Subject to the provisions of this section, the Crown Court may, instead of remanding an accused person *(including a person to whom s.5A of the CP(I)A 1964 applies)* in custody remand him to a hospital specified by the court if satisfied, on the written or oral evidence of two registered medical practitioners, that—

(a) he is suffering from mental disorder of a nature or degree which makes it appropriate for him to be detained in a hospital for medical treatment;

(b) appropriate medical treatment is available for him.

(2) For the purposes of this section an accused person *(including a person to whom* s.5A of the CP(I)A 1964 *applies)* is any person who is in custody awaiting trial before the Crown Court for an offence punishable with imprisonment or who at any time before sentence is in custody in the course of a trial before that court for such an offence.

(3) The court shall not remand an accused person *(including a person to whom* s.5A of the CP(I)A 1964 *applies)* under this section to a hospital unless it is satisfied, on the written or oral evidence of the approved clinician who would have overall responsibility for his case or of some other person representing the managers of the hospital, that arrangements have been made for his admission to that hospital and for his admission to it within the period of seven days beginning with the date of the remand; and if the court is so satisfied it may, pending his admission, give directions for his conveyance to and detention in a place of safety.

(4) Where a court has remanded an accused person *(including a person to whom* s.5A of the CP(I)A 1964 *applies)* under this section it may further remand him if it appears to the court, on the written or oral evidence of the responsible clinician, that a further remand is warranted.

(5), (6) [*Identical to s.35(6), (7), above.*]

(7) An accused person *(including a person to whom* s.5A of the CP(I)A 1964 *applies)* remanded to hospital under this section shall be entitled to obtain at his own expense an independent report on his mental condition from a registered medical practitioner or approved clinician chosen by him and to apply to the court on the basis of it for his remand to be terminated under subsection (6) above.

(8) Subsections (9) and (10) of section 35 above shall have effect in relation to a remand under this section as they have effect in relation to a remand under that section.

Interim hospital orders

38.—(1) Where a person is convicted before the Crown Court *(or is before the Crown Court in circumstances where* s.5 of the CP(I)A 1964 *applies)* of an offence punishable with imprisonment ... or is convicted by a magistrates' court of an offence punishable on summary conviction with imprisonment and the court before or by which he is convicted is satisfied, on the written or oral evidence of two registered medical practitioners—

(a) that the offender is suffering from mental disorder; and

(b) that there is reason to suppose that the mental disorder from which the offender is suffering is such that it may be appropriate for a hospital order to be made in his case,

the court may, before making a hospital order or dealing with him in some other way, make an order (in this Act referred to as "an interim hospital order") authorising his admission to such hospital as may be specified in the order and his detention there in accordance with this section.

(2) In the case of an offender who is subject to an interim hospital order the court may make a hospital order without his being brought before the court if he is represented by an authorised person who is given an opportunity of being heard.

(3) At least one of the registered medical practitioners whose evidence is taken into account under subsection (1) above shall be employed at the hospital which is to be specified in the order.

(4) An interim hospital order shall not be made for the admission of an offender to a hospital unless the court is satisfied, on the written or oral evidence of the approved clinician who would have overall responsibility for his case or of some other person representing the managers of the hospital, that arrangements have been made for his admission to that hospital and for his admission to it within the period of 28 days beginning with the

date of the order; and if the court is so satisfied the court may, pending his admission, give directions for his conveyance to and detention in a place of safety.

(5) An interim hospital order—
(a) shall be in force for such period, not exceeding 12 weeks, as the court may specify when making the order; but
(b) may be renewed for further periods of not more than 28 days at a time if it appears to the court, on the written or oral evidence of the responsible clinician, that the continuation of the order is warranted;

but no such order shall continue in force for more than twelve months in all and the court shall terminate the order if it makes a hospital order in respect of the offender or decides after considering the written or oral evidence of the responsible clinician to deal with the offender in some other way.

(6) The power of renewing an interim hospital order may be exercised without the offender being brought before the court if he is represented by counsel or a solicitor and his counsel or solicitor is given an opportunity of being heard.

(7) If an offender absconds from a hospital in which he is detained in pursuance of an interim hospital order, or while being conveyed to or from such a hospital, he may be arrested without warrant by a constable and shall, after being arrested, be brought as soon as practicable before the court that made the order; and the court may thereupon terminate the order and deal with him in any way in which it could have dealt with him if no such order had been made.

For the sections dealing with guidance as to when a remand under ss.35 or 36 may be appropriate, see A9-004 and A9-013. For guidance on the making of interim hospital orders, see A9-020. **A9-081**

Absolute Discharge

Under s.5(3A) of the Criminal Procedure (Insanity) Act 1964, the court may make an order for the absolute discharge of an accused who has been found to have done the act or omission alleged or to be not guilty by reason of insanity, where the court considers, having regard to the circumstances, including the nature of the offence charged and the character of the accused, that such an order would be most suitable in all the circumstances of the case. **A9-082**

In contrast to an absolute discharge following conviction, there is therefore no requirement that the court consider that punishment would be inexpedient (as none of the orders available under s.5 of the 1964 Act are to be imposed for the purposes of punishment). The deciding factor in such a case is therefore likely to be whether the court considers that further state supervision of the accused is either necessary or appropriate. If it is not then the court will probably wish to impose an absolute discharge.

Supervision Order

Introduction

A supervision order under Sch.1A to the 1964 Act can be imposed for up to two years. While a defendant is subject to such an order they will be supervised by a probation officer or social worker in the community and can be subject to a requirement to live in a particular place and to submit to out-patient treatment by a doctor. **A9-083**

Legislation

Criminal Procedure (Insanity) Act 1964 Sch.1A

1.—(1) In this Schedule "supervision order" means an order which requires the person in respect of whom it is made ("the supervised person") to be under the supervision of a social worker, an officer of a local probation board or an officer of a provider of probation services ("the supervising officer") for a period specified in the order of not more than two years.

(2) A supervision order may, in accordance with paragraph 4 or 5 below, require the supervised person to submit, during the whole of that period or such part of it as may be specified in the order, to treatment by or under the direction of a registered medical practitioner.

(3) to (5) [*Power of Secretary of State to amend time limit specified in sub-para (1).*]

2.—(1) The court shall not make a supervision order unless it is satisfied that, having regard to all the circumstances of the case, the making of such an order is the most suitable means of dealing with the accused or appellant.

(2) The court shall not make a supervision order unless it is also satisfied–

(a) that the supervising officer intended to be specified in the order is willing to undertake the supervision; and

(b) that arrangements have been made for the treatment intended to be specified in the order.

3.—(1) A supervision order shall either—

(a) specify the local social services authority area in which the supervised person resides or will reside, and require him to be under the supervision of a social worker of the local social services authority for that area; or

(b) specify the local justice area in which that person resides or will reside, and require him to be under the supervision of an officer of a local probation board appointed for or assigned to that area, or (as the case may be) an officer of a provider of probation services acting in that area.

(2) Before making such an order, the court shall explain to the supervised person in ordinary language—

(a) the effect of the order (including any requirements proposed to be included in the order in accordance with paragraph 4, 5 or 8 below); and

(b) that a magistrates' court has power under paragraphs 9 to 11 below to review the order on the application either of the supervised person or of the supervising officer.

(3) After making such an order, the court shall forthwith give copies of the order to an officer of a local probation board assigned to the court or an officer of a provider of probation services acting at the court, and he shall give a copy–

(a) to the supervised person; and

(b) to the supervising officer.

(4) After making such an order, the court shall also send to the designated officer for the local justice area in which the supervised person resides or will reside ("the local justice area concerned")—

(a) a copy of the order; and

(b) such documents and information relating to the case as it considers likely to be of assistance to a court acting for that area in the exercise of its functions in relation to the order.

(5) Where such an order is made, the supervised person shall keep in touch with the supervising officer in accordance with such instructions as he may from time to time be given by that officer and shall notify him of any change of address.

4.—(1) A supervision order may, if the court is satisfied as mentioned in sub-paragraph (2) below, include a requirement that the supervised person shall submit, during the whole of the period specified in the order or during such part of that period as may be so specified, to treatment by or under the direction of a registered medical practitioner with a view to the improvement of his mental condition.

(2) The court may impose such a requirement only if satisfied on the written or oral evidence of two or more registered medical practitioners, at least one of whom is duly registered, that the mental condition of the supervised person–

(a) is such as requires and may be susceptible to treatment; but

(b) is not such as to warrant the making of a hospital order within the meaning of the Mental Health Act 1983.

(3) The treatment required under this paragraph by any such order shall be such one of the following kinds of treatment as may be specified in the order, that is to say–

(a) treatment as a non-resident patient at such institution or place as may be specified in the order; and

(b) treatment by or under the direction of such registered medical practitioner as may be so specified;

but the nature of the treatment shall not be specified in the order except as mentioned in paragraph (a) or (b) above.

5.—(1) This paragraph applies where the court is satisfied on the written or oral evidence of two or more registered medical practitioners that–

(a) because of his medical condition, other than his mental condition, the supervised person is likely to pose a risk to himself or others; and

(b) the condition may be susceptible to treatment.

(2) The supervision order may (whether or not it includes a requirement under paragraph 4 above) include a requirement that the supervised person shall submit, during the whole of the period specified in the order or during such part of that period as may be so specified, to treatment by or under the direction of a registered medical practitioner with a view to the improvement of the condition.

(3) The treatment required under this paragraph by any such order shall be such one of the following kinds of treatment as may be specified in the order, that is to say–

(a) treatment as a non-resident patient at such institution or place as may be specified in the order; and

(b) treatment by or under the direction of such registered medical practitioner as may be so specified;

but the nature of the treatment shall not be specified in the order except as mentioned in paragraph (a) or (b) above.

6.—(1) Where the medical practitioner by whom or under whose direction the supervised person is being treated in pursuance of a requirement under paragraph 4 or 5 above is of the opinion that part of the treatment can be better or more conveniently given in or at an institution or place which–

(a) is not specified in the order, and

(b) is one in or at which the treatment of the supervised person will be given by or under the direction of a registered medical practitioner,

he may, with the consent of the supervised person, make arrangements for him to be treated accordingly.

(2) Such arrangements may provide for the supervised person to receive part of his treatment as a resident patient in an institution or place of any description.

(3) Where any such arrangements are made for the treatment of a supervised person–

(a) the medical practitioner by whom the arrangements are made shall give notice in writing to the supervising officer, specifying the institution or place in or at which the treatment is to be carried out; and

(b) the treatment provided for by the arrangements shall be deemed to be treatment to which he is required to submit in pursuance of the supervision order.

7. While the supervised person is under treatment as a resident patient in pursuance of arrangements under paragraph 6 above, the supervising officer shall carry out the supervision to such extent only as may be necessary for the purpose of the revocation or amendment of the order.

8.—(1) Subject to sub-paragraph (2) below, a supervision order may include requirements as to the residence of the supervised person.

(2) Before making such an order containing any such requirement, the court shall consider the home surroundings of the supervised person.

9.—(1) Where a supervision order is in force in respect of any person and, on the application of the supervised person or the supervising officer, it appears to a magistrates' court acting for the local justice area concerned that, having regard to circumstances which have arisen since the order was made, it would be in the interests of the health or welfare of the supervised person that the order should be revoked, the court may revoke the order.

(2) The court by which a supervision order was made may of its own motion revoke the order if, having regard to circumstances which have arisen since the order was made, it considers that it would be inappropriate for the order to continue.

10.—(1) This paragraph applies where, at any time while a supervision order is in force in respect of any person, a magistrates' court acting for the local justice area concerned is satisfied that the supervised person proposes to change, or has changed, his residence from the area specified in the order to another local social services authority area or local justice area.

(2) Subject to sub-paragraph (3) below, the court may, and on the application of the supervising officer shall, amend the supervision order by substituting the other area for the area specified in the order.

(3) The court shall not amend under this paragraph a supervision order which contains requirements which, in the opinion of the court, cannot be complied with unless the supervised person continues to reside in the area specified in the order unless, in accordance with paragraph 11 below, it either–

    (a) cancels those requirements; or

    (b) substitutes for those requirements other requirements which can be complied with if the supervised person ceases to reside in that area.

11.—(1) Without prejudice to the provisions of paragraph 10 above, but subject to sub-paragraph (2) below, a magistrates' court for the local justice area concerned may, on the application of the supervised person or the supervising officer, by order amend a supervision order–

    (a) by cancelling any of the requirements of the order; or

    (b) by inserting in the order (either in addition to or in substitution for any such requirement) any requirement which the court could include if it were the court by which the order was made and were then making it.

(2) The power of a magistrates' court under sub-paragraph (1) above shall not include power to amend an order by extending the period specified in it beyond the end of two years from the day of the original order.

12.—(1) Where the medical practitioner by whom or under whose direction the supervised person is being treated for his mental condition in pursuance of any requirement of a supervision order–

    (a) is of the opinion mentioned in sub-paragraph (2) below, or

    (b) is for any reason unwilling to continue to treat or direct the treatment of the supervised person,

he shall make a report in writing to that effect to the supervising officer and that officer shall apply under paragraph 11 above to a magistrates' court for the local justice area concerned for the variation or cancellation of the requirement.

(2) The opinion referred to in sub-paragraph (1) above is–

    (a) that the treatment of the supervised person should be continued beyond the period specified in the supervision order;

    (b) that the supervised person needs different treatment, being treatment of a kind to which he could be required to submit in pursuance of such an order;

    (c) that the supervised person is not susceptible to treatment; or

    (d) that the supervised person does not require further treatment.

13 and 14. *[Requires the designated officer to give copies of orders to the supervising officer; and the supervising officer to give copies of orders to the supervised person and the person in charge of any institution they are resident in.]*

Guidance

A9-085   By virtue of para.2(2) of Sch.1A to the 1964 Act, an order can only be made where the court is satisfied that a social worker or probation officer has consented to being the supervising officer. It has been suggested that in practice this will greatly limit the availability of these orders.[68]

Furthermore, while a person subject to a supervision order is required to keep in touch with their supervising officer and to comply with the limited requirements that can be imposed, no action can be taken by either the court or the supervising officer where the accused is in breach of those requirements. The only disposal available to the court under para.9 of Sch.1A to the 1964 Act is for the revocation of the order without re-sentencing where they are satisfied it is no longer appropriate for

---

[68] See the discussion in Law Commission, *Unfitness to Plead* (2016) Law Com No.364, paras 1.79–1.85.

the order to continue. Such orders therefore in practice may provide only very limited public protection. This will, it is suggested, be a considerable factor when determining whether a hospital order should be made.

Where a hospital order is not available, however, a supervision order will at least enable some supervision of the accused in the community. Moreover, contact with appropriate mental health services may mean that civil action is more likely to be taken under the Mental Health Act 1983 if the accused's mental health deteriorates significantly.

Hospital Order with or without Restriction Order

Legislation

Mental Health Act 1983 s.37 as modified by CP(I)A 1964 s.5A

Powers of courts to order hospital admission or guardianship

37.—(1) Where a person is convicted before the Crown Court of an offence punishable with imprisonment *(or is before the Crown Court in circumstances where* s.5 of the CP(I)A 1964 *applies)*, or is convicted by a magistrates' court of an offence punishable on summary conviction with imprisonment, and the conditions mentioned in subsection (2) below are satisfied, the court may by order authorise his admission to and detention in such hospital as may be specified in the order or, as the case may be, place him under the guardianship of a local social services authority or of such other person approved by a local social services authority as may be so specified.

A9-086

(1A) to (1B) [*Only relevant to cases on conviction.*]

(2) The conditions referred to in subsection (1) above are that—
  (a) the court is satisfied, on the written or oral evidence of two registered medical practitioners, that the offender is suffering from mental disorder and that either—
    (i) the mental disorder from which the offender is suffering is of a nature or degree which makes it appropriate for him to be detained in a hospital for medical treatment and appropriate medical treatment is available for him; or
    (ii) in the case of an offender who has attained the age of 16 years, the mental disorder is of a nature or degree which warrants his reception into guardianship under this Act; and
  (b) the court is of the opinion, having regard to all the circumstances including the nature of the offence and the character and antecedents of the offender, and to the other available methods of dealing with him, that the most suitable method of disposing of the case is by means of an order under this section.

(3) Where a person is charged before a magistrates' court with any act or omission as an offence and the court would have power, on convicting him of that offence, to make an order under subsection (1) above in his case, then, if the court is satisfied that the accused did the act or made the omission charged, the court may, if it thinks fit, make such an order without convicting him.

(4) *Where an order is made under this section requiring a person to be admitted to a hospital ("a hospital order"), it shall be the duty of the managers of the hospital specified in the order to admit him in accordance with it.*

(6) An order placing an offender under the guardianship of a local social services authority or of any other person (in this Act referred to as "a guardianship order") shall not be made under this section unless the court is satisfied that that authority or person is willing to receive the offender into guardianship.

(8) [*Restrictions on other sentences where imposed on conviction.*]

A9-087   For the power to impose a restriction order, see s.41 of the 1983 Act at A9-040.

Guidance

A9-088   For guidance on the effect and availability of a hospital order with or without a restriction order, see A9-043. Courts should be mindful that a hybrid order under s.45A of the 1983 Act is not available in respect of an accused who has been found unfit to plead or not guilty by reason of insanity.

POST-SENTENCE

VARIATION OF SENTENCE (THE "SLIP RULE")

Introduction

Both the magistrates' courts and the Crown Court have statutory powers to vary or rescind a sentence or other order imposed on conviction where certain conditions are met. In the magistrates' courts, this power is found in s.142 of the Magistrates' Courts Act 1980 and can be exercised by the court where it appears to the court to be in the interests of justice to do so. There is no statutory time limit on the exercise of the power but the power must be exercised by a magistrates' court acting in the same local justice area as the court which made the order or imposed the sentence. In the Crown Court, it is found in s.385 of the Sentencing Code. The power under s.385 of the Sentencing Code may, however, only be exercised within 56 days of sentence, and only by the judge who imposed the sentence.

A10-001

Magistrates' Courts

Legislation

Magistrates' Courts Act 1980 s.142

Power of magistrates' court to re-open cases to rectify mistakes etc

142.—(1) A magistrates' court may vary or rescind a sentence or other order imposed or made by it when dealing with an offender if it appears to the court to be in the interests of justice to do so; and it is hereby declared that this power extends to replacing a sentence or order which for any reason appears to be invalid by another which the court has power to impose or make.

A10-002

(1A) The power conferred on a magistrates' court by subsection (1) above shall not be exercisable in relation to any sentence or order imposed or made by it when dealing with an offender if—
    (a) the Crown Court has determined an appeal against—
        (i) that sentence or order;
        (ii) the conviction in respect of which that sentence or order was imposed or made; or
        (iii) any other sentence or order imposed or made by the magistrates' court when dealing with the offender in respect of that conviction (including a sentence or order replaced by that sentence or order); or

(b) the High Court has determined a case stated for the opinion of that court on any question arising in any proceeding leading to or resulting from the imposition or making of the sentence or order.

(2) Where a person is convicted by a magistrates' court and it subsequently appears to the court that it would be in the interests of justice that the case should be heard again by different justices, the court may so direct.

(2A) The power conferred on a magistrates' court by subsection (2) above shall not be exercisable in relation to a conviction if—
    (a) the Crown Court has determined an appeal against—
        (i) the conviction; or
        (ii) any sentence or order imposed or made by the magistrates' court when dealing with the offender in respect of the conviction; or
    (b) the High Court has determined a case stated for the opinion of that court on any question arising in any proceeding leading to or resulting from the conviction.

(3) Where a court gives a direction under subsection (2) above—
    (a) the conviction and any sentence or other order imposed or made in consequence thereof shall be of no effect; and
    (b) section 10(4) above shall apply as if the trial of the person in question had been adjourned.

(5) Where a sentence or order is varied under subsection (1) above, the sentence or other order, as so varied, shall take effect from the beginning of the day on which it was originally imposed or made, unless the court otherwise directs.

Criminal Procedure Rules 2020/759 r.28.4

Variation of sentence

A10-003   28.4.—(1) This rule—
    (a) applies where a magistrates' court or the Crown Court can vary, rescind or set aside a sentence, penalty or order other than an order to which rule 24.18 applies (Setting aside a conviction or varying a costs etc. order); and
    (b) authorises the Crown Court, in addition to its other powers, to do so within the period of 56 days beginning with another defendant's acquittal or sentencing where—
        (i) defendants are tried separately in the Crown Court on the same or related facts alleged in one or more indictments, and
        (ii) one is sentenced before another is acquitted or sentenced.

(2) The court—
    (a) may exercise its power—
        (i) on application by a party, or on its own initiative,
        (ii) at a hearing, in public or in private, or without a hearing;
    (b) must announce, at a hearing in public—
        (i) a decision to vary or rescind a sentence or order, or to refuse to do so, and
        (ii) the reasons for that decision.

(3) A party who wants the court to exercise that power must—
    (a) apply in writing as soon as reasonably practicable after—

(i) the sentence, penalty or order that that party wants the court to vary, rescind or set aside, or
(ii) where paragraph (1)(b) applies, the other defendant's acquittal or sentencing;
(b) serve the application on—
(i) the court officer, and
(ii) each other party; and
(c) in the application—
(i) explain why the sentence, penalty or order should be varied, rescinded or set aside,
(ii) specify the variation that the applicant proposes, and
(iii) if the application is late, explain why.
(4) The court must not exercise its power in the defendant's absence unless—
(a) the court makes a variation—
(i) which is proposed by the defendant, or
(ii) the effect of which is that the defendant is no more severely dealt with under the sentence as varied than before; or
(b) the defendant has had an opportunity to make representations at a hearing (whether or not the defendant in fact attends).
(5) The court may—
(a) extend (even after it has expired) the time limit under paragraph (3), unless the court's power to vary or rescind the sentence cannot be exercised;
(b) allow an application to be made orally.
(6) For the purposes of the announcement required by paragraph (2)(b), the court need not comprise the same member or members as the court by which the decision to be announced was made.

Guidance

Availability

General

In *H v DPP*,[1] the court held that on a true construction of s.142 of the Magistrates' Courts Act 1980, the power was of no application once the defendant had been sentenced in the Crown Court.

Constitution of the court

Originally s.142(4) of the Magistrates' Courts Act 1980 restricted the exercise of the power under that section to cases where the court was similarly constituted. However, that provision was repealed by Sch.3 to the Criminal Appeal Act 1995 and now, by virtue of s.148 of the 1980 Act, the power under that section may be exercised by any magistrates' court sitting in the same local justice area as the court which imposed the order.

---

[1] [2021] EWHC 147 (Admin); [2021] 1 W.L.R. 2721.

Disposals for those unfit to plead

A10-006 The power under s.142 to vary an order imposed on an offender is available in respect of a hospital order imposed on a defendant under s.37(3) of the Mental Health Act 1983 following a finding that the accused did the act or omission alleged: *R. v Thames Magistrates' Court*.[2]

Orders made on enforcement

A10-007 The power under s.142 is available in respect of a committal in default of a fine (*R. (Foster) v Sheffield Justices*[3]) or in default of a confiscation order, even where the original financial order was imposed by the Crown Court (*Zykin v CPS*[4]).

Orders for remission

A10-008 In *R. (D) v Acton Youth Court*,[5] it was held that a remittal from a youth court to an adult magistrates' court for sentence was "an order made when dealing with an offender" and thus capable of rescission by virtue of s.142 of the 1980 Act. It is to be noted, however, that this decision was made in the context of an offence that was otherwise triable only on indictment such that the adult magistrates' court had no power to sentence the offender. It is suggested that whether or not as a matter of law it would be possible to rescind any other remission or committal for sentence it will in almost all cases be inappropriate to do so as the express purpose of a remission or committal is to transfer jurisdiction over the case to another court, and the court should not then be involved in the decision as to sentence. In this respect it should be noted that in *London Sessions Ex p. Rogers*,[6] the court held that a committal for sentence was not a "sentence" for the purposes of the now-repealed s.36 of the Criminal Justice Act 1948 (which applied to "any order made on conviction by a court of summary jurisdiction") on the grounds that it would "make nonsense of and nullify this whole new procedure which Parliament set up" as "if the applicant's argument were right, then, when he was committed to quarter sessions they would be entitled to say that they did not think that the justices at petty sessions ought to have come to that conclusion and to send the prisoner back to those justices".

Determined appeals

A10-009 By virtue of s.142(1A) of the 1980 Act the power to vary or rescind a sentence under s.142 is not exercisable where the Crown Court or High Court has already determined a relevant appeal. No such restriction applies in respect of appeals that are pending, and in the appropriate case it may be that the magistrates' court will wish to correct any error prior to the determination of any appeal.

---

[2] [1999] 1 Cr. App. R. 386.
[3] [1999] C.L.Y. 1032.
[4] [2009] EWHC 1469 (Admin) DC.
[5] [2004] EWHC 948 (Admin); [2005] 1 Cr. App. R. (S.) 6.
[6] [1951] 2 K.B. 74.

Where variation or rescission will be appropriate

The test to apply

As discussed in *R. (Rathor) v Southampton Magistrates' Court*,[7] there are two differing strands of case law in respect of whether the power under s.142 of the 1980 Act is exercisable only in respect of mistakes as to fact or law, or is exercisable more broadly.[8] While *Rathor* declined to decide this issue it did note that it is hard to see how the narrower view accords with the statutory language which provides a broader discretion to rescind or vary a sentence wherever it would be in the interests of justice to do so.

It is submitted that whatever the position is in respect of convictions (for which the need for finality is perhaps even greater), in respect of sentence it cannot be that it would only be in the "interests of justice" to vary or rescind sentence where a mistake has been made as to fact or law. It is suggested that as is recognised in *R. v George*,[9] a relevant error may also include a misapplication of relevant sentencing guidelines, there being a duty to apply those guidelines and it being in the public interest to impose an appropriate sentence on an offence.

A10-010

Increasing the sentence imposed

There is no doubt that in an appropriate case the power under s.142 of the 1980 Act can be used to increase a sentence. However, it will only be in rare circumstances, not least because of the principle of finality, that it would be appropriate to resort to s.142 in order to increase a sentence, particularly where the increase bore the possibility of a custodial sentence as opposed to some other form of disposal. There will be a need in all cases to bear in mind the need for finality and the potential for "double jeopardy"—i.e. being sentenced twice for the same offence, with the attendant stress that is likely to cause: *R. (Holme) v Liverpool Magistrates' Court*.[10]

In *Trigger v Northampton Magistrates' Court*,[11] it was held that bearing in mind the principle of finality in sentencing, it will not usually be in the interests of justice to increase a sentence imposed earlier unless the power is exercised speedily after the date of the original sentence. Furthermore, as held in that case the power should not be used as a replacement for breach proceedings, which have their own appropriate procedure and safeguards.

It is suggested that reference should be made to the guidance given in *R. v George and Ingram*[12] (see A10-022 onwards) in respect of the Crown Court "slip rule".

A10-011

---

[7] [2018] EWHC 3278 (Admin); [2019] Crim. L.R. 431.
[8] For a summary of the competing case law see "*New Cases: Evidence and Procedure: Change of Plea: Wilson v CPS*" CLW/20/44/2 and the commentary in P. Hungerford-Welch, "Adjournment: R. (on the application of Rathor) v Southampton Magistrates' Court (Case Comment)" [2019] Crim. L.R. 431.
[9] [2019] EWCA Crim 2177; [2020] 4 W.L.R. 41.
[10] [2004] EWHC 3131 (Admin); [2005] A.C.D. 37 DC.
[11] [2011] EWHC 149 (Admin) DC.
[12] [2019] EWCA Crim 2177; [2020] 4 W.L.R. 41.

Delay

A10-012   Although there is no longer a time limit for the exercise of the power under s.142 of the 1980 Act, delay continues to be one of many relevant considerations: *R. (Sahota) v Ealing Magistrates' Court*.[13] It is, however, just one factor among many and the test is not whether any applicant has acted with all due diligence: *R. (Blick) v Doncaster Magistrates' Court*.[14]

However, as illustrated by the facts of *R. (Dunlop) v DPP*,[15] where the CPS no longer had the relevant case files, a delay may mean that relevant information is no longer available: a particular issue in the magistrates' courts, which are not a court of record. Section 142 does not provide a general power for an appeal or a fresh hearing and accordingly it may be difficult to identify with sufficient precision in such a case the reasoning of the original court or the extent to which any "new" evidence was available before them.

The court in *R. (Sahota) v Ealing Magistrates' Court*[16] accordingly observed, obiter, that "... the repeal of the old 28 day time limit should not be taken as a licence to delay applications of this sort indefinitely, perhaps until papers have been lost or memories have faded, and an adherence to the appeal time limit as a guideline would be a very salutary thing. Delay in matters of this sort is always harmful, memories fade, records may be lost and the essence of doing justice is that it should be done expeditiously."

Procedure

Variations to be made in open court

A10-013   Although under r.28.4 of the Criminal Procedure Rules the court may vary or rescind a sentence under s.142 of the 1980 Act without a hearing, and where it holds a hearing may do so in private, where the court does decide to vary or rescind a sentence it is required by that rule to announce and explain that decision in public.

Furthermore, even where there is no requirement under the procedure rules to hold a hearing the court should consider, whether the substance of the proposed variation is such that in accordance with the principle of open justice a public hearing should be held.

Where a variation hearing is held in public it should be listed as any normal hearing would so that all the interested parties—not only the defendant, but the victims, and the public and the media—may be present if they wish: *R. v Perkins*.[17]

Variations to be made in presence of offender

A10-014   Additionally, under r.28.4 the court must not exercise its power in the defendant's absence unless the court makes a variation proposed by the defendant, the effect of the variation is that the defendant is no more severely dealt with than before or the

---

[13] (1998)162 J.P. 73 DC.
[14] [2008] EWHC 2698 (Admin) DC.
[15] [2004] EWHC 225 (Admin) QBD (Forbes J).
[16] (1998) 162 J.P. 73 DC.
[17] [2013] EWCA Crim 323; [2013] 2 Cr. App. R. (S.) 72.

defendant has had an opportunity to make representations at a hearing but did not attend.

Accordingly, where the judge is minded to increase the sentence, a variation cannot be made where the defendant is only given the opportunity to make representations via email: see, for example, *R. v D*.[18] Under r.28.4 the requirement is that the defendant be given an opportunity to make representations at the hearing itself. However, as the rule makes clear (codifying the old decisions in cases such as *R. v Shacklady*[19]), it is sufficient for this purpose that representations have been made by the defendant's advocate at a relevant hearing.

The Crown Court

Legislation

Sentencing Act 2020 s.385

Alteration of Crown Court sentence

385.—(1) Subsection (2) applies where the Crown Court has imposed a sentence when dealing with an offender.

(2) The Crown Court may vary or rescind the sentence at any time within the period of 56 days beginning with the day on which the sentence was imposed. This subsection is subject to subsections (3) and (4).

(3) Subsection (2) does not apply where an appeal, or an application for leave to appeal, against that sentence has been determined.

(4) The power in subsection (2) may be exercised only by—
    (a) the court constituted as it was when the sentence was imposed, or
    (b) where that court comprised one or more justices of the peace, a court so constituted except for the omission of any one or more of those justices.

(5) Where a sentence is varied under this section, the sentence, as so varied, is to take effect from the beginning of the day on which it was originally imposed, unless the court directs otherwise. This is subject to subsection (6).

(6) For the purposes of—
    (a) section 18(2) of the Criminal Appeal Act 1968 (time limit for notice of appeal or of application for leave to appeal), and
    (b) paragraph 1 of Schedule 3 to the Criminal Justice Act 1988 (time limit for notice of an application for leave to refer a case under section 36 of that Act),
the sentence is to be regarded as imposed on the day on which it is varied under this section.

(7) Criminal Procedure Rules may—
    (a) provide for extending the period fixed by subsection (2) for cases where two or more persons are tried separately on the same or related facts alleged in one or more indictments;
    (b) subject to the other provisions of this section, prescribe the cases and circumstances in which, and the time within which, any order or other

---

[18] [2014] EWCA Crim 2340; [2015] 1 Cr. App. R. (S.) 23.
[19] (1987) 9 Cr. App. R. (S.) 258 CA.

decision made by the Crown Court may be varied or rescinded by that court.

(8) In this section—

"sentence" has the meaning given by section 401, but—
    (a) also includes a recommendation for deportation made when dealing with an offender, and
    (b) does not include an order relating to a requirement to make a payment under regulations under section 23 or 24 of the Legal Aid, Sentencing and Punishment of Offenders Act 2012 (legal aid: payment for services and enforcement);

"imposed" includes made.

Criminal Procedure Rules 2020 r.28.4

Variation of sentence

A10-016   28.4.—(1) This rule—
    (a) applies where a magistrates' court or the Crown Court can vary or rescind a sentence or order, other than an order to which rule 24.18 applies (Setting aside a conviction or varying a costs etc. order); and
    (b) authorises the Crown Court, in addition to its other powers, to do so within the period of 56 days beginning with another defendant's acquittal or sentencing where—
        (i) defendants are tried separately in the Crown Court on the same or related facts alleged in one or more indictments, and
        (ii) one is sentenced before another is acquitted or sentenced.

(2) The court—
    (a) may exercise its power—
        (i) on application by a party, or on its own initiative,
        (ii) at a hearing, in public or in private, or without a hearing;
    (b) must announce, at a hearing in public—
        (i) a decision to vary or rescind a sentence or order, or to refuse to do so, and
        (ii) the reasons for that decision.

(3) A party who wants the court to exercise that power must—
    (a) apply in writing as soon as reasonably practicable after—
        (i) the sentence or order that that party wants the court to vary or rescind, or
        (ii) where paragraph (1)(b) applies, the other defendant's acquittal or sentencing;
    (b) serve the application on—
        (i) the court officer, and
        (ii) each other party; and
    (c) in the application—
        (i) explain why the sentence should be varied or rescinded,
        (ii) specify the variation that the applicant proposes, and
        (iii) if the application is late, explain why.

(4) The court must not exercise its power in the defendant's absence unless—
    (a) the court makes a variation—
        (i) which is proposed by the defendant, or
        (ii) the effect of which is that the defendant is no more severely dealt with under the sentence as varied than before; or

(b) the defendant has had an opportunity to make representations at a hearing (whether or not the defendant in fact attends).
(5) The court may—
(a) extend (even after it has expired) the time limit under paragraph (3), unless the court's power to vary or rescind the sentence cannot be exercised;
(b) allow an application to be made orally.
(6) For the purposes of the announcement required by paragraph (2)(b), the court need not comprise the same member or members as the court by which the decision to be announced was made.

Guidance

Availability

Constitution of the court

Only the judge who imposed the original sentence or order may vary or rescind a sentence or order under s.385 of the Sentencing Code. Where that judge is unavailable the power will not therefore be exercisable and any purported variation will be invalid: *Attorney General's Reference (R. v Nguyen)*.[20] However, where the original sentencing judge has rescinded the sentence there is no issue with another judge dealing with the re-sentencing if an adjournment is necessary: *R. v Catchpole*.[21] It is therefore the power to rescind the sentence that must be exercised by the original sentencing judge, and not the subsequent re-sentencing.

In relation to certain "administrative" variations of sentence it is possible that this issue can be avoided by having the judge decide the issue on the papers. In *R. v Cox*,[22] it was suggested that certain "administrative" variations of sentence (in the instant case the crediting of days spent on qualifying curfew) could be decided on the papers by the original sentencing judge with the decision subsequently announced in open court by another judge if that judge was not available. *Cox* provided limited guidance as to what would constitute an administrative variation but r.28.4 of the Criminal Procedure Rules prevents variations from being made otherwise than in the presence of the offender unless the variation is one proposed by the offender or the offender is no more severely dealt with under the sentence as varied than before.

Both the Court of Appeal (Criminal Division) (in *R. v Fairbrother*[23]) and the Law Commission (in its report on the *Sentencing Code* (2018) Law Com No.382) have queried why it should not be permissible for another judge to vary the sentence where the original sentencing judge is unavailable. In its final report on the Sentencing Code the Law Commission recommended at para.10.62 that the government accordingly review the operation of the rule and whether it should be exercisable by a different court. Unfortunately, the government in their response seemingly declined to do so, observing that "in the interests of efficiency, the Government considers it beneficial for such an exercise to be conducted by the court as it was originally constituted, as the court will already be familiar with the full

A10-017

---

[20] [2016] EWCA Crim 448; [2016] 2 Cr. App. R. (S.) 18.
[21] [2014] EWCA Crim 1037; [2014] 2 Cr. App. R. (S.) 66.
[22] [2019] EWCA Crim 71; [2019] 2 Cr. App. R. (S.) 6.
[23] [2007] EWCA Crim 3280; [2008] 2 Cr. App. R. (S.) 43.

circumstances of the case before it, and will be able to focus attention on the points of law in regard to the process".[24]

56-day time limit

A10-018 **Strict time limit** The 56-day time limit for variation or rescission in s.385 of the Sentencing Code is a strict one. There is no power to extend that time limit and no power to list the case within the 56-day limit and then to adjourn it, having not rescinded the sentence: *R. v Reynolds*.[25] However, it is open to the court to reconsider and rescind the original decision within 56 days but to then adjourn the re-sentencing of the offender to a point in time outside the 56-day limit: *Attorney General's Reference (R. v Nguyen)*.[26]

Where a sentence has been purportedly varied outside the 56-day time limit that variation will be of no effect: *Commissioner of Customs and Excise v Menocal*.[27] Such variations will be null and void: *R. v May*.[28]

A10-019 **Variations not of substance** While the 56-day time limit is a strict limit, the Court of Appeal (Criminal Division) appears to have countenanced a number of ways of "getting around it" in relation to variations that are not "of substance". Whether a variation is "of substance" has, however, seemingly been interpreted very narrowly. It is essentially restricted to correcting the court record so that it corresponds to the sentence pronounced in open court: *R. v Leitch (Daniel Christopher)*.[29] (although it is not clear how a correction of the record to accurately reflect the actual sentence of the court amounts to a variation of *sentence*). This appears to acknowledge the existence of a common law power to vary sentences outside the statutory scheme though, as will be seen, this is a rarely used power and not one the higher courts are keen to encourage. An example of a broader interpretation is found in *R. v Ellerton*[30] where the court observed (having not heard argument on the subject) that a variation of a hospital order with restriction to specify the hospital and name of the treating clinician (where the court had failed to do so) would have been a variation of form capable of occurring outside the slip rule time period.

In *R. v Gordon*,[31] for example, the court approved of a form of words in relation to the crediting of time on remand that would allow a formal correction of the court record outside the slip rule time limit; provided the judge made clear that the defendant should receive credit for the full period of time spent in custody on remand, or any part of that period, that on the basis of the information currently before the judge the relevant period was a specific number of days, but if the period proved to be based on an administrative error, the court could order an amend-

---

[24] Letter from Robert Buckland QC to Penney Lewis: Sentencing code: government's final response (27 April 2020) at *https://www.gov.uk/government/publications/government-response-to-law-commission-report-on-the-sentencing-code* [Accessed 19 July 2023].
[25] [2007] EWCA Crim 538; [2007] 2 Cr. App. R. (S.) 87.
[26] [2016] EWCA Crim 448; [2016] 2 Cr. App. R. (S.) 18.
[27] [1980] A.C 598; (1979) 69 Cr. App. R. 148 HL.
[28] (1981) 3 Cr. App. R. (S.) 165 CA.
[29] [2024] EWCA Crim 563.
[30] [2022] EWCA Crim 194.
[31] [2007] EWCA Crim 165; [2007] 2 Cr. App. R. (S.) 66.

ment of the record for the correct period to be recorded. Similarly, in *R. v Saville*,[32] the court approved the correction of a technical defect in form of a criminal bankruptcy order outside the slip rule time period (a failure to apportion the order between the various counts) where that defect did not alter the effect of the order.

However, in *R. v Bukhari*,[33] the court held that a confiscation order erroneously made under the Criminal Justice Act 1988 could not be replaced with an order in the same terms made under the Proceeds of Crime Act 2002 where the slip rule period had expired. Similarly in *R. v Hudson*,[34] the court made clear that it would not be permissible for a judge to increase a sentence after the expiry of that period where the judge had imposed a lesser sentence than he otherwise would have due to an error as to understanding of the law. Most recently, in *R. v D*,[35] the court held that it was impermissible where a judge had imposed an extended sentence with a five-year extended licence period that was not associated with any particular count to subsequently vary the sentence after the expiry of the time limit to specify a particular count with which it was associated.

The defining line between the cases is hard to identify. It is clear that the power to vary outside the time limit does not extend to variations which have a further punitive effect on the offender. It also seems to be clear that where the issue is simply the correction of the record (i.e. the trial record sheet) but the judge has accurately imposed sentence at trial that is permissible as simply a correction of the court record rather than an actual variation of sentence. However, where else is the line to be drawn? As noted in the commentary to *D*,[36] arguably the correction there was closely analogous to that in *Saville*, a correction of a minor technical nature giving effect to the sentence imposed by the judge and to an intention which can be taken to have been understood by the appellant. The decisions clearly serve to underline that it will only be in relatively exceptional cases that variations outside the 56-day time limit can be made, even where they appear to be of a technical nature and not to substantively affect the sentence.

A10-020

Allows for variation of nature of sentence, not just length

As confirmed in the early case law on what is now s.385 of the Sentencing Code, the power under that section can be used to substitute sentences of a different nature, not simply to amend a type of sentence: see, *R. v Sodhi*.[37]

A10-021

Where variation or rescission will be appropriate

The test to apply

A judge should not use the slip rule simply because they have changed their mind about the nature or length of the sentence, but the slip rule is available where the judge is persuaded that they have made a material error in the sentencing process

A10-022

---

[32] (1980) 2 Cr. App. R. (S.) 26 CA.
[33] [2008] EWCA Crim 2915; [2009] 2 Cr. App. R. (S.) 18.
[34] [2011] EWCA Crim 906; [2011] 2 Cr. App. R. (S.) 116.
[35] [2014] EWCA Crim 2340; [2015] 1 Cr. App. R. (S.) 23.
[36] L. Harris, "R. v D (Case Comment)" [2015] Crim. L.R. 227–228.
[37] (1978) 66 Cr. App. R. 260.

whether of fact or law: *R. v Warren*.[38] A material error may also include a misapplication of relevant sentencing guidelines: *R. v George and Ingram*.[39]

As held in *R. v George and Ingram*,[40] in deciding whether to correct a previous error, the judge should apply a flexible test balancing the public with the private interest. The test is no longer whether it would be "an affront to the appearance of justice" to allow the sentence to remain unaltered, although, where such an affront exists, a judge can still take this into account in deciding whether to use the slip rule. There is a public interest in legal certainty and finality and a sentence should not be increased unless it would lead to a material change in the sentence. Otherwise, there will be a risk of a perception of needless tinkering for no discernible reason. A defendant who has been sentenced might feel a sense of grievance if shortly thereafter they are brought back to court and handed a harsher sentence. On the other hand, there is a strong public interest in the imposition of appropriate sentences since it is relevant and important to the confidence that the public repose in the courts that judges will act in a deliberate, conscientious and correct manner and if needs be repair significant errors.

The court went on to hold that whether an error is "material" takes into account both the nature and extent of the error of fact or law which has been made and the impact of that error on the increase in the sentence. Not every error of law or fact (even if it seems prima facie serious) will lead to a material increase in sentence. If the error would not lead to a material increase in sentence, then the power should not be exercised. What amounts to "material" will vary from case to case, but it can apply to any aspect of a sentence. The court emphasised, however, that this does not mean that the requirement for materiality applies in the same manner to a case where the judge decides that the sentence imposed was, wrongly, too severe.

A10-023 In relation to alterations of sentence that would decrease the sentence imposed it is submitted that there will generally still be a requirement of some level of material error bearing in mind the general public interest in legal certainty and finality. However, unlike with increases of sentence the public interest in correcting the sentence will not need to be tempered against the interests of the defendant; in such a case the need for fairness for the defendant and the public interest in correcting the sentence will almost always point in the same direction.

Relevant factors

A10-024 **Delay** The sooner the slip rule is invoked the better. The passage of time from the first decision to its revision is a material consideration as to how the power should be exercised even given the 56-day time limit: *R. v Warren*.[41]

A10-025 **Possibility of an Attorney General's reference** When considering whether a material error has been made it is permissible to consider whether that error might be corrected by the Court of Appeal on the Attorney General's application. However, a judge should not be unduly influenced by the prospect of an Attorney General's reference. If the judge concludes that the sentence was not wrong in principle and was not unduly lenient, the judge should not change their mind simply

---

[38] [2017] EWCA Crim 226; [2017] 2 Cr. App. R. (S.) 5.
[39] [2019] EWCA Crim 2177; [2020] 4 W.L.R. 41.
[40] [2019] EWCA Crim 2177; [2020] 4 W.L.R. 41.
[41] [2017] EWCA Crim 226; [2017] 2 Cr. App. R. (S.) 5.

because there is the possibility of a reference: *R. v Warren*.[42] The exercise of the power is not, however, confined to those cases where there is a risk of a reference by the Attorney General to increase an unduly lenient sentence: *R. v George and Ingram*.[43]

A "change of heart" Where the desire to change the sentence is simply a change of heart about leniency, rather than an error in the application of the case law or guidelines, it would be inappropriate to use the slip rule: *R. v George and Ingram*.[44] In practice, differentiating between such a case and a case where the judge feels they have misapplied the sentencing guideline in respect of the weight to be given to aggravating and mitigating factors or incorrectly applied the principle of totality may be difficult. It is suggested that in all cases where the judge uses the slip rule to vary a sentence they should explain why they consider they had originally made an error and clearly state that that is why the power is being exercised as it is.   A10-026

The impact on a defendant The appearance of justice and the impact of the change on an offender where an error has not been induced by anything that the offender has said or done is a relevant consideration and in appropriate cases it can be reflected in a modest discount to the proposed revised sentence to reflect this fact: *R. v Warren*.[45] To similar effect see *R. v George and Ingram*,[46] where the court observed that in balancing the strong public interest in the imposition of correct and appropriate sentences against a justifiable sense of grievance on the part of a defendant who is brought back to court to be re-sentenced, a court can substantially address the interest of that defendant by the conferral of an appropriate level of discount to the new sentence that the judge considers should be imposed.   A10-027

However, in *R. v O'Connor*,[47] it was noted that sentencing is not a bargaining exercise between the offender and the court. A relevant factor will be whether the matter was raised at the first hearing and the sentencing judge gave a clear indication that matters would remain as they were. On the facts of *O'Connor*, where there was no such indication or impression, only a very modest reduction in the otherwise appropriate sentence would be made because the offender's expectations were fixed for a week or so on the first formulation of sentence.

It is suggested that in line with the general approach to double jeopardy in the cases concerning Attorney General's references, relevant factors will therefore include whether the variation of sentence involves the imposition of a mandatory sentence, a sentence with different release provisions or the substitution of an immediate custodial sentence for a non-custodial sentence, whether the prosecution had changed their position from the original sentencing exercise and whether the offender has been given any particular false impression that the resulting sentence would not be varied.

Mandatory sentences and sentences for public protection In *R. v Reynolds*,[48] the court held that whatever inhibition there might be on increasing sentences could   A10-028

---

[42] [2017] EWCA Crim 226; [2017] 2 Cr. App. R. (S.) 5.
[43] [2019] EWCA Crim 2177; [2020] 4 W.L.R. 41.
[44] [2019] EWCA Crim 2177; [2020] 4 W.L.R. 41.
[45] [2017] EWCA Crim 226; [2017] 2 Cr. App. R. (S.) 5.
[46] [2019] EWCA Crim 2177; [2020] 4 W.L.R. 41.
[47] [2018] EWCA Crim 1417; [2018] 2 Cr. App. R. (S.) 49.
[48] [2007] EWCA Crim 538; [2007] 2 Cr. App. R. (S.) 87.

not apply if the court was merely seeking to comply with its statutory obligations (in this particular case, concerning the "dangerousness" regime). Similarly, it is suggested that where a judge has erred in failing to impose an extended sentence, there will probably be a strong public interest in addressing the risk posed by the offender appropriately (for an example of which, see *R. v O'Connor*[49]).

A10-029 **Offender's subsequent behaviour** In *R. v Powell*,[50] the court held that it was not permissible to use the slip rule to increase a sentence to punish an offender for what in effect amounted to a contempt of court (misbehaviour in the dock). On the facts of the case the decision is clearly correct; alleged contempts of court must be dealt with separately and applying the correct procedures. However, the case should not be taken to hold that the offender's subsequent behaviour will never be relevant to whether the slip rule should be exercised.

A10-030 **False mitigation** While an offender should not be punished for a contempt or separate offence of which they have not been convicted, future actions of the offender may make clear that the factual basis on which the court sentenced was in error. Most commonly this will be cases where the judge has mitigated the sentence imposed for the remorse shown by the offender, only for it to subsequently come to light that those expressions of remorse were false or misleading. There are various cases, dating back to the 1980s, in which the Court of Appeal (Criminal Division) has supported the use of a power to remedy the position where the offender has "conned the court"; see, for example, *R. v Hart*[51]; *R. v McLean*[52]; *R. v Cassidy*[53]; and *R. v Jarata*.[54]

A10-031 **Incorrect factual basis** Where it has been suggested that the judge has proceeded on an incorrect factual basis because false evidence has been put before the court there is a need for a proper investigation into any disputed facts and to allow the offender to give evidence and for witnesses to be cross-examined: *R. v Tout*.[55]

Procedure

Variations to be made in open court

A10-032 Although under r.28.4 of the Criminal Procedure Rules the court may vary or rescind a sentence under s.385 of the Sentencing Code without a hearing, and where it holds a hearing may do so in private, where the court does decide to vary or rescind a sentence it is required by that rule to announce and explain that decision in public. As held in *R. v Cox*,[56] there is no objection in an appropriate case to the announcement of the variation or rescission being made by another judge where it is not practicable for the original sentencing judge to do so.

A10-033 Where a variation of sentence (i.e. both the rescission of sentence and the subsequent re-sentencing) occur otherwise than in open court, the variation will be

---

[49] [2018] EWCA Crim 1417; [2018] 2 Cr. App. R. (S.) 49.
[50] (1985) 7 Cr. App. R. (S.) 247 CA.
[51] (1983) 5 Cr. App. R. (S.) 25.
[52] (1988) 10 Cr. App. R. (S.) 18.
[53] [2010] EWCA Crim 3146; [2011] 2 Cr. App. R. (S.) 40.
[54] [2021] EWCA Crim 1582.
[55] (1994) 15 Cr. App. R. (S.) 30 CA.
[56] [2019] EWCA Crim 71; [2019] 2 Cr. App. R. (S.) 6.

ineffective. The fundamental principle is that the sentence imposed on a defendant in the Crown Court is the sentence pronounced in open court by the judge. Failing to announce an alteration of a sentence in open court will mean that the alteration is of no effect and the sentence remains as originally pronounced: *R. v Leitch (Daniel Christopher)*.[57]

Where a variation hearing is held in public it should be listed as any normal hearing would so that all the interested parties—not only the defendant, but the victims, and the public and the media—may be present if they wish: *R. v Perkins (Robert)*.[58]

Variations to be made in presence of offender

Additionally under r.28.4 the court must not exercise its power in the defendant's absence unless the court makes a variation proposed by the defendant, the effect of the variation is that the defendant is no more severely dealt with than before or the defendant has had an opportunity to make representations at a hearing but did not attend. **A10-034**

Accordingly, where the judge is minded to increase the sentence, a variation cannot be made where the defendant is only given the opportunity to make representations via email: see, for example, *R. v D*.[59] Under r.28.4 the requirement is that the defendant be given an opportunity to make representations at the hearing itself. However, as the rule makes clear (codifying the old decisions in cases such as *R. v Shacklady*[60]), it is sufficient for this purpose that representations have been made by the defendant's advocate at a relevant hearing. The advocate must though be one who can fully represent the defendant: i.e. be properly instructed as to the relevant facts and able to assist the court to make pertinent submissions on the facts and the law: *R. v Warren*.[61] To deprive the offender of the ability to make submissions, in particular in relation to any reduction for the fact of being sentenced twice, is, it is suggested, a gross procedural breach which may require the sentence as varied to be quashed.

Need for parties to draw factual mistakes to the court's attention

Where an error occurs in the factual basis of sentence it should be pointed out to the court as soon as possible and consideration should be given to correcting it at the earliest opportunity, preferably by revisiting sentence on the same day rather than a subsequent day: *R. v Warren*.[62] Similarly, if counsel for either side are of the view that a judge, in passing sentence, has made an arithmetical error in assessing either the period to be offered by way of credit for guilty plea or something of that precise mathematical nature is incumbent on them to point out that error either at the time or within the slip rule period: *R. v Parsons*.[63] **A10-035**

---

[57] [2024] EWCA Crim 563.
[58] [2013] EWCA Crim 323; [2013] 2 Cr. App. R. (S.) 72.
[59] [2014] EWCA Crim 2340; [2015] 1 Cr. App. R. (S.) 23.
[60] (1987) 9 Cr. App. R. (S.) 258 CA.
[61] [2017] EWCA Crim 226; [2017] 2 Cr. App. R. (S.) 5.
[62] [2017] EWCA Crim 226; [2017] 2 Cr. App. R. (S.) 5.
[63] [2019] EWCA Crim 1451; [2020] 1 Cr. App. R. (S.) 8.

Assistance to the Prosecution: Review of Sentence

Introduction

A10-036 Where an offender has agreed to provide assistance to the prosecution in accordance with the Sentencing Code scheme, the sentence may be reviewed where either:

1) the offender obtained a reduction in sentence by virtue of entering into an agreement to assist the investigation or prosecution of crime and knowingly failed to any extent to give the agreed assistance (s.387 of the Sentencing Code); or
2) after sentence the offender enters into a new written agreement to assist the investigation or prosecution of crime (s.388 of the Sentencing Code).

In either case a review will be initiated by a referral by a specified prosecutor.

There is no power to review sentences that have been reduced under the less formal "text" regime, or where there was no formal agreement. This is a notable drawback of such regimes, particularly where the offender is sentenced prior to giving the agreed assistance or information. To similar effect, there is no power to reduce a sentence for assistance given post-sentence except assistance given in accordance with the statutory regime in s.388 of the Sentencing Code.

Legislation

Powers to Review Sentence

Sentencing Act 2020 ss.387–388

Failure by offender to provide agreed assistance: review of sentence

A10-037 **387.**—(1) This section applies if—
 (a) the Crown Court has passed a sentence on an offender in respect of an offence,
 (b) the sentence ("the original sentence") is a discounted sentence in consequence of the offender's having offered in pursuance of a written agreement to give assistance to the prosecutor or investigator of an offence, and
 (c) the offender knowingly fails to any extent to give assistance in accordance with the agreement.

 (2) A specified prosecutor may at any time refer the case back to the Crown Court if—
 (a) the offender is still serving the original sentence, and
 (b) the specified prosecutor thinks it is in the interests of justice to do so.

 (3) A case so referred must, if possible, be heard by the judge who passed the sentence to which the referral relates.

 (4) If the court is satisfied that the offender knowingly failed to give the assistance it may substitute for the original sentence a sentence that is—
 (a) greater than the original sentence, but
 (b) not greater than the sentence which it would have passed but for the agreement mentioned in subsection (1)(b) ("the original maximum").

 (5) Subsections (6) to (9) apply where a sentence is substituted under subsection (4).

(6) Where the substitute sentence is less than the original maximum, the court must state in open court—
- (a) that fact, and
- (b) the original maximum.

This is subject to subsection (8).

(7) Section 52(2) or, as the case may be, 322(4) (requirement to explain reasons for sentence or other order) applies where a substitute sentence is imposed under subsection (4) unless—
- (a) the court considers that it is not in the public interest to disclose that the original sentence was a discounted sentence, or
- (b) subsection (8) provides otherwise.

(8) Where the substitute sentence is less than the original maximum and the court considers that it would not be in the public interest to disclose that fact—
- (a) subsection (6) does not apply;
- (b) the court must give a written statement of the matters specified in subsection (6)(a) and (b) to—
  - (i) the prosecutor, and
  - (ii) the offender;
- (c) section 52(2) or, as the case may be, 322(4) does not apply to the extent that the explanation would disclose that the substitute sentence is less than the original maximum.

(9) Any part of the original sentence which the offender has already served must be taken into account in determining when the substitute sentence has been served.

Review of sentence following subsequent agreement for assistance by offender

388.—(1) A case is eligible for review under this section if—
- (a) the Crown Court has passed a sentence on an offender in respect of an offence,
- (b) the offender is still serving the sentence, and
- (c) pursuant to a written agreement subsequently made with a specified prosecutor, the offender has assisted or offered to assist the investigator or prosecutor of any offence,

but this is subject to subsection (2).

(2) A case is not eligible for review under this section if—
- (a) the sentence was discounted and the offender has not given the assistance offered in accordance with the written agreement by virtue of which it was discounted, or
- (b) the offence was one for which the sentence was fixed by law and the offender did not plead guilty to it.

(3) A specified prosecutor may at any time refer a case back to the Crown Court if—
- (a) the case is eligible for review under this section, and
- (b) the prosecutor considers that it is in the interests of justice to do so.

(4) A case so referred must, if possible, be heard by the judge who passed the sentence to which the referral relates.

(5) The court may—
- (a) take into account the extent and nature of the assistance given or offered;

A10-038

(b) substitute for the sentence to which the referral relates such lesser sentence as it thinks appropriate.

(6) Nothing in—
  (a) any of the provisions listed in section 399(b) or (c) (minimum sentences in certain circumstances), or
  (b) section 321 (and Schedule 21) (determination of minimum term in relation to mandatory life sentence),
affects the court's power under subsection (5).

(7) Subsections (8) to (11) apply where a sentence is substituted under subsection (5).

(8) The court must state in open court—
  (a) the fact that the substitute sentence is a discounted sentence, and
  (b) the original maximum.
This is subject to subsection (10).

(9) Section 52(2) or, as the case may be, 322(4) (requirement to explain reasons for sentence or other order) applies where a sentence is imposed under subsection (5). But this is subject to subsection (10).

(10) Where the court considers that it would not be in the public interest to disclose that the substitute sentence is a discounted sentence —
  (a) subsection (7) does not apply;
  (b) the court must give a written statement of the matters specified in subsection (8)(a) and (b) to—
    (i) the prosecutor, and
    (ii) the offender;
  (c) section 52(2) or, as the case may be, 322(4) does not apply to the extent that the explanation would disclose that the substitute sentence is a discounted sentence.

(11) Any part of the sentence to which the referral relates which the offender has already served must be taken into account in determining when the substitute sentence has been served.

Specified Prosecutors

Serious Organised Crime and Police Act 2005 s.71(4)

71.—(4) Each of the following is a specified prosecutor—
  (a) the Director of Public Prosecutions;
  (c) the Director of the Serious Fraud Office;
  (d) the Director of Public Prosecutions for Northern Ireland;
  (da) the Financial Conduct Authority;
  (daa) the Prudential Regulation Authority;
  (dab) the Bank of England, where the indictable offence or offence triable either way which is being investigated or prosecuted is an offence under the Financial Services and Markets Act 2000;
  (db) the Secretary of State for Business and Trade, acting personally;
  (e) a prosecutor designated for the purposes of this section by a prosecutor mentioned in paragraphs (a) to (db).

ASSISTANCE TO THE PROSECUTION: REVIEW OF SENTENCE

Procedure for Review

Sentencing Act 2020 s.390

Proceedings under section 387 or 388: exclusion of public

390.—(1) This section applies to—
  (a) any proceedings relating to a reference made under section 387 or 388, and
  (b) any other proceedings arising in consequence of such proceedings.

(2) The court in which the proceedings will be or are being heard may make such order as it considers appropriate—
  (a) to exclude from the proceedings any person who does not fall within subsection (4);
  (b) to prohibit the publication of any matter relating to the proceedings (including the fact that the reference has been made).

(3) The court may make an order under subsection (2) only if the court considers that the order is—
  (a) necessary to protect the safety of any person, and
  (b) in the interests of justice.

(4) The following persons fall within this subsection—
  (a) a member or officer of the court;
  (b) a party to the proceedings;
  (c) counsel or a solicitor for a party to the proceedings;
  (d) a person otherwise directly concerned with the proceedings.

(5) This section does not affect any other power which the court has by virtue of any rule of law or other enactment—
  (a) to exclude any person from proceedings, or
  (b) to restrict the publication of any matter relating to proceedings.

Criminal Procedure Rules 2020/759 r.28.11

Application to review sentence because of assistance given or withheld

28.11—(1) This rule applies where the Crown Court can reduce or increase a sentence on application by a prosecutor in a case in which—
  (a) since being sentenced, the defendant has assisted, or has agreed to assist, an investigator or prosecutor in relation to an offence; or
  (b) since receiving a reduced sentence for agreeing to give such assistance, the defendant has failed to do so.

(2) A prosecutor who wants the court to exercise that power must—
  (a) apply in writing as soon as practicable after becoming aware of the grounds for doing so;
  (b) serve the application on—
    (i) the court officer, and
    (ii) the defendant; and
  (c) in the application—
    (i) explain why the sentence should be reduced, or increased, as appropriate, and
    (ii) identify any other matter relevant to the court's decision, including any sentencing guideline or guideline case.

(3) The general rule is that the application must be determined by the judge who passed the sentence, unless that judge is unavailable.

A10-040

A10-041

(4) The court must not determine the application in the defendant's absence unless the defendant has had an opportunity to make representations at a hearing (whether or not the defendant in fact attends).

Appeals

A10-042 Section 389(1) of the Sentencing Code provides that where a reference is made under s.387 or 388 of the Sentencing Code the person in respect of whom the reference is made, or the specified prosecutor, may, with the leave of the Court of Appeal, appeal to the Court of Appeal (Criminal Division) against the decision of the Crown Court. Section 33(3) of the Criminal Appeal Act 1968 (limitation on appeal from the criminal division of the Court of Appeal) does not prevent an appeal to the Supreme Court under s.398: s.398(2). The Secretary of State may make regulations in respect of appeals under that section. The current regulations are the Serious Organised Crime and Police Act 2005 (Appeals under Section 74) Order 2006,[64] which provide their own self-contained appeal regime—essentially reproducing the Criminal Appeal Act 1968 with modifications—for such appeals, including rules as to evidence and the powers of the Court of Appeal (Criminal Division) on appeal.

Guidance

Review for Failure to Provide Assistance

Availability

A10-043 A referral for review is only available where the offender knowingly fails to any extent to give assistance in accordance with the agreement: s.387(1)(c) of the Sentencing Code.

It is suggested that an offender will not have failed to give assistance in accordance with the agreement where the prosecution decide not to call the offender as a witness but the offender has done all that has been asked of them. Even if that is not correct it is suggested that it would not be in the interests of justice under s.387(2) of the Sentencing Code for a referral to be made in such circumstances. As identified in *R. v McGarry*,[65] there is a clear public interest in ensuring that those who enter into such agreements can do so in the knowledge that a significant discount in sentence will be given if they do all that they are required to do in pursuance of the agreement.

Decision of prosecutor to refer sentence

A10-044 Whether it is in the interests of justice to refer a sentence under s.387(2) is an open-ended deliberation; a prosecutor is not bound to conclude it is in the interests of justice to refer a case simply because there has been a change of circumstances since the agreement. A wide range of factors might be pivotal in deciding whether it is in the interests of justice to refer a case back, including the extent of any failure to abide by the agreement (including the extent to which it has impacted on any

---

[64] Serious Organised Crime and Police Act 2005 (Appeals under Section 74) Order 2006 (SI 2006/2135).
[65] [2012] EWCA Crim 255; [2012] 2 Cr. App. R. (S.) 60.

prosecution), the reasons for any such failure and, possibly, the effect a referral might have on others who might be inclined to offer assistance to the authorities: *Loughlin's Application for Judicial Review*.[66]

Approach of court on review

General

In *R. v P and Blackburn*,[67] the court observed that where a review arises under what is now s.387 of the Sentencing Code, the sentencing judge would already have in mind the sentence which would have been passed "but for the assistance given or offered" and normally should have identified that sentence in compliance with s.74(3)(b). The court in *P and Blackburn* doubted whether save exceptionally it would be right for the sentence indicated at that stage to be subject to any reduction, but held that it should not be increased by way of punishment for a defendant who had not complied with the agreement. Non-compliance is not a separate crime, nor an aggravating feature of the original offence; the penalty for non-compliance is that the defendant would be deprived of the reduction in sentence which would have been allowed if the defendant had complied with the agreement.

It is, however, suggested that the court in *P and Blackburn* erred in suggesting that it would only be in exceptional cases that a reduction would still be made. A case may be referred for review under s.387 where the offender has knowingly failed *to any extent* to give assistance in accordance with the agreement. As identified in *Loughlin's Application for Judicial Review*,[68] such a failure will not, therefore, be absolute and there may be many reasons for such a failure to comply. It is submitted that where the offender has given some assistance a reduction to the sentence that would have been imposed in the absence of any assistance will still often be appropriate. Furthermore, when considering whether any reduction does remain appropriate it is suggested the court should consider carefully the extent to which any failure to comply materially affected the prosecution, the extent to which it may have been justifiable or understandable (particularly where it resulted from threats of violence or to life) and the effect that not granting a reduction may have on others who might be inclined to offer assistance to the authorities.

Procedure

Where a sentence does remain subject to a reduction, the reduction should be applied to the notional sentence after trial, and a reduction for guilty plea then applied to that discounted sentence: *R. v D*.[69]

A10-045

A10-046

---

[66] [2017] UKSC 63; [2018] 1 Cr. App. R. (S.) 21.
[67] [2007] EWCA Crim 2290; [2008] 2 Cr. App. R. (S.) 5.
[68] [2017] UKSC 63; [2018] 1 Cr. App. R. (S.) 21.
[69] [2010] EWCA Crim 1485; [2011] 1 Cr. App. R. (S.) 69.

Review as a Result of New Agreement

A10-047 Where a reduction to sentence is made under s.388 of the Sentencing Code the reduction should be applied to the notional sentence after trial, and a reduction for guilty plea then applied to that discounted sentence: *R. v D*.[70]

When a review is under consideration after sentence, the specified prosecutor should be astute to the risk that a professional criminal might be seeking to manipulate the system for their own purposes. Any discount should, however, continue to reflect the extent and nature of the assistance given or offered: *R. v P and Blackburn*.[71] See the guidance in A1-141 on the appropriate level of reduction.

A material factor in determining the level of reduction not normally present where assistance has been provided prior to sentence is, however, any delay in providing relevant information and assistance. In *R. v P and Blackburn*,[72] it was held that unless the delay had diminished the value of the assistance provided, the defendant should not be penalised by a lesser reduction. If the delay had diminished the value of the assistance, the discount should be reduced to a proportionate extent.

Exclusion of the Public

A10-048 In *R. v P and Blackburn*,[73] it was held that the power under s.390 of the Sentencing Code to exclude the public from the court should be used with great caution, particularly where the review arises under s.387. Unless absolutely necessary, the normal principle that sentences must not be imposed or reduced or altered after private hearings applies. In any event where practicable alternatives are available (such as the anonymisation of hearings), they should if possible be adopted. Where the media have been excluded from any part of the hearing the court should, to the fullest extent it can, provide information about the outcome of the review, together with a brief summary of the reasons for the decision, sufficient, even if brief, to enable the public to understand it. In any event a full transcript of the entire hearing of the proceedings should also be prepared immediately and retained in appropriate conditions of secrecy by the specified prosecutor, and kept available for further directions by the court in relation to publicity if and when the public interest so requires, at least until further order by the court, and in any event until the end of the sentence.

RELEASE AND RECALL

Introduction

A10-049 Although a custodial sentence legitimises the detention of the offender for the entirety of the custodial term, with limited exceptions, offenders subject to custodial sentences do not generally serve the entirety of their custodial terms in custody. Offenders will become eligible for, or entitled to, release on licence after serving a certain proportion of their custodial sentence, depending on the type of sentence imposed upon them. If released, they will remain on licence until the expiry of the sentence (and any extended licence period). While on licence offenders will be

---

[70] [2010] EWCA Crim 1485; [2011] 1 Cr. App. R. (S.) 69.
[71] [2007] EWCA Crim 2290; [2008] 2 Cr. App. R. (S.) 5.
[72] [2007] EWCA Crim 2290; [2008] 2 Cr. App. R. (S.) 5.
[73] [2007] EWCA Crim 2290; [2008] 2 Cr. App. R. (S.) 5.

subject to supervision and must comply with the conditions specified in their licence. Where they do not comply with those conditions they may be "recalled" to custody to serve a portion of the remainder of their sentence.

Presently, there are multiple, overlapping release regimes in force in relation to determinate sentences. Whereas from the commencement of the CJA 2003, release (whether eligibility or entitlement) was at the half-way point of the sentence, the position is now significantly different. As a result of the different release arrangements for the various determinate sentences now available to a sentencing court, the focus upon the effect of the sentence is of greater interest to offenders and practitioners.

However, as established in *R. v Round; R. v Dunn*,[74] the regime for release and recall is (generally) a matter for the executive, and the general rule is that it will be wrong for the sentencing court to have regard to the differing release arrangements for sentences when determining the length of the appropriate sentence. There are a small number of exceptions, however:

1) Where a court is considering whether to impose a determinate or extended sentence, a relevant factor as to whether the extended sentence is necessary will be the difference in the release arrangements. The court in *R. v Bourke*[75] made it clear that it is permissible to consider the extra safeguard of Parole Board release, and life sentences in which the minimum term is often fixed by reference to the notional determinate custodial term.

2) It is submitted that the same point surely applies to preventive ancillary orders, such as SHPOs or restraining orders. It will be necessary to consider the entire package together, including release arrangements, to determinate the appropriate sentence.

3) It was suggested, obiter, at [203] by Lord Hodge that release provisions can be considered in the context of objectional disparity between co-defendants: *R. (Stott) v Secretary of State for Justice*.[76] It is submitted that this should be approached with caution, however, as there appears to be no principled basis for such an approach. Parliament has determined that different release regimes apply to different sentences. Instead it is suggested the court should focus upon imposing the appropriate sentence in each case.

4) Cases involving children and young offenders in which the offender has crossed a relevant age threshold, and where it is necessary to consider the effect of the sentence when applying the rule in *Ghafoor* (as to which, see *R. v Scothern*,[77] A6-026).

5) Cases in which the sentences to be imposed may attract different release regimes. The court in *R. v Collins*[78] appeared to suggest that the court should be alert to such effects and hear submissions, noting that there could be no objection in principle to the aggregation of sentences where the effect might be that the offender spends slightly longer in custody than if a different approach had been taken.

---

[74] [2009] EWCA Crim 2667; [2010] 2 Cr. App. R. (S.) 45.
[75] [2017] EWCA Crim 2150; [2018] 1 Cr. App. R. (S.) 42.
[76] [2018] UKSC 59; [2018] 3 W.L.R. 1831.
[77] [2020] EWCA Crim 1540; [2021] 1 W.L.R. 1735.
[78] [2021] EWCA Crim 1074; [2022] 1 Cr. App. R. (S.) 23.

Although these exceptions have not been expressed as exhaustive[79] the general rule is that release is not a proper consideration when determining the appropriate sentence absent exceptional circumstances. A key factor underpinning this approach is that the regime for release and recall may be changed retrospectively without breaching art.7 of the ECHR (see *R. (Uttley) v Secretary of State for the Home Department*[80]) and such changes may take effect for serving prisoners (as, for example, in the case of the Terrorist Offenders (Restriction of Early Release) Act 2020).

A10-050 Recently, though, this approach has started to receive criticism. In *R. (Stott) v Secretary of State for Justice*[81] (in which the Supreme Court, by a majority of three to two, dismissed a challenge to the release regime for extended sentences), at [203], Lord Hodge (who formed part of the majority) queried whether an exception ought to be made to the general rule that release regimes ought to be ignored by sentencers in cases where that would be "necessary to achieve comparative justice in ... a case of joint offenders", having noted the rule could lead to a real potential for a sense of unfairness. These comments were picked up by Sir John Saunders and Sir David Calvert-Smith (former judges of the High Court) in their article "The evolution of sentencing: some judicial reflections",[82] in which they argued that the current approach can only be justified on an entirely theoretical and "ivory tower" basis and that its effects can be very unfair. Similarly, Nicola Padfield has welcomed these criticisms of the current rules[83] and Lyndon Harris has tentatively questioned whether convenience should prevail over principle or justice.[84]

However, whatever the merits of those criticisms, the present position is that release is not to be taken into account in sentence except for the limited exceptions identified above. The principal provisions governing release and recall are, though, reproduced and explained in this section in order to aid sentencers in their duty to explain the sentences they impose, and to aid defence advocates in explaining the effect of any sentence imposed to their clients.

A10-051 A mistake as to the explanation of release provisions will not give rise to a legitimate expectation justifying amendment of the sentence given the general rule that sentencing courts should not take account of their effect: *Attorney General's Reference (R. v Rose)*.[85] Neither can a sentence be adjusted to account for a change of release provisions even where that change has only applied to the defendant because of unforeseeable delays that are outside their control: *R. v Patel*.[86]

This section deals with the release and recall of offenders aged 18 or over at conviction. For provisions concerning the release and recall of offenders aged under 18 at conviction, see A6-317.

Overview

A10-052 The table below provides an overview of the release regime for offenders sentenced on or after 22 October 2024. References to the point in time where an

---

[79] See the observation to that effect in *R. v Patel* [2021] EWCA Crim 231; [2021] 1 W.L.R. 2997.
[80] [2004] UKHL 38; [2004] 1 W.L.R. 2278.
[81] [2018] UKSC 59; [2018] 3 W.L.R. 1831.
[82] Sir J. Saunders and Sir. D. Calvert-Smith, "The evolution of sentencing: some judicial reflections" [2020] Crim. L.R. 388–396.
[83] N. Padfield, "When will I get out?" (2019) 78(1) Cambridge Law Journal 11.
[84] L. Harris, "R. v Lewis" [2019] 1 Sentencing News 4.
[85] [2021] EWCA Crim 155; [2021] 2 Cr. App. R. (S.) 30.
[86] [2021] EWCA Crim 231; [2021] 1 W.L.R. 2997.

offender becomes "eligible for release" refer to the earliest point at which an offender may be released from a sentence where the Parole Board directs their release; "entitlement to release" refers to the point in time at which by law, the offender must be released from custody for the first time. References to an offender being a terrorist prisoner are references to those serving sentences for an offence listed in Pt 1 or 2 of Sch.19ZA to the Criminal Justice Act 2003, a corresponding service offence, or any offence determined to have a terrorist connection pursuant to s.30 of the Counter-Terrorism Act 2008 or s.69 of the Sentencing Code. References to offences listed in Pt 1 or 3 of Sch.19ZA are references to offences listed in Pt 1 of Sch.19ZA to the 2003 Act; or offences listed in Pt 3 of Sch.19ZA where the court has determined the offence has a terrorist connection; and corresponding service offences. Reference to a referral under s.244ZB of the Criminal Justice Act 2003 is reference to the Secretary of State's power under s.244ZB of the Criminal Justice Act 2003 (see A10-056) to refer offenders who would be 18 or over at release to the Parole Board for consideration of release where there are reasonable grounds to believe they would pose a significant risk to members of the public of serious harm by the commission of murder or a specified offence. The table does not deal with the possibility of release on home detention curfew for short custodial sentences.

Type of sentence	Eligible for release	Entitlement to release	Licence	Extended licence/post-sentence supervision
Sentence of imprisonment or detention in a young offender institution that is less than four years, unless: (a) the offender is a terrorist prisoner; or (b) the offence is listed in the Sch. to SI 2024/844	None.	40% of the custodial term: s.244(3)(a) of the CJA 2003 (as amended by SI 2024/844). Unless referred to Parole Board under s.244ZB, in which case only eligible for release at this point and enti- tled to release at end of term: 244ZC(3) of the CJA 2003.	Any period remaining between first release and the expiry of the custodial term: s.249 of the CJA 2003.	If sentence is less than two years, subject to post-sentence supervision for 12 months: s.256AA(4) of the CJA 2003.
Sentence of imprisonment or detention in a young offender institution that is less than 4 years where the sentence is for an offence in the Sch. to SI 2024/844 unless the offender is a terrorist prisoner.	None.	One-half of the custodial term: s.244(3)(a) of the CJA 2003. Unless referred to Parole Board under s.244ZB, in which case only eligible for release at this point and enti- tled to release at end of term: 244ZC(3) of the CJA 2003.	Any period remaining between first re- lease and the expiry of the custodial term: s.249 of the CJA 2003.	If sentence is less than two years, subject to post-sentence supervision for 12 months: s.256AA(4) of the CJA 2003.

Type of sentence	Eligible for release	Entitlement to release	Licence	Extended licence/post-sentence supervision
Sentence of imprisonment or detention in a young offender institution that is four years or more but less than seven years, where the offender is not a terrorist prisoner, and the offence is not listed in: (a) Part 1 of Sch. 15; (b) Part 2 of Sch.15 with a maxi- mum sentence of life imprisonment; or (c) the Sch. to SI 2024/844.	None.	40% of the custodial term: s.244(3)(a) of the CJA 2003 (as amended by SI 2024/844). Unless referred to Parole Board under s.244ZB, in which case only eligible for release at this point and enti- tled to release at end of term: 244ZC(3) of the CJA 2003.	Any period remaining between first release and the expiry of the custodial term: s.249 of the CJA 2003.	None.
Sentence of imprisonment or detention in a young offender institution that is four years or more but less than seven years, where the offender is not a terrorist prisoner, and the offence is listed in: (a) Part 1 of Sch.15 to the CJA 2003, or (b) the Sch to SI 2024/844. But is not listed in: (a) paras 1, 4, 6 or 65 of Part 1 of Sch.15 (or para 64 so far as it relates to paras 1,4 or 6), or (b) Part 2 of Sch.15 with a maximum sentence of life imprisonment.	None	50% of the custodial term: s.244(3)(a) of the CJA 2003 (as amended by SI 2024/844). Unless referred to Parole Board under s.244ZB, in which case only eligible for release at this point and enti- tled to release at end of term: 244ZC(3) of the CJA 2003.	Any period remaining between first release and the expiry of the custodial term: s.249 of the CJA 2003.	None.

Type of sentence	Eligible for release	Entitlement to release	Licence	Extended licence/post-sentence supervision
Sentence of imprisonment or detention in a young offender institution that is four years or more but less than seven years, where the offender is not a terrorist prisoner, and the offence is not listed in: (a) Part 1 of Sch. 15; (b) Part 2 of Sch.15 with a maximum sentence of life imprisonment; or (c) the Sch. to SI 2024/844.	None.	40% of the custodial term: s.244(3)(a) of the CJA 2003 (as amended by SI 2024/844). Unless referred to Parole Board under s.244ZB, in which case only eligible for release at this point and entitled to release at end of term: 244ZC(3) of the CJA 2003.	Any period remaining between first release and the expiry of the custodial term: s.249 of the CJA 2003.	None.
Sentence of imprisonment or detention in a young offender institution that is four years or more but less than seven years, where the offender is not a terrorist prisoner, and the offence is listed in: (a) Part 1 of Sch.15 to the CJA 2003, or (b) the Sch to SI 2024/844.	But is not listed in: (a) paras.1, 4, 6 or 65 of Part 1 of Sch.15 (or para 64 so as far as it relates to paras. 1,4 or 6), or (b) Part 2 of Sch.15 with a maximum sentence of life imprisonment.	50% of the custodial term: s.244(3)(a) of the CJA 2003 (as amended by SI 2024/844). Unless referred to Parole Board under s.244ZB, in which case only eligible for release at this point and entitled to release at end of term: 244ZC(3) of the CJA 2003.	Any period remaining between first release and the expiry of the custodial term: s.249 of the CJA 2003.	None.

Type of sentence	Eligible for release	Entitlement to release	Licence	Extended licence/post-sentence supervision
Sentence of imprisonment or detention in a young offender institution that is seven years or more, where the offender is not a terrorist prisoner, and the offence is not listed in: (a) Part 1 of Sch. 15, (b) Part 2 of Sch.15 with a maximum sentence of life imprisonment, (c) the Sch. to SI 2024/844.	None.	40% of the custodial term: s.244(3)(a) of the CJA 2003 (as amended by SI 2024/844). Unless referred to Parole Board under s.244ZB, in which case only eligible for release at this point and entitled to release at end of term: 244ZC(3) of the CJA 2003.	Any period remaining between first release and the expiry of the custodial term: s.249 of the CJA 2003.	None.
Sentence of imprisonment or detention in a young offender institution that is seven years or more, and the offence is listed in: (a) Part 1 of Sch.15 to the CJA 2003, or (b) The Sch to SI 2024/844. But is not listed in Sch.15 to the CJA 2003 with a maximum sentence of life imprisonment, or a terrorist prisoner.	None.	50% of the custodial term: s.244(3)(a) of the CJA 2003 (as amended by SI 2024/844). Unless referred to Parole Board under s.244ZB, in which case only eligible for release at this point and entitled to release at end of term: 244ZC(3) of the CJA 2003.	Any period remaining between first release and the expiry of the custodial term: s.249 of the CJA 2003.	None.
Sentence of imprisonment or detention in a young offender institution that is seven years or more where the offence is listed in Sch.15 with a maximum sentence of life imprisonment; but the offender is not a terrorist prisoner.	None.	Two-thirds of the custodial term: s.244ZA(1) and (8) of the CJA 2003. Unless referred to Parole Board under s.244ZB, in which case only eligible for release at this point and entitled to release at end of term: 244ZC(3) of the CJA 2003.	Any period remaining between first release and the expiry of the custodial term: s.244ZA(1) of the CJA 2003.	None.
Sentence of imprisonment or detention in a young offender institution of any length where the offender is a terrorist prisoner.	Two-thirds of the custodial term: s.247A(4) and (8) of the CJA 2003.	Expiry of the custodial term.	Any period remaining between first release and the expiry of the custodial term: s.247A(4) of the CJA 2003.	None.

Type of sentence	Eligible for release	Entitlement to release	Licence	Extended licence/post-sentence supervision
Sentence for offenders of particular concern under ss.265 or 278 of the Code where the offender is not a terrorist prisoner.	Two-thirds of the custodial term: s.244A(3) of the CJA 2003.	Expiry of the custodial term: s.244A(5) of the CJA 2003.	Any period remaining between first release and the expiry of the custodial term: s.244A of the CJA 2003.	A period of 12 months after the expiry of the custodial term: s.265(2)(b) or 278(2)(b) of the Sentencing Code.
Sentence for offenders of particular concern under ss.265 or 278 of the Code where the offender is a terrorist prisoner.	Two-thirds of the custodial term: s.247A(4) and (8) of the CJA 2003.	Expiry of the custodial term: s.247A(7) of the CJA 2003.	Any period remaining between first release and the expiry of the custodial term: s.247A(4) of the CJA 2003.	A period of 12 months after the expiry of the custodial term: s.265(2)(b) or 278(2)(b) of the Sentencing Code.
Extended sentence of imprisonment or detention in a young offender institution where the offender is not a terrorist prisoner.	Two-thirds of the custodial term: s.246A(5) and (8).	Expiry of the custodial term: s.246A(7) of the CJA 2003.	Any period remaining between first release and the expiry of the custodial term: s.246A(5) of the CJA 2003.	A period specified by the court of up to 5 or 8 years but not less than 1 year: s.268(4) or 281(4) of the Sentencing Code.
Extended sentence of imprisonment or detention in a young offender institution where the offender is a terrorist prisoner but the offence is not listed in Pt 1 or 3 of Sch.19ZA.	Two-thirds of the custodial term: s.247A(4) and (8) of the CJA 2003.	Expiry of the custodial term: s.247A(7) of the CJA 2003.	Any period remaining between first release and the expiry of the custodial term: s.247A(4) of the CJA 2003.	A period specified by the court of up to 5 or 8 years but not less than 1 year: s.268(4) or 281(4) of the Sentencing Code.
Extended sentence of imprisonment or detention in a young offender institution where the offender is a terrorist prisoner and the offence is listed in Pt 1 or 3 of Sch.19ZA.	None.	Expiry of the custodial term: s.247A(2A) and (7) of the CJA 2003.	None.	A period specified by the court of up to 5 or 8 years but not less than 1 year: s.268(4) or 281(4) of the Sentencing Code.
Serious terrorism sentence of imprisonment or detention in a young offender institution where the offence is not listed in Pt 1 or 3 of Sch.19ZA.[87]	Two-thirds of the entire sentence: s.247A(4) and (8) of the CJA 2003.	Expiry of the custodial term: s.247A(7) of the CJA 2003.	None.	A period specified by the court of up to 25 years but not less than 7 years: s.268C(4) and 282C(4) of the Sentencing Code.

---

[87] This is a very small number of offences contrary to the Chemical Weapons Act 1996, the International Criminal Court Act 2001 and the Anti-terrorism, Crime and Security Act 2001. It does not appear that the amendments to s.247A achieving this effect realised that any offences specified in Sch.17A to the 2020 Act were not listed in Pts 1 or 3 of Sch.19ZA to the 2003 Act as unlike other sentences no special account is made for serious terrorism sentences in the definition of requisite custodial period in s.247A(8). It is likely that this lacuna will arise very infrequently.

Type of sentence	Eligible for release	Entitlement to release	Licence	Extended licence/post-sentence supervision
Serious terrorism sentence of imprisonment or detention in a young offender institution where the offence is listed in Pt 1 or 3 of Sch.19ZA.	None.	Expiry of the custodial term: s.247A(2A) and (7) of the CJA 2003.	None.	A period specified by the court of up to 25 years but not less than 7 years: s.268C(4) and 282C(4) of the Sentencing Code.
A sentence of life imprisonment or custody for life.	Expiry of the minimum term: s.28(1A) and (5) of the C(S)A 1997.	None.	On release, for life: s.31 of the C(S)A 1997.	None.

Determinate sentences

Introduction

A10-053 The release and recall of prisoners subject to determinate sentences is governed by Ch.6 of Pt 12 of the Criminal Justice Act 2003 (ss.237–268). The chapter refers to prisoners serving determinate sentences as "fixed-term prisoners". By virtue of s.237 of the 2003 Act, a fixed-term prisoner is a person serving a sentence of imprisonment for a determinate term, or a person serving a determinate sentence of detention under ss.91 or 96 of the PCC(S)A 2000, under ss.226A, 226B, 227, 228 or 236A of the 2003 Act or under ss.250, 252A, 254, 262, 265, 266 or 268A of the Sentencing Code.

Release

Legislation

Eligibility and entitlement to release

Criminal Justice Act 2003 s.244

Duty to release prisoners not subject to special provision for release

A10-054 **244.**—(1) As soon as a fixed-term prisoner, other than a prisoner to whom section 243A, 244ZA, 244A, 246A, 247 or 247A applies, has served the requisite custodial period for the purposes of this section, it is the duty of the Secretary of State to release him on licence under this section.

(1ZA) Subsection (1) does not apply if-
 (a) the prisoner's case has been referred to the Board under section 244ZB, or
 (b) a notice given to the prisoner under subsection (4) of that section is in force.

(1A) Subsection (1) does not apply if the prisoner has been released on licence under section 246 or 248 and recalled under section 254 (provision for the release of such persons being made by sections 255B and 255C).

(3) For the purposes of this section "the requisite custodial period" means—
 (a) in relation to a prisoner serving one sentence, one-half of his sentence, and
 (d) in relation to a person serving two or more concurrent or consecutive sentences, the period determined under sections 263(2) and 264(2B) or (2E).

[(4) *relates only to prisoners serving sentences under the Criminal Justice Act 1991.*]

10-054a Section 244 is modified by the Criminal Justice Act 2003 (Requisite and Minimum Custodial Periods) Order 2024 (SI 2024/844) in relation to sentences that are not listed in that Schedule or offences that are not of four years or more for offences listed in Part 1 of Schedule 15 to the CJA 2003, so that automatic release occurs after 40% of the sentence imposed.

The following offences are listed in the Schedule to SI 2024/844 as 'excluded offences' from the SDS40 regime.

Source	Offence
Sexual offences	
Sexual Offences Act 1956	Any offence
Mental Health Act 1959	s.128
Indecency with Children Act 1960	s.1
Sexual Offences Act 1967	s.4 and 5
Theft Act 1968	s.9 (where charged as burglary with intent to commit rape)
Criminal Law Act 1977	s.54
Protection of Children Act 1978	s.1
Customs and Excise Management Act 1979	s.170 (in relation to goods prohibited to be imported under section 42 of the Customs Consolidation Act 1876)
Criminal Justice Act 1988	s.160
Sexual Offences (Amendment) Act 2000	s.3
Sexual Offences Act 2003	Any offence
Criminal Justice and Immigration Act 2008	s.63
Coroners and Justice Act 2009	s.62
Serious Crime Act 2015	s.69
Modern Slavery Act 2015	s.2 (where committed with a view to exploitation that consists of or includes behaviour within section 3(3) of the Act)
Domestic abuse	
Family Law Act 1996	s.42A
Protection from Harassment Act 1997	s.2A, 4A
Crime and Disorder Act 1998	s.29, (where the offence that was racially or religiously aggravated was an offence under s.75A of the Serious Crime Act 2015) s.32 (where the offence that was racially or religiously aggravated was an offence under s.2A or 4A of the Protection from Harassment Act 1997)

Source	Offence
Serious Crime Act 2015	s.75A, 76
Sentencing Act 2020	s.363
Domestic Abuse Act 2021	s.39
National security	
Official Secrets Acts (1911, 1920, 1989)	Any offence
Terrorism Act 2000	s.13, 21D, 36, 51(2), 116, 120B, Sch.5 para 3, Sch.5 paras 14-16, Sch.5 para 32, Sch.5A para 11, Sch.6 para 1(3), Sch.7 para 18
Counter-Terrorism Act 2008	Sch.5 para 15, Sch.7 para 30, Sch.7 para 31
Counter-Terrorism and Security Act 2015	Sch.1 para 15
Counter-Terrorism and Border Security Act 2019	Sch.3 para 23
Sentencing Act 2020	An offence in relation to which the foreign power condition has been determined to have been met in relation to the conduct that constituted the offence under section 69A of the Sentencing Act 2020
National Security Act 2023	(a) Any offence (b) An offence to which section 16 of that Act applies, where the 'foreign power condition' was met in relation to the conduct of the person which constituted the offence. (c) An offence in relation to which the 'foreign power condition' has been determined to have been met in relation to the conduct that constituted the offence under section 20 of that Act. (d) An offence proved to have been aggravated by reason of the 'foreign power condition' being met in relation to the conduct that constituted the offence under section 21 of that Act.

Release on licence of certain violent or sexual offenders

244ZA.—(1) As soon as a fixed-term prisoner to whom this section applies has served the requisite custodial period for the purposes of this section, it is the duty of the Secretary of State to release the prisoner on licence under this section.

(2) This section applies to a prisoner who—
  (a) is serving a fixed-term sentence within subsection (4), (5) or (6),
  (b) is not a prisoner to whom section 244A, 246A or 247A applies, and
  (c) has not been released on licence (provision for the release of persons recalled under section 254 being made by sections 255B and 255C).

(3) Subsection (1) does not apply if—
  (a) the prisoner's case has been referred to the Board under section 244ZB, or

(b) a notice given to the prisoner under subsection (4) of that section is in force.

(4) A fixed-term sentence is within this subsection if it—
   (a) is a sentence of—
      (i) imprisonment, or
      (ii) detention under section 96 of the PCC(S)A 2000 or section 262 of the Sentencing Code,
   (b) is for a term of 7 years or more,
   (c) was imposed on or after 1 April 2020, and
   (d) was imposed in respect of an offence—
      (i) that is specified in Part 1 or 2 of Schedule 15, and
      (ii) for which a sentence of life imprisonment could have been imposed (in the case of an offender aged 21 or over) at the time when the actual sentence was imposed.

(5) A fixed-term sentence is within this subsection if it—
   (a) is a sentence of imprisonment or a sentence of detention under section 262 of the Sentencing Code,
   (b) is for a term of at least 4 years but less than 7 years,
   (c) was imposed on or after [28 June 2022], and
   (d) was imposed in respect of an offence within subsection (7).

(6) A fixed-term sentence is within this subsection if it—
   (a) is a sentence of detention under section 250 of the Sentencing Code,
   (b) is for a term of 7 years or more,
   (c) was imposed on or after [28 June 2022], and
   (d) was imposed in respect of an offence within subsection (7).

(7) An offence is within this subsection if—
   (a) it is specified in any of the following paragraphs of Part 1 of Schedule 15—
      (i) paragraph 1 (manslaughter);
      (ii) paragraph 4 (soliciting murder);
      (iii) paragraph 6 (wounding with intent to cause grievous bodily harm);
      (iv) paragraph 64 (ancillary offences), so far as it relates to an offence listed in paragraph 1, 4 or 6;
      (v) paragraph 65 (inchoate offences in relation to murder), or
   (b) it is an offence—
      (i) that is specified in Part 2 of that Schedule (sexual offences), and
      (ii) for which a sentence of life imprisonment could have been imposed (in the case of an offender aged 21 or over) at the time when the actual sentence was imposed.

(8) For the purposes of this section "the requisite custodial period" means—
   (a) in relation to a prisoner serving one sentence, two-thirds of the prisoner's sentence, and
   (b) in relation to a prisoner serving two or more concurrent or consecutive sentences, the period determined under sections 263(2) and 264(2B) or (2E).

Applying the reasoning of *R. v AB*[88] (which related to SI 2020/158 which was in materially identical terms), s.244ZA applies only where the individual sentence for the relevant offence is of either four years or more, or seven or more years, as the case may be, (and the other conditions are satisfied). Two consecutive sentences which total seven years or more, but which individually are less than seven years will not there not fall within subs.(4) or (6); and two consecutive sentences which total four years or more but which individually are less than four years do not fall within subs.(5).

Referral of high-risk offenders to Parole Board in place of automatic release

A10-056

244ZB.—(1) This section applies to a prisoner who—
  (a) would (but for anything done under this section and ignoring any possibility of release under section 246 or 248) be, or become, entitled to be released on licence under section 243A(2), 244(1) or 244ZA(1), and
  (b) is (or will be) aged 18 or over on the first day on which the prisoner would be so entitled.

(2) For the purposes of this section, the Secretary of State is of the requisite opinion if the Secretary of State believes on reasonable grounds that the prisoner would, if released, pose a significant risk to members of the public of serious harm occasioned by the commission of any of the following offences—
  (a) murder;
  (b) specified offences, within the meaning of section 306 of the Sentencing Code.

(3) If the Secretary of State is of the requisite opinion, the Secretary of State may refer the prisoner's case to the Board.

(4) Before referring the prisoner's case to the Board, the Secretary of State must notify the prisoner in writing of the Secretary of State's intention to do so (and the reference may be made only if the notice is in force).

(5) A notice given under subsection (4) must take effect before the prisoner becomes entitled as mentioned in subsection (1)(a).

(6) A notice given under subsection (4) must explain—
  (a) the effect of the notice (including its effect under section 243A(2A), 244(1ZA) or 244ZA(3)),
  (b) why the Secretary of State is of the requisite opinion, and
  (c) the prisoner's right to make representations (see subsection (12)).

(7) A notice given under subsection (4)—
  (a) takes effect at whichever is the earlier of—
    (i) the time when it is received by the prisoner, and
    (ii) the time when it would ordinarily be received by the prisoner, and
  (b) remains in force until—
    (i) the Secretary of State refers the prisoner's case to the Board under this section, or
    (ii) the notice is revoked.

(8) The Secretary of State—
  (a) may revoke a notice given under subsection (4), and
  (b) must do so if the Secretary of State is no longer of the requisite opinion.

(9) If a notice given under subsection (4) is in force and the prisoner would but for the notice have become entitled as mentioned in subsection (1)(a)—
  (a) the prisoner may apply to the High Court on the ground that the prisoner's release has been delayed by the notice for longer than is reasonably necessary in order for the Secretary of State to complete the referral of the prisoner's

---

[88] [2021] EWCA Crim 692; [2022] 1 Cr. App. R. (S.) 13.

case to the Board, and

(b) the High Court, if satisfied that that ground is made out, must by order revoke the notice.

(10) At any time before the Board disposes of a reference under this section, the Secretary of State—

(a) may rescind the reference, and

(b) must do so if the Secretary of State is no longer of the requisite opinion.

(11) If the reference is rescinded, the prisoner is no longer to be treated as one whose case has been referred to the Board under this section (but this does not have the effect of reviving the notice under subsection (4)).

(12) The prisoner may make representations to the Secretary of State about the referral, or proposed referral, of the prisoner's case at any time after being notified under subsection (4) and before the Board disposes of any ensuing reference under this section. But the Secretary of State is not required to delay the referral of the prisoner's case in order to give an opportunity for such representations to be made.

Proceedings following reference under section 244ZB

244ZC.—(1) This section applies to a prisoner whose case has been referred to the Parole Board under section 244ZB.

A10-057

(2) If, in disposing of that reference or any subsequent reference of the prisoner's case to the Board under this subsection, the Board does not direct the prisoner's release, it is the duty of the Secretary of State to refer the prisoner's case to the Board again no later than the first anniversary of the disposal.

(3) It is the duty of the Secretary of State to release the prisoner on licence as soon as—

(a) the prisoner has served the requisite custodial period, and

(b) the Board has directed the release of the prisoner under this section.

(4) The Board must not give a direction under subsection (3) in disposing of the reference under section 244ZB unless the Board is satisfied that it is no longer necessary for the protection of the public that the prisoner should be confined.

(5) The Board must not subsequently give a direction under subsection (3) unless—

(a) the Secretary of State has referred the prisoner's case to the Board under subsection (2), and

(b) the Board is satisfied that it is no longer necessary for the protection of the public that the prisoner should be confined.

(6) For the purposes of this section, the "requisite custodial period" means the period ending with the day on which the prisoner would have become entitled as mentioned in section 244ZB(1)(a).

Release on licence of prisoners serving sentence under section 278 of the Sentencing Code etc

244A.—(1) This section applies to a prisoner ("P") who is serving a sentence imposed under section 236A or under section 265 or 278 of the Sentencing Code.

A10-058

(2) The Secretary of State must refer P's case to the Board—

(a) as soon as P has served the requisite custodial period, and

(b) where there has been a previous reference of P's case to the Board under this subsection and the Board did not direct P's release, not later than the second anniversary of the disposal of that reference.

(3) It is the duty of the Secretary of State to release P on licence under this section as soon as—

(a) P has served the requisite custodial period, and

(b) the Board has directed P's release under this section.

(4) The Board must not give a direction under subsection (3) unless—

(a) the Secretary of State has referred P's case to the Board, and

(b) the Board is satisfied that it is not necessary for the protection of the public that P should be confined.

(5) It is the duty of the Secretary of State to release P on licence under this section as soon as P has served the appropriate custodial term, unless P has previously been released on licence under this section and recalled under section 254 (provision for the release of such persons being made by sections 255A to 255C).

(6) For the purposes of this section—

"the appropriate custodial term" means the term determined as such by the court under section 236A or under section 265 or 278 of the Sentencing Code;

"the requisite custodial period" means—

(a) in relation to a person serving one sentence imposed before [28 June 2022], one-half of the appropriate custodial term,

(aa) in relation to a person serving one sentence imposed on or after that day, two-thirds of the appropriate custodial term, and

(b) in relation to a person serving two or more concurrent or consecutive sentences, the period determined under sections 263(2) and 264(2D).

Release on licence of prisoners serving extended sentence under section 254, 266 or 279 of the Sentencing Code etc

A10-059

246A.—(1) This section applies to a prisoner ("P") who is serving an extended sentence imposed under section 226A or 226B or under section 254, 266 or 279 of the Sentencing Code, other than a prisoner to whom section 247A applies.

(2) It is the duty of the Secretary of State to release P on licence under this section as soon as P has served the requisite custodial period for the purposes of this section if—

(a) the sentence was imposed before the coming into force of section 4 of the Criminal Justice and Courts Act 2015,

(b) the appropriate custodial term is less than 10 years, and

(c) the sentence was not imposed in respect of an offence listed in Parts 1 to 3 of Schedule 15B or in respect of offences that include one or more offences listed in those Parts of that Schedule.

(3) In any other case, it is the duty of the Secretary of State to release P on licence in accordance with subsections (4) to (7).

(4) The Secretary of State must refer P's case to the Board—

(a) as soon as P has served the requisite custodial period, and

(b) where there has been a previous reference of P's case to the Board under this subsection and the Board did not direct P's release, not later than the second anniversary of the disposal of that reference.

(5) It is the duty of the Secretary of State to release P on licence under this section as soon as—

(a) P has served the requisite custodial period, and

(b) the Board has directed P's release under this section.

(6) The Board must not give a direction under subsection (5) unless—

(a) the Secretary of State has referred P's case to the Board, and

(b) the Board is satisfied that it is no longer necessary for the protection of the public that P should be confined.

(6A) Sections 246B and 246C contain provision that relates to the Board's function of giving directions under subsection (5) for the release of P.

(7) It is the duty of the Secretary of State to release P on licence under this section as soon as P has served the appropriate custodial term, unless P has previously been released on licence under this section and recalled under section 254 (provision for the release of such persons being made by section 255C).

(8) For the purposes of this section—

"appropriate custodial term" means the term determined as such by the court under section 226A or 226B or under section 254, 266 or 279 of the Sentencing Code (as appropriate);
"the requisite custodial period" means—
(a) in relation to a person serving one sentence, two-thirds of the appropriate custodial term, and
(b) in relation to a person serving two or more concurrent or consecutive sentences, the period determined under sections 263(2) and 264(2B) or (2E).

Sections 246B and 246C of the 2003 Act relate to cases where an offender is serving an extended sentence for manslaughter or for an offence under s.1(1)(a) of the Protection of Children Act 1978 (involving the image of a real child in the case of a pseudo-photograph). In such cases where there is, respectively, non-disclosure by the prisoner of information about where or how the victim's remains were disposed of, or who the identity of the child was, the Parole Board when determining whether the continued detention of the prisoner is necessary for the protection of the public must take into account the reasons for that non-disclosure. Given the Parole Board has always been required to consider all relevant circumstances when making such an assessment these sections are of limited legal effect.[89]

A10-060

Restricted eligibility for release on licence of terrorist prisoners
247A.—(1) This section applies to a prisoner (a "terrorist prisoner") who—
(a) is serving a fixed-term sentence imposed (whether before or after this section comes into force) in respect of an offence within subsection (2), and
(b) has not been released on licence.
(2) An offence is within this subsection (whenever it was committed) if—
(a) it is specified in Part 1 or 2 of Schedule 19ZA (terrorism offences punishable with imprisonment for life or for more than two years),
(b) it is a service offence as respects which the corresponding civil offence is so specified, or
(c) it was determined to have a terrorist connection.
(2A) Subsections (3) to (5) apply unless the terrorist prisoner's sentence was imposed—
(a) under section 226A or 226B or under section 254, 266, 268A, 279 or 282A of the Sentencing Code (extended sentence or serious terrorism sentence for dangerous offenders),
(b) on or after [29 June 2021], and
(c) in respect of an offence that—
(i) is specified in Part 1 of Schedule 19ZA (terrorism offences punishable with imprisonment for life),
(ii) is a service offence as respects which the corresponding civil offence is so specified,
(iii) is specified in Part 3 of that Schedule (other offences punishable with imprisonment for life) and was determined to have a terrorist connection, or
(iv) is a service offence as respects which the corresponding civil offence is so specified, and was determined to have a terrorist connection.
(3) It is the duty of the Secretary of State to refer the case of a terrorist prisoner to the Board—

A10-061

---

[89] As to which see the commentary of Sebastian Walker at CLW/20/40/8.

(a) as soon as the prisoner has served the requisite custodial period, and
(b) where there has been a previous reference of the prisoner's case to the Board under this subsection and the Board did not direct the prisoner's release, no later than the second anniversary of the disposal of that reference.

(4) It is the duty of the Secretary of State to release a terrorist prisoner on licence as soon as—
(a) the prisoner has served the requisite custodial period, and
(b) the Board has directed the release of the prisoner under this section.

(5) The Board must not give a direction under subsection (4) unless—
(a) the Secretary of State has referred the terrorist prisoner's case to the Board, and
(b) the Board is satisfied that it is no longer necessary for the protection of the public that the prisoner should be confined.

(6) Subsection (7) applies where the terrorist prisoner is serving a sentence imposed under section 226A, 226B, 227, 228 or 236A or under section 252A, 254, 265, 266, 268A, 278, 279 or 282A of the Sentencing Code.

(7) It is the duty of the Secretary of State to release the terrorist prisoner on licence under this section as soon as the prisoner has served the appropriate custodial term (see sections 255B and 255C for provision about the re-release of a person who has been recalled under section 254).

(7A) For the purposes of this section, an offence was determined to have a terrorist connection if it was—
(a) determined to have a terrorist connection under—
   (i) section 69 of the Sentencing Code (including as applied by section 238(6) of the Armed Forces Act 2006),
   (ii) section 30 of the Counter-Terrorism Act 2008 (in the case of an offender sentenced in England and Wales before the Sentencing Code applied, or an offender sentenced in Northern Ireland but now subject to the provisions of this chapter), or
   (iii) section 32 of that Act (in the case of a person sentenced for a service offence before the Sentencing Code applied), or
(b) proved to have been aggravated by reason of having a terrorist connection under section 31 of the Counter-Terrorism Act 2008 (in the case of an offender sentenced in Scotland but now subject to the provisions of this chapter).

(8) For the purposes of this section—

"the appropriate custodial term", in relation to a sentence imposed under section 226A, 226B, 227, 228 or 236A, or under section 252A, 254, 265, 266, 268A, 278, 279 or 282A of the Sentencing Code, means the term determined as such by the court under that provision;

"the requisite custodial period" means—
(a) in relation to a person serving one sentence imposed under section 226A, 226B, 227, 228, or 236A, or under section 252A, 254, 265, 266, 278 or 279 of the Sentencing Code, two-thirds of the appropriate custodial term,
(b) in relation to a person serving one sentence of any other kind, two-thirds of the sentence, and
(c) in relation to a person serving two or more concurrent or consecutive sentences, the period determined under sections 263(2) and 264(2B), (2D) or (2E);

"service offence" and "corresponding civil offence" have the same meanings as in the Counter-Terrorism Act 2008 (see section 95 of that Act).

(9)–(11) [*Transitional provision for pre-commencement referrals of terrorist prisoners and those serving repealed sentences.*]

The court in *R. (Khan) v Secretary of State for Justice*[90] dismissed a challenge arguing that s.247A of the 2003 Act was in breach of arts 5, 7 and 14 of the ECHR.

Criminal Justice Act 2003 Sch.19ZA

The following offences are specified in Pt I of Sch.19ZA to the 2003 Act:

A10-062

Source	Offence
Terrorism Act 2000	ss.54, 56, 59 (other than an offence under s.59(2)(c)), 60 (other than an offence under s.60(2)(c)), or 61
Terrorism Act 2006	ss.5, 6, 9, 10 or 11
Inchoate offences	An attempt to commit a listed offence in this Part.
	Conspiracy to commit a listed offence.
	Offence under Part 2 of Serious Crime Act 2007 relating to a listed offence under this Part.
	Incitement to commit a listed offence.
	Aiding, abetting, counselling or procuring commission of a listed offence.
Abolished offences	Offences abolished before 29 June 2021 which if committed on that day would have constituted a listed offence in this Part.

The following offences are specified in Pt II of Sch.19ZA to the 2003 Act:

A10-063

Source	Offence
Terrorism Act 2000	ss.11, 12, 15, 16, 17, 17A, 18, 19, 21A, 38B, 39, 57, 58, 58A, 58B, 59(2)(c) (if by virtue of s.23 of OAPA 1861), or 60 (if by virtue of s.23 of OAPA 1861)
Anti-terrorism, Crime and Security Act 2001	s.113
Terrorism Act 2006	s.1, 2 or 8
Counter-Terrorism Act 2008	s.54
Terrorism Prevention and Investigation Measures Act 2011	s.23
Counter-Terrorism and Security Act 2015	s.10
Inchoate offences	An attempt to commit a listed offence in this Part.
	Conspiracy to commit a listed offence.
	Offence under Part 2 of Serious Crime Act 2007 relating to a listed offence under this Part.
	Incitement to commit a listed offence.

---

[90] [2020] EWHC 2084 (Admin); [2020] 1 W.L.R. 3932 DC.

Source	Offence
	Aiding, abetting, counselling or procuring commission of a listed offence.
Abolished offences	Offences abolished before 29 June 2021 which if committed on that day would have constituted a listed offence in this Part.

A10-064 The following offences are listed in Part III of Sch.19ZA to the 2003 Act. Offences applicable only to Scotland or Northern Ireland have not been reproduced:

Source	Offence
Common law	Manslaughter, kidnapping, false imprisonment
Offences Against the Person Act 1861	ss.4, 18, 21, 22, 28, 29 or 32
Explosive Substances Act 1883	ss.2, 3, 4 or 5
Infant Life (Preservation) Act 1929	s.1
Infanticide Act 1938	s.1
Firearms Act 1968	ss.16, 17(1), 17(2) or 18
Theft Act 1968	ss.8 or 10
Criminal Damage Act 1971	s.1 (if arson), or s.1(2) (if not arson)
Biological Weapons Act 1974	s.1
Taking of Hostages Act 1982	s.1
Aviation Security Act 1982	ss.1, 2, 3 or 6(2)
Nuclear Material (Offences) Act 1983	ss.1B or 2
Criminal Justice Act 1988	s.134
Aviation and Maritime Security Act 1990	ss.1, 9, 10, 11, 12, 13 or 14(4)
Channel Tunnel (Security) Order 1994 (SI 1994/570)	Offences under Part 2
International Criminal Court Act 2001	ss.51, 52, 58 or 59 other than offences involving murder
Anti-Terrorism, Crime and Security Act 2001	ss.47 or 50
Modern Slavery Act 2015	ss.1 or 2
Space Industry Act 2018	Sch.4, paras 1, 2, 3 or 4

Source	Offence
Inchoate offences	An attempt to commit a listed offence in this Part or murder.
	Conspiracy to commit a listed offence or murder.
	Offence under Part 2 of Serious Crime Act 2007 relating to a listed offence under this Part or murder.
	Incitement to commit a listed offence or murder.
	Aiding, abetting, counselling or procuring commission of a listed offence or murder.
Abolished offences	Offences abolished before 29 June 2021 which if committed on that day would have constituted a listed offence in this Part.

Guidance: operation of release regime

SDS+—Release at 2/3 point of sentence

Section 244ZA(4) applies where the offence is specified in Sch.15 to the CJA 2003 and "(ii) for which a sentence of life imprisonment could have been imposed (in the case of an offender aged 21 or over) at the time when the actual sentence was imposed." A query arises in relation to the operation of the scheme where the offence was committed before an increased maximum sentence (such as an offence of causing death by dangerous driving committed before 28 June 2022 for which the maximum sentence is 14 years).

In *R. v Lomas (Jack Kenneth)*[91] (seemingly without hearing argument), the court appeared to suggest that s.244ZA would apply in such circumstances, on the basis that "the change in the law applies to sentences imposed after that date".[92] By contrast, the court in *R. v Bates (John)*[93] —having received a note on the point from the Criminal Appeal Office— concluded that in such circumstances the offender would serve only one-half of the sentence, on the basis that a life sentence could not have been imposed for the offence. It is understood that a special court will be convened to resolve the point.

Although ordinarily changes to release are made retrospectively, and from the point of sentence, the decision in *Bates* is presumably justified on the basis that the legal test in s.244ZA(4)(d)(ii) "for which a sentence of life imprisonment could have been imposed (in the case of an offender aged 21 or over) at the time when the actual sentence was imposed" is concerned with the offence being sentenced. Thus, the argument would be that if because of the effect of transitional provisions in respect of maximum sentences no life sentence can be imposed for that specific offence it is suggested the test is not met. By contrast, *Lomas* would be defended on the basis that the wording of the provision draws a distinction between the maximum sentence available in the case of the specific defendant before the court and the sentence that is available for such offences at the date of the sentencing hearing in the particular case. The complication is the reference to "at the time

A10-064a

---

[91] *R. v Lomas (Jack Kenneth)* [2023] EWCA Crim 1436.
[92] [2023] EWCA Crim 1436 at [11].
[93] [2024] EWCA Crim 684.

when the actual sentence was imposed", which whilst presumably an attempt to provide clarity, in fact introduces more doubt than simple silence would have.

Release on home detention curfew

A10-065　Section 246 of the Criminal Justice Act 2003 allows for the early release of certain prisoners on home detention curfew—i.e. a release from custody on the condition that the offender wears an electronic tag to monitor a curfew restriction. Offenders may be released up to 180 days before the halfway point of a standard determinate sentence.[94] Home detention curfew is not available in respect of prisoners serving sentences subject to parole board release or to which s.244A applies (certain violent or sexual offences for which release is at the second/third point). Additionally, prisoners serving sentences for particular offences are presumed to be unsuitable; see the Home Detention Curfew (HDC) Policy Framework.[95] It is at the discretion of the Secretary of State and not taken account of at sentence.

Compassionate release

A10-066　Under s.248 of the Criminal Justice Act 2003 the Secretary of State may at any time release a fixed-term prisoner on licence if satisfied that exceptional circumstances exist which justify the prisoner's release on compassionate grounds.

Guidance: calculating the sentence

Cannot take differences into account when setting length

A10-067　The regime for release and recall is a matter for the executive, and it will be wrong for the sentencing court to have regard to the differing release arrangements for sentences when determining the length of the appropriate sentence (as that would defeat the purpose of the differences): *R. v Round; R. v Dunn*[96]; *Attorney General's Reference (No.27 of 2013) (R. v Burinskas)*.[97] The limited exception suggested in *R. (Stott) v Secretary of State for Justice*[98] (see A10-050) is where to do so would create an objectional disparity between offenders. There has, however, been no reported case where such an exception has been made, and the observations as to the potential existence of an exception were strictly obiter.

Effect of mixed sentences

A10-068　The prison service confirmed to the court in *R. v Ulhaqdad*,[99] that custodial terms are simply aggregated where multiple determinate sentences are imposed. The ap-

---

[94] From 6 June 2023, by virtue of the Criminal Justice Act 2003 (Home Detention Curfew) Order 2023 (SI 2023/390).
[95] This category includes offenders subject to the sexual offences notification regime and those serving sentences for offences of homicide; offences involving explosives; an offence of possession of an offensive weapon, possession of firearms with intent or cruelty to children; any racially aggravated offences; or any terrorism offence. See *https://assets.publishing.service.gov.uk/governme nt/uploads/system/uploads/attachment_data/file/882216/home-detention-curfew.pdf* [Accessed 19 July 2023].
[96] [2009] EWCA Crim 2667; [2010] 2 Cr. App. R. (S.) 45.
[97] [2014] EWCA Crim 334; [2014] 2 Cr. App. R. (S.) 4.
[98] [2018] UKSC 59; [2018] 3 W.L.R. 1831.
[99] [2017] EWCA Crim 1216; [2018] 4 W.L.R. 65.

proach to the calculation of the required term in custody is set out in more detail in prison instruction PSI 03/2015. In summary, an offender will become entitled to release when entitled to release in respect of all of the individual sentences, and will become eligible for release when eligible for release in respect of all sentences (eligibility for release being the same as entitlement to release for sentences not subject to Parole Board supervision). Taking an example of an offender subject to an extended sentence of nine years' imprisonment (with an extended licence period of three years) and a consecutive sentence of imprisonment of two years (for an offence not listed in Sch.19ZA to the 2003 Act), the offender will only become eligible for release after serving seven years' imprisonment (two-thirds of the extended sentence, six years, and half the determinate sentence, one year), and entitled to release after serving 10 years (the full nine years of the extended sentence and half of the determinate sentence).

As held in *R. v Hibbert*,[100] it will be helpful for a judge when sentencing to explain the cumulative effect of the sentence imposed. It would be regrettable for such an explanation to be incorrect; however, the Court of Appeal (Criminal Division) has been clear that an incorrect explanation does not invalidate a sentence: see e.g. *R. v R*[101] and *R. v Dunn*.[102]

Guidance: challenges to release regime

In *R. (Stott) v Secretary of State for Justice*,[103] the Supreme Court held, by a majority of three to two, that the effect of s.246A, requiring offenders to serve two-thirds of their sentence before being eligible for release, is not discriminatory under arts 5 and 14 of the ECHR. The court conceded that prisoners subject to an extended sentence were persons of an "other status" for the purposes of art.14 but did not consider they were in an analogous position to other prisoners serving different sentences and regardless considered that any differences were justified as a proportionate means of achieving the government's legitimate aim of enhancing public protection and maintaining public confidence in the sentencing framework.

A10-069

In his commentary to the case,[104] Lyndon Harris suggested the issues were relatively finely balanced and queried whether a sufficiently principled approach was taken. He observed that the court's reasoning was rather sparse and suggested that a different justification for the additional time period spent in custody on an extended sentence could be the need to ensure ameliorative measures to address the risk posed in the specified period; the need to ensure such measures being particularly acute as in contrast to life sentences once the total custodial period expires, the offender will be released. It was further suggested that the court may have arrived at a different conclusion.

---

[100] [2015] EWCA Crim 507; [2015] 2 Cr. App. R. (S.) 15.
[101] [2012] EWCA Crim 709.
[102] [2012] EWCA Crim 419.
[103] [2018] UKSC 59; [2018] 3 W.L.R. 1831.
[104] L. Harris, "Sentencing: R. (on the application of Stott) v Secretary of State for Justice (Case Comment) [2019] Crim. L.R. 251–258.

Licence Conditions

Legislation

Criminal Justice Act 2003 ss.249–250, 252–253

A10-070   Section 249 of the Criminal Justice Act 2003 provides that where a fixed-term prisoner, other than one to whom s.243A applies, is released on licence, the licence shall, subject to any revocation under s.254 or 255, remain in force for the remainder of the sentence. Where a prisoner is released under s.243A the licence expires at the halfway point of that sentence.

Section 250 of the Criminal Justice Act 2003 provides that all prisoners released on licence must be subject to the prescribed standard conditions and may include any condition authorised by ss.62, 64 or 64A of the Criminal Justice and Court Services Act 2000 or s.28 of the Offender Management Act 2007, and any other conditions of a kind prescribed by the Secretary of State. Under s.250(5) where a prisoner is released early under s.246 a curfew condition must be included. Furthermore, by virtue of ss.250(5A)–(5B) of the 2003 Act, where an offender is on licence from a sentence at the direction of the Parole Board the Secretary of State may not change an offender's licence conditions unless directed to do so by the Parole Board.

Section 252 of the Criminal Justice Act 2003 imposes a duty on persons subject to licence conditions to comply with them.

A10-071   Section 253 provides detail as to the type of curfew condition that can be imposed as part of a licence. A curfew under s.253 requires the person to remain for a specified time at a specified place and will include an electronic monitoring requirement. Different places or times can be specified but the period must not amount to less than nine hours in any one day. The curfew condition will last until the expiry of the licence.

Guidance

A10-072   Article 3 of the Criminal Justice (Sentencing) (Licence Conditions) Order 2015[105] specifies the standard licence conditions that must be included in every licence. These are conditions to:

1) be of good behaviour and not behave in a way which undermines the purpose of the licence period;
2) not commit any offence;
3) keep in touch with the supervising officer in accordance with instructions given by the supervising officer;
4) receive visits from the supervising officer in accordance with instructions given by the supervising officer;
5) reside permanently at an address approved by the supervising officer and obtain the prior permission of the supervising officer for any stay of one or more nights at a different address;
6) not undertake work, or a particular type of work, unless it is approved by the supervising officer and notify the supervising officer in advance of any proposal to undertake work or a particular type of work;

---

[105] Criminal Justice (Sentencing) (Licence Conditions) Order 2015 (SI 2015/337).

7) not travel outside the UK, the Channel Islands or the Isle of Man except with the prior permission of their supervising officer or for the purposes of immigration deportation or removal;
8) tell the supervising officer if they use a name which is different to the name or names which appear on their licence;
9) tell the supervising officer if they change or add any contact details, including any phone number or email.

Article 7 specifies further additional conditions that may be included in an offender's licence:

1) residence at a specified place;
2) restriction of residency;
3) making or maintaining contact with a person;
4) participation in, or co-operation with, a programme or set of activities;
5) possession, ownership, control or inspection of specified items or documents;
6) disclosure of information;
7) a curfew arrangement;
8) freedom of movement;
9) supervision in the community by the supervising officer, or other responsible officer or organisation;
10) restriction of specified conduct or specified acts;
11) a condition requiring an offender to submit to a search under section 43C of the Terrorism Act 2000.

Additionally, under ss.28–29 of the Offender Management Act 2007 polygraph conditions may be included in the licence of offenders serving a sentence of 12 months or more for an offence listed in Pt 2 of Sch.15 to the Criminal Justice Act 2003 (specified sexual offences), an offence listed in Pt 1 or 2 of Sch.19ZA to the 2003 Act (terrorism offences), or an offence that was determined to have a terrorist connection. Furthermore, under s.62 of the Criminal Justice and Court Services Act 2000 electronic monitoring conditions can be included as part of an offender's licence. Under ss.64 and 64A of the 2000 Act drug testing requirements and drug appointment conditions may also be included where certain conditions are met.

With effect from 12 April 2021, the Compulsory Electronic Monitoring Licence Condition Order 2021[106] pilots a requirement for the licence of certain offenders to include an electronic monitoring condition under s.62 of the 2000 Act in respect of certain sentences for offences under ss.1, 8, 9 or 10 of the Theft Act 1968 where the offender is also required to reside in Avon and Somerset, Cheshire, Gloucestershire, Gwent, Humberside and West Midlands. From 29 September 2021, that Order was amended by Compulsory Electronic Monitoring Licence Condition Order (Amendment) 2021[107] to extend it to relevant offenders required to reside in Bedfordshire, City of London police area, Cumbria, Derbyshire, Durham, Essex, Hampshire, Hertfordshire, Kent, Metropolitan police district, North Wales, Nottinghamshire and Sussex. Reference should be made to that Order for the details.

---

[106] Compulsory Electronic Monitoring Licence Condition Order 2021 (SI 2021/330).
[107] Compulsory Electronic Monitoring Licence Condition Order (Amendment) 2021 (SI 2021/999).

The Criminal Justice (Sentencing) (Licence Conditions) Order 2015[108] makes further provision about the detail of licence requirements more broadly.

Recall and Re-Release

Recall to prison

A10-074   Sections 254–255 of the Criminal Justice Act 2003 confer on the Secretary of State power to revoke an offender's licence and recall them to prison. In practice, this will be the result of a recommendation by the probation service. Her Majesty's Prison and Probation Service has issued guidance entitled Recall, Review and Re-Release of Recalled Prisoners Policy Framework[109] on when an offender may be recalled.

The guidance suggests at 4.3.1 that an offender will only be recalled from an extended sentence where there is a "causal link" in the current behaviour that was exhibited at the time of the index offence. At least one of the following criteria must be met when assessing whether to request the recall:

1) exhibits behaviour similar to behaviour surrounding the circumstances of the index offence;
2) exhibits behaviour likely to give rise (or does give rise) to a sexual or violent offence;
3) exhibits behaviour associated with the commission of a sexual or violent offence; or
4) is out of touch with the community offender manager and the assumption can be made that any of (1) to (3) may arise.

The guidance suggests at 4.3.9 that in relation to all other determinate sentences, offender managers must consider whether to seek recall in cases where an offender has breached the conditions of their licence, or the offender's behaviour indicates they are no longer safely manageable in the community. Offender managers must also consider recall in cases where contact between the offender manager and the offender has broken down.

A10-075   It is an either-way offence, punishable with up to two years' imprisonment, under s.255ZA of the Criminal Justice Act 2003 for a person who has been notified orally or in writing of their recall to fail, without reasonable excuse, to take all necessary steps to return to prison as soon as possible. A person will be taken to have been notified where a letter has been sent to an appropriate address or where they have failed to comply with a requirement to keep in touch with their probation officer for at least six months.

Re-release

A10-076   If a prisoner is recalled to prison during their custodial term, the period of recall is not necessarily for the entirety of an offender's custodial term; their re-release will be governed by ss.255A–256A of the 2003 Act and will depend on the nature of the sentence they are serving. Prisoners serving an extended sentence will only be released before the end of their custodial term (or extended licence period if

---

[108] Criminal Justice (Sentencing) (Licence Conditions) Order 2015 (SI 2015/337).
[109] Available at *https://www.gov.uk/government/publications/recall-review-and-re-release-of-recalled-prisoners* [Accessed 19 July 2023].

recalled after the expiry of their custodial term) where the Parole Board or the Secretary of State considers that it is not necessary for the protection of the public that the offender should remain in prison. Similarly, prisoners serving a serious terrorism sentence are only released at the expiry of their custodial term and so if recalled, will only be re-released prior to the expiry of their extended licence period where the Parole Board or the Secretary of State considers that it is not necessary for the protection of the public that the offender should remain in prison.

An offender recalled on licence from any other determinate sentence (including a sentence for an offender of particular concern) will ordinarily be automatically released on licence after serving 14 days (if their sentence was less than 12 months) or 28 days (if their sentence was 12 months or more), although the Secretary of State may release them earlier. They may, however, be detained longer where the Secretary of State is not satisfied that the offender will not present a risk of serious harm to members of the public if released.

Extended Licence and Post-Sentence Supervision

Post-sentence supervision

Post-sentence supervision was introduced by the Offender Rehabilitation Act 2014. It has effect only for offences committed on or after 1 February 2015 (the commencement date of the provisions). Section 256AA of the Criminal Justice Act 2003 ensures that anyone sentenced to a determinate sentence of less than two years for such an offence (not including an extended sentence or sentence for an offender of particular concern for whom it is unnecessary, or offenders convicted of a Sch.19ZA offence) who is 18 or over at release, will be subject to at least 12 months of state supervision. The effect of the provision is that an offender to whom it applies will serve any period of licence they are required to serve and will then be subject to further supervision such that the total period of licence and supervision is equal to 12 months. To provide an example, if an offender was sentenced to 18 months' imprisonment, they would be released after serving nine months, serve nine months on licence (and subject to recall) and then a further three months on post-sentence supervision: such that the total period of licence and supervision is always 12 months.

A10-077

Post-sentence supervision is materially different from licence. Under s.256AB of the 2003 Act post-sentence supervision may include only the following requirements:

1) a requirement to be of good behaviour and not to behave in a way which undermines the purpose of the supervision period;
2) a requirement not to commit any offence;
3) a requirement to keep in touch with the supervisor in accordance with instructions given by the supervisor;
4) a requirement to receive visits from the supervisor in accordance with instructions given by the supervisor;
5) a requirement to reside permanently at an address approved by the supervisor and to obtain the prior permission of the supervisor for any stay of one or more nights at a different address;
6) a requirement not to undertake work, or a particular type of work, unless it is approved by the supervisor and to notify the supervisor in advance of any proposal to undertake work or a particular type of work;

[1111]

7) a requirement not to travel outside the British Islands, except with the prior permission of the supervisor or in order to comply with a legal obligation (whether or not arising under the law of any part of the British Islands);
8) a requirement to participate in activities in accordance with any instructions given by the supervisor;
9) a drug testing requirement;
10) a drug appointment requirement.

Furthermore, under s.256AC of the 2003 Act, breach of post-sentence supervision cannot lead to direct recall to custody. Instead breach may lead to a summons to the magistrates' court and where it is proven that the person has failed without reasonable excuse to comply with a supervision requirement the court may:

1) order the person to be committed to custody for a period not exceeding 14 days;
2) order the person to pay a fine not exceeding level 3 on the standard scale; or
3) impose a "supervision default order" under Sch.19A of the 2003 Act including—
4) an unpaid work requirement; or
5) a curfew requirement.

A10-078 The Sentencing Council has issued a guideline on the breach of post-sentence supervision or supervision default orders to which reference should be made; penalties are assessed largely by reference to the degree of compliance the offender has maintained with the order.

Extended licence

A10-079 Extended licence periods as part of an extended sentence or a sentence for an offender of particular concern operate in an identical manner to a period of licence to which an offender would be subject if released prior to the end of their custodial term. If the offender has been released on licence already they will continue to be subject to the conditions under that licence. For guidance on licence conditions, see A10-070 onwards. Offenders may also be recalled to prison while on licence; see A10-074.

In 2019,[110] Sir John Saunders and Julian V. Roberts argued that the decision in *R. (Sim) v Parole Board for England and Wales*[111] means that the test for release by the Parole Board will be different for those recalled during the extended period of licence from all other determinate sentence recalls. As explained there, and in *Sims*, as an offender's licence period is designed to manage the offender's detention in the community, and as any detention as a result of recall has not been imposed by a court for the purposes of art.5(4) of the ECHR, there will be a presumption in favour of release where an offender is recalled on extended licence. This contrasts with the position in relation to recalls while an offender is serving part of their sentence, in which the presumption is in favour of continued detention.

---

[110] J. Saunders and J.V. Roberts, "Parole Board decision-making: two key challenges for the Parole Board of England and Wales" [2019] Crim. L.R. 131.
[111] [2003] EWHC 152 (Admin); [2003] 2 W.L.R. 1374.

Life sentences

Introduction

The release and recall of prisoners subject to life sentences is governed by the Crime (Sentences) Act 1997. By virtue of s.34 of the 1997 Act references to an offender serving a "life sentence" in that Act include references to sentences of life imprisonment, custody for life, detention during HM's pleasure or detention for life, whether imposed under the Sentencing Code, the Armed Forces Act 2006 or the Powers of Criminal Courts (Sentencing) Act 2000. References to life sentences include also reference to the now-repealed sentences of imprisonment or detention for public protection.

A10-080

Release

Legislation

Crime (Sentences) Act 1997 ss.28, 28A, 28B and 30

Duty to release certain life prisoners

28.—(1A) This section applies to a life prisoner in respect of whom a minimum term order has been made; and any reference in this section to the relevant part of such a prisoner's sentence is a reference to—

A10-081

(a) the part of the sentence specified in the minimum term order, or

(b) in a case where one or more reduction orders has been made in relation to the prisoner (see section 27B), the part of the sentence specified in the most recent of those orders.

(1B) But if a life prisoner is serving two or more life sentences—

(a) this section does not apply to him unless a minimum term order has been made in respect of each of those sentences; and

(b) the provisions of subsections (5) to (8) below do not apply in relation to him until he has served the relevant part of each of them.

(5) As soon as—

(a) a life prisoner to whom this section applies has served the relevant part of his sentence, and

(b) the Parole Board has directed his release under this section,

it shall be the duty of the Secretary of State to release him on licence.

(6) The Parole Board shall not give a direction under subsection (5) above with respect to a life prisoner to whom this section applies unless—

(a) the Secretary of State has referred the prisoner's case to the Board; and

(b) the Board is satisfied that it is no longer necessary for the protection of the public that the prisoner should be confined.

(6A) Sections 28A and 28B contain provision that relates to the Parole Board's function of giving directions under subsection (5) for the release of life prisoners.

(7) A life prisoner to whom this section applies may require the Secretary of State to refer his case to the Parole Board at any time—

(a) after he has served the relevant part of his sentence; and

(b) where there has been a previous reference of his case to the Board, after the end of the period of two years beginning with the disposal of that reference;

and in this subsection "previous reference" means a reference under subsection (6) above or section 32(4) below.

(8) In determining for the purpose of subsection (5) or (7) above whether a life prisoner to whom this section applies has served the relevant part of his sentence, no ac-

count shall be taken of any time during which he was unlawfully at large within the meaning of section 49 of the Prison Act 1952.

(8A) In this section "minimum term order" means an order under—
(a) subsection (2) of section 82A of the Powers of Criminal Courts (Sentencing) Act 2000 (determination of minimum term in respect of life sentence that is not fixed by law),
(b) subsection (2) of section 269 of the Criminal Justice Act 2003 (determination of minimum term in respect of mandatory life sentence), or
(c) subsection (2) of section 321 of the Sentencing Code (life sentence: minimum term order etc).

A10-082 Sections 28A and 28B of the 1997 Act relate to cases where an offender is serving a life sentence for manslaughter or for an offence under s.1(1)(a) of the Protection of Children Act 1978 (involving the image of a real child in the case of a pseudo-photograph)—the latter of which is likely to be incredibly rare. In such cases where there is, respectively, non-disclosure by the prisoner of information about where or how the victim's remains were disposed of, or who the identity of the child was, the Parole Board when determining whether the continued detention of the prisoner is necessary for the protection of the public must take into account the reasons for that non-disclosure. Given the Parole Board has always been required to consider all relevant circumstances when making such an assessment these sections are of limited legal effect.[112]

Power to release life prisoners on compassionate grounds

A10-083 30.—(1) The Secretary of State may at any time release a life prisoner on licence if he is satisfied that exceptional circumstances exist which justify the prisoner's release on compassionate grounds.

(2) Before releasing a life prisoner under subsection (1) above, the Secretary of State shall consult the Parole Board, unless the circumstances are such as to render such consultation impracticable.

Guidance

A10-084 The power to release a life prisoner on compassionate grounds under s.30 of the Crime (Sentences) Act 1997 is very rarely exercised. Guidance on its exercise (as to which see the Early Release on Compassionate Grounds Policy Framework) provides that the fundamental principles underlying the approach to such release are that:

(a) The early release of the prisoner will not put the safety of the public at risk.
(b) There is a specific purpose to be served by early release. There must be a clear reason to consider the early release of the prisoner before they have served the sentence imposed on them by the sentencing court.
(c) A decision to approve early release on compassionate grounds will not be based on the same facts that existed at the point of sentencing and of which the sentencing or appeal court was aware.

---

[112] CLW/20/40/8.

Licence Conditions

Section 31 of the Crime (Sentences) Act 1997 provides that where a life prisoner is released the licence will remain in force until their death. By virtue of subss.(2) and (2A) the prisoner must comply with the conditions specified in the licence, which will include conditions for their supervision by appropriate probation workers, social workers or youth offending team members. The Secretary of State may not include, vary or cancel conditions in an offender's licence unless doing so is in accordance with recommendations of the Parole Board or the Secretary of State is required to do so by an order under s.62A of the Criminal Justice and Court Services Act 2000 (compulsory electronic monitoring conditions): s.31(3).

A10-085

The result of this provision is that in contrast to standard determinate sentences, where the licence conditions must be those specified in the Criminal Justice (Sentencing) (Licence Conditions) Order 2015,[113] the conditions included in the licence are at the Parole Board's discretion (although in practice they will often draw from those listed in the 2015 order).

Recall and Re-Release

Recall to prison

Section 32 of the Crime (Sentences) Act 1997 confers on the Secretary of State power to revoke an offender's licence and recall them to prison. In practice, this will be the result of a recommendation by the probation service. Her Majesty's Prison and Probation Service has issued guidance entitled Recall, Review and Re-Release of Recalled Prisoners Policy Framework[114] on when an offender may be recalled.

A10-086

The guidance suggests at 4.2.1 that an offender will only be recalled from a life sentence where there is a "causal link" in the current behaviour that was exhibited at the time of the index offence. At least one of the following criteria must be met when assessing whether to request the recall:

1) exhibits behaviour similar to behaviour surrounding the circumstances of the index offence;
2) exhibits behaviour likely to give rise (or does give rise) to a sexual or violent offence;
3) exhibits behaviour associated with the commission of a sexual or violent offence; or
4) is out of touch with the community offender manager and the assumption can be made that any of (1) to (3) may arise.

It is an either-way offence, punishable with up to two years' imprisonment, under s.32ZA of the Crime (Sentences) Act 1997 for a person who has been notified orally or in writing of their recall to fail, without reasonable excuse, to take all necessary steps to return to prison as soon as possible. A person will be taken to have been notified where a letter has been sent to an appropriate address or where they have

---

[113] Criminal Justice (Sentencing) (Licence Conditions) Order 2015 (SI 2015/337).
[114] Available at *https://www.gov.uk/government/publications/recall-review-and-re-release-of-recalled-prisoners* [Accessed 19 July 2023].

failed to comply with a requirement to keep in touch with their probation officer for at least six months.

Re-release

A10-087 Offenders who have been recalled to prison under a life sentence may be re-released under s.32 of the Crime (Sentences) Act 1997 where the Parole Board directs (on the basis that it is no longer necessary for the protection of the public that the offender should remain in prison).

In 2019,[115] Sir John Saunders and Julian V. Roberts seemed to suggest that the effect of the decision in *R. (Sim) v Parole Board for England and Wales*[116] is that once an offender has served their minimum term it is not for the prisoner to establish that they do not pose the requisite danger. This was not, however, the view taken in *R. v Lichniak*,[117] where the House of Lords proceeded on the basis that at the end of the minimum term of a mandatory life sentence the prisoner had to show they were safe to be released. Nor was it the view taken in *Sim* itself, where the court felt the need to distinguish Lichniak on the basis of the differing purpose of a life sentence.

PRIMARY DISPOSALS: BREACH, REVOCATION AND AMENDMENT

Introduction

A10-088 This part deals with the variation or amendment of primary disposals already imposed, as well as proceedings in respect of breaches of such sentences. It is concerned only with the primary disposals available for all offenders or those aged 18 or over at conviction. For those primary disposals available only for those under the age of 18 at conviction, see Ch.A6. It does not detail the enforcement of financial orders, which is its own separate area of law.

Procedure

Criminal Procedure Rules 2020/759 Pt 32

BREACH, REVOCATION AND AMENDMENT OF COMMUNITY AND OTHER ORDERS

When this Part applies

A10-089 32.1. This Part applies where—
(a) the person responsible for a defendant's compliance with an order to which applies—
(i) Schedule 3, 5, 7 or 8 to the Powers of Criminal Courts (Sentencing) Act 2000,
(ii) Schedule 8 or 12 to the Criminal Justice Act 2003,
(iii) Schedule 2 to the Criminal Justice and Immigration Act 2008, or
(iv) the Schedule to the Street Offences Act 1959

wants the court to deal with that defendant for failure to comply;

---

[115] J. Saunders and J. V. Roberts, "Parole Board decision-making: two key challenges for the Parole Board of England and Wales" [2019] Crim. L.R. 131.
[116] [2003] EWHC 152 (Admin); [2003] 2 W.L.R. 1374.
[117] [2002] UKHL 47; [2003] 1 A.C. 903.

Primary Disposals: Breach, revocation and Amendment

  (b) one of the following wants the court to exercise any power it has to revoke or amend such an order—
  (i) the responsible officer or supervisor,
  (ii) the defendant, or
  (iii) where the legislation allows, a person affected by the order; or
  (c) the court considers exercising on its own initiative any power it has to revoke or amend such an order.

Application by responsible officer or supervisor
32.2.—(1) This rule applies where—   A10-090
  (a) the responsible officer or supervisor wants the court to—
  (i) deal with a defendant for failure to comply with an order to which this Part applies, or
  (ii) revoke or amend such an order; or
  (b) the court considers exercising on its own initiative any power it has to—
  (i) revoke or amend such an order, and
  (ii) summon the defendant to attend for that purpose.
  (2) Rules 7.2 to 7.4, which deal, among other things, with starting a prosecution in a magistrates' court, apply—
  (a) as if—
  (i) a reference in those rules to an allegation of an offence included a reference to an allegation of failure to comply with an order to which this Part applies, and
  (ii) a reference to the prosecutor included a reference to the responsible officer or supervisor; and
  (b) with the necessary consequential modifications.

Application by defendant or person affected
32.3.—(1) This rule applies where—   A10-091
  (a) the defendant wants the court to exercise any power it has to revoke or amend an order to which this Part applies; or
  (b) where the legislation allows, a person affected by such an order wants the court to exercise any such power.
  (2) That defendant, or person affected, must—
  (a) apply in writing, explaining why the order should be revoked or amended; and
  (b) serve the application on—
  (i) the court officer,
  (ii) the responsible officer or supervisor, and
  (iii) as appropriate, the defendant or the person affected

Procedure on application by responsible officer or supervisor
32.4.—(1) Except for rules 24.8 (Written guilty plea: special rules) and 24.9 (Single   A10-092
justice procedure: special rules), the rules in Part 24, which deal with the procedure at a trial in a magistrates' court, apply—
  (a) as if—
  (i) a reference in those rules to an allegation of an offence included a reference to an allegation of failure to comply with an order to which this Part applies,
  (ii) a reference to the court's verdict included a reference to the court's decision to revoke or amend such an order, or to exercise any other power it has to deal with the defendant, and
  (iii) a reference to the court's sentence included a reference to the exercise of any such power; and

(b) with the necessary consequential modifications.

(2) The court officer must serve on each party any order revoking or amending an order to which this Part applies.

Re-sentencing

A10-093 Re-sentencing in the Sentencing Code is a defined phrase under s.402 of the Sentencing Act 2020.

Sentencing Act 2020 s.402

Powers to re-sentence

A10-094 402.—(1) Where under this Code a court has power to re-sentence an offender for an offence, the court may deal with the offender in any way in which it could deal with the offender—

(a) if the offender had just been convicted by or before it of the offence, and

(b) in a case where the offender was aged under 18 when in fact convicted of the offence, as if the offender were the same age as when in fact convicted.

(2) But where under this Code the Crown Court has power to re-sentence an offender for an offence and subsection (3) applies, the power of the Crown Court is power to deal with the offender in any way in which a magistrates' court could deal with the offender for the offence if—

(a) the offender had just been convicted by the magistrates' court of the offence, and

(b) in a case where the offender was aged under 18 when in fact convicted of the offence, the offender were the same age as when in fact convicted.

(3) This subsection applies where—

(a) the Crown Court's power to re-sentence the offender for the offence is exercisable—

(i) where the Crown Court revokes another order previously made in respect of the offence, or

(ii) where an order for conditional discharge has previously been made in respect of the offence, by virtue of a further offence committed during the period of conditional discharge, and

(b) the previous order was made—

(i) by a magistrates' court, or

(ii) by the Crown Court in circumstances where its powers to deal with the offender for the offence were those (however expressed) which would have been exercisable by a magistrates' court on convicting the offender of the offence.

A10-095 Section 402 has three effects:

where a court re-sentences an offender for an offence it will need to apply the version of the legislation that applies at the time of the re-sentencing hearing, not that which applied at the imposition of the original sentence;

where the Crown Court re-sentences an offender who was originally sentenced by a court limited to magistrates' courts' sentencing powers those limits still apply to the re-sentencing court;

where the offender was originally convicted when aged under 18, the court must re-sentence the offender as if they were still the age at which they were convicted—and so the limits on the sentences available to an offender convicted at that age continue to apply.

Furthermore, by virtue of ss.2(2)–(3) of the Sentencing Code, where a court is re-sentencing an offender for an offence in respect of which the offender was convicted before 1 October 2020, the Sentencing Code does not apply, and reference should be made to the legislation under which the offender was originally sentenced. Where, for example, the offender was subject to a community order imposed under the Criminal Justice Act 2003, reference should be had to Sch.8 to that Act when dealing with alleged breaches.

Binding over to come up for judgment

Where a person who has been bound over for judgment is alleged to have breached their recognisance (the conditions of the binding over), that breach must be proven in front of the Crown Court judge: *R. v David (Trefor)*.[118] The breach must be proven to the criminal standard of proof: *R. v Smith*[119]; *R. v Marlow Justices*.[120] Where breach is proven the court may re-sentence the offender to any sentence that is available to the court: *R. v Smith*[121]; *R. v Marlow Justices*.[122] The procedure to be followed is the same as for contempt of court: r.31.11(3) of the Crim PR.

A10-096

Binding over to keep the peace or be of good behaviour

Where a person who has been bound over to keep the peace has broken the terms of their recognisance the court has the power to forfeit the recognisance by ordering its payment, and the appropriate standard of proof is the civil standard: *R. v Marlow Justices*;[123] r.31.11(2) of the Crim PR. It does not have power to re-sentence the offender. Under s.120(4) of the Magistrates' Courts Act 1980 the adjudication as to the forfeiture of the recognisance is to be treated as if it were a conviction of an offence not punishable by imprisonment for the purposes of enforcement. Committal in default is therefore available in due course. The procedure to be followed is the same as for contempt of court: r.31.11(2) of the Crim PR.

A10-097

Conditional discharge

Legislation

Sentencing Act 2020 Sch.2

ORDER FOR CONDITIONAL DISCHARGE: COMMISSION OF FURTHER OFFENCE

Application of Schedule

1. This Schedule applies where an order for conditional discharge has been made in respect of an offence ("the original offence").

A10-098

Orders Made on Appeal

2. If the order for conditional discharge was made on appeal, for the purposes of this Schedule it is to be taken—

A10-099

---

[118] [1940] 27 Cr. App. R. 50.
[119] [1925] 1 K.B. 603.
[120] (1983) 5 Cr. App. R. (S.) 279. Whilst r.31.11(2) of the Crim PR 2020 suggests the civil standard is sufficient, it is submitted that that this does not change the position for a bind over to come up for judgment.
[121] [1925] 1 K.B. 603.
[122] (1983) 5 Cr. App. R. (S.) 279.
[123] (1983) 5 Cr. App. R. (S.) 279.

(a) if it was made on an appeal from a magistrates' court, to have been made by that magistrates' court;
(b) if it was made on an appeal—
  (i) from the Crown Court, or
  (ii) from the Court of Appeal,
to have been made by the Crown Court.

Issue of Summons Warrant by Justice of the Peace

A10-100 3.—(1) This paragraph applies where—
(a) the order for conditional discharge was made by a magistrates' court, and
(b) it appears to a justice of the peace on information that the offender—
  (i) has been convicted by a court in Great Britain of an offence committed during the period of conditional discharge, and
  (ii) has been dealt with in respect of that offence.

(2) The justice may—
(a) issue a summons requiring the offender to appear at the place and time specified in it, or
(b) if the information is in writing and on oath, issue a warrant for the offender's arrest.

(3) A summons or warrant issued under this paragraph must direct the offender to appear or to be brought before the court which made the order for conditional discharge.

Issue of Summons Warrant by Crown Court

A10-101 4.—(1) This paragraph applies where—
(a) the order for conditional discharge was made by the Crown Court, and
(b) it appears to the Crown Court that the offender—
  (i) has been convicted by a court in Great Britain of an offence committed during the period of conditional discharge, and
  (ii) has been dealt with in respect of that offence.

(2) The Crown Court may issue—
(a) a summons requiring the offender to appear at the place and time specified in it, or
(b) a warrant for the offender's arrest.

(3) A summons or warrant issued under this paragraph must direct the offender to appear or to be brought before the Crown Court.

Power of Magistrates' Court Convicting Offender of Further Offence

A10-102 5.—(1) This paragraph applies where the offender is convicted by a magistrates' court ("the convicting court") of an offence committed during the period of conditional discharge.

(2) If the order for conditional discharge was made by the convicting court, that court may re-sentence the offender for the original offence.

(3) If the order for conditional discharge was made by another magistrates' court, the convicting court may, with the consent of the court which made the order, re-sentence the offender for the original offence.

(4) If the order for conditional discharge was made by the Crown Court, the convicting court—
(a) may commit the offender in custody or on bail to the Crown Court, and
(b) if it does so, must send the Crown Court a copy of the minute or memorandum of the conviction entered in the register, signed by the designated officer by whom the register is kept.

(5) In sub-paragraph (4), the "register" means the register of proceedings before a magistrates' court required by the Criminal Procedure Rules to be kept by the designated officer of the court.

(6) For powers of the convicting court, where it commits a person under sub-paragraph (4), to commit a person to the Crown Court in respect of other offences, see section 20.

Conviction of Further Offence by Another Court: Power of Magistrates' Court Which Made Order

A10-103 6.—(1) This paragraph applies where—
(a) the order for conditional discharge was made by a magistrates' court ("the original court"),
(b) it is proved to the satisfaction of the original court that the offender has been convicted by another court in Great Britain of an offence committed during the period of conditional discharge.

(2) The original court may re-sentence the offender for the original offence.

Powers of Crown Court with Respect to Original Offence Following Subsequent Conviction

A10-104 7.—(1) Sub-paragraph (2) applies where—
(a) the offender—

(i) is convicted before the Crown Court of an offence committed during the period of conditional discharge, or
(ii) is brought or appears before the Crown Court having been committed by a magistrates' court for sentence in respect of any such offence, or
(b) the order for conditional discharge was made by the Crown Court and it is proved to the satisfaction of the Crown Court that the offender has been convicted by a court in Great Britain of an offence committed during the period of conditional discharge.
(2) The Crown Court may re-sentence the offender for the original offence.
(3) Any question under this paragraph whether the offender has been convicted of an offence committed during the period of conditional discharge is to be determined by the court and not by the verdict of a jury.
(4) Where the offender is committed to the Crown Court under sub-paragraph (4) of paragraph 5, any duty or power which, apart from this sub-paragraph, would fall to be discharged or exercised by the convicting court (within the meaning of that paragraph)—
(a) is not to be discharged or exercised by that court, but
(b) is instead to be discharged or may instead be exercised by the Crown Court. This does not apply to any duty imposed on a magistrates' court by section 25(1) or (2) of the Road Traffic Offenders Act 1988 (certain duties relating to information).

Guidance

The Court of Appeal (Criminal Division) and the Sentencing Council for England and Wales have provided no specific guidance on re-sentencing offenders for conditional discharges. However, it is suggested that the following principles are applicable: A10-105

1) the court should proceed as if it is sentencing the offender for the new offence and the offence for which the conditional discharge was imposed afresh, having due regard to totality;
2) that the offender breached the conditional discharge is not an aggravating factor for the offence for which it was imposed, but that an offender was subject to a conditional discharge when the new offence was committed will be an aggravating factor for that offence;
3) there is likely to be less mitigation available to the offender for the offence for which the conditional discharge was imposed, as any remorse is now tainted by the evidence of the breach;
4) the principle of totality may make a sentence appropriate for the offence originally conditionally discharged which was not originally appropriate;
5) the court should consider the extent to which there was compliance with the conditional discharge when determining the extent to which the fact the offender was subject to it constitutes an aggravating factor for the new offence.

Disqualification

Driving Disqualification

Offences

Section 103 of the Road Traffic Act 1988 makes it a summary offence to drive a motor vehicle on the road while disqualified, punishable with six months' imprisonment and/or a fine. A10-106

The Sentencing Council's magistrates' court guidelines provide guidance as to the sentencing of this offence, providing an offence range from a Band C fine to

26 weeks' imprisonment. There are two categories of culpability (higher and lower) and two of harm (greater and lesser). An offence is of higher culpability where the driving was shortly after disqualification was imposed, the vehicle was obtained during the disqualification period or the offender was driving for reward and of lower culpability in all other cases. The offence is of greater harm where a significant distance was driven or there is associated evidence of bad driving and of lesser harm otherwise.

Removal of disqualification

Legislation

Road Traffic Offenders Act 1988 s.42

Removal of disqualification

42.—(1) Subject to the provisions of this section, a person who by an order of a court is disqualified may apply to the court by which the order was made to remove the disqualification.

(2) On any such application the court may, as it thinks proper having regard to—
   (a) the character of the person disqualified and his conduct subsequent to the order,
   (b) the nature of the offence, and
   (c) any other circumstances of the case,
either by order remove the disqualification as from such date as may be specified in the order or refuse the application.

(3) No application shall be made under subsection (1) above for the removal of a disqualification before the expiration of whichever is relevant of the following periods from the relevant date, that is—
   (a) two years, if the disqualification is for less than four years (disregarding any extension period),
   (b) one half of the period of disqualification (disregarding any extension period), if the disqualification is (disregarding any extension period) for less than ten years but not less than four years,
   (c) five years in any other case;
and in determining the expiration of the period after which under this subsection a person may apply for the removal of a disqualification, any time after the conviction during which the disqualification was suspended or he was not disqualified shall be disregarded.

(3A) In subsection (3) "the relevant date" means—
   (a) the date of the order imposing the disqualification in question, or
   (b) if the period of the disqualification is extended by an extension period, the date in paragraph (a) postponed by a period equal to that extension period.

(3B) "Extension period" means an extension period added pursuant to—
   (a) section 35A or 35C,
   (b) section 248D of the Criminal Procedure (Scotland) Act 1995, or
   (c) section 147A of the Powers of Criminal Courts (Sentencing) Act 2000 or section 166 of the Sentencing Code.

(4) Where an application under subsection (1) above is refused, a further application under that subsection shall not be entertained if made within three months after the date of the refusal.

(5) If under this section a court orders a disqualification to be removed, the court—
   (a) must send notice of the order to the Secretary of State,
   (b) may in any case order the applicant to pay the whole or any part of the costs of the application.

(5AA) If the disqualification was imposed in respect of an offence involving obligatory endorsement, the Secretary of State must, on receiving notice of an order under subsection (5)(a) above, make any necessary adjustments to the endorsements on the person's driving record to reflect the order.

(5B) A notice under subsection (5)(a) above must be sent in such manner and to such address, and must contain such particulars, as the Secretary of State may determine.

(6) The preceding provisions of this section shall not apply where the disqualification was imposed by order under section 36(1) of this Act.

Guidance

Rule 28.6 of the Criminal Procedure Rules 2020[124] provides that where a defendant wants to remove, revoke or suspend a disqualification or restriction included in a sentence they must—

1) apply in writing, no earlier than the date on which the court can exercise the power;
2) serve the application on the court officer;
3) in the application—
   (a) specify the disqualification or restriction;
   (b) explain why the defendant wants the court to remove, revoke or suspend it.

There are no reported cases specifically considering s.42 of the Road Traffic Offenders Act 1988. It is suggested that generally disqualification should only be terminated or varied where there has been a substantive change in circumstances since the original disqualification order was made, evidencing either that the offender poses a reduced risk or that the punitive effect of the order has increased. The court should not seek to review the fairness of the original disqualification decision but should instead ask itself whether the change of circumstances is such that there is a need for termination or variation before the period which the original sentencing court set, paying due respect to that determination.

A10-108

Disqualification in Relation to Animals

Offences

For guidance as to the sentencing of the offence of breach of disqualification from keeping an animal, contrary to s.36 of the Animal Welfare Act 2006, see B2-484.

A10-109

Termination of disqualification

Legislation

Animal Welfare Act 2006 s.43

Termination of disqualification under section 34 or 42

43.—(1) A person who is disqualified by virtue of an order under section 34 or 42 may apply to the appropriate court for the termination of the order.

(2) No application under subsection (1) may be made–

A10-110

---

[124] Criminal Procedure Rules 2020 (SI 2020/759).

(a) before the end of the period of one year beginning with the date on which the order is made,
(b) where a previous application under that subsection has been made in relation to the same order, before the end of the period of one year beginning with the date on which the previous application was determined, or
(c) before the end of any period specified under section 34(6), 42(3) or subsection (5) below in relation to the order.

(3) On an application under subsection (1), the court may—
(a) terminate the disqualification,
(b) vary the disqualification so as to make it less onerous, or
(c) refuse the application.

(4) When determining an application under subsection (1), the court shall have regard to the character of the applicant, his conduct since the imposition of the disqualification and any other circumstances of the case.

(5) Where the court refuses an application under subsection (1), it may specify a period during which the applicant may not make a further application under that subsection in relation to the order concerned.

(6) The court may order an applicant under subsection (1) to pay all or part of the costs of the application.

(7) In subsection (1), the reference to the appropriate court is to—
(a) the court which made the order under section 34 or 42 , or
(b) in the case of an order made by a magistrates' court, to a magistrates' court acting for the same local justice area as that court.

A10-111 Rule 28.6 of the Criminal Procedure Rules 2020 provides that where a defendant wants to remove, revoke or suspend a disqualification or restriction included in a sentence they must—

1) apply in writing, no earlier than the date on which the court can exercise the power;
2) serve the application on the court officer;
3) in the application—
   (a) specify the disqualification or restriction;
   (b) explain why the defendant wants the court to remove, revoke or suspend it.

Guidance

A10-112 There are no reported cases specifically considering s.43 of the Animal Welfare Act 2006. It is suggested that generally disqualification should only be terminated or varied where there has been a substantive change in circumstances since the original disqualification order was made, evidencing either that the offender poses a reduced risk or that the punitive effect of the order has increased. The court should not seek to review the fairness of the original disqualification decision but should instead ask itself whether the change of circumstances is such that there is a need for termination or variation before the period which the original sentencing court set, paying due respect to that determination.

Disqualification from Having Custody of a Dog

Legislation
Dangerous Dogs Act 1991 ss.4(6)–(8)

Destruction and disqualification orders

A10-113 **4.**—(6) Any person who is disqualified for having custody of a dog by virtue of an order under subsection (1)(b) above may, at any time after the end of the period of one year beginning with the date of the order, apply to the court that made it (or a magistrates' court acting in the same local justice area as that court) for a direction terminating the disqualification.

(7) On an application under subsection (6) above the court may—
   (a) having regard to the applicant's character, his conduct since the disqualification was imposed and any other circumstances of the case, grant or refuse the application; and
   (b) order the applicant to pay all or any part of the costs of the application;
and where an application in respect of an order is refused no further application in respect of that order shall be entertained if made before the end of the period of one year beginning with the date of the refusal.

(8) Any person who—
   (a) has custody of a dog in contravention of an order under subsection (1)(b) above; or
   (b) fails to comply with a requirement imposed on him under subsection (4)(a) above,
is guilty of an offence and liable on summary conviction to a fine not exceeding level 5 on the standard scale.

Rule 28.6 of the Criminal Procedure Rules 2020 provides that where a defendant wants to remove, revoke or suspend a disqualification or restriction included in a sentence they must— **A10-114**

1) apply in writing, no earlier than the date on which the court can exercise the power;
2) serve the application on the court officer;
3) in the application—
   a) specify the disqualification or restriction;
   b) explain why the defendant wants the court to remove, revoke or suspend it.

Guidance

Application for revocation

Under s.4(7) of the Dangerous Dogs Act 1991 the court may have regard to the applicant's character, their conduct since the disqualification was imposed and any other circumstances of the case when deciding whether to revoke disqualification. The court may be influenced by the breed the offender is likely to keep and evidence as to the circumstances in which they would be kept: *R. v Holland*.[125] It is suggested that the principal consideration will be the extent to which the circumstances have changed since the original sentencing hearing such that the risk posed by the offender to public safety can now be addressed by less severe means. **A10-115**

Offence

There is no Sentencing Council guideline for breach of disqualification under s.4 of the Dangerous Dogs Act 1991. Reference to the Sentencing Council's guideline **A10-116**

---

[125] [2002] EWCA Crim 1585; [2003] 1 Cr. App. R. (S.) 60.

for breach of disqualification from keeping an animal, contrary to s.32 of the Animal Welfare Act 2006, may assist the court in identifying broadly where on the scale of seriousness the offence lies, but as the maximum penalty for the offence contrary to s.4 is a fine it will not assist in setting the penalty, which will simply have to be calculated in accordance with normal principles.

Company Director Disqualification

Legislation

A10-117 Under s.13 of the Company Directors Disqualification Act 1986 it is an either-way offence for a person to act in contravention of a disqualification order. The maximum sentence on conviction on indictment is two years' imprisonment, a fine or both. The maximum sentence of summary conviction is six months' imprisonment, a fine or both.

Where a body corporate has acted in contravention or a disqualification order if it is proved that the offence occurred with the consent or connivance of, or was attributable to any neglect on the part of any director, manager, secretary or other similar officer of the body corporate, or any person who was purporting to act in any such capacity, that person is also guilty of an offence under s.13: s.14 of the 1986 Act.

Guidance

A10-118 The Sentencing Council has issued a guideline for offences contrary to s.13 of the 1986 Act. The guideline provides for an offence range of a discharge to one year and six months' custody. Culpability is subdivided into two categories (A and B). A case falls into Category A where breach involves deceit/dishonesty in relation to actual role within company, or breach involves deliberate concealment of disqualified status. Category B cases are those in which no Category A factors are present. Harm is subdivided into three categories (1, 2 or 3). A case falls into Category 1 if breach results in significant risk of or actual serious financial loss, or breach results in significant risk of or actual serious non-financial harm to company/organisation or others. A case falls into Category 3 if breach results in very low risk of or little or no harm (financial or non-financial) to company/organisation or others. Category 2 caters for cases not falling into Category 1 or 3.

There is no guidance as to what would constitute serious loss; presumably in accordance with normal principles it will need to be serious loss in the context of the offence, and is to be assessed by the impact of the loss on the company or person and is therefore not capable of simple quantification. Given there is no requirement of harm or loss as part of the commission of the offence it is unclear where this line will be drawn. However, in relation to non-financial loss the general loss of trust in companies and the director disqualification system that any breach results in must have been accounted for in the guideline starting points and would not justify a Category 1 finding by itself.

Community orders

Introduction

A10-119 The provisions relating to the breach, revocation and amendment of community orders are contained in Sch.10 to the Sentencing Code. In summary, the court has power to deal with an order following breach proceedings, on application or where the offender is convicted of a further offence while subject to the order. Breach is not a criminal offence, unlike breach of many other orders. For provisions dealing with the review of orders, see ss.217 to 217C of the Sentencing Code at A4-374 to A4-377.

Breach

Where it is proven that an offender has breached a community requirement without reasonable excuse, under paras 10 or 11 of Sch.10, the court must: (a) impose a fine not exceeding £2,500; (b) amend the terms of the community order so as to impose more onerous requirements; (c) re-sentence the offender for the offence in respect of which the order was made; or (d) if dealing with a Crown Court order in the magistrates' court, commit the order to the Crown Court. Unlike in respect of new offences there is no discretion for the court to do nothing on a proven breach. A10-120

On application

The offender or a probation officer may apply for the revocation with or without re-sentencing of the community order under paras 14–15 of Sch.10. The same parties may also apply for the order to be amended so as to reduce the severity of requirements, remove requirements or specify new addresses (para.18); to extend the order (para.20); or to extend an unpaid work requirement (para.21). Under para.19 a treatment practitioner may also apply to amend certain treatment requirements. A10-121

New conviction

Under paras 22–25 of Sch.10 where an offender is convicted of an offence while subject to a community order, the court may revoke the community order, revoke and re-sentence or, if in the magistrates' court dealing with a Crown Court order, commit the offender to the Crown Court. Unlike in respect of breach proceedings, it is open to the Crown Court to take no action in respect of a community order on conviction for a new offence. A10-122

Legislation

Sentencing Act 2020 Sch.10

BREACH, REVOCATION OR AMENDMENT OF COMMUNITY ORDER

Meaning of particular expressions relating to an order

1. In this Schedule, in relation to a community order— A10-123

    "appropriate court" means—
    - (a) if the community order imposes a drug rehabilitation requirement which is subject to review, the court responsible for the order (see paragraph 4);
    - (aa) if the community order qualifies for special procedures for the purposes of section 217A, the court that made the order;
    - (b) if the community order is a Crown Court community order and does not fall within paragraph (aa), the Crown Court;
    - (c) in any other case, a magistrates' court acting in the offender's home local justice area;

POST-SENTENCE

"treatment requirement", in relation to a community order, means—
(a) a mental health treatment requirement of the order,
(b) a drug rehabilitation requirement of the order, or
(c) an alcohol treatment requirement of the order.

(2) In this Schedule, in relation to a community order, any reference (however expressed) to breach of a requirement of the order is a reference to any failure of the offender to comply with a requirement imposed by the order.

Enforcement officers

A10-124 2.—(1) In this Schedule, "enforcement officer" means a person who is for the time being responsible for discharging the functions conferred by this Schedule on an enforcement officer in accordance with arrangements made by the Secretary of State.

(2) An enforcement officer must be an officer of a provider of probation services that is a public sector provider.

(3) In sub-paragraph (2) "public sector provider" means—
(a) a probation trust or other public body, or
(b) the Secretary of State.

Community order subject to magistrates' court supervision and Crown Court order

A10-125 3. In this Schedule—

"community order subject to magistrates' court supervision" means a community order which—
(a) was made by a magistrates' court, or
(b) was made by the Crown Court and includes a direction under section 211 (order to be subject to magistrates' court supervision);

"Crown Court community order" means a community order which—
(a) was made by the Crown Court, and
(b) does not include a direction under that section.

Requirements subject to review

A10-126 4. For the purposes of this Schedule—
(a) a drug rehabilitation requirement of a community order is subject to review if it is subject to review in accordance with paragraph 21 of Schedule 9;
(b) a reference to the court responsible for a community order imposing a drug rehabilitation requirement which is subject to review is to the responsible court within the meaning of that paragraph.

Orders made on appeal

A10-127 5. A community order made on appeal is to be taken for the purposes of this Schedule to have been made by the Crown Court.

PART 2

BREACH OF REQUIREMENT OF ORDER

Duty to give warning or refer matter to enforcement officer

A10-128 6.—(1) This paragraph applies where the responsible officer is of the opinion that the offender has without reasonable excuse breached a requirement of a community order.

(2) If the offender has been given a warning under this paragraph within the previous 12 months in relation to a breach of any requirement of the order, the officer must refer the matter to an enforcement officer.

(3) Otherwise the officer must either—
(a) give the offender a warning under this paragraph, or
(b) refer the matter to an enforcement officer.

(4) A warning under this paragraph must—
(a) describe the circumstances of the breach,
(b) state that the breach is unacceptable, and
(c) inform the offender that if the offender again breaches a requirement of the order within the period of 12 months beginning with the date on which the warning was given, the offender will be liable to be brought before a court.

(5) As soon as practicable after giving a warning under this paragraph, the responsible officer must record that fact.

PRIMARY DISPOSALS: BREACH, REVOCATION AND AMENDMENT

Role of enforcement officer

7. Where a matter is referred to an enforcement officer under paragraph 6, the enforcement officer must—   A10-129

    (a) consider the case, and
    (b) where appropriate, cause an information to be laid in respect of the offender's breach of requirement—
      (i) in the case of a community order subject to magistrates' court supervision, before a justice of the peace;
      (ii) in the case of a Crown Court community order, before the Crown Court.

Issue of summons or warrant by justice of the peace

8.—(1) This paragraph applies where—   A10-130
    (a) a community order subject to magistrates' court supervision is in force, and
    (b) it appears on information to a justice of the peace that the offender has breached a requirement of the order.

(2) The justice may—
    (a) issue a summons requiring the offender to appear at the place and time specified in it, or
    (b) if the information is in writing and on oath, issue a warrant for the offender's arrest.

(3) A summons or warrant issued under this paragraph must direct the offender to appear or be brought—
    (a) in the case of a community order imposing a drug rehabilitation requirement which is subject to review, if a magistrates' court is responsible for the order, before that court,
    (aa) in the case of a community order that qualifies for special procedures for the purposes of section 217A, before the court that made the order, or
    (b) in any other case, before a magistrates' court acting in—
      (i) the local justice area in which the offender resides, or
      (ii) if it is not known where the offender resides, the offender's home local justice area.

(4) Where—
    (a) a summons is issued under this paragraph requiring the offender to appear before a magistrates' court, and
    (b) the offender does not appear in answer to the summons,
the magistrates' court may issue a warrant for the arrest of the offender.

Issue of summons or warrant by Crown Court

9.—(1) This paragraph applies where—   A10-131
    (a) a Crown Court community order is in force, and
    (b) it appears on information to the Crown Court that the offender has breached a requirement of the order.

(2) The Crown Court may—
    (a) issue a summons requiring the offender to appear at the place and time specified in it, or
    (b) if the information is in writing and on oath, issue a warrant for the offender's arrest.

(3) A summons or warrant issued under this paragraph must direct the offender to appear or be brought before the Crown Court.

(4) Where—
    (a) a summons is issued under this paragraph, and
    (b) the offender does not appear in answer to the summons,
the Crown Court may issue a warrant for the arrest of the offender.

Issue of summons or warrant after review hearing

9A.—(1) This paragraph applies where—   A10-132
    (a) a community order is in force,
    (b) on a review hearing under section 217B a magistrates' court or the Crown Court ("the court") is of the opinion that the offender has without reasonable excuse breached a community order requirement of the order, and
    (c) the court does not deal with the case forthwith by virtue of section 217B(5).

(2) The court may at any time—
    (a) issue a summons requiring the offender to appear at the place and time specified in it, or
    (b) issue a warrant for the offender's arrest.

(3) A summons or warrant issued under this paragraph must direct the offender to appear or be brought before the court which issued it.

(4) Where—
 (a) a summons is issued under this paragraph, and
 (b) the offender does not appear in answer to the summons, the court may issue a warrant for the arrest of the offender.

Powers of magistrates' court

A10-133   10.—(1) This paragraph applies where—
 (a) an offender appears or is brought before a magistrates' court under paragraph 8 or 9A or by virtue of section 217B(5), and
 (b) it is proved to the satisfaction of the court that the offender has breached a requirement of the community order without reasonable excuse.

(2) The court must deal with the case under sub-paragraph (5).

(3) But if the community order was made by the Crown Court, the court may instead—
 (a) commit the offender to custody, or
 (b) release the offender on bail,
until the offender can be brought or appear before the Crown Court.

(4) If the court deals with the offender's case under sub-paragraph (3), it must send to the Crown Court—
 (a) a certificate signed by a justice of the peace certifying that the offender has failed to comply with the requirements of the community order in the respect specified in the certificate, and
 (b) such other particulars of the case as may be desirable;
and a certificate purporting to be so signed is admissible as evidence of the failure before the Crown Court.

(5) Where the court deals with the case under this sub-paragraph, it must deal with the offender in respect of the breach in any one of the following ways—
 (a) by ordering the offender to pay a fine not exceeding £2,500;
 (b) by amending the terms of the community order so as to impose more onerous requirements which the court could include if it had just convicted the offender of the offence in respect of which the order was made and were then making the order;
 (ba) if the community order qualifies for special procedures for the purposes of this paragraph, by ordering the offender to be committed to prison for such period not exceeding 28 days as the court considers appropriate (but see also paragraph 13A);
 (c) if the community order was made by a magistrates' court, by re-sentencing the offender for the offence in respect of which the order was made.

(6) Where the court deals with the case under sub-paragraph (5), the criminal courts charge duty (see section 46) applies to the court.

(7) In dealing with the offender under sub-paragraph (5), the court must take into account the extent to which the offender has complied with the requirements of the community order.

(8) A fine imposed under sub-paragraph (5)(a) is to be treated for the purposes of any enactment as being a sum adjudged to be paid by a conviction.

(9) Where—
 (a) the offender has wilfully and persistently breached the requirements of the community order, and
 (b) the court is dealing with the offender under sub-paragraph (5)(c),
the court may impose a custodial sentence even if it is not of the opinion mentioned in section 230(2) (general restriction on imposing discretionary custodial sentences).

(10) Where the court deals with the offender under sub-paragraph (5)(c), it must revoke the community order if it is still in force.

(11) A person sentenced under sub-paragraph (5)(c) for an offence may appeal to the Crown Court against—
 (a) the sentence, and
 (b) a criminal courts charge order made when imposing that sentence.

Powers of Crown Court

A10-134   11.—(1) This paragraph applies where—
 (a) an offender appears or is brought before the Crown Court under paragraph 9 or 9A or by virtue of paragraph 10(3) or section 217B(5), and
 (b) it is proved to the satisfaction of that court that the offender has breached a requirement of the community order without reasonable excuse.

(2) The Crown Court must deal with the offender in respect of the breach in any one of the following ways—
    (a) by ordering the offender to pay a fine of an amount not exceeding £2,500;
    (b) by amending the terms of the community order so as to impose more onerous requirements which the Crown Court could include if the offender had just been convicted of the offence in respect of which the order was made and it were then making the order;
    (ba) if the community order qualifies for special procedures for the purposes of this paragraph, by ordering the offender to be committed to prison for such period not exceeding 28 days as the court considers appropriate (but see also paragraph 13A);
    (c) by re-sentencing the offender for the offence in respect of which the order was made.

(3) Where the court deals with the case under sub-paragraph (2), the criminal courts charge duty (see section 46) applies to the court.

(4) In dealing with the offender under sub-paragraph (2), the Crown Court must take into account the extent to which the offender has complied with the requirements of the community order.

(5) A fine imposed under sub-paragraph (2)(a) is to be treated for the purposes of any enactment as being a sum adjudged to be paid by a conviction.

(6) Where—
    (a) the offender has wilfully and persistently breached the requirements of the community order, and
    (b) the court is dealing with the offender under sub-paragraph (2)(c),
the court may impose a custodial sentence even if it is not of the opinion mentioned in section 230(2) (general restriction on imposing discretionary custodial sentences).

(7) Where the Crown Court deals with the offender under sub-paragraph (2)(c), it must revoke the community order if it is still in force.

(8) In proceedings before the Crown Court under this paragraph any question whether the offender has breached a requirement of the community order is to be determined by the court and not by the verdict of a jury.

Treatment requirement: reasonable refusal to undergo treatment

12.—(1) Sub-paragraph (2) applies where the offender—   A10-135
    (a) is required by a treatment requirement of the community order to submit to treatment, and
    (b) has refused to undergo any surgical, electrical or other treatment.

(2) The offender is not to be treated for the purposes of paragraph 10 or 11 as having breached the requirement on the ground only of that refusal if, in the opinion of the court, the refusal was reasonable having regard to all the circumstances.

Powers in paragraphs 10 and 11 to impose more onerous requirements: further provision

13.—(1) In dealing with an offender under paragraph 10(5)(b) or 11(2)(b), the court may—   A10-136
    (a) extend the duration of particular requirements, subject to any limit imposed by Schedule 9;
    (b) substitute a later date for the end date.

(2) A date substituted under sub-paragraph (1)(b)—
    (a) must not be more than 6 months after the end date;
    (b) subject to that, may be more than 3 years after the date of the order.

(3) Once the power in sub-paragraph (1)(b) has been exercised in relation to the order, it may not be exercised again in relation to it by any court.

(4) Where—
    (a) a community order does not contain an unpaid work requirement, and
    (b) in dealing with the offender under paragraph 10(5)(b) or 11(2)(b), the court imposes an unpaid work requirement,
the number of hours for which the offender may be required to work under the requirement (see paragraph 2(1) of Schedule 9) must not, in aggregate, be less than 20.

(5) Paragraphs 10(5)(b) and 11(2)(b) (power to impose more onerous requirements) have effect subject to any provision that applies to the court in making a community order as if the court were imposing the requirements on making the order.

Power under paragraphs 10 and 11 to commit to prison: further provision

13A.—(1) In the case of a person under the age of 21—   A10-137
    (a) an order under paragraph 10(5)(ba) or 11(2)(ba) must be for committal to a young offender institution instead of to prison, but
    (b) the Secretary of State may from time to time direct that a person committed to a young

offender institution by such an order is to be detained in a prison or remand centre instead.

(2) A person committed to prison or a young offender institution by an order under paragraph 10(5)(ba) or 11(2)(ba) is to be regarded as being in legal custody.

(3) No more than three orders under paragraph 10(5)(ba) or 11(2)(ba) may be made in relation to the same community order.

PART 3

REVOCATION OF ORDER WITH OR WITHOUT RE-SENTENCING

Community order subject to magistrates' court supervision

A10-138   14.—(1) This paragraph applies where a community order subject to magistrates' court supervision is in force, and
    (a) the offender, or
    (b) an officer of a provider of probation services,
applies to the appropriate magistrates' court for the community order to be revoked or for the offender to be dealt with in some other way for the offence in respect of which the order was made.

(2) In this paragraph "the appropriate magistrates' court" means—
    (a) in the case of a community order imposing a drug rehabilitation requirement which is subject to review, if a magistrates' court is responsible for the order, that court, and
    (aa) if the community order qualifies for special procedures for the purposes of section 217A, the court that made the order, and
    (b) in any other case, a magistrates' court acting in the offender's home local justice area.

(3) No application may be made under this paragraph while an appeal against the community order is pending.

(4) Unless the application was made by the offender, the appropriate magistrates' court—
    (a) must, before exercising its powers under sub-paragraph (5)(b), summon the offender to appear before it, and
    (b) if the offender does not appear in answer to the summons, may issue a warrant for the offender's arrest.

(5) If it appears to the court to be in the interests of justice to do so, having regard to circumstances which have arisen since the order was made, the court may—
    (a) revoke the community order, or
    (b) both—
        (i) revoke the community order, and
        (ii) re-sentence the offender for the offence in respect of which the order was made.

(6) The circumstances in which a community order may be revoked under sub-paragraph (5) include the offender's—
    (a) making good progress, or
    (b) responding satisfactorily to supervision or treatment (as the case requires).

(7) If the court deals with the offender under sub-paragraph (5)(b), it must take into account the extent to which the offender has complied with the requirements of the community order.

(8) A person sentenced under sub-paragraph (5)(b) for an offence may appeal to the Crown Court against the sentence.

Crown Court community order

A10-139   15.—(1) This paragraph applies where a Crown Court community order is in force and—
    (a) the offender, or
    (b) an officer of a provider of probation services,
applies to the Crown Court for the community order to be revoked or for the offender to be dealt with in some other way for the offence in respect of which the order was made.

(2) No application may be made under this paragraph while an appeal against the community order is pending.

(3) Unless the application was made by the offender, the Crown Court—
    (a) must, before exercising its powers under sub-paragraph (4)(b), summon the offender to appear before the court, and
    (b) if the offender does not appear in answer to the summons, may issue a warrant for the offender's arrest.

(4) If it appears to the Crown Court to be in the interests of justice to do so, having regard to circumstances which have arisen since the order was made, the Crown Court may—
    (a) revoke the order, or

(b) both—
(i) revoke the order, and
(ii) re-sentence the offender for the offence in respect of which the order was made.

(5) The circumstances in which a community order may be revoked under subparagraph (4) include the offender's—
(a) making good progress, or
(b) responding satisfactorily to supervision or treatment (as the case requires).

(6) If the Crown Court deals with the offender under sub-paragraph (4)(b), it must take into account the extent to which the offender has complied with the requirements of the order.

PART 4

AMENDMENT OF ORDER

Amendment because of change of residence

16.—(1) This paragraph applies where at any time while a community order is in force—   A10-140
(a) the offender is given permission under section 216 to change residence, and
(b) the local justice area in which the new residence is situated ("the new local justice area") is different from the offender's home local justice area.

(2) If the permission is given by a court, the court must amend the order to specify the new local justice area as the offender's home local justice area.

(3) If the permission is given by the responsible officer—
(a) the officer must give notice to the appropriate court of the permission, and
(b) the court must amend the order as set out in sub-paragraph (2).

17.—(1) This paragraph applies where at any time while a community order is in force—   A10-141
(a) a court amends the order,
(b) the order as amended includes a residence requirement requiring the offender to reside at a specified place, and
(c) the local justice area in which that place is situated ("the new local justice area") is different from the offender's home local justice area.

(2) The court must amend the order to specify the new local justice area as the offender's home local justice area.

Amendment because of variation of curfew requirement by responsible officer

17A.—(1) This paragraph applies where at any time the responsible officer gives—   A10-142
(a) a copy of a variation notice in relation to a community order, and
(b) evidence of the offender's consent to the notice, to the appropriate court under paragraph 10A of Schedule 9.

(2) The appropriate court must amend the order to reflect the effect of the variation notice.

Amendment of requirements of community order

18.—(1) The appropriate court may, on the application of the offender or an officer of a provider of probation services, amend a community order—   A10-143
(a) by cancelling any of the requirements of the order, or
(b) by replacing any of those requirements with a requirement of the same kind which the court could include if the offender had just been convicted by or before it of the offence in respect of which the order was made and it were then making the order.

(2) For the purposes of sub-paragraph (1)(b)—
(a) requirements are of the same kind if they fall within the same entry in column 1 of the table in section 201, and
(b) an electronic compliance monitoring requirement is a requirement of the same kind as any requirement within that table to which it relates.

(3) No application may be made under this paragraph while an appeal against the community order is pending, other than an application which—
(a) relates to a treatment requirement, and
(b) is made by an officer of a provider of probation services with the offender's consent.

(4) Before exercising its powers under this paragraph, the court must summon the offender to appear before it, unless—
(a) the application was made by the offender, or
(b) the court would exercise the powers only to—
(i) cancel a requirement of the community order,
(ii) replace any such requirement with one of a shorter duration, or

[1133]

(iii) substitute a new place for one specified in the order.

(5) If the offender fails to appear in answer to a summons under sub-paragraph (4) the court may issue a warrant for the offender's arrest.

(6) Sub-paragraph (1)(b) has effect subject to any provision that applies to the court in making a community order as if the court were imposing the requirements on making the order.

(7) The court may not under this paragraph amend a treatment requirement unless the offender expresses willingness to comply with the requirement as amended.

(8) If the offender fails to express willingness to comply with a treatment requirement as proposed to be amended under this paragraph, the court may—
 (a) revoke the community order, and
 (b) re-sentence the offender for the offence in respect of which the order was made.

(9) If the court deals with the offender under sub-paragraph (8)(b), it—
 (a) must take into account the extent to which the offender has complied with the requirements of the order, and
 (b) may impose a custodial sentence even if it is not of the opinion mentioned in section 230(2) (general restrictions on imposing discretionary custodial sentences).

Amendment of treatment requirement on report of practitioner

A10-144   19.—(1) This paragraph applies where an offender is being treated in pursuance of a treatment requirement and the treatment practitioner—
 (a) is of the opinion that—
  (i) the treatment of the offender should be continued beyond the period specified in the order,
  (ii) the offender needs different treatment,
  (iii) the offender is not susceptible to treatment, or
  (iv) the offender does not require further treatment, or
 (b) is for any reason unwilling to continue to treat or direct the treatment of the offender.

(2) The treatment practitioner must make a report in writing to that effect to the responsible officer.

(3) The responsible officer must cause an application to be made under paragraph 18 to the appropriate court for the replacement or cancellation of the requirement.

(4) In this paragraph, "the treatment practitioner", in relation to a treatment requirement, means—
 (a) the medical practitioner or other person specified in the community order as the person by whom, or under whose direction, the offender is being treated in pursuance of the requirement, or
 (b) in the case of a mental health treatment requirement, if no such person is specified, the person by whom, or under whose direction, the offender is being treated in pursuance of the requirement.

Extension of order

A10-145   20.—(1) The appropriate court may, on the application of—
 (a) the offender, or
 (b) an officer of a provider of probation services,
amend a community order by substituting a later date for the end date.

(2) Unless the application was made by the offender, the court—
 (a) must, before exercising its powers under this paragraph, summon the offender to appear before the court, and
 (b) if the offender fails to appear in answer to the summons, may issue a warrant for the offender's arrest.

(3) A date substituted under sub-paragraph (1)—
 (a) must not be more than 6 months after the end date;
 (b) subject to that, may be more than 3 years after the date of the order.

(4) Once the power in sub-paragraph (1) has been exercised in relation to the order, it may not be exercised again in relation to it by any court.

(5) No application may be made under this paragraph while an appeal against the community order is pending.

Extension of unpaid work requirement

A10-146   21.—(1) This paragraph applies where a community order imposing an unpaid work requirement is in force in respect of an offender.

(2) The appropriate court may, on the application of—
 (a) the offender, or

(b) an officer of a provider of probation services,
extend the period of 12 months specified in paragraph 1(1)(b) of Schedule 9, if it appears to the court to be in the interests to do so, having regard to circumstances which have arisen since the order was made.

(3) No application may be made under this paragraph while an appeal against the community order is pending.

(4) Unless the application was made by the offender, the court—
    (a) must, before exercising its powers under this paragraph, summon the offender to appear before the court, and
    (b) if the offender fails to appear in answer to the summons, may issue a warrant for the offender's arrest.

PART 5

CONVICTION OF FURTHER OFFENCE

Powers of magistrates' court following subsequent conviction

22. Paragraphs 23 and 24 apply where—   A10-147
    (a) a community order ("the existing community order") is in force in respect of an offender, and
    (b) the offender is convicted of an offence by a magistrates' court ("the present court").

23.—(1) This paragraph applies if the existing community order was made by a magistrates' court.   A10-148

(2) If it appears to the present court to be in the interests of justice to do so, having regard to circumstances which have arisen since the order was made, the present court may—
    (a) revoke the community order, or
    (b) both—
        (i) revoke the community order, and
        (ii) re-sentence the offender for the offence in respect of which the order was made.

(3) Unless the offender is before it, the present court may not deal with the offender under sub-paragraph (2)(b) unless it has summoned the offender to appear before it.

(4) If the offender fails to appear in answer to a summons under sub-paragraph (3) the present court may issue a warrant for the offender's arrest.

(5) If the present court deals with the offender under sub-paragraph (2)(b), it must take into account the extent to which the offender has complied with the requirements of the community order.

(6) A person sentenced under sub-paragraph (2)(b) for an offence may appeal to the Crown Court against the sentence.

24.—(1) This paragraph applies if the existing community order was made by the Crown Court.   A10-149

(2) The present court may—
    (a) commit the offender to custody, or
    (b) release the offender on bail,
until the offender can be brought before the Crown Court.

(3) Unless the offender is before it, the present court may not deal with the offender under this paragraph unless it has summoned the offender to appear before it.

(4) If the offender fails to appear in answer to a summons under sub-paragraph (3) the present court may issue a warrant for the offender's arrest.

(5) Where the present court deals with the case under this paragraph, it must send to the Crown Court such particulars of the case as may be desirable.

Powers of Crown Court following subsequent conviction

25.—(1) This paragraph applies where a community order is in force in respect of an offender, and the offender—   A10-150
    (a) is convicted of an offence by the Crown Court, or
    (b) is brought or appears before the Crown Court—
        (i) by virtue of paragraph 24, or
        (ii) having been committed by a magistrates' court to the Crown Court for sentence.

(2) If it appears to the Crown Court that it would be in the interests of justice to do so, having regard to circumstances which have arisen since the community order was made, the Crown Court may—
    (a) revoke the order, or
    (b) both—
        (i) revoke the order, and

POST-SENTENCE

(ii) re-sentence the offender for the offence in respect of which the order was made.

(3) Unless the offender is before it, the Crown Court may not deal with the offender under sub-paragraph (2)(b) unless it has summoned the offender to appear before it.

(4) If the offender fails to appear in answer to a summons under sub-paragraph (3) the Crown Court may issue a warrant for the offender's arrest.

(5) If the Crown Court deals with the offender under sub-paragraph (2)(b), it must take into account the extent to which the offender has complied with the requirements of the community order.

PART 6

SUPPLEMENTARY

Adjournment of hearing

A10-151   26. [*Confers on the magistrates' court power to adjourn a hearing under this Sch. and to release or remand the offender. Where an offender is remanded a date for the hearing to resume must be fixed.*]

Provision of copies of orders etc

A10-152   27. [*Provides that where an order is revoked or amended copies of the order (or revocation) must be served on the offender, the responsible officer and other specified individuals involved in the execution of the community order.*]

Guidance

General

Double counting

A10-153   In *R. v Herrick (Andrew John)*,[126] the defendant fell to be sentenced for a breach of an SHPO, breach of a community order and various child sexual offences. On appeal against sentence, the court commented on the need not to double count where applying an uplift for previous convictions and the offending being in breach an order, whilst also sentencing/re-sentencing for the breach of those orders.

Breach

Warnings for failure to comply

A10-154   If the responsible officer has given a warning to the offender under para.6 of Sch.10 to the Sentencing Code in respect of a failure to comply with the requirements of the sentence and, at any time within the 12 months beginning with the date on which the warning was given, is of the opinion that the offender has again failed without reasonable excuse to comply with any of the requirements of the order, they must refer the matter to an enforcement officer; there is no discretion: *West Yorkshire Probation Board v Robinson and Tinker*.[127] However, it is clear from para.7 of Sch.10 that the enforcement officer will have a discretion as to whether to refer the case to court. The court in *West Yorkshire Probation Board v Robinson and Tinker* further explained that where proceedings are brought, it will be open to the enforcement officer to bring proceedings for both the original breach before the warning and the subsequent breach after the warning.

---

[126] [2022] EWCA Crim 1671; [2023] 2 Cr. App. R. (S.) 6.
[127] [2009] EWHC 2517 (Admin) DC.

Whether there is a reasonable excuse for failing to comply

Whether an offender has a reasonable excuse for a failure to comply with community requirements will inevitably be fact-specific and require careful consideration of the facts, and the intent and penal nature of the order. However, it is clear from *West Midlands Probation Board v Sadler*,[128] that the mere fact the order or the conviction on which it is founded is subject to a pending appeal cannot amount to a "reasonable excuse".

It is suggested that in accordance with the decision in *Humphreys v CPS*[129] in relation to criminal behaviour orders, if an offender does something or fails to do something in breach of a community order because they are incapable of complying (whether by reason of their mental health or otherwise), the proper conclusion should be that the incapacity is a "reasonable excuse".

Choice of penalty

The Sentencing Council has issued a guideline on breach of community orders. The guideline bases the choice of penalty on the extent to which the offender has complied with the requirements of the order. It provides that in assessing the level of compliance with the order the court should consider:

1) the overall attitude and engagement with the order as well as the proportion of elements completed;
2) the impact of any completed or partially completed requirements on the offender's behaviour;
3) the proximity of breach to imposition of order;
4) evidence of circumstances or offender characteristics, such as disability, mental health issues or learning difficulties, which have impeded offender's compliance with the order.

It provides the following penalties:

Overall compliance with order	Penalty
Wilful and persistent non-compliance	Revoke the order and re-sentence imposing custodial sentence (even where the offence seriousness did not originally merit custody)
Low level of compliance	Revoke the order and re-sentence original offence
	OR
	Add curfew requirement 20–30 days*
	OR
	30–50 hours' additional unpaid work/ extend length of order/add additional requirement(s)
	OR
	Band C fine

---

[128] [2008] EWHC 15 (Admin); [2008] 1 W.L.R. 918 DC.
[129] [2019] EWHC 2794 (Admin); [2020] 1 Cr. App. R. (S.) 39.

Overall compliance with order	Penalty
Medium level of compliance	Revoke the order and re-sentence original offence
	OR
	Add curfew requirement 10–20 days*
	OR
	20–30 hours' additional unpaid work/ extend length of order/add additional requirement(s)
	OR
	Band B fine
High level of compliance	Add curfew requirement 6–10 days*
	OR
	10–20 hours' additional unpaid work/ extend length of order/add additional requirement(s)
	OR
	Band A fine

Notes
* curfew days do not have to be consecutive and may be distributed over particular periods, for example at weekends, as the court deems appropriate. The period of the curfew should not exceed the duration of the community order and cannot be for longer than 12 months.

It is suggested that when assessing the level of compliance it may be useful to focus on the harm resulting or risked from the breach and the culpability of the offender as part of the breach. There is a clear distinction, for example, between an offender who has failed to keep an appointment with their probation officer and an offender who has removed an electronic tag and breached an exclusion requirement to return to an ex-partner's home.

A10-157 It is noteworthy that prior to the guideline there was authority to the extent that a frequent failure to comply could not aggravate the original offence (see *R. v Veloz-Parra*[130]). That is clearly no longer the case in respect of wilful and persistent breaches but it is suggested will continue to hold true otherwise, with the extent of compliance with an order constituting mitigation, even if remorse may no longer carry as much weight as it did in the original sentencing exercise.

Prior to the guideline it was also suggested in *R. v Aslam*,[131] that where the report from the probation service indicates they wish to continue to work with the offender this should be given considerable weight and that consideration should be given to whether the offender's risk has been reduced as a result of the weight. It is suggested that these will continue to be important factors but as argued in the commentary to the decision,[132] while they are important factors they will not necessarily be the most critical or the most decisive: the sentencing of the offender being a function for the court not probation.

---

[130] [2012] EWCA Crim 1065.
[131] [2016] EWCA Crim 845; [2016] 2 Cr. App. R. (S.) 29.
[132] L. Harris, "R. v Aslam (Aqib): Sentencing—Community Order—Breach (Case Comment)" [2016] Crim. L.R. 861–863.

On application

General approach

It is suggested that where an offender or an officer of probation services applies for amendment of an order they will need to provide evidence of a material change of circumstances in light of which an amendment is desirable or appropriate. The function of such applications is not to provide an alternate route of appeal against a community order.

A10-158

Unpaid work requirements

In *NPS v Blackfriars Crown Court*,[133] it was held that the court has power under para.21 of Sch.10 to the Sentencing Code to extend the period during which the work must be performed whenever unpaid work remains to be done, irrespective of whether the 12-month period specified in para.1 of Sch.9 has ended or the end date specified in the order has passed. This is because the effect of s.220 of the Sentencing Code is that a community order imposes an unpaid work requirement unless and until the offender has completed the number of hours of work specified in the order or the order is revoked.

A10-159

New conviction

General approach

Where an offender is convicted of a new offence the court may: (a) take no action; (b) revoke the order; or (c) revoke and re-sentence. The Sentencing Council's guideline on totality provides that ordinarily the appropriate course of action will be to revoke the order and re-sentence alongside sentencing for the new offence. When determining the appropriate penalty for the offence being re-sentenced the court must take into account the extent to which the offender complied with the requirements of the previous order.

A10-160

It is suggested that a significant factor will be whether the new offence was committed during the currency of the community order or previously. Where it was committed while subject to the order, that will be an aggravating factor for the new offence and there is likely to be less mitigation available to the offender for the offence for which the community order was imposed, as any remorse is now tainted by the evidence of the breach.

As recognised by the Sentencing Council's guideline on totality, the sentencing court should consider the overall seriousness of the offending behaviour taking into account the additional offence and the original offence. The combination of associated offences may be sufficiently serious to justify a custodial sentence.

Extent of power

It is important to note that the power is exercisable only where the conviction occurs during the currency of the community order: *R. v Kakakhan*.[134] Where a subsequent offence has been committed by a person subject to a community order

A10-161

---

[133] [2019] EWHC 529 (Admin); [2019] 2 Cr. App. R. (S.) 24 DC.
[134] [2020] EWCA Crim 1236.

imposed by the Crown Court, and a magistrates' court commits the person to the Crown Court for that court to deal with the original offence under para.24 of Sch.10, para.25 does not give the Crown Court power to sentence for the subsequent offence. It will be necessary for the magistrates' court to exercise an additional power of committal in relation to the "new" offence: *R. v De Brito*.[135] Since the decision in *De Brito*, the scope of the powers to commit in what is now s.20 of the Sentencing Code has been expanded such that a committal under that section will be available for the new offence where committing under para.24 of Sch.10.

Where a court is both re-sentencing for a summary offence and sentencing for new summary offences, s.133 of the Magistrates' Courts Act 1980 applies such as to limit the total sentence imposed for the summary offences to six months' custody: *R. v Palmer*.[136]

Suspended sentence orders

Introduction

A10-162   The provisions relating to the breach and amendment of suspended sentence orders are contained in Sch.16 to the Sentencing Code. In summary, the court has power to deal with an order following breach proceedings for a failure to comply with any requirements of the order, on application or where the offender is convicted of a further offence while subject to the order. Breach of an order is not a separate criminal offence. For provisions dealing with the review of orders, see ss.293–294 of the Sentencing Code at A4-519–A4-524.

Breach or new conviction

A10-163   Where it is proven that an offender has breached a community requirement without reasonable excuse or has been convicted of a new offence, under paras 10–13 of Sch.16, the court must: (1) activate the suspended sentence (in full or for a lesser term); (2) impose a fine not exceeding £2,500; (3) where the order includes community requirements amend it so as to impose more onerous requirements or to extend the supervision period or operational period; (4) if dealing with an order which qualifies for special procedures committal to prison for up to 28 days; (5) where the order does not include community requirements, amend it to extend the operational period; or (6) if dealing with a Crown Court order in the magistrates' court, commit the order to the Crown Court. Under para.14 of Sch.16 there is a duty to activate the suspended sentence (whether in full or for a lesser term) unless the court is of the opinion that it would be unjust to do so in view of all the circumstances. Where the court does not activate the sentence it must give reasons. There is no discretion for the court to do nothing on a proven breach or where the offender has been convicted of the offence and there is no power to revoke the order or to re-sentence.

On application

A10-164   The offender or a probation officer may apply for the revocation or amendment of community requirements (paras 22 and 25), for the court to specify a new home

---

[135] [2013] EWCA Crim 1134; [2014] 1 Cr. App. R. (S.) 38.
[136] [2019] EWCA Crim 2231; [2020] 1 Cr. App. R. (S.) 54.

address (paras 23–24) or to extend an unpaid work requirement (para.27). Under para.26 a treatment practitioner may also apply to amend certain treatment requirements.

Legislation

Sentencing Act 2020 Sch.16

BREACH OR AMENDMENT OF SUSPENDED SENTENCE ORDER, AND EFFECT OF FURTHER CONVICTION

PART 1

PRELIMINARY

Interpretation: general

1.—(1) In this Schedule, in relation to a suspended sentence order—

"activation order" has the meaning given by paragraph 14(1);
"the appropriate court" means—
    (a) in the case of a suspended sentence order which is subject to review, the court responsible for the order,
    (b) in the case of a Crown Court order, the Crown Court, and
    (c) in any other case, a magistrates' court acting in the local justice area for the time being specified in the order.

(2) In this Schedule, in relation to a community order, any reference (however expressed) to breach of a requirement of the order is a reference to any failure of the offender to comply with a requirement imposed by the order.

Enforcement officers

2.—(1) In this Schedule "enforcement officer" means a person who is for the time being responsible for discharging the functions conferred by this Schedule on an enforcement officer in accordance with arrangements made by the Secretary of State.

(2) An enforcement officer must be an officer of a provider of probation services that is a public sector provider.

(3) For this purpose "public sector provider" means—
    (a) a probation trust or other public body, or
    (b) the Secretary of State.

"Order subject to magistrates' court supervision" and "Crown Court order"

3. In this Schedule—

"order subject to magistrates' court supervision" means a suspended sentence order that imposes any community requirement which—
    (a) was made by a magistrates' court, or
    (b) was made by the Crown Court and includes a direction that any breach of a community requirement of the order is to be dealt with by a magistrates' court;
"Crown Court order" means a suspended sentence order that imposes any community requirement which—
    (a) was made by the Crown Court, and
    (b) does not include a direction that any breach of a community requirement of the order is to be dealt with by a magistrates' court.

Orders and community requirements which are subject to review

4.—(1) For the purposes of this Schedule a suspended sentence order is subject to review if—
    (a) the order is subject to review in accordance with section 293(1) or 293A(1), or
    (b) the order imposes a drug rehabilitation requirement which is subject to review in accordance with paragraph 21 of Schedule 9.

(2) In this Schedule, a reference to the court responsible for a suspended sentence order which is subject to review is to the responsible court within the meaning given—
    (a) in section 293(4) or 293A(3), or
    (b) in paragraph 21(4) of Schedule 9, (as the case may be).

A10-165

A10-166

A10-167

A10-168

POST-SENTENCE

Orders made on appeal

A10-169 5. A suspended sentence order made on appeal is to be taken for the purposes of this Schedule to have been made by the Crown Court.

PART 2

BREACH OF COMMUNITY REQUIREMENT OR CONVICTION OF FURTHER OFFENCE

Breach of community requirement: duty to give warning or refer to enforcement officer

A10-170 6.—(1) This paragraph applies where the responsible officer is of the opinion that the offender has without reasonable excuse breached a community requirement of a suspended sentence order.

(2) If the offender has been given a warning under this paragraph within the previous 12 months in relation to a breach of any community requirement of the order, the officer must refer the matter to an enforcement officer.

(3) Otherwise the officer must either—
   (a) give the offender a warning under this paragraph, or
   (b) refer the matter to an enforcement officer.

(4) A warning under this paragraph must—
   (a) describe the circumstances of the breach,
   (b) state that the breach is unacceptable, and
   (c) inform the offender that if the offender again breaches a requirement of the order within the next 12 months, the offender will be liable to be brought before a court.

(5) As soon as practicable after giving a warning under this paragraph, the responsible officer must record that fact.

Role of enforcement officer

A10-171 7. Where a matter is referred to an enforcement officer under paragraph 6, the enforcement officer must—
   (a) consider the case, and
   (b) where appropriate, cause an information to be laid in respect of the offender's breach of the requirement—
      (i) in the case of an order subject to magistrates' court supervision, before a justice of the peace;
      (ii) in the case of a Crown Court order, before the Crown Court.

Order subject to magistrates' court supervision: issue of summons or warrant by justice

A10-172 8.—(1) This paragraph applies where, during the supervision period of an order subject to magistrates' court supervision, it appears on information to a justice of the peace that the offender has breached any community requirement of the order.

(2) The justice may—
   (a) issue a summons requiring the offender to appear at the place and time specified in it, or
   (b) if the information is in writing and on oath, issue a warrant for the offender's arrest.

(3) A summons or warrant issued under this paragraph must direct the offender to appear or be brought—
   (a) in the case of a suspended sentence order which is subject to review, before the court responsible for the order;
   (b) in any other case, before a magistrates' court acting in—
      (i) the local justice area in which the offender resides, or
      (ii) if it is not known where the offender resides, in the offender's home local justice area.

(4) Where—
   (a) a summons issued under this paragraph requires the offender to appear before a magistrates' court, and
   (b) the offender does not appear in answer to the summons,
the magistrates' court may issue a warrant for the arrest of the offender.

Crown Court order: issue of summons or warrant by Crown Court

A10-173 9.—(1) This paragraph applies where, during the supervision period of a Crown Court order, it appears on information to the Crown Court that the offender has breached any community requirement of the order.

(2) The Crown Court may—

(a) issue a summons requiring the offender to appear at the place and time specified in it, or
(b) if the information is in writing and on oath, issue a warrant for the offender's arrest.

(3) A summons or warrant issued under this paragraph must direct the offender to appear or be brought before the Crown Court.

(4) Where—
(a) a summons issued under this paragraph requires the offender to appear before the Crown Court, and
(b) the offender does not appear in answer to the summons,

the Crown Court may issue a warrant for the arrest of the offender.

Issue of summons or warrant after review hearing in special procedure cases

9A.—(1) This paragraph applies where—   A10-174
(a) a suspended sentence order is subject to review in accordance with section 293A(1),
(b) on a review hearing under section 294(5) a magistrates' court or the Crown Court ("the court") is of the opinion that the offender has without reasonable excuse breached a community requirement of the order, and
(c) the court does not deal with the case forthwith under section 294(5).

(2) The court may at any time—
(a) issue a summons requiring the offender to appear at the place and time specified in it, or
(b) issue a warrant for the offender's arrest.

(3) A summons or warrant issued under this paragraph must direct the offender to appear or be brought before the court which issued it.

(4) Where—
(a) a summons is issued under this paragraph, and
(b) the offender does not appear in answer to the summons, the court may issue a warrant for the arrest of the offender.

Offender before magistrates' court: breach of community requirement

10.—(1) This paragraph applies where—   A10-175
(a) the offender is before a magistrates' court ("the present court") in relation to a suspended sentence order by virtue of—
(i) paragraph 8 or 9A (breach of community requirement), or
(ii) section 294(5) (review), and
(b) it is proved to the satisfaction of the court that the offender has breached a community requirement of the order without reasonable excuse.

(2) If the suspended sentence order was made by a magistrates' court, the present court must deal with the case under paragraph 13.

(3) If the suspended sentence order was made by the Crown Court, the present court must—
(a) deal with the case under paragraph 13, or
(b) commit the offender to custody or release the offender on bail until the offender can be brought or appear before the Crown Court.

(4) If the present court deals with the case under sub-paragraph (3)(b), it must send to the Crown Court—
(a) a certificate signed by a justice of the peace certifying that the offender has breached the community requirements of the suspended sentence order in the respect specified in the certificate, and
(b) such other particulars of the case as may be desirable;

and a certificate purporting to be so signed is admissible as evidence of the breach before the Crown Court.

Offender before magistrates' court: further conviction

11.—(1) Where—   A10-176
(a) an offender is convicted of an offence committed during the operational period of a suspended sentence order (and the suspended sentence has not already taken effect),
(b) the suspended sentence order was made by a magistrates' court, and
(c) the offender is before a magistrates' court ("the present court"), whether on conviction of that other offence or subsequently,

the present court must deal with the case under paragraph 13.

(2) Where an offender is convicted by a magistrates' court of any offence ("the new offence") which the court is satisfied was committed during the operational period of a suspended sentence order made by the Crown Court, the court—

POST-SENTENCE

(a) may commit the offender in custody or on bail to the Crown Court, and
(b) if it does not, must give written notice of the conviction to the appropriate officer of the Crown Court.

(3) Sub-paragraph (1) does not apply to the present court if it commits the offender to the Crown Court under section 20 (which confers power for magistrates' court to commit to Crown Court in certain circumstances in respect of the suspended sentence where it commits in respect of new offence) to be dealt with in respect of the suspended sentence order.

(4) Where a magistrates' court commits a person to the Crown Court under subparagraph (2)(a), any duty or power which, apart from this sub-paragraph, would fall to be discharged or exercised by the magistrates' court—
(a) is not to be discharged or exercised by that court, but
(b) is instead to be discharged or may instead by exercised by the Crown Court.

This does not apply to any duty imposed on a magistrates' court by section 25(1) or (2) of the Road Traffic Offenders Act 1988 (duties relating to information).

Offender before Crown Court: breach of community requirement or further conviction

A10-177   12.—(1) Where—
(a) an offender to whom a suspended sentence order relates is before the Crown Court, and
(b) sub-paragraph (2) or (3) applies,
the court must deal with the case under paragraph 13.

(2) This sub-paragraph applies where—
(a) the offender is before the Crown Court in relation to the order by virtue of—
   (i) paragraph 9 or 9A (summons or warrant for breach of community requirement),
   (ii) section 294(5) (review of order), or
   (iii) paragraph 10(3)(b) (committal from magistrates' court), and
(b) it is proved to the satisfaction of the court that the offender has breached a community requirement of the order without reasonable excuse.

(3) This sub-paragraph applies where the offender—
(a) has been convicted of an offence committed during the operational period of the suspended sentence order, and
(b) the suspended sentence has not taken effect.

(4) In proceedings before the Crown Court under this paragraph—
(a) any question whether the offender has breached a community requirement of the suspended sentence order, and
(b) any question whether the offender has been convicted during the operational period of the suspended sentence, is to be determined by the court and not by the verdict of a jury.

Powers of court to deal with offender on breach of requirement or subsequent conviction

A10-178   13.—(1) Where a court deals with a case under this paragraph, the court must deal with the offender in one of the following ways—
(a) the court may order that the suspended sentence is to take effect with its original term unaltered;
(b) the court may order that the suspended sentence is to take effect with the substitution for the original term of a lesser term;
(c) the court may order the offender to pay a fine of an amount not exceeding £2,500;
(d) in the case of a suspended sentence order that imposes one or more community requirements, the court may amend the order by doing any one or more of the following—
   (i) imposing more onerous community requirements which the court could include if the offender had just been convicted by or before it of the offence in respect of which the order was made and it were then making the order,
   (ii) subject to section 288(4), extending the supervision period, or
   (iii) subject to section 288(2), extending the operational period;
(da) in a case where the suspended sentence order qualifies for special procedures for the purposes of this paragraph, the court is dealing with the case by virtue of paragraph 10 or 12(2) and the offender is aged 18 or over, the court may order the offender to be committed to prison for such period not exceeding 28 days as the court considers appropriate (but see also paragraph 13A);
(e) in the case of a suspended sentence order that does not impose any community requirement, the court may, subject to section 288(2), amend the order by extending the operational period.

(2) The criminal courts charge duty (see section 46) applies where—
(a) a magistrates' court deals with an offender under this paragraph by virtue of paragraph 10 (breach of community requirement), or

PRIMARY DISPOSALS: BREACH, REVOCATION AND AMENDMENT

    (b)   the Crown Court deals with an offender under this paragraph by virtue of paragraph 12(2) (breach of community requirement).

(3) Where a court deals with an offender under sub-paragraph (1) in respect of a suspended sentence, the appropriate officer of the court must notify the appropriate officer of the court which passed the sentence of the method adopted.

Exercise of power in paragraph 13: duty to make activation order where not unjust

14.—(1) Where the court deals with the case under paragraph 13, it must make an order under paragraph 13(1)(a) or (b) ("an activation order") unless it is of the opinion that it would be unjust to do so in view of all the circumstances, including the matters mentioned in subparagraph (2).   **A10-179**

Where it is of that opinion the court must state its reasons.

    (2)   The matters referred to in sub-paragraph (1) are—
        (a)   the extent to which the offender has complied with any community requirements of the suspended sentence order,
        (b)   in a case falling within paragraph 11 or 12(3) (conviction of further offence during operational period), the facts of the subsequent offence, and
        (c)   in a case where the suspended sentence order qualifies for special procedures for the purposes of paragraph 13(1)(da), the court is dealing with the case by virtue of paragraph 10 or 12(2) and the offender is aged 18 or over, the possibility of making an order under paragraph 13(1)(da).

Activation orders: further provision

15.—(1) This paragraph applies where a court makes an activation order relating to a suspended sentence.   **A10-180**

    (2)   The activation order may provide for—
        (a)   the sentence to take effect immediately, or
        (b)   the term of the sentence to begin on the expiry of another custodial sentence passed on the offender.

This is subject to section 225 (restriction on consecutive sentences for released prisoners).

    (3)   For the purpose of any enactment conferring rights of appeal in criminal cases, each of the following orders is to be treated as a sentence passed on the offender by the court for the offence for which the suspended sentence was passed—
        (a)   the activation order;
        (b)   any order made by the court under section 44 (criminal courts charge duty) when making the activation order.

    (4)   In this paragraph "custodial sentence" includes a pre-Code custodial sentence (see section 222(4)).

Power under paragraph 13 to fine or amend community requirements: further provision

16.—(1) A fine imposed under paragraph 13(1)(c) is to be treated for the purposes of any enactment as being a sum adjudged to be paid by a conviction.   **A10-181**

    (2)   Paragraph 13(1)(d)(i) (power to impose more onerous requirements) is subject to any provision that applies to the court in making a suspended sentence order as if the court were making the order.

Power under paragraph 13(1)(da) to commit to prison: further provision

16A.—(1) In the case of an offender under the age of 21—
        (a)   an order under paragraph 13(1)(da) must be for committal to a young offender institution instead of to prison, but   **A10-182**
        (b)   the Secretary of State may from time to time direct that a person committed to a young offender institution by such an order is to be detained in a prison or remand centre instead.

    (2)   A person committed to prison or a young offender institution by an order under paragraph 13(1)(da) is to be regarded as being in legal custody.

    (3)   No more than three orders under paragraph 13(1)(da) may be made in relation to the same suspended sentence order.

Treatment requirement: reasonable refusal to undergo certain treatment

17.—(1) Sub-paragraph (2) applies where the offender—   **A10-183**
        (a)   is required by a treatment requirement of a suspended sentence order to submit to treatment, and
        (b)   has refused to undergo any surgical, electrical or other treatment.

    (2)   The offender is not to be treated for the purposes of paragraph 10(1)(b) or 12(2)(b) as having

breached that requirement on the ground only of that refusal if, in the opinion of the court, the refusal was reasonable having regard to all the circumstances.
 (3) In this paragraph, "treatment requirement" means—
  (a) a mental health treatment requirement,
  (b) a drug rehabilitation requirement, or
  (c) an alcohol treatment requirement.

Duty of court in Scotland or Northern Ireland when informed of suspended sentence

A10-184 18. Where—
  (a) an offender is convicted in Scotland or Northern Ireland of an offence, and
  (b) the court is informed that the offence was committed during the operational period of a suspended sentence passed in England or Wales,
the court must give written notice of the conviction to the appropriate officer of the court by which the suspended sentence was passed.

Issue of summons or warrant where court convicting of further offence does not deal with suspended sentence

A10-185 19.—(1) This paragraph applies where it appears to the Crown Court that an offender—
  (a) has been convicted in the United Kingdom of an offence committed during the operational period of a suspended sentence order passed by the Crown Court, and
  (b) has not been dealt with in respect of the suspended sentence.
 (2) The Crown Court may issue—
  (a) a summons requiring the offender to appear at the place and time specified in it, or
  (b) a warrant for the offender's arrest.
 (3) A summons or warrant issued under this paragraph must direct the offender to appear or be brought before the Crown Court.

A10-186 20.—(1) This paragraph applies where it appears to a justice of the peace that an offender—
  (a) has been convicted in the United Kingdom of an offence committed during the operational period of a suspended sentence passed by a magistrates' court acting in the same local justice area as the justice, and
  (b) has not been dealt with in respect of the suspended sentence.
 (2) The justice may issue—
  (a) a summons requiring the offender to appear at the place and time specified in it, or
  (b) a warrant for the offender's arrest.
This is subject to sub-paragraphs (3) and (4).
 (3) Unless acting in consequence of a notice under paragraph 18 (conviction in Scotland or Northern Ireland), a justice—
  (a) may not issue a summons under this paragraph except on information, and
  (b) may not issue a warrant under this paragraph except on information in writing and on oath.
 (4) A summons or warrant issued under this paragraph must direct the offender to appear or be brought before the court by which the suspended sentence was passed.

Part 3

Amendment of Order

Application of Part

A10-187 21. This Part of this Schedule applies during the supervision period of a suspended sentence order that imposes one or more community requirements.

Cancellation of community requirements of suspended sentence order

A10-188 22.—(1) This paragraph applies where an application is made to the appropriate court by—
  (a) the offender, or
  (b) an officer of a provider of probation services, for the community requirements of the suspended sentence order to be cancelled.
 (2) If it appears to the court to be in the interests of justice to do so, having regard to circumstances which have arisen since the order was made, the court may cancel the community requirements of the suspended sentence order.
 (3) The circumstances in which community requirements of the order may be cancelled under sub-paragraph (2) include the offender's—
  (a) making good progress, or

(b) responding satisfactorily to supervision.

(4) No application may be made under this paragraph while an appeal against the suspended sentence is pending.

Amendment by reason of change of residence

23.—(1) This paragraph applies where—   A10-189
 (a) the offender is given permission under section 302 to change residence, and
 (b) the local justice area in which the new residence is situated ("the new local justice area") is different from the offender's home local justice area.

(2) If the permission is given by a court, the court must amend the suspended sentence order to specify the new local justice area as the offender's home local justice area.

(3) If the permission is given by the responsible officer—
 (a) the officer must give notice to the appropriate court of the permission, and
 (b) the court must amend the order as set out in sub-paragraph (2).

24.—(1) This paragraph applies where—   A10-190
 (a) a court amends the suspended sentence order,
 (b) the order as amended includes a residence requirement requiring the offender to reside at a specified place, and
 (c) the local justice area in which that place is situated ("the new local justice area") is different from the local justice area specified in the order.

(2) The court must amend the order to specify the new local justice area.

Amendment because of variation of curfew requirement by responsible officer

24A.—(1) This paragraph applies where at any time the responsible officer gives—   A10-191
 (a) a copy of a variation notice in relation to a suspended sentence order, and
 (b) evidence of the offender's consent to the notice, to the appropriate court under paragraph 10A of Schedule 9.

(2) The appropriate court must amend the order to reflect the effect of the variation notice.

Amendment of community requirements of suspended sentence order

25.—(1) The appropriate court may, on the application of the offender or an officer of a provider of probation services, amend any community requirement of the suspended sentence order—   A10-192
 (a) by cancelling the requirement, or
 (b) by replacing it with a requirement of the same kind, which the court could include if the offender had just been convicted by or before it of the offence in respect of which the order was made and it were then making the order.

(2) For the purposes of sub-paragraph (1)—
 (a) a requirement falling within any entry in the table in section 287 is of the same kind as any other requirement falling within that entry, and
 (b) an electronic compliance monitoring requirement is a requirement of the same kind as any requirement within that table to which it relates.

(3) Sub-paragraph (1)(b) is subject to any provision that applies to the court in making a suspended sentence order as if the court were making the order.

(4) No application may be made under this paragraph while an appeal against the suspended sentence is pending, other than an application which—
 (a) relates to a treatment requirement, and
 (b) is made by an officer of a provider of probation services with the offender's consent.

(5) Before exercising its powers under this paragraph, the court must summon the offender to appear before the court, unless—
 (a) the application was made by the offender, or
 (b) the order would cancel a community requirement of the suspended sentence order.

(6) If the offender fails to appear in answer to a summons under sub-paragraph (5) the court may issue a warrant for the offender's arrest.

(7) If the offender fails to express willingness to comply with a treatment requirement as proposed to be amended under this paragraph, the court may—
 (a) revoke—
  (i) the suspended sentence order, and
  (ii) the suspended sentence to which it relates, and
 (b) re-sentence the offender for the offence in respect of which the suspended sentence was imposed.

(8) In dealing with the offender under sub-paragraph (7)(b), the court must take into account the extent to which the offender has complied with the requirements of the order.

(9) In this paragraph "treatment requirement" means—
    (a) a mental health treatment requirement,
    (b) a drug rehabilitation requirement, or
    (c) an alcohol treatment requirement.

Amendment of treatment requirement on report of practitioner

A10-193 26.—(1) This paragraph applies where the suspended sentence order contains a treatment requirement under which the offender is being treated and the treatment practitioner—
    (a) is of the opinion that—
        (i) the treatment of the offender should be continued beyond the period specified in that behalf in the order,
        (ii) the offender needs different treatment,
        (iii) the offender is not susceptible to treatment, or
        (iv) the offender does not require further treatment, or
    (b) is for any reason unwilling to continue to treat or direct the treatment of the offender.

(2) The treatment practitioner must make a report in writing to that effect to the responsible officer.

(3) The responsible officer must cause an application to be made under paragraph 25 to the appropriate court for the requirement to be replaced or cancelled.

(4) For the purposes of this paragraph—
    (a) "treatment requirement" means—
        (i) a mental health treatment requirement,
        (ii) a drug rehabilitation requirement, or
        (iii) an alcohol treatment requirement;
    (b) the treatment practitioner is—
        (i) the person specified in the order as the person by whom, or under whose direction, the offender is being treated in pursuance of the requirement, or
        (ii) in the case of a mental health treatment requirement, if no such person is specified, the person by whom, or under whose direction, the offender is being treated in pursuance of the requirement.

Extension of unpaid work requirement

A10-194 27.—(1) This paragraph applies where the suspended sentence order imposes an unpaid work requirement.

(2) The appropriate court may, in relation to the order, extend the period of 12 months specified in paragraph 1(1) of Schedule 9.

(3) The power in sub-paragraph (2) is exercisable only where—
    (a) an application is made by—
        (i) the offender, or
        (ii) an officer of a provider of probation services, and
    (b) it appears to the appropriate court that it would be in the interests of justice to exercise it in the way proposed having regard to circumstances which have arisen since the order was made.

(4) No application may be made under this paragraph while an appeal against the suspended sentence is pending.

PART 4

SUPPLEMENTARY

Provision of copies of orders etc

A10-195 [*Paragraph 28 provides that where a suspended sentence order is amended or revoked copies of the amending or revoking order must be served on the offender, the responsible officer and other specified persons involved in the execution of the order.*]

Guidance

Breach

Warnings for failure to comply

A10-196 If the responsible officer has given a warning to the offender under para.6 of Sch.16 to the Sentencing Code in respect of a failure to comply with the requirements of the sentence and, at any time within the 12 months beginning with the date on which the warning was given, is of the opinion that the offender has again failed without reasonable excuse to comply with any of the requirements of the order, they must refer the matter to an enforcement officer; there is no discretion: *West Yorkshire Probation Board v Robinson and Tinker*.[137] However, it is clear from para.7 of Sch.16 that the enforcement officer will have discretion as to whether to refer the case to court. The court in *West Yorkshire Probation Board v Robinson and Tinker* further explained that where proceedings are brought, it will be open to the enforcement officer to bring proceedings for both the original breach before the warning and the subsequent breach after the warning.

Whether there is a reasonable excuse for failing to comply

Whether an offender has a reasonable excuse for a failure to comply with community requirements will inevitably be fact-specific and require careful consideration of the facts, and the intent and penal nature of the order. However, it is clear from *West Midlands Probation Board v Sadler*,[138] that the mere fact the order or the conviction on which it is founded is subject to a pending appeal cannot amount to a "reasonable excuse". **A10-197**

It is suggested that in accordance with the decision in *Humphreys v CPS*[139] in relation to criminal behaviour orders, if an offender does something or fails to do something in breach of a community requirement in a suspended sentence order because they are incapable of complying (whether by reason of their mental health or otherwise), the proper conclusion should be that the incapacity is a "reasonable excuse".

Whether to activate

Sentencing Council guideline By virtue of para.14 of Sch.16 the court must activate a suspended sentence order on breach unless the court is of the opinion that it would be unjust to do so in view of all the circumstances. The Sentencing Council's guideline on breach of the community requirements of a suspended sentence order provides that the predominant factor in determining whether activation is unjust relates to the level of compliance with the suspended sentence order. The guideline explains that activation should ordinarily be in full unless it is appropriate to reduce the custodial term for relevant completed or partially completed requirements. **A10-198**

The guideline emphasises that when determining whether activation would be unjust only new and exceptional factors/circumstances not present at the time the suspended sentence order was imposed should be taken into account. Particular factors to consider might include:

1) any strong personal mitigation;
2) whether there is a realistic prospect of rehabilitation;
3) whether immediate custody will result in significant impact on others.

The guideline suggests the following course of action depending on compliance:

---

[137] [2009] EWHC 2517 (Admin) DC.
[138] [2008] EWHC 15 (Admin); [2008] 1 W.L.R. 918 DC.
[139] [2019] EWHC 2794 (Admin); [2020] 1 Cr. App. R. (S.) 39.

Breach involves	Penalty
No/low level of compliance	Full activation of original custodial term
Medium level of compliance	Activate sentence but apply reduction to original custodial term taking into consideration any unpaid work or curfew requirements completed
High level of compliance	Activate sentence but apply reduction to original custodial term taking into consideration any unpaid work or curfew requirements completed
	OR
	Impose more onerous requirement(s) and/or extend supervision period and/or extend operational period and/or impose fine

New conviction

A10-199   As regards the proper procedure, in *R. v Carver*,[140] the court held that in respect of a breach of a suspended sentence order by commission of a further offence, the statute does not require the breach to be formally put and admitted by the defendant. It seems clear that provided the court record, a certificate of conviction or the offender's antecedent record establishes that the conviction occurred during the currency of a suspended sentence order, there is no need for it to be formally admitted (it not being an offence).

The power to deal with a suspended sentence on commission of a further offence is dependent on the date of the offence rather than the date of conviction; the offence must have been committed during the currency of the order (paras 11(1) and 12(3) of Sch.16). Moreover, it does not appear that there is a requirement that the suspended sentence order still be in force provided the order has not been previously activated. There is no such explicit legislative requirement (in contrast to community orders, see para.25 of Sch.10) and whilst argument does not seem to have been heard on the specific point the Court of Appeal has upheld the activation of suspended sentences long after the operational period has ended: see, for example, *R. v Sproul*[141] and *R. v Beirne*.[142]

By virtue of para.14 of Sch.16 the court must activate a suspended sentence order on breach unless the court is of the opinion that it would be unjust to do so in view of all the circumstances. The Sentencing Council's guideline concerning conviction of a new offence while subject to a suspended sentence order provides that the predominant factors in determining whether activation is unjust are the level of compliance with the suspended sentence order and the facts/nature of the new offence. The guideline explains that activation should ordinarily be in full unless it is appropriate to reduce the custodial term for relevant completed or partially completed requirements. The guideline provides that the facts/nature of the new offence are the primary consideration in assessing the action to be taken on the breach

---

[140] [2020] EWCA Crim 1454.
[141] [2018] EWCA Crim 2034.
[142] [2020] EWCA Crim 1433.

but where the breach is in the second or third category below the prior level of compliance is also relevant.

The guideline suggests the following courses of action: **A10-200**

Breach involves	Penalty
Multiple and/or more serious new offence(s) committed	Full activation of original custodial term
New offence similar in type and gravity to offence for which suspended sentence order imposed and:	Full activation of original custodial term
(a) No/low level of compliance with suspended sentence order	Activate sentence but apply appropriate reduction to original custodial term taking into consideration any unpaid work or curfew requirements completed
OR	
(b) Medium or high level of compliance with suspended sentence order	
New offence less serious than original offence but requires a custodial sentence and:	Full activation of original custodial term
(a) No/low level of compliance with suspended sentence order	
OR	
(b) Medium or high level of compliance with suspended sentence order	Activate sentence but apply appropriate reduction to original custodial term taking into consideration any unpaid work or curfew requirements completed
New offence does not require custodial sentence	Activate sentence but apply reduction to original custodial term taking into consideration any unpaid work or curfew requirements completed
	OR
	Impose more onerous requirement(s) and/or extend supervision period and/or extend operational period
	OR
	Impose fine

Whether to activate in part or in full

In clarifying that the court has discretion as to whether to make a reduction for compliance with community requirements, the Sentencing Council guideline **A10-201**

[1151]

consolidated existing case law (see, for example, *R. v Sheppard*[143]). To the extent, however, that the guideline suggests that a reduction may only be made for completion of an unpaid work or curfew requirement it is submitted that it incorrectly limits the court's discretion. While such requirements are most likely to result in a reduction—being of a relatively punitive nature and therefore there creating a risk of inappropriate double punishment if no reduction is made—the court must not be limited to consideration of such requirements. Many community requirements have some punitive effect, constituting as they do restrictions on liberty, and particularly where the offender has made changes as a result of them there may no longer be a requirement for such a level of punishment. Certainly this seemed to be a relevant factor in deciding whether to make a reduction prior to the guideline: see, for example, *R. v Abdille*[144] (no requirement to reduce length of sentence where offender had attended a programme as part of a supervision requirement where the facts showed he had learnt nothing from it); *R. v Wolstenholme*[145] (where the court similarly drew a distinction between punitive requirements and therapeutic requirements and held there was no requirement to make a reduction for those requirements where the offender had not succeeded in putting what he learnt into practice); and *R. v Ballard*[146] (where a reduction was made in part because of the offender's 20-month compliance with a 24-month supervision requirement). However, it is clear that any such reductions are not an arithmetical process: *R. v Wright (Diane Edith)*.[147]

Furthermore, it is suggested that a significant additional factor may be the need to ensure totality. It is clear from *Attorney General's Reference (R. v Usherwood)*[148] that considerations of the principle of totality are "in play" when the court is considering the activation of a suspended sentence order. Ordinarily any reduction for totality is unlikely to be necessary because sentences can simply be activated concurrently but there may be a need to make a reduction in the sentence for the new offence to take into account totality.

In this respect in *R. v Levesconte*,[149] it was held that it was inappropriate for the sentencing judge to treat the fact that the offence was committed during the operational period of the suspended sentence as a factor justifying the increase of the sentence imposed for the "new" offence, at least in circumstances where the suspended sentence was activated in full. The court seemingly based this conclusion on the risk of double counting in such a case. It is, however, submitted that while there will be a need to account for totality in such a case it would not be double counting to treat the fact that the offender was subject to a suspended sentence order at the time of the offence as an aggravating factor for the new offence. The original suspended sentence was the appropriate punishment for the original offence, and the activation of it is not an additional penalty for the new offence. Furthermore, it is clearly a factor increasing the offender's culpability that a new offence was committed while subject to a suspended sentence order and state supervision. To take a similar example, the fact that an offence is committed while

---

[143] [2008] EWCA Crim 799; [2008] 2 Cr. App. R. (S.) 93.
[144] [2009] EWCA Crim 1195; [2010] 1 Cr. App. R. (S.) 18.
[145] [2016] EWCA Crim 638; [2016] 2 Cr. App. R. (S.) 19.
[146] [2016] EWCA Crim 1173.
[147] [2022] EWCA Crim 908.
[148] [2018] EWCA Crim 1156; [2018] 2 Cr. App. R. (S.) 39.
[149] [2011] EWCA Crim 2754; [2012] 2 Cr. App. R. (S.) 19.

on licence from a custodial sentence is an aggravating factor listed in the Sentencing Council's guidelines, notwithstanding that the offender will be subject to recall.

Effect of activation

Where a suspended sentence order is activated, the whole sentence is activated even if it is for a lesser term. There is no power to activate only part of a suspended sentence order and to leave the other part in force as a suspended sentence order (even where the suspended sentence order is the result of multiple custodial terms): *R. v Bostan*.[150] Nor is there power to activate a suspended sentence order more than once: *R. v Rashid*.[151]

A10-202

The activation of a suspended sentence does not count as the imposition of a custodial sentence for the purposes of the restrictions imposed on aggregate custodial sentences in the magistrates' court by s.133 of the Magistrates' Courts Act 1980: *R. v Chamberlain*[152] (approved and followed in *R. v Hester-Wox*[153]). Additionally, there is no effect on consequences of conviction, such as the sexual offenders notification scheme (see A7-002) as the period of notification is determined by the length of the term of imprisonment imposed, not by the period activated.

Amendment

It is suggested that where an offender or an officer of probation services applies for amendment of an order they will need to provide evidence of a material change of circumstances in light of which an amendment is desirable or appropriate. The function of such applications is not to provide an alternate route of appeal against the community requirements imposed as part of a suspended sentence order.

A10-203

SECONDARY DISPOSALS: BREACH, AMENDMENT AND DISCHARGE

Introduction

This part deals with the variation or amendment of secondary disposals already imposed, as well as proceedings in respect of breaches of such sentences. It is concerned only with the secondary disposals available for all offenders or those aged 18 or over at conviction. For those secondary disposals available only for those under the age of 18 at conviction, see Ch.A6.

A10-204

Behaviour Orders

Procedure: Drafting the Indictment for the Breach Offence

In *R. v Jowett*,[154] the Court held that a breach of a restraining order made under the Protection from Harassment Act 1997 s.5, may only be charged as an offence contrary to the 1997 Act if the act constituting the breach occurred before 1 December 2020; if the breach took place on or after 1 December 2020, it could only

A10-205

---

[150] [2018] EWCA Crim 494; [2018] 2 Cr. App. R. (S.) 15.
[151] [2022] EWCA Crim 328; [2022] 2 Cr. App. R. (S.) 41..
[152] (1992) 13 Cr. App. R. (S.) 535 CA.
[153] [2016] EWCA Crim 1397; [2016] 2 Cr. App. R. (S.) 43.
[154] [2022] EWCA Crim 629; [2022] 2 Cr. App. R. (S.) 46..

be charged as an offence contrary to the Sentencing Act 2020, however, an error in the choice of legislation did not render a conviction unsafe. The same applies, by extension, to CBOs and SHPOs (which were repealed and re-enacted by the Sentencing Act 2020).

Criminal Behaviour Orders

Variation/discharge

Legislation

Sentencing Act 2020 s.336

Variation or discharge of order

A10-206
336.—(1) A criminal behaviour order may be varied or discharged by the court which made it on the application of—
  (a) the offender, or
  (b) the prosecution.
(2) If an application by the offender under this section is dismissed, the offender may make no further application under this section without—
  (a) the consent of the court which made the order, or
  (b) the agreement of the prosecution.
(3) If an application by the prosecution under this section is dismissed, the prosecution may make no further application under this section without—
  (a) the consent of the court which made the order, or
  (b) the agreement of the offender.
(4) The power to vary an order includes power—
  (a) to include an additional prohibition or requirement in the order, or
  (b) to extend the period for which a prohibition or requirement has effect.
(5) Section 333 applies to additional requirements included under subsection (4) as it applies to requirements included in a new order.
(6) In the case of a criminal behaviour order made by a magistrates' court, the references in this section to the court which made the order include a reference to any magistrates' court acting in the same local justice area as that court.

Guidance

A10-207 **General** Under s.336 of the Sentencing Code, it is open to the offender or the prosecution to apply to vary or discharge the order. If the offender makes an unsuccessful application to vary or discharge, no further application may be made without the consent of the court or the agreement of the prosecution: s.336(2). If the prosecution makes an unsuccessful application to vary or discharge no further application may be made without the consent of the court or the agreement of the offender: s.336(3).

The power to vary an order includes power to include an additional prohibition or requirement in the order, or to extend the period for which a prohibition or requirement has effect: s.336(4). If the proposed variation would be to include additional requirements, reference must be made to s.333.

Magistrates' court order; variation/discharge by Crown Court In *R. v Potter*,[155] the court considered whether the Crown Court could vary or discharge a criminal behaviour order that had originally been made by a magistrates' court, concluding that the relevant statutory provisions did not provide for such a power. Although this decision was interpreting the wording of the Anti-social Behaviour, Crime and Policing Act 2014, the same wording is used in the Sentencing Code and therefore the decision applies with equal weight.

Order made by Court of Appeal (Criminal Division) on appeal In *R. v AD*,[156] the Court of Appeal (Criminal Division) imposed a CBO on appeal (replacing a restraining order which had unlawfully been imposed). Relying on *R. v Potter*,[157] the appellant submitted that s.27 of the Anti-social Behaviour, Crime and Policing Act 2014 (now s.336 of the Code) meant that, as the Court of Appeal (Criminal Division) had made the order, only it could vary or discharge this. The court held that *Potter* was, however, plainly distinguishable. The proposed CBO made by the Court of Appeal (Criminal Division) on appeal would be treated as an order of the Crown Court from which the appeal was brought and the new CBO would be entered in the record of the Crown Court.

Breach

Legislation

Sentencing Act 2020 s.339

Breach of order

339.—(1) It is an offence for a person without reasonable excuse—
   (a) to do anything he or she is prohibited from doing by a criminal behaviour order, or
   (b) to fail to do anything he or she is required to do by a criminal behaviour order.

(2) A person guilty of an offence under this section is liable—
   (a) on summary conviction, to imprisonment for a term not exceeding 6 months, or a fine, or both;
   (b) on conviction on indictment, to imprisonment for a term not exceeding 5 years, or a fine, or both.

(3) If a person is convicted of an offence under this section, an order for conditional discharge under section 80 is not available to the court by or before which the person is convicted.

(4) In proceedings for an offence under this section, a copy of the original criminal behaviour order, certified by the proper officer of the court which made it, is admissible as evidence of its having been made and of its contents to the same extent that oral evidence of those things is admissible in those proceedings.

(5) In relation to any proceedings for an offence under this section that are brought against a person under the age of 18—
   (a) section 49 of the Children and Young Persons Act 1933 (restrictions on reports of proceedings in which children and young persons are concerned) does not apply in respect of the person;

---

[155] [2019] EWCA Crim 461; [2019] 2 Cr. App. R. (S.) 5.
[156] [2019] EWCA Crim 1339; [2019] 1 W.L.R. 6732.
[157] [2019] EWCA Crim 461; [2019] 2 Cr. App. R. (S.) 5.

(b) section 45 of the Youth Justice and Criminal Evidence Act 1999 (power to restrict reporting of criminal proceedings involving persons under 18) does so apply.

(6) If, in relation to any proceedings mentioned in subsection (5), the court does exercise its power to give a direction under section 45 of the Youth Justice and Criminal Evidence Act 1999, it must give its reasons for doing so.

Guidance

A10-211 **Guideline** The Sentencing Council's Breach Offences: Definitive Guideline (2018) provides an offence-specific guideline for the offence of breach of a CBO. The offence range is a fine to four years' custody. Culpability is divided into three categories (A, B and C). Into Category A are placed very serious or persistent breaches; Category B is for deliberate breaches and Category C is for minor breaches or those falling short of reasonable excuse. Here severity is used as a proxy for knowledge and intention, the rationale being that the more serious the breach, the more determined the offender would have had to have been to carry it out, thereby demonstrating heightened intention. Harm is divided into three categories (1, 2 and 3), divided by reference to the severity of the harm resulting from it. Breaches causing very serious harm or distress or demonstrating a continuing risk of serious criminal or anti-social behaviour fall into Category 1; breaches causing little or no harm or distress or demonstrating a continuing risk of minor criminal or anti-social behaviour fall into Category 3; and cases falling between those two categories falling within Category 2.

It is submitted that an additional factor which the court should consider when sentencing is the relevance of the breach to the purpose of the order and whether the breach strikes at the heart of the purpose of the order. For instance, a breach of entering an exclusion zone to commit an offence or to attend a complainant's address is more serious than such a breach to attend the cinema or to visit a particular shop, even where serious harm or distress is not caused. To some extent this is catered for in the guideline (by reference to the harm caused—which it is submitted should also include harm intended or risked—and the offender's culpability) but it is submitted that this is a consideration that should always be borne in mind.

Appeals

A10-212 A CBO may be appealed against in the usual way. The provisions of the Criminal Appeal Act 1968, Senior Courts Act 1981 and the Magistrates' Courts Act 1980 apply.

Unless the court hearing an appeal concluded that a court had plainly erred in some way, either in its assessment of the facts or in applying the wrong test, or by leaving out of account matters which it was required to take into account, it should not interfere with the first instance court's conclusion: *DPP v Bulmer*.[158]

---

[158] [2015] EWHC 2323 (Admin); [2016] 1 Cr. App. R. (S.) 12.

Exclusion Orders

Variation

There are no specific provisions dealing with the variation of exclusion orders. In relation to the variation of such orders, it is submitted that an application may be made to the court which made the order and the court may amend the order as it sees fit. That is not to suggest that the court may in effect re-sentence the offender under its inherent jurisdiction. It is merely suggested that where a party applies to vary the order, to account for a change in circumstances, the court (be that the magistrates' courts under s.142 of the Magistrates' Courts Act 1980 or the Crown Court under its inherent jurisdiction) may deal with an application. If the position were otherwise it would be necessary for the defendant to appeal against the order to give a higher court the opportunity to deal with an issue which ought to be reserved to the court that made the order.

A10-213

Breach

Legislation

Licensed Premises (Exclusion of Certain Persons) Act 1980 s.2

Penalty for non-compliance with exclusion order

2.—(1) A person who enters any premises in breach of an exclusion order shall be guilty of an offence and shall be liable on summary conviction or, in Scotland, on conviction in a court of summary jurisdiction to a fine not exceeding level 4 on the standard scale or to imprisonment for a term not exceeding one month or both.

(2) The court by which a person is convicted of an offence under subsection (1) above shall consider whether or not the exclusion order should continue in force, and may, if it thinks fit, by order terminate the exclusion order or vary it by deleting the name of any specified premises, but an exclusion order shall not otherwise be affected by a person's conviction for such an offence.

A10-214

Guidance

There is no offence-specific guideline for breach of an exclusion order. The Sentencing Council's Breach Offences: Definitive Guideline (2018) states that for the orders listed in the "Other breach offences" section of the guideline, the guideline for criminal behaviour orders should be followed. It is submitted that for breaches of exclusion orders the court should also have regard to the guideline for criminal behaviour orders. Details of that guideline can be found at A10-211.

A10-215

Appeals

An exclusion order may be appealed against in the usual way. The provisions of the Criminal Appeal Act 1968, Senior Courts Act 1981 and the Magistrates' Courts Act 1980 apply.

A10-216

Football Banning Orders

Termination or variation

Legislation

Football Spectators Act 1989 ss.14G–14H

Additional requirements of orders

A10-217   **14G.**—(1) A banning order may, if the court making the order thinks fit, impose additional requirements on the person subject to the order in relation to any regulated football matches.

(2) The court by which a banning order was made may, on an application made by—
(a) the person subject to the order, or
(b) the person who applied for the order or who was the prosecutor in relation to the order,

vary the order so as to impose, replace or omit any such requirements.

(3) In the case of a banning order made by a magistrates' court, the reference in subsection (2) above to the court by which it was made includes a reference to any magistrates' court acting in the same local justice area as that court.

Termination of orders

A10-218   **14H.**—(1) If a banning order has had effect for at least two-thirds of the period determined under section 14F above, the person subject to the order may apply to the court by which it was made to terminate it.

(2) On the application, the court may by order terminate the banning order as from a specified date or refuse the application.

(3) In exercising its powers under subsection (2) above, the court must have regard to the person's character, his conduct since the banning order was made, the nature of the offence or conduct which led to it and any other circumstances which appear to it to be relevant.

(4) Where an application under subsection (1) above in respect of a banning order is refused, no further application in respect of the order may be made within the period of six months beginning with the day of the refusal.

(5) The court may order the applicant to pay all or any part of the costs of an application under this section.

(6) In the case of a banning order made by a magistrates' court, the reference in subsection (1) above to the court by which it was made includes a reference to any magistrates' court acting in the same local justice area as that court.

Guidance

A10-219   An application to terminate the order may be made once the period of two-thirds of the length of the of the order has expired: s.14H(1) of the 1989 Act. On an application by the person subject to the order, the person who applied for the order or the prosecutor, the order may be varied so as to impose, omit or replace or omit any requirements: s.14G(2). It is suggested that applying the reasoning of the court in *R. v Cheyne*[159] in relation to sexual harm prevention orders, a variation must have some basis, rather than be, in effect, an illegitimate attempt to appeal. However, there is no general principle that there must be a change before a protec-

---

[159] [2019] EWCA Crim 182; [2019] 2 Cr. App. R. (S.) 14.

tive order can be varied. That would preclude variation even where the evidence that provides the basis for the variation was not known by the court that made the original order but should have been. It is submitted that variations should therefore only be made where either there was a material error in fact or law at the original sentencing exercise, or there has since been a material change in circumstances. Variation should not be sought on trivial grounds.

Breach

Legislation

Football Spectators Act 1989 s.14J

Offences

14J.—(1) A person subject to a banning order who fails to comply with—   **A10-220**
    (a) any requirement imposed by the order, or
    (b) any requirement imposed under section 19(2B) or (2C) below,
is guilty of an offence.

(2) A person guilty of an offence under this section is liable on summary conviction to imprisonment for a term not exceeding six months, or a fine not exceeding level 5 on the standard scale, or both.

Guidance

There is no offence-specific guideline for breach of a football banning order. The Sentencing Council's Breach Offences: Definitive Guideline (2018) states that for the orders listed in the "Other breach offences" section of the guideline, the CBO guideline be followed. It is submitted that the CBO guideline should also be followed for breaches of football banning orders. Details of the CBO guideline can be found at A10-211.   **A10-221**

Appeals

A defendant may appeal against the making of a declaration of relevance: s.23(3) of the 1989 Act. The prosecution may appeal against the failure of a court to make a banning order: s.14A(5A) of the 1989 Act. An appeal from the magistrates' court is made to the Crown Court, and an appeal from the Crown Court is to the Court of Appeal (Criminal Division).   **A10-222**

Psychoactive Substances Prohibition Orders

Variation

Legislation

Psychoactive Substances Act 2016 ss.28–29

Variation and discharge on application

28.—(1) The court may vary or discharge a prohibition order or a premises order on the application of—   **A10-223**
    (a) the person who applied for the order (if any),

(b) the person against whom the order was made, or
(c) any other person who is significantly adversely affected by the order.

(2) Where a prohibition order is made under section 19, the court may also vary or discharge the order on the application of—
  (a) in the case of an order made in England and Wales, the chief officer of police for a police area or the chief constable of the British Transport Police Force;
  (b) in the case of an order made in Scotland, the Lord Advocate or a procurator fiscal;
  (c) in the case of an order made in Northern Ireland, the chief constable of the Police Service of Northern Ireland;
  (d) in the case of an order made in England and Wales or Northern Ireland, the Director General of the National Crime Agency;
  (e) in the case of an order made in England and Wales or Northern Ireland, the Secretary of State by whom general customs functions are exercisable.

(3) Subsection (4) applies where—
  (a) a prohibition order or a premises order imposes an access prohibition (see section 22(6)), and
  (b) an application for the variation of the order is made by the person who applied for the order, or by a person mentioned in subsection (2), before the expiry of the period for which the access prohibition has effect.

(4) Where this subsection applies, the court may vary the order by extending (or further extending) the period for which the access prohibition has effect.

(5) The period for which an access prohibition has effect may not be extended so that it has effect for more than 6 months.

(6) In this section "the court" means—
  (a) the court that made the order, except where paragraph (b) or (c) applies;
  (b) where—
    (i) the order was made under section 19 on an appeal in relation to a person's conviction or sentence for an offence, or
    (ii) the order was made by a court under that section against a person committed or remitted to that court for sentencing for an offence,
  the court by or before which the person was convicted (but see subsection (7));
  (c) where the court that made the order was a youth court but the person against whom the order was made is aged 18 or over at the time of the application, a magistrates' court or, in Northern Ireland, a court of summary jurisdiction.

(7) Where the person mentioned in subsection (6)(b)—
  (a) was convicted by a youth court, but
  (b) is aged 18 or over at the time of the application,
the reference in subsection (6)(b) to the court by or before which the person was convicted is to be read as a reference to a magistrates' court or, in Northern Ireland, a court of summary jurisdiction.

(8) An order that has been varied under this section remains an order of the court that first made it for the purposes of—
  (a) section 24;
  (b) any further application under this section.

Variation following conviction

A10-224

29.—(1) This section applies where—
  (a) a court is dealing with a person who has been convicted of a relevant offence and against whom a prohibition order or a premises order has previously been made, or
  (b) a court is dealing with a person who has been convicted of an offence under section 26 of failing to comply with a prohibition order or a premises order.

(2) The court may vary the prohibition order or (as the case may be) the premises order.
(3) An order that has been varied under subsection (2) remains an order of the court that first made it for the purposes of sections 24 and 28.
(4) An order may not be varied under this section except—
   (a) in addition to a sentence imposed in respect of the offence concerned, or
   (b) in addition to an order discharging the person conditionally or, in Scotland, discharging the person absolutely.
(5) In this section "relevant offence" has the same meaning as in section 19.

Breach of a prohibition order/access condition

Legislation

Psychoactive Substances Act 2016 ss.26–27

Offence of failing to comply with a prohibition order or premises order

26.—(1) A person against whom a prohibition order or a premises order is made commits an offence by failing to comply with the order.
(2) A person guilty of an offence under this section is liable—
   (a) on summary conviction in England and Wales—
      (i) to imprisonment for a term not exceeding the general limit in a magistrates' court (or 6 months, if the offence was committed before the commencement of paragraph 24(2) of Schedule 22 to the Sentencing Act 2020), or
      (ii) to a fine,
   or both;
   [(b) and (c) *Summary conviction in Scotland and summary conviction in Northern Ireland respectively*]
   (d) on conviction on indictment, to imprisonment for a term not exceeding 2 years or a fine, or both.
(3) A person does not commit an offence under this section if—
   (a) the person took all reasonable steps to comply with the order, or
   (b) there is some other reasonable excuse for the failure to comply.

Offence of failing to comply with an access prohibition, etc

27.—(1) This section applies where a prohibition order or a premises order imposes an access prohibition (see section 22(6)).
(2) A person, other than the person against whom the order was made, who without reasonable excuse remains on or enters premises in contravention of the access prohibition commits an offence.
(3) A person who without reasonable excuse obstructs a person acting under section 23(1) commits an offence.
(4) A person guilty of an offence under subsection (2) or (3) is liable—
   (a) on summary conviction in England and Wales, to either or both of the following—
      (i) imprisonment for a term not exceeding 51 weeks (or 6 months, if the offence was committed before the commencement of paragraph 24(2) of Schedule 22 to the Sentencing Act 2020);
      (ii) a fine;
   [*(b) and (c) Summary conviction in Scotland and summary conviction in Northern Ireland respectively.*]

Guidance

A10-227   There is no offence-specific guideline for breach of a psychoactive substances prohibition order or breach of an access condition. The Sentencing Council's Breach Offences: Definitive Guideline (2018) states that for the orders listed in the "Other breach offences" section of the guideline, the guideline for CBOs should be followed. It is submitted that the CBO guideline should also be followed for breaches of these orders or of access conditions. Details of the CBO guideline can be found at A10-211.

Appeals

Legislation

A10-228   Under s.30(5) of the Psychoactive Substances Act 2016 a person may appeal against a prohibition order made on conviction as if it were the sentence passed on them for the offence. By virtue of s.31(7) of the 2016 Act the same applies to variations of an existing order made under s.29 (variation on conviction).

Under s.31 of the 2016 Act a person has 28 days to appeal against a decision made under s.28 of that act (variation or discharge on application). Where the decision was made by a youth court or magistrates' court the appeal is to the Crown Court and where the decision was made by the Crown Court it is to the Court of Appeal. the court hearing the appeal may (to the extent it would not otherwise have power to do so) make such orders as may be necessary to give effect to its determination of the appeal, and may also make such incidental or consequential orders as appear to it to be just.

Guidance

A10-229   A prohibition order is, it is submitted, clearly a "sentence" and therefore there is no need for s.30(5) or 31(7). However, their inclusion in the Act is perhaps explicable by reference to the fact that behaviour orders are civil in nature, the Act created orders available both on criminal conviction and on civil application, the latter of which did require a specific appeal power and that where specific provision was provided for civil orders an absence of such a provision for the criminal variant might have been interpreted as implying that an appeal was not available.

Restraining Orders

Variation/discharge

Legislation

Sentencing Act 2020 s.361

Procedure for varying or discharging restraining order

A10-230   **361.**—(1) Where a person is subject to a restraining order—
(a) that person,
(b) the prosecution, or
(c) any other person mentioned in the order,

may apply to the court which made the order for it to be varied or discharged by a further order.

(2) Any person mentioned in the order is entitled to be heard on the hearing of an application under subsection (1).

Guidance

General In most cases it will be straightforward to identify the persons mentioned in the order as the order will name an individual or individuals; however, where an order defines a class of persons, then the application of this section may take a judicial determination by the court as to whether the court should hear from a particular individual.

A10-231

The duration of an order may be extended where there has been a material change of circumstances to make such an extension necessary or appropriate: *DPP v Hall*.[160] This was on the basis that the duration of an order is as much a term of the order as a prohibition.

Where a court varies a restraining order, the varied order should be drafted as a fresh document so that all prohibitions are clearly stated in one document: *R. v Liddle*.[161]

Where the person seeking a variation of the order is not the person subject to it or the prosecution there is no requirement for that person to show a change of circumstances since the order was made, and instead the court should consider afresh the necessity for and proportionality of the varied order sought: *R. v Jackson*.[162]

Discharge: basis for application On an application to discharge a restraining order the court will consider whether there has been a material change in circumstances such that the continuance of the order is neither necessary nor appropriate. Such an application is not an opportunity for the applicant to challenge the imposition of the order. Applications should therefore be made on this basis with supporting evidence (or, if possible, the agreement of the prosecution, who will need to have obtained the views of the complainant): *Shaw v DPP*.[163]

A10-232

Breach

Legislation

Sentencing Act 2020 s.363

Offence of breaching restraining order

363.—(1) It is an offence for a person who is subject to a restraining order without reasonable excuse to do anything prohibited by the restraining order.

A10-233

(2) A person guilty of an offence under this section is liable—
    (a) on summary conviction, to imprisonment for a term not exceeding 6 months, or a fine, or both;

---

[160] [2005] EWHC 2612 (Admin); [2006] 1 W.L.R. 1000.
[161] [2001] EWCA Crim 2512.
[162] [2021] EWCA Crim 901; [2022] 1 Cr. App. R. (S.) 21.
[163] [2005] EWHC 1215 (QB).

(b) on conviction on indictment, to imprisonment for a term not exceeding 5 years, or a fine, or both.

(3) Subsection (1) does not apply to conduct of a person on a particular occasion if the Secretary of State certifies that, in the opinion of the Secretary of State, anything done by that person on that occasion related to—
(a) national security,
(b) the economic well-being of the United Kingdom, or
(c) the prevention or detection of serious crime,

and was done on behalf of the Crown.

(4) A certificate under subsection (3) is conclusive evidence that subsection (1) does not apply to conduct of that person on that occasion.

(5) A document purporting to be a certificate under subsection (3) is to be received in evidence and, unless the contrary is proved, to be treated as being such a certificate.

(6) A court dealing with a person for an offence under this section may vary or discharge the restraining order by a further order.

Guidance

A10-234   In *R. v Damji*,[164] the court declined to read into the legislation any words importing a requirement of knowledge (of the conduct amounting to breach) or additional mens rea in respect of the offence of breaching a restraining order; it is sufficient to show there was no reasonable excuse (albeit a person's knowledge of the impact of their actions may be relevant to such).

The Sentencing Council's Breach Offences: Definitive Guideline (2018) contains an offence-specific guideline for breach of a restraining order. It is applicable to both restraining orders imposed on conviction and on acquittal as well as non-molestation orders.

The offence range is a fine to four years' custody. Culpability is divided into three categories (A, B and C). Into Category A are placed very serious or persistent breaches; Category B is for deliberate breaches and Category C is for minor breaches or those falling short of reasonable excuse. The severity of the breach is used as a proxy for knowledge and intention, the rationale being that the more serious the breach, the more determined the offender would have had to have been to carry it out, thereby demonstrating heightened intention. Harm is divided into three categories (1, 2 and 3), divided by reference to the severity of the harm: breaches causing very serious harm or distress or demonstrating a continuing risk of serious criminal or anti-social behaviour fall into Category 1, breaches causing little or no harm or distress or demonstrating a continuing risk of minor criminal or anti-social behaviour fall into Category 3, with cases falling between those two categories falling within Category 2.

A10-235   It is submitted that an additional factor which the court should consider when sentencing is the relevance of the breach to the purpose of the order and whether the breach strikes at the heart of the purpose of the order. For instance, a breach of entering an exclusion zone to commit an offence or to attend a complainant's address is more serious than such a breach to attend the cinema or to visit a particular shop, even where serious harm or distress is not caused. To some extent this is catered for in the guideline (by reference to the harm caused—which it is submit-

---

[164] [2020] EWCA Crim 1774; [2021] 1 W.L.R. 3635.

ted should also include harm intended or risked—and the offender's culpability) but it is submitted that this is a consideration that should always be borne in mind.

As many restraining order cases involve a domestic abuse element, sentencers should also be mindful of applying the Sentencing Council's Overarching Principles: Domestic Abuse Definitive Guideline (2018). It is, however, important to recognise that the sentencing exercise is not one that involves re-sentencing for the original offence that led to the imposition of the order.

Serious Crime Prevention Orders (SCPOS)

Variation

Legislation

Serious Crime Act 2007 ss.20–22

Powers of Crown Court to vary orders on conviction

20.—(1) Subsection (2) applies where the Crown Court in England and Wales is dealing with a person who—

(a) has been convicted by or before a magistrates' court of having committed a serious offence in England and Wales and has been committed to the Crown Court to be dealt with; or

(b) has been convicted by or before the Crown Court of having committed a serious offence in England and Wales.

(2) The Crown Court may—

(a) in the case of a person who is the subject of a serious crime prevention order in England and Wales; and

(b) in addition to dealing with the person in relation to the offence;

vary the order if the court has reasonable grounds to believe that the terms of the order as varied would protect the public by preventing, restricting or disrupting involvement by the person in serious crime in England and Wales.

(3), (4) [*Northern Ireland.*]

(5) A variation under this section may be made only on an application by the relevant applicant authority.

(6) A variation must not be made except—

(a) in addition to a sentence imposed in respect of the offence concerned; or

(b) in addition to an order discharging the person conditionally.

(7) A variation may include an extension of the period during which the order, or any provision of it, is in force (subject to the original limits imposed on the order by section 16(2) and (4)(b)).

Powers of Crown Court to vary orders or replace on breach

21.—(1) Subsection (2) applies where the Crown Court in England and Wales is dealing with a person who—

(a) has been convicted by or before a magistrates' court of having committed an offence under section 25 in relation to a serious crime prevention order and has been committed to the Crown Court to be dealt with; or

(b) has been convicted by or before the Crown Court of having committed an offence under section 25 in relation to a serious crime prevention order.

(2) The Crown Court may—

(a) in the case of an order in England and Wales; and

(b) in addition to dealing with the person in relation to the offence;

A10-236

A10-237

vary or replace the order if it has reasonable grounds to believe that the terms of the order as varied, or the new order would protect the public by preventing, restricting or disrupting involvement by the person in serious crime in England and Wales.

(3), (4) [*Northern Ireland.*]

(5) An order may be varied or replaced under this section only on an application by the relevant applicant authority.

(6) A variation or new order must not be made except—
 (a) in addition to a sentence imposed in respect of the offence concerned; or
 (b) in addition to an order discharging the person conditionally.

(7) A variation may include an extension of the period during which the order, or any provision of it, is in force (subject to the original limits imposed on the order by section 16(2) and (4)(b)).

(8) A reference in this section to replacing a serious crime prevention order is to making a new serious crime prevention order and discharging the existing one.

A10-238 Section 22 of the Serious Crime Act 2007 provides that the fact that an order has been made by the High Court does not prevent variation by the Crown Court and that a decision by the Crown Court not to vary does not prevent an application to the High Court.

Guidance

A10-239 As is clear from the legislation the Crown Court has a very limited power to vary an order; in general applications should be made to the High Court. It is suggested that applying the reasoning of the court in *R. v Cheyne*[165] in relation to sexual harm prevention orders, a variation must have some basis, rather than be, in effect, an illegitimate attempt to appeal. However, there is no general principle that there must be a change before a protective order can be varied. That would preclude variation even where the evidence that provides the basis for the variation was not known by the court that made the original order but should have been. It is submitted that variations should therefore only be made where there was either a material error in fact or law at the original sentencing exercise, or where there has since been a material change in circumstances. Variation should not be sought on trivial grounds.

Orders may also be varied or discharged by the High Court on application under ss.17 and 18 of the 2007 Act.

Breach

Legislation

Serious Crime Act 2007 s.25

Offence of failing to comply with order

A10-240 25.—(1) A person who, without reasonable excuse, fails to comply with a serious crime prevention order commits an offence.

(2) A person who commits an offence under this section is liable—
 (a) on summary conviction, to imprisonment for a term not exceeding 12 months or to a fine not exceeding the statutory maximum or to both;
 (b) on conviction on indictment, to imprisonment for a term not exceeding 5 years or to a fine or to both.

---

[165] [2019] EWCA Crim 182; [2019] 2 Cr. App. R. (S.) 14.

(3) . [*Northern Ireland.*]

(3A) In the application of subsection (2)(a) in England and Wales, the reference to 12 months is to be read as a reference to the general limit in a magistrates' court subject to paragraph 4 of Schedule 13.

(4) In proceedings for an offence under this section, a copy of the original order or any variation of it, certified as such by the proper officer of the court which made it, is admissible as evidence of its having been made and of its contents to the same extent that oral evidence of those things is admissible in those proceedings.

[Paragraph 4 of Sch.13 is a transitional provision providing that or offences committed before 2 May 2022, the limit is six months.]

Guidance

There is no offence-specific guideline for breach of an SCPO. The Sentencing Council's Breach Offences: Definitive Guideline (2018) states that for the orders listed in the "Other breach offences" section of the guideline, the CBO guideline should be followed. It is submitted that the CBO guideline should also be followed for breaches of SCPOs. Details of the CBO guideline can be found at A10-211. It is submitted that the severity of the breach is likely to be informed by the risk of harm it posed, particularly the risk of serious crime, to which the seriousness of the original offence(s) may be relevant.

A10-241

Additionally, the decision in *R. v Koli*[166] may provide assistance. The court there identified the following factors that must be taken into account in sentencing for breach of an SCPO:

1) the maximum sentence of five years' imprisonment;
2) the lapse of time between the imposition of the original order and the date of the breach;
3) any history of non-compliance and whether non-compliance has been repeated and has come in the face of warnings and requests for information;
4) whether the non-compliance was inadvertent or deliberate;
5) whether the breach was related to the commission of further serious offences and might lead to the conclusion that the failure to comply added to the risk that the particular subject of the order was likely to commit further offences (this being a factor of particular importance);
6) the harm caused by non-compliance.

The court further stated that the court will bear in mind that in relation to breaches of other preventative orders that the courts make, those breaches usually have an adverse impact on a particular member of the public or previous victim. Such protective orders are usually designed to protect members of the public who have either previously suffered at the hands of the subject of the order or in respect of whom it is feared they may suffer in the future.

Appeals

Serious Crime Act 2007 s.24

Appeals from Crown Court

24.—(1) An appeal against a decision of the Crown Court in relation to a serious

A10-242

---

[166] [2012] EWCA Crim 1869; [2013] 1 Cr. App. R. (S.) 6.

crime prevention order may be made to the Court of Appeal by—
   (a)   the person who is the subject of the order; or
   (b)   the relevant applicant authority.
   (2)   In addition, an appeal may be made to the Court of Appeal in relation to a decision of the Crown Court—
   (a)   to make a serious crime prevention order; or
   (b)   to vary, or not to vary, such an order;
by any person who was given an opportunity to make representations in the proceedings concerned by virtue of section 9(4).
   (3)   Subject to subsection (4), an appeal under subsection (1) or (2) lies only with the leave of the Court of Appeal.
   (4)   An appeal under subsection (1) or (2) lies without the leave of the Court of Appeal if the judge who made the decision grants a certificate that the decision is fit for appeal under this section.
   (5)   Subject to any rules of court made under section 53(1) of the Senior Courts Act 1981 (distribution of business between civil and criminal divisions), the criminal division of the Court of Appeal is the division which is to exercise jurisdiction in relation to an appeal under subsection (1) or (2) from a decision of the Crown Court in the exercise of its jurisdiction in England and Wales under this Part.
   (6)   An appeal against a decision of the Court of Appeal on an appeal to that court under subsection (1) or (2) may be made to the Supreme Court by any person who was a party to the proceedings before the Court of Appeal.
   (7)   An appeal under subsection (6) lies only with the leave of the Court of Appeal or the Supreme Court.
   (8)   Such leave must not be granted unless—
   (a)   it is certified by the Court of Appeal that a point of law of general public importance is involved in the decision; and
   (b)   it appears to the Court of Appeal or (as the case may be) the Supreme Court that the point is one which ought to be considered by the Supreme Court.
   (9)   [*Power of Secretary of State to make further provision in respect of such appeals.*]
   (9A)   [*Northern Ireland.*]
   (10)   An order under subsection (9) may, in particular, make provision about the payment of costs.
   (11)   The power to make an appeal to the Court of Appeal under subsection (1)(a) operates instead of any power for the person who is the subject of the order to make an appeal against a decision of the Crown Court in relation to a serious crime prevention order by virtue of—
   (a)   section 9 or 10 of the Criminal Appeal Act 1968; or
   (b)   section 8 of the Criminal Appeal (Northern Ireland) Act 1980.
   (12)   Section 33(3) of the Criminal Appeal Act 1968 (limitation on appeal from criminal division of the Court of Appeal: England and Wales) does not prevent an appeal to the Supreme Court under subsection (6) above.

Serious Disruption Prevention Orders (SDPO)

Variation/renewal/discharge

Legislation

Public Order Act 2023 s.28

Variation, renewal or discharge of serious disruption prevention order

10-242a   28.—(1)   Where a serious disruption prevention order has been made in respect of a person ("P"), a person within subsection (2) may apply to the appropriate court for an order varying, renewing or discharging the order.

(2) Those persons are—
- (a) P;
- (b) the chief officer of police for the police area in which P lives;
- (c) a chief officer of police who believes that P is in, or is intending to come to, the chief officer's police area;
- (d) if the application for the order was made by a chief officer of police other than one within paragraph (b) or (c), the chief officer by whom the application was made;
- (e) the chief officer of police for a police area in which P committed an offence on the basis of which the order was made;
- (f) where the order was made following an application by a constable within subsection (3), that constable.

(3) Those constables are—
- (a) the chief constable of the British Transport Police Force;
- (b) the chief constable of the Civil Nuclear Constabulary;
- (c) the chief constable of the Ministry of Defence Police.

(4) An application under this section must be made—
- (a) where the appropriate court is a magistrates' court, by complaint;
- (b) in any other case, in accordance with rules of court.

(5) Before making a decision on an application under this section, the court must hear—
- (a) the person making the application, and
- (b) any other person within subsection (2) who wishes to be heard.

(6) Subject to subsections (7) to (9), on an application under this section the court may make such order varying, renewing or discharging the serious disruption prevention order as it thinks appropriate.

(7) The court may—
- (a) vary a serious disruption prevention order so as to—
  - (i) extend the period for which the order has effect,
  - (ii) extend the period for which a requirement or prohibition imposed by the order has effect, or
  - (iii) impose an additional prohibition or requirement on P, or
- (b) renew a serious disruption prevention order,

only if it considers that to do so is necessary for a purpose mentioned in subsection (8).

(8) The purposes are—
- (a) to prevent P from committing a protest-related offence or a protest-related breach of an injunction,
- (b) to prevent P from carrying out activities related to a protest that result in, or are likely to result in, serious disruption to two or more individuals, or to an organisation, in England and Wales,
- (c) to prevent P from causing or contributing to—
  - (i) the commission by any other person of a protest-related offence or a protest-related breach of an injunction, or
  - (ii) the carrying out by any other person of activities related to a protest that result in, or are likely to result in, serious disruption to two or more individuals, or to an organisation, in England and Wales, or
- (d) to protect two or more individuals, or an organisation, in England and Wales from the risk of serious disruption arising from—

(i) a protest-related offence,
(ii) a protest-related breach of an injunction, or
(iii) activities related to a protest.

(9) The court may not renew a serious disruption prevention order more than once.

(10) Sections 22 to 26 (other than section 24(2) and (3)) have effect in relation to—
(a) the variation of a serious disruption prevention order so as to—
(i) extend the period for which the order has effect,
(ii) extend the period for which a requirement or prohibition imposed by the order has effect, or
(iii) impose an additional prohibition or requirement on P, or
(b) the renewal of a serious disruption prevention order, as they have effect in relation to the making of such an order.

(11) On making an order under this section varying or renewing a serious disruption prevention order, the court must in ordinary language explain to P the effects of the serious disruption prevention order (as varied or renewed).

(12) Section 127 of the Magistrates' Courts Act 1980 does not apply to a complaint under this section.

(13) In this section "the appropriate court" means—
(a) where the Crown Court or the Court of Appeal made the order, the Crown Court;
(b) where a magistrates' court made the order and the application is made by P or a constable within subsection (3)—
(i) that magistrates' court, or
(ii) a magistrates' court for the area in which P lives;
(c) where a magistrates' court made the order and the application is made by a chief officer of police—
(i) that magistrates' court,
(ii) a magistrates' court for the area in which P lives, or
(iii) a magistrates' court acting for a local justice area that includes any part of the chief officer's police area.

Guidance

A10-242b It is suggested that applying the reasoning of the court in *R. v Cheyne (Marco)*[167] in relation to sexual harm prevention orders, a variation must have some basis, rather than be, in effect, an illegitimate attempt to appeal. However, there is no general principle that there must be a change before a protective order can be varied.

Appeal

A10-242c SDPOs are appealed in the ordinary way: s.29 of the Public Order Act 2023. The provisions of the Criminal Appeal Act 1968, Senior Courts Act 1981 and the Magistrates' Courts Act 1980 apply.

That section also provides a power to appeal (to the Court of Appeal or to the Crown Court) where there is a refusal to vary, renew or discharge an order.

---

[167] [2019] EWCA Crim 182; [2019] 2 Cr. App. R. (S.) 14.

Breach

Legislation

Public Order Act 2023 s.27

Offences relating to a serious disruption prevention order

27.—(1) Where a serious disruption prevention order has effect in respect of a person ("P"), P commits an offence if P—
  (a) fails without reasonable excuse to do anything P is required to do by the order,
  (b) without reasonable excuse does anything P is prohibited from doing by the order, or
  (c) notifies to the police, in purported compliance with the order, any information which P knows to be false.

(2) A person who commits an offence under this section is liable on summary conviction to imprisonment for a term not exceeding the maximum term for summary offences, to a fine or to both.

(3) In subsection (2) "the maximum term for summary offences" means—
  (a) if the offence is committed before the time when section 281(5) of the Criminal Justice Act 2003 (alteration of penalties for certain summary offences: England and Wales) comes into force, six months;
  (b) if the offence is committed after that time, 51 weeks.

Guidance

It is suggested that the court should make some measured reference to the sentencing approach in Step One of the guideline for CBOs, making an allowance for the fact that the offences under s.27 have a relatively low maximum sentence of six months' imprisonment (and is focused on different potential harms) and that accordingly adjustment must be made to the resultant sentence.

Serious Violence Reduction Orders (SVRO)

Variation/Renewal/Discharge

Legislation

Sentencing Act 2020 s.342H

Variation, renewal or discharge of serious violence reduction order

342H.—(1) A person within subsection (2) may apply to the appropriate court for an order varying, renewing or discharging a serious violence reduction order.

(2) Those persons are—
  (a) the offender;
  (b) the chief officer of police for the police area in which the offender lives;
  (c) the chief officer of police for the police area in which the offender committed the offence on the basis of which the order was made;
  (d) a chief officer of police who believes that the offender is in, or is intending to come to, the chief officer's police area;
  (e) where the offence on the basis of which the order was made is an offence to which this paragraph applies, the chief constable of the British Transport Police Force.

(3) Paragraph (e) of subsection (2) applies to an offence which—
  (a) was committed at, or in relation to, a place within section 31(1)(a) to (f) of the Railways and Transport Safety Act 2003 (jurisdiction of British Transport Police Force), or
  (b) otherwise related to a railway within the meaning given by section 67 of the Transport and Works Act 1992 or a tramway within the meaning given by that section.
(4) An application under this section must be made in accordance with rules of court.
(5) Before making a decision on an application under this section, the court must hear—
  (a) the person making the application, and
  (b) any other person within subsection (2) who wishes to be heard.
(6) Subject to subsection (7), on an application under this section the court may make such order varying, renewing or discharging the serious violence reduction order as it thinks appropriate.
(7) The court may renew a serious violence reduction order, or vary such an order so as to lengthen its duration, only if it considers that to do so is necessary—
  (a) to protect the public in England and Wales from the risk of harm involving a bladed article or offensive weapon,
  (b) to protect any particular members of the public in England and Wales (including the offender) from such risk, or
  (c) to prevent the offender from committing an offence involving a bladed article or offensive weapon.
(8) On making an order under this section varying or renewing a serious violence reduction order, the court must in ordinary language explain to the offender—
  (a) the effects of the serious violence reduction order (as varied or renewed), and
  (b) the powers that a constable has in respect of the offender under section 342E while the serious violence reduction order is in effect.
(9) In this section the "appropriate court" means—
  (a) where the Crown Court or the Court of Appeal made the serious violence reduction order, the Crown Court;
  (b) where a magistrates' court made the serious violence reduction order and the application is made by the offender or the chief constable of the British Transport Police Force—
    (i) that magistrates' court, or
    (ii) a magistrates' court for the area in which the offender lives;
  (c) where a magistrates' court made the serious violence reduction order and the application is made by a chief officer of police—
    (i) that magistrates' court,
    (ii) a magistrates' court for the area in which the offender lives, or
    (iii) a magistrates' court acting for a local justice area that includes any part of the chief officer's police area.

[This section is currently in force only in relation to the police areas of Merseyside, Thames Valley, Sussex and West Midlands from 19 April 2023 until 18 April 2025: Police, Crime, Sentencing and Courts Act 2022 (Commencement No.6 and Piloting, Transitional and Savings Provisions) Regulations 2023.[168]]

---

[168] Police, Crime, Sentencing and Courts Act 2022 (Commencement No.6 and Piloting, Transitional and Savings Provisions) Regulations 2023 (SI 2023/387).

Guidance

It is suggested that applying the reasoning of the court in *R. v Cheyne (Marco)*[169] in relation to sexual harm prevention orders, a variation must have some basis, rather than be, in effect, an illegitimate attempt to appeal. However, there is no general principle that there must be a change before a protective order can be varied.

A10-244

Appeal

SVROs are appealed in the ordinary way: s.342I of the Sentencing Code. The provisions of the Criminal Appeal Act 1968, Senior Courts Act 1981 and the Magistrates' Courts Act 1980 apply.

A10-245

That section also provides a power to appeal (to the Court of Appeal or to the Crown Court) where there is a refusal to vary, renew or discharge an order.

Breach

Legislation

Sentencing Act 2020 s.342G

Offences relating to a serious violence reduction order

Offences relating to a serious violence reduction order

342G.—(1) Where a serious violence reduction order is in effect, the offender commits an offence if the offender—

A10-246

  (a) fails without reasonable excuse to do anything the offender is required to do by the order,
  (b) without reasonable excuse does anything the offender is prohibited from doing by the order,
  (c) notifies to the police, in purported compliance with the order, any information which the offender knows to be false,
  (d) tells a constable that they are not subject to a serious violence reduction order, or
  (e) intentionally obstructs a constable in the exercise of any power conferred by section 342E.

  (2) A person guilty of an offence under this section is liable—
  (a) on summary conviction, to imprisonment for a term not exceeding the general limit in a magistrates' court, or a fine, or both;
  (b) on conviction on indictment, to imprisonment for a term not exceeding 2 years, or a fine, or both.

  (3) In relation to an offence committed before the coming into force of paragraph 24(2) of Schedule 22 (maximum sentence that may be imposed on summary conviction of offence triable either way) the reference in subsection (2)(a) to the general limit in a magistrates' court is to be read as a reference to 6 months.

  (4) If a person is convicted of an offence under this section, an order for conditional discharge under section 80 is not available to the court by or before which the person is convicted.

[This section is currently in force only in relation to the police areas of Merseyside, Thames Valley,

---

[169] [2019] EWCA Crim 182; [2019] 2 Cr. App. R. (S.) 14.

Sussex and West Midlands from 19 April 2023 until 18 April 2025: Police, Crime, Sentencing and Courts Act 2022 (Commencement No.6 and Piloting, Transitional and Savings Provisions) Regulations 2023.[170]]

Guidance

A10-247 It is suggested that the court should make some measured reference to the sentencing approach in Step One of the guideline for CBOs and Step One of the guideline for breach of a sexual notification requirements, making an allowance for the fact that the offences under s.342G have a relatively low maximum sentence of two years' imprisonment (and is focused on different potential harms) and that accordingly adjustment must be made to the resultant sentence.

Sexual Harm Prevention Orders (SHPOS)

Variation/renewal/discharge

Legislation

On conviction

Sentencing Act 2020 s.350

Sexual harm prevention orders: variations, renewals and discharges

A10-248 350.—(1) Where a sexual harm prevention order has been made in respect of an offender, a person within subsection (2) may apply to the appropriate court for an order varying, renewing or discharging the sexual harm prevention order.

(2) The persons are—
 (a) the offender;
 (b) the chief officer of police for the area in which the offender resides;
 (c) a chief officer of police who believes that the offender is in, or is intending to come to, that officer's police area.

(3) An application under subsection (1) may be made—
 (a) where the appropriate court is the Crown Court, in accordance with rules of court;
 (b) in any other case, by complaint.

(3A) If a list has been published under section 172 of the Police, Crime, Sentencing and Courts Act 2022 (list of countries where children are at high risk of sexual abuse or sexual exploitation) and has not been withdrawn, a person mentioned in subsection (2)(b) or (c) must have regard to the list in considering—
 (a) whether to apply for an order varying or renewing a sexual harm prevention order for the purpose of protecting children generally, or any particular children, from sexual harm from the offender outside the United Kingdom, and
 (b) in particular, whether to apply for an order imposing, varying or renewing a prohibition on foreign travel for that purpose.

(4) Subsection (5) applies where an application under subsection (1) is made.

(5) After hearing—
 (a) the person making the application, and

---

[170] Police, Crime, Sentencing and Courts Act 2022 (Commencement No.6 and Piloting, Transitional and Savings Provisions) Regulations 2023 (SI 2023/387).

(b) if they wish to be heard, the other persons mentioned in subsection (2), the court may make any order, varying, renewing or discharging the sexual harm prevention order, that it considers appropriate.

This is subject to subsections (6) and (7).

(6) An order may be renewed, or varied so as to impose additional prohibitions or requirements on the offender, only if it is necessary to do so for the purpose of—
- (a) protecting the public or any particular members of the public from sexual harm from the offender, or
- (b) protecting children or vulnerable adults generally, or any particular children or vulnerable adults, from sexual harm from the offender outside the United Kingdom.

Any renewed or varied order may contain only such prohibitions and requirements as are necessary for this purpose.

(6A) Any additional prohibitions or requirements that are imposed on the offender must, so far as practicable, be such as to avoid—
- (a) any conflict with the offender's religious beliefs,
- (b) any interference with the times, if any, at which the offender normally works or attends any educational establishment, and
- (c) any conflict with any other court order or injunction to which the offender may be subject.

(6B) If a list has been published under section 172 of the Police, Crime, Sentencing and Courts Act 2022 and has not been withdrawn, the court must have regard to the list in considering—
- (a) whether an order varying or renewing the sexual harm prevention order is necessary for the purpose of protecting children generally, or any particular children, from sexual harm from the offender outside the United Kingdom, and
- (b) in particular, whether an order imposing, varying or renewing a prohibition on foreign travel is necessary for that purpose.

(7) The court must not discharge an order before the end of the period of 5 years beginning with the day on which the order was made, without the consent of the offender and—
- (a) where the application is made by a chief officer of police, that chief officer, or
- (b) in any other case, the chief officer of police for the area in which the offender resides.

(8) Subsection (7) does not apply to an order containing a prohibition on foreign travel and no other prohibitions or requirements.

(9) In this section "the appropriate court" means—
- (a) where the Crown Court or the Court of Appeal made the sexual harm prevention order, the Crown Court;
- (b) where a magistrates' court made the order and the offender is aged 18 or over—
  - (i) the court which made the order, if it is an adult magistrates' court,
  - (ii) a magistrates' court acting in the local justice area in which the offender resides, or
  - (iii) if the application is made by a chief officer of police, any magistrates' court acting for a local justice area that includes any part of the chief officer's police area;
- (c) where a youth court made the order and the offender is aged under 18—
  - (i) that court,
  - (ii) a youth court acting in the local justice area in which the offender resides, or

(iii) if the application is made by a chief officer of police, any youth court acting for a local justice area that includes any part of the chief officer's police area.

In this subsection "adult magistrates' court" means a magistrates' court that is not a youth court.

(10) For circumstances in which a sexual harm prevention order ceases to have effect when a court in the United Kingdom makes another order, see the following provisions of the Sexual Offences Act 2003—

(a) section 103C(6) (sexual harm prevention order under that Act);
(b) section 136ZB(2) (certain orders made by a court in Northern Ireland or Scotland).

A list of countries has been published under s.172 of the Police, Crime, Sentencing and Courts Act 2022.[171]

A10-249 **Criminal Procedure (Insanity) Act 1964** There are equivalent provisions contained in the Sexual Offences Act 2003 (see s.103E (variation, renewal and discharge) in relation to orders imposed following a finding that the defendant is not guilty by reason of insanity or that having been found to be unfit to be tried, they have been found to have done the act charged. Those provisions are not dealt with in detail in this work; however, the guidance from the Court of Appeal (Criminal Division) in relation to post-conviction orders applies to those orders made not following a conviction.

Guidance

A10-250 **Application** The power under s.350 to vary or renew is exercisable only on application by a relevant party: s.350(2). Where the variation is made other than on an application by a person under s.350(2) the court will have no jurisdiction to vary the order; however, a failure to comply with s.350(3) as to the form of the application and to comply with all applicable rules of procedure is a procedural defect that is not intended to invalidate proceedings and is capable of correction: *R. v Rowlett*.[172]

The restriction in s.350(7) preventing the discharge of an SHPO before the end of the five-year period beginning with the day on which the order was made, without the consent of the offender and the relevant chief officer of police does not apply to an order containing a prohibition on foreign travel and no other prohibitions: s.350(8) of the Sentencing Code.

The Court of Appeal (Criminal Division) has repeatedly emphasised—most recently in *R. v Inches*[173] where the court heard that despite the clear dicta there was a difference of practice in the Crown Court—that where variation of the terms of a sexual harm prevention order is sought that must by means of a proper and structured application to vary its terms, supported by cogent evidence, and that must be made in the Crown Court, not by way of appeal to the Court of Appeal (Criminal Division).

---

[171] See the gov.uk website at *https://www.gov.uk/government/publications/list-of-countries-under-sect ion-172-of-the-pcsc-act-2022/list-of-countries-under-section-172-of-the-police-crime-sentencing-and-courts-act-2022* [Accessed 19 July 2023].
[172] [2020] EWCA Crim 1748; [2021] 4 W.L.R. 30.
[173] [2020] EWCA Crim 373.

Test to apply As under s.350(6) of the Sentencing Code a renewed or varied order A10-251 may contain only such prohibitions or requirements as are necessary for the purposes listed in that subsection the court is required to review the conditions afresh on an application for renewal or variation.

In *R. v Cheyne*,[174] the appellant appealed against a variation of an SHPO to impose a foreign travel restriction. The court stated that it was "correct that merely to return to the Crown Court and to say: 'I would like a variation' would be wrong in principle, because it would, in effect, undermine the finality of the order as originally made". Therefore, the position is that an application for a variation must have some basis, rather than be, in effect, an illegitimate attempt to appeal. However, it was not the case, as was contended for by the appellant, that there was a general principle under criminal law of a need for change before a protective order could be varied; the court concluded that there could not be a requirement of that kind in relation to a protective order, which placed on the relevant authorities a continuing obligation to protect children or vulnerable adults.

Similarly, in *R. v Jackson*,[175] in the context of restraining orders, the court held that where the person seeking to vary the order had not had a statutory right to make submissions to the court, a requirement to demonstrate a change of circumstances would unduly fetter such a person's ability to seek variation and that instead the court should consider afresh the necessity for and proportionality of the varied order sought.

Which court may exercise the power Where the order was made by the court A10-252 in column 1, the court in column 2 may vary, renew or discharge the order.

Court which made the order	Court which may exercise power to vary etc
Crown Court or Court of Appeal (Criminal Division)	Crown Court
Magistrates' court where offender is aged 18 or over	1) The court which made the order if it is an adult magistrates' court; 2) A magistrates' court acting in the local justice area in which the offender resides; or 3) If the application is made by a chief officer of police, any magistrates' court acting for a local justice area that includes any part of the chief officer's police area
Youth court where offender is aged under 18	1) That court; 2) A youth court acting in the local justice area in which the offender resides; or 3) If the application is made by a chief officer of police, any youth court acting for a local justice area that includes any part of the chief officer's police area

---

[174] [2019] EWCA Crim 182; [2019] 2 Cr. App. R. (S.) 14.
[175] [2021] EWCA Crim 901; [2022] 1 Cr. App. R. (S.) 21.

Breach

Legislation

On conviction

Sentencing Act 2020 s.354

Offence: breach of sexual harm prevention order

A10-253   354.—(1) A person commits an offence if, without reasonable excuse, the person—
        (a) does anything that the person is prohibited from doing by a sexual harm prevention order, or
        (b) fails to do something that the person is required to do by a sexual harm prevention order.
    (2) [*Scotland or Northern Ireland.*]
    (4) A person guilty of an offence under this section is liable—
        (a) on summary conviction, to imprisonment for a term not exceeding 6 months, or a fine, or both;
        (b) on conviction on indictment, to imprisonment for a term not exceeding 5 years, or a fine, or both.
    (5) An order for conditional discharge is not available in respect of an offence under this section.

Criminal Procedure (Insanity) Act 1964

A10-254   There are equivalent provisions contained in the Sexual Offences Act 2003 (see s.103I) in relation to orders imposed following a finding that the defendant is not guilty by reason of insanity or that having been found to be unfit to be tried, they have been found to have done the act charged. Those provisions are not dealt with in detail in this work; however, the guidance from the Court of Appeal (Criminal Division) in relation to post-conviction orders applies to those orders made not following a conviction.

Guidance

A10-255   **Guideline**   The Sentencing Council has issued an offence-specific sentencing guideline: Breach Offences Definitive Guideline (2018). The guideline provides for an offence range of a fine to four years six months' custody. Culpability is divided into three categories (A–C), with the most serious being a "very serious or persistent breach" and the least serious being a breach that is minor or falls just short of a reasonable excuse. Harm is divided into three categories (1–3) and is assessed on the basis of harm caused or risked.

    That guideline has also been applied to breach of sexual risk orders but as the court noted in *R. v Mayne*[176] despite the same maximum sentence it does not directly apply and it must be borne in mind that a person in breach of a sexual risk order may not have been convicted of any sexual offence.

---

[176] [2021] EWCA Crim 737; [2022] 1 Cr. App. R. (S.) 9.

In *R. v Kombi*,[177] however, the court rejected the submission that there was a distinction between a SHPO and a sexual risk order because the former presupposes that there will have been some rehabilitative intervention.

Breach of an SHPO is not a trigger offence In *R. v Hamer*,[178] the defendant fell to be sentenced for breach of a sexual offences prevention order SOPO) and notification requirements. The sentencing judge purported to impose an SHPO with additional prohibitions. On appeal against sentence, the order was quashed as there was no jurisdiction to impose such an order as breach of a SOPO (and SHPO) or notification requirements are not offences listed within Schs 3 or 5 to the Sexual Offences Act 2003 and an SHPO is not therefore available on conviction of such an offence. However, where an offender is already subject to an SHPO the court may vary that order on the application of the defendant or the chief officer of police in the area in which the individual resides or the chief officer of police for another area where it is believed that the individual is in, or is intending to come to. In the absence of such an application no variation can be made on conviction.

A10-256

Appeal

Legislation

On conviction An offender may appeal against the making of an SHPO as part of their sentence and reference should be made to the Criminal Appeal Act 1968.

A10-257

Criminal Procedure (Insanity) Act 1964 There are equivalent provisions contained in the Sexual Offences Act 2003 (see s.103H (appeals), in relation to orders imposed following a finding that the defendant is not guilty by reason of insanity or that having been found to be unfit to be tried, they have been found to have done the act charged. Those provisions are not dealt with in detail in this work; however, the guidance from the Court of Appeal (Criminal Division) in relation to post-conviction orders applies to those orders made not following a conviction.

A10-258

Guidance

Licence conditions and SHPO terms In *R. v McLellan; R. v Bingley*,[179] it was said that where on release from custody there was a "clash" between the licence conditions and the terms of an SHPO, they ought to be reconciled where possible. The proper venue for that was the Crown Court, which could make such a variation on an application by the offender. This was because the problem was as a result of the change of circumstances resulting from the imposition of licence conditions on release from custody rather than from the imposition of the order in the first place.

A10-259

---

[177] [2023] EWCA Crim 784.
[178] [2017] EWCA Crim 192; [2017] 2 Cr. App. R. (S.) 13.
[179] [2017] EWCA Crim 1464; [2018] 1 W.L.R. 2969.

POST-SENTENCE

Travel Restriction Orders (TROS)

Revocation or amendment

Legislation

Criminal Justice and Police Act 2001 s.35

Revocation and suspension of a travel restriction order

35.—(1) Subject to the following provisions of this section, the court by which a travel restriction order has been made in relation to any person under section 33 may—

    (a) on an application made by that person at any time which is—
        (i) after the end of the minimum period, and
        (ii) is not within three months after the making of any previous application for the revocation of the prohibition,
    (a) revoke the prohibition imposed by the order with effect from such date as the court may determine; or
    (b) on an application made by that person at any time after the making of the order, suspend the prohibition imposed by the order for such period as the court may determine.

(2) A court to which an application for the revocation of the prohibition imposed on any person by a travel restriction order is made shall not revoke that prohibition unless it considers that it is appropriate to do so in all the circumstances of the case and having regard, in particular, to—

    (a) that person's character;
    (b) his conduct since the making of the order; and
    (c) the offences of which he was convicted on the occasion on which the order was made.

(3) A court shall not suspend the prohibition imposed on any person by a travel restriction order for any period unless it is satisfied that there are exceptional circumstances, in that person's case, that justify the suspension on compassionate grounds of that prohibition for that period.

(4) In making any determination on an application for the suspension of the prohibition imposed on any person by a travel restriction order, a court (in addition to considering the matters mentioned in subsection (3)) shall have regard to—

    (a) that person's character;
    (b) his conduct since the making of the order;
    (c) the offences of which he was convicted on the occasion on which the order was made; and
    (d) any other circumstances of the case that the court considers relevant.

(5) Where the prohibition imposed on any person by a travel restriction order is suspended, it shall be the duty of that person—

    (a) to be in the United Kingdom when the period of the suspension ends; and
    (b) if the order contains a direction under section 33(4), to surrender, before the end of that period, any passport returned or issued to that person, in respect of the suspension, by the Secretary of State;

and a passport that is required to be surrendered under paragraph (b) shall be surrendered to the Secretary of State in such manner or by being sent to such address as the Secretary of State may direct at the time when he returns or issues it.

(6) Where the prohibition imposed on any person by a travel restriction order is suspended for any period under this section, the end of the period of the prohibition imposed by the order shall be treated (except for the purposes of subsection (7)) as

postponed (or, if there has been one or more previous suspensions, further postponed) by the length of the period of suspension.
(7) In this section "the minimum period"—
  (a) in the case of a travel restriction order imposing a prohibition for a period of four years or less, means the period of two years beginning at the time when the period of the prohibition began;
  (b) in the case of a travel restriction order imposing a prohibition of more than four years but less than ten years, means the period of four years beginning at that time; and
  (c) in any other case, means the period of five years beginning at that time.

Guidance

Test: revocation A TRO may only be revoked where the court considers that it is appropriate to do so in all the circumstances of the case and having regard in particular to the offender's character, their conduct since the making of the order and the conviction which gave rise to the making of the order: s.35(2) of the 2001 Act. It is suggested that applying the reasoning of the court in *R. v Cheyne*[180] in relation to SHPOs, an application for revocation must have some basis, rather than be, in effect, an illegitimate attempt to appeal. However, there is no general principle that there must be a change before a protective order can be revoked. That would preclude revocation even where the evidence that provides the basis for the variation was not known by the court that made the original order but should have been. It is submitted that revocations should therefore only be made where there was either a material error in fact or law at the original sentencing exercise, or where there has since been a material change in circumstances. Revocation should not be sought on trivial grounds.

A10-261

Test: suspension The requirement for there to be exceptional circumstances on the justification of compassionate grounds in ss.35(3)–(4) of the 2001 Act is clearly intended to be an exceptionally high and narrow bar. It is to be noted that even in such a case suspension is discretionary and accordingly consideration will need to be given to the risk posed by the offender.

A10-262

Breach

Legislation

Criminal Justice and Police Act 2001 s.36

Offences of contravening orders
36.—(1) A person who leaves the United Kingdom at a time when he is prohibited from leaving it by a travel restriction order is guilty of an offence and liable—
  (a) on summary conviction to imprisonment for a term not exceeding six months or to a fine not exceeding the statutory maximum, or to both;
  (b) on conviction on indictment, to imprisonment for a term not exceeding five years or to a fine, or to both.

A10-263

---

[180] [2019] EWCA Crim 182; [2019] 2 Cr. App. R. (S.) 14.

(2) A person who is not in the United Kingdom at the end of a period during which a prohibition imposed on him by a travel restriction order has been suspended shall be guilty of an offence and liable—
    (a) on summary conviction, to imprisonment for a term not exceeding six months or to a fine not exceeding the statutory maximum, or to both;
    (b) on conviction on indictment, to imprisonment for a term not exceeding five years or to a fine, or to both.

(3) A person who fails to comply with—
    (a) a direction contained in a travel restriction order to deliver up a passport to a court, or to cause such a passport to be delivered up, or
    (b) any duty imposed on him by section 35(5)(b) to surrender a passport to the Secretary of State,

shall be guilty of an offence and liable, on summary conviction, to imprisonment for a term not exceeding six months or to a fine not exceeding level 5 on the standard scale, or to both.

(4) This section has effect subject to section 37(3)[181].

Guidance

A10-264   There is no offence-specific guideline for breach of a TRO. The Sentencing Council's Breach Offences: Definitive Guideline (2018) states that for the orders listed in the "Other breach offences" section of the guideline, the CBO guideline should be followed. It is submitted that the CBO guideline should also be followed for breaches of TROs. Details of the CBO guideline can be found at A10-211.

Appeals

A10-265   A TRO may be appealed against in the usual way. The provisions of the Criminal Appeal Act 1968, Senior Courts Act 1981 and the Magistrates' Courts Act 1980 apply.

Reparative and compensatory orders

Slavery and Trafficking Reparation Orders

Legislation

Modern Slavery Act 2015 s.10

Slavery and trafficking reparation orders: supplementary provision

A10-266   **10.**—(1) A slavery and trafficking reparation order and a compensation order under Chapter 2 of Part 7 of the Sentencing Code may not both be made in respect of the same offence.

(2) Where the court makes a slavery and trafficking reparation order as mentioned in section 8(4), for the purposes of the following provisions the person's sentence is to be regarded as imposed or made on the day on which the order is made—
    (a) section 18(2) of the Criminal Appeal Act 1968 (time limit for notice of appeal or application for leave to appeal);

---

[181] Defence where person committed act or omission as a result of obligation imposed in the exercise of a prescribed removal power, i.e. deportation.

(b) paragraph 1 of Schedule 3 to the Criminal Justice Act 1988 (time limit for notice of application for leave to refer a case under section 36 of that Act).

(3) Sections 141, 143 and 144 of the Sentencing Code (appeals, review etc of compensation orders) apply to slavery and trafficking reparation orders as if—
- (a) references to a compensation order were references to a slavery and trafficking reparation order;
- (b) references to the court of trial were references to the court (within the meaning of section 8 above);
- (c) references to injury, loss or damage were references to harm;
- (d) the reference in section 143(5)(b)(iii) to a slavery and trafficking reparation order under section 8 above were to a compensation order under Chapter 2 of Part 7 of the Sentencing Code.

(4) If under section 21 or 22 of the Proceeds of Crime Act 2002 the court varies a confiscation order so as to increase the amount required to be paid under that order, it may also vary any slavery and trafficking reparation order made by virtue of the confiscation order so as to increase the amount required to be paid under the slavery and trafficking reparation order.

(5) If under section 23 or 29 of that Act the court varies a confiscation order so as to reduce the amount required to be paid under that order, it may also—
- (a) vary any relevant slavery and trafficking reparation order so as to reduce the amount which remains to be paid under that order;
- (b) discharge any relevant slavery and trafficking reparation order.

(6) If under section 24 or 25A of that Act the court discharges a confiscation order, it may also discharge any relevant slavery and trafficking reparation order.

(7) For the purposes of subsections (5) and (6) a slavery and trafficking reparation order is relevant if it is made by virtue of the confiscation order and some or all of the amount required to be paid under it has not been paid.

(8) If on an appeal under section 31 of the Proceeds of Crime Act 2002 the Court of Appeal—
- (a) quashes a confiscation order, it must also quash any slavery and trafficking reparation order made by virtue of the confiscation order;
- (b) varies a confiscation order, it may also vary any slavery and trafficking reparation order made by virtue of the confiscation order;
- (c) makes a confiscation order, it may make any slavery and trafficking reparation order that could have been made under section 8 above by virtue of the confiscation order.

(9) If on an appeal under section 33 of that Act the Supreme Court—
- (a) quashes a confiscation order, it must also quash any slavery and trafficking reparation order made by virtue of the confiscation order;
- (b) varies a confiscation order, it may also vary any slavery and trafficking reparation order made by virtue of the confiscation order.

(10) For the purposes of this section—
- (a) a slavery and trafficking reparation order made under section 8(1) is made by virtue of the confiscation order within section 8(1)(b);
- (b) a slavery and trafficking reparation order made under section 8(2) is made by virtue of the confiscation order within section 8(2)(a).

Guidance

Variation and discharge

Variation: increase in confiscation order Where the court varies a confiscation order so as to increase the amount required to be paid under that order, it may

A10-267

also vary any slavery and trafficking reparation order made by virtue of the confiscation order so as to increase the amount required to be paid under the slavery and trafficking reparation order: s.10(4) of the 2015 Act. It is submitted that such an increase should only be made when the individual's means was a limiting factor in determining the amount to be ordered, or the amount ordered was limited by s.9(4) of the 2015 Act (that reparation cannot exceed confiscation).

A10-268 **Variation: reduction in confiscation order** It is unclear if s.9(4) of the 2015 Act (which provides that a reparation order cannot exceed the amount ordered in confiscation) applies only to the initial making of the order or its variation; it is suggested that the clear intent of the provision militates towards reducing the reparation order wherever the amount of confiscation is varied below the reparation ordered.

Appeals and reviews

A10-269 Sections 141, 143 and 144 of the Sentencing Code, which deal with the imposition of compensation orders, apply to reparation orders: s.10(3) of the 2015 Act. This has the effect, among other things, of suspending the entitlement of the sum ordered until the statutory time period for appealing against sentence has elapsed; provides for a power for the court to review the order imposed and, where appropriate, reduce the amount or discharge the order; and regulates the relationship between compensatory orders and awards of damages in civil proceedings.

PART B: OFFENCES

CHAPTER B1

DETERMINING THE APPROPRIATE SENTENCE

THE APPROACH TO PART B

Part B of this work concerns the determination of the appropriate sentence for a variety of specific criminal offences. As will be familiar, there are now sentencing guidelines for many offences. Where there is no guideline, there is now a "general" guideline which provides structure and guidance on the approach to the sentencing exercise.

B1-001

This part of the work therefore provides a description of the relevant parts of the guidelines, with commentary as to particular issues which might arise, or suggested interpretations of particular phrases or factors. Additionally, where there is Court of Appeal (Criminal Division) guidance on the meaning of a particular phrase in a guideline or more general guidance on the approach to be taken to a guideline, this is set out, again with commentary.

For offences for which there is no guideline, reference should be made to the general guideline in addition to the guidance from the Court of Appeal (Criminal Division) which is summarised in this Part. The approach taken is to identify only cases which provide guidance as to the approach to sentencing for particular offences and a small number of more fact-specific cases which either demonstrate the weight to be given to particular mitigating or aggravating features or which illustrate the broad range of seriousness which the offence encompasses.

Users will note that the approach taken is therefore different from other sentencing texts. This work does not simply list very many cases which serve only to illustrate the approach taken by the Court of Appeal (Criminal Division) to the sentencing of a particular offence. Instead, it seeks to identify only those cases which provide guidance and to identify general principles to discern the correct approach to be taken. In recent years the Court of Appeal (Criminal Division) has moved away from reliance on fact-specific decisions in favour of identifying a more principled approach. This is welcomed but requires a change of approach by practitioners and it is intended that Part B of this work reflects that change. This work, therefore, mirrors the approach now endorsed in Criminal Practice Direction 2023 at § 10.8:

B1-002

> "10.8.9 Only an authority which establishes the principle should be cited. Reference should not be made to authorities which do no more than either (a) illustrate the principle or (b) restate it. The court is most unlikely to be prepared to look at an authority which does no more than illustrate or restate an established proposition.
>
> 10.8.10 Where a definitive Sentencing Council guideline is available, authorities decided before the issue of the guideline, and authorities after its issue which do not refer to it, will rarely be of assistance. An authority that does no more than uphold a sentence

imposed at the Crown Court is unlikely to assist the court in deciding whether a sentence is manifestly excessive or wrong in principle."

Where there is Court of Appeal (Criminal Division) guidance which is of general application to the guideline as a whole (for example, the meaning of a phrase which features in multiple offence-specific guidelines, such as "significant degree of planning" in the Sexual Offences Definitive Guideline) this is set out at the beginning of the section. Cases which assist only in relation to a particular offence-specific guideline are contained in dedicated sections after the general interpretation section.

Offence-Specific Sentencing Guidelines

General

Overview

B1-003   The guidelines are typically broken down by offence or offence group. For instance, a single guideline might apply to a single offence (e.g. sexual assault) or it might apply to a number of offences (e.g. possession of an offensive weapon or bladed article). Each offence-specific guideline follows the same format, thereby providing for a consistency of approach across all offence groups.

Step 1

B1-004   Step 1 concerns the assessment of seriousness by reference to culpability and harm. This is performed by reference to a list of factors (usually exhaustive) for which the sentencer must identify the particular category best describing the offence in question. The scope for error at this stage is usually limited to the application and interpretation of the factors; the use of mostly exhaustive lists enables the Council to retain a degree of control over the consistency of approach to sentence as courts are making the primary assessment of harm and culpability by reference to the same list of factors and no others.

The Council does not provide guidance as to the interpretation or application of these factors and so it falls, principally, to the Court of Appeal (Criminal Division) to provide such guidance. This produces a harm category and a culpability category.

Step 2

B1-005   Step 2 comprises two steps: (1) identifying the starting point and category range within the table provided in the guideline; and (2) considering any aggravating and mitigating features.

The table is essentially a two-dimensional matrix (akin to a mileage chart). Using the categories identified in Step 1, users can identify the applicable starting point and category range. For instance, if at Step 1 of the Rape Guideline, it was determined that the offence fell within Harm Category 1 and Culpability Category A, the applicable starting point would be one of 15 years, with a category range of 13–19 years, by identifying "1" and "A" on the X and Y axes of the table. It is submitted that it is perfectly permissible to move from the starting point indicated by the category to reflect a case which in the sentencer's view falls at the top or bottom of the indicated category; this might be appropriate, where for instance a case involves multiple Harm Category 1 and/or Culpability A factors, such that it is a "bad" example of a Category 1A offence.

Thereafter, a consideration of the aggravating and mitigating factors may merit an adjustment to the starting point. The listed factors are non-exhaustive and thus the restrictions in Step 1 (producing benefits of greater consistency) are somewhat undone in Step 2. However, the primary determination of offence seriousness is performed in Step 1 (and so adjustments in Step 2 are comparatively small, thereby limiting the effect to which an error of judgment will produce an inconsistent sentence). Furthermore, it is necessary to relinquish some control here as it is not possible (or practical) to list every possible aggravating and mitigating factor.

The Council does, now, provide guidance as to the interpretation and application of the most common Step 2 factors. This was a product of its "expanded explanations" consultation in 2019 and now features as "drop-down" boxes on the Council's website, embedded in each offence-specific guideline. Reference should be made to these in suitable cases. **B1-006**

It is worth remembering that although s.59 of the Sentencing Code requires the court to follow any applicable sentencing guideline, that duty only requires a court to impose a sentence between the bottom of the lowest category range and the top of the highest category range so, for example, in the rape guideline, that is an offence range of four to 19 years. Therefore, to take an extreme example, having found that an offence falls within Category 3B of the Rape guideline (SP five years, range four to seven years), the court may impose a sentence of 19 years while still "following" the guideline. Of course, it would likely be difficult to defend such a decision, but the point remains that the duty to follow the guideline is in fact looser than the language of the legislation suggests at first glance. Put simply, there is no legal duty to impose a sentence within the range specified by the category identified and courts may (and should, where appropriate) move between categories to reflect aggravating and mitigating factors. In all cases, however, the court should ensure that the sentence imposed appropriately reflects the seriousness of the offence and the balance of aggravating and mitigating factors. That there is no strict duty to impose a guideline within a category range does not mean that good reasons will not be needed to move outside it.

Inchoate offences

It has long been the case that courts apply the offence-specific sentencing guidelines when sentencing for inchoate offences, and then make a reduction to reflect the fact that the conviction offence was incomplete. In the context of murder/conspiracy/attempted murder, see *R. v Barot (Dhiren)*[1]; *R. v Martin (Patrick Hugh)*.[2] **B1-007**

In *Attorney General's Reference (R. v Iqbal (Haroon))*,[3] the court gave guidance on this topic, specifically in relation to attempts. The court stated (in the context of a firearms offence) that attempted offences usually received a lesser sentence than that imposed for the commission of the full offence because the harm caused, whatever the intent, was likely to be less. However, the court stated that the amount of reduction depended on all the circumstances, including the stage at which the attempt failed and the reason for non-completion. Thus, for example, the incho-

---

[1] [2007] EWCA Crim 1119; [2008] 1 Cr. App. R. (S.) 31.
[2] [1999] 1 Cr. App. R. (S.) 477 CA (Crim Div).
[3] [2022] EWCA Crim 1156; [2023] 1 Cr. App. R. (S.) 15.

ate nature of the offence may not be a potent factor because it was only the determination of the victim that prevented the offence from being completed: *R. v Joseph (Bol)*.[4] The extent of downward movement will thus always depend on the facts. Where an offender was only prevented from carrying out the offence at a late stage or when, absent interception, the offender would have carried out the offence, a small reduction within the category range would usually be appropriate: *R. v Reed (Alistair)*.[5]

Offence Specific Guideline: The Continued Utility of Case Law

B1-008 Where there is an offence-specific guideline, reference should always be made to that in the first instance. There remains a role for the Court of Appeal (Criminal Division) to provide guidance to first instance courts on the approach to sentencing, but principally, the past 20 years have seen this duty transferred away from the Court of Appeal (Criminal Division) and to the Sentencing Council. It is right to note, however, that this process is cyclical, as the Court of Appeal (Criminal Division) determines appeals against sentence (many of which are based on alleged misapplications of the guidelines) and therefore have a direct effect on sentencing levels and the application of the guidelines. Accordingly, where the Council revises its guidelines, they take account of practice and (save for very rare expressions of "policy") effectively consolidate and codify the practice of the courts into guidelines.

The utility of case law in the guidelines era is now much diminished and the approach of the Court of Appeal (Criminal Division) to sentence appeals is that citation of authority is welcomed only where it reveals a principle applicable to the sentencing exercise or otherwise informs the approach to sentencing: if it is not necessary to refer to a case, it is necessary to not refer to it. Accordingly, previous decisions which do nothing more than illustrate an approach taken by a different constitution of the court should not be cited and do little more than inform one's understanding of the court's approach to the guideline (as to which see B1-002 above). As such, this section contains only cases that inform the court's approach to sentencing by virtue of interpreting terms used in sentencing guidelines, or by identifying factors which may be relevant to the exercise but are not contained in the sentencing guidelines. The one exception to this rule is the inclusion of cases illustrating the appropriate sentence where the court has, in accordance with s.59 of the Sentencing Code, departed from the sentencing guideline. The rationale for this is that such cases may be of assistance in determining the appropriate level of sentence for offences which are deemed to fall outside the guideline and in providing examples of where the interests of justice test may be met such that the guideline need not be followed in accordance with the statute (although they should be cautiously treated as examples only, and not as authority).

---

[4] [2001] EWCA Crim 304; [2001] 2 Cr. App. R. (S.) 88.
[5] [2021] EWCA Crim 572; [2021] 1 W.L.R. 5429; [2022] 1 Cr. App. R. (S.) 6.

The General Guideline

General

In 2019, the Sentencing Council issued the *General Guideline: Overarching Principles*, which provides a guideline for offences for which there is no offence-specific guideline. The guideline adopts the format of the offence-specific guidelines but provides general factors which are intended to be of assistance in a broad range of cases. The purpose is to ensure some consistency of approach to the sentencing in cases where there is no offence-specific guideline; this is achieved through the structured approach of considering in Step 1, the harm and culpability in the offence and in Step 2, any aggravating and mitigating factors. As a result of the inevitable general nature of this guideline, no offence range, category ranges or starting points are provided and therefore courts will need to ascertain what is proportionate from a combination of the maximum sentence and any guidance from the Court of Appeal (Criminal Division).

B1-009

Step 1

Step 1 is entitled "Reaching a provisional sentence". It provides for the assessment of culpability and harm but rather than listing particular factors, the guideline provides some general considerations for the assessment of harm and culpability. In particular, the guideline provides:

B1-010

1) the statutory maximum sentence (and if appropriate minimum sentence) for the offence;
2) sentencing judgments of the Court of Appeal (Criminal Division) for the offence;
3) definitive sentencing guidelines for analogous offences.

Furthermore, there is expanded guidance on harm and culpability.

Culpability is assessed with reference to the offender's role, level of intention and/or premeditation and the extent and sophistication of planning.

The court should balance these factors to reach a fair assessment of the offender's overall culpability in all the circumstances of the case and the offender.

B1-011

The mere presence of a factor that is inherent in the offence should not be used in assessing culpability.

Deliberate or gratuitous violence or damage to property, over and above what is needed to carry out the offence, will normally indicate a higher level of culpability.

For offences where there is no requirement for the offender to have any level of intention, recklessness, negligence, dishonesty, knowledge, understanding or foresight for the offence to be made out, the range of culpability may be inferred from the circumstances of the offence as follows:

B1-012

Highest level to Lowest level	Deliberate: intentional act or omission
	Reckless: acted or failed to act regardless of the foreseeable risk
	Negligent: failed to take steps to guard against the act or omission
	Low/no culpability: act or omission with none of the above features

For offences that require some level of culpability (e.g. intention, recklessness or knowledge) to be made out, the range of culpability will be narrower. Relevant factors may typically include but are not limited to:

Highest level to Lowest level	High level of planning/sophistication/ leading role
	Some planning/significant role
	Little or no planning/minor role
	These models of assessing culpability will not be applicable to all offences

Harm—which the offence caused, was intended to cause or might foreseeably have caused

B1-013   There may be primary and secondary victims of an offence and, depending on the offence, victims may include one or more individuals, a community, the general public, the state, the environment and/or animal(s). In some cases, there may not be an identifiable victim.

An assessment of harm should generally reflect the overall impact of the offence on the victim(s) and may include direct harm (including physical injury, psychological harm and financial loss) and consequential harm.

When considering the value of property lost or damaged the court should also take account of any sentimental value to the victim(s) and any disruption caused to a victim's life, activities or business.

B1-014   When considering harm to animals or the environment relevant considerations will include the impact on rare or endangered species or sensitive locations and any suffering caused.

Where harm was intended but no harm or a lower level of harm resulted, the sentence will normally be assessed with reference to the level of harm intended.

Where the harm caused is greater than that intended, the sentence will normally be assessed with reference to the level of harm suffered by the victim.

B1-015   Dealing with a risk of harm involves consideration of both the likelihood of harm occurring and the extent of it if it does.

The risk of harm is less serious than the same actual harm. Where the offence has caused a risk of harm but no (or less) actual harm the normal approach is to move down to the next category of harm. This may not be appropriate if either the likelihood or extent of potential harm is particularly high.

A victim personal statement (VPS) or other impact statement may assist the court in assessing harm, but the absence of a VPS or other impact statement should not be taken to indicate the absence of harm.

B1-016   The court should balance these characteristics to reach a fair assessment of harm in the context of the circumstances of the offence.

Highest level to Lowest level	Very serious harm caused to individual victim(s) or to the wider public/ environment etc
	Serious harm caused OR high risk of very serious harm
	Significant harm caused OR high risk of serious harm
	Low/no harm caused OR high risk significant harm

The table should be used in conjunction with the notes above and may not be applicable to all offences.

The court should consider which of the five purposes of sentencing (below) it is seeking to achieve through the sentence that is imposed. More than one purpose might be relevant and the importance of each must be weighed against the particular offence and offender characteristics when determining sentence.

- The punishment of offenders.
- The reduction of crime (including its reduction by deterrence).
- The reform and rehabilitation of offenders.
- The protection of the public.
- The making of reparation by offenders to persons affected by their offences.

Step 2

Step 2 requires the court to consider any aggravating or mitigating features. As is the case with the offence-specific guidelines, it is for the court to assess the weight to be given to such factors. The guideline provides a list of general aggravating and mitigating factors, each of which has an "expanded explanation", which is a short paragraph provided by the Sentencing Council as to the scope and interpretation of that particular factor. **B1-017**

Steps 3 to 9

Thereafter, Steps 3 to 9 provide for the usual steps in offence-specific guidelines, including assistance provided to the prosecution, totality and guilty plea. **B1-018**

No Offence Specific Guideline: The Continued Utility of Case Law

Where there is no offence-specific guideline, previous authorities may be of some use, and even where the decision is fact-specific, such cases may be a useful comparator or an illustration of the broad range of sentences which an offence may attract. However, as the Court of Appeal (Criminal Division) has had reason to observe on numerous occasions, not only are such cases inevitably fact-specific but any report of the decision is unlikely to include all of the relevant facts in sufficient detail to properly assess the case, and additionally where the Court of Appeal (Criminal Division) has not interfered with the sentence that only means the sentence was not unduly lenient or manifestly excessive, not that that would have been the sentence the court would have imposed. Nonetheless, in the absence of specific sentence guidelines the court always wishes to achieve as far as possible consistent sentences in similar cases and so reference to such cases may be of assistance. The first port of call should, however, always be those cases which provide general guidance, whether by identifying broad bands of seriousness or by identifying particular questions to be considered in the sentencing of that offence. Furthermore, in all cases, the overarching concern will be imposing a sentence commensurate with the seriousness of the offence, and previous decisions are only useful so far as they can provide guidance as to the exercise of that judgment. **B1-019**

CHAPTER B2

OFFENCES OF VIOLENCE

OFFENCES AGAINST THE PERSON

Homicide

Introduction

This chapter deals with offences of homicide, save for causing death by driving offences. Where there is a Sentencing Council or Sentencing Guidelines Council guideline, there is a section dealing with the interpretation of terms used in the guideline, preceding the sections that address the approach to sentencing particular offences. In the general section dealing with sentencing guidelines, there is commentary and guidance generally applicable to the particular guideline, which in this case is just the manslaughter guideline. For commentary and guidance specific to a particular offence or offence group, see the section in question. **B2-001**

Murder

The offence of murder has a mandatory life sentence and is, unusually, subject to a detailed statutory scheme structuring the court's discretion as to the determination of the length of the minimum term. This is dealt with at A4-703 (in relation to adults) and A6-263 (in relation to children). **B2-002**

Manslaughter (Other than Corporate Manslaughter)

Introduction

The Sentencing Council has issued a definitive guideline for sentencing manslaughter offences. Accordingly, reference should first be made to the guideline and any authorities which may assist in applying the guideline the guideline and its terms. Thereafter, recourse may be made to the specific sections dealing with each offence where there is further, more specific, guidance from the Court of Appeal (Criminal Division). **B2-003**

Maximum sentence

The offence of manslaughter, contrary to common law, has a maximum sentence of life imprisonment. **B2-004**

[1195]

Required life sentence

B2-005 Where the offence of manslaughter is an offence of unlawful act manslaughter, committed where the person was at least 16 or over, on or after 28 June 2022 and against an emergency worker acting in the exercise of their functions as such a worker, a life sentence (with no particular minimum term) must be imposed under either ss.258A, 274A or 285A unless there are exceptional circumstances. For the relevant sections see A4-680 and following, and A6-256 and following.

Availability of sentencing orders

B2-006 Certain sentencing orders or consequences of conviction are only available, or apply, where the offence for which the offender has been convicted is a listed offence. The table below specifies whether the offence is a listed offence for the purpose of each of those sentencing orders or consequences of conviction.

Custodial sentences

B2-007

Offence	SA 2020 Sch.13 (offender of particular concern)	SA 2020 Sch.14 (extended determinate sentences—previous offence condition)	SA 2020 Sch.15 (life for second listed offence)	SA 2020 Sch.17A (serious terrorism sentence)	SA 2020 Sch.18 (extended determinate sentences—specified offences)	SA 2020 Sch.19 (life sentence: dangerous offenders)	PCC(S)A 2000 s.109 (required life sentence for second listed offence committed between 30 September 1997 and 4 April 2005)
Manslaughter	Yes, Pt 1 where offence has a terrorist connection	Yes	Yes	Yes, where offence has terrorist connection	Yes	Yes	Yes

Secondary orders and consequences of conviction

B2-008

Offences	SOA 2003 Schs 3 and 5 (sexual harm prevention order and notification—sex offences)	SCA 2007 Sch.1 (serious crime prevention order)	CTA 2008 ss.41–43 (notification—terrorism offences)	SI 2009/37 (barring from work with children and vulnerable adults)
Manslaughter	Yes, Sch.5	No	No	No

Sentencing guidelines

General

B2-009 This section deals with the Manslaughter Guideline 2019, which applies to all offences of manslaughter save for the offence of corporate manslaughter. For details of the guideline applicable to corporate manslaughter, see B2-036. There are individual guidelines for each of the different types of manslaughter. In all cases, harm is not assessed at Step 1. The reason for this is that the Council states that "For all cases of manslaughter the harm caused will inevitably be of the utmost seriousness. The loss of life is taken into account in the sentencing levels at step two." This is, it is submitted, overly simplistic. The manner in which death was caused, the nature and extent of injuries, the degree of pain and suffering endured and the consequent trauma for the victim's family are all factors which, it is suggested, can increase the harm caused in such an offence. Additionally, the Sentencing Code requires the assessment of harm at sentencing to encompass harm caused, intended or foreseen; thus the degree of harm which was intended or foreseen could be directly relevant to the assessment of seriousness. Accordingly, it is submitted that by virtue of the approach adopted by the Council, these are factors that the court will need to address at Step 2.

Manslaughter by diminished responsibility

B2-010 The offence range for manslaughter by diminished responsibility is three to 40 years' imprisonment. There are three categories of culpability assessed by reference to the level of retained responsibility the offender had at the time of the offence. This is not a medical assessment, though there is no doubt that it should be informed by medical reports.

The guideline at Step 4 provides a particular focus on considering whether a mental health disposal is appropriate. There is detailed Court of Appeal (Criminal Division) guidance on the interrelationship between the various mental health disposals. See A9-031.

Finally, at Step 5 the guideline emphasises that cases of manslaughter by reason of diminished responsibility vary considerably on the facts of the offence and on the circumstances of the offender and the court should therefore step back and consider carefully whether the final sentence is appropriate.

B2-011 It is submitted that therefore the approach of the Court of Appeal (Criminal Division) in relation to diminished responsibility cases is intensely fact-specific—perhaps even more so than other cases of manslaughter—and that an appropriate degree of deference should be paid to the judgement of the sentencing judge, who (particularly following a trial) will have been in a uniquely privileged position as regards assessing the offender. It is also to be remembered that although the Criminal Appeal Act 1968 allows the Court of Appeal (Criminal Division) to quash the sentence if it considers that the offender should have been sentenced "differently", the court is one of review and should only interfere where the decision of the sentencing judge was incorrect. This point was emphasised by the court in *R. v Westwood*.[1]

Manslaughter by reason of loss of control

B2-012 The offence range for manslaughter by reason of loss of control is three to 20 years' imprisonment. There are three categories of culpability assessed by reference to listed indicative factors concerning the loss of control (and the extent to which the qualifying trigger criterion is met) and more traditional culpability factors such as planning and premeditation, use of a weapon and post-offence

---

[1] [2020] EWCA Crim 598 *at* [80].

behaviour concerning the body. The guideline notes that, following the assessment of culpability, "Where a case does not fall squarely within a category, adjustment from the starting point may be required before adjustment for aggravating or mitigating features." This is emphasised by the significant difference in starting points: 14, eight and five years for categories A, B and C.

It is to be recalled that the figures in the table at Step 2 are for determinate sentences and should the court determine that a life sentence should be imposed, reference should be made to A4-664, which sets out guidance on calculating the minimum term from the notional determinate term.

Unlawful act manslaughter

B2-013 The offence range for unlawful act manslaughter is one to 24 years' imprisonment. There are four categories of culpability (A, B, C and D). Category A concerns extreme Category B factors or a combination of Category B factors, either of which may elevate a case into Category A. The remaining categories concern the unlawful and dangerous act forming the base offence of the offence of manslaughter and the extent to which this was intention and risked GBH. Additionally, the offender's role is relevant, where the offence was committed in a group, as is the extent of any self-defence (not amounting to a complete defence). It is notable that the upper limit of the offence range is higher than for the loss of control guideline (which is 20 years) despite the fact that the offence is one of involuntary rather than voluntary manslaughter.

The guideline notes that, following the assessment of culpability, "Where a case does not fall squarely within a category, adjustment from the starting point may be required before adjustment for aggravating or mitigating features." This is emphasised by the significant difference in starting points: 18, 12, six and two years for categories A, B, C and D.

It is to be recalled that the figures in the table at Step 2 are for determinate sentences and should the court determine that a life sentence should be imposed, reference should be made to A4-664, which sets out guidance on calculating the minimum term from the notional determinate term.

Gross negligence manslaughter

B2-014 The offence range for gross negligence manslaughter is one to 18 years' imprisonment. It is notable that the upper limit of the offence range is almost as high as that for the loss of control guideline (which is 20 years) despite the fact that the offence is one of involuntary rather than voluntary manslaughter.

Culpability is broken down into four categories (A, B, C and D). Category A concerns extreme Category B factors or a combination of Category B factors, either of which may elevate a case into Category A. The remaining categories concern the degree of negligence and whether the act or omission was repeated or prolonged. Additionally, there is reference to factors such as the motivation for the negligence; at first this might seem counter-intuitive for a negligence offence; however, it is clearly concerned with situations where "corners are cut" in terms of adherence to safety procedures and the like. Finally, there is reference to the offender's role. Thus, the assessment of culpability here is multi-faceted. This very sensible approach to the assessment of culpability creates a tension with the approach to the construction of the offence of gross negligence manslaughter taken by the Court of Appeal (Criminal Division) (most notably, the former President of the Queen's

Bench Division, Sir Brian Leveson) for example in *R. v Rose*[2]—as Karl Laird noted in his commentary at [2018] Crim. L.R. 76,[3] the effect of the court's decision that "... the more egregious the breach of the duty of care, the less likely it is that the defendant will be found guilty." Clearly, under the guideline where such a defendant is guilty, they will expect condign punishment.

Unlike the other manslaughter guidelines, the difference between the starting points is not that marked: they are 12, eight, four and two years for categories A, B, C and D.

It is to be recalled that the figures in the table at Step 2 are for determinate sentences and should the court determine that a life sentence should be imposed, reference should be made to A4-664, which sets out guidance on calculating the minimum term from the notional determinate term.

B2-015

Interpreting/applying the guideline

General

Reference to pre-guideline cases It is submitted that there is now no need to refer to any decisions handed down prior to the coming into force of the manslaughter guideline. Furthermore, as explained at B1-008, the only cases to which reference should be made are those handed down after the coming into force of the guideline where they provide some further guidance on the application of the guideline.

B2-016

Comparison with murder sentences

R. v Bola [2019] EWCA Crim 1507

The appellant sought to rely on a comparison with the sentence that would have been imposed had he been convicted of murder and not unlawful act manslaughter.

Held: that that approach would be rejected. The court did not find it especially helpful to draw an analogy with the position had the appellant been convicted of murder instead of manslaughter given that there was now the Definitive Guideline which deals specifically with manslaughter offences. That Definitive Guideline applied to all appellants aged 18 and older who were sentenced after 1 November 2018 regardless of when the offence was committed. It gave comprehensive guidance. As such, those sentencing ought, at least primarily, to be looking to the Definitive Guideline rather than looking at what the sentence would have been if there had been a conviction for murder.

B2-017

Attorney General's Reference (R. v Brehmer) [2021] EWCA Crim 390; [2021] 4 W.L.R. 45

The Attorney General had submitted that an increase was required from the relevant starting point in the guideline for manslaughter through loss of control to ensure the sentence was not disproportionate to the sentence that would have been imposed had there been a conviction for murder.

Held: The guideline expressly covers cases which come close to murder. The submissions on behalf of the Attorney General suggest a need to avoid undue disparity between sentences for murder and sentences for manslaughter. That is what the guidelines for offences of manslaughter do. It is possible that a

B2-018

---

[2] [2017] EWCA Crim 1168; [2018] Q.B. 328.
[3] K. Laird, "Manslaughter: R. v Rose (Honey Maria) (Case Comment) [2018] Crim. L.R. 76–81.

circumstance which would lead to a higher starting point under Sch.21 in a case of murder may arise in a case of manslaughter. To the extent that such a circumstance does arise, a judge may properly treat it as an aggravating factor when determining, in accordance with the manslaughter guideline, where the appropriate sentence lies in the guideline range. Exceptionally, it might contribute to a conclusion that the interests of justice required a departure from the guideline in that particular case. However, the suggestion that if an offence of manslaughter may be regarded as coming close to murder, the sentencing judge should focus on Sch.21 rather than on the guideline would be rejected. Such an approach would be contrary to the duty to follow the sentencing guidelines.

Culpability

The need to balance factors in the guideline

R. v Harris [2019] EWCA Crim 2008; [2020] 1 Cr. App. R. (S.) 63

B2-019
The defendant had been convicted of unlawful act manslaughter, having been acquitted of murder. On appeal, it was submitted that the judge failed to sentence the appellant on the most favourable basis to him.

Held: rejecting that submission, that the guideline contained the following text:

"Step 1—Culpability
The characteristics set out below are indications of the level of culpability that may attach to the offender's conduct; the court should balance these characteristics to reach a fair assessment of the offender's overall culpability in the context of the circumstances of the offence.
The court should avoid an overly mechanistic application of these factors.
Step 2—Starting point and category range
Having determined the category at step one, the court should use the corresponding starting point to reach a sentence within the category range below.
The starting point applies to all offenders irrespective of plea or previous convictions.
Where a case does not fall squarely within a category, adjustment from the starting point may be required before adjustment for aggravating or mitigating features."

As the authors of the guideline have anticipated, complex considerations may arise in cases where more than one category is engaged. One approach may be for a sentencer to conduct something of an iterative exercise in this sense: if two categories are engaged, logically the appropriate sentence should be capable of being reached either from the starting point of adjusting downwards from the higher category or adjusting upwards from the lower category.

B2-020
On the facts of the case it was open to the judge to conclude that an adjustment up from Category D was the best way of reflecting the offender's culpability; but equally it was open to him, based on his conclusions on the evidence, to conclude that the circumstances of the case better suited an adjustment down from Category B.

B2-021
Commentary: In *R. v Bola*,[4] it was noted that the guideline used the word "may" and therefore it did not follow that a number of Culpability B factors would lead to an offence being elevated to Culpability A. Accordingly, it is submitted that it is evident that the Court of Appeal (Criminal Division) will pay deference to the

---

[4] [2019] EWCA Crim 1507.

sentencing judge's assessment of the offence and the application of the facts to the guideline. Furthermore, it is suggested that in a case in which there are factors in different culpability categories, the sentencing judge would be well-advised to spend a little time in their sentencing remarks addressing how they have resolved this issue and the reasons underpinning that decision. Finally, it is necessary to remember that principally, the Court of Appeal (Criminal Division) is concerned with the resultant sentence and therefore whether a lower category is adopted and adjusted up, or vice versa, the ultimate question for the court will be whether the sentence was unduly lenient or manifestly excessive.

This was emphasised in *R. v Broadhurst*,[5] in which the court endorsed the references in the guideline as to the need to avoid applying the culpability factors at Step 1 in an overly mechanistic manner.

Extreme nature of Category B factors *Commentary:* The guideline permits a finding of very high culpability where there is present the extreme nature of one or more Culpability B factors or a combination of Culpability B factors. Thus, it is evident that a number of Culpability B factors, none of which in isolation is "extreme" but whose combined effect is to raise the seriousness to such a degree as to make a sentence within the Culpability A category proportionate, may elevate the category from B to A. Additionally, the extreme nature of a single factor may do so in isolation. There has not yet been any guidance from the Court of Appeal (Criminal Division) as to what constitutes factors of an "extreme nature" It is submitted, however that it would be necessary for a court to be satisfied that the factor relied on is not just a severe example of that factor, but so severe that the Sentencing Council could not have envisaged such a factor resulting in a sentence within the Culpability B range. It is submitted that it is likely that such occurrences will be rare.

B2-022

Manslaughter by reason of diminished responsibility

Culpability

Retained responsibility *Commentary:* It is self-evident that the extent to which the offender is responsible for exacerbating their mental condition is likely to militate towards a finding of greater responsibility and conversely, where they have taken steps to obtain assistance this may reduce their responsibility. However, as the court in *R. v Rodi*[6] noted, where "… the offender exacerbates the mental disorder by voluntarily failing to follow medical advice, this may increase responsibility; but in considering the extent to which the offender's behaviour is voluntary, the extent to which the mental disorder has an impact on the offender's ability to exercise self-control or engage with medical services will be relevant". Accordingly, this assessment is two dimensional; the first (and dominant) consideration being the extent to which they were able to understand their conduct, exercise self-control and form a rational judgement; and the second being the more traditional culpability assessment, involving (as already noted) the extent to which they are responsible (or culpable) in relation to their mental disorder leading to the killing. This is a highly fact-specific decision; however, it is submitted that where the court wishes to differ from the view espoused by the medical experts, fuller reasons should be given

B2-023

---

[5] [2019] EWCA Crim 2026.
[6] [2020] EWCA Crim 330.

so as to provide an explanation to the press, public, victim's family and defendant—and perhaps even the Court of Appeal (Criminal Division).

An illustration of this is provided by *R. v Westwood*,[7] where the court delivered a lengthy judgment in which it explored the decision of the sentencing judge who had imposed a "hybrid" order under s.45A of the MHA1983 in conjunction with an extended sentence of 21 years (16 years' custody with a five-year extension). The court concluded that the judge's assessment as to the level of retained responsibility was not sustainable on the evidence and replaced the sentence with a hospital order with a restriction order. While the sentence is a matter for the judge, and the judge has to assess the weight of the psychiatric evidence presented to the court, the conclusion (quite obviously) has to sustain scrutiny and be open to the court on the evidence.

In *Attorney General's Reference (R. v BAZ)*,[8] the court held that the question as to whether chronological age and, in particular, extreme youth should be taken into account in an assessment of retained responsibility must be a fact specific consideration in the particular circumstances of the relevant "abnormality of mind". In the instant case, the judge had rightly taken into account D's cognitive and emotional age, resulting from her medical conditions, at the first stage of the exercise in the judge's consideration of retained responsibility and not her chronological age. He had then made a further reduction for her chronological age. If the judge had taken cognitive age into account at Stage 1, i.e. he had double counted a factor which had been taken into account in the assessment of retained responsibility and then made a further reduction for it, then that would have been an error of principle. However, the judge had been clear that he was mindful of the need not to double count that factor. The court declined to interfere with the approach the judge had taken.

Manslaughter by loss of control
Interpreting/applying the guideline

B2-024 *Commentary:* In *R. v Malik (Mohammed Yaqub)*,[9] the court held that the introductory phrase in this guideline "The court should avoid an overly mechanistic application of these factors" was clearly designed to give judges greater latitude in this sort of very serious case. In the Sentencing Council's initial consultation on these guidelines in July 2017, it gave the following explanation for the phrase: "The Council recognises that the factual circumstances of individual offences can vary enormously and a degree of flexibility in determining the culpability level is necessary to achieve a fair assessment." Particularly given that culpability is the sole determiner of a sentencing starting point there is arguably a greater need than normal to ensure cases are appropriately categorised.

Unlawful act manslaughter
Interpreting/applying the guideline
Reference to previous decisions, including Appleby

Attorney General's Reference (R. v Gordon) [2020] EWCA Crim 360; [2020] 4 W.L.R. 49

B2-025 The court considered the extent to which previous decisions, in particular, *At-*

---

[7] [2020] EWCA Crim 598.
[8] [2022] EWCA Crim 940.
[9] [2022] EWCA Crim 1494; [2023] 1 Cr. App. R. (S.) 19.

torney General's Reference (R. v Appleby),[10] remained relevant to sentence under the new sentencing guidelines.

Held: it should by now be well understood that all sentencing guidelines are informed by current sentencing at the time the guideline is drafted.

In this case, the decision in the *Appleby* case was an important part of the case law preceding the drafting of the guideline. A judge who applies the guideline correctly has no need to refer to the *Appleby* case.

Balancing the objective and subjective elements

Attorney General's Reference (R. v Parry (Benjamin Richards) [2023] EWCA Crim 421)

The court considered the submission that on the facts of the particular case, the judge had failed to balance the objective risk in the offenders' conduct with their subjective (lesser) intention.

B2-026

Held: On the facts, the judge failed to adequately reflect BP's subjective intent and the objective high risk he created of GBH or death into the assessment of overall culpability. There was an overlap between those factors in the instant case, but they were not two sides of the same coin.

Conduct began lawfully

R. v Hunt [2021] EWCA Crim 1541; [2022] 1 Cr. App. R. (S.) 52

H and another had given chase to V who had damaged a vehicle at his garage with a sledgehammer. H did not know V and there was no history between them. H and JH caught and restrained him and once H managed to get V to the ground, he positioned his right arm around his neck and under his chin to restrain him. JH restrained his body. Witnesses said that V struggled periodically but after a while stopped moving. Police arrived and saw H holding V. By then he was dead. Medical evidence was that significant pressure had been applied to the neck consistent with a neck hold. At trial, the period of the neck hold was agreed to be a period of a few minutes.

B2-027

Held: The offence certainly did not fall within Category B and absent any features in Category D, Category C was the correct categorisation in this case. Although the course of conduct could be seen as a single course of events that started lawfully but ultimately ended with the use of excessive force, it was entirely open to the judge to focus on the point at which the detention became unlawful. At that point this was a case where "death was caused in the course of an unlawful act which involved an intention by the offender to cause harm or recklessness as to whether harm would be caused". Given the minutes that followed, during which it ought to have been obvious to H that V was in difficulty having lost consciousness, there was ample evidence to conclude there was recklessness as to whether harm would be caused. The appeal would be dismissed.

Strangulation

R. v Kilkenny (Dean) [2023] EWCA Crim 861; [2024] 1 Cr. App R. (S.) 3

K pleaded guilty to manslaughter. K (with others) was involved in a brawl during which he grabbed the victim, V, in a strong hold around the neck for a period

B2-027A

---

[10] [2009] EWCA Crim 2693; [2010] 2 Cr. App. R. (S.) 46.

of 50 seconds, described as "sustained and significant pressure" resulting in his death. The sentencing judge placed the offence within Category B.

Held: This case plainly falls into category B. Any individual who grabs another individual around the neck and does so for a substantial amount of time plainly has appreciated, or ought to have appreciated, there is a high risk of death associated with such conduct. K's act was sustained or persistent in the sense that a neck-hold, for a substantial period of time, was an exceptionally dangerous act.

Defence of self or others

Attorney General's Reference (R. v Bailey [2019] EWCA Crim 731; [2019] 2 Cr. App. R. (S.) 36)

B2-028 The defendant had attacked the victim with a knife, stabbing him five times, in an incident where the defendant had acted in self-defence (although in circumstances not affording him a defence) and where the fatal blow was inflicted after the defendant had ceased defending himself (and had gone on the attack). The defendant was convicted of unlawful act manslaughter and when applying the sentencing guideline, the sentencing judge had considered the issue of self-defence at Step 2 of the guideline, as a mitigating factor, rather than at Step 1 when determining the offence category.

Held: The judge had misled himself when he adopted the approach that he did to identifying the starting point in the relevant guideline. It was wrong in principle to move consideration of issues such as self-defence to a later stage in the sentencing process, namely when the judge took into account the relevant mitigating factors. The judge had erroneously ignored self-defence for the purpose of identifying the offence category because, as he had put it, "by the time of the stabs before the fatal injury, self-defence was no longer in issue". Self-defence, however, was clearly relevant to identifying the offence category in circumstances where it did not amount to a defence, particularly with facts such as those in the instant case. Self-defence remained relevant to culpability, despite the fact the jury had disbelieved the defendant's case that he had been acting in lawful self-defence. On the particular facts, this was a Category B case but there had to be a significant downward adjustment to reflect the underlying context of self-defence.

R. v Smith (Amari) [2020] EWCA Crim 1208; [2021] 1 Cr.App.R. (S.) 37

B2-029 The court gave guidance as to the relevance of a mistaken or unreasonable belief as to the need for self-defence in the context of unlawful act manslaughter.

Held: A factor indicating lower culpability in Category D is where death is caused in the course of an unlawful act which is in defence of self when not amounting to a legal defence. That category will usually be engaged where the defendant is actually under attack or has a reasonable belief of threat of an attack and may, in such cases, determine that Category D is the correct category, or be sufficient to turn what would otherwise be Category B into a Category C case. In this case, the applicant was not in fact under attack, nor was he under any threat of attack. His unreasonable and mistaken perception was not sufficient to re-categorise what would otherwise be a Category B case as a Category

C case. It was however of sufficient significance to have an effect on where his culpability falls to be assessed within the range in that higher category.

Attorney General's Reference (R. v McFarlane [2022] EWCA Crim 1104)
The court considered the proper application of the guideline in circumstances where M submitted that they acted as they did out of a perceived need to defend themselves or another.

B2-030

Held: It was wrong in principle to latch on to an offender's belief that he was acting in defence of another, however rational or irrational that belief may have been, and on that basis alone to categorise the case as falling within Category D. This was because it may ignore the offender's grossly disproportionate and entirely unjustified response.

In the instant case, M must have envisaged inflicting some harm, or been reckless as to whether harm was caused or not. However, a mechanistic application of Category C, without any adjustment for the offender's belief that he was defending someone, would also be wrong in principle.

The gist of the guideline, which is that where a person commits manslaughter by causing death in the course of an unlawful act which involved either an intention by the offender to cause harm, or recklessness as to whether harm would be caused, consideration of the appropriate sentence starts in Category C, subject always to appropriate adjustment.

"One-punch" manslaughter

R. v Groome [2022] EWCA Crim 539
The court considered the sentence imposed for a "one-punch" manslaughter.

B2-031

Held: The decisions in *R. v Coyle*[11] and *R. v Taiwo*,[12] to the effect that cases where death was caused by a single punch will often fall into Category C but may fall into Category B, was correct. Whether or not they did so would depend on a fact-specific assessment of all the relevant circumstances; sometimes it would be clear that the case falls squarely into Category B and outside Category C. Other cases may be closer to the dividing line between the two categories. Where that was so, the sentencer must balance the characteristics to reach a fair assessment of culpability. That would involve identifying the appropriate category and if necessary making an adjustment to the category starting point, before considering aggravating and mitigating factors. That would avoid what may otherwise be an unfair impact of the very significant difference between the starting points of 12 years in Category B and six years in Category C and is consistent with the overlap in category ranges.

Secondary parties

R. v Scott (James) [2023] EWCA Crim 267; [2023] 2 Cr. App. R. (S.) 24
The court considered the approach to sentencing an offender who had not themselves assaulted the victim.

B2-032

Held: There is nothing in the manslaughter sentencing guideline to suggest that Category C is only appropriate in cases in which the defendant actually landed blows on the victim or that Category D is the only appropriate category for a defendant who did not physically touch the victim. It is true that Category D is

---

[11] [2020] EWCA Crim 484.
[12] [2020] EWCA Crim 902.

appropriate for cases in which the offender played a minor role but that did not describe the appellant's role in this case (he having ran for the victim encouraging and assisting the principal to assault him).

Timing and location of the offence (aggravating factors)

Attorney General's Reference (R. v Gordon [2020] EWCA Crim 360; [2020] 4 W.L.R. 49)

B2-033 The court considered the extent to which previous decisions, in particular, *Attorney General's Reference (R. v Appleby)*,[13] applied. The Solicitor General had submitted that it was necessary to refer to Appleby in particular because the new guideline did not list the time and location of the offence.

Held: disagreeing with the Solicitor General's submission, that unlawful act manslaughter cases vary in seriousness. The range of culpability from just short of murder to a relatively minor unlawful act is very wide. The harm is always death. That reality was the focus of the decision in the *Appleby* case. The court drew attention to the effect of s.143(1) of the Criminal Justice Act 2003: "In considering the seriousness of any offence, the court must consider the offender's culpability in committing the offence and any harm which the offence caused, was intended to cause or might foreseeably have caused."

B2-034 The involuntary manslaughter guideline is unusual in the range and variety of situations it is required to cover, reflecting the range of culpability to which we have referred. The sentencing range is commensurately wide.

The location of a crime is always relevant; the extent to which it is an aggravating factor will depend on the facts of each case. As to timing, the offence in this case would have been no less serious had it taken place in the middle of the day in the middle of town. The absence of specific references to time and location is not an omission or a defect in the guideline. The guideline reads:

"Below is a non-exhaustive list of additional elements providing the context of the offence and factors relating to the offender. Identify whether a combination of these or other relevant factors should result in any upward or downward adjustment from the sentence arrived at so far."

In every case there are a number of potentially aggravating factors. It is for the judge to identify them and to accord them the weight they consider appropriate.

Gross negligence manslaughter

Extreme nature of Category B factors

Attorney General's Reference (R. v Lloyd-Jones (Sarah Jane)) [2023] EWCA Crim 668; [2023] 2 Cr. App. R. (S.) 42)

B2-035 LJ pleaded guilty to manslaughter by gross negligence; T had been convicted after trial. V had been born with spina bifida and was cared for by her parents, LJ and T. She was wholly dependent upon them for her welfare. V died shortly after her 16th birthday, by which time she was morbidly obese, had soiled her bed which had been unchanged and her skin was severely inflamed and ulcerated. She had an extensive skin infection and there were maggots and flies on her body when it was discovered she had died. Medical experts described the neglect as profound and the worst neglect they had seen.

---

[13] [2009] EWCA Crim 2693; [2010] 2 Cr. App. R. (S.) 46.

LJ's basis of plea asserted that there had been a lack of professional support, and that she had been clinically depressed. She claimed that she had not noticed any decline in her daughter's health or hygiene and did not feel that her actions had led to the death. Both parents blamed the other, stating that they had assumed the other was taking care of V.

When sentencing, the judge placed the offending in sentencing guideline Category B. The judge reduced the starting point to seven and a half years for both LJ and T, and deducted 20% from LJ's sentence to reflect her guilty plea. The sentence imposed was six years on LJ (and seven years six months for T).

Held: The circumstances required the offending to be placed in Category A. Category B required some repetition or continuance of the negligent conduct and some degree of evident suffering, but the combination of circumstances in the instant case meant that those aspects could only properly be characterised as extreme. The negligent conduct occurred daily for months and V lived in almost unimaginable squalor and suffered persistent and debilitating physical injury from sores and ulcerations. She was particularly vulnerable and had suffered in isolation in a way which was exacerbated by the negligence in relation to her weight and the failure to seek or take up offers of outside help. The sentences were unduly lenient. The appropriate starting point was 12 years. The sentence would be increased to eight years.

Corporate Manslaughter

Introduction

The offence of corporate manslaughter is rarely prosecuted and can be committed only by organisations (including partnerships). The maximum sentence is therefore a fine. The guideline provides for an offence range of £180,000 to £20 million.   **B2-036**

Availability of sentencing orders

Conviction for this offence does not trigger notification requirements of any kind, nor make available specific custodial sentences.   **B2-037**

Sentencing guideline

The guideline adopts a similar approach to other offence-specific guidelines, with Step 1 being the primary assessment of culpability and harm. However, this is achieved via four questions, the answers to which indicate a high level of harm or culpability (Category A) or a lower level of culpability (Category B). Step 2 then requires detailed financial information about the organisation in question to determine which of the categories it falls into (Very large, Large, Medium, Small or Micro Organisation). Each of those five categories provides figures for Categories A and B; thus the suggested fine is proportionate to the financial situation of the organisation and the seriousness of the offence.   **B2-038**

For guidance on the approach of the Court of Appeal (Criminal Division) to fining large and very large organisations, and complex questions relating to the relevance of the finances of the company and the parent company (where one exists), see A4-100.

Interpreting/applying the guideline

B2-039 There are no cases which assist on the application or interpretation of the guideline.

Non-fatal Offences Against the Person

Introduction

B2-040 This section provides details on the approach to sentencing offences of non-fatal violence against the person. It provides guidance as to the interpretation and application of the Sentencing Council's revised guidelines on assault offences 2021.

Attempted Murder

Maximum sentence

B2-041 The maximum sentence for attempted murder, contrary to s.1 of the Criminal Attempts Act 1981, is life imprisonment.

Consequences of conviction

B2-042 Certain sentencing orders or consequences of conviction are only available, or apply, where the offence for which the offender has been convicted is a listed offence. The tables below specify whether the offence of attempted murder is a listed offence for the purpose of each of those sentencing orders or consequences of conviction.

Custodial sentences

B2-043

Offence	SA 2020 Sch.13 (offender of particular concern)	SA 2020 Sch.14 (extended determinate sentences—previous offence condition)	SA 2020 Sch.15 (life for second listed offence)	SA 2020 Sch.17A (serious terrorism sentence)	SA 2020 Sch.18 (extended determinate sentences—specified offences)	SA 2020 Sch.19 (life sentence: dangerous offenders)	PCC(S)A 2000 s.109 (required life sentence for second listed offence committed between 30 September 1997 and 4 April 2005)
Attempted murder	Yes, Pt 1 where offence has a terrorist connection	Yes	Yes	Yes, where offence has terrorist connection	Yes	Yes	Yes

Secondary orders and consequences of conviction

B2-044

Offences	SOA 2003 Schs 3 and 5 (sexual harm prevention order and notification—sex offences)	SCA 2007 Sch.1 (serious crime prevention order)	CTA 2008 ss.41–43 (notification—terrorism offences)	SI 2009/37 (barring from work with children and vulnerable adults)
Attempted murder	Yes: Sch.5	No	No	No

Sentencing guideline

The Sentencing Council's revised guideline for attempted murder came into force on 1 July 2021, replacing the dated 2009 Sentencing Guidelines Council guideline.

B2-045

The new guideline substantially differs from its predecessor. It has an offence range of three years to 40 years' custody. There are four categories of culpability (very high, high, medium and lesser) and three of harm.

Culpability is determined by reference to listed factors. These factors largely reflect the categories of murder in Sch.21 to the Sentencing Act 2020 but also include novel factors such as attempted murder of a child (an indicator of very high culpability) and a genuine belief the offence was an act of mercy (an indicator of low culpability). The guideline emphasises the need to take a holistic approach to culpability and clarifies that starting points may be adjusted to reflect the presence of factors in other culpability categories. It provides that for offences involving an extreme nature of one or more very high or high culpability factors a sentence higher than the offence range or an extended or life sentence may be appropriate. It is submitted that this guidance is simply reflective of the fact that such culpability will frequently cause concerns about dangerousness, rather than suggesting a presumption of such. It is notable that in the lowest category, there is no factor to reflect the absence of a weapon. This is to ensure that cases of strangulation (often in a domestic context) are not 'under-sentenced' as strangulation will normally indicate a higher level of harm, but of course attempted murder always includes an intention to kill, and so it is important to be cognisant of the need to avoid double counting this factor.

The category of harm is determined by the level of injury suffered and the long-term impact on the victim's life. There are significant gradations between the three categories and it is submitted that frequently consideration will also need to be given to the level of harm suffered at Step 2 of the guideline when considering where in the category range an offence falls.

B2-046

Interpreting/applying the guideline

Reference to Schedule 21

Commentary: Unlike the Sentencing Guidelines Council guideline which expressly required reference to Sch.21 to the Sentencing Code, the new sentencing guideline is stand-alone. There is a duty to follow the sentencing guidelines and it is therefore suggested that by analogy with the guideline for manslaughter,[14] reference to the levels of sentence for murder will ordinarily be unnecessary and unhelp-

B2-047

---

[14] cf. *R. v Bola* [2019] EWCA Crim 1507.

ful when applying the new guideline. However, a number of culpability factors listed in the guideline reflect factors listed in Sch.21 and it is suggested that when interpreting those guideline factors (such as whether the offence was motivated by or involves sexual or sadistic conduct) reference should be made to the decisions of the Court of Appeal (Criminal Division) interpreting those factors in the context of Sch.21, as to which see A4-709 and following.

Furthermore, it is to be noted that there are factors listed in paras 2 and 3 of Sch.21 that are not listed as culpability factors in the attempted murder guideline (namely those relating to the murder of multiple persons and an offender's previous conviction for murder). It is suggested that although those factors are not expressly listed in the attempted murder guideline, the weight given to them by Sch.21 ought to be borne in mind. The fact that an offender faces multiple charges of attempted murder, or has previous convictions for murder will almost invariably be a factor requiring careful consideration in arriving at a total sentence that is proportionate to all of the circumstances.

Attempted murder of a child (Culpability)

B2-048 *Commentary:* It is suggested that caution is required when considering this culpability factor and it should be remembered that as with all culpability factors it is indicative rather than binding. It is submitted that the justification for placing such cases into the highest culpability category (which was surprisingly not elucidated upon by the Sentencing Council in their consultation on the guideline) is principally the particular vulnerability of children. There is of course a world of difference between the attempted killing of a young and defenceless toddler, and the stabbing of a 17-year old in the context of a fight. The vulnerability of the child in question will be a factor to be considered when assessing all the circumstances of the case. It is suggested that the immaturity of the offender will be a factor of significant weight when considering this indicator of culpability. Where the offender is a similar age to the victim this factor may be one to which less weight should be given. Moreover, consideration will need to be given to the context of the relationship between the parties; where there was an abuse of trust this may indicate a finding of Category A culpability is more justified (albeit if this is considered at Step 1 care must be taken to avoid double-counting). In all cases culpability must be assessed by reference to all the circumstances and it is certainly possible that acts of attempted mercy killing by a parent of a child could still be placed in Category D when all the circumstances have been considered.

Offender acted in response to prolonged or extreme violence or abuse by victim (Culpability)

B2-049 *Commentary:* It is to be noted that the listed factor differs from the test for the partial defence of loss of control contained in ss.54 and 55 of the Coroners and Justice Act 2009. It is both broader (in that there is no requirement for a fear of further violence or a loss of control per say) and narrower (in that justifiably feeling seriously wronged will not be sufficient). It is suggested that careful consideration will need to be given to the extent to which there was any planning or premeditation in such cases.

Assessment of physical or psychological harm (Harm)

R. v Chall [2019] EWCA Crim 865; [2019] 4 W.L.R. 102

B2-050
The court heard five otherwise unconnected cases, each raising the issue of the approach to be taken when assessing, for the purposes of a relevant sentencing guideline, whether a victim of crime had suffered severe psychological harm.
Held: that:

1) expert evidence was not an essential precondition of a finding that a victim had suffered severe psychological harm;
2) a judge might assess that such harm had been suffered on the basis of evidence from the victim, including evidence contained in a victim personal statement (VPS), and might rely on his or her observation of the victim while giving evidence;
3) whether a VPS provided evidence that was sufficient for a finding of severe psychological harm depended on the circumstances of the particular case and the contents of the VPS.

R. v Gibbs (Stephen Jay [2022] EWCA Crim 190; [2022] 2 Cr. App. R. (S.) 29)

B2-051
The court gave guidance as to the approach to assessing harm in the guideline for attempted murder.

Held: Category 3 in the Attempted Murder Guideline covered a different range of harm to that contained in Category 3 of the guideline for causing grievous bodily harm with intent. That latter guideline was committed only when serious harm was caused and that must be reflected in Category 3. Conversely, attempted murder may be committed when no physical or psychological harm was caused. Consequently, the lowest category can include harm that was not serious.

B2-052
Commentary: It is suggested that the decision in *Chall* applies equally to a determination of whether Category 1 harm is present. It will be for the sentencing judge to make a finding as to the level of harm present by reference to the decision in *Chall*.

The key takeaway from the decision in *Gibbs* is that Category 2 (serious physical or psychological harm) must be approached on the basis that a Category 3 case could include no harm, and that the threshold for serious harm has to be assessed by reference to the fact the offence does not necessarily involve any harm actually being caused. The threshold for serious harm in the context of the offence is not then as high as it would be in the context of a ss.18/20 offence where grievous bodily harm is always caused.

Soliciting murder

B2-053
Commentary: In *R. v Franks (Whitney)*,[15] the court considered that the guidelines for attempted murder were not in point for offences of soliciting murder, which would almost invariably involve preparation and planning, whilst attempted murder might not. However, the court observed sentences for attempted murder might well be longer than soliciting murder on the basis they required conduct beyond mere preparation. It is suggested that the frank result is consideration of the factors in that guideline may still assist but the court will need to bear carefully in mind the

---

[15] [2023] EWCA Crim 319; [2023] 2 Cr. App. R. (S.) 29..

Assault Offences

General guidance

B2-054 This section deals with the offences to which the Sentencing Council's guideline on Assault 2021 applies. It first details the guidance applicable to all or most of the individual offences guideline before examining each offence in turn. Some of the cases in this section were decided in relation to the Sentencing Council's 2010 guideline; as such, although they may continue to provide some assistance, care should be taken when relying upon these cases as there are some changes in language between the 2010 and 2021 guidelines.

Victim is obviously vulnerable because of personal circumstances (culpabillity)

R. v Halane [2014] EWCA Crim 477; [2014] 2 Cr. App. R. (S.) 46
B2-055 The to the court considered the sentence imposed on an offender for an assault occasioning actual bodily harm, in circumstances where he, having been drinking alcohol, came into contact with V, who had also been drinking and was visibly very intoxicated.
Held: that a victim's state of intoxication may be such that he may properly be regarded as being in a particularly vulnerable condition.

R. v Thomas [2014] EWCA Crim 1715; [2015] 1 Cr. App. R. (S.) 3
B2-056 The court considered whether a victim was particularly vulnerable in the context of an offence of domestic violence.
Held: The sentencing judge made the point in discussions prior to defence mitigation that vulnerability frequently arises in domestic circumstances because the victim becomes so terrified of resisting or becoming part of or continuing with any prosecution. The court was unconvinced that every domestic violence case would involve a victim whose personal circumstances will identify the victim as being particularly vulnerable and noted that this was consistent with the Domestic Abuse guideline.

R. v Smith (Christopher) [2015] EWCA Crim 1482; [2016] 1 Cr. App. R. (S.) 8
B2-057 The court considered the sentence imposed in a case involving the defendant striking the victim with a bat, causing a head injury when he was already dazed from a previous strike.
Held: that in relation to the question whether the victim was particularly vulnerable because of personal circumstances, as required by the guidelines, a person may be vulnerable for reasons which are not extraneous to the offence itself. The obvious categories of vulnerability may be associated with factors such as age or medical condition or infirmity. These were extraneous to the offence itself, in the sense that they pre-exist the offence and were not caused by it. However, the court would not wish to limit the category of vulnerability only to extraneous considerations. We consider that an attack upon a person who at the point of attack was already dazed, prone and not able to defend himself by reason of events directly connected to the offence, might also make that victim vulnerable. His personal circumstances at that particular point in time include the condition he has been placed in by the prior attack.

R. v Angliss [2019] EWCA Crim 1815; [2020] 1 Cr. App. R. (S.) 37
The court considered the extent to which a pregnant woman was to be considered "particularly vulnerable" for the purposes of the 2011 guideline (now replaced).

Held: that the court did not suggest that a woman who is four to six weeks pregnant is necessarily and invariably to be regarded as "particularly vulnerable". It was a question of fact for the court in the circumstances of the case.

However, on the facts, the offence was committed in the context of domestic violence, and that was always something which affected the degree of vulnerability which was present. To an extent, it was also relevant that after the offence had been committed, and in the light of the abusive texts she continued to receive from the appellant, the complainant felt it necessary to leave her home and to seek refuge. That was further general evidence of the vulnerability of the complainant in her circumstances.

B2-058

Commentary: The cases listed above concerned the Sentencing Council's 2011 guideline where a greater harm feature was that the victim was "particularly vulnerable" and therefore use that wording. The higher culpability factor in the new guideline is engaged where the victim is "obviously vulnerable". It is suggested that the cases relating to particular vulnerability are still of some assistance in interpreting the new guideline phrase. It is submitted that the wording of this particular factor is deliberately wide. "Personal circumstances" does not limit this factor to a medical condition, for example, nor something that is intrinsic to the victim. It is submitted that while it may be more common to find this factor present as a product of a medical condition or a condition associated with age (extreme youth, for example), in an appropriate case it will be permissible for a sentencing court to find that a victim is "obviously vulnerable" by virtue of the circumstances that they find themselves in—e.g. a young victim walking alone at night in an isolated area.

B2-059

Prolonged/persistent assault (culpability)

R. v Ellis [2020] EWCA Crim 992
The court considered an argument that where it was only a single punch that caused the grievous bodily harm it could not be said there was a sustained attack for the purpose of the guideline (as the 2011 guideline then provided) (even where further blows followed).

Held: where there is a sustained attack with a number of blows, it cannot be correct in law, or as a matter of common-sense, to ignore the totality of the attack and concentrate only on the blow which caused the really serious injury. Often that may not even be possible on the evidence. The fact that it was possible in this case to identify the first punch as the cause of the fracture did not mean that the judge had to ignore what followed. It was, as he found, an unprovoked, savage and sustained attack which resulted in serious injury.

B2-060

Commentary: The higher culpability factor "prolonged/persistent assault" was introduced in the 2021 revisions made to the assault guideline by the Sentencing Council. It replaced the greater harm factor of "sustained or repeated assault" which is no longer found in the assault guidelines. As the Sentencing Council explained in their response to consultation there were concerns about inconsistent interpretation and application of the term "repeated" in that context. The new guideline factor attempts to clarify the threshold (as well as making the factor one relevant to culpability rather than harm). In drafting it, the Sentencing Council had express reference to the interpretation of the previous guideline factor in *R. v Smith*

B2-061

(Christopher)[16] and *R. v Xue*,[17] endorsing the guidance in those cases as accurately reflecting the threshold. Accordingly, applying *Xue*, what is required is an assault "that was so prolonged or persistent as to take it out of the norm for [the offence]". Moreover, as held in *Smith*:

> "[the factor] must be read in the light of the major difference in starting point between the two categories. In order for a sentence to be compliant with the test of proportionality, the facts warranting the higher sentence should reflect the difference in the guidelines."

It is worth noting, of course, that a court can find that an assault is prolonged or persistent (placing the offence into higher culpability) but then make a downward adjustment to recognise the fact that the offence "only just" falls within that description.

It is not possible to quantitively define what constitutes a prolonged/persistent assault and it is submitted that what is required for a common assault to be prolonged/persistent will likely differ from what is required in respect of an offence of causing grievous bodily harm with intent. It is, however, unlikely that a simple "flurry of blows" would be sufficiently prolonged or persistent, and it should be borne in mind that the conscious move away from the focus on "repeated" assault was purposeful in this respect. Relevant factors will, however, still include the duration of the assault, the number of blows, Moreover, even where the fact that there were multiple blows/an extended assault is not sufficient to merit a finding of a prolonged/persistent assault that will remain relevant when considering the length of the sentence to be imposed. For similar observations, see *R. v Healey*.[18]

Single blow/Short lived assault (culpability)

R. v Mohammed [2020] EWCA Crim 1794; [2021] 2 Cr. App. R. (S.) 10

B2-062   The court considered the sentence imposed for an offence of causing grievous bodily harm with intent, and whether, where a vehicle was used as a weapon and driven into the victims, it was helpful to consider an analogy of a "single blow".

Obiter dicta: The judge took the view that he ought to consider whether or not this could be described as a "single blow". That might not be a helpful analogy. A single blow was intended to deal with those cases where a blow was struck. It seemed unhelpful in a case such as the instant one. There was a collision that was not repeated but that was not the same as saying that this was a single blow. It was, as the learned judge observed, a severe blow with what he described as "a massive weapon".

Use of a weapon or weapon equivalent (culpability)

B2-063   *Commentary:* It is clear from the examples provided in the guidelines of a weapon equivalent is not exhaustive. In *R. v Margarson (Liam)*,[19] it was held that a fist was not a weapon equivalent, but the use of a knee as a hard surface has been considered to be (*R. v Smith (Andrew)*[20]) as has the use of teeth to bite (*R. v*

---

[16] [2015] EWCA Crim 1482; [2016] 1 Cr. App. R. (S.) 8.
[17] [2020] EWCA Crim 587; [2020] 2 Cr. App. R. (S.) 49.
[18] [2021] EWCA Crim 181; [2021] 2 Cr. App. R. (S.) 19.
[19] [2017] EWCA Crim 241.
[20] [2014] EWCA Crim 2606.

Thompson (Dale)[21]). Motor vehicles are also capable of being used as a highly dangerous weapon (*R. v Talman (Samuel James)*[22]). Acid and corrosive substances have been considered not only to be highly dangerous but to have a destructive quality distinct from other weapons (risking irreversible and grave injury and carrying an intent to deny more than a partial recovery) that it is important to reflect in sentence: *Attorney General's Reference (R. v Rouf) (Milad))*.[23]

In *R. v Jeffs (Samuel)*,[24] the court made clear the issue of the use of a weapon or weapon equivalent cannot simply turn on whether or not the appellant had a weapon in his hand which he used to strike the victim. The application of this aspect of the guidelines is a more holistic process than that. The appellant there had hurled the victim against a table and then a cupboard. If he had struck her with a piece of wood, that would plainly have been the use of a weapon. Throwing her against the same piece of wood is likely to cause the same type of injury. It might properly be regarded as over-pedantic to say that that was not the use of at least the equivalent of a weapon. As a matter of principle, there may be some linkage between intent and the use of a weapon. However, these are guidelines. It would become overly-complex to enter into a debate during sentencing as to whether the victim was pushed against the weapon, or the weapon was pushed onto the victim, and whether or not—depending on that debate—the necessary intent was in place to trigger a particular categorisation of the offence for sentencing purposes.

B2-064

When considering whether something is a weapon for the purposes of the assault guidelines, it is suggested that a helpful approach is to consider what the guideline is trying to achieve—a purposive approach to construction. This is the same way as the Court of Appeal has approached the interpretation of Sch.21 to the Sentencing Code (formerly Sch.21 to the Criminal Justice Act 2003) (in particular para.5A). For instance, in *R. v Legris (Piere Jean Alain)*,[25] the court considered that preparation of a room in a house, including the placing of a heavy object to have available as a weapon in addition to laying a waterproof membrane to protect the room from blood spatter etc, was akin to taking a weapon to the scene for the purposes of para.5A.

B2-065

The use of a weapon attracts a higher sentence than the same offence in the absence of a weapon because it is a factor indicative of raised culpability.

B2-066

To this extent, it is suggested that the observation in *Jeffs*—that it would be overly complex to enter into a debate as to whether the victim was pushed against the weapon, or the weapon was pushed onto the victim—is potentially misleading. That the victim was thrown into a table rather than the table thrown at the victim is of course not decisive to whether there was use of a weapon, but surely it is only justified to conclude there was use of a weapon where there was at least foresight that the object would increase the harm caused. There is a world of difference between an assault where someone is pushed and trips hitting a table, and one where someone is purposefully pushed into a table.

What does that mean for a shod foot? It is suggested that, in fact, the foot being shod or not is ancillary to the point. Greater injury is likely to be inflicted, *ceteris paribus*, with a kick or stamp than a punch. The nature of the foot covering, from

---

[21] [2015] EWCA Crim 1575; [2016] 1 Cr. App. R. (S.) 26.
[22] [2022] EWCA Crim 993.
[23] [2022] EWCA Crim 63.
[24] [2020] EWCA Crim 1393; [2021] 1 Cr.App.R. (S.) 49.
[25] [2017] EWCA Crim 196; [2017] 1 Cr. App. R. (S.) 55.

espadrilles to steel-toe-capped boots, will be relevant too, but only in terms of the degree of aggravation for the use of a kick or stamp.

Double counting: use of knife (aggravating factor)

R. v Warren [2017] EWCA Crim 1086; [2017] 2 Cr. App. R. (S.) 45

B2-067 The court considered a case where W approached the entrance to a nightclub, wishing to gain entry, and following a minor assault on a member of door staff W stabbed the door staff. The sentencing judge applied the Sentencing Council's Assault Offences Definitive Guideline, placing the offence within Category 1 on the basis of the use of a weapon and the presence of an injury that was serious in the context of the offence. The judge considered that the taking of the knife to the scene and using it in such circumstances in the city centre were further distinct aggravating features.

Held: dismissing the appeal, that weapons of many different types could be used to inflict serious injury in a wide variety of circumstances. The judge was wholly correct in considering that taking a knife out in public was a serious further aggravating factor and that then using it in a busy city centre against someone trying to maintain order aggravated the offence further. People using knives in such circumstances sadly remained a far too common occurrence in city and town centres and those who went out armed with knives and used them had to understand that they would receive long sentences.

Domestic abuse

R. v Gregory [2020] EWCA Crim 560; [2020] 2 Cr. App. R. (S.) 40

B2-068 The court considered the sentences imposed for an offence of assault occasioning actual bodily harm and possession of a firearm when prohibited committed in the context of ongoing domestic abuse.

Held: that the judge had not made reference to the Domestic Abuse: Overarching Principles guideline. The guideline enabled the more specific assessment of the gravity of offences involving domestic abuse or committed in that context because such offences represented the violation of the trust and security that normally existed between people in an intimate or family relationship.

Attempts

B2-069 *Commentary:* In a number of offences, the approach to sentencing an attempt is to consider what the sentence would have been for the completed offence and then discount it to reflect the fact it is an attempt (see, for example, *R. v Barot*[26]). This was more recently confirmed in *R. v Laverick*.[27]

---

[26] [2007] EWCA Crim 1119; [2008] 1 Cr. App. R. (S.) 31.
[27] [2015] EWCA Crim 1059; [2015] 2 Cr. App. R. (S.) 62.

Causing GBH with Intent/Wounding with Intent

Maximum sentence

The maximum sentence for the offence of causing GBH with intent or wounding with intent, contrary to s.18 of the Offences against the Person Act 1861, is *life imprisonment*.

B2-070

Availability of sentencing orders

Certain sentencing orders or consequences of conviction are only available, or apply, where the offence for which the offender has been convicted is a listed offence. The tables below specify whether the offence of causing GBH with intent or wounding with intent, contrary to s.18 of the Offences against the Person Act 1861, is a listed offence for the purpose of each of those sentencing orders or consequences of conviction.

B2-071

Custodial sentences

B2-072

Offence	SA 2020 Sch.13 (offender of particular concern)	SA 2020 Sch.14 (extended determinate sentences—previous offence condition)	SA 2020 Sch.15 (life for second listed offence)	SA 2020 Sch.17A (serious terrorism sentence)	SA 2020 Sch.18 (extended determinate sentences—specified offences)	SA 2020 Sch.19 (life sentence—dangerous offenders)	PCC(S)A 2000 s.109 (required life sentence for second listed offence committed between 30 September 1997 and 4 April 2005)
GBH or wounding w/intent (s.18 OAPA 1861)	Yes, Pt 1 where offence has a terrorist connection	Yes	Yes	Yes, where offence has terrorist connection	Yes	Yes	Yes

Secondary orders and consequences of conviction

B2-073

Offences	SOA 2003 Schs 3 and 5 (sexual harm prevention order and notification—sex offences)	SCA 2007 Sch.1 (serious crime prevention order)	CTA 2008 ss.41–43 (notification—terrorism offences)	SI 2009/37 (barring from work with children and vulnerable adults)
GBH or wounding w/intent (s.18 OAPA 1861)	Yes: Sch.5	No	No	No

Sentencing guideline: general

B2-074 The Sentencing Council has issued the Assault Offences Definitive Guideline 2021. The guideline provides for an offence range of two years to 16 years.

There are three categories of culpability and three of harm. Offence categories are determined only by reference to the listed factors but all the characteristics of the case must be balanced. Harm is principally assessed by reference to the impact on the victim.

Interpreting/applying the guideline

B2-075 See the "general" section above, where guidance on common factors used throughout the Assault Guideline can be found: see B2-047.

GBH with intent to resist arrest

B2-076 *Commentary:* The Sentencing Council's guideline does not strictly apply to the offence of causing GBH with intent to resist arrest, contrary to s.18 of the Offences Against the Person Act 1861, however, in a number of cases it has been conceded that that guideline remains a useful point of reference: *R. v Talbot*.[28] In *R. v Haywood*,[29] the court confirmed that given that this form of the s.18 offence has the same maximum sentence of life imprisonment as the more usual form reference to the s.20 guideline was inappropriate. However, in *Attorney General's Reference (R. v Lennox)*,[30] the court observed that no scholarship is necessary to understand that an intent to resist arrest is seen as less culpable than an intention to cause grievous bodily harm and that any difference in culpability must therefore be reflected in the sentence. Accordingly, it seems that whilst sentences for this form of the s.18 offence will be significantly greater than those for s.20 offences, there will still be a need to make a reduction for the requisite intent being lesser.

Assessment of harm

Attorney General's Reference (R. v O'Bryan [2021] EWCA Crim 1472; [2022] 1 Cr. App. R. (S.) 53)

B2-077 The court gave guidance on the meaning of the term "life-threatening injury" in the revised Assault Offences Definitive Guideline.

Held: First, the phrase "life-threatening injury" did not cover every wounding causing injury which, left untreated, might lead to death. The guideline had to be read as a whole, and it had to be remembered that firstly (as with the previous guideline) the harm caused must be "really serious" to be a s.18 offence at all. Secondly, the wording regarding the categorisation of harm emphasised that "the court should assess the level of harm caused with reference to the impact on the victim". Thirdly, apart from the reference to life-threatening injury, the cases placed within Category 1 were where "particularly grave" injury was caused (as opposed to "grave" injury, which was the term used at Category 2), or where the injury resulted in lifelong dependency on third party care or medical treatment; or where the injury was permanent and irreversible and would have

---

[28] [2012] EWCA Crim 2322; [2013] 2 Cr. App. R. (S.) 6.
[29] [2014] EWCA Crim 2006.
[30] [2020] EWCA Crim 1012.

a substantial and long term effect on the victim's ability to work or carry out normal day to day activities. Category 1 was reserved for cases of exceptional seriousness even within the class of s.18 cases. Since the Sentencing Council did not define life-threatening injury it would be unwise for the court to attempt to give a comprehensive definition or to substitute wording for that of the guideline.

R. v Dixon (David) [2023] EWCA Crim 280; [2023] 2 Cr. App R. (S.) 3
The court gave guidance on the meaning of the term "life-threatening injury" in the revised Assault Offences Definitive Guideline.

B2-078

Held: Category 1 requires that there should be "particularly grave or life threatening injury caused". In this case, the injury could possibly have become life threatening if certain contingent events had occurred: there was a risk they could become "life threatening injuries". The judge would have been assisted by a further medical report setting out the likelihood of the contingent events occurring. The fact they were potentially life threatening should have led to a significant increase in culpability within Category 2. Authorities relating to the former guideline have limited application, but make clear that s.18 injuries are, by definition, serious and category 1 requires the injuries to be serious in this context.

Commentary: The 2021 guideline introduces three new categories of harm with a focus on the gravity of the injury, and whether it was permanent or irreversible. As the distinction between the two, and the response to consultation document, makes clear an offence may involve grave injury even if it does not involve lasting impact on the victim.

B2-079

This approach to harm reflects the previous categorisation of harm where the focus was on whether the injury was "serious in the context of the offence" but it is suggested that some guidance can still be gleaned from cases concerned with that previous approach:

1) sentencers should be conscious of the disparity between the starting points applicable to the different categories of harm and the need for the harm to justify the resultant sentence (*R. v Smith (Christopher)*[31]);
2) although permanent or long-term impact is not required in assessing whether injury was grave, ongoing effects may have a part to play in assessing the gravity of an injury (*Attorney General's Reference (R. v Williams)*[32]); and
3) given the fact-specific nature of this type of assessment, the determinations made in other cases are of limited value (*R. v Xue*[33]).

Grave injury must, of course, be interpreted in the context of the offence. The nature of offences contrary to s.18 is that there is always serious injury. Relevant factors to the assessment of harm will include the type of injury suffered (i.e. wounding, broken bones, organ damage) and risked; the location of the injury; the type of medical treatment required; and the impact it had on the victim (including consideration of any ongoing effects).

It is important to note the effect of *Dixon* that the focus is on whether life threatening injuries were caused rather than merely risked or foreseen. When dealing with whether an injury was life-threatening by the nature of the charge death

---

[31] [2015] EWCA Crim 1482; [2016] 1 Cr. App. R. (S.) 8.
[32] [2018] EWCA Crim 740; [2018] 2 Cr. App. R. (S.) 20.
[33] [2020] EWCA Crim 587.

will not have resulted and so there may be a need for expert evidence on the likelihood of death having resulted in the absence of treatment received.

Extreme nature/extreme impact
R. v Fleming [2022] EWCA Crim 250

B2-080 The court considered the effect of the guidance in the guideline that:

> "For category A1 offences the extreme nature of one or more high culpability factors or the extreme impact caused by a combination of high culpability factors may attract a sentence higher than the category range."

Held: "Impact" in the context of any offence related to the effect on the victim. That was generally reflected by harm factors. The new rubric only appeared in the guideline from 1 July 2021. Applying the natural and ordinary meaning of the words, the "extreme impact" to which the rubric referred had to be related to a combination of culpability factors. There was no specific wording in the guideline relating to extreme impact caused by a combination of harm factors.

However, the instant case seemed to be a good example of a case where the combination of harm factors was extreme. The use of the term was apposite. Often, where the injury caused was particularly grave, the victim would make a reasonable recovery. It would be unusual for the combination of harm factors to be life changing to the extent that applied in this case.

The culpability factors and the extreme nature of the harm suffered by the victim in the instant case required the judge to move to the top of the category range before consideration of factors increasing seriousness. That approach would not involve any departure from the guideline.

Use of a highly dangerous weapon or weapon equivalent (Culpability)

B2-081 *Commentary:* For general guidance as to the guideline factor use of a weapon or weapon equivalent, see above at B2-063.

In the context of the guideline for s.18 offences, the following have been held to be capable of constituting "highly dangerous" weapons: a deliberately smashed bottle used to attack the neck (*R. v Dixon (David)*);[34] a kitchen knife with a blade of four to six inches used to attack the neck (*R. v Alvis of Lee (ki)*);[35] a studded belt used as a knuckleduster (*Attorney General's Reference (R. v Hearn (Charlie William))*);[36] a firearm or machete (*R. v Price (Abraham Andy)*);[37] a screw driver used to attack the neck (*R. v Mane*);[38] and a motor vehicle (*R. v Talman (Samuel James)*[39]), and *Attorney General's Reference (R. v Anwar)*)[40] and *Attorney General's Reference (R. v Jones (Harry))*.[41]

It is, however, clear from all these decisions that the focus of the guideline is not only on the type of weapon but how it is used. Whilst some weapons may be so inherently dangerous that any use is highly dangerous, others will only become so

---

[34] [2022] EWCA Crim 1033; [2023] 1 Cr. App. R. (S.) 8.
[35] [2022] EWCA Crim 1227; [2023] 1 Cr. App. R. (S.) 16.
[36] [2022] EWCA Crim 1535; [2023] 2 Cr. App. R. (S.) 2.
[37] [2022] EWCA Crim 818.
[38] FN-[2024] EWCA Crim 754; [2024] 2 Cr. App. R. (S.) 37.
[39] [2022] EWCA Crim 993; [2023] 1 Cr. App. R. (S.) 2.
[40] [2024] EWCA Crim 744; [2024] 2 Cr.App.R.(S.) 36.
[41] [2023] EWCA Crim 1443; [2024] 1 Cr. App. R. (S.) 42.

when used in a certain manner or to attack a particularly vulnerable body part. As submitted in *Criminal Law Week*, "the manner in which a weapon is used, including whether it is used aggressively or defensively, whether it is used in a lunging or slashing motion, whether it is used as a blunt instrument or a sharp, and whether it is used to attack a vulnerable part of the body such as the neck, will all be factors relevant to whether in the circumstances the use of that weapon was highly dangerous."[42] The nature of the weapon may also feed into whether the victim was obviously vulnerable: see *Attorney General's Reference (R. v Jones (Harry))*,[43] where the use of a vehicle was a highly dangerous weapon and the fact that the victim was a pedestrian in those circumstances and thus "obviously vulnerable" were considered to be two separate high culpability factors justifying an increase in sentence.

The court has also been clear that even where the court concludes a weapon is not "highly dangerous" the dangerous manner in which it is used may move it up within Category B: *R. v Harty (Keisha Olivia)*.[44]

Cases falling outside the guideline

Sexually transmitted diseases

R. v Rowe [2018] EWCA Crim 2688; [2019] 1 Cr. App. R. (S.) 38
The applicant, R, knowing he had HIV, and having been given information regarding "safe sex" and been advised to inform partners that he had HIV, had intercourse with a number of individuals intending them to contract HIV. Seven of his victims contracted HIV and in some instances the applicant sent text messages to the victims taunting them about what he had done. R often told partners that he was "clean" and either engaged in unprotected sexual intercourse with them or used a condom that was damaged. R was 27 and at the date of sentence continued to deny responsibility for the HIV. He presented as highly predatory, controlling, manipulative albeit had suffered physical abuse, rejection and abandonment as a child. Victim impact statements revealed the devastating effects that contracting HIV had on the victims. R was convicted of five offences of causing grievous bodily harm with intent, contrary to s.18 of the Offences against the Person Act 1861, and five offences of attempting to cause the same. He was sentenced to life imprisonment with a minimum sentence of 12 years.

B2-082

Held: refusing leave to appeal, that the judge had selected the appropriate category within the guideline. However, the judge was not sentencing for one offence of causing grievous bodily harm with intent but for a campaign of causing grievous bodily harm directed at 10 victims. The victims' personal statements set out, in graphic detail, the physical and psychological impact of being diagnosed with the HIV infection. The court did not underestimate the impact on R of the same diagnosis, but he chose to transmit or to try to transmit the disease to others. Nor would it underestimate the impact on a young man of a life sentence; given the consequences, a discretionary life sentence was reserved for only the most serious cases. The court was satisfied that the judge was right, first, to conclude that R was dangerous; and, secondly, that no other disposal was open

---

[42] "Sentence: New Cases: Particular Offences: Wounding with Intent: R. v Alvis of Lee" CLW/23/07/17.
[43] [2023] EWCA Crim 1443; [2024] 1 Cr. App. R. (S.) 42.
[44] [2023] EWCA Crim 163; [2023] 2 Cr. App. R. (S.) 20..

to her. The nature and seriousness of the offences were such that only a life sentence would offer the public the protection it deserves from very serious offending. A minimum term of 12 years for so many offences with severe consequences for so many victims was also justified. The application was unarguable and therefore leave would be refused.

Torture

Attorney General's Reference (R. v Barker [2021] EWCA Crim 1078)

B2-083   B had previously had an altercation with V. The police were involved but neither wished to make a complaint. B said he would "sort it out" himself. Subsequently, B and two others, whilst intoxicated through drink and drugs, restrained and tortured V in a flat for a period of at least six hours, using numerous weapons including a wine bottle, a sledgehammer, an axe, knives, a dumbbell bar, pliers and a dog chain to inflict injuries. Cigarettes were extinguished on V's body and his head and feet were sprayed with antiperspirant and set alight.

In an attempt to dissuade him from contacting the police to report the incident, they carved "nonse" [sic] into his back and threatened to falsely accuse him of raping a friend to justify their assault. The incident was video recorded and photographed and shared distributed online. V was told that he would not be released from the flat until the injuries had healed. Police attended the flat a few days later (regarding an unrelated incident) and found V who had suffered from acute kidney failure. The judge placed the offence within Category 1 of the 2011 guideline (starting point 12 years, range of 9 to 16 years).

Held: The judge erred in not selecting a starting point outside the range for a Category 1 offence given:

1) the use of multiple weapons;
2) an obvious intention to cause more serious harm than resulted;
3) a deliberate targeting of an increasingly vulnerable victim, by reason of his cumulative injuries, who was restrained and falsely imprisoned;
4) previous convictions, particularly of the two male offenders, who had committed the instant offence while subject to community penalties;
5) the ongoing effect on the victim, who had suffered gratuitous degradation by the videoing of his assault and injuries being sent to others and additional harm from the incision into his back;
6) the offences were committed under the influence of alcohol or drugs;
7) the offenders had actively considered the continuing detention of the victim, despite his injuries and obvious need for medical treatment, to prevent him reporting it or obtaining assistance;
8) the offenders had actively contemplated staging a rape to claim provocation and self-defence, and they had taken steps to support that plan by obtaining the victim's DNA through cutting him further.

Against those factors, there was very limited mitigation available. Overall, the starting point should have been at least 18 years' imprisonment for all three offenders prior to credit for plea.

Inflicting GBH/Unlawful Wounding

Maximum sentence

The maximum sentence for the offence of causing GBH or wounding, contrary to s.20 of the Offences against the Person Act 1861, is five years' imprisonment. The maximum sentence for the offence of racially or religiously aggravated GBH or wounding, contrary to s.29 of the Crime and Disorder Act 1998, is seven years' imprisonment.

B2-084

Availability of sentencing orders

Certain sentencing orders or consequences of conviction are only available, or apply, where the offence for which the offender has been convicted is a listed offence. The tables below specify whether the offences of causing GBH or wounding, contrary to s.20 of the Offences against the Person Act 1861, or racially or religiously aggravated GBH or wounding, contrary to s.29 of the Crime and Disorder Act 1998, are a listed offence for the purpose of each of those sentencing orders or consequences of conviction.

B2-085

Custodial sentences

Offence	SA 2020 Sch.13 (offender of particular concern)	SA 2020 Sch.14 (extended determinate sentences—previous offence condition)	SA 2020 Sch.15	SA 2020 Sch.17A (serious terrorism sentence)	SA 2020 Sch.18 (life for second listed offence)	SA 2020 Sch.19 (extended determinate sentences—specified offences)	SA 2020 Sch.19 (life sentence—dangerous offenders)	PCC(S)A 2000 s.109 (required life sentence for second listed offence committed between 30 September 1997 and 4 April 2005)
GBH or wounding (s.20 OAPA 1861)	Yes, Pt 1 where offence has a terrorist connection	No	No	No	No	Yes	No	No
Racially or religiously aggravated GBH or wounding (s.29 CDA 1998)	Yes, Pt 1 where offence has a terrorist connection	No	No	No	No	Yes	No	No

B2-086

Secondary orders and consequences of conviction

B2-087

Offences	SOA 2003 Schs 3 and 5 (sexual harm prevention order and notification—sex offences)	SCA 2007 Sch.1 (serious crime prevention order)	CTA 2008 ss.41–43 (notification—terrorism offences)	SI 2009/37 (barring from work with children and vulnerable adults)
GBH or wounding (s.20 OAPA 1861)	Yes: Sch.5	No	No	No
Racially or religiously aggravated GBH or wounding (s.29 CDA 1998)	Yes: Sch.5	No	No	No

Sentencing guideline

B2-088 The Sentencing Council has issued the Assault Offences Definitive Guideline 2011. The guideline provides for an offence range of a community order to four years and six months' custody.

There are three categories of culpability and three of harm. Offence categories are determined only by reference to the listed factors but all the characteristics of the case must be balanced. Harm is principally assessed by reference to the impact on the victim.

When sentencing the racially or religiously aggravated form of this offence Step 3 provides guidance as to the level of uplift that should be made to the notional sentence identified absent such aggravation.

Interpreting/applying the guideline

B2-089 See the "general" section above, where guidance on common factors used throughout the Assault Guideline can be found: see B2-047.

Assessment of harm

B2-090 For consideration of the approach to assessing harm in the s.20 guideline, see the commentary at B2-075 in respect of the s.18 guideline which, it is suggested, applies equally.

Culpability

Offences involving children in the offender's care

R. v James (Eric) [2021] EWCA Crim 951

B2-091 The court considered the sentence imposed on the defendant following a conviction for an offence of causing GBH in circumstances where the offence had been committed against his two-year-old son.

Held: It is open to a sentencing judge to look at other sentencing guidelines, and extraneous factors, when deciding what might be added to the non-exhaustive list of aggravating and mitigating factors provided within the guideline at Step 2. Accordingly, therefore, in the instant case, it was open to the judge to draw assistance from the Child Cruelty guideline when assessing culpability.

Assault Occasioning ABH

Maximum sentence

The maximum sentence for the offence of assault occasioning ABH, contrary to s.47 of the Offences against the Person Act 1861, is *five years' imprisonment*. The maximum sentence for the offence of racially or religiously aggravated assault occasioning ABH, contrary to s.29 of the Crime and Disorder Act 1998, is *seven years' imprisonment*.

B2-092

Availability of sentencing orders

Certain sentencing orders or consequences of conviction are only available, or apply, where the offence for which the offender has been convicted is a listed offence. The tables below specify whether the offences of assault occasioning ABH, contrary to s.47 of the Offences against the Person Act 1861, or racially or religiously aggravated assault occasioning ABH, contrary to s.29 of the Crime and Disorder Act 1998, are a listed offence for the purpose of each of those sentencing orders or consequences of conviction.

B2-093

Custodial sentences

B2-094

Offence	SA 2020 Sch.13 (offender of particular concern)	SA 2020 Sch.14 (extended determinate sentences—previous offence condition)	SA 2020 Sch.15	SA 2020 Sch.17A (serious terrorism sentence)	SA 2020 Sch.18 (extended determinate sentences—specified offences)	SA 2020 Sch.19 (life sentence—dangerous offenders)	PCC(S)A 2000 s.109 (required life sentence for second listed offence committed between 30 September 1997 and 4 April 2005)
Assault occasioning ABH (s.47 OAPA 1861)	Yes, Pt 1 where offence has a terrorist connection	No	No	No	Yes	No	No
Racially or religiously aggravated ABH (s.29 CDA 1998)	Yes, Pt 1 where offence has a terrorist connection	No	No	No	Yes	No	No

[1225]

Secondary orders and consequences of conviction

B2-095

Offences	SOA 2003 Schs 3 and 5 (sexual harm prevention order and notification—sex offences)	SCA 2007 Sch.1 (serious crime prevention order)	CTA 2008 ss.41–43 (notification—terrorism offences)	SI 2009/37 (barring from work with children and vulnerable adults)
Assault occasioning ABH (s.47 OAPA 1861)	Yes: Sch.5	No	No	No
Racially or religiously aggravated ABH (s.29 CDA 1998)	Yes: Sch.5	No	No	No

Sentencing guideline

B2-096 The Sentencing Council has issued the Assault Offences Definitive Guideline 2021. The guideline provides for an offence range of a fine to four years.

There are three categories of culpability and three of harm. Offence categories are determined only by reference to the listed factors but all the characteristics of the case must be balanced. Harm is principally assessed by reference to the level of injury suffered/the impact on the victim.

When sentencing the racially or religiously aggravated form of this offence Step 3 provides guidance as to the level of uplift that should be made to the notional sentence identified absent such aggravation.

Interpreting/applying the guideline

B2-097 See the "general" section above, where guidance on common factors used throughout the Assault Guideline can be found: see B2-047. There are no cases providing specific guidance on the interpretation of the s.47 guideline.

Strangulation or Suffocation

Maximum sentence

B2-098 The maximum sentence for the offence of strangulation or suffocation, contrary to s.75A of the Serious Crime Act 2015, is *five years' imprisonment*. The maximum sentence for the offence of racially or religiously aggravated strangulation or suffocation, contrary to s.29 of the Crime and Disorder Act 1998, is *seven years' imprisonment*.

Availability of sentencing orders

B2-099 Certain sentencing orders or consequences of conviction are only available, or apply, where the offence for which the offender has been convicted is a listed offence. The tables below specify whether the offences of strangulation or suffocation, contrary to s.75A of the Serious Crime Act 2015, or offences of racially or religiously aggravated strangulation or suffocation, contrary to s.29 of the Crime and Disorder Act 1998, are a listed offence for the purpose of each of those sentencing orders or consequences of conviction.

Custodial sentences

Offence	SA 2020 Sch.13 (offender of particular concern)	SA 2020 Sch.14 (extended determinate sentences—previous offence condition)	SA 2020 Sch.15 (life for second listed offence)	SA 2020 Sch.18 (extended determinate sentences—specified offences)	SA 2020 Sch.19 (life sentence—dangerous offenders)	PCC(S)A 2000 s.109 (required life sentence for second listed offence committed between 30 September 1997 and 4 April 2005)
Strangulation or suffocation (s.75A SCA 2015)	No	No	No	Yes	No	No
Racially or religiously aggravated strangulation or suffocation (s.29 CDA 1998)	No	No	No	Yes	No	No

B2-100

Secondary orders and consequences of conviction

Offences	SOA 2003 Schs 3 and 5 (sexual harm prevention order and notification—sex offences)	SCA 2007 Sch.1 (serious crime prevention order)	CTA 2008 ss.41–43 (notification—terrorism offences)	SI 2009/37 (barring from work with children and vulnerable adults)
Strangulation or suffocation (s.75A SCA 2015)	Yes: Sch.5	No	No	No
Racially or religiously aggravated strangulation or suffocation (s.29 CDA 1998)	Yes: Sch.5	No	No	No

B2-101

Sentencing guideline: general

There is no Sentencing Council definitive guideline for the s.24 offence. B2-102

Approach to sentence

R. v Cook (Jacob Paul) [2023] EWCA Crim 452; [2023] 2 Cr. App. R. (S.) 12
 The court gave guidance as to the sentencing of offences of intentional strangulation. B2-103
 Held: The court was neither required, nor entitled, to do anything more than have some regard to the assault occasioning actual bodily harm guideline. The offence of intentional strangulation does not, as an element of the offence, include any element of harm. To set the starting point by reference to actual harm is wrong in principle.
 A custodial sentence will be appropriate, save in exceptional circumstances.

Ordinarily that sentence will be one of immediate custody. The starting point will be 18 months' custody. The starting point will be the same irrespective of the gender of the perpetrator. It may be increased by reference to the non-exhaustive list of aggravating factors:

1) History of previous violence. The significance of the history will be greater when the previous violence has involved strangulation.
2) Presence of a child or children.
3) Attack carried out in the victim's home.
4) Sustained or repeated strangulation.
5) Use of a ligature or equivalent.
6) Abuse of power.
7) Offender under influence of drink or drugs.
8) Offence on licence.
9) Vulnerable victim.
10) Steps taken to prevent the victim reporting an incident.
11) Steps taken to prevent the victim obtaining assistance.

The Sentencing Council's overarching principles in relation to domestic abuse are likely to be relevant when sentencing for the offence of intentional strangulation. Offence specific mitigating factors would include genuine recognition of the need for change and evidence of the offender having sought appropriate help and assistance and very short-lived strangulation from which the offender voluntarily desisted.

Assault with Intent to Resist Arrest

Maximum sentence

B2-104   The maximum sentence for the offence of assault with intent to resist arrest, contrary to s.38 of the Offences against the Person Act 1861, is *two years' imprisonment*.

Availability of sentencing orders

B2-105   Certain sentencing orders or consequences of conviction are only available, or apply, where the offence for which the offender has been convicted is a listed offence. The tables below specify whether the offence of assault with intent to resist arrest, contrary to s.38 of the Offences against the Person Act 1861, is a listed offence for the purpose of each of those sentencing orders or consequences of conviction.

Custodial sentences

Offence	SA 2020 Sch.13 (offender of particular concern)	SA 2020 Sch.14 (extended determinate sentence—previous offence condition)	SA 2020 Sch.15 (life for second listed offence)	SA 2020 Sch.17A (serious terrorism sentence)	SA 2020 Sch.18 (extended determinate sentences—specified offences)	SA 2020 Sch.19 (life sentence—dangerous offenders)	PCC(S)A 2000 s.109 (required life sentence for second listed offence committed between 30 September 1997 and 4 April 2005)
Assault w/ intent to resist arrest (s.38 OAPA 1861)	Yes, Pt 1 where offence has a terrorist connection	No	No	No	Yes	No	No

B2-106

Secondary orders and consequences of conviction

Offences	SOA 2003 Sch.3 and 5 (sexual harm prevention order and notification—sex offences)	SCA 2007, Sch.1 (serious crime prevention order)	CTA 2008, ss.41–43 (notification—terrorism offences)	SI 2009/37 (barring from work with children and vulnerable adults)
Assault w/ intent to resist arrest (s.38 OAPA 1861)	Yes, Sch.5	No	No	No

B2-107

Sentencing guideline: general

The Sentencing Council has issued the Assault Offences Definitive Guideline (2021). The guideline provides for an offence range of a fine to one year and three months' custody. The assessment of offence seriousness is broken down into harm and culpability, in accordance with s.63 of the Sentencing Code.

There are two categories of culpability and three of harm. Offence categories are determined only by reference to the listed factors but all the characteristics of the case must be balanced. Harm is principally assessed by reference to the level of injury/distress suffered.

B2-108

Interpreting/applying the guideline

See the "general" section above, where guidance on common factors used throughout the Assault Guideline can be found: see B2-047. There are no cases providing specific guidance as to the application of the harm or culpability factors listed in the s.38 guideline.

B2-109

Assault on an Emergency Worker

Maximum sentence

B2-110   The maximum sentence for an offence under s.1 of the Assaults on Emergency Workers (Offences) Act 2018 is two years' imprisonment if committed on or after 28 June 2022, and 12 months' imprisonment otherwise.

Availability of sentencing orders

B2-111   Conviction for this offence does not trigger any particular consequences of conviction, nor make available specific custodial sentences, with the exception that if it is committed with a terrorist connection, the offence is listed in Pt 1 of Sch.13 to the Sentencing Act 2020.

Custodial sentences

B2-112

Offence	SA 2020 Sch.13 (offender of particular concern)	SA 2020 Sch.14 (extended determinate sentences—previous offence condition)	SA 2020 Sch.15 (life for second listed offence)	SA 2020 Sch.17A (serious terrorism sentence)	SA 2020 Sch.18 (extended determinate sentences—specified offences)	SA 2020 Sch.19 (life sentence—dangerous offenders)	PCC(S)A 2000 s.109 (required life sentence for second listed offence committed between 30 September 1997 and 4 April 2005)
Assault on an emergency worker (s.1 AEW(O)A 2018)	Yes, Pt 1 where offence has a terrorist connection	No	No	No	No	No	No

Secondary orders and consequences of conviction

B2-113

Offences	SOA 2003 Schs 3 and 5 (sexual harm prevention order and notification—sex offences)	SCA 2007 Sch.1 (serious crime prevention order)	CTA 2008 ss.41–43 (notification—terrorism offences)	SI 2009/37 (barring from work with children and vulnerable adults)
Assault on an emergency worker (s.1 AEW(O)A 2018)	No	No	No	No

Sentencing guideline: general

The Sentencing Council has issued the *Assault Offences Definitive Guideline* **B2-114**
2021, albeit it should be noted that the guideline was published prior to the increased maximum sentence for this offence.

The approach adopted by the Council is for the common assault guideline to be applied ordinarily at Steps 1 and 2, and then for an uplift to be made at Step 3 to reflect the fact the assault was of an emergency worker. Step 3 provides guidance as to the extent of that uplift which is determined by reference to the initial sentencing category identified at Step 1.

At Step 1 there are two categories of culpability and three of harm. Culpability is determined only by reference to the listed factors but all the characteristics of the case must be balanced. Harm is principally assessed by reference to the level of harm/distress suffered.

The guideline provides for an offence range of a discharge to 26 weeks' custody but the guidance at Step 3 makes clear that for an assault against an emergency worker the uplifted sentence may considerably exceed the basic offence category range. The sentencer should state in open court that the offence was aggravated by reason of the victim being an emergency worker, and should also state what the sentence would have been without that element of aggravation.

Interpretation/application of the guideline

See the "general" section where guidance on common factors used throughout **B2-115**
the Assault Guideline can be found at B2-047. There are no cases providing specific guidance as to the application of the harm or culpability factors listed in this guideline. Consideration will need to be given to the relevance of the increased maximum sentence when dealing with offences committed on or after 28 June 2022.

Common Assault

Maximum sentence

The maximum sentence for the offence of common assault, contrary to s.39 of **B2-116**
the Criminal Justice Act 1988, is *six months' imprisonment*. The maximum sentence for the offence of racially or religiously aggravated common assault, contrary to s.29 of the Crime and Disorder Act 1998, is *two years' imprisonment*.

Availability of sentencing orders

Certain sentencing orders or consequences of conviction are only available, or **B2-117**
apply, where the offence for which the offender has been convicted is a listed offence. The tables below specify whether the offences of assault contrary to s.39 of the Criminal Justice Act 1988 or racially or religiously aggravated assault contrary to s.29 of the Crime and Disorder Act 1998 are a listed offence for the purpose of each of those sentencing orders or consequences of conviction.

Custodial sentences

B2-118

Offence	SA 2020 Sch.13 (offender of particular concern)	SA 2020 Sch.14 (extended determinate sentences—previous offence condition)	SA 2020 Sch.15 (life for second listed offence)	SA 2020 Sch.17A (serious terrorism sentence)	SA 2020 Sch.18 (extended determinate sentences—specified offences)	SA 2020 Sch.19 (life sentence—dangerous offenders)	PCC(S)A 2000 s.109 (required life sentence for second listed offence committed between 30 September 1997 and 4 April 2005)
Common assault (s.39 CJA 1988)	Yes, Pt 1 where offence has a terrorist connection	No	No	No	No	No	No
Racially or religiously aggravated assault (s.29 CDA 1998)	Yes, Pt 1 where offence has a terrorist connection	No	No	No	Yes	No	No

Secondary orders and consequences of conviction

B2-119

Offences	SOA 2003 Schs 3 and 5 (sexual harm prevention order and notification—sex offences)	SCA 2007 Sch.1 (serious crime prevention order)	CTA 2008 ss.41–43 (notification—terrorism offences)	SI 2009/37 (barring from work with children and vulnerable adults)
Common assault (s.39 CJA 1988)	No	No	No	No
Racially or religiously aggravated assault (s.29 CDA 1998)	Yes: Sch.5	No	No	No

Sentencing Guidelines: general

B2-120 The Sentencing Council has issued the Assault Offences Definitive Guideline 2012. The guideline provides for an offence range of a discharge to 26 weeks' custody.

At Step 1 there are two categories of culpability and three of harm. Culpability is determined only by reference to the listed factors but all the characteristics of the case must be balanced. Harm is principally assessed by reference to the level of harm/distress suffered.

When sentencing the racially or religiously aggravated form of this offence Step

3 provides guidance as to the level of uplift that should be made to the notional sentence identified absent such aggravation

Interpreting/applying the guideline

See the "general" section above, where guidance on common factors used throughout the Assault Guideline can be found: B2-047. There are no cases providing specific guidance on the interpretation of the s.39 guideline.   **B2-121**

Unlawfully and Maliciously Administering a Noxious Thing with Intent to Injure, Aggrieve or Annoy

Maximum sentence

The maximum sentence for the offence of unlawfully and maliciously administering a noxious thing with intent to injure, aggrieve or annoy, contrary to s.24 of the Offences against the Person Act 1861, is *five years' imprisonment*.   **B2-122**

Availability of sentencing orders

Conviction for this offence does not trigger any particular consequences of conviction, nor make available specific custodial sentences.   **B2-123**

Sentencing guideline: general

There is no Sentencing Council definitive guideline for the s.24 offence.   **B2-124**

Approach to sentence

R. v Veysey [2019] EWCA Crim 1332; [2019] 4 W.L.R. 137

Three otherwise unconnected cases were listed together to enable the court to provide guidance regarding the sentencing of a form of assault that was colloquially referred to as "potting"—namely where a prisoner either threw at a prison officer, or smeared the prison officer with, urine, faeces or a mixture of the two.   **B2-125**

Potting was sometimes dealt with as an offence against prison discipline, for which a Governor's punishment was imposed; however, in the instant cases, offences contrary to s.24 of the Offences against the Person Act 1861 (unlawfully and maliciously administering a noxious thing with intent to injure, aggrieve or annoy) were charged.

Held: that there was no definitive sentencing guideline specific to s.24 offences. The evidence showed that potting occurred quite frequently, although that was not to say that the evidence established prevalence such as to make this a material factor in sentencing.

The court would therefore give some guidance on the approach to sentencing; however, it was not concerned with any other form of assault on a prison officer or with any of the other circumstances (of which there was a wide range) in which a charge under s.24 of the 1861 Act might be appropriate.   **B2-126**

Offences of the instant nature would generally involve a high level of culpability for the following reasons:

1) they were committed by persons who had, with just cause, been detained in a prison, whether because serving a sentence or because remanded in custody, against public servants performing a difficult and important role;

2) it was a necessary ingredient of the offence that the offender intended to "injure, aggrieve or annoy" their victim;
3) there would, in almost all cases, be a significant element of planning and premeditation—a cup or other container of urine or faeces had to be prepared in advance of the throwing or smearing of those substances;
4) the offence being a form of assault, it was relevant to consider the use of urine and/or faeces as similar to the use of a weapon;
5) the repellent and unhygienic nature of the offence showed a desire to humiliate, demean and distress the officer concerned, to inhibit them in the proper performance of their public duties and thus to undermine good order and discipline within the prison. Such conduct, targeted at an officer in a custodial environment, carried the obvious and serious risk of giving rise to wider disorder and/or disobedience, with the offender being, at the very least, reckless as to that risk.

In relation to harm—and in contrast to other forms of assault and other s.24 offences—the victim might not suffer actual physical or psychiatric injury, though clearly they were likely in every case to be very distressed, to feel degraded and unclean and to worry about the possibility (even if it might be remote medically) of some adverse consequence of being attacked with urine and/or faeces. That was not a reason for concluding that the harm caused by those offences was anything less than serious. The effect on the victim was, in itself, significant. However, in addition, the particular seriousness of the harm lay in the intended or likely effect of such offences on prison discipline and order, and on the deployment of resources.

B2-127 It was not inappropriate to consider the Assault Guidelines but, in doing so, it was essential to bear in mind the feature of offences of the instant nature. For that reason, while the guidelines might be considered in order to identify relevant factors and to compare appropriate levels of sentencing for offences that, in a different way, might be of broadly comparable seriousness, it was not helpful to treat a comparison with those guidelines as if it were an equation of like with like.

It was wholly unrealistic to treat offences of the instant nature as if they were no more than a common assault or a minor offence of assault occasioning minimal bodily harm. Nor was it realistic to suggest that a case of this nature, properly prosecuted before the criminal courts and liable to a maximum sentence of five years' imprisonment, should be sentenced in a way that was not much different from the limited range of penalties available under the Prison Rules. Section 24 offences of the instant kind were serious offences that were intended or likely to undermine discipline and good order in prisons and it was necessary to impose severe punishment. Offences of the instant nature would generally attract a starting point after trial in the range of two to three years' imprisonment, with offences involving urine falling at the lower end of that range and offences involving faeces at the upper end.

Features warranting treatment as aggravating factors included:

1) a record of adverse adjudications within the prison estate involving similar misconduct;
2) actual physical or psychiatric harm would be an aggravating feature as, to a lesser extent, would be a need for the officer concerned to seek medical advice and/or treatment even if no actual injury could be shown;
3) evidence that the offence was motivated by a particular grudge or griev-

ance against an officer, or by a desire to manipulate the system to the advantage of the prisoner (for example, by securing his transfer to another wing or to another prison), would be aggravating features as of course would be any element of hostility based on race, religion or sexual orientation.

Features warranting treatment as mitigating features included: **B2-128**
1) young age and/or lack of maturity, mental disorder or learning disability relevant to the commission of the offence;
2) in some instances, the fact that the offender acted under severe pressure from others.

However, it would not generally be a mitigating factor that the offender was encouraged to commit the offence by others because they had, for example, incurred a prison debt.

Where the prisoner was serving a sentence at the time of conviction, a consecutive sentence would usually be necessary. Where the prisoner had been released by the time they are convicted, a further sentence of imprisonment would usually be necessary. Regard must be had to totality but, in general, only minimal weight could be given to that consideration.

Administering Drugs or Using Instruments to Procure Abortion

Maximum sentence

The maximum sentence for the offence of administering drugs or using instruments to procure abortion, contrary to s.58 of the Offences against the Person Act 1861, is life imprisonment.   **B2-128a**

Availability of sentencing orders

Conviction for this offence does not trigger any particular consequences of conviction, nor make available specific custodial sentences.   **B2-128b**

Sentencing guideline: general

There is no Sentencing Council definitive guideline for the s.58 offence.   **B2-128c**

Approach to sentence

R. v Catt (Sarah Louise) [2013] EWCA Crim 1187; [2014] 1 Cr. App. R. (S.) 35

C (aged 36, with two children aged nine and eight, and who had previously concealed pregnancy on three occasions), had discovered she was 26 weeks pregnant and had ordered misoprostol (a drug capable of terminating pregnancy) online. It arrived when she was 38 weeks' pregnant and she took it when she was 40 weeks' pregnant. She subsequently claimed to ante-natal care that she had had a termination at an abortion clinic. She pleaded guilty to an offence contrary to s.58.   **B2-128d**

*Held:*reducing her sentence to three years and six months' imprisonment, that there were the following aggravating features: the termination was at full term; the body has never been recovered; there was careful planning and acquisition of the abortifacient; the criminal acts were done despite considerable experience of pregnancy and its range of consequences. In mitigation was the guilty plea, the remorse and her caring commitments.

R. v Foster (Carla) [2023] EWCA Crim 1196; [2024] 1 Cr. App. R. (S.) 29

B2-128e
F (three children) had become pregnant whilst during a period of separation from her partner. She had subsequently moved back in with him and the COVID-19 lockdown began. Aware she was past 24 weeks pregnant, she obtained abortifacient drugs by post by giving false information that she was seven weeks pregnant. She took the tablets and called emergency services to say she was having a miscarriage at 28 weeks pregnant. V was stillborn between 32 and 34 weeks gestation. The next day F made admissions to hospital staff and subsequently pleaded guilty to a s.58 offence. There were psychiatric reports indicating she had emotionally unstable personality traits (or disorder).

Held: in cases of this nature, there will often be substantial personal mitigation to balance against the seriousness of the charge; and an immediate custodial sentence in such cases is unlikely to provide a just outcome. Where there are no offence specific sentencing guidelines, and a paucity of decided cases on appeal, previously decided cases on appeal can undoubtedly provide a useful resource. But there should not be an overly prescriptive or mechanistic approach in circumstances where the weight to be given to the individual features of such offending can vary to such a significant extent, and where there are so few decided cases on appeal. The absence of obstetric experience in a young person charged with a s.58 offence could well amount to a strongly mitigating feature. It does not follow however that the presence of an obstetric history (something most women have) will aggravate the offending, without more. Similarly, whereas in *Catt* the disposal of the body was a significant aggravating factor (as it prevented post mortem examination with its potential to determine the cause and timing of the death), a court sentencing a young person, who in the agony of the moment disposed or attempted to dispose of the body to which they had just given birth, might very well take a very different view. On the facts a sentence of 14 months' imprisonment suspended for 18 months would be substituted.

False Imprisonment, Blackmail, kidnapping and child abduction

Introduction

B2-129
This section concerns false imprisonment, kidnapping and child abduction. There is no definitive guideline for these offences and, accordingly, reference should be made to the general guideline (see B1-009) and any authorities which may assist.

Maximum Sentence

B2-130
The offences of kidnapping and false imprisonment, both contrary to common law, have maximum sentences of *life imprisonment*.

The offence of child abduction, contrary to ss.1–2 of the Child Abduction Act 1984, has a maximum sentence of *seven years' imprisonment*. The offence of blackmail has a maximum sentence of *14 years' imprisonment*.

Availability of Sentencing Orders

Certain sentencing orders or consequences of conviction are only available, or apply, where the offence for which the offender has been convicted is a listed offence. The table below specifies whether the offence is a listed offence for the purpose of each of those sentencing orders or consequences of conviction.

B2-131

Custodial sentences

B2-132

Offence	SA 2020 Sch.13 (offender of particular concern)	SA 2020 Sch.14 (extended determinate sentences—previous offence condition)	SA 2020 Sch.15 (life for second listed offence)	SA 2020 Sch.17A (serious terrorism sentence)	SA 2020 Sch.18 (extended determinate sentences—specified offences)	SA 2020 Sch.19 (life sentence—dangerous offenders)	PCC(S)A 2000 s.109 (required life sentence for second listed offence committed between 30 September 1997 and 4 April 2005)
False imprisonment	Yes, Pt 1 where offence has a terrorist connection	No	No	No	Yes	Yes	No
Kidnapping	Yes, Pt 1 where offence has a terrorist connection	No	No	No	Yes	Yes	No
Child abduction (ss. 1–2 CAA 1984)	Yes, Pt 1 where offence has a terrorist connection	No	No	No	No	No	No
Blackmail (s.21 TA 1968)	Yes, Pt 1 where offence has a terrorist connection	No	No	No	No	No	No

Secondary orders and consequences of conviction

B2-133

Offences	SOA 2003 Schs 3 and 5 (sexual harm prevention order and notification—sex offences)	SCA 2007 Sch.1 (serious crime prevention order)	CTA 2008 ss.41–43 (notification—terrorism offences)	SI 2009/37 (barring from work with children and vulnerable adults)
False imprisonment	Yes: Sch.5	No	No	No
Kidnapping	Yes: Sch.5	No	No	List 2 and List 4

Offences	SOA 2003 Schs 3 and 5 (sexual harm prevention order and notification—sex offences)	SCA 2007 Sch.1 (serious crime prevention order)	CTA 2008 ss.41–43 (notification—terrorism offences)	SI 2009/37 (barring from work with children and vulnerable adults)
Child abduction (ss.1–2 CAA 1984)	Yes: Sch.5	No	No	List 2 and List 4
Blackmail (s.21 TA 1968)	No	No	No	No

Sentencing Guidelines

B2-134   As noted above, there is no definitive guideline for these offences and, accordingly, reference should be made to the overarching general guideline and any authorities which may assist. Below, there are specific sections setting out the guidance from the Court of Appeal (Criminal Division) on the proper approach to sentencing these offences. It is to be recalled that the cases were decided before the general overarching guideline was issued and therefore they should be read with that in mind (although that guideline simply reproduces existing practice).

False Imprisonment/Kidnapping

B2-135   The guidance from the Court of Appeal (Criminal Division) tends to deal with the offences of false imprisonment and kidnapping together as there is a degree of confluence between the two offences, not least because both involve an unlawful deprivation of liberty and one tends (or is intended) to follow the other. Accordingly, the following cases set out the approach taken to the two offences and it may be necessary to make adjustments to the guidance where, for example, a particular case involves only one of the two offences.

General guidance on the approach to sentencing

R. v Spence and Thomas (1983) 5 Cr. App. R. (S.) 413

B2-136   The two appellants had been convicted of kidnapping and attempted kidnapping in circumstances where they had kidnapped one 17-year-old girl and attempted to kidnap another of the same age, for the purposes of them continuing their work as prostitutes for the appellants. Sentences of eight years and six years were imposed.

Held: that as with so many crimes so with kidnapping, there was a wide possible variation in seriousness between one possible instance and another. At the top of the scale were carefully planned abductions where the victim was used as a hostage or where ransom money was demanded. Such offences would seldom be met with sentences of less than eight years. Where violence or firearms were used, or there were other aggravating features such as detention of the victim over a long period of time, the sentence would be very much longer.

Attorney General's Reference (Nos 92–93 of 2014) (R. v Gibney) [2014] EWCA Crim 2713; [2015] 1 Cr. App. R. (S.) 44

B2-137   The two defendants had kidnapped an individual who owed them money for drugs. Violence was inflicted on him and demands were made of his family. The victim was kept for a period of approximately 10 hours, during which it was threatened that they would kill him. D1 had pleaded guilty to conspiracy to kidnap, false imprisonment, three counts of conspiracy to blackmail and assault occasioning actual bodily harm; D2 had been convicted of conspiracy to kidnap, false imprisonment and three counts of conspiracy to blackmail. Sentences of five years and three years nine months were subject to referrals under the unduly lenient sentence scheme.

Held: that there were no guidelines for the instant kind of offending, with guidance only coming from case law. Although *R. v Spence and Thomas*[45] had long been regarded as providing guidance for levels of sentencing, it was now clear that, in more recent times, levels of sentencing in cases of this type, where the victim had been detained, subjected to violence and made the subject of monetary demands, were better reflected by more recent decisions.[46]

R. v Jones (Kevin Martin) [2020] EWCA Crim 1870; [2021] 2 Cr. App. R. (S.) 13
The court gave general guidance on the sentencing of kidnap offences in the context of a case where the appellants had kidnapped a man they falsely believed had been responsible for sexually assaulting a child.   **B2-138**

Held: Without providing a closed list of relevant considerations the degree of preparation and planning, the number of offenders working as a group, involvement of weapons, the infliction of actual or serious injury, the presence of torture or threat thereof, the degree of fear engendered in the victim, the offender's motivation for what he did, the specific role he played, whether there was any provocation, whether demands for a ransom were made, how the initial capture was effected and how long the false imprisonment extended, the conditions under which the captive was held, any particularly personal vulnerabilities of the victim as well as the antecedent history of offenders, will all be relevant to establishing a suitable range of sentences. Any incident in which individuals or groups embark on vigilante action is a matter of grave concern and they should anticipate deterrent punishment. Long custodial sentences are required in almost every case.

R. v Needham [2022] EWCA Crim 545
The court considered an appeal against sentences imposed for kidnap, blackmail and assault.   **B2-139**

Held: what can be drawn from the authorities are the factors which are relevant in assessing seriousness. They are as follows:

1) the length of the detention;
2) the circumstances of the detention, namely location, method of restraint and any humiliating treatment of the victim;
3) the extent of the violence used, including whether what was done might be described as torture;
4) whether weapons were used;
5) whether the kidnapping was planned;
6) whether there was evidence of particular psychological or other effect on the victim following the offence and, associated with that, whether the victim was vulnerable;

---

[45] (1983) 5 Cr. App. R. (S.) 413.
[46] Those decisions included *R. v Ahmed* [2010] EWCA Crim 3133; [2011] 2 Cr. App. R. (S.) 35, *R. v Smickele* [2012] EWCA Crim 1470; [2013] 1 Cr. App. R. (S.) 64, *Attorney General's Reference (No.57 of 2013)* [2013] EWCA Crim 2144 and *Attorney General's Reference (Nos 39-42 of 2014) (R. v Simon)* [2014] EWCA Crim 1557.

7) how many people were involved;
8) whether the offence involved demands of money from or threats made to others, in particular where such demands or threats were made directly to others;
9) whether the kidnapping was associated with other criminal behaviour.

Attorney General's Reference (R. v Bowskill (Chay)) [2022] EWCA Crim 1358; [2023] 1 Cr. App. R. (S.) 12

B2-140 The court considered an appeal against sentences imposed for kidnap committed against a background of domestic assault.

Held: sentencing policy has clearly moved on since the comments made in *R. v Spence (Clinton Everton)*,[47] as has the understanding of domestic abuse and controlling and coercive behaviour. All kidnapping offences are serious even if such offending inevitably varies as to the degree of seriousness. As the sentencing guidelines now make plain, the fact that an offence, including necessarily that of kidnap, occurs in the domestic context, and in particular, in the context of an abusive personal relationship, will be an aggravating factor; likely a seriously aggravating factor, rather than a factor to be deployed or relied on in mitigation. Contrary to the suggestion therefore implicit in the use of language such as family tiffs or lovers' disputes, it was not helpful or appropriate to classify cases with a domestic element as less serious or at the other end of the scale, or as "those offences which can perhaps scarcely be classed as kidnapping at all". The language used in *Spence* to describe cases of this nature and the classification of them, should no longer be followed.

B2-141 *Commentary:* It is clear that *Spence and Thomas* should no longer be referred to as authority for the level of sentence. Sentencing practices—and indeed sentencing levels—have advanced since then. Accordingly, reference should be made to the small number of cases which provide guidance on the approach to the sentence and the broad sentencing ranges that are appropriate. However, it is suggested that *Spence and Thomas* remains useful (as the court seemed to recognise in *Attorney General's Reference (R. v Abbas)*[48]) for the purpose of identifying the broad scale of seriousness which these offences encompass. To that observation may now be added the court's comments in *Needham* as to certain factors which will be relevant.

The overlap between the factors listed in the Assault Guidelines and the factors listed in *Needham* is obvious. It is suggested that where harm is inflicted, express reference ought to be made to the *Assault Offences: Definitive Guideline* in addition to *Needham*. It is submitted that reference to that guideline should also be made where threats of physical violence are made, as this will indicate to the court the level of sentence appropriate had the threat been carried out; ceteris paribus, the more serious the threat of violence, the more serious the offence. It will of course be necessary to take into account the fact that no harm (or less harm than was threatened) was in fact inflicted.

B2-142 In relation to cases which are committed against the background of an intimate relationship, reference should be made to the Domestic Abuse: Definitive Guideline.

---

[47] (1983) 5 Cr .App. R. (S.) 413; [1984] Crim. L.R. 372 CA (Crim Div)
[48] [2017] EWCA Crim 2015; [2018] 1 Cr. App. R. (S.) 33.

Victim detained and subjected to violence/demands for money made

Attorney General's Reference (Nos 92–93 of 2014) (R. v Gibney) [2014] EWCA Crim 2713; [2015] 1 Cr. App. R. (S.) 44

The two defendants had kidnapped an individual who owed them money for drugs. Violence was inflicted on him and demands were made of his family. The victim was kept for a period of approximately 10 hours, during which it was threatened that they would kill him. D1 had pleaded guilty to conspiracy to kidnap, false imprisonment, three counts of conspiracy to blackmail and assault occasioning actual bodily harm; D2 had been convicted of conspiracy to kidnap, false imprisonment and three counts of conspiracy to blackmail. Sentences of five years and three years nine months were subject to referrals under the unduly lenient sentence scheme.

Held: that there were no guidelines for the instant kind of offending, with guidance only coming from case law. Although *R. v Spence*[49] had long been regarded as providing guidance for levels of sentencing, it was now clear that, in more recent times, levels of sentencing in cases of this type, where the victim had been detained, subjected to violence and made the subject of monetary demands, were better reflected by more recent decisions.[50] Specifically, decisions such as *R. v Burgess*,[51] where the facts bore some resemblance to the instant case, should now be regarded as having been overtaken by changes in sentencing practice.

The court in *Spence* had commented on the wide possible variation in the seriousness of kidnapping and similar cases; a close analysis of the facts and circumstances was required in every case. Relevant factors in accessing the gravity of such cases included:

1) the length of the detention;
2) the circumstances of the detention, including the location and any method of restraint;
3) the extent of any violence used;
4) the involvement of weapons;
4) whether demands were made of others;
5) whether threats were made to others;
6) the effect on the victim and others;
7) the extent of the planning involved;
8) the number of offenders involved;
9) the use of torture or humiliation;
10) whether what was done arose from, or was in furtherance of, previous criminal behaviour;
11) any particular vulnerability of the victim, whether by reason of age or otherwise.

---

[49] (1983) 5 Cr. App. R. (S.) 413.
[50] Those decisions included *R. v Ahmed* [2010] EWCA Crim 3133; [2011] 2 Cr. App. R. (S.) 35, *R. v Smickele* [2012] EWCA Crim 1470; [2013] 1 Cr. App. R. (S.) 64, *Attorney General's Reference (No.57 of 2013)* [2013] EWCA Crim 2144 and *Attorney General's Reference (Nos 39-42 of 2014) (R. v Simon)* [2014] EWCA Crim 1557.
[51] [2003] EWCA Crim 3275; [2004] 2 Cr. App. R. (S.) 17.

Attorney General's Reference (Nos. 102–103 of 2014) (R. v Perkins) [2014] EWCA Crim 2922; [2015] 1 Cr. App. R. (S.) 55

B2-144 C and P had been convicted of false imprisonment, making a threat to kill and assault occasioning actual bodily harm referred to the court by the Attorney General under the unduly lenient sentence scheme. Following an accusation that V had taken a wallet belonging to P's brother, C and P assaulted V and threatened that he would be drowned, burned with an iron and partially suffocated.

Held: that in the absence of any definitive sentencing guideline which would have informed the sentence of the court in relation to the false imprisonment and threats to kill, the judge was ill-served in that he was only referred to one authority, *R. v Parkins*,[52] which did not in any sense analyse the recent jurisprudence in sentencing for such offences. The case of *Parkins* was more reflective of the once guideline case of *R. v Spence and Thomas*,[53] an authority of considerable age and one which did not reflect the current sentencing climate.

The authorities establish that every case is fact-specific. However, generally speaking, cases involving hostage-taking and demands for ransom would attract figures close to the 16-year starting point; others, where such behaviour has been absent, will still attract double figures, regardless of the degree of violence meted out.

R. v Mahmood [2015] EWCA Crim 441; [2015] 2 Cr. App. R. (S.) 18

B2-145 The appellants had been convicted of, or pleaded guilty to, conspiracy to kidnap, false imprisonment, causing GBH with intent and causing GBH. D1 had been searching for V for a number of years in connection with a large sum of money he claimed V owed him arising out of a money laundering operation. As a result, V and his partner had moved to different parts of the country 17 times in an attempt to evade D1. A plan to kidnap V was devised and V was kidnapped V from outside his property that evening. He was assaulted, with the use of what the judge described as "considerable violence", and "bundled" into a motor car. The vehicle was driven to another's address in a remote part of the West Midlands. V was stripped naked and tortured over a period of some six to seven hours. The men used weapons including hammers to inflict injuries, leading to extensive bruising, broken ankles, a broken arm and a fractured cheekbone. Threats were made to kill his wife and children. V was driven to another location and, when he attempted to look out of the vehicle's window, he was stabbed four times. He was then moved to a third location before later being dumped, having been detained for some 24–28 hours. The judge took a starting point of 18 years, having commented that the unlawful imprisonment was at the very highest end of what he described as the guidelines.

Held: that there was no definitive guideline for kidnapping or false imprisonment. The decision in *R. v Ahmed*[54] was decided in the light of the earlier authority of *R. v Spence and Thomas*[55] in which the court said:

> "At the top of the scale, of course, come the carefully planned abductions where the victim is used as a hostage or where ransom money is demanded. Such offences will seldom be met with less than eight years' imprisonment or thereabouts. Where violence

---

[52] [2011] 2 Cr. App. R. (S.) 120.
[53] (1983) 5 Cr. App. R. (S.) 413.
[54] [2010] EWCA Crim 3133; [2011] 2 Cr. App. R. (S.) 35.
[55] (1983) 5 Cr. App. R. (S.) 413.

or firearms are used, or there are other exacerbating features such as detention of the victim over a long period of time, then the proper sentence will be very much longer than that."

In *Ahmed*, the court considered that a starting point of 18–19 years' imprisonment was too high for kidnapping. However, *Ahmed* did not set the upper end of the scale for all cases involving kidnapping and violence; indeed, it did not even purport to be a guideline case. Such cases (i.e. cases of kidnapping and violence) were inevitably fact-sensitive.

Ahmed did not demonstrate that the starting point of 18 years adopted by the judge was too high: (1) the instant case was one of the infliction of terrible injuries during the course of a kidnap and of a subsequent stabbing, having being charged accordingly—in *Ahmed*, the violence was not the subject of such a count; (2) *Ahmed* was not only not a guideline case but it was decided before the publication of the Definitive Guideline on Offences of Assault, which of course specifically applied to the instant case because of the count of causing GBH with intent; and (3) although the facts in *Ahmed* also involved the infliction of "nasty" injuries, these were much less serious than those endured by V. While *Ahmed*-concerned a younger victim, who had no doubt suffered considerable distress, he was held for five hours as against the 28 hours for which V was held.

B2-146

The instant case was a particularly brutal, savage and degrading crime. It involved a sustained attack on a defenceless victim with hammers—the violence was sadistic, calculated and took some hours. It was also a crime carried out for money or, at the very least, in reprisal for non-payment of money. For the purpose of the Sentencing Council's Definitive Guideline on Assault Offences, the serious injuries and the sustained nature of the attack amounted to greater harm. Furthermore, the premeditation, use of weapons and deliberate infliction of injuries greater than necessary to commit the offence amounted to higher culpability. It was therefore a Category 1 offence. The court made minor adjustments to the sentences imposed, commenting that a starting point of 18 years for the ringleader could not conceivably be criticised.

Commentary: As noted above at B2-140, *Spence and Thomas* should no longer be referred to. The decisions in *Gibney* and *Perkins* make clear that sentences of 16 years will be appropriate (after a trial) for cases in which "hostage-taking" behaviour and ransom demands have been made and that sentences of 10 years and above will be appropriate for cases which do not involve such behaviour regardless of the violence. Furthermore, *Mahmood* makes clear that the figure of 16 years is not an impenetrable ceiling.

B2-147

It is submitted that the sort of case in which a sentence of 16–18 years is like to be appropriate are those involving lengthy detention, serious violence and demands for money. It is to be recalled that the top of the s.18 guideline range is 16 years and therefore in a case which involved ransom demands, prolonged detention and the infliction of serious violence with a weapon, it is suggested that there is no reason why the sentence should not be above 18 years after a trial. The gravamen in such cases will clearly be the violence deliberately inflicted and the length of the detention, but it is important not to lose sight of the other factors: threats made (to others or in relation to others) and the impact on others. It is evident, then, that the offence is led by the harm caused, risked or intended.

For cases which involve threats but no violence, the gravamen will be the psychological harm caused in addition to the period of detention and the threats of violence (not carried out). It is submitted that emphasis should be placed on the threats, as they will generally have been made with the intention that the victim (and any persons to whom a demand is made) believes that they will be carried out. As such, the gravamen will be the intention to cause fear (and any fear actually caused) by reference to the seriousness of the threats.

Domestic abuse within a relationship

R. v Attwell [2014] EWCA Crim 3023

B2-148 The appellant had pleaded guilty to an offence of kidnapping. At the time of the offence the complainant, V, had been in a relationship with the appellant for approximately two years. He had been arrested and charged with violent offences committed against V. He was bailed with conditions not to contact her. One evening, he saw her and followed her to her address but then visited a friend who also lived in the same block of flats where he expressed suicidal thoughts. Later, the appellant attended V's address and forced his way inside. He took the mobile telephone she was using and threw it down a rubbish chute. He then grabbed hold of V by her hair, pulling clumps of it out, knocked her to the ground and then pushed and pulled her from the flat and pulled her down approximately 12 floors. He walked her to a nearby field and he said he would attempt suicide. She intervened but then managed to escape. Police later arrived and the appellant was arrested. He was sentenced to three years and nine months' imprisonment.

Held: that B1 of the Definitive Guideline for the Sentencing Guidelines Council in relation to *Overarching Principles Domestic Violence* provides under the heading "Assessing seriousness":

> "As a starting point for sentence, offences committed in a domestic context should be regarded as being no less serious than offences committed in a non-domestic context."

As with all offences account must be taken of the aggravating and mitigating factors. Accordingly, with respect to the court in *Spence and Thomas*, reference to that old case should have no modern relevance to issues of an offence of kidnapping being committed in a domestic context.

The starting point after a trial should have been four years' imprisonment and, with credit for the guilty plea, the sentence would be reduced to one of three years.

R. v Wani [2016] EWCA Crim 1587

B2-149 The appellant, W, had been convicted of false imprisonment. The victim, V, was a health care assistant who had attended W's home in order to change medical dressing for him. Once inside the property, V discovered that W was no longer under her care and made to leave. W, a powerfully built man, grabbed her by the arm and told her repeatedly that she "had to do something" for him, since she had woken him up. V managed to get out of W's bedroom and went downstairs, but he pushed past her and blocked the exit. V attempted to phone the police but W grabbed her arm, causing her to drop her phone. He stood very close to her and looked at her chest as he held her. The incident lasted for approximately 20 minutes and V was very distressed afterwards and had to take two months off work as a result. W was sentenced to four years' imprisonment.

Held: that the offence was less serious than *Attorney General's Reference (No.45 of 2000)*,[56] as no weapon was involved, but it was still a serious offence as it involved a sustained assault that caused great fear to a vulnerable victim who was performing an important public duty. There was a deterrent element to sentencing in such cases. However, despite the seriousness of the offending, the sentence of four years' imprisonment would be reduced to one of three years.

Attorney General's Reference (R. v Abbas) [2017] EWCA Crim 2015; [2018] 1 Cr. App. R. (S.) 34

Under the unduly lenient sentence scheme, the Attorney General sought leave to refer a sentence of 15 months' imprisonment following convictions for kidnapping, possession of an imitation firearm and driving while disqualified.

The victim, V, and the offender, A, were engaged to be married. V had been told that another woman was pregnant with A's child. Following an argument in A's car in which each accused the other of infidelity A "bundled" V into the boot of the vehicle and shut the boot lid. He told her that she would not be let out until she told him the truth. V did not feel that A would hurt her but she had no idea how long she would be kept in the boot. After a few minutes, A drove off with V still in the boot. After about a minute, police stopped the vehicle because of the way in which it was being driven. Officers spoke to A and then discovered an imitation firearm inside the vehicle. When they asked A if they would find anything else inside the car, he said that V was in the boot. The officers opened the boot and released V; bodycam footage showed that she was visibly upset. V had been in the boot for around 10 minutes. The imitation firearm was an air pistol designed to fire plastic pellets. The weapon looked like a conventional self-loading pistol. V did not want to give evidence and made a "withdrawal statement" to that effect. A was sentenced to 10 months in respect of kidnapping, five months consecutive for possession of an imitation firearm and two months concurrent for the relevant driving offence.

B2-150

Held: that the case fell into a very different category from those cases of kidnapping involving planned gang or group activity with violence, monetary demands and significant periods of detention often coupled with a crime-based background. Although the decision in *Spence* no longer provided reliable guidance as to sentencing levels in that type of case, it recognised that cases of kidnapping varied enormously on their facts and in their seriousness. It was clear that what Lord Lane CJ in *Spence* described as offences arising from "family tiffs or lovers' disputes" would be likely to fall at the bottom end of the spectrum of offending.

The period of detention was for no more than 10 minutes, although the episode was brought to an end by the intervention of the police. Relatively minor force was used on the victim and there was no evidence of any physical injury being sustained. The victim was undoubtedly upset by what happened, but on the evidence of the bodycam not grossly upset. She did not feel that she was at risk of violent assault. There was no evidence of any ongoing trauma or other adverse impact on the victim.

B2-151

The offence was not premeditated and was committed by a single offender. It was an isolated incident in a three-year relationship between the parties.

---

[56] [2001] 1 Cr. App. R. (S.) 119.

B2-152   It was true to say that sentencing levels for the more serious types of kidnapping are now higher than they were when *R. v Dzokamshure*[57] was decided. It may well be that this will reflect on cases at the lower end of gravity, although the court was not aware of any specific decision to that effect in this class of case.
A factor of considerable importance in the instant case was the evidence of the offender's low mental functioning, which should be viewed as lowering his culpability. The sentence imposed was undoubtedly somewhat lenient, but on the unusual circumstances of the case, not unduly lenient.

R. v Peachment [2021] EWCA Crim 1854; [2022] 2 Cr. App. R. (S.) 9

B2-153   P had been in a relationship with V at the end of 2018 which ended but was rekindled in 2019. In February 2019, V and P had gone out, with V having a modest amount to drink and P consuming alcohol and cocaine. They returned to P's flat and V wished to return to her mother's address and to change her clothes. P stopped her from doing so, telling her she could not leave the flat and striking her in the face. He locked her in the bathroom and then tried to enter it himself. V exited the property via the bathroom window on an upper floor. She fell and was seriously injured, suffering a compression fracture of the vertebrae, bruising to her eye and lip and a cut to the back of her head. She was kept in hospital for four days. Between 8 December 2018 and 13 December 2018, P had sent V a series of messages including an abusive text, and on 12 December attended at her address, making threats whilst knocking on her patio door.

P pleaded guilty to putting a person in fear of violence by harassment and was convicted after trial of false imprisonment. He was sentenced to two years and four months' imprisonment.

Held: when sentencing offences for which there was no offence specific guideline, the court would consider culpability and harm and thereafter aggravating and mitigating features. The instant case was of at least medium culpability, although there was no method of restraint or planning, there was violence used and V tried to flee. The offending had a high level of harm given the injuries suffered by V in fleeing. The physical level of harm caused by V fleeing from P's flat may not have been foreseen by P; however, V would not have had to leave the flat in the way that she did had P not subjected her to the frightening ordeal of falsely imprisoning her in the first place. For offending of this type, with the levels of culpability and harm present in this case the custody threshold was passed and only the imposition of an immediate custodial sentence for an offender, even with no previous convictions after trial, was appropriate. A starting point of two years' imprisonment after trial, could not be criticised which, in this case, should have been increased to reflect the aggravating features (including previous convictions, domestic context and alcohol/drugs taken) by at least six months. The sentence imposed was not manifestly excessive.

B2-154   *Commentary:* Cases with a domestic abuse context may be typically less serious than those which take place against a background of further criminality or organised crime, and fortunately less serious violence is often used in such cases. In *Attorney General's Reference (Nos. 102-103 of 2014) (R. v Perkins)*,[58] the court stated that generally speaking, cases involving hostage-taking and demands for

---

[57] [2008] EWCA Crim 2458; [2009] 1 Cr. App. R. (S.) 112.
[58] [2014] EWCA Crim 2922; [2015] 1 Cr. App. R. (S.) 55.

ransom would attract figures close to the 16-year starting point; others, where such behaviour has been absent, will still attract double figures, regardless of the degree of violence meted out. The cases in this section (and others not listed in this work) indicate far lower sentences for offences committed in a domestic context. However, it is submitted that courts should be mindful not to under-sentence. There is a need for (a) proportionality as between the sentences imposed in domestic cases and those imposed in cases of drugs/organised crime contexts where threats and ransom demands are made; and (b) a focus on the seriousness of the domestic context which will greatly aggravate the seriousness of the offence. It is submitted that reference ought to be made to the Assault Offences: Definitive Guideline to obtain an indicator of the level of sentence to be imposed for the violence carried out. For domestic cases in which violence is carried out, sentences should, it is submitted, be in excess of the figures in the assault guideline reflecting the period of detention, method of restraint and the domestic context (among other factors). For cases where no (or no serious) violence is inflicted, it is submitted that the sentence should be close to, if not at the same level as, that indicated by the assault guideline had the violence been carried out. The domestic context should not be seen as a means of reducing the seriousness of the conduct; on the contrary, the "breach of trust" type element to such offences and the need to protect victims of domestic abuse should result in firm sentences being imposed on those committing offences of violence (threatened or inflicted) in a domestic context.

Parents abducting child motivated by desire to protect child from partner

R. v Smith (Leanda) and Smith (Edward) [2019] EWCA Crim 1469; [2020] 1 Cr. App. R. (S.) 19

With leave of the single judge, the appellants, L and E, appealed against sentences of three years' imprisonment imposed on them following late guilty pleas to an offence of kidnapping. LS was aged 19 and the daughter of L and E. She had formed a relationship with a man aged in his 50s. L and E were unhappy about LS's relationship because they believed that the man had a history of entering into relationships with teenage women and believed that his past relationships had not ended well for the women concerned. With another daughter, SS, L and E attended LS's place of work, a hotel. LS was in the office. L and E entered the office where there was an exchange of words. E tried to drag LS out of the office but LS physically resisted. E lifted her up and carried her out of the office as LS continued to resist. SS assisted E and, thereafter, E dragged LS to their vehicle, placing her inside the vehicle. L, E, SS and LS drove around for a while, at one point changing from one vehicle to another, before returning to the family home. The incident lasted around three hours. L and E were arrested on their return home. LS suffered bruising as a result of the incident.

B2-155

Held: that the primary considerations in the particular circumstances of the instant case were:

1) the offence was a serious offence of kidnapping, involving the use of significant force to drag LS away from her place of work, causing her pain and distress;
2) LS was an adult who was entitled to make her own decisions about her relationships; the kidnap was an attack on that entitlement and an attack on her autonomy;

3) there was no reason to doubt that L and E had acted as they did out of parental concern for their daughter;
4) LS's views as to the need for imprisonment were her genuine views and did not represent her acting as some form of mouthpiece at the behest of her parents.

There was no reason to distinguish between L and E. In each case, the appropriate sentence was one of 18 months. In addition, some small reduction had to be made from the custodial term that would otherwise be appropriate because L and E had a legitimate expectation that some reduction would be made in all the circumstances. In relation to the issue of suspension, the sentences could properly, and in the particular circumstances of the case should, have been suspended. Accordingly, the sentences would be reduced to 17 months' imprisonment, suspended for two years, with rehabilitation activity requirements of 20 days.

Blackmail

General approach

R. v Hadjou (1989) 11 Cr.App.R. (S.) 29

B2-156 The court gave guidance on the sentencing of offences of blackmail.

Held: Blackmail was one of the most vicious crimes in the calendar of criminal offences; the gravity of the offence could not have been marked with a shorter sentence. Deterrence was perhaps the most important part of the sentence in such a case as this, only just after the question of punishment.

R. v Ford [2015] EWCA Crim 561; [2015] 2 Cr. App. R. (S.) 17

B2-157 The court gave guidance on the utility of previous, unrelated, decisions regarding sentencing of offences of blackmail.

Held: Blackmail cases were generally fact-specific and the authorities were not guideline cases.

Attorney General's Reference 11 and 12 of 2016 (R. v Blade and Banks) [2016] EWCA Crim 2312

B2-158 The court gave guidance on the utility of previous, unrelated, decisions regarding sentencing of offences of blackmail.

Held: The court had been referred to a number of authorities in the context of the written arguments of counsel. Because each case was unique, they provided only relatively limited assistance. Moreover, some of the older cases had to be viewed with a degree of reservation by reason of the increasing seriousness with which courts in present times view such offending.

There was no definitive guideline issued by the Sentencing Council with regard to offences of blackmail. The circumstances of such offences can vary enormously, as can indeed the circumstances of the individual offender. In consequence, a relatively wide range of sentences is indicated in the reported decisions. However, some general propositions at least can be identified. First, blackmail is, by its very nature, an offence always to be considered as a very serious matter. Immediate terms of custody are ordinarily to be anticipated. Secondly, offending of this kind justifies an element of deterrent sentencing. Thirdly, where the threats are of a kind to disclose discreditable or embarrassing conduct, be it true or false, that may (depending on the circumstances) make the matter even more serious. Fourthly, where the threats are not of such a kind, but are of the kind designed to extract money, not just by way of a protection racket but by way of seeking to recover a sum alleged to be properly due, then the court simply will not tolerate people taking the law into their own hands.

Threats to disclose personal information/Threats made to previous partner

R. v Ford [2015] EWCA Crim 561;[2015] 2 Cr. App. R. (S.) 17

The applicant, a drug dealer, had been convicted of blackmail in circumstances where, over the course of seven months, he had extracted £12,000 from the victim, making threats to him and his family members. The threats to V were to reveal to others the victim's drug use; these were not explicit but were clear. Threats to V were made regarding his family, namely that they would be "smashed" or "fire-bombed". There was an absence of actual violence used. The judge imposed a sentence of eight years.

Held: The crucial element in assessing offending of the instant type would often be the relationship between the amount of money demanded and the means available to the victim. Another important point would be the psychological harm done and intended to be done to the victim.

B2-159

Attorney General's Reference (R. v Roberts) [2019] EWCA Crim 1931; [2020] 1 Cr. App. R. (S.) 53

R had pleaded to an offence of blackmail. Over a period of about a year, she had told the victim, a former sexual partner, that she was pregnant by him; she had given birth to a baby boy, who was seriously unwell; the child had been adopted; and the child had eventually died. She demanded various sums of money, initially to pay for a termination; then for things that were necessary for the child, which he paid, believing that she had been pregnant; and later on the basis that he was the father of the child. These were all lies. She threatened to give birth to the (fictional) baby if he did not comply, contrary to his wishes, and then to tell his family and his partner of the existence of the child if he did not keep paying. When he confronted her over the blackmail and said that he would report her to the police, she threatened to tell the police that he had raped her. In total, R obtained over £29,000 from the victim, causing him to incur significant debt.

R was, at the time of sentencing, the primary carer of her two young children, aged nearly four years and 14 months respectively, and was expecting a third child. She had been prescribed antidepressants and had shown recent signs of having self-harmed.

Sentencing R, the judge held that, but for the fact that she had two young children and was expecting another, he would have imposed a sentence of 18 months following trial but would reduce that to six months in recognition for that fact and gave full credit for the plea.

Held: It has been repeatedly said in judgments of this court that blackmail is an ugly and vicious crime. In *R. v Hadjou*,[59] Lord Lane CJ, giving the judgment of the court, characterised the offence in a striking phase as "an attempted murder of the soul", and one for which the courts always impose severe, deterrent sentences. Part of the reason is that the threat to disclose discreditable information, or information that the victim does not wish to be disclosed, creates "endur-

B2-160

---

[59] (1989) 11 Cr. App. R. (S.) 30.

ing fear, ever present anxiety and fear of discovery which gnaws away at him for long periods": see *R. v Greer and Greer*.[60] However, there are no Sentencing Council guidelines for the offence of blackmail, and the reported cases are generally fact specific: see *R. v Ford*.[61]

Factors material to the sentencing approach in such cases as the present were:

1) the relationship between the amount of money demanded and the means available to the victim to pay it: see *Ford* at [17].
2) the psychological harm done and intended to be done: see *Ford* at [17].
3) the time over which the blackmail took place and the persistence of the demand. If the blackmail takes place over a significant period of time, it was likely to be regarded as more serious than the offence committed on a single occasion, although a single demand with menaces may attract a lengthy sentence, depending on the circumstances.

Taking into account all of the circumstances the sentencing judge's starting point of 18 months' imprisonment for this offence was significantly too low, and the ultimate sentence of four months' imprisonment was unduly lenient. The offending, with the serious features we have identified, called for a starting point of the order of five years' imprisonment. The sentence would be increased (in the circumstances, to 24 months, suspended). This case turns on its own very unusual facts and should give no comfort to the generality of blackmailers who come before the court to be sentenced.

Enforcement of debt

Attorney General's Reference 11 and 12 of 2016 (R. v Blade and Banks) [2016] EWCA Crim 2312

B2-161 The offenders, BA and BL, armed with a truncheon, had gone to the victim's office, which was in the grounds of his home. They threatened him with violence and demanded £30,000 which they deemed he owed to a third party following the liquidation of his company (comprising £8,000 owed plus a "fine"). References were made to others who were 'worse' than BA and BL who were located nearby who would be called upon if the payment was not made. The victim gave them a cheque for £8,000. BA had taken the leading role in the offence. Both had previous convictions for violence, but BL had the worse record and he had produced the truncheon. BA subsequently followed up with a threatening telephone call on another day.

Guilty pleas were entered on bases and following a Goodyear indication. Sentences of 9 and 12 months' imprisonment suspended for 12 months imposed on the offenders respectively.

The Attorney General submitted that the sentence failed adequately to reflect the gravity of the offence or the aggravating features, which included the fact that there had been two offenders and the impact on the victim, who felt fearful in his home. The Attorney General submitted that the judge had failed to have regard to the need for deterrent sentencing.

Held: This was a bad case of its kind. In many ways indeed it has the features of a robbery, even if not properly, in technical terms, chargeable as such. If one

---

[60] [2005] EWCA Crim 2185; [2006] 1 Cr. App. R. (S.) 93 at [8].
[61] [2015] EWCA Crim 561; [2015] 2 Cr. App. R. (S.) 17 at [15].

were to have regard to the current guidelines relating to robbery of small commercial premises, that would suggest a starting point of four years after trial, assuming a person of previous good character.

This offence contained these particularly unpleasant features: two men attended the premises, each plainly designed to give the impression of muscular back-up to the other; grave threats were uttered; staff were present; the notional violence that BA inflicted on himself by punching himself was designed to increase the physical menace, as indeed was BL's subsequent production and tapping of the truncheon on the desk. To say that no actual violence was used was true but lost much of its force, given that context. Moreover, the demand was for £30,000—greatly in excess of what was even ostensibly "due". The effect on the victim and his family was predictable. Furthermore, BA followed this incident up with the subsequent threatening phone call to the victim. BA had lent no assistance in seeking to have the money traced—on his own account he had spent it. Moreover, both had bad records.

Where the threats were not to disclose embarrassing information, but are of the kind designed to extract money, not just by way of a protection racket but by way of seeking to recover a sum alleged to be properly due, then the court simply will not tolerate people taking the law into their own hands.

With kidnap/violence

See B2-135 onwards. **B2-162**

Child Abduction

Introduction

It is important to remember that there are two offences: s.1, the offence of child abduction by a parent, and s.2, the offence of child abduction by non-parents. Offences are therefore likely to raise different issues—e.g. those involving parents will usually include the serious element of the breach of trust of the other parent and that the offending parent is acting against the interests of their own child, whereas those not involving parents may involve issues of commercial motivation and the absence of a belief (however warped) that the abduction is in the child's interests. **B2-163**

Approach to sentence

General guidance

R. v Kayani and Solliman [2011] EWCA Crim 2871; [2012] 1 W.L.R. 1927

The court heard two otherwise unconnected appeals against the sentences imposed for offences of child abduction and used the opportunity to provide some guidance on the approach to sentencing. **B2-164**

Held: that child abduction could take many forms: it might include the abduction of a child for a few days, or even a week or two, followed by the child's return, effectively unharmed and with the loving relationship between parent and child unharmed. At the other extreme there were offences of forced marriage which ultimately culminated in what in reality was rape, or cases where the child was deliberately taken abroad and separated from one of their parents for many years, and the ordinary loving relationship which each should enjoy with the other was irremediably severed. The Hague Convention on the Civil Aspect of International Child Abduction 1980 was designed to protect children from unlawful removal and detention abroad and to procure their return home as promptly as possible. Where children were removed to a country which was a signatory to the Convention, the Convention worked relatively well. When, however, the child was removed to a country which was not a party to the Convention, the difficulties of achieving the return of the child were always immense, and sometimes insuperable.

At its most serious, the offence of child abduction was akin to kidnapping. On conviction for kidnapping a sentence of life imprisonment was available. For offences contrary to the 1984 Act, the maximum sentence was seven years' imprisonment. There were some cases of child abduction, where, given the maximum available sentence, with or without the appropriate discount for a guilty plea, the available sentencing options did not meet the true justice of the case, properly reflective of the culpability of the offender and the harm caused by the offence. The court recommended that the maximum sentence for child abduction should be increased.

B2-165   The court had considered a number of different sentencing decisions; although these were fact-specific and of heightened sensitivity, the general theme was that the offence, even if committed by a loving parent, was a serious offence and one of the repeated themes in the sentencing decisions was that there should be a significant element of deterrence in the sentence. In the Court's view, the abduction of children from a loving parent was an offence of unspeakable cruelty to the loving parent and to the child or children, whatever they might later think of the parent from whom they had been estranged as a result of the abduction.

It was a cruel offence even if the criminal responsible for it was the other parent. Any reference in mitigation to the right to family life, whether at common law or in accordance with art.8 of the European Convention on Human Rights, was misconceived. This submission involved praying in aid and seeking to rely on the very principle which the defendant had deliberately violated. There was a distinct consideration to which full weight must be given. It had long been recognised that the plight of children, particularly very young children, and the impact on them if the person best able to care for them was imprisoned, was a major consideration in any sentencing decision. These were offences of great seriousness, with the additional complexity arising just because the abducting parent was the person best able to provide the children with a home. In general terms, where the only person available to care for children committed serious offences, even allowing for the interests of the children, it did not follow that a custodial sentence of appropriate length to reflect the culpability of the offender and the harm consequent on the offence was inappropriate. The Court could see no reason why the offence of child abduction should be placed in a special category of its own when the interests of the children of the criminal fell to be considered. In one sense, if a consequence was that children wished to have nothing to do with the parent from whom they had been abducted, and had nowhere else to go, a further consequence of the abduction itself was the hardship then endured by the children.

R. v RH and LA [2016] EWCA Crim 1754; [2017] 4 W.L.R. 81

B2-166   The Registrar of Criminal Appeals referred the cases of RH and LA to the full court. RH had pleaded guilty to child abduction by a parent, contrary to s.1 of the Child Abduction Act 1984; LA had pleaded guilty to child abduction by other persons, contrary to s.2 of the 1984 Act.

Held: that there was no definitive guideline. The relevant offences could vary widely in terms of gravity. The correct approach would adhere to what is now s.63 of the Sentencing Code by considering the seriousness of an offence by reference to an offender's culpability and the harm caused. The guidance given would necessarily be general in nature and should be applied flexibly, with each case being considered in light of its own particular circumstances. As the court had observed in *R. v Kayani*,[62] cases of the instant type should normally incorporate a significant element of deterrence.

The court stated that the most serious class of case (Category 1 cases) would involve a high level of harm, exemplified by a very lengthy period of abduction or detention, a serious effect on the child (whether emotional or otherwise), or serious damage to, or severance of, a loving relationship with a parent, siblings or other relevant person. High culpability might be exemplified by persistent non-disclosure or concealment of the place of abduction, significant and sophisticated planning, breach of a court order or disregard of the court process, intention to sever the relationship between the child and another relevant person or abduction for a criminal purpose (e.g. a sexual purpose, female genital mutilation or forced marriage). Where there was a combination of both a high level of harm and a high level of culpability, the bracket would be five to seven years after a trial.

Where there was a combination of high culpability and low harm, or vice versa, the case would fall into an intermediate sentencing range of 18 months to five years (Category 2 cases). That range might be based on combinations of high and low harm and culpability factors. It might also be based on medium-level harm factors such as a significant period of abduction or detention, the presence of some emotional or other effect on the child's life and some harmful effect on the relationship between the child and the adult from whose custody or control the child had been taken.

Factors at the lower end of the spectrum of harm would include situations where there had been a brief period of abduction or detention, minimal effect on the child or minimal effect on the relationship between the child and other affected party. Lower culpability would be present where the abduction or detention was impulsive or spontaneous or where there had been prompt subsequent disclosure of the place of abduction enabling effective action to be taken by the authorities. It might be that some of the more minor cases would not be dealt with by the criminal justice system at all but rather by the Family Court by way of contempt proceedings. Where criminal proceedings were brought, the guidance given in this case should be applied. Cases at this level (Category 3 cases) would be particularly fact-sensitive and a range between a high-level community order and 18 months was appropriate where low-level harm and culpability factors were present.

B2-167

Applying the guidance
In short, the intermediate category would cover any combination of factors that was not high/high or low/low in terms of harm and culpability. It would, of course,

B2-168

---

[62] [2011] EWCA Crim 2871; [2012] 2 Cr. App. R. (S.) 38 at [53].

be for the judge to weigh and assess where in the spectrum of harm and culpability any individual case fell.

In considering where to place a case within a particular range, the court should also have regard to any aggravating and mitigating factors in the usual way. Features common to all offences such as previous good or bad character would play their part. Non-exhaustive offence-related aggravating factors included:

1) exposing the child to a risk of harm;
2) abduction of an already vulnerable child;
3) group action;
4) use of significant force;
5) abduction to a non-Hague Convention country;
6) abduction to a place with which the child had no prior links;
7) in s.2 cases, removal from the jurisdiction.

Non-exhaustive mitigating factors included:

1) enabling prompt contact to take place with the adult deprived of custody or control;
2) compliance with court orders;
3) co-operation with the authorities.

Taking account of the effect of the sentence on the child

B2-169   It was open to the court to take into account the effect of a sentence on a child where the offender was the sole carer for the child abducted or other children. This was not a matter of mitigation personal to the offender; rather, it arose from the need for the court to have regard to the interests of a child or children affected. Careful consideration of the principles laid down in *R. v Petherick*[63] was required so that both wider public interests and those of a child were dealt with proportionately.

B2-170   *Commentary:* It is submitted that such is the clarity of the guidance in the decision in *RH and LA*, that reference need not be made to other, fact-specific decisions of the Court of Appeal (Criminal Division). Such decisions are going to be merely illustrations of the court applying such guidance to the individual facts and therefore, in line with the approach required by the court, will not be of assistance.

Modern Slavery

Introduction

B2-171   This section concerns offences under the Modern Slavery Act 2015.

Slavery, Servitude and Forced or Compulsory Labour/Human Trafficking (Contrary to ss.1 and 2 of the 2015 Act)

Maximum sentence

B2-172   The offences under ss 1–2 of the Modern Slavery Act 2015 (slavery, servitude and forced or compulsory labour; and human trafficking) both have *life imprisonment* as a maximum sentence.

---

[63] [2012] EWCA Crim 2214; [2013] 1 Cr. App. R. (S.) 116.

Availability of sentencing orders

B2-173 Certain sentencing orders or consequences of conviction are only available, or apply, where the offence for which the offender has been convicted is a listed offence. The table below specifies whether the offence is a listed offence for the purpose of each of those sentencing orders or consequences of conviction.

Custodial sentences

B2-174

Offence	SA 2020 Sch.13 (offender of particular concern)	SA 2020 Sch.14 (extended determinate sentences—previous offence condition)	SA 2020 Sch.15 (life for second listed offence)	SA 2020 Sch.17A (serious terrorism sentences)	SA 2020 Sch.18 (extended determinate sentences—specified offences)	SA 2020 Sch.19 (life sentence—dangerous offenders)	PCC(S)A 2000 s.109 (required life sentence for second listed offence committed between 30 September 1997 and 4 April 2005)
Slavery, servitude and forced or compulsory labour (s.1 MSA 2015)	Yes, Pt 1 where offence has terrorist connection	No	No	Yes, where offence has terrorist connection	Yes	Yes	No
Human trafficking (s.2 MSA 2015)	Yes, Pt 1 where offence has terrorist connection	No	No	Yes, where offence has terrorist connection	Yes (paras 26 and 39)	No	No

Secondary orders and consequences of conviction

B2-175

Offences	SOA 2003 Schs 3 and 5 (sexual harm prevention order and notification—sex offences)	SCA 2007 Sch.1 (serious crime prevention order)	CTA 2008 ss.41–43 (notification—terrorism offences)	SI 2009/37 (barring from work with children and vulnerable adults)
Slavery, servitude and forced or compulsory labour (s.1 MSA 2015)	No	Yes	No	No
Human trafficking (s.2 MSA 2015)	Yes: Sch.5	Yes	No	List 2 and List 4

The following powers also exist for the Modern Slavery Act 2015 offences:

1) forfeiture of land vehicles, ships and aircraft (s.11 of the Modern Slavery Act 2015);

2) slavery and trafficking prevention order (s.14 of the Modern Slavery Act 2015);
3) slavery and trafficking reparation order (s.8 of the Modern Slavery Act 2015): see A5-338.

Sentencing Guidelines: general

B2-176   The Sentencing Council has issued the Modern Slavery Offences Definitive Guideline (2021). The same guideline applies to both offences under ss.1 and 2 of the 2015 Act. The guideline provides for an offence range of a high-level community order to 18 years' custody.

At Step 1 there are three categories of culpability (high, medium, lower) and four categories of harm. Culpability is to be determined by reference to all factors in the case but the listed factors focus on the extent of sexual or physical violence or abuse employed, the expectation of financial or other material advantage and the role of the offender.

Harm is assessed principally by reference to the physical or psychological harm suffered (and to a lesser extent the harm risked); the reference to exposure to risks of certain harm in the guideline suggests that the other references to harm are references to harm suffered rather than risked. The guideline notes that if the offence involved multiple victims or took place over a significant period of time sentencers may consider moving up a harm category or moving up substantially within a category range. At Step 2 it is observed that in the context of this offending a significant period of time is likely to mean months or years. Furthermore, the guideline observes that a victim's apparent consent to their treatment should be treated with caution.

Interpreting/applying the guideline

General guidance

B2-177   At present there are no cases providing specific guidance on the interpretation of this guideline.

Psychological abuse/coercive behaviour (culpability)

B2-178   In the Sentencing Council's response to consultation for this guideline it was noted that a number of consultees had queried whether behaviour designed to cause psychological fear and the use of methods of coercive control should be listed as factors justifying a finding of high or medium culpability. The Sentencing Council decided not to include a factor relating to psychological abuse observing they did not want to see offenders categorised too highly because they had applied a certain level of pressure on their victims, and that elements of psychological abuse or coercion can already be considered in various ways in the guideline. This will include treatment as an aggravating factor in an appropriate case.

Committing an Offence with the Intention of Committing an Offence under s.2 (Contrary to s.4 of the 2015 Act)

Maximum sentence

The offence contrary to s.4 of the Modern Slavery Act 2015 (committing an offence with the intention of committing an offence under s.2) has a maximum sentence of *10 years' imprisonment* (unless the offence committed is kidnapping or false imprisonment, in which case the maximum sentence is *life imprisonment*).

B2-179

Availability of sentencing orders

Conviction for this offence does not trigger any particular consequences of conviction, nor make available specific custodial sentences. However, the following powers also exist for the Modern Slavery Act 2015 offences:

B2-180

1) forfeiture of land vehicles, ships and aircraft (s.11 of the Modern Slavery Act 2015);
2) slavery and trafficking prevention order (s.14 of the Modern Slavery Act 2015);
3) slavery and trafficking reparation order (s.8 of the Modern Slavery Act 2015): see A5-338.

Sentencing Guidelines: general

The Sentencing Council has issued the Modern Slavery Offences Definitive Guideline (2021). The guideline for this offence provides that the starting point and range should be commensurate with that for the preliminary offence actually committed but with an enhancement to reflect the intention to commit a human trafficking offence. The enhancement will vary depending on the nature and seriousness of the intended trafficking offence, the seriousness of the preliminary offence, and the extent to which the offender was themselves the victim of modern slavery, pressure, coercion or intimidation, but up to two years' custody is suggested as a suitable enhancement.

B2-181

Interpreting/applying the guideline

General guidance

At present there are no cases providing specific guidance on the interpretation of this guideline. In the response to consultation document issued by the Sentencing Council alongside the guideline, the Council emphasised that the wording of the guideline is deliberately intended to be flexible: "The enhancement is simply "suggested" and two years' custody intended as an upper end of that suggestion." It is clear therefore that an uplift of two years should not be imposed as a matter of course.

B2-182

It is suggested that important considerations will include the extent to which the offender had taken significant preparatory steps towards committing an offence contrary to s.2 (such that attempt could have been indicted), and the level of planning and preparation in which the offender had engaged. Furthermore, in all circumstances there will be a need to consider the sentence imposed for the substantive offence (and therefore to engage with the principle of totality) such that in some cases the uplift will be determined by a change of sentence type rather than an increase to sentence length.

Threats to Kill

Introduction

B2-183 This section deals with the offence of making a threat to kill contrary to s.16 of the Offences Against the Person Act 1861.

Maximum Sentence

B2-184 The offence of making a threat to kill, contrary to s.16 of the Offences Against the Person Act 1861, has a maximum sentence of *10 years' imprisonment*.

Availability of Sentencing Orders

B2-185 Certain sentencing orders or consequences of conviction are only available, or apply, where the offence for which the offender has been convicted is a listed offence. The table below specifies whether the offence is a listed offence for the purpose of each of those sentencing orders or consequences of conviction.

Custodial sentences

B2-186

Offence	SA 2020 Sch.13 (offender of particular concern)	SA 2020 Sch.14 (extended determinate sentences—previous offence condition)	SA 2020 Sch.15 (life for second listed offence)	SA 2020 Sch.17A (serious terrorism sentence)	SA 2020 Sch.18 (extended determinate sentences—specified offences)	SA 2020 Sch.19 (life sentence—dangerous offenders)	PCC(S)A 2000 s.109 (required life sentence for second listed offence committed between 30 September 1997 and 4 April 2005)
Making a threat to kill (s.16 OAPA 1861)	Yes, Pt 1 where offence has a terrorist connection	No	No	No	Yes	No	No

[1258]

Secondary orders and consequences of conviction

B2-187

Offences	SOA 2003 Schs 3 and 5 (sexual harm prevention order and notification—sex offences)	SCA 2007 Sch.1 (serious crime prevention order)	CTA 2008 ss.41–43 (notification—terrorism offences)	SI 2009/37 (barring from work with children and vulnerable adults)
Making a threat to kill (s.16 OAPA 1861)	Yes: Sch.5	No	No	No

Sentencing Guidelines

This section deals with the Threats to Kill Guideline, which forms part of the *Intimidatory Offences Guideline* 2018. The offence range is a community order to seven years' imprisonment. The culpability factors are broken down into three categories (A, B and C) and centre on the extent of any planning and the sophisticated nature of the offence, which is clearly a culpability factor, but also factors such as a visible weapon, threats made in the presence of children, threats with significant violence[64] and a history of domestic abuse against the victim, all of which appear to be better described as harm factors. In the lesser culpability category is the factor "offence was limited in scope and duration", though no guidance is given on what constitutes "limited". It is suggested that caution must be exercised when applying this factor; it will be necessary to consider the entire episode, not just the duration of the threat(s) made as this will almost always be brief, even if repeated. The harm factors are broken down into three categories (1, 2 and 3) and focus exclusively on the harm caused to the victim, making reference to serious physical or psychological harm.

B2-188

Cases with a domestic abuse context will require reference to the Sentencing Council's Overarching Principles: Domestic Abuse Definitive Guideline 2018. It provides guidance on the principles applicable to domestic abuse cases and, for instance, provides a list of aggravating and mitigating factors which are particularly relevant to cases of domestic abuse. Additionally, there is guidance on the sometimes complex issue of reconciling the duty to impose a proportionate sentence with the wishes of a complainant who may want to reconcile with the defendant; see A5-142.

Interpretation/Application of Guidelines

History of threats (culpability)

R. v Landen [2021] EWCA Crim 916

The court considered the sentence imposed for an offence of making a threat to kill where the sentencing judge had, considered that a history of threats (but not physical violence) justified treating the case as a higher culpability case.

Held: The Sentencing Council Guideline, in terms of higher culpability and past history, referred to "history of and/or campaign of violence towards the victim". As with all Sentencing Council Guidelines, the guideline indicates that

B2-189

---

[64] Which presumably means a threat of significant violence, not a threat of violence coupled with significant violence inflicted.

a court is to determine the offence category with reference *only* to the factors in the tables. The table in each case is an exhaustive list. It was understandable why the judge was disturbed and concerned by the behaviour of the appellant, however, the Sentencing Council did not identify a history of threats as justifying higher culpability. The judge had thus erred in applying the guideline.

Cruelty and Neglect Offences

Introduction

B2-190   This section concerns offences of neglect and cruelty to adults and children. Principally, this section concerns offences committed against children, but also encompasses guidance on the offence of causing or allowing a vulnerable adult to suffer serious physical harm or to die. There is a Sentencing Council guideline for the offences committed against children, but there is no guideline for the offences committed against vulnerable adults. By virtue of the ingredients of these offences, they necessarily span a wide range of seriousness, from deliberate infliction of harm, to the provision of negligent care. As such, the assessment of culpability will be particularly important in the determination of sentence, perhaps more so than is conventional for offences against the person that tend to place emphasis on the harm caused.

Sentencing guidelines

B2-191   As a result of the diverse nature of these offences, the guidelines take a different approach and, thus, there is little that can be said of a general nature as to the application of the guidelines. Reference should be made to the specific sections below. Finally, courts should make reference to the Overarching Principles: Domestic Abuse Definitive Guideline 2018 where relevant.

Causing or Allowing a Child to Suffer Serious Physical Harm/Die

Maximum sentence

B2-192   The offence of causing or allowing a child to suffer serious physical harm or to die, contrary to s.5 of the Domestic Violence, Crime and Victims Act 2004, has a maximum sentence of:

1) where the victim suffers serious harm, 14 years' imprisonment where the unlawful act occurred on or after 28 June 2022, and 10 years' imprisonment otherwise; and
2) where the victim dies, life imprisonment where the unlawful act occurred on or after 28 June 2022, and 14 years' imprisonment otherwise.

Availability of sentencing orders

B2-193   Certain sentencing orders or consequences of conviction are only available, or apply, where the offence for which the offender has been convicted is a listed offence. The table below specifies whether the offence is a listed offence for the purpose of each of those sentencing orders or consequences of conviction.

OFFENCES AGAINST THE PERSON

Custodial sentences

B2-194

Offence	SA 2020 Sch.13 (offender of particular concern)	SA 2020 Sch.14 (extended determinate sentences— previous offence condition)	SA 2020 Sch.15 (life for second listed offence)	SA 2020 Sch.17A (serious terrorism sentence)	SA 2020 Sch.18 (extended determinate sentences— specified offences)	SA 2020 Sch.19 (life sentence— dangerous offenders)	PCC(S)A 2000 s.109 (required life sentence for second listed offence committed between 30 September 1997 and 4 April 2005)
Causing or allowing a child or vulnerable adult to die (s.5 DVCVA 2004)	Yes, Pt 1 where offence has a terrorist connection	Yes	Yes	No	Yes	No	No
Causing or allowing a child or vulnerable adult to suffer serious harm (s.5 DVCVA 2004)	Yes, Pt 1 where offence has a terrorist connection	Yes	Yes	No	Yes	No	No

Secondary orders and consequences of conviction

B2-195

Offences	SOA 2003 Schs 3 and 5 (sexual harm prevention order and notification—sex offences)	SCA 2007 Sch.1 (serious crime prevention order)	CTA 2008 ss.41–43 (notification— terrorism offences)	SI 2009/37 (barring from work with children and vulnerable adults)
Causing or allowing a child or vulnerable adult to die (s.5 DVCVA 2004)	Yes: Sch.5	No	No	List 2 and List 4
Causing or allowing a child or vulnerable adult to suffer serious harm (s.5 DVCVA 2004)	Yes: Sch.5	No	No	List 2 and List 4

[1261]

Sentencing guideline: general

B2-196 The Sentencing Council has issued the *Child Cruelty Definitive Guideline* 2023. The guideline provides for an offence range of a community order to 12 years' custody for the "serious injury" offence, and a range of one year to 18 years for the "death" offence. The culpability factors are broken down into four categories (Very High, High, Medium and Lesser). They are diverse in nature and concern the number of incidents of cruelty, the length of the behaviour constituting the cruelty the offender's intention (whether deliberate or negligent) and the extent to which the offender has derogated from their duty to care for the individual. A factor listed in the "lesser" category is that the offender suffers from a mental disorder or is a victim of domestic abuse. For this reason, it is likely that many cases will have factors that straddle categories and, as such, the court will need to balance the factors to arrive at an assessment of culpability that is reflective of all of the relevant factors.

Harm is broken down into three categories (1, 2 and 3). Death is the sole factor in Category 1 and the presence of extreme Category 2 factors cannot elevate a case from Category 2 into Category 1 (at this stage). The guideline states that "The court should consider the factors set out below to determine the level of harm that has been caused or was intended to be caused to the victim." This will of course require a finding to be made by the sentencing judge regarding the offender's intention.

Additionally, the guideline provides clear guidance on the harm that may be caused:

> "*Psychological, developmental or emotional harm*
> A finding that the psychological, developmental or emotional harm is serious may be based on a clinical diagnosis but the court may make such a finding based on other evidence from or on behalf of the victim that serious psychological, developmental or emotional harm exists. It is important to be clear that the absence of such a finding does not imply that the psychological/ developmental harm suffered by the victim is minor or trivial."

B2-197 Cases with a domestic abuse context may require reference to the Sentencing Council's *Overarching Principles: Domestic Abuse Definitive Guideline* 2018. However, it is suggested that in setting the sentencing levels within the guideline, the Council has had regard to the domestic context of the offence.

Interpreting/applying the guideline

B2-198 There are no cases from the Court of Appeal (Criminal Division) that provide additional guidance for the sentencing of cases under s.5 where the victim is a child. Accordingly, reference should be made to the guideline and the expanded explanations at Step 2; reference to fact-specific decisions of the Court of Appeal (Criminal Division) is unlikely to assist.

Cruelty to a Child—Assault and Ill Treatment, Abandonment, Neglect and Failure to Protect

Maximum sentence

The offence of cruelty to a child, contrary to s.1 of the Children and Young Persons Act 1933, has a maximum sentence of *14 years' imprisonment* where committed on or after 28 June 2022, and *10 years' imprisonment* otherwise.

B2-199

Availability of sentencing orders

Certain sentencing orders or consequences of conviction are only available, or apply, where the offence for which the offender has been convicted is a listed offence. The table below specifies whether the offence is a listed offence for the purpose of each of those sentencing orders or consequences of conviction.

B2-200

Custodial sentences

B2-201

Offence	SA 2020 Sch.13 (offender of particular concern)	SA 2020 Sch.14 (extended determinate sentences—previous offence condition)	SA 2020 Sch.15 (life for second listed offence)	SA 2020 Sch.17A (serious terrorism sentence)	SA 2020 Sch.18 (extended determinate sentences—specified offences)	SA 2020 Sch.19 (life sentence—dangerous offenders)	PCC(S)A 2000 s.109 (required life sentence for second listed offence committed between 30 September 1997 and 4 April 2005)
Cruelty to a child (s.1 CYPA 1933)	Yes, Pt 1 where offence has a terrorist connection	No	No	No	Yes	No	No

Secondary orders and consequences of conviction

B2-202

Offences	SOA 2003 Schs 3 and 5 (sexual harm prevention order and notification—sex offences)	SCA 2007 Sch.1 (serious crime prevention order)	CTA 2008 ss.41–43 (notification—terrorism offences)	SI 2009/37 (barring from work with children and vulnerable adults)
Cruelty to a child (s.1 CYPA 1933)	Yes: Sch.5	No	No	List 2 and List 4

Sentencing guideline

The Sentencing Council has issued the *Child Cruelty Definitive Guideline* 2023. The guideline provides for an offence range of a community order to 12 years' custody. The culpability factors are broken down into four categories (Very High, High, Medium and Lesser). They are diverse in nature and concern the number of

B2-203

incidents of cruelty, the length of the behaviour constituting the cruelty, the offender's intention (whether deliberate or negligent) and the extent to which the offender has derogated from their duty to care for the individual. A factor listed in the "lesser" category is that the offender suffers from a mental disorder or is a victim of domestic abuse. For this reason, it is likely that many cases will have factors that straddle categories and, as such, the court will need to balance the factors to arrive at an assessment of culpability that is reflective of all of the relevant factors.

Harm is broken down into three categories (1, 2 and 3). The guideline states that "The court should consider the factors set out below to determine the level of harm that has been caused or was intended to be caused to the victim." This will of course require a finding to be made by the sentencing judge regarding the offender's intention.

Additionally, the guideline provides clear guidance on the harm that may be caused:

> "*Psychological, developmental or emotional harm*
> A finding that the psychological, developmental or emotional harm is serious may be based on a clinical diagnosis but the court may make such a finding based on other evidence from or on behalf of the victim that serious psychological, developmental or emotional harm exists. It is important to be clear that the absence of such a finding does not imply that the psychological/ developmental harm suffered by the victim is minor or trivial."

B2-204 Cases with a domestic abuse context will require reference to the Sentencing Council's *Overarching Principles: Domestic Abuse Definitive Guideline* 2018. It provides guidance on the principles applicable to domestic abuse cases and, for instance, provides a list of aggravating and mitigating factors which are particularly relevant to cases of domestic abuse. In many cases, however, the guidelines will have already appropriately catered for the domestic nature of the offence although a background of domestic abuse will still remain a significant aggravating factor.

Interpreting/applying the guideline

B2-205 There are no cases from the Court of Appeal (Criminal Division) that provide additional guidance for the sentencing of this offence.

Ill-treatment of Patient by a Care Worker

Maximum sentence

B2-206 The offence of ill-treatment by a care worker, contrary to s.20 of the Criminal Justice and Courts Act 2015, has a maximum sentence of five years' imprisonment.

Availability of sentencing orders

B2-206a Certain sentencing orders or consequences of conviction are only available, or apply, where the offence for which the offender has been convicted is a listed offence. The table below specifies whether the offence is a listed offence for the purpose of each of those sentencing orders or consequences of conviction.

Custodial Sentences

Offence	SA 2020 Sch.13 (offender of particular concern)	SA 2020 Sch.14 (extended determinate sentences—previous offence condition)	SA 2020 Sch.15 (life for second listed offence)	SA 2020 Sch.17A (serious terrorism sentence)	SA 2020 Sch.18 (extended determinate sentences—specified offences)	SA 2020 Sch.19 (life sentence—dangerous offenders)	PCC(S)A 2000 s.109 (required life sentence for second listed offence committed between 30 September 1997 and 4 April 2005)
Ill-treatment by care worker (s.20 CJCA 2015)	Yes, Pt 1 where offence has a terrorist connection	No	No	No	No	No	No

Secondary orders and consequences of conviction

Offences	SOA 2003 Schs 3 and 5 (sexual harm prevention order and notification—sex offences)	SCA 2007 Sch.1 (serious crime prevention order)	CTA 2008 ss.41–43 (notification—terrorism offences)	SI 2009/37 (barring from work with children and vulnerable adults)
Ill-treatment by care worker (s.20 CJCA 2015)	No	No	No	No

Sentencing guideline

There is no sentencing guideline for the offence of ill-treatment by a care worker, however the Court of Appeal (Criminal Division) has given some consideration to the use of the child cruelty guideline.

R. v Gower (Daniel) [2022] EWCA Crim 808; [2023] 1 Cr. App. R. (S.) 5
   G had pleaded guilty to ill-treatment by a care worker (CJCA 2015 s.20).
   Held: in the absence of guidelines for this offence, the prosecution suggested reference by analogy to the guideline for offences of cruelty to a child, contrary to s.1(1) of the Children and Young Persons Act 1933. The first and most obvious point of distinction is that the maximum sentence for an offence against s.1(1) of the 1933 Act was 10 years (now 14). The maximum sentence for the offence with which we are concerned is five years. Any analogy must therefore be applied with care and caution. The cruelty to children guideline by analogy was capable of being as much a hindrance as a help. It did not follow from the fact

that the maximum sentence for an offence under s.1(1) of the 1933 Act is twice that for an offence under s.20(1) of the 2015 Act, that the guideline can be divided by two, or that multiple features going to culpability that could exert an uplift from the starting point on direct application of the guideline to a case of child cruelty should necessarily or even probably have the same effect, or the same effect divided by two, when considering a case under s.20(1) of the 2015 Act.

Court of Appeal guidance

Cases

B2-206f *R. v Ohen (Danny) [2023] EWCA Crim 1541; [2024] 2 Cr. App. R. (S.) 5*
The court gave guidance on the sentencing of offences of ill-treatment by a care worker.

Held: as the court noted in *R. v Rawle (Madelynne)*,[65] the need for deterrence was a significant purpose of the sentence in cases of this type. Similarly, in *R. v Strong (Claire Marylouise)*,[66] the court noted that there were no specific sentencing guidelines for offences of this nature. However, it was said that custodial sentences would be appropriate for offences involving the cruel and exploitative ill-treatment of vulnerable people and there had to be an element of deterrence in the sentence. Ill-treatment by those who cared for vulnerable people therefore called for severe punishment.

Commentary

B2-206g It is noted that this offence does not (surprisingly) attract automatic barring, and so consideration may need to be given to appropriate preventative orders on conviction.

Failing to Protect Girl from Risk of Genital Mutilation

Maximum sentence

B2-207 The offence of failing to protect a girl from risk of genital mutilation, contrary to s.3A of the Female Genital Mutilation Act 2003, has a maximum sentence of *seven years*.

Availability of sentencing orders

B2-208 Conviction for this offence does not trigger any particular consequences of conviction, nor make available specific custodial sentences, with the exception that if it is committed with a terrorist connection, the offence is listed in Part 1 of Sch.13 to the Sentencing Act 2020.

Sentencing guideline: general

B2-209 The Sentencing Council has issued the *Child Cruelty Definitive Guideline* 2019. The culpability factors are broken down into three categories (High, Medium and

---

[65] [2022] EWCA Crim 171.
[66] [2014] EWCA Crim 2744.

Lesser). They concern the use of a weapon or weapon equivalent (specifically noting a shod foot, a headbutt and the use of acid or an animal as examples), the offender's role if the offence involved group offending and any deliberate actions to cause more harm than is "necessary" (which appears to be an odd choice of words but perhaps is merely meant to reflect the situation where the offender has caused far more harm than would be expected in the circumstances). Conversely, factors reducing culpability include a lack of premeditation (or spontaneity) and any mental disorder reducing responsibility. Harm is assessed by reference to two categories: 1 and 2. Category 1 offences are those which include serious physical or psychological harm which has a substantial or long-term effect and Category 2 offences are those which do not involve that level of harm.

Interpreting/applying the guideline

There are no cases from the Court of Appeal (Criminal Division) that provide additional guidance for the sentencing of cases under s.3A where the victim is a child. Accordingly, reference should be made to the guideline and the expanded explanations at Step 2; reference to fact-specific decisions of the Court of Appeal (Criminal Division) is unlikely to assist. **B2-210**

Assisting a non-UK person to mutilate overseas a girl's genitalia whilst outside the United Kingdom (section 3)

Maximum sentence

The maximum sentence for the offence of assisting a non-UK person to mutilate overseas a girl's genitalia whilst outside the United Kingdom contrary to section 3 of the Female Genital Mutilation Act 2003 is 14 years' imprisonment.

Availability of sentencing orders

Conviction for this offence does not trigger any particular consequences of conviction, nor make available specific custodial sentences, with the exception that if it is committed with a terrorist connection, the offence is listed in Part 1 of Sch.13 to the Sentencing Act 2020.

Sentencing guideline: General

There is no sentence guideline for the section 3 offence.

Approach to sentence

R. v Noor [2024] EWCA Crim 714; [2024] 4 W.L.R. 62

N had been convicted after a trial of assisting a non-UK person to mutilate overseas a girl's genitalia whilst outside the United Kingdom and received a sentence of seven years' imprisonment. With N, N's 3-year-old daughter had travelled from the UK to Kenya and undergone a procedure by which he clitoris had been removed by a sharp instrument. N's defence at trial had been that she had been pressured to allow the procedure to take place and that she had not given any encouragement or assistance in relation to the procedure.

Held: that the sentence was not manifestly excessive. FGM involved procedures which include the partial or total removal or other mutilation of the external female genital organs for non-medical reasons. When carried out illicitly the practice was extremely painful. It was likely to have serious health and social consequences both at the time of the mutilation and in later life. There was no set age at which mutilation will be carried out. However, it was most likely to affect young or very young girls.

It was justified to reach the view that any offence contrary to section 3 of the 2003 Act constituted very serious offending. The offence involved deliberate assistance given to and/or encouragement of a person who carries out FGM on a girl. The seriousness of that act was magnified when the victim was as young, as was the case in these proceedings. Implicit in the offence was that the girl, a UK national or resident, would be in a foreign country when the FGM was carried out.

The Sentencing Council guideline for the lesser section 3A offence provides for a category range up to 6 years for the most serious type of offending. It was unusual for a Council guideline to have a sentencing range which approaches the maximum sentence for the offence at the upper end of the range. This demonstrated the view taken by the Council of the gravity of FGM.

On the face of it the offences of causing grievous bodily harm with intent and causing or allowing a child to suffer serious harm were analogous offences and the judge was entitled to consider those guidelines. The suggested distinction between the deliberate infliction of harm and something done in a cultural context as the basis for not using the sentencing guidelines for the offences to which the judge referred was not a valid one. The conduct was deliberate. It was not arguable that removal of the clitoris from a child can be anything other than really serious harm. Thus, the FGM to which N's child was subjected amounted to causing grievous bodily harm with intent.

The judge erred in applying the section 18 guideline, however. The existence of really serious harm was the starting point for all such offences. The judge was wrong to equate N's child's injury with a Category 1 harm in the guideline. Rather, he should have found that it was equivalent to Category 2 harm. An offence in Category 2A had a starting point of 7 years' imprisonment and a range of 6 to 10 years.

In the guideline for causing or allowing a child to suffer serious harm it would have been a Category 2A offence with a starting point of 9 years and a range of 7 to 12 years. This offence was the most closely analogous offence to the offence of which N was convicted. The judge did not consider that reference to the guideline for cruelty to a child was of any further assistance. The Court agreed. The judge did not consider that the guideline for failing to protect a girl from the risk of genital mutilation provided any particular assistance. The Court agreed. It was a very different offence.

Causing or Allowing a Vulnerable Adult to Suffer Serious Physical Harm/Die

Maximum sentences

B2-211   The offence of causing or allowing a vulnerable adult to suffer serious physical harm or to die, contrary to s.5 of the Domestic Violence, Crime and Victims Act 2004, has a maximum sentence of:

1) where the victim suffers serious harm, 14 years' imprisonment where the unlawful act occurred on or after 28 June 2022, and 10 years' imprisonment otherwise; and
2) where the victim dies, life imprisonment where the unlawful act occurred on or after 28 June 2022, and 14 years' imprisonment otherwise.

Availability of sentencing orders

Certain sentencing orders or consequences of conviction are only available, or apply, where the offence for which the offender has been convicted is a listed offence. The table below specifies whether the offence is a listed offence for the purpose of each of those sentencing orders or consequences of conviction.

B2-212

Custodial sentences

Offence	SA 2020 Sch.13 (offender of particular concern)	SA 2020 Sch.14 (extended determinate sentences—previous offence condition)	SA 2020 Sch.15 (life for second listed offence)	SA 2020 Sch.17A (serious terrorism sentence)	SA 2020 Sch.18 (extended determinate sentences—specified offences)	SA 2020 Sch.19 (life sentence—dangerous offenders)	PCC(S)A 2000 s.109 (required life sentence for second listed offence committed between 30 September 1997 and 4 April 2005)
Causing or allowing a vulnerable adult to die (s.5 DVCVA 2004)	Yes, Pt 1 where offence has a terrorist connection	Yes	Yes	No	Yes	No	No
Causing or allowing a vulnerable adult to suffer serious harm (s.5 DVCVA 2004)	Yes, Pt 1 where offence has a terrorist connection	Yes	Yes	No	Yes	No	No

B2-213

Secondary orders and consequences of conviction

B2-214

Offences	SOA 2003 Schs 3 and 5 (sexual harm prevention order and notification—sex offences)	SCA 2007 Sch.1 (serious crime prevention order)	CTA 2008 ss.41–43 (notification—terrorism offences)	SI 2009/37 (barring from work with children and vulnerable adults)
Causing or allowing a vulnerable adult to die (s.5 DVCVA 2004)	Yes: Sch.5	No	No	No
Causing or allowing a vulnerable adult to suffer serious harm (s.5 DVCVA 2004)	Yes: Sch.5	No	No	No

Sentencing guideline: general

B2-215   There is no definitive guideline applicable to the s.5 offence where the victim is an adult. In fact, the guideline contained in the *Child Cruelty Definitive Guideline* states "This guideline applies only when the victim of the offence is aged 15 or under." As such, the guideline does not apply to cases where the victim is aged 16 or over and therefore the courts are faced with the question of how to approach the issue of sentencing.

While recourse could be made to the few cases that (prior to the guideline) illustrated the way in which the Court of Appeal (Criminal Division) approaches the sentencing of the s.5 offence, it is submitted that this would be incorrect. The offence has the same maximum sentence for the "serious harm" offence and the "death" offence irrespective of the age of the victim and thus no adjustment is necessary there. Furthermore, as the distinction between the offences is based on whether the victim is a child or a vulnerable adult, it is suggested that there is little by way of amendment that would be necessary. "Child" is defined as a person under the age of 16; vulnerable adult "… means a person aged 16 or over whose ability to protect himself from violence, abuse or neglect is significantly impaired through physical or mental disability or illness, through old age or otherwise": s.5(6).

In addition to the factors listed in the guideline, factors to consider would no doubt include:

1) the extent to which the adult victim was vulnerable and unable to protect themselves from violence etc;
2) the relationship between the offender and the victim and the circumstances in which the offence came about.

B2-216   It is therefore submitted that the proper approach would be to apply the guideline and make any adjustments necessary, in line with the factors above, to account for the fact that the victim was not a child but instead a vulnerable adult.

TERRORISM

Introduction

B2-217   This section provides guidance on offences that fall under the broad heading of "terrorism". Principally, the section concerns offences that are dealt with by the revised Sentencing Council's Terrorism Offences Definitive Guideline 2022. The guideline revised the previous guideline issued in 2018 in order to take into account changes to terrorism legislation effected by the Counter-Terrorism and Border Security Act 2019 and the Counter-Terrorism and Sentencing Act 2021 (which amongst other things increased maximum sentences).

Sentencing Guideline

General

As noted by Sebastian Walker and Deborah Colbran-Espada, the 2018 guideline was produced "at pace", being subject to only six weeks of public consultation, in contrast to the usual three months. In *Criminal Law Week*, they suggest that "… the result is a guideline that not only seems to require significant explanation, but also appears to lead to arbitrary results".[67] The revised guidelines were subject to consultations in both 2019 and 2021 but despite that significant changes to the structure of the guidelines did not result, with the majority of amendments being to sentence levels only.

B2-218

Purposes of Sentencing

As with the Council's standard approach to offence-specific guidelines, there is no engagement with the purposes of sentencing. This is not necessarily problematic; however, it is perhaps a particular issue in a guideline such as this. Sentences imposed for terrorism offences often include an element of deterrence; such has been acknowledged by courts for many years. As such, with the guideline remaining silent as to whether the figures expressly account for deterrence, it leaves the sentencing court somewhat in the dark as to whether it is legitimate to increase a sentence following an application of the guideline to account for this purpose of sentencing. It is submitted that the general need to impose deterrent sentences for terrorism offences has been factored into the guideline and any further increases for deterrence would need to be justified by reference to particular factors.

B2-219

Step 1

The offences in respect of which there is a guideline differ; some are inchoate (e.g. s.5 Terrorism Act 2006), some are substantive (e.g. s.2 Explosive Substances Act 1883), some are conduct crimes (e.g. s.11 Terrorism Act 2000), some are result crimes (e.g. s.13 Terrorism Act 2000) and, thus, the factors at Step 1 differ somewhat. In the case of those concerned with conduct, traditional culpability factors such as role and the extent to which others are involved as a result of the offender's encouragement feature heavily. For offences which are inchoate, the focus is on the role and the proximity of the plans to the completed offence. It is submitted that while the factors at Step 1 are—as is always the case—exclusive, any adjustment for factors which are not adequately taken into account at Step 1 may be taken into account at Step 2. This is always the case with offence-specific

B2-220

---

[67] S. Walker and D. Colbran-Espada, "Sentence: New Cases: Particular offences: Terrorism: *R. v Boular (Rzlaine) and Boular (Safaa)*" CLW/19/35/10.

guidelines, but this point is perhaps more important in relation to terrorism offences given the approach adopted in this guideline.

Step 2

B2-221   Step 2 adopts the usual format: a category is identified from Step 1 and the aggravating and mitigating features may result in an adjustment from the starting point in the way that is now so familiar to users.

It is notable that the terrorism guideline is the only guideline which provides figures at Step 2 for the minimum term of a life sentence to be imposed. The guideline states: "Offenders committing the most serious offences are likely to be found dangerous and so the table below includes options for life sentences." The guideline was prepared at a time where terrorist prisoners were not required to serve the entirety of their custodial period in prison in the case of determinate sentences, and the starting point for life sentences presumably reflects this. It remains to be seen whether the Court of Appeal will consider that increased minimum terms are now required given the change to release provisions. It should be remembered that dangerousness should be considered in all cases where an extended sentence or life sentence is available under the "dangerousness" provisions.

Preparation of Terrorist Acts

Maximum Sentences

B2-222   An offence contrary to s.5 of the Terrorism Act 2006 has a maximum sentence of *life imprisonment*.

Availability of Sentencing Orders

B2-223   Certain sentencing orders or consequences of conviction are only available, or apply, where the offence for which the offender has been convicted is a listed offence. The table below specifies whether the offence is a listed offence for the purpose of each of those sentencing orders or consequences of conviction.

Custodial sentences

B2-224

Offence	SA 2020 Sch.13 (offender of particular concern)	SA 2020 Sch.14 (extended determinate sentences—previous offence condition)	SA 2020 Sch.15 (life for second listed offence)	SA 2020 Sch.17A (serious terrorism sentence)	SA 2020 Sch.18 (extended determinate sentences—specified offences)	SA 2020 Sch.19 (life sentence—dangerous offenders)	PCC(S)A 2000 s.109 (required life sentence for second listed offence committed between 30 September 1997 and 4 April 2005)
Preparation of terrorist acts (s.5	Yes, Pt 1	Yes	Yes	Yes	Yes	Yes	No

[1272]

Offence	SA 2020 Sch.13 (offender of particular concern)	SA 2020 Sch.14 (extended determinate sentences— previous offence condition)	SA 2020 Sch.15 (life for second listed offence)	SA 2020 Sch.17A (serious terrorism sentence)	SA 2020 Sch.18 (extended determinate sentences— specified offences)	SA 2020 Sch.19 (life sentence— dangerous offenders)	PCC(S)A 2000 s.109 (required life sentence for second listed offence committed between 30 September 1997 and 4 April 2005)
TA 2006)							

Secondary orders and consequences of conviction

Offences	SOA 2003 Schs 3 and 5 (sexual harm prevention order and notification—sex offences)	SCA 2007 Sch.1 (serious crime prevention order)	CTA 2008 ss.41–43 (notification— terrorism offences)	SI 2009/37 (barring from work with children and vulnerable adults)
Preparation of terrorist acts (s.5 TA 2006)	No	Yes	Yes	No

B2-225

Sentencing Guideline: General

The guideline for an offence contrary to s.5 of the Terrorism Act 2006 has an offence range of three years' custody to life imprisonment with a minimum term of 40 years.

There are four culpability categories which are principally determined by reference to two concepts: (1) the offender's role and (2) the proximity of their "preparation" to the completed act.

It is submitted that this risks disproportionate sentences. First, the proximity of the preparation to the completed act is, it is suggested, a harm factor as it speaks to the imminent risk of loss of life. However, as a culpability factor, it is used as a proxy for the more traditional planning, premeditation and sophistication: it asks, in essence, "how advanced are the plans?". It is submitted, with great respect to the Council, that this is overly simplistic and underplays the importance of intention. For instance, in the s.5 (preparation of terrorist acts) guideline, an offender who has planned an attack consisting of stabbing random members of the public, who has purchased a knife and has told a friend that they will carry out their attack the following day would likely fall into Category A (acting alone, close to completion) 1 (multiple deaths risked and very likely to be caused), yet a bomb-maker who has planned to detonate a device at a sporting event, who has detailed and sophisticated plans but is yet to begin to source the necessary materials to produce their bomb is likely to fall into Category C (leading role (despite acting alone) where activity is not very far advanced) 1 (multiple deaths risked and very likely to be caused). The difference in the starting points is manifest: life with a minimum of 35 years for the knife attacker, but life with a minimum of 15 years for the bomber. It is therefore submitted that the guideline, in general, perhaps places too much emphasis on the

B2-226

extent to which a plan is near completion. A plan which is detailed, serious but embryonic may be, in terms of culpability, far more serious by reference to its scale and sophistication, yet these factors risk being relegated to secondary considerations in favour of the prominence of the proximity to the completed act. In this respect it is important to note, and emphasise, that the factors listed in the categories are indicative only and it is incumbent on the sentencing court, as the guideline states, to "balance these characteristics to reach a fair assessment of the offender's culpability". It may be therefore that an over reliance on the extent to which the offender has nearly completed the offence will not properly reflect the culpability present in the simplest of offences (particularly noting the factor listed in Culpability D that the "Offender has engaged in very limited preparation for terrorist activity".

B2-227 Harm is assessed by reference to the scale of deaths risked and the likelihood of the death(s) eventuating, in addition to risk of damage to buildings and infrastructure. There is express reference to the viability of the plan, and that is appropriately taken into consideration at Step 1 when considering harm. Viability includes the development of, for example, a viable explosive device: *R. v Ali (Khalid)*.[68] To some extent, this requires the court to make a finding of how "successful" the attack was likely to be and the scale of the damage and loss of life; it will be important that there is evidence on this point (if it has not been presented at trial) such that a court can make a proper assessment.

Particular care should be exercised when sentencing an offender who was arrested at a stage when their plans were embryonic; that may place the offender into Culpability Category D (starting point 15 years) irrespective of their intention, capability or prior planning. The difference between Culpability Category C and D (for a harm Category 1 offence) is extreme: the former has a starting point of life with a minimum of 15 years whereas the latter has a starting point of 15 years determinate. That is a difference of 15 years' imprisonment. For this reason, the guideline emphasises at Step 1 the need to come to an assessment of culpability that is representative of the offender's culpability as a whole: "Where there are characteristics present which fall under different levels of culpability, the court should balance these characteristics to reach a fair assessment of the offender's culpability."

Rory Kelly noted a difficulty in the assessment of harm in inchoate or pre-inchoate offences. Writing at [2019] Crim. L.R. 764,[69] he stated:

> "Assessing harm is perhaps easiest when a tangible harm occurs, be it a broken nose or a broken window. However, the preparation of terrorist acts offence does not require any harm, tangible or intangible, to be completed. This type of offence has been described as 'pre-inchoate' because a person commits it even before they would be liable for an inchoate offence such as an attempt. This creates a problem: the preparation offence does not require a harm, but sentencing for it requires an assessment of harm. As a solution, the Sentencing Council proposed to allow the level of harm for the preparation offence to be assessed by a proxy, intent: 'Once the court has determined the level of culpability the next step is to consider the harm caused or intended to be caused by the offence."

B2-228 Following the consultation exercise, the draft guideline was changed to omit harm intended entirely; instead, the focus is the likelihood of the harm intended

---

[68] [2019] EWCA Crim 1527; [2020] 1 W.L.R. 402.
[69] R. Kelly, "Sentencing terrorism offences: no harm intended?" [2019] Crim. L.R. 764–770.

eventuating. This will require consideration of the possibility of desistance, and has required the Council to provide guidance on the involvement of law enforcement authorities or intelligence organisations.

Interpreting/applying the Guideline
"Likely to have been carried out" (Culpability)
R. v Boular (Rizlaine); Boular (Safaa)[2019] EWCA Crim 798; [2019] 2 Cr. App. R. (S.) 41

B2-229
The applicants, SB and RB, renewed their applications for permission to appeal against sentences imposed in relation to offences under s.5 of the Terrorism Act 2006.

A terrorist attack was planned, and steps were taken to further the plan, such as a reconnaissance exercise. Unbeknownst to the offenders, the Security Services were monitoring their activity and in fact some of the persons the offenders had been communicating with were members of the Security Services posing as individuals who wished to carry out a terrorist attack.

On appeal against sentence, it was submitted that although the judge could properly have found that the relevant activity was likely to have been carried out but for the offender's apprehension, he could not properly find that this was *very* likely to have been carried out because the relevant category required that an offender be in or very near the vicinity of the intended scene of the attack.

B2-230
Held: that the submission regarding geographical proximity would be rejected as this would lead to very surprising results: for example, if a heavily armed terrorist was speeding along a deserted road towards his target but was intercepted when still some distance away. It had been submitted that, in relation to culpability, the reference in the guideline to the activity being "likely to have been carried out" had an objective element. Given that SB was communicating with members of the Security Services, the attack that she was planning would never, in fact, be carried out. The guideline was not to be construed as if it were a statute. As to culpability, the sentencing judge had to consider the culpability factors on the basis of what the offender was planning to do. The offence consisted of engaging in conduct in preparation for intended acts of terrorism. The culpability factors reflected how determined the offender was to carry out that intention and how close the offender came to doing so. The inclusion in the guideline of the phrase "but for apprehension" confirmed that approach. The fact that Security Services were monitoring the activities of the offender and aimed to prevent the commission of the offence did not reduce the culpability of the offender. This could, however, be relevant to harm. The harm factors were preceded in the guideline by the words: "When considering the likelihood of harm, the court should consider the viability of any plan." The reference to "risk" focused on what was intended: that was the consequences if the plan had succeeded. The reference to "likelihood of occurrence" required the court to consider how likely it was that the plan would actually succeed. The answer to that question would depend, of course, on all the facts and circumstances of the case.

R. v Rashid [2019] EWCA Crim 797

B2-231
The applicant pleaded guilty to three s.5 offences and one offence contrary to s.1 of the Terrorism Act 2006. The s.5 offences concerned multiple messages via the internet including links to material instructing how to produce explosive devices.

Held: that as to the likelihood of an act being carried out as a result of the encouragement, the sentencing judge was entitled to find that it was "very likely" for the purposes of the guideline by reference to the frequency and scale of the applicant's internet postings.

B2-232   *Commentary:* Following the revision of the guidelines in 2022, the guidance in *Boular* has now been further supplemented by the Sentencing Council. An additional note provides that where a case involves a law enforcement authority or intelligence organisation ("LEA"); the culpability of the offender is not affected by the LEA's involvement. Culpability is to be assessed as if the LEA was a genuine conspirator. Where the LEA is surveilling the offender and prevents the offender from proceeding further, this should be treated as apprehension of the offender.

Leading role (culpability)

R. v Boular (Rizlaine); Boular (Safaa)[2019] EWCA Crim 798; [2019] 2 Cr. App. R. (S.) 41

B2-233   The applicants, SB and RB, renewed their applications for permission to appeal against sentences imposed in relation to offences under s.5 of the Terrorism Act 2006.

SB had been planning an attack on the British Museum with others but this attack was prevented when she was arrested and remanded. From prison she planned with RB for RB to use a knife or knives on innocent members of the public in the area of Parliament. RB carried out reconnaissance in Westminster with her mother and purchased (and practised with) a large knife. She too was arrested before an attack was carried out.

On appeal against sentence, it was submitted, inter alia, that neither SB nor RB had played a leading role.

B2-234   *Held:* that SB had played a leading role. If the plan had been performed, she was to wear and detonate a suicide belt or vest in order to murder others. There was no doubt that the judge was entitled to regard that as a leading role. Furthermore, although RB had become involved in planning her attack after SB had been arrested, it did not follow that she could not thereafter play a leading role. It was fallacious to assume that there could be only one leading role per offence. There was no doubt that the judge was entitled to find that RB, who had purchased her weapon, had practised using this and was planning to carry out the offence later on the day of her arrest, was playing a leading role.

Harm

R. v Boular (Rizlaine); Boular (Safaa)[2019] EWCA Crim 798; [2019] 2 Cr. App. R. (S.) 41

B2-235   The applicants, SB and RB, renewed their applications for permission to appeal against sentences imposed in relation to offences under s.5 of the Terrorism Act 2006.

A terrorist attack was planned, and steps were taken to further the plan, such as a reconnaissance exercise. Unbeknown to the offenders, the Security Services were monitoring their activity and in fact some of the persons the offenders had been communicating with were members of the Security Services posing as individuals who wished to carry out a terrorist attack.

Held: that the fact that Security Services were monitoring the activities of the offender and aimed to prevent the commission of the offence did not reduce the culpability of the offender. This could, however, be relevant to harm. The harm factors were preceded in the guideline by the words: "When considering the likelihood of harm, the court should consider the viability of any plan." The reference to "risk" focused on what was intended: that was the consequences if the plan had succeeded. The reference to "likelihood of occurrence" required the court to consider how likely it was that the plan would actually succeed. The answer to that question would depend, of course, on all the facts and circumstances of the case.

R. v Suleman [2024] EWCA Crim 804; [2024] 2 Cr. App.R. (S.) 38
S attempted to cross over from Turkey (where he was on a family holiday) to Syria to join Islamic State ("IS") with the ambition of becoming a sniper. Although the Turkish authorities apprehended and detained him, he pursued that ambition by deliberately choosing to be part of a prisoner swap that they held with IS in October 2014, instead of being deported to the United Kingdom. Prior to his departure he had immersed himself in IS propaganda, and been sharing the same on social media and in WhatsApp groups. He told family that he had planned this for months. When he reached Syria he did join IS and performed a number of roles, including becoming part of their military police and undertaking armed guard duty (very responsible positions in the regime).

Held: Harm level 2 covers the situation where multiple deaths are risked but are not very likely to be caused. Level 3 is where any death is risked but not very likely to be caused. Therefore, the likelihood of the deaths actually being caused is not the focus of the guideline, the question is whether multiple deaths are risked. The judge found that S had intended to become a sniper, and if that role had been carried out it would have involved multiple deaths. He set that against the likelihood that he would in fact have become a sniper and concluded it was category 2 on the basis that harm includes multiple deaths risked but not very likely to be caused. The judge was fully justified in the approach adopted.

Commentary: Following the revision of the guidelines in 2022, the guidance in *Boular* has now been further supplemented by the Sentencing Council. An additional note provides that where a case involves a law enforcement authority or intelligence organisation (LEA); the court should identify the category of harm on the basis of the harm that the offender intended and the viability of the plan (disregarding the involvement of the LEA), and then apply a downward adjustment at Step two.

B2-236

The extent of this adjustment will be specific to the facts of the case. In cases where, but for the fact that a co-conspirator was an LEA or the offender was under surveillance, the offender would have carried out the intended terrorist act, a small reduction within the category range will usually be appropriate. Where, for instance, an offender voluntarily desisted at an early stage a larger reduction is likely to be appropriate, potentially going outside the category range. In either instance, it may be that a more severe sentence is imposed where very serious terrorist activity was intended but did not take place than would be imposed where relatively less serious terrorist activity did take place.

In this respect it is noted that the guidance appears to draw parallels with the approach to the sentencing of sexual offences involving fictional children.

Travelling

B2-237   *Commentary:* As Umar Azmeh noted in *Sentencing News*,[70] while the draft guideline made reference to those who had travelled abroad, this does not feature in the definitive guideline:

> "The Draft put an offender who travels abroad for terrorist purposes at Culpability Level B, but this factor is nowhere to be seen in the Guideline. Given the danger posed by offenders who travel abroad to take part in terrorism, this is a curious omission. What the Sentencing Council may have been attempting is the promotion of a greater degree of differentiation between offenders of this type for sentencing purposes. An offender travelling abroad for terrorist purposes under the Draft would find himself at Culpability Level B. However, in the Guideline, he may conceivably find himself at Culpability Levels A, B, or C. While this may on the one hand give sentencing judges greater discretion to determine the culpability of such an offender, this will almost certainly be at the cost of consistency."

Explosive Substances (Terrorism Only)

Maximum Sentences

B2-238   Both the offences contrary to s.2 (causing explosion likely to endanger life or property) of the Explosive Substances Act 1883 and s.3 (attempt to cause explosion or making or keeping explosive with intent to endanger life or property) of that Act have a maximum sentence of *life imprisonment*.

Availability of Sentencing Orders

B2-239   Certain sentencing orders or consequences of conviction are only available, or apply, where the offence for which the offender has been convicted is a listed offence. The table below specifies whether the offence is a listed offence for the purpose of each of those sentencing orders or consequences of conviction.

Custodial sentences

B2-240

Offence	SA 2020 Sch.13 (offender of particular concern)	SA 2020 Sch.14 (extended determinate sentences—previous offence condition)	SA 2020 Sch.15 (life for second listed offence)	SA 2020 Sch.17A (serious terrorism sentence)	SA 2020 Sch.18 (extended determinate sentences—specified offences)	SA 2020 Sch.19 (life sentence—dangerous offenders)	PCC(S)A 2000 s.109 (required life sentence for second listed offence committed between 30 September 1997 and 4 April 2005)
Causing explosion likely to a terrorist	Yes, Pt 1 where offence has a terrorist	Yes	Yes	Yes, where offence has terrorist	Yes	Yes	No

---

[70] U. Azmeh, "Comment on the Terrorism Offences Definitive Guideline" (2018) 1 S. News 6–8.

TERRORISM

Offence	SA 2020 Sch.13 (offender of particular concern)	SA 2020 Sch.14 (extended determinate sentences—previous offence condition)	SA 2020 Sch.15 (life for second listed offence)	SA 2020 Sch.17A (serious terrorism sentence)	SA 2020 Sch.18 (extended determinate sentences—specified offences)	SA 2020 Sch.19 (life sentence—dangerous offenders)	PCC(S)A 2000 s.109 (required life sentence for second listed offence committed between 30 September 1997 and 4 April 2005)
endanger life or property (s.2 ESA 1883)	connection			connection			
Attempt to cause explosion, or making or keeping explosive with intent to endanger life or property (s.3 ESA 1883)	Yes, Pt 1 where offence has a terrorist connection	Yes	Yes	Yes, where offence has terrorist connection	Yes	Yes	No

Secondary orders and consequences of conviction

Offences	SOA 2003 Schs 3 and 5 (sexual harm prevention order and notification—sex offences)	SCA 2007 Sch.1 (serious crime prevention order)	CTA 2008 ss.41–43 (notification—terrorism offences)	SI 2009/37 (barring from work with children and vulnerable adults)
Causing explosion likely to endanger life or property (s.2 ESA 1883)	Yes: Sch.5	No	No	No
Attempt to cause explosion, or making or keeping explosive with intent to endanger life or property (s.3 ESA 1883)	Yes: Sch.5	No	No	No

B2-241

Sentencing Guideline: General

The guideline has an offence range of three years' custody to life imprisonment with a minimum term of 40 years. Culpability is broken down into four categories (A, B, C and D) and is assessed by reference to two concepts: (1) the offender's role

B2-242

and (2) the likelihood of the completed offence being carried out. The latter of those (aside from being applicable to the s.3 offence, or an attempted s.2 offence only) is assessed by reference to the viability of the explosive device as well as the proximity to the completed act. As to the dangers of such an approach, see the commentary above in relation to the guideline for offences contrary to s.5 of the Terrorism Act 2006 at B2-227.

Harm is assessed by reference to the scale of deaths risked and the likelihood of the death(s) eventuating, in addition to risk of damage to buildings and infrastructure. There is express reference to the viability of the plan, and that is appropriately taken into consideration at Step 1 when considering harm. Viability includes the development of, for example, a viable explosive device: *R. v Ali (Khalid)*.[71]

Interpreting/applying the Guideline

B2-243 There are no cases from the Court of Appeal (Criminal Division) that provide additional guidance regarding the approach to the definitive guideline. It is submitted that reference to fact-specific decisions of the Court of Appeal (Criminal Division) is unlikely to assist.

Encouragement of Terrorism

Maximum Sentences

B2-244 Both s.1 (encouragement) and s.2 (dissemination) of the Terrorism Act 2006 carry a maximum sentence of *15 years' imprisonment*, if committed on or after 12 April 2019; and *seven years' imprisonment*, otherwise.

Availability of Sentencing Orders

B2-245 Certain sentencing orders or consequences of conviction are only available, or apply, where the offence for which the offender has been convicted is a listed offence. The table below specifies whether the offence is a listed offence for the purpose of each of those sentencing orders or consequences of conviction.

---

[71] [2019] EWCA Crim 1527; [2020] 1 W.L.R. 402.

Custodial sentences

Offence	SA 2020 Sch.13 (offender of particular concern)	SA 2020 Sch.14 (extended determinate sentences—previous offence condition)	SA 2020 Sch.15 (life for second listed offence)	SA 2020 Sch.17A (serious terrorism sentence)	SA 2020 Sch.18 (extended determinate sentences—specified offences)	SA 2020 Sch.19 (life sentence—dangerous offenders)	PCC(S)A 2000 s.109 (required life sentence for second listed offence committed between 30 September 1997 and 4 April 2005)
Encouragement of terrorism (s.1 TA 2006)	Yes, Pt 1	No	No	No	Yes	No	No
Dissemination of terrorist publication (s.2 TA 2006)	Yes, Pt 1	No	No	No	Yes	No	No

B2-246

Secondary orders and consequences of conviction

Offences	SOA 2003 Schs 3 and 5 (sexual harm prevention order and notification—sex offences)	SCA 2007 Sch.1 (serious crime prevention order)	CTA 2008 ss.41–43 (notification—terrorism offences)	SI 2009/37 (barring from work with children and vulnerable adults)
Encouragement of terrorism (s.1 TA 2006)	No	Yes	Yes	No
Dissemination of terrorist publication (s.2 TA 2006)	No	Yes	Yes	No

B2-247

Sentencing Guideline

The guideline provides for an offence range of a high-level community order to 14 years' custody. Harm and culpability are each divided by three categories. The assessment of culpability centres on the position of the offender, the extent to which they exploit that position as a means of encouraging others and their intent as to the effect of the encouragement. Harm is assessed by reference to the effect that the encouragement provided had. It will therefore be necessary for the prosecuting authorities to provide evidence to this effect in order to enable the court to make an appropriate finding on this point. Furthermore, harm is assessed by the specificity of the terrorist activity forming part of the encouragement, the rationale being

B2-248

no doubt that the more specific the instruction the more likely it is that it would be carried out (though of course this is not always the case).

The guideline notes: "A case of particular gravity, reflected by multiple features of culpability or harm in step one, could merit upward adjustment from the starting point before further adjustment for aggravating or mitigating features, set out on the next page." As a result of the relatively low maximum sentences, the starting points are relatively close together and so courts may feel somewhat more able to move between categories.

Interpreting/applying the Guideline

Published statement/disseminated publication widely to a large or targeted audience (harm)

R. v Deghayes (Abubaker) [2023] EWCA Crim 97

B2-249 The court considered the approach to this harm factor in the guideline.

Held: the phrase "published statement/disseminated publication widely to a large or targeted audience" is not drafted as a statute would be for the very good reason that it is a guideline and not a statutory test. The task of the court in dealing with guidelines is not to become embroiled in analyses of what the word "widely" means when the audience is not "large" but "targeted", but to identify what the guideline identifies as being required in substance before a case of reckless encouragement can be elevated above the general level of seriousness which that kind of conduct attracts. The critical factor is the extent to which the chances of the statement or publication influencing the actions of an adherent to the cause were increased by the circumstances in which it was published. If such a statement were to be broadcast or published on the internet, or in some other way promulgated so that it reached a very large audience perhaps running into the millions, this would greatly increase the chance that some of those people would be highly likely to be responsive to a call to action. Alternatively, if the audience was filtered so that it included a high proportion of sympathisers who were known to be, or believed to be, prone to action of this kind, the chances of harm would then be increased. A targeted group may be very large indeed. Offences where the offender is reckless as to the consequences of the statement which is published will be treated as more serious where the circumstances are such as to make it far more likely that terrorist action will be the result, than otherwise might be the case.

Proscribed Organisations

Section 11—Membership

Maximum sentences

B2-250 The offence contrary to s.11 of the Terrorism Act 2000 has a maximum sentence of *14 years' custody*.[72]

---

[72] Where committed on or after 29 June 2021; 10 years' custody otherwise.

Availability of sentencing orders

Certain sentencing orders or consequences of conviction are only available, or apply, where the offence for which the offender has been convicted is a listed offence. The table below specifies whether the offence is a listed offence for the purpose of each of those sentencing orders or consequences of conviction.

B2-251

Custodial sentences

B2-252

Offence	SA 2020 Sch.13 (offender of particular concern)	SA 2020 Sch.14 (extended determinate sentences—previous offence condition)	SA 2020 Sch.15 (life for second listed offence)	SA 2020 Sch.17A (serious terrorism sentence)	SA 2020 Sch.18 (extended determinate sentences—specified offences)	SA 2020 Sch.19 (life sentence—dangerous offenders)	PCC(S)A 2000 s.109 (required life sentence for second listed offence committed between 30 September 1997 and 4 April 2005)
Proscribed organisations: membership (s.11 TA 2000)	Yes, Pt 1	No	No	No	Yes	No	No

Secondary orders and consequences of conviction

B2-253

Offences	SOA 2003 Schs 3 and 5 (sexual harm prevention order and notification—sex offences)	SCA 2007 Sch.1 (serious crime prevention order)	CTA 2008 ss.41–43 (notification—terrorism offences)	SI 2009/37 (barring from work with children and vulnerable adults)
Proscribed organisations: membership (s.11 TA 2000)	No	Yes	Yes	No

Sentencing guideline: general

The guideline provides for an offence range of a high-level community order to 13 years' custody. The guideline is very simple in nature: harm is not assessed, as "Membership of any organisation which is concerned in terrorism either through the commission, participation, preparation, promotion or encouragement of terrorism is inherently harmful." Culpability is assessed by reference to the involvement in the organisation in question. It will be for the court to determine how "active" or "prominent" an individual has to be to come within Category 1 or 2. This will be an important assessment as the starting points for the categories are disparate: seven, five and two years. Additionally, where an individual is a 'rising' member but perhaps not prominent, the court will face a difficult decision. The harm risked by the membership will be greater than is perhaps reflected by the sentences

B2-254

in the Category 2 range. Thereafter, reference to any aggravating and mitigating factors may result in an adjustment.

Interpreting/applying the guideline

B2-255   There are no cases from the Court of Appeal (Criminal Division) that provide additional guidance regarding the approach to the definitive guideline. It is submitted that reference to fact-specific decisions of the Court of Appeal (Criminal Division) is unlikely to assist.

In the 2022 response to consultation, on the issue of the offence being committed by professing to belong to an organisation, the Sentencing Council noted that an offender who professes to belong to a proscribed organisation (but does not) would fall into culpability C: "All other cases".[73]

Section 12—Support

Maximum sentences

B2-256   The offence contrary to s.12 of the Terrorism Act 2000 has a maximum sentence of *14 years' custody*.[74]

Availability of sentencing orders

B2-257   Certain sentencing orders or consequences of conviction are only available, or apply, where the offence for which the offender has been convicted is a listed offence. The table below specifies whether the offence is a listed offence for the purpose of each of those sentencing orders or consequences of conviction.

Custodial sentences

B2-258

Offence	SA 2020 Sch.13 (offender of particular concern)	SA 2020 Sch.14 (extended determinate sentences—previous offence condition)	SA 2020 Sch.15 (life for second listed offence)	SA 2020 Sch.17A (serious terrorism sentence)	SA 2020 Sch.18 (extended determinate sentences—specified offences)	SA 2020 Sch.19 (life sentence—dangerous offenders)	PCC(S)A 2000 s.109 (required life sentence for second listed offence committed between 30 September 1997 and 4 April 2005)
Proscribed organisations: support (s.12 TA 2000)	Yes, Pt 1	No	No	No	Yes	No	No

---

[73] Sentencing Council, Terrorism Guidelines: Response to consultation, July 2022 p.14.
[74] Where committed on or after 29 June 2021; 10 years' custody otherwise.

Secondary orders and consequences of conviction

Offences	SOA 2003 Schs 3 and 5 (sexual harm prevention order and notification—sex offences)	SCA 2007 Sch.1 (serious crime prevention order)	CTA 2008 ss.41–43 (notification—terrorism offences)	SI 2009/37 (barring from work with children and vulnerable adults)
Proscribed organisations: support (s.12 TA 2000)	No	Yes	Yes	No

B2-259

Sentencing guideline: general

The guideline provides for an offence range of a high-level community order to 14 years' custody.

Culpability is principally assessed by reference to whether this was an intentional or reckless offence, the efforts made and the intended activities. Harm is assessed by reference to (1) the extent to which others have been encouraged to carry out terrorist activities; and (2) the extent to which additional support for the group has been gained or was likely to be gained. The gravamen is therefore the likelihood of the offender's actions encouraging further terrorist acts or support for the group (itself likely to encourage terrorist acts).

B2-260

Interpreting/applying the guideline

There are no cases from the Court of Appeal (Criminal Division) that provide additional guidance regarding the approach to the definitive guideline. It is submitted that reference to fact-specific decisions of the Court of Appeal (Criminal Division) is unlikely to assist.

B2-261

Funding Terrorism

Maximum Sentences

All four offences under ss.15–18 of the Terrorism Act 2000 have a maximum sentence of 14 years' custody.

B2-262

Availability of Sentencing Orders

Certain sentencing orders or consequences of conviction are only available, or apply, where the offence for which the offender has been convicted is a listed offence. The table below specifies whether the offence is a listed offence for the purpose of each of those sentencing orders or consequences of conviction.

B2-263

Custodial sentences

B2-264

Offence	SA 2020 Sch.13 (offender of particular concern)	SA 2020 Sch.14 (extended determinate sentences—previous offence condition)	SA 2020 Sch.15 (life for second listed offence)	SA 2020 Sch.17A (serious terrorism sentence)	SA 2020 Sch.18 (extended determinate sentences—specified offences)	SA 2020 Sch.19 (life sentence—dangerous offenders)	PCC(S)A 2000 s.109 (required life sentence for second listed offence committed between 30 September 1997 and 4 April 2005)
Funding terrorism: Fundraising (s.15 TA 2000)	Yes, Pt 1	No	No	No	No	No	No
Funding terrorism: Use and possession (s.16 TA 2000)	Yes, Pt 1	No	No	No	No	No	No
Funding terrorism: Funding arrangements (s.17 TA 2000)	Yes, Pt 1	No	No	No	No	No	No
Funding terrorism: Money laundering (s.18 TA 2000)	Yes, Pt 1	No	No	No	No	No	No

Secondary orders and consequences of conviction

B2-265

Offences	SOA 2003 Schs 3 and 5 (sexual harm prevention order and notification—sex offences)	SCA 2007 Sch.1 (serious crime prevention order)	CTA 2008 ss.41–43 (notification—terrorism offences)	SI 2009/37 (barring from work with children and vulnerable adults)
Funding terrorism: Fundraising (s.15 TA 2000)	No	Yes	Yes	No
Funding terrorism: Use and possession (s.16 TA 2000)	No	Yes	Yes	No
Funding terrorism: Funding arrangements (s.17 TA 2000)	No	Yes	Yes	No

Offences	SOA 2003 Schs 3 and 5 (sexual harm prevention order and notification—sex offences)	SCA 2007 Sch.1 (serious crime prevention order)	CTA 2008 ss.41–43 (notification—terrorism offences)	SI 2009/37 (barring from work with children and vulnerable adults)
Funding terrorism: Money laundering (s.18 TA 2000)	No	Yes	Yes	No

Sentencing Guideline: General

The guideline provides for a range of a high-level community order to 13 years' custody.

B2-266

Culpability is assessed by reference to the role of the offender and the extent to which the activity was planned, sophisticated and prolonged. This analysis produces a category (A, B or C) and is an exercise in achieving a balance between the factors to fairly represent the offender's culpability. Notably absent from the culpability assessment is the intention of the funder; it is submitted that where this is evidenced, particularly where there is evidence that a specific cause or specific action was intended to be supported by the provision of the funding, this may be a significant aggravating factor to be taken into account at Step 2.

Harm is principally assessed by reference to the effect or likely effect of the funding provided. Ceteris paribus, it is suggested that a likely effect will be less serious than a demonstrable effect such that it might be necessary to make an adjustment from the starting point prior to the assessment of the aggravating and mitigating factors at Step 2.

At Step 2, the court may make an adjustment to the suggested starting point by reference to the aggravating features and mitigating features present. The guideline gives no guidance as to the extent to which a sentence might be adjusted by reference to an aggravating or mitigating factor, nor is any guidance given as to whether any factors are more prominent. However, it is suggested that where the arrangements in place for the funding are particularly complex or sophisticated, or where the individual has been warned by the authorities not to send funds overseas, for example, these factors will be particularly powerful aggravating factors.

B2-267

Interpreting/applying the Guideline

Section 17—funding arrangements

R. v Wakil [2019] EWCA Crim 1351; [2020] 1 Cr. App. R. (S.) 11

The court gave guidance on the sentencing of offences contrary to s.17 of the 2000 Act.

B2-268

Held: that there was one guideline that provided for the approach to sentencing for offences created by ss.15–18 of the 2000 Act. It was clear that sentencing for those offences was especially fact-sensitive and that each of the offences was different.

Moreover, there were three broad scenarios of conduct that gave rise to an offence under s.17 of the 2000 Act: (1) the defendant knew that the money would or might be used for the purposes of terrorism; (2) the defendant actually

B2-269 suspected, and for reasonable cause, that the money would or might be used for the purposes of terrorism; and (3) that information was known to the defendant that, objectively, gave rise to reasonable cause to suspect that the money would or might be used for the purposes of terrorism. Those scenarios clearly involved different general underlying degrees of culpability

The guideline did not impose an impermissible "straitjacket" on the sentencer. Guidelines did not create impermeable or "hermitically sealed" categories that placed a straitjacket around a sentencing judge. There was often overlap between categories and regularly some difficulty in identifying precisely where in a guideline the offending lay.

In the context of an offence under s.17 of the 2000 Act, a relevant factor was the underlying culpability of the offending reflected in the different ways in which the offence might be committed.

On the particular facts of the case, the underlying features of W's offending (which fell into the lowest of the three broad scenarios), and his particular personal circumstances, justified a significant reduction from the starting point.

Failure to disclose information about Acts of Terrorism

Maximum Sentences

B2-270 The offence of failing to disclose information about acts of terrorism, contrary to s.38B of the Terrorism Act 2000, has a maximum sentence of *10 years' imprisonment*, if committed on or after 12 April 2019; *five years' imprisonment*, otherwise.

Availability of Sentencing Orders

B2-271 Certain sentencing orders or consequences of conviction are only available, or apply, where the offence for which the offender has been convicted is a listed offence. The table below specifies whether the offence is a listed offence for the purpose of each of those sentencing orders or consequences of conviction.

Custodial sentences

B2-272

Offence	SA 2020 Sch.13 (offender of particular concern)	SA 2020 Sch.14 (extended determinate sentences—previous offence condition)	SA 2020 Sch.15 (life for second listed offence)	SA 2020 Sch.17A (serious terrorism sentence)	SA 2020 Sch.18 (extended determinate sentences—specified offences)	SA 2020 Sch.19 (life sentence—dangerous offenders)	PCC(S)A 2000 s.109 (required life sentence for second listed offence committed between 30 September 1997 and 4 April 2005)
Failure to disclose information about acts of	Yes, Pt 1	No	No	No	No	No	No

[1288]

Offence	SA 2020 Sch.13 (offender of particular concern)	SA 2020 Sch.14 (extended determinate sentences—previous offence condition)	SA 2020 Sch.15 (life for second listed offence)	SA 2020 Sch.17A (serious terrorism sentence)	SA 2020 Sch.18 (extended determinate sentences—specified offences)	SA 2020 Sch.19 (life sentence—dangerous offenders)	PCC(S)A 2000 s.109 (required life sentence for second listed offence committed between 30 September 1997 and 4 April 2005)
terrorism (s.38B TA 2000)							

Secondary orders and consequences of conviction

Offences	SOA 2003 Schs 3 and 5 (sexual harm prevention order and notification—sex offences)	SCA 2007 Sch.1 (serious crime prevention order)	CTA 2008 ss.41–43 (notification—terrorism offences)	SI 2009/37 (barring from work with children and vulnerable adults)
Failure to disclose information about acts of terrorism (s.38B TA 2000)	No	Yes	Yes	No

B2-273

Sentencing Guideline: General

The guideline provides for an offence range of a high-level community order to nine years' custody. Culpability is assessed by reference to the value of the information that was not disclosed. Harm is assessed by reference to the severity of the activity to which the information related—e.g. whether life was endangered.

At Step 2, the court will identify the appropriate category and make any necessary adjustment to reflect the aggravating and mitigating factors. One listed aggravating factor is a failure to comply with current court orders. It is submitted that it would be proper to take this into account as an aggravating factor where the order in question was linked in some way to terrorism or a failure to disclose relevant information; on the other hand if the failure related to an unconnected matter, it is submitted that this cannot properly aggravate the offence.

B2-274

Interpreting/applying the Guideline

There are no cases from the Court of Appeal (Criminal Division) that provide additional guidance regarding the approach to the definitive guideline. It is submitted that reference to fact-specific decisions of the Court of Appeal (Criminal Division) is unlikely to assist.

B2-275

Julian V. Roberts, writing in *Sentencing News*,[75] made the following observations in relation to the s.38B offence:

1) unlike, for example, preparatory offences, failure to disclose offences are subject to more influences beyond the offender's control and many instances will arise by accident; assuming the information is "actionable" it creates the liability for the offender, and "the clock starts ticking". These considerations complicate the determination of the individual offender's level of culpability;
2) in many cases the information, conversation or communication will be ambiguous. Are the parties serious? What are they really talking about? Roberts wrote, "As anyone who has read *Hamlet* will know, ambiguity clouds judgment and delays action. The guideline contains the following mitigating factor: 'Offender discloses information but not as soon as was reasonably practicable'. Courts will have to be careful not to interpret this literally to mean that as any temporal delay after the offender becomes aware of the information automatically increases their liability";
3) the fact that the offender may have been ignorant as to the fact that criminal liability attaches to a failure to disclose such information is relevant to the assessment of culpability;
4) family pressures and any vulnerability that may be present will operate to lower culpability.

Possession for Terrorist Purposes

Maximum Sentences

B2-276   The offence of possession of material for terrorist purposes, contrary to s.57 of the Terrorism Act 2000, has a maximum sentence of *15 years' imprisonment*.

Availability of Sentencing Orders

B2-277   Certain sentencing orders or consequences of conviction are only available, or apply, where the offence for which the offender has been convicted is a listed offence. The table below specifies whether the offence is a listed offence for the purpose of each of those sentencing orders or consequences of conviction.

---

[75] J.V. Roberts, "Sentencing cases of failure to disclose information about acts of terrorism (Terrorism Act 2000 (section 38B)): a plea in mitigation" (2018) 1 S. News 9–10.

Custodial sentences

Offence	SA 2020 Sch.13 (offender of particular concern)	SA 2020 Sch.14 (extended determinate sentences—previous offence condition)	SA 2020 Sch.15 (life for second listed offence)	SA 2020 Sch.17A (serious terrorism sentence)	SA 2020 Sch.18 (extended determinate sentences—specified offences)	SA 2020 Sch.19 (life sentence—dangerous offenders)	PCC(S)A 2000 s.109 (required life sentence for second listed offence committed between 30 September 1997 and 4 April 2005)
Possession for terrorist purposes (s.57 TA 2000)	Yes, Pt 1	Yes	Yes	No	Yes	No	No

B2-278

Secondary orders and consequences of conviction

Offences	SOA 2003 Schs 3 and 5 (sexual harm prevention order and notification—sex offences)	SCA 2007 Sch.1 (serious crime prevention order)	CTA 2008 ss.41–43 (notification—terrorism offences)	SI 2009/37 (barring from work with children and vulnerable adults)
Possession for terrorist purposes (s.57 TA 2000)	No	Yes	Yes	No

B2-279

Sentencing Guideline: General

The guideline provides an offence range of one to 14 years' custody. Culpability is assessed by (1) reference to the extent to which the offender has made preparations for terrorist activity as indicated by the material in their possession; and (2) the extent to which they have supported or encourage others in relation to acts of terrorism. Harm is assessed by the extent to which the articles possessed had the potential to endanger life and the likelihood that harm would be caused (and the type of harm risked).

There are a number of aggravating and mitigating factors listed. These vary in nature but of particular interest is the factor "Indoctrinated or encouraged others". It is submitted that this will be a particularly powerful factor given that there is tangible harm caused by the offender's actions, notwithstanding that it does not form a part of the offence.

B2-280

Interpreting/Applying the Guideline

There are no cases from the Court of Appeal (Criminal Division) that provide additional guidance regarding the approach to the definitive guideline. It is submitted that reference to fact-specific decisions of the Court of Appeal (Criminal Division) is unlikely to assist.

B2-281

A particular issue that it would be useful to have further guidance on is how the guideline should be approached where there are a large number of offences, as is not uncommon in relation to these offenders.

Collection of Terrorist Material

Maximum Sentences

B2-282 The offence of collecting terrorist material, contrary to s.58 of the Terrorism Act 2000, has a maximum sentence of *15 years' imprisonment* if committed on or after 12 April 2019; *10 years' imprisonment*, otherwise.

Availability of Sentencing Orders

B2-283 Certain sentencing orders or consequences of conviction are only available, or apply, where the offence for which the offender has been convicted is a listed offence. The table below specifies whether the offence is a listed offence for the purpose of each of those sentencing orders or consequences of conviction.

B2-284

Offence	SA 2020 Sch.13 (offender of particular concern)	SA 2020 Sch.14 (extended determinate sentences—previous offence condition)	SA 2020 Sch.15 (life for second listed offence)	SA 2020 Sch.17A (serious terrorism sentence)	SA 2020 Sch.18 (extended determinate sentences—specified offences)	SA 2020 Sch.19 (life sentence—dangerous offenders)	PCC(S)A 2000 s.109 (required life sentence for second listed offence committed between 30 September 1997 and 4 April 2005)
Collection of terrorist information (s.58 TA 2000)	Yes, Pt 1	No	No	No	Yes	No	No

Secondary orders and consequences of conviction

B2-285

Offences	SOA 2003 Schs 3 and 5 (sexual harm prevention order and notification—sex offences)	SCA 2007 Sch.1 (serious crime prevention order)	CTA 2008 ss.41–43 (notification—terrorism offences)	SI 2009/37 (barring from work with children and vulnerable adults)
Collection of terrorist information (s.58 TA 2000)	No	Yes	Yes	No

Sentencing guideline: general

B2-286 The guideline provides for an offence range of a high-level community order to 14 years' custody. Culpability is assessed by reference to the purpose for which the material was held and the intentions of the offender. This will require the court to be in possession of evidence (or at least to make a finding) as to the utility of the information held. Culpability A has just one factor: "Offender collected, made a record of, or was in possession of information for use in a specific terrorist act". It is submitted that in the absence of clear evidence linking the material to a specific planned act, it will be inappropriate to place an offence within this category. For instance, material about bomb making is clearly useful for the specific terrorist act of building and planting a bomb, but it is submitted that this is not what the Culpability A factor is directed at. In practice it is rare that this Category factor will be made out; the broad nature of the s.5 offence is such that cases will often instead be prosecuted by reference to that offence, and ss.57 and 58 offences not proceeded with.

Harm is assessed by the extent to which the material provided instruction in relation to a specific terrorist act, the type of harm which that activity would cause and the likelihood of harm eventuating. Here, it is submitted that reference to the specific terrorist act is broader and would encompass (to continue the above example) bomb-making information in the absence of a specific bomb plot.

There are a number of aggravating and mitigating factors listed. One listed aggravating factor is a failure to comply with current court orders. It is submitted that it would be proper to take this into account as an aggravating factor where the order in question was linked in some way to terrorism or a failure to disclose relevant information; on the other hand if the failure related to an unconnected matter, it is submitted that this cannot properly aggravate the offence.

Interpreting/applying the Guideline

There are no cases from the Court of Appeal (Criminal Division) that provide additional guidance regarding the approach to the definitive guideline. It is submitted that reference to fact-specific decisions of the Court of Appeal (Criminal Division) is unlikely to assist.

B2-287

Offences not covered by the Guideline

In relation to offences that do not have an offence-specific guideline, the guideline states:

B2-288

"Sentencing for offences not covered by offence specific terrorism guidelines but with a terrorist connection, section 30 Counter Terrorism Act 2008

Where a court is considering the seriousness of an offence specified in Schedule 2 Counter Terrorism Act 2008, and it appears that the offence has or may have a terrorist connection, the court must determine whether that is the case. To make this determination the court may hear evidence, and must take account of any representations made by the parties.

If the court determines that the offence has a terrorist connection it must treat that fact as a statutory aggravating factor and state in open court that the offence was so aggravated.

Notification requirements apply to these offences.

Offences not covered by schedule 2 Counter Terrorism Act 2008

Where a court is considering the seriousness of an offence not specified in Schedule 2 Counter Terrorism Act 2008, and it appears that the offence has or may have a terrorist connection, the court should determine whether that is the case by hearing evidence where necessary. If the court determines that the offence has a terrorist connection it may treat that fact as a non-statutory aggravating factor where it appears relevant and appropriate to do so.

Notification requirements do not apply to these offences."

Additionally, reference should be made the *General Guideline: Overarching Principles*. Furthermore, reference to the *Terrorism Guideline* might assist, if only to identify the approach taken and the factors that are likely to be present in such cases. If reference is made to the Terrorism Guideline, it will be necessary to ensure reference is made to a guideline for a similar offence type.

INTIMIDATORY OFFENCES

Introduction
General

B2-289   This section concerns offences that fall under the broad heading of "intimidatory offences". By their nature, they are often (though not always) committed in the context of an intimate relationship which is ongoing, has recently ended or is intermittent.

This section follows the structure of the Sentencing Council's *Intimidatory Offences Definitive Guideline* 2018, with the exception of the offence of threats to kill, which is dealt with at B2-183.

Racially or Religiously Aggravated Offences

B2-290   A number of the offences within the *Intimidatory Offences Guideline* have aggravated versions of the offences where the offence is racially or religiously aggravated. The guideline provides guidance on the approach to sentencing these offences; it is vital that courts approach the sentencing exercise in the correct way, determining the sentence for the "base" offence and then, as a separate step, considering the "uplift" for the racial or religious aggravation.

Offences committed in a Domestic Context

B2-291   Cases with a domestic abuse context will require reference to the Sentencing Council's *Overarching Principles: Domestic Abuse Definitive Guideline* 2018. It provides guidance on the principles applicable to domestic abuse cases and, for instance, provides a list of aggravating and mitigating factors which are particularly relevant to cases of domestic abuse. Additionally, there is guidance on the sometimes complex issue of reconciling the duty to impose a proportionate sentence with the wishes of a complainant who may want to reconcile with the defendant. As to this issue, see A5-142.

Interpreting/applying the Guideline

B2-292   There are no cases from the Court of Appeal (Criminal Division) that provide additional guidance regarding the approach to common terms used by the definitive guideline.

Harassment/Stalking Involving Fear of Violence
Maximum Sentences

B2-293   The offences of harassment and stalking involving fear of violence (contrary to ss.4 and 4A of the Protection from Harassment Act 1997) have a maximum sentence of *10 years' imprisonment*. The racially or religiously aggravated forms of these offences have maximum sentences of *14 years' imprisonment*.

Availability of Sentencing Orders

Certain sentencing orders or consequences of conviction are only available, or apply, where the offence for which the offender has been convicted is a listed offence. The table below specifies whether the offence is a listed offence for the purpose of each of those sentencing orders or consequences of conviction.

B2-294

Custodial sentences

B2-295

Offence	SA 2020 Sch.13 (offender of particular concern)	SA 2020 Sch.14 (extended determinate sentences—previous offence condition)	SA 2020 Sch.15 (life for second listed offence)	SA 2020 Sch.17A (serious terrorism sentence)	SA 2020 Sch.18 (extended determinate sentences—specified offences)	SA 2020 Sch.19 (life sentence—dangerous offenders)	PCC(S)A 2000 s.109 (required life sentence for second listed offence committed between 30 September 1997 and 4 April 2005)
Harassment (fear of violence) (s.4 PHA 1997)	Yes, Pt 1 where offence has a terrorist connection	No	Yes, Pt 1 where offence has a terrorist connection	No	Yes	Yes, Pt 1 where offence has a terrorist connection	No
Stalking (fear of violence) (s.4A PHA 1997)	Yes, Pt 1 where offence has a terrorist connection	No	No	No	Yes	No	No
Racially or religiously aggravated harassment (fear of violence) (s.31 CDA 1998)	Yes, Pt 1 where offence has a terrorist connection	No	No	No	Yes	No	No
Racially or religiously aggravated stalking (fear of	Yes, Pt 1 where offence has a terrorist connection	No	No	No	Yes	No	No

Offence	SA 2020 Sch.13 (offender of particular concern)	SA 2020 Sch.14 (extended determinate sentences—previous offence condition)	SA 2020 Sch.15 (life for second listed offence)	SA 2020 Sch.17A (serious terrorism sentence)	SA 2020 Sch.18 (extended determinate sentences—specified offences)	SA 2020 Sch.19 (life sentence—dangerous offenders)	PCC(S)A 2000 s.109 (required life sentence for second listed offence committed between 30 September 1997 and 4 April 2005)
violence) (s.31 CDA 1998)							

Secondary orders and consequences of conviction

B2-296

Offences	SOA 2003 Schs 3 and 5 (sexual harm prevention order and notification—sex offences)	SCA 2007 Sch.1 (serious crime prevention order)	CTA 2008 ss.41–43 (notification—terrorism offences)	SI 2009/37 (barring from work with children and vulnerable adults)
Harassment (fear of violence) (s.4 PHA 1997)	Yes: Sch.5	No	No	No
Stalking (fear of violence) (s.4A PHA 1997)	Yes: Sch.5	No	No	No
Racially or religiously aggravated harassment (fear of violence) (s.32 CDA 1998)	No	No	No	No
Racially or religiously aggravated stalking (fear of violence) (s.32 CDA 1998)	No	No	No	No

Sentencing Guideline: General

B2-297 The offence range is a fine to eight years' imprisonment. Culpability is subdivided into four categories (A, B, C and D) assessed by reference to a number of listed factors. Harm is assessed by reference to the effects—both physical and psychological—of the offence on the victim. Additionally, any steps that have been taken that represent a change to the victim's lifestyle as a result of the offence form part of the assessment of harm. A victim personal statement will be important in this context, if the victim is willing to provide one.

Interpreting/applying the Guideline

Persistent action over a prolonged period (culpability)

R. v Deanus [2019] EWCA Crim 2021
The defendant had pleaded guilty to stalking involving serious alarm and distress, contrary to s.4A(1) of the Protection from Harassment Act 1997 and perverting the course of justice. Over a period of just over one month, he repeatedly contacted the victim with whom he had been in a 15-month relationship. There were abusive messages, photographs of her, telephone calls and emails, as well as the defendant following the victim to her place of work. The defendant appealed against the sentence imposed on him.

Held: the offence involved persistent action, over a protracted period and was properly placed within Culpability B.

B2-298

Commentary: The term "persistent" conjures conceptions of a refusal to cease despite warnings or instructions to do so; however, it is submitted that this is not necessary in order to place an offence within Culpability B. Where behaviour is such that it is or should be obvious to a person that it is unwanted (and potentially unlawful), it is submitted that it will be sufficient for it to be repeated frequently. As for the term "prolonged", it is submitted that a period of one month (as in *Deanus*) is sufficient to be a prolonged period. Cases of shorter duration may provide the court with a slightly more difficult task; however, it is submitted that prolonged should not be interpreted in such a way that a very short course of conduct can be placed within Culpability B; further, it is necessary to remember that the shorter the period, the more "persistent" (i.e. the greater the frequency relative to the period of time) the behaviour will seem.

B2-299

Conduct intended to maximise fear or distress (Culpability)

Commentary: In *Attorney General's Reference (R. v Asan)*,[76] which did not feature much by way of analysis of the guideline, it appears that the court was willing to proceed on the basis that the offender had acted in such a way as to cause maximum fear and/or distress, simply by reference to the severity of their actions (which included threats of violence and threats to kill). Although this appears to be related to harm, it is properly viewed as a culpability factor as it concerns the offender's intention. It will be necessary for a sentencing court to be clear as to the basis for such a finding, and to present its reasons for concluding that that was the offender's intention. In cases where repeated threats are made to a person there will usually be an inevitable inference that the intent is that the victim take those threats seriously (and accordingly the conduct will have been intended to cause significant fear or distresses).

B2-300

Harassment/stalking

Maximum Sentences

The offences of harassment and stalking (contrary to ss.2 and 2A of the Protection from Harassment Act 1997) have a maximum sentence of *six months'*

B2-301

---

[76] [2019] EWCA Crim 896.

imprisonment. The racially or religiously aggravated forms of these offences have maximum sentences of *two years' imprisonment.*

Availability of Sentencing Orders

B2-302 Certain sentencing orders or consequences of conviction are only available, or apply, where the offence for which the offender has been convicted is a listed offence. The table below specifies whether the offence is a listed offence for the purpose of each of those sentencing orders or consequences of conviction.

Custodial sentences

B2-303

Offence	SA 2020 Sch.13 (offender of particular concern)	SA 2020 Sch.14 (extended determinate sentences—previous offence condition)	SA 2020 Sch.15 (life for second listed offence)	SA 2020 Sch.17A (serious terrorism sentence)	SA 2020 Sch.18 (extended determinate sentences—specified offences)	SA 2020 Sch.19 (life sentence—dangerous offenders)	PCC(S)A 2000 s.109 (required life sentence for second listed offence committed between 30 September 1997 and 4 April 2005)
Harassment (s.2 PHA 1997)	Yes, Pt 1 where offence has a terrorist connection	No	No	No	No	No	No
Stalking (s.2A PHA 1997)	Yes, Pt 1 where offence has a terrorist connection	No	No	No	No	No	No
Racially or religiously aggravated harassment (s.32 CDA 1998)	Yes, Pt 1 where offence has a terrorist connection	No	No	No	No	No	No
Racially or religiously aggravated stalking (s.32 CDA 1998)	Yes, Pt 1 where offence has a terrorist connection	No	No	No	No	No	No

Secondary orders and consequences of conviction

B2-304

Offences	SOA 2003 Schs 3 and 5 (sexual harm prevention order and notification—sex offences)	SCA 2007 Sch.1 (serious crime prevention order)	CTA 2008 ss.41–43 (notification—terrorism offences)	SI 2009/37 (barring from work with children and vulnerable adults)
Harassment (s.2 PHA 1997)	Yes: Sch.5	No	No	No
Stalking (s.2A PHA 1997)	Yes: Sch.5	No	No	No
Racially or religiously aggravated harassment (s.32 CDA 1998)	No	No	No	No
Racially or religiously aggravated stalking (s.32 CDA 1998)	No	No	No	No

Sentencing Guideline: General

The offence range for these offences is a discharge to 26 weeks' imprisonment. There are three culpability categories assessed by reference to a number of listed factors. Harm is assessed by reference to the effects—both physical and psychological—of the offence on the victim. Additionally, any steps that have been taken that represent a change to the victim's lifestyle as a result of the offence form part of the assessment of harm. A victim personal statement will be important in this context, if the victim is willing to provide one.

B2-305

A number of the offences within the Intimidatory Offences guideline have aggravated versions of the offences where the offence is racially or religiously aggravated. The guideline provides guidance on the approach to sentencing these offences; it is vital that courts approach the sentencing exercise in the correct way, determining the sentence for the "base" offence and then, as a separate step, considering the "uplift" for the racial or religious aggravation.

Interpreting/applying the Guideline

There are no cases from the Court of Appeal (Criminal Division) that provide additional guidance regarding the approach to common terms used by the definitive guideline. It is submitted that reference to fact-specific examples of applications of the guideline will not be of assistance.

B2-306

Disclosing Private Sexual Images

Maximum Sentence

The offence of disclosing private sexual photographs and films with intent to cause distress, contrary to s.33 of the Criminal Justice and Courts Act 2015, has a maximum sentence of *two years' imprisonment*.

B2-307

Availability of Sentencing Orders

B2-308 Conviction for this offence does not trigger any particular consequences of conviction, nor make available specific custodial sentences, with the exception that if it is committed with a terrorist connection, the offence is listed in Pt 1 of Sch.13 to the Sentencing Act 2020.

Sentencing Guideline: General

B2-309 The guideline provides for an offence range of a discharge to one year six months' custody. Culpability is sub-divided into three categories (A, B and C). Cases falling within Culpability A include those where the conduct is intended to maximise humiliation or distress, a significant degree of planning or sophistication and repeated efforts to keep the image(s) available for viewing. It is notable here that wide distribution should be limited to the actions of the offender—as that is a culpability factor. The extent to which images are shared may be beyond the offender's control. That is not to say that they are not responsible for that and should not be sentenced on that basis—quite the reverse. It is merely submitted that the court should be cognisant of the relevance of the extent to which the images are distributed and the person(s) responsible for that as that will determine whether the factor is a harm or culpability factor.

Harm is assessed by reference to the distress caused to the victim, including psychological harm. Additionally, consideration of the practical impact on the victim is taken into consideration at Step 1. Although there is no reference to how widely circulated the images are (see the previous paragraph), it is suggested that this could be taken into account as a harm factor by reference to the harm caused to the victim; it would be expected that the more widely the images are distributed, the greater the harm suffered by the victim.

Interpreting/applying the Guideline

B2-310 There are no cases from the Court of Appeal (Criminal Division) that provide additional guidance regarding the approach to common terms used by the definitive guideline. It is submitted that reference to fact-specific examples of applications of the guideline will not be of assistance.

Controlling or Coercive Behaviour

Maximum Sentence

B2-311 The offence of controlling or coercive behaviour in an intimate relationship, contrary to s.76 of the Criminal Justice and Courts Act 2015, has a maximum sentence of *five years' imprisonment*.

Availability of Sentencing Orders

B2-312 Conviction for this offence does not trigger any particular consequences of conviction, nor make available specific custodial sentences, with the exception that if it is committed with a terrorist connection, the offence is listed in Pt 1 of Sch.13 to the Sentencing Act 2020.

Sentencing Guideline: General

The guideline provides for an offence range of a community order to four years' custody. Culpability is sub-divided into three categories (A, B and C) assessed by reference to a number of listed factors.

Harm is assessed by reference to the number of incidents of fear, significant psychological harm and the effect of serious alarm or distress caused by the offender's actions. It is submitted that an extended continual period of fear (as opposed to multiple, distinct incidences of fear) will satisfy the Harm Category 1 factor "Fear of violence on many occasions". It is to be recalled that guidelines should not be interpreted as strictly as statutes and the purpose here is clearly that the greater the fear, the more serious the offence. In relation to significant psychological harm, see the decision of the Court of Appeal (Criminal Division) in *Chall* and the discussion at B3-009.

B2-313

Interpreting/Applying the Guideline

Persistent action over a prolonged period (Culpability)

R. v Katira [2020] EWCA Crim 89

The defendant had pleaded guilty to an offence contrary to s.76 in relation to five incidents over a period of nine months. The relationship regularly featured arguments between the defendant and his wife and each of the five incidents began with an argument, but then resulted in the defendant making threats to the victim and inflicting violence on her. The defendant would grab, hit and slap her, as well as throw objects at her. When sentencing, the judge applied the Sentencing Council's Definitive Guideline for Intimidatory Offences and placed the offence into Category 1A.

Held: that having considered what type of offending would take an offence into higher culpability, it was concluded that it is an essential ingredient of the offence that the offender engages in controlling and coercive behaviour, "repeatedly or continuously" and the factor of "persistent action over a prolonged period" has to be read in that context.

In the instant case, the judge was sentencing in relation to five separate occasions and the higher culpability category A should be reserved for those cases where the behaviour of the defendant is on a greater scale than that pleaded to in this case. None of the other criteria listed under higher culpability are sufficiently excessive to elevate the behaviour into the higher category. There have to be at least two occasions on which controlling or coercive behaviour was present to be guilty of the offence at all. Five occasions, each of relatively short duration, did not take the offending into higher culpability.

B2-314

Number and nature of incidents (Aggravation)

R. v Katira [2020] EWCA Crim 89

The court gave guidance as to the sentencing of offences contrary to s.76 of the Criminal Justice and Courts Act 2015.

Held: that first, there would be occasions where the number and nature of the incidents combined may require the sentencer to move up the range to a higher category; secondly, there is a significant overlap in the category ranges in the guideline, which was an acknowledgement of the fact that it was sometimes difficult to reflect the overall nature of the offending when choosing which category

B2-315

it fell into. The ranges within the guideline are such that the lowest point in the sentencing range for culpability A category 1 begins at one year, which is identical to the starting point for culpability B category 1 offending, whereas the highest point in the sentencing range for culpability B category 1 is two and a half years, which is identical to the starting point for the culpability A category 1 offence.

Victim is particularly vulnerable (Aggravation)

R. v Katira [2020] EWCA Crim 89

B2-316 The court gave guidance as to the sentencing of offences contrary to s.76 of the Criminal Justice and Courts Act 2015.

Held: that the victim found it difficult to accept that her second marriage was failing and was concerned as to the effect it would have on her standing within her family and her community, regrettably would often be the case where one party to a marriage was able to carry out this type of offending on the other party to the marriage. It is the sad but inevitable consequence of being the victim of domestic violence. It did not on the facts justify a finding that the victim was particularly vulnerable within the context of the offence; it requires something beyond that to be a further aggravating factor.

Defence counsel had suggested that it must be something that makes the victim especially exceptionally or particularly vulnerable and has provided as examples someone who is particularly young or old, or disabled or pregnant, or has been brought from abroad and has become isolated and trapped in a violent relationship. That was not an exhaustive list but she had provided useful examples of what might be required for a judge to increase the sentence. Some of those definitions appeared in the Sentencing Council's Annex A expanded explanations for factors in offence-specific guidelines at para.A9 under the heading "Vulnerable victim".

PUBLIC ORDER OFFENCES

Introduction

B2-317 In January 2020, the Sentencing Council's *Public Order Offences Definitive Guideline* came into force. It provides offence-specific guidelines for the offences of riot, violent disorder, affray, causing fear or provocation of violence and intentional harassment, alarm or distress. In the consultation document, the Sentencing Council stated:

"Public order is essential for the safe functioning of society, and the law seeks to protect the public from behaviour which undermines this. This issue came into prominence in the 2011 riots which started in London and spread throughout the country, causing widespread disorder and criminal activity. In a case dealing with riot related offending, the then Lord Chief Justice stated that 'there is an overwhelming obligation on sentencing courts to do what they can to ensure the protection of the public'.

Thankfully incidents of riot are rare, but the Council considers that these principles apply equally to other Public Order offences which threaten to undermine the safe and lawful functioning of society."

As a result of the guideline coming into force in early 2020, there are, at present, no cases which provide assistance as to the application or interpretation of the guideline.

Public Order Offences Definitive Guideline 2020

Interpreting/applying the guideline

There are no cases which currently provide guidance on the application or interpretation of the guideline. Cases decided prior to the coming into force of the guideline are likely to lead to error and should not be referred to. **B2-318**

Racially or religiously aggravated offences

A number of the offences within the *Intimidatory Offences guideline* have aggravated versions of the offences where the offence is racially or religiously aggravated. The guideline provides guidance on the approach to sentencing these offences; it is vital that courts approach the sentencing exercise in the correct way, determining the sentence for the "base" offence and then, as a separate step, considering the "uplift" for the racial or religious aggravation. **B2-319**

Riot

Maximum Sentence

The offence of riot, contrary to s.1 of the Public Order Act 1986, has a maximum sentence of *10 years' imprisonment*. **B2-320**

Availability of Sentencing Orders

Certain sentencing orders or consequences of conviction are only available, or apply, where the offence for which the offender has been convicted is a listed offence. The table below specifies whether the offence is a listed offence for the purpose of each of those sentencing orders or consequences of conviction. **B2-321**

Custodial sentences

Offence	SA 2020 Sch.13 (offender of particular concern)	SA 2020 Sch.14 (extended determinate sentences—previous offence condition)	SA 2020 Sch.15 (life for second listed offence)	SA 2020 Sch.17A (serious terrorism sentence)	SA 2020 Sch.18 (extended determinate sentences—specified offences)	SA 2020 Sch.19 (life sentence—dangerous offenders)	PCC(S)A 2000 s.109 (required life sentence for second listed offence committed between 30 September 1997 and 4 April 2005)
Riot (s.1 POA 1986)	Yes, Pt 1 where offence has a terrorist	No	No	No	Yes	No	No

B2-322

Offence	SA 2020 Sch.13 (offender of particular concern)	SA 2020 Sch.14 (extended determinate sentences—previous offence condition)	SA 2020 Sch.15 (life for second listed offence)	SA 2020 Sch.17A (serious terrorism sentence)	SA 2020 Sch.18 (extended determinate sentences—specified offences)	SA 2020 Sch.19 (life sentence—dangerous offenders)	PCC(S)A 2000 s.109 (required life sentence for second listed offence committed between 30 September 1997 and 4 April 2005)
	connection						

Secondary orders and consequences of conviction

B2-323

Offences	SOA 2003 Schs 3 and 5 (sexual harm prevention order and notification—sex offences)	SCA 2007 Sch.1 (serious crime prevention order)	CTA 2008 ss.41–43 (notification—terrorism offences)	SI 2009/37 (barring from work with children and vulnerable adults)
Riot (s.1 POA 1986)	Yes: Sch.5	No	No	No

Sentencing Guideline: General

B2-324 The guideline provides for an offence range of three to nine years' custody. Culpability is sub-divided into two categories (A and B). Cases fall within Culpability A where certain listed factors (relating to weapons, the use of violence and leading roles) are present. Harm is also sub-divided into two categories (1 and 2). Cases fall within Harm 1 where there are multiple or extreme examples of listed harms.

Interpreting/Applying the Guideline

B2-325 There are no cases from the Court of Appeal (Criminal Division) that provide additional guidance regarding the approach to the Riot Definitive Guideline. It is submitted that reference to fact-specific examples of applications of the guideline will not be of assistance.

Violent Disorder

Maximum Sentence

B2-326 The offence of violent disorder, contrary to s.2 of the Public Order Act 1986, has a maximum sentence of *five years' imprisonment*.

Availability of Sentencing Orders

B2-327 Certain sentencing orders or consequences of conviction are only available, or apply, where the offence for which the offender has been convicted is a listed

PUBLIC ORDER OFFENCES

offence. The table below specifies whether the offence is a listed offence for the purpose of each of those sentencing orders or consequences of conviction.

Custodial sentences

Offence	SA 2020 Sch.13 (offender of particular concern)	SA 2020 Sch.14 (extended determinate sentences—previous offence condition)	SA 2020 Sch.15 (life for second listed offence)	SA 2020 Sch.17A (serious terrorism sentence)	SA 2020 Sch.18 (extended determinate sentences—specified offences)	SA 2020 Sch.19 (life sentence—dangerous offenders)	PCC(S)A 2000 s.109 (required life sentence for second listed offence committed between 30 September 1997 and 4 April 2005)
Violent disorder (s.2 POA 1986)	Yes, Pt 1 where offence has a terrorist connection	No	No	No	Yes	No	No

B2-328

Secondary orders and consequences of conviction

Offences	SOA 2003 Schs 3 and 5 (sexual harm prevention order and notification—sex offences)	SCA 2007 Sch.1 (serious crime prevention order)	CTA 2008 ss.41–43 (notification—terrorism offences)	SI 2009/37 (barring from work with children and vulnerable adults)
Violent disorder (s.2 POA 1986)	Yes: Sch.5	No	No	No

B2-329

Sentencing Guideline: General

The guideline provides for an offence range of a community order to four years and six months' custody. Culpability is sub-divided into three categories (A, B and C) assessed by reference to exhaustive listed factors. Unusually, to fall into Category A at least one Category A factor and a Category B factor must be present. Harm is also sub-divided into three categories (1, 2 and 3). Cases fall within Harm 1 where there are multiple or extreme examples of category 2 harms.

B2-330

Interpreting/Applying the Guideline

There are no cases from the Court of Appeal (Criminal Division) that provide additional guidance regarding the approach to the Violent Disorder Definitive Guideline. It is submitted that reference to fact-specific examples of applications of the guideline will not be of assistance.

B2-331

Affray

Maximum Sentence

B2-332 The offence of affray, contrary to s.3 of the Public Order Act 1986, has a maximum sentence of *three years' imprisonment*.

Availability of Sentencing Orders

B2-333 Certain sentencing orders or consequences of conviction are only available, or apply, where the offence for which the offender has been convicted is a listed offence. The table below specifies whether the offence is a listed offence for the purpose of each of those sentencing orders or consequences of conviction.

Custodial sentences

B2-334

Offence	SA 2020 Sch.13 (offender of particular concern)	SA 2020 Sch.14 (extended determinate sentences—previous offence condition)	SA 2020 Sch.15 (life for second listed offence)	SA 2020 Sch.17A (serious terrorism sentence)	SA 2020 Sch.18 (extended determinate sentences—specified offences)	SA 2020 Sch.19 (life sentence—dangerous offenders)	PCC(S)A 2000 s.109 (required life sentence for second listed offence committed between 30 September 1997 and 4 April 2005)
Affray (s.3 POA 1986)	Yes, Pt 1 where offence has a terrorist connection	No	No	No	Yes	No	No

Secondary orders and consequences of conviction

B2-335

Offences	SOA 2003 Schs 3 and 5 (sexual harm prevention order and notification—sex offences)	SCA 2007 Sch.1 (serious crime prevention order)	CTA 2008 ss.41–43 (notification—terrorism offences)	SI 2009/37 (barring from work with children and vulnerable adults)
Affray (s.3 POA 1986)	Yes: Sch.5	No	No	No

Sentencing Guideline: General

B2-336 The guideline provides for an offence range of a fine to two years and nine months' custody.

Step 1

Step 1 is divided into the assessment of harm and culpability. Culpability is subdivided into three categories (A, B and C). Cases are assessed by reference to listed culpability factors. Harm is broken down into three categories (1, 2 and 3). Harm 1 cases are those where there is serious physical injury to others or serious fear/distress is caused. Clearly, there will need to be an adjustment to account for the seriousness of an individual case as, ceteris paribus, serious injury will be more serious than the fear of serious injury. Harm 2 is for cases where the harm falls between Categories 1 and 3. Harm 3 is for cases in which there is little or no physical injury to others or where there is some fear/distress caused.

B2-337

Interpreting/Applying the Guideline

There are no cases from the Court of Appeal (Criminal Division) that provide additional guidance regarding the approach to the Definitive Guideline. It is submitted that reference to fact-specific examples of applications of the guideline will not be of assistance.

B2-338

Threatening Behaviour—Fear or Provocation of Violence

Maximum Sentence

The offence of threatening behaviour (fear or provocation of violence) contrary to s.4 of the Public Order Act 1986 has a maximum sentence of *six months' imprisonment;* the offence of racially or religiously aggravated threatening behaviour (fear or provocation of violence) contrary to s.31 of the Crime and Disorder Act 1998 has a maximum sentence of *two years' imprisonment.*

B2-339

Availability of Sentencing Orders

Certain sentencing orders or consequences of conviction are only available, or apply, where the offence for which the offender has been convicted is a listed offence. The table below specifies whether the offence is a listed offence for the purpose of each of those sentencing orders or consequences of conviction.

B2-340

Custodial sentences

Offence	SA 2020 Sch.13 (offender of particular concern)	SA 2020 Sch.14 (extended determinate sentences—previous offence condition)	SA 2020 Sch.15 (life for second listed offence)	SA 2020 Sch.17A (serious terrorism sentence)	SA 2020 Sch.18 (extended determinate sentences—specified offences)	SA 2020 Sch.19 (life sentence—dangerous offenders)	PCC(S)A 2000 s.109 (required life sentence for second listed offence committed between 30 September 1997 and 4 April 2005)
Fear or	Yes, Pt 1	No	No	No	No	No	No

B2-341

Offence	SA 2020 Sch.13 (offender of particular concern)	SA 2020 Sch.14 (extended determinate sentences—previous offence condition)	SA 2020 Sch.15 (life for second listed offence)	SA 2020 Sch.17A (serious terrorism sentence)	SA 2020 Sch.18 (extended determinate sentences—specified offences)	SA 2020 Sch.19 (life sentence—dangerous offenders)	PCC(S)A 2000 s.109 (required life sentence for second listed offence committed between 30 September 1997 and 4 April 2005)
provocation of violence (s.4 POA 1986)	where offence has a terrorist connection						
Racially or religiously aggravated fear or provocation of violence (s.31 CDA 1986)	Yes, Pt 1 where offence has a terrorist connection	No	No	No	Yes	No	No

Secondary orders and consequences of conviction

B2-342

Offences	SOA 2003 Schs 3 and 5 (sexual harm prevention order and notification—sex offences)	SCA 2007 Sch.1 (serious crime prevention order)	CTA 2008 ss.41–43 (notification—terrorism offences)	SI 2009/37 (barring from work with children and vulnerable adults)
Fear or provocation of violence (s.4 POA 1986)	Yes, Pt 1 where offence has a terrorist connection	No	No	No
Racially or religiously aggravated fear or provocation of violence (s.31 CDA 1986)	Yes, Pt 1 where offence has a terrorist connection	No	No	No

Sentencing Guideline: General

B2-343   The guideline provides for an offence range of a discharge to 26 weeks' imprisonment. Culpability is sub-divided into two categories (A and B). Cases falling within Culpability A are those where a listed factor is present. Harm is also divided into two categories. The factors in Harm 1 are that the victim feared serious violence; there was a fear of violence caused to multiple persons present; and the incident escalated into violence. Harm 2 cases are those which do not fall into Harm 1.

Interpreting/Applying the Guideline

There are no cases from the Court of Appeal (Criminal Division) that provide additional guidance regarding the approach to the Definitive Guideline. It is submitted that reference to fact-specific examples of applications of the guideline will not be of assistance.

B2-344

Intentional Harassment, Alarm or Distress

Maximum Sentence

The offence of disorderly behaviour with intent to cause harassment, alarm or distress contrary to s.4A of the Public Order Act 1986 has a maximum sentence of six months' imprisonment; the offence of racially or religiously aggravated disorderly behaviour with intent to cause harassment, alarm or distress contrary to s.31 of the Crime and Disorder Act 1998 has a maximum sentence of *two years' imprisonment*.

B2-345

Availability of Sentencing Orders

Certain sentencing orders or consequences of conviction are only available, or apply, where the offence for which the offender has been convicted is a listed offence. The table below specifies whether the offence is a listed offence for the purpose of each of those sentencing orders or consequences of conviction.

B2-346

Custodial sentences

Offence	SA 2020 Sch.13 (offender of particular concern)	SA 2020 Sch.14 (extended determinate sentences—previous offence condition)	SA 2020 Sch.15 (life for second listed offence)	SA 2020 Sch.17A (serious terrorism sentence)	SA 2020 Sch.18 (extended determinate sentences—specified offences)	SA 2020 Sch.19 (life sentence—dangerous offenders)	PCC(S)A 2000 s.109 (required life sentence for second listed offence committed between 30 September 1997 and 4 April 2005)
Intentional harassment, alarm or distress (s.4A POA 1986)	No	No	No	No	No	No	No
Racially or religiously aggravated intentional	No	No	No	No	Yes	No	No

B2-347

[1309]

Offence	SA 2020 Sch.13 (offender of particular concern)	SA 2020 Sch.14 (extended determinate sentences—previous offence condition)	SA 2020 Sch.15 (life for second listed offence)	SA 2020 Sch.17A (serious terrorism sentence)	SA 2020 Sch.18 (extended determinate sentences—specified offences)	SA 2020 Sch.19 (life sentence—dangerous offenders)	PCC(S)A 2000 s.109 (required life sentence for second listed offence committed between 30 September 1997 and 4 April 2005)
harassment, alarm or distress (s.31 POA 1986)							

Secondary orders and consequences of conviction

B2-348

Offences	SOA 2003 Schs 3 and 5 (sexual harm prevention order and notification—sex offences)	SCA 2007 Sch.1 (serious crime prevention order)	CTA 2008 ss.41–43 (notification—terrorism offences)	SI 2009/37 (barring from work with children and vulnerable adults)
Intentional harassment, alarm or distress (s.4A POA 1986)	No	No	No	No
Racially or religiously aggravated intentional harassment, alarm or distress (s.31 POA 1986)	No	No	No	No

Sentencing Guideline: General

B2-349 The guideline provides for an offence range of a discharge to 26 weeks' imprisonment. Culpability is sub-divided into two categories (A and B). Cases falling within Culpability A are those where a listed factor is present. Harm is also divided into two categories. The factors in Harm 1 are that the victim feared serious violence; there was a fear of violence caused to multiple persons present; and the incident escalated into violence. Harm 2 cases are those which do not fall into Harm 1.

Interpreting/Applying the Guideline

B2-350 There are no cases from the Court of Appeal (Criminal Division) that provide additional guidance regarding the approach to the Definitive Guideline. It is submitted that reference to fact-specific examples of applications of the guideline will not be of assistance.

Weapons and Explosives

Introduction

This section sets out the relevant guidance for sentencing offences involving weapons and explosives. There is a mixture of guidance in the form of sentencing guidelines, guideline cases and more general guidance as to approach suggested by the Court of Appeal (Criminal Division).

B2-351

Bladed Articles and Offensive Weapons

Introduction

On 1 June 2018, the Sentencing Council's *Bladed Articles and Offensive Weapons Offences Definitive Guideline* came into force. It provides offence-specific guidelines for the offences of possession and threatening with bladed articles and offensive weapons, with an additional guideline for cases involving children and young persons. In the response to consultation document, the Sentencing Council stated:

B2-352

> "The aim of the guideline is to ensure that sentence levels reflect the serious social problem of offenders carrying knives, and reflects the judgments in a number of leading Court of Appeal Cases. This is a similar approach as was adopted in the MCSG guideline, when read alongside the additional note. The structure of the new adult 'Possession' guideline and the fact that it incorporates the key principles set out in case law, may lead to an increase in the sentences received by some offenders for carrying bladed articles or other 'highly dangerous' weapons.
>
> ...
>
> The adult 'Threats' guideline aims to reflect both the principle set in case law, and also the fact that Parliament has set a mandatory minimum sentence for those that use a weapon to threaten. Due to the mandatory minimum, the starting point sentence for any offender charged with this offence must be at least six months' custody. This means that where the weapon used to threaten was a bladed article or 'highly dangerous' weapon, the starting point sentence will always be higher than six months. This may lead to an increase in the sentences received by some offenders who threaten using a bladed article or other 'highly dangerous' weapon."[77]

The Bladed Articles and Offensive Weapons Definitive Guideline

The guideline at Step 1 assesses the seriousness of the offence principally by reference to the nature of the weapon, the use to which it is put, the location of the offence and (where relevant) the duration of the incident, as well as more traditional harm factors such as the distress caused to any victims. Accordingly, the application of Step 1 of the guideline is relatively straightforward and in most cases should result in broad agreement between the parties. The guideline stresses that harm includes harm caused or risked.

B2-353

Of note, however, is the factor relating to location. It is broadly drafted. Consultation responses indicated that further locations should be specified. The Council, in

---

[77] Sentencing Council, *Bladed Articles and Offensive Weapons Guideline: Response to consultation*, March 2018, p.4 at https://www.sentencingcouncil.org.uk/wp-content/uploads/Bladed-article-response-to-consultation-.pdf [Accessed 25 July 2023].

its response to the consultation, stated:

> "The Council felt that listing locations risks omitting ones that could be important, or including too many, risks sentence inflation. For that reason, the Council has separated the factor, 'Offence committed in prison or other premises where there may be a risk of serious disorder' into two: 'Offence committed in prison', and, 'Offence committed in circumstances where there is a risk of serious disorder'. This second bullet will capture offences at various locations, but only where the presence of the weapon could have caused serious disorder. It will be for the court to determine, based on the facts of the case, whether this factor applies."

Accordingly, this factor is one for the court to determine based on all the evidence and its judgement as to the potential for serious disorder. Factors relevant to this assessment are suggested to include the persons present at the location, the likelihood of other weapons present and the nature or subject of any gathering.

Interpretation/application of the guideline

Highly dangerous weapon (Culpability)

R. v Iqbal [2021] EWCA Crim 1762; [2022] 1 Cr. App. R. (S.) 46

B2-354 *Held:* A hammer cannot properly be characterised as a highly dangerous weapon so as to bring a case within the higher culpability category in the guideline.

Possession

Minimum sentences

B2-355 Section 312 of the Sentencing Code provides that where an offender is convicted of an offence contrary to s.1A of the Prevention of Crime Act 1953 (offence of threatening with offensive weapon in public), or s.139AA of the Criminal Justice Act 1988 (offence of threatening with article with blade or point or offensive weapon) when aged 16 or over the court must impose a minimum custodial sentence unless there are particular circumstances which would make it unjust to do so. The minimum custodial sentence for an offender aged 16 or 17 is a four-month detention and training order. For an offender aged 18 or over the minimum sentence is six months' custody.

Section 315 of the Sentencing Code provides that where an offender is convicted of an offence contrary to s. 1A of the Prevention of Crime Act 1953, s.139(1) or 139A(1)–(2) of the Criminal Justice Act 1988 or s.139A when aged 16 or over and with another previous conviction for such an offence the court must impose a minimum custodial sentence unless there are particular circumstances which would make it unjust to do so. The minimum custodial sentence for an offender aged 16 or 17 is a four-month detention and training order. For an offender aged 18 or over the minimum sentence is six months' custody.

For those sections and the guidance in relation to their application (including the ability to reduce the minimum sentence for guilty plea), see A4-574. It should be remembered that the approach of the courts in mandatory sentence cases is first to assess the sentence that they would impose in the absence of the mandatory sentence (by reference to any sentencing guidelines) and then, in the case of a minimum sentence requirement checking that the sentence imposed exceeds that minimum sentence (and imposing the minimum sentence if it does not): *R. v Silver*[78] and *R. v Wooff*.[79]

Maximum sentences

Each of the five offences listed below has a maximum sentence of *four years'* imprisonment.   **B2-356**

1) Possession of an offensive weapon in a public place: s.1(1) of the Prevention of Crime Act 1953.
2) Possession of an article with blade/point in a public place: s.139(1) of the Criminal Justice Act 1988.
3) Possession of an offensive weapon on school premises: s.139A(2) of the Criminal Justice Act 1988.
4) Possession of an article with blade/point on school premises: s.139A(1) of the Criminal Justice Act 1988.
5) Unauthorised possession in prison of a knife or offensive weapon: s.40CA of the Prison Act 1952.

Availability of sentencing orders

Conviction for these offences does not trigger any particular consequences of conviction, nor make available specific custodial sentence, with the exception that if any of these offences are committed with a terrorist connection, the offence is listed in Pt 1 of Sch.13 to the Sentencing Act 2020.   **B2-357**

Sentencing guideline: general

The guideline provides for an offence range of a fine to two years and six months' custody.   **B2-358**

Step 1

At Step 1, the assessment of culpability is divided into four categories (A, B, C and D) by reference to the type of weapon possessed/its use and circumstances. Culpability A includes the possession of a bladed article or highly dangerous weapon or where the offence is motivated by a protected characteristic. The guideline states that: **B2-359**

> "NB an offensive weapon is defined in legislation as 'any article made or adapted for use for causing injury, or is intended by the person having it with him for such use'. A highly dangerous weapon is, therefore, a weapon, including a corrosive substance (such as acid), whose dangerous nature must be substantially above and beyond this. The court must determine whether the weapon is highly dangerous on the facts and circumstances of the case."

It will be necessary for the court to make a finding on this point and to explain its reasons for so doing. In relation to a bladed article, most often this will be determined by the offence charged; however, it is submitted that there is nothing

---

[78] [2013] EWCA Crim 1764.
[79] [2019] EWCA Crim 2249.

to prevent a court from finding that, on conviction for an offence which does not specify the weapon is a bladed article, this factor applies.

Harm is assessed by reference to the distress caused, the location of the offence and the risk of further violence. Harm 1 offences are those which are committed at a school or other place where vulnerable people are likely to be present, in prison or in circumstances where there is a risk of serious disorder, or where serious alarm/distress is caused. All other cases fall into Harm 2.

B2-360　One of the detailed aggravating factors, which the courts may wish to be cautious as to how to approach is "Offence was committed as part of a group or gang". The expanded explanation in the guideline provides:

> "The mere membership of a group (two or more persons) should not be used to increase the sentence, but where the offence was committed as part of a group this will normally make it more serious because:
>> the harm caused (both physical or psychological) or the potential for harm may be greater and/or
>> the culpability of the offender may be higher (the role of the offender within the group will be a relevant consideration)."

There is therefore no definition or guidance as to what "committed as part of a group" means in this context, save that it is something more than merely being part of a group at the time the offence is committed. It is suggested that where, for example, multiple members of a group are found to be carrying weapons, this might indicate it is a pattern of behaviour illustrative of knowledge that others are carrying weapons which would increase the seriousness of the offence.

Interpreting/applying the guideline

Sharply pointed articles

R. v Blackmore [2020] EWCA Crim 1552; [2021] 1 Cr. App. R. (S.) 52

B2-361　The court considered the sentence imposed on the appellant following his guilty plea to offence of possession of a bladed or sharply pointed article, contrary to s.40CA of the Prison Act 1952, in respect of a two-inch item with a length of metal protruding from a handle that had been sharpened to a point.

Held: the judge had been entitled to treat the sharply pointed implement as akin to a bladed article for the purposes of sentencing and to therefore place the case into Category A of the Sentencing Council's guideline.

B2-362　*Commentary:* In [2021] Crim. L.R. 499,[80] it was observed that this decision of course fits with the long-standing guidance from the Court of Appeal as to the correct approach to the interpretation of guidelines: they are not to approached as though they were a statute to which the strict rules of statutory interpretation apply: *Robinson*.[81] In relation to the use of a syringe, see the case of *Robinson* at B2-368; and in relation to the use of a bradawl, see *Lowther* at B2-369.

---

[80] L. Harris, "Sentencing: R. v Blackmore (Francis) (Case Comment)" [2021] Crim. L.R. 499–501.
[81] [2015] EWCA Crim 1839; [2016] 1 Cr. App. R. (S.) 35.

Threats

Minimum sentences

Section 312 of the Sentencing Code provides that where an offender is convicted of an offence contrary to s.1A of the Prevention of Crime Act 1953 (offence of threatening with offensive weapon in public), or s.139AA of the Criminal Justice Act 1988 (offence of threatening with article with blade or point or offensive weapon) when aged 16 or over the court must impose a minimum custodial sentence unless there are particular circumstances which would make it unjust to do so. The minimum custodial sentence for an offender aged 16 or 17 is a four-month detention and training order. For an offender aged 18 or over the minimum sentence is six months' custody.

Section 315 of the Sentencing Code provides that where an offender is convicted of an offence contrary to s.1A of the Prevention of Crime Act 1953, s.139(1) or 139A(1)–(2) of the Criminal Justice Act 1988 or s.139A when aged 16 or over and with another previous conviction for such an offence the court must impose a minimum custodial sentence unless there are particular circumstances which would make it unjust to do so. The minimum custodial sentence for an offender aged 16 or 17 is a four-month detention and training order. For an offender aged 18 or over the minimum sentence is six months' custody.

For those sections and the guidance in relation to their application (including the ability to reduce the minimum sentence for guilty plea), see A4-574. It should be remembered that the approach of the courts in mandatory sentence cases is first to assess the sentence that it would impose in the absence of the mandatory sentence (by reference to any sentencing guidelines) and then, in the case of a minimum sentence requirement, checking that the sentence imposed exceeds that minimum sentence (and imposing the minimum sentence if it does not): *R. v Silvera*[82] and *R. v Wooff*.[83]

Maximum sentences

Each of the three offences listed below has a maximum sentence of *four years' imprisonment*.

1) Threatening with an offensive weapon in a public place (Prevention of Crime Act 1953 s.1A).
2) Threatening with an article with blade/point in a public place (Criminal Justice Act 1988 s.139AA(1)).
3) Threatening with an article with blade/point or offensive weapon on school premises (Criminal Justice Act 1988 s.139AA(1)).

Availability of sentencing orders

Conviction for these offences does not trigger any particular consequences of conviction, nor make available specific custodial sentence, with the exception that if any of these offences are committed with a terrorist connection, the offence is listed in Pt 1 of Sch.13 to the Sentencing Act 2020.

---

[82] [2013] EWCA Crim 1764.
[83] [2019] EWCA Crim 2249.

Sentencing guideline: general

B2-366 The guideline provides for an offence range of a fine to three years' imprisonment. The assessment of culpability is divided into two categories (A and B). Culpability A includes the possession of a bladed article or highly dangerous weapon, where the offence is motivated by a protected characteristic or where the offence featured a significant degree of planning or preparation. The guideline states that:

> "NB an offensive weapon is defined in legislation as 'any article made or adapted for use for causing injury, or is intended by the person having it with him for such use'. A highly dangerous weapon is, therefore, a weapon, including a corrosive substance (such as acid), whose dangerous nature must be substantially above and beyond this. The court must determine whether the weapon is highly dangerous on the facts and circumstances of the case."

It will be necessary for the court to make a finding on this point and to explain its reasons for so doing. In relation to a bladed article, most often this will be determined by the offence charged; however it is submitted that there is nothing to prevent a court from finding that, on conviction for an offence which does not specify the weapon is a bladed article, this factor applies. All other cases fall into Culpability B.

Harm is assessed by reference to the distress caused, the location of the offence and the risk of further violence. Harm 1 offences are those which are committed at a school or other place where vulnerable people are likely to be present, in prison or in circumstances where there is a risk of serious disorder, where serious alarm/distress is caused or where the incident is prolonged. All other cases fall into Harm 2.

B2-367 One of the detailed aggravating factors, which the courts may wish to be cautious as to how to approach, is "Offence was committed as part of a group or gang". The expanded explanation in the guideline provides:

> "The mere membership of a group (two or more persons) should not be used to increase the sentence, but where the offence was committed as part of a group this will normally make it more serious because:
>
> 1) the harm caused (both physical or psychological) or the potential for harm may be greater and/or
> 2) the culpability of the offender may be higher (the role of the offender within the group will be a relevant consideration)."

There is therefore no definition or guidance as to what "committed as part of a group" means in this context, save that it is something more than merely being part of a group at the time the offence is committed. It is suggested that where, for example, multiple members of a group are found to be carrying weapons, this might indicate it is a pattern of behaviour illustrative of knowledge that others are carrying weapons which would increase the seriousness of the offence.

Interpreting/applying the guideline

Syringes

R. v Robinson (Samantha) [2020] EWCA Crim 385
R had been confronted by supermarket staff when stealing items from the supermarket. R and her boyfriend refused to stop and became aggressive. R was a registered drug user and produced a hypodermic syringe, held it above her head and threatened to stab the duty manager. R pleaded guilty to threatening another with an article with a blade or point and theft. The sentencing judge placed the offence within Category 1A of the guideline on the basis that the syringe was a highly dangerous weapon, the offence had involved considerable planning and premeditation and had been committed against people doing their job.

Held: the judge was correct to place the offence within Category 1A, however he erred in finding that there was a significant degree of planning or premeditation. The use of the syringe was more of a spontaneous act. A syringe that was wielded in that way containing goodness knows what, and potentially contaminated by prior use by somebody, whether by a drug addict, a registered drug user or someone else, was more dangerous than simply a needle. The pointed article was the needle itself. The example given in the guidelines of something containing corrosive substance such as acid included by analogy, a syringe that might be filled with contaminated blood or had in fact been used by somebody who had some sort of health condition such as hepatitis. Indeed, one of the complainants explained that he was fearful of contracting hepatitis. Most people were aware, in modern society, of the danger posed by hypodermic syringes if they have been used, or are potentially contaminated. Such an item was undoubtedly highly dangerous. There was a risk, to someone stabbed with such an article, of contracting a lifelong disease. That was far more dangerous than simply an offensive weapon.

B2-368

Sharply pointed articles (Bradawl)

R. v Lowther [2019] EWCA Crim 2400
The court considered the approach to sentencing an offence of threatening with an offensive weapon in a public place, committed by use of a bradawl, a sharply pointed implement which was described as being as thick as a knitting needle and 3 to 4 inches in length.

Held: the bradawl, on one view, could be described as a pointed weapon, although on another it could be described as a bladed article—it was never located. On any view this was a vicious weapon; it was highly dangerous and the judge's approach in treating it as akin to a bladed article and placing the offence in Culpability category A was entirely apposite. It was akin to a bladed article and in any event the physical injuries that it could have been caused, had it landed in the region of the neck, face or chest, could have been very significant.

B2-369

Commentary: In relation to the possession of a sharply pointed article in a prison setting, see *Blackmore* at B2-361.

B2-370

Children and Young Persons

Sentencing guideline

B2-371 The guideline provides a separate section applicable to children and young persons. It does not set out category ranges and starting points, but rather indicates the nature of disposal that might be suitable.

Step 1

B2-372 The guideline suggests that where one of the following factors is present, a non-custodial sentence might be appropriate:

1) possession of weapon falls just short of reasonable excuse;
2) no/minimal risk of weapon being used to threaten or cause harm;
3) fleeting incident and no/minimal distress.

The guideline suggests that where one of the following factors is present, a custodial sentence might be appropriate:

1) possession of a bladed article whether produced or not;
2) possession of a highly dangerous weapon whether produced or not;
3) offence motivated by, or demonstrating hostility based on any of the following characteristics or presumed characteristics of the victim: religion, race, disability, sexual orientation or transgender identity;
4) prolonged incident and serious alarm/distress;
5) offence committed at a school or other place where vulnerable people may be present.

Regard must of course be had to the provisions applying to referral orders (see A6-049).

B2-373 In relation to the minimum sentence in particular, the guideline provides:

"The young person:
The statutory obligation to have regard to the welfare of a young person includes the obligation to secure proper provision for education and training, to remove the young person from undesirable surroundings where appropriate, and the need to choose the best option for the young person taking account of the circumstances of the offence.

In having regard to the welfare of the young person, a court should ensure that it considers:

1) any mental health problems or learning difficulties/disabilities;
2) any experiences of brain injury or traumatic life experience (including exposure to drug and alcohol abuse) and the developmental impact this may have had;
3) any speech and language difficulties and the effect this may have on the ability of the young person (or any accompanying adult) to communicate with the court, to understand the sanction imposed or to fulfil the obligations resulting from that sanction;
4) the vulnerability of young people to self harm, particularly within a custodial environment; and
5) the effect on young people of experiences of loss and neglect and/or abuse.

In certain cases the concerns about the welfare of the young person may be so significant that the court considers it unjust to impose the statutory minimum sentence."

Interpreting/applying the guideline

There are no cases from the Court of Appeal (Criminal Division) that provide additional guidance regarding the approach to the Definitive Guideline. It is submitted that reference to fact-specific examples of applications of the guideline will not be of assistance.

B2-374

Firearms and Ammunition

Introduction

This section concerns firearms and related offences. The Sentencing Council's definitive guideline for firearms offences came into force on 1 January 2021. The offences dealt with in this chapter are those that are the subject of that guideline. For offences which are not dealt with specifically in this chapter, see B2-379, where there is a discussion of general principles and the appropriate approach to the sentencing of firearms offences.

B2-375

Firearms Offences Definitive Guideline

The Sentencing Council's definitive guideline for firearms offences came into force on 1 January 2021. It contains eight offence-specific guidelines for offences in the Firearms Act 1968:

B2-376

1) possession, purchase or acquisition of a prohibited weapon or ammunition—ss.5(1), 5(1A);
2) possession, purchase or acquisition of a firearm/ammunition/shotgun without a certificate—ss.1(1), 2(1);
3) possession of a firearm or ammunition by person with previous convictions prohibited from possessing a firearm or ammunition—ss.21(4), 21(5);
4) carrying a firearm in a public place—s.19;
5) possession of firearm with intent to endanger life—s.16;
6) possession of firearm or imitation firearm with intent to cause fear of violence—s.16A;
7) use of firearm or imitation firearm to resist arrest/possession of firearm or imitation firearm while committing a Sch.1 offence/carrying firearm or imitation firearm with criminal intent—ss.17(1), 17(2), 18;
8) manufacturing/selling or transferring/possessing for sale or transfer/ purchase or acquire for sale or transfer prohibited weapon or ammunition—s.5(2A).

Additionally, there are guidelines for firearms importation offences, namely offences contrary to ss.50(1)(b) and 170(2)(b) of the Customs and Excise Management Act 1979. The guidelines follow the ordinary Step 1/Step 2 model with harm and culpability initially being assessed broadly to provide a sentencing category and starting point and subsequent adjustments then made for aggravating and mitigating factors.

Approach to Sentencing

General guidance on the interpretation of the guideline

High risk of death or serious physical or psychological harm (Harm)

R. v Dean [2021] EWCA Crim 1588; [2022] 1 Cr. App. R. (S.) 51

B2-377 The court considered the approach to sentencing an offence of possession of a prohibited firearm in circumstances where D had been found in possession of cash, cannabis, a lock knife, a bag containing a handgun with converted cartridges and 97 wraps of heroin and 57 wraps of crack cocaine.

Held: the judge was correct to conclude that the offence involved high culpability. On any view the intention was that the weapon would be used for a criminal purpose in support or in defence of drug dealing, whether by D himself or by whoever it was that provided him with the weapon. There was by inference a willingness that the weapon should be used if necessary in support or defence of drug dealing by D or whoever supplied it to him. That plainly carried a high risk of death or serious physical or psychological harm.

B2-378 *Commentary: Dean* is not authority for the proposition that all firearms offences with a connection to drugs will be so categorised, but draws attention to the inference that will often be drawn where the defendant is also involved in drug supply. This inference is particularly strong where, as in *Dean*, the gun is held with compatible ammunition.

General guidance for cases for which there is no guideline

R. v Avis (Tony) [1998] 1 Cr. App. R. 420; [1998] 2 Cr. App. R. (S.) 178

B2-379 The court gave guidance on the approach to sentencing in cases of firearms offences under the Firearms Act 1968.

Held: that the unlawful possession and use of firearms is generally recognised as a grave source of danger to society. The reasons are obvious. Firearms may be used to take life or cause serious injury. They are used to further the commission of other serious crimes. Often the victims will be those charged with the enforcement of the law or the protection of persons or property. In the conflicts which occur between competing criminal gangs, often related to the supply of drugs, the use and possession of firearms provoke an escalating spiral of violence.

Where imitation firearms are involved, the risk to life and limb is absent, but such weapons can be and often are used to frighten and intimidate victims in order to reinforce unlawful demands. Such imitation weapons are often very hard to distinguish from the real thing—for practical purposes, impossible in the circumstances in which they are used—and the victim is usually as much frightened and intimidated as if a genuine firearm had been used. Such victims are often isolated and vulnerable.

B2-380 Sometimes the firearm involved, although genuine, has been disabled from firing, or cannot be fired for want of ammunition. In such cases again the risk to life and limb is absent, but the risk of use to frighten or intimidate remains, and the weapon may be used in earnest on another occasion.

The appropriate level of sentence for a firearms offence, as for any other offence, will depend on all the facts and circumstances relevant to the offence and the offender, and it would be wrong for the court to seek to prescribe unduly restrictive sentencing guidelines.

It would usually be appropriate for the sentencing court to ask itself the following series of questions.

1) What sort of weapon is involved? Genuine firearms are more dangerous than imitation firearms. Loaded firearms are more dangerous than unloaded firearms. Unloaded firearms for which ammunition is available are more dangerous than firearms for which no ammunition is available. Possession of a firearm which has no lawful use (such as a sawn-off shotgun) will be viewed even more seriously than possession of a firearm which is capable of lawful use.
2) What (if any) use has been made of the firearm? It is necessary for the court, as with any other offence, to take account of all circumstances surrounding any use made of the firearm: the more prolonged and premeditated and violent the use, the more serious the offence is likely to be.
3) With what intention (if any) did the defendant possess or use the firearm? Generally speaking, the most serious offences under the Act are those which require proof of a specific criminal intent (to endanger life, to cause fear of violence, to resist arrest, to commit an indictable offence). The more serious the act intended, the more serious the offence.
4) What is the defendant's record? The seriousness of any firearm offence is inevitably increased if the offender has an established record of committing firearms offences or crimes of violence.

B2-381 The authorities illustrated the factual and personal diversity of the cases which come before the courts. Any rigid, formulaic approach to levels of sentence would be productive of injustice in some cases. Even offences which on their face appeared to be very grave may on examination turn out to be less so. However, given the clear public need to discourage the unlawful possession and use of firearms, both real and imitation, and the intention of parliament expressed in a continuing increase in maximum penalties, the courts should treat any offence against the provisions referred to above as serious. Save for minor infringements which may be and are properly dealt with summarily, offences against these provisions will almost invariably merit terms of custody, even on a plea of guilty and in the case of an offender with no previous record. Where there are breaches of ss.4, 5, 16, 16A, 17(1)–(2), 18(1), 19 or 21, the custodial term is likely to be of considerable length, and where the four questions suggested above yield answers adverse to the offender, terms at or approaching the maximum may in a contested case be appropriate.

R. v Sheen and Sheen [2011] EWCA Crim 2461; [2012] 2 Cr. App. R. (S.) 3

B2-382 The applicants pleaded guilty to one offence of possessing firearms and ammunition with intent to endanger life, contrary to the Firearms Act 1968 s.16. The court was referred to the *Avis* questions.

Held: that to the *Avis* questions, two could be added:

1) Where was the firearm discharged, and how many were exposed to danger by its use?
2) Was any injury or damage caused by the discharge of the firearm or firearms, and if so how serious was it?

B2-383 *Commentary:* Prior to the commencement of the Sentencing Council's guideline on firearms, *Avis* and *Sheen* were the leading cases on the general approach to the sentencing of firearms offences. For offences for which there is now an offence-specific guideline, that guideline is now to be followed and reference to these cases will be unnecessary. As explained at B1-008, the only cases to which reference should be made in respect of those offences with a guideline are those handed down after the coming into force of the guideline where they provide some further guidance on its application. However, for those firearms offences for which there remains no offence-specific guideline it is suggested that these cases, as well as measured reference to the guidelines for other similar firearms offences may remain of some assistance.

"Minor infringements"

R. (Smith) v Southwark Crown Court [2001] 2 Cr. App. R. (S.) 35

B2-384   The applicant pleaded guilty to six charges of possession of a rifle to which s.1 of the Firearms Act 1968 applied, without holding a firearms certificate in force at the time, and associated charges of possession, both of three sound moderators and of quantities of ammunition. On appeal, it was submitted that his offending fell within the description of a "minor infringement" as referred to in Avis.

Held: that it was accepted that the appellant had had possession of the weapons and ammunition under firearms certificates, which expired in 1997 and had not been a renewed. A search of the applicant's premises disclosed that the weapons were securely locked away. The applicant was a man of exemplary character who had the weapons for the purpose of vermin control when the certificates were originally issued.

The court had had regard to the decision in Avis, in which it was said that save for minor infringements which might properly be dealt with summarily, offences against the Firearms Act would almost invariably be dealt with by terms of custody. The question therefore arose whether the applicant's infringements might properly be viewed as minor. The court had been persuaded that they should be so viewed. On the evidence, the applicant's failure to renew the certificates was nothing more than an oversight by a person distracted by other matters.

Imitation firearms

R. v Avis (Tony) [1998] 1 Cr. App. R. 420; [1998] 2 Cr. App. R. (S.) 178

B2-385   The court gave guidance on the approach to sentencing in cases of firearms offences under the Firearms Act 1968.

Held: that where imitation firearms were involved, the risk to life and limb was absent, but such weapons could be and often are used to frighten and intimidate victims in order to reinforce unlawful demands. Such imitation weapons are often very hard to distinguish from the real thing—for practical purposes, impossible in the circumstances in which they were used—and the victim was usually as much frightened and intimidated as if a genuine firearm had been used. Such victims were often isolated and vulnerable.

Foreign nationals entering UK: ignorance as to prohibitions on firearms etc

R. v Rudups [2011] EWCA Crim 61

B2-386   R, 38-year-old Latvian national, had pleaded guilty to unlawful possession of ammunition. With another, he arrived in the UK in a vehicle at Dover Eastern Docks. He told customs officers that he intended to stay with friends in the UK for a couple of weeks. Both he and his passenger confirmed that they understood that it was illegal to import certain items into the UK. R then stated that he had a gun. When asked where it was, he produced it from a box underneath his seat. The box contained what appeared to be a silver pistol and three rounds of ammunition containing CS gas bullets. R and his passenger were arrested; the passenger was later released without charge. The judge found it would be arbitrary and disproportionate to impose the minimum sentence and imposed a sentence of 12 months.

Held: that particularly significant was that the prosecution in this case proceeded only in relation to the ammunition. Given the law in his own country of Latvia, and places like Germany, R did not think that it was illegal to have this ammunition in the UK. R handed over the items as soon as he stepped onto British soil for the first time. However, persons coming to this country should familiarise themselves with the law relating to guns and ammunition before they arrive. The sentence would be reduced to six months.

Consecutive sentences

R. v Gribbin [2014] EWCA Crim 115; [2014] 2 Cr. App. R. (S.) 28

The appellant, G, pleaded guilty to two offences of possession of a prohibited firearm under s.5 of the Firearms Act 1968. At a residential address police found prohibited weapons and ammunition, a padlocked toolbox, a green fishing bag and a holdall in three separate "stashes".

B2-387

It was submitted that the judge was bound to impose concurrent sentences, as the charges related to possession on a single day, namely the day of recovery of the weapons, relying on *Attorney General's Reference (No.57 of 2009) (R. v Ralphs)*[84] and the Sentencing Council's definitive guideline on totality. The judge stated that in *Ralphs*, the appellant "had come into possession of all these guns on one and the same occasion" and invited G to consider whether he wished to give evidence as to how he came into possession of the items. G declined. The judge distinguished *Ralphs* in a number of ways: (1) the acquisition of the weapons had been at different times and in different circumstances; (2) the storage had been at two separate and distinct addresses where he had lived (the address at which they were found and another previous address); (3) payments of money were made for storage; and (4) the period of time over which the activity had occurred was measured in years. The judge imposed 13 years' imprisonment comprising two sentences of six and a half years' imprisonment ordered to run consecutively. The appellant appealed on the basis that consecutive sentences were used to circumvent the statutory maximum sentence of 10 years. It was submitted that the judge ought to have imposed concurrent sentences as the offences all related to the same day.

Held: that the submission that the judge was bound to impose concurrent sentences was to ignore that consecutive sentences are appropriate if offences are not all committed at the same time. The judge was alive to this point and made a similar comment when his attention was brought to the decision in *Ralphs*.

R. v Asif [2018] EWCA Crim 2297; [2019] 1 Cr. App. R. (S.) 26

With leave of the single judge, the appellant, A, appealed against a total sentence of 20 years 10 months' imprisonment imposed following guilty pleas to seven

B2-388

---

[84] [2009] EWCA Crim 2555.

offences: possession of a Class A drug with intent to supply (x2, cocaine and heroin); possession of a Class B drug with intent to supply (x1, synthetic cannabinoid); possession of a prohibited firearm (x2, three revolvers); possession of a prohibited firearm (x1, unspecified weapon); and possession of ammunition without a certificate (x1).

The police conducted a search of premises with which A was associated. They noticed a nearby vehicle and asked A where the keys were. When the vehicle was unlocked, they found black bags containing drugs, firearms and ammunition. The street value of the heroin found (approximately 12.5kg) was assessed at £1.47m, the crack cocaine found (approximately 1kg) at £5,510 and the cannabinoid found (approximately 5kg) at £50,000. The judge imposed a mixture of concurrent and consecutive sentences in relation to the firearms.

Held: that A was in possession of what was described as a "deadly arsenal of weapons and live ammunition", the only purpose of which would be to kill, wound and terrorise in the pursuit of crime. Severe punishment was clearly necessary in the instant case. Regard must be had, however, to the decision of the Court of Appeal in *Attorney General's Reference No.57 of 2009 (R. v Ralphs)*,[85] where the court observed:

"... The question for decision is whether the restriction on the range of sentences can properly be circumvented in situations like this, where the offender was found in possession of more than one gun, or, and no less important, a combination of guns and appropriate ammunition for use with them which came into his possession on a single occasion and which were kept hidden and were found in the same hiding place, by an order for consecutive sentences."

In answering that question, the court noted that two well-established general principles of sentencing were engaged: first, the principle of totality; and, secondly, the principle that consecutive terms should not generally be imposed for offences that arose out of the same incident.

The Attorney General had, in *Ralphs*, submitted that a sentence above the maximum sentence for a single offence was required. At [29] of the judgment, the court made the following observation:

"... In the context of a narrow range of available sentencing powers, and in particular the statutory maximum sentence, we are in reality being invited to circumvent the statutory maximum sentence on the basis that we believe it to be too low and to achieve our objective by disapplying well-understood sentencing principles of which Parliament must be deemed to have been aware when the statutory maximum and minimum sentence was fixed. Tempting as it is to do so, that is a step too far."

The issue, as identified by the court, had to be addressed by legislation.

The principle in *Ralphs* was expressed with reference to a case in which all the relevant firearms and ammunition were found in the same place and had been received by the offender at the same time. For that reason, the decision in *Ralphs* had not been followed in cases where there was the important factual distinction that firearms had been acquired at different times or stored in different locations. Nevertheless, where the principle in *Ralphs* applies on the facts, there is no justification for departing from it.

---

[85] [2009] EWCA Crim 2555; [2010] 2 Cr. App. R. (S.) 30.

In the instant case, the firearms and ammunition had been stored in the boot of the vehicle searched by the police. The combination of consecutive and concurrent sentences that the judge imposed, totalling 10 years four months for the firearms offences, exceeded the statutory maximum of 10 years and offended against the principle identified.

Where the principle in *Ralphs* did apply, in a case where early guilty pleas were indicated, the total sentence for a number of firearms offences should not exceed six years eight months, which was the statutory maximum of 10 years less full credit of one-third for the guilty plea. That was not a conclusion which the court reached with any enthusiasm. It highlighted the need, previously identified by the court, for Parliament to consider the issue afresh.

Importation/Exportation/Distribution/Manufacture/Transfer

Maximum sentences

The offences contrary to ss.50, 68 and 170 of the Customs and Excise Management Act 1979 of importation or exportation of prohibited weapons (under s.5(1)(a), (ab), (aba), (ac), (ad), (ae), (af), (c), (1A)(a) and (2A) of the Firearms Act 1968) have a maximum sentence of *life imprisonment*.[86] Where not connected with prohibited weapons under those sections the maximum sentence is one of *seven years' imprisonment*.

Availability of sentencing orders

Certain sentencing orders or consequences of conviction are only available, or apply, where the offence for which the offender has been convicted is a listed offence. The table below specifies whether the offence is a listed offence for the purpose of each of those sentencing orders or consequences of conviction.

Custodial sentences

Offence	SA 2020 Sch.13 (offender of particular concern)	SA 2020 Sch.14 (extended determinate sentences—previous offence condition)	SA 2020 Sch.15 (life for second listed offence)	SA 2020 Sch.17A (serious terrorism sentence)	SA 2020 Sch.18 (extended determinate sentences—specified offences)	SA 2020 Sch.19 (life sentence—dangerous offenders)	PCC(S)A 2000 s.109 (required life sentence for second listed offence committed between 30 September 1997 and 4 April 2005)
Importation or exporta-	Yes, Pt 1 where offence has	No	No	No	No	No	No

---

[86] Where the offence was committed on or after 14 July 2014: see Anti-social Behaviour, Crime and Policing Act 2014 s.111(2) and (4)–(6) and the Anti-Social Behaviour, Crime and Policing Act 2014 (Commencement No.2, Transitional and Transitory Provision) Order 2014 (SI 2014/949).

Offence	SA 2020 Sch.13 (offender of particular concern)	SA 2020 Sch.14 (extended determinate sentences—previous offence condition)	SA 2020 Sch.15 (life for second listed offence)	SA 2020 Sch.17A (serious terrorism sentence)	SA 2020 Sch.18 (extended determinate sentences—specified offences)	SA 2020 Sch.19 (life sentence—dangerous offenders)	PCC(S)A 2000 s.109 (required life sentence for second listed offence committed between 30 September 1997 and 4 April 2005)
tion of prohibited weapons (ss.50, 68 and 170 CEMA 1979)	a terrorist connection						

Secondary orders and consequences of conviction

B2-394

Offences	SOA 2003 Schs 3 and 5 (sexual harm prevention order and notification—sex offences)	SCA 2007 Sch.1 (serious crime prevention order)	CTA 2008 ss.41–43 (notification—terrorism offences)	SI 2009/37 (barring from work with children and vulnerable adults)
Importation or exportation of prohibited weapons (ss.50, 68 and 170 CEMA 1979)	No	Section 50(2) or 170 if committed in connection with a firearm or ammunition; s.50(2) or (3), 68(2) or 170 if committed in connection with a prohibition or restriction on importation or exportation by virtue of s.3 MDA 1971	No	S.170 where the prohibition on importation breached was that established by the a prohibition or restriction on importation or exportation by virtue of s.3 MDA 1971: *List 2 and List 4*

Sentencing guideline

B2-395 The Sentencing Council has issued a guideline for offences of importation of prohibited weapons contrary to ss.50(1)(b) or 170(2)(b) of the Customs and Excise Management Act 1979. There is no guideline for offences of exportation. The guideline provides for an offence range of a fine to 28 years' custody. Culpability is initially determined by reference to the type of weapon or ammunition and then adjusted on the basis of other culpability factors (determining whether it is a higher, medium or lower culpability offence) to reach a culpability Category A, B or C. Harm is assessed by reference to the scale and sophistication of the enterprise.

Interpreting/applying the guideline

General guidance

At present, there are no cases providing guidance as to the application of the sentencing guideline for this offence.

B2-396

Export

The guideline does not apply to offences of exporting prohibited firearms. It is, however, suggested that measured reference to this guideline will undoubtedly assist.

B2-397

In a number of cases prior to the publication of the drugs guideline, the courts held that offences of export of prohibited drugs were not less serious because they were offences of export and that reference should not be made to the penalties applicable in the country of export: see, for example, *R. v Maguire*[87] and *R. v Wagener and Pronk*.[88] It is suggested that these general principles apply also to firearms, not least given the serious evasion of customs protections these offences represent and the harms that can result from illegal firearms.

Dangerousness

In a number of cases prior to the publication of the guideline the courts gave guidance as to the relevance of dangerousness for firearms importers. In *Attorney General's Reference (No.43 of 2009) (R. v Bennett); R. v Wilkinson*[89] the court held that the fact that the importer or supplier was not an individual who pulled any trigger, discharged any firearm or caused serious injury themselves, did not resolve the issue of future dangerousness in their favour. Criminals who were prepared to deal in such lethal weapons invariably represented a serious public danger, and it could not be assumed that the danger they represent would have dissipated when the determinate element of their sentences had been completed. Similarly, in *Attorney General's Reference (Nos 128-141 of 2015 and 8-10 of 2016) (R. v Stephenson)*,[90] the court observed that criminals who were prepared to deal in lethal weapons invariably represented a serious public danger and therefore a sentence of life imprisonment always arose for consideration and had to be expressly considered by the judge.

B2-398

Whilst the guidance as to length of sentences given in those cases has now been superseded by the guideline it is suggested that this guidance is still of equal force when considering the sentences to be imposed in these cases.

The relevance of minimum sentences

At present, there are no cases providing guidance as to the relevance of the minimum sentence under s.311 of the Sentencing Act 2020 when sentencing such offences. To an extent the guideline caters for the minimum sentence, as the type of firearm is relevant to the assessment of culpability and the maximum sentence

B2-399

---

[87] [1997] 1 Cr. App. R. (S.) 130.
[88] [1997] 1 Cr. App. R. (S.) 178.
[89] [2009] EWCA Crim 1925; [2010] 1 Cr. App. R. (S.) 100.
[90] [2016] EWCA Crim 54; [2016] 4 W.L.R. 83.

for the offence. However, it is notable that it is conceivable that where dealing with Type 2 firearms, if the court concludes the overall culpability is Category C that the sentence for importing a prohibited firearm may attract less than the five-year minimum sentence for possession. It is submitted that in such cases the court will need to consider the statutory steer provided by that section and ask themselves whether it is justifiable that someone who has imported such a firearm into the country receive less than the minimum sentence someone in simple possession of that firearm would expect to receive.

Possession without a Certificate (S.1)

Maximum sentence

B2-400 The offence of possession of a firearm without a certificate contrary to s.1 of the Firearms Act 1968 has a maximum sentence of *seven years' imprisonment* where committed in the aggravated form and *five years' imprisonment* where it is not.

Availability of sentencing orders

B2-401 Certain sentencing orders or consequences of conviction are only available, or apply, where the offence for which the offender has been convicted is a listed offence. The table below specifies whether the offence is a listed offence for the purpose of each of those sentencing orders or consequences of conviction.

Custodial sentences

B2-402

Offence	SA 2020 Sch.13 (offender of particular concern)	SA 2020 Sch.14 (extended determinate sentences—previous offence condition)	SA 2020 Sch.15 (life for second listed offence)	SA 2020 Sch.17A (serious terrorism sentence)	SA 2020 Sch.18 (extended determinate sentence—specified offences)	SA 2020 Sch.19 (life sentence—dangerous offenders)	PCC(S)A 2000 s.109 (required life sentence for second listed offence committed between 30 September 1997 and 4 April 2005)
Possession, purchase or acquisition of a firearm certificate (s.1(1) FA 1968)	Yes, Pt 1 where offence has a terrorist connection	No	No	No	No	No	No

[1328]

Secondary orders and consequences of conviction

Offences	SOA 2003 Schs 3 and 5 (sexual harm prevention order and notification—sex offences)	SCA 2007 Sch.1 (serious crime prevention order)	CTA 2008 ss.41–43 (notification—terrorism offences)	SI 2009/37 (barring from work with children and vulnerable adults)
Possession, purchase or acquisition of a firearm without a certificate (s.1(1) FA 1968)	No	Yes	No	No

B2-403

Sentencing guideline

The Sentencing Council has issued a guideline for offences under this section. The guideline provides for an offence range of a discharge to four years and six months' custody. Culpability is initially determined by reference to the type of weapon or ammunition and then adjusted on the basis of other culpability factors (determining whether it is a higher, medium or lower culpability offence) to reach a culpability Category A, B or C. Harm is assessed by reference to the type of harm or disorder risked or caused.

B2-404

Interpreting/applying the guideline

At present, there are no cases providing guidance as to the application of the sentencing guideline for this offence.

B2-405

Possession of a Shotgun (S.2)

Maximum sentence

The offence contrary to s.2 of the Firearms Act 1968 has a maximum sentence of *five years' imprisonment.*

B2-406

Availability of sentencing orders

Certain sentencing orders or consequences of conviction are only available, or apply, where the offence for which the offender has been convicted is a listed offence. The table below specifies whether the offence is a listed offence for the purpose of each of those sentencing orders or consequences of conviction.

B2-407

[1329]

Custodial sentences

B2-408

Offence	SA 2020 Sch.13 (offender of particular concern)	SA 2020 Sch.14 (extended determinate sentences—previous offence condition)	SA 2020 Sch.15 (life for second listed offence)	SA 2020 Sch.17A (serious terrorism sentence)	SA 2020 Sch.18 (extended determinate sentences—specified offences)	SA 2020 Sch.19 (life sentence—dangerous offenders)	PCC(S)A 2000 s.109 (required life sentence for second listed offence committed between 30 September 1997 and 4 April 2005)
Possession, purchase or acquisition of a shotgun without a certificate (s.2(1) FA 1968)	Yes, Pt 1 where offence has a terrorist connection	No	No	No	No	No	No

Secondary orders and consequences of conviction

B2-409

Offences	SOA 2003 Schs 3 and 5 (sexual harm prevention order and notification—sex offences)	SCA 2007 Sch.1 (serious crime prevention order)	CTA 2008 ss.41–43 (notification—terrorism offences)	SI 2009/37 (barring from work with children and vulnerable adults)
Possession, purchase or acquisition of a shotgun without a certificate (s.2(1) FA 1968)	No	Yes	No	No

Sentencing guideline

B2-410 The Sentencing Council has issued a guideline for offences under this section. The guideline provides for an offence range of a discharge to four years and six months' custody. Culpability is initially determined by reference to the type of weapon or ammunition and then adjusted on the basis of other culpability factors (determining whether it is a higher, medium or lower culpability offence) to reach a culpability Category A, B or C. Harm is assessed by reference to the type of harm or disorder risked or caused.

Interpreting/applying the guideline

At present, there are no cases providing guidance as to the application of the sentencing guideline for this offence. **B2-411**

Manufacturing a Firearm (s.3)

As the maximum sentence for this offence is *five years' imprisonment*, which is disproportionately low for the seriousness of the offence, other offences will often be charged which enable the court to impose a more proportionate sentence on conviction. Accordingly, this offence is not dealt with in this work. **B2-412**

Converting a Firearm (s.4)

As the maximum sentence for this offence is *seven years' imprisonment*, which is disproportionately low for the seriousness of the offence, other offences will often be charged which enable the court to impose a more proportionate sentence on conviction. Accordingly, this offence is not dealt with in this work. **B2-413**

Possession of Prohibited Weapon (s.5(1) and (1a))

Maximum sentence

The offence of possession of a prohibited weapon contrary to s.5(1) and (1A) of the Firearms Act 1968 has a maximum sentence of *10 years' imprisonment*. **B2-414**

Availability of sentencing orders

Certain sentencing orders or consequences of conviction are only available, or apply, where the offence for which the offender has been convicted is a listed offence. The table below specifies whether the offence is a listed offence for the purpose of each of those sentencing orders or consequences of conviction. **B2-415**

Custodial sentences **B2-416**

Offence	SA 2020 Sch.13 (offender of particular concern)	SA 2020 Sch.14 (extended determinate sentences—previous offence condition)	SA 2020 Sch.15	SA 2020 Sch.17A (serious terrorism sentence)	SA 2020 Sch.18 (extended determinate sentences—specified offences)	SA 2020 Sch.19 (life sentence—dangerous offenders)	PCC(S)A 2000 s.109 (required life sentence for second listed offence committed between 30 September 1997 and 4 April 2005)
Possession of prohibited weapon (s. 5(1)	Yes, Pt 1 where offence has a terrorist connection	No	No	No	No	No	No

Offence	SA 2020 Sch.13 (offender of particular concern)	SA 2020 Sch.14 (extended determinate sentences—previous offence condition)	SA 2020 Sch.15 (life for second listed offence)	SA 2020 Sch.17A (serious terrorism sentence)	SA 2020 Sch.18 (extended determinate sentences—specified offences)	SA 2020 Sch.19 (life sentence—dangerous offenders)	PCC(S)A 2000 s.109 (required life sentence for second listed offence committed between 30 September 1997 and 4 April 2005)
and (1A) FA 1968)							

Secondary orders and consequences of conviction

B2-417

Offences	SOA 2003 Schs 3 and 5 (sexual harm prevention order and notification—sex offences)	SCA 2007 Sch.1 (serious crime prevention order)	CTA 2008 ss.41–43 (notification—terrorism offences)	SI 2009/37 (barring from work with children and vulnerable adults)
Possession of prohibited weapon (s. 5(1) and (1A) FA 1968)	No	Yes	No	No

Sentencing guideline

B2-418   The Sentencing Council has issued a guideline for offences contrary to s.5(1) and (1A) of the 1968 Act. Culpability is initially determined by reference to the type of weapon or ammunition and then adjusted on the basis of other culpability factors (determining whether it is a higher, medium or lower culpability offence) to reach a culpability Category A, B or C. Harm is assessed by reference to the type of harm or disorder risked or caused. The guideline provides different sentencing ranges and starting points for offences that are subject to the statutory minimum sentence and those that are not. For offences subject to the statutory minimum sentence the offence range is five years' custody to 10 years' custody. For offences not subject to that minimum sentence the offence range is a discharge to five years' custody.

Step 3 of the guideline provides that where the court considers there are exceptional circumstances justifying not imposing the minimum sentence for an offence that would ordinarily attract it the court "may find it useful" to refer to the range of sentences provided for offences not subject to that minimum sentence, albeit the court should impose a sentence that is appropriate to the individual case. It is submitted that "may" is the imperative word in this context and simply applying the guideline ranges for offences not subject to the minimum sentence without making appropriate adjustments for the circumstances of the case will be ordinarily be inappropriate.

Interpreting/applying the guideline

General guidance

At present, there are no cases providing guidance as to the application of the sentencing guideline for this offence.   **B2-419**

Approach to the minimum sentence

Section 311 of the Sentencing Code provides that where an offender is convicted of an offence contrary to s.5(1)(a), (ab), (aba), (ac), (ad), (ae), (af), (ag), (ba) or (c) or s.5(1A), unless there are exceptional circumstances, the minimum term is five years when aged 18 or over at the date of the offence, or three years if aged 16 or 17 when the offence was committed. There can be no reduction beneath the minimum sentence for a guilty plea.   **B2-420**

For that section and the guidance in relation to its application, see A4-555. It should be remembered that the approach of the courts in mandatory sentence cases is first to assess the sentence that they would impose in the absence of the mandatory sentence (by reference to any sentencing guidelines) and then, in the case of a minimum sentence requirement, checking that the sentence imposed exceeds that minimum sentence (and imposing the minimum sentence if it does not): *R. v Silvera*[91] and *R. v Wooff*.[92]

Where the court does conclude there are exceptional circumstances, the guideline provides that: "The court may find it useful to refer to the range of sentences under culpability A of Table 2". The language of the guideline is one of pure discretion; whether the range of sentencing in Table 2 is appropriate will depend on the assessment in each individual case by the sentencing judge of all of the circumstances: *R. v Luke-Smith (Jaydah)*.[93]

Manufacturing or Transferring Prohibited Weapons (s.5(2a))

Maximum sentence

The offences of manufacturing or transferring prohibited weapons contrary to s.5(2A) of the Firearms Act 1968 have a maximum sentence of *life imprisonment*.   **B2-421**

Availability of sentencing orders

Certain sentencing orders or consequences of conviction are only available, or apply, where the offence for which the offender has been convicted is a listed offence. The table below specifies whether the offence is a listed offence for the purpose of each of those sentencing orders or consequences of conviction.   **B2-422**

---

[91] [2013] EWCA Crim 1764.
[92] [2019] EWCA Crim 2249.
[93] [2024] EWCA Crim 424.

Custodial sentences

B2-423

Offence	SA 2020 Sch.13 (offender of particular concern)	SA 2020 Sch.14 (extended determinate sentences—previous offence condition)	SA 2020 Sch.15 (life for second listed offence)	SA 2020 Sch.17A (serious terrorism sentence)	SA 2020 Sch.18 (extended determinate sentences—specified offences)	SA 2020 Sch.19 (life sentence—dangerous offenders)	PCC(S)A 2000 s.109 (required life sentence for second listed offence committed between 30 September 1997 and 4 April 2005)
Manufacture/transfer of prohibited weapon (s.5(2A) FA 1968)	Yes, Pt 1	No where offence has a terrorist connection	No	No	No	No	No	No

Secondary orders and consequences of conviction

B2-424

Offences	SOA 2003 Schs 3 and 5 (sexual harm prevention order and notification—sex offences)	SCA 2007 Sch.1 (serious crime prevention order)	CTA 2008 ss.41–43 (notification—terrorism offences)	SI 2009/37 (barring from work with children and vulnerable adults)
Manufacture/transfer of prohibited weapon (s.5(2A) FA 1968)	No	Yes	No	No

Sentencing guideline

B2-425   The Sentencing Council has issued a guideline for offences contrary to s.5(2A) of the 1968 Act. There are three categories of culpability (high, medium, lower) determined by reference to listed factors principally the extent of planning, level of involvement in group offending and the incentive for the offending. Harm is assessed by reference to the scale and nature of the enterprise and any actual harm caused, regardless of the role of the offender. The offence range is three years to 28 years.

Interpreting/applying the guideline

B2-426   At present, there are no cases providing guidance as to the application of the sentencing guideline for this offence

Possession with Intent (ss.16, 16a and 18)

To endanger life (s.16)

Maximum sentence

The offence of possession of a firearm with intent to endanger life, contrary to section 16 of the Firearms Act 1968, has a maximum sentence of *life imprisonment*.

B2-427

Availability of sentencing orders

Certain sentencing orders or consequences of conviction are only available, or apply, where the offence for which the offender has been convicted is a listed offence. The table below specifies whether the offence is a listed offence for the purpose of each of those sentencing orders or consequences of conviction.

B2-428

Custodial sentences

Offence	SA 2020 Sch.13 (offender of particular concern)	SA 2020 Sch.14 (extended determinate sentences—previous offence condition)	SA 2020 Sch.15 (life for second listed offence)	SA 2020 Sch.17A (serious terrorism sentence)	SA 2020 Sch.18 (extended determinate sentences—specified offences)	SA 2020 Sch.19 (life sentence—dangerous offenders)	PCC(S)A 2000 s.109 (required life sentence for second listed offence committed between 30 September 1997 and 4 April 2005)
Possession of firearm with intent to endanger life (s.16 FA 1968)	Yes, Pt 1 where offence has a terrorist connection	Yes	Yes	Yes, where offence has terrorist connection	Yes	Yes	Yes

B2-429

Secondary orders and consequences of conviction

Offences	SOA 2003 Schs 3 and 5 (sexual harm prevention order and notification—sex offences)	SCA 2007 Sch.1 (serious crime prevention order)	CTA 2008 ss.41–43 (notification—terrorism offences)	SI 2009/37 (barring from work with children and vulnerable adults)
Possession of firearm with intent to endanger life (s.16 FA 1968)	Yes: Sch.5	No	No	No

B2-430

Sentencing guideline

B2-431 The Sentencing Council has issued a guideline for offences contrary to s.16 of the 1968 Act. There are three categories of culpability (higher, medium, lower) determined by reference to listed factors principally the extent of planning, level of involvement in group offending and how the firearm was used. There are three categories of harm assessed by reference to the risk of harm or disorder occurring and/or actual harm caused. The offence range is four years to 22 years' custody.

Interpreting/applying the guideline

B2-432 **General** At present, there are no cases providing guidance as to the application of the sentencing guideline for this offence.

B2-433 **Widespread public disorder (aggravating feature)** *Commentary:* In *R. v Lewis*,[94] a case decided prior to the publication of the sentencing guideline, the fact that offences of possession of a firearm with intent had been committed in the widespread public disorder of August 2011 (involving a number of the group firing at the police and a police helicopter) that the offending had been committed during the course of said riots was said to be a "further serious element of the offending". In the particular circumstances of the case the court stated the judge was right to conclude "that this was a case in which the offending was more serious than one of attempted murder."

The Sentencing Council's guideline will now generally cater for offending where there is significant disorder by virtue of the use of the weapon (a factor that will normally merit a finding of Harm 1 or 2) and *Lewis* is not to be considered a guideline authority. It is, however, illustrative of the potential seriousness of offences under s.16 and it is suggested that where this offence is committed in the course of wider public disorder, this may be capable of being a significant aggravating factor (provided it has not been relied upon in the categorisation of harm).

To cause fear of violence (s.16A)

Maximum sentence

B2-434 The offence of possession of a firearm with intent to cause fear of violence, contrary to s.16A of the Firearms Act 1968, has a maximum sentence of *life imprisonment*.

Availability of sentencing orders

B2-435 Certain sentencing orders or consequences of conviction are only available, or apply, where the offence for which the offender has been convicted is a listed offence. The table below specifies whether the offence is a listed offence for the purpose of each of those sentencing orders or consequences of conviction.

---

[94] [2014] EWCA Crim 48; [2014] 2 Cr. App. R. (S.) 27.

Custodial sentences

Offence	SA 2020 Sch.13 (offender of particular concern)	SA 2020 Sch.14 (extended determinate sentences—previous offence condition)	SA 2020 Sch.15 (life for second listed offence)	SA 2020 Sch.17A (serious terrorism sentence)	SA 2020 Sch.18 (extended determinate sentences—specified offences)	SA 2020 Sch.19 (life sentence—dangerous offenders)	PCC(S)A 2000 s.109 (required life sentence for second listed offence committed between 30 September 1997 and 4 April 2005)
Possession of firearm or imitation firearm with intent to cause fear of violence (s.16A FA 1968)	Yes, Pt 1 where offence has a terrorist connection	No	No	No	Yes	No	No

Secondary orders and consequences of conviction

Offences	SOA 2003 Schs 3 and 5 (sexual harm prevention order and notification—sex offences)	SCA 2007 Sch.1 (serious crime prevention order)	CTA 2008 ss.41–43 (notification—terrorism offences)	SI 2009/37 (barring from work with children and vulnerable adults)
Possession of firearm or imitation firearm with intent to cause fear of violence (s.16A FA 1968)	Yes: Sch.5	No	No	No

Sentencing guideline

The Sentencing Council has issued a guideline for offences contrary to s.16A of the 1968 Act. There are three categories of culpability (higher, medium, lower) determined by reference to listed factors principally the extent of planning, level of involvement in group offending and how the firearm was used. There are three categories of harm assessed by reference to the risk of harm or disorder occurring and/or actual harm caused.

There are different sentencing tables depending on whether the firearm used was a firearm or an imitation. The offence range for a firearm is six months to nine years' custody; the offence range for an imitation firearm is a medium level community order to eight years' custody.

Interpreting/applying the guideline

B2-439 General At present, there are no cases providing guidance as to the application of the sentencing guideline for this offence.

To commit an indictable offence (s.18)

Maximum sentence

B2-440 The offence of possession of a firearm with intent to commit an indictable offence, contrary to s.18 of the Firearms Act 1968, has a maximum sentence of *life imprisonment*.

Availability of sentencing orders

B2-441 Certain sentencing orders or consequences of conviction are only available, or apply, where the offence for which the offender has been convicted is a listed offence. The table below specifies whether the offence is a listed offence for the purpose of each of those sentencing orders or consequences of conviction.

Custodial sentences

B2-442

Offence	SA 2020 Sch.13 (offender of particular concern)	SA 2020 Sch.14 (extended determinate sentences—previous offence condition)	SA 2020 Sch.15 (life for second listed offence)	SA 2020 Sch.17A (serious terrorism sentence)	SA 2020 Sch.18 (extended determinate sentences—specified offences)	SA 2020 Sch.19 (life sentence—dangerous offenders)	PCC(S)A 2000 s.109 (required life sentence for second listed offence committed between 30 September 1997 and 4 April 2005)
Possession of a firearm with intent to commit an indictable offence (s.18 FA 1968)	Yes, Pt 1 where offence has a terrorist connection	Yes	Yes	Yes, where offence has terrorist connection	Yes	Yes	No

Secondary orders and consequences of conviction

B2-443

Offences	SOA 2003 Schs 3 and 5 (sexual harm prevention order and notification—sex offences)	SCA 2007 Sch.1 (serious crime prevention order)	CTA 2008 ss.41–43 (notification—terrorism offences)	SI 2009/37 (barring from work with children and vulnerable adults)
Possession of a firearm with intent	Yes: Sch.5	No	No	No

Offences	SOA 2003 Schs 3 and 5 (sexual harm prevention order and notification—sex offences)	SCA 2007 Sch.1 (serious crime prevention order)	CTA 2008 ss.41–43 (notification—terrorism offences)	SI 2009/37 (barring from work with children and vulnerable adults)
to commit an indictable offence (s.18 FA 1968)				

Sentencing guideline

The Sentencing Council has issued a guideline for offences contrary to s.18 of the 1968 Act. There are three categories of culpability (higher, medium, lower) determined by reference to listed factors principally the extent of planning, level of involvement in group offending and how the firearm was used. There are three categories of harm assessed by reference to the risk of harm or disorder occurring and/or actual harm caused. **B2-444**

There are different sentencing tables depending on whether the firearm used was a firearm or an imitation. The offence range for a firearm is one year to 16 years' custody; the offence range for an imitation firearm is a high level community order to 11 years' custody.

Interpreting/applying the guideline

General At present, there are no cases providing guidance as to the application of the sentencing guideline for this offence **B2-445**

Value of other sentencing guidelines It is submitted that despite the publication of a Sentencing Council guideline for this offence—which the court is of course required to follow—that in appropriate cases it may still be of assistance to cross-refer to the sentencing guideline for any underlying offence which when determining the seriousness of the intended offence for the purpose of the categorisation of culpability. In assessing the level of planning for the purpose of culpability one might also wish to consider whether the s.18 offence in question could have been charged as an attempt and, if not, how far from satisfying all the elements of an attempt the particular circumstances are. **B2-446**

Carrying in a Public Place (s.19)

Maximum sentence

The offence of carrying a firearm in a public place, contrary to s.19 of the Firearms Act 1968, has a maximum sentence of *seven years' imprisonment,* unless the firearm is an imitation firearm, in which case the maximum sentence is *12 months' imprisonment.* **B2-447**

Availability of sentencing orders

Conviction for this offence does not trigger any particular consequences of conviction, nor make available specific custodial sentences, with the exception that **B2-448** if it is committed with a terrorist connection, the offence is listed in Pt 1 of Sch.13 to the Sentencing Act 2020.

Sentencing guideline

B2-449 The Sentencing Council has issued a guideline for offences under this section. Culpability is initially determined by reference to the type of weapon or ammunition and then adjusted on the basis of other culpability factors (determining whether it is a higher, medium or lower culpability offence) to reach a culpability Category A, B or C. Harm is assessed by reference to the type of harm or disorder risked or caused. The offence range is a discharge to four years' custody.

Interpreting/applying the guideline

B2-450 At present, there are no cases providing guidance as to the application of the sentencing guideline for this offence.

Possession by Person Prohibited (s.21)

Maximum sentence

B2-451 The offence of possession of a firearm by persons previously convicted of a crime, contrary to s.21 of the Firearms Act 1968, has a maximum sentence of *five years' imprisonment*.

Availability of sentencing orders

B2-452 Conviction for this offence does not trigger any particular consequences of conviction, nor make available specific custodial sentences, with the exception that if it is committed with a terrorist connection, the offence is listed in Pt 1 of Sch.13 to the Sentencing Act 2020.

Sentencing guideline

B2-453 The Sentencing Council has issued a guideline for offences under this section. Culpability is initially determined by reference to the type of weapon or ammunition and then adjusted on the basis of other culpability factors (determining whether it is a higher, medium or lower culpability offence) to reach a culpability Category A, B or C. Harm is assessed by reference to the type of harm or disorder risked or caused. The offence range is a discharge to four years' custody.

Interpreting/applying the guideline

B2-454 At present, there are no cases providing guidance as to the application of the sentencing guideline for this offence. It is suggested that significant factors at Step 2 of this guideline will be: (a) the seriousness of the underlying offence that gave rise to the prohibition and the sentence imposed; (b) the length of time since the offence; (c) the nature of that offence, with offences relating to violence and weapons being seriously aggravating; and (d) the length of the prohibition period and how close it was to expiry (if not indefinite).

Explosives

Introduction

This section concerns offences under ss.2–4 of the Explosive Substances Act 1883 where the offence is not committed in a terrorist context. There are no guidelines for these offences, though it may be possible to draw some limited assistance from the s.2–3 guideline contained in the Terrorism Offences Definitive Guideline (see B2-242).

B2-455

Maximum Sentences

All three offences—s.2 (causing explosion likely to endanger life or property), s.3 (attempt to cause explosion, or making or keeping explosive with intent to endanger life or property) and s.4 (making or possessing explosive substances)— have a maximum sentence of *life imprisonment*.

B2-456

Availability of Sentencing Orders

Certain sentencing orders or consequences of conviction are only available, or apply, where the offence for which the offender has been convicted is a listed offence. The table below specifies whether the offence is a listed offence for the purpose of each of those sentencing orders or consequences of conviction.

B2-457

Custodial sentences

B2-458

Offence	SA 2020 Sch.13 (offender of particular concern)	SA 2020 Sch.14 (extended determinate sentences— previous offence condition)	SA 2020 Sch.15 (life for second listed offence)	SA 2020 Sch.17A (serious terrorism sentence)	SA 2020 Sch.18 (extended determinate sentences— specified offences)	SA 2020 Sch.19 (life sentence— dangerous offenders)	PCC(S)A 2000 s.109 (required life sentence for second listed offence committed between 30 September 1997 and 4 April 2005)
Causing explosion likely to endanger life or property (s.2 ESA 1883)	Yes (where there is a terrorist connection)	Yes	Yes: 13 April 2015	Yes, where offence has terrorist connection	Yes	Yes	No
Attempt to cause explosion, or making or keeping ex-	Yes (where there is a terrorist connection)	Yes	Yes: 13 April 2015	Yes, where offence has terrorist connection	Yes	Yes	No

Offence	SA 2020 Sch.13 (offender of particular concern)	SA 2020 Sch.14 (extended determinate sentences—previous offence condition)	SA 2020 Sch.15 (life for second listed offence)	SA 2020 Sch.17A (serious terrorism sentence)	SA 2020 Sch.18 (extended determinate sentences—specified offences)	SA 2020 Sch.19 (life sentence—dangerous offenders)	PCC(S)A 2000 s.109 (required life sentence for second listed offence committed between 30 September 1997 and 4 April 2005)
plosive with intent to endanger life or property (s.3 ESA 1883)							
Making or possessing explosives (s.4 ESA 1883)	Yes (where there is a terrorist connection)	Yes	Yes: 13 April 2015	Yes, where offence has terrorist connection	Yes	Yes: where offence committed on or after 13 April 2015	No

Secondary orders and consequences of conviction

B2-459

Offences	SOA 2003 Schs 3 and 5 (sexual harm prevention order and notification—sex offences)	SCA 2007 Sch.1 (serious crime prevention order)	CTA 2008 ss.41–43 (notification—terrorism offences)	SI 2009/37 (barring from work with children and vulnerable adults)
Causing explosion likely to endanger life or property (s.2 ESA 1883)	Yes: Sch.5	No	No	No
Attempt to cause explosion, or making or keeping explosive with intent to endanger life or property (s.3 ESA 1883)	Yes: Sch.5	No	No	No
Making or possessing explosives (s.4 ESA 1883)	No	No	No	No

Sentencing Guideline: General

B2-460   There are no sentencing guidelines for these offences. Notwithstanding this, it is submitted that some limited assistance can be derived from the guideline for these offences where they are committed in the context of terrorism (see B2-242). The maximum sentences are the same and the offence is of a similar nature to the s.3 offence simpliciter; however, the significant difference will be the absence of a terrorist context and therefore caution should be exercised when considering the appropriate sentence.

In *R. v Harvey*,[95] the court gave guidance as to the sentencing of offences contrary to s.4 of the Explosive Substances Act 1883. The court noted that in *R. v Riding*,[96] the court had approved reference to sentences for firearms offences as being the nearest analogy.

Section 2 (Causing Explosion)

Burglaries

Attorney General's Reference (Nos 74–78 of 2014) (R. v Cassidy)[97]

LS, aged 28, and GS, aged 39, pleaded guilty to conspiracy to burgle and causing an explosion. DS, aged 30, and LC, aged 29, pleaded guilty to conspiracy to burgle, causing an explosion and attempting to cause an explosion. JS, aged 29, pleaded guilty to conspiracy to burgle and attempting to cause explosions.

CCTV footage revealed that a car containing LS, LC and DS had pulled up outside the Sevenoaks branch of Barclays Bank. The men set up two gas canisters and a wire coil, triggering an explosion which granted them access to the bank and enabling them to make off with £19,224 in cash. Some weeks later, LS, LC and DS unsuccessfully attempted to "blow open" an ATM at another branch. One week after the unsuccessful attempt, GS and LC returned to the branch which had been the subject of the unsuccessful attempt one week earlier. They had in their possession gas canisters and electrical detonation charges. They were apprehended by the police, along with DS and JS who had been in telephone contact consistent with them being in the area at both failed attempts.

When sentencing, the judge had regard to the Sentencing Council's Definitive Guideline on Burglary Offences and referred to the "increasing vogue" for gas attacks on ATM machines, that the method had first been used in the UK in 2013 and had since seen 71 incidents totalling £1m stolen. He noted the need for deterrence, but that deterrence had to be measured.

The sentences imposed were as follows: for LS and GS, concurrent sentences of five years four months' imprisonment; for DS and LC, concurrent sentences of six years' imprisonment for conspiracy to burgle, five years four months for causing an explosion and eight months for attempting to cause an explosion; and for JS, concurrent terms of five years four months for conspiracy to burgle and six years for attempting to cause explosions.

Held: that offences such as these, which include the use of gas cylinders and which are, on the evidence, increasing across the UK, require deterrent sentences. Either consecutive terms or concurrent terms which meet the justice of the case can appropriately reflect the indictment. The court would unhesitatingly have imposed consecutive terms, not least to emphasise the gravity of the explosion count, and so that any court in future considering previous convictions would find the court's approach obvious on the face of an offender's antecedent history.

The judge did not adequately mark the element of deterrence. For JS the judge

---

[95] [2018] EWCA Crim 755; [2019] 1 Cr. App. R. (S.) 23.
[96] [2009] EWCA Crim 892; [2010] 1 Cr. App. R. (S.) 7.
[97] [2014] EWCA Crim 2535; [2015] 1 Cr. App. R. (S.) 30.

took a starting point of eight years on the explosive counts, reduced by 25% to reflect the timing of plea to six years. The appropriate starting point was 10 years which with 25% credit is reduced to seven and a half years.

B2-463 For LS and GS the starting point was also eight years, reduced by 33% credit. That too should have been a starting point of 10 years, which reduced for plea would be six years nine months.

For the remaining offenders, the judge took a starting point of nine years which after credit for plea was reduced to six. The appropriate starting point for the explosions offences was 12 years, which after credit for plea was reduced to eight years.

Revenge/recovery of monies

R. v Harrington [2019] EWCA Crim 2123

B2-464 With leave of the single judge, H appealed against an extended determinate sentence of 25 years (comprising a 20-year custodial term and a five-year extended licence) and a three-year consecutive determinate sentence following convictions for conspiracy to cause an explosion, possessing a firearm and having an explosive substance with intent.

H had become involved in a plot to recover monies obtained through a scam. One of the co-accused gave almost £500 million to a man to purchase land including a goldmine, but the purchase did not materialise. Following unsuccessful attempts to recover the money, the co-accused engaged another of the co-accused, who in turn engaged H. H and another went to the man's house in the early hours of the morning knowing that it would be unoccupied. The other man smashed a window and H threw a handmade grenade through it. The explosion caused £50,000 worth of damage, including structural damage. One month later, they went to the man's mother's house and posted a card through her letterbox with a number on it for the man to call. Forensic evidence linked H and the other man to a van recovered full of weapons, and DNA evidence connected H to a sawn-off shotgun. H was 31 years old and had previous related convictions, including possession of a handgun for which he received a five years' detention and possession of a noxious liquid gas. The pre-sentence report suggested that H was a dangerous offender and had succumbed to peer pressure from the other man.

Held: that it would not be appropriate to go behind the judge's finding that H and the co-accused had similar levels of culpability. H was trusted and was an integral part of the plan. He also had relevant previous convictions. Although H did not fall to be sentenced for the blackmail offence, the fact that he was knowingly brought in to extract money against a background of blackmail and took part in an implied threat represented by the card was an aggravating factor. The sentence would be reduced to an extended determinate sentence of 22 years (comprising a 17-year custodial term and a five-year extended licence), to run consecutively to the three-year determinate sentence imposed for possession of a firearm.

Section 3 (Attempt to Cause Explosion with Intent)

Pipe bomb on aeroplane

Attorney General's Reference (R. v Muhammed[2017] EWCA Crim 1832; [2018] 1 Cr. App. R. (S.) 26)

The Attorney General sought leave to refer an extended sentence of 23 years (comprising a custodial sentence of 18 years and an extended licence of five years) following a conviction for an offence of possessing an explosive with intent to endanger life or property, contrary to s.3 of the Explosive Substances Act 1883.   **B2-465**

M frequently travelled to Italy for work. He was stopped by security staff at Manchester Airport en route to Italy. While passing through security at the airport, M's carry-on suitcase was scanned and a suspicious object was identified. It was discovered that the device was a form of pipe bomb using a double-base smokeless propellant (an explosive commonly used in the manufacture of firearms ammunition). The propellant had been "rammed" into the aluminium barrel of a marker pen and was designed to be detonated by a hotwire igniter powered by batteries taped together. The device was described as a "crude IED" that was potentially viable but unreliable and unpredictable because of its improvised nature and wiring. It had included within it a number of dressmaker's pins. The Crown was unable to prove any direct link to terrorism.

When sentencing, the judge did not find that the offence had a terrorist connection. The sentence was imposed on M having regard to the decision in *Attorney General's Reference (R. v Kahar)*; *R. v Zimani*,[98] (which was a guideline case prior to the coming into force of the Terrorism Guideline), the judge having placed the offence within Category 2 as identified in *Kahar* on the basis that the "the harm that might have been caused was not quite as serious".

The Attorney General did not dispute the judge's categorisation but submitted that, as *Kahar* suggested a life sentence with a minimum term of 21–30 years (or a very long extended sentence), the custodial element of M's sentence was simply not long enough. In particular, the Attorney General submitted that s.143 of the Criminal Justice Act 2003 required an objective test quite separate from the intentions or desires of the offender: "In considering the seriousness of any offence, the court must consider the offender's culpability in committing the offence and any harm which the offence caused, was intended to cause or might foreseeably have caused." Accordingly, the court should take account of the possibility of a claim of responsibility by a terrorist organisation irrespective of the veracity of such a claim (which recent experiences demonstrated was likely) as a matter that was relevant to sentence. This was in the sense that furtherance of the aims of terrorism arising as a consequence of an explosion on a commercial aircraft was a type of harm arising from the offence irrespective of whether the offender fell within the provisions of s.30 of the Counter Terrorism Act 2008 (having a terrorist connection). M accepted that the decision in *Kahar* was the starting point for the determination of sentence provided that the court made a reduction to account for the absence of a finding pursuant to s.30.   **B2-466**

Held: that it was recognised that although the terrorism factor was absent from the present case, and thus reduced its gravity, most of the consequences of a successful detonation of the device would have been little different from those which

---

[98] [2016] EWCA Crim 568; [2016] 2 Cr. App. R. (S.) 32.

would have accrued had this offender been motivated by terrorism. The judge identified the fact that there was no evidence of a political, religious or terrorist motive, that the device was not detonated, that no one was injured, that there was no evidence that the offender was part of a larger conspiracy and that he had no previous convictions. The judge's stated intention in passing the determinate element of the extended sentence was to grant discount from the tariff indicated in a terrorism case in order to reflect his conclusion that this was not a terrorism offence. The judge was correct in taking that approach.

The essential question was whether a reduction from that sort of figure to reflect the absence of a terrorist link to the level of 18 years was simply too great in the circumstances of this case. The sentence passed was not merely lenient but it was unduly lenient. It was appropriate to increase the sentence imposed below by quashing the term of 18 years and in its place imposing a term of 22 years to represent the custodial element of what would now become a 27-year extended sentence.

Neighbour dispute

R. v Pepper [2019] EWCA Crim 2088; [2020] 1 Cr. App. R. (S.) 64

B2-467 The appellant, P, appealed against an extended determinate sentence of 13 years, comprising a custodial term of nine years and an extension period of four years, imposed following his conviction for having an explosive substance with intent to endanger life or cause serious injury to property.

P had telephoned the emergency services requesting assistance in relation to an ongoing dispute with his neighbours. During the call he made threats to kill himself and when the police arrived he appeared to be under the influence of drugs and alcohol. He was verbally abusive, and he made threats to kill police officers. P initially let an officer into his home, believing he was a paramedic but when he realised his mistake, said "I'll fucking show you" and began to rummage around on the living room floor. The police officer pushed P to the floor and attempted to use a PAVA spray on him but it did not take effect, leading to the two scuffling on the floor before the officer used the spray again to arrest him. In a bag close to where P had been rummaging was a jerry-can of petrol and three petrol bombs made of glass beer bottles filled with petrol with rags stuffed into their bottle necks. When asked why he had them, P replied "for blowing you up". He had two lighters in his pocket. P was transported to hospital because of concerns of a drug overdose and made repeated threats to kill people during the journey and stay, including threats to kill his brother. Knives, a machete, an axe, a small quantity of cannabis and an air rifle were also found at P's home.

P was aged 48 and had a small number of previous convictions. The pre-sentence report indicated that P had become increasingly reclusive and that there had been a deterioration of his mental health triggered by the murder of his brother in 2010, and assessed him as being a medium risk to the public but having a low risk of committing a serious offence in the next two years.

B2-468 *Held:* that the judge was entitled to regard the appellant as a dangerous offender. While P had no previous convictions for violence, the judge had conducted the trial and therefore had a very good appreciation of the circumstances of this offence and of the appellant himself. He had rejected the case that there was no intention by P to use the explosives; the intention was to use them against the police, against whom P had a dislike or hatred, as evidenced by P's various comments at the time. In addition, weapons were found at P's home.

In the absence of guidelines, s.143 of the Criminal Justice Act 2003 (now s.63 of the Sentencing Code) required consideration of the seriousness of the offence by reference to the offender's culpability and the harm which the offence caused, was intended to cause or might foreseeably have caused. Both culpability and foreseeable harm made this a very serious offence, particularly bearing in mind that the intention was to endanger life rather than simply to endanger property. A custodial sentence of nine years might be considered stiff but was not manifestly excessive.

An extended determinate sentence was neither wrong in principle nor manifestly excessive. Given the nature of what was found in P's home, coupled with his intention as found by the jury, the court could not be satisfied that a significant risk would no longer be present on his release from imprisonment.

Section 4 (Making or Possessing Explosive)

General guidance

R. v Harvey [2018] EWCA Crim 755; [2019] 1 Cr. App. R. (S.) 23
The court gave guidance as to the sentencing of offences contrary to s.4 of the Explosive Substances Act 1883.

Held: that there had been a number of cases over the past 30 years in which the Court of Appeal had considered sentences imposed for offences, whether of making or possessing explosive substances, contrary to s.4 of the 1883 Act. They were, however, all decided on their own facts and ultimately involved notional sentences after trial ranging from a conditional discharge/fine (in wholly exceptional circumstances) to eight or more years' imprisonment.

However, it was possible to discern from those cases three matters that had to be considered when passing sentence in a case of the instant type: (1) the background of the offence and the motivation of the offender; (2) the potential for harm posed by the explosive substance (even if there was no intention of use); and (3) the strong need for deterrence. Equally, in *R. v Riding*,[99] the court had approved reference to sentences for firearms offences as being the nearest analogy.

B2-469

Bomb-making materials—no device created

R. v Kasprzak [2013] EWCA Crim. 1531; [2014] 1 Cr. App. R. (S.) 20
The appellant pleaded guilty to eight counts of possessing an explosive substance, contrary to s.4(1) of the Explosive Substances Act 1883. While the police were investigating an attempted murder and kidnapping, for which the appellant was subsequently convicted, they found in his home large quantities of various chemicals, formulae, substantial research materials into explosives, scales, protective gloves, a large quantity of pyrotechnic fuse, beakers, stirrers and a welder's mask. The chemicals included 500g of potassium permanganate, a litre of glycerol, 1.5kg of aluminium powder, 4kg of iron oxide, 189g of ammonium nitrate, 370g of carbon, 476g of sulphur and 1.2kg of potassium nitrate. The formulae comprised printed recipes for viable improvised explosive materials and incendiary mixtures that could be manufactured relatively easily, without specialist scientific knowledge or expertise. The appellant's home was situated in a residential area and was occupied by his family. The basis of plea was that there

B2-470

---

[99] [2009] EWCA Crim 892; [2010] 1 Cr. App. R. (S.) 7.

was no intention to create any device with which any person would be injured or frightened or any property damaged. Sentenced to four years' imprisonment, to run concurrently to a 20-year sentence imposed on his earlier conviction for offences of attempted murder, kidnapping and possession of an offensive weapon.

Held: that the court was referred to *R. v Lloyd*,[100] and *R. v Riding*.[101] In the first of those two cases, a starting point of five years' imprisonment was upheld where the offence was one of making explosives, albeit without intent.

At a time when information about how to obtain ingredients for the making of explosives, as well as the instructions themselves, are so readily available on the internet, deterrence had to play a significant part in the sentencing process.

B2-471 Notwithstanding that the appellant's possession of these items was born out of curiosity and a desire to experiment, their sheer quantity and potential for harm, both inside and outside his own home, were factors which entitled the sentencing judge to take a starting point of four and a half to five years. Had he been convicted of making explosives with the items in his possession, the armoury which could have been the end product of the items in this particular case would have warranted a sentence of substantially longer duration, whether or not such explosives had been manufactured with an ulterior motive in mind.

Bomb-making materials—device created

R. v Harvey [2018] EWCA Crim 755; [2019] 1 Cr. App. R. (S.) 23

B2-472 The appellant lived an isolated existence with no real social contact. He displayed traits of schizoid and paranoid personality disorders. He had an interest in science and had turned his domestic kitchen into a home-made laboratory, diverting his electricity meter. He was in possession of chemicals, test tubes, electrical equipment, two bomb-making books, a leaflet about how to blow things up, explosives and propellants, notes on chemical experiments, a box of screws and newspaper clippings in relation to the 7/7 bombings in London. Over a period of three years, H had fallen out with his neighbours as he felt (wrongly as the judge found) that they were responsible for making excessive noise. H wished to scare the family to such an extent that they would move out of their property. He made a small explosive device that would have exploded with a loud bang and expelled fast-moving metal fragments, risking harm to people or property in close proximity, which he then lowered from one of his upstairs windows so that it was suspended just above the fence that separated the two properties. His neighbour saw the device and immediately suspected that it was a nail bomb. The police were notified and, during a search of his house, H confirmed that he wanted to "teach [his noisy] neighbours a lesson". In interview, he said he had not intended to detonate the device.

Held: that although, as the judge found, there was no involvement in terrorism in the instant case, the background to the offence was H's "eccentric" interest in explosive devices used by terrorists, the creation by him of a home-made laboratory in his kitchen and the collection by him of relevant literature and materials. H had made not just an explosive, but a small, functional, explosive, device, which had the potential to injure people in proximity to it, albeit not seriously. While the offence could be committed simply by making or posses-

---

[100] [2001] EWCA Crim 600; [2001] 2 Cr. App. R. (S.) 111.
[101] [2009] EWCA Crim 892; [2010] 1 Cr. App. R. (S.) 7.

sion that lacked a positive lawful object, H had a positive unlawful object, namely to scare his neighbours to such an extent that they would move to another address. It was therefore clear that the offence was some distance from being at the bottom of the culpability range. In accordance with *R. v Riding*,[102] the judge was entitled to draw an analogy with sentences passed in firearms cases but, given that *Riding* was decided on its own facts, was entitled to find that this case was not particularly helpful. The custody threshold in the instant case had, nevertheless, been crossed by some margin. Weighing the aggravating and mitigating features, the appropriate notional sentence after trial was one of 42 months. With full credit for H's plea, that would be reduced to 28 months.

Commentary: It must be borne in mind that this case was decided prior to *R. v Copeland*,[103] in which it was held that offences contrary to s.4 require a positive unlawful object (or at the least a mixed object)—and that simply lacking a positive lawful object will not suffice. However, to the extent that the case suggests that the nature of the unlawful object will be capable of being an aggravating feature that must be correct. Clearly an offence which involved recklessness to criminal damage will be, ceteris paribus, less serious than a case where the device was created to instil fear in others or cause harm.

B2-473

Dangerous Dogs and Animal Welfare Offences

Introduction

This section concerns offences where an element of the offence involves an animal. It is divided into two parts: (1) dangerous dogs; and (2) animal welfare offences. Both are relatively controversial areas in terms of criminal law and sentencing. The Dangerous Dogs Act 1991 has long been described as a problematic piece of legislation and there are many who view the structure of the legislation (principally concerning the assessment of the dangerousness of the animal rather than the behaviour of the owner) as deeply flawed. Animal welfare offences often spark strong views, mostly that the protections afforded to animals, and the punishments handed out to those who breach criminal and regulatory law in relation to animal protection, are insufficient.

B2-474

Dangerous Dogs

Maximum Sentences

An offence under s.3 of the Dangerous Dogs Act 1991 (dogs dangerously out of control) has a maximum sentence of *14 years' imprisonment* where a person dies as a result of being injured, *five years' imprisonment* where a person is injured, *three years' imprisonment* where an assistance dog is injured and *six months' imprisonment* where there is no injury.

An offence under s.1 of the Dangerous Dogs Act 1991 (dogs bred for fighting) has a maximum sentence of *six months' imprisonment*.

B2-475

---

[102] [2009] EWCA Crim 892; [2010] 1 Cr. App. R. (S.) 7.
[103] [2020] UKSC 8; [2020] 2 W.L.R. 681.

An offence under s.4 of the Dangerous Dogs Act 1991 (breach of a disqualification order) has a maximum sentence of a *fine*.

Availability of Sentencing Orders

B2-476 Conviction for these offences does not trigger any particular consequences of conviction, nor make available specific custodial sentence, with the exception that if any of these offences are committed with a terrorist connection, the offence is listed in Pt 1 of Sch.13 to the Sentencing Act 2020.

B2-477 Additionally, destruction orders, contingent destruction orders and disqualification orders are available for s.3 offences. See A4-188 in relation to destruction orders and A4-298 in relation to disqualification orders.

Dogs Dangerously Out of Control

Sentencing guideline

B2-478 The guideline was revised in 2016 to reflect legislative changes creating a new offence where an assistance dog was injured or where a person died. The guideline has four separate guidelines for the four s.3 offences; however, (subject to minor variations) the guidelines adopt the same factors and same approach.

For the "death" offence, the offence range is a high-level community order to 14 years' custody. For the "injury" offence, the range is a discharge to four years' custody. For the "assistance dog" offence, the range is a discharge to two years and six months' custody. For the "no injury" offence, the range is a discharge to six months' custody.

There are three culpability categories assessed by reference to the way in which the dog has been treated. It will clearly be necessary to consider evidence of the circumstances in which the dog is kept, evidence from others as to the demeanour of the dog and how the individual interacted with it so as to form a proper picture of the individual's treatment of the dog.

B2-479 The approach to harm varies slightly. For the "death" offence, there is no assessment of harm. This of course is to ignore the suffering caused during the death and the extent of the injuries caused. Additionally, it pays no regard to others present who may have been harmed by witnessing the attack. It is submitted that these factors should be taken into account at Step 2 and should be given considerable weight, as they are in essence primary harm factors.

For the "no injury" offence, harm is assessed by the injury to another dog, the presence of vulnerable persons and the risk of harm to others. For the other two offences, the assessment of harm made by reference to the extent of the physical and psychiatric injury caused.

Interpreting/applying the guideline

B2-480 There are no cases from the Court of Appeal (Criminal Division) that provide additional guidance for the sentencing of cases under s.3. Accordingly, reference should be made to the guideline and the expanded explanations at Step 2; reference to fact-specific decisions of the Court of Appeal (Criminal Division) is unlikely to assist.

Possession of a Prohibited Dog

Sentencing guideline

The guideline provides for an offence range of a discharge to six months' custody. Culpability is assessed principally by reference to the individual's knowledge as to the prohibition on the breed of dog and the motivation for the offence (where the offence is selling etc). Harm is assessed by the risk to the public and placed in either the "high" or "low" category.

B2-481

Interpreting/applying the guideline

There are no cases from the Court of Appeal (Criminal Division) that provide additional guidance for the sentencing of cases under s.1. Accordingly, reference should be made to the guideline and the expanded explanations at Step 2; reference to fact-specific decisions of the Court of Appeal (Criminal Division) is unlikely to assist.

B2-482

Breach of Disqualification

There are at present no sentencing guidelines for this offence. However, in assessing the broad band of seriousness within which the breach falls it is suggested reference can usefully be made to the sentencing guideline for breach of disqualification from keeping an animal contrary to s.36 of the Animal Welfare Act 2006.

B2-483

Animal Welfare Offences

Introduction

The Animal Welfare Act 2006 creates a number of offences for the purposes of protecting animals from harm. There is a guideline for just two of the offences. This section concerns offences under ss.4–8 and 36.

B2-484

Maximum Sentences

The offences contrary to ss.4 (unnecessary suffering), 5 (mutilation), 6 (docking of dogs' tails), 7 (poisoning) and 8 (fighting etc) have a maximum sentence of *five years' imprisonment*.[104]

The offence contrary to s.36 (breach of disqualification) has a maximum sentence of *six months' imprisonment*.

B2-485

Availability of Sentencing Orders

Conviction for these offences does not trigger any particular consequences of conviction, nor make available specific custodial sentence, with the exception that if any of these offences are committed with a terrorist connection, the offence is listed in Pt 1 of Sch.13 to the Sentencing Act 2020.

B2-486

---

[104] Where committed on or after 29 June 2021; where committed prior to that date the maximum sentence is *six months' imprisonment*.

Other orders

B2-487 The court may make orders including the deprivation of ownership, the disqualification from ownership and the destruction of an animal involved in fighting. See A4-289 in relation to disqualification and A4-196 in relation to deprivation and destruction.

Section 4 and 8 Offences

Guideline

B2-488 The guideline provides for an offence range of a Band A fine to 26 weeks' imprisonment. There are three categories of culpability assessed by reference to the offender's intention as regards the care provided to the animal. There are two categories of harm assessed by reference to the extent of the injury (including death) and the level of suffering caused.

At Step 2, there is a marked increase in the starting point for a High Culpability offence as compared with a Medium Culpability offence. This is welcomed and reflects the significantly higher culpability where the cruelty and mistreatment is deliberate, prolonged or gratuitous.

Interpreting/applying the guideline

B2-489 There are no cases from the Court of Appeal (Criminal Division) that provide additional guidance for the sentencing of cases under ss.4–8. Accordingly, reference should be made to the guideline and the expanded explanations at Step 2; reference to fact-specific decisions of the Court of Appeal (Criminal Division) is unlikely to assist.

It should be noted that the guideline was drafted at a time when the maximum sentence for these offences was six months' imprisonment and adjustment may therefore be required when sentencing offences committed on or after 29 June 2021 which attract a maximum sentence of five years' imprisonment.

Section 5, 6 and 7 Offences

Approach to sentence

B2-490 There is no guideline for the ss.5, 6 and 7 offences; however, assistance may be derived by making reference to the ss.4 and 8 guideline. The factors will be relevant and the structure will provide some consistency across the offences. Additionally, the maximum sentences are the same for all five offences and so while the starting points and ranges may require adjustment (to reflect differences in the offences) broadly the figures provided at Step 2 will be suitable.

There are no cases from the Court of Appeal (Criminal Division) that provide additional guidance for the sentencing of cases under ss.5–7. Reference to fact-specific decisions of the Court of Appeal (Criminal Division) is unlikely to assist.

Breach of Disqualification (s.36)

Guideline

B2-491 The guideline provides for an offence range of a discharge to 26 weeks' imprisonment. There are two categories of culpability with cases being of higher culpability where there is serious and/or persistent breach and lesser otherwise. There are three categories of harm assessed by the level of risk of harm or suffering to animals and harm to animals the breach occasioned. Clearly, ceteris paribus, actual harm will be more serious than harm risked and so justify a greater increase from the starting point.

Interpreting/applying the guideline

There are no cases from the Court of Appeal (Criminal Division) that provide additional guidance for the sentencing of cases under s.36. Accordingly, reference should be made to the guideline and the expanded explanations at Step 2; reference to fact-specific decisions of the Court of Appeal (Criminal Division) is unlikely to assist.

B2-492

CHAPTER B3

SEXUAL OFFENCES

GENERAL GUIDANCE

Introduction

This chapter covers sexual offences and adopts the structure of the Sentencing Council's *Sexual Offences Definitive Guideline* 2014. The sections are broken down by the offence groups, principally by reference to the age of the victim, where that age is a feature of the offence. For instance, sexual intercourse with a child aged 15 may be charged as rape contrary to s.1 of the Sexual Offences Act 2003, which is dealt within the Rape and Assault Offences section, or as sexual activity with a child contrary to s.9 of the Sexual Offences Act 2003, which is dealt with in the section for offences where the victim is aged under 16. Preceding the sections dealing with the offences is a section concerning the sentencing guidelines. In this general section, there is commentary and guidance generally applicable to the sexual offences guideline. For commentary and guidance specific to a particular offence or offence group, see the section in question.

B3-001

Interpretation/Application of the Sexual Offences Guideline

Extreme Violence or Threats of Violence (Harm)
R. v Carroll [2014] EWCA Crim 2818; [2015] 1 Cr. App. R. (S.) 54

V, aged 20, was working as a prostitute on the street and was 17 weeks' pregnant. When C pulled up alongside her in his car, V asked if he was "looking for business", to which C confirmed that he was. V got in the vehicle and they drove away, with V giving C directions to a location that she had been to with previous customers. During the journey, V told C that she was pregnant. V put a condom onto C's erect penis and they began to have intercourse. After some minutes, C put his hands around V's neck and began to strangle her. She struggled and tried to kick him between the legs and scratched his face to try to stop him. At that stage, his penis was still inside her vagina. She then lost consciousness. When she regained consciousness, she was on the ground and C had disappeared. V suffered a laceration, bruising and grazing to her face with superficial scratching around her neck. Her tongue was bruised and two of her teeth were loose. The appellant was convicted of rape and attempted s.18 GBH, after having been acquitted of attempted murder. He was sentenced to an extended sentence, comprising a custodial term of 15 years' imprisonment and an extension period of five years, with a five-year concurrent sentence for the GBH.

B3-002

When sentencing. the judge found the offence to be a Category 1 rape, stating:

[1355]

"Rendering somebody unconscious while raping them and then continuing to rape them while they are unconscious all seems to me violence which meets [Category 1]."

On appeal against sentence, C submitted that the offence was not a Category 1 rape on the basis that, although a Category 2 factor was present, this was not of an extreme nature. He relied on expert evidence to the effect that only a short period of strangulation would lead to loss of consciousness and that, if strangulation continued, death would be likely within a further short period of time. Therefore, C must have released his hold on V's neck shortly after she lost consciousness and V would have regained consciousness swiftly after the pressure on her neck was released, therefore undermining the suggestion that intercourse had continued while she was unconscious.

B3-003 *Held:* allowing the appeal in part, that, although the strangling may not have lasted a long time, the violence and fear induced by throttling a victim could not be underestimated. The nature of the violence was correctly categorised as extreme. Furthermore, the impact on V was such that this continued 18 years after the offence. Additionally, there was the fact that V was particularly vulnerable due to her personal circumstances. Those factors raised the rape to a Category 1 offence.

Attorney General's Reference (R. v Mamaliga and Mamaliga) [2018] EWCA Crim 515

B3-004 The two offenders had engaged V in a conversation while she was on her narrowboat and then left and returned several hours later to talk to her again. She subsequently invited them onto the boat. Having been swimming, V went to her bedroom to change. The offenders followed her and attacked her. They tied her down to facilitate the attack and raped her orally, vaginally and anally. They also stole a number of items, including unrecovered items of jewellery, before they left. V stated that she had thought she was going to die and stated that she was unable to live on the boat as a result of the attack. Both offenders had relevant similar previous convictions for rape in France and had been released from custody there shortly before coming to the UK. The men were convicted of rape, other sexual offences and theft. The sentencing judge identified numerous aggravating features and categorised the offending as falling within Category 2A of the guideline. The judge imposed sentences of 12 years' custody with an eight-year extended licence.

The Attorney General sought leave to refer the sentences as unduly lenient, submitting that the judge had miscategorised what was in fact Category 1A offending, given the extreme aggravating features involved.

Held: allowing the references and increasing the sentences, that the sentences were unduly lenient. The case was properly categorised as falling within Category 1A. In relation to harm, that was so because of the extreme nature of one or more Category 2 factors or the extreme impact caused by a combination of them. The incident was sustained and the violence, or threats of violence, went beyond what was inherent in the sexual offences. There were also a number of features which placed the offending in Culpability A categorisation. As a category 1A case under the guideline, there was a starting point of 15 years' custody after a trial, with a range of 13 to 19 years.

B3-005 Although the judge was correct to have regard to the risk of double counting of aggravating features as matters going to categorisation, there were further significant aggravating features. There was the targeting of the victim, with an element of grooming, the fact that the incident took place in her own home and the use of ties and a towel to restrain her. The impact on the victim had been profound and she had been compelled to leave her home. The incident had involved three forms of penetration or attempted penetration, and the offenders had stolen items of irreplaceable sentimental value. There was also the highly relevant matter of the offenders' previous rape convictions in France. Overall, the aggravating features required a significant upward adjustment from the 15-year starting point indicated as appropriate for one offence. There was scarcely any mitigation; the pre-sentence report indicated no real remorse, though it was said that the offenders had had very troubled upbringings. The shortest appropriate custodial sentence was 18 years. The finding of dangerousness was justified and there would be a six-year extended licence period in respect of each offender.

Attorney General's Reference (R. v AA [2018] EWCA Crim 1758)
The offender (age 32) had gone on holiday with his wife and children when his 17-year-old sister got hold of the keys to the flat and held a series of parties for her friends during his absence, which lasted several weeks. One evening, during one such party, the offender returned home unexpectedly and ejected from the property those who were there. He then left the property and found his sister's friend and told her to get in the car. He brought her back to his home on the pretext of making her tidy up and instead locked the house, threatened her with a broken wooden rolling pin (akin to a knife), forced her upstairs and raped her twice, vaginally and anally. The victim was suddenly and violently sick on three occasions as a result of a panic attack during the incident. As a result, the offender made her change into another top. She was threatened with the weapon throughout and was in extreme pain. When he finished he let her go. The judge concluded that the offending was "all about punishment and degradation". The offender was convicted of two counts of rape and sentenced to 11 years' imprisonment.

At the reference hearing, the Attorney General submitted, inter alia, that the judge erred when he concluded that the offending fell within Category 2A of the guideline as the combination of Category 2 factors were such as to elevate these offences into Category 1 with a starting point of 15 years' imprisonment and a range of 13 to 19 years.

Held: that there were a number of Category 2 harm factors present. As the judge found, first the incident was sustained: it lasted approximately two and a half hours; secondly, there were threats of violence beyond what was inherent in the offence, both during and after the rapes; thirdly, the victim was vulnerable in the circumstances, she was half the offender's age and he was very much stronger than her; fourth, there was the additional degradation of covering her face. Although the word "abduction" did not precisely describe the offender's conduct in compelling the victim to get in the car and taking her back to his flat, there was a distinct element of cunning and coercion involved. These were harm factors whose extreme impact, taken cumulatively, placed the offending in Category 1 harm. The starting point for Category 1A offending was a term of 15 years. That was the least sentence that should have been passed for these two offences and the sentences of 11 years were unduly lenient.

Commentary: These three cases were all decided in the context of the rape guideline, where the "extreme" nature of Category 2 factors may elevate an offence to Category 1. These cases could therefore be of some assistance in cases concerning other offences where the court is considering moving between categories by virtue of the severity of one or more factors. However, the cases are to be approached cautiously. In all cases, it is the combined nature of all the circumstances that have justified placing the case into Category 1 and it cannot be said that any single factor (such as strangulation to passing out) will *inevitably* result in a case properly being considered to fall under Category 1. The cases do, however, provide useful illustration of the level of extremity required and can be used as broad comparators of the level of serious harm required. In this respect, it is noted that an "extreme" level of harm will inevitably be found only in exceptional cases, and that the harm must be extreme in comparison to the already significant levels of harm inherent in a Category 2 harm factor.

Serious Psychological or Physical Harm (Harm)

R. v JM [2015] EWCA Crim 1638; [2016] 1 Cr. App. R. (S.) 21

B3-008 The appellant, JM, had systematically abused V (his daughter) when she was aged 9–13. He groomed her by using sexualised language and exposing himself to her when she was aged nine, touching her breasts and genitalia as well as persuading her to insert a candle into her vagina. When she was aged 11 he began to rape her vaginally in various rooms of the family home at least once a week. He did not use a condom and ejaculated but not inside her vagina. On other occasions, he raped her orally. He isolated her from her younger siblings and discouraged her from telling anyone what he was doing by emotional blackmail. As a result of the abuse, V was withdrawn, suffered from depression and, as the trial approached, attempted to commit suicide. JM was convicted of sexual offences, including oral rape, assault by penetration and sexual assault against a child family member. He was sentenced to 22 years' imprisonment.

On appeal against sentence, JM submitted, inter alia, that the judge was incorrect to categorise the rape as falling within Category 2A of the guideline, relying on the history of the offending failing to demonstrate severe psychological harm (that being the factor raising the offence into Category 2.

Held: dismissing the appeal, that the submission that the judge had incorrectly categorised the offence as falling within Category 2A could not be accepted. A serious suicide attempt by a 15-year-old girl demonstrated severe psychological harm. It was not necessary that the psychological harm should be permanent and all that was necessary, for the purposes of the relevant category, was that it should be severe. For a 15-year-old girl to attempt to take her own life demonstrated precisely that.

B3-009 *Commentary:* The Court of Appeal (Criminal Division) in *R. v Chall*[1] heard five otherwise unconnected cases, each raising the issue of the approach to be taken when assessing, for the purposes of a relevant sentencing guideline, whether a victim of crime had suffered severe psychological harm. The court concluded as follows:

1) expert evidence was not an essential precondition of a finding that a victim had suffered severe psychological harm;
2) a judge might assess that such harm had been suffered on the basis of evidence from the victim, including evidence contained in a victim personal

---

[1] [2019] EWCA Crim 865; [2019] 4 W.L.R. 102.

statement (VPS), and might rely on their observation of the victim while giving evidence;
3) whether a VPS provided evidence that was sufficient for a finding of severe psychological harm depended on the circumstances of the particular case and the contents of the VPS.

This is clearly an issue on which deference will be paid to the unique position a trial/sentencing judge is in, having seen material and potentially heard evidence which the Court of Appeal (Criminal Division) will not be in a position to have seen or heard. Additionally, the issue is, perhaps uniquely so, fact-specific. In relation to each offence whether psychological harm is severe will, however, need to be assessed by reference to the psychological harm that will invariably result from that type of offending. However, provided there is a sufficient evidence base (in line with the decision in *Chall*) courts should not be reluctant to find that severe psychological harm is present in an offence. The effect of sexual offences on victims can be utterly devastating and this should properly be reflected in the sentence imposed.

Victim is particularly vulnerable due to personal circumstances (harm)
Vulnerability means vulnerable at the time of the offence

R. v Begley (George Patrick) [2018] EWCA Crim 336
The court gave guidance as to the meaning of the guideline phrase "particularly vulnerable due to personal circumstances" in the context of a victim who had multiple panic attacks and was sick during her evidence at trial.

Held: one of the features which may put a case into Category 2, rather than Category 3, is if the victim is "particularly vulnerable due to personal circumstances". The criterion is particular vulnerability. This must refer to vulnerability at the time of the offence.

B3-010

Lone female at night

R. v Teklu (Weldegabriel)[2]
The court considered the sentence imposed on T who had sexually assaulted V (a young medical student) as she walked home alone after a night out; as part of the assault he had held her against a wall and manoeuvred her into an alleyway. On appeal, he challenged the finding that V was particularly vulnerable.

Held: dismissing the appeal, that V was particularly vulnerable. T's submission that he could not have known of any personal characteristics that might have made V vulnerable was an unrealistic submission that entirely missed the point. V was a young woman, alone late at night, and had been targeted as such. That made her vulnerable. Men preying on lone young women, particularly in university towns on their way home after a night out, was a serious problem. The judge no doubt had that factor well in mind when he concluded that V was particularly vulnerable.

B3-011

---

[2] [2017] EWCA Crim 1477; [2018] 1 Cr. App. R. (S.) 12.

Victim was drunk/asleep

R. v McPartland and Grant (Kieran) [2019] EWCA Crim 1782; [2020] 1 Cr. App. R. (S.) 51

B3-012 M and G had met X at around 02.30 hours outside a bar. X had drunk 18 Jägerbomb shots, three quarters of a bottle of Malibu with lemonade, four double vodka mixers and two shots. They went to a pub and then went to G's home. Inside the house, M orally raped X before she ran to the bathroom to vomit. X then went to the bedroom to lie down as she felt ill, dizzy and tired. G came into the room and vaginally raped her and M then returned and penetrated her vagina with his fingers. Throughout she was very drunk and kept telling them to stop and that she was going to be sick. She threatened to call the police and managed to leave in a taxi.

Held: the judge was correct to find X particularly vulnerable for the purpose of the guideline. She was alone with two older men in the home of one of them. She was very drunk. By the time she had vomited and was lying on the bed afterwards they knew that she was unwell. The judge's categorisation of this case as one falling within Category 2A was therefore correct.

R. v Sepulvida-Gomez (Jose) [2019] EWCA Crim 2174; [2020] 4 W.L.R. 11

B3-013 The appellant had been at a house party hosted by B. A, who was B's girlfriend, having drunk about half a bottle of wine, had gone to bed between about 01.00 and 02.00 hours in B's bedroom in the flat. The appellant later entered B's bedroom where A was still asleep or half asleep. He stroked her breasts, inserted his fingers into her vagina and licked her vagina before she realised he was not B. When A realised that the appellant was not her boyfriend she sat up and said she had to go; the appellant held her arm but she managed to leave the room and go to the lavatory.

Held: the judge was right to find that A was "particularly vulnerable due to personal circumstances". The personal circumstances were that A had drunk half a bottle of wine and was asleep in her boyfriend's bed in his bedroom. A person in such circumstances is particularly vulnerable because they are defenceless (c.f. *R. v Bunyan (Samuel Thomas)*[3]). This means that the judge was right to place this in Category 2B, although when compared with some cases in Category 2B it would be at the lower end of the category.

Attorney General's Reference (R. v Behdarvani-Aidi (Dariush)) [2021] EWCA Crim 582

B3-014 The defendant had raped and sexually assaulted one victim and then raped another some months later. The judge sentenced the defendant on the basis that both victims were particularly vulnerable due to personal circumstances, namely that they were intoxicated at the time of the offences (the first had been unconscious due to drink and drugs and the second had been "heavily" asleep).

Held: the key question was whether the victims were particularly vulnerable due to their personal circumstances. To that question, there could only be one answer. V1 was so severely affected by drink and drugs that she was unconscious and unaware of the sexual offences committed against her, and unaware of another person coming to her rescue. She could hardly have been more vulnerable. V2 was intoxicated with drink and drugs and had also taken medication to help her sleep. She, too, was unaware of what was happening until after

---

[3] [2017] EWCA Crim 872 at [25].

the defendant had pulled down her trousers and penetrated her vagina with his penis. She was, therefore, defenceless against that penetration and did not even know how long the defendant had been raping her before she awoke. She, too, was, on any view, particularly vulnerable due to her personal circumstances.

Attorney General's Reference (R. v BN) [2021] EWCA Crim 1250; [2022] 1 Cr. App. R. (S.) 37

The court considered the relevance of a person being asleep in determining whether a person was "particularly vulnerable due to ... personal circumstances".

Held: when each of the offences against A began she was "particularly vulnerable due to ... personal circumstances" because she was asleep. It was difficult to see how a child or adult who was asleep when the sexual activity began, and therefore did not know what was happening and so was powerless to resist or to protest, could generally be said to be anything other than particularly vulnerable due to their personal circumstances.

B3-015

Attorney General's Reference (R. v AWA) [2021] EWCA Crim 1877; [2022] 2 Cr. App. R. (S) 15

A had raped his then partner, V. They had engaged in a "threesome" with another man, at V's request, during which all had consumed alcohol and drugs and sexual activity took place over a number of hours. A was unable to ejaculate and instead, the three fell asleep. Around 05.30, A filmed himself having intercourse with V. The recording showed that V woke, and that although she asked the respondent to stop, he continued for a few seconds until he ejaculated. Both then went back to sleep. Later that day, they exchanged affectionate text messages. The relationship continued for a considerable period of time. At the reference hearing, the Attorney General submitted that on the basis that V was asleep and under the influence of drugs she was "particularly vulnerable" for the purpose of the guideline.

Held: there were cases in which extreme drunkenness and deep sleep constituted such vulnerability, often where the victim and perpetrator were strangers and the victim was somewhere unfamiliar. However, it was not known to what extent V was still under the influence of drink or drugs when the rape took place, and she was in familiar surroundings with people she knew and with whom she had just had sexual relations. It did not automatically follow that a rape victim who was asleep was automatically particularly vulnerable within the meaning of the guideline; it depended on the circumstances. V was not particularly vulnerable and it followed that harm fell within Category B.

B3-016

R. v Gacheru (Austin) [2022] EWCA Crim 1090

The court considered the relevance of a person being asleep in determining whether a person was "particularly vulnerable due to ... personal circumstances".

Held: There is no distinction of principle to be drawn between the situation where the victim is insensible and/or asleep through drink or drugs, and the situation in a case such as the present where the victim is simply asleep. It is clear that the rationale of the line of authority which establishes that a sleeping victim may, for that reason alone, be "particularly vulnerable due to personal circumstances" is that a victim who is asleep is defenceless.

It seems to us that a sleeping victim is equally defenceless whether he or she is asleep simply through tiredness or asleep through intoxication with drink or drugs or medication. The reason why the victim is asleep cannot be the determining factor. Whether on the facts of a particular case a sleeping victim is to be regarded as particularly vulnerable due to personal circumstances will depend on an assessment of all the relevant circumstances.

B3-017

B3-017a   *Attorney General's Reference (R. v Mboma (David))* [2024] EWCA Crim 110; [2024] 2 Cr. App. R. (S.) 13

M was aged 19 years and committed the offences in the evening of one day and the early hours of the next. The complainant, C, was aged 15 years but told M that she was aged 18. They were both immature for their ages. M and C had agreed to meet at a hotel for consensual sexual intercourse. They drank brandy and consensual sexual intercourse took place. C fell asleep, and it was apparent from photos and videos recovered from M's mobile telephone that he had filmed and touched C when she was asleep. The judge found that C was not "particularly vulnerable" for the purposes of the guideline.

Held: the judge was wrong to find that C was not particularly vulnerable. While it was right to note that there was one case where a person who was asleep was found not to be particularly vulnerable, that was in very particular circumstances. In the index offences, C was a 15-year-old child. She had drunk alcohol, and she was asleep at the material time. She was particularly vulnerable.

B3-017b   *Attorney General's Reference (R. v Iqbal (Navid))* [2024] EWCA Crim 689

The court considered a case in which it was submitted by the Attorney General that because V was face down and asleep (on a hot summers day in Clapham Common) when I approached him, lifted his shorts and put his hand down the back, V was "particularly vulnerable".

Held: someone snoozing while sunbathing in a large crowd with friends and others around is not necessarily particularly vulnerable. We accept that a lone victim being asleep may, in other circumstances, fulfil the criteria but we cannot properly conclude that this victim did in the absence of any finding by the recorder who had all the advantages of the detailed evidence at the trial, where we have none of that detail in the broad summary which has been prepared for the purposes of the appeal.

R. v C [2024] EWCA Crim 1052

C raped V (his wife) while she was asleep. V had given birth recently and informed C there would need to be 6 weeks recovery before they could resume their sexual relationship. At the time of the rape, V was wearing a maternity pad and still bleeding heavily. Held: A woman asleep in her own bed was by definition particularly vulnerable; in this case as it happens there had been an agreement that sexual contact would not recommence for at least 6 weeks. The victim was bleeding heavily and wearing a maternity pad. Those matters added to her vulnerability. The learned Recorder was correct to categorise V as "particularly vulnerable due to her circumstances".

Age of the child victim

R. v KC [2019] EWCA Crim 1632; [2020] 1 Cr. App. R. (S.) 41

B3-018   Between 2006 and 2008, when V (who believed KC was her biological father) was aged seven and eight, KC inserted his finger into V's vagina while they were watching the television. This course of conduct was repeated on a number of occasions over the following two years when, on each occasion, V's mother was not present. KC pleaded guilty to three counts of assault of a child under 13 years old by penetration and one count of inciting a family member to engage in sexual activity (relating to a further incident when she was 15).

On appeal against sentence, KC challenged the finding that V was "particularly vulnerable due to extreme youth and/or personal circumstances".

Held: KC submitted that, while it was right to describe V as "vulnerable" there was no evidence to suggest that she was "particularly" so, and that, aged seven to eight, V was not of "extreme youth". The court was reluctant to express a firm view on what was meant by "extreme youth". It was not sensible to seek to construe the guidelines as if they were a statute. They could not predict every permutation of circumstances that might arise and there had to be a degree of elasticity in the terminology used. In the instant case, the combination of the factors applicable to this offending were, broadly, within the rubric "Child is particularly vulnerable due to ... personal circumstances". However, even if this were not correct and, technically, the facts fell within Category 3, the combination of all the facts identified would still have warranted a sentence of the order imposed by the judge.

Child victim in familial relationship with defendant

Attorney General's Reference (R. v DP) [2022] EWCA Crim 57
DP had pleaded guilty to a number of offences including rape of a child. For a period of at least 12 months, DP repeatedly sexually assaulted EP, his daughter when she was 10 and 11 years old, the offending beginning when she was 10. He licked her vagina, made her lick his penis and raped her orally and vaginally on at least four occasions. The abuse came to an end when EP's mother returned home and went into the marital bedroom, interrupting DP as he was licking EP's vagina.

B3-019

Held: a child of ten who was in a familial relationship with her abuser and who was subjected to grooming and thereafter to sustained abuse over many months was particularly vulnerable.

Victim's faith

R. v Saunders (Joey) [2022] EWCA Crim 264; [2022] 2 Cr. App. R. (S.) 36
V and S were students at the same university. V was a virgin whose virginity was important to her because of her faith. Some consensual sexual activity took place but V did not consent to vaginal intercourse. S used force to insert his penis into V's vagina, against her will. When sentencing, the judge found that V's faith and the way she tried to apply that faith in a modern context and her virginity made her "particularly vulnerable" for the purposes of the sentencing guideline.

B3-020

Held: the factor "victim is particularly vulnerable due to personal circumstances", had been considered in a number of previous decisions of this court. It was clear that the relevant personal circumstances need not be enduring characteristics such as a young age or a physical disability.

It was important to remember that the particular vulnerability of the victim was identified as a harm factor in the guidelines, not a culpability factor. Often the relevant circumstances will be those which substantially limit or exclude the victim's ability to avoid, protest against or report the offence. However, personal circumstances may also render a victim particularly vulnerable to even greater harm than was likely to be suffered by other victims of a similar offence. A victim may, for example, have mental health problems which are greatly exacerbated by the effects of the offence. Similarly, a victim's religious and/or societal circumstances may be such that being the victim of a sexual offence strikes at her faith and/or results in condemnation by her peers.

It would be for the sentencer in each case to assess the relevant personal circumstances and consider carefully whether the factor applies. Due weight must, of course, be given to the words *"particularly* vulnerable", bearing in mind

B3-021

that a finding to that effect will place the case into a more serious category with a higher starting point for sentence. Vulnerability which falls short of "particular vulnerability" may be treated as an aggravating factor at Step 2.

Here, the judge was entitled to find that V's desire to preserve her virginity, and the religious importance to her of doing so, were personal circumstances which rendered her particularly vulnerable to suffer increased harm as a result of the offence, going well beyond the harm inevitably suffered by anyone losing their virginity in the greatly distressing circumstances of rape by a drunken man.

B3-022 *Commentary:* Whether a victim is "particularly vulnerable" for the purposes of the guideline is clearly a matter of degree. The sad truth is that many victims of rape are vulnerable, whether that is by virtue of the rape occurring in a private or secluded place (e.g. a bedroom), or the victim being intoxicated, having issues with substance abuse or mental health, or simply being substantially physically smaller or younger than the offender. For a victim to be particularly vulnerable, their level of vulnerability will have to go significantly further than that which could be said to be the sad norm in relation to these offences.

For example, that the victim had been drinking before the attack would be insufficient alone to justify such a finding but, as *R. v McPartland and Grant* illustrates, where that intoxication is such that the victim is vomiting and unable to fend off attacks such a finding is more likely to be justified, particularly where there are further factors justifying it (there the location of the offending and that there were two older perpetrators). As the court observed in *R. v KC*,[4] the same considerations apply to whether a victim is one who is of "extreme youth" when dealing with offences which can by definition only be committed against those who are 12 at the oldest. The cases illustrate that the personal circumstances that make a victim particularly vulnerable may be both situational factors as well as personal issues. For example, a victim may be particularly vulnerable because of the timing and location of the offending or their relationship with the offender. Personal circumstances has not been interpreted restrictively so that a victim can only be particularly vulnerable by virtue of personal circumstances making them generally particularly vulnerable (perhaps because of mental health issues).

To the extent that *AWA* attempted to draw a line under the argument that a victim will always be particularly vulnerable when they were asleep this was understandable. There may well be cases where that alone (without other vulnerability such as alcohol or drug consumption) may not be sufficient. The suggestion, however, that the fact she was with people with whom she had had sexual relations was a factor indicating a lack of vulnerability seems highly questionable. In contrast, arguably that trust and her nudity increased her vulnerability. Similarly, the view expressed in *Gacheru*, that the reason for the lack of consciousness (whether asleep or intoxication) is irrelevant, is attractive in its reasoning. The factor is a harm factor and so it is designed to cater for the increased harm present through the rape of an unconscious victim, such as the fact that the offence may take place for a longer period of time, and the fact that the victim may not be able to resist or call for help.

Finally, it may be worth considering that this factor is potentially relevant to harm and culpability. It is capable of demonstrating increased harm (by virtue of the expectation that particularly vulnerable victims are affected to a greater degree than

---

[4]   [2019] EWCA Crim 1632; [2020] 1 Cr. App. R. (S.) 41.

those who are not particularly vulnerable) *and* increased culpability where there is targeting of a particularly vulnerable victim in order to capitalise on their reduced capacity to resist or prevent the offence. It is submitted that in assessing whether this harm factor is present, whether or not the offender knew of the reasons why the victim was particularly vulnerable is beside the point. Any such knowledge is a factor going to culpability and it is submitted that it would not be impermissible double counting to treat such knowledge as a further and separate aggravating factor.

Abduction (Harm)

R. v Joinal [2020] EWCA Crim 707
The court considered the meaning of abduction in the context of the sentencing guidelines for sexual offences.   B3-023

Held: there is sometimes a risk that interpretation of the sentencing guidelines produces a sterile exercise of taxonomy. In the instant cases, the judge identified in each the fact that the complainants were "being taken somewhere not with their own free choice". She did not specify that this feature amounted to abduction within the meaning of Category 2 of the guideline. Indeed, she had no need to because she also found that there had been severe psychological harm to both victims, which is a sufficient and stand-alone justification for placing the offending in this category. In any event, there was certainly an element of abduction with respect to CB, who was taken from a shop doorway to a churchyard and then back to the appellant's flat. Throughout this period, as the appellant well knew, she was in no condition to make any independent choice in the matter. There is sometimes a risk that interpretation of the sentencing guidelines produces a sterile exercise of taxonomy. In this case, however they are categorised, the circumstances leading up to each of the two rapes amounted to significantly aggravating features fully justifying the levels of sentence selected by the judge who, after all, had the considerable advantage of having heard and seen the witnesses.

Commentary: Abduction does not necessarily require violence and physical restraints. At its simplest in this context it is the process of removing the victim (without their consent) to a place at which the offending can be more easily carried out. It is a listed harm factor because of the further harm caused by this restriction on liberty and the further harm risked by taking the offender to a place where the offence is less likely to be discovered or prevented.   B3-024

Pregnancy or STI as Consequence of Offence (Harm)

Commentary: In *R. v Cadogan*,[5] a case preceding the guideline, the court found that a failure to use a condom in an offence of rape was an aggravating factor. The decision pre-dates the sentencing guideline by some years, but it is suggested that the rationale of that conclusion is now reflected in the sentencing guideline, namely the factor "Pregnancy or STI as consequence of offence". The assessment of harm includes harm caused, intended to be caused or that might foreseeably have been caused (see s.63 of the Sentencing Code at A1-010). Therefore, a rape involving penetration without the use of a condom will be an aggravating factor because it might foreseeably result in pregnancy or the transmission of an STI. However, it   B3-025

---

[5] [2010] EWCA Crim 1642; [2011] 1 Cr. App. R. (S.) 53.

is submitted that it is the reality (whether in fact the victim became pregnant or contracted an STI) which is properly considered at Step 1 in the assessment of harm (and risk alone will not suffice), and the effect on the victim of the risk of pregnancy or an STI, if not "severe psychological or physical harm", is to be considered as an aggravating factor at Step 2. The additional turmoil created by waiting for the results of medical tests to confirm, for example, HIV status, or having to take medication to avoid a pregnancy cannot be underestimated.

Forced/Uninvited Entry into Victim's Home (Harm)

R. v Sepulvida-Gomez [2019] EWCA Crim 2174; [2020] 4 W.L.R. 11

B3-026 The appellant had been at a house party hosted by B. In total there had been 12 or 14 people there. A, who was B's girlfriend, having drunk about half a bottle of wine, had gone to bed between about 01.00 and 02.00 hours in B's bedroom in the flat. The party continued and there appears to have been a considerable amount of drinking. B continued partying and later went to sleep on the sofa in the sitting room of the flat. Other guests left but the appellant remained. He entered B's bedroom where whereupon he sexually assaulted her. He was convicted of one offence of assault by penetration and two offences of sexual assault and sentenced to eight years' imprisonment.

Held: the judge was wrong to say that in this case there was "forced/uninvited entry into victim's home". This is because A was asleep in a bedroom in a flat to which the appellant had been invited for a party. It is true that he went into B's bedroom where A was asleep without permission, but that is different from "forced/uninvited entry into victim's home" because the appellant had been invited into the flat. This was not a case of entering into a separated one-room flat or bedsit. Accordingly that Category 2 factor had not been present.

B3-027 *Commentary:* This case provides a good example of how one can be too focused on the factors in the guideline and lose sight of the primary object: to impose a sentence that is commensurate with the seriousness of the offending. One might well argue that in a shared premises, one's bedroom is effectively their home; the rationale for increased seriousness of an offence where it occurs in a person's home is surely that it is a location to which only they (and their family etc) have access and in which they have an expectation of privacy. Does that not apply to a bedroom in a shared flat? Should categorisation really depend on whether the bedroom has a lock and is classified as a bedsit within a flat?

Prolonged or Sustained Incident (Harm)

R. v KC [2019] EWCA Crim 1632; [2020] 1 Cr. App. R. (S.) 41

B3-028 The court gave guidance as to the concept of a sustained incident in the context of the sexual offences guidelines.

Held: that the concept of "sustained incident" was found throughout the sentencing guidelines as an indicator of the measure of harm. First, the distinction between a single "sustained incident" and a series of separate incidents (none of which was "sustained") was important; that distinction could lead to a significant increase in sentence relative to an offence falling within Category 3. The guidelines referred to an "incident" singular, and not "incidents" plural. An "incident" could refer to a single offence set in its surrounding circumstances or context. It could also refer to a single episode of some duration within which more than one assault might take place. The three assaults in the instant case were not a single "sustained" incident—(a) the length of time elapsing between the three assaults; and/or (b) the absence of any connecting factors linking them all together sufficed to refute the conclusion that this was a single "incident". The mere fact that, over the period of years, the offender remained in a position of trust in relation to the victim and that she was sharing the same home with him were not sufficient, individually or collectively, without more, to create the continued linkage needed to make the three assaults a single "incident".

The Crown had submitted that the three incidents, spanning years, were continuous and therefore were one sustained incident. Although ultimately this was a question of fact, it was difficult to see how a "sustained incident" could, in the context of sexual offending, span months. That submission would be rejected for similar reasons to the rejection of the argument that they amounted to a "single incident"—i.e. due to the time elapsing between the assaults and the lack of sufficient linking facts or circumstance. Furthermore, support for the conclusion could be drawn from the fact that the expression "sustained incident" was a part of "prolonged detention/sustained incident" and the two phrases were intended to bear some common characteristics. The concept of a "sustained incident" was clearly intended to be similar or analogous to a "prolonged detention". This supported the conclusion that three assaults over a period of years was not a "sustained incident" because there were, in essence, start and end points to each of the three assaults. Accordingly, the judge should have found that there were three separate assaults spanning a number of years but not a single "sustained incident".

Commentary: It is surely unarguable that that the concept of a "sustained incident" is relative. The court observed that "An 'incident' could refer to a single offence set in its surrounding circumstances or context; but it could also refer to a single episode of some duration within which more than one assault might take place". That may be a little difficult to grasp (what is the distinction being drawn?), but the wider point is clear: a sustained incident can take different forms. The court's observation to the effect that the three separate incidents in this case did not properly attract the description of a single sustained incident is both logical and faithful to the sentencing guidelines. Putting the particular facts to one side, it is clear that the length of an incident—whether it is sustained—is a proxy for harm. The longer a sexual attack, robbery or piece of dangerous driving, the more serious the offence because the harm caused/risked/intended is highly likely to be greater than if the incident were shorter in duration. It is suggested that it is important for sentencing courts and the advocates appearing before them to be aware of why particular factors exist in sentencing guidelines and how they should be approached. Here, it is suggested that it is the exaggerated nature of a particular factor (in a similar way to vulnerability and "particular" vulnerability). For an incident to be sustained for the purposes of the guideline, it is submitted that it would need to be sustained in comparison to other offences of rape or assault by penetration. For instance, although rape can technically be committed by a single incident of penetration, numerous incidents of penetration alone will not make an offence of rape a sustained incident—an incident would have to occur over a much longer period of time to satisfy this requirement. On the facts of *KC*, it may of course have made little difference: one sustained incident or three separate incidents, there was bound to be a significant increase in sentence either way.

B3-029

Approach to Assessment of Harm Where Sexual Activity Does Not Occur

Sentencing guidelines

B3-030   The sentencing guidelines for offences contrary to ss.8 to 14 of the Sexual Offences Act 2003 now provide guidance to the effect that where sexual activity is incited or intended but does not take place the court should identify the category of harm on the basis of the sexual activity the offender intended, and then apply a downward adjustment at Step 2 to reflect the fact that no or lesser harm actually resulted.

The guideline provides that the extent of this adjustment will be specific to the facts of the case. In cases where an offender is only prevented by the police or others from conducting the intended sexual activity at a late stage, or where a child victim does not exist and, but for this fact, the offender would have carried out the intended sexual activity, only a very small reduction within the category range will usually be appropriate.

Where, for instance, an offender voluntarily desisted at an early stage a larger reduction is likely to be appropriate, potentially going outside the category range.

In either instance, it may be the case that a more severe sentence is imposed in a case where very serious sexual activity was intended but did not take place than in a case where relatively less serious sexual activity did take place.

B3-031   *Commentary:* The guidance provided in the sentencing guidelines stems from a long line of authority culminating in the cases of *R. v Privett*[6] and *R. v Reed*.[7] The guideline now effectively reproduces the guidance provided in those cases and reference to them is no longer required.

The guidance in *Reed* differs slightly than that provided by the Sentencing Council. In *Reed*, the court observed that where relevant there may be no downward adjustment for the fact the offending is an attempt, but provided that a "small reduction" as opposed to a "very small reduction" (the wording used by the Council) would usually be appropriate for cases of late/no desistance. However, it is unlikely that this difference will have any material effect in practice.

It should be noted that *Privett* and *Reed* overturned a line of authority (principally contained in *Attorney General's Reference (No.94 of 2014) (R. v Baker)*[8] and *R. v Cook*[9]) which held that, for offences of sexual activity with a child or causing or inciting a child to engage in sexual activity under ss.9 and 10 of the 2003 Act, or their inchoate forms, where no sexual activity had taken place (because the child was fictional, because the defendant failed to persuade the child to engage in sexual activity or because the defendant's attempt to engage in sexual activity with the child was thwarted), harm would fall within the lowest category of the guideline, irrespective of the harm intended. That line of authority should no longer be followed.

B3-032   When considering the extent of the reduction that should be made for the fact that no sexual activity took place it is suggested reference should be made to:

1)   whether desistance was voluntary;
2)   the length of time over which the offending occurred; and

---

[6]   [2020] EWCA Crim 557; [2020] 2 Cr. App. R. (S.) 45.
[7]   [2021] EWCA Crim 572.
[8]   [2014] EWCA Crim 2752; [2016] 4 W.L.R. 121.
[9]   [2018] EWCA Crim 530; [2018] 2 Cr. App. R. (S.) 16.

3) the proximity to the completed offence.

Significant Degree of Planning (Culpability)

R. v Teklu [2017] EWCA Crim 1477; [2018] 1 Cr. App. R. (S.) 12
The court considered the meaning of significant degree of planning in the context of an offence of sexual offence.

Held: "Significant" was not an absolute concept. In the context of the instant offence, namely a sexual assault that could be committed without "implements", tools or any sophisticated planning, lying in wait in a position designed to prey on lone young women (particularly given the timing) on their way home from a night out did involve a significant degree of planning. The judge was entitled in those circumstances to conclude that the offending fell within Category 2A of the relevant guideline.

B3-033

R. v Dogra [2019] EWCA Crim 145;[2019] 2 Cr. App. R. (S.) 9
One evening, around 22.15, V was walking home from a railway station. The appellant, D, armed with a knife, attempted to speak to V before grabbing her and forcing her into some bushes. V was on the telephone to her partner at the time and told him to call the police. D forced V to perform oral sex on him, inserted his fingers into her vagina and anus, and caused her to masturbate him. Prior to the incident, D had drunk alcohol and taken cocaine. .

On appeal against sentence, D submitted that the judge had erred when finding that there had been a significant degree of planning.

Held: dismissing the appeal, that there was undoubtedly a pursuit, with D contemplating his moves within that pursuit of his victim. It was a protracted pursuit, calculated and determined from when he first saw her. In effect, he "stalked" or perhaps even "hunted" her down. Prior to D seeing the victim at the railway station, there was no evidence of any pre-arrangement of, or thoughts to pursue, a sexual assault but, rather, that his thoughts were apparently formed from that moment on.

What then was significant planning in this context? The words themselves did not require further definition. Each case had to be considered on its own facts. However, some assistance might be afforded by looking at the other matters of culpability that placed an offence within Category A. Those matters included: that an offender had acted with others to commit the offence; that there was use of alcohol or drugs on the victim to facilitate the offence; that there had been previous violence against the victim; that the offence was committed in the course of burglary; or that the offence was motivated by or demonstrated hostility for particular reasons. While those were all self-contained issues that raised culpability, they were matters that provided a clear indication of what might amount to raised culpability and might give some indication of the threshold envisaged. In cases of sexual abuse, there might, as a matter of inevitability, be some planning, such as the locking of a door on a victim, or a short pursuit, but the determination of when a degree of planning reached that higher level of culpability denoted by a significant degree of planning had to be a matter of judgement based on all the facts of the case.

It had not been suggested that D had got on the same train as V at a distant station waiting until she got off to pursue her; nor that he had espied her and stalked her on some day or days before biding his time to attack; or had previously carried out recognisance trips; or deliberately, and with aforethought, taken and carried with him a weapon of offence or some form of restraint to be better able to

B3-034

B3-035

carry out an attack on finding a victim; nor was there any evidence that he carried a disguise to use. Without determining any of those factors to be definitively descriptive of "a significant degree of planning", they might be indicative of such.

The instant case was not a clear case that could be categorised by the factor "a significant degree of planning" as determinative of culpability.

R. v Jones (Kelsey) [2022] EWCA Crim 1066; [2023] 2 Cr. App. R. (S.) 1

B3-036
The appellant had entered the female toilets at a public house and hidden in a cubicle. He waited for a stranger to enter, use the cubicle next door and when she was finished attacked her and attempted to rape her. On appeal, it was submitted that the judge had erred in finding there was a significant degree of planning.

Held: the determination of when a degree of planning reaches that higher level of culpability by a significant degree of planning was a matter of judgement. In some cases, it might be finely balanced. The word "significant" in the requirement of significant planning was not an absolute concept. In the context of predatory sexual offences like rape and attempted rape that tend more often than not to be committed alone, without implements or tools, hiding in wait in a position designed to trap a lone woman might well be regarded as involving significant planning. Here, while the planning did not go on for any length of time, and nor was it sophisticated, the judge was entitled to find that the planning (in hiding and waiting in the female toilets) amounted to significant planning for the purposes of the guideline.

R. v Anton (Emil) [2023] EWCA Crim 1039; [2024] 1 Cr. App. R. (S.) 18

B3-036a
The court gave further consideration to the decision in *R. v Dogra (Kapil)* [10] and what was required for a significant degree of planning under the guideline. On the facts of the case the court had concluded that there was a significant degree of planning where the offender had seen V walking home, followed her in his car, chased her on foot, threatened her with a knife and dragged her into some bushes to rape her.

Held: in *R. v Dogra (Kapil)*, the court relied upon the effect of a determination that a case does or does not involve a significant degree of planning in the application of the sentencing guidelines, referring to a difference of either five years or four years in the starting points given for different categories. That comparison was not correctly made. The comparison should be between 1A and 1B or 2A and 2B, the differences for which for rape or assault by penetration were three years for Category 1, and two years for Category 2. Further, there was a significant degree of overlap between the category ranges. This simply underscores the point that the court was dealing with matters of judgment and degree. On the facts in this case, the judge's decision that there was a significant degree of planning could not be faulted.

B3-037
Commentary: The Sentencing Council's use of the term "significant" clearly raises the threshold by some considerable measure before this factor can be satisfied. Although *Dogra* was in error as to how much (and the factual circumstances of that decision cannot be taken as a threshold of sorts despite it being commonly relied upon) the circumstances must still be such as to elevate a case to Category A culpability. Reference can therefore be made to look at the other matters of culpability that justify a Category A finding, albeit significant planning must

---

[10] [2019] EWCA Crim 145; [2019] 2 Cr. App. R. (S.) 9.

be seen in the context of the offence charged. Time, may in some cases be a suitable proxy for a "significant" degree of planning; it is difficult to envisage a case involving a significant degree of planning in which there is not the passage of time. The passage of time will not, however, inevitably provide an evidence base for a finding of a significant degree of planning. The selection of a victim may be impulsive even if the offence itself is significantly planned (i.e. the keeping of weapons in a vehicle to enable an offence when an appropriate victim is present; or internet searches linked to the commission of an offence).

Offender Acts Together with Others to Commit the Offence (Culpability)

Attorney General's Reference (No.113 of 2015) (R. v Senussi) [2016] EWCA Crim 38; [2016] 1 Cr. App. R. (S.) 70

V, who had been on a night out with friends, had become "really very drunk" and "not aware of her actions or surroundings". She was separated from her friends and, subsequently, was seen on CCTV being escorted from the nightclub by the offender, S, and his co-accused, who held tightly on to her arms and walked her out of the club. They took V to the co-accused's address nearby. S put V to bed, turned the lights off, told her to "hush" and to "be a good girl". He placed her hand on his groin and she could feel that his penis was erect. She tried to pull away but S was too strong. There was evidence that the co-accused heard V say "leave me alone" to S. V's next recollection was that she was seated on her uncle's sofa. She had arrived at his house at approximately 03.00 in a highly agitated state, having frantically banged on his front door, calling out "Help me, help me". V was medically examined and found to have a number of injuries, including abrasions and bruising to the knees, hip, shoulders and arms. S was convicted of kidnapping and sexual assault but his co-accused was acquitted of two offences and no evidence was offered in relation to the third.

B3-038

At the reference hearing the appellant argued that, by virtue of the co-accused's acquittal, it could not be said that he had "acted with others" in order to commit the offence.

Held: in relation to the submission in relation to whether S had acted with others, that particular factor within the categorisation of Culpability A did not have as narrow an interpretation as S suggested. The wording was: "offender acts together with others to commit the offence". The words "to commit the offence" sensibly and practicably related to the offender. Where others were present and acted with the offender, more often than not they, too, would be intending to commit the offence. However, in cases where that could not be shown or inferred, this did not remove the offending from being within Culpability A. The wording had to be read both objectively and sensibly. From the point of view of the victim, if another or others were present at the relevant time, and acted with the offender, a degree of menace or force or assistance was conveyed (as the case may be). That would be the perception of the victim. It might be that the lack of intent by any co-accused may have some bearing on the ultimate overall assessment of the position for sentencing purposes but this did not, of itself, remove the offending from categorisation under Culpability A.

R. v McPartland and Grant [2019] EWCA Crim 1782; [2020] 1 Cr. App. R. (S.) 51

The appellants (M and G) had met X at around 02.30 hours outside a bar. X had drunk 18 Jägerbomb shots, three quarters of a bottle of Malibu with lemonade, four double vodka mixers and two shots. They went to a pub and then went to

B3-039

G's home. Inside the house M orally raped X before she ran to the bathroom to vomit. X then went to the bedroom to lie down as she felt ill, dizzy and tired. G came into the room and vaginally raped her and M then returned and penetrated her vagina with his fingers. Throughout she was very drunk and kept telling them to stop and that she was going to be sick. She threatened to call the police and managed to leave in a taxi. M was convicted of one count of oral rape and one count of assault by penetration. He was sentenced to 11 years' imprisonment in respect of the rape, with a consecutive sentence of three years' imprisonment imposed for assault by penetration. G was convicted of one count of vaginal rape and was sentenced to 11 years' imprisonment.

Held: it was not arguable that these were not offences committed by two or more people. It is clear that these assaults were committed by two men on the same woman and were extremely close in time. It does not avail the appellants to say that they assaulted her one at a time. The judge's categorisation of this case as one falling within Category 2A, with a starting point of 10 years and a range of nine to 13 years, was therefore correct.

B3-040 *Commentary:* As is illustrated by *Attorney General's Reference (No.113 of 2015) (R. v Senussi)*, it cannot properly be suggested that an offender has only "acted with others to commit the offence" when the others have also committed sexual offences against the victim at the same time as the offender. It is suggested that a useful proxy when deciding whether this factor is made out will be to consider whether the others could properly be indicted on a joint enterprise basis or as a secondary party to the offending, even if in fact they had not been so charged (although it should be noted that in *Sennusi* it was suggested that even where the necessary intent for such a charge is not present, the fact that the others had been present and appearing to help the offender could result in a finding for the purpose of this factor). In this respect it is suggested that the others need not even be present at the commission of the offence provided they played a significant enough part in its commission (perhaps providing information as to where the victim would be in order to assist the offender in committing rape).

Use of Alcohol/Drugs on Victim to Facilitate the Offence (Culpability)

R. v Hackett [2017] EWCA Crim 250; [2017] 2 Cr. App. R. (S.) 10

B3-041 The appellant, aged 19, went to a party with a male friend, J, at the home of a 16-year-old girl, L. The victim, V, aged 14 also attended. As it turned out, the four of them were the only people at the party. J had brought cocaine with him. V took a total of eight lines of cocaine, as well as drinking alcohol. As a result, she felt extremely intoxicated. The appellant also took cocaine and likewise drank alcohol. The appellant began to make sexual overtures to V and eventually had sexual intercourse with her in the presence of J and L. V then went to sleep. The appellant pleaded guilty to sexual activity with a child.

Held: there was no doubt that the offence did not fall within Category 1A (because H had not used alcohol or drugs on the victim to facilitate the offence). H had not plied V with alcohol and drugs in order to have sexual intercourse with her. This was a Category 1B offence but one that was significantly aggravated by the fact that, as H knew, V was very much the worse for drink and drugs; H was himself also under the influence of drink and drugs; the age gap, albeit ameliorated by his immaturity; and the fact that the offence was committed in the presence of two others, although not for their benefit and not filmed by anyone.

Commentary: As the decision in *Hackett* illustrates, there is a gulf between **B3-042**
circumstances where a victim is plied with alcohol/drugs for the purposes of
facilitating the offence and where the offence takes place in circumstances where
there has been alcohol/drug consumption. As to the former, it is submitted (as is
evident from the phrasing chosen by the Sentencing Council) that there is a required
nexus between the provision of alcohol/drugs and the offence, namely that the
former is provided to make the commission of the offence easier, either because the
victim's inhibitions are lowered as a result or the victim's state is such that they lack
capacity to consent. In relation to circumstances where an offence occurs following the consumption of alcohol/drugs, consideration should be given to whether the
victim is particularly vulnerable as a result (a harm factor) or whether a vulnerable victim was targeted (a culpability factor).

Abuse of Trust (Culpability)

R. v Ashton [2015] EWCA Crim 1799; [2016] 1 Cr. App. R. (S.) 32
The court considered the sentence imposed on an offender for sexual assaults **B3-043**
committed by him (age 36) against an 18-year-old employee of his bar after the
victim had finished his second shift at the bar.

Held: the relationship in the instant case did not constitute a breach of trust of
the kind envisaged by the guideline. Such a view was supported by the decisions in *R. v DO*[11] and *R. v T*.[12]

In *T*, where the relationship between the offender was one of step siblings, at
[16] of the judgment, the court observed:

"We are not convinced that this is an abuse of trust. That phrase, in our experience,
contemplates, for example, teacher/student, parent/child relationships. This was two
step-siblings in a familial context, not an abuse of trust."

In *DO*, where the victim was in a relationship with the offender, HH Judge **B3-044**
Rook QC, giving the judgment of the court, at [31] stated:

"The question we have to consider is whether it is a breach of trust of a nature that
would take this case into culpability A. In our view the Sentencing Council did not
intend that every case of rape within an established relationship should be treated as a
breach of trust. Rather, the change was designed so as to include circumstances where
the offender may not hold a formal position in relation to the victim, but they have
abused the trust engendered by their status and/or standing."

Returning to the instant case, the social setting in which the offences were committed, together with the situations and ages of the respective parties, did not
amount to a case of a formal breach of trust by reason of an abuse of the position of A on account of his status and/or standing. However, it could not be said
that there was total equality between the two parties, meaning that the age and
circumstances of V was something that should very properly have been reflected
in the sentence in relation to A's culpability.

R. v HRP [2016] EWCA Crim 836
The court considered the sentence imposed on an offender who had raped his **B3-045**
partner while her children were asleep upstairs.

---

[11] [2014] EWCA Crim 2202; [2015] 1 Cr. App. R. (S.) 41 (p.299).
[12] [2012] EWCA Crim 1727; [2013] 1 Cr. App. R. (S.) 85 (p.461).

Held: that clearly, in any healthy intimate relationship between adults there is mutual respect and trust. Obviously, any sexual offence committed by one party to a relationship against another breaches that mutual trust. However, the Sentencing Council did not intend that every rape or sexual offence within an established relationship should be treated within the guidelines as an abuse of trust within Category A of culpability.

In the present case, there was nothing in the relationship between the offender and the victim which placed the offender in a greater position of trust than would be expected in any such established relationship and the learned judge therefore erred in finding that this was a case of abuse of trust and a gross abuse.

R. v Forbes [2016] EWCA Crim 1388; [2017] 1 W.L.R. 53

B3-046 While hearing a number of conjoined applications to appeal, appeals against sentence and referrals by the Registrar of Criminal Appeals, the court provided additional guidance in relation to the sentencing of historical sexual offence cases.

Held: it was evident from the appeals that one issue which had caused difficulty was "abuse of trust" as an express aggravating factor and as used in respect of culpability extensively in the definitive guideline. The mere fact of association or the fact that one sibling was older than another did not necessarily amount to breach of trust in that context. The phrase plainly included a relationship such as that which existed between a pupil and a teacher, a priest and children in a school for those from disturbed backgrounds or a scoutmaster and boys in his charge. It might also include parental or quasi-parental relationships or arise from an ad hoc situation—e.g. where a late-night taxi driver took a lone female fare. What was necessary was a close examination of the facts and clear justification given if abuse of trust was to be found.

Attorney General's Reference (R. v W) [2018] EWCA Crim 265; [2018] 1 Cr. App. R. (S.) 55

B3-047 The court considered the sentence imposed on an offender for seven counts of sexual assault of a child under 13. The offender had systematically abused his niece by marriage, V, who was aged eight or nine years old at the relevant time.

Held: that although the recorder was correct to analyse the offender's position with care properly to assess the issue of abuse of trust, she had unfortunately misread the decision of *Forbes* regarding the presence of abuse of trust:

> "[w]hat is necessary is a close examination of the facts and clear justification given if abuse of trust is to be found."

The mere fact of a familial relationship would not necessarily impose a position of trust but, in the instant case, there was undoubtedly a "parental or quasi parental relationship". This arose from the offender's position as a 33-year-old uncle and carer of V, who was aged eight years of age. V's parents trusted W to look after their daughter when she visited his home and members of her family. On that basis, all the counts of sexual assault of a child under 13 fell into Culpability category A.

R. v Singh (Nilmoni) [2020] EWCA Crim 1366

B3-048 The court considered whether there was an abuse of trust in a context of a sexual assault by an employer on an employee.

Held: the mere existence of an employer/employee relationship is not in itself sufficient in all circumstances to justify a finding that an offence was an abuse of trust. In each case, a close examination of the facts is necessary and a clear justification should be given if abuse of trust is to be found. The relationship must be one which would give rise to the offender having a significant level of responsibility towards his victim on which the victim would be entitled to rely.

R. v Oprea [2021] EWCA Crim 1695
The court gave further guidance in relation to what amount to an abuse of trust in the Sexual Offences guideline.[13]

Held: abuse of trust has a particular meaning when used in the guideline and is not to be equated with what might colloquially be termed a breach of trust or an abuse of trust. What is necessary for an abuse of trust in the sense used in the guideline is a relationship between the victim and the offender involving an inequality of power, by virtue of which the offender has assumed a significant level of responsibility for the welfare of the victim, upon which the victim is entitled to rely. This may sometimes arise where someone is left in a home with the victim; for example where the relationship is between child and childminder. However, it will not generally arise merely by virtue of the fact that the offender has been invited into the family home and left alone with the victim.

B3-049

Attorney General's Reference (R. v WVF) [2023] EWCA Crim 65; [2023] 2 Cr. App. R. (S.)
The court considered a submission that a parent was not in a position of trust.

Held: the decision in *Forbes* did not say that a parent was not in position of trust so far as the meaning of "abuse of trust" in the Guidelines was concerned. Indeed, the reasons why school masters or scoutmasters are in a position of trust is because, according to the common law, they are acting in the place of parent. A parent is always likely to be in a position of trust so far as their own non-adult children are concerned. There might be different situations, for example, if a parent is estranged and has lived away from the children.

B3-050

Attorney General's Reference (R. v RGX) [2023] EWCA Crim 1679; [2024] 2 Cr. App. R. (S.) 3
RGX was the step-father of V and was in a relationship with her mother. His offending spanned 2007 to 2016. In 2007, V was seven years old and RGX was 21. The court gave guidance on the factor "breach of trust" in the context of familial relationships in sexual offence cases.

Held: in relation to breach of trust, the judge said:

B3-050a

> It wasn't necessarily a breach of trust within the legal definition, but you let her down as a dad, and she said to the jury that she still loved you and always would love you as a dad, but she couldn't understand why this had happened and why you had let her down in this way.[14]

The judge appears to have been led towards that conclusion by her consideration of some previous decisions of the court which she may not have correctly interpreted. Those decisions make the point that not every familial relationship involves trust in the sense of that word used in the guideline. It was a matter of fact whether such a relationship existed or not. The position in fact was very simple and very clear: if a father or step-father takes advantage of that relation-

---

[13] To similar effect, see *R. v Vallely (Mark)* [2022] EWCA Crim 923; [2023] 1 Cr. App. R. (S.) 13.
[14] *Attorney General's Reference (R. v RGX)* [2023] EWCA Crim 1679; [2024] 2 Cr. App. R. (S.) 3 at [25].

ship in order to perpetrate a long series of offences against a child for whom he was a carer, he was acting in gross breach of trust. That was not a concept which requires much legal elaboration.

B3-051 *Commentary:* As is standard practice, the 2014 guideline was subject to a consultation period. Following this, the Council published a "response to consultation" document which dealt, albeit briefly, with the issue of widening the scope of "abuse of trust". The Council stated:

> "There is established case law on the meaning of abuse of trust and it is currently interpreted by the courts as denoting something more formal than an acquaintance or friend who has betrayed a trust. Recent cases have highlighted situations where, although the offender has not been in a formal position of trust with the victim, they have abused the trust that has been invested in them as a result of their status and standing."

The response provides the example of the court's reasoning in *Attorney General's Reference (No.38 of 2013)*[15] in relation to the offender's "celebrity status", concluding:

> "The Council has therefore decided to remove the word 'position' from this factor so that the sentencer is encouraged to consider abuse of trust in circumstances where a formal position may not be held by the offender but they have abused the trust engendered by their status."

In revisions adopted in 2022, the Council published a new expanded explanation of this factor, reflecting the existing case law and observing that clear justification is necessary to find an abuse of trust. The Council's view is that in order for an abuse of trust to make an offence more serious the relationship between the offender and victim(s) must be one that would give rise to the offender having a significant level of responsibility towards the victim(s) on which the victim(s) would be entitled to rely.

B3-052 As in every sentencing exercise involving the application of sentencing guidelines, the language used in the guidelines is to be interpreted in a fashion looser than that of a statutory provision. However, there is a need for consistency. There are, it is submitted, two factors to consider: (1) what constitutes an "abuse" (of trust); and (2) what constitutes "trust"?

It is submitted that "abuse" is to be interpreted in accordance with its ordinary meaning—i.e. to misuse or to use for an improper purpose. Therefore, an abuse of trust is to essentially capitalise on the "trust" to facilitate the commission of the offence. It is suggested that it is this nexus that underlies this factor as a legitimate indicator of raised culpability.

As to "trust", it is submitted that where, by virtue of the relationship (in which there is a degree of trust between the parties), one party has responsibilities, permissions or privileges which are not extended to others, and which on the victim is entitled to rely, this will be likely to indicate the presence of "trust" placed in an individual. For instance, a friend collecting one's children from school; an employee at work entrusted to "lock up" at the end of the day; or a friend or partner who is relied upon for an important task. As noted above, this is wider than a "position" of trust but has been restricted by the courts—for instance by the statement in *DO* that not all rapes within a relationship will satisfy this factor.

---

[15] [2013] EWCA Crim 1450; [2014] 1 Cr. App. R. (S.) 61.

A more restrictive approach has, however, been taken to the interpretation of this **B3-053**
guideline factor in cases concerning children (see e.g. *R. v Baginski (Tomasz)*[16]). The
mere fact of association or the fact that one sibling is older than another does not
necessarily amount to breach of trust in this context. What the case law suggests is
that an abuse of trust is likely only to be found where the trust stems from the offender having a particular defined role in which the safety of the victim is entrusted
to them or in which they occupy a position of responsibility in relation to the victim,
rather than there merely being an existing relationship between the two which
means the victim has begun to trust the offender. This appears to be supported by
the expanded definition of abuse of trust added in the 2022 guideline which notes
that where an offender has been given an inappropriate level of responsibility, abuse
of trust is unlikely to apply. It is suggested that the court will be slower to find an
abuse of trust in a case involving a child defendant given that the "power dynamics" of the relationship are likely to be very different from that involving an adult
and a child.

Finally, it is submitted that where the court considers that the factor of "abuse
of trust" is not present in an offence, it does not preclude the court from reflecting
the presence of a disparity in age, status, circumstances etc in the eventual sentence.
This may well be considered through the lens of a vulnerable victim (either as a
harm factor (i.e. the heightened effect on the victim) or as a culpability factor (i.e.
the targeting of a vulnerable victim)).

Previous Violence Against the Victim (Culpability)

R. v BCD [2019] EWCA Crim 62

The appellant had been in a relationship with the victim and had been im- **B3-054**
mediately possessive and controlling. When the relationship began to break
down, the appellant punched a hole in a door. In the following week, he spat at
the complainant at least once. On occasions, he pretended to punch towards her
and he used his physical presence to "suppress" her will. He attended her house
drunk and told her he was going to kill her and that it was her last night. When
she tried to leave the house he followed her and produced a knife, telling her that
he was going to kill her and threatening two other women who witnessed the
incident. He forced her to return to the house and the next morning while she was
on the toilet he grabbed her and raped her vaginally. He then forced her into the
bath with her clothes on. He made her wash her vagina to remove any part of his
DNA which could have incriminated him. He then left her house. The appellant
appealed against a sentence of 12 years' imprisonment imposed after his conviction for one count of rape, one count of controlling or coercive behaviour and one
count of making a threat to kill.

The appellant argued that the judge erred in using previous threats of violence
as a reason for placing the offence in Category A, while relying on violence also
as a reason for placing the offence in Category 2. It was further argued that the
violence used was not violence beyond that inherent in the offence of rape. In
addition, it was argued that there was no violence in this case, apart from one
incident of spitting; there was no actual violence such as to justify placing the
offence in Category A.

Held: the judge was entitled to place the offending in Culpability Category A.
There was a background of intimidating and threatening behaviour and a recent

---

[16] [2023] EWCA Crim 1106.

threat to kill her and to cut up the two other women. The judge specifically found that the appellant's behaviour would have caused the complainant to fear violence and that the appellant had used his physical presence to suppress her will and that after he showed the knife to her, her will was utterly broken. Even if the only overt violence before the offence was spitting, the air of menace which this conduct caused was closely analogous to physical violence. The judge was right to treat it as increasing the appellant's culpability to Category A.

B3-055 However, there was an element of double counting in the judge's increase from the starting point to a sentence of 12 years' imprisonment and a sentence of 10 years' imprisonment would be substituted.

B3-056 *Commentary: BCD* is an unusual case in that the offender was also convicted of controlling and coercive behaviour. There is, arguably, a fine line between aggravating an offence of rape for previous violence against the victim which is justifiable because it forms part of the background to the offence, and the reason as to why the offence could be successfully committed, and aggravating the offence unjustifiably for behaviour which properly should form a separate charge on the indictment.

More generally the approach in *BCD* reflects the underlying reasoning behind the factor, which, it is submitted, is twofold. First that previous violence against the victim shows a pattern of behaviour of failing to respect the victim's right to autonomy and bodily integrity within which sexual offending fits. Secondly, that previous violence against the victim may form part of a tool, whether the offender realises this or not, to ensure that the rape is successful—the "air of menace" can be akin to the use of a weapon to threaten the victim.

Significant Disparity in Age (Culpability—Child Sexual Offences)

R. v Wagstaff [2017] EWCA Crim 1601; [2018] 1 Cr. App. R. (S.) 16

B3-057 The appellant, aged 50, had pleaded guilty to attempting to incite a child to engage in sexual activity following sexual text messages he had sent to a person he had believed to be 15. On appeal against sentence he submitted that the judge had not been entitled to place the case in Category A culpability on the basis of a disparity in age for two reasons. First, he had admitted to the person at the other end of the text that he was 50 years of age. Secondly, the offence was an attempt and the person at the other end of the text was not, in fact, a 15-year-old girl.

Held: the offence was undoubtedly a Category 3A offence. Having been told that the recipient of his texts was a 15-year-old girl, a 50-year-old man carried on encouraging the "child" to engage in sexual texting and encouraging her to meet him. His texting had but one purpose and that was to prepare (groom) the child to engage in sexual activity via text messages. The fact that W had disclosed his age was irrelevant; it was the fact of there being a significant disparity in age between W and the intended victim that was important.

Attorney General's Reference (R. v PZL) [2023] EWCA Crim 1076; [2024] 1 Cr. App. R. (S.) 19

B3-057a PZL (aged 27) had sexually abused his sister, V (aged 15).

Held: here there was a single Category A factor, namely significant disparity in age. Given the relative ages of the offender and the victim, it was correctly described as "significant", but it was not as marked as the disparity in many other cases. The four-year difference between the starting points in the two categories and the two-year gap in the ranges, suggested that this was a feature which may properly be treated as justifying departing from the strict letter of the guideline and fulfilling its spirit by starting at a point below the 1A range but above the 1B range.

That reflected the fact that s.9 offending will encompass a sliding scale of culpabilities, which were not required to be put into one or other of two rigid compartments which were not contiguous. It could not sensibly be suggested that a disparity which was only just "significant" would of itself justify imposing a sentence which was four years longer than one the other side of the line.

Aggravating and Mitigating Factors

Lies

R. v Lister (Ben) [2022] EWCA Crim 1560; [2023] 1 Cr. App. R. (S.) 40
The court considered the relevance of a lie about the sexual contact that had occurred.   **B3-058**

Held: the mere fact that a man lies about whether he has committed the offence of course will not be an aggravating factor. However, here these were lies told in the immediate aftermath of the event in the hope of putting the victim off the scent. They were told deliberately for that reason. Lies in those circumstances do amount to an aggravating factor.

Sexual experience of child victim

Attorney General's Reference (No.85 of 2014) (R. v A) [2014] EWCA Crim 2088; [2015] 1 Cr. App. R. (S.) 14
The court considered sentences imposed on an offender for sexual activity with a child. In V's Achieving Best Evidence interview, it had become apparent that V was not sexually naive and that he had experienced sexual activity with children approximately his own age.   **B3-059**

Held: that the issue was raised in the course of argument as to whether that experience may constitute a mitigating feature, because it may result in less harm to the victim, or whether it may be treated only as an absence of the aggravating factor of taking a child's virginity. The proper approach was to treat that factor in the present case as an absence of aggravation which could otherwise have existed. The risk of harm was always present. The existence of present harm would vary from case to case.

Commentary: The conclusion in this case that V's previous sexual experience was not a mitigating factor must be right. Sexual activity with a child is not per se less harmful simply because the child has previously engaged in sexual activity. Such activity is criminalised because those under age 16 are not considered to have the capacity to give informed consent to such activity; just as it is not a mitigating factor to say that the child initiated the sexual activity, it is not a mitigating factor to say that the child has previously engaged in sexual activity. A child's previous sexual experience may in fact be capable of supporting a finding of further aggravation where that experience is reflective of the child's particular vulnerability, the child being the subject of previous grooming, or reflective of further factually non-consensual sexual activity that has been inflicted on the child.   **B3-060**

Behaviour initiated by child victim

Attorney General's Reference (No. 53 of 2013) (R. v Wilson) [2013] EWCA Crim 2544; [2014] 2 Cr. App. R. (S.) 1

B3-061 The court considered sentences imposed on an offender for sexual activity with a child in circumstances where the child was said to have initiated the sexual activity.

Held: it has been clear since at least the Offences against the Person Act 1861 that, in passing legislation to make it a crime punishable with imprisonment to have sexual relations with those under 16, Parliament's purpose was to protect those under 16. That long-standing principle was well-known. The reduction of punishment on the basis that the person who needed protection encouraged the commission of an offence was therefore simply wrong. An underage person who encourages sexual relations with themselves needs more protection, not less.

The fact that the offender took advantage of what the victim did aggravated the offence, and the victim's vulnerability was an aggravating rather than a mitigating feature.

Inchoate offences

R. v Billam [1986] 1 W.L.R. 349

B3-062 Seventeen appellants/applicants appealed or sought leave to appeal against sentences imposed for offences of rape and attempted rape and associated offences.

Held: that the starting point for attempted rape should normally be less than for the completed offence, especially if it is desisted at a comparatively early stage. However, as was illustrated by one of the cases before the court, attempted rape may be made by aggravating features into an offence even more serious than some examples of the full offence.

B3-063 *Commentary:* Although this case is now of some age and decided in relation to rape, it is submitted that the principle espoused remains good in relation to criminal offences generally. In many cases, an attempt should attract a lesser sentence, ceteris paribus, than a completed offence. This will principally be because the harm is harm intended but not caused, or that the harm caused is less severe than would otherwise be the case in a completed offence. Sexual offences, particularly rape, may well be an exceptional category, however. There may be cases where the attempt is just as serious as the completed offence—e.g. where penetration is attempted but not in fact achieved, causing physical injury.

This case additionally makes the very sensible point that an attempt may be more serious than an example of a less serious example of rape. It is suggested that this too remains the case and that courts should be clear that there is no hierarchy as regards attempts and completed offences; rather, each has to be considered on its merits and the fact that the offence is an attempt factored into that exercise.

As to inchoate offences where no sexual activity takes place, see B3-030.

Multiple offences

Moving beyond category ranges

Attorney General's Reference (R. v Hodder) [2017] EWCA Crim 1610; [2018] 1 Cr. App. R. (S.) 13

B3-064 The court considered the sentences imposed on an offender following guilty pleas to, inter alia, causing or inciting a child to engage in sexual activity (x5); attempting to cause or incite a child to engage in sexual activity (x8); and breach of a sexual offences prevention order (x2, contacting children under the age of 16 and owning computer equipment without monitoring software being installed). There were 12 separate victims.

The offender, submitting that the sentence should not be increased, referred to the decision in *R. v Pipe*.[17] In that case, the court stated that the relevant guidelines were premised on the basis of a single offence having been committed and, where an offender was convicted of numerous repeat offences, they could expect a sentence towards the very top of the recommended range. In the circumstances, the judge was fully entitled to take a starting point of six years, the top of the range within Category 2A, but the appellant argued that a longer sentence should not have been imposed.

Held: allowing the reference and increasing the sentence, that although the judge had adopted a careful approach to the sentencing and produced a structured series of sentences, he appeared to have been beguiled by the apparent agreement that he was confined to sentence within the category range for a Category 2A offence. If he had been sentencing H only in respect of Counts 1–5, such an approach might have been appropriate—but the observations in *Pipe* did not provide for a confining principle of general application.

Commentary: The court in *Pipe* might have chosen its wording more carefully; there can be no doubt that the court meant, on the particular facts in *Pipe*, the offending was more serious as a result of the multiple counts and therefore there was a necessary upward adjustment from the starting point indicated in the guideline. The court in *Hodder* was clearly correct that the decision in *Pipe* was not intended to restrict sentencers to the top of the range for the individual category. Of course, s.59 of the Sentencing Code places a duty on the court to follow the guidelines, but that is merely a duty to impose a sentence within the offence range (i.e. between the bottom of the lowest category and the top of the highest category). Furthermore, the guidelines are (obviously) predicated on a single offence having been committed. In those circumstances, there is no credible way in which it might be said that multiple offending may only result in an upward adjustment to the starting point *within* the selected guideline category.

B3-065

RAPE AND ASSAULT OFFENCES

Rape and Assault by Penetration

Maximum Sentences

The offence of rape, contrary to s.1 of the Sexual Offences Act 2003, has a maximum sentence of *life imprisonment*.

B3-066

The offence of assault by penetration, contrary to s.2 of the Sexual Offences Act 2003, has a maximum sentence of *life imprisonment*.

The offence of rape, contrary to s.1 of the Sexual Offences Act 1956, has a maximum sentence of *life imprisonment*.

---

[17] [2014] EWCA Crim 2570; [2015] 1 Cr. App. R. (S.) 42.

Availability of Sentencing Orders

B3-067 Certain sentencing orders or consequences of conviction are only available, or apply, where the offence for which the offender has been convicted is a listed offence. The table below specifies whether the offence is a listed offence for the purpose of each of those sentencing orders or consequences of conviction.

Custodial sentences

B3-068

Offence	SA 2020 Sch.13 (offender of particular concern)	SA 2020 Sch.14 (extended determinate sentences—previous offence condition)	SA 2020 Sch.15 (life for second listed offence)	SA 2020 Sch.17A (serious terrorism sentence)	SA 2020 Sch.18 (extended determinate sentences—specified offences)	SA 2020 Sch.19 (life sentence—dangerous offenders)	PCC(S)A 2000 s.109 (required life sentence for second listed offence committed between 30 September 1997 and 4 April 2005)
Rape (s.1 SOA 2003)	Yes, Pt 1 where offence has a terrorist connection	Yes	Yes[18]	No	Yes	Yes	Yes
Rape (s.1 SOA 1956)	Yes, Pt 1 where offence has a terrorist connection	Yes	No	No	Yes	No	Yes
Assault by penetration (s.2 SOA 2003)	Yes, Pt 1 where offence has a terrorist connection	Yes	Yes[19]	No	Yes	Yes	Yes

---

[18] The relevant date for the purposes of the schedule is 3 December 2012.
[19] The relevant date for the purposes of the schedule is 3 December 2012.

Secondary orders and consequences of conviction

Offences	SOA 2003 Sch.3 and 5 (sexual harm prevention order and notification—sex offences)	SCA 2007, Sch.1 (serious crime prevention order)	CTA 2008, ss.41–43 (notification—terrorism offences)	SI 2009/37 (barring from work with children and vulnerable adults)
Rape (s.1 SOA 2003)	Yes[20]	No	No	Yes[21]
Rape (s.1 SOA 1956)	Yes[22]	No	No	Yes[23]
Assault by penetration (s.2 SOA 2003)	Yes[24]	No	No	Yes[25]

B3-069

Sentencing Guideline: General

The Sentencing Council has issued a Sexual Offences Definitive Guideline 2014 for these offences. The guideline provides for an offence range of four to 19 years' custody and indicates that some offences may be of such severity that sentences of 20 years and above may be appropriate; the example provided is for a "campaign of rape".[26]

B3-070

Harm is subdivided into three categories (1–3), with Category 2 being populated with factors which, if present, may indicate that Category 2 is the appropriate category. Cases falling within Category 1 are those where the extreme nature of the Category 2 factor(s) present justify elevating the case to Category 1. Cases falling within Category 3 are those for which factors in Categories 1 and 2 are not present. Culpability is also subdivided into two categories (A and B). Category A lists numerous factors which if present indicate that Category A is the appropriate category. Category B cases are those in which no Category A factors are present.

Approach to Sentence

Pre-sentence reports

Attorney General's Reference (R. v Hassan) [2021] EWCA Crim 412

The court heard an Attorney General's Reference in which the Attorney argued the judge had erred in not concluding the offender was dangerous.

B3-071

---

[20] Schedule 3 to the Sexual Offences Act 2003.
[21] List 1 (if committed in respect of a child), List 2 (if committed in respect of an adult) and List 4 (no condition).
[22] Schedule 3 to the Sexual Offences Act 2003.
[23] List 1 (if committed in respect of a child), List 2 (if committed in respect of an adult) and List 4 (no condition).
[24] Schedule 3 to the Sexual Offences Act 2003.
[25] List 1 (if committed in respect of a child), List 2 (if committed in respect of an adult) and List 4 (no condition).
[26] See *Attorney General's Reference (R. v GT)* [2024] EWCA Crim 961 where it was said that the contention that a campaign of rape will include multiple rapes on multiple victims had no support in authority or the wording of the guideline.

Held: in a case of a serious sexual offence or offences, particularly where the offence is rape, it is almost always advisable to obtain such a report, unless the case is so grave that an indeterminate sentence is inevitable.

B3-072 *Commentary:* Courts will no doubt be cognisant of ss.30–31 of the Sentencing Code concerning the requirement to obtain a pre-sentence report in certain circumstances.. Even though in all but the most exceptional cases, an immediate custodial sentence is inevitable and the court will need little assistance from the pre-sentence report writer as to the application of the sentencing guidelines, a pre-sentence report may still be of some considerable assistance. First, it may inform (in a way that seeing the defendant give evidence may not) the application of the dangerousness test for the purposes of the imposition of an extended determinate or life sentence and assist the court in considering whether any preventive orders, such as sexual harm prevention orders, should be imposed to address the risks posed by the offender. Secondly, it may inform the court of factors personal to the defendant which have yet to come before the court during the course of proceedings. Finally, a report may inform the court's assessment of any claimed mitigation viz. remorse and insight into offending for the purposes of considering the statutory purpose of sentencing of rehabilitation. Sentencers are therefore encouraged to obtain a pre-sentence report in all cases of rape.

Interpreting/Applying the Guideline

B3-073 For general guidance on the application and interpretation of a number of harm and culpability factors that are used throughout the guideline, see B3-002.

Category 1/2 cases (harm)

R. v Lister (Ben) [2022] EWCA Crim 1560; [2023] 1 Cr. App. R. (S.) 40

B3-074 The court considered the distinction between category 1 and 2 offences in the guideline.

Held: considering the gravity of the factors in any particular case cannot be an arithmetical exercise, so that if you have six factors that will always be worse than a case that only has three. Any sentencing exercise is qualitative not quantitative. In addition, the sentencing range for Category 2B cases, namely seven to nine years, is narrow, particularly given the gravity of the offence with which the sentencing range is concerned. Wherever headroom is limited, as it is here, the argument that "it could be worse" is of very limited value.

Sexual activity was initially consensual (mitigation)

R. v HRP [2016] EWCA Crim 836

B3-075 The court considered the extent that the fact that sex had been initially consensual could be a mitigating factor in an offence of rape. The offender had begun to have consensual sex with the victim but was causing V considerable discomfort. She immediately told him to stop but he ignored her and continued with the penetration. She began hitting him in the chest area and repeatedly told him to stop. Instead of doing so he held her by the back of her neck and pinned her down using his body weight. She was crying and struggling to breathe and when he eventually did stop he then apologised.

Held: while the case involved a withdrawal of consent, it is clear that knowing that consent had been withdrawn the appellant nevertheless continued to penetrate V for a significant period using significant force before he eventually desisted. The court did not therefore consider that mitigation was to be found there.

Commentary: This decision is clearly correct that, although the fact that the offence involved initially consensual behaviour made the offence less serious than an offence in which the sexual activity was non-consensual from the outset, it did not represent mitigation. It simply represented the lack of further aggravation. **B3-076**

Limited penetration (mitigation)

Attorney General's Reference (R. v Prestbury) [2017] EWCA Crim 2495

The offender had volunteered with the victim at a charity shop. The victim suffered from stress and depression, on occasions binge drinking, and at the time of the incident, she was quite isolated socially and did not go out very much. The offender, who had been drinking, had turned up at her flat unannounced on the pretence that he needed to borrow £10. Uninvited he followed her into the property and entered the bedroom, removed his shirt and asked for a massage. At some point, the two of them were sitting together and the offender kissed her on the neck, to which the victim did not reciprocate, and digitally penetrated her vagina. He then removed her underwear and took out his penis. He failed to achieve a full erection and his penis was flaccid but he advanced his penis towards her vagina and placed it between her labia, amounting to penetration. He did not part her labia and was unable to insert his penis any deeper. The penetration had been shallow and brief. The victim had been too drunk and too frightened to physically resist him. She had told him to stop but it was only his flaccidity that had caused him to desist. The offender was convicted of one count of rape and one count of assault by penetration. **B3-077**

The sentencing judge found that each case fell into Category 3B, with a starting point of five years, and a range of four to seven years. He considered that there were no aggravating features and that the offender's lack of previous convictions was a mitigating factor. Having recognised that the starting point for a rape in Category 3B was five years, he nevertheless concluded that this would be "excessive, if not grossly so". He imposed a sentence of two years and nine months' imprisonment.

Held: the sentences passed for these offences were unduly lenient. There was no proper basis for going outside the sentencing guideline in this case. The offences may have taken place over a short period of time, but there were two acts of sexual violence against the victim, and the extent to which the offender's erection was maintained and the degree of penetration should not have carried such weight in the sentencing exercise as to take the seriousness of the rape entirely outside the guidelines and to such a significant extent. The appropriate overall term, which took into account the totality of the offending, should have been a term of five years' imprisonment.

Commentary: The impact of rape is not limited to the physical harms suffered by the victim, and those harms are self-evidently not limited to the extent to which the victim is penetrated. Rape, even a rape involving a brief period of penetration or involving limited penetration, can have serious psychological impacts for its victim, and while limited penetration may reflect less sexual harm, other physical harm may accompany it. In this respect it is submitted that useful analogy may be had to cases of attempted rape and the commentary accompanying it; see B3-079. **B3-078**

Attempted rape

R. v Billam [1986] 1 W.L.R. 349

B3-079 Seventeen appellants/applicants appealed or sought leave to appeal against sentences imposed for offences of rape and attempted rape and associated offences.

Held: that the starting point for attempted rape should normally be less than for the completed offence, especially if it is desisted at a comparatively early stage. However, as was illustrated by one of the cases before the court, attempted rape may be made by aggravating features into an offence even more serious than some examples of the full offence.

Attorney General's Reference (R. v Zaheer) [2018] EWCA Crim 1708; [2019] 1 Cr. App. R. (S.) 14

B3-080 Z owned and ran a successful mobile telephone repair shop. The victim, a 16-year-old, had left her phone at the shop to be repaired. Z told her to return at 19.30–20.00 later that day, which she did. No other members of staff were present and Z turned off some lights in the shop and said "I can do a very good deal because I think you're a pretty girl. I want to have a friendship with you." She was uncomfortable and told him that she was just there for her phone. He led her back towards the rear of the shop and to a storeroom area, putting his hands all over her body. He then dropped his trousers, put his hands under her top and touched her bra. She unsuccessfully tried to escape. He lifted up her skirt and pulled her knickers down. He then placed his fingers around her vagina. He attempted to penetrate her with his penis several times but was unable to do so. The entire incident lasted 33 minutes. Z was convicted of attempted rape. The judge placed the offence within Category 3B, providing a range of seven to nine years. Taking a sentence of six years for a completed offence, the judge discounted the sentence to three years and nine months to reflect the fact that it was an attempt.

Held: allowing the reference and increasing the sentence, that the judge's decision to discount the sentence from six years to three years nine months to reflect the fact that this was an attempt did not reflect what had, in fact, happened. Although it was a general principle that a sentence for an attempted offence would ordinarily be less than a sentence for the substantive offence itself, the degree of reduction that was appropriate would depend on the circumstances, including the stage at which the attempt had failed and the reason for non-completion. Z had attempted to penetrate the victim and was only unable to do so because of her movements. It was not momentary and he did not voluntarily desist. He only stopped because V had succeeded in frustrating his designs.

B3-081 The reduction made by the judge to reflect the fact that what occurred was, in law, an attempted offence of rape was too great given the circumstances of the case. Indeed, the judge had said that the circumstances were "pretty close to the full offence". There were other aggravating factors involved as well as the inevitable impact on V. The very least sentence that ought to have been imposed was one of five years and six months.

B3-082 *Commentary:* In many cases, an attempt should attract a lesser sentence, *ceteris paribus*, than a completed offence. This will principally be because the harm is harm intended but not caused, or that the harm caused is less severe than would otherwise be the case in a completed offence. Sexual offences, particularly rape, may well be an exceptional category, however. There may be cases where the attempt is just as serious as the completed offence—e.g. where penetration is attempted but not in fact achieved, causing physical injury. Imagining criminal offending as a timeline, with inchoate offences at one end and completed offences at the other, one might consider where an attempted offence falls—i.e. how close it is to the completed offence. Such an exercise might assist in some qualitative sense as to how great a reduction is required to reflect the incomplete nature of the offence.

Cases falling outside the sentencing guideline

The approach of the Court of Appeal (Criminal Division) has been to approach such cases on a case-by-case basis and the court has commented that the comparison of facts as between cases is not necessarily of much assistance. It is suggested that the starting point ought to be a consideration of the guideline, not least because it provides a consistent approach to the determination of sentence. Cases falling outside the guideline will probably be those involving multiple offences (and most commonly multiple victims). Having determined that the offending falls outside the guideline, it is suggested that it is prudent for the court to identify the reason(s) for this conclusion. Care needs to be taken when considering the sentences that would otherwise be imposed if the offending involved were single offences; the principle of totality of course precludes a simple arithmetical approach to sentence in cases of multiple offending. However, it is suggested that the first step can be safely navigated by illustrating that the appropriate sentence for one or more offences (but not the totality of the offending) is at the top of the offence range specified in the guideline. Thereafter, the court has to make a proportionate increase to that figure of 19 years (that being the top of the range) while keeping an eye on totality. Courts would be prudent to explicitly refer to the Totality Guideline. In determining how much above the figure of 19 years it is appropriate to go, it is suggested that reliance on previous decisions (such as those summarised above) is helpful in so far as it informs one's assessment of seriousness, though of course it is important to remember that these are fact-specific examples and placing too much weight on them may lead to error. Rather, it might be useful to use the cases as indicators of whether the case under consideration is intuitively more or less serious; that may provide an indication of whether the appropriate sentence is 20–25 years, 25–30 years or 30 years plus.

B3-083

Sexual Assault

Maximum Sentences

The offence of sexual assault, contrary to s.3 of the Sexual Offences Act 2003, has a maximum sentence of *10 years' imprisonment*.

B3-084

Availability of Sentencing Orders

Certain sentencing orders or consequences of conviction are only available, or apply, where the offence for which the offender has been convicted is a listed offence. The table below specifies whether the offence is a listed offence for the purpose of each of those sentencing orders or consequences of conviction.

B3-085

Custodial sentences

B3-086

Offence	SA 2020 Sch.13 (offender of particular concern)	SA 2020 Sch.14 (extended determinate sentences—previous offence condition)	SA 2020 Sch.15 (life for second listed offence)	SA 2020 Sch.17A (serious terrorism sentence)	SA 2020 Sch.18 (extended determinate sentences—specified offences)	SA 2020 Sch.19 (life sentence—dangerous offenders)	PCC(S)A 2000 s.109 (required life sentence for second listed offence committed between 30 September 1997 and 4 April 2005)
Sexual assault (s.3 SOA 2003)	Yes, Pt 1 where offence has a terrorist connection	No	No	No	Yes	No	No

Secondary orders and consequences of conviction

B3-087

Offences	SOA 2003 Sch.3 and 5 (sexual harm prevention order and notification—sex offences)	SCA 2007, Sch.1 (serious crime prevention order)	CTA 2008, ss.41–43 (notification—terrorism offences)	SI 2009/37 (barring from work with children and vulnerable adults)
Sexual assault (s.3 SOA 2003)	Yes[27]	No	No	Yes[28]

Sentencing Guideline: General

B3-088   The Sentencing Council has issued a Sexual Offences Definitive Guideline 2014. The guideline provides for an offence range of a community order to seven years' custody.

Harm is subdivided into three categories (1–3). Categories 1 and 2 contain factors which, if present, may indicate that the offence in question falls into that category. Cases falling within Category 3 are those for which the factors in Categories 1 and 2 are not present. Culpability is subdivided into two categories (A and B). Category A lists numerous factors which if present indicate that Category A is the appropriate category. Category B cases are those in which no Category A factors are present.

---

[27] Schedule 3 to the Sexual Offences Act 2003.
[28] Automatic inclusion on the children's list and the vulnerable adults list with an opportunity to make representations.

Interpreting/Applying the Guideline

General guidance

For general guidance on the application and interpretation of a number of harm and culpability factors that are used throughout the guideline, see B3-002.

B3-089

Touching of naked breast (harm)

R. v Elphicke [2021] EWCA Crim 407
The applicant sought leave to appeal against the placement of an offence of sexual assault in Category 2 harm on the basis he had touched the victim's naked breast where the victim had stated he had his hand "half over a mixture of her breast and bra", arguing this was not what was meant by the guideline and that there had to be more than mere skin-on-skin contact.

Held: the judge was clear that the applicant's hand did deliberately touch the victim's naked breast. The fact that that touching was achieved whilst the victim was clothed and/or was only partially successful because of the presence of underwear does not justify some lesser categorisation.

B3-090

Causing a person to engage in sexual activity without consent

Maximum Sentences

The offence of causing a person to engage in sexual activity without consent, contrary to s.4 of the Sexual Offences Act 2003, has a maximum sentence of *10 years' imprisonment* (for an offence not involving penetration) and a maximum sentence of *life imprisonment* (for an offence involving penetration).

B3-091

Availability of Sentencing Orders

Certain sentencing orders or consequences of conviction are only available, or apply, where the offence for which the offender has been convicted is a listed offence. The table below specifies whether the offence is a listed offence for the purpose of each of those sentencing orders or consequences of conviction.

B3-092

Custodial sentences

B3-093

Offence	SA 2020 Sch.13 (offender of particular concern)	SA 2020 Sch.14 (extended determinate sentences—previous offence condition)	SA 2020 Sch.15 (life for second listed offence)	SA 2020 Sch.17A (serious terrorism sentence)	SA 2020 Sch.18 (extended determinate sentences—specified offences)	SA 2020 Sch.19 (life sentence—dangerous offenders)	PCC(S)A 2000 s.109 (required life sentence for second listed offence committed between 30 September 1997 and 4 April 2005)
Causing a person to engage in sexual activity without consent—penetration (s.4 SOA 2003)	Yes, Pt 1 where offence has a terrorist connection	Yes: condition: the offender is liable on conviction on indictment to imprisonment for life	Yes[29]	No	Yes	Yes[30]	No
Causing a person to engage in sexual activity without consent—no penetration (s.4 SOA 2003)	Yes, Pt 1 where offence has a terrorist connection	No	No	No	Yes	No	No

---

[29] Where the offender is liable on conviction on indictment to imprisonment for life; the relevant date is 3 December 2012.

[30] Where the offender is liable on conviction on indictment to imprisonment for life.

Secondary orders and consequences of conviction

Offences	SOA 2003 Sch.3 and 5 (sexual harm prevention order and notification—sex offences)	SCA 2007, Sch.1 (serious crime prevention order)	CTA 2008, ss.41–43 (notification—terrorism offences)	SI 2009/37 (barring from work with children and vulnerable adults)
Causing a person to engage in sexual activity without consent—penetration (s.4 SOA 2003)	Yes[31]	No	No	Yes[32]
Causing a person to engage in sexual activity without consent—no penetration (s.4 SOA 2003)	Yes[33]	No	No	Yes[34]

B3-094

Sentencing Guideline: General

The Sentencing Council has issued a *Sexual Offences Definitive Guideline* 2014. The guideline provides for an offence range of a community order to seven years (for offences not involving penetration) and a range of a community order to 19 years (for offences involving penetration).

B3-095

Harm is divided into three categories. Category 2 contains factors which, if present, may indicate that the offence in question falls into that category. The extreme nature of one or more Category 2 factors may elevate an offence into Category 1. Cases falling within Category 3 are those for which the factors in Categories 1 and 2 are not present. Culpability is subdivided into two categories (A and B). Category A lists numerous factors which if present indicate that Category A is the appropriate category. Category B cases are those in which no Category A factors are present.

Interpreting/Applying the Guideline

For general guidance on the application and interpretation of a number of harm and culpability factors that are used throughout the guideline, see B3-002.

B3-096

---

[31] Schedule 3 to the Sexual Offences Act 2003.
[32] Automatic inclusion on the children's list and the vulnerable adults list with an opportunity to make representations.
[33] Schedule 3 to the Sexual Offences Act 2003.
[34] Automatic inclusion on the children's list and the vulnerable adults list with an opportunity to make representations.

SEXUAL OFFENCES

OFFENCES WHERE VICTIM IS AGED UNDER 16

Sexual Activity with a child

Maximum Sentences

B3-097 The offence of sexual activity with a child, contrary to s.9 of the Sexual Offences Act 2003, has a maximum sentence of *14 years' imprisonment*.

Availability of Sentencing Orders

B3-098 Certain sentencing orders or consequences of conviction are only available, or apply, where the offence for which the offender has been convicted is a listed offence. The table below specifies whether the offence is a listed offence for the purpose of each of those sentencing orders or consequences of conviction.

Custodial sentences

B3-099

Offence	SA 2020 Sch.13 (offender of particular concern)	SA 2020 Sch.14 (extended determinate sentences—previous offence condition)	SA 2020 Sch.15 (life for second listed offence)	SA 2020 Sch.17A (serious terrorism sentence)	SA 2020 Sch.18 (extended determinate sentences—specified offences)	SA 2020 Sch.19 (life sentence—dangerous offenders)	PCC(S)A 2000 s.109 (required life sentence for second listed offence committed between 30 September 1997 and 4 April 2005)
Sexual activity with a child (s.9 SOA 2003)	Yes, Pt 1 where offence has a terrorist connection	Yes	Yes[35]	No	Yes	No	No

---

[35] Relevant date 3 December 2012.

[1392]

Secondary orders and consequences of conviction

Offences	SOA 2003 Schs 3 and 5 (sexual harm prevention order and notification—sex offences)	SCA 2007 Sch.1 (serious crime prevention order)	CTA 2008 ss.41–43 (notification—terrorism offences)	SI 2009/37 (barring from work with children and vulnerable adults)
Sexual activity with a child (s.9 SOA 2003)	Yes[36]	No	No	Yes[37]

B3-100

Sentencing Guideline: General

The Sentencing Council has issued a *Sexual Offences Definitive Guideline* 2014. The guideline provides for an offence range of a community order to 10 years. Harm is subdivided into three categories (1–3). Category 1 concerns penetrative activity, either by or of the victim where it involves (a) penetration of the anus or vagina using a part of the body or an object; and (b) penile penetration of the mouth. Category 2 concerns the touching, or exposure, of naked genitalia or naked breasts by, or of, the victim. Cases falling within Category 3 are those for which the factors in Categories 1 and 2 are not present. Culpability is subdivided into two categories (A and B). Category A lists numerous factors which if present indicate that Category A is the appropriate category. Category B cases are those in which no Category A factors are present.

B3-101

By contrast to other sexual offences in the guidelines, the approach taken to the sentencing of this offence is to measure the harm principally by reference to the broad type of sexual activity itself, rather than focusing on the factors that are additional to the broad type of sexual activity (such as whether there was significant physical or psychological harm, or violence used or threatened) as a proxy for the total harm occasioned by the offence. This no doubt reflects (a) the wider actus reus of the offence as compared with, for example, rape or sexual assault; and (b) the fact that the unlawfulness stems from the circumstance element of the offence, namely the other party is a child under the age of 16 (and that other offences are available where the sexual activity was in fact—rather than in law—non-consensual).

Interpreting/Applying the Guideline

For general guidance on the application and interpretation of a number of harm and culpability factors that are used throughout the guideline, see B3-002.

B3-102

---

[36] Schedule 3 to the Sexual Offences Act 2003
[37] Automatic inclusion on the children's list and the vulnerable adults list with an opportunity to make representations.

Causing or inciting a child to engage in sexual activity

Maximum Sentences

B3-103 The offence of causing or inciting a child to engage in sexual activity, contrary to s.10 of the Sexual Offences Act 2003, has a maximum sentence of *14 years' imprisonment.*

Availability of Sentencing Orders

B3-104 Certain sentencing orders or consequences of conviction are only available, or apply, where the offence for which the offender has been convicted is a listed offence. The table below specifies whether the offence is a listed offence for the purpose of each of those sentencing orders or consequences of conviction.

Custodial sentences

B3-105

Offence	SA 2020 Sch.13 (offender of particular concern)	SA 2020 Sch.14 (extended determinate sentences—previous offence condition)	SA 2020 Sch.15 (life for second listed offence)	SA 2020 Sch.17A (serious terrorism sentence)	SA 2020 Sch.18 (extended determinate sentences—specified offences)	SA 2020 Sch.19 (life sentence—dangerous offenders)	PCC(S)A 2000 s.109 (required life sentence for second listed offence committed between 30 September 1997 and 4 April 2005)
Causing or inciting a child to engage in sexual activity (s.10 SOA 2003)	Yes, Pt 1 where offence has a terrorist connection	Yes	Yes[38]	No	Yes	No	No

---

[38] Relevant date: 3 December 2012.

Secondary orders and consequences of conviction

Offences	SOA 2003 Schs 3 and 5 (sexual harm prevention order and notification—sex offences)	SCA 2007 Sch.1 (serious crime prevention order)	CTA 2008 ss.41–43 (notification—terrorism offences)	SI 2009/37 (barring from work with children and vulnerable adults)
Causing or inciting a child to engage in sexual activity (s.10 SOA 2003)	Yes[39]	No	No	Yes[40]

B3-106

Sentencing Guideline: General

The Sentencing Council has issued a *Sexual Offences Definitive Guideline* 2014. The guideline is the same for the offence of sexual activity with a child. Reference should therefore be made to that section at B3-101 onwards.

B3-107

Interpreting/Applying the Guideline

General guidance

For general guidance on the application and interpretation of a number of harm and culpability factors that are used throughout the guideline, see B3-002.

B3-108

Same guideline for ss.9 and 10 offences

In *R. v Ahmed (Jakir)*,[41] it was observed that the same guideline applies to offences under s.9 of the Sexual Offences Act 2003 (sexual activity with a child) as offences under s.10 (causing or inciting a child to engage in sexual activity) and held on the facts of the case that no sexual activity had in fact taken place was a relevant factor in mitigation. Ceteris paribus, it is submitted that the latter is less serious than the former (in a similar way to the approach to sentencing attempts; see B3-030).

B3-109

No sexual activity occurs

For guidance as to the sentencing of offences where no sexual activity occurs, see B3-030.

B3-110

---

[39] Schedule 3 to the Sexual Offences Act 2003.
[40] Automatic inclusion on the children's list and the vulnerable adults list with an opportunity to make representations.
[41] [2017] EWCA Crim 1158; [2017] 2 Cr. App. R. (S.) 44.

Sexual activity with a child family member/Causing or inciting a child family member to engage in sexual activity

Maximum Sentences

B3-111 The offence of sexual activity with a child family member, contrary to s.25 of the Sexual Offences Act 2003, has a maximum sentence of *14 years' imprisonment*.

The offence of causing or inciting a child family member to engage in sexual activity, contrary to s.26 of the Sexual Offences Act 2003, has a maximum sentence of *14 years' imprisonment*.

Availability of Sentencing Orders

B3-112 Certain sentencing orders or consequences of conviction are only available, or apply, where the offence for which the offender has been convicted is a listed offence. The table below specifies whether the offence is a listed offence for the purpose of each of those sentencing orders or consequences of conviction.

Custodial sentences

B3-113

Offence	SA 2020 Sch.13 (offender of particular concern)	SA 2020 Sch.14 (extended determinate sentences—previous offence condition)	SA 2020 Sch.15 (life for second listed offence)	SA 2020 Sch.17A (serious terrorism sentence)	SA 2020 Sch.18 (extended determinate sentences—specified offences)	SA 2020 Sch.19 (life sentence—dangerous offenders)	PCC(S)A 2000 s.109 (required life sentence for second listed offence committed between 30 September 1997 and 4 April 2005)
Sexual activity with a child family member (s.25 SOA 2003)	Yes, Pt 1 where offence has a terrorist connection	Yes[42]	Yes[43]	No	Yes	No	No

---

[42] Where the offender is aged 18 or over at the time of the offence.
[43] Relevant date: 3 December 2012.

OFFENCES WHERE VICTIM IS AGED UNDER 16

Offence	SA 2020 Sch.13 (offender of particular concern)	SA 2020 Sch.14 (extended determinate sentences—previous offence condition)	SA 2020 Sch.15 (life for second listed offence)	SA 2020 Sch.17A (serious terrorism sentence)	SA 2020 Sch.18 (extended determinate sentences—specified offences)	SA 2020 Sch.19 (life sentence—dangerous offenders)	PCC(S)A 2000 s.109 (required life sentence for second listed offence committed between 30 September 1997 and 4 April 2005)
Causing or inciting a child family member to engage in sexual activity (s.26 SOA 2003)	Yes, Pt 1 where offence has a terrorist connection	Yes[44]	Yes[45]	No	Yes	No	No

Secondary orders and consequences of conviction

B3-114

Offences	SOA 2003 Schs 3 and 5 (sexual harm prevention order and notification—sex offences)	SCA 2007 Sch.1 (serious crime prevention order)	CTA 2008 ss.41–43 (notification—terrorism offences)	SI 2009/37 (barring from work with children and vulnerable adults)
Sexual activity with a child family member (s.25 SOA 2003)	Yes[46]	No	No	Yes[47]
Causing or inciting a child family member to engage in sexual activity (s.26 SOA 2003)	Yes[48]	No	No	Yes[49]

---

[44] Where the offender is aged 18 or over at the time of the offence.
[45] Relevant date: 3 December 2012.
[46] Schedule 3 to the Sexual Offences Act 2003: where the offender (a) was 18 or over or (b) is sentenced to imprisonment for a term of at least 12 months.
[47] Automatic inclusion on the children's list and the vulnerable adults list with an opportunity to make representations.
[48] Schedule 3 to the Sexual Offences Act 2003: where the offender (a) was 18 or over or (b) is sentenced to imprisonment for a term of at least 12 months.
[49] Automatic inclusion on the children's list and the vulnerable adults list with an opportunity to make representations.

Sentencing Guideline: General

B3-115 The Sentencing Council has issued a *Sexual Offences Definitive Guideline* 2014. The guideline provides for an offence range of a community order to 10 years. Harm is subdivided into three categories (1–3) relating to the type of sexual activity. Culpability is subdivided into two categories (A and B). Category A lists numerous factors which if present indicate that Category A is the appropriate category. Category B cases are those in which no Category A factors are present.

Interpreting/Applying the Guideline

General guidance

B3-116 For general guidance on the application and interpretation of a number of harm and culpability factors that are used throughout the guideline, see B3-002.

Engaging in sexual activity in the presence of a child/Causing a child to watch a sexual act

Maximum Sentences

B3-117 The offence of engaging in sexual activity in the presence of a child, contrary to s.11 of the Sexual Offences Act 2003, has a maximum sentence of *10 years' imprisonment*.

The offence of causing a child to watch a sexual act, contrary to s.12 of the Sexual Offences Act 2003, has a maximum sentence of *10 years' imprisonment*.

Availability of Sentencing Orders

B3-118 Certain sentencing orders or consequences of conviction are only available, or apply, where the offence for which the offender has been convicted is a listed offence. The table below specifies whether the offence is a listed offence for the purpose of each of those sentencing orders or consequences of conviction.

Custodial sentences

B3-119

Offence	SA 2020 Sch.13 (offender of particular concern)	SA 2020 Sch.14 (extended determinate sentences—previous offence condition)	SA 2020 Sch.15 (life for second listed offence)	SA 2020 Sch.17A (serious terrorism sentence)	SA 2020 Sch.18 (extended determinate sentences—specified offences)	SA 2020 Sch.19 (life sentence—dangerous offenders)	PCC(S)A 2000 s.109 (required life sentence for second listed offence committed between 30 September 1997 and 4 April 2005)
Engaging in sexual activity in the presence of a child (s.11 SOA 2003)	Yes, Pt 1 where offence has a terrorist connection	Yes	Yes[50]	No	Yes	No	No
Causing a child to watch a sexual act (s.12 SOA 2003)	Yes, Pt 1 where offence has a terrorist connection	Yes	Yes[51]	No	Yes	No	No

Secondary orders and consequences of conviction

B3-120

Offences	SOA 2003 Schs 3 and 5 (sexual harm prevention order and notification—sex offences)	SCA 2007 Sch.1 (serious crime prevention order)	CTA 2008 ss.41–43 (notification—terrorism offences)	SI 2009/37 (barring from work with children and vulnerable adults)
Engaging in sexual activity in the presence of a child (s.11 SOA 2003)	Yes[52]	No	No	Yes[53]

---

[50] Relevant date: 3 December 2012.
[51] Relevant date: 3 December 2012.
[52] Schedule 3 to the Sexual Offences Act 2003.
[53] Automatic inclusion on the children's list and the vulnerable adults list with an opportunity to make representations.

SEXUAL OFFENCES

Offences	SOA 2003 Schs 3 and 5 (sexual harm prevention order and notification—sex offences)	SCA 2007 Sch.1 (serious crime prevention order)	CTA 2008 ss.41–43 (notification—terrorism offences)	SI 2009/37 (barring from work with children and vulnerable adults)
Causing a child to watch a sexual act (s.12 SOA 2003)	Yes[54]	No	No	Yes[55]

Sentencing Guideline: General

B3-121 The Sentencing Council has issued a *Sexual Offences Definitive Guideline* 2014. The guideline provides for an offence range of a community order to six years.

Harm is subdivided into three categories (1–3). Category 1 concerns causing the victim to view extreme pornography or indecent images of children or engaging in or causing a child to view live sadism, sexual violence, sexual activity with an animal or a child. Category 2 concerns engaging in, or causing the victim to view images of or view live, penetrative sexual activity. Cases falling within Category 3 are those for which the factors in Categories 1 and 2 are not present. Culpability is subdivided into two categories (A and B). Category A lists numerous factors which if present indicate that Category A is the appropriate category. Category B cases are those in which no Category A factors are present.

Interpreting/Applying the Guideline

B3-122 For general guidance on the application and interpretation of a number of harm and culpability factors that are used throughout the guideline, see B3-002.

Arranging or facilitating the commission of a child sex offence

Maximum Sentences

B3-123 The offence of arranging or facilitating the commission of a child sex offence, contrary to s.14 of the Sexual Offences Act 2003, *has the same maximum sentence as the person would be liable to if the offence was completed where committed on or after 28 June 2022, and 14 years' imprisonment otherwise.*

Availability of Sentencing Orders

B3-124 Certain sentencing orders or consequences of conviction are only available, or apply, where the offence for which the offender has been convicted is a listed offence. The table below specifies whether the offence is a listed offence for the purpose of each of those sentencing orders or consequences of conviction.

---

[54] Schedule 3 to the Sexual Offences Act 2003.
[55] Automatic inclusion on the children's list and the vulnerable adults list with an opportunity to make representations.

Custodial sentences

Offence	SA 2020 Sch.13 (offender of particular concern)	SA 2020 Sch.14 (extended determinate sentences—previous offence condition)	SA 2020 Sch.15 (life for second listed offence)	SA 2020 Sch.17A (serious terrorism sentence)	SA 2020 Sch.18 (extended determinate sentences—specified offences)	SA 2020 Sch.19 (life sentence—dangerous offenders)	PCC(S)A 2000 s.109 (required life sentence for second listed offence committed between 30 September 1997 and 4 April 2005)
Arranging or facilitating the commission of a child sex offence (s.14 SOA 2003)	Yes, Pt 1 where offence has a terrorist connection	Yes	Yes[56]	No	Yes	No	No

Secondary orders and consequences of conviction

Offences	SOA 2003 Schs 3 and 5 (sexual harm prevention order and notification—sex offences)	SCA 2007 Sch.1 (serious crime prevention order)	CTA 2008 ss.41–43 (notification—terrorism offences)	SI 2009/37 (barring from work with children and vulnerable adults)
Arranging or facilitating the commission of a child sex offence (s.14 SOA 2003)	Yes[57]	Yes	No	Yes[58]

Sentencing Guideline: General

The Sentencing Council has issued a *Sexual Offences Definitive Guideline* 2022. The guideline provides that sentencers should refer to the guideline for the applicable, substantive offence. The level of harm should be determined by reference to the type of activity arranged or facilitated. Where the activity takes place, sentences commensurate with the applicable starting point and range will ordinarily be appropriate. Where no sexual activity takes place, the court should identify the category of harm on the basis of the sexual activity the offender intended, and

---

[56] Relevant date: 3 December 2012.
[57] Schedule 3 to the Sexual Offences Act 2003: where the offender (a) was 18 or over or (b) is sentenced to imprisonment for a term of at least 12 months.
[58] Automatic inclusion on the children's list and the vulnerable adults list with an opportunity to make representations.

then apply a downward adjustment at Step 2 to reflect the fact that no or lesser harm actually resulted. For offences involving significant commercial exploitation and/or an international element, it may, in the interests of justice, be appropriate to increase a sentence to a point above the category range. In exceptional cases, such as where a vulnerable offender performed a limited role, having been coerced or exploited by others, sentences below the starting point and range may be appropriate.

Accordingly, in addition to the cases listed below, reference should be made to the relevant section of this work concerning the appropriate offence.

Interpreting/Applying the Guideline

Approach to sentence

Approach where no sexual activity occurs

B3-128 For guidance as to the sentencing of offences where no sexual activity occurs, see B3-030.

Meeting a child following sexual grooming

Maximum Sentence

B3-129 The offence of meeting a child following sexual grooming, contrary to s.15 of the Sexual Offences Act 2003, has a maximum sentence of *10 years' imprisonment*.

Availability of Sentencing Orders

B3-130 Certain sentencing orders or consequences of conviction are only available, or apply, where the offence for which the offender has been convicted is a listed offence. The table below specifies whether the offence is a listed offence for the purpose of each of those sentencing orders or consequences of conviction.

OFFENCES WHERE VICTIM IS AGED UNDER 16

Custodial sentences

Offence	SA 2020 Sch.13 (offender of particular concern)	SA 2020 Sch.14 (extended determinate sentences—previous offence condition)	SA 2020 Sch.15 (life for second listed offence)	SA 2020 Sch.17A (serious terrorism sentence)	SA 2020 Sch.18 (extended determinate sentences—specified offences)	SA 2020 Sch.19 (life sentence—dangerous offenders)	PCC(S)A 2000 s.109 (required life sentence for second listed offence committed between 30 September 1997 and 4 April 2005)
Meeting a child following sexual grooming (s.15 SOA 2003)	Yes, Pt 1 where offence has a terrorist connection	Yes	Yes[59]	No	Yes	No	No

B3-131

Secondary orders and consequences of conviction

Offences	SOA 2003 Schs 3 and 5 (sexual harm prevention order and notification—sex offences)	SCA 2007 Sch.1 (serious crime prevention order)	CTA 2008 ss.41–43 (notification—terrorism offences)	SI 2009/37 (barring from work with children and vulnerable adults)
Meeting a child following sexual grooming (s.15 SOA 2003)	Yes[60]	No	No	Yes[61]

B3-132

Sentencing Guideline: General

The Sentencing Council has issued a *Sexual Offences Definitive Guideline* 2014. The guideline provides for an offence range of one to seven years imprisonment. This guideline takes a slightly different approach to the other sexual offences guidelines. It lists "raised" culpability and harm factors, and requires the sentence to determine whether an offence is properly described as falling within either or both of those categories. This is then translated into a category number, 1, 2 or 3, by reference to the presence of raised harm and culpability (1), raised harm or raised culpability (2) or grooming without raised harm or raised culpability (3).

B3-133

---

[59] Relevant date: 3 December 2012.
[60] Schedule 3 to the Sexual Offences Act 2003.
[61] Automatic inclusion on the children's list and the vulnerable adults list with an opportunity to make representations.

Interpreting/Applying the Guideline

General guidance

B3-134 For general guidance on the application and interpretation of a number of harm and culpability factors that are used throughout the guideline, see B3-002.

Sexual images exchanged (harm)

R. v Abdeen [2018] EWCA Crim 1227; [2018] 2 Cr. App. R. (S.) 22

B3-135 The appellant appealed against a sentence of 32 months' imprisonment imposed following a guilty plea to an offence of attempting to meet a child following sexual grooming. He had sent sexual messages to a Grindr profile he believed to be a 14-year-old boy, including sending images of his erect penis and buttocks.

On appeal against sentence, A submitted that: (a) the judge had erred in concluding that the case involved an exchange of images for the purposes of the guideline as the sending of images had been unilateral; and (b) the absence of a "real" victim meant that there could be no exchange and therefore there could be no greater harm for the purposes of the guideline, meaning that the judge's categorisation of the offence was wrong.

Held: allowing the appeal in part, that the submission in relation to the exchange of images was not pursued at the oral hearing and counsel was correct not to do so, accepting that the submission was untenable. The guidelines were not to be subjected to "semantic" analysis of that sort and they were not to be read as requiring consideration for the sending of explicit material before Category 1 could be engaged.

Approach where no sexual activity occurs

B3-136 For guidance as to the sentencing of offences where no sexual activity occurs, see B3-030.

Sexual communication with a child

Maximum Sentences

B3-137 The offence of sexual communication with a child, contrary to s.15A of the Sexual Offences Act 2003, has a maximum sentence of *two years' imprisonment*.

Availability of Sentencing Orders

B3-138 Certain sentencing orders or consequences of conviction are only available, or apply, where the offence for which the offender has been convicted is a listed offence. The table below specifies whether the offence is a listed offence for the purpose of each of those sentencing orders or consequences of conviction.

Custodial sentences

Offence	SA 2020 Sch.13 (offender of particular concern)	SA 2020 Sch.14 (extended determinate sentences—previous offence condition)	SA 2020 Sch.15 (life for second listed offence)	SA 2020 Sch.17A (serious terrorism sentence)	SA 2020 Sch.18 (extended determinate sentences—specified offences)	SA 2020 Sch.19 (life sentence—dangerous offenders)	PCC(S)A 2000 s.109 (required life sentence for second listed offence committed between 30 September 1997 and 4 April 2005)
Sexual communication with a child (s.15A SOA 2003)	Yes, Pt 1 where offence has a terrorist connection	No	No	No	Yes	No	No

B3-139

Secondary orders and consequences of conviction

Offences	SOA 2003 Schs 3 and 5 (sexual harm prevention order and notification—sex offences)	SCA 2007 Sch.1 (serious crime prevention order)	CTA 2008 ss.41–43 (notification—terrorism offences)	SI 2009/37 (barring from work with children and vulnerable adults)
Sexual communication with a child (s.15A SOA 2003)	Yes[62]	No	No	No

B3-140

Sentencing Guideline: General

The Sentencing Council has issued a *Sexual Offences Definitive Guideline* 2022. The guideline provides for an offence range of a community order to two years' imprisonment. Harm is subdivided into two categories (1–2). Category 1 concerns cases where sexual images or digital media is sent or received, or significant psychological harm or distress is caused or very likely to have been caused to the intended victim. Cases falling within Category 2 are those for which the factors in Category 1 are not present. Culpability is subdivided into two categories (A and B). Category A lists numerous factors which if present indicate that Category A is the appropriate category. Category B cases are those in which no Category A factors are present.

B3-141

---

[62] Schedule 3 to the Sexual Offences Act 2003.

Interpreting/Applying the Guideline

General guidance

B3-142   For general guidance on the application and interpretation of a number of harm and culpability factors that are used throughout the guideline, see B3-002.

Approach where the child victim doesn't exist

B3-143   For guidance as to the sentencing of offences where there is no child victim, see B3-030.

Abuse of position of trust: sexual activity with a child/Abuse of position of trust: causing or inciting a child to engage in sexual activity

Maximum Sentences

B3-144   Both offences, contrary to ss.16 and 17 of the Sexual Offences Act 2003, have a maximum sentence of *five years' imprisonment*.

Availability of Sentencing Orders

B3-145   Certain sentencing orders or consequences of conviction are only available, or apply, where the offence for which the offender has been convicted is a listed offence. The table below specifies whether the offence is a listed offence for the purpose of each of those sentencing orders or consequences of conviction.

Custodial sentences

B3-146

Offence	SA 2020 Sch.13 (offender of particular concern)	SA 2020 Sch.14 (extended determinate sentences—previous offence condition)	SA 2020 Sch.15 (life for second listed offence)	SA 2020 Sch.17A (serious terrorism sentence)	SA 2020 Sch.18 (extended determinate sentences—specified offences)	SA 2020 Sch.19 (life sentence—dangerous offenders)	PCC(S)A 2000 s.109 (required life sentence for second listed offence committed between 30 September 1997 and 4 April 2005)
Abuse of position of trust: sexual activity with a child (s.16 SOA 2003)	Yes, Pt 1 where offence has a terrorist connection	No	No	No	Yes	No	No

Offence	SA 2020 Sch.13 (offender of particular concern)	SA 2020 Sch.14 (extended determinate sentences—previous offence condition)	SA 2020 Sch.15 (life for second listed offence)	SA 2020 Sch.17A (serious terrorism sentence)	SA 2020 Sch.18 (extended determinate sentences—specified offences)	SA 2020 Sch.19 (life sentence—dangerous offenders)	PCC(S)A 2000 s.109 (required life sentence for second listed offence committed between 30 September 1997 and 4 April 2005)
Abuse of position of trust: causing or inciting a child to engage in sexual activity (s.17 SOA 2003)	Yes, Pt 1 where offence has a terrorist connection	No	No	No	Yes	No	No

Secondary orders and consequences of conviction

Offences	SOA 2003 Schs 3 and 5 (sexual harm prevention order and notification—sex offences)	SCA 2007 Sch.1 (serious crime prevention order)	CTA 2008 ss.41–43 (notification—terrorism offences)	SI 2009/37 (barring from work with children and vulnerable adults)
Abuse of position of trust: sexual activity with a child (s.16 SOA 2003)	Yes[63]	No	No	Yes[64]
Abuse of position of trust: causing or inciting a child to engage in sexual activity (s.17 SOA 2003)	Yes[65]	No	No	Yes[66]

---

[63] (Sch.3), if the offender has been (a) sentenced to a term of imprisonment, (b) detained in hospital or (c) made the subject of a community sentence of at least 12 months.

[64] Automatic inclusion on the children's list and the vulnerable adults list with an opportunity to make representations.

[65] (Sch.3), if the offender has been (a) sentenced to a term of imprisonment, (b) detained in hospital or (c) made the subject of a community sentence of at least 12 months.

[66] Automatic inclusion on the children's list and the vulnerable adults list with an opportunity to make representations.

Sentencing Guideline: General

B3-148 The Sentencing Council has issued a *Sexual Offences Definitive Guideline* 2014. The guideline provides for an offence range of a community order to two years. Harm is subdivided into three categories (1–3). Categories 1 and 2 list factors which, if present, indicate that that particular category may be the appropriate harm category for the offence in question. Cases falling within Category 3 are those for which the factors in Categories 1 and 2 are not present. The listed factors are directly concerned with the nature of the activity and operate on a simple scale from penetration (Category 1), through touching and exposure of naked breasts or genitalia (Category 2) and to lesser behaviour (implicitly, no such touching or exposure) (Category 3). Culpability is subdivided into two categories (A and B). Category A lists numerous factors which if present indicate that Category A is the appropriate category. Category B cases are those in which no Category A factors are present.

Interpreting/Applying the Guideline

B3-149 For general guidance on the application and interpretation of a number of harm and culpability factors that are used throughout the guideline, see B3-002.

Abuse of position of trust: sexual activity in the presence of a child/ Abuse of position of trust: causing a child to watch a sexual act

Maximum Sentences

B3-150 Both offences, contrary to ss.18 and 19 of the Sexual Offences Act 2003, have a maximum sentence of *five years' imprisonment*.

Availability of Sentencing Orders

B3-151 Certain sentencing orders or consequences of conviction are only available, or apply, where the offence for which the offender has been convicted is a listed offence. The table below specifies whether the offence is a listed offence for the purpose of each of those sentencing orders or consequences of conviction.

Custodial sentences

B3-152

Offence	SA 2020 Sch.13 (offender of particular concern)	SA 2020 Sch.14 (extended determinate sentences—previous offence condition)	SA 2020 Sch.15 (life for second listed offence)	SA 2020 Sch.17A (serious terrorism sentence)	SA 2020 Sch.18 (extended determinate sentences—specified offences)	SA 2020 Sch.19 (life sentence—dangerous offenders)	PCC(S)A 2000 s.109 (required life sentence for second listed offence committed between 30 September 1997 and 4 April 2005)
Abuse of posi-	Yes, Pt 1 where of-	No	No	No	Yes	No	No

OFFENCES WHERE VICTIM IS AGED UNDER 16

Offence	SA 2020 Sch.13 (offender of particular concern)	SA 2020 Sch.14 (extended determinate sentences—previous offence condition)	SA 2020 Sch.15 (life for second listed offence)	SA 2020 Sch.17A (serious terrorism sentence)	SA 2020 Sch.18 (extended determinate sentences—specified offences)	SA 2020 Sch.19 (life sentence—dangerous offenders)	PCC(S)A 2000 s.109 (required life sentence for second listed offence committed between 30 September 1997 and 4 April 2005)
tion of trust: sexual activity in the presence of a child (s.18 SOA 2003)	fence has a terrorist connection						
Abuse of position of trust: causing a child to watch a sexual act (s.19 SOA 2003)	Yes, Pt 1 where offence has a terrorist connection	No	No	No	Yes	No	No

Secondary orders and consequences of conviction

Offences	SOA 2003 Schs 3 and 5 (sexual harm prevention order and notification—sex offences)	SCA 2007 Sch.1 (serious crime prevention order)	CTA 2008 ss.41–43 (notification—terrorism offences)	SI 2009/37 (barring from work with children and vulnerable adults)
Abuse of position of trust: sexual activity in the presence of a child (s.18 SOA 2003)	Yes[67]	No	No	Yes[68]

B3-153

---

[67] Schedule 3 to the Sexual Offences Act 2003: where the offender has been (a) sentenced to a term of imprisonment, (b) detained in hospital or (c) made the subject of a community sentence of at least 12 months.

[68] Automatic inclusion on the children's list and the vulnerable adults list with an opportunity to make representations.

Offences	SOA 2003 Schs 3 and 5 (sexual harm prevention order and notification—sex offences)	SCA 2007 Sch.1 (serious crime prevention order)	CTA 2008 ss.41–43 (notification—terrorism offences)	SI 2009/37 (barring from work with children and vulnerable adults)
Abuse of position of trust: causing a child to watch a sexual act (s.19 SOA 2003)	Yes[69]	No	No	Yes[70]

Entencing Guideline: General

B3-154 The Sentencing Council has issued a *Sexual Offences Definitive Guideline* 2014. The guideline provides for an offence range of a community order to two years. Harm is subdivided into three categories (1–3). Categories 1 and 2 list factors which, if present, indicate that that particular category may be the appropriate harm category for the offence in question. Cases falling within Category 3 are those for which the factors in Categories 1 and 2 are not present. Culpability is subdivided into two categories (A and B). Category A lists numerous factors which if present indicate that Category A is the appropriate category. Category B cases are those in which no Category A factors are present.

Interpreting/Applying the Guideline

B3-155 For general guidance on the application and interpretation of a number of harm and culpability factors that are used throughout the guideline, see B3-002.

Offences where Victim aged under 13

Rape/Assault by penetration of a child under 13

Maximum Sentences

B3-156 Both rape of a child under 13, contrary to s.5 of the Sexual Offences Act 2003, and assault by penetration of a child under 13, contrary to s.6 of that Act, have a maximum sentence of life imprisonment.

Availability of Sentencing Orders

B3-157 Certain sentencing orders or consequences of conviction are only available, or apply, where the offence for which the offender has been convicted is a listed offence. The table below specifies whether the offence is a listed offence for the purpose of each of those sentencing orders or consequences of conviction.

---

[69] Schedule 3 to the Sexual Offences Act 2003: where the offender has been (a) sentenced to a term of imprisonment, (b) detained in hospital or (c) made the subject of a community sentence of at least 12 months.

[70] Automatic inclusion on the children's list and the vulnerable adults list with an opportunity to make representations.

OFFENCES WHERE VICTIM AGED UNDER 13

Custodial sentences

B3-158

Offence	SA 2020 Sch.13 (offender of particular concern)	SA 2020 Sch.14 (extended determinate sentences—previous offence condition)	SA 2020 Sch.15 (life for second listed offence)	SA 2020 Sch.17A (serious terrorism sentence)	SA 2020 Sch.18 (extended determinate sentences—specified offences)	SA 2020 Sch.19 (life sentence—dangerous offenders)	PCC(S)A 2000 s.109 (required life sentence for second listed offence committed between 30 September 1997 and 4 April 2005)
Rape of a child under 13 (s.5 SOA 2003)	Yes, Pt 2 (and Pt 1 where offence has a terrorist connection)	Yes	Yes[71]	No	Yes	Yes	Yes
Assault by penetration of a child under 13 (s.6 SOA 2003)	Yes, Pt 2 (and Pt 1 where offence has a terrorist connection)	Yes	Yes[72]	No	Yes	Yes	No

Secondary orders and consequences of conviction

B3-159

Offences	SOA 2003 Schs 3 and 5 (sexual harm prevention order and notification—sex offences)	SCA 2007 Sch.1 (serious crime prevention order)	CTA 2008 ss.41–43 (notification—terrorism offences)	SI 2009/37 (barring from work with children and vulnerable adults)
Rape of a child under 13 (s.5 SOA 2003)	Yes[73]	No	No	Yes[74]
Assault by penetration of a child under 13 (s.6 SOA 2003)	Yes[75]	No	No	Yes[76]

---

[71] Relevant date: 3 December 2012.
[72] Relevant date: 3 December 2012.
[73] Schedule 3 to the Sexual Offences Act 2003.
[74] Automatic inclusion on the children's list without an opportunity to make representations and the vulnerable adults list with an opportunity to make representations.
[75] Schedule 3 to the Sexual Offences Act 2003.
[76] Automatic inclusion on the children's list without an opportunity to make representations and the vulnerable adults list with an opportunity to make representations.

Sentencing Guideline: General

B3-160 The Sentencing Council has issued a *Sexual Offences Definitive Guideline* 2014. The guideline provides for an offence range of a six to 19 years' imprisonment for the s.5 offence (rape) and two to 19 years for the s.6 offence (assault by penetration).

Harm is subdivided into three categories (1–3). Category 2 lists factors which, if present, indicate that that particular category may be the appropriate harm category for the offence in question. The extreme nature of one or more of those factors may elevate a Category 2 offence into Category 1. Cases falling within Category 3 are those which do not fall into Categories 1 or 2. Culpability is subdivided into two categories (A and B). Category A lists numerous factors which if present indicate that Category A is the appropriate category. Category B cases are those in which no Category A factors are present.

Interpretation/application of the Guideline

General guidance

B3-161 For general guidance on the application and interpretation of a number of harm and culpability factors that are used throughout the guideline, see B3-002.

Offence will usually attract immediate custody

Attorney General's Reference (No.105 of 2014) (R. v Harrak [2014] EWCA Crim 2751; [2015] 1 Cr. App. R. (S.) 45)

B3-162 The court considered the need for immediate custodial sentences for offences contrary to s.5 of the Sexual Offences Act 2003.

Held: attention had been drawn to *R. v Corran*.[77] That was a case decided at a time prior to any guideline for this class of offending. It preceded the Sentencing Guidelines Council's guideline, which itself was replaced by that of the Sentencing Council. Accordingly, as a relevant sentencing authority *Corran* has limited value as sentencing practice has moved on. However, at [6] of that case the court remarked in relation to the s.5 offence of rape of a child under 13:

> "There will be very few cases in which immediate custody is not called for, even in relation to a young offender because the purpose of the legislation is to protect children under 13 from themselves, as well as from others minded to prey upon them."

Those observations hold good today.

B3-163 *Commentary:* This case must of course be read alongside the guideline on imposing custodial sentences and should not be taken as holding that inevitably any custodial sentence for rape of a child under 13 will be immediate. It does, however, reflect the seriousness of this type of offending, which will often require immediate custody for the purposes of punishment. Ordinarily it is incredibly unlikely that in any case of rape of a child under 13 the sentence will even be close to suspension given that the bottom of the category range for a Category 3B offence is six years' custody. Two—possibly exceptional—cases fall for consideration. First, where the offender is a child. Reference will be made to the *Children and Young Persons Guideline*, which includes a specific section on sexual offences. In such

---

[77] [2005] 2 Cr. App. R. (S.) 73.

circumstances, where the factors indicating a non-custodial sentence are present, the court will properly (though cautiously) consider a non-custodial sentence—for an example of a case where such a sentence was upheld, see *Attorney General's Reference (R. v CH)*.[78] Secondly, in circumstances—which will no doubt be rare—where it is accepted that the offender did not and could not have known that the victim was aged under 13, culpability may be significantly reduced. In those circumstances, however, it is submitted that the harm inherent in the offence (evidenced by the elements of the offence) is such that a non-immediate custodial sentence is still highly unlikely to be remotely commensurate with the seriousness of the offence.

Reasonable belief victim over 16

Attorney General's Reference (R. v Mascall (Jachin Joshua)) [2022] EWCA Crim 483; [2022] 2 Cr. App. R. (S.) 47

V (aged 12 years and 10 months) had joined the dating app "Tinder", which had a minimum age requirement of 18 years, where she met M who was 19. V told M she was aged 20 and that she had a car and accommodation of her own. V and M spent 36 hours together. They had vaginal intercourse in the car park of a shopping centre and M ejaculated in the vicinity of her vagina. On two separate occasions at different railway stations, V performed oral sex upon M. On each occasion, M ejaculated and V swallowed it. M was arrested and when interviewed, immediately admitted that he had had sex with V and that he thought that she might be a bit younger but at all times believed she was over 16. M pleaded guilty (full credit) to three counts of rape of a child under the age of 13, for which he received a three year community order.

B3-164

Held: the rubric in the guideline stated that there may be exceptional cases which merit a lengthy community order and that the "guideline may not be appropriate where the sentencer is satisfied that on the available evidence, and in the absence of exploitation, a young or particularly immature defendant genuinely believed, on reasonable grounds, that the victim was aged 16 or over and that they were engaging in lawful sexual activity."

The court was not aware of any previous decision in which this guideline had been considered in the context of an offender who reasonably believed that the child was aged 16 or over.

What existed here was a culpable lack of responsibility on the part of M rather than exploitation in the strict sense. M was the person as between the two of them who ought to have exercised responsibility.

B3-165

The judge found that M's belief in relation to V's age was reasonable. However, it remained the position that M spent a substantial period with V. He did not question the fact that they did not go to her flat. There was no sign of the car to which she supposedly had access. There can be an element of risk-taking when committing offences of this kind. That applied here. Taking all of those matters into account, this was not an exceptional case of the kind referred to in the Sentencing Council Definitive Guideline. In fact it was far from exceptional.

Commentary: In [2022] Crim L.R. 606,[79] Lyndon Harris commented that on the issue of exploitation, it appeared as if the court was ascribing to M a degree of

B3-166

---

[78] [2020] EWCA Crim 1736.
[79] L. Harris, "Sentencing: Attorney General's Reference (R. v Mascall) (Case Comment)" [2022] Crim L.R. 606–613.

negligence. He questioned whether in circumstances where M did not know that V was aged 12 (and in fact reasonably believed that she was at least 16), and thus did not appreciate that there was such a significant age disparity (notwithstanding that 16 to 19 may still be considered to be a relevant age disparity), the court's conclusion was sound, on the basis that the negligence did not appear to sit easily with the notion of exploitation. It is, however, understandable that the court may wish to deter "risk taking" or reckless blindness as to age.

Sexual images of victim recorded, retained, solicited or shared

Attorney General's Reference (R. v AAL[2021] EWCA Crim 1685)

B3-167 AAL would spend time with his much younger cousin, V when she was 6 or 7. On several occasions the respondent asked her to put on a leotard, which he provided. He would then blindfold her and tie her hands with cables. He would place a ball gag in her mouth and take photographs of her. On a single occasion the respondent asked her to play a game where he put various articles in her mouth, and she had to guess what it was. He then put his penis into her mouth until he ejaculated. On his hard drive when he was arrested were found 87 images of V, in one she was bare chested with a string chain wrapped around her (Category C images). In the others she was wearing a leotard. In many she had some sort of restraint, or gag.

The Attorney General submitted that for the purpose of the guideline of rape of a child under 13, these images were "Sexual images of victim recorded, retained, solicited or shared".

Held: it is correct that AAL took photographs of V in her leotard, but he did not record the assault. The offences involving photographs were an aggravating factor but they did not go to culpability at stage 1 of the guideline.

"Consensual" activity

Attorney General's Reference (R. v Gribby[2016] EWCA Crim 1847; [2017] 1 Cr. App. R. (S.) 18)

B3-168 The court considered the relevance of an allegation that the sexual activity had been "consensual" in the context of sex between a 12-year-old and a 17-year-old.

Held: the very designation of the offence of rape of a child under the age of 13 indicated the seriousness with which Parliament intended offending of the instant kind to be viewed. It was an offence that was statutorily different from the offence of sexual activity with a child. In such circumstances, the mere "fact" that the underage victim had "consented" to the activity, and that no force or coercion of any kind was used or needed, could not, of itself, give rise to some exceptional factor justifying a wholesale departure from the relevant guideline. The inability of a child under the age of 13 to consent in law to penile penetration was inherent in the offence.

Of course, if there was force or violence, or threat or coercion, that rendered what was, in itself, already a serious offence an even more serious offence: as the categorisation in the guideline illustrated. However, the converse was not true: in the sense that "consent" by an underage victim, even if this, of itself, was of some relevance, did not cause the offence to be considered as in some way exceptional. The underlying statutory rationale was that children under the age of 13 needed to be protected from themselves. Their emotional immaturity precluded the notion of any informed consent. That proposition, in fact, might

be particularly so in those cases (not in the instant case) where the child under
the age of 13 was seemingly an enthusiastic participant—e.g. *Attorney General's
Reference (No.142 of 2015) (R. v Brown)*.[80]

Those general observations do not cease to be of relevance simply because, **B3-169**
in any given case, the offender was under the age of 18 at the time of committing the offence—see *Attorney General's Reference (No.105 of 2014) (R. v Harrak)*[81] and *R. v G*.[82]

Although, of course, under the current legislation, no exceptional circumstances had to exist before a sentence might be properly suspended, the circumstances of offences of rape of a child under 13 are such that it required an exceptional case if a non-immediate sentence of custody was to be imposed. On the facts (where the 17-year-old offender had become aware the victim was 12 before "consensual" sex) there were no such exceptional circumstances.

Mistake as to age

Attorney General's Reference (No.105 of 2014) (R. v Harrak[2014] EWCA Crim 2751; [2015] 1 Cr. App. R. (S.) 45)

The court considered the sentence imposed on MH for offences of rape of a child **B3-170**
under 13 and sexual activity with a child under 13. MH had been 18 and the victim 12. He pleaded guilty on a basis of plea stating that he had been told by V that she was aged 16; however, he knew that she was still at school and suspected that she was under that age, nevertheless believing her to be aged over 13. In the opinion of an investigating officer, V looked as though she was aged 14 or 15. The pre-sentence report noted that MH was "very immature".

Held: MH did not know that the victim was aged only 12 at the relevant time and it was accepted that he was apparently shocked when he later found out the victim's true age and that he apparently no longer wished to have contact with her. That of course cannot provide a defence to a s.5 charge but it can operate as some mitigation, albeit limited, since he was aware that the victim was under age. On the facts of the case the immediate custodial sentence was not manifestly excessive.

Cases Falling Outside the Guideline Range

Very young victims; multiple offences involving penetration

R. v Watkins[2014] EWCA Crim 1677; [2015] 1 Cr. App. R. (S.) 6

W was the lead singer in a band called the Lostprophets. The band toured **B3-171**
extensively, with W using his fame and celebrity to secure sexual encounters with fans and, later, with their children. He recorded his sexual encounters, retaining and storing the various recordings. Both P and B were sexual partners of W. Acting independently of one another, both allowed W to commit sexual assaults on their infant children, V1, aged just over 12 months, and V2, aged just under 12 months at the relevant time. These assaults included attempted oral and anal rape, videos and pictures of the abuse and "drugging" of the victims with methamphetamine. Indecent images were found at W's address on his arrest. Of a total of 90 images, 45 were at Level 4 on the COPINE scale, with two being

---

[80] [2016] EWCA Crim 80; [2016] 1 Cr. App. R. (S.) 68.
[81] [2014] EWCA Crim 2751; [2015] 1 Cr. App. R. (S.) 45.
[82] [2008] UKHL 37; [2009] 1 Cr. App. R. 8.

at Level 5. The children in the images ranged from 2 to 14 years old. There were also 22 images of extreme pornography depicting bestiality with dogs. W pleaded guilty to 13 sexual offences, including two counts of attempted rape of a child under 13, one of conspiracy to rape a child under 13 and one of assault by penetration of a child under 13 and a large number of indecent images offences. He was sentenced to 29 years' imprisonment with an extended licence period of six years. P pleaded guilty to eight sexual offences, including one of conspiracy to rape a child under 13 and one of assault by penetration of a child under 13 and a large number of indecent images offences. She was sentenced to 17 years' imprisonment.

Held: in relation to W's sentence, it was clear that the judge ordered an extended licence period of six years that would create a total sentence of 35 years. The only issue that arose is whether the judge imposed a total sentence that, in a just and proportionate manner, reflected the whole of W's offending behaviour. These were offences against infant children of such shocking depravity that a very lengthy sentence of imprisonment was demanded. The judge plainly applied the principle of totality by concentrating on the appropriate total sentence for the combined seriousness of the offences of attempted rape of a child under 13, conspiracy to rape a child under 13 and assault by penetration of a child under 13. The sentence was not arguably manifestly excessive.

In relation to P, she was not in any sense a victim. She knew of W's reputation and proceeded to offer her child as the sacrifice for his continued interest in her. By her plea she acknowledged that she had agreed with W that her 12-month-old daughter should be raped by W with the intention that W would commit the rape. That was not an expression of fantasy but was a criminal agreement of the utmost seriousness, made against the background that P had already sexually abused her daughter for W's sexual gratification. The total sentence was not arguably manifestly excessive.

R. v DJ [2015] EWCA Crim 563; [2015] 2 Cr. App. R. (S.) 16

B3-172 The appellant, DJ, had repeatedly raped his five-year-old daughter, on a regular basis over a period of approximately 10 years. The activity also included DJ holding her nose, thereby forcing her to open her mouth so that he could insert his penis and force her to perform oral sex on him. Another girl, aged 15, who had run away from home, entered into a sexual relationship with DJ. She had "mental deficits" which meant that she had a "functioning level of a six to eight-year-old". Intercourse occurred on a regular basis, with DJ recording still and moving images of their activities on his mobile phone. Other victims included DJ's niece, a friend of DJ's daughter and four other girls who DJ had contacted via the internet. In addition, a large amount of material was found on DJ's mobile phone, including 500 indecent still and moving images, 200 of which he had recorded himself. There were five Category 5 images, 217 Category 4 videos and five extreme videos. Two of the videos were entitled "Little Hands" involving a two-year-old child masturbating DJ. Further images were found on DJ's laptop computer. After DJ was arrested and bailed, he contacted another male, M, with whom he discussed his historical abuse. Thereafter, they planned a meeting during the course of which the pair would abuse M's daughters by pretending that DJ was a cousin. DJ also shared indecent images with third parties. DJ pleaded guilty to numerous sexual offences, including rape, sexual activity with a child, indecent images offences and causing or inciting a child to engage in sexual activity. In addition, he was convicted of further offences over the course of two trials, including rape, causing or inciting a child under 13 to engage in sexual activity, abducting a child and sexual assault. He was sentenced to an extended sentence of 39 years, comprising a custodial term of 33 years and an extension period of six years.

On appeal against sentence, DJ, then aged 49 and with no previous convictions, submitted, inter alia, that sentences of the duration imposed on DJ should be reserved for what were the very worse type of cases exemplified by cases such as *R. v Watkins*,[83] a case that had "plumbed the depths of depravity", and *R. v P*,[84] with the concomitant submission that the instant case fell short of such cases; and that the sentence was out of line with "established authority", namely *R. v Coles*,[85] *R. v TS*[86] and *R. v H*.[87]

Held: none of the three cases described as "established authority" was a guideline case and, as a result, each was fact-specific. Watkins was a case which the court said "plumbed the depths of depravity". Care had to be taken in relying on phrases such as "the depths of depravity" as if those phrases established a particular category of offence. In any given case, there would be a number of factors to take into account. A case may reach the level of the utmost seriousness by a variety of routes and the attaching of labels was not a particularly good guide. What was required was a careful assessment of the facts.

Considering the relevant guideline, this case was not only a case of the repeated rape of the same victim, which would lead to a starting point of 15 years, but was one of the repeated rapes of more than one victim, together with rape of a further victim, and a large number of other serious sexual offences committed against young girls. In *Attorney General's Reference (No.27 of 2013) (R. v Burinskas)*,[88] the court said in respect of the respondent C, who had been convicted of the numerous rapes of young children over a 10-year period, that:

B3-173

> "Given the very prolonged period of time over which the offences of rape and buggery continued the custodial period [had to] be well above the sentencing range in the first bracket of the rape guideline."

Here, there were nine victims who were capable of being identified. There were multiple aggravating features, including breaches of trust, recording of the offending, threats to victims, deceit, grooming and controlling vulnerable individuals. The duration and scale of the offending was particularly substantial. While the features which made the instant case so very serious were not as eye-catching as those in *Watkins*, or as extreme as those in *P*, the offences approached a comparable level of gravity for different reasons.

None of the sentences imposed on DJ were open to criticism. However, in the particular circumstances of the instant case, the sentence was too long as the judge had not made sufficient allowance for totality. Accordingly, the sentence would be reduced to an extended sentence of 36 years, comprising a custodial term of 30 years with an extended licence of six years.

---

[83] [2014] EWCA Crim 1677; [2015] 1 Cr. App. R. (S.) 6 (p.41).
[84] [2009] EWCA Crim 1048.
[85] [2010] EWCA Crim 320.
[86] [2012] EWCA Crim 745.
[87] [2012] EWCA Crim 1521.
[88] [2014] EWCA Crim 334; [2014] 2 Cr. App. R. (S.) 45 (p.359).

R. v JM [2015] EWCA Crim 1638; [2016] 1 Cr. App. R. (S.) 21

B3-174 JM had systematically abused his daughter when she was aged 9–13. He groomed her by using sexualised language and exposing himself to her when she was aged nine, touching her breasts and genitalia as well as persuading her to insert a candle into her vagina. When she was aged 11 he began to rape her vaginally in various rooms of the family home at least once a week. He did not use a condom and ejaculated but not inside her vagina. On other occasions, he raped her orally. He isolated her from her younger siblings and discouraged her from telling anyone what he was doing by emotional blackmail. As a result of the abuse, the victim was withdrawn, suffered from depression and, as the trial approached, attempted to commit suicide. JM was convicted of 12 sexual offences committed against his daughter, including oral rape, assault by penetration and sexual assault against a child family member. He was sentenced to 22 years' imprisonment.

Held: in imposing a sentence beyond the category range, the judge clearly had in mind the Sentencing Council's observation that "offences may be of such severity, for example involving a campaign of rape that sentences of 20 years and above may be appropriate". Although the instant offending could not perhaps be described as a "campaign" of rape, it was systematic, persistent and planned and had gradually increased in severity so that JM "got his way" with V for his own selfish purposes. It was offending of a type that, in the words of the Sentencing Council, was of such severity to be comparable to a campaign of rape. Accordingly, the judge was quite right to depart from the category range. The sentence of 22 years was severe but justifiably so.

B3-175 *Commentary:* All these cases are fact-specific, and as the case of *DJ* makes clear do not purport to establish a particular category of offence. They should not be taken as exhaustive of the cases in which it is appropriate to go outside the guideline or as providing authority for the submission that in similar cases it will inevitably be appropriate to do so. In all cases all the circumstances of the offence(s) must be considered carefully before any decision is taken to impose a sentence outside the offence range, and the court should explain why it is in the interests of justice, on those particular facts, to do so. These cases are simply illustrations of circumstances in which the court has felt it justified to go outside the offence range available for the offence, and the sentences which they have imposed in doing so. It is notable that the guideline focuses on the severity of the offending to justify such a shift, not simply whether there was a campaign of rape. Furthermore, in recent times there appears to have been a quiet yet significant shift from the statement in the guideline that "sentences of 20 years and above may be appropriate" to the position at present where sentences of 30 years are imposed more frequently in very serious cases.

Sexual assault of a child under 13

Maximum Sentence

B3-176 The offence of sexual assault of a child under 13, contrary to s.7 of the Sexual Offences Act 2003, has a maximum sentence of *14 years' imprisonment.*

Availability of Sentencing Orders

B3-177 Certain sentencing orders or consequences of conviction are only available, or apply, where the offence for which the offender has been convicted is a listed offence. The table below specifies whether the offence is a listed offence for the purpose of each of those sentencing orders or consequences of conviction.

Custodial sentences

Offence	SA 2020 Sch.13 (offender of particular concern)	SA 2020 Sch.14 (extended determinate sentences—previous offence condition)	SA 2020 Sch.15 (life for second listed offence)	SA 2020 Sch.17A (serious terrorism sentence)	SA 2020 Sch.18 (extended determinate sentences—specified offences)	SA 2020 Sch.19 (life sentence—dangerous offenders)	PCC(S)A 2000 s.109 (required life sentence for second listed offence committed between 30 September 1997 and 4 April 2005)
Sexual assault of a child under 13 (s.7 SOA 2003)	Yes, Pt 1 where offence has a terrorist connection	Yes	Yes[89]	No	Yes	No	No

B3-178

Secondary orders and consequences of conviction

Offences	SOA 2003 Schs 3 and 5 (sexual harm prevention order and notification—sex offences)	SCA 2007 Sch.1 (serious crime prevention order)	CTA 2008 ss.41–43 (notification—terrorism offences)	SI 2009/37 (barring from work with children and vulnerable adults)
Sexual assault of a child under 13 (s.7 SOA 2003)	Yes[90]	No	No	Yes[91]

B3-179

Sentencing Guideline: General

The Sentencing Council has issued a *Sexual Offences Definitive Guideline* 2014. The guideline provides for an offence range of a community order to nine years. Harm is subdivided into three categories (1–3). The harm factors are divided between Categories 1 and 2, with abduction, violence and severe psychological harm falling within the former, and sustained incident, child is particularly vulnerable and additional degradation falling within the latter. Cases falling within Category 3 are those for which factors in categories 1 and 2 are not present. Culpability is subdivided into two categories (A and B). Category A lists numer-

B3-180

---

[89] Relevant date: 3 December 2012.
[90] Schedule 3 to the Sexual Offences Act 2003: where the offender (a) was 18 or over or (b) is sentenced to imprisonment for a term of at least 12 months.
[91] Lists 1 and 4.

ous factors which if present indicate that Category A is the appropriate category. Category B cases are those in which no Category A factors are present.

Interpreting/Applying the Guideline

B3-181 For general guidance on the application and interpretation of a number of harm and culpability factors that are used throughout the guideline, see B3-002.

Offences Falling Outside the Guidelines

Multiple victims

R. v Bradbury [2015] EWCA Crim 1176; [2015] 2 Cr. App. R. (S.) 72

B3-182 B was a consultant paediatric haematologist who was caring for a number of patients who suffered from serious disorders creating a need to monitor pubertal development. Over a period of four and a half years, B exploited that need to engage in sexual conduct with his child patients. There were 18 victims, all male children aged between 10 and 16. The counts were largely specimen counts, beginning within six months of B being in post and continuing until two days before he was suspended. Three victims were required to masturbate themselves so as to gain an erection. B then measured the length and width of their penises without any medical reason for doing so. A number of other victims were subjected to wholly unnecessary genital-development examinations, with B "fondling" their testicles and penises, having asked the children to remove their clothing. B also made repeated appointments in respect of one victim notwithstanding the fact that blood-test results had confirmed there was nothing medically wrong with the child. A number of victims aged under 13 were also subject to the same unnecessary medical examinations. A further count reflected B's attempts to use a "camera pen" in his coat pocket to obtain images of the boys when partially clothed. Examination of the pen showed that it contained 170,000 images, although only a few actually showed the boys partially clothed, none were indecent and none of the boys were identifiable. B pleaded guilty to a series of child sexual offences including 12 offences of sexual activity with a child, seven of sexual assault of a child under 13 and three of causing or inciting a child to engage in sexual activity. He was sentenced to 22 years' imprisonment.

Held: the facts presented a very difficult sentencing exercise. The sexual activity in itself, taken in isolation, was not of the most serious kind but the surrounding circumstances made the offending grave. B appeared to have targeted those who were particularly vulnerable and for whom the consequences would be the most severe. The court was yet to encounter a more egregious breach of trust. B had been trusted by his patients, their parents, his employers and his colleagues to look after the children in his care. The harm caused went far further than B's immediate victims. There had been far-reaching consequences for them, their families, the patients, the hospital, the practice of paediatrics and the health service in its management of child patients. Precious resources had to be diverted into enquiries and attempts to restore public confidence—resources that should have been used in treating sick people. It was of no surprise that the consequences of B's offending were so severe.

There were numerous aggravating features present—e.g. planning, targeting vulnerable children, exploitation of B's position (to the extent that this was not a factor covered by the breach of trust), taking photographs of his patients with a hidden camera and trying to have the assaults kept secret. At least one of the grossly aggravating features was not envisaged by the Sentencing Council when it drafted the Sexual Offences Definitive Guideline, namely leading a child and his parents to believe that he was ill or more seriously ill than he was simply to gain greater access to the child. There was only one mitigating feature: the fact that B had pleaded guilty at an early stage of the proceedings. The judge was correct to identify a total figure of 22 years as appropriate. However, a better way both to punish B and protect the public would be to restructure the sentence by imposing an extended sentence with a custodial term of 16 years and an extended licence period of six years.

Causing or inciting a child under 13 to engage in sexual activity

Maximum Sentence

The offence of causing or inciting a child under 13 to engage in sexual activity, contrary to s.8 of the Sexual Offences Act 2003, has a maximum sentence of *life imprisonment* (where penetrative activity is involved) and a maximum sentence of *14 years' imprisonment* (where there is no penetrative activity). **B3-183**

Availability of Sentencing Orders

Certain sentencing orders or consequences of conviction are only available, or apply, where the offence for which the offender has been convicted is a listed offence. The table below specifies whether the offence is a listed offence for the purpose of each of those sentencing orders or consequences of conviction. **B3-184**

Custodial sentences

B3-185

Offence	SA 2020 Sch.13 (offender of particular concern)	SA 2020 Sch.14 (extended determinate sentences—previous offence condition)	SA 2020 Sch.15 (life for second listed offence)	SA 2020 Sch.17A (serious terrorism sentence)	SA 2020 Sch.18 (extended determinate sentences—specified offences)	SA 2020 Sch.19 (life sentence—dangerous offenders)	PCC(S)A 2000 s.109 (required life sentence for second listed offence committed between 30 September 1997 and 4 April 2005)
Causing or inciting a child under 13 to engage in sexual activity (s.8 SOA 2003)	Yes, Pt 1 where offence has a terrorist connection	Yes	Yes[92]	No	Yes	Yes[93]	No

Secondary orders and consequences of conviction

B3-186

Offences	SOA 2003 Schs 3 and 5 (sexual harm prevention order and notification—sex offences)	SCA 2007 Sch.1 (serious crime prevention order)	CTA 2008 ss.41–43 (notification—terrorism offences)	SI 2009/37 (barring from work with children and vulnerable adults)
Causing or inciting a child under 13 to engage in sexual activity (s.8 SOA 2003)	Yes[94]	No	No	Yes[95]

Sentencing Guideline: General

B3-187   The Sentencing Council has issued a *Sexual Offences Definitive Guideline* 2014. The guideline provides for an offence range of one to 17 years. Harm is subdivided into three categories (1–3), with Category 2 being populated with factors which, if present, may indicate that Category 2 is the appropriate category. Cases falling within Category 1 are those where the extreme nature of the Category 2 factor(s) present justify elevating the case to Category 1. Cases falling within Category 3 are those for which the factors in Categories 1 and 2 are not present. Culpability is

---

[92] Relevant date: 3 December 2012.
[93] Where the offender is liable to imprisonment for life.
[94] Schedule 3 to the Sexual Offences Act 2003.
[95] Lists 1 and 4.

subdivided into two categories (A and B). Category A lists numerous factors which if present indicate that Category A is the appropriate category. Category B cases are those in which no Category A factors are present.

Interpreting/Applying the Guideline

General guidance

For general guidance on the application and interpretation of a number of harm and culpability factors that are used throughout the guideline, see B3-002. B3-188

Offence includes causing or inciting behaviour

In *R. v Ahmed (Jakir)*,[96] it was observed that the same guideline applies to offences under s.9 of the Sexual Offences Act 2003 (sexual activity with a child) as offences under s.10 (causing or inciting a child to engage in sexual activity) and held that on the facts of the case that no sexual activity had in fact taken place was a relevant factor in mitigation. Although this decision relates to the offences under ss.9–10 of the Act, it is submitted that the same principle applies to an offence under s.8 as the conduct forming the basis of the offence can be either that the child did in fact engage in sexual activity or that they did not but were incited to do so. Ceteris paribus, it is submitted that the latter is less serious than the former (in a similar way to the approach to sentencing attempts; see B3-030) and so the approach taken in this decision ought to extend to the s.8 offence. B3-189

No sexual activity

For guidance as to the sentencing of offences where no sexual activity occurs, see B3-030. B3-190

Offences where a victim has a mental disorder impeding choice

Introduction

This section deals with the following offences: B3-191

1) sexual activity with a person with a mental disorder impeding choice, contrary to s.30 of the Sexual Offences Act 2003;
2) causing or inciting a person, with a mental disorder impeding choice, to engage in sexual activity, contrary to s.31 of the Sexual Offences Act 2003;
3) engaging in sexual activity in the presence of a person with a mental disorder impeding choice, contrary to s.32 of the Sexual Offences Act 2003;
4) causing a person, with a mental disorder impeding choice, to watch a sexual act, contrary to s.33 of the Sexual Offences Act 2003;
5) inducement, threat or deception to procure sexual activity with a person with a mental disorder, contrary to s.34 of the Sexual Offences Act 2003;
6) causing a person with a mental disorder to engage in or agree to engage in

---

[96] [2017] EWCA Crim 1158; [2017] 2 Cr. App. R. (S.) 44.

sexual activity by inducement, threat or deception, contrary to s.35 of the Sexual Offences Act 2003;
7) engaging in sexual activity in the presence, procured by inducement, threat or deception, of a person with a mental disorder, contrary to s.36 of the Sexual Offences Act 2003;
8) causing a person with a mental disorder to watch a sexual act by inducement, threat or deception, contrary to s.37 of the Sexual Offences Act 2003.

In the case of each, reference should be made to the Sentencing Council's guideline.

Offence	Maximum sentence
Sexual activity with a person with a mental disorder impeding choice, contrary to s.30 of the Sexual Offences Act 2003	*Life imprisonment* (where penetrative activity is involved); *14 years' imprisonment* (where there is no penetrative activity)
Causing or inciting a person, with a mental disorder impeding choice, to engage in sexual activity, contrary to s.31 of the Sexual Offences Act 2003	*Life imprisonment* (where penetrative activity is involved); *14 years' imprisonment* (where there is no penetrative activity)
Engaging in sexual activity in the presence of a person with a mental disorder impeding choice, contrary to s.32 of the Sexual Offences Act 2003	*10 years' imprisonment*
Causing a person, with a mental disorder impeding choice, to watch a sexual act, contrary to s.33 of the Sexual Offences Act 2003	*10 years' imprisonment*
Inducement, threat or deception to procure sexual activity with a person with a mental disorder, contrary to s.34 of the Sexual Offences Act 2003	*Life imprisonment* (where penetrative activity is involved); *14 years' imprisonment* (where there is no penetrative activity)
Causing a person with a mental disorder to engage in or agree to engage in sexual activity by inducement, threat or deception, contrary to s.35 of the Sexual Offences Act 2003	*Life imprisonment* (where penetrative activity is involved); *14 years' imprisonment* (where there is no penetrative activity)
Engaging in sexual activity in the presence, procured by inducement, threat or deception, of a person with a mental disorder, contrary to s.36 of the Sexual Offences Act 2003	*10 years' imprisonment*
Causing a person with a mental disorder to watch a sexual act by inducement, threat or deception, contrary to s.37 of the Sexual Offences Act 2003	*10 years' imprisonment*

Availability of Sentencing Orders

Certain sentencing orders or consequences of conviction are only available, or apply, where the offence for which the offender has been convicted is a listed offence. The table below specifies whether these offences are a listed offence for the purpose of each of those sentencing orders or consequences of conviction.

B3-192

Custodial sentences

B3-193

Offence	SA 2020 Sch.13 (offender of particular concern)	SA 2020 Sch.14 (extended determinate sentences—previous offence condition)	SA 2020 Sch.15 (life for second listed offence)	SA 2020 Sch.17A (serious terrorism sentence)	SA 2020 Sch.18 (extended determinate sentences—specified offences)	SA 2020 Sch.19 (life sentence—dangerous offenders)	PCC(S)A 2000 s.109 (required life sentence for second listed offence committed between 30 September 1997 and 4 April 2005)
Sexual activity with a person with a mental disorder impeding choice (s.30 SOA 2003)	Yes, Pt 1 where offence has a terrorist connection	Yes[97]	Yes[98]	No	Yes	Yes[99]	No

---

[97] Where the offender is liable to imprisonment for life on conviction.
[98] Where the offender is liable on conviction on indictment to imprisonment for life; relevant date: 3 December 2012.
[99] Where the offender is liable to imprisonment for life on conviction.

Offence	SA 2020 Sch.13 (offender of particular concern)	SA 2020 Sch.14 (extended determinate sentences—previous offence condition)	SA 2020 Sch.15 (life for second listed offence)	SA 2020 Sch.17A (serious terrorism sentence)	SA 2020 Sch.18 (extended determinate sentences—specified offences)	SA 2020 Sch.19 (life sentence—dangerous offenders)	PCC(S)A 2000 s.109 (required life sentence for second listed offence committed between 30 September 1997 and 4 April 2005)
Causing or inciting a person with a mental disorder impeding choice to engage in sexual activity (s.31 SOA 2003)	Yes, Pt 1 where offence has a terrorist connection	Yes[100]	Yes[101]	No	Yes	Yes[102]	No
Engaging in sexual activity in the presence of a person with a mental disorder impeding choice (s.32 SOA 2003)	Yes, Pt 1 where offence has a terrorist connection	No	No	No	Yes	No	No

---

[100] Where the offender is liable to imprisonment for life on conviction.
[101] Where the offender is liable on conviction on indictment to imprisonment for life; relevant date: 3 December 2012.
[102] Where the offender is liable to imprisonment for life on conviction.

Offence	SA 2020 Sch.13 (offender of particular concern)	SA 2020 Sch.14 (extended determinate sentences—previous offence condition)	SA 2020 Sch.15 (life for second listed offence)	SA 2020 Sch.17A (serious terrorism sentence)	SA 2020 Sch.18 (extended determinate sentences—specified offences)	SA 2020 Sch.19 (life sentence—dangerous offenders)	PCC(S)A 2000 s.109 (required life sentence for second listed offence committed between 30 September 1997 and 4 April 2005)
Causing a person, with a mental disorder impeding choice, to watch a sexual act (s.33 SOA 2003)	Yes, Pt 1 where offence has a terrorist connection	No	No	No	Yes	No	No
Inducement, threat or deception to procure sexual activity with a person with a mental disorder (s.34 SOA 2003)	Yes, Pt 1 where offence has a terrorist connection	Yes[103]	Yes[104]	No	Yes	Yes[105]	No

---

[103] Where the offender is liable to imprisonment for life on conviction.
[104] Where the offender is liable on conviction on indictment to imprisonment for life; relevant date: 3 December 2012.
[105] Where the offender is liable to imprisonment for life on conviction.

Offence	SA 2020 Sch.13 (offender of particular concern)	SA 2020 Sch.14 (extended determinate sentences—previous offence condition)	SA 2020 Sch.15 (life for second listed offence)	SA 2020 Sch.17A (serious terrorism sentence)	SA 2020 Sch.18 (extended determinate sentences—specified offences)	SA 2020 Sch.19 (life sentence—dangerous offenders)	PCC(S)A 2000 s.109 (required life sentence for second listed offence committed between 30 September 1997 and 4 April 2005)
Causing a person with a mental disorder to engage in or agree to engage in sexual activity by inducement, threat or deception (s.35 SOA 2003)	Yes, Pt 1 where offence has a terrorist connection	Yes[106]	Yes[107]	No	Yes	Yes[108]	No
Engaging in sexual activity in the presence, procured by inducement, threat or deception, of a person with a mental disorder (s.36 SOA 2003)	Yes, Pt 1 where offence has a terrorist connection	No	No	No	Yes	No	No

---

[106] Where the offender is liable to imprisonment for life on conviction.
[107] Where the offender is liable on conviction on indictment to imprisonment for life; relevant date: 3 December 2012.
[108] Where the offender is liable to imprisonment for life on conviction.

Offence	SA 2020 Sch.13 (offender of particular concern)	SA 2020 Sch.14 (extended determinate sentences—previous offence condition)	SA 2020 Sch.15 (life for second listed offence)	SA 2020 Sch.17A (serious terrorism sentence)	SA 2020 Sch.18 (extended determinate sentences—specified offences)	SA 2020 Sch.19 (life sentence—dangerous offenders)	PCC(S)A 2000 s.109 (required life sentence for second listed offence committed between 30 September 1997 and 4 April 2005)
Causing a person with a mental disorder to watch a sexual act by inducement, threat or deception (s.37 SOA 2003)	Yes, Pt 1 where offence has a terrorist connection	No	No	No	Yes	No	No

Secondary orders and consequences of conviction

Offences	SOA 2003 Schs 3 and 5 (sexual harm prevention order and notification—sex offences)	SCA 2007 Sch.1 (serious crime prevention order)	CTA 2008 ss.41–43 (notification—terrorism offences)	SI 2009/37 (barring from work with children and vulnerable adults)
Sexual activity with a person with a mental disorder impeding choice (s.30 SOA 2003)	Yes[109]	No	No	Yes[110]
Causing or inciting a person with a mental disorder impeding choice to engage in sexual activity (s.31 SOA 2003)	Yes[111]	No	No	Yes[112]

B3-194

---

[109] Schedule 3 to the Sexual Offences Act 2003.
[110] List 1 (if committed against or in respect of a child) and List 3.
[111] Schedule 3 to the Sexual Offences Act 2003.
[112] List 1 (if committed against or in respect of a child) and List 3.

Offences	SOA 2003 Schs 3 and 5 (sexual harm prevention order and notification—sex offences)	SCA 2007 Sch.1 (serious crime prevention order)	CTA 2008 ss.41–43 (notification—terrorism offences)	SI 2009/37 (barring from work with children and vulnerable adults)
Engaging in sexual activity in the presence of a person with a mental disorder impeding choice (s.32 SOA 2003)	Yes[113]	No	No	Yes[114]
Causing a person, with a mental disorder impeding choice, to watch a sexual act (s.33 SOA 2003)	Yes[115]	No	No	Yes[116]
Inducement, threat or deception to procure sexual activity with a person with a mental disorder (s.34 SOA 2003)	Yes[117]	No	No	Yes[118]
Causing a person with a mental disorder to engage in or agree to engage in sexual activity by inducement, threat or deception (s.35 SOA 2003)	Yes[119]	No	No	Yes[120]
Engaging in sexual activity in the presence, procured by inducement, threat or deception, of a person with a mental disorder (s.36 SOA 2003)	Yes[121]	No	No	Yes[122]

---

[113] Schedule 3 to the Sexual Offences Act 2003.
[114] List 1 (if committed against or in respect of a child) and List 3.
[115] Schedule 3 to the Sexual Offences Act 2003.
[116] List 1 (if committed against or in respect of a child) and List 3.
[117] Schedule 3 to the Sexual Offences Act 2003.
[118] List 1 (if committed against or in respect of a child) and List 3.
[119] Schedule 3 to the Sexual Offences Act 2003.
[120] List 1 (if committed against or in respect of a child) and List 3.
[121] Schedule 3 to the Sexual Offences Act 2003.
[122] List 1 (if committed against or in respect of a child) and List 3.

Offences	SOA 2003 Schs 3 and 5 (sexual harm prevention order and notification—sex offences)	SCA 2007 Sch.1 (serious crime prevention order)	CTA 2008 ss.41–43 (notification—terrorism offences)	SI 2009/37 (barring from work with children and vulnerable adults)
Causing a person with a mental disorder to watch a sexual act by inducement, threat or deception (s.37 SOA 2003)	Yes (Sch.3)	No	No	Yes[123]

Interpreting/Applying the Guideline

General guidance

In relation to the guideline factors, reference should be made to the general section at the beginning of this chapter, which provides guidance (decided in relation to other offences) as to the application of terms commonly used in the guidelines.

It is a requisite element of these offences that the victim's mental disorder impeded their ability to consent to the sexual activity and that the offender knows or could reasonably be expected to know that this was the case. In all cases the victim will therefore be vulnerable by reason of their disorder. Accordingly, a finding of particular vulnerability such as to increase the seriousness of the offence as a harm factor is likely to be rare. This is because the Sentencing Council can be taken to have factored this into the starting points and category ranges listed in the guidelines. However, where the vulnerability of the victim far exceeds that inherent in the offending due to their personal circumstances, an increase in the guideline figures may be appropriate. In all cases it will also be necessary to assess the extent to which the victim has been targeted due to this vulnerability rather than the offender simply being aware of it (which it is submitted will remain a factor increasing culpability).

B3-195

Victim's "enjoyment" of sexual activity

R. v P [2015] EWCA Crim 753; [2015] 2 Cr. App. R. (S.) 28

The court considered an appeal against sentence in relation to a sentence imposed for an offence of sexual activity with a person with a mental disorder impeding choice, contrary to s.30 of the Sexual Offences Act 2003. The offender submitted, among other things, that regard should have been had to the fact that, in her interview, V spoke of her "enjoyment" of the sexual activity.

Held: refusing the renewed application, that the grounds of appeal were wholly without merit. V had been medically assessed as being incapable of consenting to sexual activity. Her comments as to her apparent enjoyment of what had occurred were therefore of limited, if any, significance at all. The approach of the judge could not legitimately be criticised. The offending amounted to a particularly horrific case of sexual abuse and a severe sentence was called for. Character and age hardly featured in a case of the instant type.

B3-196

---

[123] List 1 (if committed against or in respect of a child) and List 3.

Care Worker Offences

Introduction

B3-197 This section deals with the following offences:
1) care workers: sexual activity with a person with a mental disorder, contrary to s.38 of the Sexual Offences Act 2003;
2) care workers: causing or inciting sexual activity, contrary to s.39 of the Sexual Offences Act 2003;
3) care workers: sexual activity in the presence of a person with a mental disorder, contrary to s.40 of the Sexual Offences Act 2003;
4) care workers: causing a person with a mental disorder to watch a sexual act, contrary to s.41 of the Sexual Offences Act 2003.

In the case of each, reference should be made to the Sentencing Council's guideline.

Maximum Sentences

B3-198

Offence	Maximum sentence
Care workers: sexual activity with a person with a mental disorder, contrary to s.38 of the Sexual Offences Act 2003	*14 years' imprisonment* (where penetrative activity is involved); *10 years' imprisonment* (where there is no penetrative activity)
Care workers: causing or inciting sexual activity, contrary to s.39 of the Sexual Offences Act 2003	*14 years' imprisonment* (where penetrative activity is involved); *10 years' imprisonment* (where there is no penetrative activity)
Care workers: sexual activity in the presence of a person with a mental disorder, contrary to s.40 of the Sexual Offences Act 2003	*7 years' imprisonment*
Care workers: causing a person with a mental disorder to watch a sexual act, contrary to s.41 of the Sexual Offences Act 2003	*7 years' imprisonment*

Availability of Sentencing Orders

B3-199 Certain sentencing orders or consequences of conviction are only available, or apply, where the offence for which the offender has been convicted is a listed offence. The table below specifies whether these offences are a listed offence for the purpose of each of those sentencing orders or consequences of conviction.

Custodial sentences

Offence	SA 2020 Sch.13 (offender of particular concern)	SA 2020 Sch.14 (extended determinate sentences—previous offence condition)	SA 2020 Sch.15 (life for second listed offence)	SA 2020 Sch.17A (serious terrorism sentence)	SA 2020 Sch.18 (extended determinate sentences—specified offences)	SA 2020 Sch.19 (life sentence—dangerous offenders)	PCC(S)A 2000 s.109 (required life sentence for second listed offence committed between 30 September 1997 and 4 April 2005)
Care workers: sexual activity with a person with a mental disorder (s.38 SOA 2003)	Yes, Pt 1 where offence has a terrorist connection	No	No	No	Yes	No	No
Care workers: causing or inciting sexual activity (s.39 SOA 2003)	Yes, Pt 1 where offence has a terrorist connection	No	No	No	Yes	No	No
Care workers: sexual activity in the presence of a person with a mental disorder (s.40 SOA 2003)	Yes, Pt 1 where offence has a terrorist connection	No	No	No	Yes	No	No
Care workers: causing a person with a mental disorder to watch a sexual act (s.41 SOA 2003)	Yes, Pt 1 where offence has a terrorist connection	No	No	No	Yes	No	No

Secondary orders and consequences of conviction

B3-201

Offences	SOA 2003 Schs 3 and 5 (sexual harm prevention order and notification—sex offences)	SCA 2007 Sch.1 (serious crime prevention order)	CTA 2008 ss.41–43 (notification—terrorism offences)	SI 2009/37 (barring from work with children and vulnerable adults)
Care workers: sexual activity with a person with a mental disorder (s.38 SOA 2003)	Yes[124]	No	No	Yes[125]
Care workers: causing or inciting sexual activity (s.39 SOA 2003)	Yes[126]	No	No	Yes[127]
Care workers: sexual activity in the presence of a person with a mental disorder (s.40 SOA 2003)	Yes[128]	No	No	Yes[129]
Care workers: causing a person with a mental disorder to watch a sexual act (s.41 SOA 2003)	Yes[130]	No	No	Yes[131]

Interpreting/Applying the Guideline

B3-202   In relation to the guideline factors, reference should be made to the general section at the beginning of this chapter, which provides guidance (decided in relation to other offences) as to the application of terms commonly used in the guidelines.

It should be noted that unlike other offences committed against those with mental disorders, these offences do not require proof that the victim's mental disorder

---

[124] Schedule 3 to the Sexual Offences Act 2003 where the offender (a) was under the age of 18 or has been sentenced to imprisonment of at least 12 months; or (b) in any other case the offender has been (i) sentenced to a term of imprisonment, (ii) detained in hospital or (iii) made the subject of a community sentence of at least 12 months.
[125] List 1 (if committed against or in respect of a child) and List 3.
[126] Schedule 3 to the Sexual Offences Act 2003 where the offender (a) was under the age of 18 or has been sentenced to imprisonment of at least 12 months; or (b) in any other case the offender has been (i) sentenced to a term of imprisonment, (ii) detained in hospital or (iii) made the subject of a community sentence of at least 12 months.
[127] List 1 (if committed against or in respect of a child) and List 3.
[128] Schedule 3 to the Sexual Offences Act 2003 where the offender (a) was under the age of 18 or has been sentenced to imprisonment of at least 12 months; or (b) in any other case the offender has been (i) sentenced to a term of imprisonment, (ii) detained in hospital or (iii) made the subject of a community sentence of at least 12 months.
[129] List 1 (if committed against or in respect of a child) and List 3.
[130] Schedule 3 to the Sexual Offences Act 2003 where the offender (a) was under the age of 18 or has been sentenced to imprisonment of at least 12 months; or (b) in any other case the offender has been (i) sentenced to a term of imprisonment, (ii) detained in hospital or (iii) made the subject of a community sentence of at least 12 months.
[131] List 1 (if committed against or in respect of a child) and List 3.

impeded their ability to consent. The rationale for the criminalisation of these offences is that the vulnerability of the victim makes it inappropriate for someone who has a duty of care for them to have a sexual relationship with them. It is not that the victim cannot refuse or exercise free will. It is suggested that there are therefore two particular factors worth bearing closely in mind when sentencing for these offences. First, the extent to which the victim's mental disorder did bear on their vulnerability and capacity to consent. It is suggested that the lack of any particular vulnerability or relative restrictions on the ability to consent will not be a mitigating factor—as that would be inconsistent with the purpose of criminalisation—but their presence will be capable of aggravating the offence. Secondly, whether there has been an abuse of trust in relation to this offending. Here it is submitted that particular attention should be paid to the nexus between the position of authority the offender held and the offending. Was it simply that the position of trust was what led the two otherwise consenting adults to meet, or did the offender leverage that position in engaging in a sexual relationship with the victim or performing sexual acts in front of them? While some abuse of the relationship is an inevitable feature of the offence, a further particular abuse will, it is suggested, be capable of further aggravating the offence.

EXPLOITATION OFFENCES

Causing, inciting or controlling prostitution for gain

Maximum Sentences

The offences of causing or inciting prostitution for gain (s.52 of the Sexual Offences Act 2003) and controlling prostitution for gain (s.53 of the Sexual Offences Act 2003) both have a maximum sentence of *seven years' imprisonment*. **B3-203**

Availability of Sentencing Orders

Certain sentencing orders or consequences of conviction are only available, or apply, where the offence for which the offender has been convicted is a listed offence. The table below specifies whether the offences of causing or inciting prostitution for gain and controlling prostitution for gain are a listed offence for the purpose of each of those sentencing orders or consequences of conviction. **B3-204**

Custodial sentences

B3-205

Offence	SA 2020 Sch.13 (offender of particular concern)	SA 2020 Sch.14 (extended determinate sentences—previous offence condition)	SA 2020 Sch.15 (life for second listed offence)	SA 2020 Sch.17A (serious terrorism sentence)	SA 2020 Sch.18 (extended determinate sentences—specified offences)	SA 2020 Sch.19 (life sentence—dangerous offenders)	PCC(S)A 2000 s.109 (required life sentence for second listed offence committed between 30 September 1997 and 4 April 2005)
Causing or inciting prostitution for gain (s.52 SOA 2003)	Yes, Pt 1 where offence has a terrorist connection	No	No	No	Yes	No	No
Controlling prostitution for gain (s.53 SOA 2003)	Yes, Pt 1 where offence has a terrorist connection	No	No	No	Yes	No	No

Secondary orders and consequences of conviction

B3-206

Offences	SOA 2003 Schs 3 and 5 (sexual harm prevention order and notification—sex offences)	SCA 2007 Sch.1 (serious crime prevention order)	CTA 2008 ss.41–43 (notification—terrorism offences)	SI 2009/37 (barring from work with children and vulnerable adults)
Causing or inciting prostitution for gain (s.52 SOA 2003)	No	Yes	No	Yes[132]
Controlling prostitution for gain (s.53 SOA 2003)	Yes[133]	Yes	No	Yes[134]

---

[132] Automatic inclusion on the children's list and the vulnerable adults list with an opportunity to make representations.
[133] Sch.5 to the Sexual Offences Act 2003.
[134] Automatic inclusion on the children's list and the vulnerable adults list with an opportunity to make representations.

Sentencing Guideline: General

The Sentencing Council has issued a Sexual Offences Definitive Guideline 2014. **B3-207**
The guideline provides for an offence range of a low-level community order to six years' custody. Harm is subdivided into two categories, (1 and 2), with Category 1 being populated with factors which, if present, may indicate that Category 1 is the appropriate category. The Category 1 factors are principally factors indicating force or coercion has been used to ensure compliance. Culpability is subdivided into three categories (A–C). The factors listed in the categories are principally concerned with the involvement in the exploitation (e.g. causing/inciting/controlling on a significant commercial basis cf. performing limited function under direction).

Interpreting/Applying the Guideline

General guidance

For general guidance on the application and interpretation of a number of harm **B3-208**
and culpability factors that are used throughout the guideline, see B3-002.

Approach to sentence

R. v Fowler [2015] EWCA Crim 1745

The appellant was involved in setting up clients with prostitutes as an intermediary, and had arranged a prostitute for an undercover police officer at his bedsit. **B3-209**
The prostitute was 27 years old. In the room there was some drug paraphernalia and the appellant started to prepare and smoke some crack cocaine. This caused the police officer to ask the appellant to get him some heroin. The appellant agreed that he would do so. He took £20 for that, went and found his own supplier and purchased two £10 bags of heroin, which he was intending to take back to give to the policeman but other police officers intervened, arresting them all. The prostitute said that she was a working girl, had not known the appellant for long and used his flat and in return she would share her crack cocaine with him. She said that other girls also used his flat but they did not give him drugs—they simply used him. The appellant appealed a sentence of two years and six months' imprisonment imposed for one count of supplying a Class A drug and one count of controlling prostitution for gain.

When sentencing the judge observed that these sorts of offences are considered very seriously by these courts because prostitution is illegal, first and foremost, but also it is degrading to those involved in it, particularly the women who are involved in it, and the offender had had a significant role in that, in providing premises from which girls could operate.

Held: the judge was wrong to say that prostitution was illegal—this was off-street prostitution, which in itself is not a crime. The judge also said that prostitution is degrading to the women involved in it. Very frequently that will be true and, where it is true, it is a significant aggravating feature. Here, however, there was no evidence of anyone being degraded or that, if they were, that was the result of anything done by the appellant. In that sense it was the least serious kind of offence under s.53 which is capable of being committed. The court is required to focus in assessing seriousness in these prostitution offences on the extent to which the offender is in control of prostitution, identifying any exploitation and harm caused to the prostitutes, and assessing the level of any benefit obtained by the offender. An assessment of these factors shows that there was very little control and no coercion at all. It appears to have been the prostitute who was in charge of the transactions and the appellant acted as a broker and facilitator. The offence fell into Category 2B offence of the guideline but at the lower end of the range of seriousness. The sentence imposed was manifestly excessive and would be replaced with a sentence of six months' imprisonment suspended for two years.

B3-210 *Commentary:* As the court identifies in *Fowler* relevant to the sentencing of such offences will be: (1) the form of prostitution and whether it was itself illegal; (2) whether the prostitution was consensual or degrading; (3) the extent to which there is control or exploitation; and (4) the level of benefit obtained.

Keeping a brothel used for prostitution

Maximum Sentence

B3-211 The offence of keeping a brothel used for prostitution, contrary to s.33A of the Sexual Offences Act 1956, has a maximum sentence of *seven years' imprisonment*.

Availability of Sentencing Orders

B3-212 Certain sentencing orders or consequences of conviction are only available, or apply, where the offence for which the offender has been convicted is a listed offence. The table below specifies whether the offences of causing or inciting prostitution for gain and controlling prostitution for gain are a listed offence for the purpose of each of those sentencing orders or consequences of conviction.

Custodial sentences

B3-213

Offence	SA 2020 Sch.13 (offender of particular concern)	SA 2020 Sch.14 (extended determinate sentences—previous offence condition)	SA 2020 Sch.15 (life for second listed offence)	SA 2020 Sch.17A (serious terrorism sentence)	SA 2020 Sch.18 (extended determinate sentences—specified offences)	SA 2020 Sch.19 (life sentence—dangerous offenders)	PCC(S)A 2000 s.109 (required life sentence for second listed offence committed between 30 September 1997 and 4 April 2005)
Keeping a brothel used for prostitution (s.33A SOA 1956)	Yes, Pt 1 where offence has a terrorist connection	No	No	No	Yes	No	No

Secondary orders and consequences of conviction

Offences	SOA 2003 Schs 3 and 5 (sexual harm prevention order and notification—sex offences)	SCA 2007 Sch.1 (serious crime prevention order)	CTA 2008 ss.41–43 (notification—terrorism offences)	SI 2009/37 (barring from work with children and vulnerable adults)
Keeping a brothel used for prostitution (s.33A SOA 1956)	No	Yes	No	No

B3-214

Sentencing Guideline: General

The Sentencing Council has issued a Sexual Offences Definitive Guideline 2014. The guideline provides for an offence range of a low-level community order to six years' custody. Harm is subdivided into two categories (1 and 2), with Category 1 being populated with factors which, if present, may indicate that Category 1 is the appropriate category. The Category 1 factors are principally factors indicating force or coercion has been used to ensure compliance but also include cases where those under 18 are working in the brothel or there is an established community impact. Culpability is subdivided into three categories (A–C). The factors listed in the categories are principally concerned with the involvement in the exploitation (e.g. keeping a brothel on a significant commercial basis cf. performing limited function under direction).

B3-215

Interpreting/Applying the Guideline

For general guidance on the application and interpretation of a number of harm and culpability factors that are used throughout the guideline, see B3-002.

B3-216

Offences relating to exploitation of children

Maximum Sentences

The offences of causing or inciting sexual exploitation of a child (s.48 of the Sexual Offences Act 2003), controlling a child in relation to sexual exploitation (s.49 of the Sexual Offences Act 2003) and arranging or facilitating the sexual exploitation of a child (s.50 of the Sexual Offences Act 2003) all have a maximum sentence of *14 years' imprisonment*.

B3-217

Availability of Sentencing Orders

Certain sentencing orders or consequences of conviction are only available, or apply, where the offence for which the offender has been convicted is a listed offence. The table below specifies whether the offence is a listed offence for the purpose of each of those sentencing orders or consequences of conviction.

B3-218

Custodial sentences

B3-219

Offence	SA 2020 Sch.13 (offender of particular concern)	SA 2020 Sch.14 (extended determinate sentences—previous offence condition)	SA 2020 Sch.15 (life for second listed offence)	SA 2020 Sch.17A (serious terrorism sentence)	SA 2020 Sch.18 (extended determinate sentences—specified offences)	SA 2020 Sch.19 (life sentence—dangerous offenders)	PCC(S)A 2000 s.109 (required life sentence for second listed offence committed between 30 September 1997 and 4 April 2005)
Causing or inciting sexual exploitation of a child (s.48 SOA 2003)	Yes, Pt 1 where offence has a terrorist connection	Yes	Yes[135]	No	Yes	No	No
Controlling a child in relation to sexual exploitation (s.49 SOA 2003)	Yes, Pt 1 where offence has a terrorist connection	Yes	Yes[136]	No	Yes	No	No
Arranging or facilitating sexual exploitation of a child (s.50 SOA 2003)	Yes, Pt 1 where offence has a terrorist connection	Yes	Yes[137]	No	Yes	No	No

---

[135] Relevant date: 3 December 2012.
[136] Relevant date: 3 December 2012.
[137] Relevant date: 3 December 2012.

Secondary orders and consequences of conviction

B3-220

Offences	SOA 2003 Schs 3 and 5 (sexual harm prevention order and notification—sex offences)	SCA 2007 Sch.1 (serious crime prevention order)	CTA 2008 ss.41–43 (notification—terrorism offences)	SI 2009/37 (barring from work with children and vulnerable adults)
Causing or inciting sexual exploitation of a child (s.48 SOA 2003)	No	Yes	No	Yes[138]
Controlling a child in relation to sexual exploitation (s.49 SOA 2003)	No	Yes	No	Yes[139]
Arranging or facilitating sexual exploitation of a child (s.50 SOA 2003)	No	Yes	No	Yes[140]

Sentencing Guideline: General

The Sentencing Council has issued a Sexual Offences Definitive Guideline 2014. The guideline provides for an offence range of one to 13 years where the child is under the age of 13, 26 weeks to 11 years where the child is aged 13–15 and a community order to seven years where the child is aged 16–17. Harm is subdivided into two categories (1 and 2), with Category 1 being populated with factors which, if present, may indicate that Category 1 is the appropriate category. The factors are a mixture of those concerning the nature of the behaviour (e.g. penetrative activity) and broader features of the offending (e.g. threats of violence). Culpability is subdivided into three categories (A–C). The factors listed in the categories are principally concerned with the involvement in the exploitation (e.g. directing/controlling cf. performing limited function under direction).

B3-221

Interpreting/Applying the Guideline

For general guidance on the application and interpretation of a number of harm and culpability factors that are used throughout the guideline, see B3-002.

B3-222

---

[138] Automatic inclusion on the children's list and the vulnerable adults list with an opportunity to make representations.

[139] Automatic inclusion on the children's list and the vulnerable adults list with an opportunity to make representations.

[140] Automatic inclusion on the children's list and the vulnerable adults list with an opportunity to make representations.

Images

Indecent images of children

Maximum Sentences

B3-223 The offence of possession of an indecent photograph of child, contrary to s.160 of the Criminal Justice Act 1988, has a maximum sentence of *five years' imprisonment*.

The offence of taking/distributing/publishing indecent photographs of children, contrary to s.1 of the Protection of Children Act 1978, has a maximum sentence of *10 years' imprisonment*.

Availability of Sentencing Orders

B3-224 Certain sentencing orders or consequences of conviction are only available, or apply, where the offence for which the offender has been convicted is a listed offence. The table below specifies whether the offence is a listed offence for the purpose of each of those sentencing orders or consequences of conviction.

Custodial sentences

B3-225

Offence	SA 2020 Sch.13 (offender of particular concern)	SA 2020 Sch.14 (extended determinate sentences—previous offence condition)	SA 2020 Sch.15 (life for second listed offence)	SA 2020 Sch.17A (serious terrorism sentence)	SA 2020 Sch.18 (extended determinate sentences—specified offences)	SA 2020 Sch.19 (life sentence—dangerous offenders)	PCC(S)A 2000 s.109 (required life sentence for second listed offence committed between 30 September 1997 and 4 April 2005)
Possession of indecent photograph of child (s.160 CJA 1988)	Yes, Pt 1 where offence has a terrorist connection	No	No	No	Yes	No	No

Offence	SA 2020 Sch.13 (offender of particular concern)	SA 2020 Sch.14 (extended determinate sentences—previous offence condition)	SA 2020 Sch.15 (life for second listed offence)	SA 2020 Sch.17A (serious terrorism sentence)	SA 2020 Sch.18 (extended determinate sentences—specified offences)	SA 2020 Sch.19 (life sentence—dangerous offenders)	PCC(S)A 2000 s.109 (required life sentence for second listed offence committed between 30 September 1997 and 4 April 2005)
Taking/ distributing / possessing indecent photographs of children (s.1 PCA 1978)	Yes, Pt 1 where offence has a terrorist connection	Yes	Yes[141]	No	Yes	No	No

Secondary orders and consequences of conviction

Offences	SOA 2003 Schs 3 and 5 (sexual harm prevention order and notification—sex offences)	SCA 2007 Sch.1 (serious crime prevention order)	CTA 2008 ss.41–43 (notification—terrorism offences)	SI 2009/37 (barring from work with children and vulnerable adults)
Possession of indecent photograph of child (s.160 CJA 1988)	Yes[142]	No	No	Yes[143]
Taking/ distributing / possessing indecent photographs of children (s.1 PCA 1978)	Yes[144]	No	No	Yes[145]

B3-226

---

[141] Relevant date 3 December 2012.

[142] Sch. 3 to the Sexual Offences Act 2003, where the indecent photographs showed an image of persons under 16 and (a) the conviction, finding or caution was before 1 May 2004 or (b) the offender (i) was 18 or over or (ii) is sentenced to imprisonment for a term of at least 12 months.

[143] Automatic inclusion on the children's list and the vulnerable adults list with an opportunity to make representations.

[144] Sch. 3 to the Sexual Offences Act 2003, where the indecent photographs showed an image of persons under 16 and (a) the conviction, finding or caution was before 1 May 2004 or (b) the offender (i) was 18 or over or (ii) is sentenced to imprisonment for a term of at least 12 months.

[145] Automatic inclusion on the children's list and the vulnerable adults list with an opportunity to make representations.

Sentencing Guideline: General

B3-227 The Sentencing Council has issued a Sexual Offences Definitive Guideline 2014. The guideline provides for an offence range of a community order to three years for the s.160 offence, and a community order to nine years for the s.1 offence.

The guideline adopts a different approach to that taken with other sexual offences. By reference to the nature of the activity (possession, distribution or production) and the severity of the image (graded from Category A–C), a combined category is produced. Although this looks different from the usual methodology of the guidelines, the categorisation of the image is essentially the "harm" step and the categorisation of the conduct is essentially the "culpability" step. There are three points to note. First, distribution in the guideline includes possession with a view to distribution. Secondly, making an image by downloading is possession for the purpose of the guideline not production. Thirdly, where the most serious images are unrepresentative of the offender's conduct a lower category may be appropriate. A lower category will not, however, be appropriate if the offender has produced or taken (e.g. photographed) images of a higher category.

Interpreting/Applying the Guideline

Distribution of images

Attorney General's Reference (R. v Massivi and Hodge [2020] EWCA Crim 34)
B3-228 M (aged 62 and of previous good character) had been a member of a WhatsApp group who shared legal pornography. In February 2018 he received the following from a member of that group: a video of an adult woman engaging in penetrative sexual activity with two children aged about 7 and 12 (a Category A image); a video of a woman having sexual intercourse with a horse; and a video of a girl aged about five performing oral sex on an adult man (a Category A image). M was not the originator of those videos and had not asked for them to be sent to him but he distributed the first video five times. He also sent the third video to his partner, H (aged 56 and of previous good character). H sent that video on to her sister (a senior police officer) and 16 other persons with a note that said "Sorry had to send this. It's so sad that this person would put this out. Please post this and let's hope he gets life." M pleaded guilty to two counts of distributing an indecent photograph of a child and one count of possessing an extreme pornographic image. He was sentenced to 18 months' imprisonment suspended for 2 years. H pleaded guilty to one offence of distributing an indecent photograph of a child and was sentenced to a 12-month community order.

When sentencing the judge referred to the sentencing guideline for distribution offences, but said that the prosecution had submitted, "arguably generously", that he should view the gravity of the offending by reference to the possession guideline and he was "willing to accede" to their submission. He observed that one of the particularly serious aspects of the distribution of such videos was that the distributor had no means of knowing or controlling what use might be made of them by others, or to whom they might be sent.

The Attorney General sought leave to refer the sentence arguing, among other things, that sexual gratification is not an invariable feature of offences of this kind (noting they might be motivated by a desire for profit, or out of malice or ill-will) and that the concession by prosecuting counsel that M and H should be sentenced on the basis that they were possessors, not distributors, was wrongly made and risked inconsistency in sentencing.

Held: the facts and circumstances of this case were very unusual. One of the respects in which the case was unusual was that neither M nor H had any sexual interest in the videos. On the contrary, the judge expressly found in relation to H, and appears also to have accepted in relation to M, that they were disgusted by the images. It would be wrong to treat an absence of sexual interest in indecent images of children as being, without more, a reason why a court should treat a distribution offence as if it were a possession offence. The court did not, however, accept the submission that prosecution counsel either adopted such an approach himself or invited the judge to do so. While the judge did not expressly use the words of the statute and say that he was satisfied that it would be contrary to the interests of justice to apply the distribution guideline it is clear from his detailed sentencing remarks that that was his conclusion. On the facts of the case the judge was entitled to do so.

B3-229

Production/possession

R. v Bateman [2020] EWCA Crim 1333; [2021] 1 Cr. App. R. (S.) 54
The court provided guidance as to the categories of "production" and "possession" in the indecent images guideline.

B3-230

Held: (1) mere downloading without more amounts to possession; (2) the taking of an image at source is producing or creating that image; (3) the description in (2) is not a definitive statement of the circumstances when an image is produced or created; and (4) the divide between possession and production/creation is not fixed in stone and the concepts are not mutually exclusive; common sense indicates that an image might start as a merely downloaded copy (and be possessed) but then be produced into something altogether different and more offensive. An image might be a hybrid of a possessed image and a created or produced image. When determining the correct categorisation, a judge will thus need to form a view about the nature of the image and the extent to which it is merely downloaded, and/or the extent to which some creativity or production has been applied to it. That analysis will enable the judge to apply the guidelines in a calibrated manner which takes account of the different applicable starting points and ranges as between possession and production/creation in the guidelines.

R. v Jaycock [2024] EWCA Crim 954; [2024] 4 W.L.R. 65
J appealed against a sentence imposed in relation to offences of making indecent images of children, where he had created the images by superimposing the faces of two teenage girls known to him (some of which were from photographs taken by J) onto downloaded images of adult women engaged in sexual activity.

Held: J did in fact produce, and did not merely possess, the images which are the subject of the charges. It was he who digitally manipulated existing images to produce a new image. *Norval*[146] was clearly correct to say that the creation of the images in that case was not equivalent in terms of culpability or harm to the creation of images in which children were actually being abused.

To the extent that *Bateman* (see B3-230) and Norval were inconsistent, the approach adopted in Bateman was to be preferred. That was not on the basis of drawing a factual distinction dependent on who took one or more of the original photographs used in creating a new image, but because the guideline itself made clear that production includes, but was not limited to, the taking of an image at

---

[146] [2015] EWCA Crim 1694.

source. Whether an offender himself took a photograph used to create an indecent image may well be capable of being an aggravating feature of a particular case. But it was not in itself a basis for deciding whether what was in fact production should be sentenced as production, or sentenced only as possession. On the facts J did in fact produce, and did not merely possess, the images that were the subject of the charges: he digitally manipulated existing lawful images to produce new unlawful images. The judge had been correct to treat it as the lower end of production.

B3-231 *Commentary:* In [2021] Crim. L.R. 501,[147] it was suggested the following factors may be worth consideration in "hybrid" cases:

1) The nature of the original image (including its lawfulness to possess and the extent to which sexual activity is depicted in the image).
2) The nature and extent to which the image has been modified (including the source of the image of the child that has been used to modify the original image).
3) Whether the image used to modify the original image was of a real child.

When considering the extent of the modification it is suggested, as the court appeared to acknowledge in *Bateman*, that consideration must be given the seriousness of such modification in relation to the most serious types of production offences (for instance where the defendant produces a film or image of an actual child being abused).

Assessment of images

Child Abuse Image Database

R. v Pinkerton [2017] EWCA Crim 38; [2017] 4 W.L.R. 65

B3-232 The court gave guidance on the sentencing of indecent images offences.

Held: that there existed a mechanism which might assist in this process: the Child Abuse Image Database (CAID). This dealt with individual images but not movies and, to that extent, was limited but nonetheless was clearly a very useful resource. It was a national database intended to reduce the need for police officers or prosecutors repetitively to view large numbers of images. It enabled images on the database to be identified uniquely and then later reviewed at speed. Once an image had been graded separately by three police forces, it was stored on the database as an approved "trusted" grade. The database recognised indecent images, identified them individually and retained a record for future comparison. Since late 2015, police forces had access to the database. The Crown Prosecution Service had given guidance as to the use of the database to the effect that there should be sufficiently detailed descriptions of representative images that included any factor relevant to sentence and cited the guidelines' three aggravating features mentioned earlier. Use of that sort of process, where practicable, was highly desirable.

It was unnecessary, save in the most exceptional circumstances or where there was serious dispute as to the categorisation of images (which, of itself, should be extremely rare), for a judge to have to view the materials concerned. A categorisation exercise properly carried out and set out in witness statements

---

[147] L. Harris, "Sentencing: R. v Bateman (Paul Michael) (Case Comment)" [2021] Crim. L.R. 501–504.

and/or schedules should obviate that. If, on appeal, a single judge granted leave, there should normally be no need to require an officer to attend the Court of Appeal (Criminal Division) with the material for the court to view.

Deciding on the category that reflects the images

R. v Pinkerton [2017] EWCA Crim 38; [2017] 4 W.L.R. 65

The appellant appealed against a sentence of 32 months' imprisonment following guilty pleas to making indecent images (x2), possession of prohibited images and possession of extreme pornographic images. Count 1 concerned the possession of 80 pseudo images of children performing sexual acts with a young male. Counts 3 and 4 concerned approximately 1,250 Category A images, 1,600 Category B images and 2,600 Category C images for the purposes of the Sentencing Council's Sexual Offences Definitive Guideline. A further 12,000 images were not categorised. Count 2 concerned 63 images of persons performing oral sex or having sexual intercourse with animals. The images had been downloaded over a period of 30 months. B3-233

When sentencing the judge stated that he was going to impose a sentence outside the sentencing guideline, justifying that course not by reference to the number of images but because of the "depraved" nature of the images. On appeal against sentence, the appellant submitted that the judge was incorrect to, in effect, create a "Category A plus" when the guideline did not do so and that the judge was, in any event, incorrect to sentence outside the relevant guideline, with the result that the sentence imposed was manifestly excessive.

Held: dismissing the appeal, that (1) the quantity of Category A images was such that sentence had been properly passed by reference to that category in the guideline. A suggestion that this was inappropriate was unfounded. P had large quantities of images at all levels but that did not render the Category A material unrepresentative in the sense intended by the guideline where the Category A material represented a significant collection at that level and offending on a substantial scale in its own right. The guideline did not require a mathematical or ratio apportioning exercise. It required an exercise of judgement by the court in following the approach set out in the guideline.

It was inappropriate for the judge to have used his assessment of the particular depravity of one of the films shown to him as justifying moving outside the guideline. The Sentencing Council's guideline was created after extensive research and consultation that simplified the process of categorisation of images and reduced the number of categories to three from the five previously identified by the Sentencing Guidelines Council. It was not for police officers or judges to create their own separate categories above and beyond those created by the Sentencing Council. The dangers of inconsistency and subjectivity were all too obvious. The judge's approach was therefore inappropriate. B3-234

Step 2 of the guideline enabled the court further to consider the content of images by including as aggravating features the age and/or vulnerability of the child, discernible pain or distress suffered by the child and depiction of an intoxicated or drugged child. If prosecutors wished to rely on such aggravating features, then it was open to them to do so by reference to the analysis of the images. That had to be done in a way which addressed the categories and aggravating factors identified in the sentencing guideline rather than by applying a gloss to the identified categories.

Commentary: Although it was inappropriate here for the court to create a new B3-235

Step 1 category of "Category A plus" on the basis of the "depravity" of a single image, logic suggests that the "depravity" of the images is of relevance in relation to determining whether to move from the starting point (and if so whether to move up or down) once the Category has been determined. It would seem permissible to take account of the "depravity" at Step 2 of the guideline as an aggravating factor, potentially taking the sentence beyond the range. The risk of double counting is of course very real and caution should be exercised both in relation to the decision to aggravate the sentence by reference to the depravity of the material and the extent to which a sentence is increased.

Perpetuation of harm

R. v Pinkerton [2017] EWCA Crim 38; [2017] 4 W.L.R. 65

B3-236 The court considered the harm caused by downloading images.

Held: there was plainly a degree of indirect harm caused by downloading by playing a part in the perpetuation of a market that would lead to further abuse of children. The judge was entitled to refer to this and he did not attach undue weight to that factor. Ordinarily, that sort of harm in a downloading case should be regarded as already being reflected in the sentencing level resulting from application of the guideline but there was nothing wrong in judges referring to the type of harm caused by the type of offending in the instant case (where a significant number of Category A images had been downloaded).

Extreme pornography

Maximum Sentences

B3-237 The offence of possession of extreme pornographic images contrary to s.63 of the Criminal Justice and Immigration Act 2008 has a maximum sentence of *three years' imprisonment* where the activity depicted an act within s.63(7)(a) or (b) or (7A)(a) or (b), and a maximum sentence of *two years' imprisonment* otherwise.

Availability of Sentencing Orders

B3-238 Certain sentencing orders or consequences of conviction are only available, or apply, where the offence for which the offender has been convicted is a listed offence. The table below specifies whether the offence is a listed offence for the purpose of each of those sentencing orders or consequences of conviction.

Custodial sentences

Offence	SA 2020 Sch.13 (offender of particular concern)	SA 2020 Sch.14 (extended determinate sentences—previous offence condition)	SA 2020 Sch.15 (life for second listed offence)	SA 2020 Sch.17A (serious terrorism sentence)	SA 2020 Sch.18 (extended determinate sentences—specified offences)	SA 2020 Sch.19 (life sentence—dangerous offenders)	PCC(S)A 2000 s.109 (required life sentence for second listed offence committed between 30 September 1997 and 4 April 2005)
Possession of extreme pornographic images (s.63 CJIA 2008)	Yes, Pt 1 where offence has a terrorist connection	No	No	No	No	No	No

Notes
[1] [2017] EWCA Crim 38; [2017] 4 W.L.R. 65.

Secondary orders and consequences of conviction

Offences	SOA 2003 Schs 3 and 5 (sexual harm prevention order and notification—sex offences)	SCA 2007 Sch.1 (serious crime prevention order)	CTA 2008 ss.41–43 (notification—terrorism offences)	SI 2009/37 (barring from work with children and vulnerable adults)
Possession of extreme pornographic images (s.63 CJIA 2008)	No	No	No	Yes[148]

Sentencing Guideline: General

The Sentencing Council has not published an offence-specific guideline for this offence and therefore reference should, in the first instance, be made to the Council's General Guideline: Overarching Principles (see B1-009). That guideline provides a structure (in accordance with the methodology adopted by the offence-specific guidelines) with assistance in relation to assessing harm and culpability and aggravating and mitigating features.

---

[148] Automatic inclusion on the children's list and the vulnerable adult's list with an opportunity to make representations.

Use of the Indecent Images Guideline

R. v Oliver [2011] EWCA Crim 3114; [2012] 2 Cr. App. R. (S.) 45

B3-242 The court gave guidance as to the relevance of the indecent image guideline when sentencing offences of possessing extreme pornographic images.

Held: the maximum sentence for the offence of possession of extreme pornographic images was two years' imprisonment, and there were no guidelines for sentencing for such offences. The maximum sentence for offences of possession of indecent images is five years' custody—more than double the maximum sentence for these offences under s.63 of the 2008 Act— and the public would be surprised if the seriousness of possession of adult images should be equated with those which involved images of children. On principle there is no narrow comparison to be made between images of children and those of adults.

R. v Lewis [2012] EWCA Crim 1071; [2013] 1 Cr. App. R. (S.) 23

B3-243 The applicant had pleaded guilty to two counts of possessing extreme pornographic images, contrary to the Criminal Justice and Immigration Act 2008 s.63(1), in relation to 34 static images of adult females engaged in sexual activities with animals and 19 moving images of similar acts. He was sentenced to 12 months' imprisonment.

The sentencing judge had had regard to the Sentencing Guidelines Council's guidelines as to possession of child pornography (now replaced with the Sentencing Council's guideline on indecent images). She stated that while the offences were not identical, they were of a "similar kind", having regard to the fact that the images were to be treated in a like manner. She concluded that the case fell into the category of "a large number of level 5 images", bearing in mind that some were moving images and that they were of an extreme bestial nature.

The appellant, relying on *R. v Oliver*[149] submitted that it was wrong to treat the extreme pornography in this case as wholly analogous to Level 5 images of children.

B3-244 *Held:* the court in *Oliver* said there is no "narrow comparison"; it did not say that there is no comparison whatsoever between the two classes of case. One of the consequences of the widespread use of sentencing guidelines and their influence is that when a case before a court concerns an offence for which there is no guideline, the sentencing judge may well consider analogous guidelines as well as other cases of assistance. Where assistance of this sort is sought from a broadly analogous guideline, what is important is whether the result of the exercise produces a sentence that is manifestly excessive or wrong in principle for the offence or offences for which a defendant is being sentenced.

B3-245 *Commentary:* These two cases were both decided under the previous guideline for indecent images but it is submitted that they continue to be of general application. In short, the approach to seriousness for the s.63 offence should be informed by the indecent images guideline (see B3-227) but consideration will need to be given to the different harms of the offences, and the much lower maximum sentence for the s.63 offence. The sentencing levels will not therefore directly apply but the structure of the guideline will be likely to assist the court in approaching the sentence of these offences. In particular, consideration of (a) the type of act depicted in the image(s), the extent of the risk to the health of the person in the im-

---

[149] [2011] EWCA Crim 3114; [2012] 2 Cr. App. R. (S.) 45.

OTHER OFFENCES

age and the extent to which the animal may be harmed or otherwise distressed; and (b) whether the image was made or distributed, and if so, whether that was done for profit. It is recognised that those are not elements of the offence, but it is submitted that they plainly make the offence more serious. Additionally, the number of images found will be relevant, although it is noted that in the indecent images guidelines only a "high volume" falls to be considered as an aggravating factor at Step 2. Sentencers may also be wise to make reference to the *General Guideline: Overarching Principles Definitive Guideline 2019*.

OTHER OFFENCES

Exposure

Maximum Sentences

The offence of exposure, contrary to s.66 of the Sexual Offences Act 2003, has a maximum sentence of *two years' imprisonment*.

B3-246

Availability of Sentencing Orders

Certain sentencing orders or consequences of conviction are only available, or apply, where the offence for which the offender has been convicted is a listed offence. The table below specifies whether the offence is a listed offence for the purpose of each of those sentencing orders or consequences of conviction.

B3-247

Custodial sentences

B3-248

Offence	SA 2020 Sch.13 (offender of particular concern)	SA 2020 Sch.14 (extended determinate sentences—previous offence condition)	SA 2020 Sch.15 (life for second listed offence)	SA 2020 Sch.17A (serious terrorism sentence)	SA 2020 Sch.18 (extended determinate sentences—specified offences)	SA 2020 Sch.19 (life sentence—dangerous offenders)	PCC(S)A 2000 s.109 (required life sentence for second listed offence committed between 30 September 1997 and 4 April 2005)
Exposure (s.66 SOA 2003)	Yes, Pt 1 where offence has a terrorist connection	No	No	No	Yes	No	No

[1451]

Secondary orders and consequences of conviction

B3-249

Offences	SOA 2003 Schs 3 and 5 (sexual harm prevention order and notification—sex offences)	SCA 2007 Sch.1 (serious crime prevention order)	CTA 2008 ss.41–43 (notification—terrorism offences)	SI 2009/37 (barring from work with children and vulnerable adults)
Exposure (s.66 SOA 2003)	Yes[150]	No	No	Yes[151]

Sentencing Guideline: General

B3-250 The Sentencing Council has issued a Sexual Offences Definitive Guideline 2014. The guideline provides for an offence range of a fine to one year. This guideline takes a slightly different approach from the other sexual offences guidelines. It lists "raised" culpability and harm factors, and requires the sentence to determine whether an offence is properly described as falling within either or both of those categories. This is then translated into a category number, 1, 2 or 3, by reference to the presence of raised harm and culpability (1), raised harm or raised culpability (2) or without raised harm or raised culpability (3).

Interpreting/Applying the Guideline

General guidance

B3-251 For general guidance on the application and interpretation of a number of harm and culpability factors that are used throughout the guideline, see B3-002.

Voyeurism

Maximum Sentence

B3-252 The offence of voyeurism, contrary to s.67 of the Sexual Offences Act 2003, has a maximum sentence of *two years' imprisonment*.

Availability of Sentencing Orders

B3-253 Certain sentencing orders or consequences of conviction are only available, or apply, where the offence for which the offender has been convicted is a listed offence. The table below specifies whether the offence is a listed offence for the purpose of each of those sentencing orders or consequences of conviction.

---

[150] Schedule 3 to the Sexual Offences Act 2003, where (a) the offender was under 18 and sentenced to a term of imprisonment of at least 12 months; (b) in any other case (i) the victim was under 18 or (ii) the offender is (a) sentenced to a term of imprisonment, (b) detained in hospital or (c) made the subject of a community sentence of at least 12 months.

[151] Where committed against a child under 16 the offender is automatically included on the children's list and the vulnerable adult's list with an opportunity to make representations.

Custodial sentences

Offence	SA 2020 Sch.13 (offender of particular concern)	SA 2020 Sch.14 (extended determinate sentences—previous offence condition)	SA 2020 Sch.15 (life for second listed offence)	SA 2020 Sch.17A (serious terrorism sentence)	SA 2020 Sch.18 (extended determinate sentences—specified offences)	SA 2020 Sch.19 (life sentence—dangerous offenders)	PCC(S)A 2000 s.109 (required life sentence for second listed offence committed between 30 September 1997 and 4 April 2005)
Voyeurism (s.67 SOA 2003)	Yes, Pt 1 where offence has a terrorist connection	No	No	No	Yes	No	No

B3-254

Secondary orders and consequences of conviction

Offences	SOA 2003 Schs 3 and 5 (sexual harm prevention order and notification—sex offences)	SCA 2007 Sch.1 (serious crime prevention order)	CTA 2008 ss.41–43 (notification—terrorism offences)	SI 2009/37 (barring from work with children and vulnerable adults)
Voyeurism (s.67 SOA 2003)	Yes[152]	No	No	Yes[153]

B3-255

Sentencing Guideline: General

The Sentencing Council has issued a Sexual Offences Definitive Guideline 2014. The guideline provides for an offence range of a fine to 18 months. This guideline takes a slightly different approach from the other sexual offences guidelines. It lists "raised" culpability and harm factors, and requires the sentence to determine whether an offence is properly described as falling within either or both of those categories. This is then translated into a category number, 1, 2 or 3, by reference to the presence of raised harm and culpability (1), raised harm or raised culpability (2) or without raised harm or raised culpability (3).

B3-256

---

[152] Schedule 3 to the Sexual Offences Act 2003, where (a) the offender was under 18 and has been sentenced to a term of imprisonment of at least 12 months; (b) in any other case (i) the victim was under 18 or (ii) the offender in respect of the offence or finding is (a) sentenced to a term of imprisonment, (b) detained in a hospital or (c) made the subject of a community sentence of at least 12 months.

[153] Where committed against a child under 16 the offender is automatically included on the children's list and the vulnerable adults list with an opportunity to make representations.

Interpreting/Applying the Guideline

General guidance

B3-257 For general guidance on the application and interpretation of a number of harm and culpability factors that are used throughout the guideline, see B3-002.

Extensive offending

R. v Roddis [2021] EWCA Crim 1583; [2022] 1 Cr. App. R. (S.) 58

B3-258 R worked as a masseur between February 2016 and February 2019, offering massage and therapy to both men and women. In his treatment room he had installed a wall clock in which was concealed a camera linked to his laptop. This allowed him to take and record films of his female clients in a state of undress. The camera recorded over 900 women either undressing (when R had left the room) or turning over during the massage (when R had averted his gaze to afford the women some privacy). In interview, R admitted that he fully understood that what he had been doing involved criminal offences. R pleaded guilty at the first opportunity to nine counts of voyeurism. He was sentenced to four years' imprisonment.

In his sentencing remarks the judge referred to the definitive guideline and stated:

> "Culpability 1, because of the recording, the abuse of trust and the planning. And defence counsel suggests category 2, which seemed to fit at first blush, although some cases never quite fit into the guidance. Those who drafted the guidance did not conceive of a case where the offending would take place on an industrial scale, which is what happened here." *Held:* the scale of the offending was very considerable indeed, but fully capable of being reflected as a serious aggravating feature in the application of the guideline without departing from the discipline which the guideline is intended otherwise to provide. The starting point for each offence was indeed that related to Category 2. Unpalatable as that conclusion may have appeared to the judge, the offending simply did not involve either of the factors indicating raised harm in the guideline. The starting point was, therefore, a high level community order. That, however, was not an end to the matter. The guideline went on to provide that a case of particular gravity, reflected by multiple features of culpability or harm in step one, could merit upward adjusting from the starting point, before further adjustment for aggravating or mitigating features. In this case, the combination of the recordings, the abuse of trust and the high level of planning merited significant upward adjustment to the top of the sentencing range of 26 weeks' custody.

B3-259 The "industrial scale of the offending" was highly relevant. The balance of aggravating and mitigating features were such that the court was entitled to move up to a sentence of 30 weeks in respect of each count (reduced to 20 weeks, for the guilty pleas, and to 16 weeks for totality). A total sentence of three years' imprisonment was substituted.

OTHER OFFENCES

Sex with an adult relative

Maximum Sentences

Offences of sex with an adult relative, contrary to ss.64 and 65 of the Sexual Offences Act 2003, have a maximum sentence of *two years' imprisonment*.

B3-260

Availability of Sentencing Orders

Certain sentencing orders or consequences of conviction are only available, or apply, where the offence for which the offender has been convicted is a listed offence. The table below specifies whether the offence is a listed offence for the purpose of each of those sentencing orders or consequences of conviction.

B3-261

Custodial sentences

B3-262

Offence	SA 2020 Sch.13 (offender of particular concern)	SA 2020 Sch.14 (extended determinate sentences—previous offence condition)	SA 2020 Sch.15 (life for second listed offence)	SA 2020 Sch.17A (serious terrorism sentence)	SA 2020 Sch.18 (extended determinate sentences—specified offences)	SA 2020 Sch.19 (life sentence—dangerous offenders)	PCC(S)A 2000 s.109 (required life sentence for second listed offence committed between 30 September 1997 and 4 April 2005)
Sex with an adult relative: penetration (s.64 SOA 2003)	Yes, Pt 1 where offence has a terrorist connection	No	No	No	Yes	No	No
Sex with an adult relative: consenting to penetration (s.65 SOA 2003)	Yes, Pt 1 where offence has a terrorist connection	No	No	No	Yes	No	No

Secondary orders and consequences of conviction

B3-263

Offences	SOA 2003 Schs 3 and 5 (sexual harm prevention order and notification—sex offences)	SCA 2007 Sch.1 (serious crime prevention order)	CTA 2008 ss.41–43 (notification—terrorism offences)	SI 2009/37 (barring from work with children and vulnerable adults)
Sex with an adult relative: penetration (s.64 SOA 2003)	Yes[154]	No	No	No
Sex with an adult relative: consenting to penetration (s.65 SOA 2003)	Yes[155]	No	No	No

Notes

[1] Schedule 3 to the Sexual Offences Act 2003, where (a) the offender was under 18 and has been sentenced to a term of imprisonment of at least 12 months or (b) in any case, the offender is (i) sentenced to a term of imprisonment or (ii) detained in hospital.

[1] Schedule 3 to the Sexual Offences Act 2003, where (a) the offender was under 18 and has been sentenced to a term of imprisonment of at least 12 months or (b) in any case, the offender is (i) sentenced to a term of imprisonment or (ii) detained in hospital.

Sentencing Guideline: General

B3-264   The Sentencing Council has issued a Sexual Offences Definitive Guideline 2014. The guideline provides for an offence range of a fine to two years. This guideline takes a slightly different approach from the other sexual offences guidelines. It lists "raised" culpability and harm factors, and requires the sentence to determine whether an offence is properly described as falling within either or both of those categories. This is then translated into a category number, 1, 2 or 3, by reference to the presence of raised harm and culpability (1), raised harm or raised culpability (2) or without raised harm or raised culpability (3).

Interpreting/Applying the Guideline

B3-265   For general guidance on the application and interpretation of a number of harm and culpability factors that are used throughout the guideline, see B3-002.

Administering a substance with intent

Maximum Sentence

B3-266   The offence of administering a substance with intent, contrary to s.61 of the Sexual Offences Act 2003, has a maximum sentence of *10 years' imprisonment*.

---

[154] Schedule 3 to the Sexual Offences Act 2003, where (a) the offender was under 18 and has been sentenced to a term of imprisonment of at least 12 months or (b) in any case, the offender is (i) sentenced to a term of imprisonment or (ii) detained in hospital.

[155] Schedule 3 to the Sexual Offences Act 2003, where (a) the offender was under 18 and has been sentenced to a term of imprisonment of at least 12 months or (b) in any case, the offender is (i) sentenced to a term of imprisonment or (ii) detained in hospital.

OTHER OFFENCES

Availability of Sentencing Orders

Certain sentencing orders or consequences of conviction are only available, or apply, where the offence for which the offender has been convicted is a listed offence. The table below specifies whether the offence is a listed offence for the purpose of each of those sentencing orders or consequences of conviction.

B3-267

Custodial sentences

B3-268

Offence	SA 2020 Sch.13 (offender of particular concern)	SA 2020 Sch.14 (extended determinate sentences—previous offence condition)	SA 2020 Sch.15 (life for second listed offence)	SA 2020 Sch.17A (serious terrorism sentence)	SA 2020 Sch.18 (extended determinate sentences—specified offences)	SA 2020 Sch.19 (life sentence—dangerous offenders)	PCC(S)A 2000 s.109 (required life sentence for second listed offence committed between 30 September 1997 and 4 April 2005)
Administering a substance with intent (s.61 SOA 2003)	Yes, Pt 1 where offence has a terrorist connection	No	No	No	Yes	No	No

Secondary orders and consequences of conviction

B3-269

Offences	SOA 2003 Schs 3 and 5 (sexual harm prevention order and notification—sex offences)	SCA 2007 Sch.1 (serious crime prevention order)	CTA 2008 ss.41–43 (notification—terrorism offences)	SI 2009/37 (barring from work with children and vulnerable adults)
Administering a substance with intent (s.61 SOA 2003)	Yes[156]	No	No	Yes[157]

Sentencing Guideline: General

The Sentencing Council has issued a Sexual Offences Definitive Guideline 2014. The guideline provides for an offence range of a fine to two years. This guideline takes a slightly different approach from the other sexual offences guidelines. It lists "raised" culpability and harm factors, and requires the sentence to determine whether an offence is properly described as falling within either or both of those

B3-270

---

[156] Schedule 3 to the Sexual Offences Act 2003.
[157] Automatic inclusion on the children's list and the vulnerable adults list with an opportunity to make representations.

categories. This is then translated into a category number, 1, 2 or 3, by reference to the presence of raised harm and culpability (1), raised harm or raised culpability (2) or without raised harm or raised culpability (3).

Interpreting/Applying the Guideline

B3-271 For general guidance on the application and interpretation of a number of harm and culpability factors that are used throughout the guideline, see B3-002.

Additionally, it is suggested that one factor that will be significant in assessing the harm of the offence at Step 2 of the guidelines is the risk of physical harm that the substance posed. Ceteris paribus, an offence will be far more serious where there is a noxious substance used that carries with it a high risk of injury to the victim.

Another factor that will be significant in assessing the culpability of the offence at Step 2 of the guidelines is the offence that was intended to be committed. Clearly an offence of administering a substance with intent to commit rape will, in the absence of other factors, be more serious than an offence of administering a substance with intent to commit a sexual assault and this is reflected in the Category 1 factor "intended sexual offence attracts a statutory maximum of life imprisonment". It is, however, suggested that the statutory maxima should not be the end of this inquiry, and that a serious sexual offence was intended will be an aggravating factor even where that offence did not carry with it a maximum of life imprisonment. Similarly, it will be necessary to consider carefully the extent to which the offender has taken significant preparatory steps towards committing the offence, and the level of planning in which the offender had engaged.

Committing an offence with intent to commit a sexual offence

Maximum Sentence

B3-272 The offence of committing an offence with intent to commit a sexual offence contrary to s.62 of the Sexual Offences Act 2003 has a maximum sentence of *life imprisonment* where the substantive offence is one of kidnapping or false imprisonment is committed. Otherwise the maximum sentence is *10 years' imprisonment*.

Availability of Sentencing Orders

B3-273 Certain sentencing orders or consequences of conviction are only available, or apply, where the offence for which the offender has been convicted is a listed offence. The table below specifies whether the offence is a listed offence for the purpose of each of those sentencing orders or consequences of conviction.

Custodial sentences

B3-274

Offence	SA 2020 Sch.13 (offender of particular concern)	SA 2020 Sch.14 (extended determinate sentences—previous offence condition)	SA 2020 Sch.15 (life for second listed offence)	SA 2020 Sch.17A (serious terrorism sentence)	SA 2020 Sch.18 (extended determinate sentences—specified offences)	SA 2020 Sch.19 (life sentence—dangerous offenders)	PCC(S)A 2000 s.109 (required life sentence for second listed offence committed between 30 September 1997 and 4 April 2005)
Committing an offence with intent to commit a sexual offence (s.62 SOA 2003)	Yes, Pt 1 where offence has a terrorist connection	Yes[158]	Yes[159]	No	Yes	Yes[160]	No

Offences	SOA 2003 Schs 3 and 5 (sexual harm prevention order and notification—sex offences)	SCA 2007 Sch.1 (serious crime prevention order)	CTA 2008 ss.41–43 (notification—terrorism offences)	SI 2009/37 (barring from work with children and vulnerable adults)
Committing an offence with intent to commit a sexual offence (s.62 SOA 2003)	Yes[161]	No	No	Yes[162]

Sentencing Guideline: General

The Sentencing Council has issued a Sexual Offences Definitive Guideline 2014. **B3-275** The guideline does not provide an offence range, nor does it provide a structure for the assessment of seriousness, as is the custom with other sexual offences dealt with by the guideline. Instead, the guideline merely provides:

---

[158] Where the offender is liable on conviction on indictment to imprisonment for life.
[159] Where the offender is liable on conviction on indictment to imprisonment for life. Relevant date: 3 December 2012.
[160] Where the offender is liable on conviction on indictment to imprisonment for life.
[161] Schedule 3 to the Sexual Offences Act 2003. Where (a) the offender was under 18 and has been sentenced to a term of imprisonment of at least 12 months; (b) in any other case (i) the victim was under 18 or (ii) the offender in respect of the offence or finding is (a) sentenced to a term of imprisonment, (b) detained in a hospital or (c) made the subject of a community sentence of at least 12 months.
[162] List 2 and List 4.

"The starting point and range should be commensurate with that for the preliminary offence actually committed but with an enhancement to reflect the intention to commit a sexual offence. The enhancement will vary depending on the nature and seriousness of the intended sexual offence but 2 years' custody is suggested as a suitable enhancement where the intent was to commit rape or assault by penetration."

Reference should therefore be made to any guideline for the preliminary offence or, if no offence-specific guideline exists for that offence, the Sentencing Council's General Guideline: Overarching Principles Definitive Guideline 2019 and any relevant sentencing authorities for the preliminary offence.

Approach to Sentence

General guidance

B3-276   The guideline for this offence is rather inadequate in the extent of guidance it provides. The reality is that this offence will only be charged where an offence of attempt, contrary to s.1 of the Criminal Attempts Act 1981, cannot be proven—in other words where the offender has not done an act which is more than merely preparatory to the offence intended to be committed. A rather restrictive approach has, however, been taken to what is more than merely preparatory, as is illustrated by the case of *R. v Geddes*,[163] in which the Court of Appeal (Criminal Division) held that an offender who was apprehended in a school toilet with a rucksack containing a large kitchen knife, some lengths of rope and a roll of masking tape, in circumstances where he had no connection to the school, had not committed an act that was more than merely preparatory to attempted false imprisonment. It is clear then that an offender may have taken significant steps to equip themselves for offending and not have committed an attempt.

It is therefore suggested that in assessing the uplift to be given to a substantive offence for a commission of an offence under s.62 it is not only necessary to consider the nature and seriousness of the offence intended, but also to consider the extent to which the offender had taken significant preparatory steps towards committing it, and the level of planning in which the offender had engaged.

Furthermore, it is submitted that the indication of two years' custody given by the guideline for intended offences of rape and assault by penetration is illustrative only. First, it should be remembered that the maximum sentence for this offence is life imprisonment in certain circumstances. Secondly, given that in all circumstances there will be a need to consider the sentence imposed for the substantive offence (and therefore to engage with totality) it is better to look at the total sentence imposed rather than to focus overly on identifying a specific uplift for the s.62 offence.

Example

Preliminary offence kidnapping/false imprisonment

R. v Newton [2017] EWCA Crim 874; [2017] 2 Cr. App. R. (S.) 41

B3-277   The victim, V, a girl aged nine, had gone into a cubicle in a lavatory in a public park. The offender, N, had entered the neighbouring cubicle, stood on the lava-

---

[163] [1996] Crim. L.R. 894.

tory seat and using his mobile phone, began to film V holding his phone over the intersecting wall. When V noticed and pulled her trousers up N pushed his way into the cubicle occupied by V, using sufficient force to break the lock. His penis was exposed. He threatened to hit V if she called for help. V heard someone enter the lavatory and she called for help. N punched her near her left eye, causing bruising, slapped her across her right ear, causing reddening to the skin, and then hit her in the head. The first blow was of sufficient force to make V fall off the toilet seat. N then fled. He appealed against an extended sentence of 20 years (comprising a custodial sentence of 12 years and an extended licence of eight years) imposed following a guilty plea to committing an offence with intent to commit a sexual offence (as well as offences of voyeurism, breach of a sexual offences prevention order and assault by beating). He had been subject to a suspended sentence for voyeurism which was activated concurrently and had a significant record of sexual offending.

Held: the judge was entirely right to consider that a very lengthy prison sentence was the only appropriate way of dealing with N. Committing an offence with intent to commit a sexual offence, contrary to s.62(1) of the Sexual Offences Act 2003, was dealt with in the Sexual Offences Definitive Guideline. This stated, "the starting point and range should be commensurate with that of the preliminary offence actually committed with an enhancement to reflect the intention to commit a sexual offence". The preliminary offence committed was false imprisonment. During his false imprisonment of V in the lavatory, it was N's intention that he would sexually assault her by an act of digital penetration. The combination of those features, including an element of enhancement to reflect the intended sexual assault, meant that the judge was right to impose a very substantial term of imprisonment.

Although a very long sentence was entirely justified, the term of 18 years before credit for N's guilty plea was manifestly excessive in all the circumstances. The incident was not a completed or attempted rape, the detention of the child did not last for an extended period as it was in a public place and, although the violence used was gratuitous and frightening, this caused no serious physical injury to V.

The appropriate term after a trial was one of 15 years and, applying the appropriate credit for N's plea of guilty, a term of 10 years would be imposed to replace the sentence ordered by the judge. The judge was entirely right to impose an extended sentence and, although it was the maximum period under the legislation, the licence period of eight years could not be said to be either wrong in principle or manifestly excessive.

B3-278

Trespass with intent to commit a sexual offence

Maximum Sentence

The offence of trespass with intent to commit a sexual offence, contrary to s.63 of the Sexual Offences Act 2003, has a maximum sentence of *10 years' imprisonment*.

B3-279

Availability of Sentencing Orders

Certain sentencing orders or consequences of conviction are only available, or apply, where the offence for which the offender has been convicted is a listed

B3-280

offence. The table below specifies whether the offence is a listed offence for the purpose of each of those sentencing orders or consequences of conviction.

Custodial sentences

B3-281

Offence	SA 2020 Sch.13 (offender of particular concern)	SA 2020 Sch.14 (extended determinate sentences—previous offence condition)	SA 2020 Sch.15 (life for second listed offence)	SA 2020 Sch.17A (serious terrorism sentence)	SA 2020 Sch.18 (extended determinate sentences—specified offences)	SA 2020 Sch.19 (life sentence—dangerous offenders)	PCC(S)A 2000 s.109 (required life sentence for second listed offence committed between 30 September 1997 and 4 April 2005)
Trespass with intent to commit a sexual offence (s.63 SOA 2003)	No	Yes, Pt 1 where offence has a terrorist connection	No	No	Yes	No	No

Secondary orders and consequences of conviction

B3-282

Offences	SOA 2003 Schs 3 and 5 (sexual harm prevention order and notification—sex offences)	SCA 2007 Sch.1 (serious crime prevention order)	CTA 2008 ss.41–43 (notification—terrorism offences)	SI 2009/37 (barring from work with children and vulnerable adults)
Trespass with intent to commit a sexual offence (s.63 SOA 2003)	Yes[164]	No	No	Yes[165]

Sentencing Guideline: General

B3-283   The Sentencing Council has issued a Sexual Offences Definitive Guideline 2014. The guideline provides for an offence range of a fine to two years. This guideline takes a slightly different approach from the other sexual offences guidelines. It lists "raised" culpability and harm factors, and requires the sentence to determine whether an offence is properly described as falling within either or both of those

---

[164] Schedule 3 to the Sexual Offences Act 2003: where (a) the offender was under 18 and has been sentenced to a term of imprisonment of at least 12 months; (b) in any other case (i) the victim was under 18 or (ii) the offender in respect of the offence or finding is (a) sentenced to a term of imprisonment, (b) detained in a hospital or (c) made the subject of a community sentence of at least 12 months.

[165] Automatic inclusion on the children's list and the vulnerable adult's list with an opportunity to make representations.

categories. This is then translated into a category number, 1, 2 or 3, by reference to the presence of raised harm and culpability (1), raised harm or raised culpability (2) or without raised harm or raised culpability (3).

Interpreting/Applying the Guideline

General guidance

For general guidance on the application and interpretation of a number of harm and culpability factors that are used throughout the guideline, see B3-002.

B3-284

One factor that will be significant in assessing the culpability of the offence at Step 2 of the guidelines is the offence that was intended to be committed (by analogy with the guideline for offending contrary to s.62 of the Sexual Offences Act 2003). Clearly an offence of trespass with intent to commit rape will, in the absence of other factors, be more serious than an offence of trespass with intent to commit a sexual assault and this is reflected in the Category 1 factor "intended sexual offence attracts a statutory maximum of life imprisonment". It is, however, suggested that the statutory maxima are not the end of this inquiry, and that a serious sexual offence was intended will be an aggravating factor even where that offence did not carry with it a maximum of life imprisonment. Similarly, it will be necessary to consider carefully the extent to which the offender has taken significant preparatory steps towards committing the offence, and the level of

Relevant factors would also appear to include whether a weapon was used in the trespass (rather than simply possessed with intent), whether damage was done to the property and the extent to which entry was forced, whether non-sexual offending occurred (i.e. assaults) and the psychological or physical harm suffered by the victim.

CHAPTER B4

PROPERTY OFFENCES

DISHONESTY OFFENCES

Theft Offences

Theft

Maximum sentences

The offence of theft, contrary to s.1 of the Theft Act 1968, has a maximum sentence of *seven years' imprisonment* unless it is an offence of low-value shoplifting (shoplifting where the stolen goods are worth less than £200) within the meaning of s.22A of the Magistrates' Courts Act 1980 where the maximum is *six months' imprisonment*. B4-001

Where multiple offences have been "charged on the same occasion" then by virtue of s.22A(4) of the 1980 Act "the reference to the value involved has effect as if it were a reference to the aggregate of the values involved." Offences are "charged on the same occasion" when the accused appears before the magistrates' court to answer the charges on that occasion—they do not need to have been instituted by the same postal requisition: *R. v Harvey*.[1]

Availability of sentencing orders

Conviction for this offence does not trigger any particular consequences of conviction, nor make available specific custodial sentence, with the exception that if this offence is committed with a terrorist connection, the offence is listed in Part 1 of Sch.13 to the Sentencing Act 2020. B4-002

Sentencing guideline: general

The Sentencing Council has issued a Theft Offences Definitive Guideline 2015. There are two guidelines, a guideline for theft generally and a guideline for theft from a shop or stall. B4-003

Theft generally

The guideline for theft generally provides for an offence range of a discharge to six years' custody. The guideline provides that where multiple offences are com- B4-004

---

[1] [2020] EWCA Crim 354; [2020] 4 W.L.R. 50.

[1465]

mitted in circumstances which justify consecutive sentences, and the total amount stolen is in excess of £1 million, an aggregate sentence in excess of seven years may be appropriate. Culpability is assessed by reference to the offender's role, the extent to which the offending was planned and the sophistication with which it was carried out. Culpability is subdivided into three categories (A, B and C). Each category lists numerous factors which if present indicate that that category is the appropriate category. Harm is assessed largely by reference to financial loss and any significant additional harm suffered by the victim or others. There are five categories of harm which are principally determined by the extent of the financial loss with the ability to move into a higher category where there is also significant additional harm. The guideline provides non-exhaustive examples of what may constitute significant additional harm.

Theft from a shop or stall

B4-005 The guideline for theft from a shop or stall provides for an offence range of a discharge to three years' custody. The assessment of offence seriousness is broken down into harm and culpability, in accordance with s.63 of the Sentencing Code. Culpability is assessed by reference to the offender's role, the extent to which the offending was planned and the sophistication with which it was carried out. Culpability is subdivided into three categories (A, B and C). Each category lists numerous factors which if present indicate that that category is the appropriate category. There are three categories of harm which are principally determined by the extent of the financial loss with the ability to move into a higher category where there is also significant additional harm. The guideline provides non-exhaustive examples of what may constitute significant additional harm.

Interpreting/applying the guideline

Non-monetary harm (Harm)

R. v Quinn [2021] EWCA Crim 1563; [2022] 1 Cr. App. R. (S.) 56

B4-006 Q had been employed as a bio-technologist at a medical research company. In the course of his duties, he stole a 500ml sample of surplus liquid viral vector. The surplus liquid was ordinarily decontaminated and disposed of. Accordingly, there was no financial loss to the employer. Furthermore, Q had destroyed the liquid in the knowledge it would have become useless within 48 hours; there had been no evidence he had planned to gain financially or otherwise from the theft.

Held: the real harm in this case was the risk of serious reputational damage to his employers. If the sample were valued at little or nothing, the level of harm by the strict application of the guideline would be liable to be categorised, inappropriately, at the very lowest level. Since the guideline categories of harm are firmly bound to the concept of monetary value, which in this case was of little relevance to the sentencing exercise, it would be contrary to the interests of justice to adopt such a mechanistic approach to the guideline. The potential for serious reputational damage must be taken into account in assessing harm, regardless of the fact there was in the event no evidence, either that any actual loss or damage had been occasioned as a result of the theft or that the appellant had secured any benefit from it.

B4-007 *Commentary:* The court in *Quinn* was clearly correct to state that a focus only on the monetary value of stolen goods may in some cases be inappropriate such that it is not in the interests of justice to apply the guideline. Ordinarily, the potential for additional harm is catered for by the guideline categorisation but where goods are otherwise of very low value (either because the real harm is reputational or emotional) an application of the guidelines may result in inappropriately low sentences. In all cases, the guideline should not be applied mechanistically but where there has been very significant additional harm caused or risked the guideline may still provide an anchoring point as to the lowest level of sentence appropriate in such a case.

Targeting of victim because of vulnerability (Culpability Category A)
R. v Sayed [2014] EWCA Crim 282; [2014] 2 Cr. App. R. (S.) 39
The appellant was convicted of the theft of a mobile phone from a student in a night club who he had distracted. When sentencing the appellant, the judge remarked that distraction in the nightclub was "very obvious" and that he was sure that the victim "... was targeted because [the appellant] anticipated that he was unlikely to resist or indeed [would be] unable to do so given the circumstances ...". Accordingly, the judge found that the case involved the targeting of a victim because of their vulnerability.

Held: the judge had erred in his categorisation of the offence as a result of finding the victim to be vulnerable. As was clear from the decision in *R. v De Weever*[2] (where a passenger on a tube who was targeted by a pickpocket because she was carrying a shoulder bag was held not to be vulnerable) and *R. v Xavier*[3] (where victims using an ATM machine were held not to be vulnerable) it was personal characteristics of the victim which the guideline was intended to refer to, rather than the circumstances in which a victim is vulnerable to theft. There was nothing about the personal circumstances of the victim that marked him out as being a vulnerable victim in the way that phrase is intended to apply within the guidelines. He was a student out for the night. The fact the nightclub was crowded and there was obvious distraction relates to the circumstances within the nightclub, as distinct from anything that is personal to the victim. In those circumstances, he was not a vulnerable victim.

Commentary: Although the targeting of a victim because they are in circumstances in which it is easier to steal from them, such as in a busy or dark area, may not constitute a Category A factor applying the above cases, it would certainly seem to be capable of being an aggravating factor generally, indicating a relative lack of opportunism and a relative amount of planning and consideration.

It is suggested that the distinction drawn in the cases may not always be one that is particularly clear. Presumably, for example, a heavily intoxicated victim who was targeted for that purpose would be particularly vulnerable, but under the guideline a victim who was alone at night would not be (because that would not be personal under the guideline). But what if the victim was a street prostitute, and accordingly targeted because they would be less likely to go to the police? Would that be suitably personal, or indeed a sufficient vulnerability? It is notable that in the context of sexual offences in decisions like *R. v McPartland and Grant*,[4] the court has accepted factors such as being alone in a strange place are capable of contributing to

B4-008

B4-009

---
[2] [2009] EWCA Crim 803; [2010] 1 Cr. App. R. (S.) 3.
[3] [2014] EWCA Crim 50.
[4] [2019] EWCA Crim 1782; [2020] 1 Cr. App. R. (S.) 51.

particular vulnerability. Is the distinction perhaps that in such a case the victim is particularly vulnerable by virtue of their personal circumstances (alone in a dangerous place), whereas in a nightclub the person is not any more vulnerable than anyone else in the vicinity?

Sophisticated nature of offence/significant planning (Culpability)

R. v Gheorghe [2021] EWCA Crim 1168; [2022] 1 Cr. App. R. (S.) 32

B4-010 G carried out similar thefts on three occasions, spaced a week apart, at a similar time of day. The thefts were committed at different Boots stores. The total amount stolen was in excess of £7,000.

Held: the judge concluded that there was evidence of "significant planning", principally relying on the pattern of offending. This could not, without more, be said to be evidence of significant planning within the meaning of the guideline. The words "significant planning" appeared as part of a bullet point within Category A, which read in full: "Sophisticated nature of the offence/significant planning." While there could, of course, be significant planning of offences that were not by their nature sophisticated, in general one would expect to see a degree of correlation of those aspects.

Cultural loss (Aggravation)

R. v Jacques [2010] EWCA Crim 3233; [2011] 2 Cr. App. R. (S.) 39

B4-011 The appellant entered a specialist library using a reader's card under a false name and stole a set of 13 rare books valued at about £27,000. He had been sentenced to three and a half years' imprisonment. On appeal, he argued that the sentencing judge had adopted too high a sentencing bracket for theft in breach of trust, in the light of the relevant guideline at the time.

Held: dismissing the appeal, that the sentencing judge was entitled to form the view that the appellant was embarking on thefts from highly vulnerable premises for personal gain. The whole value of public libraries depended on the public having access to rare books which they might never be able to find elsewhere. Part of the country's cultural heritage depended on libraries where ordinary members of the public might gain access. Libraries were vulnerable because too great a level of security prevented the public having access and it was only when some other reader wished to see a book that had gone missing that the theft was discovered. Once gone, the books might never be replaced. The appellant had not taken the opportunity to return the stolen books. The guideline provided an inadequate basis as a foundation for identifying the appropriate level of sentence. To call this case a case of breach of trust was a poor guide to reflect the gravity of this type of offence.

B4-012 *Commentary:* This was decided under the previous guideline issued by the Sentencing Guidelines Council. However, it is submitted that it still has value in showing that significant additional harm may include cultural loss, and in potentially suggesting that where that loss is very significant it may be that the focus of the guideline on financial loss principally is inappropriate and a higher harm category may be adopted. To similar effect in *R. v Stanton and Wildman*,[5] the theft of items of cultural importance from a museum was held to be a serious aggravating feature (particularly where it could lead to the suggestion that others would be

---

[5] [2013] EWCA Crim 1456; [2014] 1 Cr. App. R. (S.) 56.

less likely to provide such artefacts to the museum). More recently, in *R. v Powell, Wicks and Davies*,[6] which concerned the theft of rare Anglo-Saxon jewellery and coins the significant cultural and heritage value of the items was held to be a factor (combined with their monetary value) justifying a sentence near the maximum for the offence.

Relevance of six-month maximum for low-value shoplifting where offender elected trial in the Crown Court (Mitigation)

R. v Chamberlin [2017] EWCA Crim 39; [2017] 1 Cr. App. R. (S.) 46
The appellant appealed against a sentence of two years' imprisonment imposed following a guilty plea to an offence of attempted theft from a shop of £78 of merchandise. She had elected trial at the Crown Court but subsequently pleaded guilty on her first appearance there. She submitted, inter alia, that regard should have been paid to the fact that s.22A of the Magistrates' Courts Act 1980 provided that, for low-value shoplifting (£200 or less), the offence was to be treated as a summary offence with a maximum sentence of six months.

Held: Section 22A of the Magistrates' Courts Act 1980 is not applicable where an adult offender elects a Crown Court trial, as occurred in this case. Parliament has expressly provided that the limitation for low-value shoplifting does not apply, so that the Crown Court is constrained only by sentencing guidelines and the statutory maximum of seven years. However, the steer provided by s.22A is relevant in dealing with a low-value, prolific, non-violent individual shoplifter such as the appellant. The maximum level for the matter dealt with summarily does provide assistance in fixing a proportionate sentence which does not exceed the necessary minimum. It is hard to envisage that in most such cases a sentence of more than 12 months before credit for plea will be appropriate. That is not to set a 12-month norm in these cases; each case must be decided on its merits, and many cases may result in a lesser starting point if custody is found to be appropriate.

B4-013

Handling Stolen Goods

Maximum sentence

The offence of handling stolen goods, contrary to s.22 of the Theft Act 1968, has a maximum sentence of *14 years' imprisonment*.

B4-014

Availability of sentencing orders

Conviction for this offence does not trigger any particular consequences of conviction, nor make available specific custodial sentences, with the exception that if it is committed with a terrorist connection, the offence is listed in Pt 1 of Sch.13 to the Sentencing Act 2020.

B4-015

Guideline: general

The Sentencing Council has issued a Theft Offences Definitive Guideline 2015. The guideline for handling stolen goods provides for an offence range of a discharge

B4-016

---

[6] [2020] EWCA Crim 1136.

to eight years' custody. Culpability is assessed by reference to the offender's role, the extent to which the offending was planned and the sophistication with which it was carried out. It is subdivided into three categories (A, B and C). Each category lists numerous factors which if present indicate that that category is the appropriate category. There are four categories of harm which are principally determined by the extent of the financial loss with the ability to move into a higher category where there is also significant additional harm. The guideline provides non-exhaustive examples of what may constitute significant additional harm. It is noted that the factors listed are narrower than those listed in the theft guideline, but it is suggested that those factors may still be relevant.

Interpreting/applying the guideline

Possession of very recently stolen goods from a domestic burglary or robbery (Culpability Category A)

R. v Oliver [2019] EWCA Crim 1391; [2020] 1 Cr. App. R. (S.) 10

B4-017   The appellant appealed against the sentence imposed following his guilty plea to an offence of handling stolen goods. He had been arrested driving a car that had been stolen in a domestic burglary a week before. The car was valued at £32,000. He had been driving it with stolen plates to a different city on behalf of another and had other sets of stolen plates in the boot. He refused to disclose who he was driving the car for and the intended final destination.

Held: the judge was entitled to conclude that the appellant's possession of the vehicle only a week after the burglary constituted "very" recent possession for the purposes of the guideline. Furthermore, that the vehicle was found to have false number plates and there were three further sets of false plates in the boot of the car reinforced the judge's conclusion about a close connection between the burglary and the handling. Alternatively, it showed that the offence was "a professional and sophisticated [one]", which was another marker of higher culpability.

B4-018   *Commentary:* This decision is not of course authority for the proposition that whenever the domestic burglary or robbery happened less than a week ago the culpability of the offender will fall within Category A culpability. Similarly, it is not authority for the proposition that any longer break will not constitute a recent offence. It is suggested that a significant factor in determining whether the offence was "very recent" will be the extent to which the attention of the authorities has meant there is a need to wait before handling them.

It is further noted that it is apparent from the approach of the court that significant emphasis was placed on the nexus between the initial offending and the handling of the goods. It is suggested that it is this nexus which increases the offender's culpability. "Very recent" possession tends to indicate a very close causal relationship to the offending, either by way of advance knowledge of the offence, or because the offender is known to be a mover of stolen goods or provides a safe haven or route of disposal for goods known to be recently stolen. Where these factors can be disproved by the defence it may not be suitable to treat this factor as one justifying a finding of higher culpability.

Aggravating and mitigating factors

In *R. v Webbe*,[7] the court took advice from the Sentencing Advisory Panel on the sentencing of offences of handling stolen goods. Clearly, the sentencing ranges and significant factors identified in that case are no longer applicable; cases are to be approached by reference to the harm and culpability factors listed in the Sentencing Council's guidelines. However, the case identified a number of factors not listed in the sentencing guideline that it is suggested will remain relevant to the assessment of seriousness: **B4-019**

1) where the handler has had knowledge of the original offence, the seriousness of the handling is inevitably linked to the seriousness of that original offence;
2) the ultimate designation of the goods;
3) the level of profit made or expected by the handler;
4) the provision by the handler of a regular outlet for stolen goods.

Going Equipped for Theft or Burglary

Maximum sentence

The offence of going equipped for theft or burglary, contrary to s.25 of the Theft Act 1968, has a maximum sentence of *three years' imprisonment*. **B4-020**

Availability of sentencing orders

Conviction for this offence does not trigger any particular consequences of conviction, nor make available specific custodial sentences, with the exception that if it is committed with a terrorist connection, the offence is listed in Pt 1 of Sch.13 to the Sentencing Act 2020. **B4-021**

Guideline: general

The Sentencing Council has issued a Theft Offences Definitive Guideline 2015. The guideline for going equipped for burglary or robbery provides for an offence range of a discharge to 18 months' custody. Culpability is assessed by reference to the offender's role, the extent to which the offending was planned and the sophistication with which it was carried out. Culpability is subdivided into three categories (A, B and C). Each category lists factors which if present indicate that that category is the appropriate category. An offence is one of greater harm where the items possessed have the potential to facilitate an offence affecting a large number of victims or involving high-value items. In all other cases an offence is one of lesser harm. **B4-022**

---

[7] [2001] EWCA Crim 1217; [2002] 1 Cr. App. R. (S.) 22.

Interpreting/applying the guideline

Significant steps taken to conceal identity and/or avoid detection (Culpability Category A)

B4-023 It is submitted that in accordance with ordinary principles "significant steps" must be "significant" in the context of a normal offence of going equipped. It is suggested that the simple wearing of a hoodie or dark clothing will not suffice as significant steps, although it is possible that the possession of masks, hats or other disguises will depending on the facts.

The type of offence intended

R. v Hodgkins [2016] EWCA Crim 360; [2016] 2 Cr. App. R. (S.) 13

B4-024 The appellant appealed against a sentence imposed on him after pleading guilty to offences of going equipped for burglary and theft and criminal damage. He had been arrested as part of a group acting suspiciously and was found to have on his person a pair of bolt cutters, Marigold gloves, a Father Christmas face mask and a camouflage hat.

Held: the judge was entitled to draw the inference that burglary had been intended. While, considered individually, the items recovered might lend themselves to some lesser offence, when considered cumulatively, it was difficult to conceive of their use in other than burglary or robbery; certainly, the possession of the mask and hat suggested that the intended offence involved the need for disguise and therefore the contemplation of potential contact with others. This appellant was in possession of a face mask and hat. He was plainly contemplating an offence involving at least the possibility of contact with an innocent third party.

B4-025 *Commentary:* This case was decided prior to the Sentencing Council's guideline for this offence. However, it is suggested that it continues to be a helpful point of reference, particularly in its focus on the type of offence, and whether there would have been a risk of contact and harm to others in its commission, as well as providing an example of what might justify a finding that the offender was equipped for the purposes of burglary or robbery.

Abstracting Electricity

Maximum sentence

B4-026 The offence of abstracting electricity, contrary to s.13 of the Theft Act 1968, has a maximum sentence of *five years' imprisonment*.

Availability of sentencing orders

B4-027 Conviction for this offence does not trigger any particular consequences of conviction, nor make available specific custodial sentences, with the exception that if it is committed with a terrorist connection, the offence is listed in Pt 1 of Sch.13 to the Sentencing Act 2020.

Guidelines: general

B4-028 The Sentencing Council has issued a Theft Offences Definitive Guideline 2015. The guideline for abstracting electricity provides for an offence range of a discharge to one year's custody. Culpability is assessed by reference to the offender's role, the extent to which the offending was planned and the sophistication with which it was carried out. Culpability is subdivided into three categories (A, B and C). Each category lists factors which if present indicate that that category is the appropriate category. An offence is one of greater harm where it involved a significant risk of, or actual injury to persons or damage to property, or where a significant volume of electricity was extracted as evidenced by the length of time of the offending and/or the advanced type of illegal process used. In all other cases, an offence is one of lesser harm.

Interpreting/applying the guideline

There are no cases decided in relation to this offence that provide guidance as to the application of the sentencing guideline. It is, however, noted that the length of time over which electricity is abstracted is not a factor listed in relation to culpability, and that a lengthy period of abstraction should not be confused as a synonym for "significant planning", that phrase clearly connoting something further. **B4-029**

Making off without Payment

Maximum sentence

The offence of making off without payment, contrary to s.3 of the Theft Act 1978, has a maximum sentence of *two years' imprisonment*. **B4-030**

Availability of sentencing orders

Conviction for this offence does not trigger any particular consequences of conviction, nor make available specific custodial sentences, with the exception that if it is committed with a terrorist connection, the offence is listed in Pt 1 of Sch.13 to the Sentencing Act 2020. **B4-031**

Guidelines: general

The Sentencing Council has issued a Theft Offences Definitive Guideline 2015. The guideline for abstracting electricity provides for an offence range of a discharge to 36 weeks' custody. Culpability is assessed by reference to the offender's role, the extent to which the offending was planned and the sophistication with which it was carried out. Culpability is subdivided into three categories (A, B and C). Each category lists factors which if present indicate that that category is the appropriate category. There are two harm categories, with harm assessed by reference to the actual loss suffered and any significant additional harm. Harm will be Category 1 where the goods or services obtained were above £200 or where they were worth less but there was significant additional harm to the victim. Harm will otherwise fall into Category 2. The guideline provides that where the value greatly exceeds £200, it may be appropriate to move outside the identified range. Adjustment should be made for any significant additional harm for offences above £200. **B4-032**

Interpreting/applying the guideline

There are no cases decided in relation to this offence that provide guidance as to the application of the sentencing guideline. It is, however, noted that "significant" **B4-033** additional harm must be significant harm in the context of the offence. The distress must be significantly above that which might be expected in most offences of this nature before it can further aggravate the offence by moving up a harm category.

Burglary

Minimum Sentence

B4-034　Section 314 of the Sentencing Code provides that where an offender is convicted of a domestic burglary offence committed on or after 1 December 1999 while age 18 or over and with two previous convictions for domestic burglary the court must impose a minimum sentence of at least three years unless there are particular circumstances making it unjust to do so. For that section and guidance on its application (including the ability to reduce the minimum sentence for guilty plea), see A4-592. It should be remembered that the approach of the courts in mandatory sentence cases is first to assess the sentence that they would impose in the absence of the mandatory sentence (by reference to any sentencing guidelines) and then, in the case of a minimum sentence requirement, check that the sentence imposed exceeds that minimum sentence (and impose the minimum sentence if it does not): *R. v Silvera*[8] and *R. v Wooff*.[9]

Maximum Sentence

B4-035　The offence of burglary, contrary to s.9 of the Theft Act 1968, has a maximum sentence of *14 years' imprisonment*, where the offence was committed in respect of a building or part of a building which is a dwelling. Otherwise, the maximum sentence is *10 years' imprisonment*.

The offence of aggravated burglary, contrary to s.10 of the Theft Act 1968, has a maximum sentence of *life imprisonment*.

Availability of Sentencing Orders

B4-036　Certain sentencing orders or consequences of conviction are only available, or apply, where the offence for which the offender has been convicted is a listed offence. The tables below specify whether burglary offences are a listed offence for the purpose of each of those sentencing orders or consequences of conviction.

---

[8] [2013] EWCA Crim 1764.
[9] [2019] EWCA Crim 2249.

Custodial sentences

B4-037

Offence	SA 2020 Sch.13 (offender of particular concern)	SA 2020 Sch.14 (extended determinate sentences—previous offence condition)	SA 2020 Sch.15 (life for second listed offence)	SA 2020 Sch.17A (serious terrorism sentence)	SA 2020 Sch.18 (extended determinate sentences—specified offences)	SA 2020 Sch.19 (life sentence—dangerous offenders)	PCC(S)A 2000 s.109 (required life sentence for second listed offence committed between 30 September 1997 and 4 April 2005)
Burglary (s.9 TA 1968)	Yes, Pt 1 where offence has a terrorist connection	No	No	No	Yes, where conditions met[10]	No	No
Aggravated burglary (s.10 TA 1968)	Yes, Pt 1 where offence has a terrorist connection	No	No	Yes, where offence has terrorist connection	Yes	Yes	No

Secondary orders and consequences of conviction

B4-038

Offences	SOA 2003 Schs 3 and 5 (sexual harm prevention order and notification—sex offences)	SCA 2007 Sch.1 (serious crime prevention order)	CTA 2008 ss.41–43 (notification—terrorism offences)	SI 2009/37 (barring from work with children and vulnerable adults)
Burglary (s.9 TA 1968)	s.9(1)(a) only, Sch.5	No	No	Yes, where conditions met
Aggravated burglary (s.10 TA 1968)	Yes, Sch.5	No	No	No

Sentencing Guideline: General

The Sentencing Council has issued a revised Burglary Offences Definitive Guideline 2022. There are separate guidelines for offences of aggravated burglary (contrary to s.10 of the Theft Act 1968) and for domestic burglary and non-domestic burglary (contrary to s.9 of the 1968 Act).

B4-039

Aggravated burglary

The guideline for aggravated burglary provides for an offence range of one to 13 years' custody. The guideline provides for three levels of Culpability and three

B4-040

---

[10] See *R. v Johnson (Grant Dennis)* [2023] EWCA Crim 1609; [2024] 1 Cr. App. R. (S.) 32, at A4-632.

levels of Harm, both determined by reference to all the factors in the case. Culpability is principally determined by reference to the degree of planning and targeting. Harm is principally determined by reference to the levels of violence used or threatened and the injury/damage suffered.

Domestic burglary

B4-041 The guideline for domestic burglary provides for an offence range of a community order to six years' custody. The guideline provides for three levels of Culpability and three levels of Harm, both determined by reference to all the factors in the case. Culpability is principally determined by reference to the degree of planning, targeting and whether weapons or equipment were carried. Harm is principally determined by reference to the levels of violence used or threatened and the injury/damage suffered.

Non-domestic burglary

B4-042 The guideline for non-domestic burglary provides for an offence range of a discharge to five years' custody. The guideline provides for three levels of Culpability and three levels of Harm, both determined by reference to all the factors in the case. Culpability is principally determined by reference to the degree of planning and whether weapons or equipment were carried. Harm is principally determined by reference to the levels of violence used or threatened and the injury/damage suffered.

Interpreting/Applying the Guideline

Guidance applicable to all guidelines

B4-043 This section deals with cases applicable to all offences of burglary.

Burglary with intent to commit grievous bodily harm
Attorney General's Reference (R. v Shallcross) [2017] EWCA Crim 2060; [2018] 1 Cr. App. R. (S.) 31

B4-044 The court heard an Attorney General's reference for an offence of burglary committed with intent to cause grievous bodily harm, where there was in fact harm caused. Counsel for the Attorney General submitted that it may be appropriate, in such circumstances, for a sentencing court to look at the guideline for offences of assault as well as the guideline for offences of burglary.

Held: the Sentencing Council's guideline seems clearly to have been drafted with a focus on the more familiar type of offence, in which the burglar steals or intends to steal. The factors relevant to the assessment of harm and culpability are almost all directly related that type of offence. Although the factors identified as indicating greater harm include "violence used or threatened against a victim", that seems to relate primarily to an offence of burglary and theft in the course of which violence is used or threatened against the householder. The same may be said of one of the factors indicating higher culpability: "knife or other weapon carried (where not charged separately)". The levels of sentencing which the guideline establishes do not appear to have been intended to take into account the inflicting of or attempt to inflict grievous bodily harm.

In a case of burglary, in which the offender inflicts, attempts to inflict or intends to inflict grievous bodily harm, the sentencer is required to follow the burglary guideline. However, in doing so, and in particular in considering whether the interests of justice require a departure from the sentencing range, the sentencer is entitled to consider relevant features of the guideline for offences of assault (including the guideline for offences of causing grievous bodily harm with intent). The sentencer must, however, keep very much in mind the differing maximum sentences for the different offences. There must be particular care to ensure that the offender is not sentenced as if convicted of a more serious offence, which could have been but was not charged.

Burglary where intent formed after entry

R. v Moore [2017] EWCA Crim 1621; [2018] 1 Cr. App. R. (S.) 17
The offender had been charged (and convicted) of an offence contrary to s.9(1)(b) of the Theft Act 1968 (entry to a building as a trespasser, stealing/committing GBH or criminal damage once therein) but had been sentenced on the basis that he had formed the relevant intention *prior to* entering the building (which would constitute an offence under s.9(1)(a)).

B4-045

The offender, M, had been involved in a relationship with V1 for a number of months in 2015. Some six months after the relationship ended, M drove 14 miles from his house to her home address in the early hours of the morning. He gained access by kicking in a door of the property, which broke the lock. Once inside, he found V2, V1's new partner, in bed. He attacked V2 violently, punching him numerous times, causing him to suffer a broken nose and a fractured left cheekbone, which required treatment in hospital. Blood was sprayed around the room, including over a baby's cot, although the cot was vacant at the time.

Held: the question was whether the form of the indictment inhibited the sentencing judge from relying on a pre-existing intention to commit grievous bodily harm in circumstances where the offender was not charged with the first limb of the offence or a separate offence of causing GBH with intent contrary to s.18 of the Offences against the Person Act 1861. The court concluded that the answer to that question was plainly "no", relying on what the court in *R. v Khan (Imran Mohammed)*[11] had stated, in particular at [12], namely:

> "... where the conduct is relevant to a criminal charge being considered by a jury, and where such conduct has been the subject of specific scrutiny in a trial, then unless reliance on that conduct is inconsistent with the verdict, a judge should be able to take that conduct into account on sentence, provided he is satisfied that it has been established to his satisfaction to the criminal standard."

Commentary: As to the decision in *Moore* being at the very least "questionable", see A3-129.

B4-046

Theft of/damage to property causing a substantial degree of loss to the victim (Harm Category 1)

R. v Franks [2012] EWCA Crim 1491; [2013] 1 Cr. App. R. (S.) 65
The court considered the meaning of "theft of/damage to property causing a significant degree of loss to the victim" in the context of the sentencing guidelines as they then were.

B4-047

Held: where the guideline talks of "theft of/damage to property causing a

---

[11] [2009] EWCA Crim 389; [2010] 1 Cr. App. R. (S.) 1.

significant degree of loss to the victim" ([now "substantial degree" of loss]) it is primarily addressing the position at the time of the theft or damage. If property of high value was taken, a significant degree of loss occurred at the time of the theft. What happened thereafter, including the recovery of the property, might mitigate the offence, but does not change its character. The seriousness of the offence is not affected by the fortuity of the stolen property being subsequently recovered.

Person(s) on premises or returns or attends while offender present (Harm Category 1)

R. v Docherty [2020] EWCA Crim 1762

B4-048 The court considered the sentence imposed in respect of a burglary of two cargo containers in a yard. An employee of the company responsible for the yard had come to investigate and the offenders were driving off when he got to the area of the containers. The appellant argued that the judge was wrong to find that the employee was "on the premises" since he was in fact in an office next to the main compound and not in or anywhere near the containers.

Held: dismissing the appeal, the harm factor is in the guideline to reflect the potential for an innocent bystander to have an encounter with burglars. As a matter of fact, that potential was realised in this case.

Soiling of property and/or extensive damage or disturbance to property (Harm Category 1)

B4-049 *Commentary:* Prior to the publication of the 2022 guideline, the court in *R. v Jalam*[12] rejected the suggestion that where the damage to property was caused in order to gain access it was not to be categorised as "vandalism" (previously a greater harm factor). The court noted that very considerable damage was caused in the instant case by the means of entry. The court went on to observe that the harm to the victim arose through the wanton damage of their property, for whatever purpose or none, during the course of a burglary and the guideline categorised the question of vandalism under harm rather than culpability.

It is suggested that similar reasoning will apply to the interpretation of the new guideline factor "soiling of property and/or extensive damage or disturbance to property". The critical question will be the extent of the damage caused not whether it was simply caused in order to gain entry (though this may be relevant). By way of example, where a door is ripped off its hinges or a battering ram used to break windows that may well constitute extensive damage or disturbance even if used solely as a method of entry. However, in contrast, the breaking of a rear window on a door in order to gain access to a building is unlikely to be considered extensive or the soiling of property.

A significant degree of planning or organisation (High culpability)

R. v Saw [2009] EWCA Crim 1; [2009] 2 Cr. App. R. (S.) 54

B4-050 In a pre-guideline case, the court gave guidance as to when an inference as to careful planning could be drawn.

Held: the inference of careful planning can usually be drawn where property of high economic value is taken, particularly if it is not recovered, and if the facts

---

[12] [2020] EWCA Crim 706; [2020] 2 Cr. App. R. (S.) 53.

lead to the inference that whoever may have burgled the premises knew precisely which receiver or receivers would be willing and able to accept and pay for the stolen property. However, a degree of planning, not necessarily profound or detailed planning, may be demonstrated when burglars work in a group. The carrying and use of house-breaking implements will ordinarily dispose of any suggestion that the offence was simply impulsive.

Previous convictions (Aggravating factor)

In *R. v Harrison*,[13] the court held that it was not double counting to rely on an offender's previous convictions as a basis for being satisfied the offence was a planned and targeted one (in the instant case a clear history of targeting the homes of those of Chinese or Indian origin) and as a general aggravating factor on the basis that the offender had been offending in the same way for years and had not been deterred by sentences of the level previously imposed. It is not double counting to give effect to the same factor twice when it has a double significance.

B4-051

Armed burglary (not falling within aggravated burglary)

R. v Whitwell [2018] EWCA Crim 2301; [2019] 1 Cr. App. R. (S.) 29
W appealed against a total sentence of six years nine months' imprisonment imposed following guilty pleas to one offence of dwelling burglary and two offences of having an offensive weapon. W, with two others, had confronted a man as he was leaving his flat, pepper sprayed him and then proceeded into his home and stolen a number of valuable items. When escaping the car crashed and a mallet and a "Jif lemon" container, with ammonia inside, were found near the scene.

B4-052

Held: the burglary in this case was of a particularly serious nature. It involved a considerable amount of planning in which a home, which was known to contain high-value items, was specifically targeted. Transport had been arranged and the criminal team involved no less than three individuals, including the appellant. Furthermore, the team was armed with at least three weapons, including a pepper spray, a wooden mallet and a bottle of ammonia. It was evident that all three items had been taken by the accused to the complainant's home as the pepper spray had been used to disable the complainant, the wooden mallet was used to force open the front door and the top of the bottle of ammonia was found in the vicinity of the property. Moreover, it is clear that the accused were prepared to use these items to assault the complainant, as they did when they used the pepper spray on him close by his home. On this basis, not only can there be no doubt that this was a Category 1 offence of burglary within the relevant sentencing guidelines [as they then were], but, in reality, there was a very thin dividing line between the criminality involved in this offence of burglary and the level of criminality involved in a similarly categorised offence of aggravated burglary. In this regard, it is useful to remind ourselves that, whereas the appropriate starting point for this offence of burglary was one of three years' custody, with a category range of between two and six years, the appropriate starting point for a Category 1 offence of aggravated burglary is one of 10 years' custody with a category range of between nine and 13 years. The sentence imposed was not manifestly excessive.

Commentary: The court in *Whitwell* appears to have accepted that in cases

B4-053

---

[13] [2017] EWCA Crim 888; [2017] 2 Cr. App. R. (S.) 37.

involving the use of weapons that fall outside the definition of aggravated burglary on relative technicalities, the levels of sentence in that guideline may still remain a useful point of reference.

Risk of danger and public impact (Aggravation)

R. v Rye [2012] EWCA Crim 2797; [2013] 2 Cr. App. R. (S.) 11

B4-054   The appellants had pleaded guilty to burglaries involving entering electricity substations connected with the rail network at night for the purpose of stealing copper. £8,000 worth of damage was done but there was no disruption of the railway. The appellants appealed against sentences of three years' imprisonment and 20 months' imprisonment.

Held: electricity installations of this type are an essential part of the railway system. They are often necessarily located in isolated places and are therefore vulnerable. Attacks on them have been prevalent throughout the country. Such attacks can give rise to significant danger and the interruption of the provision of electricity, in circumstances of this type, can have extremely serious consequences. The cost to the rail traveller of attempting to safeguard against such attacks by, for example, the installation of CCTV is significant. Against such a background a measure of deterrent sentencing, general deterrent sentencing as opposed to specific deterrent sentencing responding to evidence of local difficulties, is always justified.

Attorney General's Reference (Nos 74–78 of 2014) (R. v Cassidy) [2014] EWCA Crim 2535; [2015] 1 Cr. App. R. (S.) 30

B4-055   The Attorney General referred sentences imposed on offenders for conspiracy to burgle and causing an explosion. The offenders had used two gas canisters and a wire coil to trigger an explosion in an ATM which granted them access to the bank and enabled them to make off with £19,224 in cash. They made two further unsuccessful attempts to repeat that behaviour.

Held: offences such as these, which include the use of gas cylinders, and which are, on the evidence, increasing across the UK, require deterrent sentences. Either consecutive terms or concurrent terms which meet the justice of the case can appropriately reflect the indictment. The court would unhesitatingly have imposed consecutive terms, not least to emphasise the gravity of the explosion count, and so that any court in future considering previous convictions would find the court's approach obvious on the face of his antecedent history.

B4-056   *Commentary:* These cases, decided before the revisions of the burglary guidelines in 2022, read together suggest that a significant aggravating factor will be cases where serious harm or injury was risked to the public/other property or where there was a significant impact on the public (such as delays to rail travel or an inability to access cash). To an extent, this is now catered for by the Category 1 harm factors of "extensive disturbance to property", "extensive damage to property" or "substantial impact on the victim". It may be that in most cases placing the offence in Category 1 harm for these factors suffices to reflect the additional harm. However, in appropriate cases the need for general deterrence and/or the extent of the harm may be such as to require an increase from that starting point.

Drug addiction (Mitigation)

B4-057 In the pre-guideline case of *R. v Brewster*[14] the court held that self-induced addiction cannot be relied on as mitigation and that the courts will not be easily persuaded that an addicted offender is genuinely determined and able to conquer their addiction. The approach of the courts has not changed dramatically since and addiction is not generally given significant weight as mitigating factor. However, as is clear from the cases of *R. v McInerney and Keating*[15] and *R. v Saw*[16] (both also pre-guideline) the sentencing process does recognise the fact of the addiction and the importance of breaking the drug or drink problem, given it is in the public interest to avoid further re-offending. Drug addiction may in rare cases merit a significantly reduced sentence or a sentence more focused on rehabilitation where there is evidence that an offender is making or prepared to make a real effort to break their addiction. It is important for the sentencing court to make allowances if the process of rehabilitation proves to be irregular albeit courts should always carefully scrutinise whether there is sufficient evidence to make such a course worthwhile.

Aggravated burglary

B4-058 There are no specific cases assisting with the sentencing of aggravated burglary. See the cases giving general guidance at B4-043.

Domestic burglary

Whether a burglary is a domestic burglary

Hudson v CPS [2017] EWHC 841 (Admin); [2017] 2 Cr. App. R. (S.) 23

B4-059 The court gave guidance as to determining whether a burglary is a domestic burglary.

Held: that:

1) there is no statutory requirement that a building or part of a building which is a dwelling must be "inhabited" (see s.9(4) of the Theft Act 1968);

2) in accordance with *R. v Flack*,[17] "dwelling" is an ordinary English word and the question as to whether something is a dwelling or not is largely a question of fact for the jury, magistrates or district judge to decide (and *R. v Sticklen*[18] does not provide any general guidance or undermine *Flack*). A question of law would only arise for the Divisional Court if the judge gave it a meaning which was unsustainable in law;

3) the paradigm case of a dwelling is one which is occupied by an owner or tenant. It is thus someone's home. It is that feature which attracts the particular gravity of dwelling house burglary. However, a building that is a dwelling does not cease to be one for the purposes of s.9(3) of the 1968 Act the moment the dwelling becomes unoccupied. Where a dwell-

---

[14] [1998] 1 Cr. App. R. (S.) 181.
[15] [2002] EWCA Crim 3003; [2003] 2 Cr. App. R. (S.) 39.
[16] [2009] EWCA Crim 1; [2009] 2 Cr. App. R. (S.) 54.
[17] [2013] EWCA Crim 115; [2013] 2 Cr. App. R. (S.) 56.
[18] [2013] EWCA Crim 615.

ing has become unoccupied, it is a question of fact and degree—not law—as to whether it is no longer a dwelling within s.9(3);
4) in broad terms, the more habitable a building as a matter of fact, the more, other things being equal, it is likely to be a "dwelling" within s.9(3)(a) of the 1968 Act;
5) a "dwelling" may include a garden shed (*R. v Rodmell*[19]) and a hotel room (*R. v Massey*[20]);
6) the definitions of "dwelling" found in s.8 of the Public Order Act 1986 and s.121 of the Terrorism Act 2000 are in such different statutory contexts that they do not assist.

On the facts of the case, the building had been occupied by a tenant until two days before the burglary. Until then, it was plainly a "dwelling" and not, for example, a commercial property. For those days the property remained fully furnished and equipped to be habitable. The utilities were connected and the building was ready for new tenants to move in—although at the time of the burglary, new tenants had not been identified. No doubt if these premises had remained unoccupied for an extended period of time and had ceased to be fit for habitation, different questions would have arisen. However, on the present facts and on the natural meaning of the word, the building here on the date of the burglary was a "dwelling", albeit temporarily and recently unoccupied. It had been constructed and designed as such and was habitable as such, even though at the precise time of the burglary it was vacant. It had not changed its nature in the intervening 48 hours or so. The judge was amply entitled to conclude it was a dwelling. There was no need in such a case to enquire as to the marketing efforts made to re-let the premises, whether a lease was under negotiation or had been agreed or whether a new tenant had begun to move their possessions into the premises and, if so, to what extent.

R. v Ogungbile [2017] EWCA Crim 1826; [2018] 1 Cr. App. R. (S.) 33

B4-060 The court heard an appeal against sentence where the offender had entered a communal lobby area of a building using an emergency access key (burglary one) and gained access to a foyer by tailing a resident whereupon he stole letters and post from a mailbox (burglary two).

Held: there was some authority to support the proposition that a burglary of a communal area is not to be treated as a dwelling house burglary: *R. v Doyle*.[21] While cases of this nature would inevitably be fact-specific and it would be wrong to over-state the import of the statement in *Doyle*, no individual's flat was entered in the instant case and it was not a dwelling burglary.

B4-061 *Commentary:* A similar and separate issue that has arisen is burglaries of pubs in which the landlord lives upstairs. In *R. v Robinson*,[22] the court considered that where the intrusion was into the public parts of the premises only and cash only had been stolen, not personal items, there were real distinctions to be made between burglary of that kind and burglary where individuals have their homes disrupted and

---

[19] Unreported, 24 November 1994.
[20] [2001] EWCA Crim 531; [2001] 2 Cr. App. R. (S.) 80.
[21] *Unreported, 10 November 2000 CA.*
[22] [2011] EWCA Crim 205.

interrupted. To the same effect in *R. v Whitehouse*,[23] the court appeared to have approached a burglary by reference to the non-domestic guideline where a pub landlord came out of his room to find burglars whereupon he was threatened and ran back into his room and locked it. Furthermore, in a slight variation on the facts while it appeared to have been accepted by the court in *R. v Stonnell*[24] that a burglary of bags of laundry from a bed and breakfast was burglary of a dwelling, the court there was of the view that the usual sentence for a dwelling house burglary would not have reflected the degree of offending. It seems in such cases that key questions will be the extent to which the intrusion was actually into the dwelling portion of the property and whether it had analogous effects to the burglary of a dwelling.

"Hanoi" burglary

Commentary: In *R. v Cooper*,[25] the court noted that it has long recognised the seriously aggravating features inherent in the perpetration of so-called Hanoi burglaries. Hanoi burglaries are the burglaries of domestic properties to obtain the keys to high-value cars which have been left on the owner's driveways. The name stems from the first police operation directed towards combating them. The court held that where the offending is persistent and there was a sophisticated degree of planning and high-value vehicles involved, long deterrent sentences are to be expected. **B4-062**

Conspiracy to commit burglary

R. v Griffin [2018] EWCA Crim 2538; [2019] 1 Cr. App. R. (S.) 37
The court considered the sentencing of offences of conspiracy to commit burglary. **B4-063**

Held: where a conspiracy to burgle, which had in fact involved burglaries of dwellings, had not been indicted as such in the particulars of the offence of conspiracy, the maximum sentence was one of 10 years' imprisonment. Those responsible for drafting indictments ought to make express reference to the nature of the buildings involved, where they are dwellings, in order to attract the higher maximum sentence of 14 years' imprisonment.

Sentences outside the guideline range

In *R. v Dance*,[26] the court held that distraction burglaries targeted at vulnerable victims are a very serious crime, despite the fact that they may involve no violence to a person or a property. Such offences may well merit a sentence higher than the top of the range in the guideline, particularly if there is a pattern of repeat offending of this kind. The court has since upheld cases of distraction burglary exceeding the sentence range: see, for example, *R. v King (Frederick)*.[27] In *R. v Symes*,[28] the court observed that when sentencing conspiracy to burgle, the fact that it was **B4-064**

---

[23] [2019] EWCA Crim 970; [2019] 2 Cr. App. R. (S.) 48.
[24] [2011] EWCA Crim 221.
[25] [2021] EWCA Crim 1536.
[26] [2013] EWCA Crim 1412; [2014] 1 Cr. App. R. (S.) 51.
[27] [2014] EWCA Crim 971; [2014] 2 Cr. App. R. (S.) 61.
[28] [2021] EWCA Crim 1628; [2022] 1 Cr. App. R. (S.) 54.

possible to envisage a more serious case of conspiracy to burgle—for example with even more individual burglaries—was no reason not to pass the maximum sentence.

Non-domestic burglary

B4-065   For cases giving general guidance see B4-043.

"Ram raids"/"Smash and grab"

R. v O'Hare (George William) [2023] EWCA Crim 900; [2023] 2 Cr. App. R. (S.) 48

B4-066   The court considered the approach to sentence for conspiracy to burgle involving a series of "ram raid" and "smash and grab" offences.

Held: the Non-Domestic Burglary Guideline was not designed for, and is not particularly apt in the context of, the sentencing of very serious offending involving an organised crime gang committing high value commercial burglaries involving "ram raid" and "smash and grab" tactics.

Whilst in the majority of cases to which a sentencing guideline applies, the citation of decisions of the Court of Appeal on their interpretation and application is generally of no assistance, the same is not true in the context of authorities which address such serious offending as in this case.

In *R. v Lawlor*[29] at [13] the court recognised that: "Whichever form it takes and whether charged as theft, burglary or robbery, it is not easy to pigeon-hole ram-raiding within any particular guideline". It is helpful to have recourse to previous decisions, including *R. v Byrne (Kevin)*;[30] *R. v McCaffery (Dean Anthony)*;[31] *R. v Delaney (Shane Peter).*[32]

Robbery

Maximum Sentence

B4-067   The offence of robbery, contrary to s.8 of the Theft Act 1968, has a maximum sentence of *life imprisonment*.

Availability of Sentencing Orders

B4-068   Certain sentencing orders or consequences of conviction are only available, or apply, where the offence for which the offender has been convicted is a listed offence. The tables below specify whether the offence of robbery is a listed offence for the purpose of each of those sentencing orders or consequences of conviction.

---

[29] [2012] EWCA Crim 1870.
[30] (1995) 16 Cr. App. R. (S.) 140.
[31] [2009] EWCA Crim 54; [2009] 2 Cr. App. R. (S.) 56.
[32] [2010] EWCA Crim 988; [2011] 1 Cr.App.R. (S.) 16.

Custodial sentences

B4-069

Offence	SA 2020 Sch.13 (offender of particular concern)	SA 2020 Sch.14 (extended determinate sentences—previous offence condition)	SA 2020 Sch.15 (life for second listed offence)	SA 2020 Sch.17A (serious terrorism sentence)	SA 2020 Sch.18 (extended determinate sentences—specified offences)	SA 2020 Sch.19 (life sentence—dangerous offenders)	PCC(S)A 2000 s.109 (required life sentence for second listed offence committed between 30 September 1997 and 4 April 2005)
Robbery (s.8 TA 1968)	Yes, Pt 1 where offence has a terrorist connection	Yes, where conditions met	Yes, where conditions met	Yes, where offence has terrorist connection	Yes	Yes	No

Secondary orders and consequences of conviction

B4-070

Offences	SOA 2003 Schs 3 and 5 (sexual harm prevention order and notification—sex offences)	SCA 2007 Sch.1 (serious crime prevention order)	CTA 2008 ss.41–43 (notification—terrorism offences)	SI 2009/37 (barring from work with children and vulnerable adults)
Robbery (s.8 TA 1968)	Yes: Sch.5	Yes, where conditions met	No	No

Sentencing Guideline: General

The Sentencing Council has issued a Robbery Offences Definitive Guideline 2016. There are separate guidelines for robbery of a dwelling, for street and less sophisticated commercial robbery and for professionally planned commercial robbery. There is also a further guideline specifically for sentencing children and young persons.

B4-071

Robbery—dwelling

The guideline for robbery of a dwelling provides for an offence range of one to 16 years' custody. The guideline provides three culpability categories (High, Medium and Lesser) and three harm categories (1, 2 and 3). The guideline provides an exhaustive list of factors indicating whether an offence is one of high, medium or lesser culpability and whether the harm falls within Category 1, 2 or 3.

B4-072

Robbery—street and less sophisticated commercial

The guideline for street and less sophisticated commercial robbery provides for an offence range of a community order to 12 years' custody. The guideline provides three culpability categories (High, Medium and Lesser) and three harm categories (1, 2 and 3). The guideline provides an exhaustive list of factors indicating whether

B4-073

an offence is one of high, medium or lesser culpability and whether the harm falls within Category 1, 2 or 3.

Robbery—professionally planned commercial

B4-074 The guideline for professionally planned commercial robbery provides for an offence range of 18 months to 20 years' custody. The guideline provides three culpability categories (High, Medium and Lesser) and three harm categories (1, 2 and 3). The guideline provides an exhaustive list of factors indicating whether an offence is one of high, medium or lesser culpability and whether the harm falls within Category 1, 2 or 3.

Interpreting/Applying the Guideline

Whether to choose the professionally planned commercial or street and less sophisticated commercial robbery guideline

R. v Hemsworth [2020] EWCA Crim 730

B4-075 The court considered the sentence imposed for a robbery in which the sentencing judge had adopted the professionally planned commercial robbery guideline in relation to an offence where three masked men burst into a beautician's, made threats and issued demands for money.

Held: it had to be remembered that the guideline made it clear that a professionally planned commercial robbery referred to robberies involving a significant degree of planning, sophistication or organisation. Robberies in the category of street and less sophisticated commercial robbery refer to such crimes committed in public places and unsophisticated robberies within commercial premises.

There was force in the submission that the judge fell into error in selecting the professionally planned robbery section of the guideline. The offence was an unsophisticated, but planned, robbery which was executed with zeal, although with limited efficiency (largely due to the courage of the shopworker). It did not appear to have the hallmarks of a professional criminal gang executing a carefully crafted criminal enterprise involving a significant degree of planning, sophistication or organisation.

Commentary: In *R. v Wegener*,[33] the court held in respect of a robbery of a jewellery store "regard can properly be had to both classifications" and approved the judge's approach of placing the case somewhere between the "less sophisticated commercial robbery" and "professionally planned commercial robbery" guideline. Where a case does not easily fall into one guideline reference to the sentencing ranges proposed in each guideline may therefore be the best way of ensuring a commensurate sentence.

---

[33] [2020] EWCA Crim 1654.

Guidance applicable to all guidelines

Use of a weapon to inflict violence (High culpability)

Attorney General's Reference (R. v Tremayne) [2018] EWCA Crim 2944; [2019] 1 Cr. App. R. (S.) 52

B4-076

Where the offender had bitten off the top of the complainant's ear in the course of a robbery, the Attorney General submitted that the biting should be equated with the "use of a weapon to inflict violence".

Held: biting can properly be regarded as the use of a weapon.

Serious physical harm caused to the victim (Category 1 harm)

R. v Ahmed [2019] EWCA Crim 1085; [2020] 1 Cr. App. R. (S.) 55

B4-077

The offenders appealed against sentences imposed for robbery. As part of a group of nine they had surrounded a man in the street and robbed him of his phone, cash and other possessions, including his car keys. After taking the items, they knocked the victim to the ground, kicked him and hit him, causing him to briefly lose consciousness, and smashed his car window. A member of the group had been armed with a bat, and two metal poles were also recovered from the scene.

Held: the judge had been wrong to conclude that there had been serious physical harm caused to the victim for the purpose of the guideline. "Serious" harm for the purposes of the guideline is not necessarily the same as the really serious harm required for an offence under ss.18 or 20 of the Offences against the Persons Act 1861, and requires an assessment by the sentencing judge with which the Court of Appeal will not interfere unless the conclusion is clearly wrong. However, although there was a momentary loss of consciousness and bruising to the victim's head and finger, and the injuries were undoubtedly unpleasant and uncomfortable, there were no wounds or broken bones, no lasting physical sequelae of any severity, nor any other hallmark of the physical or psychological harm being of sufficient severity to enable a finding that it was "serious" to be made.

Very high-value goods or sums targeted or obtained (Category 1 harm for domestic or professionally planned)

R. v Adan, Smith and Ashman [2020] EWCA Crim 627

B4-078

The offenders had pleaded guilty to robbery. They had all been involved to varying degrees in a conspiracy to commit various cash-in-transit robberies. Each robbery involved the seizure of between £18,000 and £40,000. Smith and Ashman had been involved in numerous robberies over a three-year period. Adan had been involved only in one.

Held: given the intended victims of these attacks, the judge was right to decide that the target was very high value such as to place it in Category 1 harm, as in part demonstrated by the successful robberies. It was not helpful to look at other guidelines, such as the theft guideline, which deal with wholly different circumstances when deciding whether this offence fell into Category 1 on the basis that the robbery involved "very high sums".

R. v Murphy (Ben) [2024] EWCA Crim 379

The court considered the approach to this factor.

B4-078a

Held: an offence falls into Category 1 harm if very high value goods are "targeted". So what matters is what the applicants intended to take, not what they got away with. That is why the guidelines use the word "targeted": otherwise the sentence in any robbery would turn solely on the happenstance of what the robbers actually recovered, not what they had planned to take.

Joint enterprise cases—roles of participants

R. v McKellar [2018] EWCA Crim 2208; [2019] 1 Cr. App. R. (S.) 21

B4-079　The offender, M, had been convicted of robbery on a joint enterprise basis. He had driven two men away from a store after they had entered wearing masks and carrying knives and robbed the store of £285 in cash. His account to the police was that he had been asked by another, P, to pick her up in his car. When he did so, she was with the two other men whom he had not met before. When sentencing the judge concluded that although M was a "late recruit" to the enterprise, he was a willing volunteer, and that P had organised the robbery. He sentenced both M and P to six years' imprisonment.

On appeal against sentence, M submitted that, the judge did not sufficiently distinguish between the relative culpability of M and P, on the grounds that M did no more than to act as a driver, albeit in the knowledge that a robbery was to be committed.

Held: it will not be appropriate in every joint enterprise robbery for the sentencing judge to distinguish between the driver and other participants. That point was acknowledged in *R. v Russell*,[34] by reference to *R. v McMahon*.[35] In some cases, the driver's culpability may be the same as that of the other participants in the robbery; it will all depend on the facts. It may also be appropriate to pass different sentences on participants in a joint enterprise robbery because their criminal records are different (see *R. v Calvo*[36]). However, in this case, there was a distinction between the culpability of the two offenders. That distinction should have been reflected in the sentences passed on them. The appropriate sentence for M would have been a sentence of four and a half years' imprisonment.

B4-080　*Commentary:* It is clear that when sentencing offenders on a joint enterprise basis offenders will be liable for the harm caused by the whole operation, and that their culpability can be increased, for of example, by a co-offender's use of a weapon. However, the extent to which an offender was willingly involved and the extent to which they participated will still be factors relevant to culpability, as the guideline factors "Performed limited function under direction" and "Involved through coercion, intimidation or exploitation" illustrate. Certainly, as observed in *R. v McMahon*,[37] the more planning that has gone into the robbery the more likely it will be justifiable for the court to treat all offenders as of equal culpability no matter their specific role.

Location of the offence

R. v Mitchell [2020] EWCA Crim 603

B4-081　The court considered the relevance of the aggravating factor "location of the offence"

---

[34] [2017] EWCA Crim 1196 at [20].
[35] [2010] EWCA Crim 716 at [46].
[36] [2017] EWCA Crim 1354.
[37] [2010] EWCA Crim 716.

Held: A submission that the reference to "location" as an aggravating factor in the guideline is limited to a closed location could not be accepted. On the facts of the case, the judge was entitled to treat the fact that the offending took place in a public car park as an aggravating factor, given the risk of exposure to members of the public, in the middle of the day, close to shops.

Robbery—dwelling

Relevance of being professionally planned/cases of "particular gravity"

R. v Mayers [2018] EWCA Crim 1552; [2019] 1 Cr. App. R. (S.) 1

B4-082

The offenders appealed against sentences imposed for conspiracy to rob. All 10, with at least seven others, had attacked a travellers' site at night. They wore dark clothing and face coverings, having armed themselves with a variety of weapons and cable ties to use as handcuffs. The group "stormed the site" and attacked the victims in their homes. Victims were tied up, punched, hit and stabbed. The attack had been planned for "some time" prior to it being carried out, including the carrying out of reconnaissance. The site was connected to the unlawful supply of drugs and the judge inferred that the appellants had expected large sums of money to be hidden there.

When sentencing the judge concluded that the offence did not fit squarely within either the sentencing guideline for robbery in a dwelling or the guideline for professionally planned commercial robberies. He, therefore, took a starting point that fell outside the guidelines on the basis that the instant case was an exceptional one.

Held: the appropriate guideline was that for robbery in a dwelling. The judge appears to have made reference to the guideline for professionally planned commercial robbery because, as the guideline shows, it is concerned with robberies involving a significant degree of planning, sophistication or organisation, as was plainly the case here. That explanation is included in that guideline primarily to distinguish it from a third guideline concerned with street and less sophisticated commercial robberies. This case was essentially one which targeted occupied dwellings and should have been approached by reference to the guideline for robbery in a dwelling. That guideline is well capable of providing for an offence which is sophisticated and organised in nature and involves targeting or obtaining very high-value goods in circumstances where physical injury or psychological harm is caused to the victim. The guideline for robbery in a dwelling makes clear that in a case of particular gravity, reflected by extremely serious violence, a sentence in excess of 16 years may be appropriate.

B4-083

There was a submission that the reference to a case of "particular gravity" was confined to those cases where extreme violence had taken place. What took place on the night in question overall may be capable of being so characterised, even if no particular individual sustained extremely serious injury. On the facts, the offence was committed at night; the offenders were disguised; occupants of the site were tied up; a significant number of victims were women and young children; and at least one victim had to leave her home as a result of this offending. In addition, the offence was committed by a very large group of men in numbers designed to overwhelm the caravan site. While the guideline is clearly predicated on robbery of a single dwelling, in this case at least four dwellings were attacked and the number of victims affected was significantly larger than would be the case in an ordinary single dwelling robbery. The nature of this case was exceptional and particularly grave and would justify sentencing in excess of the category range, since in the circumstances it would be contrary to the interests of justice to do otherwise.

B4-084 *Commentary:* Although the court was not minded to say so explicitly it appears that the court in this case accepted that cases of "particular gravity" are not only cases where there is extremely serious violence, and that this is simply the most common example of when such a case will be sufficiently exceptional to exceed the top of the guideline range.

Categories not to be applied mechanistically

R. v Haddock [2018] EWCA Crim 2860; [2019] 1 Cr. App. R. (S.) 45

B4-085 The appellant appealed against sentences of eight years' imprisonment imposed for robbery, with a consecutive sentence of 876 days for burglary. The offence of robbery had occurred when he had broken into property belonging to an 89-year-old man who was unsteady on his feet. When the victim came downstairs, having woken up, the appellant punched him with both fists causing him to fall over a chair. The appellant then stole £340 and a chequebook. When the victim attempted to call the police the appellant prevented him from doing so, shouting at him "Where's the money? Where's the gold?". The victim managed to lock himself in a room while the appellant banged on the door, and eventually fled while the appellant was searching the rest of the house.

The appellant argued, inter alia, that the judge had erred in placing the case into Category 2A of the guideline for dwelling robbery as there were no culpability Category A factors present.

Held: there were a large number of features which made the offence a serious one of its kind. This was a physically frail and very elderly victim. The appellant chose to attack him when he opened the door, when his vulnerability was apparent, and he was targeted with violence as the very means of entering the house. The attack involved considerable force being used on this vulnerable victim, leaving him on the floor. He was terrorised while lying on the floor. He was prevented from calling the police. The incident was prolonged. It took place at 05.30 hours in the victim's home. The appellant was disguised. It occurred when the appellant was, on his own admission, intoxicated. It was committed when the appellant was on licence, having been released early from prison for a sentence of six years for burglary. There is the additional aggravation of the appellant's very bad record as a career burglar. It was the kind of experience which inflicted on another would have left an elderly victim with lasting and devastating effects for the rest of their life. The physical violence involved might have resulted in much more serious physical injury. These features justified the judge treating the offence as equivalent to a Category 2A offence and justified going above the top of the range in the guideline for such an offence.

B4-086 *Commentary: Haddock* is of course an exceptional example but does make clear that although the guideline states that the factors indicting category A culpability are exhaustive, the Court of Appeal (Criminal Division) will in exceptional cases allow the imposition of a sentence within that bracket where the collective features of it are such as to make the case clearly one of very high culpability.

Robbery—street and less sophisticated commercial

Moped-related robbery

R. v Ali and El-Guarbouzi [2017] EWCA Crim 1594
The court gave guidance as to the sentencing of offences of moped robbery.   **B4-087**
Held: it was unnecessary to subject the judge's consideration of prevalence to detailed scrutiny. It was sufficient to identify some of the features generically relevant to moped-related robbery without recourse to any issue relating specifically to local impact. In most such cases the following consideration will be relevant:

1) the temptation to use a moped in the context of street robbery is particularly strong because it provides the means by which to combine the seamless transition between a surprise assault and a quick getaway;
2) such robberies give rise to a higher risk of serious injury to victims because of the increased force generally involved in the snatch when compared with robberies which are carried out on foot;
3) the wearing of crash helmets and visors provides the opportunity for perpetrators to disguise themselves without raising prior suspicion;
4) this method of committing robbery gives rise to a serious collateral risk that control may be lost of the moped, leading to an accident thereby putting pedestrians and other road users at serious risk of injury;
5) such offending is often facilitated by the theft of the moped to be used in order to ensure that identification of the moped and its registration number does not lead directly to the identity of the offenders;
6) lone pedestrians carrying handbags are particularly vulnerable to such attacks.

The combination of these features, most or all of which applied to the instant cases, called for strongly deterrent sentences regardless of any element of local prevalence.

Attorney General's Reference (R. v Hussain and Alexander) [2018] EWCA Crim 2550
The Attorney General sought leave to refer sentences imposed on two offenders   **B4-088**
for a string of moped robberies. The offenders would ride together on mopeds with disguised registration numbers which had been stolen for the specific purpose of committing the robberies, wearing masks or helmets, and then having identified a suitable target (usually a solitary woman of mature years) they would ride towards the victims at speed and the pillion passenger would then grab the victim's bag using force or threats if necessary. The offenders also carried knives which they were prepared to produce if they could not steal the handbags without using threats of actual violence.
Held: although there was planning and there is no doubt that there was a campaign the judge was fully justified in applying the guideline relating to street and less sophisticated commercial robberies, rather than that for professionally planned commercial robbery. Indeed, in some ways, these were a paradigm of street robberies, albeit of course accompanied by the use of stolen mopeds and a degree of planning. It is stretching the word to an unacceptable degree to describe this offending as sophisticated. In many ways what the offenders did was opportunistic, although they had indeed planned to rob lone women walking in

the street using stolen mopeds for the purpose. However, whether one chooses to describe this offending as significantly planned or sophisticated, what undoubtedly remains is that this offending was brazen and was in all instances terrifying.

Moped robberies occurring in streets and involving the use or potential use of significant force are currently a menace in many urban areas. Such offending unquestionably has significant effects on the victims: usually, although not invariably, lone women walking in the street. Such offending also causes great concern and apprehension within the local community. It undoubtedly calls for stern punishment.

Robbery of taxi drivers

R. v Howlett [2010] EWCA Crim 432

B4-089 The offender appealed against a sentence of three years' custody imposed following his early plea of guilty to the offence of robbery of a taxi driver.

Held: the offence was committed at night and the victim was a taxi driver. Taxi drivers are particularly vulnerable to being picked on in this manner and sentences need to reflect that. That said, the brackets available amply enable judges to do that. There is no need, as this judge felt it necessary to do, to assert a need for additional deterrence. It can all be done without difficulty within the available bracket.

B4-090 *Commentary:* Although this case was decided under the old Sentencing Guidelines Council guideline it is submitted the general tenor of the decision continues to apply; there may be scope for increasing a sentence on the basis that the victim performs a public service in the course of which they are particularly vulnerable, but any such increase is not likely to be significant. Certainly, it should not alone be such as to allow for sentences outside the appropriate category.

Robbery on public transport

R. v RLM and ADW [2011] EWCA Crim 2398; [2012] 1 Cr. App. R. (S.) 95

B4-091 The appellants pleaded guilty to five counts of robbery relating to a series of robberies of bus passengers. On each occasion, a group of about 12 youths boarded a bus and stole mobile phones and similar items from passengers. In some cases, victims were kicked or punched.

Held: someone who joins with others to take over a piece of public transport and treat the passengers at will, knowing they have no means of escape, is committing an offence of gravity. It is clear that the group in which the appellants were each an active participant thought they were untouchable and could treat buses and passengers in any way they wished. The intimidation of both victims and bystanders, the use of violence and the impact on law-abiding citizens were all seriously aggravating features.

B4-092 *Commentary:* This case was decided under the previous Sentencing Guidelines Council guideline (and prior to the new guideline on sentencing children and young persons). However, it is suggested that it will remain a serious aggravating factor to commit a violent robbery in circumstances where the victims cannot escape (for the purposes of the guideline it being a case in which "Victim is targeted due to a vulnerability (or a perceived vulnerability)"). Moreover, there would seem to be a general public harm in that the commission of such offences on public transport may deter others from using such transport.

Robbery of stores

R. v Hawkins [2018] EWCA Crim 633; [2018] 2 Cr. App. R. (S.) 11

The court considered an appeal against sentence for an offence of robbery and attempted robbery in a supermarket where the offender had threatened members of staff with an item concealed on his person when caught shoplifting.

Held: it should not make any difference that the context of these offences was in the open area of a supermarket, rather than the confines of a corner shop. The shop staff are equally deserving of protection.

Commentary: It is suggested that although the court in *Hawkins* was correct that the harm is likely to be the same, and that the offence will be of similar seriousness, it certainly seems possible that it will be a further aggravating factor where a corner shop (or similarly small store) is targeted for robbery on the basis that the victim will be isolated and particularly vulnerable.

Robbery—professionally planned commercial

Whether a robbery is a professionally planned commercial robbery

R. v Khan [2017] EWCA Crim 440; [2017] 2 Cr. App. R. (S.) 19

The offender had, with others, planned and attempted a robbery of a bank branch. They had purchased a knife, a hammer and some gloves and entered the bank with their faces covered and armed with those weapons. Two of them, who were both armed, approached the cashier and demanded money, brandishing the weapons as they did so while the third acted as a look-out. They failed to gain access to the tills and fled in a vehicle with a false number plate.

On appeal against sentence, the offender contended the judge should not have applied the guideline for professionally planned commercial robbery and should have sentenced it as street and less sophisticated robbery.

Held: the less serious category of street and less sophisticated commercial robberies is defined as "Street/less sophisticated commercial robbery refers to robberies committed in public places including those committed in taxis or on public transport. It also refers to unsophisticated robberies within commercial premises or targeting commercial goods or money." The more serious category of "professionally planned commercial robberies" is defined as "professionally planned commercial robbery refers to robberies involving a significant degree of planning, sophistication or organisation."

It is clear from the guideline that there is a wide range or spectrum of activity which falls within these two categories. Indeed, the guideline recognises that the categories will encompass a wide range of degrees of planning, sophistication and organisation, not least because under both classifications the degree of planning is relevant. It is thus important when considering any particular set of facts to see the categories (the two guidelines) as reflecting a range or spectrum of degrees of planning, sophistication and organisation.

On the facts the judge was entitled to conclude this was a professionally planned commercial robbery but at the lowest end of the range. There was a considerable degree of pre-planning, including the purchase of identical clothing. The defendants also took steps to disguise the identity of the vehicle by modifying the number plate and targeted the particular branch because it was open plan and the staff were vulnerable. This was a group attack, pursuant to which roles were allocated, with one of the defendants acting as look-out and the other two as principal armed protagonists. They targeted a commercial premises, a retail bank, where they believed that substantial quantities of cash would be present. The case could be distinguished from the paradigm case described by the less serious classification of a robbery committed in a taxi or on a bus. It goes well beyond a person who enters, for example, a newsagent and uses a weapon to demand that the shop staff hand over cash or goods. The facts move in the general direction of a robbery involving a significant degree of planning and organisation, even if it was in the event executed in a relatively unsophisticated and amateurish manner.

R. v Noel [2017] EWCA Crim 782; [2018] 1 Cr. App. R. (S.) 5

B4-097 The offender had worked in a bookmaker. Before his colleague left to take approximately £3,000 from the safe to the Post Office the offender alerted his co-conspirators that she was about to leave. His colleague was robbed of the money by two men who accosted her on the street. The violence used was minimal and was limited to covering her eyes, pushing her and taking the bag. The men then made off in a vehicle. The offender pleaded guilty to robbery on the basis that he had been approached by a third party known to him who had asked him to participate in the robbery but that it had been agreed that no weapons would be used and that violence would be limited to wrestling the money from the victim.

On appeal against sentence, the offender submitted, inter alia, that the judge had applied the incorrect guideline by sentencing by reference to the professionally planned commercial robbery guideline and that the offence was more appropriately sentenced under the less sophisticated commercial robbery guideline.

Held: the court had some sympathy with the view that this robbery did not fall neatly into either of the definitions in the sentencing guideline. There was obviously a degree of planning in the execution of this robbery. There was the use of inside information and the putting together of a team to carry the robbery out. On the other hand, it was not professionally planned and did not fall into the more usual category of commercial robberies of banks or building societies. The robbery was carried out on the street, in a style similar to a handbag snatch. However, its planning, the amount of cash targeted and the use of information made it more serious than a robbery of that sort. In the court's view, the robbery sat on the line between the two types of robbery. The court concluded that it was not greatly helped by the guidelines.

R. v Gilbert [2018] EWCA Crim 1197

B4-098 The offender had entered a betting shop screaming: "This is a fucking robbery." His face and head were largely obscured with a hooded top and he had an imitation handgun with which he threatened the staff. The staff placed the cash in the bag the offender had brought with him. The appellant demanded that he open the safe and threatened to shoot him. He left the shop when the staff said there was not much money in the safe. He was then driven away in a car with a co-accused. He pleaded guilty to robbery on the basis that he had not intended to commit the robbery until he was in the area, the idea to do it was not his and he was handed the imitation firearm very shortly before the offence. He was sentenced to an extended sentence of 11 years and six months, comprising a custodial element of seven years and six months and an extended licence period of four years.

On appeal against sentence, the offender submitted that the judge had erred in concluding that this was a professionally planned commercial robbery.

Held: considering *R. v Khan*,[38] here two men decided to carry out an armed robbery on a betting shop, no doubt targeting such a business in the expectation that there would be a significant quantity of cash on the premises. The use of a disguise covering the head and face and the brandishing of what would appear to the staff to be a real gun indicated a determination to instil real fear and remove any resistance. Again, in this case, the fact that the robbery was executed in a somewhat amateurish and unsuccessful way does not remove it from the more serious category of robbery (professionally planned commercial robbery).

Commentary: As the cases make clear, placing a robbery into either the guideline for professionally planned commercial robbery or for street and less sophisticated commercial robbery does not negate the need for further consideration of planning. It is suggested that where a case does not fall easily within one or either of the guidelines ordinarily an appropriate sentence may be reached either by placing the case in the less sophisticated commercial guideline and then either treating the additional planning as an aggravating factor, or placing the case in the professionally planned commercial guideline and treating the relative lack of professional planning as a mitigating factor. **B4-099**

Furthermore, as held in *R. v Khan*[39] and *R. v Gilbert*,[40] that a robbery was relatively amateur and unsuccessful does not stop it from falling within the professionally planned commercial guideline; that guideline applies on the basis of the increased culpability involved in such planning, and the phrase "professionally planned" is not to be approached as if it is a defined term in legislation.

Fraud

Maximum Sentence

General offences

The offence of fraud, contrary to s.1 of the Fraud Act 2006, has a maximum sentence of *10 years' imprisonment*. **B4-100**

The offence of fraudulent trading, contrary to s.9 of the Fraud Act 2006, has a maximum sentence of *10 years' imprisonment*.

The common law offence of conspiracy to defraud has a maximum sentence of *10 years' imprisonment*, by virtue of s.12(3) of the Criminal Justice Act 1987.

The offence of carrying on a company for a fraudulent purpose, contrary to s.993 of the Companies Act 2006, has a maximum sentence of *10 years' imprisonment*.

The offence of false accounting, contrary to s.17 of the Theft Act 1968, has a maximum sentence of *seven years' imprisonment*. **B4-101**

Specific revenue offences

Offences contrary to s.72 of the Value Added Tax Act 1994 (fraudulent evasion of VAT, false statements for VAT purposes and conduct amounting to an offence) have a maximum sentence of *seven years' imprisonment*. **B4-102**

---

[38] [2017] EWCA Crim 440; [2017] 2 Cr. App. R. (S.) 19.
[39] [2017] EWCA Crim 440; [2017] 2 Cr. App. R. (S.) 19.
[40] [2018] EWCA Crim 1997.

PROPERTY OFFENCES

The offence of fraudulent evasion of income tax, contrary to s.106A of the Taxes Management Act 1970, has a maximum sentence of *seven years' imprisonment*.

The offence of improper importation of goods, contrary to s.50 of the Customs and Excise Management Act 1979, has a maximum sentence of *seven years' imprisonment*, unless committed in respect of certain prohibitions which provide for modifications to the maximum sentence. There are a number of specific prohibitions providing modifications but the most commonly applicable are as follows:

1) offences contrary to s.50 of the 1979 Act committed in connection with a prohibition or restriction on the importation of any weapon or ammunition that is of a kind mentioned in s.5(1)(a), (ab), (aba), (ac), (ad), (ae), (af) or (c) or (1A)(a) of the Firearms Act 1968 have a maximum sentence of *life imprisonment*: s.50(5A) of the 1979 Act;

2) offences contrary to s.50 of the 1979 Act committed in connection with the prohibition contained in s.20 of the Forgery and Counterfeiting Act 1981 (prohibition on importation of counterfeit notes and coins) have a maximum sentence of *10 years' imprisonment*: s.50(5AA) of the 1979 Act;

3) offences contrary to s.50 of the 1979 Act committed in connection with prohibition or restriction on importation or exportation having effect by virtue of s.3 of the Misuse of Drugs Act 1971, where the goods in respect of which the offence was committed were a Class A drug, have a maximum sentence of *life imprisonment*: s.50(4) of, and para.1 of Sch.1 to, the 1979 Act;

4) offences contrary to s.50 of the 1979 Act committed in connection in connection with prohibition or restriction on importation or exportation having effect by virtue of s.3 of the Misuse of Drugs Act 1971, where the goods in respect of which the offence was committed were a Class B drug, a Class C drug or a temporary class drug, have a maximum sentence of *14 years' imprisonment*: s.50(4) of, and paras 1–2 of Sch.1 to, the 1979 Act.

B4-103 The offence of fraudulently evading import tax, contrary to s.170 of the Customs and Excise Management Act 1979, has a maximum sentence of *seven years' imprisonment*, unless committed in respect of certain prohibitions which provide for modifications to the maximum sentence. There are a number of specific prohibitions providing modifications but the most commonly applicable are as follows:

1) offences contrary to s.170 of the 1979 Act committed in connection with a prohibition or restriction on the importation of any weapon or ammunition that is of a kind mentioned in s.5(1)(a), (ab), (aba), (ac), (ad), (ae), (af) or (c) or (1A)(a) of the Firearms Act 1968, have a maximum sentence of *life imprisonment*: s.170(4A) of the 1979 Act;

2) offences contrary to s.170 of the 1979 Act committed in connection with the prohibition contained in s.20 of the Forgery and Counterfeiting Act 1981 (prohibition on importation of counterfeit notes and coins) have a maximum sentence of *10 years' imprisonment*: s.170(4AA) of the 1979 Act;

3) offences contrary to s.170 of the 1979 Act committed in connection with prohibition or restriction on importation or exportation having effect by virtue of s.3 of the Misuse of Drugs Act 1971, where the goods in respect of which the offence was committed were a Class A drug, have a maximum sentence of *life imprisonment*: s.170(4) of, and para.1 of Sch.1 to, the 1979 Act;

4) offences contrary to s.170 of the 1979 Act committed in connection in con-

nection with prohibition or restriction on importation or exportation having effect by virtue of s.3 of the Misuse of Drugs Act 1971, where the goods in respect of which the offence was committed were a Class B drug, a Class C drug or a temporary class drug, have a maximum sentence of *14 years' imprisonment*: s.170(4) of, and paras 1–2 of Sch.1 to, the 1979 Act.

The offence of taking preparatory steps for evasion of excise duty, contrary to s.170B of the Customs and Excise Management Act 1979, has a maximum sentence of *seven years' imprisonment*.

Specific benefit offences

The offence of making dishonest representations for the obtaining of benefits, contrary to s.111A of the Social Security Administration Act 1992, has a maximum sentence of *seven years' imprisonment*.   B4-104

The offence of making false representations for the obtaining of benefits, contrary to s.112 of the Social Security Administration Act 1992, has a maximum sentence of *three months' imprisonment*.

The offence of tax credit fraud, contrary to s.35 of the Tax Credits Act 2002, has a maximum sentence of seven years' imprisonment.

Availability of Sentencing Orders

Certain sentencing orders or consequences of conviction are only available, or apply, where the offence for which the offender has been convicted is a listed offence. The tables below specify whether the fraud offences discussed in this part are a listed offence for the purpose of each of those sentencing orders or consequences of conviction.   B4-105

General offences

Custodial sentences

Conviction for offences contrary to ss.1 and 9 of the Fraud Act 2006, conspiracy to defraud at common law, s.993 of the Companies Act 2006 or s.17 of the Theft Act 1968 does not make available any specific custodial sentences. If an offence is found to have a terrorist connection, it is a Pt 1 Sch.13 offence for the purposes of the sentence for offenders of particular concern.   B4-106

Secondary orders and consequences of conviction

Offences	SOA 2003 Sch.3 and 5 (sexual harm prevention order and notification—sex offences)	SCA 2007, Sch.1 (serious crime prevention order)	CTA 2008, ss.41–43 (notification—terrorism offences)	SI 2009/37 (barring from work with children and vulnerable adults)
Fraud (s.1 FA 2006)	No	Yes	No	No
Fraudulent trading (s.9 FA 2006)	No	Yes	No	No

B4-107

Offences	SOA 2003 Sch.3 and 5 (sexual harm prevention order and notification—sex offences)	SCA 2007, Sch.1 (serious crime prevention order)	CTA 2008, ss.41–43 (notification—terrorism offences)	SI 2009/37 (barring from work with children and vulnerable adults)
Conspiracy to defraud (common law)	No	Yes	No	No
Fraudulent trading (s.993 CA 2006)	No	No	No	No
False accounting (s.17 TA 1968)	No	Yes	No	No

Specific revenue offences

Custodial sentences

B4-108 Conviction for any of these specific revenue offences does not make available any specific custodial sentences. If an offence is found to have a terrorist connection, it is a Pt 1 Sch.13 offence for the purposes of the sentence for offenders of particular concern.

Secondary orders and consequences of conviction

B4-109

Offences	SOA 2003 Schs 3 and 5 (sexual harm prevention order and notification—sex offences)	SCA 2007 Sch.1 (serious crime prevention order)	CTA 2008 ss.41–43 (notification—terrorism offences)	SI 2009/37 (barring from work with children and vulnerable adults)
Fraudulent evasion of VAT etc (s.72 VATA 1994)	No	Yes	No	No
Fraudulent evasion of income tax (s.106A TMA 1970)	No	Yes	No	No
Improper importation of goods (s.50 CEMA 1979)	No	Yes, where conditions met	No	No
Fraudulently evading import tax (s.170 CEMA 1979)	Yes, where conditions met, Sch.3	Yes	No	Yes, where conditions met
Taking preparatory steps for evasion of excise duty (s.170B CEMA 1979)	No	No	No	No

Offences	SOA 2003 Schs 3 and 5 (sexual harm prevention order and notification—sex offences)	SCA 2007 Sch.1 (serious crime prevention order)	CTA 2008 ss.41–43 (notification—terrorism offences)	SI 2009/37 (barring from work with children and vulnerable adults)
Dishonest representations for the obtaining of benefits (s.111A SSAA 1992)	No	No	No	No
False representations for the obtaining of benefits (s.112 SSAA 1992)	No	No	No	No
Tax credit fraud (s.35 TCA 2002)	No	Yes	No	No

Sentencing Guideline: General

The Sentencing Council has issued a *Fraud, Bribery and Money Laundering Definitive Guideline* 2014. There are separate guidelines for fraud generally, revenue fraud, benefit fraud and fraud by corporate offenders.   **B4-110**

Fraud

The guideline for fraud provides for an offence range of a discharge to eight years' custody in respect of offences of fraud contrary to s.1 of the Fraud Act 2006 and conspiracy to defraud. The offence range for offences contrary to s.17 of the Theft Act 1968 is a discharge to six years and six months' custody. The guideline provides three culpability categories (High, Medium and Lesser) and five harm categories (1, 2, 3, 4 and 5). The guideline provides a list of factors indicating whether an offence is one of high, medium or lesser culpability. Harm is assessed principally by reference to the actual, intended or risked financial loss as well as the victim impact.   **B4-111**

Fraudulent trading

There is no offence-specific guideline for the offences of fraudulent trading contrary to s.9 of the 2006 Act or s.993 of the Companies Act 2006. As to the utility of the fraud guideline, however, see B4-125.   **B4-112**

Revenue fraud

The guideline for revenue fraud provides for an offence range of a low-level community order to eight years' custody in respect of offences of fraud contrary to s.1 of the Fraud Act 2006 and conspiracy to defraud. The offence range for offences contrary to s.17 of the Theft Act 1968, s.72 of the Value Added Tax Act 1994, s.106A of the Taxes Management Act 1970 and ss.50, 170 and 170B of the Customs and Excise Management Act 1970 is a Band C fine to six years and 6 months' custody. The offence range for cheating the public revenue is three to 17 years' custody. The guideline provides three culpability categories (High, Medium and   **B4-113**

Lesser) and seven harm categories. The guideline provides a list of factors indicating whether an offence is one of high, medium or lesser culpability. Harm is assessed by reference to the gain/intended gain to the offender or loss/intended loss to HMRC.

Benefit fraud

B4-114   The guideline for benefit fraud provides for an offence range of a discharge to eight years' custody in respect of offences of fraud contrary to s.1 of the Fraud Act 2006 and conspiracy to defraud. The offence range for offences contrary to s.17 of the Theft Act 1968, s.111A of the Social Security Administration Act 1992 and s.35 of the Tax Credits Act 2002 is a discharge to six years and six months' custody. The offence range for an offence contrary to s.112 of the Social Security Administration Act 1992 is a discharge to 12 weeks' custody. The guideline provides three culpability categories (High, Medium and Lesser) and six harm categories. The guideline provides a list of factors indicating whether an offence is one of high, medium or lesser culpability. Harm is assessed by reference to the amount obtained or intended to be obtained.

Fraud by corporate offenders

B4-115   The guideline for fraud by corporate offenders provides three culpability categories (High, Medium and Lesser) and assesses harm by reference to the actual or intended gross gain to the offender. That harm figure is then multiplied by a certain figure based on the offender's culpability category and adjusted for certain aggravating and mitigating factors as well as totality.

Interpreting/Applying the Guideline

Fraud: generally

Deliberately targeting victim on basis of vulnerability (High culpability)

R. v Bouferache [2015] EWCA Crim 1611; [2016] 1 Cr. App. R. (S.) 25

B4-116   The offender appealed against a sentence imposed on them following guilty pleas to possession of an article for use in fraud, possession of criminal property and fraud. The offender had been loading Oyster cards with cloned or false credit cards and then using the machines at the station to obtain cash refunds for the fraudulently obtained credit.

Held: the appellant sought to make fraudulent use of a weakness in the Oyster card system, but this did not amount to deliberate targeting of a victim on the basis of vulnerability within the meaning of the guidelines.

R. v Wharf [2015] EWCA Crim 2320; [2016] 1 Cr. App. R. (S.) 51

B4-117   The offenders had systematically defrauded vulnerable householders by falsely representing that their properties required building work and then grossly overcharging for the building work that had been carried out. On appeal against sentence, they argued that the judge was guilty of "double counting" in relation to the vulnerability of the victim, relying on this factor at both the culpability and Harm B stages of the guideline.

Held: the double counting argument was misconceived. The targeting of vulnerable victims does not inevitably lead to more serious harm. Where it does result in harm to vulnerable victims, there is no flaw in treating the victims' vulnerability as a relevant factor for both purposes. The guideline expressly envisages that possibility. It is not double counting to regard the vulnerability of the victims as relevant under both heads because the factors, although related, are different.

R. v Collins [2018] EWCA Crim 1713; [2019] 1 Cr. App. R. (S.) 7

The offender, appealing against a sentence imposed for fraud, argued that the judge had double counted in concluding that the offence was one of high culpability as the victim had been deliberately targeted because of his vulnerability as well as the offence having a high impact of harm because the victim was particularly vulnerable. The offender relied on observations to a similar effect in *R. v Churchill*.[41]

Held: the observations at [16] of *Churchill* were entirely obiter and unnecessary to the decision and not binding on the court. The distinction between the two ways in which vulnerability is relevant may be illustrated by the case of a coldcalling fraud conducted over the telephone. The fraudster in those circumstances may well not be shown to have deliberately targeted the victim on the basis of their vulnerability so as to lead to a finding of high culpability on that basis. The victim may, however, unbeknown to the fraudster, have been particularly vulnerable so that high impact results, making the loss or harm caused more serious for them. Vulnerability is relevant in two distinct ways and in the harm analysis reference is made to "particularly vulnerable" as opposed to "vulnerable".

The guideline, in taking account of both culpability and harm in the way described, complies with the statutory duty rather than offends against the practice of avoiding double counting. There is a proper focus on two distinct concepts, both of which determine the gravity of the offence, namely the intentional targeting and the level of harm done. Both concepts invite a consideration of vulnerability. The uses to which it is put are separate and distinct. In the circumstances, *Churchill* should not be followed.

B4-118

R. v Dagista (Baris) [2023] EWCA Crim 636; [2023] 2 Cr. App. R. (S.) 44

D1 and D2 pleaded guilty to fraud and breach of duty (Companies Act 2006) relating to a fraudulently obtained "bounce back" loan provided by private banks but backed by the government.

Held: the Government or a major bank did not fit the normal meaning of "vulnerability" within the meaning of the guidelines albeit, the Bounce Back Loan Scheme presented an exceptionally vulnerable target at a time of national emergency which had been ruthlessly exploited; this increased the offender's culpability and culpability was accordingly rightly characterised as high.

B4-119

Abuse of position of power or trust or responsibility (High culpability)

R. v Choi [2015] EWCA Crim 1089; [2015] 2 Cr. App. R. (S.) 55

The offender had worked as a finance officer at a school. After leaving the job he realised he still had access to the school's bank account and transferred £40,000 from it to his personal bank account.

On appeal against sentence, he argued that the judge had either erred in finding that the Culpability A factor of abuse of trust was present, or that his culpability was to be treated at the lower end of the range because he was not working

B4-120

---

[41] [2017] EWCA Crim 841; [2017] 2 Cr. App. R. (S.) 34.

for the school at the relevant time and therefore his culpability, in terms of breach of trust, had to be lower than if the offences had taken place while he was actually working at the school.

Held: there was not a lower breach of trust because the appellant was no longer employed by the school. The judge was correct to conclude that the fact that his employment had ended is not relevant. The appellant abused a position of trust and responsibility as a former finance officer of the school and this fraud was therefore one of high culpability.

B4-121 *R. v Dagista (Baris) [2023] EWCA Crim 636; [2023] 2 Cr. App. R. (S.) 44*
D1 and D2 pleaded guilty to fraud and breach of duty (Companies Act 2006) relating to a fraudulently obtained "bounce back" loan where the defendants knew no checks were being applied.

Held: the defendants were not in a position of responsibility or trust within the normal meaning of those words in the guidelines.

B4-121a *R. v Tamang (Sita) [2024] EWCA Crim 62; [2024] 2 Cr. App. R. (S.) 8*
The court gave guidance as to cases involving theft from the elderly and infirm.

Held: stealing from the elderly and infirm, when the offender is in a position of trust, will (unless there are powerful factors to the contrary) usually be an offence for which only immediate custody is appropriate. It strikes at the heart of society's care for its elderly if those who are trusted with undertaking that care steal from their most vulnerable charges. Such sentences have a deterrent effect, and that cannot be underestimated.

Group offending/conspiracy (Culpability)

B4-122 *R. v Samuwiro [2016] EWCA Crim 1948; [2017] 1 Cr. App. R. (S.) 30*
The court heard an appeal against sentence in respect of sentences imposed for conspiracy to commit fraud by false representation.

Held: in addition to the fact that the guideline applied to offences of conspiracy to defraud at common law, the references to group activity in the guideline clearly indicated that it was intended to apply to group offending that might be charged as conspiracy. The judge was required to follow the guideline unless satisfied it would be contrary to the interests of justice to do so and could not avoid doing so simply because the case was charged as conspiracy. The culpability assessment for a group of offenders might not be the same in each case. There is a need to consider the individual roles of the offender against the guideline categories for culpability. In deciding on culpability in a conspiracy case, it is appropriate to look not only at what the particular appellant did but at what the agreement that they joined was collectively trying to do.

Loss caused (Harm A)

B4-123 *R. v Green [2016] EWCA Crim 1888; [2017] 1 Cr. App. R. (S.) 22*
The appellant had worked as a solicitor in a solicitor's firm when she created a fake firm and bank account to which she paid money which was allegedly for independent psychiatrist reports. That money would then be "reclaimed" from the Legal Aid Agency. She wrote cheques to the fake firm amounting to £25,000. However, when the fraud was uncovered the Legal Aid Agency audited the solicitor's firms' files. As a result, the firm was obliged to repay the sum of £181,887.72 to the Legal Aid Authority. In addition, the firm also incurred expenses of over £30,000 as a result of the investigation.

On appeal against sentence the appellant contended that the judge was not entitled to take into account this "consequential loss" in determining the harm category for the purposes of the guideline. She contended that the money which had to be repaid to the Legal Aid Authority was as a result not of criminal activity, but of poor standards and the administration of the files.

Held: the consequential loss here did not involve an intended loss or risk of loss. Before considering whether it could be taken into account as loss caused, it is necessary to establish to the criminal standard that the consequential loss was a direct result of the offence to which the appellant pleaded guilty. On the facts there was no evidence that any of this repayment was directly attributable to the offence to which the appellant pleaded guilty. There was also evidence that there was further expenditure in the Legal Aid Agency and internal investigations. On the material before the court it was impossible to conclude to the criminal standard the amount of consequential loss, if any, which was caused as a direct result of the appellant's offending conduct to which she pleaded guilty. The appellant therefore fell to be dealt with by reference to Category 3A with a starting point based on £50,000 or three years' custody with a range of 18 months to four years.

R. v Sodhi [2021] EWCA Crim 2011; [2022] 2 Cr. App. R. (S.) 11 **B4-124**
S had been convicted of cheating the public revenue in relation to the submission of false documents in support of a claim for group tax relief. On appeal against sentence, it was argued that the judge had erred in taking a harm figure of £277,501, because it was said there was no real loss, save perhaps for a few thousand pounds in interest saved, as the reduction of corporation tax sought by the wrong claim for group relief would, in any event, have been available to largely the same extent by the entirely different mechanism of carrying losses back and forward.

Held: the judge was entirely justified in stating that gain or loss can be permanent or temporary; that the guideline does not require permanent harm; it would be absurd to say that somebody could defraud the Revenue of a very, very substantial sum of money and then say, "But there is no harm because in the end they would get it all back". The guidelines themselves are directed (in terms of harm) to loss whether actual or intended. Moreover, S would not have known for sure that there would indeed be future profits which could then be used by way of relief by this alternative mechanism now proposed.

R. v Gould (Mark) [2024] EWCA Crim 669 **B4-124a**
G had set up a streaming service which unlawfully provided the content of, pay-tv broadcasts. The judge sentenced on the basis the loss caused was the value of the illicit subscriptions if bought legitimately.

Held: the issue of the value of property to a thief in the context of confiscation proceedings is not the same as the loss caused by fraudulent activity. Nonetheless, that there is some parallel to be drawn. Adopting the judge's approach to the calculation of loss, whilst it could not be said that every customer of the fraudulent enterprise would have subscribed to the legitimate broadcasters' output, it would be reasonable to conclude that at least a significant number would have done so, if that had been the only option. Even if one were to take the loss to legitimate broadcasters of 50% of the sums that would have still meant a loss in excess of £30 million, far in excess of the starting point of £1 million in the guideline for Category 1 harm. If this were a case where a risked loss approach ought to have been taken, it is quite unrealistic to categorise that loss as notional. The guideline refers to the likelihood or extent of the risked loss. In our judgment, the extent of that risked loss in this case was so high that moving down a category would not have been appropriate.

The submission that no proper scrutiny could be made of the contractual arrangements between the various parties with an interest in the broadcast material on the basis of the evidence served in this case may well be correct. That does not mean that the judge erred when he used the value of legitimate subscription income as a means of assessing loss. This was not assessing it strictly by reference to civil law, but as an indication of the loss caused and risked. We deprecate the introduction of contractual and copyright technicalities into the criminal law.

There was an alternative route to the consideration of loss. How much would G have had to pay legitimate broadcasters had they negotiated a deal to do lawfully what they actually did unlawfully? The answer must be something close to what the broadcasters charged their other customers. In practical terms G stole the product of those broadcasters. No further technical analysis is required.

Risk of loss (Harm A)

R. v Opuku [2017] EWCA Crim 1110; [2017] 2 Cr. App. R. (S.) 49

B4-125 The offender had attended a bank with his passport and a forged letter purporting to give him authority to withdraw £20,000 in cash from a company's bank account. Prior to his arrival telephone calls were made to the bank by someone who claimed to be a representative of that company saying an agent of theirs would attend to withdraw the money.

The sentencing judge applied the Sentencing Council's guideline for fraud offences, noting that although the offence did not fall neatly within any category, there was a "risk of loss commensurate with Category 4" and that "where there is a risk of loss commensurate with Category 4, the guidelines say that it should fall within Category 5". The judge took a starting point "somewhere between Category 4A (range 26 weeks to three years) and 5B (range fine to 26 weeks), imposing a sentence of seven months.

Held: the judge had erred as to harm. The table which sets out the categories of harm by value is headed "Loss caused or intended". Risk of loss means something quite different, such as possible future or consequential loss. The example given in the guideline is a mortgage fraud. The guideline observes that the risk of loss is less serious than actual or intended loss. In this case, the actual loss was zero but the intended loss was £20,000. The reference to "risk of loss" was unnecessary and in error. Intended loss of £20,000 means the top end of Category 4.

Commentary: As *Opuku* makes clear, harm risked relates to harm that may have resulted from the offence but was not directly intended by the offender. Where there is harm intended it does not matter for the purposes of establishing the guideline category that it was only harm intended and not harm that resulted. Arguably it may, however, merit a slight reduction from the starting point in the category.

Cases where gain made but not a clear loss (Harm A)

R. v Williamson [2017] EWCA Crim 2488

B4-126 The appellant as part of his business had tendered for a contract to provide an internal management audit programme to the Internet Watch Foundation (IWF). On a pre-tender questionnaire in answer to the question "Has any member of staff working on the project or senior member of staff been the subject of a conviction for fraud or registered on a sex offender register?" he falsely represented that none of his staff had, despite he himself being registered on the sex offender register. In total, the contract value was £176,000. This sum related to the five years that the contract had run before the IWF discovered the truth about the appellant and terminated the contract.

When sentencing the judge found that it had been difficult to identify the specific financial loss to the IWF and that the gain to the appellant's business might be regarded as "modest".

On appeal against sentence, the appellant submitted that the judge erred in applying the starting point for Category 2 loss (starting point £300,000) without any real adjustment. The appellant argued that IWF did not make any loss; on the contrary it got value for money and, if anything, it was the appellant's company that made a loss.

Held: it is plain that the company was, in fact, never entitled to enter into the contract with the IWF. Every single payment from the inception of the contract was money to which the company was not entitled and the appellant knew that. It was entirely appropriate for the judge to approach this assessment of harm in the way he did as a starting point and it accorded with the justice of the case at that point of consideration. The judge did not fall into error by identifying a three-year starting point. However, consideration of the length of sentence should not have ended there. On the unusual facts of this difficult sentencing exercise, the factors on which the appellant had sought to rely (i.e. the lack of actual loss and the performance of the full contract without any significant benefit to the appellant) did have relevance as to adjustment of the appropriate category within the Fraud Guideline. The judge had failed, after identifying the starting point, to reconsider the appropriate category within the fraud guideline in light of these unusual circumstances. Had he done so, he would have adjusted the category from where he had begun, namely, at the bottom of Category 2, down to the bottom end of Category 3 which provides for a sentence after trial of 18 months' imprisonment.

R. v Alexander (Lee) [2022] EWCA Crim 1868
The appellant had created fake accounts on Snapchat and Instagram pretending to be a modelling agent in order to induce victims into sending naked, partially naked and sexually suggestive pictures to him. The amounts of money that were to be paid to the victims (and was not) was small (if not nugatory).

On appeal against sentence, it was submitted this was a Category 5 harm case (on the basis of the money value of the fraud).

Held: this is an unusual fraud offence because there is no express financial impact. The impact on the victim was something far greater, and in a sense, something that money cannot buy or put right, namely the supply to another of intimate photographs, including fully naked photographs that she would not have sent to this person at all, absent of the fraud. The fact that there is no financial impact does not mean that one automatically starts the categorisation exercise in Category 5 based on value or perceived value of loss or gain, and then go on to consider whether or not to move up a category at stage B of the harm analysis. The harm suffered on the facts could equate the offence to one falling into Category 3 or Category 4. The guidelines are to guide the sentencing judge, who is expected realistically to take into account all the relevant factors of any particular offence. No set of guidelines can accurately predict all aspects of any specific offence that may be committed, and they do not provide rigid boxes into which all offences must be forced regardless of their facts.

B4-127

B4-128 *Commentary:* The guideline assesses harm largely by reference to financial loss to the victim which whilst understandable in the context of an offence that requires gain or loss in relation to money or other property, can be a limited approach.

Where in *Williamson*, the issue is quantifying gain from a contract fraudulently obtained, it seems the court effectively t adopted an approach broadly similar to that advocated by the guideline in relation to cases involving "risk of loss": "Where the offence has caused risk of loss but no (or much less) actual loss the normal approach is to move down to the corresponding point in the next category". Another manner in which to consider harm in a proportionate manner may be to borrow an approach from the Supreme Court in the context of confiscation in CV frauds: to take the difference between the higher earnings made as a result of the CV fraud and the lower earnings that the defendant would otherwise have made.[42]

Alexander should not be understood as saying frauds relating to sexual imagery should always fall into Category 3 or 4 but rather reflecting the need to approach such cases outside the rigid structure of the guideline.

Group offending/conspiracy (Harm A)

R. v Samuwiro [2016] EWCA Crim 1948; [2017] 1 Cr. App. R. (S.) 30

B4-129 The court heard an appeal against sentence in respect of sentences imposed for conspiracy to commit fraud by false representation.

Held: conspiracy offences are to be sentenced by reference not only to what the particular appellant did but also to what the agreement that they joined was collectively trying to do. Offences of conspiracy might be more serious than a series of substantive offences and it might be difficult to put a precise financial value on the harm that the conspiracy intended to cause. It would be an error to assess harm only by reference to the events on one day of the conspiracy period. In a conspiracy case where a sophisticated system of fraud has been set up there is no reason to suppose that the offenders did not intend to carry on using it as long as they could and the loss intended, which cannot in a case like this be precisely quantified, must be taken into account. The appropriate course, where the harm cannot be quantified, is to move the case up to the corresponding point in the next category above the level of harm which has been quantified.

Child maintenance fraud

R. v W [2017] EWCA Crim 1758; [2018] 1 Cr. App. R. (S.) 20

B4-130 The offender had falsely denied his paternity of a child in an attempt to avoid paying child maintenance. He had paid a vulnerable individual to pose as him for the purposes of providing a DNA sample for a paternity test in order to secure a negative result. He pleaded guilty to conspiracy to defraud and appealed against the sentence imposed.

Held: this was an attempt to deny his paternity of the child, an attempt to avoid paying the money which he was obliged by law to pay and furthermore, it was an attempt to undermine the system on which the public relies to ensure that maintenance is paid in such circumstances. There was substantial aggravation to be found in the use, however willing he might have been, of a vulnerable individual to provide the sample, there was substantial aggravation in the cost in emotional terms to the child, there was also the fact of the financial loss caused

---

[42] See *R. v Andrewes (Jon)* [2022] UKSC 24; [2022] 1 W.L.R. 3878.

to the mother. There must be a general deterrent element in such sentences. The cost to the public and the damage to the public's confidence in the system to ensure that fathers, in particular, pay maintenance to the mothers of their children is significant.

Driving insurance fraud

R. v Hillaman and Naqshabandi [2013] EWCA Crim 1022
The court heard appeals against sentence in respect of a conspiracy to commit fraud by false representations involving a company which made claims in respect of fictitious accidents or inflated claims for real accidents by fabricating the existence of phantom passengers or by making charges for fictitious storage. **B4-131**

Held: the type of fraud involved in this case, sometimes described as "crash for cash" is, unfortunately, prevalent. It is by no means a victimless crime. Insurers, solicitors and bona fide accident companies are all involved in wasted, expensive and unnecessary work. Substantial sums are and have been paid out, where the claim was fraudulently made but not detected. Large sums are spent on seeking to detect such frauds. "Crash for cash" fraud involves the assertion of totally fictitious accidents, totally fictitious passengers, totally fictitious claims, with sometimes many thousands of pounds being claimed and received for them. The effect of frauds of this kind is greatly to increase the cost of claims, the cost of insurance and, in particular, motor insurance premiums for the millions of drivers who insure their cars. Additionally, the wholly unnecessary increased expenditure to which it leads for such individuals is a hardship, and in some instances may be an encouragement not to insure as fully or as properly as ought to be insured. Such frauds often involve serious sustained dishonesty on a large scale. Frauds of this kind, given their prevalence, merit deterrent sentences.

Commentary: The observations in this case as to the need for deterrent sentences now need to be seen in the context of the Sentencing Council's guideline, which postdates this case. However, it is suggested that the general observations about the impact of such offending and its seriously aggravating nature remain valid. **B4-132**

Driving test fraud

R. v Mbangi and Silva [2013] EWCA Crim 1419
The court heard an appeal against sentence in relation to a conspiracy to commit fraud by false representation, where one offender had pretended to be the other in order to sit a driving theory test. **B4-133**

Held: offending of this nature will in many cases pass the custody threshold. As one of the probation officers put it succinctly in their report: "A proliferation of persons unfit to drive but empowered by virtue of fraudulently obtained licences can only spell disaster for the road using public and society." The whole point of the licencing system is to ensure that only those who are competent to drive on our roads are authorised to do so. If that authorisation is obtained fraudulently, be it by cheating the theory or the practical test, or both, it is no authorisation. Every time the driver takes to the road they commit several offences, not the least of which is driving without insurance, and put lives at risk.

Commentary: The observations in this case as to such offending passing the custody threshold of course now need to be seen in the context of the Sentencing Council's guideline, which postdates this case. However, it is suggested that the **B4-134** general observations about the impact of such offending and its seriously aggravating nature remain valid.

Fraudulent trading

R. v Rattu [2020] EWCA Crim 757; [2021] 1 Cr. App. R. (S.) 2

B4-135 The court considered the sentence imposed for a single offence of fraudulent trading contrary to s.9 of the Fraud Act 2006.

Held: that it was agreed that the definitive guideline for fraud, bribery and money laundering offences, although not directly applicable, provided the best guidance on the appropriate sentence.

R. v Callaghan (Sarah) [2023] EWCA Crim 98

B4-136 The court considered the sentence imposed for a single offence of fraudulent trading contrary to s.993 of the Companies Act 2006

Held: there are no guidelines for s.993 offences but the judge used as a comparable the Fraud by Misrepresentation Guidelines as it has the same statutory maximum sentence of 10 years' imprisonment. We agree with that approach.

Revenue fraud

Conspiracy to cheat the public revenue (charging decisions)

R. v Dosanjh [2013] EWCA Crim 2366; [2014] 2 Cr. App. R. (S.) 25

B4-137 Following their conviction for the common law offence of conspiracy to cheat the public revenue the appellants argued that it was wrong in principle to impose sentences longer than the statutory maximum for the equivalent statutory offences or the cognate common law offence of conspiracy to defraud.

Held: Parliament has created statutory offences of fraud and conspiracy to defraud to which maximum penalties apply but it has also expressly retained the common law offence of cheating the revenue. The offence was singled out from the general abolition of common law dishonesty offences by s.32(1)(a) of the Theft Act 1968. Furthermore, despite subsequent reviews of the offences of fraud, Parliament has left not only the offence in existence but the penalty at large. This is entirely consistent with the general approach over decades to major frauds on the revenue. They have always been treated as offences of particular seriousness. As far as Parliament is concerned, the offence of conspiracy to cheat the public revenue retains its established and clearly understood role in the prosecution of revenue cases. It is used to supplement the statutory framework and is recognised as the appropriate charge for the small number of the most serious revenue frauds, where the statutory offences will not adequately reflect the criminality involved and where a sentence at large is more appropriate than one subject to statutory restrictions. These are not "ordinary" cases. It is reasonably to be assumed that Parliament has deliberately left the common law offence of cheating the revenue untouched by statutory changes in this area because it recognised that it was appropriate to do so for the protection of the public, for all the reasons set out in the authorities. That was clearly Parliament's intent at the time of the Theft Act and there is no reason to believe that its intent has changed.

Abuse of position of power or trust or responsibility (High culpability)

R. v Carr [2016] EWCA Crim 2259

B4-138 The Court heard an appeal against sentence following an offender's conviction for fraudulently evading tax by hiding his income from HMRC and his accountant. On appeal it was argued that the sentencing judge had erred in concluding that the offender had abused a position of power or trust such as to place the case into Culpability Category A.

Held: the judge had erred. Beyond having a responsibility, along with all taxpayers, to account fully and honestly for tax due, the offender had no special position or responsibility.

Gain/intended gain to offender or loss/intended loss to HMRC (Harm)

R. v Randhawa [2012] EWCA Crim 1; [2012] 2 Cr. App. R. (S.) 53

B4-139

The court heard a number of appeals against sentence in respect of offenders who had been convicted of convicted of conspiracy to cheat the public revenue. The applicants were concerned in a missing trader VAT fraud, being what is commonly referred to as an MTIC (missing trader intra-community) carousel fraud relating to the VAT on sales of mobile phones. In short, the fraud involved rapid sequences of wholly artificial transactions relating to the sale and purchase of mobile phones, the true purpose of which was to enable those involved to cheat HMRC out of enormous sums of money by making false VAT repayment claims.

On appeal against sentence the appellants argued that the judge had erred in assessing the total scale of the conspiracy by adding up all the transactions made by the conspirators, overlooking the fact that in many instances they were artificially selling to and buying from one another, and so arrived at a total figure which far exceeded both the real loss to HMRC and the real gain to the conspirators.

Held: the carousel system of artificial transactions by which the defrauding of HMRC is achieved will inevitably generate a large number of intermediate transactions, each of which should in principle be included in the calculation of the VAT returns completed by the traders concerned. However, in broad terms, many of those returns will substantially cancel one another out, and will in themselves give rise at most to a modest reclaim of VAT. The substantial loss to HMRC, and the substantial gain to the fraudsters, come at the end of each sequence of artificial transactions. For that reason, the total value of identifiable VAT reclaims made or intended to be made, and the total amount actually paid out by way of VAT reclaim, will in most cases provide the most reliable starting point for sentencing.

However, it should not be thought that the total value of the transactions is irrelevant: on the contrary, it will assist the court to gauge the overall size, complexity and sophistication of the conspiracy. Nor should it be thought that the total value of reclaims and repayments will always be a reliable indication of the true gain to the fraudsters or the true loss to HMRC: a sophisticated carousel fraud may involve successful VAT reclaims which HMRC is unable to identify as linked to the conspirators. There is, plainly, a risk that a focus on the total amount of identifiable VAT reclaims and repayments might understate the true seriousness of a particularly sophisticated conspiracy. As a matter of principle, therefore, it is not possible to say that the courts must invariably focus on the amount of VAT reclaimed and repaid: there may be circumstances in which that approach will not assist the court in its assessment of the seriousness of the crime. However, in general, the court was persuaded that such a focus will best assist the court both to assess the seriousness of a particular case.

B4-140

Commentary: This case was decided prior to the Sentencing Council's guideline but its guidance as to the assessment of harm is, it is submitted, still apposite.

B4-141

However, to the extent it suggests that the court may account for successful VAT reclaims which HMRC is unable to identify as linked to the conspirator it should perhaps be approached with some caution. Of course where the court is sure that there are such further claims that have not been linked to the conspiracy it may be permissible to take into account that fact at sentence (on the basis that the complexity was such that there must have been claims that HMRC did not find), but the court will need to be sure to the criminal standard of that fact and it is likely that it will not be possible in such a case to easily assign a monetary value to the gain or loss caused. It may be that the approach in *R. v Samuwiro*[43] of moving up a guideline category (see B4-129) should be adopted.

Benefit fraud

B4-142   There are no reported cases in this section. However, it is observed that an unusual feature of the benefit fraud guideline is that in Category B culpability is listed "claim not fraudulent from the outset" but there is no specific mention of its opposite, that the claim was always fraudulent. It is suggested that to the extent that the fact that the claim was not fraudulent from the outset is relevant as a Category B factor it should be as a factor that may allow the court to decrease culpability from Category A, rather than to increase it from Category C. It is further suggested that the relevance of that factor in the assessment of culpability will rather diminish with time, such that where there has been a very long period of fraudulent and dishonest claiming the fact that the initial claim was honest should be given little weight.

Fraud by corporate offenders

B4-143   There are no reported cases providing further guidance on the sentencing of frauds by corporate offenders. It is suggested that some reference to the case law on sentencing corporate offenders for health and safety offences (see B7-030 onwards) may be relevant in identifying general principles applicable to dealing with such corporations. However, courts should be particularly aware that the criminality involved in such offending is markedly different and in particular should bear in mind the guidance given in the guideline that the combination of orders made ought to achieve the removal of all gain, appropriate additional punishment and deterrence. See also the guidance in A4-100 on fining corporations.

Articles for Use in Fraud

Maximum Sentence

B4-144   The offence of possessing articles for use in fraud, contrary to s.6 of the Fraud Act 2006, has a maximum sentence of *five years' imprisonment.*

The offence of making or supplying articles for use in fraud, contrary to s.7 of the Fraud Act 2006, has a maximum sentence of *10 years' imprisonment.*

Availability of Sentencing Orders

B4-145   Certain sentencing orders or consequences of conviction are only available, or apply, where the offence for which the offender has been convicted is a listed

---

[43] [2016] EWCA Crim 1948; [2017] 1 Cr. App. R. (S.) 30.

offence. The paragraphs below specify whether the offences contrary to ss.6–7 of the Fraud Act 2006 are listed offences for the purpose of each of those sentencing orders or consequences of conviction.

Custodial sentences

Conviction for an offence contrary to ss.6 or 7 of the Fraud Act 2006 does not make available any specific custodial sentences. If an offence is found to have a terrorist connection, then it is a Sch.13 offence for the purposes of the sentence for offenders of particular concern.

B4-146

Secondary orders and consequences of conviction

Offences	SOA 2003 Schs 3 and 5 (sexual harm prevention order and notification—sex offences)	SCA 2007 Sch.1 (serious crime prevention order)	CTA 2008 ss.41–43 (notification—terrorism offences)	SI 2009/37 (barring from work with children and vulnerable adults)
Possessing articles for use in fraud (s.6 FA 2006)	No	Yes	No	No
Making or supplying articles for use in fraud (s.7 FA 2006)	No	Yes	No	No

B4-147

Sentencing Guideline: General

The Sentencing Council has issued a *Fraud, Bribery and Money Laundering Definitive Guideline* 2014. The same guideline applies for both offences although with different offence ranges. The offence range for possessing articles for use in fraud, contrary to s.6 of the Fraud Act 2006, is a Band A fine to three years' custody. The offence range for making or supplying articles for use in fraud, contrary to s.7 of the Fraud Act 2006, is a Band C fine to seven years' custody. There are three categories of culpability (High, Medium and Low) assessed holistically and by reference to listed factors. There are two categories of harm (greater and lesser). Cases only fall into greater harm where a listed harm factor is present. The guideline refers to preparatory offences where no substantive fraud has been committed.

B4-148

Interpreting/Applying the Guideline

Sophisticated nature of offence/significant planning (High culpability)

In *R. v Muntenau*,[44] in a case decided prior to the Sentencing Council's guideline, the court held that for offending involving a "Lebanese loop"—a device which can be inserted into a cash machine which then traps the card of the next user, allowing the fraudster to obtain the card and the PIN—the correct guideline under the Sentencing Guidelines Council guideline was that relating to possession of articles "intended for use in an extensive and skilfully planned fraud". This type of of-

B4-149

---

[44] [2012] EWCA Crim 2221; [2013] 1 Cr. App. R. (S.) 107.

fence was widespread and threatened the integrity of a banking service of particular importance to the public. It was sophisticated and required deliberate planning. It typically required the involvement of at least two people and often small gangs.

It is suggested that although this case was decided prior to the Sentencing Council's guidelines the court's conclusions would now apply such that where the article in question is a Lebanese Loop (or an ATM card reader, a distinction the court did not think was significant) a finding that the offence was of a sophisticated nature will often follow. It should, however, be noted that the conclusions, in this case, were subject to stringent criticism in *Criminal Law Week* by James Richardson QC[45] on the basis that it was out of line with the general approach of the courts.

Articles deliberately designed to target victims on basis of vulnerability (High culpability)

R. v Bouferache [2015] EWCA Crim 1611; [2016] 1 Cr. App. R. (S.) 25

B4-150 The offender appealed against a sentence imposed on them following guilty pleas to possession of an article for use in fraud, possession of criminal property and fraud. The offender had been loading Oyster cards with cloned or false credit cards and then using the machines at the station to obtain cash refunds for the fraudulently obtained credit.

Held: the appellant sought to make fraudulent use of a weakness in the Oyster card system, but this did not amount to deliberate targeting of a victim on the basis of vulnerability within the meaning of the guidelines.

R. v Wharf [2015] EWCA Crim 2320; [2016] 1 Cr. App. R. (S.) 51

B4-151 The offenders had systematically defrauded vulnerable householders by falsely representing that their properties required building work and then grossly overcharging for the building work that had been carried out. On appeal against sentence they argued that the judge was guilty of double counting in relation to the vulnerability of the victim, relying on this factor at both the culpability and Harm B stages of the guideline.

Held: the double counting argument is misconceived. The targeting of vulnerable victims does not inevitably lead to more serious harm. Where it does result in harm to vulnerable victims, there is no flaw in treating the victims' vulnerability as a relevant factor for both purposes. The guideline expressly envisages that possibility. It is not double counting to regard the vulnerability of the victims as relevant under both heads because the factors, although related, are different.

Cases where offence has been committed (harm)

R. v Kalinins [2019] EWCA Crim 1973; [2020] 1 Cr. App. R. (S.) 28

B4-152 The offender, along with others, had been involved in organising and directing the making and supply of thousands of fraudulent documents, including national identity cards and driving licences. It was possible that over 10,000 fraudulent identities had been made over the seven years the enterprise had run, with revenue approaching £400,000. On arrest blank cards were found with capacity to create cards worth in excess of £1 million. He pleaded guilty to conspiracy to supply articles for use in fraud and to make articles for use in fraud and received concurrent sentences of six years and three months' imprisonment on each count.

---

[45] J. Richardson QC, "New Cases: Sentence: particular Offences: Possession, etc., of articles for use in fraud (Fraud Act s.6(1)) (Archbold 2013 para.21-390)): *R. v Muneanu*" CLW/12/46/24.

Held: as held in *R. v Khan*[46] (in relation to drugs) when sentencing a conspiracy, the length of operation, the scale of harm and the degrees of participation of its members will have a direct bearing, and the court is entitled to reflect the fact that the offender has been part of a wider course of criminal activity and to treat the conspiracy as an aggravating factor.

Furthermore, the guideline relates to preparatory offences where no substantive fraud has been committed, whereas, here, the offenders had received orders for and dispatched multiple consignments of counterfeit articles, and the criminality went much further than mere preparation. The sentence imposed was not manifestly excessive.

Commentary: As the court observed in this case the guideline for these offences refers to preparatory offences where no substantive fraud has been committed. Where there is evidence on which a court can be sure that a substantive offence has been committed (even where it was not committed by the offender or in a manner for which they are criminally liable or culpable) that factor must surely be an aggravating factor increasing the harm resulting from the offence. **B4-153**

Oyster card fraud (Prevalence)

R. v Tatomir [2015] EWCA Crim 2167; [2016] Crim. L.R. 503

The offenders appealed against sentences imposed for offences of possession of an article for use in fraud, fraud, possession of criminal property and converting etc criminal property. The offending had involved the use of cloned credit cards to credit Oyster cards and then retrieve the balance from the Oyster cards at ticket vending machines. When sentencing the judge noted that such activity was extremely prevalent in central London and that, as such, it was necessary to impose severe sentences to deter others. **B4-154**

On appeal against sentence they argued that the judge should not have considered the element of deterrence for a prevalent offence without any supporting evidence allowing him to depart from the guidelines.

Held: everyone knows the prevalence of these offences and stiff sentences were indeed required to discourage others so as to justify, indeed to require, sentences beyond the range of sentences set by the Sentencing Council.

Commentary: As argued in [2016] Crim. L.R. 503,[47] this case seems drastically out of line with the other cases concerned with prevalence (see A1-094). To the extent it can be suggested that the decision was correct surely there must now be a question as to whether it is still applicable this many years on. It is argued that it would be wrong to follow this case without getting further specific evidence as to prevalence as required by the Criminal Practice Directions. **B4-155**

Bribery

Maximum Sentence

The offence of bribing another person, contrary to s.1 of the Bribery Act 2010, has a maximum sentence of *10 years' imprisonment*. **B4-156**

---

[46] [2013] EWCA Crim 800; [2014] 1 Cr. App. R. (S.) 10.
[47] L. Harris, "Sentencing: R. v Tatomir (Adelin); R. v Velicor (Alin-Sebastian) (Case Comment)" [2016] Crim. L.R. 503.

The offence of being bribed, contrary to s.2 of the Bribery Act 2010, has a maximum sentence of *10 years' imprisonment*.

The offence of bribing foreign public officials, contrary to s.6 of the Bribery Act 2010, has a maximum sentence of *10 years' imprisonment*.

Availability of Sentencing Orders

B4-157 Certain sentencing orders or consequences of conviction are only available, or apply, where the offence for which the offender has been convicted is a listed offence. The tables below specify whether the bribery offences are listed offences for the purpose of each of those sentencing orders or consequences of conviction.

Custodial sentences

B4-158 Conviction for an offence contrary to ss.1, 2 or 6 of the Bribery Act 2010 does not make available any specific custodial sentences. If an offence is found to have a terrorist connection, it is a Sch.13 offence for the purposes of the sentence for offenders of particular concern.

Secondary orders and consequences of conviction

B4-159

Offences	SOA 2003 Schs 3 and 5 (sexual harm prevention order and notification—sex offences)	SCA 2007 Sch.1 (serious crime prevention order)	CTA 2008 ss.41–43 (notification—terrorism offences)	SI 2009/37 (barring from work with children and vulnerable adults)
Bribing another (s.1 BA 2010)	No	Yes	No	No
Being bribed (s.2 BA 2010)	No	Yes	No	No
Bribery of foreign official (s.6 BA 2010)	No	Yes	No	No

Sentencing Guideline: General

B4-160 The Sentencing Council has issued a *Fraud, Bribery and Money Laundering Definitive Guideline* 2014. The same guideline applies to offences contrary to ss.1, 2 or 6 of the Bribery Act 2010. The guideline provides three culpability categories (High, Medium and Lesser) and four harm categories (1, 2, 3 and 4). The guideline provides a number of factors indicating whether an offence is one of high, medium or lesser culpability. Harm is assessed principally by reference to the impact of the offending (including the harm risked) and the actual or intended gain to the offender.

A separate guideline exists for bribery by corporate offenders, where the maximum penalty is a fine. It provides three culpability categories (High, Medium and Lesser) and assesses harm by reference to the gross profit from the contract obtained, retained or sought as a result of the offending, or the likely cost avoided by failing to put in place appropriate measures to prevent bribery. That harm figure is then multiplied by a certain figure based on the offender's culpability category and adjusted for certain aggravating and mitigating factors as well as totality.

Interpreting/Applying the Guideline

Bribery of foreign public officials

In *R. v Innospec Ltd*,[48] Thomas LJ, sitting in the Crown Court at Southwark, gave guidance as to the sentencing of offences of bribery of foreign public officials. Much of the guidance has now been overtaken by the Sentencing Council's guideline. However, certain portions remain relevant. In particular, Thomas LJ held that it is no mitigation to say others do it or it is a way of doing business and that one of the many effects of this type of offending is to distort competition. Thomas LJ additionally quoted from the language of the United Nations 2004 Convention against Corruption for this further reason:

B4-161

"Corruption is an insidious plague that has a wide range of corrosive effects on societies. It undermines democracy and the rule of law, leads to violations of human rights, distorts markets, erodes the quality of life and allows organised crime, terrorism and other threats to human security to flourish. This evil phenomenon is found in all countries—big and small, rich and poor—but it is in the developing world that its effects are most destructive. Corruption hurts the poor disproportionately by diverting funds intended for development, undermining a government's ability to provide basic services, feeding inequality and injustice and discouraging foreign aid and investment. Corruption is a key element in economic underperformance and a major obstacle to poverty alleviation and development."

These words were endorsed by the Lord Chief Justice in *R. v Messent*.[49]

Bribery by corporate offenders

There are no reported cases providing further guidance on the sentencing of bribery by corporate offenders. It is suggested that some reference to the case law on sentencing corporate offenders for health and safety offences (see B7-030 onwards) may be relevant in identifying general principles applicable to dealing with such corporations. However, courts should be particularly aware that the criminality involved in such offending is markedly different and in particular should bear in mind the guidance given in the guideline that the combination of orders made ought to achieve the removal of all gain, appropriate additional punishment and deterrence. See also A4-100 and the guidance there on fining corporations.

B4-162

It should be noted that the guidance in *R. v Innospec Ltd*[50] as to the amount of an appropriate fine must now be considered to be largely overtaken by the guideline.

Money Laundering

Maximum Sentence

The offence of concealing etc criminal property, contrary to s.327 of the Proceeds of Crime Act 2002, has a maximum sentence of *14 years' imprisonment*.

B4-163

The offence of entering into, or becoming concerned with, arrangements concerning criminal property, contrary to s.328 of the Proceeds of Crime Act 2002, has a maximum sentence of *14 years' imprisonment*.

---

[48] [2010] Crim. L.R. 665.
[49] [2011] EWCA Crim 644; [2011] 2 Cr. App. R. (S.) 93.
[50] [2010] Crim. L.R. 665.

The offence of acquiring, using or possessing criminal property, contrary to s.329 of the Proceeds of Crime Act 2002, has a maximum sentence of *14 years' imprisonment*.

Availability of Sentencing Orders

B4-164 Certain sentencing orders or consequences of conviction are only available, or apply, where the offence for which the offender has been convicted is a listed offence. The tables below specify whether the money laundering offences are listed offences for the purpose of each of those sentencing orders or consequences of conviction.

Custodial sentences

B4-165 Conviction for an offence contrary to ss.327–329 of the Proceeds of Crime Act 2002 does not make available any specific custodial sentences. If an offence is found to have a terrorist connection, it is a Sch.13 offence for the purposes of the sentence for offenders of particular concern.

Secondary orders and consequences of conviction

B4-166

Offences	SOA 2003 Schs 3 and 5 (sexual harm prevention order and notification—sex offences)	SCA 2007 Sch.1 (serious crime prevention order)	CTA 2008 ss.41–43 (notification—terrorism offences)	SI 2009/37 (barring from work with children and vulnerable adults)
Concealing etc criminal property (s.327 POCA 2002)	No	Yes	No	No
Arrangements etc criminal property (s.328 POCA 2002)	No	Yes	No	No
Acquiring etc criminal property (s.329 POCA 2002)	No	Yes	No	No

Sentencing Guideline: General

B4-167 The Sentencing Council has issued a *Fraud, Bribery and Money Laundering Definitive Guideline* 2014. The same guideline applies to offences contrary to ss.327–329 of the Proceeds of Crime Act 2002. The guideline provides three culpability categories (High, Medium and Lesser) and six harm categories. The guideline provides a number of factors indicating whether an offence is one of high, medium or lesser culpability. Harm is assessed principally by reference to the value of the money laundered and then by reference to the level of harm associated with the underlying offence to determine whether it warrants upward adjustment of the starting point within the range or, in appropriate cases, outside the range.

A separate guideline exists for money laundering by corporate offenders, where the maximum penalty is a fine. It provides three culpability categories (High, Medium and Lesser) and assesses harm by reference to the amount laundered or, alternatively, the likely cost avoided by failing to put in place an effective anti-money laundering programme if this is higher. That harm figure is then multiplied by a certain figure based on the offender's culpability category and adjusted for certain aggravating and mitigating factors as well as totality.

Concurrent or Consecutive Sentence?

In *R. v Cooper; Park; Fletcher*[51] the court gave guidance as to the appropriate approach where the court has to sentence a defendant for a criminal property offence (POCA 2002 ss.327–239) and the predicate offence to which it relates. The court stated that when determining whether the sentence for the POCA offence should be consecutive or concurrent, it was important to identify whether the POCA offence involved additional culpability and/or harm, and, if so, to what extent. The court provided the following examples of cases where there was such an additional factor, namely where the POCA offence:

1) took place over a different period from the primary offending;
2) involved additional or different criminal property, beyond the proceeds of the primary offending;
3) made it more difficult to detect the primary offending;
4) involved dealing with the proceeds of the primary offending in a way which increased the risk that victims would not recover their losses, or that confiscation proceedings would be frustrated;
5) created additional victims, e.g. *R. v Randhawa*[52] at [20];
6) involved additional planning or sophistication, extending the culpability that might otherwise attach to the primary offending;
7) assisted in the continuation of offending, e.g. *R. v Alexander*[53] at [13] and *R. v Linegar*[54] at [18].

Conversely, the court stated that where the POCA offence constituted nothing more than the continued possession of the proceeds of the primary offence, then it was unlikely to be any additional culpability or harm beyond that reflected in the primary offence.

Interpreting/Applying the Guideline

Value of the money laundered (Harm A)

R. v Fulton [2017] EWCA Crim 308; [2017] 2 Cr. App. R. (S.) 11
The court considered the proper approach to assessing the value of the money laundered for the purposes of Harm A in the sentencing guideline.

Held: the six categories of harm determined by applying the Harm A criteria are clearly based on the amount of the money laundering activity, not the amount of the criminal proceeds being laundered. This is because the criminality of the money laundering offence has to be gauged in the first instance by the nature and scale of that activity, not the nature and scale of the underlying crime. It is the money laundering activity, which is separate criminality from the underlying

---

[51] [2023] EWCA Crim 945; [2024] 1 W.L.R. 1433.
[52] [2022] EWCA Crim 873.
[53] [2011] EWCA Crim 89; [2011] 2 Cr. App. R. (S.) 52.
[54] [2009] EWCA Crim 648.

crime, which falls to be sentenced. In money laundering it is the whole amount involved, not merely that part which comprises criminal property, which impacts on the system. The financial system is damaged if it is used for money laundering and the damage is to be measured by the sums which are employed in that harmful activity. The scale of the harm is measured by the scale of the funds which include criminal proceeds or, as it is colloquially put, "dirty money", not by the amount of dirty money itself. Furthermore, in sentencing for money laundering offences the court may not know what crime gave rise to the proceeds which were being laundered, nor how much those criminal proceeds were before becoming mixed in the money laundering operation. For this reason too, when sentencing for money laundering offences it is necessary to focus on the scale of the money laundering activity itself.

R. v Ghafoor [2019] EWCA Crim 1847; [2020] 1 Cr. App. R. (S.) 47

B4-170 The offender had assisted criminals by exchanging the proceeds of crime from sterling into euros. He pleaded guilty to an offence of entering into a money laundering arrangement, contrary to s.328 of the Proceeds of Crime Act 2002 and was sentenced to four years and 11 months' imprisonment. At the sentencing hearing, it had been accepted that the value of the transactions was some £650,000. By the time of appeal, the prosecution accepted that the value had instead been some £550,000.

Held: although it was now conceded the value involved was £550,000 not £650,000, the sentence was still not manifestly excessive. Both of these figures were within Level 3 of the Sentencing Council's guideline. An adjustment was required at the starting point for that category because, on either view, the sum was some way short of the £1 million starting point. Those assessments were not matters of precise calculation. In a sentencing range of five to eight years, which covered cases of half of a million to £2 million, the adjustment for a difference of £100,000 was likely to be very modest—no more than a few months at most. It might be that no adjustment was required at all, taking into account the overall criminality demonstrated by this case. Given that, the sentence imposed in this case was not manifestly excessive or wrong in principle.

Assessing the harm of the underlying offence (Harm B)

R. v Campbell [2017] EWCA Crim 213; [2017] 1 Cr. App. R. (S.) 57

B4-171 After being searched by the police as a result of seemingly having been involved in a drug deal the offender was found in possession of £1,200 in cash distributed about his person. He lived in Birmingham but was found to have travelled to London to sell drugs. He had previous convictions for the supply of Class A drugs. He was convicted of an offence of possessing criminal property.

When sentencing the judge commented that the unavoidable inference was that the offender was dealing in Class A drugs. He noted that the guidelines for money laundering would apply at first blush but, as those guidelines indicated, where it was possible to identify the underlying offence, regard would be had to the relevant sentencing levels for that particular offence. The case fell within Category 3, significant role, of the Drugs Offences Definitive Guideline, which provided for a starting point of four years six months. He imposed a sentence of four years and six months' imprisonment.

Held: as observed in *R. v Ogden*,[55] although the sentencing guideline provides that where it is possible to identify the underlying offence, regard should be given to the relevant sentencing levels for that offence, it would be an error for a sentencing judge to simply prefer the heavier sentencing guideline. The judge was entitled to find and to emphasise that this was a drugs deal and that some of the money found on the appellant represented the proceeds of that activity. It is also right in those circumstances to have regard to the sentencing guideline for drugs. This was, however, charged as a money laundering offence and the judge also had to have regard to the money laundering guideline. He was also not in a position to make any findings as to amount of drugs involved or the amount of drug dealing money involved. The appropriate approach, in the circumstances of the present case, was to have regard to both guidelines in arriving at the appropriate starting point and sentencing level. A sentence of two years and six months' imprisonment would be substituted.

R. v Evans, Jackson and Johnstone [2019] EWCA Crim 606; [2019] 2 Cr. App. R. (S.) 35

The court considered the application of Harm B in the money laundering guideline.

Held: Harm B in the Definitive Guideline states that money laundering is an integral component of much more serious criminality and to complete the assessment of harm, therefore, the court must take into account the level of harm associated with the underlying offence to determine whether it warrants upward adjustment of the starting point within the range or, in appropriate cases, a sentence outside the range. This does not entail a sideways adjustment, so that if the starting point was 6C, the guideline allowed the judge to go to 6B. A natural reading of the guideline is that Harm B takes the Harm A assessment up a category, so that if one is in 6C one moves up to 5C.

B4-172

Commentary: As these decisions make clear, an offender convicted only of money laundering cannot be sentenced as if they were also convicted of the substantive offence which created the criminal property. The weight that can be given to the underlying offence when assessing Harm B for the purposes of the guideline remains, however, slightly vague. In *Campbell*, the court seemed to accept that it was capable of bringing the harm from Category range 6 to 5. In *Evans*, the court held that an increase for Harm B increases the harm category (not culpability) but did not give particular guidance as to the extent that Harm B may increase the harm category where a sentence moves outside the range. It is, however, suggested that by analogy with the approach to victim impact adopted in the fraud and bribery guidelines it will be a rare case in which the seriousness of the underlying offence allows for a sentence to be increased by more than one harm category.

B4-173

Offender also convicted of underlying or substantive offence (Totality)

R. v Greaves [2010] EWCA Crim 709; [2011] 1 Cr. App. R. (S.) 8

The court gave guidance on the sentencing of offences contrary to ss.327–329 of the Proceeds of Crime Act 2002 where an offender is also convicted of the offence giving rise to the criminal property.

Held: having considered the relevant authorities the following principles could be identified:

B4-174

---

[55] [2016] EWCA Crim 6; [2017] 1 W.L.R. 1224.

1) offences contrary to ss.327–329 of the Proceeds of Crime Act are separate, "free-standing", offences from the offence or offences which give rise to the criminal property with which the Proceeds of Crime Act is concerned;
2) where the offender responsible for the primary crime is not the offender guilty of the Proceeds of Crime Act offence, the position is more straightforward than when they are the same;
3) where the offenders are one and the same, if the conduct involved in the Proceeds of Crime Act offence in reality adds nothing to the culpability of the conduct involved in primary offence, there should be no additional penalty. A person should not be punished twice for the same conduct. That can be achieved either by imposing "no separate penalty" on the Proceeds of Crime Act offence or by a concurrent sentence where the primary sentence is imprisonment;
4) where conduct involved in a Proceeds of Crime Act offence does add to the culpability of the conduct involved in the primary offence an additional penalty is appropriate;
5) where the primary offence has a maximum sentence, that is the maximum which Parliament has thought appropriate for conduct constituting the offence. In a case where the Proceeds of Crime Act offence does not add to the culpability of the conduct involved in the primary offence, there should not be a consecutive sentence on the latter on the ground that the maximum permitted on the primary offence is too low. Any difficulty posed by a low maximum for the primary offence may possibly be avoided if it is foreseen by the prosecution: for example, by a number of specimen substantive counts rather than one count of conspiracy;
6) where the conduct involved in the Proceeds of Crime Act offence does add to the culpability of the conduct involved in the primary offence, the maximum sentence permitted on the primary offence may be relevant to the sentence on the Proceeds of Crime Act offence because the seriousness of the primary offence reflects on the seriousness of the laundering. However, it does not as a matter of principle provide a limit. If the Proceeds of Crime Act offence merits it, the sentence for it may add to that for the primary offence, bringing it above the maximum for the latter, and it may if appropriate itself exceed the maximum on the latter;
7) it is not necessary for the Proceeds of Crime Act offence to have a different gravamen from that of the primary offence. However, the conduct involved in the former must add to the culpability of the conduct involved in the latter. Put shortly, there must be "something more". The offender is not to be sentenced twice for the same conduct.

B4-175 *Commentary:* This case was decided prior to the Sentencing Council's guideline but in essence simply provides guidance as to the issue of totality in such cases and largely reflects the approach to sentence endorsed in the guideline. It is suggested that the particular issue will be assessing whether the additional culpability of the 2002 Act offences does in fact merit a further sentence; not just whether it increases culpability but whether it does so such that it would be proportionate in all the circumstances to increase the sentence. As David Thomas observed in his commentary to the case at [2010] Crim. L.R. 650,[56] presumably this will normally be where there has been some active dealing with the money, such as by transferring it abroad with a view to avoiding confiscation, rather than simply retaining it. Reference, it is suggested, should be made to the Sentencing Council's guideline on totality and the factors listed therein.

Corporate offenders

There are no reported cases providing further guidance on the sentencing of money laundering by corporate offenders. It is suggested that some reference to the case law on sentencing corporate offenders for health and safety offences (see B7-030 onwards) may be relevant in identifying general principles applicable to dealing with such corporations. However, courts should be particularly aware that the criminality involved in such offending is markedly different and in particular should bear in mind the guidance given in the guideline that the combination of orders made ought to achieve the removal of all gain, appropriate additional punishment and deterrence. See also the guidance on sentencing corporations in A4-100. **B4-176**

ARSON AND CRIMINAL DAMAGE

Arson/Criminal Damage with Intent to Endanger Life or Reckless as to whether Life Endangered

Maximum Sentences

The offence of criminal damage with intent to endanger life, or reckless as to whether life is endangered (whether arson or not), contrary to s.1(2) of the Criminal Damage Act 1971, has a maximum sentence of *life imprisonment*. **B4-177**

Availability of Sentencing Orders

Certain sentencing orders or consequences of conviction are only available, or apply, where the offence for which the offender has been convicted is a listed offence. The tables below specify whether the offence of criminal damage with intent to endanger life or reckless as to whether life is endangered is a listed offence for the purpose of each of those sentencing orders or consequences of conviction. **B4-178**

---

[56] D. Thomas, "R. v Greaves (Claude Clifford): Sentencing—money laundering (Case Comment)" [2010] Crim. L.R. 650–653.

PROPERTY OFFENCES

Custodial sentences

B4-179

Offence	SA 2020 Sch.13 (offender of particular concern)	SA 2020 Sch.14 (extended determinate sentences—previous offence condition)	SA 2020 Sch.15 (life for second listed offence)	SA 2020 Sch.17A (serious terrorism sentence)	SA 2020 Sch.18 (extended determinate sentences—specified offences)	SA 2020 Sch.19 (life sentence—dangerous offenders)	PCC(S)A 2000 s.109 (required life sentence for second listed offence committed between 30 September 1997 and 4 April 2005)
Arson/ criminal damage intent/ reckless as to endangerment of life (s.1(2) CDA 1971)	Yes, Pt 1 where offence has a terrorist connection	No	No	Yes, where offence has terrorist connection	Yes	Yes	No

Secondary orders and consequences of conviction

B4-180

Offences	SOA 2003 Schs 3 and 5 (sexual harm prevention order and notification—sex offences)	SCA 2007 Sch.1 (serious crime prevention order)	CTA 2008 ss.41–43 (notification—terrorism offences)	SI 2009/37 (barring from work with children and vulnerable adults)
Arson/ Criminal damage intent/ reckless as to endangerment of life (s.1(2) CDA 1971)	No	No	No	No

Sentencing Guideline: General

B4-181 The Sentencing Council has issued a Definitive Guideline on *Arson and Criminal Damage Offences* 2019. In relation to the offence of criminal damage with intent to endanger life or reckless as to whether life is endangered the guideline provides for an offence range of a high-level community order to 12 years' custody. Cases fall within culpability Category A where the offence was intent to endanger life and Culpability B where the offence was recklessness to the endangerment of life. There are three categories of harm assessed by reference to an exhaustive list of factors and by reference to the harm caused (rather than risked or intended).

Interpreting/Applying the Guideline

The assessment of harm

The guideline provides that harm is, in the first instance, to be assessed only by reference to the harm caused by the offence. It is clear from decisions of the Court of Appeal (Criminal Division) prior to the guideline that harm risked in such cases was capable of being a significant aggravating factor, particularly in relation to fires set in blocks of flats or houses of multi-occupation, where the risk of the fire developing and spreading to adjoining properties was substantial: see, for example, *Attorney General's Reference (No.56 of 2015) (R. v Hilton)*[57] and *Attorney General's Reference (R. v Batchelor)*.[58] It is suggested that harm risked or intended will still be capable of being an aggravating factor of relatively substantial weight and must be considered, although it is unclear whether it will be capable of moving an offence up a harm category. The consideration of harm intended will not be addressed solely by reference to the culpability category, that relating only to the harm intended to persons, not to property more generally. When considering the weight to be given to harm risked relevant factors would seem to include the likelihood of that risk occurring, the amount of time over which the risk was present, whether vulnerable persons were put at risk and the extent to which the offender was aware of the risk.

B4-182

Psychiatric reports

The longstanding position of the court, presumably unchanged by the Sentencing Council guideline, is that it is unwise to sentence in a case of arson without a psychiatric report: *R. v Calladine*[59] and *R. v Spedding*.[60]

B4-183

Arson

Maximum Sentences

The offence of arson contrary to s.1(1) and (3) of the Criminal Damage Act 1971 has a maximum sentence of life imprisonment.

B4-184

Availability of Sentencing Orders

Certain sentencing orders or consequences of conviction are only available, or apply, where the offence for which the offender has been convicted is a listed offence. The tables below specify whether the offence of arson is a listed offence for the purpose of each of those sentencing orders or consequences of conviction.

B4-185

---

[57] [2015] EWCA Crim 1442; [2016] 1 Cr. App. R. (S.) 9.
[58] [2018] EWCA Crim 2506 [2019] 1 Cr. App. R. (S.) 32.
[59] *The Times*, 3 December 1975.
[60] [2018] EWCA Crim 1937; [2019] 1 Cr. App. R. (S.) 3.

Custodial sentences

B4-186

Offence	SA 2020 Sch.13 (offender of particular concern)	SA 2020 Sch.14 (extended determinate sentences—previous offence condition)	SA 2020 Sch.15 (life for second listed offence)	SA 2020 Sch.17A (serious terrorism sentence)	SA 2020 Sch.18 (extended determinate sentences—specified offences)	SA 2020 Sch.19 (life sentence—dangerous offenders)	PCC(S)A 2000 s.109 (required life sentence for second listed offence committed between 30 September 1997 and 4 April 2005)
Arson (s.1(1) and (3) CDA 1971)	Yes, Pt 1 where offence has a terrorist connection	No	No	Yes, where offence has terrorist connection	Yes	Yes	No

Secondary orders and consequences of conviction

B4-187

Offences	SOA 2003 Schs 3 and 5 (sexual harm prevention order and notification—sex offences)	SCA 2007 Sch.1 (serious crime prevention order)	CTA 2008 ss.41–43 (notification—terrorism offences)	SI 2009/37 (barring from work with children and vulnerable adults)
Arson (s.1(1) and (3) CDA 1971)	No	No	No	No

Sentencing Guideline: General

B4-188 The Sentencing Council has issued a *Definitive Guideline on Arson and Criminal Damage Offences* 2019. In relation to offences of arson, the guideline provides for an offence range of a discharge to eight years' custody. There are three categories of culpability assessed by reference to an exhaustive list of factors, with a focus on the intent of the offence and the extent to which there was planning or premeditation. There are three categories of harm assessed by reference to an exhaustive list of factors and by reference to the harm caused (rather than risked or intended).

Interpreting/Applying the Guideline

The assessment of harm

B4-189 The guideline provides that harm is, in the first instance, to be assessed only by reference to the harm caused by the offence. It is clear from decisions of the Court of Appeal (Criminal Division) prior to the guideline that harm risked in such cases was capable of being a significant aggravating factor, particularly in relation to fires set in blocks of flats or houses of multi occupation, where the risk of the fire developing and spreading to adjoining properties was substantial: see, for example,

Attorney General's Reference (No.56 of 2015) (R. v Hilton)[61] and *Attorney General's Reference (R. v Batchelor)*.[62] It is suggested that harm risked or intended will still be capable of being an aggravating factor of relatively substantial weight and must be considered, although it is unclear whether it will be capable of moving an offence up a harm category. The consideration of harm intended will not be addressed solely by reference to the culpability category, that relating only to the harm intended to persons, not to property more generally. When considering the weight to be given to harm risked relevant factors would seem to include the likelihood of that risk occurring, the amount of time over which the risk was present, whether vulnerable persons were put at risk and the extent to which the offender was aware of the risk.

Exceptional cases

The Sentencing Council's guideline provides that in exceptional cases within category 1A, sentences of above eight years may be appropriate. On consultation the Legal Committee of the Council of District Judges sought to argue that the reference to "exceptional cases" should be replaced by reference to the "most serious of cases" on the grounds that arson is a very easy crime to perpetrate, but the effects can be devastating. The Sentencing Council rejected making such a revision, perhaps illustrating how narrow a band of cases exceptional circumstances is intended to encompass.[63] **B4-190**

Psychiatric reports

The longstanding position of the court, presumably unchanged by the Sentencing Council guideline, is that it is unwise to sentence in a case of arson without a psychiatric report: *R. v Calladine*[64] and *R. v Spedding*.[65] **B4-191**

Encouraging or assisting arson believing it, or another criminal offence, will be committed

Attorney General's Reference (R. v Wood) [2019] EWCA Crim 1633; [2020] 1 Cr. App. R. (S.) 34

> The offender's boyfriend, R, had told her that he was going to set someone's home on fire and demanded she take him to the flats. She drove him to the petrol station where he purchased a cannister of petrol and then to a block of flats where he poured petrol over and around the communal doors to the front entrance and set it alight. The offender then drove him away. The fire did not take but there would have been loss of life if it had caught. R pleaded guilty to arson with intent to endanger life and was sentenced to an extended determinate sentence, comprised of eight years' imprisonment and a four-year extended licence period. The offender claimed she had been subject to threats of physical violence from R and that she felt controlled by him, but she also wanted to be with him. She pleaded guilty to encouraging or assisting the commission of an offence believ- **B4-192**

---

[61] [2015] EWCA Crim 1442; [2016] 1 Cr. App. R. (S.) 9.
[62] [2018] EWCA Crim 2506 [2019] 1 Cr. App. R. (S.) 32.
[63] Sentencing Council, *Arson and Criminal Damage Offences Guideline: Response to consultation* (July 2019) 14.
[64] *The Times*, 3 December 1975.
[65] [2018] EWCA Crim 1937; [2019] 1 Cr. App. R. (S.) 3.

ing that it would be committed, contrary to s.45 of the Serious Crime Act 2007. She was sentenced to two years' imprisonment suspended for 18 months.

Held: dismissing the reference, the seriousness of an offence under s.45 would depend on the seriousness or potential scale of the anticipated or reference offence. This was because, as the court had explained in *R. v Woodford*,[66] where the offending was charged under s.45, the essential element of the offence, unlike that under s.44, was that the offender believed that the full offence would be committed and that their action would encourage or assist its commission. However, the seriousness and potential scale of the reference offence was only part of the enquiry. It was also important to assess the degree of the assistance or encouragement. The difference in degree of such assistance or encouragement might be marked: on the one hand, there might be assistance that was close to participation in, or conspiracy to commit, the reference offence. In such cases, the sentence for s.45 offending might be close to the sentence for the reference offence. In the present case there was assistance, much of it unwilling, but little, if any, encouragement. The seriousness of the offending was not simply to be measured by reference to R's much more serious offending.

Public disorder

B4-193 In *R. v Smith*,[67] a case concerned with public disorder in which the defendant had purposefully made unsafe the gas supply in his flat and begun waving a lighter around and smoking a cigarette, stating he did not want to be alive anymore, the court approved reference to the arson guideline, tempered by the fact the guidance was for a different offence.

Criminal Damage (Other than Arson)

Maximum Sentences

B4-194 The offence of criminal damage, contrary to s.1(1) of the Criminal Damage Act 1971, has a maximum sentence of *10 years' imprisonment,* except where the value of the damage is under £5,000 whereupon the maximum sentence is *three months' imprisonment* (due to the effect of ss.22 and 33 of, and Sch.2 to, the Magistrates' Courts Act 1980).

The offence of racially or religiously aggravated criminal damage, contrary to s.30 of the Crime and Disorder Act 1998, has a maximum sentence of *14 years' imprisonment.*

Availability of Sentencing Orders

B4-195 Conviction for this offence does not trigger any particular consequences of conviction, nor make available specific custodial sentences. If an offence is found to have a terrorist connection, it is a Schedule 13 offence for the purposes of the sentence for offenders of particular concern.

---

[66] [2013] EWCA Crim 1098; [2014] 1 Cr. App. R. (S.) 32 at [12].
[67] [2021] EWCA Crim 1621.

Sentencing Guideline: General

The Sentencing Council has issued a *Definitive Guideline on Arson and Criminal Damage Offences* 2019. There are separate guidelines for criminal damage exceeding £5,000 and for criminal damage not exceeding £5,000 (it should be noted that strictly the latter guideline should also apply to offences of criminal damage causing £5,000 of damage by virtue of s.22 of the Magistrates' Courts Act 1980). There is no separate guideline for the racially or religiously aggravated form of the offence; instead reference is made to the relevant guideline for the amount of damage and the racial or religious aggravation is to be treated as a factor resulting in a sentence uplift, with that uplift varying on the level of aggravation present.

B4-106

Criminal damage exceeding £5,000

The guideline for criminal damage exceeding £5,000 provides for an offence range of a discharge to four years' custody. There are three categories of culpability assessed by reference to an exhaustive list of factors, with a focus on the intent of the offence and the extent to which there was planning or premeditation. There are three categories of harm assessed by reference to an exhaustive list of factors and by reference to the harm caused (rather than risked or intended).

B4-197

Criminal damage of £5,000 or less

The guideline for criminal damage of £5,000 or less provides for an offence range of a discharge to three months' custody. There are three categories of culpability assessed by reference to an exhaustive list of factors, with a focus on the intent of the offence and the extent to which there was planning or premeditation. There are two categories of harm assessed by reference to an exhaustive list of factors and by reference to the harm caused (rather than risked or intended).

B4-198

A note to the guideline provides that where an offence of criminal damage is added to the indictment at the Crown Court the statutory maximum sentence is 10 years' custody regardless of the value of the damage. In such cases where the value does not exceed £5,000, the exceeding £5,000 guideline should be used but regard should also be had to this guideline. It should be noted that while the Sentencing Council guideline indicates this is clearly decided law the issue is in fact more complex. In fact, the maximum sentence is only 10 years' custody where the Crown Court itself adds the offence to the indictment; where the magistrates' courts have determined the value of the offence is £5,000 or less and that it is a summary only offence but have sent the offence to the Crown Court for trial (under s.40 of the Criminal Justice Act 1988 or otherwise) the offence remains punishable only by up to three months' imprisonment by virtue of s.40(2) of the 1988 Act: *R. v Alden*.[68] Similarly, where the offence is on the indictment as sent under s.51 of the Crime and Disorder Act 1998, by virtue of para.14 of Sch.3 to that Act the Crown Court must make a finding as to whether the offence is low-value criminal damage and is limited to the magistrates' courts powers if it is: *R. v Gwynn*[69] and *R. v Tuplin*.[70] Furthermore, it is the magistrates' courts' decision as to the apparent value of the damage at the time on the basis of the representations then made, that is the criti-

---

[68] [2002] EWCA Crim 421; [2002] 2 Cr. App. R. (S.) 74.
[69] [2002] EWCA Crim 2951; [2003] 2 Cr. App. R. (S.) 41.
[70] [2009] EWCA Crim 1572.

cal factor; following committal there is no power to challenge that on the basis that the damage was later established not to have exceeded £5,000: *R. v Alden*;[71] *R. v Downs*.[72]

Interpreting/Applying the Guideline

B4-199 Authorities predating the guideline, in particular those suggesting that deterrent sentences should be imposed for graffiti, should not now be relied on, except where they identify a particular harm that would be an aggravating feature under the guideline.

R. v Greaves [2021] EWCA Crim 1114

B4-200 The defendant pleaded guilty to criminal damage (over £5,000) where he had damaged a vehicle and a door causing damage to the value of £12,570. When sentencing, the judge had placed the offence within Category 1A of the guideline on the basis that this constituted a "high value of damage".

Held: The guideline did not seek to specify values of damage for the purposes of categorising harm. Instead, Category 1 harm applied where serious distress was caused and/or the offence had serious, consequential economic or social impact and/or the damage was high value. Category 3 applied where the damage was low value, and category 2 where the damage fell between Category 1 and Category 3. It had to follow from the fact that the Guideline only concerned offences where the damage was in excess of £5,000 that low-value damage falling into Category 3 was damage to the value of at least £5,000. The guideline is intended to cover damage from that level up to many tens, in some cases hundreds, of thousands of pounds. That being so, there was considerable force in the submission that the damage in the instant case ought not to be regarded as high-value damage falling into Category 1.

Commentary: Both guidelines list as a Harm Category 1 factor that a "high value of damage" was caused. As noted in *Greaves*, the guideline does not give clear guidance on what constitutes "high value"; that is no doubt for good reason, given the wide range of cases to which the guideline must be applied. The decision in *Greaves* provides assistance, and the conclusion is logical: damage of just over £10,000 cannot be "high value" when considered against cases to which the guideline is clearly designed to apply involving damage of hundreds of thousands of pounds (as was suggested in the first edition of this work). Cases involving damage of circa £50,000 may provide the court with a more difficult determination. To focus purely on monetary value would be a mistake, however. Whilst £10,000 may not be damage of objectively high value, where the damage causes particular sentimental, emotional or economic impact that should be addressed by the other harm factors ("serious distress" or "serious consequential economic or social impact"). Thus, the guideline strikes a balance between an objective and subjective assessment of harm.

COMPUTER MISUSE ACT OFFENCES

Maximum Sentence

B4-201 The offence of unauthorised access to computer material, contrary to s.1 of the Computer Misuse Act 1990, has a maximum sentence of *two years' imprisonment*.

---

[71] [2002] EWCA Crim 421; [2002] 2 Cr. App. R. (S.) 74.
[72] [2020] EWCA Crim 1068; [2021] 1 Cr. App. R. (S.) 20.

The offence of unauthorised access with the intent to commit or facilitate the commission of further offences, contrary to s.2 of the Computer Misuse Act 1990, has a maximum sentence of *five years' imprisonment*.

The offence of doing unauthorised acts with intent to impair, or with recklessness as to impairing, the operation of a computer, contrary to s.3 of the Computer Misuse Act 1990, has a maximum sentence of *10 years' imprisonment*.

The offence of doing unauthorised acts causing or creating risk of serious damage, contrary to s.3ZA of the Computer Misuse Act 1990, has a maximum sentence of *14 years' imprisonment*, unless committed as a result of an act causing or creating a significant risk of serious damage to human welfare by loss to human life or human illness or injury, or serious damage to national security, whereupon the maximum sentence is *life imprisonment*. **B4-202**

The offence of making or supply articles for use in an offence contrary to ss 1, 3 or 3ZA of the Computer Misuse Act 1990, contrary to s.3A of the Computer Misuse Act 1990, has a maximum sentence of *two years' imprisonment*.

Availability of Sentencing Orders

Certain sentencing orders or consequences of conviction are only available, or apply, where the offence for which the offender has been convicted is a listed offence. The paragraphs below specify whether offences under the Computer Misuse Act 1990 are listed offences for the purpose of each of those sentencing orders or consequences of conviction. **B4-203**

Custodial sentences

Conviction for an offence contrary to the Computer Misuse Act 1990 does not make available any specific custodial sentences. If an offence is found to have a terrorist connection, it is a Sch.13 offence for the purposes of the sentence for offenders of particular concern. **B4-204**

Secondary orders and consequences of conviction

Offences	SOA 2003 Schs 3 and 5 (sexual harm prevention order and notification—sex offences)	SCA 2007 Sch.1 (serious crime prevention order)	CTA 2008 ss.41–43 (notification—terrorism offences)	SI 2009/37 (barring from work with children and vulnerable adults)
Unauthorised access (s.1 CMA 1990)	No	Yes	No	No
Unauthorised access with criminal intent (s.2 CMA 1990)	No	Yes	No	No
Unauthorised acts, intent or reckless to impair computer (s.3 CMA 1990)	No	Yes	No	No
Unauthorised acts causing or creating risk of serious	No	Yes	No	No

B4-205

Offences	SOA 2003 Schs 3 and 5 (sexual harm prevention order and notification—sex offences)	SCA 2007 Sch.1 (serious crime prevention order)	CTA 2008 ss.41–43 (notification—terrorism offences)	SI 2009/37 (barring from work with children and vulnerable adults)
damage (s.3ZA CMA 1990)				
Making or supply articles for use (s.3A CMA 1990)	No	Yes	No	No

Guidance

General Guidance

R. v Mangham [2012] EWCA Crim 973; [2013] 1 Cr. App. R. (S.) 11

B4-206 The Court of Appeal (Criminal Division) gave guidance as to the sentencing of computer misuse offences.

Held: there are a number of aggravating factors which will bear on sentence in this type of case: first, whether the offence is planned and persistent and then the nature of the damage caused to the system itself and to the wider public interest such as national security, individual privacy, public confidence and commercial confidentiality. The other side of the coin to the damage caused will be the cost of remediation, although the court did not regard that as a determining factor. Next, motive and benefit are also relevant. Revenge is a serious aggravating factor. Furthermore, the courts are likely to take a very dim view where a hacker attempts to reap financial benefit by the sale of information which has been accessed. Whether the information is passed on to others is another factor to be taken into account. The value of the intellectual property involved may also be relevant to sentencing. Among the mitigating factors, the psychological profile of an offender will deserve close attention.

R. v Martin [2013] EWCA Crim 1420; [2014] 1 Cr. App. R. (S.) 63

B4-207 The Court of Appeal (Criminal Division) gave further guidance as to the sentencing of computer misuse offences.

Held: there are no sentencing guidelines relating to offences under the Act; for these offences, as for any other, the court must have regard to the purposes of sentencing set out in s.142(1) of the Criminal Justice Act 2003 (now s.57 of the Sentencing Code) (which, in addition to reform and rehabilitation of offenders, includes their punishment, the reduction of crime including by deterrence, the protection of the public and the making of reparation). Also of very great significance is the determination of the seriousness of the offences in accordance with s.143(1) of that Act (now s.63 of the Sentencing Code), which points to the offender's culpability and the harm which the offence caused, was intended to cause or might reasonably have caused.

The seriousness of the criminality involved cannot necessarily be measured by the length of an attack or directly measurable financial consequences. The disabling of a website for even a short period may have far reaching consequences for the organisations concerned and for those who use the websites, including the general public. In the instant case, these were denial of service (DOS) attacks rather than distributed denial of service (DDOS) attacks (and their purpose was therefore intended to slow or halt access rather than disable the website), but given the nature of the organisations concerned, the issue of permanent as opposed to temporary damage as a factor in mitigation was one of little consequence. Equally, it is of little moment to the victims of such crimes that the offender may be motivated by bravado within a community of like-minded souls, rather than by financial gain. The capacity for harm is very great either way. Actual damage or financial benefit would substantially aggravate an offence.

The wider implications of such crimes for society cannot be ignored. Offences such as these have the potential to cause great damage to the community at large and the public, as well as to the individuals more directly affected by them. Furthermore, it is fortuitous and beyond the control of those who perpetrate them whether they do so or not. This finds reflection in the maximum sentence which may be passed of 10 years' imprisonment for an offence contrary to s.3(1) of the Act and of five years' imprisonment for an offence contrary to s.2(1) of the Act. These offences are comparatively easy to commit by those with the relevant expertise, they are increasingly prevalent and the public is entitled to be protected from them. It is appropriate for sentences for offences such as these to involve a real element of deterrence. Those who commit them must expect to be punished accordingly.

B4-208

The sentence in *R. v Mangham*[73] (eight months' imprisonment for securing unauthorised access to computer material, and unauthorised modification of computer material, where the appellant hacked into Facebook's computers and downloaded a source code, reduced to four months (plea)) should not be considered a benchmark for such cases, which, in the ordinary course, are now likely to attract sentences that are very considerably longer: for offending of this scale (the case was concerned with DOS attacks on the websites of the University of Oxford (twice), the Kent Police (twice) and the University of Cambridge over an 11-month period which required the two universities to spend 19 days between them dealing with the attacks, and the police spent 35 hours doing the same), sentences will be measured in years rather than months. The prevalence of computer crime, its potential to cause enormous damage, both to the credibility of IT systems and the way in which our society now operates, and the apparent ease with which hackers, from the confines of their own homes, can damage important public institutions, not to say individuals, cannot be understated. The fact that organisations are compelled to spend substantial sums combating this type of crime, whether committed for gain or out of bravado, and the potential impact on individuals such as those affected in this case only underlines the need for a deterrent sentence.

Commentary: The guidance given in *Martin* as to the length of sentences is almost singularly unhelpful except to note that it is clear that the courts are willing to impose relatively long sentences at the top end of the seriousness scale. It means that in relatively serious cases reference to decisions predating *Martin* itself is unlikely to be much assistance except to suggest the low end of the available sentence. This is further complicated by the fact that there are relatively few Computer Misuse Act prosecutions and no useful comparative guidelines.

B4-209

More helpful, however, are the factors the courts in *Mangham* and *Martin* have identified as being ones of particular relevance to the assessment of seriousness. It

---

[73] [2012] EWCA Crim 973; [2013] 1 Cr. App. R. (S.) 11.

seems clear from *Martin* that the most significant factor driving the assessment of seriousness will be the harm caused by the offending, with the court giving less weight to arguments as to reduced culpability. This is likely to present particular issues as those who come before the court for Computer Misuse Act offences are young and immature offenders, and a number of cases are complicated by the presence of autism, the impact of which on culpability will range from minor to severe. It is suggested that despite the focus on the harms caused in *Martin* there will remain a particular need to consider carefully the offender's motivation behind the access and the extent to which they appreciate the impact and risks of their actions.

Unauthorised Access (s.1 CMA 1990)

R. (The Pensions Regulator) v Workchain Ltd [2019] EWCA Crim 1422

B4-210 The appellant, Workchain Ltd, pleaded guilty to offences of unauthorised access, contrary to s.1 of the Computer Misuse Act 1990. The offences had involved senior staff instructing managers or staff to telephone the National Employment Savings Trust pretending to be workers to obtain their unique identification numbers which would then be used by staff to opt out workers from the pension online.

On an appeal against sentence, the appellant argued that the judge failed to have regard to relevant sentencing guidelines, namely the Sentencing Guideline on Corporate Offenders: Fraud, Bribery and Money Laundering.

Held: the focus of an offence under s.1 of the 1990 Act is the unauthorised access to computer programmes and/or data. An offence is committed without the need to prove dishonesty or any intent to use the data, for example, for further offences or any other particular purpose. The amount of financial loss, if any, is a category of harm which a sentencing judge must properly take into account: but unauthorised access to a computer programme or data will not only lead to potential financial loss for those whose data they are, but also to a loss of confidence in the integrity of the computer system involved in the breach by the unauthorised person. That is likely to be a crucial head of harm for the offence under s.1 of the Act. In this case that was a particularly important factor, given that, for the protection of employees, the statutory scheme expressly prohibited employers having access to the employee pension data. Therefore, the assessment of harm by reference only to a financial sum taken from the gross gain by the offender and/or loss to the victim(s), and then the assessment of culpability by reference simply to a multiplier of that financial sum as the Sentencing Guideline for Fraud etc provides for corporate offenders, does not appear to be of any significant assistance. Moreover, the court was not convinced that a great deal of assistance could be gained from such cases as *R. v Mangham*,[74] which include convictions under s.1 of the 1990 Act, but also different and more serious charges arising out of different types of computer hacking.

B4-211 *Commentary:* It should be noted that the harm targeted by the s.1 offence is unauthorised access in and of itself. The offence exists to protect the integrity of the system and so clearly the extent to which that integrity (and the trust in it) has been broken, and the importance of that integrity to the victim, will be a significant harm factor, as will any wider impacts, such as financial harm or invasions of privacy. Furthermore, while there is no requirement of any particular malicious

---

[74] [2012] EWCA Crim 973; [2013] 1 Cr. App. R. (S.) 11.

intent it is suggested that the intent behind the access will still remain a significant factor when assessing culpability (alongside the level of planning and the complexity of the access breach). Where there is, for example, an intent to profit or to seek revenge/cause harm that will surely be a seriously aggravating factor.

Unauthorised Access with Criminal Intent (s.2 CMA 1990)

B4-212 There are no cases providing specific guidance as to the sentencing of offences contrary to s.2 of the Computer Misuse Act 1990. It is suggested it is best conceived of as a "section 1 plus" type offence, and that the guidance in relation to s.1 of the 1990 Act (see B4-197) will be of general application. The distinguishing feature between the two offences is, however, that in relation to a s.2 offence there is a need for an intent to commit a further, serious, criminal offence. The clear intent of the significantly higher maximum sentence must be that substantially longer sentences will be expected for s.2 offences than s.1 offences. It is suggested that the court should seek to identify the particular offence intended, and consider how that reflects both increased culpability (by virtue of the intent and the harm intended) and harm (by virtue of the harm risked, even where it did not result). It is noted that the offence is a pre-inchoate offence, and that like with inchoate offences some reference to the guideline for the principal offence intended may assist, although the offence carries its own unique harms and should not be conceived of as simply an attempt.

Unauthorised Access, Intending or Reckless as to the Impairment of a Computer (s.3 CMA 1990)

B4-213 There are no cases providing specific guidance as to the sentencing of offences contrary to s.3 of the Computer Misuse Act 1990. The guidance in relation to s.1 of the 1990 Act (see B4-197) will be of general application although there will be a need to account for the increased culpability resulting from the additional intent. It is worth noting, however, that the s.3 offence is a conduct crime, rather than a result crime, and the computer etc does not actually need to be impaired. Whether any harm has in fact resulted, and whether that harm is temporary or of a permanent nature, will presumably be a significant feature. Due to the low harm threshold for a s.3 offence it is suggested that at the lower end of the seriousness range there will be some overlap with the sentences for offences contrary to s.1. The higher maximum sentence for s.3 offences should, it is suggested, principally be reserved for cases where there is high culpability or where impairment has actually occurred.

Unauthorised Access Causing or Creating Risk of Serious Damage (s.3ZA CMA 1990)

B4-214 There are no cases providing specific guidance on the sentencing of offences contrary to s.3ZA of the Computer Misuse Act 1990. It is worth noting, however, that s.3ZA has many forms. Clearly, ceteris paribus, an offence will be more serious where serious damage is caused rather than risked (and where it is intended rather than the person being merely reckless), and there is a hierarchy in relation to serious damage relating to national security, loss of human life or human illness or injury. It does not, however, seem appropriate to suggest that there is any further hierarchy, and the impact of the harm must surely be assessed principally by the seriousness of the actual harm caused and risked (and the likelihood of it) rather than by reference to the type in the abstract.

CHAPTER B5

DRUG OFFENCES

GENERAL GUIDANCE

This chapter is concerned with drug offences. For a number of offences in this section the Sentencing Council has issued a *Drug Offences Definitive Guideline* 2021 This replaces the guideline issued in 2012. The new 2021 guideline is heavily based upon the previous guideline, with revisions being made to the weights/quantities for the purpose of assessing harm, and with new guidelines in respect of certain offences involving psychoactive substances. There are a number of common factors in the guideline that apply to most or all of the offences within it. This section provides guidance on those factors. For guidance on sentencing specific offences, reference should be made to the relevant section.

B5-001

Harm Factors

Purity (Harm)

R. v Boakye[2012] EWCA Crim 838; [2013] 1 Cr. App. R. (S.) 2
    The court gave guidance as to the interpretation and application of the 2012 Sentencing Council guideline on drug offences.
    Held: whereas the previous case law proceeded on the basis of quantity of drugs measured at 100% purity, the new guideline does not. The Council was advised that in many cases, especially at the lower end of offending, scientific analysis of purity may not be available. The indicative quantities of weight are gross quantities, not 100% purity weights. Of course, in dealing with a large consignment where there has been analysis and the weight at 100% purity is known, a court may well pay attention to the additional information which it has been given. It may determine to adjust up or down, either for very high or very low purity. However, the initial indicator of the category of offence is the weight as seized.

B5-002

Attorney General's References Nos 15–17 of 2012 (David Lewis) [2012] EWCA Crim 1414; [2013] 1 Cr. App. R. (S.) 52
    The court gave guidance as to the issue of purity in the 2012 guidelines.
    Held: under the previous regime, sentencing ranges for drugs offences were based on the weight of the drug at 100% purity. Under the new Guideline, the purity of the drug does not become relevant until Step 2, when low purity or high purity of the drug may be a mitigating or aggravating factor. This is a significant change and may have been the cause of some confusion for those who have not read the Guideline sufficiently closely.

B5-003

[1535]

B5-004 *R. v Cooper [2017] EWCA Crim 558; [2017] 2 Cr. App. R. (S.) 14*
The court considered the approach to purity in sentencing cases of supply of controlled drugs.
Held: the proposition that the 2012 sentencing guideline mitigating feature of "low purity" should routinely be found when drugs were at a level of purity that was commonly found in street supplies could not be accepted. Care must be taken to avoid an anomalous situation in which a drug trafficker lower down the chain of supply is treated as committing a more serious category of offence than their supplier higher up the chain who dealt in a lower weight of the drugs but at a much higher level of purity. That anomaly, however, will be avoided because, in such a case, the high level of purity would inevitably be treated as a serious aggravating feature in the case of the trafficker who was higher up the chain.

B5-005 *R. v Hussain (Jamil) [2018] EWCA Crim 509; [2018] 2 Cr. App. R. (S.) 14*
The court considered whether cocaine of 72% purity justified a finding that it was "high purity" such as to be an aggravating feature under the 2012 guideline.
Held: the guideline does not provide any guidance as to what amounts to high purity and sentencing judges must make their own assessment whether or not there is evidence available to them. Judges are entitled to rely on their expertise and knowledge acquired from trying drugs cases especially in their region. Regional variation was a point made by the Crown in this case. In this case, the judge's assessment that 72% was high purity cannot be criticised as unreasonable. The evidence from the Advisory Council acknowledged that purity levels around 15–20% were most common in seizures. Here there was evidence that the cocaine was being mixed with cutting agents such as Levamisole, thus reducing its purity before sale. In opening, the Crown invited the judge to proceed on the basis that the cocaine found would be adulterated and cut down for the street. The judge was entitled to conclude that the appellant was selling high-purity blocks of cocaine at 72% and thus it could be inferred he was close to the source.

B5-006 *Attorney General's Reference (R. v Bailey) [2021] EWCA Crim 1161; [2022] 1 Cr. App. R. (S.) 33*
The court considered the relevance of purity following a change in the revised 2021 guidelines which removed explicit reference to purity as an aggravating or mitigating factor at Step 2.
Held: The new guideline has removed the reference to "purity" at Step 2. This was clearly a deliberate decision. That said, as the Sentencing Council's response to the consultation on the draft new guidelines stated at p.17, the list of aggravating and mitigating factors now mentioned is not exhaustive and therefore the purity of the drugs can, in an appropriate case, be taken into account at Step 2 of the sentencing exercise.

B5-007 *Commentary:* In drafting the guidelines, the Sentencing Council initially relegated purity to Step 2 of the sentencing guideline as an aggravating or mitigating factor on the basis on the increasing pressures on forensic laboratories and the difficulties with ensuring courts have access to expert evidence on the issue.[1] Following revisions in the 2021 guideline express reference to particularly high or low purity have been removed from Step 2. The response to consultation document and *Bailey*, however, makes clear that purity can remain an aggravating or mitigating

---

[1] Sentencing Council, *Drug Offences: Response to Consultation* (January 2012), 9.

factor in appropriate cases. The consultation responses expressing issue with the use of purity seemed to relate to the fact that purity was not necessarily a good indicator of culpability. It is, however, suggested that purity is instead better conceived of as a harm factor—a large quantity of high purity drugs having more potential harm than the same quantity of low purity drugs, except where the cutting agent in fact makes the use of drugs more dangerous. Clearly, in the absence of any analysis it will not be possible to consider purity, and it is likely (as was recognised as long ago as the decision in *R. v Morris*[2]) that purity analysis will only take place where the quantities of substance seized are relatively substantial. Where such analysis does take place it may be desirable to seek expert evidence as to whether it is relatively high or low purity, but it clearly will not always be necessary (i.e. a judge is clearly entitled to find that cocaine of a purity of over 90% is of a high purity).

Indicative Quantities (Harm)

R. v Boakye[2012] EWCA Crim 838; [2013] 1 Cr. App. R. (S.) 2
The court gave guidance as to the interpretation and application of the 2012 Sentencing Council guideline on drug offences.

B5-008

Held: the quantities of drug which are listed under the categories of harm in the guideline are deliberately described as "indicative quantity of drug upon which the starting point is based". They are not thresholds at which the sentencing range changes. They could not be if the starting point, which by definition is a mid-range of sentence, is to be based on it. In other words, the weights which determine the categories are not thresholds; they are indications of the general region of weight which goes into the relevant category. It is not exclusively an arithmetical process.

Relevance of Cutting Agent (Harm)

R. v Nnamani[2015] EWCA Crim 596; [2015] 2 Cr. App. R. (S.) 23
The appellant had been convicted of two offences of possession of a Class A drug with intent to supply. He had been found in possession of 210g of crack cocaine and three small bags of cannabis as well as 695.65g of cocaine, 26.9g of heroin, 595.48g of a cutting agent for use with Class A drugs and £8,000 in cash. The drugs were of significant purity.

B5-009

On appeal against sentence, the appellant argued that the judge had erred in placing the case in Category 2 harm as Category 2 required there to be 1kg of heroin or cocaine involved.

Held: the 2012 sentencing guideline, as always, must be applied with a due sense of realism. The quantity of drugs in this case, cannot be considered in isolation. It was of significant purity and there was a large quantity (590g) of a cutting agent. Those taken together would arithmetically be more than a kilogram. Applying a sense of realism as must be done in cases of this kind—if this quantity of drugs of a significant purity had been cut, as might have been done if the police had not by good fortune intercepted the operation, then there would have been a considerably larger amount of the Class A drugs concerned available for distribution in society.

---

[2] [2001] 1 Cr. App. R. (S.) 87.

B5-010   *Commentary:* As observed in [2015] Crim. L.R. 737,[3] the justification for this approach is that the harm of the offending would be drastically undervalued if the cutting agent (which was clearly intended to be used) was not taken into account. However, as argued there, it will not always be appropriate to simply add the total weight of the cutting agent present and the total weight of the drugs present as that presumes that all the cutting agent is intended to be used. The weight of the drug itself will always need to be the principal driver of seriousness. If a person has 1kg of cutting agent but only 10g of cocaine it is clear that the intent will not be to use the entirety of that cutting agent in the distribution of drugs. In such circumstances it would seem seriously unfair to approach the assessment of harm by reference to the entire quantity of cutting agent.

Relevance of Cash (Harm)

R. v Mahmood [2019] EWCA Crim 1532

B5-011   The appellant had been arrested on suspicion of drug supply in possession of £305 in cash and two "burner" mobile telephones. A search of properties connected to him found 434.97g of heroin, 18.71g of cocaine and £29,914.68 in cash. The appellant pleaded guilty to two counts of possession of a controlled drug of Class A with intent to supply and one count of possession of criminal property.

When sentencing the judge found that the offending fell into Category 2 harm, having aggregated not only the weight of the drugs found, but also what the cash represented in terms of drugs. The judge took the view that just under £30,000 of cash was equivalent to the value of about half a kilogram of heroin. Together, drugs of about half a kilogram and cash equivalent to a further half a kilogram amounted to an overall weight equivalent of about 1kg, which fell into Category 2 and not Category 3.

On appeal against sentence, it was argued that while some extrapolation was possible from cash into weight of drugs the evidence was not specific enough to translate almost £30,000 in cash to half a kilogram of Class A drugs. There was no calculation as to what part would be profit and the evidence as to the translation into weight was too imprecise.

B5-012   *Held:* the combination of cash and drugs is a legitimate approach to an assessment of the category. Thus, a quantity of drugs which by itself would not suffice a Category 2 categorisation could, with cash on top, be so categorised. However, there is a need for caution as to how far that goes in the circumstances of this case. Here there was sufficient material (drugs and money) to make a finding that the possession of almost £30,000 from drug dealing, of which some part was likely to be profit, did bring the matter into Category 2, rather than Category 3. However, the court could not be as confident as the judge was, in the absence of more precise information, to find that the cash was the equivalent of half a kilogram. This case fell into Category 2, albeit beneath the indicative quantity of 1kg.

B5-013   *Commentary:* It is to be noted that in the instant case the appellant had pleaded guilty to possession of criminal property, and therefore presumably accepted at least some of the cash was the proceeds of crime. In other cases, there may not be suf-

---

[3]   L. Harris, "R. v Nnamani (Sunday Olivia): Sentencing—Drugs—Sentencing Guidelines (Case Comment)" [2015] Crim. L.R. 737.

ficient clarity to be satisfied to the criminal standard that the cash is the proceeds of drug dealing.

Dry Weight or Wet Weight (Harm)

R. v Kerley [2015] EWCA Crim 1193; [2015] 2 Cr. App. R. (S.) 69
The offenders appealed against sentences imposed on them for conspiracy to supply a Class B drug. They had purchased a box containing five vacuum-packed packs of wet amphetamine, weighing 9,950g. When dry, the drugs weighed 5,421g.

Held: there was no evidence before the judge about the final state in which the drugs would be sold. Submissions were made to the effect that drugs would normally be sold in a dry state on the street. However, there was a complete absence of evidence as to that fact. Where there was no evidence adduced at trial or at the sentencing hearing on this point, and in the absence of evidence, it was perfectly fair to sentence by reference to the wet weight. If dealers are caught in the possession of drugs there is an expectation that they will be dealt with according to the weight of the drugs that they have. It is well known that other products are bulked up by other materials. If it is intended to show that the use of water for a drug is simply for the purposes of transport or to maintain the condition of the drugs, as was suggested, the evidence will need to be adduced.

B5-014

Purchase Online (Harm)

R. v Assaf [2019] EWCA Crim 1057; [2020] 1 Cr. App. R. (S.) 3
The appellants appealed against sentences imposed in relation to a large conspiracy to import and supply drugs. On appeal it was argued, inter alia, that there is less transactional violence if drugs are sold via a website and sent out in the post than if the drugs are sold on the street or in some other face-to-face context; and the 2012 Sentencing Council guideline was not devised with online selling in mind and application thereof to online dealing is likely to result in unfairness and disproportionate sentences.

Held: the 2012 Sentencing Council guideline is not concerned at Step 1 with whether the supply of drugs is linked to violence. The relevant factors are the culpability of the offender and the indicative quantity of the drugs involved. The most serious cases of importation of drugs will be those where the offenders are responsible for bringing tonnes of Class A drugs into the country, the consignment(s) being passed on within the wholesale market. Transactional violence in those circumstances is unlikely. Yet the sentence imposed will be very long indeed. The presence of a weapon or evidence of community impact—factors which can reflect transactional violence—are aggravating factors to be considered at Step 2.

It is entirely true that, if there is evidence that an offender has supplied a large quantity of drugs, the offender is likely to receive a longer sentence than someone in respect of whom there is no evidence of large-scale supply of drugs. If the prosecution cannot prove that an offender has supplied drugs in large quantities, they will not be sentenced as if they had. On the other hand, if the prosecution can prove large-scale supply, they will be sentenced on that basis. There cannot conceivably be anything wrong with that. The Sentencing Council was not concerned with how an offender might be proved to have dealt in a particular quantity of drugs.

B5-015

Selection of Guideline (Amphetamine)

R. v Mount (Paul Mitchell) [2024] EWCA Crim 461

B5-015a Amphetamine is a Class B controlled drug, but when injectable is a Class A drug. The court considered the approach to sentence in a case in which the defendants had been convicted of conspiracies to supply Class A and Class B amphetamine, and in which there were large amounts of amphetamine oils and amphetamine pastes. There were challenges to the judge's findings as to how much of the amphetamine was class A amphetamine for the purposes of the sentencing guidelines.

Held: the agreement, to manufacture and then to supply, was an agreement to supply amphetamine designed for administration by injection. As the judge observed, if that is how it was used, so be it. If it were not used in that way by the final customer, that would not affect the culpability of the person entering into the agreement. Parliament determined that, where amphetamine is designed for administration by injection, it is to be a Class A drug. Administering amphetamine by injection puts the user at greater risk of harm. The judge's view as to how much of it was designed for administration by injection was a matter for him to judge on all the evidence he had heard. The issue was not what the end user of the amphetamine would do with the amphetamine that was supplied, the end user being far distant from these conspirators. It was the purpose for which it was capable of being used.

Drugs not Listed in the Guideline

B5-016 The Sentencing Council has issued a note on the sentencing of drug offences involving newer and less common drugs. The note provides that where sentencing for drugs not listed in the guideline sentencers should expect to be provided with expert evidence to assist in determining the potency of the particular drug and in equating the quantity in the case with the quantities set out in the guideline in terms of the harm caused.

While in all cases expert evidence will assist, in relation to a few specific drugs the Court of Appeal (Criminal Division) has seemingly approved certain comparators.

Opium (Class A drug)

R. v Talebi [2012] EWCA Crim 3040; [2013] 2 Cr. App. R. (S.) 49

B5-017 The court heard an appeal against sentence following a plea of guilty to conspiracy to import 3.92kg of opium.

Held: while the 2012 guideline sets out categories of harm based on weight for heroin and cocaine, it is silent as to opium and therefore gives no specific guidance on how opium is to be categorised. Prior to the guideline the advice of the Sentencing Advisory Panel had been that unless there is clear evidence in a particular case that a consignment of opium is intended for conversion into morphine or heroin, a sentencing guideline for the importation or possession of opium should be based on weight, cross checked with street value to ensure that at least an appropriate equivalence with heroin and cocaine is maintained.

General Guidance

Considering that advice in *R. v Mashaollahi*,[4] the court stated that it appeared that, weight for weight, the street value of heroin was approximately eight times more than that of opium and that a consignment of 40kg of opium at 100% purity would be the equivalent of 5kg of heroin at 100% purity. Therefore when categorising opium by weight for the purposes of the guideline, it should be assumed that 1kg of heroin is equivalent to 8kg of opium.

R. v Afrisib[2016] EWCA Crim 2123; [2017] 1 Cr. App. R. (S.) 25
The appellant was convicted of conspiracy to supply a Class A drug, opium, and possession of a Class A drug, heroin, with intent to supply. **B5-018**

When sentencing the judge concluded that the total of just over 75kg of opium was equivalent to approximately nine and a half kilograms of heroin or cocaine. The judge had therefore used a dividing figure from opium to heroin of eight.

Held: the evidence before the court was a statement from the police drugs expert which said: "To produce one kilo of heroin takes between seven to 12 kilos of opium. The commonly accepted figure is 10 kilograms." That evidence was general and approximate, not prescriptive. The judge took a figure within the range of 7–12kg and was entitled to do so. Any analysis should not rely absolutely on simply linear calculations. Whether the figure of net weight of heroin when the opium quantity is reduced down is 11.5 or 9.5, this was on any view still a very, very large amount of Class A drugs, in respect of which the learned judge had to sentence this appellant. On any view the quantity of drugs seized was, to use the wording of the 2012 guideline, significantly higher than Category 1 and so sentences in excess of 20 years "may be appropriate depending on role".

Methylethylcathinone/4-MEC/NRG-2 (Class B)

Attorney General's References (Nos 15–17 of 2012) (David Lewis) [2012] EWCA Crim 1414; [2013] 1 Cr. App. R. (S.) 52
The court considered the approach to sentence in relation to importation of methylethylcathinone. **B5-019**

Held: methylethylcathinone is a cathinone derivative and sold under the names "4-MEC" or "NRG-2". It is a synthetically produced stimulant relating to the parent compound cathinone and is a naturally occurring chemical, one of the psychoactive principals found in the plant "khat". It is commercially available to purchase in bulk from China and the Ukraine. It is not the same as mephedrone, although it produces similar (if weaker) effects. The evidence from seizures has been too limited to provide much information as to what is the appropriate "indicative quantity". Thus, analysing whether 200kg of 4-MEC should equate for sentencing purposes to 200kg of cannabis or to 20kg of amphetamine has been problematic. In all the circumstances, the court had no option but to approach this particular case on the basis most favourable to the offender—namely on the basis of the "indicative" quantities for cannabis. Should evidence become available that that approach is wrong, it can be corrected in a future case.

Methylenedioxypyrovalerone/MDPV (Class B)

R. v Brown[2013] EWCA Crim. 1726; [2014] 1 Cr. App. R. (S.) 84
The court heard an appeal against sentence in respect of a conspiracy to supply Methylenedioxypyrovalerone (MDPV) (a Class B drug). **B5-020**

---

[4] [2001] 1 Cr. App. R. (S.) 96.

Held: the effect of expert reports on cathinones by the Advisory Council on the Misuse of Drugs, and on MDPV from a clinical pharmacologist and toxicologist, were that from a pharmacological point of view cathinones are structurally very similar to amphetamines, and there are no structural similarities between MDPV and the principal psychoactive constituent of the cannabis plant. Moreover, the effects of MDPV on the user are similar to the effects of amphetamine, namely that it acts as a stimulant, whereas the effects of MDPV on the user are dissimilar to the effects of cannabis, since cannabis acts as a sedative. Finally, the capacity of MDPV for giving rise to a dependency was similar to amphetamine. At para.9.3 of the Advisory Counsel report it said that "the harms associated with ... cathinones are commensurate with the [harms associated with] amphetamines." Although the report did not consider all the features of the use of cathinones which might contribute to their potential for causing harm, that the potential of MDPV for causing harm should be equated to amphetamine meant that the potential of particular quantities of them for causing harm should not be any different either. The judge had not therefore erred in concluding that nine and a half kilos of MDPV was equivalent to nine and a half kilos of amphetamine for the purposes of the 2012 guideline.

Mephredone/M-Kat (Class B)

R. v Pitts[2014] EWCA Crim 1615; [2014] Crim. L.R. 834

B5-021   The court heard an appeal against sentence in respect of a conspiracy to import or supply M-Kat or mephredone (a Class B drug).

Held: considering *R. v Brown*,[5] the judge had not erred in concluding that M-Kat or mephredone were comparative to amphetamine for the purposes of the guideline.

B5-022   *Commentary:* It is to be noted that only one expert report was before the court in this case before consideration of the Advisory Panel's evidence. The court observed it was surprising that no counsel had sought an adjournment to seek another expert opinion given that the difference in comparison of the drug with amphetamine or cannabis was highly significant to sentence. In future cases it may be desirable for counsel to obtain such reports rather than to rely on this decision.

Synthetic Cannabinoids (Class B)

B5-023   *Commentary:* Following the revision of the Sentencing Council's guidelines in 2021 there is now additional guidance available for the sentencing of synthetic cannabinoids. Unlike other drugs, however, no specific weights are included. In the response to consultation the Sentencing Council explains that this is due to the great variety of ways that such drugs can be prepared. It therefore seems likely that in a number of cases evidence will be required as to dosage and use to assess whether the relative quantity of drugs is "very small" or "commercial" or inbetween. In the case of *R. v Kunakahakudyiwe*,[6] which was decided prior to the revision of the guideline the court sentenced by reference to the weights for cannabis, but it was observed that synthetic substitutes could be far more powerful and produced and sold much more cheaply. Accordingly, it is suggested that there will be limited value in using the amounts given for cannabis as indicators of what might constitute "very

---

[5]   [2013] EWCA Crim 1726; [2014] 1 Cr. App. R. (S.) 84.
[6]   [2020] EWCA Crim 1867.

small" or "commercial" amounts of synthetic cannabinoid. By eschewing specific weights or quantities the Sentencing Council took a purposeful decision to not use a quantified comparator but it is submitted that considering *Kunakahakudyiwe*, the amount that will constitute a "very small" amount of synthetic cannabinoid is likely to be less than the amount listed for cannabis.

Khat (Class C)

R. v Sidlauskas[2014] EWCA Crim 2338; [2015] Crim. L.R. 297

The court heard an appeal against sentence in respect of a conspiracy to import khat (a Class C drug).

B5-024

Held: in the 2012 Sentencing Council guideline for the importation of controlled drugs, the only Class C drug referred to specifically is ketamine (since reclassified as a Class B drug). The weight of the khat was 14.5kg, but that provides no reliable comparison because of the way in which the drug is consumed: a great deal of its bulk and weight is discarded. The judge had, though, been entitled to consider that 14.5kg of khat fell into Category 3 in the guideline. On any view, 14.5kg was a substantial quantity of the drug. On the street khat is generally sold in 100g bunches of leaves. On that basis, this amount represented some 140 deals (if that is the correct term), although with its limited shelf life it may well be that not all the khat which was imported would have been sold in that way. That was a sufficient indication that here the judge was not dealing only with a very small quantity falling below the notional indicative amount set out for Category 4.

Commentary: As Rudi Fortson QC observed in his commentary to this case,[7] it is interesting that the court did not seek to draw any comparisons between khat and cannabis, particularly as the maximum penalty for a Class B and a Class C drug is the same. While, as Forston observes, the prevalence and harms of the drugs are different, it is at least questionable why the court did not conclude that it would be useful to use cannabis as a benchmark to ascertain the category and to then treat the fact that the drug was khat as a further mitigating feature when applying the Class C guideline table.

B5-025

Culpability Factors

Assessment of Roles: General (Culpability)

R. v Boakye[2012] EWCA Crim 838; [2013] 1 Cr. App. R. (S.) 2

The court gave guidance as to the interpretation and application of the 2012 Sentencing Council guideline on drug offences.

B5-026

Held: as the Sentencing Council made clear in its consultation it wished to distinguish between professional couriers—that is, those who are employed by someone else to import/export drugs for financial gain, but do so in the knowledge that they are committing an offence and are not unduly pressurised into doing so—and so-called drug "mules". The objective of distinguishing between different couriers has been accomplished by Step 1 of the guideline. A third-world offender exploited by others will be likely to be assessed by the judge as having a lesser role: see the expressions "performs a limited function under

---

[7] R. Fortson QC, "R. v Sidlauskas (Ernestas); Sentencing—Fraudulent Evasion of the Prohibition on the Importation of a Class C Drug (Case Comment)" [2015] Crim. L.R. 297.

direction", "engaged by pressure, coercion, intimidation" and "involvement through naivety, exploitation". By contrast, the courier who is worldly wise, who knows what they are doing and does it as a matter of free choice for the money, is likely to be assessed as having a significant role: see the expressions "motivated by financial or other advantage, whether or not operating alone" and sometimes "some awareness and understanding of the scale of operation".

These two classes of offender may both attract the generic label "courier", but that is not the test. There will be different ranges of sentencing for the two groups. Indeed, sometimes there are such offenders whose role is properly to be assessed as a leading one—e.g. those who are an integral part of the importation business and have a substantial financial stake in the consignment.

R. v Healey[2012] EWCA Crim 1005; [2013] 1 Cr. App. R. (S.) 33

B5-027 The court gave guidance as to the assessment of an offender's role under the 2012 Sentencing Council guideline on drug offences.

Held: the characteristics which are designed to assist sentencers in assessing the culpability of the defendant are couched in terms of role, but include cases where there are several offenders operating with different functions and those where there is but a single defendant working on their own. Even where a person is working on their own their culpability still has to be assessed. The listed characteristics are not exhaustive and are not to be treated as if they were. The lowest level of culpability headed, for convenience, "lesser role" encompasses those whose activity is at the bottom of the range of offending which courts encounter in the particular field which one is considering. The defendant who has half a dozen plants or so in a grow-bag alongside their tomatoes outside the back window is no doubt contemplated as engaged in what the guidelines would call a domestic operation (see Category 4 of the harm). Assuming they are growing only for their own use, they would clearly have what they envisage as the lowest level of culpability within the range of offences of this kind. However, those who create a purpose-built room in the loft, cellar or garage, or who dedicate a bedroom to the exclusive purpose of cultivating cannabis, having invested substantially in professional equipment for watering, lighting and/or electronically controlled timing of those operations and others, cannot sensibly be described as having a lesser role. Those people can perfectly properly be described as having the kind of level of culpability which is the next level up from those who are at the lowest level—i.e. that labelled "significant role."

R. v Descombre and Thomas[2013] EWCA Crim 72; [2013] 2 Cr. App. R. (S.) 51

B5-028 The court heard an appeal where it was argued that the guideline category "leading role" should be reserved for cases where there was an operational hierarchy and a chain of employees and "significant" role should apply where there was no chain.

Held: the proposition that leading role should be reserved for cases where there is an operational hierarchy and a chain of employees and significant role should apply to where there is no chain is an incorrect analysis of the 2012 guideline. In the guideline, the first sub-paragraph of leading role gives an example of someone who is "directing or organising production on a commercial scale". There is no reference in that sub-paragraph to a chain. Likewise, the first sub-paragraph of significant role gives an example of someone who is in an "operational or management function within a chain". That specifically envisages a chain being in existence.

General Guidance

Attorney General's References Nos 15–17 of 2012 (David Lewis) [2012] EWCA Crim 1414; [2013] 1 Cr. App. R. (S.) 52

The court gave guidance as to the issue of assessing an offender's role. **B5-029**

Held: the judge should consider the offender's role with particular care because their conclusion will have a significant bearing on the appropriate sentence. They are not bound by the submissions of the parties, even if they are agreed. It will be a rare sentencing exercise in which every person in the chain of command in a drugs enterprise is before the court. Almost inevitably there will be people lower down or higher up in the chain absent from the dock. The fact that there may be a financier or someone senior to an organiser who remains at large does not mean that the organiser has not played a "leading" role. It may, on the particular facts, put the organiser somewhere in the middle of the "leading role" range, but not in another range all together. The factors listed in the guideline are not exhaustive and it is not necessary for an offender to possess every characteristic before they can be described as fulfilling any particular role. The words chosen have a broad meaning and judges should be astute not to place offenders in a lower category than is appropriate. Few offences and few offenders will exactly match the categories provided. One offence or one offender may straddle a number of categories. There may be more than one offence involved in which the offender has played different roles. More than one drug may be involved. The quantity of drugs may be off the scale of the guideline. The judge must do their best to reach a fair assessment of the overall offending, namely culpability and harm, before proceeding to the next stage (Step 2). The judge should declare their conclusions on Step 1 in their sentencing remarks, for the benefit of the offender, those advising the offender and the court.

Directing or Organising, Buying and Selling on a Commercial Scale (Leading Role)

R. v Morris [2019] EWCA Crim 1367; [2020] 1 Cr. App. R. (S.) 5

The court heard an appeal in which it was argued that inclusion as a person with **B5-030**
a leading role on the basis of "directing or organising buying and selling on a commercial scale" would ordinarily require other participants in the criminal enterprise who were subordinate to a principal given the ordinary construction of the term "leading".

Held: it is not true that a defendant cannot be sentenced on the basis of directing or organising, buying and selling on a commercial scale unless they are a part of a group of people acting in concert. While that may be true of directing, it does not apply to organising. Organising can consist of a single person buying or selling on a commercial scale and that does not mean that other people necessarily need to be involved.

Commentary: It should be remembered that guideline phrases are not to be **B5-031**
interpreted as though they are the words of statutes and that they are merely indicators of whether a person is in a "leading role". Certainly, there is no requirement that a person be involved in a conspiracy given that the guideline is capable of applying to a single substantive offence.

Expectation of Financial or Other Advantage (Assessment of Role)

R. v Morris [2019] EWCA Crim 1367; [2020] 1 Cr. App. R. (S.) 5

The applicant had grown cannabis with his parents in significant amounts and **B5-032**
sold it on to drug wholesalers. When he was arrested the police also found

powder and tablets roughly equivalent to 360 MDMA tablets, with a street value of between £2,500 and £3,500. Photographs from his mother's phone also showed significant quantities of ecstasy, in one of which the applicant's hand was present. He had a crypto currency account containing the equivalent of £19,000. He pleaded guilty to conspiracy to supply a Class B drug (cannabis) and was convicted of possessing a controlled Class A drug (MDMA) with intent to supply and possession of a controlled Class A drug (cocaine).

On appeal against sentence he argued, inter alia, that the judge had erred in sentencing him on the basis that he had a leading role for the purpose of the 2012 guideline because he was "dealing in the expectation of substantial financial gain". It was submitted that dealing in the expectation of substantial financial gain had to be read in the context of multi-million-pound drug enterprises that were not uncommon.

Held: the expectation of substantial financial gain cannot only apply to very large amounts of money. It relates to dealing with Category 3 offences which, in this case, related to about 300 tablets. Therefore the substantial financial gain has to be related to the amount of the dealing as well, which put it within Category 3.

R. v Black (Cameron) [2022] EWCA Crim 337; [2022] 2 Cr. App. R. (S.) 39

B5-033 The court considered an appeal against a judge's finding that the offence was motivated by "significant" financial or other advantage as, on his own admission B was motivated by the need for financial gain to pay off debts caused by his gambling and drug use. B had been stopped in possession of 2.79 grams of cocaine, 0.98 grams of ketamine and 4.8 grams of MDMA (all packaged for street deals) and £170 in cash. A further 0.86 grams of ketamine were found in his bedroom. The global value of the drugs was in the region of £150 to £200. There was no wider evidence or involvement in dealing beyond the amounts found. B stated he committed the offences to support his addiction to gambling and debts (citing a £4,000 gambling debt).

Held: categorisation is an exercise of judgment for the judge. However, in our view the prosecution's initial assessment, given that the street value of the drugs was in the region of £150 and that the expectation was only a limited financial advantage (essentially to support B's own addiction to gambling and drugs), was the correct one. The evidence as presented did not justify the categorisation of a "significant" role.

R. v Cubi (Jetmir) [2022] EWCA Crim 835; [2023] 1 Cr. App. R. (S.) 6

B5-034 C had pleaded guilty to production of cannabis in circumstances where he was found in a grow house with £3,000 in cash he claimed to be for rent, and he said he had owed a gang £25,000 for passage to the UK and had begun to work on the grow to repay that debt. The judge concluded there was an expectation of significant financial gain, noting this was not a case where C suggests they were coerced or bullied into doing what they were doing. They were seeking to pay off debts that they had voluntarily incurred and chose this way to discharge those debts; and C's co-defendant had said he was to receive 25% of the value of the harvested cannabis.

Held: The judge was entitled to find that the defendant was motivated by financial advantage. He had hoped to reduce the debt he owed to a criminal gang incurred as a part of his entry to the UK.

General Guidance

R. v Healy (Courtney Morgan) [2022] EWCA Crim 1901; [2023] 1 Cr. App. R. (S.) 45

H pleaded guilty to possession with intent to supply having been stopped with 14 wraps of cocaine entering a music festival. Messages on her phone indicated a friend had asked H to take the drugs into the festival for him and that she had been paid £200 to do so. H was a healthcare assistant and of previous good character.

Held: H was paid £200 to act as a mule and take the risk of getting cocaine into the festival. While more than trifling, such financial advantage was at the lower end of what might properly be called "significant" for the purposes of the guideline. The judge was not wrong to find that H played a significant role. However, a fair assessment was that her offending fell very much at the bottom of that bracket.

B5-035

Commentary: What will constitute substantial/significant/lesser financial gain will need to be seen in the context of all of the factors, including the amount of drugs involved in the offending, and cannot be assessed simply by reference to an objective threshold. What is "significant" to one, may not be to another. It is suggested that there is a subjective element to this factor; the importance of that (as compared with the other factors) is yet to be explained by the Court of Appeal (Criminal Division).

In particular, it is suggested that in relation to the largest conspiracies even offenders whose income from the illegal offending is in the tens of thousands of pounds may not fall within the leading role category.

Furthermore, it is suggested that at the lower end, two points are worth noting. First, that *Cubi* makes plain that involvement to pay a debt is capable of amounting to an expectation of financial or other advantage (though such is perhaps obvious from the terms of the guideline). Secondly, that it is suggested that *Black* illustrates that the focus may well not be limited to the size of the debt a person hopes to repay, but the actual intended gain from the offending charged as a means of inferring the extent to which the drug debt would be reduced.

B5-036

Purity (Assessment of Role)

R. v Kelly [2014] EWCA Crim 1141; [2014] 2 Cr. App. R. (S.) 70

The applicants had been convicted or pleaded guilty to conspiracy to supply drugs. On appeal against sentence they argued that the judge had erred in taking into account the purity of the drugs in assessing their roles.

Held: the judge had taken into account the purity first in assessing or confirming the ascription of senior roles to both of these offenders. It is an obvious inference that offenders who deal with high-purity drugs are closer to the centre of operations than those who deal with drugs which have been diluted to the proper level for street use. Secondly, the judge relied on the purity as meaning that a quantity of nearly 2kg at very high purity falls to be regarded as offending in the higher category, and that was entirely appropriate. There is no authority to counter such an approach by a judge operating the guidelines as scrupulously as this judge did.

B5-037

Commentary: It is clear from the other cases discussing purity in the context of

B5-038

harm (see, for example, *R. v Hussain (Jamil)*[8]) that a significant factor in relation to the purity of drugs may be that it evidences a greater closeness to the source and therefore an increased culpability. There seems to be nothing wrong with a court, therefore, taking into account purity when assessing the role played by the offender as well as treating purity as a factor evidencing increased harm.

Conspiracy

General guidance

R. v Khan (Kazim Ali) [2013] EWCA Crim 800; [2014] 1 Cr. App. R. (S.) 10

B5-039   The court gave guidance as to the sentencing of conspiracies to supply drugs.

Held: in cases of drugs supply which are charged as a conspiracy, the guideline should be used. It may be appropriate for the judge to aggregate the quantity of drugs represented in individual counts so as to move to a higher category based on total indicative quantities of the drug involved, and thus truly reflecting the nature of the offending before the court. Many conspiracies will involve multiple supply transactions. In those circumstances, the judge would be entitled to look at the aggregate quantity of the drug involved.

Involvement in a conspiracy may vary for individual offenders within it. One core variant is culpability, which is demonstrated in the guideline by the role of the offender, and will enable the judge to assess the level of involvement of an individual within a conspiracy. However, a particular individual within a conspiracy may be shown only to have been involved for a particular period during the conspiracy, or to have been involved only in certain transactions within the conspiracy, or otherwise to have had an identifiably smaller part in the whole conspiracy. In such circumstances the judge should have regard to those factors which limit an individual's part relative to the whole conspiracy. It will be appropriate for the judge to reflect that in sentence, perhaps by adjusting the category to one better reflecting the reality.

As a balancing factor, however, the court is entitled to reflect the fact that the offender has been part of a wider course of criminal activity. The fact of involvement in a conspiracy is an aggravating feature since each conspirator playing their part gives comfort and assistance to others knowing that they are doing so, and the greater their awareness of the scale of the enterprise in which they are assisting, the greater their culpability.

R. v Edwards [2023] EWCA Crim 1740; [2024] 2 Cr. App. R. (S.) 1

B5-040   The court reviewed the authorities regarding large scale drug conspiracies (involving weights far above Category 1 of the guideline).

Held: that having reviewed the authorities, the court had to bear in mind the following:

1. the extent of the conspiracy (in the instant case, that they subsisted for some time and were not therefore one-off offences as contemplated by the guidelines);
2. The amounts actually supplied, and the intended future supply (such that it was known);
3. the number of conspiracies and whether more than one type of drug was involved;

---

[8]   [2018] EWCA Crim 509; [2018] 2 Cr. App. R. (S.) 14.

4. the extent of the sophistication;
5. any relevant previous convictions.

Harm

R. v Smith (Shaun) [2020] EWCA Crim 994
The court considered the approach to sentencing a conspiracy to supply drugs.   B5-040a
Held: any attempt to sentence an individual based on what would have been a substantive offence if they had not participated in the overall conspiracy would be rejected. It was not helpful to be taken through mathematical calculations of an individual's likely dealings based on alleged profit achieved. That approach was highly speculative and ignores the fact of the greater conspiracy, of which the offenders had been convicted.

R. v Cavanagh (Mark Philip) [2021] EWCA Crim 1584
The court gave guidance as to the sentencing of conspiracies to supply drugs.   B5-040b
Held: in conspiracies which operated over a considerable period of time, the quantity which can be shown or estimated to have been supplied would be less of a yardstick of the relevant harm than it would be for a single offence where the quantity is known to have been the limit of the harm done. Conspiracies which are brought to an end by an elaborate police operation are generally intended by the conspirators to go on into the future. The court is required to take into account not only the harm which was caused by the offence, but also the harm which the offence was intended to cause or might foreseeably have caused.

In assessing harm by reference to "the weight of the product" the guideline does not limit the court to considering only the weight of product which can be shown to have been supplied as at the date when the police wound up the conspiracy. Police investigations and surveillance usually start when the conspiracy is already in full swing and will often continue until a decision is made to make arrests. There will probably not be comprehensive 24-hour surveillance of all conspiracy activity between those times. The sentencing court in such cases will have to make a fair but realistic assessment of the overall scale of the conspiracy's actual and intended operations.

R. v Johnson (Steven) [2022] EWCA Crim 1575; [2023] 1 Cr. App. R. (S.) 49
The court gave guidance as to the sentencing of conspiracies involving significant quantities of drugs.   B5-041
Held: when the quantities reach the levels of this case (wholesale at least 22kg), both the guideline and the authorities demonstrate that it is not correct to try and construct upper levels on a mathematical basis which reflect strict quantities. At this level, culpability and role are particularly important, the harm already being above the highest stated level of quantity identified in the guideline. There is a limit to which differences in vast quantities amount to a difference to be reflected in starting points between them. The cases cited demonstrate that, at this level, the starting point is not mathematically scaled to the varying, huge, quantities in those cases.

R. v Wilson (Nathan) [2024] EWCA Crim 124; [2024] 2 Cr. App. R. (S.) 15
The court considered the general approach to sentencing conspiracy offences involving drug supply/importation.   B5-042
Held: that although it was appropriate for judges sentencing for drug conspiracies to use the statutory guideline, it did not expressly govern such cases and

should not be slavishly applied to them. There were several differences between the approach to sentencing a defendant for a substantive offence and sentencing them for the criminality involved in a conspiracy. A defendant who took part in a conspiracy supported the overall enterprise. The amount with which that defendant was personally and directly involved was of lesser relevance.

B5-043 *Commentary:* a particular issue in conspiracy cases will be estimating the total quantity of the drugs supplied. The key is ensuring that the estimate can be properly evidenced and quantified: such as in *R. v Hunter (Gordon Norman)*,[9] where the court endorsed an extrapolation from the telephone data and the frequency of drug deals and average transactions to produce an estimated figure. In *R. v Akrofi-Daniels (Jeremy)*,[10] the court even endorsed reliance upon an algorithm which had been used to estimate the number of customers that had contacted the drugs line, and thus the quantity of drugs that had been supplied. The algorithm (designed by a Detective Inspector in conjunction with a "forensic analysis" company) was based on information from a Home Office review on the average daily consumption of both heroin and crack cocaine by Class A drug users, applied to the telephone data obtained during the investigation

Roles

R. v Planken [2017] EWCA Crim 1807; [2018] 1 Cr. App. R. (S.) 24

B5-044 The court considered an appeal against sentence based on disparity in a case involving conspiracies to import Class A and B drugs into the UK.

Held: when a sentencing judge sentences a number of co-conspirators, all of whom had different roles and not all of whom are to be sentenced for the counts, it is very dangerous for the court to intervene in a careful calibration of sentences as between counts and as between co-conspirators. That is particularly the case when the judge presided over a long trial. Furthermore, it is very dangerous to draw inferences from sentences which are passed by the sentencing judge on counts which are not the lead count.

R. v Williams; R. v Thorne; R. v Morris; R. v Bailey [2019] EWCA Crim 279; [2019] 2 Cr. App. R. (S.) 15

B5-045 The court heard applications for leave to appeal sentences in a large-scale drug conspiracy, providing guidance on the approach to appeals against sentence in such cases.

Held: it is worth emphasising the general difficulties which face defendants who seek to appeal against their sentence in cases of this kind where a judge has sentenced many defendants for their various parts in a large conspiracy to supply drugs. In such a case the judge will usually have had charge of the case over many months and, at a series of hearings, will have read or heard the prosecution evidence as it relates to all the defendants and may have conducted trials or Newton hearings in relation to some of them. The judge is thus also uniquely well-placed to calibrate the sentences imposed so as to achieve parity among the defendants and reflect their relative levels of responsibility. Unless it can be shown that in sentencing a particular defendant the judge did so on a factual basis

---

[9] [2022] EWCA Crim 494.
[10] [2022] EWCA Crim 589; [2022] 4 W.L.R. 87.

which is obviously mistaken, or that the judge made an error of principle, or that in assessing the weight which should or should not be given to one or more relevant factors the judge formed a view which no reasonable judge, acting reasonably, could have formed, the Court of Appeal is most unlikely to think it right to interfere with the judge's assessment of the appropriate sentence. Arguments that the judge misappraised the level of a defendant's role in the conspiracy or imposed a sentence which is unfair in comparison with the sentences imposed on other defendants will seldom have any realistic prospect of success.

Aggravating factors

R. v Cavanagh [2021] EWCA Crim 1584

The court gave guidance as to the sentencing of conspiracies to supply drugs. **B5-046**
Held: in such a case a previous conviction for supplying class A drugs is likely to be afforded particular weight.

The court reviewed the authorities regarding large scale drug conspiracies (involving weights far above Category 1 of the guideline).

Encouraging or assisting a drug offence believing it will be committed

R. v Woodford [2013] EWCA Crim 1098; [2014] 1 Cr. App. R. (S.) 32

The court considered whether the 2012 Sentencing Council's guideline for drug **B5-047**
offences applied to offences contrary to s.45 of the Serious Crime Act 2007.

Held: the offence is one under s.45 of the Serious Crime Act 2007. The essential element of that offence, unlike that under s.44, is that the offender believed that the full offence would be committed and that his action would encourage or assist in its commission. By s.58(3) of the 2007 Act, a person convicted under either of those sections is liable to any penalty for which they would be liable on conviction of the anticipated offence. This shows the relevance of the guideline to some extent. It primarily shows, of course, what the maximum sentence is but the guideline must also be taken into account in considering the appropriate sentence for this offence. This does not, however, answer the question as to how much discount from the full sentence under the guideline should be applied to a case of this sort. In the instant case, in which the offenders had imported a large quantity of cutting agent, if they had been convicted of the full offence they would have received 10 years. Six years' imprisonment was substituted.

R. v Hall [2013] EWCA Crim 2499; [2014] 2 Cr. App. R. (S.) 20

The appellants were sentenced for offences of assisting in the supply of Class A **B5-048**
drugs contrary to s.46 of the Serious Crime Act 2007. All of them appealed, criticising the manner in which, and the extent to which, the judge drew a parallel with the 2012 Sentencing Council's definitive guideline for sentencing for drugs offences.

Held: there is no sentencing guideline directly applicable to offences contrary to s.46 of the 2007 Act. However, the approach of the judge in sentencing by reference to the sentencing guidelines for drug offences was in no way unfair to the appellants and it cannot be said to have resulted in manifestly excessive sentences.

The decision in *R. v Watling*,[11] which held in relation to s.45 offences that "Parliament has moreover specifically provided that those who assist or encourage, and are guilty of offences under ss.44 and 45 of the Act, are liable to the maximum sentence available for the full anticipated offence if it had been committed (see s.58(1) of the Act). It is therefore highly relevant to consider the potential scale of those anticipated offences" applies equally to s.46 offences.

R. v Rowlands [2019] EWCA Crim 1464; [2020] 1 Cr. App. R. (S.) 31

B5-049
The appellant had been acting as a middleman in drug transactions by selling benzocaine to drug dealers. Over a seven-month period he supplied about 21kg of benzocaine including to at least one cocaine dealer. If all of the benzocaine sold had been mixed with cocaine, it would have resulted in well over 80kg of cocaine at the level of purity sold on the streets. He pleaded guilty to two offences of encouraging or assisting offences, believing one or more would be committed, contrary to s.46 of the Serious Crime Act 2007.

On appeal he argued that the judge had erred in making reference to the 2012 guideline in relation to the supply of Class A drug offences.

Held: the appellant's conduct was criminal because by supplying the benzocaine he was doing an act capable of assisting the commission of one or more offences of supplying controlled drugs of Class A or Class B, and was doing so in the belief that one or more such offences would be committed, even though he had no belief as to which, and in the belief that his act would assist their commission. By s.46(2) of the 2007 Act, it was irrelevant whether he had any belief as to which offence would be assisted. The effect of s.58 of the 2007 Act is that in a case such as this of an offence contrary to s.46 committed by reference to more than one reference offence, the offender is liable for the maximum penalty applicable to the most serious of the reference offences. That is so even though he has no belief as to which of the reference offences will be committed and regardless of whether he has any belief as to which of the relevant offences he is assisting. In the light of those statutory provisions, the approach taken in this case by the judge of sentencing by reference to both the Category A guideline and the Category B guideline was correct. The fact that the appellant had no particular belief as to the class of drug which would be supplied cannot be equated with a belief that only drugs of Class B would be supplied. The culpability of the appellant was somewhat less than that of a seller of benzocaine who believed that all of it would be used in the supply of Class A drugs. However, the judge rightly took that into account by considering both the guidelines for Class A supply and the guidelines for Class B supply.

R. v Hendron (Hendry) [2024] EWCA Crim 338

B5-049a
H pleaded guilty to three counts of intentionally encouraging or assisting the commission of an offence, contrary to s.44 of the 2007 Act in the context of acting a barrister and encouraging the supply of controlled drugs to him by remand prisoners who he represented. When sentencing, the judge relied upon the supply sentencing guidelines justified by the fact that that was the underlying offence to which the s.44 offence related.

Held: that there were no guidelines of the Sentencing Council for an offence under s.44. The gravamen was the fact that an offender had committed an act

---

[11] [2012] EWCA Crim 2894; [2013] 2 Cr. App. R. (S.) 37.

which was capable of encouraging or assisting the commission of an offence and the offender intended so to do. The offender was liable to the same maximum penalty of the "anticipated or referenced offence".

The task of the sentencing judge was therefore to make appropriate reference to the guideline of the Sentencing Council for the crime which was encouraged by the offender and make suitable adjustments depending on the factual matrix before the court. Plainly, if there are no sentencing guidelines, appropriate decisions of this court will be the focus of attention.

The precise factual matrix must govern the use of the relevant guideline and the applicability of it would always be a matter for the judgement of the court. It was a useful commencement of the voyage of discovery; it is not necessarily the destination.

It was the criminal conduct which the offender encouraged or assisted which was the core of the crime and that must be the driving force for sentence.

The general guidelines of the Sentencing Council covering over-arching principles was of importance, where the court must view the culpability of the offender and the harm caused by them.

The judge was correct to view the supply guideline as the key to sentencing.

Commentary: Reference should also be had to the decision in *Attorney General's Reference (R. v Wood)*[12] (see B4-206), which makes clear that the seriousness or potential scale of the anticipated or reference offence is only part of the enquiry, and that the degree of assistance or encouragement given is also critical.

B5-050

IMPORTATION/EXPORTATION OF A CONTROLLED DRUG

Minimum Sentence

Section 313 of the Sentencing Code provides that where an offender is convicted of a Class A drug trafficking offence committed on or after 1 October 1997 while age 18 or over and with two previous convictions for Class A drug trafficking offences the court must impose a minimum sentence of at least seven years unless there are particular circumstances making it unjust to do so. For that section and guidance in its application (including the ability to reduce the minimum sentence for a guilty plea), see A4-583. It should be remembered that the approach of the courts in mandatory sentence cases is first to assess the sentence that they would impose in the absence of the mandatory sentence (by reference to any sentencing guidelines) and then, in the case of a minimum sentence requirement, check that the sentence imposed exceeds that minimum sentence (and impose the minimum sentence if it does not): *R. v Silvera*[13] and *R. v Wooff*.[14]

B5-051

The offence of fraudulent evading a prohibition in s.3 of the Misuse of Drugs Act 1971 by bringing into or taking out of the UK a controlled drug, contrary to s.170 of the Customs and Excise Management Act 1979, is a Class A drug trafficking offence when committed in respect of a Class A drug: para.1(2) of Sch.2 to the Proceeds of Crime Act 2002.

---

[12] [2019] EWCA Crim 1633; [2020] 1 Cr. App. R. (S.) 34.
[13] [2013] EWCA Crim 1764.
[14] [2019] EWCA Crim 2249.

Maximum sentence

B5-052 The maximum sentence for the offence of fraudulent evading a prohibition in s.3 of the Misuse of Drugs Act 1971 by bringing into or taking out of the UK a controlled drug, contrary to s.170 of the Customs and Excise Management Act 1979, depends on the drug brought into or taken out of the UK. In respect of a Class A drug the maximum sentence on indictment is *life imprisonment*. In respect of a Class B drug, a temporary class drug or a Class C drug, the maximum sentence on indictment is *14 years' imprisonment*. For all classes of drug the maximum sentence on summary conviction is *six months' imprisonment and/or a fine of £20,000 or of three times the value of the goods, whichever is the greater*.

Availability of Sentencing Orders

B5-053 Certain sentencing orders or consequences of conviction are only available, or apply, where the offence for which the offender has been convicted is a listed offence. The paragraphs below specify whether the offence of fraudulent evading a prohibition in s.3 of the Misuse of Drugs Act 1971 by bringing into or taking out of the UK a controlled drug, contrary to s.170 of the Customs and Excise Management Act 1979, is a listed offence for the purpose of each of those sentencing orders or consequences of conviction.

Custodial sentences

B5-054 There are no specific custodial sentences available on conviction for this offence. If an offence is found to have a terrorist connection, it is a Sch.13 offence for the purposes of the sentence for offenders of particular concern.

Secondary orders and consequences of conviction

B5-055

Offences	SOA 2003 Schs 3 and 5 (sexual harm prevention order and notification—sex offences)	SCA 2007 Sch.1 (serious crime prevention order)	CTA 2008 ss.41–43 (notification—terrorism offences)	SI 2009/37 (barring from work with children and vulnerable adults)
Supply of a controlled drug (s.4(3) MDA 1971)	No	Yes	No	Yes, where conditions met
Possession w/intent to supply (s.5(3) MDA 1971)	No	Yes	No	No

Sentencing guideline: general

B5-056 The Sentencing Council has issued a *Drug Offences Definitive Guideline* 2021. There is a single guideline for offences of fraudulent evading a prohibition in s.3 of the Misuse of Drugs Act 1971 by bringing into or taking out of the UK a controlled drug, contrary to s.170 of the Customs and Excise Management Act 1979, but the offence ranges differ depending on whether an offence relates to a Class A drug, Class B drug or Class C drug.

For a Class A drug, the offence range is a fine to 16 years' imprisonment. For a Class B drug, the offence range is a discharge to 10 years' imprisonment. For a Class C drug, the offence range is a discharge to eight years' imprisonment. However, the guideline provides that where the operation is on the most serious and commercial scale, involving a quantity of drugs significantly higher than Category 1, sentences of 20 years and above may be appropriate, depending on the role of the offender.

There are three categories of culpability assessed on the basis of the offender's role: leading role, significant role or lesser role. The guideline provides a number of non-exhaustive factors that may indicate a certain role. There are four categories of harm, assessed by reference to the quantity of drugs concerned.

Interpreting/Applying the guideline

General Guidance

For general guidance on the interpretation and application of the Sentencing Council's guideline on Drug Offences 2021, see B5-001.

B5-057

Operation on the Most Serious or Commercial Scale

Attorney General's References Nos 15–17 of 2012 (David Lewis) [2012] EWCA Crim 1414; [2013] 1 Cr. App. R. (S.) 52

The court considered an argument that sentences of 20 years and above are reserved for those taking a leading or significant role in a massive importation and that the 2012 guideline permitted no departure for the offender playing a lesser role even in a massive importation of Class A drugs.

B5-058

Held: a judge must obviously explain any departure from the ranges provided but departures are possible, as the Council makes plain in the words "where the operation is on the most serious and commercial scale involving a quantity of drugs significantly higher than category 1 sentences of twenty years and above may be appropriate depending on the role of the offender". The focus for sentencing in drugs offences remains the same: it is on culpability and harm and massive importations of drugs have the potential to cause immense harm. If therefore an offender plays a lesser role in an operation on a serious and commercial scale involving a quantity of drugs significantly higher than Category 1, a sentence significantly higher than the range indicated (six to nine years) must be appropriate.

R. v Jaramillo [2012] EWCA Crim 2101; [2013] 1 Cr. App. R. (S.) 110

The court heard appeals against sentence in respect of sentences imposed following the appellant's guilty pleas to conspiracy to import over 75kg of cocaine into the UK.

B5-059

Held: the court accepted the submission that a starting point of 20 years or more after a trial is likely to be reserved for cases of commercial importation significantly higher than 5kg, and the amount of drugs involved is enormous or the offender is an organiser, has taken part in more than one importation or has a record for serious drug dealing. Furthermore, in any case, in which the importation falls significantly outside the range of Category 1, the obligation of the sentencing judge will be to apply the same principles for sentencing as those which apply within the categories. Accordingly, the role of the offender will remain an important factor in determining the seriousness of the offence. It is clear from the Category 1 starting point and range that the intention of the guideline was to moderate somewhat sentences in respect of those at the bottom of the spectrum of culpability.

Attorney General's Reference (Nos 82 and 90 of 2014) (R. v Ebanks) [2014] EWCA Crim 2884; [2015] 2 Cr. App. R. (S.) 1

B5-060 The court heard appeals against sentence in respect of sentences imposed following the appellant's guilty pleas to conspiracy to import over 52kg of cocaine into the UK.

Held: it needs to be stressed that *R. v Jaramillo*,[15] has not imposed an artificial or inflexible limitation on the circumstances in which a sentence of over 20 years' imprisonment is appropriate. The court in that case was focusing particularly on the extent to which the role of the offender is a factor of importance in determining the seriousness of the offence, and it was not seeking to set absolute limits as to when the 20 years' bracket is available.

Furthermore, the approach to be taken in this context is not simply dependent on the quantity of the drugs that are seized and the notion of a hierarchy of sentence that is inflexibly linked to the weight of the drugs involved would be rejected. The correct length of sentence with importations in the most serious commercial cases is dependent on a variety of factors, of which the precise amount of the drugs is clearly a very important consideration. The court needs to stand back and look at the operation as a whole, given no two importations are identical.

R. v Cuni [2018] EWCA Crim 600; [2018] 2 Cr. App. R. (S.) 18

B5-061 The court reviewed the authorities in relation to the sentencing of large conspiracies to import drugs.

Held: first, even where the known amounts of the drugs well exceed the indicative amounts in the 2012 Sentencing Council guidelines on drugs offences, so that a sentencing judge is permitted to exceed the maximum sentences in the guidelines, the guidelines should be borne in mind as a "valuable touchstone": see *Attorney General's Reference (R. v Copeland)*.[16]

Secondly, under the regime before the publication of the guidelines, sentences of more than 30 years would have been an appropriate starting point for the prime mover in an importation of 2,000–3,000kg. Apart from extraordinary figures like that, there seems to be, generally, a ceiling of about 30 years: *R. v Sanghera*.[17]

B5-062 The court in *Sanghera* derived four significant points from *R. v Welsh*:[18]

1) the Sentencing Council guidelines are to be treated as applying to conspiracy offences;
2) it has been said that the longest sentences are to be reserved for offences of importation rather than of supply, although, if this is a principle, it is doubtful, because of the structure of the guidelines, whether it applies to offences which fall within the guidelines, or to the most persistent and complex cases of supply;
3) for very significant commercial offending, on a scale which is outside the indicative amounts in the guidelines, there is bound to be an element of

---

[15] [2012] EWCA Crim 2101; [2013] 1 Cr. App. R. (S.) 110.
[16] [2015] EWCA Crim 2250; [2016] 1 Cr. App. R. (S.) 56.
[17] [2016] EWCA Crim 94; [2016] 2 Cr. App. R. (S.) 15 at [15].
[18] [2014] EWCA Crim 1027 ([5], [8]–[12], [16]).

crowding or bunching in the range of sentences between 20–30 years, as the scope to differentiate for amounts and roles is very compressed. In such cases, "it is an exercise of judgment to scale up the corresponding sentences for those at the bottom rung of leading role along with significant and lesser roles in such a way that fairly reflects not only the part played by the offender ... but also his comparative significance to the offending as a whole. Given the limit beyond which a sentence for this type of offence does not normally extend, it is not surprising that at the highest levels, sentences on different offenders will be nearer to each other than might otherwise be the case";

4) for very serious offences, factors which might otherwise mitigate sentence, such as remorse or the impact of the sentence on children, are less important.

Thirdly, decisions on other appeals in which an appeal has been allowed against a sentence on the ground that it is manifestly excessive do not provide much assistance. It is difficult to discern any pattern of sentences in these types of case. Moreover, the court cannot be confident that all the relevant facts are known.

Fourth, those who play lesser roles in such cases can expect higher sentences than the sentences in the guidelines, which apply to amounts of drugs which are themselves in the guidelines.

R. v Lawlor, Cadman and Byrne [2020] EWCA Crim 485

The court considered an appeal against sentence in respect of a large-scale conspiracy to import cannabis and the applicability of the indication in the 2012 guideline that where an operation is on the most serious and commercial scale, involving a quantity of drugs significantly higher than Category 1, sentences of 20 years and above may be appropriate, in light of the lower maximum sentence for Class B drugs.

Held: the guideline indicates that for a single offence of importing an indicative quantity of cannabis of 200kg (Category 1) and a leading role, the starting point is eight years with a range of seven to 10 years. However, the reference in the guideline to cases where the operation is on the most serious and commercial scale, involving a quantity of drugs significantly higher than Category 1, is applicable in a measured way not only to offences involving Class A drugs, but to offences involving Class B drugs as well. Just as sentences of up to 20 years may be appropriate depending on the role of the offender in a case involving Class A drugs on a commercial scale, the same is true by measured reference to Class B drugs on a commercial scale, bearing in mind of course that the maximum sentence is 14 years where Class B drugs are involved.

B5-063

R. v Cavanagh [2021] EWCA Crim 1584

The court considered the extent to which sentences above 20 years or more should be imposed.

Held: The guideline provided:

"Where the operation is on the most serious and commercial scale involving a quantity of drugs significantly higher than category 1, sentences of 20 years and above may be appropriate depending on the offender's role."

There is no upper limit, but sentences of 30 years and above are in our experience unusual for these cases. The range of offences which can properly be placed

B5-064

in this category, ranging between 20 and 30 years, will be very broad, including cases such as this where the proven quantity of drugs supplied is perhaps five times the indicative Category 1 quantity and much larger cases where tonnes of drugs are involved.

Drugs Exported or to be Exported

B5-065   In a number of cases decided prior to the 2012 guideline (see, for example, *R. v Maguire*[19] and *R. v Wagener and Pronk*[20]) it was held that offences contrary to s.170 of the Customs and Excise Management Act 1970 committed in respect of prohibited drugs were not less serious because they were offences of export (or eventual intended export) nor should reference be made to the penalties applicable in the country of export. It is suggested that this continues to be the case under the guideline, not least because the guideline makes no express distinction between cases of import or export and that the harms of the drug trade are felt worldwide.

Where the Goods Were not in Fact a Controlled Drug (Mitigation)

R. v Cox [2013] EWCA Crim 235

B5-066   The court heard an appeal against sentence imposed for the attempted fraudulent evasion of the prohibition on the importation of cannabis. The offence had been charged as an attempt because unknown to the offender the imported goods were not in fact cannabis.

Held: as the sentencing judge recognised, a substantial reduction had to be made to the sentence which the appellant was due to receive because what was imported into the UK was not in fact a prohibited drug but a harmless alternative.

SUPPLY OF OR POSSESSION WITH INTENT TO SUPPLY A CONTROLLED DRUG

Minimum Sentence

B5-067   Section 313 of the Sentencing Code provides that where an offender is convicted of a Class A drug trafficking offence committed on or after 1 October 1997 while age 18 or over and with two previous convictions for Class A drug trafficking offences the court must impose a minimum sentence of at least seven years unless there are particular circumstances making it unjust to do so. For that section and guidance in its application (including the ability to reduce the minimum sentence for a guilty plea), see A4-583. It should be remembered that the approach of the courts in mandatory sentence cases is first to assess the sentence that they would impose in the absence of the mandatory sentence (by reference to any sentencing guidelines) and then, in the case of a minimum sentence requirement, check that the sentence imposed exceeds that minimum sentence (and impose the minimum sentence if it does not): *R. v Silvera*[21] and *R. v Wooff*.[22]

The offence of unlawful supply of a controlled drug, contrary to s.4(3) of the

---

[19] [1997] 1 Cr. App. R. (S.) 130.
[20] [1997] 1 Cr. App. R. (S.) 178.
[21] [2013] EWCA Crim 1764.
[22] [2019] EWCA Crim 2249.

Misuse of Drugs Act 1971 is a Class A drug trafficking offence when committed in respect of a Class A drug: para.1(1)(a) of Sch.2 to the Proceeds of Crime Act 2002.

The offence of possession of a controlled drug with intent to supply, contrary to s.5(3) of the Misuse of Drugs Act 1971, is a Class A drug trafficking offence when committed in respect of a Class A drug: para.1(1)(a) of Sch.2 to the Proceeds of Crime Act 2002.

Maximum sentence

The maximum sentence for the unlawful supply of a controlled drug, contrary to s.4(3) of the Misuse of Drugs Act 1971, depends on the class of drug being supplied. In respect of a Class A drug, the maximum sentence is *life imprisonment* on indictment and *six months' imprisonment and/or a fine* on summary conviction. In respect of a Class B drug or a temporary class drug, the maximum sentence is *14 years' imprisonment* on indictment and *six months' imprisonment and/or a fine* on summary conviction. In respect of a Class C drug, the maximum sentence is *14 years' imprisonment* on indictment and *three months' imprisonment and/or a fine up to £2500* on summary conviction. **B5-068**

The maximum sentence for the offence of possession of a controlled drug with intent to supply, contrary to s.5(3) of the Misuse of Drugs Act 1971, depends on the class of drug possessed. In respect of a Class A drug, the maximum sentence is *life imprisonment* and *six months' imprisonment and/or a fine* on summary conviction. In respect of a Class B drug or a temporary class drug, the maximum sentence is *14 years' imprisonment* on indictment and *six months' imprisonment and/or a fine* on summary conviction. In respect of a Class C drug, the maximum sentence is *14 years' imprisonment* on indictment and *three months' imprisonment and/or a fine up to £2500* on summary conviction.

Availability of Sentencing Orders

Certain sentencing orders or consequences of conviction are only available, or apply, where the offence for which the offender has been convicted is a listed offence. The paragraphs below specify whether the offences of supply a controlled drug, or of possession of a controlled drug with intent to supply, are listed offences for the purpose of each of those sentencing orders or consequences of conviction. **B5-069**

Custodial sentences

There are no specific custodial sentences available on conviction for the offences of supply a controlled drug, or of possession of a controlled drug with intent to supply. If an offence is found to have a terrorist connection, it is a Sch.13 offence for the purposes of the sentence for offenders of particular concern. **B5-070**

Secondary orders and consequences of conviction

B5-071

Offences	SOA 2003 Schs 3 and 5 (sexual harm prevention order and notification—sex offences)	SCA 2007 Sch.1 (serious crime prevention order)	CTA 2008 ss.41–43 (notification—terrorism offences)	SI 2009/37 (barring from work with children and vulnerable adults)
Production of a controlled drug (s.4(2) MDA 1971)	No	Yes	No	No
Cultivation of cannabis (s.6(2) MDA 1971)	No	Yes	No	No

Sentencing guideline: general

B5-072   The Sentencing Council has issued a *Drug Offences Definitive Guideline* 2021. There is a single guideline for offences of supplying a controlled drug (contrary to s.4(3) of the Misuse of Drugs Act 1971) and offences of possession of a controlled drug with intent to supply (contrary to s.5(3) of the 1971 Act). The offence ranges differ depending on whether an offence relates to a Class A drug, Class B drug or Class C drug.

For a Class A drug, the offence range is a community order to 16 years' imprisonment. For a Class B drug, the offence range is a fine to 10 years' imprisonment. For a Class C drug, the offence range is a fine to eight years' imprisonment. However, the guideline provides that where the operation is on the most serious and commercial scale, involving a quantity of drugs significantly higher than Category 1, sentences of 20 years and above may be appropriate, depending on the role of the offender.

There are three categories of culpability assessed on the basis of the offender's role: leading role, significant role or lesser role. The guideline provides a number of non-exhaustive factors that may indicate a certain role. There are four categories of harm, assessed by reference to the quantity of drugs concerned. However, where the offence is street dealing or supply of drugs in prison by a prison employee, the quantity of the product is less indicative of the harm caused and therefore the starting point is not based on quantity.

Interpreting/Applying the Guideline

General Guidance

B5-073   For general guidance on the interpretation and application of the Sentencing Council's guideline on Drug Offences 2021, see B5-001.

"Street Dealing" (Harm Category 3)

R. v Khan (Kazim Ali), Khan (Umar), Khan (Mohammed Arfan) and Khan (Mohammed Ahsan) [2013] EWCA Crim 800; [2014] 1 Cr. App. R. (S.) 10

B5-074   The court considered appeals against sentence in respect of a conspiracy to supply heroin and cocaine where the drugs were sold in street deals.

The plain intention of the starting point not being based on quantity for "street dealing" was to move what would otherwise be Category 4 offending into Category 3. That is not, however, a justification for those who are involved in selling directly to users ("street dealing") quantities which in aggregate go far beyond the amounts shown in Category 4 to have a licence to limit themselves to Category 3 no matter what the scale of their dealing is in aggregate. Thus in this case the judge was correct to reject the submissions that he was confined to Category 3. Taken literally, the phrase used in the guideline relating to Category 3 insofar as it concerns street dealing is misleading, but it should be read as applying where lesser quantities which would normally come within Category 4 are being supplied in a street dealing operation.

R. v Dyer[2013] EWCA Crim 2114; [2014] 2 Cr. App. R. (S.) 11 B5-075
The court considered appeals against sentence by appellants whose offending consisted of selling Class A drugs directly to users or "street dealing".

Held: in relation to selling directly to users, harm is not categorised by quantity: the fact of street dealing is sufficient to put the offending into Category 3 irrespective of the quantity of the drugs involved. It will inevitably be the case that street dealing will be in quantities far smaller than those listed in the 2012 guideline. Furthermore, the fact that supply is to a test purchase or undercover police officer is equally not a reason to reduce the category; the identity of the person with whom the defendant engages when supplying or offering to supply drugs is entirely a matter of chance. The Sentencing Council consulted widely on the issue of supply to undercover (or test purchase) officers and in its conclusions on consultation stated: "The Council agrees that 'supply to an undercover officer' should not be a factor for consideration at either Step 1 or Step 2 and it will not be included in the definitive guideline."

R. v Leigh[2015] EWCA Crim 1045; [2015] 2 Cr. App. R. (S.) 42 B5-076
The appellant had pleaded guilty to two counts of possession of a Class A drug with intent to supply in circumstances where he had acted as a courier, on one occasion of a wrap of cocaine, on another of 15g. He appealed against sentence on the basis that the judge had erred in concluding he was involved in street dealing for the purposes of the 2012 guideline, having not sold directly to users himself.

Held: the drugs involved were clearly intended in due course to be dealt on the street and the judge had not erred in concluding this case therefore fell into Category 3 harm. There were 147 separate wraps. The appellant's reward was to be given some of the drugs. The whole course of events in relation to these drugs is concerned with street dealing. In relation to street dealing, a number of people can play different roles. There is the organiser, often distanced from sight and direct involvement; there might be someone else running a phone line; there will then be runners who take the ordered drugs out to the point of supply, some of whom will have a small stash; others will supply deals one at a time from a central store; then there may be people like this appellant who courier the drugs from place to place. All of them, however, are involved in street dealing. They can and will assert that they have different roles; some will argue against their being in a leading role; some will claim only to have a significant role; and some will say that they have a lesser role.

R. v Ghalghal[2016] EWCA Crim 140; [2016] 1 Cr. App. R. (S.) 66 B5-077
The offender was a heroin addict who together with another addict had purchased heroin for personal use. He was arrested while handing over his friend's share,

from which he made no personal gain. He pleaded guilty to two counts of supplying a Class A drug.

Held: the judge had erred in treating this case as falling into Category 3 on the basis that it was "street dealing". This was not street dealing. Street dealing is defined in the 2012 guideline as "selling directly to users". The appellant did not sell to anyone. The case fell into Category 4 on the basis that the heroin was less than 5g.

R. v Shahadat [2017] EWCA Crim 822; [2017] 2 Cr. App. R. (S.) 32

B5-078 The appellant, a serving prisoner, had supplied 2g of diamorphine to another prisoner in the prison yard. The appellant argued that the judge had erred in placing the case in Category 3 of the 2012 guideline.

Held: under the guideline, three types of supply fall within Category 3: (i) where the offence is selling directly to users—i.e. "street dealing"; (ii) where the offence is a supply in prison by a prison employee; and (iii) where the quantity of drugs puts the offending into that category. With regard to (i) and (ii) the amount of the drug involved is irrelevant—the categorisation depends on the nature of the supply and not the amount of the relevant drug actually supplied. These are different routes into Category 3, each of which is independent of the others. The cases demonstrate that a supply into prison which is made by someone other than a prison employee may fall outside Category 3 if the recipient is the end consumer of the drugs and the amount supplied is smaller than the quantities identified in the guideline. However, the supply of drugs within the prison community is not automatically excluded from Category 3 just because it is undertaken by someone other than a prison employee. To the contrary, the supply by a prisoner selling directly to others can still fall within Category 3, either because of the quantity involved or, as in this case, because the facts disclose that it was "street dealing". Whether it does will depend on the facts of the case. "Street dealing" is a term of art. The supply does not need to take place on a street in order to be "street dealing". The essence of street dealing, as the guideline states, is that it involves selling directly to users. A person engaged in that activity is a "street dealer", even if they are operating within the prison walls, just as they would be if they were operating outside prison, on the street.

R. v Whittaker [2018] EWCA Crim 701

B5-079 The appellant had been visiting a friend who was a prisoner when he was found in possession of 0.8 of a gram of cocaine of a street value of between £223 and £325, 0.949g of spice, street value £20, and five diazepam tablets worth £5 on the street. He pleaded guilty to three counts of possession with intent to supply. The court heard argument as to whether the case should be placed into Category 3 or Category 4 harm.

Held: the case should be sentenced by reference to Category 4 harm. The 2012 supply guideline specifically deals in the category of harm section with supply in prison. The precise words of the guideline being in Category 3 section: "Where the offence is supply of drugs in prison by a prison employee the starting point is not based on a quantity." Thus we would infer from the words of the guideline supply by someone other than a prison employee should be based on quantity. That inference is confirmed by the judgment in *R. v Sanchez-Canadas*[23] in which the court found that it was wrong to move from Category 4 to 3 on the basis that

---

[23] [2012] EWCA Crim 2204; [2013] 1 Cr. App. R. (S.) 114.

the drugs were being taken into prison, save in the case of a prison employee being the supplier.

A different decision was reached by a differently constituted court in *R. v Tongo*[24] but at [12] that court said: "However, category 3 applies to those such as prison employees who are supplying drugs in prison." The words "such as" do not, however, appear in the guideline. In any event, *R. v Sanchez-Canadas* was the earlier authority and was not cited to the court in *Tongo*.

Commentary: The decision in *Sanchez-Canadas* was in fact cited to, and distinguished by, the three-judge court in *Shahadat* on the basis that that case concerned drugs smuggled into prison by a friend or associate outside prison. There was no suggestion that the friend or associate was involved in dealing drugs, either inside or outside prison, and the quantities involved were small. It is therefore submitted that the particular issue in these cases will be whether the offender is "selling directly to users". If the offender is in fact selling directly to users it will make no difference that this occurred in a prison environment; the offender will be considered a street dealer in line with *Shahadat*. Where, however, the offender is supplying drugs to a prisoner, and there is no evidence that they are selling them to that prisoner the offender will not automatically fall within Category 3 simply because the supply was inside a prison (although that will surely be an aggravating factor): *Whittaker* and *Sanchez-Canadas*. It is, though, suggested that where the offender is not selling to the prisoner but there is clear evidence that the agreement or intent is for the prisoner to then make ongoing sales then that would seem sufficient evidence to make a finding of street dealing. As held in *R. v Leigh*,[25] street dealing is not confined to the actual seller themselves.

B5-080

Cuckooing (Culpability and Aggravation)
R. v Ajayi; R. v Limby [2017] EWCA Crim 1011; [2018] 2 Cr. App. R. (S.) 11
The court provided guidance as to the approach to sentencing cases of "cuckooing" or "running county lines".

B5-081

Held: "cuckooing" refers to retail drug dealers from large metropolitan centres who travel to a smaller provincial community to sell drugs and who set themselves up in premises locally from which they will operate. The term is well understood in courts around the country. The attraction for those who move in is not merely the potential consumer base, but also reduced opposition from local dealers, who find themselves supplanted by incomers who take over local premises from which to operate, often occupied by a vulnerable, low-level user or dealer. An additional benefit is the perception of increased anonymity since such offenders will be operating away from their home areas. The practice is commonly achieved by exploiting local drug users, either by paying them in drugs, building up drug debt or using threats and/or violence to coerce. The exploitation and use of young people as couriers of drugs or money, or as minders of drugs and money, as well as salespeople, is not uncommon.

A person or persons organising such an operation from the metropolitan centre would appear clearly to fall within a leading role in the 2012 sentencing guideline. A person who does not operate at that level, but who operates as a local manager or enforcer of a drug supply operation of this sort, may also fall within a leading role within the guideline depending on all the circumstances.

---

[24] [2014] EWCA Crim 331.
[25] [2015] EWCA Crim 1045; [2015] 2 Cr. App. R. (S.) 42.

B5-082 Those who do not fall within a leading role, but who are involved in the process of cuckooing will ordinarily fall into a significant role. Where there is evidence of involvement of others in the operation by pressure, influence, intimidation or reward, that should be given particular weight in the assessment of culpability and in determining whether a move upward from the starting point is appropriate. This particular type of offending carries with it the hallmarks of professional crime above and beyond that in ordinary street dealing, so that judges should pay particularly close attention to the assessment of role and the offender's place within a category range. Equally, those who work within such an operation and who seek to have a lesser role ascribed to them should expect to have those claims (based, for example, on coercion or lack of awareness of the scale of the operation) examined with care.

The added sophistication of cuckooing operations reflects a further degree of criminality, which judges should be astute to recognise although that does not mean departures from the guideline should be encouraged. If the offence before the court clearly establishes a cuckooing operation, the court should reflect that, where appropriate, in the assessment of role or by treating it as an aggravating feature at Step 2 of the guideline. It may also, if the evidence supports such a conclusion, operate so as to mitigate the position of a vulnerable recruit who has clearly been exploited.

Deterrence

R. v Ormond [2020] EWCA Crim 1923

B5-083 The court gave guidance as to the relevance of deterrence to sentencing offences of drug supply.

Held: We are in no doubt that deterrence has an important role to play in relation to drugs offending and in particular county line drug offending where dealers are expanding from large cities such as Liverpool to less populated areas. The message has to go out that those who get themselves involved in county-line drug operations are likely to face a substantial immediate custodial sentence. That undoubtedly applied to recruiters and those directing operations. However, we reject the suggestion that deterrence is not also important in relation to those who are street dealing. Those who may be tempted to deal in drugs should be under no illusions that they are likely to go to prison and immediate custodial sentences have an important deterrent effect upon those who may be tempted to deal drugs on the streets of our towns.

Supply in Vicinity of School Premises or Use of Courier under 18 (Mandatory Aggravation)

B5-084 As to s.71 of the Sentencing Code, which in relation to an offence of supplying a controlled drug contrary to s.4(3) of the Misuse of Drugs Act 1971 committed when aged 18 or over at the time of the offence requires the court to treat as a mandatory aggravating factor the fact that the offence was committed on or in the vicinity of school premises at a relevant time, or the offender used a courier who, when the offence was committed, was aged under 18, see A1-089.

Abuse of Trust (Aggravation)

R. v Aderounmu [2018] EWCA Crim 2281

B5-085 The appellant had been employed as a delivery driver for Parcel Force. He regularly intercepted packages of cannabis, sent to addresses on his route, and delivered them in person to another man who provided him with a substitute package for delivery. The total weight of all packages intercepted was just under 450kg. He pleaded guilty to an offence of conspiracy to supply controlled drugs (Class B) and was sentenced to seven years and six months' imprisonment.

Held: dismissing the appeal, the judge was right to regard the fact that the appellant had seriously abused his trusted position and occupation as a driver for Parcel Force as the significant feature in the case. Parcel Force and the Post Office and other delivery companies vitally depend on their drivers and employees to be honest. Those sorts of companies are particularly vulnerable to being exploited by criminal gangs and dishonest employees. It was, as the judge indicated, a seriously aggravating feature in this case that he was a trusted driver for Parcel Force.

Identity of Person Drugs Supplied to (Aggravation)

R. v Wade[2018] EWCA Crim 2429; [2019] 1 Cr. App. R. (S.) 31

The appellant had been a cocaine user who had begun to engage in social supply to his friends for no financial profit. One of the persons to whom he sold cocaine was AJ, a serving police officer, who, in turn, would pass the drugs to his partner, KR, who was also a serving police officer. The appellant pleaded guilty to an offence of being concerned in the making of an offer to supply Class A drugs.

On appeal against sentence, he argued that the judge had erred in treating the fact that AJ was a police officer as an aggravating factor.

Held: the identity of a person to whom drugs are supplied can clearly be capable of being an aggravating factor. Targeting vulnerable individuals to supply drugs to them or targeting or supplying children are examples of aggravating features. Similarly, corrupting a recipient of drugs would be an aggravating feature and it is not difficult to imagine circumstances in which supplying a police officer with drugs could properly be regarded as an aggravating feature; for example, in order to corrupt the police officer or to gain some advantage from the police officer in the criminal justice system.

B5-086

Commentary: This approach will of course only apply where the offender is not charged with manslaughter.

B5-087

Death of Person Drugs Supplied to (Aggravation)

R. v Harrod[2013] EWCA Crim 1750; [2014] 1 Cr. App. R. (S.) 76

The appellant had supplied drugs to a friend, believing he had purchased ecstasy, but in fact being supplied with "PMA". Both the appellant and his friend were unaware of the real nature of the drug they were consuming, and both suffered adverse reactions. His friend died as a result. The appellant pleaded guilty to supply of a Class A drug.

B5-088

Held: the death had to be treated as a substantial aggravating feature of the offence. Death was not intended, it was not anticipated, it was greatly regretted and there was no reason for the appellant to consider that it could happen, but for the fact that any supply of Class A drugs carries with it risks. In this case, the appellant and his friend had been consuming the same drugs together for many years without ill effects, and it was only because the appellant was supplied with something that he did not request that the death occurred. The serious aggravat-

B5-089 *R. v Phipps* [2021] EWCA Crim 1104; [2022] 1 Cr. App. R. (S.) 30

ing feature of death was also somewhat moderated by the effect of that death on the appellant.

The defendant had pleaded guilty to offences involving the supply of Class A drugs in circumstances where he supplied nine MDMA tablets of a greater than average strength, which resulted in the death of one of the purchasers. The Crown accepted they could not prove causation but contended that the evidence showed that the ingestion by the deceased of MDMA was at the very least a contributing factor.

Held: the judge had not erred in treating the death of the victim as a serious aggravating factor. Whilst there was no direct causative link, the post-mortem examination revealed a fatal amount of MDMA and there was no sensible argument it came from anyone other than the appellant (albeit through a third party).

B5-090 *Commentary:* As noted by Lyndon Harris,[26] if the judge can be sure of the link between the supply and the death then it is proper to take that harm into consideration. However, although the harm of death is very great, it is argued that the extent of the increase to the sentence "must be tempered, and not such as to transport the sentence out of the range of sentences for offences of this type—in essence, the sentence cannot be disproportionate to the conviction offence, notwithstanding the additional, very serious, factor that it led (in a 'but for' sense) to a death".

To this it is noted that there will be a number of cases where drug supply features in the background of death. For this to be an aggravating factor, however, the court will have to be satisfied so that it is sure, that the supply before it was a contributing factor to the particular death. Furthermore, it will also need to bear in mind the relevance of any wider circumstances.

Supply at Music Festivals (Aggravation)

B5-091 *Commentary:* There are a number of cases in which supply at music festivals or music venues have held to be an aggravating factor (including where the supply was on an accepted non-commercial basis – see *R. v Clare*[27]). Reasons identified for this have included the particular vulnerability of teenagers away from direct parental control for the first time (*R. v Bush*[28]) or that the demand for illicit drugs is greater, and their value higher, sadly, to a willing and available market (*R. v Hartley (Daniel)*[29]). The court in *Bush* went so far as to suggest that anyone who is involved in such an enterprise, even on a relatively low-level basis such as this appellant, must expect an immediate custodial sentence when they are involved in selling drugs at such a festival. Whilst *Bush* should not be taken as suggesting an inflexible rule that any supply at a festival cannot result in a suspended sentence, it is illustrative of the manner in which the courts will treat such supply as a serious aggravating factor.

---

[26] L. Harris, "Sentencing: R. v Phipps (Cory) (Case Comment)" [2022] Crim. L.R. 514–516.
[27] [2013] EWCA Crim 369.
[28] [2013] EWCA Crim 1164; [2014] 1 Cr. App. R. (S.) 40.
[29] [2022] EWCA Crim 1364.

Mistaken belief as to the type of drug (mitigation)

R. v Bird [2013] EWCA Crim. 1765; [2014] 1 Cr. App. R. (S.) 77   **B5-092**
The appellant pleaded guilty, inter alia, to two offences of possession of a Class A drug (Meow-meow). He claimed he had believed it to be amphetamine (a Class B drug). He appealed against sentence on the basis he should have been sentenced by reference to the 2012 Class B guideline not the 2012 Class A guideline.

Held: the judge was correct to sentence the offender by reference to the Class A guideline. Those who deal in drugs must understand that they take the risk that the drug they are selling turns out to be Class A, rather than Class B. However, a genuine misunderstanding is a relevant factor in deciding where in the guideline sentencing range the offending in question falls. That is because it is more culpable to sell a Class A drug knowing it to be Class A, than to sell a Class A drug reasonably believing it to be Class B. One of the factors in determining how great the mitigation should be is the degree of care exercised by the defendant in question in discovering what it was they were dealing in.

Suspending Sentences

R. v Mandishona [2019] EWCA Crim 1526; [2020] 1 Cr. App. R. (S.) 33   **B5-093**
When sentencing an offender for possession of a drug of Class A with intent to supply the judge observed that he could not contemplate suspending the sentence save in "exceptional circumstances".

Held: the judge erred in his view that only an immediate custodial sentence could be passed on people who deal with Class A drugs. That might be so in most cases, and it would be very unwise for anybody to assume that there are prospects of being able to avoid an immediate custodial sentence in a case of possession of Class A drugs with intent to supply. However, the suggestion that there could never be a case where a suspended sentence was appropriate, or that there remains a threshold previously abolished of exceptional circumstances in order to justify a suspended sentence, was wrong.

PRODUCTION OF A CONTROLLED DRUG/CULTIVATION OF CANNABIS

Minimum Sentence

Section 313 of the Sentencing Code provides that where an offender is convicted   **B5-094**
of a Class A drug trafficking offence committed on or after 1 October 1997 while age 18 or over and with two previous convictions for Class A drug trafficking offences the court must impose a minimum sentence of at least seven years unless there are particular circumstances making it unjust to do so. For that section and guidance in its application (including the ability to reduce the minimum sentence for guilty plea), see A4-583. It should be remembered that the approach of the courts in mandatory sentence cases is first to assess the sentence that it would impose in the absence of the mandatory sentence (by reference to any sentencing guidelines) and then, in the case of a minimum sentence requirement, check that

the sentence imposed exceeds that minimum sentence (and impose the minimum sentence if it does not): *R. v Silvera*[30] and *R. v Wooff*.[31]

The offence of production of a controlled drug, contrary to s.4(2) of the Misuse of Drugs Act 1971, is a Class A drug trafficking offence when committed in respect of a Class A drug: para.1(1)(a) of Sch.2 to the Proceeds of Crime Act 2002.

The offence of cultivation of cannabis, contrary to s.6(2) of the Misuse of Drugs Act 1971, is not a Class A drug trafficking offence.

Maximum sentence

B5-095   The maximum sentence for the production of a controlled drug, contrary to s.4(2) of the Misuse of Drugs Act 1971, depends on the class of drug being supplied. In respect of a Class A drug, the maximum sentence is *life imprisonment* on indictment and *six months' imprisonment and/or a fine* on summary conviction. In respect of a Class B drug or a temporary class drug, the maximum sentence is *14 years' imprisonment* on indictment and *six months' imprisonment and/or a fine* on summary conviction. In respect of a Class C drug, the maximum sentence is *14 years' imprisonment* on indictment and *three months' imprisonment and/or a fine up to £2500* on summary conviction.

The maximum sentence for the offence of cultivation of cannabis, contrary to s.6(2) of the Misuse of Drugs Act 1971, is *14 years' imprisonment* on indictment and *six months' imprisonment and/or a fine* on summary conviction.

Availability of Sentencing Orders

B5-096   Certain sentencing orders or consequences of conviction are only available, or apply, where the offence for which the offender has been convicted is a listed offence. The paragraphs below specify whether the offences of producing a controlled drug or of the cultivation of cannabis are listed offences for the purpose of each of those sentencing orders or consequences of conviction.

Custodial sentences

B5-097   There are no specific custodial sentences available on conviction for the offences of producing a controlled drug or cultivating cannabis. If an offence is found to have a terrorist connection, it is a Sch.13 offence for the purposes of the sentence for offenders of particular concern.

---

[30] [2013] EWCA Crim 1764.
[31] [2019] EWCA Crim 2249.

Secondary orders and consequences of conviction

Offences	SOA 2003 Schs 3 and 5 (sexual harm prevention order and notification—sex offences)	SCA 2007 Sch.1 (serious crime prevention order)	CTA 2008 ss.41–43 (notification—terrorism offences)	SI 2009/37 (barring from work with children and vulnerable adults)
Permitting premises to be used (s.8 MDA 1971)	No	Yes	No	No

B5-098

Sentencing guideline: general

The Sentencing Council has issued a *Drug Offences Definitive Guideline* 2021. There is a single guideline for the offences of production of a controlled drug (contrary to s.4(2) of the Misuse of Drugs Act 1971) and the cultivation of cannabis (contrary to s.6(2) of the 1971 Act). The offence ranges differ depending on whether an offence relates to a Class A drug, Class B drug or Class C drug. Cannabis is a Class B drug.

For a Class A drug, the offence range is a community order to 16 years' imprisonment. For a Class B drug, the offence range is a fine to 10 years' imprisonment. For a Class C drug, the offence range is a discharge to eight years' imprisonment. However, the guideline provides that where the operation is on the most serious and commercial scale, involving a quantity of drugs significantly higher than Category 1, sentences of 20 years and above may be appropriate, depending on the role of the offender. For the cultivation of a cannabis plant, the range is a fine to eight years' imprisonment.

There are three categories of culpability assessed on the basis of the offender's role: leading role, significant role or lesser role. The guideline provides a number of non-exhaustive factors that may indicate a certain role. There are four categories of harm, assessed by reference to the quantity of drugs concerned.

B5-099

Interpreting/Applying the Guideline

General Guidance

For general guidance on the interpretation and application of the Sentencing Council's guideline on Drug Offences 2021, see, B5-001.

B5-100

Industrial/Significant Quantities of Cannabis (Harm Category 1/2)

R. v Wiseman[2013] EWCA Crim 2492; [2014] 2 Cr. App. R. (S.) 23
The appellant ran a sophisticated cannabis growing operation, and at arrest was in possession of over 1,000 plants capable of producing three crops per year. The aggregate yield was estimated at 120kg of cannabis with a street value of approximately £300,000 if sold in small quantities. The appellant pleaded guilty to the production of cannabis. When sentencing the judge concluded that this was a Category 1 offence (operation capable of producing industrial quantities for commercial use).

On appeal it was argued that the court would be assisted by a comparison of the 2012 Sentencing Council's Drug Offences Definitive Guideline in relation

B5-101

both to the supply and importation of drugs, where indicative weight was listed, in determining what was an "industrial quantity" or "significant quantity" and whether an offence fell into Category 1 or Category 2.

Held: the comparison between the guidelines for production and the guidelines for import and supply was not an apt one. There is this crucial distinction between the offences. When a controlled drug is imported or supplied, the charge in most cases relates to an identified quantity of that drug—a particular seizure has been made or a particular sale and purchase has been intercepted. In contrast, many offences involving the production of a controlled drug do not involve a specific quantity which is never going to be exceeded. So it is here. This was an operation capable of producing quantities of cannabis per annum at the level that we have indicated. It is not to be regarded as a finite offence which could not possibly continue beyond one year. Hence the importance of the wording of the categories in the guideline: an operation "capable of producing", not an operation which has produced a specific quantity.

R. v Elezaj (Bledar)[2022] EWCA Crim 347; [2022] 2 Cr. App. R. (S.) 23

B5-102 The court gave guidance as to determining whether an operation was capable of producing an "industrial quantity" or "significant quantity" of cannabis in the context of the production guideline.

Held: The quantity indication for harm levels provided in the cannabis production guideline is specified for Categories 3 and 4, but not for 1 and 2. That was a deliberate choice, no doubt because of the wide variation of cannabis quantities at the higher levels of production. Accordingly, it was not appropriate to use the indicative quantities within the drugs supply guideline when using the drugs cultivation/production guideline.

The determination by a sentencing judge of the categorisation must be on all of the available evidence which may strongly indicate one way or the other whether the production was capable of producing industrial or significant quantities for commercial use. [The court having noted not just the quantity of mature plant material, but also: that material had already been stolen; the potential yield from less mature plants; the professionalism of the operation; the capacity for repeat cultivation and continued production; and the type of premises (residential or commercial).]

Number of Cannabis Plants

R. v Healey[2012] EWCA Crim 1005; [2013] 1 Cr. App. R. (S.) 33

B5-103 The court gave guidance as to the approach to sentencing for offences of production or cultivation of cannabis.

Held: in production cases it is the output or the potential output which counts. The 2012 guideline cannot be revised from month to month as production techniques or cultivation practices or the breeding of plants change. As the note in the guideline states, where numbers of plants are indicated an assumed yield of 40g underlies the numbers. The number of plants is, as the note to the guidelines makes clear, to be considered only as a route to the more fundamental question of output or potential output. The indicative quantity for the lower of the categories of harm is suggested to be around nine plants. Nine plants at 40g would be about a third of a kilo. The indicative quantity for the next category up is around 28. And, 28 plants at 40g would be something just over a kilogram.

Prospect of Circulation or Supply (Culpability/Aggravation)

R. v Healey [2012] EWCA Crim 1005; [2013] 1 Cr. App. R. (S.) 33

The court gave guidance as to the issue of the prospect of circulation or supply in cases prosecuted as production of a controlled drug.

B5-104

Held: there is an essential and important distinction between cases where there is likely to be circulation or supply and cases where there is not. The prospect of future supply does not generally call for the inclusion of additional counts for possession with intent to supply. The offence of possession with intent to supply relates to the possession of an identifiable quantity of drug which is in being. It does not relate to the possession of plants from which drugs may or will in the future be extracted. In cultivation cases it follows that the prospect of future supply very often simply has to be evaluated by the judge and cannot be the subject of a jury verdict.

It is "the prospect" of circulation or supply which is the important question. It is not necessarily the same (although it often will be) as the defendant's intention. The reality is that if the cultivation process is going to produce a substantial surplus, beyond what the defendant will consume, there will in many cases (although not all) be a real prospect of circulation even if the defendant did not set out with that principally in mind. Circulation in this context is not confined to sale. Particularly in the context of cannabis the use is often semi socialised. Those who use it in social conditions are committing an offence just as much as those who use it anywhere else. That is still supply and it is still expanding, socialising and increasing the circulation of a product which Parliament has forbidden.

If a judge is faced with a defendant who asserts that an improbably large quantity of cannabis is entirely for his own use, they are entitled to indicate that they are not presently inclined to accept that assertion. They should generally give the defendant and their counsel the opportunity to give evidence about it if the defendant wishes. Such evidence can usually be accomplished by the hearing of evidence there and then. The defendant may then be able to explain both their production cycle and the consumption that they are engaged in, consistently with their occupation and family circumstances, or they may not. If they can, they must be sentenced on the basis that the drug was for themselves. If they cannot, they will be sentenced on a different basis further up in the significant role box.

B5-105

A defendant who invests substantial sums in the creation of a production line for the cultivation of cannabis, usually in a separate room dedicated for the purpose, is properly to be located on the sliding scale of culpability at the bottom end of the significant role category. Those who do the same where there is a prospect of supply are higher up in the significant role category and those who do it where it is frankly clear that there will be supply for money are a little further up again. When the operation becomes commercial, in the ordinary sense, then one is talking about the uppermost category of culpability.

High-THC Skunk (Aggravation)

R. v Dang [2014] EWCA Crim 348; [2014] 2 Cr. App. R. (S.) 49

The appellants had been concerned in the production of "skunk" cannabis plants with a THC content of 15–20%. Expert evidence of cannabis resin cultivated years earlier found it was normally 3–7% THC.

B5-106

On appeal against sentence the appellants argued that the judge had, in reliance on the high level of THC, effectively applied the 2012 guideline for Class A drug offences.

Held: the judge was not permitted to sentence according to a personal opinion that the starting points and ranges for Category 1 cannabis offences were in general too low for "skunk" cannabis offences. The guideline embraces all forms of cannabis. However, it was conceded on behalf of the appellants that the judge was entitled, at Step 2 of his assessment, to take account of the somewhat increased potency of the cannabis in whose production the appellants were concerned when selecting his starting point within the advised range.

PERMITTING PREMISES TO BE USED FOR CERTAIN PURPOSES IN RELATION TO A CONTROLLED DRUG

Minimum Sentence

B5-107   Section 313 of the Sentencing Code provides that where an offender is convicted of a Class A drug trafficking offence committed on or after 1 October 1997 while age 18 or over and with two previous convictions for Class A drug trafficking offences the court must impose a minimum sentence of at least seven years unless there are particular circumstances making it unjust to do so. For that section and guidance in its application (including the ability to reduce the minimum sentence for guilty plea), see A4-583. It should be remembered that the approach of the courts in mandatory sentence cases is first to assess the sentence that they would impose in the absence of the mandatory sentence (by reference to any sentencing guidelines) and then, in the case of a minimum sentence requirement, check that the sentence imposed exceeds that minimum sentence (and impose the minimum sentence if it does not): *R. v Silvera*[32] and *R. v Wooff*.[33]

The offence of permitting premises to be used, contrary to s.8 of the Misuse of Drugs Act 1971 is a Class A drug trafficking offence when committed in respect of a Class A drug: para.1(1)(c) of Sch.2 to the Proceeds of Crime Act 2002.

Maximum sentence

B5-108   The maximum sentence for permitting premises to be used, contrary to s.8 of the Misuse of Drugs Act 1971, is *14 years' imprisonment* on indictment in respect of all classes of drug. However, on summary conviction the maximum for a Class A, Class B or temporary class drug is *six months' imprisonment and/or a fine*, and the maximum for a Class C drug is *three months' imprisonment and/or a £2500 fine*.

Availability of Sentencing Orders

B5-109   Certain sentencing orders or consequences of conviction are only available, or apply, where the offence for which the offender has been convicted is a listed offence. The paragraphs below specify whether the offence of permitting premises to be used, contrary to s.8 of the Misuse of Drugs Act 1971, is a listed offence for the purpose of each of those sentencing orders or consequences of conviction.

---

[32] [2013] EWCA Crim 1764.
[33] [2019] EWCA Crim 2249.

Custodial sentences

There are no specific custodial sentences available on conviction for permitting premises to be used, contrary to s.8 of the Misuse of Drugs Act 1971. If an offence is found to have a terrorist connection, it is a Sch.13 offence for the purposes of the sentence for offenders of particular concern.

B5-110

Secondary orders and consequences of conviction

Offences	SOA 2003 Schs 3 and 5 (sexual harm prevention order and notification—sex offences)	SCA 2007 Sch.1 (serious crime prevention order)	CTA 2008 ss.41–43 (notification—terrorism offences)	SI 2009/37 (barring from work with children and vulnerable adults)
Producing a psychoactive substance (s.4 PSA 2016)	No	Yes	No	No

B5-111

Sentencing guideline: general

The Sentencing Council has issued a *Drug Offences Definitive Guideline* 2021 for offences of permitting premises to be used contrary to s.8 of the Misuse of Drugs Act 1971. The offence ranges differ depending on whether an offence relates to a Class A drug, Class B drug or Class C drug.

For a Class A drug, the offence range is a community order to four years' imprisonment. For a Class B drug, the offence range is a fine to 18 months' imprisonment. For a Class C drug, the offence range is a discharge to 26 weeks' imprisonment. There are two categories of culpability (higher culpability and lesser culpability) assessed by reference to a non-exhaustive list of factors. There are two categories of harm, assessed by reference to the quantity of drugs concerned and the frequency of drug-related activity.

B5-112

Interpreting/Applying the Guideline

General Guidance

For general guidance on the interpretation and application of the Sentencing Council's guideline on Drug Offences 2021, see B5-001.

B5-113

Higher or Lower Culpability

R. v Chung Yan Chan [2010] EWCA Crim 2596; [2011] 1 Cr. App. R. (S.) 98
In a case decided prior to the issuing of the Sentencing Council's guideline the court gave guidance as to the sentencing of offences contrary to s.8 of the Misuse of Drugs Act 1971.

Held: the relative culpability of a person who permits their premises to be used in relation to a controlled drug, compared to those involved in the actual operation of producing cannabis on a large scale, must depend in part on the degree to which the defendant was aware of the scale of the operation and the extent to which they were benefiting from an involvement in that operation himself.

B5-114

Commentary: Although this case was decided prior to the 2012 guideline, it is

B5-115

suggested that it remains good authority for the proposition that the culpability of an offender must depend in a substantial part on the extent to which they were aware of the scale of the operation. While a lack of awareness will not affect the harm caused or risked by the offending it must surely be a material consideration in culpability, although the weight to be given to that lack of awareness will presumably depend on the extent to which it was reasonable. Accordingly, although not listed it is submitted that an assessment of whether an offender is of higher culpability or lower culpability will be influenced by such considerations.

POSSESSION OF A CONTROLLED DRUG

Minimum Sentence

B5-116   Possession of a controlled drug is not a Class A drug trafficking offence and no minimum sentence applies to it.

Maximum sentence

B5-117   The maximum sentence for possession of a controlled drug, contrary to s.5(2) of the Misuse of Drugs Act 1971, depends on the class of drug possessed. In respect of a Class A drug the maximum sentence is *seven years' imprisonment* on indictment and *six months' imprisonment and/or a fine* on summary conviction. In respect of a Class B drug or a temporary class drug the maximum sentence is *five years' imprisonment* on indictment and *three months' imprisonment and/or a £2,500 fine* on summary conviction. In respect of a Class C drug, the maximum sentence is *two years' imprisonment* on indictment and *three months' imprisonment and/or a £1,000 fine* on summary conviction.

Availability of Sentencing Orders

B5-118   Conviction for possession of a controlled drug, contrary to s.5(2) of the Misuse of Drugs Act 1971 does not trigger any particular automatic consequences of conviction, nor make available specific custodial sentences. If an offence is found to have a terrorist connection, it is a Sch.13 offence for the purposes of the sentence for offenders of particular concern.

Sentencing guideline: general

B5-119   The Sentencing Council has issued a *Drug Offences Definitive Guideline* 2021 for offences of possession of a controlled drug, contrary to s.5(2) of the Misuse of Drugs Act 1971. The offence ranges differ depending on whether an offence relates to a Class A drug, Class B drug or Class C drug.

For a Class A drug, the offence range is a fine to 51 weeks' imprisonment. For a Class B drug, the offence range is a discharge to 26 weeks' imprisonment. For a Class C drug, the offence range is a discharge to a community order.

The category is determined solely by reference to the class of drug possessed.

Interpreting/Applying the Guideline
Quantity of Drug

R. v Russell [2013] EWCA Crim 273
The court considered the approach to the 2012 Sentencing Council guidelines for possession.

Held: the appropriate sentencing guideline for simple possession of a Class A drug provides a starting point of a Band C fine with a sentencing range for a Band A fine to 51 weeks' custody. Those guidelines assume conviction after a trial of a person of previous good character. It should also be noted that in contrast to other drug offences the simple possession guideline does not identify the quantity of the illicit drug in question as being a feature that should affect sentence. The reason for this appears to be that as a result of consultation the Sentencing Council took the view that "quantity is an arbitrary measure of seriousness which might give rise to perverse outcomes and disproportionality in sentencing". In the instant case, disregarding the sheer quantity of cocaine (34.1g) the sentence imposed could not have been justified and a lesser sentence should have been imposed.

B5-120

R. v Lawrence [2014] EWCA Crim 2569
The court considered the approach to the sentencing of offences of possession of controlled drugs.

Held: the starting point for the 2012 guideline for simple possession of controlled drugs is the same, whatever the quantity of drug. Accordingly, the sentencing judge in a simple possession case is entitled—indeed, obliged—to have regard to the quantity and purity of the drugs found on a defendant when arriving at the appropriate sentence within the recommended range. In the instant case that the appellant had 20 packs on him and the fact that the MDMA was at 94% purity were both reasons to go significantly beyond the recommended starting point in arriving at the appropriate sentence. Furthermore, it was significant aggravating factor that these drugs were in the appellant's possession in a licensed nightclub.

B5-121

Commentary: The court in *R. v Russell*,[34] was correct to observe that in the Sentencing Council's response to consultation on the 2012 drug guideline, the Council agreed that "for possession for personal use offences, quantity is an arbitrary measure of seriousness and it recognises the potential for perverse outcomes and disproportionality in sentencing".[35] However, to treat that statement as authority for the conclusion that the guideline does not allow for consideration of the quantity or purity of the drug as an aggravating (or indeed mitigating) factor is to take that statement out of context, and inconsistent with the general statutory duty on the court to impose a sentence commensurate with the seriousness of the offence.

B5-122

That statement was made in the context of consultation responses which argued that quantity should not be used to determine the harm of the offence at Step 1 of the definitive guidelines. The statement quoted in *Russell* was in fact followed immediately by "Step 1 for possession for personal use will therefore include only the

---

[34] [2013] EWCA Crim 273.
[35] Sentencing Council, *Drug Offences: Response to Consultation* (January 2012), 16.

classification of the drugs as the determinant of seriousness."[36] That conclusion, and the other reasons given by consultees for not placing too much weight on quantity or purity—in particular that users may buy in bulk to limit contact with a criminal market, that quantity purchased may be adjusted in response to changes in purity in the market and that determining offence category for possession for personal use by quantity could result in people with more chronic and entrenched drug problems receiving the most severe sentences for possession—are persuasive reasons for not generally treating quantity or purity as significant factors in the determination of seriousness for simple offences of possession.

It is, however, submitted that they do not prevent consideration of quantity and purity as either an aggravating or mitigating factor when either is significantly high or low. At Step 2 of the guideline the court is still required to assess the seriousness of the offence and clearly, ceteris paribus, possession of 50g of cocaine is more serious than possession of a gram even in the absence of an intent to supply. If nothing else it tends to show a greater contribution to the illegal drug market, and gives rises to a risk of further supply and circulation even if an intention to do so cannot be proved.

Conveyance of drugs into prison

B5-123   For guidance as to the sentencing of offences of conveyance etc of List A articles (including drugs) into or out of prison, contrary to s.40B of the Prison Act 1952, see B8-102.

Producing a psychoactive substance

Maximum Sentence

B5-124   Producing a psychoactive substance, contrary to s.4 of the Psychoactive Substances Act 2016 has a maximum sentence of *seven years' imprisonment* on indictment, and *six months' imprisonment and/or a fine* on summary conviction.

Availability of Sentencing Orders

B5-125   Certain sentencing orders or consequences of conviction are only available, or apply, where the offence for which the offender has been convicted is a listed offence. The paragraphs below specify whether the offence contrary to s.4 of the Psychoactive Substances Act 2016 is a listed offence for the purpose of each of those sentencing orders or consequences of conviction.

Custodial sentences

B5-126   There are no specific custodial sentences available on conviction for this offence. If an offence is found to have a terrorist connection, it is a Sch.13 offence for the purposes of the sentence for offenders of particular concern.

---

[36] Sentencing Council, *Drug Offences: Response to Consultation* (January 2012), 16.

Secondary orders and consequences of conviction

Offences	SOA 2003 Schs 3 and 5 (sexual harm prevention order and notification—sex offences)	SCA 2007 Sch.1 (serious crime prevention order)	CTA 2008 ss.41–43 (notification—terrorism offences)	SI 2009/37 (barring from work with children and vulnerable adults)
Supplying a psychoactive substance (s.5 PSA 2016)	No	Yes	No	Yes, where conditions met.
Possession of a psychoactive substance with intent to supply (s.7 PSA 2016)	No	Yes	No	No

B5-127

Sentencing guideline: general

The Sentencing Council has issued a guideline 2021 for this offence. The offence range is a fine to six years' custody.

There are three categories of culpability assessed on the basis of the offender's role: leading role, significant role or lesser role. The guideline provides a number of non-exhaustive factors that may indicate a certain role. There are three categories of harm, assessed by reference to the quantity of psychoactive substances and the nature of the operation.

B5-128

Interpreting/Applying the guideline

There is at present no specific guidance for the application of the psychoactive substances guidelines. However, the guidelines intentionally replicate the approach of the drugs guidelines in order to ensure a consistency of approach. Accordingly, reference should be made to the general guidance on the interpretation and application of the Sentencing Council's guideline on Drug Offences, as to which see B5-001.

B5-129

SUPPLY OF OR POSSESSION WITH INTENT TO SUPPLY A PSYCHOACTIVE SUBSTANCE

Maximum Sentence

Supplying, or offering to supply, a psychoactive substance, contrary to s.5 of the Psychoactive Substances Act 2016, has a maximum sentence of *seven years' imprisonment* on indictment, and *six months' imprisonment and/or a fine* on summary conviction.

Possession of a psychoactive substance with intent to supply, contrary to s.7 of the Psychoactive Substances Act 2016, has a maximum sentence of *seven years' imprisonment* on indictment, and *six months' imprisonment and/or a fine* on summary conviction.

B5-130

Availability of Sentencing Orders

Certain sentencing orders or consequences of conviction are only available, or apply, where the offence for which the offender has been convicted is a listed

B5-131

offence. The paragraphs below specify whether the offences contrary to ss.5 and 7 of the Psychoactive Substances Act 2016 are listed offences for the purpose of each of those sentencing orders or consequences of conviction.

Custodial sentences

B5-132　There are no specific custodial sentences available on conviction for these offences. If an offence is found to have a terrorist connection, it is a Sch.13 offence for the purposes of the sentence for offenders of particular concern.

Secondary orders and consequences of conviction

B5-133

Offences	SOA 2003 Schs 3 and 5 (sexual harm prevention order and notification—sex offences)	SCA 2007 Sch.1 (serious crime prevention order)	CTA 2008 ss.41–43 (notification—terrorism offences)	SI 2009/37 (barring from work with children and vulnerable adults)
Supplying a psychoactive substance (s.5 PSA 2016)	No	Yes	No	Yes, where conditions met.
Possession of a psychoactive substance with intent to supply (s.7 PSA 2016)	No	Yes	No	No

Sentencing guideline: general

B5-134　The Sentencing Council has issued a guideline 2021 for this offence. The offence range is a fine to six years' custody.

There are three categories of culpability assessed on the basis of the offender's role: leading role, significant role or lesser role. The guideline provides a number of non-exhaustive factors that may indicate a certain role. There are three categories of harm, assessed by reference to the quantity of psychoactive substances and the nature/location of the supply.

Interpreting/Applying the guideline

B5-135　There is at present no specific guidance for the application of the psychoactive substances guidelines. However, the guidelines intentionally replicate the approach of the drugs guidelines in order to ensure a consistency of approach. Accordingly, reference should be made to the general guidance on the interpretation and application of the Sentencing Council's guideline on Drug Offences, as to which see B5-001.

Mandatory aggravating factor

B5-136　As to s.72 of the Sentencing Code, which in relation to an offence of supplying a psychoactive substance, contrary to s.5 of the Psychoactive Substances Act 2016, committed when aged 18 or over at the time of the offence requires the court to treat as a mandatory aggravating factor the fact that the offence was committed on or in the vicinity of school premises at a relevant time; that the offender used a courier who, when the offence was committed, was aged under 18; or that the offence was committed in a custodial institution, see A1-091.

IMPORTATION OR EXPORTATION OF A PSYCHOACTIVE SUBSTANCE

Maximum Sentence

Importing or exporting a psychoactive substance, contrary to s.8 of the Psychoactive Substances Act 2016, has a maximum sentence of *seven years' imprisonment* on indictment, and six months' imprisonment and/or a fine on summary conviction.

B5-137

Availability of Sentencing Orders

Certain sentencing orders or consequences of conviction are only available, or apply, where the offence for which the offender has been convicted is a listed offence. The paragraphs below specify whether the offence contrary to s.8 of the Psychoactive Substances Act 2016 is listed offence for the purpose of each of those sentencing orders or consequences of conviction.

B5-138

Custodial sentences

There are no specific custodial sentences available on conviction for this offence. If an offence is found to have a terrorist connection, it is a Sch.13 offence for the purposes of the sentence for offenders of particular concern.

B5-138A

Secondary orders and consequences of conviction

Offences	SOA 2003 Schs 3 and 5 (sexual harm prevention order and notification—sex offences)	SCA 2007 Sch.1 (serious crime prevention order)	CTA 2008 ss.41–43 (notification—terrorism offences)	SI 2009/37 (barring from work with children and vulnerable adults)
Importing/exporting a psychoactive substance (s.8 PSA 2016)	No	Yes	No	No

B5-139

Sentencing guideline: general

The Sentencing Council has issued a guideline 2021 for this offence. The offence range is a discharge to six years' custody.

There are three categories of culpability assessed on the basis of the offender's role: leading role, significant role or lesser role. The guideline provides a number of non-exhaustive factors that may indicate a certain role. There are three categories of harm, assessed by reference to the quantity of psychoactive substances and the nature of the operation.

B5-140

Interpreting/Applying the guideline

There is at present no specific guidance for the application of the psychoactive substances guidelines. However, the guidelines intentionally replicate the ap-

B5-141

proach of the drugs guidelines in order to ensure a consistency of approach. Accordingly, reference should be made to the general guidance on the interpretation and application of the Sentencing Council's guideline on Drug Offences, as to which see B5-001.

Chapter B6

DRIVING OFFENCES

Introduction

Approach

This chapter concerns driving offences. Driving is a heavily regulated area and there are what can seem like an endless list of driving offences, many of which are regulatory in nature and many of which are finable only or subject to fixed penalty regimes. This chapter deals with the driving offences that frequently come to court and involve what would be regarded as true criminality—i.e. they are mala in se offences as opposed to mala prohibita offences (or at least are a hybrid of the two).[1]

B6-001

Accordingly, the following offences are dealt with:

1) causing death by dangerous driving;
2) causing death by careless driving (while under the influence);
3) causing death by careless driving (simpliciter);
4) causing death by driving (uninsured, disqualified or without a licence);
5) causing serious injury by dangerous driving;
6) causing serious injury by careless driving
7) causing serious injury by driving (disqualified drivers)
8) dangerous driving;
9) wanton and furious driving.

Sentencing Guidelines

Generally

The Sentencing Council issued revised (and new) guidelines for the offences listed above in 2023, with the guidelines coming into force on 1 July 2023. These guidelines replaced the old Sentencing Guidelines Council guidelines first issued in 2008 and reflect (1) legislative changes to the offences (including changes to maximum sentences) since then; and (2) the changed approach to sentencing guidelines developed by the Sentencing Council. For coverage of the old guidelines in relation to offences sentenced before 1 July 2023, see the 2023 edition of this work.

B6-002

---

[1] As to this issue, see, e.g. S. Cunningham, *Driving Offences, Law Policy and Practice* (Oxford: Routledge, 2008).

[1581]

Interpreting/Applying the Guideline

General

Approach to guideline

B6-003   At present, there are no cases providing general guidance as to the approach to the revised driving guidelines. Where cases giving guidance as to the previous guidelines appear to continue to be relevant they have been reproduced herein (with accompanying commentary where necessary).

Multiple deaths

Attorney General's Reference (R. v Brown) [2018] EWCA Crim 1775; [2019] 1 Cr. App. R. (S.) 10

B6-004   The court considered the approach to sentencing cases where multiple deaths resulted from one collision.

Held: that the 2008 guideline suggested that concurrent sentences would be imposed when multiple deaths eventuated to reflect the fact that the deaths had resulted from the same "transaction" or for offences related to a single episode of offending behaviour. In *R. v Noble*,[2] the court recognised that proposition but stated that this was not "an absolute principle". *Noble* was approved in *Attorney General's Reference (No.57 of 2009) (R. v Ralphs)*.[3] The same principle was applied in relation to two counts of causing serious injury while driving in *R. v Jenkins*.[4]

Reference was made to the decision of the Court of Appeal in *R. v Mannan*[5] in which it was said that "if there are several victims it is perfectly possible that a judge would conclude that due to the level of harm there may even be room for consecutive sentences". In so far as this was relied on as authority to support the Attorney General's submission, such reliance was misplaced. The statement was not part of the ratio of the case; there was only one death in that case. In any event, the statement was consistent with the use of the term "normally" (in *Ralphs*) or "generally" (in the guideline) and was consistent with a consecutive sentence being imposed for an offence committed at the same time but entirely distinct from the offending giving rise to death. A good example would be the imposition of a consecutive sentence for driving while disqualified.

B6-005   *Commentary:* It is clear from decisions in relation to the 2008 guideline that where there are multiple deaths, a significant increase is necessary to reflect the additional significant harm (see, e.g. *Attorney General's Reference (R. v Soare (Traian))*[6] in which a 50% increase was made to the starting point) It goes without saying, one hopes, that the increase is not a flat tariff; each case will be determined on its own facts. However, it seems obvious that deaths three, four and five (and so on), will see a progressively less dramatic increase in the starting point.

A frequent issue in the previous case law was whether in a case involving multiple deaths a consecutive sentence exceeding the maximum available for a

---

[2] [2002] EWCA Crim 1713; [2003] 1 Cr. App. R. (S.) 65.
[3] [2009] EWCA Crim 2555; [2010] 2 Cr. App. R. (S.) 30.
[4] [2015] EWCA Crim 105; [2015] 1 Cr. App. R. (S.) 70.
[5] [2016] EWCA Crim 1082; [2016] 2 Cr. App. R. (S.) 37 (p.396).
[6] [2018] EWCA Crim 465; [2018] 2 Cr. App. R. (S.) 3.

single offence could be imposed (see *Brown*, above). Whilst the increased maximum sentence for causing death by dangerous driving means that issue no longer arises in the context of that offence that line of authority would appear to still be relevant in relation to other offences of causing death by driving.Deliberately not using vehicle's safety features

R. v Magee [2017] EWCA Crim 972; [2017] 2 Cr. App. R. (S.) 40
The appellant, M, had struck a cyclist (age 73) while reversing his articulated lorry.   B6-006

The lorry was fitted with a total of six external mirrors. For a driver to run through a check of all the exterior mirrors would take about three seconds. In addition, the lorry was fitted with a camera capable of providing the driver with an extensive wide angled view along the near side of the lorry and outwards to the driver's left. It was automatically activated when the driver activated his nearside indicator. M did not use the camera system when manoeuvring.

Held: that the fitting of such a camera was not a mandatory requirement. However, it was fitted precisely because it was capable of providing the driver with a view to the nearside of the lorry, which was not, or may not have been, available to them by the use of their external mirrors. It was capable of eliminating or at any rate minimising the blind spot which would exist if only the external mirrors were used. The expert evidence made it plain that during the manoeuvre there were certain times when the victim could not be seen in the external mirrors but could have been seen on the on-board monitor. By choosing not to use the equipment available to him, M deliberately imposed on himself the risk of someone being in his blind spot. The court was not persuaded by the argument that simply because there was no legal obligation to fit and/or use the camera, the decision not to use it, when it could and would have helped, was not a factor to be taken into account in aggravation of the offence.

Impairment of driver

R. v Myers [2018] EWCA Crim 1974; [2019] 1 Cr. App. R. (S.) 6
The court gave guidance as to the relevance of whether a driver's ability to drive was actually impaired when sentencing offences of causing death by careless driving while under the influence of drink or drugs, contrary to s.3A of the Road Traffic Act 1988. On the facts of the case, the appellant was over the prescribed limit for a cocaine metabolite but he alleged this was only the result of drug use the previous evening.   B6-007

Held: that only an offence under s.3A(1)(a) requires proof of actual impairment. However, plainly the degree of any actual impairment, whether required or not, would still be a relevant consideration in sentence. On the facts of the case whether there was actual impairment was still a relevant factor in sentencing an offence contrary to s.3A(1)(ba).

Commentary: Clearly, where the offence (in the form it is indicted) does not require proof of actual impairment by drugs or alcohol to be committed where there is evidence of such impairment it will be an aggravating factor.   B6-008

Awareness of unfitness to drive

R. v Wilson [2010] EWCA Crim 991; [2011] 1 Cr. App. R. (S.) 3
The appellant pleaded guilty to two counts of causing death by dangerous driving and one count of dangerous driving. The appellant was driving a minibus car-   B6-009

rying members of a band when the bus mounted the pavement and continued for about 60m, striking five pedestrians. An expert witness concluded that the appellant had fallen asleep through exhaustion and that she must have known that she was losing consciousness before falling asleep. On appeal against sentence it was submitted that the judge was wrong to treat it as an aggravating feature that the appellant knew that she was exhausted and should not be driving. That, it was submitted, was what made the driving dangerous, and so in effect it was double counting to treat it as an aggravating feature

Held: it could increase the seriousness of the offence that it was so obvious to a defendant that they were in no fit state to drive. However, on the facts the court was not satisfied that the appellant was in that situation when she set off. It had not been shown that she made a conscious decision to drive having positively realised that she was unfit. She should, however, have realised as she drove and sleep came nearer, that she had to stop.

Damage caused to vehicles or property

B6-009a *R. v Wiggins (Reiss Terrone)* [2023] EWCA Crim 1681; [2024] 1 Cr. App. R. (S.) 35

W had pleaded guilty to dangerous driving in circumstances where in a police pursuit he had driven over a "stinger" device causing damage to the vehicle he was driving. The vehicle was not W's but one he had "borrowed" from his mother without her permission.

Held: in relation to harm, the guidelines provided that a case fell into harm Category 1 if the offence resulted in injury to others or damage was caused to vehicles or property. The court doubted, but did not need to decide, whether harm Category 1 could apply to damage to the offender's own vehicle, but there was nothing in the guidelines to suggest that it did not apply to a vehicle owned by another but being driven by the offender. As a matter of principle there was no reason why it should not apply, for example, if the only other damage was to a vehicle stolen by the offender.

Disqualification

B6-010 For guidance as to the imposition of driving disqualification (including determining the appropriate length of any disqualification), see A4-217.

CAUSING DEATH BY DANGEROUS DRIVING

Maximum Sentence

B6-011 The maximum sentence for the offence of causing death by dangerous driving contrary to s.1 of the Road Traffic Act 1988 is *life imprisonment if committed on or after 28 June 2022, and 14 years' imprisonment otherwise*.

Availability of Sentencing Orders

B6-012 Certain sentencing orders or consequences of conviction are only available, or apply, where the offence for which the offender has been convicted is a listed offence. The tables below specify whether the offence of causing death by dangerous driving is a listed offence for the purpose of each of those sentencing orders or consequences of conviction.

Custodial sentences

Offence	SA 2020 Sch.13 (offender of particular concern)	SA 2020 Sch.14 (extended determinate sentences—previous offence condition)	SA 2020 Sch.15 (life for second listed offence)	SA 2020 Sch.17A (serious terrorism sentence)	SA 2020 Sch.18 (extended determinate sentences—specified offences)	SA 2020 Sch.19 (life sentence—dangerous offenders)	PCC(S)A 2000 s.109 (required life sentence for second listed offence committed between 30 September 1997 and 4 April 2005)
Causing death by dangerous driving (s.1 RTA 1988)	Yes, Pt 1 where offence has a terrorist connection	No	No	No	Yes	No	No

B6-013

Secondary orders and consequences of conviction

Offences	SOA 2003 Schs 3 and 5 (sexual harm prevention order and notification—sex offences)	SCA 2007 Sch.1 (serious crime prevention order)	CTA 2008 ss.41–43 (notification—terrorism offences)	SI 2009/37 (barring from work with children and vulnerable adults)
Causing death by dangerous driving (s.1 RTA 1988)	No	No	No	No

B6-014

Sentencing Guideline: General

The offence range for causing death by dangerous driving is two to 18 years' custody.

B6-015

Culpability is broken down into three categories (A, B and C). Culpability is to be determined only by reference to the listed factors but where multiple are present they must be balanced to reach a fair assessment of the offender's culpability. The factors present are principally concerned with the standard of driving and the driver's awareness of the risks involved in driving in such a way. Harm is considered to always be of the utmost seriousness (albeit see above in relation to multiple deaths being an aggravating factor).

Interpreting/Applying the Guideline

Delibrate Decision to Ignore the Rules of the Road (Culpability A)

R. v Hickman [2019] EWCA Crim 1463; [2020] 1 Cr. App. R. (S.) 4

B6-016   The appellant, H (aged 18), had been driving round a car park with friends, despite not having passed his test. He drove the vehicle around the car park with one of his friends seated on the bonnet. He then drove round the car park with V (aged 20) sitting on the bonnet. On the second lap he drove faster, at approximately 15mph. When he braked and turned a sharp left, V fell from the bonnet and struck her head on the hard surface, causing fractures to her skull and brain damage. V eventually died from her injuries. H pleaded guilty to causing death by dangerous driving.

Held: that the judge was entitled to regard this offence as encommpassing a deliberate decision to ignore the rules of the road and an apparent disregard for the great danger caused to others. The judge was entitled to consider that driving at speed around a car park with a person on the bonnet did involve a flagrant disregard for relevant rules, involving a disregard for the great danger caused to others.

R. v Sims [2009] EWCA Crim 1533; [2010] 1 Cr. App. R. (S.) 62

B6-017   The court considered the approach to offences where the driver was suffering from a medical condition affecting the ability to drive.

Held: where a person had an undiagnosed medical condition and was advised repeatedly, by competent medical experts, that until the diagnosis was complete or any preventative medication is taken they should not drive, that to drive would be in breach of the DVLA guidance and that they by driving run the risk of an epileptic blackout, which is a danger to members of the public, then to drive in defiance of that advice is conduct that is capable of involving a flagrant disregard for the rules of the road. On the facts this was not simply a failure to take medication on more than one occasion. In the judge's assessment of the case, it was a deliberate disregard of persistently given medical advice. The advice was given for the obvious reason that anyone driving with the offender's condition might lose control of the vehicle, with fatal consequences. That was precisely what happened.

Prolonged Use of Mobile Telephone (Culpability A)

B6-018   *Commentary:* Under the previous 2008 guidelines, there was a string of authorities considering whether the use of a mobile phone constituted a "gross avoidable distraction" (the language of the then guideline). For the most part, these authorities are no longer useful given the guideline now draws a distinction between prolonged use and other use. However, it is suggested that the following principles can be extracted from those cases which remain of assistance: (1) whether use is prolonged or not has to be seen in the context of driving as an activity that requires a great deal of attention; that the court is entitled to consider the whole course of driving not just the period of time in which the defendant might have otherwise been able to see the deceased (*R. v Gard (Christopher Richard)*[7]—albeit see Criminal

---

[7]   [2017] EWCA Crim 21; [2017] 1 Cr. App. R. (S.) 45.

Law Week[8] for criticism that at some point former use will become irrelevant to the accident itself); the use of the phone does not necessitate physical interaction where the screen is remaining on (*R. v Duerden (Christopher)*[9]); the type of use may well be relevant to an assessment of whether it is prolonged use such as to increase culpability to Category A although this will not be determinative (i.e. whether it was an attempt to use the sat nav as opposed to making a call etc; see *Attorney General's Reference (R. v Bennett (Steven))*[10]).

Causing Death by Careless Driving

Maximum Sentence

The maximum sentence for the offence of causing death by careless (simple) driving contrary to s.2B of the Road Traffic Act 1988 is *five years' imprisonment*.

The maximum sentence for the offence of causing death by careless (under the influence etc) driving contrary to s.3A of the Road Traffic Act 1988 is *life imprisonment where committed on or after 28 June 2022, or 14 years' imprisonment otherwise*.

B6-019

Availability of Sentencing Orders

Certain sentencing orders or consequences of conviction are only available, or apply, where the offence for which the offender has been convicted is a listed offence. The tables below specify whether the offences of causing death by careless driving are a listed offence for the purpose of each of those sentencing orders or consequences of conviction.

B6-020

Custodial sentences

Offence	SA 2020 Sch.13 (offender of particular concern)	SA 2020 Sch.14 (extended determinate sentences—previous offence condition)	SA 2020 Sch.15	SA 2020 Sch.17A (life for second listed offence)	SA 2020 Sch.18 (serious terrorism sentence)	SA 2020 Sch.19 (extended determinate sentences—specified offences)	PCC(S)A 2000 s.109 (required life sentence for dangerous offenders)	PCC(S)A 2000 s.109 (required life sentence for second listed offence committed between 30 September 1997 and 4 April 2005)
Causing death by careless driving (simple) (s.2B	Yes, Pt 1 where offence has a terrorist connection	No	No	No	No	No	No	No

B6-021

---

[8] "Sentence: New Cases: Particular Offences: Causing Death by Dangerous Driving: R. v Duerden" CLW/21/15/6.
[9] [2020] EWCA Crim 1835; [2021] 1 Cr. App. R. (S.) 45.
[10] [2021] EWCA Crim 1838; [2022] R.T.R. 21.

Offence	SA 2020 Sch.13 (offender of particular concern)	SA 2020 Sch.14 (extended determinate sentences—previous offence condition)	SA 2020 Sch.15 (life for second listed offence)	SA 2020 Sch.17A (serious terrorism sentence)	SA 2020 Sch.18 (extended determinate sentences—specified offences)	SA 2020 Sch.19 (life sentence—dangerous offenders)	PCC(S)A 2000 s.109 (required life sentence for second listed offence committed between 30 September 1997 and 4 April 2005)
RTA 1988)							
Causing death by careless driving (under the influence) (s.3A RTA 1988)	Yes, Pt 1 where offence has a terrorist connection	No	No	No	Yes	No	No

Secondary orders and consequences of conviction

B6-022

Offences	SOA 2003 Schs 3 and 5 (sexual harm prevention order and notification—sex offences)	SCA 2007 Sch.1 (serious crime prevention order)	CTA 2008 ss.41–43 (notification—terrorism offences)	SI 2009/37 (barring from work with children and vulnerable adults)
Causing death by careless driving (simple) (s.2B RTA 1988)	No	No	No	No
Causing death by careless driving (under the influence) (s.3A RTA 1988)	No	No	No	No

Sentencing Guidelines

Causing Death by Careless Driving (s.2B)

Sentencing guideline: general

B6-023   The guideline provides for an offence range of a medium level community order to four years' custody. Culpability is broken down into three categories (A, B and C). Culpability is to be determined *only* by reference to the listed factors but where multiple are present they must be balanced to reach a fair assessment of the offender's culpability. The factors present are principally concerned with the standard of driving and the driver's awareness of the risks involved in driving in such a way.

Harm is considered to always be of the utmost seriousness (albeit see above in relation to multiple deaths being an aggravating factor).

Interpreting/applying the guideline

Momentary inattention (Category B or C)

R. v Wells (Frank) [2024] EWCA Crim 263

The court considered the approach to the guidelines in a case where the circumstances gave rise to a (defence) submission that the offender had exhibited a momentary lapse of concentration, such that the appropriate category in the guidelines was Category C.

Held: that there is no bright line between Categories B and C for offences of causing death by careless driving. Typically, road traffic accidents happen within a short time so that the distinction between a momentary lapse of concentration and undertaking a dangerous manoeuvre may be blurred.

Under the Influence Etc (s.3A)

Sentencing guideline: general

The guideline provides for an offence range of 26 weeks' custody to 18 years' custody. Which category an offence falls within is determined by the severity of the careless or inconsiderate driving and then by the proportion of alcohol or drugs in the offender's body. There are three categories relating to the standard of driving and three relating to the impairment by virtue of alcohol/drugs. **B6-025**

Interpreting/applying the guideline

There are currently no decisions of the Court of Appeal (Criminal Division) providing guidance as to the application of this guideline. **B6-026**

CAUSING DEATH BY DRIVING: UNLICENSED, DISQUALIFIED OR UNINSURED

Disqualified

Maximum Sentence

The s.3ZC offence of causing death by driving while disqualified has a maximum sentence of *10 years' imprisonment*. **B6-027**

Availability of Sentencing Orders

Certain sentencing orders or consequences of conviction are only available, or apply, where the offence for which the offender has been convicted is a listed offence. The tables below specify whether causing death by driving while disqualified is a listed offence for the purpose of each of those sentencing orders or consequences of conviction. **B6-028**

Custodial sentences

B6-029

Offence	SA 2020 Sch.13 (offender of particular concern)	SA 2020 Sch.14 (extended determinate sentences—previous offence condition)	SA 2020 Sch.15 (life for second listed offence)	SA 2020 Sch.17A (serious terrorism sentence)	SA 2020 Sch.18 (extended determinate sentences—specified offences)	SA 2020 Sch.19 (life sentence—dangerous offenders)	PCC(S)A 2000 s.109 (required life sentence for second listed offence committed between 30 September 1997 and 4 April 2005)
Causing death by driving: disqualified (s.3ZC RTA 1988)	Yes, Pt 1 where offence has a terrorist connection	No	No	No	Yes	No	No

Secondary orders and consequences of conviction

B6-030

Offences	SOA 2003 Schs 3 and 5 (sexual harm prevention order and notification—sex offences)	SCA 2007 Sch.1 (serious crime prevention order)	CTA 2008 ss.41–43 (notification—terrorism offences)	SI 2009/37 (barring from work with children and vulnerable adults)
Causing death by driving: disqualified (s.3ZC RTA 1988)	No	No	No	No

Sentencing Guideline: General

B6-031 The Offence range for a s.3ZC offence is a high level community order to seven years' custody. Culpability is broken down into three categories (A, B and C). Culpability is to be determined only by reference to the listed factors. Harm is considered to always be of the utmost seriousness (albeit see above in relation to multiple deaths being an aggravating factor).

Interpreting/Applying the Guideline

Length of sentence

B6-032 There are currently no cases providing guidance as to the approach to sentencing a s.3ZC offence. Reference should be made to the general guidance section above.

CAUSING SERIOUS INJURY OFFENCES

Unlicensed or Uninsured

Maximum Sentence

The s.3ZB offence of causing death by driving while unlicensed, disqualified or uninsured has a maximum sentence of *two years' imprisonment*. **B6-033**

Availability of Sentencing Orders

Conviction for this offence does not trigger any particular consequences of conviction, nor make available specific custodial sentences, with the exception that if it is committed with a terrorist connection, the offence is listed in Pt 1 of Sch.13 to the Sentencing Act 2020. **B6-034**

Sentencing Guideline: General

Reference should be made to the definitive guideline for the s.3ZB offence. The guideline provides an offence range of a low-level community order to two years' custody. Culpability is broken down into three categories (A, B and C). Category A relates to cases where the driving is for a commercial purpose, an LGV, HGV or PSV are being driven or a significant distance is driven. Category C relates to cases where there is a genuine belief as to insurance or licencing, there was a genuine and proven emergency or pressure, coercion or intimidation. Category B is for cases between Category A and C. Harm is considered to always be of the utmost seriousness (albeit see above in relation to multiple deaths being an aggravating factor). **B6-035**

Interpreting/Applying the Guideline

There are no cases from the Court of Appeal (Criminal Division) that provide guidance on the approach to sentencing for the s.3ZB offence. **B6-036**

CAUSING SERIOUS INJURY OFFENCES

Introduction

This section concerns the three offences of driving involving serious injury. The sentences for these offences are notably low; five years for causing serious injury by dangerous driving is arguably insufficient for a high-seriousness offence of prolonged and highly dangerous driving resulting in, for example, a catastrophic brain injury and paralysis—an offence which many would regard as about as close to death as is possible (albeit note that the same can be said of a s.20 assault). Notwithstanding that, it is necessary to respect the maximum sentence and ensure proportionality between the sentences imposed for the inevitable range of conduct that is prosecuted for this offence. **B6-037**

Maximum Sentences

The s.1A offence of causing serious injury by dangerous driving has a maximum sentence of *five years' imprisonment*. The s.2C offence of causing serious injury by careless driving has a maximum sentence of *two years' imprisonment*. The s.3ZD **B6-038**

[1591]

offence of causing serious injury by driving while disqualified has a maximum sentence of *four years' imprisonment*.

Availability of Sentencing Orders

B6-039 Conviction for these offences does not trigger any particular consequences of conviction, nor make available specific custodial sentence, with the exception that if any of these offences are committed with a terrorist connection, the offence is listed in Pt 1 of Sch.13 to the Sentencing Act 2020.

Sentencing Guideline: General

Causing serious injury by dangerous driving

B6-040 The sentencing guideline provides for an offence range of 26 weeks to five years' custody. Culpability is broken down into three categories (A, B and C). Culpability is to be determined *only* by reference to the listed factors but where multiple are present they must be balanced to reach a fair assessment of the offender's culpability. The factors present are principally concerned with the standard of driving and the driver's awareness of the risks involved in driving in such a way. Harm is split into two categories on the basis of listed factors. The principal concern is the type of injury that results.

Causing serious injury by careless driving

B6-041 The sentencing guideline provides for an offence range of a low-level community order to two years' custody. Culpability is broken down into three categories (A, B and C). Culpability is to be determined only by reference to the listed factors but where multiple are present they must be balanced to reach a fair assessment of the offender's culpability. The factors present are principally concerned with the standard of driving and the driver's awareness of the risks involved in driving in such a way. Harm is split into two categories on the basis of listed factors. The principal concern is the type of injury that results.

Causing serious injury by driving whilst disqualified

B6-042 The sentencing guideline provides for an offence range of a low level community order to four years' custody. Culpability is broken down into three categories (A, B and C). Culpability is to be determined only by reference to the listed factors but where multiple are present they must be balanced to reach a fair assessment of the offender's culpability. The factors present are principally concerned with the standard of driving and the driver's awareness of the risks involved in driving in such a way. Harm is split into two categories on the basis of listed factors. The principal concern is the type of injury that results.

Interpreting/applying the guideline

Particularly grave/life-threatening injuries

The court may wish to have reference to the cases discussing this guideline factor in the context of offences of causing grievous bodily harm (as to which see, B2-077).   B6-043

Multiple injuries

R. v Jenkins [2015] EWCA Crim 105; [2015] 1 Cr. App. R. (S.) 70
The court considered the principle of imposing consecutive sentences in the context of causing serious injury by dangerous driving where injury had been caused to two persons. The appellant had pleaded guilty to two separate counts and the judge had imposed two consecutive sentences of three years' imprisonment, therefore exceeding the statutory maximum of five years' imprisonment for the offence.   B6-044

Held: that the judge should not have passed consecutive sentences. In *R. v Noble*,[11] consecutive sentences were passed for causing several deaths by dangerous driving in the same incident. Those sentences were quashed. Notwithstanding the numerous deaths, there was a single act of dangerous driving and the sentence originally passed offended the principle that consecutive terms should not normally be imposed for offences arising out of the same incident or transaction. That decision was binding on the court and indeed was approved by Lord Judge CJ in *Attorney General's Reference (No.57 of 2009)*.[12]

Further support for the argument could be gleaned from the Sentencing Council's Definitive Guideline in relation to Totality. At p.6 of that guideline, under the rubric of cases where concurrent sentences are to be passed, the specific example is given of:

> "A single incident of dangerous driving resulting in injuries to multiple victims where there are separate charges relating to each victim. The sentences should generally be passed concurrently, but each sentence should be aggravated to take into account the harm caused."

Offence range

R. v Andronache [2021] EWCA Crim 204; [2021] 2 Cr. App. R. (S.) 33
The court considered the sentence in a case of causing serious injury by dangerous driving.   B6-045

Held: because of the five-year maximum there is bound to be compression or bunching at the upper end of the range, not least given the wide variety of circumstances and factors which may make any given case particularly serious.

Taking account of injuries falling short of "serious injury"

Commentary: In *R. v Aziz (Qaiser)*,[13] a case concerned with injuries to multiple passengers some of which did not reach the threshold of being a serious injury, the court concluded that in the context of the 2008 guidelines account could be taken   B6-046

---
[11] [2003] 1 Cr. App. R. (S.) 65.
[12] [2009] EWCA Crim 2555.
[13] [2016] EWCA Crim 1945; [2017] 1 Cr. App. R. (S.) 28.

of all the injuries caused by the appellant's driving. As was suggested in [2017] Crim. L.R. 414,[14] the court's conclusion is grounded in both common sense and principle. Yet does the court's decision appear to punish the offender for offences for which he has not been convicted? He could not be charged with dangerous driving as no purpose would be served: the dangerous driving leading to the injuries which did not constitute serious harm for the purpose of the s.1A offence was, of course, the same driving as that founding the basis for the s.1A conviction. Additional counts of causing serious injury by dangerous driving could not be included, as the injuries did not meet the requisite standard. Furthermore, there is no offence of causing minor injury by dangerous driving.

It would be counter-intuitive for the injuries to the other victims to be excluded from consideration. How then can it be justified on principled grounds? This scenario presents a rare if not unique situation where alternative offences cannot be included on the indictment. As such, one must turn to the approach to aggravating factors. It is an aggravating factor to cause additional harm when committing an offence. For instance, damage caused in a burglary may be legitimately taken into account. It is therefore submitted that there can be no legitimate complaint in aggravating the sentence to take account of the additional harm caused as a part of the offence, even where it does not form a constituent part of the offence charged.

Dangerous Driving

Maximum Sentence

B6-047　The offence of dangerous driving contrary to s.2 of the Road Traffic Act 1988 has a maximum sentence of *two years' imprisonment*.

Availability of Sentencing Orders

B6-048　Conviction for this offence does not trigger any particular consequences of conviction, nor make available specific custodial sentences, with the exception that if it is committed with a terrorist connection, the offence is listed in Pt 1 of Sch.13 to the Sentencing Act 2020.

Sentencing Guideline: General

The sentencing guideline provides for an offence range of a low level community order to two years' custody. Culpability is broken down into three categories (A, B and C). Culpability is to be determined only by reference to the listed factors but where multiple are present they must be balanced to reach a fair assessment of the offender's culpability. The factors present are principally concerned with the standard of driving and the driver's awareness of the risks involved in driving in such a way. Harm is split into two categories. Category 1 is for cases where the offence results in injury to others, or damage is caused to vehicles or property. Category 2 is for all other cases.

Interpreting/Applying the Guideline

Commentary

B6-049　There are no decisions of the Court of Appeal (Criminal Division) providing

---

[14] L. Harris, "Sentencing: R. v Aziz (Qaiser) (Case Comment)" [2017] Crim. L.R. 414–415.

guidance on the application of the sentencing guideline for this offence. As the court made clear in *R. v Wilkinson*[15] given that the maximum sentence for the offence of dangerous driving is one of two years' imprisonment, there is a comparatively broad band of conduct which represents the most serious offending within the ambit of that offence and which therefore justifies a sentence, after trial, at or near the statutory maximum.

WANTON AND FURIOUS DRIVING

Maximum Sentence

The maximum sentence for the offence of wanton and furious driving contrary to s.35 of the Offences Against the Person Act 1861 is *two years' imprisonment*.   B6-050

Availability of Sentencing Orders

Certain sentencing orders or consequences of conviction are only available, or apply, where the offence for which the offender has been convicted is a listed offence. The tables below specify whether the offence of wanton and furious driving is a listed offence for the purpose of each of those sentencing orders or consequences of conviction.   B6-051

Offence	SA 2020 Sch.13 (offender of particular concern)	SA 2020 Sch.14 (extended determinate sentences—previous offence condition)	SA 2020 Sch.15 (life for second listed offence)	SA 2020 Sch.17A (serious terrorism sentence)	SA 2020 Sch.18 (extended determinate sentences—specified offences)	SA 2020 Sch.19 (life sentence—dangerous offenders)	PCC(S)A 2000 s.109 (required life sentence for second listed offence committed between 30 September 1997 and 4 April 2005)
Wanton and furious driving (s.35 OAPA 1861)	Yes, Pt 1 where offence has a terrorist connection	No	No	No	Yes	No	No

---

[15] [2019] EWCA Crim 258; [2019] 2 Cr. App. R. (S.) 10.

Secondary orders and consequences of conviction

B6-052

Offences	SOA 2003 Schs 3 and 5 (sexual harm prevention order and notification—sex offences)	SCA 2007 Sch.1 (serious crime prevention order)	CTA 2008 ss.41–43 (notification—terrorism offences)	SI 2009/37 (barring from work with children and vulnerable adults)
Wanton and furious driving (s.35 OAPA 1861)	No	No	No	No

Sentencing Guidelines

B6-053   The sentencing guideline provides for an offence range of a fine to two years' custody. Culpability is broken down into three categories (A, B and C). Culpability is to be determined only by reference to the listed factors but where multiple are present they must be balanced to reach a fair assessment of the offender's culpability. The factors present are principally concerned with the standard of driving and the driver's awareness of the risks involved in driving in such a way. Harm is split into three categories by reference to the harm suffered by the victim.

Interpreting/Applying the Guidelines

B6-054   There are no decisions of the Court of Appeal (Criminal Division) giving guidance as to the application of the sentencing guideline.

It should be noted that the guideline must cater for offences of causing death in relation to offences committed by the use of vehicles that are not mechanically propelled (bicycles etc). Given the narrow sentencing range, however, it is suggested that in line with the approach to dangerous driving identified in *R. v Wilkinson (Jason)*[16] given that the maximum sentence is one of two years' imprisonment, there will be a comparatively broad band of conduct which represents the most serious offending within the ambit of that offence and which therefore justifies a sentence, after trial, at or near the statutory maximum.

---

[16] [2019] EWCA Crim 258; [2019] 2 Cr. App. R. (S.) 10.

CHAPTER B7

REGULATORY OFFENCES

BUSINESS OFFENCES

Environmental Offences

Introduction

In 2014, the Sentencing Council issued a definitive guideline for environmental offences. That guideline applies to certain listed offences but also provides that it is to apply to other offences with modifications for differing maximum sentences. This section deals with the offences to which that guideline applies and the guidance given by that guideline. **B7-001**

Maximum Sentences

The maximum sentence for contravention of a prohibition on unauthorised or harmful deposit, treatment or disposal etc of waste, contrary to s.33 of the Environmental Protection Act 1990, is *two years' imprisonment and/or a fine on indictment*, unless committed in relation to special waste where it is *five years' imprisonment and/or a fine*. On summary conviction the maximum sentence is *six months' imprisonment and/or a fine of £20,000*. **B7-002**

The maximum sentence for an offence contrary to reg.38(1), (2) or (3) of the Environmental Permitting (England and Wales) Regulations 2016[1] is *two years' imprisonment and/or a fine on indictment*, unless committed in respect of flood risk activity where it is *five years' imprisonment and/or a fine*. On summary conviction the maximum sentence is *six months' imprisonment and/or a fine*.

Consequences of Conviction

Conviction for these offences does not trigger any particular automatic consequences of conviction, nor make available specific custodial sentences (albeit where any is committed with a terrorist connection it is listed in Pt 1 of Sch. 13 to the Sentencing Act 2020). It is, however, likely that consideration of company director disqualification orders will be necessary. **B7-003**

---

[1] Environmental Permitting (England and Wales) Regulations 2016 (SI 2016/1154).

Sentencing Guideline: General

B7-004 The Sentencing Council guideline for Environmental Offences 2014 provides separate guidelines in respect of the sentencing of individuals and the sentencing of organisations.

Individuals

B7-005 The guideline for the sentencing of environmental offences differs substantially from the approach taken in other guidelines. In particular Steps 1 and 2 of the guideline requires consideration of first compensation and then confiscation, before consideration of other punitive sentencing options. Step 3 assesses the offence category by reference to the culpability of the offender and the harm caused or risked. Culpability is assessed by reference to four categories (deliberate breach, reckless breach, negligent breach or breach with little or no fault). There are four categories of harm, assessed by reference to an exhaustive list of factors principally concerned with the adverse effects of pollution, the costs of dealing with the breach and the interference it has resulted in with other lawful activity or the regulatory regime. The offence range is a conditional discharge to three years' custody. Importantly Step 5 of the guideline then requires that the combination of financial orders (compensation, confiscation if appropriate, and fine) removes any economic benefit derived from the offending.

Organisations

B7-006 The guideline for the sentencing of environmental offences differs substantially from the approach taken in other guidelines. In particular Steps 1 and 2 of the guideline requires consideration of first compensation and then confiscation, before consideration of other punitive sentencing options. Step 3 assesses the offence category by reference to the culpability of the offender and the harm caused or risked. Culpability is assessed by reference to four categories (deliberate breach, reckless breach, negligent breach or breach with low or no culpability). There are four categories of harm, assessed by reference to an exhaustive list of factors principally concerned with the adverse effects of pollution, the costs of dealing with the breach and the interference it has resulted in with other lawful activity or the regulatory regime. The offence range is a £100 fine to £3 million fine. A particular issue will be the assessment of the financial resources of the company. Importantly Step 5 of the guideline then requires that the combination of financial orders (compensation, confiscation if appropriate, and fine) removes any economic benefit derived from the offending.

Interpreting/Applying the Guideline

Approach to fines

B7-007 For general guidance on the imposition of fines, see A4-092. For particular guidance as to the sentencing of very wealthy individuals, see A4-097. For particular guidance as to the sentencing of corporations, see A4-100.

Approach to sentencing organisations

B7-008 *R. v Thames Water Ltd [2015] EWCA Crim 960; [2015] 2 Cr. App. R. (S.) 63*
The court gave guidance as to the sentencing of very large organisations in respect of environmental offences.

BUSINESS OFFENCES

Held: as in every case, an assessment must be made of the seriousness of the offence. This is to be done be applying the guidance given in Steps 3 and 4 of the Sentencing Council's Definitive Guideline on Environmental Offences. The factors taken into account in Steps 5–11 should also be followed, save where irrelevant—e.g. the proviso relating to public or charitable bodies in Step 7. It is of particular importance in the case of such very large commercial organisations to take into account the financial circumstances of the offender. This should ensure that the penalty imposed is not only proportionate and jus, but will bring home to the management and shareholders the need to protect the environment.

The court is not bound by, or even bound to start with, the ranges of fines suggested by the Sentencing Council in the cases of organisations which are merely "large". There is no advantage to be gained by adopting the definition suggested by the Crown, that an organisation should be treated as being "very large" if its turnover exceeds £150 million per year on a three-yearly average. In the case of most organisations, it will be obvious that it either is or is not very large. Doubtful cases must be resolved as and when they arise.

The object of the sentence is to bring home the appropriate message to the directors and shareholders of the company. Sentences imposed hitherto in a large number of cases have not been adequate to achieve that object. The court had on two occasions observed that it would not have interfered with fines "very substantially greater" or "significantly greater" than six-figure fines imposed for environmental offences: *R. v Southern Water Services Ltd*[2] and *R. (Natural England) v Day*.[3]

B7-009

Previous convictions will always be relevant aggravating features and, in the case of some, seriously aggravating features. Repeated operational failures—suggestive of a lack of appropriate management attention to environmental obligations—will fall into the category of negligence or worse. For example, to bring the message home to the directors and shareholders of organisations which have offended negligently once or more than once before, a substantial increase in the level of fines, sufficient to have a material impact on the finances of the company as a whole, will ordinarily be appropriate. This may therefore result in fines measured in millions of pounds.

In the worst cases, when great harm exemplified by Category 1 harm has been caused by deliberate action or inaction, the need to impose a just and proportionate penalty will necessitate a focus on the whole of the financial circumstances of the company. This may well result in a fine equal to a substantial percentage, up to 100% of the company's pre-tax net profit for the year in question (or an average if there is more than one year involved), even if this results in fines in excess of £100 million. Fines of such magnitude are imposed in the financial services market for breach of regulations. In a Category 1 harm case, the imposition of such a fine is a necessary and proper consequence of the importance to be attached to environmental protection.

In the case of a Category 1 case resulting from recklessness, similar considerations will apply, although the court will need to recognise that recklessness is a lower level of culpability than deliberate action or inaction. Where the harm caused falls below Category 1, lesser, but nevertheless suitably proportionate, penalties which have regard to the financial circumstances of the organisation

B7-010

---

[2] [2014] EWCA Crim 120; [2014] 2 Cr. App. R. (S.) 29 at [21].
[3] [2014] EWCA Crim 2683; [2015] 1 Cr. App. R. (S.) 53 at [46].

should be imposed. In an appropriate case, a court may well consider, having regard to the financial circumstances of the organisation, that the fine imposed must be measured in millions of pounds.

In the case of a very large organisation there must not be a mechanistic extrapolation from the levels of fine suggested at Step 4 of the guideline for large companies. This is made clear by: (1) the fact that by definition a very large commercial organisation's turnover very greatly exceeds the threshold for a large company; and (2) the requirement at Step 6 of the guideline to examine the financial circumstances of the organisation in the round.

There is always a need to consider mitigating factors, which will include prompt and effective measures to rectify the harm caused by the offence and to prevent its recurrence, frankness and co-operation with the authorities, the prompt payment of full compensation to those harmed by the offence and a prompt plea of guilty. In addition, significant expense voluntarily incurred—so-called "reparation"—in recognition of the public harm done should be taken into account in the manner explained in *R. v Thames Water Utilities Ltd*.[4] Clear and accepted evidence from the chief executive or chair of the main board that the main board was taking effective steps to secure substantial overall improvement in the company's fulfilment of its environmental duties would be a significant mitigating factor.

B7-011 In the case of an offence which causes no harm and which occurs without fault on the part of the undertaker, it would be difficult to justify a significant difference in the level of fine imposed on two very large organisations, merely because the infrastructure of one was twice as large as that of the other. Size becomes much more important when some harm is caused by negligence or greater fault. However, even in the case of a large organisation with a hitherto impeccable record, the fine must be large enough to bring the appropriate message home to the directors and shareholders and to punish them.

Relevance of the Common Incident Classification Scheme

R. (Environment Agency) v Lawrence [2020] EWCA Crim 1465; [2021] Env. L.R. 18

B7-012 The court considered a submission that as the harm categories in the sentencing guideline for environmental offences were based on the Environment Agency's Common Incident Classification Scheme, the guidelines should be interpreted by reference to the guidance given in that scheme.

Held: whilst the Sentencing Council might have taken the Scheme as part of its source guidance, that is not a reason to read the guidelines as subject to constraints imposed by the Scheme, which was not an instrument designed to address sentencing by the criminal courts.

Assessment of harm (Presence of multiple factors)

R. (Environment Agency) v Lawrence [2020] EWCA Crim 1465; [2021] Env. L.R. 18

B7-013 The court considered an appeal against sentence where the judge had concluded that the presence of a number of Category 2 harm features justified moving the case into Category 1 harm. The appellant argued that the judge had wrongly

---

[4] [2010] EWCA Crim 202; [2010] 2 Cr. App. R. (S.) 90 at [53].

conflated Steps 3 and 4, and Step 3 did not permit the use of multiple features of harm to move the matter to a higher category range.

Held: if a feature is used by the judge to place wrongdoing in Category 2 harm, or to move it up that category, the same feature cannot be used again as an aggravating feature to elevate the offending into Category 1. However, in this case, there were ample findings made by the judge to justify him finding harm at the top of Category 2, with other features available to aggravate the offending well beyond that. The wording of Step 4 allowed the judge to do what he did. No one committing such offences should think that multiple aspects of his/her wrongdoing, however grave, will receive no punishment simply because they all fall within one category of harm.

Interference with or undermining of other lawful activities (harm)
R. v Southern Water Services Ltd [2014] EWCA Crim 120; [2014] 2 Cr. App. R. (S.) 29

In a case decided prior to the Sentencing Council's guideline the court gave guidance as to the assessment of harm in environmental offences. On the facts of the case, a large water company had failed to notify the Environment Agency of a fault at one of its pumping stations causing effluent to be pumped into the sea in Kent. **B7-014**

Held: it is important to look at the potential harm and, particularly in environmental cases, to consider also the impact on the local economy. It is self-evident that it is the perception of pollution that often has a very serious effect on a local economy. On the facts of the case, the Crown opened to the judge that the coast of Kent had more blue flag beaches within the area of Thanet than any other authority in the UK. Part of the coast was designated as a site of Special Scientific Interest. There was extensive use of the area for amenities, particularly bathing and water sports. Furthermore, the waters were used for shell fisheries. The judge found that any loss of confidence in the use of the coastal waters of Kent could have a serious effect on the local economy.

Commentary: Although this case was decided prior to the guideline it is suggested that the guideline factor "interference with or undermining of other lawful activities" is intended to encompass, inter alia, negative effects on the local economy. Furthermore, as the court correctly identified in this case it is clear that significant effects on the local economy (and tourism) can occur even where the breach has not in fact caused significant damage in terms of pollution. **B7-015**

Need for organisations to explain steps they are taking
R. v Southern Water Services Ltd [2014] EWCA Crim 120; [2014] 2 Cr. App. R. (S.) 29

The court considered the sentence to be imposed on a large water company that had failed to notify the Environment Agency of a fault at one of its pumping stations causing effluent to be pumped into the sea for 10 days and then failed to make proper repairs, leading to further discharges into the sea. The organisation had a persistent record, with 160 previous offences. **B7-016**

Held: in the absence of any explanation as to what the main board of the company had done to reform itself, to eliminate its offending behaviour and to give a detailed explanation of what happened in the incident which was before the learned judge, there was very little mitigation that could be put forward. It is very important that in offences of the seriousness of the kind represented by this case it is incumbent on the chief executive and main board of the company—particularly one with a serious record of minor criminality, which this company had—to explain to the court the cause of its offending behaviour, the current offence and its proposals for protecting the public from such further offending. In other words, the court wants to know how the company is addressing the purposes which Parliament has laid down for sentencing and preventing further criminal behaviour by the company.

Health and Safety Offences

Maximum Sentences

B7-017 The maximum sentence for an offence of failing to discharge a duty to which a person is subject by virtue of ss.2–7 of the Health and Safety at Work etc Act 1974, contrary to s.33(1)(a) of the 1974 Act, is *two years' imprisonment and/or a fine on indictment*. On summary conviction the maximum sentence is *six months' imprisonment and/or a fine of £20,000* for offences committed by virtue of failing to discharge a duty to which a person is subject by virtue of ss.2–6 of the 1974 Act, and is *six months' imprisonment and/or a fine* where the offence consists of a failure to discharge a duty to which a person is subject by virtue of s.7.

The maximum sentence for an offence contrary to s.33(1)(b) of the Health and Safety at Work etc Act 1974 consisting of a contravention of s.8 is *two years' imprisonment and/or a fine on indictment*. On summary conviction, the maximum sentence is *six months' imprisonment and/or a fine of £20,000*. For offences contrary to s.33(1)(b) of the Health and Safety at Work etc Act 1974 consisting of a contravention of s.9, the maximum sentence on indictment is *a fine*, and on summary conviction, is *a fine of £20,000*.

The maximum sentence for an offence of contravening health and safety regulations (or any requirement or prohibition imposed under them) contrary to s.33(1)(c) of the Health and Safety at Work etc Act 1974 is *two years' imprisonment and/or a fine on indictment*. On summary conviction, the maximum sentence is *six months' imprisonment and/or a fine of £20,000*.

Consequences of Conviction

B7-018 Conviction for these offences does not trigger any particular automatic consequences of conviction, nor make available specific custodial sentences. If an offence is found to have a terrorist connection, it is a Sch.13 offence for the purposes of the sentence for offenders of particular concern. It is, however, likely that consideration of company director disqualification orders will be necessary.

Sentencing Guideline: General

B7-019 The Sentencing Council guideline for Health and Safety Offences 2015 provides separate guidelines in respect of the sentencing of individuals and the sentencing of organisations.

Individuals

B7-020 The offence range for individuals is a conditional discharge to two years' imprisonment. There are four categories of culpability determined by the extent to which the breach was either intended or reckless. There are four categories of harm determined by reference to the seriousness of the harm risked, the likelihood of that harm arising, whether a significant number of persons were exposed to that harm and whether the offence was a significant cause of actual harm.

Organisations

The offence range for organisations is a £50 fine to a £10 million fine. There are four categories of culpability determined by the extent to which the organisation was responsible for the breach or the risk of breach, including the systems put in place to prevent them. There are four categories of harm determined by reference to the seriousness of the harm risked, the likelihood of that harm arising, whether a significant number of persons were exposed to that harm, and whether the offence was a significant cause of actual harm. A particular issue will be the assessment of the financial resources of the company, which has a significant impact on the fines recommended by the guideline.

B7-021

Interpreting/Applying the Guideline

Likelihood of harm (harm)

Health and Safety Executive v Faltec Europe Ltd [2019] EWCA Crim 520; [2019] 4 W.L.R. 77

The court considered the proper approach to assessing the likelihood of harm resulting from potential outbreaks of legionnaire's disease.

Held: in *R. v Squibb Group Ltd*,[5] the court held "the likelihood or otherwise that exposure to asbestos at a particular level for a particular period of time will ultimately cause a fatal disease is not something which is rationally capable of being assessed simply on the basis of supposition, impression or imagination. It is a scientific question which should be answered, if possible, with the assistance of scientific evidence". That passage is of general application. Thus, in the present case, the likelihood of Level A harm arising could only be assessed having regard to the scientific evidence before the court. The court could not, for instance, substitute an impressionistic view for the evidence that those exposed to outbreaks of legionella from cooling towers would be expected to sustain fatal injuries would be 0–0.04%.

The more difficult question is the characterisation of that figure—i.e. four in 10,000, as a high, medium or low likelihood of harm arising. This question of characterisation is one for the court on all the evidence, rather than the expert witness. The court is here engaged in an evaluative exercise and must be permitted a margin of appreciation. However, the court's evaluation cannot ignore the scientific evidence of likelihood. So, in *R. v Squibb Group Ltd*, Leggatt LJ at [45] said: "The expert's best estimate was that, if 100,000 people were exposed to asbestos to a similar extent to Squibb's employees, about 90 deaths would result. To put this estimated risk in context, the risk of dying from smoking cigarettes is around one in five (i.e. 20,000 cases per 100,000) and the risk of dying from working in the construction industry for 40 years or from an accident on the roads is around 500–600 chances per 100,000. On this basis, the likelihood that one of Squibb's employees will die as a result of their employer's breach of duty in this case is on any view extremely small".

B7-022

---

[5] [2019] EWCA Crim 227.

B7-023 While that paragraph did not lay down a rule for the characterisation of the likelihood of harm arising, let alone a rule of general application, it does serve as a reminder that the court's characterisation ought not to be divorced from the reality of the scientific evidence before it.

On the evidence, the relevant figure for deaths in the present case from an exposure to legionella would be four in 10,000. In an urban area (where the Faltec site was located), over a short period of time (unlike the asbestosis, smoking or construction industry examples set out in *R. v Squibb Group Ltd* relating to periods of years), this figure did not involve a low risk of harm arising.

Although there is no precise evidence as to Level A harm risked other than death, it is logically inescapable that if the risk of death is four in 10,000, there must be a risk of other Level A harm in an additional percentage. Legionnaires' disease may well result in catastrophic illness coming within Level A harm other than death. Against that background, the correct categorisation for the likelihood of Level A harm arising from these outbreaks of legionella in a densely populated urban area is "Medium".

Offence exposed a number of workers or members of the public to the risk of harm (harm)

Health and Safety Executive v Faltec Europe Ltd [2019] EWCA Crim 520; [2019] 4 W.L.R. 77

B7-024 The court considered the proper approach to harm where an offence exposed a number of workers or members of the public to the risk of harm.

Held: where the court has identified an "initial harm category" in the guideline it is required to consider whether either of two further factors applies. The first of those further factors ("factor (i)") is in these terms: "Whether the offence exposed a number of workers or members of the public to the risk of harm. The greater the number of people, the greater the risk of harm." The second factor ("factor (ii)") reads as follows: "Whether the offence was a significant cause of actual harm …". The guideline then continues with the following paragraph (the paragraph): "If one or both of these factors apply the court must consider either moving up a harm category or substantially moving up within the category range … The court should not move up a harm category if actual harm was caused but to a lesser degree than the harm that was risked, as identified on the scale of seriousness above."

Though the guideline is not to be construed as a statute, on a natural reading, the paragraph applies to both factor (i) and factor (ii), as its opening words make clear. The primary focus of the guideline and the gravamen of many health and safety offences is exposure to risk, not actual harm. There is, accordingly, ample scope for an upwards adjustment in harm category in cases where numbers of people have been exposed to the risk of harm—but no actual harm has been caused. Thirdly, it is only where actual harm has been caused, but to a lesser degree than the harm risked, that the language of the guideline prevents the court from moving up a harm category.

B7-025 *Commentary:* The court in this case was clearly correct to conclude that the caveat in the guideline only prevents moving outside the category in cases where actual harm has been caused, but to a lesser degree than the harm risked. There is no such limit on moving up a harm category on the basis that the offence exposed a number of workers or members of the public to the risk of harm. However, it would clearly be a misreading of the guideline (and indeed this case) to conclude that wherever the actual harm caused is of a lesser degree than the harm risked the court cannot move up a harm category on the basis that the offence exposed a number of workers or members of the public to the risk of harm. The clear intent of the caveat in the guideline is simply to prevent a court from moving up a category purely on the basis of actual harm that is of a lesser degree than harm risked.

Actual harm caused (harm)

R. v Havering BC [2017] EWCA Crim 242; [2017] 2 Cr. App. R. (S.) 9
 The appellant had pleaded guilty to counts of failing to discharge a duty imposed by regs 4(2)–4(3) of the Provision and Use of Work Equipment Regulations 1998,[6] contrary to s.33(1)(c) of the Health and Safety at Work etc Act 1974. The offence had created an obvious risk of fatal injury and one employee had in fact suffered a severe laceration to his knee, which required hospital admission and treatment.
 On appeal against sentence the appellant argued, inter alia, that the judge should not have concluded that the presence of actual harm was an aggravating feature where the level of harm that resulted was far below the level of risk of harm created by the offence. Where actual harm was lower than the risk level, it was argued this should mitigate the sentencing range.
 Held: such a submission was based on a mistaken analysis of the guideline. The guideline provides that the court should "Consider whether the offender's breach was a significant cause of actual harm ... If one or both of these factors [in para.2] apply, the court must consider either moving up the harm category, or substantially moving up within the category range at step 2." In this case, the offence was a significant cause of actual harm, and therefore the sentencing judge was required to consider moving up in the range. The further narrative in the guideline, which refers to actual harm being less than risk harm only precludes moving up a category in those circumstances, not moving up within the sentencing range.

B7-026

R. v Whirlpool Appliances Ltd [2017] EWCA Crim 2186; [2018] 1 Cr. App. R. (S.) 44
 The court gave guidance as to the impact of a death on the approach to the ranges set out in the guideline.
 Held: a consistent feature of sentencing policy in recent years, reflected both in statute and judgments of this court, has been to treat the fact of death as something that substantially increases a sentence, as required by the second stage of the assessment of harm at Step 1. Without more, the fact of death would justify a move not only into the next category but to the top of the next category range.

B7-027

Approach to culpability

R. v Nestle UK [2021] EWCA Crim 1681; [2022] 2 Cr. App. R. (S.) 1
 The court considered an appeal against sentence in respect of an offence contrary to s.33 of the Health and Safety at Work Act 1974 in which it was submitted the judge had failed to have regard to the fact that the offence was one of strict liability.
 Held: introducing into a sentencing exercise like this questions of strict liability or concepts of foreseeability, is unnecessary and undesirable. The

B7-028

---

[6] Provision and Use of Work Equipment Regulations 1998 (SI 1998/2306).

guideline deliberately eschews all such complexities. It expressly applies equally to offences charged under s.2 and under s.33 of the 1974 Act, without any attempt at distinction. The guideline sets out a clear approach for a judge to adopt which applies to all relevant breaches. To the extent that, in any given case, there is a differential to be made for sentencing purposes between strict liability and other offences, this would be relevant on any consideration of culpability, the first stage of the sentencing exercise envisaged by the guideline. Questions of culpability and risk of harm are front and centre in the sentencing exercise envisaged by the guideline. If the judge follows the guideline, he or she is going to be considering the actual facts of the offending in question.

Assessment of offence seriousness (Step 2)

B7-029
R. v Bupa Care Homes Ltd [2019] EWCA Crim 1691; [2020] 1 Cr. App. R. (S.) 48
The court gave guidance as to the approach to the assessment of offence seriousness at Step 2 of the guidelines for health and safety offences.

Held: at Step 2 of the guideline a sentencing judge is not only concerned with turnover and the aggravating and mitigating features set out in the table in the guideline. They are entitled to consider the extent of the harm and culpability involved in the offending more broadly. An offender whose culpability was high because of the presence of a number of listed factors ought in principle to be punished more severely than an offender whose culpability is high because of the presence of just one factor. The presence of multiple culpability factors can properly be regarded as a matter capable of increasing the starting point within the indicated range of fine, as set out in the relevant table for the size of the organisation involved.

Very large organisations (Step 2)

B7-030
R. v Whirlpool Appliances Ltd [2017] EWCA Crim 2186; [2018] 1 Cr. App. R. (S.) 44
The court gave guidance as to how to identify and then treat a "very large organisation" for the purposes of the guideline.

Held: there is a five-fold difference in turnover between the smallest and largest organisations falling within both the "small" and "medium" categories for the purposes of the guideline. The guideline does not apply the same arithmetical approach to defining the boundary between a large and very large organisation. No upper limit is mentioned for a large organisation. Instead, the guideline suggests that "very large organisations" will have a turnover that "very greatly exceeds" the threshold for large organisations. In such cases "it may be necessary to move outside the range to achieve a proportionate sentence". In *R. v Thames Water Ltd*,[7] this court made clear (in the context of environmental offences) that there should be no mechanistic extrapolation for levels for large companies.

Each of the category ranges in which the turnover limits are identified is designed to accommodate organisations with turnovers at both ends of the range. The language of the guideline suggests that the category ranges identified for large organisations are designed to cater for turnovers which "exceed" £50 million—indeed "greatly exceed" £50 million. These first two examples do not fall

---

[7] [2015] EWCA Crim 960; [2015] 2 Cr. App. R. (S.) 63.

within the definition of a very large organisation at all. Most organisations with a turnover which "very greatly exceeds £50 million" will be treated as very large organisations. However, even then the guideline retains flexibility to meet the individual circumstances by suggesting that it "may", not will, be necessary to move outside the range. The language of the guideline suggests that a very large organisation is likely to have a turnover of multiples of £50 million but the court did not wish to create an artificial boundary. The turnover of the appellant was of the order of £700m. Although the judge did not say that the appellant was therefore a very large organisation within the language of the guideline it is clear that it must be. It was therefore permissible to move outside the appropriate range in order to achieve a proportionate sentence.

Having determined that an organisation is very large, the calculation of a fine through the structure of the guideline does not at this stage dictate an arithmetical approach to turnover. There is no linear approach. That much is clear from the conclusion endorsed by the court in *R. v Tata Steel*[8] where a turnover of £4 billion, as opposed to £50 million, led to a step change of one harm category rather than extravagant multiples.

B7-031

R. v Places for People Homes [2021] EWCA Crim 410

The court identified a number of principles relevant to the sentencing of "large" and "very large" organisations for the purposes of the guideline.

B7-032

Held: There was a conscious choice by the Sentencing Council not to seek to define or provide a table for organisations with a turnover above the threshold of £50 million. There is no precise level of turnover at which an organisation becomes "very large". In the case of most organisations, it will be obvious. In the case of very large organisations, the starting points and ranges for large organisations do not apply. That is not to say, however, that for very large organisations the court should not follow the steps required by the Guideline: the court must take a figure at Step 2 which is greater than the figures in the table for merely large companies. The extent of the increase will be guided by the relevant sentencing principles, including those of making the fine proportionate to the means of the organisation; sufficiently large to constitute appropriate punishment; and sufficient to bring home to the management and shareholders the need for regulatory compliance. This is a consideration therefore at Step 2 as well as Step 3 when dealing with very large organisations.

In the case of organisations which are merely large, not very large, the court is not bound by, or even bound to start with, the ranges of fines suggested by the Sentencing Council. There should be no mechanistic extrapolation from the figures in the table for large companies either in the case of larger "large" companies or "very large" organisations. There is not a bright dividing line between "large" and "very large" organisations. The size of the organisation lies on a spectrum. The larger the company the greater the fine may need to be in order for it to be proportionate to the organisation' means, to constitute adequate punishment, and to bring home to management and shareholders the need for regulatory compliance.

---

[8] [2017] EWCA Crim 704; [2017] 2 Cr. App. R. (S.) 29.

Taking into account the financial circumstances of the parent company (Step 3)

R. v Tata Steel [2017] EWCA Crim 704; [2017] 2 Cr. App. R. (S.) 29

B7-033 The court considered an appeal against sentence by TSUK in respect of a fine imposed for two health and safety offences. TSUK was a wholly owned subsidiary within the Tata Steel Europe Ltd Group and its ultimate parent company was Tata Steel Ltd (TSL). On appeal against sentence the appellants argued that the judge had erred in taking into account the resources of TSL (the parent company) in assessing the financial resources of the company (TSUK).

Held: the financial circumstances of the offender are to be examined "in the round to assess the economic realities of the organisation". In this regard, Step 2 provides that "normally" only information relating to the "organisation before the court" will be relevant, unless "exceptionally" it is demonstrated that the resources of a "linked organisation" are available and "can properly be taken into account".

Here the company's strategic report provided that the support of the parent (TSL) was plainly of the first importance in ensuring that TSUK could continue to prepare its accounts on a "going concern" basis. In those circumstances it would seem wrong not to take the position of TSL into account—the removal of TSL's resources would produce a misleading and unrealistic picture of TSUK's financial circumstances. The judge was amply entitled to take TSL's resources into account when considering whether to make a downwards adjustment in the light of TSUK's financial circumstances.

Health and Safety Executive v Faltec Europe Ltd [2019] EWCA Crim 520; [2019] 4 W.L.R. 77

B7-034 The appellant company was a wholly owned subsidiary of a holding company, and carried on a business manufacturing car parts. In recent years it had a turnover of between £33 and £39 million per annum. Although it reported a profit in 2015, it operated at a loss in 2016 and 2017, subsisting largely on loans and share capital supplied by the holding company, which itself had an annual profit of between £10 and £20 million in respect of those years. It pleaded guilty to three health and safety offences.

On appeal against sentence it was argued that the judge had erred in taking into account the financial circumstances of the holding company.

Held: the question of whether this is an exceptional case where "the resources of a linked organisation are available and can properly be taken into account" requires consideration of the "financial circumstances of the offender in the round" so as to assess "the economic realities of the organisation". The "economic realities" test is a broader test than whether the offender has a legal right to the resources of the linked organisation. Whether the economic realities test is satisfied will depend on a fact-specific enquiry in the individual case and should be approached with a degree of caution; ordinarily, it is only the resources of the offender which are to be taken into account; the fact that companies are members of the same group or have a subsidiary–parent relationship, will not *of itself* satisfy the test; it is only in exceptional cases that the resources of a linked organisation fall to be considered.

B7-035 In the instant case, however, the economic realities did make it an exceptional case. Faltec's dependence on the holding company was such that, for Faltec's accounts to be produced on a going concern basis, it would be unrealistic and misleading to ignore the holding company's resources. The judge was therefore entitled to have some limited regard to the holding company's resources in his proportionality assessment, relating to counts one and two.

***R. v NPS London Ltd* [2019] EWCA Crim 228; [2019] 2 Cr. App. R. (S.) 18** B7-036
The court provided further guidance on the approach to sentence where a defendant company was owned by a parent company. In the instant case, the appellant (NPS London) was a joint venture company owned 80% by a parent company and 20% by the local London borough.

Held: the judge was wrong to read the guideline as allowing him to treat NPS London as, or as if it were, a large organisation for the purpose of sentencing on the basis of the parent company's turnover. It is the offending organisation's turnover, and not that of any linked organisation, which, at Step 2 of the guideline, is to be used to identify the relevant table. This reflects the basic principle of company law that a corporation is to be treated as a separate legal person with separate assets from its shareholder(s).

There are circumstances, restated by the Supreme Court in *Prest v Petrodel Resources Ltd*,[9] in which it is permissible to "lift the corporate veil", and in such circumstances it would be legitimate to treat a corporate defendant as part of a larger organisation for the purpose of sentencing in this context, in the same way as, for example, it can be appropriate to lift the corporate veil in criminal confiscation proceedings. An example of a case where it would be appropriate to treat the relevant figure for turnover as that of a parent company might be one where a subsidiary had been used to carry out work with the deliberate intention of avoiding or reducing liability for non-compliance with health and safety obligations. The mere fact, however, that the offender is a wholly owned subsidiary of a larger corporation or that a parent company or other "linked" organisation is in practice likely to make funds available to enable the offender to pay a fine is not a reason to depart from established principles of company law or to treat the turnover of the linked organisation as if it were the offending organisation's turnover at Step 2 of the sentencing guideline.

By contrast, whether the resources of a linked organisation are available to the B7-037
offender is a factor which may more readily be taken into account at Step 3 when examining the financial circumstances of the offender in the round and assessing "the economic realities of the organisation". It may certainly be relevant at that stage, when checking whether the proposed fine is proportionate to the overall means of the offender, to take into account the economic reality—if it is demonstrated to the court's satisfaction that it is indeed the reality—that the offender will not be dependent on its own financial resources to pay the fine but can rely on a linked organisation to provide the requisite funds. This was what occurred in *R. v Tata Steel UK Ltd*.[10] The appellant here was loss-making and insolvent on a balance sheet basis, with negative equity of some £4.5m, and the directors' report stated that any finance required was to be provided by the parent company. On that basis, it was proper to regard the parent company as a linked organisation that could be counted on to provide the required funds, and there was no reason therefore to further reduce the fine on the basis of low profitability.

***R. v Bupa Care Homes Ltd* [2019] EWCA Crim 1691; [2020] 1 Cr. App. R. (S.) 48**
The court gave further guidance as to the circumstances in which a parent B7-038
company's turnover might be taken into account in Step 3 of the guideline.

---

[9] [2013] UKSC 34; [2013] 2 A.C. 415.
[10] [2017] EWCA Crim 704; [2017] 2 Cr. App. R. (S.) 29.

Held: the starting point is that the guideline has to be applied in a way which does not infringe ordinary and well-understood principles of company law. Thus, the mere fact that one company may be the wholly owned subsidiary of a larger parent (with larger financial resources) does not mean that the resources of the parent can be treated as available to, or as part of the turnover of, the subsidiary company, because they are not. The guideline phrase "economic realities" cannot be extended to mean that the parent's resources belong to the subsidiary simply in order to justify a large increase in fine at Step 3, any more than they can be taken into account to increase the size of the subsidiary's turnover for the purposes of the tables in Step 2.

If it is generally wrong to take into account the parent's turnover so as to increase the subsidiary's turnover at Step 2 (which it is) then it is wrong to take it into account to increase the fine at Step 3 in the absence of some special factor of the type identified in *R. v Tata Steel*[11] or *R. v NPS London Ltd*[12] (although those were cases where fines were not reduced because of the parental turnover; they were not cases where fines were increased because of it). The question of what such special factors might be will have to be determined as and when it arises.

B7-039
In the instant case there was no such factor. The offence arose out of the appellant's breach of duty, it alone bore criminally liability. It was a large profitable organisation in its own right and there was no suggestion that it would be unable to pay the fine and require instead the parent to pay it or that it would not be a going concern without the parent company. Those were the economic realities. That it remitted its profits to the parent company was nothing to the point.

Relevance of profitability (Step 3)

R. v Whirlpool Appliances Ltd [2017] EWCA Crim 2186; [2018] 1 Cr. App. R. (S.) 44

B7-040
The court gave guidance as to the impact of relatively poor profitability in the context of an organisation with a substantial turnover.

Held: there is a significant difference between an organisation trading on wafer-thin margins and another, perhaps a professional services company, where the profits shared between partners or shareholders are a substantial percentage of turnover. An organisation with a consistent recent history of losses is likely to be treated differently from one with consistent profitability. So, too, an organisation where the directors and senior management are very handsomely paid when compared with turnover is likely to attract a higher penalty than one where the converse is the case. In the instant case the appellant had an underlying profitability. The recent loss was the result of two exceptional items. Furthermore, the assets of the company in 2014 and 2015 were about £550m. The fluctuations in the profitability did not affect the directors' remuneration. At Step 3 the court is required to consider if the fine is sufficient to have a real economic impact which will bring home to the management and shareholders the need to comply with health and safety legislation but is also proportionate to the appellant's overall means.

---

[11] [2017] EWCA Crim 704; [2017] 2 Cr. App. R. (S.) 29.
[12] [2019] EWCA Crim 228; [2019] 2 Cr. App. R. (S.) 18.

R. v Modus Workspace Ltd [2021] EWCA Crim 1728; [2022] 1 Cr. App. R. (S.) 44 B7-041
The court heard an appeal against sentence on the basis that the judge should have reduced the penalty imposed for a health and safety offence on the basis that the company was likely to be loss making in 2020 as a result of the Covid-19 pandemic.

Held: the realities were that this company was not loss-making over the course of its business and it was not projected to reduce its turnover by a very substantial degree, even during the pandemic. At the time of sentence it had a projection of a downturn in business. The judge took it into account. She could do no more. The universal crisis caused by the pandemic had uncertain outcomes; no long term projection could have been made. In essence these arguments are to do with ability to pay. The guideline does not specifically require judges to have regard to future performance and the judge had to sentence for the business in front of her. The law does provide for adjustments to be made in the future by the magistrates' court as to the rate of the payment of the fine and, in particular circumstances, remission of part.

Fines for charities/public bodies (Step 4)

R. v Havering BC [2017] EWCA Crim 242; [2017] 2 Cr. App. R. (S.) 9 B7-042
The appellant, a local authority, appealed against sentences imposed for health and safety offences, arguing, inter alia, that the reference to making a "substantial" reduction at Step 4 of the guideline when imposing a fine on a public body should be interpreted as involving a reduction of at least 50%.

Held: the reference to a "substantial" reduction is deliberately left open in the guideline. It is plainly left to the discretion of the sentencer when deciding what level of reduction to give. Step 4 provides for that discretion when it states: "The fine should *normally*[the court's emphasis] be substantially reduced."

R. v University College London [2018] EWCA Crim 835 B7-043
University College London (UCL), a body established by Royal Charter and a registered charity, was the part owner of the London Centre of Nanotechnology (LCN), a department which employed approximately 130 staff. A piece of scientific equipment used by LCN had been over pressurised and shattered, causing a master's student to suffer partial vision loss. UCL pleaded guilty to an offence of exposing another to a risk to health and safety, contrary to ss.3(1) and 33(1)(a) of the Health and Safety at Work etc Act 1974.

The judge reduced the fine he would have otherwise imposed by 20% because of the appellant's charitable status. This was challenged on the basis that it was an insufficient reduction.

Held: a reduction of 20% was perhaps not a generous reduction. However, this is not a case in which a fine which would otherwise be appropriate should be reduced because of its likely impact on the provision of charitable services to the needy (the fine imposed was £300,000 and UCL had a very large turnover measured in excess of £1 billion per annum), and the judge must already have taken into account, at an earlier stage of the sentencing process, the fact that almost all UCL's income is spent on funding educational activities. Moreover, while the appellant of course has charitable status, the activities of LCN not only add to the academic prestige of the parent organisation, but also have at least some commercial aspect. In those circumstances, it seems that the reduction made by the learned judge to reflect the charitable status was within the range properly open to him.

Fire Safety Offences

Maximum Sentences

B7-044 The maximum sentence for an offence contrary to arts 32(1)(a)–(d) and (2)(h) of the Regulatory Reform (Fire Safety) Order 2005[13] (failure to comply with certain requirements imposed by the Order or regulations made under it, and failure to comply with any requirement imposed by an enforcement notice or any prohibition or restriction imposed by a prohibition notice) is *two years' imprisonment and/or a fine* on indictment. On summary conviction the maximum is a *fine*.

The maximum sentence for an offence contrary to art.32(2)(a) of the Regulatory Reform (Fire Safety) Order 2005[14] (failure to comply with art.23 (general duties of employees at work) where that failure places one or more relevant persons at risk of death or serious injury in case of fire) is *a fine*.

Consequences of Conviction

B7-045 Conviction for these offences does not trigger any particular automatic consequences of conviction, nor make available specific custodial sentences. If an offence is found to have a terrorist connection, it is a Sch.13 offence for the purposes of the sentence for offenders of particular concern. It is, however, likely that consideration of company director disqualification orders will be necessary.

Guidance

R. v Sandhu [2017] EWCA Crim 908; [2017] 4 W.L.R. 160

B7-046 The court gave guidance as to the sentencing of offences contrary to the Regulatory Reform (Fire Safety) Order 2005.[15]

Held: there are no definitive guidelines for these offences and so the court must determine the seriousness of an offence in the normal way, in particular having regard to the offender's culpability in committing the offence and any harm which the offence caused, was intended to cause or might foreseeably have caused. However, although the guideline for health and safety offences is not directly referable to these offences, it does provide a useful check for considering whether a sentence arrived at by applying the usual considerations has produced a sentence which is either unduly lenient or manifestly excessive.

(On the facts of the case, the court then seemed to endorse an approach in which the judge had in essence applied the guideline for health and safety offences to the case as a check against sentence.)

R. v Butt [2018] EWCA Crim 1617; [2019] 1 Cr. App. R. (S.) 4

B7-047 The court gave guidance as to the sentencing of offences contrary to the Regulatory Reform (Fire Safety) Order 2005.[16]

Held: there are no sentencing guidelines applicable to fire safety cases. Previ-

---

[13] Regulatory Reform (Fire Safety) Order 2005 (SI 2005/1541).
[14] Regulatory Reform (Fire Safety) Order 2005 (SI 2005/1541).
[15] Regulatory Reform (Fire Safety) Order 2005 (SI 2005/1541).
[16] Regulatory Reform (Fire Safety) Order 2005 (SI 2005/1541).

ously in *R. v New Look Retailers Ltd*,[17] the court had applied to prosecutions under the Order the case law for sentencing offences under the Health and Safety at Work etc Act 1974. That envisaged that a similar approach to the assessment of harm and culpability would be appropriate and that aggravating and mitigating factors which weighed in health and safety cases would apply in sentencing for breach of the Order. A feature of offences contrary to art.32(1)(a) of the Order is that the breach must give rise to a risk of death or serious injury. Fire is an especially potent hazard. The products of combustion are capable of overcoming and killing victims quickly or doing them serious harm. The fire itself can do the same. Fire is notoriously unpredictable and can spread far from its seat. It is for these reasons that serious breaches of fire safety regulations have been met with severe penalties.

The Sentencing Council expressly stated in its response to consultation on the health and safety guideline that "... applying the factors in the guidelines to offences involving risk of fire had the potential for distorting sentence levels". The context of that observation was that the distortion of sentencing levels might be upwards. That said, the structure of the guideline in identifying the steps involved in determining the seriousness of the offending might usefully be followed to cases of this sort. In prosecutions for a breach of the Order the harm risked will be at the highest level, Level A in the guideline, because of the risk of death or serious injury. The level of culpability will vary depending on the circumstances of the offending. The likelihood of harm occurring depends on the chances of fire breaking out. In most cases, there will be no evidence of special risk of a fire breaking out, although in some there may be evidence of an enhanced risk. The law imposes a high standard for precautions to guard against the risk of fire. That is not only because of the very serious consequences that can flow from fire but also because it is so unpredictable how and when it will start. The severe penalties evident in cases of the breach of the Order do not depend on such enhanced risk. Its presence would be a seriously aggravating factor. The two factors referred to in para.9 of the guideline (risk to many and actual harm) are aggravating features when sentencing for fire safety offences.

Commentary: The implication in these cases seems to be that the appropriate sentence will be much higher than it would be under the health and safety guideline. It may be that an application of that guideline would be a sensible "check" as to whether the sentence is at the appropriate level.

B7-048

Food Safety Offences

Maximum Sentences

The maximum sentence for an offence contrary to reg.19(1) of the Food Safety and Hygiene (England) Regulations 2013[18] (contravention or failure to comply with any of the specified EU provisions) is a *fine*.

B7-049

The maximum sentence for an offence contrary to reg.17(1) of the Food Hygiene

---

[17] [2010] EWCA Crim 1268; [2011] 1 Cr. App. R. (S.) 57.
[18] Food Safety and Hygiene (England) Regulations 2013 (SI 2013/2996).

(Wales) Regulations 2006[19] (contravention or failure to comply with any of the specified EU provisions) is *two years' imprisonment and/or a fine on indictment*. On summary conviction the maximum sentence is a *fine*.

The maximum sentence for an offence contrary to reg.4 of the General Food Regulations 2004[20] (contravention or failure to comply with any of the specified EU provisions) is *two years' imprisonment and/or a fine on indictment*. On summary conviction the maximum sentence is *six months' imprisonment and/or a fine*.

Consequences of Conviction

B7-050 Conviction for these offences does not trigger any particular automatic consequences of conviction, nor make available specific custodial sentences. If an offence is found to have a terrorist connection, it is a Sch.13 offence for the purposes of the sentence for offenders of particular concern. It is, however, likely that consideration of company director disqualification orders will be necessary.

Sentencing Guideline: General

B7-051 The Sentencing Council guideline for Food Safety Offences 2015 provides separate guidelines in respect of the sentencing of individuals and the sentencing of organisations.

Individuals

B7-052 The offence range for individuals is a conditional discharge to 18 months' imprisonment. There are four categories of culpability determined by the extent to which the breach was either intended or reckless. There are three categories of harm determined by reference to the seriousness of the actual harm and the harm risked.

Organisations

B7-053 The offence range for organisations is a £100 fine to a £3 million fine. There are four categories of culpability determined by the extent to which the organisation was responsible for the breach or the risk of breach, including the systems put in place to prevent them. There are three categories of harm determined by reference to the seriousness of the actual harm and the harm risked. A particular issue will be the assessment of the financial resources of the company, which has a significant impact on the fines recommended by the guideline.

Interpreting/Applying the Guideline

B7-054 There are no cases providing guidance on the sentencing of food safety offences. It is, however, suggested that reference to the cases providing guidance in relation to health and safety offences may assist (see B7-022), in particular in relation to the extent to which a parent company's resources can be taken into account.

B7-055 Furthermore, for general guidance on the imposition of fines, see A4-092. For particular guidance as to the sentencing of very wealthy individuals, see A4-097. For particular guidance as to the sentencing of corporations, see A4-100.

---

[19] Food Hygiene (Wales) Regulations 2006 (SI 2006/31).
[20] General Food Regulations 2004 (SI 2004/3279).

Offences Relating to the Operation of Companies
Insider Trading

Maximum sentences

The maximum sentence for the offence of insider dealing, contrary to s.52 of the Criminal Justice Act 1993, is *seven years' imprisonment* if committed on or after 1 November 2021, and *seven years' imprisonment* otherwise.

B7-056

Consequences of conviction

Conviction for the offence of insider dealing, contrary to s.52 of the Criminal Justice Act 1993, does not trigger any particular automatic consequences of conviction, nor make available specific custodial sentences. If an offence is found to have a terrorist connection, it is a Sch.13 offence for the purposes of the sentence for offenders of particular concern. It is, however, likely that consideration of company director disqualification orders will be necessary.

B7-057

Guidance

R. v McQuoid [2009] EWCA Crim 1301; [2010] 1 Cr. App. R. (S.) 43
The court gave guidance as to the sentencing of offences of insider dealing.

B7-058

Held: those who involve themselves in insider dealing are criminals: no more and no less. The principles of confidentiality and trust, which are essential to the operations of the commercial world, are betrayed by insider dealing and public confidence in the integrity of the system which is essential to its proper function is undermined by market abuse. Takeover arrangements are normally kept secret. Very few people are permitted to have advance knowledge of them. Those who are entrusted with advance knowledge are entrusted with that knowledge precisely because it is believed that they can be trusted. When they seek to make a profit out of the knowledge and trust reposed in them, or indeed when they do so recklessly, their criminality is not reduced or diminished merely because they are individuals of good character.

Profits from even a single transaction of insider dealing can be very high indeed. This kind of conduct does not merely contravene regulatory mechanisms. When it is done deliberately, insider dealing is a species of fraud; it is cheating. As Hughes J observed in *R. v S*,[21] there needs to be an element of deterrence in such sentences which if prosecuted are likely in appropriate cases to be met by substantial sentences of imprisonment. Overall insider trading is a serious matter. On a large scale, it corrupts the whole of the market in capital.

The following considerations seem to be relevant:

B7-059

1) the nature of the defendant's employment or retainer, or involvement in the arrangements which enabled them to participate in the insider dealing of which they are guilty;
2) the circumstances in which they came into possession of confidential information and the use they made of it;
3) whether they behaved recklessly or acted deliberately and, almost inevitably therefore, dishonestly;

---

[21] [2003] EWCA Crim 2893.

4) the level of planning and sophistication involved in the activity, as well as the period of trading and the number of individual trades;
5) whether they acted alone or with others and, if so, their relative culpability;
6) the amount of anticipated or intended financial benefit or (as sometimes happens) loss avoided, as well as the actual benefit (or loss avoided);
7) although the absence of any identified victim is not normally a matter giving rise to mitigation, the impact (if any), where proved, on any individual victim;
8) the impact of the offence on overall public confidence in the integrity of the market; because of its impact on public confidence it is likely that an offence committed jointly by more than one person trusted with confidential information will be more damaging to public confidence than an offence committed in isolation by one person acting on their own.

Age and a guilty plea will always be relevant. So, too, will good character. However, it must be borne in mind that it will often be the case that it is the individual of good character who has been trusted with information just because they are an individual of good character. By misusing the information, the trust reposed as a result of the good character has been breached.

The decisions of this court in *R. v Clark (Trevor)*[22] (in which it was held that the following terms of imprisonment would generally be appropriate after trial for amounts stolen: up to 21 months for sums less than £17,500; two to three years for sums between £17,500 and £100,000; three to four years for sums between £100,000 and £250,000; five to nine years for sums between £250,000 and £1 million; and 10 years or more for sums of £1 million or more) may be of assistance adjusted for inflation. Similarly, the Sentencing Guideline Council's Definitive Guideline: Theft in Breach of Trust (now replaced by the Sentencing Council's guideline for theft) may provide valuable assistance.

B7-060 In assessing sentence, full weight must be given to the impact on the appellant and their family, as well as the destruction of their professional reputation. This will be significant for the future.

R. v Rollins [2011] EWCA Crim 1825; [2012] 1 Cr. App. R. (S.) 64

B7-061 The appellant was convicted on five counts of insider dealing, contrary to s.52(1) of the Criminal Justice Act 1993 and four counts of transferring criminal property, contrary to s.327(1) of the Proceeds of Crime Act 2002. He had sold (with his wife) over 94,000 shares in the company he worked for after having been given confidential information about the company's annual results making it plain there were various difficulties facing the company. Prior to an interview with the Financial Services Authority about the sales, he made four transfers of the proceeds of the sales of the shares to bank accounts in his father's name. He was sentenced to 21 months' imprisonment for the insider dealing with six months' consecutive for the money laundering offences.

The appellant appealed against sentence, arguing inter alia the offence was less serious because he was attempting to avoid a loss (from falling share prices) rather than make a profit.

---

[22] [1998] 2 Cr. App. R. (S.) 95.

Held: the motivation for committing such offences will vary from case to case, and a shareholder's motivation in buying or selling in insider dealing is likely to be a factor for the court to consider. However, as a point of general application, there is not a distinction to be drawn between cases in which there is an intention to make a profit, and those in which the intention is to avoid loss. While the degree of culpability may be greater in cases in which the motivating factor is the desire to make a profit from inside knowledge, that will not necessarily be the case. All will depend on the facts of the individual case.

Some of the share sales had occurred after the offender was dismissed from the company for the other sales. However, the appellant knew from the start that to take advantage of his inside knowledge would amount to a criminal offence. His culpability was not therefore significantly increased by the fact of his dismissal following the discovery of his actions by his employer.

B7-062

(The court then dealt with the facts of the case substituting a sentence of 18 months' imprisonment in total.)

Commentary: Both these cases were decided prior to the issuance of the Sentencing Council's guideline on fraud. It is suggested that measured reference to that guideline (bearing in mind the differing maximum sentences) will be of significant assistance in such cases.

B7-063

Fraudulent Trading

Maximum sentences

The maximum sentence for the offence of fraudulent trading, contrary to s.993 of the Companies Act 2006, is *10 years' imprisonment*.

B7-064

Consequences of conviction

Conviction for the offence of fraudulent trading, contrary to s.993 of the Companies Act 2006, does not trigger any particular automatic consequences of conviction, nor make available specific custodial sentences. If an offence is found to have a terrorist connection, it is a Sch.13 offence for the purposes of the sentence for offenders of particular concern. It is, however, likely that consideration of company director disqualification orders will be necessary.

B7-065

Guidance

R. v Mackey [2012] EWCA Crim 2205; [2013] 1 Cr. App. R. (S.) 100

The court gave guidance as to the sentencing of offences of fraudulent trading, having considered the relevant authorities.

B7-066

Held: the guideline at the time (now replaced by the Sentencing Council guideline) in relation to fraud did not apply to the offence of fraudulent trading. However, it was nevertheless appropriate to pay some regard to the guideline. Offences of fraudulent trading cover a wide spectrum of offences. At one extreme there may have been deliberate reckless trading on a large scale, aimed at a rapid return with no genuine intention to discharge the company's debts. At the other end there may have been a properly funded business which ran into financial difficulties, out of which the directors attempted to trade themselves in order to save their own and their employees' jobs but reached a point where they became reckless as to the reality.

In broad terms, though perhaps more aptly at the bottom end of the scale, it is right to say that a charge of fraudulent trading, resulting in a substantial total deficiency to creditors is less seriously regarded than a specific charge of theft or fraud of an equivalent amount. The factors that are relevant to sentence include the amount of the fraud; the manner in which it was carried out; the period over which it was carried out; the position of the defendant in the company and his or her measure of control over it; any abuse of trust involved; any effect on public confidence in the integrity of commercial life; any loss to small investors; the personal benefit to the defendant; the plea; and the age and character of the defendant.

Unauthorised Regulated Activity

Maximum sentences

B7-067
The maximum sentence for the offence of carrying out a regulated activity without authorisation to do so, contrary to s.23 of the Financial Services and Markets Act 2000, is *two years' imprisonment*.

The maximum sentence for the offence of engaging in unauthorised financial promotion, contrary to s.25 of the Financial Services and Markets Act 2000, is *two years' imprisonment*.

Consequences of conviction

B7-068
Conviction for these offences does not trigger any particular automatic consequences of conviction, nor make available specific custodial sentences. If an offence is found to have a terrorist connection, it is a Sch.13 offence for the purposes of the sentence for offenders of particular concern. It is, however, likely that consideration of company director disqualification orders will be necessary.

Guidance

R. v Powell and Hinkson [2008] EWCA Crim 1214; [2009] 1 Cr. App. R. (S.) 30

B7-069
The appellants ran an unregulated investment company promising enormous rates of return. About £3.2 million was paid into the company's accounts, of which £1.7 million was paid back to investors early in the life of the fraud. A total of about £900,000 was eventually recovered. The appellants were convicted of offences contrary to s.25 of the Financial Services and Markets Act 2000 and sentenced to 15 months' imprisonment in each case.

Held: dismissing the appeals, this offending was disgraceful. The argument that this offending did not cross the custody threshold or that, for recklessly greed driven behaviour of this sort for which no remorse at all was shown, a custodial sentence could not be passed because of prison overcrowding is simply unsustainable. Both appellants played significant roles and dealt directly with investors, peddling their schemes in breach of legislation designed to protect potential investors from approaches by unauthorised persons and to regulate the conduct of those who are properly authorised.

An important purpose of the 2000 Act is to protect the integrity of financial markets and to reduce the prevalence of financial crime. Sections 19–25 of the

Act prohibit unauthorised persons from carrying on investment business, or inducing or inviting others to engage in investment activity. These appellants were not authorised by the Financial Services Authority. Their breach of the Act is not merely technical. Their conduct was carried out over a significant period of time and on a large scale. It was carried out with a complete lack of integrity. The appellants were motivated by greed. They caused serious loss to others who trusted them. While dishonesty is not a necessary element of the offence, (it is an offence of strict liability subject to statutory defences), in assessing culpability, dishonesty (not this case) or indeed grossly reckless behaviour is plainly a relevant factor in deciding where in the scheme of offending any particular appellant falls.

R. v Epton [2009] EWCA Crim 515; [2009] 2 Cr. App. R. (S.) 96 **B7-070**
The appellant had become the manager of the UK funds of a fraudulent investment scheme for which he established a company and opened various bank accounts. He received some £65,000 in wages or commission and transferred some £10,000 to his account when the funds were about to be frozen. Over a period of about six months, more than £400,000 was credited to the account but at the end only £67.44 was remaining. He pleaded guilty to carrying out a regulated activity when not authorised to do so, contrary to s.23 of the Financial Services and Markets Act 2000, and transferring criminal property. He was sentenced to 15 months' imprisonment for carrying out a regulated activity, and nine months' consecutive for transferring criminal property.

Held: the totality of the sentence of two years was not excessive. Recent events have highlighted the vulnerability of the financial system and investors to scams on a much larger scale than were perpetrated here. The system of legal controls on investments is far from perfect, but the subversion of those controls still represents a public danger. Those who are guilty of such acts can expect them to be taken very seriously.

Commentary: Reference to the guideline for fraud offences may be of assistance, although the maximum sentences are much higher and there is no requirement for dishonesty in relation to these offences. See B4-100 onwards. **B7-071**

Copyright and Forgery Offences

Copyright Offences

Maximum Sentences

The maximum sentence for an offence contrary to s.107(1)(a), (b), (d)(iv) or (e), or (2A) of the Copyright, Designs and Patents Act 1988 is *10 years' imprisonment*. The maximum sentence for an offence contrary to s.107(1)(c), (d)(i), (iii) or (iii), (2) or (3) of the Copyright, Designs and Patents Act 1988 is *three months' imprisonment*. **B7-072**

Consequences of Conviction

Conviction for these offences does not trigger any particular automatic consequences of conviction, nor make available specific custodial sentences. If an **B7-073** offence is found to have a terrorist connection, it is a Sch.13 offence for the purposes of the sentence for offenders of particular concern.

Guidance

R. v Evans [2017] EWCA Crim 139; [2017] 1 Cr. App. R. (S.) 56

B7-074   The court gave guidance as to the sentencing of offences concerning the distribution of articles that infringed copyright.

Held: there is no definitive guideline issued by the Sentencing Council in respect of offences contrary to s.107 of the 1988 Act. The sentencing court must retain flexibility and gear a sentence to the circumstances of the particular offence or offences and to the circumstances of the particular offender. Nevertheless, the following (non-exhaustive) considerations are likely to be relevant in sentencing cases of this particular kind, involving the unlawful distribution of infringing copyright articles:

1) illegal downloading and distribution is very often difficult to investigate and detect. It can give rise to serious problems and losses (none the less real for not being readily quantifiable) to the music and entertainment industry. Deterrent sentencing in such a context is appropriate;

2) the length of time (and including also any continuation after service of cease and desist notices) of the unlawful activity will always be highly relevant;

3) the profit accruing to the defendant as a result of the unlawful activity will always be relevant;

4) whether or not a significant profit is made by the defendant, the loss accruing to the copyright owners so far as it can accurately be calculated will also be relevant: as will be the wider impact on the music industry even if difficult to quantify in precise financial terms: because wider impact there always is;

5) even though this particular type of offending is not the subject of any definitive guideline there may be cases where it will be helpful to a judge to have regard to the definitive guidelines on fraud, bribery and money laundering offences. In some cases, such as the present, that will positively be required because one or more of the counts on the indictment will be a count which comes within the ambit of the guideline itself. But even where that is not the position there may be some cases where a judge, at least if only as a check, may wish to refer to the definitive guideline to get a feel, as it were, for the appropriate sentence. However, there will be other cases where the definitive guideline may be of marginal, and perhaps no, assistance at all. That will be a matter for the assessment of the judge in the individual case;

6) personal mitigation, assistance to the authorities and bases and pleas of guilt are to be taken into account in the usual way;

7) unless the unlawful activity of this kind is very amateur, minor or short-lived, or in the absence of particularly compelling mitigation or other exceptional circumstances, an immediate custodial sentence is likely to be appropriate in cases of illegal distribution of copyright infringing articles.

Commentary: It may also be desirable to make reference to the guidance on the sentencing of trademark offences (see B7-076). **B7-075**

Trademark Offences

Maximum Sentences

The maximum sentence for an offence contrary to s.92 of the Trade Marks Act 1994 (unauthorised use of trade mark etc in relation to goods) is *10 years' imprisonment*. **B7-076**

Consequences of Conviction

Conviction for these offences does not trigger any particular automatic consequences of conviction, nor make available specific custodial sentences. If an offence is found to have a terrorist connection, it is a Sch.13 offence for the purposes of the sentence for offenders of particular concern. **B7-077**

Sentencing Guidelines: General

The Sentencing Council guideline for Trademark Offences (2021) provides separate guidelines in respect of the sentencing of individuals and the sentencing of organisations. **B7-078**

Individuals

In respect of individuals, the guideline provides for an offence range of a discharge to seven years' custody. **B7-079**

At Step 1 there are three categories of culpability (high, medium, lower) and five categories of harm. Culpability is determined principally by reference to the level of planning and sophistication, as well as the involvement of others. Harm is assessed by reference to the value of equivalent genuine goods and assessing any significant additional harm suffered (or risked) by the trade mark owner or purchasers/ end users of the counterfeit good. Guidance is provided as to how the value of genuine goods is to be assessed.

The guideline explicitly accounts for the fact that retail value is likely to be significantly higher than the actual value of counterfeits but permits adjustment in exceptional cases. It provides that where purchasers/end users are put at risk of death or serious physical harm from counterfeit goods, the harm category should be at least Category 3 even if the equivalent retail value of the goods falls below £50,000 (this seemingly otherwise conflicting with the general approach employed by the guideline which emphasises financial harm over other forms). For offences where the equivalent retail value is £1 million or more an upward adjustment within the category range should be made for any significant additional harm.

Organisations

In respect of organisations, the guideline provides for an offence range of a £250 fine to a £450,000 fine. The guideline provides that compensation and confisca- **B7-080** tion should both be considered before assessing whether a fine should be imposed (and for what amount).

At Step 3 there are three categories of culpability (high, medium, lower) and five categories of harm. Culpability is determined principally by reference to the level of planning and sophistication, as well as the involvement of others. Harm is assessed by reference to the value of equivalent genuine goods and assessing any significant additional harm suffered (or risked) by the trade mark owner or purchasers/ end users of the counterfeit good. Guidance is provided as to how the value of genuine goods is to be assessed. The guideline accounts for the fact that retail value is likely to be significantly higher than the actual value of counterfeits but permits adjustment in exceptional cases.

It provides that where purchasers/end users are put at risk of death or serious physical harm from counterfeit goods, harm should be at least category 3 even if the equivalent retail value of the goods falls below £50,000 (this seemingly otherwise conflicting with the general approach employed by the guideline which emphasises financial harm over other forms).

At Step 4 the fine levels provided are for an organisation with an annual turnover of not more than £2 million. In cases where turnover is higher adjustments may need to be made, including adjustments bringing a case outside the category range. For offences where the equivalent retail value is £1 million or more an upward adjustment within the category range should be made for any significant additional harm. In cases where turnover is higher, adjustment may need to be made at Step 5 including outside the offence range.

Interpreting/Applying the Guideline

B7-081 There are no cases providing guidance on the interpretation or application of the guideline.

Forgery

Maximum Sentences

B7-082 The maximum sentence for an offence of forgery, contrary to s.1 of the Forgery and Counterfeiting Act 1981, is *10 years' imprisonment*.

The maximum sentence for an offence of copying a false instrument, contrary to s.2 of the Forgery and Counterfeiting Act 1981, is *10 years' imprisonment*.

The maximum sentence for an offence of using a false instrument, contrary to s.3 of the Forgery and Counterfeiting Act 1981, is *10 years' imprisonment*.

B7-083 The maximum sentence for an offence of using a copy of a false instrument, contrary to s.4 of the Forgery and Counterfeiting Act 1981, is *10 years' imprisonment*.

The maximum sentence for an offence contrary to ss.5(1) and (3) of the Forgery and Counterfeiting Act 1981 (making or possessing certain instruments, machines, implements, paper or material with intent) is *10 years' imprisonment*.

The maximum sentence for an offence contrary to ss.5(2) and (4) of the Forgery and Counterfeiting Act 1981 (making or possessing certain instruments, machines, implements, paper or material) is *two years' imprisonment*.

Consequences of Conviction

Conviction for these offences does not trigger any particular automatic consequences of conviction, nor make available specific custodial sentences. If an offence is found to have a terrorist connection, it is a Sch.13 offence for the purposes of the sentence for offenders of particular concern. **B7-084**

Guidance

General guidance

R. v Mussa [2012] EWCA Crim 693; [2012] 2 Cr. App. R. (S.) 99
The court gave guidance as to the sentencing of offences of forgery in relation to false documents. **B7-085**

Held: the key considerations in sentencing are the role of the offender in the operation, its scale and the sophistication of its products, the type of false documents being manufactured, the damage caused in terms of the distribution of false documents and the income generated.

R. v Tahir [2013] EWCA Crim 1866; [2014] 2 Cr. App. R. (S.) 2
The appellant had been a doctor who had been expelled from his practice. He was subsequently found to have been writing prescriptions for prescription drugs using a former colleague's notepad. The value of the tablets obtained was £200, but the value of the tablets sought was £2,000. The appellant was convicted of two offences of using a false instrument with intent and was sentenced to 15 months' imprisonment. **B7-086**

Held: the judge was right to impose an immediate custodial sentence. This was a very grave breach of trust both in relation to the relationship between the doctor and the National Health Service, and with regard to people who had been his partners in a medical practice. He stole the prescription pad from one of the partners and then falsely forged signatures in order to gain dispensation in respect of the tablets.

It is difficult, however, to fit this kind of offending into any of the sentencing guidelines. If, for example, it was sought to be crammed into the guideline relating to confidence fraud, that would suggest a range of up to 26 weeks' imprisonment; but it is hard to fit it into that category. Likewise, it is difficult to fit into the category applicable for using articles for fraud; and of course, it must be remembered that this case has about it features of theft in breach of trust.

Immediate custody was justified; it was indeed necessary. Deterrent sentences need to be imposed in this sort of context. However, a sentence of 10 months' imprisonment would be substituted. **B7-087**

Commentary: The decision in *Tahir* pre-dates the Sentencing Council's guideline for offences of fraud. The new guideline now provides guidance for offences of fraud generally and for possession of (or making or supplying) articles for use in fraud. The former would seem to be particularly useful in the sentencing of such offences even if it is not strictly applicable. When sentencing by reference to the latter it should be remembered that that guideline is predicated on the basis that the articles have not in fact been used. **B7-088**

False passport offences

R. v Cheema [2002] EWCA Crim 325; [2002] 2 Cr. App. R. (S.) 79

B7-089 The court considered an appeal against sentence in respect of an offender who had been convicted of having custody or control of false passports, intending that they would be used as genuine, contrary to s.5 of the Forgery and Counterfeiting Act 1981.

Held: there is no principle that the carrying of false passports is to be regarded in the same light, or indeed rather less seriously, as an offence of using a false passport to gain entry. Couriers are a necessary element in this unlawful trade. In the instant case, the appellant was a courier for a considerable number of passports with previous convictions for serious offences of the same type. A substantial sentence was required. Moreover, for the same reason as in the case of couriers of illegal drugs, the sentence needs to be of sufficient severity to deter others from taking part as couriers in a lucrative but obnoxious trade.

R. v Kolawole [2004] EWCA Crim 3047; [2005] 2 Cr. App. R. (S.) 14

B7-090 The court gave guidance on the sentencing of offences relating to false passports under the Forgery and Counterfeiting Act 1981.

Held: having considered *R. v Dhajit Singh*,[23] *R. v Siliavski*,[24] *R. v Cheema*,[25] *R. v Balasubramaniam*[26] and *R. v Stanca*,[27] the following observations would be made:

1) the authorities have not always distinguished as clearly as perhaps they should between the three different offences commonly charged in relation to false passports under the Forgery and Counterfeiting Act 1981, the maximum sentences for which are not all the same;
   (a) in *R. v Dhajit Singh*,[28] it was said that cases involving the use of false passports will almost always merit a significant period in custody, usually within the range of six to nine months even on a guilty plea by a person of good character. The issue being addressed in *Daljit Singh* was the use of a passport. A sentence of six months would be an inadequate reflection of the culpability of the appellant in the instant case who, on arrival at Heathrow, was carrying no less than four false passports, hidden in his trousers;
   (b) furthermore, international events in recent years, and the increase in public concern which they have generated, justify deterrent sentences at a higher level than when *Daljit Singh* was decided. For the *Daljit Singh* type of case, that is where one false passport is being used, contrary to s.3, or is held with the intention of use, contrary to s.5(1), the appropriate sentence, even on a guilty plea, by a person of good character, should now usually be within the range of 12 to 18 months.

---

[23] [1999] 1 Cr. App. R. (S.) 490.
[24] [2000] 1 Cr. App. R. (S.) 23.
[25] [2002] EWCA Crim 325; [2002] 2 Cr. App. R. (S.) 79.
[26] [2001] EWCA Crim 2680; [2002] 2 Cr. App. R. (S.) 17.
[27] [2003] EWCA Crim 2093; [2004] 1 Cr. App. R. (S.) 43.
[28] [1999] 1 Cr. App. R. (S.) 490.

R. v De Oliveira (Fabio) [2005] EWCA Crim 3187; [2006] 2 Cr. App. R. (S.) 17 **B7-091**
The court gave guidance on the sentencing of offences relating to false passports contrary to s.5(2) of the Forgery and Counterfeiting Act 1981.

Held: it is necessary to distinguish between cases contrary to ss.3 or 5(1) of the 1981 Act, where the maximum sentence is 10 years' imprisonment; and offences contrary to s.5(2) of the 1981 Act of having, without lawful authority or excuse, a passport which is and which the defendant knows or believes to be false, where the maximum sentence is two years' imprisonment. The court in *R. v Kolawole*[29] was concerned with offences contrary to ss.3 or 5(1).

Counterfeit Currency

Maximum Sentences

An offence of making counterfeit currency, intending for it to be passed off or tendered as genuine, contrary to s.14(1) of the Forgery and Counterfeiting Act 1981, has a maximum sentence of *10 years' imprisonment*. **B7-092**

An offence of making counterfeit currency without lawful excuse, contrary to s.14(2) of the Forgery and Counterfeiting Act 1981, has a maximum sentence of *two years' imprisonment*.

An offence of passing or tendering counterfeit currency, or delivering it with intent for it to be passed off or tendered as genuine, contrary to s.15(1) of the Forgery and Counterfeiting Act 1981, has a maximum sentence of *10 years' imprisonment*.

An offence of delivering counterfeit currency without lawful excuse, contrary to s.15(2) of the Forgery and Counterfeiting Act 1981, has a maximum sentence of *two years' imprisonment*. **B7-093**

An offence of possessing counterfeit currency, intending for it to be passed off or tendered as genuine, contrary to s.16(1) of the Forgery and Counterfeiting Act 1981 has a maximum sentence of *10 years' imprisonment*.

An offence of possessing counterfeit currency without lawful excuse, contrary to s.16(2) of the Forgery and Counterfeiting Act 1981, has a maximum sentence of *two years' imprisonment*.

An offence of making or possessing a thing for the production of counterfeit currency, intending for it to be passed off or tendered as genuine, contrary to s.17(1) of the Forgery and Counterfeiting Act 1981 has a maximum sentence of *10 years' imprisonment*. **B7-094**

An offence of making or possessing certain things for the production of counterfeit currency, contrary to either s.17(2) or 17(3) of the Forgery and Counterfeiting Act 1981, has a maximum sentence of *two years' imprisonment*.

Consequences of Conviction

Conviction for these offences does not trigger any particular automatic consequences of conviction, nor make available specific custodial sentences. If an offence is found to have a terrorist connection, it is a Sch.13 offence for the purposes of the sentence for offenders of particular concern. **B7-095**

---

[29] [2004] EWCA Crim 3047; [2005] 2 Cr. App. R. (S.) 14.

Guidance

R. v Crick [1981] 3 Cr. App. R. (S.) 275

B7-096 The court gave guidance as to the sentencing of counterfeit currency offences.

Held: coining is a serious offence. It was rightly treated as such by the learned judge, who correctly took the view that it called for an immediate custodial sentence. It must, however, be recognised that not all such offences are of the same gravity. At one extreme is the professional forger, with carefully prepared plates and elaborate machinery, who manufactures large quantities of banknotes and puts them into circulation. A long sentence of imprisonment is appropriate in such a case. Here the offence was at the other end of the scale. The tools used to make the blanks were primitive, and were not acquired specially for the purpose; the techniques used were amateurish, and there was little real attempt to make the blanks a facsimile of a 50p piece. The coins were not, and could not have been, put into general circulation.

R. v Howard [1985] 7 Cr. App. R. (S.) 320

B7-097 The court gave guidance as to the sentencing of counterfeit currency offences.

Held: the most important consideration in this type of case is the quantity of counterfeit notes which are found in the appellant's possession, because that will demonstrate, with some degree of accuracy at least, the proximity to, or the distance from, the source of the notes which the appellant's position occupied. It is a trite observation made in these cases, but nevertheless correct, that the issue of counterfeit notes undermines the whole economy of the country and is likely to result in great loss being sustained by innocent people who find themselves in possession of these notes only to discover that they are worthless.

It follows therefore that this type of offence is one which inevitably, in nearly every case, will require a custodial sentence. The reason for the custodial sentence is first of all to punish the wrongdoer. The secondary reasons are to deter the wrongdoer from committing the same sort of offence in the future but, much more important, it is to indicate to others who are minded to make cheap and easy profit by the acceptance of counterfeit notes, that it simply is not worth the candle. If they do choose to have counterfeit notes, and particularly large quantities of them, they are going to get some considerable punishment.

R. v Fisher [2013] EWCA Crim 2055

B7-098 The court considered the sentence imposed on an appellant for conspiracy to pass or tender as genuine counterfeit protected coins or to deliver them to another intending that they should be passed or tendered as genuine. Over 80,000 counterfeited £1 coins were recovered from the conspiracy, as were blanks which would have created coins to a total face value of £1.5 million. The appellant was sentenced to seven years' imprisonment.

Held: the implied submission that sentences approaching the maximum should be reserved for those who mint or manufacture protected coins or notes could not be accepted. The maximum sentence is the same in each case. The seriousness of the individual offence with which the judge is concerned will be assessed according to its own facts, and in particular the role played by the offender in its commission. If an offender is to be sentenced as both a counterfeiter and a distributor, they will be in a more serious position than an offender who is either one or the other. Nonetheless, the culpability of a person in the applicant's position, identified as an organiser of the distribution of massive quantities of counterfeit coins, will be the greater when they are also close to the source of manufacture. When the maximum sentence for such an offence is 10 years' imprisonment either for counterfeiting or for tendering counterfeit currency, a range of offending will fall into the top category of seriousness. The sentence of seven years' imprisonment reflected the overall seriousness of the applicant's offending. It was more serious because he was in possession of a huge quantity of blanks ready for minting into counterfeit coinage.

R. v Edirin-Etareri [2014] EWCA Crim 1536; [2014] 2 Cr. App. R. (S.) 82   B7-099
The court considered the sentence imposed on an appellant who had pleaded guilty to knowingly having custody of counterfeit bank notes, contrary to s.16(2) of the Forgery and Counterfeiting Act 1981.

Held: references now to sentences passed on the specific facts of cases which are some 20 years ago are not likely to offer real assistance to this court. What of course remains relevant for the court to have in mind is that the quantity of notes in the defendant's possession will be a relevant factor and the observations of Lord Lane CJ in *R. v Howard*[30] (see B7-097). What is clear is that in view of the potential harm to the country's financial well-being by corruption of its currency, an immediate prison sentence is almost inevitable in this type of case.

Commentary: For the variants of this offence involving intent to use the currency, or to create currency, it is suggested that reference to the guidelines for fraud or the guideline for possession of articles for use in fraud will be of assistance. Even where the offence does not involve intent to use the currency, the creation of the currency itself will clearly have serious harms by virtue of creating a risk of circulation.   B7-100

Immigration Offences

Offences Contrary to the Immigration Act 1971

Maximum Sentences

The maximum sentence for an offence of obtaining admission or remaining by   B7-101
deception, contrary to s.24A of the Immigration Act 1971, is *two years' imprisonment.*

The maximum sentence for an offence of entering or attempting to enter the UK without clearance, contrary to s.24(D1) of the Immigration Act 1971, is four years' imprisonment.

The maximum sentence for an offence of assisting unlawful entry, contrary to s.25 of the Immigration Act 1971, is *14 years' imprisonment.*

The maximum sentence for an offence of assisting an asylum seeker to enter the UK, contrary to s.25A of the Immigration Act 1971, is *14 years' imprisonment.*

The maximum sentence for an offence of assisting entry to the UK in breach of   B7-102
a deportation or exclusion order, contrary to s.25B of the Immigration Act 1971, is *14 years' imprisonment.*

---

[30] [1985] 7 Cr. App. R. (S.) 320.

Consequences of Conviction

B7-103 Conviction for these offences does not trigger any particular automatic consequences of conviction, nor make available specific custodial sentences. If an offence is found to have a terrorist connection, it is a Sch.13 offence for the purposes of the sentence for offenders of particular concern.

Guidance

Obtaining admission or remaining by deception

R. v Nasir Ali [2001] EWCA Crim 2874; [2002] 2 Cr. App. R. (S.) 32

B7-104 The court gave guidance as to the sentencing of offences contrary to s.24A of the Immigration Act 1971.

Held: the principles identified in *R. v Daljit Singh*[31] and *R. v Walker*[32] in relation to passport offences are relevant to offences contrary to s.24; namely that deterrent sentences will be justified, extensive or sophisticated alteration of a passport will always be an aggravating feature, the appropriate length of such a sentence must be judged against the maximum term available of two years' imprisonment and that such cases will almost always merit a significant period of custody which will usually be within the range of six to nine months, even on a guilty plea by a person of good character [this sentencing range now being overtaken, for passport offences (see B7-089)].

The message has to go out that offences of this kind will be treated by the court very seriously. It is a prevalent type of offence with potential to undermine the system of immigration control. It is particularly important to have deterrence in mind.

R. v Pit Heng Ding [2010] EWCA Crim 1979; [2011] 1 Cr. App. R. (S.) 91

B7-105 The court gave guidance as to the sentencing of offences contrary to s.24A of the Immigration Act 1971.

Held: there is not a general difference of culpability between seeking to enter by deception and seeking to remain by deception, nor is there any general distinction in the resulting mischief. Equally, there is not a general difference of culpability between (1) a defendant who uses deception to obtain permission to remain (e.g. by producing a false identification document) and thus commits an offence under para.(a) and (2) a defendant who uses deception to prevent the authorities from discovering that they are unlawfully in this country (e.g. by producing a similar false document) and so commits an offence under para.(b). The mischief in both cases is that the conduct undermines the system of border control.

The cases illustrate that deception offences involving breach of border control and/or the use or possession of fake documentation may take a variety of forms. Deception for the purpose of avoiding immigration control may or may not involve the use of fake documents. The offence may, for example, take the form of lying to an official to obtain a visa or making a false asylum claim without involving any use of false identity material. Deception involving the use of a false

---

[31] [1999] 1 Cr. App. R. (S.) 490.
[32] [1999] 1 Cr. App. R. (S.) 42.

identity document by an illegal or would-be illegal immigrant or an overstayer may be for the purpose of breaching immigration control, or its direct purpose may be different, such as to obtain employment by which to live.

As a generalisation offences under s.25 of the Identity Cards Act 2006 (now repealed and replaced by ss.4–6 of the Identity Documents Act 2010) are not more serious than offences under s.24A(1) of the 1971 Act.

B7-106

Assisting unlawful entry

R. v Le and Stark [1999] 1 Cr. App. R. (S.) 422
The court gave guidance on the sentencing of offences contrary to s.25 of the Immigration Act 1971.

B7-107

Held: it is plain from the authorities that ordinarily the appropriate penalty for all but the most minor offences against s.25(1)(a) is one of immediate custody. The offence is one which calls very often for deterrent sentences and, as the statistics make plain, the problem of illegal entry is on the increase. Plainly the seven-year maximum sentence (now 14 years) must accommodate offences with the most aggravating features. There are indeed a number of features which may aggravate the commission of this offence. One aggravating feature plainly is where the offence has been repeated and the defendant comes before the court with a record of violations of this provision. It is also an aggravating feature where the offence has been committed for financial gain, and it is an aggravating feature where the illegal entry has been facilitated for strangers as opposed to a spouse or a close member of the family. In cases of conspiracy it is an aggravating feature where the offence has been committed over a period, and, whether or not there is a conspiracy, the offence is aggravated by a high degree of planning, organisation and sophistication. Plainly the more prominent the role of the defendant the greater the aggravation of the offence. It is further aggravated if it is committed in relation to a large number of illegal entrants as opposed to one or a very small number.

R. v Oliveira [2012] EWCA Crim 2279; [2013] 2 Cr. App. R. (S.) 4
The court gave guidance on the sentencing of offences contrary to s.25 of the Immigration Act 1971 generally.

B7-108

Held: the factors identified in *R. v Le and Stark*[33] remain relevant. The court there observed that offences of this kind were at the time on the increase. It is apparent from the cases which reach the courts that there is no reason to think that the prevalence of this kind of offence has in any way reduced.

It is obvious that there is a distinction between a commercially motivated offence and an offence which is motivated by friendship, family loyalty or occasionally misplaced idealism. It is also apparent that there is an obvious and important step change in the distinction between offences which are single offences involving the parties to a single sham marriage on the one hand and a racket providing services to others for money on the other. Where there is a case of services provided, it will be necessary to look at the role within the organisation, or loose organisation, which the particular defendant has discharged.

Furthermore, at the time of the decision of *Le and Stark* the statutory maximum for s.25 offences was seven years. However, that maximum has twice

B7-109

---

[33] [1999] 1 Cr. App. R. (S.) 422.

since then been increased. It went up as a result of the Immigration and Asylum Act 1999 to 10 years, as from 14 February 2000. Under the Nationality, Immigration and Asylum Act 2002, it went up again as from 10 February 2003 to 14 years. When reading earlier cases it is therefore necessary to bear in mind what was the operative maximum at the time of the reported decision. The increases are a clear indication of the significance which Parliament attaches to these offences. It does not of course follow that all sentences should be increased by the factor by which the maximum has been raised. In part, the lifting of the maximum is designed to provide scope for dealing with ever more extensive or serious forms of the offence. However, those cases apart, it remains true that the Parliamentary signal is of significance to sentencing.

Attorney General's Reference (No.28 of 2014) [2014] EWCA Crim 1723

B7-110 The court gave guidance on the sentencing of offences contrary to s.25 of the Immigration Act 1971.

Held: the maximum for an offence contrary to s.25 of the 1971 Act is now 14 years' imprisonment and the conduct prohibited has been considerably widened from facilitation of illegal entry. Nonetheless, the relevant principles determining the gravity of the offence established in *R. v Le and Stark*[34] and the later cases hold good.

The offence will often call for a deterrent sentence since the problem with immigration control is a substantial one, causing considerable public concern. The court will have to consider (1) whether the offence is isolated or repeated; (2) the duration of offending; (3) whether the offender had previous similar convictions; (4) whether the offender's motivation was commercial or humanitarian; (5) the number of individuals involved in the breach of immigration law; (6) whether they were strangers or family; (7) the degree of organisation involved; (8) whether the offender recruited others; (9) the offender's role; and (10) whether the offender's conduct involved exploitation of or pressure put on others.

B7-111 While a case will be considerably more serious where it involved the facilitation of illegal entry, it is clear from the authorities that substantial sentences are to be expected even where that element is not present.

Furthermore, in the instant case the creation and provision of false documentation was a significant additional aggravating feature, particularly where the forgeries involved passports and other documents which could be used for identification purposes. That type of offending is not only damaging to immigration controls, but also to the UK's economic interests.

Attorney General's Reference (R. v Ullah (Noor)) [2022] EWCA Crim 777

B7-112 The court gave guidance on the sentencing of offences contrary to s.25 of the Immigration Act 1971.

Held: the following propositions are established by the authorities. First, that those who are effectively drivers or transporters might expect a sentence after trial of some three years. Secondly, those involved in a role as a facilitator might expect a sentence in the range of between some four to six years. Thirdly, those who are the organisers and in charge of the conspiracies might expect a sentence in the range of between eight to 10 years. Aggravating factors identified in *Le* will affect the sentence, as will relevant mitigation.

---

[34] [1999] 1 Cr. App. R. (S.) 422.

R. v Ahmed (Abdul Basset) [2023] EWCA Crim 1521; [2024] 1 W.L.R. 1271

The court gave guidance as to offences of facilitating unlawful immigration where a small boat has been used to enter the UK.

B7-112a

Held: that (1) culpability will be high where the offence represents commercial activity in which the offender plays a substantial role. Such activity will be sophisticated in nature and will involve significant financial gain to the offender. An offender in this category will be an organiser of the use of small boats to enter the UK. The range of sentences for different kinds of involvement in offences contrary to s.25 must recognise the possibility of such offenders being sentenced. Culpability will be low where the offender has a minor role in the enterprise whereby the small boat is being used or where there is no commercial element to the use of the boat. If an offender has been involved due to coercion or pressure, that also will reduce culpability. There will be cases which do not fall easily within either high or low culpability. Sentencers in those cases must take an approach which balances the relevant factors.

(2) The importation of drugs as a criminal activity is not so closely analogous to the use of small boats to assist unlawful immigration as to permit direct reference to the drugs guideline. The overall notion of division of roles into leading, significant and lesser has some relevance to the offence. The particular factors set out in the drugs guideline are designed to be specific to the importation of drugs.

(3) The highest category of harm will be reserved for cases where the small boat or boats used involved a high risk of serious injury or death and/or where the offender assisted large numbers of individuals to arrive unlawfully in the UK. The former factor will apply where the boat concerned is particularly unsuitable for the purpose to which it is being put. The latter factor will capture those involved in organising small boats crossing the Channel. Harm also will be high if the offender has exploited or coerced others to assist them. Any small boat crossing the Channel will involve some risk of serious injury or death given the potential for bad weather and the number of vessels using the Channel on any given day. Thus, it is unlikely that harm can ever be considered to be minimal. Moreover, inherent in any offence will be the harm done to the public interest in maintaining proper border controls.

(4) Although the increase in the maximum sentence for offences contrary to s.25 was not limited to "the most serious cases", any significant increase in sentencing for this offence should be reserved for those organising the use of small boats. For those whose role was to pilot the boat and whose primary interest was in achieving his own entry into the UK, an increase in the custodial term to reflect the increase in the maximum term will not be appropriate.

(5) Where a small boat is used to commit the offence and the level of culpability is low, a custodial sentence of three years should be the starting point, i.e. the sentence without any reduction for plea and before consideration of aggravating and mitigating factors. This is the level of sentence for an offender who simply pilots the boat where the boat is reasonably seaworthy. In the event of an organiser falling to be sentenced, the level of sentence will be much higher. Were a court to be faced with an organiser who had subjected significant numbers of people to a high risk of death when the organiser's motivation was substantial financial gain, a starting point in double figures would be appropriate. An organiser who also had subjected others to exploitation or coercion might expect a sentence of 14 years or more.

(6) Aggravating factors will include previous attempts to enter the UK (where the offender himself is attempting to enter using the small boat) and involvement of others (particularly children). Mitigating factors will include the offender's age and/or lack of maturity, co-operation with the authorities once apprehended and the lack of any previous convictions. In an appropriate case it may be relevant to take into account the circumstances which might be relied on as arguable grounds for claiming asylum, i.e. where the offender's principal concern was to gain entry to the UK as an individual with the assistance given to others being a collateral purpose.

Entering/attempting to enter into the UK without clearance (s.24D1)

R. v Ginar (Aydin) [2023] EWCA Crim 1121; [2024] 1 W.L.R. 1264

The court gave guidance on the approach to sentencing cases of arriving (or attempting to arrive) in the UK without valid entry clearance.

Held: that there was no Sentencing Council guideline for the offence. Sentencers would need to follow the Sentencing Council's General Guideline.

The statutory maximum sentence was four years, that was significantly shorter than the maximum sentence of 10 years' imprisonment for an offence of possessing a false identity document with intent, contrary to s.4 of the Identity Documents Act 2010. The s.24(D1) offence was inherently less serious than an identity document offence of the kind for which this court in *R. v Kolawole (David Oladotun)*[35] indicated as attracting a sentence in the range of 12–18 months, even on a guilty plea and even for a person of previous good character. There was no offence-specific guideline for an offence which was so closely analogous as to be helpful. The predominant purpose in such cases would generally be the protection of the public. Deterrence can carry only limited weight as a distinct aim in the sentencing of those who have travelled as passengers in a crossing

The following considerations were relevant as to culpability and harm:

1) there was legitimate public concern about breaches or attempted breaches of border control, and the instant type of offence, which was prevalent, would usually result in significant profit to organised criminals engaged in people smuggling;

2) a key feature of culpability inherent in the offence, save in very exceptional circumstances, was that the offender would know that they were trying to arrive in the UK in an unlawful manner: if it were otherwise, they would take the cheaper and safer alternative route which would be available to him; and

3) the harm inherent in the instant type of offence was not simply the undermining of border control but also, and importantly, the risk of death or serious injury to the offender himself and to others involved in the attempted arrival, the risk and cost to those who intercept or rescue them, and the potential for disruption of legitimate travel in a busy shipping lane.

Accordingly, the seriousness of the instant type of offence was such that the custody threshold would generally be crossed and that an appropriate sentence, taking into account the inherent features referred to (but before considering any

---

[35] [2004] EWCA Crim 3047; [2005] 2 Cr. App. R. (S.) 14.

additional culpability or harm, any aggravating and mitigating factors and any credit for a guilty plea) would be of the order of 12 months' imprisonment.

Culpability would be increased if the offender played some part in the provision or operation of the means by which they sought to arrive in the UK, for example by piloting a vessel rather than being a mere passenger; or if they involved others in the offence, particularly children; or if they are seeking to enter in order to engage in criminal activity (for example by joining a group engaged in modern slavery or trafficking). Culpability will be reduced if the offender genuinely intended to apply for asylum on grounds which are arguable.

Consideration of aggravating and mitigating factors would be a case-specific matter. The offence would be aggravated by relevant previous convictions, by a high level of planning going beyond that which was inherent in the attempt to arrive in the UK from another country, and by a history of unsuccessful applications for leave to enter or remain or for asylum. Even if the previous attempts did not involve any criminal offence, the history of previous failure makes it more serious that the offender has now resorted to an attempt to arrive without valid entry clearance. The weight to be given to that factor will of course depend on the circumstances of the case.

The offence would be mitigated by an absence of recent or relevant convictions, good character, young age or lack of maturity, mental disorder or learning disability, or the fact that the offender became involved in the offence due to coercion or pressure.

Such cases often had powerful features of personal mitigation, to which appropriate weight had to be given on a fact-specific basis. The circumstances which are relied upon as arguable grounds for claiming asylum, such as the offender seeking to escape from persecution and serious danger, are likely also to mitigate the offence of arriving in the UK without a valid entry clearance. Some offenders may have been misled as to what would await them in this country if they paid large sums of money to the criminals who offered to arrange their transport. Some may have suffered injury or come close to drowning in crossing in a dangerously overcrowded vessel. It will be for the sentencer to evaluate what weight to give to circumstances of that nature in a particular case.

Offending involving false passports

R. v Ansari [2011] EWCA Crim 1640; [2012] 1 Cr. App. R. (S.) 37

The court gave guidance on the sentencing of offences contrary to s.25 of the Immigration Act 1971 involving false passports.   **B7-113**

Held: this offence may be committed in a wide variety of situations and indeed the definition of the offence is widely drawn. That the maximum sentence following conviction on indictment is 14 years' imprisonment indicates that Parliament considers it to be potentially a very serious matter. Those who trade in or produce false passports to enable illegal entry into the UK face substantial periods of imprisonment: see, for example, *R. v Cheema*[36] and *Attorney General's Reference Nos 118–119 of 2006*.[37] Those who use false passports for the purposes of evading immigration control face a sentencing range of 12–18 months even

---

[36] [2002] EWCA Crim 325; [2002] 2 Cr. App. R. (S.) 79.
[37] [2007] EWCA Crim 121.

after a guilty plea: see *R. v Kolawole*.[38] Even those who use a false passport for obtaining work face immediate sentences of between six and 12 months' imprisonment; there are many examples of that in the cases that come before this court on appeal. Ordinarily a knowing and repeated breach of the law in this regard would attract an immediate prison sentence, if only to act as a deterrent to others. Plainly each case would depend on its own facts and individual circumstances.

"Sham" marriages

R. v Abumhere [2011] EWCA Crim 26; [2011] 2 Cr. App. R. (S.) 44

B7-114 The court gave guidance on the sentencing of offences contrary to s.24A of the Immigration Act 1971 involving "sham" marriages.

Held: anyone who contracts a sham marriage, or attempts to do so with the intention of obtaining a right to remain in this country, commits an offence which undermines immigration control, or may do so, and must usually expect a sentence of imprisonment in the region of 12 months even when of good character and after a plea of guilty.

R. v Lacko and Husar [2012] EWCA Crim 730; [2012] 2 Cr. App. R. (S.) 102

B7-115 The court gave guidance as to the sentencing of immigration offences involving sham marriages.

Held: it must be clearly understood that participating in sham marriages with a view to evasion of immigration control is a very serious matter. First, it is an abuse of the marriage ceremony itself and indeed a devaluation of the marriage state. Secondly, it is an abuse of immigration control. The maximum available sentence, it may be recalled, is one of 14 years' imprisonment. Those involved in offending of this kind can ordinarily expect an immediate custodial sentence. Appropriately stern and indeed deterrent sentencing is called for in this particular context.

R. v Olusanya and Sabina [2012] EWCA Crim 900; [2013] 1 Cr. App. R. (S.) 32

B7-116 The court gave guidance as to the sentencing of immigration offences involving a sham marriage in circumstances where the two appellants had got legally married in the UK and then given the second appellant's national insurance number, bank accounts and ID information to the first appellant's partner for use. The first appellant's partner then pretended to be the second appellant.

Held: while the documents themselves had not been altered (the passport, identity card and national insurance number) they were akin to forgeries in the hands of the appellant's partner, because she was purporting to be another person. The assuming of a false identity in the circumstances in which this was done, namely an actual marriage taking place in a church of God, with documents which themselves have not been forged is just as serious if not more serious than the simple possession of forged documentation to effect and overstay or an illegal stay. It is just as serious if not more serious because as the documents themselves are not forged, the criminality is more difficult to detect and unless, as in this case, a chance search reveals the documentation, the conspiracy would have yielded the expected and cherished result. It may well be that the sentence of four years after trial is the top end of the range of sentence appropriate for this

---

[38] [2004] EWCA Crim 3047; [2005] 2 Cr. App. R. (S.) 14.

type of criminality. The criminality in these cases does not depend on false or forged documents having been used; the criminality remains the same, namely the undermining of the system of border control, where the court has consistently stated that deterrent sentences in appropriate cases are required.

R. v Oliveira [2012] EWCA Crim 2279; [2013] 2 Cr. App. R. (S.) 4

The court gave guidance on the sentencing of offences contrary to s.25 of the Immigration Act 1971 involving sham marriages.

B7-117

Held: it is obvious that there is a distinction between a commercially motivated offence and an offence which is motivated by friendship, family loyalty or occasionally misplaced idealism. It is also apparent that there is an obvious and important step change in the distinction between offences which are single offences involving the parties to a single sham marriage on the one hand and a racket providing services to others for money on the other. Where there is a case of services provided, it will be necessary to look at the role within the organisation, or loose organisation, which the particular defendant has discharged.

There may be right at the bottom of the range of possible offences involving sham marriages cases of single bogus ceremonies entered into in circumstances which could carry a substantial degree of personal mitigation. An obvious one is where one party to the ceremony has been morally blackmailed into doing it.

The distinction between a sham marriage case and a case of the provision of forged or falsified documents for the purposes of evasion of immigration control will frequently be a distinction without a difference. The purpose of the marriage is, like the purpose of the forged document, to provide a bogus authentication for presence. While the marriage certificate which results from a sham marriage is not forged, it is just as false as if it were. Of course an additional aggravating feature of sham marriage cases might sometimes be the form of additionally created false documents provided beyond the ceremony itself.

B7-118

While all these cases will vary, a very large number of "one marriage" cases without organisation or facilitation of others may well fall into the very broad bracket around 18 months to three years and three and a half years is somewhat outside the normal range.

The overlap with fraud

Attorney General's Reference (Nos 49–50 of 2015) (R. v Bakht) [2015] EWCA Crim 1402; [2016] 1 Cr. App. R. (S.) 4

The court considered the sentences imposed on offenders who had been engaged in a leading role in a year-long conspiracy to facilitate a breach of immigration law by the production and dissemination of false education certificates for use in visa applications. The offenders had both been convicted of conspiracy to facilitate the commission of a breach of immigration law by individuals not citizens of the EU and one of possession of articles for use in fraud. 177 students had submitted applications supported by false documents prepared by the offenders. When sentencing, the sentencing judge had approached the case by reference to the Sentencing Council's fraud guideline placing the conspiracy offence within Category 2A, providing a starting point of five years' imprisonment, on the basis of a value of near £300,000. He had imposed a sentence of five years' imprisonment on the first offender and a sentence of two years and six months' imprisonment on the second.

B7-119

Held: the sentencing guidelines are of secondary assistance in cases such as this and on these facts would not have detained the court in any sentencing exercise. These were offences designed to circumvent the immigration rules, as the courts had previously said a matter of grave public concern. That was the gravamen of the case, not the profit margin to the individuals and not the fact that to effect their purpose they behaved fraudulently. Central to sentencing was the entirely cynical and callous disregard for immigration law in the UK and the determination over a period of months to circumvent it. Add to that the acute human misery visited on a number of young who were dedicated to educational advancement and prepared to work to achieve it, and the sentencing route was clear. The authorities provide a helpful guide for the appropriate range. For the first offender a term of eight years was substituted and for the second a term of five years.

Relevance of an asylum claim

R. v Kishientine [2004] EWCA Crim 3352; [2005] 2 Cr. App. R. (S.) 28

B7-120   The court considered an argument that the fact that the claim to be a refugee was a genuine one should be a mitigating factor in an offence contrary to s.24A of the Immigration Act 1971.

Held: the genuineness or strength of the claim to asylum under the Refugee Convention 1951 is a question for the Home Office and the appellate system provided in relation to decisions of the Secretary of State. It is not appropriate that the court should routinely assess the genuineness and strength of asylum claims. The judge was not obliged to assess, in the circumstances of this case, the strength of the claim for asylum, nor was he obliged to treat the appellant, when sentencing her, as a person with a good claim to asylum.

Pressure by agents

R. (K) v The Crown Court at Croydon [2005] EWHC Admin 478; [2005] 2 Cr. App. R. (S.) 96

B7-121   The court considered the sentence imposed on an offender who had arrived in the UK claiming asylum, and falsely stated that she had not previously made an application for entry clearance. She had been convicted of seeking leave to enter the UK by deception, contrary to s.24A of the Immigration Act 1971.

Held: in immigration law, it is well known that those in the unfortunate position of fleeing from their homes and seeking refugee status can often only do so with the assistance of the agent. Frequently that agent is paid with the only resources remaining to the family. Thus, those seeking the aid of an agent are powerfully under their influence. The powerful influence of the agent is underpinned by acknowledgment within the control of immigration screening procedures of the particular care which needs to be taken when interviewing and screening minors. Given in the instant case the applicant was 17 it had been all the more important to take into account the influence that the agent must have had on her.

B7-122   *Commentary:* See also *R. v Lu Zhu Ai*[39] (B7-131).

---

[39] [2005] EWCA Crim 936; [2006] 1 Cr. App. R. (S.) 5.

Conspiracies: Drivers

R. v Balta [2012] EWCA Crim 979; [2013] 1 Cr. App. R. (S.) 8
The appellant was a lorry driver who was found with 20 illegal immigrants in the back of his lorry. He pleaded guilty to attempting to facilitate the commission of a breach of immigration law, on the basis that he was a legitimate driver who had been paid to carry the passengers. He was sentenced to five years' imprisonment.

B7-123

Held: these offences are far too prevalent and have a terrible effect on the proper course regulation of immigration. Sentences are heavy and intended to deter. However, it is right to say that in more recent times the sentences for those in the appellant's position, that is to say lorry drivers involved in a one-off offence, have been less than terms of five years following a guilty plea. *R. v Scott*[40] and *R. v Chocat (Christiane)*[41] indicate that a term of five years on a guilty plea is too high for a person like the appellant who is not an organiser of the conspiracy but simply driving the relevant vehicle on the occasion when it was stopped. The right sentence in this case would have been one of four and a half years after a trial. Giving a full discount for the guilty plea, a sentence of three years' imprisonment would be substituted.

Offences Contrary to the Identity Documents Act 2010

Maximum Sentence

The maximum sentence for an offence of possession of false identity documents etc with improper intention, contrary to s.4 of the Identity Documents Act 2010, is *10 years' imprisonment.*

B7-124

The maximum sentence for an offence of making, possessing or controlling apparatus designed or adapted for making false identity documents, contrary to s.5 of the Identity Documents Act 2010, is *10 years' imprisonment.*

The maximum sentence for an offence of possession of false identity documents etc without reasonable excuse, contrary to s.6 of the Identity Documents Act 2010, is *two years' imprisonment.*

Consequences of Conviction

Conviction for these offences does not trigger any particular automatic consequences of conviction, nor make available specific custodial sentences. If an offence is found to have a terrorist connection, it is a Sch.13 offence for the purposes of the sentence for offenders of particular concern.

B7-125

Guidance

R. v Ovieriakhi [2009] EWCA Crim 452; [2009] 2 Cr. App. R. (S.) 91
The court gave guidance as to the sentencing of offences of possessing a false identity document, contrary to s.25 of the Identity Cards Act 2006 (now replaced by the offences contrary to ss.4–6 of the Identity Documents Act 2010).

B7-126

---

[40] [2005] EWCA Crim 3313; [2006] 2 Cr. App. R. (S.) 5.
[41] [2010] EWCA Crim 1468; [2011] 1 Cr. App. R. (S.) 56.

Held: at one end of the scale is the use or possession for use of false passports for the purpose of evading, or enabling others to evade, the controls on entry into the UK. Such evasion may at worst be for terrorist or other malign purposes, or at least for the purpose of securing the entry of someone into the UK which would otherwise be forbidden. The documents may be possessed by those whose business it is to help others to circumvent the rules on entry. At the other end of the scale is the use by someone who is lawfully in the UK of a document other than a passport for the purpose of obtaining employment or a bank account. Attention must also be paid to the difference in maximum sentence between a case involving intent and one of mere possession.

Wherever the case is on the spectrum, a custodial sentence is likely, save in exceptional circumstances. In cases in which a false passport is to be used for the purpose of securing entry into the UK, the guidance contained in *R. v Kolawole*[42] (see B7-086) applies. Where, however, a false passport is used to obtain work or a bank account, its use does not enable the offender to obtain entry to the UK and for that reason it may properly be treated less severely than the use of a passport which does, or may, have that effect. What the use of a passport to obtain work does do, however, is to facilitate the offender remaining in the UK in breach of immigration controls. For that reason, a custodial sentence is usually required. However, it can justifiably be less, particularly if the offender is of good character and has done no more than use or try to use it to seek employment in order to maintain themselves or their family. There is a valid distinction to be made between use of a false passport to gain entry and its use to gain work.

B7-127
R. v Coskun [2019] EWCA Crim 2135
The court considered the sentence imposed on an offender for an offence of possession of a false identity document contrary to s.6(1) of the Identity Documents Act 2010.

Held: the maximum sentence for this offence was two years' imprisonment. There were no applicable sentencing guidelines but there were a number of authorities about the appropriate sentences for possession of false identity documents. The Court of Appeal had indicated that short custodial sentences were appropriate. In the instant case the judge was not wrong to impose a custodial sentence of the same sort of length as the appellant might have got had he been charged and prosecuted for a s.4 offence. There is plainly a degree of overlap between ss.4 and 6, specifically in circumstances where a s.6 offence is charged but involves, or the jury finds that it involves, the knowing and intentional use of a false document. Of course, the s.4 offence is subject to a higher maximum term and the two offences are different in their scope and detail. However, it was not wrong in principle for the judge to take account of a s.4 case if he thought that case was similar in a relevant way to this case, even if this case was charged under s.6.

---

[42] [2004] EWCA Crim 3047; [2005] 2 Cr. App. R. (S.) 14.

Entering the UK Without a Passport

Maximum Sentence

B7-128 The maximum sentence for an offence of entering the UK without a passport, contrary to s.2 of the Asylum and Immigration (Treatment of Claimants etc) Act 2004, is *two years' imprisonment*.

Consequences of Conviction

B7-129 Conviction for this offence does not trigger any particular automatic consequences of conviction, nor make available specific custodial sentences. If an offence is found to have a terrorist connection, it is a Sch.13 offence for the purposes of the sentence for offenders of particular concern.

Guidance

R. v Wang [2005] EWCA Crim 293; [2005] 2 Cr. App. R. (S.) 79

B7-130 The court gave guidance as to the sentencing of offences contrary to s.2 of the Asylum and Immigration (Treatment of Claimants etc) Act 2004.

Held: in normal circumstances a custodial sentence is inevitable when an offence of this kind is committed—not least because these offences have the real potential to undermine the whole system of immigration control. These offences are prevalent and usually the sentence imposed should be intended to have a deterrent effect on others who may be minded to commit an offence of this kind as part of an attempt to enter the UK. On the facts of the case the sentences passed in cases such as *R. v Nasir Ali*,[43] *R. v Walker*[44] and *R. v Daljit Singh*[45] (all false passport cases) were not in any sense similar in terms of the gravity of the offending. On the facts (where the appellant, an 18-year-old, had arrived from China without a passport claiming police were seeking her there and had never had a passport but had been lent one briefly by an agent) a sentence of two months' imprisonment was substituted.

R. v Lu Zhu Ai [2005] EWCA Crim 936; [2006] 1 Cr. App. R. (S.) 5

B7-131 The court gave guidance as to the sentencing of offences contrary to s.2 of the Asylum and Immigration (Treatment of Claimants etc) Act 2004 in circumstances where the offender claimed he had used a false passport to travel which he had returned to the person acting as his agent once he had used it to board.

Held: the Act specifically precludes reliance on the instructions of an agent as a reasonable excuse for not presenting documents. While the instructions of an agent may in certain circumstances be a mitigating component, it cannot be so strong a component that it undermines the purpose of the legislation. The use of agents is common, and is commonly asserted, but has been specifically removed as a possible defence. There is a strong deterrent element needed in sentencing here to send a clear message to agents or people traffickers that the require-

---

[43] [2001] EWCA Crim 2874; [2002] 2 Cr. App. R. (S.) 32.
[44] [1999] 1 Cr. App. R. (S.) 42.
[45] [1999] 1 Cr. App. R. (S.) 490.

ments which they are said to impose on their clients will not avail them and that their clients face a real risk of a custodial sentence.

Furthermore, it is almost certain that somebody who arrives in the UK by aeroplane will have had documents at the point of embarkation and may indeed have retained them during the flight and, to evade certain preliminary controls, at the airport. There may very well be many circumstances in which the assertion that a document was in the possession of the appellant for a brief time does not reflect reality.

B7-132 Finally, the Court of Appeal in *R. v Wang*[46] was entirely right to point out that this offence has its own purpose and its own maximum sentence. There was no real assistance to be derived from those cases which concern possession of forged passports or false passports with intent to use them. On the facts a sentence of five months' imprisonment would be upheld.

R. v Jeyarasa [2014] EWCA Crim 2545; [2015] 1 Cr. App. R. (S.) 39
B7-133 The appellant had pleaded guilty to failing to have an immigration document at an asylum interview contrary to s.2 of the Asylum and Immigration (Treatment of Claimants etc) Act 2004. He landed in the UK from Paris, claiming to be Sri Lankan and to be seeking asylum from torture there. He said that an agent had supplied him with travel documents to fool the French authorities and those documents had then been taken back prior to his arrival in the UK. His asylum claim subsequently failed. He was sentenced to 12 months' imprisonment.

Held: since the case of *R. v Lu Zhu Ai*,[47] public concern about illegal immigration into the UK, asylum claims and the porous or otherwise nature of the country's boundaries have become an increasingly important topic. There is no doubt that we are in a different climate from that which pertained some eight years ago. The court is bound to have regard to that changed climate when considering a case of this kind. The appropriate starting point in this case was nine months. Given credit for guilty plea a sentence of six months' imprisonment was substituted.

Cases not Charged as Immigration Offences

Attorney General's Reference (R. v Jilani and Bilal [2019] EWCA Crim 1605)
B7-134 The court considered the sentence imposed on offenders who had been convicted of one offence of conspiracy to commit fraud by false representation. The conspiracy related to a scheme whereby English language tests, the principal purpose of which was for non-EEA nationals to prove proficiency in English when making UK visa applications, were taken by individuals already proficient in English and not by the named candidates. The prosecution had initially contemplated proceeding under s.25 of the Immigration Act 1971 and then had opted for proceeding in respect of conspiracy to commit fraud.

Held: there was no unfairness in considering the impact on the immigration system in these frauds which formed an essential part of the gravamen of the offending in this case. Section 25 of the Immigration Act 1971 had no real bearing on the correct length of the sentence in this case.

---

[46] [2005] EWCA Crim 293; [2005] 2 Cr. App. R. (S.) 79.
[47] [2005] EWCA Crim 936; [2006] 1 Cr. App. R. (S.) 5.

CHAPTER B8

OFFENCES AGAINST JUSTICE

PERVERTING THE COURSE OF JUSTICE

Maximum Sentence

The maximum sentence for the common law offence of perverting the course of justice is *life imprisonment*. B8-001

Availability of Sentencing Orders

Conviction for perverting the course of justice does not trigger any particular automatic consequences of conviction, nor make available specific custodial sentences. However, if it is committed with a terrorist connection, the offence is listed in Pt 1 of Sch.13 to the Sentencing Act 2020. B8-002

Guidance

The Sentencing Council's perverting the course of public justice definitive guideline came into force on 1 October 2023. The assessment of culpability is divided into three categories, focusing upon the period over which the conduct was carried out, the seriousness of the underlying offence and the sophisticated/planned nature of the conduct. Harm is assessed by the consequences of the conduct, including whether innocent persons were suspected/arrested/detained in relation to the offending and the impact upon the course of justice. The offence range within the guideline is a community order to seven years' imprisonment. This no doubt caters for the majority of offences, however the most serious examples of this offence appear to require altogether much longer sentences than that catered for by the guideline. B8-003

General Guidance

Attorney General's Reference (R. v Feve (Darren Stanley)) [2024] EWCA Crim 286
  The court considered the permissibility of suspending a sentence for an offence of perverting the course of justice. B8-004
  Held: the decisions in *R. v Abdulwahab (Mohamaed)*[1] and *Attorney General's Reference (R. v Graham (David George))*,[2] which predate the Perverting guideline, reflect the long-established principles that doing acts tending and

---

[1] [2018] EWCA Crim 1399; [2018] 2 Cr. App. R. (S.) 46.
[2] [2020] EWCA Crim 1693; [2021] 2 Cr. App. R. (S.) 7.

intended to pervert the course of justice is by its nature always a very serious offence, and that the inherent seriousness of such conduct almost always requires an immediate custodial sentence. References to "exceptional circumstances", and cognate terms, are a convenient shorthand; but they simply emphasise that there will be few cases in which the normal consequence of immediate custody can properly be avoided, and that very compelling reasons will be needed if immediate custody is to be avoided. It is not helpful to treat such references as imposing a separate legal test of exceptionality.

Under the sentencing guideline it is only in category C3 that the bottom end of the range encompasses a community order. It follows that a custodial sentence will be inevitable in the great majority of cases. The guideline thus reflects, and does not alter, the established principles as to the inherent seriousness, and usual consequences, of such offences. The Imposition guideline requires the sentencer to weigh listed factors which militate in favour of or against suspension. The weight to be given to individual factors will of course vary from case to case. In the great majority of cases of perverting the course of justice, the most important factor will be that appropriate punishment can only be achieved by immediate custody. That is so because, consistently with the long-established principles, and giving substantial weight to the need to deter others, the inherent seriousness of such offences usually does require immediate custody, and this factor will accordingly outweigh all others. It is important to emphasise that that is the usual position even when—as will not infrequently be the case—the offender has a realistic prospect of rehabilitation, has strong personal mitigation, and immediate custody will result in a significant harmful impact upon others. It follows that almost invariably an immediate custodial sentence should and will be imposed in cases of perverting the course of justice.

Attorney General's Reference No.35 of 2009 (R. v Binstead) [2009] EWCA Crim 1375; [2010] 1 Cr. App. R. (S.) 61

B8-005 The court gave general guidance on the sentencing of offences of perverting the course of justice.

B8-006 *Held:* it is a longstanding principle that perverting the course of justice is so serious an offence that it is almost always necessary to impose an immediate custodial sentence unless there are exceptional circumstances. That is because such actions as giving a false account of events to investigating authorities undermine the very system of criminal justice, which is thereby impeded in its functioning. Hence even in cases of driving offences, immediate custody, albeit sometimes short in duration, can be expected for giving false information about the driver's identity.

B8-007 *Commentary:* When considering the seriousness of the substantive offence, the extent of the offender's knowledge of that seriousness is clearly relevant. In cases where the perverting occurs after charge this is unlikely to be an issue but where it occurs prior there will be a need to establish the extent to which the offender was aware of the seriousness of the offence (and whether they were mistaken as to it). This is particularly relevant to the assessment of culpability; an offender who was aware and proceeded with their actions will be more culpable than someone who was not.

In the pre-guideline case of *R. v Solarska*[3] the court observed that the serious- **B8-008**
ness of the underlying offence should lead to a sentence for perverting the course
of justice that bears some reasonable relationship of proportionality with the gravity of the principal offending. This is not strictly endorsed in the guideline but it is
submitted will remain a serious relevant and aggravating feature: the sentence must
bear sufficient proportional connection to the sentence for the underlying offence
for it to be a significant deterrent.

As argued by Sebastian Walker at CLW/23/27/16, "given the need to weigh up
culpability factors cumulatively, in appropriate cases it will be permissible to use
this step 1 factor to move up (or down) the eventual sentencing range – it is not the
case that once an offence is "very serious" no further distinctions can or should be
made. Movement within the range will be particularly likely in cases in culpability category B."

Particular aggravating and mitigating factors might include: (1) whether there **B8-009**
were threats of violence or retribution; (2) the vulnerability of any person intended
to be influenced; (3) the motivation of the offender and whether it was a misguided
attempt to help a friend or loved one; (4) the risked effect on the proceedings and
the level of that risk; and (5) the intended effect on the proceedings.

Finally, whilst the court has repeatedly stated that almost invariably an immedi- **B8-010**
ate custodial sentence should and will be imposed in cases of perverting the course
of justice it should not be thought this is an absolute rule: as is perhaps now illustrated by the availability of a community order at the lower end of the guidelines.
In appropriate cases where there is exceptional mitigation (that not being a
freestanding test) it may be possible to suspend the sentence imposed (see, for an
example, *Attorney General's Reference (R. v Graham)*[4]).

Interference with Witnesses or Police

Cases providing guidance

R. v Hurrell [2003] EWCA Crim 3470; [2004] 2 Cr. App. R. (S.) 23

The court considered an offence prior to the Sentencing Council guideline involv- **B8-011**
ing an attempted bribe of a police officer whilst being conveyed to the police station to take an alcohol breath test.

Held: those who offer bribes to police officers must expect a custodial **B8-012**
sentence, especially where the offer was made on a number of occasions, as in
this case. Any attempt to bribe a police officer in the execution of their duty is a
serious matter as it seeks to deter public officials from performing important
public duties.

Specific examples

The Sentencing Council guideline ends at seven year's custody. However, it is **B8-013**
clear that prior to the guideline there were cases that far exceeded that range. These
cases have been reproduced here in order to give an indication of the sort of case
in which it might be in the interests of justice to depart from the guideline.

---

[3] [2022] EWCA Crim 1732; [2023] 1 Cr. App. R. (S.) 50.
[4] [2020] EWCA Crim 1693; [2021] 2 Cr. App. R. (S.) 7.

R. v Hall [2007] EWCA Crim 195; [2007] 2 Cr. App. R. (S.) 42

B8-014 Over a period of about nine months, the appellant, with others, had engaged in a prolonged attempt to threaten and intimidate a 15-year-old girl who was to give evidence at the appellant's trial for a sexual offence against her. This included the hiring of a private investigator to create a false profile asserting she was a sexual predator and unreliable, and a plan for a woman to befriend the girl and take her to an isolated place where she would be assaulted. The offender arranged for others to attend the girl's home, pretending to be police officers whereupon they assaulted her mother and threatened her with a stun gun, telling her that her daughter would be killed and trying to get her to write a letter stating that the daughter's complaint was false. The mother was also offered various sums of money. The girl's mother was terrified and she left her home the next day. The appellant pleaded guilty to conspiracy to pervert the course of justice and was sentenced to seven years and six months' imprisonment.

B8-015 *Held:* this was a sustained campaign to pervert the course of justice. One of the unpleasant features was the element of character assassination to which the appellant resorted in creating the fake profile and the fact that the false information was distributed near the child's school. One object of that part of the exercise was to provide the foundation for what would have been a highly unpleasant cross-examination of the child on what the appellant would have known to be a false basis. This was a very serious and sustained attempt to pervert the course of public justice, using a variety of methods. Given all these aggravating features, the 10-year starting point was not too high.

R. v Jones [2008] EWCA Crim 348; [2008] 2 Cr. App. R. (S.) 75

B8-016 Following a pre-planned murder by five men, the appellant (in agreement with one of the men who had committed the murder) went to the public house where the murder had taken place to ensure that no one would speak to the police about it. The girlfriend of one of the murderers agreed to provide evidence and was placed in a witness protection scheme. The appellant attempted to persuade her to retract her evidence, subjecting her to threats (including threats that he would kill her) and promising her £15,000 if she would change her statement. At one point the victim tried to escape from giving evidence but ultimately did give it and the five men were convicted of murder. After his own arrest, the appellant caused further pressure to be put on the woman. The appellant was convicted of doing an act or acts intended or tending to pervert the course of justice and sentenced to 12 years' imprisonment.

B8-017 *Held:* there was no mitigation in this case. There was no guilty plea and the pressure on this victim continued throughout. The appellant very nearly succeeded in derailing the trial of five men for murder. What is more, they and the appellant, because in the workings of the criminal underworld the identity of those who organised this miscarriage of justice would be quickly known, would have become virtually untouchable just because they had managed, literally, to get away with murder. This was a case of the utmost seriousness. It exemplified all the worst features of professional crime. Although it was a very heavy sentence—as far as the court was aware, the heaviest sentence imposed for this particular offence, at any rate as far as the law reports were concerned—this sentence properly reflected all the relevant features of the case, including the necessary elements of deterring criminals wishing to act as the appellant did and offering, so far as the court can, a measure of support to witnesses who, despite many fears, are prepared to step forward and assist with the administration of justice. The appeal would be dismissed.

False Allegations

Cases providing guidance

R. v Nazifi [2006] EWCA Crim 1743; [2007] 1 Cr. App. R. (S.) 66
The appellant made a false allegation that a man who owed her money had raped her in front of her two-year-old son. The man was arrested and interviewed and was in custody for 20 hours before she withdrew her statement. She subsequently admitted that she had made the accusation in order to get her money back from the man.   **B8-018**

Held: the authorities consistently demonstrate that an immediate custodial sentence for this type of offence is invariably required, whatever the personal circumstances of the woman making the false complaint. However, those circumstances may be taken into account when assessing the length of the sentence.   **B8-019**

R. v Beeton [2008] EWCA Crim 1421; [2009] 1 Cr. App. R. (S.) 46
The court considered the sentencing of offences of perverting the course of justice concerning false allegations of rape.   **B8-020**

Held: the authorities make it plain that the consequence of a false allegation of rape will almost inevitably be a custodial sentence. However, there is an additional factor of some importance, which has not been highlighted in the authorities. It is well known that the conviction rate for rape compared with the number of allegations made is low, when contrasted with many other offences. For obvious reasons, a jury is often confronted with very difficult decisions on credibility. It is extremely easy to make an allegation of rape when there is no foundation for it whatsoever. It is also inevitable that an allegation of rape will be taken extremely seriously by police forces. The cases show that this phenomenon is not a particularly rare one. There is no doubt that it has entered the public consciousness and it is likely to have the perverse impact of increasing the likelihood of guilty men going free.   **B8-021**

R. v McKenning [2008] EWCA Crim 2301; [2009] 1 Cr. App. R. (S.) 106
The court considered the sentencing of offences of perverting the course of justice concerning false allegations of rape.   **B8-022**

Held: when rape has taken place it is frequently very difficult to prove. It is also the case that when the defendant is truly innocent, a false allegation can be extremely difficult for him to refute. The consequences for an innocent man against whom the allegation is made are very serious. In the instant case for the three months the victim was under investigation his entire life must have had a nightmarish quality. However, such allegations involve more than the individual victim. Every false allegation of rape increases the plight of those women who have been victims of this dreadful crime. It makes the offence harder to prove and, rightly concerned to avoid the conviction of an innocent man, a jury may find itself unable to be sufficiently sure to return a guilty verdict.   **B8-023**

R. v England [2010] EWCA Crim 1408; [2011] 1 Cr. App. R. (S.) 51
The court considered the sentencing of offences of perverting the course of justice concerning false allegations of rape.   **B8-024**

B8-025 *Held:* sentencing in cases of false allegations of rape covers a wide spectrum, not, it must be said, as to the type of sentence but as to the length of sentence which save in cases where the offender is suffering from the most acute mental illness will always be one of immediate imprisonment. The longest sentences are reserved, and rightly so, for those cases where an innocent man has been maliciously targeted. Attention-seeking women must be deterred from behaviour which has the potential to destroy innocent lives and which wastes police resources, which are in short supply. What must be borne in mind in determining the appropriate level of sentence in this, as in all types of case, is the degree of culpability.

R. v Reedy [2013] EWCA Crim 338

B8-026 The court considered the sentencing of an offence of perverting the course of justice concerning a false allegation of robbery.

B8-027 *Held:* the fact that the false allegation here was not of rape makes it no less serious than those allegations. Those who commit this type of offence and make bogus allegations as the result of which innocent people are harmed and resources expended must expect immediate custodial sentences, whatever the mitigation.

Specific examples

B8-028 The cases listed in this section have been included either because they are examples of extremely unusual factual scenarios in which the courts have given some further specific guidance or because they an indicator of the top of the seriousness range for this type of offending which may justify departing from the guideline category range.

Numerous false allegations against real persons

Attorney General's Reference (R. v Costin) [2018] EWCA Crim 1381; [2018] 2 Cr. App. R. (S.) 42

B8-029 Over a three-month period the offender made seven false allegations to the police against four men: four allegations of rape, two allegations of sexual assault and one allegation of assault. The allegations were all made on separate dates and all alleged a degree of force. They were all fully investigated. One victim had learning difficulties and was vulnerable. Two were arrested and interviewed. Three reported that the allegations had affected their relationships with women, led to them being subjected to abuse and losing sleep. The offender had a history of making unnecessary telephone calls to the emergency services and had been diagnosed with autism, pathological demand avoidance syndrome and emotional unstable personality disorder. The offender pleaded guilty to seven counts of doing an act tending and intended to pervert the course of justice. She was sentenced to a three-year community order to run concurrently on all counts.

B8-030 *Held:* the court had repeatedly set out the public interest and policy considerations that govern sentencing in cases of this kind, including the consequences that a false allegation of rape can have for the innocently accused, the negative effect on public confidence in the truth of genuine complaints and the diversion of scarce and expensive police resources. The level of seriousness of these offences is such that it was not possible to impose on her a community penalty. Although the judge recognised the consequences of these offences, he placed too much emphasis on the offender's problems and difficulties and insufficient emphasis on the impact of her offences on the victims and the criminal justice system as a whole. Approximately six and a half years to seven years following a contested trial would be appropriate. In the light of the offender's very substantial mitigation and her guilty pleas, a sentence of four years' imprisonment was substituted.

R. v Beale [2019] EWCA Crim 665; [2019] 2 Cr. App. R. (S.) 46

The appellant, who was aged 18 to 21 at the time of the offending and had been a victim of rape at 13, made false complaints of serious physical and sexual violence in 2010, 2012 and 2013. The complaints related principally to four different and identified men, some of whom she had previously had consensual sex with. The allegations were principally of violent rape involving abduction, gang rape or weapons. In one case, the appellant was required to give evidence at trial twice and the victim was sentenced to seven years' imprisonment, of which he served two years and nine months. The appellant claimed £11,000 from the Criminal Injuries Compensation Authority. When another victim was arrested, charged and bailed he fled the jurisdiction and had not returned. A third victim was on bail for two years in relation to the allegations. The appellant was convicted of three counts of perjury and four counts of perverting the course of justice. She was sentenced to a total term of 10 years' imprisonment.

Held: this was an exceptional case and the judge had been right to assess the appellant's offending as even more serious than that considered in previous decisions in cases of this kind. The case was significantly aggravated by the fact that the appellant's lies led to a victim standing trial twice, she perjured herself twice, her victim personal statement was designed to ensure he received a lengthy prison sentence and her motivation was financial. Thereafter, she indulged in deliberate and prolonged lying against several men, all of whom she knew by then could have been put in the same dreadful position as the first victim, serving a lengthy prison sentence as a convicted rapist and disowned by some close to him who believed the worst. On the other hand, the appellant undoubtedly had significant mental health difficulties, was herself the victim of rape as a child and was young at the time of the offending. There had, though, been no hint of remorse. In all the circumstances, the sentence of 10 years was stern but not manifestly excessive.

B8-031

R. v Beech [2020] EWCA Crim 1580; [2021] 2 Cr. App. R. (S.) 1

The applicant had, between December 2012 and March 2016, deliberately, repeatedly and maliciously falsely claimed to the police and the Criminal Injuries Compensation Authority (CICA) that as a child between the ages of seven and 15, he had been a victim of physical and sexual abuse, had witnessed other children being similarly abused and had seen three children being murdered. He falsely accused a number of well-known public figures, many of whom had since died, but some of whom were still alive, of having been members of paedophile groups and the perpetrators. His claims resulted in a payment to him by CICA of £22,000 and a police investigation that cost over £2 million. He pleaded guilty to 12 counts of perverting the course of justice, one of fraud, five relating to indecent images, one of voyeurism and one of failure to surrender to bail. A total sentence of 18 years' imprisonment was imposed, comprised of 15 years for the perverting counts, 18 months' consecutive for the fraud and 18 months' consecutive for the images offences, with lesser concurrent sentences on other counts.

B8-032

Held: the applicant's conduct was a sustained and deliberate perversion of the course of public justice of the highest possible profile and seriousness. The very serious effects of the applicant's lies spread well beyond his primary victims and the UK, inflicting terrible damage on his victims' families and friends. The sheer number of the applicant's victims and their records of distinguished public service, together with the deliberate cultivation of publicity on a national and global scale for personal gain and celebrity, were serious aggravating features. No one was arrested or charged as a result of the applicant's allegations but the fact that the consequences might conceivably have included yet further indignities and injustices does not prevent this case from being unique in the scale and duration of the devastation that was inflicted by the applicant. One of the seriously aggravating effects of the applicant's actions was the chilling effect that they will have had on others who are genuine victims of physical or sexual abuse and whose stories may never be heard, because they are deterred from making or pursuing true allegations for fear that they may not be believed. The total sentence was not wrong in principle or manifestly excessive.

R. v Ahmed [2021] EWCA Crim 1786

B8-033 A and V (both barristers) had an affair which ended when she discovered he was married. Following this, over, a 10-month period, she made repeated claims to multiple police forces he was harassing her and subsequently an allegation of rape (upon which he was arrested), repeated attempts to falsify evidence in support of her claims and engaged an ex-boyfriend H, to falsify texts from a phone said to belong from V to "create enough evidence that he's planning to have me stabbed, raped etcetera and that he sends you detailed plans". Her plans reached a nadir in an attempt to get H to stab her in the leg whilst pretending to have conspired with V to assault her; she was ultimately taken to hospital with a stab wound to the thigh which could have been fatal in circumstances where it was unclear if she or H had inflicted the wound. She pleaded guilty to two counts of perverting the course of justice and was sentenced to life imprisonment with a minimum term of four years six months and 10 days for both counts.

Held: the sentence for the common law offence of perverting the course of justice is at large and so, in theory at least, the sentence of life imprisonment was open to the judge. However, the imposition of a life sentence for an offence of perverting the course of justice was a novel outcome. This pattern of offending was very serious and justified at least a long sentence. This was not one of those rare cases outside of the statutory scheme where a sentence of life imprisonment was justified. We are not saying that an offence of perverting the course of justice could never attract such a sentence, but the facts of this case did not warrant a life sentence. The review of the case law in Beech shows that very serious offences of perverting the course of justice can properly attract sentences in double figures. Here, a sentence of 10 years' imprisonment was substituted.

Planting evidence

R. v Weiner [2011] EWCA Crim 1249; [2012] 1 Cr. App. R. (S.) 6

B8-034 The appellant had, seemingly with an unidentified third party, planted some 177 indecent images of children on the computer of a school caretaker with whom he worked. He had then rung the police anonymously using an unregistered prepaid SIM to tell them of the images (in July and October 2006), as well as sending them some of the images on a CD (August 2006). The victim was subsequently arrested in October 2006 and suspended from work. It was 18 months before he was exonerated after a thorough police operation. The police kept his arrest private but in January 2007, the appellant gratuitously and spitefully informed the local press, resulting in the need for the victim to move home and the abandonment of many of his friends. The appellant (40 and of good character) was convicted of doing acts tending and intended to pervert the course of justice as well as possession of indecent images and sentenced to 12 years' imprisonment.

Held: any case of perverting the course of justice which wrongly exposes another to the risk of arrest, imprisonment and wrongful conviction is to be viewed as particularly serious. This case was one which involved a high degree of careful planning over a period of time, as well as a degree of breach of trust. It was further aggravated by the great public opprobrium which an accusation of the type made carries with it and by the malicious alerting of the press.

In *Attorney General's References (Nos 6-8 of 2000) (Rees)*,[5] the offenders had planned to plant cocaine on the estranged wife of one of them so he could secure custody of their child. The matter came to light before they could do so but the victim's house was searched and she was arrested. The court held that had drugs in fact been planted a sentence of 10–12 years would have been appropriate. It is relevant that the planting of drugs envisioned there would be the type of activity which, had the conspiracy been successful, would have led to a considerably higher sentence of imprisonment had the plot been successful than would have been the case in this matter had the victim been wrongly convicted of an offence of possessing child pornography.

The range indicated in that case of some 10–12 years in the case of planting evidence in circumstances of extreme aggravation is the appropriate range. However, a sentence of 12 years was at the extreme end of that range and the judge should have passed a sentence within the range but at the bottom end of the range indicated, namely at 10 years. A sentence of 10 years' imprisonment would be substituted.

B8-035

False claims to have committed an offence

R. v Humble [2006] EWCA Crim 2775; [2007] 1 Cr. App. R. (S.) 113

The appellant had written to the police twice claiming to be responsible for eight murders that had occurred over a three-year period. After press coverage of the letters he also sent a tape recording of himself to the police claiming responsibility. During the period between the letters and the tapes, another murder was committed but the appellant did not admit the hoax. Due to other evidence the police came to believe that he was the murderer and began investigating him properly. It was only 12 days after a further connected murder that the appellant telephoned the police to say that the letters and the tape recording were hoaxes (but did not give evidence to verify this). Eventually, Peter Sutcliffe was convicted for the murder. The appellant was subsequently identified by DNA samples over 24 years later and confessed. He gave no logical account of his motivation. He pleaded guilty to four counts of perverting the course of justice and was sentenced to a total of eight years' imprisonment.

B8-036

---

[5] [2002] EWCA Crim 264; [2002] 2 Cr. App. R. (S.) 76.

B8-037 *Held:* the case was unique or at least almost unique. It was uniquely serious and had possibly fatal consequences. The offences were carefully planned and had the effect intended for them. The investigation which they corrupted and diverted was into the most serious crimes committed on the streets of this country in many people's living memory. The offences called for a very severe sentence. The authorities such as they are on sentence in this area are limited. There is no guideline case. Sentences range from a non-custodial disposal in an exceptional case to short prison sentences, up to sentences of this sort of length in the most serious cases. In a case so serious as this, the issues of personal mitigation and the passage of time lose much of their importance. Although the sentence was indeed severe, it was not wrong in principle or clearly excessive.

False Evidence or Concealment of Evidence

Guidance

Attorney General's Reference (No.109 of 2010) [2010] EWCA Crim 2382
B8-038 The offender was the partner of a man who had carried out a contract killing with another. On three occasions, over a period of a year, she falsely told the police that he had no connection or later that he had a minor and innocent connection with the car which had been used by the killers.

Held: if deliberate lies are consistently told to police in order to protect a man who is under investigation for a contract killing, something very unusual indeed has got to exist before an immediate sentence of imprisonment does not follow. The fact that the supporter was a partner under some influence of the principal suspect and that she had family responsibilities are sad but not unusual features of such a case.

Specific examples

B8-039 The cases listed in this section have been included either because they are examples of extremely unusual factual scenarios in which the courts have given some further specific guidance or because they an indicator of either the top or bottom of the seriousness range for this type of offending.

False retraction of allegation

R. v A [2010] EWCA Crim 2913
B8-040 The appellant pleaded guilty to perverting the course of justice by falsely retracting a truthful allegation that her husband had raped her six times. When she had initially sought to withdraw the allegations she had insisted they were true but when informed they would not be dropped she told the police the allegations were untrue and asserted this in a written witness statement. As a result, the prosecution had to offer no further evidence against her husband on six counts of rape. The appellant admitted it was a lie and claimed, inter alia, she had been pressured by her husband's sister and had been the victim of domestic abuse. She was sentenced to eight months' imprisonment.

B8-041 *Held:* it is worth emphasising that a complaint that an individual has been the victim of crime is not, and never has been, merely a private matter between the complainant and the alleged perpetrator of the crime. Every crime engages the community at large. There is a distinct public interest in the investigation and, if appropriate, the prosecution and conviction of those who have committed crime. Precisely the same considerations apply to every witness to a crime. An unconvicted criminal is free to continue to commit crime and to add to the list of their victims, as well as to escape justice. Therefore, perverting the course of justice is not confined to making and pursuing false allegations or giving false evidence, which is always a very serious offence. It extends to the retraction of truthful allegations or the retraction of truthful evidence. These offences, too, can sometimes be, and should be treated as, offences of great seriousness.

However, the difference between the culpability of the individual who instigates a false complaint against an innocent man and the complainant who retracts a truthful allegation against a guilty man will often be very marked. Experience shows that the withdrawal of a truthful complaint of crime committed in a domestic environment usually stems from pressures, sometimes direct, sometimes indirect, sometimes immensely subtle, which are consequent on the nature of the individual relationship and the characters of the people who are involved in it.

Where a woman had been raped, and raped more than once by her husband or partner, those actions reflected manifestations of dominance, power and control over her. When those features of a relationship between a man and a woman were established, it was an inevitable consequence that the woman who had been so ill-treated became extremely vulnerable. The sentencing court, when assessing culpability, should recognise and allow for the pressures to which the truthful complainant in such a relationship has been exposed, and should be guided by a broad measure of compassion for a woman who has already been victimised. **B8-042**

This was an exceptional case. The sentence for perverting the course of justice normally is, and will normally continue to be, a custodial sentence. That is a requirement of the administration of justice and, where possible, the reduction of crime. However, this was not such a case. A community sentence with a supervision order for a period of two years would be substituted. **B8-043**

Concealing a body

R. v Cuckson [2020] EWCA Crim 1688; [2021] 1 Cr. App. R. (S.) 59
The court considered the approach to sentence in circumstances where the appellant had supplied class A drugs to another, causing their death, and subsequently taken steps to hide the body/prevent detection. In the instant case, the appellant had pleaded guilty to offences of administering a poisonous noxious substance so as to endanger life, contrary to s.23 of the Offences against the Person Act 1861, supplying a controlled drug of Class A to another, supplying a controlled drug of Class C to another, doing acts tending and intended to pervert the course of public justice and preventing a lawful and decent burial. The victim had died at the appellant's flat having arranged to meet there; the appellant placed his body into the boot of his motorcar, drove to nearby woodland and dragged the body into the woods. **B8-044**

Held: criminality of this kind is serious and deserving of substantial prison sentences. There are now guidelines for drug offences and the simple act of supplying a Class A controlled drug in circumstances where death occurred soon afterwards would carry a term on its own of at least three and a half years. A significant increase above that level is required where conduct of the kind **B8-045**

Driving offences—attempts to hide identity as driver

R. v Wright [2019] EWCA Crim 1806; [2020] 1 Cr. App. R. (S.) 44

B8-046 The appellant, who was disqualified from driving at the time and had a significant record (including for offences of perverting the course of justice in 1999 and for driving offences) pretended to be another (real) person when pulled over in an uninsured van. He even made a phone call in front of the officer that accorded with him having that name. That it was a fake name only emerged when the actual person with that name, RH, had been served with a prosecution notice. RH's identity had also previously been given to the police for a separate driving offence. The appellant pleaded guilty to an offence of doing an act tending and intended to pervert the course of justice, and to driving without a licence and driving without insurance.

B8-047 *Held:* it is well established that an offence of this nature will almost inevitably require a sentence of immediate custody. The substantive offences are not the most serious offences, although it is to be noted that many cases of attempting to pervert the course of justice involve relatively minor motoring offences. The offence persisted from when he was stopped till he pleaded guilty at the PTPH some six months later. An important factor in this case is that the appellant did not merely provide false details but gave the details of a real individual who was similar to him in appearance, who therefore faced a real risk of prosecution with all its attendant stress, even if, because he had a licence and insurance, it was unlikely that he would ultimately have been convicted. This not only showed the appellant's attempt to pervert the course of justice was deliberate and premeditated but in addition to the harm done to the administration of justice and the wasting of police time, which are themselves serious matters, specific harm was done to an innocent individual in the form of the anxiety and stress caused to the victim. To give the name of a real individual is considerably more serious than the case of a driver who panics when stopped by the police and on the spur of the moment decides to give a fictitious name. It is more serious still when it is apparent that the name is given pursuant to a plan which has been carefully worked out in advance.

Driving offences—speed detection "jamming" devices

R. v Twizell [2019] EWCA Crim 356

B8-048 The applicant's car had been speed checked when he was driving. The officer attempted to use the device to assess the applicant's speed, but the first three readings failed. When the speed was detected he was within the limit. The applicant had fitted a laser-jamming device (which he initially claimed was an insurance black box) in order to avoid being caught speeding.

Held: the use of such jamming devices will amount to a serious offence, whether or not it is accompanied by other bad driving. These devices prevent the police from detecting crime and hinder the important role of the police in keeping road users safe.

False Mitigation

R. v Livesley [2012] EWCA Crim 1100; [2013] 1 Cr. App. R. (S.) 27

When being sentenced for benefit fraud to the tune of £29,000 the appellant had put before the court two references from senior military personnel referring to his distinguished career with the Parachute Regiment in the Falklands War and that he had been awarded in multiple tours in Northern Ireland, and that he had been awarded a medal for bravery. The appellant had lied to the referees about the extent of his career and had in fact served as a cook in the catering corps before being discharged as medically unfit. These references led to him receiving a suspended sentence rather than an immediate sentence of imprisonment. **B8-049**

Held: the deception here was sustained and planned with a view to achieving the purpose of getting a lesser sentence than he otherwise would have done. Those purporting to give these two references were obviously gravely embarrassed and, most important of all, the court was very seriously misled. It is crucially important that judges should be able to rely on character references: so a particular element of deterrent sentencing is appropriate in this context which of its nature (perverting the course of justice) calls for deterrence in any event. The appellant had issues with distinguishing between truth and fantasy but he was fit to plead, and knew precisely what was going on. This was criminal conduct, and it is not to be downplayed in what is indeed a very serious matter. **B8-050**

Attorney General's Reference (No.123 of 2015) (R. v Javed [2016] EWCA Crim 28; [2016] 1 Cr. App. R. (S.) 64)

The offender had pleaded guilty to two counts of possession of a document likely to be useful to a person committing or preparing an act of terrorism.[6] The documents had been on his laptop since his involvement in protests in 2006 for which he had been convicted of offences of soliciting murder and of racially aggravated public disorder. At the sentencing hearing, personal mitigation was advanced on his behalf, including references claiming he was a changed man. The judge accepted this mitigation and imposed a sentence of 12 months' imprisonment. Subsequently it was discovered that the offender had falsified aspects of the references to mislead the court, including a reference from a chaplain at a university multi-faith centre falsely stating he had been involved with the organisation. He was convicted of perverting the course of justice and sentenced to four months' imprisonment. **B8-051**

Held: the underlying offences were serious but not of the most serious kind. There had been no attempt to rely on the documents to seek a suspended sentence. However, there had been two misleading references and the offender had involved his wife in making them. Providing false or misleading references to the court is a very serious matter and one would expect deterrent sentencing to be appropriate in such circumstances. **B8-052**

Intimidating Witnesses or Jurors

Maximum Sentence

B8-053 The maximum sentence for the offence of intimidating etc witnesses, jurors or others, contrary to s.51 of the Criminal Justice and Public Order Act 1994, is *five years' imprisonment*.

Availability of Sentencing Orders

B8-054 Conviction for the offence of intimidating etc witnesses, jurors or others, contrary to s.51 of the Criminal Justice and Public Order Act 1994, does not trigger any particular automatic consequences of conviction, nor make available specific custodial sentences. If an offence is found to have a terrorist connection, it is a Sch.13 offence for the purposes of the sentence for offenders of particular concern.

Guidance

B8-055 The Sentencing Council's witness intimidation definitive guideline came into force on 1 October 2023. The assessment of culpability focusses upon the extent of the contact with the witness, the nature of that contact (e.g. whether threats were made) and whether the contact is in breach of bail or other court order. The assessment of harm focusses upon the impact upon the witness and the impact upon the course of public justice. The offence range provided by the guideline is a community order to four years' imprisonment.

General Guidance

R. v Chinery [2002] EWCA Crim 32; [2002] 2 Cr. App. R. (S.) 55

B8-056 The court gave general guidance as to the sentencing of offences of witness intimidation, contrary to s.51 of the Criminal Justice and Public Order Act 1994.

B8-057 *Held:* these offences are very serious. Witnesses who are witnesses to criminal offences are indispensable to the conviction of the guilty and the acquittal of the innocent. They must not in any way be pressurised into not giving evidence. In particular, witnesses must not be intimidated through threats that they might be subjected to physical violence. Offences of intimidating witnesses invariably contain an element of deterrence for the reason that witnesses must feel entirely free to give evidence and must not be subject to threats.

Preventing A Lawful Burial

Maximum Sentence

B8-057a The maximum sentence for this offence is life imprisonment.

Availability of Sentencing Orders

B8-057b Conviction for preventing a lawful burial, does not trigger any particular automatic consequences of conviction, nor make available specific custodial sentences. If an offence is found to have a terrorist connection, it is a Sch.13 offence for the purposes of the sentence for offenders of particular concern.

Guidance

R. v Russell (Jamie Malcolm) [2023] EWCA Crim 1080; [2024] 1 Cr. App. R. (S.) 17

The court gave guidance for sentencing offences of preventing a decent and lawful burial of a dead body.

Held: the authorities disclosed a number of principles in the approach to sentencing for this offence:

1. the offence of preventing a lawful and decent burial is a serious one, which, save in exceptional circumstances, requires a custodial sentence. Harm usually includes the indignity and degradation caused to the deceased; the misery caused to the deceased's family and friends, resulting from anxiety whilst the person is missing, and subsequent knowledge of the degrading circumstances following death; the impact on the ability to have a decent funeral and burial; risks to health; and the prevention of an appropriate and timely investigation into the circumstances and cause of death. The offence involves a serious affront to public standards of decency;
2. where the crime has been committed with the intention of preventing an investigation into the cause of an unnatural death, the offence will fall at the more serious end of the scale, because it involves a deliberate obstruction of the course of justice and justifies a deterrent element. In such cases, sentences of the order of five to six years' may be appropriate to mark the gravity of the offending before other aggravating and mitigating factors;
3. where there is no such intention, but the body has been deliberately concealed and the police misled, sentences of about three years' will be appropriate to mark the gravity of the offending before other aggravating and mitigating factors. Where there is no deliberate concealment, but merely a passive failure to report the death, the starting point will be in the range of 18 months to two years; and
4. other relevant factors relating to the offending will include the length of time for which the body remains undiscovered; conduct which assists or delays the discovery of the body; and the impact on the deceased's friends and family.

Assisting Offenders to Avoid Apprehension or Prosecution

Maximum Sentence

The maximum sentence for the offence of assisting an offender, contrary to s.4 of the Criminal Law Act 1967, differs depending on the type of offence assisted. Where the offence assisted was murder the maximum sentence is *10 years' imprisonment*. Where the offence assisted had a maximum sentence of 14 years or more, the maximum sentence is *seven years' imprisonment*. Where the offence assisted had a maximum sentence of 10 years or more, the maximum sentence is *five years' imprisonment*. Otherwise, the maximum sentence is *three years' imprisonment*.

Availability of Sentencing Orders

B8-059 Conviction for the offence of assisting an offender, contrary to s.4 of the Criminal Law Act 1967, does not trigger any particular automatic consequences of conviction, nor make available specific custodial sentences. If an offence is found to have a terrorist connection, it is a Sch.13 offence for the purposes of the sentence for offenders of particular concern.

Guidance

General Guidance

Attorney General's Reference No.16 of 2009 (James Yates) [2009] EWCA Crim 2439; [2010] 2 Cr. App. R. (S.) 11

B8-060 The court gave guidance as to the sentencing of offences of assisting an offender, contrary to s.4 of the Criminal Law Act 1967.

Held: if an offender chooses to be loyal to a gang member who has committed murder he must, if convicted, expect a substantial prison sentence. When assessing the sentence in cases of assisting an offender who has committed an offence, the first question to be addressed is the nature and extent of the criminality of the offender for whom assistance was provided. The second is the nature and the extent of the assistance actually provided. The third is the extent to which the efforts at assisting the killer damaged the interests of justice. That requires that those who are guilty of serious crimes should be brought to justice, convicted and sentenced. Sentences in this type of case should normally be consecutive to the sentence imposed for any other offence.

R. v Sula [2017] EWCA Crim 206

B8-061 The court gave guidance as to the sentencing of offences of assisting an offender, contrary to s.4 of the Criminal Law Act 1967.

Held: previous decisions on sentence for this offence are essentially very fact-specific. Nonetheless in the absence of specific sentence guidelines, the court always wishes to achieve as far as possible consistent sentences in similar cases.

Examples

R. v Robinson [2007] EWCA Crim 3120; [2008] 2 Cr. App. R. (S.) 35

B8-062 The appellant's friend had participated in a robbery in which a police officer was murdered. The appellant arranged a hiding place for his friend, hiding there with him and moving him to another address when they became aware of police investigations. He eventually persuaded his friend to hand himself in. They had been hiding for some 15 days and it had led to a large-scale search (which was seemingly why the other offender handed himself in). The appellant pleaded guilty to assisting an offender and was sentenced to four years' imprisonment.

On appeal against sentence, the appellant argued that it could be gleaned from the authorities that there is a bracket of between 12 and 18 months in most cases of assisting offenders, rising to two years or thereabouts for assisting offenders after there has been a murder.

Held: this offence was a very serious offence of its kind. It involved assisting a person charged with a horrific murder. He helped him over an extended period, living with him in the accommodation for some 15 days and clearly doing his best until the end to try to shelter him from the police enquiries. Bearing in mind his plea, four years was a severe sentence but it was not manifestly excessive.

R. v Modhwadia [2017] EWCA Crim 501; [2017] 2 Cr. App. R. (S.) 15

The appellant had driven her boyfriend away from an assault, which she had believed to be minor (and which was believed to be a retaliation for the robbery of her boyfriend's grandmother) but in fact resulted in manslaughter convictions. She pleaded guilty to assisting an offender. She had had only one previous court appearance some 17 years ago which had resulted in a probation order, had a number of positive character references, was the sole carer for children aged 15, nine and five years and the pre-sentence report stated she appeared to be easily manipulated by men, and gullible. She was sentenced to six months' imprisonment.

Held: there was a very strong argument that the factors supporting suspending the sentence were more powerful than the need to achieve appropriate punishment by immediate custody. There was a realistic prospect of rehabilitation, there was strong personal mitigation and most significantly the impact of an immediate custodial sentence on the children was likely to be devastating. For several months the appellant had faced a charge of murder with all the anxiety and stress that must have involved, which had been a punishment in itself. The sentence of six months' imprisonment would be suspended for 18 months.

B8-063

Commentary: These cases have been included only as an illustration of the broad range of seriousness which this offence encompasses. Practitioners are advised to do their own research in relation to specific factual examples which are analogous with their instant case in terms of seriousness (although inevitably such cases will only be able to give limited further indication as to the broad level of appropriate sentence).

B8-064

PERJURY

Maximum Sentence

The maximum sentence for the offence of perjury in a judicial proceeding, contrary to s.1 of the Perjury Act 1911, is *seven years' imprisonment*.

The maximum sentence for the offence of making false statements on oath made otherwise than in a judicial proceeding, contrary to s.2 of the Perjury Act 1911, is *two years' imprisonment*.

B8-065

Availability of Sentencing Orders

Conviction for these offences does not trigger any particular automatic consequences of conviction, nor make available specific custodial sentences. If an offence is found to have a terrorist connection, it is a Sch.13 offence for the purposes of the sentence for offenders of particular concern.

B8-066

Guidance

General guidance

B8-067
R v Hall [1982] 4 Cr. App. R. (S.) 153
The court gave guidance as to the sentencing of perjury offences.
Held: it is almost inconceivable that a sentence of less than three months would be given for a deliberate perjury in the face of the court. Such false evidence strikes at the whole basis of the administration of the law.

B8-068
R. v Cooke and Street [1983] 5 Cr. App. R. (S.) 31
The court gave guidance as to the sentencing of perjury offences.
Held: the court had said over and over again that a conviction of perjury, save in exceptional circumstances, may inevitably be expected to attract an immediate sentence of imprisonment.

B8-069
R. v Healey [1990] 12 Cr. App. R. (S.) 297
The court gave guidance as to the sentencing of perjury offences.
Held: offences of perjury strike at the root of our system of justice. Time and again members of the public are required to take an oath to say that they will tell the truth and if they take that oath intending to lie, they are committing a serious crime. Where the offender was also being sentenced for burglary the sentence for perjury needed its own separate penalty because it needs to be seen as a deterrent to others who might think that lying on oath is something not to be taken seriously.

B8-070
R. v Archer [2002] EWCA Crim 1996; [2003] 1 Cr. App. R. (S.) 86
The court gave guidance as to the sentencing of perjury offences.
Held: there are many factors to be considered when determining the appropriate level of sentence for perjury and related offences. There is not any distinction as to the level of sentence to be drawn according to whether the proceedings contaminated were of a civil or criminal nature. Perjury may be comparatively trivial in relation to criminal proceedings or very serious in relation to civil proceedings. No doubt whether the proceedings were civil or criminal is one of the factors properly to be considered. There are many others, including the number of offences committed; the timescale over which they are committed; whether they are planned or spontaneous; whether they are persisted in; whether the lies which are told or the fabrications which are embarked on have any actual impact on the proceedings in question; whether the activities of the defendant drew in others; and what the relationship is between others who are drawn in and the defendant (i.e. whether there was any vulnerability).

B8-071
R. v Adams [2004] EWCA Crim 552; [2004] 2 Cr. App. R. (S.) 76
The appellant had given evidence on behalf of a friend who was being tried for possession of Class A drugs with intent to supply and had falsely claimed in examination in chief that she was of previous good character. When it was discovered she had previous convictions and an addiction to heroin the trial had to be stopped, although the defendant was convicted on a retrial. She pleaded guilty to perjury and was sentenced to two years' imprisonment.

Held: cases such as this of perjury have to be looked at on their own facts, although the case of *R. v Yates*[7] was of some relevance in that there a sentence of three years' imprisonment was reduced to two, where the defendant had given perjured evidence over some two days. Anyone who deliberately tells lies on oath in a court of law can expect severe punishment. If the perjury is aimed at avoiding a conviction for a grave offence (as it was in this case) punishment must be commensurate with the gravity of that offence. So a substantial prison sentence was undoubtedly called for. However, a sentence of 18 months would be sufficient to mark the gravity of this appellant's offending. Such a sentence would be substituted.

Recent examples

R. v Hodgon [2013] EWCA Crim 2520

The appellant had been a witness to his close friend's murder at a party. On the night of the stabbing, he had gone to the hospital where the deceased was being treated with his friends and falsely boasted that he had been standing shoulder to shoulder with the deceased and fighting against the attackers. At the first trial for murder he was a prosecution witness and in cross-examination denied that conversation had occurred. At the second trial eight months later, he admitted it had and that he had lied. He pleaded guilty to perjury and was sentenced to 16 months' imprisonment.

B8-072

Held: it must be clearly understood that anyone who gives perjured evidence in the course of a murder trial must expect and will receive a severe sentence. Personal mitigation counts for little in offences such as this which impact the administration of justice. However, in this case, two other offenders also received sentences of 16 months' imprisonment for more serious offending. The appellant had told a single lie in the course of cross-examination at the first trial and confessed to that at the second trial. The others had given seriously misleading information to the police about what they had seen during the incident, setting the prosecution off on a wild goose chase. The statements of those two men were served on the other side. One maintained his false evidence in the witness box. The other confessed to the falsity shortly before giving evidence in the second trial, but only after he had done a great deal of damage to the prosecution case. To ensure a proper gradation a sentence of eight months' imprisonment would be substituted.

R. v Khan [2016] EWCA Crim 2254

The applicants, all members of a single family, had all been involved in a lengthy dispute with MY and had made an allegation of witness intimidation against him in relation to circumstances where he was alleged to have chased a car carrying the applicants to the police station. Despite CCTV evidence showing six people had been in the vehicle, the applicants all claimed only five people had been in it. They all falsely claimed not to know the other man who had gone into the police station with them, despite him being the boyfriend of one of them. As a result, the Crown offered no evidence against MY. They all pleaded guilty to perjury. The explanation given was that the other man had put them under pressure to lie because of the potential community difficulties which might arise if

B8-073

---

[7] [1989] 11 Cr. App. R. (S.) 451.

he was known, as a Sikh, to have had a relationship with a Muslim woman and that he had threatened them not to reveal his involvement. All were sentenced to 12 months' imprisonment.

Held: cases of perjury are serious. They strike at the heart of the administration of justice and there is an important deterrent element to sentencing. As the court has frequently stated, a custodial sentence is almost inevitable. Here there was one offence which was planned, but out of fear of violence to a member of the family rather than out of any intent to influence the proceedings. The lies were persisted in and had an impact on the proceedings in that they led to the prosecution being dropped, although that was very much against the applicants' interests and not what they would have intended or contemplated. The offenders did not draw in others. Although this was not an exceptional case, it was unusual. Perjury is normally committed to assist a party to the proceedings rather than committed out of fear of violence to one of the applicants. The index offence, in this case, was not of the most serious kind, as indicated by the suspended sentence imposed on the defendants who pleaded guilty. There was extremely strong personal mitigation for all the applicants, that they were of positive or effective good character and that they had strongly supportive pre-sentence reports. Sentences of three months' imprisonment would be substituted.

B8-074 *Commentary:* These cases have been included only as an illustration of the lower end of the range of seriousness for this offence and because each provides some limited guidance as to the factors relevant to sentencing. Practitioners are advised to do their own research in relation to specific factual examples which are analogous with their instant case in terms of seriousness (although inevitably such cases will only be able to give limited further indication as to the broad level of appropriate sentence).

Participating in an Organised Crime Group

Maximum Sentence

B8-075 The maximum sentence for the offence of participating in the activities of an organised crime group, contrary to s.45 of the Serious Crime Act 2015, is *five years' imprisonment*.

Availability of Sentencing Orders

B8-076 Certain sentencing orders or consequences of conviction are only available, or apply, where the offence for which the offender has been convicted is a listed offence. The paragraphs below specify whether the offence of participating in the activities of an organised crime group, contrary to s.45 of the Serious Crime Act 2015, is a listed offence for the purpose of each of those sentencing orders or consequences of conviction.

Custodial sentences

B8-077 Conviction for the offence of participating in the activities of an organised crime group, contrary to s.45 of the Serious Crime Act 2015, does not make available specific custodial sentences. If an offence is found to have a terrorist connection, it is a Sch.13 offence for the purposes of the sentence for offenders of particular concern.

Secondary orders and consequences of conviction

Offences	SOA 2003 Sch.3 and 5 (sexual harm prevention order and notification—sex offences)	SCA 2007 Sch.1 (serious crime prevention order)	CTA 2008 ss.41–43 (notification—terrorism offences)	SI 2009/37 (barring from work with children and vulnerable adults)
Participating in organised crime group (s.45 SCA 2015)	No	Yes	No	No

B8-078

Guidance

R. v Crimes [2019] EWCA Crim 1108; [2019] 2 Cr. App. R. (S.) 56
The court gave some guidance on the sentencing of offences contrary to s.45 of the Serious Crime Act 2015.

B8-079

Held: reference by way of analogy to the guidelines or fact-specific decisions for the underlying offences provides only very limited assistance. There is a need to consider, within the context of the statutory maximum of five years' imprisonment, the appellant's culpability and the harm caused, intended or likely to be caused by his commission of these offences.

Participating in the criminal activities of an organised crime group is by its nature a serious offence. With regard to the five purposes of sentencing identified in s.142 of the Criminal Justice Act 2003 (now s.57 of the Sentencing Code), sentencers dealing with such offences will generally wish to focus on punishment, protection of the public and the reduction of crime by deterrence. The offence is by its nature an adjunct to other criminal activity; but that does not mean that the offender necessarily plays only a minor role in the commission of the offence.

PRISONS—ESCAPES FROM CUSTODY/FAILURE TO BE RECALLED

Maximum Sentences

The maximum sentence for the common law offence of escaping from lawful custody is *life imprisonment*.

B8-080

The maximum sentence for the common law offence of breach of prison is *life imprisonment*.

The maximum sentence for the offence of assisting a prisoner to escape from prison, contrary to s.39 of the Prison Act 1952, is *10 years' imprisonment*.

The maximum sentence for the offence of harbouring an escaped prisoner, contrary to s.22 of the Criminal Justice Act 1961, is *10 years' imprisonment*.

B8-081

The maximum sentence for the offence of remaining at large after temporary release, contrary to s.1 of the Prisoners (Return to Custody) Act 1995, is *two years' imprisonment*.

The maximum sentence for the offence of remaining unlawfully at large after recall, contrary to s.32ZA of the Crime (Sentences) Act 1997, is *two years' imprisonment*.

B8-082 The maximum sentence for the offence of remaining unlawfully at large after recall, contrary to s.255ZA of the Criminal Justice Act 2003, is *two years' imprisonment*.

Availability of Sentencing Orders

B8-083 Conviction for these offences does not trigger any particular automatic consequences of conviction, nor make available specific custodial sentences. If an offence is found to have a terrorist connection, it is a Sch.13 offence for the purposes of the sentence for offenders of particular concern.

Guidance

Escape from Custody

Guidance

R. v Coughtrey [1997] 2 Cr. App. R. (S.) 269

B8-084 The court gave guidance as to the sentencing of offences of breaking out of prison.

Held: breaking prison is a very serious offence, for which a substantial sentence of imprisonment is always to be expected because of the fear and apprehension it generates, the disruption to prison life, the violence and disorder that it may lead to, and the need to deter both the culprit and others.

If the offender is serving a determinate sentence, a consecutive sentence should almost invariably be imposed. Obviously, if they are serving a life sentence the sentence for breaking prison will have to be served concurrently. However, the length of it should usually be the same as it would have been had they been serving a determinant sentence.

B8-085 The facts to be taken into account, in determining the length of sentence, will include (1) the nature and the circumstances of the crime for which they were in prison; (2) their conduct while in prison; (3) the methods employed in effecting escape and, in particular, whether any violence was involved and whether there was extensive planning and outside assistance; (4) whether they surrendered themselves and how soon; and (5) a plea of guilty.

R. v Roberts [1998] 2 Cr. App. R. (S.) 455

B8-086 The court gave guidance as to the sentencing of offences of escape from custody.

Held: escape from lawful custody is always a serious offence and it is quite essential for the courts to mark out the seriousness of escapes from custody by immediate sentences of imprisonment. It is not only intended as a punishment, but it is also intended to be a clear deterrent to others contemplating escapes from custody. However, an important factor to consider is whether the escape was opportunistic, or whether it was carefully planned.

R. v Jarvis [2002] EWCA Crim 885; [2002] 2 Cr. App. R. (S.) 123

B8-087 During an appeal against sentence, the defence identified three questions for consideration when sentencing offences of escape from custody.

Was the escape pre-planned? What level of violence was used and what level of injury was suffered? Was the escape attempt successful and, if so, for how long was the defendant at large?[8]

R. v Purchase [2007] EWCA Crim 1740; [2008] 1 Cr. App. R. (S.) 58
The court considered the levels of sentence for offences of escape from custody.   B8-088

Held: the authorities which have been decided on the appropriate level of sentence in this class of case divide roughly into two: cases where a prisoner on their own escapes from custody and has some kind of personal pressure which persuades them to do so, and cases where professional criminals are assisted to escape by confederates outside (or sometimes even inside) the prison. The former category of case attracts sentences which are measured in months and the latter category in years.

In the first class of case there are a number of factors which the courts have considered over the years in assessing where in the scale of months a particular case should fit. Was there planning or was this an impulse? Was there violence or damage caused? What was the reason for the escape? Did the offender surrender or make arrangements to surrender before they were caught? How long were they at large? What else did they do while they were at large?

Examples

R. v Banks-Nash [2006] EWCA Crim 1211; [2007] 1 Cr. App. R. (S.) 18
Shortly before the appellant's earliest date for release from a sentence of five   B8-089
years' imprisonment for conspiring to supply Class A drugs, he was transferred to an open prison and escaped by walking out of the prison. He was at large for 188 days before being arrested. He seemingly escaped as a result of a threat against him from another inmate. The judge sentenced the appellant on the basis that he was genuinely in great fear and that it was this that made him decide to escape. He pleaded guilty to escape from prison and was sentenced to 12 months' imprisonment, consecutively to the existing sentence.

Held: that the appellant escaped in fear must be a mitigating circumstance, at least to the extent that it means that the appellant's escape was not cynical or opportunistic. However, too much weight should not be attached to this factor, because even if the threat was as serious as the appellant believed, escape was not the best way of confronting it. It was always open to him to notify the authorities and seek the appropriate protection.

This case was not at the very bottom of the range. The appellant took no steps to surrender himself, nor had he made good use of his time at liberty. Although he was drug-free before his escape he reassumed a life of drug taking. That is not, as such, an aggravating factor but it meant he could not claim credit for any kind of good conduct. A sentence of nine months' imprisonment would be substituted.

R. v Brockway [2007] EWCA Crim 2997; [2008] 2 Cr. App. R. (S.) 4
The appellant had escaped from a sentence of 12 years' imprisonment for ag-   B8-090
gravated burglary by absconding from the open prison in which he was serving his sentence. He was at large for about 20 months before being recaptured and claimed he had done so because his daughter was seriously ill and his applica-

---

[8] The court did not rely on these questions; however, they may be of some use when considering the approach to sentencing in such cases. They have since been applied by the court in decisions such as *R. v Smith (Benjamin)* [2019] EWCA Crim 1853; [2020] 1 Cr. App. R. (S.) 49.

tions for release or a transfer nearer to his home had been rejected. He pleaded guilty to escape from custody and was sentenced to two years' imprisonment, consecutive to the existing sentence.

Held: a sentence of two years' imprisonment is significantly longer than the sentence indicated by the authorities. The proper sentence was one of 12 months' imprisonment, given that the original sentence was one of 12 years' imprisonment, the appellant was in an open prison and he was on the run for 20 months, which came to an end only after his arrest and not because he gave himself up. In the authorities reference is sometimes made to the reasons why the offender escaped. It is doubtful as to the value in mitigation of reasons for escape, in particular when it concerns the health of either a relative or of the offender themselves.

R. v Perry [2013] EWCA Crim 1598

B8-091 The appellant had been serving a sentence of 50 months' imprisonment imposed for burglary of a dwelling. He had been allowed out on permitted leave and absconded and did not return for three days. He turned himself in. He pleaded guilty to escape from custody and was sentenced to eight months' imprisonment to run consecutively to his existing sentence.

Held: he had absconded in the simplest way possible. There was no prison break, let alone anything of a sophisticated nature, no planning, no abuse, no harm to inmates or prison officers and it did not require evasion of security or protection measures. The appellant surrendered himself after only three days and in that interval he had gone to visit his family. He did not commit any offences during that period of absence. He was subsequently fully co-operative and admitted his offence at the earliest opportunity. Where there are such features as in the present case, a lesser sentence is sufficient. It is important to remember that an element of deterrence is required even where there are not the aggravating features, as there were not in this case. However, even taking account of the need for deterrence, on the facts a sentence of three months after trial would have been appropriate. To reflect the appellant's guilty plea a sentence of two months would be substituted.

R. v Baverstock [2013] EWCA Crim 1502; [2014] 1 Cr. App. R. (S.) 64

B8-092 The appellant had been arrested on suspicion of breaking into a car to steal £200 of items. While the police were searching his flat, he jumped out of an open window and escaped. He was arrested again eight weeks later. He pleaded guilty to escape from lawful custody, theft of handcuffs from police and theft of items taken from a car. He was sentenced to 12 months' imprisonment for the escape, consecutive to five months' imprisonment imposed for the other offences.

Held: the six decisions cited to the court where the sentence was reduced from that imposed at first instance were useful benchmarks for sentence. In none was the sentence as long as 12 months' imprisonment. The appellant had a bad record, but it does not appear from the authorities that this is a major factor taken into account in cases of escape. It was in the appellant's favour that he used no violence and that the escape was neither from a prison, nor from a court. A sentence of six months' imprisonment would be substituted, to run consecutively to the other counts.

R. v Powter [2014] EWCA Crim 2360; [2015] 1 Cr. App. R. (S.) 31

B8-093 The appellant had absconded from a sentence of imprisonment for public protection with a minimum custodial term of two years for causing grievous bodily harm with intent. The minimum term had expired five years prior to his escape from an open prison. He was at large for two weeks before surrendering himself. He pleaded guilty to escaping prison and was sentenced to 18 months' imprisonment.

Held: the cases point to a sentence which is significantly less than that imposed by the learned judge in this case. The correct starting point here would have been nine months' imprisonment and, giving full credit for the plea of guilty, the correct final sentence would have been six months' imprisonment. That sentence would be substituted.

Commentary: These cases have been included only as an illustration of the broad range of seriousness which this offence encompasses and because some provide useful indications as to the weight to be given to particular aggravating or mitigating factors. Practitioners are advised to do their own research in relation to specific factual examples which are analogous with their instant case in terms of seriousness (although inevitably such cases will only be able to give limited further indication as to the broad level of appropriate sentence).

B8-094

Harbouring an Escaped Prisoner

R. v Taylor [1994] 15 Cr. App. R. (S.) 893
The court gave guidance on sentencing for offences of harbouring an escaped prisoner.

Held: harbouring criminals while they are serving sentences for offences as serious as armed robbery resulting in a 12-year sentence of imprisonment will almost always call for a term of imprisonment.

B8-095

Assisting Escape

R. v Bowman [1997] 1 Cr. App. R. (S.) 282
The appellant had been serving a sentence of 14 years and six months' imprisonment for a conspiracy to rob and previous offences of escape from prison and threats to kill. He had escaped from his sentence twice and been recaptured when he made plans for a third escape and arranged for visitors to smuggle in a .22 double-barrelled pistol and ammunition. The conspiracy was discovered when the ammunition was being smuggled in (the pistol having already been smuggled inside). The appellant pleaded guilty to conspiracy to assist prisoners to escape and was sentenced to seven years' imprisonment consecutive to his existing sentence.

Held: a sentence of the order here imposed was inevitable in a case such as this. A sentence substantially closer to the 10-year maximum would plainly have been justified. One could hardly imagine a graver instance of this particular crime. The smuggling into prison of a lethal weapon with a view to freeing two highly dangerous and resourceful criminals, whose past records amply demonstrated their ruthlessness and determination, was a grave offence indeed. Had this plot not been foiled there can be no doubting the real risk of this weapon having been used to lethal effect. Seven years was by no means an excessive term, and manifestly it had to be imposed consecutively.

B8-096

R. v Reid [2015] EWCA Crim 597
The applicant had, with others, conspired to break another, A, out of prison. A had been in prison on remand charged with murder and conspiracy to supply drugs. As he was being transferred from prison to court the van was stopped by

B8-097

a car, from which three men emerged. They were wearing dark clothing and balaclavas. Two had sledgehammers and one a sawn-off shotgun. They smashed the windows of the van and got the guards to let A out. They drove off at speed and A absconded to Northern Cyprus where he lived for 13 months before being deported to the UK. The applicant pleaded guilty to conspiracy to assist escape and was sentenced to six years' imprisonment.

Held: refusing leave, in the circumstances in which the escape was planned and executed, including the use of a gun and the threat of extreme violence that was made, the sentence of six years' imprisonment might be regarded as merciful. A very much longer sentence would have been amply justified and the court would not have interfered with it. It must be made very clear that those who seek to spring from custody those charged with offending as grave as that with which A was charged can only expect sentences in double figures.

Remaining at Large

R. v Marsh [2018] EWCA Crim 648

B8-098 The appellant had been released from an extended sentence of imprisonment for causing grievous bodily harm with intent. His licence was revoked because he had failed to live where he had been directed. He was only arrested six months later by virtue of having committed offences of criminal damage, and assault occasioning actual bodily harm. Those offences occurred when he had visited his former partner's home, smashed a window and punched her in the jaw and head repeatedly, as well as punching her neighbour in the head when she fled to his home. He pleaded guilty to an offence of remaining unlawfully at large after recall to prison, contrary to s.255ZA(1) of the Criminal Justice Act 2003. He was sentenced to 12 months' imprisonment for that offence (as well as a further consecutive sentence of five years for the two offences of assault occasioning actual bodily harm and an offence of criminal damage).

Held: the judge regarded this offence as a contemptuous reaction to his recall. Unless offenders know that failure to surrender is likely to result in significant additional sentences, there is little or no incentive for them to do so. Sentences must, therefore, contain a deterrent element. The judge gave a full discount for the prompt guilty plea and reduced the sentence of 18 months' imprisonment, which he regarded as the proper starting point, to 12 months. There was nothing wrong with that.

R. v Clothier [2019] EWCA Crim 348

B8-099 The appellant had been serving a sentence of four years and seven months' imprisonment for burglary and other offences. He failed to return from day release and was found hiding a month later. He claimed he could not bear to leave his young daughter and the offence was spontaneous and foolish. He pleaded guilty to failing to return to custody following temporary release, contrary to s.1 of the Prisoners (Return to Custody) Act 1995, and was sentenced to eight months' imprisonment consecutive to his existing sentence.

Held: dismissing the appeal, the maximum sentence for the offence of failing to return to custody following temporary release is two years' custody. Plainly, in logic, there is a distinction between that offence and the offence of escape, which carries a maximum sentence of life imprisonment. The circumstances in which the two offences can be committed vary widely, both within the offences and between the offences. The crucial distinction for the offence of failing to return is that the prisoner is already deemed suitable for staged day release. This may well be a reason for the lower maximum.

Here, the appellant had absconded for more than a month. That made this case much more serious than otherwise. As the judge recognised, all prisoners have pressures on them and all prisoners will have personal reasons for wanting to be out of prison as soon as possible. The crucial feature in this case was the period of time that the appellant had remained at large and continued to hide.

PRISONS—PROHIBITED ARTICLES

Maximum Sentences

The maximum sentence for the offence of conveyance etc of List A articles into or out of prison, contrary to s.40B of the Prison Act 1952, is *10 years' imprisonment*.

The maximum sentence for the offence of conveyance etc of List B articles into or out of prison, contrary to s.40C(1) of the Prison Act 1952, is *two years' imprisonment*.

The maximum sentence for the offence of conveyance etc of List C articles into or out of prison, contrary to s.40C(3) of the Prison Act 1952, is *a fine*.

The maximum sentence for the offence of throwing an article into prison, contrary to s.40CB of the Prison Act 1952, is *two years' imprisonment*.

The maximum sentence for the offence of transmitting image, sound or information from prison or possessing devices capable of doing so, contrary to s.40D of the Prison Act 1952, is *two years' imprisonment*.

B8-100

Availability of Sentencing Orders

Conviction for these offences does not trigger any particular automatic consequences of conviction, nor make available specific custodial sentences. If an offence is found to have a terrorist connection, it is a Sch.13 offence for the purposes of the sentence for offenders of particular concern.

B8-101

Guidance

Where Items Fall into Multiple Lists

R. v Salih and Hamasalih [2020] EWCA Crim 658
The court gave guidance as to the sentencing of offences which fall into multiple lists. In the instant case the court was concerned with a micro SD card which fell within List B (as an article designed or adapted for use with a mobile phone, camera or sound recording device) and List C (as information technology equipment).

Held: given the similarity in the formulation of these provisions and the complexity of modern technology, some List B items will inevitably also come within the definition of List C items. The court in these circumstances should enquire first whether the item comes within the ambit of the more serious category, thereafter considering the lesser category (List C) if it is not within the definition of the former. This is not a situation where there is uncertainty or confusion that should be resolved in favour of the accused. If the object comes within List B, without good reason to conclude otherwise, it should be treated as a List B item. The use to which it is to be put will be relevant to the level of sentence.

B8-102

List A Articles—General

R. v Cashmere [2017] EWCA Crim 1558; [2018] 1 Cr. App. R. (S.) 9

B8-103 The court gave guidance as to sentencing for the offence of conveyance etc of List A articles into or out of prison, contrary to s.40B of the Prison Act 1952.

Held: offences of conveying a List A article into a prison have a seriousness all of their own. That is underlined by the fact that such offences are indictable only and carry a maximum term of 10 years' imprisonment. The items on List A, namely drugs, explosives, firearms, ammunition and any other offensive weapon, speak for themselves. Offences of this type are offences that strike at the heart of the safety of the prison system with grave adverse impact in the various ways that the judge rightly identified. While there is no guideline in respect of such offences, they are plainly offences in relation to which, in sentencing, the need for deterrence is likely to be to the fore.

List A Articles—Bladed Articles

B8-104 For guidance on the offence of unauthorised possession in prison of a knife or offensive weapon (contrary to s.40CA of the Prison Act 1952) see B2-361.

List A Articles—Drugs

Use of guidelines for drug offences

R. v Hamilton [2016] EWCA Crim 78; [2016] 2 Cr. App. R. (S.) 2

B8-105 The court gave guidance as to the sentencing of offences of conveying drugs into prison.

Held: the Sentencing Council guidelines for drugs offences do not expressly refer to offences under the Prison Act 1952. However, every court must, in sentencing an offender, follow any sentencing guideline which is relevant to the offender's case unless the court is satisfied that it would be contrary to the interests of justice to do so. It is legitimate for this court, in dealing with Prison Act cases involving drugs, at least to have regard to the definitive guideline on drugs offences, while taking care, as always, to avoid an over-mechanistic operation of the guideline.

R. v Ormiston [2016] EWCA Crim 363; [2016] 2 Cr. App. R. (S.) 4

B8-106 The court gave guidance as to the sentencing of offences of conveying drugs into prison.

Held: drugs and drug substitutes are entirely inimical to the rule of the law within a prison and become a currency within prison. They are used to extort or bully and the evil they do is even worse than the evil done within our open society. The gravity of the offending is in relation to the prison setting and therefore the use of the drugs guideline is not entirely appropriate notwithstanding that it might be appropriate in certain cases of offender.

R. v O'Reilly (Jordan) [2023] EWCA Crim 1615; [2024] 1 Cr. App. R. (S.) 50

B8-106a The court considered the approach to sentencing offences involving the conveying of drugs (here cannabis) and phones into prison.

Held: cannabis has a value within the prison system far beyond that outside in the community, however under the sentencing guideline it was the weight of drugs which was the determining factor for the purposes of the categorisation of harm, rather than its value. Having said that, it may well be that in an appropriate case, for example where the quantity of drugs involved was much nearer the indicative weight within Category 3, such that the fact that the drug was supplied within a prison has not been taken into account at Step 1, then at Step 2 the prison context may be an additional aggravating factor which may be taken into account.

Additionally, although normally the possession of a mobile phone within prison may well justify a period of custody consecutive to any sentence for other offences, where its possession was an integral part of the offender being concerned in the supply of drugs, the criminality which it represented would better be taken into account by some further element of uplift within the category range for the drugs offence, rather than by the imposition of a consecutive period of custody.

Commentary: The effect of these decisions, as well as those discussed at B8-106 onwards, seems to be that reference to the guidelines for drug offences will be strongly indicative of the proper level of sentence, although there will be a need to consider the significant further harm of the possession or supply of drugs in a prison setting and to adjust the sentence for the differing maximum sentences available. Clearly it should not be the case that an offender gets a lesser sentence for delivering drugs into a prison than they would for supplying it to another on the outside.   **B8-107**

For guidance on the drugs guidelines, see B5-001.

Need for deterrence and immediate imprisonment

R. v Saliuka [2014] EWCA Crim 1907
The court gave guidance as to the sentencing of offences of conveying drugs into prison.   **B8-108**

Held: the supply of drugs within the prison system is a serious social evil. Because of the high price that drugs fetch within prison, it enriches and gives power to ruthless prisoners who may exploit others to create debts which are difficult to service without resorting to bullying and intimidation or the commission of further crime inside or outside the prison. The trade has an inherently corrosive and corrupting influence. Furthermore, it is capable of feeding the addiction of other prisoners who should be able to make use of their time in prison to become drug-free. Many decisions of the court have emphasised the need to punish such offences severely.

R. v Reynolds [2016] EWCA Crim 2217; [2017] 1 Cr. App. R. (S.) 42
The appellant had smuggled into prison and passed to her boyfriend (a serving prisoner), a package containing compressed herbal cannabis and 11 SIM cards. She pleaded guilty to possession of cannabis and two offences of conveying items (of List A and B) into a prison. She was sentenced to four months' imprisonment.   **B8-109**

Held: the default position for those who are convicted of taking contraband items into a prison is an immediate custodial sentence, the length of which generally depends on matters which include the nature of the items smuggled in, the use to which the prisoner provided with them will put them and the accused's own character including previous convictions and personal mitigation. The authorities identify the real vice of smuggling contraband into prisons, which is well known. The smuggling of such contraband can lead to disorder and also to criminality within those prisons.

R. v Severn [2018] EWCA Crim 1441; [2018] 2 Cr. App. R. (S.) 48
The applicant had handed her partner, a prisoner, a wrap of 6.92g of heroin while visiting him. She pleaded guilty to an offence of conveying a List A article into   **B8-110**

prison, contrary to s.40B of the Prison Act 1952, on the basis that she had been contacted by an unknown male who told her that her partner was in debt and asked her to take a wrapped package into the prison, that she had known that the package contained drugs but not the type or weight and that she had feared for her and her partner's safety. At sentencing she was pregnant, a carer for her partner's terminally ill grandmother and had a small child. She was sentenced to 20 months' imprisonment.

Held: it is unfortunately the case that the courts have frequently had to deal with females who are pressed to take drugs into prison. The supply of drugs into prison is an offence of exceptional gravity which must be visited with immediate custodial sentences. If that is not the case, then the greater will be the pressure on the weak and the vulnerable to take drugs into prison and thereby contribute to the disorder that results from the misuse of drugs in custodial institutions. However, the sentence was too long and a sentence of 15 months' imprisonment would be substituted.

B8-111 *R. v Bridger; R. v Taylor [2018] EWCA Crim 1678; [2018] 2 Cr. App. R. (S.) 44*
The appellants, B and T. were prison officers who over a 15-month period in the case of B, and a five-month period in the case of T, had smuggled prohibited List A, B and C items into the prison in which they worked for payment. The conspiracy was discovered when B's car was searched going into prison and found to have £4,000-worth of contraband, including 7g of high-purity cocaine, skunk cannabis, Spice and a mobile phone and kit. There was evidence of at least 10 to 12 previous trips. B had received over £15,000 in cash and T at least £1,000. The appellants were convicted of conspiracy to convey prohibited items into prison without authorisation. B was sentenced to 10 years' imprisonment, the statutory maximum for a List A article, and T was sentenced to eight years' imprisonment.

Held: there is an important element of deterrence in sentencing for such offences. The need for deterrence applies with equal or greater force where those involved in supplying Class A drugs and prohibited items into a prison are themselves prison officers, thereby adding the dimension of breach of trust to the overall criminality. Prison officers perform a vital public service and do so in the most difficult conditions, with a sense of pride and duty. Where the trust reposed in them by their employers and by the public is fundamentally abused by offending of this kind, which strikes at the heart of prison discipline and order, it is essential that those found guilty of such conduct receive condign punishment to deter others. The sentence imposed on B was not manifestly excessive. A sentence of seven years' imprisonment would be imposed on T in recognition of his lesser role in the conspiracy.

B8-112 *R. v Delaney [2020] EWCA Crim 1392; [2021] 1 Cr. App. R. (S.) 48*
The appellant, D, had visited her partner in prison in possession of 3.74g of cocaine, 10.3g of cannabis and four SIM cards. She pleaded guilty to two offences of taking prohibited articles into prison and was sentenced to 12 months' immediate imprisonment. She had two children, ages six and 13, and claimed to have been the victim of abusive behaviour by her partner in the past.

Held: there are numerous cases in which the Court of Appeal has confirmed the all but invariable rule that anyone convicted of taking drugs or SIM cards into prison would face immediate custody. The only authority in which that default sentence did not take place was in *R. v Reynolds*.⁹ That was a case with a whole catalogue of exceptional circumstances. The instant case was not the "quite exceptional" case that *Reynolds* was. That D was the mother of young children, had been put under pressure to bring the drugs into prison and did not know the precise contents of the package did not make the case so exceptional that the default position of an immediate custodial sentence should not apply.

R. v Pritchard [2020] EWCA Crim 1877; [2021] 2 Cr. App. R. (S.) 18

The appellant had been visiting her partner in prison in possession of 20.2 grams of cannabis, as well as 11.2 grams of tobacco. She pleaded guilty to one offence of taking prohibited articles into prison and was sentenced to eight weeks' imprisonment. She described being the victim of emotional blackmail. **B8-113**

Held: we derive from *R. v Reynolds*¹⁰ the proposition that suspending the sentence in cases of this kind is an exceptional course, but one which can properly be taken after a very careful assessment of the facts. The expression "default position" implies this. The factor "appropriate punishment can only be achieved by immediate custody" in the suspended sentence guideline is important and will often lead to sentences of imprisonment being immediate, but nevertheless is only one factor in the balance required by the guideline. In the context of the Covid-19 pandemic, this was a case where the general rule or "default position" could and should have been departed from and a suspended sentence imposed.

Commentary: The factual decisions in *Delaney* and *Pritchard* are hard to reconcile. Whilst all the cases agree that immediate custody is not inevitable and is simply an application of the importance of ensuring appropriate punishment in cases of this kind, in *Delaney* the court seemed to consider it would only be very exceptional cases that would justify a suspended sentence. It is difficult to see what the "quite exceptional" factors were in *Pritchard* and it is noteworthy *Delaney* was not cited to the court. All cases are fact-specific and it is suggested *Pritchard* is not authority that similar cases will necessarily be capable of suspension. **B8-114**

Conveying Mobile Phones/SIMS

As to determining the class of these materials, see *R. v Salih and Hamasalih*¹¹ at B8-100. **B8-115**

R. v Smak [2012] EWCA Crim 1280; [2013] 1 Cr. App. R. (S.) 45

The appellant went with her husband to visit her father-in-law (Abu Hamza) in prison and a search resulted in the discovery of a SIM card in her pocket. The appellant was aware that SIM cards were prohibited articles and claimed that she had put the SIM card into her pocket some days ago and had forgotten about it. She was convicted of conveying a prohibited article into a prison and sentenced to 12 months' imprisonment. **B8-116**

Held: in some circumstances, prisoners are permitted to telephone friends and relations, but such contact is monitored, otherwise prison security may be threatened, escapes may be planned, witnesses may be intimidated, and prisoners may continue to engage in criminal matters or arrange for money launder-

---

⁹ [2016] EWCA Crim 2217; [2017] 1 Cr. App. R. (S.) 42.
¹⁰ [2016] EWCA Crim 2217; [2017] 1 Cr. App. R. (S.) 42.
¹¹ [2020] EWCA Crim 658.

ing, and all manner of other mischief may ensue. Smuggling mobile phones into prison is therefore a serious offence, which must be discouraged by passing deterrent sentences.

In the instant case, it was highly relevant to the seriousness of this offence that the prisoner she was visiting was Abu Hamza, who was detained as a Category A prisoner following his conviction for the offence of inciting murder, and also detained in relation to pending extradition proceedings. The particular danger of conveying a phone SIM card to someone such as Abu Hamza is immediately obvious, for he could use it to communicate messages of support and encouragement to his followers outside. He could even use it to encourage or incite the commission of further offences. The risk that that may come to pass was a seriously aggravating factor to the commission of the offence. The appeal would be dismissed.

R. v Saliuka [2014] EWCA Crim 1907

B8-117 The court gave guidance as to the sentencing of offences of conveying mobile phones into prison.

Held: the unlawful possession of mobile phones is much prized in prison since it gives unlimited and unmonitored access to others outside the prison, by which means harassment, intimidation and interference with the course of justice may be carried out and escapes and other criminal enterprises planned and in cases of smartphones also unlimited access to the internet and communication by unmonitored emails, giving rise to all manner of dangers. Many decisions of the court have emphasised the need to punish such offences severely.

R. v Ormiston [2016] EWCA Crim 363; [2016] 2 Cr. App. R. (S.) 4

B8-118 The court gave guidance as to the sentencing of offences of conveying mobile phones into prison.

Held: mobile phones are of enormous value in prison. Therefore, those who smuggle or seek to smuggle such items into prison must expect deterrent sentences of some length. There are of course different types of offender. The hard-pressed family member who is persuaded to bring illegal drugs into prison is in a very different division from that which encompasses the sophisticated and well-experienced criminal who behaves in this way.

Possessing Mobile Phones/SIMS

B8-119 As to determining the class of these items, see *R. v Salih and Hamasalih*[12] at B8-100.

R. v Timmins [2018] EWCA Crim 2579; [2019] 1 Cr. App. R. (S.) 39

B8-120 While remanded in custody, and subsequently while serving a sentence for driving offences, the appellant produced photographs and videos and posted them on Facebook and Instagram. He to pleaded guilty to possession of a mobile telephone in prison, contrary to s.40D(3A) of the Prison Act 1952, and the unauthorised transmission of an image or sound by electronic communication from within a prison, contrary to s.40D(1)(b) of the Prison Act 1952. He was sentenced to 16 months' imprisonment.

Held: the maximum sentence of two years inevitably means that there is going to be an element of "bunching"—in other words, there is less scope to draw

---

[12] [2020] EWCA Crim 658; [2020] 2 Cr. App. R. (S.) 42.

fine distinctions between one offence and another. There are no sentencing guidelines for this offence, and previous decisions are inevitably taken against different factual backgrounds. The judge sensibly passed concurrent sentences. It meant that the identification of the lead offence was insignificant. In fixing the total sentence, the judge had to take account of the total offending, which included possession of the phone and flaunting its possession by uploading the images onto the internet. The appellant's record was inevitably an aggravating factor. One of his previous convictions was for a similar offence in relation to taking a mobile phone into prison. These are serious offences which undermine the attempts by those who work in prisons to keep control over them and the public confidence in the prison system. Even where not used for illicit purposes there is a risk they would be obtained by others for that purpose. If offences such as these are repeated, a stern penalty is to be expected. The sentence was not manifestly excessive.

R. v O'Reilly (Jordan) [2023] EWCA Crim 1615; [2024] 1 Cr. App. R. (S.) 50 See B8-106a. **B8-121**

Misconduct In Public Office

Maximum Sentence

The common law offence of misconduct in public office has a maximum sentence of life imprisonment. **B8-122**

Availability of Sentencing Orders

Conviction for this offence does not trigger any particular consequences of conviction, nor make available specific custodial sentences. If an offence is found to have a terrorist connection, it is a Sch.13 offence for the purposes of the sentence for offenders of particular concern. **B8-123**

Judicial Guidance

Misuse of police powers

R. v Pollard and Patterson [2019] EWCA Crim 1638; [2020] 1 Cr. App. R. (S.) 24
The offenders had been officers in a child abuse investigation team. They were convicted of misconduct in public office by dishonestly manipulating investigations for which they were responsible, resulting in the premature end of a number of sexual abuse allegations, including creating false records and false CPS charging decisions and destroying evidence. **B8-124**

*Held:*dismissing the appeal, an offence of misconduct in public office by a police officer is always serious, whatever the motivation of the offender, and any sentence must not only punish the offender, but must act as a deterrent to any officer tempted to betray their office. The offender's actions brought those cases to a premature end, preventing their proper investigation and casting blame on to others and causing those others concern. They may not have been corrupt in the sense that they offered their services for financial reward to criminals, but they fundamentally betrayed the trust placed in them by the public, their fellow officers and possible victims of sexual abuse.

Attorney General's Reference (R. v Longmate) [2024] EWCA Crim 443

B8-125   See B8-128.

Commentary: In cases where investigations are also prejudiced, see also the guidance for offences of perverting the course of justice at B8-004.

Prison staff

R. v Hibbs (Elyse Mae) [2022] EWCA Crim 1927; [2023] 2 Cr. App. R. (S.) 11

B8-126   H had been a nurse within the prison system. After a prisoner was moved to a different establishment, he contacted her many times over a period of five weeks. He was the one making contact and taking the lead, and towards the end of the period H told him she did not want him to continue messaging her. He had told H he was using an unauthorised phone to make the calls. H said she had been afraid of him and afraid to end the contact. The judge assessed culpability as high on the basis of her training and the level of harm as medium on the basis she had not reported the contact on an unauthorised phone.

Held: the statement from the Head of Security at HMP Parc explained the potential damage that could be caused: "Corruption undermines all of the challenging, hard and valued work that goes on within a prison. The effect corruption has on the stability and safety of the prison cannot be underestimated. Staff are expected to maintain control, order and discharge their duty to prisoners in a professional and trustworthy manner. This does not allow for personal relationships which impede the ability for such staff to then act with integrity and uphold rules equitably."[13] Accordingly, it was likely that, save in exceptional cases, such an offence would result in a sentence of immediate custody, even for a defendant who was of good character and where, as here, the illegitimate conduct did not last for very long. The sentence of six months' imprisonment immediate was upheld.

POLICE—RELATIONSHIP WITH SUSPECT

R. v Luckett (Michael David) [2020] EWCA Crim 565; [2020] 2 Cr. App. R. (S.) 43

B8-127   The offender had attended a road traffic accident and breathalysed and arrested a driver, V, for driving while over the limit. After the suspect was interviewed and released they started a Facebook correspondence, which he promptly admitted to his Sergeant and his professional standards department, who gave him a warning for that error of judgement. He deleted the messages and blocked her and the case was reassigned to another police officer. It was later revealed, however, that he had continued the relationship and it had progressed to a sexual relationship. He was, at the time, off work with anxiety, depression and insomnia. The victim was also vulnerable. He pleaded guilty to misconduct in public office and was sentenced to 12 months' imprisonment.

Held: although the appellant was initially open and honest in reporting the contact between him and V, what he did subsequently was serious and wrong. He had abused his position as a police officer by pursuing a sexual relationship, albeit a relationship that was entirely consensual and one that is ongoing. There was a

---

[13]   *R. v Hibbs (Elyse Mae)* [2022] EWCA Crim 1927; [2023] 2 Cr. App. R. (S.) 11 at [16].

degree of manipulative and secretive behaviour undertaken to cover his tracks. It is essential that the public should have absolute faith and trust in police officers, who have extensive powers and responsibilities by virtue of their roles. The public are entitled to expect that police officers will act with professionalism and integrity and those who abuse that trust must inevitably serve a prison sentence. Having said that, the course of justice was not in fact harmed by this particular conduct in this case. Rather, the harm on this occasion was to the reputation and integrity of the police service. Notwithstanding the significant personal mitigation of the offender, any misfeasance by a police officer is serious and a prime object for sentencing must be deterrence. Appropriate punishment, and indeed deterrence here, could only be achieved by an immediate custodial sentence. However, that sentence should have been no more than six months prior to credit for plea and a sentence of four months' imprisonment was substituted.

Attorney General's Reference (R. v Longmate (Matthew)) [2024] EWCA Crim 443
L was an experienced serving police officer. With a colleague, he was called to a public house. They removed V from the premises. She was in an extremely intoxicated state. They offered to drive her home; she accepted. Both L and his colleague engaged in sexual activity with V in the police vehicle. The sentencing judge imposed a suspended sentence order.

Held: in *R. v Collins (Darren Lestat)*,[14] the court reviewed the authorities involving police officers and held that: "Save in exceptional circumstances, the gravity of the offence and the high public interest in deterrent meant that it will attract a sentence of immediate custody." The regularity with which such cases come before the courts was disheartening and emphasised the need for the court to maintain the important sentencing policy that they involve. That was that misconduct in a public office, when committed by a police officer, would almost always result in an immediate custodial sentence. The line of authority is to the effect that for the purposes of the imposition guideline, offences of this kind are such that only a sentence of immediate custody will achieve sufficient punishment. The court increased the sentence to one of 11 months' immediate custody.

Police-relationship with vulnerable complainants/trainees

Attorney General's Reference (R. v Butler (Alan Stephen)) [2021] EWCA Crim 1868

B had been convicted of two offences of misconduct in public office, where he had, whilst working as a police staff investigator with the police, engaged in sexual relationships with two women who were complainants in respect of allegations of sexual offences which he had been charged with investigating. The complainants were vulnerable and their individual circumstances were well-known to him. He received a sentence of 18 months' imprisonment.

Held: B's culpability was high. He selected two vulnerable victims, dealing with the consequences of sexual offences, and used his position as, in effect, "the officer in the case" to engineer sexual relationships. He took advantage of their dependence and reliance on him for his personal exploitative ends. B was not charged with rape or any other sexual offence in relation to which the issue of

---

[14] [2022] EWCA Crim 742; [2023] 1 Cr. App. R. (S.) 4.

consent would be, at least potentially, a determinative issue. B's culpability for the offence of misconduct in public office was not materially diminished because he did not engage in sexual activity against the wishes of the victims.

Offences of this kind often attract wide publicity, and they entirely overshadow the countless occasions when officers behave with honour and propriety. The consequential harm that is caused to the police service is profound and pernicious. Its impact is long-standing, and this offending risks weakening the vital confidence on the part of the public that they can trust, without question, the integrity of those from the police service with whom they have dealings. It is for that reason that these offences attract immediate custodial sentences and, save in exceptional cases, a deterrent sentence is necessary. A sentence of three years' imprisonment was substituted.

R. v Ali (Mohammed Adnan) [2023] EWCA Crim 1464; [2024] 1 Cr. App. R. (S.) 48

B8-130   A had been convicted of 15 counts of misconduct in public office and five counts of sexual assault. A was a police officer responsible for a cadet scheme. The cadet scheme was designed to promote and encourage a practical interest in policing amongst young people aged between 13 and 17 years old, and to provide training which would encourage positive leadership within communities and develop qualities of good citizenship. The scheme aimed to have a minimum of 25% of the total cadets who were considered to be "vulnerable" either to crime (committing or being a victim), to exclusion, or to abuse. A number of complaints were made against him regarding sexualised behaviour, inappropriate text messages and sexual assault (non-penetrative) committed against the cadets.

The judge concluded that the sexual assaults fell into Category 3 of the guideline (starting point of 26 weeks' custody). The judge identified the following aggravating features: the gross abuse of trust, the reputational damage done to the police force, and the serious harm done to the victims of these offences as set out in their victim impact statements. The judge imposed a total sentence of five years.

Held: the jury had been invited to see both types of offending (the sexual assaults and the misconduct in public office offences) as connected, and essentially part and parcel of the same course of improper sexual (mis)conduct. There were also elements common to all the offences, in particular the serious breach of trust that the judge identified, and it was important in those circumstances, not to double count. A total sentence of three years properly reflected the overall criminality involved in the two types of offending, as well as the importance of deterrence for offences of misconduct in public office.

R. v Kassim (Ghazi Ahmed) [2005] EWCA Crim 1020; [2006] 1 Cr. App. R. (S.) 4

B8-131   The offender was a police officer who had begun making enquiries into private individuals by using data stored on police computers on behalf of a foreign diplomat. He was paid around £14,000 for doing so. In one case, he had visited the home of a family, purporting to be acting in the course of his duties, and made some enquiries about them. He pleaded guilty to three counts of misconduct in public office and one count of possession of an offensive weapon (a CS gas cannister found in his home). He was sentenced to two years and six months' imprisonment.

Held: dismissing the appeal, the preservation of the integrity of information regarding members of the public held on databases like those maintained by the police is of fundamental importance to the wellbeing of society. Any abuse of that integrity by officials including the police is a gross breach of trust, which unless the wrongdoing is really minimal will necessarily be met by a severe punishment, even in the face of substantial personal mitigation. This is particularly so in the case of police officers or others approached by those attached to foreign embassies, who may have any number of unacceptable reasons for wishing to obtain confidential information and who may then be able to claim diplomatic immunity.

Attorney General's Reference (No.1 of 2007) (Hardy) [2007] EWCA Crim 760; [2007] 2 Cr. App. R. (S.) 86

B8-132

The offender, after having been formally reprimanded and warned for his contact with an old heavily convicted friend, obtained information from the police national computer and crime information system in connection with individuals in whom the other man was interested. He was not paid to do so but the prosecution alleged that the information could have put others at harm. He pleaded guilty to misconduct in public office and was sentenced to 28 weeks' imprisonment suspended for two years.

Held: this offence required an immediate sentence of imprisonment. The seriousness of the offence left no proper alternative to this course. Furthermore, this is one of those offences where it is realistic to include a deterrent element in a sentence. Accessing police computer information for an improper purpose is an offence that involves deliberation. It must be quite clear to police officers that if they commit this offence, they risk dire consequences. The minimum sentence that would have been appropriate, giving credit for the guilty plea, was one of 18 months' imprisonment. The offender had, however, completed 300 hours of unpaid work and considering that, time spent on curfew and double jeopardy, a sentence of nine months' imprisonment would be substituted.

Attorney General's Reference No.30 of 2010 (R. v Bohannan (Mark Edward)) [2010] EWCA Crim 2261; [2011] 1 Cr. App. R. (S.) 106

B8-133

Over a period of about five years the offender, a serving police officer, had provided sensitive and confidential information to a drug dealer, in return for the supply of cocaine to the offender's wife. The information provided helped the drug dealer avoid detection and to trace persons who had failed to pay or account for monies received for the sale of drugs. On one occasion the offender tipped off the drug dealer that particular premises were to be raided by police, allowing the dealer to move his Class A drugs. The offender was convicted after trial of conspiracy to commit misconduct in public office. He received a sentence of three years' imprisonment.

Held: the authorities are illustrative of a number of important principles. First, punishment and deterrence are always important elements in these cases: not only must police officers be deterred from misconduct, but also the public must see that condign punishment will be visited on police officers who betray the trust reposed in them and do not live up to the high standards of the police service. Secondly, an incentive (usually money but it need not be) inevitably increases the seriousness of the offence. Thirdly, misconduct, which encourages or permits criminals to behave in the belief that they will be kept informed of areas to avoid in connection with their criminal activities or of those who might be informing on the police also increases its gravity. Fourthly, any misconduct that impacts on police operations moves the offence into a different category of gravity.

In the instant case there had been 471 inappropriate intelligence checks over a five-year period, and while there was no financial reward the benefit came in the form of drugs to the offender's wife. Apart from keeping the dealer informed about the particular focus of police information and intelligence, and so allowing him to know where to avoid in his operations, there was at least one specific example of specific interference which alone justified the sentence imposed on him by the judge. The very least sentence which could properly have been imposed after this trial was one of six years' imprisonment, which would be imposed.

B8-134 *R. v Bunyan (Peter Mark) [2013] EWCA Crim 1885; [2014] 1 Cr. App. R. (S.) 65*
The offender, a police community support officer, had, over a period of nearly four years, engaged in consensual sexual relationships with women he had come into contact with through his work, including while on duty. He had also accessed their police records to further those relationships, and at the request of one of them accessed police records about a third party. He was convicted of eight offences of misconduct in public office and sentenced to seven years' imprisonment.

Held: while police community support officers do not have the authority and status of police constables, they nonetheless have some authority and are so regarded by the public at large. The offending in this case was, however, to be distinguished from those cases where police officers have taken blatant advantage of vulnerable women in the course of their duties. Furthermore, the accessing of police records was to obtain personal information about the women and information about the friend's partner—none of it criminal intelligence. Therefore, that offending, while serious, was to be distinguished from those cases where police officers have provided information to criminals or accessed police computers to trace women for the purposes of having sexual relationships with them. A sentence of three years' imprisonment would be substituted.

B8-135 *R. v Collins (Darren Lestat) [2022] EWCA Crim 742; [2022] 4 W.L.R. 99*
The court considered the approach to sentencing offences of misconduct in the form of the creation, possession and misuse of photographic images of scenes of crime/dead victims.

Held: the ease with which images may be disseminated by electronic means and the difficulty in controlling their spread is an important aspect of the harm caused by offences of this kind. In relation to images of the dead in particular, unauthorised creating, accessing or copying such images, will amount to a failure to accord dignity and respect to those who have died and their families. That is an integral part of the harm that may be caused by offences of this kind and warrants appropriate, and sometimes condign, punishment in itself.

The harm caused by sending images to others is not limited to the distribution of images to members of the public who are not bound by the same duties; distribution to other officers also has a corrosive and pernicious effect. It may be the case that the employment status of a person carrying out particular duties for the police could make a difference to the degree of trust afforded to him or her by the public; but here the damage to public trust and confidence was the same regardless of the fact one appellant was a civilian forensic examiner and not a police officer.

B8-136 *Commentary:* the cases illustrate that misconduct in public office is a serious offence for which deterrent sentences are justified and which will often result in immediate custodial terms. The inherent seriousness of the misuse of police records in particular is the significant data protection breaches such actions represent, and the damage to the confidence and trust placed in the public that results. It should, in this context, be observed that policing and data gathering operates by consent, and that such loss of trust may result in less effective crime prevention and detection. Similarly, with the introduction of the GDPR, data protection has been increasingly recognised as a particularly important issue.

In terms of harm, the cases seem to create a sliding scale of seriousness: cases where there is a direct impact on police operations or the prevention, detection or prosecution of crime being the most serious category; followed by cases where the information has been used in the furtherance of criminal activity such as harassment or where there is impact on particularly vulnerable persons who come into contact with the police; and cases where the information has simply been used for improper personal purposes being the least harmful. Where the offending relates to accessing information relating to domestic assaults and serious sexual offences, where public trust is particularly important, it is suggested this will be a particular aggravating factor. Where the offending is analogous to perverting the course of justice it is suggested that the factors identified in the cases concerned with that offence will also be relevant (see B8-004).

In terms of culpability, it is clear from the cases that where there is a particular personal or financial gain the culpability of the offender will be regarded as high, as it will in cases where there has been a prolonged period of the misuse of powers. The targeting of particularly vulnerable persons or the use of information for personal revenge will tend to be difficult to categorise. These are not cases where misconduct has been incentivised but clearly are more culpable than cases in which the information has been obtained for nosiness or to aid a friend. The line between nosiness and using information for personal sexual satisfaction, and the targeting of those particularly vulnerable, will be slim. It is suggested it should always be borne in mind that even if the vulnerable were not targeted for that reason (an increased culpability factor) their vulnerability will tend to be evidence of increased harm.

These broad categories perhaps provide a useful way of conceiving of such cases, particularly when comparing sentence lengths in other cases and deciding where in the broad scale of seriousness the offence lies.

B8-137

PROTEST

Introduction

The past decade has seen a significant increase in the number of protest-related offences being prosecuted in the criminal courts. Acts such as the Police, Crime, Sentencing and Courts Act 2022 and the Public Order Act 2023 have all introduced new offences aimed around the policing of protest. Other offences such as obstruction of the highway, contrary to s.137 of the Highways Act 1980 and aggravated trespass, contrary to s.68 of the Criminal Justice and Public Order Act 1994, have seen a renaissance in charging. The courts are also increasingly seeing public order offences and criminal damage offences which are protest-related. Where there are offence specific guidelines reference should be made to those guidelines. Where there are not the guidance at B1 applies. Due to the wide variety of offences that are available and can be charged, alongside the relatively rare nature of appeals in

B8-138

this area,[15] this section is structured differently to the rest of the text. Instead of focussing on specific offences, it discusses guidance that is applicable to the sentencing of protest generally. For guidance on serious disruption prevention orders which are a novel preventative order designed to deal with protest-related disruption

Guidance

R. v Jones (Margaret) [2006] UKHL 16; [2007] 1 A.C. 136

B8-139 In this decision principally concerned with the scope of the defence under s.3 of the Criminal Law Act 1967 (of reasonable force in the prevention of crime), Lord Hoffman said as follows at [89]:

"My Lords, civil disobedience on conscientious grounds has a long and honourable history in this country. People who break the law to affirm their belief in the injustice of a law or government action are sometimes vindicated by history. The suffragettes are an example which comes immediately to mind. It is the mark of a civilised community that it can accommodate protests and demonstrations of this kind. But there are conventions which are generally accepted by the law-breakers on one side and the law-enforcers on the other. The protesters behave with a sense of proportion and do not cause excessive damage or inconvenience. And they vouch the sincerity of their beliefs by accepting the penalties imposed by the law. The police and prosecutors, on the other hand, behave with restraint and the magistrates impose sentences which take the conscientious motives of the protesters into account. The conditional discharges ordered by the magistrates in the cases which came before them exemplifies their sensitivity to these conventions."[16]

R. v Roberts (Richard) [2018] EWCA Crim 2739; [2019] 1 W.L.R. 2577

B8-140 The appellants appealed against terms of 16 months and 15 months imprisonment, imposed following their conviction for a public nuisance that had involved sitting on lorries carrying specialist drilling equipment to a fracking site for 44 to 84 hours.

Held: the court could not accept the submission that those convicted of any offence in the course of protesting, as a matter of domestic and ECHR law, should not receive a custodial sentence in the absence of violence against the person. There was a wide range of offences that might be committed in the course of peaceful protest of differing seriousness; and, within the offending, very different levels of harm might be suffered by individuals or groups of individuals. The essential approach to sentencing by looking at harm and culpability, and with the three aims of sentencing in mind (punishment, deterrence and rehabilitation), remained in play. The motivation of an offender could go to increase or diminish culpability. It formed no part of a court's function to adjudicate, on the merits of controversial issues but it was well established that committing crimes, at least non-violent crimes, in the course of peaceful protest did not generally impute high levels of culpability.

The decision in Jones echoed the understanding that the conscientious motives of protesters would be taken into account when they were sentenced for their offences but that there was, in essence, a bargain or mutual understanding

---

[15] This being in part a result of relatively lenient sentences, and in part a tactical decision by those involved in defending such cases to avoid litigating issues that can play into defendant's favour

[16] *R. v Jones (Margaret)* [2006] UKHL 16; [2007] 1 A.C. 136 at [89].

operating in such cases. A sense of proportion on the part of the offenders in avoiding excessive damage or inconvenience was matched by a relatively benign approach to sentencing. Lord Hoffmann's dicta did not, however, support the proposition that there was a bright line between custody and non-custody in such cases. It should not be overlooked that public nuisance was a serious offence, the commission of which would suggest that the protestor in question had not kept his side of the bargain adverted to by Lord Hoffmann.

The Strasbourg Court had accepted as proportionate both immediate sentences of imprisonment and suspended sentences in cases where the conduct in question caused less harm and was less culpable. The underlying circumstances of peaceful protest were at the heart of the sentencing exercise. There were no bright lines but particular caution attached to immediate custodial sentences. To the extent that it was necessary for the purposes of sentencing to make a judgement about the risks of future offending, underlying motivations could be of great significance. In the circumstances, however, custodial sentences would be quashed.

R. v Trowland (Morgan) [2023] EWCA Crim 919; [2024] 1 W.L.R. 1164 **B8-141**
The appellants appealed against sentences of three years and two years' seven months' imprisonment following conviction or causing a public nuisance, contrary to s.78 of the Police, Crime, Sentencing and Courts Act 2022 relating to the closure of the Queen Elizabeth II bridge over the M25 for about 40 hours causing extreme disruption.

Held: the (qualified) rights to freedom of expression and assembly under arts 10 and 11 are relevant to sentence. Particular caution was to be exercised in imposing a custodial sentence in non-violent protest cases. It was no part of the judicial function to evaluate (or comment on) the validity or merit of the cause(s) in support of which a protest was made. However, a conscientious motive on the part of protesters may be a relevant consideration, in particular where the offender was a law-abiding citizen apart from their protest activities. Ultimately, whether or not a sentence of immediate custody for this type of offending was warranted, and if so what length of sentence was appropriate, would be highly fact-sensitive. There are no bright lines in protest cases. Whether or not a custodial sentence is justified turns on the individual acts. Conscientious motives are strictly speaking relevant to culpability (as opposed to matters of mitigation). The judge was entitled to find the protesters' culpability to be high, despite their conscientious motivation, not least given the extensive planning involved. The further away from the core arts 10 and 11 rights a protestor was, the less those rights merited an assessment of lower culpability or, putting it another way, a significant reduction in sentence. Further, the arts 10 and 11 protections were weakened by the fact that the disruption was the central aim of the protesters' conduct, as opposed to a side-effect of the protest. In the circumstances the sentences were not disproportionate.

Commentary

Lord Hoffman's words in Jones are often prayed in aid when seeking a **B8-142** conditional discharge (and in practice such sentences are common for low level protests committed by defendants of good character) but should not be misunderstood as purporting to set a benchmark for such sentences. The key dicta, it is submitted, is that where protestors behave with a sense of proportion and do not cause excessive damage or inconvenience sentences should take into account their conscientious motives.

Not all protest, however, is peaceful, or committed with a sense of proportion. It is suggested that in line with Trowland, the more significant any damage, violence or interference with the rights of others (and therefore further away from the core of arts 10 and 11 rights), the more limited weight will need to be given to conscientious motives (albeit they will often still have some significant force).

As noted in the decision in *R. v Trowland*, conscientious motives are best conceived of as a matter of culpability as opposed to a matter of mitigation. It is not necessarily the case that simply because there are conscientious motives that culpability will not be considered to be high.

INDEX

LEGAL TAXONOMY
FROM SWEET & MAXWELL

This index has been prepared using Sweet & Maxwell's Legal Taxonomy. Main index entries conform to keywords provided by the Legal Taxonomy except where references to specific documents or non-standard terms (denoted by quotation marks) have been included. These keywords provide a means of identifying similar concepts in other Sweet & Maxwell publications and on-line services to which keywords from the Legal Taxonomy have been applied. Readers may find some minor differences between terms used in the text and those which appear in the index. Suggestions to *sweetandmaxwell.taxonomy@tr.com*.

Abduction
  sexual offences, B3-023—B3-024
Abortion
  administering drugs or using instruments to procure
    approach to sentence, B2-128d—B2-183e
    availability of sentencing orders, B2-128b
    maximum sentence, B2-128a
    sentencing guidelines, B2-128c
Absolute discharge
  generally, A4-045
  mental health disposals, A9-082
Abstracting electricity
  see also Theft
  availability of sentencing orders, B4-027
  interpreting/applying the guideline, B4-029
  maximum sentence, B4-026
  sentencing guideline, B4-028
Abuse of position of trust
  causing a child to engage in sexual activity
    availability of sentencing orders, B3-145
    custodial sentences, B3-146
    interpreting/applying guideline, B3-149
    maximum sentences, B3-144
    secondary orders, B3-147
    sentencing guideline, B3-148
  causing a child to watch sexual acts
    availability of sentencing orders, B3-151
    custodial sentences, B3-152
    interpreting/applying guideline, B3-155
    maximum sentences, B3-150
    secondary orders, B3-153
    sentencing guideline, B3-154
  engaging in sexual activity in presence of a child
    availability of sentencing orders, B3-151
    custodial sentences, B3-152
    interpreting/applying guideline, B3-155
    maximum sentences, B3-150
    secondary orders, B3-153
    sentencing guideline, B3-154
  fraud, B4-120—B4-121a
  sexual activity with a child
    availability of sentencing orders, B3-145
    custodial sentences, B3-146
    interpreting/applying guideline, B3-149
    maximum sentences, B3-144
    secondary orders, B3-147
    sentencing guideline, B3-148
  sexual offences, B3-043—B3-053
  supply of drugs, B5-085
Acquittal
  restraining orders
    availability, A5-145
    drafting prohibitions, A5-165
    evidence, A5-150—A5-151
    legislation, A5-137
    must name individuals to be protected, A5-167
    nexus with evidence at trial, A5-166
    procedure, A5-153—A5-154
    test to apply, A5-148
    whether to make order, A5-156
Activation
  suspended sentence orders, A10-179—A10-180, A10-201—A10-202
Activity requirements
  youth rehabilitation orders
    contents, A6-111
    extended activity requirements, A6-112
    general provisions, A6-117
    meaning, A6-111
    obligation to engage in activities, A6-116
    responsible officer, A6-116
    restrictions on imposing, A6-118
    specified activities obligation, A6-114
    specified place obligation, A6-113
    specified residential exercise obligation, A6-115
Actual bodily harm
  availability of sentencing orders, B2-093
  custodial sentences, B2-094
  interpreting or applying guideline, B2-097
  maximum sentence, B2-092
  secondary orders, B2-095
  sentencing guideline, B2-096
Adjournment
  committal for sentence, A2-091—A2-092
  criminal behaviour orders, A5-046
  guidance
    adjourning for reports, A2-128
    adjourning until defendant attains particular age, A2-129
    corporate defendants, A2-133
    Crown Court, A2-127
    generally, A2-126

[1683]

legitimate expectation, A2-130—A2-132
victim personal statements, A2-134
introduction, A2-122
legislation
  generally, A2-123
  procedure if Crown Court convicts, A2-125
  procedure if magistrates' court convicts, A2-124
pre-sentence reports, A2-128, A3-009—A3-010
youth rehabilitation orders, A6-396

Administering drugs or using instruments to procure abortion
see Abortion

Administering substances with intent
approach to sentence, B2-125—B2-128
availability of sentencing orders, B2-123, B3-267
custodial sentences, B3-268
interpreting/applying guideline, B3-271
maximum sentence, B2-122, B3-266
secondary orders, B3-269
sentencing guideline, B2-124, B3-270

Administration of justice offences
assisting offenders
  availability of sentencing orders, B8-059
  guidance, B8-060—B8-064
  maximum sentences, B8-058
intimidation of witnesses
  availability of sentencing orders, B8-054
  guidance, B8-055—B8-057
  maximum sentences, B8-053
  perverting the course of justice, B8-011—B8-017
jury tampering
  availability of sentencing orders, B8-054
  guidance, B8-055—B8-057
  maximum sentences, B8-053
  perverting the course of justice, B8-011—B8-017
misconduct in public office
  availability of sentencing orders, B8-123
  guidance, B8-124—B8-137
  maximum sentences, B8-122
participating in activities of organised crime groups
  availability of sentencing orders, B8-076
  custodial sentences, B8-077
  guidance, B8-079
  maximum sentences, B8-075
  secondary orders, B8-078
perjury
  availability of sentencing orders, B8-066
  guidance, B8-067—B8-074
  maximum sentences, B8-065
perverting the course of justice
  availability of sentencing orders, B8-002
  concealment of evidence, B8-038—B8-048
  false allegations, B8-018—B8-037
  false evidence, B8-038—B8-048
  false mitigation, B8-049—B8-052
  guidance, B8-003—B8-052

interferences with witnesses, B8-011—B8-017
jury tampering, B8-011—B8-017
maximum sentences, B8-001
preventing lawful burial, B8-057a—B8-057c
prisons
  conveying prohibited articles, B8-100—B8-121
  escaping, B8-080—B8-099
  return to custody, B8-080—B8-099
protest
  guidance, B8-139—B8-142
  introduction, B8-138

Admissibility
Goodyear indications, A2-028

Advance indication of sentence
see Goodyear indications

Affray
availability of sentencing orders, B2-333
custodial sentences, B2-334
interpreting/applying guideline, B2-338
maximum sentences, B2-332
secondary orders, B2-335
sentencing guideline, B2-336—B2-337

Age
assessment of, A6-003
mitigation, A1-107—A1-108
offender crossing age threshold
  historical offences, A8-011—A8-012, A8-021—A8-024
  retrospectivity and human rights, A8-011—A8-012
parenting orders, A6-304
sexual harm prevention orders, A5-291
sexual offences
  behaviour initiated by child victim, B3-061
  cases, B3-057—B3-057a
  inchoate offences, B3-062—B3-063
  lies, B3-058
  multiple offences, B3-064—B3-065
  sexual experience of child victim, B3-059—B3-060

Aggravated burglary
see also Burglary
interpreting/applying guideline, B4-058
sentencing guideline, B4-040

Aggravated criminal damage
criminal damage with intent to endanger life
  assessment of harm, B4-196
  availability of sentencing orders, B4-192
  custodial sentences, B4-193
  interpreting/applying guideline, B4-196—B4-197
  maximum sentences, B4-191
  psychiatric reports, B4-197
  secondary orders, B4-194
  sentencing guideline, B4-195
recklessness as to whether life endangered
  assessment of harm, B4-196
  availability of sentencing orders, B4-192
  custodial sentences, B4-193
  interpreting/applying guideline, B4-196—B4-197

maximum sentences, B4-191
psychiatric reports, B4-197
secondary orders, B4-194
sentencing guideline, B4-195
Aggravating features
burden of proof, A1-057
convictions after trial, A3-145—A3-146
detention at Her Majesty's pleasure, A6-271
double counting, A1-055—A1-056
introduction, A1-053—A1-054
murder
concealment of body, A4-737
domestic abuse, A4-742
generally, A4-711, A4-736
intention to kill, A4-745
killing of children by their parents, A4-743
lying about another's involvement, A4-745a
minimum term, A4-711
murder committed in group, A4-740
murder committed in presence of others, A4-744
significant degree of planning or premeditation, A4-738
use of knife or other weapon, A4-739
vulnerability of deceased, A4-741
non-statutory aggravating factors
community impact statements, A1-095
dangerousness, A1-101
domestic abuse, A1-098
generally, A1-093
imposing sentence to reflect way defence is conducted, A1-099
lack of remorse, A1-100
prevalence, A1-094—A1-097
previous acquittal, A1-102
risk, A1-101
sentencing guidelines, A1-049
sentencing remarks, A1-058
standard of proof, A1-057
statutory aggravating factors
assaults on emergency workers, A1-078—A1-081
hostility based on disability, A1-067—A1-077
hostility based on sexual orientation, A1-067—A1-077
offences against persons providing public services, A1-078—A1-081
offending on bail, A1-059—A1-060
previous convictions, A1-061—A1-062
racially aggravated offences, A1-067—A1-077
religiously aggravated offences, A1-067—A1-077
spent convictions, A1-063—A1-066
supply of controlled drug involving child, A1-089—A1-090
supply of controlled drug near school, A1-089—A1-090
supply of psychoactive substances involving child, A1-091—A1-092
supply of psychoactive substances near school, A1-091—A1-092
terrorism offences, A1-082—A1-086
using minor to mind weapon, A1-087—A1-088
Alcohol
use to facilitate sexual offence, B3-041—B3-042
Alcohol abstinence and monitoring requirements
guidance, A4-405—A4-406
legislation, A4-359—A4-360
suspended sentence orders, A4-516
Alcohol treatment requirements
guidance, A4-404
legislation, A4-357—A4-358
Amendments
children, orders concerning, A6-339—A6-342
community orders
adjournment of hearing, A10-151
change of residence, A10-140—A10-141
copies of orders, A10-152
curfew requirements, A10-142
extension of order, A10-145
extension of unpaid work requirements, A10-146
generally, A4-378
introduction, A10-119
legislation, A10-123—A10-127, A10-140—A10-146
requirements of order, A10-143
treatment requirements, A10-144
introduction, A10-088
procedure, A10-089—A10-092
re-sentencing, A10-093—A10-095
secondary disposals, A10-204—A10-205
suspended sentence orders
change of residence, A10-189—A10-190
community requirements, A10-188, A10-192
copies of orders, A10-195
curfew requirements, A10-191
guidance, A10-203
introduction, A10-162
legislation, A10-165—A10-169, A10-187—A10-194
on application, A10-164
treatment requirements, A10-193
unpaid work requirements, A10-194
travel restriction orders
guidance, A10-261—A10-262
legislation, A10-260
youth rehabilitation orders
generally, A6-163
guidance, A6-398—A6-403
legislation, A6-387—A6-392
Ancillary orders
committal for sentence, A2-097
Goodyear indications, A2-032
Animals
animal welfare
availability of sentencing orders, B2-486, B2-487
breach of disqualification, B2-491—B2-492

introduction, B2-484
maximum sentences, B2-485
section 4 and 8 offences, B2-488—B2-489
sections 5, 6 and 7 offences, B2-490
dangerous dogs
  availability of sentencing orders, B2-476—B2-477
  breach of disqualification, B2-483
  dogs dangerously out of control, B2-478—B2-480
  maximum sentences, B2-475
  possession of prohibited dog, B2-481—B2-482
deprivation and destruction orders
  animals involved in fighting offences, A4-198
  destruction in interests of animal, A4-197
  generally, A4-196
  guidance, A4-200
  pending appeals, A4-199
disqualification from having custody of dog
  guidance, A10-115—A10-116
  legislation, A10-113—A10-114
disqualification from keeping
  breach, A10-109
  guidance, A10-112
  termination of disqualification, A10-110—A10-111
disqualification relating to animals
  appropriateness, A4-294—A4-295
  effect of disqualification, A4-296
  introduction, A4-289
  legislation, A4-290—A4-292
  licences, A4-291, A4-297
  type of disqualification, A4-293
introduction, B2-474
orders relating to, A5-351

Appeals
assisting investigations, A10-042
binding over
  of parents or guardians, A6-404
  to come up for judgment, A4-019
conditional discharge, A10-099
criminal behaviour orders, A10-212
exclusion orders, A10-216
football banning orders, A5-078, A10-222
legal representation, A4-442
parenting orders, A6-408
pre-sentence reports, A3-008
psychoactive substances prohibition orders
  guidance, A10-229
  legislation, A10-228
serious crime prevention orders, A5-201, A10-242
serious disruption prevention orders, A5-225i
sexual harm prevention orders
  guidance, A10-259
  legislation, A10-257—A10-258
slavery and trafficking reparation orders, A10-269
travel restriction orders, A10-265
victim impact statements, A3-046—A3-049
youth rehabilitation orders, A6-376

Arranging child sex offences
see also Causing a child to engage in sexual activity; Meeting a child following sexual grooming
availability of sentencing orders, B3-124
custodial sentences, B3-125
interpreting/applying guideline, B3-128
maximum sentences, B3-123
secondary orders, B3-126
sentencing guideline, B3-127

Arson
see also Criminal damage
availability of sentencing orders, B4-199
custodial sentences, B4-200
intent to endanger life
  assessment of harm, B4-196
  availability of sentencing orders, B4-192
  custodial sentences, B4-193
  interpreting/applying guideline, B4-196—B4-197
  maximum sentences, B4-191
  psychiatric reports, B4-197
  secondary orders, B4-194
  sentencing guideline, B4-195
interpreting/applying guideline
  assessment of harm, B4-203
  encouraging or assisting arson, B4-206
  exceptional cases, B4-204
  psychiatric reports, B4-205
  public disorder, B4-207
maximum sentences, B4-198
reckless as to whether life endangered
  assessment of harm, B4-196
  availability of sentencing orders, B4-192
  custodial sentences, B4-193
  interpreting/applying guideline, B4-196—B4-197
  maximum sentences, B4-191
  psychiatric reports, B4-197
  secondary orders, B4-194
  sentencing guideline, B4-195
secondary orders, B4-201
sentencing guideline, B4-202

Articles for use in fraud
see also Fraud
availability of sentencing orders, B4-145
cases where offence has been committed, B4-152—B4-153
custodial sentences, B4-146
interpreting/applying guideline, B4-149—B4-155
maximum sentences, B4-144
oyster card fraud, B4-154—B4-155
secondary orders, B4-147
sentencing guideline, B4-148
significant planning, B4-149
sophisticated nature of offence, B4-149
targeting victims on basis of vulnerability, B4-150—B4-151

Assault
attempts, B2-069
domestic abuse, B2-068

double counting, B2-067
emergency workers
    aggravating features, A1-078—A1-081
    availability of sentencing orders, B2-111
    custodial sentences, B2-112
    interpretating/applying guideline, B2-115
    maximum sentence, B2-110
    secondary orders, B2-113
    sentencing guideline, B2-114
general guidance, B2-054
persons providing public services, A1-078—A1-081
prolonged/persistent attack, B2-060—B2-061
single blow/short lived assault, B2-062
use of weapon or weapon equivalent, B2-063—B2-066
vulnerability of victim, B2-055—B2-059

Assault by penetration
availability of sentencing orders, B3-067
cases falling outside the sentencing guideline, B3-083
custodial sentences, B3-068
interpreting/applying guideline, B3-073—B3-083
limited penetration, B3-077—B3-078
maximum sentences, B3-066
pre-sentence reports, B3-071—B3-072
secondary orders, B3-069
sentencing guideline, B3-070
sexual activity initially consensual, B3-075—B3-076

Assault of a child under 13 by penetration
availability of sentencing orders, B3-157
consensual activity, B3-168—B3-169
custodial sentences, B3-158
interpreting/applying guideline, B3-161—B3-175
maximum sentences, B3-156
mistake as to age, B3-170
multiple offences, B3-171—B3-175
offence attracting immediate custody, B3-162—B3-163
reasonable belief victim over 16, B3-164—B3-166
secondary orders, B3-159
sentencing guideline, B3-160
sexual images of victim recorded, retained, solicited or shared, B3-167
very young victims, B3-171—B3-175

Assisting escape
guidance, B8-096—B8-097

Assisting illegal entry
immigration offences, B7-107—B7-112a

Assisting investigations
acknowledging assistance in open court, A1-149a
appeals, A10-042
assistance provided in absence of formal agreement, A1-150
exclusion of public, A10-048
failure to provide assistance, A10-043—A10-046
guidance, A10-043—A10-048

introduction, A1-135, A10-036
legislation, A10-037—A10-042
mitigation, A1-117
powers to review sentence, A10-037—A10-038
procedure for review, A10-040—A10-041
review as result of new agreement, A10-047
specified prosecutors, A10-039
statutory regime
    guidance, A1-140—A1-143
    introduction, A1-136
    legislation, A1-137—A1-139
    making reduction, A1-142
    suspended sentences, A1-143
text regime
    context of text, A1-146
    extent of reduction, A1-149
    information given after sentence, A1-148
    introduction, A1-144
    procedure, A1-145
    timing of reduction, A1-145a
    where no text provided, A1-147

Assisting offenders
availability of sentencing orders, B8-059
guidance, B8-060—B8-064
maximum sentences, B8-058

Assisting police
compensation for assisting in apprehension of offender
    introduction, A3-212
    legislation, A3-213—A3-214

Assisting prosecution
see Assisting investigations

Asylum seekers
immigration offences, B7-120

Attempts
murder
    consequences of conviction, B2-042
    custodial sentences, B2-043
    interpreting or applying guideline, B2-047—B2-053
    maximum sentence, B2-041
    secondary orders, B2-044
    sentencing guideline, B2-045—B2-046
rape, B3-079—B3-082

Attendance centre requirements
guidance, A4-407
legislation, A4-361—A4-362
suspended sentence orders, A4-516
youth rehabilitation orders, A6-124—A6-125, A6-183

Attorney General
guidance
    derogatory assertion orders, A3-069

Attorney General's references
variation of sentence, A10-025

Automatic liability for deportation
see Deportation

Bad character
dangerousness, A4-453

Bail
making deferment order, A2-063
offending on bail, A1-059—A1-060

Index

Bank accounts
  notification requirements (sexual offences), A7-009, A7-013

Barring from working with children or vulnerable adults
  see Disqualification from working with children; Vulnerable adults

Behaviour orders
  see also Criminal behaviour orders; Exclusion orders; Football banning orders; Psychoactive substances (prohibition orders); Restraining orders; Serious crime prevention orders; Serious disruption prevention orders; Sexual harm prevention orders; Travel restriction orders
  Criminal Procedure Rules 2020
    application of rules, A5-005
    applications, A5-007
    court's power to vary requirements, A5-014
    evidence to assist court, A5-008
    general rules, A5-006
    hearsay evidence, A5-010—A5-012
    notice of terms of proposed order, A5-007
    notice to supervisor, A5-013
    revocation, A5-009
    variation, A5-009
  guidance
    burden of proof, A5-019
    draft orders, A5-025
    drafting, A5-026
    evidence, A5-023
    key points, A5-024
    procedure, A5-015—A5-018
    scope of orders, A5-027
    standard of proof, A5-020—A5-022
    variation of orders, A5-028
  hearsay evidence
    credibility and consistency of maker, A5-012
    cross-examination of maker, A5-011
    notice of, A5-010
  introduction, A5-003—A5-004
  suspended sentence orders and, A4-550

Benefit fraud
  generally, B4-104, B4-142

Binding over
  breach
    of parents or guardians, A6-405
    to come up for judgement, A4-020, A10-096
    to keep the peace, A4-026—A4-027, A4-043, A10-097
  introduction, A4-006
  parents or guardians
    amount of recognisance, A6-284
    appeals, A6-404
    availability, A6-280—A6-281
    breach, A6-405
    combination with other orders, A6-286
    contents of order, A6-282
    Criminal Practice Directions, A6-280
    discharge, A6-404
    guidance, A6-280—A6-286

    introduction, A6-277
    legislation, A6-278—A6-279
    length of orders, A6-285
    test for imposing, A6-283
    variation, A6-404
  referral orders and, A6-082
  to come up for judgment
    appeals, A4-019
    appropriateness, A4-015—A4-018
    breach, A4-020
    conditions, A4-013
    consent, A4-010
    guidance, A4-010—A4-020
    introduction, A4-008—A4-009
    recognisance, A4-011
    specified period, A4-012
    wording, A4-014
  to keep the peace
    appropriateness, A4-041
    availability, A4-029—A4-034
    breach, A4-026—A4-027, A4-043
    guidance, A4-029—A4-043
    introduction, A4-021
    legislation, A4-022—A4-028
    procedure, A4-025
    refusal to consent, A4-042
    terms, A4-035—A4-040
    young offenders, A4-028

Blackmail
  availability of sentencing orders, B2-131
  custodial sentences, B2-132
  enforcement of debt, B2-161
  general approach, B2-156—B2-158
  introduction, B2-129
  maximum sentences, B2-130
  secondary orders, B2-133
  sentencing guidelines, B2-134
  threats to disclose personal information, B2-159—B2-160
  with kidnap or violence, B2-162

Bladed articles
  see Knives

Breach
  binding over
    of parents or guardians, A6-405
    to come up for judgement, A4-020, A10-096
    to keep the peace, A4-026—A4-027, A4-043, A10-097
  children, orders concerning, A6-339—A6-342
  community orders
    adjournment of hearing, A10-151
    choice of penalty, A10-156—A10-157
    committal to prison, A10-137
    Crown Court powers, A10-134
    double counting, A10-153
    enforcement officers, A10-124
    generally, A4-378
    guidance, A10-153—A10-157
    introduction, A10-119—A10-120
    issue of summons or warrant, A10-130—A10-132
    legislation, A10-123—A10-136

INDEX

magistrates' courts' powers, A10-133
  power to impose more onerous requirements, A10-136
  reasonable excuse for failing to comply, A10-155
  referral to enforcement officer, A10-128
  role of enforcement officer, A10-129
  treatment requirements, A10-135
  warnings for failure to comply, A10-128, A10-154
criminal behaviour orders
  guidance, A10-211
  legislation, A10-210
detention and training orders, A6-215
directors' disqualification, A4-320
discharge, A4-058
disqualification
  from driving, A10-106
  from having custody of dog, A4-304
  from keeping animals, A10-109
exclusion orders
  guidance, A10-215
  legislation, A10-214
football banning orders
  guidance, A10-221
  legislation, A10-220
introduction, A10-088
notification requirements
  sexual offences, A7-036
  terrorism offences, A7-059, A7-065
parenting orders, A6-409—A6-410
procedure, A10-089—A10-092
psychoactive substances prohibition orders
  guidance, A10-227
  legislation, A10-225—A10-226
referral orders, A6-365
re-sentencing, A10-093—A10-095
restraining orders
  guidance, A10-234—A10-235
  legislation, A10-233
secondary disposals, A10-204—A10-205
serious crime prevention orders
  guidance, A10-241
  legislation, A10-240
serious disruption prevention orders, A10-242d—A10-242e
sexual harm prevention orders
  guidance, A10-255—A10-256
  legislation, A10-253—A10-254
suspended sentence orders
  activation orders, A10-179—A10-180, A10-201—A10-202
  amendment of community requirements, A10-181
  breach of community requirements, A10-175, A10-177
  committal to prison, A10-182
  community requirements, A10-170
  consequences, A10-163
  court powers, A10-178
  Crown Court, A10-173, A10-177
  fines, A10-181
  guidance, A10-196—A10-202

introduction, A10-162
issue of summons or warrant, A10-172—A10-174, A10-185—A10-186
legislation, A10-165—A10-169
magistrates' courts, A10-172, A10-175, A10-176
Northern Ireland, A10-184
referral to enforcement officer, A10-170
role of enforcement officer, A10-171
Scotland, A10-184
treatment requirements, A10-183
warnings for failure to comply, A10-170
travel restriction orders
  guidance, A10-264
  legislation, A10-263
youth rehabilitation orders
  guidance, A6-398—A6-399
  introduction, A6-371
  legislation, A6-163, A6-377—A6-384
Bribery
availability of sentencing orders, B4-157
corporate offenders, B4-162
custodial sentences, B4-158
foreign public officials, B4-161
interpreting/applying guideline, B4-161—B4-162
maximum sentences, B4-156
secondary orders, B4-159
sentencing guideline, B4-160
Burden of proof
aggravating features, A1-057
behaviour orders, A5-019
factual basis for sentencing, A3-116
sentencing guidelines, A1-043
Burglary
  see also Theft
aggravated burglary
  interpreting/applying guideline, B4-058
  sentencing guideline, B4-040
armed burglary, B4-052—B4-053
availability of sentencing orders, B4-036
custodial sentences, B4-037
domestic burglary
  conspiracy to commit burglary, B4-063
  determining domestic burglary, B4-059—B4-061
  Hanoi burglary, B4-062
  sentences outside guideline, B4-064
  sentencing guideline, B4-041
drug addiction, B4-057
extensive damage or disturbance to property, B4-049
intent formed after entry, B4-045—B4-046
intent to commit grievous bodily harm, B4-044
interpreting/applying guideline, B4-043—B4-066
maximum sentences, B4-035
minimum sentences, B4-034
non-domestic burglary
  interpreting/applying guideline, B4-065—B4-066

[1689]

sentencing guideline, B4-042
person on premises, B4-048
previous convictions, B4-051
risk of danger and public impact,
  B4-054—B4-056
secondary orders, B4-038
sentencing guideline, B4-039—B4-042
significant degree of planning or organisation,
  B4-050
soiling of property, B4-049
substantial degree of loss to victim, B4-047
Business impact statements
Criminal Practice Directions, A3-053
guidance, A3-054
Businesses
see also Companies
environmental offences
  approach to sentencing organisations,
    B7-008—B7-011
  assessment of harm, B7-013
  Common Incident Classification Scheme,
    B7-012
  consequences of conviction, B7-003
  fines, B7-007
  interference with or undermining of other
    lawful activities, B7-014—B7-015
  interpreting/applying guideline,
    B7-007—B7-016
  introduction, B7-001
  maximum sentences, B7-002
  need for organisations to explain steps
    taken, B7-016
  sentencing guideline, B7-004—B7-006
fire safety offences
  consequences of conviction, B7-045
  guidance, B7-046—B7-048
  maximum sentences, B7-044
food safety offences
  consequences of conviction, B7-050
  interpreting/applying guideline,
    B7-054—B7-055
  maximum sentences, B7-049
  sentencing guideline, B7-051—B7-053
health and safety offences
  actual harm caused, B7-026—B7-027
  charities, B7-042—B7-043
  consequences of conviction, B7-018
  culpability, B7-028
  exposure to risk of harm, B7-024—B7-025
  financial circumstances of parent company,
    B7-033—B7-039
  interpreting/applying guideline,
    B7-022—B7-043
  likelihood of harm, B7-022—B7-023
  maximum sentences, B7-017
  profitability, B7-040—B7-041
  public bodies, B7-042—B7-043
  sentencing guideline, B7-019—B7-021
  seriousness of offence, B7-029
Cannabis
see Cultivation of cannabis; Drug offences
Care workers
see Health care workers

Causing a child to engage in sexual activity
abuse of position of trust
  availability of sentencing orders, B3-145
  custodial sentences, B3-146
  interpreting/applying guideline, B3-149
  maximum sentences, B3-144
  secondary orders, B3-147
  sentencing guideline, B3-148
availability of sentencing orders, B3-104
children under 13
  availability of sentencing orders, B3-184
  custodial sentences, B3-185
  interpreting/applying guideline,
    B3-188—B3-190
  maximum sentences, B3-183
  secondary orders, B3-186
  sentencing guideline, B3-187
custodial sentences, B3-105
interpreting/applying guideline,
  B3-108—B3-110
maximum sentences, B3-103
secondary orders, B3-106
sentencing guideline, B3-107
Causing a child to watch sexual acts
abuse of position of trust
  availability of sentencing orders, B3-151
  custodial sentences, B3-152
  interpreting/applying guideline, B3-155
  maximum sentences, B3-150
  secondary orders, B3-153
  sentencing guideline, B3-154
availability of sentencing orders, B3-118
custodial sentences, B3-119
interpreting/applying guideline, B3-122
maximum sentences, B3-117
secondary orders, B3-120
sentencing guideline, B3-121
Causing death by careless or inconsiderate driving
see also Road traffic offences
availability of sentencing orders, B6-020
custodial sentences, B6-021
maximum sentence, B6-019
secondary orders, B6-022
sentencing guideline
  simpliciter offence, B6-023—B6-024
  under the influence, B6-025—B6-026
Causing death by dangerous driving
see also Road traffic offences
availability of sentencing orders, B6-012
custodial sentences, B6-013
deliberate decision to ignore rules of the road,
  B6-016—B6-017
interpreting/applying guideline,
  B6-016—B6-018
maximum sentence, B6-011
prolonged use of mobile phone, B6-018
secondary orders, B6-014
sentencing guideline, B6-015
Causing death by unlicensed disqualified or uninsured driving
see also Road traffic offences
disqualified driving

Index

availability of sentencing orders, B6-028
custodial sentences, B6-029
interpreting/applying guideline, B6-032
maximum sentence, B6-027
secondary orders, B6-030
sentencing guideline, B6-031
unlicensed or uninsured driving
  availability of sentencing orders, B6-034
  interpreting/applying guideline, B6-036
  maximum sentence, B6-049
  sentencing guideline, B6-035

Causing death when under the influence
  see also Road traffic offences
  availability of sentencing orders, B6-020
  custodial sentences, B6-021
  interpreting/applying guideline, B6-026
  maximum sentence, B6-019
  secondary orders, B6-022
  sentencing guideline, B6-025

Causing explosions
  see also Terrorist offences
  burglaries, B2-461—B2-463
  revenge/recovery of monies, B2-464
  terrorism
    availability of sentencing orders, B2-239
    custodial sentences, B2-240
    interpreting/applying guideline, B2-243
    maximum sentences, B2-238
    secondary orders, B2-241
    sentencing guideline, B2-242

Causing harassment alarm or distress
  availability of sentencing orders, B2-346
  custodial sentences, B2-347
  interpreting/applying guideline, B2-350
  maximum sentences, B2-345
  secondary orders, B2-348
  sentencing guideline, B2-349

Causing person to engage in sexual activity
  see Causing sexual activity without consent

Causing prostitution for gain
  availability of sentencing orders, B3-204
  custodial sentences, B3-205
  interpreting/applying guideline,
    B3-208—B3-210
  maximum sentences, B3-203
  secondary orders, B3-206
  sentencing guideline, B3-207

Causing serious injury by careless or inconsiderate driving
  see also Road traffic offences
  availability of sentencing orders, B6-039
  interpreting/applying guideline,
    B6-043—B6-046
  introduction, B6-037
  maximum sentence, B6-038
  sentencing guideline, B6-041

Causing serious injury by dangerous driving
  see also Road traffic offences
  availability of sentencing orders, B6-039
  interpreting/applying guideline,
    B6-043—B6-046
  introduction, B6-037
  maximum sentence, B6-038

sentencing guideline, B6-040

Causing serious injury by driving while disqualified
  see also Road traffic offences
  availability of sentencing orders, B6-039
  interpreting/applying guideline,
    B6-043—B6-046
  introduction, B6-037
  maximum sentence, B6-038
  sentencing guideline, B6-042

Causing serious physical harm to a child or vulnerable adult
  availability of sentencing orders, B2-193,
    B2-212
  custodial sentences, B2-194, B2-213
  interpreting and applying guideline, B2-198
  maximum sentences, B2-192, B2-211
  secondary orders, B2-195, B2-214
  sentencing guideline, B2-196—B2-197,
    B2-215—B2-216

Causing sexual activity without consent
  availability of sentencing orders, B3-092
  custodial sentences, B3-093
  interpreting/applying guideline, B3-096
  maximum sentences, B3-091
  secondary orders, B3-094
  sentencing guideline, B3-095

Certificates of conviction
  see Criminal conviction certificates

Charities
  health and safety offences, B7-042—B7-043

Cheating the Revenue
  generally, B4-102—B4-103,
    B4-137—B4-141

Child abduction
  approach to sentence, B2-164—B2-170
  availability of sentencing orders, B2-131
  custodial sentences, B2-132
  introduction, B2-129, B2-163
  maximum sentences, B2-130
  secondary orders, B2-133
  sentencing guidelines, B2-134

Child cruelty
  availability of sentencing orders, B2-200
  custodial sentences, B2-201
  interpreting and applying guideline, B2-205
  maximum sentences, B2-199
  secondary orders, B2-202
  sentencing guideline, B2-203—B2-204

Child maintenance
  fraud, B4-130

Child sex offences
  see also Sexual offences
  abuse of position of trust
    causing a child to engage in sexual activity,
      B3-144—B3-149
    causing a child to watch sexual acts,
      B3-150—B3-155
    engaging in sexual activity in presence of a
      child, B3-150—B3-155
    sexual activity with a child,
      B3-144—B3-149
  arranging child sex offences

INDEX

availability of sentencing orders, B3-124
custodial sentences, B3-125
interpreting/applying guideline, B3-128
maximum sentences, B3-123
secondary orders, B3-126
sentencing guideline, B3-127
assault of a child under 13 by penetration
  availability of sentencing orders, B3-157
  consensual activity, B3-168—B3-169
  custodial sentences, B3-158
  interpreting/applying guideline,
    B3-161—B3-175
  maximum sentences, B3-156
  mistake as to age, B3-170
  multiple offences, B3-171—B3-175
  offence attracting immediate custody,
    B3-162—B3-163
  reasonable belief victim over 16,
    B3-164—B3-166
  secondary orders, B3-159
  sentencing guideline, B3-160
  sexual images of victim recorded, retained,
    solicited or shared, B3-167
  very young victims, B3-171—B3-175
causing a child to engage in sexual activity
  abuse of position of trust, B3-144—B3-149
  availability of sentencing orders, B3-104
  custodial sentences, B3-105
  interpreting/applying guideline,
    B3-108—B3-110
  maximum sentences, B3-103
  secondary orders, B3-106
  sentencing guideline, B3-107
causing a child to watch sexual acts
  abuse of position of trust, B3-150—B3-155
  availability of sentencing orders, B3-118
  custodial sentences, B3-119
  interpreting/applying guideline, B3-122
  maximum sentences, B3-117
  secondary orders, B3-120
  sentencing guideline, B3-121
causing a child under 13 to engage in sexual
  activity
  availability of sentencing orders, B3-184
  custodial sentences, B3-185
  interpreting/applying guideline,
    B3-188—B3-190
  maximum sentences, B3-183
  secondary orders, B3-186
  sentencing guideline, B3-187
engaging in sexual activity in presence of a
  child
  abuse of position of trust, B3-150—B3-155
  availability of sentencing orders, B3-118
  custodial sentences, B3-119
  interpreting/applying guideline, B3-122
  maximum sentences, B3-117
  secondary orders, B3-120
  sentencing guideline, B3-121
inciting a child family member to engage in
  sexual activity
  availability of sentencing orders, B3-112
  custodial sentences, B3-113

  interpreting/applying guideline, B3-116
  maximum sentences, B3-111
  secondary orders, B3-114
  sentencing guideline, B3-115
meeting a child following sexual grooming
  availability of sentencing orders, B3-130
  custodial sentences, B3-131
  interpreting/applying guideline,
    B3-134—B3-136
  maximum sentences, B3-129
  secondary orders, B3-132
  sentencing guideline, B3-133
  sexual images exchanged, B3-135
rape of a child under 13
  availability of sentencing orders, B3-157
  consensual activity, B3-168—B3-169
  custodial sentences, B3-158
  interpreting/applying guideline,
    B3-161—B3-175
  maximum sentences, B3-156
  mistake as to age, B3-170
  multiple offences, B3-171—B3-175
  offence attracting immediate custody,
    B3-162—B3-163
  reasonable belief victim over 16,
    B3-164—B3-166
  secondary orders, B3-159
  sentencing guideline, B3-160
  sexual images of victim recorded, retained,
    solicited or shared, B3-167
  very young victims, B3-171—B3-175
sexual activity with a child
  abuse of position of trust, B3-144—B3-149
  availability of sentencing orders, B3-098
  custodial sentences, B3-099
  interpreting/applying guideline, B3-102
  maximum sentences, B3-097
  secondary orders, B3-100
  sentencing guideline, B3-101
sexual activity with a child family member
  availability of sentencing orders, B3-112
  custodial sentences, B3-113
  interpreting/applying guideline, B3-116
  maximum sentences, B3-111
  secondary orders, B3-114
  sentencing guideline, B3-115
sexual assault of a child under 13
  availability of sentencing orders, B3-177
  custodial sentences, B3-178
  interpreting/applying guideline,
    B3-181—B3-182
  maximum sentences, B3-176
  multiple victims, B3-182
  secondary orders, B3-179
  sentencing guideline, B3-180
sexual communication with a child
  availability of sentencing orders, B3-138
  custodial sentences, B3-139
  interpreting/applying guideline,
    B3-142—B3-143
  maximum sentences, B3-137
  secondary orders, B3-140
  sentencing guideline, B3-141

sexual exploitation of children
  availability of sentencing orders, B3-218
  custodial sentences, B3-219
  interpreting/applying guideline, B3-222
  maximum sentences, B3-217
  secondary orders, B3-220
  sentencing guideline, B3-221

Children
  see also Disqualification from working with children; Youth rehabilitation orders
  age, A6-003
  amendment of orders, A6-339—A6-342
  automatic liability for deportation, A6-315
  binding over of parents or guardians
    amount of recognisance, A6-284
    appeals, A6-404
    availability, A6-280—A6-281
    breach, A6-405
    combination with other orders, A6-286
    contents of order, A6-282
    Criminal Practice Directions, A6-280
    discharge, A6-404
    guidance, A6-280—A6-286
    introduction, A6-277
    legislation, A6-278—A6-279
    length of orders, A6-285
    test for imposing, A6-283
    variation, A6-404
  breach of orders, A6-339—A6-342
  committal for sentence
    Crown Court, A2-083—A2-084, A2-086
    magistrates' courts, A2-101
  consequences of conviction
    automatic liability for deportation, A6-315
    disqualification from working with children or vulnerable adults, A6-314
    introduction, A6-308
    notification requirements (sexual offences), A6-309—A6-312
    notification requirements (terrorist offences), A6-313
  crossing age threshold
    guidance, A6-023—A6-026
    introduction, A6-021
    legislation, A6-022
  custody, A6-199
  detention and training orders
    availability, A6-202, A6-216—A6-219
    breach, A6-215
    combination with other sentences, A6-223—A6-224
    custodial sentences and, A6-223
    detention in young offender institution and, A6-210
    early release on compassionate grounds, A6-210
    effect of, A6-207—A6-213
    further offences, A6-215
    guidance, A6-216—A6-224
    guilty pleas, A6-222
    interpretation, A6-214
    introduction, A6-200
    legislation, A6-201—A6-215

    magistrates' courts, A6-219
    making an order, A6-201—A6-206
    maximum term, A6-206
    non-custodial sentences and, A6-223
    offenders subject to other orders or sentences, A6-205, A6-211
    offenders under 15, A6-218
    period of detention and training, A6-207
    persistent offenders, A6-217
    post-sentence supervision, A6-334—A6-335
    release and recall, A6-319—A6-335
    supervision, A6-208—A6-209, A6-213, A6-324—A6-335
    term of order, A6-204, A6-220—A6-222
    time on remand, A6-221
    youth courts, A6-219
  detention at Her Majesty's pleasure
    abolition of death penalty, A6-265
    aggravating features, A6-271
    guidance, A6-272—A6-274
    introduction, A6-263—A6-264
    legislation, A6-265—A6-271
    mandatory life sentences, A6-261
    mitigation, A6-271
    review of minimum term, A6-274
    setting minimum term, A6-267—A6-268
    starting points, A6-270, A6-273—A6-273a
    whole life orders, A6-267
  detention for life at common law, A6-255
  detention for life for dangerous offenders
    guidance, A6-262
    introduction, A6-258
    legislation, A6-259—A6-261
  detention under Sentencing Code s.250
    availability, A6-226, A6-232—A6-233
    combination with other sentences, A6-237—A6-238
    common law offences, A6-232
    custodial sentences, A6-237
    exercise of power to impose, A6-228
    firearms offences, A6-231
    guidance, A6-232—A6-238
    introduction, A6-225
    legislation, A6-226—A6-231
    maximum sentence, A6-229
    multiple offences, A6-236
    non-custodial sentences, A6-238
    offenders subject to detention and training order, A6-230, A6-235
    offenders under 15, A6-233
    serious offences, A6-227
    term of detention, A6-234—A6-235
  determinate sentences
    release and recall, A6-336
  disqualification from working with children or vulnerable adults, A6-314
  extended sentences of detention
    availability, A6-247
    guidance, A6-252—A6-254
    introduction, A6-245
    legislation, A6-246—A6-251
    offenders subject to detention and training

INDEX

order, A6-249
specified violent offences,
　A6-250—A6-251
term of extended sentence, A6-248
financial circumstances orders, A6-028
financial orders
　compensation orders, A6-036—A6-037
　deprivation, A6-038
　failure to pay, A6-048
　fines, A6-034—A6-035
　forfeiture, A6-038
　introduction, A6-033
　parental payment orders, A6-039—A6-047
general approach, A6-017
introduction, A6-001—A6-002
life sentences
　release and recall, A6-337
medical reports, A6-027
mental health disposals, A6-316
notification requirements
　sexual offences, A6-309—A6-312
　terrorist offences, A6-313
offensive weapons
　interpreting/applying guideline, B2-374
　sentencing guideline, B2-371—B2-373
parental payment orders
　amount of order, A6-046
　availability, A6-041—A6-043
　compensation orders, A6-042
　costs awards, A6-043
　enforcement, A6-047
　financial circumstances of parent or
　　guardian, A6-040
　fines imposed on child, A6-041
　generally, A6-039
　guidance, A6-044—A6-047
　legislation, A6-039—A6-043
　procedure, A6-044
　reasonableness, A6-045
parenting orders
　age of offender, A6-304
　appeals, A6-408
　availability, A6-293, A6-300
　breach, A6-409—A6-410
　contents of order, A6-305—A6-306
　discharge, A6-297, A6-406—A6-407
　Education Act 1996 offences, A6-292
　explanation of effect of order, A6-303
　failure to attend meetings of youth offender
　　panel, A6-291
　failure to comply with order, A6-298
　family circumstances, A6-301
　guidance, A6-299—A6-307
　introduction, A6-287
　legislation, A6-288—A6-298
　meaning, A6-299
　referral orders and, A6-302
　reports, A6-290
　variation, A6-297, A6-406—A6-407
post-sentence
　release and recall, A6-317—A6-337
pre-sentence reports, A6-027
primary disposals

amendment of orders, A6-338—A6-342
binding over, A6-031
breach of orders, A6-338—A6-342
custody, A6-199
detention and training orders,
　A6-200—A6-224
detention at Her Majesty's pleasure,
　A6-263—A6-274
detention for life at common law, A6-255
detention for life for dangerous offenders,
　A6-258—A6-262
detention under Sentencing Code s.250,
　A6-225—A6-238
discharges, A6-032
extended sentences of detention,
　A6-245—A6-254
financial orders, A6-033—A6-048
introduction, A6-029
no separate penalty, A6-030
referral orders, A6-049—A6-086,
　A6-346—A6-369
re-sentencing, A6-343—A6-345
revocation of orders, A6-338—A6-342
youth rehabilitation orders,
　A6-087—A6-198, A6-370—A6-403
purposes of sentencing
　aim of youth justice system, A6-005
　deterrence, A6-012—A6-013
　general considerations, A6-006
　guidance, A6-009—A6-016
　introduction, A6-004
　legislation, A6-005—A6-006
　preventing re-offending, A6-009
　public protection, A6-014
　punishment, A6-011
　rehabilitation, A6-016
　reparation, A6-015
　Sentencing Council guideline,
　　A6-007—A6-008
　welfare of children and young persons,
　　A6-008, A6-010
referral orders
　availability, A6-051, A6-074
　binding over and, A6-082
　breach, A6-365
　commission of new offence, A6-369
　custodial sentences and, A6-080
　discharges and, A6-081
　extension of compliance period, A6-348,
　　A6-368
　failure to reach agreement, A6-366
　financial orders and, A6-084
　further convictions during referral,
　　A6-361—A6-364
　further court proceedings,
　　A6-349—A6-360
　guidance, A6-072—A6-086,
　　A6-365—A6-369
　introduction, A6-049, A6-346
　legislation, A6-050—A6-072,
　　A6-347—A6-364
　length of order, A6-077
　making order, A6-050—A6-056

[1694]

non-custodial sentences and,
A6-081—A6-085
parental attendance, A6-078
referral back to court, A6-070, A6-086
reparation orders and, A6-083
revocation, A6-347, A6-367
whether to impose order, A6-075—A6-076
youth offender contracts, A6-061—A6-069,
A6-079
youth offender panels, A6-057—A6-060,
A6-071—A6-072
youth rehabilitation orders and, A6-085
release and recall
detention and training orders,
A6-319—A6-335
determinate sentences, A6-336
introduction, A6-317
life sentences, A6-337
overview, A6-318
re-sentencing, A6-343—A6-345
revocation of orders, A6-339—A6-342
secondary disposals
binding over of parents or guardians,
A6-277—A6-286, A6-404—A6-405
breach, revocation and amendment,
A6-404—A6-410
introduction, A6-275
parenting orders, A6-287—A6-307,
A6-406—A6-410
parents or guardians, orders imposed on,
A6-276
Sentencing Council guideline
generally, A6-007
welfare of children and young persons,
A6-008
seriousness
culpability and maturity, A6-019—A6-020
introduction, A6-018
use as drugs couriers, B5-084
Coercion
see Controlling or coercive behaviour
Collecting terrorist information
see also Terrorist offences
availability of sentencing orders, B2-283
custodial sentences, B2-284
interpreting/applying guideline, B2-287
maximum sentences, B2-282
secondary orders, B2-285
sentencing guideline, B2-286
Commencement
Crown Court power to order delayed
commencement, A1-218
legislation, A1-216—A1-217
Committals
adjournment, A2-091—A2-092
adults
conviction after trial, A2-082
Crown Court powers, A2-098
guilty pleas, A2-085
magistrates' courts, A2-099
ancillary orders, A2-097
breach of sentences
community orders, A2-094

suspended sentence orders, A2-095
children
conviction after trial, A2-083—A2-084
guilty pleas, A2-086
consideration of appropriate sentence, A2-090
Criminal Practice Directions, A2-080
Crown Court
appellate jurisdiction, A2-107—A2-108
powers relating to adults, A2-098
powers relating to children, A2-100
guidance
additional decisions to be made when committing for sentence, A2-096—A2-097
breach of certain sentences,
A2-094—A2-095
Crown Court powers, A2-098, A2-100
general considerations, A2-090—A2-093
invalid or defective committals,
A2-103—A2-106
magistrates' courts' powers, A2-099,
A2-101, A2-102
six categories, A2-081—A2-089
introduction, A2-066
invalid or defective committals
challenging the committal, A2-106
court had jurisdiction to commit, A2-104
court had no jurisdiction to commit,
A2-105
introduction, A2-103
legislation, A2-067—A2-079
magistrates' courts' powers
adults, A2-099
children, A2-101
related offences, A2-102
Newton hearings, A2-093
pre-sentence reports, A2-096
remission and, A2-121a
six categories
additional powers to commit for sentence,
A2-089
convicted after trial, A2-082—A2-084
guilty pleas, A2-085—A2-086
introduction, A2-081
offender committed to crown Court for
another offence, A2-087—A2-088
**Committing an offence with intent to commit
a sexual offence**
approach to sentence, B3-276—B3-278
availability of sentencing orders, B3-273
custodial sentences, B3-274
maximum sentences, B3-272
sentencing guideline, B3-275
Common assault
availability of sentencing orders, B2-117
custodial sentences, B2-118
interpreting and applying guideline, B2-121
maximum sentences, B2-116
secondary orders, B2-119
sentencing guidelines, B2-120
Common law
credit for time served, A4-484—A4-485
detention for serious offences
children and young persons, A6-232

INDEX

notification requirements (sexual offences), A7-029
pre-sentence reports, A3-020
Community impact statements
  aggravating features, A1-095
  Criminal Practice Directions, A3-050
  guidance, A3-051—A3-052
Community orders
  amendment
    adjournment of hearing, A10-151
    change of residence, A10-140—A10-141
    copies of orders, A10-152
    curfew requirements, A10-142
    extension of order, A10-145
    extension of unpaid work requirements, A10-146
    generally, A4-378
    introduction, A10-119
    legislation, A10-123—A10-127, A10-140—A10-146
    requirements of order, A10-143
    treatment requirements, A10-144
  appropriateness, A4-387—A4-388
  availability, A4-325—A4-326, A4-386
  breach
    adjournment of hearing, A10-151
    choice of penalty, A10-156—A10-157
    committal to prison, A10-137
    Crown Court powers, A10-134
    double counting, A10-153
    enforcement officers, A10-124
    generally, A4-378
    guidance, A10-153—A10-157
    introduction, A10-119—A10-120
    issue of summons or warrant, A10-130—A10-132
    legislation, A10-123—A10-136
    magistrates' courts' powers, A10-133
    power to impose more onerous requirements, A10-136
    reasonable excuse for failing to comply, A10-155
    referral to enforcement officer, A10-128
    role of enforcement officer, A10-129
    treatment requirements, A10-135
    warnings for failure to comply, A10-128, A10-154
  combination of other orders, A4-411—A4-413
  committal for breach of sentence, A2-094
  community order levels, A4-382
  conviction of further offence, A10-147—A10-152
  custodial sentences and, A4-411—A4-412
  duty to keep in touch with responsible officer, A4-410
  exercise of power to make community order, A4-327—A4-328
  guidance, A4-386—A4-413
  imposition of particular requirements, A4-383
  introduction, A4-321
  legislation, A4-322
  length of order, A4-389

  making a community order, A4-370—A4-373
  non-custodial sentences and, A4-413
  notification requirements (sexual offences), A7-028
  obligations of responsible officer and offender, A4-374
  pilot schemes, A4-380
  pre-sentence reports, A4-384
  requirements
    alcohol abstinence and monitoring requirements, A4-359—A4-360, A4-405—A4-406
    alcohol treatment requirements, A4-357—A4-358, A4-404
    attendance centre requirements, A4-361—A4-362, A4-407
    available requirements, A4-329—A4-330, A4-390
    community order requirements table, A4-323
    curfew requirements, A4-340—A4-342, A4-395
    drug rehabilitation requirements, A4-351—A4-354, A4-400—A4-402
    drug testing requirements, A4-355—A4-356, A4-403
    electronic compliance monitoring requirements, A4-408
    electronic monitoring, A4-363—A4-369, A4-385
    electronic whereabouts monitoring requirements, A4-409
    exclusion requirements, A4-343—A4-344, A4-396
    exercise of power to impose requirements, A4-331
    foreign travel prohibition requirements, A4-347, A4-398
    mental health treatment requirements, A4-348—A4-350, A4-399
    programme requirements, A4-337, A4-393
    prohibited activity requirements, A4-338—A4-339, A4-394
    rehabilitation activity requirements, A4-335—A4-336, A4-392
    residence requirements, A4-345—A4-346, A4-397
    unpaid work requirements, A4-332—A4-334, A4-391
  review, A4-375—A4-377
  revocation
    adjournment of hearing, A10-151
    copies of orders, A10-152
    Crown Court orders, A10-139
    generally, A4-378
    guidance, A10-158—A10-161
    introduction, A10-119
    legislation, A10-123—A10-127, A10-138—A10-139
    new conviction, A10-122, A10-160—A10-161
    on application, A10-121, A10-158

INDEX

supervision by magistrates' courts, A10-138
unpaid work requirements, A10-159
Sentencing Council Guideline, A4-381—A4-385
suspended sentence orders and, A4-548
transfer to Scotland or Northern Ireland, A4-379
when ceases to be in force, A4-324
Companies
fines, A4-100—A4-106
fraud, B4-143
fraudulent trading
 consequences of conviction, B7-065
 guidance, B7-066
 maximum sentences, B7-064
insider trading
 consequences of conviction, B7-057
 guidance, B7-058—B7-063
 maximum sentences, B7-056
money laundering, B4-176
restraining orders, A5-143
serious crime prevention orders, A5-194, A5-215
unauthorised regulated activity
 consequences of conviction, B7-068
 guidance, B7-069—B7-071
 maximum sentences, B7-067
Compensation
assisting in apprehension of offender
 introduction, A3-212
 legislation, A3-213—A3-214
victim surcharges and, A3-098
Compensation orders
assessing offender's means
 assets needing sold, A4-134
 generally, A4-132
 occupational pension schemes, A4-135
 offenders dispossessed of funds, A4-133
 relevance of third party means, A4-136
availability
 continuing offences, A4-127
 death of victim, A4-131
 generally, A4-112—A4-113, A4-126
 multiple offenders, A4-128
 personal injury, A4-129
 road traffic accidents, A4-130
 specimen offences, A4-127
children and young persons, A6-036—A6-037
combination with other orders
 confiscation, A4-149
 custodial sentences, A4-148
 generally, A4-147
damage to property, A4-117
discharge, A4-124
duty to give reasons when not made, A4-114
funeral expenses, A4-118
guidance, A4-125—A4-149
interpretation, A4-123
introduction, A4-111
legislation, A4-112—A4-124
magistrates' court, A4-119
making order, A4-115—A4-119

multiple offences, A4-142
multiple offenders, A4-128
multiple victims, A4-141
parenting orders and, A6-042
payment by instalments, A4-145
review of orders, A4-121—A4-122, A4-146
road traffic accidents, A4-116, A4-130
setting amount
 discretionary nature, A4-139
 multiple offences, A4-142
 multiple victims, A4-141
 not punishment, A4-138
 realistic amount, A4-137
 relevance of civil compensation, A4-140
 victim contributed to offence, A4-143
 views of victim, A4-144
simple cases, A4-125
timing of payment, A4-120
variation, A4-124
Compulsory labour
see Modern slavery
Computer misuse
see Cybercrime
Computers
sexual harm prevention orders
 browsing history, A5-295—A5-296
 cloud storage, A5-297
 encryption, A5-298
 generally, A5-292
 internet usage, A5-293—A5-294
 making devices available for inspection, A5-301
 monitoring compliance, A5-302—A5-303
 risk monitoring software, A5-299—A5-300
 use of particular websites/applications/services, A5-304—A5-305
Concealment
bodies, B8-044—B8-045
murder, A4-737
Concealment of evidence
attempts to hide identity as driver, B8-046—B8-047
cases, B8-038
concealing a body, B8-044—B8-045
examples, B8-039
false retraction of allegation, B8-040—B8-043
speed detection jamming devices, B8-048
Concurrent sentences
custodial sentences
 guidance, A4-466—A4-469
 introduction, A4-463
 legislation, A4-464—A4-465
 maximum sentences, A4-467
guidance, A1-207—A1-212
introduction, A1-200, A1-205
legislation, A1-206
sentencing guideline, A1-201
Conditional discharge
Crown Court powers, A10-099
fines and, A4-108
generally, A4-046—A4-047

[1697]

guidance, A10-105
issue of summons warrant
  by Crown Court, A10-101
  by Justice of the Peace, A10-100
legislation, A10-098—A10-104
magistrates' courts' powers,
  A10-102—A10-103
orders made on appeal, A10-099
Confiscation
compensation orders and, A4-149
fines and, A4-109
Confiscation proceedings
guidance
  failure to comply with provisions, A3-112
  postponement of confiscation, A3-111
  postponement of sentence, A3-110
  procedure, A3-109
introduction, A3-104
legislation, A3-105—A3-108
postponement
  confiscation, A3-111
  effect of, A3-107—A3-108
  generally, A3-106
  sentence, A3-110
Consecutive sentences
custodial sentences
  guidance, A4-466—A4-469
  introduction, A4-463
  legislation, A4-464—A4-465
  maximum sentences, A4-467
extended sentences, A4-644—A4-646
firearms offences, B2-387—B2-390
guidance, A1-207—A1-212
introduction, A1-200, A1-205
legislation, A1-206
mandatory life sentences and, A4-752
maximum sentences, A4-426
offenders of particular concern,
  A4-612—A4-615
sentencing guideline, A1-201
serious terrorism sentences, A4-613, A4-662
Consent
binding over to come up for judgment,
  A4-010
Conspiracy
drugs offences, B5-039—B5-046
fraud, B4-122, B4-129
immigration offences, B7-123
Controlling or coercive behaviour
availability of sentencing orders, B2-312
interpreting/applying guideline,
  B2-314—B2-316
maximum sentences, B2-311
mitigating factors, A1-109
sentencing guideline, B2-313
Controlling prostitution for gain
availability of sentencing orders, B3-204
custodial sentences, B3-205
interpreting/applying guideline,
  B3-208—B3-210
maximum sentences, B3-203
secondary orders, B3-206
sentencing guideline, B3-207

Conversion of firearms
maximum sentence, B2-413
Conveying prohibited articles
see also Drug offences
availability of sentencing orders, B8-101
bladed articles, B8-104
drugs, B5-123, B8-105—B8-114
guidance, B8-102—B8-121
immediate imprisonment, B8-109—B8-114
items falling into multiple lists, B8-102
list A articles, B8-103—B8-114
maximum sentences, B8-100
mobile phones, B8-115—B8-121
sim cards, B8-115—B8-121
Convictions
after trial
  aggravating features not charged,
    A3-145—A3-146
  challenging factual findings, A3-123
  dangerousness, A3-144
  factors constituting offence, A3-121
  factors not constituting offence, A3-122
  imposing sentence, A3-149—A3-150
  interpreting jury's verdict, A3-120,
    A3-124—A3-125
  introduction, A3-118
  multiple incident counts, A3-142—A3-143
  other offences, A3-126—A3-141
  specimen counts, A3-142—A3-143
  standard of proof, A3-119
  strict liability offences, A3-147—A3-148
consequences of
  automatic liability for deportation,
    A7-088—A7-096
  barring for working with children and
    vulnerable adults, A7-067—A7-087
  introduction, A7-001
  notification requirements (sexual offences),
    A7-002—A7-038
  notification requirements (terrorism
    offences), A7-039—A7-066
guilty plea
  basis of plea, A3-154—A3-168
  Court of Appeal, A3-186
  Crown case, A3-153
  general guidance, A3-152
  introduction, A3-151
  resolving factual disputes,
    A3-169—A3-185
Copying false instruments
see Forgery
Copyright offences
consequences of conviction, B7-073
guidance, B7-074—B7-075
maximum sentences, B7-072
Corporate manslaughter
availability of sentencing orders, B2-037
interpreting or applying guideline, B2-039
introduction, B2-036
sentencing guideline, B2-038
Costs orders
parenting orders, A6-043

INDEX

Counterfeiting currency
consequences of conviction, B7-095
guidance, B7-096—B7-100
maximum sentences, B7-092—B7-094
Court of Appeal
conviction following guilty plea, A3-186
Credit cards
notification requirements (sexual offences), A7-009, A7-013
Credit for time served
common law, A4-484—A4-485
crediting of time, A4-474—A4-478
declarations about time to serve, A4-471—A4-473
detention and training orders, A6-221
disqualification from driving, A4-227a
guidance, A4-479—A4-485
introduction, A4-470
legislation, A4-471—A4-478
life imprisonment, A4-671
minimum term, A4-756
suspended sentence orders, A4-541—A4-543
time on qualifying curfew, A4-479—A4-482
time on remand awaiting extradition, A4-483
Crime reduction
purpose of sentencing, A1-025—A1-026
Criminal behaviour orders
appeals, A10-212
breach
guidance, A10-211
legislation, A10-210
discharge
guidance, A10-207—A10-209
legislation, A10-206
Home Office guidance, A5-041
introduction, A5-029
judicial guidance
adjournments, A5-046
determining prohibitions/requirements, A5-058—A5-065
evidence, A5-047
explaining order to offender, A5-066
findings of fact, A5-048
hearings, A5-045—A5-048
interim order, A5-043
length of order, A5-055
making the order, A5-054—A5-066
post-sentence, A5-067
prohibitions and/or requirements, A5-056
relevance of ASBO regime, A5-042
seeking views of youth offending team, A5-044
test to apply, A5-049—A5-053
wording of order, A5-057
legislation
duration, A5-034
interim orders, A5-035—A5-036
meaning, A5-030
power to make order, A5-031
proceedings on application to make order, A5-032
requirements included in orders, A5-033
review of orders, A5-037—A5-038

special measures for witnesses, A5-039—A5-040
variation
guidance, A10-207—A10-209
legislation, A10-206
Criminal conviction certificates
notification requirements (sexual offences), A7-020
Criminal courts charge
generally, A3-102—A3-103
Criminal damage
see also Arson
availability of sentencing orders, B4-209
intent to endanger life
assessment of harm, B4-196
availability of sentencing orders, B4-192
custodial sentences, B4-193
interpreting/applying guideline, B4-196—B4-197
maximum sentences, B4-191
psychiatric reports, B4-197
secondary orders, B4-194
sentencing guideline, B4-195
interpreting/applying guideline, B4-213—B4-214
maximum sentences, B4-208
reckless as to whether life endangered
assessment of harm, B4-196
availability of sentencing orders, B4-192
custodial sentences, B4-193
interpreting/applying guideline, B4-196—B4-197
maximum sentences, B4-191
psychiatric reports, B4-197
secondary orders, B4-194
sentencing guideline, B4-195
sentencing guideline, B4-210—B4-212
Criminal Practice Directions
binding over
of parents and guardians, A6-280
business impact statements, A3-053
committal for sentence, A2-080
community impact statements, A3-050
derogatory assertion orders, A3-066
discharge, A4-052
Goodyear indications, A2-009
murder, A4-713—A4-715
pre-sentence reports, A3-011—A3-012
victim impact statements, A3-037
Crown Court
adjournment, A2-127
committal for sentence
adults, A2-098
appellate jurisdiction, A2-107—A2-108
children, A2-100
community orders
breach, A10-134
revocation, A10-139
conditional discharge, A10-099, A10-101
fines
duty to make term in default order, A4-075—A4-076
enforcement of fines, A4-085

[1699]

INDEX

general powers, A4-066
maximum fines, A4-067
ordering search of persons,
  A4-083—A4-084
payment by instalments, A4-081
time for payment, A4-081
fitness to plead
  interim hospital orders, A9-080—A9-081
  introduction, A9-075
  power to deal with persons,
    A9-076—A9-077
  remand for reports, A9-078
  remand for treatment, A9-079
Goodyear indications, A2-008
mental health disposals
  absolute discharge, A9-082
  general provisions, A9-076—A9-077
  hospital orders with or without restrictions,
    A9-086—A9-088
  interim orders, A9-078—A9-081
  introduction, A9-075
  pre-sentence, A9-078—A9-081
  supervision orders, A9-083—A9-085
not guilty by reason of insanity,
  A9-075—A9-088
pre-sentence reports, A3-012
remittal for sentence
  guidance, A2-117
  remittal to youth court, A2-111
serious crime prevention orders, A5-185
suspended sentence orders, A10-173,
  A10-177
variation of sentence
  56-day time limit, A10-018—A10-020
  Attorney General's references, A10-025
  change of heart, A10-026
  constitution of the court, A10-017
  delay, A10-024
  drawing factual mistakes to court's
    attention, A10-035
  false mitigation, A10-030
  impact on defendant, A10-027
  incorrect factual basis, A10-031
  legislation, A10-015—A10-016
  mandatory sentences, A10-028
  nature of sentence, A10-021
  offender's subsequent behaviour, A10-029
  public protection, A10-028
  test to apply, A10-022—A10-023
  to be made in open court,
    A10-032—A10-033
  to be made in presence of offender,
    A10-034
Culpability
  drugs offences
    assessment of roles, B5-026—B5-029
    directing or organising, buying and selling
      on a commercial scale, B5-030—B5-031
    expectation of substantial financial gain,
      B5-032—B5-036
    purity, B5-037—B5-038
  health and safety offences, B7-028

Cultivation of cannabis
  see also Drug offences
  availability of sentencing orders, B5-096
  custodial sentences, B5-097
  high-THC skunk, B5-106
  industrial or significant quantities of cannabis,
    B5-101—B5-102
  interpreting/applying guideline,
    B5-100—B5-106
  maximum sentences, B5-095
  minimum sentences, B5-094
  number of cannabis plants, B5-103
  prospect of circulation or supply,
    B5-104—B5-105
  secondary orders, B5-098
  sentencing guideline, B5-099
Curfew requirements
  guidance, A4-395
  legislation, A4-340—A4-342
  youth rehabilitation orders, A6-128—A6-129,
    A6-185
Currencies
  counterfeiting currency
    consequences of conviction, B7-095
    guidance, B7-096—B7-100
    maximum sentences, B7-092—B7-094
Custodial sentences
  *see also Life imprisonment; Release from
    custody; Return to custody*
  administering substances with intent, B3-268
  affray, B2-334
  aged 21 and over
    guidance, A4-501
    introduction, A4-498
    legislation, A4-499—A4-500
    minimum term, A4-500
  arranging child sex offences, B3-125
  arson
    generally, B4-200
    intent to endanger life, B4-193
    reckless as to whether life endangered,
      B4-193
  articles for use in fraud, B4-146
  assault by penetration, B3-068
  assault of a child under 13 by penetration,
    B3-158
  bribery, B4-158
  burglary, B4-037
  causing a child to engage in sexual activity
    abuse of position of trust, B3-146
    children under 13, B3-185
    generally, B3-105
  causing a child to watch sexual acts
    abuse of position of trust, B3-152
    generally, B3-119
  causing harassment alarm or distress, B2-347
  causing person to engage in sexual activity,
    B3-093
  causing prostitution for gain, B3-205
  committing an offence with intent to commit a
    sexual offence, B3-274
  community orders and, A4-411—A4-412
  compensation orders and, A4-148

concurrent and consecutive sentences
  guidance, A4-466—A4-469
  introduction, A4-463
  legislation, A4-464—A4-465
  maximum sentences, A4-467
controlling prostitution for gain, B3-205
criminal damage
  generally, B4-200
  intent to endanger life, B4-193
  reckless as to whether life endangered, B4-193
custody threshold
  guidance, A4-418—A4-422
  introduction, A4-416
  legislation, A4-417
cybercrime, B4-218
dangerousness
  bad character, A4-453
  guidance, A4-447—A4-462
  introduction, A4-444
  legislation, A4-445—A4-446
  medical reports, A4-455
  no explanation for offending, A4-454
  offenders required to take medication, A4-458
  personal characteristics of offender, A4-456—A4-457
  pre-sentence reports, A4-455, A4-461
  procedures, A4-460—A4-462
  relevance of other disposals, A4-459
  relevant factors, A4-452—A4-462
  test for, A4-447—A4-451
declarations on time served
  common law, A4-484—A4-485
  crediting of time, A4-474—A4-478
  declarations about time to serve, A4-471—A4-473
  guidance, A4-479—A4-485
  introduction, A4-470
  legislation, A4-471—A4-478
  time on qualifying curfew, A4-479—A4-482
  time on remand awaiting extradition, A4-483
detention and training orders and, A6-223
detention for serious offences, A6-237
detention in young offender institution
  guidance, A4-496—A4-497
  imposition of concurrent/consecutive sentences, A4-492—A4-494
  introduction, A4-488—A4-489
  legislation, A4-490—A4-495
  maximum sentence, A4-424
  minimum term, A4-497
  power to convert into imprisonment, A4-495
drugs
  cultivation of cannabis, B5-097
  importation or exportation of controlled drugs, B5-054
  permitting use of premises, B5-110
  possession with intent to supply, B5-070
  production of drugs, B5-097

supply of drugs, B5-070
engaging in sexual activity in presence of a child
  abuse of position of trust, B3-152
  generally, B3-119
exposure, B3-248
extended sentences
  alternative sentences, A4-636
  assessment of dangerousness, A4-631
  consecutive sentences, A4-644—A4-646
  evidence of likely future reduction in risk, A4-638
  existing sentences, A4-639
  guidance, A4-631—A4-646
  imposition of extended sentence, A4-640—A4-643
  imprisonment, A4-621—A4-625
  introduction, A4-616
  legislation, A4-617—A4-620
  parole board release, A4-637
  specified offences, A4-626—A4-630
  whether extended sentence is available, A4-632
  whether to impose extended sentence, A4-633—A4-639
extreme pornography, B3-239
fear or provocation of violence, B2-341
fines and, A4-107
fraud, B4-106, B4-108
fraudulent evasion, B2-393
harassment, B2-303
inciting child family member to engage in sexual activity, B3-113
indecent photographs of children, B3-225
introduction, A4-414
keeping brothels, B3-213
legal representation
  appeals to Crown Court, A4-442
  cases that fall outside section, A4-443
  failure or ineligibility to benefit, A4-440
  failure to comply, A4-441
  guidance, A4-439—A4-443
  legislation, A4-438
legislation, A4-415
length of custodial sentence
  maximum sentence, A4-423—A4-432
  parsimony, A4-433—A4-437
licence conditions
  guidance, A4-487
  legislation, A4-486
maximum sentence
  consecutive sentences, A4-426
  detention in young offender institution, A4-424
  effect of change, A4-431—A4-432
  guidance, A4-427—A4-432
  limit on power to impose imprisonment, A4-424
  magistrates' courts' powers, A4-428—A4-430
  power to imprison for less than specified term, A4-425

[1701]

two-year limit if no maximum specified, A4-423
meeting a child following sexual grooming, B3-131
minimum term
  factual disputes, A4-553
  firearms offences, A4-555—A4-573
  general approach, A4-552—A4-554
  introduction, A4-551
  offensive weapons and bladed articles, A4-574—A4-582
  third class A drug trafficking offences, A4-583—A4-591
  third domestic burglary, A4-592—A4-602
  totality of sentence, A4-554
money laundering, B4-165
offenders of particular concern
  consecutive sentences, A4-612—A4-615
  correction of errors, A4-615
  determination of custodial term, A4-609
  extended sentences, A4-613
  guidance, A4-607—A4-615
  introduction, A4-603
  legislation, A4-604—A4-606
  life sentences, A4-613
  maximum sentence, A4-610—A4-611
  serious terrorism sentences, A4-613
parsimony
  guidance, A4-434—A4-437
  legislation, A4-433
  maximum sentences, A4-435
  relevance of non-imprisonable offences, A4-436
  relevance of release arrangements, A4-437
participating in activities of organised crime groups, B8-077
possession
  of prohibited weapons, B2-416
  of shotgun, B2-408
  with intent to cause fear of violence, B2-436
  with intent to commit indictable offence, B2-442
  with intent to endanger life, B2-429
  without certificate, B2-402
putting people in fear of violence, B2-295
rape, B3-068
rape of a child under 13, B3-158
referral orders, A6-080
riot, B2-322
road traffic offences
  causing death by careless or inconsiderate driving, B6-021
  causing death by dangerous driving, B6-013
  causing death by unlicensed disqualified or uninsured driving, B6-029
  causing death when under the influence, B6-021
robbery, B4-069
serious terrorism sentences, A4-660
sex with an adult relative, B3-262
sexual activity with a child
  abuse of position of trust, B3-146
  generally, B3-099
sexual activity with a child family member, B3-113
sexual assault, B3-086
sexual assault of a child under 13, B3-178
sexual communication with a child, B3-139
sexual exploitation of children, B3-219
stalking, B2-303
stalking involving fear of violence or serious alarm or distress, B2-295
suspended sentence orders
  availability, A4-504—A4-507
  combining with other sentencing orders, A4-546—A4-550a
  community requirements, A4-515—A4-518, A4-540
  guidance, A4-528—A4-550a
  interpretation, A4-525
  introduction, A4-502—A4-503
  legislation, A4-504—A4-525
  length of operational period of order, A4-539
  obligations of offender and responsible officer, A4-522
  process to follow, A4-528
  reviews, A4-519—A4-520, A4-523—A4-524
  scope of, A4-508—A4-514
  Sentencing Council guideline, A4-526—A4-527
  sentencing remarks, A4-544—A4-545
  time spent on remand in custody, A4-541—A4-543
  whether to impose a suspended sentence order, A4-529—A4-538
trespass with intent, B3-281
violent disorder, B2-328
voyeurism, B3-254
youth rehabilitation orders and, A6-196

Custody
children and young persons, A6-199

Cybercrime
availability of sentencing orders, B4-217
custodial sentences, B4-218
guidance, B4-220—B4-228
maximum sentences, B4-215—B4-216
secondary orders, B4-219
unauthorised access
  causing or creating risk of serious damage, B4-228
  criminal intent, B4-226
  generally, B4-224—B4-225
  intending or reckless as to impairment of computer, B4-227

Damage to property
compensation orders, A4-117

Dangerous dogs
see also Animals
availability of sentencing orders, B2-476—B2-477
breach of disqualification, B2-483
deprivation and destruction orders

INDEX

breach of a contingent order, A4-194
contingent destruction orders, A4-189,
    A4-193—A4-194
danger to public safety, A4-191—A4-192
destruction and disqualification orders,
    A4-188
evidence, A4-190
procedure, A4-190
disqualification from having custody of dog
breach, A4-304
guidance, A4-300—A4-304,
    A10-115—A10-116
introduction, A4-298
legislation, A4-299, A10-113—A10-114
length of disqualification, A4-303
revocation, A4-304
scope of power, A4-300
whether to order, A4-301—A4-302
dogs dangerously out of control
interpreting/applying guideline, B2-480
sentencing guideline, B2-478—B2-479
maximum sentences, B2-475
possession of prohibited dog
interpreting/applying guideline, B2-482
sentencing guideline, B2-481

Dangerous driving
see also Road traffic offences
availability of sentencing orders, B6-048
interpreting/applying guideline, B6-049
maximum sentence, B6-047
sentencing guideline, B6-049

Dangerous offenders
life imprisonment
assessment of dangerousness, A4-700
guidance, A4-700—A4-702
interaction with life sentences for second
    listed offence, A4-702
introduction, A4-696
legislation, A4-697—A4-699
seriousness of offence, A4-701
specified offences, A4-699

Dangerousness
aggravating factors, A1-101
bad character, A4-453
convictions after trial, A3-144
extended sentences, A4-631
Goodyear indications, A2-030—A2-031
guidance, A4-447—A4-462
introduction, A4-444
legislation, A4-445—A4-446
medical reports, A4-455
Newton hearings, A3-181
no explanation for offending, A4-454
offenders required to take medication, A4-458
personal characteristics of offender,
    A4-456—A4-457
pre-sentence reports, A4-455, A4-461
procedures, A4-460—A4-462
relevance of other disposals, A4-459
relevant factors, A4-452—A4-462
sentencing remarks, A3-208—A3-209
serious terrorism sentences, A4-657
test for, A4-447—A4-451

Death penalty
abolition of, A6-265
Default sentences
victim surcharges, A3-099
Defendants in person
Goodyear indications
court's role, A2-025
defence role, A2-021
prosecution role, A2-023
Deferred sentences
dealing with defendant at end of deferment,
    A2-065
effect of, A2-043, A2-051
guidance
dealing with defendant at end of deferment,
    A2-065
effect of deferring sentence, A2-051
making deferment order, A2-058—A2-063
undue leniency, A2-064
whether to defer sentence,
    A2-052—A2-057
introduction, A2-039
legislation
availability of order, A2-041
conviction of offence during period of
    deferment, A2-047
deferment order, A2-040
effect of order, A2-043
failure to comply with deferment
    requirement, A2-046
interpretation, A2-050
making order, A2-042
powers of court dealing with offender fol-
    lowing deferment order, A2-048
restorative justice requirements, A2-044
saving for power to defer, A2-049
supervisor, A2-045
making deferment order
bail, A2-063
consent of defendant, A2-059
legislation, A2-042
not adjournment, A2-058
pronouncement, A2-062
requirements, A2-060—A2-061
mental health disposals, A2-057
undue leniency, A2-064
whether to defer sentence
difficult cases, A2-056
generally, A2-052
lesser sentence proper and realistic
    possibility, A2-053—A2-053a
mental health treatment, A2-057
restorative justice, A2-055
suspended sentence orders, A2-054

Delay
mitigation, A1-121—A1-122
variation of sentence
Crown Court, A10-024
magistrates' courts, A10-012

Deportation
automatic liability for
children and young persons, A6-315
EU citizens, A7-094

[1703]

guidance, A7-094—A7-096
introduction, A7-088
legislation, A7-089—A7-093
length of appropriate sentence, A7-095
recommendation for deportation and, A7-096
recommendations for deportation
automatic liability for deportation and, A5-360, A7-088
guidance, A5-358—A5-364
introduction, A5-352
legislation, A5-353—A5-357
procedure, A5-365—A5-367
sentencing remarks, A5-378—A5-379
whether to make recommendation, A5-368—A5-377
Deprivation orders
animals
animals involved in fighting offences, A4-198
destruction in interests of animal, A4-197
generally, A4-196
guidance, A4-200
pending appeals, A4-199
application of proceeds of property, A4-175
appropriateness, A4-184—A4-185a
availability, A4-169
children and young persons, A6-038
deprived property, A4-176
directions as to use of deprived property, A4-186
dogs
breach of a contingent order, A4-194
contingent destruction orders, A4-189, A4-193—A4-194
danger to public safety, A4-191—A4-192
destruction and disqualification orders, A4-188
evidence, A4-190
procedure, A4-190
exercise of power to make, A4-171—A4-172
generally, A5-350
guidance, A4-177—A4-187
introduction, A4-166—A4-167
legislation, A4-168—A4-176
magistrates' courts, A4-173—A4-174
need for proper investigation, A4-182—A4-183
return of property to third parties, A4-187
vehicle to be treated as used for purpose of certain offences, A4-170
whether property can be subject to deprivation, A4-177—A4-181
Derogatory assertion orders
access restrictions, A3-063
Criminal Practice Directions, A3-066
Criminal Procedure Rules 2020, A3-060—A3-065
exercise of court powers, A3-061
guidance
Attorney General's guidance, A3-069
general, A3-067
judicial college guidance, A3-068

interim orders, A3-057
introduction, A3-055
legislation, A3-056—A3-059
offences, A3-058
pleas in mitigation, A3-069
removal, A3-064
reporting restrictions, A3-056, A3-063, A3-066
representations in response, A3-065
variation, A3-064
Destruction orders
animals
animals involved in fighting offences, A4-198
destruction in interests of animal, A4-197
generally, A4-196
guidance, A4-200
pending appeals, A4-199
dogs
breach of a contingent order, A4-194
contingent destruction orders, A4-189, A4-193—A4-194
danger to public safety, A4-191—A4-192
destruction and disqualification orders, A4-188
evidence, A4-190
procedure, A4-190
Detention
serious offences (children)
availability, A6-226, A6-232—A6-233
combination with other sentences, A6-237—A6-238
common law offences, A6-232
custodial sentences, A6-237
exercise of power to impose, A6-228
firearms offences, A6-231
guidance, A6-232—A6-238
introduction, A6-225
legislation, A6-226—A6-231
maximum sentence, A6-229
multiple offences, A6-236
non-custodial sentences, A6-238
offenders subject to detention and training order, A6-230, A6-235
offenders under 15, A6-233
'serious offences', A6-227
term of detention, A6-234—A6-235
Detention and training orders
availability, A6-202, A6-216—A6-219
breach, A6-215
combination with other sentences, A6-223—A6-224
custodial sentences and, A6-223
detention for serious offences, A6-230, A6-235
detention in young offender institution and, A6-210
effect of, A6-207—A6-213
further offences, A6-215
guidance, A6-216—A6-224
guilty pleas, A6-222
interpretation, A6-214
introduction, A6-200

[1704]

INDEX

legislation, A6-201—A6-215
magistrates' courts, A6-219
making an order, A6-201—A6-206
maximum term, A6-206
non-custodial sentences and, A6-223
notification requirements
   sexual offences, A7-026, A7-033
   terrorism offences, A7-062
offenders subject to other orders or sentences, A6-205, A6-211
offenders under 15, A6-218
period of detention and training, A6-320
persistent offenders, A6-217
release and recall
   early release on compassionate grounds, A6-315, A6-322
   guidance, A6-322—A6-323
   introduction, A6-319
   legislation, A6-320
   period of detention and training, A6-320
   release after half-way point, A6-317, A6-323
   release at half-way point, A6-320
   release before half-way point, A6-320
supervision requirements
   breach of requirements, A6-325—A6-333
   legislation, A6-324
   period of supervision, A6-208—A6-209, A6-324
   post-sentence supervision, A6-213, A6-334—A6-335
term of order, A6-204, A6-220—A6-222
time on remand, A6-221
youth courts, A6-219

Detention at Her Majesty's pleasure
abolition of death penalty, A6-265
aggravating features, A6-271
guidance, A6-272—A6-274
introduction, A6-263—A6-264
legislation, A6-265—A6-271
mandatory life sentences, A6-265—A6-266
mitigation, A6-271
review of minimum term, A6-274
setting minimum term, A6-267—A6-268
starting points, A6-270, A6-273—A6-273a
whole life orders, A6-267

Directors' disqualification
appropriateness, A4-312
availability, A4-310
breach
   generally, A4-320
   guidance, A10-118
   legislation, A10-117
combination with other orders, A4-317—A4-319
discharge, A4-319
financial orders, A4-318
guidance, A4-310—A4-320
guideline cases, A4-315
indictable offences, A4-307
introduction, A4-305
legislation, A4-306—A4-309
maximum period, A4-314

minimum term, A4-314
purpose, A4-311
relevant factors, A4-316
scope of disqualification
   generally, A4-313
   limited liability partnerships, A4-313a
summary conviction, A4-308—A4-309

Disability
see Hostility based on disability

Discharge
absolute discharge, A4-045, A9-082
availability, A4-052—A4-054
binding over of parents or guardians, A6-404
breach, A4-058
combining with other orders, A4-055—A4-056
compensation orders, A4-124
conditional discharge
   Crown Court powers, A10-099
   fines and, A4-108
   generally, A4-046—A4-047
   guidance, A10-105
   issue of summons warrant, A10-100—A10-101
   legislation, A10-098—A10-104
   magistrates' courts' powers, A10-102—A10-103
   orders made on appeal, A10-099
criminal behaviour orders
   guidance, A10-207—A10-209
   legislation, A10-206
Criminal Practice Directions, A4-052
directors' disqualification, A4-319
effect of, A4-048, A4-057
effect of youth cautions, A4-049—A4-050
guidance, A4-052—A4-058
imposition of other orders, A4-051
introduction, A4-044
legislation, A4-045—A4-051
parenting orders, A6-297, A6-406—A6-407
referral orders and, A6-081
restraining orders
   guidance, A10-231—A10-232
   legislation, A10-230
secondary disposals, A10-204—A10-205
security for good behaviour, A4-052
serious disruption prevention orders, A5-225i
serious violence reduction orders
   guidance, A10-244
   legislation, A10-243
sexual harm prevention orders
   guidance, A10-250—A10-252
   legislation, A10-248—A10-249

Disclosure
disclosure of private sexual photographs and films
   availability of sentencing orders, B2-308
   interpreting/applying guideline, B2-310
   maximum sentences, B2-307
   sentencing guideline, B2-309
pre-sentence reports, A3-005
serious crime prevention orders, A5-191

INDEX

Dishonesty (offences)
  abstracting electricity
    availability of sentencing orders, B4-027
    interpreting/applying the guideline, B4-029
    maximum sentence, B4-026
    sentencing guideline, B4-028
  articles for use in fraud
    availability of sentencing orders, B4-145
    cases where offence has been committed, B4-152—B4-153
    custodial sentences, B4-146
    interpreting/applying guideline, B4-149—B4-155
    maximum sentences, B4-144
    oyster card fraud, B4-154—B4-155
    secondary orders, B4-147
    sentencing guideline, B4-148
    significant planning, B4-149
    sophisticated nature of offence, B4-149
    targeting victims on basis of vulnerability, B4-150—B4-151
  bribery
    availability of sentencing orders, B4-157
    corporate offenders, B4-162
    custodial sentences, B4-158
    foreign public officials, B4-161
    interpreting/applying guideline, B4-161—B4-162
    maximum sentences, B4-156
    secondary orders, B4-159
    sentencing guideline, B4-160
  burglary
    aggravated burglary, B4-040, B4-058
    armed burglary, B4-052—B4-053
    availability of sentencing orders, B4-036
    custodial sentences, B4-037
    domestic burglary, B4-041, B4-059—B4-064
    drug addiction, B4-057
    extensive damage or disturbance to property, B4-049
    intent formed after entry, B4-045—B4-046
    intent to commit grievous bodily harm, B4-044
    interpreting/applying guideline, B4-043—B4-066
    maximum sentences, B4-035
    minimum sentences, B4-034
    non-domestic burglary, B4-042, B4-065—B4-066
    person on premises, B4-048
    previous convictions, B4-051
    risk of danger and public impact, B4-054—B4-056
    secondary orders, B4-038
    sentencing guideline, B4-039—B4-042
    significant degree of planning or organisation, B4-050
    soiling of property, B4-049
    substantial degree of loss to victim, B4-047
  fraud
    abuse of position of power or trust or responsibility, B4-120—B4-121a
    articles for use in fraud, B4-144—B4-155
    availability of sentencing orders, B4-105
    benefit fraud, B4-142
    cases where gain made but not clear loss, B4-126—B4-128
    child maintenance fraud, B4-130
    custodial sentences, B4-106, B4-108
    deliberately targeting victim on basis of vulnerability, B4-116—B4-119
    driving insurance fraud, B4-131—B4-132
    driving test fraud, B4-133—B4-134
    fraud by corporate offenders, B4-143
    fraudulent trading, B4-135—B4-136
    general offences, B4-100—B4-101, B4-106—B4-107
    group offending/conspiracy, B4-122, B4-129
    interpreting/applying guideline, B4-116—B4-143
    loss caused, B4-123—B4-124a
    revenue fraud, B4-137—B4-141
    risk of loss, B4-125
    secondary orders, B4-107, B4-109
    sentencing guideline, B4-110—B4-115
    specific benefit offences, B4-104
    specific revenue offences, B4-102—B4-103
  going equipped to steal
    availability of sentencing orders, B4-021
    interpreting/applying guideline, B4-023—B4-025
    maximum sentence, B4-020
    sentencing guideline, B4-022
  handling stolen goods
    availability of sentencing orders, B4-015
    interpreting/applying the guideline, B4-017—B4-019
    maximum sentence, B4-014
    sentencing guideline, B4-016
  making off without payment
    availability of sentencing orders, B4-031
    interpreting/applying the guideline, B4-033
    maximum sentence, B4-030
    sentencing guideline, B4-032
  money laundering
    assessing harm of underlying offence, B4-171—B4-173
    availability of sentencing orders, B4-164
    concurrent or consecutive sentence, B4-168
    corporate offenders, B4-176
    custodial sentences, B4-165
    interpreting/applying guideline, B4-169—B4-176
    maximum sentences, B4-163
    offender also convicted of underlying or substantive offence, B4-174—B4-175
    secondary orders, B4-166
    sentencing guideline, B4-167
    value of money laundered, B4-169—B4-170
  robbery
    availability of sentencing orders, B4-068
    custodial sentences, B4-069
    dwelling, B4-072, B4-082—B4-086

INDEX

interpreting/applying guideline,
  B4-075—B4-099
joint enterprise, B4-079—B4-080
location of offence, B4-081
maximum sentence, B4-067
professionally planned commercial,
  B4-074, B4-075, B4-095—B4-099
secondary orders, B4-070
sentencing guideline, B4-071—B4-074
serious physical harm, B4-077
street and less sophisticated commercial,
  B4-073, B4-075, B4-087—B4-094
use of weapon to inflict violence, B4-076
very high-value goods or sums, B4-079
theft
  availability of sentencing orders, B4-002
  cultural loss, B4-011—B4-012
  interpreting/applying the guideline,
    B4-006—B4-013
  low-value shoplifting, B4-013
  maximum sentences, B4-001
  non-monetary harm, B4-006—B4-007
  sentencing guideline, B4-003—B4-005
  shops or stalls, B4-005
  significant planning, B4-010
  sophisticated nature of offence, B4-010
  targeting of victim because of vulnerability,
    B4-008—B4-009

Disqualification from driving
see also Road traffic offences
breach, A10-106
causing death by disqualified driving
  availability of sentencing orders, B6-028
  custodial sentences, B6-029
  interpreting/applying guideline, B6-032
  maximum sentence, B6-027
  secondary orders, B6-030
  sentencing guideline, B6-031
causing serious injury by driving while
  disqualified
  availability of sentencing orders, B6-039
  interpreting/applying guideline,
    B6-043—B6-046
  introduction, B6-037
  maximum sentence, B6-038
  sentencing guideline, B6-042
combination with custodial orders
  checklist, A4-232
  effect of time spent on remand, A4-233
  general approach, A4-229
  language, A4-230
  need to give reasons, A4-234
  policy, A4-231
  where dealing with multiple offences,
    A4-235
combination with non-custodial orders,
  A4-236—A4-237
duty to warn counsel, A4-218
effect of disqualification, A4-219
giving reasons, A4-228
introduction, A4-217
length of disqualification
  bans for substantial periods, A4-226

disqualification for preventative reasons,
  A4-222—A4-223
disqualification for punitive reasons,
  A4-224
need to determine the aim, A4-221
purpose of disqualification, A4-220
relationship with custodial sentences,
  A4-225
specific guidance as to length, A4-227
time spent on remand, A4-227a
removal of disqualification
  guidance, A10-108
  legislation, A10-107
Road Traffic Offenders Act 1988
  availability, A4-258
  certain offences, A4-240
  combination with other penalties, A4-255
  construction and use offences, A4-249
  disqualification until test passed,
    A4-244—A4-245, A4-270—A4-272
  effect of custodial sentence, A4-243
  effect of order, A4-246
  extension of disqualification where
    custodial sentence imposed, A4-242
  guidance, A4-257—A4-272
  interim disqualification, A4-239, A4-259
  introduction, A4-238
  legislation, A4-239—A4-246
  obligatory disqualification, A4-260
  participation in approved courses,
    A4-247—A4-248
  post-sentence, A4-256
  powers to disqualify, A4-239
  procedural provisions, A4-250—A4-254
  repeated offences, A4-241,
    A4-265—A4-269
  special reasons, A4-261—A4-264
Sentencing Code
  appropriateness, A4-287
  availability, A4-274—A4-275
  disqualification period, A4-276
  effect of custodial sentence, A4-279
  extension of disqualification where
    custodial sentence also imposed,
    A4-277—A4-278
  guidance, A4-282—A4-287
  interpretation, A4-281
  legislation, A4-273—A4-281
  production of licence, A4-280

Disqualification from working with children
automatic inclusion on children's list
  with opportunity for representations,
    A7-074—A7-076
  without representations, A7-069—A7-071
duty to tell the defendant about barring,
  A7-086
generally, A6-314
guidance, A7-084, A7-087
introduction, A7-067
legislation, A7-068—A7-086
offences, A7-081—A7-083
offences committed when under age of 18,
  A7-068

power to apply for review, A7-085
regulated activities, A7-080
Disqualification orders
directors' disqualification
appropriateness, A4-312
availability, A4-310
breach, A4-320
combination with other orders,
A4-317—A4-319
discharge, A4-319
financial orders, A4-318
guidance, A4-310—A4-320
guideline cases, A4-315
indictable offences, A4-307
introduction, A4-305
legislation, A4-306—A4-309
maximum period, A4-314
minimum term, A4-314
purpose, A4-311
relevant factors, A4-316
scope of disqualification, A4-313
summary conviction, A4-308—A4-309
disqualification for having custody of dog
breach, A4-304
guidance, A4-300—A4-304
introduction, A4-298
legislation, A4-299
length of disqualification, A4-303
revocation, A4-304
scope of power, A4-300
whether to order, A4-301—A4-302
disqualification from driving
combination with custodial orders,
A4-229—A4-235
combination with non-custodial orders,
A4-236—A4-237
duty to warn counsel, A4-218
effect of disqualification, A4-219
giving reasons, A4-228
introduction, A4-217
length of disqualification, A4-220—A4-227
Road Traffic Offenders Act 1988,
A4-238—A4-272
Sentencing Code, A4-273—A4-287
time spent on remand, A4-227a
disqualification relating to animals
appropriateness, A4-294—A4-295
effect of disqualification, A4-296
introduction, A4-289
legislation, A4-290—A4-292
licences, A4-291, A4-297
type of disqualification, A4-293
introduction, A4-216
Dogs
deprivation and destruction orders
breach of a contingent order, A4-194
contingent destruction orders, A4-189,
A4-193—A4-194
danger to public safety, A4-191—A4-192
destruction and disqualification orders,
A4-188
evidence, A4-190
procedure, A4-190

disqualification for having custody of dog
breach, A4-304
guidance, A4-300—A4-304
introduction, A4-298
legislation, A4-299
length of disqualification, A4-303
revocation, A4-304
scope of power, A4-300
whether to order, A4-301—A4-302
disqualification for offences involving dogs,
A4-288
Domestic abuse
intimidatory offences and, B2-291
murder and, A4-742
non-statutory aggravating factors, A1-098
restraining orders, A5-142
Domestic burglary
see also Burglary
conspiracy to commit burglary, B4-063
determining domestic burglary,
B4-059—B4-061
Hanoi burglary, B4-062
minimum term
guidance, A4-597—A4-602
guilty plea, A4-602
legislation, A4-592—A4-596
'particular circumstances',
A4-600—A4-601
timing of previous offences, A4-599
sentences outside guideline, B4-064
sentencing guideline, B4-041
Driving offences
see Road traffic offences
Driving tests
fraud, B4-133—B4-134
Drug addiction
burglary, B4-057
Drug offences
see also Psychoactive substances; Psychoactive substances (prohibition orders)
amphetamine
selection of guideline, B5-015a
cash, B5-011—B5-013
conspiracy, B5-039—B5-046
conveying prohibited articles into prison,
B5-123, B8-105—B8-114
culpability
assessment of roles, B5-026—B5-029
directing or organising, buying and selling
on a commercial scale, B5-030—B5-031
expectation of substantial financial gain,
B5-032—B5-036
purity, B5-037—B5-038
cultivation of cannabis
availability of sentencing orders, B5-096
custodial sentences, B5-097
high-THC skunk, B5-106
industrial or significant quantities of
cannabis, B5-101—B5-102
interpreting/applying guideline,
B5-100—B5-106
maximum sentences, B5-095
minimum sentences, B5-094

INDEX

number of cannabis plants, B5-099
prospect of circulation or supply,
   B5-104—B5-105
secondary orders, B5-098
sentencing guideline, B5-099
cutting agent, B5-009—B5-010
encouraging or assisting crime,
   B5-047—B5-050
forfeiture
   availability, A4-208
   drug trafficking, A4-206
   further guidance, A4-213
   generally, A4-205
   inchoate offences, A4-207
   property, A4-211—A4-212
   purposes of order, A4-210
   scope of order, A4-209
harm
   drugs not listed, B5-016—B5-025
   dry or wet weight, B5-014
   indicative quantities, B5-008
   purchase online, B5-015
   purity, B5-002—B5-007
   relevance of cash, B5-011—B5-013
   relevance of cutting agent,
      B5-009—B5-010
importation or exportation of controlled drug
   availability of sentencing orders, B5-053
   custodial sentences, B5-054
   drugs exported or to be exported, B5-065
   goods not in fact controlled drug, B5-066
   interpreting/applying guideline,
      B5-057—B5-066
   maximum sentence, B5-052
   minimum sentence, B5-051
   most serious or commercial scale operation,
      B5-058—B5-064
   secondary orders, B5-055
   sentencing guideline, B5-056
indicative quantities, B5-008
introduction, B5-001
online purchases, B5-015
permitting use of premises
   availability of sentencing orders, B5-109
   custodial sentences, B5-110
   interpreting/applying guideline,
      B5-113—B5-115
   maximum sentences, B5-108
   minimum sentences, B5-107
   secondary orders, B5-111
   sentencing guideline, B5-112
possession of drugs
   availability of sentencing orders, B5-118
   interpreting/applying guideline,
      B5-120—B5-122
   maximum sentences, B5-117
   minimum sentences, B5-116
   sentencing guideline, B5-119
possession with intent to supply
   abuse of position of trust, B5-085
   availability of sentencing orders, B5-069
   cuckooing, B5-081—B5-082
   custodial sentences, B5-070

death of person drugs supplied to,
   B5-088—B5-090
deterrence, B5-083
identity of person drugs supplied to,
   B5-086—B5-087
interpreting/applying guideline,
   B5-073—B5-093
maximum sentences, B5-068
minimum sentences, B5-067
mistaken belief as to type of drug, B5-092
music festivals, B5-091
school premises, B5-084
secondary orders, B5-071
sentencing guideline, B5-072
street dealing, B5-074—B5-080
suspended sentences, B5-093
use of courier under 18, B5-084
production of drugs
   availability of sentencing orders, B5-096
   custodial sentences, B5-097
   high-THC skunk, B5-106
   industrial or significant quantities of
      cannabis, B5-101—B5-102
   interpreting/applying guideline,
      B5-100—B5-106
   maximum sentences, B5-095
   minimum sentences, B5-094
   number of cannabis plants, B5-103
   prospect of circulation or supply,
      B5-104—B5-105
   secondary orders, B5-098
   sentencing guideline, B5-099
purity
   culpability, B5-037—B5-038
   harm, B5-002—B5-007
selection of guideline, B5-015a
supply of drugs
   abuse of position of trust, B5-085
   availability of sentencing orders, B5-069
   cuckooing, B5-081—B5-082
   custodial sentences, B5-070
   death of person drugs supplied to,
      B5-088—B5-090
   deterrence, B5-083
   identity of person drugs supplied to,
      B5-086—B5-087
   interpreting/applying guideline,
      B5-073—B5-093
   maximum sentences, B5-068
   minimum sentences, B5-067
   mistaken belief as to type of drug, B5-092
   music festivals, B5-091
   school premises, B5-084
   secondary orders, B5-071
   sentencing guideline, B5-072
   street dealing, B5-074—B5-080
   suspended sentences, B5-093
   use of courier under 18, B5-084
unlisted drugs
   generally, B5-016
   khat, B5-024—B5-025
   mephredone, B5-021—B5-022
   methylenedioxypyrovalerone, B5-020

methylethylcathinone, B5-019
opium, B5-017—B5-018
synthetic cannabinoids (Class B), B5-023
use to facilitate sexual offence,
   B3-041—B3-042
weight (dry or wet), B5-014
Drug rehabilitation requirements
guidance, A4-400—A4-402
legislation, A4-351—A4-354
Drug testing requirements
guidance, A4-403
legislation, A4-355—A4-356
youth rehabilitation orders, A6-144—A6-145,
   A6-191
Drug trafficking
minimum term
   guidance, A4-587—A4-591
   guilty plea, A4-591
   legislation, A4-583—A4-586
   'particular circumstances',
     A4-589—A4-590
   timing of previous offences, A4-588
Drug treatment requirements
youth rehabilitation orders, A6-141—A6-143,
   A6-190
Duration
binding over of parents or guardians, A6-285
detention and training orders, A6-207, A6-320
football banning orders, A5-109
referral orders, A6-077
serious crime prevention orders, A5-192,
   A5-223—A5-224
serious disruption prevention orders, A5-225i
youth rehabilitation orders
   community requirements, A6-178—A6-194
   generally, A6-176
Duress
mitigation, A1-123
Education requirements
youth rehabilitation orders, A6-149—A6-150,
   A6-193
Electronic monitoring
electronic compliance monitoring
   requirements, A4-408, A4-516
electronic whereabouts monitoring
   requirements, A4-409
guidance, A4-385
legislation, A4-363—A4-369
youth rehabilitation orders,
   A6-151—A6-157C, A6-194
Emergency workers
assaults on
   aggravating features, A1-078—A1-081
   availability of sentencing orders, B2-111
   custodial sentences, B2-112
   interpreting/applying guideline, B2-115
   maximum sentence, B2-110
   secondary orders, B2-113
   sentencing guideline, B2-114
manslaughter of
   detention for life, A6-256—A6-257
   guidance, A4-682
   legislation, A4-680—A4-681

Encouragement of terrorism
see also Terrorist offences
availability of sentencing orders, B2-245
custodial sentences, B2-246
interpreting/applying guideline, B2-249
maximum sentences, B2-244
secondary orders, B2-247
sentencing guideline, B2-248
Encouraging or assisting crime
drugs, B5-047—B5-050
Endangerment of life
see Aggravated criminal damage
Enforcement
fines, A4-085—A4-088
parenting orders, A6-047
Enforcement officers
community orders
   generally, A10-124
   referral to enforcement officer, A10-128
   role of enforcement officer, A10-129
suspended sentence orders
   referral to enforcement officer, A10-170
   role of enforcement officer, A10-171
Engaging in sexual activity in presence of a child
abuse of position of trust
   availability of sentencing orders, B3-151
   custodial sentences, B3-152
   interpreting/applying guideline, B3-155
   maximum sentences, B3-150
   secondary orders, B3-153
   sentencing guideline, B3-154
availability of sentencing orders, B3-118
custodial sentences, B3-119
interpreting/applying guideline, B3-122
maximum sentences, B3-117
secondary orders, B3-120
sentencing guideline, B3-121
Entering UK without clearance
immigration offences, B7-112b
Entering UK without passport
consequences of conviction, B7-129
guidance, B7-130—B7-133
maximum sentences, B7-128
Entrapment
mitigation, A1-115—A1-116
Environmental offences
approach to sentencing organisations,
   B7-008—B7-011
assessment of harm, B7-013
Common Incident Classification Scheme,
   B7-012
consequences of conviction, B7-003
fines, B7-007
interference with or undermining of other lawful activities, B7-014—B7-015
interpreting/applying guideline,
   B7-007—B7-016
introduction, B7-001
maximum sentences, B7-002
need for organisations to explain steps taken,
   B7-016
sentencing guideline

generally, B7-004
individuals, B7-005
organisations, B7-006
Escaping
assisting escape, B8-096—B8-097
availability of sentencing orders, B8-083
guidance, B8-084—B8-099
harbouring fugitives, B8-095
maximum sentences, B8-080—B8-082
remaining at large, B8-098—B8-099
EU nationals
automatic liability for deportation, A7-094
Evidence
behaviour orders, A5-023
concealment of a body, B8-044—B8-045
criminal behaviour orders, A5-047
perverting the course of justice
attempts to hide identity as driver, B8-046—B8-047
cases, B8-038
concealing a body, B8-044—B8-045
examples, B8-039
false retraction of allegation, B8-040—B8-043
speed detection jamming devices, B8-048
restraining orders, A5-149—A5-151
serious crime prevention orders, A5-209—A5-210
Excluded material
serious crime prevention orders, A5-189
Exclusion orders
appeals, A10-216
breach
guidance, A10-215
legislation, A10-214
guidance, A5-071—A5-072
introduction, A5-068
legislation, A5-069—A5-070
variation, A10-213
Exclusion requirements
guidance, A4-396
legislation, A4-343—A4-344
youth rehabilitation orders, A6-130—A6-131, A6-186
Explosives offences
see also Causing explosions
attempt to cause explosion with intent
neighbour dispute, B2-467—B2-468
pipe bomb on aeroplane, B2-465—B2-466
availability of sentencing orders, B2-457
causing explosions
burglaries, B2-461—B2-463
revenge/recovery of monies, B2-464
custodial sentences, B2-458
introduction, B2-455
making or possessing explosives
bomb-making materials, B2-470—B2-473
general guidance, B2-469
maximum sentences, B2-456
secondary orders, B2-459
sentencing guideline, B2-460

Exports
controlled drugs
availability of sentencing orders, B5-053
custodial sentences, B5-054
drugs exported or to be exported, B5-065
goods not in fact controlled drug, B5-066
interpreting/applying guideline, B5-057—B5-066
maximum sentence, B5-052
minimum sentence, B5-051
most serious or commercial scale operation, B5-058—B5-064
secondary orders, B5-055
sentencing guideline, B5-056
Exposure
availability of sentencing orders, B3-247
custodial sentences, B3-248
interpreting/applying guideline, B3-251
maximum sentences, B3-246
secondary orders, B3-249
sentencing guideline, B3-250
Extended sentences
alternative sentences, A4-636
assessment of dangerousness, A4-631
children and young persons
availability, A6-247
guidance, A6-252—A6-254
introduction, A6-245
legislation, A6-246—A6-251
offenders subject to detention and training order, A6-249
specified violent offences, A6-250—A6-251
term of extended sentence, A6-248
consecutive sentences, A4-644—A4-646
evidence of likely future reduction in risk, A4-638
existing sentences, A4-639
guidance, A4-631—A4-646
imposition of extended sentence, A4-640—A4-643
imprisonment, A4-621—A4-625
introduction, A4-616
legislation, A4-617—A4-620
notification requirements
sexual offences, A7-032
terrorism offences, A7-063
offenders of particular concern, A4-613
parole board release, A4-637
sentencing guidelines, A1-034
serious terrorism sentences, A4-661
specified offences, A4-626—A4-630
whether extended sentence is available, A4-632
whether to impose extended sentence, A4-633—A4-639
Factual basis for sentencing
see Findings of fact
Failure to disclose
information on acts of terrorism
availability of sentencing orders, B2-271
custodial sentences, B2-272
interpreting/applying guideline, B2-275

[1711]

maximum sentences, B2-270
secondary orders, B2-273
sentencing guideline, B2-274
Failure to protect girls from risk of genital mutilation
availability of sentencing orders, B2-208
interpreting and applying guideline, B2-210
maximum sentences, B2-207
sentencing guideline, B2-209
False imprisonment
availability of sentencing orders, B2-131
Court of Appeal guidance, B2-116
custodial sentences, B2-132
domestic abuse within relationship, B2-148—B2-154
general guidance on approach to sentencing, B2-136—B2-142
introduction, B2-129
maximum sentences, B2-130
parents abducting child motivated by desire to protect child from partner, B2-155
secondary orders, B2-133
sentencing guidelines, B2-134
victim detained and subjected to violence/ demands for money made, B2-143—B2-147
False instruments
see Forgery
False statements
attempts to hide identity as driver, B8-046—B8-047
cases, B8-038
concealment of a body, B8-044—B8-045
examples, B8-039
false allegations
cases providing guidance, B8-021—B8-027
examples, B8-028—B8-037
false claims to have committed offence, B8-036—B8-037
planting evidence, B8-034—B8-035
police officers, B8-037
real person, B8-030—B8-033
unidentified persons, B8-029
false retraction of allegation, B8-040—B8-043
speed detection jamming devices, B8-048
Fear or provocation of violence
availability of sentencing orders, B2-340
custodial sentences, B2-341
interpreting/applying guideline, B2-344
maximum sentences, B2-339
secondary orders, B2-342
sentencing guideline, B2-343
Financial circumstances orders
children and young persons, A6-028
false statements as to financial circumstances, A3-033
guidance, A3-034—A3-035
offences, A3-032
powers to order, A3-031

Financial orders
children and young persons
compensation orders, A6-036—A6-037
deprivation, A6-038
failure to pay, A6-048
fines, A6-034—A6-035
forfeiture, A6-038
introduction, A6-033
parental payment orders, A6-039—A6-047
referral orders and, A6-084
directors' disqualification, A4-318
Findings of fact
burden of proof, A3-116
conviction after trial
aggravating features not charged, A3-145—A3-146
challenging factual findings, A3-123
dangerousness, A3-144
factors constituting offence, A3-121
factors not constituting offence, A3-122
imposing sentence, A3-149—A3-150
interpreting jury's verdict, A3-120, A3-124—A3-125
introduction, A3-118
multiple incident counts, A3-142—A3-143
other offences, A3-126—A3-141
specimen counts, A3-142—A3-143
standard of proof, A3-119
strict liability offences, A3-147—A3-148
conviction on guilty plea
basis of plea, A3-154—A3-168
Court of Appeal, A3-186
Crown case, A3-153
general guidance, A3-152
introduction, A3-151
resolving factual disputes, A3-169—A3-185
criminal behaviour orders, A5-048
introduction, A3-113—A3-114
magistrates' courts, A3-117
Newton hearings
dangerousness, A3-181
evidence, A3-178—A3-179
general principles, A3-173
guilty plea, A3-182
introduction, A3-172
judge's involvement, A3-180
procedure, A3-175—A3-176
prosecution case, A3-177
when unnecessary, A3-174
procedure, A3-115
resolving factual disputes
general principles, A3-170
hearing evidence, A3-172—A3-182
not hearing evidence, A3-183—A3-185
obtaining answer from jury, A3-171
procedure, A3-169
standard of proof, A3-116
Fines
children and young persons, A6-034—A6-035
combination with other sentences, A4-110
conditional discharges and, A4-108
confiscation and, A4-109

INDEX

corporate offenders, A4-100—A4-106
Crown Court powers
  duty to make term in default order, A4-075—A4-076
  enforcement of fines, A4-085
  general powers, A4-066
  maximum fines, A4-067
  ordering search of persons, A4-083—A4-084
  payment by instalments, A4-081
  time for payment, A4-081
custodial sentences and, A4-107
determining amount of fine, A4-092—A4-098
enforcement of fines, A4-085—A4-088
environmental offences, B7-007
fixing amount of fine, A4-068—A4-071
guidance, A4-091—A4-110
imposition of fines, A4-068—A4-084
introduction, A4-059—A4-060
legislation, A4-060—A4-088
magistrates' courts' powers
  application of money found on defaulter to satisfy sum adjudged, A4-082
  availability of fine, A4-061
  Code offences, A4-065
  penalties on summary conviction for offences triable either way, A4-063
  power to dispense with immediate payment, A4-078
  power to fine where only imprisonment specified, A4-062
  power to fix day for appearance of offender at means inquiry, A4-080
  power to remit fine, A4-086—A4-087
  power to require statement of assets and other financial circumstances, A4-072
  standard scale of fines for summary offences, A4-064
  terms in default, A4-073—A4-074
  variation of instalments of sum adjudged to be paid by conviction, A4-079
multiple offences, A4-098
parenting orders, A6-041
payment by instalments, A4-099
power to allow for time for payment, A4-078—A4-081
power to search, A4-082—A4-084
restrictions on availability of fine, A4-091
sentencing guidelines, A4-089—A4-090
suspended sentence orders and, A4-547
terms in default, A4-073—A4-077
Fire precautions
fire safety offences
  consequences of conviction, B7-045
  guidance, B7-046—B7-048
  maximum sentences, B7-044
Firearms offences
approach to sentencing, B2-377—B2-390
consecutive sentences, B2-387—B2-390
definitive guideline, B2-376
detention for serious offences, A6-231
foreign nationals entering UK, B2-386
imitation firearms, B2-385

introduction, B2-375
minimum term
  absence of dangerousness, A4-570
  applicability, A4-558
  cumulative offender-based factors, A4-571
  ECHR compliance, A4-573
  exceptional circumstances, A4-559—A4-571
  guidance, A4-557—A4-573
  guilty plea, A4-572
  ignorance of illegality/disguised firearms, A4-561
  ignorance of nature of weapon, A4-560
  intention to dispose of weapon, A4-564
  keeping weapons for others, A4-562
  legislation, A4-555—A4-556
  physical or mental illness, A4-567—A4-568
  possession of weapon for sentimental reasons, A4-565—A4-566
  short period of possession, A4-563
  youth, A4-569
minor infringements, B2-384
Fitness to plead
Crown Court
  interim hospital orders, A9-080—A9-081
  introduction, A9-075
  power to deal with persons, A9-076—A9-077
  remand for reports, A9-078
  remand for treatment, A9-079
guardianship orders, A9-071
guidance, A9-072
hospital admission, A9-071
introduction, A9-069
reduction of sentence, A1-185—A1-187
remand for medical examination, A9-070
restraining orders, A5-146
sexual harm prevention orders, A5-280
variation of sentence, A10-006
Food safety offences
consequences of conviction, B7-050
interpreting/applying guideline, B7-054—B7-055
maximum sentences, B7-049
sentencing guideline, B7-051—B7-053
Football banning orders
appeals, A10-222
breach
  guidance, A10-221
  legislation, A10-220
guidance
  availability, A5-089—A5-098
  control periods, A5-101
  deterrence, A5-105
  effect of order, A5-099—A5-101
  human rights, A5-112—A5-114
  imposing additional requirements, A5-107—A5-108
  length of order, A5-109
  order limited to specific teams, A5-106
  post-sentence, A5-115
  purpose, A5-088

[1713]

sentencing remarks, A5-110—A5-111
test to apply, A5-102—A5-104
introduction, A5-073—A5-074
legislation
  additional requirements of orders, A5-082—A5-083
  appeals, A5-078
  applications for exemption, A5-087
  banning orders made on conviction of an offence, A5-076
  declarations of relevance, A5-078
  definitions, A5-075, A5-079
  making orders, A5-080
  offences, A5-077, A5-086
  period of orders, A5-081
  photographs, A5-084
  termination of orders, A5-085
termination
  guidance, A10-219
  legislation, A10-218
  variation, A10-217
Forced labour
see Modern slavery
Foreign power condition
  guidance, A1-086c
  legislation, A1-086a—A1-086b
Foreign travel
see also Travel restriction orders
  sexual harm prevention orders, A5-319
Foreign travel prohibition requirements
see also Travel restriction orders
  guidance, A4-398
  legislation, A4-347
Forfeiture
  children and young persons, A6-038
  drugs and related property
    availability, A4-208
    drug trafficking, A4-206
    further guidance, A4-213
    generally, A4-205
    inchoate offences, A4-207
    property, A4-211—A4-212
    purposes of order, A4-210
    scope of order, A4-209
  generally, A5-350
  hate material
    guidance, A4-204
    legislation, A4-203
  obscene publications
    guidance, A4-202
    legislation, A4-201
  other orders, A4-214—A4-215
Forgery
  consequences of conviction, B7-084
  guidance, B7-085—B7-091
  maximum sentences, B7-082—B7-083
  passports, B7-089—B7-091
Foster parent residence requirements
  youth rehabilitation orders, A6-136—A6-137, A6-168
Fostering
  youth rehabilitation orders and, A6-091, A6-168, A6-174

Fraud
  abuse of position of trust, B4-120—B4-121a
  articles for use in fraud
    availability of sentencing orders, B4-145
    cases where offence has been committed, B4-152—B4-153
    custodial sentences, B4-146
    interpreting/applying guideline, B4-149—B4-155
    maximum sentences, B4-144
    oyster card fraud, B4-154—B4-155
    secondary orders, B4-147
    sentencing guideline, B4-148
    significant planning, B4-149
    sophisticated nature of offence, B4-149
    targeting victims on basis of vulnerability, B4-150—B4-151
  availability of sentencing orders, B4-105
  benefit fraud, B4-104, B4-142
  cases where gain made but not clear loss, B4-126—B4-128
  child maintenance fraud, B4-130
  corporate offenders, B4-143
  custodial sentences, B4-106, B4-108
  deliberately targeting victim on basis of vulnerability, B4-116—B4-119
  driving insurance fraud, B4-131—B4-132
  driving test fraud, B4-133—B4-134
  fraudulent trading, B4-135—B4-136
  general offences, B4-100—B4-101, B4-106—B4-107
  group offending/conspiracy, B4-122, B4-129
  immigration offences, B7-119
  interpreting/applying guideline, B4-116—B4-143
  loss caused, B4-123—B4-124a
  revenue fraud, B4-102—B4-103, B4-137—B4-141
  risk of loss, B4-125
  secondary orders, B4-107, B4-109
  sentencing guideline, B4-110—B4-115
Fraudulent evasion
  offensive weapons
    availability of sentencing orders, B2-392
    custodial sentences, B2-393
    dangerousness, B2-398
    export, B2-397
    interpreting/applying guideline, B2-396—B2-399
    maximum sentences, B2-391
    minimum sentences, B2-399
    secondary orders, B2-394
    sentencing guideline, B2-395
Fraudulent trading
  consequences of conviction, B7-065
  generally, B4-135—B4-136
  guidance, B7-066
  maximum sentences, B7-064
Funding (terrorism)
see Terrorist financing
Funeral expenses
  compensation orders, A4-118

Index

Going equipped to steal
  availability of sentencing orders, B4-021
  interpreting/applying guideline,
    B4-023—B4-025
  maximum sentence, B4-020
  sentencing guideline, B4-022
Good character
  mitigation, A4-748
Goodyear indications
  availability, A2-011
  binding nature of indication
    departing from indication, A2-037
    generally, A2-036
    impermissible to depart from indication,
      A2-038
  Criminal Practice Direction, A2-009
  Crown Court, A2-008
  expiration of indication, A2-035
  giving indication
    admissibility at trial, A2-028
    ancillary orders, A2-032
    dangerousness, A2-030—A2-031
    open court, A2-027
    reporting restrictions, A2-033
    sentencing following indication, A2-034
    severity of sentence, A2-029
    substance of indication, A2-029—A2-032
  introduction, A2-001—A2-002
  legislation
    Crown Court, A2-008
    magistrates' courts, A2-003—A2-005
  magistrates' courts
    guidance, A2-006—A2-007
    legislation, A2-003—A2-005
  procedure
    basis of plea, A2-014
    error in indication, A2-018
    generally, A2-012—A2-013
    multiple applications, A2-019
    sentence by judge giving indication,
      A2-017
    uninvited indications, A2-015—A2-016
  purpose, A2-010
  reasons not to give indication, A2-026
  roles
    court, A2-024—A2-025
    defence, A2-020—A2-021
    prosecution, A2-022—A2-023
  unrepresented defendants
    court's role, A2-025
    defence role, A2-021
    prosecution role, A2-023
Grievous bodily harm
  inflicting
    availability of sentencing orders, B2-085
    custodial sentences, B2-086
    interpreting and applying guideline,
      B2-089—B2-091
    maximum sentences, B2-084
    secondary orders, B2-087
    sentencing guideline, B2-088
  with intent
    availability of sentencing orders, B2-071

  custodial sentences, B2-072
  interpreting and applying guideline,
    B2-075—B2-083
  maximum sentences, B2-070
  secondary orders, B2-073
  sentencing guideline, B2-074
Guardians
  binding over
    amount of recognisance, A6-284
    appeals, A6-404
    availability, A6-280—A6-281
    breach, A6-405
    combination with other orders, A6-286
    contents of order, A6-282
    Criminal Practice Directions, A6-280
    discharge, A6-404
    guidance, A6-280—A6-286
    introduction, A6-277
    legislation, A6-278—A6-279
    length of orders, A6-285
    test for imposing, A6-283
    variation, A6-404
Guardianship orders
  ability to request further information, A9-032
  availability, A9-030, A9-033
  effect of, A9-031
  fitness to plead, A9-071
  guidance, A9-033—A9-037
  introduction, A9-029
  legislation, A9-030—A9-032
  length of order, A9-035
  purpose, A9-034
  whether to impose order, A9-036—A9-037
Guilty pleas
  committal for sentence
    adults, A2-085
    children, A2-086
  convictions following
    basis of plea, A3-154—A3-168
    Court of Appeal, A3-186
    Crown case, A3-153
    general guidance, A3-152
    introduction, A3-151
    resolving factual disputes,
      A3-169—A3-185
  detention and training orders, A6-222
  minimum term
    domestic burglary, A4-602
    drug trafficking, A4-591
    firearms offences, A4-572
    knives, A4-582
    murder, A1-165, A1-199, A4-755
    offensive weapons, A4-582
    reduction in sentence, A1-164,
      A1-197—A1-198
  mitigation, A1-105
  murder
    minimum terms, A4-755
    whole life orders, A4-754
  Newton hearings, A3-182
  pre-sentence reports
    Crown Court, A3-012

[1715]

magistrates' court, A3-011
reduction of sentence
  applying reduction, A1-157—A1-160,
    A1-180—A1-182
  determining level of reduction, A1-156,
    A1-166—A1-179
  fitness to plead, A1-185—A1-187
  further information, A1-161,
    A1-183—A1-189
  guidance, A1-166—A1-199
  introduction, A1-151
  lack of memory of incident, A1-188
  legislation, A1-152—A1-153
  minimum term, A1-164, A1-197—A1-198
  newton hearings, A1-162,
    A1-190—A1-191
  offender convicted of lesser or different
    offence, A1-163, A1-192—A1-194
  reduction of minimum term for murder,
    A1-165, A1-199
  rejected exceptions, A1-195—A1-196
  requiring expert advice, A1-189
  sentencing council guideline,
    A1-154—A1-165
  special reasons hearings, A1-162,
    A1-190—A1-191
Handling stolen goods
  availability of sentencing orders, B4-015
  interpreting/applying the guideline,
    B4-017—B4-019
  maximum sentence, B4-014
  sentencing guideline, B4-016
Harassment
  availability of sentencing orders, B2-302
  custodial sentences, B2-303
  interpreting/applying guideline, B2-306
  maximum sentences, B2-301
  putting people in fear of violence
    availability of sentencing orders, B2-294
    custodial sentences, B2-295
    interpreting/applying guideline,
      B2-298—B2-300
    maximum sentences, B2-293
    secondary orders, B2-296
    sentencing guideline, B2-297
  secondary orders, B2-304
  sentencing guideline, B2-305
Harm
  see Drug offences; *Serious harm*
Hate crime
  forfeiture of hate material
    guidance, A4-204
    legislation, A4-203
Health and safety offences
  actual harm caused, B7-026—B7-027
  charities, B7-042—B7-043
  consequences of conviction, B7-018
  culpability, B7-028
  exposure to risk of harm, B7-024—B7-025
  financial circumstances of parent company,
    B7-033—B7-039
  interpreting/applying guideline,
    B7-022—B7-043

likelihood of harm, B7-022—B7-023
maximum sentences, B7-017
profitability, B7-040—B7-041
public bodies, B7-042—B7-043
sentencing guideline
  generally, B7-019
  individuals, B7-020
  organisations, B7-021
  seriousness of offence, B7-029
  very large organisations, B7-030—B7-032
Health care workers
  ill-treatment of patient by care worker
    availability of sentencing orders, B2-206a
    commentary, B2-206g
    consequences of conviction, B2-206c
    court of appeal guidance, B2-206f
    custodial sentences, B2-206b
    maximum sentence, B2-206
    secondary orders, B2-206c
    sentencing guideline, B2-206d—B2-206e
Hearsay evidence
  credibility and consistency of maker, A5-012
  cross-examination of maker, A5-011
  notice of, A5-010
Historical offences
  applicable law, A8-002
  determining appropriate sentence
    commentary, A8-017—A8-020
    current law, A8-015—A8-016
    general, A8-014
    offender crossing age threshold,
      A8-021—A8-024
  introduction, A8-001
  murder, A4-712, A4-714, A4-757—A4-759
  offender crossing age threshold
    current law, A8-022—A8-024
    generally, A8-021
    retrospectivity and human rights,
      A8-011—A8-012
  previous regimes, A8-005
  retrospectivity and human rights
    defendant crossing age threshold,
      A8-011—A8-012
    generally, A8-006—A8-007
    heavier sentence, A8-008—A8-009
    penalty applicable at time of offence,
      A8-010
    summary, A8-013
  Sentencing Code
    application of Code, A8-003
    guidance, A8-004
    life sentences, A8-004
    minimum sentences, A8-004
    murder, A8-004
Homicide
  corporate manslaughter
    availability for sentencing orders, B2-037
    interpreting or applying guideline, B2-039
    introduction, B2-036
    sentencing guideline, B2-038
  introduction, B2-001
  manslaughter
    availability of sentencing orders, B2-006

culpability, B2-019—B2-022
custodial sentences, B2-007
gross negligence manslaughter,
  B2-014—B2-015, B2-035
interpreting and applying guideline,
  B2-016—B2-022
introduction, B2-003
manslaughter by diminished responsibility,
  B2-010—B2-011
manslaughter by loss of control, B2-024
manslaughter by reason of diminished
  responsibility, B2-023
manslaughter by reason of loss of control,
  B2-012
maximum sentence, B2-004
required life sentence, B2-005
secondary orders, B2-008
sentencing guidelines, B2-009—B2-015
unlawful act manslaughter, B2-013,
  B2-025—B2-034
murder, B2-002
Hospital and limitation directions
availability, A9-059
effect, A9-060—A9-062
guidance, A9-059—A9-065
introduction, A9-056
legislation, A9-057—A9-058
making order, A9-065
whether to impose order, A9-063—A9-064
Hospital orders
Crown Court
  guidance, A9-088
  legislation, A9-086—A9-087
guidance
  combined with other orders, A9-055
  making orders, A9-054
  purpose, A9-043
  restriction orders, A9-048—A9-053
  whether to impose order, A9-044—A9-047
interim hospital orders
  appropriate circumstances for, A9-020
  availability, A9-019
  Crown Court, A9-080—A9-081
  guidance, A9-019—A9-020
  introduction, A9-016
  legislation, A9-017—A9-018
introduction, A9-038
legislation
  ability to request further information,
    A9-042
  effect of, A9-041
  power of courts to order, A9-039
  restriction orders, A9-040
restriction orders
  availability, A9-048—A9-050
  committal for, A9-021—A9-024
  effect, A9-051—A9-052
  legislation, A9-040
  whether to impose order, A9-053
suspended sentence orders and, A4-550a
whether to impose
  generally, A9-044
  penal element, A9-045

public protection, A9-046—A9-047
restriction orders, A9-053
Hostility based on disability
aggravating features
  demonstration of hostility,
    A1-070—A1-071
  extent of increase in sentence,
    A1-076—A1-077
  guidance, A1-068—A1-077
  legislation, A1-067
  motivated by hostility, A1-072
  procedure, A1-068—A1-069
Hostility based on sexual orientation
aggravating features
  demonstration of hostility,
    A1-070—A1-071
  extent of increase in sentence,
    A1-076—A1-077
  guidance, A1-068—A1-077
  legislation, A1-067
  motivated by hostility, A1-072
  procedure, A1-068—A1-069
  sexual orientation, A1-074
  transgender, A1-075
Human rights
firearms offences
  minimum term, A4-573
football banning orders, A5-112—A5-114
notification requirements
  sexual offences, A7-037—A7-038
  terrorism offences, A7-066
restraining orders, A5-170—A5-171
retrospectivity and
  defendant crossing age threshold,
    A8-011—A8-012
  generally, A8-006—A8-007
  heavier sentence, A8-008—A8-009
  penalty applicable at time of offence,
    A8-010
  summary, A8-013
Human trafficking
see Modern slavery
Identity documents
consequences of conviction, B7-125
guidance, B7-126—B7-127
maximum sentences, B7-124
Ill health
mitigation, A1-110—A1-114
Ill-treatment
causing or allowing child to suffer serious
  physical harm/die, B2-192—B2-198
causing or allowing vulnerable adult to suffer
  serious physical harm/die,
  B2-211—B2-216
child cruelty, B2-199—B2-205
failing to protect girl from risk of genital
  mutilation, B2-207—B2-210
ill-treatment of patient by care worker
  availability of sentencing orders, B2-206a
  commentary, B2-206g
  consequences of conviction, B2-206c
  court of appeal guidance, B2-206f
  custodial sentences, B2-206b

maximum sentence, B2-206
secondary orders, B2-206c
sentencing guideline, B2-206d—B2-206e
introduction, B2-190
sentencing guidelines, B2-191
Immigration offences
cases not charged as, B7-134
entering UK without passport
consequences of conviction, B7-129
guidance, B7-130—B7-133
maximum sentences, B7-128
identity documents
consequences of conviction, B7-125
guidance, B7-126—B7-127
maximum sentences, B7-124
Immigration Act 1971
assisting illegal entry, B7-107—B7-112a
asylum seekers, B7-120
consequences of conviction, B7-103
conspiracy, B7-123
drivers, B7-123
entering UK without clearance, B7-112b
false passports, B7-113
fraud, overlap with, B7-119
guidance, B7-104—B7-123
maximum sentences, B7-101—B7-102
obtaining admission or remaining by deception, B7-104—B7-106
pressure by agents, B7-121—B7-122
sham marriages, B7-114—B7-118
Impact statements
business impact statements
Criminal Practice Directions, A3-053
guidance, A3-054
community impact statements
Criminal Practice Directions, A3-050
guidance, A3-051—A3-052
introduction, A3-036
victim impact statements
Criminal Practice Directions, A3-037
guidance, A3-038—A3-049
Imports
controlled drugs
availability of sentencing orders, B5-053
custodial sentences, B5-054
drugs exported or to be exported, B5-065
goods not in fact controlled drug, B5-066
interpreting/applying guideline, B5-057—B5-066
maximum sentence, B5-052
minimum sentence, B5-051
most serious or commercial scale operation, B5-058—B5-064
secondary orders, B5-055
sentencing guideline, B5-056
Imprisonment for public protection
variation of sentence, A10-028
Inchoate offences
offence-specific sentencing guidelines, B1-007

Inciting child family member to engage in sexual activity
availability of sentencing orders, B3-112
custodial sentences, B3-113
interpreting/applying guideline, B3-116
maximum sentences, B3-111
secondary orders, B3-114
sentencing guideline, B3-115
Indecent photographs of children
availability of sentencing orders, B3-224
Child Abuse Image Database, B3-232
custodial sentences, B3-225
deciding on category reflecting images, B3-233—B3-235
distribution of images, B3-228—B3-229
interpreting/applying guideline, B3-228—B3-236
maximum sentences, B3-223
perpetuation of harm, B3-236
secondary orders, B3-226
sentencing guideline, B3-227
sexual harm prevention orders, A5-275
Information society services
serious crime prevention orders, A5-198
Insanity
not guilty by reason of insanity
Crown Court, A9-075—A9-088
introduction, A9-067
magistrates' courts, A9-068, A9-073—A9-074
restraining orders, A5-146
sexual harm prevention orders, A5-280
Insider dealing
consequences of conviction, B7-057
guidance, B7-058—B7-063
maximum sentences, B7-056
Insurance
driving insurance fraud, B4-131—B4-132
Intellectual property
copyright offences
consequences of conviction, B7-073
guidance, B7-074—B7-075
maximum sentences, B7-072
trade mark offences
consequences of conviction, B7-077
guidelines, B7-078—B7-081
maximum sentences, B7-076
Intensive supervision and surveillance requirements
see Supervision requirements
Intention
burglary
intent formed after entry, B4-045—B4-046
intent to commit grievous bodily harm, B4-044
intent to endanger life
arson and criminal damage, B4-197
murder
aggravating features, A4-745
mitigation, A4-749
Interim hospital orders
appropriate circumstances for, A9-020
availability, A9-019

Crown Court, A9-080—A9-081
guidance, A9-019—A9-020
introduction, A9-016
legislation, A9-017—A9-018
Interim orders
criminal behaviour orders, A5-035—A5-036, A5-043
derogatory assertion orders, A3-057
Internet
sexual harm prevention orders, A5-293—A5-294
Interpretation
ancillary and inchoate offences, A1-222
associated offences, A1-224
generally, A1-221
mandatory sentences, A1-223
'sentence', A1-225
Intimidation
see also Intimidation of witnesses
controlling or coercive behaviour
  availability of sentencing orders, B2-312
  interpreting/applying guideline, B2-314—B2-316
  maximum sentences, B2-311
  sentencing guideline, B2-313
disclosure of private sexual photographs and films
  availability of sentencing orders, B2-308
  interpreting/applying guideline, B2-310
  maximum sentences, B2-307
  sentencing guideline, B2-309
domestic abuse, B2-291
harassment
  availability of sentencing orders, B2-302
  custodial sentences, B2-303
  interpreting/applying guideline, B2-306
  maximum sentences, B2-301
  secondary orders, B2-304
  sentencing guideline, B2-305
harassment putting people in fear of violence
  availability of sentencing orders, B2-294
  custodial sentences, B2-295
  interpreting/applying guideline, B2-298—B2-300
  maximum sentences, B2-293
  secondary orders, B2-296
  sentencing guideline, B2-297
interpreting/applying guideline, B2-292
introduction, B2-289
racially aggravated offences, B2-290
stalking
  availability of sentencing orders, B2-302
  custodial sentences, B2-303
  interpreting/applying guideline, B2-306
  maximum sentences, B2-301
  secondary orders, B2-304
  sentencing guideline, B2-305
stalking involving fear of violence or serious alarm or distress
  availability of sentencing orders, B2-294
  custodial sentences, B2-295
  interpreting/applying guideline, B2-298—B2-300

maximum sentences, B2-293
secondary orders, B2-296
sentencing guideline, B2-297
Intimidation of witnesses
availability of sentencing orders, B8-054
guidance, B8-055—B8-057
maximum sentences, B8-053
perverting the course of justice, B8-011—B8-017
Intoxicating substance treatment requirements
youth rehabilitation orders, A6-146—A6-148, A6-192
Joint enterprise
robbery, B4-079—B4-080
Judicial College
guidance
  derogatory assertion orders, A3-068
Juries
interpreting jury's verdict
  generally, A3-120, A3-124
  questioning jury, A3-125
Jury tampering
availability of sentencing orders, B8-054
guidance, B8-055—B8-057
maximum sentences, B8-053
perverting the course of justice, B8-011—B8-017
Keeping brothels
availability of sentencing orders, B3-212
custodial sentences, B3-213
interpreting/applying guideline, B3-216
maximum sentences, B3-211
secondary orders, B3-214
sentencing guideline, B3-215
Khat
see Drug offences
Kidnapping
availability of sentencing orders, B2-131
Court of Appeal guidance, B2-116
custodial sentences, B2-132
domestic abuse within relationship, B2-148—B2-154
general guidance on approach to sentencing, B2-136—B2-142
introduction, B2-129
maximum sentences, B2-130
parents abducting child motivated by desire to protect child from partner, B2-155
secondary orders, B2-133
sentencing guidelines, B2-134
victim detained and subjected to violence/ demands for money made, B2-143—B2-147
Knife crime prevention orders
introduction, A5-116
Knives
see also Offensive weapons
conveying prohibited articles, B8-104
minimum term
  appeals where previous convictions set aside, A4-576
  determination of day when offence

committed, A4-578
'exceptional circumstances', A4-581
guidance, A4-579—A4-582
guilty pleas, A4-582
legislation, A4-574—A4-578
'particular circumstances', A4-581
repeat offences, A4-575
service law, A4-577
suspension of sentence, A4-580
Language
sentencing remarks, A3-197, A3-204
Legal professional privilege
serious crime prevention orders, A5-188
Legal representation
appeals to Crown Court, A4-442
cases that fall outside section, A4-443
failure or ineligibility to benefit, A4-440
failure to comply, A4-441
guidance, A4-439—A4-443
legislation, A4-438
Legitimate expectation
adjournment, A2-130—A2-132
Licence conditions
guidance, A4-487
legislation, A4-486
Lie detectors
sexual harm prevention orders, A5-323a
Life detention
common law, A6-255
dangerous offenders
  guidance, A6-262
  introduction, A6-258
  legislation, A6-259—A6-261
Life imprisonment
accounting for time on remand, A4-671
dangerous offenders
  assessment of dangerousness, A4-700
  guidance, A4-700—A4-702
  interaction with life sentences for second listed offence, A4-702
  introduction, A4-696
  legislation, A4-697—A4-699
  seriousness of offence, A4-701
  specified offences, A4-699
guidance
  accounting for time on remand, A4-671
  effect of release provisions, A4-668
  exceptional reasons for increasing proportion of nominal determinate term, A4-669
  general approach, A4-667
  serious terrorism sentences, A4-672
  whole life orders, A4-670
historical offences, A8-004
interaction between life sentences and other orders, A4-673—A4-674
introduction, A4-663
manslaughter of emergency workers
  guidance, A4-682
  legislation, A4-680—A4-681
murder
  15-year starting point, A4-735
  25-year starting point, A4-732—A4-734

30-year starting point, A4-722—A4-731
aggravating features, A4-711, A4-736—A4-745a
consecutive sentences for other offences, A4-752
Criminal Practice Directions, A4-713—A4-715
general approach, A4-716—A4-717
guidance, A4-716
guilty pleas, A4-754—A4-755
historical offences, A4-712, A4-757—A4-759
inchoate offences, A4-753
introduction, A4-703—A4-704
legislation, A4-705—A4-712
mandatory life sentences, A4-705—A4-706
minimum term, A4-707—A4-710
mitigation, A4-711, A4-746—A4-751
secondary parties, A4-753
starting point, A4-706—A4-735
whole life orders, A4-718—A4-721
offenders of particular concern, A4-613
preventative orders, A4-674
release and recall
  guidance, A10-084—A10-087
  introduction, A10-080
  legislation, A10-081—A10-083
  licence conditions, A10-085
  recall to prison, A10-086
  re-release, A10-087
second listed offences (offences on or after 1 October 1997)
  guidance, A4-695
  legislation, A4-693—A4-694
second listed offences (offences on or after 3 December 2012)
  availability, A4-687—A4-689
  custody for life, A4-683
  guidance, A4-687—A4-692
  historic offences, A4-689
  life sentences, A4-684
  'particular circumstances', A4-691—A4-692
  procedure, A4-690
  specified offences, A4-685—A4-686
sentences
  availability, A4-677
  examples, A4-678
  imposition of sentence, A4-679
  offences other than murder, A4-675—A4-676
sentencing guidelines, A1-034
serious terrorism sentences, A4-672
setting minimum term, A4-664—A4-666
whole-life orders
  generally, A4-670
  murder, A4-718—A4-721
Limited liability partnerships
directors' disqualification, A4-313a
serious crime prevention orders, A5-194
Local authority residence requirements
youth rehabilitation orders, A6-134—A6-135, A6-188

Local justice areas
  youth rehabilitation orders, A6-157
Loss of control
  mitigation, A4-750
Magistrates' courts
  committal for sentence
    adults, A2-099
    children, A2-101
    related offences, A2-102
  community orders
    breach, A10-133
    revocation, A10-138
  compensation orders, A4-119
  conditional discharge, A10-102—A10-103
  deprivation orders, A4-173—A4-174
  detention and training orders, A6-219
  factual basis for sentencing, A3-117
  fines
    application of money found on defaulter to satisfy sum adjudged, A4-082
    availability of fine, A4-061
    Code offences, A4-065
    immediate payment, A4-078
    means inquiries, A4-080
    power to fine where only imprisonment specified, A4-062
    remittal of fine, A4-086—A4-087
    standard scale of fines for summary offences, A4-064
    statement of assets and other financial circumstances, A4-072
    summary conviction for offences triable either way, A4-063
    terms in default, A4-073—A4-074
    variation of instalments of sum adjudged to be paid by conviction, A4-079
  Goodyear indications
    guidance, A2-006—A2-007
    legislation, A2-003—A2-005
  maximum sentences, A4-428—A4-430
  mental health disposals
    civil preventative orders, A9-074
    fitness to plead, A9-069—A9-072
    insanity, A9-068, A9-073—A9-074
    introduction, A9-068
    not guilty by reason of insanity, A9-068, A9-073—A9-074
  pre-sentence reports, A3-011
  remittal for sentence
    adjournment, A2-114
    appeal, A2-114
    guidance, A2-115
    remand, A2-114
    to another magistrates' court for sentence, A2-113
  suspended sentence orders, A10-172, A10-175, A10-176
  variation of sentence
    constitution of the court, A10-005
    delay, A10-012
    determined appeals, A10-009
    guidance, A10-004—A10-014
    increasing sentence imposed, A10-011

  legislation, A10-002—A10-003
  orders for remission, A10-008
  orders made on enforcement, A10-007
  test to apply, A10-010
  unfit to plead, A10-006
  variations to be made in open court, A10-013
  variations to be made in presence of offender, A10-014
  youth rehabilitation orders, A6-375
Making off without payment
  availability of sentencing orders, B4-031
  interpreting/applying the guideline, B4-033
  maximum sentence, B4-030
  sentencing guideline, B4-032
Mandatory life imprisonment
  detention at Her Majesty's pleasure, A6-261
  murder, A4-705—A4-706, A4-713
Mandatory sentences
  see Minimum term
Manslaughter
  availability of sentencing orders, B2-006
  comparison with murder sentences, B2-017
  culpability, B2-019—B2-022
  custodial sentences, B2-007
  emergency workers
    detention for life, A6-256—A6-257
    guidance, A4-682
    legislation, A4-680—A4-681
  gross negligence manslaughter, B2-014—B2-015, B2-035
  interpreting and applying guideline, B2-016—B2-022
  introduction, B2-003
  manslaughter by diminished responsibility, B2-010—B2-011
  manslaughter by loss of control, B2-024
  manslaughter by reason of diminished responsibility, B2-023
  manslaughter by reason of loss of control, B2-012
  maximum sentence, B2-004
  reference to pre-guideline cases, B2-016
  required life sentence, B2-005
  secondary orders, B2-008
  sentencing guidelines, B2-009—B2-015
  unlawful act manslaughter, B2-013, B2-025—B2-034
Manufacturing
  offensive weapons, B2-412
  prohibited weapons
    availability of sentencing orders, B2-422
    custodial sentences, B2-423
    interpreting/applying guideline, B2-426
    maximum sentence, B2-421
    secondary orders, B2-424
    sentencing guideline, B2-425
Maturity
  mitigation, A4-747
Maximum sentences
  abstracting electricity, B4-026
  administering drugs or using instruments to procure abortion, B2-128a

INDEX

administering substances with intent, B3-266
affray, B2-332
animal welfare offences, B2-485
arranging child sex offences, B3-123
arson
   generally, B4-198
   intent to endanger life, B4-191
   reckless as to whether life endangered, B4-191
articles for use in fraud, B4-144
assault by penetration, B3-066
assault of a child under 13 by penetration, B3-156
assisting offenders, B8-058
bribery, B4-156
burglary, B4-035
carrying offensive weapons in public place, B2-447
causing a child to engage in sexual activity
   abuse of position of trust, B3-144
   children under 13, B3-184
   generally, B3-103
causing a child to watch sexual acts
   abuse of position of trust, B3-150
   generally, B3-117
causing harassment alarm or distress, B2-345
causing person to engage in sexual activity, B3-091
causing prostitution for gain, B3-203
committing an offence with intent to commit a sexual offence, B3-272
consecutive sentences, A4-426
controlling or coercive behaviour, B2-311
controlling prostitution for gain, B3-203
conversion of firearms, B2-413
copyright offences, B7-072
counterfeiting currency, B7-092—B7-094
criminal damage
   generally, B4-198
   intent to endanger life, B4-191
   reckless as to whether life endangered, B4-191
cybercrime, B4-215—B4-216
dangerous dogs, B2-475
detention and training orders, A6-206
detention for serious offences, A6-229
detention in young offender institution, A4-424
disclosure of private sexual photographs and films, B2-307
drugs offences
   cultivation of cannabis, B5-095
   importation or exportation of controlled drugs, B5-052
   permitting use of premises, B5-108
   possession of drugs, B5-117
   possession with intent to supply, B5-068
   production of drugs, B5-095
   supply of drugs, B5-068
effect of change, A4-431—A4-432
engaging in sexual activity in presence of a child
   abuse of position of trust, B3-150

   generally, B3-117
environmental offences, B7-002
escaping, B8-080—B8-082
exposure, B3-246
extreme pornography, B3-237
fear or provocation of violence, B2-339
fire safety offences, B7-044
food safety offences, B7-049
forgery, B7-082—B7-083
fraudulent evasion, B2-391
fraudulent trading, B7-064
going equipped to steal, B4-020
guidance, A4-427—A4-432
handling stolen goods, B4-014
harassment, B2-301
health and safety offences, B7-017
ill-treatment of patient by care worker, B2-206
immigration offences
   entering UK without passport, B7-128
   identity documents, B7-124
   Immigration Act 1971, B7-101—B7-102
inciting child family member to engage in sexual activity, B3-111
indecent photographs of children, B3-223
insider dealing, B7-056
intimidation of witnesses, B8-053
jury tampering, B8-053
keeping brothels, B3-211
limit on power to impose imprisonment, A4-424
magistrates' courts' powers, A4-428—A4-430
making off without payment, B4-030
meeting a child following sexual grooming, B3-129
misconduct in public office, B8-122
modern slavery
   committing an offence with intent to commit a human trafficking offence, B2-179
   forced or compulsory labour, B2-172
   human trafficking, B2-172
   slavery/servitude, B2-172
money laundering, B2-172
offenders of particular concern, A4-610—A4-611
parsimony, A4-435
participating in activities of organised crime groups, B8-075
perjury, B8-065
perverting the course of justice, B8-001
possession
   by person prohibited, B2-451
   of offensive weapons, B2-356
   of prohibited weapons, B2-414
   of shotgun, B2-406
   with intent to cause fear of violence, B2-434
   with intent to commit indictable offence, B2-440
   with intent to endanger life, B2-427
   without certificate, B2-400
power to imprison for less than specified term, A4-425

[1722]

putting people in fear of violence, B2-293
rape, B3-066
rape of a child under 13, B3-156
riot, B2-320
road traffic offences
  causing death by careless or inconsiderate driving, B6-019
  causing death by dangerous driving, B6-011
  causing death by unlicensed disqualified or uninsured driving, B6-027, B6-033
  causing death when under the influence, B6-019
  causing serious injury by dangerous driving, B6-038
  causing serious injury by driving while disqualified, B6-038
  dangerous driving, B6-047
  wanton or furious driving, B6-050
robbery, B4-067
sentencing guidelines, A1-050
sex with an adult relative, B3-260
sexual activity with a child
  abuse of position of trust, B3-144
  generally, B3-097
sexual activity with a child family member, B3-111
sexual assault, B3-084
sexual assault of a child under 13, B3-176
sexual communication with a child, B3-137
sexual exploitation of children, B3-217
stalking, B2-301
stalking involving fear of violence or serious alarm or distress, B2-293
theft, B4-001
threats with offensive weapons, B2-305
trade mark offences, B7-076
trespass with intent, B3-279
two-year limit if no maximum specified, A4-423
unauthorised regulated activity, B7-067
violent disorder, B2-326
voyeurism, B3-252

Medical reports
children and young persons, A6-027
dangerousness, A4-455
directions for commissioning reports, A3-024
guidance
  general, A3-026—A3-027
  offender in custody, A3-028
  whether or not remand is required, A3-029—A3-030
information to be supplied, A3-025
mental health
  additional requirements for offender suffering from mental disorder, A9-005
  directions for commissioning, A9-006
  general, A9-007—A9-008
  guidance, A9-007—A9-011
  remand in custody, A9-009
  remand to hospital for report on mental condition, A9-004
  whether remand required, A9-010—A9-011

offenders suffering from mental disorder, A3-023
remand
  for medical examination, A3-021
  for report on accused's mental condition, A3-022

Meeting a child following sexual grooming
availability of sentencing orders, B3-130
custodial sentences, B3-131
interpreting/applying guideline, B3-134—B3-136
maximum sentences, B3-129
secondary orders, B3-132
sentencing guideline, B3-133
sexual images exchanged, B3-135

Mental health
children and young persons, A6-316
committal for restriction order
  guidance, A9-024
  introduction, A9-021
  legislation, A9-022—A9-023
Crown Court
  absolute discharge, A9-082
  general provisions, A9-076—A9-077
  hospital orders with or without restrictions, A9-086—A9-088
  interim orders, A9-078—A9-081
  introduction, A9-075
  pre-sentence, A9-078—A9-081
  supervision orders, A9-083—A9-085
deferment, A2-057
fitness to plead
  guardianship orders, A9-071
  guidance, A9-072
  hospital admission, A9-071
  introduction, A9-069
  remand for medical examination, A9-070
guardianship orders
  ability to request further information, A9-032
  availability, A9-030, A9-033
  effect of, A9-031
  fitness to plead, A9-071
  guidance, A9-033—A9-037
  introduction, A9-029
  legislation, A9-030—A9-032
  length of order, A9-035
  purpose, A9-034
  whether to impose order, A9-036—A9-037
hospital and limitation directions
  availability, A9-059
  effect, A9-060—A9-062
  guidance, A9-059—A9-065
  introduction, A9-056
  legislation, A9-057—A9-058
  making order, A9-065
  whether to impose order, A9-063—A9-064
hospital orders
  ability to request further information, A9-042
  combined with other orders, A9-055
  effect of, A9-041
  guidance, A9-043—A9-055

interim hospital orders, A9-016—A9-020,
A9-080—A9-081
introduction, A9-038
legislation, A9-039—A9-042
making orders, A9-054
power of courts to order, A9-039
purpose, A9-043
restriction orders, A9-040,
A9-048—A9-053
whether to impose order, A9-044—A9-047
interim hospital orders
appropriate circumstances for, A9-020
availability, A9-019
Crown Court, A9-080—A9-081
guidance, A9-019—A9-020
introduction, A9-016
legislation, A9-017—A9-018
introduction, A9-001
magistrates' courts
civil preventative orders, A9-074
fitness to plead, A9-069—A9-072
insanity, A9-073
introduction, A9-068
medical reports
additional requirements for offender suffering from mental disorder, A9-005
directions for commissioning, A9-006
general, A9-007—A9-008
guidance, A9-007—A9-011
remand in custody, A9-009
remand to hospital for report on mental condition, A9-004
whether remand required, A9-010—A9-011
not guilty by reason of insanity
Crown Court, A9-075—A9-088
introduction, A9-067
magistrates' courts, A9-068,
A9-073—A9-074
orders available on conviction
approach to be taken, A9-026
available sentences, A9-025
interpretation provisions, A9-027—A9-028
pre-sentence reports, A3-015, A9-003,
A9-078—A9-081
remand to hospital for treatment
availability, A9-014
guidance, A9-014—A9-015
introduction, A9-012
legislation, A9-013
when to exercise, A9-015
reports
introduction, A9-002
medical reports, A9-004—A9-011
pre-sentence reports, A3-015, A9-003
transfers from prison to hospital, A9-066
unfit to plead
Crown Court, A9-075—A9-088
introduction, A9-067
magistrates' courts, A9-068—A9-074
Mental health treatment requirements
guidance, A4-399
legislation, A4-348—A4-350

youth rehabilitation orders, A6-138—A6-140,
A6-189
Mentally disordered persons
sexual offences against mentally disordered victims
care workers, B3-197—B3-202
mental disorders impeding choice,
B3-191—B3-196
social care workers
availability of sentencing orders, B3-199
custodial sentences, B3-200
interpreting/applying guideline, B3-202
introduction, B3-197
maximum sentences, B3-198
secondary orders, B3-201
Mephedrone
see Drug offences
Methylenedioxypyrovalerone
see Drug offences
Methylethylcathinone
see Drug offences
Minding weapons
using minors
aggravating features, A1-087—A1-088
Minimum term
detention at Her Majesty's pleasure
setting, A6-267—A6-268
detention in young offender institutions,
A4-497
drugs offences
cultivation of cannabis, B5-094
importation or exportation of controlled drugs, B5-051
permitting use of premises, B5-107
possession of drugs, B5-116
possession with intent to supply, B5-067
production of drugs, B5-094
supply of drugs, B5-067
factual disputes, A4-553
firearms offences
absence of dangerousness, A4-570
applicability, A4-558
cumulative offender-based factors, A4-571
ECHR compliance, A4-573
exceptional circumstances,
A4-559—A4-571
guidance, A4-557—A4-573
guilty plea, A4-572
ignorance of illegality/disguised firearms,
A4-561
ignorance of nature of weapon, A4-560
intention to dispose of weapon, A4-564
keeping weapons for others, A4-562
legislation, A4-555—A4-556
physical or mental illness,
A4-567—A4-568
possession of weapon for sentimental reasons, A4-565—A4-566
short period of possession, A4-563
youth, A4-569
general approach, A4-552—A4-554
historical offences, A8-004
introduction, A4-551

life imprisonment, A4-664—A4-666
murder
  aggravating features, A4-711
  determination of seriousness, A4-708
  duty to give reasons, A4-708
  generally, A4-707
  guilty pleas, A4-755
  historical offences, A4-712
  interpretation, A4-709
  mandatory life sentences, A4-708
  mitigation, A4-711
  starting point, A4-709
offensive weapons and bladed articles
  appeals where previous convictions set aside, A4-576
  determination of day when offence committed, A4-578
  'exceptional circumstances', A4-581
  guidance, A4-579—A4-582
  guilty pleas, A4-582
  legislation, A4-574—A4-578
  'particular circumstances', A4-581
  repeat offences, A4-575
  service law, A4-577
  suspension of sentence, A4-580
purpose of sentencing, A1-023
reduction of sentence
  generally, A1-164, A1-197—A1-198
  murder, A1-165, A1-199
sentencing guidelines, A1-052
third class A drug trafficking offences
  guidance, A4-587—A4-591
  guilty plea, A4-591
  legislation, A4-583—A4-586
  'particular circumstances', A4-589—A4-590
  timing of previous offences, A4-588
third domestic burglary
  guidance, A4-597—A4-602
  guilty plea, A4-602
  legislation, A4-592—A4-596
  'particular circumstances', A4-600—A4-601
  timing of previous offences, A4-599
totality of sentence, A4-554
variation of sentence, A10-028
Misconduct in public office
availability of sentencing orders, B8-123
guidance
  misuse of police electronic resources, B8-131—B8-137
  misuse of police powers, B8-124—B8-125
  police – relationship with suspect, B8-127—B8-128
  police – relationship with trainees, B8-130
  police – relationship with vulnerable complainant, B8-129
  prison staff, B8-126
maximum sentences, B8-122
Mitigation
derogatory assertion orders, A3-069
detention at Her Majesty's pleasure, A6-271

false mitigation, A10-030, B8-049—B8-052
mitigating factors
  age, A1-107—A1-108
  assistance given to prosecution, A1-117
  coercion, A1-109
  delay, A1-121—A1-122
  duress, A1-123
  entrapment, A1-115—A1-116
  guilty plea, A1-105
  health, A1-110—A1-114
  impact on defendants, A1-118—A1-119
  introduction, A1-104
  pregnancy, A1-120
  prison conditions, A1-124—A1-127
  provocation, A1-123
  remorse, A1-106
  self-defence, A1-123
mitigation in private, A1-103
murder
  age, A4-747
  generally, A4-711, A4-746
  genuine remorse, A4-748
  good character, A4-748
  lack of intention to kill, A4-749
  loss of control, A4-750
  maturity, A4-747
  mercy killing, A4-751
  provocation, A4-750
sentencing guidelines, A1-049
Mobile telephones
conveying prohibited articles, B8-115—B8-121
Modern slavery
committing an offence with intent to commit a human trafficking offence
  availability of sentencing orders, B2-180
  interpreting/applying guideline, B2-182
  maximum sentences, B2-179
  sentencing guidelines, B2-181
forced or compulsory labour
  availability of sentencing orders, B2-173
  custodial sentences, B2-174
  interpreting/applying guideline, B2-177—B2-178
  maximum sentences, B2-172
  secondary orders, B2-175
  sentencing guidelines, B2-176
human trafficking
  availability of sentencing orders, B2-173
  custodial sentences, B2-174
  interpreting/applying guideline, B2-177—B2-178
  maximum sentences, B2-172
  secondary orders, B2-175
  sentencing guidelines, B2-176
introduction, B2-171
slavery/servitude
  availability of sentencing orders, B2-173
  custodial sentences, B2-174
  interpreting/applying guideline, B2-177—B2-178
  maximum sentences, B2-172
  secondary orders, B2-175

sentencing guidelines, B2-176
Money laundering
assessing harm of underlying offence, B4-171—B4-173
availability of sentencing orders, B4-164
concurrent or consecutive sentence, B4-168
corporate offenders, B4-176
custodial sentences, B4-165
interpreting/applying guideline, B4-169—B4-176
maximum sentences, B4-163
offender also convicted of underlying or substantive offence, B4-174—B4-175
secondary orders, B4-166
sentencing guideline, B4-167
value of money laundered, B4-169—B4-170
Murder
aggravating features
concealment of body, A4-737
domestic abuse, A4-742
generally, A4-711, A4-736
intention to kill, A4-745
killing of children by their parents, A4-743
lying about another's involvement, A4-745a
minimum term, A4-711
murder committed in group, A4-740
murder committed in presence of others, A4-744
significant degree of planning or premeditation, A4-738
use of knife or other weapon, A4-739
vulnerability of deceased, A4-741
announcing term in open court, A4-715
attempts
consequences of conviction, B2-042
custodial sentences, B2-043
interpreting or applying guideline, B2-047—B2-053
maximum sentence, B2-041
secondary orders, B2-044
sentencing guideline, B2-045—B2-046
consecutive sentences for other offences, A4-752
Criminal Practice Directions, A4-713—A4-715
general approach, A4-716—A4-717
generally, B2-002
guidance, A4-716
guilty pleas
minimum terms, A4-755
whole life orders, A4-754
historical offences, A4-712, A4-714, A4-757—A4-759, A8-004
inchoate offences, A4-753
introduction, A4-703—A4-704
legislation, A4-705—A4-712
mandatory life sentences, A4-705—A4-706, A4-713
minimum term
aggravating features, A4-711
credit for time served, A4-756
determination of seriousness, A4-708

duty to give reasons, A4-708
generally, A4-707
guilty pleas, A4-755
historical offences, A4-712
interpretation, A4-709
mandatory life sentences, A4-708
mitigation, A4-711
starting point, A4-709
mitigation
age, A4-747
generally, A4-711, A4-746
genuine remorse, A4-748
good character, A4-748
lack of intention to kill, A4-749
loss of control, A4-750
maturity, A4-747
mercy killing, A4-751
provocation, A4-750
reduction of minimum term, A1-165, A1-199
secondary parties, A4-753
starting point
15-year starting point, A4-735
25-year starting point, A4-732—A4-734
30-year starting point, A4-722—A4-731
arson, A4-730
cannibalism, A4-729
firearms, A4-722
human rights, A4-719
knives or weapons taken to scene, A4-732—A4-733
multiple offenders, A4-734
murder committed to ensure continued operation of criminal conspiracy, A4-731
murder done for gain, A4-723—A4-724
murder involving sexual or sadistic conduct, A4-725—A4-726
murder of more than one person, A4-727
whole life orders, A4-718—A4-721
whole life orders
guilty pleas, A4-754
starting point, A4-718—A4-721
Newton hearings
committal for sentence, A2-093
dangerousness, A3-181
evidence, A3-178—A3-179
general principles, A3-173
guilty plea, A3-182
introduction, A3-172
judge's involvement, A3-180
procedure, A3-175—A3-176
prosecution case, A3-177
reduction of sentence, A1-162, A1-190—A1-191
when unnecessary, A3-174
Non-custodial sentences
detention and training orders, A6-223
detention for serious offences, A6-238
referral orders and, A6-081—A6-085
youth rehabilitation orders and, A6-197
Non-domestic burglary
see Burglary

[1726]

Non-fatal offences
  administering substances with intent,
    B2-122—B2-128
  assault
    actual bodily harm, B2-092—B2-097
    common assault, B2-116—B2-121
    emergency workers, B2-110—B2-115
    offences, B2-054—B2-069
    resisting arrest, B2-104—B2-109
    strangulation or suffocation,
      B2-098—B2-103
  attempted murder, B2-041—B2-053
  grievous bodily harm
    inflicting, B2-084—B2-091
    with intent, B2-070—B2-083
  introduction, B2-040
  wounding
    unlawful wounding, B2-084—B2-091
    with intent, B2-070—B2-083

Northern Ireland
  community orders, A4-379
  suspended sentence orders, A10-184
  transfer of orders to
    youth rehabilitation orders, A6-164

Not guilty by reason of insanity
  Crown Court, A9-075—A9-088
  introduction, A9-067
  magistrates' courts, A9-068,
    A9-073—A9-074

Notification requirements
  serious crime prevention orders, A5-184
  serious disruption prevention orders, A5-225e
  sexual offences
    annual requirement, A7-015
    bank accounts, A7-009, A7-013
    breach of requirements, A7-036
    certificates of conviction, A7-020
    change of circumstances, A7-011
    children and young persons,
      A6-309—A6-312
    common law indictment, A7-029
    community orders, A7-028
    credit cards, A7-009, A7-013
    detention and training orders, A7-026,
      A7-033
    duty to explain effect of notification,
      A7-021, A7-035
    effect of requirements, A7-007
    extended sentences, A7-032
    guidance, A7-024—A7-038
    human rights challenges, A7-037—A7-038
    introduction, A7-002
    legislation, A7-003—A7-023
    length of notification requirements, A7-006,
      A7-031—A7-034
    method of notification, A7-017—A7-018
    offences, A7-022
    parental directions, A7-019
    passports, A7-010, A7-014
    relevance of requirements to sentence,
      A7-025
    re-sentencing, A7-030

    residence at relevant household, A7-008,
      A7-012
    retrospectivity, A7-037
    review of indefinite notification
      requirements, A7-023
    right to respect for private and family life,
      A7-038
    sexual harm prevention orders, A7-031
    suspended sentences, A7-027, A7-034
    travel notifications, A7-016
    who requirements apply to,
      A7-003—A7-005, A7-025—A7-030
  terrorism offences
    absences abroad, A7-056
    breach of requirements, A7-059, A7-065
    children and young persons, A6-313
    detention and training orders, A7-062
    duty to explain effect of notification,
      A7-058, A7-064
    effect of requirements, A7-046—A7-053
    extended sentences, A7-063
    guidance, A7-061—A7-066
    human rights, A7-066
    interpretation, A7-057
    introduction, A7-039
    legislation, A7-040—A7-060
    length of requirements, A7-044—A7-045,
      A7-063
    method of notification, A7-054—A7-055
    offences having a terrorist connection,
      A7-041
    persons to whom notification requirements
      apply, A7-042—A7-043, A7-062
    relevance of requirements to sentence,
      A7-061
    search warrants, A7-060
    terrorism offences, A7-040

Obscenity
  forfeiture of obscene publications
    guidance, A4-202
    legislation, A4-201

Occupational pension schemes
  compensation orders
    assessing offender's means, A4-135

Offences against justice
  see Administration of justice offences

Offences against the person
  actual bodily harm, B2-092—B2-097
  administering substances with intent,
    B2-122—B2-128
  assault offences, B2-054—B2-069
  attempted murder, B2-041—B2-053
  causing or allowing a child to suffer serious
    physical harm/die
    availability of sentencing orders, B2-193
    custodial sentences, B2-194
    interpreting and applying guideline, B2-198
    maximum sentences, B2-192
    secondary orders, B2-195
    sentencing guideline, B2-196—B2-197
  causing or allowing a vulnerable adult to suf-
    fer serious physical harm/die,
    availability of sentencing orders, B2-212

Index

custodial sentences, B2-213
maximum sentences, B2-211
secondary orders, B2-214
sentencing guideline, B2-215—B2-216
child abduction
  approach to sentence, B2-164—B2-170
  availability of sentencing orders, B2-131
  custodial sentences, B2-132
  introduction, B2-129, B2-163
  maximum sentences, B2-130
  secondary orders, B2-133
  sentencing guidelines, B2-134
child cruelty
  availability of sentencing orders, B2-200
  custodial sentences, B2-201
  interpreting and applying guideline, B2-205
  maximum sentences, B2-199
  secondary orders, B2-202
  sentencing guideline, B2-203—B2-204
common assault, B2-116—B2-121
corporate manslaughter
  availability for sentencing orders, B2-037
  interpreting or applying guideline, B2-039
  introduction, B2-036
  sentencing guideline, B2-038
emergency workers, B2-110—B2-115
failing to protect girl from risk of genital mutilation
  availability of sentencing orders, B2-208
  interpreting and applying guideline, B2-210
  maximum sentences, B2-207
  sentencing guideline, B2-209
false imprisonment
  availability of sentencing orders, B2-131
  Court of Appeal guidance, B2-116
  custodial sentences, B2-132
  domestic abuse within relationship, B2-148—B2-154
  general guidance on approach to sentencing, B2-136—B2-142
  introduction, B2-129
  maximum sentences, B2-130
  parents abducting child motivated by desire to protect child from partner, B2-155
  secondary orders, B2-133
  sentencing guidelines, B2-134
  victim detained and subjected to violence/demands for money made, B2-143—B2-147
grievous bodily harm with intent, B2-070—B2-083
homicide
  corporate manslaughter, B2-036—B2-039
  introduction, B2-001
  manslaughter, B2-003—B2-035
  murder, B2-002
ill-treatment
  causing or allowing child to suffer serious physical harm/die, B2-192—B2-198
  causing or allowing vulnerable adult to suffer serious physical harm/die, B2-211—B2-216
  child cruelty, B2-199—B2-205

failing to protect girl from risk of genital mutilation, B2-207—B2-210
  introduction, B2-190
  sentencing guidelines, B2-191
inflicting grievous bodily harm, B2-084—B2-091
kidnapping
  availability of sentencing orders, B2-131
  Court of Appeal guidance, B2-116
  custodial sentences, B2-132
  domestic abuse within relationship, B2-148—B2-154
  general guidance on approach to sentencing, B2-136—B2-142
  introduction, B2-129
  maximum sentences, B2-130
  parents abducting child motivated by desire to protect child from partner, B2-155
  secondary orders, B2-133
  sentencing guidelines, B2-134
  victim detained and subjected to violence/demands for money made, B2-143—B2-147
manslaughter
  availability of sentencing orders, B2-006
  comparison with murder sentences, B2-017
  culpability, B2-019—B2-022
  custodial sentences, B2-007
  gross negligence manslaughter, B2-014—B2-015, B2-035
  interpreting and applying guideline, B2-016—B2-022
  introduction, B2-003
  manslaughter by diminished responsibility, B2-010—B2-011
  manslaughter by loss of control, B2-024
  manslaughter by reason of diminished responsibility, B2-023
  manslaughter by reason of loss of control, B2-012
  maximum sentence, B2-004
  reference to pre-guideline cases, B2-016
  required life sentence, B2-005
  secondary orders, B2-008
  sentencing guidelines, B2-009—B2-015
  unlawful act manslaughter, B2-013, B2-025—B2-034
modern slavery
  generally, B2-171
  section 1 and 2 offences, B2-172—B2-178
  section 4 offences, B2-179—B2-182
murder, B2-002
non-fatal offences
  administering substances with intent, B2-122—B2-128
  assault occasioning actual bodily harm, B2-092—B2-097
  assault offences, B2-054—B2-069
  assault on emergency worker, B2-110—B2-115
  assault with intent to resist arrest, B2-104—B2-109
  attempted murder, B2-041—B2-053

INDEX

common assault, B2-116—B2-121
grievous bodily harm with intent, B2-070—B2-083
inflicting grievous bodily harm, B2-084—B2-091
introduction, B2-040
strangulation or suffocation, B2-098—B2-103
unlawful wounding, B2-084—B2-091
wounding with intent, B2-070—B2-083
resisting arrest, B2-104—B2-109
strangulation or suffocation, B2-098—B2-103
threats to kill
  availability of sentencing orders, B2-185
  custodial sentences, B2-186
  general approach, B2-183
  interpreting/applying guideline, B2-189
  maximum sentences, B2-184
  secondary orders, B2-187
  sentencing guidelines, B2-188
unlawful wounding, B2-084—B2-091
wounding with intent, B2-070—B2-083

Offences with a foreign power connection
see Foreign power condition

Offenders of particular concern
guidance
  consecutive sentences, A4-612—A4-615
  correction of errors, A4-615
  determination of custodial term, A4-609
  extended sentences, A4-613
  guidance, A4-607—A4-615
  language, A4-600
  life sentences, A4-613
  maximum sentences, A4-610—A4-611
  offences, A4-607
  serious terrorism sentences, A4-613
introduction, A4-603
legislation, A4-604—A4-606
terrorist offences
  children and young persons, A6-243—A6-244
  guidance, A4-613, A6-242—A6-244
  introduction, A6-239
  legislation, A6-240—A6-241

Offending on bail
aggravating features, A1-059—A1-060

Offensive weapons
see also Explosives offences
carrying in public place
  availability of sentencing orders, B2-448
  interpreting/applying guideline, B2-450
  maximum sentences, B2-447
  sentencing guideline, B2-449
children and young persons
  interpreting/applying guideline, B2-374
  sentencing guideline, B2-371—B2-373
conversion of firearms, B2-413
definitive guideline, B2-353—B2-354
firearms offences
  approach to sentencing, B2-377—B2-390
  consecutive sentences, B2-387—B2-390
  definitive guideline, B2-376
  foreign nationals entering UK, B2-386
  imitation firearms, B2-385
  introduction, B2-375
  minor infringements, B2-384
fraudulent evasion
  availability of sentencing orders, B2-392
  custodial sentences, B2-393
  dangerousness, B2-398
  export, B2-397
  interpreting/applying guideline, B2-396—B2-399
  maximum sentences, B2-391
  minimum sentences, B2-399
  secondary orders, B2-394
  sentencing guideline, B2-395
introduction, B2-352
manufacturing, B2-412
manufacturing or transferring prohibited weapons
  availability of sentencing orders, B2-422
  custodial sentences, B2-423
  interpreting/applying guideline, B2-426
  maximum sentence, B2-421
  secondary orders, B2-424
  sentencing guideline, B2-425
minimum term
  appeals where previous convictions set aside, A4-576
  determination of day when offence committed, A4-578
  'exceptional circumstances', A4-581
  guidance, A4-579—A4-582
  guilty pleas, A4-582
  legislation, A4-574—A4-578
  'particular circumstances', A4-581
  repeat offences, A4-575
  service law, A4-577
  suspension of sentence, A4-580
possession
  availability of sentencing orders, B2-357
  interpreting/applying guideline, B2-361—B2-362
  maximum sentences, B2-356
  minimum sentences, B2-355
  sentencing guideline, B2-358—B2-360
possession by person prohibited
  availability of sentencing orders, B2-452
  interpreting/applying guideline, B2-454
  maximum sentences, B2-451
  sentencing guideline, B2-453
possession of prohibited weapons
  availability of sentencing orders, B2-415
  custodial sentences, B2-416
  interpreting/applying guideline, B2-419
  maximum sentences, B2-414
  minimum sentences, B2-420
  secondary orders, B2-417
  sentencing guideline, B2-418
possession of shotgun
  availability of sentencing orders, B2-407
  custodial sentences, B2-408
  interpreting/applying guideline, B2-411
  maximum sentences, B2-406
  secondary orders, B2-409

sentencing guideline, B2-410
possession with intent to cause fear of
        violence
    availability of sentencing orders, B2-435
    custodial sentences, B2-436
    interpreting/applying guideline, B2-439
    maximum sentences, B2-434
    secondary orders, B2-437
    sentencing guideline, B2-438
possession with intent to commit indictable
        offence
    availability of sentencing orders, B2-441
    custodial sentences, B2-442
    interpreting/applying guideline,
        B2-445—B2-446
    maximum sentences, B2-440
    secondary orders, B2-443
    sentencing guideline, B2-444
possession with intent to endanger life
    availability of sentencing orders, B2-428
    custodial sentences, B2-429
    interpreting/applying guideline, B2-432
    maximum sentences, B2-427
    secondary orders, B2-430
    sentencing guideline, B2-431
    widespread public disorder, B2-433
possession without certificate
    availability of sentencing orders, B2-401
    custodial sentences, B2-402
    interpreting/applying guideline, B2-405
    maximum sentences, B2-400
    secondary orders, B2-403
    sentencing guideline, B2-404
threats
    availability of sentencing orders, B2-365
    interpreting/applying guideline,
        B2-368—B2-370
    maximum sentences, B2-364
    minimum sentences, B2-363
    sentencing guideline, B2-366—B2-367
Opium
    see Drug offences
Organised crime
    participating in activities of organised crime
        groups
        availability of sentencing orders, B8-076
        custodial sentences, B8-077
        guidance, B8-079
        maximum sentences, B8-075
        secondary orders, B8-078
Parental directions
    notification requirements (sexual offences),
        A7-019
Parental payment orders
    amount of order, A6-046
    availability, A6-041—A6-043
    compensation orders, A6-042
    costs awards, A6-043
    enforcement, A6-047
    financial circumstances of parent or guardian,
        A6-040
    fines imposed on child, A6-041
    generally, A6-039

guidance, A6-044—A6-047
legislation, A6-039—A6-043
procedure, A6-044
reasonableness, A6-045
Parenting orders
    age of offender, A6-304
    appeals, A6-408
    availability, A6-293, A6-300
    breach, A6-409—A6-410
    contents of order, A6-305—A6-306
    discharge, A6-297, A6-406—A6-407
    Education Act 1996 offences, A6-292
    explanation of effect of order, A6-303
    failure to attend meetings of youth offender
        panel, A6-291
    failure to comply with order, A6-298
    family circumstances, A6-301
    guidance, A6-299—A6-307
    introduction, A6-287
    legislation, A6-288—A6-298
    meaning, A6-299
    referral orders and, A6-302
    reports, A6-290
    sexual harm prevention orders and,
        A5-255—A5-256
    variation, A6-297, A6-406—A6-407
Parents
    binding over
        amount of recognisance, A6-284
        appeals, A6-404
        availability, A6-280—A6-281
        breach, A6-405
        combination with other orders, A6-286
        contents of order, A6-282
        Criminal Practice Directions, A6-280
        discharge, A6-404
        guidance, A6-280—A6-286
        introduction, A6-277
        legislation, A6-278—A6-279
        length of orders, A6-285
        test for imposing, A6-283
        variation, A6-404
Parole board
    extended sentences, A4-637
**Participating in activities of organised crime
        groups**
    availability of sentencing orders, B8-076
    custodial sentences, B8-077
    guidance, B8-079
    maximum sentences, B8-075
    secondary orders, B8-078
Parties
    role of
        general guidance, A1-219
        prosecution duty to assist court, A1-220
Partnerships
    serious crime prevention orders,
        A5-194—A5-195
Passports
    see also Identity documents
    forgery, B7-089—B7-091
    immigration offences, B7-113
    notification requirements (sexual offences),

INDEX

A7-010, A7-014
Patients
ill-treatment of patient by care worker
availability of sentencing orders, B2-206a
commentary, B2-206g
consequences of conviction, B2-206c
court of appeal guidance, B2-206f
custodial sentences, B2-206b
maximum sentence, B2-206
secondary orders, B2-206c
sentencing guideline, B2-206d—B2-206e
Perjury
availability of sentencing orders, B8-066
guidance, B8-067—B8-074
maximum sentences, B8-065
Permitting use of premises
see also Drug offences
availability of sentencing orders, B5-109
custodial sentences, B5-110
interpreting/applying guideline, B5-113—B5-115
maximum sentences, B5-108
minimum sentences, B5-107
secondary orders, B5-111
sentencing guideline, B5-112
Persistent offenders
detention and training orders, A6-217
Perverting the course of justice
availability of sentencing orders, B8-002
concealment of a body, B8-044—B8-045
concealment of evidence
attempts to hide identity as driver, B8-046—B8-047
cases, B8-038
concealing a body, B8-044—B8-045
examples, B8-039
false retraction of allegation, B8-040—B8-043
speed detection jamming devices, B8-048
false allegations
cases providing guidance, B8-021—B8-027
examples, B8-028—B8-037
false claims to have committed offence, B8-036—B8-037
planting evidence, B8-034—B8-035
police officers, B8-037
real person, B8-030—B8-033
unidentified persons, B8-029
false mitigation, B8-049—B8-052
false statements
attempts to hide identity as driver, B8-046—B8-047
cases, B8-038
concealment of a body, B8-044—B8-045
examples, B8-039
false retraction of allegation, B8-040—B8-043
speed detection jamming devices, B8-048
guidance
concealment of evidence, B8-038—B8-048
false allegations, B8-018—B8-037
false evidence, B8-038—B8-048
false mitigation, B8-049—B8-052

general guidance, B8-004
interference with witnesses or police, B8-011—B8-017
introduction, B8-003
intimidation of witnesses, B8-011—B8-017
jury tampering, B8-011—B8-017
maximum sentences, B8-001
Photographs
disclosure of private sexual photographs and films
availability of sentencing orders, B2-308
interpreting/applying guideline, B2-310
maximum sentences, B2-307
sentencing guideline, B2-309
football banning orders, A5-084
indecent photographs of children
availability of sentencing orders, B3-224
Child Abuse Image Database, B3-232
custodial sentences, B3-225
deciding on category reflecting images, B3-233—B3-235
distribution of images, B3-228—B3-229
interpreting/applying guideline, B3-228—B3-236
maximum sentences, B3-223
perpetuation of harm, B3-236
production/possession, B3-230—B3-231
secondary orders, B3-226
sentencing guideline, B3-227
sexual harm prevention orders, A5-275
Police officers
false allegations, B8-037
misconduct in public office
availability of sentencing orders, B8-123
guidance, B8-124—B8-137
maximum sentences, B8-122
Polygraphs
see Lie detectors
Pornography
extreme pornography
availability of sentencing orders, B3-238
custodial sentences, B3-239
maximum sentences, B3-237
secondary orders, B3-240
sentencing guideline, B3-241
use of indecent images, B3-242—B3-245
sexual harm prevention orders, A5-277
Possession for terrorist purposes
see also Terrorist offences
availability of sentencing orders, B2-277
custodial sentences, B2-278
interpreting/applying guideline, B2-281
maximum sentences, B2-276
secondary orders, B2-279
sentencing guideline, B2-280
Possession of drugs
see also Drug offences
availability of sentencing orders, B5-118
interpreting/applying guideline, B5-120—B5-122
maximum sentences, B5-117
minimum sentences, B5-116
sentencing guideline, B5-119

[1731]

Possession (offensive weapons)
  availability of sentencing orders, B2-357
  interpreting/applying guideline,
    B2-361—B2-362
  maximum sentences, B2-356
  minimum sentences, B2-355
  possession by person prohibited
    availability of sentencing orders, B2-452
    interpreting/applying guideline, B2-454
    maximum sentences, B2-451
    sentencing guideline, B2-453
  possession of prohibited weapons
    availability of sentencing orders, B2-415
    custodial sentences, B2-416
    interpreting/applying guideline, B2-419
    maximum sentences, B2-414
    minimum sentences, B2-420
    secondary orders, B2-417
    sentencing guideline, B2-418
  possession of shotgun
    availability of sentencing orders, B2-407
    custodial sentences, B2-408
    interpreting/applying guideline, B2-411
    maximum sentences, B2-406
    secondary orders, B2-409
    sentencing guideline, B2-410
  possession with intent to cause fear of violence
    availability of sentencing orders, B2-435
    custodial sentences, B2-436
    interpreting/applying guideline, B2-439
    maximum sentences, B2-434
    secondary orders, B2-437
    sentencing guideline, B2-438
  possession with intent to commit indictable offence
    availability of sentencing orders, B2-441
    custodial sentences, B2-442
    interpreting/applying guideline,
      B2-445—B2-446
    maximum sentences, B2-440
    secondary orders, B2-443
    sentencing guideline, B2-444
  possession with intent to endanger life
    availability of sentencing orders, B2-428
    custodial sentences, B2-429
    interpreting/applying guideline, B2-432
    maximum sentences, B2-427
    secondary orders, B2-430
    sentencing guideline, B2-431
    widespread public disorder, B2-433
  possession without certificate
    availability of sentencing orders, B2-401
    custodial sentences, B2-402
    interpreting/applying guideline, B2-405
    maximum sentences, B2-400
    secondary orders, B2-403
    sentencing guideline, B2-404
  sentencing guideline, B2-358—B2-360
Possession with intent to supply
  see also Drug offences
  abuse of position of trust, B5-085
  availability of sentencing orders, B5-069

  cuckooing, B5-081—B5-082
  custodial sentences, B5-070
  death of person drugs supplied to,
    B5-088—B5-090
  deterrence, B5-083
  identity of person drugs supplied to,
    B5-086—B5-087
  interpreting/applying guideline,
    B5-073—B5-093
  maximum sentences, B5-068
  minimum sentences, B5-067
  mistaken belief as to type of drug, B5-092
  music festivals, B5-091
  school premises, B5-084
  secondary orders, B5-071
  sentencing guideline, B5-072
  street dealing, B5-074—B5-080
  suspended sentences, B5-093
  use of courier under 18, B5-084
Postponement
  confiscation, A3-111
  effect of, A3-107—A3-108
  generally, A3-106
  sentence, A3-110
Pregnancy
  mitigating factors, A1-120
  sexual offences, B3-025
Preparation of terrorist acts
  see also Terrorist offences
  availability of sentencing orders, B2-223
  custodial sentences, B2-224
  harm, B2-235—B2-236
  interpreting/applying guideline,
    B2-229—B2-237
  leading role, B2-233—B2-234
  likely to have been carried out,
    B2-229—B2-232
  maximum sentences, B2-221
  secondary orders, B2-225
  sentencing guideline, B2-226—B2-228
  travelling, B2-237
Pre-sentence reports
  adjournment of trial, A2-128,
    A3-009—A3-010
  appeals, A3-008
  assault by penetration, B3-071—B3-072
  children and young persons, A6-027
  committal for sentence, A2-096
  community orders, A4-384
  Criminal Practice Directions,
    A3-011—A3-012
  Criminal Procedure Rules 2020,
    A3-002—A3-003
  Crown Court, A9-078—A9-081
  dangerousness, A4-455, A4-461
  disclosure, A3-005
  guidance
    aged over 18, A3-018
    aged under 18, A3-019
    common law, A3-020
    general, A3-013—A3-014
    mental health, A3-015
    purpose of report, A3-016

when to obtain report, A3-017—A3-019
guilty plea in Crown Court, A3-012
guilty plea in magistrates' court, A3-011
introduction, A3-001
meaning, A3-007
mental health, A3-015, A9-003,
 A9-078—A9-081
ordering reports, A3-004
procedure if Crown Court convicts, A3-003
procedure if magistrates' court convicts,
 A3-002
rape, B3-071—B3-072
requirements, A3-006

Preventing lawful burial
availability of sentencing orders, B8-057b
guidance, B8-057c
maximum sentence, B8-057a

Previous convictions
aggravating features
 legislation, A1-061
 practice directions, A1-062
burglary, B4-051

"Primary disposals"
see also Custodial sentences
amendment of orders, A6-338—A6-342
binding over
 introduction, A4-006
 parents and guardians, A6-031
 procedure, A4-007
 to come up for judgment, A4-008—A4-020
 to keep the peace, A4-021—A4-043
breach of orders, A6-338—A6-342
children and young persons
 amendment of orders, A6-338—A6-342
 binding over, A6-031
 breach of orders, A6-338—A6-342
 custody, A6-199
 detention and training orders,
  A6-200—A6-224
 detention at Her Majesty's pleasure,
  A6-263—A6-274
 detention for life at common law, A6-255
 detention for life for dangerous offenders,
  A6-258—A6-262
 detention under Sentencing Code s.250,
  A6-225—A6-238
 discharges, A6-032
 extended sentences of detention,
  A6-245—A6-254
 financial orders, A6-033—A6-048
 introduction, A6-029
 no separate penalty, A6-030
 referral orders, A6-049—A6-086,
  A6-346—A6-369
 re-sentencing, A6-343—A6-345
 revocation of orders, A6-338—A6-342
 youth rehabilitation orders,
  A6-087—A6-198, A6-370—A6-403
community orders
 alcohol abstinence and monitoring
  requirements, A4-359—A4-360,
  A4-405—A4-406
 alcohol treatment requirements,
  A4-357—A4-358, A4-404
 amendment, A4-378
 appropriateness, A4-387—A4-388
 attendance centre requirements,
  A4-361—A4-362, A4-407
 availability, A4-325—A4-326, A4-386
 available requirements, A4-329—A4-330,
  A4-390
 breach, A4-378
 combination of other orders,
  A4-411—A4-413
 community order levels, A4-382
 community order requirements table,
  A4-323
 curfew requirements, A4-340—A4-342,
  A4-395
 custodial sentences and, A4-411—A4-412
 drug rehabilitation requirements,
  A4-351—A4-354, A4-400—A4-402
 duty to keep in touch with responsible
  officer, A4-410
 electronic compliance monitoring
  requirements, A4-408
 electronic monitoring, A4-363—A4-369,
  A4-385
 electronic whereabouts monitoring
  requirements, A4-409
 exclusion requirements, A4-343—A4-344,
  A4-396
 exercise of power to impose requirements,
  A4-331
 exercise of power to make community
  order, A4-327—A4-328
 foreign travel prohibition requirements,
  A4-347, A4-398
 guidance, A4-386—A4-413
 imposition of particular requirements,
  A4-383
 introduction, A4-321
 legislation, A4-322
 length of order, A4-389
 making a community order,
  A4-370—A4-373
 mental health treatment requirements,
  A4-348—A4-350, A4-399
 non-custodial sentences and, A4-413
 obligations of responsible officer and
  offender, A4-374
 pilot schemes, A4-380
 pre-sentence reports, A4-384
 programme requirements, A4-337, A4-393
 prohibited activity requirements,
  A4-338—A4-339, A4-394
 rehabilitation activity requirements,
  A4-335—A4-336, A4-392
 residence requirements, A4-345—A4-346,
  A4-397
 review, A4-375—A4-377
 revocation, A4-378
 Sentencing Council Guideline,
  A4-381—A4-385
 transfer to Scotland or Northern Ireland,
  A4-379

unpaid work requirements,
A4-332—A4-334, A4-391
when ceases to be in force, A4-324
compensation orders
assessing offender's means,
A4-132—A4-136
availability, A4-112—A4-113,
A4-126—A4-131
combination with other orders,
A4-147—A4-149
damage to property, A4-117
discharge, A4-124
duty to give reasons when not made,
A4-114
funeral expenses, A4-118
guidance, A4-125—A4-149
interpretation, A4-123
introduction, A4-111
legislation, A4-112—A4-124
limits in magistrates' court, A4-119
making order, A4-115—A4-119
payment by instalments, A4-145
review of orders, A4-121—A4-122,
A4-146
road traffic accidents, A4-116
setting amount, A4-137—A4-144
simple cases, A4-125
timing of payment, A4-120
variation, A4-124
deprivation orders
animals, A4-196—A4-200
application of proceeds of property, A4-175
appropriateness, A4-184—A4-185a
availability, A4-169
deprived property, A4-176
directions as to use of deprived property,
A4-186
dogs, A4-188—A4-195
exercise of power to make,
A4-171—A4-172
guidance, A4-177—A4-187
introduction, A4-166—A4-167
legislation, A4-168—A4-176
magistrates' courts, A4-173—A4-174
need for proper investigation,
A4-182—A4-183
return of property to third parties, A4-187
vehicle to be treated as used for purpose of
certain offences, A4-170
whether property can be subject to
deprivation, A4-177—A4-181
destruction orders
animals, A4-196—A4-200
dogs, A4-188—A4-195
detention and training orders,
A6-200—A6-224
detention at Her Majesty's pleasure,
A6-263—A6-274
detention for life
at common law, A6-255
dangerous offenders, A6-258—A6-262
manslaughter of emergency workers,
A6-256—A6-257

detention under Sentencing Code s.250,
A6-225—A6-238
discharge
absolute discharge, A4-045
availability, A4-052—A4-054
breach, A4-058
combining with other orders,
A4-055—A4-056
conditional discharge, A4-046—A4-047
Criminal Practice Directions, A4-052
effect of, A4-048, A4-057
effect of youth cautions, A4-049—A4-050
generally, A6-032
guidance, A4-052—A4-058
imposition of other orders, A4-051
introduction, A4-044
legislation, A4-045—A4-051
security for good behaviour, A4-052
disqualification orders
directors' disqualification,
A4-305—A4-320
disqualification for having custody of dog,
A4-298—A4-304
disqualification for offences involving
dogs, A4-288
disqualification from driving,
A4-217—A4-287
disqualification relating to animals,
A4-289—A4-297
introduction, A4-216
extended sentences of detention,
A6-245—A6-254
financial orders, A6-033—A6-048
fines
combination with other sentences, A4-110
conditional discharges and, A4-108
confiscation and, A4-109
corporate offenders, A4-100—A4-106
Crown Court powers, A4-066—A4-067
custodial sentences and, A4-107
determining amount of fine,
A4-092—A4-098
enforcement of fines, A4-085—A4-088
fixing amount of fine, A4-068—A4-071
guidance, A4-091—A4-110
imposition of fines, A4-068—A4-084
introduction, A4-059—A4-060
legislation, A4-060—A4-088
magistrates' courts' powers,
A4-061—A4-065, A4-086—A4-087
multiple offences, A4-098
payment by instalments, A4-099
power to allow for time for payment,
A4-078—A4-081
power to search, A4-082—A4-084
restrictions on availability of fine, A4-091
sentencing guidelines, A4-089—A4-090
terms in default, A4-073—A4-077
forfeiture
drugs and related property,
A4-205—A4-213
hate material, A4-203—A4-204
obscene publications, A4-201—A4-202

[1734]

other orders, A4-214—A4-215
introduction, A4-001—A4-002, A6-029
knife crime prevention orders
　introduction, A5-116
no separate penalty
　appropriate circumstances, A4-004
　children, A6-030
　introduction, A4-003, A6-030
　order of court, A4-005
referral orders, A6-049—A6-086,
　　A6-346—A6-369
re-sentencing, A6-343—A6-345
restitution orders
　amount of restitution, A4-164
　application by victim, A4-159
　availability, A4-155, A4-160
　combination with other orders, A4-165
　determining whether goods are stolen
　　goods, A4-161
　goods obtained by blackmail or fraud,
　　A4-154
　guidance, A4-160—A4-165
　interpretation, A4-158
　introduction, A4-153
　legislation, A4-154—A4-159
　making order, A4-156—A4-157
　ordered where available, A4-163
　representations from third parties, A4-162
　stolen goods, A4-154
revocation of orders, A6-338—A6-342
unlawful profit orders
　guidance, A4-152
　legislation, A4-150—A4-151
youth rehabilitation orders, A6-087—A6-198,
　　A6-370—A6-403
Prison officers
　misconduct in public office
　　availability of sentencing orders, B8-123
　　guidance, B8-126
　　maximum sentences, B8-122
Prisons
　conveying prohibited articles
　　availability of sentencing orders, B8-101
　　bladed articles, B8-104
　　drugs, B8-105—B8-114
　　guidance, B8-102—B8-121
　　immediate imprisonment, B8-109—B8-114
　　items falling into multiple lists, B8-102
　　list A articles, B8-103—B8-114
　　maximum sentences, B8-100
　　mobile phones, B8-115—B8-121
　　sim cards, B8-115—B8-121
　escaping
　　assisting escape, B8-096—B8-097
　　availability of sentencing orders, B8-083
　　guidance, B8-084—B8-099
　　harbouring fugitives, B8-095
　　maximum sentences, B8-080—B8-082
　　remaining at large, B8-098—B8-099
　overcrowding as mitigation, A1-118
Production of drugs
　see also Drug offences
　availability of sentencing orders, B5-096

custodial sentences, B5-097
high-THC skunk, B5-106
industrial or significant quantities of cannabis,
　　B5-101—B5-102
interpreting/applying guideline,
　　B5-100—B5-106
maximum sentences, B5-095
minimum sentences, B5-094
number of cannabis plants, B5-103
prospect of circulation or supply,
　　B5-104—B5-105
secondary orders, B5-098
sentencing guideline, B5-099
Programme requirements
　guidance, A4-393
　legislation, A4-337
　youth rehabilitation orders, A6-123, A6-182
Prohibited activity requirements
　guidance, A4-394
　legislation, A4-338—A4-339
　youth rehabilitation orders, A6-126—A6-127,
　　A6-184
Prohibition orders (psychoactive substances)
　appeals
　　guidance, A10-229
　　legislation, A10-228
　breach
　　guidance, A10-227
　　legislation, A10-225—A10-226
　guidance
　　appeals, A10-229
　　availability, A5-125
　　breach, A10-227
　　contents of order, A5-128—A5-129
　　effect of order, A5-126
　　post-sentencing, A5-130
　　test to apply, A5-127
　introduction, A5-117
　legislation
　　access prohibitions, A5-123
　　illegal imports, A5-120
　　making order, A5-122
　　meaning of 'prohibited activity', A5-118
　　meaning of 'prohibition order', A5-119
　　offences, A5-124
　　orders on conviction, A5-121
　　possession with intent to supply, A5-120
　　supply of drugs, A5-120
　variation, A10-223—A10-224
Property (offences)
　arson and criminal damage
　　arson, B4-198—B4-207
　　criminal damage other than arson,
　　　B4-208—B4-214
　　intent to endanger life, B4-191—B4-197
　　reckless as to whether life endangered,
　　　B4-191—B4-197
　cybercrime
　　availability of sentencing orders, B4-217
　　custodial sentences, B4-218
　　guidance, B4-220—B4-228
　　maximum sentences, B4-215—B4-216
　　secondary orders, B4-219

unauthorised access, B4-224—B4-225
unauthorised access causing or creating risk of serious damage, B4-228
unauthorised access, intending or reckless as to impairment of computer, B4-227
unauthorised access with criminal intent, B4-226
dishonesty offences
abstracting electricity, B4-026—B4-029
articles for use in fraud, B4-144—B4-155
bribery, B4-156—B4-162
burglary, B4-034—B4-066
fraud, B4-100—B4-143
going equipped to steal, B4-020—B4-025
handling stolen goods, B4-014—B4-019
making off without payment, B4-030—B4-033
money laundering, B4-163—B4-176
robbery, B4-067—B4-099
theft, B4-001—B4-013
Proscribed organisations
see also Terrorist offences
membership
availability of sentencing orders, B2-251
custodial sentences, B2-252
interpreting/applying guideline, B2-255
maximum sentences, B2-250
secondary orders, B2-253
sentencing guideline, B2-254
support
availability of sentencing orders, B2-257
custodial sentences, B2-258
interpreting/applying guideline, B2-261
maximum sentences, B2-256
secondary orders, B2-259
sentencing guideline, B2-260
Prostitution
causing prostitution for gain
availability of sentencing orders, B3-204
custodial sentences, B3-205
interpreting/applying guideline, B3-208—B3-210
maximum sentences, B3-203
secondary orders, B3-206
sentencing guideline, B3-207
controlling prostitution for gain
availability of sentencing orders, B3-204
custodial sentences, B3-205
interpreting/applying guideline, B3-208—B3-210
maximum sentences, B3-203
secondary orders, B3-206
sentencing guideline, B3-207
keeping brothels
availability of sentencing orders, B3-212
custodial sentences, B3-213
interpreting/applying guideline, B3-216
maximum sentences, B3-211
secondary orders, B3-214
sentencing guideline, B3-215
Protest
guidance, B8-139—B8-142
introduction, B8-138

Provocation
mitigation, A1-123, A4-750
Psychiatric reports
arson or criminal damage
intent to endanger life, B4-197
interpreting/applying guideline, B4-205
reckless as to whether life endangered, B4-197
Psychoactive substances
see also Drug offences
aggravating features
supply involving child, A1-091—A1-092
supply near school, A1-091—A1-092
importing or exporting
availability of sentencing orders, B5-138
custodial sentences, B5-138A
interpreting/applying guideline, B5-141
maximum sentences, B5-137
secondary orders, B5-139
sentencing guideline, B5-140
possession with intent to supply
availability of sentencing orders, B5-131
custodial sentences, B5-132
interpreting/applying guideline, B5-135
mandatory aggravating factors, B5-136
maximum sentences, B5-130
secondary orders, B5-133
sentencing guideline, B5-134
production of
availability of sentencing orders, B5-125
custodial sentences, B5-126
interpreting/applying guideline, B5-129
maximum sentences, B5-124
secondary orders, B5-127
sentencing guideline, B5-128
supply of
availability of sentencing orders, B5-131
custodial sentences, B5-132
interpreting/applying guideline, B5-135
mandatory aggravating factors, B5-136
maximum sentences, B5-130
secondary orders, B5-133
sentencing guideline, B5-134
Psychoactive substances (prohibition orders)
appeals
guidance, A10-229
legislation, A10-228
breach
guidance, A10-227
legislation, A10-225—A10-226
guidance
appeals, A10-229
availability, A5-125
breach, A10-227
contents of order, A5-128—A5-129
effect of order, A5-126
post-sentencing, A5-130
test to apply, A5-127
introduction, A5-117
legislation
access prohibitions, A5-123
illegal imports, A5-120
making order, A5-122

meaning of 'prohibited activity', A5-118
meaning of 'prohibition order', A5-119
offences, A5-124
orders on conviction, A5-121
possession with intent to supply, A5-120
supply of drugs, A5-120
variation, A10-223—A10-224

Public authorities
health and safety offences, B7-042—B7-043

Public order offences
affray
  availability of sentencing orders, B2-333
  custodial sentences, B2-334
  interpreting/applying guideline, B2-338
  maximum sentences, B2-332
  secondary orders, B2-335
  sentencing guideline, B2-336—B2-337
causing harassment alarm or distress
  availability of sentencing orders, B2-346
  custodial sentences, B2-347
  interpreting/applying guideline, B2-350
  maximum sentences, B2-345
  secondary orders, B2-348
  sentencing guideline, B2-349
fear or provocation of violence
  availability of sentencing orders, B2-340
  custodial sentences, B2-341
  interpreting/applying guideline, B2-344
  maximum sentences, B2-339
  secondary orders, B2-342
  sentencing guideline, B2-343
interpreting/applying guidelines, B2-318
introduction, B2-317
racially aggravated offences, B2-319
riot
  availability of sentencing orders, B2-321
  custodial sentences, B2-322
  interpreting/applying guideline, B2-325
  maximum sentences, B2-320
  secondary orders, B2-323
  sentencing guideline, B2-324
threatening behaviour
  availability of sentencing orders, B2-340
  custodial sentences, B2-341
  interpreting/applying guideline, B2-344
  maximum sentences, B2-339
  secondary orders, B2-342
  sentencing guideline, B2-343
violent disorder
  availability of sentencing orders, B2-327
  custodial sentences, B2-328
  interpreting/applying guideline, B2-331
  maximum sentences, B2-326
  secondary orders, B2-329
  sentencing guideline, B2-330

Public places
carrying offensive weapons in public place
  availability of sentencing orders, B2-448
  interpreting/applying guideline, B2-450
  maximum sentences, B2-447
  sentencing guideline, B2-449

Public protection
purpose of sentencing, A1-027

Purity
see Drug offences

Racially aggravated offences
aggravating features
  demonstration of hostility, A1-070—A1-071
  extent of increase in sentence, A1-076—A1-077
  guidance, A1-068—A1-077
  legislation, A1-067
  membership or presumed membership of racial group, A1-073
  motivated by hostility, A1-072
  procedure, A1-068—A1-069
intimidatory offences, B2-290
public order offences, B2-319

Rape
attempted rape, B3-079—B3-082
availability of sentencing orders, B3-067
cases falling outside the sentencing guideline, B3-083
category 1/2 cases, B3-074
custodial sentences, B3-068
interpreting/applying guideline, B3-073—B3-083
limited penetration, B3-077—B3-078
maximum sentences, B3-066
pre-sentence reports, B3-071—B3-072
secondary orders, B3-069
sentencing guideline, B3-070
sexual activity initially consensual, B3-075—B3-076

Rape of a child under 13
availability of sentencing orders, B3-157
consensual activity, B3-168—B3-169
custodial sentences, B3-158
interpreting/applying guideline, B3-161—B3-175
maximum sentences, B3-156
mistake as to age, B3-170
multiple offences, B3-171—B3-175
offence attracting immediate custody, B3-162—B3-163
reasonable belief victim over 16, B3-164—B3-166
secondary orders, B3-159
sentencing guideline, B3-160
sexual images of victim recorded, retained, solicited or shared, B3-167
very young victims, B3-171—B3-175

Recognizances
binding over of parents or guardians, A6-284

Recommendations for deportation
automatic liability for deportation and, A5-360, A7-088
guidance
  automatic deportation scheme and, A5-360
  definitions, A5-362—A5-364
  effect of recommendation, A5-359
  eligibility, A5-361
  purpose of recommendation, A5-358
introduction, A5-352
legislation

detention or control pending deportation,
A5-357
exemptions from deportation,
A5-355—A5-356
general provisions, A5-353—A5-354
procedure
judicial warning to counsel, A5-366
notice requirements, A5-365
recommendation not justifying reduction in sentence, A5-367
sentencing remarks
not giving reasons, A5-378
not making recommendation, A5-379
whether to make recommendation
country to which offender would be returned, A5-374
custodial sentences of 12 months or more, A5-370
custodial sentences under 12 months, A5-371
discharge and, A5-372
effect on third parties, A5-375
general approach, A5-368—A5-369
immigrations status of offender,
A5-376—A5-377
non-custodial sentences, A5-371
previous convictions, A5-373
Reduction of sentence
guilty pleas
applying reduction, A1-157—A1-160, A1-180—A1-182
determining level of reduction, A1-156, A1-166—A1-179
fitness to plead, A1-185—A1-187
further information, A1-161, A1-183—A1-189
guidance, A1-166—A1-199
introduction, A1-151
lack of memory of incident, A1-188
legislation, A1-152—A1-153
minimum term, A1-164, A1-197—A1-198
newton hearings, A1-162, A1-190—A1-191
offender convicted of lesser or different offence, A1-163, A1-192—A1-194
reduction of minimum term for murder, A1-165, A1-199
rejected exceptions, A1-195—A1-196
requiring expert advice, A1-189
sentencing council guideline,
A1-154—A1-165
special reasons hearings, A1-162, A1-190—A1-191
Referral orders
availability, A6-051, A6-074
binding over and, A6-082
breach, A6-365
commission of new offence, A6-369
custodial sentences and, A6-080
discharges and, A6-081
extension of compliance period, A6-348, A6-368
failure to reach agreement, A6-366

financial orders and, A6-084
further convictions during referral,
A6-361—A6-364
further court proceedings, A6-349—A6-360
guidance, A6-073—A6-086,
A6-365—A6-369
introduction, A6-049, A6-346
legislation, A6-050—A6-072,
A6-347—A6-364
length of order, A6-077
making order, A6-050—A6-056
non-custodial sentences and,
A6-081—A6-085
parental attendance, A6-078
parenting orders and, A6-302
referral back to court, A6-070, A6-086
reparation orders and, A6-083
revocation, A6-347, A6-367
whether to impose order, A6-075—A6-076
youth offender contracts, A6-061—A6-069, A6-079
youth offender panels, A6-057—A6-060, A6-071—A6-072
youth rehabilitation orders and, A6-085, A6-198
Regulated activities
unauthorised regulated activity
consequences of conviction, B7-068
guidance, B7-069—B7-071
maximum sentences, B7-067
Regulatory offences
copyright offences
consequences of conviction, B7-073
guidance, B7-074—B7-075
maximum sentences, B7-072
counterfeiting currency
consequences of conviction, B7-095
guidance, B7-096—B7-100
maximum sentences, B7-092—B7-094
entering UK without passport
consequences of conviction, B7-129
guidance, B7-130—B7-133
maximum sentences, B7-128
environmental offences
approach to sentencing organisations, B7-008—B7-011
assessment of harm, B7-013
Common Incident Classification Scheme, B7-012
consequences of conviction, B7-003
fines, B7-007
interference with or undermining of other lawful activities, B7-014—B7-015
interpreting/applying guideline,
B7-007—B7-016
introduction, B7-001
maximum sentences, B7-002
need for organisations to explain steps taken, B7-016
sentencing guideline, B7-004—B7-006
fire safety offences
consequences of conviction, B7-045
guidance, B7-046—B7-048

maximum sentences, B7-044
food safety offences
  consequences of conviction, B7-050
  interpreting/applying guideline,
    B7-054—B7-055
  maximum sentences, B7-049
  sentencing guideline, B7-051—B7-053
forgery
  consequences of conviction, B7-084
  guidance, B7-085—B7-091
  maximum sentences, B7-082—B7-083
  passports, B7-089—B7-091
fraudulent trading
  consequences of conviction, B7-065
  guidance, B7-066
  maximum sentences, B7-064
health and safety offences
  actual harm caused, B7-026—B7-027
  charities, B7-042—B7-043
  consequences of conviction, B7-018
  culpability, B7-028
  exposure to risk of harm, B7-024—B7-025
  financial circumstances of parent company,
    B7-033—B7-039
  interpreting/applying guideline,
    B7-022—B7-043
  likelihood of harm, B7-022—B7-023
  maximum sentences, B7-017
  profitability, B7-040—B7-041
  public bodies, B7-042—B7-043
  sentencing guideline, B7-019—B7-021
  seriousness of offence, B7-029
  very large organisations, B7-030—B7-032
identity documents
  consequences of conviction, B7-125
  guidance, B7-126—B7-127
  maximum sentences, B7-124
immigration offences
  assisting illegal entry, B7-107—B7-112a
  asylum seekers, B7-120
  consequences of conviction, B7-103
  conspiracy, B7-123
  drivers, B7-123
  entering UK without clearance, B7-112b
  false passports, B7-113
  fraud, overlap with, B7-119
  guidance, B7-104—B7-123
  maximum sentences, B7-101—B7-102
  obtaining admission or remaining by
    deception, B7-104—B7-106
  pressure by agents, B7-121—B7-122
  sham marriages, B7-114—B7-118
insider trading
  consequences of conviction, B7-057
  guidance, B7-058—B7-063
  maximum sentences, B7-056
trade mark offences
  consequences of conviction, B7-077
  guidelines, B7-078—B7-081
  maximum sentences, B7-076
unauthorised regulated activity
  consequences of conviction, B7-068
  guidance, B7-069—B7-071

maximum sentences, B7-067
Rehabilitation
  purpose of sentencing, A1-029
Rehabilitation activity requirements
  guidance, A4-392
  legislation, A4-335—A4-336
Release from custody
  children and young persons
    detention and training orders,
      A6-319—A6-335
    determinate sentences, A6-336
    introduction, A6-317
    life sentences, A6-337
    overview, A6-318
  detention and training orders
    early release on compassionate grounds,
      A6-315, A6-322
    guidance, A6-322—A6-323
    introduction, A6-319
    legislation, A6-320
    period of detention and training, A6-320
    release after half-way point, A6-317,
      A6-323
    release at half-way point, A6-320
    release before half-way point, A6-320
  determinate sentences
    calculating sentence, A10-067—A10-068
    challenges to release regime, A10-069
    compassionate release, A10-066
    eligibility and entitlement,
      A10-054—A10-064
    extended licence, A10-079
    guidance, A10-064a—A10-069
    home detention curfew, A10-065
    introduction, A10-053
    legislation, A10-054—A10-066
    licence conditions, A10-070—A10-073
    mixed sentences, A10-068
    operation of release regime,
      A10-064a—A10-066
    post-sentence supervision,
      A10-077—A10-078
    recall to prison, A10-074—A10-075
    re-release, A10-076
    terrorist prisoners, A10-061—A10-064
  introduction, A10-049—A10-051
  life imprisonment
    guidance, A10-084—A10-087
    introduction, A10-080
    legislation, A10-081—A10-083
    licence conditions, A10-085
    recall to prison, A10-086
    re-release, A10-087
  overview, A10-052
Religiously aggravated offences
  aggravating features
    demonstration of hostility,
      A1-070—A1-071
    extent of increase in sentence,
      A1-076—A1-077
    guidance, A1-068—A1-077
    legislation, A1-067
    motivated by hostility, A1-072

[1739]

procedure, A1-068—A1-069
Remaining at large
   guidance, B8-098—B8-099
Remand
   medical reports on offender's mental health, A9-009
Remands to hospital
   for medical examination
      fitness to plead, A9-070
      medical reports, A9-004
   for treatment
      availability, A9-014
      guidance, A9-014—A9-015
      introduction, A9-012
      legislation, A9-013
      when to exercise, A9-015
Remittal for sentence
   committal following remission, A2-121a
   Crown Court
      guidance, A2-118
      remittal to youth court, A2-112
   exercising discretion
      adults, A2-119
      children or young persons, A2-120—A2-121
   introduction, A2-109
   legislation, A2-110—A2-115
   magistrates' courts
      adjournment, A2-115
      appeal, A2-115
      guidance, A2-116
      remand, A2-115
      remittal of adults to magistrates' court for sentence, A2-111
      remittal to another magistrates' court for sentence, A2-114
   youth courts
      guidance, A2-117
      remittal from Crown Court, A2-112
      remittal of offenders aged under 18 to, A2-110
      remittal of offenders attaining age of 18, A2-113
Renewal
   serious disruption prevention orders, A5-225i
   serious violence reduction orders
      guidance, A10-244
      legislation, A10-243
   sexual harm prevention orders
      guidance, A10-250—A10-252
      legislation, A10-248—A10-249
Reparation
   purpose of sentencing, A1-028
Reparation orders
   introduction, A5-337
   referral orders and, A6-083
   slavery and trafficking reparation orders
      availability, A5-345
      determining amount of, A5-348
      effect of, A5-341
      guidance, A5-344—A5-349
      introduction, A5-338
      legislation, A5-340—A5-343

      procedure, A5-346
      purpose, A5-344
      test for imposing, A5-347
   youth rehabilitation orders and, A6-197
Reporting restrictions
   derogatory assertion orders, A3-056, A3-063, A3-066
   Goodyear indications, A2-033
Residence requirements
   guidance, A4-397
   legislation, A4-345—A4-346
   youth rehabilitation orders, A6-132—A6-133, A6-187
Resisting arrest
   availability of sentencing orders, B2-105
   custodial sentences, B2-106
   interpreting and applying guideline, B2-109
   maximum sentences, B2-104
   secondary orders, B2-107
   sentencing guideline, B2-108
Responsible officers
   youth rehabilitation orders, A6-161, A6-195
Restitution orders
   amount of restitution, A4-164
   application by victim, A4-159
   availability, A4-155, A4-160
   combination with other orders, A4-165
   determining whether goods are stolen goods, A4-161
   goods obtained by blackmail or fraud, A4-154
   guidance, A4-160—A4-165
   interpretation, A4-158
   introduction, A4-153
   legislation, A4-154—A4-159
   making order, A4-156—A4-157
   ordered where available, A4-163
   representations from third parties, A4-162
   stolen goods, A4-154
Restorative justice
   deferment, A2-044, A2-055
Restraining orders
   breach
      guidance, A10-234—A10-235
      legislation, A10-233
   discharge
      guidance, A10-231—A10-232
      legislation, A10-230
   guidance
      availability, A5-143—A5-146
      companies, A5-143
      compliance with bail conditions, A5-157
      contents of order, A5-160—A5-167
      domestic abuse guideline, A5-142
      evidence, A5-149—A5-151
      fitness to plead, A5-146
      general principles, A5-140—A5-141
      human rights, A5-170—A5-171
      insanity, A5-146
      length of order, A5-168
      post-sentencing, A5-172
      procedure, A5-152—A5-154
      purpose, A5-139
      sentencing remarks, A5-169

test to apply, A5-147—A5-148
victim not supporting making of order, A5-158—A5-159
whether to make order, A5-155—A5-159
introduction, A5-131—A5-132
legislation
  availability, A5-134
  definitions, A5-136, A5-138
  evidence in proceedings, A5-135
  meaning, A5-133
  orders on acquittal, A5-137
on acquittal
  availability, A5-145
  drafting prohibitions, A5-165
  evidence, A5-150—A5-151
  legislation, A5-137
  must name individuals to be protected, A5-167
  nexus with evidence at trial, A5-166
  procedure, A5-153—A5-154
  test to apply, A5-148
  whether to make order, A5-156
post-conviction
  availability, A5-144
  drafting prohibitions, A5-161—A5-162
  evidence, A5-149
  persons to be protected, A5-163
  procedure, A5-152
  test to apply, A5-147
  typical prohibitions, A5-164
  whether to make order, A5-155
variation
  guidance, A10-231
  legislation, A10-230
Restriction orders
availability, A9-048—A9-050
committal for
  guidance, A9-024
  introduction, A9-021
  legislation, A9-022—A9-023
effect, A9-051—A9-052
legislation, A9-040
whether to impose order, A9-053
Retrospective effect
human rights and
  defendant crossing age threshold, A8-011—A8-012
  generally, A8-006—A8-007
  heavier sentence, A8-008—A8-009
  penalty applicable at time of offence, A8-010
  summary, A8-013
Return to custody
see also Release from custody
children and young persons
  detention and training orders, A6-319—A6-335
  determinate sentences, A6-336
  introduction, A6-317
  life sentences, A6-337
  overview, A6-318
detention and training orders
  early release on compassionate grounds, A6-315, A6-322
  guidance, A6-322—A6-323
  introduction, A6-319
  legislation, A6-320
  period of detention and training, A6-320
  release after half-way point, A6-317, A6-323
  release at half-way point, A6-320
  release before half-way point, A6-320
determinate sentences, A10-074—A10-075
life imprisonment, A10-086
Revenue fraud
see Cheating the Revenue
Revocation
behaviour orders, A5-009
children and young persons, orders concerning, A6-339—A6-342
community orders
  adjournment of hearing, A10-151
  copies of orders, A10-152
  Crown Court orders, A10-139
  generally, A4-378
  guidance, A10-158—A10-161
  introduction, A10-119
  legislation, A10-123—A10-127, A10-138—A10-139
  new conviction, A10-122, A10-160—A10-161
  on application, A10-121, A10-158
  supervision by magistrates' courts, A10-138
  unpaid work requirements, A10-159
disqualification for having custody of dog, A4-304
introduction, A10-088
procedure, A10-089—A10-092
referral orders, A6-347, A6-367
re-sentencing, A10-093—A10-095
suspended sentence orders
  copies of orders, A10-195
  introduction, A10-162
  legislation, A10-165—A10-169
  on application, A10-164
travel restriction orders
  guidance, A10-261—A10-262
  legislation, A10-260
youth rehabilitation orders, A6-163, A6-372—A6-373, A6-385—A6-386
Right to respect for private and family life
notification requirements (sexual offences), A7-038
Riot
availability of sentencing orders, B2-321
custodial sentences, B2-322
interpreting/applying guideline, B2-325
maximum sentences, B2-320
secondary orders, B2-323
sentencing guideline, B2-324
Road rage
see Dangerous driving
Road traffic accidents
compensation orders, A4-116, A4-130

Road traffic offences
  causing death by careless or inconsiderate driving
    availability of sentencing orders, B6-020
    custodial sentences, B6-021
    maximum sentence, B6-019
    secondary orders, B6-022
    sentencing guideline (simpliciter offence), B6-023—B6-024
    sentencing guideline (under the influence), B6-025—B6-026
  causing death by dangerous driving
    availability of sentencing orders, B6-012
    custodial sentences, B6-013
    deliberate decision to ignore rules of the road, B6-016—B6-017
    interpreting/applying guideline, B6-016—B6-018
    maximum sentence, B6-011
    prolonged use of mobile phone, B6-018
    secondary orders, B6-014
    sentencing guideline, B6-015
  causing death by disqualified driving
    availability of sentencing orders, B6-028
    custodial sentences, B6-029
    interpreting/applying guideline, B6-032
    maximum sentence, B6-027
    secondary orders, B6-030
    sentencing guideline, B6-031
  causing death by unlicensed or uninsured driving
    availability of sentencing orders, B6-034
    interpreting/applying guideline, B6-036
    maximum sentence, B6-033
    sentencing guideline, B6-035
  causing death when under the influence
    availability of sentencing orders, B6-020
    custodial sentences, B6-021
    interpreting/applying guideline, B6-026
    maximum sentence, B6-019
    secondary orders, B6-022
    sentencing guideline, B6-025
  causing serious injury by careless or inconsiderate driving
    availability of sentencing orders, B6-039
    interpreting/applying guideline, B6-043—B6-046
    introduction, B6-037
    maximum sentence, B6-038
    sentencing guideline, B6-041
  causing serious injury by dangerous driving
    availability of sentencing orders, B6-039
    interpreting/applying guideline, B6-043—B6-046
    introduction, B6-037
    maximum sentence, B6-038
    sentencing guideline, B6-040
  causing serious injury by driving while disqualified
    availability of sentencing orders, B6-039
    interpreting/applying guideline, B6-043—B6-046
    introduction, B6-037
    maximum sentence, B6-038
    sentencing guideline, B6-042
  dangerous driving
    availability of sentencing orders, B6-048
    interpreting/applying guideline, B6-049
    maximum sentence, B6-047
    sentencing guideline, B6-049
  interpreting/applying guideline
    approach to guideline, B6-003
    awareness of unfitness to drive, B6-009
    damage caused to vehicles or property, B6-009a
    deliberately not using vehicle's safety features, B6-006
    disqualification, B6-010
    impairment of driver, B6-007—B6-008
    multiple deaths, B6-004—B6-005
  introduction, B6-001
  sentencing guidelines, B6-002
  wanton or furious driving
    availability of sentencing orders, B6-051
    interpreting/applying guideline, B4-054
    maximum sentence, B6-050
    secondary orders, B6-052
    sentencing guidelines, B6-053

Robbery
  see also Burglary; Theft
  availability of sentencing orders, B4-068
  custodial sentences, B4-069
  dwelling
    categories not to be applied mechanistically, B4-085—B4-086
    professionally planned/cases of 'particular gravity', B4-082—B4-084
    sentencing guideline, B4-072
  interpreting/applying guideline, B4-075—B4-099
  joint enterprise, B4-079—B4-080
  location of offence, B4-081
  maximum sentence, B4-067
  professionally planned commercial
    professionally planned commercial robbery, B4-095—B4-099
    sentencing guideline, B4-074
    whether to choose, B4-075
  secondary orders, B4-070
  sentencing guideline, B4-071—B4-074
  serious physical harm, B4-077
  street and less sophisticated commercial
    moped-related robbery, B4-087—B4-088
    robbery of stores, B4-093—B4-094
    robbery of taxi drivers, B4-089—B4-090
    robbery on public transport, B4-091—B4-092
    sentencing guideline, B4-073
    whether to choose, B4-075
  use of weapon to inflict violence, B4-076
  very high-value goods or sums, B4-079

School premises
  possession with intent to supply, B5-084

Scotland
  community orders, A4-379
  suspended sentence orders, A10-184

Index

Search warrants
notification requirements (terrorism offences), A7-060
Secondary disposals
see Animals; Behaviour orders; Children; Deprivation orders; Disqualification from driving; Forfeiture; Recommendations for deportation; Reparation orders; Travel restriction orders
Secondary parties
murder, A4-753
Self-defence
mitigation, A1-123
Sentencing
common law, A1-005
introduction, A1-001
purposes
  children and young persons, A1-024
  guidance, A1-022—A1-029
  introduction, A1-020
  legislation, A1-021
  mandatory sentences, A1-023
  public protection, A1-027
  reduction of crime, A1-025—A1-026
  rehabilitation, A1-029
  reparation, A1-028
sentencing guidelines, A1-004
statutory scheme, A1-002—A1-003
tri-partite relationship, A1-006
Sentencing Council for England and Wales
community orders, A4-381—A4-385
generally, A6-007
welfare of children and young persons, A6-008
youth rehabilitation orders
  fostering requirements, A6-168
  intensive supervision and surveillance, A6-167
  introduction, A6-165
  order levels, A6-166
Sentencing guidelines
aggravating features, A1-049
general guideline
  continued utility of case law, B1-019
  overview, B1-009—B1-016
guidance
  aggravating features, A1-049
  application of, A1-043—A1-052
  appropriate terminology, A1-044
  burden of proof, A1-043
  commencement of guidelines, A1-039
  common law decisions, A1-051
  disapplying guidelines, A1-048
  duty to follow, A1-038—A1-041
  generally, A1-037
  maximum sentences, A1-050
  minimum sentences, A1-052
  mitigation, A1-049
  no offence-specific guideline, A1-040
  non-guideline Sentencing Council material, A1-042
  previous guideline in force at date of adjourned hearing, A1-039a
  responding to submissions of counsel, A1-049a
  sentencing within offence range, A1-045—A1-047
  standard of proof, A1-043
introduction, A1-030—A1-031
legislation
  determination of sentence, A1-033
  extended sentences, A1-034
  general duty of court, A1-032
  interpretation, A1-035
  life imprisonment, A1-034
  sentencing ranges, A1-036
offence-specific sentencing guidelines
  continued utility of case law, B1-008
  inchoate offences, B1-007
  overview, B1-003—B1-006
sentencing remarks, A3-206
Sentencing remarks
aggravating features, A1-058
football banning orders, A5-110—A5-111
guidance
  appropriate language, A3-197
  checklist, A3-196
  discrepancy with court record, A3-194
  general, A3-192
  multiple audiences, A3-195
  open court, A3-193
introduction, A3-187
legislation, A3-188—A3-191
R v Chin-Charles
  audience, A3-205
  citation of authority, A3-207
  commentary, A3-200—A3-211
  conclusion, A3-211
  dangerousness, A3-208—A3-209
  decision, A3-198—A3-199
  effect of decision, A3-201
  language, A3-204
  length and content, A3-202—A3-203
  sentencing guidelines, A3-206
  victim personal statements, A3-210
restraining orders, A5-169
suspended sentence orders, A4-544—A4-545
Serious crime prevention orders
appeals, A10-242
authorised monitors, A5-199
breach
  guidance, A10-241
  legislation, A10-240
companies, A5-194, A5-215
contents of order
  bodies corporate, A5-215
  examples, A5-216—A5-221
  general, A5-212
  individuals, A5-213—A5-214
  material prohibited from being in order, A5-222
Crown Court proceedings, A5-185
guidance
  availability, A5-206—A5-207
  breach, A10-241
  conditions to be satisfied before order is

[1743]

binding, A5-208
contents of order, A5-212—A5-222
evidence, A5-209—A5-210
length of order, A5-223—A5-224
post-sentencing, A5-225
procedure, A5-209—A5-210
purpose, A5-205
test to apply, A5-211
use of telephones, A5-220
variation, A10-239
information safeguards
disclosure of information in accordance with orders, A5-191
restrictions for legal professional privilege, A5-188
restrictions on excluded material and banking information, A5-189
restrictions on oral answers, A5-187
restrictions relating to other enactments, A5-190
introduction, A5-173
legislation
appeals, A5-201
availability of order on conviction, A5-174—A5-180
duration of order, A5-192
failing to comply, A5-200
interim extension of orders, A5-203
legal persons, A5-194—A5-199
making of order, A5-181—A5-185
restrictions on use of material obtained, A5-193
retention of documents, A5-204
terms that may be included in order, A5-186—A5-191
variation of orders, A5-202
limited liability partnerships, A5-194
notice requirements, A5-184
overseas bodies, A5-197
partnerships, A5-194—A5-195
providers of information society services, A5-198
unincorporated associations, A5-196
variation
guidance, A10-239
legislation, A10-236—A10-238
Serious disruption prevention orders
appeals, A5-225i, A10-242c
availability, A5-225b, A5-225l—A5-225n
breach, A10-242d—A10-242e
discharge, A5-225i, A10-242a—A10-242b
duration, A5-225f, A5-225p
effect, A5-225c
interpretation, A5-225h
introduction, A5-225a
making the orders, A5-225p
notification requirements, A5-225e
other information to be included, A5-225g
post-sentence, A5-225q
procedure, A5-225k
renewal, A5-225i, A10-242a—A10-242b
requirements, A5-225d, A5-225o
Secretary of State's guidance, A5-225j

variation, A5-225i, A10-242a—A10-242b
Serious harm
robbery, B4-077
sexual offences, B3-008—B3-009
Serious terrorism sentences
guidance
assessment of dangerousness, A4-657
availability of sentence, A4-658
consecutive sentence, A4-613, A4-662
custodial sentence, A4-660
decision to impose sentence, A4-659
determining length of extended licence period, A4-661
imposition of sentence, A4-660—A4-662
introduction, A4-647
legislation
aged 18 to 20, A4-648—A4-650
aged 21+, A4-651—A4-653
meaning of 'serious terrorism offence', A4-654
offences, A4-655—A4-656
life imprisonment, A4-672
offenders of particular concern, A4-613
Serious violence reduction orders
appeal, A10-245
breach, A10-246—A10-247
guidance
availability of order, A5-237—A5-240
bladed articles, A5-239
breach, A10-247
making the order, A5-241
necessity, A5-240
need for order, A5-237
offensive weapons, A5-239
post-sentence, A5-242
procedure, A5-236
Secretary of State's guidance, A5-235
transitional provisions, A5-238
variation, A10-244
introduction, A5-226
legislation
appeal, A5-233
availability, A5-227
breach, A5-232, A10-246
discharge, A10-243
duration, A5-231
interpretation, A5-234
meaning, A5-228
powers of constables, A5-229—A5-230
renewal, A10-243
variation, A5-233, A10-243
Seriousness of offence
culpability
and harm, A1-012—A1-016
and maturity, A6-019—A6-020
guidance
culpability, A1-012, A1-015—A1-016
harm, A1-012—A1-014
sentences commensurate with seriousness, A1-017—A1-019
sentencing guideline, A1-011
introduction, A1-007—A1-009, A6-018
legislation, A1-010

[1744]

Index

Service law
  minimum term
    offensive weapons and knives, A4-577
Servitude
  see Modern slavery
Sex with an adult relative
  availability of sentencing orders, B3-261
  custodial sentences, B3-262
  interpreting/applying guideline, B3-265
  maximum sentences, B3-260
  secondary orders, B3-263
  sentencing guideline, B3-264
Sexual activity with a child
  abuse of position of trust
    availability of sentencing orders, B3-145
    custodial sentences, B3-146
    interpreting/applying guideline, B3-149
    maximum sentences, B3-144
    secondary orders, B3-147
    sentencing guideline, B3-148
  availability of sentencing orders, B3-098
  custodial sentences, B3-099
  interpreting/applying guideline, B3-102
  maximum sentences, B3-097
  secondary orders, B3-100
  sentencing guideline, B3-101
Sexual activity with a child family member
  availability of sentencing orders, B3-112
  custodial sentences, B3-113
  interpreting/applying guideline, B3-116
  maximum sentences, B3-111
  secondary orders, B3-114
  sentencing guideline, B3-115
Sexual assault
  availability of sentencing orders, B3-085
  custodial sentences, B3-086
  interpreting/applying guideline, B3-089—B3-090
  maximum sentences, B3-084
  secondary orders, B3-087
  sentencing guideline, B3-088
Sexual assault of a child under 13
  availability of sentencing orders, B3-177
  custodial sentences, B3-178
  interpreting/applying guideline, B3-181—B3-182
  maximum sentences, B3-176
  multiple victims, B3-182
  secondary orders, B3-179
  sentencing guideline, B3-180
Sexual communication with a child
  availability of sentencing orders, B3-138
  custodial sentences, B3-139
  interpreting/applying guideline, B3-142—B3-143
  maximum sentences, B3-137
  secondary orders, B3-140
  sentencing guideline, B3-141
Sexual harm prevention orders
  appeals
    guidance, A10-259
    legislation, A10-257—A10-258
  breach
    guidance, A10-255—A10-256
    legislation, A10-253—A10-254
  computers
    browsing history, A5-295—A5-296
    cloud storage, A5-297
    encryption, A5-298
    generally, A5-292
    internet usage, A5-293—A5-294
    making devices available for inspection, A5-301
    monitoring compliance, A5-302—A5-303
    risk monitoring software, A5-299—A5-300
    use of particular websites/applications/services, A5-304—A5-305
  contents of order, A5-281—A5-282
  discharge
    guidance, A10-250—A10-252
    legislation, A10-248—A10-249
  guidance
    appeals, A10-259
    availability, A5-262—A5-263
    breach, A10-255—A10-256
    discharge, A10-250—A10-252
    effect of order, A5-260—A5-261
    evidence, A5-265
    procedure, A5-264
    purpose, A5-259
    renewal, A10-250—A10-252
    test to apply, A5-266—A5-280
    variation, A10-250—A10-252
  introduction, A5-243—A5-244
  legislation
    availability on conviction, A5-247
    definitions, A5-258
    disapplication of time limits, A5-257
    effect on other orders, A5-254
    exercise of power to make, A5-250
    generally, A5-245
    matters to be specified, A5-251
    meaning of 'sexual harm', A5-246
    offences, A5-248—A5-249
    parenting orders and, A5-255—A5-256
    prohibitions on foreign travel, A5-253
    requirements included in order, A5-252
  length of order, A5-283—A5-285
  notification requirements (sexual offences), A7-031
  polygraph, A5-323a
  post-sentencing, A5-324
  prohibitions
    age, A5-291
    computers, A5-292—A5-305
    contact with children, A5-306—A5-309
    drafting prohibitions, A5-287—A5-323
    electronic tag to monitor location, A5-310—A5-311
    employment or voluntary activities, A5-312—A5-316
    exclusion from defined area, A5-317—A5-318
    foreign travel, A5-319
    intimate relationships, A5-320—A5-321

notifying others of conviction,
    A5-322—A5-323
  test to apply, A5-286
renewal
  guidance, A10-250—A10-252
  legislation, A10-248—A10-249
test to apply
  cases involving DBS, A5-278
  extreme pornography, A5-277
  fitness to plead, A5-280
  Hentai images only, A5-276
  indecent images of children, A5-275
  insanity, A5-280
  modified approach, A5-273—A5-274
  necessity, A5-267—A5-272
  offences involving animals, A5-279
  statutory test, A5-266
variation
  guidance, A10-250—A10-252
  legislation, A10-248—A10-249
Sexual offences
  see also Child sex offences
  abduction, B3-023—B3-024
  abuse of trust, B3-043—B3-053
  acting with others to commit offence,
    B3-038—B3-040
  administering substances with intent
    availability of sentencing orders, B3-267
    custodial sentences, B3-268
    interpreting/applying guideline, B3-271
    maximum sentences, B3-266
    secondary orders, B3-269
    sentencing guideline, B3-270
  assault by penetration
    availability of sentencing orders, B3-067
    cases falling outside the sentencing
      guideline, B3-083
    custodial sentences, B3-068
    interpreting/applying guideline,
      B3-073—B3-083
    limited penetration, B3-077—B3-078
    maximum sentences, B3-066
    pre-sentence reports, B3-071—B3-072
    secondary orders, B3-069
    sentencing guideline, B3-070
    sexual activity initially consensual,
      B3-075—B3-076
  assessment of harm where sexual activity does
    not occur, B3-030—B3-032
  attempted rape, B3-079—B3-082
  care workers
    availability of sentencing orders, B3-199
    custodial sentences, B3-200
    interpreting/applying guideline, B3-202
    introduction, B3-197
    maximum sentences, B3-198
    secondary orders, B3-201
  causing person to engage in sexual activity
    availability of sentencing orders, B3-092
    custodial sentences, B3-093
    interpreting/applying guideline, B3-096
    maximum sentences, B3-091
    secondary orders, B3-094

  sentencing guideline, B3-095
causing prostitution for gain
  availability of sentencing orders, B3-204
  custodial sentences, B3-205
  interpreting/applying guideline,
    B3-208—B3-210
  maximum sentences, B3-203
  secondary orders, B3-206
  sentencing guideline, B3-207
committing an offence with intent to commit a
  sexual offence
  approach to sentence, B3-276—B3-278
  availability of sentencing orders, B3-273
  custodial sentences, B3-274
  maximum sentences, B3-272
  sentencing guideline, B3-275
controlling prostitution for gain
  availability of sentencing orders, B3-204
  custodial sentences, B3-205
  interpreting/applying guideline,
    B3-208—B3-210
  maximum sentences, B3-203
  secondary orders, B3-206
  sentencing guideline, B3-207
exploitation offences
  causing prostitution for gain,
    B3-203—B3-210
  controlling prostitution for gain,
    B3-203—B3-210
  keeping brothels, B3-211—B3-216
  sexual exploitation of children,
    B3-217—B3-222
exposure
  availability of sentencing orders, B3-247
  custodial sentences, B3-248
  interpreting/applying guideline, B3-251
  maximum sentences, B3-246
  secondary orders, B3-249
  sentencing guideline, B3-250
extreme pornography
  availability of sentencing orders, B3-238
  custodial sentences, B3-239
  maximum sentences, B3-237
  secondary orders, B3-240
  sentencing guideline, B3-241
  use of indecent images, B3-242—B3-245
extreme violence or threats of violence,
  B3-002—B3-007
forced or uninvited entry into victim's home,
  B3-026—B3-027
indecent photographs of children
  availability of sentencing orders, B3-224
  Child Abuse Image Database, B3-232
  custodial sentences, B3-225
  deciding on category reflecting images,
    B3-233—B3-235
  distribution of images, B3-228—B3-229
  interpreting/applying guideline,
    B3-228—B3-236
  maximum sentences, B3-223
  perpetuation of harm, B3-236
  production/possession, B3-230—B3-231
  secondary orders, B3-226

INDEX

sentencing guideline, B3-227
introduction, B3-001
keeping brothels
  availability of sentencing orders, B3-212
  custodial sentences, B3-213
  interpreting/applying guideline, B3-216
  maximum sentences, B3-211
  secondary orders, B3-214
  sentencing guideline, B3-215
mentally disordered victims
  care workers, B3-197—B3-202
  mental disorders impeding choice, B3-191—B3-196
no sexual activity occurs, B3-110
notification requirements
  annual requirements, A7-015
  bank accounts, A7-009, A7-013
  breach of requirements, A7-036
  certificates of conviction, A7-020
  change of circumstances, A7-011
  common law indictment, A7-029
  community orders, A7-028
  credit cards, A7-009, A7-013
  detention and training orders, A7-026, A7-033
  duty to explain effect of notification, A7-021, A7-035
  effect of requirements, A7-007
  extended sentences, A7-032
  guidance, A7-024—A7-038
  human rights challenges, A7-037—A7-038
  introduction, A7-002
  legislation, A7-003—A7-023
  length of notification requirements, A7-006, A7-031—A7-034
  method of notification, A7-017—A7-018
  offences, A7-022
  parental directions, A7-019
  passports, A7-010, A7-014
  relevance of requirements to sentence, A7-025
  re-sentencing, A7-030
  residence at relevant household, A7-008, A7-012
  retrospectivity, A7-037
  review of indefinite notification requirements, A7-023
  right to respect for private and family life, A7-038
  sexual harm prevention orders, A7-031
  suspended sentences, A7-027, A7-034
  travel notifications, A7-016
  who requirements apply to, A7-003—A7-005, A7-025—A7-030
pregnancy or STI as consequence of offence, B3-025
previous violence against victim, B3-054—B3-056
prolonged or sustained incident, B3-028—B3-029
rape
  attempted rape, B3-079—B3-082
  availability of sentencing orders, B3-067
  cases falling outside the sentencing guideline, B3-083
  custodial sentences, B3-068
  interpreting/applying guideline, B3-073—B3-083
  limited penetration, B3-077—B3-078
  maximum sentences, B3-066
  pre-sentence reports, B3-071—B3-072
  secondary orders, B3-069
  sentencing guideline, B3-070
  sexual activity initially consensual, B3-075—B3-076
serious psychological or physical harm, B3-008—B3-009
sex with an adult relative
  availability of sentencing orders, B3-261
  custodial sentences, B3-262
  interpreting/applying guideline, B3-265
  maximum sentences, B3-260
  secondary orders, B3-263
  sentencing guideline, B3-264
sexual assault
  availability of sentencing orders, B3-085
  custodial sentences, B3-086
  interpreting/applying guideline, B3-089—B3-090
  maximum sentences, B3-084
  secondary orders, B3-087
  sentencing guideline, B3-088
significant degree of planning, B3-033—B3-037
significant disparity in age
  behaviour initiated by child victim, B3-061
  cases, B3-057—B3-057a
  inchoate offences, B3-062—B3-063
  lies, B3-058
  multiple offences, B3-064—B3-065
  sexual experience of child victim, B3-059—B3-060
trespass with intent
  availability of sentencing orders, B3-280
  custodial sentences, B3-281
  interpreting/applying guideline, B3-284
  maximum sentences, B3-279
  secondary orders, B3-282
  sentencing guideline, B3-283
use of alcohol or drugs to facilitate offence, B3-041—B3-042
voyeurism
  availability of sentencing orders, B3-253
  custodial sentences, B3-254
  extensive offending, B3-258—B3-259
  interpreting/applying guideline, B3-257—B3-259
  maximum sentences, B3-252
  secondary orders, B3-255
  sentencing guideline, B3-256
vulnerability of victim
  age of the child victim, B3-018
  child victim in familial relationship with defendant, B3-019
  lone female at night, B3-011
  victim drunk or asleep, B3-012—B3-017b

INDEX

victim's faith, B3-020—B3-022
vulnerability at time of offence, B3-010
Sexual orientation
see Hostility based on sexual orientation
Sexually transmitted diseases
sexual offences, B3-025
Sham marriages
immigration offences, B7-114—B7-118
Shoplifting
theft offences, B4-013
Slavery
see Modern slavery
Slavery and trafficking reparation orders
appeals, A10-269
availability, A5-345
determining amount of, A5-348
effect of, A5-341
guidance, A5-344—A5-349, A10-267—A10-268
introduction, A5-338
legislation, A5-340—A5-343, A10-266
procedure, A5-346
purpose, A5-344
test for imposing, A5-347
variation, A10-267—A10-268
Slip rule
Crown Court
56-day time limit, A10-018—A10-020
Attorney General's references, A10-025
change of heart, A10-026
constitution of the court, A10-017
delay, A10-024
drawing factual mistakes to court's attention, A10-035
false mitigation, A10-030
impact on defendant, A10-027
incorrect factual basis, A10-031
legislation, A10-015—A10-016
mandatory sentences, A10-028
nature of sentence, A10-021
offender's subsequent behaviour, A10-029
public protection, A10-028
test to apply, A10-022—A10-023
variations to be made in open court, A10-032—A10-033
variations to be made in presence of offender, A10-034
introduction, A10-001
magistrates' courts
constitution of the court, A10-005
delay, A10-012
determined appeals, A10-009
guidance, A10-004—A10-014
increasing sentence imposed, A10-011
legislation, A10-002—A10-003
orders for remission, A10-008
orders made on enforcement, A10-007
test to apply, A10-010
unfit to plead, A10-006
variations to be made in open court, A10-013
variations to be made in presence of offender, A10-014

Social care workers
sexual offences against mentally disordered victims
availability of sentencing orders, B3-199
custodial sentences, B3-200
interpreting/applying guideline, B3-202
introduction, B3-197
maximum sentences, B3-198
secondary orders, B3-201
Special measures for witnesses
criminal behaviour orders, A5-039—A5-040
Special reasons
reduction of sentence, A1-162, A1-190—A1-191
Specimen charges
convictions after trial, A3-142—A3-143
Spent convictions
aggravating features
establishing relevance, A1-065
guidance, A1-063—A1-066
justification, A1-064, A1-066
meaning, A1-063
Stalking
availability of sentencing orders, B2-302
custodial sentences, B2-303
interpreting/applying guideline, B2-306
involving fear of violence or serious alarm or distress
availability of sentencing orders, B2-294
custodial sentences, B2-295
interpreting/applying guideline, B2-298—B2-300
maximum sentences, B2-293
secondary orders, B2-296
sentencing guideline, B2-297
maximum sentences, B2-301
secondary orders, B2-304
sentencing guideline, B2-305
Standard of proof
aggravating features, A1-057
behaviour orders, A5-020—A5-022
convictions after trial, A3-119
factual basis for sentencing, A3-116
sentencing guidelines, A1-043
Starting point
detention at Her Majesty's pleasure, A6-270, A6-273—A6-273a
murder
15-year starting point, A4-735
25-year starting point, A4-732—A4-734
30-year starting point, A4-722—A4-731
arson, A4-730
cannibalism, A4-729
firearms, A4-722
human rights, A4-719
knives or weapons taken to scene, A4-732—A4-733
multiple offenders, A4-734
murder committed to ensure continued operation of criminal conspiracy, A4-731
murder done for gain, A4-723—A4-724
murder involving sexual or sadistic conduct, A4-725—A4-726

murder of more than one person, A4-727
whole life orders, A4-718—A4-721
Strangulation
approach to sentence, B2-103
availability of sentencing orders, B2-099
custodial sentences, B2-100
maximum sentences, B2-098
secondary orders, B2-101
sentencing guideline, B2-102
unlawful act manslaughter, B2-027A
Strict liability
convictions after trial, A3-147—A3-148
Suffocation
approach to sentence, B2-103
availability of sentencing orders, B2-099
custodial sentences, B2-100
maximum sentences, B2-098
secondary orders, B2-101
sentencing guideline, B2-102
Summonses
community orders, A10-130—A10-132
Supervision orders
mental health disposals
guidance, A9-085
introduction, A9-083
legislation, A9-084
Supervision requirements
detention and training orders
breach of requirements, A6-325—A6-333
legislation, A6-324
period of supervision, A6-208—A6-209, A6-324
post-sentence supervision, A6-213, A6-334—A6-335
youth rehabilitation orders, A6-090, A6-119, A6-167, A6-173, A6-180
Supply of drugs
see also Drug offences
abuse of position of trust, B5-085
aggravating features
involving child, A1-089—A1-090
near school, A1-089—A1-090
availability of sentencing orders, B5-069
cuckooing, B5-081—B5-082
custodial sentences, B5-070
death of person drugs supplied to, B5-088—B5-090
deterrence, B5-083
identity of person drugs supplied to, B5-086—B5-087
interpreting/applying guideline, B5-073—B5-093
maximum sentences, B5-068
minimum sentences, B5-067
mistaken belief as to type of drug, B5-092
music festivals, B5-091
school premises, B5-084
secondary orders, B5-071
sentencing guideline, B5-072
street dealing, B5-074—B5-080
suspended sentences, B5-093
use of courier under 18, B5-084

Supply of psychoactive substances
see Psychoactive substances
Surcharges
see Victim surcharges
Suspended sentence orders
amendment
change of residence, A10-189—A10-190
community requirements, A10-188, A10-192
copies of orders, A10-195
curfew requirements, A10-191
guidance, A10-203
introduction, A10-162
legislation, A10-165—A10-169, A10-187—A10-194
on application, A10-164
treatment requirements, A10-193
unpaid work requirements, A10-194
availability, A4-504—A4-507
breach
activation orders, A10-179—A10-180, A10-201—A10-202
amendment of community requirements, A10-181
breach of community requirements, A10-175, A10-177
committal to prison, A10-182
community requirements, A10-170
consequences, A10-163
court powers, A10-178
Crown Court, A10-173, A10-177
fines, A10-181
guidance, A10-196—A10-202
introduction, A10-162
issue of summons or warrant, A10-172—A10-174, A10-185—A10-186
legislation, A10-165—A10-169
magistrates' courts, A10-172, A10-175, A10-176
Northern Ireland, A10-184
referral to enforcement officer, A10-170
role of enforcement officer, A10-171
Scotland, A10-184
treatment requirements, A10-183
warnings for failure to comply, A10-170
combining with other sentencing orders
behaviour orders, A4-550
community orders, A4-548
detention in a hospital, A4-550a
fines, A4-547
generally, A4-546
immediate custodial sentences, A4-549
committal for breach of sentence, A2-095
community requirements
alcohol abstinence and monitoring requirements, A4-516
attendance centre requirements, A4-516
available community requirements, A4-515
electronic compliance monitoring requirements, A4-516
exercise of power to impose requirements, A4-517

generally, A4-518, A4-540
table, A4-509
deferment, A2-054
guidance, A4-528—A4-550a
interpretation, A4-525
introduction, A4-502—A4-503
legislation, A4-504—A4-525
length of operational period of order, A4-539
new conviction
  generally, A10-163
  guidance, A10-199—A10-200
obligations of offender and responsible officer, A4-522
operational period, A4-510—A4-514
process to follow, A4-528
reviews, A4-521, A4-523—A4-524
revocation
  copies of orders, A10-195
  introduction, A10-162
  legislation, A10-165—A10-169
  on application, A10-164
scope of, A4-508—A4-514
Sentencing Council guideline, A4-526—A4-527
sentencing remarks, A4-544—A4-545
supervision period, A4-510—A4-514
time spent on remand in custody, A4-541—A4-543
whether to impose a suspended sentence order, A4-529—A4-538

Suspended sentences
assisting investigations, A1-143
notification requirements (sexual offences), A7-027, A7-034
possession with intent to supply, B5-093

Taking offences into consideration
guidance
  extent of increase in sentence, A1-132—A1-133
  matters not to be taken into consideration, A1-130
  procedure, A1-131
  subsequent prosecution for same offence, A1-134
introduction, A1-128
sentencing guideline, A1-129

Terrorist financing
see also Terrorist offences
availability of sentencing orders, B2-263
custodial sentences, B2-264
interpreting/applying guideline, B2-268—B2-269
maximum sentences, B2-262
secondary orders, B2-265
sentencing guideline, B2-266—B2-267

Terrorist offences
aggravating features
  guidance, A1-086
  legislation, A1-082—A1-085
collecting terrorist material
  availability of sentencing orders, B2-283
  custodial sentences, B2-284
  interpreting/applying guideline, B2-287

maximum sentences, B2-282
secondary orders, B2-285
sentencing guideline, B2-286
encouragement of terrorism
  availability of sentencing orders, B2-245
  custodial sentences, B2-246
  interpreting/applying guideline, B2-249
  maximum sentences, B2-244
  secondary orders, B2-247
  sentencing guideline, B2-248
explosives
  availability of sentencing orders, B2-239
  custodial sentences, B2-240
  interpreting/applying guideline, B2-243
  maximum sentences, B2-238
  secondary orders, B2-241
  sentencing guideline, B2-242
failure to disclose information
  availability of sentencing orders, B2-271
  custodial sentences, B2-272
  interpreting/applying guideline, B2-275
  maximum sentences, B2-270
  secondary orders, B2-273
  sentencing guideline, B2-274
funding terrorism
  availability of sentencing orders, B2-263
  custodial sentences, B2-264
  interpreting/applying guideline, B2-268—B2-269
  maximum sentences, B2-262
  secondary orders, B2-265
  sentencing guideline, B2-266—B2-267
introduction, B2-217
notification requirements
  absences abroad, A7-056
  breach of requirements, A7-059, A7-065
  detention and training orders, A7-062
  duty to explain effect of notification, A7-058, A7-064
  effect of requirements, A7-046—A7-053
  extended sentences, A7-063
  guidance, A7-061—A7-066
  human rights, A7-066
  interpretation, A7-057
  introduction, A7-039
  legislation, A7-040—A7-060
  length of requirements, A7-044—A7-045, A7-063
  method of notification, A7-054—A7-055
  offences having a terrorist connection, A7-041
  persons to whom notification requirements apply, A7-042—A7-043, A7-062
  relevance of requirements to sentence, A7-061
  search warrants, A7-060
  terrorism offences, A7-040
offences not covered by the guideline, B2-288
offenders of particular concern
  children and young persons, A6-243—A6-244
  guidance, A4-613, A6-242—A6-244
  introduction, A6-239

legislation, A6-240—A6-241
possession for terrorist purposes
 availability of sentencing orders, B2-277
 custodial sentences, B2-278
 interpreting/applying guideline, B2-281
 maximum sentences, B2-276
 secondary orders, B2-279
 sentencing guideline, B2-280
preparation of terrorist acts
 availability of sentencing orders, B2-223
 custodial sentences, B2-224
 harm, B2-235—B2-236
 interpreting/applying guideline,
  B2-229—B2-237
 leading role, B2-233—B2-234
 likely to have been carried out,
  B2-229—B2-232
 maximum sentences, B2-222
 secondary orders, B2-225
 sentencing guideline, B2-226—B2-228
 travelling, B2-237
proscribed organisations (membership)
 availability of sentencing orders, B2-251
 custodial sentences, B2-252
 interpreting/applying guideline, B2-255
 maximum sentences, B2-250
 secondary orders, B2-253
 sentencing guideline, B2-254
proscribed organisations (support)
 availability of sentencing orders, B2-257
 custodial sentences, B2-258
 interpreting/applying guideline, B2-261
 maximum sentences, B2-256
 secondary orders, B2-259
 sentencing guideline, B2-260
sentencing guideline, B2-218—B2-221
Theft
 *see also Abstracting electricity; Going
 equipped to steal; Handling stolen goods;
 Making off without payment*
 availability of sentencing orders, B4-002
 cultural loss, B4-011—B4-012
 interpreting/applying the guideline,
  B4-006—B4-013
 low-value shoplifting, B4-013
 maximum sentences, B4-001
 non-monetary harm, B4-006—B4-007
 sentencing guideline, B4-003—B4-005
 shops or stalls, B4-005
 significant planning, B4-010
 sophisticated nature of offence, B4-010
 targeting of victim because of vulnerability,
  B4-008—B4-009
Threatening behaviour
 see Fear or provocation of violence
Threatening to kill
 availability of sentencing orders, B2-185
 custodial sentences, B2-186
 general approach, B2-183
 interpreting/applying guideline, B2-189
 maximum sentences, B2-184
 secondary orders, B2-187
 sentencing guidelines, B2-188

Threatening with offensive weapons
 offensive weapons
  availability of sentencing orders, B2-365
  interpreting/applying guideline,
   B2-368—B2-370
  maximum sentences, B2-364
  minimum sentences, B2-363
  sentencing guideline, B2-366—B2-367
Threats
 sexual offences, B3-002—B3-007
Totality of sentence
 guidance, A1-202—A1-204
 introduction, A1-200
 minimum term, A4-554
 offender served or serving previous sentences,
  A1-213—A1-215
 sentencing guideline, A1-201
Trade mark offences
 consequences of conviction, B7-077
 guidelines
  individuals, B7-079
  introduction, B7-078
  organisations, B7-080
 interpreting/applying guideline, B7-081
 maximum sentences, B7-076
Transfer directions
 mental health, A9-066
Travel restriction orders
 appeals, A10-265
 breach
  guidance, A10-264
  legislation, A10-263
 guidance
  availability, A5-331
  breach, A10-264
  effect of order, A5-333
  length of order, A5-334
  purpose, A5-330
  revocation, A10-261—A10-262
  surrender of passport, A5-335
  suspension, A10-260, A10-262
  test to apply, A5-332
 introduction, A5-325
 legislation, A5-326—A5-329
 post-sentencing, A5-336
 revocation, A10-260—A10-261
 suspension, A10-260, A10-262
Trespass with intent
 availability of sentencing orders, B3-280
 custodial sentences, B3-281
 interpreting/applying guideline, B3-284
 maximum sentences, B3-279
 secondary orders, B3-282
 sentencing guideline, B3-283
Undue leniency
 deferment, A2-064
Unfit to plead
 see Fitness to plead
Unincorporated associations
 serious crime prevention orders, A5-196
Uninsured drivers
 see also Road traffic offences
 causing death by uninsured driving

[1751]

INDEX

availability of sentencing orders, B6-034
interpreting/applying guideline, B6-036
maximum sentence, B6-033
sentencing guideline, B6-035

Unlawful profit orders
guidance, A4-152
legislation, A4-150—A4-151

Unlawful wounding
availability of sentencing orders, B2-085
custodial sentences, B2-086
interpreting and applying guideline, B2-089—B2-091
maximum sentences, B2-084
secondary orders, B2-087
sentencing guideline, B2-088

Unlicensed drivers
see also Road traffic offences
causing death by unlicensed driving
availability of sentencing orders, B6-034
interpreting/applying guideline, B6-036
maximum sentence, B6-033
sentencing guideline, B6-035

Unpaid work requirements
guidance, A4-391
legislation, A4-332—A4-334
youth rehabilitation orders, A6-120—A6-121, A6-181, A6-391, A6-401

Variation
behaviour orders, A5-009, A5-028
binding over of parents or guardians, A6-404
compensation orders, A4-124
criminal behaviour orders
guidance, A10-207—A10-209
legislation, A10-206
exclusion orders, A10-213
football banning orders, A10-217
parenting orders, A6-297, A6-406—A6-407
psychoactive substances prohibition orders, A10-223—A10-224
restraining orders
guidance, A10-231
legislation, A10-230
serious crime prevention orders
generally, A5-202
guidance, A10-239
legislation, A10-236—A10-238
serious disruption prevention orders, A5-225i
serious violence reduction orders
guidance, A10-244
legislation, A10-243
sexual harm prevention orders
guidance, A10-250—A10-252
legislation, A10-248—A10-249
slavery and trafficking reparation orders, A10-267—A10-268

Variation of sentence
Crown Court
56-day time limit, A10-018—A10-020
Attorney General's references, A10-025
change of heart, A10-026
constitution of the court, A10-017
delay, A10-024
drawing factual mistakes to court's attention, A10-035
false mitigation, A10-030
impact on defendant, A10-027
incorrect factual basis, A10-031
legislation, A10-015—A10-016
mandatory sentences, A10-028
nature of sentence, A10-021
offender's subsequent behaviour, A10-029
public protection, A10-028
test to apply, A10-022—A10-023
variations to be made in open court, A10-032—A10-033
variations to be made in presence of offender, A10-034
introduction, A10-001
magistrates' courts
constitution of the court, A10-005
delay, A10-012
determined appeals, A10-009
guidance, A10-004—A10-014
increasing sentence imposed, A10-011
legislation, A10-002—A10-003
orders for remission, A10-008
orders made on enforcement, A10-007
test to apply, A10-010
unfit to plead, A10-006
variations to be made in open court, A10-013
variations to be made in presence of offender, A10-014

Victim impact statements
see Victim personal statements

Victim personal statements
adjournment, A2-134
Criminal Practice Directions, A3-037
guidance
appeals, A3-046—A3-049
assertions not previously in served evidence, A3-043a
contents of statement, A3-042—A3-043
obtaining statement, A3-039—A3-040
purpose, A3-038—A3-049
service of statement, A3-041
use of statement in court, A3-044—A3-045
sentencing remarks, A3-210

Victim surcharges
amount
generally, A3-073
guidance, A3-088
offences committed by individual aged 18 or over, A3-076
offences committed by individual aged under 18, A3-075
offences committed by person who not an individual, A3-078—A3-079
other cases involving offences committed by individuals, A3-077
court's duty to order payment, A3-072
guidance
application of different regimes, A3-087
counsel's duty, A3-096
different regimes, A3-080—A3-086
errors, A3-101

[1752]

exclusions, A3-095
figures, A3-088
imposing surcharge, A3-097—A3-100
multiple offences, A3-092—A3-094
offences straddling commencement dates, A3-089—A3-090
offenders under 18, A3-091
imposing surcharge
  imprisonment in default, A3-099
  pronouncement, A3-097
  relationship with compensation, A3-098
  sentencing following breach of order, A3-100
introduction, A3-070—A3-071
legislation, A3-072—A3-073
non-application, A3-074
regimes
  2007–2012, A3-081
  2012–2016, A3-082
  2016–2019, A3-083
  2019–2020, A3-084
  2020–2022, A3-085
  2022–present, A3-086
  application of, A3-087
  introduction, A3-080
Violence
sexual offences, B3-002—B3-007
Violent disorder
availability of sentencing orders, B2-327
custodial sentences, B2-328
interpreting/applying guideline, B2-331
maximum sentences, B2-326
secondary orders, B2-329
sentencing guideline, B2-330
Voyeurism
availability of sentencing orders, B3-253
custodial sentences, B3-254
extensive offending, B3-258—B3-259
interpreting/applying guideline, B3-257—B3-259
maximum sentences, B3-252
secondary orders, B3-255
sentencing guideline, B3-256
Vulnerable adults
disqualification from working with
  automatic inclusion on vulnerable adult list, A7-072—A7-073, A7-077—A7-079
  duty to tell the defendant about barring, A7-086
  guidance, A7-084, A7-087
  introduction, A6-314, A7-067
  legislation, A7-068—A7-086
  offences, A7-081—A7-083
  offences committed when under age of 18, A7-068
  power to apply for review, A7-085
  regulated activities, A7-080
sexual offences
  age of the child victim, B3-018
  child victim in familial relationship with defendant, B3-019
  lone female at night, B3-011
  victim drunk or asleep, B3-012—B3-017b

victim's faith, B3-020—B3-022
vulnerability at time of offence, B3-010
Wanton or furious driving
see also Road traffic offences
availability of sentencing orders, B6-051
interpreting/applying guideline, B4-054
maximum sentence, B6-050
secondary orders, B6-052
sentencing guidelines, B6-053
Warrants
community orders, A10-130—A10-132
youth rehabilitation orders, A6-395
Whole life orders
detention at Her Majesty's pleasure, A6-267
generally, A4-670
guilty pleas, A4-754
murder, A4-718—A4-721
starting point, A4-718—A4-721
Wounding with intent
availability of sentencing orders, B2-071
custodial sentences, B2-072
interpreting and applying guideline, B2-075—B2-083
maximum sentences, B2-070
secondary orders, B2-073
sentencing guideline, B2-074
Young offender institutions
detention and training orders, A6-210
detention in
  guidance, A4-496—A4-497
  imposition of concurrent/consecutive sentences, A4-492—A4-494
  introduction, A4-488—A4-489
  legislation, A4-490—A4-495
  maximum sentence, A4-424
  minimum term, A4-497
  power to convert into imprisonment, A4-495
Young offenders
binding over to keep the peace, A4-028
Youth cautions
discharge, A4-049—A4-050
Youth courts
detention and training orders, A6-219
remittal for sentence
  guidance, A2-116
  remittal from Crown Court, A2-111
  remittal of offenders aged under 18 to, A2-110
  remittal of offenders attaining age of 18, A2-112
Youth offender contracts
referral orders, A6-061—A6-069, A6-079
Youth offender panel
failure to attend meetings of, A6-291
referral orders, A6-057—A6-060, A6-071—A6-072
Youth Offending Team
criminal behaviour orders, A5-044
Youth rehabilitation orders
activity requirements
  contents, A6-111
  extended activity requirement, A6-112

general provisions, A6-117
meaning, A6-111
obligation to engage in activities, A6-116
responsible officer, A6-116
restrictions on imposing, A6-118
specified activities obligation, A6-114
specified place obligation, A6-113
specified residential exercise obligation, A6-115
amendments
  generally, A6-163
  guidance, A6-398—A6-403
  legislation, A6-387—A6-392
breach
  guidance, A6-398—A6-399
  introduction, A6-371
  legislation, A6-163, A6-377—A6-384
combination with other orders
  custodial sentences, A6-196
  non-custodial sentences, A6-197
  referral orders, A6-198
  reparation orders, A6-197
date in force, A6-160
fostering and, A6-091, A6-168, A6-174
guidance
  amendment of order, A6-398—A6-403
  appropriateness, A6-172—A6-175
  availability, A6-169—A6-171
  available requirements, A6-177
  breach of order, A6-398—A6-399
  length of order, A6-176
  requirements, A6-178—A6-194
intensive supervision and surveillance, A6-090, A6-167, A6-173
introduction, A6-087, A6-370
legislation
  adjournment of proceedings, A6-396
  amendment of order, A6-387—A6-392
  availability, A6-092—A6-093
  available requirements, A6-101—A6-105
  breach of requirement order, A6-377—A6-384
  conviction of further offence, A6-393—A6-394
  exercise of power to impose requirements, A6-106—A6-110
  exercise of power to make order, A6-094—A6-100
  extension of order, A6-391
  extension of unpaid work requirements, A6-391
  fostering and, A6-091
  generally, A6-088
  intensive supervision and surveillance, A6-090
  interpretation, A6-374
  magistrates' courts supervision, A6-375
  orders made on appeal, A6-376
  provision of copies of orders, A6-397
  requirements table, A6-089

revocation of order, A6-385—A6-386
warrants, A6-395
making an order
  copies, A6-160
  Crown Court power to direct magistrates' court supervision, A6-160
  end date, A6-158
  home local justice area, A6-159
new conviction, A6-402—A6-403
obligations of responsible officer and offender, A6-161, A6-195
referral orders and, A6-085
requirements
  activity requirements, A6-111—A6-118, A6-178—A6-179
  attendance centre requirements, A6-124—A6-125, A6-183
  availability, A6-101—A6-105, A6-177
  curfew requirements, A6-128—A6-129, A6-185
  drug testing requirements, A6-144—A6-145, A6-191
  drug treatment requirements, A6-141—A6-143, A6-190
  education requirements, A6-149—A6-150, A6-193
  electronic monitoring requirements, A6-151—A6-157C, A6-194
  exclusion requirements, A6-130—A6-131, A6-186
  fostering requirements, A6-136—A6-137, A6-168
  intoxicating substance treatment requirements, A6-146—A6-148, A6-192
  local authority residence requirements, A6-134—A6-135, A6-188
  mental health treatment requirements, A6-138—A6-140, A6-189
  power to impose, A6-106—A6-110
  programme requirements, A6-123, A6-182
  prohibited activity requirements, A6-126—A6-127, A6-184
  residence requirements, A6-132—A6-133, A6-187
  supervision requirements, A6-119, A6-180
  table, A6-089
  unpaid work requirements, A6-120—A6-121, A6-181, A6-391, A6-401
review, A6-162
revocation, A6-163, A6-372—A6-373, A6-385—A6-386
Sentencing Council guideline
  fostering requirements, A6-168
  intensive supervision and surveillance, A6-167
  introduction, A6-165
  order levels, A6-166
transfer of order to Northern Ireland, A6-164

Thomson Reuters™

Also Available:

Thomas' Sentencing Referencer 2025

Lyndon Harris

9780414123083
November 2024
Paperback/ProView eBook/WestlawUK

Thomas' Sentencing Referencer provides clear and concise guidance on the operation of the Sentencing Code with concise summaries of the important case law.
The 2025 edition has been updated to reflect the changes brought into force in the past 12 months:
- changes to sentencing murder
- further guidance on behaviour orders
- significant new guidance on defendants providing assistance to the prosecution
- the latest developments from the Court of Appeal (Criminal Division) across a range of topics

Thomas' Sentencing Referencer provides user-friendly tables and flowcharts, including tables on guilty plea reductions by percentage and key details of minimum sentences. For many, it is quite simply the usual starting point from which they can confidently find a path through the maze of legislation.

Crown Court Index 2025

His Honour Judge Mark Lucraft KC; His Honour Judge Simon Mayo KC; Her Honour Judge Rebecca Trowler KC

9780414122703
December 2024
Paperback/ProView eBook/WestlawUK

The **Crown Court Index 2025** provides a guide to common penalties and formalities in cases tried on indictment or committed for sentence to the Crown Court, as well as appeals in criminal proceedings. As with previous editions, the text has been updated to reflect developments throughout the last twelve months and includes helpful commentary to assist busy judges and practitioners.
This edition includes coverage of:
- The latest version of the Criminal Procedure Rules
- Amendments to the Criminal Practice Directions 2023. The Criminal Practice Directions along with the Criminal Procedure Rules provide a comprehensive set of rules and directions on all aspects of the criminal process
- The latest sentencing guidelines issued by the Sentencing Council
- All statutory developments from the last twelve months
- Notable recent authorities from the Supreme Court and Court of Appeal

ORDER TODAY... sweetandmaxwell.co.uk +44 (0)345 600 9355

Thomson Reuters™

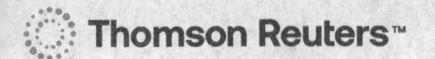

5 reasons to choose ProView eBooks

1. Always Have Your Publications On Hand
Never worry about an internet connection again. With ProView's offline access, your essential titles are always available, wherever your work takes you.

2. The Feel of a Real Book
ProView's book-like features, including page numbers and bookmarks, offer a seamless transition to digital without losing the touch of tradition.

3. Effortless Library Management
Access previous editions, transfer annotations to new releases, and automatically update your looseleaf materials—all in one place.

4. Tailor Your Reading Experience
With ProView, customize your reading with adjustable display settings, font sizes, and colour schemes. Read your way, effortlessly.

5. Find Information in a Flash
Cut through the clutter with ProView's advanced search. Pinpoint the information you need across your entire library with speed and precision.

Scan the QR code to find out more or contact us at proviewtrial@tr.com for a free trial

Sweet & Maxwell